Stefan Loose Travel Handbücher

Wir danken dem Team der Rough Guides und allen, die uns mit Informationen versorgt haben.

Schreibt uns!
Wir sind auf Anregungen, Ergänzungen und Korrekturen angewiesen, wenn auch dieses Buch aktuell bleiben soll. Es ist unmöglich, für die nächste Auflage alle Orte erneut zu besuchen. Dieses Buch wurde im Herbst/Winter 2003 fertig gestellt.
Informationen, möglichst per E-Mail, die von den Lesern kommen, sind sicherlich aktueller.
Zuschriften bitte an:
Stefan Loose Travel Handbücher
✉ info@loose-verlag.de
Zossener Str. 55/2, 10961 Berlin

Keine E-Mail, kein Brief bleibt ungelesen, die brauchbarsten Zuschriften belohnen wir mit einem Freiexemplar aus unserem Verlagsprogramm.

Bitte beachten: Informationen sollten so exakt wie möglich sein, v.a. Ortsangaben, Adressen etc. Hotels möglichst in einen Plan einzeichnen. Vielen Dank!

Stefan Loose Travel Handbuch

China

1. Auflage

David Leffmann, Simon Lewis und Jeremy Atiyah

Aktuelle Reisetipps auf 1296 Seiten!

China
Stefan Loose Travel Handbücher

DuMont Reiseverlag

1. Auflage

Das Buch basiert auf der englischsprachigen Originalausgabe **China** von David Leffmann u.a. ISBN 1-84353-019-8,
© Rough Guides Ltd, 80 Strand, London WC2R 0RL.

Gesamtredaktion und -herstellung:
Bintang Buchservice GmbH
Zossener Str. 55/2, 10961Berlin
Projektkoordination: Dorit Aurich (lektorat plus)
Übersetzung: Günter Feigel, Meike Grow, Diethelm Hofstra, Thomas Rach
Lektorat: Jan Haas, Anke Munderloh, Sven Neumann
Fachlektorat: Diethelm Hofstra
Layout: Britta Dieterle
Karten: The Rough Guides, Klaus Schindler, Anja Linda Dicke
Fotos: Bildnachweis s.S. 13
Farbseitengestaltung: Matthias Grimm
Umschlaggestaltung: Gritta Deutschmann, Britta Dieterle

Druck & Weiterverarbeitung:
Clausen & Bosse, 25917 Leck

ISBN 3-7701-6150-5

Inhalt

Das Reich der Mitte – zwischen Isolation und Öffnung

Im Lauf seiner Geschichte entwickelte sich China zumeist eigenständig und abgeschieden von der Welt. Im Süden trennen die Himalajakette, im Norden die sibirischen Steppen das Land von anderen eurasischen Gebieten ab. Während in der restlichen Welt in den vergangenen 3000 Jahren Reiche, Sprachen und Völker entstanden, erblühten und spurlos wieder verschwanden, war China mit seiner eigenen Entwicklung und Erneuerung befasst. Die grimmigen Drachen und Löwen werden schon seit mindestens 25 Jahrhunderten von chinesischen Bildhauern geschaffen, und die bis heute gebräuchliche Schrift erreichte bereits vor 2000 Jahren unter der Han-Dynastie ihre perfekte Ausprägung. Bis zum späten 19. Jahrhundert waren die einzigen Fremden, die nach China kamen – abgesehen von den zeitweise herrschenden Mongolen und Mandschu, die sich assimilierten –, Kaufleute aus fernen Ländern oder Nomaden aus der Steppe: Für Chinas Entwicklung waren sie allesamt unbedeutende Randerscheinungen.

In unseren Tagen spiegeln negativ behaftete Bilder wie Umweltverschmutzung, Unterdrückung politisch Andersdenkender, unnachgiebige Bestrafung von Verdächtigen und imperialistisches Verhalten gegenüber Tibet oder anderen Minderheiten-Gebieten nur einen Bruchteil des Gesamtbildes von China wider. Auch wenn keine Anzeichen zu erkennen sind, dass die Kommunistische Partei mittelfristig ihre Machtposition preisgibt, löst sich die Partei doch allmählich vom harten Kurs und schlägt die Richtung eines wirtschaftlichen Pragmatismus ein. Diese gewaltige kommerzielle Umwälzung setzt kreative Kräfte frei. Ein Land mit der zehnfachen Größe Japans hat den Weltmarkt betreten. Überall in China wachsen Skylines im Stil von Hongkong in den Himmel, und viele Millionen Menschen finden eine Arbeit, die ihnen eine Kaufkraft verleiht, von der ihre Eltern nur träumen konnten. Es ist gleichgültig, aus welchen Motiven man nach China reist: Der bloße Wandel, der in allen Teilen des chinesischen Lebens zu beobachten ist, wird die Reise zu einer einzigartigen Erfahrung machen.

Der erste Eindruck, der China-Besuchern fast den Atem verschlägt, ist die außergewöhnliche Bevölkerungsdichte. In Zentral- und Ostchina scheinen sich Dörfer, Kleinstädte und Großstädte endlos weit entlang der grauen Verkehrsadern viel befahrener Schnellstraßen zu erstrecken. Es ist das Kerngebiet der Han-Chinesen, eine Welt, die von Essstäbchen, Tee, Pantoffeln, Fahrrädern, Schattenboxen, exotischer Popmusik, wimmelnden Menschenmassen, chaotischen Bahnhöfen, verrauchten Tempeln, roten Flaggen und dem Duft von Ruß und gebratenem Tofu bestimmt wird. Westlich und nördlich der städtischen Ballungsräume aber nimmt die Bevölkerungsdichte schnell ab. Weite Gebiete der Volksrepublik China werden von zahlreichen ethnischen Minderheiten bewohnt, deren Spektrum von animistischen Bergstämmen bis hin zu städtischen Moslems reicht. In jenen Gebieten dominieren die Landschaften – grüne Reisfelder und vom Nebel umhüllte Gipfel im Südwesten, die dürren Stränge der sagenumwobenen alten Seidenstraße im Nordwesten, die erhabene Bergwelt von Tibet.

Obwohl das individuelle Reisen im Land inzwischen keine großen Probleme mehr bereitet, wäre es falsch zu behaupten, dass die Erkundung des modernen China eine einfache Angelegenheit ist. Die Zahl der touristischen Höhepunkte – zum Beispiel die Große Mauer, die Verbotene Stadt in Beijing, die Terrakotta-Armee oder die Yangzi-Schluchten – ist angesichts der Größe des Landes relativ gering. Insbesondere haben die neuzeitlichen Modernisierungsmaßnahmen (vielfach bewusst) große Teile des historischen Erbes zerstört. Ganze Bezirke, die chinesischen Städten einst ein typisches Gepräge verliehen, wurden abgerissen und in neuer Gestalt wieder aufgebaut. Hinzu kommen die zum Teil großen und manchmal auch frustrierenden Anstrengungen einer Reise durch ein Land, in dem nur wenige Menschen Englisch sprechen und ein vollkommen fremdes Schriftsystem verwendet wird – ganz abgesehen von der Tatsache, dass Ausländer immer als exotische Objekte angesehen werden, die unverhohlene Neugierde hervorrufen oder geeignete Opfer für überzogene Preise sind. Insgesamt aber bleibt der Eindruck zurück, dass die Chinesen trotz ihrer urtypischen Schroffheit Fremden gegenüber höflich und freundlich sind.

Wissenswertes im Kasten

Bildnachweis

Umschlag vorne und hinten: Sven Neumann
S/w-Fotos Seiten 3 und 11: Sven Neumann
Bildteil – 1. Block à 8 Seiten:
Seite 1: Thomas Rach; Seite 2 (2) Sven Neumann; Seite 3 (2) Sven Neumann; Seite 4 (2) Thomas Rach; Seite 5: Sven Neumann; Seite 6: Sven Neumann; Seite 7 (oben): Sven Neumann; Seite 7 (unten): Thomas Rach; Seite 8: Sven Neumann
Bildteil – 2. Block à 8 Seiten
Seite 1: Thomas Rach; Seite 2 (2): Sven Neumann; Seite 3: Thomas Rach; Seite 4 (oben): Sven Neumann; Seite 4 (unten): Thomas Rach; Seite 5 (2): Thomas Rach; Setein 6 und 7 (4): Sven Neumann; Seite 8: Thomas Rach
Bildteil – 3. und 4. Block à je 8 Seiten: alle Fotos von Diethelm Hofstra
Alle Hintergrundgrafiken: Matthias Grimm

ANHUI	安徽
BEIJING SHI (BJS)	北京市
CHONGQING SHI	重庆市
FUJIAN	福建
GANSU	甘肃
GUANGDONG	广东
GUANGXI	广西
GUIZHOU	贵州
HEBEI	河北
HEILONGJIANG	黑龙江
HENAN	河南
HONGKONG	香港
HUBEI	湖北
HUNAN	湖南
INNERE MONGOLEI	内蒙古
JIANGSU	江苏
JIANGXI	江西
JILIN	吉林
LIAONING	辽宁
MACAU	澳门
NINGXIA	宁夏
QINGHAI	青海
SHAANXI	陕西
SHANDONG	山东
SHANGHAI SHI	上海市
SHANXI	山西
SICHUAN	四川
TAIWAN	台湾
TIANJIN SHI (TJS)	天津市
TIBET	西藏
XINJIANG	新疆
YUNNAN	云南
ZHEJIANG	浙江

Reisevorbereitung

Ein- und Ausreise

Alle Ausländer benötigen für die Einreise in die **Volksrepublik China** ein Visum. Visa sind weltweit bei den chinesischen Botschaften und Konsulaten erhältlich. Auch spezialisierte Reiseveranstalter und Visa-Agenturen sind bei der Beschaffung behilflich.

Für die Einreise nach **Hongkong** benötigen Angehörige der meisten Nationen lediglich einen gültigen Reisepass, doch die Aufenthaltsdauer wird unterschiedlich bewilligt. Die Bürger der meisten europäischen Länder, darunter Deutsche, Österreicher und Schweizer, können bis zu 90 Tage bleiben (**Macau** bis zu 20 Tage bzw. Schweizer 90 Tage). Erfolgt die Einreise nach Hongkong vom chinesischen Festland aus, bedeutet dies eine Ausreise aus der VR China; für eine Wiedereinreise benötigt man ein chinesisches Visum für die zwei- bzw. mehrfache Einreise. Wer via Hongkong nach China einreist, sollte sich das Visum in Hongkong beschaffen, da die amtlichen Stellen unkompliziert arbeiten.

Visa

Touristenvisa für eine einmalige Einreise nach China müssen innerhalb von drei Monaten genutzt werden, sonst verfallen sie. Sie sind ab dem Einreisedatum 30–90 Tage gültig. Die Behörden erhöhen oder vermindern die Gültigkeitsdauer der Visa, um das Touristenaufkommen zu regulieren. Außerhalb der Sommermonate bestehen bessere Chancen auf Ausstellung eines Visums für mehr als 30 Tage. Für einen **Transit-Aufenthalt** in China (sofern man sich länger als 24 Stunden im Land aufhält) ist ein Visum der Kategorie „G" erforderlich.

Für die **Beantragung** eines Transit-Visums oder eines Touristenvisums der Kategorie „L" sind ein ausgefülltes Formular, ein Passfoto und der Reisepass (der zum Zeitpunkt der geplanten Einreise nach China noch mindestens sechs Monate gültig sein muss) sowie die Gebühren erforderlich. Letztere können nicht in Form von persönlichen Schecks beglichen werden. Ein Touristen- oder Geschäftsvisum für die einmalige Einreise kostet 20 €, in Österreich 30 €. Die Papiere müssen persönlich bei der Botschaft oder einem Konsulat eingereicht werden. Die Bearbeitung dauert 4 Werktage.

Beantragung eines chinesischen Visums in Hongkong In Hongkong bieten zahlreiche Reiseagenturen Visabeschaffungsdienste an, doch man kann sich auch direkt an die Visaabteilung des Außenministeriums wenden, Floor 5, Low Block, China Resources Building, 26 Harbour Road, ✆28271881. Bei der Beschaffung eines 60 oder 90 Tage gültigen Visums, das zu mehreren Einreisen berechtigt, hilft *CTS (China Travel Service)*, 78-83 Connaught Road oder 27-33 Nathan Road (weitere Einzelheiten s.S. 18). Es gilt zu beachten, dass die Visa schon mit dem Datum der Ausstellung gültig werden, nicht erst mit dem Datum der Einreise. Ein sechs Monate gültiges Geschäftsvisum, das zur mehrfachen Einreise berechtigt, kostet bei *Shoestring Travel*, 27-33 Nathan Road, HK$600. Ein Einladungsschreiben wird nicht verlangt, eine Visitenkarte reicht aus.

Das Antragsformular fragt nach diversen Details des Reisevorhabens, beispielsweise nach den Zielorten. Es ist nicht erforderlich, den angegebenen Reiseverlauf dann strikt einzuhalten. Man sollte in der Auflistung keinesfalls Tibet oder Xinjiang nennen, da sonst zusätzliche Fragen nach den Reisemotiven gestellt werden könnten. Auch nach dem Beruf wird gefragt – es ist unklug, als Antwort „Schriftsteller", „Journalist" oder andere Medienberufe anzugeben, denn dies kann unter Umständen die Chancen auf die Ausstellung eines Visums erheblich vermindern. „Computerfachmann" ist eine stets unverfängliche Alternative; man muss es hier mit der Wahrheit nicht zu genau nehmen, denn die Angabe wird niemals überprüft. In seltenen Fällen werden Kopien von Flug- und Hotelbuchungen verlangt.

Ein **Geschäftsvisum** der Kategorie „F" ist drei Monate gültig und kann für mehrfache Einreisen ausgestellt werden, doch dafür ist die offizielle Einladung einer amtlich anerkannten chinesischen Organisation erforderlich. Ebenfalls eine Einladung sowie ein Gesundheitszeugnis sind bei der Beantragung eines zwölfmonatigen **Arbeitsvisums** der Kategorie „Z" vorzulegen. **Studenten**, die weniger als sechs Monate im Land studieren wollen, benötigen die Einladung einer Hoch- oder Fachschule;

wer länger als sechs Monate in China studieren möchte, muss ein spezielles Formular ausfüllen, das bei den Botschaften erhältlich ist, sowie ein Gesundheitszeugnis einreichen.

Visaverlängerungen erteilen die Auslandsabteilungen der Ämter für öffentliche Sicherheit (PSB) in allen größeren Städten des Landes. Die Höhe der Gebühren sowie das Ausmaß der Lauferei hängen vom Antragsort, der Nationalität des Antragstellers und der Tageszeit ab. Der beste Zeitpunkt für die Beantragung ist die Stunde nach dem Mittagessen, wenn sich die korpulenten Beamten zufrieden in ihren Sesseln zurücklehnen.

Eine erste Verlängerung für einen weiteren Monat Aufenthalt ist leicht zu bekommen. Die meisten Europäer zahlen dafür ¥160. Man ist jedoch auf die Gunst des jeweiligen Amtes angewiesen, denn mitunter lassen sich die Beamten zusätzliche Gebühren einfallen. In Kleinstädten kann es hingegen vorkommen, dass überhaupt keine Gebühren erhoben werden und die gesamte Prozedur nur zehn Minuten in Anspruch nimmt. Die ungünstigste Provinz für einen Antrag auf eine Visaverlängerung ist Tibet, da die dortigen Behörden selten mehr als eine einzige weitere Aufenthaltswoche bewilligen. Auch Beijing und Shanghai sind ungeeignete Städte, die Pässe werden dort bis zu einer Woche einbehalten.

Schwieriger zu bekommen sind eine zweite oder gar dritte Verlängerung – in den Großstädten wird man diesbezüglich wahrscheinlich abgewiesen. Die Ämter für öffentliche Sicherheit in Kleinstädten sind in der Regel kulanter. Nur wer Pech hat, bekommt dort keine Verlängerung. Auf jeden Fall wird nach den Gründen für den Verlängerungsantrag gefragt. Meistens genügt es zu sagen, dass man noch etwas länger in diesem wundervollen Land verweilen möchte; auch Krankheit gehört zu den häufig akzeptierten Gründen. Keinesfalls sollte man eingestehen, dass die eigenen Geldmittel knapp sind. Vierte oder sogar fünfte Verlängerungen sind möglich, doch dazu sind gute Beziehungen zu einem bestimmten Amt für öffentliche Sicherheit erforderlich. Es empfiehlt sich, die Hilfe eines örtlichen unabhängigen Reisebüros in Anspruch zu nehmen, denn diese haben oft die richtigen Kontakte. Alternativ kann man Rechtsanwälte mit der Angelegenheit betrauen – gegen hohe Gebühren.

Auf keinen Fall darf man das Visum **überziehen**, nicht einmal für wenige Stunden. Die Strafe beträgt ¥500 pro Tag. Wer am Flughafen mit einem abgelaufenen Visum erwischt wird, muss damit rechnen, aufgrund der damit verbundenen Unannehmlichkeiten seinen Flug zu verpassen.

Chinesische Botschaften und Konsulate im Ausland

Deutschland: Botschaft der VR China, Märkisches Ufer 54, 10179 Berlin, ✆ 030/275880, ℻ 27588221, 🖳 www.china-botschaft.de
Außenstelle der Botschaft der VR China, Kurfürstenallee 12, 53177 Bonn, ✆ 0228/9559715, ℻ 361635
Generalkonsulate Elbchaussee 268, 22605 Hamburg, ✆ 040/8227600, ℻ 82276021, sowie Romanstraße 107, 80639 München, ✆ 089/17301611, ℻ 17301619
Österreich: Botschaft der VR China, Metternichgasse 4, 1030 Wien, ✆ 01/753149, 🖳 www.chinaembassy.at
Schweiz: Botschaft der VR China, Kalcheggweg 10, 3006 Bern, ✆ 031/3527333, ℻ 3514573, 🖳 www.china-embassy.ch
Kasachstan: ul. Furmanova 137, Almaty, (Alma-Ata), ✆ 634966
Kirgisistan: ul. Toktogula 196, Bischkek, ✆ 222423
Laos: Thanon Wat Nak Yai, Vientiane, ✆ 315103
Nepal: Baluwatar, Toran Bhawan, Naxal, Kathmandu, ✆ 412589. Visaerteilung ausschließlich an Reiseveranstalter, die Gruppenreisende betreuen (s.S. 30f.).
Russland: ul. Druzhby 6, Moskau, ✆ 095/145-1543
Thailand: 57 Rachadapisake Road, Huay Kwang, Bangkok 10310, ✆ 02/245 7044, sowie 111 Chang Lo Road, Chiang Mai, ✆ 053/272197
Vietnam: Tran Phu, Hanoi (Visaabteilung um die Ecke vom Botschaftshauptgebäude in 46 Hoang Dieu), ✆ 04/823 5517

Diplomatische Vertretungen in China

Deutschland: Botschaft der Bundesrepublik Deutschland, 17 Dongzhimenwai Dajie, Bezirk Chaoyang, Beijing 100600, ✆ 010/6532216[illegible], ℻ 65325336, ✉ germassy@public.gb.com.cn, 🖳 www.deutschebotschaft-china.org

Generalkonsulate Deutschlands, United Centre, 21st floor, 95 Queensway, Central, Hongkong, ✆ 21058777 und 21058788, 📠 28652033;
19th floor, Guangdong International Hotel, 339 Huanshi Road, Guangzhou , ✆ 020/83306533, 📠 83317033;
18th floor, New Century Plaza, 188 Wujiang Road, Shanghai, ✆ 021/62172884, 📠 62714650
Österreich: Österreichische Botschaft, 5 Xiushui Nanjie, Jianguomenwai, Beijing, ✆ 010/6532 2061, 📠 65321505, ✉ peking-ob@bmaa.gv.at
Generalkonsulate Österreichs, Room 21, Wang Kee Building, 34 Connaught Road, Central, Hongkong, ✆ 25228086, 📠 25218773;
3F, Qihua Building, 1375 Huaihai Zhong Lu, Shanghai, ✆ 21/ 64740278, 📠 64711554
Schweiz: Botschaft der Schweiz, 3 Dongwu Jie, Sanlitun, Beijing, ✆ 10/65322736, 📠 65324353, ✉ vertretung@bei.rep.admin.ch
Generalkonsulate der Schweiz, Room 3703, Gloucester Tower, The Landmark, 11 Pedder St, Hongkong, ✆ 25227147, 📠 28452619;
22F Building A, Far East International Plaza, 319 Xianxia Road, Shanghai, ✆ 021/62700519, 📠 62700522

Zollbestimmungen

Die gestatteten **Importe** nach China belaufen sich auf maximal 400 Zigaretten, 2 l Alkohol, 600 ml Parfüm und bis zu 50 g Gold oder Silber. Es dürfen nicht mehr als ¥6000 eingeführt werden, ausländische Devisen über US$5000 (bzw. dem Gegenwert in anderen Währungen) sind zu deklarieren. Illegal ist der Import von Drucksachen sowie von Ton- und Videokassetten mit landeskritischen Inhalten. Es besteht jedoch kein Anlass zur Unruhe, denn in der Praxis werden nur selten Gegenstände konfisziert. Eine Ausnahme bilden sensible Regionen wie Tibet – Reisende berichteten, dass ihnen Bücher über Tibet abgenommen wurden. Es gibt **Exportbeschränkungen** für Objekte, die über 100 Jahre alt sind; zur Ausfuhr von Antiquitäten ist ein Exportformular vorzulegen, das in den *Freundschaftsläden* erhältlich ist.

Informationen

Die Maßnahme anderer Länder, zur Förderung des Tourismus kostenlose Touristeninformationen zur Verfügung zu stellen, hat sich in China noch nicht durchgesetzt. Es gibt einige wenige **chinesische Fremdenverkehrsämter** in großen ausländischen Hauptstädten, doch diese staatlichen Einrichtungen sind bürokratisch und im Allgemeinen nicht besonders hilfreich. Ihre einzige Funktion scheint darin zu bestehen, Reiseveranstalter zu empfehlen und Anrufern lange, nutzlose und teure Bandnachrichten vorzuspielen. Eine bessere Informationsquelle ist das Internet (s.S. 19 ff.).

Auch in der Volksrepublik China selbst gibt es keine Touristenbüros. *CITS (China International Travel Service)*, 💻 www.cits.net, das staatlich akkreditierte Reisebüro mit spezieller Zuständigkeit für Ausländer, sollte ursprünglich in diese Rolle schlüpfen, doch heute ist dieses landesweit präsente Unternehmen nur eine von vielen konkurrierenden Agenturen, die organisierte Touren verkaufen und Tickets besorgen. Es kann sich trotzdem lohnen, bei einer örtlichen Zweigstelle von *CITS* oder einer ähnlich strukturierten Agentur vorbeizuschauen, etwa *CTS (China Travel Service)*, 💻 www.ctsho.com, oder *Access China Tours*, 💻 www.chinatour.com. Besonders in abgelegenen Orten kann dies nützlich sein, denn dort sitzt manchmal die einzige Person der Stadt, die etwas Englisch spricht. Die meisten zur Verfügung stehenden Faltblätter, Broschüren oder Karten dieser Dienststellen sind kostenpflichtig. Andere Informationsquellen sind das Personal in Hotels der gehobenen Kategorie sowie Englisch sprechende Einheimische. In einigen Touristenzentren haben Restaurantbesitzer den Bedarf erkannt und agieren als eine Art örtliches Informationsbüro, das zahlenden Kunden Tipps gibt.

In Beijing, Shanghai und Guangzhou kann man **englischsprachige Magazine** erstehen, die aktuelle Tipps und Adressen von Bars, Restaurants und anderen Einrichtungen benennen. Zielgruppe dieser Magazine, die gewöhnlich kostenlos in Bars und besseren Hotels ausliegen, ist die in der Stadt wohnhafte Ausländergemeinde.

Auch die englischsprachige Tageszeitung *China Daily* gibt im knappen Rahmen Hinweise auf aktuelle Treffpunkte und anstehende Kulturereignisse in Beijing sowie einigen anderen Großstädten. Hingegen wird man in Hongkong und Macau mit Informationen schier zugeschüttet (s.S. 77, Medien).

Chinesische Fremdenverkehrsämter im Ausland

China National Tourist Office, Genfer Str. 21, 8002 Zürich, ✆ 01/2018877, 📠 2018878
China Travel & Trading (CTS), Düsseldorfer Str. 14, 60329 Frankfurt/Main, ✆ 069/250515, 📠 232324
Deutsche China-Gesellschaft e.V., c/o Prof. Gregor Paul, Klauprechtstr. 42, 76137 Karlsruhe, ✆ 0721/816802, 📠 9812500, 💻 www.dcg.de
Fremdenverkehrsamt der VR China (CITS), Ilkenhanstr. 6, 60433 Frankfurt/Main, ✆ 069/520135, 📠 528490, ✉ info@china-tourism.de, 💻 www.fac.de
Fremdenverkehrsbüro von Macau (zuständig für Deutschland, Österreich und Schweiz), Eifelstr. 14 a, 60529 Frankfurt/Main, ✆ 069/35355121, 📠 350040, 💻 www.macau99.org.mo
Hong Kong Tourist Association (HKTA), Humboldstr. 94, 60318 Frankfurt/Main, ✆ 069/9591290, 📠 5978050, 💻 www.hkta.org/germany.de

Informationen im Internet

China im Netz

CCTV 9
💻 www.cctv-9.com
Website des englischsprachigen Kanals des chinesischen Staatsfernsehens, bietet Videoclips und andere Programme auf Abruf an.

China Business World
💻 www.cbw.com
Professionelle Site mit detaillierten Tourangaben und der Möglichkeit zu Flug- und Hotelbuchungen.

China-Club
💻 www.china-club.de
Aktuelle deutschsprachige Informationen zu Reisezielen, Reiseveranstaltern, Nachrichten über China, Vereinen, Kochrezepten und vieles andere.

China News Digest
💻 www.cnd.org
US-amerikanische Website mit gründlicher Berichterstattung über die aktuellen Geschehnisse in China (in Englisch und Chinesisch).

China Tourism
💻 www.cnta.gov.cn
Offizielle staatliche Website für Tourismus und Entwicklung mit Hotelfinder, Reisetipps, Festivals usw. (auch in Englisch).

China Vista
💻 www.chinavista.com
Chinesische Website mit Kurzdarstellungen über chinesische Kultur, Geschichte, Sehenswürdigkeiten und Küche.

ChinaWeb
💻 www.chinaweb.de
Deutschsprachige Website mit aktuellen Infos über Reiseziele, Kultur, Medien, Clubs, Wirtschaft, Bildung, Politik sowie Foto-Datenbank.

Chinese Food
💻 www.chinesefood.about.com
Alles Wissenswerte über die chinesische Küche mit Rezepten zum Selberkochen.

Chuck@China
💻 www.chake.topcities.com
Schrullig-unterhaltsame Seite eines amerikanischen Lehrers mit Einblicken in alle Aspekte des Lebens eines Ausländers in China.

Hallo China
💻 www.hallo-china.de
Umfangreiche deutsche Link-Sammlung.

International Campaign for Tibet
💻 www.savetibet.org
Tendenziöse Quelle für aktuelle Nachrichten aus Tibet.

Sinomania
💻 www.sinomania.com
Website aus der USA mit Links zu aktuellen chinesischen Nachrichten und guter volkstümlicher Musik; als MP3-Dateien erhältlich.

Yesasia
💻 www.yesasia.com
Online-Shopping für chinesische Filme, CDs, Bücher, Sammlerstücke usw.

Zhongwen.com
💻 www.zhongwen.com
Besonders interessant für Chinesisch-Studenten. Die Website erhellt Hintergründe der chinesischen Schrift, führt diverse klassische Texte an (teils mit Links zu englischen Übersetzungen) und gibt Empfehlungen für die Übertragung verbreiteter christlicher Namen ins Chinesische.

Allgemeine Reiseinformationen

Auswärtiges Amt
💻 www.auswaertiges-amt.de
Länderspezifische Informationen zu den Themen Gesundheit, Sicherheit und Einreisebestimmungen.

CIA The World Factbook
💻 www.odci.gov/cia/publications/factbook/
Wesentliche Grunddaten aller Länder der Erde. Ideal für Geografielehrer und potenzielle Auswanderer.

Deutsche Zentrale für Globetrotter
💻 www.dzg.com
Der Verein, in dem bereits seit über 25 Jahren Globetrotter und Traveller ihre Reiseerfahrungen austauschen, nun auch online mit Reiseberichten und Tipps.

DuMont Reiseverlag
💻 www.dumontreise.de
Neben dem bewährten Reiseführerprogramm Zusatzangebote wie Länderlexikon, Reise-Quiz und internationaler Kulturkalender.

Global Online Adventure
💻 www.goals.com
Aktuelle Berichte von Expeditionen und Abenteuerreisen und viele Hintergrundinformationen.

Hotel Discount
💻 www.hoteldiscount.com
💻 www.hotelwiz.com
Weltweite Hotelbuchungen möglich.

Hotels günstig
💻 www.hrs.de
Weltweit werden 30 000 Hotels in 16 Sprachen angeboten und können direkt unverschlüsselt online gebucht werden. 60 000 Hotels in über 200 Ländern mit Buchungsmöglichkeiten listet.
💻 www.hotelguide.com

IgoUgo
💻 www.igougo.com
Die mit Reisefotos und Reportagen vollgepackte Partner-Site von www.roughguides.com liefert verlässliche Informationen aus erster Hand.

International Student Travel Confederation
💻 www.istc.org
Weltweit Geld sparen mit einem Internationalen Studentenausweis.

Lonely Planet
💻 www.lonelyplanet.com
Hier findet man nicht nur die Lonely-Planet-Reiseführer, Updates der wichtigsten Titel und Erfahrungsberichte von Travellern, sondern auch spezielle Infos, Reisepartner und Ideen für die nächste Reise.

Mail2Web
💻 www.mail2web.com
Ermöglicht das sofortige Senden und Empfangen von POP3-Mail über einen beliebigen Web-Browser. Schneller als Hotmail.

Private Dreams
💻 www.private-dreams.de
Reportagen und News aus der etwas exklusiveren Welt des Tourismus.

Reiseträume
💻 www.reisetraeume.de
Wer nach dem Lesen der Reiseberichte selbst losfahren möchte, erhält gleich noch die Adressen der Fremdenverkehrsämter dazu.

Rough Guides
💻 www.roughguides.com
Die umfangreichen englischsprachigen Reiseführer zu weltweiten Zielen können komplett im Netz nachgelesen werden.

Schwarz auf Weiss
www.schwarzaufweiss.de
Ein Reisemagazin, das auf 1000 Seiten über 50 Länder der Erde informiert und Reisetipps gibt.

Stefan Loose Travel Handbücher
www.loose-verlag.de
Jede Menge Tipps, die neben den praktischen Travel Handbüchern das Reisen erleichtern: monatliche Updates, ein Reiseplaner, Austausch mit Gleichgesinnten im Globetrotter-Forum, Länderprofile und viele Hintergrundinformationen.

Survival
www.survival.imweb.com
Survival-Training und Profi-Tipps für Naturfreaks und Abenteurer.

Tiefenrausch
www.tiefenrausch.de
Hier kann man nicht nur auf der Oberfläche surfen, sondern auch in die Ozeane abtauchen.

Travel Library
www.travel-library.com
Adressen aus allen Ecken der Welt, Packlisten, Infos über Frachtschiff-Reisen und viele lebensnotwendige Tipps für echte Globetrotter.

Travel Paperwork
www.travelpaperwork.com
Visa-Informationen und erforderliche Papiere für Reisen in alle Welt.

WebFlyer
www.webflyer.com
Damit Meilensammler den Überblick über die Frequent-Flyer-Angebote behalten.

What's Going On
www.whatsgoingon.com
Termine von Festen und Veranstaltungen in aller Welt, ebenso unter:
www.whatsonwhen.com

Wie weit ist es nach …?
www.indo.com/distance/
Berechnet die Entfernung zwischen zwei beliebigen Städten.

Landkarten und Stadtpläne

Stadtpläne gibt es für nahezu jede große und mittlere Stadt Chinas. Sie sind an Kiosken, in Hotels und in den *Xinhua*-Buchläden erhältlich. An fast allen Bahnhöfen und Busbahnhöfen bieten Straßenhändler Reisenden Stadtpläne an. Leider sind diese größtenteils nur chinesisch beschriftet, was wirklich schade ist, denn sie sind eine wahre Fundgrube für Informationen über Buslinien samt Streckenführung, Hotels, Restaurants und touristische Sehenswürdigkeiten. Die Rückseiten sind meist mit Bus- und Zugfahrplänen sowie Abflugzeiten bedruckt. Dieselben Verkäufer bieten auch chinesischsprachige Provinz-Straßenatlanten im Taschenformat an.

In den Städten, die regelmäßig von ausländischen Touristen besucht werden, stehen Stadtpläne und Landkarten in englischer Sprache zur Verfügung. Diese für Ausländer angefertigten Karten werden in den Hotels der gehobenen Kategorien, an den wichtigsten Sehenswürdigkeiten, in bekannten Museen und in den *CITS*-Büros angeboten. In Beijing und Shanghai liegen in den luxuriöseren Hotels kostenlos Stadtpläne aus. Ähnlich ist die Situation in Hongkong und Macau, wo die örtlichen Touristenbüros Gratis-Stadtpläne ausgeben, die für den Bedarf der meisten Besucher vollkommen ausreichen. Einen sehr detaillierten Überblick über Hongkongs Straßennetz geben die *Hong Kong Island Street Map* und die *Kowloon Street Map*, die in englischsprachigen Buchhandlungen erhältlich sind.

Landkarten – entweder landesweite oder regional begrenzte Karten – sollten nach Möglichkeit bereits in Deutschland beschafft werden. Die Buchhandlungen halten hier eine gewisse Auswahl bereit. Gute Überblicke über das Land und die einzelnen Provinzen (auch topografisch) gab in der Vergangenheit der 1989 von Foreign Languages Press Beijing in englischer Sprache herausgegebene (allerdings recht kompakte) *Atlas of the People's Republic of China*, der in größeren *Freundschaftsläden* erhältlich war. Zu den exzellenten Materialien in englischer Sprache gehören die Karte von Geo-Center im Maßstab 1:4 000 000, die auch angrenzende Gebiete der Nachbarstaaten erfasst, sowie die erst kürzlich erschienene China-Karte von Collins im Maßstab 1:5 000 000. Wer Karten mit besonders kleinem Maßstab sucht, die für Radfahrer und

Trekker in den abgelegenen Berg- und Wüstengebieten in Chinas Westen von Nutzen sind, sollte einen Blick auf die *Operational Navigation Charts* (Series ONC) werfen, die ursprünglich für Piloten konzipiert wurden. Zu den besten Tibet-Karten gehört *Stanfords Map of South-Central Tibet; Kathmandu–Lhasa Route Map*.

Karten und Atlanten Die folgenden Internetseiten ermöglichen die Ausgabe von Straßenkarten und Stadtplänen weltweit:
- www.maps.expedia.com
- www.mapblast.com
- www.mapquest.com
- www.multimap.com

Weitere Landkarten sowie geografische und GPS-Informationen finden sich unter:
- www.geography.about.com
- www.dmoz.org/Reference/Maps/

Klima und Reisezeiten

In China herrschen sehr unterschiedliche klimatische Verhältnisse. Der subtropische **Süden** weist nasse bis feuchte Sommer (April bis September) auf, in denen die Temperaturen durchaus 40 °C erreichen können. An der **Südostküste** drohen zwischen Juli und September Taifune. Obwohl es dort zumeist selbst im Dezember warm genug ist, um im Meer zu schwimmen, können kurze Wintereinbrüche zwischen Januar und März überraschend auftreten.

Zentralchina, die Region **Shanghai** und das **mittlere bis untere Yangzi-Becken** erleben kurze kalte Winter, in denen die Temperaturen unter den Gefrierpunkt fallen können, sowie lange, heiße und feuchte Sommer. Drei Städte am Yangzi – Chongqing, Wuhan und Nanjing – werden im Volksmund „die drei Backöfen Chinas" genannt. Im gesamten Jahresverlauf regnet es in dieser Großregion häufig. Weiter nördlich sind ab dem **Huanghe-Becken** die Häuser mit Heizung ausgestattet, um die harten Winter der Region erträglicher zu machen. In **Beijing** übersteigen die Temperaturen zwischen Dezember und März nur selten den Gefrierpunkt, und eisige Winde aus den mongolischen Ebenen lassen die Menschen frösteln. Im Sommer aber klettern die Temperaturen im Gebiet der Hauptstadt oft über 30 °C. In der **Inneren Mongolei** und der **Mandschurei** sind die Winter klar und trocken, doch die Temperaturen liegen weit unter Null; die Sommermonate hingegen können unangenehm schwül sein. **Xinjiang** hat extrem heiße Sommer, denen die Feuchtigkeit der anderen Landesgebiete fehlt, während die Winter so unerbittlich kalt sind wie im gesamten Norden Chinas. Beste Reisezeit für **Tibet** sind die Mitsommerwochen, in denen es auf den Plateaus angenehm warm und trocken ist. Im Winter fallen die Temperaturen in der Hauptstadt oft tief unter den Gefrierpunkt.

Insgesamt betrachtet sind der **Frühling** und der **Herbst** die besten Reisemonate für China. In diesen Jahreszeiten herrschen die moderatesten klimatischen Bedingungen. Im Frühling empfiehlt es sich, die Reise im Süden anzutreten und sich mit dem Näherrücken des Sommers Richtung Norden oder Westen vorzutasten; im Herbst ist es umgekehrt vernünftiger, die Reise im Norden zu beginnen und Richtung Süden zu reisen.

Reiserouten

Selbstverständlich steht die **Hauptstadt Beijing** auf allen Reiseplänen, denn die Verbotene Stadt und die Große Mauer möchte jeder China-Besucher sehen, doch angesichts der zahllosen Wolkenkratzer kann Beijing erdrückend, seelenlos und einfach nur funktionell wirken. Die besten Eindrücke vom wahren China gewinnt der Besucher, wenn er sich in die persönlichen und privaten Bereiche der Stadt vorwagt, die nicht unbedingt leicht zu finden sind, denn die Zahl der verschlungenen malerischen Gassen (Hutong) schrumpft. Die Hauptstadt hat natürlich einige der besten Adressen für Essen und Nachtleben zu bieten, und sie ist eine ausgezeichnete Ausgangsbasis für etliche Tagesausflüge. Im nur wenig nördlich von Beijing gelegenen Chengde in der Provinz **Hebei** sind überwältigende Bauwerke zu bewundern, die Kaiser der Vergangenheit in ihrer damaligen Sommerresidenz errichten ließen. Die heutigen Stadtbewohner suchen Erholung in den ruhigeren Küstenstädten Shanhaiguan und Beidaihe, die schöne Landschaften, wundervolle alte

Temperaturen und Niederschläge (mm)

	Jan	Feb	März	April	Mai	Juni	Juli	Aug	Sept	Okt	Nov	Dez
Beijing												
max °C	1	4	11	21	27	31	31	30	26	20	9	3
min °C	-10	-8	-1	7	13	18	21	20	14	6	-2	-8
Niederschlag	4	5	8	17	35	78	243	141	58	16	11	3
Chongqing												
max °C	9	13	18	23	27	29	34	35	23	22	16	13
min °C	5	7	11	16	19	22	24	25	22	16	12	8
Niederschlag	15	20	38	99	142	180	142	122	150	112	48	20
Guilin												
max °C	16	17	20	25	29	31	32	32	31	27	23	19
min °C	8	10	14	19	23	25	26	26	24	19	15	12
Niederschlag	33	56	97	160	206	193	160	178	34	43	38	37
Hongkong												
max °C	18	17	19	24	28	29	31	31	29	27	23	20
min °C	13	13	16	19	23	26	26	26	25	23	18	15
Niederschlag	33	46	74	137	292	394	381	367	257	114	43	31
Jilin												
max °C	-6	-2	6	16	23	29	31	29	24	16	5	-4
min °C	-18	-14	-6	3	10	16	21	19	11	3	-6	-15
Niederschlag	8	8	18	28	69	84	183	170	64	36	28	15
Kunming												
max °C	20	22	25	28	29	29	28	28	28	24	22	20
min °C	8	9	12	16	18	19	19	19	18	15	12	8
Niederschlag	8	18	28	41	127	132	196	198	97	51	56	15
Lhasa												
max °C	7	9	12	16	19	24	23	22	21	17	13	9
min °C	-10	-7	-2	1	5	9	9	9	7	1	-5	-9
Niederschlag	0	13	8	5	25	64	122	89	66	13	3	0
Shanghai												
max °C	8	8	13	19	25	28	32	32	28	23	17	12
min °C	1	1	4	10	15	19	23	23	19	14	7	2
Niederschlag	48	58	84	94	94	180	147	142	130	71	51	36
Ürümqi												
max °C	-11	-8	-1	16	22	26	28	27	21	10	-1	-8
min °C	-22	-19	-11	2	8	12	14	13	8	-1	-11	-13
Niederschlag	15	8	13	38	28	38	18	25	15	43	41	10
Wuhan												
max °C	8	9	14	21	26	31	34	34	29	23	17	11
min °C	1	2	6	13	18	23	26	26	21	16	9	3
Niederschlag	46	48	97	152	165	244	180	97	71	81	48	28

Befestigungsanlagen und ein Strandleben zu bieten haben.

Nördlich der Großen Mauer war die Region **Dongbei** (Mandschurei) lange Zeit nur für ihre extrem kalten Winter und ihre heißblütigen Krieger bekannt. Inzwischen sind die endlosen Weiten und die Millionenstädte dieses Teils von China wegen ihrer Naturreservate, Geschichte und Minderheitenkulturen ein beliebtes Reiseziel. Dongbeis Grenze mit Nordkorea ließ interessante Städte wie Dandong und berühmte Häfen wie Dalian entstehen. Die lokale Vorliebe für Wodka ebenso wie die Kathedrale in Harbin mit ihrem markanten Zwiebelturm verweisen wiederum auf die Nähe zu Russland. Shenyang kündet von Dongbeis turbulenter Geschichte: Im letzten Jahrhundert kontrollierten abwechselnd die Mandschu, Russen, Japaner, Nationalisten und Kommunisten die Stadt.

Die meisten China-Besucher haben die Sehenswürdigkeiten südlich der Hauptstadt zum Ziel, die sich im Becken des **Huanghe** (Gelber Fluss) – die Wiege der chinesischen Zivilisation – befinden. Hier liegen Überreste aus dynastischen Zeitaltern verstreut in einzigartigen Landschaften aus Lössterrassen. Herausragend sind auch die Grotten von Datong und Luoyang, wo riesenhafte buddhistische Skulpturen auf die inzwischen längst industrialisierte Umgebung schauen. Unter den historischen Hauptstädten ist Xi'an das meistbesuchte Ziel, und nicht weit von hier bewacht die weltberühmte Terrakotta-Armee den Grabhügel des Ersten Kaisers Qin Shi Huang. Weniger stark besuchte antike Städte wie Kaifeng in der Provinz Henan oder Qufu, die Geburtsstadt des Konfuzius in Shandong, sind architektonische Schätze mit einer heimeligen Atmosphäre, die den Großstädten abhanden gekommen ist.

In der Großregion gibt es außerdem mehrere heilige Berge, die einen nur noch selten zu findenden Bezug zur Vergangenheit aufweisen: Noch immer schlurfen Großmütter den mühsamen Weg hinauf zum Gipfel des Tai Shan, der die vielleicht wichtigste und erhabenste Pilgerstätte des gesamten Landes ist, an der man Gottheiten huldigt, die so alt wie die chinesische Zivilisation selbst sind. Der heilige Berg Song Shan in der Provinz Henan zieht zeitgenössische Reisende vorwiegend zum Tempelkloster Shaolin, wo die Kampfsportart Kung-Fu entwickelt wurde und noch heute gelehrt wird. Am Wutai Shan in der Provinz Shanxi befinden sich einige der besterhaltenen religiösen Stätten des Landes, umrahmt von einer üppigen alpinen Landschaft.

An **Chinas Ostküste** dominiert in der Nähe der Yangzi-Mündung ins Meer die Stadt Shanghai, die das westlichste Gepräge aller chinesischen Städte aufweist. Shanghai ist eine wirtschaftlich explodierende Hafenstadt, in der die Art-déco-Bauwerke am alten, von Europäern gebauten Bund (das Geschäftszentrum am Fluss Huangpu) inmitten einer hypermodernen Metropolis stehen, über die zwei der höchsten Wolkenkratzer der Welt hinausragen. Nicht weit von Shanghai entfernt erstrecken sich Gebiete mit einigen der charakteristischsten Landschaften Chinas, die nahezu auf Meereshöhe liegen, mit Kanälen durchzogen sind und mit historischen Städten aufwarten. In der sich nördlich anschließenden Provinz Jiangsu liegt die Stadt Suzhou, deren berühmte Gärten von Gelehrtenbeamten der Ming-Dynastie gestaltet wurden, und nicht allzu weit im Westen befindet sich die Stadt Nanjing, in der noch zahlreiche Sehenswürdigkeiten von der turbulenten Geschichte als ehemalige Hauptstadt künden. In der südlich von Shanghai gelegenen Provinz Zhejiang liegt am Ende des historischen Kaiserkanals die Stadt Hangzhou, eine der grünsten und landschaftlich schönsten Städte Chinas. Berühmt ist der dortige Westsee (Xi Hu), dessen Uferbereiche und benachbarte Hügelzüge zahllose Wandermöglichkeiten bieten. Mit einer Nachtfahrt ist von Shanghai per Schiff die vorgelagerte buddhistisch geprägte Insel Putuo Shan zu erreichen, die mit ihren Stränden, ländlichen Wanderwegen und Klöstern einen besonderen Zauber ausübt.

Zentralchina erstreckt sich über das mittlere Becken von Asiens längstem Fluss, des Yangzi, der auf seinem Weg zum Meer die beiden riesigen Süßwasserseen Poyang und Dongting speist. Er war einst die wichtigste Verkehrs- und Transportader des Landes, und noch heute verkehren auf mehreren Tausend Kilometern in den Provinzen Anhui, Hubei, Hunan und Jiangxi fahrplanmäßig Passagierfähren. Eine Fahrt mit diesen Fähren gehört zu den herausragendsten Flussreisen der Welt. Zahllose geschäftige Flusshäfen erleben einen industriellen Aufschwung, darunter vor allem die moderne Metropole und ehemalige europäische Konzession Wuhan. Die Zeugen der Vergangenheit reichen von 2000 Jahre alten Gräbern über die Schlachtfelder des 3. Jahrhunderts bis hin zum hunanesischen Dorf Shaoshan, in dem Mao Zedong geboren wurde. Abseits des Flusses warten wundervolle Landschaften auf Erkundung: Die mit Pinien bewachsenen und in Wolkenschleier gehüllten Gipfel des Huang Shan in der Provinz Anhui, ein klassisches Motiv der chinesischen Malerei; Hubeis Wudang Shan mit seinen uralten esoterisch-daoistischen Tempeln, nicht zuletzt die zerklüfteten Felsen und urwüchsigen Waldgebiete von West-Hunans Landschaftsschutzgebiet Wulingyuan.

Die **südöstlichen Küstenprovinzen** Fujian und Guangdong sowie die **Insel Hainan** weisen alle Widersprüche einer sich rasch industrialisierenden Nation auf: Überdurchschnittliche Wirtschaftserfolge ruhen auf dem Unterbau eines eisernen Konservativismus und stehen einer chronischen Armut und einer unbändigen Sehnsucht nach Modernität gegenüber. Nur einen kurzen Sprung von Hongkong entfernt liegen die chaotische Stadt Guangzhou und angrenzende industrielle Neubaugebiete im Delta des Perlflusses. Hier sind Wolkenkratzer neben Tempeln, Bettler und Geschäftsleute, Nachtklubs ebenso wie Opernhäuser, Fast-Food-Lokale und erlesenste Restaurants gleichermaßen zu finden. Wie in anderen Städten der Region (das schönste Beispiel ist Fujians Inselhafen Xiamen) sind in Guangzhou zahlreiche Beispiele europäischer Architektur erhalten geblieben, die von den kolonialen Siegermächten nach den Opiumkriegen des 19. Jahrhunderts errichtet wurden. Einzelne Städte wie beispielsweise Chaozhou halten stolz ihre Tradition hoch, und an der Provinzgrenze zwischen Guangdong und Fujian siedeln die ethnischen Hakka, die wie seit Jahrhunderten auch heute noch in riesigen befestigten Wohnburgen leben. Hainan scheint auf den ersten Blick kein kulturelles Erbe zu besitzen, sondern nur sehr schöne Strände, doch bei näherem Hinschauen erkennt man, dass ein Besuch der Li-Dörfer im zentralen Hochland der Insel lohnenswert ist.

Hongkong – 1997 an Beijing zurückgegeben, doch mit einem in der Geschichte der Volksrepublik China bislang beispiellosen Maß an Autonomie ausgestattet – besitzt eine der überwältigendsten Silhouetten der Welt. Das jüngere koloniale Erbe verleiht der Stadt noch immer eine erfrischend kosmopolitische Atmosphäre, und es gibt eigentlich nichts, was Hongkong unter touristischen Aspekten nicht zu bieten hätte: Es gibt schöne Strände, koloniale Bauwerke, ausgezeichnete Hotels und Restaurants und ein lebendiges Nachtleben. Auch **Macau** ist einen Besuch wert – wenn nicht wegen der Kasinos, dann wegen der barocken Kirchen und der feinen portugiesischen Küche.

Im **Südwesten** gehören Chengdu in Sichuan und Kunming in Yunnan zu den interessantesten Städten von ganz China. Es sind leichtlebige Provinzhauptstädte in einer Großregion, die insgesamt sehr abwechslungsreich ist: Das Landschaftsbild reicht von schneebedeckten Gipfeln über alpine Seen bis hin zu dunstverhangenen tropischen Dschungeln. Besondere Berühmtheit genießt die karstige (Kalksteingipfel-) Landschaft am Fluss Li zwischen Yangshuo und Guilin in der Provinz Guangxi. In Sichuan pilgern die Massen zum großen Buddha in Leshan und besteigen den heiligen Berg Emei Shan. Im Osten ist die Stadt Chongqing der Ausgangspunkt für die Yangzi-Flussfahrt durch die Drei Schluchten. Da Yunnan und Guangxi an Vietnam, Laos und Myanmar grenzen und Sichuan neben Tibet liegt, verwundert es nicht, dass die Region die Heimat und das Rückzugsgebiet vom Aussterben bedrohter Tierarten ist und es zahlreiche ethnisch autonome Bezirke gibt. Zu den schönsten gehören die traditionelle Naxi-Stadt Lijiang sowie die Dai-Dörfer von Xishuangbanna in Yunnan; besonderes Interesse verdienen die bunten Feste und Trachten von Guizhous Miao-Minderheit sowie die Holzarchitektur der Dong-Siedlungen in Guangxis Norden.

Im unermesslich weiten **Nordwesten** dünnt die Bevölkerung aus, denn dort beginnt die wahre Wildnis. Die nur wenige Stunden von Beijing entfernte Innere Mongolei stößt schon an die Grenzen von Zentralasien. Dort können Besucher nach dem Vorbild von Dschingis Khan durch das schier endlose Grasland reiten. Weit im Südwesten dieser Gebiete beginnt in Xi'an die alte Seidenstraße, die durch Chinas Westen und über die Grenze hinaus verläuft. Zu den Höhepunkten an den diversen Strängen der Seidenstraße gehören die berühmten buddhistischen Höhlen am Maiji Shan und von Bingling Si in der Nähe von Lanzhou. Wenige Stunden Fahrt weiter südlich von Lanzhou liegt das ländliche Gebiet rund um die Stadt Xiahe, in deren Nähe ein wichtiges lamaistisch-buddhistisches

Kloster steht. Weiter westlich endet im nordwestlichen Teil der Provinz Gansu die Große Mauer an der berühmten letzten Festung Jiayuguan. Nicht weit entfernt befinden sich in den Sandwüsten um Dunhuang die vollendeten buddhistischen Grotten von Mogao, die zu Chinas herausragendsten Sehenswürdigkeiten zählen.

Im **Westen** schließen sich die Gebirge und Wüsten des weiten Xinjiang an, wo sich China mit dem alten Turkestan vermischt. Das Reisen zwischen den Städten hat dort die Gestalt von langen Busfahrten. Zu den herausragenden touristischen Zielen gehören die Oasenstadt Turfan und das abgelegene Kashgar, wo die Menschen noch mit Eselskarren zu den Basaren fahren, doch auch die blauen Fluten des Himmelssees (Tian Chi), die von alpinen Landschaften umgeben sind, welche sich aus sengenden Wüsten erheben, bezaubern viele Besucher.

Tibet hat den exotischsten Ruf aller zugänglichen Reiseziele – und dies zu Recht, was besonders ersichtlich wird, wenn man aus Nepal einreist oder die lange Fahrt über Golmud in der Provinz Qinghai in Kauf nimmt. Auch nach 50 Jahren chinesischer Herrschaft, während der eine Masseneinwanderung von Han-Chinesen in die Region erfolgte, sind die Grundlagen der tibetischen Kultur noch intakt: der Potala-Palast in Lhasa, Mönche in roten Roben, Ströme von Gebetsmühlen drehenden Pilgern, Butterstatuen und blutrünstige Fresken als Dekorationen von Klosterhallen. Allein schon Tibets Bergwelt, zu der auch der Mount Everest gehört, ist eine Reise wert, selbst wenn die Möglichkeiten des individuellen Reisens wesentlich beschränkter sind als in anderen Landesteilen.

Anreise

Mit dem Flugzeug

Die häufigste Art der Anreise von Europa aus ist der Flug mit einer europäischen oder asiatischen Fluggesellschaft. Chinas bedeutendste Tore zur Welt sind die Flughäfen von Beijing, Hongkong und Shanghai, doch auch andere chinesische Städte besitzen internationale Flugverbindungen, die überwiegend von ostasiatischen Gesellschaften betrieben werden.

Von Europa aus fliegen die meisten großen europäischen Airlines Nonstop nach Beijing, Hongkong und Shanghai. Die Flugpreise sind in der Regel am höchsten um die Weihnachtszeit, das chinesische Neujahrsfest sowie von Mitte Juni bis Anfang Oktober. Die günstigsten Flüge bekommt man meist im Februar (nach Chinese New Year), im Mai und November. In Beijing ist im Sommer Hochsaison.

Normalerweise ist die Geltungsdauer von Billigtickets auf 6 Monate begrenzt. Zudem kann man mit ihnen nicht die Fluggesellschaft wechseln und bekommt kein Geld zurückerstattet, wenn der Flug nicht angetreten wird. Bei weniger strikter Handhabung ist zumindest eine Stornierungsgebühr fällig.

Für die Umbuchung des Rückflugs müssen etwa 50 € bezahlt werden. Trotzdem sollte man keine *open date tickets* kaufen, da zu manchen Zeiten Flüge von und nach China Monate im Voraus ausgebucht sind.

Gebuchte Flüge müssen bei einigen wenigen Airlines noch spätestens drei Tage vor Abflug rückbestätigt werden, was auch telefonisch geschehen kann.
Nicht selten sind die Maschinen überbucht, und die Letzten kommen trotz Rückbestätigung nicht mehr mit. Es empfiehlt sich daher, rechtzeitig am Flughafen zu erscheinen.

Auswahl von Airlines in Deutschland

Air France, ✆ 0180 5/830830, 💻 www.airfrance.de. Tägliche Flüge nach Beijing, Shanghai und Hongkong via Paris.

Austrian Airlines, ✆ 0180/3000520, 💻 www.aua.com

China Airlines, ✆ 069/29705840, 💻 www.china-airlines.com

KLM, 💻 www.klm.com. Fliegt via Amsterdam nach Beijing und Hongkong.

Lufthansa, ✆ 0180/5838426, 💻 www.lufthansa.com. Tägliche Flüge nach Beijing, Shanghai und Hongkong ab Frankfurt.

Swiss, ✆ 0180/3000337, 💻 www.swiss.com. Tägliche Flüge nach Beijing und Hongkong über Zürich.

Flugbuchung im Internet

Um Flüge online direkt zu buchen, muss man kein Reiseexperte sein. Allerdings werden auf den Seiten der Fluggesellschaften die meisten Tickets nur zum offiziellen IATA-Tarif angeboten. Auch in den endlosen, verwirrenden Listen zahlloser Internet-Reisebüros und Reiseportale (die zum Teil auf dieselbe Datenbank zugreifen) sind günstige Offerten eher selten und der Service lässt mitunter zu wünschen übrig, so dass sich die Seiten vor allem zum Recherchieren eignen. Wer dann weiß, welche Airline zu welchem Preis die günstigste Route fliegt und zudem noch Plätze verfügbar hat, kann immer noch den Preis als Obergrenze nehmen und in Reisebüros nach günstigeren Angeboten fahnden. Zudem hat das Reisebüro den Vorteil, dass es dort einen Ansprechpartner gibt, der bei Problemen kontaktiert werden kann.

Wer flexibel ist oder schon bald losfahren möchte, findet auch Seiten mit Last-Minute-Angeboten oder Sondertarifen für Flüge, Hotelzimmer oder Tickets, die teils nur im Netz von Veranstaltern, Hotels oder Airlines offeriert werden.

1A-FLY.DE www.1a-fly.de
5 vor 12, Lastminute www.lastminute.de
Del Mundo www.delmundo.de
Deutsches Reisebüro www.der.de
Discount-Flug www.discount-flug.de
Expedia www.expedia.de
Flug.de www.flug.de
Flugbörse www.flugboerse.de
Mc Flight www.mcflight.de
Nix wie weg www.nix-wie-weg.de
Offerto www.offerto.de
Opodo.de www.opodo.de
Reiseplanung www.reiseplanung.de
STA Travel www.statravel.de
Travel Overland www.traveloverland.de
TUI www.tui.de

Auf dem Landweg

China hat inzwischen zahlreiche Landesgrenzen für Ausländer geöffnet. Bei der Routenplanung gilt zu beachten, dass chinesische Visa innerhalb von drei Monaten nach Ausstellungsdatum benutzt werden müssen, um nicht zu verfallen – es ist deshalb wichtig zu überlegen, wo man das Visum beantragen möchte, denn bei einer langen Anreise über Land mit Zwischenaufenthalten in anderen Staaten macht es wenig Sinn, das Visum bereits in Deutschland zu besorgen. Visa für China sind in nahezu allen europäischen und asiatischen Hauptstädten erhältlich, doch in der Regel nimmt das Ausstellungsverfahren mehrere Tage in Anspruch (s.S. 16f., Visa).

Zu den umfangreich genutzten Landverbindungen nach China gehören Straßen und Eisenbahntrassen aus den südostasiatischen Nachbarländern sowie die legendenumrankte Transsibirische Eisenbahn aus Moskau.

Aus Moskau

Zu den klassischen Überland-Routen nach China gehört die Fahrt durch Russland mit dem **Transsibirien-Express**. Als einfache Hin- oder Rückfahrt ist diese Reise sehr zu empfehlen, denn sie ist ein denkwürdiger Anfang oder auch Abschluss einer Chinareise. Die Ausblicke auf stattliche Birkenwälder, sanfte Grasebenen, nebelverhangene Seen und aride Hochebenen lassen die Zeit wie im Fluge vergehen. Bei den zahlreichen Bahnhofstopps bleiben immer einige Minuten, um sich auf dem Bahnsteig die Beine zu vertreten und Proviant oder Andenken zu kaufen. Die Zugabteile sind komfortabel und sauber. Abteile der 2. Klasse verfügen über vier Pritschen, die der 1. Klasse über zwei sowie einen eigenen Duschraum. Buchung u.a. über *Lernidee Erlebnisreisen*, s.S. 30, Organisierte Reisen.

Es gibt zwei Eisenbahntrassen von Moskau nach Beijing: Die **Trans-Mandschurische**, die fast das Japanische Meer erreicht, bevor sie südwärts durch Dongbei (die Mandschurei) nach Beijing führt, und die **Trans-Mongolische**, die von Sibirien kommend durch die Mongolei verläuft. Die Mandschurische Eisenbahn benötigt für die Strecke ungefähr sechs Tage, die Mongolische Eisenbahn deren fünf. Letztere ist unter Ausländern nicht nur deshalb beliebter, weil sie schneller ist, sondern vor allem weil sie den exotischen Reiz eines Transits durch die Mongolei bietet. Der chinesische Trans-Mongolei-Zug Nr. 4 verzeichnet die meisten Buchungen von Ausländern. Ratternd rollen die Eisenräder an landschaftlichen Höhepunkten vorbei: dem Baikalsee, den Wäldern Sibiriens, dem Grasland der Mongolei, den Wüsten Nordchinas und der Großen Mauer. An der mongolischchinesischen Grenze können die Reisenden zuschauen, wie das Fahrgestell auf eine andere Spurbreite umgestellt wird. Einziger Nachteil bei dieser Fahrt ist die notwendige Beschaffung eines zusätzlichen Visums für die Mongolei.

Mahlzeiten im Zug sind nur auf chinesischem Boden im Preis inbegriffen. In der Mongolei akzeptiert das Speisewagenpersonal Zahlungen in chinesischer und mongolischer Währung, in Russland nimmt sie US-Dollar oder Russische Rubel an. Es empfiehlt sich, US-Dollarnoten in kleinen Scheinen mitzunehmen, da diese während der gesamten Reise im Zug gewechselt werden können und auch von den Imbissverkäufern an den Haltebahnhöfen angenommen werden – allerdings sollte man nicht auf das Vergnügen verzichten, im Speisewagen zu dinieren und die bunte Gesellschaft zu beobachten. Natürlich können Bestellungen à la carte aufgegeben werden, doch womöglich lächelt der Kellner nur über die Wünsche nach Kaviar, Ochsenzungensalat und gebratenem Huhn mit Ananas und bietet stattdessen Wodka, Brot und Marlboro an. Ins Gepäck gehören deshalb Fertignudeln und Snacks – daneben genügend Filme sowie der Wälzer, den man längst schon einmal lesen wollte (etwa der vierbändige chinesische Klassiker *Die Reise nach dem Westen*, der in englischer Sprache in Beijings *Freundschaftsläden* zu kaufen ist).

Die **Ticketbuchung** kann problematisch sein. Besonders im Sommer sollten Buchungen zwei bis drei Monate im Voraus erfolgen, um einen Platz sicherzustellen. Auch die Anreisevorbereitungen erfordern eine sorgfältige und längerfristige Planung, denn für Bahnfahrten ab Moskau nach Beijing sind (abgesehen vom Visum für die Volksrepublik China) Transitvisa für Russland und die Mongolei erforderlich – und wer per Eisenbahn via Warschau nach Moskau oder von dort zurück nach Deutschland reist, benötigt zusätzlich noch ein Transitvisum für Weißrussland. Es ist deshalb sehr zu empfehlen, rechtzeitig ein erfahrenes Reisebüro mit der Beschaffung aller Tickets und Visa sowie gegebenenfalls der Buchung von Unterkünften für Zwischenaufenthalte zu betrauen. Mit der Visabeschaffung durch einen Agenten lässt sich angesichts der endlosen Schlangen vor den Schaltern und des Papierkrams für die einzelnen Visa viel Zeit einsparen. Zu den Agenturen, die sowohl Visa beschaffen als auch pauschale Eisenbahnfahrten buchen (zu bestellen auch aus dem Ausland) gehören die Büros von *Monkey Business*, 💻 www.monkeyshrine.com, in Hongkong und Beijing. Informationen für die Fahrt mit der Transsibirischen Eisenbahn ab Beijing s.S. 206.

Aus den zentralasiatischen Republiken

Vor dem Zusammenbruch der Sowjetunion war es eigentlich undenkbar, über Regionen wie **Kasachstan** oder **Kirgisistan** nach China zu reisen. Auch heute sind noch zahlreiche bürokratische Hindernisse zu überwinden, die mitunter durch die wohl bedachte Vergabe einiger kleiner US-Dollarnoten gelindert werden können, doch die alten Landwege zwischen China und dem Westen erleben derzeit eine unverkennbare Renaissance. Die Hauptstädte von Kasachstan und Kirgisistan – Almaty (Alma-Ata) und Bischkek – sind durch täglich verkehrende Züge mit Moskau (Fahrtdauer drei Tage) verbunden, doch von Deutschland aus ist es nicht einfach, das erforderliche russische Transitvisum zu bekommen und Schlafwagenplätze zu buchen. Es kann sich lohnen, bei Reisebüros nachzufragen, die auf Transsibirien-Reisen spezialisiert sind (s.S. 30, Organisierte Reisen). Manche von ihnen bieten auch Pauschalreisen an, die Zentralasien einbeziehen.

Inzwischen ist Zentralasien auch ohne eine Passage durch Russland zu erreichen: entweder aus dem Nordosten des **Iran** oder von **Aserbaidschan** über das Kaspische Meer via **Turkmenistan**. Es ist jedoch unerlässlich, auch bei diesen Alternativen zuvor genaueste Informationen über die Visabestimmungen der betreffenden Länder einzuholen.

Recht unkompliziert gestaltet sich die Einreise aus Kasachstan nach China, denn zweimal wöchentlich verkehren komfortable Züge zwischen Almaty und Urumqi. Die Fahrt dauert 35 Stunden. Auch Busse bedienen die Strecke – sie sind zwar weniger komfortabel, dafür billiger und schneller (rund 24 Stunden). Die Fahrt von Bishkek in Kirgisistan nach Kashgar dauert nur neun Stunden. In den Sommermonaten verkehren Busse zwischen beiden Städten. Ausländern aber wurden in der Vergangenheit häufig Plätze in diesen Verkehrsmitteln verweigert; sie müssen gewöhnlich auf die teuren privaten Transportmittel von örtlichen Reiseagenturen zurückgreifen, um über die Grenze zu gelangen.

Vom indischen Subkontinent

Der Landweg aus Europa zum indischen Subkontinent führt durch die **Türkei**, den **Iran** und **Pakistan** und ist ohne weiteres mit lokalen Bussen und Zügen zu bewältigen. Westliche Reisende erhalten routinemäßig ein sieben Tage gültiges Transitvisum für den Iran, die Abwicklung der Visaerteilung kann bis zu zwei Monate in Anspruch nehmen.

Die Strecken vom indischen Subkontinent über die Berge nach China gehören zu den herausforderndsten Routen in ganz Asien. Der **Karakoram Highway** führt von Pakistan in die Provinz Xinjiang und folgt dabei einem Zweig der Seidenstraße. Für diese Route sind keine langen Vorausplanungen erforderlich, allerdings ist die Straße nur von Mai bis Oktober geöffnet und wird häufig wegen Erdrutschen gesperrt. Der Karakoram Highway beginnt in Rawalpindi, der alten Stadt direkt vor den Toren der neuen pakistanischen Hauptstadt Islamabad. Theoretisch ist Kashgar von dort mit öffentlichen Bussen innerhalb von vier Tagen zu erreichen. Zunächst fahren von Rawalpindi täglich Minibusse das Indus-Tal hinauf zur Kleinstadt Gilgit – die anstrengende Fahrt dauert rund 15 Stunden. Nach einer Übernachtung in Gilgit heißt das nächste Tagesziel Sust. Täglich bedienen mehrere Busse die Strecke zu dieser nur fünf Stunden entfernten Grenzstadt. Nach der Ankunft in Sust muss man unverzüglich das Ticket nach Taxkorgan (7 Stunden) in China buchen für die Abfahrt am nächsten Morgen. Einige Reisende haben es geschafft, ein Visum an der Grenze zu erschwatzen, doch es ist unbedingt ratsam, bei der Ankunft am Grenzposten bereits ein Visum in der Tasche zu haben. Die Strecke ist momentan unter Radfahrern sehr beliebt, dennoch besteht keine Garantie für die Erlaubnis, das Niemandsland zwischen den Grenzposten mit dem Rad durchqueren zu dürfen – für diesen Teil der Strecke muss man das Rad wahrscheinlich mit dem Bus befördern lassen.

Die andere Strecke für Touristen, die vom indischen Subkontinent nach China unterwegs sind, führt von **Nepal** nach **Tibet**. Reisebüros in Kathmandu treffen alle nötigen Arrangements, doch das chinesische Visum sollte man sich bereits vorher beschaffen, denn vor Ort ist dies problematisch. In der Regel stellt die chinesische Botschaft in der nepalischen Hauptstadt nur Visa für Gruppenreisende nach Tibet aus. Die Fahrt dorthin ist teuer: Ausländer dürfen nicht mit den normalen öffentlichen Bussen fahren, sondern müssen einen Jeep mit Fahrer und Führer nach Lhasa mieten. Nähere Informationen zur Überquerung der nepalischen Grenze nach Tibet s.S. 1197 ff. Die Bestimmungen für die Grenzüberquerung ändern sich ständig!

Aus politischen Gründen gibt es keine für Ausländer offene Grenze zwischen Indien und China. Schon seit Jahren diskutieren die Behörden über die Einrichtung einer Buslinie von Sikkim nach Tibet (nördlich von Darjeeling), doch konkret unternommen wurde in dieser Hinsicht bislang nichts.

Aus Vietnam

Vietnam hat drei Grenzübergänge nach China – Dong Dang, 60 km nordöstlich von Hanoi, Lao Cai, 150 km nordwestlich der Hauptstadt, sowie das wenig genutzte Mong Cai, 200 km südlich von Nanning. Alle drei Grenzen sind täglich von 8.30–17 Uhr geöffnet. Die vietnamesischen Grenzbeamten verhalten sich fürchterlich bürokratisch, doch Probleme lassen sich durch einige kleine Dollarnoten aus der Welt schaffen.

Fahrplanmäßig ausgeschrieben ist ein wöchentlich zweimal verkehrender Direktzug von Hanoi bis hinauf nach Beijing (60 Stunden), der auch in Nanning und Guilin hält. In Wirklichkeit aber müssen die Passagiere in Dong Dang aussteigen, zu Fuß über die Grenze gehen und anschließend mit einem Minibus zum chinesischen Kopfbahnhof im 15 km entfernten Pingxiang fahren, wo ein Anschlusszug für die verbleibenden 170 km bis zur nordöstlich gelegenen Provinzhauptstadt von Guangxi, Nanning, wartet. Alternativ gibt es gute Schienen- und Straßenverbindungen von Hanoi nach Lang Son, wo Minibusse den Transport über die letzten 5 km bis nach Dong Dang übernehmen. Dort ist die Grenze wie oben beschrieben zu überqueren, um dann in Pingxiang den Nachmittags- oder Abendzug nach Nanning (¥40) zu erreichen. Ebenfalls täglich fahren Züge von Hanoi nach Lao Cai, das elf Stunden von der Hauptstadt entfernt in Vietnams gebirgigem und unerschlossenem Nordwesten liegt (in der Nähe des idyllischen Resorts Sa Pa). Der dortige Grenzübergang führt nach Hekou (s.S. 946) in der Provinz Yunnan, von wo täglich Anschluss mit der Eisenbahn zur Provinzhauptstadt Kunming besteht. Von Mong Cai fahren regelmäßig Busse nach Nanning.

Aus Laos und Myanmar

Auch die Einreise aus Laos führt in die Provinz Yunnan, diesmal nach Bian Mao Zhan in der Region Xishuangbanna. Die Abfertigung verläuft recht locker und wirft in der Regel keinerlei Probleme auf, doch man sollte einen ausreichenden Betrag in harter Währung mit sich führen, da Travellers Cheques auf chinesischer Seite nicht gewechselt werden. Lokale Busse stellen die Verbindung zur 220 km nördlich gelegenen Distrikthauptstadt Jinghong her, doch womöglich ist unterwegs eine Übernachtung in der Stadt Mengla (s.S. 989) erforderlich.

Eine spannende Variante ist die Einreise aus Myanmar (Burma). Die alte Burmastraße zieht sich nordöstlich von Rangoon (Yangon) nach Lashio und weiter bis zum Grenzübergang Wanding in der Provinz Yunnan. Zum Zeitpunkt der Drucklegung war diese Grenze für Ausländer offiziell nicht geöffnet, doch angesichts der veränderlichen Tourismuspolitik sollte man vor Beantragung eines burmesischen oder chinesischen Visums Informationen über die aktuelle Situation einholen.

Organisierte Reisen

Wer nur begrenzte Zeit hat, die Mühen einer Reise auf eigene Faust scheut oder gezielte Interessen verfolgt (Radwandern, Vogelbeobachtung o.ä.), sollte eine organisierte Chinareise in Betracht ziehen, bei der bereits alle Flüge, Transporte und Unterkünfte im Preis inbegriffen sind. Diese bequemere Art zu reisen ist allerdings weitaus teurer als eine Individualtour durch das Reich der Mitte.

Chinesische Reisebüros wie *CITS* organisieren im ganzen Land Ausflüge, Städtetouren, Flussfahrten und mehrtägige Rundreisen. Natürlich haben die Leistungen ihren Preis, doch in der Regel sind sie ihr Geld wert, denn Transporte, Unterkünfte sowie reichliches und gutes Essen sind ebenso inbegriffen wie Dolmetscher und lokaler Reiseleiter. In vielen Fällen sind organisierte Touren sogar die beste Alternative auch für ansonsten individuell Reisende, um ausgefallene Ziele ohne immensen Aufwand zu besuchen.

Interessante Abenteuerreisen bietet das Beijing-Reisebüro *WildChina*, ✆ 010/64039737, 💻 www.wildchina.com, das Exkursionen für Individualtouristen und Gruppen in Chinas Randgebiete organisiert. Die Schwerpunkte liegen auf Trekking-, Natur- und kulturellen Erlebnisreisen.

Leider bewegen sich auf dem Markt auch unzuverlässige Betreiber, die überzogene Preise für mittelmäßige Dienste verlangen, unerfahrene Führer ohne Dialektkenntnisse und Allgemeinwissen anstellen und Programme, für die ein halber Tag ausreichen würde, auf drei Tage ausdehnen. Es empfiehlt sich deshalb unbedingt, die angebotenen Leistungen vor Vertragsabschluss genau zu überprüfen (inklusive Abfahrts- und Rückkehrzeiten). Die meisten Städte haben inzwischen eine Hotline für Touristenbeschwerden, deren Nummer an den Sehenswürdigkeiten und in den örtlichen Touristenbüros aushängt. In der Praxis aber sollte man keine zu großen Erwartungen an diese Hotline stellen.

Auswahl an Veranstaltern in China und Deutschland

China by bike, Karlsgartenstr. 19, 12049 Berlin, ✆ 030/6225645, 📠 62720590, 💻 www.china-by-bike.de. Rad- und Trekkingtouren.

China Reisen, Leonrodstr. 77, 80636 München, ✆ 089/1270910, 📠 127091199, ✉ china-reisen@china-reisen.de, 💻 www.china-reisen.de

China Tours Hamburg, Rehkoppel 7, 22119 Hamburg, ✆ 040/71899678, 📠 71899888, ✉ info@china-tours.de, 💻 www.china-tours.de

China Travel Service (CTS), 💻 www.ctsho.com. Dieser Veranstalter mit Sitz in diversen chinesischen Städten bietet eine Vielzahl an Reiseprogrammen an.

East Asia Tours, Wichertstr. 16-17, 10439 Berlin, ✆ 030/4466890, 📠 4459517, ✉ eatw@eatberlin.de, 💻 www.eastasiatours.de. Flussfahrten auf dem Yangzi, Rundreisen.

GeBeCo, Holzkoppelweg 19, 24118 Kiel, ✆ 0431/54460, 📠 5446111, 💻 www.gebeco.de. Studien-, Erlebnis-, Städte- und Individualreisen.

Hauser exkursionen international, Spiegelstr. 9, 81241 München, ✆ 089/2350060, 📠 23500699, ✉ info@hauser-exkursionen.de, 💻 www.hauser-exkursionen.de. Exklusive Touren für Aktive (z.B. Wandern, Rad fahren).

Ikarus Tours, Am Kaltenborn 49-51, 61462 Königstein, ✆ 06174/29020, 📠 22952, ✉ central@ikarus.com, 💻 www.ikarus.com. Exklusive Studienreisen, Expeditionen, klassische Rundreisen.

Lernidee Erlebnisreisen, Dudenstr. 78, 10965 Berlin, ✆ 030/7860000, ℻ 030/7865596, 💻 www.lernidee-reisen.de. Neben Touren nach China und zur Seidenstraße auch Angebote u.a. für Reisen mit der Transsib.

Studiosus Reisen, Riesstr. 25, 80992 München, ✆ 089/500600, ℻ 5006010C, ✉ info@studiosus.com, 💻 www.studiosus.de. Der Spezialist für Studienreisen hat seinen Preis, auch Reiseangebote für junge Travellergruppen.

Empfehlenswerte Touren Die folgenden Tipps sollen einen Eindruck über die Kosten und Möglichkeiten einer organisierten Reise vermitteln; die meisten Ziele werden im Rahmen dieses Buches ausführlicher geschildert.

Bingling-Si-Höhlen – *Gansu Hope International Travel Agency*, Lanzhou, Gansu (und andere Reisebüros in Lanzhou). Tagesausflug zu den buddhistischen Höhlenanlagen des Tempels Bingling Si in der Nähe von Lanzhou. Inklusive Wagen mit Fahrer, Fähre und Eintrittspreis bei ungefähr zwei Stunden Aufenthalt: ¥400–500 p.P.

Vogelbeobachtungen/Naturerlebnisse – *Heilongjiang Overseas Tourist Corporation*, Harbin, Dongbei. Nur von April bis Juni möglich. Fünfzehntägige, in Harbin endende Reise in die Vogelschutzgebiete Zhalong, Beier Hu und Manzhouli. Alles inklusive: ¥5000 p.P. Organisiert auch Touren zu anderen Reservaten wie Wolong (Sichuan).

Dörfer der Dong-Minderheit – *Wind and Rain Bridge Travel Service*, Sanjiang, Guangxi. Inklusive Rückkkehr nach Sanjiang, Privatwagen, Fahrer, Lokalführer und fließend Englisch sowie Dong-Dialekt sprechendem Dolmetscher; je nach Zielort aushandelbar, doch der Tagespreis liegt im Schnitt bei ¥500 p.P. Zusatzkosten entstehen für ein Mittagessen in einem Dong-Haus.

Eisfeste – *CITS,* Harbin, Dongbei. Zehntägige Rundfahrt zu den Eisfesten in Changchun, Harbin und Jilin im tiefsten Winter. Alles inklusive (auch die eisige Kälte): ¥3000 p.P.

Grasland-Tour in der Inneren Mongolei – *Inner Mongolia Luye International Travel Company*, Hohhot, Innere Mongolei (und viele andere Reisebüros in Hohhot). Zweitägige Reise durch das Grasland inklusive Transport, Mahlzeiten, Jurten-Übernachtung, Unterhaltung und Lokalführer (der nicht unbedingt Englisch spricht): ¥250–300 p.P.

Qinghai Hu – *Qinghai Jiaotong Lüxingshe*, Xining, Qinghai. Zweitägige Reise zum großen See mit einem Besuch der Vogelinsel und Abstecher zum Chaka-Salzsee . Alles inklusive: ¥600 p.P.

Dampflokomotiven-Tour – *CITS*, Shenyang, Dongbei. Zweiwöchige Rundreise zu Dampflokomotiven-Fabriken, Arbeitshöfen und Museen in Beijing, Harbin und Jiamusi. Verbunden mit zahlreichen Fahrten. Alles inklusive: ¥5000 p.P.

Turpan – Erhältlich bei allen Reisebüros in Turpan, Xinjiang. Tagestour zu den Sehenswürdigkeiten rund um Turpan: antike Städte Höhlen und unterirdische Bewässerungskanäle. Nur inklusive Transporte: ¥50 p.P.

Dörfer in Xishuangbanna – *Mengyuan Travel Service*, Jinghong, Yunnan. Drei- bis viertägiges Trekking durch Dörfer in Grenzgebieten. Inklusive Transporte, Zelte, Verpflegung und Englisch sprechendem Führer: ¥700 p.P.

Yungang-Grotten – *CITS*, Datong, Shanxi. Tagestour zu den buddhistischen Höhlen, zum Hängenden Kloster und Heng Shan sowie zur Holzpagode in Yingxian, dem ältesten Holzbauwerk des Landes. Inklusive Mittagessen, Bustransfer und kaum verlässlichem Führer: ¥50 p.P.

Fahrten auf dem Fluss Zuo – *CITS*, Nanning, Guangxi. Zweitägiger Ausflug mit Übernachtung ab/bis Nanning. Inklusive Zugtransfers, Englisch sprechendem Führer, dreistündiger Flussfahrt, vier ordentlichen Mahlzeiten, Hotelunterbringung und einstündiger Fahrt zu Felsmalereien der Zhuang: ¥500 p.P.

Gesundheit

Niedrige öffentliche Hygienestandards, Stress-Situationen und die ständigen Menschenmassen sind die häufigsten Ursachen für gesundheitliche Probleme von Reisenden in China. Zumindest in größeren Städten sind die medizinischen Einrichtungen zufriedenstellend, dort stehen Krankenhäuser mit dem hohen Standard internationaler Kliniken zur Verfügung. Für kleinere Beschwerden hat selbst jede Kleinstadt eine Apotheke, die geeignete Arzneimittel empfehlen kann, und fast überall stehen auch Ärzte bereit, die ihre Patienten nach traditionellen chinesischen oder auch westlichen Methoden behandeln. Wer nicht Chinesisch spricht, sollte unbedingt einen Sprachführer mit Redewendungen oder einen Dolmetscher mit zum Arztbesuch nehmen.

Gesundheitsvorsorge

Es ist ratsam, sich rechtzeitig im Voraus um einen ausreichenden **Impfschutz** zu kümmern, vor allem den Basisimpfschutz gegen Tetanus (Wundstarrkrampf), Polio und Diphterie aufzufrischen, wenn seit der letzten Impfung mehr als 10 Jahre vergangen sind. Für China ist eine Immunisierung gegen Hepatitis A und Tuberkulose empfehlenswert. Manche Ärzte raten auch zum Schutz gegen Hepatitis B, Tollwut (ein ernstes Problem in Tibet und ländlichen Gebieten) und Japanische Enzephalitis. Bei der Einreise nach China ist eine Impfung gegen Gelbfieber nur erforderlich, sofern man aus einem Infektionsgebiet (Westafrika, Zentralafrika oder Südamerika) kommt.

Da die Impfungen bis zu acht Wochen vor Abflug erfolgen müssen, empfiehlt es sich, frühzeitig den Hausarzt oder ein tropenmedizinisches Institut zu konsultieren. Medizinischen Rat für Reisen in die Tropen bietet auch das Internet, z.B. die Websites 💻 www.crm.de/ und 💻 www.die-reisemedizin.de.

Die Prophylaxe gegen Malaria beginnt bereits vor der Einreise in gefährdete Gebiete. Alle Impfungen werden in einen Internationalen Impfausweis eingetragen, der zu den Reiseunterlagen gehört und bei der Einreise auf dem Landweg vorzulegen ist.

Tropenmedizinische Institute in Deutschland

Berlin	Spandauer Damm 130, Haus 10, 14050, ✆ 030/301166
Dresden	Friedrichstr. 39, 01067, ✆ 0351/4803801
Düsseldorf	Moorenstr. 5, 40225, ✆ 0211/8117031
Göttingen	Werner-von-Siemens-Str. 10, 37077, ✆ 0551/307500
Frankfurt	Paul-Ehrlich-Str. 20, 60596, ✆ 069/63015033
Hamburg	Seewartenstr. 10, 20459, ✆ 040/42818800
Heidelberg	Im Neuenheimer Feld 324, 69120, ✆ 06221/562925 Informationen vom Band über Asien ✆ 06221/565633
München	Leopoldstr. 5, 80802, ✆ 089/218013500 Informationen vom Band über Asien ✆ 089/218013508 💻 www.fitfortravel.de
Rostock	Ernst-Heidemann-Str. 6-8, 15055, ✆ 0381/4947583
Tübingen	Kepplerstr. 15, 72074, ✆ 07071/2982364

Vorsichtsmaßnahmen

Die Lungenkrankheit SARS hat seit November 2002 für Schlagzeilen in den Medien gesorgt und ist heute gößtenteils unter Kontrolle. Aktuelle Informationen erteilen 💻 www.rki.de, 💻 www.who.int oder das Auswärtige Amt, 💻 www. auswaertiges-amt.de/www/de/laenderinfos/gesundheitsdienst/merkblatt/sars_html.

Als Faustregel sollte gelten: Möglichst bewusst und stressfrei reisen, gelegentlich auf bessere Unterkünfte zurückgreifen und durchaus auch einmal in Restaurants der gehobenen Kategorie speisen.

Die **persönliche Hygiene** kann jeder selbst kontrollieren, und es empfiehlt sich, in dieser Beziehung äußerst penibel zu sein. Zu den Pflichten gehört regelmäßiges Händewaschen. Keinesfalls sollte man aus geteilten Gläsern trinken oder an den Zigaretten anderer Leute ziehen. Beim Duschen Gummischuhe oder Bade-Sandaletten tragen, die in den meisten Hotels kostenlos ausliegen (oft unter dem Bett). Da selbst kleinste Schnittwunden zu üblen Infektionen führen können, müssen sie sorgfältig gereinigt, mit einer antiseptischen Salbe behandelt und anschließend verbunden und trocken gehalten werden.

Vorschlag für eine Reiseapotheke

Basisausstattung

- Verbandzeug (Heftpflaster, Leukoplast, Blasenpflaster, Mullbinden, elastische Binde, sterile Kompressen, Verbandpäckchen, Dreiecktuch, Pinzette)
- sterile Einmalspritzen und -kanülen in verschiedenen Größen (besonders dann zu empfehlen, wenn man längere Zeit im Land ist, denn gelegentlich wurde über die Wiederverwendung von Spritzen berichtet)
- Fieberthermometer
- Kondome
- Lärmstopp (gegen Lärmbelästigung)
- Beipackzettel

Malaria-Prophylaxe

- Chloroquin (z.B. Resochin*, nur für gefährdete Gebiete)
- Paludrine* (zusätzlich zu Chloroquin, nur für gefährdete Gebiete)
- Lariam* oder Halfan*
- MalaQuick Standby Malaria-Test
- Mückenschutz (Jaico oder Sketolene-Konzentrat 40%; für Kinder: Zanzarin)

Schmerzen und Fieber

- keine acetylsalicylsäurehaltigen Medikamente, Benuron, Dolormin
- Buscopan (gegen krampfartige Schmerzen)
- Antibiotika* gegen bakterielle Infektionen (in Absprache mit dem Arzt)

Magen- und Darmerkrankungen

- Imodium akut (gegen Durchfall, v.a. vor längeren Fahrten)
- Elotrans (zur Rückführung von Mineralien; Kinder: Oralpädon Pulver)
- Dulcolax Dragees, Laxoberal Tropfen (gegen Verstopfung)
- Talcid, Riopan (gegen Sodbrennen)

Erkrankungen der Haut

- Desinfektionsmittel (Betaisodona Lösung, Hansamed Spray, Kodan Tinktur)
- Tyrosur Gel, Nebacetin Salbe RP (bei infizierten oder infektionsgefährdeten Wunden)
- Soventol Gel, Azaron Stift, Fenistil Tropfen (bei Juckreiz nach Insektenstichen oder allergischen Erkrankungen)
- Soventol Hydrocortison Creme, Ebenol Creme (bei starkem Juckreiz oder stärkerer Entzündung)
- Cortison- und antibiotikahaltige Salbe gegen Bläschenbildung nach Quallenkontakt
- Wund- & Heilsalbe (Bepanthen)
- Fungizid ratio, Canesten (bei Pilzinfektionen)
- Berberil, Yxin (Augentropfen bei Bindehautentzündungen)

Erkältungskrankheiten

- Olynth Nasenspray, Nasivin
- Dorithricin, Dolo Dobendan (bei Halsschmerzen)
- Silomat (Hustenstiller)
- Acc akut, Mucosolvan, Gelomyrtol (zum Schleimlösen)

Kreislauf

- Korodin, Effortil (kreislaufanregend)

Reisekrankheit

- Superpep Kaugummis, Vomex

Sonnenschutz mit UVA- und UVB-Filter

- Ladival Milch bzw. Gel, Ilrido ultra Milch
- Sonnenschutzstift für die Lippen

Bitte bei den Medikamenten Gegenanzeigen und Wechselwirkungen beachten und sich vom Arzt oder Apotheker beraten lassen. (rezeptpflichtig in Deutschland)*

Die meisten chinesischen Wasserläufe sind hochgradig verunreinigt, **Wasser** ist daher stets ein potenzieller Krankheitserreger. Niemals sollte man unabgekochtes Leitungswasser trinken, sich damit die Zähne putzen, Getränke mit Eiswürfeln zu sich nehmen oder die Eislutscher kaufen, die von Straßenverkäufern angeboten werden. Trinkwasser wird in China gewöhnlich sorgfältig abgekocht. In den meisten Hotelzimmern stehen Thermoskannen mit abgekochtem Wasser bereit, die vom Etagendienst auf Anfrage hin jederzeit nachgefüllt werden.

An jeder Ecke und natürlich in den Supermärkten ist in Plastikflaschen abgefülltes Wasser erhältlich, das jedoch teilweise merkwürdig schmeckt. Wer nur solches Wasser trinkt und in den Restaurants Tee oder kohlensäurehaltige Getränke bestellt, befindet sich (bei den Getränken) auf der sicheren Seite. Wer selbstständig Wasser abkocht, sollte eine Mindestkochdauer von zehn Minuten einhalten, um sämtliche Mikroorganismen abzutöten. In Höhenlagen kocht Wasser bereits bei unter 100 °C.

Jodtabletten sind stets effektiv, verleihen dem Wasser jedoch einen schalen Geschmack – und sie sind nicht besonders zuträglich für Personen mit Schilddrüsenkrankheiten. Bei genügend Platz im Gepäck ist ein Wasserfilter, der Erreger eliminiert, die ideale Lösung. In Deutschland sind solche Geräte in Outdoor-Fachgeschäften erhältlich.

Essen sollte man prinzipiell nur in gut besuchten und sauberen Lokalen, die frische Auslagen anbieten und diese unter hoher Hitze zubereiten. Selbst in sehr einfachen Einrichtungen sind dabei kaum Probleme zu erwarten. Vorsicht geboten ist hingegen bei vorgekochten Speisen, die mehrere Stunden lang warm gehalten werden. Schalentiere bilden überall in Asien ein potenzielles Risiko für Hepatitis A und sollten deshalb gemieden werden. Eigenhändig geschältes frisches Obst sollte keine Probleme bereiten, aufgetragene ungekochte Nahrungsmittel könnten dagegen mit unsauberem Wasser gewaschen worden sein.

Da auch schmutzige **Ess-Stäbchen** eine Gefahrenquelle sind, liegen in den meisten Restaurants inzwischen Einweg-Stäbchen aus. Wer ganz sicher gehen will, sollte ein eigenes Paar Ess-Stäbchen im Tageshandgepäck mitführen.

Gesundheitsrisiken

Aids

Trotz gegenläufiger amtlicher Propaganda sind starke Zweifel berechtigt, dass China jemals ein Staat ohne Prostitution war und dass sexuell übertragbare Krankheiten lediglich ein Problem anderer Länder sind. Im Zuge der liberaleren Einstellungen, der um sich greifenden sexuellen Revolution und der Weigerung vieler Männer, Kondome zu benutzen, haben sich sexuell übertragbare Krankheiten ausgebreitet, darunter nicht zuletzt auch Aids. Die Behörden haben sich vor kurzem zu dem Problem bekannt und eingeräumt, dass mehrere Millionen Chinesen mit dem HIV-Virus infiziert sind. Die Hysterie über die Krankheit und ihre Verbreitung durch Ausländer ist so weit gediehen, dass jeder fremdartig aussehende Patient, der in einem chinesischen Krankenhaus vorspricht, zunächst einem Test unterzogen wird.

Wie überall auf der Welt sollte man auch in China auf ungeschützten Sex verzichten. **Kondome** chinesischer Produktion sind mitunter von zweifelhafter Qualität, doch in den Großstädten sind auch importierte Marken erhältlich. Bei ernsthafteren Krankheitsbildern, die eine Injektion oder Bluttransfusion erforderlich machen, sollte man Hongkong zu erreichen versuchen, wo relativ verlässliche Blutkonserven zur Verfügung stehen; trotzdem ist darauf zu achten, dass unbenutzte sterile Nadeln verwendet werden – gegebenenfalls auf die Benutzung selbst mitgebrachter Nadeln bestehen. Auch bei Akupunkturbehandlungen ist unbedingt darauf zu achten, dass alle verwendeten Instrumente steril sind.

Cholera

Die Cholera tritt vor allem in übervölkerten Gebieten unter unhygienischen Bedingungen immer wieder auf. Der Impfschutz durch handelsüblichen Impfstoff ist umstritten, Reaktionen sind häufig. Geimpft wird deshalb nur dann, wenn eine entsprechende Einreisebestimmung besteht, was für China nicht zutrifft. Solange man auf eine saubere, hygienische Umgebung achtet und nicht geschwächt ist, wird man kaum gefährdet sein.

Denguefieber

Diese Viruskrankheit wird durch die *Aedes aegypti*-Mücke übertragen, die an ihren schwarz-weiß gebänderten Beinen zu erkennen ist. Sie sticht während des ganzen Tages. Nach der Inkubationszeit von bis zu einer Woche kommt es zu plötzlichen Fieberanfällen, Kopf- und Muskelschmerzen. Nach drei bis fünf Tagen kann sich ein Hautausschlag über den ganzen Körper verbreiten. Bei Stufe 1 klingen nach ein bis zwei Wochen die Krankheitssymptome ab.

Ein zweiter Anfall (Stufe 2) kann zu Komplikationen (inneren und äußeren Blutungen) führen. Wie bei der Malaria ist ein Moskitonetz und der Schutz vor Mückenstichen der beste Weg der Vorsorge. Es gibt keine Impfung oder spezielle Behandlung. Schmerztabletten, Fieber senkende Mittel und kalte Wadenwickel lindern die Symptome. Keinesfalls sollten ASS, Aspirin oder ein anderes acetylsalicylsäurehaltiges Medikament genommen werden, da diese einen lebensgefährlichen hämorrhagischen Verlauf herausfordern.

Ein einfacher Test kann Denguefieber bestätigen: Fünf Minuten den Oberarm abbinden, öffnen und in der Armbeuge nachsehen – falls rote Flecken erscheinen, ist es zu 90% Denguefieber.

Durchfallerkrankungen

Auch Asien-Reisende plagen manchmal Durchfälle (Diarrhöe), die durch Infektionen hervorgerufen werden. Verdorbene Lebensmittel, ungeschältes Obst, Salate, kalte Getränke oder Speiseeis sind häufig die Verursacher. Da auch Mikroorganismen im Wasser durchschlagende Wirkung zeigen können, sollte man nur abgefülltes Wasser trinken (auf den versiegelten Verschluss achten). Wer ganz sicher gehen will, verzichtet zudem auf zerstoßenes Stangeneis.

Eine Elektrolyt-Lösung (Elotrans bzw. für Kinder Oralpädon), die verlorene Flüssigkeit und Salze ergänzt, reicht bei den meist harmlosen Durchfällen völlig aus. Man kann sich selbst eine Lösung herstellen aus 4 gehäuften Teelöffeln Zucker oder Honig, 1/2 Teelöffel Salz und 1 l Orangensaft oder abgekochtem Wasser. Zur Not, z.B. vor langen Fahrten, kann auf Imodium, das die Darmtätigkeit ruhig legt, zurückgegriffen werden (aber nur in geringen Dosen, da die Ausscheidung von Krankheitserregern verzögert wird!). Wer Durchfälle mit Fenchel, Kamille und anderen uns bekannten Kräutertees lindern möchte, sollte sich einen Vorrat mitnehmen. Zudem hilft eine Bananen- oder Reis-und-Tee-Diät und Cola in Maßen, denn sie enthält Zucker, Spurenelemente, Elektrolyte und ersetzt das verloren gegangene Wasser. Generell sollte man viel trinken und die Zufuhr von Salz nicht vergessen. Bei länger anhaltenden Erkrankungen empfiehlt es sich, einen Arzt aufzusuchen – es könnte auch eine bakterielle oder eine Amöben-**Ruhr** (Dysenterie) sein. Bei Durchfällen gilt zu bedenken, dass die Wirksamkeit eingenommener Medikamente, darunter die Anti-Baby-Pille, beeinträchtigt werden kann.

Verstopfungen können durch eine große Portion geschälter Früchte, z.B. Ananas oder eine halbe Papaya (Kerne mitessen), verhindert werden.

Erkältungen

Am weitesten verbreitet – vor allem in Wintermonaten – sind in China die Erkältungskrankheiten. Die Ursachen liegen begründet im engen Zusammenleben der dicht gedrängten Bevölkerung, im Kettenrauchen, in der intensiven Luftverschmutzung und in der weit verbreiteten Angewohnheit des Rotzens, die der Ausbreitung von Infektionen Vorschub leistet. Zu den ersten Symptomen gehören Fieber, Halsentzündung, Schüttelfrost und ein Gefühl allgemeiner Unpässlichkeit, denen anhaltende Bronchitis-Anfälle folgen. Angeraten sind in diesem Fall die Aufnahme von reichlichen Flüssigkeitsmengen und ausreichende Ruhephasen; halten die Symptome dennoch an, sollte ein Arzt aufgesucht werden.

Geschlechtskrankheiten

Gonorrhöe und die gefährlichere **Syphilis** sind in Asien weit verbreitete Infektionskrankheiten, vor allem bei Prostituierten. Bei den ersten Anzeichen einer Erkrankung (Ausfluss/Geschwüre) unbedingt ein Krankenhaus zum Anlegen einer Kultur und zur Blutentnahme aufsuchen.

Giardiasis Lambliasis

Giardiasis ist eine Infektion des Verdauungstraktes, ausgelöst von dem Parasiten *Giardia lamblia*, der über fäkal verunreinigtes Wasser oder Lebensmittel aufgenommen wird. Die Symptome treten ein bis zwei Wochen nach der Infektion auf: Durchfälle, Bauchkrämpfe, Blähungen, Müdigkeit, Gewichtsverlust und Erbrechen. Bei ausbleibender Behandlung (Antibiotika) verschlimmert sich das Krankheitsbild, daher sollte unverzüglich ein Arzt aufgesucht werden. Reisende nach **Tibet** sollten sich dessen bewusst sein, dass diese Krankheit im Hochland weit verbreitet ist; da jedoch die entsprechenden Antibiotika in den tibetischen Städten und Ortschaften meist nicht zur Verfügung stehen, sollte die eigene Reiseapotheke entsprechend ausgerüstet sein (die nötigen Medikamente sind teils nur über ärztliche Rezepte erhältlich).

Hauterkrankungen

Bereits vom Schwitzen kann man sich unangenehm juckende Hautpilze holen. Gegen zu starkes Schwitzen hilft Körperpuder, der angenehm kühlt und in Apotheken oder Supermärkten erhältlich ist. Für andere Erkrankungen sind häufig Kopf-, Kleider-, Filzläuse, Flöhe, Milben oder Wanzen verantwortlich. Die beste Vorbeugung ist eine ausreichende Hygiene. Nicht selten treten an Stellen, an denen die Kleidung eng aufliegt, Hitzepickel auf, die man mit Prickly Heat Powder, Zinkoxyd oder Titanoxyd behandeln kann. Gegen Kopfläuse hilft Organoderm, oder, falls man wieder in Deutschland ist, Goldgeist forte.

Hepatitis

Die schwere Lebererkrankung Hepatitis B wird vor allem durch sexuellen Körperkontakt und durch Blut (ungenügend sterilisierte Injektionsnadeln, Bluttransfusionen, Tätowierung, Piercen, Akupunktur) übertragen. Eine rechtzeitige vorbeugende Impfung, z.B. mit Gen H-B-Vax, ist sehr zu empfehlen. Die Hepatitis A wird durch infiziertes Wasser und Lebensmittel oral übertragen. Vor einer Ansteckung schützt der Impfstoff Havrix (auch als Kombi-Impfung Twinrix für Hepatitis A und B erhältlich). Während in China die meisten Menschen nach einer harmlosen Hepatitis-A-Infektion im Kindesalter gegen diese Krankheit immun sind, trifft dieses nur auf ein Drittel aller Europäer zu. Ob die Impfung notwendig ist, zeigt ein Antikörpertest.

Hepatitis C und D werden auf demselben Weg übertragen wie Hepatitis B und können ebenfalls zu gefährlichen Langzeitschäden führen.

Höhenkrankheit

Höchste Aufmerksamkeit erfordern die Gefahren in hoch gelegenen Gebieten wie **Tibet** oder Teilen von **Xinjiang**, **Sichuan** und **Yunnan**. Da der niedrigere Luftdruck in Höhenlagen zu einer geringeren Sauerstoffaufnahme führt (der Organismus produziert in verstärktem Maße rote Blutkörperchen, braucht jedoch zur Höhenanpassung ein bis zwei Wochen Zeit), treten womöglich Symptome einer Höhenkrankheit auf. Die meisten Personen spüren Anzeichen dieser gefährlichen Erkrankung in Höhenlagen über 3000 m. Die Symptome sind unterschiedlicher Natur, doch zu den ersten Anzeichen gehören Kopfschmerzen, Übelkeit, rasche Ermüdung, Kurzatmigkeit und Schlafstörungen. Diese Symptome verschlimmern sich, wenn man zu rasch in größere Höhen aufsteigt – zum Beispiel können sie nach einem Flug aus den Küstengebieten nach Lhasa auftreten. Es ist sinnvoll, die ersten Tage in der Höhe langsam anzugehen und viel (nicht-alkoholische) Flüssigkeit zu sich zu nehmen. Schmerzstillende Mittel können die Symptome lindern, doch sie können gefährlicherweise auch Symptome überdecken. In Lhasa sind manche Hotels mit Sauerstoff ausgerüstet. In den meisten Fällen verschwinden die Symptome nach kurzer Zeit, aber selbst nach einer Akklimatisierungsphase darf man nur langsam in größere Höhen aufsteigen (pro Tag am besten nicht mehr als 300 Höhenmeter) – ansonsten können die Symptome erneut auftreten. Die medizinischen Meinungen über den Nutzen von Acetazolamid (Diamox) gehen auseinander (vor der Abreise den Hausarzt befragen).

Unbedingt gilt zu beachten, dass sich im Falle einer ungenügenden Höhenakklimatisierung lebensbedrohliche Situationen ergeben können. Zur Kompensierung des reduzierten Sauerstoffgehalts der Luft schlägt das Herz schneller, um den vorhandenen Sauerstoff rascher zirkulieren zu lassen. Dies kann jedoch bewirken, dass Flüssigkeitspartikel aus dem Blut durch dünne Membranen in die Lungen oder ins Gehirn gelangen, was zu potenziell lebensbedrohlichen **Lungenödemen** (begleitet von schweren Atemstörungen, Husten und schaumig-weißem oder lilafarbenem Sputum) oder **Hirnödemen** (heftige Kopfschmerzen, Gleichgewichtsstörungen, andere neurologische Symptome und eventuell Koma) führen kann. Die einzige Gegenmaßnahme ist der sofortige Abstieg in Höhenlagen, in denen sich der Patient zuletzt wohl fühl-te. In Tibet bedeutet dies: Ohne Verzögerung nach Kathmandu oder Chengdu fliegen. Im Falle schlimmster Symptome oder etwaiger Nachwirkungen unbedingt einen Arzt aufsuchen.

Japanische Enzephalitis (Hirnentzündung)

Diese Krankheit wird durch Moskitos in Agrarregionen übertragen. Eine Vorbeugung empfiehlt sich nur bei einem langen Aufenthalt in gefährdeten Gebieten. Der Impfstoff der Firma Biken kann allerdings nur über wenige große Impfzentren (z.B. Landesimpfanstalten und Tropeninstitute) direkt aus Japan mit Kühlkette importiert werden, kostet um 40 € pro Injektion und soll nur wenige Nebenwirkungen haben.

Kinderlähmung

Selbst in Europa treten immer noch Epidemien auf. Wer während der letzten zehn Jahre die Impfungen versäumt hat, sollte sich impfen lassen (s.S. 39, Wundstarrkrampf).

Malaria

Da Moskitos in **Südchina** weit verbreitet sind, müssen sich Reisende des potenziellen Risikos einer durch Mücken übertragenen Erkrankung bewusst sein. Mögliche Infektionsgebiete sind die **Insel Hainan**, der Süden der **Provinz Yunnan** und im Sommer weite Landstriche von Chinas **Südwesten**.

Die häufigste Form der Malaria ist die *Malaria tropica,* die unbehandelt zum Tod führen kann. Weitere Malaria-Typen sind die *Malaria tertiana* und *Malaria quartana.*

Die weibliche Anopheles-Mücke, die den Erreger *Plasmodium falciparum* überträgt, sticht während der Nacht, also zwischen Beginn der Dämmerung und Sonnenaufgang. Die meisten Tropeninstitute empfehlen eine medikamentöse Malariaprophylaxe. Die Frage, welches Mittel das richtige ist, sollte mit Hilfe eines Tropenarztes individuell auf Reiseart, -dauer und gesundheitliche Verfassung abgestimmt werden.

Die beste Vorbeugung gegen Malaria besteht darin, möglichst nicht gestochen zu werden: Am Abend schützt helle Kleidung (einige Reisende schwören auch auf dunkle Kleidung), wichtig sind lange Hosen, langärmlige Hemden, engmaschige lange Socken und ein Mücken abweisendes Mittel auf der Basis von DEET, das auf die Haut aufgetragen wird und die Geschmacksnerven stechender Insekten lähmt. Einige Apotheken bieten sanftere Mittel an, die auf Zitronella- und Nelkenöl basieren. Als bestes Mückenmittel auf dem deutschen Markt gilt das österreichische No bite, das für tropische Gebiete geeigneter zu sein scheint als Autan. Einige Tropenerfahrene schwören auf die Einnahme von Vitamin B in hohen Dosen, bei anderen ist es wirkungslos.

Viele Hotelzimmer in den betroffenen Gebieten haben Mückengitter an Fenstern und Türen oder ein Moskitonetz über dem Bett. Wer ganz sicher gehen will, sollte ein eigenes, mit Mückenmittel behandeltes Netz mitbringen. Löcher verschließt man am besten mit Klebeband. Bei niedrigen Temperaturen in klimatisierten Räumen sind die Mücken zwar weniger aktiv, aber keineswegs ungefährlich. In Innenräumen sehr wirkungsvolle Moskito-Coils (Räucherspiralen) sowie Insektizide sind in China erhältlich.

Über die beste medikamentöse Malariaprophylaxe ist in den vergangenen Jahren immer wieder heftig debattiert worden. Allen Mitteln gemeinsam ist, dass sie unangenehme Nebenwirkungen hervorrufen können. Zu den am häufigsten verschriebenen Präparaten gehören Resochin/Paludrine, Lariam und seit kurzem Malarone.

Resochin (Wirkstoff Chloroquin) wird einmal wöchentlich sieben Tage vor der Einreise ins Risikogebiet bis vier Wochen nach der Rückkehr eingenommen. Meistens wird es in Verbindung mit Paludrine (Wirkstoff Proguanil) verschrieben. Lästig ist, dass Letzteres zweimal täglich eingenommen wird. Als Nebenwirkungen können unter anderem Übelkeit, Durchfall und Kopfschmerzen auftreten. Allerdings sind immer mehr Erreger der *Malaria tropica* gegen diese beiden Wirkstoffe resistent. Gegen die Erreger der nicht tödlichen *Malaria tertiana* und *Malaria quartana* gilt Resochin jedoch weiterhin als wirksam

Lariam (Wirkstoff Melfloquin) ist ohne Frage ein sehr effektives Anti-Malariamittel, jedoch wegen der zum Teil erheblichen Nebenwirkungen (darunter Depressionen, psychische Verwirrtheit und Angstzustände) verstärkt ins Gerede gekommen. Hier sollte jeder selbst entscheiden. Lariam wird vorwiegend bei Reisen in Gebiete mit hohem Malaria-Risiko und Chloroquin-Resistenzen verschrieben. Allerdings gibt es mittlerweile auch Resistenzen gegen den Wirkstoff Melfloquin. Lariam wird in der Regel wöchentlich eingenommen (Einnahmedauer wie Resochin). Kontraindikationen bestehen unter anderem bei Epileptikern, Schwangeren, Kindern und Menschen mit Depressionen oder psychischen Problemen. Lariam gilt als ein wirksames Notfallpräparat zur Behandlung im Ernstfall.

Mit der Zulassung von Malarone (Wirkstoff Atovaquon/Proguanil) steht seit Mai 2001 ein neues Mittel zur Malariaprophylaxe in den deutschen Apotheken. Der Hersteller wirbt mit der guten Verträglichkeit und dem wirksamen Schutz vor dem Erreger *Plasmodium falsiparum*. Da durch Malarone die Parasiten bereits in der Leber angegriffen werden, ist die Einnahmedauer relativ kurz: täglich eine Tablette ein bis zwei Tage vor, während und sieben Tage nach dem Aufenthalt im Malariagebiet. Mögliche Nebenwirkungen sind Übelkeit, Kopfschmerzen und Durchfall. Malarone wird vor allem bei Reisen in Gebiete mit hohem Malariarisiko empfohlen, allerdings sollte es nicht länger als vier Wochen eingenommen werden, da Langzeitstudien bislang fehlen. Risiken für Schwangere und Kinder können ebenfalls noch nicht eingeschätzt werden. Ein großer Nachteil von Malarone ist der Preis: Die Packung mit zwölf Tabletten kostet ca. 60 €.

In Deutschland gibt es den Malaria-Schnelltest MalaQuick, mit dem Reisende im Notfall anhand eines Blutstropfens in acht Minuten selbst feststellen können, ob ihre Symptome durch den Malariaerreger *Plasmodium falciparum* ausgelöst wurden (in Apotheken erhältlich). Wer sich in einem Gebiet ohne ärztliche Versorgung infiziert hat, kann zur Überbrückung mit einer **Standby-Therapie** mit Mefloquin (Lariam), Atovaquon/Proguanil (Malarone) oder seit kurzem Artmether/Lamefantrin (Riamet) beginnen. Die Dosierung ist dem Beipackzettel zu entnehmen.

Wer aus China zurückkehrt und an einer nicht geklärten fieberhaften Erkrankung leidet, auch wenn es sich nur um leichtes Fieber und Kopfschmerzen handelt und dies erst Monate nach der Rückkehr auftritt, sollte dem Arzt unbedingt von dem Asienaufenthalt berichten. Die ersten Symptome einer Malaria können denen eines banalen grippalen Infektes ähneln und werden daher häufig verkannt.

Sonnenbrand und Hitzschlag

Manche Regionen Chinas besitzen ein **tropisches Klima.** Es erfordert mehrere Wochen, bis sich der Organismus an die Temperaturen und die Luftfeuchtigkeit gewöhnt hat. In dieser Zeitspanne kann es vorkommen, dass man sich lustlos fühlt und rasch ermüdet. Auch bei bedecktem Himmel darf die Intensität der Sonneneinstrahlung niemals unterschätzt werden, was vor allem für tropische Gebiete wie die **Insel Hainan**, die **Wüsten Xinjiangs** und das **tibetische Hochplateau** gilt.

Als wichtigste Schutzmaßnahmen empfiehlt es sich, regelmäßig Mittel mit hohem Sonnenschutzfaktor auf die Haut aufzutragen, Hut und Sonnenbrille zu tragen und tagsüber viel zu trinken.

Erschöpfungszustände bei Hitze äußern sich durch Kopfschmerzen, Übelkeit, Benommenheit und erhöhte Temperatur. Um die Symptome zu lindern, sollte man unbedingt schattige Bereiche aufsuchen und genügend Flüssigkeit zu sich nehmen. Erbrechen und Orientierungslosigkeit können auf einen Hitzschlag hinweisen, der potenziell lebensbedrohlich ist – deshalb muss man sich sofort in medizinische Behandlung begeben.

Thrombose

Bei längeren Flugreisen verringert sich durch den Bewegungsmangel der Blutfluss vor allem in den Beinen, wodurch es zur Bildung von Blutgerinnseln kommen kann, die, wenn sich sich von der Gefäßwand lösen und durch den Körper wandern, eine akute Gefahr darstellen (z.B. Lungenembolie). Gefährdet sind vor allem Personen mit Venenerkrankungen oder Übergewicht, aber auch Schwangere, Raucher oder Frauen, die die Pille nehmen. Das Risiko verhindern Bewegung, viel trinken (aber keinen Alkohol) und notfalls Kompressionsstrümpfe der Klasse 1–2.

Tollwut

Wo streunende oder auch verendete Hunde zu sehen sind, ist Vorsicht geboten. Wer von einem Hund, einer Katze oder einem Affen gekratzt oder gebissen wird, muss sich sofort impfen lassen, da eine Infektion sonst tödlich endet. Eine vorbeugende Impfung ist sehr teuer und nur bei längerem Aufenthalt sinnvoll.

Tuberkulose

Tuberkulose ist eine Erkrankung der Atemwege, die durch Inhalation übertragen und durch Husten und Spucken ausgebreitet wird – es ist also nicht verwunderlich, dass diese Krankheit gerade in China weit verbreitet ist. Obwohl die Lungenerkrankung zum Tode führen kann, sollte man sich keine übergroßen Sorgen machen, denn bei vielen Menschen hat sich aufgrund früher milder Infektionen oder durch Impfungen im Kindesalter bereits eine Immunität aufgebaut. Wer auf seiner Reise häufig in überfüllten Zügen und Bussen unterwegs sein wird, sollte den Hausarzt über den körpereigenen TBC-Immunstatus zu Rate ziehen.

Typhus / Paratyphus

Typische Symptome sind über sieben Tage hohes Fieber einhergehend mit einem eher langsamen Puls und Benommenheit. Empfehlenswert ist die gut verträgliche Schluckimpfung mit Typhoral L für alle Reisende. Drei Jahre lang schützt eine Injektion des neuen Typhus-Impfstoffs Typhim VI, ehe er wieder aufgefrischt werden muss.

Unterkühlung

Viele Regionen Chinas – vor allem **Tibet** und der **Norden** – erleben im Winter äußerst tiefe Temperaturen. Eine Gefahr stellt eine etwaige Unterkühlung dar, welche die Körpertemperatur in lebensbedrohlicher Weise sinken lassen kann. Zu den Symptomen gehören schwacher Puls, Orientierungslosigkeit, Betäubungsanzeichen, Sprachstörungen und Erschöpfungszustände. Zum Schutz sollte man mehrschichtige Kleidung und eine Mütze (die meiste Körperwärme entweicht über den Kopf) tragen, genügend Kohlenhydrate zu sich nehmen und sich vor Nässe und Wind schützen. Unterkühlte Personen müssen gegen Wind und Nässe geschützt untergebracht werden und heiße (nicht-alkoholische) Getränke sowie leicht verdauliches Essen zu sich nehmen. Wichtig ist eine wärmende Lagerung. In ernsten Fällen ist eine unverzügliche Krankenhausbehandlung erforderlich.

Wurmerkrankungen

Winzige oder größere Exemplare, die überall lauern können, setzen sich an verschiedenen Körperstellen bzw. -organen fest und sind oft erst Wochen nach der Rückkehr festzustellen. Die meisten sind harmlos und durch eine einmalige Wurmkur zu vernichten, andere sind gefährlich, z.B. Hakenwürmer. Sie bahnen sich den Weg durch die Fußsohlen, deshalb sollte man auf feuchten Böden unbedingt Sandalen tragen. Nach einer Reise in abgelegene Gebiete ist es empfehlenswert, den Stuhl auf Würmer untersuchen zu lassen. Notwendig ist das, wenn man über einen längeren Zeitraum auch nur leichte Durchfälle hat.

Wundinfektionen

Unter unhygienischen Bedingungen können sich schon aufgekratzte Moskitostiche zu beträchtlichen Infektionen auswachsen, wenn sie unbehandelt bleiben. Wichtig ist, dass jede noch so kleine Wunde sauber gehalten, desinfiziert und evtl. mit Pflaster geschützt wird. In jeder Apotheke gibt es Antibiotika-Salben, die den Heilprozess unterstützen.

Wundstarrkrampf

Wundstarrkrampf-Erreger findet man überall auf der Erde. Verletzungen kann man nie ausschließen, und wer evtl. noch keine Tetanusimpfung hatte, sollte sich unbedingt zwei Impfungen im 4-Wochen-Abstand geben lassen, die nach einem Jahr aufgefrischt werden müssen. Danach genügt eine Impfung alle zehn Jahre. Am besten ist die Kombiimpfung mit dem Polio-Tetanus-Diphterie-(Td-)Impfstoff für Personen über fünf Jahre, um gleichzeitig einen Schutz vor Diphterie und Polio zu erhalten.

Medizinische Versorgung

In allen größeren Ortschaften gibt es **Apotheken**, die gute Hilfe bei kleineren Verletzungen und Unpässlichkeiten leisten. Größere Apotheken bieten zum Teil auch Diagnosen und Ratschläge an, doch es ist eher unwahrscheinlich, dass das Personal Fremdsprachenkenntnisse besitzt – im Bedarfsfall also unbedingt einen Sprachführer oder Dolmetscher mitnehmen (s.S. 1261 ff.). Das Angebot an verlässlichen asiatischen und westlichen Arzneimitteln verbessert sich, doch man sollte stets einen Blick auf das Haltbarkeitsdatum der Medikamente werfen, das auf den Verpackungen aufgedruckt ist. Für kleinere Unpässlichkeiten eignen sich gegebenenfalls auf Kräutern basierende Naturheilmittel. Empfängnisverhütende Mittel sind ebenso wie Antibiotika weithin verfügbar.

Größere **Hotels** haben für Hausgäste eine eigene medizinische Abteilung, die Diagnosen trifft, Empfehlungen ausspricht und Rezepte ausstellt. Man sollte jedoch an der Rezeption einen Begleiter erbitten, der übersetzen kann. In Beijing, Shanghai, Guangzhou, Hongkong und Macau gibt es Kliniken mit englischsprachigem Personal, die speziell auf Ausländer eingestellt sind. Bei ernsten Erkrankungen sollte man unbedingt ein **Krankenhaus** aufsuchen – die Unterkunft oder das örtliche *CITS*-Büro werden in Notfällen relevante Adressen weitergeben können. Adressen von örtlichen Krankenhäusern werden in diesem Buch in den jeweiligen Kapiteln auch unter „Sonstiges" genannt. Für jede medizinische Behandlung wird Barzahlung erwartet, die Kosten sind nicht besonders hoch. Bei entsprechender Versicherungslage die Rezepte und Rechnungen aufbewahren.

Die meisten Krankenhäuser führen Abteilungen, die Patienten nach den Richtlinien der **traditionellen chinesischen Medizin** behandeln. Vor allem bei kleineren Beschwerden und chronischen Erkrankungen werden damit gute Erfolge erzielt. Manche Hotels bieten Massage- und Akupunktur-Dienste an.

Versicherung

Reiserücktrittskostenversicherung

Bei einer pauschal gebuchten Reise ist eine Rücktrittskostenversicherung meist im Preis inbegriffen (zur Sicherheit sollte man nachfragen). Wer individuell plant, muss sich um die Absicherung dieses Risikos selbst kümmern. Reisebüros bieten z.T. Versicherungen an oder vermitteln den Abschluss.

Viele Rücktrittskostenversicherungen müssen kurz nach der Buchung abgeschlossen werden (in der Regel bis 14 Tage danach). Bei Krankheit oder Tod eines Familienmitglieds oder Reisepartners ersetzt die Versicherung die Stornokosten der Reise. Eine Reiseunfähigkeit wegen Krankheit muss ärztlich nachgewiesen werden.

Die Kosten der Versicherung richten sich nach dem Preis der Reise und der Höhe der Stornogebühren. Sie liegen in der Regel zwischen 15 und 90 € p.P. Zum Teil gibt es eine Selbstbeteiligung.

Reisegepäckversicherung

Viele Versicherungen bieten die Absicherung des Verlustes von Gepäck an, einige haben sich sogar darauf spezialisiert, z.B. *Elvia*, ✆ 089/624240, 🖳 www.elvia.de. Allen Versicherungen ist gemein, dass die Bedingungen, unter denen das Gepäck abhanden kommen „darf", sehr eng gefasst sind. Deshalb ist es wichtig, die Versicherungsbedingungen genau zu studieren und sich entsprechend zu verhalten. Bei vielen Versicherungen ist z.B. das Gepäck in unbewacht abgestellten Kraftfahrzeugen zu keinem Zeitpunkt versichert. Kameras oder Fotoapparate dürfen wegen möglicher Mopedräuber nicht über die Schulter gehängt werden, sondern müssen am Körper befestigt sein, sonst zahlt die Versicherung nicht (so Gerichtsurteile). Ohnehin sind Foto- und Videokameras meist nur bis zu einer bestimmten Höhe oder bis zu einem bestimmten Prozentsatz des Neuwertes versichert, auch Schmuck unterliegt Einschränkungen, ebenso wie Bargeld.

Entscheidet man sich für eine Reisegepäckversicherung, ist darauf zu achten, dass sie weltweit gültig ist, die gesamte Dauer der Reise umfasst und in ausreichender Höhe abgeschlossen ist. Wer eine wertvolle Fotoausrüstung mitnimmt, kann darüber nachdenken, eine Zusatzversicherung abzuschließen (s.u.).

Tritt ein Schadensfall ein, muss der Verlust sofort bei der Polizei gemeldet werden. Eine **Checkliste**, auf der alle Gegenstände und ihr Wert eingetragen sind, ist dabei hilfreich. Ansonsten sollte alles, was nicht ausreichend versichert ist, im Handgepäck transportiert werden.

Eine Reisegepäckversicherung mit einer Deckung von rund 2000 € kostet für 24 Tage ca. 30 €, als Jahresvertrag etwa 60–70 €.

Kameraversicherung

Um hochwertige Fotoausrüstungen voll abzusichern, kann es sinnvoll sein, eine zusätzliche Fotoapparate-Versicherung abzuschließen. Diese ist zwar relativ teuer, aber die Geräte sind so gegen alle möglichen Risiken versichert. Die Kosten richten sich nach dem Wert der Ausrüstung bzw. der Versicherungssumme.

Reisekrankenversicherung

Es ist auf alle Fälle ratsam, eine Reise- bzw. Auslandskrankenversicherung abzuschließen. Nur wenige private Krankenkassen schließen den weltweiten Schutz im Krankheitsfall ein. Die meisten Reisebüros und einige Kreditkartenorganisationen bieten aber derartige Versicherungen an. Bei Krankheit – speziell Krankenhausaufenthalten – kann sehr schnell eine erhebliche Summe zusammenkommen, die aus eigener Tasche bezahlt werden müsste. Ist man versichert, kann man die Kosten gegen Vorlage der Rechnungen zu Hause geltend machen. Einschränkungen gibt es natürlich auch hier, besonders bezüglich Zahnbehandlungen (nur Notfallbehandlung) und chronischen Krankheiten (Bedingungen durchlesen).

Die später bei der Versicherung einzureichende **Rechnung** sollte folgende Angaben enthalten:

- Name, Vorname, Geburtsdatum, Behandlungsort und -datum
- Diagnose
- erbrachte Leistungen in detaillierter Aufstellung (Beratung, Untersuchungen, Behandlungen, Medikamente, Injektionen, Laborkosten, Krankenhausaufenthalt)
- Unterschrift des behandelnden Arztes
- Stempel

Wer im Ausland schwer erkrankt, wird zu Lasten der Versicherung heimgeholt, aber nur, wenn er plausibel darlegen kann, dass am Urlaubsort keine ausreichende Versorgung gewährleistet ist. Dann geht es mit Linienmaschinen oder auch mit eigens organisierten Ambulanzflugzeugen nach Hause. Die meisten Versicherungen haben inzwischen den Passus „wenn medizinisch notwendig" in das Kleingedruckte aufgenommen. Aber gerade die medizinische Notwendigkeit ist nicht immer leicht zu beweisen. Lautet der Passus „wenn medizinisch sinnvoll und vertretbar", kann man wesentlich besser für eine Rückholung argumentieren.

Die *Universa Krankenversicherung AG* versichert Reisende auf allen Auslandsreisen (auch Geschäftsreisen), die nicht länger als zwei Monate dauern, zu einem Preis von 8 € p.P. bzw. 17,80 € ab Eintrittsalter 60 pro Jahr. Der Auslandsschutzbrief des *ADAC* gilt ein Jahr lang für Reisen von jeweils maximal 45 Tagen und kostet für Mitglieder 11,70 €, Nicht-Mitglieder zahlen 13,50 €. Weitere Anbieter sind u.a. *Debeka*, *Europa* und *HUK-Coburg*.

Wer länger verreisen möchte, sollte nach Langzeittarifen für bis zu drei Jahre fragen.

Versicherungspakete

Von verschiedenen Unternehmen werden Versicherungspakete angeboten, die neben der Reisekrankenversicherung eine Gepäck-, Reiserücktrittskosten- und Reise-Notruf-(oder Rat&Tat-) Versicherung einschließen. Mit Letzterer erhält man über eine Notrufnummer Soforthilfe während der Reise. Krankenhauskosten werden sofort von der Versicherung beglichen, und bei ernsthaften Erkrankungen übernimmt sie den Rücktransport. Ist der Versicherte nicht transportfähig und muss länger als zehn Tage im Krankenhaus bleiben, kann eine nahe stehende Person auf Kosten der Versicherung einfliegen. Auch bei Verlust der Reisekasse erhält man über den Notruf einen Vorschuss.

Die Pakete sind jedoch, ebenso wie die günstigen Krankenversicherungs-Angebote, auf maximal fünf bis acht Wochen begrenzt. Da bei längeren Reisen bis zu einem Jahr nur Einzelversicherungen möglich sind und der Versicherungsschutz teurer wird, sollte man in diesem Fall die Leistungen verschiedener Unternehmen vergleichen. Wer sich optimal absichern möchte, schließt eine separate Kranken-, Reise-Notruf- (Rat & Tat-), Unfall- und Gepäckversicherung ab. Bei häufigen Auslandsreisen können die Einzelversicherungen oder das Paket auch für ein ganzes Jahr abgeschlossen werden. Dann besteht auf allen Reisen Versicherungsschutz, sofern diese nicht länger als sechs Wochen dauern.

Entsprechende Versicherungspakete lassen sich bequem über Reisebüros abschließen, wobei die Kosten von der Dauer und dem Wert der Reise abhängen.

Die meisten Versicherungen schließen so genannte gefährliche Sportarten aus, sofern keine Sonderprämie gezahlt wird: In China kann diese Einschränkung auf Tauchen, Rafting, Ski fahren, Windsurfen und Trekking angewendet werden, während Kajak fahren und Jeep-Safaris nicht unbedingt davon betroffen sind.

Gepäck

Wer nicht gerade ein großer Fan von Literatur aus dem 19. Jahrhundert ist (nur wenig anderes ist in China in deutscher bzw. überwiegend englischen Übersetzungen erhältlich), sollte einige Bücher für lange Zugfahrten mitnehmen. Münzen und Briefmarken aus der Heimat rufen Neugierde und Aufregung bei Mitreisenden hervor. Sie eignen sich gut als kleine Geschenke. Fotos von Familienangehörigen und Freunden oder Ansichtskarten aus der Heimat stoßen in China stets auf großes Interesse und können Sprachbarrieren überbrücken. China ist kein leises Reiseland – Ohrenstöpsel sind besonders auf langen Busreisen geeignet, um etwas Ruhe zu finden. Aus Hygienegründen sollte man ein privates Paar Ess-Stäbchen mit sich führen. Wichtig sind auch ein universeller Reise-Adapter für Steckdosen, eine Taschenlampe, ein Vielzweck-Taschenmesser, Nadel und Faden sowie ein Erste-Hilfe-Verbandskasten. Bei Reisen in den subtropischen Süden oder in Höhenlagen gehören Sonnenschutzmittel mit hohem Schutzfaktor und eine gute Sonnenbrille ins Reisegepäck. Die folgende Liste dient auch uns seit vielen Jahren als Hilfe beim Packen. Sie ist jedoch keineswegs vollständig und kann nach individuellen Bedürfnissen ergänzt werden.

Tipp Alle wichtigen Reisedokumente zu Hause einscannen und an die eigene Web-Mail-Adresse schicken, evtl. auch Geheimzahlen, Telefonnummern, Reisechecknummern, etc. So können diese im Notfall unterwegs abgerufen werden.

Das „gute Stück"

Während einer Reise wird man evtl. von Einheimischen eingeladen. Handelt es sich um eine Hochzeit oder ein anderes Familienfest, wird erwartet, dass Gäste sich dem Anlass entsprechend kleiden. Deshalb sollte auch ein gutes Stück im Gepäck sein, das längere Reisen unbeschadet übersteht. Bei chinesischen Festen (außer bei Begräbnissen) trägt man keine weiße, blaue oder schwarze Kleidung.

Bei der Auswahl der Kleidung empfiehlt sich eine Kombination aus lässig-bequemer und gut aussehender, „ordentlicher" Kleidung. In China beurteilt man die Menschen weit mehr als in Europa nach ihrem Äußeren. Ein schmuddeliges Outfit stößt unmerklich auf Ablehnung. Auch allzu weit ausgeschnittene und eng anliegende Kleidung wird vor allem bei Frauen als obszön angesehen. Wäsche wird fast überall innerhalb von 24 Stunden für wenig Geld gewaschen und gebügelt. In vielen Traveller-Hotels gibt es zudem die Möglichkeit, selbst zu waschen.

Ausrüstung für Trekking-Touren

Für Trekking-Touren in der Regenzeit oder durch feuchte Wälder haben sich Dschungel-Boots aus Armeebeständen bewährt, die man in einigen Geschäften in Provinzstädten bekommt. Bei mehrtägigen Touren in der kühlen Jahreszeit empfiehlt sich ein warmer Schlafsack. Daunen sind ungeeignet, da sie bei hoher Luftfeuchtigkeit nicht trocknen. Das Gepäck zusätzlich mit einem Zelt oder einem wetterfesten Schlafsack zu belasten, lohnt sich nur, wenn entsprechende Vorhaben geplant sind. Für laue Tropennächte reicht ein Bettbezug, Betttuch oder Jugendherbergs-Schlafsack aus.

Die notwendige Ausstattung für Globetrotter und Outdoor-Fans bieten Reiseausrüster auch über das Internet an, z.B. *Denart & Lechhart,* 🖳 www.globetrotter.de, oder *Lauche und Maas,* 🖳 www.lauche-maas.de.

Rucksäcke, Koffer und Taschen

Wer überwiegend mit öffentlichen Verkehrsmitteln unterwegs ist und längere Strecken zu Fuß zurücklegen will, reist am besten mit Rucksack. Beim Kauf probiert man ihn mit etwa 15 kg Inhalt an. Ein Kompromiss zwischen Koffer und Rucksack stellen die Koffer-Rucksäcke dar, die von der Vorderseite bepackt werden und bei denen das Tragegestell eingepackt werden kann. Wer sein Gepäck nicht weit tragen muss, kann auch mit Koffer reisen. Vorteil: Man wird nicht mit dem negativen Image belegt, das Rucksack-Touristen manchmal haben. Zudem sind sie in öffentlichen Verkehrsmitteln leichter zu verstauen als sperrige Rucksäcke. Ein zusätzlicher Tages-Rucksack *(Daypack)* oder eine Falttasche kann unterwegs bei Tagesausflügen oder Kurztrips das Gepäck aufnehmen und auf dem Heimflug für weiteren Stauraum sorgen. Notfalls gibt es überall billige Koffer und Reisetaschen zu kaufen. Für Kameras benötigt man Fototaschen, die möglichst nicht schon von außen auf den wertvollen Inhalt schließen lassen. Sie sollten aus festem Material bestehen (nicht aufschlitzbar!), gut verschließbar sein und Platz für weiteres Handgepäck haben. Wertsachen, wie Geld, Pässe, Schecks und Tickets, lassen sich am besten nah am Körper in einem breiten Hüftgurt aus Baumwollstoff aufbewahren.

Kleidung

- ❑ **Feste Schuhe** (für Trekking-Touren reichen Turnschuhe meist aus)
- ❑ **Sandalen** (in die man leicht hinein- und herausschlüpfen kann)
- ❑ **Gummi-** oder **Trekkingsandalen** (unter Duschen Pilzgefahr!)
- ❑ **Hosen** bzw. **Röcke**
- ❑ **Hemden** oder **Blusen**
- ❑ **T-Shirts**
- ❑ **Jacke**
- ❑ **Pullover**
- ❑ **Regenschirm**
- ❑ **Sonnenschutz**: Hut/Brille (in unzerbrechlicher Box)/Sonnencreme
- ❑ **Socken**
- ❑ **Unterwäsche** (aus Baumwolle); BH
- ❑ **Badekleidung**, für Frauen außerhalb der Touristenzentren einteiliger Badeanzug

Hygiene und Pflege

- ❑ **Zahnbürste**
- ❑ **Zahnpasta** in stabiler Tube
- ❑ **Shampoo**/Haarpflegemittel (die auf europäische Haare abgestimmt sind)
- ❑ **Nagelschere** und Nagelfeile
- ❑ **Rasierer** (in abgelegenen Gebieten ist ein Nassrasierer zu bevorzugen)
- ❑ **Kosmetika** und Hautpflegemittel
- ❑ **Papiertaschentücher**
- ❑ **Feuchties** (zur Hygiene unterwegs und wo es kein Wasser gibt)
- ❑ **Tampons** (ausreichend mitnehmen, denn sie sind in China nicht immer leicht zu finden; alle Supermärkte und Kaufhäuser bieten aber preiswerte Damenbinden an)
- ❑ **Toilettenpapier** (auf öffentlichen Toiletten selten vorhanden)
- ❑ **Plastiktüten** (für schmutzige Wäsche und als Nässeschutz)
- ❑ **Nähzeug** (Zwirn/Nähseide/Nadeln/Sicherheitsnadeln)

Sonstiges

- ❑ **Reise-Adapter** (es gibt in China unterschiedliche Standards mit zwei oder drei verschiedenen Kontaktstiften)
- ❑ **Reisewecker** (oder Armbanduhr mit eingebautem Wecker)
- ❑ **Taschenlampe**
- ❑ **Taschenmesser** (z.B. Schweizer Messer)
- ❑ **Reiseapotheke** (s.S. 33)
- ❑ **Notizbuch** und Stifte
- ❑ **Reisepass** (evtl. Internationaler Studentenausweis und Personalausweis, der zum Geld abheben reicht, wenn der Pass hinterlegt wurde)
- ❑ **Impfpass** (oder zumindest eine Kopie)
- ❑ **Führerschein**
- ❑ **Geld** (Bargeld/Reiseschecks/Abrechnung über Schecks/Kreditkarte)
- ❑ **Flugtickets**
- ❑ **Kopien der Dokumente** (nach der Einreise wegen Einreisestempel anfertigen)
- ❑ **Reiseführer, Landkarten**
- ❑ **Reiselektüre**
- ❑ **Kleine Geschenke** (Postkarten, Briefmarken, Münzen, Fotos von Daheim oder Sofortbildkamera für Fotos von den Gastgebern, Buntstifte, Murmeln oder Haargummis statt Bonbons für Kinder ... für weitere Anregungen sind wir dankbar)

Wer in einfachen Unterkünften wohnen wird, braucht zudem

- ❑ **Seife** oder seifenfreie Waschlotion im bruchsicheren Behälter
- ❑ dünne **Handtücher**, die schnell trocknen (meist in den Hotels vorhanden)
- ❑ **Waschmittel** in der Tube (für alle, die selbst Wäsche waschen)
- ❑ **Plastikbürste** (zum Reinigen von Wäsche und Schuhen)
- ❑ **Kordel** (als Wäscheleine oder zum Aufspannen des Moskitonetzes)
- ❑ **Klebeband** (um zu packen und Löcher im Moskitonetz zu verschließen)
- ❑ **kleine Nägel** oder Reißzwecken (zum Befestigen des Moskitonetzes)
- ❑ **60-Watt-Birne** (für alle, die noch spät lesen wollen)
- ❑ **Vorhängeschloss** (und kleine Schlösser fürs Gepäck)
- ❑ **Moskitonetz**
- ❑ **Schlafsack** (Leinenschlafsack, Bettbezug oder 2 dünne Tücher), in billigen Hotels gibt es keine Decken, und Laken werden nicht häufig gewechselt.

Unter Hosen und locker fallenden Kleidern kann man ihn um die Hüfte gebunden unauffällig tragen. Alle Papiere – auch das Geld – werden zusätzlich durch eine Plastikhülle geschützt, denn Schweiß ist zerstörerisch, und unleserliche Bankbescheinigungen oder Flugtickets machen Ärger.

Geld

Im Vergleich zu anderen asiatischen Staaten ist China ein teures individuelles Reiseland. Das Essen und die Transporte sind relativ preiswert, doch die Unterkünfte kosten ungefähr so viel wie in Europa. Die erforderlichen täglichen Ausgaben variieren von Region zu Region – und zwar zum Teil drastisch. Hongkong und Macau sind am teuersten, es folgen die Ostküste, dann die Provinzen im Landesinneren – Schwankungen sind jedoch immer möglich (s.S. 49f., Übernachtung). In der Regel wird Richtung Westen alles billiger, doch in touristischen Gebieten haben die Preise ein deutlich höheres Niveau.

Die chinesische Währung heißt offiziell **Renminbi** (RMB), also „Volkswährung", wird jedoch Yuan (in diesem Buch ¥) oder umgangssprachlich **Kuai** genannt. Ein Yuan untergliedert sich in zehn **Jiao** (umgangssprachlich Mao), die wiederum aus zehn **Fen** bestehen. Das Papiergeld wurde in China erfunden und ist dort bis heute das gängigste Zahlungsmittel mit den Werten ¥100, ¥50, ¥20, ¥10, ¥5 und ¥1. Auch für die Jiao gibt es Geldscheine. Gelegentlich kursieren noch alte Aluminiummünzen im Wert des Jiao, und auch kleine Yuan-Werte sind mittlerweile als Münzen im Umlauf, doch die Bewohner ländlicher Gebiete haben selbige vielleicht noch niemals gesehen und akzeptieren sie unter Umständen nicht. Regelmäßig sind **falsche Geldscheine** in Umlauf, die täuschend echt aussehen – vor allem bei den ¥50-Scheinen auf das Wasserzeichen und bei den ¥100-Scheinen auf den Silberstreifen achten! In vielen Geschäften werden Geldscheine unter UV-Licht geprüft. In Hotels eingewechselte Scheine sind in der Regel in Ordnung, doch bei der Herausgabe von Geldscheinen auf dem freien Markt ist Vorsicht geboten.

Die Währung Hongkongs ist der **Hongkong-Dollar** (HK$), der sich in 100 Cents unterteilt. **Macaus** Zahlungsmittel heißt **Pataca** (abgekürzt M$ oder ptca) und ist in 100 Avos untergliedert. Beide Währungen entsprechen ungefähr dem aktuellen Wechselkurs des Yuan. Hongkong-Dollar werden in Macau und den Wirtschaftssonderzonen akzeptiert und international eingewechselt, doch weder Yuan noch Pataca haben außerhalb von Macau oder der chinesischen Volksrepublik irgendeinen Wert. Touristenhotels in Beijing, Shanghai und Guangzhou akzeptieren Rechnungsbegleichungen in Hongkong- oder US-Dollar (oder bestehen sogar darauf). Im Gegensatz zu Yuan und Pataca sind Hongkong-Dollar auch im Ausland (und selbstverständlich in Hongkong) erhältlich. Die Währungen können bei Aufbewahrung der Wechselbelege vor der Ausreise zurückgewechselt werden.

Wechselkurse

1 € = 9,26 ¥	1 ¥ = 0,10 €
1 sFr = 5,96 ¥	1 ¥ = 0,16 sFr
1 US$ = 8,28 ¥	1 ¥ = 0,12 US$

Aktuelle Wechselkurse unter
www.oanda.com/convert/classic?lang=de

Reisekosten

Angesichts der extremen **regionalen Preisunterschiede** ist es schwierig, die Höhe der täglichen Ausgaben einzuschätzen. Überall in China sollten 16 € ausreichen, um die Kosten für **Mahlzeiten** in Garküchen oder Restaurants der Mittelklasse sowie die Transporte mit örtlichen Bussen oder in der Hartsitzklasse der Züge zu bestreiten. An der Ostküste und in Dongbei aber sind die Preise für **Unterkünfte** wesentlich höher als in den Inlandsprovinzen. Während Budgetreisende in Westchina durchaus Übernachtungsmöglichkeiten für 3 € finden, ist an der Ostküste kaum ein Bett unter 35 € aufzutreiben. Auch schnelle und bequeme Transporte haben ihren Preis: Flüge und Schlafwagenbetten der weichen Eisenbahn-Klasse sind mindestens fünfmal so teuer wie Busse. Wer überall die billigsten Alternativen wahrnimmt und in den Inlandsprovinzen unterwegs ist, sollte mit 32 € pro Tag auskommen; bei Reisen mit Abstechern in touristisch weniger erschlossene Gebiete und zeitweilig höherem Komfort ist mit einem Tagesbudget von 55 € zu rechnen; die Kosten für stilvolles Reisen und Besuche der Ostküste betragen pro Tag mindestens 95 €.

Preisabstufungen, nach denen Ausländer mehr für Leistungen bezahlen mussten als Chinesen, waren früher weit verbreitet, sind inzwischen jedoch amtlich verboten, sodass man für Transporte, Unterkünfte, Museen und dergleichen nicht stärker zur Kasse gebeten werden dürfte als Einheimische. In der Praxis aber bekommen Ausländer stets die teuerste Option angeboten, ohne Informationen über preisgünstigere Alternativen zu erhalten – chinesischen Touristen ergeht es nicht anders. Da bei Eintrittsgebühren fast überall **Studentenrabatte** erteilt werden, ist ein chinesischer Studentenausweis hilfreich; dieses amtlich aussehende Dokument ist mit einem Passfoto ausgestattet und wird in einem roten Plastiketui verpackt. Wer (selbst nur für kurze Zeit) in China studiert, erhält ein offizielles Dokument, doch auch auf Ausländer ausgerichtete Agenturen kennen Mittel und Wege, diesen Ausweis für rund ¥40 zu beschaffen. Internationale Studentenausweise werden hier und da anerkannt, vor allem in Beijing und Hongkong.

Auf jeden Fall lohnt es sich zu **handeln**. Hotels der mittleren und gehobenen Kategorie räumen ohne viel Überzeugungsarbeit Rabatte bis zu 30% ein und in der Nebensaison können geschickte Verhandler sogar noch größere Nachlässe herausschlagen. Da Ausländern in touristischen Geschäften oft ein zehnfach überhöhter Preis genannt wird, sollte man zunächst einmal schauen, was andere bezahlen, und hart feilschen.

In **Hongkong** und **Macau** sind besonders die Preise für Unterkünfte höher als im Inland, doch die Verpflegungs- und Transportkosten sind überschaubar. Die billigsten Dorm-Betten kosten rund 8 €, ein ordentliches Doppelzimmer ist kaum unter 100 € aufzutreiben. Eine preiswerte Unterkunft und Mahlzeiten in Garküchen erfordern ein Tagesbudget von etwa 32 €, die sich bei Mahlzeiten in Mittelklasse-Restaurants auf 40 € erhöhen. Höherer Wohnkomfort und gehobene Restaurants steigern den Tagesetat auf 125 €

Reiseschecks

Sicherheit bieten Reiseschecks (Travellers Cheques), die gegen 1% Provision bei jeder Bank erhältlich sind. US$-, €- oder sFr-Reiseschecks von *AMEXCO (American Express)* oder *Thomas Cook* werden in allen Touristenzentren eingelöst. Schecks erzielen im Allgemeinen bessere Wechselkurse als Bargeld. Da die Gebühr beim Einlösen pro Scheck berechnet wird, sollte man lieber einige wenige Schecks mit einem höheren Wert mitnehmen. Bei Verlust oder Diebstahl werden sie im nächsten Vertragsbüro ersetzt. Wichtig ist, dass für den Nachweis die Kaufabrechnung an einer anderen Stelle aufbewahrt wird als die eigentlichen Schecks. Außerdem hilft eine Aufstellung aller bereits eingelösten Schecks, denn diese werden nicht ersetzt. Es gilt zu beachten, dass nur die Hauptstellen der *Bank of China* und große Touristenhotels (in entlegenen Landesteilen können beide nicht vorhanden sein) Schecks wechseln, was zum Teil mit umfangreichem Papierkram verbunden ist. In **Hongkong** und **Macau** wechseln alle Banken und Wechselbüros gerne feste Währungen ein.

Bargeld

Für Notfälle sollte man stets einige kleine US-Dollarnoten in der Tasche haben, die in der Regel leicht einzuwechseln sind. Es gibt einen verdeckten und offensichtlich aufblühenden Schwarzmarkt für Fremdwährungen, doch die geringfügigen Tauschunterschiede und die potenzielle Gefahr einer Polizeikontrolle machen derartige Manöver unattraktiv. Bargeld birgt gleichzeitig das größte Risiko, da bei Diebstahl alles weg ist.

Kreditkarten

Mit einer Kreditkarte kann man nicht nur Flugtickets, Mietwagen, Einkäufe, Hotel- und Restaurantrechnungen im oberen Preisniveau bargeldlos bezahlen, sondern auch – je nach Aufenthaltsort – am Bankschalter oder an Geldautomaten Bargeld abheben. Visa- und Mastercard werden vielerorts akzeptiert; Amex hat sich hingegen noch nicht durchgesetzt, und andere Karten sind wahrscheinlich nutzlos. Die **Gebühren** variieren je nach Karte, ausstellender Bank und Abbuchungsmodus. Die *Bank of China* zieht im Gegensatz zu den Banken in Hongkong 3% Bearbeitungsgebühr ein.

Für die Barauszahlung am **Geldautomaten** benötigt man die Kreditkarte und die Geheimzahl. In chinesischen Städten stehen Geldautomaten weithin zur Verfügung; theoretisch akzeptieren sie auch ausländische Karten, doch in der Praxis funktioniert dies nicht immer. In Hongkong ist diese Dienstleistung hingegen relativ verlässlich.

Es ist ratsam, eine bestimmte Summe als Guthaben auf dem Kreditkarten-Konto zu deponieren, denn sobald der vorgegebene Kreditrahmen überzogen ist, wird die Karte gesperrt. Auf vielen Kreditkarten-Konten werden sogar Zinsen gezahlt, die gar nicht unattraktiv sind. Hier lohnt es auf jeden Fall, sich vorher zu informieren. Verlust oder Diebstahl sind sofort zu melden, damit die Karte gesperrt werden kann (maximale Haftung ca. 50 €). Bei Mietwagen oder Flügen, die mit der Karte bezahlt werden, ist in der Regel automatisch eine Unfallversicherung inklusive.

Warnung: Die Kreditkarte beim Bezahlen nicht aus den Augen lassen, damit kein zweiter Kaufbeleg erstellt wird, auf dem später die Unterschrift gefälscht wird! Sie darf auch niemals in einem Safe, der anderen zugänglich ist, verwahrt werden. Schon viele Reisende mussten zu Hause den Kontoauszügen entnehmen, dass während ihrer Abwesenheit hemmungslos eingekauft worden war.

Informationen und Notrufnummern

American Express, ✆ 069/97971000 (auch bei Verlust für Ersatzkarten), 💻 www.american-express.com/germany

MasterCard, ✆ 069/79330, Standorte: 💻 www.mastercard.com/atm/, Karte sperren: ✆ +1/314/2756690 (international gebührenfrei)

Visa, ✆ 069/920110, Standorte der Geldautomaten: 💻 www.visa.de/tk/atm, Karte sperren: ✆ +1/410/581994 (international gebührenfrei)

Geldkarte

Besitzt man eine Geldkarte oder Euroscheckkarte mit Maestro- oder Cirrus-Symbol plus Geheimzahl, kann man auch damit an vielen Geldautomaten mit dem entsprechenden Symbol Bargeld abheben, Standorte der Geldautomaten unter 💻 www.maestrocard.com/wheretouse oder 💻 www.mastercard.com. Umgerechnet wird zum Briefkurs, die Gebühr beträgt pro Transaktion nur knapp 2 €. Der Maximalbetrag kann bei der Hausbank erfragt werden und beträgt meist 500 € pro Tag.

Banken

Die Banken in großen chinesischen Städten haben zum Teil sieben Tage die Woche geöffnet, doch Devisenwechsel ist in der Regel nur Mo–Fr von 9–12 und 14–17 Uhr möglich. Alle Banken haben an den ersten drei Tagen des chinesischen Neujahrs geschlossen und an den folgenden elf Tagen nur eingeschränkte Öffnungszeiten. Geschlossen sind sie auch an den nationalen Feiertagen. Durchschnittliche Öffnungszeiten der Banken in Hongkong: Mo–Fr 9–16.30 , Sa bis 12.30 Uhr (Macaus Banken schließen eine halbe Stunde früher).

Überweisungen

Bei Überweisungen von Geld aus Europa schickt die chinesische Bank ein Telex oder Fax (die Telex- bzw. Fax-Nummer notieren) an die Heimatbank und fordert den entsprechenden Betrag an. Dazu muss die Heimatbank die genauen Daten der chinesischen Bank, an der man das Geld in Empfang nehmen will, sowie die Adresse und Telexnummer von deren Hauptbüro in Beijing kennen. Die Transaktion erfolgt üblicherweise binnen zwei Tagen. Eine telegrafische Anweisung kostet etwa 30–40 €. Der überwiesene Betrag wird zum Devisenkurs umgerechnet und bar oder in Travellers Cheques gegen eine Gebühr von etwa 10 € ausgezahlt.

Etwas weniger kompliziert und vor allem schneller erfolgt der Geldtransfer über *Moneygram* oder *Western Union*, da bei diesem Vorgang nicht zwei Unternehmen kooperieren müssen. Unmittelbar nach Einzahlung bei einer heimatlichen Zweigstelle kann der Begünstigte das Geld in China in Empfang nehmen. Die Gebühren richten sich nach der überwiesenen Summe: Für 1000 € fallen etwa 40 € an. Informationen, auch über Zweigstellen:

Moneygram, ✆ 069/6897010, 💻 www.moneygram.com

Western Union, ✆ 0180/3030330, 💻 www.westernunion.com. Wird an allen Zweigstellen der Postbank angeboten.

Reisen mit Behinderungen

In China gibt es nur wenige Einrichtungen für behinderte Menschen. Verursacht durch den rapiden wirtschaftlichen Aufschwung ähneln viele Städte gegenwärtig Baustellen mit unebenen Flächen und zahlreichen Hindernissen auf den Gehwegen; hinzu kommen dichte Menschenmassen, hohes Verkehrsaufkommen und geringe Ausstattung öffentlicher Einrichtungen mit Rampen. Die öffentlichen Verkehrsmittel sind für Rollstuhlfahrer ungeeignet, doch manche Fluggesellschaften und gehobene Hotels in Beijing, Shanghai, Guangzhou und sogar Ürümqi haben Erfahrung in der Unterstützung von behinderten Gästen. Besonders die Häuser der Ketten *Holiday Inn* und *Hilton* haben häufig Räume, die speziell für Rollstuhlfahrer ausgestattet sind.

Hongkong ist eigentlich die einzige Stadt Chinas, die einigermaßen auf behinderte Reisende eingestellt ist. Die *Hong Kong Tourist Association* gibt kostenlos eine detaillierte Broschüre mit dem Titel *Hong Kong Access Guide for Disabled Visitors* heraus. Auch **Macau** hat entsprechende Einrichtungen geschaffen, jedoch in geringerem Maße.

Angesichts dieser Umstände ist die Teilnahme an einer **organisierten Reise** wohl eher zu empfehlen. Die im Folgenden genannten Kontaktadressen helfen bei der Planung und Vermittlung sowie recherchieren gegebenenfalls für spezielle Anfragen. Wer größere Unabhängigkeit wünscht, muss unbedingt vorab klären, wo er sich auf sich selbst verlassen muss und wo Hilfe zu erwarten wäre – dies gilt insbesondere für Transporte und Unterkünfte. Ins Gepäck gehören Ersatzgegenstände für benötigte Hilfsmittel, genügende Mengen an wichtigen Medikamenten (diese ins Handgepäck nehmen) sowie eine Auflistung ihrer Handelsnamen (am besten auf Englisch und Chinesisch) für Notfälle. Wenn möglich sollte schon frühzeitig im Planungsprozess der Reise Kontakt zu einer chinesischen Organisation aufgenommen werden, die sich für Menschen mit der betreffenden Behinderungsform einsetzt.

Nähere **Informationen** über Behindertenreisen bekommt man über die unten stehenden Organisationen. Ebenfalls hilfreich ist die US-Datenbank im Internet, 💻 www.access-able.com.

Die *Nationale Koordinationsstelle Tourismus für Alle (NatKo)*, Köthenhofstr. 4, 55116 Mainz, ☏ 06131/250410, 📠 214848, ✉ home@natko.de, 💻 www.natko.de, der acht deutsche Behindertenverbände angehören, berät Anbieter bei der Verwirklichung behindertengerechter Unterkünfte, Programme usw. und nennt Behinderten hilfreiche Adressen für die Reiseplanung, die sich auch in einer von der *NatKo* herausgegebenen Broschüre finden. Dem Verband gehören u.a. die folgenden drei Vereine an:

Behindertenorganisationen

Bundesarbeitsgemeinschaft Hilfe für Behinderte (BagH), Kirchfeld Str. 149, 40215 Düsseldorf, ☏ 0211/310060 📠 3100648, ✉ info@bagh.de, 💻 www.bagh.de. Gibt eine Liste von Telefonnummern und Adressen spezialisierter Reiseveranstalter heraus.

Bundesarbeitsgemeinschaft der Clubs Behinderter und ihrer Freunde (BAG cbf), Eupener Str. 5, 55131 Mainz, ☏ 06131/225514, 📠 238834 ✉ bagcbfmainz@aol.com, 💻 www.bagcbf.de. Verschickt gegen Rückporto eine Adressenliste aller bekannten Behinderten-Reiseveranstalter.

Bundesverband Selbsthilfe Körperbehinderter e.V. (BSK), Altkrautheimer Str. 17, Postfach 20, 74236 Krautheim an der Jagst, ☏ 06294/68308, 📠 68107, 💻 www.bsk-ev.de. Hilft mit Informationen und Ratschlägen für Reisen mit Behinderung weiter und gibt jährlich ein Reise-Abc für 5 € mit allgemeinen Reisetipps heraus.

Praktische Tipps

Übernachtung

An Chinas Unterkünfte sollte man keine allzu großen Erwartungen knüpfen. Trotz allem Schaugepränge aus Marmor und Chrom sehen Chinesen in einem Hotel kaum mehr als einen funktionellen Ort zum Schlafen. Es fehlt an Abwechslung, weil es in China keine alteingesessenen Familienbetriebe gibt, die man sonst überall in Asien antrifft. Stattdessen wirken die Hotels anonym und gesichtslos, sie sind oft Zweckbauten mit standardisierten Innenausstattungen.

Trotz der fehlenden Abwechslung gibt es große **Qualitätsunterschiede** in Komfort und Service. Als Faustregel gilt: Fast überall sind neuere Hotels zu bevorzugen, da deren Personal diensteifrig ist und die Teppiche noch fleckenfrei sind. Die Preise sind keinesfalls ein Fingerzeig für Qualität. So ist beispielsweise Chinas Osten wesentlich teurer als der Westen, und Großstädte haben generell ein höheres Preisniveau als Kleinstädte. Außerdem werden die Hotelpreise nur selten revidiert, so dass ein Haus einer ehemals gehobenen Kategorie auch dann noch hohe Preise berechnet, wenn die Zimmer längst hoffnungslos abgewohnt sind. Oft erweisen sich an der Rezeption aushängende Preise lediglich als Basis für Verhandlungen (fast überall möglich). **Preisnachlässe** bis zu 30% sind keinesfalls ungewöhnlich, und in der Nebensaison oder in Gebieten mit hohem Wettbewerb sind die Spannen sogar noch dehnbarer. Andererseits erhöhen Hotels in viel besuchten Touristenorten die Preise in der Hauptsaison beträchtlich. Bei höflichen Anfragen verweist die Rezeption nicht selten auf zuvor nicht genannte preiswertere Räume oder auf Dorm-Betten in einem Nebenflügel des Hotels.

Ein Ärgernis ist, dass viele Hotels (und zwar in der Regel die billigen) keine **Ausländer** aufnehmen dürfen, da die Behörden ihnen dazu keine Befugnis erteilt haben. Wenn sie es trotzdem tun und dabei erwischt werden, drohen ihnen saftige Strafen. Doch unumstößliche Regelungen gibt es in dieser Beziehung nicht. Mitunter weiß man an der Rezeption gar nicht, dass keine Ausländer aufgenommen werden dürfen, und wenn man spät am Abend eintrifft oder es nur ein Hotel am Ort gibt, wird man meist ohne viel Aufhebens untergebracht (Chinesischkenntnisse und chinesische Studentenausweise erhöhen die Chancen erheblich). Auch bei den Behörden sind die Dinge in Bewegung gekommen: Yunnan legte vor kurzem gesetzlich fest, dass Ausländer alle in der Provinz angebotenen Unterkünfte nutzen dürfen.

Chinas Hotels sind recht sichere Orte, dennoch wäre es natürlich leichtsinnig, Geld oder andere Wertsachen offen im Zimmer liegen zu lassen. Wer Kameras und dergleichen vor dem Ausgehen sorgfältig und unauffällig im Gepäck verschließt, sollte keine bösen Überraschungen erleben.

Bei Zimmern der internationalen Klasse werden **Vorausbuchungen** routinemäßig entgegengenommen, das Rezeptionspersonal spricht Englisch. In diesem Buch werden – soweit verfügbar – neben Telefonnummern auch Faxnummern und E-Mail-Adressen genannt. Bei Hotels niedrigerer Kategorien kann sich die Buchung komplizierter gestalten, teilweise sind ohne Chinesischkenntnisse keine besonderen Fortschritte zu erzielen. Dennoch ist es oft sinnvoll, einen Anruf zu tätigen (oder tätigen zu lassen), um nach freien Zimmern zu fragen, bevor man mit Gepäck beladen kreuz und quer durch die Stadt irrt. Hotels der mittleren und gehobenen Kategorie sind relativ leicht über **Websites** zu buchen, zum Beispiel listet 💻 www.sinohotelguide.com kurze Hotelbeschreibungen und Zimmerpreise in US-Dollar für landesweit mehrere Hundert Hotels auf.

Unterwegs sollte man nach Möglichkeit so planen, dass man das nächste Ziel noch bei Tageslicht erreicht. In diesem Fall bleibt Zeit, das Gepäck an einem Schalter des Bahnhofs oder Busbahnhofs aufzugeben und nach einer geeigneten Unterkunft zu suchen. Es ist vollkommen normal, Zimmer vor der Belegung zu begutachten. Wer nichts Geeignetes findet, erhält unter Umständen bei *CITS* (Adressen in den jeweiligen Regionalkapiteln) wertvolle Hinweise auf Unterkünfte und zudem Hilfe bei Rabattverhandlungen – jedoch nur für Unterkünfte ab der **-Kategorie aufwärts.

Mancherorts machen sich am Bahnhof Kundenfänger an eintreffende Reisende heran. Man hat nichts zu verlieren, wenn man ihnen folgt, da Hotels sie nur für die Vermittlungen bezahlen, ohne zusätzliche Provision auf Zimmerpreise aufzuschlagen. Manchmal aber bedeuten solche Kontakte pure Zeitverschwendung, weil manche nicht darüber informiert sind, welche Hotels überhaupt Ausländer aufnehmen dürfen.

Registration form

英文姓 Surname/Nachname	英文名 First name/Vorname	性别 Sex/Geschlecht
中文姓名 Name in Chinese/Name in Chinesisch	国籍 Nationality/Nationalität	出生日期 Date of birth/Geburtsdatum
证件种类 Type of certificate (eg passport)/Ausweisart	证件号码 Certificate No./Ausweisnr.	签证种类 Type of visa/Art des Visums
签证有效期 Valid date of visa/Gültigkeitsdauer des Visums	抵店日期 Date of arrival/Tag der Ankunft	离店日期 Date of departure/Tag der Abreise
由何处来 From/Voriger Aufenthaltsort	交通工具 Carrier/Transportmittel	往何处 To/Anschließendes Reiseziel
永久地址 Permanent address/Heimatadresse		停留事由 Object of stay/Aufenthaltsgrund
职业 Occupation/Beruf		
接待单位 Received by/Erhalten von		房号 Room No./Zimmernr.

Beim Einchecken in Hotels ist ein detaillierter **Fragebogen** auszufüllen, mit dem die Behörden nach wesentlichen persönlichen Daten der Reisegäste fragen: Name, Geburtsdatum, Geschlecht, Adresse, voriger Aufenthaltsort und nächstes Reiseziel, geplante Aufenthaltsdauer sowie Visa- und Passnummer. Im bürokratischen China wird das korrekte Ausfüllen solcher Formblätter als Bürgerpflicht betrachtet, und wer dieser Pflicht nicht nachkommt, gerät womöglich in eine folgenschwere Sackgasse. Hotels der gehobenen Kategorie haben englische Vordrucke und füllen diese vielleicht sogar selbst aus, doch Unterkünfte, die nicht auf Ausländer eingestellt sind, legen unter Umständen rein chinesischsprachige Vordrucke aus und beschäftigen Personal, das noch niemals einen ausländischen Pass gesehen hat – was die panischen Mienen hinter den Rezeptionen erklärt, sobald ein Ausländer den Empfangsraum betritt. Wir haben einen Vordruck in deutscher, englischer und chinesischer Sprache abgedruckt, der in Zweifelsfällen weiterhilft.

Überall werden **Vorauszahlungen** erwartet, zum Teil hat man Kaution in doppelter Höhe des Zimmerpreises zu hinterlegen. Letztere werden zuverlässig zurückerstattet, sofern man nichts kaputtgemacht hat. Beim Einchecken sollte man deshalb genauestens darauf achten, dass alles seine Ordnung hat und auch die Quittung sorgfältig aufbewahren. Da der offizielle Hoteltag um 6 Uhr morgens beginnt, werden bei früherer Ankunft unter Umständen noch Gebühren für die fast verstrichene Nacht berechnet. Wer mehrere Nächte an einem Ort verbringt, kann entweder vorab eine Gesamtsumme entrichten oder jeden Tag neu einchecken.

Nur die Hotels der oberen Kategorien geben **Zimmerschlüssel** aus. In kleineren Hotels erhalten die Gäste einen Zettel, der beim Etagenpersonal vorzulegen ist, das eine Zimmerkarte ausstellt und die Zimmertüren aufschließt. Manche Etagenmädchen geben die Schlüssel gegen eine Kaution in Höhe von ¥10–20 ab. Wenn das Zimmer mit einem **Telefon** ausgestattet ist, müssen allein reisende Männer gegebenenfalls damit rechnen, zu jeder Nachtzeit Anrufe von Prostituierten zu erhalten (gilt selbst für bessere Hotels, nur Stecker herausziehen hilft).

Allgemeine **Check-out-Zeit** ist 12 Uhr mittags. Beim Aufbruch in den frühen Morgenstunden (etwa um einen bestimmten Bus zu erreichen) ist es mitunter schwierig, jemanden aufzutreiben, der die Kaution herausgeben kann oder einen aus dem Hotel lässt, wenn die Eingangstüren oder Hoftore noch verschlossen sind. Dieses Problem besteht vor allem in ländlichen Gebieten. Oft schläft aber jemand hinter der Rezeption.

Preiskategorien der Unterkünfte Wir haben die Hotels in diesem Buch mit Sternchen* kategorisiert. Grundlage sind die Preise für das billigste Doppelzimmer. Wo sich mehrere Kategorien ergeben, stehen unterschiedliche Räumlichkeiten (meist in verschiedenen Flügeln) zur Verfügung, oder es gibt im Text Hinweise auf besondere Ausstattungen (beispielsweise auf private Badezimmer und WC). Bei billigen Hotels sind die Preise für Dorm-Betten oder Betten in Miniräumen in Yuan angegeben.
Generell gilt zu beachten, dass Hotelpreise in der Nebensaison (von Oktober bis Juni, jedoch mit Ausnahme von Feiertagen wie chinesisches Neujahr) verhandelbar sind. Ausgeschriebene Preise in Hotels der mittleren und gehobenen Klasse berücksichtigen gewöhnlich noch nicht die zusätzliche Servicegebühr von 15%.
Im Rahmen dieses Reiseführers haben wir die Übernachtungskategorien nach dem folgenden Schema geordnet (für **Hongkong** und **Macau** gelten eigene Kategorien, die dem entsprechenden Kapitel vorangestellt sind):

*	**bis ¥140**
**	**¥140 – 300**
***	**¥300 – 450**
****	**¥450 – 600**
*****	**¥600 – 800**
Luxus	**über ¥800**

Die chinesischen **Unterkunftsbezeichnungen** sind nur vage Hinweise auf die Kategorien. Relativ zuverlässige Hinweise auf bessere Häuser geben Benennungen wie *dajiulou* oder *dajiudian*, die wörtlich ungefähr ‚Große Weinschenke" bedeuten, was aber nicht zu falschen Rückschlüssen veranlassen sollte. Elegante neuere Hotels tragen in der

Regel die geläufigere Bezeichnung *binguan*, die jedoch auch auf alte staatliche, zwischenzeitlich meist renovierte Hotels angewendet wird; fast jedes *binguan* nimmt Ausländer auf. Den Namen *fandian* (wörtlich: Restaurant) tragen unterschiedslos Hotels der Spitzenklasse und schlichte Hotels. Verlässlich preiswert sind Unterkünfte mit dem Namen *zhaodaisuo* (Gästehaus), diese dürfen jedoch häufig keine Ausländer aufnehmen. Die unterste Kategorie *lüguan* (Herberge) kommt für ausländische Reisende nur in Ausnahmefällen in ländlichen Gebieten in Betracht.

Wo immer man unterkommen mag, sind zwei Dinge mit Sicherheit vorhanden: Ein Paar Plastik- oder Papiersandaletten unter dem Bett und eine Thermoskanne mit heißem Wasser, die auf Anfrage jederzeit vom Etagenpersonal aufgefüllt wird. Das **Frühstück** ist zuweilen im Preis inbegriffen; fast jedes Hotel (selbst das grässlichste) hat ein eigenes Restaurant, in dem gewöhnlich zwischen 7 und 8 Uhr ein elementares Frühstück mit süßen Backwaren, Salzgemüse und Reisgrütze serviert wird.

Gehobene Kategorien

In größeren Städten (und damit in nahezu allen Provinzhauptstädten) gibt es Hotels der Kategorien **** bis *****. Oft werden diese Häuser unter ausländischem Management betrieben, und der Standard kann sich gewöhnlich an den weltweiten Normen messen, denn alle international üblichen Einrichtungen – Swimmingpool, Fitnessraum und technische Ausstattung für Geschäftsreisende – sind vorhanden. Die Preise für Standard-Doppelzimmer liegen über ¥800 (nach unserer Preiskategorie die Luxusklasse) und können durchaus ¥1500 erreichen, was sich noch um 15% Bedienungszuschlag erhöht. Kreditkarten sind in diesen Häusern ein gängiges Zahlungsmittel. In Hongkong und Macau ähneln die gehobenen Kategorien denjenigen des Festlandes, doch die Preise sind höher und die Dienstleistungen professioneller.

Selbst wer sich Übernachtungen in solchen Hotels nicht leisten kann, sollte sie nicht links liegen lassen, denn sie sind Orte, die für kurze Zeit Zuflucht vor dem hektischen chinesischen Alltag bieten – nirgends rümpft man die Nase über Ausländer, die durch das Foyer eines eleganten Hotels streifen. Abgesehen von klimatisierten Hallen und sauberen Toiletten stehen Cafés und Bars zur Verfügung (mitunter mit laufendem Satelliten-TV), dazu Telefone, Faxdienste und rund um die Uhr geöffnete Geldwechselschalter (die jedoch manchmal nur auswärtigen Gästen zur Verfügung stehen).

Hotels der Mittelklasse

Viele neue städtische Hotels gehören der Mittelklasse an und eigentlich hat jede Stadt Unterkünfte dieser Kategorie. Neu eröffnete Häuser verfügen generell über saubere und geräumige Standard-Doppelzimmer mit Bad, 24-stündiger Warmwasserversorgung sowie TV und Klimaanlage. Nach einigen Jahren sind die Spuren der Nutzung jedoch unübersehbar. Einzelzimmer stehen in dieser Kategorie nur selten zur Verfügung.

In abgelegenen Gebieten kosten Zimmer der Mittelklasse ¥150–250, in jeder größeren Stadt liegen die Preise bei ¥350. Etliche Mittelklassehotels, die mit dem Aufblühen des Tourismus Anfang der 80er Jahre gebaut wurden, sind inzwischen renoviert und nach oben gestuft worden; sie besitzen ältere sowie billigere Flügel – allerdings kann es vorkommen, dass das Personal dies anfangs bestreitet. Solche abgewohnten Hotelbereiche sind in der Regel durchaus noch in Ordnung; Doppelzimmer mit Bad kosten dort ¥100–200 und mitunter gibt es sogar Dorm-Betten für nur ¥25. Weil vielerorts nicht zugelassen wird, dass Ausländer Zimmer mit Chinesen teilen, sind gelegentlich auch dort Gesamtzimmerpreise zu entrichten.

Preiswerte Hotels

Preiswerte Hotels mit Doppelzimmern unter ¥100 können fürchterlich heruntergekommen oder herrlich komfortabel sein. In vielen Städten befinden sich die Häuser dieser Kategorie in Bahnhofsnähe, in Metropolen wie Beijing oder Shanghai können sie allerdings auch vom Zentrum weit entfernt sein.

Wer Budgethotels auftreibt, die Ausländer aufnehmen, wird rasch feststellen, dass in China eher Betten als Zimmer vermietet werden, um mehr Geld einzunehmen. Es kann also vorkommen, dass man sein Zimmer mit einem oder mehreren Ausländern teilen muss. Nur in Ausnahmefällen wird zugelassen, dass Ausländer ihre Zimmer mit Chinesen teilen, doch wenn sich drei bis vier Ausländer zusammentun, erhalten sie mit ziemlicher Sicherheit ein günstiges großes Zimmer. Budgetreisende können darauf vertrauen, dass touristische Zentren (auch Metropolen wie Beijing, Shanghai und Guangzhou) einige Budgethotels aufweisen, die Betten in speziellen Dorms für Ausländer für nur ¥20–50 anbieten. Je weiter man nach Westen reist, desto preiswerter werden die Unterkünfte – manche Hotels im Nordwesten sowie in Tibet, Sichuan und Yunnan bieten Doppelzimmer für lediglich ¥50 an.

Jugendherbergen

Auf dem chinesischen Festland und in Hongkong gibt es einige wenige Unterkünfte, die dem *Internationalen Jugendherbergsverband* (International Youth Hostel Association, IYHA) angeschlossen sind und Mitgliedern geringfügige Preisnachlässe einräumen.

Vom Deutschen Jugendherbergswerk ist das *Internationale Jugendherbergsverzeichnis* für Übersee erhältlich. Es enthält u.a. Adressen von mehr als 4200 Jugendherbergen in über 60 außereuropäischen Ländern. Man kann es für 8,70 € in allen Jugendherbergen kaufen oder im Internet unter www.jugendherberge.de bestellen. Informationen über die nächstliegende Ausgabestelle erteilt der jeweilige Landesverband. Hier kann man auch die Mitgliedschaft beantragen, die bis zum 27. Geburtstag 10,50 € und für Familien und Partner 18 € pro Jahr kostet. Eine Mitgliedschaft im Schweizer Jugendherbergsverband kostet bis zum Alter von 18 Jahren 22 sFr pro Jahr, ab 18 Jahren 33 sFr, Familien zahlen 44 sFr. In Österreich ist die Mitgliedschaft im Jugendherbergsverband für Heranwachsende bis 18 Jahre kostenlos. Personen, die älter als 18 Jahre sind, zahlen 15 €. Wer wissen will, wo es in China Jugendherbergen gibt, kann dies unter www.iyhf.org sowie unter www.hostels.com herausfinden.

DJH Service GmbH, Bismarckstr. 8, 32756 Detmold, 05231/74010, 740149, service@djh.de, www.jugendherberge.de
Österreichisches Jugendherbergswerk, Helfersdorferstr. 4, 1010 Wien, 01/5331833, 533183385, oejhw@oejhw.or.at, www.oejhw.or.at
Schweizer Jugendherbergen, Schaffhauser Str. 14, 8042 Zürich, 01/3601414, 3601460, marketing@youthhostel.ch, www.youthhostel.ch

Sonstige Unterkünfte

In Hongkong und Macau gibt es zahlreiche privat betriebene **Gästehäuser** unterschiedlicher Art und Größe, die nach den öden Festlandhotels eine willkommene Abwechslung darstellen. Doppelzimmer kosten dort in der Regel weniger als in festländischen Hotels und den meisten Orten Ostchinas, es stehen auch viele billige Dorm-Betten zur Verfügung.

Preiswerte Alternativen, die durchaus Beachtung verdienen, bieten **Zimmer in Universitäten**, denn immer mehr Hochschulen sind bereit, ausländische Touristen aufzunehmen. Auf dem Gelände vieler Hochschulen gibt es Blöcke, die Namen wie *waibing zhaodaisuo* (Gästehaus für Ausländer) oder *waiguo zhuanjia lou* (Gebäude für ausländische Experten) tragen und zur Unterbringung ausländischer Studenten und Lehrer dienen. Auf dem Campus ist in der Regel leicht ein hilfsbereiter, Englisch sprechender Student aufzutreiben, der den Weg zu diesen Trakten weisen kann. Die Gebäude ähneln in ihrer Struktur den einfachen Hotels, und auch die üblichen Formulare sind auszufüllen. Die Kosten betrugen anfangs rund ¥50 pro Nacht, doch manche Unterkünfte fordern von Touristen inzwischen deutlich höhere Beträge. Es kann geschehen, dass man ein Bett in einem Zimmer zugewiesen bekommt, das bereits ein Auslandsstudent bewohnt, der alles andere als erfreut ist über den ungebetenen zeitweiligen Gast. Da dies jedoch nur für Fälle zutrifft, in denen der betreffende Student nur für eines der beiden im Zimmer stehenden Betten bezahlt, muss man kein schlechtes Gewissen haben. Obwohl die Universitäten meist sehr freundliche Aufenthaltsorte sind, kann die Hygiene in den gemeinsamen Wasch- und Toilettenräumen sehr zu wünschen übrig lassen. Oft liegt der Campus auch in einem weit vom Zentrum entfernten Stadtrandgebiet.

Camping ist eigentlich nur im wilden chinesischen Westen möglich, wo man nicht unter den neugierigen Blicken Tausender Dorfbewohner aufwacht. In bestimmten Gegenden von Tibet, Qinghai, Xinjiang, Gansu und der Inneren Mongolei finden Wanderer und Radfahrer Campingmöglichkeiten, doch man sollte sich nirgends offiziell um eine Erlaubnis bemühen, da die chinesischen Behörden keine klaren Vorstellungen über das Zelten haben und diesbezügliche Anfragen deshalb unweigerlich mit „Nein" beantworten. Die einzige offiziell gestattete Art zu campen, ist die nomadische Lebensweise von Mongolen und Kasachen, deren Zelte *(mengu bao)* in Steppengebieten unter gewissen Umständen auch von Touristen genutzt werden dürfen.

Eine Alternative zum Camping sind die **Pilgerwohnstätten** bedeutender buddhistischer oder lamaistischer Klöster. Sie bieten extrem billige, wenngleich einfachste Unterbringung an und sind meist schnell belegt. Ausländer werden gerne aufgenommen. Obwohl die Behörden diese Praxis nur ungern dulden, wird jemand, der spät eintrifft oder unterwegs gestrandet ist, in der Regel bereitwillig aufgenommen.

Essen und Trinken

Für Chinesen ist jedes Essen ein wichtiges Ereignis, egal ob es sich um süße Backwaren und Suppe in Garküchen oder um Gourmetabenteuer in exotischen Restaurants handelt. Chinas Küche gehört zu den variationsreichsten der Welt und ist wesentlich vielfältiger, als chinesische Restaurants in Europa vermuten lassen. Obwohl kaum jemand hauptsächlich des Essens wegen nach China reist, stellt man gewöhnlich rasch fest, dass die Mahlzeiten zu den Höhepunkten des Reiseablaufs gehören. Da viele westliche Reisende jedoch aufgrund der Sprachbarrieren große Schwierigkeiten mit der Bestellung haben, suchen sie verzweifelt nach „ordentlichem Essen" und glauben irgendwann, dass die milden pfannengerührten Gerichte und andere gängige Mahlzeiten in den billigsten Garküchen alles sind, was der Speiseplan zu bieten hat. Nur geringe Anstrengungen sind erforderlich, um exotische und leckere Gerichte auf den Tisch zu zaubern – unabhängig von Budget und Sprachkenntnissen. Alleine zu essen, ist langweilig, und in China gelten Mahlzeiten als gesellschaftliche Ereignisse, zu denen sich eine Gruppe zusammenfindet, um gemeinsam von in der Mitte stehenden Gerichten zu speisen.

Obwohl an jedem Marktstand frische Zutaten erhältlich sind, wird in China eher selten privat gekocht. Schließlich ist das Essen in Restaurants nicht teuer, es ist bequem und abwechslungsreich. Die **Prinzipien der chinesischen Küche** basieren auf dem Bestreben nach Harmonie zwischen den verschiedenen Zutaten. Dies geht bis hin zur Beachtung der *Yin*- und *Yang*-Attribute bei der Zusammenstellung der Speisen: Ein Gerichte kann als „feucht" oder „trocken", „erhitzend" oder „kühlend" eingestuft werden, es wird besondere Wertschätzung auf Zutaten mit kontrastierenden Beschaffenheiten und Farben gelegt, die sowohl dem Auge als auch dem Gaumen gefallen. Die chronische Armut der chinesischen Bevölkerung führte zu traditionell kargen Fleischmengen. Weil mit den wertvollen Nährwerten sparsam umgegangen werden musste, entwickelten sich Kochtechniken, bei denen die Zutaten zerkleinert und unter hoher Hitzezuführung rasch gebraten werden. Oftmals beschränkte Versorgungslagen ließen die vorbehaltlose Bereitschaft entstehen, auch mit ausgefallenen Dingen zu experimentieren: Keinesfalls alltäglich erhältlich, aber durchaus auf chinesischen Speisekarten präsent sind Bärentatzen, Haifischflossen, Fischkiemen oder gar Quallen.

Die maoistische Politik hatte zur Folge, dass gute **Zutaten** selbst in den 80er Jahren noch knapp waren, sodass der Standard außerhalb der hochpreisigen Hotels und Restaurants eher bescheiden blieb. Heute ist die Versorgung mit Frischwaren in den meisten Landesteilen mehr als zufrieden stellend, doch besteht eine Tendenz, schlechte Kochtechniken durch übermäßige Verwendung von Öl und Geschmacksverstärkern auszugleichen.

Im Süden steht das Grundnahrungsmittel Reis als Lang- oder Rundkorn zur Verfügung, auch Reisnudelprodukte sowie Teigtaschen sind weit verbreitet. Im kühleren Norden wird eher Getreide zu süßen Backwaren oder Nudeln verarbeitet. Beachtung verdienen gezogene Nudeln *(lamian)* – eine moslemische Spezialität, die vor den Augen des Gastes als Teigband zwischen ausgestreckten Armen zurechtgezogen und in einer würzigen Suppe zubereitet wird.

Fleisch gilt als körperlich belebende Substanz und steht im Zentrum jeder Mahlzeit – das Auftischen einer reinen Fleischmahlzeit gilt als Höhepunkt der Gastfreundschaft. Die höchste Verbreitung verzeichnet Schweinefleisch (abgesehen von Gebieten mit großen moslemischen Bevölkerungsanteilen, wo Hammel- oder Rindfleisch überwiegen). Geflügel gilt vor allem im Alter oder bei Rekonvaleszenten als förderlich und war früher ein

Luxusgut (Hühnerfleisch war noch vor wenigen Jahrzehnten die teuerste Fleischsorte in Beijing), doch inzwischen gibt es in den meisten ländlichen Bezirken Zentral- und Südchinas genügend Hühner- und Entenzuchten. Sehr beliebt sind Fisch sowie Meeresfrüchte, die jedoch ihren Preis haben, da sie oft wegen Verschmutzung der örtlichen Gewässer importiert werden müssen. Ähnliches gilt für seltene Wildarten.

Eier von Hühnern, Enten oder Wachteln gehören landesweit zu den beliebtesten Snacks und köcheln oft stundenlang in einer Mixtur aus Gewürzen, Tee, Sojasauce und Sternanis. Weit über die Landesgrenze hinaus bekannt sind die so genannten Tausendjährigen Eier, die vor dem Verzehr mehrere Monate lang in Asche und Stroh gelagert werden. Trotz des abschreckend glibberigen braunen Eiweißes und des grün verfärbten Eigelbes haben sie einen delikaten, wenngleich etwas brackigen Geschmack. Milchprodukte sind in China nicht sehr weit verbreitet; in Teilen von Yunnan und im Nordwesten sind Ziegenkäse und Joghurt erhältlich. Milch gilt bestenfalls als geeignet für Kleinkinder und alte Menschen, sie findet daher in der Küche keine Verwendung.

Zu jeder chinesischen Mahlzeit gehört Gemüse, das den Geschmack und die Beschaffenheit des Fleisches ergänzen soll, doch es gibt auch rein vegetarische Gerichte. In manchen Landesteilen stehen je nach Saison nur eingeschränkte Angebote zur Verfügung. Gewöhnlich ist die Versorgung mit grünen Blattsalaten, Wasserkastanien, Pilzen, Bambussprossen, Seetang und Rettichen abwechslungsreich und ausreichend. Zu den Gemüsesorten zählen Chinesen auch die dünnen, transparenten Glasnudeln, die aus Erbsenstärkemehl hergestellt werden.

Sojabohnen finden in der chinesischen Küche reichlich Verwendung. Sie bilden in diesem Land, in dem Fleisch oft ein Luxusgut ist, eine gesunde Proteinquelle. Die kleinen grünen frischen Bohnen werden im Süden gerne roh gegessen. In der Regel aber werden Sojabohnen gesalzen und zum Andicken von Saucen verwendet, für Sojasauce fermentiert oder gekocht oder zu weißem Tofu (Sojabohnenkäse) verarbeitet. Frischer Tofu ist geschmacksneutral und cremig, zu festeren Texturen lässt er sich zusammenpressen und eignet sich so auch zum Braten. Als geräucherte oder in Brühe gekochte Beilage gehört Tofu in Form kleiner Streifen zu den gängigen Beilagen für Suppen. In der vegetarischen Küche dient er als Fleischersatz. Die regionalen Zubereitungsarten weichen beträchtlich voneinander ab: Im Westen wird Tofu stark gewürzt, in Hunan züchtet man darauf Schimmelpilze (ähnlich wie im Westen auf Käse), und im Süden wird er mit Fleischfüllungen serviert; im Norden macht man ihn durch Frieren schwammig, landesweit schließlich schwimmt er als Beilage in Suppen. Die Haut, die sich bei der Tofu-Herstellung bildet, wird abgeschöpft und als Umhüllung für Frühlingsrollen oder andere Speisen verwendet.

Saisonal bedingte Schwankungen in der Versorgung werden durch die weitläufige Verfügbarkeit von getrockneten, gesalzenen und gepökelten Gemüsesorten sowie von Fleischvorräten und Meeresfrüchten ausgeglichen. Außerdem besteht ein enormes Angebot an regionalen Obstsorten.

Bei der **Zubereitung** gibt es wesentlich mehr Alternativen, als die Zutaten einfach nur klein zu hacken und bei hoher Hitze anzubraten. Zahlreichen Gewürzen werden gesundheitsfördernde Eigenschaften zugesprochen, andere verwendet, um einen unerwünschten Beigeschmack zu überdecken oder interessante Aromen entstehen zu lassen, die nur untergründig erkennbar sind. Marinieren ersetzt Blut, das für viele Chinesen unverträglich ist (im Süden ist geronnenes Schweineblut allerdings ein Bestandteil vieler Speisen), und verändert beziehungsweise belebt den Geschmack von Fleischsorten. Hühner und Fische werden oft im Ganzen gekocht und nur selten vor dem Servieren zerkleinert. Chinesen bereiten einzelne Gerichte manchmal ganz unterschiedlich zu, um Beschaffenheit oder Aroma der Zutaten zu fördern. Speisen werden knusprig, indem sie in Mehl gewälzt und anschließend frittiert werden, Dämpfen steigert unterschwellige Aromen, Kochen und Blanchieren geht anderen Methoden bei der Zubereitung von Fleisch voraus, und langsames Köcheln zaubert herzhafte Brühen.

Regionale Küchen

Angesichts der Größe des Landes ist es nur folgerichtig, dass die Küche unterschiedliche regionale Ausprägungen aufweist. Man unterscheidet vier Haupttraditionen. Die Küche des **Nordens** entwickelte sich am Kaiserhof und wurde zur Mandarin- oder Beijingküche, deren beeinflussende Elemente aus wesentlich weiteren Gebieten zusammenflossen, als der Name vermuten lässt. Ein kräftigender Speiseplan mit Weizen- und Hirsebrötchen, Nudeln, Pfannkuchen und Teigtaschen hilft über strenge Winter hinweg. Zu den würzenden Beilagen gehören dunkle Sojasauce, Bohnenpaste, Weißkohl, Zwiebeln und Knoblauch. Viele Einflüsse stammen von Nachbarn und Eroberern: Die Mongolen brachten ihre Feuertöpfe und gegrilltes Fleisch ein; die Muslime sorgten für die Verbreitung von Hammel- und Hühnerfleisch. Unter dem zusätzlichen Einfluss exotischer Waren, die ausländische Händler und Gesandte brachten, entwickelte die Küche des Kaiserhofs ihren Kochstil bis hin zu erlesenen Köstlichkeiten wie Peking-Ente und Vogelnestersuppe. Hauptnahrungsmittel vieler Menschen im Norden aber sind Gemüse (im Winter als herzhafte Suppen) und süße Backwaren.

Die zentralen Küstenprovinzen entwickelten die Küche des **Ostens**, deren Spezialitäten frische Meeresfrüchte und Flussfische sind. Da die Winter kalt und die Sommer sengend heiß sein können, bereichern viele getrocknete und gepökelte Zutaten das Angebot an Nudeln und Teigtaschen. Die Küche ist vor allem im Raum Shanghai verbreitet und bietet kleine Delikatessen mit frischen, teils süßen Geschmacksrichtungen mit klingenden Namen an: Im Reismantel gedämpfte Fleischbällchen heißen etwa „Perlen". Zu den typischen und sehr beliebten Speisen dieser Küche gehören unter anderem gedämpfte Fleischgerichte, die mit einer süßen Wein- und Sojasauce angereichert werden.

In Westchina dominiert die feurige Küche von **Sichuan** und **Hunan** – das genaue Gegenteil zur milden Küche des Ostens. Reichlich Verwendung finden Chilischoten und andere scharfe Gewürze; Gemüse wird mit Fischsauce verfeinert, und selbst geschmacksneutrales Tofu ist so gewürzt, dass Aus-

Vegetarisches Essen Vegetarismus wird in China aus religiösen und philosophischen Gründen bereits seit über 2000 Jahren praktiziert. Zu den bis heute berühmten Vegetariern gehörten der Kriegsherr Cao Cao aus der Zeit der Streitenden Reiche und der pietätvolle Kaiser Wu aus dem 6. Jahrhundert. Die vegetarische Küche lässt sich in mindestens drei Stile unterteilen: Sichtbar vegetarische Gerichte, die in Haushalten und normalen Restaurants aufgetischt werden, imitierte Fleischgerichte nach Tradition der Qing-zeitlichen Küche des Kaiserhofs (sie verleiht Speisen durch geschickte Verwendung von Bindemitteln, Tofu und Kartoffeln das verblüffend echte Aussehen von Fleischgerichten) sowie buddhistische Gerichte, die oft auf die Verwendung von Zwiebeln, Ingwer, Knoblauch und anderen als stimulierend betrachteten Zutaten verzichtet.

Trotz steigender Nachfrage aber finden strikte Vegetarier in China nur ein geringes Angebot an rein vegetarischen Gerichten. Zwar gelten Gemüsesorten weithin als gesund, doch da die Chinesen ihnen physisch kräftigende Eigenschaften absprechen, sind rein vegetarische Speisepläne – abgesehen von buddhistischen Einrichtungen – selten. Außerdem ist der Verzehr von fleischlosen Speisen mit dem Stigma der Armut behaftet, und Ausländer, die auf Fleisch verzichten, obwohl sie es sich regelmäßig leisten könnten, werden mit ungläubigem Staunen betrachtet. Zwar bieten alle Restaurants vegetarische Speisen an, doch die zur Zubereitung verwendeten Fette und Brühen sind in der Regel tierischen Ursprungs. Wer keinesfalls mit tierischen Zutaten bekocht werden möchte, sollte sich bei der Bestellung in aller Deutlichkeit als überzeugter Buddhist ausgeben (s.S. 117f.).

Metropolen wie Beijing, Shanghai und Guangzhou verfügen über vegetarische Restaurants; anderswo sollte man sich zum nächsten buddhistischen Tempel begeben, weil dort zu den gängigen Speisezeiten angeschlossene Lokale öffnen, die teilweise exzellentes Essen auftischen, die auch bei Nicht-Vegetariern Begeisterung hervorrufen. In solchen Lokalen tragen auch imitierte Fleischgerichte gängige Namen wie Westsee-Fisch, Schweinefleisch in Honig oder geröstete Ente.

ländern das Feuer aus dem Hals schlägt. Die typischen Zubereitungsarten sind Braten ohne Öl und Fett oder Räuchern. Diese Küche greift gerne auf getrocknete Orangenschalen, Anis, Ingwer und Frühlingszwiebeln zurück – erfrischend und ungewöhnlich. Sichuan ist zudem die Heimat des allgegenwärtigen Feuertopfes *(huoguo)*: Restaurantgäste erhalten an ihren Tischen rohe Fleisch- und Gemüsesorten, die sie selbst in auf der Tischmitte brodelnden Pfannen mit unterschiedlich scharfen Saucen kochen.

Das subtropische, fruchtbare **Südchina** genießt ganzjährig eine gute Versorgungslage. Chinesen aus anderen Gebieten sagen besonders den Kantonesen nach, dass sie wahllos alles essen würden, was ihnen in die Quere kommt … und das zu Recht: Fischmägen, Schlangen, Hunde und Ratten gehören noch zu den normaleren Angeboten der Restaurants. Andererseits ist auch das Angebot an Obst, Gemüse, Fisch und Schalentieren groß. Die größte Nachfrage besteht nach mild gewürzten Speisen, die schnell unter hoher Hitze zubereitet werden. Gerade im Süden sind die bei uns berühmtesten chinesischen Gerichte mit süß-saurer Sauce zu Hause. Weit verbreitet ist zudem die Tradition der Dim Sum (leichte Imbisse). Bei diesem Essen werden zum Frühstück mild gewürzte süße Backwaren, Teigtaschen und Pfannkuchen angeboten, zu denen es reichlich Tee gibt. Dies entspricht der chinesischen Vorliebe für ein unterschiedliches Angebot kleiner Speisen. Dim-Sum-Mahlzeiten (in Mandarin *dian xin*) haben sich inzwischen auf ganz China ausgedehnt, doch in den Restaurants des Südens gibt es noch immer die beste Auswahl (s.S. 65).

In **Hongkong** sind sämtliche chinesische Küchen vertreten, allerdings mit südchinesischen Eigenarten durchsetzt, während **Macau** eine einzigartige Mischung portugiesischer und asiatischer Kochgewohnheiten zu bieten hat.

Frühstück und Snacks

Das Frühstück gilt in China nicht als wichtige Mahlzeit und stellt deshalb für Ausländer oft eine Enttäuschung dar. Es soll lediglich den Magen bis zur mittäglichen Hauptmahlzeit ruhig stellen. Die meisten Chinesen begnügen sich mit einer Schüssel Reisbrei *(zhou)* und einem Glas gesüßter Sojabohnenmilch *(doujiang)*. Dazu werden Salzgemüse und süße Backwaren oder Ölgebäckstangen gereicht. Beliebt sind auch klare Suppen mit Reisnudeln und einer geringen Fleischeinlage. In den meisten Städten gibt es rund um die Märkte, Bahnhöfe und Busbahnhöfe zahllose kleine Imbissbuden, die gebratene Hühnerflügel, Kebabs, gewürzte Nudeln, gedämpfte Yamswurzeln und Kartoffeln, gekochte Eier, gegrillte Maiskolben sowie zahllose lokale Spezialitäten anbieten. Im Angebot sind auch Teigbeutel mit Fleisch- oder Gemüsefüllung *(baozi)* oder natur *(mantou)*. Diese Art Ravioli stammt aus dem Norden und wirkt vor allem an Wintertagen wärmend. Eine süßere kantonesische Variante ist mit gegrilltem Schweinefleisch gefüllt. Zu den anderen Snacks des Nordens gehören *jiaozi* (eine Art Maultaschen), die mit Fleisch- oder Gemüse gefüllt sind und entweder gebraten oder gedämpft werden; gekochte, in Suppen servierte *jiaozi* heißen *shuijiao*. Spezialisierte kleine Restaurants bieten *jiaozi*, die stets nach Gewicht verkauft werden, mit allen erdenklichen Füllungen an.

Internationale Küche

Auch westliches und internationales Essen ist in China erhältlich, doch Versorgung und Qualität variieren von Ort zu Ort. Das beste Angebot weist Hongkong auf mit exzellenten Lokalen, die alle Stile von französischer bis vietnamesischer Küche vertreten. Auch in Beijing, Shanghai, Guangzhou und Yangshuo gibt es auf westliches Essen spezialisierte Restaurants. In internationalen Hotels sind meist westliche Restaurants vertreten, die unter anderem ein relativ teures, dafür jedoch auch üppiges Frühstücksbuffet mit Rührei, Schinken, Toast, Getreideflocken und Kaffee anbieten.

In vielen Städten ist die Zahl der Cafés, die frischen Kaffee und Tee nebst Menüs für ¥30–80 servieren, im Steigen begriffen – im Trend liegen Steaks (teurere Lokale bieten importiertes Fleisch an), die zusammen mit einer kleinen Suppe, einem Salat und einem Getränk serviert werden. *Shangdao Kafei* und *Coffee Language* sind zwei taiwanesische Ketten mit Zweigstellen in etlichen chinesischen Städten. Im Stadtbild allgegenwärtig sind inzwischen auch Lokale, die Hamburger, Brathähnchen und Pizza verkaufen; neben einheimischen Ketten wie *Dicos* sind auch *McDonald's*, *KFC* und *Pizza Hut* vertreten.

Restaurants und Garküchen

Auf einer Chinareise bleibt man nicht lange hungrig, denn alle Restaurants und Garküchen sind darauf erpicht, Kundschaft einzufangen: Überall, wo Essen angeboten wird, erschallt der einladende Ruf „Reis essen" *(chi fan)*.

Hotelspeisesäle wirken mitunter sehr protzig. Hotels der gehobenen Kategorie führen westliche und regionalchinesische Restaurants, die zum Teil sündhaft teuer sind. Mittelklasse-Restaurants sind oft ebenso sehr zu empfehlen. Zu den Vorteilen der oberen Kategorien gehört, dass das Personal öfter Englisch spricht oder ein Menü mit lokalen Spezialitäten angeboten wird.

Andere **Restaurants** sind oft in zwei bis drei Stockwerke untergliedert: Während unten eine Art Kantinenessen aufgetischt wird, serviert man oben Mahlzeiten mit mehreren Gängen; das dortige Bedienungspersonal spricht meist ein wenig Englisch, doch die Preise sind höher als im Erdgeschoss. Weitere Stockwerke (sofern vorhanden) sind gewöhnlich Bankettgesellschaften und ausländischen Reisegruppen vorbehalten und können von einzelnen Gästen nicht reserviert werden. Im Gegensatz zur oft gedämpften Atmosphäre im Westen heißt die bevorzugte Stimmungslage in chinesischen Restaurants „heiß und laut" *(renao)*.

Die billigsten **Garküchen** und **Kantinen** sind sehr einfach eingerichtet, doch das Essen ist oft um ein Vielfaches besser, als das Mobiliar erwarten lässt. Ausländer erhalten meist Wegwerfstäbchen; da dies jedoch nicht immer der Fall ist, macht es Sinn, ein eigenes Paar Ess-Stäbchen im Handgepäck zu haben, denn oft werden die Stäbchen nur in einem Eimer mit grauem Wasser abgespült und anschließend zum Trocknen auf dem Fußboden ausgebreitet.

Während die kleinen Nudel- und Garküchen in der Nähe der Bahnhöfe und Busbahnhöfe flexible **Öffnungszeiten** haben, sind Restaurants relativ kurz geöffnet und schließen früh. Frühstückszeit ist gewöhnlich zwischen 6 und 9 Uhr. Langschläfer können den Tag ab 11 Uhr mit dem Mittagessen beginnen, sodass genügend Zeit bleibt, um neuen Appetit für das ab 17 Uhr beginnende Abendessen zu entwickeln. Ab 18 Uhr kann es schwierig werden, einen Tisch zu bekommen, ab 21 Uhr beginnt das Personal gähnend den Dreck zwischen den Füßen der verbliebenen Gäste wegzukehren.

Bei der **Bestellung** (es sei denn, man ordert umfassende Gerichte wie Peking-Ente oder Feuertopf) sollte man auf eine verschiedenartige Zusammenstellung achten: vielleicht einige Meeresfrüchte, dazu Rindfleisch, Huhn und Gemüse, die alle auf verschiedene Weise zubereitet werden. Zu einem chinesischen Essen gehört abschließend eine Suppe. In billigen Lokalen werden große Portionen Reis oder Nudeln aufgetischt, doch da sie als reine Magenfüller betrachtet werden, nehmen diese Mengen ab, je gehobener die Restaurants werden. Oft kommt der Reis erst gegen Ende der Mahlzeit. *Jiaozi*, manche Meeresfrüchte und gegebenenfalls auch Frischprodukte werden nach Gewicht verkauft; ein *liang* sind 50 g, ein *banjin* 250 g, ein *jin* 500 g und ein *gongjin* 1 kg.

Wo es **Speisekarten** gibt, sind diese oft mehr als Hinweis auf vorhandene Angebote denn als definitive Karte zu interpretieren. Es ist keinesfalls unüblich, nach nicht aufgelisteten Speisen zu fragen. Auf englischen Speisekarten sind oft Gerichte, die Chinesen als für westliche Gaumen ungeeignet betrachten, gar nicht erst aufgelistet. Unsere Menüliste (s.S. 60–65) ist hilfreich für alle, die nicht Chinesisch sprechen. In manchen Garküchen und kleinen Restaurants stehen die Zutaten in Kübeln und Bündeln bereit, sodass man einfach zeigen kann, was man essen möchte. Kantinen präsentieren ihr Angebot oft in Vitrinen oder kritzeln Ausschreibungen in für Ausländer unleserlichen Schriftzügen an die Wand. In diesen kleinen Lokalen spricht man entweder selbst mit dem Koch oder erhält an der Kasse einen Zettel, den man an der Küchenluke gegen die Mahlzeiten eintauscht. Die Gäste sitzen meist auf Bänkchen an großen Gemeinschaftstischen.

In **besseren Restaurants** werden Gäste zu einem Tisch geführt und erhalten sofort eine Kanne mit Tee sowie kleine Teller mit eingelegtem Gemüse und Nüssen. Das Tischgeschirr besteht aus einem Löffel, einer Schale und einem Paar Ess-Stäbchen. Chinesen fragen nach einer Kanne mit heißem Wasser und einer Schale, um das Essbesteck zu spülen, was nicht unbedingt nötig ist, doch offensichtlich für viele zum Zeremoniell gehört. Wo vorhanden, wird anschließend eine Speisekarte vorgelegt; ansonsten werden Gäste in die Küche eskortiert, um ihre Wahl dort zu treffen. Alternativ kann man sich im Restaurant umschauen, denn viele Chinesen freuen sich, wenn Ausländer chinesische Gerichte probieren wollen und weisen bereitwillig auf die ihrer Meinung nach besten Gerichte auf ihren Tischen hin.

Nachdrückliche Erklärungen erfordert der Wunsch, dass Zutaten gemeinsam gekocht werden sollen („*yikuair*" sagen), ansonsten kann es geschehen, dass verschiedene Teller mit Nüssen, Fleisch und Gemüse aufgetischt werden, obwohl man eigentlich ein Hühnergericht mit Cashewnüssen und grünem Paprika wollte. Wer keine speziellen Angaben zur gewünschten Zubereitung macht, erhält unweigerlich ein unter hoher Hitze angebratenes Rührgericht.

Die bestellten Gerichte werden rasch serviert und zum gemeinsamen Verzehr in die Mitte des Tisches gestellt. Chinesen essen relativ langsam und nehmen sich zwischendurch Zeit für die Unterhaltung. Die Handhabung von **Ess-Stäbchen** ist nicht schwer: Ein Stäbchen wird als feste Basis gegen die Fingerkuppen von Daumen und Ringfinger geklemmt, die bei Druck gegeneinander wirken; über dieser Basis gehört das zweite Stäbchen gegen die obere Fingerkuppe des Daumens und kann dann mit den Kuppen von Zeigefinger und Mittelfinger Dinge greifend gegen das erste Stäbchen bewegt werden. Reis wird mit den Stäbchen aus der an die Lippen geführten Schale in den Mund geschaufelt, für glitschige Zutaten wie Tofu oder Pilze wird ein Löffel benutzt. Geflügelteile dürfen in die Hand genommen und abgenagt werden, die Knochen werden je nach Restaurantkategorie mehr oder weniger diskret auf Tischtuch oder Fußboden geworfen – einfach darauf achten, was die Chinesen an anderen Tischen tun.

Suppen sind meist wässrig und schließen die Mahlzeit ab (außer im Süden, wo sie zu Beginn oder als Bestandteil der Hauptmahlzeit serviert werden), um auch die Reste an den Innenwänden der Ess-Schale hinabspülen zu können. Sobald die Nudeln, Gemüse- oder Fleischreste mit den Stäbchen herausgepickt worden sind kann man die Flüssigkeit entweder mit Hilfe des Löffels oder auch direkt aus der Schale schlürfen. **Desserts** sind in China wenig verbreitet, doch im Süden werden besonders bei festlichen Anlässen noch süße Suppen oder Backwaren aufgetragen (letztere gehören nicht zu den Hauptmahlzeiten). Auf der Schale abgelegte Ess-Stäbchen weisen darauf hin, dass man die Mahlzeit beendet hat. Chinesen bleiben nach dem Essen im Gegensatz zu westlichen Gewohnheiten nicht noch ein Weilchen zusammen sitzen, sondern springen abrupt auf und gehen.

In Kantinen **bezahlt** man am Frontschalter, während in Restaurants eine Rechnung vorgelegt wird, die man entweder beim Personal oder an der vorderen Ladenkasse zu begleichen hat. In durchschnittlichen chinesischen Restaurants werden keine **Trinkgelder** erwartet.

Getränke

Wasser ist überall in China erhältlich, doch keinesfalls sollte man es aus einer Wasserleitung trinken! In Hotels und Zügen wird abgekochtes Wasser in Thermoskannen bereitgestellt, und überall an Bahnhöfen oder in Supermärkten ist in Plastikflaschen abgefülltes Quellwasser erhältlich. Es empfiehlt sich, vor dem Kauf eines Produktes die korrekte Versiegelung zu überprüfen und die Beschriftung zu überfliegen, da in manchen Marken ungewöhnliche Substanzen (wie etwa Radon) enthalten sind, die so mancher westliche Reisende vielleicht doch lieber meiden möchte.

Tee

Tee gelangte vor 1800 Jahren aus Indien nach China und wurde zunächst nur aus medizinischen Gründen getrunken. Auch wenn ihm weiterhin gesundheitsfördernde Eigenschaften nicht abgesprochen werden und manche Speiselokale noch heute schüsselweise nährreiche oder stimulierende Sorten anbieten, so ist über die Jahrhunderte hinweg vor allem eine sozial bedeutende Kultur rund um dieses Getränk entstanden. Teehäuser hatten einst in der chinesischen Gesellschaft denselben Stellenwert wie Kneipen oder Bars im Westen. Plantagen mit adretten Reihen niedriger Teebüsche zieren Südchinas Hügelland, und das Gebräu findet enthusiastischen Zuspruch vom tibetischen Hochland, wo es mit Gerstenmehl und Butter versetzt wird, bis hin zu allen Restaurants und Haushalten zwischen Hongkong und Beijing.

Zu den ersten Fragen in Restaurants gehört oft: „Welche Teesorte möchten Sie trinken?" – *He shenme cha?* Chinesische Teesorten gibt es je nach Verarbeitung – in roten, grünen und parfümierten Varianten. Nur Hainan produziert schwarzen Tee der indischen Art. Regionaltypische Sorten wie

ESSEN UND TRINKEN – DAS VOKABULAR

Allgemeines

Restaurant	餐厅	cāntīng
Ess-Stäbchen	筷子	kuàizi
Spezialität des Hauses	拿手好菜	náshǒuhǎocài
Was kostet das?	多少钱?	duōshǎo qián?
Ich esse kein (Fleisch).	我不吃(肉)	wǒ bù chī (ròu)
Ich bin Buddhist / Vegetarier.	我是佛教徒/我只吃素	wǒ shì fójiàotú / wǒ zhǐ chī sù
Ich hätte gerne …	我想要....	wǒ xiǎng yào…
Ortstypische Gerichte	地方菜	dìfāng cài
Speisekarte / Menü-Speisen / Englische Speisekarte	菜单/套菜/英文菜单	càidān / tàocài / yīngwén càidān
Kleine Portion	少量	shǎoliàng
Löffel	勺	sháo
Bedienung / Fräulein	服务员/小姐	fúwùyuán/xiǎojie
Die Rechnung bitte.	买单	mǎidān
(Bitte diese Zutaten) zusammenkochen.	一块儿	yíkuàir
50 Gramm	两	liǎng
250 Gramm	半斤	bànjīn
500 Gramm	斤	jīn
1 Kilogramm	公斤	gōngjīn

Getränke

Bier	啤酒	píjiǔ
Kaffee	咖啡	kāfēi
Limonade	汽水	qìshuǐ
(Mineral)Wasser	(矿泉)水	(kuàngquán) shuǐ
Sojamilch	豆浆	dòujiāng
Spirituosen (klarer Schnaps)	白酒	báijiǔ
Tee	茶	chá
Wein	葡萄酒	pútáojiǔ

Lebensmittel

Aal	鳝鱼	shànyú
Aubergine	茄子	qiézi
Austernsauce	蚝油	háoyóu
Bambussprossen (zarte Spitzen)	笋尖	sǔnjiān
baozi (gefüllte Teigbeutel)	包子	bāozi
Baumpilz („Judasohr")	木耳	mù'ěr
Blumenkohl	菜花	càihuā
Bohnen	豆	dòu
Bohnensprossen	豆芽	dòuyá
(Cashew)Nuss	坚果	jiānguǒ
Chilischote, Paprika (scharf)	辣椒	làjiāo
Chinesischer Wulstlingpilz	草菇	cǎogū
Dunkle Sojasauce	黑豆豉	hēidòuchǐ

Ente	鸭	yā
Erdnuss	花生	huāshēng
Essig	醋	cù
Fisch	鱼	yú
Flaschenkürbis / Bitterkürbis	葫芦	húlu
Frosch	田鸡	tiánjī
Garnele	虾	xiā
Grünes Gemüse	绿叶素菜	lüyè sùcài
Gurke	黄瓜	huángguā
Huhn	鸡	jī
Hundefleisch	狗肉	gǒuròu
Ingwer	姜	jiāng
jiaozi (gekochte oder gedämpfte Teigbeutel)	饺子	jiǎozi
jiaozi, in Wasser gekocht	水饺	shuǐjiǎo
Kartoffeln	土豆	tǔdòu
Kiefernblüten-Eier	皮蛋	pídàn
Knoblauch	大蒜	dàsuàn
Koriander (Blätter)	香菜	xiāngcài
Krabbe	蟹	xiè
Lammfleisch	羊肉	yángròu
Lotuswurzel	莲心	liánxīn
Mantou (Teigbeutel oder -nudeln ohne Füllung; Dampfbrötchen)	馒头	mántou
Mohrrübe	胡萝卜	húluóbo
Monosodium Glutamat (Bindemittel)	味精	wèijīng
Nudeln	面条	miàntiáo
Ölgebäckstange, gesalzen	油条	yóutiáo
Omelette, Rühreier	炒鸡蛋	chǎojīdàn
Paprikaschote, Pfefferschote	青椒	qīngjiāo
Pilze	磨菇	mógu
Reismehl	禾粉	héfěn
Reis, gekocht	白饭	báifàn
Reis, gebraten	炒饭	chǎofàn
Reispudding (auch: congee)	粥	zhōu
Rettich	白萝卜	báiluóbo
Rindfleisch	牛肉	niúròu
Salz	盐	yán
Schlangenfleisch	蛇肉	shéròu
Schnecke	蜗牛	wōniú
Schweinefleisch	猪肉	zhūròu
Sesamöl	芝麻油	zhīma yóu
Sichuan-Chili	四川辣椒	sìchuān làjiāo
Sojasauce	酱油	jiàngyóu
Sternanis	茴香	huíxiāng
Suppe	汤	tāng
Teigbrei oder Eierfladen	摊饼	tānbǐng
Tintenfisch	鱿鱼	yóuyú

Tofu	豆腐	dòufu
Tomate	蕃茄	fānqié
Wasserkastanie	马蹄	mătí
Yamswurzel, Taro, Süßkartoffel	芋头	yùtóu
Zucker	糖	táng
Zwiebeln	洋葱	yángcōng

Zubereitungsarten

Frittiert	油煎	yóujiān
Gebraten	炒	chăo
Gedämpft	蒸	zhēng
Gegrillt	烤	kăo
Gekocht	煮	zhŭ
Geröstet	焙	bèi
Pochiert	白煮	báizhŭ
„Rot gekocht" (in Sojasauce geschmort)	红烧	hóngshāo
Unter Rühren gebraten	清炒	qīngchăo

Hauptgerichte

Eierfladen mit süßer Bohnenpaste	赤豆摊饼	chìdòu tānbĭng
Eierstichsuppe mit Tomaten	蕃茄蛋汤	fānqié dàn tāng
Feuertopf (hotpot)	火锅	huŏguō
Fischklößchensuppe mit Rettich	萝卜鱼蛋汤	luóbo yúdàn tāng
Fischtopf, auf kleiner Flamme geröstet	焙鱼	bèiyú
Fleischspieß	串肉	chuànròu
Garnelen mit Knoblauchsauce	大蒜炒虾	dàsuàn chăoxiā
Gebratene Ente	烤鸭	kăoyā
Gebratene Schweinefleischstreifen mit Knoblauch und Chili	大蒜辣椒炒肉片	dàsuàn làjiāo chăoròupiàn
Gebratener Reis mit Ei	蛋炒饭	dànchăofàn
Gedämpfter Reisaal mit gekochten Sojabohnen	豆豉蒸鳝	dòuchĭ zhēngshàn
Gedämpfter Reis in Lotusblättern	荷叶蒸饭	héyè zhēngfàn
Geschmorte Ente mit Gemüse	炖鸭素菜	dùnyā sùcài
Gekochter, dann kurz angebratenes Schweinefleisch mit Gemüse	回锅肉	huíguōròu
Huhn mit zarten Bambussprossen-spitzen und Mais	笋尖嫩玉米炒鸡片	sŭnjiān nènyùmĭ chăojīpiàn
Huhn mit Cashewnüssen	坚果鸡片	jiānguŏ jīpiàn
Kohlrouladen (mit Fleisch- oder Gemüsefüllung)	卷心菜	juănxīncài
Nudelsuppe, dickflüssig	汤面	tāngmiàn
Pikant knusprig gebratene Ente	香酥鸭	xiāngsūyā
Rettichsuppe	白萝卜汤	báiluóbo tāng
Rührei mit Schweinefleisch und Reis	滑蛋猪肉饭	huádàn zhūròufàn
Schweinefleisch mit Rettichstücken	白萝卜肉馅饼	báiluóbo ròuxiànbĭng
Schweinefleisch mit Senfpflanzen	芥末肉片	jièmò ròupiàn
Schweinefleisch mit Wasserkastanien	马蹄猪肉	mătí zhūròu

Schweinefleischstreifen mit Sojabohnen	黄豆肉片	huángdòu ròupiàn
Suppe mit Hühnerfleischstreifen und Mais	玉米鸡丝汤	yùmǐ jīsī tāng
Süßsaure Rippchen	糖醋排骨	tángcù páigǔ
Tintenfisch mit Paprika und gekochten Sojabohnen	豆豉青椒炒鱿鱼	dòuchǐ qīngjiāo chǎoyóuyú
Tofu-Suppe	豆腐汤	dòufutāng
Tofu mit Aubergine und Paprika	茄子青椒煲	qiézi qīngjiāobāo
Tonkasserolengericht	沙锅	shāguō
Unter Rühren gebratenes Huhn mit zarten Bambussprossenspitzen	笋尖炒鸡片	sǔnjiān chǎojīpiàn
Wonton-Suppe	馄饨汤	húntun tāng

Gemüse- und Eierspeisen

Aubergine mit Chili und Knoblauchsauce	大蒜辣椒炒茄子	dàsuàn làjiāo chǎoqiézi
Aubergine mit Sesamsauce	拌茄子片	bànqiézipiàn
Gebratene Sojabohnensprossen	炒豆芽	chǎodòuyá
Gebratener Tofu mit Gemüse	豆腐素菜	dòufu sùcài
Gemüsesuppe	素菜汤	sùcài tāng
Geschmorte Bergpilze (Xianggu-Pilze)	炖香菇	dùnxiānggū
Omelette mit Tomaten	蕃茄炒蛋	fānqié chǎodàn
Pikant geschmorte Auberginen	香茄子条	xiāngqiézitiáo
Tofu mit Kastanien	马蹄豆腐	mǎtí dòufu
Tofu mit Kohl	卷心菜豆腐	juǎnxīncài dòufu
Tofu- und Spinatsuppe	菠菜豆腐汤	bōcài dòufu tāng
Tofu-Streifen	豆腐花	dòufuhuā
Unter Rühren gebratene Winterbambussprossen	炒冬笋	chǎodōngsǔn
Unter Rühren gebratene Pilze	炒鲜菇	chǎoxiānggū
Unter Rühren gebratenes Gemüse mit Pilzen	罗汉斋	luóhànzhāi

REGIONALE KÜCHEN

Nordchina

Fisch mit Schinken und Gemüse	火腿素菜鱼片	huǒtuǐ sùcài yúpiàn
Gebratene Garnelenbällchen	炒虾球	chǎoxiāqiú
In Sojasauce geschmortes Lammfleisch	红烧羊肉	hóngshāo yángròu
Löwenkopf (angebratene, mit Gemüse geschmorte Fleischklöße)	狮子头	shīzitóu
Mongolischer Feuertopf	蒙古火锅	ménggǔ huǒguō
Peking- (Beijing-) Ente	北京烤鸭	běijīng kǎoyā
Sautiertes Lammfleisch	炒羊肉	chǎoyángròu

Ostchina		
„Bettlerhuhn" (gebraten)	叫花鸡	jiàohuājī
Gebratene Krabben mit Ei	蟹肉鸡蛋	xièròu jīdàn
Gebratener Reis nach Yangzhou-Art	杨州炒饭	yángzhōu chǎofàn
Gedämpfter Flussbarsch	清蒸鲈鱼	qīngzhēnglúyú
Gefüllte Paprikaschoten	馅青椒	xiànqīngjiāo
Krabbensuppe	蟹肉汤	xièròu tāng
„Perlenbällchen" (Fleischklöße, in Klebreis gewälzt)	珍珠球	zhēnzhūqiú
Rinderwamme (in Lotusblättern gedämpft)	五花肉	wǔhuāròu
Rindfleischscheiben (pikant gedämpft)	白切牛肉	báiqiè niúròu
Schweinekasserole nach Dongpo-Art (in Wein gedämpft)	东坡焙肉	dōngpō bèiròu
Teigfladensuppe mit Hackfleisch und Fleischsaft	汤饱	tāngbāo
„Trunkene Garnelen"	醉虾	zuìxiā
„Westsee-Fisch" (in saurer Sauce geschmort)	西湖鱼	xīhúyú
Sichuan und Westchina		
Auberginen mit Fisch-Aroma	鱼香茄子	yúxiāng qiézi
„Brückengang-Nudeln"	过桥面	guòqiáomiàn
Fritierte Schwertbohnen mit Knoblauch	大蒜刀豆	dàsuàn dāodòu
Gebratenes Hühnerfleisch mit Chilischoten und Erdnüssen	宫爆鸡丁	gōngbào jīdīng
Gefüllte Auberginen	馅茄子	xiànqiézi
Geräucherte Ente	熏鸭	xūnyā
Huhn nach Dong'an-Art (pochiert in pikanter Sauce)	东安鸡子	dōng'ān jīzi
Luftgetrockneter Schinken	火腿	huǒtuǐ
Mandarinenhuhn	桔子鸡	júzijī
Paprikaschoten mit Frühlingszwiebeln in würziger Sojasauce	豆豉青椒	dòuchǐ qīngjiāo
Scharf-Sauer-Suppe (mit Essig und scharfen Gewürzen)	酸辣汤	suānlà tāng
Scharf gewürzter Tofu mit Schweinehack	妈婆豆腐	māpódòufu
Schweinefleisch mit Puffreis	爆米肉片	bàomǐ ròupiàn
„Super-Nudeln" (in Chili-Essig-Sesam-Sauce)	棒棒面	bàngbàngmiàn
„Tigerhaut-Pfeffer" (mit Salz gebraten)	虎皮炒椒	hǔpí chǎojiāo
Trocken gebratene Schweinefleisch-streifen	油炸肉丝	yóuzhá ròusī
Ungewöhnlich gewürztes Huhn (mit Sesam, Knoblauch und Chili)	怪味鸡	guàiwèijī
Doppelt gebratenes Schweinefleisch	回锅肉	huíguōròu

Südchina / Kantonesisch

Chinakohl in Austernsauce	蚝油白菜	háoyóu báicài
Gebratene Krabben mit Chili und gekochten Sojabohnen	辣椒豆豉焙蟹	làjiāo dòuchǐ bèixiè
Gebratenes Huhn mit Tarowurzel	芋头炒鸡片	yùtou chǎojīpiàn
Gedämpfter Fisch mit Ingwer und Frühlingszwiebeln	清蒸鱼	qīngzhēngyú
Geschmortes Hackfleisch mit Tofu	豆腐煲	dòufubāo
Geschnetzelte Kammuschelpasteten	带子	dàizi
Hühnerfleisch in Zitronensauce	柠檬鸡	níngméngjī
In Honig geröstetes Schweinefleisch	叉烧	chāshāo
Knuspriges Schweinefleisch auf Reis	脆皮肉饭	cuìpíròufàn
Salzig angebratenes Huhn	盐鸡	yánjī
Schweinefleisch mit Litchi-Pflaumen	荔枝肉片	lìzhīròupiàn
Suppe mit Weißpilzen und Wolfsbeeren (süß)	枸杞炖银耳	gǒuqǐ dūnyíněr
Tontopf-Reis mit süßer Wurst	香肠饭	xiāngchángfàn

Dim Sum

Doughnut (Krapfen)	炸面饼圈	zhá miànbǐngquān
Frühlingsrolle	春卷	chūnjuǎn
Garnelenpaste auf Sesamgebäck	芝麻虾	zhīmaxiā
Gebratene Fleisch- und Gemüsetaschen à la Shanghai	锅帖	guōtiē
Gedämpfte Rippchen süß-sauer	排骨	páigǔ
Gefüllte Paprika mit gesalzener Sojabohnensauce	豆豉馅青椒	dòuchǐ xiànqīngjiāo
Gefüllte Reismehlrolle	肠粉	chángfěn
Hühnerfüße	凤爪	fèngzhuǎ
Kleine Imbisse	点心	diǎnxīn
Krabbenbrot („Kroepoek")	虾片	xiāpiàn
Mantou mit Lotuspastenfüllung	莲蓉糕	liánrónggāo
Mantou-Brötchen mit Schweinefleischfüllung	叉烧包	chāshāo bāo
„Mondkuchen" (Süßgebäck mit Bohnenpastenfüllung)	月饼	yuèbǐng
Reismehlfladen mit Rübenpaste	萝卜糕	luóbo gāo
Süße Sesambällchen	芝麻球	zhīma qiú
Süßspeise mit Vanille	蛋挞	dàntà
Teigtaschen mit Garnelenfüllung	虾饺	xiājiǎo
Teigtaschen mit Krabben- und Korianderfüllung	蟹肉虾饺	xièròu xiājiǎo
Teigtaschen mit Schweinefleisch- und Garnelenfüllung	烧麦	shāomài
Teigtaschen mit Yamswurzel und Minze	蕃薯糊饺	fānshǔ hújiǎo
Umhüllte Garnelen	纸包虾	zhǐbāoxiā

Pu'er aus Yunnan, *Tie Guanyin* aus Fujian, *Longjing* aus Zhejiang und *Emei Cha* aus Sichuan sind begehrt. Wer ortstypischen Tee kaufen will, muss bloß die Märkte besuchen. Niemals wird Tee mit Milch und nur selten mit Zucker getrunken, doch die Zubereitungsarten und Darreichungsweisen unterscheiden sich regional erheblich: Manchmal wird das Getränk in großen Tassen mit Deckel aufgetragen, andernorts kommen zierliche Tässchen auf den Tisch, die aus Miniaturkannen nachgefüllt werden. In Teilen von Fujian und Guangdong existieren Teerituale. Beim gesellschaftlichen Teegenuss verlangt die Etikette, erst die Tassen anderer und zuletzt die eigene aufzufüllen; wenn jemand anderes diese Pflicht erledigt, sollte man diskret mehrfach mit Zeige- und Mittelfinger neben der Tasse auf den Tisch pochen, um seinen Dank zu bezeugen. Wer nicht nachgeschenkt bekommen möchte, lässt die Tasse einfach gefüllt stehen. Im Restaurant muss man lediglich den Kannendeckel abnehmen oder umdrehen, um das Gefäß während der Mahlzeit nachfüllen zu lassen.

Unbedingt sollte man auch einmal moslemischen Tee probieren: Trockenfrüchte, Nüsse, Samen, Kandiszucker und Tee werden zusammen mit heißem Wasser überbrüht, bevor die flüssige Mischung großzügig aus einer Kupferkanne mit immens langer Tülle ausgeschenkt wird. Restaurants der gehobenen Kategorie schenken edlen Acht-Schätze-Tee *(babao cha)* aus, der auch abgepackt in Straßenläden angeboten wird.

Alkohol

Einen immensen Popularitätsschub, der selbst die Nachfrage nach Tee in den Schatten zu stellen droht, erlebte in den vergangenen Jahrzehnten **Bier** *(pijiu)*. Männer bevorzugen dieses Getränk zu den Mahlzeiten, doch für Frauen – ausgenommen Ausländerinnen – gilt es als unschicklich, in der Öffentlichkeit Alkohol zu trinken. Chinas erste Brauerei wurde im 19. Jahrhundert in der nordöstlichen Hafenstadt Qingdao von Deutschen gebaut; heute ist die von dort stammende Biermarke *Tsingdao* in ganz China erhältlich. Sämtliche Provinzen produzieren mindestens eine eigene Marke eines Pilseners mit 4% Alkoholgehalt. Das Bier wird in 640-ml-Flaschen zu günstigeren Preisen als Wasser angeboten, und auch das Angebot an frisch vom Fass gezapften Bieren steigt landesweit.

Die Bezeichnung **Wein** auf englischen Speisekarten weckt bei Ausländern falsche Assoziationen, denn chinesische Weine entsprechen nicht den westlichen Normen. Es gibt jedoch einige kommerziell durchaus erfolgreiche Keltereien, welche mittelmäßige Sorten wie *Great Wall* und *Dynasty* produzieren, die mehr als Statusprodukte denn als ernsthafte Konkurrenz zu westlichen Produkten betrachtet werden müssen. Eine wesentlich bessere Güte weisen Weine aus der westlichen Provinz Xinjiang auf, wo die Bevölkerung mit mittelasiatischer Abstammung traditionell größere Erfahrung in der Verarbeitung von Weintrauben hat. Die Bezeichnung „Wein" entpuppt sich oft als **Spirituose** aus Reis *(mijiu)* oder Hirse *(baijiu)*. Die Bewirtung von Gästen mit Spirituosen ist ein Zeichen zuvorkommender Gastfreundschaft, und Chinesen pflegen sich bei Banketten am Tisch zu erheben, um sich lautstark zuzuprosten. Auch regionale Reis- oder Hirseschnäpse sind von ordentlicher Qualität, doch selbst sehr teure und landesweit berühmte Produkte wie *Maotai* und *Wuliangye* sind für den westlichen Gaumen eher ungewohnt. In großen Kaufhäusern und städtischen Bars sind inzwischen auch importierte Biere und Spirituosen erhältlich, die jedoch teuer sind.

Bars westlicher Art gibt es nicht nur in Hongkong und Macau, sondern auch in den größeren Städten des Festlands. Diese Lokale servieren einheimische und importierte Getränke und sind unter Chinesen wie Ausländern gleichermaßen beliebt. Chinesen trinken Alkohol vorwiegend nur zu den Mahlzeiten, daher servieren auch alle Restaurants lokale Biere und Hirseschnäpse.

Alkoholfreie Getränke

Dosengetränke werden gewöhnlich ungekühlt angeboten. Die weiteste Verbreitung haben **Limonaden** und Cola. Überall präsent ist die einheimische Marke *Jianlibao*, ein Mischgetränk aus Orangensaft und Honig, das Ausländer im allgemeinen als zu süß empfinden. Es gibt jedoch ungewöhnliche und erfrischende Fruchtsäfte, die mit kleinen Fruchtstücken (Lychee, Lotus, Wasserkastanie) angereichert sind. **Kaffee** wird in Yunnan und Hainan angebaut und getrunken, Cafés halten importierte Marken bereit. Pulverkaffee gibt es in allen Supermärkten. Auch **Milch** wird in pulverisierter Form als Babynahrung angeboten. Das Angebot an Flaschenmilch steigt, da ihr Nutzen für kranke und ältere Menschen immer mehr Anerkennung findet. Süße Joghurtgetränke, die landesweit im Sechserpack angeboten werden, sind vor allem bei Kindern beliebt, doch ihr hoher Zuckergehalt dürfte bei regelmäßigem Verzehr nur den Zahnarzt erfreuen.

Verkehrsmittel

China ist groß ... wer sich nicht nur auf ein kleines Gebiet konzentriert, wird einen Großteil seiner Zeit (und seines Budgets) für Transporte aufwenden müssen. Glücklicherweise ist das öffentliche Verkehrssystem gut ausgebaut, und die Fahrpreise sind angesichts der Entfernungen relativ günstig. Alle Provinzhauptstädte und viele andere Orte sind mit dem Flugzeug zu erreichen. Das Eisenbahnnetz erstreckt sich mit Ausnahme von Tibet (das bald einbezogen sein wird) über sämtliche Provinzen, auf zahlreichen Flüssen verkehren Passagierfähren, und Schiffe pendeln zwischen den Küstenhäfen und bis zur Insel Hainan. Wer keine Scheu vor langen Busreisen auf anstrengenden Pisten hat, kann selbst die entlegensten Winkel der Volksrepublik China mit öffentlichen Verkehrsmitteln erreichen, die sich als alles Erdenkliche von Bus bis Traktor definieren lassen. In Tibet sind die Möglichkeiten des individuellen Reisens eingeschränkt (s.S. 1194 ff.). Aus militärischen Gründen oder aus Gründen der allgemeinen Sicherheit sind auch einige wenige andere Landesteile für Ausländer gesperrt.

Trotz der vielen Reisemöglichkeiten sind sorgfältige Planung, Geduld und Ausdauer unbedingt erforderlich. Wer stets nur auf die preiswerteste Art reisen will, muss sich auf mentale und physische Stress-Situationen einstellen. Auf langen Strecken lohnt sich die Investition in mehr Bequemlichkeit. Die Teilnahme an organisierten Touren (s.S. 30) erleichtert vieles und ist sogar in manchen Fällen die einzige Alternative, um bestimmte Sehenswürdigkeiten zu erreichen – niemals billig, doch eigentlich immer das Geld wert.

Zum Internationalen Tag der Arbeit (1. Mai) haben die Chinesen eine Woche Urlaub. In diesen Tagen, zu Weihnachten und Neujahr sowie in den 14 Tagen vor und nach dem Frühlingsfest (chinesisches Neujahr) ist das Reisen anstrengend: Dann ist halb China zwischen Familie und Arbeitsplatz unterwegs, und die Transportkosten steigen (legal sind nur Preisaufschläge bis zu 15%, doch oft erreichen sie 50%). Bahnhöfe und Busbahnhöfe sind zu solchen Zeiten stets hoffnungslos überfüllt, und selbst in Flugzeugen ist kaum ein Platz zu bekommen.

Busse und Minibusse

Trotz des unablässig wachsenden Schienennetzes sind viele Teile Chinas nicht mit dem Zug zu erreichen. In solchen Regionen sind oft Busse die einzige Alternative. Die meisten Städte haben einen **Hauptbusbahnhof**, und im Randgebiet von Großstädten gibt es Busbahnhöfe für Verbindungen in die jeweilige (meist im Namen enthaltene) Himmelsrichtung. An den großen Vorplätzen der Zug-Bahnhöfe gibt es zum Teil **Privathaltestellen**, von denen schnellere und modernere Fahrzeuge abfahren. Überall (selbst in abgelegenen Gegenden) bestehen zahlreiche Verbindungen, mitunter gibt es verwirrend viele Abfahrtsorte. Im Gegensatz zu Zugtickets sind Busfahrscheine leicht zu erstehen: Die Verkaufsbüros der Hauptbahnhöfe sind im Allgemeinen computerisiert und die Schlangen überschaubar. Reisen in abgelegene Gebiete, die womöglich nur alle zwei Tage bedient werden, sollte man frühzeitig buchen, ansonsten sind eigentlich immer Sitzplätze verfügbar. An Privathaltestellen sind Tickets in der Regel an einem nahe gelegenen Schalter oder auch erst an Bord erhältlich. Erst im Bus zahlt man auch dann, wenn man ein Fahrzeug auf offener Strecke heranwinkt. Die Zielorte von Bussen sind stets an der Vorderscheibe in chinesischen Schriftzeichen angegeben. An den Stationen aushängende **Busfahrpläne** sind oft ungenau, doch das Personal ist in der Regel sehr hilfsbereit.

Die Busse sind in unterschiedliche Klassen untergliedert, aber nicht immer besteht für alle Strecken eine Auswahl. Gibt es Alternativen, wird das Verkaufspersonal immer davon ausgehen, dass man als Ausländer die schnellste und damit zugleich teuerste Variante wünscht. **Normalbusse** *(putong che)* mit Holzsitzen oder geringfügig gepolsterten Sitzen sind einfach und billig, niemals beheizt oder mit Klimaanlage ausgerüstet (also entsprechende Kleidung tragen). Die Sitze sind eng und für das Gepäck steht nur wenig Platz zur Verfügung – alles, was sperriger als ein Schulranzen ist, muss auf dem Schoß, auf dem Dach oder neben dem Fahrer untergebracht werden. Da Normalbusse unterwegs oft anhalten, legen sie pro Stunde kaum mehr als 50 km zurück. **Schlafbusse** *(wopu che)* sind etwas teurer als Normalbusse und mit einfachen Kojen statt Sitzplätzen ausgestattet – sie können komfortabel oder auch hoffnungslos überfüllt sein. Nachtfahrten sind gefährlicher als Tagesfahrten. Die unteren Pritschen *(xiapu)* kosten zwar ein wenig mehr als die oberen *(shangpu)*, sind jedoch weitaus besser, da man nicht bei jeder Kurve aus dem Bett zu fallen droht. Wer seinen Platz frühzeitig belegt, kann genügend Stauraum fürs Gepäck finden, unter Umständen steht allerdings nur eine schuhkartongroße Box pro Bett zur Verfügung. Schlafbusse haben einen Vorteil: Wenn sie ihr Ziel vor Sonnenaufgang erreichen, können die Passagiere bis zum Tagesanbruch schlafen und so den Preis für ein Hotelzimmer sparen. Außerdem sind Schlafbusse relativ schnell, weil sie unterwegs nur selten anhalten. **Expressbusse** *(kuai che)* sind die teuerste Alternative; sie bieten genügend Beinfreiheit, komfortable zurückstellbare Sitze, Klimaanlage und Videounterhaltung, die jedoch nicht immer eine willkommene Ergänzung zum allgemeinen Lärmpegel ist. Sperriges Gepäck wird in den unteren großen Busseitenfächern untergebracht, die nur von außen zu öffnen sind, was sicher ist, da die Expressbusse ohne Halt fahren. Außerdem verkehren **Minibusse** *(xiao che)* für bis zu 20 Passagiere auf Routen unter 100 km. Die Preise unterscheiden sich je nach Region, liegen jedoch allgemein etwas über denen für Normalbusse. Auch Minibusse sind oft hoffnungslos überfüllt, und mitunter umkurven sie ihre Abfahrtsorte solange, bis sie wirklich voll sind.

Busreisen haben auch ihre Schattenseiten. Die Straßen sind nicht immer in gutem Zustand, allerdings nimmt die Anzahl der Schnellstraßen beständig zu. Viele Fahrer – Handy in der einen und Lenkrad in der anderen Hand – haben die gefährliche Angewohnheit, auf bergab führenden Abschnitten Benzin zu sparen, indem sie den Motor abschalten. Manche Fahrer fühlen sich verpflichtet, ihre Gegenwart beim Überholen von was auch immer durch Hupen (mancherorts verboten) zu dokumentieren – Ohrenstöpsel sind also zu empfehlen. Auch **Verpflegung** gehört ins Gepäck. Obwohl die Busse zu den Speisezeiten unterwegs an preiswerten Gästehäusern halten sollen, wurde mehrfach berichtet, dass zwei sich abwechselnde Fahrer gnadenlos 24 Stunden durchpreschten. Nur die besten Busse sind mit **Toiletten** ausgestattet. Auf Nachfrage der Passagiere halten die Fahrer alle paar Stunden an, doch die Toiletten der Gästehäuser sind in der Regel verdreckt und für westliche Besucher ungewöhnlich „gesellig". Wegen häufiger Polizeikontrollen sind die Busse selten in überzogener Weise überfüllt.

Eisenbahn

Chinas erste Eisenbahntrassen wurden im 19. Jahrhundert gelegt, und die gegenwärtigen politischen Führer des Landes haben stark in das Netz investiert, da sie eine gesunde Infrastruktur im Transportwesen als unbedingte Voraussetzung für wirtschaftliches Wachstum erachten. Für die Jahre 2002 bis 2005 hat die Regierung 42 Milliarden US-Dollar für den Ausbau des Eisenbahnnetzes bereitgestellt. Infolgedessen verbessern sich die Dienstleistungen beständig: Moderne Hochgeschwindigkeitszüge reduzieren die Reisezeiten auf den Hauptstrecken um 25%, und gegenwärtig werden neue Gleise mit einer Gesamtlänge von 7000 km verlegt. Trotz schwierigster geografischer Bedingungen soll im Jahre 2006 eine Verbindung nach Lhasa in Tibet fertig gestellt sein. Chinas Eisenbahnnetz ist weitläufig und effizient; Züge sind deshalb die sichersten und verlässlichsten Verkehrsmittel, um das Land kennen zu lernen.

Der erste Schritt für die Nutzung der chinesischen Eisenbahn ist das Studium des **Fahrplans**. Gewöhnlich hängen Fahrpläne im Ticketbüro aus und sind in Läden in Bahnhofsnähe erhältlich. Sie sind schwer zu entziffern, denn man muss nicht nur die Schriftzeichen für Abfahrtsorte und Ziele erkennen und Zugnummern identifizieren, sondern auch Alternativen ausfindig machen, falls die erste Wahl bereits ausverkauft ist.

Auf den **Tickets**, die immer nur für einfache Fahrten ausgestellt werden, sind Reisedatum, Zielort, Zug- und Waggonnummer sowie Sitz- oder Liegeplatz verzeichnet. Die Fahrkarten werden fünf Tage im Voraus freigegeben. Da die Nachfrage oft das Angebot übersteigt, sind sorgfältige Reiseplanungen erforderlich, um im gewünschten Zeitrahmen weiterzukommen. Die bequemste Alternative der Ticketbeschaffung ist die Beauftragung eines

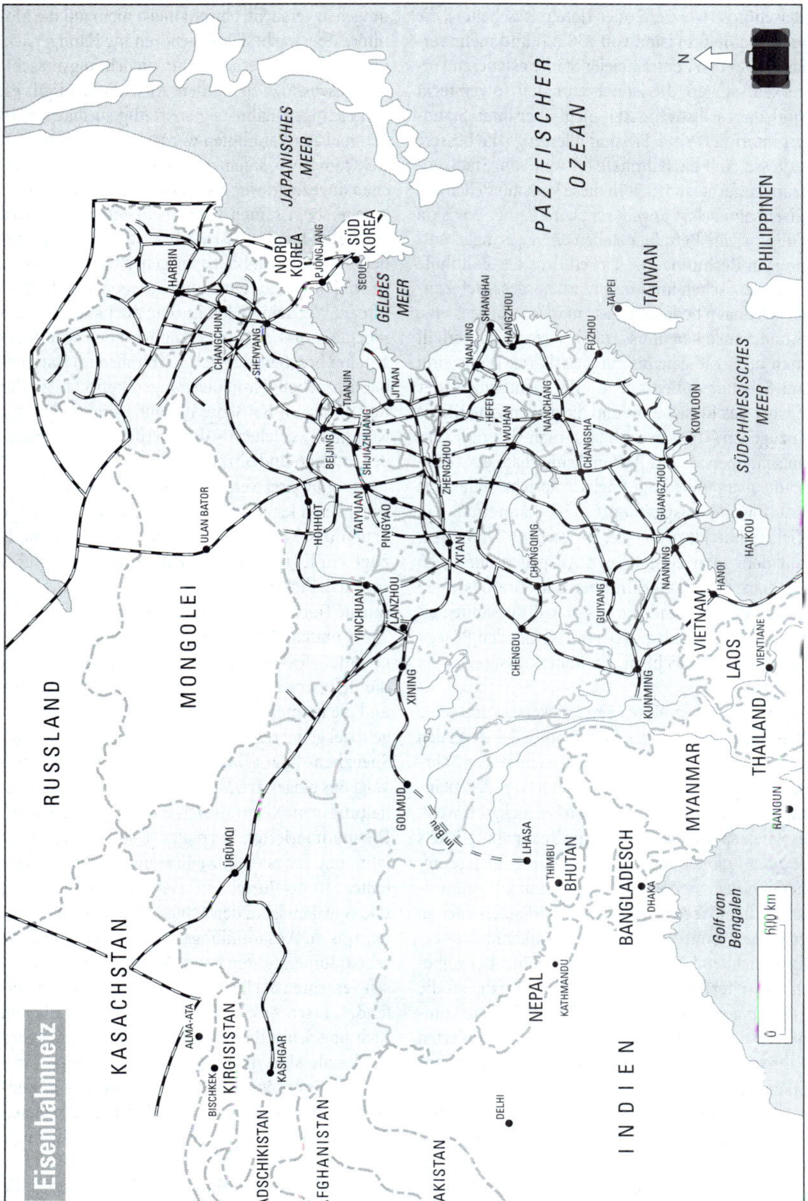
Eisenbahnnetz
RUSSLAND
MONGOLEI
KASACHSTAN
KIRGISISTAN
TADSCHIKISTAN
AFGHANISTAN
PAKISTAN
INDIEN
NEPAL
BHUTAN
BANGLADESCH
MYANMAR
THAILAND
LAOS
VIETNAM
TAIWAN
PHILIPPINEN
NORD KOREA
SÜD KOREA
JAPANISCHES MEER
GELBES MEER
PAZIFISCHER OZEAN
SÜDCHINESISCHES MEER
Golf von Bengalen
N
600 km
0
ALMA-ATA
BISCHKEK
KASHGAR
ÜRÜMQI
ULAN BATOR
HARBIN
CHANGCHUN
SHENYANG
P'JÖNGJANG
SEOUL
TIANJIN
BEIJING
JI'NAN
SHIJIAZHUANG
HOHHOT
TAIYUAN
PINGYAO
YINCHUAN
LANZHOU
XINING
GOLMUD
Im Bau
LHASA
THIMBU
KATHMANDU
DELHI
DHAKA
RANGUN
XI'AN
ZHENGZHOU
CHONGQING
CHENGDU
KUNMING
GUIYANG
NANNING
HANOI
VIENTIANE
HAIKOU
GUANGZHOU
KOWLOON
CHANGSHA
NANCHANG
WUHAN
HEFEI
NANJING
SHANGHAI
HANGZHOU
FUZHOU
TAIPEI

Reisebüros (wie *CITS* oder Hotelreiseschalter), die jedoch eine Provision von ¥30 p.P. und mehr verlangen. In den Zentren vieler Städte existieren Vorverkaufsstellen, die jedoch zum Teil so versteckt sind, dass selbst Chinesen nicht über ihren Standort informiert sind. Sie sind allerdings die bessere Adresse, weil die Bahnhöfe oft weit vom Stadtzentrum entfernt sind. Sofern diese Verkaufsstellen der Eisenbahn selbst angehören, wird keine Provision fällig, private Betreiber stellen einen geringen Aufpreis in Rechnung. Die Ticketbüros der Bahnhöfe sind inzwischen mit Computern ausgestattet. Lange Schlangen bedeuten, dass man mindestens eine Stunde anstehen muss, doch letztendlich erhält man auch die gewünschte Fahrkarte. Dafür sind am Schalter unbedingt in aller Deutlichkeit der Zielort, das Reisedatum und die gewünschte Klasse anzugeben – besser noch lässt man sich dies alles aufschreiben, da das Personal außerhalb der Großstädte nicht unbedingt Englisch spricht. Sollten die Kontingente ausgeschöpft sein, kann man ein Ticket ohne Platzreservierung *(wuzuo)* erwerben, mit dem man zwar keinen Anspruch auf einen Sitzplatz hat, immerhin aber den Zug besteigen darf. Unter Umständen muss man die gesamte Reise stehend zurücklegen, bei frei werdenden Plätzen besteht die Möglichkeit, ein höherklassiges Ticket nachzukaufen.

Wer bereits im Besitz eines Tickets ist und seine Reise verschieben muss, bekommt in der Regel den größten Teil der Kosten erstattet, wenn er den Fahrschein mindestens zwei Stunden vor der planmäßigen Abfahrt im Ticketbüro zurückgibt. Wenn es einen speziellen Schalter für Rücknahmetickets *(tuipiao)* gibt, lohnt es sich, die dort Schlange stehenden Personen anzusprechen, um auf unbürokratischem Wege Fahrkarten zu verkaufen oder zu erwerben, wofür jedoch Chinesischkenntnisse erforderlich sind. Wer kein Ticket erhält, aber unbedingt weiterfahren will, kann sich notfalls an die Schlepper wenden, die an belebten Bahnhöfen umherlaufen. Es ist Vorsicht geboten vor fotokopierten Fahrscheinen, die das Eisenbahnpersonal nicht anerkennen wird.

Auch wer schon ein Ticket hat, sollte **frühzeitig** am Bahnhof sein. Das Gepäck wird am Eingang durchleuchtet, um gefährliche Güter (zum Beispiel Feuerwerkskörper) ausfindig zu machen. Beamte können böse werden, wenn man die Prozedur zu umgehen versucht, obwohl meist niemand die Monitore überwacht. Filme gehören ins Handgepäck, um nicht durch veraltete Durchleuchtungsmaschinen geschwärzt zu werden. Anschließend gilt es, den richtigen Bahnsteig ausfindig zu machen. In den meisten Bahnhöfen werden die Abfahrten auf elektronischen Tafeln in chinesischen Schriftzeichen angezeigt; wer Zweifel hat, kann dem Bahnhofspersonal seinen Fahrschein zeigen und wird Hilfe erhalten. Da Passagiere erst bei der Ankunft des Zuges auf den Bahnsteig gehen dürfen, kann es zu wilden Rangeleien kommen, wenn sich die Tore öffnen. Wer sein Ticket im Zug hochstufen lassen möchte, muss sich unverzüglich zum Schaffnerschalter begeben, der sich gewöhnlich im Hartsitzbereich neben dem Speisewagen befindet (in der Regel Waggon Nr. 8, die Waggons sind außen mit Nummern versehen) – dort werden die frei gewordenen Liege-und Sitzplätze vergeben.

Es gibt drei verschiedene Zugtypen, die auf Fahrplänen kenntlich gemacht sind. **Expresszüge** haben das Kennzeichen T (für *tekuai),* **Schnellzüge** ein K (für *kuai),* **Normalzüge** *(putong che)* sind lediglich nummeriert und stellen die langsamste Option dar. T- und K-Züge erreichen 100–200 Stundenkilometer. Sie sind sehr modern ausgestattet, Textmeldungen am Waggonende geben die Temperaturen, die nächsten Ankunftszeiten und die momentane Geschwindigkeit an. Auf einigen viel genutzten kurzen Express-Strecken (etwa Shenzhen–Guangzhou) werden doppelstöckige Waggons eingesetzt. Meist wird rigoros auf die Einhaltung von Nichtraucher-Vorschriften gepocht. Die nummerierten Normalzüge sind älteren Baujahrs und langsamer, weil sie unterwegs häufiger halten; in der Regel sind sie ordentlich gepflegt, und Rauchen ist in den Schlafabteilen nicht gestattet, was zu Ansammlungen in den Waggon-Zwischenräumen führen kann. Auf abgelegenen Trassen verkehren auch noch stampfende und schnaufende „Eisenrösser", die ihre letzten Schlaufen Richtung Schrotthaufen fahren. Typische Waggonmerkmale sind die durch Zigaretten längst vergilbten Innenräume und die mit Sonnenblumenkernen übersäten Linoleumböden. Die schnelleren Züge sind überall ein wenig teurer als die langsamen Alternativen.

Essen ist in Zügen immer erhältlich, doch die Speisen sind oft teuer und von minderwertiger

Qualität. Mahlzeiten mit Reis und Beilagen werden in Polyester-Verpackungen durch die Waggons gekarrt, viele Züge haben einen Speisewagen unmittelbar neben den Weichbettenwaggons. Bei längeren Bahnhofsaufenthalten bieten Verkäufer Imbisse auf den Bahnsteigen an.

Eisenbahnklassen

Ausgewählte Zugtarife
Die hier genannten Fahrpreise gelten für einfache Strecken in Expresszügen.

	Hartsitzklasse	Hartbettenklasse	Weichbettenklasse
Von Beijing			
Guangzhou	¥225	¥615	¥840
Hongkong	¥240	¥660	¥1025
Shanghai	¥150	¥415	¥570
Xi'an	¥155	¥430	¥590
Von Xi'an			
Guangzhou	¥245	¥675	¥920
Turpan	¥235	¥650	¥895
Ürümqi	¥250	¥695	¥935

Chinas Züge haben vier Klassen. Die beste Kategorie ist die **Weichbettenklasse** *(ruanwo)*, die nur geringfügig billiger ist als ein Inlandflug und überwiegend von Ausländern, Parteifunktionären und Geschäftsleuten genutzt wird. Diese Art zu reisen ist angenehm und komfortabel. In den meisten Bahnhöfen stehen ordentliche Wartesäle zur Verfügung, die Waggons sind mit vier Betten mit weicher Matratze, Ventilator, Radio und Toiletten westlichen sowie chinesischen Stils ausgestattet. Für lange Strecken lohnt sich die Investition, um stressfrei und ausgeruht am nächsten Zielort anzukommen.

Die **Hartbettenklasse** *(yingwo)* kostet rund zwei Drittel der Weichbettenklasse und wird von der chinesischen Mittelschicht sowie preisbewussten Ausländern genutzt. Für sie sind aufgrund der großen Nachfrage Tickets am schwierigsten zu bekommen. Es ist keine schlechte Art zu reisen, doch musikalische Berieselung von morgens bis abends und erbarmungslose Fragen von Mitreisenden nach der eigenen Person und dem Besitzstand können erschöpfen. Die Waggons sind in 20 Abteile mit auf beiden Seiten dreistöckig übereinander gelagerten Pritschen unterteilt. Die untersten Pritschen sind am teuersten, doch da sie tagsüber als kollektive Sitzgelegenheiten genutzt werden, sind die höheren Ebenen durchaus zu empfehlen, um sich auch zwischendurch einmal auszustrecken. Die letzten Abteile befinden sich in unmittelbarer Nähe zu den Nachtlichtern und den Waggon-Zwischenräumen, in denen sich die Raucher versammeln. Jedes Sechs-Betten-Abteil wird mit einer Thermoskanne mit heißem Wasser versorgt, die man sich im hinteren Bereich jedes Waggons auffüllen lassen kann, um selbst mitgebrachten Tee oder Proviant (Nudeln, Fertigsuppen usw.) zuzubereiten. In jedem Waggon gibt es außerdem eine Toilette sowie einen Waschraum, die jedoch oft verschmutzt sind. Es empfiehlt sich, dem Beispiel der Einheimischen zu folgen und auf langen Reisen ein Handtuch im Gepäck mitzuführen. Zwar steht genügend Raum für die Gepäckunterbringung zur Verfügung, doch sollte man stets Sicherheitsvorkehrungen für die Zeiten, zu denen man schläft, treffen.

In beiden Liegeklassen erhalten Passagiere vom Personal beim Zusteigen einen Metallchip im Austausch gegen den Fahrschein. Ungefähr eine halbe Stunde vor dem Aussteigen (man wird geweckt, zu welcher Zeit auch immer) wird beides zurückgetauscht, denn oft benötigt man am Zielort den Fahrschein, um den Bahnhof verlassen zu dürfen.

Das früher nur geringe Angebot an Plätzen in der **Weichsitzklasse** *(ruanzuo)* hat auf Strecken mit einer Reisedauer von bis zu einem Tag zugenommen. Die Preise entsprechen ungefähr denen der Expressbusse, die Sitze sind gut gepolstert und bieten viel Beinfreiheit. Die unter Chinesen gängigste Wahl aber ist die **Hartsitzklasse** *(yingzuo)*, die wirklich nur den Hartgesottensten für kürzeste Strecken empfohlen werden kann. Sitzplätze sind dort ungefähr halb so teuer wie in der Weichsitzklasse. Die üblichen Hartsitze haben die Form einer geringfügig gepolsterten Bank für drei eng nebeneinander sitzende Personen, doch modernere Waggons bieten inzwischen ein wenig mehr Bequemlichkeit. In älteren Zügen hängt dichter Zigarettenqualm in der Luft und jeder Quadratzentimeter Boden ist von Personen belegt, die keinen Sitzplatz mehr ergattern konnten … wer ohne

Platzreservierung einen Zug besteigt, findet sich unweigerlich hier wieder und wird als Ausländer im Mittelpunkt des Interesses stehen, denn die Bauern und Arbeiter, die sich keine bessere Klasse leisten können, schämen sich ihrer Neugierde nicht. Es gibt kaum eine Alternative, als sich darauf einzulassen, egal ob man Chinesisch spricht oder nicht. Wahrscheinlich spielt man irgendwann Karten, teilt Nahrungsmittel und trinkt etwas mit den Umsitzenden.

Flüge

Die chinesischen Fluggesellschaften verbinden alle bedeutenden chinesischen Städte miteinander. Zu den wichtigsten Gesellschaften gehören *Air China*, 💻 www.airchina.com.cn, *China Southern*, 💻 www.cs-air.com, und *China Eastern*, 💻 www.ce-air.com, die zusammen mit einigen kleineren Gesellschaften der Aufsicht von **CAAC** *(Civil Aviation Administration of China)* unterliegen. Angesichts der langen Strecken sind Flüge hervorragend. Die Preise liegen nur geringfügig über denen der Eisenbahn-Weichbettenklasse, die Reisezeiten sind natürlich wesentlich kürzer. Die Flugzeuge sind modern und gut gewartet, auch der Service kann sich sehen lassen; unterwegs werden alkoholfreie Getränke, Gebäck und Souvenirs ausgeteilt. Manchmal gibt es sogar eine Tombola.

Der **Ticketkauf** beim örtlichen *CAAC*-Büro, am Hotelschalter oder bei einem Reisebüro ist in der Regel unproblematisch. Auf den gängigen Strecken entspricht das Angebot an Sitzplätzen der Nachfrage. **Flugpläne** hängen in den Büros der Fluggesellschaften aus, doch landesweite Übersichten sind außerhalb der größeren Städte (dort in den *CAAC*-Büros erhältlich) nicht zu bekommen. Da **Flugpreise** auf der Berechnung für einfache Strecken basieren, werden für Hin- und Rückflüge doppelte Preise fällig. Die Preise sind je nach Fluggesellschaft unterschiedlich hoch, mitunter halten Reisebüros illegal preiswerte Kontingente bereit. Unterste Preisbeispiele ab Beijing: ¥620 nach Xi'an, ¥690 nach Shanghai, ¥935 nach Chengdu, ¥1055 nach Guangzhou, ¥1190 nach Kunming, ¥1440 nach Ürümqi, ¥1800 nach Hongkong.

Viele Fluggesellschaften stellen einen **Flughafenbus** zwischen Flughafen und Stadtbüro zur Verfügung. Da die Flughäfen oft 30 km oder noch weiter vom Stadtzentrum entfernt liegen, lohnt es sich, nach diesem Service zu fragen (etliche aktuelle Buslinien sind in diesem Buch genannt). **Meldezeit** für alle Flüge ist zwei Stunden vor Abflug, die inländische **Flughafensteuer** beträgt gegenwärtig ¥50, für internationale Flüge ¥90.

Fähren

Das Angebot an Fluss- und Seereisen geht zurück, weil Strecken mit Passagierfähren zunehmend durch neue und schnellere Straßen- und Eisenbahnverbindungen ersetzt werden. Eine der weltweit gefragtesten Flussreisen aber ist nach wie vor die Fahrt durch die spektakulären **Drei Schluchten des Yangzi**, der zwischen dem Hafen von Chongqing in Sichuan über Tausende Kilometer bis hinab zur Mündung in der Nähe von Shanghai beschiffbar ist. Die Schluchten werden nach Fertigstellung eines gigantischen neuen Staudamms an Reiz verlieren. Hohen Besucherzuspruch hat zudem die Halbtagesfahrt auf dem **Fluss Li** zwischen Guilin und Yangshuo im Südwesten der Provinz Guangxi durch Berglandschaften, die ein beliebtes Motiv auf chinesischen Rollbildern sind. Vor allem in ländlichen Gebieten verkehren auf kürzeren Distanzen noch Fähren, die man nutzen sollte – sie werden in wenigen Jahren nicht mehr existieren. Auf Meeresstraßen verkehren noch Schiffe zwischen Hongkong und Xiamen in der Provinz Fujian sowie bis hinab zur Insel Hainan.

Die Zustände an Bord sind gemessen an den Schiffskategorien sehr unterschiedlich. Bei Fahrten mit Übernachtungen gibt es unterschiedliche **Klassen** (bis hin zu sechs), die von Bambusmatten auf dem Fußboden bis hin zu luxuriösen Privatkabinen reichen. Die Erwartungen sollten generell nicht zu hoch gesteckt werden, denn chinesische Schiffe sind oft überfüllt und selbst in der 1. Klasse nicht unbedingt komfortabel. Auch die Verpflegungslage und der Zustand der Toiletten können sehr bescheiden sein.

Auto

Mit dem Auto durch China zu fahren, ist eine verlockende Vorstellung, die für Ausländer allerdings gegenwärtig noch nicht realisierbar ist. Doch die mit zunehmender Häufigkeit an den Schnellstraßen erscheinenden zweisprachigen Straßenschilder legen die Vermutung nahe, dass Pläne für die Freigabe chinesischer Straßen auch für Ausländer in der Schublade liegen. In Beijing und Shanghai stehen an den Flughäfen bereits **Leihwagen** für die Nutzung vor Ort zur Verfügung. Vorzulegen sind ein internationaler Führerschein sowie eine Kreditkarte für die Begleichung der Kosten. Leihwagen fallen der Polizei überall durch ihre speziellen Nummernschilder auf, deshalb sollte man die vorgeschriebenen Geschwindigkeiten tunlichst nicht überschreiten. Die Kosten für Leihwagen belaufen sich durchschnittlich auf ¥300 pro Tag plus Benzin.

In China gilt **Rechtsverkehr**, doch in der Praxis nutzen die Autofahrer alle Spuren und bezeugen auch wenig Respekt vor roten Ampeln. Hupen werden häufiger als Bremsen eingesetzt, Lastwagen und Busse setzen ihre Größe skrupellos ein, um kleinere Fahrzeuge zur Seite zu scheuchen. In Hongkong sind Leihwagen problemlos zu mieten. **Hongkong** hat als britische Hinterlassenschaft Linksverkehr, doch angesichts des begrenzten Gebietes und des effizienten öffentlichen Nahverkehrs sind Leihwagen nicht unbedingt erforderlich.

In den meisten Regionen gibt es keine anderen Alternativen als ein **Taxi**, einen **Minibus** oder einen **Jeep mit Fahrer** anzumieten. Die verhandelbaren Preise belaufen sich durchschnittlich auf ¥400 pro Tag, dazu kommen die Kosten für das Mittagessen des Fahrers. Die billigsten Alternativen ergeben sich durch persönliche Kontakte. Wer nicht Chinesisch spricht, erhält sicher Hilfestellung in der Unterkunft.

Auch Reisebüros verleihen Fahrzeuge oder vermitteln diese – mitunter stellen sie sogar einen Dolmetscher. In weiten Teilen Tibets ist ein Jeep mit Fahrer die einzige Möglichkeit um individuelle Ziele zu erreichen (s.S. 1200).

Fahrrad

China verzeichnet weltweit die höchste Anzahl Fahrräder pro Kopf: Fast jeder vierte Chinese besitzt ein Fahrrad, immer mehr können sich ein Moped leisten. Die meisten Städte sind eben und haben Straßen mit separaten Fahrradspuren, doch das steigende Verkehrsaufkommen in Großstädten wie Beijing oder Guangzhou macht das Radfahren gefährlich – zumal im motorisierten Straßenverkehr die Redensart gilt: „Siehst du sie auf dem Rad, so fahre sie einfach platt."

Fahrradverleiher gibt es in der Regel in der Nähe der Bahnhöfe, die täglichen Leihgebühren betragen ¥5–10. Es sind eine Kaution in Höhe von ¥200–400 sowie ein Ausweis zu hinterlegen, und da man für die Zeit der Ausleihe für alle Fährnisse, die dem Fahrrad begegnen könnten, verantwortlich ist, sollte man bei der Übernahme genauestens die Bremsen, den Luftdruck und die Gangschaltung überprüfen. Die meisten Mietfahrräder gehören der Kategorie „schwarze Klapperkästen" an. Nur wenige Deluxe-Modelle sind mit funktionierenden Klingeln und Bremsen ausgestattet. An jeder Ecke stößt man auf Reparaturwerkstätten, die Reifen flicken und Ketten neu aufsetzen (für jeweils rund ¥5). Da das private Versicherungssystem in China noch in den Kinderschuhen steckt, müssen die betroffenen Parteien bei ernsteren Schäden eine Regelung untereinander treffen. Gegen Diebstähle gibt es Fahrradschlösser oder -ketten. In vielen Städten kann man sein Vehikel für wenige *Mao* auf markierten und bewachten Stellflächen parken.

Eine Alternative zur Anmietung ist der **Kauf** eines Fahrrads. Dies ist sehr zu empfehlen, wenn man längere Zeit an einem Ort verbringt. Ausländer benötigen dafür keine Genehmigung und finden Angebote in den Kaufhäusern ab ¥500. Aufgrund der ständigen hohen Nachfrage bereitet der Weiterverkauf keine Probleme.

Zu den billigsten Fahrrädern gehören robuste, schwere und schnörkellose Produkte der berühmten Marke *Flying Pigeon*, immer stärker kommen auch Räder mit Gangschaltung in Mode, die nicht immer so widerstandsfähig sind, wie sie auf den ersten Blick erscheinen.

Auch das **eigene Fahrrad** kann man nach China mitnehmen. Die internationalen Fluggesellschaften bestehen gewöhnlich darauf, dass das Vorderrad abmontiert und am Hinterrad befestigt sowie die Luft aus den Reifen gelassen wird. Alles muss bestens befestigt sein. Innerhalb von China stellen Fluggesellschaften, Züge und Fähren die Beförderung von Fahrrädern in Rechnung, was zum Teil mit immensem Papierkram verbunden ist. Hingegen verladen Überlandbusse das Fahrrad ohne viel Fragerei auf dem Dach, ohne dafür Gebühren zu erheben.

Angeboten werden auch spezielle **Fahrradtouren**, die keinesfalls billig sind, dafür aber eine exzellente Art darstellen, China langsam und sorgfältig kennen zu lernen.

Trampen

Trampen ist in China durchaus erlaubt und bietet in abgelegenen Gebieten sogar die beste Möglichkeit, Sehenswürdigkeiten zu erreichen. In der Regel fordern die Fahrer den aktuellen Busfahrpreis ein; es gab auch Fälle, in denen sie unterwegs mit der Androhung, die Tramper auf freier Strecke abzusetzen, zusätzliche Gebühren verlangten. Angesichts der grundsätzlich mit dem Trampen verbundenen Gefahren und des stetig verbesserten öffentlichen Verkehrssystems kann diese Art des Reisens nicht empfohlen werden.

Wer dennoch trampen muss, sollte nicht allein unterwegs sein. Die besten Standpunkte sind die Stadtbereiche und vor allem die Ausgangsstraßen der Städte. In China winkt man nicht mit hochgerecktem Daumen, sondern mit nach unten gerichteter Handfläche. Der Fahrpreis muss dann ausgehandelt werden, hilfreich ist auch ein Zettel mit dem gewünschten Ziel in chinesischen Schriftzeichen.

Einige Reisende haben sich auf Lastwagen mit nach **Tibet** nehmen lassen, um die offiziellen Reisebeschränkungen zu umgehen. Diese Strategie ist mit zahlreichen Risiken behaftet, denn solche Transporte sind erstens äußerst unbequem und führen in sehr kalte Höhen; wer zweitens in dieser Weise aufgegriffen wird, könnte verhaftet und vor der Ausweisung mit einer hohen Geldstrafe belegt werden. Auch den Fahrern drohen ernsthafte Strafen: Manche wurden in der Vergangenheit von der Polizei durchgeprügelt.

Nahverkehrsmittel

Die meisten chinesischen Städte dehnen sich über Entfernungen aus, die selbst zäheste Spaziergänger nicht bewältigen können. Überall aber gibt es gut funktionierende öffentliche Transportsysteme. Hongkong, Beijing, Guangzhou und Shanghai verfügen über ein effizientes **U-Bahn-Netz**, in anderen Städten verkehren **Stadtbusse**. Die Nahverkehrsmittel sind preiswert und fahren von 6–21 Uhr, sie sind allerdings langsam und oft überfüllt (ausgenommen Hongkong). Häufig bedienen teurere, dafür schnellere **private Minibusse** dieselben Strecken – sie sind entweder nummeriert oder schreiben das Ziel an der Frontscheibe an.

Wer es eilig hat oder sich nicht gut auskennt, findet in größeren Städten bzw. in der Nähe von Transitstationen oder Unterkünften in der Regel leicht ein **Taxi**. Diese sind preiswert, vor allem wenn sich mehrere Reisende zusammenschließen. Für eine Grundstrecke werden zunächst ¥5–8 berechnet, anschließend pro Kilometer ¥1–3. In kleineren Städten verkehren auch **Motor**- oder **Fahrradrikschas**, die meistens vor den Bahnhöfen oder Busbahnhöfen warten. Die bei Anfragen von Ausländern oft sprunghaft ansteigenden Preise müssen vor dem Zusteigen unbedingt ausgehandelt werden.

Öffnungszeiten, Feste und Feiertage

Die meisten **Büros** – Fluggesellschaften, Reisebüros usw. – öffnen und schließen relativ früh und legen eine lange Mittagspause ein. In den meisten Dienststellen sind Angestellte von 8–11.30 und 13.30–16.30 Uhr anzutreffen. Samstags ist oft halbtags geöffnet. Es ist schwierig, allgemeingültige Aussagen zu treffen, zumal auch der Sonntag nicht den westlichen Stellenwert eines allgemeinen Ruhetages hat.

Post- und Telefonstellen sind täglich geöffnet, mitunter bis spätabends oder sogar rund um die Uhr. Auch fast alle **Geschäfte** haben (besonders in größeren Städten) täglich bis in die späten Abendstunden geöffnet. **Banken** haben sonntags oder auch das gesamte Wochenende geschlossen – jedoch gibt es Ausnahmen.

Touristische **Sehenswürdigkeiten** wie Parks, Pagoden und Tempel haben gewöhnlich täglich von 8–17 Uhr durchgehend geöffnet. Die meisten Parks öffnen sogar bereits um 6 Uhr die Pforten, da zahlreiche Chinesen zu dieser frühen Stunde Schattenboxen (Taijiquan) praktizieren oder westliche Tänze üben. Viele Museen haben kürzere Öffnungszeiten, Mittagspausen und einen Ruhetag (meistens montags oder dienstags). Kein Grund zur Verzweiflung besteht an entfernt gelegenen geschlossenen Stätten: Durch Anklopfen oder Nachfragen lässt sich fast immer ein verschlafener Pförtner auftreiben, der nach ein wenig Überzeugungsarbeit aufschließt. Andererseits können Stätten, die man für selbstverständlich geöffnet hält, vorübergehend geschlossen sein.

Nach Gründung der Volksrepublik China im Jahre 1949 wurden verschiedene **weltliche Feiertage** eingeführt, an denen alle öffentlichen Dienststellen geschlossen sind. Zu den wichtigsten Feiertagen gehören der 1. Januar (Internationales Neujahr), der 1. Mai (Tag der Arbeit) und der 1. Oktober (Nationalfeiertag zur Gründung der Volksrepublik). Rund um die beiden letztgenannten Daten nehmen sich Millionen Menschen eine Woche lang Urlaub, sodass Verkehrsmittel ausgebucht und Sehenswürdigkeiten überlaufen sind. Andere nationale Feiertage (an denen jedoch viele Geschäfte und Dienststellen geöffnet haben) sind der 8. März (Internationaler Frauentag), der 4. Mai (Gedenktag an die Demonstration im Jahre 1919), der 1. Juni (Kindertag), der 1. Juli (Gründungstag der Kommunistischen Partei Chinas) und der 1. August (Tag der Armee) – an diesen Festtagen veranstalten die betreffenden Personenkreise Prozessionen und Feierlichkeiten.

Einziges traditionelles Fest, das gleichzeitig den Rang eines amtlichen Feiertages hat, ist das **chinesische Neujahr** oder Frühlingsfest (s.S. 76, Kasten), zu dem fast alle Geschäfte und Büros mindestens drei Tage lang geschlossen sind und der Großteil der Bevölkerung nicht arbeitet, da Familienbesuche anstehen. Viele Dienststellen und Banken haben bis zum Ende der Festperiode (elf weitere Tage) eingeschränkte Öffnungszeiten. Andere traditionelle Feste, die sich nach dem Mondkalender ausrichten (beispielsweise der „Totensonntag" Qingming Jie am dritten Tag des dritten Mondes oder das Mittherbstfest am 15. Tag des achten Mondes), sind zwar keine amtlichen Feiertage, doch viele öffentliche Stellen sind an diesen Tagen nur eingeschränkt geöffnet.

Die meisten Feste richten sich nach dem chinesischen **Mondkalender**, nach dem das erste erneute Erscheinen der schmalsten Mondsichel den ersten Monatstag kennzeichnet, sodass der Vollmond in der Monatsmitte liegt. Nach unserem gregorianischen Kalender sind die chinesischen Feste deshalb beweglich. Die meisten Feste liegen um die Wende von Jahreszeiten oder Glück verheißende Daten wie den achten Tag des achten Monats (die Acht gilt in China als Glückszahl), und sie sind Zeiten der Geschenke, Familienzusammenkünfte und Schwelgereien. Laternen brennen überall, doch Feuerwerkskörper knallen nur noch auf dem Lande, da sie in den Städten nicht mehr abgebrannt werden dürfen.

An Festtagen lohnen sich Tempelbesuche. Dort machen zahllose Gläubige ihre Aufwartung, um Weihrauch zu entzünden, einen *kotau* vor Altären zu leisten, Weissagungen zu erhalten oder nach Glück heischende Rituale (wie etwa Münzen auf Tempelglocken werfen) zu vollziehen.

Abgesehen von den im Folgenden aufgelisteten Festen, feiern auch **ethnische Minderheiten** bestimmte Anlässe. Darauf wird in den jeweiligen Regionalkapiteln hingewiesen. Sämtliche chinesische Feste und Feiertage gelten auch für Hongkong.

Feste und Feiertage

Januar/Februar – Frühlingsfest in den ersten beiden Wochen des neuen Mondjahres.

Februar – Tiancang-Fest. Am 20. Tag des ersten Mondes nach dem Mondkalender feiern die chinesischen Bauern das Kornkammer-Füllfest als Bitte um eine gute Ernte.

März – Geburtstag der Göttin der Barmherzigkeit, Guanyin. Sie ist Chinas beliebteste Göttin. Am 19. Tag des zweiten Mondes herrscht zu diesem Anlass ein farbenprächtiges Treiben in daoistischen Tempeln.

5. April – Qingming Jie. An diesem Tag der Grabreinigung besuchen Chinesen die Gräber ihrer Vorfahren und verbrennen zu deren Ehren symbolisches Totengeld.

13.–15. April – Wasserfeste in der Provinz Yunnan, bei denen jeder Passant klatschnass wird.

4. Mai – Tag der Jugend. Gedenktag an die Demonstration im Jahre 1919. Erinnert an die Studentendemonstrationen auf Beijings Platz des Himmlischen Friedens im Jahre 1919, welche die nationalistisch orientierte Vierte-Mai-Bewegung lostraten. Das Fest wird in vielen Städten mit Blumenausstellungen begangen.

1. Juni – Kindertag. Allgemeiner Ausflugstag für Schulklassen. Die Sehenswürdigkeiten sind übersät mit Kindern mit gelben Baseballmützen.

Juni/Juli – Drachenbootfest. Am fünften Tag des fünften Mondes finden Drachenbootrennen zum Gedenken an den Poeten Qu Yuan statt, der im Jahre 280 v. Chr. Selbstmord durch Ertränken beging. Zu den berühmtesten Ausrichtungsorten dieses Festes gehören Yueyang in der Provinz Hunan und Hongkong. Traditionell werden zu diesem Fest in

Lotusblätter gehüllte Klebreisklößchen *(zongzi)* gegessen.

August/September – Fest der hungrigen Geister, eine Art chinesisches Äquivalent zu Halloween. Zu dieser Zeit sollen Höllengeister auf Erden unterwegs sein. Das Fest wird mehr beachtet als gefeiert: Es gilt als ungeeignete Zeit für Reisen, Umzüge oder Hochzeiten.

September/Oktober – Mittherbstfest (auch Mondkuchenfest). Am 15. Tag des achten Mondes kommen chinesische Familien zusammen, um Laternen anzuzünden, Feuerwerkskörper abzubrennen, Mondkuchen zu essen und *Maotai* zu trinken.

September/Oktober – Doppel-Neun-Fest. Da die Zahl Neun in fester Beziehung zur männlichen Energie *Yang* steht, werden am neunten Tag des neunten Monats Eigenschaften wie Durchsetzungskraft und Stärke gefeiert. Der Tag gilt als bestens geeignet für das Brennen und den Genuss von Schnaps.

28. September – Geburtstag des Konfuzius. Zeremonien in allen Konfuzius-Tempeln des Landes, besonders farbenprächtig in dessen Geburtsstadt Qufu (s.S. 416).

1. Oktober – Nationalfeiertag. Allgemeine Arbeitsruhe zum Gedenken an den Gründungstag der Volksrepublik China. Noch entsetzlichere Fernsehprogrammgestaltung als anderntags, weil auf allen Kanälen die Leistungen der Partei gepriesen werden.

25. Dezember – Weihnachten. Wird nur von gläubigen Christen als religiöser Feiertag begangen und ist für alle anderen lediglich ein Vorwand, um Feste und Partys zu feiern.

Frühlingsfest Dieses Fest dauert zwei Wochen und markiert den Beginn eines neuen Jahres nach dem Mondkalender. In der chinesischen Astrologie (s.S. 123f.) ist jedes Jahr in zwölfjährig wiederholender Wiederkehr mit einem bestimmten Tier verknüpft und der Übergang zu einer neuen Phase stellt ein wichtiges Ereignis dar. Das genaue Datum des **chinesischen Neujahrs** lässt sich in unserem gregorianischen Kalender nicht festlegen, doch es fällt jeweils in den Zeitraum von Ende Januar bis Anfang Februar. Schon die Tage vor dem Fest sind von freudiger Anspannung gekennzeichnet: China trägt sein farbenfrohstes Gewand. Geschäfte und Privathäuser sind mit Glückssymbolen geschmückt, Läden und Verkaufsstände bieten symbolisches Papiergeld, Trommeln und Kostüme an. Die Festtage sind keine günstige Reisezeit, denn viele Einrichtungen sind geschlossen, und da fast die gesamte Bevölkerung unterwegs ist, sind Plätze in Transportmitteln knapp und äußerst beengt.

Am ersten Festtag treffen sich die Familien zu einem gemeinsamen *jiaozi*-Essen. In manchen dieser „Maultaschen" können Münzen verborgen sein. Die Menschen tragen rote Kleidung, da die Farbe Rot ein Symbol für Glück ist – vor allem dann, wenn das Tier des eigenen Geburtsjahres nach zwölf Jahren wieder erscheint und einen neuen Lebenszyklus einleitet. Mittelpunkt des Festessens ist ein großer Fisch, denn das Schriftzeichen für „Fisch" wird genauso ausgesprochen wie das Zeichen für „Überfluss". In ländlichen Gebieten werden Knallkörper abgebrannt, um böse Geister zu vertreiben, und am fünften Tag erfolgen Huldigungen an **Cai Shen**, den Gott des Reichtums. In den Städten, wo das private Abbrennen von Feuerwerkskörpern verboten ist, bieten Kleinunternehmer Tonkassetten mit Explosionsgeräuschen von Feuerwerken an. Eine weitere Art, Dämonen zu bannen, ist, Bilder von grimmigen Wächtern an den Hausschwellen anzubringen. Zu den öffentlichen Neujahrsfeiern gehören **Tempelfeste**, bei denen Akrobaten und Trommler auftreten und dichte Weihrauchschwaden das Blickfeld einschränken, denn so huldigen Chinesen ihren Göttern oder Ahnen. Nach zwei Wochen enden die Feierlichkeiten mit dem **Laternenfest**, zu dem alle Straßenzüge mit bunten Papierlaternen geschmückt werden – eine Tradition, die auf die frühe Han-Dynastie zurückgeht. Vielerorts werden ergänzende Blumenfeste gefeiert, auf den Straßen sind Prozessionen mit Papierdrachen und Fabeltierkostümen unterwegs, und die Menschen teilen sich kleine Imbisse aus süßem Klebreis und Bohnenpaste *(tang yuanr)*.

Medien

Die chinesische **Nachrichtenagentur** *Xinhua*, eine nationale Organisation mit Büros in sämtlichen Provinzen, besitzt als Sprachrohr des Staates das Monopol für inländische Nachrichten. Die propagandistische Berichterstattung ist in der einzigen englischsprachigen **Tageszeitung** *China Daily* nachzulesen, die außerhalb von Beijing nicht leicht und oft erst viele Tage verspätet erhältlich ist. Einzusehen ist sie jedoch online unter 💻 www.chinadaily.com.cn. Die in schwülstiger Prosa verfassten Berichte über unbändige Wirtschaftserfolge ermüden, recht informativ sind allerdings die Übersichten über aktuelle Anlässe und Adressen in Beijing sowie die unpolemischen Artikel über chinesische Kultur. Englischsprachige Magazine wie *Beijing Review* (auch als *Beijing Rundschau* in Deutsch erhältlich) oder *Business Beijing* sind aufpolierte Propaganda-Organe und außerhalb der Hauptstadt ebenfalls kaum zu bekommen. Abgedruckt werden Artikel über aktuelle Investitionen, die neuesten Staatserfolge, aber auch über interessante touristische Stätten.

Wesentlich interessanter sind die kostenlosen **Magazine für Ausländer**, die in Hotels und Bars von Beijing, Shanghai und Guangzhou ausliegen. Sie listen lokale Anlässe und Treffpunkte auf und enthalten qualifizierte Artikel und Dokumentationen. Obwohl die Behörden ein kritisches Auge auf diese Publikationen werfen, zeigt deren Berichterstattung oft recht zuverlässig den aktuellen politischen Wind an. In den Großstädten sind zuweilen unzensierte Exemplare importierter Publikationen wie *Times*, *Newsweek* und *Far Eastern Economic Review* erhältlich (vornehmlich in den staatlichen *Freundschaftsläden* oder großen Touristenhotels). Unter 💻 www.press-guide.com/china.htm findet man eine Liste deutschsprachiger Zeitungen in China, die man zum Teil auch online lesen kann, zum Beispiel die *China Nachrichten* der Österreichischen Außenhandelsstelle Beijing, 💻 www.wko.at/aw, oder *China heute*, 💻 www.chinatoday.com.cn.

Die wichtigste chinesische Tageszeitung *Renmin Ribao* (Volkszeitung) ist online in einer englischen Fassung unter 💻 www.english.peopledaily.com.cn einzusehen. Die festländische chinesische Presse unterliegt einer rigorosen **Zensur**, doch mitunter übersieht die Partei auch eine offenere Berichterstattung. 2001 enthüllte die Presse einen Skandal über Blutkonserven, die ganze Dörfer mit Aids überschwemmten, 2002 brachten Journalisten die erbärmlichen Arbeitsbedingungen der Bergwerksarbeiter und die Überbesteuerung von Bauern in den Blickpunkt der Öffentlichkeit. Nur mutige Herausgeber drucken solche Berichte ab.

In **Hongkong** existieren mehrere englischsprachige Tageszeitungen und Zeitschriften, zu denen *South China Morning Post*, *Hong Kong Standard*, *Eastern Express* und *Far Eastern Economic Review* gehören. Auch einige asiatische Ausgaben internationaler Publikationen erscheinen in Hongkong, darunter *Times*, *Newsweek*, *Asian Wall Street Journal* und *USA Today*. Obwohl diese Organe Beijings Politik zum Teil recht kritisch beleuchten, sind sie auch nach der Unterstellung Hongkongs unter chinesische Kontrolle bislang unangetastet geblieben.

Es gibt inzwischen etliche chinesische **Fernsehsender**, doch man muss sich schon gehörig langweilen, um sich von ihnen unterhalten zu lassen. Häufig werden nationale Reise- und Naturberichte gezeigt oder stehen extravagante Gesangs- und Tanzsendungen im Mittelpunkt, bei denen Tänzerinnen und Tänzer in fetischistisch anmutenden Armeeuniformen unter den Augen starr dreinblickender Parteifunktionäre auftreten. Populär sind Seifenopern und historische Dramen, in denen mitunter auch Ausländer Rollen übernehmen. Gerne gesendet werden 20 Jahre alte amerikanische Thriller und Kriegsfilme. Chinesische Kriegsfilme, in denen die Japaner vernichtend geschlagen werden, haben zumindest den Vorteil, dass man nicht die Sprache verstehen muss, um zu begreifen, um was es geht. Dasselbe gilt für *Dating-Shows*, in denen männliche Kandidaten stolz mit ihren Abschlüssen und ihrer Körpergröße protzen, um potenzielle Partnerinnen zu beeindrucken. Der staatliche Sender *CCTV* betreibt die beiden englischsprachigen Kanäle 4 und 9, die jedoch nicht interessant sind. In teuren Hotels sind englischsprachige Satellitensender zu empfangen, und auch die *Deutsche Welle* sendet Programme in wechselnder Abfolge auf Englisch und Deutsch. Die aktuellen Frequenzen sind erhältlich bei der **Deutschen Welle**, Abt Ausstrahlungsmanagement, 50588 Köln, ✆ 0221/3893208, 📠 3893220, ✉ tb@dw-world.de, 💻 www.dw-world.de. Die *Deutsche Wel-*

le strahlt ihr 24-stündiges Fernsehprogramm *DW TV* sowie verschiedene Hörfunkprogramme über den Satelliten AsiaSat 2 aus. Einige internationale Hotels speisen das Programm in das hoteleigene Netz ein. Zu jeder vollen Stunde wird ein halbstündiges Nachrichtenjournal ausgestrahlt.

Das **Radio** bringt die neuesten Schnulzen aus Taiwan oder Hongkong, auch chinesische Versionen westlicher Popsongs. Mit einem Kurzwellenradio sind womöglich Nachrichten aus der Heimat zu empfangen. Sendezeiten und Frequenzen nennen zum Beispiel die Websites von *BBC World Service,* 💻 www.bbc.co.uk/worldservice, *Radio Canada,* 💻 www.rcinet.ca, *Voice of America,* 💻 www.voa.gov, und *Radio Australia,* 💻 www.abc.net.au/ra.

Post und Telekommunikation

Chinas Kommunikationswesen hat sich in den vergangenen Jahren rapide verbessert und erlebt auch in diesen Tagen eine weitere rasche Modernisierung. Der Zugang zum Internet ist billig und immer leichter verfügbar, die Kosten für internationale Telefongespräche halten sich im Rahmen, und selbst Telefon- und Faxverbindungen aus abgelegenen Orten erreichen problemlos das Ausland. Inlandsgespräche funktionieren reibungslos und schnell. Landesweit ist auch der internationale Postverkehr verlässlich.

Post

Das chinesische Postwesen funktioniert insgesamt schnell und zuverlässig. Innerhalb von Städten kommen **Briefe** teils noch am selben Tag an, zwischen den Großstädten des Landes sind sie selten länger als zwei bis drei Tage unterwegs. Ausländische Empfänger in exotischen Gebieten müssen sich teils einige Wochen gedulden, doch die Post trifft in aller Regel verlässlich ein. Die Postgebühren nach Übersee sind in jüngster Zeit gestiegen: Zum Zeitpunkt der Drucklegung kosteten die Beförderung von Postkarten nach Europa ¥4,20 und von Standardbriefen ¥5,40 oder je nach Gewicht mehr. Wie auch in anderen Ländern sollte man zumindest in abgelegenen Landesteilen das Abstempeln der Briefmarken überwachen um sicherzugehen, dass sie nicht abgelöst und nochmals verkauft werden. Ein *Express Mail Service (EMS)* für die meisten ausländischen Staaten und nahezu alle chinesischen Ziele steht zur Verfügung; er gewährleistet die schnellere Beförderung eingeschriebener Briefe und Pakete.

Die **Hauptpostämter** der Großstädte sind sieben Tage die Woche von 8–20 Uhr geöffnet. Kleinere Ämter schließen zur Mittagszeit, abends zu früherer Stunde und sind meist auch an Wochenenden geschlossen. Abgabestellen für Briefe sind nicht nur die Postämter, sondern auch **grüne Briefkästen** (die jedoch außerhalb der Großstädte relativ selten anzutreffen sind) sowie die Rezeptionsschalter der Touristenhotels. Oft sind Umschläge nur schwer zu bekommen – die besten Chancen bestehen in den Schreibwarenabteilungen der Kaufhäuser.

Pakete sollten zunächst unverschlossen zum nächsten Hauptpostamt gebracht werden, wo Personal für nur wenige Yuan beim korrekten Verpacken behilflich ist. Verschlossene Pakete könnten hingegen geöffnet werden, um Inhalt und korrekte Verpackungsweise zu kontrollieren. Die Postämter halten verschiedene Paketgrößen bereit oder nähen die zu versendenden Gegenstände in kissenförmige Leinensäcke ein. Nach der Verpackung, jedoch vor dem Verschließen muss die Sendung am Zollfenster des Postamtes kontrolliert werden. In manchen Landesteilen (besonders im Süden) gibt es in der Nähe der Postämter besondere Dienstgebäude für die Paketabfertigung. Ein 1-kg-Paket nach Europa kostet als Normalsendung rund ¥70, als Luftpostsendung etwa ¥120. Auch die Paketpost ist verlässlich, nur sind etliche Vordrucke auszufüllen, die in Chinesisch und Französisch (internationale Postsprache) beschriftet sind. Bei der Versendung wertvoller Gegenstände empfiehlt es sich, eine Fotokopie der Rechnung beizulegen, da unterwegs Zollinspektionen erfolgen könnten.

Jede Stadt hat einen **Poste-Restante-Service.** Bei der Abholung von Postsendungen, die bis zu mehrere Monate lang gelagert werden, ist eine nominelle Gebühr zu entrichten und mitunter ein Ausweis vorzulegen. Da eintreffende ausländische Postsendungen von den zuständigen Beamten zum Teil unter äußerst unerwarteten Stichwörtern abgelegt werden, sollten auf den Briefen der Name des Empfängers deutlich oben stehen und der Familienname unterstrichen werden. Doch selbst dann empfiehlt es sich, sämtliche Schubfächer durchzustöbern.

Alle Sendungen müssen den Empfängernamen in Verbindung mit den Zusätzen: c/o Poste Restante, GPO, Stadt xy und Provinz xy tragen. Es ist möglich, gegen Kauf von Briefmarken Nachrichten für andere Personen in der Poste-Restante-Box zu hinterlassen.

Telefon

Ortsgespräche im Festnetz sind meist kostenlos, und Ferngespräche innerhalb von China relativ preiswert. Natürlich gelten auch für chinesische Städte und Orte eigene Vorwahlnummern, die in diesem Buch durchweg genannt sind. Internationale Telefongespräche kosten mindestens ¥16 pro Minute.

Die Büros der staatlichen Gesellschaft *China Telecom,* die im Allgemeinen den Hauptpostämtern angeschlossen sind und rund um die Uhr geöffnet haben, vermitteln internationale Telefongespräche. Nachdem Benutzer eine Kaution von ¥200 entrichtet haben, wird ihnen eine Kabine zugewiesen. Nach dem Gespräch erfolgt die Abrechnung automatisch am Schalter. Es wird eine minimale Gesprächszeit von drei Minuten zugrunde gelegt (Anrufe nach Hongkong etwa kosten ¥5). Telefonbuden auf den Straßen, die gewöhnlich mit der Aufschrift *IDD* werben, gestatten direkte internationale Durchwahlgespräche, die minutenweise abgerechnet werden (vorher informieren).

Auch aus den Zimmern der Touristenhotels ist in der Regel eine direkte Durchwahl ins Ausland möglich, für die allerdings wie überall höhere Gebühren zu entrichten sind. Die Minimalgebühr basiert auf Einheiten zwischen einer Minute und drei Minuten und wird selbst dann erhoben, wenn der Anruf nicht entgegengenommen wird.

Idealerweise lässt man sich von zu Hause zurückrufen – Webseiten wie 💻 www.billiger-telefonieren.de listen die aktuell günstigsten Netzanbieter für internationale Gespräche, über die man nach China schon ab etwa 0,08 €/Minute telefonieren kann.

Die Geschäftszentren der meisten großen Hotels bieten Telefon-, Fax-, Internet- und Telexdienste, ziehen Fotokopien und leisten Schreibdienste; auch auswärtigen Gästen stehen diese Dienststellen offen, die Kosten aber sind erheblich. Hotels berechnen für Gäste auch Gebühren für eintreffende Faxsendungen (rund ¥10 pro Seite).

Kartentelefone stehen in fast allen größeren Städten zur Verfügung. Sie bieten die günstigsten Varianten für nationale Ferngespräche (¥0,20 für drei Minuten) und können auch für internationale Anrufe genutzt werden (generell mehr als ¥10 für drei Minuten). Nach 18 Uhr und an Wochenenden sind Gespräche um 50% billiger. Die Verbindung bricht ab, sobald der noch vorhandene Restwert auf der Karte die für die Folgeminute erforderliche Summe unterschreitet.

Eine weitere Alternative bieten **IP-Karten** (Internet Phone), die an allen Telefonen benutzt werden können und in Einheiten im Wert von ¥100 erhältlich sind. Einzugeben sind die Benutzernummer, dann ein PIN-Code und schließlich die gewünschte Rufnummer. Die Gebühren nach Europa betragen zum Teil nur ¥3,20 pro Minute.

Anrufe aus dem Ausland nach China

Bei Auslandsanrufen nach China ist von Deutschland, Österreich und der Schweiz aus der internationale Zugangscode ✆ 00 zu wählen, gefolgt von der Landesziffer 86, der Städtevorwahl ohne die 0 und der eigentlichen Rufnummer. Für Hongkong lautet die Landesziffer ✆ 852, für Macau ✆ 853.

Anrufe aus China ins Ausland

Bei Auslandsanrufen aus China ist der internationale Zugangscode ✆ 00 bzw. 001 aus Hongkong zu wählen, gefolgt von der jeweiligen Landesziffer, der Städtevorwahl ohne die 0 und der eigentlichen Rufnummer.

Landesziffern ✆: Deutschland 49, Österreich 43, Schweiz 41.

Mobiltelefone

Unter Umständen ist das eigene Mobiltelefon mit dem chinesischen Netzwerk kompatibel (auf GSM/Triband achten). Wer sein Mobiltelefon mitnehmen möchte, sollte sich vor der Reise bei seinem Betreiber erkundigen, ob der Handy-Vertrag das so genannte International Roaming einschließt und über welches Netz das Mobiltelefon vor Ort betrieben werden kann. Für Handys mit Prepaid-Karten gelten Sonderregelungen. Es häufen sich im Ausland allerdings höhere Gebühren an, und auch Anrufer innerhalb von China müssen internationale Gespräche führen, um das Gerät zu erreichen. Nähere Informationen sind beim Mobilfunkbetreiber erhältlich. In China selbst sind GSM-SIM-Karten für rund ¥100 bei den Dienststellen von *China Mobile* erhältlich, mit denen das eigene Mobiltelefon wie ein einheimisches Gerät genutzt werden kann; zusätzlich ist der Erwerb einer Prepaid-Karte erforderlich. In Großstädten werden sogar Mobiltelefone vermietet – entsprechende Angebote stehen in den Anzeigen von Ausländermagazinen, die in Hotels und Bars ausliegen. Eintreffende und ausgehende Ortsgespräche kosten mit diesen Geräten rund ¥0,60 pro Minute.

Wer mit seinem Handy im Ausland telefonieren möchte, muss sich auch darüber informieren, ob das Handy in den richtigen Frequenzbereichen (GSM) funkt. Und noch ein Tipp: In manchen Ländern stehen mehrere Roaming-Netze zur Auswahl, doch nicht immer bucht sich das Handy in das günstigste Netz ein. In diesem Fall sollte man sich über die Tarife der Anbieter informieren und notfalls manuell unter dem Menüpunkt „Netze“ oder „Netzwahl“ ins preiswertere Netz wechseln.

D1, ✆ 2202 (Handy) oder 01803/302202,
💻 www.t-d1.de
D2, ✆ 1212 (Handy) oder 0800/1721212,
💻 www.d2privat.de
E-Plus, ✆ 1111 (Handy) oder 01803/177177,
💻 www.eplus-online.de
02, 💻 www.o2online.de

Internet und E-Mail

Zweifellos am einfachsten und billigsten ist die Kommunikation via E-Mail. Viele Provider bieten inzwischen die Möglichkeit, die eigene E-Mail-Adresse auch über das Web, also von jedem beliebigen Computer mit Internet-Anschluss abzurufen. Man sollte dies vor Abreise zu Hause ausprobieren und sich die erforderlichen Angaben (Kennwort) notieren. Wem sich diese Möglichkeit nicht bietet, der kann auf Webmail zurückgreifen: Auf zahlreichen Internet-Seiten, darunter *Yahoo,* 💻 www.yahoo.com, *Web.de,* 💻 www.web.de, oder *Hotmail,* 💻 www.hotmail.com, kann man sich eine kostenlose Webmail-Adresse einrichten, auf die ebenfalls unterwegs von jedem Internet-Café aus zugegriffen werden kann. Das sollte jedoch rechtzeitig vor der Reise geschehen, da man sein Account bei einigen Anbietern mit einem Code aktivieren muss, der erst ein bis zwei Wochen nach der Anmeldung versandt wird.

Der chinesische Markt verzeichnet ein enormes Interesse am Internet. Da bislang erst relativ wenige PCs in Privatbesitz sind, existieren überall im Land **Internet-Cafés** *(wangba),* die vorwiegend von Jugendlichen genutzt werden, die im Netz surfen oder angebotene Computerspiele nutzen. Relativ zuverlässig sind solche Cafés in der Nähe von Universitäten und Fachschulen zu finden. Eine letzte Alternative ist stets das nächste Büro von *China Telecom,* obwohl viele Netzbüros dieser Gesellschaft in jüngster Zeit wieder geschlossen haben. Im eher unwahrscheinlichen Fall, dass man von einem Café abgewiesen wird, ist dies darauf zurückzuführen, dass viele keine offizielle Lizenz besitzen und unter Umständen nicht die politisch sensiblere Verantwortung tragen wollen, die eine Nutzung durch Ausländer mit sich bringt.

Online-Dienste sind mit ¥2–5 pro Stunde sehr billig, doch die gewünschten Websites sind nicht unbedingt abrufbar. Der drohende freie Zugang der Öffentlichkeit zu Informationen hat die Regierung dazu veranlasst, eine Firewall (sarkastisch Neue Große Mauer genannt) einzurichten, um politisch sensible Seiten zu blockieren. Die Vorgehensweise ändert sich entsprechend der politischen Stimmung. Zum Beispiel wurden die Restriktionen gelockert, als sich Beijing als Austragungsort der Olympischen Spiele 2008 bewarb, denn die Regierung wollte sich nicht dem Vorwurf ausgesetzt sehen, die eigene Bevölkerung zu unterdrücken. Man kann davon ausgehen, keinen Zugang zu *BBC, CNN* oder dem Weißen Haus zu erhalten, doch die Websites von Zeitungen bleiben im Allgemeinen unbehindert. Der Zugang zur Suchmaschine *Google* wurde verschiedentlich beschnitten – so beispielsweise 2002 mehrere Tage lang, da offizielle Stellen beklagten, dass bei Eingabe des Begriffs „Jiang Zemin“ ein satirisches Spiel unter den ersten zehn Resultaten erscheinen würde.

Unter 💻 www.worldofinternetcafes.de findet sich eine Auflistung von Internet-Cafés in aller Welt. Auf der Webseite 💻 www.kropla.com findet man nützliche Infos über den Zugang ins Internet mit einem Laptop, eine weltumfassende Auflistung der Landesvorwahlen sowie Angaben über elektrische Systeme in verschiedenen Ländern.

Kriminalität

Trotz des neuen Anstrichs einer größeren individuellen Freiheit ist China nach wie vor ein Polizeistaat, in dem die Obrigkeit das Leben der Untertanen in einem Maße bestimmt und kontrolliert, das in westlichen Ländern nicht hingenommen würde. Als Ausländer bekommt man davon eigentlich wenig mit, denn nach offizieller Politik werden ausländische Besucher eher mit Samthandschuhen behandelt, da sie positive Eindrücke über das Land mit nach Hause nehmen und dort verbreiten sollen. Vergehen gegen Ausländer werden sogar strenger bestraft als Verbrechen gegen Einheimische.

Doch Kriminalität hat gegenwärtig eine gewisse Konjunktur. Zu den größten Problemen zählen amtliche Korruption und Jugendkriminalität. In gewisser Weise ist diese Tendenz auf einen negativen geistigen Einfluss aus dem Ausland zurückzuführen – ein Resultat der verstärkten Liberalisierung –, doch natürlich sind auch soziale Probleme wie Massenarbeitslosigkeit und vor allem der immer stärker in den Vordergrund tretende Wunsch nach Wohlstand dafür verantwortlich.

Notrufnummern in China:
Polizei – ✆ 110
Feuerwehr – ✆ 119
Ambulanz – ✆ 120

In **Hongkong** und **Macau** gilt für alle Notfälle ✆ 999.

Amt für öffentliche Sicherheit

Die Polizei (Gong'an Ju) stattet ihre Beamten mit grünen Uniformen und Mützen aus. Es sind jedoch wesentlich mehr Polizisten unterwegs, als man glauben mag, da viele im Hintergrund arbeiten. Sie sind mit wesentlich größeren Machtbefugnissen ausgestattet als ihre Kollegen im Westen. Ihre Aussagen gelten als Schuldnachweis bei Anklagen; Gerichtsprozesse sind lediglich das amtliche Instrument für die Verkündung von Strafen. Diese Situation aber wird sich ändern, denn die ersten Schritte zu einer unabhängigen Rechtsprechung wurden eingeleitet. Aufrichtige Reuebezeugungen von Beklagten führen zu milderen Strafmaßen, doch die Gesetze sind unerbittlich und hart: Auf viele Vergehen in der Spannbreite von Korruption bis hin zu Vergewaltigung steht die Todesstrafe, die oft umgehend durch Genickschuss vollzogen wird.

Da dem Amt für öffentliche Sicherheit (auch PSB, Public Security Bureau) außerdem die Beaufsichtigung von **Ausländern** obliegt, muss jeder ausländische Staatsbürger, der um eine Visumsverlängerung nachsucht, Diebstähle oder Verluste anzumelden hat oder Genehmigungen für den Besuch geschlossener Gebiete (meistens in Tibet) einholen möchte, bei den entsprechenden Amtsstellen vorsprechen. Ohne es genau zu merken, gerät man mitunter ins Visier dieser Behörde: Nachts läutet womöglich das Telefon, weil Beamte nachprüfen, ob Ausländer den gebuchten Raum überhaupt nutzen oder sich vielleicht unerlaubt andernorts herumtreiben. Bei gelegentlichen Zimmerkontrollen überprüfen Beamte in der Regel kurz den Pass, um dann sofort wieder zu verschwinden.

Auf der Straße sind Polizisten zumeist äußerst freundlich und helfen Ausländern beflissen bei allen Problemen weiter. Intern aber ist das Amt für öffentliche Sicherheit nicht anders strukturiert als Polizei-Apparate in allen Ländern der Welt, in denen Korruption verbreitet ist. Ohne jegliche Unterstellungen äußern zu wollen, sollte man die Amtsbefugnisse dieser Behörde niemals in Frage stellen und alle unnötigen Kontakte vermeiden.

Kleinkriminalität und Diebstähle

Die Zahl der Gewaltverbrechen in China steigt. Panische Angst ist nirgends nötig, nur ist grundsätzlich Vorsicht geboten. Nächtliche Spaziergänge in dunklen Stadtvierteln führen ebenso wenig zu verlockenden Begegnungen wie in anderen Städten dieser Welt, und auch in ländlichen (und vor allem abgelegenen) Gebieten sollte man nicht unbedingt allein unterwegs sein, denn hier wurden Ausländer in der jüngeren Vergangenheit Opfer von Raubmorden. Die Hartsitzabteile der Züge sind auf Langstrecken allem Stress zum Trotz zwar unterhaltsam, allerdings wurde auch von Überfällen berichtet, in denen Messer gezückt wurden. Bei **Überfällen** gilt unbedingt: Ruhe bewahren und bei wirklicher Gefahr auch die gewünschten Gegenstände herausgeben, um einen möglichen Gewaltakt zu vermeiden.

In steigendem Maße erlebt man auf den Straßen **spontan aufkommende Streitigkeiten**, bei denen wenige Streithähne rasch viele Menschen um sich versammeln, die ohne einzugreifen gaffend verfolgen, was wohl geschehen wird. Solche Anlässe bergen nur selten Gefahren in sich, denn meistens ist es mit ein wenig gegenseitigem Anbrüllen getan. In der Regel sind dies bloß Stress-Situationen inmitten von Menschenzusammenballungen, die an Bahnhöfen oder in Einkaufszentren auftreten können. Dennoch sollte man sich von allen Aufläufen tunlichst fernhalten und sich nicht zu den Zuschauern gesellen.

In manchen Städten, vor allem im Süden, geht Gefahr von Banden **bettelnder Kinder** aus, die von Erwachsenen im Hintergrund gelenkt werden. Sie heften sich an die Fersen von Ausländern und sind nur schwer abzuschütteln. Das Verteilen von Geld führt in der Regel nur zu noch stärkeren Belästigungen.

Diebstahl

Da Touristen für reicher erachtet werden als jeder andere in der Nähe, stehen sie leicht im Visier von **Taschendieben**. Pässe und größere Geldsummen sollten deshalb in einem verborgenen Geldgürtel oder besser noch im Hotelsafe verwahrt werden. Offen getragene Umhängetaschen sind für jeden versierten Taschendieb eine leichte Beute. Zu den beliebtesten Beutezuggebieten von Taschendieben zählen überfüllte Busse und die Hartsitzabteile der Eisenbahn. Auch bei Übernachtungen ist in allen Fahrzeugen Vorsicht geboten: Es ist nie verkehrt, sein Gepäck mit Kette und Schloss an Gestellen zu sichern.

Hotelzimmer sind in der Regel sicher, doch in Schlafsälen sollte man nicht blind auf die Verlässlichkeit anderer Reisender vertrauen. Stets sollte eine Reserve von ungefähr 200 € getrennt vom anderen Bargeld aufbewahrt werden, und auch Kaufbelege für Travellers Cheques, Versicherungsnachweise und Fotokopien von Pass und Visa gehören in gesonderte Gepäckbereiche.

Offen getragener glitzernder Schmuck und wertvolle Uhren gehören nicht auf die Straße, auch Bargeld sollte nur diskret übergeben werden. Wer Reichtum zur Schau stellt, gerät unweigerlich ins Visier von lästigen Händlern. Es ist stets vorteilhaft, sich als Auslandsstudent auszugeben, denn die Chinesen bezeugen Achtung vor Bildung und bringen ausländischen Studenten mehr Sympathien entgegen als Touristen.

Diebstähle müssen sofort beim Amt für öffentliche Sicherheit gemeldet werden (in diesem Buch sind die Adressen in den jeweiligen Kapiteln angeführt), wo eine **Verlustmeldung** für die Versicherung auszufüllen ist. Obwohl in den meisten Ämtern Englisch verstanden wird, kann eine chinesisch sprechende Begleitung sehr hilfreich sein. Unter Umständen werden geringe Gebühren erhoben. Es ist wichtig zu betonen, dass man eine Verlustmeldung für die Versicherung vornehmen möchte, ansonsten sind lange Stunden in der Behörde zu erwarten, weil Beamte eine Verbrechensakte eröffnen, die später für keine Seite von Nutzen ist.

Strafbares Verhalten

Angesichts der Lage zwischen den bedeutendsten Opiumanbaugebieten Myanmar (Burma) und Laos sowie dem größten südostasiatischen Umschlagplatz Hongkong hat China ein wachsendes **Drogenproblem** zu verzeichnen. Die Gesetze sind rigoros, denn sie haben die zwangsweise Einweisung zur Rehabilitation für Konsumenten und die Todesstrafe für Dealer und Schmuggler zur Folge. Dennoch ist im Süden des Landes vor allem in ärmlichen ländlichen Gebieten das Heroinangebot gestiegen.

In manchen Clubs und Discos wird regelmäßig Ecstasy angeboten, was ebenso regelmäßige Polizeirazzien nach sich zieht. In der Vergangenheit hat die Polizei Ausländer, die mit Drogen zu tun hatten, eher unbehelligt gelassen, sofern keine Chinesen involviert waren, doch gilt dies nicht als Freibrief. Die offiziellen Anti-Drogen-Tage der Vereinten Nationen beging China in den Jahren 2001 und 2002 mit Massenhinrichtungen überführter Personen.

Nur in Ausnahmefällen werden Ausländern **politische Verbrechen** unterstellt, doch ausländische Einwohner, Lehrer und Studenten wurden des Landes verwiesen, weil sie über Politik oder Religion gesprochen hatten – ihre chinesischen Gesprächspartner kamen bei weitem nicht so glimpflich davon. Für Tibet und sensible Grenzgebiete gelten striktere Bedingungen und eingeschränkte Berichterstattung. Das **Fotografieren** von militärischen Einrichtungen (dazu gehören auch größere Brücken), mit gewalttätigen Ausschreitungen verbundenen Polizeieinsätzen oder Gulag-ähnlichen Zuständen gehört keinesfalls zu den besten Ideen.

Sexuelles Verhalten

Frauen haben weitaus weniger als in manchen anderen Ländern der Welt **sexuelle Belästigungen** zu befürchten. Chinesische Männer sind im Umgang mit fremden Frauen meist rücksichtsvoll und höflich.

Für Frauen lästig sein kann allerdings die Norm, dass Chinesen voraussetzen, dass jeder Mann in Begleitung einer Frau unweigerlich auch der Wortführer und Entscheidungsträger ist. Im Nordosten (Dongbei) und im moslemischen Xinjiang können weiße Frauen in unangenehme Situationen geraten, wenn chinesische Männer sie für russische Prostituierte halten.

Beim Besuch abgelegener Tempel oder Sehenswürdigkeiten sollten Frauen nicht vorbehaltlos auf die sündenfreie Moral der Mönche oder Verwalter vertrauen. Überall geben einheimische Frauen verlässliche Beispiele für die allgemeine Kleidungs- und Verhaltensnorm. Miniröcke und hochhackige Schuhe sind zwar im Alltagsbild kosmopolitischer Städte präsent, doch in ländlichen Gebieten ist die Kleidung weitaus konservativer.

Obwohl noch immer illegal und hart bestraft, hat sich die **Prostitution** längst wieder Raum verschafft. Hinter vielen Friseurgeschäften, Saunas und Massagestudios verbergen sich eigentlich kleine Bordelle. Allein reisende Männer werden mitunter in Hotels angesprochen, in manchen Häusern rufen Prostituierte zu allen Nachtstunden auf Zimmern an. China ist jedoch nicht mit Thailand zu vergleichen – die Konsequenzen für Erwischte können heikel sein, auch die Aids-Rate ist erheblich gestiegen.

Homosexualität gilt zwar offiziell als ausländische Marotte, doch obwohl homosexuelle Handlungen rechtlich illegal sind, werden diese zunehmend toleriert. Es gibt schwule Chinesen, die sich vornehmlich Ausländern nähern, weil im Umgang mit ihnen die Gefahr einer polizeilichen Anzeige wesentlich geringer ist.

Verhaltenstipps

In manchen Fällen geht der **Kulturschock**, den ausländische Besucher in China erleiden können, auf falsche Erwartungen zurück, die bei früheren Reisen in andere asiatische Länder entstanden sind. Die Chinesen sind kein „sanftmütiges" Volk. Sie sind irgendwie religiös-pragmatisch veranlagt, im Durchschnitt weder in gehobenem Maße intellektuell noch vornehm, doch Fremden gegenüber im Allgemeinen rücksichtsvoll. Irritierende Umstände, die Ausländern widerfahren – etwa Kichern oder verunsicherte Dienstleister –, sind fast nie auf Ablehnung, sondern lediglich auf Nervosität und hohe sprachliche Barrieren zurückzuführen. Wer sich in China schlecht behandelt fühlt, sollte sich vor Augen halten, dass Ausländern mehr Aufmerksamkeit und Respekt entgegengebracht werden als chinesischen Mitmenschen.

Sofern die Sprachbarrieren überwunden werden können, stellt **Kommunikation** zwischen Ausländern und Einheimischen kein Problem dar. Chinesisch sprechende Ausländer ziehen jedoch unweigerlich das Interesse einer rasch zunehmenden Menge von erstaunten und entzückten Einheimischen auf sich, die in der Regel zuerst nach dem Alter und Familienstand des exotischen Mitreisenden fragen; nicht des Chinesischen mächtige Reisende werden hingegen regelmäßig von Einheimischen angesprochen, weil sie ihr Englisch praktizieren wollen.

Sollten Begegnungen zu einer privaten Einladung führen, ist es angemessen, ein **Geschenk** mitzubringen. Chinesen öffnen ihre Geschenke aber niemals in Anwesenheit derer, die sie mitbrachten, sondern legen sie sogar nach der Entgegennahme in für westliche Kulturen ungewohnt beiläufiger Weise zur Seite. Die chinesische Art der Dankbezeugung gründet sich nicht auf Worte, sondern auf das Mitbringen von Geschenken der ungefähr gleichen Preiskategorie bei ähnlichen Anlässen. Übermäßige Dankbezeugungen könnten als Versuch gedeutet werden, sich von dieser Verpflichtung entbinden zu wollen. Bei Einladungen in Restaurants wird man feststellen, dass die **Rechnung** nicht zwischen den Gästen aufgeteilt wird – ganz im Gegenteil entbrennt ein gestellter Streit um die Ehre, der Gesamtbetrag für das gemeinsame Mahl begleichen zu dürfen, doch gewöhnlich fällt diese Ehre dann demjenigen zu, der als Gastgeber betrachtet wird. Ausländer, die mit Chinesen speisen, sollten auch solche Ansprüche anmelden. In aller Regel wird jemand anders die Rechnung an sich reißen, bevor man sie in Händen hält. Hingegen führen Versuche, den Rechnungsbetrag aufzuteilen, zu heftigen Irritationen.

Ausländische Besucher müssen sich bewusst sein, dass Chinesen in der Regel keine Vorstellung von **Privatsphäre** haben. Chinesen starren andere Personen, die ihnen in irgendeiner Weise auffallen, ungeniert aus nächster Nähe an und nehmen gänzlich fremden Personen Briefe oder Bücher aus der Hand, um diese näher zu inspizieren. Selbst Toilettentrennwände sind (sofern überhaupt vorhanden) so niedrig, dass man mit dem kauernden Nachbarn ein wenig plaudern kann. Freizeitaktivitäten wie etwa Ausflüge in landschaftlich reizvolle Gebiete oder zu religiösen Stätten erfolgen im lärmendlauten Kollektiv, und das Begehren westlicher Touristen nach Stille und Einsamkeit wird als schrullige Laune oder gar soziales Fehlverhalten interpretiert.

Da eine Privatsphäre ein unbekannter Luxus ist, werden auch exotische Ausländer unweigerlich zu Objekten **unverhohlener Neugierde**. Chinesen starren sie an, scharen sich um sie, deuten mit ausgestreckten Fingern auf sie, und auf den Straßen erschallen in hundertfacher Wiederkehr Hallorufe. In ländlichen Gebieten laufen die Leute sogar von weither zusammen, um ihre Neugierde zu befriedigen; sie rufen einander dabei laut und aufgeregt *laowai, laowai* (Ausländer) zu. Dies ist keinesfalls als aggressiv oder beleidigend zu werten, doch die ständige Wiederkehr solcher Situationen kann nervend sein. Am meisten überrascht man die gaffende Meute mit einigen Wörtern Chinesisch – vielleicht ist ja auch die Erfahrung, einmal so richtig im Mittelpunkt zu stehen, durchaus erwünscht …

Diverse Verhaltensmuster, die im Westen als unhöflich gelten, sind in China durchaus normal. Nach wie vor weit verbreitet ist das **Spucken** – ob in Bussen, Zügen, Restaurants oder Privathäusern. Abgesehen von städtischen Weltbürgern halten viele Chinesen es in keiner Weise für unanständig, im Gespräch mit einem Ausländer herzhaft auszuspucken. Das **Rauchen** ist vor allem unter Männern weit verbreitet, und jeder Versuch, andere Personen um das Einstellen des Rauchens zu bitten, trifft auf Unverständnis. Da das Anbieten von Zigaretten – wie in vielen anderen Ländern auch – zu den einfachsten Gesten gehört, guten Willen zu bezeugen oder Kontakte zu schließen, sollten sich Nichtraucher angesichts ihrer ablehnenden Haltung als solche zu erkennen geben.

Obwohl China sicherlich kein liberales Land ist, machen frühere Tabus im öffentlichen Miteinander rasch neuen Entwicklungen Platz. Im Sommer gehört in städtischen Gebieten knappe **Kleidung** vor allem bei Frauen längst zum Alltagsbild (nicht so auf dem Lande). Selbst in den potenziell konservativen moslemischen Gebieten des fernen Westens tragen viele han-chinesische Mädchen Miniröcke und durchsichtige Blusen. Obwohl chinesische Männer bei heißem Wetter kurze Hosen tragen und bauchfrei in hochgekrempelten Unterhemden herumlaufen, sollten sich westliche Männer nicht an dieses Vorbild halten, denn der für Chinesen bizarre Anblick behaarten weißen Fleisches – egal ob an Brust oder Beinen – ruft unverzüglich Kichern und Kommentare hervor. Die generell legere Einstellung zur Kleiderordnung gilt auch für Tempelbesuche, doch in **Moscheen** sollten Männer und Frauen lange Kleidung tragen, welche die Handgelenke und Fußknöchel bedeckt. Am Strand sind Bikinis und kurze Badehosen nichts Ungewöhnliches mehr, doch Nacktheit ist noch immer ein gesellschaftliches Tabu.

Legere Kleidung ist etwas ganz anderes als **nachlässige Kleidung**. Wer in China respektiert werden möchte – nicht nur von der Bedienung im Restaurant oder der Hotelrezeption –, muss etwas für sein äußeres Erscheinungsbild tun. Während normalen chinesischen Bauern wirres Haar und schmutzige Kleidung nachgesehen werden, tragen solche Äußerlichkeiten „reichen" Ausländern eher eine Geringschätzung ein. Äußerst hilfreich sind im alltäglichen Umgang persönliche und geschäftliche Visitenkarten, vor allem dann, wenn der Name zusätzlich auch in chinesischen Schriftzeichen angegeben ist.

Händeschütteln ist zwar keine chinesische Tradition, inzwischen unter Männern jedoch die weitgehend übliche Begrüßungsform. Bei Personen des gleichen Geschlechts sind vertrauliche Körperkontakte wie Umarmungen oder Schulterklopfen zu beobachten, die als reine Freundschaftsbeweise zu bewerten sind. In den Städten wird längst nicht mehr die Nase gerümpft, wenn ein Junge und ein Mädchen Arm in Arm gehen oder sich öffentlich küssen. Chinesen sprechen von Natur aus um einige Dezibel lauter als Menschen aus anderen Ländern, was westliche Besucher oft fälschlicherweise als Streiterei interpretieren.

Arbeit und Studium

Die Angebote, in China zu arbeiten oder zu studieren, häufen sich. Viele Ausländer finden (auch vorübergehend) eine Anstellung als Lehrer, und die meisten Universitäten sowie zahlreiche private Hochschulen beschäftigen inzwischen ausländische Lehrkräfte.

Mit Ausnahme von Shanghai, Hongkong und Macau dürfen Ausländer eigentlich nur in bestimmten Stadtgebieten **wohnen**, in denen die Mieten sehr hoch sind und oft mindestens 2000 € pro Monat betragen. In steigender Zahl aber leben Ausländer nun auch zwischen Einheimischen in chinesischen Wohnvierteln, was streng genommen nicht legal ist. Da solche Ausländer offiziell als Gäste des Vermieters gelten, ist es möglich, dass sie sich beim nächsten Amt für öffentliche Sicherheit registrieren lassen müssen.

Es ist geplant, an chinesischen Instituten verstärkt ausländische Lehrer einzusetzen. Details vermitteln die nächste chinesische Botschaft (Adressen s.S. 17) oder die unten genannten Organisationen. Manche Institute verlangen eine TEFL-Qualifikation, doch meistens reichen ein Diplom oder einfach bloß der Nachweis qualifizierter Sprachkenntnisse aus.

Der Unterricht an einer **Universität** wird mit rund ¥1500 pro Monat entlohnt – dies ist mehr, als ein chinesischer Arbeiter verdient, doch zu wenig um etwas zurückzulegen. In der Regel wird zusätzlich kostenlose Unterkunft auf dem Campus geboten, meist ein Raum in einem Wohnheim für Ausländer ohne Telefon. Verträge werden gewöhnlich für ein Jahr abgeschlossen. Ausländische Universitätsdozenten geben wöchentlich 10 bis 20 Stunden Unterricht und dozieren damit wesentlich länger als viele chinesische Kollegen. Die meisten Lehrer berichten von interessierten, sehr fleißigen, wissbegierigen und disziplinierten Studenten, was schon für sich alleine genommen ihre Tätigkeit zu einer lohnenden Erfahrung mache. Unbedingt zu vermeiden aber sind in Klassenzimmern stattfindende Diskussionen über Religion oder Politik, denn dies kann unangenehme Folgen nach sich ziehen. Höhere Gehälter – bis zu ¥150 pro Stunde – zahlen **Privatschulen** in Beijing oder Shanghai, doch besteht stets das Risiko, damit in erster Linie kommerzielle Agenturen zu bereichern.

Universitäten sehen **westliche Studenten** auch deshalb gerne, weil sie zusätzliche Gebühren einbringen. Kurse kosten rund 3500 € pro Jahr oder 1000 € pro Semester, für die Unterkünfte sind täglich rund 10 € aufzuwenden. Die meisten Kurse werden in chinesischer Sprache gegeben. Alle gängigen Fächer werden angeboten, für Akupunktur, asiatische Kampfsportarten oder chinesische Medizin sind zahlreiche westliche Institute allerdings besser geeignet. Wer Interesse an einem Studium in China hat, sollte bei der Botschaft schriftlich eine Liste der Universitäten anfordern und dann das gewünschte Institut kontaktieren. Es empfiehlt sich, vor der Immatrikulation den Campus zu inspizieren, und auch längerfristige Vorauszahlungen sind nicht zu empfehlen, da keine Beträge zurückerstattet werden.

Das Angebot an offenen **Bürostellen** für Ausländer ist relativ hoch, denn zahlreiche ausländische Firmen suchen Mitarbeiter. Oft werden zumindest elementare Chinesischkenntnisse vorausgesetzt. Am besten sind die Chancen in Beijing und Shanghai, wo Stellenangebote in Ausländermagazinen zu finden sind, doch man kann auch gezielt bei Firmen nachfragen. In Hongkong ist der Arbeitsmarkt straffer; oft sind spezielle Fähigkeiten erforderlich, um eine Anstellung zu finden.

Chinas Öffnung nach außen, die riesigen Märkte und die kürzliche WHO-Mitgliedschaft eröffneten eine Vielzahl von **Geschäftsmöglichkeiten**, die häufig in Form von Joint-Venture-Aktivitäten realisiert werden, welche die chinesische Seite jedoch durch Mehrheitsanteile kontrollieren will. Jeder, der sich in China geschäftlich betätigen möchte, sollte sich zuvor sorgfältig über sämtliche Aspekte informieren, denn die Schwierigkeiten sind nicht zu unterschätzen: Bürokratismus, Korruption und Schattenwirtschaft sind weit verbreitet. Chinesen betreiben Geschäfte auf Basis des gegenseitigen Vertrauens und der persönlichen Beziehungen und halten vertragliche Bedingungen und Gesetzestexte für weniger relevant. So werden zum Beispiel die internationalen Copyrightbestimmungen und Handelsmarkengesetze oft schlichtweg ignoriert. Es ist wichtig, persönliche Tugenden wie Geduld und Durchsetzungsvermögen zu entwickeln und möglichst emsig eigene Beziehungen *(guanxi)* aufzubauen.

Nützliche Organisationen und Quellen

Informationen über freie Stellen bieten Ausländermagazine, Websites sowie die Universitäten selbst. Darüber hinaus:

Deutsche Gesellschaft für Technische Zusammenarbeit (GTZ), Dag-Hammarskjöld-Weg 1-5, 65760 Eschborn, ✆ 06196/790, 📠 791115, 💻 www.gtz.de

Goethe-Institut, Beijing Foreign Studies University, P.O.Box 8936-47, Beijing, ✆ 010/68417891, 📠 68417897, 💻 www.goethe.de/os/pek/deindex.htm. Bietet u.a. Infos für Deutschlehrer in China.

Zhaopin, 💻 www.zhaopin.com. Große Website über Arbeitsangebote, aufgebaut in chinesischer und englischer Sprache.

Sonstiges

Adressen Chinesische Straßennamen benennen häufig den betreffenden Abschnitt langer Straßen durch Hinzufügen der Himmelsrichtung: *bei* (Norden), *nan* (Süden), *xi* (Westen), *dong* (Osten) oder auch *zhong* (Mitte). *Jie* oder *lu* bedeutet Straße, häufig wird ein *da* (groß) vorangestellt; die Jiefang Bei Dajie ist also wörtlich übersetzt der nördliche Abschnitt der Straße der Befreiung. Während Straßen relativ leicht aufzufinden sind, ist die Nummerierung der Häuser in fast allen chinesischen Städten so planlos, dass sie für das Auffinden einer Adresse kaum hilfreich ist. In Gebäuden gilt zu beachten, dass die deutsche Ebene „Erdgeschoss“ nach chinesischer Zählung die erste Etage darstellt; unser erster Stock ist deshalb die zweite Etage usw.

CDs, VCDs und DVDs Fast jeder Markt und Buchladen Chinas bietet eine Auswahl an Musik-CDs mit einem Spektrum, das von Beijing-Punk über Louis Armstrong und Vivaldi bis hin zu Bob Dylan reicht, sowie VCDs und DVDs mit Filmen über chinesische Kampfsportarten (oft mit Untertiteln – auf der Rückseite checken), Hollywood-Streifen, Taiji-Anleitungen und Sprachkurse. Auch Computer-Software hält das Angebot gewöhnlich bereit. Viele Filme, Kassetten mit ausländischer Musik und Software sind mit einem Preisgefüge von nur ¥2–15 extrem billig, doch da es sich überwiegend um Raubkopien handelt, könnten die Disketten am Heimatflughafen konfisziert werden. Außerdem können chinesische DVDs mit einem Regionalcode für Asien versehen sein. Deshalb das Label checken und überlegen, ob das heimische Gerät sie überhaupt annimmt. Bei CDs und VCDs besteht diese Gefahr nicht.

Eintrittspreise An nahezu allen touristischen Sehenswürdigkeiten werden Eintrittsgebühren erhoben, die sich manchmal nur auf wenige Yuan belaufen. Im Allgemeinen erhalten Studenten mit gültigem Studentenausweis Rabatte.

Elektrizität 220V auf dem chinesischen Festland und im größten Teil von Macau, 200V in Hongkong. Da es unterschiedliche Stecker mit zwei oder drei verschiedenen Kontaktstiften gibt, kann ein Reise-Adapter sehr nützlich sein; angesichts der schwankenden Stromversorgung ist auch die Mitnahme einer Taschenlampe sinnvoll.

Fotografieren Das Fotografieren gehört zu den beliebtesten Hobbys der Chinesen. In allen Städten und Orten gibt es zahlreiche Geschäfte, die 35mm-Filme verkaufen und entwickeln. Das Angebot in Hongkong entspricht dem Niveau aller Weltstädte, doch auf dem Festland sind vielerorts nur Farbfilme für Papierfotos erhältlich. Einheimische Produkte kosten rund ¥10 für 36 Aufnahmen, seltenere westliche Marken ungefähr ¥20. Diafilme sollte man mitbringen, denn es werden bis zu ¥60 pro Film verlangt. Die Entwicklung ist von sehr unterschiedlicher Qualität – manchmal gut, meist nur mittelmäßig – und kostet rund ¥15 pro Rolle. Kamerabatterien sind leicht in den Kaufhäusern der Großstädte zu bekommen. In Hongkong stehen alle bekannten Marken zur Verfügung, dennoch sollte man einen eigenen Vorrat mit sich führen. Viele Fotogeschäfte in Hongkong und Macau sowie auf dem Festland können Bilder von der Kamera auf Diskette laden. Wo Fotografier- und Filmverbote bestehen, sollten diese tunlichst beachtet werden, um die zum Teil äußerst unangenehmen Folgen zu vermeiden.

Gepäckaufbewahrung Manche Hotels bieten Gepäckaufbewahrung an. An Bahnhöfen und Busbahnhöfen gibt es bewachte und deshalb relativ sichere Gepäckdepots, die zum Teil jedoch nur von Sonnenauf- bis Sonnenuntergang geöffnet sind; die Gepäckaufbewahrung kostet dort nur wenige Kuai.

Toiletten An chinesische Toiletten muss man sich erst gewöhnen: Abgesehen vom oft niedrigen Hygienestandard fühlen sich Ausländer durch die mangelnde Privatsphäre abgestoßen. Viele Hocktoiletten sind nach vorn hin offen und (wenn überhaupt) nur durch eine niedrige oder dünne Abtrennung von der Nachbarnische getrennt. Besondere Überwindung kostet die Benutzung öffentlicher Toiletten. Wo sich Angestellte um die Toiletten kümmern, sind selbige in der Regel akzeptabel sauber, kosten dafür beim Eintritt einige Jiao Benutzungsgebühr. Die beste Lösung ist, sich in ein größeres Hotel zu begeben und dort die Toiletten in der Lobby zu benutzen. Die Zimmertoiletten der gehobenen Hotels entsprechen internationalem Standard. In manchen Hotels stehen Papierkörbe für das benutzte Toilettenpapier bereit, da in die Spülung geworfenes Papier die primitiven Abfluss-Systeme verstopft, womit man sich einigen Ärger einhandeln kann.

Trinkgeld Abgesehen vom Personal großer Hotels und den unmittelbaren Dienstleistern im gehobenen Tourismusgeschäft (Lokalführer, Busfahrer) erwarten Chinesen keine Trinkgelder, doch in Hongkong freuen sich Restaurant-Angestellte über eine kleine Aufmerksamkeit, sofern nicht schon 10% Bedienungszuschlag auf der Rechnung stehen.

Verhütungsmittel Kondome sind überall zu bekommen (nicht immer mit der gewünschten Qualität und Sicherheit); in den Großstädten werden auch importierte Marken angeboten.

Wäsche Die meisten Touristenhotels bieten einen Wäscheservice (der jedoch nicht unbedingt billig ist) und die Kleider in der Regel nach 24 Stunden zurückliefert.

Zeitverschiebung Für ganz China gilt eine Zeitzone, nämlich die der Hauptstadt Beijing; sie geht der in Deutschland geltenden MEZ um sieben Stunden, der MESZ um sechs Stunden voraus. Daneben gibt es die offizielle „Xinjiang-Zeit", die zwei Stunden nach geht und im äußersten Westen Chinas verbreitet ist.

Zigaretten Viele bekannte ausländische Marken sind für einen Bruchteil der westlichen Preise erhältlich, doch es gibt auch Imitationen dieser Sorten. Preiswertere chinesische Marken haben zwar interessante Verpackungen und Namen, sind aber eher zweitklassiger Qualität.

China und seine Bewohner

Mit einer Fläche von 9,6 Millionen km² – ungefähr so groß wie die USA – ist China das drittgrößte Land der Erde. Mit 1,3 Milliarden Menschen ist es zugleich das bevölkerungsreichste Land der Welt. 92% der Bevölkerung gehören der Han-Nationalität an, die restlichen 8% teilen sich in 55 nationale Minderheiten auf, zu denen Mongolen, Uiguren und Tibeter gehören. Wichtigste Religionen und Denkstrukturen sind der Buddhismus, Daoismus und Konfuzianismus, obwohl das Land offiziell atheistisch ist. Ein Drittel der chinesischen Landfläche besteht aus fruchtbaren Flussebenen, ein weiteres Drittel aus Wüsten, Hochplateaus und Bergen. Chinas längster Fluss ist der Yangzi (6275 km), und der höchste Gipfel ist an der Grenze zu Nepal der des Qomolangma (Mount Everest, 8848 m).

Das Land wird als Polizeistaat unter Leitung der einzigen erlaubten politischen Organisation geführt, der Kommunistischen Partei Chinas (KPCh). Es gibt eine Unterteilung in Exekutive, Legislative und Judikative. Das Staatsoberhaupt (der Präsident) und das Regierungsoberhaupt (der Premierminister) werden für fünfjährige Legislaturperioden in den Nationalen Volkskongress gewählt. Nach Jahrzehnten staatlicher Planwirtschaft verändern sich die ökonomischen Strukturen – die Zahl der staatlichen Betriebe nimmt ab, und die Prinzipien der freien Marktwirtschaft sind allgegenwärtig zu beobachten. Chinas wichtigste Exportgüter sind Stoffe, Textilien, Tee sowie fossile Brennstoffe. Haupthandelspartner sind die USA, Japan, Südkorea und Europa.

Mensch und Umwelt

Das Ausmaß von Chinas Umweltproblemen bedroht viele wild lebende Tierarten, darunter so wundervolle Geschöpfe wie Tiger, Pandabären und Elefanten. Eine Ursache der Probleme ist, dass die Chinesen ein Fünftel der Weltbevölkerung stellen, doch die Nation weniger als ein Zehntel der beackerbaren Bodenflächen der Welt besitzt. Zudem lebt der überwiegende Bevölkerungsanteil in der wasserreichen östlichen Landeshälfte, wo nahezu jeder Zentimeter bestellbaren Landes erschlossen ist. China besitzt nur wenige Flächen, die nicht in irgendeiner Weise von Menschenhand umgestaltet wurden. Allein die Größe der **Bevölkerung** bedeutet, dass im Umgang mit Naturräumen und Agrarflächen von Nachhaltigkeit keine Rede sein kann. Das ungeheure **Wirtschaftswachstum** und der anhaltende Bedarf, den Lebensstandard für zahlreiche Menschen, die zu den Ärmsten Asiens gehören, zu erhöhen, führt zu einer ähnlich kritischen Situation in den Städten: Die Abhängigkeit von Kohle zur Energiegewinnung und zum Heizen, Fabriken, die ungefiltert Giftstoffe in die Atmosphäre pusten, die rapide gestiegene Zahl an motorgetriebenen Fahrzeugen und die bloße städtische Bevölkerungsdichte sind die ursächlichen Faktoren dafür, dass sich Chinas Städte in die Reihe der meistverschmutzten Metropolen der Welt eingegliedert haben. Schwarzer Schlamm füllt Kanäle und Flüsse, Gebäude sind mit Ruß überzogen, viele Menschen leiden an Bronchitis, und saurer Regen vernichtet die Pflanzen. In den Sommermonaten sind die „Backöfen" des Yangzi-Beckens – Nanjing, Chongqing und Wuhan – am schlimmsten betroffen; im Winter fällt in Xi'an schwarzer Schnee. Viele Flüsse sind extrem belastet, und nahezu das gesamte Wasser in städtischen Gebieten ist schwerstens kontaminiert.

Die chinesische Regierung hat endlich begonnen, das Problem der Umweltverschmutzung ernst zu nehmen – vor allem wegen der Olympischen Spiele im Jahre 2008, die Beijing zugesprochen wurden. Zumindest in der Hauptstadt werden Fabriken in Randgebiete umgesiedelt, und veraltete qualmende Minibusse wurden ausrangiert oder in andere Städte verlagert.

Lebensräume

Als drittgrößtes Land der Erde erstreckt sich China über Höhen vom Meeresniveau bis zum Gipfel des Mount Everest an der Grenze zu Nepal. Im Süden grenzen tropische **Regenwälder** an Laos, Vietnam und Myanmar, und im Norden weist die Da-Hinggan-Bergkette in der Inneren Mongolei **Tundra-Vegetation** auf, die auf Dauerfrostböden gedeiht. In China befinden sich nicht nur Ostasiens bedeutendste Feuchtgebiete und Asiens längster Fluss, der Yangzi, sondern auch die Quellen zweier **Flüssen**, die überlebenswichtige Bedeutung für Hunderte Millionen Menschen in Süd- und Südostasien haben: Ganges und Mekong. Ein Fünftel von Chinas Fläche ist mit **Wüste** bedeckt, die sich vornehmlich im Nordwesten befindet. Aride **Steppen** erstrecken sich zudem im fernen Westen in den Gebieten der Gebirgszüge Altai, Tian und Kunlun, die vom Südwestmonsun durch das tibetische Hochland und vom Südostmonsun durch die Distanz zum Meer abgeschirmt werden. Die mit all diesen Gegebenheiten verbundenen mannigfaltigen Lebensräume haben eine außerordentliche Vielfalt an pflanzlichem und tierischem Leben entstehen lassen.

Wälder und Graslandgebiete

In China sind zahlreiche Waldarten anzutreffen. Im Nordosten und Nordwesten gibt es **Berg-** und **Koniferen-Wälder**, die Tierarten wie Elchen und dem Asiatischen Schwarzbären sowie über 120 Vogelarten Lebensraum spenden. In vielen feuchten Koniferenwäldern gibt es ein Unterdickicht aus **Bambus**, das in gebirgigeren Gebieten mit Wacholder und Eiben durch **Rhododendren** ersetzt wird. Die **subtropischen Wälder** Zentral- und Südchinas beherbergen 146 000 Pflanzenarten, und dort befinden sich auch die Rückzugsgebiete des Großen Pandas, des Stumpfnasenaffen und Südchinesischen Tigers. **Tropische Regenwälder** und jahreszeitliche Regenwälder, die vornehmlich in Yunnan sowie auf der Insel Hainan zu finden sind, sind der Lebensraum eines Viertels aller Pflanzen- und Tierarten Chinas.

Graslandgebiete bedecken ein Drittel der gesamten Landfläche. Sie befinden sich überwiegend in der Inneren Mongolei, dem Autonomen Gebiet Ningxia sowie in Teilen von Qinghai und Tibet. Zu den dort lebenden Tierarten gehören drei Spezies, die am Rande der Ausrottung stehen: Das Przewalskipferd (Urwildpferd), der Asiatische Wildesel und das Baktrische Kamel (Vorfahre des domestizierten Kamels). Andere Tierarten wie die Tibetische Gazelle werden von Goldsuchern und Lastwagenfahrern, die Güter zwischen den Inlandsprovinzen und Tibet befördern, bedroht. Diese Menschen wildern unter den Tieren, um Nahrungsmittel und Trophäen zu ergattern. In vielen Fällen besteht offene Konkurrenz zwischen domestizierten Tieren und der wilden Fauna: Hirten fangen oder vergiften Raubtiere und brennen Flächen ab, um die Weidegebiete für ihre Herden zu vergrößern. Die Regierung hat kürzlich erste Schritte unternommen, um die Umwandlung von Graslandflächen in Weidegebiete zu unterbinden, doch es mangelt an Personal, um diese Politik umzusetzen.

Süßwasser-Ökosysteme

Süßwasser-Lebensräume sind für China von immenser Bedeutung. Ein hoher Prozentsatz der Bevölkerung ist direkt von den **Feuchtgebieten** – Sümpfe, Flüsse und Seen – abhängig, die ihnen einerseits wirtschaftliche Aktivitäten ermöglichen und Trinkwasser bieten, andererseits kontrolliert werden müssen, um Überschwemmungen vorzubeugen. Sieben der wichtigsten **Flüsse** der Welt entspringen im westchinesischen Hochland. Die Quellen des Huanghe, Yangzi, Lancang Jiang (Mekong) und Salween liegen auf dem Qinghai-Tibet-Hochplateau, die des Indus, Ganges und Brahmaputra südlich davon. Im Flussverlauf dienen diese Ströme der Bewässerung, der Trinkwasserversorgung und als Transportsysteme, sie haben für über zwei Milliarden Menschen in China, Indien, Pakistan, Bangladesh und Südostasien außerdem kulturelle wie religiöse Bedeutung. Die Flüsse entstehen und gewinnen Kraft durch Tausende von Süßwasserseen in der gesamten Region.

In Chinas Nordosten befinden sich die meisten **Sumpfgebiete** des Landes. Zwei Millionen Hektar Land auf der Sanjiang-Ebene in der Provinz Heilongjiang sind im Wesentlichen eine Ansammlung von Süßwasserseen und Schilfrohrbeständen im Einzugsgebiet der drei Flüsse Amur, Sungari und Ussuri. Die Provinzen Jilin, Liaoning und Innere Mongolei haben Anteil an diesen Ökosystemen. Zu den bekanntesten **Naturschutzgebieten** gehört Zhalong, ein 2000 km^2 großes Reservat, das 1979 eingerichtet wurde, um die Brutgebiete des Rotkronenkranichs und anderer überwinternder Zugvögel zu schützen. Die Sumpfgebiete haben außerdem große Bedeutung für die Produktion von Schilfrohr, das größtenteils zu Pulpe für die Papiererzeugung verarbeitet wird. Da Wasservögel und Schilfrohrproduktion – zumindest im Augenblick – einvernehmlich nebeneinander bestehen können, scheint hier eine sinnvolle Lösung für Natur und Wirtschaft gefunden worden zu sein. In Tibet und West-Sichuan bieten Sumpfgebiete Lebensraum und Brutstätten für den Schwarzhalskranich und die Streifengans.

Zu Chinas **Süßwasserseen** gehören einige der bekanntesten Feuchtgebiete des Landes: Poyang Hu in Jiangxi und Dongting Hu in Hunan. Als Chinas zweitgrößter Süßwassersee hat der Dongting Hu große Bedeutung für die Tierwelt – insbesondere für stark gefährdete Arten wie den Yangzi-Delphin und den Chinesischen Stör sowie für überwinternde Wildvögel. Der Poyang Hu besitzt eine ähnliche Gestalt aus kleinen Seen und Sumpfgebieten, die jahreszeitlich bedingt unterschiedliche Wasserstände haben. Sommerliche Überflutungen hinterlassen im Herbst fruchtbares Ackerland, das sowohl den Bauern als auch Zugvögeln Nutzen bringt. Die Bedeutung des Gebietes wird schon daran ersichtlich, dass der See im Winter der Lebensraum für nahezu den gesamten Weltbestand des **Sibirischen Kranichs** ist und sich in dieser Zeit bis zu 500 000 Vögel am Poyang Hu aufhalten. In den letzten Jahren aber war der Wasserstand einiger der größeren Becken des Poyang Hu so niedrig, dass viele Wasservögel ihren Nahrungsbedarf nicht decken konnten.

Salzwasserseen und küstennahe Feuchtgebiete

Ungefähr die Hälfte der chinesischen Seen sind salzhaltig und ebenfalls wichtige Brutstätten für Wasservögel. Die meisten Salzwasserseen befinden sich in Chinas Nordwesten auf dem nordtibetischen Hochplateau und haben ein großes Gefälle. Größter See mit einer Fläche von $4426\ km^2$ ist der Qinghai Hu, an dem sich jeden Sommer Tausende Vögel einfinden, unter anderem Kormorane, Fischmöwen, Streifengänse und Säbelschnäbler. Xinjiangs Tarim-Flussbecken ist eines der größten chinesischen Brutgebiete des Schwarzstorches, das Ordos-Plateau in der Inneren Mongolei und Xinjiangs See Taolimiao-Alashan Nur sind Brutstätten der gefährdeten Gobi-Schwarzkopfmöwe. Viele dieser Seen und Sumpfgebiete unterliegen jahreszeitlichen Schwankungen und sind durch zunehmende Nutzung für menschliche Belange bedroht.

Chinas Küste erstreckt sich über 18 000 km vom Golf von Bohai, der im Winter zufrieren kann, bis zu den tropischen Gewässern des Südchinesischen Meeres. Die küstennahen Feuchtgebiete besitzen eine hohe Bedeutung als Zwischenstation für Meeresvögel, die zwischen Sibirien und Australien wandern. Zu den wichtigen Anflugplätzen der Vögel gehört vor allem die Insel Chongming im Yangzi-Delta bei Shanghai – also in der Nähe einer der größten chinesischen Städte.

Fauna

Obwohl Chinas vielfältige geografische und klimatische Verhältnisse einen ungeheuren Artenreichtum ermöglichen, wurde die Tierwelt in der jüngeren Vergangenheit durch den enormen Druck der riesigen Bevölkerung auf die Umwelt zurückgedrängt, sodass heute einige wundervolle Kreaturen am Rande der Ausrottung stehen.

Zu Chinas **gefährdeten Arten** in Fauna und Flora gehören der endemische Große Panda, der nur noch in hoch gelegenen Rückzugsgebieten mit Bambuswaldbestand im Südwesten des Landes anzutreffen ist, der Südchinesische Tiger in Reservaten in Fujian und Guangxi, der Sibirische Tiger in hochländischen Gebieten des Nordostens, der Yangzi-Delphin, der Nippon-Ibis sowie etliche andere Tiere und Pflanzen. Während in freier Wildbahn noch ungefähr 1000 Große Pandas leben, beträgt die Zahl der Nippon-Ibisse geschätzte 45 Exemplare, und die Zahl der Yangzi-Delphine liegt inzwischen unter 20. Zu den gefährdeten Tierarten gehören auch der Schneeleopard, dessen Lebensraum sich zu großen Teilen auf Westchina beschränkt, der Asiatische Elefant als Bewohner von Xishuangbanna nahe Laos und Vietnam, der Stumpfnasenaffe, der Yangzi-Alligator sowie Zugvogelarten wie Rotkronenkranich und Schwarzhalskranich.

Der Artenreichtum hat nicht zuletzt auch durch den Konkurrenten Mensch abgenommen. **Intensive Landerschließung** für die Nahrungsmittelproduktion hat den Lebensraum der Tiere ebenso stark vermindert wie die Urbarmachung von Feuchtgebieten für die Landwirtschaft. Der Bau von Kraftwerken und die Anlage von Stausystemen haben die Ausdehnung der Süßwasser-Ökosysteme beschnitten. Millionen domestizierter Schafe und Kühe, die auf den Graslandflächen der Inneren Mongolei weiden, führen zu einer steigenden **Wüstenbildung**; diese Situation verschlimmerte sich im Jahre 2002 zusätzlich durch Dürren und Feuersbrünste. Die Nachfrage übertrifft längst das Angebot an nahezu allen **natürlichen Ressourcen**, inklusive Wasser (im ganzen Land besteht Knappheit), Holz, tierische Produkte und Wildpflanzen. Der gegenwärtige wirtschaftliche Boom hat massenweise Autos auf die Straßen gebracht, was die **Umweltverschmutzung** erhöht und Lebensräumen zum Beispiel in Form von saurem Regen indirekt schadet.

Die **Abholzung** der Wälder für kommerzielle Zwecke und die massive Erschließung neuer Anbauflächen führten im letzten halben Jahrhundert zu ernsten Konsequenzen – ihnen werden die verheerenden Überschwemmungen des Yangzi-Beckens in den späten 90er Jahren zugeschrieben. Eindringlich veranschaulicht werden die Auswirkungen auf die Tierwelt am Beispiel des Großen Panda. Die Tiere benötigen große Mengen an Bambus, der als Unterholz in den feuchten subtropischen Wäldern der gebirgigen Provinzen Sichuan, Gansu und Shaanxi wächst. Ohne ein Blätterdach von Bäumen dörrt der Bambus aus, so dass durch den Holzeinschlag in diesen Gebieten die Lebensräume des Pandabären empfindlich geschmälert wurden. Unter der Abholzung leidet auch der Tiger, dessen Bestand in China wahrscheinlich auf weniger als 100 Tiere zurückgegangen ist. In den 50er und 60er Jahren durften die Tiere beliebig gejagt werden. Es verbleiben sehr wenige geeignete Lebensräume, in denen sich diese Spezies wieder vermehren könnte; eine endemische Art, der Südchinesische Tiger, ist sogar ernsthaft in seinem Bestand gefährdet.

Umweltschutz

Jedem Chinareisenden fällt ins Auge, dass dem Umweltschutz wenig Beachtung geschenkt wird, schließlich will das Land viele Jahre der wirtschaftlichen Stagnation wettmachen. Die Entwicklung ist unkontrolliert. In den letzten Jahren sind jedoch einige Verbesserungen eingetreten.

Seit Chinas erstes **Naturschutzgebiet** Dinghu Shan in der Provinz Guangdong 1956 eingerichtet wurde, ist die Zahl der Schutzgebiete auf über 700 angestiegen. Sie erstrecken sich über fast 6% der Landesfläche. Seit 1980 unterstützt der World Wide Fund for Nature (WWF) ein Erhaltungsprogramm für den Großen Panda, und die Verwaltungsstellen, die jene Reservate betreuen, haben seitdem mit zahlreichen ausländischen Organisationen zusammengearbeitet. Die UNESCO zählt drei chinesische Reservate zum Weltnaturerbe – ein Status, der die Finanzierung weiterer Erhaltungsprogramme ermöglicht. Angespornt durch wachsendes **internationales Interesse** an China durch den Beitritt zur Welthandelsorganisation hat sich die chinesische Regierung in den vergangenen Jahren stärker für Schutzprogramme engagiert, beispielsweise durch die Bewilligung von einer Milliarde US-Dollar für den Aufbau von über 200 neuen Biotop-Reservaten im kommenden Jahrzehnt.

Es gibt noch weitere Erfolgsmeldungen. Nachdem zunehmende Versandung und Landerschließung das Seengebiet Dongting Hu zwischen 1950 und 1998 um nahezu 50% schrumpfen ließen, wurden kürzlich 300 000 rund um den See lebende Bauern umgesiedelt. Die durch die nahe Stadt Yueyang bewirkte Verschmutzung aber bleibt ein Problem, auch wenn in dem Gebiet nun keine Pestizide und Kunstdünger mehr eingesetzt werden dürfen. Obwohl das Maß der Abholzung erschreckende Größenordnungen erreicht hat, hat sich Chinas gesamte Waldfläche in der jüngeren Vergangenheit vergrößert; Wald bedeckt mittlerweile 14% der Landesfläche. Zu verdanken ist dies einerseits der Kampagne, die sich **Grüne Große Mauer** nennt und durch das Anpflanzen eines riesigen Baumgürtels im Nordwesten die Erosion einzudämmen versucht, andererseits den Wiederaufforstungsmaßnahmen an den Oberläufen wichtiger Flüsse wie Yangzi, Huanghe und Liao. In den nordchinesischen Provinzen Ningxia und Innere Mongolei laufen Projekte gegen das Vordringen der Wüste. Leider ist der ökologische Wert der neu angepflanzten Wälder wesentlich geringer als derjenige der früheren natürlichen Wälder. Neu angepflanzte Wälder können Nutzholz für industrielle und private Zwecke stellen, doch sie füllen nicht die Rolle aus, die natürliche Wälder für den Schutz der Böden, die Wasserregulierung sowie Flora und Fauna spielen.

Ermutigend sind die Anzeichen für ein wachsendes Umweltbewusstsein der chinesischen **Öffentlichkeit**. Die nationale Kampagne – die erste ihrer Art – zur Rettung des Yunnan-Stumpfnasenaffen, der nur im Westen Yunnans lebt, ist ein treffendes Beispiel. Teilweise steht der Lebensraum dieser Affen unter Schutz, doch der Bezirk Deqin, die Hauptzielrichtung der Kampagne, bezieht 95% seiner staatlichen Einnahmen aus der Holzwirtschaft – und finanziert damit die Gehälter der Angestellten sowie den Bau von Schulen und Kliniken. Ein einheimischer Natur-Videofilmer erkannte die prekäre Situation der Affen und produzierte eine Fernsehdokumentation, die landesweit ausgestrahlt wurde und nationalen Protest hervorrief. Als auch das Ministerium für Forstwirtschaft seine Besorgnis zum Ausdruck brachte, forderte die Verwaltung des Bezirks Deqin unverzüglich Kompensationszahlungen, da das Einstellen der Abholzung in einer Region, die ohnehin von Armut heimgesucht ist und außer dem Verkauf dieses einzigen wertvollen Rohstoffs keine nennenswerten Einkommensmöglichkeiten besitzt, unausweichlich zu wirtschaftlichen Schwierigkeiten führen würde. Bislang wurde keine langfristige Lösung gefunden, doch der zunehmende Tourismus könnte alternative Einkünfte einzubringen. Das größte Problem dürften die Hunderttausenden Waldarbeiter darstellen, die in den dortigen Gebieten tätig sind und eine neue Beschäftigung benötigen.

Im Jahre 2002 nahmen chinesische Studenten an einem Programm teil, dass vom **WWF** und der staatlichen chinesischen Forstverwaltung finanziert wurde und dessen Ziel es war, das Umweltbewusstsein der Bauern und lokalen Verwaltungsbeamten zu schärfen. Es gibt inzwischen auch mehrere nicht-staatliche Organisationen, die um die Umwelt besorgt sind. Obwohl kaum eine von ihnen einen Druck vergleichbar mit westlichen Verhältnissen erzeugen kann, weist ihre bloße Existenz doch auf die wachsende Bereitschaft der öffentlichen Meinung hin, sich derartigen Themen zu stellen. Umweltbezogene Radio- und Fernsehsendungen tragen zur weiteren Schärfung des öffentlichen Bewusstseins bei. Besonders wichtig ist, dass zunehmend jüngere Spezialisten mit technischer Ausbildung offizielle Erhaltungsprogramme leiten; auch wenn sie sich oft der anachronistischen Politik älterer Vorgesetzter beugen muss, entwickelt die junge Generation landesweit Einfluss in den Kernbereichen des Umweltschutzes.

Aktuelle Informationen über Chinas Umweltprobleme und die Formen, ihnen zu begegnen, gibt die Internet-Adresse www.enviroinfo.org.cn, die Links zu relevanten nicht-staatlichen Organisationen und nationalen Zeitungen mit aktuellen Themen bietet.

Daniel A. Viederman,
mit zusätzlichen Beiträgen von David Leffman

Geschichte

Die moderne Archäologie bestätigt nach und nach die antiken Berichte über die frühesten Zeiten des Landes, und es hat den Anschein, dass Chinas Geschichte – wie weit man auch zurückgeht – im Wesentlichen eine Geschichte seiner **Dynastien** ist, eine Abfolge von sich bekriegenden Herrschern, die sich letztendlich nur im Ausmaß ihrer Autokratie unterschieden. Obwohl auch der folgende Abriss der chinesischen Geschichte zwangsläufig dieser Einteilung folgt, gilt zu berücksichtigen, dass China bei näherem Hinschauen scheinbar niemals so recht als Gesamtgebilde existierte – trotz der seit über 2000 Jahren existierenden Idee eines „Chinesentums". Seit frühesten Zeiten spielte **Regionalismus** eine entscheidende Rolle in der Geschichte des Landes, und mit Blick auf die herausragenden Geschehnisse gerät leicht das nur allzu oft harte Los des Volkes in Vergessenheit. Die Kaiser lebten in Glanz und Pracht, am Hof lebende Schriftsteller, Poeten und andere Künstler durften ihre Talente entfalten, doch zugleich litt die bäuerliche Bevölkerung unter hoher Besteuerung und Hungersnöten. Frühe Tode waren auf dem Land die Norm. Obwohl die Kulturrevolution, die tief verwurzelte Korruption sowie rigorose staatliche Maßnahmen gegen politisch Andersdenkende in Beijing und Tibet der Volksrepublik alles andere als eine weiße Weste verliehen haben, ist es unbestritten, dass erst seit ihrer Gründung im Jahre 1949 die Chance auf eine annehmbare Lebensqualität in den Reihen der einfachen Bevölkerung vorstellbar wurde.

Vorgeschichte und die Drei Frühen Dynastien

Der chinesischen Legende zufolge wurde der Schöpfer **Pan Gu** aus dem ungeordneten Weltenei geboren und wuchs hinein in den Raum zwischen der Erde Yin und dem Himmel Yang. Er benötigte 80 000 Jahre, um der Erde mit Hilfe eines Drachen, eines Einhorns, eines Phönix und einer Schildkröte ihre heutige Gestalt zu verleihen. Als er starb, wurde sein Leib zu den Böden, den Flüssen und dem Regen, und aus seinen Augen entstanden Sonne und Mond. Seine Körperteile aber wurden zu Tieren, Pflanzen und den übrigen Dingen der Natur und legten so den Keim für das Entstehen des Menschen. Zwischenzeitlich entstand ein Pantheon aus den halb-göttlichen mythischen **Fünf Ur-Kaisern**, die jeweils bis zu 100 Jahre herrschten und das Feuer, den Kalender, die Landwirtschaft, die Seidenzucht und die Verheiratung erfanden. Zu den berühmten Herrschern gehörten der wohltätige Yao, der zu Gunsten von Shun abdankte. Shun leistete mühselige Arbeit unter der Sonne, bis seine Haut schwarz wurde, und übergab seinerseits die Amtswürde an Yu den Großen, den „Bändiger der Fluten" und angeblichen Begründer der ersten chinesischen Dynastie namens Xia. Die Xia-Dynastie soll ihre Macht 439 Jahre lang behauptet haben, bis sie unter einem degenerierten und korrupten König durch die Shang-Dynastie gestürzt wurde. Nach einer noch längeren Regierungsperiode wurde die hinter Mythen verschwimmende tugendhafte Shang-Dynastie durch die Zhou-Dynastie abgelöst, die erste höfische Aufzeichnungen hinterließ. Die Xia-, Shang- und Zhou-Dynastie sind hier unter dem Sammelbegriff „die Drei Frühen Dynastien" zusammengefasst.

Archäologen fanden in den Provinzen Liaoning, Anhui, Beijing und Yunnan Überreste des **Homo erectus**, die vermuten lassen, dass China bereits weitflächig von frühen Menschen besiedelt war, bevor sich die heutige Bevölkerung vor rund 200 000 Jahren zu entwickeln begann. Ausgrabungen jüngerer steinzeitlicher Siedlungen wie Banpo in Shaanxi und Homudu in Zhejiang beweisen, dass sich bereits um 5000 v. Chr. Ackerbau betreibende Gemeinschaften in den fruchtbaren Randgebieten des Huanghe und Yangzi niedergelassen hatten und auch Töpferwaren und Seide produzierten. Ebenfalls im Gebiet des Huanghe wurden die ersten soliden Nachweise der Bronze verarbeitenden Drei Frühen Dynastien entdeckt: Bei Erlitou in der Nähe von Luoyang wurden mehrere große Paläste aus gestampftem Lehm ausgegraben, die möglicherweise um 2000 v. Chr. das Zentrum der Xia-Hauptstadt bildeten.

Über die **Xia-Dynastie** ist wenig bekannt. Ihr Territorium erstreckte sich vermutlich über weite Gebiete der heutigen Provinzen Shanxi, Henan und Hebei. Das politische Geschehen der nachfolgenden **Shang-Dynastie** wurde kurz vor der Geburt Christi durch den berühmten Geschichtsschreiber Sima Qian aufgezeichnet, dessen früher angezweifelte Berichte in der jüngeren Vergangenheit durch zahlreiche Funde an Glaubwürdigkeit gewannen. Die Shang-Gesellschaft existierte ungefähr zwischen 1750 und 1040 v. Chr. und erstreckte sich über etwa denselben Raum wie die Vorgängerdynastie. Sie besaß einen König, ein Klassensystem und ausgefeilte Kenntnisse in der Bronzeverarbeitung. Die damals bekannten Techniken breiteten sich über die bestehenden Grenzgebiete bis nach Sichuan aus, wo die wundervollen Gefäße geschaffen wurden, die wir in den Museen heute bewundern können. Bei Ausgrabungen in der Shang-Hauptstadt Yin wurden Grabanlagen freigelegt, in denen Waffen, Jadeschmuck, Seidenfragmente und Ritualopfer gefunden wurden, die auf einen Glauben hinweisen, der sich um Ahnenverehrung und ein Leben nach dem Tode rankte. Außerdem existierte ein Orakelkult, denn es wurden unter Verwendung von Schriftzeichen Fragestellungen in Schildkrötenpanzer und Knochen geritzt, die anschließend Hitze ausgesetzt wurden, um zu ersehen, in welcher Weise das Material um die Wörter herum zerbarst. Diese Orakelknochen, Chinas bislang früheste schriftliche Quellen, befassen sich mit Themenkreisen wie Regenfall, Träumen und Ahnenflüchen.

Um 1040 v. Chr. stürzte ein nördlicher Stamm namens **Zhou** die Shang. Die Zhou-Dynastie weitete die Reichsgrenzen westwärts des Huanghe bis nach Shaanxi aus, gründete eine Hauptstadt am Ort der heutigen Stadt Xi'an und übernahm viele Gewohnheiten der Shang. Um ihre Machtübernahme zu rechtfertigen, führte sie die Lehre vom „Mandat des Himmels" ein, nach welcher der Himmel den starken und weisen Staatsführern die Autorität zur Herrschaft verleiht und den schwachen und dummen diese Autorität entzieht – dieses Mandat ist noch immer ein integraler Bestandteil des chinesischen Denkens. Die Zhou schmückten sich mit dem Titel „Söhne des Himmels" und installierten eine Hierarchie von Vasallenherrschern, deren wachsende Unabhängigkeit zum allmählichen Verfall der Dynastie führte.

Der Untergang der Zhou-Dynastie

Von ihrer neuen Hauptstadt Luoyang aus spielten die letzten Zhou-Herrscher nur noch eine symbolische Rolle. Um die wahre Macht kämpften während der **Frühlings- und Herbstepoche** sowie zur **Zeit der Streitenden Reiche** 550 Jahre lang über 200 Stadtstaaten und Fürstentümer. Diese Epoche der Gewalt war zugleich eine Zeit der Vitalität und des Wandels. Als das Feudalsystem zusammenbrach, wichen die traditionellen religiösen Vorstellungen neuen Konzepten, die auf den Lehren des Konfuzius (Kong Fuzi) sowie auf dem Daoismus und Legalismus (s.S. 115 ff.) beruhten. Durch die Rivalität zwischen den Streitenden Reichen entwickelten sich Landwirtschaft, Irrigationswesen, Handel, Transport und Diplomatie. Erstmals wurde Eisen geschmolzen, um Waffen und Werkzeuge herzustellen, und auch in der Medizin, Astronomie und Mathematik wurden bedeutende Entdeckungen gemacht. Nach 300 Jahren Krieg mit zahlreichen Annektierungen blieben sieben Staaten übrig, deren Territorien kollektiv als **Reich der Mitte** (Zhongguo) bezeichnet wurden und die sich inzwischen westwärts nach Sichuan, südwärts nach Hunan und nordwärts bis zur mongolischen Grenze ausgedehnt hatten.

Die Qin-Dynastie (221–207 v. Chr.)

Erst gegen Ende des dritten vorchristlichen Jahrhunderts ging die Zeit der Streitenden Reiche durch den Aufstieg einer neuen Dynastie zu Ende: die Qin. Von seiner ursprünglichen Basis im Gebiet der heutigen Provinz Shaanxi aus hatte sich der Staat Qin 500 Jahre lang beständig zu Ungunsten seiner Nachbarn ausgebreitet. 221 v. Chr. eroberten seine Armeen das letzte Widerstandsnest des Reichs der Mitte, das an der Ostküste gelegene Qi im heutigen Shandong. Damit wurde China erstmals in seiner Geschichte zu einem vereinten und zentralisierten Staat. Es wurden Währungs- und Schriftsysteme geschaffen, welche die Jahrtausende überdauerten. Chinas erster Kaiser **Qin Shi Huang** war ein absoluter Herrscher. Er ließ die antiken literarischen Schriften und historischen Aufzeichnungen vernichten, um jegliches Gedankengut, das seinen eigenen Ideen widersprach, auszumerzen. Die Bauern wurden von ihrem Land vertrieben und als Zwangsarbeiter in seinen riesigen Bauprojekten eingesetzt, zu denen Tausende Straßen- und Kanalkilometer sowie eine frühe Version der Großen Mauer gehörten, die das neue Reich nach außen abschirmte. Brennend vor Ambitionen, die gesamte bekannte Welt zu beherrschen, trieb der Kaiser seine Armeen über die Grenzen des Reichs der Mitte hinaus und dehnte die chinesische Herrschaft (jedoch ohne absolute Kontrolle) nach Westen und Südosten aus. Er legte die Grundzüge der chinesischen bürokratischen Verwaltung, seine 37-jährige Herrschaft war aber letztendlich zu sehr auf seine Person konzentriert – was an seinem riesigen, von der weltberühmten Terrakotta-Armee bewachten Grab ersichtlich wird, das er in der Nähe seiner Hauptstadt Xi'an anlegen ließ. Nach seinem Tode im Jahre 210 v. Chr. erhoben sich die Provinzen zur Revolte. Seinen Nachfolgern fehlte die persönliche Autorität, sodass sie das Reich nicht zusammenhalten konnten.

Die Han-Dynastie (206 v. Chr.–220 n. Chr.)

Im Jahre 206 v. Chr. nahm der kriegerische **Liu Bang** die Hauptstadt Xi'an ein und gründete die Han-Dynastie, die 400 Jahre lang Bestand hatte und zu ihrer Blütezeit ein größeres Gebiet beherrschte als das zeitgenössische kaiserliche Rom. Die Han waren das erste chinesische Großreich. Die Kultur erblühte, die Grenzen weiteten sich aus und wurden für den Handel und neue Ideen geöffnet. Die Dynastie schuf eine so starke nationale Identität, dass sich die Hauptgruppe der Chinesen bis zum heutigen Tage als Han-Chinesen bezeichnet.

Liu Bang übernahm das Verwaltungsmodell der Qin-Dynastie, doch um zu verhindern, dass andere seinen militärischen Sieg nachahmten, stärkte er seine Position, indem er seine Verwandten mit großzügigen Ländereien ausstattete. Dies bewirkte eine Periode der Stabilität, in der eine wachsende Beamtenschaft durch ein effektives Steuersystem finanziert wurde und am Ort der heutigen Stadt Xi'an die große kosmopolitische Hauptstadt Chang'an entstand. Die wachsenden Staatseinnahmen nährten die expansionistische Politik des späteren Herrschers **Wu**, der die Verteidigungslinien seines Reichs von 135–90 v. Chr. bis nach Xinjiang und Yunnan ausdehnte und die Seidenstraße für den Handel mit Tee, Gewürzen und Seide mit Indien, Westasien und Rom öffnete. Mit Hilfe seiner Söhne und erfahrener Generäle schlug er die nördlichen Stämme, drang nach Korea ein und unterwarf und kolonisierte die aufsässigen südlichen Staaten, darunter Guangdong und sogar Teile von Vietnam. Innenpolitisch unterstellte er seinen wachsenden Verwaltungsapparat dem konfuzianischen Modell und legte damit den Grundstein für eine 2000-jährige Prägung der Staatsverwaltung durch den Konfuzianismus.

Letztendlich erreichten die Ressourcen des Reiches jedoch ihre Grenzen, und die hohe Steuerbelastung führte im Volk zu Unruhe und Verzweiflung. Das Herrscherhaus versank zunehmend in Dekadenz und wurde durch Machtkämpfe zwischen rivalisierenden Gruppen kaiserlicher Konkubinen, Eunuchen und Staatsbeamter geschwächt. Im Jahre 9 n. Chr. nutzte der gelehrte und einflussreiche **Wang Mang** seine Machtposition und setzte den minderjährigen Kaiser ab. Er richtete eine eigene, jedoch kurzlebige Dynastie ein. Über gut 15 Jahre hatte die **Östliche Han-Dynastie** mit neuer Hauptstadt in Luoyang die Macht inne. Die klassischen Traditionen wurden unter Kaiser **Liu Xiu** wiederbelebt, doch nach dessen Regierungszeit schwächten innere Intrigen erneut die Dynastie. Ein Bauernaufstand sorgte für den endgültigen Sturz der Östlichen Han-Dynastie: Auslöser waren die **Gelben Turbane**, eine daoistische Geheimsekte. Das Land zersplitterte erneut in einander bekriegende Staaten. Inzwischen hatten sich jedoch zwei bedeutende Schulen der Philosophie und Religion etabliert, die das entstehende Chaos überdauerten: Die konfuzianische Ideologie einer zentralisierten Universalordnung hatte der Autorität des Kaisers feste Formen verliehen, und der aus Indien kommende Buddhismus begann viele Aspekte des Lebens und Denkens sowie vor allem die Schönen Künste und die Literatur zu bereichern, während er selbst allmählich absorbiert und durch einheimische Glaubensmuster verändert wurde.

Die Drei Reiche (220–280 n. Chr.)

Etwa 350 Jahre trennen den Zusammenbruch der Han-Dynastie im Jahre 220 von der Wiederherstellung der Einheit durch die Sui-Dynastie im Jahre 581. Die Sui herrschten kein halbes Jahrhundert über China, doch das Konzept eines geeinten Staates war keinesfalls in Vergessenheit geraten.

Ab 220 n. Chr. kämpften die drei Staaten **Wei**, **Wu** und **Shu** in einem langen Krieg, der später in der Heldenerzählung *Die Geschichte der Drei Reiche* verewigt wurde, um die Vorherrschaft. Der Krieg stürzte Zentralchina in den Ruin und löste eine Massenauswanderung gen Süden aus. In den folgenden Jahrhunderten setzte sich der Regionalismus in China fest: Die **Südlichen Dynastien** bestanden aus mehreren schwachen und kurzlebigen Reichen, doch sie verzeichneten relativen Wohlstand und wirtschaftliches Wachstum; die Hauptstadt Nanjing entwickelte sich zu einem lebendigen Handels- und Kulturzentrum. Im Jahre 386 jedoch überschritt **Tuoba Gui** von der Tuoba-Sippe des Xianbei-Stammes die ungeschützte nördliche Grenze und rief die **Nördliche Wei-Dynastie** aus. Die Aristokratie der Wei nahm chinesische Sitten und Gebräuche an – ein Assimilationsmuster, das andere Eindringlinge wiederholen sollten – und ließ in der Nähe ihrer ersten Hauptstadt Datong eine wundervolle Abfolge von buddhistischen Höhlen mit herausragenden Steinmetzarbeiten errichten. 534 brach ihr Reich zusammen. Nach mehreren kurzlebigen Dynastien entriss im Jahre 581 General **Yang Jian** seinem Regenten die Macht. Er vereinte die nördlichen Splitterstaaten, zog zu Lande und zu Wasser gegen Südchina zu Felde und gründete die Sui-Dynastie.

Die Zeit der Drei Reiche war in gewisser Weise ein dunkles Zeitalter mit Kriegen, Gewalt und Völkermord, sie war zugleich aber auch eine prägende Epoche. Als sich der Staub gelegt hatte, war eine gänzlich andere Gesellschaft entstanden. In den meisten Jahren produzierten viele Regionen einen Nahrungsmittelüberschuss, mit denen die wohlhabenden und müßigen herrschenden Schichten in den Städten und auf dem Land, große Armeen sowie gedeihende buddhistische Gemeinschaften versorgt werden konnten. Die Kultur erlebte einen grandiosen Aufschwung: Literatur, Kalligrafie und Bildhauerei (vor allem die buddhistische) erblühten in nie zuvor gekanntem Maße und nahmen Einflüsse aus Indien und Zentralasien auf. So wurden die nachfolgenden Dynastien Sui und Tang mit einem reichen Erbe ausgestattet.

Die Sui-Dynastie (581–618)

Der Sui-Dynastie wird in historischen Abhandlungen vergleichsweise wenig Raum gewidmet, denn schon nach einer relativ kurzen Regierungszeit übernahm die Tang-Dynastie die Macht. Doch bevor sich die Sui militärisch in Korea aufrieben und untergingen, erbrachten zwei ihrer drei Kaiser beachtliche Leistungen. Bis zu seinem Tod im Jahre 604 fungierte Yang Jian als **Kaiser Wen** und erwies sich als aktiver Herrscher, der das Beste aus der Vergangenheit übernahm und darauf aufbaute. Er vereinfachte und stärkte die Verwaltung, entwickelte ein neues Strafrecht, zentralisierte erneut die staatliche und militärische Gewalt und gestaltete die Steuereinziehung effizienter. In der Nähe von Xi'an entwarfen seine Architekten die neue Hauptstadt Da Xing Cheng (Stadt des Großen Wohlstands) mit einem Stadtpalast, einem Wohnviertel aus 108 ummauerten Bereichen, mehreren großen Märkten und einer 35 km langen Stadtmauer – damals die wahrscheinlich größte Stadt der Welt. Als Kaiser Wen im Jahre 604 starb, verdrängte **Yang Di** seinen älteren Bruder von der Thronfolge. Yang verbesserte das Verwaltungssystem, förderte die Neubelebung der konfuzianischen Lehre und betrieb eine starke Außenpolitik, doch seine Bauprojekte – beziehungsweise die zu ihrer Fertigstellung benötigte Zwangsarbeit – trugen ihm den Ruf eines sprichwörtlich „bösen Kaisers" ein. Unter anderem ordnete er den Bau des über 2000 km langen Kaiserkanals an, um Nahrungsmittel aus der „Reisschüssel" südlich des Yangzi in seine Hauptstadt Xi'an transportieren zu können. Tausende Zwangsarbeiter kamen bei dem Projekt ums Leben. Yang wurde 618 ermordet, nachdem der öffentliche Hass zu einer Militärrevolte unter General **Li Yuan** geführt hatte.

Von der Tang- zur Song-Dynastie (618–1278)

Das 7. Jahrhundert markiert den Beginn der mittelalterlichen Epoche der chinesischen Geschichte. Es ist die Zeitspanne, in der die chinesische Kultur ihren kosmopolitischsten und kultiviertesten Höhepunkt erreichte, eine Zeit des Experimentierens in Literatur, Kunst, Musik und Landwirtschaft, eine Epoche, die scheinbar unvereinbare Elemente miteinander verknüpfte.

Li Yuan nahm den Namen **Gao Zu** an und konsolidierte seine neue Tang-Dynastie, indem er seine restlichen acht Regierungsjahre nutzte, um sich seiner Rivalen zu entledigen. Unter seinem Sohn **Tai Zong** dehnte sich das Tang-zeitliche China aus: Die Turkstämme des Nordwestens wurden unterworfen, die Tibeter gefügig gemacht und Beziehungen zum fernen Byzanz (dem heutigen Istanbul) aufgenommen. China öffnete seine Grenzen für Händler und Reisende aller Länder und Glaubensrichtungen. Viele Ausländer ließen sich in den Handelsstädten Yangzhou und Guangzhou nieder, wo sich ihre Religionen, besonders der Islam, ausbreiteten und ihre Kenntnisse und Gewohnheiten Einfluss auf Künste, Küche, Kleidung und Unterhaltungsformen nahmen. Chinas Produkte gelangten nach Indien und Persien, in den Nahen Osten und zahlreiche andere Länder. Der Buddhismus behauptete sich und drang in alle Lebensbereiche ein, zahlreiche chinesische Pilger reisten nach Indien. Der bekannteste Pilger war der Mönch **Xuan Zang**, der 629 nach Indien zog und 16 Jahre später mit den buddhistischen Schriften zurückkehrte, die er zum Teil übersetzte und damit einen immensen Beitrag für das chinesische Kulturgut leistete.

Xi'ans Bevölkerung wuchs auf über eine Million Menschen an und machte die Stadt zu einem der größten kulturellen Zentren der Welt. Xi'an war das Herz eines mächtigen zentralisierten Staates. Ein Jahrzehnt nach Tai Zongs Tod im Jahre 649 hatten sein Sohn **Gao Zong** und Chinas erste Kaiserin **Wu Zetian** den Einfluss der Tang-Dynastie von Korea bis nach Persien sowie südwärts bis nach Vietnam ausgedehnt. Wu Zetian war eine große Förderin des Buddhismus. Sie erteilte den Auftrag zum Bau der berühmten Grottenanlagen von Longmen vor den Toren Luoyangs und schuf ein Beamtensystem, das auf Verdiensten und nicht auf dem Geburtsstatus beruhte. Aufgrund ihrer Grausamkeit aber war sie beim Volk gefürchtet. Ihr Nachfolger **Xuan Zong** trat seine Amtszeit 712 in vielversprechender Weise an, doch nachdem er der schönen Konkubine Yang Guifei verfallen war, kam es 755 zur **Revolte des An Lushan** – der Kaiser musste nach Sichuan fliehen, und Yang fand einen schändlichen Tod unter den Händen der aufständischen Armee. Xuan Zongs Sohn, **Su Zong**, konnte Xi'an mit Hilfe tibetischer und uigurischer Streitkräfte zurückerobern, doch obwohl der Hof wieder eingesetzt wurde, war seine Macht gebrochen, und die wahre politische Macht verlagerte sich wieder in die Provinzen.

In den folgenden beiden Jahrhunderten zerfiel das Land in verschiedene regionale politische und militärische Bündnisse. Von 907–960 lösten die **Fünf Dynastien** einander ab, doch sie waren alle sehr kurzlebig. Die nördlichen Verteidigungslinien wurden schwächer, und Chinas wirtschaftliche Abhängigkeit vom Süden stieg. Die Aufsplitterung der Macht zog erhebliche soziale Veränderungen nach sich. Die traditionelle Elite, deren Schicksal an Dynastien geknüpft war, wich militärischen und kaufmännischen Klassen, die zur Statussteigerung

Land erwarben, sowie einer Beamtenschicht, die durch ein Prüfungssystem ausgewählt wurde. Im Süden konnten die **Zehn Staaten**, die zum Teil Seite an Seite existierten, die Reste der Tang-Zivilisation zusammenhalten, da ihre größere Stabilität und der wirtschaftliche Wohlstand ein relativ hohes kulturelles Niveau ermöglichten.

Im Jahre 960 brachte im Norden eine aufbegehrende Armee den General Tai Zu auf den Thron. Dieser richtete die **Nördliche Song-Dynastie** ein und verlegte die Hauptstadt nach Kaifeng. Die Stadt am Ende des Kaiserkanals war günstig gelegen, denn durch die Wasserstraße konnte die Millionenbevölkerung mit Getreide aus dem Süden versorgt werden. Die neue Dynastie konsolidierte ihre Macht über die umliegenden kleinen Fürstentümer eher mittels geschickter politischer Winkelzüge als militärischer Aktionen und verlagerte die Verwaltungsaufgaben wieder von Armeeoffizieren auf Zivilbeamte. Im Jahre 1115 aber wurde Nordchina von der **Jin-Dynastie** überrollt, die den Kaiserhof in das hinter dem mächtigen Yangzi geschützte südliche Hangzhou verlegte. Ihre Kultur erblühte ab 1127 als **Südliche Song-Dynastie**. Zu den Erfindungen während ihrer 150-jährigen Herrschaft gehörten das Schießpulver, der Magnetkompass, edles Porzellan und die beweglichen Lettern, doch ihre Vorliebe für Kunst und geistiges Leben führte zum Verfall ihrer militärischen Stärke und zur Unterschätzung ihrer aggressiven „barbarischen" Nachbarn, deren eigene expansionistische Bestrebungen ihren Höhepunkt in der mongolischen Invasion des 13. Jahrhunderts fanden.

Die Yuan-Dynastie (1278–1368)

Bereits im 11. Jahrhundert hatte sich mongolischer Einfluss in China breit gemacht. Die Song-Kaiser zahlten Tribute an verschiedene mongolische Staaten, um deren Armeen von Angriffen abzuhalten. Diese individuellen Lehensstaaten wurden 1206 von **Dschingis Khan** zu einer mächtigen Armee vereint, die sich alsbald an die Eroberung von Chinas Norden machte. Trotz des chinesischen Widerstandes und interner Machtrangeleien riss 1278 die mongolische Yuan-Dynastie den chinesischen Kaiserthron an sich. Dschingis Khans Enkel **Kublai Khan** herrschte über ein Imperium, das sich über Chinas heutige Grenzen hinaus erstreckte. Von ihrer Hauptstadt Khanbalik (das heutige Beijing) aus übten die Yuan-Kaiser eine zentralisierte Kontrolle aus, die Chinas Wirtschaft aufblühen ließ und die Schäden aus fünf Jahrhunderten Bürgerkrieg reparieren half. Die Tore des Landes wurden weit geöffnet für ausländische Reisende, Händler und Missionare. In vielen chinesischen Häfen waren Araber und Venezianer anzutreffen, und im Jahre 1341 legte ein Russe das beste Examen für die Kaiserliche Beamtenschaft ab. Der Kaiserkanal wurde von Beijing bis Hangzhou ausgebaut, in der Hauptstadt entstand hinter einer neuen Stadtmauer der Palast der umfassenden Ruhe, der später als Verbotene Stadt bezeichnet wurde. Beschreibungen darüber gelangten durch **Marco Polo** nach Europa. Er schrieb seine Eindrücke über das Leben am Yuan-Hof und die dortigen Schätze in den sieben Jahren, die er in Beijing lebte und für die Verwaltung Kublai Khans arbeitete, nieder.

Die Yuan konnten die Kontrolle über ganz China nur bis 1368 aufrecht erhalten. Ihre Macht zerfiel, weil sie sich in einem Maße assimilierten, das ihre Brüder im Norden nicht tolerieren konnten, gleichzeitig in ihrer Annäherung an die Chinesen nicht weit genug gingen, um sich kulturell vollständig zu integrieren. Als die nördlichen Stämme rebellierten und Hungersnöte und heftige Überschwemmungen zu Aufständen in China führten, entriss der vom Mönch zum Banditenführer gewandelte, aus dem Süden stammende **Zhu Yuanzhang** dem letzten jugendlichen Yuan-Kaiser den Thron.

Die Ming-Dynastie (1368–1644)

Zhu Yuanzhang nahm den Namen **Hong Wu** an und proklamierte sich selbst zum ersten Kaiser der Ming-Dynastie mit der Hauptstadt in Nanjing. Zhu nahm tief greifenden Einfluss auf die chinesische Geschichte. Abgesehen von seinem Despotismus, der zu zwei gnadenlosen Säuberungsaktionen führte, bei denen Tausende Beamte und Literaten den Tod fanden, legte er die Grundlagen für eine außenpolitische Isolation, die während der gesamten Ming- und Qing-Zeit Bestand haben sollte. Die chinesische Kultur richtete den Blick auf sich selbst, und die Handelsvorteile und diplomatischen Beziehungen zu auswärtigen Mächten gingen verloren. Nichts verdeutlicht diesen Kurs mehr als der Ming-zeitliche Ausbau der heutigen Großen Mauer – ein ebenso grandioser wie vergeblicher Versuch, die Invasion von nördlichen Stämmen nach China zu verhindern. Nach ihrem Bau begannen die militärische Macht und Diplomatie des Ming-Hofes Ende des 15. Jahrhunderts einzubrechen.

Dennoch wurden in dieser Epoche herausragende künstlerische Leistungen vollbracht. Weltweite Berühmtheit erlangte beispielsweise das Porzellan aus den kaiserlichen Brennöfen in Jingdezhen. Die Ming-Herrscher verhielten sich nicht vollständig isolationistisch. Unter der Herrschaft von **Yongle**, dem 26. Sohn Zhus, fuhr die kaiserliche Flotte unter Admiral **Zheng He**, einem moslemischen Eunuchen, über den Indischen Ozean bis an die Ostküste Afrikas. Nach Yongles Tod 1424 stagnierten diese Erkundungsfahrten wieder. Die Missionen wurden eingestellt, weil man sie als unvereinbar mit den konfuzianischen Werten einstufte, die Ausländer gering schätzten. So wechselten die Initiativen für Welthandel und Forschungsfahrten in die Hände der Europäer, es folgten die großen Entdeckungsreisen von Kolumbus, Magellan und Vasco da Gama. 1514 tauchten auf dem Perlfluss am Südhafen von Guangzhou (Kanton) portugiesische Schiffe auf, die jedoch alsbald vertrieben wurden. 1557 erhielt **Portugal** jedoch die Erlaubnis, Macau zu kolonisieren. Obwohl der Umgang mit Ausländern offiziell vom Kaiserhof geächtet war, blühte der Handel auf, chinesische Kaufleute und Beamte waren begierig, die damit verbundenen Vorteile zu nutzen.

In ihren späten Jahren hatte die Ming-Dynastie weniger große Herrscher zu verzeichnen. Sie ließen die Macht in die Hände der Eunuchen-Beamten gleiten, die ihre Befugnisse jedoch weniger zur Steuerung des Reiches als vielmehr zu Intrigen nutzten. Anfang des 17. Jahrhunderts konnte von Grenzverteidigung keine Rede mehr sein, und die nördlichen **Mandschu-Stämme** hatten bereits die Große Mauer überwunden. 1627 setzte eine Serie von Bauern- und Militäraufständen gegen die Ming ein. Als die Horden des Rebellen **Li Zicheng** 1644 in der Hauptstadt einfielen, floh der letzte Ming-Kaiser aus seinem Palast und erhängte sich – ein schmachvolles Ende einer 300 Jahre alten Dynastie.

Die Qing-Dynastie (1644–1911)

Die Mandschu zögerten nicht, die inneren Wirren zu ihrem Vorteil zu nutzen: Sie fielen über Beijing her, vertrieben Li Zicheng und seine Truppen, erklärten die Hauptstadt zu ihrer eigenen und gründeten die Qing-Dynastie. Es dauerte weitere 20 Jahre, bis sich die Mandschu auch den Süden des Landes einverleibten. China befand sich erneut unter Fremdherrschaft. Wie einst die mongolische Yuan-Dynastie unternahmen auch die Qing zunächst wenig, um sich an die einheimische Kultur anzupassen. Sie herrschten abgesondert als Herren über das Volk. Mandschu wurde zur offiziellen Sprache, die Chinesen waren verpflichtet, einen Zopf zu tragen, und Heiraten zwischen Mandschu und Chinesen war streng verboten. Nachdem die Qing-Dynastie die abgelegenen Gebiete der Inneren und Äußeren Mongolei, Tibets und Turkestans dem chinesischen Reich einverleibt hatte, war die chinesische Welt größer als unter der Tang-Dynastie.

Schon bald aber erwiesen sich die Mandschu als empfänglich für die chinesische Kultur, und letztendlich unterlagen sie vollauf ihrem Einfluss. Drei herausragende Qing-Kaiser bescherten der Verwaltung schon in der Frühgeschichte der Dynastie neues Blut und frische Energie. **Kangxi**, der 1654 seine 61-jährige Regierungszeit im Alter von sechs Jahren antrat, war ein großer Anhänger der Künste und stattete zahllose Rollen berühmter Kalligrafien und Gemälde mit seinem Stempel aus, als Beweis, dass er sie begutachtet hatte. Beflissen pflegte er seinen Ruf als „Sohn des Himmels", indem er Reisen durch das Land unternahm und einen sehr persönlichen Führungsstil vorlebte. Er bemühte sich stark um die Wiedererlangung der Kontrolle über den Süden. 1683 konnte er die südliche **Rebellion der Drei Staatenbunde** (angeführt von drei Militärgouverneuren) gewaltsam beenden und das Reich erneut vereinen. Sein vierter Sohn **Yongzheng** (1678–1735, Regierungszeit 1723–1735) herrschte über eine der effizientesten und am wenigsten korrupten Verwaltungen, die China jemals besaß. Sein Erbe trat **Qianlong** (1711–99, Regierungszeit 1736–1796) an, unter dem sich Chinas Grenzen weit ausdehnten und das Land wirtschaftliche Stabilität besaß, die durch Frieden und Wohlstand genährt wurde. Um 1750 erlebte China vielleicht den Gipfel seiner Blüte. Es gehörte zu den militärisch stärksten, reichsten und mächtigsten Ländern der Welt.

In der zweiten Hälfte des 18. Jahrhunderts geriet China zunehmend in wirtschaftliche Schwierigkeiten. Die sesshafte Gesellschaft erlebte eine Bevölkerungsexplosion, die zu Engpässen in der

Nahrungsmittelversorgung und zu Landmangel führte. Dies zog Unruhen nach sich. Auswanderer aus Zentralchina ließen sich in den entfernten Provinzen des Westens nieder und verdrängten dort die ursprünglichen Bewohner. Zugleich drangen europäische Mächte nach Asien vor. Ungefähr seit 1660 bekamen die portugiesischen Händler in Guangzhou Gesellschaft von britischen Kaufleuten, die Tee, Seide und Porzellan erwarben; im 18. Jahrhundert setzte sich die **Britische Ostindienkompanie** im Bestreben fest, Handelsmonopole zu errichten. Doch Chinas Herrscher, die immens reich und mächtig und zudem von ihrer Überlegenheit überzeugt waren, wünschten keine direkten Kontakte zu Ausländern. Als **Lord Macartney** 1793 mit den üblichen Geschenken eintraf, um einen politischen und wirtschaftlichen Vertrag über besondere Handelsrechte zwischen König George III. und dem chinesischen Kaiser zu erwirken, verweigerte er den Kotau – und seine Mission scheiterte. Der „Tribut" des englischen Königs hingegen wurde akzeptiert, doch der chinesische Kaiser verwarf jeden Gedanken an eine Allianz mit Personen, die nach chinesischer Vorstellung Untertanen waren. Macartney zeigte sich beeindruckt vom unermesslichen Reichtum und der Macht des chinesischen Kaiserhofs, doch später schrieb er weitsichtig, dass das Reich „die Gestalt eines alten verrückten Kriegsherrn hat, dessen Offiziere über Plänen brüten, wie man sich über Wasser halten und durch das eigene Erscheinungsbild und die vorhandene Größe Furcht verbreiten könnte".

Die Opiumkriege und der Taiping-Aufstand

Nachdem ihre offiziellen Verhandlungsversuche mit dem Qing-Kaiserhof gescheitert waren, beschloss die Ostindienkompanie, die Dinge selbst in die Hand zu nehmen und in China einen verdeckten Markt für westliche Produkte zu schaffen. Statt mit Silber begannen sie für Tee und Seide mit Opium zu zahlen, das sie billig aus Indien importierten. Als die Zahlen der Süchtigen und die Nachfrage nach dem Rauschmittel im frühen 19. Jahrhundert eskalierten, schlug Chinas positive Handelsbilanz ins Defizit um – das Silber floss aus dem Land. Nachdem ein striktes Handelsverbot durch kaiserliches Edikt ignoriert wurde, ordnete der Hof im Jahre 1840 die Konfiszierung und Vernichtung von über 20 000 Kisten Opium an. Dies führte zum Ersten Opiumkrieg. Zwei Jahre lang beschossen britische Kanonenboote die Küstenhäfen, dann sah sich China gezwungen, den **Vertrag von Nanjing** zu unterzeichnen, zu dessen erniedrigenden Bedingungen immense Reparationszahlungen, die Öffnung weiterer Häfen für den Außenhandel und die **Abtretung von Hongkong** gehörten. Dies war der erste Auftakt einer Abfolge von Zugeständnissen, welche die Briten und andere Nationen China durch ungleiche Verträge aufzwangen.

Es war ein vernichtender Schlag für China, das nicht begriff, wie fremde Organisationsformen zur europäischen Übermacht hatten führen können. Hinzu kamen drohende innere Rebellionen, die durch anti-mandschurische Gefühle und wirtschaftliche Schwierigkeiten genährt wurden – und durch die steigenden Steuern, mit denen der Hof die Kriegslasten bezahlen wollte. Aufstände brachen in Guizhou und Yunnan aus, doch die staatsgefährdenste Revolte setzte der chinesische Christ-Evangelist **Hong Xiuquan** in Gang, der in den 1850er Jahren mit seiner millionenstarken Taiping-Armee durch Zentralchina stürmte und den größten Teil des fruchtbaren Yangzi-Tales eroberte. Nachdem er Nanjing zu seiner „Himmlischen Hauptstadt" gemacht hatte, wurde seine Position durch interne Unstimmigkeiten geschwächt, und als er militärische Manöver gegen Beijing zu inszenieren begann, schritten die europäischen Mächte ein, weil sie befürchteten, dass Hongs Oppositionsregierung die Kontrolle über das Land gewinnen könnte. Mit europäischer Unterstützung trieben die Qing-Truppen die Taiping-Armee 1864 zurück in ihre Hauptstadt und veranstalteten dort ein Blutbad. Hong Xiuquan beging Selbstmord – der Taiping-Aufstand war niedergeschlagen, 20 Millionen Menschen waren gestorben und fünf Provinzen lagen in Schutt und Asche.

Während des Aufstandes ergriff die **Kaiserinwitwe Wu Cixi** die Fäden der Macht, die sie verdeckt während der Regierungen verschiedener Kaiser seit 1861 verwoben hatte. Sie war hochmütig, eitel und sich sicher, dass Reformen bloß die Macht der Qing unterhöhlen würden. Deshalb hielt sie zu einer Zeit, in der China dringend seine ineffektive politische und wirtschaftliche Struktur hätte modernisieren müssen, an einem tief verwurzelten Konservatismus fest. Die profitabel wirtschaftenden Industrien des Landes gerieten in die Hände der ausländischen Mächte, die die Gewinne ins Ausland schleusten, und zunehmende christliche Missionarstätigkeiten untergruben die traditionellen Konzepte der chinesischen Gesellschaft. Als Reaktion trieben radikale Berater den Kaiser Guangxu zum politischen Schritt der **Hundert-Tage-Reform**, mit der Landwirtschaft, Industrie und Verwaltung modernisiert werden sollten. Die Aktion wurde von der konfuzianisch orientierten Opposition gestoppt – im Hintergrund wirkte Cixi, die Guangxu gefangen setzte, die Berater hinrichten ließ und alle getroffenen Maßnahmen widerrief.

Chinas **Kolonialreich** löste sich rasch auf. Frankreich riss zwischen 1883 und 1885 die Vasallenstaaten Laos, Kambodscha und Vietnam an sich; Großbritannien übernahm Myanmar (Burma); und **Tibet**, das nominell seit der Tang-Dynastie unter chinesischer Verwaltung stand, begann seine Unabhängigkeit einzufordern. Der wohl folgenschwerste Einschnitt ereignete sich 1894, als China 2000 Soldaten zur Unterstützung des Königs von **Korea** entsandte, wo eine Rebellion ausgebrochen war. Im Gegenzug entsandte **Japan** 10 000 Soldaten, um die Rebellion weiter zu nähren, und innerhalb weniger Monate hatte der Inselstaat die chinesischen und die koreanischen Gegner besiegt. Durch den folgenden Vertrag wurde China gezwungen, **Taiwan**, die Pescadoren und die Halbinsel Liaodong an Japan abzutreten. Dies wiederum setzte andere Mächte in Alarmbereitschaft: Frankreich, Deutschland und Russland, die einen Dominoeffekt befürchteten, drängten Japan zur Rückgabe von Liaodong an China. Als Dankbezeugung gestatteten die Chinesen Russland den Bau einer Eisenbahnlinie durch die Mandschurei bis zum Hafen Lüshun. Durch die Möglichkeit, schnell entlang dieser Linie Truppen verlegen zu können, kontrollierte **Russland** die Mandschurei in den folgenden zehn Jahren.

Der Boxeraufstand und das Ende des kaiserlichen China

In den 1890er Jahren lag ganz China im Chaos. Fünfzig Jahre lang hatten die Qing-Herrscher ein Vermögen in ruinöse Kriege investiert, die Wirtschaft in die Hände ausländischer Mächte gleiten lassen und nichts gegen diverse Volkserhebungen unternommen. Die geballte Kraft der Bauernschaft wartete nur auf eine führungsstarke populäre Organisation, und diese erstand mit den Boxern, die sich **Yihetuan Yundong** (Bewegung für Gerechtigkeit und Frieden) nannten. Sie versprachen allen, die sich ihren mystischen Vorstellungen anschlossen, Unverwundbarkeit gegen Gewehrkugeln und kleideten ihre Ziele in die Parole „Sturz der Qing-Dynastie, Vernichtung der Ausländer" – Worte, die den unterdrückten Bauern aus dem Herzen sprachen.

1899 erlitten die Boxer eine anfängliche Niederlage gegen Cixis Truppen, doch schon kurz danach befand Cixis Verwaltung, dass die Boxerarmee ein nützliches Instrument sein könnte. Die Truppen erhielten freie Hand, schlachteten Missionare ab, töteten christliche Konvertiten und ermordeten andere Ausländer, deren sie habhaft werden konnten.

Im Sommer des Jahres 1900 erklärte die Regierung großspurig allen ausländischen Mächten auf ihrem Boden den Krieg, und die Boxer schlossen einen Ring um den Wohnbezirk der ausländischen Gesandtschaften. Die Botschafter Deutschlands und Japans wurden getötet, doch die Briten und mit ihnen andere Staaten hielten durch, bis am 14. August eine internationale Hilfstruppe eintraf. Angesichts der folgenden Massaker, Plünderungen und Wirren, in denen die Boxer vernichtend geschlagen wurden, verkleideten sich Cixi und der Kaiser als Bauern und flohen nach Xi'an. Die Minister blieben mit dem Auftrag zurück, den Frieden auszuhandeln.

Obwohl sie sich noch ein weiteres Jahrzehnt an die Macht klammerte, war dies das Ende der Qing-Dynastie. Innere Bewegungen formierten sich, die das dynastische System abschaffen und ein neues China aufbauen wollten. Zur einflussreichsten Bewegung wurde die 1905 vom Exilanten **Sun Yatsen** – Doktorand aus einer wohlhabenden Familie aus Kanton – in Tokio gegründete Revolutionäre Liga (Tong Meng Hui). Drei Jahre später starb Cixi, und 1911 brach in Wuchang in der Provinz Hubei ein Volksaufstand los, der letztlich den Sturz der Dynastie bewirkte. 2000 Jahre mit dynastischen Abfolgen fanden ein eher ruhiges Ende. Sun Yatsen kehrte nach China zurück und übernahm die Führung einer provisorischen **republikanischen Regierung** in Nanjing.

Von der Republik zum Kommunismus (1911–1949)

Nahezu umgehend befand sich die junge Republik in Schwierigkeiten: Obwohl 1913 auf ordnungsgemäße Weise ein **Parlament** gewählt worden war, hatte dieses weder politische noch militärische Macht. Außerdem herrschte über Chinas Norden der frühere Befehlshaber der kaiserlichen Armee **Yuan Shikai**, der die Abdankung des letzten Kaisers **Puyi** erzwungen hatte. Angesichts eines drohenden Bürgerkrieges trat Sun Yatsen von seinem Amt als provisorischer Präsident der neu gegründeten **Guomindang** (Nationale Volkspartei) zurück. Yuan Shikai entließ unverzüglich die Regierung, zwang Sun Yatsen ins neuerliche Exil und versuchte die Macht zu zentralisieren – mit dem Ziel, eine neue Dynastie zu gründen. Seine Ambitionen aber wurden durch seine eigenen Generäle zunichte gemacht, die nach eigenen Pfründen trachteten. Yuans plötzlicher Tod im Jahre 1916 markierte für die folgenden 34 Jahre den letzten Zeitpunkt, zu dem das Land einer einheitlichen Führung unterstand. Während Machtrangeleien unter Yuans Generälen den Norden in einen Bürgerkrieg stürzten, kehrte Sun Yatsen ein zweites Mal aus dem Exil zurück und richtete im Süden eine Guomindang-Regierung ein.

Derart geteilt war China unfähig, sich gegen die immer dreister werdenden territorialen Übergriffe Japans und anderer Kolonialmächte zu stemmen, die sich als Resultat des **Ersten Weltkrieges** ergaben. Mit Unterstützung der alliierten Mächte erhob Japan zu Beginn des Krieges Anspruch auf den in deutscher Hand befindlichen Hafen Qingtao und den gesamten dortigen deutschen Schiffsbestand samt Industrieanlagen auf der Halbinsel Shandong. 1915 legte Japan zudem die so genannten Einundzwanzig Forderungen an China vor, die Yuan Shikai angesichts einer drohenden japanischen Invasion akzeptieren musste. Nach Kriegsende zerschellten die Hoffnungen, dass der 1919 unterzeichnete Vertrag von Versailles die japanische Aggression (und die ungleichen Verträge sowie die ausländischen Konzessionen) beenden würde, da die westlichen Mächte längst Geheimverträge mit Japan unterzeichnet und damit Japans Rechte in China bestätigt hatten. Aus dieser Enttäuschung wurde die **4.-Mai-Bewegung** geboren, die als erste einer Serie von anti-ausländischen Demonstrationen in die Geschichte einging.

Das Erstehen der Kommunistischen Partei

Als Reaktion auf diese Ereignisse gründete sich 1921 in Shanghai die Kommunistische Partei Chinas (KPCh). Ihre Führung setzte sich aus zwei Gruppierungen zusammen, die sich schon mehrere Jahre politisch betätigt hatten. Die eine Gruppe scharte sich um **Li Dazhao**, einen ehemaligen Bibliothekar der Universität Beijing, und seine jungen Studenten **Mao Zedong** und **Zhang Gudao**. Führer der anderen Gruppe war **Zhou Enlai**, der die Organisation einer marxistischen Studentengruppe in Tianjin übernommen hatte. Die Partei wurde von russischen Beratern geführt, die das Beispiel Russlands einer städtischen proletarischen Revolution vor Augen hatten, was angesichts Chinas gewaltiger Zahl von Landbewohnern von zweifelhaftem Wert war. Ihre Instruktionen wurden auch von der sowjetischen Außenpolitik bestimmt. Als Moskau die KPCh drängte, die Militärmanöver der Guomindang gegen die nördlichen Warlords zu unterstützen, stand im Hintergrund die Furcht der Sowjetunion vor einem Angriff Japans auf ihre östlichen Landesteile, weshalb ein starkes China benötigt wurde – und Moskau erachtete die Guomindang als stärkste Partei, die dieses Ziel erreichen könnte.

Als die KPCh ihre Kräfte der Guomindang anschloss, gewann sie keine Bundesgenossen, erst recht nicht nach Sun Yatsens Tod im Jahre 1925, dessen Nachfolge sein Schwager, der Heeresführer **Chiang Kaishek** (chinesischer Name: Jiang Jieshe) antrat. Chiang Kaishek war ein extremer Nationalist, der sich keine Zeit nahm für die KPCh und ihre Ambitionen, Chinas Klassenunterschiede abzuschaffen. Unter seiner Führung besiegten die als Nationale Revolutionsarmee vereinten Truppen von KPCh und Guomindang im Rahmen des **Nordfeldzugs** die Warlords, doch in seinem neuen Hauptquartier in Nanchang konnte Chiang die Truppen nicht mehr zusammenhalten. Während des Feldzuges gegen Shanghai organisierten kommunistische Elemente innerhalb der Revolutionsarmee einen Generalstreik gegen Chiang, besetzten das Militärarsenal und bewaffneten die Arbeiter. Die Industriebosse und ausländischen Eigentümer stellten ihrerseits Chiang die Geldmittel zur Verfügung, Hundertschaften von Schlägern in die Reihen der Revolutionsarmee zu integrieren, die gegen die Militia der Arbeiter vorgingen und ein Massaker unter den Kommunisten und an all denen verübten, die Chiang zu vernichten beschlossen hatte. Rund 5000 Menschen wurden ermordet. Zhou Enlai entkam nur mit Glück, doch Li Dazhao wurde getötet.

Nachdem Chiang Kaishek die gesamte Armee an seine Seite gezogen und die ursprüngliche kommunistische Führung (inklusive Mao Zedongs zweiter Frau Yang Kaihui) hingerichtet hatte, konnte er die Oberherrschaft rasch an sich reißen und wurde 1928 zum Führer der Nationalregierung benannt. Unter seiner Leitung entwickelte sich die Guomindang zu einer **Militärdiktatur**, die über die verbreitete Armut im Volk hinwegsah und japanische Übergriffe duldete, weil es ihr wichtiger war, jegliche interne Opposition durch brutale Gewalt zu unterdrücken. Die Westmächte stärkten Chiang bei dieser Linie den Rücken – selbst die Sowjetunion, die an ihrer Politik festhielt, dass die Kommunisten ihre Allianz mit der Guomindang aufrechterhalten sollten. Doch Chiangs interne Macht war beschränkt: Trotz des Versuchs begrenzter sozialer Reformen ging die Partei rasch dazu über, die Interessen einer sozialen Elite zu verfolgen. Die Kommunisten, die Chiangs Säuberungsaktionen entkommen waren, sammelten sich in abgelegenen Landesteilen, vor allem am **Jinggang Shan** in der Provinz Jiangxi unter der Führung Mao Zedongs.

Mao Zedong, die Rote Armee und der Lange Marsch

Mao Zedong, der Sohn eines wohlhabenden Landwirts aus Hunan, war der Überzeugung, dass soziale Reformen nur mit Unterstützung der Bauernschaft zu erwirken seien. Diese Einstellung festigte sich in den frühen 20er Jahren während seiner Zeit als Lehrer an einem bäuerlichen Ausbildungsinstitut in Guangzhou. Trotz des Sturzes der Kaiser hatten die Bauern weiterhin nur wenige Rechte und keine politische Basis. Durch übermäßige Besteuerung grassierte die Armut, jegliche Proteste wurden durch die Privatarmeen der Warlords niedergeschlagen. Durch das Studium der Texte von Karl Marx erkannte Mao Zedong die Parallelen zwischen dem Europa des 19. Jahrhunderts und dem China des 20. Jahrhunderts. Er schlussfolgerte, dass nur ein bewaffneter Aufstand der Massen die alte Ordnung würde ersetzen können.

Nach den Ereignissen in Shanghai organisierte Mao in Changsha die erste Armee aus Bauern und Arbeitern, was als **Herbsternteaufstand** in die Geschichte einging. Seine Truppen zogen südostwärts in Richtung der Grenze zwischen Hunan und Jiangxi und sammelten sich am Jinggang Shan, wo sie sich mit den Verbänden von **Zhu De** zusammenschlossen, der sich als ehemaliger Guomindang-Kommandant aus Nanchang auf die Seite der Kommunisten schlug. Mit Guerilla-Taktiken erzielte die vereinte Rote Armee aus Bauern, Bergarbeitern und Deserteuren der Guomindang unerwartete Erfolge gegen die Anfang der 30er Jahre gegen sie ausgesandten nationalistischen Truppen, bis der kommunistische Führer **Li Lisan** Mao den Auftrag erteilte, seine Bergbasis aufzugeben und die Städte anzugreifen. Die daraus resultierenden Gefechte mit den zahlenmäßig weit überlegenen Streitkräften der Guomindang verliefen katastrophal. Chiang Kaishek setzte nach und mobilisierte eine halbe Million Soldaten, ließ Jinggang Shan umzingeln und mit einem Ring aus Beton-Blockhäusern und Stacheldrahtzäunen versiegeln.

Gezwungen zur Wahl zwischen Kampf oder Flucht organisierte Mao einen Rückzug von über 80 000 Soldaten, der zum Heldenepos der KPCh gedieh: der Lange Marsch. Der strategische Rückzug führte (zu Fuß) über 9500 km, über 18 Bergzüge (darunter fünf mit Schnee bedeckte), über 24 Flüsse und durch zwölf Provinzen. Das im Oktober 1934 begonnene Unternehmen dauerte ein Jahr – über 60 000 Menschen fanden den Tod durch Kälte, Hunger oder in den Scharmützeln mit Guomindang-Truppen. Letztendlich aber gelangten sie in ein sicheres Rückzugsgebiet in Yan'an in der Provinz Shaanxi, und damit hatten die Kommunisten eine Abfolge demütigender Niederlagen in eine Basis zum künftigen Sieg umgekehrt. Mao Zedong war zwischenzeitlich zum unumstrittenen Führer der KPCh aufgestiegen und bestätigt worden. Die **Konferenz von Zunyi** fand zu einem Zeitpunkt statt, als die meisten Chinesen noch nie etwas vom Kommunismus gehört hatten und erstmals mit dessen Strategien und Vorstellungen vertraut gemacht wurden. Trotz der hohen Opferzahl trug der Lange Marsch den Kommunisten ungeheuren Respekt ein. Eine Armee, die ein solches Abenteuer bestanden hatte, musste zu allem fähig sein.

Die japanische Invasion und die Einheitsfront

Währenddessen hatte Japan die chinesische Mandschurei in Besitz genommen und Puyi, den letzten Kaiser der Qing-Dynastie, als Marionettenherrscher eingesetzt. Da sie offenbar Vorbereitungen für eine Invasion nach Ostchina trafen, verfasste Mao Zedong ein Schreiben an Chiang Kaishek, die Warlords, Rebellenführer und Geheimgesellschaften, in dem er zur Beendigung des Bürgerkrieges und Bildung einer Einheitsfront gegen die auswärtige Bedrohung aufrief. Chiang reagierte, indem er seine mandschurischen Truppen unter **Zhang Xueliang** in Marsch setzte, um die Roten in Shaanxi endgültig auszumerzen. Zhang sah jedoch in der angebotenen Allianz die einzige Möglichkeit, die Japaner aus seinem Heimatland zu vertreiben, und so schloss er ein geheimes Bündnis mit den Kommunisten. Am 12. Dezember 1936 wurde Chiang mit Unterstützung seiner eigenen Truppen entführt. Das Ereignis ging als **Xi'an-Zwischenfall** in die Geschichte ein. Am Weihnachtstag erwirkte Zhou Enlai als Vermittler Chiangs widerwillige Unterzeichnung einer Vereinbarung für eine Einheitsfront. Für kurze Zeit waren die Parteien vereint, doch beiden Seiten war klar, dass die Allianz nur so lange halten würde, bis die japanische Bedrohung abgewendet war.

Der Krieg brach aus, als Japan im Juli 1937 Beijing angriff. Die mangelhaft bewaffneten und schlecht ausgebildeten Truppen der Guomindang wurden rasch nach Süden und Westen verdrängt, und am Ende jenes Jahres hatte Japan den größten Teil Ostchinas zwischen Beijing und Guangzhou eingenommen. Von ihrer Besatzungshauptstadt Nanjing aus konzentrierten sich die Japaner auf die Verfolgung der Guomindang-Kräfte, was ein Vakuum im Norden bewirkte, das die Kommunisten rasch ausfüllten. Darauf aufbauend errichteten sie ihre Basis für eine stabile Regierung über 100 Millionen Menschen in der nordchinesischen Ebene.

Der Ausbruch des **Zweiten Weltkriegs** in Europa im September 1939 wirkte sich unweigerlich auf China aus. Nazi-Deutschland stellte die waffenmäßige Unterstützung der Guomindang ein, und zwei Jahre später wurde nach der Bombardierung Pearl Harbours auch jegliche militärische Hilfe der USA an Japan eingestellt. Da die Schwerindustrie des Landes fest in japanischen Händen lag, war die Regierung der Einheitsfront, die sich inzwischen nach **Chongqing** in der Provinz Sichuan zurückgezogen hatte, auf die Unterstützung der Amerikaner und Briten angewiesen, die Nachschub über den Himalaja einflogen. Chiangs wahre Absichten aber blieben stets erkennbar. Nachdem er 1941 „versäumt" hatte, die erhaltenen Waffen auch unter der Roten Armee zu verteilen, brach die Einheitsfront zusammen.

Das Kriegsende und die Guomindang

Als die beiden Atombomben 1945 das Ende des japanischen Reiches herbeiführten, war die Rote Armee auf nahezu eine Million Soldaten angewachsen und fand landesweit Unterstützung. Der Kommunismus hatte in China Fuß gefasst, sich jedoch noch nicht etabliert. Wie vorherzusehen war, schlugen sich die USA auf die Seite Chiang Kaisheks und der Guomindang. Überraschenderweise tat dies auch die Sowjetunion, denn Stalin glaubte, dass die Guomindang mit amerikanischer Unterstützung die Kommunistische Partei mühelos zerschlagen würde. Dennoch traten die Amerikaner als Vermittler für **Friedensverhandlungen** zwischen den Nationalisten und Kommunisten auf, in deren Rahmen Chiang der KPCh eine Beteiligung an der Regierung verweigerte, da er ihre Politik für unkontrollierbar hielt, solange die Rote Armee bestand. Den Kommunisten hingegen war klar, dass sie ohne eine Armee keine Bedeutung haben würden. Die Gespräche verliefen im Sande.

Ironischerweise entschied die amerikanische Einmischung die Entwicklung zu Gunsten der Kommunisten, als diese von den Guomindang-Truppen große Mengen des amerikanischen Nachschubs erbeuteten und nun mit Feuerkraft ausgestattet waren. Getragen von einer Welle der öffentlichen Unterstützung und untermauert von Chiangs Misswirtschaft setzte die neu benannte **Volksbefreiungsarmee** (VBA) 1948 zum definitiven Angriff gegen die Guomindang an. Dieser führte im Winter jenes Jahres zum entscheidenden Sieg in der Schlacht von **Huai Hai** in der Provinz Anhui. Die demoralisierten Truppen der Guomindang verloren den Mut zu kämpfen, und als Anfang 1949 die Stadt Shanghai in die Hände der

VBA zu fallen drohte, packte Chiang Kaishek die gesamten Goldreserven des Landes in ein Flugzeug und flüchtete nach **Taiwan**, um dort die **Republik China** zu gründen. Auf dieser Insel blieb er bis zu seinem Tod im Jahre 1975, stets verharrt im hoffnungslosen Traum, das Festland mit den zwei Millionen Soldaten und Flüchtlingen, die sich ihm angeschlossen hatten, zurückzuerobern. Noch mehrere Jahre lang kam es zu Säuberungsaktionen gegen verbliebene Guomindang-Widerstandsnester auf dem Festland, doch im Oktober 1949 verkündete Mao Zedong in Beijing die Gründung der **Volksrepublik China**. Die bevölkerungsreichste Nation der Welt war kommunistisch geworden.

Die Volksrepublik China unter Mao Zedong (1949–1976)

Nachdem das Land über ein Jahrhundert lang unter Misswirtschaft und Krieg gelitten hatte, sah sich die junge Volksrepublik immensen Problemen ausgesetzt. Russland bot rasch seine Unterstützung an, die USA wiederum verweigerten Maos Regierung die Anerkennung und vertraten die Politik, dass nur Chiang Kaishek und die Guomindang das chinesische Volk repräsentierten. Chinas Straßen- und Eisenbahnnetz war zu großen Teilen zerstört, die industrielle Produktion eingebrochen, die landwirtschaftlichen Nutzflächen waren großflächig verwüstet, und es gab keine Devisenreserven mehr. Doch das chinesische Volk, noch immer unter dem Eindruck seines hart erkämpften Sieges, stellte sich mit beharrlicher Energie der Aufgabe, das Land aufzubauen. Mitte der 50er Jahre war die gesamte Industrie verstaatlicht, und die Produktion hatte wieder das Niveau der Vorkriegszeit erreicht. Zum ersten Mal in der chinesischen Geschichte war der Boden in die Hände der Bauern übereignet worden. Zahlreiche frühere Landbesitzer waren exekutiert worden, und viele andere wurden zu „Kritik und Selbstkritik" verurteilt, als **Umerziehungsmaßnahme** zur Etablierung des Marxismus und zur Verhinderung von Ideologien, die Elitarismus oder bourgeoisen Abweichungen vom revolutionären Geist Vorschub leisten könnten. Die Bürger wurden gezwungen, sich selbst, ihre Vergangenheit und Menschen aus ihrem Umfeld zu kritisieren – eine traumatische Erfahrung, die jahrhundertealte Traditionen zerbrach.

Angesichts der mannigfaltigen innenpolitischen Schwierigkeiten war der 1950 ausbrechende **Koreakrieg** eine Belastung, auf welche die chinesische Regierung wohl lieber verzichtet hätte. Nachdem das kommunistische Nordkorea in den Süden einmarschiert war, hatten amerikanische Streitkräfte interveniert und dabei – den Drohungen Zhou Enlais zum Trotz – chinesisches Territorium verletzt. Im Juni erklärte China den Krieg und entsandte eine Million Soldaten, um die Amerikaner an den 38. Breitengrad zurückzudrängen und Friedensverhandlungen zu erzwingen. Um die Moral der jungen Nation zu fördern, hätte das Ereignis auf keinen besseren Zeitpunkt fallen können. Doch auch an anderen Grenzen drohte Gefahr. Nach einem Aufstand in **Tibet** marschierten chinesische Truppen 1951 auf dem Hochland auf, besetzten das gesamte Gebiet und richteten de facto die chinesische Herrschaft ein. Acht Jahre später führte ein gescheiterter Aufstand tibetischer Mönche gegen die Besetzung zu einer massiven Unterdrückung der Religion und zur Flucht des **Dalai Lama** und seiner Anhänger nach Nepal.

Die Hundert-Blumen-Bewegung und der Große Sprung nach vorn

1956 war Chinas Wirtschaft gesund, wenn nicht gar blühend, doch es mehrten sich die Anzeichen, dass die das Land antreibende anfängliche Euphorie nachließ. Mao Zedong, zu dessen Leitprinzipien der Gedanke gehörte, dass die ständige Revolution Bestandteil der staatlichen Existenz und deshalb jeglicher Status quo schlecht sei, beschloss, dass sowohl die Verwaltung als auch die Industrie eine Erneuerung benötigten. Deshalb hielt er die Zeit für gekommen, die Beschränkung der öffentlichen Meinungsfreiheit zu lockern – in der Hoffnung, dass offene Kritik die selbstzufriedenen Bürokraten und Parteifunktionäre aufrütteln würde. Mit der Parole „Lasst hundert Blumen blühen, lasst hundert Schulen miteinander wetteifern" ermutigte er die Intellektuellen, ihre Gedanken und Beschwerden zu äußern. Doch der Plan ging nach hinten los: Statt die Beamtenschaft wachzurütteln, geriet die Hundert-Blumen-Bewegung zur heftigen Kritik gegen das kommunistische System selbst. Da Mao gegen ihn persönlich gerichtete Kritik niemals auf die leichte Schulter nahm, wurden diejenigen, die allzu unverblümt ihre Meinung bekundet hatten, Opfer einer **Anti-Rechts-Kampagne**. Sie kamen entweder ins Gefängnis oder unter das schwere Joch der „Selbstkritikübung". Ab diesem Zeitpunkt wurde den Intellektuellen kollektiv misstraut, und sie sollten fortan unter dem wachsamen Blick der Obrigkeit stehen.

Als nächstes wurden Landwirtschaft und Industrie umgestaltet: Im August 1958 erfolgte die Anordnung, dass alle privaten Bodenflächen der Bauern zu kollektiven Betrieben zusammengeschlossen werden mussten und diese als eigenverantwortliche **Volkskommunen** wirtschaften sollten. 500 Millionen Bauern verteilten sich auf 24 000 Kommunen mit dem Ziel, kleine landwirtschaftliche Einheiten in hypereffiziente Agrarregionen zu verwandeln. Die Industrie sollte, von Saisonarbeitern unterstützt, Schwerindustriebetriebe aufbauen, Kanäle graben und Sümpfe trocken legen. Propagandakampagnen versprachen ständigen Wohlstand als Gegenleistung für harte Arbeit und Genügsamkeit. Das Ziel wurde postuliert, mit dem so genannten Großen Sprung nach vorn die industrielle Produktion Großbritanniens innerhalb von zehn Jahren, die Amerikas binnen 15 bis 20 Jahren zu übertreffen. Doch der Große Sprung nach vorn war von Beginn an ein Desaster. Nachdem die Bauern Land erhalten (und in vielen Fällen dafür gekämpft) hatten, hatte man es ihnen nun erneut weggenommen. Ihr Eifer, in großen Einheiten zu arbeiten, hielt sich deshalb in Grenzen. Auch das Kommunen-Management war wenig auf die neue Aufgabe vorbereitet, und so führte diese Situation zu einer nahezu umgehenden Krise der landwirtschaftlichen und industriellen Produktion. Angesichts zahlreicher unrealistischer **Quotenvorgaben** aus Beijing – eine forderte zum Beispiel die Ausmerzung aller landwirtschaftlichen Schädlinge, eine andere von allen Kommunen die Produktion einer bestimmten Menge an Stahl (ungeachtet der Verfügbarkeit von Rohstoffen) – hatte niemand mehr Zeit, die Felder zu pflegen. 1959 und 1960 wurden Missernten eingebracht, Millionen Menschen hungerten. Hinzu kam, dass das politische Tauwetter in den amerikanisch-sowjetischen Beziehungen im Jahre 1960 zur Einstellung aller sowjetischen Hilfeleistungen an Beijing führte.

Als die Wirtschaft am Boden lag, brach das politische Konzept der Volkskommunen ein. Alle Bauern erhielten ein privates Haus und eigene Landparzellen. Mitte der 60er Jahre stand das Land wieder auf soliden Füßen. Politisch aber hatten die Geschehnisse Maos Ruf beschädigt. Mehrere Mitglieder des Zentralkomitees der Kommunistischen Partei bezogen offen Stellung gegen seine Politik. Zu den unverblümtesten Kritikern gehörten der damalige Staatschef **Liu Shaoqi** und der Generalsekretär der KPCh, **Deng Xiaoping**. Beide hatten die Auswirkungen der Volkskommunen-Politik gemildert, indem sie auf dem Lande eine eingeschränkte freie Marktwirtschaft gestattet hatten. Hinter ihnen und ihrer Doktrin der materiellen Anreize stand eine große Beamtenschaft, über die Mao wenig politische Macht besaß. Liu und Deng hatten außerdem den Verteidigungsminister **Peng Dehuai** unterstützt, was Mao als Hochverrat betrachtete, um sich die technologische und militärische Hilfe der Sowjetunion zu sichern und die Soldatenschaft von nicht-militärischen Aufgaben zu befreien – diverse Abteilungen der Armee hatten diese Strategie begrüßt.

Die Kulturrevolution

Als seine Politik in Misskredit geriet, befürchtete Mao, die Kontrolle über die Partei zu verlieren, und er trachtete danach, seine Autorität wiederherzustellen. Seine wichtigste Stütze war **Lin Biao**, der neue Verteidigungsminister und stellvertretende Vorsitzende der Kommunistischen Partei, der 1964 die **Sozialistische Erziehungsbewegung** ins Leben rief, um „den spontanen Wunsch der Kapitalistenwerdung" unter den Bauern zu zerstören. Mao unterstützte die Ziele der Bewegung, weitete sie auf die gesamte von Liu Shaoqi aufgebaute Bürokratie aus und begann mit tatkräftiger Unterstützung Lin Biaos, die chinesische Jugend in eine Kampagne gegen seine moderaten Widersacher zu treiben. Anfänglich schien die Große Proletarische Kulturrevolution zu einem exakten Abbild der Anti-Rechts-Kampagne nach dem Fiasko der Hundert-Blumen-Bewegung zu geraten, doch 1966 brachte ein Angehöriger der Philosophischen Fakultät der Universität Beijing ein Plakat an, das die Universitätsverwaltung denunzierte und zur Unterstützung der Revolution aufrief. Unter Maos Führung organisierten sich Beijings Studenten zu einer politischen Miliz, zu den **Roten Garden**. Binnen Wochen brachte Mao sie aus den Hörsälen hinaus auf die Straßen.

Die Feinde der Roten Garden waren die **Vier Alten**: alte Ideen, alte Kultur, alte Bräuche und alte Gewohnheiten. Exemplare der *Worte des Vorsitzenden Mao Zedong* (die berühmte *Rote Fibel*) schwingend, attackierten die Roten Garden alles, was an Kapitalismus, den Westen oder die Sowjetunion erinnerte. Akademiker wurden gedemütigt und misshandelt, Bücher verbrannt, Tempel und antike Monumente geschändet. Geschäfte, die nur etwas entfernt Westliches im Angebot führten, wurden zerstört, und nicht anders erging es den Gärten der „dekadenten Bourgeoisie". Wie seinerzeit unter der Volkskommunenpolitik wurden Quoten vorgegeben, diesmal jedoch für das Aufspüren und Denunzieren von „Rechtsgerichteten", „Revisionisten" und „kapitalistischen Wegbeschreitern", die korrumpierend gegen die kommunistische Gesellschaft auftraten. Nicht nur Beamte, die ihre vorgegebenen Quoten nicht erfüllten, mussten befürchten, die nächsten Opfer zu sein, sondern auch alle diejenigen, die es versäumten, Eigentum zu vernichten oder andere ohne den gewünschten Enthusiasmus zu denunzieren. Da Polizei und Armee nicht intervenieren durften, wurden Diffamierte mit demütigenden Plakaten behaftet durch die Straßen getrieben. Zehntausende wurden verfemt, verhaftet, totgeprügelt oder in den Selbstmord getrieben. Am 5. August 1966 verkündete Mao Zedong, dass Reaktionäre in den höchsten Ebenen der KPCh anzutreffen seien. Seine Ziele waren klar: Liu Shaoqi wurde ins Gefängnis geworfen und starb dort 1969, Deng Xiaoping wurde seines Amtes enthoben und dazu verurteilt, die Tische einer Parteikantine zu bedienen und an der Drehbank einer provinziellen Traktorfabrik zu arbeiten. Peng Dehuai, der schon 1959 aller Ämter enthoben worden war, verschwand ebenso wie viele andere ältere Amtsinhaber und Armeeoffiziere.

Zu dieser Zeit erreichte Chinas Ansehen in der internationalen Gemeinschaft einen Tiefpunkt. Als die Roten Garden auch noch Mitarbeiter der britischen Botschaft angriffen, bewirkte dies einen generellen **Rückruf der ausländischen Botschafter**. Zu dem Zeitpunkt schließlich, als miteinander rivalisierende Fraktionen der Roten Garden gegeneinander vorgingen, war klar, dass die Gewaltwelle vollkommen außer Kontrolle geraten war. Im August 1967 reagierte Mao Zedong, indem er die Verhaftung der fanatischsten Führer der Roten Garden und die Auslieferung aller Waffen an die Armee anordnete, doch die Umtriebe der Garden waren nur schwer zu bremsen. Im folgenden Frühjahr brachen landesweit Straßenkämpfe aus, und die Regierung konnte die Ordnung nur wiederherstellen, indem sie Panzer in die Städte schickte und die Armee beauftragte, die universitären Hochburgen der Garden zu besetzen. Millionen ehemaliger Mitglieder der Roten Garden wurden unter dem Vorwand, die kommunistische Botschaft unter der Dorfbevölkerung zu verbreiten, aufs Land verfrachtet.

Der Sturz Lin Biaos

Zu den unmittelbaren Auswirkungen der Kulturrevolution gehörte das Entstehen eines **Personenkultes** um Mao, der mehr eine fatalistische Anerkennung seiner absoluten Macht über China als eine offizielle Würdigung seiner (unmenschlichen) Innenpolitik war. Seine Gestalt wurde zu quasi göttlichem Status erhoben. Es ereignete sich, dass sich ein Soldat in einer in Brand geratenen Schule zuerst um die Rettung von Mao Zedongs Bildern aus den Klassenzimmern kümmerte, bevor er die Evakuierung der Kinder in die Wege leitete. Ende der 60er Jahre stieg Maos engster Verbündeter während der Kulturrevolution, Lin Biao, zu dessen designiertem Nachfolger auf. Doch als das Chaos der Revolution abebbte, nahmen auch die Bedeutung der Armee und Lins als deren Befehlshaber ab, Lin spürte, dass sich seine Machtbasis aushöhlte.

Alles Folgende gründet sich nur auf Vermutungen: Möglicherweise plante Lin Biao einen Staatsstreich gegen Mao. 1972 wurde bekannt gegeben, dass Lin und seine Anhänger im Jahr zuvor auf der Flucht Richtung Sowjetunion bei einem Flugzeugabsturz ums Leben gekommen seien. Die Geschichte mag glaubhaft klingen, sie ist vielleicht auch nur erfunden. Möglicherweise wurde Lin hingerichtet, und die offizielle Darstellung sollte seinen Hochverrat unterstreichen. Gesichert ist lediglich die Tatsache, dass Mao Zedong nach Lins Amtsenthebung und der Aufdeckung der Verschwörung seine Basis neu untermauern musste; er tat dies durch die Rehabilitierung einiger Männer, die in der Kulturrevolution in Ungnade gefallen waren, darunter Deng Xiaoping, der angesichts Maos verfallendem Gesundheitszustands (1973 war Mao 80 Jahre alt) die Kontrolle über die Alltagsgeschäfte des Zentralkomitees der KPCh gewann.

Die Pingpong-Diplomatie und der Aufstieg der Radikalen

Die USA, deren Außenpolitik von wirtschaftlichen und politischen Interessen bestimmt war und auf den Zusammenbruch des Kommunismus abzielte, hatten seit dem Ende des Zweiten Weltkriegs unbeirrt Chiang Kaisheks Guomindang unterstützt und dabei stets die düstere Gefahr eines chinesisch-sowjetischen Bündnisses an die Wand gemalt (trotz des Bruchs zwischen Chruschtschow und Mao im Jahre 1960). 1964 zündete China seine erste **Atombombe**, was das Land in die Reihen der Nuklearmächte katapultierte, die Washington nicht bedingungslos freundlich gesonnen waren. Die USA suchten nach einem pragmatischeren Weg. 1970 ebnete der Gesandte Henry Kissinger den Weg für eine Verständigung zwischen beiden Staaten: Es wurden kulturelle und sportliche Beziehungen geknüpft (eine Strategie, die unter der Bezeichnung „Pingpong-Diplomatie" in die Geschichte einging). 1971 wurde die Volksrepublik im Gremium der Vereinten Nationen als offizieller Repräsentant der Nation China anerkannt, was Chiang Kaisheks Ansprüche endgültig außer Kraft setzte. Nur ein Jahr später unternahm der amerikanische Präsident **Richard Nixon** einen Spaziergang auf der Großen Mauer, dem Gespräche mit Mao Zedong folgten. Die Handelsbeschränkungen wurden gelockert, und China nahm wirtschaftliche Beziehungen zum Westen auf. Der „Bambusvorhang" war durchbrochen, der Isolationismus überwunden. Allmählich konnten die durch die Kulturrevolution verursachten Schäden behoben werden.

Die Hinwendung zu einer Politik realistischer **Reformen** ging vom moderaten Flügel der KPCh aus, an dessen Spitze Zhou Enlai – im Volk als Stimme der Vernunft beliebt – sowie sein Schützling Deng Xiaoping standen. Zhous Takt und Feingefühl hatten ihm über 50 Jahre eine charismatische politische Existenz an der Seite Mao Zedongs eingebracht, trotz politischer Meinungsverschiedenheiten. Mehrere heilige Stätten – etwa die buddhistischen Höhlen von Dazu in der Provinz Sichuan – wurden offensichtlich nur auf direkte Weisung Zhou Enlais vor der Zerstörung durch die Roten Garden bewahrt. Doch mit Zhous Tod im Februar 1976 setzte die **Viererbande**, die von Maos dritter Frau Jiang Qing angeführt wurde und zum radikalen Sprachrohr eines zunehmend senilen Mao Zedong geworden war, der Reformbewegung ein unverzügliches Ende. Anfang April wurden anlässlich des „chinesischen Totensonntags" Qing Ming Jie unzählige Kränze zum Gedenken an Zhou Enlai vor dem Heldendenkmal auf Beijings Platz des Himmlischen Friedens niedergelegt. Als an jenem 5. April radikale Kräfte die Kränze entfernten, strömten zahllose Menschen protestierend auf den Platz. Während der damit verbundenen Ausschreitungen wurden Hunderte Bürger aufgegriffen und festgenommen. Zum Sündenbock dieses Zwischenfalls stempelte man Deng Xiaoping; er wurde öffentlich diskreditiert und ein zweites Mal fallen gelassen.

Der Tod Mao Zedongs und die Folgen

Im Juli 1976 kamen durch ein katastrophales **Erdbeben** in der Provinz Hebei über eine halbe Million Menschen ums Leben. Da solche Naturkatastrophen im chinesischen Denken schwerwiegende Umwälzungen ankündigen, löste Maos Tod am 9. September im Volk keine besondere Überraschung aus. Ihrer Galionsfigur beraubt und mit noch frischen Erinnerungen an die Kulturrevolution verloren Maos Hintermänner in der Partei rasch an Boden gegen die politische Rechte. Nur einen Monat nach Maos Tod wurden Jiang Qing und die drei anderen Mitglieder der Viererbande verhaftet. Deng Xiaoping betrat zum dritten Mal die politische Bühne und übernahm eine Reihe wichtiger Ämter: Stellvertretender Vorsitzender der KPCh, Vize-Premierminister und Oberbefehlshaber der Volksbefreiungsarmee. Doch größere Bedeutung als die Titel hatte die Tatsache, dass er nun das Land auch faktisch führte. **Hua Guofeng**, nahezu Maos Ebenbild und dessen designierter Nachfolger, wurde nach kurzer Zeit aus dem Amt gedrängt. Deng platzierte seine Gefolgsleute Zhao Ziyang und Hu Yaobang an dessen Stelle als Premierminister und Parteivorsitzender.

Die Distanzierung von Maos Politik erfolgte rasch: 1978 durften anti-maoistische **Dissidenten** Wandzeitungen in Beijing und anderen Städten anbringen, die Mao teilweise namentlich kritisierten. Obwohl solche öffentlichen Äußerungen politischer Unzufriedenheit danach wieder verboten wurden, war die Stellung Dengs und seiner gemäßigten Kräfte 1980 gesichert genug, um Maos Politik offiziell einer vorsichtigen Missbilligung zu unterziehen. Seine allgegenwärtigen Porträts und Statuen begannen zu verschwinden, und nach und nach wurde auch der Kult um seine Person abgebaut.

Doch immer noch standen mächtige Parteimitglieder hinter Maos Linie. Maos öffentliche Reputation wurde teilweise wiederhergestellt, indem die schlimmsten Auswüchse der Kulturrevolution dem korrupten Einfluss Jiang Qings und ihrer Gefolgsleute angelastet wurde. 1981 bekam die Viererbande ihren Prozess: Die Urteilssprechung war ein rein formaler Akt, nicht jedoch die Strafen, die einen Hinweis darauf geben würden, wie die neue Regierung die Kulturrevolution und Maos Rolle bewertete. Würde die Todesstrafe ausgesprochen und tatsächlich vollzogen, so stieg Maos Witwe womöglich zur Märtyrerin auf; würde eine verhängte Todesstrafe ausgesetzt, so konnte dies die staatliche Handhabe, Konterrevolutionäre zu exekutieren, untergraben. Es kam zur zweiten Lösung. Die Mitglieder der Viererbande bekamen 20 Jahre Zeit, ihre Einstellungen zu überdenken – alle sind während der Haft verstorben.

Das moderne China: Reform und Unterdrückung

Unter Deng Xiaoping nahm China ein nicht wieder zu erkennendes Bild an. Vorbei waren die Zeiten, als westliches Gedankengut automatisch verdächtig war und die Roten Garden ideologische Säuberungskampagnen durchführten. Dengs Vermächtnis war die „Politik der offenen Tür", die neue soziale (nicht aber politische) Freiheiten und eine vehemente Hinwendung zur Verwestlichung brachten – besonders in den Städten, wo nun westliche Kleidung, Fast Food und Popmusik sowie japanische Mopeds das Bild bestimmten

Wirtschaftliche Erfolge und sozialer Wandel

Die Triebfeder für die gewaltigen Umwälzungen lag im wirtschaftlichen Bereich. Dengs Äußerung, „es ist gleichgültig, ob die Katze schwarz oder weiß ist – Hauptsache, sie fängt Mäuse", veranschaulicht die pragmatische Einstellung zur Wirtschaft, die seitdem die chinesische Politik bestimmt. Mit einer umfassenden Modernisierungskampagne **dezentralisierte** Deng die **Produktion**. Der Staat gestattete nun die Produktion und Verteilung von Waren nach den Gesetzen des Marktes, und die Fabriken durften wieder Verträge untereinander statt nur mit dem Staat abschließen. In der Landwirtschaft wurde die Kollektivwirtschaft abgeschafft, Produktionsmengen, die das staatlich vorgegebene Soll überschritten, durften auf dem freien Markt verkauft werden. In Küstengebieten wurden **Wirtschaftssonderzonen** eingerichtet, in denen ausländische Investoren und westliche Managementpraktiken zugelassen waren, zu denen auch (in vorsichtig experimentierender Weise) die Entlassung von schlecht arbeitenden Mitarbeitern gehörte.

Die neue **Wirtschaftspolitik** hatte gewaltige Auswirkungen: Unzweifelhaft geht es dem Gros der chinesischen Bevölkerung heute wesentlich besser als jemals zuvor. Das jährliche Wirtschaftswachstum lag in den 90er Jahren bei 7%, und in Gebieten wie Shenzhen (die größte Wirtschaftssonderzone) erreichte es zuweilen 45%, was die chinesischen Wirtschaftsplaner in die ungewöhnliche Situation drängte, diese Rate drosseln zu müssen. In den 70er Jahren waren „die drei großen Käufe" (Konsumgüter, nach denen Familien realistisch trachten konnten) ein Fahrrad, eine Armbanduhr und ein Radio; in den 80er Jahren waren dies eine Waschmaschine, ein Fernsehgerät und ein Kühlschrank; heute können junge städtische Festlandchinesen denselben Lebensstandard realisieren wie die Menschen in Japan und Hongkong.

Doch nicht alle profitierten vom neuen System. Auf dem Land geht es denjenigen, die keinen ertragreichen Boden zur Verfügung haben, eher schlecht, und seit es keine Kollektive mehr gibt, haben viele der ärmsten Chinesen keinen Zugang mehr zu subventionierter Bildung und Gesundheitsvorsorge. Nach der Schließung unprofitabler Fabriken in den Städten, deren Angestellte einst die zuverlässigsten Unterstützer der Partei waren, wurden Millionen Menschen (in einer Gesellschaft ohne soziales Netz) in die Arbeitslosigkeit entlassen. Diejenigen, die ihre Arbeit behielten, leiden wegen festgesetzter Löhne stark unter den Folgen der **Inflation**. Im Jahre 2001 kam es zu großen **Demonstrationen** der Industriearbeiter in Dongbei, die ihre Arbeit verloren, keine Löhne ausgezahlt bekommen hatten oder mit winzigen Beträgen abgefunden worden waren. Die Behörden reagierten unverzüglich mit der Verhaftung der Rädelsführer und erfüllten anschließend die meisten gestellten Forderungen der Protestler. Derartige Aktionen einer riesigen unzufriedenen städtischen Arbeiterschaft, die nicht am wirtschaftlichen Aufschwung partizipiert, stellen die vielleicht größte innere Bedrohung der Staatsmacht dar.

Das Erstehen einer neuen Klasse reicher Unternehmer und das soziale Gefälle zwischen Stadt und Land sowie zwischen Küstengebieten und Inland hat sich zu teilweise grotesken Gegensätzen ausgeweitet. Zu den spürbaren Auswirkungen der gestiegenen Lebenshaltungskosten, die auch an die wachsende landwirtschaftliche Mechanisierung gekoppelt sind, gehört die **Massenabwanderung** der arbeitenden Klasse vom Land in die Städte, wo die meisten Glücksritter unbeschäftigt bleiben oder ein Dasein als Tagelöhner fristen. Den Auswirkungen der Modernisierung auf die **Umwelt** wird zu geringe Beachtung geschenkt: Acht der zehn meistverschmutzten Städte der Welt befinden sich auf chinesischem Boden.

Da Erfolg größtenteils von Beziehungen *(guanxi)* abhängig ist, besteht ein enormes Potenzial für **Korruption**. Schätzungen zufolge fressen Schmiergelder mindestens 1% der jährlichen Wachstumsrate auf. Wie in der Vergangenheit ist eine hoffnungslos arme Bauernschaft von den Gnaden korrupter Kader abhängig, die sich durch Auferlegung und Unterschlagung kommunaler Steuern bereichern. Die Tatsache, dass sogar das staatliche Paradeprojekt, der Bau des **Yangzi-Staudamms**, umgestaltet werden musste, weil sich Unternehmer durch die Verwendung billiger Materialien bereichern wollten, wirft ein Licht auf das Ausmaß des Problems. Für viele einfache chinesische Bürger ist der Preis der Modernisierung zu hoch geworden, und Kriminalität, Prostitution und Arbeitslosigkeit, die früher als westliche Laster betrachtet wurden, haben längst ungesunde Ausmaße erreicht.

Politische Unterdrückung und Menschenrechte

Die wirtschaftlichen Reformen zogen keine politischen Reformen nach sich. Ganz im Gegenteil scheint sich die Partei an die Hoffnung zu klammern, dass das Zugeständnis an die Bevölkerung, wohlhabend sein zu dürfen, keine Forderungen nach politischen Rechten nach sich ziehen wird. Doch die Unzufriedenheit über Korruption, steigende Inflation, niedrige Löhne und mangelnde Freiheit fanden 1989 einen vehementen Ausbruch in den Demonstrationen auf dem **Platz des Himmlischen Friedens**. Unmittelbarer Anlass für die Massenversammlungen war der Tod des ehemaligen Partei-Generalsekretärs **Hu Yaobang**, der Deng zu liberal geworden und deshalb 1987 entlassen worden war. Eine spontane Trauerkundgebung auf dem Platz geriet rasch zu einer gewaltigen Demonstration mit 150 000 Aktivisten. Im Laufe des folgenden Monats schwoll die Masse beständig an: Mitte Mai bewegten sich fast eine Million Menschen rund um den Platz. Die meisten von ihnen waren Studenten, doch ihnen angeschlossen hatten sich auch Arbeiter und sogar Kadetten der parteilichen Kaderschule. Die Demonstranten forderten das Recht auf freie Meinungsäußerung und das Ende der Korruption. Als die Parteiführung nicht reagierte, traten 3000 Studenten in den Hungerstreik. Mitte Mai demütigten die Demonstranten die Führung bei einem offiziellen Besuch des sowjetischen Staatschefs Mikhail Gorbatschow in Beijing.

Sofort nach dessen Abreise wurde am 20. Mai das **Kriegsrecht** erlassen, und Anfang Juni wurden rund um Beijing 350 000 Soldaten zusammengezogen. In den frühen Stunden des 4. Juni marschierten die Truppen in die Stadt ein, walzten Barrikaden mit Panzern nieder und schossen in die Menge. Es gibt bis heute keine verlässlichen Ziffern über die Zahl der Opfer, doch dürften es Hunderte, wenn nicht gar Tausende gewesen sein. Die Wartesäle der Krankenhäuser waren mit Schwerverletzten überfüllt, doch die Ärzte waren angewiesen worden, keine Verwundeten zu behandeln.

Chinas schlimmste Menschenrechtsverletzungen geschehen in **Tibet**, wo jegliche Opposition skrupellos unterdrückt und die tibetische Kultur durch massenhafte Einwanderung von Han-Chinesen zurückgedrängt wird. Als 1995 der im Exil lebende Dalai Lama nach dem Tode des Vorgängers einen neuen Panchen Lama anerkannte, wurde der Junge verhaftet und damit zu einem der jüngsten politischen Gefangenen der Weltgeschichte. Die chinesische Regierung setzte einen Jungen ihrer eigenen Wahl in das Amt ein. Besorgnis erregen zudem die chinesischen **Gulags** – überwiegend in Xinjiang und Qinghai –, in denen bis zu 14 Millionen Zwangsarbeiter vermutet werden, von denen geschätzte 10% politische Gefangene sind. Ihre Situation hat maßgeblich der Dissident und Ex-Internierte **Harry Wu**, der inzwischen in den USA lebt, ans Licht der Weltöffentlichkeit gebracht.

Trotz der Hoffnung auf Verbesserungen hält die Regierung an ihrer Linie, Kritiker zu verhaften, fest. Zu den jüngsten Opfern gehörten **Xu Wenli** und **Qin Yongmin**, die beiden prominentesten noch in China befindlichen Dissidenten. Sie waren die Führer der Demokratischen Partei Chinas, der ersten organisierten Opposition gegen die KPCh.

Die kühnste politische Aktion seit den Vorfällen auf dem Platz des Himmlischen Friedens aber erfolgte von einer überraschenden Seite aus: 1999 setzten sich 10 000 ältere Mitglieder der **Falun Gong**, einer mehr oder weniger spirituellen Gemeinschaft, mit gekreuzten Beinen auf das Pflaster vor Zhongnanhai, um gegen ihre schikanöse Behandlung zu protestieren. Die Folge ist seitdem eine skrupellose Unterdrückung der Organisation.

Chinas Menschenrechtssituation ist das größte Hindernis im Bestreben, internationales Ansehen zu erlangen. Weil China aber wirtschaftlich einen der weltweit größten Märkte darstellt, sieht die internationale Gemeinschaft immer wieder über moralische Bedenken hinweg. Als der Dalai Lama 1989 mit dem **Friedensnobelpreis** ausgezeichnet wurde, gratulierte die westliche Welt nur verhalten.

Ausblicke

Unter Deng Xiaoping, der 1997 starb, und seinem Schützling und Nachfolger **Jiang Zemin**, verfolgte China weiterhin den Kurs einer kontrollierten Liberalisierung, der dem chinesischen Volk trotz diverser Meinungsverschiedenheiten und Debatten im gegenwärtigen Regime die vielleicht weitsichtigste und wirtschaftlich klügste Regierung der

Hongkong und Taiwan 1997 erlangte China wieder die Kontrolle über Hongkong. Im Übergabevertrag zwischen China und Großbritannien hatte man Hongkong ein hohes Maß an Autonomie zugesichert, dies war Bestandteil der neuen politischen Strategie Chinas („ein Land, zwei Systeme"). In der Praxis brach die chinesische Regierung ihre Versprechen schon nach kurzer Zeit, als sie die LEGCO, den demokratisch gewählten gesetzgebenden Rat Hongkongs, durch eine Gruppe ausgewählter Beijinger ersetzte. Außerdem mischte sie sich in die Rechtsstaatlichkeit ein, welche die Stadtbevölkerung als wesentlich für Wohlstand erachtete, indem sie gerichtliche Beschlüsse außer Kraft setzte und die Einrichtung eines Obersten Revisionsgerichts verhinderte. 2002 sicherte sich Hongkongs unpopulärer Verwaltungsleiter Tung Chee-Hwa, der gemeinhin als Marionette Beijings betrachtet wird, eine zweite fünfjährige Amtszeit.

Taiwan beobachtet die Vorgänge in Hongkong mit wachen Blicken. 1949 floh die im Bürgerkrieg unterlegene Guomindang nach Taiwan und deklarierte sich dort als Opposition zu den Kommunisten und zur einzigen legitimen Regierung Chinas. Heute ist Taiwan wirtschaftlich gesehen eine der erfolgreichsten und sicherlich demokratischsten asiatischen „Tiger"-Nationen. Sowohl Taiwan als auch Festlandchina wollen Teil eines einzigen Staates sein, doch die reichen Taiwanesen wollen nicht von Beijing aus regiert werden – erst recht nicht nach den Maßnahmen in Hongkong. 1996 fanden in Taiwan zum ersten Mal freie Präsidentschaftswahlen statt. Der Favorit Lee Tenghui (Pinyin-Umschrift: Li Denghui) sorgte für Unmut in Beijing, als er Taiwans Beitritt zu den Vereinten Nationen und zur Welthandelsorganisation einforderte und der Insel damit nach Sichtweise Festlandchinas den Status eines souveränen Staates verleihen wollte. Im Versuch, die Wahlen zu beeinflussen, führte Beijing einschüchternde Raketentests über der Insel durch. Die amerikanische Regierung stationierte daraufhin zwei Flugzeugträger vor der taiwanesischen Küste. Lee konnte die Wahlen trotz der massiven Drohungen aus Beijing für sich entscheiden. Die Beziehungen zwischen Taiwan und Festlandchina sind sehr kalt, doch Jiang Zemin reagierte überraschend milde auf die Bemerkung des gegenwärtigen taiwanesischen Präsidenten Chen Shuibian (erster Präsident der Insel, der nicht der Guomindang angehört), dass China und Taiwan nun „zwei Staaten zu beiden Seiten der Taiwan-Straße" seien.

letzten beiden Jahrtausende beschert hat. Besonders das Jahr 2001 ging als *Annus mirabilis* in die chinesische Geschichte ein: Beijing sicherte sich als Austragungsort die **Olympischen Sommerspiele 2008**, China wurde Mitglied der **Welthandelsorganisation**, und die **Fussball-Nationalmannschaft** qualifizierte sich für die Weltmeisterschaft 2002 in Japan und Korea. Selbst der Terroranschlag vom **11. September** trug China einen gewissen diplomatischen Vorteil ein, denn Beijing rückte in die dankbare Position, Unterstützung für (oder zumindest keinen Protest gegen) die Reaktionen der amerikanischen Regierung zu leisten. Amerikas Kampf gegen einen staatenlosen Terrorismus kommt der chinesischen Regierung entgegen, denn er rechtfertigt ihre eigene Haltung gegen „aufrührerische Elemente" in abgelegenen Gebieten wie etwa Xinjiang.

Im November 2002 erklärte Jiang Zemin auf dem 16. Parteitag der KPCh offiziell seinen Rücktritt. Die Macht geht in die Hände einer neuen Generation von Technokraten über, die von seinem Schützling **Hu Jintao** angeführt wird. Jiang würde als sein politisches Vermächtnis gerne seine Doktrin der „Drei Repräsentanten" sehen – die im Wesentlichen besagt, dass die Partei alle Seiten der Gesellschaft und nicht nur die Arbeiter repräsentieren soll –, doch wahrscheinlich wird man ihm eher eine Veränderung zuschreiben, die jene bewirkten: Die endgültige Abwendung von der marxistischen Doktrin. Das Überleben der Partei hängt nun von ihrer Fähigkeit ab, die wirtschaftlichen Güter bereitzustellen. In dem Bestreben, eine „sozialistische Marktwirtschaft mit chinesischen Zügen" zu erwirken, hat sich der Staat aus weiteren Lebensbereichen zurückgezogen. Die Mechanismen der staatlichen Kontrolle – etwa die Registrierung der Haushalte und das Arbeitseinheiten-System – wurden reduziert. Der private Sektor ist inzwischen für rund ein Drittel des Wirtschaftsaufkommens verantwortlich, und mit ausländischen Mitteln finanzierte Gemeinschaftsunternehmen sorgen für über die Hälfte der Exporte. Die Zahl der Privatwohnungen nimmt zu, Akademiker, die einst ihren Arbeitsstellen zugewiesen wurden, bewerben sich heute auf einem von Wettbewerb geprägten Markt.

Obwohl sich die meisten Beobachter darüber einig sind, dass der **politische Wandel** nicht schnell genug vonstatten geht, haben sich die Umstände längst verbessert. Der Nationale Volkskongress hat sich der Aufgabe gestellt, die Regierung zu beaufsichtigen und eine verantwortliche Gesetzgebung zu schaffen. Unter Ministerpräsident Zhu Rongji ist die zentrale Regierungsmacht geschrumpft. Eine der gravierendsten politischen Veränderungen erfolgte an der Basis: Zwei Drittel der ländlichen Bevölkerung praktizieren heute eine „dörfliche Demokratie", und das neue Recht, inkompetente Dorfführer aus dem Amt zu jagen, wurde mit großer Begeisterung aufgenommen. Doch niemand hat es bislang gewagt, dieses Recht auch für höhere Positionen in der Regierung einzufordern.

Das wohl größte Problem Chinas bleibt die hohe **Bevölkerungszahl**, die im Jahre 2002 mit 1,29 Milliarden beziffert wurde. Wenn die Zahl weiter ansteigt, wird der wirtschaftliche Fortschritt rasch kompensiert, da eine zunehmende Bevölkerung begrenzten Rohstoffressourcen gegenübersteht. Die 1979 eingeführte Ein-Kind-Politik war in den Städten erfolgreich. Dort ist es für Paare fast unmöglich, ein zweites Kind zu bekommen. Es ist festgelegt, wer wann gebären darf, und bei nicht gebilligten Schwangerschaften ist der Druck auf Abtreibung hoch. Paare mit einem zweiten Kind müssen Lohnkürzungen, beschränkten Zugang zur Gesundheitsvorsorge und Nachteile bei der Wohnungsbeschaffung in Kauf nehmen. Die Begrenzung der Familiengröße aber hat neue Probleme geschaffen, denn es wächst eine Generation „kleiner Kaiser" (verwöhnter Kinder) heran, die im Arbeitsalter von den dann Alten zahlenmäßig weit übertroffen werden. Im ländlichen China kommt es noch vor, dass Mädchen auf Märkten als Bräute verschachert werden (teils deshalb, weil männliche Nachkommen das Ideal sind), und Kindstötungen an Mädchen sind nicht ungewöhnlich.

Die Zukunft Chinas liegt im Ungewissen. Nur geringe Fortschritte wurden in den Bereichen Bildung, Rechtsstaatlichkeit, Pressefreiheit und exekutive Verantwortlichkeit erzielt. Die Partei, welche die Gesellschaft verändern sollte, könnte sich nun als unfähig erweisen, sich an diese anzupassen. Ob die Nation dazu verurteilt ist, unter dem Druck von Innen zu implodieren – was in der Vergangenheit so vielen autokratischen Dynastien widerfuhr – oder zu einer wahrhaft beachtlichen neuen Supermacht zu reifen, wird von der Fähigkeit des Staates abhängen, in den kommenden Jahrzehnten zu einer neuen Identität zu finden.

Zeittafel

4800 v. Chr.	Erste Nachweise **menschlicher Siedlungen** (Banpo).
Um 2205–1766 v. Chr.	**Xia-Dynastie**.
Um 1766–1122 v. Chr.	**Shang-Dynastie**. Erste schriftliche Zeugnisse.
Um 1122–221 v. Chr.	**Zhou-Dynastie**. Entstehung des Konzepts vom „Mandat des Himmels".
722 v. Chr.–481 v. Chr.	**Frühlings- und Herbstperiode**. Konfuzius (um 500 v. Chr.) lehrt eine Philosophie der Rituale und Anstandsformen.
481 v. Chr.–221 v. Chr.	Zeit der **Streitenden Reiche**. „Vollendung" der Großen Mauer.
221 v. Chr.–207 v. Chr.	**Qin-Dynastie**. Erstes zentralisiertes Reich unter Kaiser Qin Shi Huang. Terrakotta-Armee als Bewacher von Qins Grab.
206 v. Chr.–220 n. Chr.	**Han-Dynastie**. Die Han-Kaiser bescheren dem Land Stabilität und große Handelsvorteile; Entstehung der Han-Gräber bei Xi'an. Konfuzianismus und Buddhismus erleben Blütezeiten. Öffnung der Seidenstraße für den Handel mit Zentralasien.
220–280	Zeit der **Drei Reiche**. Einflüsse aus dem buddhistischen Indien und aus Zentralasien. Insgesamt ein düsteres Zeitalter.
265–420	**Jin-Dynastie**. Eingliederung nördlicher Barbarenstämme in die chinesische Kultur.
420–581	**Südliche und Nördliche Dynastien**. Rasche Abfolge kurzlebiger Dynastien führt zur Spaltung. Früheste Longmen-Grotten bei Luoyang.
581–618	**Sui-Dynastie**. Zentralisierung und Wachstum unter Wen Di. Erweiterung und Verstärkung der Großen Mauer; Ausschachtung des Kaiserkanals.
618–907	**Tang-Dynastie**. Kunst und Literatur erreichen die höchste Ausprägung. Vollendung des Großen Buddhas in Leshan.
907–960	**Die Fünf Dynastien**. Verfall der Kultur und nördlichen Verteidigungslinien. Entstehung der Felsenskulpturen von Dazu.
960–1278	**Song-Dynastie**. Konsolidierung kleinerer Fürstentümer.
1278–1368	**Yuan-Dynastie**. Kublai Khan erobert China und entwickelt den Handel mit Europa. Entstehung der Verbotenen Stadt. Marco Polo besucht China von ca. 1273–1292.
1368–1644	**Ming-Dynastie**. Kaiserliche Erkundungsflotte erreicht unter Admiral Zheng He Afrika. Spätere Isolationspolitik beschränkt den Kontakt mit dem Rest der Welt.
1644–1911	Die **Qing-Dynastie** ergreift die Macht. Mandschu gewinnen die Kontrolle über China und dehnen die Grenzen aus.
Mitte bis Ende des 17. Jh.	Wiederaufbau des **Potala-Palastes** in Lhasa durch den Fünften Dalai Lama.
Spätes 18. Jh.	Die **Britische Ostindienkompanie** monopolisiert den Handel mit Großbritannien.
1840–1862	**Opiumkriege**. Im Rahmen der Kapitulation wird Hongkong an Großbritannien abgetreten.
1851–1864	**Taiping-Aufstand**. Die konservative Politik der Kaiserinwitwe Cixi führt ab 1861 zur Kontrolle ausländischer Mächte über die chinesische Industrie.
1899	**Boxeraufstand**.

1911 ....Zusammenbruch des kaiserlichen Chinas. Sun Yatsen wird Führer der **Republik**.
1921 ....Gründung der **Kommunistischen Partei Chinas** (KPCh) in Beijing.
1927 ....**Chiang Kaishek** ordnet ein Massaker an Kommunisten in Shanghai an. **Mao Zedong** organisiert die erste Armee aus Bauern und Arbeitern.
1932 ....**Japan** marschiert in die Mandschurei ein.
1936–41 ....**Einheitsfront** der rivalisierenden Parteien gegen Japan.
1945 ....Kapitulation Japans im **Zweiten Weltkrieg**. Beginn des Bürgerkriegs zwischen der nationalistischen **Guomindang** und der kommunistischen **Volksbefreiungsarmee**.
1949 ....Kommunistische Machtübernahme. Chiang Kaishek flieht nach **Taiwan**; im folgenden Jahr unterstützt die junge **Volksrepublik China** den koreanischen Norden im **Koreakrieg**.
1956/57 ....Die **Hundert-Blumen-Bewegung** scheitert am Ziel der Liberalisierung.
1958 ....Landwirtschaftliche und industrielle Reformen in Gestalt eines **Kommunensystems** und der Kampagne des **Großen Sprungs nach vorn** führen zu fatalen Hungersnöten.
1964 ....China zündet den ersten **Atombomben-Versuch**.
1966–1968 ....Rote Garden liquidieren im Rahmen der **Kulturrevolution** anti-maoistische Elemente und zahlreiche „ideologisch ungesunde" Werke der Kunst und Architektur.
1971 ....Die Volksrepublik nimmt Taiwans Platz in den **Vereinten Nationen** ein.
1972 ....**Präsident Nixon** besucht Beijing.
1976 ....Der **Tian'anmen-Zwischenfall** nach Zhou Enlais Tod enthüllt die Unterstützung des Volkes für die Linie des moderaten **Deng Xiaoping**. Tod von Mao Zedong, kurze Zeit später Verhaftung der Viererbande.
1977 ....Deng Xiaoping kehrt auf die politische Bühne zurück und wird **Parteivorsitzender**.
1980 ....Umsetzung der **Politik der offenen Tür**.
1981 ....Prozess gegen die **Viererbande**.
1986 ....Vereinbarung über die Rückgabe **Hongkongs** an China im Jahre 1997.
1989 ....Niederschlagung der Demokratiebewegung auf Beijings **Platz des Himmlischen Friedens** (Tian'anmen Guangchang).
1992 ....Eine bedeutende **Kabinettsumbildung** bringt Dengs Schützlinge in entscheidende Positionen.
1993 ....Der **Yuan** wird auf dem Weltwährungsmarkt frei konvertierbar.
1995 ....Tod von **Chen Yun**, dem letzten Hardliner-Maoisten im Politbüro. Beginn der Arbeiten am **Yangzi-Staudamm**.
1997 ....**Rückgabe Hongkongs** an China. Tod von Deng Xiaoping.
1999 ....**Rückgabe Macaus** an China. Beginn der Verfolgung der Falun Gong.
2001 ....China wird Mitglied der **Welthandelsorganisation**. Beijing bekommt die **Olympischen Sommerspiele 2008** zugesprochen. Chinas Bevölkerung erreicht die Zahl von 1,28 Milliarden Menschen.
2002 ....Jiang Zemin gibt die Staatsführung in die Hände von **Hu Jintao**.
2003 ....Neuer Ministerpräsident ist **Wen Jiabao**.

Glaubensvorstellungen

Die Dehnbarkeit alter chinesischer Glaubensvorstellungen und die Fähigkeit der Chinesen, neue Strömungen aufzunehmen und in ihr Denken einzugliedern, wurde über die Jahrhunderte hinweg wieder und wieder demonstriert. Obwohl China in langen Phasen seiner Geschichte von Fremdmächten beherrscht wurde, sind die Glaubensvorstellungen niemals erschüttert worden. Ganz im Gegenteil wurden eindringende Fremdmächte wie die Mongolen im 13. Jahrhundert und die Mandschu im 17. Jahrhundert unerbittlich sinisiert. Auf dieser Tatsache beruht das chinesische Vertrauen in die absolute Überlegenheit ihrer Glaubensvorstellungen, ein Vertrauen, das selbst die elendesten Perioden der chinesischen Geschichte überdauert hat.

Und dennoch entdecken Besucher, die zum ersten Mal das moderne China bereisen, nur wenige augenfällige Anzeichen traditioneller Glaubensvorstellungen, welche die Zivilisation des Landes seit 3000 Jahren untermauert haben. Überreste der religiösen Stätten und Bauwerke zieren nach wie vor die Städte und ihre Umgebung, doch sie wirken inmitten der rundum explodierenden Entwicklung versteinert und unzeitgemäß. Die restaurierten Tempel – heute eher kulturelle Reliquien mit Fotoständen, Touristengeschäften und Massen heiterer chinesischer Ausflügler – wirken oft grell und protzig, weniger mystisch.

Das offensichtlich fehlende Religionsempfinden aber darf nicht überraschen, denn seit Jahrzehnten wurden die alten Glaubensvorstellungen von den Behörden als feudaler Aberglaube verdammt. Die älteste und am tiefsten verwurzelte von allen, der Konfuzianismus, war im letzten Jahrhundert umfassender Kritik ausgesetzt. Doch eigentlich sind die äußeren Anzeichen gar nicht so wichtig: Die Traditionen kommen wesentlich klarer in der Weise zum Ausdruck, wie Chinesen denken und handeln, als in offenkundigen symbolischen Huldigungen.

Die „Drei Lehren"

Die chinesische „Religion" als Produkt der ältesten bestehenden Zivilisation auf Erden setzt sich aus mehreren unterschiedlichen und zum Teil sogar widersprüchlichen Elementen zusammen. Im Kern dieser Elemente vermischen sich drei grundlegende Philosophien: Konfuzianismus, Daoismus und Buddhismus. Die Art und Weise, in der sich ein harmonisches Gleichgewicht zwischen diesen Richtungen gebildet hat, findet ihren Ausdruck in dem oft zitierten Wahlspruch *San Jiao Fa Yi* – „Drei Lehren fließen in das Eine zusammen".

Konfuzianismus und **Daoismus** sind tief in jedem Chinesen sowie im kollektiven chinesischen Denken verwurzelt, ebenso wie die platonische und aristotelische Philosophie im Denken des westlichen Menschen verankert ist. Der **Buddhismus** wurde ab dem ersten Jahrhundert unserer Zeitrechnung von Wandermönchen und Missionaren über die Seidenstraße aus Indien nach China gebracht. Doch wie die Widersprüche zwischen Konfuzianismus und Daoismus einander angeglichen wurden, warf auch der Buddhismus keine langen Schatten über die bestehenden Glaubensvorstellungen. Schon kurz nachdem er Fuß gefasst hatte, wurden seine Lehrsätze an die chinesischen Vorstellungen angeglichen.

Konfuzianismus

Chinas ältester und vielleicht bedeutendster Philosoph **Kong Fuzi**, der im Westen unter seinem latinisierten Namen Konfuzius bekannt ist (s.S. 416 ff.), war zu seinen Lebzeiten ein unbedeutender und erfolgloser Gelehrter. Geboren im Jahre 551 v. Chr. zur Zeit der so genannten Frühlings- und Herbstperiode, lebte er in das Zeitalter der Streitenden Reiche hinein, in eine Zeit also, in welcher der Alltag kleiner Fürstentümer von ständigen Kriegen, Feudalismus und sozialen Gegensätzen geprägt war. Konfuzius erkannte, dass die Gesellschaft ein System war, das sich durch richtiges individuelles Verhalten verbessern ließ. Im Rückblick auf frühere mythische Zeitalter, die von Frieden und sozialen Tugenden geprägt waren, predigte er die Befolgung von **Ritualen** und **Anstandsformen** als oberste Antwort auf die entsetzliche Unordnung der Welt, in der er lebte. Er wanderte von Hofstaat zu Hofstaat, um den Mächtigen eine bessere Art der Herrschaft zu empfehlen, doch wie Sokrates im fernen Griechenland wurde ihm von den Machthabern keine nennenswerte Beachtung geschenkt. In den Jahrhunderten nach seinem Tod aber entwickelte sich der Konfuzianismus zur einflussreichsten und wichtigsten chinesischen Philosophie. Sie wurde von seinen Schülern in den

Gesprächen des Meisters Kung niedergeschrieben, einer Sammlung von Schriften über Leben und Aussprüche des Konfuzius.

Der Konfuzianismus ist keine Religion in dem Sinn, dass sie die Existenz einer höheren Gottheit voraussetzt, sondern eher ein Leitfaden für **moralische und soziale Werte**, die Regierende und Regierte miteinander sowie mit ihren Ahnen in Harmonie bringen sollen. Durch angemessenes Studium der klassischen Werke und strikte Befolgung der Anstandsregeln, darunter auch die Ahnenverehrung, kann der Herrschende eine Ebene der moralischen Rechtschaffenheit erreichen, die wiederum eine stabile und gerechte Gesellschaftsordnung gewährleistet. Politisch fordert der Konfuzianismus als Herrscher den „klügsten Weisen" ein, dessen moralisches Empfinden die höchste Ausprägung erlangt hat. Mit einem guten Herrscher, der die tugendhaften Vorgaben seiner Ahnen praktiziert und die fünf **konfuzianischen Tugenden** (Wohlwollen, Rechtschaffenheit, Schicklichkeit, Weisheit und Vertrauenswürdigkeit) exemplarisch vorlebt, sind Welt und Gesellschaft auf natürliche Weise in Ordnung. Gewalt, die letzte aller Möglichkeiten, wird in diesem Fall unnötig. Konfuzius sagt:

Strebt der Herrscher aufrichtig nach Gutem,
wird auch das Volk gut sein.
Die Tugend des Herrschers ist wie der Wind,
die Tugend des Volkes wie das Gras.
Unter der Kraft des Windes beugt sich das Gras.

Götter spielen in diesem Konzept keine Rolle, der Mensch kann aus eigener Kraft zur Vollkommenheit gelangen, wenn sich die vollendeten Tugenden eines übergeordneten Herrschers im Verhalten seiner Untertanen widerspiegeln. Statt eines Gottes sind die **fünf hierarchischen Beziehungen** die Voraussetzung für eine geordnete Gesellschaft, und wenn die damit formulierten Pflichten angemessen befolgt werden, ist die Gesellschaft „in sich selbst geordnet". Die fünf Beziehungen unterscheiden strikt zwischen übergeordneten Pflichten (Wohlwollen) und Gehorsam gegenüber Autoritäten (Respekt): Zwischen Herrscher und Untertan, Vater und Sohn, Älterem und Jüngerem, Ehemann und Ehefrau sowie – als einzige Beziehung zwischen Gleichen – Freund und Freund. Dahinter steht die Absicht, Ordnung und Stabilität durch die Herrschaft einer moralischen Elite zu gewährleisten. In der Praxis allerdings wurde das Festhalten an der starren Hierarchie dieser Beziehungen im Verlauf der Geschichte missbraucht, um totalitäre Herrschaften zu rechtfertigen. Als oberste Tugend kultivierter Männer und Frauen galt stets der Gehorsam.

In der Zeit der Han-Dynastie (206 v. Chr.–220 n. Chr.) wurde der Konfuzianismus als **staatstragendes System** institutionalisiert, das 2000 Jahre Bestand haben sollte. Auf diesem System und dem Konzept des Gelehrtenbeamten als idealer Administrator baute die chinesische **Bürokratie** auf. Männer studierten ihr halbes Leben lang, um die kaiserlichen Prüfungen zu bestehen und eine Anstellung in der staatlichen Verwaltung zu erhalten. Diese Prüfungen bestanden nur aus dem starren Abfragen der konfuzianischen Klassiker. Bis zum Beginn des 20. Jahrhunderts lag in China die Macht in den Händen einer bürokratischen Schicht, die von klassischen Riten und Ritualen durchdrungen war, die 500 Jahre vor unserer Zeitrechnung niedergeschrieben worden waren.

Der ideale konfuzianische Herrscher aber trat niemals in Erscheinung, denn der Kaiser musste sich den Prüfungen nicht stellen, und die Gelehrtenbeamten verkamen nur allzu oft zu korrupten Bürokraten und ausbeuterischen Landbesitzern. Auch das konfuzianische Ideal der Unterwerfung unter eine Autorität schien zu Beginn des 20. Jahrhunderts nur wenig bewirkt zu haben. Andererseits war der Konfuzianismus, der das **Gemeinwesen** und den **sozialen Zusammenhalt** hervorhob, entscheidend daran beteiligt, China vom religiösen Eifer und Fanatismus freizuhalten, der Europa über einen Zeitraum von 2000 Jahren Kriege bescherte. Auch heute fällt dem Konfuzianismus noch immer eine wichtige Rolle zu, vor allem als Verkörperung der vielfach beschworenen „asiatischen Werte". Auch uralte Traditionen wie die Ahnenverehrung erleben innerhalb der Familien eine Wiedergeburt. Nachdem die jüngste ausländische „Religion", der Marxismus, gründlich in Verruf geraten ist, scheint der Konfuzianismus automatisch wieder in die entstandenen Nischen hineinzuschlüpfen.

Daoismus

Dao bedeutet „der Weg", und in der reinsten Form ist der Daoismus das Studium und die Befolgung dieses unaussprechlichen Weges, der im fundamentalen Text des **Daodejing** (in der Literatur oft auch: *Dao Te Ching*), dem „Heiligen Buch der Ethik" oder „Weg der moralischen Kraft", angedeutet wird. Dieser undurchsichtige und mystische Text stellt im Wesentlichen eine Sammlung weiser Aussprüche eines halb-mythischen Einsiedlers namens **Lao Zi** (auch: Lao-tse) dar, der ein Zeitgenosse von Konfuzius gewesen sein soll. Das *Daodejing* wurde jedoch mündlich überliefert und frühestens drei Jahrhunderte nach seinem Tod niedergeschrieben. Die Bedeutung des Dao ist nicht eingrenzbar, denn das Dao ist seiner Natur getreu undefinierbar. Zur Verzweiflung des Vernunftmenschen lauten die ersten Zeilen des *Daodejing*:

Das Dao, das ausgesprochen werden kann,
ist nicht das ewige Dao.
Der Name, der genannt werden kann,
ist nicht der ewige Name.

Im Kern aber ist die Lehre vielleicht als Weg der Natur zu erklären, als unterschwelliges Prinzip und Quelle aller Existenzformen, als Band zwischen Mensch und Natur. Das zentrale Prinzip lautet **Wu Wei**, das frei als „Tatenlosigkeit" oder „nicht handeln" übersetzt werden kann; verständlicher ist aber wohl die Formulierung „nichts unternehmen, was den Gesetzen der Natur widerspricht". Der Daoismus war in seinen Ursprüngen ein Glaube, der in der Abgeschiedenheit gedieh Während der Konfuzianismus die soziale Ordnung und die sozialen Beziehungen regelt, befasst sich der Daoismus mit der Beziehung zwischen dem Individuum und der universellen Natur. Nur schaut er von einer anderen, erhöhten Stufe auf die menschlichen Probleme: Gute Beziehungen mit den Nachbarn sind nur dann von Nutzen, wenn man sich gleichzeitig auch in Harmonie mit der Natur befindet.

Der zweite wichtige Text des Daoismus ist das Buch eines idealen Befolgers des Weges namens **Zhuang Zi**, der ebenfalls eine halb-mythische Gestalt ist. Angeblich wurde er zu Lebzeiten als großer Weiser verehrt. Er verwarf alle Angebote, hohe Ämter zu bekleiden, um ein Leben in Zurückgezogenheit führen zu können. Sein Schaffen führte zur Herausbildung sinnbildlicher Erzählungen, welche die Chinesen über die Jahrtausende hinweg fasziniert haben und sowohl Humor als auch Tiefgründigkeit erkennen lassen. Im berühmten „Schmetterlingstraum" prüft Zhuang Zi die mannigfaltige Gestalt der Realität:

Einst träumte Zhuang Zi, dass er ein Schmetterling sei, ein flatternder Schmetterling, der sich wohl und glücklich fühlte und nichts wusste von Zhuang Zi. Plötzlich wachte er auf: Da war er wieder wirklich und wahrhaftig Zhuang Zi. Nun weiß ich nicht, ob Zhuang Zi geträumt hat, dass er ein Schmetterling sei, oder ob der Schmetterling geträumt hat, dass er Zhuang Zi sei, obwohl doch zwischen Zhuang Zi und dem Schmetterling sicher ein Unterschied ist. So ist es mit der Wandlung der Dinge.

Der Daoismus bot eine Alternative zur strikten Disziplin des Konfuzianismus. Im traditionellen China galt der Lebensstil als ideal, wenn man tagsüber konfuzianisch handelte – als rechtschaffener und standhafter Verwaltungsbeamter, der die Tugenden des Ehrenmannes und Herrschers aufrechterhielt – und nach Erledigung der Tagespflichten Daoist wurde. Die Praktizierung des Daoismus gipfelt in der Tugend, sich von öffentlichen Ämtern fern zu halten und sich einem Leben der **Besinnung** und **Meditation** zu widmen. Während der Konfuzianismus die Verpflichtung gegenüber Familie und Gesellschaft predigt, betont der Daoismus Zurückhaltung, Nicht-Einmischung und „Weggehen". In seiner Bekräftigung der irrationalen und natürlichen Quellen des Lebens bescherte er der chinesischen Kultur ein Gegengewicht zu den starren sozialen Regeln des Konfuzianismus. Die **Kunst** und **Literatur** Chinas wurden durch die daoistischen Vorstellungen über Besinnlichkeit, individuelle Loslösung und Befreiung von sozialen Verflechtungen in hohem Maße bereichert. Das Dao verankerte sich in der chinesischen Volksseele als Doktrin, sich den unausweislichen Kräften der Natur zu überlassen.

Buddhismus

Die erste geordnete Religion, die nach China gelangte, war der Buddhismus, der in der Tang-Dynastie (618–907) einen fruchtbaren, wenngleich kurzlebigen Einfluss auf die chinesische Kultur ausübte. Im 8. Jahrhundert wirkten über 300 000 buddhistische Mönche in China. In den Jahrhunderten zuvor und danach entstanden herausragende **religiöse Stätten**: Die Grottenanlagen in Luoyang (Provinz Henan), Datong (Provinz Shanxi) und Dunhuang (Provinz Gansu), wo noch heute Tausende von buddhistischen Bildern und Meißelarbeiten den mächtigen Einfluss der indischen Kunst und Religion bezeugen.

Doch nach und nach wurde auch der Buddhismus den einheimischen Glaubensvorstellungen einverleibt. Die meisten Schulen des indischen Buddhismus lehrten, dass das Leben auf Erden im Wesentlichen ein Zyklus des Leidens sei: ein endloser Zyklus, in dem Menschen geboren werden, altern, sterben und in anderen Existenzformen wiedergeboren werden. Das letzte Ziel ist, diesen Zyklus durch Erreichen des Nirvana zu durchbrechen, was durch die Loslösung von allen Begierden nach weltlichen Dingen erreicht werden kann.

Die im Kern individualistische Lehre hatte im Grunde nur wenig Chancen, die hochgradig reglementierte chinesische Bevölkerung zu erreichen, doch die damals relativ kleine Schule des **Mahayana-Buddhismus** drang in das chinesische Denken ein. Die Mahayana-Richtung lehrt, dass die Vervollkommnung des Individuums ohne die Vervollkommnung der Allgemeinheit nicht möglich ist und dass diejenigen, die bereits die hohe Stufe der Erleuchtung erreicht haben, als **Bodhisattvas** in der Welt verbleiben, um den Menschen auf diese hohe Stufe zu verhelfen. Alsbald schrieb man den Bodhisattvas übernatürliche Kräfte zu und verehrte sie in einer Weise, die bemerkenswerte Ähnlichkeit mit der konventionellen konfuzianischen Ahnenverehrung hat. Die Hauptströmung des chinesischen Buddhismus lief daraufhin mehr auf harmonische Beziehungen zu den Bodhisattvas als auf die Erreichung des Nirvana hinaus.

Eine vollkommen neue Schule des Buddhismus entstand durch die Verknüpfung mit dem Daoismus. In China als **Chan** und in Japan als **Zen** bekannt, bot diese buddhistische Form einen weniger beschwerlichen Pfad zur Erleuchtung an. Chan-Buddhisten mussten weder eine Lebensphase als Mönch noch als Einsiedler antreten, um das Nirvana zu erreichen. Stattdessen war dieses letzte Ziel durch ein Leben in Harmonie und in nachdenklicher Betrachtung über das Dao, den Weg, zu erreichen.

Kurz gesagt: Die Chinesen „verheirateten" den Buddhismus ohne besondere Mühe mit ihren bestehenden Glaubensstrukturen. Erleichtert wurde dies durch das grundsätzliche Nichtvorhandensein eines Dogmas innerhalb des buddhistischen Denkens. Viel leichter noch als die Chinesen passten die **Tibeter** den neuen Glauben an ihre bestehende Bön-Religion an. Über die Jahrhunderte hinweg entwickelten sie ihre eigenen buddhistischen Schulen, die unter die Begriffe „lamaistischer Buddhismus" oder „Lamaismus" gefasst werden. Es entstanden Glaubensgebilde, die sich von den chinesischen Konzepten unterschieden. Dominante Schule war die der **Gelugpa** (Gelbmützen), deren Führer der Dalai Lama und Panchen Lama sind; ihre Grundlage geht auf Tsongkhapa (1357–1419) zurück.

Minderheitenreligionen und Volksglauben

Obwohl der Buddhismus tiefe Spuren hinterließ, war er nicht die einzige Religion, die China über die Seidenstraße erreichte. Auch der **Islam** und das **Christentum** sickerten auf diesem Wege in das Land, und heute stellen die Muslime mit mehreren Millionen Menschen eine bedeutende Minderheit in China dar. Doch im Gegensatz zu anderen Staaten Asiens wurde China nicht von der Welle des Islam ergriffen. Die starren Lehren des Koran hatten bei den wendigen Chinesen von Anfang an wenig Chancen, Fuß zu fassen.

Als im 16. und 17. Jahrhundert die ersten jesuitischen Missionare in China eintrafen, waren sie erstaunt und bestürzt über die chinesische Glaubensflexibilität. Ein frustrierter Jesuit äußerte: „In China glauben die Gebildeten an nichts und die Ungebildeten an alles." Wer in den Klassikern des Konfuzianismus, Daoismus und Buddhismus bewandert war, vertrat als Glauben einen gesunden und toleranten Skeptizismus, doch die große Mehrheit der ungebildeten Bauern verschrieb sich **volkstümlichen Glaubensvorstellungen** mit Geistern, Gespenstern, Göttern und Ahnen, die über eine kapriziöse Natur wachten und die Menschheit schützten. Da christliche Missionare Reis verteilten, verdiente auch Jesus Christus einen Platz an ihrer Seite. Im verbreiteten Buddhismus gipfelte die Hoffnung in der Erreichung eines „Reinen Landes", einer Art Himmel für Gläubige, über den eine weibliche Gottheit herrschte, die als Mutterherrscherin verehrt wurde. Auch im verbreiteten Daoismus gab es diese weibliche Gottheit, doch ihre Aufgaben waren eher mit den Zauberern, Alchimisten und Anhängern der Kampfsportarten verbunden, die nach Lösungen für das Rätsel der Unsterblichkeit suchten; Darstellungen darüber sind in daoistischen Tempeln anzutreffen.

Aberglaube Die Chinesen sind im konventionellen Sinne nicht religiös, doch viele sind sehr abergläubisch, was überall ersichtlich ist. Eine große Rolle fällt dabei den Wortspielen zu: Zum Beispiel entspricht der chinesische Ausdruck für „Komme Glück herein" *(fudao)* ungefähr der Aussprache des Begriffs „umgekehrtes Glück", und deshalb sieht man an zahlreichen Privathäusern und Geschäften besonders zur Zeit des Frühlingsfestes das auf dem Kopf stehende Schriftzeichen *fu*, das Glück und Wohlstand heraufbeschwören soll. Weitere Glückssymbole sind Pfirsiche und Kraniche (Langlebigkeit), Fische (Reichtum), Mandarinenten (eheliche Treue), Drachen (männliche Kraft), Phönixe (weibliche Kraft) und Fledermäuse (Glück).
Auch Farben besitzen eine besondere Bedeutung. Rot ist die Farbe des Feuers, Gold die des Geldes. Da beide Glück verheißende Farben sind, werden sie ausgiebig bei Dekorationen, Verpackungen, Hochzeiten und festlichen Anlässen verwendet. Weiß steht traditionell für den Tod und das Trauern, doch westliche Hochzeitskleider genießen in China zunehmende Popularität. Gelb ist die Farbe des Himmels und ziert deshalb die Dachziegel der Tempel; gelbe Kleidung war früher nur dem Kaiser vorbehalten.

Das moderne China

Konfrontiert mit der überlegenen militärischen und technischen Macht des Westens, waren die Chinesen im 20. Jahrhundert bemüht, sich von den Fesseln des Aberglaubens zu befreien. Das kaiserliche Prüfungssystem wurde zu Beginn des 20. Jahrhunderts abgeschafft, und seitdem suchten die chinesischen Intellektuellen nach einer ebenso modernen wie fundamentalen Philosophie. Die **Kulturrevolution** bildete den Höhepunkt der Bemühungen, die Vergangenheit auszumerzen. Hunderttausende Tempel, Ahnenhallen und religiöse Objekte wurden verunstaltet oder zerstört. Klöster, die jahrhundertelang in Abgeschiedenheit existiert hatten, wurden niedergebrannt, die Mönche verhaftet. Die Klassiker der Literatur und Philosophie wurden als „Reste der reaktionären feudalen Vergangenheit" auf großen zeremoniellen Scheiterhaufen verbrannt. In der sich ihrem Ende zuneigenden Kulturrevolution rief 1974 eine Regierungskampagne zur „Kritik an Lin Biao und Konfuzius" auf, die den General neben den Heiligen setzte, um anzudeuten, dass beide gleichermaßen reaktionär waren.

Doch gerade die Tatsache, dass Konfuzius selbst 1974 noch für politische Zwecke missbraucht wurde, offenbart die Hartnäckigkeit der Glaubenstraditionen. Heute wird das konfuzianische Denken wieder als wesentlicher Bestandteil der kulturellen Tradition betrachtet, die das chinesische Volk zusammenhält. Chinesische Tempel aller Glaubensrichtungen blühen auf; sie sind wieder lebendige Orte, in denen es von Menschen wimmelt, die um Enkel oder Wohlstand bitten. Die Atmosphäre dort ist weder andächtig noch religiös – aber dies war in China noch nie anders.

Traditionelle chinesische Medizin

Auf dem Hintergrund ihrer agrarisch geprägten Gesellschaft entwickelten die Chinesen schon früh ein Bewusstsein für die Bedeutung einer angemessenen **Balance** zwischen den Naturkräften: Zu viel Hitze verursacht Austrocknung; zu viel Regen bewirkt Überschwemmungen; Ausgewogenheit zwischen beiden Extremen aber führt zu guten Ernten. Die Chinesen früherer Zeiten sahen Himmel, Erde und Menschheit als integrales Ganzes. Aus diesem Grund musste der kollektive Gesundheitszustand in Ordnung sein, wenn die Menschen in Harmonie mit Himmel und Erde leben wollten. Die medizinische Abhandlung *Huang Di Neijing*, die dem halbmythischen Gelben Kaiser (2500 v. Chr.) zugeschrieben wird, verweist auf die Bedeutung der spirituellen Balance, auf Akupunktur und pflanzliche Medizin bei der Behandlung von Krankheiten. Sie belegt damit auch das ehrwürdige Alter der chinesischen medizinischen Kenntnisse. Das Werk ist sogar möglicherweise nur eine Zusammenstellung früherer Texte. Akupunktur wurde nachgewiesenermaßen bereits in der Han-Dynastie praktiziert: In Gräbern in der Provinz Hebei, die man auf das Jahr 113 v. Chr. datiert, wurden Akupunkturnadeln aus Gold und Silber gefunden.

Der Glaube an die universelle Balance wird unter dem Begriff **Dao** (in der Literatur oft auch: Tao) zusammengefasst, was wörtlich übersetzt „der Weg" bedeutet, jedoch mit Blick auf „den Ablauf der Natur". Nach den Grundlagen der daoistischen Prinzipien beruht das Leben auf der Wechselwirkung sich ergänzender Gegensätze – Mann und Frau, Sonne und Mond, rechts und links, geben und empfangen usw. Dies findet seinen Ausdruck im schwarz-weißen daoistischen Diagramm, das zwei zusammenwirkende Gegensätze darstellt: **Yin** (die „weibliche" passive Energie) und **Yang** (die „männliche" aktive Energie). Den Kern der traditionellen chinesischen Medizin bildet die Überzeugung, dass diese Gegensätze als Voraussetzung für einen gesunden Körper in dynamischer Ausgewogenheit stehen müssen. Zum Beispiel besteht eine konstante Fluktuation zwischen der Körpertemperatur, die vom Grad der Aktivität und vom Wetter abhängt, und der für die Einhaltung der richtigen Körpertemperatur erforderlichen Flüssigkeitsmenge. Überschüssige Flüssigkeit im Körper ruft Ödeme hervor, zu wenig Flüssigkeit führt zur Austrocknung; zu viel Hitze bewirkt Fieber, zu wenig Hitze Unterkühlung. Die chinesische Medizin betrachtet den Körper als integrales Ganzes. Deshalb wird der Körper bei Krankheiten nicht nur an seiner „kranken Stelle", sondern ganzheitlich behandelt.

Qi und Akupunktur

Ein Grundmerkmal der chinesischen medizinischen Philosophie ist Qi (in der Literatur auch: Ch'i), die Lebensenergie. Ebenso wie elektrischer Strom eine Glühbirne zum Leuchten bringt, befähigt Qi uns zur Bewegung, zum Sehen und zum Sprechen. Qi verläuft durch das körperliche Netz der **Meridiane** (Energiepfade), die das Oberflächengewebe mit bestimmten **Innenorganen** verbinden, welche als Sammelbecken des Qi wirken. Die zwölf wichtigsten Meridiane sind nach den Organen benannt, mit denen sie verbunden sind. Die Meridiane sind außerdem als Yin oder Yang klassifiziert, je nachdem ob sie ausgesetzt oder geschützt sind. In den Gliedmaßen beispielsweise sind die äußeren Kanäle (Yang) wichtig für die Abwehr von Krankheiten, während die inneren Kanäle (Yin) für die Ernährung des Körpers zuständig sind.

Mentale und physische Spannungen, falsche Ernährung, Ärger, Depressionen, selbst widrige Wetterverhältnisse hemmen den Fluss des Qi und führen zu Erkrankungen. In die Akupunkturpunkte des Körpers gestochene Nadeln, meist entlang der Meridiane, verstärken oder reduzieren den Fluss des Qi und beeinflussen so die Aktivitäten der Organe. Wenn sich das Qi wieder im Gleichgewicht befindet und ruhig fließt, ist die Gesundheit wiederhergestellt. Akupunktur wird oft angewendet, um Entzündungen zu bekämpfen, zerstörtes Gewebe zu erneuern oder die Funktion der Organe zu unterstützen.

Pflanzliche Medizin

In den 2200 Jahren, seitdem der halb-mythische Xia-König **Shennong** sein heute klassisches Werk über die pflanzliche Medizin verfasst hat, haben die Chinesen ihr Wissen über den Einsatz von Pflanzen in der Medizin auf den höchsten Stand gebracht. Ungefähr 7000 Heilkräuter aus Wurzeln, Blättern, Zweigen und Früchten werden heute in der chinesischen Medizin verwendet, weitere 1000 sind tierischen oder mineralischen Ursprungs (und werden dennoch als „Kräuter" klassifiziert). Um die Wirkung zu verstärken, müssen diese Mittel gereinigt, getränkt, geschnitten, getrocknet, geröstet oder sogar mit Wein, Ingwer und Essig unter Rühren bei hoher Hitze angebraten werden; sie werden sodann aufgebrüht und als Tee getrunken. Die meisten schmecken bitter und erdig.

Heilkräuter haben eine erstaunliche Wirkung bei der Vorbeugung oder Behandlung zahlreicher Erkrankungen. Manche werden eingesetzt, um unterschwellige Ursachen von Beschwerden zu bekämpfen, andere um die Symptome zu heilen oder das körpereigene Immunsystem zu stärken. Ein einfaches Beispiel ist die Behandlung von Grippe: Das pflanzliche Rezept umfasst ein „kalt aktives" Heilkraut, um das Fieber zu senken, ein Kraut, das das Schwitzen anregt und Schmerzen lindert, ein Abführmittel zur Entfernung des Virus aus dem Körper sowie ein stimulierendes Kraut zur Stärkung des Immunsystems. Während der Behandlung wird der Patient regelmäßig untersucht und die pflanzliche Medizin dem Gesundheitszustand entsprechend angepasst.

In derselben Weise, in der Aspirin in westlichen Ländern aus Weidenborke gewonnen wird, entwickelt auch die chinesische Pharmazie zahlreiche neue Arzneimittel aus Pflanzen, etwa das Anti-Malaria-Mittel *Qinghaosu* (Artemisinin), mit dem bei nur geringen Nebenwirkungen große Erfolge in der Behandlung von Chloroquin-resistenten Malariastämmen erzielt wurden.

Chinesische kontra westliche Medizin

Es ist schwierig, direkte Vergleiche zwischen der chinesischen und westlichen Medizin zu ziehen, denn die Ansätze sind vollkommen unterschiedlich. Die westliche Medizin ist fortschrittlicher, wenn es um die Behandlung schwerer Verletzungen geht, bei denen chirurgische Eingriffe notwendig sind; der chinesische Ansatz hat den Ruf, effizienter chronische Krankheiten heilen zu können und die Gesundheit langfristig stabil zu halten. 1974 erkannte die Weltgesundheitsorganisation den Nutzen der Akupunktur an, und 1979 erklärten die Vereinten Nationen, dass die traditionelle chinesische Medizin (TCM) nachweisbare Resultate bei der Behandlung von Infektionen, bei Erkrankungen der Atemwege, Kreislaufschwächen, neurologischen Störungen, traumatischen Muskel- und Knochenverletzungen sowie Arthritis und Entzündungen erzielt. Außerdem beweist die Tatsache, dass heute nicht nur in allen chinesischen Provinzen, sondern auch weltweit Schulen der traditionellen chinesischen Medizin anzutreffen sind, eine wachsende internationale Würdigung der chinesischen Behandlungsmethoden.

Chinesische Kampfsportarten

Angesichts der turbulenten chinesischen Geschichte, in der rivalisierende Klane, Staaten und Dynastien sich bekriegten, ist es nicht verwunderlich, dass die Kampfsportarten entwickelt und stetig verfeinert wurden. Unter gesellschaftlichen Bedingungen, in denen man sich nicht auf den Schutz einer Obrigkeit verlassen konnte, war es besonders in Zeiten großer Umwälzungen von großer Bedeutung, Kampfsportarten zu beherrschen. Die Kampftechniken entwickelten sich in fast allen isolierten Gemeinschaften, von buddhistischen und daoistischen Tempeln bis hin zu Klandörfern. Vielfach entstanden eigentümliche Techniken, die nur Mitgliedern der eigenen Gruppe vermittelt wurden. Erst in jüngerer Zeit erhalten auch Außenstehende – selbst Ausländer – Zugang zu den verschiedenen Stilen, von denen manche so populär sind, dass selbst die Regierung formelle Versionen anerkannt hat.

Stile und Techniken

Über die Jahrhunderte hinweg entwickelten sich Tausende Kampfsportstile in China, die alle in zwei grundlegende Klassen eingeordnet werden können. **Externe oder harte Stile** *(waijia)* konzentrieren sich auf die Entwicklung der physischen Kraft **Li**, um sich gegen einen Gegner durchsetzen zu können. Zum Beispiel werden die Hände durch tausendfaches Schlagen auf Eisenplatten und Betonblöcke gefestigt bis die Fähigkeit erreicht ist, durch bloße Gewalteinwirkung Holzplanken oder Ziegelsteine zu zerschlagen. **Interne oder weiche Stile** *(neijia)* konzentrieren sich auf die Entwicklung der inneren Energie **Qi**, die entlang der Meridiane um den Körper zirkuliert und zu den zentralen Aspekten der chinesischen Medizin gehört. Die Technik Qigong – vitalitätsfördernde Atemübungen – lehrt den Aufbau des Bewusstseins für Qi und verhilft zu der Fähigkeit, diese Energie im Körper zu bewegen, um übermäßige muskuläre Aktionen durch fließende und kraftvolle Bewegungen zu ersetzen.

In der Praxis sind solche Unterscheidungen zumindest für den Anfänger kaum zu erkennen. Das Training ist zunächst überwiegend körperlich ausgelegt, denn es erfordert Jahre, bis sich das Bewusstsein für Qi so weit entwickelt hat, dass man es effizient im Kampf einzusetzen versteht. Viele externe Stile benutzen Qigong-Techniken, und die meisten internen Stile setzen auch auf rohe Kraftanwendung. Von außen wirken interne und externe Stile sehr ähnlich, da beide **Grundmuster** – feststehende Bewegungsabläufe – anwenden, um die gewünschte Geschwindigkeit, Kraft und Zielgenauigkeit zu erreichen. Beide Stilrichtungen gründen sich auf Faustschläge, Tritte, Handkantenschläge und den Gebrauch von **Waffen**. Verbreitet ist zudem die Einbeziehung **tierischer Bewegungsabläufe**: Im Affenstil des Kung-Fu bewegt sich der Praktizierende im Kampf beispielsweise in der Art eines Affen. Im Folgenden sollen nur einige der bekannteren Kampfsportarten vorgestellt werden, die durchaus in öffentlichen Parks beobachtet werden können.

Shaolin-Kung-Fu

Zu den einflussreichsten Persönlichkeiten bei der Entwicklung der chinesischen externen Kampfsportarten gehörte im 6. Jahrhundert der indische buddhistische Mönch **Boddhidarma**, der viele Jahre im **Tempel Shaolin** (s.S. 381) verbrachte, wo er den Mönchen Bewegungen und Atemtechniken vermittelte, die später in Verbindung mit ortstypischen Kampfsporttechniken zum Shaolin-Kung-Fu weiterentwickelt wurden. „Shaolin" ist im heutigen China ein verschwommener Begriff, der unkritisch auf unterschiedliche Kampfstile angewendet wird, die vermutlich kaum eine historische Beziehung zum dortigen Tempel haben. Dennoch ist diese Schule sehr bekannt wegen ihrer kraftvollen Fußtritte und einiger Tierstile, darunter Adler, Gottesanbeterin und Affe. Klassische Shaolin-Waffe ist der **Stock**. Es gibt sogar ein Grundmuster der Trunkenheit, nach dem sich der Praktizierende wie im Vollrausch bewegt – eine athletische und überraschend effektive Technik.

Xingyi Quan

Xingyi Quan bedeutet frei übersetzt „Form durch bewusstes Boxen" und reflektiert das Leitprinzip, dass der Körper unmittelbar aus dem Verstand heraus geleitet werden soll. Die Schule entwickelte sich vermutlich in der Song-Dynastie unter dem berühmten General **Yue Fei** aus Speerformen des Shaolin-Kung-Fu. Xingyi ist eine interne Kunstform, die jedoch die Energie Qi anders umsetzt als Bagua oder Taiji (siehe unten). Die Xingyi-Schulen stützen sich entweder auf die Methoden der **zwölf Tiere** oder **fünf Elemente**. Ungeachtet dessen erfolgen die Attacken sehr **linear**, um die Verteidigungslinie des Gegners geradlinig zu durchbrechen und so direkt und effektiv wie möglich vorzugehen. Aufgrund der geradlinigen Philosophie und der Anwendung relativ weniger Techniken ist Xingyi die wohl am einfachsten zu erlernende und anzuwendende interne Kampfsportart. Die gesundheitlichen Vorzüge, die allen internen Kampfsportarten anhaften, werden im Xingyi selten hervorgehoben.

Bagua Zhang

Der Ursprung des Bagua Zhang verschwimmt im Dunkeln der Geschichte, doch der berühmteste Praktizierende und Stilist war **Dong Hai Chuan** (1798–1879). Der Name bedeutet „Bagua-Handfläche" und bezieht sich auf die acht daoistischen Diagramme des *Yijing*, unter denen *Bagua zhang* eine kriegerische Bedeutung hat. Außerdem kommt zum Ausdruck, dass Schläge unweigerlich mit der **Handfläche** erfolgen. Bagua ist für einen außenstehenden Beobachter eine der interessantesten Kampfsportarten, denn schnelle Fußarbeit und eigentümliche **Drehbewegungen** sollen Angriffe abwehren und den Verteidiger hinter den Angreifer und damit in eine Position zum Gegenschlag bringen. Der interne Stil wendet nichtsdestotrotz ein gewisses Maß an körperlicher Gewalt an und tendiert in der Antwort auf Angriffe zu wüsten Attacken. Die verschiedenen Schulen üben **Kreiswanderungsformen** aus, um die Energie Qi zu entwickeln (wenn in chinesischen Parks jemand endlos um einen Baum herum schreitet, praktiziert er diese Form). Sie wenden weniger abstrakte lineare Formen an, um Kampftechniken zu vermitteln. Die ständigen Drehbewegungen des Bagua pumpen Qi aus der Wirbelsäule rund um den Körper. Praktizierende des Bagua sind bekannt für ihre Gesundheit und Langlebigkeit.

Taijiquan

Taijiquan (Yin-Yang-Boxen) ist die berühmteste klassische Kampfsportart, doch sie wird selten als solche gelehrt. Die ursprüngliche Form heißt **Chen Taiji** und ist eng mit dem Shaolin-Kung-Fu verwandt. Eine spätere Form, die von **Yang Luchan** (1799–1872) entwickelt wurde, ist rein intern und gehört zu den am schwierigsten zu erlernenden Stilen des praktischen Kampfes. Dennoch sind diese älteren Formen effektive Kampfsportarten, deren Stärken darin liegen, dass man Angriffszüge vorausahnt und den eigenen Schlag zuerst ausführt. Gegenangriffe werden mit dem ganzen Körper im Zustand **minimaler Spannung** vorgenommen, der die charakteristische „weiche" Erscheinungsform des Taijiquan ausmacht und den Fluss und die Kraft der Energie Qi erhöht. Da kräftige Qi-Ströme Gesundheit bedeuten, verlangsamte Yang Luchans Enkel **Yang Chengfu** (1883–1936) die Bewegungen und entledigte damit die Sportart ihrer kämpferischen Inhalte, damit auch die Älteren und Schwächeren sie lernen und somit Krankheiten vorbeugen können. Diese vereinfachte Form wird heute weitgehend gelehrt und ist in vielen Parks zu beobachten. Eine allen Taiji-Stilen gemeinsame Trainingstechnik für zwei Personen ist „Hände schieben" *(tui shou)*, nach der die Praktizierenden einander abwechselnd angreifen und sich verteidigen, um auf diese Weise zu lernen, die Kraft des Gegners aufzunehmen und umzuleiten.

Studium der Kampfsportarten

In der jüngeren Vergangenheit wurden die chinesischen Kampfsportarten stark verwässert. Seit den 50er Jahren deklarierte die chinesische Regierung „offizielle" Versionen verschiedener Kampfsportstile – darunter Shaolin-Kung-Fu, Bagua Zhang und Taijiquan –, die unter den Sammelbegriff **Wushu** (traditionelle Kampfkunst) gefasst wurden. Hauptmotiv der Wushu-Stile ist nicht die Befähigung zum Kampf, sondern die Förderung von Gesundheit und Fitness; die klassischen Kampfkünste werden überwiegend als Wettkampfsportarten gelehrt. In der Umsetzung ist das Meiste, was heute offiziell in China gelehrt wird, gemessen am Anspruch der Kampfsportarten zweitrangig. Deshalb kann es schwierig sein, einen kompetenten Ausbilder zu finden.

Es ist wichtig, sich zunächst für einen Stil zu entscheiden und dann möglichst vor der Abreise Kontakte zu knüpfen. Wer rasche Fortschritte wünscht, sollte sich mit externen Künsten wie Shaolin-Kung-Fu und dessen Ableitungen oder mit Xingyi Quan oder Bagua Zhang befassen, die ihre Techniken allesamt auf geradlinige Weise vermitteln. In China sind Bagua- und Xingyi-Praktiker sowie Lehrer für den traditionellen kampfbetonten Taiji-Stil nur schwer zu finden.

Berühmte Lehrstätten für Kampfsportarten wie Shaolin und die daoistischen Tempel am **Wudang Shan** (s.S. 620) scheinen auf den ersten Blick geeignete Studienorte zu sein, doch in der Praxis hat sich ihr Ruf kontraproduktiv ausgewirkt. In Shaolin gibt es zum Beispiel zahlreiche Kampfsportschulen, die alle von sich behaupten, die „wahren" Shaolin-Techniken zu vermitteln. Es ist nicht ungewöhnlich, dass sich auch Ausländer für die Kurse einschreiben. Wudang Shan ist noch nicht so kommerziell und bei der Auswahl der Schüler durchaus wählerisch. Traditionelle Kampfkunst wird an zahlreichen **Sportinstituten** unterrichtet, unter anderem an der Beijing-Universität, doch echte kämpferische Inhalte stehen selten auf dem Programm. Lehrer sind auch in den öffentlichen **Parks** zu finden, wo sich zahlreiche Einheimische zum Training einfinden. In den Parks besteht auch die Chance, einen der weniger bekannten **regionalen Stile** wie den Südlichen Gottesanbeterinnen-Stil, das Kranich-Kung-Fu und das Drachen- oder Tigerboxen kennen zu lernen. Wer andere als die Standard-Wushu-Formen praktizieren will, sollte auf Kritik gefasst sein, denn für die weniger bekannten Formen gibt es keine festgelegten Muster, und manche Lehrer, die ihre Trainingsmethoden über Jahrzehnte hinweg entwickelt haben, gehen sehr dogmatisch an, was ihre Schüler zu tun haben. Darüber sollte man nicht den Mut verlieren, sondern mit offenen Augen die Techniken anderer aufnehmen.

Wer nicht Chinesisch spricht, ist in den Traveller-Zentren Dali und Yangshuo besser aufgehoben, weil die Lehrer im Umgang mit Ausländern geübt sind. Guten Ruf genießt Yangshuos Budi-Zhen-Schule (s.S. 868). Da Lehrer, die nach der kommunistischen Machtübernahme nach Hongkong, Taiwan oder Übersee flohen und die Wushu-Stile nicht gelernt haben, ist es möglich, traditionelle Stile außerhalb des chinesischen Festlandes anzutreffen und auch Englisch sprechende Lehrer vorzufinden.

Astrologie

In der chinesischen Astrologie wird jedes **Mondjahr**, das jeweils Ende Januar oder Anfang Februar beginnt, von einem der zwölf **Tierkreiszeichen** bestimmt. Diese Regelung besteht in der chinesischen Volkstradition seit dem 6. Jahrhundert v. Chr., doch erst im 3. Jahrhundert v. Chr. wurde sie in ein astrologisches und astronomisches System eingegliedert. (Chinesische Astrologen vermeiden allerdings den Gebrauch einzelner Tierkreiszeichen, um das Leben eines Menschen zu analysieren, weil sie den Tierkreis als unwissenschaftlich betrachten.) Warum Tiere in der chinesischen Astrologie herangezogen werden, ist unklar. Eine Überlieferung besagt, dass die betreffenden Tiere vor Buddhas erster Predigt erschienen, der dann die Jahre nach der Reihenfolge benannte, in der die Tiere ankamen; in einer anderen Version ließ der Jadekaiser ein Wettrennen ausrichten, um die schnellsten Tiere ausfindig zu machen – die ersten zwölf Tiere, die einen bestimmten Fluss überquerten, wurden auserwählt, die zwölf irdischen Zweige der zyklischen Ordnung des Mondkalenders zu repräsentieren.

Jedes Tierkreiszeichen steht für bestimmte charakteristische Merkmale und weist dem unter ihm Geborenen auf ideale Partner, auf Glück und Unglück verheißende Tage hin. Im Folgenden werden nur einige kurze, allgemeine Charakter- und Persönlichkeitsmerkmale aufgeführt, denn eigentlich ziehen chinesische Astrologen für ihre Voraussagen den genauen Zeitpunkt der Geburt mit Datum und Uhrzeit hinzu. Die Tiere treten in einem festen Zyklus auf; so lässt sich mühelos das Tier benennen, welches das folgende Jahr bestimmen wird.

Die Ratte

Persönlichkeitsmerkmale: Großzügig, intelligent und arbeitsam, doch sie kann kleinlich und träge sein; sie hat viele Freunde, darunter aber nur wenige gute; sie ist erfolgreich, liebt Herausforderungen und ist geschäftstüchtig, aber sie ist auch unsicher; im Allgemeinen ist sie diplomatisch und tendiert zu emotionalen Verflechtungen.

Partner: Am besten Drache, Affe und Büffel; keine Harmonie mit Pferd und Ziege.

Der Büffel

Persönlichkeitsmerkmale: Gesund, eigensinnig, unabhängig; gewöhnlich ruhig und abgeklärt, mitunter widerspenstig; zurückhaltend und konservativ; liebt die althergebrachten Dinge.

Partner: Am besten Schlange, Ratte oder Hahn; keine Harmonie mit Tiger, Ziege und Affe.

Der Tiger

Persönlichkeitsmerkmale: Abenteuerlustig, kreativ und idealistisch; vertrauensvoll und enthusiastisch; kann diplomatisch und praktisch vorgehen; furchtlos und geradlinig, strebt selbst nach unmöglich erscheinenden Zielen; Realist mit kraftvoller Persönlichkeit.

Partner: Bester Heiratspartner ist das Pferd; in Harmonie mit Drache, Schwein und Hund; Vorsicht vor Schlange, Affe und Büffel.

Der Hase

Persönlichkeitsmerkmale: Friedliebend, sozial und ruhig; verlässlich für Familie und Freunde; furchtsam, doch geschäftlich nicht zu unterschätzen; benötigt Zusprache und Zuneigung, um innere Unordnung zu vermeiden; unterschwelliger Hang zur Eitelkeit; langlebig.

Partner: Am besten Schwein, Hund und Ziege; keine freundliche Basis zu Tiger und Hahn.

Der Drache

Persönlichkeitsmerkmale: Stark, gebieterisch, führungsstark; beliebt, athletisch, galant und idealistisch, doch nicht immer konsequent; neigt zum Glauben an die Gleichheit.

Partner: Am besten Schlange, Ratte, Affe, Tiger und Hahn; keine Harmonie mit Hund.

Die Schlange

Persönlichkeitsmerkmale: Charmant, doch besitzergreifend und selbstsüchtig; zurückgezogen und geheimnisvoll; skuriller Humor, mysteriös und wissbegierig, aber auch skrupellos; liebt die schönen Dinge des Lebens; ebenso besinnlich wie abergläubisch.

Partner: Am besten Drache, Hahn und Büffel; keine Harmonie mit Schlange, Schwein und Tiger.

Das Pferd

Persönlichkeitsmerkmale: Angenehme Erscheinung und gewandte Lebensart; strebsam und schlagfertig; liebt auffällige Farben; stets gern gesehen, humorvoll, wohlwollend und liebenswürdig; geschäftlich nicht zu unterschätzen; wankelmütig und emotional.

Partner: Am besten Tiger, Hund und Ziege; keine Harmonie mit Hase und Ratte.

Die Ziege

Persönlichkeitsmerkmale: Charmant und glücksbesessen, liebt das Geld; unpünktlich und zögerlich; zu eitel für Beschwerden; interessiert am Übernatürlichen.

Partner: Am besten Pferd, Schwein und Hase; keine Harmonie mit Büffel und Hund.

Tierkreiszeichen-Kalender

Geburtsdatum	Tier	Geburtsdatum	Tier
20.2.1920 – 7.2.1921	Affe	25.1.1963 – 12.2.1964	Hase
8.2.1921 – 27.1.1922	Hahn	13.2.1964 – 1.2.1965	Drache
28.1.1922 – 15.2.1923	Hund	2.2.1965 – 20.1.1966	Schlange
16.2.1923 – 4.2.1924	Schwein	21.1.1966 – 8.2.1967	Pferd
5.2.1924 – 23.1.1925	Ratte	9.2.1967 – 29.1.1968	Ziege
24.1.1925 – 12.2.1926	Büffel	30.1.1968 – 16.2.1969	Affe
13.2.1926 – 1.2.1927	Tiger	17.2.1969 – 5.2.1970	Hahn
2.2.1927 – 22.1.1928	Hase	6.2.1970 – 26.1.1971	Hund
23.1.1928 – 9.2.1929	Drache	27.1.1971 – 14.2.1972	Schwein
10.2.1929 – 29.1.1930	Schlange	15.2.1972 – 2.2.1973	Ratte
30.1.1930 – 16.2.1931	Pferd	3.2.1973 – 22.1.1974	Büffel
17.2.1931 – 5.2.1932	Ziege	23.1.1974 – 10.2.1975	Tiger
6.2.1932 – 25.1.1933	Affe	11.2.1975 – 30.1.1976	Hase
26.1.1933 – 13.2.1934	Hahn	31.1.1976 – 17.2.1977	Drache
14.2.1934 – 3.2.1935	Hund	18.2.1977 – 6.2.1978	Schlange
4.2.1935 – 23.1.1936	Schwein	7.2.1978 – 27.1.1979	Pferd
24.1.1936 – 10.2.1937	Ratte	28.1.1979 – 15.2.1980	Ziege
11.2.1937 – 30.1.1938	Büffel	16.2.1980 – 4.2.1981	Affe
31.1.1938 – 18.2.1939	Tiger	5.2.1981 – 24.1.1982	Hahn
19.2.1939 – 7.2.1940	Hase	25.1.1982 – 12.2.1983	Hund
8.2.1940 – 26.1.1941	Drache	13.2.1983 – 1.2.1984	Schwein
27.1.1941 – 14.2.1942	Schlange	2.2.1984 – 19.2.1985	Ratte
15.2.1942 – 4.2.1943	Pferd	20.2.1985 – 8.2.1986	Büffel
5.2.1943 – 24.1.1944	Ziege	9.2.1986 – 28.1.1987	Tiger
25.1.1944 – 12.2.1945	Affe	29.1.1987 – 16.2.1988	Hase
13.2.1945 – 1.2.1946	Hahn	17.2.1988 – 5.2.1989	Drache
2.2.1946 – 21.1.1947	Hund	6.2.1989 – 26.1.1990	Schlange
22.1.1947 – 9.2.1948	Schwein	27.1.1990 – 14.2.1991	Pferd
10.2.1948 – 28.1.1949	Ratte	15.2.1991 – 3.2.1992	Ziege
29.1.1949 – 16.2.1950	Büffel	4.2.1992 – 22.1.1993	Affe
17.2.1950 – 5.2.1951	Tiger	23.1.1993 – 9.2.1994	Hahn
6.2.1951 – 26.1.1952	Hase	10.2.1994 – 30.1.1995	Hund
27.1.1952 – 13.2.1953	Drache	31.1.1995 – 18.2.1996	Schwein
14.2.1953 – 2.2.1954	Schlange	19.2.1996 – 6.2.1997	Ratte
3.2.1954 – 23.1.1955	Pferd	7.2.1997 – 27.1.1998	Büffel
26.1.1955 – 11.2.1956	Ziege	28.1.1998 – 15.2.1999	Tiger
12.2.1956 – 30.1.1957	Affe	16.2.1999 – 4.2.2000	Hase
31.1.1957 – 17.2.1958	Hahn	5.2.2000 – 23.1.2001	Drache
18.2.1958 – 7.2.1959	Hund	24.1.2001 – 11.2.2002	Schlange
8.2.1959 – 27.1.1960	Schwein	12.2.2002 – 30.1.2003	Pferd
28.1.1960 – 14.2.1961	Ratte	31.1.2003 – 17.2.2004	Ziege
15.2.1961 – 4.2.1962	Büffel	18.2.2004 – 6.2.2005	Affe
5.2.1962 – 24.1.1963	Tiger	7.2.2005 – 27.1.2006	Hahn

Der Affe
Persönlichkeitsmerkmale: Sehr intelligent und scharfsinnig, ein Opportunist; wagemutig und selbstsicher, doch labil und egoistisch; für andere unterhaltsam und attraktiv; einfallsreich, hat Sinn für Humor und schaut wenig auf Reputation.

Partner: Am besten Drache und Ratte; keine Harmonie mit Tiger und Büffel.

Der Hahn
Persönlichkeitsmerkmale: Offen und unbekümmert, kann sogar taktlos werden; freigebig mit Ratschlägen; pünktlich und arbeitswillig; phantasievoll bis in den Bereich der Träume; möchte auffallen und ist emotional.

Partner: Am besten Schlange, Drache und Büffel; keine Harmonie mit Schwein, Hase und Hahn.

Der Hund
Persönlichkeitsmerkmale: Wachsam, aufmerksam und defensiv; Hang zur Freigebigkeit und sehr geduldig; äußerst verantwortungsbewusst, gute organisatorische Fähigkeiten; intellektuell, heimatverbunden und unmaterialistisch.

Partner: Am besten Hase, Schwein, Tiger und Pferd; keine Harmonie mit Drache und Ziege.

Das Schwein
Persönlichkeitsmerkmale: Rechtschaffen, verletzlich und geschäftlich unsicher, dabei stets materialistisch und ehrgeizig; zurückweichend oder freimütig, doch auf naive Weise; freundlich und hilfsbereit bis zum Punkt, ausgenutzt zu werden; ruhig und herzlich.

Partner: Am besten Hund, Ziege, Tiger und Hase; keine Harmonie mit Schlange und Hahn.

Architektur

Nach einigen Wochen in China entsteht beim Reisenden der Eindruck, dass – abgesehen von geringfügigen regionalen Abweichungen – ein Tempel wie der andere aussieht. Selbst die Unterschiede zwischen Palast, Tempel und vornehmem Privathaus scheinen zu verschwimmen, und es gibt wenig Anzeichen für eine historische Entwicklung. Viel früher noch ermüdet die billige Bauweise und das enttäuschend westliche Erscheinungsbild der meisten chinesischen Städte. Doch diese allgegenwärtige **Gleichförmigkeit** täuscht über Chinas langes architektonisches Erbe hinweg. Allerdings haben verschiedene Faktoren die Vielfalt beschränkt. Zunächst einmal ist wenig aus den verschiedenen Epochen mit ihren individuellen Charakteristiken übrig geblieben: Frühe Holzbauten konnten Naturkatastrophen, Kriegen und Revolutionen nicht standhalten, neu erstandene Dynastien zerstörten oft die Hinterlassenschaften ihrer Vorgänger, um ihre Machtübernahme zu untermauern. Ein weiterer Grund für den **Konservativismus** in der traditionellen chinesischen Architektur ist Fengshui – die Nichteinhaltung der Prinzipien könnte den Kosmos in Unruhe versetzen. Und in unseren Tagen schließlich hat der gewaltige wirtschaftliche Aufschwung, der durch das Land fegt, eine regelrechte Modernisierungswut hervorgerufen, alte Bauten werden abgerissen und riesige neue Komplexe entstehen an ihrer Stelle.

Verstärkt werden diese Faktoren durch einen immanenten Hang, das Vorhergehende zu bewahren. Das hat zur Folge, dass seit frühesten Zeiten bestimmte grundlegende Regeln der Architektur befolgt werden, welche die Unterschiede zwischen den verschiedenen Epochen gering hielten. Das heißt nicht, dass Pagoden aus der Tang- und Qing-Zeit nicht zu unterscheiden wären, doch die traditionelle chinesische Architektur ist von einer gewissen Gleichförmigkeit durchdrungen, die durchaus ihre Reize offenbart, wenn man verschiedene Tempel, Wohnbauten und selbst Städte miteinander vergleicht.

Monumentalarchitektur
Die chinesische Monumentalarchitektur – Tempelanlagen, Paläste und Stadtentwürfe – ist von sich ständig wiederholenden **kosmologischen Themen** geprägt, deren zentralste Aspekte bis ins Bronzezeitalter zurückverfolgt werden können, obwohl die Prinzipien des Fengshui erst in der Song-Dynastie formuliert wurden. Bereits vor 4000 Jahren waren die **Städte** nach einem spirituell günstigen **rechteckigen Muster** auf einer Nord-Süd-Achse Richtung Süden ausgelegt und von einem **Verteidigungswall** umgeben. Neben den Geschäfts- und Wohnbezirken stand im Mittelpunkt (der nicht unbedingt zentral gelegen sein musste)

ein separat ummauertes Viertel, in dem zu späterer Zeit die Kaiser oder ihre örtlichen Repräsentanten lebten. Da der Kaiser der „Sohn des Himmels" war, stellte ein solcher Grundriss – wie er noch heute in der Anlage von Städten wie Beijing oder Xi'an zu erkennen ist – den Kosmos dar, in dessen **Zentrum** der Herrscher saß. Dieselbe Idee spiegelt sich auch in den Grundrissen von Palästen, Tempeln und großen Privathäusern wider: Die Anordnung der Gebäude stellt in vielfacher Form einen Mikrokosmos des Stadtlebens dar. Solche Anlagen sind von einer Mauer umgeben und besitzen ihr eigenes spirituelles Zentrum – in Tempeln etwa eine Haupthalle, in der die Statuen der Gottheiten stehen, in Palästen eine ähnliche Halle, wo der Kaiser oder Statthalter Hof hielt, im Wohnhaus ein Ahnenschrein.

Fengshui Ungeachtet der Größe eines Bauprojekts erachten die Chinesen Weissagungen für wichtig. Deshalb ist Fengshui ein wesentlicher Bestandteil der Planungen.
Wörtlich übersetzt heißt dieses Wort „Wind und Wasser". Fengshui ist eine Form der Geomantik, die festlegt, wie Bauwerke positioniert werden müssen, um die spirituellen Attribute der sie umgebenden Landschaft nicht zu stören. Dies spiegelt sich in der daoistischen Kosmologie wider, die davon ausgeht, dass alle Komponenten des Universums in einem Gleichgewicht zueinander stehen und dass deshalb die Störung eines einzelnen Elementes potenziell eine negative Veränderung des Ganzen bewirken kann. Es ist von entscheidender Bedeutung, dass Stätten – egal ob Bauernhäuser, Wolkenkratzer, ganze Städte oder das unterirdische Grab des ersten Qin-Kaisers – nach den Punkten des Kompasses ausgerichtet und vor örtlichen „unglückseligen Richtungen" wie anderen Gebäuden, Mauern, Hügeln, Bergketten, Wasser oder gar der Terrakotta-Armee geschützt werden. Die Geomantik schlägt außerdem ideale Formen vor und gestaltet Räume nach ausgesuchten althergebrachten Prinzipien.

Für einzelne Gebäude gewährleisteten spirituelle Erwägungen, dass Tempel und Paläste, die faktisch dieselbe Bedeutung haben, nach ein und demselben **Grundmuster** angelegt wurden, was man sowohl in 2000 Jahre alten Töpfermodellen als auch in den Hallen von Beijings Verbotener Stadt aus der Ming- und Qing-Dynastie bestätigt findet. Wohn-, Palast- und Tempelhallen errichtete man in Ständerbauweise aus Holz (Holzskelettbau). Das Gebäude erhob sich auf einer Terrasse aus Erde, Ziegeln oder Steinen, die je nach Bedeutung des Gebäudes höher oder niedriger angelegt war. Die tragenden Säulen ruhten auf einem separaten Unterbau und waren an ihrem oberen Ende durch Längs- und Querstreben verbunden. Darüber hinaus wurden Balken mit abnehmender Länge auf kurzen Zapfen übereinander geschichtet, um ein Gerüst zu schaffen, das zum Dachmittelpunkt hin ausgerichtet war, wo einzelne Stäbe im Zentrum den Dachfirst sicherten. Diese Bauweise schuf die typische **gebogene Dachlinie** mit nach oben gewelltem Gesims, was Glück symbolisiert. Mit Konsolen unterlegte Stützbalken wurden im 8. Jahrhundert eingebracht; sie ermöglichten, dass man die Dachtraufen weit über die Hauptsäulen hinaus ziehen und somit ein schmückendes Element schaffen konnte, das noch durch Tiergestalten und mythische Figuren auf den Giebelenden verstärkt wurde. Obwohl Ausmaß und Raum durch diese Bauweise beschränkt waren – anders als bei europäischen Kathedralen, in denen Bögen die Konstruktion stützten –, war die Basis stark genug, um schwere Keramikdachziegel zu tragen.

Die Entwicklung dieser Merkmale erlebte in der Zeit der Tang- und Song-Dynastien einen Höhepunkt an Eleganz und Perfektion, der niemals wieder erreicht wurde. Obwohl keine Originalbauten aus jenen Zeiten erhalten geblieben sind, vermitteln selbst die restaurierten Tang-zeitlichen Bauwerke (beispielsweise die Tempel am Wudang Shan in der Provinz Hubei oder der Glockenturm im Zentrum von Xi'an) noch gut den damaligen Geist. Auch zwei **regionale Stile** entwickelten sich: Während die nördliche Architektur relativ zurückhaltend und gemäßigt blieb, entwickelte die südliche Architektur in hohem Maße Rundungen und Ornamente – Guangdongs Ahnentempel in Foshan ist ein klassisches Beispiel dafür. In beiden Stilrichtungen wurden die Räume zwischen den Säulen durch Zwischenwände gefüllt, die verschiedene Kombinationen von Wand, Tür und Gitterfenstern zuließen. Manche Säulen wiesen Steinmetzarbeiten auf, teils waren sie unterschiedlich bemalt, um auf bestimmte Religionszugehörigkeiten oder auf den Rang des Bewohners hinzuweisen. Entsprechend waren die **kaiserlichen Gebäude** mit besonderen Merkmalen ausgestattet, etwa mit vierseitigen Dächern, höheren Terrassen, auf die breite Treppen hinaufführten, und gelb glasierten Dachziegeln. In seltenen Fällen entstanden ungewöhnliche Gebäude, ohne dass diese gegen die Prinzipien des Fengshui verstießen. Zum Beispiel durchbricht Beijings runder Himmelstempel die Konventionen, indem er das Universum in seiner Gesamtheit symbolisiert.

Ein anderer wichtiger Typus der Monumentalbauweise sind die **Pagoden**, die als Bauform ursprünglich mit der Einführung des Buddhismus aus Indien nach China gelangten. Da sie dem Zweck dienen, heilige Reliquien zu beherbergen, besitzen sie „positive" Attribute: Oft erfüllen sie die Aufgabe, Städte oder Bauwerke vor unglückseligen Richtungen zu schützen, oder sie stehen an Flüssen, um gefahrvolle Untiefen aufzuspüren und zu bezwingen. Die Gestaltung der Pagoden in China wurde wahrscheinlich von den hölzernen Wachtürmen beeinflusst, obwohl das älteste erhaltene Beispiel des Shendong Si in der Provinz Shandong aus Stein ist und eher einem indischen Stupa ähnelt. Die meisten Pagoden sind mehreckig und haben eine zentrale Treppe, die zu einer ungeraden Anzahl von Stockwerken führt – von drei bis siebzehn. Der Buddhismus inspirierte außerdem zum Bau wundervoller **Höhlentempel** und Grottenanlagen, deren besterhaltenes Beispiel Mogao bei Dunhuang im Nordwesten ist.

Häusliche Architektur

Die zweite große Gruppe von Bauwerken, die häusliche Architektur, ist im Grunde von vielen Leitprinzipien der Tempel- und Palastarchitektur geprägt: Geschwungene Dachlinien sind beliebt, größere Gebäudekomplexe ummauert und mit Geisterwänden oder Spiegeln ausgestattet – letztere über äußeren Torwegen, um Dämone abzuschrecken. Im ganzen Land findet man ältere Häuser mit diesen grundlegenden Merkmalen, doch in vielen Fällen drängten praktische, vorwiegend klimatisch bedingte Erwägungen die spirituellen Ideale in den Hintergrund und schufen so sehr eigentümliche **lokale Stile**, die ebenfalls die urtypische Nord-Süd-Ausrichtung aufweisen. Nordchinas extrem kalte Winter und heiße Sommer forderten gut isolierte Ziegelmauern, während die beständigeren subtropischen Temperaturen Südchinas zur Gestaltung von offenen Dächern, freien Innenhöfen und Gitterfenstern aus Holz anregten, um die Luft frei zirkulieren zu lassen.

In vielen **ländlichen Gebieten** sind traditionelle und ungewöhnliche Ausprägungen der häuslichen Architektur anzutreffen, die abgesehen von den klimatischen Verhältnissen auch die jeweilige Kultur vor Ort erkennen lassen. Besonders auffällige Beispiele gibt es in den gebirgigen Grenzgebieten zwischen den Provinzen Guizhou und Guangxi, wo die ethnischen Gruppen der **Dong** und **Miao** große zwei- oder dreistöckige Holzhäuser aus Zedernholz bauen. Die Dong erlangten auch Ruhm durch ihre hölzernen Trommeltürme und Wind-und-Regen-Brücken, die sowohl spirituelle als auch praktische Funktionen erfüllen. Für ihren besonderen Hausbau berühmt ist auch die ethnische Minderheit der **Hakka** (eine Untergruppe der Han-Chinesen), deren wuchtige runde Familienhäuser aus Stein, in denen Hunderte Menschen leben können, unweigerlich an Trutzburgen erinnern. Solche Häuser entstanden in ihren angestammten Gebieten in den Provinzen Guangdong und Fujian aus Verteidigungsgründen. Eine extreme Anpassung an örtliche Gegebenheiten ist in der Provinz **Shaanxi** zu erkennen, wo unterirdische Wohnungen in prähistorische Sedimentböden gegraben wurden, die der Huanghe schuf. Diese Wohnungen sind im Sommer kühl und im Winter warm.

Auch die traditionelle **städtische Architektur** hat die Zeiten überdauert, doch ist sie in ihrer Ausprägung nicht besonders variationsreich. Ursprünglich war Holz das Hauptbaumaterial, doch wo nicht Feuer oder der Zahn der Zeit die Ursache für Vernichtung waren, ordneten Stadtverwaltungen Abriss und Neuaufbau an – aus Sicherheitsgründen oder Modernisierungsbestrebungen. Einzelne Beispiele alter Haussbauweisen sind in Großstädten wie Beijing, Kunming oder Chengdu zu entdecken. Die ethnisch durch die **Naxi-Minderheit** geprägte Stadt Lijiang in Yunnan weist mit Hunderten traditionellen Holzhäusern die größte

Chinesische Tempel Buddhistische, daoistische und chinesische Tempel weisen viele ähnliche Merkmale auf. Wie Städte sind sie gewöhnlich nach Süden ausgerichtet und von Mauern umgeben. Die Eingänge sind mit schweren Türen verschlossen und meist von Kriegsgottheiten bewacht, die das Böse abhalten sollen. Die Türen öffnen sich zu einem Hof, wo weitere Sicherheit durch eine Geisterwand gewährleistet wird, die den geradlinigen Eingang verwehrt. Sie ist ohne viel Aufwand zu umgehen, doch hält sie böse Geister ab, die sich nur in gerader Linie bewegen können. Im Inneren trifft der Besucher auf eine Abfolge von Hallen, die von verzierten Höfen umgeben sind. Für den Fall, dass doch böse Einflüsse eindringen konnten, befinden sich in der Nähe des Eingangs die weniger wichtigen Räume und Gebäude. Bedeutungsvollere Bereiche wie Wohnquartiere und Haupttempelhallen stehen tiefer im Inneren der Anlage.

Ein Unterscheidungsmerkmal buddhistischer und daoistischer Tempel ist die Farbe der tragenden Säulen: Buddhisten verwenden ein helles Rot, Daoisten bevorzugen Schwarz. Beliebt bei Daoisten sind Tierdarstellungen – zu den Symbolen für Glück und Langlebigkeit gehören Fledermäuse und Kraniche. Manche daoistische Hallen sind mit auffälligen oktagonalen Kuppeldächern ausgestattet, an denen das schwarz-weiße Yin-Yang-Symbol zu sehen ist.

Jede Religion hat ihre eigenen Gottheiten. Den Eingangsbereich **buddhistischer Tempel** *(si)* flankieren die vier Himmelskönige, im Zentrum befindet sich ein Bildnis des wohlbeleibten Maitreya, des lachenden Buddhas des künftigen Weltzeitalters. Hinter einer Wand in seinem Rücken schaut eine Statue des Wei Tuo, des Gottes der Weisheit, in die Richtung des Buddha-Bildnisses in der Haupthalle. Im Zentrum der Haupthalle sitzen drei Statuen nebeneinander auf Lotusblüten: Die Buddhas der Vergangenheit, Gegenwart und Zukunft. In vielen Tempeln stehen an den Seitenwänden mehr oder weniger derb gestaltete Bildnisse der buddhistischen Schüler (chinesisch: *Luohan*, sanskrit: *Arhat*), denen zuweilen eine eigene Halle gewidmet ist. Hinter der Wand im Rücken der buddhistischen Trinität steht in vielen Tempeln eine Statue der Guanyin – der vielarmigen, eine Vase tragenden Göttin der Barmherzigkeit –, die mitunter jedoch auch ihre eigene Halle hat. **Daoistische Tempel** *(miao* oder *gong)* sind ähnlich aufgebaut, doch die Hallen können mythischen oder legendären Gestalten gewidmet sein. Der Daoismus hat seine eigene heilige Trinität, die Drei Reinen oder Unsterblichen: Fuxi, der den Menschen das Fischen, Jagen und die Tierzucht lehrte; Shennong oder Yan Di, der die Landwirtschaft und Medizin begründete; und Xuan Yuan oder Huang Di, der Gelbe Kaiser und erste Herrscher der Xia-Dynastie. Zu den weiteren Gestalten gehören andere Acht Unsterbliche mit dem Status von Heiligen. Auch die Persönlichkeiten Guan Yu (der rotgesichtige Gott des Krieges und der Heilkunst) sowie Zhuge Liang aus der Zeit der Drei Reiche sind oft dargestellt, daneben treten auch lokale Helder in Erscheinung. Selbst Guanyin ist oft in daoistischen Hallen anzutreffen, weil sie aufgrund ihrer gütigen Hilfestellung bei Kindergeburten allseits beliebt ist.

Ansammlung in ganz China auf. Im Osten des Landes gibt es rund um Tunxi in der Provinz Anhui etliche Dörfer, die noch das Bild des **Huizhou-Stils** aus dem 17. Jahrhundert aufweisen: zweistöckige Häuser, die um einen Innenhof gebaut sind und die grundlegende Form der zeitgenössischen Provinzarchitektur der Ostküste begründeten.

Moderne Architektur

Chinas moderne Architektur reflektiert eher politische und wirtschaftliche als ethnische oder klimatisch bedingte Erwägungen. Seit Mitte des 19 Jahrhunderts wurden die Handelshäfen von europäischen Kaufleuten, Reedereien und Missionaren im Kolonialstil aufgebaut. Noch heute verleihen frühere Bürohäuser, Geschäfte und Kirchen, die nun in vielen Fällen alltäglichen chinesischen Zwecken dienen, manchen Städten ein charakteristisches Bild. Hankou – ein Stadtteil Wuhans – besitzt ein altes Zollamt und ganze Straßenzüge mit Kolonialgebäuden. Auch in den früheren europäischen Konzessionen an der Ostküste (Shanghai, Qingdao, Yantai, Shantou, Xiamen und Guangzhou) sind zahlreiche alte Gebäude erhalten. Bauwerke nach europäischen Mustern entstanden bis in die 30er Jahre.

Nach der **kommunistischen Machtübernahme** wurden mehrere Versuche unternommen, die chinesischen Stile mit modernen Materialien zu verbinden. Die Umsetzung verlief erfolgreich, und viele moderne dörfliche Siedlungen folgen noch immer traditionellen Grundmustern, errichten ihre Mauern aber nun statt aus luftgetrockneten Ziegeln aus Beton. Als Russland in den 50er Jahren Chinas engster Verbündeter war, hielt in den Städten der streng funktionale **Sowjetstil** Einzug: Alle Bauten – von Fabriken bis hin zu Hotels – verschwammen zu einem Gemisch aus gesichtslosen grauen Kästen. Seit sich China Ende der 70er Jahre der westlichen Welt und dem Kapitalismus geöffnet hat, ist jedoch eine konsequente Hinwendung zu einer **internationalen Formengebung** zu beobachten, die überall im Land in den aus den Boden schießenden Hochhäusern aus Beton und Glas ihren Niederschlag findet. Obwohl diese Bauwerke mehr Glanz als das russische Modell auszustrahlen scheinen, sind sie im Schnitt nicht wirklich einfallsreicher oder schöner. Zu den traurigsten Ergebnissen dieser Entwicklung gehört, dass alle für China typischen Aspekte als altmodisch betrachtet werden, gleichzeitig die neu entstehenden Bauwerke im Allgemeinen aber nur ein ärmlicher Abklatsch westlicher Bauwerke sind. Lobenswert sind gelegentliche Versuche, den traditionellen chinesischen Geschmack mit zeitgenössischen Komponenten zu verbinden: In manchen Fällen werden Apartmenthäuser bereits wieder mit Mauern umgeben, und die Dächer erhalten wie früher geschwungene Linien.

Kunst

Der folgende kurze und sehr allgemeine Überblick soll aufzeigen, was den Besucher in den meisten chinesischen Stadt- und Provinzmuseen erwartet. Bei der Betrachtung der Kunstgegenstände in chinesischen Museen sollte man immer im Hinterkopf behalten, dass ein seit über 2000 Jahren existierendes Reich einen unglaublichen Reichtum an Kunstschätzen geschaffen hat und dass seit der Mitte des 19. Jahrhunderts viele von diesen Kunstgegenständen mehr oder weniger legal von Menschen aus dem Westen erworben oder geraubt wurden. Mitte des 20. Jahrhunderts nahmen auch die flüchtenden Nationalisten erlesene Kunstwerke mit nach Taiwan, wo sie heute in wechselnden Ausstellungen des Nationalen Palastmuseums zu bewundern sind.

Töpferwaren, Bronzen und Skulpturen

Die ältesten chinesischen Kunstgegenstände wurden von neolithischen Bauern der **Yangshao-Kultur** geschaffen. Die Keramikschalen und -töpfe waren in Rot, Schwarz und Braun bemalt und mit geometrischen Mustern verziert. Auffälligerweise erfolgte die Verzierung nur von den Hälsen der Gefäße an aufwärts. Was erhalten ist, stammt überwiegend aus Gräbern und wurde vermutlich so gestaltet, weil man die Gefäße von oben betrachtete, wenn sie rund um den Verstorbenen aufgestellt waren. Aus derselben Epoche stammen verzierte Tonköpfe, die wahrscheinlich magischen oder rituellen Zwecken dienten, sowie Ohrgehänge und kleine Schmuckstücke aus geschliffener Jade und anderem Gestein, deren Muster eher abstrakt wirkt. Ein rudimentär dargestellter sitzender Vogel aus geschliffener Jade ist ein sehr frühes Beispiel für die ausgeprägte chinesische Tradition der Tierskulptur. Nur wenig jünger ist die neolithische **Longshan-Töpferei**, die sich dadurch auszeichnet, dass die sehr dünnen und zarten schwarzen Gefäße auf der Töpferscheibe gedreht, in vielen Fällen geschliffen und mit eleganten, deutlich erkennbaren Mustern versehen wurden.

Die folgende Epoche wird ab etwa 1500 v. Chr. von Bronzegefäßen der **Shang-** und **Zhou-Dynastien** geprägt, die zur Zubereitung und zum Servieren von Speisen und Wein sowie zu zeremoniellen Zwecken dienten. Es gibt zahlreiche eigentümliche

Formen. Zu den gebräuchlichsten Objekten gehört ein drei- oder vierfüßiges Gefäß *(ding)*, das auf die neolithischen Gefäße zurückgeht, die für das Kochen über offenem Feuer verwendet wurden. Die Sammlungen in den Museen zeigen, dass solche Bronzen die Zeiten in hoher Zahl überdauert haben. Die Bronzeverarbeitung der Shang-Dynastie lässt fortschrittliche Techniken und kunstvolle Muster erkennen. Die Gießereimethoden waren hoch entwickelt, man nutzte bereits Gussformen, und die Dekorierung war oftmals stilisiert und linear, teils mit geometrischen und tierischen Motiven, mit grinsenden menschlichen Fratzen oder Fabeltieren. Manche Gefäße ahmen die Gestalt von Tieren nach, etwa grimmige Tiger, stolze Elefanten und Nashörner. Zu den Bronzefunden gehören auch Waffen, verzierte Pferdegeschirre und Glockenspiele für rituelle Musik. Unter der folgenden Zhou-Dynastie wurden die Bronzestile variiert und bereichert: Manche Gefäße mit Tierformen sind äußerst phantasievoll gestaltet und verziert, andere in vereinfachten natürlichen Formen gehalten, wieder andere bringen weniger den Tiger als die personifizierte Wildheit selbst zum Ausdruck. Aus der Shang- und Zhou-Zeit stammen auch kleinere Objekte wie Schmuck, Kultgegenstände und Ohrgehänge aus Juwelen, die hochgradig vereinfachte, dennoch äußerst lebendig wirkende Formen von Schildkröten, Salamandern und fliegenden Vögeln aufweisen. Auf das Ende jener Epochen gehen auch bemalte Grabfiguren aus Ton und einige wenige Holzskulpturen zurück.

Die Shang-Dynastie hinterließ Figuren von Menschen und Tieren, in größerer Anzahl jedoch fand man diese erst in Gräbern aus der Zeit der **Han-Dynastie**. Motive auf Backsteinen und Dachziegeln, dazu Flachreliefs und Terrakotta-Figurinen von Akrobaten, Reitern und Hofdamen, die zum Dienste der Toten Gräbern beigegeben wurden, und auch die riesigen Menschen und Tiere aus Stein, welche die Seelenstraßen zu Gräbern säumen, wirken äußerst lebensnah und spiegeln die enge Beziehung zu den Dingen des Alltags und materiellem Besitz wider. Maßstabgetreue Modelle von Häusern, aus deren Fenstern Menschen schauen, sowie von Bauernhöfen mit Tieren strahlen Fröhlichkeit und Vitalität aus. Aus Elfenbein, Jade und Holz wurden damals auch kleinere Objekte wie zum Beispiel winzige Statuetten und Schmuckstücke gestaltet.

Die Ankunft des **Buddhismus** in China bewirkte einen immensen Aufschwung der plastischen Steinmetzkunst unter Einsatz von Hammer und Meißel. Die religiöse Skulptur kam aus Indien. Am stärksten spürbar wird der indische Einfluss bei den stilisierten Buddhas und Nebenfiguren in den seit dem 4. Jahrhundert entstandenen Höhlentempeln Yungang bei Datong (s.S. 302) und Longmen bei Luoyang (s.S. 377). Die teilweise riesigen Statuen strahlen einen zurückhaltenden Charme und durch ihre fließenden Gewänder viel Lebendigkeit aus. Erst in der **Tang-Dynastie** erblühte der eigentümliche chinesische Stil, der die Figuren in Bewegung darstellt und Stellungen, Ausdrücke und Kleidungsstücke natürlicher und realistischer erscheinen lässt. Einige der schönsten Beispiele bieten Dunhuang (s.S. 1277) und die späteren Höhlen von Longmen. Auch in der **Song-Dynastie** entstanden religiöse Steinskulpturen: In Dazu in der Provinz Sichuan (s.S. 1034) finden sich wundervolle Beispiele eines hochgradig dekorativen Stils, der sich auf Darstellungen von Tieren, Menschen und alltäglichen Szenen ausgeweitet hatte. Die Ausführung ist realitätsbezogen, individuell und teilweise sogar komisch. Die Anlagen in Dazu sind gut erhalten. In der Folgezeit ruhte die Bildhauerkunst, bis die **Ming-Dynastie** mit ihrer Vorliebe für wuchtige und eindrucksvolle Grabskulpturen einen neuen Impuls auslöste; die besten Beispiele befinden sich in der Nähe von Nanjing und Beijing.

Keramik

Die chinesische Keramiktradition ist sehr alt und hatte, beginnend mit der **neolithischen Töpferei**, ein hohes Niveau an künstlerischer Gestaltung, das auch auf der Verfügbarkeit hochwertiger Materialien gründete. Die herausragende Stellung dieser Kunsthandwerksrichtung wird beispielsweise auch in der englischen Sprache betont, denn seit über 400 Jahren bezeichnet das Wort „*china*" hochwertiges Porzellan. Bei manchen frühen Produkten ist leicht der von Bronzearbeiten abgeleitete Einfluss zu erkennen, doch schon rasch führte der Ausbau regionaler Brennöfen, die unterschiedliche Materialzusammensetzungen verarbeiteten, zur Entwicklung von Gegenständen für spezielle Zwecke. Daraus resultierte eine enorme Vielfalt von Formen, Beschaffenheiten und Farben. Einen besonderen Schub erlebte die Keramikkunst zur Zeit der

Tang-Dynastie, als die Töpfereiproduktion vor allem durch die Ausbreitung des Tee-Trinkens und die Beschränkung der Kupfer- und Bronzeverwendung auf die Münzprägung erheblich gesteigert wurde. Unter der Tang-Dynastie erfolgten zudem wichtige technische Fortschritte, die letztendlich zur Herstellung von **Porzellan** führten. Die Töpfer der Tang-Zeit entwickelten ausgefeilte Techniken und versahen ihre Arbeiten mit mehrfarbigen, ineinander laufenden Glasuren. Beste Beispiele sind die dreifarbigen *(san cai)* Statuetten von Pferden und Kamelen, Jongleuren, Händlern, Polo-Spielern, Stallburschen und Hofdamen, die in großer Zahl in kaiserlichen Gräbern gefunden wurden und heute noch in brillanten Farben lebendige, oft humorvolle Aspekte des damaligen Lebens zeigen. Es war eine kosmopolitische Zivilisation, die sich auch fremden Einflüssen (zum Beispiel persischen oder griechischen) öffnete, was in der Tang-Kunst unübersehbar ist.

In der **Song-Dynastie** erfuhr die Keramik tief greifende technische Veränderungen und starke regionale Ausprägungen. Viele Waren wurden nach dem Gebiet benannt, in dem sie produziert wurden. Leitgedanken waren Schlichtheit und Eleganz in Farbe und Form. Bevorzugt verwendet wurden einzelne ungemischte Farben, die einen seidigen Glanz erzielten. In den Museen sind viele berühmte seladon-grüne Beispiele zu finden; dünnes weißes Porzellan *(ding)* und bleiche gräulich-grüne Waren *(ju)* waren nur dem kaiserlichen Gebrauch vorbehalten.

Die mongolische **Yuan-Dynastie** bereicherte die chinesische Tradition im frühen 14. Jahrhundert mit auswärtigen Einflüssen – besondere Erwähnung verdient die Einführung der kobaltblauen Unterglasur, die frühe Beispiele des berühmten blau-weißen Porzellans schuf. Unter der **Ming-Dynastie** erstanden große Töpfereiwerkstätten unter kaiserlicher Schirmherrschaft, darunter Jingdezhen. Der Geschmack der Zeit wandte sich von der Song-zeitlichen Schlichtheit ab und wieder den lebendigen Farben der Tang-Zeit zu: satte rote, gelbe und orangefarbene Glasuren, die zudem eine Weiterentwicklung des Geschmacks hin zur bildlichen Darstellung erkennen lassen. Seit dem 17. Jahrhundert gelangten große Mengen chinesischer Exportwaren in den Westen, um dort die steigende Nachfrage nach Chinoiserien zu befriedigen. Die Bemühungen chinesischer Künstler, den Geschmack des Westens zu treffen, ließen neue Stile entstehen. Die frühe **Qing-Dynastie** brachte feine Emaillewaren sowie die Stilrichtungen *famille rose* und *famille verte* hervor. Manche Kunsthandwerker trieben ihre Kunst so weit, in der Glasur von Porzellanstücken die Anweisungen für das Muster niederzulegen.

Zu den Töpferwerkstätten, die Besucher heutzutage willkommen heißen, gehört vor allem **Jingdezhen** in der Provinz Jiangxi, wo sowohl alte Waren präsentiert wie moderne Produkte zum Verkauf angeboten werden. Vor nicht allzu langer Zeit produzierte man dort noch Tausende von in Lehnstühlen sitzenden Figurinen von Mao Zedong und Lu Xun. Heute liegt der Schwerpunkt auf Tischlampenständern in Form archaischer Jungfrauen, die in wehenden Roben Laute spielen, sowie auf Darstellungen des Lachenden Buddha.

Malerei und Kalligrafie

Während Chinas berühmte Keramiken von anonymen Kunsthandwerkern geschaffen wurden, haben die großen Namen in der Malerei und Kalligrafie überlebt. Die Künstler waren in vielen Fällen gleichzeitig Gelehrte, Beamte oder Poeten – oder alles drei zusammen. Es steht geschrieben, dass die vier herausragenden Schätze der chinesischen Malerei der Pinsel, die Tinte, der Tuschestein und das Papier (oder die Seide) sind. Der älteste Pinsel, der gefunden wurde, stammt aus der Zeit um 400 v. Chr. und besteht aus Tierhaaren, die an ein hohles Bambusrohr geleimt sind. Tinte wurde aus Kiefernasche hergestellt, die mit Bindemitteln vermischt und zu einem Stab gehärtet wurde, der zusammen mit Wasser auf einem Tuschestein aus unporösem, gestaltetem und verziertem Schiefer aufgerieben und somit verflüssigt werden konnte. Seide wurde schon im 3. Jahrhundert v. Chr. für Malereien verwendet; das Papier erfand im Jahre 106 unserer Zeitrechnung Cai Lun. Der älteste Fund einer Seidenmalerei stammt aus einem Grab aus der **Han-Dynastie**. Aufzeichnungen belegen, dass es damals einen großen Markt für solche Malereien gab, doch im Jahre 190 wurde die große kaiserliche Sammlung in einem Bürgerkrieg zerstört (Soldaten benutzten die Seide, um daraus Zelte und Rucksäcke herzustellen). Alles, was wir heute über die Han-zeitliche Malerei wissen, geht auf verzierte Ziegel, Lackarbeiten, bemalte Töpferwaren und mehrere ausgemalte Grabanlagen zurück, die gefunden wurden. Sie alle zeugen von einem ausgeprägten Sinn für Bewegung und Energie. Das British Museum besitzt eine Seidenrolle in Tusche und Farbe, die Gu Kaizhi – und damit ungefähr dem Jahre 400 – zugeschrieben wird. Sie trägt den Titel *Admonitions of the Instructress to Court Ladies* (Anleitungen zur Ausbildung von Hofdamen). Nachweislich wurde die Malerei bereits zu jener Zeit theoretisch diskutiert; um das Jahr 500 wurde das Werk *Die Sechs Prinzipien der Malerei* verfasst.

Die **Sui-** und **Tang-Epochen**, die stabile Regierungssysteme und weltoffene Höfe besaßen, boten der Entwicklung der Malerei einen fruchtbaren Boden und ließen eine herausragende Tradition der Figurenmalerei (vor allem höfischer Menschen) entstehen. Es entstanden Porträts und Bilder von Kaisern, die Gesandte empfingen, und Bilder von Hofdamen. Zum Teil sind diese Kunstwerke noch heute in Beijing zu bewundern.

Zwar haben nur wenige von ihnen die Zeiten überdauert, doch die Wände von Tang-Gräbern, besonders in der Nähe von Xi'an, sind mit lebendigen Fresken verziert, die ein realistisches Bild des damaligen Hoflebens vermitteln. Mitte des 8. Jahrhunderts wirkte Wang Wei als früher Repräsentant der monochromen Landschaftsmalerei, die höchste Blüte dieser Kunstform wurde jedoch erst in der **Song-Dynastie** erreicht. Unter kaiserlicher Schirmherrschaft wurden eine Akademie und verschiedene Malschulen gegründet, welche die ideale Natur analysierten – ihr Stil prägt seitdem die chinesische Landschaftsmalerei. Auch die figürliche Malerei erlebte eine Blütezeit. Als vollendete Verkörperung dieser Entwicklung entstand ein berühmtes horizontales Rollbild, das heute in Beijing zu sehen ist und das Qing-Ming-Flussfest darstellt. Der letzte Kaiser der Nördlichen Song-Dynastie, Hui Zong, war selbst ein talentierter Maler, was den Stellenwert der Malerei zu dieser Zeit in China verdeutlicht. Die Südliche Song-Dynastie bevorzugte Blumen-, Vögel- und Stilleben-Motive.

Unter den **Mongolen** dienten viele Beamte freiwillig oder unfreiwillig der fremden Yuan-Dynastie, einige aber zogen sich zurück und widmeten sich der Malerei. Dies begründete eine Gelehrtenschule, in deren Rahmen viele Maler auf die Stile des 10. Jahrhunderts zurückgriffen. Einer der größten Meister war Ni Can. Wie viele andere verschrieb er sich der Tuschemalerei die den Bambus darstellten, der zur damaligen Zeit an Bedeutung gewann. Diese Schule hat viele Werke hinterlassen, sie steht für eine perfekte Beherrschung der Techniken und konzentrierte die Bildkomposition auf einfachste Objekte wie etwa Pflaumenblüten. Fortan widmeten sich Maler über drei und mehr Jahrhunderte hinweg der Tuschemalerei und konventionelleren Stilen. Seit der **Yuan-Dynastie** ist eine unüberschaubare Menge von Bildern erhalten geblieben. Unter der **Ming-Dynastie** war das Bestreben, Werke aus früheren Epochen zu sammeln, weit verbreitet, außerdem zeigten die Maler große Bereitschaft, sich von den traditionellen Stilen beeinflussen zu lassen. Es gibt eine Fülle von Bildern, die den Bambus und die Pflaumenblüte zeigen, und die Darstellungen von Vögeln und Blumen wurden auf ein hohes Niveau gebracht. Mehrere Schulen der Landschaftsmalerei waren tief in traditionellen Techniken verwurzelt. Selbst während der mandschurischen **Qing-Dynastie** brach die Kontinuität in der chinesischen Malerei nicht ab, doch die Kunstform öffnete sich auch fremden Einflüssen. Besonderen Einfluss nahmen der Italiener Giovanni Benedetto Castiglione (chinesischer Name: Lang Shi-ning), der mit kaiserlicher Förderung wegen seiner Pferde-, Hunde- und Blumendarstellungen Berühmtheit erlangte, die „Vier Wangs", die Song- und Yuan-Stile in herkömmlicher Weise neu interpretierten, und Individualisten wie die „Acht Exzentriker von Yangzhou" sowie einige buddhistische Mönche, die nach neuen Inhalten und Stilen suchten. Im Großen und Ganzen aber war die Tradition stark genug, um die alten Ansätze zu bewahren.

Kalligrafie

Das Wort „Kalligrafie" ist von der griechischen Bezeichnung für „schönes Schreiben" abgeleitet. In China, wo der Gebrauch des Pinsels zur Ausformung verschiedener Stile der Handschrift führte, entwickelte sich die Kalligrafie zu einer hohen Kunstform, die der Malerei gleichgesetzt wird. Es gibt verschiedene Schriftarten: Die **Siegelschrift** ist die archaische Form, die auf Orakelknochen zu finden ist; die vereinfachte **Kanzleischrift** *(lishu)* wurde als klerikaler Stil für Steininschriften verwendet; die **Normalschrift** *(kaishu)* ist der ebenmäßige Stil, welcher der modernen Druckform am nächsten kommt; die **Grasschrift** *(caoshu)* ist als geschwungene Konzeptschrift die verbreitetste individuelle Handschrift. Über die Jahrhunderte hinweg haben Kaiser, Dichter und Gelehrte Kalligrafien hinterlassen, die überall in China auf Bergen und in Höhlen, in Gräbern und Tempeln in Stein gemeißelt zu bewundern sind. Frühe Beispiele sind etwa in den Longmen-Höhlen (s.S. 377) zu entdecken. Zu einem bestimmten Zeitpunkt der Tang-Dynastie hatte die Kalligrafie einen so hohen Stellenwert erreicht, dass sie zum Auswahlkriterium hoher Beamter erhoben wurde.

Andere Künste

Auch **Jade** und **Lackwaren** sind in China seit frühesten Zeiten in Gebrauch. Nach chinesischer Auffassung ist Jade in Weiß sowie in Schattierungen von Grün und Braun das wertvollste aller Gesteine. Aus Jade entstanden die frühesten Ritualgegenstände, zum Beispiel die flache Scheibe Pi, das Symbol des Himmels, die in Gräbern aus der Shang- und Zhou-Zeit gefunden wurde. Jade wurde auch als Zeichen des Ranges und zur Ornamentierung benutzt – bemerkenswert sind die Leichengewänder aus Jadeplättchen, die in manchen Museen des Landes ausgestellt sind.

Lack, eine Harzausscheidung ostasiatischer Bäume nach dem Stich der Lackschildlaus, wurde bereits in der Zhou-Dynastie genutzt. Vielschichtig wurde der Grundstoff auf eine Basis aus Holz oder Stoff aufgetragen und eingeritzt, mit Intarsien aus Gold, Silber oder Schildpatt versehen oder einfach nur kunstvoll bemalt. Zahlreiche Beispiele bemalter Lackschachteln und Behälter sind aus der Han-Zeit erhalten. Wie Jade wurde auch dieses Material seitdem unablässig verwendet.

Musik

Besuchern von Beijing und anderen chinesischen Städten sei der Eindruck verziehen, chinesische Musik bestünde ausschließlich aus Hintergrundberieselung, Richard-Claydermann-Arrangements und schmalzigem Hongkong-Pop, der aus den allgegenwärtigen Lautsprechern plärrt. Doch die Städte sind nur ein Teil des chinesischen Lebens. Zwischen der **städtischen** und der **ländlichen Kultur** liegen Welten – eine Tatsache, die sich seit der kommunistischen „Befreiung" von 1949 noch verstärkt hat. Ebenso tief ist die Kluft zwischen dem offiziellen, gereinigten und weltlichen Bild der chinesischen Kultur und der Wirklichkeit des traditionellen Lebens.

Chinesische Musik ist Jahrtausende alt, doch viele ihrer modernen Formen stammen aus den „dekadenten" ersten Jahren des 20. Jahrhunderts und der lange hinausgezögerten Begegnung zwischen Ost und West. Nach den Opiumkriegen Mitte des 19. Jahrhunderts war China ununterbrochen den Demütigungen der Weltmächte ausgesetzt, und in den turbulenten Jahren nach dem Sturz der letzten Kaiserdynastie, der Qing, im Jahre 1911 fanden westliche Vorstellungen, zumindest in den Städten, auf breiter Ebene Zuspruch.

In der Musik tauchten neue städtische Ausdrucksformen auf, Gattungen wie der erzählende Gesang und die wunderschöne kantonesische Musik der **20er** und **30er Jahre**, die einheimische traditionelle Musik mit westlichen Elementen, insbesondere Jazz, verschmolz und auf chinesischen Instrumenten, Saxophon, Violine und Xylophon gespielt wurde. Musiker wie der Komponist Lü Wenzheng, der Geiger Yi Zizhong (der 1924 in London auftrat) und He Dasha (Dummkopf He) machten in dieser Periode wunderbare kommerzielle Schallplatten, die es wirklich verdienen würden, neu aufgelegt zu werden. Der offizielle chinesische Standpunkt geißelt das koloniale Kanton (Guangzhou) aus der Zeit vor 1945 als einen Ort äußerster Dekadenz und die Mehrheit seiner Musik als „ungesund" und „pornografisch".

Nach dem **Sieg der Kommunisten** im Jahre 1949 verschwand diese Musik mehr oder weniger; tatsächlich wurde der gesamte Ethos der traditionellen Volksmusik in Frage gestellt. Alles „Feudale" – darunter auch zahlreiche traditionelle Volksbräuche und -musiken – und Religiöse wurde streng begrenzt und die chinesischen Melodien „gesäubert". Neue „revolutionäre" Musik, die seit den 30er Jahren komponiert wurde, klang meist marschähnlich und optimistisch.

Während der Kulturrevolution hörte das musikalische Leben, mit nur acht erlaubten Modellopern und -balletten auf der Bühne, endgültig auf zu existieren.

Seit dem Ende der Kulturrevolution hingegen und angespornt von der wirtschaftlichen Liberalisierung in den **80er** und **90er Jahren**, sind die klassische und die Volksmusik Chinas wiederbelebt worden, gleichzeitig sind westliche klassische und populäre Klänge aufgekommen. Westliche Popmusik herrscht zur Zeit in großen Städten wie Guangzhou vor, wo die gleichen banalen Texte und Melodien wie in Hongkong zu hören sind. Es haben sich aber auch einige interessante (und mehr chinesische) Erscheinungen etwa in die Rock- oder Filmmusik eingeschlichen.

Traditionelle Musik ist auch bei Ritualen und Zeremonien in den Opern und Teehäusern auf dem Land wie in der Stadt zu hören. Wenn man eine Weile umherreist, wird man vermutlich mit einer recht ansehnlichen Auswahl davon in Berührung kommen.

Oper und Qin-Klassiker

In der klassischen chinesischen Musikszene dominiert die Vokal- und Theatermusik. Es gibt Hunderte Ausprägungen regionaler Opern, unter denen die **Peking-Oper** und die klassischere, inzwischen jedoch seltene Kunqu die bekanntesten sind. Daneben gibt es auch schöne Puppenopern. Bei einer Reise durch China wird man in der Regel überall im Land eine Oper ausfindig machen können. Selbst in Beijing sieht man heute noch alte Männer, die sich in Parks oder – so unpassend es auch erscheinen mag – an Autobahnknotenpunkten treffen, wo sich früher die Stadttore befanden, und dort ihre Lieblingsauszüge aus der Peking-Oper spielen.

Daneben existieren viele weitere Formen von **erzählendem Gesang**, oftmals lange klassische Erzählungen, die von einer einzelnen Trommel oder einem chinesischen Banjo begleitet werden. Möglicherweise stößt man auf ein Teehaus mit alten Menschen, die andächtig der Geschichte folgen. „Xiangsheng" bezeichnet einen komischen Dialog zwischen einem Alleswisser und einem Stichwortgeber; die subtilen Parodien der traditionellen Oper sind einem Fremden wahrscheinlich aber nur schwer zugänglich.

Solotraditionen auf Zupfinstrumenten werden ebenfalls gepflegt, und zwar in den Konservatorien, wo Solisten an der birnenförmigen Pipa-Laute und den Zheng- und Qin-Zithern ausgebildet werden. Das erhabenste – und möglicherweise älteste – dieser Instrumente ist die **Qin** (auch Guqin, also „alte Zither", genannt). Diese siebensaitige gezupfte Zither ist über 1000 Jahre lang ein bevorzugtes Thema von Dichtern und Malern gewesen und das raffinierteste Instrument im chinesischen Repertoire. In den klassischen Kompositionen wechseln sich besinnliche Melodien mit dramatischen Arpeggien ab, der Stille wird die gleiche Bedeutung zugemessen wie dem Klang. Trotz des hohen Ansehens ist die Qin außerhalb der Konservatorien kein sehr bekanntes Instrument. Wenige Chinesen haben ihren Klang oder überhaupt von dem Instrument jemals gehört, und in ganz China gibt es nur etwa 200 Qin-Spieler, darunter die großen alten Vertreter wie Zhang Zijian, Wu Jinglue und Wu Zhaoji oder Li Xianting, Wu Wen'guang, Lin Youren und Gong Yi. Glücklicherweise stehen einige ausgezeichnete Aufnahmen zur Verfügung. Wenn man sich bei den Konservatorien erkundigt, kann man mit Glück in den Genuss eines Privatkonzerts kommen.

Seltsamerweise blieb die Qin-Kunst von der Kulturrevolution verschont. Durch persönliche Verbindungen zu dem berüchtigten Kang Sheng, dem Chef von Maos Geheimpolizei, und Yu Huiyong, dem Komponisten der Revolutionsoper *Mit Geschick den Tigerberg erobern*, schafften es die Qin-Meister, während dieser Zeit mehr oder minder unbehelligt weiterarbeiten zu können. Die poetischen Titel vieler chinesischer klassischer Stücke – etwa „Herbstmond im Han-Palast" oder „Plätschernde Bäche" – wirken programmatisch. In Wirklichkeit haben sie sehr wenig mit dem Inhalt eines Stückes zu tun und dienen den Musikern nur als Mittel der Wiedererkennung. Die Titel waren ausschließlich in der Musik der gebildeten Klassen von Bedeutung, für Soloinstrumente wie Qin und Pipa.

Rituelle Musik

Auf den **Dörfern** ist die traditionelle Musik am besten erhalten geblieben. Vielleicht stößt man während der Reise auf eine Hochzeit oder ein Begräbnis, wo die neben der Oper lebendigsten Formen von Musik zu hören sind. Das Ritual erinnert an die Oper und dient zugleich der Unterhaltung von Göttern und Sterblichen. Auch lange, ohrenbetäubende Knallkörperkonzerte sind ein fester Bestandteil der meisten Dorfzeremonien. Vielleicht begegnet man sogar einem Zug im westlichen Blasorchesterstil, gefolgt von einer Schalmeien- und Perkussionsgruppe, die, ungeachtet der jeweiligen Tonart, in der Lautstärke miteinander wetteifern.

Ein wenig formeller verläuft ein täglich stattfindendes **Tempelritual**, das man in einem der großen buddhistischen oder daoistischen Tempel zu sehen bekommt. Die rituelle Tempelmusik aus Südchina klingt rau und bodenständig, mit einem starken perkussiven Element, und sie ist, selbst für Ohren, die nicht an die chinesische Musik gewöhnt sind, überraschend zugänglich. Die daoistischen Mönche aus dem Tempel des Mysteriums in Suzhou spielen zum Beispiel eine wunderbare, sehr variantenreiche Musik, darunter Stücke für Seide-und-Bambus-Instrumente, Flöten und Oboen, einige besonders lange Trompeten sowie Schlaginstrumente. Die Mönche von Suzhou verließen China erstmals im Frühjahr 1994 für eine Konzerttournee in Großbritannien.

In den vergangenen Jahren sind einige traditionelle Musikrichtungen in den Konzertsaal eingezogen, obwohl sie sehr oft unter staatlichen Kontrollen zu leiden haben. Das Konservatorium von Xi'an hat die einheimische Tradition der **Zeremonienmusik** kommerzialisiert, doch die reine Form ist wesentlich besser.

Eine andere Volksmusik kommt von der Vereinigung für rituelle Musik aus dem Dorf **Qujiaying** südlich von Beijing. Diese bäuerliche Musik ist zur Kaiserzeit vermutlich von Mönchen unterrichtet worden, die in Beijing ausgebildet wurden.

Seide-und-Bambus- sowie Volksmusikensembles

Vielleicht die am leichtesten zugängliche Volksmusik in China kommt von den Seide-und-Bambus-Ensembles. Am besten hört man sie an einem Nachmittag, wenn sie von den Alten in den Teehäusern von Shanghai gespielt wird. Die Musiker sind immer Amateure und spielen zu ihrem eigenen Vergnügen, sitzen um einen Tisch herum und wechseln sich beim Spiel chinesischer Geigen, Flöten und Banjos ab. Das Ganze erinnert ein wenig an eine irische Session, mit dem Unterschied, dass nicht Guinness, sondern chinesischer Tee getrunken wird.

Andere gute Volksmusik ist rund um Quanzhou und Xiamen im Küstengebiet der Provinz Fujian in Form von eindringlichen **Nan'guan-Balladen** zu hören. Bei diesen Liedern, die an der gesamten Küste von Fujian ebenso wie auf der anderen Seite der Meerenge in Taiwan populär sind, wird eine Sängerin von einer Längsflöte sowie gezupften und gestrichenen Lauten begleitet.

Chinesische Rockmusik

Rockmusik ist in China noch ein sehr junges Phänomen. Anders als die Popmusik, die von den Behörden schließlich gestattet wurde und sich von Hongkong aus nach Festland-China verbreitete, wird der Rock von offizieller Seite aus mit erheblichem Argwohn betrachtet.

Rockmusik wurde Mitte der 80er Jahre zum größten Teil von ausländischen Studenten eingeführt. Sie liehen ihren chinesischen Freunden Kassetten aus, gründeten mit ihnen Bands an den Universitäten und traten erstmals in Clubs und an geheimen Veranstaltungsorten in Beijing, Shanghai und Kanton auf. Zunächst bestand diese Musik fast ausschließlich aus einfachen Cover-Versionen, darunter Hits der Rolling Stones sowie von Led Zeppelin und Status Quo. Gegen Ende der 80er Jahre haben chinesische Bands und Musiker begonnen, eine eigene Identität zu suchen und Musik und Texte zu verfassen. **Cui Jian** war hier führend. Der ausgebildete Trompeter spielte zur Zeit der Kulturrevolution bei der Beijinger Sing- und Tanztruppe und nahm Anfang der 80er Jahre ein Album mit Pop im Hongkonger Stil auf. 1989 griff er in den Clubs neue Rockeinflüsse auf – insbesondere von The Police und Talking Heads – und veröffentlichte daraufhin das erste bedeutende Rockalbum „Rock On The New Long March". Das Album löste bei der älteren Generation sowohl durch die Wahl des Titels als auch durch die generelle Haltung einen ziemlichen Schock aus. Obwohl Cui Jian niemals unmittelbar Kritik am Staat äußerte, waren seine Texte doppeldeutig und untergruben viele Konventionen der offiziellen Ideologie.

Wie vorauszusehen war, beschuldigten ihn die Behörden, einen schlechten Einfluss auf die öffentliche Moral auszuüben. In der Zeit kurz vor den Ereignissen am Tian'anmen-Platz schadete das einem Rocker jedoch kaum; das Album wurde sofort ein Erfolg und verkaufte sich auf dem gesamten chinesischen Festland, in Südostasien und Taiwan. Cui Jian gab Konzerte in Paris und London und entwickelte – praktisch im Alleingang – eine neue Form des chinesischen Rock weiter, indem er zum Beispiel von traditionellen Instrumenten wie der Zheng und der oboenähnlichen Suona Gebrauch machte.

Doch es war eher die Politik als die Musik, weswegen Cui Jian mit seinem Lied „Mein Name ist bedeutungslos" (Yi wu suo you) 1986 nationalen wie internationalen Ruhm erlangte. Wie in zahlreichen seiner Lieder handelt es sich auch bei diesem Text auf den ersten Blick um ein Liebeslied; mit „du" könnte jedoch ebensogut „China" oder „der Staat" gemeint sein:

Lange Zeit fragte ich immerzu,
Wann du mit mir kommen willst.
Aber du lachst mich nur aus,
Denn mein Name ist bedeutungslos.
Ich will dir alle meine Träume geben,
Will dir auch meine Freiheit geben.
Aber du lachst mich nur aus,
Denn mein Name ist bedeutungslos.

Das Lied wurde zu einer Hymne der Studentendemonstrationen Ende 1986 und 1989 auf dem Tian'anmen-Platz. Den Behörden missfiel auch Cui Jians Auftreten, zum Beispiel dass er bei dem Lied „Rotes Tuch blendet meine Augen" mit einer Augenbinde auftrat.

Nach dem Massaker auf dem Tian'anmen-Platz am 4. Juni 1989 erstarrte die chinesische Jugend für eine Weile in Untätigkeit, und Cui Jian war gezwungen unterzutauchen. Im Januar 1990 erhielt er die Erlaubnis, eine Konzerttournee durch China zu machen, um Geld für die im September desselben Jahres in Beijing veranstalteten asiatischen Olympischen Spiele zu beschaffen. Sie wurde ein Riesenerfolg, doch mitten in der Tournee überdachten die Behörden nochmals ihr Vorhaben und verboten weitere Konzerte wegen „gefährlicher Unruhen". Etwa ein Jahr lang durfte Cui Jian nicht mehr in der Öffentlichkeit auftreten, seine Platten wurden aus dem Verkehr gezogen und seine Liedtexte „überprüft". Seit 1991 steht er wieder auf der Bühne, gibt Konzerte in China wie im Ausland und nimmt Platten auf. Seine Aufnahmen sind in China überall erhältlich, und andere Gruppen spielen häufig seine Lieder nach. Cui Jians Band setzt sich aus einem Schlagzeuger, der in Spanien ausgebildet wurde, und einem japanischen Gitarristen zusammen. Innerhalb der kleinen Rockgemeinde in China sind sie als Pioniere der chinesischen Rockmusik bekannt. Im Laufe der 90er Jahre sind eine Reihe neuer Bands entstanden, darunter auch 1989 (eine experimentelle Rockgruppe), Tang Dynasty (Heavy Metal) und Cobra (eine Frauenband). **Wei Hua**, ehemalige Moderatorin beim chinesischen Fernsehen in englischer Sprache, ist heute Chinas führende Rocksängerin.

Der chinesische Rock könnte zukünftig zwei mögliche Richtungen einschlagen. Einerseits genießen US-amerikanische und britische Rockproduktionen ein ungesund hohes Ansehen. Andererseits erwacht mit dem Gesang im nordwestlichen Stil in erfolgreichen **Filmen** wie *Gelbes Land* und *Das rote Kornfeld* erneut das Interesse an chinesischen Volksmusiktraditionen. Der Xibei-Feng-(Nordwestwind-) Stil mit seinem Stakkatogesang und entfernt reggaeähnlichen Rhythmen hat Cui Jian stark beeinflusst und ist auch von anderen Rockbands und -künstlern, unter anderem dem kantonesischen Texter und Komponisten Xie Chengchang, aufgegriffen worden. Möglicherweise wird die Verschmelzung weitergehen, denn wie Cui Jian sagt: „Die chinesische Kultur ist wie ein Fluss ohne Abfluss. Wir müssen den Weg für diesen Fluss freimachen, so dass er ungehemmt ins Meer fließen und sich mit der Welt vermischen kann."

Film

Der Film erreichte China früh: Die ersten bewegten Bilder wurden 1896 im Rahmen einer „Teehaus-Varietéshow" in **Shanghai** vorgestellt, wo nur zwölf Jahre später das erste Kino des Landes die Pforten öffnete. In den 30er Jahren spielte das Kino in der Form, wie wir es heute kennen, bereits eine wichtige Rolle im kulturellen Leben Shanghais. Durch die große Anzahl ausländischer Einwohner wurden jedoch hauptsächlich westliche Filme gezeigt, mindestens 80% stammten aus Hollywood. Aber auch erste chinesische Filme entstanden, vorwiegend von intellektuellen Aktivisten der **4.-Mai-Bewegung**, die China in ein modernes Land nach westlichem Muster verwandeln wollten. Natürlich waren diese Filme stark von westlichen Vorbildern beeinflusst. Die frühen chinesischen Filme hatten wenig mit der hochgradig stilisierten formellen Welt traditioneller Aufführungsarten wie Peking-Oper oder Schattenpuppentheater zu tun. In den frühen Filmvorführungen wurde nach traditioneller Weise noch ein Erzähler eingesetzt, der in der Nähe der Leinwand saß und die Untertitel für alle diejenigen vorlas, die des Lesens unkundig waren.

Die Studios von Shanghai (1920–1940)

Unter den wenigen wichtigen Studios, die es in den 20er und 30er Jahren in Shanghai gab, war das bekannteste wohl **Mingxing**, dessen Filme im Gegensatz zu den Hollywood- Produktionen eine linksgerichtete und anti-imperialistische Tendenz aufwiesen. Der Film *Sister Flower* (1933) erzählt die Geschichte von Zwillingsschwestern, die nach der Geburt getrennt wurden – eine der Schwestern lebt in Shanghai, die andere wohnt in ärmlichen Verhältnissen in einem Dorf. Im Verlauf der Wiederzusammenführung der Schwestern zeigt dieser Film die Unterschiede im Leben von Stadtbewohnern und Bauern auf. Im selben Jahr entstand *Spring Silk Worm*, die Bearbeitung eines Kurzromans (deutsche Übersetzung *Seidenraupen im Frühling)* des berühmten zeitgenössischen Schriftstellers Mao Dun. Die Erzählung beschreibt den wirtschaftlichen Verfall und das Elend in der Provinz Zhejiang außerhalb von Shanghai und klagt unterschwellig den japanischen Imperialismus an. Der Film des Studios **Lianhua** *The Goddess* (1934) erzählt von einer Prostituierten, die im Rahmen aller Vorurteile jener Zeit für die Ausbildung ihres Sohnes kämpft. Die unglaublich glamouröse Prostituierte wurde von Ruan Lingyu verkörpert, die oftmals „Chinas Greta Garbo" genannt wurde. Trotz der liberalen Ansprüche dieser Filme führte die Tatsache, dass das Publikum nur aus einer winzigen Elite der chinesischen Bevölkerung stammte, unausweichlich dazu, dass sie später von den Kommunisten als „übermäßig bourgeois" gebrandmarkt wurden.

Nach der **japanischen Besetzung** Shanghais und weiter Gebiete Chinas im Jahre 1937 mussten „subversive" Studios wie Mingxing und Lianhua unverzüglich schließen, einige talentierte Filmemacher konnten ins Landesinnere fliehen und ihre Arbeit dort fortsetzen. Die Kriegserlebnisse brachten die Filmproduzenten ihrem künftigen Publikum, den chinesischen Massen, näher. Es entstand Chinas großes Kriegsepos *Spring River Flows East* (1947–48). Die Geschichte überspannt die gesamte Dauer des Antijapanischen Krieges und die ersten Jahre des folgenden Bürgerkriegs vor dem Hintergrund des Alltags einer Familie, die in die Konflikte hineingezogen wird. Die in schlichter Armut lebende Heldin steht in Kontrast zu ihrem Ehemann, der sie verlassen hat, um ein dekadentes Dasein in Shanghai zu führen. Die von einem ganzen Jahrzehnt des Krieges gepeinigten Chinesen betrachteten diesen Film als authentische und repräsentative Darstellung einer Leidensphase, die die gesamte Nation durchlitten hatte. Über 750 000 Menschen strömten zu den Uraufführungen – eine gewaltige Zahl angesichts der Tatsache, dass sich das Land noch im Kriegszustand befand.

Kommunismus und Kino (1940–1980)

Der chinesische Film unter den Kommunisten ist ein Thema, das bis auf das Jahr 1938 zurückreicht, als Mao Zedong und seine Weggefährten nach dem Langen Marsch ihre Basis tief in der Provinz Shaanxi in **Yan'an** fanden und sich dort auf die Machtübernahme vorbereiteten. Kein Ort der Welt war weiter vom glamourösen Shanghai entfernt als das staubige Yan'an mit seiner armen bäuerlichen Bevölkerung – aber ein idealer Platz für die Filmemacher der künftigen Volksrepublik. Bald stießen neue Talente zu ihnen, die durch die japanischen Linien geschlüpft waren, unter ihnen eine unbekannte Schauspielerin mit hohen Ambitionen: **Jiang Qing**, die später die Gemahlin Mao Zedongs und selbst ernannte Kaiserin über die chinesische Kultur wurde. Die kommunistische Führung Yan'ans war sich über die Bedeutung des Films als zentralisierendes Medium einig. Der Film konnte und sollte genutzt werden, um die Nation nach dem Bürgerkrieg kulturell zu einen.

Unmittelbare Folge des kommunistischen Sieges war 1949 eine strikte Beschränkung, ausländische Filme zu zeigen. Auch die Tage der privaten Shanghaier Studios waren gezählt, obwohl sie in den ersten Jahren nach 1949 noch einige Filme produzieren konnten. 1950 wurde ein Gremium für Filme eingerichtet, das aus 32 Mitgliedern bestand und die Aufgabe innehatte, Standards zu setzen und über das Filmaufkommen der gesamten Nation zu entscheiden. Neben Maos Frau Jiang Qing gehörten diesem Gremium Filmemacher aus Yan'an und Intellektuelle der 4.-Mai-Bewegung an. 1953 war ein **einheitliches nationales System** für die Filmproduktion geschaffen, nachdem bereits 1949 das erste große sozialistische Heldenepos, *Bridge,* erschienen war, in dessen Zentrum die Massenmobilisierung von Arbeitern und Bauern steht, die enthusiastisch in Rekordzeit eine Brücke bauen. Obwohl Geschichte wie Charaktere blass sind, lockten mehrere Vorkriegsschauspieler ein beträchtliches Publikum an, und zum ersten Mal in der Geschichte des chinesischen Kinos endete ein Film mit der Versammlung aller Hauptdarsteller, die gemeinsam „Lang lebe der Vorsitzende Mao" riefen – eine Szene, die sich in den folgenden Jahren beständig wiederholte.

Ein Jahr nach *Bridge* erschien der letzte nichtstaatliche Studiofilm aus Shanghai: *The Life of Wu Xun.* Es war ein gewaltiges Projekt, das schon vor 1949 begonnen hatte und trotz des Regierungswechsels überraschenderweise ungehindert vollendet werden durfte. Der Film erzählt von dem Kaufmann Wu Xun aus dem 19. Jahrhundert, der ein Dasein als Bettler fristet, dann enorme Reichtümer anhäuft und sich für die Ausbildung der Bauern einsetzt. Trotz der Einspielung einer Erzählerstimme am Ende des Films, die ausführt, dass die Bauern in Wirklichkeit keine Ausbildung, sondern eine Revolution benötigten, geriet der Film zur Katastrophe für die Filmindustrie Shanghais. Mao höchstpersönlich schrieb eine vernichtende Kritik gegen die Idealisierung eines „Qing-zeitlichen Grundbesitzers". Es brach eine gewaltige Kampagne gegen Shanghais Filmwelt, Studios, Schauspieler, Kritiker und Zuschauer los.

Die Überlebenden der **4.-Mai-Bewegung** gaben nicht auf. *New Year's Sacrifice*, ein auf einer Kurzgeschichte (deutsche Übersetzung *Das Neujahrsopfer*) des bekannten Vorkriegsintellektuellen Lu Xun beruhender Film, wurde 1956 uraufgeführt, jedoch um den größten Teil seiner Scharfsicht und jegliche Ironie beschnitten. Zum Trost der alten Garde hatte die jüngere Generation der chinesischen Filmemacher das Problem noch nicht lösen können, wie das Leben in der zeitgenössischen Ära zu porträtieren sei. Eine 1952 erschienene Fassung von Lao Shes Kurzgeschichte *Dragon's Beard Ditch* versuchte beispielsweise, den Kontrast zwischen dem miserablen Leben vor 1949 in einem ärmlichen Stadtteil Beijings und dem glücklichen Leben unter den Kommunisten darzustellen. Das einzige für den Zuschauer leicht ersichtliche Problem war, dass die angeblich miserablen Zustände vor 1949 wesentlich menschlicher wirkten.

Dennoch erreichten die Kommunisten in den **50er Jahren** einige ihrer ursprünglichen Ziele. Dazu gehörte die Förderung einer universellen Kultur und Sprache. Sämtliche Charaktere in allen Filmen – ob tibetisch, mongolisch oder kantonesisch – sprachen nun ein fließendes **Mandarin-Chinesisch**. Die Filmproduktion breitete sich über ganz China aus und blieb damit nicht länger auf die Ostküstenstädte beschränkt. Vor allem jedoch explodierte der Publikumszuwachs: Während die Kinos 1949 rund 47 Millionen Eintrittskarten verkauften, waren es 1956 bereits 600 Millionen und 1959 über 4 Milliarden. Die letzte Ziffer ist vor dem Hintergrund des so genannten Großen Sprungs nach vorn zu verstehen, einer Zeit, in der Überproduktion in allen Bereichen eingefordert wurde, also auch im Filmwesen. In jeder chinesischen Stadt schossen Filmstudios aus dem Boden, doch gerade dies führte zu enormen Qualitätsverlusten: Ein typisches Studio in der Provinz Jiangxi bestand aus einem Mann, einem Fahrrad und einer antiken Kamera.

Der schwere Fehlschlag des Großen Sprungs nach vorn bescherte der Filmindustrie einen kurzzeitigen Aufschwung. Als Mao Zedong in den späten 50er und frühen **60er Jahren** politisch geschwächt war, signalisierten für Kultur verantwortliche Bürokraten, dass es in Ergänzung zum „revolutionären Realismus" ein gewisses Maß an „revolutionärem Romantizismus" geben müsse. Chinesische Themen, die sich nicht dem reinen Marxismus widmeten, wurden wieder mehr geduldet. In einer kurzen Blütezeit entstanden Werke wie *Lin Zexu* (1959), ein Film, der vom Leben des berühmten Qing-Beamten erzählt, der sich zur Zeit der Opiumkriege gegen die Briten erhob. Es gab selbst einige Komödien, beispielsweise *What's Eating You?*, ein Film, der auf den eher unsozialistischen Erlebnissen eines Kellners aus Suzhou aufbaut. Im Film traten sogar lokale Dialekte in Erscheinung, und unterschwellig war eine Parodie auf die Kampagne „Von Lei Feng lernen" zu erkennen, mit der die Regierung durch Glorifizierung des heldenhaften mythischen Arbeiters Lei Feng zu größerer individueller Opferbereitschaft aufrief. Im Allgemeinen stellen die Filme aus jenen Jahren mittelmäßige Charaktere vor, die weder Klassenhelden noch Klassenschurken sind.

Die Kulturrevolution

Leider war das Tauwetter rasch vorüber: Mao Zedong rief Ende 1966 zur Kulturrevolution auf. Fünfzehn Jahre lang erschien in China kein interessantes Werk mehr, und zwischen 1966 und 1970 wurde nirgendwo im Land ein Film produziert. Die wenigen Filme, die vor Maos Tod erschienen, entstanden unter der persönlichen Aufsicht von Jiang Qing und hatten allesamt revolutionäre Gestalt – eine Art Ballett mit wehenden Flaggen. Das Anschauen dieser fürchterlichen Filme war für alle verbindlich, die nicht des Mangels an revolutionärem Eifer bezichtigt werden wollten. Ironischerweise war Jiang Qing selbst, im privaten Bereich, ein großer Fan von Hollywood-Produktionen.

Die Erholung vom Trauma der Kulturrevolution nahm Zeit in Anspruch, doch in den Jahren 1979 und 1980 entstanden erste Filme, die darzustellen versuchten, welche schrecklichen Ereignisse das Land hinter sich hatte. Zum bekanntesten Werk wurde *The Legend of Tianyun Mountain*, das 1980 in Shanghai entstand und von zwei Männern im Jahr 1958 erzählt, von denen einer den anderen wegen „Rechtsabweichlertum“ denunziert. Die Geschichte erzählt von Schuld, Liebe und zwischenmenschlichen Beziehungen – allesamt Themen, die während der Kulturrevolution unterdrückt worden waren. Es war nicht überraschend, dass der Film enormen Erfolg hatte, doch noch bevor das Publikum zu freimütig wurde, wurde der nachfolgende Film *Unrequited Love* (1981) offiziell kritisiert, weil er zu viele unliebsame Dinge ansprach.

Die 80er Jahre bis heute

1984 brachte die so genannte **Fünfte Generation** die chinesische Filmindustrie erstmals ins internationale Rampenlicht. In jenem Jahr schufen der Regisseur **Chen Kaige** und sein Kameramann **Zhang Yimou**, beides Graduierte der ersten nach-kulturrevolutionären Abschlussklasse (1982) der Beijinger Filmschule, den herausragenden Art-House-Film *Gelbes Land*. Die Geschichte ist eher nebensächlich, denn im Mittelpunkt stehen vor allem die Bilder und Farben. Es dominieren Standaufnahmen, die an die traditionelle chinesische Rollbildmalerei erinnern und großartige Landschaften zeigen, die von Hügeln und dem fernen Huanghe gesäumt sind. Der Film hatte in China keinen überwältigenden Erfolg, weder beim Publikum, das etwas Moderneres erwartete, noch bei den Behörden, die sich optimistischere Plots wünschten. Und dennoch war nun die Grundlage für zahlreiche ausländisch finanzierte (und im Ausland aufgeführte) Filme gelegt, die mitreißende Bilder aus dem „traditionellen“ China zeigten, welche die inländischen Zensoren irritierten und das ausländische Publikum faszinierten.

Chen Kaiges Schützling Zhang Yimou war 1987 mit einem eigenen Film, *Das rote Kornfeld,* international erfolgreich, der zur Zeit der japanischen Invasion in einem abgelegenen Weindorf in Nordchina spielt. Dieser Film war nicht nur schön, sondern auch beruhigend patriotisch – und er war der Grundstein der Karriere von **Gong Li**, der ersten chinesischen Schauspielerin, die die Herzen der internationalen Welt eroberte. Dass Gong Li und Zhang Yimou alsbald auch privat zueinander fanden, erhöhte nur das Interesse der Medien in China wie im Ausland. Beide arbeiteten auch in nachfolgenden Filmen erfolgreich zusammen, darunter *Judou*, *Die Geschichte der Qiuju*, *Rote Laterne*, *Shanghai Serenade* und *Leben!*. Keiner dieser Filme kann in der Weise als Art-House-Produktion beschrieben werden wie *Gelbes Land*, doch die kraftvolle Mischung aus Gong Lis erotischer Ausstrahlung und den geheimnisvollen Orten im China der 30er Jahre zielte eher auf ein westliches als ein chinesisches Publikum ab.

Einer der ausdrucksstärksten – und nach Ansicht der chinesischen Behörden kontroversesten – Filme ist *Leben!* (1994), der das Schicksal einer Familie von den letzten dekadenten Jahren des alten Regimes über die kommunistische Epoche bis in die Gegenwart hinein darstellt. Die verschiedenen Phasen des maoistischen kommunistischen Modells (Befreiung, Großer Sprung nach vorn, Kulturrevolution) werden in Form des Unheils symbolisiert, in das sie die Familie stürzen, darunter der Unfalltod beider Kinder, für den das Regime die Verantwortung zu tragen scheint. Die wesentliche Aussage der Geschichte ist, dass das Leben nicht nach Verordnungen gelebt werden kann. Die Kraft des Filmes beruht darauf, dass er eine realistische Reflektion dessen ist, was Millionen Chinesen erlebt haben. In ähnlicher Weise umfasst Chen Kaiges herausragender Film *Lebe wohl, meine Konkubine* (1994) die gesamte Spanne der modernen chinesischen Geschichte, und obwohl der Protagonist – ein homosexueller chinesischer Opernsänger – keinesfalls typisch für das moderne China ist, vergoss das gesamte Land Tränen. *Keiner weniger* (1998) erzählt die wahre Geschichte eines Dorflehrers, der in die Stadt reist, um einen Schüler aufzuspüren. Alle Charaktere sind mit Laiendarstellern besetzt, die eine überzeugende Vorstellung bieten, doch das allzu sentimentale Ende des Films deutet vielleicht schon darauf hin, dass Zhang seine progressive Zeit überschritten hat.

Zwangsläufig folgte der Fünften eine **Sechste Generation**, die ihre Vorgänger kritisierte, zu zurückhaltend gewesen zu sein und sich wirtschaftlichen Interessen gebeugt zu haben, was im Westen zu einem falschen Chinabild geführt hätte. Die Sechste Generation produzierte *Underground Movies* (oft in Schwarz-weiß), in denen sie zum Ausdruck brachte, was sie für die wahre Geschichte des zeitgenössischen Chinas hielt: hässliche Städte, kalte Apartmenthäuser, depressive Menschen mit zerbrochenen Seelen. Einer dieser Filme, *Beijing Bastards,* räumte dem bekannten Rocksänger und Rebellen Cui Jian eine Rolle ein, der saufend, fluchend und Gitarre spielend dargestellt wird. Es versteht sich fast von selbst, dass die Sechste Generation noch größere Schwierigkeiten als die Fünfte hatte, ihre Werke auf die Leinwand zu bringen und auf ausländische Fördermittel angewiesen war.

In den vergangenen Jahren haben die meisten chinesischen Regisseure bedauerlicherweise dazu geneigt, Hollywoods Glitterwelt zu imitieren. Immer noch entstehen Propagandafilme, die nichtsdestotrotz unterhaltsam sein können, wenn man sie durch die Brille der Ironie betrachtet. *Opium War* zeigt, wie die Briten hinterlistig taktieren, um Hongkong an sich zu reißen. Von den bösen Briten handelt auch *Red Valley*, in diesem Fall geht es um Tibet. Glücklicherweise entstehen auch wirklich gute Filme. Bemerkenswert ist zum Beispiel *In the Heat of the Sun* von Regisseur **Jiang Wen**, der von einer Beijinger Straßenbande in den 70er Jahren erzählt. Die Geschichte stammt von Wang Shuo, dem *enfant terrible* der zeitgenössischen chinesischen Literatur, dessen charakteristische Respektlosigkeit sowie trockener Humor zum Ausdruck kommen. *Lei Feng is Gone* basiert auf der Geschichte eines Mannes, der unabsichtlich den ikonenhaften Helden des maoistischen Chinas, den Genossen Lei Feng, tötet. Da der Film offenkundig eine Metapher für den Zustand der Nation sein will, sah er sich nach seiner Premiere heftigen Kontroversen ausgesetzt. *Xiao Wu*, das Porträt eines Taschendiebes, ist ein fantastischer Film, der in China nie gezeigt wurde, weil keine moralische Stellung gegen den kriminellen Protagonisten bezogen wird. Der junge Regisseur **Jia Zhangke** dürfte ein viel versprechendes neues Talent sein. Der meistdiskutierte kommerzielle Regisseur ist **Feng Xiaogang**. Er dreht zwar populäre, dennoch intelligente Genre-Komödien – Beachtung verdienen *Be There or Be Square*, *Sorry Baby* und *Big Shot's Funeral*.

Der gegenwärtig renommierteste chinesische Regisseur ist sicher der Taiwaner **Ang Lee**, dessen Filme *(Das Hochzeitsbankett, Eat Drink Man Woman, Sinn und Sinnlichkeit, Der Eissturm)* ergreifend und gut beobachtet sind; sein bekanntestes Werk ist *Tiger & Dragon*, in dem Hollywoods Glamour mit einer typischen chinesischen Kampfsportgeschichte verknüpft wird. Dem westlichen Publikum erschien der Film innovativer, als er tatsächlich war; das chinesische Publikum war nicht beeindruckt, und auf dem Festland erschienen schlechte Rezensionen. Doch allein das ausländische Echo belegt, dass sich der chinesische Film in der Welt des Kinos zu einer bedeutenden Kraft entwickelt hat.

Hongkong

Die Filme, die die geringsten Schwierigkeiten mit der chinesischen Zensur haben, werden in Hongkong produziert, das nach Indien und den USA der drittgrößte Filmproduktionsort der Welt ist. Hongkongs Filmemacher haben trotz ihres reichhaltigen Ausstoßes sensible politische Themen vermieden – offenbar aus wirtschaftlichen Gründen. Es gab angesichts des ortstypischen, extrem schnellen und komödienhaften Formats nur wenige Anzeichen, dass Hongkongs Filmindustrie überhaupt Interesse am Rest der Welt hatte, bis **John Woo** 1985 seinen Film *A Better Tomorrow* vorstellte, dessen Hauptdarsteller **Chow Yun Fat** und **Leslie Cheung** waren. Woos Werk (und das des tollkühnen Stuntmans und Komödianten **Jackie Chan**) hat selbst Star-Regisseur und Schauspieler Quentin Tarantino inspiriert. Woo brachte eine neue Art der Kameraführung in das Genre ein und spezialisierte sich auf Action- und Martial-Arts-Filme. *Hard Boiled* und *Bullet in the Head* gehören zu seinen besten Filmen. 1992 verlor die Hongkonger Filmindustrie Woo an das finanzstarke Hollywood, doch auch Jackie Chan, Chow Yun Fat und Leslie Cheung sind inzwischen zu internationalen Stars aufgestiegen.

Obwohl sich Hongkongs Filmindustrie fast vollständig der Unterhaltung und nicht der „Kunst" verschreibt, kam es zu Koproduktionen mit bekannten Regisseuren aus Festland-China. Leslie Cheung spielte die Hauptrolle in *Lebe wohl, meine Konkubine,* und die Schauspielerin Gong Li tritt regelmäßig in Hongkonger Blockbusters auf. Es gibt jedoch nur einen wichtigen Hongkonger Regisseur, der ernsthaft an der Avantgarde interessiert ist und dessen Arbeiten eine ganz eigene Richtung aufweisen: **Wong Karwai** hat außergewöhnliche Filme wie *Chungking Express, Fallen Angels, Happy Together* und *In the Mood for Love* geschaffen, die mit verzerrten Bewegungen und zusammenhanglosen Szenen in einer zusammenhanglosen Gesellschaft spielen.

Beijing und Umgebung

Highlights

- **Lüsongyuan Hotel**
Unterkünfte mit Charakter sind in China selten, dieses gemütliche und erschwingliche Hotel in einem umgestalteten Hofhaus jedoch bildet eine willkommene Ausnahme.

- **Verbotene Stadt**
Kaiserliche Pracht in ihrer ganzen Größe; über sechs Jahrhunderte das Zentrum des chinesischen Universums.

- **Qianmen**
Ein Labyrinth verwinkelter Gassen, die zu den letzten Überresten der Altstadt gehören und in denen ursprüngliches, geschäftiges Treiben herrscht.

- **Himmelstempel**
Das klassische Bauwerk der Ming-Dynastie schlechthin.

- **Baiyunguan Si**
Der von Tourgruppen ausgesparte, bis heute genutzte daoistische Tempel ist auf seine Weise lohnender als die prunkvollen religiösen Stätten; ein Muss zum Neujahrsfest und an Feiertagen, wenn sich zahllose Gläubige auf den Weg hierher machen.

- **Sommerpalast**
Architektur der Kaiserzeit in idyllischer, erhabener Parklandschaft.

- **Feuertopf**
Ein traditionelles nordchinesisches Gericht, das aus Lamm, Tofu, Kohl und weiteren Zutaten nach Wahl am Tisch gekocht wird. Zahlreiche darauf spezialisierte Restaurants bieten es an, eines der besten ist jedoch *Neng Ren Ju.*

- **Große Mauer**
Einst eine Grenze zwischen Zivilisationen und bis heute eine der weltweit herausragendsten Beispiele meisterlicher Baukunst.

Viele Besucher werden von der augenfälligen Modernität Beijings überrascht sein. Große, die Stadt durchschneidende Magistralen und etliche aufragende Hochhäuser lassen erahnen, welche Dynamik diese lebendige Metropole besitzt. Beijing, die „Nördliche Hauptstadt", war während der letzten 1000 Jahre aber auch Schauplatz der Geschichte des **chinesischen Kaiserreichs**. Hier, im Zentrum des chinesischen Universums, thronte der Kaiser, und obwohl sich die Stadt inzwischen gewaltig gewandelt hat, schlägt in Beijing noch immer das geistige und politische Herz des Landes. Zwischen den Gegenden, die von modernen Beton- und Glasbauten beherrscht werden, befinden sich einige der prachtvollsten Tempel und die ohne Zweifel glanzvollsten Überreste aus der Kaiserzeit. Im Rahmen eines Tagesausflugs lassen sich von Beijing aus reizvolle landschaftliche Attraktionen erkunden, die zu den schönsten des Landes zählen, und nur wenig nördlich der Stadt befindet sich mit der **Großen Mauer** eine der bedeutendsten Sehenswürdigkeiten Chinas überhaupt.

Fast unmenschliche Ausmaße, so der erste Eindruck, kennzeichnen Beijing angesichts der stets gleichförmigen Wohnhäuser, in der die Mehrzahl der zwölf Millionen Bewohner der Stadt lebt, und der achtspurigen Straßen, die sich ihren Weg durch das Häusermeer bahnen. Es ist ein Eindruck, der sich bei näherer Betrachtung sogar noch verstärkt, angefangen bei der Pracht der **Verbotenen Stadt** mit ihrem enormen Reichtum an Schätzen über den Wüstencharakter des riesigen **Tian'anmen-Platzes** bis hin zu den kolossalen, den Platz umgebenden Herrscherbauten der heutigen Regierung und der nicht enden wollenden Kette neuer Bürokomplexe entlang der gewaltigen Magistralen.

Abseits des Zentrums wird das Ganze wieder überschaubarer. Parks, schmale Gassen und alte Bauwerke wie der **Yonghe Gong**, das **Observatorium** und vor allem der einzigartige **Himmelstempel** sorgen dort für Erholung von der fast schon beklemmenden Ordnung und der ungezügelten Sanierungswut in der Stadt. Jenseits davon liegen in den Außenbezirken die beiden **Sommerpaläste** und die **Westberge**, die seit der Zeit der Kaiser als bevorzugte Oasen der Ruhe geschätzt werden.

Beijing ist eine Stadt der Invasoren, die Hauptstadt tyrannischer, fremder Dynastien – denen der Mandschu und der Mongolen – sowie die einer Dynastie mit einer fremden Ideologie – jener der Kommunisten. Als solche war sie vielen Einflüssen von außen ausgesetzt und ist heute die vielleicht weltläufigste Stadt Chinas, deren Internationalität ihrer Rolle als Hauptstadt einer bedeutenden Wirtschaftsmacht gebührend Rechnung trägt. Als Leitstern auf dem Weg Chinas in die Moderne nimmt Beijing eine Vorreiterrolle bei der Umgestaltung des Landes ein. In rasendem Tempo werden Gebäude abgerissen und neue errichtet, wovon das weiße Schriftzeichen *chai* (Abriss) auf alten Häusern und ein Heer hoch aufragender Kräne eindrucksvoll Zeugnis ablegen. Trendig angezogene Studenten vertreiben sich ihre Zeit in Internet-Cafés und bei *McDonald's,* Aussteiger modellieren ihre Haare zu spitzen Stacheln und frönen ihrem neuen Lebensgefühl in Punk-Clubs, Geschäftsleute sind nie ohne Laptop unterwegs, und Schulkinder kommen ohne Mobiltelefone scheinbar auch in China nicht mehr aus. Rotlichtbezirke und Schwulenbars halten Einzug, während die Stadt ihre sexuelle Revolution erlebt.

Steigende Einkommen haben aber nicht nur eine konsumorientierte Gesellschaft entstehen lassen, die Besuchern aus dem Westen vertraut sein wird, sondern auch für eine Wiederbelebung alter chinesischer Kultur gesorgt: So ist beispielsweise das Teehaus als eleganter Ort der Begegnung wieder zunehmend beliebt und das neu erwachte Interesse an kaiserlicher Küche überaus groß. Abends kann man größere Gruppen älterer Bewohner beim früheren Lieblingstanz des Vorsitzenden Mao, dem vor einigen Jahrzehnten landesweit einstudierten *yangkou* (Loyalitäts-Tanz), beobachten, und in den verwinkelten Gassenvierteln der Stadt, den Hutong, sitzen Männer in Gesellschaft ihrer Vögel über einer Pfeife, wie sie es schon immer getan haben.

Beijing ist eine Stadt, in der wohl jeder auf seine Kosten kommen dürfte. Neuankömmlingen bietet sie zwar eine nicht gerade behutsame Einführung in das Land, diejenigen, die aus entlegeneren Gegenden Chinas anreisen, können hier jedoch den womöglich erlittenen Mangel an leiblichen Genüssen wieder wettmachen. Ausländer stellen einen stattlichen Anteil an der Einwohnerschaft Beijings, und es ließen sich Jahre damit verbringen, das Angebot an westlichen Speisen und westlicher Kultur zu nutzen oder Bekanntschaft mit gleichgesinnten

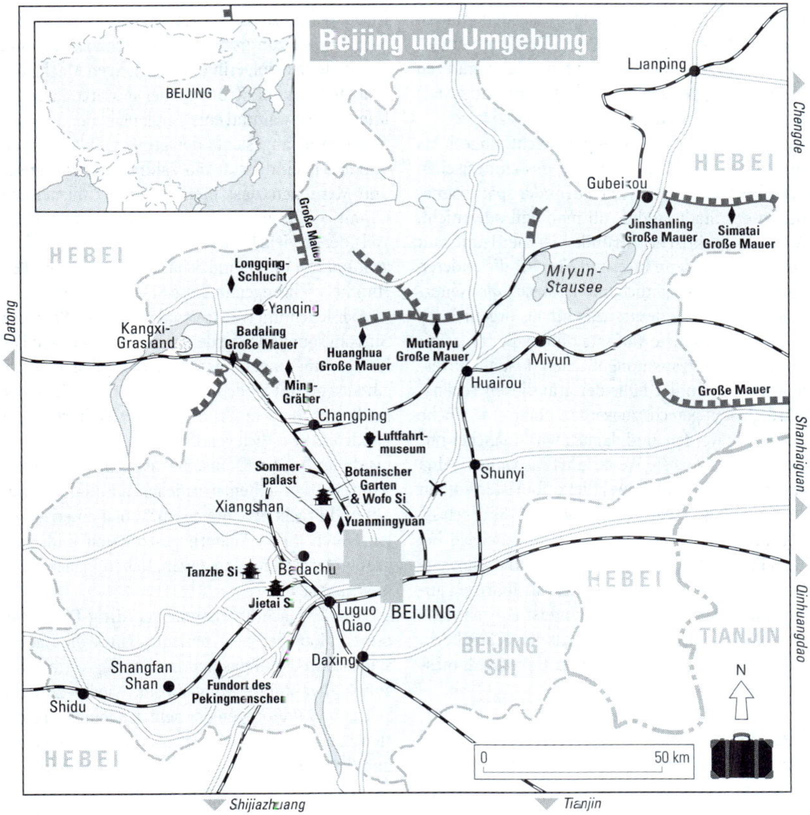

Ausländern zu schließen. Andererseits ist Beijing Stadt des Privaten, eine Stadt, die ihr wahres Gesicht nicht so leicht preisgibt und manchmal die Oberflächlichkeit eines Themenparks zu besitzen scheint. Mit hoher Effizienz werden Touristengruppen routinemäßig von ihren Hotels zu den Sehenswürdigkeiten befördert, ohne dass ihnen ein Einblick in den Alltag der Bewohner gewährt würde.

Wer an der Oberfläche kratzen und tiefer in das Wesen der Stadt eindringen möchte, sollte sich in die Labyrinthe der noch bestehenden, von Gassen „so zahlreich und fein wie die Haare einer Kuh“ (so ein chinesischer Reiseführer) durchzogenen Hutong begeben, sich zu einem Bummel über die kleinen Antiquitätenmärkte und durch die Einkaufsstraßen in den ruhigeren Wohnvierteln aufmachen und die kleineren, kurioseren Sehenswürdigkeiten und die zum Taijiquan genutzten Parks aufsuchen. Nicht außen vor sollte dabei das vielfältige Beijinger Nachtleben bleiben, dessen Ausschweifungen einen guten Eindruck davon vermitteln, wie weit das, was einst als „geistige Verschmutzung“ bezeichnet wurde, inzwischen gediehen ist.

Könnte die Partei es beeinflussen, wäre Beijing wohl mit dem besten **Klima** aller chinesischen Städte gesegnet, die Realität beschert der Metropole jedoch eines der ungünstigsten. Als beste Reisezeit empfehlen sich die Monate September und Oktober, die ein trockenes und mildes Wetter aufweisen. Im Winter wird es sehr kalt mit Temperaturen bis zu –20 °C und einem eisigem, aus den mongolischen Ebenen wehenden Wind. Der Sommer (Juni–August) ist schwül und heiß mit Temperaturen bis zu 30 °C, der kurze Frühling (April und Mai) trocken, aber windig.

Die Anreise nach Beijing ist leicht. Angesichts ihrer Funktion als Mittelpunkt des chinesischen Verkehrsnetzes wird man früher oder später ohnehin in der Stadt landen, ob man will oder nicht. Auch aus praktischen Gründen ist die Hauptstadt ein gutes Ziel, denn hier sind Visa für die anderen Länder Asiens erhältlich und lässt sich die Weiterreise über die Landesgrenzen hinaus organisieren – die romantischste Variante bilden die transsibirischen oder transmongolischen Eisenbahnverbindungen. Um der Fülle der grandiosen Sehenswürdigkeiten gerecht zu werden, sollte eine Woche eingeplant werden, und danach wird mancher nur allzu bereit sein, die Weiterfahrt ins wahre China anzutreten. Besonders westliche Touristen sollten auf beständige Versuche der Übervorteilung gefasst sein, sei es bei der Herausgabe von Wechselgeld, bei Taxifahrten, die mitunter über unnötige Umwege führen, oder bei der individuellen, an Touristen angepasste Preisgestaltung. Beijing ist ein sehr lohnendes Ziel, doch sollte man nicht den Fehler begehen, die restliche Nation an ihrer Hauptstadt messen zu wollen.

Geschichte

Am 1. Oktober 1949 hisste der Vorsitzende Mao Zedong am Tian'anmen die rote Flagge, um offiziell die **Gründung der Volksrepublik** zu verkünden. In seiner Rede vor den 500 000 dort versammelten Menschen (mehr passten damals nicht auf den Platz) sprach er davon, dass die Chinesen sich endlich erhoben hätten, und bezeichnete die Befreiung des Volkes als den abschließenden Höhepunkt eines 150 Jahre währenden Kampfes gegen die Ausbeutung durch Fremde.

Der genannte Zeitrahmen war vielleicht ein wenig zu bescheiden, denn Beijings dokumentierte Geschichte reicht etwas mehr als 3000 Jahre zurück, als sich die vormals kleine Siedlung zum Handelszentrum der Mongolen, Koreaner und einheimischen chinesischen Stämme entwickelte. Die vorherrschende Stellung fiel der Stadt jedoch erst zur Mitte des 13. Jahrhunderts mit der Schaffung des Mongolenreichs unter Dschingis und später **Kublai Khan** zu. Es war Kublai, der die Stadt 1264 einnahm, sie zur großen Hauptstadt ausbaute und damit als Nachfolgerin der ehemaligen Machtzentren Luoyang und Xi'an etablierte. Marco Polo, der Kublais Gast war und eine Zeit lang in der Stadt arbeitete, war angesichts der großen Kultiviertheit überaus beeindruckt: „So zahlreich sind Häuser und Menschen, dass niemand ihre Zahl nennen könnte ... Ich glaube, es gibt keinen Ort auf der Welt, der so viele Händler, so viele kostbare und eigentümliche Waren und Schätze sieht, wie aus allen Himmelsrichtungen in diese Stadt gelangen ...“

Der Reichtum rührte von der Lage der Stadt am Ausgangspunkt der Seidenstraße her, und nach Polos Beschreibungen waren es „fast täglich mehr als eintausend mit Seide beladene Karren“, die in der Stadt eintrafen, um von hier ihre Weiterreise in Ländereien westlich von China anzutreten. In einer bis dahin für die Khans, die späterhin Kaiser genannt werden sollten, beispiellosen Entfaltung von Stil und Pracht errichtete sich Kublai einen an allen Seiten durch Mauern geschützten und über große Marmortreppen zugänglichen Palast enormer Ausmaße.

Mit der Machtübernahme der **Ming-Dynastie**, die die Mongolen 1368 besiegte, wurde die Hauptstadt zeitweilig in das heutige Nanjing verlegt, bis Yongle, der zweite Ming-Kaiser, wieder zurückkehrte und Prototypen der beiden beeindruckendsten Bauwerke der Stadt schuf – den Kaiserpalast und den Himmelstempel. In seine Herrschaftszeit fällt auch der grundlegende, einem grob symmetrischen Muster folgende Aufbau der Stadt mit Plätzen und Rechtecken, die sich vom Palast und vom schachbrettartig angelegten innerstädtischen Bereich ausdehnten – eine Struktur, die im Wesentlichen bis heute erhalten ist.

Die Zeit nach der Ming-Dynastie war vom Aufstieg und Niedergang der **Mandschu** bzw. der **Qing-Dynastie** gekennzeichnet. Die Mandschu waren ein Volk aus dem Norden, die China von 1644 bis zum Beginn des 20. Jahrhunderts von Beijing aus regieren sollten. Ihre größte Blütezeit erlebte die Hauptstadt während der ersten Hälfte des 18. Jahrhunderts. In jener Periode errichteten die Qing nördlich der Stadt auch den legendären **Sommerpalast**, eine in der Welt einzigartige Gartenanlage für den Adel mit 200 Pavillons, Tempeln und Palastbauten vor der Kulisse einer weitläufigen

Landschaft aus künstlichen Seen und Hügeln. Gemeinsam mit dem Kaiserpalast im Zentrum bildete er den Mittelpunkt und das Symbol chinesischer Herrlichkeit und Macht. Im Zweiten Opiumkrieg jedoch drangen britische und französische Truppen 1860 bis an die Mauern der Hauptstadt vor, und der Sommerpalast wurde von den Briten zunächst geplündert und dann in Brand gesteckt, wobei er praktisch bis auf die Grundmauern niederbrannte.

Während der Kaiserhof in einer separaten, ummauerten Stadt auf großzügigem Raum lebte, musste die Zivilbevölkerung der Hauptstadt unter gänzlich anderen Bedingungen hausen. Der Kantonese Kang Youwei berichtet von seiner Visite Beijings 1895 über diese zweigeteilte Welt: „Gleich wo man hinsieht, fällt der Blick auf Bettler. Menschen ohne Arbeit, Alte, Verkrüppelte und Kranke, um die sich niemand kümmert, fallen auf der Straße tot um. Es passiert jeden Tag. Und die Kutschen der hohen Beamten rattern an ihnen pausenlos vorbei."

Die Gleichgültigkeit, die nach Kangs Ansicht allen Beamten in der Stadt zu Eigen war, erstreckte sich von der höchsten bis zur untersten Ebene. Mit Geldern, die eigentlich der Modernisierung der chinesischen Marine zugedacht waren, begann die Kaiserinwitwe Cixi ab 1884 einen neuen Sommerpalast für sich zu errichten. Ihr Projekt markierte als letztes großes Symbol das Ende kaiserlichen Bauglanzes und Patronats – und wurde wie sein Vorgänger von ausländischen Soldaten während eines erneuten Ausbruchs des Opiumkriegs 1900 durch Brand verwüstet. Zu jener Zeit standen das Reich und die kaiserliche Hauptstadt infolge sukzessiver Wellen ausländischer Besatzung kurz vor dem Zusammenbruch. 1911 dankten die Mandschu ab und überließen die Nördliche Hauptstadt der Herrschaft unabhängiger Militärmachthaber, den so genannten „Warlords". 1923 ging die Kontrolle über die Stadt in die Hände der militärisch-diktatorischen **Guomindang** von Chiang Kaishek über, 1939 wurden sie darin von den **Japanern** abgelöst, und am Ende des Zweiten Weltkriegs hielt eine Allianz aus Guomindang-Truppen und amerikanischen Marines die Macht über die Stadt in Händen.

Im Januar 1949 nahmen die **Kommunisten** Beijing ein – neun Monate bevor die Flucht Chiang Kaisheks nach Taiwan den endgültigen Sieg zur Gewissheit werden ließ. Der **Umbau der Hauptstadt** und die Tilgung der Symbole vorausgegangener Regimes besaßen für die neuen Machthaber schon früh höchste Priorität. Die Stadt, deren Erbe Mao Zedong für das chinesische Volk antrat, war weitgehend primitiv geblieben. Kaiserliche Dekrete hatten die Errichtung von Häusern verboten, die die offiziellen Gebäude und die Paläste an Höhe übertrafen, sodass es nur wenige Bauten gab, die mehr als ein Stockwerk besaßen. Die Straßen, obgleich gerade und einheitlich, waren schmal und verstopft. Industrie gab es kaum. Nun sollte die Stadt ein neues Gesicht bekommen, nur der geordnete Grundriss mit dem Tian'anmen Platz als Herzstück sollte beibehalten werden. Zunächst, und bis in die frühen 50er Jahre, bediente man sich hierfür sowjetischer Vorbilder und setzte die Schwerpunkte auf die Ansiedlung von Schwerindustrie sowie die Errichtung hoch aufstrebender, qualitativ allerdings minderwertiger Wohnblocks.

Im Eifer, sich von der Vergangenheit zu befreien und eine moderne Hauptstadt des Volkes zu erbauen, wurde ein Großteil der **alten Bausubstanz zerstört** oder zweckentfremdet: So wurde beispielsweise der Tempel der Gepflegten Weisheit zu einer Drahtfabrik umfunktioniert, und im Tempel des Feuergottes wurden Glühbirnen hergestellt. In den 40er Jahren besaß die Stadt noch 8000 Tempel und Denkmäler, in den 60er Jahren war diese Zahl auf nurmehr rund 150 geschrumpft. Sogar die Stadtmauern, überwiegend Relikte aus der Ming-Ära, mussten weichen und wurden durch Ringstraßen und breite Boulevards ersetzt.

Viele Elemente der **modernen Stadtplanungspolitik** hatten verheerende Folgen und schufen mehr Probleme, als sie lösten. Ein Großteil der traditionellen Hofhäuser, die als Brutstätte von Individualisten galten, wurde niedergerissen. Ihren Platz nahmen anonyme Betonklötze mit oftmals unzureichender sanitärer Ausstattung und kaum fließend Wasser ein. Als umfangreiche Renovierungsarbeiten an den Gebäuden dringend geboten schienen, machte sich Mao 1969 stattdessen für die Anlage eines unterirdischen Tunnelnetzes stark, das im Falle eines Krieges Schutz bieten sollte. Abermillionen Arbeitsstunden flossen in den von Hand ausgeführten Bau eines nutzlosen Labyrinths, das keinen Schutz gegen moderne Bomben bieten konnte und letztlich nur zur Absenkung des Grundwasserspiegels führte. Nach der Tötung aller Hunde der Hauptstadt im Jahr 1950 nahm man 1956 die Spatzen ins Visier. Die Maßnahme, die ursprünglich die Getreidevorräte schützen sollte, hatte allein zur Folge, dass sich Insekten stärker vermehren konnten. Um dem entgegenzuwirken, wurde sämtliches Gras ausgerissen, was wiederum Staubstürme in den windigen Wintermonaten heraufbeschwörte.

Heute sind große Stadtsanierungsprojekte im Gange, um die Stadt für die Olympischen Spiele 2008 zu rüsten. Verschiedene Anstrengungen zur Eindämmung der Luftverschmutzung wurden bereits unternommen, und Fabriken, die sich nicht weiter modernisieren ließen, mussten schließen. Freiflächen wurden durch aufwendige Begrünung zu neuem Leben erweckt. Die verschmutzten Kanäle werden ausgebaggert. Zwei zusätzliche Ringstraßen befinden sich im Bau. Und um dem Problem der Übervölkerung beizukommen, werden im Rahmen ehrgeiziger Bauvorhaben eine Reihe von Satellitenstädten entstehen. Doch die Stadt verliert zusehends an Charakter. Im Zuge des hemmungslosen Baubooms schießen gleißende, aber schlampig hochgezogene Türme wie Pilze nach dem Regen aus dem Boden. Die größten Probleme, denen sich die Stadt heute gegenübersieht, sind die wachsende Zuwanderung und der ausufernde Verkehr. Die Zahl der Privatfahrzeuge ist geradezu explodiert und leistet ihren Teil zur erbärmlichen Luftqualität, während sie die Stadt schon jetzt an den Rand des Verkehrskollaps bringt.

Orientierung

Der Kulturschock, mit dem Beijing seine Besucher zunächst empfängt, liegt zweifellos weitgehend in dem künstlichen Charakter begründet, der den Grundriss der Stadt kennzeichnet. Als riesige, breite, kerzengerade Schneisen durchqueren die Hauptstraßen die Stadt von Ost nach West oder von Nord nach Süd und zerteilen das 30 km^2 große Herz der Hauptstadt in rechteckige und zu den Außenbezirken hin immer ausgedehntere Flächen.

Das Zentrum der alten Stadt bildete eine in Nord-Süd-Richtung verlaufende Straße, die vom Zugang der Verbotenen Stadt zur umgebenden Mauer führte. An ihrer Stelle erstreckt sich heute die **Qianmen Dajie**, und die Rolle der Hauptachse hat nun die Straße übernommen, die in Ost-West-Richtung den Tian'anmen-Platz und die Verbotene Stadt voneinander trennt. Wie alle großen Straßen wechselt sie in ihrem Verlauf alle paar Kilometer den Namen, ist aber allgemein als **Chang'an Jie** bekannt.

Spuren der früheren Altstadt sind kaum noch vorhanden, Hinweise darauf finden sich nur noch in den **Straßennamen**, die auf den ersten Blick höchst kompliziert erscheinen, sich aber leicht entschlüsseln lassen, wenn man sie in ihre Bestandteile zerlegt: Neben ihrem Namen geben sie mit den Silben *bei, nan, xi, dong* und *zhong* (Norden, Süden, Westen, Osten und Mitte) auch eine Richtung sowie die Lage innerhalb *(nei)* oder außerhalb *(wei)* der alten Stadtmauern an. Straßen im Zentrum enthalten zudem oft die Silbe *men* (Tor), was auf ein früheres Zugangstor in der einst hier verlaufenden Mauer verweist.

Die **drei Ringstraßen**, in konzentrischen Rechtecken um die Verbotene Stadt angelegte Schnellstraßen, bieten dem Verkehr raschen Zugang in die Stadt. Die zweite und dritte, die Erhuan Lu und die Sanhuan Lu, sind die nützlichsten und verkürzen die Fahrzeit, werden auf Grund der längeren zu fahrenden Strecke aber auch von Taxifahrern bevorzugt. Die Mehrzahl der Sehenswürdigkeiten liegt im Zentrum, die meisten modernen Gebäude wie Hotels, Restaurants, Einkaufszentren und Bürobauten reihen sich entlang der Ringstraßen.

Schnell wird man sich daran gewöhnen, in einem Bus oder Taxi diese Straßen entlangzubrausen, vorbei an immer gleich aussehenden Häuserblocks, ohne zu wissen, in welche Richtung man eigentlich fährt, geschweige denn, wo man sich genau befindet. Für eine zumindest grobe Orientierung bieten sich die bekannteren und augenfälligeren Bauten an: die Große Halle des Volkes am Tian'anmen-Platz, das 17-stöckige *Beijing Hotel* in der Dongchang'an Jie oder, weiter östlich in derselben Straße, der Freundschaftsladen und das World Trade Centre. An der westlichen Kreuzung der zweiten Ringstraße mit der Chang'an Jie fallen die astronomischen Gerätschaften auf dem Dach des Alten Observatoriums ins Auge; ein weiterer Blickfang ist die weiße Dagoba im Beihai-Park, nur wenig nordwestlich der Verbotenen Stadt.

Ein großer Faltplan der Stadt ist unverzichtbar. An allen Verkehrsknotenpunkten sowie von Stra-

Altes Observatorium	古观象台	*gŭguānxiàngtái*
Athletendorf der Asienspiele	亚运村	*yàyùncūn*
Ausstellungshalle	展览馆	*zhănlăn guăn*
Baita Si	白塔寺	*báită sì*
Baiyunguan	白云观	*báiyúnguàn*
Beihai-Park	北海公园	*bĕihăi gōngyuán*
Beijing-Universität (Beida)	北京大学	*bĕijīng dàxúe*
Dazhong Si	大钟寺	*dàzhōng sì*
Ditan-Park	地坛公园	*dìtán gōngyuán*
Fernsehturm	电视塔	*diànshì tă*
Früheres Wohnhaus von Lu Xun	鲁迅博物馆	*lŭxùn bówùguăn*
Große Halle des Volkes	人民大会堂	*rénmín dàhuìtáng*
Guangji Si	广济寺	*guăngjì sì*
Gulou (Trommelturm)	鼓楼	*gŭlóu*
Himmelstempel	天坛	*tiāntán*
Jingshan-Park	景山公园	*jĭngshān gōngyuán*
Konfuziustempel	孔庙	*kŏngmiào*
Kulturpalast der Nationalen Minderheiten	民族文化宫	*mínzú wénhuàgōng*
Kunsthalle	展览馆	*zhănlănguăn*
Mao-Mausoleum	毛主席纪念堂	*máozhŭxí jìniàntáng*
Militärmuseum	军事博物馆	*jūnshì bówùguăn*
Museum der Chinesischen Geschichte	中国历史博物馆	*zhōngguó lìshĭ bówùguăn*
Museum der Chinesischen Revolution	中国革命博物馆	*zhōngguó gémìng bówùguăn*
Museum für Naturgeschichte	自然博物馆	*zìrán bówùguăn*
Niu Jie	牛街	*níujiē*
Palast des Prinzen Gong	恭王府	*gōngwángfŭ*
Qianmen	前门	*qiánmén*
Qinghua-Universität	清华大学	*qīnghuá dàxué*
Residenz Song Qinglings	宋庆龄故居	*sòngqìnglíng gùjū*
Ritan-Park	日坛公园	*rìtán gōngyuán*
Sommerpalast	颐和园	*yíhéyuán*
Taoranting-Park	陶然亭公园	*táorántíng gōngyuán*
Tian'anmen	天安门	*tiānānmén*
Tian'anmen-Platz	天安门广场	*tiānānmén guăngchăng*
Verbotene Stadt	故宫	*gùgōng*
World Trade Centre	国际贸易中心	*guójì màoyì zhōngxīn*
Xu-Beihong-Museum	徐悲鸿纪念馆	*xúbēihóng jìniànguăn*
Yonghe Gong	雍和宫	*yōnghé gōng*
Yuanmingyuan	圆明园	*yuánmíng yuán*
Zhonglou (Glockenturm)	钟楼	*zhōnglóu*
Zhongnanhai	中南海	*zhōngnán hăi*
Zizhuyuan-Park	紫竹院公园	*zĭzhúyuàn gōngyuán*
Zoo	北京动物园	*bĕijīng dòngwùyuán*

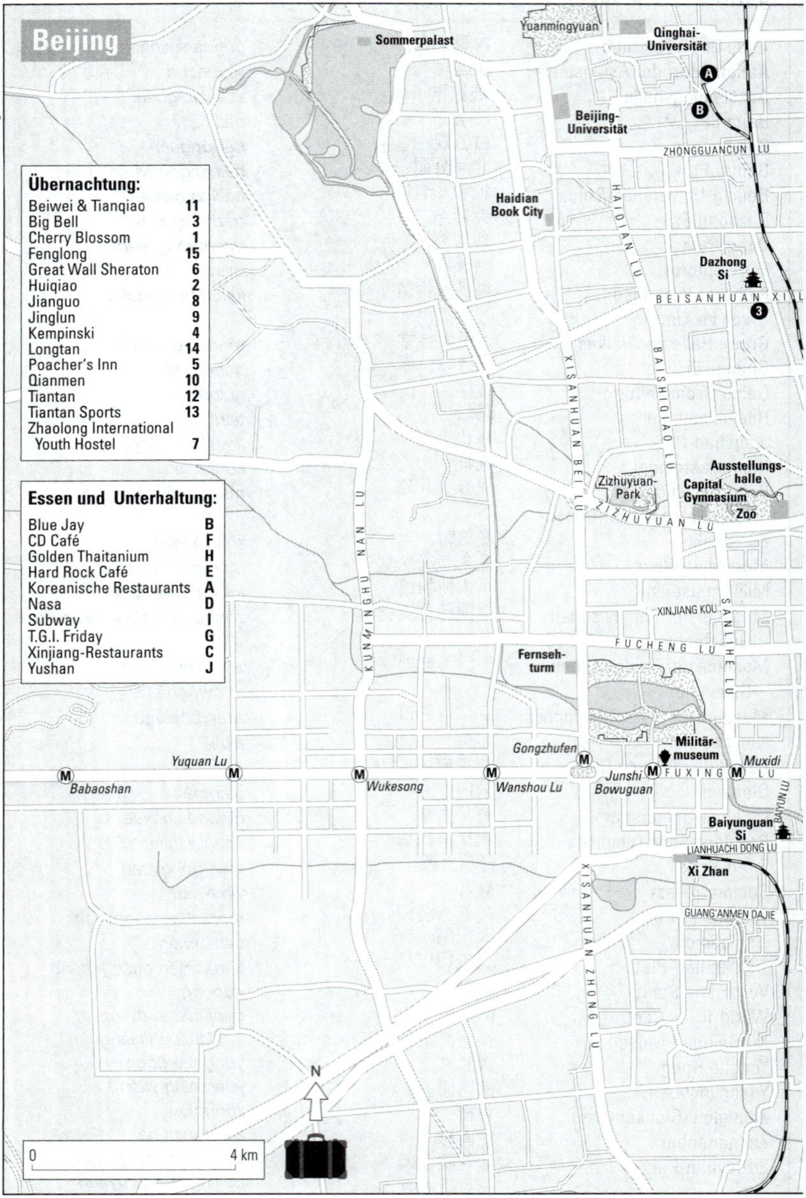
Beijing
Westberge
Sommerpalast
Yuanmingyuan
Qinghai-Universität
Beijing-Universität
ZHONGGUANCUN LU
Haidian Book City
HAIDIAN LU
Dazhong Si
BEISANHUAN XI LU
XISANHUAN BEI LU
BAISHIQIAO LU
Zizhuyuan-Park
ZIZHUYUAN LU
Ausstellungshalle
Capital Gymnasium
Zoo
KUNMINGHU NAN LU
XINJIANG KOU
SANLIHE LU
FUCHENG LU
Fernsehturm
Militärmuseum
Gongzhufen
Yuquan Lu
Babaoshan
Wukesong
Wanshou Lu
Junshi Bowuguan
FUXING LU
Muxidi
BAIYUN LU
Baiyunguan Si
LIANHUACHI DONG LU
Xi Zhan
GUANG'ANMEN DAJIE
XISANHUAN ZHONG LU
N
0
4 km
Übernachtung:
Beiwei & Tianqiao 11
Big Bell 3
Cherry Blossom 1
Fenglong 15
Great Wall Sheraton 6
Huiqiao 2
Jianguo 8
Jinglun 9
Kempinski 4
Longtan 14
Poacher's Inn 5
Qianmen 10
Tiantan 12
Tiantan Sports 13
Zhaolong International Youth Hostel 7
Essen und Unterhaltung:
Blue Jay B
CD Café F
Golden Thaitanium H
Hard Rock Café E
Koreanische Restaurants A
Nasa D
Subway I
T.G.I. Friday G
Xinjiang-Restaurants C
Yushan J

▲ Große Mauer

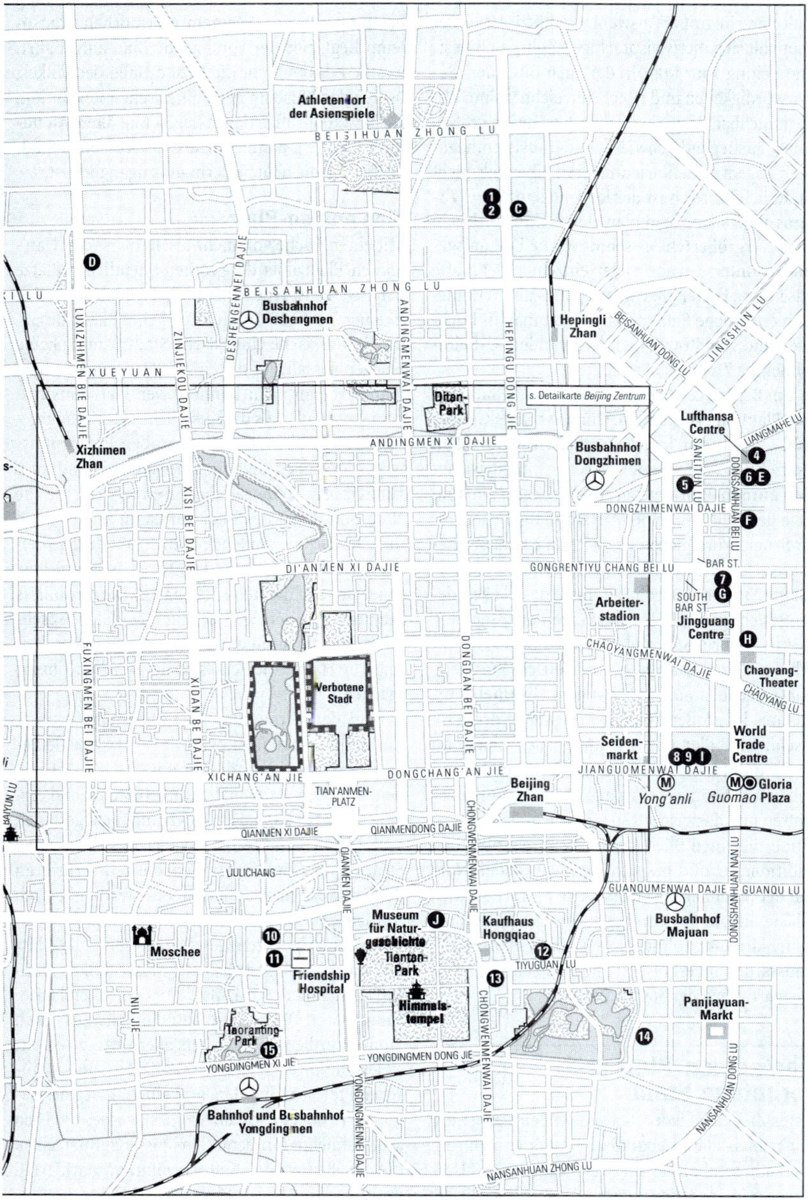

▼ Busbahnhof Haikutun

ßenverkäufern, in Hotels und Buchläden sind Stadtpläne in großer Auswahl erhältlich. Als bester empfiehlt sich die zweisprachige, englisch-chinesische Beijing Tour Map, in der auch Buslinien, Sehenswürdigkeiten und Hotels verzeichnet sind. Wenig brauchbar, da zu undetailliert, ist das in großen Hotels ausliegende sowie das in Touristenmagazinen abgedruckte Kartenmaterial. Ebenfalls nicht sonderlich hilfreich ist der kostenlos in den *CITS*-Büros angebotene Stadtplan, der aber immerhin in guten, vergrößerten Ausschnitten die Einkaufsgegenden unter Angabe vieler einzelner Geschäfte präsentiert. Umfangreiche, allerdings nur in Chinesisch erhältliche Stadtatlanten kann man in Buchläden und von Straßenhändlern vor dem U-Bahnhof Beijing Zhan erstehen.

Um Beijing gerecht zu werden, sind Geduld und gute Planung erforderlich. Ohne Ziel aufs Geratewohl einfach nur loszumarschieren, wird selten ersprießlich sein. Idealer Ausgangspunkt ist der **Tian'anmen-Platz**, geografisches Zentrum und Seele der Stadt, mit einer Ansammlung bedeutender Sehenswürdigkeiten, die sich in einem Tag bewältigen lassen. Ausgenommen hiervon ist die **Verbotene Stadt** am nördlichen Ende des Platzes, deren Besichtigung allein schon einen oder mehrere Tage in Anspruch nimmt. Südlich davon erstreckt sich das Viertel **Qianmen**, eine betriebsame, laute Marktgegend, an die sich mit dem **Himmelstempel** eine der großen Sehenswürdigkeiten der Stadt anschließt. Entlang der monumentalen **Chang'an Jie**, die die Stadt in Ost-West-Richtung durchquert, stehen Hochhäuser, ein paar Museen, Einkaufszentren und dazwischen sogar noch einige alte Gebäude, die einen Blick lohnen. Verstreut über den traditioneller und menschlicher wirkenden **Norden** der Stadt liegen verschiedene herrliche Parks, Paläste und Tempel, einige davon in den Hutong. Weiter draußen lohnt ein Besuch des **Sommerpalasts**, der mit erholsamer Ruhe weitab vom hektischen Treiben der Stadt aufwartet.

Tian'anmen-Platz und Verbotene Stadt

Erstes Ziel eines jeden Besuchers Beijings ist der Tian'anmen-Platz. Geografisch liegt er im Zentrum der Stadt, symbolisch aber verkörpert er das Herz Chinas und war Schauplatz von Ereignissen, die die Geschichte der Volksrepublik seit ihrer Gründung bestimmt haben. In einem marmornen Mausoleum liegt hier der Vorsitzende Mao aufgebahrt, westlich davon steht die Große Halle des Volkes, östlich das Museum der Chinesischen Revolution. Nicht weit nördlich davon liegen weit ältere Monumentalbauten, nämlich jene der Verbotenen Stadt der Kaiser, die heute jedermann zugänglich ist.

Tian'anmen-Platz

Mit einer Fläche von mehr als 40 ha ist der Tian'anmen-Platz einer der größten öffentlichen Plätze der Welt. Er ist eine Schöpfung der modernen Zeit in einer Stadt, die traditionell keine Plätze besaß, da die klassische chinesische Stadtplanung keine Flächen vorsah, auf denen sich Menschenmengen hätten versammeln können. Der Platz entstand beinahe zufällig, als die kaiserlichen Regierungsgebäude zu beiden Seiten des großen Prozessionsweges, der nach Süden zum Qianmen und zum Himmelstempel führte, abgerissen wurden. Die alte Nord-Süd-Achse der Stadt war damit zerstört, und die quer dazu verlaufende Mauer musste der breiten Ost-West-Magistrale, der Chang'an Jie, weichen. Einer der Architekten sagte dazu: „Der Grundriss Beijings war der Spiegel einer feudalen Gesellschaft. Wir mussten dies ändern, wir mussten Beijing zur Hauptstadt eines sozialistischen Chinas machen."

Um den Strom der Menschenmassen unter Kontrolle zu behalten, wird der Platz von Geländern umschlossen, sodass er nur über Zugänge an beiden Enden sowie in der Mitte betreten und verlassen werden kann. Fahrräder sind nicht gestattet, und die links und rechts des Platzes verlaufenden Straßen sind Einbahnstraßen, die den Verkehr an der Ostflanke nach Süden, an der Westflanke nach Norden lenken.

In seiner neueren Geschichte diente der Platz vielen historisch bedeutsamen Massenkundgebungen als Rahmen: am 4. Mai 1919 den ersten Forderungen nach Demokratie und Liberalismus durch Studenten, die gegen den Versailler Vertrag demonstrierten; am 9. Dezember 1935 den antijapanischen Protesten, mit denen zu einem Krieg des nationalen Widerstands aufgefordert wurde; 1966 den acht bühnenreif inszenierten Massenaufmärschen, die den Beginn der Kulturrevolution markierten und für die jedes Mal etwa eine Million Rotgar-

Unmut auf dem Tian'anmen-Platz

Blut muss mit Blut gesühnt werden – je länger man damit wartet, umso größer wird der Hunger.

Lu Xun, nach dem Massaker von 1926

Ein neues Kapitel in der chinesischen Geschichte wird aufgeschlagen. Der Tian'anmen-Platz gehört uns, dem Volk, und wir werden nicht zulassen, dass ihn die Generäle mit Blut besudeln.

Wuer Kaixi, Student, Mai 1989

Er mag als Aufmarschareal der Massen für Treueschwüre geplant gewesen sein, doch im 20. Jahrhundert war der Tian'anmen-Platz häufig Schauplatz von Unmutsbekundungen des Volkes – zu Beginn des Jahrhunderts gegen die Unterdrückung durch Fremde, in jüngerer Vergangenheit gegen die aus dem eigenen Land.

Der erste Massenprotest fand am 4. Mai 1919 statt, als 3000 Studenten auf dem Platz zusammenkamen, um gegen die vernichtenden Bedingungen des Versailler Vertrags zu demonstrieren. Die siegreichen Alliierten hatten damals Japan verschiedene Konzessionsgebiete der Deutschen in China zugesprochen. Die Chinesen, die mehr als 100 000 Arbeiter für die Nachschubversorgung der britischen und französischen Truppen bereitgestellt hatten, waren außer sich.

Die Proteste des 4. Mai und die Bewegung, die aus ihnen hervorgehen sollte, markierten den Beginn des schmerzvollen Kampfes Chinas auf dem Weg ins moderne Zeitalter. Während der turbulenten 20er Jahre besetzten die Bewohner Beijings den Platz erneut, zuerst 1925, um gegen das Massaker an chinesischen Demonstranten in Shanghai durch britische Soldaten zu protestieren, dann 1926, um ihrem Ärger über die schmähliche Kapitulation der Regierung vor Japan Luft zu machen. Als die Demonstranten auf Regierungsbehörden zumarschierten, eröffneten Soldaten das Feuer auf sie.

Nach dem Tod des populären Premiers Zhou Enlai versammelten sich 1976 Tausende Trauernde ohne behördliche Genehmigung auf dem Platz, um ihrer Unzufriedenheit über die politische Führung Ausdruck zu verleihen, und 1978 und 1979 kamen hier Gruppen zusammen, um die zuvor an der Mauer der Demokratie, am Rand der Verbotenen Stadt, aufgehängten Schriften über neue Ideen zur Förderung von Demokratie und künstlerischer Freiheit zu diskutieren. 1986 und 1987 kam es erneut zu Menschenaufläufen aus Solidarität für die Studenten und andere, die gegen die Weigerung der Partei, freie Wahlen abzuhalten, protestiert hatten.

Zum Schauplatz eines massiven Aufbegehrens durch das Volk wurde der Tian'anmen-Platz jedoch erst 1989, als zwischen April und Juni fast eine Million Demonstranten ihren Unmut über das schleppende Tempo von Reformen, den Mangel an Freiheit und die weit verbreitete Korruption kundtaten. Eine riesige Statue, die Göttin der Freiheit, die man in beiden Händen eine Fackel tragen ließ, wurde von Kunststudenten angefertigt und dem Porträt Maos auf dem Tian'anmen-Platz gegenübergestellt. Voller Zorn über die Erniedrigung durch das eigene Volk verhängte die chinesische Führung am 20. Mai das Kriegsrecht und ließ am 4. Juni das Militär aufmarschieren. Wahllos wurde getötet; Panzer überrollten Zelte, und Maschinengewehre nahmen die Straßen unter Beschuss. Niemand weiß, wie viele Menschen bei diesem Massaker ums Leben kamen – wahrscheinlich waren es Tausende. Hunderte wurden anschließend verhaftet und sitzen bis heute in Gefängnissen. Die damals angeprangerten Probleme sind noch längst nicht alle gelöst, und viele, wie beispielsweise die Korruption, haben sich gar noch verschlimmert.

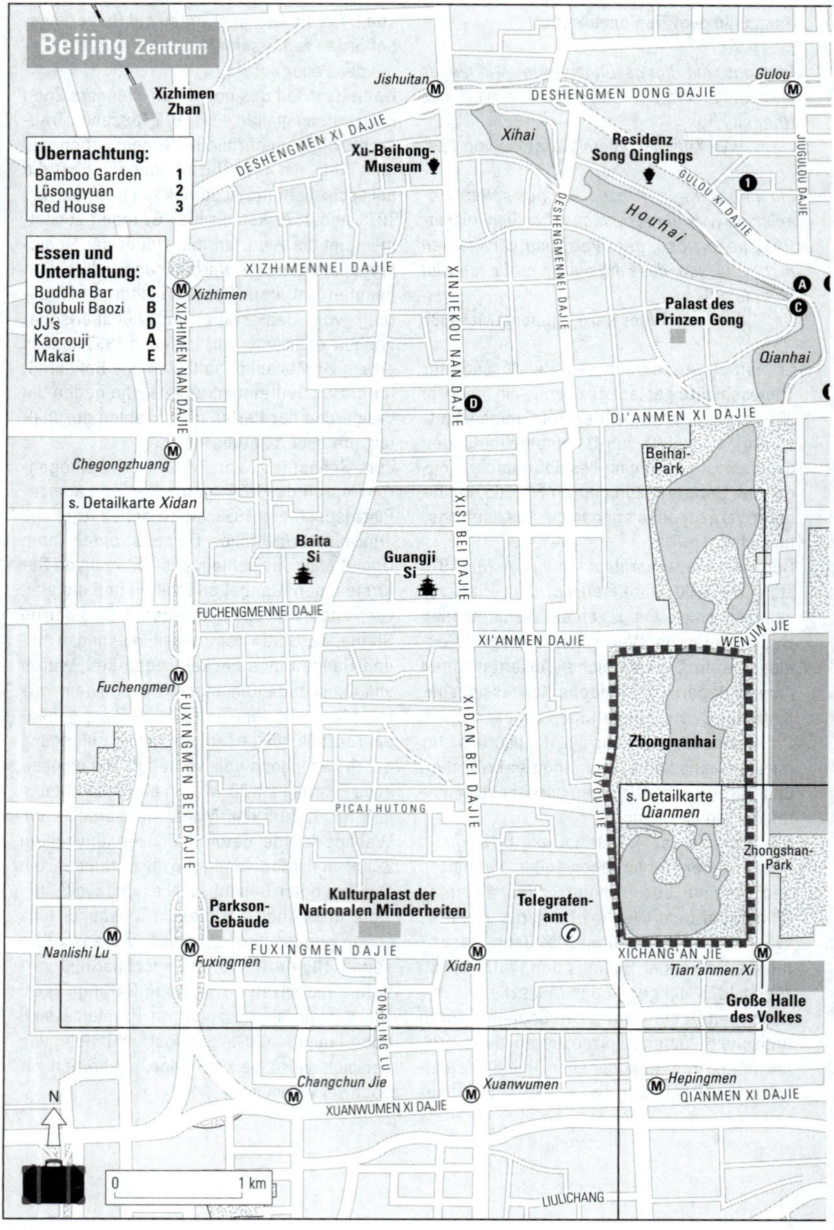
Beijing Zentrum
Übernachtung:
Bamboo Garden 1
Lüsongyuan 2
Red House 3
Essen und Unterhaltung:
Buddha Bar C
Goubuli Baozi B
JJ's D
Kaorouji A
Makai E
Xizhimen Zhan
Jishuitan
Gulou
DESHENGMEN DONG DAJIE
DESHENGMEN XI DAJIE
Xu-Beihong-Museum
Xihai
Residenz Song Qinglings
GULOU XI DAJIE
JIUGULOU DAJIE
Houhai
DESHENGMENNEI DAJIE
XIZHIMENNEI DAJIE
XINJIEKOU NAN DAJIE
Xizhimen
XIZHIMEN NAN DAJIE
Palast des Prinzen Gong
Qianhai
DI'ANMEN XI DAJIE
Chegongzhuang
Beihai-Park
s. Detailkarte Xidan
Baita Si
Guangji Si
XISI BEI DAJIE
FUCHENGMENNEI DAJIE
XI'ANMEN DAJIE
WENJIN JIE
Fuchengmen
FUXINGMEN BEI DAJIE
XIDAN BEI DAJIE
Zhongnanhai
FUYOU JIE
s. Detailkarte Qianmen
PICAI HUTONG
Zhongshan-Park
Parkson-Gebäude
Kulturpalast der Nationalen Minderheiten
Telegrafenamt
Nanlishi Lu
Fuxingmen
FUXINGMEN DAJIE
Xidan
XICHANG'AN JIE
Tian'anmen Xi
Große Halle des Volkes
TONGLING LU
Changchun Jie
Xuanwumen
Hepingmen
QIANMEN XI DAJIE
XUANWUMEN XI DAJIE
N
0
1 km
LIULICHANG

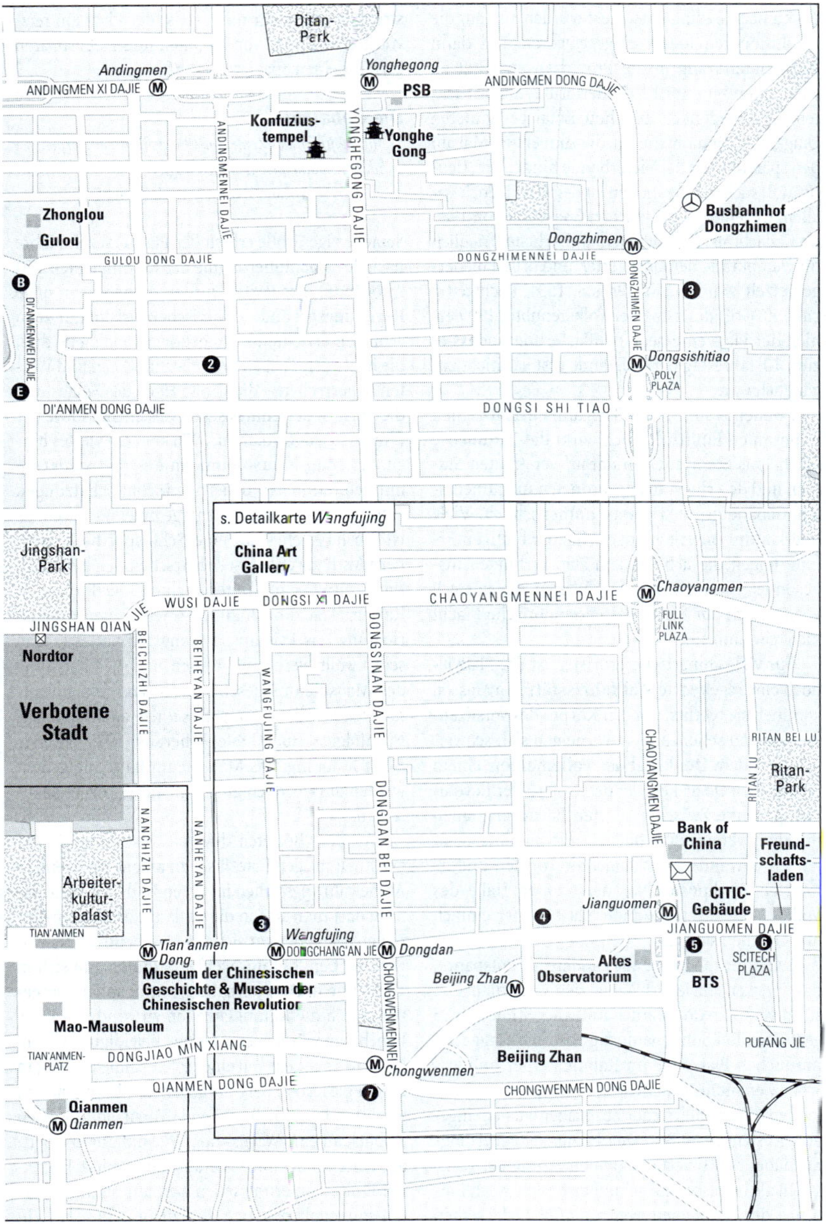
Ditan-Park
Andingmen
ANDINGMEN XI DAJIE
Yonghegong
PSB
ANDINGMEN DONG DAJIE
Konfuzius-tempel
Yonghe Gong
ANDINGMENNEI DAJIE
YONGHEGONG DAJIE
Zhonglou
Gulou
Busbahnhof Dongzhimen
Dongzhimen
GULOU DONG DAJIE
DONGZHIMENNEI DAJIE
DONGZHIMEN DAJIE
DI'ANMENWEI DAJIE
Dongsishitiao
POLY PLAZA
DI'ANMEN DONG DAJIE
DONGSI SHI TIAO
s. Detailkarte Wangfujing
Jingshan-Park
China Art Gallery
Chaoyangmen
WUSI DAJIE
DONGSI XI DAJIE
CHAOYANGMENNEI DAJIE
JINGSHAN QIAN JIE
FULL LINK PLAZA
Nordtor
BEICHIZHI DAJIE
BEIHEYAN DAJIE
WANGFUJING DAJIE
DONGSINAN DAJIE
Verbotene Stadt
CHAOYANGMEN DAJIE
RITAN BEI LU
RITAN LU
Ritan-Park
DONGDAN BEI DAJIE
NANCHIZH DAJIE
NANHEYAN DAJIE
Bank of China
Freund-schafts-laden
Arbeiter-kultur-palast
CITIC-Gebäude
Jianguomen
JIANGUOMEN DAJIE
TIAN'ANMEN
Tian'anmen Dong
Wangfujing
DONGCHANG'AN JIE
Dongdan
SCITECH PLAZA
Museum der Chinesischen Geschichte & Museum der Chinesischen Revolution
Beijing Zhan
Altes Observatorium
BTS
CHONGWENMENNEI
Mao-Mausoleum
PUFANG JIE
TIAN'ANMEN-PLATZ
DONGJIAO MIN XIANG
Beijing Zhan
Chongwenmen
QIANMEN DONG DAJIE
CHONGWENMEN DONG DAJIE
Qianmen
Qianmen

disten nach Beijing kutschiert wurden, um auf die revolutionären Ideale eingeschworen und dann voller Tatendrang in die Provinzen entsandt zu werden; und im April 1976 der brutal unterdrückten, dem Gedenken an Zhou Enlai gewidmeten Qing-Ming-Demonstration, die zum ersten Mal auf den späteren Fall der Viererbande hindeutete. Heutigen Besuchergenerationen ist der Platz jedoch vor allem wegen der entsetzlichen Ereignisse von 1989 im Gedächtnis, als Studenten und Arbeiter friedlich für Demokratie demonstrierten und brutal niedergemetzelt wurden (Kasten s.S. 153). Rechtzeitig zum 50. Gründungstag der Volksrepublik 1999 erhielt der Platz eine neue Bepflasterung, sodass er zum 10. Jahrestag der Aufstände erst gar nicht zugänglich war.

Zweifellos macht der Tian'anmen-Platz einen imposanten Eindruck, doch wirkt diese immense Fläche aus Stein mit den darauf verstreuten Statuen und den ringsum angeordneten monumentalen Gebäuden auch etwas unmenschlich. Viele überkommt Bitterkeit angesichts der blutigen Erinnerungen, die sich mit dem Platz verbinden, insbesondere Besucher aus dem Westen, die an solch gebieterisch zur Schau gestellte politische Macht nicht gewohnt sind.

Für viele chinesische Touristen ist der Platz jedoch eine regelrechte **Wallfahrtsstätte**. In Massen kommen sie hierher, um den Körper des Vorsitzenden Mao zu sehen, andere verneigen sich schweigend vor dem **Denkmal der Volkshelden**, einem 30 m hohen Obelisken, der den Opfern der Revolution gedenkt. Zwischen all den Besuchern fallen mitunter vereinzelt Mönche oder Buddhisten in langen Gewändern ins Auge, die vor den uniformierten Wachposten vor der Großen Halle des Volkes stehen. Wieder andere lassen hier einfach ihre Drachen steigen.

Die Atmosphäre ist alles andere als entspannt, das Spucken sowie das Wegwerfen von Abfall sind strikt verboten und werden mit einer Strafe von ¥5 geahndet. Bei Sonnenaufgang wird die Flagge am nördlichen Platzende im Rahmen einer militärischen Zeremonie gehisst, bei Sonnenuntergang unter den Augen zahlreicher Zuschauer wieder eingeholt. Ausländische Besucher bemängeln allerdings die dabei praktizierte Reglementierung der Menschen als herrisch und schulmeisterlich. Nach Einbruch der Dunkelheit, wenn sanftes Licht seinen strengen Charakter mildert, ist der Platz am reizvollsten und wird von Familien und Liebespaaren gern für einen Spaziergang aufgesucht.

Die Gebäude

Im Zentrum des Zentrums Chinas liegt ein Körper, den niemand fortzuschaffen wagt.

Tiziano Terzani, Fremder unter Chinesen

Seine jetzige Größe erhielt der Platz erst zehn Jahre nach der Machtübernahme der Kommunisten. Auf Anordnung der Partei wurden damals zehn neue Regierungsgebäude sowjetischen Stils in nur zehn Monaten errichtet. Dazu gehörten auch jene drei, die heute den Tian'anmen-Platz im Osten und Westen beherrschen – die Große Halle des Volkes und die Museen der Chinesischen Geschichte sowie der Chinesischen Revolution. 1976 kam ein viertes hinzu, das **Mao-Mausoleum**, an dessen (wiederum nur zehn Monaten dauernden) Bau Schätzungen zufolge eine Million Freiwillige beteiligt waren. Es ist ein hässliches, an eine Schulsporthalle erinnerndes Bauwerk, das – wahrscheinlich beabsichtigt – durch seine Unterbrechung der Linie vom Kaiserpalast zum Qianmen sowie seine Nordausrichtung das Prinzip des Fengshui verletzt. Mao selbst wollte verbrannt werden, und die Errichtung des Mausoleums geschah wohl aus rein machttaktischen Überlegungen seines aufstrebenden Nachfolgers Hua Guofeng heraus. 1980 erklärte Deng Xiaoping, das Mausoleum hätte nie gebaut werden dürfen, doch ging er nicht so weit, es abzureißen.

Vor dem Betreten des Mao-Mausoleums sind eventuell mitgeführte Taschen an entsprechenden Aufbewahrungsstellen im Osten zu deponieren, danach darf man sich in die Schlange im Norden einreihen. Diese bewegt sich überraschend schnell voran und benötigt nur wenige Minuten, um sich in aller Stille und von erhabener Atmosphäre umgeben durch die Räumlichkeiten zu winden – laxes Benehmen würde hier als grobe Beleidigung gelten. Maos Körper liegt von einer roten Fahne umhüllt in einem gläsernen Sarg aufgebahrt. Allmorgendlich wird der unwirklich wirkende Vorsitzende, dessen Anblick an eine Wachs- oder Plastikfigur erinnert, aus einer Kühlkammer heraufgetransportiert. Bei seiner Einbalsamierung sollen vietnamesische Experten mitgeholfen haben, die zuvor schon Ho Chi

Minhs Körper präparierten (angeblich soll Maos linkes Ohr abgefallen sein und musste wieder angenäht werden). Jenseits der marmornen Hallen wird der Besucherstrom zu einer Vielzahl kitschiger Mao-Souvenirs gelenkt. ◷ tgl. 8.30–11.30 Uhr, zusätzlich Okt–Apr Di und Do 14–16 Uhr.

Nördlich davon steht das **Tian'anmen**, das Tor des Himmlischen Friedens, das den Hauptzugang zur Verbotenen Stadt bildet. Das auf der ganzen Welt bekannte Bauwerk nimmt einen herausragenden Platz in der chinesischen Ikonografie ein und taucht auf Banknoten, Münzen, Briefmarken und praktisch auf allen nur erdenklichen offiziellen Staatspapieren auf. Angesichts dieses einzigartigen Ranges ist es ein Besuchermagnet ohnegleichen und zieht scharenweise Touristen an, die sich vor dem großen, über dem zentralen Durchgang prangenden Porträt Maos (einem der wenigen noch öffentlich aushängenden Darstellungen des Staatsgründers) fotografieren lassen wollen. Von der darüber liegenden Balustrade hielt Mao am 1. Oktober 1949 die Befreiungsrede, in der er erklärte, das chinesische Volk habe sich nun erhoben. Gegen Entrichtung einer horrenden Gebühr kann die Balustrade bestiegen werden, für die strengste Sicherheitskontrollen gelten: Besucher haben sämtliche Taschen abzugeben, werden einer Leibesvisitation unterzogen und müssen einen Metalldetektor passieren. Die Tatsache, dass im Innern der größte Andrang an den Souvenirständen herrscht, spiegelt den Umstand wider, dass es eigentlich nicht viel zu sehen gibt. ◷ tgl. 8–17 Uhr, Eintritt ¥30, Studenten ¥10.

Fast die Hälfte der Westseite des Platzes nimmt die **Große Halle des Volkes** ein. Sie ist Sitz des Nationalen Volkskongresses und wird an Sitzungstagen von Hunderten davor parkenden schwarzen Audis mit getönten Scheiben umlagert. Sofern nicht gerade getagt wird, ist das Gebäude auch der Öffentlichkeit zugänglich. Besuchern wird eine Auswahl der Empfangsräume gezeigt – meist sind es sechs von insgesamt 29 –, die jeweils nach einer Provinz benannt und mit regionaltypischen Gegenständen eingerichtet sind. Das Ganze ist nicht sonderlich spektakulär und wirkt mehr wie ein herkömmliches, allerdings überdimensioniertes chinesisches Drei-Sterne-Hotel. ◷ tgl. 8.30–15 Uhr, Eintritt ¥20.

Auf der gegenüberliegenden Seite des Platzes befinden sich zwei Museen, die innerhalb eines Gebäudekomplexes untergebracht sind: das Museum der Chinesischen Geschichte, das die Entwicklung des Landes bis 1919 dokumentiert, und das **Museum der Chinesischen Revolution**. Beide sind äußerst propagandalastig, das zuletzt genannte ist zudem häufig wegen Umgestaltungsmaßnahmen geschlossen (während der Kulturrevolution beispielsweise für ganze zwölf Jahre), und die Kuratoren stehen permanent vor dem kafkaesken Dilemma, die Geschichte gemäß der aktuellen Parteilinie neu erfinden zu müssen.

Zur Zeit der Recherche für dieses Buch war das gewaltige Bauwerk zugänglich und zeigte eine eher dröge Sammlung von Dokumenten und Fotos aus dem 20. Jahrhundert (welches hier 1949 endet, da die Zeit nach der Befreiung wohl doch noch zu umstritten ist). Weitaus interessanter sind die Exponate aus dem 19. Jahrhundert, darunter solche Kuriositäten wie der von einem Bauern unterzeichnete Vertrag für den Verkauf seiner Frau und „Waffen, wie sie von den Briten gegen das tibetische Volk eingesetzt wurden". Englische Beschriftungen sind reichlich vorhanden, wenn-gleich sie aufgrund von verwendeten Begriffen wie „ausländische Aggressoren" und „koloniale Unterdrückung" vielleicht etwas Unbehagen auslösen – die chinesischen Entsprechungen sind in ihrer Wortwahl aber noch härter. ◷ Di–So 8.30–16.30 Uhr, Eintritt ¥3.

Lohnender ist das **Museum der Chinesischen Geschichte**, das sich allerdings mehr als Bildungseinrichtung für die chinesischen Massen versteht, als dass es ausländische Touristen anlocken wollte, und daher weniger englischsprachige Erläuterungen bietet. Zur Zeit der Recherche wurde es gerade renoviert – was hoffentlich eine Verbesserung der furchtbaren Lichtverhältnisse und modrigen Luftqualität mit sich bringen wird. Die wechselnden Ausstellungen, beispielsweise von Gemälden und Porzellan, in den Seitenflügeln sind jedoch zugänglich und durchaus einen Rundgang wert; Eintritt ¥5–20.

Einen Überblick über den Platz hat man vom 40 m hohen **Südtor** (Zhenyangmen), das dem Tian'anmen ähnelt und erahnen lässt, um wie viel imposanter der Platz aussehen könnte, hätte man Maos Mausoleum nicht mitten hineingesetzt. Ein Schaubild im Innern zeigt, welche Gestalt das Areal 1750 besaß. ◷ tgl. 9–16 Uhr, Eintritt ¥3.

Verbotene Stadt

Der Kaiserpalast oder Gugong ist unter seinem inoffiziellen Namen „Verbotene Stadt" weit bekannter und weist mit diesem Titel auf seine einstige Exklusivität hin. Während seiner 500 Jahre langen Geschichte, in der er 24 Kaisern der Ming- und Qing-Dynastien als Herrschaftssitz diente, war es gewöhnlichen Chinesen verboten, auch nur in die Nähe der Palastmauern zu kommen. Inzwischen steht der Komplex jedermann offen und kann durch den ein ganzes Stück nördlich des Tian'anmen gelegenen Zugang betreten werden – einfach den Souvenirständen folgen, bis es nicht mehr weiter geht. Neben dem Haupteingang am Tian'anmen stehen außerdem die beiden kleineren Nord- und Osttore als Eingänge zur Verfügung. Besucher können sich auf dem 100 ha großen Gelände weitgehend frei bewegen, jedoch nicht alle der auch in Englisch beschilderten Gebäude betreten. Wer ausführliche Erläuterungen zur Anlage erhalten möchte, kann sich einer der zahlreichen Tourgruppen anschließen oder eines der vielen hierzu angebotenen Bücher kaufen. Am Haupttor wird zudem eine Audioführung in verschiedenen Sprachen angeboten (¥30), mit der sich der Komplex mit Tonband und Kopfhörer ausgestattet erkunden lässt – hierbei empfiehlt es sich allerdings, die absolvierte Strecke hinterher noch einmal ohne Kommentierung abzulaufen. Nützliche **Buslinien** zur Verbotenen Stadt sind die Busse Nr. 5 vom Qianmen und Nr. 54 vom Beijing Zhan, daneben Bus Nr. 1, der auf seinem Weg entlang der Chang'an Jie am Komplex vorbeifährt. Das Nordtor lässt sich mit den Bussen Nr. 101, 103 oder 109 erreichen. Die nächstgelegenen **U-Bahn-Stationen** sind Tian'anmen Xi (West) und Tian'anmen Dong (Ost). Bei Anfahrt mit einem **Taxi** lässt sich der Marsch über den Platz sparen, wenn man sich direkt am Osttor absetzen lässt. ◷ tgl. 8.30–17 Uhr, letzter Einlass im Winter um 15.30 Uhr, im Sommer um 16 Uhr, Eintritt ¥40, inkl. Sonderausstellungen ¥60.

Geschichte

Mit dem Sturz der Mandschu-Dynastie 1911 begann auch die Verbotene Stadt zu verfallen. Verschlimmert wurde die Situation durch Plünderungen von Kunstschätzen im großen Stil durch die Japaner in den 30er Jahren und durch die Nationalisten vor ihrer Flucht nach Taiwan 1949. Seit Jahrzehnten ist im Interesse von mehr als zwei Millionen Besuchern pro Jahr jedoch ein **Restaurierungsprogramm** in Kraft, sodass sich der Komplex heute in einem besseren Zustand als während fast des ganzen vergangenen Jahrhunderts präsentiert. Seine Größe ist so enorm, seine einzigartige Pracht so überwältigend, dass sich mühelos mehr als nur ein Besuchstag damit füllen lässt.

Der Kaiserpalast, ein Labyrinth aus 800 Gebäuden und angeblich 9000 Gemächern, war das symbolische und geografische Herz der Hauptstadt und des ganzen Reichs. Von hier regierten die Kaiser, die Söhne des Himmels, ihre Abermillionen Untertanen mit absoluter Autorität. Nur selten ließen sie sich auch außerhalb der Palastmauern sehen – wahrscheinlich aus gutem Grund. Noch bis zum Fall der Mandschu im 20. Jahrhundert war ihr Leben von einem ausgeprägten Sinn für Luxus und Ausschweifungen bestimmt. Ein einziges Mahl für einen Qing-Kaiser hätte, so wird geschätzt, mehrere tausend seiner in Armut lebenden Bauern satt machen können. Besonders ausgiebig frönte dieser Opulenz die letzte einflussreiche Mandschu, die Kaiserinwitwe Cixi, die oft nur für sich selbst die Zubereitung von 100 oder mehr Gerichten befahl. Auch das sexuelle Gebaren konnte mit eindrucksvollen Statistiken aufwarten: Zu Zeiten der Ming-Dynastie lag die Zahl der Harems nur knapp unter einer fünfstelligen Marke.

Obgleich die ersten Bauwerke der Verbotenen Stadt schon von Kublai Khan während der Mongolenherrschaft errichtet wurden, stammen der eigentliche Plan und die Originalbauten für den Kaiserpalast im Wesentlichen von den Ming. Der Großteil geht auf das 15. Jahrhundert und den Ehrgeiz des Kaisers Yongle zurück, jenes Monarchen, der die Hauptstadt 1403 wieder nach Beijing zurückverlegte. Die Hallen wurden gemäß geomantischer Theorien unter Berücksichtigung von Yin und Yang, d.h. in einer Balance zwischen dem Negativen und dem Positiven, errichtet, und da sie genau im Zentrum Beijings standen und Beijing als Mittelpunkt des Universums galt, war die somit erzielte Harmonie vollkommen. Bezüge auf diese Harmonie tauchen überall im Palastkomplex auf, daneben auch persönliche Symbole kaiserlicher Macht wie Drache und Phönix (Kaiser und Kaiserin) oder Kranich und Schildkröte (Langlebigkeit der Herrschaft).

Vom Tor des Himmlischen Friedens in die Verbotene Stadt

Hinter dem Tian'anmen führt ein lang gestreckter Weg direkt auf den von einem Wassergraben umgebenen Palastkomplex und das zentrale, wuchtige Mittagstor (wo es die Eintrittskarten gibt) zu. Die Parks zu beiden Seiten, der Sun-Yatsen-Park und der Kulturpark des Volkes, laden zu erholsamen Verschnaufpausen ein; ⌚ tgl. 6–21 Uhr. Auf der Ostseite steht der **Arbeiterkulturpalast** (¥5), dessen symbolische Namensgebung als Verbeugung vor der kommunistischen Machtübernahme 1949 zu verstehen ist, die es gewöhnlichen Chinesen überhaupt erst ermöglichte, diesen zentralen Bereich ihrer Stadt zu betreten. Der Kulturpalast umfasst verschiedene moderne Ausstellungshallen, die mitunter einen Blick lohnen, sowie einige Bauwerke aus dem 15. Jahrhundert, die meisten davon Ahnentempel der Ming- und Qing-Kaiser. In der hinteren Halle werden häufig renommierte Kunstausstellungen gezeigt. Auf dem Gelände des **Sun-Yatsen-Parks** (¥1) im Westen stehen die Überreste des Altars der Fruchtbarkeit, an dem zweimal im Jahr Opfer für eine gute Ernte dargebracht wurden und der eine ähnliche Funktion wie der Himmelstempel (s.S. 162 f.) besaß.

Das **Mittagstor** (Wumen) ist das größte und prächtigste aller Tore der Verbotenen Stadt und war allein dem Kaiser vorbehalten. Von der Balustrade verlasen die Söhne des Himmels vor versammeltem Hof den Kalender des neuen Jahres und inspizierten in Kriegszeiten ihre Armee. Siegreich aus Schlachten heimkehrende Generäle präsentierten hier außerdem ihre Gefangenen, um den Kaiser über deren Schicksal entscheiden zu lassen. Bei all diesen offiziellen Anlässen wurde der Kaiser von einer Elefantengarde, einem Geschenk burmesischer Untertanen, flankiert.

Hinter dem Mittagstor öffnet sich ein weitläufiger, gepflasterter Hof, den der **Goldwasserfluss** (Jinshui He) von Ost nach West durchzieht. Über ihn führen fünf Marmorbrücken mit eingearbeiteten, steinernen Fackeln, einem Symbol für die Kraft des Männlichen. Es folgt ein weiteres für Zeremonien genutztes Tor, das **Tor der Höchsten Harmonie** (Taihemen), dessen Eingang von zwei majestätischen Löwen bewacht wird. Dahinter schließt sich ein noch größerer Hof an, der Schauplatz der kaiserlichen Audienzen war und dem gesamten Kaiserhof, d.h. bis zu 100 000 Menschen, Platz bot. Durch kleinere, ihrem Rang entsprechende Seitentore – Militärangehörige vom Westen, Zivilbeamte aus dem Osten – versammelten sich die Menschen auf dem Platz und warteten in absoluter Stille, bis der Kaiser seinen Thron bestieg. Dann warfen sie sich neunmal ausgestreckt vor ihrem Kaiser zu Boden, nur die kaiserliche Wache durfte stehen bleiben.

Im Kaiserpalast

Hintereinander angeordnet folgen die für zeremonielle Zwecke genutzten **Drei Großen Hallen**. Als erste und prachtvollste davon erhebt sich auf einer dreistufigen Marmorterrasse die **Halle der Höchsten Harmonie** (Taihedian). Sie war Schauplatz der wichtigsten Staatszeremonien wie Kaiserkrönung, Geburtstag des Kaisers oder Ernennung von Generälen zu Beginn eines Feldzuges und wurde in dieser hochoffiziellen Funktion letztmalig 1918 während einer Waffenstillstandszeremonie genutzt. Der Vorschlag, das Parlament der Republik hier unterzubringen, wurde nie in die Tat umgesetzt. Eine marmorne, mit Drachenreliefs reich verzierte und von bronzenen Räuchergefäßen gesäumte Aufgangsrampe markiert den Weg, auf dem die kaiserliche Sänfte emporgetragen wurde. Sein goldener Drachenthron steht im Innern der Halle.

Als nächste erreicht man die **Halle der Mittleren Harmonie** (Zhonghedian), einen weiteren Thronsaal, in dem der Kaiser ausländische Gäste formell begrüßte und das Wort an seine kaiserliche Nachkommenschaft (das Ergebnis seiner Zusammenkünfte mit verschiedenen Ehefrauen und Konkubinen) richtete. Die Halle diente darüber hinaus bei wichtigen Zeremonien, die im Taihedian stattfanden, als Ankleideraum; außerdem inspizierte der Kaiser hier alljährlich das Saatgut, das auf die Felder ausgebracht werden sollte.

In der dritten der Großen Hallen, der **Halle der Erhaltung der Harmonie** (Baohedian), fanden Staatsbankette statt und wurden kaiserliche Prüfungen abgehalten. Absolventen dieser Prüfungen wurden mit Machtpositionen im ersten als solchen zu bezeichnenden Beamtenapparat ausgezeichnet. In ursprünglich als Schatzkammern genutzten Räumlichkeiten sind verschiedene Fundstücke des Geländes ausgestellt; am beeindruckendsten ist jedoch das gewaltige Steinrelief mit Drachen- und

Wolkenmotiven an der rückwärtigen Hallenseite. Diese aus der Ming-Zeit stammende und im 18. Jahrhundert ausgebesserte Steinmetzarbeit zählt zu den schönsten im Palast und ist die größte ihrer Art. Für den Transport des 250 t schweren Marmorklotzes von weit außerhalb der Stadt wurden die Straßen im Winter unter Wasser gesetzt, um sie in eisige Rutschbahnen zu verwandeln.

Eunuchen und Konkubinen Fast während der gesamten Dauer der Kaiserherrschaft lebten in den Inneren Gemächern des Palastes mehr als 6000 Mitglieder des kaiserlichen Hofstaats, ungefähr die Hälfte davon waren Eunuchen. Die entmannten Diener wurden an den Kaiserhof geholt, um die kaiserliche Vaterschaft der Nachkommen zu gewährleisten und der Vetternwirtschaft einen Riegel vorzuschieben. Durch den täglichen Kontakt mit den kaiserlichen Hoheiten erlangten sie mitunter beträchtliche Macht, doch mussten sie dafür mit einem denkbar geringen Ansehen außerhalb des Hofes bezahlen. Konfuzianischem Denken nach beschädigte die Verunstaltung des Körpers die Seele, weshalb Eunuchen fernab von ihren Vorfahren auf gesonderten Friedhöfen vor der Stadt begraben wurden. In der Hoffnung, sie würden dennoch in „Gänze" beerdigt, hüteten sie ihre Hoden und trugen sie in Beuteln an ihren Gürteln mit sich. Gewöhnlich wurden sie aus den ärmsten Familien rekrutiert – und ließen sich, angelockt von der Aussicht, zu Reichtum zu gelangen, der ihnen durch ihre Geburt ansonsten verwehrt gewesen wäre, willfährig anwerben.
Kaum weniger zahlreich waren die Konkubinen, deren Ranghierarchie von Ehefrauen und Nebengattinnen bis hinunter zu gewöhnlichen Huren reichte. In gelbes Tuch eingehüllt und mit zusammengebundenen Füßen wurden sie von einem Eunuchen in das kaiserliche Schlafgemach getragen.

Auf einer Achse mit den Drei Großen Hallen liegen nördlich davon die drei wichtigsten Palastbauten der **Inneren Gemächer**. Auch hier ist das erste Gebäude, der **Palast der Himmlischen Klarheit** (Qianqinggong), das prachtvollste. Ursprünglich beherbergte er das kaiserliche Schlafgemach – die mit Räuchergefäßen in Gestalt von Kranichen und Schildkröten (Symbole der Unsterblichkeit) bekrönte Terrasse zeugt noch davon –, später wurde er jedoch zu einer Empfangshalle umfunktioniert. Dahinter, quasi als Gegenstück zu der zeremoniellen Zhonghedian, steht die **Halle der Kosmischen Vereinigung** (Jiaotaidian) mit dem Thronsaal der Kaiserin.

Den Abschluss der Dreiergruppe bildet der **Palast der Irdischen Ruhe** (Kunninggong), in dem der Kaiser und die Kaiserin der Tradition folgend ihre Hochzeitsnacht verbrachten. Per Gesetz war der Kaiser dazu verpflichtet, die ersten drei Nächte nach seiner Vermählung sowie den ersten Tag des chinesischen neuen Jahres mit seiner Ehefrau zu verbringen. Der Kunninggong ist ein merkwürdiger, zweigeteilter Palast. Auf seiner linken Seite befindet sich ein großer, Göttern geweihter Raum mit bereitstehenden Fässern für Opfergaben (1300 Schweine pro Jahr unter den Ming). Das Hochzeitsgemach wiederum ist ein kleiner, gänzlich in Rot gehaltener und mit Glücks- und Fruchtbarkeitssymbolen ausgestatteter Raum. Seinen letzten Einsatz erlebte er 1922 anlässlich der Vermählung des jungen Pu Yi, des letzten Mandschu-Kaisers, der ihn jedoch als eine „geschmolzene rote Wachskerze" empfand und dann doch lieber wieder in die Halle der Pflege des Herzens zog.

Die **Halle der Pflege des Herzens** (Yangxindiang) gehört zu einer Gruppe von Palästen im Westen, in denen die Kaiser einen Großteil ihrer Zeit verbrachten. In einigen sind noch die Originalmöbel aus den Zeiten der Mandschu-Herrscher zu sehen, überwiegend handelt es sich dabei um Gegenstände aus dem 18. Jahrhundert. Einer der Paläste, der **Palast des Immerwährenden Frühlings** (Changchungdong), ist mit Malereien ausgestattet, die Szenen aus dem Roman *Der Traum der Roten Kammer* aus der Ming-Zeit zeigen. Eine ähnliche Gruppierung von Palastbauten ist im Osten angesiedelt. Heute beherbergen sie **Ausstellungsräume** für Bronzen, Keramiken, Gemälde, Schmuck sowie Kunst und Kunsthandwerk aus der Ming- und Qing-Zeit. Die Atmosphäre ist hier bei weitem intimer, und man kann einen Blick in prachtvoll mit eleganten Möbeln und schmückendem Beiwerk eingerichtete Gemächer werfen. Inmitten von Jade-

Hutongdächer, Beijing

Wache am Tian'anmen; Beijing

Halle der Höchsten Harmonie, Verbotene Stadt; Beijing

Wacht am Trommelturm; Beijing

Tempel des Meers der Weisheit, Sommerpalast; Beijing

Alter Bahnhof; Beijing

Alltag in Beijing

Leben im Hutong; Beijing

Die Große Mauer bei Shuiguan

Mao-Mausoleum; Beijing

bäumen und kunstvoll gearbeiteten Fliegenwedeln lassen sich dort solche Kuriositäten wie englische Uhren entdecken, die mit Darstellungen englischer Edelleute verziert sind.

Das Ergebnis der Sammelleidenschaft eines Qing-Kaisers zeigt ein ungewöhnliches **Uhrenmuseum** (¥5), das sich ebenfalls im östlichen Bereich befindet. Die meisten Exponate sind überbordende Beispiele barocker Ornamentik aus England und Frankreich, am beeindruckendsten ist jedoch vielleicht die riesige chinesische Wasseruhr.

Der Weg von den Inneren Gemächern durch das **Tor der Irdischen Ruhe** (Kunningmen) führt – zur inzwischen wohl verdienten Verschnaufpause – in den **Kaiserlichen Garten**. In idyllischer Umgebung aus Teichen, Pfaden und Pavillons, den klassischen Elementen chinesischer Gärten, gibt es dort mehrere Cafés (und Toiletten). Im Zentrum der Anlage steht die **Halle des Kaiserlichen Seelenfriedens** (Qin'andian), die dem daoistischen Gott des Feuers, Xuan Wu, geweiht ist. Wer möchte, kann von hier den Ausgang in den Jingshan-Park (s.S. 171) nehmen und von oben den Blick über den Kaiserpalast schweifen lassen.

Südlich des Tian'anmen-Platzes

In reizvollem Kontrast zur überreichen Pracht der Verbotenen Stadt steht das Viertel **Qianmen** (Übersichtskarte s.S. 163) südlich des Tian'anmen-Platzes. Wesentlich schmalere Gassen und Hutong bilden hier ein **traditionelles Einkaufsviertel** voller kleiner Geschäfte, die noch heute weitgehend nach Gewerben angeordnet sind. Die Gegend lädt zum Bummeln ein und empfiehlt sich mit ihrer Auswahl an Snacks, die zu den besten der Stadt zählen, für eine leckere Mahlzeit. Entlang der Qianmen Dajie, einst Kaiserweg und heute eine verstopfte, von kleinen Läden gesäumte Straße, erreicht man das **Museum für Naturgeschichte**, das recht Schauriges beherbergt, sowie den **Tiantan**, den atemberaubenden Himmelstempel, der in einem der schönsten Parks Beijings steht und ein eindrucksvolles Beispiel für die Pracht kaiserlicher Architektur darstellt.

Qianmen

Den Zugang zu diesem Viertel markiert etwas südlich des Tian'anmen-Platzes das imposante **Vordere Tor** (Qianmen) aus dem 15. Jahrhundert. Bevor die Stadtmauern abgerissen wurden, bildete dieser Bereich das Haupttor zwischen der Inneren und Äußeren Stadt. Läden und Vergnügungslokale waren während der Kaiserzeit aus Ersterer verbannt und konzentrierten sich in der Qianmen-Gegend. Das Tor stellt einen wichtigen Verkehrsknotenpunkt dar: Neben einer U-Bahn-Station und einem Busbahnhof mit Verbindungen in die südlichen Bezirke befindet sich hier auch eine Haltestelle für Touristenbusse, die zu Zielen außerhalb der Stadt abfahren, u.a. zur Großen Mauer bei Badaling und ins Tal der Ming-Gräber, Shisan Ling.

Die **Qianmen Dajie** verläuft als größte Straße vom Tor kerzengerade nach Süden. Zu beiden Seiten liegen Geschäftsstraßen und Hutong mit faszinierenden traditionellen Apotheken und Kräuterläden, Dutzenden von Bekleidungsgeschäften, Seidehändlern sowie einer stattlichen Anzahl von Verkaufsständen und Bäckereien, die Frischwaren und heiße Snacks anbieten. Westlich des Tors gibt es ein *KFC* und ein *McDonald's*, besser ist jedoch das kleine *DeliFrance*, wo ein Kaffee und ein Schokocroissant für ¥13 zu bekommen sind. Größeren Hunger stillt das berühmte *Qianmen Quanjude Roast Duck* im Haus Nr. 32 (weitere Restaurants in dieser Gegend s.S. 182 ff., Essen).

Früher durchdrangen Operngesänge das Viertel, inzwischen sind die Theater zu **Kinos** umfunktioniert worden, und die Geräuschkulisse bilden nun Filmmusiken, die die Straße beschallen, sowie das Piepsen und Piepen der an Ständen feilgebotenen Computerspiele. Einen etwas sterilen Eindruck einstiger Vergnügungen bietet das *Lao-She*-Teehaus wenige Schritte westlich des *KFC,* wo täglich Akrobatik- und Opernvorstellungen dargeboten werden (s.S. 194).

Ursprünglicher wirkt das dichte Treiben in der **Dazhalan Lu**, einer der ältesten und interessantesten Straßen Qianmens. Gekennzeichnet durch einen weißen Bogen zweigt sie gegenüber vom *Qianmen Roast Duck* von der Ostseite der Qianmen Dajie ab. Die ehemals bedeutende Straße der Theater ist heute eine belebte Einkaufsgegend mit ansehnlichen alten Gebäuden, die vorwiegend Tee- und Bekleidungsgeschäfte beherbergen. Einer der ersten Läden in der ersten Gasse linker Hand ist *Liubiju,* ein malerisches, bereits seit mehr als 100 Jahren bestehendes Geschäft auf der rechten

Straßenseite, in dem es Eingelegtes aus Keramiktöpfen zu kaufen gibt. Ebenfalls aus alten Zeiten stammt das an den Störchen über dem Bogeneingang zu erkennende Stoffgeschäft *Ruifuxiang,* ein Stück weiter in der Dazhalan Lu auf der rechten Seite. Wer Rohseide und Satin kaufen möchte, ist hier mit Sicherheit richtig, interessant sind aber auch die alten Fotos, die im oberen Stockwerk gezeigt werden und Straßenansichten von einst präsentieren.

Auf der anderen Straßenseite befindet sich im Haus Nr. 24 die *Tongrengtang*-Apotheke, eine berühmte Adresse für traditionelle chinesische Medizin mit Regalen voll von Hirschhorn, Bärenherzkapseln und Ähnlichem sowie einem beeindruckenden Angebot an Aphrodisiaka. Der Ruf dieser Apotheke reicht bis nach Korea und Japan, und sie verfügt neben einem internationalen Schalter für ausländische Kunden auch über einen Apotheker für Schnelldiagnosen. Am Ende der Straße, dort wo eine Hand voll ausschließlich Chinesen vorbehaltener Hotels stehen, lag einst das Rotlichtviertel mit mehr als 300 Bordellen. Es ist eines der wenigen noch weitgehend erhaltenen Hutong der Stadt. Eine Erkundung der labyrinthartigen Gassen zu Fuß (oder besser noch: mit dem Fahrrad) ist mit Sicherheit lohnend und stellt den Orientierungssinn auf eine harte Probe. Mit etwas Glück steht man am Ende des Wegs durch das Gassengewirr auf der **Liulichang**, die parallel zur Dazhalan verläuft, aber keine direkte Verbindung zur Qianmen Dajie besitzt. Berühmt ist diese Straße für ihre Antiquitäten- und Buchläden. Die alten Geschäfte fielen in den 50er Jahren Bulldozern zum Opfer, doch wurden sie inzwischen im Stil der alten Zeit neu errichtet und bestücken nun wieder einen hübschen Straßenzug voller interessanter Läden.

Museum für Naturgeschichte und moslemisches Viertel

Lang und wenig aufregend gestaltet sich der 30-minütige Fußmarsch vom nördlichen Ende der Qianmen Dajie zum Museum für Naturgeschichte im Süden. Jenseits der drögen Hallen mit ausgestopften Tieren und Plastikdinosauriern lockt im Gebäude links des Eingangs eine schaurige Ausstellung mit konservierten Armen, Beinen, Gehirnen und Babys und, als Prunkstück des Ganzen, zwei kompletten Körpern: dem einer Frau, die Socken, Handschuhe und eine Haube trägt, und dem eines Mannes, der bis auf Fingernägel und Lippen seiner äußeren Haut entledigt wurde. Anfahrt mit den Bussen Nr. 17 oder 20, ⏲ tgl. 8.30–17 Uhr, Eintritt ¥15.

Zur Erholung nach der Horrorshow bietet sich der idyllische Tiantan-Park an (siehe unten), dessen Westtor sich gleich südlich des Museums befindet. Der Weg in das ausgedehnte Häusermeer weiter südlich lohnt nur, um das *Fenglong Hotel* aufzusuchen, wenngleich auch ein Abstecher in den westlich an der Taiping Jie gelegenen **Taoranting-Park** mit seinen Hügeln, Bäumen und Pavillons für eine willkommen Abwechslung sorgen kann. Mitunter vertreiben sich dort ältere Parkbesucher die Zeit mit dem Singen von Peking-Opern. ⏲ tgl. 6–19 Uhr, Eintritt ¥0,2.

Ein ganzes Stück westlich bildet die **Niu Jie** (Rindergasse) in einer weniger ansehnlichen Gegend das moslemische Viertel. Die Straße, ein Hutong, das abseits der Guang'anmenwai Dajie und an der Buslinie 6 vom Nordtor des Tiantan-Parks liegt, ist eine beengte Verkehrsader, die von Ständen und Straßenhändlern gesäumt wird, die gebackene Teigringe, Reiskuchen und *shaobang* (Muffins) anbieten. Die weißen Hüte und Bärte der Männer sind das augenfälligste Kennzeichen, das die hier lebende Hui-Minderheit – in Beijing zählt sie fast 200 000 Angehörige – von den Han-Chinesen unterscheidet. Zentrales Bauwerk ist die hübsche **Moschee** am südlichen Ende der Straße, ein farbenfrohes, in chinesischem Stil gehaltenes Gebäude, dessen Durchgänge mit abstrakten chinesischen und arabischen Ornamenten und Kalligrafien verziert sind. Ohne Sondergenehmigung ist weder ein Blick auf die aus der Yuan-Dynastie stammende Koran-Abschrift noch in die große Gebetshalle möglich, Besuchern steht jedoch immerhin der Hof offen. An zwei Gräbern persischer Imams, die im 13. Jahrhundert zum Gebet hierher kamen, gibt es dort einen kupfernen Kochkessel zu sehen, in dem Speisen für die Glaubensbrüder zubereitet wurden. ⏲ tgl. 8–17 Uhr, Eintritt ¥10.

Himmelstempel – Tiantan

In einer eigenen, ruhigen Parkanlage, ca. 2 km südlich des Tian'anmen-Platzes entlang der Qianmen Dajie, erhebt sich der Himmelstempel, der weithin

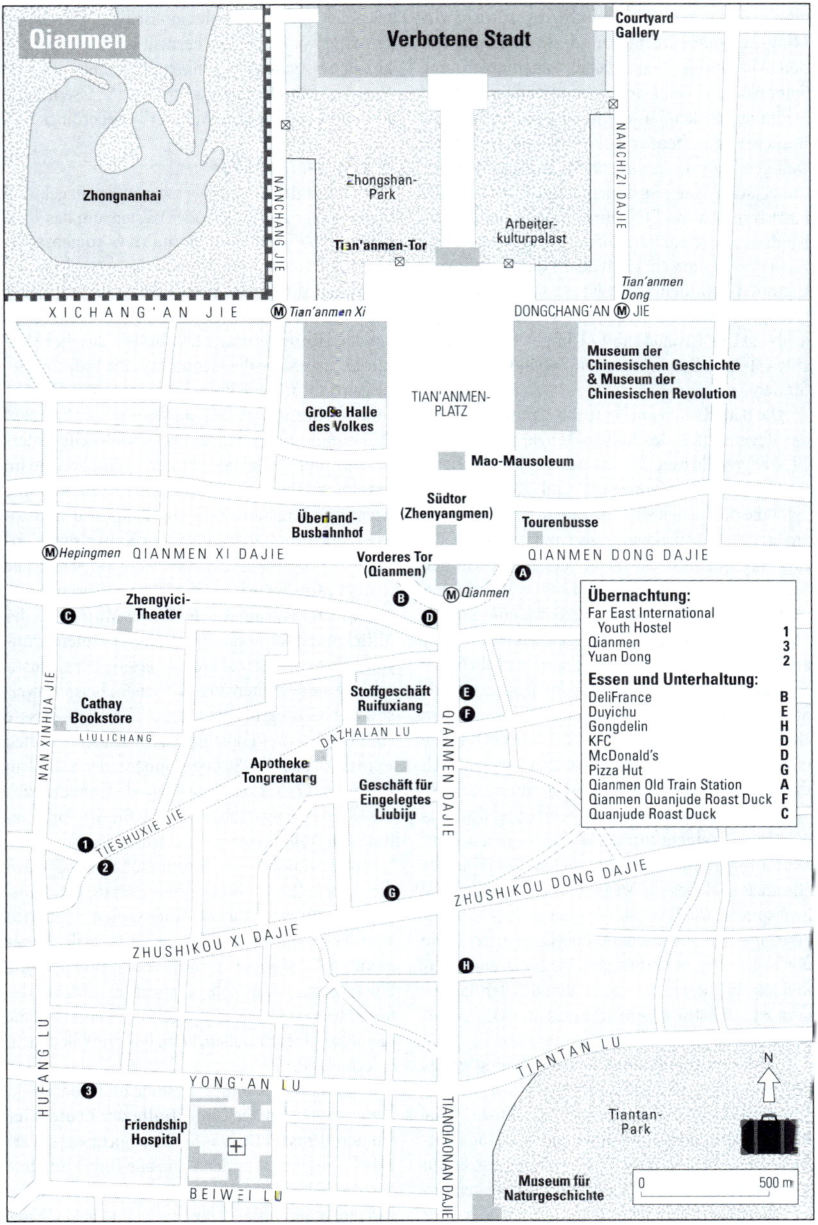
Qianmen
Verbotene Stadt
Courtyard Gallery
Zhongnanhai
Zhongshan-Park
Tian'anmen-Tor
Arbeiter-kulturpalast
NANCHANG JIE
NANCHIZI DAJIE
Tian'anmen Dong
XICHANG'AN JIE
Tian'anmen Xi
DONGCHANG'AN JIE
Museum der Chinesischen Geschichte & Museum der Chinesischen Revolution
TIAN'ANMEN-PLATZ
Große Halle des Volkes
Mao-Mausoleum
Südtor (Zhenyangmen)
Überland-Busbahnhof
Tourenbusse
Hepingmen
QIANMEN XI DAJIE
Vorderes Tor (Qianmen)
QIANMEN DONG DAJIE
Qianmen
Zhengyici-Theater
Übernachtung:
Far East International Youth Hostel 1
Qianmen 3
Yuan Dong 2
Essen und Unterhaltung:
DeliFrance B
Duyichu E
Gongdelin H
KFC D
McDonald's D
Pizza Hut G
Qianmen Old Train Station A
Qianmen Quanjude Roast Duck F
Quanjude Roast Duck C
Stoffgeschäft Ruifuxiang
Cathay Bookstore
LIULICHANG
NAN XINHUA JIE
DAZHALAN LU
QIANMEN DAJIE
Apotheke Tongrentang
Geschäft für Eingelegtes Liubiju
TIESHUXIE JIE
ZHUSHIKOU DONG DAJIE
ZHUSHIKOU XI DAJIE
TIANTAN LU
N
HUFANG LU
YONG'AN LU
TIANQIAONAN DAJIE
Tiantan-Park
Friendship Hospital
Museum für Naturgeschichte
0
500 m
BEIWEI LU

als die Krönung schöpferischen Ausdrucks der Ming-Zeit gilt. Fünf Jahrhunderte lang bildete er den Mittelpunkt kaiserlicher Zeremonien und Symbolik, und seine architektonische Einheit und Schönheit wirken auf die Mehrzahl der heutigen Besucher anziehender – zudem leichter zu bewältigen – als die Verbotene Stadt. Die Anfahrt ist mit verschiedenen Buslinien möglich: Bus Nr. 106 fährt vom Bus- und U-Bahnhof Dongzhimen zum Nordtor, Nr. 54 passiert auf dem Weg vom Beijing Zhan das Westtor, Nr. 17 ebenfalls das Westtor vom Qianmen kommend, und Nr. 41 vom U-Bahnhof Chongwenmen hält unweit des Osttors. 🕓 tgl. 8.30– 20 Uhr, Gebäude ab 17 Uhr geschlossen, Eintritt ¥30 inkl. Zugang zu allen Gebäuden, ¥10 nur für den Park.

Die Bauarbeiten am Tempel begannen während der Regentschaft des Kaisers Yongle und wurden 1420 abgeschlossen. Der Ort galt als der wichtigste Berührungspunkt von Erde und Himmel, und Symbole der beiden sind überall im Grundriss verankert. Der Himmel wurde als rund betrachtet, die Erde als quadratisch, daher stehen die runden Tempel und Altäre auf quadratischen Sockeln und besitzt der Park als Ganzes die Form eines Rechtecks mit einem aufgesetzten Halbkreis. Der Mittler zwischen Erde und Himmel war natürlich der Himmelssohn, der Kaiser, und der Tempel war die Stätte der wichtigsten Zeremonie im kaiserlichen Hofkalender, nämlich der Bitte des Kaisers für eine gute Jahresernte zur Wintersonnenwende. Nach drei Tagen reinigenden Fastens machte er sich am Tag vor der Sonnenwende in Begleitung des Hofstaats in all seinem Prunk auf den Weg zum Park. Dort angekommen, begab er sich in die Halle des Himmelsgewölbes zur Meditation und hielt rituelle Zwiesprache mit den Göttern über die Regierungsgeschäfte, um anschließend die Nacht in der Halle der Ernteopfer zu verbringen. Einem strengen Ritual folgend, führte der Kaiser am nächsten Tag vor dem Himmelsthron am Himmelsaltar Opferzeremonien aus.

Den Normalsterblichen im alten Beijing war es verboten, einen Blick auf die große jährliche Prozession zum Tempel zu werfen – sie mussten vielmehr ihre Fenster verrammeln und verriegeln und in aller Stille im Innern ihrer Häuser ausharren. Bis zu seiner Öffnung für das gemeine Volk am ersten Nationalfeiertag der Republik China im Oktober 1912 blieb der Tiantan-Komplex ein Heiligtum. Zwei Jahre später vollführte der berüchtigte General Yuan Shikai persönlich die Sonnenwendzeremonien im Versuch, sich als Kaiser ausrufen zu lassen. Noch bevor das Jahr zu Ende war, starb er allerdings.

Die Tempelgebäude

Der Weg in den Park führt zwar in der Regel über die Eingänge im Norden oder Westen; um das Tempelensemble jedoch gebührend zu würdigen, sollte man der traditionellen Prozessionsroute folgen und die Anlage durch den südlichen Zugang, das Zhaohen-Tor, betreten. Der Hauptpfad läuft geradewegs auf den **Himmelsaltar** zu. Er besteht aus drei Marmorterrassen, die die Menschheit, die Erde und, jene ganz oben, den Himmel symbolisieren. Die Anzahl der Gesteinsplatten, aus denen jede Terrasse zusammengesetzt ist, ergibt jeweils ein unterschiedliches Vielfaches der Zahl Neun, welche im kosmologischen Verständnis der Chinesen die wichtigste ungerade Zahl überhaupt war und sowohl den Himmel als auch den Kaiser repräsentierte. Die oberste Terrasse ist heute leer, jene Stelle in ihrer Mitte jedoch, wo der Himmelsthron stand, galt als das Zentrum des Reichs der Mitte, ja als der Mittelpunkt der gesamten Welt. Der stufenförmigen Anlage werden außerdem verschiedene akustische Besonderheiten zugeschrieben; beispielsweise sollen Geräusche, die von der obersten Terrasse kommen, verstärkt dorthin wieder zurückgeworfen werden. Östlich des Springbrunnens, der nach dem Feuer von 1740 rekonstruiert wurde, befinden sich die Überreste von Gebäuden, die für die Vorbereitung von Opferungen genutzt wurden.

Direkt nördlich des Himmelsaltars erhebt sich die vollständig aus Holz erbaute **Halle des Himmelsgewölbes** mit ihrem imposanten Kegeldach aus blau glasierten Ziegeln. Sie wird von der so genannten **Echomauer** umgeben, die eine perfekte Flüstergalerie sein soll, was sich angesichts des fortwährenden Geräuschpegels der Touristen, die dies ausprobieren wollen, beim besten Willen nicht belegen lässt.

Imposantestes Tempelgebäude und Höhepunkt der gesamten Anlage ist die **Halle der Ernteopfer** am nördlichen Parkende. Sie ist schlichtweg ein architektonisches Wunder. Ganz aus Holz und ohne einen einzigen Nagel errichtet, thront der runde, von einem anmutigen, dreistufigen Kegeldach aus blauen Ziegeln bekrönte Bau wiederum auf einer dreistöckigen Marmorterrasse. Die zentralen vier Säulen, die als Symbole der Jahreszeiten in die vier Himmelsrichtungen zeigen, tragen das Gewölbe. Ihnen beigeordnet ist ein innerer und ein äußerer Ring aus jeweils zwölf Säulen (für die Monate des Jahres und die Abschnitte des Tages). Die leuchtenden, das zentrale Drachenmotiv umgebenden Farben im Innern lassen das Bauwerk geradezu ultramodern erscheinen, und tatsächlich wurde der Tempel getreu den Plänen aus der Ming-Zeit komplett neu aufgebaut, nachdem es 1889 durch Blitzeinschlag zerstört worden war. Offiziell wurde dieses denkbar schlechte Omen als göttliche Bestrafung dafür gedeutet, dass eine gotteslästerliche Raupe schon kurz davor war, die goldene Perle auf der Dachspitze zu erklimmen. Dieser Auslegung zum Trotz mussten dennoch 32 Würdenträger am Hof mit ihrem Kopf bezahlen.

Chinesen besuchen die Anlage heute gerne, um hier zu sitzen, Tee zu trinken und zu spielen; abseits der Tempel bietet der **Park** jedoch auch ausgedehnte Areale, die von halb verwilderter Landschaft bis hin zu gepflegten Rasenflächen reichen und idyllische Orte der Ruhe sind. Ältere Männer kommen mit ihren in Käfigen gehaltenen Vögeln und Grillen auf Visite, und schon ab dem frühen Morgen füllt sich der Park mit Anhängern der unterschiedlichsten Taijiquan-Techniken – manche üben in Gruppen mit Schwertern, andere ertüchtigen sich allein und gedankenversunken zwischen Hainen 500 Jahre alter Lebensbäume.

Chang'an Jie

Die Chang'an Jie, die Schnellstraße, die die Stadt kerzengerade von Ost nach West durchquert, wechselt in ihrem Verlauf viermal den Namen und vereint wie keine andere Grandiosität und Unwirklichkeit im Zentrum Beijings. Als repräsentative Prachtstraße wird sie von den Zentralen staatlicher und wirtschaftlicher Macht gesäumt, dazwischen stehen pompöse Hotels und protzige Einkaufszentren. Ein architektonisches Sammelsurium aus internationalem Modernismus, post-modernen Launen und stalinistischer Strenge bestimmt das Erscheinungsbild. Vereinzelt stehen noch alte Gebäude, die inmitten dieser Ansammlung monströser Bauten hoffnungslos verloren wirken. Offizielles ist westlich des Tian'anmen-Platzes tonangebend und manifestiert sich in Form der **Parteizentrale der KP** sowie von zwei **Museen**. Daneben gibt es dort aber auch ein interessantes Einkaufsviertel, **Xidan**, wo man mit Einheimischen dem Konsum frönen kann, und den hübschen, friedlichen **Baiyunguan Si**. Der Osten gibt sich glamouröser und bietet jede Menge Geschäfte, schicke Hotels und Restaurants. In dieser Richtung liegt außerdem das **Observatorium**, das zu einer Verschnaufpause nach all den kurzweiligen, aber auch kräftezehrenden Konsumgenüssen einlädt. Entlang der Chang'an Jie sind die meisten der für Besucher nützlichen Einrichtungen angesiedelt: Post, das *CAAC* (Verwaltung der zivilen Luftfahrtgesellschaften), der Hauptbahnhof sowie etliche Banken. Um einen Eindruck der ganzen Pracht zu erhalten, empfiehlt sich ein Ausflug mit dem Bus Nr. 1, der die Straße der gesamten Länge nach befährt.

Der Westen: Xichang'an Jie bis zur dritten Ringstraße

Die **Zentrale der Kommunistischen Partei** (Zhongnanhai) auf der rechten Straßenseite ist das erste große Gebäude westlich des Tian'anmen. Bewaffnete Wachen stehen vor den Toren und stellen sicher, dass nur eingeladene Gäste ins Innere gelangen. Dieses vielleicht wichtigste und historisch bedeutsamste Gebäude des Landes ist seit 1949 Sitz des Zentralkomitees und des Staatsrats. Sowohl Mao als auch Zhou Enlai arbeiteten hier. Vor der kommunistischen Machtübernahme lebte die Kaiserinwitwe Cixi in dem Gebäude.

An der nächsten Kreuzung strebt das **Telegrafenamt Beijing** in die Höhe. Wie die anderen Gebäude um den Tian'anmen-Platz gehört es zu jenen Bauprojekten, die unter dem Leitmotto „Zehn Jahre Freiheit" entstanden, und fällt dementsprechend protzig aus. Wenig westlich erreicht man am Standort der Mauer der Demokratie die **Verwaltung der Luftfahrtgesellschaften**, *CAAC,* und damit die beste Adresse für den Kauf von Flugtickets sowie den Abfahrtsort der Flughafenbusse. Auf der anderen Seite ragt etwas zurückgesetzt von der Straße die nicht sonderlich ansehnliche **Konzerthalle Beijing** auf.

Xidan, die Straße, die an der nächsten Kreuzung nach Norden führt, lohnt zumindest in ihrem unteren Bereich einen genaueren Blick – allerdings nicht an Wochenenden, wenn sie von wahren Menschenmassen heimgesucht wird. Es ist eine Einkaufsgegend der Einheimischen mit einer dichten Konzentration an **Kaufhäusern**. Im Vergleich zu Qianmen ist die hiesige Auswahl weniger esoterisch und die Atmosphäre weniger ursprünglich.

Zu Fuß ist es von der Kreuzung nicht weit zum **Kulturpalast der Nationalen Minderheiten**, einem Ausstellungszentrum für Kunsthandwerk und traditionelle Kleidung jener Bevölkerungsgruppen des Landes, die nicht Han-Chinesen sind. Der statistisch ausgewiesene Bevölkerungsanteil dieser Minderheiten beträgt zwar nur 6%, doch bewohnen sie ca. 60% der Landesfläche und erlangen damit ein politisches Gewicht, das ihre rein zahlenmäßige Bedeutung weit übersteigt. Die Ausstellung legt den Schwerpunkt, wie sollte es anders sein, auf Integration und präsentiert die Minderheitenregionen im Lichte einer Bewegung: von einer geteilten Vergangenheit unter Feudalherrschaft hin zu einer gemeinsamen Zukunft. Etwas mehr Fantasie und etwas weniger Dogmatismus hätten dem Ganzen sicherlich nicht geschadet, insgesamt jedoch hinterlassen die Exponate, darunter farbenprächtige Trachten, Schmuckstücke und Artefakte sowie kontrastierende Gegenüberstellungen von Kleidungsstücken aus bäuerlichem und adligem Hause, einen starken Eindruck. 🕓 Mo–Sa 9–16.30 Uhr, häufig jedoch wegen dort stattfindender Handelsmessen geschlossen, Eintritt ¥5.

Der Weg über diesen Punkt hinaus erfordert Durchhaltevermögen, wenngleich in der Ferne ein verlockendes Ziel in den Himmel ragt: drei bizarre **Wolkenkratzer**, die wie aufrecht gestellte, verzierte Spritzen aussehen. Erster des Trios ist das pinkfarbene Gebäude des staatlichen **Fernseh- und Radiosenders Beijing**, der wie eine Parodie auf den ursprünglichen Bau sowjetischen Stils wirkt, über den er sich als großer, schützender Bruder erhebt. Die anderen beiden Hochhäuser gehören ausländischen Unternehmen. An der Strecke dorthin liegt auf der Nordseite der nächsten Kreuzung das **Parkson-Gebäude**, das ein Einkaufszentrum für betuchte Chinesen beherbergt. In der 5. Etage des Südgebäudes befindet sich eine Ausstellungshalle, in der „Meisterwerke" aus den kunsthandwerklichen Produktionsstätten Chinas gezeigt werden – Ähnliches, aber nicht so Hochwertiges, gibt es im Freundschaftsladen zu sehen. Obgleich alles fürchterlicher Kitsch ist, beeindruckt doch die offenkundige Kunstfertigkeit. 🕓 tgl. 9.30–16.30 Uhr, Eintritt ¥15. Bei aufkeimendem Hunger empfiehlt sich der Gang zu *KFC* im Erdgeschoss oder in die riesige Essensabteilung in der 6. Etage.

2 km weiter westlich ist das **Militärmuseum** in einem entsprechend grimmigen Gebäude sowjetischen Stils an der Fuxing Lu untergebracht. Das Museum, das interessanter ist, als sein Name vermuten lässt, empfängt seine Besucher mit riesigen Porträts von Marx und berühmten Gefolgsleuten sowie mit einer Atomexplosion und wartet im Zentrum der hohen Haupthalle mit einer stattlichen Rakete auf. Bar jener Probleme, die andere Museen für Gegenwartsgeschichte in China plagen, nämlich das ständige Umorganisieren der Exponate je nach gerade gültiger Parteilinie, kann sich das Haus voll und ganz darauf konzentrieren, die militärische Macht sowie die Errungenschaften Chinas eindrucksvoll und gelungen zu präsentieren. Die Exponate dokumentieren die Geschichte der Volksbefreiungsarmee, wobei natürlich der Krieg gegen die Nationalisten und die Japaner besonders ausführlich dargestellt wird. Zu den Kuriositäten im rückwärtigen Hof gehört u.a. eine recht bunte Zusammenstellung alter Flugzeuge, darunter die Überreste zweier mit den Kennzeichen der Nationalisten versehener US-Spionageflugzeuge, die in den 50er Jahren abgeschossen wurden. Anfahrt mit dem Bus Nr. 1, dessen Endhaltestelle ganz in der Nähe liegt, oder mit der U-Bahn bis zur Station Junshi Bowuguan. 🕓 tgl. 8–16.30 Uhr, Eintritt ¥5.

Noch weiter nach Westen vorzudringen lohnt kaum, höchstens vielleicht um die spektakuläre Aussicht vom 400 m hohen **Fernsehturm** an der Nansanhuan Lu zu genießen, was für ¥50 allerdings ein teurer Spaß ist. 🕓 tgl. 8–17 Uhr. Interessanter ist es, von hier einen Abstecher nach Süden zum **Tempel der Weißen Wolke** (Baiyunguan Si) zu machen, der nur wenig abseits der Baiyun Lu steht und in Englisch ausgeschildert ist. Früher war der Tempel, der nach langen Jahren der Zweckentfremdung als Militärkaserne einer umfassenden Renovierung unterzogen wurde, das wichtigste daoistische Zentrum des Landes; heute ist er nicht nur Wohnstätte von 30 Mönchen und Sitz der Chinesischen Daoistischen Gesellschaft, sondern auch ein beliebter Pilgerort mit einer lebendigen Atmosphäre, die angenehmer ist als die des touristischeren

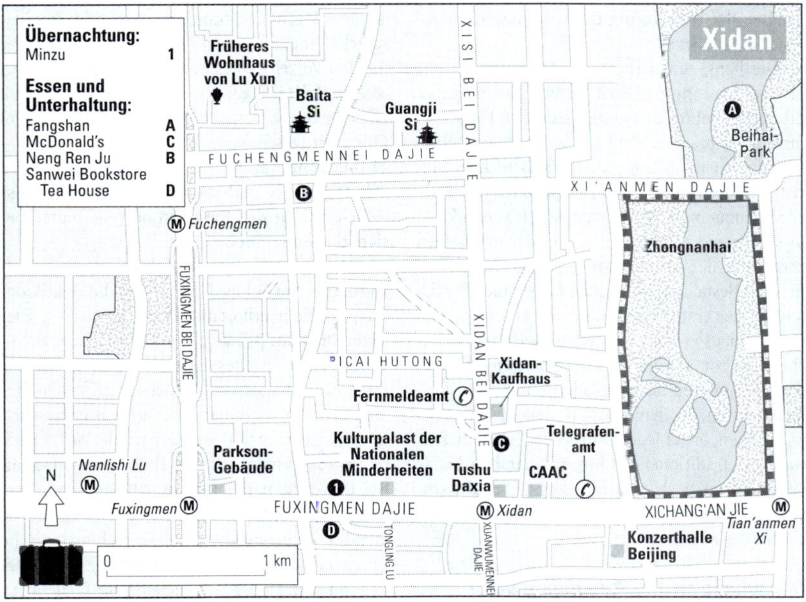

Lama-Tempels, dem Yonghe Gong. An verschiedenen Stellen der Anlage sind drei als Reliefskulpturen dargestellte Affen verteilt, und wer alle drei findet, so glaubt man, dem ist das Glück hold. Der erste Affe befindet sich am Tor und ist leicht auszumachen, da er vom vielen Anfassen schon ganz schwarz gerieben ist, die anderen beiden harren im ersten Hof ihrer Entdeckung. Der Grundriss ähnelt zwar dem eines buddhistischen Tempels, doch gibt es einige Besonderheiten wie beispielsweise die drei Tore am Eingang, die die drei Welten des Daoismus – Begierde, Körperlichkeit und Geist – symbolisieren. Jede Halle ist einer anderen Gottheit geweiht, deren jeweilige „Zuständigkeit“ draußen auf einer englischsprachigen Tafel erklärt wird. Die dicksten Rauchschwaden dringen aus der Halle für die Götter des Reichtums. In den östlichen und westlichen Hallen wird eine umfangreiche Sammlung daoistischer Relikte gezeigt, darunter einige schaurige Darstellungen der Hölle, in der Menschen in zwei Hälften zersägt werden und ähnliche Qualen erleiden. Im angegliederten Buchladen gibt es lediglich das *Buch der Wandlungen* in einer fremdsprachigen Ausgabe, dafür aber jede Menge Tonbänder und Glücksbringer. Am farbenprächtigsten präsentiert sich die Anlage zum Tempelmarkt an Neujahr (s.S. 74, Feste). Anfahrt mit dem Bus Nr. 212 vom Qianmen oder Bus Nr. 40 von der Nansanhuan Lu. ⌚ tgl. 8–17.30, Eintritt ¥10.

Mit dem Fahrrad oder als ambitionierter Tempeltourist lässt sich der Weg ca. 1 km nach Süden zum **Tempel der Himmlischen Ruhe** (Tianning Si) fortsetzen. Effektvoll hebt sich die dortige Pagode von den umgebenden Industrieansiedlungen ab, die allerdings auch ihre nähere Betrachtung verhindern.

Östlich des Tian'anmen – Dongchang'an Jie und Jianguomen Dajie

Am Beginn des östlichen Abschnitts der Chang'an (zunächst Dongchang'an Jie) steht das *Beijing Hotel.* Ein markanteres Symbol für den abrupten Übergang von der politisch beherrschten Zone am Tian'anmen-Platz und seiner Umgebung in diese von Konsum und Genuss bestimmte Gegend ist jedoch vielleicht die erste große Reklametafel gegenüber der **Wangfujing Dajie**, Beijings berühmtester Einkaufsmeile.

Die Jianguomen Dajie, der Abschnitt jenseits der zweiten Ringstraße, ist Beijings Nobelgegend, die einen Großteil ihres internationalen Flairs und ihrer ausgeprägten Wohlstandsatmosphäre einer beträchtlichen Ausländergemeinde, betuchten Touristen und Angehörigen der Botschaften des skurrilen Jianguomen-Diplomatenviertels verdankt. In dieser Gegend zu speisen und Quartier zu beziehen sprengt in der Regel schon bald das Budget der meisten Besucher. Nicht selten klagen hier Touristen, die das erste Mal nach Beijing kommen, dass China genauso teuer wie New York sei. Das überreiche Angebot aus guten Bekleidungsgeschäften, dem besten Freundschaftsladen Chinas und Einkaufszentren, die denjenigen Hongkongs in nichts nachstehen, bietet jedoch für jeden Geldbeutel etwas. Vom traditionellen China ist man hier Lichtjahre entfernt, doch immerhin sorgen das **Alte Observatorium** und der kleine **Ritan-Park** für Ruhe abseits der Massen.

Dongchang'an Jie, Wangfujing Dajie und Umgebung

Die Wangfujing Dajie, die am *Beijing Hotel* von der Dongchang'an Jie nach Norden führt, ist die Straße, in der sich die Hauptstadt ausgiebig ihren Konsumgelüsten hingibt. Sie ist zwar nicht mehr die erste und bevorzugte Adresse der Stadt, bietet aber neben einer guten Auswahl an Geschäften auch ein wenig Geschichte und lässt sich bequem in ihrer ganzen Länge zu Fuß erkunden. Vor der kommunistischen Machtübernahme hieß die Einkaufsmeile, die ein Jahrhundert lang die renommiertesten Geschäfte der Stadt versammelte, Morrison Street. Auf ihrer Westseite gibt es eine Fülle von kleinen Läden, die Kleidung verkaufen. Ungefähr auf halber Höhe befindet sich im Haus Nr. 228 das *China Photo Studio,* das Passbilder anfertigt und Filmentwicklungsarbeiten erledigt. Nur wenig nördlich ist ein Laden für medizinisches Gerät ansässig, der eine der wenigen Gelegenheiten für echte Schnäppchen in China bietet – Lieferanten aus dem Westen kaufen hier en gros ein. Dahinter erreicht man kurz vor der Kreuzung mit der Dong'anmen Jie die sehr empfehlenswerte fremdsprachliche Buchhandlung, die größte ihrer Art in ganz China (mehr dazu s.S. 196, Bücher). Auf der gegenüberliegenden Straßenseite befindet sich der schicke Einkaufskomplex *Sun Dong'an Plaza,* der für den Verzehr eines Snacks, beispielsweise bei *McDonald's* (1. Etage) oder *DeliFrance* (2. Etage), oder für den Umtausch von Geld in der Bank of China (Erdgeschoss, ◷ Mo–Fr 9–12 und 13.30–17 Uhr) ganz brauchbar ist, sich abgesehen von den Ständen für Tee und Souvenirs im Untergeschoss jedoch nur für den Kauf von horrend teurer Designerkleidung empfiehlt.

Von der Straßenostseite führen eine Reihe von **Hutong** in ein ruhige Gegend, die die Hektik der Hauptstraße in erholsame Ferne rücken lässt. Hier lebten die zehn Brüder eines Ming-Kaisers, damit dieser ein wachsames Auge auf sie haben konnte. Ihr einstiger Palast am Ende des Shuaifuyuan-Hutong existiert noch heute, beherbergt inzwischen jedoch eine medizinische Hochschule. Weiter nach Osten gelangt man durch die Hutong zur **Dongdan Bei Dajie**, die parallel zur Wangfujing Dajie verläuft und dieser mit zahllosen Geschäften zunehmend Konkurrenz bietet. Das architektonische Durcheinander entlang der Dongchang'an Jie setzt sich mit dem klobigen, rechtzeitig zur Frauenkonferenz 1995 fertig gestellten Frauenzentrum und dem unmittelbar nördlich des Beijing Zhan gelegenen *International Hotel* fort, bevor man an der betonwüstenartigen Jianguomen-Kreuzung die Grenze der ehemaligen Stadtmauern erreicht.

Jianguomen Dajie und Altes Observatorium

Von Hochhäusern umschlossen behauptet sich in der südwestlichen Ecke der Jianguomen-Kreuzung in Nachbarschaft der U-Bahn-Station Jianguomen das Alte Observatorium als unerwartetes Relikt vergangener Zeiten. Die erste Sternwarte an dieser Stelle entstand auf Anordnung von Kublai Khan, um den damals fehlerhaften Kalender durch Astronomen korrigieren zu lassen. Später, als die islamischen Wissenschaften ihre Blüte erlebten, gelangte es unter moslemische Kontrolle, um im frühen 17. Jahrhundert merkwürdigerweise schließlich in die Hände von christlichen Jesuiten-Missionaren überzugehen. Die Jesuiten, eine kleine, von Matteo Ricci angeführte Gruppe, kamen 1601 nach Beijing und verblüfften Einwohner wie Kaiser mit einer Reihe exakter astronomischer Vorhersagen. Sie statteten das Observatorium neu aus und blieben

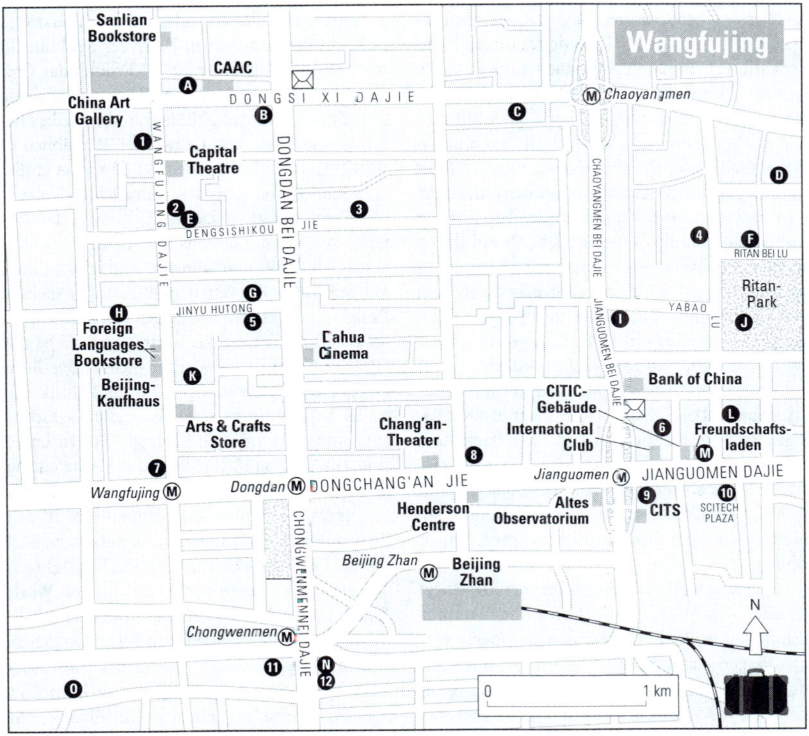

Übernachtung:

Beijing	7
Chongwenmen	11
Fuhao	1
Hademen	12
Haoyuan	3
Holiday Inn Crowne Plaza	2
International Youth Hostel	8
New Otani	9
Palace	5
Ritan	4
SCITECH	10
St Regis	6

Essen und Unterhaltung:

Afunti	C
Bianyifang Roast Duck	N
Club Banana	D
Donghuamen-Yeshi-Nachtmarkt	H
Dunkin' Donuts & Baskin' Robbins	M
Elephant	F
KFC	B
Lichun	O
Mexican Wave	L
Muslim Fast Food	A
Phrik Thai	I
Rotary Sushi Restaurant	M
Starbucks	M
Tianshi Vegetarian Restaurant	E
Touristen-Nachtmarkt	G
Wangfujing Quanjude Roast Duck	K
Xiheya Ju	J

bis in die 30er Jahre des 19. Jahrhunderts die Hausherren. Heute ist der Komplex weitgehend verwaist und bietet Besuchern als größte Sehenswürdigkeiten einen idyllischen Garten und acht astronomische Instrumente aus der Ming-Zeit – wunderbar gearbeitete Armillarsphären, Theodolite und Ähnliches – auf dem Dach. Interessant ist auch das kleine angegliederte **Museum** mit einer Ausstellung von frühen, durch die Astronomie inspirierten Töpferarbeiten und Navigationsinstrumenten. ⌚ Mo–Fr 9–11.30 und 13–16.30 Uhr, Eintritt ¥10.

Nördlich entlang der Chaoyangmen Dajie gelangt man zum **Internationalen Postamt** und zur *Bank of China*. Erstes Indiz für das Eindringen in das Diplomatenviertel der Hauptstadt ist der in einem unaufdringlichen Gebäude residierende **International Club**. Ihm gegenüber ragt bedrohlich das 36 Stockwerke hohe SCITECH-Gebäude auf, das in der 1. Etage eine effiziente Bank mit umfangreichem Service beherbergt. Die am International Club nach links abzweigende Ritan Lu führt zum **Diplomatenviertel Jianguomenwai**, einem von zwei Botschaftsgeländen (das andere befindet sich in Sanlitun, ein ganzes Stück nordwestlich von hier). Das Areal entbehrt nicht einer gewissen Komik, wirkt es doch wie eine riesige Spielzeugstadt mit seinen adretten Gebäuden in gepflegten Anlagen und versteinert wirkenden Wachposten auf rotweißen Sockeln. Nur eine Straße nördlich vom International Club bzw. fünf Minuten zu Fuß von der Jianguomen Dajie erstreckt sich außerdem der **Ritan-Park**. Wie die meisten Parks der Hauptstadt strotzt auch er nicht gerade vor üppigen Grasflächen, was seiner Beliebtheit bei Botschaftsangehörigen und Liebespaaren, die seine zahlreichen versteckten Winkel in Beschlag nehmen, keinen Abbruch tut.

Ein Stück weiter auf der Jianguomen Dajie liegt jenseits des SCITECH-Gebäudes der **Freundschaftsladen**, der beste Chinas. Seine oberen Etagen bergen das übliche Warenangebot aus Kleidung, Schmuck, Malereien usw., unten jedoch findet man die vielleicht unmittelbar nützlicheren und interessanteren Dinge: eine Wechselstube (tgl. geöffnet), einen Supermarkt mit einer großen Auswahl an ausländischen Waren, einen Informationsschalter, an dem die aktuelle *China Daily* zu bekommen ist, einen Buchladen und sogar einen Passbildautomaten. ⌚ tgl. 9–20.30 Uhr. Draußen reihen sich gediegene Cafébars und Restaurants aneinander – am besten und billigsten ist das rund um die Uhr geöffnete *Dunkin' Donuts*, allerdings tummeln sich dort auch gerne Diebe, so dass man seine Habe im Auge behalten sollte. Um die Ecke gibt es außerdem ein teures *Starbucks*, das bei Entzugserscheinungen von anständigem Kaffee die ideale Medizin bietet. Die SCITECH-Plaza auf der gegenüberliegenden Straßenseite ist ein moderneres Einkaufszentrum mit fünf Stockwerken an Kleidung und Accessoires, im Untergeschoss außerdem mit einer Essensetage und im 1. Stock mit einer Filiale der *Bank of China*. ⌚ tgl. 9–21 Uhr.

1 km östlich des Freundschaftsladens erstreckt sich von der Jianguomen Dajie der **Seidemarkt** nach Norden. Auch hier stellt Kleidung das Gros des Warenangebots, daneben gibt es aber auch ein paar Stände mit Antiquitäten, traditionellen Bekleidungsartikeln und Bettwäsche. Wie üblich ist Feilschen unverzichtbar, bedingt durch die größere Anzahl der Touristen ist es hier allerdings schwerer als andernorts – Ziel sollte es sein, den Anfangspreis um mindestens zwei Drittel herunterzuhandeln. Gut und günstig sind z.B. seidene Morgenmäntel, Krawatten und Schals. Die meisten Designer-Label sind Fälschungen, wenngleich einiges aus dem Hause Nike, North Face und J. Crew tatsächlich echt ist. Dazwischen bieten Jugendliche raubkopierte Spiele auf CD-ROMs und Musik-CDs an, die bei entsprechendem Verhandlungsgeschick am Ende manchmal für schlappe ¥10 zu haben sind. Die Qualität lässt nichts zu wünschen übrig, nicht selten fehlt jedoch der letzte Titel auf der CD.

Der Weg ist weit, und manch einer wird dem Konsumkollaps inzwischen recht nahe sein, doch wer das exklusivste Einkaufserlebnis Beijings nicht missen möchte, sollte noch 3 km bis zum **World Trade Centre** durchhalten – es liegt kurz vor der Kreuzung mit der Dongsanhuan Bei Lu, wo sich die U-Bahn-Station Guomao befindet. Auf prunkvollen vier Etagen sind dort neben kostspieligen Boutiquen auch eine Post (Ebene B1), die Bank of China (Ebene 2), ein *Starbucks* (Ebene 1) und ein *Sparkice*-Internetcafé (Ebene 2; s.S. 200) untergebracht. Im Untergeschoss gibt es einen *Wellcome*-Supermarkt (ein in Hongkong ansässiges Unternehmen), der zu den besten der Stadt gehört, aber nicht billig ist. Ausländische Bewohner Beijings erledigen hier nicht nur ihre Einkäufe, sondern nutzen auch das schwarze Brett für Job- und Wohnungsangebote.

Nördlich des Tian'anmen-Platzes

Die Gegend nördlich des Tian'anmen-Platzes besitzt eine Reihe verstreuter Sehenswürdigkeiten – viele davon stammen noch aus Kaiserzeiten, als in dem Gebiet Prinzen, Fürsten und Mönche lebten. Der schönste noch existierende Palast ist der des **Prinzen Gong**, der sich inmitten eines der am besten erhaltenen Hutong Beijings nördlich des kaiserlichen Lustgartens, dem **Beihai-Park**, verbirgt, während der imposanteste Tempel, der **Yonghe Gong**, am nördlichen Rand des Zentrums liegt. Zu den berühmten Persönlichkeiten, die in jüngerer Vergangenheit in Beijing lebten, gehörten der Schriftsteller **Lu Xun** und der Maler **Xu Beihong**, deren im Nordwesten gelegene Wohnstätten aus dem 20. Jahrhundert der Öffentlichkeit als Museen zugänglich sind. Einblicke in die zeitgenössische Kunst in China bieten die Ausstellungen in der großen **Kunsthalle** etwas nördlich der Wangfujing Dajie.

Jingshan- und Beihai-Park

Verlässt man die Verbotene Stadt nach Norden, gelangt man automatisch in den Jingshan-Park. Der künstliche Hügel wurde mit dem Erdaushub aufgeschüttet, der bei der Anlage der Palastgräben anfiel, und diente der Kaiserstadt als Windschutz sowie zur Abwehr böser Geister (die dem Glauben nach aus dem Norden kamen). Der Name, der übersetzt „Kohlehügel" bedeutet, geht auf die einst hier gelagerten Kohlen zurück. In seiner bewegten Geschichte war der Hügel u.a. 1644 Schauplatz des Selbstmords des letzten Ming-Kaisers Chong Zhen, der sich an einem Lotusbaum erhängte, nachdem Truppen der Aufständischen in die Kaiserstadt eingedrungen waren. Die betreffende Stelle in der östlichen Parkhälfte ist leicht zu finden, da überall Wegweiser die einzuschlagende Richtung anzeigen (unterhalb von Schildern, die auf einen Kinderspielplatz hinweisen); der ursprüngliche Baum ist allerdings inzwischen durch einen neuen ersetzt worden.

Doch es ist vor allem die Aussicht von der Hügelkuppe, die den einzigartigen Reiz des Parks ausmacht. Aus anschaulicher Perspektive offenbart sich das immense Ausmaß der Verbotene Stadt, dahinter reicht der Blick über ausgedehnte Teile des Stadtgebiets, die von hier oben weit interessanter aussehen, als sie sich aus der Nähe präsentieren. Im Westen liegt der Beihai mit seinem bauchigen, gewundenen See, im Norden der Trommel- und der Glockenturm (Gulou und Zhonglou) und im Nordwesten der Yonghe Gong. ⌚ tgl. 6–22 Uhr, Eintritt ¥3.

Wenige hundert Meter westlich des Jingshan erstreckt sich der Beihai-Park, dessen Fläche fast zur Hälfte von einem See gebildet wird, welcher in den frostigen Wintermonaten zu einem beliebten Ziel für Eisläufer wird. Kublai Khan soll den Park angelegt haben, lange bevor auch nur irgendein Gebäude der Verbotenen Stadt geplant war, und entsprechend ehrgeizig fiel das Vorhaben aus: Der See wurde künstlich ausgehoben, das dadurch gewonnene Erdreich zu einer Insel in seiner Mitte aufgeschüttet. Unter Kaiser Qianlong erhielt die Anlage die Gestalt eines klassischen Gartens, und Jiang Qing, Maos unglückselige Witwe, war eine häufige Besucherin des Parks. Sein elegantes Erscheinungsbild leidet heute zwar ein wenig unter den Vergnügungseinrichtungen und Läden, die sich unter den Trauerweiden und den von roten Säulen getragenen Kolonnaden breit gemacht haben, doch nach wie vor ist er ein herrlicher Ort, um Ruhe vor der Stadt zu suchen und neue Kraft zu tanken. Die Mehrzahl der Gebäude steht auf der als Jadeinsel bekannten zentralen Insel, die von einer weißen Dagoba überragt wird. Diese wurde Mitte des 17. Jahrhunderts anlässlich eines Besuchs des Dalai Lama errichtet und ist ein würdiges Wahrzeichen für den Park, der durch eine kuriose Mischung aus religiösen Gebäuden, Lagerstätten für Reliquien und Zeugnissen kaiserlicher Architektur gekennzeichnet ist.

Kurz hinter dem Südtor umschließt die **Runde Stadt** einen Hof mit einem Jadegefäß, das Kublai Khan gehört haben soll. Der weiße Jadebuddha in der Halle dahinter war ein Geschenk aus Myanmar. Über einen Steg gelangt man von hier hinüber zur **Insel**. Auf ihr befinden sich verschiedene religiöse Bauten, die sich entlang eines felsigen Pfads erreichen lassen, darunter der **Pavillon zum Studium der Klassiker** (Yuegu Lou) mit zahllosen Stelen und, ganz oben, die gewaltige **Dagoba** mit ihrem der dämonenköpfigen, vielarmigen, lamaistischen Gottheit Yamantaka geweihten Schrein. Am Fuß des Hügels liegt an einem bemalten, dem Ufer folgenden Wandelgang das exklusive Restaurant *Fangshan* mit einer Einrichtung und Speisen, die an Kaiserzeiten erinnern, dessen Preise sich jedoch ebenfalls in kaiserlichen Dimensionen bewegen. Nicht weit vom Restaurant befindet sich ein Anleger mit einer Verleihstation für **Ruderboote**, nahe dem Südtor können außerdem Tretboote in Entengestalt gemietet werden – beides sind lohnende Varianten, um den See und die Ufer zu erkunden. Am Nordufer wiederum steht eine imposante und gut erhaltene **Drachenwand**, die mit 27 m Länge zu den größten Chinas gehört. Die nahen **Fünf-Drachen-Pavillons** stellen angeblich den Rücken eines Drachens dar. In die Gärten und Felslandschaften auf dem gegenüberliegenden Seeufer zog sich gerne Kaiser Qianlong zurück, und man erkennt unschwer warum: Selbst wenn Besucherscharen am Wochenende einfallen, kann dies der Idylle hier nichts anhaben. Anfahrt mit Bus Nr. 13 vom Yonghe Gong oder Nr. 5 vom Qianmen. ⌚ tgl. 6–20 Uhr, Gebäude 6–16 Uhr; Eintritt ¥5, Gebäude ¥10.

Die Umgebung der Seen

Das Gebiet nördlich des Beihai-Parks ist von Modernisierungsmaßnahmen weitgehend verschont geblieben. Bis heute bilden ihre Straßen ein dichtes Labyrinth von Gassen um die **Shisha-Seen**, die während der Yuan-Dynastie künstlich angelegt wurden und der Hauptstadt als Hafen eines Kanalnetzes dienten. In den beengten, grauen Gassen zeigt Beijing sein anderes, privates Gesicht: voll gepferchte Höfe und umgestaltete Paläste, dazwischen kleine Freiflächen, wo ältere Männer mit ihren Vögeln sitzen. Im Gassengewirr versteckt liegen außerdem zwei gewaltige alte Bauwerke, der Glockenturm und der Trommelturm. Vor kurzem hat man die Gegend einer Verschönerungskur unterzogen, ihren Charme hat sie jedoch trotz vermehrter touristischer Einrichtungen und der am Glockenturm angebotenen Rikscha-Fahrten bislang noch nicht eingebüßt. Sie ist inzwischen auch einer der angesagteren Treffpunkte Beijings und lädt mit einer Reihe unprätentiöser Bars am Seeufer ein (s.S. 190). Es herrscht nicht viel Verkehr, was die Erkundung mit dem Fahrrad zweifellos am schönsten macht. Nach Belieben kann man durch die Gassen fahren, was allerdings fast immer in einem Verlust der Orientierung mündet – in einem solchen Fall dreht man um und fährt wieder zurück bis zum See, der allein Orientierung bietet. Als günstigster Ausgangspunkt empfiehlt sich das Hutong nahe dem nördlichen Zugang zum Beihai-Park. Anfahrt ansonsten mit Bus Nr. 111 von der Dongdan Bei Dajie oder Nr. 13 vom Yonghe Gong.

Ein überaus lohnendes Ziel ist die **Residenz des Prinzen Gong**, frühere Wohnstätte des Vaters des letzten Qing-Kaisers und heute eines der am besten erhaltenen Hofhäuser Beijings. Der Weg dorthin entlang der gewundenen Gasse nach Norden vom nördlichen Eingang des Beihai-Parks führt rechter Hand am Qianhai Hu (dem südlichsten der drei Seen) vorbei, dann in die erste Gasse nach links und gleich wieder in die erste nach rechts und weiter bis zur Qianhai Xi Jie. Wer den Bus für die Anfahrt wählt, muss an der Dianmen Xi Dajie aussteigen und derselben Route folgen. Im hübsch begrünten, in verschiedene Bereiche unterteilten und fantasievoll gestalteten Palastgarten werden unregelmäßig Peking-Opern aufgeführt; um eine Vorstellung zu sehen, muss man die Ankunft auf die der Tourgruppen abstimmen, d.h. gegen 11 Uhr oder 16 Uhr eintreffen. ⌚ tgl. 9–16.30 Uhr, Eintritt ¥10.

Es gibt noch zahlreiche andere **alte Paläste** in der Umgebung, da die Gegend früher als eine Art kaiserlicher Lustgarten diente und eine Reihe von ranghohen Beamten und Eunuchen hier wohnten. Der Palast des Tao Beile, heute eine Schule, liegt wenig westlich an der Liuyin Jie. Geht man zurück und folgt dem Seeufer weiter nach Norden, gelangt man an der engsten Stelle des Sees zu einer gewölbten Brücke. Am jenseitigen Ufer serviert das Restaurant *Kaorouji* (s.S. 188, Essen) ausgezeichnete Speisen bei reizvoller Aussicht über den See. Dem Restaurant gegenüber befindet sich die *Buddha Bar* (neben verschiedenen anderen), wo sich im Freien eine Tasse Kaffee genießen lässt.

Wer aus östlicher Richtung vom Trommelturm hierher wandern möchte, läuft nach Süden und biegt in das erste Hutong auf der rechten Seite. Von hier geht es weiter am südlichen Seeufer entlang, bis man nach ca. 500 m zunächst einen kleinen Park mit einem Vogelmarkt und dahinter den in Englisch ausgeschilderten, etwas verlottert wirkenden Houhai-**Antiquitätenmarkt** kurz vor der Deshengmennei Dajie erreicht. Mit dem Fahrrad bietet sich von hier ein Abstecher nach Westen zum Xu-Beihong-Museum (s.S. 174) an. Ansonsten kann man den Weg durch die Hutong nach Norden am Ufer fortsetzen und dann nach Osten zur **Residenz Song Qinglings** abschwenken, um ein weiteres herrschaftliches Anwesen aus der Zeit der Qing-Dynastie und dessen schönen, großen Garten in Augenschein zu nehmen. Song Qingling, der Ehefrau Sun Yatsens, wird in China großer Respekt gezollt. Eine Ausstellung im Innern ehrt iihr bewegtes Leben. ⌚ Di–So 9–16.30 Uhr, Eintritt ¥8.

Eine Gasse führt von der Residenz zur Gulou Xi Dajie, einer großen Straße mit dem **Trommelturm** (Gulou), ein Bauwerk der Ming-Zeit aus dem 15. Jahrhundert, an ihrem östlichem Ende. Hier wurden per Trommelschlag die Tageszeiten verkündet und kaiserliche Beamte zu Zusammenkünften gerufen. Im düsteren Innern ist eine kleine Ausstellung über Hutong zu sehen, und es gibt eine Trommel, die für ¥10 geschlagen werden kann. ⏲ tgl. 9– 16.30 Uhr, Eintritt ¥20. Am Ende eines kurzen Hutong steht in Sichtweite der Zwillingsbruder, der **Glockenturm** (Zhonglou). Das ebenfalls ursprünglich aus der Ming-Zeit stammende Bauwerk wurde durch ein Feuer zerstört und im 18. Jahrhundert neu errichtet, die alte Glocke existiert aber noch. ⏲ tgl. 9–16.30 Uhr, Eintritt ¥10. Die beiden prachtvollen Bauten, die bei genauerem Hinsehen jedoch etwas schäbig wirken, stehen an der großen Nord-Süd-Achse durch die Stadt – läuft man geradeaus nach Süden, um den Jingshan-Park herum und an der Verbotenen Stadt vorbei, gelangt man direkt auf die Qianmen Dajie. Bus Nr. 5 verkehrt entlang dieser Route.

Der Nordwesten

Das Gebiet nordwestlich des Tian'anmen-Platzes wird man wahrscheinlich durchqueren, da es an der Strecke zum grandiosen Sommerpalast liegt, eine ausgiebige Erkundung untenehmen aber nur wenige. Die Sehenswürdigkeiten sind nicht so zahlreich und auch kleiner, bieten sich jedoch als geeignete Zwischenstopps bei längeren Ausflügen an.

Am südlichen Ende des Beihai-Parks verläuft die Wenjin Dajie nach Westen zur Xidan Dajie, von der etwas nördlich die Einkaufsmeile **Fuchengmennei Dajie** abzweigt und mit einer Hand voll interessanter Orte aufwartet. Auf ihr verkehren die Busse Nr. 101 vom Nordausgang der Verbotenen Stadt und Nr. 103 vom Yonghe Gong. Nahe ihrem östlichen Ende steht auf der Straßennordseite der **Tempel der Allgemeinen Nächstenliebe** (Guangji Si), Sitz der Chinesischen Buddhistischen Gesellschaft und aktiv betriebener buddhistischer Tempel sowie Ausstellungsort einer bedeutenden Sammlung von Malereien und Skulpturen. Besucher können sich frei in der Anlage bewegen und müssen auch keinen Eintritt bezahlen. Weiter westlich befindet sich ebenfalls auf der Nordseite ein Tempel, der inzwischen zur Schule umfunktioniert worden ist und dessen Geistermauer heute eine Wand der öffentlichen Toilette bildet. Im Haus Nr. 133 hat der erste Sexshop Chinas, der *Adam and Eve Health Store*, sein Domizil und hält ein breites Warenspektrum bereit, das weiß bekittelte Angestellte verkaufen. Noch ein Stück weiter, und man kann die mächtige weiße Dagoba des **Tempels der Weißen Pagode** (Baita Si) hinter den Dächern des Hutong-Labyrinths aufragen sehen. Zugang besteht nur von der Fuchengmennei Dajie. Die 35 m hohe Dagoba, ein Gebilde, das wie eine umgedrehte Schale mit einer daraufgesetzten Eistüte aussieht, wurde während der Yuan-Dynastie nach Plänen eines nepalischen Baumeisters als Aufbewahrungsort für Reliquien errichtet. In einer Halle des Tempels, der derzeit renoviert wird, ist eine sehenswerte Sammlung kleiner Buddhastatuen, größtenteils tibetischen Ursprungs, untergebracht. In einer anderen werden bronzene Luhan, darunter einer mit einem Schnabel, kleine Bronze-Buddhas sowie andere, bizarrere lamaistische Figuren und aus Seide und Samt gearbeitete Priestergewänder gezeigt, die man 1978 unter der Dagoba entdeckte. Direkt vor dem Tempel gibt es an einem Stand leckere Pfannkuchen zu kaufen. ⏲ Di–So 9–17 Uhr, Eintritt ¥10.

Ganz im Westen sieht man kurz vor der gewaltigen Kreuzung mit der Fuchengmen Bei Dajie das Xisantiao-Hutong im Norden, in dem das **frühere Wohnhaus von Lu Xun**, ein großes und umfassend renoviertes Hofhaus, liegt. Lu Xun (1881–1936) gilt weithin als der größte moderne Schriftsteller Chinas und gab seine viel versprechende Karriere als Arzt auf, um Bücher zu schreiben. Als Verächter von Pomp würde er sich heute in seinem Haus vielleicht etwas unwohl fühlen, denn es herrscht eine Atmosphäre bedingungsloser Bewunderung. Seine Habe ist reliquiengleich aufbewahrt und vermittelt einen guten Eindruck von chinesischer Wohnkultur zu Beginn des 20. Jahrhunderts. Zu sehen gibt es außerdem eine Fotoausstellung, die voll des Ruhmes das Leben und Schaffen Lu Xuns dokumentiert. Ein Buchladen im Ostgebäude verkauft englische Übersetzungen seiner Bücher, darunter sein berühmtestes Werk, *Die wahre Geschichte des Ah Q*. ⏲ Di–So 9–16 Uhr, Eintritt ¥10.

Nicht weit von hier befindet sich an der Strecke der Busse Nr. 22 vom Qianmen und Nr. 38 vom östlichen Ende der Fuchengmennei Dajie das **Xu-Beihong-Museum**, 53 Xinjiekou Bei Dajie, das den Weg zweifellos lohnt. Es ist einem Zeitgenossen Lu Xuns gewidmet, der für die chinesische Kunst das leistete, was Lu Xun für die Literatur verkörpert. Xu Beihong (1895–1953), Sohn eines umherziehenden Porträtmalers, musste bereits im Alter von 17 Jahren für seine ganze Familie sorgen, nachdem sein Vater starb. Armut prägte einen Großteil seiner jungen Jahre, bevor er die ihm gebührende Anerkennung erfuhr. Sein außerordentliches Talent wird hier in sieben Räumen mit einer riesigen Sammlung gewürdigt. Darunter befinden sich viele Tuschebilder von Pferden, für die er besonders berühmt war, aber auch Ölgemälde westlichen Stils, die er während seines Studienaufenthalts in Frankreich anfertigte, sowie großformatige allegorische Darstellungen von Ereignissen im damaligen China. Dem Betrachter am leichtesten zugänglich sind jedoch seine herrlichen Skizzen und Studien in Tusche und mit Bleistift, die häufig seinen Sohn zeigen. 🕓 Di–So 9–11 und 13.30–16.30 Uhr, Eintritt ¥10.

Der Nordosten

Die herausragende Sehenswürdigkeit im Norden der Stadt ist der tibetische **Lamatempel** (Yonghe Gong) nordöstlich der Verbotenen Stadt und nur wenig südlich der gleichnamigen U-Bahn-Station. Wer nur einen einzigen Tempel in Beijing besuchen möchte, sollte sich für diesen entscheiden, denn einen farbenprächtigeren Tempel, wenngleich er auch etwas touristisch ist, wird man kaum finden.

Errichtet wurde der Tempel gegen Ende des 17. Jahrhunderts als Residenz des Prinzen Yin Zhen. Als der Prinz 1723 zum Kaiser Yong Zheng wurde und in die Verbotene Stadt zog, erhielt er neue Ziegel in kaiserlichem Gelb und war fortan religiösen Zwecken vorbehalten. 1744 wurde er in ein Lamakloster umgewandelt und beherbergte Mönche aus Tibet, aber auch aus der Inneren Mongolei, für die er eine zentrale Rolle besaß, da hier der mongolische Lebende Buddha per Losverfahren aus einer goldenen Urne bestimmt wurde. Nach dem Bürgerkrieg wurde der Yonghe Gong 1949 zum Nationaldenkmal erklärt und war 30 Jahre lang geschlossen. Bemerkenswerterweise blieb er von der Kulturrevolution verschont.

Besucher können sich frei in den Gebetshallen und Gartenanlagen bewegen, der Genuss wird jedoch mehr ein ästhetischer als ein spiritueller sein. Neben prachtvollen Mandalas, die in Seitenhallen hängen, besitzt der Tempel auch einige eindrucksvolle Skulpturen. Die verhüllten Statuen in der Dritten Halle sind **Nandikesvras**, Buddhas in geschlechtlicher Vereinigung, die dem Lamatempel den Ruf einbrachten, Chinas stilvollster sexueller Leitfaden zu sein. Früher dienten sie den kaiserlichen Söhnen als Anschauungsmaterial. In der dahinterliegenden **Halle des Buddhistischen Rades** (Falun Dian) befinden sich die vergoldete Bronzestatue des Gründers des Gelbmützenordens und Darstellungen aus seinem Leben, außerdem Throne für den Dalai Lama sowie den Panchen Lama, wenn sie hierher kamen, um zu lehren. Die letzte und prachtvollste Halle, der **Pavillon des Zehntausendfachen Glücks** (Wanfu Ge), birgt eine 18 m hohe Maitreya-Statue, die aus einem einzigen Sandelholzstamm gefertigt wurde und ein Geschenk des siebten Dalai Lama an den Kaiser Qianlong war – drei Jahre dauerte der Transport des Baumstamms aus Tibet bis nach Beijing.

Neben den ästhetischen Reizen seiner Gebäude und Gartenanlagen besitzt das Lamakloster auch noch eine ganz pragmatische Funktion, dient es doch als **tibetisch-buddhistisches Zentrum**, das der Welt zeigen soll, dass China die Religionsfreiheit der Minderheiten garantiert und respektiert. Fragwürdig ist jedoch, wie echt die Mönche tatsächlich sind. 1995 wurde hier der von der chinesischen Regierung bestimmte Panchen Lama offiziell in sein Amt eingeführt, nachdem die vom Dalai Lama erwählte Inkarnation, ein sechs Jahre alter Junge, verschwunden war. 🕓 tgl. 9–17 Uhr, Eintritt ¥15.

In westlicher Nachbarschaft des Yonghe Gong erstreckt sich ein ruhiges Hutong, das von kleinen Geschäften gesäumt wird, in denen Gebetsbänder, Räucherstäbchen und Heiligenbilder verkauft werden. Diese Straße, eine der ältesten der Stadt und seit der Yuan-Dynastie das traditionelle Gelehrtenviertel, schmücken *pailou* genannte Torbögen, wie es sie früher in vielen Straßen Beijings gab – bis sie in den 50er Jahren als Verkehrshindernisse geschmäht und abgerissen wurden. Nach ca. 100 m erreicht man auf der rechten Straßenseite den vergleichsweise nüchternen **Konfuziustempel**, der seit Jahrzehnten als Museum dient und Räuchergefäße sowie Musikinstrumente ausstellt. Im Hof sind auf Stelen die Namen der Schüler zu lesen, die hier studiert und die Prüfungen für den Staatsdienst abgelegt haben. Die letzten dieser Stelen stammen aus der Qing-Zeit und wurden von den Absolventen selbst bezahlt, da der Kaiser die Finanzierung verweigerte. In der düsteren Haupthalle ist das **Museum** mit einer recht wahllos zusammengestellten Ausstellung untergebracht. Ein weiteres, neues Museum in einer Seitenhalle zeigt eine umfangreiche Sammlung von Artefakten; am interessantesten sind die Töpferarbeiten aus der Tang-Ära, darunter Darstellungen spitzgesichtiger Ausländer. Ein lagerhallenähnliches Gebäude im hinteren Teil der Anlage schließlich beherbergt unter seinem Dach Steinstelen mit den 13 klassischen konfuzianischen Schriften in meisterhafter Kalligrafie, einer Kunst, die von jedem Schüler als Grundhandwerkszeug verlangt wurde. Auf einer Bank im Hof lässt sich umgeben von alten, gewundenen Bäumen und beschaulicher Ruhe der vielleicht schönste Eindruck der Anlage genießen. ◷ tgl. 8.30–17 Uhr, Eintritt ¥10.

Kehrt man zum Yonghe Gong zurück und läuft von dort nach Norden, gelangt man nach nur 100 m in den **Ditan-Park**. Obgleich sich hier auch ein kleines **Museum** mit der Sänfte des Kaisers und dem gewaltigen Altar, an dem er der Erde opferte, befindet, lohnt der baumbestandene Park doch mehr als Ziel für einen Spaziergang und um den einen oder anderen Bewegungskünstler beim Taijiquan zu beobachten. ◷ tgl. 6–21 Uhr, Eintritt in den Park ¥1, Museum ¥5.

Auf der Rückfahrt mit dem Bus oder Fahrrad vom Yonghe Gong ins Zentrum bietet sich ein Besuch der **Kunsthalle** am nördlichen Ende der Wangfujing Dajie an. Das pompöse und zugige Gebäude zeigt in der Regel mehrere Ausstellungen gleichzeitig, besitzt jedoch keine Dauerausstellung. Bislang gab es beispielsweise Werke speziell von Frauen und nationalen Minderheiten zu sehen, sogar eine Ausstellung über sozialistisch-realistische Propaganda war dabei, diese allerdings nicht etwa, um Leidenschaften neu zu entfachen, sondern um frühere Irrwege zu verdeutlichen. Seit langem gehört die von der Revolution bestimmte Malerei der Vergangenheit an, sodass die chinesische Malkunst heute eine Art Renaissance erlebt und an Beijinger Kunstschulen einige sehr interessante Werke zutage fördert. Eine entsprechende Präsentation mit Arbeiten aus den Abschlussklassen findet im Juli statt. Begegnungen mit der neuen chinesischen Boheme, d.h. mit Kunststudenten, sind nicht ausgeschlossen. Über die aktuellen Ausstellungen informieren die Stadtmagazine. Bus Nr. 2, der in Nord-Süd-Richtung zwischen Qianmen und Andingmen Dajie verkehrt, sowie O-Bus Nr. 104 zwischen Andingmennei Dajie und Beijing Zhan halten an der Kunsthalle. ◷ Di–So 9–16 Uhr, Eintritt ¥2–20.

Die Außenbezirke

Die an einem See gelegenen Gärten und Pavillons des **Sommerpalasts** sind die imposantesten Sehenswürdigkeiten in den Außenbezirken und lohnen zu jeder Jahreszeit den Besuch. In der Nähe befinden sich zwei Universitäten, was an sich noch kein besonderes Merkmal ist, doch für ein reichhaltiges Angebot an preiswerten **Restaurants** und trendigen **Bars** sorgt. Das angesagte **Nachtleben** spielt sich im Großen und Ganzen in den nördlichen Außenbezirken der Stadt ab, während der östliche Stadtrand eine Fülle von Bars bietet, die von den ausländischen Bewohnern Beijings und wohlhabenderen Chinesen bevorzugt werden (mehr dazu s.S. 189 ff., Unterhaltung und Kultur).

Zoo und Tempel der Großen Glocke

An der Grenze zu den innerstädtischen Bezirken Beijings liegt an der Xizhimenwei Dajie der Zoo, der im Westen vom monumentalen Capital Gymnasium, im Osten vom nicht minder bombastischen Ausstellungszentrum in sowjetischem Baustil flankiert wird. Wer nicht unbedingt einen Panda sehen muss, kann sich den Besuch auch sparen. Ansonsten ist Einreihen in die Schlangen gefragt um sich zunächst zwecks Foto rittlings auf einer Plastikreplik niederzulassen und alsdann mit den Massen den Weg zu den echten Pandas zu beschreiten, die recht komfortabel untergebracht und dank des in den letzten Jahrzehnten verstärkt gepflegten diplomatischen Rituals der Bärenausleihe zu Paarungszwecken in der ganzen Welt bekannt sind. Während es sich die Pandas in ihrem Luxusquartier leisten können, faul auf dem Rücken zu liegen und die Beine in die Luft zu strecken, müssen weniger possierliche oder weniger gefährdete Arten ein Dasein in erbärmlichen Zellen fristen. Sehenswert ist allenfalls noch das neue Aquarium, das mit einem Eintrittspreis von ¥100 jedoch ziemlich teuer ist. Die U-Bahn-Station Xizhimen liegt 1 km östlich, etwas nördlich davon der Xizhimen Zhan (der Nordbahnhof Beijing), nur wenig südlich des Zoos wiederum ein Busbahnhof. Bus Nr. 7, den man von der Fuchengmennei Dajie nehmen kann, endet hier. 🕓 tgl. 7.30–17 Uhr, Eintritt ¥7.

Obgleich ein ganzes Stück außerhalb an der Beisanhuan Lu, dem nördlichen Abschnitt der dritten Ringstraße gelegen, rangiert der Tempel der Großen Glocke (Dazhong Si) unter den interessantesten kleinen Museen Beijings. Bei einer Fahrt mit dem Taxi zum oder vom Sommerpalast lässt sich hier gut ein Zwischenstopp einlegen. Der zu einem Museum umfunktionierte Tempel präsentiert eine ansprechende Sammlung von mehreren hundert kunstvoll gearbeiteten **Bronzeglocken** aus Tempeln ganz Chinas, die reich mit eingravierten chinesischen und tibetischen Texten, abstrakten Mustern sowie Darstellungen von Störchen und Drachen verziert sind. Die merkwürdige auf den Glocken sitzende Figur ist ein *pulao*, ein Fabelwesen, das bei einem Angriff eines Wals Schreie ausstößt (die zum Schlagen der Geläute verwendeten Holzstämme waren in Gestalt von Walen geschnitzt). Die kleinste Glocke ist nicht größer als ein Weinkelch, die größte besitzt die Dimensionen eines Hauses und ist in der hinteren Halle zu sehen. Diese Glocke, die den Namen **König der Glocken** trägt, stammt aus der Ming-Ära und wiegt 50 Tonnen, was sie zu einer der ältesten und größten der Welt macht. Angeblich ist sie bis zu 40 km weit zu hören. Wer möchte, kann auf eine Plattform über ihr steigen, um einige der 250 000 eingravierten Zeichen genauer zu betrachten und sich wie die chinesischen Besucher darin zu versuchen, eine Münze in das kleine Loch an ihrem Scheitel zu werfen. Angewandte Verfahren in der chinesischen Glockenherstellung sowie deren Geschichte werden in Seitenhallen erläutert. Auf Tonbändern, die zum Kauf angeboten werden, gibt es die Glocken in Aktion zu hören, was tatsächlich interessanter ist, als manch einer vielleicht glaubt. Durch ihre Form dämpfen chinesische Glocken Vibrationen ab, sodass sie als echte Instrumente eingesetzt werden können. 🕓 Di–So 8–16.30 Uhr, Eintritt ¥5.

Obwohl keine ausgewiesene Touristenattraktion, verdient der gesamte **Haidian-Bezirk** nördlich des Zoos Beachtung. Hier konzentrieren sich die trendigen Bars und Clubs der Stadt, außerdem zahlreiche Internet-Cafés und, in der Zhongguangcun Lu, eine ganze Armada von Computerläden. Auf dem Weg zum Sommerpalast kommt man im Norden an der **Beijing-Universität** (Beijing Daxue oder kurz „Beida“) vorbei. Ihre ursprünglichen Gründer und Verwalter waren die Amerikaner zu Beginn des 20. Jahrhunderts; damals lag sie auch noch auf dem Kohlehügel im Jingshan-Park, bevor sie 1953 an ihren gegenwärtigen Standort umzog. Während sie inzwischen wieder zahlreiche ausländische Studenten aus dem Westen zählt, war sie vor zwei Jahrzehnten halb verwaist, als im Zuge der Kulturrevolution Studenten wie Lehrer die Repressalien der neuen Herren zu spüren bekamen. Noch heute müssen chinesische Bewerber vor Studienbeginn ein Jahr in der Armee absolvieren. Die Beida ist die renommierteste Universität Chinas und schmückt sich mit einem hübschen Campus aus alten Gebäuden und ruhigen, gepflegten Grünflächen, die einladender als die meisten städtischen Parks sind. Nicht weit östlich von hier befindet sich die technische Hochschule Qinghua. In der Umgebung beider Universitäten gibt es kleine, preiswerte Restaurants, Bars und Internet-Cafés, die um die studentische Klientel buhlen.

Yuanmingyuan

Beijings ursprünglicher Sommerpalast, der Yuanmingyuan, wurde im Auftrag des Qing-Kaisers Kangxi im frühen 18. Jahrhundert erbaut. Der Palast, den Europäer das chinesische Versailles nannten, umfasste einst die größte königliche Parkanlage der Welt mit ca. 200 Pavillons und Tempeln, die um verschiedene Seen und natürliche Quellen gruppiert waren. Marina Warner beschreibt in ihrem Buch *Die Kaiserin auf dem Drachenthron* den verschwenderischen Prunk wie folgt:

> *Scharlachrote und goldene Hallen, verschwenderische Prachtbauten, Aussichtstürme und Pavillons lagen um künstliche Hügel und Seen. Die stillen, von Lotus und Seerosen bewachsenen Teiche waren voll von Schleierschwänzen mit Teleskopaugen, in den Gärten gediehen farbenprächtige Ziersträucher, Hornwild durchstreifte das Gelände, und an den Seeufern nisteten Schmuckenten und seltene Vögel.*

Heute lässt kaum noch etwas auf den einstigen Glanz schließen. 1860 wurde die gesamte Anlage von britischen und französischen Truppen auf Befehl des Earl of Elgin während der Opiumkriege in Brand gesteckt und zerstört, um den Kaiserhof „zur Vernunft zu bringen". Zahlreiche Spuren davon lassen sich noch heute entdecken und machen den Park zu einem Denkmal chinesischer Xenophobie. Die Haltung mag verständlich sein, unangenehm wird es jedoch, wenn wutentbrannte Einheimische ausländische Besucher immer noch deswegen angehen. Der Park erstreckt sich über eine Fläche von 350 ha, und die einzigen Ruinen, die noch ein Gebäude erkennen lassen, sind die der **Halle der Ruhe** im Nordosten des Geländes. Die Überreste der Brunnen und Säulen aus Stein und Marmor lassen erahnen, wie prachtvoll die Anlagen in ihrer Verschmelzung von europäischem Rokoko und chinesischem Dekor gewesen sein müssen. Zwar hat die Regierung ein Renovierungs- und Wiederaufbauprogramm angekurbelt, doch reicht der Park nicht im Entferntesten an die Pracht des neuen Sommerpalasts heran. Der Park liegt eine halbe Stunde Fußmarsch nordöstlich der Beida, Anfahrt ansonsten mit Bus Nr. 375 von dessen Haltestelle gleich nördlich der U-Bahn-Station Xizhimen oder mit Bus Nr. 322 vom Zoo. 🕓 tgl. 9–18 Uhr, Eintritt ¥15.

Sommerpalast

Der allgemein als Sommerpalast bezeichnete **Yiheyuan** gehört zu den reizvollsten Parkanlagen Beijings. Das riesige Areal, zwei Drittel davon ein See, diente den letzten Kaisern als Ort der Sommerfrische, an den sie sich samt Hofstaat während der heißesten Monate des Jahres zurückzogen. Und die von Hügeln umgebene, vom See gekühlte und durch eine Gartenanlage geschützte Lage ist ideal. Auch hier wüteten die Europäer, ihr Angriff im Jahr 1900 war allerdings weniger verheerend, sodass die eindrucksvollen Gebäude, die sich entlang des Seeufers aneinander reihen und durch einen Wandelgang verbunden sind, gerettet werden konnten.

Kaiserliche Pavillons gibt es hier schon seit dem 11. Jahrhundert, die gegenwärtige Anlage stammt jedoch größtenteils aus dem 18. Jahrhundert und entstand unter dem Mandschu-Kaiser Qianlong. Mit dem Sommerpalast am ehesten identifiziert wird allerdings die Kaiserinwitwe Cixi, die das zerfallende chinesische Reich von 1861 bis zu ihrem Tod im Jahr 1902 regierte. Yiheyuan war ihr Lustgarten, dessen Palastbauten sie 1888 wieder aufbaute und 1902 konsequent restaurierte. Ihre letzte architektonische Eskapade schlug sich im Bau eines herrlichen Marmorschiffs nieder, das sie mit den eigentlich für die chinesische Marine vorgesehenen Geldern finanzierte. Ob ihre Veruntreuungen tatsächlich irgendwelche Auswirkungen auf die Geschicke des Reichs hatten, lässt sich schwer sagen, mit Sicherheit aber beschleunigten sie den Niedergang, denn China erlitt in den Seegefechten im Krieg gegen Japan schwerste Verluste.

Die **Paläste** sind am nördlichen Seeufer, am und um den **Berg der Langlebigkeit** (Wanshou Shan) angesiedelt. Viele von ihnen werden bis heute in enge Beziehung zur legendenreichen Person der Kaiserinwitwe Cixi gesetzt. Kennen muss man all diese Geschichten jedoch nicht, um das Ensemble zu genießen, das mit seinem Park, See und den Pavillons wie der Beihai-Park eine grandiose Kulisse bildet, die wie ein traditionelles, zum Leben erwecktes Landschaftsgemälde wirkt.

Die meisten Besucher betreten den Komplex durch das **Osttor**, wo auch die Busse halten. Oberhalb davon befinden sich die wichtigsten Palastbauten, darunter die majestätische **Halle des Wohlwollens und der Langlebigkeit** (Renshoudian), in der die Kaiserin und ihre Vorgänger Audienzen abhielten. Ein Großteil der Originaleinrichtung aus dem 19. Jahrhundert ist dort noch zu sehen, beispielsweise ein beeindruckender Thron. Dahinter liegt auf der rechten Seite der **Garten der Tugend und Harmonie** (Deheyuan) mit einem dreigeschossigen, für effektvolle Auf- und Abgänge mit Falltüren ausgestatten **Theater** als beherrschendem Bauwerk. Theater war eine der großen Leidenschaften Cixis, und mitunter spielte sie als Guanyin, die Göttin der Barmherzigkeit, in den Aufführungen mit. Das nächste große Gebäude ist die **Halle der Jadewellen** (Yulantang) am Seeufer, wo der junge Kaiser Guanxu zehn Jahre als Gefangener lebte, während Cixi statt seiner herrschte. Gleich westlich davon gelangt man in der **Halle der Freude und des Langen Lebens** (Leshoutang) in die Gemächer der Kaiserinwitwe.

Von hier führt der 728 m lange, mit mythologischen Darstellungen geschmückte und von verschiedenen Tempeln und Pavillons flankierte **Wandelgang** bis in die nordwestliche Ecke des Parks.

Kein Liebespaar, so heißt es, könne ihn beschreiten, ohne am Ende verlobt zu sein. Nahe seinem westlichen Ende liegt das berühmte **Marmorschiff** (Qingjan Fang), das Cixi mit dem Geld fertig stellen ließ, das sie der Marine vorenthielt, und das ihren Getreuen als geistreiche wie willensstarke Geste galt. Nicht weit davon befindet sich ein Anleger mit **Ruderbooten**, die für ¥10 pro Std. gemietet werden können. Sowohl einheimische als auch ausländische Touristen machen hiervon regen Gebrauch und rudern z.B. zur Brücke des Jadegürtels im Westen oder zur Siebzehn-Bogen-Brücke im Osten. Im Winter bietet der See ein nicht minder spektakuläres Bild und wird von Chinesen zum Eislaufen besucht; Schlittschuhe können geliehen werden. Anfahrt mit denselben Bussen, die auch zum Yuanmingyuan fahren, Ausstieg ein paar Haltestellen später an der Endstation, oder mit Bus Nr. 808 vom Qianmen. Am schnellsten geht es mit dem Taxi von der U-Bahn-Station Xizhimen für ca. ¥15. ◷ tgl. 8–19 Uhr, Gebäude schließen um 16 Uhr, Eintritt ¥40.

Übernachtung

Das Angebot an erschwinglichen Unterkünften in Beijing hat sich in den letzten Jahren erheblich verbessert. Inzwischen gibt es verschiedene gut geführte, preiswerte und günstig gelegene Hotels und Hostels, sodass man auch bei knapp bemessener Reisekasse nicht zwangsläufig in einem seelenlosen Schlafsaal weit außerhalb landen muss. In den billigsten Unterkünften darf mit einem Bett in einem sauberen, aber beengten Zimmer und Gemeinschaftseinrichtungen gerechnet werden. Doppelzimmer verfügen fast immer über ein angegliedertes Bad. Drei-Sterne-Hotels und bessere Unterkünfte bieten geräumigere Zimmer und in der Regel Annehmlichkeiten wie Satelliten-TV, Schwimmbad und Sauna. Fast jedes Hotel verfügt über einen Friseursalon, ein Restaurant sowie Einrichtungen für Geschäftsleute.

Die Unterkünfte in den **Außenbezirken** liegen fast ausnahmslos an oder nahe der dritten Ringstraße, d.h. fernab des Zentrums in einer faden Gegend, jedoch bestehen von dort gute Verbindungen in die zentralen Bezirke; zudem sind sie meist preiswerter. Angesichts der Ausdehnung Beijings ist die Nähe zu einer U-Bahn-Station ungemein vorteilhaft.

Außer in den billigsten Unterkünften sollte man immer höflich versuchen zu feilschen – die offiziellen Preise dienen nur zur Orientierung, und fast niemand zahlt sie. Bei Buchung einige Tage im Voraus über das Internet werden oftmals stattliche Preisnachlässe eingeräumt, beispielsweise bei 💻 www.sinohotels.com oder www.egochina.com. Lohnend kann außerdem die Nachfrage am Reservierungsschalter im Flughafen bei Ankunft sein.

Alle der nachfolgend aufgeführten Hotels sind auf unseren Übersichtskarten und vergrößerten Kartenausschnitten verzeichnet.

BUDGETHOTELS – Viele Hoteliers haben das Potential entdeckt, das sich ihnen durch Billigreisende eröffnet. Wer nichts dagegen hat, ein Zimmer mit jemandem zu teilen, kann hier ein Bett billiger als in den meisten anderen chinesischen Städten bekommen. In zentraler Lage haben verschiedene neue, saubere Hostels eröffnet, sodass man nicht mehr auf solch schäbige Absteigen wie das *Jinghua* mit seinen Prostituierten, schmutzigen Laken und Ekel erregenden Gerüchen angewiesen ist. Nicht besser sind das nahe *Seastar* und das *Jingtai*. Verblüffenderweise sind diese Unterkünfte nach wie vor mit ausländischen Gästen belegt – vermutlich aus Unwissenheit um die anderen.

Eine weitere preiswerte Alternative, die überwiegend von ausländischen Chinesisch-Studenten genutzt wird, sind die Dorms der Universitäten. Sie bieten zwar keinen Hotelkomfort, zudem ist es keineswegs sicher, dass man tatsächlich ein Bett bekommt – nicht weil die Zimmer restlos belegt wären, was selten der Fall ist, sondern weil das Aussehen des potentiellen Gasts dem zuständigen Mitarbeiter vielleicht nicht gefällt oder dieser einfach gerade keine Lust hat –, mit etwas Glück kann man hier jedoch sehr preiswert unterkommen.

Das ausgezeichnete *Lüsongyuan* und das *Red House* (Mittlere Preisklasse, s.S. 181) bieten neben den regulären Zimmern auch billige Dorm-Unterkünfte.

Beijing: Übernachtung

Bamboo Garden	竹园宾馆	*zhúyuán bīnguǎn*
Beijing	北京饭店	*běijīng fàndiàn*
Beiwei	北纬饭店	*běiwěi fàndiàn*
Big Bell	大钟寺饭店	*dàzhōngsì fàndiàn*
Cherry Blossom	樱花宾馆	*yīnghuā bīnguǎn*
Chongwenmen	崇文门饭店	*chóngwénmén fàndiàn*
Far East International Youth Hostel	远东国际青年旅舍	*yuǎndōng guójìqīngnián lǚshè*
Fenglong	凤龙宾馆	*fènglóng bīnguǎn*
Fuhao	富豪宾馆	*fùháo bīnguǎn*
Great Wall Sheraton	长城饭店	*chángchéng fàndiàn*
Hademen	哈德门饭店	*hādémén fàndiàn*
Haoyuan	好园宾馆	*hǎoyuán bīnguǎn*
Holiday Inn Crowne Plaza	国际艺苑皇冠饭店	*guójìyìyuàn huángguān fàndiàn*
Huiqiao	惠乔饭店	*huìqiáo fàndiàn*
International Youth Hostel	国际青年旅舍	*guójìqīngnián lǚshè*
Jianguo	建国饭店	*jiànguó fàndiàn*
Jinglun	京伦饭店	*jīnglún fàndiàn*
Kempinski (Lufthansa Centre)	凯宾斯基饭店	*kǎibīnsījī fàndiàn*
Longtan	龙潭饭店	*lóngtán fàndiàn*
Lüsongyuan	侣松园宾馆	*lǚsōngyuán bīnguǎn*
Minzu	民族饭店	*mínzú fàndiàn*
New Otani	长富宫饭店	*chángfúgōng fàndiàn*
Palace	王府饭店	*wángfǔ fàndiàn*
Poacher's Inn	友谊青年酒店	*yǒuyíqīngnián jiǔdiàn*
Qianmen	前门饭店	*qiánmén fàndiàn*
Red House	瑞秀宾馆	*ruìxiù bīnguǎn*
Ritan	日坛宾馆	*rìtán bīnguǎn*
SCITECH	赛特饭店	*sàitè fàndiàn*
St Regis	国际俱乐部饭店	*guójìjùlèbù fàndiàn*
Tiantan	天坛饭店	*tiāntán fàndiàn*
Tiantan Sports	天坛体育宾馆	*tiāntántǐyù bīnguǎn*
Yuan Dong	远东饭店	*yuǎndōng fàndiàn*
Zhaolong International Youth Hostel	兆龙青年旅舍	*zhàolóngqīngnián lǚshè*

Zentrum: *Far East International Youth Hostel*, 113 Tieshuxie Jie, Qianmenwai, ☏ 63018811, 📠 63018233, ✉ courtyard@elong.com, 💻 www.hostelbeijing.com. Schöne kleine Unterkunft in fantastischer Lage in einem traditionellen Hofhaus mitten in einem noch lebendigen Hutong, 1 km vom Qianmen. 4- und 6-Bett-Dorms mit Waschbecken. Abgesehen von einer Küche, Waschmaschine und einer eleganten Lounge ist der Komfort wie in allen Hofhäusern allerdings beschränkt – es gibt nur einen Toilettenblock für den gesamten Komplex. Die Mitarbeiter sind freundlich, wenngleich etwas unorganisiert. Anmeldung im *Far East Hotel* gegenüber (um den Weg zu finden, fragt man am besten gleich nach diesem Hotel). Auf eigene Faust ist das Hostel am leichtesten zu finden, wenn man von der U-Bahn-Station Hepingmen nach Süden läuft und hinter der Marmorbrücke der Liulichang in das zweite Hutong linker Hand abbiegt, danach dem Gassenverlauf folgt – links, rechts, links. Dorm-Bett ¥45–55, mit internationalem Jugendherbergsausweis ¥10 weniger.

International Youth Hostel, 9 Jianguomennei Dajie, ✆ 65126688, App. 6146, ℻ 65229494, 💻 www.hostelbeijing.com. Nur wenig nördlich der U-Bahn-Station Beijing Zhan, in der 10. Etage des Gebäudes hinter dem *International Hotel* – nach dem Jugendherbergsschild Ausschau halten. Neu, gut geführt, sauber, sehr zentral und mit toller Aussicht. Waschmaschinen, Fahrradverleih, aber keine Kochgelegenheit. Einziger Nachteil ist der Mangel an preiswerten Speiselokalen in der Gegend. 6-Bett-Dorms ¥60, mit internationalem Jugendherbergsausweis ¥10 weniger.

Außenbezirke: *Fenglong*–*,* 5 You'anmen Dong Jie, ✆ 63536413, ✉ suyuling@etang.com. Bestes der alten Backpacker-Flaggschiffe mit einer großen Auswahl an Dorms – vorzugsweise sollte man sich verschiedene zeigen lassen, da ihre Qualität, ihr Muffigkeitsgrad und die Preise erheblich variieren. Fahrradverleih und sogar Filmentwicklungsarbeiten werden angeboten. Die Mitarbeiter sind leicht träge, dafür ist das Informationsbüro für Touristen ausgezeichnet; es ist die Schaltzentrale, über die sämtliche Touren der Billigunterkünfte laufen. Anfahrt mit Bus Nr. 122 vom Beijing Zhan. Dorm-Bett ¥25–50.

Poacher's Inn**, abseits der Sanlitun Lu, ✆ 64172632, ℻ 64156866, 💻 www.poachers.com.cn. Viel versprechend: eines der besten billigen Hotels der Stadt neben der besten billigen Bar. Neu und ordentlich geführt, die Mitarbeiter sind allerdings etwas kühl. Einige Dorms, ansonsten hauptsächlich DZ, Preise inkl. Frühstück in der Bar. Nur Gemeinschaftseinrichtungen, diese aber makellos sauber, kostenlose Wäscherei. Tolle, unvermutet ruhige Lage in der Nähe von Bars und einigen guten Restaurants. Der Weg zum Hotel führt entlang der Sanlitun Lu nach Norden, dann nach 200 m am Schild zur *Cross Bar* nach links abbiegen und der Straße in einer Linkskurve folgen – das Hotel befindet sich dann auf der rechten Seite. Dorm-Bett ¥70.

Zhaolong International Youth Hostel, 2 Gongrentiyuchang Bei Lu, ✆ 65972299, ℻ 65972288, 💻 www.zhaolonghotel.com.cn. Hinter dem schicken *Zhaolong Hotel.* Ebenfalls sauberes und gut geführtes Hostel, einen kurzen Fußmarsch von den Bars in der Sanlitun Lu entfernt. Kostenlose Wäscherei, Fahrradverleih, Internet-Zugang, Gäste können außerdem die luxuriösen Einrichtungen wie Pool und Fitnessraum im *Zhalong* nutzen. Dorm-Bett ¥60–70, mit internationalem Jugendherbergsausweis ¥10 weniger.

MITTLERE PREISKLASSE – Auch die Unterkünfte dieser Preisklasse sind erheblich besser geworden und dienen sich nicht nur betuchten Besuchern oder Geschäftsleuten an. Häufig gibt es auf die offiziellen Preise bis zu 30% Nachlass.

Zentrum: *Bamboo Garden**,*** 24 Xiaoshiqiao Hutong, ✆ 64032229, 💻 www.bbgh.com.cn. Ruhiges und pittoreskes, aber ziemlich morsches Hofhaus-Hotel in einem Hutong, nahe dem Trommel- und dem Glockenturm. Der etwas angestaubte Service trägt ein Übriges zur archaischen Atmosphäre bei. Zur Zeit der Recherche wurde renoviert, sodass sich einiges inzwischen gebessert haben dürfte.

Chongwenmen**,*** 2 Chongwenmen Xi Dajie, ✆ 65122211, ℻ 65122122. Etwas beengtes, aber günstig nahe der U-Bahn-Station Chongwenmen gelegenes Hotel. Die offiziellen Preise sind vergleichsweise hoch, sodass sich Handeln empfiehlt.

Fuhao**,*** 45 Wangfujing Dajie, ✆ 65231188, ℻ 65131188. Neue Drei-Sterne-Unterkunft, die erschwinglicher als die meisten anderen der Gegend ist.

Hademen*,*** 2a Chongwenmenwai Dajie, ✆ 67012244, ℻ 67016865. Etwas verschachtelt wirkendes Zwei-Sterne-Hotel, dessen Mitarbeiter kein Englisch sprechen, das aber durch den Vorteil seiner günstigen Preise und der guten Lage nahe der U-Bahn-Station Chongwenmen eine Überlegung wert ist.

Haoyuan*,*** 53 Shijia Hutong, ✆ 65125557, ℻ 65253179. Beschauliches, kleines Hofhaus-Hotel, nur ca. 500 m von der Wangfujing Dajie entfernt, doch sehr ruhig. Kleine, aber gemütliche Zimmer, die mit Möbeln im Ming-Stil eingerichtet sind. Zu Fuß läuft man die Dongdan Bei Dajie nach Norden und biegt in die letzte Gasse rechter Hand vor der Kreuzung mit der Dengshikou Dajie ab, dann noch 200 m bis zum Hotel (durch zwei rote Laternen gekennzeichnet) auf der linken Straßenseite.

Lüsongyuan***, 22 Banchang Hutong, etwas abseits der Jiaodaokou Nan Dajie, ✆ 64040436, ℻ 64030418. Ehemaliges herrschaftliches Hofhaus aus Zeiten der Qing-Dynastie, das in ein stilvolles Hotel umgewandelt wurde und über eine Reihe geschmackvoller, eleganter Zimmer in unterschiedlichen Kategorien, im Untergeschoss auch über einen Dorm (Bett ¥80) verfügt und einen hübschen Garten besitzt. Bei Tourgruppen beliebt, während der Saison (Apr–Sept) ist eine Reservierung daher empfehlenswert. Anfahrt mit Bus Nr. 104 vom Bahnhof bis zur Haltestelle Beibingmasi, von dort läuft man 50 m zu Fuß nach Süden bis zu einem englischsprachigen Schild, das den Weg in die Gasse zum Hotel weist.

Minzu******, 51 Fuxingmen Dajie, ✆ 66014466, ℻ 66014849. Auf halber Strecke zwischen den U-Bahn-Stationen Fuxingmen und Xidan. Tadellos geführt und in der Nähe von reizvollen Gegenden der Stadt, lohnt allerdings nur wenn man einen Preisnachlass herausschlagen kann. Gutes Restaurant in der 1. Etage.

Red House*****, 10 Chunxiu Jie, ✆ 64167500, ℻ 64167600, 💻 www.redhouse.com.cn. Hotel mit Monatspreisen für Selbstversorger, auch einige 7-Bett-Dorms für ¥95 inkl. Frühstück. Zu finden über die Dongzhimenwai Dajie, von der man gegenüber von *Pizza Hut* abbiegt.

Ritan******, 1 Ritan Lu, ✆ 65125588. Kleine Unterkunft, die eine erschwinglichere Alternative zu den prunkvollen Palästen an der Jianguomenwai Dajie bietet, allerdings auch auf deren Eleganz verzichtet.

Yuan Dong***, 90 Tieshu Xiejie, ✆ 63018811, ℻ 63018233. Reizvoll im Labyrinth eines Hutong gelegen, nur 10 Min. Fußmarsch vom Qianmen entfernt, die Zimmer sind jedoch ein wenig muffig.

Nördlich des Zentrums: *Big Bell*** , 18 Beisanhuan Xi Lu, ✆ 62253388. Etwas fade, dafür aber preiswerte Unterkunft in einer schmucklosen Gegend. Keine Bushaltestelle in der Nähe, für die Anfahrt ist daher ein Taxi vonnöten.

Cherry Blossom***, 17 Huxing Dong Jie, ✆ 6493 4455. Nicht so schick wie das benachbarte *Huiqiao* (siehe unten), dafür aber auch preiswerter. Bester Komfort, das Restaurant sollte jedoch gemieden werden.

Huiqiao****, 19 Huxing Dong Jie, ✆ 64918811. Gutes, ruhiges Mittelklassehotel mit sauberen, schönen Zimmern. Recht weit im Norden gelegen, mit dem Taxi für ¥10 oder mit Bus Nr. 807 von der nächstgelegenen U-Bahn-Station Yonghe Gong jedoch schnell zu erreichen. Durch die Nähe zu verschiedenen Universitäten ist die Gegend reich mit guten, preiswerten Restaurants bestückt, insbesondere mit Lokalen, die Speisen aus der Region Xinjiang sowie aus Korea anbieten.

Südlich des Zentrums: *Beiwei* und ***Tianqiao***, ab *********, 13 Xijing Lu, ✆ 63012266, ℻ 63011366. Chinesisch-japanisches Joint-Venture, das aus zwei Gebäuden besteht: einem sehr teuren und einem billigeren. Das billigere (Beiwei) wirkt wie eine Kaserne im Vergleich zum schlachtschiffartigen Prunk des benachbarten teureren (Tianqiao). Anfahrt mit Bus Nr. 20 vom Hauptbahnhof bis zur Yongdingmennei Dajie, von dort noch 1 km Fußmarsch nach Westen.

Longtan****, 15 Panjiayuan Nan Lu, ✆ 67712244. Gute Lage, komfortabel und mit einer großen Auswahl an unterschiedlichen Zimmern, die Mitarbeiter sprechen allerdings kaum Englisch.

Qianmen*****, 175 Yong'an Lu, ✆ 63016688, ℻ 63013883. Großes, charakterloses, aber beliebtes Drei-Sterne-Hotel mit eigenem Theater (s.S. 193, Unterhaltung), das allabendlich und überwiegend vor Reisegruppen eine nicht ganz authentische Peking-Oper zeigt.

Tiantan******, 1 Tiyuguan Lu, ✆ 67112277, ℻ 67116833. Kleine, komfortable, aber etwas teure Drei-Sterne-Unterkunft in ruhiger Lage östlich des Tiantan-Parks.

Tiantan Sports****, 10 Tiyuguan Lu, ✆ 67113388. Angesichts der zahlreichen übergewichtigen Geschäftsleute wirkt die Atmosphäre deutlich weniger sportlich, als der Name vermuten ließe, aber immerhin gibt es in der Straße jede Menge Läden, die Sportartikel verkaufen. Das Hotel bietet diverse Touren an, vor der Tür gibt es einen Fahrradverleih. Anfahrt mit Bus Nr. 39 vom Beijing Zhan.

LUXUSHOTELS – In Beijing gibt es so viele Luxushotels, dass all die Geschäftsleute und betuchten Touristen nicht ausreichen, um sie zu füllen; nicht wenige arbeiten daher mit Verlust. Man muss aber nicht in ihnen wohnen, um in den Genuss ihrer hervorragenden Einrichtungen zu kommen. Wer im Westen in Jeans ein Nobelhotel betritt, wird mit höflicher Nichtbeachtung gestraft, hier jedoch gilt ein ausländisches Gesicht als Eintrittskarte in das palastartige Innere der Hotels. In den Toiletten der Lobbys stehen in der Regel livrierte Angestellte bereit, um absolute Sauberkeit und Komfort zu garantieren. Die Lobbys sind zudem ideal, um kostenlose Exemplare der *China Daily* und Touristenmagazine zu ergattern.

Beijing, 33 Dongchang'an Jie, ✆ 65137766, 💻 www.chinabeijinghotel.com. Am zentralsten gelegenes Hotel dieser Kategorie, etwas östlich des Tian'anmen-Platzes, und eines der auffälligsten Gebäude der gesamten Stadt. Von den Zimmern in den oberen Etagen im Westflügel bietet sich ein herrlicher Ausblick über die Verbotene Stadt. Die kürzliche Renovierung hat die letzten Reste des historischen Charmes getilgt, und der Service könnte besser sein. Zimmer ab US$160.

Great Wall Sheraton, 6 Dongsanhuan Bei Lu, ✆ 65005566, 📠 65001919. Sehr mondänes Fünf-Sterne-Haus an der dritten Ringstraße. US$220.

Holiday Inn Crowne Plaza, 48 Wangfujing Dajie, ✆ 65133388. Etabliertes, nahe den Geschäften gelegenes Hotel mit künstlerischen Ambitionen in Gestalt einer hauseigenen Galerie. US$200.

Jianguo, 5 Jianguomen Dajie, an der U-Bahn-Station Yong'an Li, ✆ 65002233, 💻 www.hoteljianguo.com. Bestes Vier-Sterne-Hotel der Stadt, das zu Recht sehr gefragt ist. Gut geführt, tadelloses Erscheinungsbild, viele Zimmer an Hofgärten gelegen. Das hiesige Restaurant *Justine's* serviert das beste französische Essen der Stadt. US$190.

Jinglun (Hotel Beijing–Toronto), 3 Jianguomenwai Dajie, ✆ 65002266, 📠 65002022. Von außen nüchtern, im Innern bietet das japanisch geführte Haus jedoch sehr viel Komfort und Eleganz. US$190.

Kempinski, Lufthansa Centre, 50 Liangmaqiao Lu, ✆ 64653388, 💻 www.kempinski-beijing.com. Abseits des Zentrums, auf dem Weg zum Flughafen und nicht weit von der dritten Ringstraße gelegenes Fünf-Sterne-Hotel mit angegliedertem großem Einkaufszentrum; in der Nähe gibt es außerdem zahllose Bars und Restaurants, die von ausländischen Bewohnern Beijings bevölkert werden.

New Otani, 26 Jianguomenwai Dajie, ✆ 6512 5555, 📠 65139810. Modernes Fünf-Sterne-Hotel, das seine Gäste wie kein anderes verwöhnt und zu den luxuriösesten Beijings gehört. Der Komfort hat allerdings einen happigen Preis von mindestens US$212 pro Nacht.

Palace, 8 Jingyu Hutong, ✆ 65128899, 📠 6512 9050. Dezente Unterkunft in guter Lage mit einem sehr brauchbaren Einkaufszentrum, das einst den einzigen Armani-Laden Chinas beherbergte. US$300.

SCITECH, 22 Jianguomenwai Dajie, ✆ 65123388, 📠 65123542. Hotel für Geschäftsleute in günstiger, aber unschöner Lage gegenüber dem Freundschaftsladen zwischen einer Gruppe von Bürogebäuden. Anfahrt mit der U-Bahn bis zur Station Jianguomen, von dort zu Fuß ein Stück nach Osten.

St Regis, 21 Jianguomen Wai Dajie, ✆ 64606688, 📠 64603299. Bestes und teuerstes Hotel der Stadt, in dem solch illustre Gäste wie George W. Bush absteigen, wenn sie auf Visite sind. Zimmer ab US$225.

Essen

Groß ist die Qual der Wahl in Beijing. Die Preise sind selbst in den luxuriösesten Restaurants erschwinglich und weit günstiger als in vergleichbaren Lokalen im Westen. Nirgendwo auf dem chinesischen Festland ist die kulinarische Vielfalt größer als in Beijing. Neben allen **chinesischen Küchen** sind hier auch nahezu alle asiatischen und die meisten Weltküchen vertreten. Angesichts dieser Fülle wird oftmals vergessen, dass Beijing selbst eine eigene Kochtradition besitzt und mit Spezialitäten wie **Peking-Ente** *(Beijing kaoya)* und **mongolischem Feuertopf** einen schmackhaften Beitrag leistet. Peking-Ente wird in chinesischen Restaurants auf der ganzen Welt serviert und besteht aus kleinen Fleischstücken, die in Pflaumensoße getunkt und anschließend

Beijing: Essen

Afunti	阿凡提	*āfántí*
Be There Or Be Square	不见不散	*bújiàn búsàn*
Berena's Bistro	伯瑞娜	*bóruì nà*
Bianyifang Roast Duck	便宜坊烤鸭店	*biányìfāng kǎoyādiàn*
Delifrance	大磨方面包	*dàmòfáng miànbāo*
Donghuamen Yeshi	东华门夜市	*dōnghuámén yèshì*
Duyichu	都一处烧麦馆	*dūyíchù shāomàiguǎn*
Elephant	大笨象	*dàbènxiàng*
Fangshan	仿膳饭店	*fǎngshàn fàndiàn*
Golden Elephant	金象苑东方餐厅	*jīnxiàngyuàn dōngfāng cāntīng*
Golden Thaitanium	泰合金	*tàihéjīn*
Gongdelin	功德林素菜馆	*gōngdélín sùcàiguǎn*
Goubuli Baozi	狗不理包子铺	*gǒubùlǐ bāozipù*
Hard Rock Café	硬石餐厅	*yìngshí cāntīng*
Kaorouji	烤肉季	*kǎoròujì*
KFC	肯德基家乡鸡	*kěndéjī jiāxiāngjī*
Lichun	利群烤鸭店	*lìqún kǎoyādiàn*
Makai	吗凯餐厅	*mǎkǎi cāntīng*
McDonald's	麦当劳餐厅	*màidāngláo cāntīng*
Mexican Wave	墨西哥风味餐	*mòxīgē fēngwèicān*
Neng Ren Ju	能仁居饭庄	*néngrénjū fànzhuāng*
Old Character Hakka	老汉子客家菜馆	*lǎohànzi kèjiācàiguǎn*
One Thousand and One Nights	一千零一夜	*yīqiān língyīyè*
Phrik Thai	泰辣椒	*tàilàjiāo*
Pizza Hut	必胜客	*bìshèngkè*
Qianmen Quanjude Roast Duck	前门全聚德烤鸭店	*qiánmén quánjùdé kǎoyādiàn*
Saigon Inn (Gloria Plaza Hotel)	凯莱大酒店	*kǎilái dàjiǔdiàn*
Shenglinfu	盛林府	*shènglínfǔ*
Sichuan	四川酒楼	*sìchuān jiǔlóu*
Tianshi	绿色天食	*lǜsè tiānshí*
Wangfujing Quanjude Roast Duck	王府井全聚德烤鸭店	*wángfǔjǐng quánjùdé kǎoyādiàn*
Xiheya Ju	羲和雅居	*xīhé yǎjū*
Yushan	御膳饭店	*yùshàn fàndiàn*

mit gehackten Zwiebeln in einen Pfannkuchen gerollt werden. Ein solches Mahl ist sehr gehaltvoll und treibt den Cholesterinspiegel nicht unerheblich in die Höhe. Leichter bekömmlich ist der mongolische Feuertopf, eine Art Fondue für Arme, bei dem in einen Topf mit kochender, meist von unten auf Temperatur gehaltener Brühe in Streifen geschnittenes Hammelfleisch sowie Kohl und Nudeln gestippt werden. Der Rest wird am Ende mitunter als Suppe getrunken.

Reichhaltig ist auch die Auswahl an **westlichen Speisen** in Beijing, allerdings kosten diese etwas mehr als chinesisches Essen. Französisch gilt als schick, die Qualität ist jedoch nur mittelmäßig. Eine Ausnahme hiervon bildet die ausgezeichnete Kette *DeliFrance,* die ebenso gute wie preiswerte Backwaren anbietet. Deutsches und italienisches Essen ist besser, aber ebenfalls teuer und wird in den exklusiveren Gegenden der Stadt von einer ganzen Reihe Restaurants angeboten. **Japanisch** und **Koreanisch** kann man hauptsächlich in den Restaurants der gehobenen Hotels essen, und das sowohl gut als auch zu erschwinglichen Preisen. Wer jedes Experiment scheut, kann international Bekanntes wie das *Hard Rock Café* aufsuchen – Speisen, Einrichtung und Preise entsprechen in jeder Hinsicht dem von zu Hause Gewohnten.

Fastfood gibt es in zwei Varianten: bei der chinesischen handelt es sich in der Regel um Nudelgerichte, die in einer Styroporschachtel in Kaufhäusern oder an Straßenständen erhältlich sind, bei der westlichen um Importe wie *Pizza Hut, McDonald's* und *KFC,* die überaus erfolgreich sind und viele Nachahmer gefunden haben. Die erste *McDonald's*-Filiale eröffnete 1992, heute gibt es bereits mehr als 50, und diese sind häufig so überfüllt, dass nicht wenig Geduld erforderlich ist, bis der Hunger gestillt werden kann. Die Preise sind niedriger als im Westen, für chinesische Verhältnisse jedoch hoch. Abgesehen vom Zentrum, wo die Polizei die Verkäufer vertreibt, gibt es zahllose **Straßenstände**, an denen zumeist Nudelgerichte zu bekommen sind; die besten findet man auf den regulären Nachtmärkten. Verzichten sollte man hingegen auf Eiscreme, die Verkäufer in der Nähe von Parks anbieten, da die in Heimarbeit hergestellte Ware oftmals von zweifelhafter Qualität ist.

Wer für ein Picknick einkaufen möchte oder eine Unterkunft mit Kochgelegenheit besitzt, findet in der Hauptstadt eine stattliche Auswahl an **Supermärkten**. Am beeindruckendsten ist die Filiale der aus Hongkong stammenden *Wellcome*-Kette im Untergeschoss des World Trade Centre, deren Preise hier allerdings um die Hälfte höher als in Hongkong liegen. Der Supermarkt im 1. Stock des Freundschaftsladens ist nicht annähernd so gut, bietet aber u.a. Butter, Käse und Biere aus dem Westen. Gleiches findet man auch in den Supermärkten im Untergeschoss des *Parkson Store* und im *SCITECH*-Einkaufszentrum. Wird das Heimweh westlicher Besucher allzu groß, empfiehlt sich der Weg nach Sanlitun, wo Spezialitätengeschäfte für Linderung sorgen: z.B. *Jenny Lou's* in der Gongrentiyu Bei Lu, ein beliebter und empfehlenswerter, aber nicht billiger Laden.

FRÜHSTÜCK, SNACKS UND FASTFOOD – Viele Besucher können dem chinesischen Frühstück aus Teigtaschen und klebrigem Reis kaum etwas abgewinnen, *jiang bing guozi* jedoch, der klassische Beijinger Frühstücks-Snack, der aus Gemüse besteht, das in ein Omelett und einen Pfannkuchen gewickelt wird, und den Straßenverkäufer mit geschickten Handgriffen in weniger als einer Minute zubereiten, ist schmackhaft und billig (¥2). Die meisten Hotels bieten in der einen oder anderen Form Frühstück nach westlichem Geschmack an. Als Alternativen stehen ansonsten *DeliFrance* für preiswerte Croissants, *Dunkin' Donuts* für Muffins oder *Starbucks* für Kaffee und Kuchen zur Verfügung. Beijing ist einer der wenigen Orte Chinas, wo eine anständige Tasse **Kaffee** zu bekommen ist, generell bleibt Kaffee jedoch ein Getränk der dem Westen nacheifernden Elite – die meisten Chinesen können ihn nicht ausstehen, weshalb Cafés denn auch überwiegend in den teureren Gegenden zu finden sind. Für einen billigen und sättigenden **Imbiss am Abend** empfehlen sich die Straßenstände beispielsweise mit *huntun,* im Grunde nichts anderes als eine Wantan-Suppe, *xianr bing,* gefülltem Pfannkuchen, oder mit diversen Nudelgerichten. Zahllose solche Stände gibt es auf den **Nachtmärkten**, die ab ca. 17 Uhr bis gegen 22 Uhr abgehalten werden und im Sommer am lohnendsten sind.

DeliFrance, Qianmen Xi Dajie (neben *McDonald's*), Filialen im Lufthansa Centre, Untergeschoss; Sun Dong'an Plaza, Ebene 2, Wangfujing. Gute, kleine französische Bäckereikette mit preiswerter Pizza, frischen Croissants und Kuchen.

Donghuamen-Yeshi-Nachtmarkt, Wangfujing Dajie, Ecke Jinyu Hutong, in derselben Straße wie das *Palace Hotel.* An den Straßenständen gibt es *xiaochi* (wörtl. „kleines Essen") aus ganz China; abgesehen von gelegentlichen Delikatessen wie Skorpion am Spieß für ¥10 kostet alles nur ein paar Kuai. In dem angrenzenden Touristen-Nachtmarkt wiederum sind einige der edelsten Restaurants Beijings mit Ständen vertreten, um in reizvoller Gartenatmosphäre Essen an der Straße zu einem Erlebnis der gehobenen Sorte zu machen. Preise ¥10–100.

Dunkin' Donuts und ***Baskin' Robbins***, Jianguomen Dajie, neben dem Freundschaftsladen. Sind im selben Komplex untergebracht und rund um die Uhr geöffnet. Da sich hier gerne Diebe tummeln, sollte man seine Habe im Auge behalten. Eine weitere Filiale von *Dunkin' Donuts* befindet sich in der Wangfujing Dajie, nördlich der Kreuzung mit der Donganmen Dajie.

Duyichu, 36 Qianmen Dajie. Für seine gedämpften Teigtaschen bekanntes Restaurant, das seit mehr als einem Jahrhundert besteht, wenngleich die nüchterne moderne Einrichtung dies nicht vermuten lässt. Eines der besten Lokale der Gegend für ein leichtes Mittagessen. Speisen auch zum Mitnehmen.

Goubuli Baozi, 155 Dianmenwai Dajie, wenig südlich des Trommelturms. Ableger der berühmten Restaurantkette aus Tianjin, wo schmackhafte *baozi* (Teigtaschen) für ein paar Yuan zu bekommen sind – entweder isst man sie gleich hier (billiger sind sie im unteren Geschoss) oder nimmt sie, wie die meisten Chinesen, mit nach Hause.

KFC, Qianmen Xi Dajie, gleich südlich des Qianmen. Erste, inzwischen schon etwas angestaubt wirkende Filiale einer Fastfood-Kette aus dem Westen, die heute im ganzen Land vertreten ist; öffnete 1987 ihre Pforten. Weitere Filiale im Parkson Centre, U-Bahn-Station Fuxingmen.

McDonald's, Qianmen Xi Dajie (neben *KFC*); Filialen in der Xidan Bei Dajie (200 m nördlich der Fuxingmen Dajie), Nansanhuan Xi Lu (200 m westlich des *Jinghua Hotel*), Jianguomen Dajie (gegenüber der *CITIC*-Bank) und an mehr als 50 weiteren Standorten im Stadtgebiet. Erfreut sich bei der jugendlichen Klientel ungebrochener Beliebtheit.

Qianmen Old Train Station, Qianmen Dong Dajie, in dem Gebäude mit dem Uhrturm. Der Speisesaal im Erdgeschoss bietet eine breite Auswahl an Spezialitäten aus ganz China, die nur selten mehr als ¥10 kosten.

Pizza Hut, 33 Zhushikou Xi Jie; Jianguomen Dajie (etwas westlich des Freundschaftsladens), außerdem 29 Haidian Lu und 27 Dongzhimenwai Dajie. Hält all das bereit, was man auch in westlichen Ländern von dieser Kette erwarten darf. Die ruhigste Filiale ist die in der Zhushikou Dajie.

Starbucks, 1. Etage, China World Trade Centre, 1 Jianguomenwai Dajie (um die Ecke vom Freundschaftsladen, außerdem im COFCO-Gebäude, 8 Jianguomennei Dajie. Bietet den besten und wohl auch teuersten Kaffee der Stadt – normaler Filterkaffee kostet ¥12, bei spezielleren Wünschen wird es noch teurer.

Subway, Jianguomen, zwischen *Jinglun Hotel* und *China World*, weitere Filialen Henderson Centre (gegenüber dem *International Hotel*), 52 Liangjiu Lu (gegenüber dem *Kempinski Hotel*) und China World Trade Centre NB209. Amerikanische Kette, meist bis Mitternacht geöffnet, mit sättigenden Sandwiches zu saftigen Preisen.

Untergeschoss des alten Bahnhofs (das Gebäude mit dem Uhrturm), Qianmen Dong Dajie. Hier gibt es eine Essensabteilung mit Spezialitäten aus ganz China, das meiste davon für weniger als ¥10.

RESTAURANTS – Sämtliche der teuren Hotels verfügen über diverse gute Restaurants, deren Atmosphäre zwar etwas gebremst wirkt, die aber häufig preiswerter sind, als man erwarten könnte. Lohnend kann es sein, die Stadtmagazine nach deren Werbeanzeigen mit speziellen Angeboten zu durchforsten. Billiger und lebendiger sind die einheimischen Restaurants. Besucher aus dem Westen sollten sich auf frühere Essenszeiten als zu Hause einstellen: Mittagessen gibt es gegen 12 Uhr, Abendessen um ca. 18–19 Uhr. Nur wenige Lokale haben länger als 23 Uhr geöffnet. In den Restaurants gibt es in der Regel zwei, manchmal auch mehr **Speisesäle**, in denen unterschiedliche Preise gelten, obwohl das Essen aus derselben Küche kommt. Am preiswertesten ist meist der offene Speisebereich in der ersten Etage. Eine vorherige Reservierung ist selten sinnvoll, da man automatisch im teuersten Restaurantbereich landet. In der folgenden Liste sind nur für die gehobeneren und beliebteren Restaurants die Telefonnummern aufgenommen worden.

Qianmen und der Süden: ***Gongdelin,*** 158 Qianmen Nan Dajie. Kurioses vegetarisches Restaurant mit Gerichten aus Shanghai, die solch poetische Namen wie „Das Feuer versengt die schneebedeckten Berge" tragen, ganz nüchtern betrachtet aber überwiegend verblüffend echt schmeckende Fleischimitationen sind. Probieren sollte man die Fischgerichte sowie die „Drachenaugen" aus Tofu und Pilzen. Service und Ambiente lassen zu wünschen übrig, wohl nicht zuletzt weil das Renommee des Lokals in jedem Fall für reichlich Gäste sorgt.

Lichun, 11 Bei Xiang Hutong, ✆ 67025681. Serviert leckere, preiswerte Ente für ¥80, liegt aber tief in einem Hutong in einem heruntergekommenen, alten Hofhaus und ist nicht leicht zu finden. Von der U-Bahn-Station Qianmen läuft man nach Osten entlang der Qianmen Dong Dajie, biegt dann rechts in die erste Straße, die Zhengyi Lu, und an deren Ende wieder nach rechts. Danach folgt man dem englischsprachigen Schild zum „Lijun Roast Duck Restaurant" zweimal nach links und erreicht das Restaurant auf der linken Seite – im Zweifelsfall Passanten fragen. Reservierung empfehlenswert.

Qianmen Quanjude Roast Duck, 32 Qianmen Dajie, ✆ 67011379. Eine Beijinger Institution; riesig, bestens organisiert und recht touristisch, was der Qualität der gebotenen Speisen jedoch keinen Abbruch tut. Tourgruppen werden in das obere Geschoss verfrachtet, unten ist die Atmosphäre aber besser. Eine ganze Ente (die für 2 Pers. reicht) kostet ¥168.

Quanjude Roast Duck, 14 Qianmen Xi Dajie, ✆ 63018833. Ebenfalls gigantische Ausmaße mit Platz für mehr als 2000 Gäste. Preise wie in der Qianmen-Filiale.

Yushan, 87 Tiantan Lu, 100 m westlich des Nordtors zum Himmelstempel, ✆ 67014263. Zweigstelle des *Fangshan Restaurant* im Beihai-Park mit ebenso blumig betitelten Gerichten, aber ohne die dortige festliche Atmosphäre. Die Gerichte sind etwas preiswerter, Menüs gibt es ab ¥150.

Jianguomen Dajie und Umgebung: ***Afanti,*** 2A Houguaibang Hutong, eine Seitengasse der Chaoyangmen Dajie. Lebendiges Lokal, das Gerichte aus Xinjiang (Kebabs, Nan und Ähnliches) serviert und dazu Bauchtanz und eine uigurische Band präsentiert. Beliebt bei Ausländern.

Be There Or Be Square, Ebene 2, Henderson Centre, nördlich des Beijing Zhan. Hinter dem schrecklichen Namen verbirgt sich ein Restaurant für schlichte, schnelle Hongkong-Küche, das bei der jungen mobilen Generation beliebt ist. Ein besseres Speiselokal in Nähe des Bahnhofs wird man nicht finden, das Personal kann allerdings etwas launisch sein. Preiswert, 24 Std. geöffnet.

Elephant, 17 Ritan Bei Lu. Beherbergt unten ein jugoslawisches, oben ein russisches Restaurant. Letzteres bietet eine große Auswahl an Suppen und Salaten sowie natürlich den unvermeidlichen Borschtsch; alle Hauptgerichte mit üppig portioniertem Kartoffelbrei als Beilage; ca. ¥80 p.P.

Justine's, *Jianguo Hotel,* 5 Jianguomenwai Dajie. Einfach und elegant, überwiegend westliche Küche, gut sind z.B. die Hummersuppe und das gegrillte Lamm, beste Weinkarte der Stadt; ca. ¥150 p.P.

Mexican Wave, Dongdaqiao Lu. Gemütliches Bistro mit entspannter, sehr westlicher Atmosphäre, das sich vor allem und sehr erfolgreich um ausländische Gäste aus dem nahen Diplomatenviertels bemüht. Tgl. wechselndes, gutes Mittagsmenü für ¥50, ebenfalls schmackhaft sind die variantenreichen Pizzas.

Nadaman, 3. Etage, *China World Hotel,* World Trade Centre. Japanisches Restaurant, das sich mit dezenter Schlichtheit schmückt und wahnwitzige Preise verlangt – Menü ¥300 p.P. Die meisten Zutaten werden aus Japan eingeflogen.

Phrik Thai, Gateway-Gebäude, 10 Yabao Lu. Elegantes thailändisches Restaurant, das gerne von Ausländern besucht wird. Empfehlenswert u.a. das rote Curry und Hühnchen-Satay.

Rotary Sushi Restaurant, Jianguomen Dajie. Billiges japanisches Fastfood-Lokal in unmittelbarer Nachbarschaft des Freundschaftsladens. Die Speisen fahren auf einem Förderband an den Gästen vorbei, Preise je nach farblicher Kennzeichnung ¥5–25.

Saigon Inn, 3. Etage, *Gloria Plaza Hotel,* 28 Jianguomenwai Dajie. Auf vietnamesische Gerichte spezialisiertes Restaurant, opulent, aber nicht teuer. Schon für weniger als ¥150 lässt sich hier bestens schlemmen, und das Mittagsmenü ist mit ¥50 sehr preiswert.

Sichuan Restaurant, Ebene 2, World Trade Centre, 1 Jianguomenwai Dajie. Sichuan-Küche in edlem Ambiente. Sehr zu empfehlen ist der Feuertopf für ¥170 p.P.

Xiheya Ju, im Nordosten des Ritan-Parks. Einem herrschaftlichen Gebäude der Qing-Dynastie nachempfundenes Restaurant, das Gerichte aus den Provinzen Sichuan und Guangdong serviert, daneben auch westliche Speisen. Gut ist u.a. *ganbian rou si,* getrocknetes, gebratenes Rindfleisch mit Sellerie und Chili. Mit ca. ¥60 p.P. ist zu rechnen.

Sanlitun und Umgebung: ***Berena's Bistro,*** 6 Gongti Dong Lu. Englischsprachige Bedienung, guter Service und ausgezeichnete Gerichte aus Sichuan, bei ausländischen Bewohnern Beijings außerordentlich beliebt. Probiert werden sollte *gongbao jiding* – Pfefferhuhn. Am leichtesten zu finden, wenn man die Nan Jiuba Jie nach Süden läuft – das Lokal liegt gleich hinter den Bars.

Golden Elephant, ab Sanlitun Jiu Ba Jie. Hübsches Lokal, das vor allem Diplomaten vom Subkontinent schätzen. Serviert werden indische und thailändische Gerichte, gewählt werden kann aus einer englischsprachigen, bebilderten Speisekarte. Gut sind z.B. *palak paneer* und *aloo ghobi* mit Tandoori-Huhn und Knoblauch-Nan. Das Bier ist billiger als in den umliegenden Bars. Zu Fuß läuft man die westliche Straßenseite nach Norden und biegt nach 200 m am Schild zur *Cross Bar* nach links ab. Ca. ¥80 p.P.

Old Character Hakka Restaurant, ab Sanlitun Jiu Ba Jie, neben der *Cross Bar.* Um nicht in der benachbarten billigen Kopie zu landen, ist auf den Eingang mit der schwarzen Tür zu achten. Zu Recht beliebt und stets voll. Ansprechende Atmosphäre, schmackhafte und preiswerte Speisen der Hakka aus dem Süden, es gibt eine (!) Speisekarte in Englisch. Die Bedienung ist ein wenig lärmig. Der Weg folgt derselben Strecke wie zum *Golden Elephant* (s.o.).

One Thousand and One Nights, 21 Gongrentiyuchang Bei Lu, 200 m westlich der Sanlitun Jiu Ba Jie. Beijings erstes nahöstlichen Speisen frönendes Restaurant, gleichermaßen beliebt bei Langnasen aus dem Westen, die nach einem Besuch der nahen Bars Appetit auf einen Kebab verspüren, und bei heimwehkranken Diplomaten, die sich draußen auf dem Gehweg an einer Wasserpfeife gütlich tun. Als Vorspeise empfiehlt sich Hummos, gefolgt vom Backhuhn als Hauptgericht, wobei im Magen noch Platz für ein paar Baklava bleiben sollte, die es im dazugehörigen Laden 100 m östlich des Restaurants gibt. Bis lange in die Nacht geöffnet, manche Gerichte sind jedoch schnell ausverkauft.

Shenglinfu Taiwan Restaurant, ab Sanlitun Jiu Ba Jie. Kleines, elegantes Lokal mit klassischer chinesischer Einrichtung, aufmerksamer Bedienung und gutem Huhn in Wein aus dem Tontopf. Nachmittags besteht die Möglichkeit, an einer Teezeremonie teilzunehmen. Der Weg zum Restaurant führt wiederum die westliche Straßenseite entlang, bis nach 200 m ein Schild auf „orthodox Taiwan food" in einer Gasse hinweist. Dieser Gasse folgt man, biegt nach rechts ab und hält nach den roten Laternen vor dem Lokal Ausschau. Mahlzeit ca. ¥30 p.P.

Wangfujing Dajie und Umgebung: ***Bianyifang Roast Duck,*** 2 Chongwenmenwai Dajie, ✆ 6711 2244. Preiswertestes der *Roast Duck*-Häuser. Im zweiten Speisesaal, der hinter dem ersten liegt, kostet eine ganze Ente nur ¥80. Immer voll, frühes Erscheinen ist daher ratsam.

Muslim Fast Food, nördlich der Wusi Dajie, zu finden, wenn man der Wangfujing Dajie bis hinter die Kreuzung mit der Wusi Dajie folgt und in ein Hutong einbiegt, wo es auf der Ostseite jede Menge Verkaufsstände mit Kleidung gibt. Nach 200 m erreicht man einen kleinen Platz – das Restaurant (zu erkennen an der Schrift auf grünem Hintergrund) liegt an dessen Südseite, gegenüber einem *McDonald's.* Sieht wenig beeindruckend aus, aber das Essen ist lecker und preiswert. Am besten zeigt man an dem reichhaltig und auch mit vielen vegetarischen Gerichten bestückten Tresen auf die gewünschten Speisen. Sehr gut sind auch die Süßspeisen.

Tianshi Vegetarian Restaurant, 57 Dengshi Xikou, nahe der Wangfujing Dajie. Sämtliche Gerichte dieses hellen, modernen Restaurants sind auf der Basis von Knollengemüsen, Hülsenfrüchten oder Getreide zubereitet, kalorienarm und frei von Cholesterin, werden aber zumeist – man ist schließlich in China – als Fleischimitate präsentiert. Zu empfehlen sind das „Huhn" oder der „Aal", Alkohol wird nicht ausgeschenkt; ca. ¥50 p.P.

Wangfujing Quanjude Roast Duck, 13 Shuaifuyuan Hutong, ✆ 65253310. Kleiner als die anderen dieser Kette. Hat sich angesichts der Nähe zu einem Krankenhaus den wenig schmeichelhaften Spitznamen „kranke Ente" eingehandelt.

Nördliche Stadtviertel: *Fangshan,* Beihai-Park, nahe dem Südtor, ✆ 64011879. In exquisiter Lage auf der zentralen Insel im Beihai-Park. Beste Adresse, um die „kaiserliche Küche" in Beijing zu genießen. Preise ¥100–500 p.P. für ein festliches Menü, das so Exotisches wie Kamelhufe und Vogelnestsuppe umfasst. Reservierung empfehlenswert.

Golden Thaitanium, Dongsanhuan Bei Lu, neben dem Chaoyang-Theater. Schmackhafte, sehr scharfe thailändische Gerichte in entspannter Atmosphäre. Speisekarte bebildert. Gut mit einem Besuch der Akrobatik-Show im benachbarten Theater (s.S. 194) kombinierbar, da das Restaurant auch nach Ende der Vorstellung um 21 Uhr geöffnet bleibt.

Hard Rock Café, 8 Dongsanhuan Bei Lu. Amerikanisches Restaurant inkl. Bar und Disco – wie überall auf der Welt. Eine Mahlzeit schlägt mit ca. ¥100 zu Buche, ein Bier mit ¥35.

Kaorouji, 37 Shichahai, in den nördlichen Hutong, unweit des Trommelturms. Moslemisches Lokal in reizvoller Lage am Ufer des Qianhai Hu mit großen Fenstern und im Sommer Tischen im Freien. Keine englische Speisekarte, die chinesische Version bietet aber immerhin ein paar Bilder. Anstatt Reis gibt es ein Sesambrötchen, und die Gerichte kommen mit dem Namen des Kochs versehen auf den Tisch. Vom Trommelturm läuft man die Dianmenwai Dajie nach Süden, biegt in das erste Hutong nach rechts und erreicht das Restaurant nach einem kurzen Fußmarsch kurz vor der Brücke. Nach dem Mahl bietet sich ein Besuch der netten Bars in der Nähe an.

Makai, 3 Di'anmenwai Dajie. Großes Lokal, das Gerichte aus Hunan serviert, aber etwas zu stark auf Touristen ausgerichtet ist, um authentische Atmosphäre zu verbreiten. Am Essen gibt es nichts auszusetzen, und die Preise sind mit ca. ¥50 p.P. sehr annehmbar.

Neng Ren Ju, 5 Taipingqiao, nahe dem Baita Si. Das elegante, kleine Lokal bietet den vielleicht besten mongolischen Feuertopf in der Hauptstadt. Die Auswahl der Zutaten hierfür ist groß, für den wahren Genuss bleibt man jedoch am besten bei der klassischen Variante aus Hammel, Kohl, Kartoffeln und Glasnudeln. Am Abend sorgen all die Feuertöpfe für heiße, stickige Luft.

T.G.I. Friday, Dongsanhuan Lu, 300 m südlich des *Zhaolong Hotel.* Unspektakuläres amerikanisches Essen in einer etwas ruhigeren Atmosphäre als im *Hard Rock Café.* Mahlzeiten ca. ¥100 p.P., Bier vom Fass ¥20.

Von den einst zahlreich vertretenen **Xinjiang-Restaurants** gibt es nach Zerstörung und aus Angst, sie könnten eine Brutstätte für separatistisches Gedankengut sein, heute nur noch kleine, auf zwei Gegenden beschränkte Ansammlungen: eine davon in Weiconguan im Bezirk Haidian, wo man die stimmungsvollere Atmosphäre findet, die andere gegenüber und südlich des *Cherry Blossom Hotel,* wo insbesondere im ***Tuluran*** und ***Alibaba*** das Essen etwas feiner ist. Bandnudeln, heißes Nan und jede Menge Hammelfleisch kommen überall preiswert und in lebendiger Umgebung auf den Tisch.

Koreanische Restaurants, Bars und Läden sind in großer Zahl in der Nachbarschaft der Universität für Sprachen und Kultur, Wudaokou, im Haidian-Bezirk angesiedelt. Die Preise liegen mit ca. ¥30 p.P. recht niedrig. Eine ähnliche, aber etwas gehobenere Ansammlung gibt es gegenüber dem *Kempinski Hotel.* Wer in einem gut besetzten Restaurant *nayng myon,* kalte Nudeln, und *bibimbap,* ein Gericht aus dem Tontopf mit Reis, Gemüse, Ei und Rindfleisch, bestellt, kann kaum etwas falsch machen.

Das *Lufthansa Centre,* Beisanhuan Dong Lu, ist ein Einkaufskomplex mit diversen anspruchsvollen Restaurants, darunter die ***Trattoria,*** ✆ 64653388 App. 5707, mit italienischem, und das ***Brauhaus,*** ✆ 64653388 App. 5732, mit deutschem Essen wie z.B. Schweinebraten mit Sauerkraut für 2 Pers. für ¥135. Günstiger ist hier kaum etwas zu bekommen. Im Untergeschoss ist das auf koreanische Küche spezialisierte ***Sorabol,*** ✆ 64651845, angesiedelt.

Unterhaltung und Kultur

Befreit vom moralischen Würgegriff der Kommunisten, die nach der Machtübernahme die „bourgeoisen" Bars und Teehäuser verschwinden ließen und sie durch ultratraditionelle, künstlich kulturbeflissene und oftmals dröge Einrichtungen ersetzten, hat sich das Nachtleben und Unterhaltungsangebot Beijings wieder erholt. Moderne Beijinger, die vergleichsweise liberale Zeiten durchleben und heute über Einkommen verfügen, die noch Spielraum für Vergnügungen lassen, möchten einfach ihren Spaß haben. Das Unterhaltungsangebot ist entsprechend groß und umfasst weit mehr als die Karaoke- und farblosen Hotelbars, die man in anderen chinesischen Städten findet. Allein schon der zutage tretende kulturelle Spagat macht einen Besuch der Beijinger **Bar- und Clubszene** interessant, und wer eine chinesische Disco oder einheimische Rockband erleben möchte, kann kaum einen besseren Ort als Beijing finden und wird dabei nicht arm werden.

In den späten 80er Jahren erfasste ein Trend zu riesigen **Discos** die Stadt, und noch immer erfreuen sie sich großer Beliebtheit und werden allabendlich von jungen, wohlhabenden Chinesen bevölkert. Für Ausländer ist es wohl ebenso reizvoll, das Treiben zu beobachten, wie daran teilzunehmen. Der Ablauf des Abends folgt immer demselben Schema: ein paar Stunden billiger Techno, gefolgt von einer sentimentalen halben Stunde Gesang auf der Bühne und am Ende, wenn nur noch die eingefleischten Clubgänger übrig geblieben sind und die Stimmung sich deutlich gelockert hat, noch einmal ein, zwei Stunden dröhnende Discorhythmen. In jüngerer Vergangenheit haben **Nachtclubs westlichen Stils** eröffnet, die angesagte DJs aus dem Westen oder Japan einfliegen.

Die Vorliebe der modernen, weltmännischen Bewohnerschaft Beijings gilt jedoch den **Bars**. 1995 gab es am südlichen Ende der **Sanlitun Lu** gerade einmal eine einzige Bar, und die machte nur Verluste. In der Überzeugung, sie besitze Potential und nur das Fengshui sei falsch – die Toilette befand sich gegenüber dem Eingang und schluckte somit sämtlichen Reichtum –, fand sich ein Käufer, der den Namen änderte, die Toilette umsetzte und so das Nachtleben der Stadt revolutionierte. Heute reiht sich hier eine Bar an die nächste, und ständig kommen neue hinzu. Viele sind Trittbrettfahrer, die von der Anziehungskraft ihrer Nachbarn profitieren wollen – sobald eine Bar Erfolg hat, eröffnen in ihrer Umgebung vier weitere mit fast identischem Namen. Ursprünglich hatte man vor allem die ausländische Gemeinde der Stadt als Kundschaft im Visier, heute zählen jedoch genauso viele Einheimische zu den Gästen. Das Straßenbild in der Sanlitun Lu wird westlichen Betrachtern sehr vertraut erscheinen; fast wähnt man sich zu Hause, und auch die Preise sind dieselben. Eine alternative Barszene existiert in **Haidian**, in der Umgebung des Universitätsviertels im Nordwesten. Angesichts der überwiegend studentischen Klientel sind die dortigen Bars billiger und hipper, zudem individueller.

Mit den Bars hat auch die **Musikszene** der Stadt neuen Auftrieb und längst überfällige Veranstaltungsorte erhalten. Inzwischen reicht die Bandbreite der nahezu allabendlich stattfindenden Konzerte von klassischer Zither und Bambusflöte bis hin zu Jazz, Deep House oder ohrenbetäubendem Grindcore. Die meisten Touristen zieht es indes, zumindest für einen Kurzbesuch, in eine **Peking-Oper** und zu den ausgezeichneten chinesischen **Akrobaten** – beides recht zeitlose Angelegenheiten. Das zeitgenössische Theater ist demgegenüber in raschem Wandel begriffen und bringt neuerdings chinesische Übersetzungen westlicher Stücke und experimentierfreudige Produktionen einheimischer Dramaturgen auf die Bühne.

Die **Kinos** bedienen heute den schier unstillbaren Appetit auf Kungfu-Filme, anstatt Erbaulicheres zu zeigen; es gibt jedoch reichlich Gelegenheit, ernst zu nehmende und auch kontroverse Streifen junger Filmemacher zu sehen.

BARS – Die größte Ansammlung von Bars findet man in der Umgebung der **Sanlitun Lu**, auch Jiu Ba Jie (wörtl. „Straße der Bars") und Nan Jiu Ba Jie („südliche Straße der Bars") genannt, in einem Hutong südlich und ein Stück westlich. In allen gibt es Bier vom Fass zu Preisen wie im Westen, viele bieten auch Live-Musik. **Haidian** im Universitätsviertel ist für seine unprätentiösen, kleinen Lokale und seine alternative Atmosphäre bekannt. Für einen geruhsamen Drink in entspannter Umgebung empfiehlt sich das Seeufer des Houhai, wo derzeit eine neue Barszene entsteht. Bei den Bars, in denen regelmäßig Konzerte stattfinden, haben wir die Telefonnummern angegeben. Die Lebensdauer der Beijinger Bars ist höchst unterschiedlich, sodass einige der genannten bei Erscheinen des Buches bereits wieder verschwunden sein können – über den aktuellen Stand informieren die Stadtmagazine.

Sanlitun: Die hiesigen Bars liegen innerhalb der dritten Ringstraße; Anfahrt bis zur U-Bahn-Station Dongzhimen, von dort weiter mit Bus Nr. 113 Richtung Westen. Im Folgenden sind die lohnendsten Bars wiedergegeben, es gibt jedoch noch etliche mehr. In der Umgebung wimmelt es außerdem von Cafés, in denen man bei einer Tasse Kaffee und Snacks wieder einen nüchternen Kopf bekommen kann.
Durty Nellies Irish Pub, Sanlitun Nan. So irisch wie *jiaozi,* aber immer gut besucht.
Hidden Tree, Sanlitun Nan Lu. Gemütlich und entspannt, hübscher Garten, im Innern hat sich eine knorrige Eiche breit gemacht.
Jam House, Sanlitun Nan Lu, ✆ 65063845. Hinter dem *Nashville* noch ca. 100 m bis zu einem Schild laufen, das den Weg in eine Gasse weist. Kleines Lokal, das zu den angesagtesten Sanlituns zählt. Sowohl bei jungen ausländischen Bewohnern als auch bei schicken Einheimischen beliebt, die Verkehrsprache ist in der Regel Chinesisch. An Wochenenden Live-Musik mit anschließenden Jamsessions. Wird es unten in der Bar zu laut, kann man sich auf den Dachgarten zurückziehen.
Minders Bar, Sanlitun Lu. Ein weiteres Original, dieses mit eigener Filipino-Band, die Pop und Rock aus den 70ern und 80ern nachspielt.
Nashville, Sanlitun Nan Lu. Eines der ältesten Lokale der Gegend. Geboten wird Country & Western. Die Hausband spielt Mi–Sa. Große Auswahl an Bieren vom Fass, u.a. Hoegaarten (¥35) und Boddingtons (¥50).
Poachers Bar, in einer Seitengasse der Sanlitun Lu, ✆ 64172632, App. 8506. Zu Fuß die Sanlitun Lu nach Norden, dann nach 200 m am Schild zur *Cross Bar* nach links abbiegen und der Straße um die Kurve folgen. Beliebtester Treffpunkt der ausländischen Gemeinde und einziges Lokal der Gegend, in dem man ein Bier für ¥5 bekommen kann. Die Tanzfläche ist an den meisten Abenden gut gefüllt, Sa gibt es Live-Musik. S.S. 180, *Poacher's Inn* unter „Übernachtung".
Public Space, Sanlitun Lu. Sanlituns erste Bar und bis heute eine der angenehmsten. Bier vom Fass ¥20.

Haidian und übrige Stadtviertel: Haidian im Nordwesten ist mit Bus Nr. 322 zu erreichen, der vor dem Zoo abfährt. Die Gegend ist unübersichtlicher, was zielloses Umherstreifen wenig sinnvoll macht. Die meisten der hiesigen Bars haben bis weit nach Mitternacht geöffnet.
Blue Jay, 44 Chengfu Lu, wenig westlich der Universität für Sprachen und Kultur. Zweistöckiges Lagerhaus, das bei Studenten beliebt ist. Fr und Sa legt ein guter Hip-Hop-DJ Musik auf. Günstige hochprozentige Drinks für ¥10. Eintritt für Studenten frei, sonst ¥20.
Buddha Bar, Shicha Hai, gegenüber dem *Kaorouji Restaurant* (s.S. 188). Eine von diversen Bars der Gegend. Umgibt sich mit dem trendigen Charme des Heruntergekommenen und bietet Sitzplätze im Freien mit Blick auf den See, Bier ¥15.
CD Café, Dongsanhuan Bei Lu, 300 m südlich des *Great Wall Sheraton Hotel,* ✆ 65018877, App. 3032. Neues und angesagtes Lokal, um an Wochenenden bei ca. ¥30 Eintritt Live-Rock und -Independent zu hören. Aktuelles Programm bitte den Stadtmagazinen entnehmen.
Get Lucky Bar, Tai Yang Gong, ✆ 64299109. Weit draußen und nahezu unmöglich zu finden, aber ein absolutes Muss, will man in Sachen lokale Independent-Szene auf dem Laufenden sein. An den meisten Wochenenden Live-Bands, ein vorheriger Anruf ist jedoch empfehlenswert. Die Bar liegt 500 m östlich des Südtors der Wirtschaftsuniversität (Jing Mao Da Xue Nan Men) – nach dem Neonschild Ausschau halten.

DISCOTHEKEN – Beijings Discos liegen weit ab vom Zentrum, was die Anfahrt (mit Sicherheit aber die Rückfahrt) zu den meisten nur im Taxi sinnvoll erscheinen lässt. Zwar sind sie nicht die

Beijing: Unterhaltung

Blue Jay	蓝雀 酒吧	*lánquè jiǔbā*
Buddha Bar	不大	*búdà*
CD Cafè	CD 咖啡屋	*CD kāfēiwū*
Club Banana	巴那那俱乐部	*bānànà jùlèbù*
Get Lucky Bar	豪运	*háoyùn*
Hidden Tree	隐蔽的树	*yǐnbìde shù*
Jam House	芥末房	*jièmò fáng*
JJ's	JJ迪斯科	*JJ dísīkē*
Nasa	NASA迪斯科	*NASA dísīkē*
Nashville	乡谣	*xiāngyáo*
Nightman	莱特曼	*láitèmàn*
Poachers Bar	友谊青年酒店	*yǒuyì qīngnián jiǔdiàn*
Success	赛克思	*sàikèsī*
Vics	威克斯	*wēikèsī*

ultimativen Szenelokale dieses Planeten, die Stimmung ist jedoch ausgelassen, und man kann in ihnen den Abend billiger verbringen als in einer Hauptstadt im Westen – in vielen müssen Ausländer keinen Eintritt zahlen, angeblich weil sie ausgewiesene Partylöwen sind, wahrscheinlich aber, weil sie mehr Geld an der Bar ausgeben.

Club Banana, oberste Etage des Sea Sky Shopping Centre, 12 Chaoyangmenei Dajie. Heiß, dunkel, verraucht und voll von partyhungrigen Einheimischen – als ob es die 90er nie gegeben hätte. ◷ tgl. 20.30–2 Uhr, Eintritt ¥50.

JJ's, 74–76 Xinjiekou Bei Dajie. Großer Club mit Lasershow und Sciencefiction-Ambiente. In Silber gekleidete Go-go-Girls zeigen den Besuchern, wie der Hase läuft. Anfahrt mit Bus Nr. 22 vom Qianmen. ◷ tgl. 20–2 Uhr, Eintritt ¥20–50.

Nasa, Xueyuan Lu, Ecke Xitucheng Lu, etwas nördlich der Sanhuan Bei Lu im Bezirk Haidian. Alternativste der hangarartigen Discos Beijings, in der man chinesische Mädchen Luftgitarre spielen und Teenager zu chinesischem Rap Breakdance tanzen sehen kann. Die u.a. einen Armeejeep und einen Helikopter umfassende Einrichtung ist abwechslungsreicher als die Musik, eine recht konventionelle Mischung aus Pop, Grunge, Rap und Techno. Das Bier kostet ¥20, es scheint sich jedoch niemand daran zu stoßen, wenn man sein eigenes mitbringt. ◷ tgl. 20–2 Uhr, Eintritt ¥30, Sa ¥50, Ausländer kostenlos.

Nightman, Qishen Nan Lu, Ecke Xibahe Zhong Jie, 100 m südlich des *SAS Royal Hotel*. Megadisco, die eine recht unprätentiöse Klientel aus jungen Einheimischen und ein paar Studenten anlockt. ◷ tgl. 20–2 Uhr, Eintritt ¥35, Sa ¥60.

Success, 4 Gongti Dong Lu, etwas westlich der Sanlitun Lu. Der Vergiftung der Seele und dem monumentalen Kitsch geweihtes Denkmal, und zwar bar jeder Ironie. Eine grauenhafte Band spielt Mandopop vor einer selbstgefälligen, blasierten Meute, die sich von aufreizenden Hostessen Zigaretten anzünden lässt und den Duft des Erfolgs verströmt. Vielleicht hatte Mao ja doch Recht. Eintritt frei.

Vics, in Nordtor des Arbeiterstadions, neben dem *Outback*-Steakhaus. Amerikanisches Westküstenambiente der 80er, billige Drinks, stickige Tanzfläche und eine öde Atmosphäre, die einen Besuch zur reinen Zeitverschwendung macht, bei gelangweilten Botschafts-Kids jedoch anzukommen scheint. Eintritt frei.

LIVE-MUSIK – Die Vielfalt der Veranstaltungen in der Stadt ist beachtlich. Über offiziell genehmigte Konzerte informiert die *China Daily*, die beste Zusammenstellung inoffizieller Veranstaltungen bietet hingegen die *Beijing Scene*, die in den meisten Bars ausliegt.

Der chinesische Bob Dylan, Cui Jian (s.S. 136f.), tritt häufig in Bars auf und scheint auch seine Freizeit in ihnen zu verbringen. Zu den neuen

lokalen Bands, nach denen es sich Ausschau zu halten lohnt, gehören die Gründungsväter der Beijinger Punkszene *Underbaby,* die Garagen-Rocker *The Fly and No,* die Indie-Popsters *New Pants* und die Teenieband *Flower,* deren bester Song eine Trash-Metal-Coverversion der chinesischen Volkshymne der „Jungen Pioniere" ist. Die Punkbands sind ihr Geld immer wert, gleichen sie doch ihr vielleicht mangelndes musikalisches Können durch ultimativen Einsatz aus. Die besten Veranstaltungsorte für neue Musik sind das *Get Lucky* und das *CD Café* (siehe oben unter „Bars", s.S. 190). Wer das Ganze in konservierter Form erwerben möchte, sollte nach dem Label *Modern Sky* Ausschau halten.
Überaus beliebt ist **Jazz**, der u.a. im *Jam House, CD Café* und *Poachers* live geboten wird.
Große Konzerte finden im **Arbeiterstadion**, abseits der Gongren Tiyuchang Bei Lu im Nordosten Beijings statt, mit Bus Nr. 110 entlang der Dongdaqiao Lu zu erreichen. Überwiegend treten chinesische Popstars auf, aber auch Vanessa Mae und Björk haben sich hier schon die Ehre gegeben.

KINO – Beijing ist reich mit Kinos bestückt, die ihr Programm zumeist mit chinesischen und synchronisierten Actionfilmen aus dem Westen bestreiten. Pro Jahr wählt die Regierung ca. zehn Filme aus dem Westen aus, die landesweit in die Kinos kommen dürfen und in Beijing zuerst gezeigt werden. Der größte Erfolg, den je ein Film in der Volksrepublik hatte, war *Titanic* beschieden. Sämtliche ausländischen Filme werden synchronisiert.
Die größten Leinwände der Stadt bieten:
Capital Cinema, 46 Chang'an Jie, nahe Xidan Dajie, ✆ 66055510.
Cherry Lane Cinema, Sino Japanese Youth Exchange Centre, 40 Liangmaqiao Lu, 2 km östlich des *Kempinski Hotel,* ✆ 64615318, 💻 www.cherrylanemovies.com.cn. Bringt die besten chinesischen Filme mit englischen Untertiteln auf die Leinwand. Vorstellungen jeden zweiten Freitag um 20 Uhr mit anschließender Diskussion, oftmals mit Schauspielern oder Regisseuren. Eintritt ¥50.
Dahua Cinema, 82 Dongdan Bei Dajie, ✆ 6527 4420.
Shengli Movie Theatre, 55 Xisi Dong Dajie, ✆ 66013130.
Eintrittspreise jeweils ¥5–30, das Kinoprogramm findet man in *That's Beijing.*
Tuxin Cinema, 33 Zhongguancun Nan Dajie in Haidian, ✆ 68415566, zeigt künstlerisch anspruchsvolle Filme.

OPER UND KLASSIK – Die berühmteste der gut 350 regional unterschiedlichen Opernformen ist die **Peking-Oper** *(jing xi)* – ein Gesamtkunstwerk aus Gesang, Tanz, Akrobatik und mimischem Spiel, das in manchen Zügen westlicher Pantomime ähnelt. In ihrer hochgradigen Stilisierung bleibt die Peking-Oper für Außenstehende häufig ein fast schon absurdes Rätsel, das auf Dauer (bis zu vier Stunden dauert eine Vorstellung) und angesichts der Unterbrechungen durch laut schallende Gongs und schrillen, fast disharmonisch klingenden Gesang langweilig werden kann. Ein Besuch ist dennoch lohnend, und wer sich vorab mit der Handlung beschäftigt, wird sich einer gewissen Faszination nicht entziehen können. Die Handlung fußt meist auf historischen oder mythologischen Stoffen. Grundlegende Charakterzüge manifestierten sich zunächst in den Kostümen – Rot steht für Treue, Gelb für Verschmitztheit, Blau für Grausamkeit und Schwarz für das Böse – sowie in der Bemalung der Gesichter. Eine interessante und höchst aufschlussreiche Variante, sofern man hinreichend folgen kann, sind Opern zu kontroversen zeitgenössischen Themen – beispielsweise die Geschichte der ersten Frau Maos oder der Kampf der Frauen für eine selbstbestimmte Wahl des Ehepartners. Auch in verschiedenen Teehäusern (s.S. 194) kann man sich bei einer Tasse Tee und einer Portion Entenfleisch von einer Peking-Oper unterhalten lassen.
Chang'an-Theater, 7 Jianguomennei Dajie, ✆ 65101309. Großes Haus, Preise ab ¥20 bis ¥800 für einen vorderen Platz inkl. Entenmenü.
Konzerthalle Beijing, 1 Beixinhua Jie, nahe der Xichang'an Jie, ✆ 66055812. Regelmäßig klassische Konzerte des Beijinger Orchesters sowie Gastspiele von chinesischen und ausländischen Orchestern. Unterschiedliche Preise. Karten sind am hiesigen Verkaufsschalter oder im SCITECH-Plaza erhältlich.

Beijing: Kultur

Arbeiterstadion	工人体育场	*gōngrén tǐyùchǎng*
Capital Theatre	首都剧场	*shǒudū jùchǎng*
Chang'an-Theater	长安大剧场	*chángān dàjùchǎng*
Chaoyang-Theater	朝阳剧场	*cháoyáng jùchǎng*
Courtyard Gallery	四合院画廊	*sìhéyuàn huàláng*
Dahua Cinema	大华电影院	*dàhuá diànyǐngyuàn*
International Club	国际俱乐部	*guójì jùlèbù*
Konzerthalle Beijing	音乐厅	*yīnyuè tīng*
Lao She Teahouse	老舍茶馆	*lǎoshě cháguǎn*
National Library	北京图书馆	*běijīng túshūguǎn*
Puppet Theatre	中国木偶剧院	*zhōngguó mùǒujùyuàn*
Red Gate Gallery	红门画廊	*hóngmén huàláng*
Sanlian Bookstore	三联书店	*sānlián shūdiàn*
Sanwei Bookstore	三味书屋	*sānwèi shūwū*
Sino Japanese Youth Exchange Centre	中日青年交流中心	*zhōngrì qīngnián jiāolíu zhōngxīn*
Tian Hai Teahouse	天海茶苑	*tiānhǎi cháyuàn*
Tianqiao Happy Teahouse	天桥乐茶园	*tiānqiáolè cháyuán*
Wanfung Art Gallery	云峰 画廊	*yúnfēng huàláng*
Zhengyici-Theater	正义祠剧场	*zhèngyìcí jùchǎng*

Liyuan-Theater, 1. Etage des *Qianmen Hotel,* 175 Yong'an Lu, ✆ 63016688, App. 8860. Bietet Besuchern den leichtesten Zugang zur Peking-Oper. Viele Chinesen wird man hier allerdings nicht sehen, da es sich bei der gezeigten Oper um eine für Touristen verfälschte, mit Kampf- und Slapstickeinlagen aufgepeppte Vorführung von gerade einmal einer Stunde Dauer handelt. Am Bühnenrand werden die wenigen Dialogzeilen in unverständlichem Englisch wiedergegeben. Karten zum Preis von ¥30 bis ¥150 gibt es an einem Schalter im vorderen Hof des Hotels, ⌚ tgl. 9–11, 12–16.45 und 17.30–20 Uhr. Die teureren Plätze haben Tische, an denen man während der Vorstellung Tee trinken und Snacks essen kann. Während der Touristensaison ist es ratsam, die Karten ein oder zwei Tage im Voraus zu reservieren. Vorstellungsbeginn 19.30 Uhr.

Zhengyici-Theater, 220 Xiheyan Dajie, Qianmen, ✆ 63033104. Authentische Aufführungen im einzigen noch bestehenden Opernhaus in Holzbauweise, das allein seiner Architektur wegen den Besuch lohnt. Beginn der 2-stündigen Vorstellung um 19.30 Uhr, Eintritt ¥150, Entenmenü ¥110 extra. Programminformationen in der *China Daily.*

Zu den weiteren, kleineren Konzertsälen für klassische Musik zählt u.a. die ***Musikhalle,*** Zhongshan-Park, ✆ 66056059.

THEATER, MUSICAL UND PUPPENSPIEL – Das Sprechtheater hielt erst im 20. Jh. Einzug auf chinesischen Bühnen. Seine Heimat wurde das **Volkskunst-Theater** in Beijing, wo vor der Kulturrevolution europäische Stücke mit einer klaren sozialen Botschaft gezeigt wurden – Ibsen und Tschechow gehörten damals zu den beliebtesten Dramatikern. 1968 jedoch erklärte Jiang Qing, Maos dritte Frau, das Sprechtheater für „tot". Das Theater sowie die meisten Kinos in China wurden für fast zehn Jahre geschlossen, und von den Stücken blieben lediglich acht – die für die Gesellschaft als erbaulich eingestuft wurden – auf den genehmigten Spielplänen. Viele der großen Darsteller, Regisseure und Autoren wurden verbannt und mussten auf dem Land harte Arbeit verrichten. Seit 1979 darf wieder gespielt werden, und das Volkskunst-Theater hat mit Inszenierungen wie Arthur Millers *Tod eines Handlungsreisenden* erneut seinen hervorragenden Rang unter Beweis gestellt.

Capital Theatre, 22 Wangfujing Dajie, ✆ 6525 3677, Spielstätte des Volkskunst-Theaters und anderer Ensembles.

Experimental Theatre For Dramatic Arts, 45 Mao'er Hutong, etwas nördlich des Glockenturms, ✆ 64031099. Bekannt für moderne Bühnenstücke und Avantgarde-Inszenierungen.

Ohne Zweifel sind die Chinesen Meister im Inszenieren prunkvoller, aufwendiger **Gesangs- und Tanzshows**, die schon lange von den Bühnen westlicher Ländern verschwunden sind. Im Fernsehen wird fast jeden Abend eine solche Show übertragen, ansonsten live zu sehen im:

Beijing Exhibition Theatre, 135 Xizhimenwai Dajie, ✆ 68354455.

Andere Veranstaltungsbühnen zeigen mitunter Importe wie *The Sound of Music* zu Preisen, die mit ¥50–100 weit unter im Westen üblichen Niveau liegen.

Das chinesische **Puppenspiel** hat eine 2000 Jahre alte Tradition und kann tgl. im ***Puppentheater,*** A1 Anhua Xi Lu, ✆ 64243698, bewundert werden. Vorstellungsbeginn 18.30 Uhr, Eintritt ¥20.

AKROBATIK – Die wohl am leichtesten zugängliche und zugleich spektakulärste Form chinesischer Unterhaltungskunst sind Akrobatik-Shows, deren Programmteile von gymnastischen Elementen über Dressurnummern und Zaubertricks bis hin zu Jonglierkunststücken reichen. Berufsakrobaten gibt es in China schon seit 2000 Jahren, und diese Tradition wird in der renommierten Ausbildungsstätte in Wu Qiao in der Provinz Hebei fortgeführt, wo die Schüler bereits im Alter von fünf Jahren mit dem Training beginnen. Das Ganze mag ein wenig an Varieté erinnern, bietet aber spektakuläre Unterhaltung und z.T. atemberaubende Leistungen.

Chaoyang-Theater, 36 Dongsanhuan Bei Lu, ✆ 65072421. Allabendliche Vorführung, die von Tourgruppen und chinesischen Zuschauern besucht wird, wobei die Chinesen am Ende der Show den Saal fluchtartig verlassen und den Reisegruppen das Applaudieren überlassen. In der Lobby sind reichlich Souvenirstände aufgebaut; wer kaufen will, sollte jedoch nicht die Pause hierfür nutzen, sondern besser bis nach der Vorstellung warten, da die Preise dann niedriger sind. Vorstellung 19.15–21 Uhr, Eintritt ¥80, evtl. preiswerter bei Buchung über die Hotelunterkunft.

Auditorium of Chinese Acrobats, Rm 232 im Arbeiterstadion (Gongren Tiyuguan), allabendlich Vorstellung um 19.15 Uhr.

TEEHÄUSER – Neuerdings besitzt die Hauptstadt wieder einige Teehäuser, in denen man trinken, essen und Darbietungen wie Peking-Opern, entspannende Musik oder Kampfkunstvorführungen sehen und hören kann.

Lao She Teahouse, 3. Etage, Dawancha-Gebäude, 3 Qianmen Xi Dajie. Oper, Kampfkunst und Akrobatik um 14.30 und 19.40 Uhr, dauert 90 Min., Eintritt ¥40–130; die Nachmittagsvorstellungen sind billiger.

Sanwei Bookstore Tea House, 60 Fuxingmennei Dajie, gegenüber dem *Minzu Hotel,* ✆ 66013204. Authentischere Atmosphäre, wird gerne von ausländischen Bewohnern der Stadt und kunstinteressierten Chinesen aufgesucht und bietet eingängigen Jazz sowie chinesische Volksmusik von 20.30–22 Uhr.

Tian Hai Teahouse, in einer Gasse östlich der Sanlitun Jiu Ba Jie. Elegante Oase der Ruhe abseits der Hektik der Umgebung. Fr und Sa abends traditionelle Musik.

Tianqiao Happy Teahouse, 113 Tianqiao Nan Dajie, ähnliches Programm, aber teurer. Mo geschlossen. Beide sind in erster Linie auf Touristen ausgerichtet, bieten aber einen farbenprächtigen, wenngleich oberflächlichen Eindruck in die Vielfalt chinesischer Kultur.

KUNSTGALERIEN – Gute zeitgenössische Kunst ist in Beijing relativ schwer zu finden. Ein Großteil der anspruchsvolleren Ausstellungen findet in alternativen Galerien statt, die nicht immer in den kostenlosen Stadtmagazinen verzeichnet sind. Man muss sehr auf dem Laufenden sein, um zu wissen, was innerhalb der recht cliquenartigen Kunstszene Beijings passiert.

Courtyard Gallery, 95 Donghuamen Dajie, ✆ 65268882, 💻 www.courtyard-gallery.com, in einem alten Hofhaus, gegenüber dem Osttor in die Verbotene Stadt. Beste Adresse für zeitgenössische Kunst, die auch bei einem breiteren Publikum Anklang findet. Im Haus gibt es außerdem einen Zigarrenladen und ein sehr edles Restaurant.

Red Gate Gallery, im *China World Hotel*, Jianguomenwai Dajie, ✆ 65022266, und ***Wanfung***, 136 Nanchizi Dajie, im alten Archivgebäude der Verbotenen Stadt, ✆ 65233320, zeigen etablierte zeitgenössische Künstler, bisweilen auch ausländische.

Einkaufen

Beijing gilt als gute Einkaufsadresse mit der größten Auswahl in ganz China. Insbesondere **Kleidung** ist preiswert zu bekommen, weshalb zahllose Russen die Stadt bevölkern, für die das Schmuggeln der Kleidung über die Grenze im Norden ein lukratives Geschäft darstellt. Auch das Angebot an **Antiquitäten und Kunsthandwerk** ist riesig, auf wirklich Preiswertes oder Ungewöhnliches wird man jedoch kaum stoßen, da die Märkte zuvor von anderen gründlich durchkämmt werden. Es sei darauf hingewiesen, dass vieles, das als antik verkauft wird, tatsächlich gefälschte Ware ist. Als gute Souvenirs eignen sich **Künstlerbedarfsartikel**, vor allem Pinsel und Tuschesteine, Signaturstempel mit eingraviertem Namen, kleinere Gegenstände aus **Jade** und kunsthandwerkliche Artikel wie **Drachen**, bemalte Schnupftabaksdosen und Papierschnitte. Handeln ist immer und überall ein absolutes Muss – mit entsprechendem Geschick lassen sich die z.T. aberwitzigen Preise auf einen Bruchteil der Ausgangssumme und somit in Nähe des tatsächlichen Warenwerts drücken.

In Beijing gibt es vier große Einkaufsgegenden: **Wangfujing**, ein beliebtes und den Massengeschmack bedienendes Einkaufsviertel (s.S. 168), **Xidan**, das sich durch riesige Kaufhäuser auszeichnet, **Dongdan**, wo es überwiegend Kleidung von Markenherstellern gibt, und **Qianmen**, die vielleicht lohnendste Gegend für einen Bummel, wo sich immer die eine oder andere Kuriosität zwischen billigen Schuh- und Bekleidungsgeschäften entdecken lässt.

Hinzu kommen die um Touristen buhlenden Läden in der **Liulichang**, wo man schnell und gut Souvenirs erstehen kann, und die **Jianguomenwai Dajie**, wiederum mit Kleidung (s.S. 167).

Auf den teilweise sehr reizvollen **Märkten** ist Qualität nicht unbedingt garantiert, aber man kann (und sollte) handeln und somit günstigere Preise erzielen. In den **Kaufhäusern**, die einen guten Überblick über den aktuellen chinesischen Geschmack vermitteln, gibt es von allem etwas. Flaggschiffe sind das Beijing-Kaufhaus in der Wangfujing Dajie und das Xidan-Kaufhaus in der Xidan Dajie, nicht schlecht ist außerdem das neuere Einkaufszentrum Landao in der Chaoyangmenwai Dajie, während sich das Parkson-Gebäude an der Chang'an Jie (nahe der U-Bahn-Station Fuxingmen) mit dem größten Prunk schmückt. Dem steigenden Lebensstandard mancher Bevölkerungsteile tragen die neuen, gewaltigen **Einkaufszentren** Rechnung, wo alles genauso viel wie im Westen kostet. Wer nicht ohne auszukommen glaubt, kann Kaufgelüste im Sun Dong'an Plaza, Wangfujing Dajie, Sea-Sky Plaza, Chaoyangmenwai Dajie, oder in den

Vermeintliche Kunststudenten In den touristischen Gegenden der Hauptstadt, vor allem aber im südlichen Abschnitt der Wangfujing Dajie, dauert es nicht lange, bis Besucher von jungen Frauen oder Männern angesprochen werden, die sich als Kunststudenten oder -lehrer ausgeben, was jedoch nicht stimmt. Vielmehr handelt es sich meist um ehemalige Pädagogikstudenten, die sich ihrer Sprachkenntnisse für fragwürdige Zwecke bedienen. Ziel ist es, die „Opfer" in eine fingierte Kunstgalerie zu lotsen und sie zum Kauf von horrend teuren Gemälden oder Kalligrafien zu bewegen, bei denen es sich in Wirklichkeit nur um Drucke handelt. Sie sind dabei jedoch nicht aggressiv, und ihre Bemühungen, mit Ausländern Freundschaften zu schließen, verdienen wirklich Respekt. Als hilfreich können sie sich immerhin erweisen, wenn man eine Wegbeschreibung braucht.

SCITECH-, COFCO- und World-Trade-Centre-Plazas an der Jianguomen Dajie befriedigen. Die Geschäfte sind tgl. 8.30–20 Uhr, im Winter bis 19 Uhr geöffnet, große Einkaufszentren bis 21 Uhr. Beijing ist eine der Städte Chinas, in denen die Nachtmärkte angesichts des Überangebots in den Läden nur bedingt lohnen.

ANTIQUITÄTEN UND KURIOSITÄTEN – Obgleich in Beijing kein Mangel an Antiquitätenläden und -märkten herrscht, sollten ambitionierte Antiquitätenjäger besser nach Tianjin (s.S. 221 ff.) fahren, wo die Auswahl vielfältiger und das Preisniveau niedriger ist. Der Großteil der angebotenen Ware ist gefälscht, und selbst für Experten ist es hier manchmal schwierig, Original und Fälschung voneinander zu unterscheiden. Am besten lässt man den eigenen Geschmack entscheiden und hält sich von Schmuck und Edelsteinen (auch von Jade) fern, es sei denn, man versteht wirklich etwas davon.

Teppiche aus Xinjiang, Tibet und Tianjin sind nicht billig, aber wer bereit ist, wenigstens ein paar hundert Dollar hinzublättern, erhält gute Ware. Die lohnendste Anhäufung von Kuriositätenläden mit der besten Auswahl, insbesondere bei Künstlermaterial, findet man in der Liulichang, östlich der Qian-men Dajie. Die Preise sind allerdings happig.

Antiquitäten aus einer Zeit vor 1795 dürfen nicht ausgeführt werden, solche vor 1949 sollten ein kleines rotes Siegel tragen und mit einem vom Amt für Kulturgüter (BCRB) ausgestellten Ausfuhrzertifikat, das gleichzeitig der Identifikation dient, an den Käufer ausgehändigt werden. Diese Zertifikate gibt es in der Praxis jedoch nur in den regulären Geschäften, nicht aber an Ständen. In einem solchen Fall kann man das Zertifikat im Freundschaftsladen (Mo–Fr 14–17 Uhr) unter Vorlage der Ware und der Kaufquittung bekommen.

Arts and Crafts Store, 293 Wangfujing Dajie. Gute, wenngleich nicht spektakuläre Auswahl kostspieliger Kunstobjekte.

Beijing Curio City, Dongsanhuan Nan Lu, westlich der Huawei-Brücke. Riesige Einkaufspassage mit mehr als 250 Verkaufsständen. Vorzugsweise sonntags zu besuchen, wenn Antiquitätenhändler in den umliegenden Straßen ihre Waren präsentieren. In der Passage gibt es einen Duty-Free-Schalter, sodass bei Vorlage eines Reisepasses und Flugtickets von China ins Ausland die Artikel zu denselben vergünstigten Preisen wie am Flughafen gekauft werden können. ⏲ tgl. 9.30–18.30 Uhr.

Freundschaftsladen, Jianguomenwai Dajie. Touristensouvenirs in allen Preislagen, in der Regel aber teurer als auf den Märkten. Große Teppichabteilung.

Kaufhaus Hongqiao, gegenüber der nordöstlichen Ecke des Tiantan-Parks. Riesig, aber beengt und stickig. Im oberen Geschoss gibt es Antiquitäten und Kuriositäten, eine Ecke ist gänzlich dem Kitsch der Kulturrevolution vorbehalten, im 2. Stock werden Kleidung und Accessoires angeboten, im Erdgeschoss elektrische Kleingeräte, darunter Uhren, die auf Pfeifen ihres Trägers die Zeit auf Russisch ansagen.

Lufthansa Centre, Liangmaqiao Lu. Geschäftszentrum mit gewaltigen Ausmaßen, hier gibt es auch einen Bereich, in dem teure Antiquitäten und Teppiche verkauft werden.

Panjiayuan Market, Panjia Lu, wenig südlich der Jinsong Zhong Jie. Beijings größter Trödelmarkt, dessen faszinierende Fülle an Secondhand-Artikeln allein schon ausgiebiges Stöbern lohnt. ⏲ tgl., am besten aber an Wochenenden zwischen 6 und 15 Uhr.

BÜCHER – In keiner anderen Stadt Chinas ist das Angebot an **englischsprachiger Literatur** besser als in Beijing. Die teuren Hotels verfügen über Buchläden mit einer annehmbaren Auswahl, allerdings zu horrenden Preisen. Ausländische **Zeitungen und Magazine** wie *Time* und *Newsweek* sind ebenfalls zu bekommen und kosten ca. ¥40.

Cathay Bookstore, 115 Liulichang. Enorme Auswahl, darunter auch Fachtexte und prächtige Bild- und Kunstbände, allerdings nur wenig in Englisch. ⏲ Mo–Sa 9–18 Uhr.

Foreign Languages Bookstore, 235 Wangfujing Dajie. Größte fremdsprachliche Buchhandlung Chinas. Rechts vom Eingang gibt es einen Informationsschalter mit Programmzeitschriften, auf der anderen Seite einen Schalter mit einem riesigen Stadtplan von Beijing für die Wand (¥80), der ein tolles Souvenir abgäbe, könnte man ihn

Beijing: Einkaufen

Dazhalan	大栅栏街	*dàzhàlán jiē*
Foreign Languages Bookstore	外交书店	*wàijiāo shūdiàn*
Freundschaftsladen	友谊商店	*yǒuyí shāngdiàn*
Full Link Plaza	丰联广场	*fēnglián guǎngchǎng*
Henderson Centre	恒基中心	*héngjī zhōngxīn*
Kaufhaus Hongqiao	红桥百货中心	*hóngqiáo bǎihuò zhōngxīn*
Liulichang	流璃厂	*líulí chǎng*
Panjiayuan	潘家园	*pānjiā yuán*
Parkson-Gebäude	百盛购物中心	*bǎishèng gòuwù zhōngxīn*
Seidemarkt	秀水市场	*xìushuǐ shìchǎng*
Sun Dong'an Plaza	新东安	*xīndōng ān*

transportieren. Neben englischen Romanen, Sachbüchern über chinesische Medizin und Übersetzungen chinesischer Klassiker gibt es hier den *Pocket Interpreter*, einen nützlichen, von der Beijing Foreign Language Press herausgegebenen Sprachführer. In der oberen Etage findet man weitere Romane in Englisch, Magazine, Wandkarten und japanische *manga*. Mitunter kostet dasselbe Buch oben weniger als in der unteren Etage. ⌚ Mo–Sa 9–19 Uhr.

Freundschaftsladen, Jianguomenwai Dajie. Neben einer Vielzahl von Büchern über sämtliche Aspekte chinesischer Kultur bietet die Buchhandlung innerhalb des Freundschaftsladens ausländische, nur wenige Tage alte Zeitungen (¥80). Die Preise sind generell allerdings recht hoch. ⌚ tgl. 9–20.30 Uhr.

Sanlian Bookshop, Wangfujing Dajie, 100 m hinter der Kreuzung mit der Chaoyangmennei Dajie auf der östlichen Straßenseite in einem blau schimmernden, etwas zurückgesetzten Glasgebäude. Der angenehmste Buchladen Beijings, wenngleich die Auswahl an englischsprachiger Belletristik im unteren Geschoss weit weniger umfangreich als im südlich gelegenen Foreign Languages Bookstore ist. Oben gibt es eine gut bestückte Kunstbuch-Abteilung, im hinteren Teil außerdem ein gemütliches Café mit Internet-Zugang. ⌚ Mo–Sa 9–18 Uhr.

Tushu Daxia, Xichang'an Jie. Der größte Buchladen Beijings mit Kaufhausatmosphäre. Englische Belletristik ist in der 3. Etage untergebracht. ⌚ Mo–Sa 9–19 Uhr.

KAMERAS, COMPUTER UND ELEKTROGERÄTE – Eine Reihe guter Fotogeschäfte ist im südlichen Abschnitt der Xichang'an Jie in der Umgebung der Kreuzung mit der Hepingmen Dajie angesiedelt. Für die professionelle und verlässliche Entwicklung von Diafilmen empfiehlt sich ***Today Photo*** in der Dongsi Bei Dajie, unweit der Wangfujing Dajie und etwas südlich der Ping-An-Kreuzung. Die Gegend um die Zhongguancun Jie im Nordwesten jenseits des Zoos ist zwar nicht gerade das chinesische Silicon Valley, aber neben jungen, neuen Unternehmen sind die Straßen hier voll von Läden, die Elektroartikel und Computer verkaufen.

KLEIDUNG – ist in Beijing sehr günstig und lockt zahlreiche Russen an, die hier in rauen Mengen einkaufen. Die beste Gegend für Kleidung ist die Jianguomen Dajie, die mit dem Seidemarkt, dem Freundschaftsladen und dem SCITECH-Plaza für jedes Budget etwas bereithält (s.S. 170). Hochgewachsene Kundschaft könnte bei dem Versuch, etwas Passendes zu finden, auf Schwierigkeiten stoßen: Schuhe gibt es maximal bis Größe 47, und bei sehr kräftigem Körperbau wird man am ehesten auf dem Seidemarkt fündig. Für chinesische Straßenmode ist die Dongdan Dajie eine gute Adresse, für Designer-Kleidung empfehlen sich die Einkaufszentren.

Army Surplus Store, 188 Qianmen Dajie. Große Auswahl an Mützen und Mänteln, außerdem Schlafsäcke und Zelte von überaus unwirschem Verkaufspersonal.

Fou Clothing Company, 85 Wangfujing Dajie. Designer-*qipaos,* auch Maßanfertigungen.

Mingxing Clothing Store, 133 Wangfujing Dajie. Gut gearbeitete traditionelle Frauenbekleidung – *cheongsams* und *qipaos* –, aber nur für schlanke Figuren.

Ruifuxiang, 5 Dazhalan Lu (s.S. 161). Rohseide und -baumwolle.

Sanlitun-Markt, Sanlitun Lu. Tagsüber wird die westliche Straßenseite gegenüber den Bars von Verkaufsständen in Beschlag genommen. Das Angebot gleicht demjenigen auf dem Seidemarkt.

Snowbird Outdoor Equipment, 68 Deshengmen Xi Dajie, ✆ 62253630. Qualitativ hochwertige Wander- und Bergsteigerausrüstung.

Yuanlong Silk Corporation, 15 Yongnei Dong Jie, 200 m westlich des Südtors zum Himmelstempel. Gute Auswahl an Seideartikeln zu konkurrenzfähigen Preisen.

MUSIK – Die neuesten CDs mit chinesischer Underground-Musik gibt es im Laden des bekannten Beijinger DJs Youdai, 78 Yude Hutong, ✆ 66181701.

Wer sich für **Musikinstrumente** interessiert, geht zur Marmorbrücke am westlichen Ende der Liulichang, an der Hepingmen Dajie, und dann nach Süden, wo verschiedene kleine Geschäfte in reizvoller und wenig touristischer Atmosphäre Instrumente verkaufen.

Sonstiges

AMT FÜR ÖFFENTLICHE SICHERHEIT (PSB) – 2 Andingmen Dong Dajie, ✆ 84015292. Stellt gegen eine Gebühr von ¥160 eine erste Visumsverlängerung aus, was ungefähr eine Woche in Anspruch nimmt und bedeutet, dass man sich zuvor mit genügend Bargeld eindecken sollte, da ohne Reisepass nur schwer welches zu bekommen ist. Einen Antrag auf zweite Visumsverlängerung wird die Behörde mit der Aufforderung quittieren, das Land zu verlassen – anstatt dem zu folgen, sollte man einfach Beijing verlassen und andernorts um die Verlängerung ersuchen. ◷ Mo–Fr 8–12 und 13.30–16 Uhr. Die nächstgelegene Stadt mit einem freundlichen PSB-Büro, in dem das Visum sofort verlängert wird, ist Chengde (s.S. 241, Karte); die Reise hin und zurück ist in einem Tag zu schaffen.

In **Notfällen** oder für schnelle Hilfe, ✆ 110 oder 550100, wobei man jemanden zur Seite haben sollte, der der chinesischen Sprache mächtig ist.

AUTOVERMIETUNG – ***BCNC,*** ist siebenmal in der Stadt vertreten, u.a. mit einer rund um die Uhr geöffneten Filiale am Flughafen, ✆ 8008109001.

BIBLIOTHEKEN – ***Nationalbibliothek Beijing,*** 39 Baishiqiao Lu, etwas nördlich des Zizhuyuan-Parks, ✆ 68415566. Gehört mit mehr als 10 Millionen Bestandsartikeln, darunter Manuskripte aus den Dunhang-Höhlen und eine Enzyklopädie aus der Qing-Dynastie, zu den größten Bibliotheken der Welt. Die ältesten Texte sind Knocheninschriften aus der Shang-Dynastie. Zugang erhält man nur, wenn man zuvor einen Nutzerausweis beantragt hat, Ausstellung von Tagesausweisen ist möglich. Bücher werden nur an Nutzer mit Wohnsitz in Beijing ausgeliehen. Ein angegliedertes kleines Kino zeigt an Wochenenden Filme aus dem Westen in Englisch; Programm bitte telefonisch erfragen. ◷ Mo–Fr 8–17 Uhr.

Library of the British Embassy, 4. Etage, Landmark Building, 8 Dong Sanhuan Bei Lu. Große Auswahl an Büchern und Magazinen, für jedermann und ohne Beschränkung zugänglich.

DIPLOMATISCHE VERTRETUNGEN – Visaabteilungen sind in der Regel einige Stunden vormittags an Wochentagen geöffnet. Die genauen Zeiten und mitzubringenden Papiere bitte telefonisch erfragen – vorzugsweise mit chinesischsprachiger Hilfe zur Seite, da nicht immer Englisch gesprochen wird. Es sei darauf hingewiesen, dass der Reisepass mitunter bis zu einer Woche einbehalten wird, und ohne diesen ist es sehr schwierig, Geld umzutauschen; vor einem Visumsantrag daher unbedingt mit ausreichend Bargeld versorgen. Passfotos können im Eingangsbereich des Freundschaftsladens gemacht werden. Einige Botschaften verlangen Bezahlung in US-Dollar; Reiseschecks können im CITIC-Gebäude (s.S. 199, „Geld") in Dollar getauscht werden. Die Mehrzahl der Botschaften ist entweder in der Umgebung der Sanlitun Lu im Nordwesten oder auf dem Jianguomenwai-Ge-

lände nördlich und parallel zur Jianguomenwai Dajie angesiedelt.
Aserbaidschan, 7-2-5-1 Tayuan Building, ✆ 010/65324614;
Deutschland, 17 Dongzhimenwai Dajie, Bezirk Chaoyang, ✆ 65322161;
Indien, 1 Ritan Dong Lu, Sanlitun, ✆ 65321856;
Kasachstan, 9 Dong Liu Jie, Sanlitun, ✆ 6532 6183;
Kirgisistan, 2-4-1 Tayuan Building, ✆ 65326458;
Laos, 11 Dong Si Jie, Sanlitun, ✆ 65321224;
Mongolei, 2 Xiushui Bei Jie, Jianguomenwai, ✆ 65321203;
Myanmar, 6 Dongzhimenwai Dajie, Sanlitun, ✆ 65321425;
Nordkorea, Ritan Bei Lu, Jianguomenwai, ✆ 65321186;
Österreich, 5 Xiushui Nanjie, Jianguomenwai, ✆ 65322061;
Pakistan, 1 Dongzhimenwai Dajie, Sanlitun, ✆ 65322660;
Russische Föderation, 4 Dongzhimen Bei Zhong Jie, südlich der Andingmen Dong Dajie, ✆ 6532 2051;
Schweiz, 3 Dongwu Jie, Sanlitun, ✆ 65322736;
Südkorea, 3. und 4. Etage, World Trade Centre, ✆ 65053171;
Thailand, 40 Guanghua Lu, Jianguomenwai ✆ 010/65321903; UK, 11 Guanghua Lu, Jianguomenwai ✆ 010/6532 1961;
Ukraine, 11 Dong Lu Jie, Sanlitun ✆ 010/6532 4014;
USA, 3 Xiushui Bei Jie, Jianguomenwai ✆ 010/65323831;
Usbekistan, 7 Beixiao Jie, Sanlitun ✆ 010/6532 6305;
Vietnam, 32 Guanghua Lu, Jianguomenwai, ✆ 65321155.

FAHRRÄDER – Nahezu alle Hotels verleihen Fahrräder für ¥20–50 pro Tag.

FUSSBALL – China feierte euphorisch die Qualifikation für die Weltmeisterschaft 2002 und erhob den jugoslawischen Trainer zu einer Art Nationalhelden – nur zu schade, dass die Mannschaft kein einziges Tor schoss. Beijings Fußballmannschaft *Guo An* spielt ca. alle zwei Wochen, in der Regel sonntags um 15.30 Uhr, im kolossalen Arbeiterstadion, abseits der Gongren Tiyuchang Bei Lu im Nordosten der Stadt, zu erreichen mit Bus Nr. 110 entlang der Dongdaqiao Lu. Ein Spielplan hängt am Kartenschalter aus, der sich unmittelbar östlich des Stadionnordtors befindet. Die Eintrittskarten sind preiswert (¥15) und am Spieltag vor Ort erhältlich. Interessanter anzusehen ist das dynamischere Team aus Shenyang, das bislang, d.h. bis eine näher am Heimatort gelegene Spielstätte gefunden ist, im Olympiastadion, neben dem Athletendorf der Asienspiele, um Punkte kämpft. Spielbeginn wie oben.

GELD – ***Bank of China,*** Hauptfiliale 8 Yabao Lu, ab Chaoyangmen Dajie, etwas nördlich des internationalen Postamts, ◷ Mo–Fr 9–12 und 13.30–17 Uhr. Zweigstellen im SCITECH Plaza, ◷ Mo–Fr 9–12 und 13–18.30 Uhr; World Trade Centre, ◷ Mo–Fr 9–17, Sa 9–12 Uhr; Sun Dong'an Plaza, ◷ Mo–Fr 9.30–12 und 13.30–17 Uhr; Lufthansa Centre, ◷ Mo–Fr 9–12 und 13–16 Uhr. Der Service ist überall gleich.
Commercial Bank, CITIC-Gebäude, 19 Jianguomenwai Dajie, neben dem Freundschaftsladen. Bietet den umfangreichsten Service; Yuan oder US-Dollar auf Visa-Karte oder gegen Reiseschecks und Bargeld. ◷ Mo–Fr 9–12 und 13–16 Uhr.
Wechselstube im Eingangsbereich des Freundschaftsladens; eine der wenigen Stellen, wo auch an Wochenenden Geld zum normalen Kurs getauscht werden kann. ◷ tgl. 9–18.30 Uhr.
Wer ein Visum beantragt hat und nur über eine Fotokopie des Reisepasses verfügt, kann in einigen Hotels sowie in der ***Hong Kong and Shanghai Bank*** im *Jianguo Hotel* bei entsprechender Beharrlichkeit Bargeld gegen Reiseschecks erhalten; in den meisten Banken ist dies nicht möglich.
Telegrafische Geldanweisungen können über das internationale Postamt oder die ***China Courier Service Company,*** 7 Qianmen Dajie, ✆ 6318 4313, abgewickelt werden.
Geldautomaten u.a. im Bright China Chang'an Building, 8 Jianguomen Dajie; im Dong'an Shopping Centre, Wangfujing Dajie; östlich des Qianmen neben *McDonald's;* in der 2. Etage des Hong Kong Macau Centre, Chaoyang Bei Dajie.

GEPÄCKAUFBEWAHRUNG – Schließfächer gibt es im hinteren Teil des Beijing Zhan im Wartebereich für Ausländer für ¥5 oder ¥10 pro Tag, je nach Größe des Gepäckstücks. Oft ist dort jedoch kein Fach mehr frei, sodass man besser gleich die zentrale Gepäckaufbewahrung im östlichen Bahnhofsbereich aufsucht, ⌚ tgl. 5–24 Uhr, ¥5 pro Tag.

Im Westbahnhof (Xi Zhan) befindet sich die Gepäckaufbewahrung linkerhand des Eingangs im Untergeschoss, ¥10 pro Tag.

INFORMATIONEN – Wie andere Städte Chinas besitzt auch Beijing kein offizielles Informationsbüro für Touristen, recht nützlich für Besucher Beijings sind jedoch die diversen englischsprachigen Publikationen. Die im Freundschaftsladen, in der Fremdsprachenbuchhandlung sowie in den größeren Hotels erhältliche *China Daily* (¥0,8) enthält einen Programmteil mit einem Veranstaltungskalender, der Rest des Blattes beschränkt sich auf schwülstige Propaganda. Ähnliches bietet *Beijing This Month,* dazu leicht verdauliche Reportagen für Touristen. Infos gibt es auch unter 💻 www.chinanow.com/english/beijing/city/nightlife/general.html.

Weitaus hilfreicher sind die kostenlosen **Magazine**, die auf die große Ausländergemeinde Beijings abzielen und umfangreiche, aktuelle Listen der Unterhaltungsangebote und Restaurants umfassen. *City Edition* und *Metro* haben die betuchteren Kreise im Auge, mit Abstand am besten ist jedoch das Monatsblatt *That's Beijing,* 💻 www.thatsbeijing.com, mit einem gigantischen Programmteil für Clubs, Kulturveranstaltungen und Konzerte der alternativen Szene, wobei die Adressen in Pinyin und Chinesisch angegeben sind. Alle drei liegen in der Mehrzahl der Bars und an anderen Treffpunkten der ausländischen Gemeinde aus. Wer vorhat, in Beijing zu wohnen, sollte sich das umfangreiche, bei Wohnungs- und Arbeitssuche sehr hilfreiche *Beijing Guidebook* von Middle Kingdom Press besorgen. Die **Hotline für Touristen**, ✆ 65130828, ist rund um die Uhr mit englischsprachigen Mitarbeitern besetzt und erteilt Auskünfte.

INTERNET – Neben Business Centres in Hotels, deren Computer auch Nichtgästen zur Nutzung zur Verfügung stehen, gibt es in Beijing zahlreiche Internet-Cafés, in denen man den Netzzugang meist preiswerter und in wohligerer Atmosphäre erhält.

Sanlian Bookshop, Wangfujing Dajie, nahe der Kunsthalle, gemütliches Internet-Café, ⌚ tgl. 8–20 Uhr, ¥20 pro Std.

Sparkice, Ebene 2, World Trade Centre, Jianguomenwai Dajie, ⌚ 24 Std., ¥8–12 pro Std.; Filiale im Ostflügel des Lufthansa Centre, ⌚ 8–1 Uhr. Das angenehmste aller Internet-Cafés.

Wer wirklich billig ins Netz möchte, sollte sich im Universitätsviertel umsehen, wo die Nutzung eines Computers in einem der kleinen Läden, in denen Jugendliche unablässig *Counterstrike* spielen, gerade einmal ¥2 pro Std. kosten kann und die Läden die ganze Nacht über geöffnet bleiben. Zahlreiche Internet-Cafés gibt es auch im Bezirk Haidian, wo es sich anbietet, nach einem Kneipenbummel ein paar E-Mails nach Hause zu schicken. Am preiswertesten in dieser Gegend sind:

Beijing Login Tech, 38 Haidian Lu; Filialen in der 31 Xueyuan Lu und 75 Chengfulu Dajie (Letztere nahe dem Südtor der Qinghua-Universität); ¥8 pro Std.

Wer in der Stadt wohnt und einen Anschluss beantragen möchte, wendet sich an das Telegrafenamt in der Xi Chang'an Jie (s.S. 201, Telekommunikation).

KURIERDIENSTE – ***DHL,*** 45 Xinyuan Jie, Bezirk Chaoyang, ✆ 64662211, ⌚ 24 Std.

MEDIZINISCHE HILFE – Die meisten großen Hotels haben einen hauseigenen Arzt. Wer ein Krankenhaus aufsuchen muss, findet in den folgenden Kliniken eine Abteilung für Ausländer, wo zumindest etwas Englisch gesprochen wird:

Beijing Hospital, 15 Dahua Lu.

Friendship Hospital, 95 Yongan Lu, westlich des Tiantan-Parks, ✆ 63014411;

Sino-Japanese Friendship Hospital, Heping Dajie, ✆ 64221122, ⌚ tgl. 8–11.30 und 13–16.30 Uhr;

Medizinische Dienste von Ausländern für Ausländer bieten:

Hong Kong International Clinic, 3. Etage, Swissotel Hong Kong Macau Centre, Dongsishitiao Qiao, ✆ 65012288, App. 2346, ⌚ tgl. 9–21 Uhr.

International Medical Centre, S106, Lufthansa Centre, Dong Sanhuan Bei Lu, ✆ 64651561; In wirklichen Notfällen leistet ***AEA International,*** 14 Liangmahe Lu, unweit des Lufthansa Centre, ✆ Klinik 64629112, ✆ Notruf 64629100, umfassende, aber auch teure medizinische Hilfe.

Apotheken: Große Apotheken gibt es in der 136 Wangfujing Dajie und 42 Dongdan Bei Dajie, ansonsten kann man es auch in der berühmten ***Tongrengtang***-Apotheke, Dazhalan Lu, versuchen (s.S. 162). Rezeptfreie importierte Medikamente sind bei ***Watsons*** im *Holiday Inn Lido,* Shoudujichang Lu, erhältlich.

POST – ***Internationales Postamt,*** Chaoyangmen Dajie, wenig nördlich der Kreuzung mit der Jianguomen Dajie. Sammelstelle für postlagernde Sendungen, die in einer Kiste landen, die man eigenhändig durchwühlen muss; für dieses Privileg sind auch noch ¥1,5 zu bezahlen. Postsendungen werden nur gegen Vorlage des Reisepasses ausgehändigt und nur einen Monat aufbewahrt, danach gehen sie an den Absender zurück. Wer ein paar Tage zu spät kommt, wird die Postangestellten ob der eigenen Verzweiflung allenfalls belustigen. Neben Postfächern zur Miete gibt es auch einen Packdienst für Päckchen und Pakete sowie Briefmarken, allerdings zeigen sich die Bediensteten auch hier wenig hilfreich. ⏲ Mo–Sa 8–18 Uhr.

Weitere Postämter gibt es im Untergeschoss des World Trade Centre, in der Xi Chang'an Jie, wenig östlich der Konzerthalle, in der Wangfujing Dajie nahe *Dunkin' Donuts* und am nördlichen Ende der Xidan Dajie. Alle ⏲ Mo–Sa 9–17 Uhr.

Express-Sendungen können an einem Schalter im Internationalen Postamt oder im ***EMS***-Büro, 7 Qianmen Dajie, ✆ 65129948, aufgegeben werden.

REISEBÜROS – ***CITS,*** 103 Fuxingmennei Dajie, ✆ 66011122. Bietet neben teuren Touren auch Fremdenführer, Dolmetscherdienste und, gegen eine Kommission von ca. ¥30, Vorausbuchungen für Züge, Flüge und Fähren (ab Tianjin); ⏲ tgl. 8.30–11.30 und 13.30–16.30 Uhr. Filialen in der 103 Fuxingmennei Dajie, ✆ 66011122, im *Beijing Hotel,* 33 Dongchang'an Jie, ✆ 65120507, und im *New Century Hotel,* gegenüber dem Zoo, ✆ 68491426. Gute private Alternativen zum staatlichen Großunternehmen sind u.a. ***Sunshine Travel,*** 2 Nan Dong Sanhuan Lu, ✆ 65868069, und ***R&R Travel Company,*** Rm B04, 9 Ritan Dong Lu, im Ritan-Park, ✆ 65868069.

SCHWIMMBAD – Im **Athletendorf der Asienspiele**, Anding Lu, gibt es ein Schwimmbecken nach Olympianorm. Zu erreichen mit O-Bus Nr. 108 von der Chongwenmennei Dajie. ⏲ tgl. 8–21 Uhr, Eintritt ¥50.

SPRACHKURSE – Schnellkurse in Chinesisch werden an der ***Universität Beijing für Auslandsstudien*** (Beijing Foreign Studies University), Erhan Xi Lu, in Abendkursen an der ***Bridge School,*** Jianguomenwai Dajie, ✆ 64940243, und bei der ***Kulturmission,*** Sanlitun, 7 Beixiao Jie, ✆ 6532 3005, angeboten. In letztgenannter Einrichtung lernen größtenteils Diplomaten.

Preiswert und leicht lassen sich die Grundlagen des Mandarin erlernen, wenn man einen chinesischen Fremdsprachenstudenten zur Hand hat – Kontakt zu Englischstudenten beispielsweise lässt sich am besten sonntags am Treffpunkt „English Corner" im Zizhuyuan-Park herstellen. Bei Erfolg ist eine Vergütung auszuhandeln, die aber nicht allzu hoch sein wird und um die ¥15 pro Std. liegen könnte.

Bei folgenden Einrichtungen kann man sich um die Teilnahme an 6–12-monatigen Chinesischkursen bewerben:

Beijing International School, Anzhenxili im Bezirk Chaoyang, ✆ 64433151;

Beijing-Universität, Haidian, ✆ 62751230;

Pädagogische Universität Beijing, 19 Xinjiekouwai, ✆ 62207986.

Universität Beijing für Auslandsstudien (Beijing Foreign Studies University), 2 Xi Erhuna Lu, ✆ 68468167;

Die Studiengebühren für ein Jahr belaufen sich auf ca. ¥10 000.

TELEKOMMUNIKATION – Das **Telegrafenamt**, 11 Xi Chang'an Jie, ca. 300 m von der Kreuzung mit der Xidan Bei Dajie, bietet rund um die Uhr Telekommunikationsdienste, ebenso das **Internationale Postamt**, Chaoyangmen Dajie.

Von den orangefarbenen Karten- und Münztelefonen in den Straßen können Auslandsgespräche geführt werden. Telefonkarten gibt es in den meisten Hotels, Einkaufszentren sowie im Telegrafenamt. Wer die Vermittlung, ✆ 114, bemüht, sollte dies nicht ohne chinesischsprachige Hilfe an seiner Seite tun.

TOUREN – Organisierte Touren durch die Stadt und die Außenbezirke bieten sich als einfache, aber auch teure Möglichkeit an, in kurzer Zeit alle Sehenswürdigkeiten abzuklappern.
CITS, s.S. 201, hat eine große Auswahl an ein- bis zweitägigen Pauschaltouren, die man entweder in einer ihrer Filialen oder am Informationsschalter im Freundschaftsladen buchen kann. Mit ¥300 pro Tag sind diese Touren jedoch alles andere als billig. Eine preiswerte und zudem lohnende Ausnahme ist die Hutong-Tour, in deren Rahmen man eine intimere Seite Beijings kennen lernt. Die von den edleren Hotels veranstalteten eintägigen Touren sind ebenfalls in der Regel teuer. Günstigeres ist über die preiswerteren Hotels zu bekommen, an deren Touren man auch bei anderweitiger Unterbringung teilnehmen kann. Nicht schlecht ist der vom *Fenglong* organisierte Tagesausflug zur Großen Mauer bei Jinshanling mit späterer Abholung von Simatai (s.S. 212); Abholung von anderen Hotels ist möglich. Das Hotel arrangiert außerdem Besuche von Akrobatik-Shows und Opernvorstellungen.

VORWAHL – 010

Nahverkehrsmittel

Die schieren Ausmaße der Stadt verbieten es für gewöhnlich schlichtweg, zu Fuß gehen zu wollen. Auch die meisten Hauptstraßen sind so kerzengerade, dass ein Fußmarsch auf ihnen schon bald ermüdend wird.
Das **öffentliche Verkehrsnetz** ist ausgedehnt, aber etwas überbeansprucht. Die Mehrzahl der Besucher wird der überfüllten Busse schnell überdrüssig und steigt auf Taxis um.
Schneller ist die **U-Bahn**, deren Netz jedoch vergleichsweise begrenzt ist.
Radfahren ist eine gute und angesichts zahlreicher Verleihstationen leicht umzusetzende Alternative.

Nützliche Stadtbuslinien Auf den besseren Stadtplänen sind die Routen der Busse durch rote oder blaue Linien ausgewiesen; ein Punkt entlang des Streckenverlaufs markiert eine Haltestelle; neben dem Punkt steht auf diesen Karten der Name der Haltestelle in winzigen Schriftzeichen geschrieben – diesen muss man wissen, damit der Schaffner den Fahrpreis berechnen kann. In einem schwankenden, überfüllten Bus dem Schaffner einen Punkt auf einem Stadtplan zeigen und damit weiterzukommen zu wollen, ist nahezu unmöglich. Hilfreich ist hier die *Beijing Tour Map,* auf der die Haltestellen in Pinyin angegeben sind. Nützliche Stadtbuslinien sind:
Nr. 1 und Doppeldecker Nr. 1 vom Xi Zhan nach Osten entlang der Chang'an Jie, der großen Ost-West-Magistrale.
Doppeldecker Nr. 2 vom nördlichen Ende der Qianmen Dajie nach Norden Richtung Dongdan, zum Yonghe Gong und zum Athletendorf der Asienspiele.
Doppeldecker Nr. 4 vom Zoo zum Qianmen via Fuxingmen Dajie.
Nr. 5 vom Deshengmen an der zweiten Ringstraße, in Nordwesten der Stadt, nach Süden entlang der Westseite der Verbotenen Stadt und des Tian'anmen-Platzes zur Qianmen Dajie.
Nr. 15 vom Zoo entlang der Xidan Dajie, vorbei an der Liulichang und weiter nach Westen bis in die Gegend von Tianqiao, etwas westlich der Yongdingmennei Dajie und nahe dem Tiantan-Park.
Nr. 17 vom Tian'anmen-Platz entlang der Qianmen Dajie bis zur Kreuzung der Yongdingmenwai Dajie mit der Nansanhuan Zhong Lu, 1 km östlich des *Jinghua Hotel.*
Nr. 20 vom Beijing Zhan zum Yongdingmen Zhan, nahe dem *Qiaoyuan Hotel.*
Nr. 52 vom Xi Zhan zur Lianhuachi Qiao, dann nach Osten zur Xidan Dajie, zum Tian'anmen-Platz und weiter entlang der Chang'an Jie.
Nr. 66 von der Yang Qiao – der Brücke westlich des Jinghua Hotel – zum Qianmen.
O-Bus Nr. 103 vom Beijing Zhan nach Norden über die Ostseite der Verbotenen

Stadt, dann nach Westen entlang der Fuchengmennei Dajie und nach Norden entlang der Sanlihe Lu bis zum Zoo.

O-Bus Nr. 104 vom Beijing Zhan via Wangfujing Dajie zum Bahnhof Hepingli im Norden der Stadt.

O-Bus Nr. 105 von Nordwesten des Tiantan-Parks zur Xidan Dajie und weiter nach Westen zum Zoo.

O-Bus Nr. 106 vom Yongdingmen Zhan zum Tiantan-Park und Chongwenmen, dann nach Norden zur Dongzhimennei Dajie.

Nr. 300 verkehrt entlang der dritten Ringstraße.

Nr. 332 vom Zoo zur Beida (Universität) und zum Sommerpalast.

Luxusbus Nr. 808 von der Haltestelle nordwestlich des Qianmen zum Sommerpalast.

BUSSE – Obgleich alle der gut 200 Bus- und O-Bus-Linien im Minutentakt verkehren, ist es während der Stoßzeiten ein mühseliges Unterfangen, ein- oder aussteigen zu wollen. Der größte Andrang im Berufsverkehr herrscht von 7–9 und 16.30–18 Uhr. Die Hoffnung, durch das Fenster etwas von der Stadt zu sehen, sollte man getrost begraben; die Aussicht beschränkt sich meist auf rückwärtige Ansichten von Mitfahrern. Im Winter sind die Busse für ihren Duft bekannt, eine Mischung aus Knoblauch und gekochtem Kohl. Der **Fahrpreis** für die normalen Busse richtet sich nach der Entfernung, beträgt jedoch nie mehr als ¥2, in der Regel reichen ¥0,5 – interessant ist es zu beobachten, wie Chinesen mitunter eine 1-Fen-Münze und zwei 2-Fen-Scheine zu einem kunstvollen Origami-Päckchen falten und es dem Schaffner übergeben. Weniger von Aromen behaftet und etwas komfortabler, aber auch langsamer, sind die **Minibusse**, die entlang derselben Routen wie die Busse verkehren und die ¥2 pro gefahrener Strecke verlangen. Der Betrieb beginnt in der Regel um 5.30 Uhr und endet um 23 Uhr, einige Busse verkehren jedoch auch rund um die Uhr. Busse mit 200er Nummern verkehren nur im Nachtbetrieb. Die Strecken sind sinnvoll gelegt und leicht zu verstehen – ein wichtiger Aspekt, da die Haltestellen nicht selten einen guten Kilometer voneinander entfernt liegen. Busse mit 800er Nummern sind modern, klimatisiert und eine angenehme Überraschung, allerdings kosten sie mit ¥3–10 auch mehr. Ausdrücklich gewarnt sei vor **Taschendieben** in Bussen. Die geschickten Diebe nehmen gerne Touristen aus dem Westen ins Visier und haben es nicht nur auf Geld, sondern auch auf begehrte westliche Reisepässe abgesehen.

U-BAHN – Die saubere, effiziente, von Graffiti freie und sehr schnelle U-Bahn ist eine gute Alternative zum Bus, jedoch sollte man auch hier während des Berufsverkehrs auf Kontakte der intimeren Art gefasst sein. Sie verkehrt tgl. von 5.30 bis 23 Uhr. U-Bahn-Eingänge sind durch ein Schild gekennzeichnet, das ein Quadrat in einem „C" abbildet. **Fahrscheine** kosten ¥3 pro Fahrt und sind an Schaltern am oberen Ende der Treppe zum Bahnsteig erhältlich. Um wiederholtes Anstehen zu umgehen, empfiehlt es sich, gleich mehrere Tickets zu kaufen. Die Fahrscheine tragen kein Datum und werden vor Betreten des Bahnsteigs durch einen U-Bahn-Angestellten eingesammelt. Sämtliche Haltestellen sind in Pinyin beschildert und werden bei Einfahrt des Zuges in Englisch und Chinesisch angesagt.
Eine der beiden U-Bahnlinien ist eine **Ringlinie** um die Stadt mit den zweckdienlichen Haltestellen Beijing Zhan, Jianguomen (unter der Straßentrasse, nahe dem Alten Observatorium und dem Freundschaftsladen), Yonghe Gong (50 m nördlich des gleichnamigen Tempels) und Qianmen am nördlichen Ende der Qianmen Dajie. Die **Ost-West-Linie** verläuft von den westlichen in die östlichen Vororte. Nützliche Haltestellen entlang dieser Strecke sind das Militärmuseum (Junshi Bowuguan), Tian'anmen (West und Ost) sowie Wangfujing. Umsteigebähnhofe sind Fuxingmen und Jianguomen.

RICKSCHAS – Fahrrad-Rikschas sind mit Vorsicht zu genießen. Zwar sind sie für kürzere Strecken recht nützlich – für ¥5 kommt man ein paar Kilometer weit –, doch die Fahrer lassen sich nur schwer herunterhandeln und verlangen am Ziel angekommen mitunter einen höheren Fahrpreis. Über den genauen Fahrpreis und die Währung, in der er gezahlt wird, sollten sich beide Seiten vor Abfahrt ausdrücklich geeinigt haben. In der Umgebung von touristischen Sehenswürdigkeiten, insbesondere in den Hutong um den Glocken- und den Trommelturm, sind Rikscha-Fahrer inzwischen, da ihr Alltagsgeschäft mehr und mehr von Taxis übernommen wird, zu einer eigenen Attraktion geworden. Mit kitschigen Sitzbezügen und absurden Preisen ist dort zu rechnen.

FAHRRAD – Eine durchaus überlegenswerte Alternative zu den öffentlichen Verkehrsmitteln ist die Anmietung eines Fahrrads. In vielen der billigeren Hotels kann man sie tageweise ausleihen oder Wochenmieten aushandeln; pro Tag sind ¥10–50 sowie eine Kaution von ¥200–500 üblich. Vor Fahrtantritt sind unbedingt die Bremsen zu überprüfen und, falls erforderlich, die Reifen mit ausreichend Luft aufzupumpen. Bei Problemen unterwegs kann man sich an einem der zahlreichen Reparaturstände an den Straßen helfen lassen.
Das Tempo chinesischer Radfahrer ist gemächlich, und das aus gutem Grund. Chinesische Straßen sind unberechenbar und gleichen mitunter rechtsfreien Räumen: Im Kreisverkehr wird gegen die Fahrtrichtung gefahren, aggressive Lkw-Fahrer machen keinen Zentimeter Platz, ungeduldige Taxifahrer drängeln auf der Fahrradspur, Busse schwenken plötzlich aus, ganz zu schweigen von den Fußgängern, die unachtsam einfach auf die Straße laufen. Dennoch ist Radfahren in Beijing weniger Furcht einflößend als in so mancher Stadt im Westen, da es auf allen größeren Straßen **Fahrradspuren** gibt und man in Gesellschaft vieler anderer radelt – im Berufsverkehr sind es mehrere Millionen. Klingeln oder Rufen zeigt kaum Wirkung. Während derlei Warnsignale in anderen Städten die Verkehrsteilnehmer aufscheuchen, erntet man hier dafür kaum einen Seitenblick. An Kreuzungen rotten sich die Fahrradfahrer regelrecht zusammen, um sich dann, wenn genügend Masse vorhanden ist, um gegen den übrigen Verkehr bestehen zu können, in einem Schub ihren Weg zu bahnen. Wer sich dabei unsicher fühlt, sollte absteigen und das Fahrrad zu Fuß über die Straße schieben – viele Chinesen machen es ebenso.
Für neue Fahrräder oder Mountainbikes ist die Verwendung eines zusätzlichen Kettenschlosses ratsam, da Fahrräder oft gestohlen werden. Fahrräder sollen auf hierfür vorgesehenen **Fahrrad-Parkplätzen** abgestellt werden, wo man ¥0,3 an einen Parkwächter zahlt. Häufig genug wird diese Vorschrift jedoch missachtet und die Räder werden unter dem Risiko einer allerdings

selten verhängten Geldstrafe an ein Geländer angeschlossen oder auf dem Gehweg abgestellt. Die Parkplätze an den U-Bahnhöfen bleiben die ganze Nacht über geöffnet, und da die meisten Verleihstationen weitab des Zentrums liegen, lässt sich einiges an Pedaltreterei sparen, wenn man das Fahrrad gleich für mehrere Tage mietet und anstatt ständig hin und her zu radeln das Fahrrad über Nacht auf einem dieser Parkplätze deponiert.

Transport

Eine erste Überraschung erleben viele Besucher Beijings bei der **Ankunft** in Form der reibungslosen Fahrt entlang der von Plakatwänden gesäumten und verkehrsreichen Autobahn vom Flughafen. Wer nicht mit dem Zug anreist, hat von den Busbahnhöfen und vom Flughafen einen weiten Weg bis in die Stadt zurückzulegen, und selbst bei Ankunft im Zentrum sind es bis zu den meisten Hotels immer noch ein paar Kilometer. Am besten nimmt man in der Innenstadt ein Taxi zum letztlichen Ziel und plagt sich nicht mit den Bussen herum, da das System der öffentlichen Verkehrsmittel Neuankömmlinge zunächst verwirrt und überfordert. Zu Fuß zu gehen ist angesichts der großen Entfernungen keine sinnvolle Alternative, mit Gepäck zudem eine wahre Tortur.

Die **Weiterreise** gestaltet sich weitgehend unproblematisch, denn die zahllosen Bahn- und Flugverbindungen von Beijing ermöglichen es, praktisch jeden Ort in China zu erreichen. Ratsam ist es, Fahrkarten oder Flugtickets einige Tage vor Reiseantritt zu kaufen, insbesondere im Sommer und für die Zeit um das Frühlingsfest. Busse werden von Touristen in Anbetracht des geringeren Komforts und der längeren Fahrzeiten gegenüber der Bahn kaum für weite Entfernungen genutzt, haben jedoch den Vorteil sehr häufiger Verbindungen, sodass auch bei spontanem Erscheinen meist problemlos ein Platz zu bekommen ist. Die beiden nahe gelegenen Städte Tianjin und Chengde sind in ungefähr derselben Zeit per Bus oder Bahn zu erreichen. Mehr zu den verschiedenen Bahn- und Busbahnhöfen sowie zu den von ihnen aus erreichbaren Zielen weiter unten.

BUSSE – Fernverbindungen gibt es reichlich, doch komplizieren verschiedene Busbahnhöfe, die jeweils nur für bestimmte Ziele als Endhaltestelle oder Abfahrtsort dienen, die Angelegenheit unnötig. **Dongzhimen**, in der nordöstlichen Ecke der zweiten Ringstraße und per U-Bahn zu erreichen, ist der größte Busbahnhof und Endhaltestelle der Busse aus Shenyang und dem übrigen Dongbei. **Deshengmen**, auch Beijiao genannt, liegt im Norden, 1 km nördlich der zweiten Ringstraße an der Route von Bus Nr. 55, die zur Xi'anmen Dajie, westlich des Beihai-Parks, führt, und ist Abfahrtspunkt der Busse nach Chengde und Datong. Von **Haihutun** im Süden, an der Kreuzung der dritten Ringstraße, Nansanhuan Lu, mit der Yongdingmenwai Dajie, fahren die Busse nach Tianjin und in die Städte im südlichen Hebei. **Majuan** schließlich, im Südosten an der Guanqumenwai Daji gelegen, bietet Verbindungen ins östliche Hebei. **Private Minibusse** halten meist vor einem der beiden großen Bahnhöfe.

Für Fernziele ist es wenig sinnvoll, einen Bus zu nehmen – die Fahrt dauert länger als mit dem Zug und ist auch bei weitem nicht so komfortabel. Die Busse verkehren häufig, tagsüber in der Regel stündlich, einige auch nachts. In erträglicher Reiseentfernung liegen die unten aufgeführten Städte.

Verbindungen von den Busbahnhöfen

Deshengmen nach:
CHENGDE 4 Std.;
DATONG 10 Std.

Dongzhimen nach:
SHENYANG 18 Std.

Haihutun nach:
SHIJIAZHUANG 10 Std.;
TIANJIN 3 Std.

Majuan nach:
BEIDAIHE 9 Std.;
SHANHAIGUAN 9 Std. (Expressbus 5 Std.)

EISENBAHN – Beijing besitzt zwei große Bahnhöfe. Am zentralen **Beijing Zhan**, südlich der Dongchang'an Jie, kommen die Züge aus Gegenden nördlich und östlich von Beijing an. Neben Schließfächern gibt es dort eine zentrale Gepäckaufbewahrungsstelle (mehr dazu s.S. 200, Gepäckaufbewahrung). Die einzigen Unterkünfte, die vom Beijing Zhan fußläufig erreicht werden können, sind das nichts sagende *International Hotel* und das zweifellos interessante neue *International Youth Hostel* gleich dahinter. Die meisten Ankömmlinge werden sich zwecks Weiterfahrt entweder zum **Busbahnhof**, ca. 100 m östlich des Bahnhofs, zur **U-Bahn-Station** am nordwestlichen Ende der Bahnhofshalle oder zum **Taxistand**, 50 m östlich auf der gegenüberliegenden Straßenseite, begeben müssen. Ein offizieller Ordner mit roter Armbinde sorgt an Letzterem dafür, dass die Warteschlange in Reih und Glied bleibt und dass die Fahrer die Taxameter anstellen. Von den Taxis direkt vor der Bahnhofshalle ist abzuraten, da keiner der Fahrer den Taxameter anschaltet.

Züge aus Gebieten südlich und westlich der Hauptstadt kommen am neuen Westbahnhof **Xi Zhan**, dem größten Bahnhof Asiens und Ausgangspunkt der Verbindung Beijing-Kowloon, an. Das Prestigeobjekt ist zehnmal so groß wie der Beijing Zhan. Die Gepäckaufbewahrung befindet sich in der 2. Etage, greift mit ¥5 pro Std. den Reisenden aber tief in die Tasche. Zwischen den beiden Bahnhöfen verkehrt Bus Nr. 122; wer zu einem der preiswerten Hotels im Süden fahren möchte, nimmt von hier Bus Nr. 52 zum Qianmen und steigt dort in einen anderen Bus um. Am einfachsten ist es allerdings, gleich ein Taxi vom Halteplatz zu nehmen.

Zwar gibt es noch weitere Bahnhöfe in Beijing, Normalreisende werden dort aber nicht landen, es sei denn sie kommen mit einem Nahverkehrszug beispielsweise von der Großen Mauer bei Badaling oder Shidu. Der Nordbahnhof Beijing, der **Xizhimen Zhan**, liegt am nordwestlichen Rand der zweiten Ringstraße an der U-Bahn. Der Bahnhof Beijing-Süd, bekannt als **Yongdingmen Zhan**, befindet sich im Süden der Stadt zwischen zweiter und dritter Ringstraße, unweit des *Qiaoyuan Hotel,* und hat einen Busbahnhof vor der Tür.

Transsibirische und transmongolische Zugverbindungen Das Beste am *International Hotel,* 9 Jianguomenwai Dajie, ist dessen ***Buchungsbüro*** für internationale Zugverbindungen, ✆ 65120507, ⌚ Mo–Fr 8.30–12 und 13.30–17 Uhr. Ohne viel Aufhebens kann man dort Fahrkarten nach Moskau und Ulan Bator erwerben. Außerhalb der Saison unternehmen nur wenige die Reise, in den Sommermonaten hingegen ist mitunter auf Wochen kein Platz zu bekommen. Für die Visabeschaffung sollte man ein bis zwei Wochen einplanen. Nach Hinterlegung einer Anzahlung von ¥100 auf die Fahrkarte stellt das Buchungsbüro eine Reservierungsquittung aus. Diese nimmt man mit zur Botschaft, wenn man das Visum beantragt, alles Weitere sollte ohne Probleme vonstatten gehen. Ein russisches Transitvisum mit einer Woche Gültigkeit kostet ca. US$50, für bestimmte Nationalitäten (überwiegend afrikanische und südamerikanische Staaten) wird ein Zuschlag erhoben. Das Transitvisum für die Mongolei ist ebenfalls eine Woche gültig und kostet US$30; Touristenvisa mit einem Monat Gültigkeitsdauer kosten US$40.

Der chinesische Zug Nr. 3 nach Moskau via Ulan Bator fährt ab Beijing jeden Mittwoch und benötigt für die Strecke 5 1/2 Tage. Eine Liege in einem Viererabteil der allemal komfortablen 2. Klasse kostet ¥1602, in der 1. Klasse ebenfalls mit Viererbelegung ¥2306 oder mit Zweierbelegung ¥2786. Der russische Zug Nr. 19, der der transsibirischen Route folgt, fährt samstags und erreicht sein Ziel nach sechs Tagen. Der billigste Liegeplatz kostet hier ¥1888, für die 1. Klasse zahlt man ¥3014. Jeden Donnerstag fährt ein mongolischer Zug nach Ulan Bator; Liege im Viererabteil ¥606. Die Fahrt im Zug Nr. 3 ist etwas preiswerter.

Der Touranbieter ***Monkey Business*** in der *Hidden Tree Bar,* Nan Sanlitun Lu, ✆ 6591 6519, 💻 www.monkeyshrine.com, organisiert die komplette Reise inklusive Visabeschaffung für alle diejenigen, die bereit sind, für diesen Service zusätzlich US$150 hinzublättern. Eine Fahrkarte für die 2. Klasse kostet US$385 zzgl. Visagebühren, aber inkl. Infopaket und Transport zum Bahnhof. Angeboten werden außerdem Touren mit Stopps in Ulan Bator, am Baikalsee und in Irkutsk.

Beijing: Transport

Beijing	北京	***běijing***
Hauptstadtflughafen Beijing	北京首都机场	*běijīng shǒudū jīchǎng*
Busbahnhöfe		
Deshengmen	德胜门公共汽车站	*déshèngmén gōnggòng qìchēzhàn*
Dongzhimen	东直门公共汽车站	*dōngzhímén gōnggòng qìchēzhàn*
Haihutun	海户屯公共汽车站	*hǎihùtún gōnggòng qìchēzhàn*
Bahnhöfe		
Beijing Zhan	北京站	*bēijīng zhàn*
Xi Zhan	西站	*xī zhàn*
Xizhimen Zhan	西直门站	*xīzhímén zhàn*
Yongdingmen Zhan	永定门站	*yǒngdìngmén zhàn*

Gegen eine zusätzliche Gebühr von ca. ¥40 können **Fahrkarten** in den größeren Hotels oder beim *CITS* gekauft werden, es macht jedoch keine allzu große Mühe, sie sich direkt am Schalter zu besorgen. Für viel befahrene Routen sollten die Fahrkarten mindestens einen Tag im Voraus gekauft werden, maximal sind sie vier Tage im Voraus erhältlich. Der Fahrkartenschalter für Ausländer im Beijing Zhan befindet sich im hinteren Teil des Bahnhofs, linkerhand vom Eingang, und ist in Englisch ausgeschildert; ⌚ tgl. 5.30–7.30, 8–18.30 und 19–23 Uhr. An der Wand hängt ein Fahrplan in Englisch. Weitere Verkaufsstellen, die wenig bekannt und daher selten umlagert sind, gibt es im Wangfujing-Kaufhaus, 1. Etage, 225 Wangfujing Dajie, ⌚ tgl. 9–11 und 13–16 Uhr, sowie im Ticketbüro von *Air China* im China World Trade Centre, 1 Jianguomenwai Dajie, ⌚ tgl. 8–18 Uhr. Telefonische Zuginformationen (nur in Chinesisch) unter ✆ 65129525.

Züge vom Beijing Zhan nach:
BAOTOU tgl., 14 Std.;
BEIDAIHE 3x tgl., 5 Std.;
CHANGCHUN tgl., 14 Std.;
CHENGDE 4x tgl., 4 Std.;
DALIAN 2x tgl., 18 Std.;
DANDONG tgl., 20 Std.;
DATONG 2x tgl., 7 Std.;
FUZHOU tgl., 35 Std.;
HANGZHOU tgl., 22 Std.;
HARBIN tgl., 18 Std.;
HOHHOT 2x tgl., 12 Std.;
JI'NAN 3x tgl., 8 Std.;
NANJING tgl., 20 Std.;
QINGDAO tgl., 18 Std.;
SHANGHAI 2x tgl. Express, 14 Std., sonst 20 Std.;
SHANHAIGUAN 3x tgl., 8 Std. (besser: Schnellzug nach Qinghuangdao, 5 Std.);
SHENYANG 4x tgl., 10 Std.;
TAI'AN 2x tgl., 8 Std.;
TIANJIN häufig; 2 Std.;
YANTAI tgl., 20 Std.

Züge vom Xi Zhan nach:
CHANGSHA tgl., 24 Std.;
CHENGDU 2x tgl., 35 Std.;
CHONGQING 2x tgl., 40 Std.;
GUANGZHOU 3x tgl., 30 Std.;
GUIYANG tgl., 35 Std.;
KUNMING tgl., 60 Std.;
LANZHOU tgl., 35 Std.;
LUOYANG tgl., 14 Std.;
MOSKAU 2x wöchentl., 5–6 Tage
NANCHANG tgl., 25 Std.;
NANNING tgl., 40 Std.;
SHIJIAZHUANG tgl., 4 Std.;
TAIYUAN tgl., 10 Std.;
ULAN BATOR Mongolei, wöchentl., 90 Std.;
ÜRÜMQI tgl., 70 Std.;
XI'AN 5x tgl., 16 Std.;
YUNCHENG tgl., 18 Std.;

YICHANG tgl., 23 Std.;
ZHANJIANG tgl., 40 Std.;
ZHENGZHOU 2x tgl., 10 Std.
Mehr zu den nach Moskau und Ulan Bator verkehrenden Zügen s.S. 206, Kasten.

FLÜGE – Der prunkvolle **Hauptstadtflughafen Beijing**, 29 km nordöstlich des Zentrums, wurde am 1. Oktober 1999 anlässlich des 50. Jahrestags der kommunistischen Herrschaft eingeweiht. Über ihn werden sowohl Inlands- wie auch internationale Flüge abgewickelt. Rechts hinter dem Zoll findet man bei Ankunft verschiedene Banken und einen Geldautomaten; die zu entrichtende Kommission ist dort nicht höher als andernorts. Wer für die Weiterfahrt einen Bus nutzen möchte, sollte sich passendes Kleingeld besorgen. Tickets für Inlandsflüge sind im *CAAC*-Büro erhältlich. Der Informationsschalter am Flughafen, ✆ 64563604, ist 24 Std. geöffnet. Für internationale Flüge ist in der Eingangshalle vor dem Einchecken die Abflugsteuer in Höhe von ¥90 zu entrichten, für nationale Flüge beträgt sie ¥50.
Transport vom/zum Flughafen: Eine Autobahn verbindet den Flughafen mit der Stadt. Sie ist eine der besten und am flüssigsten befahrbaren Straßen in ganz China. Direkt vor dem Hauptausgang befindet sich eine Haltestelle, von der regelmäßig komfortable, klimatisierte, aber auch überfüllte **Flughafenbusse** entlang zweier Routen in die Stadt fahren. Die Fahrt kostet ¥16 und dauert ca. 1 Std., im Berufsverkehr doppelt so lange. Die **Busse der A-Route** sind am zweckdienlichsten und verkehren von 8 Uhr bis zur Ankunft des letzten Fluges mit Stopps am *Hilton,* am Lufthansa Centre, an der U-Bahn-Station Dongzhimen, am *Swissotel* sowie an der U-Bahn-Station Chaoyangmen, bevor sie ihre Endhaltestelle am *International Hotel,* nördlich des Beijing Zhan, dem Hauptbahnhof, erreichen, wo es einen Taxistand und eine U-Bahn-Station gibt.
Busse der B-Route verkehren von 9.30 bis zur Ankunft des letzten Fluges stündlich und halten in den nördlichen und westlichen Abschnitten der dritten Ringstraßen, Sanhuan Lu, u.a. am *SAS Royal Hotel,* am Athletendorf der Asienspiele, am *Freundschaftshotel,* an der Fremdsprachenuniversität und schließlich am *Xinxing Hotel,* Chang'an Jie, Ecke Xisanhuan Bei Lu, nahe der U-Bahn-Station Gongzhufen. Busse von der Stadt zum Flughafen verkehren vom *CAAC*-Büro, 5.30–19 Uhr alle 30 Min., außerdem nordwestlich des *International Hotel* (die Straße überqueren und auf das Schild achten), 6.30–16.30 Uhr stündlich, und von einem Ticketbüro auf der Ostseite der Wangfujing Dajie, etwas nördlich der Chaoyangmen Dajie, 5.30–18 Uhr alle 30 Min.
Links des Haupteingangs zum Flughafen gibt es einen **Taxistand**. Zu meiden sind die Schlepper, die Neuankömmlinge ins Visier nehmen. Achten sollte man außerdem darauf, dass das Taxi registriert ist – zu erkennen an einem roten oder grünen Aufkleber im hinteren Seitenfenster mit Angabe des Kilometerpreises und an einem Identitätsnachweis am Armaturenbrett. Eine Fahrt ins Zentrum kostet ca. ¥80 und dauert ca. 50 Min., im Berufsverkehr mindestens eine halbe Stunde länger. Vom Fahrgast wird erwartet, die Autobahnmaut in Höhe von ¥15 zu übernehmen.
Inlandsflüge sollten mindestens einen Tag im Voraus gebucht werden. Hauptverkaufsstelle für **Flugtickets** in Beijing ist das ***CAAC***-Büro, 15 Xi Chang'an Jie, Informationen ✆ 66017755, Reservierung Inland ✆ 66013336, Reservierung Ausland ✆ 66016667, ◷ tgl. 7–20 Uhr. Hier sind die meisten nationalen Fluggesellschaften vertreten. Ausnahmen sind *China Southern Airlines,* 227 Chaoyangmen Dajie, ✆ 65533624, und *Xinhua Airlines,* 2A Dong Chang'an Jie, ✆ 65121587. Erhältlich sind Tickets auch über ***CITS*** (s.S. 201, Reisebüros) sowie über die meisten Hotels und bei den in der Stadt vertretenen Agenturen der Fluggesellschaften. Oftmals ist ein Ticket direkt über die Fluggesellschaft oder eine ihrer Agenturen billiger zu bekommen – die Adressen der Agenturen können telefonisch erfragt werden.

Fluggesellschaften:
Air China, 15 Xi Chang'an Jie, ✆ 66013336 für Inlandsflüge, ✆ 66016667 für internationale Flüge;
Aeroflot, *Hotel Beijing–Toronto,* Jianguomenwai Dajie, ✆ 65002980;
Air France, 5. Etage, Full Link Plaza, 18 Jianguomenwai Dajie, ✆ 65881388;
Alitalia, Rm 503B, China World Trade Centre, 1 Jianguomenwai Dajie, ✆ 65056670;

All Nippon Airways, Rm 1510, World Trade Centre, 1 Jianguomenwai Dajie, ✆ 65053311;
Asiana Airlines, Rm 102, Lufthansa Centre, ✆ 64684000;
Austrian Airlines, *Kempinski Hotel,* 50 Donghua Bei Lu, ✆ 646262161;
British Airways, Rm 210, SCITECH Tower, 22 Jianguomenwai Dajie, ✆ 65124070;
Canadian Airlines, Rm 201, 50 Liangmaqiao Lu, Chaoyang, ✆ 64630576;
Dragonair, 1710 Henderson Centre, 18 Jianguomenwai Dajie, ✆ 65182533;
El Al, Rm 2906, Jing Guang Centre, ✆ 65014512;
Finnair, Rm 204, SCITECH Tower, 22 Jianguomenwai Dajie, ✆ 65127180;
Garuda Indonesia, Poly Plaza, 14 Dongzhimen Nan Dajie, ✆ 64157658;
Japan Airlines, Changfugong Office Building, 26A Jianguomenwai Dajie, ✆ 65130888;
Korean Air, Rm C401, World Trade Centre, 1 Jianguomenwai Dajie, ✆ 65050088;
Lufthansa, Rm S101, Lufthansa Centre, Dong Sanhuan Bei Lu, ✆ 64654488;
Malaysia Airlines, Bereich 115A/B, Ebene 1, Westflügel, World Trade Centre, 1 Jianguomenwai Dajie, ✆ 65052681;
Mongolian Airlines, China Golden Bridge Plaza, 1A Jianguomenwai Dajie, ✆ 65079297;
Northwest Airlines, Rm 501, Westgebäude, World Trade Centre, ✆ 65053505;
Pakistan Airlines, Rm 617, World Trade Centre, 1 Jianguomenwai Dajie, ✆ 65051681;
Qantas, Lufthansa Centre, 50 Liangmaqiao Lu, ✆ 64674794;
SAS Scandinavian Airlines, 1403 Henderson Centre, 18 Jianguomennei Dajie, ✆ 65183738;
Singapore Airlines, L109, World Trade Centre, 1 Jianguomenwai Dajie, ✆ 65052233;
Swiss, Rm 608, SCITECH Tower, 22 Jianguomenwai Dajie, ✆ 65123555;
Thai International, Lufthansa Centre, 50 Langmaqiao Lu, ✆ 64608899;
United Airlines, Lufthansa Centre, 50 Liangmaqiao Lu, ✆ 64631111.

Flüge nach:
BAOTOU 2x tgl., 1 1/2 Std.;
CHANGCHUN 6x tgl., 1 3/4 Std.;
CHANGSHA 5x tgl., 2 Std.;
CHAOYANG 4x wöchentl., 1 1/4 Std.;
CHENGDU 7x tgl., 2 1/2 Std.;
CHIFENG 3x wöchentl., 3 Std.;
CHONGQING 4–6 tgl., 2 3/4 Std.;
DALIAN 7–9x tgl., 1 1/4 Std.;
FUZHOU 4x tgl., 2 3/4 Std.;
GUANGZHOU 11x tgl., 3 Std.;
GUILIN 2–5x tgl., 3 Std.;
GUIYANG 2–3x tgl., 4 3/4;
HAIKOU 7x tgl., 3 3/4 Std.;
HAILAR 3x wöchentl., 2 1/4 Std.;
HANGZHOU 5x tgl., 1 3/4 Std.;
HARBIN 5–8x tgl., 2 Std.;
HOHHOT bis zu 9x tgl., 1 1/4 Std.;
HONGKONG 12x tgl., 3 Std.;
HUANGYAN 3x wöchentl., 2 3/4 Std.;
JI'NAN 2–3x tgl., 1 Std.;
JILIN 4x wöchentl., 1 3/4 Std.;
JINZHOU 2x wöchentl., 1 1/4 Std.;
KUNMING 6x tgl., 3 1/2 Std.;
LANZHOU 2–3x tgl., 2 1/4 Std.;
LHASA 2x wöchentl., 4 Std.;
LIUZHOU 2x wöchentl., 2 3/4 Std.;
LUOYANG wöchentl., 1 3/4 Std.;
MUDANJIANG 1x tgl., 1 3/4 Std.;
NANCHANG 2–4x tgl., 2 Std.;
NANJING 4x tgl., 1 3/4 Std.;
NANNING 2–3x tgl., 3 1/2 Std.;
NANTONG 1x tgl., 2 1/2 Std.;
NANYANG 2 wöchentl., 1 1/2 Std.;
NINGBO tgl., 2 1/4 Std.;
QINGDAO 2–3x tgl., 1 1/4 Std.;
QIQIHAR 4x wöchentl., 2 Std.;
QUZHOU wöchentl., 2 1/2 Std.;
SANYA 2x tgl., 5 1/4 Std.;
SHANGHAI 16x tgl., 1 3/4 Std.;
SHANTOU 2x tgl., 3 Std.;
SHENYANG 8x tgl., 1 Std.;
SHENZHEN 15x tgl., 3 1/4 Std.;
TAIYUAN 2–4x tgl., 1 1/4 Std.;
TIANJIN 1x wöchentl., 1/2 Std.;
TONGLIAO 2x wöchentl., 1 3/4 Std.;
ÜRÜMQI 2–4x tgl., 3 3/4 Std.;
WENZHOU 2x tgl., 2 1/4 Std.;
WUHAN 4x tgl., 2 Std.;
WULANHOT 2x wöchentl.; 3 1/4 Std.;
XI'AN 10x tgl., 1 1/2 Std.;
XIAMEN 5x tgl., 2 3/4 Std.;
XIANGFAN 2x wöchentl., 2 Std.;

XILINHOT 4x wöchentl., 1 3/4 Std.;
XINING 4x wöchentl., 2 1/2 Std.;
YANJI 1–3x tgl., 2 Std.;
YANTAI 2–3x tgl., 1 Std.;
YINCHUAN 1–3x wöchentl., 2 Std.;
ZHANGJIAJIE 2x wöchentl., 3 Std.;
ZHANJIANG 2x tgl., 3 1/2 Std.;
ZHENGZHOU 4x tgl., 1 1/4 Std.;
ZHUHAI 1–2x tgl., 3 1/2 Std.

Die Umgebung von Beijing

In den Ebenen und Hügeln um die Hauptstadt gibt es jede Menge reizvoller Plätze und Orte, und kein Besuch wäre ohne einen Ausflug zur **Großen Mauer** vollkommen, die sich über mehrere Orte bequem von Beijing aus erreichen lässt. Beachtung verdienen insbesondere auch die **Westberge**, die bei einem längeren Aufenthalt in der Hauptstadt erholsame Ruhe abseits der Hektik in der Stadt bieten. Andere Ziele wie die Ausgrabungsstätten von **Zhoukoudian** oder das **Luftfahrtmuseum** werden wohl nur speziell Interessierte anlocken, das **Kangxi-Grasland** wiederum eher diejenigen, die sich für längere Zeit in Beijing niederlassen.

Die Große Mauer

Es ist wahrlich eine großartige Mauer, die nur von einem großen Volk mit einer großen Vergangenheit gebaut werden konnte, und ein solch großes Volk mit einer solch großartigen Mauer blickt zweifellos auch einer großen Zukunft entgegen.

Richard M. Nixon

Über eine Länge von 6000 km zieht sich die Große Mauer durch China, ein monumentales Bauwerk, dessen Errichtung im 5. Jahrhundert v. Chr. begonnen und bis ins 16. Jahrhundert fortgeführt wurde. Die heute noch bestehenden Teilstücke würden aneinandergesetzt von New York bis nach Los Angeles reichen, und würde man aus ihren Steinen eine einzige Mauer von 5 m Höhe und 1 m Tiefe bauen, ergäbe sich eine Strecke, die länger als der Erdumfang wäre. Aber selbst ohne solche Gedankenspiele ist die **Zehntausend Li lange Mauer** (Wan Li Changcheng) vor Ort betrachtet und entlang ihres kleinen, permanent von chinesischen wie ausländischen Touristen überrannten Abschnitts bei Badaling die zweifellos augenfälligste Sehenswürdigkeit der Volksrepublik.

Schon seit ihrer frühesten Geschichte legten die Chinesen Schutzmauern um ihre Städte an. Zur Zeit der Streitenden Reiche, d.h. etwa im 5. Jahrhundert v. Chr., erweiterten sie diese Praxis und begannen mithilfe solcher Mauern auch Trennungslinien zwischen rivalisierenden Territorien zu ziehen. Die **Ursprünge** der Großen Mauer gehen auf diese gestückelten Bollwerke und auf die Vision **Qin Shihuangs** zurück, der das Reich im dritten vorchristlichen Jahrhundert einte und beschloss, die Teilstücke zu einem durchgehenden Verteidigungswall gegen die Barbaren zu verbinden. Nachfolgende Dynastien – die Han, Wei, Qi und Sui – hielten die Mauer instand und bauten sie angesichts wechselnder regionaler Bedrohungen weiter aus. Infolge der Ausdehnung der Grenzen weiter nach Norden während der Tang-Dynastie, gefolgt von einem Rückzug später unter den Song, verlor sie eine Zeit lang an Bedeutung, erhielt jedoch wieder Gewicht, als die Ming-Dynastie die Herrschaft übernahm und sie von Militärexperten vom 14. bis ins 16. Jahrhundert hinein neu errichten ließ.

Die Mauer war im Verlauf ihrer Geschichte ein zumeist gehasstes Bauwerk. Vor allem Qin Shihuangs Mauer galt als ein Symbol brutaler Tyrannei – nicht nur verschwendete er die Reichtümer des Landes für ihren Bau, auch Tausende Arbeiter kamen dabei ums Leben. Schätzungen zufolge mobilisierte er fast eine Million Menschen für die Errichtung der Mauer, eine Zahl, die von anderen Dynastien sogar noch übertroffen wurde. Viele der Arbeiter waren Sträflinge; als während der Sui-Dynastie jedoch nicht genügend Männer für das gewaltige Projekt zur Verfügung standen, zwang man Witwen in den Arbeitsdienst. Ein Gedicht aus der Song-Zeit spiegelt die weit verbreitete Haltung wie folgt wider:

Eine Mauer so hoch, weil sie mit der Soldaten Knochen gefüllt,
Eine Mauer so tief, weil sie mit dem Blut der Soldaten getränkt.

Dumm war nur, dass der 7 m hohe und 7 m dicke Wall mit seinen 25 000 Zinnen seinen eigentlichen Zweck verfehlte. Wiederholt überwanden In-

Die Umgebung von Beijing

Badachu	八大处	*bādàchù*
Biyun Si	碧云寺	*bìyún sì*
Botanischer Garten	植物园	*zhíwù yuán*
Große Mauer	长城	*chángchéng*
Große Mauer bei Badaling	八达岭	*bādálǐng*
Große Mauer bei Huanghua	黄花长城	*huánghuā chángchéng*
Große Mauer bei Jinshanling	金山岭长城	*jīnshānlǐng chángchéng*
Große Mauer bei Mutianyu	慕田峪	*mùtiányù*
Große Mauer bei Simatai	司马台	*sīmătái*
Huairou	怀柔	*huáiróu*
Jietai Si	戒台寺	*jiètái sì*
Kangxi-Grasland	康西草原	*kāngxī căoyuán*
Longqing-Schlucht	龙庆峡	*lóngqìng xiá*
Luftfahrtmuseum	航空博物馆	*hángkōng bówùguăn*
Lugou Qiao	卢沟桥	*lúgōu qiáo*
Miyun-Reservoir	密云水库	*mìyún shuĭkù*
Shisan Ling	十三陵	*shísān líng*
Tanzhe Si	潭柘寺	*tánzhé sì*
Westberge	西山	*xīshān*
Wofo Si	卧佛寺	*wòfó sì*
Xiangshan-Gongyuan-Park	香山公园	*xiāngshān gōngyuán*
Zhoukoudian	周口店	*zhōukŏu diàn*

vasoren die Mauer (Dschinghis Khan soll hierfür lediglich die Wachen bestochen haben), und für die japanischen und später europäischen Seestreitmächte stellte sie ohnehin kein Hindernis dar. Einige bemerkenswerte Funktionen erfüllte sie gleichwohl, ermöglichte sie doch den schnellen Transport von Truppen und Waren durch das Reich (fast durchgehend ist sie breit genug, um fünf Pferden nebeneinander Platz zu bieten) und schränkte die Wanderbewegungen der nomadischen Völker in den fernen Regionen der nicht han-stämmigen Minderheiten ein.

Während der Qing-Dynastie ließen die Mandschu die Mauer angesichts der Wirkungslosigkeit gegenüber ihrer eigenen Invasion verfallen. Stück um Stück begann sie zu bröckeln und taugte nur noch als Beschaffungslager für Baumaterial. Inzwischen hat sich die Große Mauer jedoch zu einem großen Geschäft gemausert.

Wahre Heerscharen von Besuchern strömen tagtäglich zu den restaurierten Abschnitten bei **Badaling** und in geringerem Maße auch zu denen bei **Mutianyu**. Weniger überlaufen und weitaus reizvoller sind die entfernteren Teilstücke bei **Simatai**, **Jiugulou** und **Jinshanling**.

Um die Mauer in all ihrem baufälligen Prunk zu erleben, empfiehlt sich eine Fahrt nach **Huanghua**, wo bislang noch keine touristische Entwicklung die Ursprünglichkeit trübt. Weitere Mauerabschnitte können bei Shanhaiguan (s.S. 236), Zhangye (s.S. 1121) und Jiayuguan (s.S. 1124) besichtigt werden.

Badaling

Der bekannteste und von den meisten Besuchern bevorzugte Mauerabschnitt erstreckt sich bei Badaling, 70 km nordwestlich von Beijing. Es war das erste Teilstück, das 1957 restauriert und Touristen zugänglich gemacht wurde. Die Mauer ist hier 6 m breit und in regelmäßigen Abständen mit Wachttürmen aus der Ming-Zeit bestückt. Ihr Verlauf folgt dem Grat einer steilen Hügelkette und hätte verteidigungsstrategisch kaum besser angelegt sein können, weshalb dieser Abschnitt auch nie direkt angegriffen, wohl aber über die Seiten eingenommen wurde.

Die Mauer bei Badaling ist das am bequemsten zu erreichende Teilstück, aber auch das überlaufenste. Um dennoch etwas davon zu haben, ist es notwendig, die Pfade der Touristenströme zu verlassen. Besucher werden am Zugang mit einem regelrechten Touristenzirkus aus Restaurants, zahllosen Souvenirständen sowie einer Bank und Post begrüßt. Angesichts der Horden von Touristen an der von Geländern und metallenen Abfallkörben gesäumten Mauer wirkt das Bauwerk nahezu künstlich. Und tatsächlich ist die Mauer hier weitgehend nur eine Rekonstruktion auf alten Fundamenten. Vom Eingang kann man der Mauer nach Norden (links) oder Süden (rechts) folgen. Die wenigsten Besucher laufen allerdings sehr weit, sodass man den Massen mit zunehmender Wegstrecke immer weiter entfliehen kann. Leider versuchen die Behörden neuerdings allzu umtriebigen Touristen das Leben schwer zu machen, und es kann passieren, dass Wachposten das weitere Vordringen zu noch nicht restaurierten Abschnitten vereiteln.

Wer wie die meisten Besucher den Weg nach Süden einschlägt, erreicht nach ca. 2 km eine Seilbahn (¥50), mit der man auf einen tiefer gelegenen Parkplatz und zu einem Zoo voller trauriger, gestörter Bären gelangt. Hinter der Seilbahn führt der Weg weiter zu einem ursprünglichen Abschnitt, der zum Teil recht mühselig zu begehen ist.

Nördlich des Hauptzugangs lassen sich die Massen schon bald abschütteln. Nach ca. 1 km endet der rekonstruierte Abschnitt und man kann auf die alte Mauer hinunterklettern und weiterlaufen. Auf diesem verfallenen Teilstück wird der wahre, Furcht einflößendere Charakter der Mauer viel besser ersichtlich und wirkt wie eine einsame Straße, die sich schier endlos durch die stille Landschaft zieht. ⌚ tgl. 9–16.30 Uhr, Eintritt ¥35.

Mutianyu

In geringerem Maße für Touristen erschlossen ist die Große Mauer bei Mutianyu, 90 km nordöstlich von Beijing. Der hiesige, 1368 erbaute und 1983 restaurierte Abschnitt mit seinen zahlreichen Wachtürmen ist 2 km lang und erstreckt sich entlang eines Hügelkamms in grüner, sanft gewellter Landschaft. Vom Eingang führt eine steile Treppe hinauf zur Mauer. Besucher entscheiden sich meist für den Weg nach links, in dessen Verlauf man zu einer Seilbahn kommt, die eine bequeme Fahrt nach unten ermöglicht (einfache Fahrt ¥30, hin und zurück ¥50). In der anderen Richtung erreicht man nach ca. 1 km eine Sperre, die den Weitermarsch entlang der unrestaurierten Abschnitte verhindert. Ungefähr auf halbem Weg ist in einem wieder hergerichteten Wachturm das gemütliche *Mutianyu Great Wall Guesthouse***, ✆ 010/6962 6867, untergebracht, das zu einem idyllischen Aufenthalt einlädt, aber sehr schlicht ausgestattet ist – es gibt keine Wasseranschlüsse, sodass man welches in Flaschen mitbringen sollte. ⌚ tgl. 8–16 Uhr, Eintritt ¥10.

Simatai und Jinshanling

Das originärste Teilstück der Großen Mauer kann Simatai, 110 km nordöstlich von Beijing, bieten, wenngleich man sich hier mit einer Seilbahn und einer Rutsche bereits für den zukünftigen Massentourismus zu rüsten scheint. Noch kann dieser Abschnitt, der sich über purpurne Hügel erstreckt, die aus der Ferne wie zerknitterter Samt wirken, jedoch in seiner ganzen Schönheit genossen werden. Sein beschaulicher, halb verfallener Charakter entspricht mehr als die anderen Teilstücke dem Bild, das sich die meisten Besucher von der Mauer machen, wenngleich auch hier an Wochenenden größerer Betrieb herrscht. Hingewiesen sei darauf, dass die Mauer an dieser Stelle ziemlich steil ist und es z.T. Schwindel erregendes Gefälle zu meistern gilt. Im Eingangstor, wo es auch die Eintrittskarten gibt, ist ein kleines Gasthaus**, ✆ 010/69931095, untergebracht.

Der Großteil dieses aus der Ming-Dynastie stammenden Mauersegments ist in seinem ursprünglichen Zustand belassen und besitzt nur wenige Neuerungen aus späterer Zeit wie z.B. Geschützstände für Kanonen und quer zur äußeren Mauer gezogene, innere Mauerabsperrungen, um bereits eingedrungene Feinde zu stoppen. Vom Parkplatz führt ein gewundener Pfad zur Mauer, wo das Gros der Besucher den Weg nach rechts einschlägt. An Hand der in regelmäßigen Abständen gesetzten Wachtürme lässt sich das eigene Vorankommen den Hügelkamm hinauf bestens einschätzen. Wer sich die Mühe erst gar nicht machen möchte, kann für ¥20 mit einer Seilbahn zum achten Wachturm hinauffahren. Der Gang über die Ruinen ist nicht leicht und wird ungefähr ab dem zehnten Wachturm, von grandiosen Ausblicken begleitet, zunehmend steiler. Nach dem vierzehnten Turm (2 Std.) verliert sich die Mauer allmählich und wird gefährlich zu begehen, was eine weitere Erkundung wenig sinnvoll macht.

Folgt man an der Mauer dem Weg nach links, gelangt man zu einer Kettenbrücke, an der man mit ärgerlichen ¥30 zur Kasse gebeten wird. Nach dreistündigem Marsch in dieser Richtung erreicht man **Jinshanling** – meist wird diese Route von dort aus in Angriff genommen, da von Simatai bessere Verbindungen zurück nach Beijing bestehen. ⌚ tgl. 8–16 Uhr, Eintritt ¥20.

Bei dem 10 km westlich von Simatai gelegenen Jinshanling erstreckt sich einer der am wenigsten besuchten und am besten erhalten Mauerabschnitte mit aufragenden Hindernismauern und ovalen, z.T. mit achteckigen oder geschwungenen Dächern bekrönten Wachtürmen. Derzeit sind Restaurierungsarbeiten im Gange, sodass wohl schon bald mit einer Armada von Touristenbussen zu rechnen ist. Am Ende des Fußmarsches von hier nach Simatai ist der bereits erwähnte Brückenzoll zu entrichten; auch wird versucht, ein zweites Mal Eintritt abzukassieren (den man nicht zahlen sollte). Eintritt ¥25.

Huanghua und Jiugulou

Das Mauerstück bei Huanghua, nordöstlich der Hauptstadt in der Nähe von Huairou, ist nicht restauriert, kommt daher ohne T-Shirt-Stände aus und lässt Besuchern die Freiheit, nach Belieben dem Verlauf der Mauer zu folgen. Einige Abschnitte, vor allem am Anfang, sind nicht ganz leicht zu bewältigen und erfordern etwas Klettertalent. Wer zelten möchte, findet hier die beste Umgebung dafür. Der überwiegende Teil der Besucher wählt den Weg nach rechts über den kleinen See. Einheimische versuchen für die Nutzung der Leitern und Pfade Geld zu verlangen, was ignoriert werden sollte. Die Mauer ist in diesem Bereich nicht allzu schwer zu begehen und zieht sich eine ganze Weile flach einen Hügelkamm entlang, bevor sie abrupt und steil den „Kamelrücken" genannten Grat erklimmt.

Wer nicht wie die meisten Besucher hier umkehrt und noch ca. 500 m weiterläuft, erreicht einen Pfad, der zurück zur Straße führt. Auf der linken Seite gelangt man auf die Mauer, wenn man die Straße ca. 200 m zurückläuft und einem gewundenen Pfad folgt.

Ungefähr 40 km nördlich von Huairou kann bei **Jiugulou** ein weiterer unberührter und selten besuchter Mauerabschnitt besucht werden.

Transport

Nach Badaling: Alle teureren Hotels in Beijing, einige der preiswerten sowie *CITS* bieten **Touren** zu oftmals absurden Preisen nach Badaling an. Im Rahmen einer Tour erreicht man die Mauer erst am frühen Nachmittag, d.h. wenn der größte Betrieb herrscht, und hat dann nur 1–2 Std. Zeit, bevor es wieder zurück in die Stadt geht – gerade einmal genug, um mit den Scharen einherzutrotten, ein paar Fotos zu machen und am Ende ein einfallsloses T-Shirt zu kaufen.
Ohne Schwierigkeiten und billiger lässt sich der Ausflug aber auch auf eigene Faust unternehmen, wodurch mehr Zeit zur Verfügung steht und sich auch abgelegenere Abschnitte erkunden lassen. Am einfachsten ist die Anfahrt mit einem der **Touristenbusse** (¥36–50), die auch ins Tal der Ming-Gräber, Shisan Ling, fahren (s.S. 214). Sie sehen wie ganz normale Busse aus, unterscheiden sich jedoch durch ihre grüne Nummerierung. Abfahrt der Touristenbusse Nr. 1 und Nr. 5 von der nördlichen Seite der Qianmen Dong Dajie, gegenüber *McDonald's,* des Busses Nr. 2 vom Beijing Zhan und des Busses Nr. 4 vom Xizhimen, nahe dem Zoo, tgl. 6–22 Uhr alle 20 Min., Fahrtdauer ca. 2 Std. Mit nur ¥10 erheblich billiger ist Bus Nr. 919 vom Busbahnhof Deshengmen, 2 Min. Fußmarsch von der U-Bahn-Station Jishuitan entfernt.

Nach Mutianyu: Touristenbus Nr. 6 fährt vom Xuanwumen vor der Südlichen Kathedrale und hält auf dem Rückweg von Mutianyu an einem glanzlosen Tempel und Vergnügungspark. Die Busse verkehren vom 15. April bis 15. Oktober tgl. 7–20.30 Uhr und kosten ¥50. Alternativ dazu kann man vom Busbahnhof Dongzhimen einen Minibus bis Huairou nehmen und dort in einen Touristenminibus umsteigen, ¥20. Die Rückfahrt in die Stadt sollte, sofern es nicht allzu spät ist, kein Problem sein, da zahlreiche Minibusse auf dem Parkplatz auf Fahrgäste zurück nach Beijing warten. Ist kein Minibus nach Beijing aufzutreiben, kann man einen nach Huairou nehmen, von wo der reguläre Bus Nr. 918 zurück in die Hauptstadt fährt (der letzte um 18.30 Uhr).

Nach Simatai: Die Fahrt von Beijing nach Simatai dauert 3 Std. Ab allen Backpacker-Hotels und -Hostels werden im Sommer tgl., außerhalb der Saison in der Regel 1x wöchentl. **Touren** für ca. ¥80 angeboten. Auch die meisten anderen Hotels können die Fahrt dorthin organisieren, verlangen aber mehr. Eine Anreise auf eigene Faust ist mit dem Direktbus vom Busbahnhof Dongzhimen für ¥20 möglich, alternativ mit einem Bus bis Miyun, von dort weiter mit einem Minibus oder Taxi; der ausgehandelte Preis von Miyun sollte nicht über ¥20 liegen. Abfahrt des letzten Busses von Miyun nach Beijing um 16 Uhr. Zwischen dem 15. April und dem 15. Oktober verkehrt Touristenbus Nr. 12 nach Simatai zwischen 6 und 8 Uhr von der Haltestelle des Busses Nr. 42, südlich der U-Bahn-Station Dongsishitiao. Für ein **Taxi** zahlt man hin und zurück inkl. Wartezeit ca. ¥300.

Nach Jinshanling: Ohne eigenes Transportmittel ist Jinshanling nur schwer zu erreichen. Am besten nimmt man einen Bus nach Miyun (siehe unter Simatai), von dort kostet die Fahrt mit einem Taxi bis zur Mauer ca. ¥100. Beliebt sind die von Backpacker-Unterkünften angebotenen Touren für ¥80 (zzgl. Eintritt und Brückenzoll) nach Jinshanling mit späterer Abholung von Simatai.

Nach Huanghua und Jiugulou: Huanghua ist nicht allzu schwer zu erreichen: Vom Busbahnhof Dongzhimen nimmt man Bus Nr. 916 nach Huairou für ¥8, die restlichen 25 km können in einem Minibus zurückgelegt werden, was ca. ¥20 kostet – häufig versuchen die Fahrer von Ausländern jedoch mehr zu verlangen, sodass ein Preisvergleich ratsam ist. Mauerbesucher werden an einer Straße abgesetzt, die durch die Mauer verläuft. Um nach Huairou zurückzugelangen, läuft man die Straße 5 Min. zurück bis zu einer Brücke und nimmt dort entweder ein Taxi für ¥10 oder an der Bushaltestelle am Straßenrand den Bus. Der letzte Bus von Huairou nach Beijing fährt um 18.30 Uhr. – Ein Taxi von Huairou nach Jiugulou kostet ca. ¥60.

Ming-Gräber und Umgebung

Im 40 km nordwestlich von Beijing gelegenen Tal der Gräber, **Shisan Ling**, fanden 13 der 16 Kaiser der Ming-Dynastie ihre letzte Ruhestätte. Zwei dieser Ming-Gräber, Chang Ling und Ding Ling, wurden in den 50er Jahren restauriert, Letzteres zudem geöffnet und eines Teils seiner Schätze beraubt, die in die Museen der Hauptstadt verbracht wurden. Das Tal der Gräber liegt praktisch an der Strecke der Busse nach Badaling, jedoch übersteigt der den Grabstätten vorauseilende Ruf ihren tatsächlichen Reiz, sodass sie nur für archäologisch sehr Interessierte eine gesonderte Exkursion wert sein dürften. Am einfachsten gestaltet sich die Anfahrt mit einem der Touristenbusse nach Badaling (s.S. 213), die auf dem Weg zurück nach Beijing an den Gräbern halten. Alternativ kann man Bus Nr. 846 vom Xizhimen nach Changping nehmen und von dort mit Bus Nr. 314 zu den Gräbern gelangen. Die Busse halten kurz vor dem Ding Ling, wo es die Eintrittskarten gibt.

Der dritte Ming-Kaiser **Yongle**, der die Hauptstadt wieder von Nanjing nach Beijing verlegte, wählte diese Stätte angesichts der Landschaft, die zweifellos zu den schönsten in der Umgebung der Hauptstadt gehört. Diese Reize sind mittlerweile ins Blickfeld von Tourismusplanern in Beijing gerückt, die hier gegenwärtig einen „Touristenpark“ mit Hotels, Vergnügungseinrichtungen und sogar einem Golfplatz entstehen lassen. Glücklicherweise haben sie bislang nur die beiden großen Grabstätten im Visier – die anderen elf schlummern weiter unbeachtet und friedlich in der verzauberten Landschaft einstiger Gärten vor sich hin. Durch die Ziegeldächer und Marmormauern haben sich längst Gräser und Sträucher ihren Weg gebahnt. Die Gegend lädt zu einem idyllischen Picknick abseits der betriebsamen Stadt und deren augenfälligeren Sehenswürdigkeiten ein. Wer sich einen Tag Zeit nimmt und die kleineren Grabstätten in den Hügeln erkundet, statt nur dem ausgetretenen Touristenpfad zwischen dem Ding Ling und dem Parkplatz zu folgen, wird den Besuch am lohnendsten nutzen. Unerlässlich ist hierfür eine **Geländekarte**, die manche Stadtpläne von Beijing auf ihrer Rückseite abgedruckt haben, ansonsten kann man auch eine vor Ort kaufen.

Die beeindruckendste Sehenswürdigkeit im Shisan Ling ist der 7 km lange **Weg der Seelen**, der zu den Ming-Gräbern führt. An seinem Beginn steht das **Große Rote Tor** (Dahongmen), ein Triumphbogen mit drei Durchgängen, von denen der mittlere dem Leichnam des toten Kaisers vorbehalten war. Dahinter schließt sich ein von riesigen Mensch- und Tierskulpturen gesäumter Weg an. Alle diese überlebensgroßen Statuen stammen aus dem 15. Jahrhundert und zählen zu den am besten erhaltenen Zeugnissen der Bildhauerkunst der Ming. Den Anfang bildet eine Gruppe real existierender und der Mythologie entlehnter Tiere, darunter *Qilin,* ein reptilienartiges Wesen mit einem Hirschgeweih und einem Kuhschwanz, und die gehörnte Katze *Xiechi.* Dahinter wandelt sich das Erscheinungsbild und man trifft auf die ersten, ernst dreinblickenden Figuren von Mandaringenerälen. Die genaue Bedeutung der Skulpturen ist nicht geklärt, es wird jedoch vermutet, dass sie den Kaisern in ihrem nächsten Leben dienen sollten.

An den Eingängen zu verschiedenen Gräbern tauchen noch einmal Tierdarstellungen auf. Die Grabstätten selbst sind eher enttäuschend. **Chang Ling**, Yongles Grab und das älteste an diesem Ort, befindet sich am Ende des Weges. Ein aufregendes Unterfangen könnte die geplante Öffnung der Grabkammer sein, stammt sie doch aus derselben Zeit wie einige der prachtvollsten Gebäude des Kaiserpalasts in der Hauptstadt. Gegenwärtig beschränkt sich die Faszination noch auf die Größe dieser Anlage aus riesigen Höfen und Hallen, die auf weißen Marmorterrassen ruhen. Am beeindruckendsten ist die Halle der Himmlischen Gnade – ihr Dach wird von mächtigen Sandelholzsäulen getragen, die angeblich aus Yunnan auf künstlich vereisten Straßen hierher transportiert wurden.

Das zentrale Interesse des Rundgangs gilt in der Regel jedoch dem **Ding Ling**, dem unterirdischen Grabpalast des Kaisers Wanli, der 1573 im Alter von zehn Jahren den Thron bestieg und fast ein halbes Jahrhundert herrschte. Gemäß dem Brauch der Ming-Herrscher ließ er bereits zu Lebzeiten seine Grabstätte anlegen und richtete bei deren Fertigstellung ein prunkvolles Fest aus. Als man sein Mausoleum 1956 öffnete, war dieses weitgehend intakt und enthielt den Sarg des Kaisers sowie, zu dessen Seiten, die beiden Särge seiner Kaiserinnen. Die Böden waren von den Resten zahlloser Truhen und den darin enthaltenen kaiserlichen Gewändern sowie von Gold und Silber übersät; selbst die Kochbücher der kaiserlichen Küche fand man dort. Einige der geborgenen Schätze – sinnlos angehäufter Reichtum, wie die Führer vor Ort betonen – sind im Grab, einem gewaltigen, muffigen Gewölbe, ausgestellt, andere wurden durch Nachbildungen ersetzt. ⌚ tgl. 8.30–16.30 Uhr, Eintritt ¥20 pro Grabstätte.

Miyun, die Longqing-Schlucht und das Luftfahrtmuseum

Ungefähr 65 km nordöstlich von Beijing liegt der Miyun am Fuß der lang gestreckten Hügelkette, entlang derer sich die Große Mauer zieht. Bekannt ist die Gegend für den Stausee, der in den flachen, breiten Tälern nördlich des Orts angelegt wurde und die Hälfte des Wasserbedarfs der Hauptstadt deckt. Es ist ein riesiger See mit zahllosen kleinen Inseln und Buchten vor der Kulisse aufragender Berge und eines tiefblauen Himmels. An Wochenenden ist der Stausee ein beliebtes Ausflugsziel für Familien aus der Hauptstadt, die sich beim Schwimmen, Angeln, Bootfahren und Spazierengehen erholen. Bei einem etwas größeren Ruhebedürfnis bieten sich leicht zu unternehmende Ausflüge in die Umgebung an. In den Hügeln hinter dem See gelangt man zu Felsbecken, die groß genug zum Schwimmen sind, sowie zu Bächen und Flüssen inmitten herrlicher Natur und ganz oben auf den Hügeln zu verfallenen Wachtürmen der Großen Mauer. Wer das Wochenende hier verbringen und den Aufenthalt vielleicht noch mit einem Ausflug nach Simatai, 50 km nordöstlich, kombinieren möchte, kann im *Miyun Yunhu Holiday Resort*****, ✆ 010/69044587, am Ufer des Stausees übernachten. Vom Busbahnhof Dongzhimen in Beijing verkehren Busse nach Miyun.

Bei der **Longqing-Schlucht**, 90 km nordwestlich der Hauptstadt, handelt es sich um einen weiteren Stausee und Erholungsort in schöner Landschaft. Die hiesige Hauptattraktion ist das **Eislaternenfest**, ähnlich dem in Harbin, das Ende Januar und Februar stattfindet und manchmal auch bis in den März hinein andauert. Dabei werden die Eisskulpturen von innen bunt beleuchtet. Leider sind die wenigen Hotelzimmer der Stadt teuer. Anfahrt mit Touristenbus Nr. 8 von der Haltestelle des Busses Nr. 328, nahe der U-Bahn-Station Andingmen (nur im Sommer), oder mit Zug Nr. 575 vom Xizhimen Zhan um 8.30 Uhr mit Ankunft 2 1/2 Std. später.

Nicht weit von hier erstreckt sich das **Kangxi-Grasland**, ein vor allem in den Sommermonaten geschätztes Erholungsgebiet mit Gelegenheit für Ausflüge zu Pferde; Anfahrt mit dem Zug vom Nordbahnhof Beijing (Xizhimen Zhan) oder mit einem Minibus von der Schlucht. Das nächstgelegene akzeptable Hotel der Gegend ist das *Yanqing Guesthouse**** in **Yanqing**, ✆ 010/69142363.

Das Kontrastprogramm zu den landschaftlichen Reizen bietet das faszinierende, aber in Anbetracht der umständlichen Anfahrt letztlich wohl nur für wirkliche Enthusiasten interessante **Luftfahrtmuseum** mitten in der Einöde, 60 km nördlich der Stadt. In ausgeprägt militärischem Ambiente werden hier in einem riesigen Hangar und einer Ausstellungshalle mehr als 300 Fluggeräte gezeigt, angefangen von einem Nachbau des Flugzeugs der Gebrüder Wright, das Feng Ru 1909 steuerte, bis hin zu Kampfhubschraubern, die im ersten Golfkrieg zum Einsatz kamen. Zur Sammlung gehören außerdem Kampfflugzeuge aus dem Koreakrieg, der Bomber, der Chinas erste Atombombe abwarf, sowie Maos persönliche Maschine und jenes Flugzeug, aus dem die Asche Zhou Enlais verstreut wurde und das heute mit Kränzen und Ehrbekundungen geschmückt ist. Anfahrt mit Bus Nr. 345 vom Busbahnhof Deshengmen, nahe der U-Bahn-Station; man sagt dem Schaffner, wo man hin möchte. Nach ca. 90 Min. muss man aussteigen, die Schnellstraße überqueren und die letzten Kilometer mit Bus Nr. 912 zurücklegen. 🕓 tgl. 8.30–17.30 Uhr, Eintritt ¥40.

Südlich und westlich von Beijing

Die ausgedehnte, baumbestandene Parklandschaft der Westberge mit ihren versprengten Tempeln scheint viel weiter von Beijing entfernt zu liegen, als dies tatsächlich der Fall ist – abgesehen von Wochenenden, wenn Horden von Besuchern aus der Stadt einfallen. Beachtung verdienen südlich von Beijing der Ort Zhoukoudian, wo man den so genannten Pekingmenschen entdeckte, und die Marco-Polo-Brücke (Luguo Qiao), die sich für einen Abstecher auf dem Hin- oder Rückweg anbietet.

Die Westberge

Wie auch der Sommerpalast sind die 20 km westlich von Beijing gelegenen Westberge ein Ort, an dem man, wenngleich in vergleichsweise rauerer Umgebung, dem Großstadttreiben eine Zeit lang entfliehen kann. Seit ewigen Zeiten schon schätzen religiöse Würdenträger und Intellektuelle die Gegend als eine erholsame, selbst im Hochsommer relativ lauschige Oase – Mao lebte kurze Zeit hier, das Politbüro zog sich 1989 an diesen Ort zurück. Von Beijing lässt sich das Gebiet westlich des Sommerpalasts mit öffentlichen Verkehrsmitteln in ca. einer Stunde erreichen. Die Berglandschaft ist in drei Parks unterteilt, der erste davon ist der Botanische Garten, unmittelbar westlich des Sommerpalasts. 2 km weiter dehnt sich mit dem Park des Duftenden Berges der größte und beeindruckendste Park aus, wenngleich das südlich davon gelegene Areal der Acht Großen Stätten mit den in den Hügeln angesiedelten Tempeln genauso reizvoll ist. Ein Tag sollte bei genügend Kraft in den Beinen ausreichen, um alle drei Gegenden zu erkunden.

Der **Botanische Garten** beherbergt 2000 Pflanzen- und Baumspezies, die im Sommer ein hübsches Bild abgeben, doch das Gelände ist flach und lässt die landschaftsgärtnerisch gestaltete Umgebung kaum ebenbürtig mit der älterer Gärten erscheinen. Der Hauptpfad führt nach 1 km zum **Tempel des Schlafenden Buddha** (Wofo Si), 🕓 tgl. 8–16.30 Uhr, Eintritt ¥2, dessen Haupthalle die gewaltige, mehr als 5 m lange Bronzeskulptur eines liegenden Buddhas birgt. Dessen riesiges Fußpaar, das aus dem bemalten Gewand ragt und sein pummeliges, in stiller Zufriedenheit ruhendes Gesicht, lassen ihn geradezu niedlich wirken, obwohl er gar nicht schläft, sondern im Sterben liegt und im Begriff ist, ins Nirvana einzugehen. Nicht minder große Schuhe sind als Opfergaben in der Halle ausgestellt. Hinter dem Tempel liegt ein Bambusgarten, von dem aus Pfade in die Hügel führen. Einer davon erreicht nach nicht einmal 1 km im Nordwesten ein reizvolles Kirschtal, wo Cao Xueqiao angeblich *Der Traum der Roten Kammer* geschrieben haben soll. Anfahrt zum Botanischen Garten mit Bus Nr. 333 vom Sommerpalast (s.S. 177), 🕓 tgl. 6–20 Uhr, Eintritt ¥10.

Zu Recht am berühmtesten ist der **Park des Duftenden Berges** (Xiangshan Gongyuan), dessen Haupteingang 2 km westlich des Botanischen Gartens liegt und ebenfalls mit Bus Nr. 333 zu erreichen ist. Er erstreckt sich in einer sorgfältig gestalteten Landschaft und wird vom Weihrauchgefäß-Berg in seiner westlichen Ecke dominiert. Am schönsten ist ein Besuch im Herbst (vor den klirrenden Frösten im November), wenn sich die Blätter in einem prachtvollen Schauspiel der Natur rot verfärben. An Wochenenden herrscht reger Betrieb, doch wirkt der Park angesichts seiner Größe nie überfüllt und lädt zu einem geruhsamen Picknick oder Spaziergang ein. Nahe dem Haupteingang bietet das ultramoderne **Xiangshan Hotel******, ✆ 62591166, einen Blickfang. Das leichte, lichtdurchflutete Gebäude entstand nach Plänen von Bei Yuming (besser bekannt als I.M. Pei), nach dessen Entwürfen auch die Glaspyramide am Pariser Louvre entstand, und wirkt wie eine Mischung aus Tempel und Flughafenlounge. Nordöstlich von hier gelangt man zum **Tempel der Einsicht** (Zhao Miao), der 1780 von Qianlong in tibetischem Stil errichtet wurde, damit sich die geistlichen Führer bei Besuchen heimisch fühlen konnten. Als einer der wenigen Tempel der Gegend entging er dem Vandalismus westlicher Truppen, die 1860 und 1900 vieles zerstörten.

Vom Tempel führt der Weg nach Westen hinauf auf den Gipfel (1 Std.), von wo sich an klaren Tagen märchenhafte Ausblicke auf den darunter liegenden Sommerpalast und bis nach Beijing in der Ferne eröffnen. Wer will, kann den Abstieg auf einem gemieteten Pferd in Angriff nehmen oder mit der Seilbahn hinunterfahren; jeweils zum Preis von ¥20. In beiden Fällen endet der Abstieg an der Nordseite des Hügels, unweit des Nordeingangs, von wo es nur ein kurzer Fußmarsch zum wunderbaren **Tempel der Azurblauen Wolke** (Biyun Si) kurz hinter dem Parkeingang ist. Beherrschende Elemente des imposanten Bauwerks sind eine Dagoba nordindischen Stils und außergewöhnliche pyramidenförmige Stupas. Im Tempelinnern befindet sich kurioserweise ein Grabmal mit dem Hut und dem Gewand Sun Yatsens; sein Leichnam wurde hier eine Zeit lang aufgebahrt, bevor man ihn 1929 an seine letzte Ruhestätte überführte. Buchstäblich magisch ist die Atmosphäre der riesigen Haupthalle, heute ein Labyrinth von Gängen, die von insgesamt 500 *Arhats* gesäumt werden. Die gütig lächelnden, vergoldeten Figuren sind alle unterschiedlich – einige haben zwei Köpfe oder sitzen auf Tieren, eine schneidet gar eine Grimasse –, und mitunter kann man Mönche sehen, die sich zwischen ihnen bewegen und sich vor jeder einzelnen verbeugen. Park ◷ tgl. 7–18 Uhr, Eintritt ¥5.

Unter dem Namen Badachu oder **Acht Große Stätten** ist ein bewaldeter Hügel 10 km südlich des Parks des Duftenden Berges bekannt. Entlang dem Pfad, der sich um den Hügel windet, stehen acht kleinere Tempel, die vor allem unter der Woche, d.h. ohne Besuchertrubel, reizvoll sind. In der neuen Pagode am Fuß des Hügels wird ein Zahn Buddhas aufbewahrt, der einst als Reliquie im zweiten Tempel gehütet wurde. Am schönsten ist der dritte Tempel, ein Nonnenkloster mit einem Teehaus im Hof. Im Innern befindet sich eine glubschäugige, grimassierende Statue der selten dargestellten Donnergottheit. Neben der unvermeidlichen Seilbahn steht auch noch eine Metallrutsche für den Weg nach unten zur Auswahl. Anfahrt mit Bus Nr. 347 vom Zoo. ◷ tgl. 8–17 Uhr, Eintritt ¥10.

Tanzhe Si und Jietai Si

Genau westlich Beijings liegen in bewaldeter Landschaft jenseits des Industriegürtels um die Stadt zwei Tempel. Den schönsten und idyllischsten Standort in Stadtnähe nimmt der **Tempel des Teichs und der Wilden Maulbeere** (Tanzhe Si), 40 km westlich Beijings, ein. Er ist einer der größten und ältesten Tempelanlagen des Landes und wurde erstmals im 3. Jahrhundert als Heimstätte einer ansehnlichen Mönchsgemeinde erwähnt. Die Besichtigung der Anlage führt vorbei an Stupa-Terrassen auf einen enormen zentralen Hof mit einem mehr als 1000 Jahre alten Ginko-Baum in seiner Mitte (von Kaiser Qianlong auf den Namen „König der Bäume" getauft). Ihm gegenüber steht ein zweiter, kleinerer Baum, der als „Die Gemahlin des Kaisers" bekannt ist und angeblich jedes Mal einen neuen Zweig ausbildet, wenn ein neuer Kaiser geboren wird. Von hier bieten sich entweder der Gang zu den anderen, über den Hügel verstreuten Tempelgebäuden oder ein Blick in den üppigen Bambusgarten an, dessen Pflanzen eine heilende Kraft für alle möglichen Leiden nachgesagt wird.

Ein gänzlich anderes Erscheinungsbild bietet der festungsartige, von hohen, roten Mauern umgebene **Tempel des Weihealtars** (Jietai Si) auf einem Hügel, 12 km östlich, an der Straße zurück nach Beijing. Berühmt sind die hiesigen uralten und bizarr aussehenden Pinien, die in alle möglichen Richtungen wachsen. Eine lehnt sich sogar gefährlich gegen eine auf der darunter liegenden Ebene aufragende Pagode. In der Haupthalle erhebt sich eine gigantisch wirkende, 3 m hohe weiße Marmorplattform aus der Liao-Dynastie, an der die Mönchsweihe vollzogen wurde und die mit kunstvoll eingearbeiteten Figuren (Mönche, Ungeheuer und Heilige) verziert ist. Eine weitere, kleinere Halle birgt einen herrlichen Holzaltar mit unzähligen Drachenreliefs.

Anfahrt zu beiden Tempeln vom 15. April–15. Oktober mit Touristenbus Nr. 7 vom Qianmen, Abfahrt 7–8.30 Uhr, hin und zurück ¥20. Aufwendiger wird es mit öffentlichen Verkehrsmitteln, doch kommt man unproblematisch bis in die Nähe der Tempel; hierfür nimmt man Bus Nr. 307 vom Qianmen bis zur Haltestelle Hetan, von dort einen Bus ohne Nummer bis zum Tanzhe Si. Eine Taxifahrt von dort zum Jietai Si kostet ca. ¥20, allerdings besteht von hier keine Transportmöglichkeit zurück. Beide Tempel ⏲ tgl. 8–18 Uhr, Eintritt ¥20.

Zhoukoudian und Umgebung

An der Endhaltestelle des Busses Nr. 914 von der Beiwei Lu, südlich des *Beiwei Hotel*, liegt 50 km südlich von Beijing das Dorf Zhoukoudian. Hiesige Hauptattraktion ist eine Ausgrabungsstätte in den Kalksteinhügeln südlich des Orts. Dort fand man 1921 das erste Zeugnis – einen Zahn – des **Pekingmenschen**, der in dieser Gegend vor 500 000–230 000 Jahren lebte. Nachdem Archäologen erkannten, dass sie einen bis dahin unbekannten Menschentypus aufgespürt hatten, ein Bindeglied zwischen dem Neandertaler und dem modernen Menschen, begannen sie mit systematischen Grabungen und tauften die Entdeckung *Sinanthropus pekinensis.* Nach und nach konnten Knochen von mehr als 40 Individuen freigelegt werden, außerdem Werkzeuge, Ziergegenstände und Überreste von Tieren. 1929 barg man eine Schädeldecke, doch ging diese im Chaos des Widerstandskriegs gegen die japanischen Invasoren verloren. Neben einem Rundgang über das Gelände bietet sich ein Besuch des **Museums** mit ausgestellten archäologischen Gerätschaften und Werkzeugen des Pekingmenschen an. Waffen fand man nicht, sodass es scheint, als habe sich der recht kleinwüchsige und nur mit einem Drittel der Hirnmasse des modernen Menschen gesegnete Pekingmensch von Nüssen und Knollengemüse ernährt und nur gelegentlich gejagt. Zahllose Erklärungen in Englisch sowie schematische Darstellungen und Schaubilder entschädigen für die nicht sonderlich bedeutenden Ausstellungsobjekte – knöcherne Werkzeuge und Knochenfragmente. Weit spektakulärer sind die ausgestellten Überreste von Tieren, Furcht erregende Wesen, die heute ausgestorben und denen Modelle oder Zeichnungen ihres möglichen Erscheinungsbildes zur Seite gestellt sind. Zu den Ausstellungsstücken gehören hier u.a. die Zähne eines Säbelzahntigers, das komplette Skelett eines riesigen, pantherartigen Wesens und der Schädel eines hirschähnlichen Tieres mit grobknochigen Schädelplatten und einem dicken, ausladenden Geweih von 2 m Breite. Anfahrt von der Bushaltestelle zur Ausgrabungsstätte mit einem Taxi (ohne Taxameter) ca. ¥10; der letzte Bus zurück nach Beijing fährt gegen Sonnenuntergang. ⏲ tgl. 9–16 Uhr, Eintritt ¥20.

Die **Marco-Polo-Brücke** (Lugou Qiao) lohnt nicht unbedingt einen eigenen Besuch, lässt sich aber gut mit dem Ausflug nach Zhoukoudian verbinden, wenn man in einem Taxi unterwegs ist. Eigentlich bedeutet der chinesische Name „Brücke über den Schwarzen Graben"; da jedoch Marco Polo die 1192 erbaute Brücke in seinen Aufzeichnungen beschrieb, ist sie im Westen unter diesem Namen bekannt geworden. Noch heute beeindruckt die im Wesentlichen erhaltene Brücke mit ihren steinernen Elefanten, die sie an beiden Enden stützen, und den 250 Geländerpfosten aus grauem Marmor, auf denen unterschiedlich gestaltete Löwenskulpturen thronen. Trist hingegen wirkt die Umgebung, denn der einstige Fluss ist zu einer staubigen Brachfläche vertrocknet, die Beijinger Fahrschulen als Übungsgelände nutzen. Anfahrt mit Bus Nr. 339 von der Liuliqiao in Beijing (den Schaffner bitten, Bescheid zu geben, wo man aussteigen muss). ⏲ tgl. 8–18 Uhr, Eintritt ¥4.

Das kleine Dorf **Wanping** am Flussufer unweit der Brücke war 1937 Schauplatz des ersten, durch die japanische Besetzung eines nahen Bahnhofs provozierten Schusses im chinesisch-japanischen Krieg. Danach war es nur noch ein kurzer Schritt bis zum Großangriff auf Beijing. Im Dorf erinnert ein **Museum** an den Krieg. Die erklärte Absicht der Ausstellung ist zwar die Förderung internationaler Freundschaft, was angesichts der schaurigen Darstellungen von Exekutionen und medizinischen Experimenten sowie der Fotos toter Babys jedoch etwas fragwürdig scheint. ⏲ Di–So 8–17 Uhr, Eintritt ¥5.

Hebei und Tianjin

Highlights

- **Tianjin**
Noch gibt es Beispiele der kolonialen Architektur aus der Vergangenheit dieser Hafenstadt als ausländische Konzession. Die Alte Kulturstraße mit ihrem Straßenbasar strömt eine Atmosphäre aus, die in China ihresgleichen sucht.

- **Beidaihe**
Einst Sommerfrische der Kolonisten, dann der Kommunisten, heute stapeln sich die Urlaubermassen am Strand.

- **Shanhaiguan**
Relikt einer ummauerten Stadt am Golf von Bohai, an der die Große Mauer spektakulär im Meer endet. Übernachtung am Ersten Pass unter dem Himmel.

- **Chengde**
Sommerliche Residenz der Mandschu-Kaiser, in der Palast und Tempel restauriert worden sind, sehr zur Freude der Tagesbesucher aus Beijing.

- **Cangyan Shan Si**
Zwei Stunden Fußweg sind es zu dem alten Kloster, das sich an einen Felsen klammert und südwestlich von Shijiazhuang liegt.

Hebei ist eine eher unauffällige Provinz – zwar liegen die bedeutenden Städte Beijing und Tianjin innerhalb ihres Territoriums, sie gehören jedoch nicht zum Verwaltungsgebiet. Hebei besteht aus zwei unterschiedlichen geografischen Regionen: Zum einen sind da die Ebenen des Südens, die von Schwerindustrie und Bergbaustädten gekennzeichnet sind. Hier leben fast alle 60 Millionen Einwohner der Provinz, die in diesem Teil ohne jeden Zauber ist, sodass fast alle Besucher sie lediglich auf der Durchreise in die bzw. aus der Hauptstadt sehen. Zum anderen erhebt sich vom Golf von Bohai die öde, dünn besiedelte Hochebene im Norden der Provinz, die für Touristen etwas mehr zu bieten hat. Für eine lange Zeit verlief hier die Nordgrenze Chinas, hier war der Schauplatz zahlreicher Schlachten: Mongolen und Mandschu stürmten einst durch dieses Land, an dessen blutige Ge-

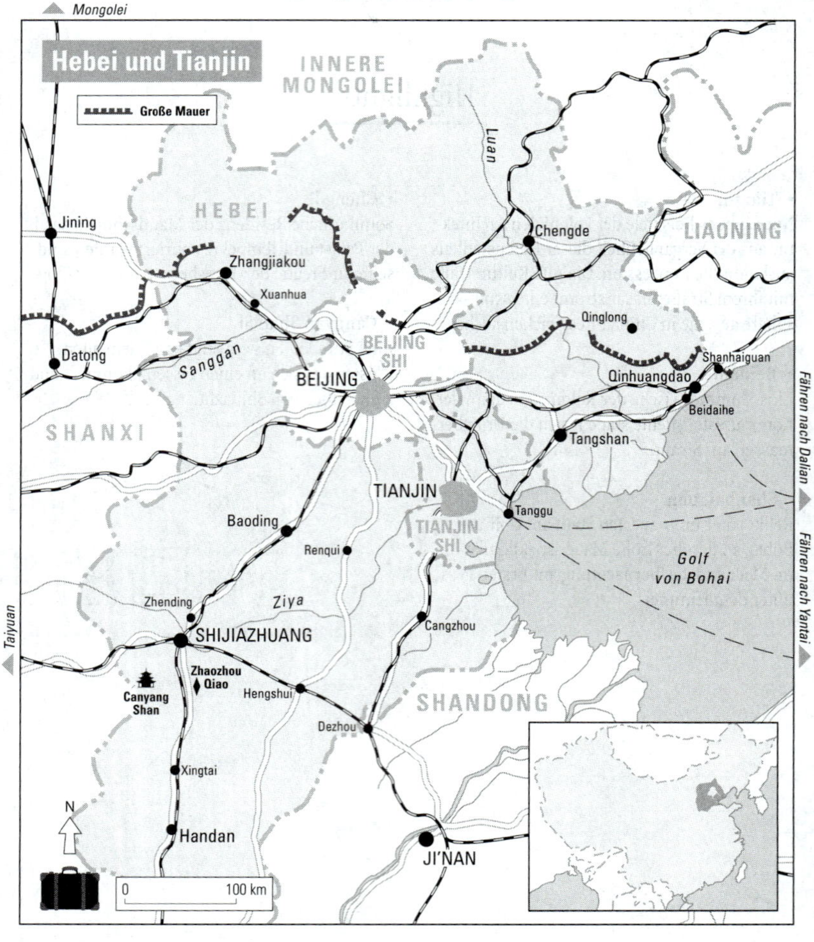

schichte noch heute die **Große Mauer** erinnert, die sich durch einsame Bergketten windet.

Die erste Mauer wurde im 4. Jahrhundert entlang der Grenze zwischen Hebei und Shanxi von dem kleinen Staat Zhongshan errichtet, der damit versuchte seine Grenzen gegen die aggressiven Nachbarn zu sichern. Zwei Jahrhunderte später zog sich die Mauer der Zehntausend Li (1 Li entspricht 0,5 km) des ersten Kaisers Qin Shi Huang (s.S. 95) an den nördlichen Grenzen der Provinz entlang. Die heute noch sichtbaren Mauerabschnitte allerdings sind die Überreste der viel ausgedehnteren Mauer der Ming-Dynastie, die erst im 14. Jahrhundert zur Abschreckung der Mongolen angelegt worden war. In **Shanhaiguan** trifft die Mauer auf das Meer. Diese beschauliche kleine Festungsstadt liegt eine Tagesreise von Beijing entfernt und ist unbedingt einen Besuch wert. Einmal dort, sollte der Besucher auf keinen Fall den merkwürdig anmutenden Badeort **Beidaihe** unmittelbar südlich verpassen, der für ausländische Touristen im Sommer weniger wegen der Strände als wegen seines Trubels und seiner Geschichte als Urlaubsort der Partei-Elite interessant ist. Ein ganzes Stück nördlich der Mauer stellt die Stadt **Chengde** das meistbesuchte Ziel der Provinz dar: eine kaiserliche Niederlassung in großem Maßstab mit Tempeln und Monumenten von Kaiser Kangxi im 18. Jahrhundert konzipiert. Die drei genannten Städte sind auch bei einheimischen Touristen beliebt. Vor allem die Bewohner Beijings entkommen gern mal für ein Wochenende der Hauptstadthektik. Hier bietet sich die Möglichkeit, die Chinesen einmal ganz unbeschwert zu erleben. Mögen die Chinesen ihre Ferienorte auch genauso lieben wie ihre Restaurants, nämlich *renao* (heiß und laut), so kann man doch mühelos den Massen entfliehen und wunderbare Landschaften entdecken. Zudem lohnen die drei Städte an sich schon einen Besuch.

Die Industriemetropole **Tianjin** ist ihrer Rolle als Regionshauptstadt entwachsen und hat sich zu einer Stadt mit individuellem Charakter entwickelt. Als ehemalige Konzessionsstadt mit westlichem Anstrich stellt sie ein reizvolles Ziel für eine Tagestour aus Beijing dar. Einzigartige Straßenansichten und eine eindrucksvolle Mischung aus europäischer Architektur des 19. Jahrhunderts und chinesischem Modernismus erwarten den Besucher.

Die neue Hauptstadt von Hebei heißt **Shijiazhuang**. Sie liegt im Süden der Provinz und ist ein bedeutender Eisenbahnknotenpunkt, sonst aber eher glanzlos. Lediglich in ihrer Umgebung befinden sich einige sehenswerte historische Stätten.

Die gute Straßeninfrastruktur zwischen den Städten von Hebei und Tianjin bzw. Beijing machen längere Reisen im Bus zu einer echten Alternative. So ist beispielsweise der Express-Bus von Beijing nach Qinhuangdao, eine Hafenstadt in der Nähe von Shanhaiguan, nicht nur schneller, sondern auch noch bequemer als der Zug.

Tianjin

Und es gab Stadtgebiete, in denen die verschiedenen Ausländer lebten – Japaner, Weißrussen, Amerikaner und Deutsche –, doch niemals zusammen, und alle blieben bei ihren eigenen Gewohnheiten, einige davon schmutzig, andere nicht. Und sie besaßen Häuser verschiedenster Formen und Farben, mal rosa gestrichen, mal mit Zimmern, die in allen möglichen Winkeln hervorragten wie die Vorder- und Rückseiten viktorianischer Kleider, und andere mit Dächern wie Spitzhüten und weiß bemalten Holzschnitzereien, die wie Elfenbein anmuten sollten.

Amy Tan, *Töchter des Himmels*

Chinas drittgrößte Stadt ist die Handelsmetropole Tianjin, etwa 80 km östlich von Beijing an der Küste gelegen. Doch so dynamisch und modern die Stadt auch ist – ihre Besucher werden vor allem von den alten **Kolonialbauten** angezogen, die sich zu einer bunten Mischung von Stilrichtungen zusammenfügen. Allerdings ist Eile geboten, denn immer mehr weiträumige Stadtgebiete werden saniert. Die Einheimischen selbst sagen von ihrer Stadt, sie sei eine gigantische Baustelle, für die alle drei Monate ein neuer Stadtplan gedruckt werden müsste. Feng Jicai, einer der bekanntesten Schriftsteller Chinas und wohnhaft in Tianjin, war Mitbegründer einer Initiative zur Erhaltung der Altstadt. Er bemerkte dazu, dass „eine Nation, die ihre eigene Kultur verliert, in eine schrecklichere seelische Krise stürzt, als wenn diese durch materielle Armut verursacht wird. Nur eine Stadt mit einer Seele wird geschätzt, behütet und bewahrt. Gilt sie nur als Sache, so wird der Mensch sie hemmungslos ausnutzen, nach Belieben verändern und ohne

Reue zerstören." Das heutige Tianjin ist ein trauriges Beispiel dafür.

Dennoch hat die Stadt architektonisch einiges zu bieten und lockt mit Einkaufsmöglichkeiten, die gerade Antiquitätenliebhaber freuen dürften. Ein Tagestrip von dem nur gut eine Stunde Zugfahrt entfernten Beijing hierher lohnt sich also. Auf der recht angenehmen Fahrt begegnet man auch vielen jungen Leuten aus Beijing, die modische Kleidung einkaufen wollen, älteren Bürgern mit Interesse an Antiquitäten und pendelnden Geschäftsleuten. Ein längerer Aufenthalt kann allerdings teuer werden, denn Billigunterkünfte sucht der Gast in dieser Stadt vergebens.

Wird Tianjin heute auch von Industrie und Handel beherrscht, erlebte es doch seine erste Blütezeit als **Hafenstadt**. Als der Ming-Kaiser Yongle die Hauptstadt von Nanjing nach Beijing verlegte, wurde Tianjin Hafen für die riesigen Mengen Reis, die als Abgaben aus dem ganzen Süden durch den Großen Kanal (auch Kaiserkanal) hergebracht wurden. Im 19. Jahrhundert wurden die seefahrenden Mächte aus dem Westen auf die Stadt aufmerksam. Unter einem banalen Vorwand – chinesische Truppen hatten ein englisches Schiff geentert – erklärten sie den Krieg. Ihre gut bestückten Kanonenboote führten sie zum sicheren Sieg, und so erhielten die Europäer mit dem 1856 unterzeichneten Vertrag von Tianjin das Recht, auf dem chinesischen Festland neun Konzessionen zu errichten, von denen aus sie Handel treiben und Opium verkaufen konnten.

Diese separaten **Konzessionsgebiete** entlang des Flusses Haihe waren in sich geschlossene europäische Fantasiewelten: Die Franzosen etwa bauten elegante Châteaux und Türme, die Deutschen bayerische Villen aus rotem Backstein. Chinesen war der Zutritt nicht erlaubt, nur Diener mit Passierscheinen wurden eingelassen. Die Spannungen zwischen der einheimischen Bevölkerung und den Ausländern entluden sich in den **Ereignissen von Tianjin** im Jahre 1870, als eine aufgebrachte chinesische Menge ein von Franzosen betriebenes Waisenhaus angriff und in dem Glauben, dass chinesische Waisenkinder dorthin verschleppt wurden, die Nonnen und Priester tötete. Zwanzig Chinesen wurden daraufhin enthauptet und der Präfekt aus der Stadt verbannt. Als Zentrum des geheimen Widerstands gegen die Europäer erfuhr die Stadt mit dem **Boxeraufstand** von 1900 (s.S. 101) abermals eine Störung ihres vornehmen Friedens. Schließlich trugen die Ausländer die Mauern um das Alte Chinesenviertel ab, um die Bewohner besser im Blick zu haben.

In Tianjin sind vor allem die Straßenzüge mit ihren Gebäuden aus dem 19. und frühen 20. Jahrhundert faszinierend, zumeist europäischen Stils und Seite an Seite mit den Beton- und Glasgiganten des wohlhabenden China von heute. Die **Altstadt** war früher streng nach nationaler Zugehörigkeit aufgeteilt und jeder Teil hat sich ein Stück seines alten Charakters bewahrt. Nordwestlich des Hauptbahnhofes, auf der Westseite des Haihe, befand sich das Alte Chinesenviertel. In Richtung Osten, am Nordufer des Flusses, lagen die österreichischen, italienischen, russischen und belgischen Konzessionen, deren alte Gebäude zum Großteil zerstört wurden. Unverkennbar sind die Châteaux der französischen Konzession, die heute den Innenstadtbereich südlich des Flusses ausmachen, sowie die hochmütigen Herrenhäuser der Briten östlich davon. Noch weiter östlich, ebenfalls auf der Südseite des Flusses, stehen in einem sonst eher unauffälligen Viertel Beispiele strenger deutscher Architektur. Wer die ganze Stadt bis zum Hafen vom Wasser aus betrachten möchte, kann an einer der endlosen Bootstouren teilnehmen, die jeden Morgen am Kiosk gegenüber dem Hauptbahnhof unmittelbar westlich der Jiefang-Brücke starten (Abfahrt 8 Uhr, ¥78). Besonders beliebt sind diese Ausflüge bei chinesischen Touristen, denen die Dauer nichts auszumachen scheint.

Das Zentrum von Tianjin

Die meisten Kolonialbauten von Tianjin konzentrieren sich in den Straßen am Südufer des Flusses. Vom Hauptbahnhof aus führt die 1903 von den Franzosen erbaute Befreiungsbrücke (Jiefang Qiao) gen Süden in ein Stadtgebiet mit befremdlich anmutendem Flair. Hier herrschen Pastellfarben und Balkone mit schmiedeeisernen Schnörkeleien vor, wie sie für die französische Konzession typisch waren. Besonders reizvoll ist es um den **Zhongxin-Park**, der eigentlich nur ein besserer Kreisverkehr ist. In der Chengde Dao Nr. 12 lockt das pinkfarbene **Kunstmuseum**, ein etwas zu prunkvoll geratenes altes Gebäude, mit einer umfangreichen Sammlung von Gemälden, Drachen, chinesischen

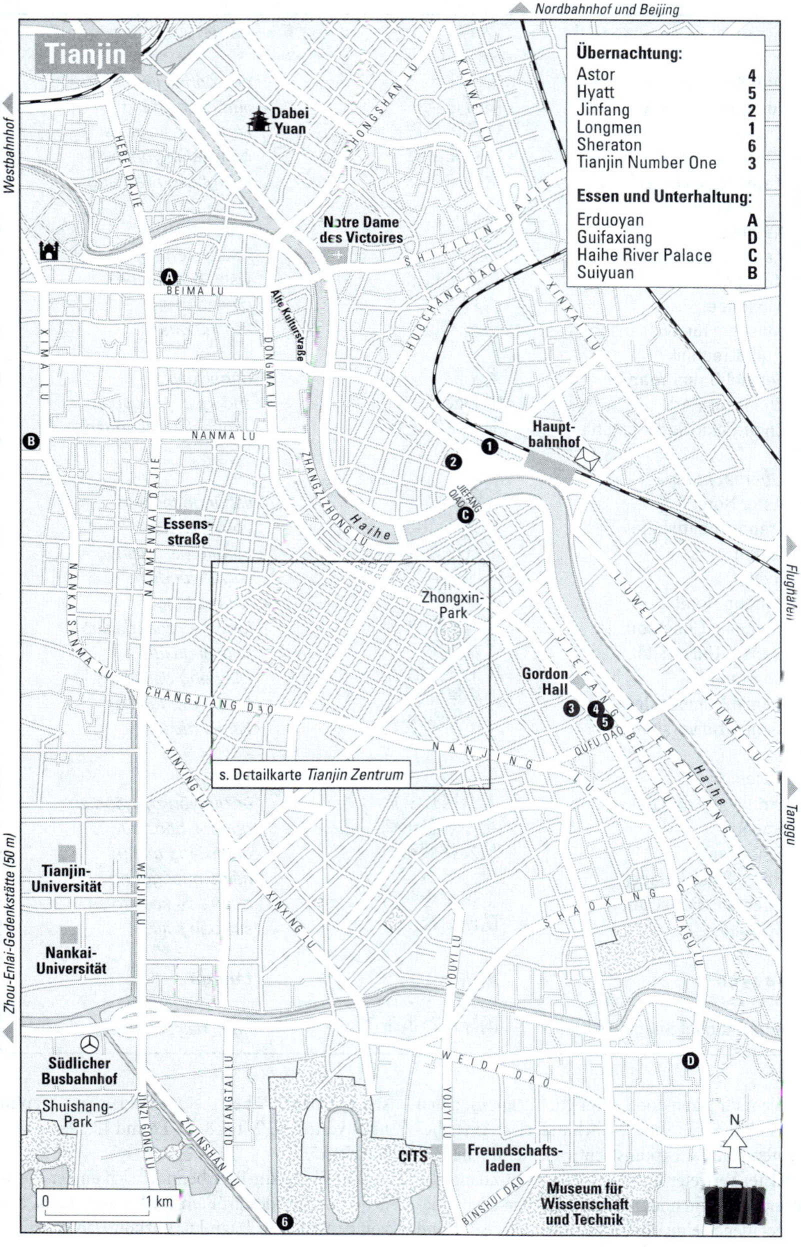
Tianjin
Nordbahnhof und Beijing
Westbahnhof
Flughafen
Tanggu
Zhou-Enlai-Gedenkstätte (50 m)
Übernachtung:
Astor 4
Hyatt 5
Jinfang 2
Longmen 1
Sheraton 6
Tianjin Number One 3
Essen und Unterhaltung:
Erduoyan A
Guifaxiang D
Haihe River Palace C
Suiyuan B
Dabei Yuan
Notre Dame des Victoires
Alte Kulturstraße
Hauptbahnhof
Essensstraße
Zhongxin-Park
Gordon Hall
s. Detailkarte Tianjin Zentrum
Tianjin-Universität
Nankai-Universität
Südlicher Busbahnhof
Shuishang-Park
CITS
Freundschaftsladen
Museum für Wissenschaft und Technik
Haihe
ZHONGSHAN LU
KUNWEI LU
HEBEI DAJIE
SHIZILIN DAJIE
HUOCHANG DAO
XINKAI LU
BEIMA LU
XIMA LU
DONGMA LU
NANMA LU
NANMENWAI DAJIE
ZHANGZIZHONG LU
JIEFANG QIAO
NANKAISANMA LU
CHANGJIANG DAO
NANJING LU
LIUWEI LU
JIEFANG BEI LU
QUFU DAO
TAIERZHUANG LU
XINXING LU
WEIJIN LU
SHAOXING DAO
DAGU LU
YOUYI LU
WEIDI DAO
QIXIANGTAI LU
JINZI GONG LU
ZIJINSHAN LU
BINSHUI DAO
N
0 1 km

Tianjin	天津	***tiānjīn***
Alte Kulturstraße	古文化街	*gǔwénhuà jiē*
Antiquitätenmarkt	旧货市场	*jiùhuò shìchǎng*
Erdbebendenkmal	抗震记念碑	*kàngzhèn jìniànbēi*
Fährfahrkartenschalter	港客轮运输	*gǎngkèlún yùnshū*
Kathedrale Notre Dame des Victoires	望海楼教堂	*wànghǎilóu jiàotáng*
Katholische Kirche	西开教堂	*xīkāi jiàotáng*
Kaufhaus Quanye	劝业场	*quànyè cheng*
Kunstmuseum	艺术博物馆	*yìshù bówùguen*
Moschee	清真寺	*qīngzhēn sì*
Museum für Wissenschaft und Technik	科技术馆	*kējìshù guǎn*
Tempel Dabei Yuan	大悲院	*dàbēiyuàn*
Zhongxin-Park	中心公园	*zhōngxīn gōngyuán*
Zhou-Enlai-Gedenkstätte	周恩来纪念馆	*zhōuēnlái jìniànguǎn*
Übernachtung		
Astor Hotel	利顺德饭店	*lìshùndé fàndiàn*
Freundschaftshotel	友谊宾馆	*yǒuyì bīnguǎn*
Friend	富蓝特大酒店	*fùlántè dàjiǔdiàn*
Hyatt	凯悦饭店	*kǎiyuè fàndiàn*
Jinfang Hotel	津纺宾馆	*jīnfǎng bīnguǎn*
Longmen Guesthouse	龙门招待所	*lóngmén zhāodàisuǒ*
Nankai-Universität	南开大学	*nánkāi dàxué*
Sheraton	喜来登大酒店	*xǐláidēng dàjiǔdiàn*
Tianjin Number One	天津第一饭店	*tiānjīn dìyī fàndiàn*
Tianjin-Universität	天津大学	*tiānjīn dàxué*
Essen		
Erduoyan Fried Cake Shop	耳朵眼炸糕店	*ěrrduōyǎn zhágāodiàn*
Goubuli	狗不理包子铺	*gǒubùlǐ bāozipù*
Guifaxiang	桂发祥麻花	*guìfāxiáng máhuā*
Haihe River Palace	海河皇宫	*hǎihé huánggōng*
Quanjude Roast Duck	全聚德烤鸭店	*quánjùdé kǎoyādiàn*
Suiyuan	随园酒家	*suíyuán jiǔjiā*
Tanggu	瑭沽	***tánggū***
International Seamen's Club	国际海员俱乐部	*guójì hǎiyuán jùlèbù*

Neujahrsdrucken und Lehmfiguren *(niren)*, deren Herstellung sich im 19. Jahrhundert zu einer beliebten Handwerkskunst entwickelte. Ihr bedeutendster Vertreter war der Karikaturist Zhang, der Opernstars und andere Berühmtheiten nachbildete, von denen einige hier zu sehen sind. Leider sind seine Arbeiten über die Ausländer von Tianjin nicht vertreten. 🕓 tgl. 8.30–12 und 13.30–17 Uhr, Eintritt ¥5.

Der Zhongxin-Park befindet sich an der nördlichen Grenze des größten **Einkaufsviertels**, das von den Straßen Dagu Lu, Jinzhou Dao und Chi-

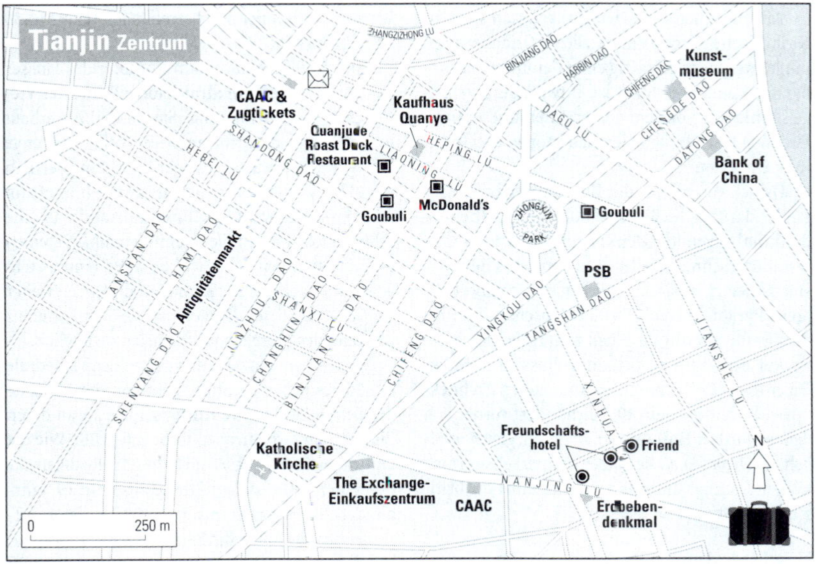

feng Dao begrenzt wird und in der Heping Lu und Binjiang Dao am belebtesten ist. Obwohl sich hier Massen unerschrockener Einkaufswilliger tummeln (ebenso modisch gekleidet wie in Beijing), strahlen die von Bäumen gesäumten Straßen eine entspannte Atmosphäre aus, denn erstens ist der Verkehr nicht so dicht und zweitens sind Heping Lu und Binjiang Dao als Fußgängerzonen mit Skulpturen und Bänken angelegt.

Das **Kaufhaus Quanye**, eine neungeschossige türkisfarbene Festung an der Binjiang Dao, Ecke Heping Lu, wartet mit einem gewaltigen Warenangebot auf und lockt täglich mehr als 200 000 Kunden an. In den oberen Stockwerken befinden sich mehrere Fastfood-Restaurants und Videospiel-Anlagen. Eine größere Auswahl an preisgünstiger Kleidung bietet der riesige **Straßenmarkt** über die ganze Länge der Binjiang Dao bis hin zur Kathedrale.

Auch Snacks sind in dieser Gegend überall zu kaufen: *McDonald's* und *KFC* haben ihre Niederlassungen direkt an der Binjiang Dao, traditionelleres Fast Food gibt es bei *Goubuli* (s.S. 228, Essen). Oberleitungsbusse fahren das gesamte Geschäftsviertel ab (Fahrpreis ¥2).

Unmittelbar westlich von hier schließt sich eine Einkaufsmeile ganz anderer Art an: der **Antiquitätenmarkt**, mit Zentrum in der Shenyang Jie und Ausläufern in den Seitenstraßen. Auch wer nichts kaufen möchte, findet hier Sehenswertes: winzige dunkle Läden, Straßenverkäufer, die ihre Waren auf vergilbten Zeitungen vor sich ausbreiten, und Händler, die mit Jade und Teekannen vor den Passanten herumfuchteln.

Der Markt wächst und schrumpft mit den Jahreszeiten: Im Winter ist er kleiner, im Sommer größer. Der meiste Trubel ist immer sonntags, wenn die Besucher aus Beijing kommen, denn in puncto Preisen schlägt er jeden Markt in der Hauptstadt. Die Ladenbesitzer aber wissen um den Wert ihrer Waren, so dass echte Schnäppchen schwer zu finden sind. Die Warenvielfalt ist unglaublich: Neben den üblichen Gegenständen wie Jadeschmuck, Keramikteekannen, Fächern und Parfümflaschen werden russische Armeeuhren, Opiumpfeifen, Schnupftabakdosen, kunstvolle Spielkarten, alte Fotografien, pornografische Gemälde und Sonnenbrillen angeboten. Handeln ist Pflicht und überall können Fälschungen lauern. 🕓 tgl. 8–17 Uhr.

Am südlichen Ende der Binjiang Dao steht die **Katholische Kirche**, ein nützlicher Orientierungspunkt, weil sie gleichzeitig einer der unverwechselbarsten Bauten der Stadt ist. Ihre sonderbare Ziegelsteinfassade besteht aus braunen und orangefarbenen Querstreifen, den Bau krönen drei grüne Kuppeln. 🕒 nur So.

Östlich von hier, in der Umgebung der Nanjing Lu, ist darüber hinaus nur noch das **Erdbebendenkmal** gegenüber dem *Freundschaftshotel* interessant. Geschmackvoller als die meisten Beispiele staatlicher chinesischer Bildhauerei erinnert die hohle Pyramide an die 25 000 Menschen, die 1976 dem Erdbeben von Tangshan zum Opfer fielen.

Auf dem Weg zurück zum Fluss in nordöstlicher Richtung kommt man an weiteren Architekturbeispielen aus dem 19. Jahrhundert vorbei, von denen **Gordon Hall** (an der Dagu Lu, gleich westlich des *Astor Hotel)* besonders bemerkenswert ist. In dem festungsähnlichen Bau war einst die britische Verwaltung untergebracht.

Nördlich des Zentrums

Die bedeutendste Sehenswürdigkeit im Nordteil der Stadt ist der **Tempel Dabei Yuan** in einer schmalen Gasse, die von der Zhongshan Lu abgeht und am besten mit dem Taxi zu erreichen ist. Es ist die bedeutendste buddhistische Andachtsstätte von Tianjin, die gar nicht verfehlt werden kann, da die umliegenden Gassen voller Läden sind, die allerhand religiösen Schnickschnack verkaufen, darunter Weihrauch, Kassetten mit Andachtsmusik, Spiegelglasschreine und Buddhas aus Keramik mit blinkenden Augen. Als Brandschutzmaßnahme stehen vor den Gebäuden große Bronzegefäße mit Wasser, die seit Jahrhunderten in Gebrauch sind. Vor der in den 40er Jahren erbauten ersten Halle schlingen die Gläubigen ihre Arme um einen großen bronzenen Weihrauchbrenner, bevor sie Weihrauchstäbchen anzünden und sich tief verbeugen. In den kleineren Bauten dahinter, die aus dem 17. Jahrhundert stammen und nach dem Erdbeben von Tangshan weitgehend saniert worden sind, halten sich die freundlichen, hier im Tempel lebenden Mönche auf. Kleine antike, buddhistische Statuetten aus Holz und Bronze sind in einem Saal im Westen des Komplexes ausgestellt. Bevor man das Gebiet verlässt, sollte man unbedingt das immer enger werdende Gassengewirr hinter dem Tempel durchstreifen. 🕒 tgl. 9–16.30 Uhr, Eintritt ¥4.

Gleich südlich davon am Nordufer des Flusses steht die strenge **Kathedrale Notre Dame des Victoires** an der Shizilin Dajie. Sie wurde 1904 erbaut und ist bereits die dritte an dieser Stelle – der erste Bau wurde ein Jahr nach seiner Errichtung bei dem Massaker von 1870 zerstört, der zweite brannte im Jahr 1900 während des Boxeraufstands ab. Die schmucklose Kathedrale mit ihren dunklen Steinen und der strengen Förmlichkeit ihrer Linien steht ganz im Gegensatz zur Katholischen Kirche weiter südlich. Der Öffentlichkeit ist sie nur sonntags während des Morgengottesdienstes zugänglich.

Nach einem kurzen Fußweg von der Kathedrale in südwestlicher Richtung geht von der Südseite der Beima Lu die **Alte Kulturstraße** ab, an deren Eingang ein farbenfroher Torbogen grüßt. Wie die Liulichang in Beijing ist auch dies die Rekonstruktion einer chinesischen Straße aus dem 19. Jahrhundert, die als Einkaufsmeile für Touristen entworfen wurde. Allein die Bettler und der Dreck fehlen, dafür gibt es Neonschilder mit der Aufschrift „OK Karaoke". Zwar kann von Echtheit keine Rede sein, doch bieten die mit Balkonen, Säulen und geschwungenen Ziegeldächern verzierten roten und grünen Holzbuden einen unbestreitbar schönen Anblick. Kostbare Antiquitäten, Souvenirs und Unmengen von Teekannen werden hier feilgeboten. Im ersten Laden rechts hinter dem Tor sind 15 cm große Tonfiguren im Stile des Meisters Zhang zu finden. Auch die Läden mit *chatang* lohnen sich: Dies ist eine Suppe mit Hirse und Zucker, die von den Besitzern gekonnt serviert wird, indem sie mit großer Geschicklichkeit kochend heiß aus einem langen, drachenförmigen Schnabel in vier Schalen gefüllt wird, die alle in einer Hand gehalten werden. Etwa auf der Hälfte der Straße trifft der Besucher auf den Eingang zum restaurierten **Palast der Himmelsgöttin** aus dem Jahre 1326, das älteste Gebäude in Tianjin. In den Nebensälen gibt es eine Ausstellung lokaler Handwerkskunst zu besichtigen. 🕒 tgl. 8–16.30 Uhr, Eintritt ¥3.

Authentischer sind die Straßen der **Altstadt**, die in Form eines Rechtecks von den vier Straßen Beima, Nanma, Dongma und Xima (*ma* = Pferde) begrenzt wird. Hier gibt es vor allem ruhige, graue Innenhöfe abseits enger Gassen, die zum Umherschlendern einladen. Die Atmosphäre wirkt intimer und die kleinen Häuser und Geschäfte vermitteln eine menschliche Dimension dieser Stadt, die so voll großer Architektur ist. Neben zahlreichen kleinen Nudel- und *jiaozi*-Verkaufsstellen ist hier auch das ausgezeichnete *Erduoyan* (s.S. 228, Essen) zu finden.

Weiter westlich liegt abseits der Dafeng Lu die **Moschee.** Die Besucher können sich frei zwischen den Gebäuden bewegen, jedoch ohne sie zu betreten. Dieses erlesene Beispiel chinesischer Muslim-Architektur besticht durch die floralen Holzschnitzereien an Dachvorsprüngen und Fenstern.

Südlich des Zentrums

Südlich des Zentrums gleicht Tianjin all den anderen weitläufigen chinesischen Metropolen. Dennoch lohnt ein Abstecher hierher, um das neue **Museum für Wissenschaft und Technik** an der Longcheng Lu zu besichtigen. Das strahlend neue Bauwerk beherbergt eine Vielzahl von Exponaten, die wissenschaftliche Erkenntnisse anschaulich darstellen. Daneben gibt es Ausstellungen zu den Themen Akupunktur und Physiologie sowie Modelle der chinesischen Long-March-Raketen. In dem Teil, der sich der Schwerkraft widmet, können die Besucher sich mit Kugellagern beschäftigen, die Optikabteilung überrascht mit verzerrten Bildern von Mao und Marx, die – nicht ohne Augenzwinkern – zu Demonstrationszwecken ausgestellt sind. Ganz oben in dem Haus befindet sich ein 360-Grad-Projektionsraum; hier kann man einen Film über Astronomie ansehen. Das Museum liegt in einem **Vergnügungspark**, der ausnahmsweise nicht so traurig ist wie die meisten seiner Art – mit Go-Kart-Bahn, Karussells, einem Riesenrad und mechanischen Figuren, die den Besuchern am Eingang zunicken. Bus Nr. 20 vom Zhongxin-Park bringt die Vergnügungssüchtigen dorthin. ⌚ tgl. 9–17 Uhr, Eintritt ¥15.

Zehn Gehminuten nördlich des Museums liegt *Guifaxiang*, wo man sich ausgezeichnet mit Teigzöpfen (s.S. 228, Essen) eindecken kann. Alltäglichere Waren und teurere Souvenirs bietet unweit von hier in der Youyi Lu Nr. 21 (gegenüber *CITS*) der viergeschossige *Freundschaftsladen* mit gut sortiertem Supermarkt.

Südwestlich des Zentrums wird mit der riesigen **Zhou-Enlai-Gedenkstätte** dem berühmtesten Sohn der Stadt Anerkennung gezollt. Am Nordrand des Shuishang-Parks liegt der Bunker, dessen Inneres Wachsfiguren, das Flugzeug sowie die Limousine Zhou Enlais beherbergt, außerdem vereinzelte Angaben in englischer Sprache zu seinen Errungenschaften. Diese geben jedoch weniger die Schwierigkeiten wieder, die sich aus seiner Funktion als Maos rechte Hand ergaben, vielmehr singen sie ein Loblied auf seine Ehe mit der Genossin Deng Yingchao: „Sie hatten dieselben Ideale, folgten demselben Weg und ihre Waffenbrüderschaft legte den Grundstein für ihre Liebe." Die Ereignisse der Kulturrevolution, aus denen das Erbe Zhous den Großteil seiner Kraft nimmt, sind kurzerhand zusammengefasst: „Er vereitelte die Versuche der Viererbande." Der Bus Nr. 8 fährt vom Bahnhof ab, Ausstieg am Shuishang-Park bei der Statue von Nie Zhongjie, einem General zu Pferde. ⌚ tgl. 9–17 Uhr, Eintritt ¥10.

Übernachtung

Für Reisende mit kleinem Geldbeutel ist Tianjin als Übernachtungsort keine gute Wahl, denn preisgünstige Unterkünfte sind praktisch nicht vorhanden – es sei denn, es gelingt in einem Studentenwohnheim der beiden Universitäten Tianjin oder Nankai unterzukommen, die im Süden der Stadt liegen (zu erreichen mit dem Bus Nr. 8 vom Hauptbahnhof). Ein paar billige Absteigen, von denen das *Longmen Guesthouse* noch die beste ist, sind hinter dem Einkaufszentrum an der westlichen Bahnhofshalle zu finden (nur mit chinesischen Schildern versehen). Die meisten nehmen Ausländer auf, doch empfiehlt es sich in jedem Fall, vor der Zahlung der geforderten ¥40–80 das Zimmer anzuschauen. Ein Teil der teuren Hotels konzentriert sich im Süden der Stadt, der Bus Nr. 4 vom Zentrum bringt die Gäste ganz in die Nähe. Doch da diese Hotels in einem eher unschönen Stadtgebiet liegen (abgesehen von einigen Parks), lohnt sich ein Versuch innerhalb des Zentrums allemal. Immer nach Preisnachlässen fragen und nicht locker lassen, bis einer gewährt wird, denn die Hotels von Tianjin senken regelmäßig ihre Preise. Außerdem bleibt ja immer die Möglichkeit, die Nacht im nahen Beijing zu verbringen.

Astor Hotel, Luxus, 33 Tai'erzhuang Lu, ✆ 2331688, 📠 23316282. Bestes Luxushotel von Tianjin, zentral gelegen in einem stilvollen, über 100 Jahre alten britischen Herrenhaus. Das Management wird nicht müde, an seine Geschichte zu erinnern: überall museumsähnliche Exponate, darunter unschätzbare Werte wie die ersten Glühlampen aus chinesischer Produktion, die je in dem Hotel benutzt wurden.

Friend**, 231 Xinhua Lu, ✆ 3125445, 📠 3121454. Sehr freundlich, sauber und nach den Maßstäben von Tianjin ein echtes Schnäppchen. Gegenüber dem Osttrakt des *Freundschaftshotels* und viel einladender.

Freundschaftshotel**–**** , 94 Nanjing Lu, ✆ 23310372, 📠 23310616. Moderner, etwas banaler Bau gegenüber dem Erdbebendenkmal südlich des Zentrums. Die billigsten, wenn auch faden Zimmer liegen im Osttrakt um die Ecke an der Xinhua Lu: vom Eingang zum Hauptgebäude aus nach links bis zur ersten Kreuzung gehen, nochmals links, dann 50 m bis zum Gebäude auf der linken Seite.

Hyatt, Luxus, Jiefang Bei Lu, ✆ 23318888, 📠 23311234. Modernistische Villa mit Blick auf den Fluss Haihe. Wirkt etwas verblichen und nicht so vornehm wie andere *Hyatt*-Hotels.

Jinfang Hotel*–**, 10 Sanjing Lu, ✆ 24463555. Schlicht, sauber und preisgünstig, auf der anderen Straßenseite der Westhalle des Hauptbahnhofes. Hinter dem Einkaufszentrum entlang und über die Straße gehen, dann sind *KFC* links und das Hotel direkt vor einem.

Sheraton, Luxus, Zijinshan Lu, ✆ 23343388, 📠 23358740. Tianjins schönstes Hotel mit allem Komfort, den man erwarten kann. Leider etwas ungünstig im Süden der Stadt gelegen, dafür aber neben dem gepflegten Yanyuan-Park.

Tianjin Number One*****, Jiefang Bei Lu, ✆ 3309988, 📠 3123000. Netter, etwas planlos wirkender alter Kolonialbau mit hohen Decken, weiträumigen Sälen und einem Hauch von Art déco.

Essen

Tianjin ist berühmt für seine Spezialitäten und man sollte keinesfalls versäumen, von den leckeren Kuchen und Torten zu kosten. Die üblichen internationalen Ketten fehlen natürlich auch hier nicht: *KFC* und *McDonald's* haben Filialen auf der Westseite der Bahnhofshalle, entlang der Binjiang Dao und im *Exchange* Einkaufszentrum (Jili Dasha) an der Nanjing Lu. Hier befindet sich auch *Starbucks*.

Erduoyan Fried Cake Shop, Beima Lu. 100 Jahre alte Institution, spezialisiert auf Reispuderkuchen in Sesamöl gebacken. Nicht vom Namen abschrecken lassen, der „Ohrloch" bedeutet.

Essensstraße (Shipin Jie), von der Nanmenwai Dajie ab und südlich der Nanma Lu. Freundlicher, 2-stöckiger Komplex, beste Adresse zum Essen in Tianjin, obwohl das Niveau über die Jahre etwas nachgelassen und sich jetzt im Erdgeschoss ein *McDonald's* angesiedelt hat. Dennoch ist in den ca. 50 Restaurants auf beiden Etagen für jeden Geschmack und Geldbeutel etwas dabei. Empfehlenswert sind oben das *Zhejiang Restaurant*, das *Da Jin Haiwei* (Meeresfrüchte) und das *Penglaichun* (Shandong-Gerichte). Es gibt zwei relativ preiswerte Sichuan-Restaurants, *Sichuan Xiaoguan* und *Gujing*, in der unteren Etage sowie eine belebte Filiale von *Goubuli* mit *baozi* (Teigtaschen). Zwischen den Restaurants locken Verkaufsstellen mit Kuchen, Keksen, Trockenfrüchten, Nüssen, Schokolade usw.

Goubuli, 77 Shandong Lu, günstig in der Nähe der Binjiang Dao. Berühmtes Restaurant, das sich aus einem winzigen Laden zu einer ganzen Kette mit Niederlassungen in den USA und ganz Asien entwickelt hat. Oben befindet sich ein Speisesaal, die Einheimischen ziehen jedoch das Fastfood-Restaurant im Erdgeschoss vor, wo verschiedenste *jiaozi* und Soßen für sehr preiswerte ¥13 angeboten werden. Der Name (Ein Hund fasst sie nicht an) soll entweder auf den unansehnlichen ersten Besitzer oder den niederen Status von *jiaozi* anspielen. Weitere Filialen am Hauptbahnhof und in 324 Heping Lu.

Guifaxiang, 568 Dagu Nan Lu. Noch ein berühmtes Kuchengeschäft in Tianjin, v. a. für seine gebackenen Teigzöpfe *(mahua)* bekannt, eine leckere lokale Spezialität – bei Bedarf als Geschenk verpackt.

Haihe River Palace, auf einem Ponton auf dem Haihe, gleich östlich der Jiefang Qiao und südlich des Bahnhofs. Besseres, teures Restaurant im klassischen chinesischen Stil, spezialisiert auf kantonesische Speisen.

Quanjude Roast Duck, Heping Lu. Filiale des berühmten Lokals in Beijing; Ente mit Beilagen für 2 Pers. etwa ¥200.
Suiyuan, Huanghe Dao, unmittelbar westlich der Xima Lu. Große Auswahl an Shandong-Gerichten für ¥50 p.P.

Einkaufen

Tianjin ist nicht nur für die Kleidungs- und Antikmärkte im Zentrum, sondern auch für seine handgemachten Teppiche mit ihren leuchtenden, abstrakten Mustern bekannt. Sie sind nicht gerade billig und am besten direkt in den Fabriken in den Vororten zu kaufen: z.B. ***Factory Number Two*** an der Heiniucheng Lu im Bezirk Hexi, ✆ 28331920. Typisch sind auch die Drachen und leuchtenden Holzblockdrucke, die zum chinesischen Neujahrsfest als Glücksbringer aufgehängt werden. Diese werden im ***Yangliuqing Picture Studio*** an der Sanhe Dao gefertigt und verkauft, eine weitere Verkaufsstelle befindet sich in der Alten Kulturstraße.
Die ***Tianjin Cultural Relics Company,*** die recht zentral in 161 Liaoning Lu liegt, ✆ 27110434, bietet eine große Auswahl antiker Jadeschmuckstücke, Stickereien, Kalligrafien und Schnitzereien.
Bücher kann man im ***Foreign Language Bookstore,*** 130 Chifeng Dao, erstehen.

Sonstiges

AMT FÜR ÖFFENTLICHE SICHERHEIT (PSB) – 30 Tangshan Dao.

GELD – Hauptbüro der ***Bank of China*** in einem großen Kolonialbau, 80 Jiefang Bei Lu, ⌚ Mo–Fr 9–mittags und 13.30–17 Uhr.

INTERNET – Filiale von ***Sparkice,*** dem beliebten Internet-Café in Beijing, im *Sheraton Hotel,* ⌚ tgl. 10–22 Uhr, Preis ¥8 pro Std.

POST – Postamt in einem Gebäude auf der Ostseite des Bahnhofs, ⌚ Mo–Fr 8–19 Uhr.

REISEBÜROS – ***CITS,*** 22 Youyi Lu, ✆ 28358479, gegenüber dem *Freundschaftsladen.* Keine gute Informationsquelle, aber Buchungen von Zug- und Schiffsfahrkarten für die Weiterreise möglich.

TELEFON – Das rund um die Uhr geöffnete Telekommunikationsbüro befindet sich im selben Gebäude wie das Postamt.

VORWAHL – 022

Nahverkehrsmittel

Die Stadt ist zweifellos riesig, doch liegen die für die Besucher interessanten Orte, sprich das enge Netz der ehemaligen Konzessionsstraßen, südlich und westlich des Hauptbahnhofs sowie südlich des Haihe in einem relativ überschaubaren Gebiet. Sich in dem zentralen Straßennetz zurechtzufinden, wird durch die fehlenden Schilder nicht gerade einfacher, doch gibt es viele Anhaltspunkte: An erster Stelle sei hier die T-förmige Fußgängerzone des Einkaufsviertels an Binjiang Dao und Heping Lu im Herzen von Tianjin genannt.

BUSSE – Das Zentrum und die alten Konzessionsgebiete sind glücklicherweise gut zu Fuß zu erkunden, denn der Busverkehr ist trotz der überall in der Bahnhofsgegend erhältlichen Fahrpläne schwer durchschaubar und völlig überlastet. Zu den nützlichen Bussen gehören Nr. 24, die vom Westbahnhof zur Stadt fährt, dann umkehrt und am Hauptbahnhof endet, Nr. 1 vom Nordbahnhof zur Stadt mit Endhaltestelle Zhongxin-Park am Nordrand des Zentrums und Nr. 50, die sich vom Hauptbahnhof durch die Stadt windet und bis in die Nähe der Katholischen Kirche fährt. Fahrscheine für das Innenstadtgebiet kosten ¥0,5.

TAXIS – Gelbe Taxis sind reichlich vorhanden (Mindestpreis ¥5, meist ausreichend im Stadtgebiet).

U-BAHN – Als Alternative zu dem verzwickten Bussystem ist die L-förmige U-Bahnlinie (Fahrpreis ¥2) zu empfehlen, die während der Arbeit an diesem Reiseführer gerade renoviert und erweitert wurde.

Transport

BUSSE – Staatliche Busse aus Beijing kommen am **Hauptbahnhof** an, ebenso wie die meisten privaten.

Busse nach:
BEIDAIHE 3 1/2 Std.;
BEIJING 2 1/2 Std.;
CHENGDE 4 Std.;
QINHUANGDAO 4 Std.;
SHANHAIGUAN 4 1/4 Std.

EISENBAHN – Der riesige **Hauptbahnhof** der Stadt ist gut organisiert und günstig gelegen, gleich nördlich des Haihe, das Stadtzentrum liegt einige Kilometer weiter südlich. Die beiden anderen Stadtbahnhöfe sind der **Nordbahnhof**, an dem man mit Zügen aus dem Nordosten des Landes ankommt, und der **Westbahnhof** an der Hauptstrecke nach Beijing sowie zu südlichen Reisezielen. Züge mit Endstation Tianjin halten oft schon an einem der anderen Bahnhöfe, bevor sie am Hauptbahnhof einfahren.

Am elegantesten fährt man mit den orangefarbenen Doppeldecker-Expresszügen (T-Klasse, Fahrpreis ¥30), die ab 7 Uhr stündlich aus Beijing kommen und nur 70 Min. unterwegs sind (40 Min. schneller als normale Züge). Der letzte Zug nach Beijing fährt um 21.16 Uhr (Nr. 4412/3) und kommt gegen Mitternacht in der Hauptstadt an. Ersatzweise kann man einem der vielen Kundenwerber vor dem Bahnhof zu ihren VW Santanas folgen, die abfahren, sobald sie voll besetzt sind, und 90 Min. benötigen (¥40).

Die meisten Züge fahren vom Hauptbahnhof ab. Einige Züge mit Zielen im Nordosten Chinas fahren nur vom Nordbahnhof ab, andere mit Zielen im Süden wie Shanghai halten nur am Westbahnhof. Fahrkarten nach Beijing werden an einem speziellen, englisch ausgeschilderten Kiosk rechts der Rolltreppen am Hauptbahnhof verkauft. Rückfahrkarten sind auch im Zug aus Beijing erhältlich. Um die Schlangen am Schalter im Hauptbahnhof zu umgehen, bietet sich das Büro an, das Fahrscheine für die Weichbetten-Klasse verkauft – die Rolltreppe hinauf, nach links in Richtung Weichbetten-Warteraum, das Büro liegt etwas versteckt auf der linken Seite. Ansonsten gibt es Fahrscheine in der Kartenverkaufsstelle in 244 Heping Lu, ◷ Mo–Fr 8–mittags und 13.30–17 Uhr.

Züge nach:
BEIDAIHE 3x tgl., 6 Std.;
BEIJING 15x tgl., 1–2 Std., inkl. stündl. Expresszug;
CHENGDE 4x tgl., 5 Std.;
GUANGZHOU 3x tgl., 26–32 Std.;
JILIN 5x tgl., 4 Std.;
QINHUANGDAO 4x tgl., 6 Std.;
SHANGHAI 3x tgl., 18–20 Std.;
SHANHAIGUAN 5x tgl., 6 1/2 Std.;
SHIJIAZHUANG 4x tgl., 4–6 Std.;
XI'AN 2x tgl., 18–20 Std.

FÄHREN – Der Hafenbetrieb von Tianjin hat sich größtenteils zum 50 km östlich gelegenen **Tanggu**, einem grauen und überteuerten Vorort, verlagert. Von dort legt jeden Montagabend eine Fähre nach Kobe in Japan ab. Im billigsten Ticket für ¥1600 ist eine *tatami*-Matte in einem Dorm enthalten. Auch nach Inch'on in Südkorea fährt eine Fähre, Ticketpreise kosten von ¥1000 bis ¥2000 für die komfortabelsten 2-Bett-Kabinen. Check-in für internationale Überfahrten ist 2 Std. vor Abfahrt. Inlandsfähren verkehren nach Dalian (Tickets ab ¥100), Yantai (Tickets etwa ¥100, variiert je nach Schiff). Fahrscheine für sämtliche Fähren sind erhältlich bei *CITS* in Tianjin oder Beijing gegen eine geringe Gebühr oder am Fährfahrkartenschalter in 1 Pukou Dao, Tianjin, ✆ 23399573, einer kleinen Straße westlich der Taierzhuang Lu in der Nähe des *Astor Hotel*.

Vom Hauptbahnhof in Tianjin verkehren regelmäßig Minibusse nach Tanggu, staatliche Busse fahren vom Südbahnhof ab. Ansonsten bietet sich die Nr. 151 an, die in einer kleinen Straße gegenüber dem Hauptbahnhof hält: über die Brücke in westlicher Richtung, dann links und schließlich die 2. Straße nach rechts, noch 100 m die Straße entlang. Frühmorgens fahren vom Hauptbahnhof in Tianjin 2 Züge nach Tanggu ab (zum Fährhafen steigt man am dortigen Südbahnhof aus – der 2. Haltestelle der Züge), die knapp 1 Std. unterwegs sind. Allerdings liegt der Südbahnhof von Tanggu etwas ungünstig 2 km westlich des Fährterminals.

Tanggu ist mindestens so teuer wie Tianjin. Als relativ preiswerte Unterkunft sei hier der *Inter-*

*national Seamen's Club***–*** genannt, unmittelbar nördlich des Passagierterminals. Da jedoch die Inlandsfähren nachmittags auslaufen, ist die Fahrt von Beijing aus am selben Tag zu schaffen.
Fähren nach:
DALIAN März–Okt 1x tgl., Nov–Feb alle 2 Tage, 13–15 Std.; INCH'ON (Südkorea) alle 4 Tage, 28 Std.; KOBE (Japan), wöchentl., 48 Std.; YANTAI 6x monatl., 18 Std.

FLÜGE – Der große internationale **Flughafen** von Tianjin liegt 15 km östlich der Stadt und wird regelmäßig von Shuttle-Bussen angefahren, die vor den *CAAC*-Büros enden, oder nach Beijing fahren. Ein Taxi ins Zentrum kostet etwa ¥30, nach Beijing ¥70.
Das *CAAC*-Hauptbüro *(Air China)* befindet sich in 242 Heping Lu, ⏲ Mo–Sa 8.30–18 Uhr, ✆ 2723 4353. Die Zweigstelle ist in 103 Nanjing Lu, unmittelbar westlich des *Freundschaftshotels*, ⏲ Mo–Sa 8–20 Uhr. Tickets für Inlandsflüge gibt es unten, ✆ 23301543, für internationale Verbindungen im Obergeschoss, ✆ 23393497.
Flüge nach:
CHANGSHA 2x wöchentl., 2 Std.;
CHENGDU 5x wöchentl., 3 1/2 Std.;
DALIAN 1–2x tgl., 1 Std.;
FUZHOU 5x wöchentl., 2 1/2 Std.;
GUANGZHOU 2x tgl., 2 3/4 Std.;
GUILIN 2x wöchentl., 4 1/2 Std.;
HAIKOU 3x wöchentl., 3 3/4 Std.;
HANGZHOU 5x wöchentl., 1 1/2 Std.;
HARBIN tgl., 3 Std.;
HONGKONG tgl., 3 Std.;
KUNMING 8x wöchentl., 3 Std.;
NANJING 2x wöchentl., 1 3/4 Std.;
NINGBO 5x wöchentl., 2 3/4 Std.;
QINGDAO tgl., 1 1/4 Std.;
SHANGHAI 5x tgl., 1 1/2 Std.;
SHANTOU 2x wöchentl., 2 3/4 Std.;
SHENYANG 4x wöchentl., 1 1/4 Std.;
SHENZHEN 7x wöchentl., 3 Std.;
TAIYUAN tgl., 1 Std.;
ÜRÜMQI 2x wöchentl., 3 1/4 Std.;
WUHAN 3x wöchentl., 2 Std.;
XIAMEN 5x wöchentl., 2 1/4 Std.;
XI'AN 7x wöchentl., 1 3/4 Std.;
XISHUANGBANNA 4x wöchentl., 5 1/4 Std.;
ZHENGZHOU 2x wöchentl., 3/4 Std.

Von Beidaihe nach Shanhaiguan

Der Badeort Beidaihe liegt 300 km östlich von Beijing am **Golf von Bohai**. Vor 100 Jahren bevölkerten europäische Diplomaten, Missionare und Kaufleute den Ort, die ihn wohl aus Heimweh ausgewählt hatten, weil sie die felsige und spärlich bewachsene Küstenlinie mit den vereinzelten Stränden an das Mittelmeer erinnerte. Sie bauten Villen und Bungalows, saßen auf ihren Veranden und nippten an Cocktails. Nach der Machtübernahme durch die Kommunisten wurde das Dorf zur Sommerfrische für Parteibonzen. Den höchsten Beliebtheitsgrad erreichte es in den 70er Jahren, als Badeurlaub nicht mehr als dekadent und revisionistisch galt. Zwar gehören Herren in Uniform mit Sonnenbrille und Lolli in der Hand ebenso wie schwarze Audis mit getönten Scheiben (die Autos der Parteikader) nach wie vor zum Straßenbild, doch sind heute die meisten Besucher von Beidaihe gut betuchte Touristen aus Beijing, die sich amüsieren wollen. Wenn im Sommer die Temperaturen bei Mitte 20 °C liegen und das Wasser angenehm warm ist, wird es hier laut und eng. Dann reicht ein Tagesbesuch allemal. Spaß steht hier an erster Stelle – so entspannt sind die Chinesen selten zu sehen.

Nur etwa 25 km nordöstlich liegt Shanhaiguan, das viele chinesische Urlauber aus Beidaihe auf einem Halbtagesbesuch erkunden. Rucksacktouristen scheint es aus unerklärlichen Gründen nicht anzuziehen, obgleich es wirklich einen Besuch lohnt. Die friedliche, entzückende kleine Stadt lässt sich prima zu Fuß durchwandern und besitzt zwei gute Hotels. Darüber hinaus locken in ihrer ländlichen Umgebung eindrucksvolle, mächtige Festungen und Überreste der Großen Mauer.

Zwischen Beidaihe und Shanhaiguan liegt **Qinhuangdao**, eine Industriestadt mit einem reizlosen, modernen Hafen. Hierher kommt nur, wer Vorbereitungen für die Abreise mit der Passagierfähre nach Dalian treffen oder mit dem Expressbus von Beijing schnell in diese Gegend des Golfs von Bohai gelangen möchte, was sehr zu empfehlen ist. Übersichtskarte s.S. 234.

Beidaihe und Umgebung

Noch vor gar nicht langer Zeit galten in Beidaihe strenge Regeln für die Badeplätze. Der Weststrand war den Ausländern vorbehalten, die seit 1979 ins Land gelassen wurden. Dort gab es auch Wachposten, die chinesische Voyeure vertrieben, wenn diese einen flüchtigen Blick auf die gewagten bourgeoisen Badeanzüge zu erhaschen hofften. Der Hauptstrand war mit Seilen abgegrenzt und für die Parteigrößen reserviert, von denen den Höherrangigen die beste Stelle – eine kleine Sandbucht – vorbehalten war. Dunkle Badeanzüge waren Pflicht, damit auch nicht der leiseste Eindruck von Nacktheit erweckt wurde. Heute sind die Absperrungen verschwunden, ebenso die Hemmungen unter den Städtern (knappe Bikinis sind in) und Beidaihe hat sich zu einer modernen Stadt entwickelt – eine faszinierende Mischung aus schlichtem kommunis-

Von Beidaihe nach Shanhaiguan

Beidaihe	北戴河	***běidàihé***
Lianfengshan-Park	联峰山公园	*liánfēngshān gōngyuán*
Taubennestpark	鸽子窝公园	*gēziwō gōngyuán*
Übernachtung und Essen		
Diplomatic Missions Guesthouse	外交人员宾馆	*wàijiāo rényuán bīnguǎn*
Freundschaftshotel	友谊宾馆	*yǒuyì bīnguǎn*
Jinshan Hotel	金山宾馆	*jīnshān bīnguǎn*
Kiesslings	起士林餐厅	*qǐshìlín cāntīng*
Tiger Rock Hotel	老虎石宾馆	*lǎohǔshí bīnguǎn*
Nandaihe	南戴河	***nándàihé***
Qinhuangdao	秦皇岛	***qínhuángdǎo***
Haiyue Hotel	海岳大厦	*hǎiyuè dàshà*
International Hotel	国际饭店	*guójì fàndiàn*
Jialun Hotel	佳伦酒店	*jiālún jiǔdiàn*
Shanhaiguan	山海关	***shānhǎiguān***
Berg der Langlebigkeit	长寿山	*chángshòu shān*
Erster Pass unter dem Himmel	天下第一关	*tiānxià dìyīguān*
Jiaoshan	角山	*jiǎoshān*
Lao Long Tou	老龙头	*lǎolóngtóu*
Mengjiangnü Miao	孟姜女庙	*mèngjiāngnǚ miào*
Museum der Großen Mauer	长城博物馆	*chángchéng bówùguǎn*
Yansai Hu	燕塞湖	*yànsài hú*
Übernachtung		
Dongfang	东方宾馆	*dōngfāng bīnguǎn*
Jingshan	京山宾馆	*jīngshān bīnguǎn*
North Street	北街招待所	*běijiē zhāodàisuǒ*

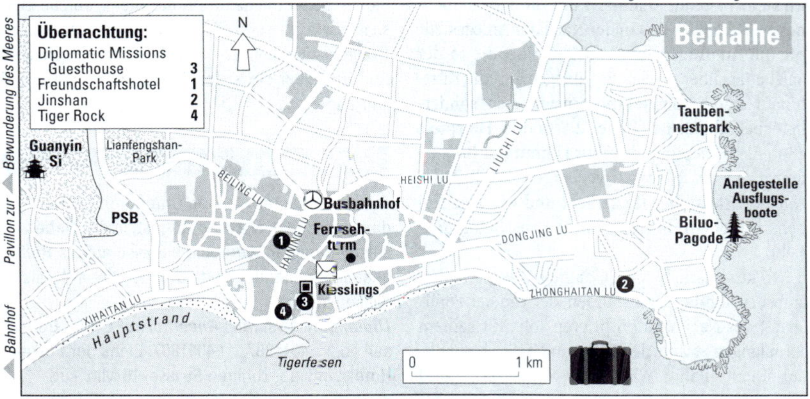

tischem Kitsch und der für Badeorte in aller Welt üblichen bunten Geschäftigkeit.

Am lebendigsten sind die Straßen der **Hafengegend**. Restaurants, vor denen Krabben und Garnelen in Eimern zappeln, wechseln sich mit Geschäften ab, in denen Badeanzüge, Luftmatratzen, Schnorchel, Souvenirs, sogar Hühnerfiguren aus Muscheln und Raffiabast angeboten werden. Weiter landeinwärts den Hügel hinauf sind die von Bäumen gesäumten Straßen sehr viel ruhiger. Hier stehen neben zahlreichen Gästehäusern die **Villen der Parteielite**, die diskret von Soldaten bewacht werden. Angeblich hatte einst jedes Mitglied des Politbüros einen Wohnsitz hier, und in vielen Fällen trifft das wohl heute noch zu. Außerdem gibt es hier die riesigen Arbeiterunterkünfte und Sanatorien für die „Helden des Volkes" wie Fabrikarbeiter, Soldaten usw., denen das Privileg eines Badeurlaubs zuteil wird. Die Gebäude zeichnet häufig eine völlig unpassende Architektur aus: römische Säulen, imitierte Totempfähle oder griechische Säulengänge, die auf die klobigen Fassaden aufgepfropft wurden.

Am äußeren westlichen Stadtrand liegt, 500 m vom Strand entfernt, der **Lianfengshan-Park**, ein dicht mit Kiefern bewachsener Hügel, auf dem malerische Pavillons und kleine Höhlen zu finden sind. Er lädt zum Flanieren ein und bietet Erholung von den Massen an den Stränden. Ganz oben thront der Pavillon zur Bewunderung des Meeres mit einer wunderschönen Aussicht auf die Küste. Weniger aufregend sind die historischen Stätten sowie der ruhige **Tempel Guanyin Si**.

An den drei Stränden von Beidaihe drängen sich die Massen zwischen revolutionären Arbeiterstatuen. Der **Hauptstrand** mit seinen vielen, von Felsen durchsetzten kleinen Stränden ist der beliebteste und liegt besonders günstig. Auf der Promenade gibt es Erfrischungsgetränke, Fotostände und Spiele zu kaufen. Die Umkleidekabinen erinnern allerdings eher an Behausungen aus einem Science-Fiction-Film der 50er Jahre. Wer will, lässt sich auf einem ausgestopften Tiger, in einem Papprennboot oder in den Gewändern eines Kaisers fotografieren. Der **Weststrand** ist etwas weniger quirlig. Östlich erstreckt sich auf 15 km Länge bis nach Qinhuangdao der **Oststrand** (mit den Bussen Nr. 6 oder 34 zu erreichen), der von Parteigrößen und Sanatoriumspatienten wegen seiner Beschaulichkeit geschätzt wird. Hier findet sich immer ein einsames Plätzchen, wobei weite Teile der schlammigen Küstenlinie wenig anziehend wirken. Bei Ebbe sind hier Menschen in Gummistiefeln unterwegs, um Seegras einzusammeln.

An der Westspitze des Oststrandes liegt der **Taubennestpark** (Bus Nr. 21 von der Zhonghaitan Lu), eine 20 m hohe Felsnase, auf der sich gern Möwen aufhalten – der Name stammt offensichtlich von jemandem, der es mit der Vogelkunde nicht so genau nahm. An diesem Ort lässt sich ein herrlicher Sonnenuntergang genießen. 1954 hat Mao hier ein Gedicht geschrieben, das er „Wellen im Sand/Beidaihe" nannte. Kurz vor dem Taubennestpark hält der Bus in der Nähe der Anlegestelle für die **Ausflugsboote** von Beidaihe, die in der Saison tagsüber regelmäßig ablegen, um die Küste hinauf- und herunterzutuckern, was nicht sonderlich spektakulär ist (Dauer 2 Stunden, Fahrpreis ¥30). Als Höhepunkt der Tour kommt das Boot an dem Hotel *Biluo Pagode* vorbei, das südlich der Anlegestelle an der Küste liegt und wie eine siebenstöckige Trompetenschnecke aus Beton aussieht.

15 km westlich von Beidaihe ist der neue Urlaubsort **Nandaihe** entstanden, der von der Popularität des Nachbarn profitieren soll. Mit seinem 3 km langen Strand, den Parks und Aussichtspunkten ähnelt er ihm, wirkt aber organisierter und künstlicher und ist deswegen bestenfalls einen Tagesbesuch wert. Vom Busbahnhof in Beidaihe verkehren regelmäßig Minibusse. Die Hauptattraktion von Nandaihe ist der westlich gelegene **Goldene Strand**, wo man auf den steilen Dünen einen Sandschlitten ausleihen kann. Doch bei allem Spaß sollte man darauf achten, die Beine und Ellbogen zu schützen. Ausländer sind im Erholungskomplex *Nandaihe Beach House***, ✆ 442807, willkommen.

Die Landschaft um Beidaihe ist zum **Naturschutzgebiet** erklärt worden, denn dort machen Sibirische Kraniche und Rotkronenkraniche Zwischenstation, wenn sie alljährlich im Mai nach Dongbei ziehen. *CITS* in Beidaihe erteilt genauere Auskunft über die besten Beobachtungsplätze und Tourenpreise.

Übernachtung und Essen

Am begehrtesten sind die Unterkünfte in Beidaihe zwischen Mai und August, in der Nebensaison dagegen werden die Preise auf die Hälfte gesenkt. Ausländer sind nur in wenigen Hotels willkommen.

Diplomatic Missions Guesthouse***, 1 Baosan Lu, ✆ 4041287, 📠 4041807. Eines der besten Hotels, in einer ruhigen Straße, 10 Min. Fußmarsch nördlich des Hauptstrandes. Der elegante Komplex aus 13 Villen inmitten von Zypressen- und Kieferngärten umfasst eine Karaoke-Bar, einen Nachtclub, einen Tennisplatz sowie ein gutes Restaurant im Freien mit Barbecue im Sommer.

Freundschaftshotel**, weiter nördlich in der Haining Lu, ✆ 4041613. Dorm-Betten ¥100.

Jinshan Hotel**, etwas abseits in einer netten, ruhigen Bucht an der Zhonghaitan Lu, ✆ 404 1678. Pool auf dem Gelände.

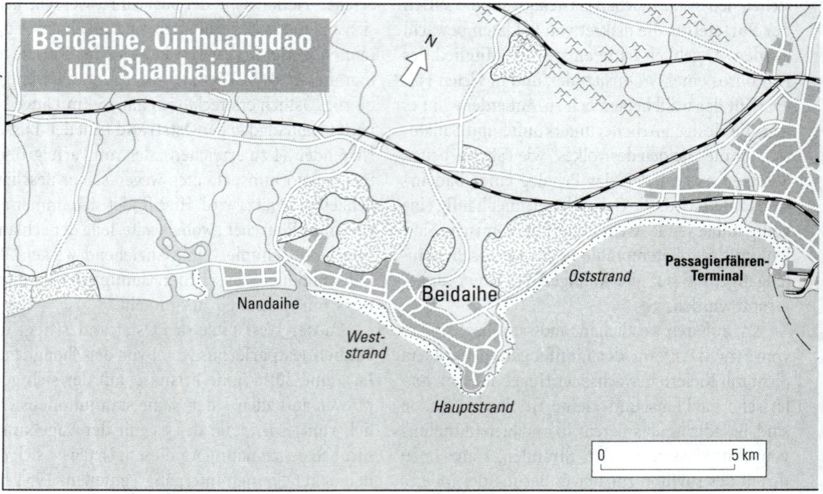

Tiger Rock Hotel**, in Strandnähe, ✆ 4041373. Vielleicht ein wenig nüchtern und gesichtslos, aber dennoch empfehlenswert. Dorm-Betten ¥80.

Beidaihe ist für seine Krabben-, Jakobsmuschel- und Tintenfischgerichte bekannt, die unbedingt in einem der zahllosen kleinen Meeresfrüchtelokale an der Haining Lu ausprobiert werden sollten. Bei der Bestellung einfach auf das leckerste Exemplar zeigen, das im Eimer zappelt. Auch ***Kiesslings*** an der Dongjing Lu, unweit des *Diplomatic Missions Guesthouse,* ist einen Versuch wert. Das ursprünglich österreichische Restaurant hat die ausländischen Besucherscharen der vergangenen 100 Jahre beköstigt und führt noch immer westliche und gar nicht so teure Gerichte auf seiner Speisekarte – diese werden sogar mit Messer und Gabel serviert. Auch das Frühstück mit köstlichem Brot und Gebäck ist hervorragend.

Sonstiges

REISEBÜROS – ***CITS*** im *Tiger Rock Hotel* ist in vielen Dingen nicht wirklich hilfreich und mehr an dem blühenden Inlandstourismus interessiert.

TAXIS – Taxis kosten im Stadtgebiet ¥10, doch Beidaihe ist so klein, dass ein Gefährt gar nicht nötig ist.

VORWAHL – 0335

Transport

BUSSE – Vom **Busbahnhof** von Beidaihe sind es nur 15 Min. Fußweg bergab zum Hauptstrand.
Busse nach:
BEIJING 5 Std.;
QINHUANGDAO 1/4 Std.;
SHANHAIGUAN 3/4 Std.;
TIANJIN 3 1/2 Std.

EISENBAHN – Der **Bahnhof** von Beidaihe liegt etwas ungünstig 15 km nördlich der Stadt. Von dort bringt Bus Nr. 5 die Besucher ins Zentrum. Im Falle einer Ankunft bei Nacht (aus Beijing kommend sehr wahrscheinlich) stehen private Minibusse und Taxis bereit; nur mit viel Verhandlungsgeschick kann man den Preis unter ¥40 drücken. Für Reisende, die Beidaihe *und* Shanhaiguan (s.S. 236) einen Besuch abstatten möchten, ist es sehr viel bequemer und interessanter, die erste Nacht in Shanhaiguan zu verbringen

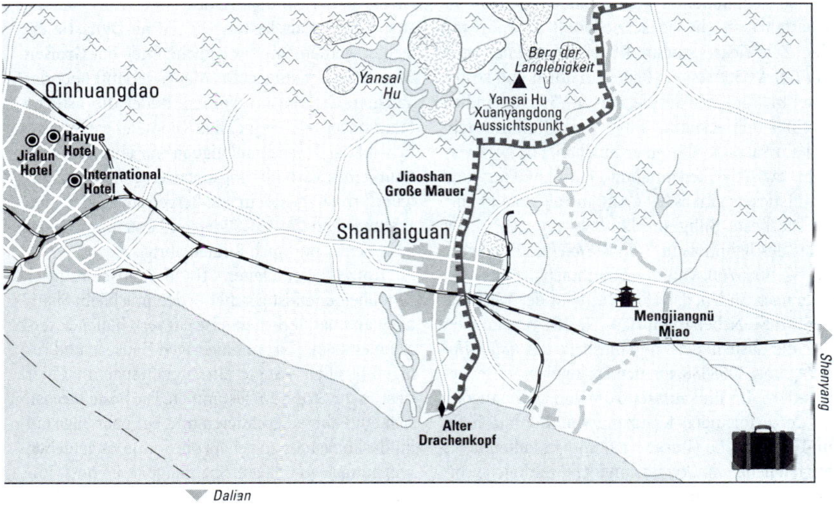

(2 Haltestellen weiter auf der Route, aber unbedingt fragen, ob der Zug dort auch hält), weil dort der Bahnhof in der Nähe der Hotels liegt.

Züge nach:
BEIJING 7x tgl., 5–7 Std.;
QINHUANGDAO 9x tgl., 1/2 Std.;
SHANHAIGUAN 6x tgl., 1 Std.;
SHENYANG 6x tgl., 5 Std.;
TIANJIN 4x tgl., 5–6 Std.

Qinhuangdao

Um von Beijing auf dem schnellsten Weg nach Beidaihe und Shanhaiguan zu gelangen, bieten sich die Expressbusse in die reizlose Hafenstadt Qinhuangdao an, in der es sonst nicht viel zu sehen gibt. Diese Busse sind schneller und angenehmer als die Zugverbindungen. In Qinhuangdao bringen einen die tagsüber meist stündlich verkehrenden Busse recht gut voran. Die Busse Nr. 6 und 34 pendeln zwischen Beidaihe und Qinhuangdao (¥2), Busse Nr. 24 und 33 zwischen Qinhuangdao und Shanhaiguan (gleicher Preis). Die ebenfalls regelmäßig verkehrenden Touristenminibusse, die an allen Hauptstraßen halten, verbinden tagsüber bis 18 Uhr Qinhuangdao mit Beidaihe (¥4).

Fähren nach Dalian legen in Qinhuangdao von Juli bis September an allen geraden Tagen ab. Die Überfahrt ist sehr viel schneller als die Fahrt mit dem Zug. Tickets sind im Reisebüro im *International Hotel,* 330 Wenhua Beilu, erhältlich und kosten von ¥140 für einen Sitzplatz bis zu ¥370 für ein Bett in einer Doppelkabine. Busse und Minibusse fahren am Passagierfährenterminal ab, Bus Nr. 8 verkehrt zwischen Terminal und Bahnhof. Flug- und Schiffstickets gibt es bei *CAAC* in 169 Yingbin Lu.

Die beste Billigunterkunft bietet sich in der Nähe des Bahnhofs im *Haiyue Hotel**, 159 Yingbin Lu, ✆ 3065760. Von der Bahnhofshalle aus geht man nach Süden, das Hotel liegt auf der Westseite der Straße. Nebenan im Haus Nr. 181 versammeln sich die Gäste in der Empfangshalle des *Jialun Hotel*****, ✆ 3065888, um den Springbrunnen zu bewundern. Im Einkaufszentrum von Qinhuangdao an der V-förmigen Kreuzung von Wenhua Beilu und Haiyang Lu (Busse Nr. 6 und 34 halten dort) warten neben *McDonald's* und *KFC* zahlreiche chinesische Restaurants auf Gäste.

Transport

Busse nach:
BEIDAIHE stdl., 1/4 Std.;
BEIJING 5 Std.;
SHANHAIGUAN stdl., 1/4 Std.;
TIANJIN 4 Std.

Züge nach:
BEIDAIHE 9x tgl., 1/2 Std.;
BEIJING 3x tgl., 5 1/2–7 1/2 Std.;
SHANHAIGUAN 3x tgl., 1/2 Std.;
SHENYANG tgl., 5 1/2 Std.;
TIANJIN 3x tgl., 6 1/2 Std.

Fähren nach:
DALIAN alle 2 Tage (Juli–Sep), 13–15 Std.

Flüge nach:
CHANGCHUN 2x wöchentl., 1 1/4 Std.;
DALIAN 4x wöchentl., 3/4 Std.;
HARBIN 2x wöchentl., 1 1/2 Std.;
SHANGHAI 2x wöchentl., 2 Std.;
TAIYUAN 7x wöchentl., 1 1/4 Std.

Shanhaiguan

Shanhaiguan (Pass zwischen den Bergen und dem Meer) an der Nordspitze des Golfes von Bohai ist ursprünglich als Festung der Ming-Dynastie errichtet worden, um das östliche Ende der **Großen Mauer** zu verteidigen. Die Mauer verläuft über das Yanshan-Gebirge im Norden, bildet die östliche Stadtmauer und trifft einige Kilometer weiter südlich auf das Meer. Shanhaiguan war einst das Zentrum eines Verteidigungsnetzwerkes mit Leuchtfeuertürmen überall in den Bergen sowie kleineren Festungen im Norden, Süden und Osten, von denen heute leider nur noch Ruinen übrig sind.

Trotz Großer Mauer, Strand, landschaftlicher Schönheit und historischer Bedeutung bleibt Shanhaiguan unerklärlicherweise ein verschlafener, verstaubter kleiner Ort mit niedrigen Häusern und ruhigen Straßen – sogar ein Zugfahrschein ist hier (fast) ohne Stress zu bekommen. Die beste Idee ist, sich ein Fahrrad zu mieten und ein paar Tage auf Entdeckungstour zu gehen, die Sonne zu genießen und einfach zu relaxen. Shanhaiguan ist noch immer nach seinem ursprünglichen Plan angelegt:

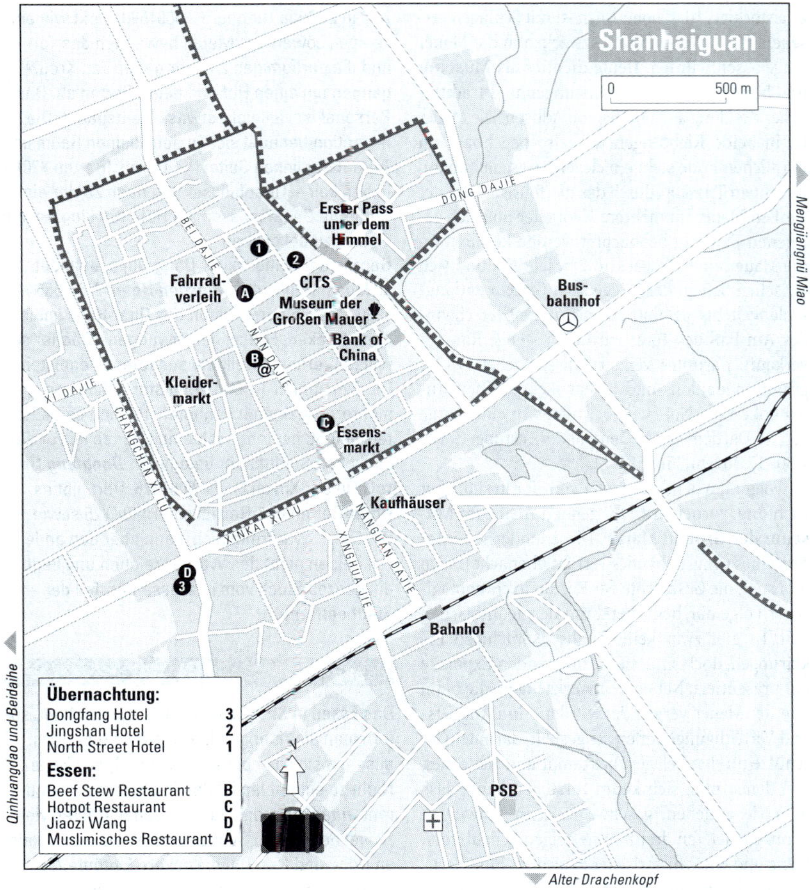

Die geraden, nach den Himmelsrichtungen ausgerichteten Boulevards sind von einem Netz aus Straßen durchzogen. Beherrscht wird die Stadt von einem befestigten Tor in der Ostmauer, dem **Ersten Pass unter dem Himmel**, das jahrhundertelang als Zugang zum Reich der Mitte aus dem Land der Barbaren jenseits der Grenzen genutzt wurde. Mit seinem Bogen und dem zweistöckigen Turm ist das Tor das höchste Bauwerk der Stadt und lässt die Häuser rundherum ziemlich mickrig erscheinen. Bei seiner Errichtung im Jahre 1381 muss es mit seiner hölzernen Zugbrücke über den 18 m breiten Wassergraben und den drei Außenmauern noch gewaltiger gewirkt haben. Das Tor war bis zu seiner Durchbrechung durch die Mandschu im Jahre 1644 der nördlichste Zugang nach China.

Heute wird das Tor von Touristen gestürmt. Es sollte daher am frühen Morgen besucht werden, bevor die Massen eintreffen. Der Name des Tors prangt in Rot über dem Bogen, die Kalligrafie wird Xiao Xian zugeschrieben, einem Gelehrten der Ming-Dynastie, der in der Stadt gelebt hat. Eine steile Treppe führt von der Dong Dajie die eindrucksvolle, fast 30 m breite Mauer hinauf. Der zweistöckige, 10 m hohe Turm ist mit Schlitzen versehen, die zu Verteidigungszwecken in die Mauer eingelassen wurden. Heute dient er als **Museum** und birgt neben Waffen, Rüstungen und traditioneller Kleidung auch Bilder von Adligen. Die Mauer ist in beide Richtungen teilweise begehbar. Am nördlichen Ende steht ein cleverer Geschäftsmann mit einem Teleskop, durch das die Touristen auf der Großen Mauer im mehrere Kilometer nördlich gelegenen Jiaoshan beobachtet werden können, wo die Mauer eine Zickzacklinie beschreibt und sich zwischen Schwindel erregenden Gipfeln entlangschlängelt, bis sie hinter dem Horizont verschwindet. Am Fuß des Tores wird eine Menge Ramsch verkauft, darunter verzierte Essstäbchen, Hologrammmedaillons und Jadeartikel. In einem Innenhof an der Nordseite befindet sich eine Statue von Xu Da, dem ersten General der Festung. 🕓 tgl. 7.30–17.30 Uhr, Eintritt ¥42.

Folgt man der Stadtmauer vom Tor in südlicher Richtung, vorbei an *CITS*, gelangt man zum **Museum der Großen Mauer**. Diese moderne Imitation eines Qing-Gebäudes verfügt über acht Hallen und stellt die Geschichte der Region in chronologischer Folge dar, beginnend mit der neolithischen Zeit. Es gibt zwar keine englischsprachigen Erklärungen, doch sind die faszinierenden Exponate gut präsentiert. Neben den Werkzeugen, die beim Bau der Mauer verwendet wurden, sind Angriffs- und Verteidigungswaffen ausgestellt, darunter Geschütze für den Belagerungskampf und Schwerter, von denen man sich kaum vorstellen kann, dass man sie anheben, geschweige denn schwingen kann. Die letzten drei Räume zeigen Schaubilder, Pläne und Fotos historischer Bauwerke. Eine Nachbildung der Region, wie sie zu Ming-Zeiten aussah, vermittelt eine Vorstellung vom Umfang der Verteidigungsanlagen mit all ihren Vorposten und Festungen. Sie schlägt jede *CITS*-Landkarte oder Hochglanzbroschüre um Längen und macht neugierig auf ein paar Entdeckungsradtouren. In einem Anbau des Museums laufen wechselnde Kunstausstellungen. 🕓 tgl. 7.30–18 Uhr, Eintritt ¥5.

Übernachtung

Shanhaiguan verfügt über zwei tolle Hotels, die ideal neben dem Ersten Pass unter dem Himmel liegen. Das kleine, freundliche ***North Street Hotel**** in 2 Mujia Hutong, ✆ 5051680, wirkt wie ein Tempel: Löwen aus Metall bewachen das Tor und die geräumigen Zimmer gehen von Kreuzgängen um einen Hof und einen Garten ab. Das Personal ist vielleicht etwas zu entspannt. Die Rezeption befindet sich in dem kleinen Raum im Tor auf der linken Seite. Die Dorms (Betten ¥20) haben keine Türschlösser und nach 22 Uhr eintreffende Gäste müssen am Haupttor klopfen, um Einlass zu bekommen.

Ganz in der Nähe, in der Dong Dajie, befindet sich das prunkvolle ***Jingshan Hotel*****, ✆ 505 1130, das ein herrschaftliches Qing-Haus imitiert: hohe Decken, Friese, geschwungene Dächer sowie Mauern und Balkone aus rotem Ziegelstein. Die Zimmer mit TV und Ventilator gehen von mehreren kleinen Innenhöfen ab. Sind beide Hotels belegt, besteht noch eine Chance im vor der südlichen Stadtmauer gelegenen ***Dongfang Hotel***** in der Xinkai Lu, ✆ 5051376. Dort gibt es Dorm-Betten in 4-Bett-Zimmern für ¥25 sowie DZ. Es ist zwar freundlich, kann aber den anderen beiden nicht das Wasser reichen und liegt ein ganzes Stück vom interessanten Teil der Stadt entfernt.

Essen

Das Essen in Shanhaiguan ist ausgezeichnet, sofern man die richtigen Lokale findet (übrigens ausnahmslos alle ohne englische Speisekarte). Nicht zu empfehlen ist das Delikatessenrestaurant ***Jingshan's***, das ausländischen Gästen viel zu viel berechnet. Besser sind die kleinen Lokale an Dong und Nan Dajie. Leckere Eintöpfe *(hotpot)* gibt es in 33 Nan Dajie, von den selbst gebrauten Getränken des Hauses – *baijiu* mit eingelegten Schlangen und Eidechsen – ist wohl eher abzuraten. Auch sehr freundlich ist das Lokal in 78 Nan Dajie, wo schmackhafter Rindfleischeintopf *(beef stew)* gereicht wird. In vier Häusern östlich der großen Kreuzung an der Nan Dajie lässt es sich in einem winzigen moslemischen Restaurant wunderbar frühstücken – am besten sind die knusprigen *shaomai*. Gegenüber dem Fahrradverleih an der Bei Dajie lockt ein weiteres moslemisches Lokal mit köstlichen gebratenen Teigtaschen mit Gemüsefüllung *(shucai guotie)*. Wer leckere runde, gedünstete *jiaozi* mag, ist bei ***Jiaozi Wang*** neben dem *Dongfang Hotel* genau richtig

Sonstiges

FAHRRÄDER – Mietfahrräder gibt es bei dem freundlichen Herrn mit dem englisch beschriftete-ten Namen auf der Ostseite der Bei Dajie, gleich nördlich der Kreuzung der vier Straßen der Stadt, die von der Mauer umgeben ist. ◷ tgl. 8–19 Uhr, Preis ¥10 pro Tag plus ¥100 Kaution.

REISEBÜROS – ***CITS*** liegt unmittelbar südlich des Ersten Passes unter dem Himmel, es scheint jedoch nie jemand da zu sein. Allerdings ist das auch nicht wirklich nötig, denn Zugfahrscheine sind direkt am Bahnhof erhältlich.

TAXIS – Besucher am Bahnhof bzw. Busbahnhof werden von einer eifrigen Menge von Fahrern begrüßt. Der Mindestpreis von ¥5 reicht für ein Taxi oder eine Motor-Rikscha in sämtliche Teile der Stadt.

VORWAHL – 0335

Transport

BUSSE – Busse aus Qinhuangdao und Beidaihe halten nicht am östlich gelegenen **Busbahnhof**, sondern gleich außerhalb des **südlichen Stadttors**.

Busse nach:
BEIDAIHE 3/4 Std.;
BEIJING 5 1/4 Std.;
QINHUANGDAO 1/4 Std.;
TIANJIN 4 1/2 Std.

EISENBAHN – Außerhalb der Mauer befindet sich auch der südlich gelegene **Bahnhof**.

Züge nach:
BEIDAIHE tgl., 1 Std.;
BEIJING 3x tgl., 7 Std.;
QINHUANGDAO tgl., 1/2 Std.;
SHENYANG tgl., 6 Std.
TIANJIN 3x tgl., 7 Std.

Die Große Mauer bei Shanhaiguan

Rund um die große Kreuzung von Shanhaiguan und den Bahnhof wimmelt es von Touristenminibussen, die die Sehenswürdigkeiten außerhalb der Stadt anfahren. Staatliche Busse verkehren ebenfalls auf diesen Routen, doch wer Zeit hat, sollte mit dem Fahrrad fahren. Die Straßen sind kaum befahren, die umgebende Landschaft überaus reizvoll und abseits der Touristenwege sind schöne, ruhige Plätzchen zu finden.

Für unerschrockene Wanderer gibt es die Möglichkeit, zu dem Bergsee **Yansai Hu**, direkt nördlich von Shanhaiguan, oder zum **Berg der Langlebigkeit** zu spazieren, einem rauen Felsen östlich des Sees, wo das Zeichen *shou* (Langlebigkeit) in viele Steine gemeißelt worden ist. Dort gibt es auch einen Pool, der zu einem geruhsamen Bad einlädt.

Lao Long Tou

Den Überresten der Großen Mauer in südlicher Richtung folgend, trifft man nach 4 km auf den Lao Long Tou, einen riesigen **Drachenkopf** aus Stein, der hier einst auf das Meer zu blicken schien. An dieser Stelle erreicht die Mauer die Küste. Hier hält auch der Bus Nr. 24, der von der Xinghua Jie, unweit des Bahnhofs von Shanhaiguan, abfährt. Der Eintritt kostet ¥37, doch ebenso gut lässt sich die Mauer vom Strand aus erklimmen. Der Weg führt am ersten Abzweig links vor dem Parkplatz entlang. ◷ tgl. 7.30–17.30 Uhr.

Am Ende der Mauer steht eine Miniaturfestung mit einem zweistöckigen Tempel in der Mitte. Leider haben es die Restauratoren ein wenig zu gut gemeint, denn alles sieht nagelneu aus. Zusätzlich leidet die Gegend unter den übermäßigen Touristeneinrichtungen. Die recht schmutzigen Strände zu beiden Seiten der Mauer sind dennoch beliebte Badeplätze. Ein paar Minuten Fußmarsch jenseits der Restaurants in Richtung Westen stößt man rechts auf die alten Baracken der britischen Armee. Hier befand sich im Jahr 1900 der **Brückenkopf** für die acht alliierten Mächte, die zur Niederschlagung des Boxeraufstandes an dieser Stelle an Land gingen. Eine Tafel erinnert daran, „die nationale Demütigung niemals zu vergessen und die chinesische Nation zu stärken." Also sollte man wenigstens nicht auf dem Rasen herumtrampeln.

Mengjiangnü Miao

Etwa 6,5 km nordöstlich der Stadt liegt Mengjiangnü Miao (der Tempel der Frau Meng Jiang). Dieser **Tempel** wurde der Legende nach einer Frau geweiht, deren Ehemann in einem der Bautrupps zur Errichtung der Großen Mauer mitarbeiten musste.

Nachdem sie erfahren hatte, dass dieser an Erschöpfung gestorben war, machte sie sich weinend auf die Suche nach seinem Leichnam, um ihm eine anständige Beerdigung zu gewähren. Ihre Trauer soll so unermesslich gewesen sein, dass die Mauer vor Mitleid zu bröckeln begann und die Gebeine ihres Gatten sowie vieler anderer Arbeiter freigab, die beim Bau der Mauer ums Leben gekommen waren.

Der Tempel ist klein und elegant, von ihm aus bieten sich reizvolle Aussichten auf Berge und Meer. Statuen von der Frau und ihren Bediensteten sitzen etwas steif im Tempelinnern. Der Bus Nr. 23 bringt die Besucher vom Südtor von Shanhaiguan hierher.

Jiaoshan

Einige Kilometer nördlich von Shanhaiguan bietet sich die Möglichkeit, an den zerfallenen Überresten der **Großen Mauer** entlang bis zu den Bergen zu wandern.

Auf dem Weg in nördlicher Richtung, entlang der Bei Dajie stadtauswärts und vorbei an den Ruinen zweier Festungen aus Steinfundamenten und Erdhügeln, zeigt sich nach etwa 10 km der als Jiaoshan bekannte restaurierte Teil der Mauer. Je weiter man der Mauer folgt, desto besser wird es – die Massen verlieren sich, die Aussichten werden schöner und sobald der rekonstruierte Teil hinter einem liegt, steht man plötzlich neben oder auf einem echten Mauerstück. Ein paar Kilometer weiter östlich gibt es drei Durchgänge durch die Mauer und einen Leuchtturm, der noch in guter Verfassung ist. Nun lockt der Weg in die Berge, soweit es beliebt – für eine Tagestour sollte man früh aufstehen. Ein Pedicab oder Taxi vom Parkplatz am Jiaoshan in die Stadt zurück kostet ¥5. ⏲ tgl. 8–18 Uhr, Eintritt ¥17.

Wer den steilen Aufstieg von dem rekonstruierten Teil der Mauer in die spektakuläre Landschaft des Yunshan-Gebirges umgehen möchte, nimmt die Seilbahn zum Preis von ¥10.

Chengde

Die Provinzstadt Chengde, 250 km nordöstlich von Beijing, liegt in einem Becken am Westufer des Wulie-Flusses und wird von der Yunshan-Gebirgskette umgeben. Auf den ersten Blick ist dies ein nichts sagender Ort. In seinen Randbezirken wimmelt es jedoch von Zeugnissen aus glanzvollen Tagen als **Sommerresidenz der Mandschu-Kaiser**, darunter einige der großartigsten Exemplare der kaiserlichen Architektur Chinas. Zwischen den Kohlfeldern in der Umgebung der Stadt gibt es neben herrlichen Tempeln den riesigen Palast-Park-Komplex **Bishu Shanzhuang** auf einem Hügel. In den vergangenen Jahren ist Chengde erneut als Urlaubsort entdeckt worden, vor allem von den Hauptstadtbewohnern, die für ein Wochenende der Hektik entkommen wollen.

Die meisten der eine Million Einwohner von Chengde leben in einem riesigen, ländlich geprägten Vorstadtgebiet südlich des Zentrums, wodurch die Stadt selbst eher klein wirkt, trotz der Hochhäuser, die den Blick auf die fernen Berge und Felder verstellen. Die historischen Bauten, Parks und Seen der Umgebung jedoch locken Jahr für Jahr Hunderttausende Besucher an, sodass die Stadt vor allem an den Sommerwochenenden überquillt und ihre Hauptverkehrsader Nanyingzi Dajie hoffnungslos verstopft ist. Abends, wenn der Nachtmarkt sich über ihre gesamte Länge hinzieht, wirkt die Straße sehr viel angenehmer. Neben Snacks werden hier Antiquitäten und Souvenirs angeboten, die generell preiswerter sind als in Beijing oder Tianjin, allerdings muss man sein ganzes Verhandlungsgeschick einsetzen (und darf nicht erwarten, dass alles echt ist). Der Bishu Shanzhuang liegt im Norden der Stadt; noch weiter nördlich sowie im Osten, am anderen Flussufer, sind die **Acht Äußeren Tempel** von Chengde zu bestaunen.

Geschichte

Die Stadt, ursprünglich Rehe genannt, wurde Ende des 17. Jahrhunderts von **Kaiser Kangxi** aus der Qing-Dynastie entdeckt, als er seine Truppen in die Mulan-Jagdgebiete im Norden führte. Begeistert vom kühlen sommerlichen Klima und der zerklüfteten Landschaft ließ er Hütten bauen. Hier konnte er seine Vorstellungen vom Lebensstil der Mandschu ausleben: jagen und umherstreifen wie seine Vorfahren aus dem Norden. Als es aus diplomati-

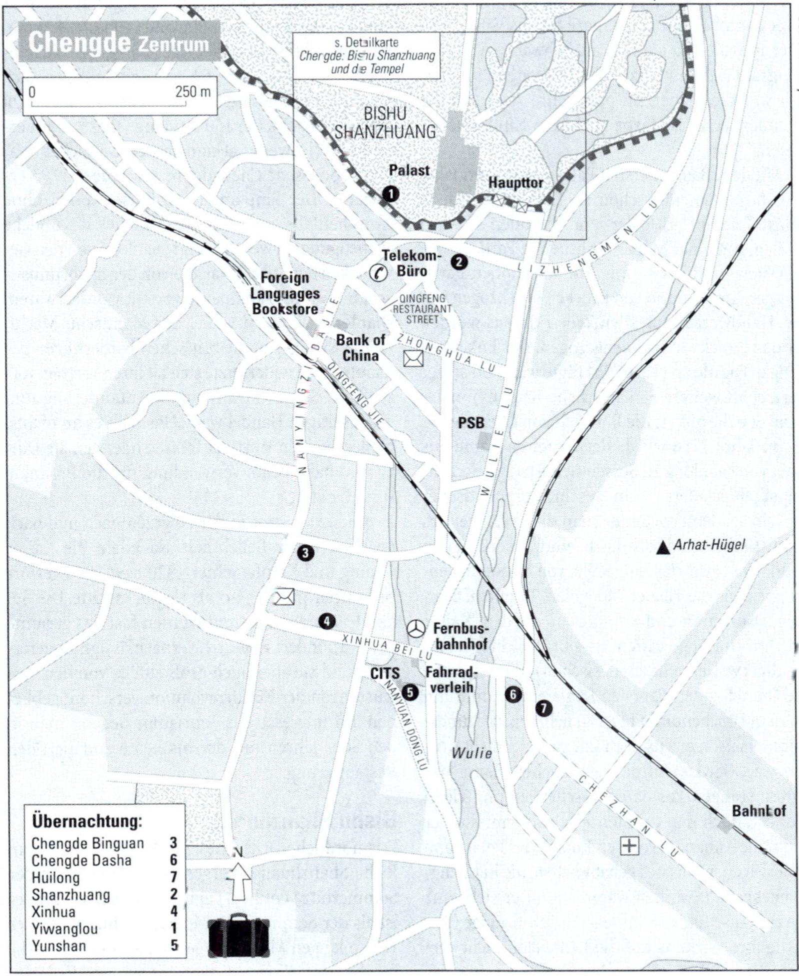

schen Gründen nützlich wurde, sich öfter nördlich von Beijing aufzuhalten um engere Beziehungen zu den schwierigen Mongolenstämmen zu knüpfen, wurden die Bauaktivitäten erweitert. Als vielleicht fähigster und aufgeklärtester Herrscher seiner Dynastie war Kangxi in erster Linie dafür bekannt, gut wirtschaften zu können: „Die Menschen sind die Grundlage des Reiches, wenn sie genug haben, geht es auch dem Reich gut.“ Die kaiserliche Macht zur Schau zu stellen, war in der Regel nicht sein Anliegen. Auch Chengde war eine zutiefst pragmatische Angelegenheit, es war dazu gedacht, das Reich vor den Mongolenprinzen zu schützen, die mit prächtigen Audienzen, Jagdgesellschaften und pompösen Militärmanövern beeindruckt werden sollten. Sämtlichen Gesuchen, die Große Mauer zu reparieren, widersprach der Kaiser entschieden, da er das als unnötige Strapaze für das Volk erachtete und die Mauer nur als schwache Verteidigungsanlage einschätzte. Zu Recht, denn schließlich war die Mauer ein paar Jahre zuvor für die Gründer seiner Dynastie auch kein Hindernis gewesen.

Mit dem Bau der ersten Paläste wurde im Jahre 1703 begonnen, und schon 1711 befanden sich 36 Paläste, Tempel, Klöster und Pagoden in dem großen, von einer Mauer umgebenen Park, dessen Zierteiche und Inseln mit wunderschönen Pavillons geschmückt und von Brücken durchzogen waren. Handwerker aus allen Teilen Chinas wurden für das Projekt zusammengezogen. Der Enkel von Kangxi, **Qianlong** (1736–96) fügte während seiner Herrschaft weitere 36 kaiserliche Bauten hinzu – seine Epoche gilt als die Blütezeit von Chengde.

Im Jahre 1786 wurde der **Panchen Lama** aus Tibet von Qianlong zu dessen Geburtstagsfeierlichkeiten eingeladen – ein geschickter politischer Schachzug, denn so konnte man die Anhänger des lamaistischen Buddhismus beeindrucken. Zu den Buddhisten gehörten eine Reihe von Minderheitengruppen wie die Tibeter, Mongolen, Torguten, Eleuthen, Dsungaren und Kalmücken, die dem Kaiser ein Dorn im Auge waren. Es gibt Berichte (denkwürdigerweise keine chinesischen), die erzählen, wie Qianlong den Panchen Lama einlud, mit ihm auf dem Drachenthron Platz zu nehmen, der für die Sommersaison eigens nach Chengde gebracht worden war. Gewiss wurde der Panchen Lama mit Ehrerbietungen, kostbaren Geschenken und Titeln bedacht, doch den größten Eindruck mussten er und seine Anhänger von den Kopien des Potala und seines eigenen Palastes gehabt haben, die in Chengde nachgebaut worden waren, damit er sich ganz wie zu Hause fühlen konnte – eine großzügige Geste, die ihre Wirkung auf die Lamaisten nicht verfehlte. Dennoch nahm der Besuch des Panchen Lama ein unschönes Ende. Er verstarb anschließend in Beijing an Pocken oder vielleicht auch an einer Vergiftung, und sein Sarg wurde in einem gewaltigen Leichenzug zurück nach Tibet geleitet.

Auch die Diplomaten der ersten britischen Botschaft in China unter **Lord Macartney** wurden 1793 von Qianlong bei Hofe empfangen. Nachdem sie die Demütigung erfahren hatten, mit einem Schiff flussaufwärts nach Beijing fahren zu müssen, auf dessen Segeln „Überbringer des Tributs vom Vasallenkönig von England" zu lesen war, waren sie nicht weniger verärgert, als sie herausfanden, dass der Kaiser sich für den Sommer nach Chengde begeben hatte. Doch ließen sie sich nicht davon abhalten, die 150 km lange Reise zu unternehmen (in wenig geeigneten europäischen Wagen), sodass sie Chengde im September 1793 erreichten. Der Empfang beim Kaiser verlief ohne Zwischenfälle, außer dass Macartney die übliche Verbeugung verweigerte und Qianlong von den Geschenken enttäuscht war, die von der opportunistischen Ostindienkompanie gestellt worden waren. Qianlong, auf dem Gipfel der Mandschu-Macht, konnte sich gegen die britischen Forderungen behaupten und widersetzte sich all ihren Vertragsvorschlägen. Seine Antwort auf die Aufforderung zum gegenseitigen Handel war: „Uns fehlt es an nichts. Ich lege keinen Wert auf fremde oder geniale Dinge und habe keine Verwendung für die Produkte Ihres Landes."

Chengde verlor in der Folgezeit nach und nach an kaiserlicher Beliebtheit. Nachdem die Kaiser Jiaqing und Xianfeng hier 1820 bzw. 1860 gestorben waren, galt der Ort als Unglücksstätte. Die Gebäude standen leer und wurden fast das gesamte 20. Jahrhundert hindurch vernachlässigt. Andererseits sind sie aber auch größtenteils von den Verwüstungen der Kulturrevolution verschont geblieben. Im Interesse des Tourismus begann man in den 80er Jahren mit der bis heute andauernden Restaurierung.

Bishu Shanzhuang

Das nördliche Drittel des Stadtgebietes wird vom Bishu Shanzhuang (Bergschloss, in dem man der Sommerhitze entflieht) eingenommen, das größer ist als der Sommerpalast in Beijing und von einer 10 km langen Mauer umgeben ist. Hier verbrachten die **Qing-Kaiser** die Sommermonate, ließen es sich gut gehen, jagten und beschäftigten sich gelegentlich auch mit Staatsangelegenheiten. Die Palastbauten gleich hinter dem Vordereingang sind für das kaiserliche China ungewöhnlich, denn sie sind niedrig, aus Holz und nicht angestrichen – schlichte Eleganz im Gegensatz zu dem Überfluss und der Erhabenheit der Paläste von Beijing. Kaiser Kangxi soll den Wunsch gehabt haben, den Komplex einem mandschurischen Dorf gleichen zu

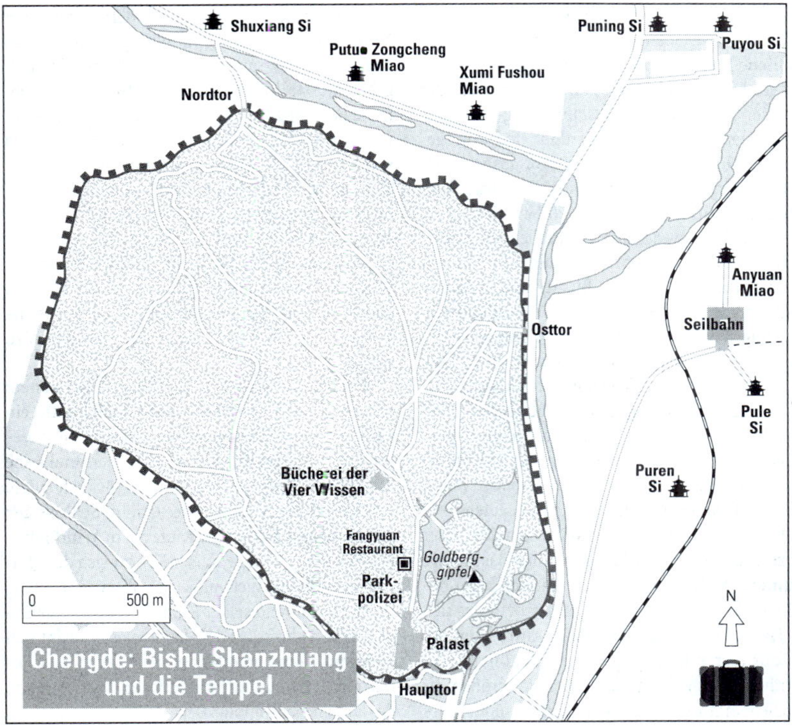

lassen, um seine Verachtung gegenüber Ruhm und Reichtum zu demonstrieren (natürlich war sein Leben in den 120 Räumen mit seinen mehreren tausend Bediensteten dennoch alles andere als primitiv). Dasselbe Prinzip idealisierter Natürlichkeit kam bei der Gestaltung der Parkanlagen zum Tragen. Mit den verschlungenen Pfaden und Bächen, Steingärten und Hügeln sind sie ein Fantasieprodukt, das den rauen Landschaften des Nordens und der Schönheit der südlichen Gefilde Chinas nachempfunden ist, die die Kaiser auf ihren Fahrten durch das Land gesehen haben müssen. Das Ganze ist ein Versuch, Gewässer, Gebäude und Pflanzen in anmutiger Harmonie miteinander verschmelzen zu lassen. Lord Macartney stellte nach seinem Besuch 1793 eine Ähnlichkeit mit der „sanften Schönheit" englischer Parkanlagen im romantischen Stil fest, wie sie die britischen Herrenhäuser umgaben.

Das **Haupttor** (Lizhengmen) befindet sich in der Südmauer, hinter der Lizhengmen Dajie. Für den gesamten Park und seine Gebäude ist mindestens ein Tag einzuplanen, und es empfiehlt sich ein früher Start. Frühmorgens, wenn der Gemüsemarkt vor dem Eingang öffnet, ältere Chinesen Taijiquan praktizieren oder am Palast *Go* spielen, ist er ohnehin am schönsten. Aufgrund seiner Größe kann der Park gar nicht überfüllt sein, und ganz im Norden jenseits der Seen besteht durchaus die Chance, ein einsames Plätzchen zu finden. 🕓 tgl. 5.30–18.30 Uhr, Eintritt ¥50 (Kombiticket für Park und Palast).

Der Palast

Das westlich des Haupttors im Komplex gelegene Palastviertel ist auf einem nach Süden abfallenden Hang erbaut worden und besteht aus vier Gruppen dunkler Holzbauten, die sich auf einer Fläche von 100 000 m^2 verteilen. Am interessantesten ist das **südliche Ensemble** (Vorderer Palast), wo die Kaiser gelebt und gearbeitet haben, denn viele der Zimmer haben bei der Restaurierung ihre volle Qing-Eleganz wiedererlangt und sind mit geschmackvollem Mobiliar und Dekor ausgestattet. Selbst alltägliche Gegenstände beeindrucken: Pinsel und Tuschesteine auf den Schreibtischen, verzierte Fliegenwedel auf den Stuhllehnen, Miniaturbäume aus Jade auf den Regalen. In anderen Zimmern sind Keramiken, Bücher und exotische Waffen für asiatische Kampfsportarten ausgestellt. Die Qing-Kaiser waren geschickte Kalligrafen, deren Arbeiten im ganzen Palast zu bewundern sind.

Zu diesem Ensemble gehören 26 Gebäude, die in neun aufeinander folgenden Verbunden von Süd nach Nord angeordnet sind und die neun himmlischen Sphären symbolisieren. Das Haupttor führt in das **Äußere Wumen**, wo den wartenden hochrangigen Beamten mit einem einzigen Läuten einer großen Glocke signalisiert wurde, wann der Kaiser sie zu empfangen gedachte. Dann folgt das **Innere Wumen**, wo der Kaiser seinen Mannen beim Bogenschießen zusah. Direkt dahinter befindet sich die **Halle der Genügsamkeit und Aufrichtigkeit**, ein düsterer, schön ausgestalteter Raum aus Zedernholz, welches von Qianlong unter großem finanziellem Aufwand aus der Gegend südlich des Yangzi importiert wurde, denn ihm waren die Skrupel seines Großvaters Kangxi fremd und er stellte gern seinen Reichtum zur Schau. Die Halle ist mit einem geschwungenen Dach und neun Nischen versehen, die Muster an den Wänden stellen Symbole der Langlebigkeit und der Glückseligkeit dar. In der dahinter gelegenen **Bücherei der Vier Wissen** ging der Kaiser seinen üblichen Arbeiten nach, zog sich um und ruhte sich aus. Eine vertikale Schriftrolle an der Wand tut die Vier Wissen kund, die laut der alten chinesischen Philologie von einem Beamten erwartet werden: Er muss klein, eindeutig, sanft und stark sein. Der Raum ist spartanisch möbliert und wirkt weniger imposant als die anderen.

Das Hauptgebäude im **Hinteren Palast** ist die **Halle der Erfrischenden Nebel und Wellen**, wo die kaiserliche Familie lebte. Hier unterzeichnete Kaiser Xianfeng im Oktober 1860 das Abkommen von Beijing, das als „zweiter ungleicher Vertrag" in die Geschichte einging und mit dem er nach der Niederlage im Zweiten Opiumkrieg einen weiteren Teil von Chinas Souveränität und Territorien aufgeben musste. In den **Westlichen Gemächern** lebte die berüchtigte Cixi, besser bekannt als Kaiserinwitwe (s.S. 100), als sie noch eine der Konkubinen von Xianfeng war. Die Wohnräume sind durch eine Tür mit der Halle verbunden. Dort lauschte sie heimlich dem letzten Rat des sterbenden Kaisers an seine Minister, und mit diesen Informationen gelang es ihr später, an die Macht zu kommen. Im Innenhof des Hinteren Palastes, in einem alten buddhistischen Turm, befindet sich ein Souvenirgeschäft, das über eine Treppe am Steingarten zu erreichen ist.

Die beiden anderen Komplexe sind bei weitem nicht so groß. Die **Kiefern- und Kranichhalle**, ein parallel zum Vordereingang verlaufendes Gebäude-Ensemble, in dem die Mutter des Kaisers und seine Konkubinen wohnten, stellt eine zurückhaltendere Version des Vorderen Palastes dar. Im **Schloss der Zehntausend Täler und Kiefern im Wind** nördlich von hier widmete Kaiser Kangxi sich dem Bücherstudium und hielt Audienzen ab. Auch Qianlong studierte während seiner Kindheit hier. Die Gebäudegruppe südwestlich des Hauptpalastes nennt sich **Ahgesuo**. Dort studierten während der mandschurischen Herrschaft die männlichen Nachkommen der königlichen Familie. Der Unterricht begann um 5 Uhr in der Früh und war mittags beendet. Mit 6 Jahren sollte ein Junge Mandschurisch, mit 12 Jahren Chinesisch sprechen, mit 14 mit dem Bogen umgehen können und mit 16 verheiratet sein.

Das Gelände

Das **Seengebiet des Parks** mit Pavillons, Brücken und Wasserwegen lässt sich am besten mit einem Ruderboot erkunden (¥20 pro Stunde). Viele der Bauten hier sind direkte Kopien südchinesischer Gebäude. Zum **Goldberg-Gipfel** im Osten, einem Gebäudekomplex auf einer kleinen Insel, gehören eine Halle und ein Turm, die dem Goldberg-Kloster in Zhenjiang in der Provinz Jiangsu nachempfunden sind. Die **Insel der Mitternacht und Rauschenden Bäche** in der Mitte des Sees beherbergt einen Häuserverbund mit drei Innenhöfen, wohin sich Kangxi und Qianlong zurückzogen. In dem Komplex mit den Hallen, Türmen und Pavillons auf der größten **Insel Ruyi** erledigte Kangxi seine

Chengde	安远庙	chéngdé
Anyuan Miao	安远庙	ānyuǎn miào
Arhat-Hügel	罗汉山	luóhàn shān
Bishu Shanzhuang	避暑山庄	bìshǔ shānzhuāng
Froschfelsen	蛤蟆石	háma shí
Palast	正宫	zhèng gōng
Pule Si	普乐寺	pǔlè sì
Puning Si	普宁寺	pǔníng sì
Puren Si	溥仁寺	pǔrén sì
Putuo Zongcheng Miao	普陀宗乘之庙	pǔtuó zōngchéng zhī miào
Shuxiang Si	殊像寺	shūxiàng sì
Waschknüppel-Berg	棒锺山	bàngzhōng shān
Xumi Fushou Miao	须弥福寿之庙	xūmífúshòu zhī miào
Übernachtung		
Chengde Binguan	承德宾馆	chéngdé bīnguǎn
Chengde Dasha	承德大厦	chéngdé dàshà
Huilong	会龙大厦	huìlóng dàshà
Shanzhuang	山庄宾馆	shānzhuāng bīnguǎn
Xinhua	新华饭店	xīnhuá fàndiàn
Yiwanglou	倚望楼宾馆	yǐwànglóu bīnguǎn
Yunshan	云山饭店	yúnshān fàndiàn

Staatsgeschäfte, als der Palast noch nicht fertig gestellt war.

Unmittelbar hinter dem Seengebiet, auf der Westseite des Parks, liegt die graue **Wenjinge** (Bibliothek, die Wissen vermittelt), die von Steingärten und Wasser zum Schutz vor Feuer umgeben ist. Von draußen scheint das Gebäude zwei Stockwerke zu haben, tatsächlich aber sind es drei: Der Zentralbereich ist fensterlos, damit die Bücher durch die Sonneneinstrahlung keinen Schaden nehmen. Unter den Werken dieser erlesenen Sammlung befindet sich *Die vier Speicher,* eine Enzyklopädie der Qing-Dynastie mit 36 304 Bänden. Leider ist der Zutritt nicht gestattet.

Vom Norden des Seengebietes bis zu den Ausläufern der Berge erstreckt sich ein riesiges **Grasland**, bestehend aus Wanshun Wan (Garten der Zehntausend Bäume) und Shima Da (Pferdeprüfgelände). Hier stehen echte Jurten der Qing-Dynastie, von denen die größte als Audienzhalle diente, in der Qianlong Würdenträger ethnischer Minderheiten als Gäste empfing.

Das Hügelland nordwestlich des Parks weist zahlreiche Felsen und Schluchten auf, in denen es einige hübsch gelegene Lodges und Pagoden gibt. Das Wild wurde hier wieder eingeführt, nachdem es von den kaiserlichen Jagdexpeditionen vollkommen ausgerottet worden war.

Die Tempel und der Waschknüppel-Berg

Die Acht Äußeren Tempel in den Vorgebirgen um Chengde befinden sich momentan in den unterschiedlichsten Restaurationsstadien, nachdem sie jahrzehntelang vernachlässigt worden waren. Ursprünglich standen hier zwölf Tempel, zwei von ihnen wurden jedoch zerstört, zwei weitere sind verfallen. In den architektonischen Stilrichtungen verschiedener ethnischer Nationalitäten erbaut, erinnern sie in ihrer Gesamtheit an eine Art religiösen Themenpark. Von der ursprünglichen Absicht ist das gar nicht so weit entfernt, denn Kangxi und Qianlong ließen sie weniger als Ausdruck religiöser Sentimentalität errichten, denn als Symbol kaiserlicher Herrlichkeit. Nicht zuletzt sollten sich die Gesandten aus allen Teilen des Reiches hier heimisch fühlen. Trotz ihrer unterschiedlichen Gestaltung weisen alle Tempel lamaistische Merkmale auf.

Qianlong fand es politisch zweckdienlich, den tibetischen und mongolischen Lamaismus gutzuheißen, denn so hoffte er, diese schwierigen Minderheiten unter Kontrolle zu halten. Die gegenwärtigen Restaurierungen werden mit den hohen Eintrittsgeldern für die großen Tempel finanziert.

Empfehlenswert ist eine **Tempeltour** mit einem Mietfahrrad: Die Straßen außerhalb der Stadt sind ruhig, verirren kann man sich kaum, außerdem entkommt man den Reisegruppen. Eine mögliche Route ist z.B., morgens mit den nördlichen Tempeln zu beginnen und zum Mittagessen wieder in die Stadt zu fahren (es ist nicht möglich, außerhalb der Stadt den Fluss zu den östlichen Tempeln zu überqueren). Nachmittags wäre dann der Tempel der Universalen Güte (Pule Si) im Osten dran und anschließend eine Seilbahnfahrt zum Waschknüppel-Berg, einem bizarr emporragenden Felsen auf einem Hügel, der den östlichen Horizont der Stadt dominiert. Vor der Fahrt zurück ins Zentrum lassen sich noch die kleinen, friedlichen Tempel Anyuan und Puren besuchen, wo man wunderbar ausruhen oder ein Buch lesen kann. Näheres über Tempeltouren s.S. 249. ◷ tgl. Mai–Sep 8–18.30, Okt–April 8–17 Uhr.

Die nördlichen Tempel

Diese fünf Tempel, zu denen einst vier weitere gehörten, stehen unmittelbar jenseits der nördlichen Grenze des Bishu Shanzhuang. Die nördliche Tempelreihe begann ursprünglich mit dem heute nahezu verfallenen tibetischen **Puyou Si** (Tempel der Universalen Hilfe). Der **Puning Si** (Tempel des Universalen Friedens), Eintritt ¥30, sollte keinesfalls verpasst werden, denn hier steht die größte Holzstatue der Welt – die der barmherzigen Göttin Guanyin. Es ist der einzige Tempel von Chengde, der noch in Betrieb ist und in dem sich kahlköpfige mongolische Mönche um die Altäre und Kramläden kümmern. Die Atmosphäre allerdings ist nicht sonderlich spirituell. Während der Arbeit an diesem Reiseführer fanden gerade umfassende Restaurierungsarbeiten statt, doch normalerweise ist der Tempel voller lautstarker Tagesbesucher, von denen sich einige ungeheure Freiheiten herauszunehmen scheinen – nach dem Schild „Im Tempelbereich nicht auf Vögel schießen" zu urteilen. Gerüchten zufolge sollen die Mönche bezahlte Regierungsangestellte sein, die für die Tourismusindustrie arbeiten. Allerdings lässt die Vehemenz, mit der sie ihre Gebetsteppiche und Gongs vor herumtollenden Kindern schützen, anderes vermuten.

Der Puning Si ist im Jahre 1755 erbaut worden, um an den Sieg der Qing über mongolische Rebellen bei Junggar im Nordwesten Chinas zu erinnern. Er geht auf Samye, den ältesten tibetischen Tempel, zurück. Wie die traditionellen tibetischen Gebäude liegt er an einem Berghang mit Ausrichtung nach Süden; die Vorderfront ist im typischen Han-Stil gehalten, mit einer Torhalle, Stelenpavillons, einem Glocken- und Trommelturm, einer Halle der Himmlischen Könige und der Mahavira-Halle. In der Halle der Himmlischen Könige stellt die Statue eines dicken, grinsenden Mönches mit einer Tasche Qi Ci dar, eine Persönlichkeit mit heiterer Ausstrahlung aus dem 10. Jahrhundert, die für eine Reinkarnation Buddhas gehalten wird. Vier kitschige *Devaraja* (Schutzgottheiten) starren mit hervorquellenden Augen von den Wandnischen auf die Besucher herab. In der Westhalle sieht man Statuen von Buddha Manjushri, Avalokiteshvara und Samantabhadra. Die zentrale Statue in der Osthalle mit *Arhat* zu ihren Seiten stellt Ji Gong dar, einen Mönch der Song-Dynastie, dessen Spitzname „Ji der Verrückte" daher stammt, dass er Fleisch aß und fast immer betrunken war. Respektiert wurde er trotzdem für seine Güte gegenüber den Armen.

Der hintere Bereich des Tempels, durch eine Wand getrennt, umfasst 27 Zimmer im tibetischen Stil, die symmetrisch angeordnet sind und in deren Mitte sich die Mahayana-Halle befindet. Einige der Gebäude sind massiv gebaut mit falschen Türen, was darauf schließen lässt, dass die ersten Architekten mehr auf das äußere Erscheinungsbild als die Funktionalität bedacht waren. Die Halle selbst wird von der Ehrfurcht einflößenden, 23 m hohen **Holzstatue der Göttin Guanyin** dominiert. Sie hat 42 Arme mit einem Auge in jeder Handfläche sowie drei Augen im Gesicht – ein Symbol für ihre Fähigkeit, in die Vergangenheit, die Gegenwart und die Zukunft zu schauen. Ein Blick auf die Statue von den beiden erhöhten Eingängen aus lohnt sich, denn er eröffnet neue Details, z.B. das Auge in ihrem Bauchnabel und den kleinen Buddha auf ihrem Kopf.

Am 13. Tag des ersten Mondmonats (Januar oder Februar) begehen die Mönche das rituelle **Ergreifen des Geistes**. Sie umtanzen in weißen Gewändern einen Geist aus Teig, der auf einem Eisengestell angebracht ist, um ihn dann in Stücke zu teilen und zu verbrennen. Dieses Ritual findet zu Ehren des Mönchs Pälgi Dorje aus dem Felsenkloster Drayerpa statt, der im 9. Jahrhundert den König und Buddhistenverfolger Langdarma ermordete; der Mönch ritt auf einem schwarz angemalten Schimmel und trug ein weißes Gewand mit schwarzem Innenfutter, er tötete den König mit einem Pfeil vor dem Tempel Jokhang und ritt durch den Fluss Kyichu davon, wodurch die schwarze Übertünchung des Schimmels abgewaschen wurde – so entkam er den Verfolgern, die ihn nicht erkannten.

Der **Xumi Fushou Miao** (Tempel der Glückseligkeit des Sumeru-Berges), Eintritt ¥25, unmittelbar südwestlich des Puning Si, wird gerade restauriert und ist darum weitgehend für den Publikumsverkehr geschlossen. Die zugänglichen Bereiche sind in keinem guten Zustand. Der Tempel wurde 1780 für den vom Unglück verfolgten sechsten Panchen Lama (s.S. 242) erbaut, als der nach Beijing reiste, um dem Kaiser seine Aufwartung zu machen. Kernstück des Baus im mongolischen Stil ist die Halle der Erhabenheit und Würde. Prächtig sind aber vor allem die acht sich auf dem Dach schlängelnden goldenen Drachen, von denen jeder über 1 t wiegt.

Neben dem Xumi Fushou Miao steht der wunderschöne **Putuo Zongcheng Miao** (Tempel der Putuo-Lehre), Eintritt ¥25, der 1771 entstand und dem Potala-Palast in Lhasa nachempfunden ist. Diese Tempelanlage ist mit ihren 220 000 m^2 die größte in Chengde, sie verfügt über 60 Gruppen von Hallen, Pagoden und Terrassen. Die Große Rote Terrasse bildet eine Fassade im tibetischen Stil und verdeckt das chinesische Innere, wobei viele Fenster an der Fassade nur vorgetäuscht und einige der weiß getünchten Gebäude um den Kern lediglich ausgefüllte Formen sind. Die Westhalle im Innern ist bekannt für ihre Kupferstatue der Gnädigen Himmlischen Mutter, einer Furcht erregenden Frau mit einer Halskette aus Schädeln, die in einem Damensattel auf einem Maultier reitet. Der Legende nach hatte sie gelobt, den bösen Dämon Raksaka zu besiegen. Zunächst heiratete sie ihn und gebar ihm zwei Söhne. Er wähnte sich in Sicherheit, dann aber schluckte sie den Mond, schlich sich in der Dunkelheit heran und verwandelte ihn in ein Maultier. Die zwei tanzenden Figuren zu ihren Füßen stellen ihre Söhne dar, deren hässliche Erscheinung die Vaterschaft verrät. Die Halle der sich Einenden Gesetze im hinteren Teil lohnt einen Besuch schon wegen der fantastischen sakralen Ziermöbel. In anderen Hallen sind chinesische Keramiken ausgestellt. Hier wollte man auch die dunkle Seite der tibetischen Religion zeigen, z.B mit der aus zwei Kinderschädeln gefertigten Trommel. Vom Tempeldach bietet sich ein herrlicher Blick über die umgebende Landschaft.

Der etwas weiter westlich gelegene **Shuxiang Si** (Tempel der Manjusri-Statue), Eintritt ¥3, ist im Han-Stil gestaltet: einfach, unspektakulär und darum recht still. Er wurde 1744 nach dem Vorbild eines Tempels im Wutai-Gebirge in Shanxi errichtet. Seine Türme und Pavillons sind von teils überwucherten Gärten und Steingärten umgeben. Die Statue von Manjusri, dem Wenshu-Buddha in der Haupthalle, kommt dem Abbild von Qianlong verdächtig nah. Wahrscheinlich wird die Anlage jetzt schon in neuem Glanz erstrahlen, wenn die Restaurierungsarbeiten wie geplant abgeschlossen wurden.

Die östlichen Tempel

Die drei östlichen Tempel erreicht man über eine ruhige Straße, die durch staubige, weitläufige Siedlungen 3–4 km vom Stadtzentrum entfernt führt. Von der Lizhengmen Lu aus geht es über den Fluss ans Ostufer und anschließend in Richtung Norden.

Zuerst trifft man auf den **Puren Si** (Tempel der Umfassenden Menschenliebe), Eintritt ¥2, den ältesten Tempel des Komplexes. Auch er war zur Zeit der Erstellung dieses Werkes wegen Renovierung geschlossen. Kangxi erbaute ihn 1713 als Zeichen des Respekts gegenüber dem mongolischen Adel, der dem Kaiser zu seinem 60. Geburtstag seine Aufwartung machte. In dem Tempelverbund im Han-Stil gibt es vier Innenhöfe, ein Tor, drei auf einer zentralen Achse angeordnete Hallen sowie einen Trommel- und Glockenturm. Auch wenn dieser Tempel architektonisch wenig beeindruckt, so birgt er doch einige interessante Skulpturen. In der Halle des Edlen Schattens der Wolke, dem Hauptgebäude, befinden sich einige vergoldete Statuen von Shakyamuni und seinen Anhängern, doch die beste Sammlung des Tempels ist die der *arhat* in einer Nebenhalle. Bemerkenswert ist vor allem das nahezu lebensgroße Bild eines alten Mannes, dessen faltiges Gesicht Güte auszustrahlen scheint, während er von einem der Schüler auf dem Rücken getragen wird.

Weiter nördlich steht der **Pule Si** (Tempel der Universalen Güte), Eintritt ¥25. Er wurde 1766 von Qianlong als Andachtsstätte für die mongolischen Gesandten erbaut. Stilistisch stellt er eine seltsame Mischung aus Han- und lamaistischen Elementen dar. Der lamaistische hintere Bereich, eine dreistöckige Terrasse und Halle mit einem extravaganten konischen Dach sowie lebhaften, geschwungenen Oberflächen stiehlt der eher sachlichen, direkten Han-Architektur im vorderen Bereich die Schau. Die Decke der hinteren Halle ist ein wahres Schmuckstück aus Holz und Gold, das dem Himmelstempel in Beijing Konkurrenz macht. In der Mitte der Halle glänzt in Form eines Kreuzes ein Mandala von Samvara, einer tantrischen Gottheit. Den Altar darunter schmücken ein Glücksbuddha und ein lebensgroßes Kupferbild mit einer erotischen Szene. Mehr kosmische Erotik ist auf zwei wunderschönen Mandalas dargestellt, die draußen hängen. Im Hof sieht man flatternde Gebetsfahnen und leere, still stehende Gebetsmühlen. Unmittelbar nördlich des Tempels führt der Weg zum Waschknüppel-Berg und zur Seilbahn.

Der **Anyuan Miao** (Tempel zur Befriedung der Fernen Gebiete), Eintritt ¥10, ist der nördlichste der Gruppe und wurde 1764 für einen Trupp mongolischer Soldaten erbaut, den Qianlong nach Chengde verlegt hatte. Dieser Tempel ist zwar weder spektakulär noch war er in den letzten Jahren in besonders guter Verfassung, aber nach Abschluss der Renovierungsarbeiten lohnt sich ein Blick hinein vielleicht trotzdem.

Waschknüppel-Berg und Umgebung

Von allen Landschaften in der Gegend um Chengde zieht der Waschknüppel-Berg die meisten Touristen an. Die über 20 m hoch aufragende Felssäule wird nach oben schmaler und ist von Verkaufsständen umringt, an denen die Besucher Metallmodelle und T-Shirts kaufen können. Der Legende nach ist der Felsen die Nadel eines riesigen Drachens, die ein Loch in dem Gipfel verstopfen soll, durch das das Meer hindurchrinnen konnte. Wird die eindeutig phallische Form des Felsens in der Reiseliteratur auch taktvoll verschwiegen, so ist sie doch ein Thema in der örtlichen Legendenbildung: Sollte der Felsen jemals umfallen, so wird das katastrophale Auswirkungen auf die Potenz der männlichen Bevölkerung haben …

Zum Waschknüppel-Berg, Eintritt ¥15, mit seinen herrlichen Aussichten sind es ein paar Kilometer Fußweg vom Pule Si oder eine Fahrt mit der Seilbahn (15 Minuten, Hin- und Rückfahrt ¥20). An der Südseite des Felsens, am Fuß einer Klippe, liegt der **Froschfelsen**. Die 2 km lange Wanderung hierher gestaltet sich recht angenehm, der Stein mit der vagen Form eines sitzenden Frosches ist allerdings eine Enttäuschung. Zu den weiteren felsigen Highlights der Gegend zählen der **Arhat-Hügel** am Ostufer des Flusses, der einem ruhenden Buddha ähnelt, sowie der höchste Punkt der Gegend, der **Mönchskappen-Berg**, 4 km südlich der Stadt und am besten per Fahrrad erreichbar (in südlicher Richtung nach Chezhan Lu).

Übernachtung

An Hotels mangelt es in Chengde nicht. Dazu gibt es ein paar kostspielige Unterkünfte innerhalb des Bishu Shanzhuang, obwohl sich die Begeisterung über diese in Grenzen halten kann. Die Preise sind zum großen Teil Verhandlungssache, die hier genannten beziehen sich auf die Hochsaison im Sommer sowie die Wochenenden. Zu anderen Zeiten werden Rabatte von bis zu zwei Dritteln eingeräumt.

Chengde Binguan*, 33 Nanyingzi Dajie, ✆ 202 3157, 📠 2021341. Schäbig und düster, nur zu empfehlen, wenn eines der billigen DZ frei ist, was man dort nicht so gern zugibt.

Chengde Dasha****, Chezhan Lu, ✆ 2088808, 📠 2024319. 15-stöckiges Haus unweit des Bahnhofs in einem uninteressanten Teil der Stadt.

Huilong***, Chezhan Lu, ✆ 2085369, ✆ 2082404. Gegenüber dem *Chengde Dasha* und das bessere Haus von beiden. 12 Etagen, große Lobby, enge Zimmer, eben gerade so ausreichend.

Shanzhuang**, 127 Lizhengmen Lu, ✆ 2023501. Großer Komplex in schöner Lage, riesige Zimmer, hohe Decken und eine höhlenartige, prächtige Empfangshalle. Empfehlenswert, mit verschiedensten Zimmern, die beste Wahl in Chengde für mehrere Preisklassen. Die geräumigen Zimmer im Hauptgebäude sind schöner, aber etwas teurer als jene im hässlichen Bau auf der Rückseite. Die Busse Nr. 2 und 3 vom Bahnhof fahren hier entlang. Dorm-Betten ¥40.

Xinhua**, 4 Xinhua Bei Lu, ✆ 2063181. Einfacher Standard, relativ billig, in einem eher unansehnlichen Gebäude, dem sein Alter anzusehen ist. Dafür ein gutes Restaurant mit Spezialitäten der Shandong-Küche. Dorms sind vorhanden, werden aber nur ungern vermietet. Bus Nr. 7 fährt dorthin. Dorm-Betten ¥45.

Yiwanglou*****, innerhalb des Bishu Shanzhuang, gleich links vom Haupteingang, ✆ 202 3528. Gut geführtes Hotel, ansehnliche Nachahmung eines Gebäudes im Qing-Stil.

Yunshan*****, 6 Nanyuan Dong Lu, ✆ 2024551. Moderner Block, luxuriöseste Unterkunft der Stadt, besonders beliebt bei Reisegruppen. Gutes Restaurant im 2. Stock, das exklusivste der Stadt und gar nicht so übermäßig teuer. Bus Nr. 9 vom Bahnhof fährt bis vor die Tür, sonst 10 Min. Fußweg.

Essen

Chengde liegt in der fruchtbarsten Gegend von Hebei, wo vorwiegend Mais und Sorghum angebaut, aber auch ansehnliche Erträge mit Kastanien, Pilzen und Aprikosen erzielt werden. Mit diesen frischen Produkten und dem kulinarischen Erbe der kaiserlichen Köche als Basis lässt es sich hier hervorragend speisen.

Berühmt ist die Stadt außerdem für ihr Wild, besonders Hirsch *(lurou)*, Hase und Fasan *(shanji)*, sowie für ihre heilenden Säfte: Mandelsaft gegen Asthma, Dattel- und Jujubensaft für den Magen, *jinlianhua*-Saft (goldener Lotus) gegen Halsentzündungen. Dattel- und Mandelsäfte sind die süßesten und leckersten. Regionale Kuchenspezialitäten wie die klebrigen Kuchen der Feng-Familie, einst eine kaiserliche Delikatesse und heute ein Snack, sind an den Ständen von **Yuhua Lu** und **Qingfeng Jie** erhältlich. Rosenkuchen – ein süßer, knuspriger Teigkuchen, das Leibgericht von Qianlong – wird in den Warenhäusern von Chengde angeboten.

Zahlreiche Restaurants erwarten die Touristen an der **Lizhengmen Lu** um den Haupteingang zum Bishu Shanzhuang. Die kleinen Lokale westlich des Hotels *Shanzhuang* sind sehr belebt und verführerisch (wenn auch etwas teuer), an Sommerabenden werden draußen auf dem Gehweg wackelige Tische aufgestellt. Eine Mahlzeit für 2 Pers. kostet etwa ¥60, viele Gäste bleiben bis zum späten Abend. Wer preiswertes Essen sucht, sollte *shaguo* probieren – einen Mini-Eintopf, den es auf dem Nachtmarkt gibt; vegetarisch kostet er ¥6, mit Fleischbeilage ¥10. Wer etwas mehr ausgeben möchte, sollte die Lizhengmen Lu hinunter zur **Qingfeng Restaurant Street** gehen, einer englisch ausgeschilderten Straße. Hier ist fast jedes Haus ein Restaurant und die Auswahl so groß, dass für die meisten Geldbeutel und Geschmäcker etwas dabei ist. Innerhalb des Bishu Shanzhuang reicht das ***Fangyuan*** kaiserliche Speisen.

Sonstiges

REISEBÜROS – ***CITS***, 6 Nanyuan Lu, unweit des Hotels *Yunshan*, ✆ 2026327.

TOUREN – Ist die Zeit begrenzt, kann eine **Minibustour** durchaus eine überlegenswerte Variante sein, die sämtliche Sehenswürdigkeiten abdeckt. Englischsprachige Touren können bei *CITS* oder in den größeren Hotels gebucht werden; die Preise bewegen sich um ¥50 pro Tag. Chinesischsprachige Touren, die sporadisch vom Bahnhof starten, sind etwas billiger. Allerdings erfordert eine organisierte Tagestour zum Bishu Shanzhuang am Vormittag und zu den größten Tempeln am Nachmittag einige Ausdauer. Dabei werden oft die weniger spektakulären Tempelanlagen ausgelassen, was wiederum ein Jammer ist, da es dort so friedvoll ist. Die beste Empfehlung bei begrenztem Zeitrahmen ist wohl, an einem Tag mit dem Minibus oder Fahrrad die Tempel zu besuchen, den nächsten Tag für die Erkundung des Bishu Shanzhuang zu nutzen. Gruppenreisenden sei hier der Vorschlag ans Herz gelegt, ein Taxi oder einen Minibus für ¥150 pro Tag zu mieten (beim Verhandeln hartnäckig bleiben!) und die Reiseroute selbst zu bestimmen. Es stehen auch längere Touren mit bis zu 4 oder 5 Tagen zur Auswahl, die zusätzlich ein Stück der Großen Mauer bei Jinshanling, 113 km südwestlich, und die Östlichen Gräber von Zunhua, 150 km östlich, mit einschließen. Man sei aber darauf vorbereitet, dass man viel Zeit im Bus verbringt.

VORWAHL – 0314

Nahverkehrsmittel

BUSSE – In Chengde ist es gar nicht so einfach, mit den öffentlichen Verkehrsmitteln zurechtzukommen, da die Stadtbusse unregelmäßig fahren und immer gerammelt voll sind. Die Busse Nr. 2 und 3 vom Bahnhof zum Bishu Shanzhuang sowie der Bus Nr. 6 von dort zum Puning Si sind die nützlichsten.

TAXIS – Taxis gibt es genug, nur sind die Fahrer oft nicht willens, das Taxameter einzuschalten. Eine Fahrt durch die Stadt sollte ¥5 kosten, zu einem außerhalb gelegenen Tempel ¥10. Zu den Hauptverkehrszeiten in der Hochsaison (Juni–Sep) sind die Straßen so verstopft, dass man zu Fuß schneller vorankommt. Die Stadt selbst ist gerade noch für eine Erkundung ohne Fahrzeug geeignet.

Transport

BUSSE – Die Busse von Beijing sind etwas schneller als die Bahn, weil die Route direkter ist. Sie halten am **Fernbusbahnhof**, unweit des Wulie-Flusses im Stadtzentrum. Im Hintergrund lauern die Kundenwerber, die ganz nützlich sein können, wenn das Hotel schon ausgewählt ist, denn die Fahrt dorthin ist kostenfrei. Allerdings werden sie die ganze Fahrt über ihre Gäste bedrängen, eine Minibustour bei ihnen zu buchen – und sie im Falle einer Weigerung vielleicht sogar ganz ungeniert aus dem Auto werfen.
Busse nach:
BEIJING 3 Std.;
TIANJIN 4 Std.

EISENBAHN – Die Zugreise von Beijing nach Chengde führt durch fruchtbare, sanft geschwungene Landschaften, vorbei an der Großen Mauer, bis zur Ankunft am **Bahnhof** im Süden der Stadt. Auch hier sind die Kundenwerber gleich zur Stelle und wollen den Besuchern ihre Minibustouren andrehen. Zugfahrscheine für die Weiterreise können bei *CITS* oder gegen einen Aufschlag von ca. ¥30 in den Hotels gebucht werden.
Züge nach:
BEIJING 4 x tgl., 4 1/2 Std.;
DANDONG tgl., 30 Std.;
SHENYANG 4 x tgl., 7 Std.;
TIANJIN 2 x tgl., 5 Std.

Shijiazhuang und Umgebung

Die Hauptstadt von Hebei, Shijiazhuang, liegt drei Stunden mit dem Expresszug südwestlich von Beijing, doch mindestens fünf Jahre zurück, was ihre Entwicklung betrifft. Sie ist ein großer **Eisenbahnknotenpunkt**, an dem viele Reisende auf dem Weg nach Süden zum Gelben Fluss vorbeikommen. Zu Beginn des 20. Jahrhunderts war Shijiazhuang kaum mehr als ein Dorf, das erst durch den Bau der Eisenbahnlinie an Bedeutung gewann und dessen Bevölkerung bereits in den 20er Jahren die Zehntausendermarke erreicht hatte. Die rasche **Industrialisierung** machte es zu einem glanzlosen, ausgedehnten Ort, dem hier und dort Parks, Plätze und Warenhäuser hinzugefügt wurden. Als **Zentrum der Medizin** ist es nicht nur die Heimat des größten Pharmazieunternehmens von China, sondern angeblich auch ein guter Ort zum Studium der traditionellen chinesischen Medizin.

Touristen sei das Grab des kanadischen Chirurgen Norman Bethune und das Stadtmuseum empfohlen, doch die interessantesten Sehenswürdigkeiten – der Longxing Si in Zhengding, der Cangyan Shan Si sowie die Brücke Zhaozhou Qiao – liegen außerhalb der Stadt. Sie sind aber mit Touristenminibussen bequem zu erreichen, die morgens etwa 100 m nordöstlich des Bahnhofs an einem Park abfahren.

Die Innenstadt von Shijiazhuang ist gitterförmig angelegt mit langen Straßen, die in ihrem Verlauf den Namen mehrfach wechseln und sich von Nord nach Süd bzw. von Ost nach West erstrecken. Die von Ost nach West führende Hauptstraße, unmittelbar nördlich des Bahnhofs, zählt zu den sehenswertesten. Sie wird von Bus Nr. 5 bedient. Fünf relativ ausgedehnte Blocks westlich des Bahnhofs, auf dem Abschnitt Zhongshan Lu, befindet sich die **Märtyrergedenkstätte**, ein nüchtern wirkender Park mit den Gräbern der einzigen beiden Auslän-

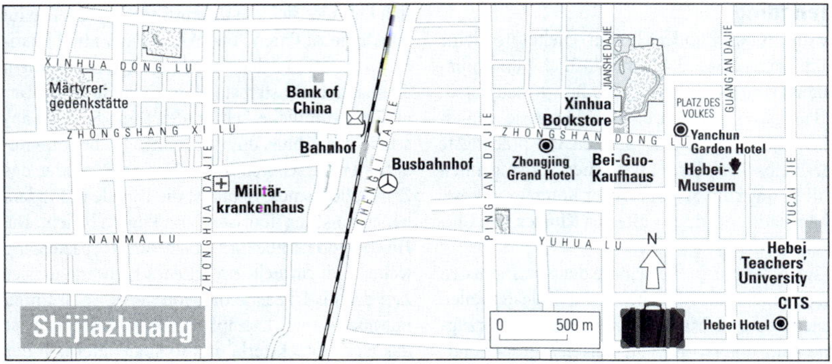

der, die als Helden der Revolution geehrt werden. Auf der Westseite des Parks liegt das Grab des kanadischen Arztes **Norman Bethune** (1890–1939), erkennbar an einem prunkvollen Sarkophag, einer Fotoausstellung und einer Statue, deren Kopie auch am Bethune Square in Montreal steht. Bethunes sterbliche Überreste wurden auf Bitten der chinesischen Regierung 1953 von Kanada hierher überführt.

Bethune war ein brillanter Chirurg, der nach China gekommen war, um die Kommunisten in ihrem Kampf gegen die Japaner zu unterstützen, nachdem er im spanischen Bürgerkrieg auf Seiten der Republikaner gestanden hatte. Er war Zeuge der meisten großen Schlachten der Zeit und wurde ein enger Vertrauter von Mao, als die Rote Armee sich nach dem Langen Marsch in Yan'an versteckte. Mao war von Bethunes aufopfernder Arbeit so beeindruckt, dass er später die Chinesen anhielt, „die Selbstlosigkeit von Dr. Bethune zu erlernen". Bethune, einer der berühmtesten Ausländer in China, ist auch der Grund dafür, dass viele Chinesen den Kanadiern gegenüber so wohlwollend eingestellt sind.

An der Ostseite des Parks wird **Dwarkanath Kotnis** (1900–42), einem von fünf indischen Ärzten, die in den 30er Jahren nach China kamen, eine ähnliche Ehre erwiesen. Kotnis lebte fast zehn Jahre in diesem Land und war kurz vor seinem Tod der kommunistischen Partei beigetreten. Beider Ärzte wird in einem kleinen **Museum** im hinteren Bereich des Parks gedacht. Zu den Ausstellungsstücken gehören die Schreibhefte, in denen sie die chinesischen Schriftzeichen geübt hatten, und die primitiven chirurgischen Instrumente, mit denen sie arbeiten mussten. Unter den vielen Fotos finden sich Bilder von Bethune, wie er im Schein einer Fackel operiert und sich dabei mit Mao unterhält. ⌚ tgl. 6–17 Uhr.

Östlich des Bahnhofs (und verwirrenderweise auch dahinter) trägt die Straße den Namen Zhongshan Dong Lu. Hier ist das Geschäftsviertel der Stadt mit ein paar Warenhäusern, von denen das größte der protzige, fünfstöckige Bau des **Bei-Guo-Kaufhauses** ist. Es liegt an der Kreuzung mit der Bei Dajie und ist auch das größte von ganz Hebei. Die einstige Haupttouristenattraktion ist personell völlig überbesetzt. Heute hat der **Platz des Volkes**, ein Durcheinander von Tafeln, Sträuchern und Drachen einen Block weiter östlich, ihm den Rang abgelaufen.

Zwei Blocks weiter östlich lädt das überraschend gute **Hebei-Museum** zu einem Besuch ein. In dem Raum im unteren Stockwerk laufen wechselnde Ausstellungen, die beiden oberen Räume zeigen eine bunte Mischung historischer Artefakte. Die erste Halle beherbergt einen kompletten Mammutschädel und -stoßzahn, eine in einem nahe gelegenen Grab entdeckte Miniaturarmee aus Terrakotta und ein Totengewand aus Jadeplättchen. Die zweite Halle widmet sich der modernen Geschichte und stellt Waffen, Fotos von Schlachtfeldern sowie ein Modelldorf mit einem unterirdischen Tunnelnetz aus, das veranschaulicht, wie sich die Rote Armee vor ihren Feinden verschanzte ⌚ tgl. 8.30–11.30 und 14.30–17.30 Uhr, Eintritt ¥10.

Zhengding

Bis ins 18. Jahrhundert hinein spielte die kleine Stadt Zhengding, 15 km nordöstlich von Shijiazhuang, eine wichtige Rolle als Bezirkshauptstadt und religiöses Zentrum, doch seither ist sie in ländliche Bedeutungslosigkeit gefallen. Das prächtigste Überbleibsel aus ihrer mystischen Vergangenheit ist der **Longxing Si**, ein riesiger Komplex am östlichen Stadtrand, der als **ältestes Kloster von China** gilt.

Nach der Machtübernahme der Kommunisten verschwanden die Mönche, und die Klosterhallen dienen heute als **Museum**, in dem einige vorzügliche, ganz unterschiedliche Beispiele großer buddhistischer Skulpturen ausgestellt sind. Zu den bemerkenswerten Stücken zählt zum einen eine reich verzierte Bronzestatue von vier Buddhas auf einem Lotusthron, die vier kleinere Buddhas tragen, die wiederum selbst vier Buddhas tragen; zum anderen gibt es ein farbenfrohes Holzbildnis, das Guanyin in einer Grotte sitzend darstellt. In der Halle auf der Westseite ist ein riesiges hölzernes Spinnrad untergebracht, das als „bewegliches Bücherregal" beschrieben wird. Das erlesenste Ausstellungsstück kann man mitten in der Haupthalle (Da Bei Ge) bestaunen: ein 22 m hohes Bronzebild der vielarmigen Guanyin, das als seltenes und wunderbares Beispiel der Handwerkskunst der Song-Dynastie gilt und fast 1000 Jahre alt ist. ◷ tgl. 8–17 Uhr, Eintritt ¥30.

Von allen Tempeln in Zhengding sind heute nur noch vier Pagoden erhalten, die über die Stadt verteilt liegen. Der Eintritt, mit dem man zumindest jeweils in das zweite Stockwerk gelangt, kostet wenige Yuan. Die Aufseher geben Taschenlampen aus, da es im Innern sehr dunkel ist. Die 40 m hohe **Lingxiao-Pagode** aus Ziegelstein, die ursprünglich zur Zeit der Tang-Dynastie entstand und in der Ming-Phase renoviert wurde, steht 1 km westlich des Klosters. Die Besucher kommen bis in den vierten Stock und können dann über eine Außentreppe bis zur Spitze hochklettern. Diese windet sich um eine Holzsäule, die die eiserne Spitze der Pagode trägt.

Einen Block südwestlich von hier befindet sich die einfache **Xumi-Pagode** im ungewöhnlich schmucklosen und geometrischen Stil. Der außerhalb befindliche Glockenturm birgt eine 3 m hohe bronzene Glocke. 15 Minuten Fußweg weiter südlich befindet sich die **Chengling-Pagode**. Erbaut wurde sie zu Ehren von Yixuan, einem buddhistischen Mönch aus dem 9. Jahrhundert, der in einem ehemaligen Kloster auf dem Gelände lebte. Der außergewöhnliche Lehrer, der seine Schüler anschrie und schlug, um ihre Kontrolle über ihre Reaktionen zu schulen, war einer der Gründer des Zen-Buddhismus. Heute ist die Pagode besonders bei japanischen Touristen und Pilgern beliebt. Die **Hua-Pagode** schließlich, einen kurzen Spaziergang weiter südlich, stellt ein seltenes Bauwerk aus der Zeit der Jin-Dynastie dar, von denen es in China nur noch wenige Exemplare gibt. Am schönsten ist das vierte Stockwerk, unmittelbar unterhalb der Spitze, in dem es von Schnitzereien von Elefanten, Buddhas und Walen nur so wimmelt. Die untere Hälfte der Pagode ist leider in keiner guten Verfassung.

Minibusse (Fahrpreis ¥10) vom Bahnhof in Shijiazhuang nach Zhengding enden genau gegenüber dem Kloster. Von dort sind es etwa zwei Stunden Fußmarsch zu den Pagoden und zurück zur Haltestelle.

Cangyan Shan Si und Zhaozhou Qiao

Der elegante **Klosterkomplex** Cangyan Shan Si liegt 30 km südwestlich von Shijiazhuang. Er wurde in der Sui-Dynastie konzipiert, von den Qing umgebaut und besitzt durch seine spektakuläre Lage einen zusätzlichen Reiz. Weit oben, an der steilen Felswand eines Berges, thront das Kloster gegenüber der nahezu vertikalen Wand des Cangyan Shan. Es steht am Ende einer Brücke, die die Kluft überspannt. Die beiden Hauptgebäude sind im Sui-Stil gehalten, sie verfügen über farbenfrohe Doppeldächer und sind von Gärten umgeben. Der Weg dorthin über einen sich an einer Klippe entlangwindenden Pfad lässt sich bequem in zwei Stunden bewältigen. ◷ tgl. 8–17 Uhr, Eintritt ¥32.

Im Sommer fahren täglich Minibusse in zweieinhalb Stunden von Shijiazhuang zum Kloster (¥10). Außerhalb der Saison muss man sich um die Anfahrt selbst kümmern: mit dem Bus vom Fernbusbahnhof in Shijiazhuang nach Gingxing, dann die letzten 10 km mit der Motor-Rikscha. Bei Schneefall im Winter ist der Weg zum Kloster manchmal unpassierbar.

Die einfache und gleichzeitig elegante **Brücke** Zhaozhou Qiao, die Architekten wie Ingenieure be-

Shijiazhuang und Umgebung		
Shijiazhuang	石家庄	*shíjiāzhuāng*
Hebei Hotel	河北市宾馆	*héběi shì bīnguǎn*
Hebei-Museum	河北省博物馆	*héběi shěng bówùguǎn*
Hebei Teachers' University	河北师范大学	*héběi shīfàn dàxué*
Märtyrergedenkstätte	烈士陵园	*lièshi língyuán*
Platz des Volkes	人民广场	*rénmín guǎngchǎng*
Yanchun Garden Hotel	燕春花园酒店	*yànchūnhuāyuán jiǔdiàn*
Zhongjing Grand Hotel	中京大酒店	*zhōngjīng dàjiǔdiàn*
Zhengding und die Klöster		
Cangyan Shan Si	苍岩山寺	*cāngyán shān sì*
Longxing Si	隆兴寺	*lóngxīng sì*
Zhaozhou Qiao	赵州桥	*zhàozhōu qiáo*
Zhengding	正定	*zhèngdìng*

eindruckt, liegt unmittelbar vor der Stadt Zhaoxiang, 40 km südöstlich von Shijiazhuang. Bei ihrem Bau zu Beginn des 17. Jahrhunderts sah sich der Bauherr Li Chun mit einigen Problemen konfrontiert: Die Brücke musste tief genug sein, damit die Streitwagen der kaiserlichen Armee sie passieren konnten, aber auch hoch genug, um nicht immer wieder von den Hochwassern zerstört zu werden. Darüber hinaus sollte sie auf sanften Flussufern ruhen, aber auch stark genug sein, um die Militär- und Handelskonvois zu tragen. Das Ergebnis der Überlegungen von Li war ein einzelner abgeflachter Bogen mit einer Spannweite von gut 36 m und einer Höhe von nur 7 m. Die Brücke ist nach wie vor in Benutzung, sie gehört zu den Meisterstücken chinesischer Architektur und war Vorbild für Dutzende nordchinesischer Steinbrücken. ⏲ tgl. 8–17 Uhr, Eintritt ¥18.

Übernachtung

Groß ist die Auswahl an Hotels in Shijiazhuang nicht, doch da Beijing nur ein paar Stunden entfernt liegt, bleibt man hier ohnehin höchstens eine Nacht.

Hebei***, 168 Yucai Jie, ✆ 5815961, 📠 5814092. Der 8-stöckige Block im ruhigen Ostteil der Stadt dominiert die niedrigen Häuser der Umgebung. Mit 2 Restaurants, Nachtclub und Karaoke-Lounge. Zugfahrscheine sind hier buchbar.

Hebei Teachers' University*, Yuhua Lu, ✆ 604 9941. Das Wohnheim für ausländische Lehrer ist eine billige und freundliche Unterkunft mit gut gepflegten DZ. Durch das Haupttor gehen und die erste Möglichkeit nach links, das Gebäude steht auf der rechten Seite und ist englisch ausgeschildert. Bus Nr. 6 vom Bahnhof nehmen. Viele kleine Restaurants und Verkaufsstände rundherum. Dorm-Betten ¥15.

Yanchun Garden Hotel****, 195 Zhongshan Donglu, ✆ 6671188, 📠 6048689. Neuestes und schönstes Hotel von Shijiazhuang mit allen modernen Annehmlichkeiten, neben dem Platz des Volkes an der Hauptstraße.

Zhongjing Grand Hotel**, 176 Zhongshan Donglu, ✆ 6032551, 📠 6032069. Elegantes und unaufdringliches Hotel, hilfreiches Persona und günstige Lage an der Hauptdurchfahrtsstraße.

Essen

Für Verpflegung ist in dem Straßenabschnitt **Zhongshan Dong Lu** zwischen dem Platz des Volkes und dem Hebei-Museum gesorgt, wo verschiedene chinesische Lokale, aber auch westliche Fastfood-Ketten zu finden sind.

Sonstiges

BÜCHER – ***Xinhua Bookstore,*** 13 Jiefang Lu, bietet in der 2. Etage klassische Romane in englischer Sprache an; weitere Filiale gegenüber dem Bahnhofsplatz.

FAHRRÄDER – Fahrräder können in einem Laden an der südöstlichen Seite der Bahnhofshalle, gegenüber dem Hualian Commercial Building, im hinteren Bereich eines großen Fahrradparks, ausgeliehen werden. ◷ tgl. 8–20 Uhr, Gebühr ¥5 pro Tag plus ¥50 Kaution.

GELD – Geldwechsel in der ***Bank of China,*** 136 Xinhua Dong Lu, ◷ Mo–Fr 8.30–mittags und 14–16.30 Uhr.

POST UND TELEFON – Das Postamt, ◷ tgl. 7–21 Uhr, sowie ein 24 Std. geöffnetes Telefonamt befinden sich im selben Gebäude an der Gongli Jie, gegenüber der Westseite des Bahnhofs.

REISEBÜROS – Die Mitarbeiter von ***CITS,*** 171 Yucai Jie, ✆ 5827777, gegenüber dem Hotel *Hebei,* sprechen etwas Englisch und stellen Informationen zur gesamten Provinz sowie zu Touren in die umliegenden Klöster bereit.

VORWAHL – 0311

Nahverkehrsmittel

BUSSE – Der Stadtbusverkehr ist ganz unkompliziert; am nützlichsten sind die Busse Nr. 5 und 6, die in östlicher und westlicher Richtung verkehren.

TAXIS – Im Stadtgebiet kostet ein Taxi eine Mindestgebühr von ¥5, jeder weitere Kilometer etwa ¥1,4.

Transport

BUSSE –Der **Fernbusbahnhof** liegt einen Block südlich des Bahnhofs auf der Ostseite der Straße. Die Beijing-Minibusse halten an der Bahnhofshalle.

Busse nach:
BEIJING 4 Std.

EISENBAHN – Der große **Bahnhof** liegt günstig im Zentrum der Stadt. Wendet man sich am Ausgang nach rechts, dann nochmals nach rechts und folgt der Zhongshan Lu in westlicher Richtung, so gelangt man in das Geschäftszentrum der Stadt.
Vorausbuchungen für Zugfahrscheine sind in dem Büro in 47 Zhongshan Lu möglich, ◷ tgl. 8–mittags und 14–17 Uhr. Die Tickets sind aber auch am Bahnhof sowie in verschiedenen Hotels buchbar.

Züge nach:
BEIJING mehrmals tgl., 3–5 Std.;
JI'NAN 4x tgl., 3 Std.;
TAIYUAN 2x tgl., 8 Std.;
TIANJIN 4x tgl., 5–7 Std.;
ZHENGZHOU 2x tgl., 6 Std.

FLÜGE – Der 45 km nordöstlich der Stadt gelegene **Flughafen** von Shijiazhuang wird von einem Flughafenbus (¥15) bedient, der zum ***CAAC***-Büro in 471 Zhongshan Lu fährt, ✆ gebührenfrei 8027140, das weit vom Zentrum entfernt liegt.
Bequemer erhältlich sind Flugtickets in dem Büro neben dem Hualian Commercial Building, gegenüber dem Bahnhof.

Flüge nach:
BEIJING tgl., 1/2 Std.;
CHONGQING 2x wöchentl., 2 Std.;
DALIAN 3x wöchentl. 1 1/4 Std.;
GUANGZHOU 5x wöchentl., 2 1/2 Std.;
HOHHOT tgl., 3/4 Std.;
KUNMING 4x wöchentl., 4 Std.;
NANJING 2x wöchentl., 1 1/4 Std.;
SHANGHAI tgl., 1 3/4 Std.;
SHENZHEN 2x wöchentl., 4 3/4 Std.;
WENZHOU 2x wöchentl., 2 1/4 Std.;
XIAMEN 2x wöchentl., 3 1/2 Std.;
XI'AN tgl., 1 1/4 Std.;
YINCHUAN 3x wöchentl., 1 1/4 Std.

Dongbei – Der Nordosten

Highlights

- **Kaiserpalast in Shenyang**
Minaturhaftes Abbild von Beijings Verbotener Stadt und historischer Sitz der Mandschu vor Eroberung der Hauptstadt.

- **Binhai Lu, Dalian**
Atemberaubende Ausblicke von der kurvigen Küstenstraße am Gelben Meer, die zu schönen Stränden und Parks führt.

- **Alte Yalu-Brücke, Dandong**
Zu Fuß Richtung Nordkorea über das geschichtsträchtige Bauwerk, das die Amerikaner im Koreakrieg bombardierten.

- **Palast des Marionettenkönigs, Changchun**
Residenz des „letzten Kaisers“ Puyi, den die Japaner als Herrscher über Mandschuguo einsetzten.

- **Winterliches Jilin**
Pittoreske Szenerie an der Flusspromenade, die bei Frost zum Märchenland wird.

- **Changbai Shan**
Schönstes Naturschutzgebiet des Nordostens; hier ist wilder Ginseng zu finden.

- **Russische Architektur in Harbin**
Am beeindruckendsten im Winter, aber auch ganzjährig ein Genuss.

- **Naturschutzgebiet Zhalong**
Vogelfreunde zieht es zu den Schilfrohrseen westlich von Harbin, wo Tausende Vogelarten brüten.

- **Yabuli**
Chinas bestes Skigebiet.

Dongbei – besser bekannt unter der Bezeichnung **Mandschurei** – dürfte dem „wahren" China am nächsten kommen. Dennoch bereisen nicht viele ausländische Touristen diese nördlichsten Gebiete des Landes, die den Ruf eines ungastlichen Ödlands haben. „Obwohl unklar ist, wo Gott das Paradies schuf", schrieb 1846 ein französischer Priester, „können wir sicher sein, dass er nicht dieses Gebiet wählte." Mit seinen riesigen Landstrichen aus fruchtbaren Feldern und gewaltigen Ressourcen an **Bodenschätzen** aber ist Dongbei buchstäblich ein Schatzhaus, um das sich im Lauf seiner Geschichte Mandschu, Nationalisten, Russen, Japaner und Kommunisten erbitterte Kämpfe lieferten. Heute bildet die Region, über die sich die Provinzen **Liaoning**, **Jilin** und **Heilongjiang** erstrecken, ein industrielles Kernland, das mehr als ein Drittel der Hochleistungsmaschinerie des Landes, die Hälfte der Kohle- und Erdölproduktion und den größten Teil der chinesischen Militärausrüstung hervorbringt. Wirtschaftlich betrachtet ist Dongbei die wohl wichtigste Region Chinas, und angesichts einer sensiblen Grenze von 4000 km Länge mit Nordkorea und Russland ist der Nordosten zugleich eines der strategisch empfindlichsten Gebiete des Landes.

Die Menschen des Nordostens freuen sich über Besucher, denn die Stilllegung staatlicher Fabriken führte zu zahlreichen Entlassungen. So gedieh der **Tourismus** zu einer der führenden Wachstumsindustrien. Die Kommerzialisierung der bunten Geschichte der Region zieht unweigerlich eine Umgestaltung der Mandschurei nach sich. In der Provinz Liaoning präsentiert die blühende Hafenstadt **Dalian** stolz ihre sauberen Strände, eine neue Küstenstraße und die beste Fußballmannschaft der Nation. Chinas Fenster nach Nordkorea, **Dandong**, wartet mit einer Promenade am Fluss Yalu sowie einem Museum über den Koreakrieg auf. Chinas zweite Verbotene Stadt – der restaurierte mandschurische Kaiserpalast – und die Gräber der Männer, welche die Qing-Dynastie gründeten, locken Touristen in Liaonings ansonsten kühle Hauptstadt **Shenyang**.

In der nördlicher gelegenen Provinz befindet sich die gleichnamige Stadt **Jilin**. Ihre Flussuferpromenade wird bei frostigem Winterwetter von dick mit Eis verkrusteten Bäumen gesäumt. In der Provinzhauptstadt **Changchun** erinnert der Palast des Marionettenkaisers Puyi an dessen Herrschaft im von Japan errichteten Staat Mandschuguo. **Harbin**, die Hauptstadt der Provinz Heilongjiang, wird an jeder Ecke von der nahen Grenzlage zu Russland beherrscht. In seinem restaurierten zentralen Einkaufsbezirk wurde die alte Architektur der Stadt bewahrt, und ein Geschichtsmuseum in einer orthodoxen Kathedrale zeigt, dass Chinas nördlichste Metropole auch andere Dinge zu bieten hat als „nur" das weltberühmte Eislaternenfest.

Dongbei umfasst ein Gebiet aus fruchtbaren Ebenen, zerklüfteten Bergen und ausgedehnten Wäldern (allein ein Drittel von Heilongjiang ist mit Baumbestand bedeckt). Es besitzt mehrere Schutzreservate, deren berühmtestes das gebirgige **Naturschutzgebiet Changbai Shan** in der Provinz Jilin nahe der Grenze zu Nordkorea ist. Heilongjiangs **Naturschutzgebiet Zhalong** dient Tausenden Vogelarten, unter anderem dem seltenen Rotkronenkranich, als sommerliche Brutstätte.

Die Besucher dieser nördlichen Landesteile kommen aus unterschiedlichen Motiven hierher: Ausländische Studenten finden ein sprachliches Umfeld ohne breite Akzente vor, Dampflokomotiven-Liebhaber können zahlreiche Eisenbahnen entdecken, und passionierte Jäger, Wanderfreunde und Vogelbeobachter kommen ebenfalls auf ihre Kosten. Auch wer Interesse an der jüngeren chinesischen Geschichte hat, könnte kaum ein besseres Gebiet auswählen, denn Dongbeis von nationalen und internationalen Konflikten geprägtes vergangenes Jahrhundert hat die Gestalt der heutigen Volksrepublik China in hohem Maße beeinflusst. Wer den Pfaden des japanischen Vormarsches während des **Russisch-Japanischen Krieges** folgen möchte, sollte Jack Londons *Reports* lesen, seine Kolumnen für den *San Francisco Examiner*, und auch *Thirty Years in Moukden* von Dugald Christie ist eine dienliche Lektüre. Puyis Autobiografie *Ich war Kaiser von China* vermittelt Einblicke in das Reich Mandschuguo, und Ha Jins Kurzgeschichten *Ocean of Words* beschreiben das Leben der Grenzsoldaten zwischen Heilongjiang und Sibirien in den angespannten 70er Jahren.

Unabhängige Reiseveranstalter bieten in allen genannten Regionen gute Dienste an, doch vor allem *CITS* gibt gerne nähere Auskunft über Touren in die Region.

Dongbeis **Klima** liegt zwischen den Extremen. Im Sommer ist es heiß, während die Winter sehr, sehr kalt sind, denn die Temperaturen fallen auf Werte bis unter –30 °C. Heftige sibirische Stürme sind keine Seltenheit. Wer die Kälte ertragen kann, wird im Januar mit den herausragenden **Eisfesten** von Jilin und Harbin belohnt. Den ganzen Winter hindurch bestehen ebenso ausgezeichnete wie preiswerte Bedingungen zum **Ski fahren**, **Rodeln** und **Schlittschuh laufen**.

Dongbei besitzt aufgrund seiner exportorientierten Wirtschaft ein effizientes **Schienensystem** zwischen den Städten sowie ein ausgedehntes **Hauptstraßennetz**. Es gibt zahlreiche **Busverbindungen** zwischen allen größeren Städten. Abfahrtsorte sind zumeist der Busbahnhof oder der Bahnhofsvorplatz. Mitunter sind Busse schneller und bequemer als Züge, was besonders für die Strecken von Harbin nach Westen und Süden, von Changchun nach Jilin und Shenyang sowie von Shenyang nach Dalian gilt. Abseits der Großstädte aber können die Straßen schlecht und das Reisen beschwerlich sein. Es gibt auch zahlreiche **Flüge** zu inländischen Städten, ebenso ist dieser Teil Chinas mit einigen bedeutenden ausländischen Zielen verbunden: Changchun mit Seoul und Wladiwostok; Dalian mit Osaka, Seoul und Tokio; Shenyang mit Bangkok, Osaka, Seoul und Tokio.

Während früher die **Hotelpreise** horrend hoch waren, bewirkte die veränderte Haltung gegenüber ausländischen Touristen, dass in allen Städten nun preiswerte, saubere Dorms und Zimmer zur Verfügung stehen.

Das **Essen** ist sehr abwechslungsreich und reicht von Dalians frischen Krabben sowie Dandongs lokalem Flussfisch *luzi yu* über Harbins Pilzgerichte und frisches Brot bis hin zu Seidenwürmern in ländlichen Gebieten (eine breiige, pastetenartige Delikatesse). Da die Küche zudem stark von den Nachbarländern beeinflusst ist, besitzt jede Stadt zahlreiche koreanische, japanische und (im Norden) russische Restaurants. In jeder Großstadt gibt es inzwischen auch Niederlassungen von *Kentucky Fried Chicken (KFC)*.

Die Minderheiten Dongbeis Nachdem Chinas Minderheiten in den 50er und 60er Jahren gezwungen wurden, sich der kommunistischen Kultur anzupassen, verfolgt die chinesische Regierung nun eine gemäßigtere Politik. Die **Mandschu** in der Inneren Mongolei und den Provinzen des Nordostens stellen die zahlenmäßig größte Minderheit. Da sie bereits sehr lange unter den Han leben, sind Unterschiede nur noch verschwommen zu erkennen. Die Mandschu sind im Durchschnitt etwas größer als die Han und weisen stärkeren Bartwuchs auf. Sie besitzen einen ausgefeilten Verhaltenscodex und essen im Gegensatz zu ihren koreanischen Nachbarn, die geradezu erpicht darauf sind, kein Hundefleisch. Die „drei Merkwürdigkeiten", welche Südchinesen den Bewohnern des Nordostens zuschreiben, sind ausnahmslos mandschurische Eigenarten: Außen an die Holzrahmen geklebte Papierfenster, von Müttern in Handtaschen getragene Kleinkinder und in der Öffentlichkeit rauchende Frauen (was in den Großstädten jedoch längst auch Frauen der Han und anderer Minderheiten tun).

In den unwirtlichen nördlichen Randgebieten des Nordostens leben kleine Gemeinschaften wie die **Hezhen**, die mit etwa 1400 Angehörigen zu Chinas kleinsten Minderheiten zählen und die Region besiedeln, in der die Flüsse Songhua, Heilong und Ussuri (Wusuli) zusammenfließen. Die Chinesen bezeichnen sie als „Fischstamm", da ihre Kultur und Lebensweise ganz auf den Fischfang ausgerichtet sind. Sie sind die einzigen Menschen weltweit, die sogar ihre Kleidung aus Fischhaut herstellen: Die Fische werden ausgenommen, getrocknet und gegerbt, bevor die Häute zu leichten und wasserdichten Umhängen, Schuhen und Handschuhen vernäht werden.

Wesentlich zahlreicher sind die **Daur** mit 120 000 Angehörigen. Sie leben in den Gebieten am Fluss Nenjiang und sind inzwischen nahezu assimiliert, haben jedoch noch eigene Heiratsrituale und Begräbnistraditionen. Sie gelten als herausragende Hockeyspieler; diesen Sport betrieben sie bereits im 6. Jahrhundert.

Die wohl auffälligste Minderheit sind die **Oroqen**, nomadische Jäger, die in patrilinealen Stammesgemeinschaften *(wulileng)* in der nördlichen sub-sibirischen Wildnis leben. Obwohl sie in jüngerer Zeit eine sesshaftere Lebensweise angenommen haben, erzielen sie ihren Lebensunterhalt vorwiegend durch die Rotwildjagd. Die Frauen stellen Haushaltsgegenstände, Werkzeuge und Kanus aus Birkenrinde her und schneidern Kleidung aus Rotwildfellen. Außerdem fertigen sie auffällige Hüte aus Rehköpfen an, komplett mit Geweihen und ledernen Augenbinden, die als Tarnung für die Jagd benutzt werden.

Geschichte

Die Geschichte der Mandschurei beginnt mit dem Stammesführer **Nurhaci**, der im 16. Jahrhundert die einander bekriegenden Stämme des Nordostens gegen die korrupte Zentralherrschaft des Ming-dynastischen Liaoning vereinte. Er führte ein auf der mongolischen Schrift basierendes Alphabet ein, ordnete das mandschurische Recht und hatte 1625 eine starke und relativ autonome Regierung geschaffen, die sich in ständiger Konfrontation mit den Chinesen befand. Sein Nachfolger Dorgun, der Vormund seines Enkels Shunzhi, ging einen Schritt weiter und marschierte mit Hilfe des abtrünnigen Ming-Generals Wu Sangui in Beijing ein, wo 1644 die **Qing-Dynastie** ausgerufen und Shunzhi zum ersten Herrscher einer langen Folge von Mandschu-Kaisern wurde.

Mit dem Ziel vor Augen, die Qing-Dynastie auf ganz China auszudehnen, gaben die ersten **Mandschu-Kaiser** – Shunzhi, Kangxi, Yongzheng und Qianlong – ihr Bestes, um sich an chinesische Sitten und Vorstellungen anzupassen. Mit noch größerer Entschiedenheit aber wollten sie ihre angestammte Heimat schützen, und so wurde der gesamte Nordosten vom restlichen China abgeriegelt. Auf diese Weise konnten sie ihr Monopol auf den wertvollen Ginsenghandel schützen und zugleich die Chinesen davon abhalten, ihre Ländereien anzutasten und die Gräber ihrer Vorfahren zu entweihen. Es war jedoch klar, dass diese Politik nicht für ewige Zeiten von Bestand sein konnte, und so erfolgte im 18. Jahrhundert eine wachsende Zuwanderung in die Mandschurei. Als 1878 die alten Gesetze aufgehoben wurden, drängten die Chinesen zu Millionen aus den von Überschwemmungen heimgesuchten Ebenen des Südens in die fruchtbaren Ländereien des Nordostens.

Stets hatten die Nachbarländer begehrlich auf die Mandschurei geschielt. Als die Japaner im **Chinesisch-Japanischen Krieg** von 1894–95 die Halbinsel Liaodong im Süden der Provinz Liaoning besetzten, konnten die Chinesen diese nur mit einer Hinwendung zu **Russland** zurückgewinnen, das ebenfalls seinen Einfluss in der Region geltend machen wollte. Das Abkommen sah vor, dass die Russen eine Eisenbahnlinie von Wladiwostok via Harbin nach Dalian bauen durften, was später zu einer schrittweisen und letztendlich vollständigen Besetzung der Mandschurei durch das kaiserliche Russland führte. Viel Blut wurde vergossen. Den Grausamkeiten und Repressalien folgte 1904 eine Kriegserklärung Japans an Russland, denn Japan wollte dessen Privilegien auf chinesischem Territorium an sich reißen. Der **Russisch-Japanische Krieg** endete 1905 mit einem überzeugenden japanischen Sieg. In den 60 Jahren zuvor hatte sich Japans Bevölkerung verdoppelt und eine katastrophale nationale Wirtschaftssituation nach sich gezogen. Ein Militärregime riss die Macht an sich, und 1932 erfolgte eine japanische Invasion in die Mandschurei, die zur Gründung des Marionettenstaates **Mandschuguo** führte. Das Regime war von grausamer Unterdrückung gekennzeichnet. Die gesamte Reisernte wurde für die Japaner reserviert, und Einheimische, die Reis aßen, verfolgte man wie Verbrecher.

Erst durch die Gründung einer Einheitsfront durch die chinesischen **Kommunisten** und die **Guomindang**, der nationalistischen Partei Chiang Kaisheks, konnte die Mandschurei 1945 von den Japanern befreit werden, doch es sollte noch einige Zeit vergehen, bis Mao Zedong die Region endgültig unter seine Kontrolle gebracht hatte. Die jüngere Geschichte ist vor allem von den Beziehungen zu Russland geprägt. Während der kurzen Romanze zwischen beiden Ländern in den 50er Jahren halfen sowjetische Experten den Chinesen beim Bau von Fabriken und Werkstätten im Austausch gegen die Lieferung von Agrarprodukten aus der Region. Die effizienten **sowjetischen Fabriken** – wie etwa das Werk, das in Changchun den Lastwagentyp *Jiefang* (Befreiung) produziert – gehören noch heute zu den besten des Nordostens. Als sich in den 60er Jahren die Beziehungen verschlechterten, zogen die Sowjets ihre technische Unterstützung ab. In der Folge kam es zu erbitterten **Grenzkonflikten** – vor allem am Ussuri, wo Hunderte Russen und Chinesen im Kampf um eine unbedeutende Insel bei der weltweit ersten militärischen Konfrontation zwischen zwei kommunistischen Staaten ums Leben kamen. Außerdem wurde in den Städten des Nordostens ein umfangreiches Netzwerk aus Atomschutzbunkern aufgebaut. Nach dem Zusammenbruch der Sowjetunion haben die militärische Propaganda in den Grenzgebieten und die staatliche Paranoia deutlich abgenommen, die Bunker wurden zu unterirdischen Einkaufszentren umgestaltet. Auf den Straßen sieht man heute wieder russische Gesichter. Viele Russen kommen nicht als Touristen oder ausländische Berater, sondern als **Händler** (nicht immer mit legalem Status), die Konsumgüter aufkaufen, um sie jenseits der Grenze verteuert loszuschlagen.

Die Provinz Liaoning

Shenyang

Shenyang, **Hauptstadt** der Provinz Liaoning und inoffizielle Hauptstadt des gesamten Nordostens, ist sowohl ein Eisenbahnknotenpunkt als auch ein Bankenzentrum, das im Verlauf seiner Geschichte von Mandschu, Russen, Japanern, chinesischen Nationalisten und Kommunisten beherrscht wurde. Die gut eine Flugstunde bzw. neun Eisenbahnstunden von Beijing entfernte Stadt vergleicht sich gerne mit der Landeshauptstadt. Jeder Taxifahrer erzählt seinen Fahrgästen: „Wir haben den einzigen anderen Kaiserpalast in ganz China." Doch Shenyang ähnelt Beijing nur in seinen breiten, nichts sagenden Hauptstraßen, die von Streichholzschachtelgebäuden im sowjetischen Baustil gesäumt sind.

Shenyangs auffälligster Charakterzug ist, dass es eigentlich überhaupt nicht auffällig ist. Alles Wesentliche für einen interessanten Besuch ist dennoch vorhanden: Ein Einkaufsbezirk, der für sein Modeangebot bekannt ist; das berühmteste *jiaozi*-Restaurant des Landes; Chinas zweite Verbotene Stadt, welche die Mandschu im 17. Jahrhundert vor ihrer Ablösung der Ming-Dynastie bauten; ein gewaltiges Monument des Vorsitzenden Mao, das während der wildesten Auswüchse der Kulturrevolution entstand; zwei alte Kaisergräber; und Architektur aus der Zeit der japanischen Besatzung. Die Liste ließe sich fortsetzen.

Die Stadt besitzt landesweit einen Ruf als bedeutendes politisches Zentrum der radikalen Hardliner (Maos Neffe Yuanxin war hier Stellvertretender Parteisekretär, bis er 1976 ins Gefängnis geworfen wurde). Ihre Blütezeit erlebte sie im frühen 17. Jahrhundert. Das damalige Mukden wurde von Nurhaci zur ersten Hauptstadt des expandierenden **Mandschu-Reiches** erklärt. Nurhaci starb 1626, als die Arbeiten an seinem Palast gerade begannen, und ihm folgte sein achter Sohn Abahai nach, der den Einfluss der Mandschu in ganz Nordchina festigte und ausweitete. Als die Mandschu nach dem Sieg über die Ming 1644 nach Beijing marschierten und dort die Qing-Dynastie errichteten, verlor Shenyang zunehmend an Bedeutung. In ihre moderne **industrielle Rolle** wuchs die Stadt im 19. Jahrhundert mit Ankunft der Russen, die sie zum Zentrum ihres Eisenbahn-Aufbauprogramms machten.

Jahre später ließen sich auch die Marionetten des japanischen Staates in Shenyang nieder, um von dort aus die Ressourcen der Umgebung auszubeuten und eine industrielle Infrastruktur zu schaffen, deren Produkte und Profite heim nach Japan geschickt wurden. Im Gegensatz zu den Provinzstädten Dalian und Dandong aber unternahm Shenyang nur geringfügige Anstrengungen, um seine abwechslungsreiche Geschichte herauszustellen, sodass die Stadt heute wenig zu bieten hat, was mehr als nur einen Kurzaufenthalt rechtfertigen würde.

Zu bieten hat Shenyang einige Beispiele markanter **Sowjetarchitektur**, und womöglich findet man sich als Hotelgast in einem dieser Bauwerke wieder.

Die 1969 errichtete riesige **Mao-Statue** auf dem **Zhongshan-Platz** im Stadtzentrum ist das bei weitem auffälligste Wahrzeichen der Stadt. Die Basis ist mit kantigen Bauern, Daqing-Ölarbeitern, Volksbefreiungsarmee-Soldaten und Studenten verziert, doch die kleinen roten Fibeln, die sie einst schwenkten, sind größtenteils abgebrochen. Über ihnen steht der gigantische Mao in seinen Mantel gehüllt als schmuckloser Supermann, dessen hoch erhobene Hand unwillkürlich den Eindruck entstehen lässt, dass er den Verkehr leite, der in stetem Fluss um ihn herum strömt. Entfernt man sich in seine Blickrichtung (heute schaut er auf Reklametafeln für Handys und Cola), gelangt man in das Einkaufsviertel der Stadt rund um die Straßen Zhongshan Lu, Zhonghua Lu und Taiyuan Jie, wo es zahlreiche Kaufhäuser gibt.

Das **Provinzmuseum Liaoning** im Herzen der Innenstadt ist eines der größten Museen des Nordostens. Unter den über 3000 Exponaten befinden sich Stickereien, Gemälde, Kupferwaren, Steingut und Porzellan. Zu den interessantesten Stücken gehören Teile von polierten Knochen, die mit

Schriftzeichen versehen sind und einst von Orakellesern verwendet wurden. Sie gehören zu den ältesten erhaltenen Beispielen der chinesischen Schrift. ⌚ Di–So 8–11.30 und 13–16.30 Uhr, Eintritt ¥8.

Der Fluss Nan kennzeichnet die südliche Grenze des Innenstadtbereichs. Nur wenig weiter südlich fließt der größere Hun.

Der Kaiserpalast

Weitaus interessanter als das Stadtzentrum sind die mandschurischen Bauwerke am Stadtrand von Shenyang. Der Kaiserpalast, erbaut ab 1626, ist eine miniaturhafte Replik von Beijings **Verbotener Stadt**. Er liegt im Zentrum der Altstadt in Shenyangs Osten und ist mit dem Oberleitungsbus Nr. 13 ab Südbahnhof zu erreichen. Der Komplex untergliedert sich in drei Teile.

Den ersten Teil bildet die Halle der Erhabenen Verwaltung (Chong Zheng Dian), eine niedrige Halle mit Holzfront, in welcher der Kaiser die Qing-Dynastie ausrief und in der die Minister die Staatsangelegenheiten diskutierten. Dahinter steht im zweiten Hof mit dem Phönixturm (Fenghuang Lou) die formellste aller Zeremonienhallen. Es folgt der Palast der Klarheit und Ruhe (Qing Ning Gong), in dem sich die Schlafgemächer des Kaisers und seiner Konkubinen befanden. Den Osten der Anlage beherrscht die Halle der Höchsten Verwaltung (Da Zheng Dian), ein oktagonales Holzgebäude in lebendigem Rot und Gold sowie mit zwei Säulen, die mit sich windenden goldenen Drachen im Hochrelief verziert sind. Dort wurde Kaiser Shunzhi gekrönt, bevor er 1644 in Beijing einzog und das gesamte Reich eroberte. Vor diesem Bauwerk stehen zehn rechteckige Pavillons (Shi Ting), die einst als Amtsstellen der Befehlshaber der Acht Banner (Militärdistrikte) des Reichs dienten und heute eine Sammlung bizarr geformter Schwerter und Spieße beherbergen. ⌚ tgl. Mai, Juni, Sep und Okt 8.30–17 Uhr, Juli und Aug 8.30– 17.30 Uhr, Nov–April 9–16 Uhr, Eintritt ¥35.

Unmittelbar östlich von hier befindet sich in der **Fußgängerzone Zhong Jie** Shenyangs zweiter großer Einkaufsbezirk. Die auf das Jahr 1636 zurückgehende Straße, die damals Siping Jie hieß, wird heute von zahlreichen Geschäften gesäumt, die westliche Kleidung anbieten. Auch eine Zweigstelle der Restaurantkette *Laobian Jiaozi* ist dort zu finden.

Die Grabanlagen

Vom Palast fährt Bus Nr. 213 zum **Nördlichen Kaisergrab** im Beiling-Park; alternativ bestehen die Möglichkeiten, Bus Nr. 220 oder den Oberleitungsbus Nr. 6 direkt vom Südbahnhof zu nehmen. Im Nördlichen Kaisergrab liegt Abahai begraben. Obwohl sein Vater Nurhaci der eigentliche Wegbereiter für die Eroberung des Kaiserreichs war, erhielt Abahai die beeindruckendste Grabanlage. Der Eingang zu der gut erhaltenen Anlage, die ab 1643 errichtet wurde, erfolgt durch ein Tor im Süden, zu dessen Seiten Pavillons stehen. Im östlichsten Pavillon wuschen und erfrischten sich zu Besuch weilende Kaiser, während im westlichsten Pavillon Schweine und Schafe geopfert wurden. Ein von Kamelen, Elefanten, Pferden und Löwen aus Stein gesäumter Zugangsweg führt zur Long-En-Halle, in der sich ein Altar für Opferzeremonien sowie die Ahnentafeln des Kaisers und seiner Frau befinden. Ihre mit Bäumen bewachsenen Grabhügel befinden sich im hinteren Teil der Anlage, wo auch eine schöne Drachenwand zu bewundern ist. ⌚ tgl. 7.30–17 Uhr, Eintritt ¥10.

Im Winter stehen Schneeskulpturen im **Beiling-Park**. Außerdem werden Schlittschuhe (¥5) sowie große Holzschlitten mit Kufen *(pali)* für ¥30 vermietet. Eintritt ¥2.

Das bescheidenere **Östliche Kaisergrab**, das ab 1629 als letzte Ruhestätte für Nurhaci gebaut wurde, liegt unter Koniferen im **Dongling-Park** im Osten der Stadt. Bus Nr. 218 fährt von ihren Haltestellen in den Blöcken nördlich und östlich des Kaiserpalastes zu der Anlage. Insgesamt ist dieses Grab weniger monumental angelegt als das im Norden der Stadt. Es weist zudem stärkere Spuren des Alters auf, doch es ist nichtsdestotrotz eine eindrucksvolle Anlage mit befestigten Mauern und einem dreigeschossigen Turm. Einhundertacht Stufen (die Anzahl der Perlen des buddhistischen Rosenkranzes) führen zum Haupttor. Rund um das Grab sind Wege für Spaziergänge in die Waldungen angelegt, die den benachbarten Hügel Tianzhu bedecken. ⌚ tgl. 8–16 Uhr, Eintritt ¥12.

Weitere Sehenswürdigkeiten

Andere Sehenswürdigkeiten in Shenyang lohnen eigentlich nur dann einen Besuch, wenn man Zeit totschlagen muss oder zu einem längeren Aufenthalt in der Region verweilt.

Shenyang	沈阳	*shěnyáng*
Kaiserpalast	沈阳故宫	*shěnyáng gùgōng*
Östliches Kaisergrab	东陵	*dōng líng*
Nördliches Kaisergrab	北陵	*běi líng*
Nordpagode	北塔	*běi tǎ*
Pagode der Buddhistischen Asche	舍利塔	*shèlì tǎ*
Provinzmuseum Liaoning	辽宁省博物馆	*liáoníngshěng bówùguǎn*
Überland-Busbahnhof	快速客运站	*kuàisù kèyùnzhàn*
Zhongshan-Platz	中山广场	*zhōngshān guǎngchǎng*
Übernachtung und Essen		
Courtyard New World	新世界	*xīn shìjiè*
Dongbei Fandian	东北饭店	*dōngběi fàndiàn*
Holiday Inn	假日饭店	*jiàrì fàndiàn*
Laobian Eating House	老边饺子馆	*lǎobiān jiǎoziguǎn*
Liaoning Hotel	辽宁宾馆	*liáoníng bīnguǎn*
Peace Hotel	和平宾馆	*hépíng bīnguǎn*
Phoenix	凤凰饭店	*fènghuáng fàndiàn*
Traders Hotel	商贸饭店	*shāngmào fàndiàn*

Einst gab es an den Stadtgrenzen vier Pagoden und vier Tempel, die nach den Himmelsrichtungen ausgerichtet waren. Heute ist lediglich die **Nordpagode** noch in leidlichem Zustand. Sie beherbergt einen Buddha des Himmels und der Erde *(Tiandifu)*, ein sinnliches Bildnis von Zwillingsbuddhas, das in chinesischen Tempeln selten zu finden ist. Die Pagode steht unmittelbar südlich des Überland-Busbahnhofs, doch wer sich die Buddhas anschauen möchte, muss den einzigen Aufseher bitten, das Tor aufzuschließen. ◷ tgl. 9–15 Uhr, Eintritt ¥5.

Ebenfalls im Norden der Stadt steht die **Pagode der Buddhistischen Asche**, ein dreizehnstöckiges, 50 m hohes hohles Ziegelbauwerk, das 1044 unter der Liao-Dynastie errichtet wurde. Die Pagode ist in ordentlichem Zustand, zeigt jedoch Spuren der Luftverschmutzung.

Innen sind Gegenstände ausgestellt, die bei Restaurierungsarbeiten entdeckt wurden, darunter ein schöner vergoldeter Buddha aus Kupfer. Bus Nr. 205 vom Südbahnhof hält in der Nähe des Bauwerks – aussteigen, wenn der Fluss in Sichtweite kommt, und über die Brücke gehen. ◷ tgl. 8.30–16 Uhr, Eintritt ¥4.

Übernachtung

Mehrere Hotels, die in erster Linie auf Touristengruppen und Geschäftsleute ausgerichtet sind, befinden sich abseits des Zentrums in der Nähe des Beiling-Parks. Vom Südbahnhof aus bedienen Bus Nr. 205 und 220 (fährt auch an der Westseite des Nordbahnhofs vorbei) das ruhige Viertel, in dem sich nur wenige Geschäfte befinden. Die Hotels im Stadtzentrum liegen natürlich günstiger, doch Shenyangs Innenstadt bietet kein schönes Umfeld zum Wohnen. Einige einfache Traveller-Hotels befinden sich rund um die Zhonghua Lu vor dem Südbahnhof.

Courtyard New World****, 2 Nanjing Nanjie, ✆ 23869888, 💻 www.courtyard.com. Vornehmes 4-Sterne-Hotel nahe Taiyuan Jie.

Dongbei Fandian*, 6 Zhonghua Lu, ✆ 3839402. Sehr einfach, aber gut gelegen und auch Dorm-Betten; nebenan ein *KFC*. Wer dort nicht unterkommt, findet sicher in den ähnlichen benachbarten Unterkünften ein Quartier.

Holiday Inn, Luxus, 204 Nanjing Beilu, ✆ 2334 1888, 📠 23341188. Neues Hochhaus im Herzen der Stadt, führt Shenyangs bestes Fitnesszen-

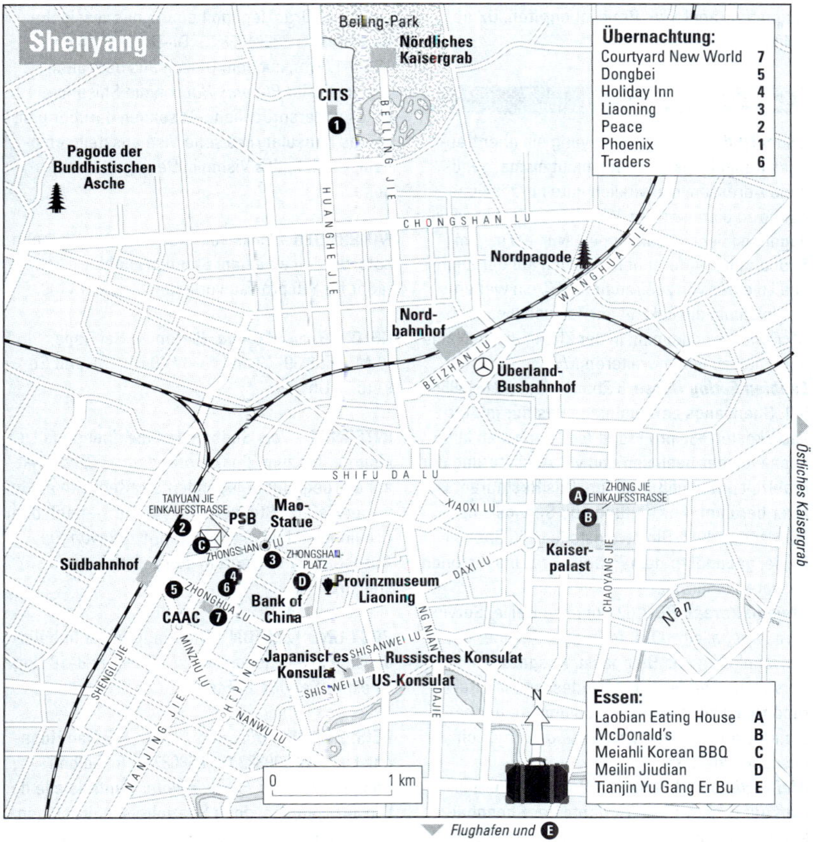

trum. Preise werden in den Wintermonaten um die Hälfte reduziert.

Liaoning Hotel, Luxus, 97 Zhongshan Lu, ✆ 238 39104, 📠 23839103. Shenyangs historisches Nobelquartier, 1927 von den Japanern erbaut. Mit Blick auf die Statue des Vorsitzenden Mao und den Zhongshan-Platz. Geräumige helle Zimmer. Zumindest lohnt sich ein Besuch, um das Mobiliar und die Holzverkleidungen zu betrachten – nichts kommt in Shenyang einem Museum näher.

Peace Hotel*, 104 Shengli Beijie, ✆ 23498888, 📠 23837389. Beste Rucksacktouristen-Unterkunft der Stadt in bequemer Nähe zum Südbahnhof. An der Statue am Ende des Bahnhofsplatzes links halten, von dort sind es zu Fuß nur 5 Min. bis zum Hotel. Freundliches Personal, Verkauf von Zug- und Flugtickets. Frühstück im Preis inbegriffen. Dorm-Betten ab ¥40.

Phoenix***, 109 Huanghe Nan Dajie, ✆ 8610 5858, 📠 86105340. Vornehmer Koloss nahe Beiling-Park, mit Fitnessraum, Sauna, Kaffeebar, Schönheitssalon und guter westlicher Konditorei. Transportbuchungen für Gäste, 20% Nachlass bei Vorlage eines Studentenausweises.

Traders Hotel, Luxus, 68 Zhonghua Lu, ✆ 2341 2288, 💻 www.shangri-la.com. Schönstes Hotel von Shenyang. Frühstück, Wäschedienst und

Flughafentransfer im Preis inbegriffen. DZ ab ¥1400.

Essen

Leider ist das Essen in Shenyang ein eher trauriges Kapitel – es gibt noch nicht einmal genügend Adressen, die wirklich gute nordöstliche Küche zu bieten haben. Westliches Fast Food ist dagegen leicht zu bekommen. Nur 100 m vom Südbahnhof entfernt befindet sich auf der Zhonghua Lu eines von zahlreichen *KFC*, ein weiteres ist gleich um die Ecke in der Taiyuan Jie. *McDonald's* findet man in der Zhong Jie, in Nachbarschaft zu einem weiteren *KFC*.

Laobian Eating House, 6 Zhong Jie, ✆ 24843956-621. Shenyangs berühmtestes Restaurant. Die *jiaozi* kosten ¥50 pro Pfund *(jin)*, doch man kann auch weniger bestellen und vor Auslieferung der Mahlzeit anteilmäßig zahlen. Das Restaurant ist zwar berühmt, Ausstattung und Service sind aber entsetzlich. Die Zweigstelle in 55 Shengli Beijie, gegenüber dem *Peace Hotel*, macht einen besseren Eindruck.

Meiahli Korean BBQ, 62 Kunming Beijie. Serviert wird *zaocha*, ein süßer fruchtiger Tee, der gut zu Fleischplatten und Bier passt. Ausgezeichneter Service und preiswert (Abendessen für 2 Pers. rund ¥50). Leicht zu finden, da unmittelbar nebenan ein *USA Beef Noodle King* in Englisch ausgeschildert ist.

Meilin Jiudian, 109 Heping Beidajie. Spezialisiert auf vegetarische Gerichte der Shanghai-Küche. Freundliches Personal und ordentliche Ausstattung.

Tianjin Yu Gang Er Bu, im *Liaoning Tiyuguan Binguan*, 284 Qingnian Lu. Shenyangs populärstes Fischrestaurant; Abendessen für 2 Pers. rund ¥100.

Sonstiges

AMT FÜR ÖFFENTLICHE SICHERHEIT (PSB) – Zhongshan Lu, an der Mao-Statue, 🕓 Mo–Fr 8–17 Uhr.

DIPLOMATISCHE VERTRETUNGEN – Die Konsulate von **Japan** und **Nordkorea** befinden sich in der Shisiwei Lu im Süden der Stadt. Zum Zeitpunkt der Drucklegung begann das **russische Konsulat**, ✆ 23221198, 🕓 Di–Do 9–11.30 und 13.30–17 Uhr, mit dem Umzug aus dem alten Stammsitz im *Phoenix Hotel* in die Shisanwei Lu. Da es widersprüchliche Aussagen darüber gibt, ob das Konsulat russische Visa ausstellt, empfiehlt es sich, das Visum in Beijing zu beantragen.

FAHRRÄDER – Links vom Ausgang des Südbahnhofs werden an einem Stand brauchbare Fahrräder für ¥10 pro Tag verliehen; Kaution ¥100.

GELD – ***Bank of China***, 75 Heping Bei Dajie, 🕓 Mo–Fr 8.30–12 und 13–17.30 Uhr, Sa und So 9–15.30 Uhr.

INTERNET – Vom Südbahnhof die Zhonghua Lu hinunter bis zum Block hinter dem *KFC*; dort hat auf der gegenüberliegenden Straßenseite ein Internet-Café 24 Std. geöffnet (¥3/Std.) – nach dem Orchideenschild mit dem Schriftzug *wangba* Ausschau halten, dort in den 2. Stock hinaufsteigen.

POST UND TELEFON – Das Hauptpostamt befindet sich in 32 Zhongshan Lu, 🕓 Mo–Fr 8–18 Uhr; Telekom-Service 24 Std.

REISEBÜROS – Büro von ***CITS*** in 113 Nan Huanghe Lu, ✆ 86809383, 📠 86808772. Im selben Komplex wie das *Phoenix Hotel*. Zentralstelle der Provinz Liaoning, doch Spezialreisen durch den Nordosten werden nur für große Gruppen (ab 20 Pers.) angeboten. Der Reiseservice im ***Peace Hotel*** ist freundlicher und flexibler.

VORWAHL – 024

Nahverkehrsmittel

BUSSE – Die Streckenpläne der Lokal- und Oberleitungsbusse sind ausgedehnt und die Fahrzeuge im Allgemeinen nicht zu überfüllt. Busfahrpläne werden vor den Bahnhöfen angeboten.

TAXIS – In der weitläufigen Stadt Shenyang bereiten Fußmärsche nur Frust. Taxis (zumeist neue

VW Santanas) sind leicht zu bekommen. Als Faustregel gilt: ¥7 für die ersten 3 km, ¥1 für jeden weiteren Kilometer. Ein Taxi zu oder zwischen den meisten Sehenswürdigkeiten kostet rund ¥10, doch für die Fahrt vom Südbahnhof zum Östlichen Kaisergrab ist mit etwa ¥35 zu rechnen.

Transport

BUSSE – Der futuristische **Überland-Busbahnhof** (Express-Busbahnhof) liegt in der Nähe des Nordbahnhofs. Ins Zentrum gelangt man von dort mit einem der vielen Minibusse oder mit einem Taxi (¥10). Wer mit dem Zug eintrifft und sofort mit dem Bus zu einer größeren Stadt weiterreisen will, sollte am Nordbahnhof aussteigen, wo Reisebusse östlich des Bahnhofsplatzes stehen, die nach BEIJING (7–8 Std., ¥189) und DALIAN (5 Std., ¥99) fahren. Busse nach JILIN (4 1/2 Std., ¥96), CHANGCHUN (3 Std., ¥71) und HARBIN (7 Std., ¥130) treten einen Block südlich des Überland-Busbahnhofs die Fahrt an.

EISENBAHN – Fünf Trassen laufen an Shenyangs zwei Hauptbahnhöfen zusammen. Reisende aus Beijing oder südlicheren Orten treffen zunächst am **Südbahnhof** ein, der größer ist und zentraler liegt als der neuere **Nordbahnhof** außerhalb des Zentrums, Ausgangspunkt für Ziele nördlich von Shenyang (außerdem Endstation für Züge aus Beijing, die zuvor auch am Südbahnhof halten). Oberleitungsbus Nr. 5 fährt von dort zum Zhongshan-Platz und Südbahnhof. Auch Bus Nr. 203 verbindet die beiden Bahnhöfe. Tickets für Züge, die vom Nordbahnhof abfahren, sind auch am Südbahnhof erhältlich und umgekehrt. Der Ticketschalter des Nordbahnhofs befindet sich im Obergeschoss, die Buchungsstelle des Südbahnhofs ist in einer großen Halle links vom Eingang zu finden (bei Blickrichtung auf das Gebäude). Beim Ticketkauf prüfen, von welchem Bahnhof der gewünschte Zug abfährt

Züge nach:
BEIJING 7x tgl., 9 Std.;
CHANGCHUN 20x tgl., 4 Std.;
DALIAN 15x tgl., 6 Std.;
DANDONG 7x tgl., 4 Std.;
HARBIN 20x tgl., 8 Std.;
JILIN 4x tgl., 7 Std.;
TIANJIN 10x tgl., 9 Std.;
TONGHUA 2x tgl., 7 Std.

FLÜGE – Shenyangs **Flughafen**, der betriebsamste im gesamten Nordosten, 20 km südlich der Stadt gelegen, bietet Flugverbindungen nach Irkutsk, Osaka und Seoul sowie tgl. Inlandflüge zu allen bedeutenden chinesischen Städten an. Ein Flughafenbus (¥15) fährt zum ***CAAC***-Büro im Stadtzentrum, 117 Zhonghua Lu, ⌚ tgl. 8–18 Uhr; ein Taxi dorthin kostet ¥80. Flugtickets sind auch in Hotels oder bei *CITS* erhältlich (s.S. 264).

Flüge nach:
BEIJING 12x tgl., 1 1/4 Std.;
CHANGSHA tgl., 3 3/4 Std.;
CHENGDU 2x tgl., 5 Std.;
CHONGQING 4x wöchentl., 3 1/4 Std.;
DALIAN 2x tgl., 1 Std.;
FUZHOU 6x wöchentl., 3 1/4 Std.;
GUANGZHOU 2x tgl., 2 3/4 Std.;
GUILIN 2x wöchentl., 5 1/4 Std.;
HAIKOU tgl., 6 Std.;
HANGZHOU tgl., 2 1/2 Std.;
HARBIN 2x tgl., 1 1/2 Std.;
HOHHOT 7x wöchentl., 1 3/4 Std.;
HONGKONG 4x wöchentl., 4 1/4 Std.;
JI'NAN tgl., 1 1/4 Std.;
KUNMING tgl., 5 1/4 Std.;
LANZHOU 3x wöchentl., 2 3/4 Std.;
NANJING 3x wöchentl., 2 Std.;
NINGBO 6x wöchentl., 1 3/4 Std.;
QINGDAO 2x tgl., 1 1/2 Std.;
QIQIHAR 2x wöchentl., 1 1/4 Std.;
SANYA tgl., 7 1/2 Std.;
SHANGHAI 5x tgl., 2 Std.
SHANTOU 3x wöchentl., 4 1/2 Std.;
SHENZHEN 2x tgl., 6 Std.;
SHIJIAZHUANG tgl., 1 1/2 Std.;
TAIYUAN tgl., 4 Std.;
TIANJIN 4x wöchentl., 1 1/4 Std.;
ÜRÜMQI 10x wöchentl., 6 1/2 Std.;
WENZHOU tgl., 3 3/4 Std.;
WUHAN 15x wöchentl., 2 1/4 Std.;
XIAMEN tgl., 4 1/2 Std.;
XI'AN tgl., 2 1/2 Std.;
YANJI tgl., 1 Std.;
YANTAI 7x tgl., 1 Std.;
ZHENGZHOU tgl., 1 3/4 Std.;
ZHUHAI 3x wöchentl., 6 1/4 Std.

Dalian

Das saubere, moderne und reiche Dalian am Gelben Meer ist eine der kosmopolitischsten Städte Chinas, was sich zum Teil darauf zurückführen lässt, dass es so oft in fremde Hände fiel. Die Mächte, die im 19. Jahrhundert über China herrschten, begehrten die Stadt, denn sie besitzt den einzigen **eisfreien Hafen** der Region. Die Japaner hielten 1895 Einzug, doch nur wenige Jahre später verloren sie die Stadt an die Russen, welche sie als Alternative zum eisanfälligen Wladiwostok heranzogen. Nach einem vernichtenden Schlag gegen die russische Flotte rissen die Japaner die Stadt 1905 wieder an sich und kontrollierten sie lange genug, um den Aufbau der Hafenanlagen zu vollenden. Nach dem Zweiten Weltkrieg besetzte die Sowjetunion die Stadt für zehn Jahre, doch der große politische Bruder zog ab, als sich die chinesisch-sowjetischen Beziehungen verschlechterten. Heute ist Dalian geschäftiger denn je, es ist der Hauptumschlagplatz für den enormen Reichtum natürlicher und mineralischer **Ressourcen** des Nordostens und ein bedeutender industrieller **Produktionsstandort** der Petrochemie und des Schiffsbaus. Die Stadt erlebt derzeit einen ähnlich enormen Aufschwung wie andere Städte Chinas. Die „fremden Teufel" sind noch immer da, doch diesmal sind sie willkommen, denn Dalian wurde zur Wirtschaftssonderzone erklärt, um ausländische Investoren anzuziehen, und gehört deshalb zu Chinas „Städten der offenen Tür".

Dennoch präsentiert sich Dalian als gemütliche Stadt, die unter Touristen beliebt ist. Diese kommen wegen den landschaftlichen Schönheiten und nahen **Stränden**, um in Sanatorien wieder zu Gesundheit und Kräften zu gelangen oder auch einfach nur, um das reichhaltige Angebot an Meeresfrüchten zu genießen. Auch im nationalen **Fußball** hat die Stadt einen Namen, was die scheinbar allgegenwärtigen großen Skulpturen von Fußbällen erklärt – Dalians Team Shide (früher Wanda) hat die chinesische Meisterschaft in den vergangenen Jahren häufig gewonnen. Außerdem stellte das Team insgesamt sechs Spieler für die Nationalmannschaft, die an der Weltmeisterschaft 2002 in Japan und Korea teilnahm.

Die Stadt veranstaltet zwei bedeutende **Festivals**: Das Fest der Robinienblüte im Frühjahr lädt zum Besuch der städtischen Parkanlagen ein, und zum Internationalen Modefest um den 10. September flanieren Models durch die Straßen. Dalians brandneue Landschaftsstraße, die **Binhai Lu**, führt über Klippen am Gelben Meer entlang und windet sich 40 km weit an den Villen von Parteibonzen und Shide-Stars vorbei. Die Stadt ist stolz auf ihr großes **Aquarium**, den neuen **Zoo** und die guten Verkehrsverbindungen zur Nachbarstadt Lüshun.

Touristen, die nach Überresten von Dalians kolonialer Vergangenheit suchen, werden jedoch enttäuscht sein: Im Gegensatz zu anderen Handelshäfen wie etwa Shanghai hat Dalian den Blick fest in die Zukunft gerichtet. Pläne für ein Geschichtsmuseum wurden auf den Tisch gebracht – ein Thema, das der Taxifahrer bestimmt kommentieren wird, sobald er seine Ausführungen über Shide oder den ehemaligen Bürgermeister und Modernisierer Bo Xili zu Ende geführt hat.

Die Stadt liegt an der Südspitze der **Halbinsel Liaodong** und erstreckt sich dort über ein Stück Land, das die Form eines Tigerkopfes hat – der Volksmund erzählt, dass eine Meerjungfrau einen Tiger zur Strafe in dieses Stück Land verwandelte, weil er ihren Verlobten gefressen hatte. Die Stadt unterteilt sich in vier große Bereiche: Zhongshan-Platz am Auge des Tigers, Platz des Volkes an dessen Ohr, die Strände an Mund und Kehle sowie Heishijiao (Schwarzes Korallenriff) jenseits des Malan He (Pferdekoppelfluss) im Westen der Stadt. Die Strände an der Südspitze der Halbinsel sind etwa 5 km von der Stadt entfernt und leicht mit dem Bus oder Taxi zu erreichen.

Zentrum Dalians ist der **Zhongshan-Platz**, dessen Seitenstraßen zu den interessantesten Gegenden der Stadt gehören. Japanische und russische Gebäude, deutsche Autos, *KFC* und *McDonald's*, Mädchen in Miniröcken und aus Geschäften röhrende westliche Musik verleihen diesem Bezirk ein kosmopolitisches Flair.

In den wichtigsten **Einkaufsstraßen** Shanghai Lu und Tianjin Jie im Nordwesten des Platzes sind Designerkleidung und -schuhe sowie ein breites Angebot an westlicher und chinesischer Popmusik zu erstehen. In der Renmin Lu gibt es zwei *Freundschaftsläden* – der neuere neben dem *Furama Hotel* ist riesengroß.

Ein Bummel über die Zhongshan Lu nach Westen, vorbei am Shengli-Platz, dem Bahnhof und den verschlungenen Einkaufsgassen der Qing Er Jie

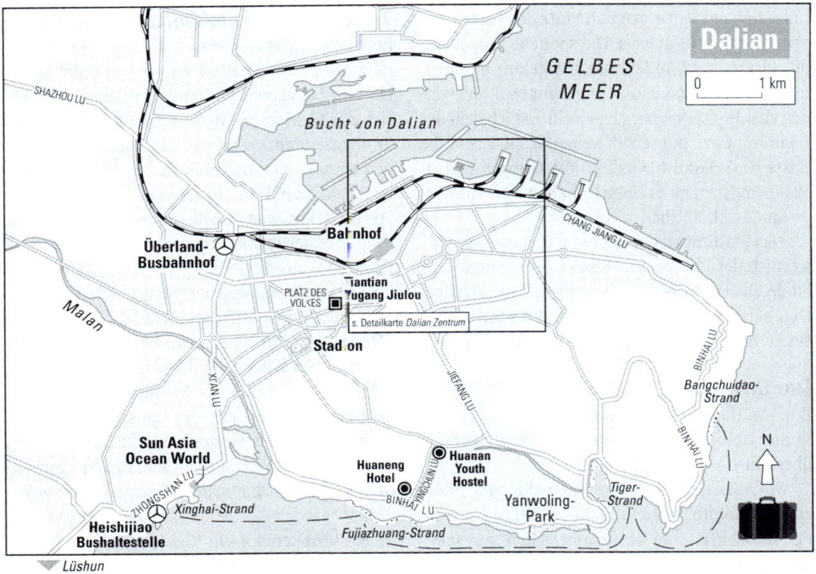

Dalian und Lüshun

Dalian	大连	***dàlián***
Platz des Volkes	人民广场	*rénmín guǎngchǎng*
Schwarzes Korallenriff	黑石礁	*hēishí jiāo*
Sun Asia Ocean World	圣亚海洋世界	*shèngyà hǎiyáng shìjiè*
Tiger-Strand	老虎滩	*lǎohǔ tān*
Zhongshan-Platz	中山广场	*zhōngshān guǎngchǎng*
Übernachtung und Essen		
Dalian Binguan	大连宾馆	*dàlián bīnguǎn*
Freundschaftshotel	友谊饭店	*yǒuyì fàndiàn*
Furama	富丽华大酒店	*fùlìhuá dàjiǔdiàn*
Golden Plaza	大连天富大酒店	*dàlián tiānfù dàjiǔdiàn*
Huanan Youth Hostel	华南国际青年旅舍	*huánán guójì qīngnián lǚshè*
Huaneng	华能饭店	*huánéng fàndiàn*
Ramada	九州华美达酒店	*jiǔzhōu huáměidá jiǔdiàn*
Yaduda Fandian	亚都大饭店	*yàdū dàfàndiàn*
Lüshun (s.S. 272)	旅顺	***lǚshùn***
Japanisch-Russisches Gefangenenlager	日俄监狱旧址	*rì é jiānyù jiùzhǐ*

führt zum großen, begrünten **Platz des Volkes**, der abends angestrahlt wird. Die südliche Umgebung des Platzes hat ihre Kolonialarchitektur bewahrt, und die engen, von Bäumen gesäumten Straßen laden zu schönen Spaziergängen ein. Östlich liegt der **Laodong-Park** mit seinen weiten Grünflächen. Die Busse Nr. 2, 5 und 403 halten dort. Gegenüber dem Haupteingang gibt es einen lebhaften **Nachtmarkt**, ◷ tgl. 17–21.30 Uhr.

Das **Stadion** an der Wu Si Lu unmittelbar südwestlich des Platzes des Volkes ist die Heimat von Shide. Die Fußballsaison dauert von Ende März bis Oktober. Gute Plätze kosten um die ¥40, Tickets sind am Stadion erhältlich.

Die Strände

Dalians Hauptattraktion, die Sandstrände, sind sauber und in den Sommerwochen hoffnungslos überfüllt.

Mit Ausnahme der Strände Xinghai und Fujiazhuang, wo preiswerte Eintrittskarten gelöst werden müssen, ist ihre Benutzung kostenfrei. Zu erreichen sind die Strände mit Bus Nr. 801 (nur im Frühling und Sommer; ¥20), der am Bahnhof abfährt, eine Runde um die ganze Stadt dreht und unterwegs schier unendlich oft anhält. Als Alternative bietet sich ein Taxi an, das je nach Strandziel zwischen ¥20 und ¥30 kostet.

Bangchuidao-Strand und Tiger-Strand

Die von Osten nach Westen rund um die Küste führende Binhai Lu erreicht zunächst den Bangchuidao-Strand, neben dem sich ein Golfplatz befindet, der früher nur für Kader reserviert war, heute jedoch öffentlich genutzt werden kann. Bald folgt der voll erschlossene Tiger-Strand, der mit Bus Nr. 2, 4, 402 oder 801 zu erreichen ist. Der Eintritt zum **Vergnügungspark** beträgt satte ¥80, die zwar nicht zu Fahrten auf sämtlichen Anlagen berechtigen, dafür aber den Zugang zum neuen **Arktis-Aquarium**, einem Marineschiff und dem westlich der Binhai Lu gelegenen **Vogelhaus,** ◷ tgl. Mai–Okt 8–17 Uhr, Nov–April 8.30–16.30 Uhr, gewähren.

Tandems und Mountain Bikes für Fahrten am Ufer entlang kosten ¥20 pro Stunde, Bootsfahrten zur Insel Bangchuidao und zu weiter draußen gelegenen Zielen ab ¥40 (Strecken und Preise hängen am Ticketschalter aus).

Yanwoling-Park und Fujiazhuang-Strand

Eine schöne, aber etwas mühselige Wanderung führt vom Tiger-Strand 7 km weit über die Binhai Lu zum Fujiazhuang-Strand. Im Süden erstreckt sich das türkisblaue Meer, während die nördliche Straßenseite im gesamten Jahresverlauf von grünen Bäumen und frischem Gras gesäumt ist. Hinter der schönen Hängebrücke Beida windet sich die Straße 3 km weit hinauf zum Yanwoling-Park, ◷ tgl. Sonnenaufgang bis -untergang, Eintritt ¥10. Hinter der aus Muscheln gestalteten Statue eines Jungen mit Seemöwen verzweigen sich zahlreiche gepflegte Wege und Treppenstufen, die hinab zum Meer führen. Eine besonders schöne Wanderung, die in Englisch ausgeschildert ist, endet an einer kleinen Bucht, in der sich Seesterne an die Felsen klammern und wo nur das Rauschen der Brandung zu hören ist. Keinesfalls sollte man hier ins Wasser gehen, denn starke Unterströmungen unweit der Küste haben schon Menschenleben gefordert!

Nach weiteren 4 km Richtung Westen windet sich die Binhai Lu hinab zum Fujiazhuang-Strand, ◷ tgl. von Sonnenaufgang bis -untergang, Eintritt ¥5, der weitaus weniger gut erschlossen als der Tiger-Strand, wesentlich einsamer als jener und durch eine felsige Bucht vor dem Wind geschützt ist. Schnellboote fahren zu vorgelagerten Inseln – eine Fahrt zum weiter westlich gelegenen **Xinghai-Strand** und zurück kostet ¥40. Es empfiehlt sich zu handeln, denn die Preise sind nicht unbedingt fix. Am Strand gibt es die üblichen Kitschstände und fliegenden Händler, und auf dem Sand aufgeschlagene Zelte werden stundenweise vermietet. Am Rande des Strandes gibt es viele gute Meeresfrüchte-Restaurants unter freiem Himmel.

Xinghai-Strand und weitere Ziele

Nach weiteren 5 km erreicht die Binhai Lu den Fluss Malan He und trifft dort auf die viel befahrene, breite Zhongshan Lu. 3 km hinter der Flussmündung beginnt der Xinghai-Strand, der Teil eines großen neuen Parks ist. Von der Xi'an Lu, nördlich der Kreuzung mit der Changjiang Lu im Zentrum, fährt der Oberleitungsbus Nr. 202 zum Park. Diese neue Linie wurde für Touristen eingerichtet und ist die schönste Art, zum Xinghai-Park, ◷ tgl. 7–21 Uhr, Eintritt ¥10, zu gelangen. Zu den dortigen Attraktionen gehören ein Riesenrad, Ka-

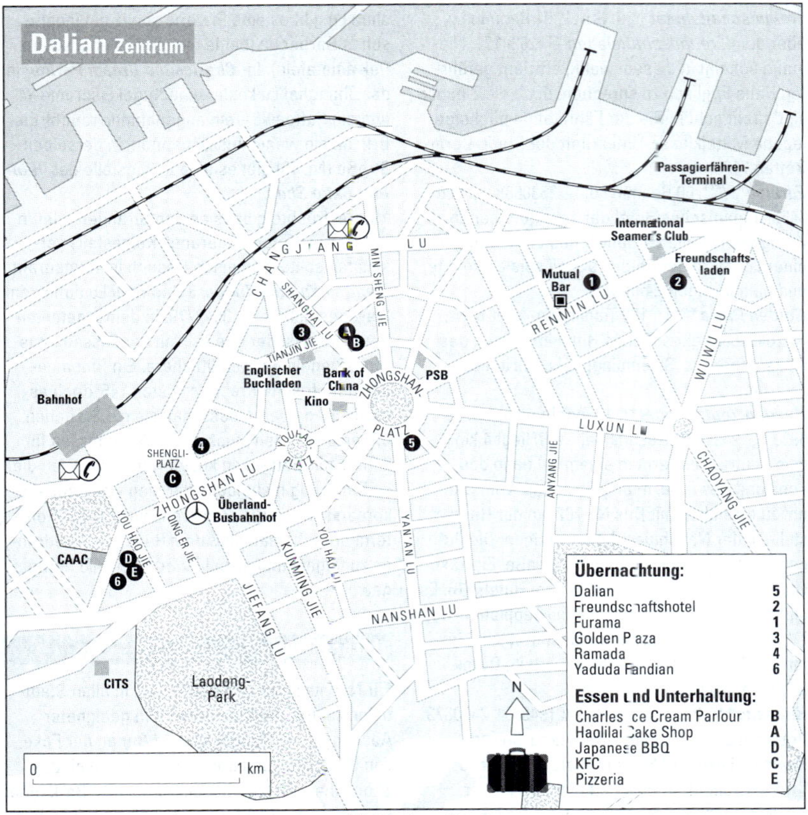

Fujiazhuang-Strand

russells, Souvenirstände, Restaurants und vor allem **Sun Asia Ocean World**, ⌚ Mo–Fr 9–16 Uhr, Sa und So bis 16.30 Uhr, Eintritt Erwachsene ¥80, Kinder ¥40. Dieser Joint Venture zwischen Neuseeland, Hongkong und China lockt mit über 200 Meerestierarten und einer beweglichen Observationsplattform innerhalb eines 118 m langen Unterwassertunnels im Hauptbecken. Westlich des Parks schließt sich der Stadtteil **Heishijiao** an, der gegenwärtig grundlegend modernisiert wird.

Übernachtung

Dalian ist übersät mit 5-Sterne-Hotels, die bis zu ¥800 für ein Zimmer berechnen, doch es gibt einige Budget-Unterkünfte rund um Shengli-Platz und Zhongshan-Platz. Südlich des Zentrums befindet sich auch eine Niederlassung von *Hostelling International*.

Dalian ist ein Strandort, sodass die Preise in der Nebensaison (Sep–März) im Vergleich zum Sommer gewöhnlich um die Hälfte fallen. Es lohnt sich, überall zu handeln, denn das Angebot an Hotelzimmern übersteigt die Nachfrage.

Dalian Binguan*, 4 Zhongshan-Platz, ✆ 263 3111, 📠 2634363. Stilvolles altes Haus, 1927 von den Japanern errichtet die auch die gegenüberliegende *Bank of China* bauten. Der Stil ist sein Geld wert. Frühstück inkl.

Freundschaftshotel**, 3. Stock, 91 Renmin Lu, über dem *Freundschaftsladen*, ✆ 2634121. Niemand scheint in diesem wenig effizient geführten Haus Englisch zu sprechen, doch die Zimmer sind recht schön. Die der Fährstation nächstgelegene Mittelklasse-Unterkunft der Stadt. Dorm-Betten ¥160.

Furama******, 60 Renmin Lu, ✆ 2630888, ✆ 280 4455. Japanisches Hotel der sehr gehobenen Kategorie mit allen erdenklichen Einrichtungen, einer Lobby, in der Shide Fußball spielen könnte, und palastartigen Zimmern.

Golden Plaza******, 189 Tianjin Jie, ✆ 2813188, ✆ 2648288. Sehr schönes Hotel im Herzen des Einkaufsbezirks. Swimmingpool und Fitnesszentrum.

Huanan Youth Hostel**, 1 Yingchun Lu, ✆ 249 6830, ✆ 2494665. Dalians neues *HI* liegt 4 km vom Zentrum entfernt in einem Tal nahe des Zoos und des Fujiazhuang-Strandes. Vom Bahnhof zu erreichen mit Bus Nr. 702, an der Haltestelle in der Nanshidao Jie aussteigen. Die Jugendherberge liegt südlich der Straße. Ein Taxi vom Zentrum kostet ¥12, eines vom Hafen ¥16. Es gibt EZ bis 4-Bett-Zimmer, die mit Teppichen, ac, TV, Bad und Heißwasser ausgestattet sind. Internet, Wäscherei und Fahrradverleih; Dorm-Betten ab ¥40.

Huaneng***, 2 Binhai Lu, ✆ 2401945, ✆ 2400873. Hotel mit Blick auf den Fujiazhuang-Strand.

Ramada, Luxus, 18 Shengli-Platz, ✆ 2808888, 💻 www.ramada-dalian.com. Im Herzen der Stadt in der Nähe des Bahnhofs und mit Blick auf den Shengli-Platz.

Yaduda Fandian**, 126 Zhongshan Lu, ✆ 363 3560. Sauber, preiswert und günstig gelegen in der Nähe von Shengli-Platz und Bahnhof. 50% Nachlass in den Wintermonaten. Saubere Badezimmer mit Heißwasser in den DZ. Dorm-Betten ¥50.

Essen

Dalian hat zahlreiche Restaurants und Fastfood-Lokale – besonders rund um die Tianjin Jie, wo es auch billige Garküchen gibt. Die vom Bahnhof nach Süden führende Qing Er Jie bietet viele Snacklokale im Stile von Hongkong und Shanghai. An der Kreuzung von Youhao Jie und Zhongshan Lu gibt es eine Pizzeria sowie ein japanisches Barbecue (beide mit großen englischen Reklametafeln). Im ***Charles Ice Cream Parlour*** in der Shanghai Lu kostet eine Kugel Eiscreme ¥4 und ein Kaffee ¥5 – ein angenehmer, rauchfreier Ort, um ein wenig auszuspannen. In derselben Straße (Nr. 15) gibt es eine Zweigstelle des ***Haolilai Cake Shop***.

Meeresfrüchte gibt es an den Stränden oder in den teuren Hotelrestaurants. Keinesfalls versäumen sollte man einen Besuch im Restaurant ***Tiantian Yugang Jiulou***, 3 Gao Er Ji Lu nahe dem Platz des Volkes, ✆ 3643779. In dem 2-geteilten Restaurant ist der alte Teil mit der Fassade aus roten Ziegeln der gemütlichere. Ein Pfund gedünstete frische Krabben kosten ¥45, doch es sei davor gewarnt, dass man sie mit Stäbchen öffnen und essen muss … Ein Abendessen für 2 Pers. mit Getränken kostet rund ¥150. Wen diese Erfahrung nicht lockt, der mag vielleicht ein koreanisches BBQ probieren: Nur 2 Blocks entfernt braucht man bloß dem Rauch und Gedränge zu folgen, und alsbald wird man wild herangewunken.

Unterhaltung

Für Nachtschwärmer hält Dalian in allen Stadtteilen zahlreiche Bars bereit. Ein geeigneter Ausgangspunkt ist die ***Mutual Bar*** an der Ecke von Renmin Lu und San Sheng Jie östlich des Zhongshan-Platzes, in dem tätowierte Barkeeper Englisch sprechen und bei Live-Musik Flaschenbier aus allen Teilen der Welt anbieten.

Noah's Ark Bar and Café gegenüber der Südecke des Platzes des Volkes gehört ebenfalls zu den bevorzugten Adressen der Einheimischen. Ausschau halten nach einem Holzwagen am Eingang eines Hauses neben dem Blumenmarkt.

Sonstiges

AMT FÜR ÖFFENTLICHE SICHERHEIT (PSB) – Zentral direkt am Zhongshan-Platz gelegen.

GELD – ***Bank of China***, 9 Zhongshan-Platz, ⌚ Mo–Fr 8.30–12 und 13–17 Uhr. Außerhalb der Öffnungszeiten wechselt gleich gegenüber auch das ***Dalian Binguan*** Bargeld und Travellers

Cheques. Auch der neue ***Freundschaftsladen*** an der Renmin Lu hat einen Geldwechselschalter.

INTERNET – Vom Zhongshan-Platz auf der Yan'an Lu nach Süden gehen oder einen Bus der Nr. 23, 29 oder 901 bis zur Kreuzung mit der Nanshan Jie nehmen. Dort ist die ***E-Bar*** nur eines von vielen Internet-Cafés.

POST UND TELEFON – Das Postamt, ⌚ Mo–Sa 8–18 Uhr, befindet sich neben dem Hauptbahnhof. Gleich nebenan hat ein Telekommunikationsbüro 24 Std. geöffnet.

REISEBÜROS – ***CITS***, 4. Stock, 1 Changtong Jie, ✆ 3687868, 📠 3637631, ⌚ tgl. 8.30–11.30 und 13–16.30 Uhr. Bucht Tickets aller Art für die Weiterreise. Zweigstelle in 35 Yan'an Lu.

VORWAHL – 0411

Nahverkehrsmittel

BUSSE – Der altmodische Oberleitungsbus Nr. 202 (¥2) fährt vom Einkaufsbezirk rund um die Xi'an Lu mit geringen Abweichungen in nordsüdwestliche Richtung die Zhongshan Lu entlang.

TAXIS – Da das Stadtzentrum sehr kompakt ist, sind die meisten relevanten Orte mit der Grundgebühr von ¥8 zu erreichen.

Transport

BUSSE – Der **Überland-Busbahnhof** wird von klapprigen Provinzbussen bedient und befindet sich an der Endstation von Bus Nr. 201 westlich des Bahnhofs. Wer mit einem Expressbus aus Beijing eintrifft, wird wahrscheinlich am Bahnhof abgesetzt. Die Bushaltestelle in der Zhongshan Lu nahe des Xinghai-Strands in Heishijiao ist die Abfahrtstelle nach Lüshun. Vom Zentrum mit dem Oberleitungsbus Nr. 202 oder Bus Nr. 23 oder 406 bis zum *KFC* im Norden der Zhongshan Lu fahren; die Bushaltestelle befindet sich 50 m weiter auf der gegenüberliegenden Straßenseite.
Den ganzen Tag über fahren Luxusbusse von der Nord- und Ostseite des Shengli-Platzes gegenüber dem Bahnhof zu anderen Großstädten ab; Tickets können auch noch im Bus gelöst werden. Fahrkarten nach BEIJING (9 Std., ¥210) sind am Kiosk vor dem Postamt im Westen des Bahnhofsplatzes erhältlich.
Busse zu regionalen Zielen fahren zwischen 5 und 9 Uhr vom Busbahnhof ab. Fahrkarten können am Vorabend ohne großes Schlange stehen gelöst werden.

EISENBAHN – Der **Hauptbahnhof** (es gibt insgesamt drei Bahnhöfe) liegt knapp 1 km vom Zhongshan-Platz entfernt nördlich des Shengli-Platzes. Fahrkarten sind mühelos an den Ticketschaltern im Erdgeschoss draußen links vor dem Haupteingang zu bekommen.

Züge nach:
BEIJING 3x tgl., 10 Std.;
DANDONG tgl., 11 Std.;
HARBIN 2x tgl., 10 Std.;
SHENYANG 15x tgl., 5 Std.

FÄHREN – Auch die **Anlegestelle** der Fähren ist weniger als 1 km vom Zhongshan-Platz entfernt. Die Fährverbindungen nach Yantai (¥189) und Qingdao sind preiswerter und wesentlich schneller als der Zug. Tickets können vorab am Passagier-Terminal in der Yimin Jie im Nordosten der Stadt gelöst werden. *CITS* vergibt nur Tickets der 1. und 2. Klasse, doch auch die 3. Klasse ist bequem genug und deshalb durchaus in Betracht zu ziehen.

Fähren nach:
YANTAI tgl., 3–8 Std.;
TIANJIN 4x wöchentl., 20 Std.;
QINHUANGDAO im Sommer alle 2 Tage, 18 Std.;
SHANGHAI 7x monatl., 40 Std.;
WEIHAI tgl., 3 1/2–8 Std.

FLÜGE – Ein Taxi von der Stadt zum 10 km nordöstlich gelegenen **Flughafen** sollte rund ¥25 kosten. Ein fahrplanmäßiger Flughafenbus (¥10) pendelt zwischen dem Flughafen und dem Stadtbüro von ***CAAC*** in 143 Zhongshan Lu, ✆ 6665558, ⌚ Mo–Sa 7.30–16.30 Uhr. Auch im neuen ***Freundschaftsladen*** in der Renmin Lu gibt es ein Büro für Flugbuchungen.

Flüge nach:
BEIJING 14x tgl., 1 1/4 Std.;
CHANGCHUN tgl., 1 Std.;
CHANGSHA tgl., 3 1/4 Std.;
CHENGDU tgl., 2 3/4 Std.;
CHONGQING tgl., 3 Std.;
FUZHOU tgl., 3 1/2 Std.;
GUANGZHOU 2x tgl., 2 3/4 Std.;
GUILIN 4x wöchentl., 4 Std.;
HAIKOU tgl., 5 Std.;
HANGZHOU tgl., 2 Std.;
HARBIN 5x tgl., 1 1/4 Std.;
HEFEI 6x wöchentl., 1 1/2 Std.;
HONGKONG tgl., 3 1/2 Std.;
JI'NAN 2x tgl., 1 3/4 Std.;
KUNMING tgl., 5 Std.;
LUOYANG 3x wöchentl., 1 3/4 Std.;
NANJING tgl., 1 1/2 Std.;
NINGBO 3x tgl., 2 3/4 Std.;
QINGDAO 2x tgl., 1 Std.;
QINHUANGDAO 4x wöchentl., 1 Std.;
SHANGHAI 7x tgl., 1 1/2 Std.;
SHENYANG 2x tgl., 1 Std.;
SHENZHEN 4x tgl., 4 3/4 Std.;
TAIYUAN tgl., 3 1/2 Std.;
TIANJIN 2x tgl., 1 Std.;
ÜRÜMQI 2x wöchentl., 6 1/2 Std.;
WENZHOU tgl., 2 Std.;
WUHAN tgl., 2 1/4 Std.;
XIAMEN tgl., 3 3/4 Std.;
XI'AN tgl., 2 1/4 Std.;
YANJI 2x tgl., 2 1/2 Std.

Lüshun

Warnung! Da die Behörden Lüshun in der Vergangenheit mitunter als geschlossenes Militärgebiet behandelt und ausländische Besucher rigoros verhaftet haben, ist es unbedingt notwendig, sich vor einer Fahrt dorthin beim Amt für öffentliche Sicherheit in Dalian (s.S. 270) über die aktuelle Lage zu erkundigen.

Die 40 km südlich gelegene Hafenstadt Lüshun entschädigt für Dalians mangelndes historisches Bewusstsein. In der Nähe von Lüshun fügten die Japaner 1904 den Russen in einer Seeschlacht eine vernichtende Niederlage zu und schockierten damit die Welt. Es war der Beginn eines blutigen Feldzuges, der in Shenyang endete, wo der Zar 1905 schließlich kapitulierte. Damit befand sich Nordostchina in den Händen der Japaner, die sich für die nächsten 40 Jahre in der Region festsetzten. Hauptmotiv für einen Besuch für Touristen, die Interesse am Russisch-Japanischen Krieg haben, ist das ehemalige Gefangenenlager, das in ein Museum umgewandelt wurde, um an die ehemaligen Internierten zu erinnern.

Lüshun ist heute ein ruhiger Ort, der seit seiner kolonialen Vergangenheit als Port Arthur größtenteils unverändert geblieben ist. Am einzigen Hauptplatz stehen Gebäude, die eindeutig japanischen Architekturstil erkennen lassen. Bedeutendste Sehenswürdigkeit ist das **Japanisch-Russische Gefangenenlager** auf einem seichten Hügel im Norden der Stadt, das per Taxi vom Busbahnhof aus in fünf Minuten zu erreichen ist. Die Hälfte des Lagers wurde 1902 von den Russen als Gefängnis für Chinesen gebaut. Die Japaner vergrößerten es zwischen 1905 und 1945, um dort Chinesen, Russen und gegen den Tenno opponierende japanische Dissidenten zu internieren. Schließlich nutzten auch die chinesischen Kommunisten das Gefängnis, um Staatsfeinde einzukerkern. Noch heute schimmert unter der Farbe, mit der man die Aufschrift übertünchte, die Parole durch: „Lang lebe der Vorsitzende Mao Zedong". Andere Slogans der Kulturrevolution wurden besser übermalt. In dem Gefängnis befindet sich ein Folterraum, in dem ein Galgen und Skelette von Opfern ausgestellt sind. Vor einem T-Ford von 1914, der einem japanischen Aufseher gehörte, kann man sich für ¥14 fotografieren lassen. Es wird ein Rundgang durch das Gelände mit Erklärungen auf Chinesisch zu den ausgestellten Fotografien angeboten. ⏲ tgl. 8–16.30 Uhr, Eintritt ¥15.

Lüshun wartet außerdem mit einem **Grab der russischen Märtyrer** auf, das an die Soldaten erinnert, die 1945 bei der Befreiung der Stadt ums Leben kamen. Es befindet sich westlich des Gefangenenlagers. Auf dem **Baiyun Shan**, einem Hügel nahe des Stadtzentrums mit Blick auf das Gelbe Meer, stehen Kanonen und Befestigungsanlagen, die von den Japanern zurückgelassen wurden. Die Wanderung vom Busbahnhof dorthin ist nicht weit, führt jedoch ein beträchtliches Stück bergauf.

Es gibt keine **Restaurants** in der Nähe von Lüshuns Sehenswürdigkeiten, doch in der Nähe des Busbahnhofs und am zentralen Platz der Stadt werden Nudeln und Obst angeboten.

Transport

Busse benötigen von Dalians Bushaltestelle in Heishijiao bis nach Lüshun 1 Std. (Abfahrt alle 1/4 Std., ¥7). Die Straße zwischen beiden Städten ist von alten japanischen Villen gesäumt, die längst zu Bauernhäusern oder Ställen umgestaltet wurden. Während der Fahrt hat man schöne Ausblicke aufs Meer. Die Busse zurück nach Dalian fahren regelmäßig und häufig vom Busbahnhof im Zentrum von Lüshun ab. Tickets sind am Bahnhofsschalter erhältlich (¥8). **Taxis** kosten in und um Lüshun die Grundgebühr von ¥5 (z.B. für die Fahrt vom Bahnhof zum Gefangenenlager). Die Fahrt hinauf zum Baiyun Shan kostet rund ¥16.

Dandong

Als wenig bekannter Hafen, der versteckt in der äußersten Ecke der Provinz Liaoning in der Nähe der Mündung des Yalu ins Gelbe Meer liegt, ist Dandong für Reisende hauptsächlich wegen seiner unmittelbaren Nähe zu **Nordkorea** interessant (die koreanische Stadt **Sinuiju**, chinesisch Xinyizhou, liegt am anderen Ufer des Yalu). Außerdem ist Dandong Ausgangspunkt für einen Besuch des **Naturschutzgebietes Changbai Shan** (s.S. 282).

Die Stadt ist eine Art Hongkong des Nordostens und ein Touristenmagnet. Südkoreaner kommen, um hinüber ins Land ihrer nördlichen Landsleute zu spähen, für Reisende aus Nordkorea ist Dandong die erste Station in China, und Chinesen reisen an, um die äußerste Grenze ihres Landes zu sehen. In der Stadt, in Geschäften wie in Speiselokalen, ist starker koreanischer Einfluss zu spüren. Die Promenade am Yalu ist gespickt mit Spielangeboten, Parks und modernen Restaurants. Es gibt sogar ein Café, das nordkoreanisches Fernsehprogramm zeigt. Die Tage der Kleinstadt könnten in absehbarer Zeit gezählt sein, denn in der Schublade liegen ehrgeizige Pläne für einen neuen Highway und ein Netz aus Meerestunneln, durch das Züge aus Beijing unter Korea hinweg nach Tokio fahren sollen. Im September 2002 wurde sogar darüber verhandelt, Sinuiju – das Plänen zufolge zu einer nordkoreanischen freien Wirtschaftszone erklärt werden soll – für Ausländer ohne Visazwang zu öffnen. Wer die Region besuchen möchte, sollte die aktuelle Situation bei *CITS* erfragen, da die Agentur auch Reisen nach Nordkorea organisiert (s.S. 276).

Dandongs Straßen sind zur Zeit noch nicht überlaufen und sauber, sie reflektieren die wirtschaftliche Blüte der Stadt. Es lohnt sich, einen Wochenendausflug aus Beijing hierher zu unternehmen oder bei einer Reise durch den Nordosten einen Zwischenstopp einzulegen. Die Zahl der einheimischen Touristen, die einmal nach Nordkorea hinüberstarren wollen, aber steigt, und diese Entwicklung beginnt die Ruhe zu stören. Sinuiju jenseits des Ufers weckt einfach große Neugierde. Auf der Promenade bieten fliegende Händler nordkoreanische Briefmarken mit Kampfparolen an. Das nordkoreanische Fernsehen, das in Hotels mit entsprechender Ausstattung zu empfangen ist, besteht aus mehreren Programmen, die unablässig die übermenschlichen Leistungen der Führer des Landes preisen – besonders die des Präsidenten für die Ewigkeit, des 1994 verstorbenen Kim Il Sung.

Lange Zeit kam man dem isolierten Staat ohne Visum am nächsten über die **alte Yalu-Brücke** (¥15) im Süden der Stadt, neben der neuen Brücke. Die Koreaner haben ihre Hälfte abgerissen, doch die chinesische Seite ist als Denkmal erhalten und mit 30 gerahmten Fotos der japanischen Originalkonstruktion von 1911 ausgestattet. Damals hieß die Stadt Andong. Die Brücke endet an einer Art Metallknäuel, das auf amerikanische Bombardierungen im Jahr 1950 zurückgeht – eine Reaktion auf die chinesische Einmischung in den Koreakrieg. Auf Aussichtsplattformen stehen Picknicktische, und chinesische Kleinunternehmer verleihen für ¥1 einige Minuten lang ihre Ferngläser an Interessierte, die hinüber nach Sinuiju starren wollen. Ab 8 Uhr werden an der Promenade in Brückennähe auch **Bootsfahrten** angeboten (¥8 für große Boote, die abfahren, wenn sie voll sind; ¥18 p.P. für kleine Zweisitzer). Die Boote fahren in nordkoreanisches Gewässer bis 1 m ans andere Ufer heran, und die Passagiere winken dann oft den jugendlichen, Maschinengewehre schulternden

Soldaten zu. Fotografieren ist gestattet, doch die meisten Auslandstouristen halten ihre Kameralinsen aus Scham vor den traurigen Anblicken an Sinuijus Ufer geschlossen: Es gibt wenig zu sehen außer einigen verrosteten Schiffen und Menschen, die auf ihre Mägen deuten.

Im Gegensatz dazu zeigt das Ufer von Dandong unverkennbar den Aufschwung. Die schöne Umgebung in der Nähe der Brücken ist vor allem gegen Abend voller bummelnder Touristen. Im nahen **Yalu-Park** kann man Autoscooter fahren oder für ¥1 auf dem grünen Gras sitzen. Am westlichen Ende der Promenade bildet der **Kulturplatz** den beleuchteten und heiteren Abendtreffpunkt der einheimischen Bevölkerung, wo Kinder in Tretautos herumfahren und Ball spielen.

Qi Jin Jie, die vom Bahnhof nach Osten führende Hauptstraße, bietet in den Abendstunden einen sehr lebendigen **Nachtmarkt**.

Museum zur Erinnerung an die Unterstützung Nordkoreas

Aufgrund der touristischen Stellung als Schlüsselloch nach Nordkorea ist Dandong eine Stadt der Gegensätze, was nirgends ersichtlicher ist als in dem riesigen, makabren Museum zur Erinnerung an die Unterstützung Nordkoreas gegen die amerikanische Aggression im Nordwesten der Stadt, ✆ 2150510. Vom Bahnhof fahren dorthin die Busse Nr. 1, 3, 4 und 5, am Stadion aussteigen und noch fünf Minuten nach Norden gehen. Am Eingang wird neben Präsident Jiang Zemins großer Kalligrafie, die ewige nordkoreanisch-chinesische Freundschaft beschwört, eiskalte Coca Cola verkauft. Das 1993 errichtete Museum zeigt in neun Hallen eine Ausstellung über den **Koreakrieg** und ist voller Landkarten, Skizzen, Schaubilder, Maschinengewehren, Handgranaten, blutrünstigen Fotos und Skulpturen von chinesischen und koreanischen Soldaten. Erläuterungen erfolgen nur auf Chinesisch. Englischsprachige Parolen sind lediglich auf chinesischer Propaganda zu sehen, die hinter den amerikanischen Linien abgeworfen wurde – bange Worte von Frauen, die sich fragen, wofür ihre Männer eigentlich kämpfen. Auch die offizielle Kriegserklärung der Vereinten Nationen in Halle 1 ist auf Englisch ausgestellt – das einzige schriftliche Dokument im ganzen Museum, das die offensichtlich banale historische Einzelheit erwähnt, dass Nordkorea den Krieg durch seine Invasion in den Süden losgetreten hat.

Das gesamte Gebäude wirkt wie ein Relikt des Kalten Krieges. In der Eingangshalle steht in Marmor gehauen die Parole „Besiegt das wolfherzige Amerika". Halle 5 präsentiert das Modell eines Schützengrabens, und in Halle 8 zeigt ein beeindruckendes Rundpanorama, wie koreanische und chinesische Soldaten die amerikanischen Aggressoren vernichtend schlagen. Nebenan folgt eine Ausstellung mit **nordkoreanischer Volkskunst**, unter anderem mit Puppen und ungewöhnlichen Kinderschuhen. Die letzte Halle erinnert an chinesische Soldaten, die zu Nationalhelden erklärt wurden und deren Fotos neben den Beschreibungen ihrer Verdienste prangen. Draußen neben dem Museum stehen einige MiGs und Panzer der Roten Armee. 🕒 tgl. Sommer 8–16 Uhr, Winter 8.30–15.30 Uhr, Eintritt ¥20.

Ein auffälliges Gebilde markiert auf dem **Huaiyuan Shan** hinter dem Museum einen Friedhof, auf dem über 10 000 chinesische Soldaten beigesetzt sind. In der Nähe des Museums steht desweiteren eine rechteckige Säule mit der Inschrift: „Widersteht Amerika, helft Korea." Zutritt zum Gelände des Monuments ¥2.

Übernachtung

In Dandong stehen zahlreiche preiswerte Unterkünfte zur Verfügung.

Dantiedasha*, direkt im Bahnhof, ✆ 2131031-320. Saubere Unterkunft, Dorm-Betten ¥25.

Guolü*, direkt am Bahnhof, ✆ 2122166. Besonders günstig gelegenes Gästehaus, alt, aber ordentlich. Das Personal könnte sich ein wenig mehr anstrengen. Das Restaurant unten kann man getrost ignorieren. Dorm-Betten ¥40.

Jinfangzhou**, 2 Shi Wei Lu, ✆ 2162009. Bietet ein wenig mehr Bequemlichkeit als andere Häuser. Dorm-Betten schon ab ¥30. Gute Lage neben der Yalu-Brücke mit Blick auf den Fluss und hinüber nach Nordkorea (nach Zimmern mit ungerader Nummer im 4. Stock oder höher fragen).

Yalu River Guesthouse***, 87 Jiu Wei Lu, ✆ 212 5901, 📠 2126180. Chinesisch-japanisches 3-Sterne-Hotel, das bessere Tage gesehen hat. Das Personal besorgt die Zugtickets. Vom Bahnhof zur nahen nördlichen Abzweigung nach rechts

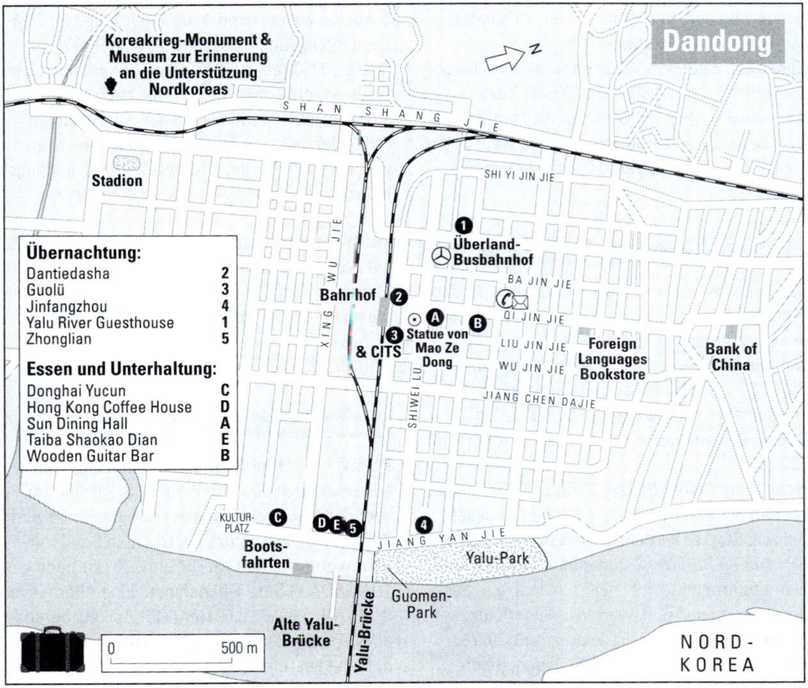

Dandong	丹东	***dāndōng***
Alte Yalu-Brücke	鸭绿断桥	*yālù duànqiáo*
Kulturplatz	文化广场	*wénhuà guǎngchǎng*
Museum zur Erinnerung an die Unterstützung Nordkoreas	抗美援朝纪念馆	*kàngměi yuáncháo jìniànguǎn*
Yalu-Fluss Park	鸭绿江公园	*yālùjiāng gōngyuán*
Übernachtung und Essen		
Dantiedasha	丹铁大厦	*dāntiě dàshà*
Donghai Yucun	东海渔村	*dōnghǎi yúcūn*
Guolü	国旅宾馆	*guólǚ bīnguǎn*
Hong Kong Coffee House	香港咖啡厅	*xiānggǎng kāfēitīng*
Jinfangzhou	金方舟酒店	*jīnfāngzhōu jiǔdiàn*
Taiba Shaokao Dian	太白烧烤店	*tàibá shāokǎodiàn*
Wooden Guitar Bar	木吉它酒吧	*mùjíta jiǔbā*
Yalu River Guesthouse	鸭绿江大厦	*yālùjiāng dàshà*
Zhonglian Hotel	中联大酒店	*zhōnglián dàjiǔdiàn*

gehen, von dort sind es noch wenige hundert Meter bis zum Gästehaus.

Zhonglian Hotel***, 1 District A2 an der Flusspromenade, ✆ 3170666, ✆ 3170888. Beste Adresse der Stadt mit Blick auf die zerbombte Brücke und Nordkorea. Der Reiseschalter in der Lobby ist äußerst hilfreich bei der Ticketbeschaffung.

Essen

Das Essen ist in Dandong erfreulich gut. Zu den örtlichen Spezialitäten gehören v.a. Süßwasserfisch und koreanische Gerichte.

Donghai Yucun, westlich der Yalu-Brücke, 42 Block E, ✆ 3155678. Bekannt für die lokale Fischspezialität *luzi yu*. Alle Gerichte mit Klebreis, Suppe, Brot und *jiaozi*. Mahlzeiten für 2 Pers. für ¥60–70.

Hong Kong Coffee House, 32 Block D. Frühstück mit den neuesten nordkoreanischen TV-Nachrichten. Starker koreanischer Kaffee für ¥20.

Sun Dining Hall No. 2, gegenüber dem Bahnhof. Eine Erfahrung für sich: heiß und laut, u.a. ausgezeichnete und preiswerte Nudelgerichte.

Taiba Shaokao Dian, 15 Block B, ✆ 3120778. Ebenfalls an der Promenade gelegen. Reichliches koreanisches Barbecue für ¥10.

Wooden Guitar Bar, gleich um die Ecke vom Hauptpostamt in der Qi Jin Jie. Ausgezeichnete Adresse für ein Bier vom Fass (¥15); häufige Live-Aufführungen.

Sonstiges

GELD – ***Bank of China***, Qi Jin Jie. Zweigstelle am Kulturplatz. Auch das ***Yalu River Hotel*** wechselt US$, Hongkong-$ und japanische ¥.

POST UND TELEFON – Postamt, Qi Jin Jie, ⌚ tgl. 8–17.30 Uhr. Zweigstelle am Kulturplatz.

REISEBÜROS – ***CITS***, ✆ 2135854, mit Büro vor dem *Guolü Hotel*, offeriert eine 10-tägige Tour nach **Nordkorea** mit Aufenthalten in Sinuiju, Pyöngyang und im Kumgang-Gebirge. Die Teilnahme an solchen organisierten Touren ist derzeit offensichtlich die einzige Möglichkeit, in dieses Land zu gelangen, und es ist alles andere als billig: Sie kosten mind. ¥6000 oder ¥2100 für 3 Tage in Pyöngyang. Tagesausflüge nach Sinuiju sind ab ¥450 realisierbar, doch sie lohnen sich im Grunde nicht – man sieht wenig mehr als eine stumme Fabrikstadt, die ein nordkoreanischer Guide vorstellt, der keine Fragen beantworten will. *CITS* hilft bei der Visabeschaffung, benötigt jedoch mind. eine 2-wöchige Anmeldefrist.

TAXIS – Taxis erheben eine Grundgebühr von ¥5, mit der die meisten Ziele im Stadtgebiet zu erreichen sind. VW Santanas nach Shenyang warten westlich vom Bahnhofsplatz auf Mitfahrer (¥50).

VORWAHL – 0415

Transport

BUSSE – Der **Überland-Busbahnhof** liegt unmittelbar nördlich des Bahnhofs im Stadtzentrum. Wer das Naturschutzgebiet Changbai Shan zum Ziel hat (s.S. 282), muss die Nacht in Dandong verbringen und Bus Nr. 804 um 6.30 Uhr nach TONGHUA (8 Std., ¥40) nehmen. Eine Alternative ist Bus Nr. 909 um 8.50 Uhr (¥45). Tickets bereits am Vorabend am Buchungsschalter am Busbahnhof kaufen.

EISENBAHN – Dandong ist sehr gut mit Chinas Nordosten verbunden. Fahrkarten sind ohne Umstände am Bahnhof oder über *CITS* erhältlich. Der **Bahnhof** liegt im Stadtzentrum in der Nähe der preiswertesten Hotels und etwa 1 km vom Fluss Yalu entfernt. Auf dem vornehm mit Marmor gepflasterten Vorplatz steht eine Statue Mao Zedongs.

Züge nach:
BEIJING 2x tgl., 14 Std.;
CHANGCHUN tgl., 10 Std.;
DALIAN tgl., 11 Std.;
QINGDAO tgl., 26 Std.;
SHENYANG 4x tgl., 4 Std.

FÄHREN – Eine koreanische Gesellschaft betreibt die Fähre *Oriental Pearl* zwischen Seoul in Südkorea und Dandong. Tickets für die 2-tägige Fahrt sind erhältlich bei der ***Dandong Ferry Company***, ✆ 3152666, ✆ 3156131. Fähren nach INCHON in Südkorea fahren 2x wöchentl., 20 Std.

Die Taxifahrt (¥40) zur Anlegestelle der Fähre dauert 1/2 Std. Es wird eine Ausreisesteuer von ¥30 erhoben.

FLÜGE – Dandongs **Flughafen** ist klein. Tickets gibt es über *CITS* oder am Flughafenschalter unter ✆ 2123427.
Flüge nach:
BEIJING 3x wöchentl., 1 1/4 Std.;
CHENGDU 3x wöchentl., 4 1/2 Std.;
SANYA 3x wöchentl., 6 1/2 Std.;
SHANGHAI 3x wöchentl., 2 1/2 Std.;
SHENZHEN 3x wöchentl., 5 1/2 Std.

Die Provinz Jilin

Die Städte der Provinz Jilin hatten stärker unter Eingriffen von Japanern, Russen und chinesischen Kommunisten zu leiden als alle anderen Städte Chinas. Grund dafür waren Jilins riesige Ressourcen an mineralischen Bodenschätzen, Kohle und Eisenerz, welche die Region in ein wucherndes **Industriegebiet** verwandelten und sie für 13 Jahre zum Regierungssitz von Mandschuguo machten. Obwohl die Schließung staatlicher Fabriken zu zahlreichen Entlassungen führte, herrscht nicht überall Depression, denn der **Tourismus** hat sich zu einer der wenigen Wachstumsindustrien gemausert. Die Straßen wurden in Stand gesetzt, das Eisenbahnnetz funktioniert und ist leicht zu nutzen, und nahezu alle Hotels sehen ausländische Gäste gern. Im Winter locken preiswerte **Ski- und Schlitten-Angebote**. Hohe Popularität bei einheimischen und südkoreanischen Touristen genießt das **Naturschutzgebiet Changbai Shan** (s.S. 282) – Berge und Wälder prägen an der nordkoreanischen Grenze, im entlegenen Osten der Provinz, die atemberaubende Landschaft. Der günstigste Ausgangspunkt für Besuche von Changbai Shan ist **Jilin**, eine gemütliche Kleinstadt mit wenigen Sehenswürdigkeiten, aber großartigen und preiswerten Wintersportmöglichkeiten. Gut 90 km westlich liegt die Provinzhauptstadt **Changchun**, eine liebenswerte, durchgeplante Stadt mit geradlinigen Boulevards und Plätzen, in der die wenigen Sehenswürdigkeiten weit voneinander entfernt liegen.

Die Provinz Jilin ist landesweit berühmt für die **Theaterform** *er ren zhuan*, die dem Varieté näher steht als der Pekingoper – zu den Aufführungen gehören Tanz, Gesang, Stabwirbel, Kostümwechsel und Monologe. In einer typischen Aufführung unterhalten ein Mann und eine Frau das Publikum mit einer humoristischen Erzählung über Liebeswerbung und Liebe. In bestimmten Geschäften finden sich Videos dieses Genres, *CITS* ermöglicht das Erlebnis einer Aufführung mit Übersetzung, und Taxifahrer oder Einheimische werden gerne behilflich sein, eine Theateraufführung ausfindig zu machen.

Changchun

Changchun leidet bis heute unter seinem historischen Ruf als Hsinking, Hauptstadt des Marionettenstaates Mandschuguo, den Japan von 1932 bis 1945 kontrollierte. Herrscher war Xuantong, besser bekannt als Puyi. Heute aber ist Changchun eine blühender Industriestandort für Kohle, Erdöl und Eisen, ihre Hochschulen sind ebenso berühmt wie ihr Filmstudio und die **Automobilfabrik Nr. 1**, welche die auf Chinas Straßen allgegenwärtigen Modelle *Jiefang* (Befreiung) und *Hongqi* (Rote Fahne) produziert. Erst kürzlich wurde mit einer neuen Produktionsserie begonnen: Modelle ohne hölzerne Innenausstattung und nicht auf Kader, sondern auf Chinas neue autoverrückte Mittelklasse ausgerichtet.

Ein Bummel südlich des Bahnhofs über die Hauptverkehrsachse Renmin Dajie zum Renmin Guangchang (Platz des Volkes) und weiter gen Westen zum Wenhua Guangchang (Kulturplatz) bietet eine gute, jedoch weitläufige Annäherung an die Stadt. Der Kulturplatz ist nach Beijings Tian'anmen der zweitgrößte städtische Platz der Welt. Einst stand dort ein japanischer Palast. Heute findet man im Zentrum einer ausgedehnten Grasfläche die Statue eines muskulösen nackten Mannes, der die Arme in Befreiungshaltung erhoben hat, sowie diejenige einer liegenden nackten Frau.

Palast des Marionettenkaisers

Changchuns einzige bemerkenswerte Sehenswürdigkeit ist der Palast des Marionettenkaisers im Osten der Stadt an der Strecke von Bus Nr. 10 vom Bahnhof, wo der letzte chinesische **Kaiser Puyi** von den Japanern als machtlose Galionsfigur eingesetzt wurde. 1912 bestieg Puyi auf Geheiß der im Sterben liegenden Kaiserinwitwe Cixi im Alter von acht Jahren den Kaiserthron in Beijing. Obwohl er noch im selben Jahr von der republikanischen Regierung zur Abdankung gezwungen wurde, behielt er seine königlichen Privilegien und wohnte weiterhin als lebender Anachronismus in der Verbotenen Stadt. Draußen hingegen wandte sich die junge Republik der Demokratie und dem 20. Jahrhundert zu. Puyis von Hofritualen bestimmtes Leben war vollkommen weltfremd. 1924 wurde er von den Nationalisten vertrieben, doch die Japaner schützten ihn und benutzten ihn in Changchun als symbolische Figur, die ihrer Fremdherrschaft Legitimität verlieh. Nach dem Krieg wurde er von den Kommunisten umerzogen und verbrachte seine letzten Lebensjahre als Gärtner. Seine Lebensgeschichte wurde 1987 in Bernardo Bertoluccis aufwändigem Werk „Der letzte Kaiser" verfilmt (der vielleicht fesselnder als ein Besuch des Palastes selbst ist).

Wie sein früherer Bewohner ist der Palast nur ein Abglanz des chinesischen kaiserlichen Prunks, eine ärmliche Miniatur von Beijings Verbotener Stadt mit zwei dürftig erhaltenen Höfen und einem Garten. Fotos von Puyi, die nur auf Chinesisch beschriftet sind, säumen die Wände, doch die Botschaft ist leicht an den Darstellungen von Puyi und seiner Frau zu erkennen: Sie liegt Opium rauchend auf einem Sofa, während er unten in der Halle fröhlich mit einem japanischen General konferiert. Eine Fotoausstellung im hinteren Gebäudeteil dokumentiert Japans brutale Invasion und Herrschaft. ⌚ tgl. 9–16.30 Uhr, Eintritt ¥20.

Nebenan zeigt das **Provinzmuseum Jilin** eine ausgewogene Mischung aus Kunstwerken und Landkarten – man muss allerdings Chinesisch beherrschen, um sie angemessen würdigen zu können. ⌚ tgl. außer Sa 8.30–16.30 Uhr, Eintritt ¥5.

Übernachtung

Changchun Hotel**–*** , 18 Xinghua Lu, ✆ 892 9920. Große Anlage im Südosten der Stadt mit gutem Reiseservice, am besten mit dem Taxi zu erreichen. Verschiedene Preise für DZ in 2 unterschiedlichen Blöcken.

Chunyi Hotel** , links gegenüber dem Bahnhofsplatz, ✆ 2799966, 📠 8960171. Angemessenes Preisgefüge bzgl. Sauberkeit und Lage. Zimmer mit Kabel-TV und Heißwasser. Frühstück inkl.

Maxcourt**** , Xi'an Dalu, ✆ 8962688, 📠 898 6288. Hotel gehobener Klasse mit Swimmingpool.

Rail Station Hotel* , verkehrsgünstigste Unterkunft der Stadt direkt am Bahnhof, ✆ 2703630. Dorm-Betten für ¥25.

Shangri-La, Luxus, 9 Xi'an Da Lu, ✆ 8981818, 📠 8981919. Das 5-Sterne-Hotel der Stadt. Kreditkarten werden akzeptiert. In der Lobby liegen kostenlose Stadtpläne mit den Sehenswürdigkeiten aus.

Essen

Zum Essen empfehlen sich die Umgebung südlich des Hotels *Shangri-La* und die Xi'an Dalu. Direkt gegenüber dem Hotel serviert ***Weiduoqian Lamian*** ausgezeichnete handgeschöpfte Nudeln. Einen Besuch wert ist auch ***Xiangyangtun*** wegen seiner nostalgischen Beijingküche à la Kulturrevolution. Vom *Shangri-La* auf der Tongzhi Jie nach Süden und an der Dong Chaoyang Lu nach links gehen. Zu den Spezialitäten gehören gebratene Skorpione und zerstampftes Laub. An der Kreuzung von Chongqing Lu und Renmin Dajie gibt es ein ***KFC***. Als abendlicher Treffpunkt eignet sich das ***Bowling Beer House*** im Westen des Kulturplatzes an der Xi Minzhu Dajie.

Sonstiges

AMT FÜR ÖFFENTLICHE SICHERHEIT (PSB) – 99 Renmin Dajie.

GELD – ***Bank of China***, 1 Tongzhi Lu, in der Nähe der Hotels *Changchun* und *Shangri-La*, ⌚ Mo–Fr 8.30–16 Uhr.

INTERNET – Gutes Internet-Café im 5. Stock des Gebäudes gegenüber dem Hotel *Shangri-La* an der Xi'an Dalu.

POST UND TELEFON – Direkt links vom Bahnhof neben dem Büro von *CAAC*, ⌚ tgl. 8.30–16.30 Uhr.

REISEBÜROS – ***CITS***, 31 Dong Chaoyang Lu, ✆ 5388784.

Changchun und Jilin (Stadt)

Changchun	长春	***chángchūn***
Changchun Hotel	长春宾馆	*chángchūn bīnguǎn*
Chunyi Hotel	春谊宾馆	*chūnyí bīnguǎn*
Kulturplatz	文化广场	*wénhuà guǎngchǎng*
Maxcourt Hotel	吉隆坡大酒店	*jílóngpō dàjiǔdiàn*
Palast des Marionettenkaisers	伪皇宫	*wěihuáng gōng*
Rail Station Hotel	铁路宾馆	*tiělù bīnguǎn*
Shangri-La Hotel	香格里拉饭店	*xiānggélǐlā fàndiàn*
Xiangyangtun Restaurant	向阳屯饭店	*xiàngyángtún fàndiàn*
Jilin (s.S. 280)	吉林	***jílín***
Beida Hu-Skigebiet	北大湖滑雪场	*běidàhú huáxuěchǎng*
Beishan-Park	北山公园	*běishān gōngyuán*
Dompfaffberg	朱雀山	*zhūquè shān*
Dongguan Hotel	东关宾馆	*dōngguān bīnguǎn*
Jiangbei-Park	江北公园	*jiāngběi gōngyuán*
Jiangnan-Park	江南公园	*jiāngnán gōngyuán*
Jilin Fandian	吉林饭店	*jílín fàndiàn*
Jilin International Hotel	吉林国际大酒店	*jílín guójì dàjiǔdiàn*
Katholische Kirche	天主堂	*tiānzhǔ táng*
Songhua-Hu-Skigebiet	松花湖滑雪场	*sōnghuā hú huáxuěchǎng*
Songhua-See	松花湖	*sōnghuā hú*
Yinhe Hotel	银河大厦	*yínhé dàshà*

TAXIS – Am Busbahnhof warten VW-Fahrzeuge. Preis aushandeln und abwarten, bis das Fahrzeug voll besetzt ist. Nur geringfügig teurer als Busse, doch man ist mindestens 1 Std. früher am Ziel. Evtl. erfolgt unterwegs ein Fahrzeugwechsel.
Die Grundgebühr für Taxis innerhalb der Stadt beträgt für die ersten 3 km ¥5, jeder weitere Kilometer ¥1,3.

VORWAHL – 0431

Transport

BUSSE – Vom **Busbahnhof** im Norden der Stadt gibt es zahlreiche Verbindungen zu anderen Zielen im Nordosten. Busse benötigen nach JILIN 2 Std., nach SHENYANG und HARBIN rund 4 Std.

EISENBAHN – Der **Bahnhof** liegt im Norden der Stadt und bietet Verbindungen zu allen anderen Städten des Nordostens.
Züge nach:
BEIJING 4x tgl., 11 Std.;
DANDONG tgl., 10 Std.;
HARBIN 4x tgl., 4 Std.;
JILIN 6x tgl., 2 Std.;
SHENYANG 20x tgl., 4 Std.;
TONGHUA 2x tgl., 9 Std.

FLÜGE – Zahlreiche Flüge verbinden Changchun täglich mit Chinas Großstädten. Vom 10 km nordwestlich der Stadt gelegenen **Flughafen** fährt ein Bus zum ***CAAC***-Büro neben dem Bahnhof, ✆ 298 8888.
Flüge nach:
BEIJING 6x tgl., 1 1/4 Std.;
CHENGDU 10x wöchentl., 4 1/4 Std.;

CHONGQING 3x wöchentl., 4 3/4 Std.;
DALIAN tgl., 1 Std.;
FUZHOU 2x wöchentl., 4 1/4 Std.;
GUANGZHOU tgl., 5 Std.;
HAIKOU 2x wöchentl., 5 1/4 Std.;
HANGZHOU 3x wöchentl., 2 1/4 Std.;
HONGKONG 2x wöchentl., 4 1/2 Std.;
JI'NAN 3x wöchentl., 1 3/4 Std.;
KUNMING 5x wöchentl., 5 1/2 Std.;
NANJING tgl., 2 Std.;
QINGDAO tgl., 2 Std.;
SHANGHAI 2x tgl., 2 3/4 Std.;
SHENZHEN 2x tgl., 4 3/4 Std.;
WENZHOU 2x wöchentl., 4 Std.;
WUHAN 3x wöchentl., 4 1/2 Std.;
XIAMEN 10x wöchentl., 3 Std.;
XI'AN 4x wöchentl., 3 Std.;
YANTAI 4x wöchentl., 1 1/2 Std.

Jilin (Stadt) und Umgebung

Die zur Zeit von Mandschuguo als Kirin bekannte Stadt Jilin wird vom **Fluss Songhua** in zwei Teile gespalten. Das eigentliche Stadtzentrum liegt nördlich des Flusses. Die Flusspromenade wurde 1998 fertig gestellt und lädt zu schönen Spaziergängen ein – besonders im Winter, wenn die Bäume mit Frostmänteln überzogen sind. Dieses Phänomen *(shugua)* lässt sich auf die Kondensation des östlich der Stadt gelegenen hydroelektrischen Damms am Songhua-See zurückführen. Das seltene Schaustück gehört zu Jilins Berühmtheiten, zusammen mit dem **Eisfest** im Januar und drei in der Nähe gelegenen Ski- und Schlittenparks. Der Winter ist also die optimale Zeit für einen Besuch in Jilin, obwohl die **Parks Beishan, Jiangnan** und **Jiangbei** auch im Sommer sehr reizvoll sind. Den besten Ruf der drei Parks genießt landesweit Beishan im Westen der Stadt an der Endstation von Bus Nr. 7 (¥2). Zahlreiche Wege erschließen das Gelände, dessen interessanteste **Tempelanlage Yuhuangge** (Tempel des Jadekaisers) heißt. Draußen warten zahlreiche Wahrsager auf gläubige Seelen, die Weissagungen über ihre Zukunft hören wollen.

Jilins auffälligstes Gebäude und zugleich eine Erinnerung an die Vergangenheit ist die **katholische Kirche** aus den 20er Jahren in der Songjiang Lu 3 in der Nähe der Flusspromenade. In unmittelbarer Nähe kümmert sich ein Hospiz um die älteren Mitbürger, was erklärt, warum das Durchschnittsalter von Jilins Katholiken bei 75 Jahren zu liegen scheint.

20 km östlich von Jilin liegt in einem großen bewaldeten Park und umringt von Bergen der tiefe und landschaftlich sehr schön gelegene **Songhua-See**. Ein Taxi zu dem beliebten Ausflugsort sollte rund ¥40 kosten. Ruderboote sind für ¥5 pro Stunde zu mieten. 1992 berichtete ein Soldat, er sei bei einer Bootsfahrt von einem Drachen angegriffen worden – ein Risiko, mit dem man leben muss … Im Gegensatz zu den meisten chinesischen Ausflugszielen scheint der Songhua-See groß genug zu sein, um den Besucherstrom aufnehmen zu können, denn auch an Wochenenden sind durchaus ruhige und friedliche Stellen zu finden, an denen man ungestört ist.

Das Südende des Sees bildet der große **Fengman-Damm**, der die einheimische Bevölkerung mit Stolz erfüllt. Obwohl sich der Wasserstand des Songhua-Sees in den letzten Jahren um die Hälfte vermindert hat – eine Folge des extensiven Holzeinschlags in seinem Einzugsgebiet –, tritt der Fluss alljährlich über die Ufer, sodass regelmäßig zumindest einige der vier Schleusentore des Damms geöffnet werden müssen. Mit skrupellosem chinesischem Pragmatismus wurden die Städte des Nordostens deshalb für den Fall, dass die jährlichen Fluten unkontrollierbar werden, auf ihre Anfälligkeit hin klassifiziert. Da Jilin ein hydroelektrisches Kraftwerk besitzt, wurde ihr höhere Bedeutung als der Stadt Harbin in der Provinz Heilongjiang beigemessen – bei einer katastrophalen Überschwemmung würden alle vier Schleusentore geöffnet, was Jilin verschonen und Harbin überschwemmen würde.

Skigebiete

Im Winter wird die Umgebung des Sees zu einem großartigen Ski- und Schlittengebiet. Am nächsten zur Stadt Jilin gelegen ist der **Dompfaffberg**, ein Gebiet, das früher vornehmlich wegen seiner Wandermöglichkeiten und Tempel und heute auch fürs Ski fahren bekannt ist. Ein Taxi vom Stadtbahnhof kostet nach Taxametermessung ¥35, ansonsten fährt Bus Nr. 338. Nach dem Aussteigen steht noch ein 1 km langer Spaziergang bis zum Park an, doch alternativ warten findige Kleinunternehmer mit Pferden und Hundeschlitten für ¥10. Es gibt einen kleinen Hang für Schlittenfahrer, einen für Skiläufer. Die Schlitten bestehen aus zwei mit Sperrholz verbundenen Skiern und erreichen hohe Geschwindigkeiten, wenn man rennend startet und sich bäuchlings auf sie wirft. Die Tagessätze (inklusive Ausrüstung) betragen ¥20 für Schlitten, ¥20 für Skier (¥100 Kaution). Im guten Restaurant mit schöner Aussicht auf die Hänge sitzen die Gäste auf einer von unten beheizten Plattform (*kang*). Da Ausländer hier eher selten sind, stehen sie im Mittelpunkt des Interesses von Personal und Stammgästen. Der Skiunterricht erfolgt quasi kostenlos – einfach einen hilflosen Eindruck machen, und schon steht einem jemand unterstützend zur Seite. ⏲ tgl. Sonnenaufgang bis -untergang, Eintritt ¥5.

Außerdem hat Jilin zwei erstklassige Skigebiete, die auch mit Skilifts ausgestattet sind (Transporte und Liftkosten treiben die Kosten auf das zwei- bis dreifache des Dompfaffbergs): **Songhua Hu Huaxue Chang** und **Beida Hu Huaxue Chang**. Zum Songhua-See fährt Bus Nr. 338 bis zum kleinen Bezirk Fengman (1/2 Stunde, ¥3), von wo noch eine kurze Taxifahrt bis zum Skigebiet ansteht. Ein Taxi von Jilin (26 km) kostet rund ¥50. Das größte Skigebiet, Beida Hu, 56 km südöstlich von Jilin gelegen, ist am bequemsten mit dem Taxi zu erreichen – die einfache Fahrt kostet etwa ¥100. Auch Jilins Reisebüros bieten Ausflugspakete zu diesen Zielen an.

Übernachtung und Essen

Mehrere kleine **Gästehäuser** in Jilin freuen sich über ausländische Kundschaft, doch manche von ihnen beteuern, es sei „gegen die Sicherheit", Dorms zu wählen.

Dongguan Hotel**, 2 Jiang Wan Lu, am Fluss, ✆ 2454272. Hat bessere Tage gesehen, doch angenehm wegen der zentralen Lage.

Jilin Fandian*, neben dem *International Hotel* und über der schäbigen *Artist Bar*, deren Eingang mit Nacktfotos gesäumt ist. Kein Telefon, Dorm-Betten ¥30. Offenbar haben sich örtliche Künstler darauf spezialisiert, Weihnachtsdekorationen aufzuhängen und „I love you" an die Fenster zu sprühen.

Jilin International***, 20 Zhongxing Jie, rechts vor dem Bahnhof, ✆ 2929818, 📠 2556161. Ordentliche Adresse, akzeptiert Kreditkarten.

Yinhe***, 97 Songjiang Lu, ✆ 4341780, 📠 484 1621. Luxuriöseste Adresse der Stadt. Eigener Tanzsaal, bequem neben einer Zweigstelle der *Bank of China*. Allerdings sind oft lärmende Touristengruppen anwesend.

In der Chongqing Jie gibt es zahlreiche gute **Restaurants**, zu denen das „Maultaschen"-Lokal ***Dongfang Jiaozi Wang*** südlich des *International Hotel* und nördlich des großen Kaufhauses *Fu Mart* gehört. In der Nähe ist auch eine Niederlassung von ***KFC***.

Sonstiges

GELD – ***Bank of China***, Jilin Dajie unmittelbar nördlich von Brücke, Kirche und *Dongguan Hotel*, ⏲ tgl. 8–17 Uhr.

INTERNET – Einige kleine Büros in der Nähe der Kreuzung zwischen Shanghai Lu und Chongqing Jie, einer Straße, die nordöstlich der Verbindung zwischen Postamt und Bahnhof verläuft, bieten Internet-Zugang.

POST UND TELEFON – Hauptpostamt gegenüber der *Bank of China*.

REISEBÜROS – ***CITS***, vor dem *Dongguan Hotel*, ✆ 2492978, 📠 2430690. Wer Changbai Shan zum Ziel hat, erhält hier nützliche Informationen. Eine fast noch bessere Adresse ist die ***Yintong Tourist Company*** im 5. Stock des Hotels *Milky Way*, ✆ 4842256, 📠 4842296; Zug- und Flugpläne stehen dort zur Verfügung, Kopien sind für ¥1 zu haben. Die Agentur organisiert auch Ausflüge in die Umgebung.

VORWAHL – 0432

Transport

BUSSE – Bus Nr. 38 pendelt zwischen dem **Flughafen** im Nordwesten der Stadt und dem relativ zentral gelegenen **Bahnhof** bzw. **Busbahnhof** in der Nähe des nördlichen Flussufers.

Züge nach:
BEIJING tgl., 13 Std.;
CHANGCHUN 6x tgl., 2 Std.;

DALIAN tgl., 15 Std.;
HARBIN 4x tgl., 6 Std.;
SHENYANG tgl., 10 Std.;
TIANJIN tgl., 17 Std.

Flüge nach:
BEIJING tgl., 1 1/4 Std.;
GUANGZHOU 2x wöchentl., 5 1/2 Std.;
SHANGHAI 2x wöchentl., 2 1/2 Std.

Das Naturschutzgebiet Changbai Shan

Das Changbai-Gebirge zieht sich von Nordosten nach Südwesten über rund 1000 km an der chinesisch-koreanischen Grenze entlang. Die langen harten Winter und feuchten Sommer machen den Gebirgszug zum einzigen seiner Art in Ostasien, der alpine Tundra aufweist. Der höchste Gipfel, Baitou Shan, ist mit 2744 m zugleich der höchste Berg im Osten des asiatischen Kontinents. Der hoch in den Bergen liegende große **See Tian Chi** gehört zu den landschaftlichen Höhepunkten des Nordostens, und die Umgebung, das Naturschutzgebiet Changbai Shan, präsentiert sich mit seinen zerklüfteten Gipfeln, die auf ausgedehnte Kiefernwälder hinabblicken, in schöner und wilder Form. Dieses abgelegene Hinterland Chinas ist schwer zu erreichen – trotz der in jüngerer Zeit ausgebauten Infrastruktur für den Transport von Besuchern aus den nahen Städten zum See. Nur wenig abseits der Touristenpfade lässt sich die Wildnis am besten genießen, doch dafür müssen Besucher gut vorbereitet und ausgerüstet sein.

Anreise Von überall her ist die Anreise nach Changbai Shan weit und aufwändig. Am einfachsten ist das Naturschutzgebiet durch die Buchung einer von *CITS* oder der Agentur *Yintong* in Jilin (s.S. 281) angebotenen Dreitagestour mit zwei Übernachtungen zu besuchen (¥450–600). Im Preis enthalten sind die Eintrittsgebühr für den Park und die Übernachtungen sowie die Besuche aller wichtigen Orte einschließlich des Tian Chi.
Aus allen Richtungen kann die Anreise mit öffentlichen Verkehrsmitteln erfolgen. Die Provinz Jilin verfügt über zahlreiche Eisenbahntrassen und Hauptstraßen, die meisten Orte werden von Zügen, Bussen und Taxis bedient. Zu den Optionen gehört ein neuer Zubringerservice aus der östlichen Provinzstadt **Yanji**, der eine Busfahrt von viereinhalb Stunden Dauer im Norden der Gebirgskette erforderlich macht (dieser Strecke folgt auch die *CITS*-Tour aus Jilin). Die Straßenverhältnisse können jedoch noch immer rau und holperig sein.
Die Anreise mit dem Zug ist via Yanji oder **Baihe**, einem Dorf am Fuß der Berge, möglich. Die einfachste Annäherung erfolgt von Norden her mit dem Bus von Jilin nach Baihe (6 Std.; ¥50). Von Changchun erfolgt die Anreise mit dem Nachtzug nach Yanji, von wo die Busfahrt drei weitere Stunden dauert.
Von Dandong im Süden fahren täglich um 6.30 Uhr und 8.50 Uhr Busse nach **Tonghua** (8 Std.; ¥40–45). Sie meistern die kurvigen, oft unbefestigten Pisten durch das ländliche China – eine harte, aber fesselnde Fahrt. Da Tonghua ein langweiliges Nest ist, kann man nach der Ankunft getrost sofort eine Zugfahrkarte nach Baihe lösen. Der Zug Nr. K952/953 verlässt Tonghua um 22.31 Uhr und erreicht Baihe um 05.03 Uhr. Eine weitere Verbindung bietet Zug Nr. 4241 mit Abfahrtszeit um 8.10 und Ankunftszeit in Baihe um 14.39 Uhr. Von Beijing kommend bietet sich der Nachtzug nach Tonghua (17 Std.) an – oder aber die Alternative, die viele Chinesen bevorzugen: Flug Beijing–Yanji (5x tgl., 1 Std. 50 Min.) und weiter mit dem Bus nach Baihe (3 Std.; ¥20).
Die Eisenbahn ist die beste Überlandverbindung, um die Region Changbai Shan wieder zu verlassen. Ferner gibt es eine unzuverlässige Busverbindung von Baihe, die fahrplanmäßig allmorgendlich um 6.30 Uhr nach Jilin (7 Std.; ¥45) starten soll, wo andere Busse nach Changchun (9 Std.; ¥60) bereitstehen.

Züge von Tonghua nach:
BAIHE 2x tgl., 7 Std.;
BEIJING tgl., 17 Std.;
CHANGCHUN 2x tgl., 9 Std.;
SHENYANG 2x tgl., 7 Std.

Naturschutzgebiet Changbai Shan		
Changbai Shan	长白山	***chángbái shān***
Baihe	白河	*báihé*
Changbaishan Hotel	长白山大酒店	*chángbáishān dàjiǔdiàn*
Tian Chi	天池	*tiānchí*
Tonghua	通化	*tōnghuà*
Yalin Hotel	雅林宾馆	*yǎlín bīnguǎn*
Yanji	延吉	*yánjí*

Das 1961 errichtete Naturschutzgebiet rund um den herrlichen Wasserspiegel des Tian Chi in der Nähe der höchsten Gipfel erstreckt sich über eine Fläche von mehr als 800 km² mit üppigen Wäldern, die überwiegend auf 500 m bis 1100 m liegen. Die unteren Bereiche sind von dichter Vegetation geprägt. Gewaltige koreanische Tannen erreichen Höhen von bis zu 50 m. In weiten Bereichen dominiert Mischwald. Auch die seltene mandschurische Fichte ist anzutreffen. In größeren Höhen sind die schottische Changbaikiefer, die an ihrer gelben Borke zu erkennen ist, sowie die japanische Eibe heimisch. Oben, wo das Klima kälter und dunstiger ist, sind die Fichten und Tannen winterhart, doch sie weichen allmählich subalpinem Grasland mit prächtigen alpinen Pflanzen und Tundravegetation. Zu den im Reservat anzutreffenden Tieren gehören Leoparden, Luchse, Schwarzbären und **Sibirische Tiger**, die inzwischen alle unter Schutz stehen, doch Jahrzehnte der ungehinderten Wilderei haben sie zu seltenen Erscheinungen gemacht. Zu den bemerkenswerten **Vogelarten** gehören die Goldbürzelschwalbe, der Pirol und der schmucke Fichtenkreuzschnabel. Der Reichtum an **Heilpflanzen** machte das Gebiet schon im 11. Jahrhundert für medizinische Studien interessant. Die Chinesen betrachten die Region als landesweit bestes Gebiet für Ginseng und Hirschgeweihe, die beide zu den traditionellen Heilmitteln zählen. Die seltenen Flechten des Reservats wurden jüngst auf ihren Nutzen als Mittel gegen Krebs untersucht.

Besucher – vorwiegend Einheimische, Südkoreaner und Japaner – kommen in immer größerer Zahl. Ein Touristendorf ist entstanden, und die Umgebung wird nun auch von Unrat, Souvenirständen und fliegenden Händlern heimgesucht. Nicht alle Besucher kommen wegen der Landschaft: Viele suchen nach Kräutern, vor allem die Japaner fangen Schmetterlinge (zum Sammeln) und Ameisen (zum Essen). Sobald die Tagesausflügler weg sind, wird es ruhig. Außerdem gibt es viele Möglichkeiten, fernab der lärmenden Massen zu wandern.

Changbai Shan verdient nähere Erkundungen. Nur wenig von den ausgetretenen Pfaden entfernt herrscht bereits die Wildnis. Da es nur wenige, weit voneinander entfernt liegende Siedlungen und lediglich Pistenstraßen gibt, ist jedoch Vorsicht geboten: Ohne kundige Begleitung sollte man nicht zu weit von den vorgegebenen Wegen abweichen. **Besondere Vorsicht** ist bei Wanderungen im Gebiet des Tian Chi anzuraten, denn der See berührt die **Grenze** zu Nordkorea. Zur Blütezeit des Patriotismus während der Kulturrevolution ordnete der Vorsitzende Mao an, die Grenzlinie zu kennzeichnen, doch sind keine klaren Markierungen zu erkennen. Deshalb sollte man unbedingt in Baihe Erkundigungen nach der aktuellen Situation einziehen.

Das **Wetter** ist in dieser Region sehr unbeständig und kann schnell umschlagen. Im Sommer sind sintflutartige Regenfälle nicht ungewöhnlich, Nebelschwaden verschleiern oft die Sicht, und die Gebäude am Gipfel sind häufig von der Stromversorgung abgeschnitten. Dennoch sind Besuche nur in den Sommermonaten durchführbar, denn die Temperaturen können im Winter sehr tiefe Werte erreichen, Schnee macht die Zufahrtsstraßen womöglich vollkommen unpassierbar. Eine Anreise mit öffentlichen Verkehrsmitteln ist auf die Monate Juni bis September beschränkt. Vor einer Reise ist unbedingt bei *CITS* nach dem örtlichen Wetterbericht zu fragen, denn starke Regenfälle können die Straßen überschwemmen und Besucher in den

Bergen von der Außenwelt abschneiden. Bei ungünstiger Wetterlage oder zu anderen Jahreszeiten als dem Sommer muss ein Jeep gechartert werden.

Für längere Aufenthalte sind eine gute Vorbereitung und angemessene **Ausrüstung** erforderlich. Dazu gehören Insektenschutzmittel, Tiger-Balsam gegen Insektenstiche, Wanderschuhe, wasserdichte Kleidung, Pullover, Taschenlampe, ein guter Schlafsack und für Campingunternehmungen eine hochwertige Allwetterausrüstung.

Baihe

Das Dorf Baihe liegt tief in Changbai und ist mit dem Zug zu erreichen. Die Weiterreise von dort erfolgt mit Bussen, die auf Pistenstraßen durch staubige Dörfer fahren. Baihe ist ein freundlicher kleiner Ort, denn auch der Touristenstrom hat das Dorfleben bislang nicht beeinträchtigt.

Das *Yanleyuan Restaurant* gegenüber dem Bahnhof ist empfehlenswert – nicht nur, weil es örtliche Spezialitäten wie zum Beispiel seltene Pilze serviert, sondern auch weil der Besitzer so etwas wie ein „Ein-Mann-Touristenbüro" ist: Er besorgt Fahrkarten für die Weiterreise, kümmert sich um die Unterbringung und kundschaftet die aktuellen Transportmöglichkeiten im Naturschutzgebiet aus. Wer nicht oben auf dem Berg übernachten will, kann sein Gepäck im Restaurant deponieren.

Übernachtung

Baishan Hotel***, ✆ 0433/571877. Unterkunft für Touristengruppen. Bei organisierten Touren ist die Übernachtung in diesem Haus inbegriffen.

Changbaishan Hotel*, ✆ 0433/5716983. Führende Adresse der Rucksackreise-Szene. Dorm-Betten ¥50. Nur für Einzelreisende, keine Aufnahme organisierter Gruppen.

Yalin Hotel*, ✆ 0433/5710526. Angemessene DZ. Eine interessante Alternative zu den Hotels in

Ginseng Changbais Ginseng gilt als der beste seiner Art in ganz China. Seit Jahrtausenden wird er für medizinische Zwecke gesammelt. Chinas erstes pharmakologisches Werk, das im 1. Jahrhundert n.Chr. entstand, beschreibt seine Fähigkeit, die fünf Innenorgane zu fördern, die Intelligenz zu schärfen, die weibliche Energie *Yin* zu stärken und die männliche Energie *Yang* zu kräftigen. Er wächst gewöhnlich im Schatten der koreanischen Kiefer. Eine Pflanze von wahrhaft medizinischem Wert soll eine Reifezeit von 50 Jahren benötigen.

Begehrt ist die Wurzel des Ginseng. Es ist durchaus vorstellbar, dass die Suche mehrere Wochen in Anspruch nimmt, und da mitunter Ginseng-Sammler verschwunden sind, haben sich unausweichlich abergläubische Vorstellungen entwickelt. Angeblich werden die Wurzeln von Schlangen und Tigern bewacht. Dem Volksmund zufolge muss ein Sammler, der von Gelächter, einem weißbärtigen Mann oder einer Gruppe tanzender Feen träumt, aufstehen und schweigend in den Wald gehen. Wenn seine Gefährten ihm folgen, ohne ihn anzusprechen, wird er sie zu der Wurzel führen. Die Sammler des Changbai-Ginsengs arbeiten im Sommer, wenn die Pflanze an ihren roten Beeren zu erkennen ist. Eine Methode sie aufzuspüren besteht darin, nach dem Ruf des Bangchui-Spatzen zu lauschen, der heiser wird, wenn er Ginsengsamen gegessen hat. Sobald ein Ginseng gefunden ist, wird ein Stock in den Boden gesteckt und ein rotes Tuch daran gebunden: Der Tradition zufolge verhindert das Tuch die Flucht des Kindes des Ginsengs – des Geistes der Wurzel. Die Pflanzen wachsen niedrig, und ihre Wurzeln sind im oberen Bodenbereich aufwärts gerichtet. Das Ausgraben ist eine diffizile Angelegenheit, denn wenn auch nur eine der zarten Wurzeln beschädigt wird, sinkt der Wert der gesamten Pflanze beträchtlich. Der Wert der Wurzeln bemisst sich nicht nur nach dem Gewicht, sondern vor allem danach, wie hoch der Grad ihrer Ähnlichkeit mit einem menschlichen Körper mit Kopf und vier Gliedmaßen ist. Wer eine wilde Wurzel findet, ist reich, denn Changbai-Ginseng hat einen Marktwert von ¥1000 pro Gramm.

Gezüchteter Ginseng ist nur einen Bruchteil davon wert.

Baihe bieten die kleinen Familienrestaurants in der Nähe des Bahnhofs. Viele von ihnen haben **Hinterzimmer**, die für gerade einmal ¥10 p.P. vermietet werden. Diese Zimmer sind mit einem *kang* ausgestattet: Einem hölzernen Aufbau über einer Rohrleitung, die vom Küchenofen kommt und von dort Wärme herbeiführt – ein typisches Merkmal des kalten Nordchina. Tagsüber dient der *kang* als Sitzfläche während der Mahlzeiten, nachts werden Matratzen auf ihm ausgerollt. Er befindet sich an der Westseite des Zimmers, wo die Ahnen verehrt werden – der gebührende Platz für die nächtliche Ruhe. Die Zimmer können nachts sehr warm und die Luft trocken und stickig werden, doch im Winter ist diese Wärme unverzichtbar. Die privaten Vermieter solcher Zimmer wünschen, dass sich ihre Gäste etwas im Hintergrund halten, denn das Amt für öffentliche Sicherheit sieht diese Praxis nicht gerne.

Tian Chi und Umgebung

Der spektakulär gelegene Tian Chi (Himmelssee) ist ein tiefer **Vulkankrater** mit einem Durchmesser von 5 km. Er ist umgeben von Gipfeln, Wasserfällen und bläulich in der Ferne schimmernden schneebedeckten Bergen. Die Busfahrt von Baihe zum Tian Chi dauert zwei Stunden (¥35). In den Sommermonaten bedienen fahrplanmäßige Touristenbusse die Strecke. Jeeptaxis von Baihe zum See kosten ¥100. Am Eingang zahlt jeder Besucher ungeachtet seiner Nationalität eine Eintrittsgebühr von ¥80. Der Bus aus Baihe setzt die Passagiere an einem Parkplatz ab, von dem aus ein Weg zum See führt. Die **Wanderung** dorthin nimmt etwa eine Stunde in Anspruch. Alternativ führt weiter westlich ein Weg zum See, der landschaftlich schöner, aber auch gefährlicher zu begehen ist, weil er an zahlreichen Abhängen entlangführt. 500 m östlich des Parkplatzes gibt es einen idyllischen Wasserfall, und unmittelbar südlich der Parkfläche kann man heiße Quellbäder in einem Badehaus nehmen (¥40). Vom See führen Pfade in die Berge, die zur näheren Erkundung locken – doch es sei nochmals gewarnt: Keinesfalls das Risiko einer Grenzüberschreitung nach Nordkorea eingehen!

Die letzten Busse zurück nach Baihe fahren gegen 16 Uhr ab. Das offizielle Campingverbot wird offenbar nicht rigoros verfolgt, da durchaus Zelte zu sehen sind.

Die Provinz Heilongjiang

Harbin

Die letzte Großstadt vor der subsibirischen Wildnis und den verstreuten Öl- und Bergbauzentren des Nordens ist Harbin, die Hauptstadt von Heilongjiang und der vielleicht einzige Ort der Provinz, der für Touristen interessant ist. Besonders das winterliche **Eislaternenfest** ist einen Besuch wert. Harbin besitzt als eine der wenigen Städte des Nordens einen ausgeprägten eigenen Charakter, erwachsen aus dem Kolonialismus und der Nähe zu **Russland**.

Die Stadt war einst ein kleines Fischerdorf am Fluss Songhua – der Name bedeutet: „Wo die Fischernetze getrocknet werden" –, doch dies fand ein jähes Ende, als die Weltgeschichte über die Region hereinbrach. 1896 erhielten die Russen einen offiziellen Vertrag zum Bau einer Eisenbahnlinie von Wladiwostok via Harbin nach Dalian. Im Zuge dieses Abkommens strömten Eisenbahnarbeiter ins Land, und Harbins Bevölkerungszahl nahm rapide zu. Weitere Russen suchten 1917 in der Region Zuflucht, als vor allem weißrussische Flüchtlinge vor den Bolschewiken flohen. Viele von ihnen blieben für den Rest ihres Lebens. 1932 besetzten japanische Truppen, die aus der Mandschurei vorrückten, die Stadt, und 1945 fiel sie für ein Jahr in die Hände der russischen Armee, bis Stalin und Chiang Kaishek sich gütlich einigten. Harbin wurde an die Chinesen zurückgegeben, doch die abziehenden Russen nahmen die meisten industriellen Anlagen mit. Die Rückkehr zum Mutterland bescherte keinesfalls dauerhaften Frieden: Als sich die Beziehungen mit der Sowjetunion verschlechterten, blickten die Stadtbewohner besorgt nach Norden, wo schwere Grenzscharmützel losbrachen. In der Kulturrevolution wurde Harbin zur Stätte heftiger parteipolitischer Auseinandersetzungen.

Es überrascht nicht, dass die Stadt den Spitznamen **Klein-Moskau** trägt. Obwohl große Teile der alten Architektur abgerissen und durch sterile Häuserblocks und Wolkenkratzer ersetzt wurden, wirkt die Stadt noch immer ein wenig wie der letzte verbliebene schäbig-rührselige Vorposten des imperialistischen Russland. Begrünte Boulevardstraßen sind mit europäisch anmutenden Häusern in Pastellfarben gesäumt, und knollige Zwiebeltürme zieren das Stadtbild. Auch die Stadtbewohner haben sich einige Sitten ihrer Nachbarn angeeignet: Abgesehen von ihrer Vorliebe für Eiscreme und Kuchen stehen sie im Ruf, Chinas hartgesottenste Trinker zu sein. Die Vergangenheit lebt in der liebevoll restaurierten Einkaufsstraße Zhongyang Dajie im Stadtzentrum ebenso auf wie in der russischen Kathedrale, die heute als Kunst- und Architekturzentrum eine Fotoausstellung über die Stadtgeschichte beherbergt.

Das sommerliche **Klima** ist relativ angenehm, im Winter allerdings können die Temperaturen bis auf unter –30 °C stürzen. Da die Einheimischen an solche Kältegrade gewöhnt sind, ist die Stadt im Winter am lebendigsten, denn es herrschen die besten Skibedingungen, und außerdem stehen die berühmten Eisfeste im Dezember und Januar an. Ausländer finden vorwiegend zum Eislaternenfest den Weg nach Harbin, eine Zeit, zu der die Einheimischen ihre Freundlichkeit und Hilfsbereitschaft ganz besonders hervorkehren.

Harbins Zentrum liegt am Südufer des Songhua. Dort befinden sich die belebtesten Straßen sowie der Bahnhof. Das weiter südlich gelegene Stadtgebiet kann man getrost ignorieren. Gute Ausgangspunkte für Erkundungen sind der **Distrikt Daoli** nordwestlich des Bahnhofs und die Umgebung der **Zhongyang Dajie**. Ein Taxi dorthin vom Bahnhof kostet rund ¥10. Wer zu Fuß gehen will, halte sich am Bahnhofseingang nach links und folge der Jihong Jie. Eine Kurve erweckt den Eindruck, dass die Straße fortan nach Süden verläuft, doch nach weiteren 20 Minuten hat man den Xinyang-Platz am *Holiday Inn* erreicht, wo sich ein Kreisverkehr befindet.

Harbin ist eher ein Erholungszentrum als ein kulturelles Mekka: ein guter Ort um durch die Straßen zu schlendern und einzukaufen. Das **Einkaufszentrum** befindet sich im Distrikt Daoli in einem Dreieck zwischen den Straßen Diduan Jie und Jingwei Jie, es besitzt zahlreiche Boutiquen mit Markenware, Pelzgeschäfte und Kaufhäuser. In den kleineren Straßen und Alleen ist **russische Architektur** mit abbröckelnden Stuckfassaden und eleganten Balkonen zu bewundern. Auf einem großen Markt am Xinyang-Platz wird Damenbekleidung angeboten, die besten Großkaufhäuser befinden sich in der Diduan Lu und Zhongyang Dajie. Die Geschäfte in der letztgenannten Straße wurden ausnahmslos restauriert. Die Gedenktafeln in englischer Sprache berichten über deren Vergangenheit als Kolonialhäuser. Nicht versäumen sollte man einen Besuch des Kaufhauses in der Hausnummer 107 – und sei es nur, um einen Blick auf das spektakuläre Oberlicht und die Reproduktion eines Freskenausschnitts aus Michelangelos Sixtinischer Kapelle an der Rückwand zu werfen. Gegenüber befindet sich ein weiteres Bauwerk, das anzuschauen sich lohnt. Es beherbergt heute den *Jiaoyu*-Buchladen. An der mit Kopfsteinen gepflasterten Zhongyang Dajie, die seit 1998 für den Autover-

Harbins Feste Das frostige Winterwetter bietet alljährlich die Gelegenheit für das berühmte **Eislaternenfest**. Es findet vom 5. Januar bis zum 5. Februar statt und wird je nach Touristenandrang – 2,5 Millionen Besucher waren es im Jahre 2002 – verlängert. Der Zhaolin-Park, das Zentrum des Festes, wird in diesen Tagen zu einem Märchenland mit großartigen Skulpturen. Mit Kettensägen und Spitzhacken werden ganze Bauwerke mit Treppen, Bögen und Brückenübergängen aus Eis geschaffen, die teilweise von innen mit bunten Lampen angestrahlt werden. Die Bildhauer jeden Alters arbeiten im Dezember bei Temperaturen unter –20 °C und verdienen gerade einmal ¥20 für einen zwölfstündigen Arbeitstag. Zu den Höhepunkten früherer Feste gehörten Nachbildungen St. Paul's Cathedral in London sowie maßstabgetreue chinesische Tempel. In letzter Zeit dominierten vor allem Cartoonfiguren über die traditionellen chinesischen Motive. Auch die Sonneninsel bietet eine Ausstellung mit Schneeskulpturen. Man kann über den Fluss wandern oder sich für ¥10 in einem Pferdekarren über die Eisfläche kutschieren lassen. Während des Festes finden auch zahlreiche andere Kulturveranstaltungen statt, den Abschluss bildet ein großes Feuerwerk.

Im Sommer ist Harbin Gastgeber eines traditionellen klassischen **Musikfestivals** (Mitte bis Ende Juni), in dessen Verlauf Orchester und Kleingruppen in den acht Theatern der Stadt auftreten.

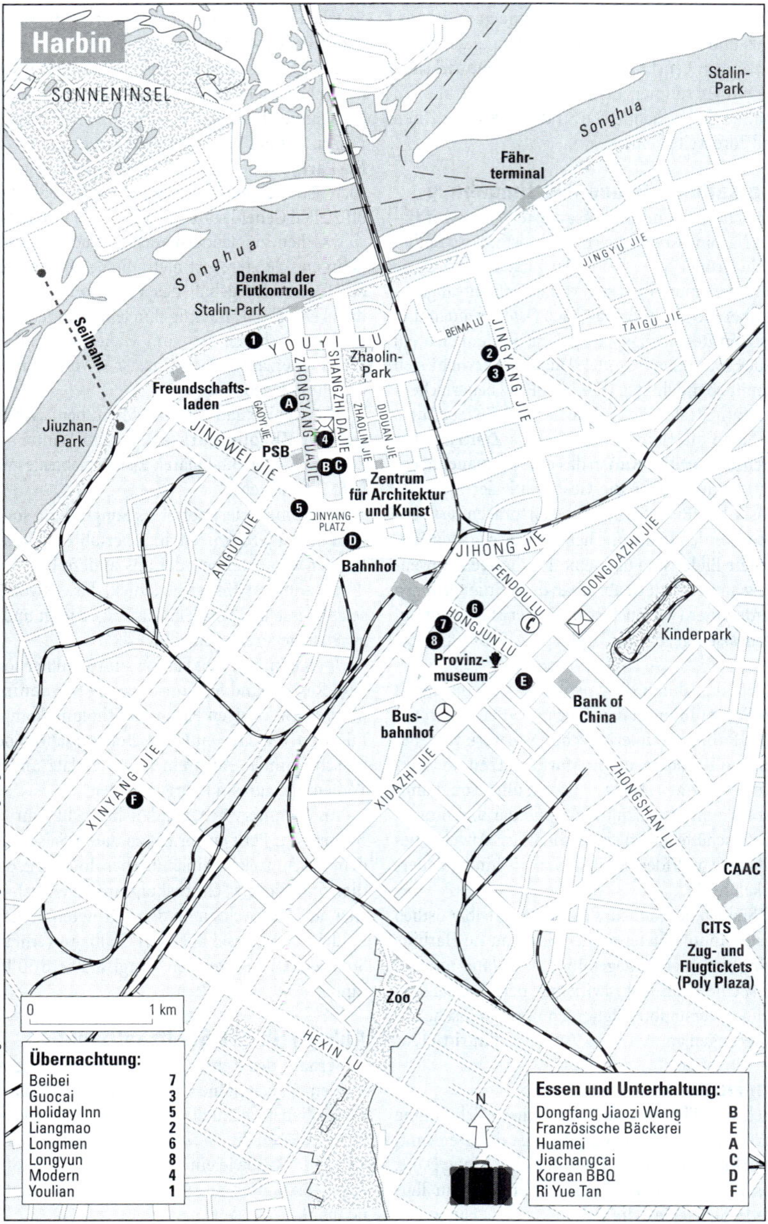

Übernachtung:

Beibei	7
Guocai	3
Holiday Inn	5
Liangmao	2
Longmen	6
Longyun	8
Modern	4
Youlian	1

Essen und Unterhaltung:

Dongfang Jiaozi Wang	B
Französische Bäckerei	E
Huamei	A
Jiachangcai	C
Korean BBQ	D
Ri Yue Tan	F

kehr gesperrt ist, gibt es zahlreiche gute Restaurants und Bars, auch *KFC* und *McDonald's* machen mit grellen Leuchtreklamen auf sich aufmerksam. Im Winter säumen Eisskulpturen die Straße, im Sommer haben zahlreiche Straßencafés ihre Türen und Tore weit geöffnet.

Die Kathedrale und ihre Umgebung

Die schönste und interessanteste Sehenswürdigkeit Harbins ist die alte russisch-orthodoxe Kathedrale (früher St. Sofia) in der Zhaolin Jie. Um sie zu finden, muss man sich von der Zhongyang Dajie über die Xi Shi Er Dao nach Osten wenden und bis zum Regierungsplatz gehen, an dem sich ein neues Kaufhaus befindet. Die Kirche erhebt sich unmittelbar dahinter. Die einen Platz beherrschende Kathedrale mit restauriertem Zwiebelturm ist heute die Heimat von Harbins **Zentrum für Architektur und Kunst**, das eine permanente Fotoausstellung über die Geschichte der Stadt als russischer Eisenbahnvorposten präsentiert. Die Fotos werden in ansprechender Weise präsentiert. Weitere Bilder sind über eine Touchscreen-Anwendung an Computern abrufbar, doch Erläuterungen werden hier (wie auch sonst in der Halle) nur auf Chinesisch gegeben. ⌚ tgl. 8.30–17 Uhr, Eintritt ¥20.

Bedingt durch die frostigen Beziehungen mit der Sowjetunion in den 60er und 70er Jahren besitzt Harbin ein unterirdisches Netzwerk von ehemaligen **Bunkern**, die zu **Marktplätzen** umfunktioniert wurden. Dieses Netzwerk führt vom Bahnhof bis zum Provinzmuseum und darüber hinaus. Die Geschäfte halten ein reichhaltiges Angebot bereit, das von Video-Raubkopien bis hin zu Lederjacken reicht.

Südlich der Kathedrale und unmittelbar östlich des Bahnhofs bietet an der Hongjun Lu Harbins **Provinzmuseum** gegenüber dem *International Hotel* eine etwas leblos wirkende permanente Ausstellung verstaubter Reliquien ohne englische Erläuterungen an. ⌚ Di–So 9–16 Uhr, Eintritt ¥12.

Am Fluss

Auch das Flussufer ist eine nähere Erkundung wert. Ein guter Ausgangspunkt ist das **Denkmal der Flutkontrolle** am Ende der Zhongyang Dajie. Das 1958 errichtete Monument erinnert an Tausende Menschen, die damals in den Fluten des Songhua ums Leben kamen, sowie an die schlimmen Überschwemmungen in den Sommern 1989 und 1998. Der Platz, auf dem das Denkmal steht, ist ein beliebter Treffpunkt der Einheimischen, die dort Tauben füttern oder Drachen steigen lassen.

Am Ostufer des Flusses befindet sich der **Stalin-Park**, der besonders an Wochenenden gut besucht ist. Die Menschen kommen zur wohl letzten offiziellen Gedenkstätte für Stalin, um ihre Kleider zu waschen, zu plaudern oder ein Bad im Fluss zu nehmen – letzteres ist nicht die beste Idee, denn der Quecksilbergehalt des Wassers ist so hoch, dass keine Fische mehr in ihm leben. Andere Parkbesucher scharen sich um Handleser und Geschichtenerzähler, die chinesische Volksmärchen zum Besten geben.

Nur wenig südöstlich des Monuments schließt sich der **Zhaolin-Park** an, der im Winter zum Zentrum des spektakulären Eislaternenfestes wird (s.S. 286, Kasten).

Im Winter friert der Fluss Songhua zu, sodass man mit Pferdekarren hinüberfahren, Gokart-Rennen veranstalten oder ans andere Ufer wandern kann. Das Eis wird so dick, dass es voll besetzte Busse und beladene Lastwagen trägt und als zusätzliche Straße genutzt wird.

Im Sommer setzen Fähren zum Nordufer sowie zum Ressort und Sanatoriumsdorf **Sonneninsel** über, einem riesigen Park und Erholungskomplex mit Seen, die dazu einladen, Boot zu fahren oder zu schwimmen. Auch ein Rummelplatz und ein Waffenmuseum sind dort zu finden.

An Sommerwochenenden herrscht sehr viel Betrieb. Der Park entspricht zu dieser Saison eher dem Geschmack von inländischen Touristen, doch die winterlichen Schneeskulpturen ziehen Besucher aus aller Welt an. In den wärmeren Monaten ist die Sonneninsel auch per Seilbahn (einfache Strecke ¥30) zu erreichen. ⌚ tgl. 8.30–16.30 Uhr, Eintritt ¥5.

Außerhalb des Stadtzentrums

Außerhalb des Zentrums, im Distrikt Nangang, werden einige schöne alte **Kirchen** noch heute für Gottesdienste genutzt. Besondere Aufmerksamkeit verdienen die Bauwerke in der Dong Dazhi Jie 252 und 268 sowie ein weiteres Gebäude in Shike (dem Taxifahrer als Adresse *Nangang Jiaotang* nennen).

Harbin und Umgebung

Harbin	哈尔滨	***hāěrbīn***
Denkmal der Flutkontrolle	防洪纪念碑	*fánghóng jìniànbēi*
Museum der Provinz Heilongjiang	黑龙江省博物馆	*hēilóngjiāngshěng bówùguǎn*
Songhua-Fluss	松花江	*sōnghuā jiāng*
Sonneninsel	太阳岛	*tàiyáng dǎo*
Stalin-Park	斯大林公园	*sīdàlín gōngyuán*
Zentrum für Architektur und Kunst	哈尔滨建筑艺术馆	*hāěrbīn jiànzhù yìshùguǎn*
Zhaolin-Park	兆林公园	*zhàolín gōngyuán*
Zhongyang Dajie	中央大街	*zhōngyāng dàjiē*
Zoo	动物园	*dòngwù yuán*
Übernachtung und Essen		
Beibei	北北大酒店	*běiběi dàjiǔdiàn*
Guocai	果菜大厦	*guǒcaì dàshà*
Holiday Inn	哈尔滨万达假日饭店	*hāěrbīn wàndájiàrì fàndiàn*
Huamei	华梅饭店	*huáméi fàndiàn*
Jiachangcai	家常菜饭店	*jiāchángcài fàndiàn*
Liangmao	粮贸饭店	*liángmào fàndiàn*
Longmen	龙门大厦	*lóngmén dàshà*
Longyun	龙运宾馆	*lóngyùn bīnguǎn*
Modern	马达尔宾馆	*mădáěr bīnguǎn*
Ri Yue Tan	日月潭	*rìyuè tán*
Youlian	友联宾馆	*yǒulián bīnguǎn*
Umgebung		
Daqing	大庆	*dàqìng*
Mudanjiang	牡丹江	*mǔdān jiāng*
Pingfang	平方	*píngfāng*
Qiqihar	齐齐哈尔	*qíqíhāěr*
Spiegelsee	镜泊湖	*jìngpō hú*
Yabuli Skigebiet	亚布力滑雪场	*yàbùlì huáxuěchǎng*

Im **Zoo** im Süden der Stadt – zu erreichen mit Bus Nr. 81 von Xi Dazhi Jie und 338 vom Bahnhof – ist der seltene mandschurische Tiger zu sehen, dessen Bestand in der Wildnis auf nur noch rund 30 Tiere geschätzt wird. Die Tiger wurden in diesem Zoo erfolgreich gezüchtet, was sie vor der endgültigen Ausrottung bewahren könnte. Allerdings scheinen die Lebensbedingungen in einem chinesischen Zoo auch nicht sonderlich empfehlenswert zu sein. 🕓 tgl. 8–17 Uhr, Eintritt ¥5.

Übernachtung

Bei der Übernachtung gehört Harbin zu den preiswerteren Städten des Nordostens. Die Auswahl an Hotels ist größer als anderswo in der Region. Es lohnt sich durchaus, bei der Einquartierung nach einer Preisreduzierung zu fragen. Preiswerte Unterkünfte gibt es in Bahnhofsnähe sowie etwas weiter nördlich in den Straßen des Zentrums. Die Bahnhofsgegend ist zwar bequem für die Weiterreise, doch die Umgebung ist laut, schmutzig, überlaufen und liegt ungünstig zum Distrikt Daoli. Zu den interessanten Erscheinungen dieser Gegend gehören die Frauen, die in Glaskäfigen hinter dem *Longyun Hotel* sitzen und ihre Kämme gegen die Scheiben trommeln, wenn jemand vorbeigeht. Es sind Masseusen, die ihre Dienste ab ¥50 für eine Dreiviertelstunde anbieten. Einst war ihre Schar größer, doch eine Kampagne gegen Unzucht hat viele von ihnen vertrieben.

Beibei**, direkt gegenüber dem Bahnhof, ✆ 364 2200. Die ehemalige Absteige *Beiyuan* ist unter neuem Management aufpoliert worden. Russische Prostituierte sind allerdings noch immer in der Lobby anzutreffen.

Guocai*, 42 Beima Lu, ✆ 8307977. Etwas abgelegen im ruhigeren Nordwesten der Stadt. Kleines Hotel mit hellen ruhigen Zimmern. Angenehmes Personal und exzellentes Restaurant im 2. Stock. Vom Bahnhof nach links bis zum Kreisverkehr gehen, dort Bus Nr. 107 oder 109 via Jingyang Jie nehmen. Einzelreisenden werden unter Umständen 50% Rabatt eingeräumt.

Holiday Inn, Luxus, 90 Jingwei Jie, ✆ 4226666, 📠 4221661. Ist jeden *jiao* wert. Große weiche Betten, Bad mit Heißwasser, CNN und In-House-Filme, beste Lage und sehr hilfsbereites, Englisch sprechendes Personal. Frühstücksbuffet inkl. Nach Rabatten fragen, die ganzjährig eingeräumt werden und die Kosten bis zu einem Drittel drücken können. Im Hotelladen des *Holiday Inn* sind gute und aktuelle Stadtpläne erhältlich.

Liangmao*, 11 Beima Lu, ✆ 8326503. Direkt gegenüber dem *Guocai*. Budgetalternative mit Dorm-Betten für ¥40, EZ für ¥100.

Longmen*****, 85 Hongqi Jie, ✆ 6426810, 📠 3639701. Im Jahr 1901 als *Chinese Eastern Railway Hotel* errichtet. Restauriertes Juwel aus Harbins Vergangenheit. Wer sich die Übernachtung nicht leisten möchte, sollte zumindest die Holzarbeiten, Skulpturen und Fotografien anschauen oder darum bitten, einen Blick in die Suite werfen zu dürfen, in der Zhang Xueliang und später der Vorsitzende Mao wohnten. Die „normalen" Zimmer sind schön, gehören jedoch nicht wirklich in die 5-Sterne-Kategorie. Ausgezeichnet geschultes Personal.

Longyun*, ✆ 3634528. Sauberes und modernes Haus rechts hinter dem *Beibei* gegenüber dem Bahnhof. Studentenausweise können bis zu 30% Rabatt erzielen. Reiseservice vorhanden. Dorm-Betten ab ¥37.

Modern**, 89 Zhongyang Dajie, ✆ 4615846, 📠 4614997. Der Name ist irreführend, denn das Haus wurde 1906 erbaut und gehört zu Harbins ältesten Hotels. Elegantes Gebäude mit 160 Zimmern an einer der geschäftigsten Straßen der Stadt. Berstend vor Charakter mit Restaurants im europäischen und russischen Stil. Hilfsbereites, Englisch sprechendes Personal. Von der Zhongyang Dajie Zutritt zur Rezeption durch einen Laden, der Lederhandtaschen verkauft.

Youlian*, 225 Youyi Lu, ✆ 4686106. Freundlichste und am günstigsten gelegene Budgetunterkunft Harbins, direkt am Fluss in der Zhongyang Dajie. Dorm-Betten ¥30.

Essen

Typisch für die von der russischen Kochkunst beeinflusste lokale Küche ist der ausgiebige Gebrauch von Knoblauch und Kartoffeln. Teure lokale Spezialitäten wie Bärentatze und Hirschschnauze sind in den gehobenen Hotels zu kosten. Abgesehen von diesen Delikatessen ist das Essen in Harbin nicht allzu teuer. Es gibt ordentliche Restaurants sowie 7 ***KFCs***, davon 2 an der Zhongyang Dajie. Das **russische Café** an der Ecke von Zhongyang Dajie und Xi Toudao Jie ist eine gute Adresse zum Tee- oder Kaffeetrinken ebenso wie die **französische Bäckerei** in 174 Zhongyang Dajie, die preiswerten Espresso und Cappuccino sowie Eiscreme und Pizza anbietet; es sind gute Orte, um mit Einheimischen ins Gespräch zu kommen.

Dongfang Jiaozi Wang, 39 Zhongyang Dajie. Bekannteste Adresse von Harbin. Oft sind Wartezeiten erforderlich, um einen Tisch zu bekommen. Die *jiaozi* sind so lecker, dass die Gäste ungerne aufbrechen. Viele verweilen, um ein weiteres Bier vom Fass zu trinken und noch einige dieser „Maultaschen" nachzubestellen.

Huamei, 142 Zhongyang Jie. Harbins einziges authentisches russisches Restaurant wird vorwiegend von Touristen besucht. Die leckeren westlichen Speisen werden mit Messer und Gabel gegessen. Mit mind. ¥100 p.P. allerdings ein wenig teuer. Die angebotenen Gerichte (v.a. das Stroganoff) sind gut und bieten eine Abwechslung von der lokalen Küche. Auch Kaviar ist im Angebot.

Jiachangcai, in einer Seitenstraße der Zhongyang Dajie, gegenüber dem Postamt. Preiswerte Mahlzeiten und kaltes Bier. ⌚ 24 Std.

Korean BBQ, an der Ecke von Zhongyang Dajie und Xi Badaojie. Teuer, doch sauber und elegant.

Ri Yue Tan, 502 Xinyang Lu. Die ehemalige *KK Disco* gehört heute zu den populärsten Restaurants Harbins. Zahlreiche lokale Fleischgerichte mit Pilzen, etwa Huhn mit Pilzen *(xiao ji dun mo gu).*

Unterhaltung

Eine beliebte Adresse für abendliche Unternehmungen ist der ***Kiss Pub*** in der Shi San Dao Jie, einer schmalen Gasse, die von der Zhongyang Dajie abzweigt. Neue Lokale versuchen ihr Glück an der Zhongyang Dajie.

Sonstiges

AMT FÜR ÖFFENTLICHE SICHERHEIT (PSB) – Shi San Dao Jie, Nebenstraße der Zhongyang Dajie, ⌚ Mo–Fr 8–11 und 14–17 Uhr.

GELD – ***Bank of China,*** Hongjun Jie, ⌚ Mo–Fr 8–12 und 13–17 Uhr. Der Schalter für Travellers Cheques und Kreditkarten-Transaktionen befindet sich gleich um die Ecke. Geld wechselt auch die Zweigstelle in 37 Zhaolin Jie (gleiche Öffnungszeiten).

INTERNET – Das Tor in der Nähe des *Modern Hotel* in 129 Zhongyang Dajie führt zu einem freundlichen Café mit schnellem Internet-Zugang. Ein weiteres Internet-Café befindet sich bei der Kreuzung von Zhongyang Dajie und Wudao Jie in einem Poolbillard-Salon im Untergeschoss.

POST UND TELEFON – Das befindet sich im Hauptpostamt in 51 Jianshe Jie, ⌚ Mo–Sa 8–18 Uhr. **Telekom-Büro** in der Ferdou Lu östlich des Bahnhofs, ⌚ 24 Std.

REISEBÜROS – Es gibt eine ganze Reihe Agenturen in Harbin, sodass man sich nicht mit ***CITS*** abplagen muss (zu sehr auf einheimische Touristen ausgerichtet). Angenehmer und nützlicher sind ***Heilongjiang Overseas Tourist Corporation*** in 235 Huayuan Jie im Distrikt Nangang, ☎ 363 3613, 📠 3621022, sowie ***Swan Travel,*** ☎ 2367621, auf dem Gelände des *Swan Hotel,* 95 Zhongshan Lu. Beide Agenturen organisieren Skiausflüge, Touren in den fernen Norden und Spezialreisen für Jäger, Angler, Skifahrer und Vogelbeobachter. Das ***Longyun Hotel,*** ☎ 3634578-306, bietet Rundumpakete ins Skigebiet Yabuli für ¥260 (1 Tag) und ¥500 (2 Tage) an. ***Heilongjiang New Century International Travel Service,*** 49 Hongxiajie, ☎ 4672888, 📠 4612143, organisiert 4- und 5-tägige Touren zur und hinter die russische Grenze (ggf. Visa-Informationen einholen). Im Poly-Plaza-Gebäude in 93 Zhongshan Lu verkauft eine kleine Agentur an einem Stand Zug- und Flugtickets; die Mitarbeiter sind geduldig und hilfsbereit und geben kostenlose Fahr- und Flugpläne aus.

VORWAHL – 0451

Nahverkehrsmittel

BUSSE – Sehr nützlich ist Bus Nr. 103, der zwischen der Zhongshan Lu und dem Zhaolin-Park in der Nähe der Zhongyang Dajie pendelt.

TAXIS – Taxis berechnen im Stadtgebiet eine Grundgebühr von ¥7 und kosten je nach Fahrzeugklasse ¥1,60 oder ¥1,90 für jeden weiteren Kilometer. Nicht nervös werden, wenn der Fahrer Umwege zu fahren scheint, denn Harbin hat zahlreiche Einbahnstraßen.

Transport

BUSSE – Der **Überland-Busbahnhof** befindet sich in Bahnhofsnähe in der Songhuajiang Jie.

EISENBAHN – Der **Hauptbahnhof** liegt im Stadtzentrum in der Nähe der preiswerten Unterkünfte.

Züge nach:
BEIJING 3x tgl., 14 Std.;

CHANGCHUN 4x tgl., 3 Std.;
DAQING 12x tgl., 2 Std.;
JILIN 4x tgl., 2 Std.;
MOSKAU wöchentl., 6 Tage;
MUDANJIANG 12x tgl., 5 Std.;
QIQIHAR 12x tgl., 4 Std.;
SHENYANG 20x tgl., 8 Std.

FÄHREN – Die im Sommer verkehrenden Fähren aus und nach JIAMUSI (tgl., 18 Std.), einer 200 km östlich gelegenen Stadt, laufen die Anlegestelle am westlichen Ende des **Stalin-Parks** an. Im Sommer fahren kleine Boote (¥10–30) bzw. eine Fähre (¥5) über den **Songhua**.

FLÜGE – Harbins **Flughafen** liegt 50 km südwestlich der Stadt und wird alle 20 Min. von einem Flughafenbus (¥15) bedient, der zum Stadtbüro von ***CAAC*** fährt, 87 Zhongshan Lu, ✆ 2651188. Wer die Stadt auf dem Luftweg verlässt, sollte mind. 1 Std. Zeit für den Transport zum Flughafen einkalkulieren. Im Sommer räumt ***Shanghai Airlines,*** 224 Zhongshan Lu, ✆ 2637953, Studenten mit Ausweis für bestimmte Flüge nach Beijing und Shanghai mitunter Rabatte von 50% ein.

Flüge nach:
BEIJING 10x tgl., 1 3/4 Std.;
CHANGSHA 2x wöchentl., 3 1/4 Std.;
CHENGDU tgl., 4 1/4 Std.;
CHONGQING 4x wöchentl., 4 1/4 Std.;
DALIAN 5x tgl., 1 1/4 Std.;
FUZHOU 6x wöchentl., 3 1/4 Std.;
GUANGZHOU 2x tgl., 4 1/4 Std.;
HAIKOU 4x wöchentl., 5 1/2 Std.;
HANGZHOU 9x wöchentl., 2 3/4 Std.;
HOHHOT wöchentl., 2 Std.;
HONGKONG 3x wöchentl., 4 3/4 Std.;
JI'NAN 8x wöchentl., 2 Std.;
KUNMING tgl., 5 Std.;
NANJING 6x wöchentl., 3 Std.;
NINGBO 2x wöchentl., 3 1/2 Std.;
QINGDAO 2x tgl., 1 3/4 Std.;
SHANGHAI 4x tgl., 2 3/4 Std.;
SHENYANG 2x tgl., 1 1/4 Std.;
SHENZHEN 2x tgl., 5 1/4 Std.;
TIANJIN tgl., 2 3/4 Std.;
ÜRÜMQI 2x wöchentl., 6 1/2 Std.;
WENZHOU 6x tgl., 3 1/4 Std.;
WUHAN tgl., 3 3/4 Std.;
XIAMEN tgl., 4 Std.;
XI'AN tgl., 4 1/4 Std.;
YANTAI tgl., 1 3/4 Std.;
ZHENGZHOU tgl., 3 3/4 Std.

Ausreise nach Sibirien In Heilongjiangs Norden gibt es mehrere Grenzübergänge nach Sibirien, von denen **Heihe**, eine große Grenzstadt mit regem Verkehr zur russischen Stadt Blagoveshchensk, die beste Alternative ist. Von Harbin fährt Zug Nr. K485 nach Heihe (Abfahrt 6.54 Uhr, 12 Stunden). Russland liegt nur wenige Schritte entfernt, doch vor der Einreise ist ein Berg von Formularen auszufüllen. Zug Nr. K486 fährt täglich um 18.53 Uhr nach Harbin zurück. Auch zwischen Harbin und Suifenhe (Zug Nr. K622/623, Abfahrt 23.28 Uhr, 12 Stunden) besteht eine Zugverbindung. Die Busfahrt von Suifenhe nach Wladiwostok dauert vier Stunden. In der Praxis sind alle Wege mit Schwierigkeiten behaftet: Es gibt keine touristische Infrastruktur, die Strecken sind lang und die Reisebedingungen äußerst einfach. Die mit Abstand leichteste Art der Einreise nach Russland ist die Fahrt mit der Transsibirischen Eisenbahn nach Moskau, die jeden Freitagmorgen auf ihrem Weg zum westlichen Grenzposten Manzhouli in Harbin hält.
Das größte Problem bei der Ausreise aus dem Nordosten nach Sibirien ist die Visabeschaffung. Am sinnvollsten ist es, sich schon in Beijing darum zu kümmern, denn Harbins Amt für öffentliche Sicherheit ist nach Einschätzung örtlicher Geschäftsleute wertlos. Mit etwas Glück erhält man ein Visum in Shenyang. Für ein zweiwöchiges Touristenvisum müssen alle Hotelübernachtungen im Voraus gebucht werden. Die Preise sind horrend, sie liegen bei mindestens US$50 pro Nacht. Berichten zufolge haben sich Reisende in der Vergangenheit durch persönliche Beziehungen ein Geschäftsvisum beschaffen können, das einen Monat gültig ist und größere Flexibilität bietet.

Westlich von Harbin

Außerhalb von Harbin sind die Sehenswürdigkeiten fast an einer Hand abzuzählen. Das Reisen wird anstrengender, obwohl neue Hauptstraßen und Eisenbahnverbindungen die Gegend erschlossen und die Reisezeiten verkürzt haben. Die makaberste Sehenswürdigkeit liegt rund 30 km südwestlich von Harbin im kleinen Dorf **Pingfang** in der Nähe der Endhaltestelle von Bus Nr. 338 (¥2), der auch am Bahnhof hält. Es handelt sich um ein ehemaliges japanisches Forschungsinstitut aus dem Zweiten Weltkrieg, das heute zum **Museum** umfunktioniert wurde. Häftlinge bekamen dort tödliche Viren injiziert, wurden bei lebendigem Leibe seziert oder waren extremer Kälte und Hitze ausgesetzt, weil man testen wollte, wie lange ihr Todeskampf dauerte. Über 3000 Menschen aus China, Russland und der Mongolei wurden hier von der Einheit 731 der japanischen Armee ermordet. Nach Kriegsende versuchte Japan alle Beweise für das Lager zu vertuschen, doch seine Existenz kam durch die Nachforschungen eines japanischen Journalisten ans Tageslicht. Ebenso wie im Falle des besiegten Deutschlands schützten die Amerikaner japanische Wissenschaftler vor gerichtlicher Verfolgung, um als Gegenleistung die Ergebnisse der Untersuchungen in die Hand zu bekommen. Die Sammlung des Museums besteht überwiegend aus Fotos mit chinesischen Erklärungen. Bei der Betrachtung der Exponate, zu denen ein Gemälde gehört, das gefesselte Häftlinge zeigt, die als Bombenziele dienen, versteht man, warum viele Chinesen den Japanern bis zum heutigen Tage mit Abneigung begegnen. ⌚ tgl. 8.30–11.30 und 13–16 Uhr, Eintritt ¥10.

Daqing

Zwei Stunden mit dem Bus (¥35) nach Westen auf der gut ausgebauten Nationalstraße 301 (auch bekannt als Ha-Da-Schnellstraße) dauert die Fahrt von Harbin in die weitläufige Stadt Daqing, Heimat von **Chinas größten Erdölreserven** und heute Heilongjiangs zweitgrößte Stadt. Hier lässt es sich gut einen Tag verbringen. Die Stadt mit dem netten Charakter hat in China eine Vorreiterrolle inne, denn vor kurzem kam es zu massiven Arbeiterprotesten wegen nicht ausgezahlter Pensionsgelder. Hier gibt es Straßennamen wie Calgary Street, und an jeder Ecke stehen Ölpumpen, die *ketouji* genannt werden. Chinas Ölquellen gehören dem Staat, doch westliche Gesellschaften profitieren durch den Verkauf von Bohrausrüstung. Ausländer sind aber eher selten zu sehen.

Daqing besteht aus einer älteren Hälfte mit westlichem Gepräge und einem neuen, schillernden östlichen Teil, in dem ein großes Bild von Deng Xiaoping den Eingangsbereich zu den Verwaltungsgebäuden ziert. Die Busse Nr. 23 und 30 fahren vom Bahnhof in den neuen Stadtteil, wo das *Daqing Hotel***, ✆ 0452/4662073, 📠 6103195, mit überteuerten Zimmerpreisen, Alkohol und Prostituierten den Status der Metropole als Boomtown untermauert. Eine Skyline besitzt Daqing, abgesehen von einigen Kühltürmen, nicht. Die Menschen sind durchweg freundlich und die Verkehrsverbindungen nach Qiqihar und Harbin verlässlich: Es laufen viele Züge ein und aus, viertelstündlich fahren vor dem Bahnhof Busse ab.

Qiqihar und das Naturschutzgebiet Zhalong

Zweieinhalb Stunden Fahrt mit dem Zug oder Bus (¥20) von Daqing nach Westen führen in eine der ältesten Städte des Nordostens, Qiqihar. Es ist noch heute ein lebendiges Industriezentrum. Allerdings macht es mehr Spaß, den Namen dieser Stadt laut auszusprechen als länger als auch nur einen Tag dort zu verweilen. Der einzige Ort von höchstens geringfügigem Interesse ist der große Park **Longsha Gongyuan** (¥2) in der Südstadt, der über die wichtigste Nord-Süd-Achse (die am Bahnhof beginnende Longhua Lu) zu erreichen ist. Die Busse Nr. 1 und 2 bedienen die Strecke. Versteckt im Gassengewirr westlich der Bukui Dajie steht eine kleine **Moschee** aus dem 17. Jahrhundert. Um sie zu finden, gehe man zunächst die Longhua Lu hinab bis zum Parkgelände an der Gongyuan Lu; dort biege man in der Nähe des Krankenhauses und Amtes für öffentliche Sicherheit nach Westen in die Seitengasse Hefa Hutong ab und frage nach *Qingzhen Si*.

Hauptmotiv für eine Fahrt nach Qiqihar ist vor allem der Besuch des 30 km außerhalb der Stadt gelegenen Naturschutzgebietes Zhalong. Die morastige Ebene ist mit zahlreichen seichten Schilfrohrseen durchsetzt und dient im Sommer Tausenden Vogelarten als Brutstätte. Zu den anzutreffenden Arten gehören Weißstorch, Singschwan, Löffelreiher, Ibis und als Hauptattraktion **Krani-**

che. Neun der weltweit 15 Kranicharten nisten dort. Die interessanteste Art ist der gefährdete Rotkronenkranich, ein über 1 m großer schwarzweißer Vogel mit scharlachrotem Kopfschmuck. Seit ewigen Zeiten wird er im Osten als Symbol für Eleganz verherrlicht. Die Japaner nennen ihn „Sumpfgott"; er steht für ein langes Leben, da er bis zu 60 Jahre alt werden kann. Die Vögel gehen Partnerschaften fürs Leben ein, und das Weibchen legt pro Saison nur ein oder zwei Eier, über die das Männchen wacht. Als lautstarke Verteidiger ihrer Jungen können Kraniche sogar Adler mit ihren scharfen Schnäbeln tödlich verletzen. Beste Reisezeit für das Naturschutzgebiet sind die Monate April bis Juni, weil dann die Zugvögel eintreffen. Wanderungen im Reservat sind zwar nicht verboten, doch die Aufseher raten davon ab – nicht zuletzt wegen den lästigen Moskitoschwärmen, auf die man vorbereitet sein sollte. Zu empfehlen ist die Mitnahme eines Fernglases. Begeisterte Ornithologen mögen gerne einige Tage in diesem Gebiet verbringen, doch die meisten Besucher geben sich mit einem Nachmittag im Schilfrohr zufrieden.

Übernachtung und Essen

Besucher von Zhalong müssen im nahen Qiqihar übernachten. Die beiden Touristenhotels sind das ***Hecheng*****, ✆ 0452/2722540, 📠 2713367, und das ***Hubin*****, ✆ 0452/2713121-5241, die sich im selben Komplex unter der Adresse 4 Wenhua Dajie an der Strecke des Oberleitungsbusses Nr. 15 vom Bahnhof befinden. Eine recht schäbig wirkende **Unterkunft** links gegenüber dem Bahnhofsausgang vermietet DZ ab ¥15.
Gutes Essen bietet das ***Huimin Fandian*** links gegenüber dem Bahnhofsausgang, z.B. eine Schüssel Nudeln für nur ¥3.

Transport

Busse zum Reservat (3/4 Std., ¥10) fahren vor Qiqihars **Bahnhof** und vom 1 km südlich an der Longhua Lu gelegenen **Busbahnhof** ab. Obwohl die Vogelbeobachtungen ein großartiges Erlebnis sind, füllen sie nicht unbedingt die Zeit, die der Busfahrplan vorgibt. Eine schöne Alternative sind die von *CITS* angebotenen Touren mit **Flachbooten**, die am Eingang zum Naturschutzgebiet ablegen. Die häufigen Transportverbindungen gewährleisten, dass man nur dann eine Nacht in Qiqihar verbringen muss, wenn man wirklich darauf erpicht ist. Im Hotel *Hubin* organisiert ***CITS***, ✆ 0452/2713121-5243 oder -5390, Ausflüge und verkauft Flugtickets nach Beijing, Shenyang, Shanghai usw.

Züge nach:
BEI'AN 2x tgl., 4 Std.;
BEIJING 2x tgl., 16 Std.;
HAILAR/Innere Mongolei tgl., 10 Std.

Flüge nach:
BEIJING 5x wöchentl., 2 Std.;
GUANGZHOU 2x wöchentl., 6 1/4 Std.;
SHANGHAI 2x wöchentl., 3 1/4 Std.;
SHENYANG 2x wöchentl., 1 1/4 Std.;
TAIYUAN 2x wöchentl., 3 1/4 Std.

Östlich von Harbin

Yabuli, 180 km südöstlich von Harbin gelegen, gilt als Chinas bestes Skigebiet und ist alljährlich vom 5. Dezember bis zum 5. Januar der Veranstalter von **Heilongjiangs Internationalem Skifestival**. Die 3800 m lange Piste zieht sich am Südhang des Berges Guokui (Topfdeckel) mit einem Gefälle von 1300 m entlang. Seit 1996, als das Skigebiet Gastgeber der Asiatischen Winterspiele war, gibt es auch eine 2,5 km lange Bob- und Rodelbahn.

Um 8.40 Uhr und 13.40 Uhr tritt vor Harbins *Swan Hotel* ein kostenloser Bus die vierstündige Fahrt zum Skigebiet an (s.S. 291, Reisebüros), doch es wird erwartet, dass Mitfahrende in der *Windmill Villa***, ✆ 0451/3455168 oder 3455088, übernachten. Zimmer sind ab ¥540 zu mieten, Dorm-Betten oft erhältlich. Ausrüstung und Liftkarten kosten ab ¥100 für zwei Stunden oder ¥240 für den ganzen Tag. Am bequemsten ist die Anreise mit organisierten Touren des *Longyun* oder anderen Hotels in Harbin (s.S. 291, Reisebüros).

Jingpo Hu

Zu den landschaftlich schönsten Orten Heilongjiangs gehört der Spiegelsee (Jingpo Hu) 350 km östlich von Harbin. Der 45 km lange See liegt tief inmitten bewaldeter Hügel und eignet sich bestens zum Angeln, Boot fahren und Wandern. Natürlich kann man es vielen chinesischen Besuchern nachtun und einfach nur herumsitzen, Obst essen oder sich ein Festmahl mit Karpfen, Jingpo-Hu-Fischsuppe, Pinienkernen und Ginseng gönnen. Das nördliche Seeufer und das sich anschließende jungfräuliche Land, wohin die meisten Besucher streben, erfährt gegenwärtig eine rasche Erschließung.

Die Anreise erfolgt von Harbin mit dem Zug oder Bus nach Mudanjiang (vier Stunden), wo Touristenbusse warten, die weitere drei Stunden bis zum See benötigen.

Als Unterkünfte bieten sich in Mudanjiang das *Mudanjiang Hotel***, 188 Majia Jie, ✆ 0451/363 8488, und am Nordufer des Sees das *Jingpo Hu Binguan****, ✆ 0453/6270091, an. Es gibt zwar zahlreiche preiswerte Gästehäuser für Chinesen, doch man muss Überzeugungsarbeit leisten, um dort aufgenommen zu werden.

Am Gelben Fluss

Highlights

- **Wolkengrat-Grotten von Yungang**
Prachtvolle buddhistische Bildhauerkunst aus dem 5. Jahrhundert in den Höhlenanlagen unweit von Datong.

- **Wandern am Wutai Shan**
Der von den vier buddhistischen Bergen Chinas am wenigsten erschlossene besteht eigentlich aus fünf abgeflachten Gipfeln, die sich wunderbar auf eigene Faust erkunden lassen.

- **Pingyao**
Eine ummauerte Stadt aus der Ming-Ära mit einem der stimmungsvollsten Hotels ganz Chinas.

- **Die Terrakotta-Armee**
Erst der Besuch dieser Kriegerfiguren, die unweit von Xi'an das Grab des Qin Shi Huang bewachen, vervollständigt eine Chinareise.

- **Longmen-Grotten von Luoyang**
Bei einem Spaziergang über die Promenade am Flussufer kommen die Grotten in den Kalksteinfelsen, die über 100 000 buddhistische Skulpturen beherbergen, richtig zur Geltung.

Chinas Zentralprovinzen **Shanxi, Shaanxi, Henan** und **Shandong** haben eines gemeinsam: Sie alle werden beherrscht vom Gelben Fluss *(huánghé)*, der auch ihre Geschichte entscheidend geprägt hat. Der Fluss wird oft mit einem Drachen verglichen, was zum einen auf seinen schlangenförmigen Verlauf und zum anderen auf sein unkontrollierbares Wesen und Verhalten zurückzuführen ist, das mal gutmütig und mal bösartig zu sein scheint. Er ist nicht nur die Grundlage lebenswichtiger Bewässerungssysteme in unwirtlichen und trockenen Gebieten, sondern hat auch – wie sein Spitzname „Chinas Sorgenkind" vermuten lässt – durch Überschwemmungen und Verlaufsänderungen viel Zerstörung verursacht und dafür gesorgt, dass das Deltagebiet von Shandong über Jahrhunderte hinweg eines der ärmsten Regionen des Landes geblieben ist.

Der heutige Name des Flusses leitet sich von den riesigen Mengen gelben Schlammes (Löss) ab, die er mit sich führt und die seinen Lauf in der Vergangenheit immer wieder verstopft oder umgelenkt haben und somit weitgehend für die geografische Beschaffenheit der Region verantwortlich sind. Löss ist ein weicher Boden, der zu vertikaler Rissbildung neigt, und so hat er in Shanxi und dem Norden Shaanxis eine der markantesten Landschaften Chinas geformt: Ebenen in verschiedenen Brauntönen, die von tiefen, gewundenen Spalten durchzogen sind. In den näher am Fluss gelegenen Gebieten wie im südlichen Shaanxi und in Henan ist die Landschaft von derselben Farbe geprägt und so flach wie ein Pfannkuchen. Doch so karg der Lössboden auch wirken mag, er wird durch Bewässerung üppig und fruchtbar und kann mit einfachem Gerät leicht bearbeitet werden. Auf diesem Boden, in den Überschwemmungsgebieten des Gelben Flusses, stand die Wiege der chinesischen Zivilisation.

Entlang des Flusses finden sich viele Spuren **neolithischer Besiedelung**, doch das erste größere Ballungsgebiet, aus dem die Shang-Dynastie hervorging, entstand erst vor etwa 3000 Jahren. Über die folgenden Jahrtausende hinweg unterhielt jede chinesische Dynastie ihre Hauptstadt in dieser Gegend und irgendwann haben fast alle großen Städte, sei es Datong im Norden, Hauptstadt der Nördlichen Wei-Dynastie, oder Kaifeng im Osten, Hauptstadt der Song, als Zentrum des chinesischen Universums gegolten – wenn auch bisweilen nur für kurze Zeit. Mit dem Zusammenbruch des kaiserlichen China versank die Gegend im Provinzialismus und gewann erst gegen Ende des 20. Jhs. wieder an Bedeutung. Die alten Hauptstädte haben sich heute zu Industrie- und Handelszentren entwickelt und präsentieren dem Besucher zwei unterschiedliche Gesichter: zum einen ihre Vergangenheit, denn im Interesse des Tourismus haben sie die historischen Stätten bewahrt, und zum anderen die sich rasant entwickelnde und manchmal auch etwas schroffe Modernität. Den größten Anreiz für einen Besuch bieten die Überreste der **dynastischen Geschichte**, doch auch landschaftlich hat die Region mehr als nur ihre heiligen Berge zu bieten.

Die Provinz Shanxi ist der ärmste Nachbar im Bunde, relativ unterentwickelt und mit einem Klima und einer geografischen Beschaffenheit, die nicht gerade zum Bleiben einladen: Es handelt sich um ein riesiges Gebirgsplateau, auf dem die Temperaturen im Winter bis auf –15 °C absinken können. Und doch birgt Shanxi einige wirkliche Attraktionen, zu denen die fantastischen **Yungang-Höhlentempel** und einer der schönsten – und unzugänglichsten – heiligen Berge namens **Wutai Shan** gehören.

Rund um die kleinen Städte an der einzigen Eisenbahnlinie in südlicher Richtung zu den Ebenen des Gelben Flusses verteilen sich malerische Tempel und Dörfer, die noch im 19. Jh. zu verharren scheinen. Dagegen verfügt das wohlhabende **Xi'an**, die Hauptstadt der in den Niederungen gelegenen, fruchtbaren Provinz Shaanxi, über genauso viele Tempel, Museen und Grabstätten wie die gesamte übrige Provinz zusammengenommen, und es zählt vor allem die **Terrakotta-Armee** zu seinen Schätzen, die zurecht unter den bedeutendsten Sehenswürdigkeiten Chinas rangiert. In der Stadt lebt eine bedeutende moslemische Minderheit, deren Kochkünste unbedingt einen Versuch lohnen.

Dem Gelben Fluss in östlicher Richtung folgend, trifft der Besucher nach kurzer Reise auf die beiden heiligen Berge **Hua Shan** und **Song Shan** (Heimat der legendären Shaolin-Mönche) sowie auf die Stadt **Luoyang** in Henan, in deren Umge-

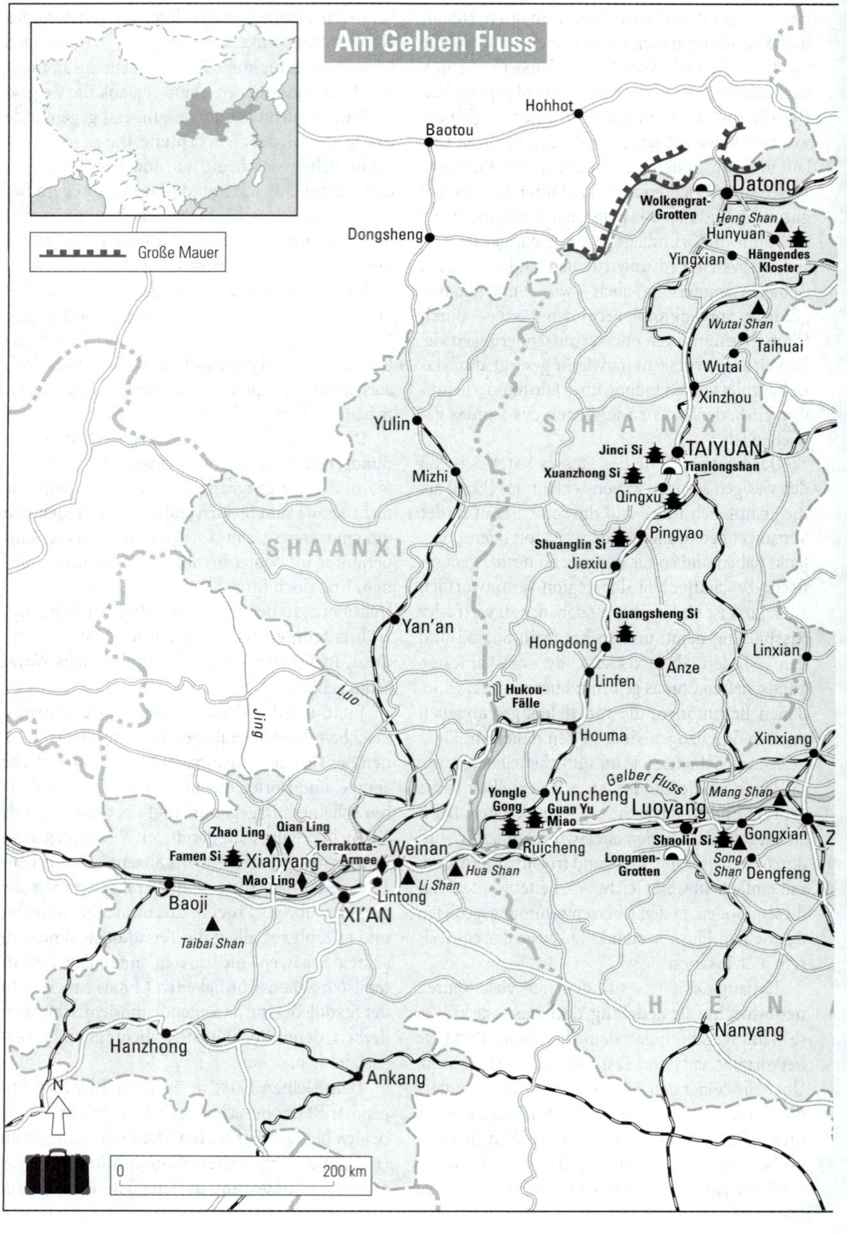
Am Gelben Fluss
Große Mauer
Hohhot
Baotou
Datong
Wolkengrat-Grotten
Heng Shan
Hunyuan
Hängendes Kloster
Yingxian
Dongsheng
Wutai Shan
Taihuai
Wutai
Xinzhou
SHANXI
Yulin
Jinci Si
TAIYUAN
Tianlongshan
Xuanzhong Si
Mizhi
Qingxu
Pingyao
Shuanglin Si
Jiexiu
SHAANXI
Guangsheng Si
Yan'an
Hongdong
Linxian
Anze
Linfen
Luo
Hukou-Fälle
Jing
Houma
Xinxiang
Gelber Fluss
Yongle Gong
Yuncheng
Guan Yu Miao
Luoyang
Mang Shan
Zhao Ling
Qian Ling
Famen Si
Xianyang
Terrakotta-Armee
Weinan
Ruicheng
Shaolin Si
Gongxian
Mao Ling
Lintong
Li Shan
Hua Shan
Longmen-Grotten
Song Shan
Dengfeng
Baoji
XI'AN
Taibai Shan
HENAN
Nanyang
Hanzhong
Ankang
N
0
200 km

BEIJING
Tianjin
Golf von Bohai
Dalian
Shanghai
Penglai
Yantai
Weihai
Shijiazhuang
Dezhou
Laiyang
Shidao
Zibo
Weifang
Lao Shan
Qingzhou
JI'NAN
Qingdao
Tai Shan
Zhucheng
Gelber Fluss
Tai'an
SHANDONG
Anyang
Qufu
Jining
GELBES MEER
Heze
Zaozhuang
Kaifeng
ZHENGZHOU
Xinyang
Huangchuan
Shanghai

bung die großartigen **Longmen-Höhlentempel** und der **Baima Si** zu finden sind. Noch weiter östlich liegt an einem See die wenig besuchte, aber reizvolle Stadt **Kaifeng**, die mit ihrer Heiterkeit eine erfrischende Abwechslung bietet. Zwischen den beiden Städten befindet sich die Provinzhauptstadt **Zhengzhou**, die praktischerweise auch einen wichtigen Straßen- und Eisenbahnknotenpunkt bildet. Hier steht eines der eindrucksvollsten Provinzmuseen des Landes, dessen Sammlung die uralte Geschichte und die künstlerische Vergangenheit von Henan belegt, vor allem mit den kunstvoll gearbeiteten **Bronzestatuen aus der Shang-Dynastie**.

Von hier lohnt ein Abstecher gen Norden nach **Anyang**, in die Hauptstadt der Shang-Dynastie, in der weiterhin Ausgrabungen stattfinden, oder zum **Rote-Fahne-Kanal**, der an Chinas jüngere Geschichte erinnert. Noch weiter östlich liegt Shandong, eine Provinz, die mit einigen kleineren Juwelen aufwarten kann: Dazu gehören etwa **Qufu**, der Geburtsort von Konfuzius, mit seinem riesigen Tempel und der Residenz der Familie Kong, **Tai Shan,** der bedeutendste heilige Berg der Region, sowie die im 19. Jh. von Deutschen erbaute Küstenstadt **Qingdao**.

Neben zumeist guten Eisenbahnverbindungen sorgen eine ausreichend entwickelte Tourismusindustrie und ein zumindest außerhalb der Wintermonate recht angenehmes Klima dafür, dass **Reisen** in der Region kaum mit Schwierigkeiten verbunden ist. Nur in Shanxi und dem nördlichen Shaanxi ist das Eisenbahnnetz etwas spärlich, und Henan kann in puncto Infrastruktur und Lebensgefühl noch nicht ganz mit seinen fortschrittlichen Nachbarn mithalten.

Schiffsreisen sind auf dem unberechenbaren Fluss nicht möglich. Immerhin verfügen sämtliche Städte heute über Hotels, die Unterkünfte in den verschiedensten Preisklassen anbieten, an den beliebtesten Orten sogar mit Dorms. Das beste Preis-Leistungs-Verhältnis allerdings findet man in den Hotels der kleineren Städte wie Kaifeng, Qufu und Wutai Shan, denen viel an einem regen Besucherstrom gelegen ist.

Die Provinz Shanxi

Die Provinz Shanxi ist ein gewaltiges Bergplateau, das durchschnittlich 1000 m über dem Meeresspiegel liegt. Ihre strategisch wichtige Lage zwischen der Großen Mauer im Norden und dem Gelben Fluss im Süden machte sie jahrhundertelang zu einem Bollwerk gegen die Stämme des Nordens. Heute liegt ihre Bedeutung eher in der Wirtschaft: Fast ein Drittel der Kohlereserven Chinas lagern in Shanxi, und in den Gebieten rund um die bedeutendsten Städte **Datong** und **Taiyuan** (die Provinzhauptstadt) erlebt derzeit die Bergbauindustrie einen gewaltigen Entwicklungsschub.

Das Erscheinungsbild Shanxis wird durch seine Nähe zur Wüste Gobi dominiert – Wind und Wasser haben Sand, Staub und Schlamm über die gesamte Provinz verteilt. Das Land wird, wie schon in den Jahrtausenden zuvor, landwirtschaftlich genutzt, indem die Berghänge terrassiert werden und somit ein grafisches Bild entsteht, das an ein kubistisches Gemälde erinnert. Die Behausungen in diesem Gebiet besitzen häufig Schlammmauern oder es sind einfache Höhlen, die in die vertikalen Erdaufschüttungen gegraben werden und sich auf diese Weise scheinbar in die bizarre Landschaft einfügen. Doch große Teile dieses Landes sind aufgrund von Bodenerosion infolge der Abholzungen und angesichts des ungewissen Regens für die Landwirtschaft nicht geeignet. Dadurch sind große Teile der Provinz von erschreckender Ödnis gekennzeichnet und ziehen sich endlos als staubige, von Rissen durchzogene Gebirgskette hin. Momentan gibt es intensive Bemühungen, die Erosion und das Vorrücken der Wüste zum Stillstand zu bringen, unter anderem mit einer riesigen Aufforstungskampagne. Gelegentlich sieht man sogar, wie mittels riesiger geflochtener Strohnetze versucht wird, Wanderdünen an Ort und Stelle aufzuhalten.

In der örtlichen Tourismuswerbung wird die Provinz auch „Museum über der Erde" genannt, eine Anspielung auf die vielen nicht restaurierten, aber dennoch unversehrten **historischen Bauten** der Region, die zum Teil aus Dynastien stammen, die in anderen Gegenden Chinas kaum Spuren hinterlassen haben, wie z.B. der Song- und der Tang-Dynastie. Im gleichen Atemzug erhält die Nachbarprovinz Shaanxi den etwas unge-

Höhlenwohnungen Die traditionellen Höhlenbehausungen werden seit fast 2000 Jahren genutzt und sind ein häufiger Anblick zwischen den scharfkantigen Bodenfalten und Rissen der trockenen Lössebenen des nördlichen Shanxi sowie des benachbarten Shaanxi. Sie werden in die Hänge der Berge eingearbeitet, die zu landwirtschaftlichen Zwecken terrassenförmig abgetragen worden sind, und bieten über 80 Millionen Chinesen ein Zuhause. Zudem sind sie überaus praktisch – billig, leicht anzulegen, natürlich isoliert (im Winter warm und im Sommer kühl) und dauerhaft. Auch nehmen diese Höhlen in Gebieten, in denen ebene, landwirtschaftliche Nutzflächen mühsam den Bergen abgerungen werden müssen, kein Land in Anspruch, das viel dringender für den Anbau benötigt wird. Einige der intakten Höhlen von Hejin am Ufer des Gelben Flusses im Westen der Provinz, sollen tatsächlich auf die Zeit der Tang-Dynastie zurückgehen.

Die **Vorderseite** einer solchen Höhle bildet meist ein auf einem Steinpodest ruhender Holzrahmen, dessen oberer Teil aus einem – manchmal sehr kunstvoll gearbeiteten – Holzgitter besteht, das mit weißem Papier verhängt ist. So kommt genügend Licht hinein, und dennoch wird die Privatsphäre der Bewohner geschützt. Dachvorsprünge mit Ziegeln schützen die Fassade vor Schäden durch Regen. Der **gewölbte Innenraum** ist üblicherweise in ein rückwärtiges Schlaf- und ein nach vorne ausgerichtetes Wohnzimmer geteilt und mit einem *kang* (Ofen) ausgestattet, dessen Rauchabzug zu Heizzwecken unter dem Bett entlang nach außen auf das Terrassenfeld führt, das gleichzeitig als Dach dient. Manchmal ist ein fernes Dorf zuerst an den Rauchsäulen zu erkennen, die aus dem Feld aufsteigen.

Diese Höhlenbehausungen sind so beliebt, dass sich wohlhabende Bewohner eher einen Hof anlegen und eine weitere Höhle bauen, als in ein Haus zu ziehen. Das geht sogar so weit, dass in den Vororten der Städte im nördlichen Shaanxi die neuen **Betonwohnhäuser** nach dem Vorbild der Höhlen gebaut werden, mit drei fensterlosen Seiten und einer gebogenen Haupteingangstür. Auch wird nicht selten Erde auf die Dächer gebracht, um dort Gemüse anzubauen.

rechten Beinamen „Museum unter der Erde" – wohl aufgrund ihrer größeren Beliebtheit bei Touristen. Dass Shanxi trotz seiner vielen historischen Bauwerke nicht gerade zu den meistbesuchten Regionen gehört, liegt wohl zum einen an der Trostlosigkeit seiner von der Kohleindustrie gezeichneten Städte und zum anderen an der relativen Unzugänglichkeit der meisten erlesenen Bauwerke. Für gewöhnlich beschränken sich die Touristen auf einen Besuch der Hauptattraktion, der **Wolkengrat-Grotten von Yungang** in der Nähe von Datong, etwa sieben Stunden von Beijing entfernt, die bequem in die Reiseroute nach Hohhot in der Inneren Mongolei oder ins weiter südlich gelegene Xi'an einbezogen werden können. Wer sich jedoch mehr Zeit für diese Provinz nimmt, wird am **Wutai Shan**, einem heiligen Berg im Nordosten an der Grenze zu Hebei, reich belohnt. Einst schwer zugänglich, ist der Wutai Shan heute in nur vier Stunden mit dem privaten Minibus von Taiyuan, der nächstgelegenen Stadt, erreichbar und gilt mit seiner Kombination aus uralten Tempeln und atemberaubender Landschaft als eine der schönsten Berggegenden des Landes. Doch die Tage deren stiller Erhabenheit scheinen bereits gezählt, seit Jiang Zemin bei seinem Besuch im Jahre 2001 die Unternehmerschaft dazu aufrief, „Wutai berühmt zu machen".

Taiyuan selbst kann sich kaum historischen Stätten rühmen, doch hat sich die Stadt wirtschaftlich zusehends entwickelt und dem Tourismus geöffnet, sodass sie nun eine gute Basis für Ausflüge in die Region ist. Weiter südlich und von den Städten an der Eisenbahnlinie zwischen Taiyuan und Xi'an mit dem Bus erreichbar, gibt es abseits der vorgezeichneten Reiserouten durch China unbekannte kleine Orte voller unvergesslicher Stätten. Mitten im Nirgendwo, aber unbedingt sehenswert, sind ein paar herrliche Tempel wie der **Shuanglin Si** in der Gegend von Taiyuan mit seinen unglaublichen Skulpturen, ebenso wie die fantastischen Wandgemälde des **Yongle Gong** in Ruicheng. In

Pingyao scheint die von einer Mauer umgebene Altstadt mit ihren Alleen, die von bezaubernden Bauten aus der Qing-Dynastie gesäumt sind, in einer anderen Zeit gefangen zu sein. Je weiter man sich von der Haupteisenbahnstrecke entfernt, desto schwieriger wird das Vorankommen, da die Straßen und Busverbindungen hier sehr zu wünschen übrig lassen. Das sollte beachtet werden, wenn man einen Abstecher zu den Ufern des Gelben Flusses plant, der am Westrand der Provinz entlangfließt. An den dortigen **Hukou-Wasserfällen** zeigt sich der Fluss von seiner ungestümsten Seite – ein Anblick, der die Chinesen so beeindruckt hat, dass sie die Rückseite ihrer 50-Yuan-Scheine damit zierten; seinen Platz nimmt inzwischen allerdings der Potala-Palast von Lhasa ein.

Datong

Der erste Eindruck des modernen Datong, der zweitgrößten Stadt der Provinz Shanxi im hohen Norden, an der Grenze zur Inneren Mongolei, mag zunächst abschrecken. Doch inmitten der zerstörten Landschaft, die das moderne Industrieland China widerspiegelt – mit Kohlegruben, Kraftwerken und einer riesigen Lokomotivenfabrik –, befinden sich großartige alte Stätten, die von den glanzvolleren Zeiten der Stadt als Hauptstadt zweier chinesischer Dynastien außerhalb der Han-Zeit erzählen.

Das türkische Volk der Toba nutzte die inneren Streitigkeiten zwischen Zentral- und Südchina aus, um seine eigene Dynastie der **Nördlichen Wei** (386–534) zu errichten, und machte im Jahre 398, als es bereits den gesamten Norden erobert hatte, Datong zu seiner Hauptstadt. Obwohl die Zeit von Konflikten und Kriegen gekennzeichnet war (und die Wei ihre Macht woanders nie so recht festigen konnten), haben die Nördlichen Wei, die zu glühenden Anhängern des Buddhismus wurden, einige bemerkenswerte Kulturschätze geschaffen, darunter die herrlichen **Wolkengrat-Grotten** von Yungang, die unmittelbar westlich der Stadt liegen und noch immer zu den eindrucksvollsten Sehenswürdigkeiten des nördlichen China gehören. Im Laufe von fast 100 Jahren entstanden mehr als 1000 Höhlen, in denen über 50 000 Statuen untergebracht wurden, bevor die Hauptstadt nach Luoyang (s.S. 370) im Süden verlegt wurde, wo man gleich darauf mit dem Bau der sehr ähnlichen Longmen-Grotten begann.

Eine zweite bedeutende Phase wurde mit der Ankunft der mongolischen **Liao-Dynastie** eingeläutet, die ebenfalls Buddhisten waren und Datong im Jahre 907 zu ihrer Hauptstadt kürten. 1125 wurden sie dann in die Jin integriert, doch nicht ohne ein kleines, aber feines Erbe von Skulpturen und Tempelbauten zu hinterlassen, darunter insbesondere die **Klöster Huayan und Shanhua** in Datong und die älteste **Holzpagode** Chinas in der nahe gelegenen Stadt Yingxian. Datong büßte aufgrund seiner strategischen Lage unmittelbar vor der Großen Mauer und südlich der Inneren Mongolei auch zu Herrschaftszeiten späterer chinesischer Dynastien nichts von seiner Bedeutung ein, seine hohe Stadtmauer geht auf die Zeit der frühen Ming-Dynastie zurück. Die meisten Besucher werden heute von den buddhistischen Stätten angezogen, doch Datong liegt auch in unmittelbarer Nähe des **Heng Shan**, einer der fünf heiligen Berge des Daoismus, dessen spektakulärstes Bauwerk, das **Hängende Kloster**, fester Bestandteil der Reiseplanung sein sollte. Zudem eignet sich Datong bestens als Ausgangspunkt für einen Ausflug zum Buddhistenzentrum **Wutai Shan** (s.S. 313).

Die Stadt bewältigt heute ein Drittel der gesamten **Kohleproduktion** Chinas und versorgt damit die beiden Kraftwerke in ihren Vororten, von denen eines Beijing mit Strom beliefert und das andere die ganze Provinz Shanxi. Die Kohle ist hier überall präsent, ob auf Eselskarren und Lastkraftwagen auf den städtischen Hauptverkehrsstraßen, ob als schwarzer Farbschleier auf den Gebäuden oder als Staub, der die Atemluft verunreinigt – Datong gehört landesweit zu den am schlimmsten verschmutzten Städten. Hat man die Höhlen und Klöster abgegrast, gibt es keinen Grund mehr, länger als ein oder zwei Tage in der Stadt zu verweilen. Datong ist problemlos per Tages- oder Nachtzug erreichbar, seine Hauptattraktionen können allerdings auch auf einer Tagestour von Beijing (7 Std.) oder Taiyuan (Fahrtzeit jeweils 7 Std.) besichtigt werden, auch ein Zwischenstopp auf der Reiseroute zwischen Beijing und Xi'an bietet sich dafür an.

Die gelbfarbenen **Erdwälle**, die einst die Stadt vollständig umgaben, sind noch immer beeindruckend, obwohl sie im Zuge der Ausdehnung des modernen Datong an verschiedenen Stellen durch-

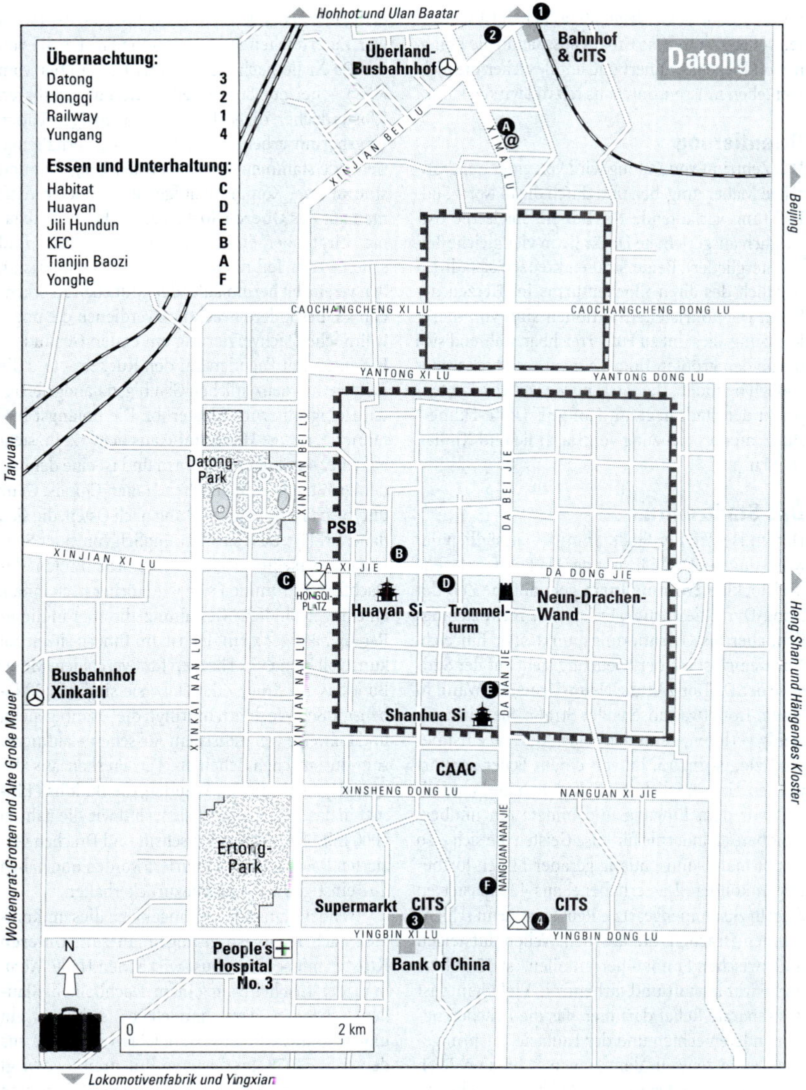

brochen und abgetragen worden sind. Die am besten erhaltenen Abschnitte befinden sich im Osten der Stadt. Die wenigen Schätze, die innerhalb der Mauer von der weitaus glanzvolleren Vergangenheit Datongs übrig geblieben sind, liegen abseits der düsteren Straßen mit ihren Zweckbauten und den mit Propagandasprüchen bemalten Wänden. Außerhalb des Zentrums strahlen die Straßen mit den im Mao-Look gekleideten Menschen auf Eselskarren voller Kohle etwas Grobes aus, das an die Romane von Dickens erinnert und auf Besucher, die nicht hier leben müssen, durchaus reizvoll wirken kann.

Orientierung

Das Zentrum von Datong wird von einer quadratischen Mauer umgeben und durch die in Nord-Süd-Richtung verlaufende **Da Bei Jie** sowie die ost-westlich ausgerichtete **Da Xi Jie** in vier gleiche Teile untergliedert. Beide Straßen kreuzen sich direkt nördlich des alten Glockenturms im Herzen der Stadt. Die Touristenattraktionen sind von dieser Kreuzung allesamt zu Fuß erreichbar, während sich die beiden größten Hotels ein ganzes Stück weiter südlich befinden. Der tatsächliche Verkehrsknotenpunkt der Stadt liegt am **Hongqi-** (Rote-Fahne-) **Platz**, an der Kreuzung von Da Xi Jie und Xinjian Nan Lu.

Das Stadtzentrum

Der im Herzen der Stadt, unmittelbar südlich der Kreuzung der Da Xi Jie mit der Da Bei Jie gelegene dreistöckige **Trommelturm** geht auf die Zeit der Ming-Dynastie zurück. Er ist zwar nicht zugänglich, aber als Orientierungspunkt sehr hilfreich. Nur wenig östlich der Kreuzung steht auf der Südseite der Da Dong Jie die **Neun-Drachen-Wand** in einem Hof etwas abseits der Straße. Sie wirkt ein wenig verloren, denn der Palast, den sie einst beschützte, ist im 15. Jh. von einem Feuer zerstört worden. Ursprünglich stand die 8 m hohe Wand direkt vor dem Eingang und bildete ein unüberwindbares Hindernis für böse Geister, die sich – so glaubt man – nur entlang gerader Linien fortbewegen können. Das erhabene, aus 426 glasierten Ziegeln zusammengesetzte Relief von neun schlängelnden Drachen, die aus den Wellen aufsteigen und zwischen Sonnen herumtollen, ist 45 m lang und wirkt lebhaft und farbenfroh. Viel kleiner ist das separate Relief darunter, das die Drachen neben anderen echten und der Fantasie entsprungenen Tieren zeigt. In dem langen, schmalen Teich vor der Mauer sollen sich die Drachen spiegeln und so beim Blick auf die gekräuselte Wasseroberfläche den Eindruck vermitteln, als bewegten sie sich. ⏲ tgl. 8–18 Uhr, Eintritt ¥3.

Etwa 1 km westlich von hier befindet sich das **Huayan Si**, ursprünglich ein riesiges Kloster aus dem Jahre 1062, als die Liao-Dynastie an der Macht war. Zu erreichen ist es über eine Straße, die von der Da Xi Jie nach Süden führt (gegenüber vom *KFC*) – bei der Suche helfen die gut sichtbaren Klosterdächer, die sich über die niedrigen Läden ringsherum erheben. Die heute noch erhaltenen Gebäude stammen zumeist aus der Qing-Zeit und sind in zwei Komplexe aufgeteilt. Zunächst trifft man auf das **Obere Kloster**. Es wirkt etwas schäbig, birgt aber einige interessante Details und scheint zum Teil noch in Betrieb zu sein, was an den vereinzelt herumlaufenden Mönchen zu erkennen ist. Besondere Beachtung verdienen die ungewöhnliche Dachverzierung am ersten Gebäude – Elefanten mit Pagoden auf den Rücken – und die kleinen, von neuzeitlichen Gläubigen handgefertigten Heiligtümer im Klosterhof. Die unlängst restaurierte, riesige **Haupthalle** aus dem 12. Jh. steht auf einer 4 m hohen Plattform und ist eine der beiden größten buddhistischen Hallen Chinas. Ganz untypisch ist ihre Ausrichtung nach Osten, die sich daher erklärt, dass sie ursprünglich von einer Sonnenanbetersekte erbaut wurde. Die Enden des Dachfirstes krümmen sich wie Hörner nach innen, eine ungewöhnliche Gestaltung, die aber in dieser Region häufiger zu finden ist. Im Innern sitzen auf kunstvoll bemalten Thronen fünf vergoldete Ming-Buddhas aus Stuck oder Holz; sie sind von 20 lebensgroßen Wächtern umringt, die – sanft geneigt und teilweise von indischem Aussehen – aufmerksam zu lauschen scheinen. Die Fresken aus der Qing-Dynastie an den Wänden, die Buddhas Eintritt in das Nirvana darstellen, sind wie die nahezu 1000 mit Blumen, Sanskritschrift und Drachen verzierten Dachplanken restauriert worden und haben ihre einstige Farbenpracht zurückerhalten.

Wendet man sich am Eingang zu diesem Komplex nach rechts, so gelangt man zum **Unteren Kloster** mit seiner robust wirkenden Halle. Wenn man der Inschrift auf einem Dachbalken Glauben schenken darf, handelt es sich um ein ungewöhnliches Bauwerk der Liao-Dynastie aus dem Jahre 1038. Im düsteren Innenraum verbirgt sich eine bunt zusammengewürfelte Sammlung von 31 staubbedeckten Buddhas und Bodhisattvas aus Stuck mit elegant geschnitztem Faltenwurf und filigranen Details, ebenfalls aus der Liao-Zeit. Die Bücherschränke an den Wänden sind wie kleine Häuser gestaltet und dienen der Aufbewah-

Datong und Umgebung		
Datong	大同	***dàtóng***
Huayan Si	华严寺	*huáyán sì*
Lokomotivenfabrik	大同机车工厂	*dàtóng jīchē gōngchǎng*
Neun-Drachen-Wand	九龙壁	*jiǔlóng bì*
Shanhua Si	善化寺	*shànhuà sì*
Übernachtung und Essen		
Datong Binguan	大同宾馆	*dàtóng bīnguǎn*
Hongqi Hotel & Restaurant	红旗大饭店	*hóngqí dàfàndiàn*
Railway Binguan	火车宾馆	*huǒchē bīnguǎn*
Tianjin Baozi	天津包子	*tiānjīn bāozi*
Yonghe Restaurant	永和大酒店	*yǒnghé dàjiǔdiàn*
Yungang Binguan	云冈宾馆	*yúngāng bīnguǎn*
Wolkengrat-Grotten von Yungang	云冈石窟	*yúngāng shíkū*
Hunyuan	浑源	***húnyuán***
Hängendes Kloster	悬空寺	*xuánkōng sì*
Hengshan	恒山	*héngshān*
Hengshan Binguan	恒山宾馆	*héngshān bīnguǎn*
Yingxian	应县	***yìngxiàn***
Jincheng Binguan	金城宾馆	*jīnchéng bīnguǎn*
Pagode von Yingxian	应县木塔	*yìngxiàn mùtǎ*

rung heiliger Schriften. ⌚ tgl. 8.30–17 Uhr, Eintritt ¥6.

Vom Huayan Si führt ein angenehmer 20-minütiger Spaziergang entlang der Da Nan Jie vorbei an Clubs, Geschäften und Restaurants zum **Shanhua Si**. Früher stand hier ein Tempel aus der Tang-Dynastie, der von dem heutigen, in der Ming-Zeit restaurierten Jin-Gebäude ersetzt worden ist. Die beiden schlicht gehaltenen Hallen mit den dicken, rostbraunen Mauern und den gewaltigen, klobigen Holzträgern an den Dachvorsprüngen wirken im Gegensatz zu den späteren chinesischen Tempelbauten mit all ihren Feinheiten eher robust. Die Statuen aus der Jin-Dynastie in der Haupthalle – fünf Buddhas in der Mitte und 24 *lokapalas* (Weltenhüter) zu ihren Seiten – sind besonders kunstvoll gearbeitet. Sehenswert ist die Mutter der Geister, eine matronenhafte Frau mit gütiger Ausstrahlung, zu deren Füßen eine kleine grüne, freche Gestalt mit langen Zähnen steht, die ein Kind auf den Schultern trägt. Einer Legende zufolge war die Mutter der Geister ein böses Weib, das Kinder fraß, bis Buddha ihren Sohn entführte. Von unermesslicher Trauer gequält, willigte sie, als Buddha das Kind zurückgab, ein, in ihrem Leben nur noch Gutes zu tun. Der Kobold erinnert noch an ihre böse Seite. Das Bauwerk aus Holz im Westen des Komplexes ist im Tang-Stil gehalten, verfügt über drei Stockwerke und ein doppeltes Dach und beeindruckt schon allein wegen seiner Langlebigkeit – eine Inschrift auf einem Balken im Innern bezeugt seine Errichtung im Jahre 1154. ⌚ tgl. 8.30–17 Uhr, Eintritt ¥10.

Die Lokomotivenfabrik

Wer auch das moderne Gesicht der Stadt kennen lernen will, dem sei die 3 km südwestlich der Stadt gelegene Lokomotivenfabrik empfohlen. Als letzte

Fabrik der Welt stellte sie Dampfloks her, bevor auch hier im Jahre 1988 die Produktion auf Dieselloks umgestellt wurde. Vom Haupteingang auf der Wenhua Jie ist noch eine ordentliche Strecke über das Gelände bis zur eigentlichen Fabrik zurückzulegen – geradeaus bis zum Ende des Weges gehen, dann nach links und am Wachhäuschen mit dem gelben Propagandaplakat auf dem Dach wieder rechts. Angehalten wird hier kaum jemand, und sollte es doch einmal vorkommen, sagt man einfach, dass man ins Museum möchte. Das Innere der Fabrik gleicht in seinen Ausmaßen einer ganzen Stadt, in der es sich kilometerweit und stundenlang herumwandern lässt. Zum Museum führt die erste Straße nach rechts hinter dem Wachhäuschen (an der Tafel mit den Fotos vorbildlicher Arbeiter), dann nach weiteren 150 m nach links – dort wo ein Propagandaspruch mahnt: „Arbeite heute hart, sonst wird es morgen hart für dich, Arbeit zu finden." Das Freilichtmuseum liegt nun voraus auf der rechten Seite. An den sechs Lokomotiven vorbei geht man durch den Zaun, wo eine alte Frau das Ticket verkauft und die Besucher dann frei zwischen den Austellungsstücken herumlaufen und -klettern lässt. Beim Hinausgehen kann man bei ihr eine Planscheibe der Lokomotivenfabrik von Datong zum Preis von ¥40 erwerben. Anfahrt mit Bus Nr. 27 vom Bahnhof, ein Taxi kostet etwa ¥17. ⏲ tgl. 9–11.30 und 14–17.30 Uhr, Eintritt ¥10.

Alternativ zur Selbsterkundung kann man auch an einer der von **CITS** angebotenen geführten **Touren** zum Werk teilnehmen, die mindestens ein paar Stunden, vorzugsweise jedoch einen Tag im Voraus gebucht werden sollten und nur an Wochentagen stattfinden, sofern die Fabrik geöffnet hat – wenn das Geschäft lahmt, wird sie manchmal für kurze Zeit geschlossen. Nach einer hochtrabenden Einführung des Reiseleiters in englischer Sprache werden die Besucher durch das riesige Werk geführt, das schon durch seine Größe beeindruckt – fast 9000 Mitarbeiter sind hier beschäftigt, die allesamt unter grauenhaft schlechten Sicherheitsbedingungen arbeiten. Dann folgt eine Führung durch das Museum; der Höhepunkt der Tour ist jedoch eine kurze Fahrt in einem Dampfzug, der 1987 hier gefertigt worden ist. Das Ganze kostet ¥100 pro Person, in der Regel müssen sich mindestens fünf Teilnehmer zusammenfinden. Alles in allem macht die Besichtigung auf eigene Faust mehr Spaß.

Übernachtung

Billigunterkünfte sind rar in Datong und am besten bei *CITS* im Bahnhof, ✆ 5101326, zu buchen, die einen Rabatt anbieten. Die bequemste Unterkunft dieser Kategorie ist das von *CITS* betriebene, etwas überteuerte ***Railway Binguan****, 750 m nördlich des Bahnhofs, mit Dorm-Betten (¥40) und ein paar muffigen DZ.

Das ***Hongqi Hotel*–*****, ✆ 2816823, 11 Zhanqian Jie, bietet einige Zimmer derselben Preisklasse und 24 Std. Warmwasser. Der Zimmerpreis schließt drei tägliche Mahlzeiten im hauseigenen Restaurant ein, wo gewöhnliche Einheimische und Parteikader zusammen speisen. Das Hotel befindet sich in dem Turm mit der Neonschrift, vom Bahnhof aus gesehen schräg rechts über den Platz.

Zwei teurere Hotels liegen im Süden der Stadt, ein ganzes Stück außerhalb des Zentrums. Das renovierte ***Yungang Binguan******, 21 Yingbin Dong Lu, ✆ 5021601, 📠 5024927, ist das komfortablere der beiden. Es bietet einen Wechselschalter, eine Postdienststelle sowie einen Coffeeshop und verfügt außerdem über einen alten Ostflügel mit unrenovierten und entsprechend billigeren Zimmern*.

Ebenfalls empfehlenswert ist das ***Datong Binguan*******, ✆ 2032476, weiter westlich an der Yingbin Xi Lu. Es ist ähnlich ausgestattet und empfängt vorwiegend Besucher der Wolkengrat-Grotten von Yungang. Das Hotel grenzt an einen Park und liegt gegenüber einem Lebensmittelgeschäft, einer Buchhandlung sowie mehreren preiswerten Restaurants und kann sich somit einer angenehmeren Umgebung rühmen als das *Yungang*.

Essen und Unterhaltung

Datong liegt unweit der Grenze zur Inneren Mongolei, sodass Hammeleintöpfe in der hiesigen Küche schon eine große Rolle spielen, ebenso wie Kartoffeln, die als eine Art Gelee mit Soßen an Straßenständen angeboten werden. Zu den weiteren typischen Gerichten des Nordens, die hier erhältlich sind, zählen *zongyi* (Klebreisbällchen) und *yuanxiao* (Bällchen aus klebrigem Reismehl mit süßer Füllung).

Snacks aus Hafermehl gibt es bei den freundlichen Straßenhändlern rund um den Hongqi-Platz und die Da Xi Jie zu kaufen. Zudem servieren viele preiswerte Lokale nördlich des Bahnhofs Nudelgerichte und dampfende Bällchen mit Fleischfüllung; besonders empfehlenswert ist das ***Tianjin Baozi,*** südlich des Bahnhofs an der Ostseite der Xima Lu.

Ausgewiesene Feinschmecker werden es in Datong schwer haben, doch einen Streifzug durch die lokale Küche kann man im ***Huayan Restaurant,*** einen Block östlich des Klosters an der Da Xi Jie, unternehmen.

KFC befindet sich ganz in der Nähe an derselben Straße. Südlich des Trommelturms an der Da Nan Jie eröffnen sich weitere Alternativen wie die Nudel- und Wonton-Läden unweit des Hualin-Supermarktes, z.B. das ***Jili Hundun***.

Weiter südlich an der Nanguan Nan Jie, 2 km südlich des Trommelturms, liegt das lebhafte und exklusive ***Yonghe Restaurant,*** wo zwei Gerichte mit Reis, Tee und Bier etwa ¥30 kosten. An der Westseite der Bahnhofshalle lohnt ein Besuch des Restaurants im Hotel ***Hongqi,*** wobei hier nur die Tische zu empfehlen sind, die weit genug von den Privatzimmern entfernt liegen, deren Bewohner abends womöglich lauthals ihrer Karaoke-Leidenschaft frönen. Ein Essen für zwei schlägt mit rund ¥50 zu Buche.

Auf frühes Kommen sollte man stets achten, denn die Restaurants beginnen gegen 21 Uhr zu schließen.

Bier und **Kneipenessen** findet man im ***Habitat*** an der Xinjian Nan Lu, jenseits des Hongqi-Platzes, das sich auf hier lebende Ausländer eingestellt hat.

Die am längsten geöffneten **Clubs** von Datong konzentrieren sich in der Nähe des Trommelturms an der Da Nan Jie und der Da Xi Jie.

Sonstiges

AMT FÜR ÖFFENTLICHE SICHERHEIT (PSB) – Xinjian Bei Lu, 200 m nördlich des Postamtes. Es empfiehlt sich, einen Dolmetscher mitzubringen, ansonsten wird man als Tourist kaum beachtet. Im Falle eines Diebstahls sollte man auf einer Verlustanzeige bestehen. ⏲ Mo–Sa 8.30–12 und 14.30–18 Uhr.

EINKAUFEN – Gegenüber der Neun-Drachen-Wand werden Antiquitäten verkauft. Bekleidungsgeschäfte gibt es entlang der Da Xi Jie.

FLUGGESELLSCHAFTEN – ***CAAC,*** ✆ 2044039, 1 Nanguan Nan Jie, ⏲ tgl. 8.30–17 Uhr, eine weitere Filiale befindet sich im *Yungang Binguan.* Die Flüge starten allerdings von dem hunderte Kilometer weiter südlich gelegenen Taiyuan.

GELD – Umtausch von Travellers Cheques nur in der Hauptfiliale der ***Bank of China*** an der Yingbin Xi Lu, gegenüber vom *Datong Binguan,* ⏲ Mo–Fr 8–18.30 Uhr. Im *Datong Binguan* und im *Yungang Binguan* können Hotelgäste bis 20 Uhr Geld tauschen oder Travellers Cheques einlösen – Nicht-Gästen ist hier nur der Bargeldumtausch möglich.

GEPÄCKAUFBEWAHRUNG – An der Westseite der Bahnhofshalle, Gebühr ¥5.

INTERNET – Im Stadtzentrum befinden sich mehrere ***Internet-Cafés*** an der Da Nan Jie und auf der Ostseite des Hongqi-Platzes. Weitere Möglichkeiten bestehen in der Bahnhofsgegend: Ein Internet-Café neben dem *Tianjin Baozi* und ein weiteres unweit des Busbahnhofs an der Xinjian Bei Lu, das sich den Räumlichkeiten mit einem koreanischen Barbeque-Restaurant teilt, bieten ebenfalls den Netzzugang an.

MEDIZINISCHE HILFE – ***People's Hospital No. 3*** liegt im Süden der Stadt an der Yingbin Xi Lu, unmittelbar westlich der Kreuzung mit der Xinjian Nan Lu.

POST UND TELEFON – Das imposante, sowjetisch anmutende Gebäude gegenüber vom Hongqi-Platz, südlich der Da Xi Jie, beherbergt das ***Postamt,*** ⏲ tgl. 8–18 Uhr, und ein rund um die Uhr geöffnetes Telekommunikationsamt. Scharen arbeitsloser Frauen stehen herum und bieten verbilligte IC- und IP-Telefonkarten an.

REISEBÜROS – Die Hauptniederlassung von ***CITS,*** ⏲ tgl. 6.30–18 Uhr, ✆ 5024176, auf der Ostseite der Halle des *Yungang Binguan,* ist für Reisegruppen zuständig und vermittelt Reiseleiter.

Nützlicher ist das *CITS*-Büro im Bahnhof, ⏲ tgl. 6.30–18.30 Uhr, ✆ 5101326, das viele Informationen über die Stadt und ihre Umgebung bereithält. Gegen eine Gebühr von ¥40 werden hier Zugfahrkarten für denselben Tag ausgestellt. Die Touren zu Zielen außerhalb der Stadt sind eine Überlegung wert.

VORWAHL – 0352

Nahverkehrsmittel

Der Bahnhof ist Ausgangspunkt der **Stadtbusse** (Fahrpreis ¥1). Leider fährt kein Bus die gesamte Nord-Süd-Achse der Stadt ab, an der sich die meisten für Besucher interessanten Orte befinden. Bus Nr. 4 fährt vom Bahnhof zur großen Kreuzung, wo er nach Westen abbiegt, um den Huayan Si und den Hongqi-Platz zu passieren, bevor er direkt außerhalb der alten Stadtmauer endet. Von der Kreuzung zu den Hotels im Süden fährt Bus Nr. 17, Einstieg an der Endstation auf der Ostseite der Xiao Nan Jie. Vom Bahnhof direkt zu diesen Hotels verkehrt Bus Nr. 15, der die Xinjian Nan Lu in südlicher Richtung entlangfährt und schließlich den Weg nach Osten zur Yingbin Xi Lu einschlägt.

Taxis sind überall unterwegs, die Grundgebühr beträgt ¥5, jeder weitere Kilometer kostet ¥1,8 bzw. ¥1,2. Innerhalb der Stadt sollten ¥10 ausreichen. Eine Erkundung der Stadt zu Fuß ist aufgrund der weiten Entfernungen sehr ermüdend – über 8 km sind es vom Bahnhof bis zu den Hotels. Zudem verlaufen die Straßen schnurgerade und sind, was den Lärm und die Luftverschmutzung anbelangt, hochgradig unangenehm. Bei Dunkelheit hält man sich besser auf den Hauptstraßen auf, denn nachts ist Datong nicht gerade ungefährlich.

Transport

BUSSE – Alle Langstreckenbusse enden gleich südlich des Bahnhofs an der Xinjian Bei Lu. Die Busse zu nahe gelegenen Städten wie Yingxian und Hunyuan fahren von der Haltestelle an der Xinjian Bei Lu ab, etwa 1 km vom Bahnhof entfernt; Bus Nr. 3 zu den Yungang-Grotten verkehrt jedoch vom Busbahnhof Xinkaili im Westen der Stadt. Reisende nach Taiyuan und zum Wutai Shan können nach den Schleppern an der Bahnhofshalle Ausschau halten – häufig sitzen sie in den Türen ihrer Minibusse.

Busse nach:
WUTAI SHAN 6 Std.;
TAIYUAN 7 Std.

EISENBAHN – Der **Bahnhof** von Datong liegt am nördlichen Stadtrand am Ende der Da Bei Jie, weit entfernt von sämtlichen Sehenswürdigkeiten. Als bedeutender Umsteigebahnhof an der Kreuzung der Linien nach Xi'an sowie zwischen Beijing und Baotou ist hier der erste Halt in China für Züge aus der Mongolei, der Reisenden aus Ulan Bator ein recht raues und abschreckendes Bild des Landes vermittelt. In dem riesigen, verrußten Bau drängen sich meist Unmengen von Fahrgästen, bei denen es sich zumeist um Bauern handelt, die sich auf der Suche nach Arbeit in der Bauwirtschaft befinden und ihre ganze Habe in Getreidesäcken umhertragen. Die Schlepper der Hotels rangeln sich um die eintreffenden Reisenden, die aus den Bahnsteigtoren an der Westseite des Bahnhofs herausströmen. Oft arbeiten sie für Unterkünfte, die keine Ausländer aufnehmen, geben das allerdings selten zu. Wer Glück hat, wird stattdessen von einem der Vertreter des äußerst hilfreichen **CITS-Bahnhofsbüros** angesprochen, die zunächst von den aufdringlichen Kundenwerbern und Taxifahrern gar nicht zu unterscheiden sind. Natürlich kann man das Büro auf der Westseite des Bahnhofs auch selbst aufsuchen – ein empfehlenswerter erster Anlaufpunkt, der Orientierung, Rat und Informationen bietet und den man auch zum Treff mit anderen Reisenden nutzen kann.

Der Erwerb von **Zugfahrkarten** ist unkompliziert. Im Schalterfenster für Abfahrten am gleichen Tag (chinesisch beschriftet mit „heute") findet der Fahrgast Informationen zum Nachtzug Nr. 4463 nach Taiyuan (¥65), der für die Strecke 7 Std. benötigt und eine Hotelübernachtung in Datong überflüssig macht. Im hinteren Bereich des Bahnhofs, gegenüber der Tür, gibt es einen bequemen Warteraum (¥5 für 2 Std.) mit Sesseln und TV, der von einer strengen Dame beaufsichtigt wird, die Bescheid gibt, wenn der entsprechende Zug einfährt.

Züge nach:
BAOTOU 4x tgl., 8 Std.;
BEIJING 4x tgl., 7 Std.;
HOHHOT 24x tgl., 5 Std.;
LANZHOU tgl., 25 Std.;
LINFEN tgl., 12 Std.;
TAIYUAN 2x tgl., 7 Std.;
XI'AN tgl., 20 Std.;
XINCHOU 1x tgl., 2 Std.

FLÜGE – Der südlich der Stadt gelegene Flughafen bot zum Redaktionsschluss dieses Reiseführers keine kommerziellen Flüge an, doch kann sich das womöglich in naher Zukunft ändern.

Die Umgebung von Datong

Die Attraktionen außerhalb der Stadt sind um vieles sehenswerter. Neben den faszinierenden **Wolkengrat-Grotten** bei Yungang lohnen auch die uralten Bauten in den ländlichen Siedlungen der Umgebung einen Besuch, wenn es die Zeit erlaubt. Zwar lässt der Zustand der Straßen zu wünschen übrig, und viele sind im Winter bisweilen gesperrt, wodurch sich die Fahrtzeiten mehr als verdoppeln können, doch dafür entschädigen die herrlichen Blicke unterwegs: Die weite, von Rissen durchzogene Mondlandschaft wird nur ab und zu von Dörfern belebt, deren Schlammmauern den Eindruck vermitteln, als seien sie soeben aus der nackten braunen Erde emporgewachsen. Manches Dorf besitzt noch immer seinen Leuchtturm aus der Zeit, als dies noch wildes Grenzland war.

Um sich in der Umgebung der Stadt zurechtzufinden, sind die vor dem Busbahnhof zum Preis von ¥4 erhältlichen **Stadtpläne** von Datong recht nützlich, denn sie enthalten auch Karten von Hunyuan und Yingxian sowie Zugfahrpläne auf der Rückseite. Allerdings können auf eigene Faust unternommene Ausflüge mit den klapprigen Bussen sehr zeitaufwändig sein – wer also des Chinesischen nicht wirklich mächtig ist und nur einen begrenzten Zeitrahmen zur Verfügung hat, sollte an einer organisierten Tour teilnehmen. *CITS* bietet für ¥50–100 pro Person (je nach Gruppenstärke) kombinierte Tagesausflüge von Datong zu den **Wolkengrat-Grotten** und zur **Äußeren Großen Mauer** an, außerdem Tagestouren zu den Grotten und, je nach Wetter, zum **Hängenden Kloster** oder zur **Holzpagode von Yingxian**. Letztere starten täglich um 9 Uhr und dauern bis zum Abend, die Teilnehmer werden von ihren Hotels abgeholt und wieder dorthin zurückgebracht. Unterwegs hält der Minibus kurz in einem Dorf, das aus flachen Häusern mit Schlammmauern sowie Höhlenbehausungen besteht. Der Preis richtet sich nach der Teilnehmerzahl, rechnen muss man mit etwa ¥100 einschließlich englischsprachigem Reiseleiter und Mittagessen, jedoch zuzüglich der Eintrittskarten zu den Sehenswürdigkeiten, oder ¥210 inklusive Eintrittskarten. Tourbuchungen sind am besten in dem hilfreicheren der beiden *CITS*-Büros von Datong im Bahnhof zu tätigen (s.S. 307 f., Reisebüros).

Die Wolkengrat-Grotten von Yungang

Ein absolutes Muss sind die monumentalen Wolkengrat-Grotten bei Yungang, eine Reihe von in einen Sandsteinhang gehauenen buddhistischen Höhlen, nur 16 km westlich der Stadt und mit dem Bus in einer knappen halben Stunde zu erreichen. Erbaut um das Jahr 400, in einer Zeit des Wiederauflebens des Buddhismus, waren sie nicht nur die ersten und prächtigsten der drei großen buddhistischen Höhlenanlagen (die anderen beiden sind die Longmen-Grotten in Luoyang und die Mogao-Grotten in Dunhuang, s.S. 377 bzw. S. 1131), sondern sind auch heute noch die am besten erhaltenen.

Stil und Gestaltung der Grotten lassen eine Ähnlichkeit mit Baustilen in Indien erkennen, und vielleicht hat auch die frühere Höhlenkunst von Afghanistan Spuren hinterlassen. Mit ziemlicher Sicherheit kamen die in dieses Projekt involvierten Handwerker aus Indien und Zentralasien, außerdem wird ein ausländischer Einfluss in den **Reliefs** deutlich sichtbar: So sind neben den üblichen Drachen und Phönixen chinesischen Ursprungs auch griechische Motive (Dreizack und Acanthus-Blätter), persische Symbole (Löwen und Waffen) und bärtige Gestalten, ja sogar Bilder der Hindu-Gottheiten Shiva und Vishnu vertreten. Die weichen, abgerundeten Formen der **Sandsteinfiguren von Datong** – Chinas erster Steinstatuen – im Innern der Grotten haben mit den Terrakottareliefs der Mogao-Grotten in der Nähe von Dunhuang in Gansu, die ein paar Jahre zuvor in Angriff genommen worden waren, mehr gemeinsam als mit den scharfkantigen, eher geradlinigen Grundzügen der späteren Sandsteinarbeiten von Luoyang. Außerdem weisen einige der sitzenden Buddhas kantige, fast kaukasische Nasen auf.

Die hier zu bestaunende Kunstfertigkeit ist in China unübertroffen und der damit verbundene Aufwand (40 000 Arbeiter waren beteiligt) nicht weniger beeindruckend. Mit dem **Bau** wurde im Jahre 453 begonnen, als Datong die Hauptstadt der Wei-Dynastie war, und er endete etwa 525, nachdem das Zentrum der Macht nach Luoyang verlegt worden war. Zunächst wurde am oberen Ende der Felswand ein Loch ausgehöhlt, dann grub man sich immer tiefer in den Felsen hinein, bis man ganz unten angekommen war und von dort wieder nach draußen vorstieß – so entstanden jeweils zwei Höhlungen übereinander. Der ursprüngliche Zustand, als die Höhleneingänge mit Holzvorbauten verschlossen und die Skulpturen mit Schutzschichten überzogen und knallbunt bemalt waren, ist heute nicht mehr sichtbar. Die größeren Skulpturen weisen in regelmäßigen Abständen Löcher auf, an denen einst die Holzpflöcke befestigt waren, die den Lehmüberzug hielten. Über die Jahrhunderte hinweg waren einige der Höhlen unweigerlich den Unbilden des Wetters ausgesetzt, aber wenigstens ist diese Anlage von einem Vandalismus wie in Luoyang weitgehend verschont geblieben.

Die ursprünglich auf einer Länge von 15 km verteilten Höhlen sind in drei **Gruppen** (die östliche, mittlere und die westliche) angelegt und von Ost nach West von 1–51 durchnummeriert worden. Heute sieht man nur noch einen Bruchteil, der sich etwa über 1 km erstreckt. Schon ein einfacher Spaziergang entlang der Höhlen ist ein besonderes Erlebnis, doch wer eine Vorstellung von den verschiedenen Stilen und Einflüssen bekommen möchte, sollte sich gezielt zwischen den drei Gruppen bewegen. Die Höhlen 16–20 aus der ersten Gruppe sind zuallererst entstanden, es folgten Nr. 7–10, dann 5, 6 und 11 – die alle fertiggestellt wurden, bevor der Hof nach Luoyang verlegt wurde. Später kamen Nr. 4 sowie 13–15 dazu, außerdem die am östlichen Rand gelegenen Höhlen Nr. 1–3 sowie Nr. 21 im Westen, die zuallerletzt geschaffen wurde. Kleiner und weniger interessant sind die Höhlen 22–50. **Anfahrt** mit Bus Nr. 4 vom Bahnhof oder Bus Nr. 17 von der Yingbin Xi Lu zum Busbahnhof Xinkaili im Westen der Stadt und von dort aus mit Bus Nr. 3 (¥1,5) bis zu den Grotten. ⌚ tgl. 9–17 Uhr, Eintritt ¥50.

Die östlichen Höhlen

Die spät entstandenen Höhlen Nr. 1–4 liegen etwas abseits der anderen und sind weniger spektakulär. **Höhlen 1 und 2** sind um einen einzelnen, rechteckigen Pfeiler errichtet worden, der nach dem Vorbild eines Holzstupas geschnitzt wurde und den die Gläubigen zu umschreiten pflegten; er ist inzwischen stark erodiert. **Höhle 3** ist 25 m tief und damit die größte aller Grotten von Yungang. Das Fehlen von Verzierungen legt die Vermutung nahe, dass sie einst als Vorlesungssaal gedient hat. Die drei Statuen an ihrem westlichen Ende, ein 10 m hoher Buddha und seine beiden Diener, sind kunstvoll gemeißelt und in gutem Zustand. Ihre runden, fleischigen Gesichter mit Doppelkinn und vollen, sinnlichen Lippen lassen auf ihre späte Erschaffung schließen, denn sie sind typisch für die Darstellungen aus der Tang-Dynastie. **Höhle 4**, wiederum mit einem zentralen Pfeiler, der mit gemeißelten Buddha-Darstellungen geziert ist, birgt an der westlichen Mauer einen gut erhaltenen Maitreya-Buddha im Schneidersitz.

Die mittleren Höhlen

Am eindrucksvollsten sind die Höhlen Nr. 5–13, die von **monumentaler Plastik** geradezu überquellen. Beim Betreten der **Höhle 5** sieht man sich plötzlich einer riesigen, 17 m hohen Buddhastatue gegenüber, deren goldenes Antlitz in dem schummrigen Licht sanft erstrahlt – ein Ehrfurcht erregender Anblick, bei dem man sich ganz klein vorkommt. Die jenseitige Erscheinung der Statue wird durch das blaue Haar und die rubinroten Lippen noch verstärkt. Zwei Bodhisattvas stehen ihm fürsorglich zur Seite, und weitere Buddhas in den verschiedensten Größen, nachgerade eine ganze himmlische Galerie, drängen sich in eng beieinander liegenden Nischen an den sanft gewölbten Mauern.

Höhle 6 zeigt ein völlig anderes, nicht weniger fesselndes Bild. Ein Holzvorbau aus dem Jahre 1652 führt in einen hohen, quadratischen Innenraum; dieser wird von einem mächtigen Pfeiler in der Mitte beherrscht, in den Buddhas und Bodhisattvas in tiefem Relief eingearbeitet sind, die von fliegenden buddhistischen Engeln und Musikanten umschwärmt werden. Die seitlichen Wände der Grotte sind voller lebhafter Bilder, darunter Reliefs mit Szenen aus dem **Leben des Buddha** (etwas über Kopfhöhe), die eine Geschichte erzählen, wenn man sich in Uhrzeigerrichtung durch den Raum bewegt. Anfangs sind die Bilder noch leicht verständlich – da ist die Geburt Buddhas aus der Seite des Oberkörpers seiner Mutter und Buddhas Vater, der das Kind auf einem Elefanten trägt. An der Nordseite des Pfeilers ist das Treffen des jungen Prinzen mit einem Wahrsager dargestellt – in diesem Fall ein ausgemergelter Mann mit einem Spitzbart, der ihm der Legende nach prophezeite, dass er bei der Konfrontation mit Krankheit, Tod und Alter zum Asketen würde. In dem Bemühen, dieses Schicksal abzuwenden, hielt der Vater ihn während seiner ganzen Jugend im Palast gefangen. Buddhas erster Streifzug außerhalb des Palastes, der schematisch als quadratisches chinesisches Gebäude dargestellt ist, ist auf der östlichen Höhlenmauer zu sehen, wie auch seine Begegnung mit den Widrigkeiten des Lebens, hier in Gestalt eines Krüppels mit zwei Krücken.

Höhlen 7 und 8 gehören zusammen, weisen beide einen quadratischen Grundriss und zwei Kammern auf und sind durch einen gewölbten Durchgang verbunden, der von Engeln gesäumt und mit einer Art Sonnenblume gekrönt ist. Die hier dargestellten Figuren, wie etwa die sechs Himmelsanbeter über dem Durchgang in der Mitte, sind schon eher der chinesischen Stilrichtung zuzuordnen als ihre Vorgänger in den Höhlen 16–20 – vielleicht ein Hinweis auf die Mitarbeit von Handwerkern aus Gansu, das die Wei im Jahre 439 erobert hatten. Zwei Gestalten zu beiden Seiten des Eingangs zur Höhle 8 gehören zu den besten Reliefarbeiten und zweifellos zu den offenkundigsten ausländischen Schöpfungen des gesamten Komplexes: links des Eingangs ein fünfköpfiger, sechsarmiger Shiva auf einem Vogel und zur Rechten ein dreiköpfiger Vishnu auf einem Bullen. Diese indischen Wesen tragen jedoch deutliche chinesische Züge, und der Vogel, ein Garuda aus der Hindu-Mythologie, ist mit dem chinesischen Phönix identisch.

Die Pfeiler und Sturze an den Eingängen zu den **Höhlen 9, 10 und 12** sind voller plastischer Details in verblassten Pastellfarben: Buddhas, Tänzer, Musikanten, Tiere, Blumen, Engel und abstrakte, ornamentale Verzierungen (die an die persische Kunst erinnern). Höhle 9 ist zum Teil mit gemeißelten Trägerimitationen versehen, um den Innenraum wie ein Holzbauwerk erscheinen zu lassen. Die konischen Säulen am Eingang zur Höhle 12 sind mit winzigen Buddhas bedeckt, wirklich sehenswert allerdings ist die im Hintergrund dargestellte Gruppe von Musikanten mit ihren sonderbaren Instrumenten.

Der ausgestreckte rechte Arm der 15 m hohen Buddha-Figur in **Höhle 13** musste aus Stabilitätsgründen abgestützt werden, sodass die Bildhauer auf die geniale Idee kamen, den Stützpfeiler auf seinem Knie in einen vierarmigen Miniatur-Buddha zu verwandeln. Die stark erodierten Skulpturen der **Höhlen 14 und 15** liegen stilistisch irgendwo zwischen den riesigen Figuren der frühen westlichen Höhlen und den kleineren Reliefs der mittleren.

Die westlichen Höhlen

Im Vergleich zu den Bildern der mittleren Höhlengruppe sind die Gestalten in diesen **ältesten Höhlen** (Nr. 16–20) schlichter und verwegener, und wenn sie auch grober gemeißelt sein mögen, strömen sie doch eine ähnliche Faszination aus. Bei den **Riesenbuddhas** mit den runden Gesichtern, spitzen Nasen, tief liegenden Augen und schmalen Lippen soll es sich um die Darstellung von fünf Kaisern handeln. Sie wurden zwischen 453 und 462 unter der Leitung des Mönchs Tan Hao geschaffen und weisen alle dasselbe Muster einer vergrößerten Nische mit einem riesigen Buddha und ihn umgebenden Bodhisattvas auf.

Der Buddha in **Höhle 16**, dessen untere Hälfte zerfallen ist, trägt oben über der Brust einen Gürtel im koreanischen Stil. Die Buddha-Figuren sind von oben nach unten gemeißelt worden, und als die Bildhauer des Buddha in **Höhle 17** am Boden angekommen waren, mussten sie eine Vertiefung schaffen, um die Füße noch unterbringen zu können. Dasselbe Problem wurde in **Höhle 18** gelöst, indem man dem Buddha kürzere Beine gab. Trotz ihrer stämmigen Gliedmaßen gehört diese Figur zu den erlesensten Skulpturen im gesamten Komplex, denn hier bilden die fein gearbeiteten Details wie die Reihen winziger, in das Gewand gemeißelter Bodhisattvas einen schönen Kontrast zu den kräftigen, schwungvollen Formen in den vereinfachten Flächen des Gesichts. Doch die wahrscheinlich berühmteste und zweifellos meistfotografierte Figur ist der 14 m hohe Buddha in **Höhle 20**, der, den Elementen ausgeliefert, in einer Nische sitzt, die wohl einst durch ein Vordach aus Holz geschützt war. An diesem für die Kunst der Nördlichen Wei typischen Kunstwerk liegen die Falten des Gewands in einem geordneten Muster, und seine Erscheinung ist durch einfache Rundungen und gerade Linien gekennzeichnet. Seine gewaltigen Ohren berühren fast die Schultern.

Am wenigsten beachtet und nur selten besucht werden die kleinen Höhlen 20–50, doch zumindest die Decke der **Höhle 50** ist wegen der fliegenden Elefanten sehenswert, die auch in Höhle 48 zu entdecken sind. Die Höhlen 50 und 51 beherbergen Skulpturen von Akrobaten.

Die Alte Große Mauer

Die beiden Teilstücke der Großen Mauer in der Umgebung von Datong sind älter und ausgedehnter als der Abschnitt von Badaling, und im Gegensatz zu den Abschnitten rund um Beijing sind sie vom Massentourismus bislang weitgehend verschont geblieben und bieten ein authentischeres und landschaftlich reizvolleres Erlebnis.

Das kaiserliche Datong lag strategisch günstig zwischen der Inneren und der Äußeren Großen Mauer. Letztere diente zur Abwehr einfallender Nomadenstämme, wohingegen Erstere die zweite Verteidigungslinie bildete. Zur **Äußeren Mauer** gelangt man mit Bus Nr. 4 vom Bahnhof oder Bus Nr. 17 von der Yingbin Xi Lu zum Busbahnhof Xinkaili im Westen der Stadt, von wo Bus Nr. 3 bis zu den Wolkengrat-Grotten fährt. Von den östlichen Höhlen geht man etwa 15 Minuten weiter in Richtung Osten, bis die Überreste der Mauer in einem Feld auftauchen. Bei Redaktionsschluss dieses Buches wurde kein Eintrittsgeld verlangt, und vor Ort gab es auch keine lokalen Geschäftemacher. Die **Innere Mauer** liegt auf der Ostseite des Heng Shan, 100 km östlich von Datong, und ist mit dem Bus oder Taxi von Hunyuan aus erreichbar oder kann während einer Tour zum Hängenden Kloster besichtigt werden.

Heng Shan und das Hängende Kloster

In der 250 km langen Gebirgskette Heng Shan, die sich von Ost nach West um den Norden der Provinz Shanxi windet, liegt einer der fünf heiligen daoistischen Berge Chinas, der auf eine über 2000 Jahre alte Geschichte als religiöse Pilgerstätte zurückblickt. Viele Kaiser sind hier persönlich erschienen, um den auf 2000 m Meereshöhe gelegenen höchsten Gipfel Xuanwu zu erklimmen – eine Tradition, die auf den allerersten Kaiser Qin Shi Huang zurückgeht.

Die Pilger von heute starten meist in **Hunyuan**, 75 km südöstlich von Datong und nur 5 km nördlich des Hängenden Klosters (Xuankong Si). Dieses mit Abstand eindrucksvollste Bauwerk des Heng Shan klammert sich gefährlich auf halber Höhe an eine steile Felswand – der Name bedeutet wörtlich etwa „in einem Hohlraum hängender Tempel" – und ist mit langen, an Felsvorsprüngen verankerten Holzpfählen abgestützt. Ein Kloster gibt es hier bereits seit den Nördlichen Wei, allerdings stammt die heutige Konstruktion vorwiegend aus der Qing-Zeit. Die Klosterbauten sind immer wieder den Überschwemmungen des Heng-Flusses am Fuße der Felsen – die wegen des Staudamms flussaufwärts nun ausbleiben – zum Opfer gefallen, und jeder Wiederaufbau wurde ein Stück weiter nach oben verlegt. Aus der Ferne noch ein Kunstwerk in sensationeller Lage, das den Gesetzen der Schwerkraft zu trotzen scheint, entpuppt sich das Kloster bei der Ankunft eher als eine Touristenfalle: Die Besucher werden durch Souvenirstände geschleust, und im Sommer wird das allfällige Gedränge für Menschen mit klaustrophobischen Neigungen zum Albtraum. Hohe, schmale Treppen und Bretterstege verbinden die sechs Hallen miteinander, bei denen es sich natürlich um geformte Höhlen und Felsvorsprünge mit Holzvorbauten handelt. Als einziges Kloster landesweit vereint das Xuankong Si Heiligtümer aller drei Hauptreligionen Chinas (Konfuzianismus, Buddhismus und Daoismus), deren wichtigste Gestalten in Form von fast 80 Statuen aus Bronze, Eisen und Stein auf dem Komplex vertreten sind. In der Halle der Drei Religionen am oberen Ende des Komplexes sitzen Statuen von Konfuzius, Buddha und Lao Zi fröhlich beieinander. ⌚ tgl. 9–17 Uhr, Eintritt ¥17.

Die kleine, ländliche Siedlung Hunyuan wird vom Überland-Busbahnhof in Datong aus mit **Bussen** angefahren, die etwa 1 Std. unterwegs sind, für die Fahrt ¥7 verlangen und direkt gegenüber vom überteuerten **Hotel** *Hengshan Binguan***, ✆ 0352/8322045, halten, wo ein paar vergammelte Doppelzimmer vermietet werden. Die Stadt selbst hat neben einiger reizvoller Straßenarchitektur aus der Ming-Zeit kaum etwas zu bieten. Zum Heng Shan verkehren Touristenbusse, die aus der Stadt zum Fuße des Berges fahren, wo ein Weg zum Gipfel beginnt, der an einigen kleinen Tempeln vorbeiführt. Die Schlepper mit ihren Minibussen am Bahnhof von Datong werden zwar vorgeben, zum Hängenden Kloster zu fahren, die Fahrgäste aber stattdessen in Hunyuan absetzen, von wo immerhin regelmäßig Minibusse (¥3) zur Schotterstraße am Klostereingang starten. **Tickets** werden 100 m weiter am anderen Ende der Brücke verkauft. Um vom Hängenden Kloster wieder nach Hunyuan zu gelangen, muss man sich auf ein wildes Gefeilsche mit den Fahrern der Transportfahrzeuge einstellen – ¥5 sollten mehr als genug sein, allerdings besteht auch die Möglichkeit, denselben Weg zurückzulaufen und in den freundlichen Dörfern ein besseres Angebot auszuhandeln.

Der letzte Bus zurück nach Datong fährt um 17 Uhr von Hunyuan ab, doch bietet sich auch die Möglichkeit, in Hunyuan zu übernachten und von dort mit dem 9-Uhr-Bus aus Datong zum Wutai Shan weiterzufahren.

Die Pagode von Yingxian

Im Zentrum der kleinen Stadt Yingxian, 75 km südlich von Datong, befindet sich die majestätische Pagode von Yingxian, die 1056 zur Zeit der Liao-Dynastie erbaut wurde. Das älteste Holzbauwerk von ganz China ist ein Meisterstück der Bautechnik, das den Anschein erweckt, als könnte es noch weitere 1000 Jahre überstehen. Der „Woody Tower" (Holzturm), wie das Hinweisschild in fehlerhaftem Englisch ankündigt, ist fast 70 m hoch und besitzt einen achteckigen Grundriss sowie insgesamt neun Stockwerke, obwohl es nur über ein sechsstufiges Dach verfügt. Bis zum fünften Stockwerk ist der Bau begehbar, und ein Rundgang lohnt sich allemal, da das nahezu schmucklose Gebäude innen am meisten beeindruckt.

Das erste Stockwerk ist höher als die anderen und weist ausgedehntere Dachvorsprünge auf, die von Säulen getragen werden, die einen Kreuzgang um eine Mauer aus Schlamm und Stroh bilden. Von hier an aufwärts besteht alles aus Holz – tatsächlich ist die ursprüngliche Pagode ohne einen einzigen Metallstift errichtet worden, während heute derartige Stifte vielfach in den Böden zu finden sind. Die Decken und Wände der geräumigen Innenhallen stellen Netzwerke von Balken dar, die von enormen, komplizierten **Holzträgern** *(dougong)* zusammengehalten werden, von denen fast 60 verschiedene Sorten vertreten sind. Ineinander greifend, mit gebogenen Enden und übereinander geschichtet, lassen sie die Pagode stämmig und robust erscheinen, und als Bauträger werden sie ihrer Funktion auf meisterhafte Art gerecht – der Bau hat schon sieben Erdbeben überstanden.

Einst war in jedem Stockwerk eine Statue untergebracht, von denen nur noch ein 11 m hoher Buddha übrig geblieben ist. Unlängst fand man bei Renovierungsarbeiten einen Schatz, der unter der Pagode versteckt war und mit Holzschnitten gedruckte buddhistische Sutren aus der Liao-Dynastie enthielt. ⌚ tgl. 8–17 Uhr, Eintritt ¥16.

Busse von Datong nach Yingxian zum Preis von ¥10 fahren vom Überland-Busbahnhof ab und sind 2 Std. unterwegs. Der Busbahnhof von Yingxian liegt im westlichen Abschnitt der großen Ost-West-Achse der Stadt, ca. 1 km südwestlich der Pagode. **Übernachten** kann man im *Jinchen Binguan**, etwa 2 km südlich der Pagode an der großen Nord-Süd-Achse. Von Yingxian verkehren Busse in das ca. 50 km entfernte Hunyuan, dem Ausgangspunkt zum Heng Shan und zum Hängenden Kloster. Sie fahren tagsüber stündlich, die letzte Verbindung – wie auch nach Datong – besteht um 17 Uhr. Wer früh aufbricht, kann mit etwas Glück an einem Tag das Hängende Kloster und die Pagode von Yingxian mit öffentlichen Verkehrsmitteln schaffen.

Wutai Shan

Am nordöstlichen Rand der Provinz Shanxi, unweit der Grenze zu Hebei, liegt als einer der vier buddhistischen Berge Chinas der Wutai Shan mit seinen fünf abgeflachten Gipfeln (der Name bedeutet „Fünf-Terrassen-Berg"), der sich auf etwa 3000 m über dem Meeresspiegel erhebt. Obwohl etwas abgelegen, belohnt er seine Besucher nach der langen Busreise mit einer frischen Brise, atemberaubender Hochgebirgslandschaft, einigen der schönsten Tempelbauten Chinas, anständigen Unterkünften und einem friedvollen, spirituellen Flair, das allerdings im Zuge der fortschreitenden Entwicklung zusehends abhanden kommt.

Der Wutai Shan gehörte zu den ersten Orten, an denen der Buddhismus in China Fuß fassen konnte, und ist spätestens seit der Herrschaft von Kaiser

Ming Di (in den Jahren 58–75 n. Chr.) eine religiöse Pilgerstätte. Der Legende zufolge kam seinerzeit ein indischer Mönch zu dem Berg und hatte eine Vision, in der er dem **Manjushri-Buddha** begegnete. Jeder buddhistische Berg ist einem bestimmten Bodhisattva geweiht, und im Falle des Wutai Shan ist das Manjushri (auch bekannt als Wenshu-Buddha), der Gott der Weisheit, der auf einem Löwen reitend dargestellt wird und außer einem Schriftstück – das ein Sutra darstellt – auch ein Schwert in den Händen hält, um die Unwissenheit zu zerstören.

Zur Zeit der Nördlichen Wei war Wutai Shan ein wohlhabendes Buddhistenzentrum, immerhin bedeutend genug, um auf einem Wandgemälde in den Höhlen von Dunhuang in der Provinz Gansu zu erscheinen. Den Höhepunkt seiner Beliebtheit erreichte der Berg während der Tang-Dynastie, als es rund um die Gipfel über 200 Tempel gab, in denen Mönche sich dem Studium des Avatamsaka-Sutra widmeten – einer Schrift, die auf „einen reinen und frischen Berg im Nordosten" Bezug nahm, wo sich Manjushri einst aufgehalten habe und den man im Wutai Shan zu erkennen glaubte. Die Anzahl der Tempel nahm zur Zeit der Buddhistenverfolgung in der späten Tang-Phase ab, doch der Berg erlebte einen zweiten Aufschwung in der Ming-Dynastie, als er die kaiserliche Gunst erlangte und Kaiser Kangxi zu seinen häufigen Besuchern zählte.

Im 15. Jh. kam der Gründer der tibetischen **Gelbmützen-Sekte**, die – anders als die nachsichtigere und weniger doktrinäre frühere Rotmützen-Sekte – den Schwerpunkt auf Askese und Strenge setzte, zum Predigen in diese Gegend. Der Manjushri-Buddha ist im tibetischen und mongolischen Buddhismus besonders wichtig, und so wurde der Wutai Shan zu einem bedeutenden Pilgerziel für Lamaisten.

Die Unzugänglichkeit des Berges bedeutete immer einen gewissen Schutz vor politischen „Säuberungsaktionen", sodass viele der Tempel die Kulturrevolution schadlos überstanden haben. Fast alle der heute erhaltenen 40 Tempel liegen in dem Klosterdorf **Taihuai**, das sich in einer Mulde zwischen den fünf heiligen Gipfeln befindet. Zu den besonderen Sehenswürdigkeiten gehören das **drehbare Bücherregal** des Tayuan Si aus dem 9. Jh. und die beiden **Tang-Dynastie-Hallen** in den Tempeln Foguan und Nanchan, die zu den vier noch erhaltenen Tang-Bauwerken Chinas zählen. All diese Tempel sind noch heute in Betrieb, und so sieht man oft kahl geschorene Mönche in orangefarbenen und braunen Gewändern, die esoterische Zeremonien abhalten oder zwischen den Stupas umherwandeln – ebenso wie eine zunehmende Anzahl von Parteikadern und gewöhnlichen Sterblichen in Reisebussen, die hier plump einfallen, um sie zu beobachten. Auch Bauunternehmer haben den Rat von Jiang Zemin beherzigt, „Wutai berühmt zu machen" – die Aufforderung prangt seitdem auf einer Plakatwand neben einem Bild des Präsidenten am Ortseingang von Taihuai –, und damit begonnen, riesige Villen im ganzen Tal zu errichten. Ebenso die Ortsgruppe der Partei, die eine Mao-Zedong-Gedenkhalle mit einer Keramikbüste des eingeschworenen Atheisten errichtete – ausgerechnet im Herzen des Haupttempels...

Aufgrund des zunehmenden Tourismus empfiehlt sich ein Besuch der Stätte zwischen Oktober und April, wenn die Besucherzahlen langsam zurückgehen, das Wetter kälter wird und die inländischen Reisebusse andere Ziele anfahren. Dann kann es allerdings passieren, dass das Wetter einem einen Strich durch die Rechnung macht. Die abgeschiedene Gebirgslage des Wutai Shan bringt es mit sich, dass ein Besuch im **Winter** sehr ungemütlich werden kann, und selbst im **Frühling** können die Temperaturen weit unter den Gefrierpunkt fallen und die Anfahrtszeiten sich aufgrund gefährlicher Straßenverhältnisse verdoppeln – Schneestürme bis weit in den April hinein sind keine Seltenheit.

Mag man auch noch so sehr auf die klimatischen Bedingungen achten, so muss man doch das ganze Jahr über auf unvorhergesehene Wetterkapriolen gefasst sein. Eine Besteigung der Gipfel birgt eigentlich keine Schwierigkeiten, da es überall Wege gibt, doch sollte der Zeitrahmen großzügig bemessen sein, denn die Wege sind bei Dunkelheit schwer zu finden und die Temperaturen sinken bei Sonnenuntergang in den Keller.

Besucher des Wutai Shan zahlen ein **Eintrittsgeld** von ¥48. Mag der Schlepper im Bus auch versichern, dass ein verbilligtes Ticket im Fahrpreis enthalten sei – der Eintrittspreis wird in jedem Fall noch einmal von den Polizisten abkassiert, die in Wutai in den Bus einsteigen.

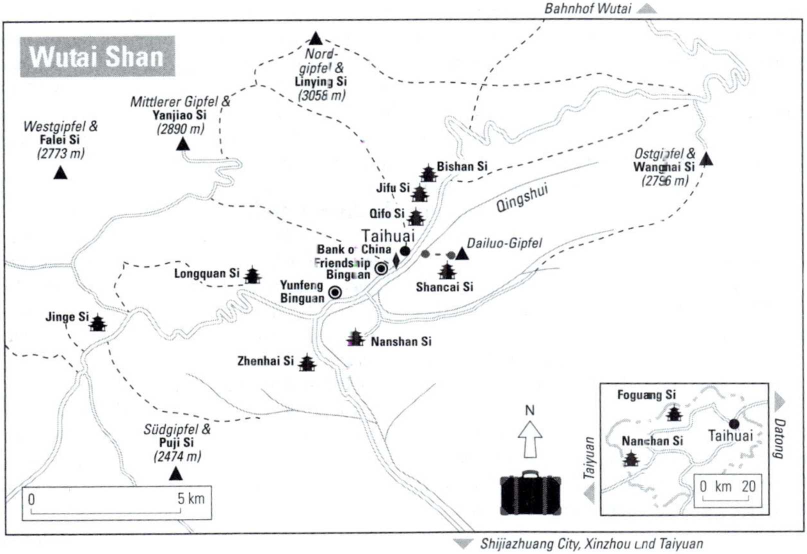

Taihuai und seine Tempel

Der ungewöhnliche und attraktive kleine Ort Taihuai besteht aus sich am westlichen Flussufer aneinander reihenden Touristeneinrichtungen und Tempeln und ist von grünen Hügeln umgeben, die allmählich bis zu den blauen Bergen am Horizont ansteigen. Sanft geschwungene graue Dächer, dekorative zweistufige Dächer und Pagoden liegen so dicht beieinander, dass man kaum zu sagen vermag, wo der eine Tempel aufhört und der andere beginnt. Die Straßen sind voller Händler, die vorbeikommende Touristen tyrannisieren, im Zeitlupentempo dahinschreitender Gruppen von Mönchen, wandernder Pilger und am Straßenrand sitzender Wahrsager.

Eine Steintreppe mit 108 Stufen – die Anzahl der Perlen an einem buddhistischen Rosenkranz – führt zum **Pusa Ding** (Eintritt ¥5), einem Ming- und Qing-Komplex, in dem die Kaiser Kangxi und Qianlong sich einst aufhielten. Er thront auf einem Hügel mitten in Taihuai und ist ein idealer Aussichtspunkt, von dem sich ein Überblick über den Ort gewinnen und ein Rundgang planen lässt. Auf dem Weg dorthin folgt man einfach den englischen Schildern zum Yuanzhao Si, der zum Komplex gehört. Die im tibetischen Stil gehaltene, 50 m hohe Pagode des **Tayuan Si** (Eintritt ¥4), einen kurzen Fußweg südlich des Pusa Ding, ist das unverwechselbarste Bauwerk von Taihuai und gilt als Wahrzeichen des Dorfes. Ihre knollige, weiß getünchte Spitze auf dem großen quadratischen Sockel erhebt sich hoch über die grauen Dächer, und das Läuten der 250 an ihrem bronzenen Schirm hängenden Glocken ist bei starkem Wind im ganzen Ort zu hören. Als größte der vielen flaschenförmigen Pagoden am Wutai Shan zeugt sie von der Bedeutung des Berges für den tibetischen und mongolischen Lamaismus, der auch durch die hoch aufragenden Holzmasten mit Bronzespitzen repräsentiert ist, die in vielen Tempeleingängen zu finden sind.

Hinter der Pagode ist eine zweistöckige Bibliothek aus der Ming-Dynastie entstanden, die ein bizarres und wunderschönes, drehbares **Bücherregal** aus Holz beherbergt, das weitaus älter ist als der übrige Komplex und noch immer genutzt wird. Als sechseckiger Turm erhebt sich das Regal durch die Decke des ersten bis in das zweite Stockwerk der Bibliothek und findet seinen Abschluss in einem konischen Dach. Es dreht sich um einen schmalen Sockel, der wie eine Lotusblume bemalt ist. Die 33 in winzige Fächer eingeteilten Regalböden sind mit dekorativen Mustern verziert und tragen Bände von Sutren in tibetischer, mongolischer und chinesischer Sprache, darunter ein mit Blut geschriebenes Ming-Sutra und andere, die in Tinte aus zerstoßenen Edelsteinen verfasst sind. Von hier führen englische Schilder die Besucher zur neuen **Gedenkhalle für den Vorsitzenden Mao** (Eintritt ¥2), deren Platzierung im Herzen einer der heiligsten buddhistischen Stätten überaus geschmacklos erscheint.

Der **Xiantong Si** (Eintritt ¥6) befindet sich ebenfalls hinter dem Tayuan Si und geht angeblich auf die Zeit der Östlichen Han (das Jahr 52 n. Chr.) zurück, wobei der heutige Komplex aus der Ming- und Qing-Zeit stammt. Unter den 400 Räumen befindet sich eine komplett aus Bronze bestehende Halle – auch die Träger und Scharniere, die feine Holzarbeiten imitieren sollen, sind aus Bronze gefertigt. Die Wände und Türen dieser Halle sind außen mit Tier- und Blumenmotiven und innen mit übereinander verlaufenden Reihen winziger Buddhas bedeckt. Daneben beherbergt sie einen auf einem Löwen mit Menschengesicht ruhenden, anmutigen Manjushri-Buddha aus Bronze. Im zentralen Innenhof stehen zwei Bronzepagoden, deren kunstvolle Verzierungen neben Reihen von Bodhisattvas auch Figuren aufweisen, die auf Fischen und Pferden durch das Meer gleiten. Der Tempel ist zudem für die Kunstfertigkeit seines Mauerwerks berühmt, die am besten an der Halle der Unermesslichen Pracht zum Ausdruck kommt, deren Dachvorsprünge Holzträgern nachempfunden sind. Auf der Freilichtbühne finden Opernvorstellungen des Wandertheaters von Shanxi statt, bei denen Einheimische im Mao-Look mitsingen und der Text auf herabhängenden Stoffbahnen aus Seide eingeblendet wird.

Unmittelbar östlich des Tayuan Si lockt der **Luohou Si**, die Rekonstruktion eines Tang-Tempels aus der Ming-Dynastie, mit einem bemerkenswerten runden Holzaltar in der Haupthalle, auf dessen mit einem Wellenmuster verziertem Sockel ein großer hölzerner Lotos mit beweglichen Blütenblättern sitzt. Wenn der darunter verborgene Mechanismus sie öffnet, kommen inmitten der Blume vier Buddhas zum Vorschein.

Südlich von hier trifft man auf die **Wanfo-Halle**, die einst zum Tayuan Si gehörte und zahlreiche buddhistische Statuen beherbergt. Davor stehen zwei Steinpagoden im tibetischen Stil. Noch weiter südlich liegt der **Shuxiang Si** (Eintritt ¥4), der größte Tempel am Wutai Shan und ein Tang-Bauwerk, das in der Qing-Zeit restauriert worden ist und für den bronzenen Manjushri-Buddha und die ihn flankierenden 500 *Luohan* bekannt ist.

In die Berge hinein

Nur wenige Besucher kommen weit aus Taihuai heraus, obwohl es sich wirklich lohnt, nicht nur der Tempel, sondern auch der schönen Blicke und der zauberhaften Landschaft wegen. Im Folgenden sind ein paar leichte Tageswanderungen von Taihuai aus genannt.

Der **Nanshan Si** (Eintritt ¥4) liegt inmitten eines grünen Fleckchens auf halbem Wege zum Berg Yangbai, 5 km südlich von Taihuai. Er ist über eine steile Treppe erreichbar, und sein Eingang ist an der riesigen Mauer aus cremefarbenen Ziegeln zu erkennen. Das verzierte Mauerwerk in seinem Innern, darunter vorgetäuschte Träger und Bilder von Gottheiten in fließenden Gewändern, ist das markanteste Merkmal des Tempels. Die 18 Ming-Bilder von *Luohan*-Figuren in der Haupthalle sind ungewöhnlich naturgetreu und ausdrucksstark. So kauert z.B. eine hagere Gestalt, deren Haut an den fleischlosen Knochen herabhängt, schlafend da, den Kopf auf das Knie gestützt. 2 km südwestlich von hier scheint der 1600 m hoch im Grünen neben der Straße gelegene **Zhenhai Si** für einen Tempel, der den Triumph über die Fluten preist, an einem merkwürdigen Ort zu stehen, obwohl der Legende nach Manjushri das Wasser gezähmt haben soll, das heute dort als Rinnsal entlangfließt. Zur Zeit der Qing-Dynastie lebte hier ein Mönch namens Zhang Jia, der als der lebende Buddha galt und an den eine kleine Pagode südlich des Tempels erinnert.

Der **Longquan Si** auf der Westseite des Qingshui-Flusses, 5 km südwestlich von Taihuai und abseits der Hauptstraße, ist von der Stadt aus leicht mit dem Bus erreichbar. Seine Besonderheit ist der verzierte Marmoreingang oberhalb der 108 Stufen, dessen Oberfläche mit Bildern von Drachen, Phönixen und Blattverzierungen bedeckt ist, die in einem Wirrwarr abstrakter Muster untergehen. Dagegen wirkt der Rest des Tempels eher verschlafen, obgleich die Puji-Pagode in seinem Innern ähnlich

Wutai Shan

Wutai Shan	五台山	***wǔtái shān***
Bishan Si	碧山寺	*bìshān sì*
Dailuo Ding	黛螺顶	*dàiluó dǐng*
Falei Si	法雷寺	*fǎléi sì*
Foguang Si	佛光寺	*fóguāng sì*
Jifu Si	集福寺	*jífú sì*
Jinge Si	金阁寺	*jīngé sì*
Lingying Si	灵应寺	*língyìng sì*
Longquan Si	龙泉寺	*lóngquán sì*
Luohou Si	罗侯寺	*luóhóu sì*
Nanchan Si	南禅寺	*nánchán sì*
Nanshan Si	南山寺	*nánshān sì*
Puji Si	普济寺	*pǔjì sì*
Pusa Ding	菩萨顶	*púsà dǐng*
Qifo Si	七佛寺	*qīfó sì*
Shancai Dong	善财洞	*shàncái dòng*
Shuxiang Si	数象寺	*shùxiàng sì*
Tayuan Si	塔院寺	*tǎyuàn sì*
Wanfo-Pavillon	万佛阁	*wànfó gé*
Wanghai Si	望海寺	*wànghǎi sì*
Xiantong Si	显通寺	*xiǎntōng sì*
Yanjiao Si	演教寺	*yǎnjiào sì*
Zhenhai Si	镇海寺	*zhènhǎi sì*
Taihuai	台怀	***táihuái***
Friendship	友谊宾馆	*yǒuyì bīnguǎn*
Number Five Hostel	第五招待所	*dìwǔ zhāodàisuǒ*
Railway Hostel	铁路招待所	*tiělù zhāodàisuǒ*
Taihuai Hotel	台怀宾馆	*táihuái bīnguǎn*
Yunfeng Binguan	云峰宾馆	*yúnfēng bīnguǎn*

gestaltet ist – ein massiver Stupa mit eingravierten Wächtern, gekrönt von einer Spitze aus Holzimitat und abgesichert durch ein kunstvoll gearbeitetes Geländer. Beide Bauten sind jüngeren Ursprungs und entstanden im frühen 20. Jh.

Der **Bishan Si** (Eintritt ¥4), 2 km nördlich der Stadt, ist ursprünglich als Empfangshaus für Mönche und *upasaka* (Laien-Buddhisten) genutzt worden. Das Ming-Gebäude beherbergt zahlreiche Qing-Skulpturen, unter denen sich ein von burmesischen Anhängern des Glaubens gestifteter weißer Jadebuddha befindet.

Ein großartiger Blick auf Taihuai eröffnet sich vom 3 km nordöstlich des Flussufers emporragenden **Dailuo-Gipfel**, zu dem eine Seilbahn fährt (¥11 aufwärts, ¥10 abwärts). Oben führt eine Treppe zum **Shancai Si**, wo es neben ein paar Verkaufsständen auch Teleskope gibt (¥1), mit deren Hilfe man einen wunderschönen Blick über die Gebirgskette genießen kann.

Die ferner gelegenen Tempel und die Gipfel

Da sie für einen Fußmarsch zu weit entfernt liegen, werden die folgenden Tempel und Gipfel von Minibussen angefahren, die sich am Busbahnhof von Taihuai versammeln oder direkt an den größeren Hotels halten. Die Tempelkomplexe sind aufgrund ihrer Unzugänglichkeit keinerlei Vandalismus ausgesetzt gewesen, sodass hier einige der ältesten Bauwerke des Landes erhalten geblieben sind.

Der **Jinge Si** liegt 10 km südwestlich von Taihuai und lohnt allein schon wegen seiner stattlichen, 17 m hohen Guanyin im Innern, der größten Statue am Wutai Shan. Von dem ursprünglichen Tang-Gebäude sind nur die mit Inschriften versehenen Pfeilersockel übrig geblieben. Gäste der zugehörigen **Pilgerunterkunft** sollten sich nach den Wanderwegen hinter dem Komplex erkundigen.

Die Anreise zu den herrlichen Tempeln Nanchan Si und Foguang Si erfordert einen beträchtlichen Aufwand. Der **Nanchan Si** (Eintritt ¥7) liegt etwa 60 km südlich von Taihuai, etwas abseits der Straße nach Taiyuan, unweit der Stadt **Wutaixian**. Manchmal halten hier die Reisebusse auf dem Weg nach Taihuai, ansonsten empfiehlt sich eine Busfahrt nach Wutaixian mit anschließender Weiterreise per Auto-Rikscha zum Dörfchen **Dong Ye**. Dort weist ein großes Hinweisschild den Weg, allerdings sind es bis zum Komplex noch 7 km Holperstraße. Die kleine Haupthalle des Tempels stammt aus dem Jahre 782 und ist somit die älteste aus Holz gefertigte Halle in China. Der Bau ist perfekt proportioniert mit Säulen und Mauern, die sich leicht nach innen neigen, sowie dicken, geschnitzten Holzträgern, die ihm Stabilität verleihen und sich reizvoll gegen die sanfte Biegung seines breiten, ausladenden Daches abheben. Neben all diesen Merkmalen stehen auch die beiden nach innen gebogenen Spitzen an den Dachfirstenden für die sehr frühe chinesische Architektur. Die Halle des **Yanqing Si** aus der Zeit der Jin-Dynastie, zu dem ein kurzer Pfad hinter dem Nanchan Si führt, ist etwas heruntergekommen, aber dennoch bemerkenswert für ihre verschrobenen architektonischen Details, insbesondere die Dämonenköpfe auf den zwei Säulen zu beiden Seiten des Haupteingangs.

Der **Foguang Si** (Eintritt ¥7) liegt 40 km westlich von Taihuai und stellt einen Museumskomplex mit über 100 Gebäuden dar, die zumeist jüngeren Datums sind. Allerdings befindet sich hier auch die zweite Halle des Wutai Shan, die aus der Tang-Dynastie stammt und deren Dachvorsprünge vor allem wegen ihrer Größe und der Kompliziertheit ihrer ineinander greifenden *dougong* beeindrucken. Die Mauern im Innern der im Jahre 857 errichteten Halle sind mit lebhaften Tang- und Song-Bildern buddhistischer Szenen geschmückt. Die meisten Bilder stellen ruhig dasitzende, heilige Gestalten dar, aber es werden auch wilde Dämonen gezeigt, die ausgezehrte Körper hinter sich herziehen. Anfahrt morgens mit dem Bus (¥7) von Taihuai nach **Doucun**, man steigt an einer Kreuzung in der Nähe eines großen Hinweisschildes nach Foguang aus. Von dort bis zum Tempel sind es 5 km Fußweg entlang einer staubigen Straße, es sei denn, man handelt dort einen Weitertransport mit einem Privatfahrzeug aus, was hin und zurück etwa ¥10 kostet.

Die fünf abgeflachten **Gipfel** rund um Taihuai im Norden, Süden, Osten, Westen und in der Mitte sind allesamt etwa 15 km entfernt und überragen die Stadt mit ihren 3000 m Höhe um einiges. Auf jedem Gipfel steht ein kleiner Tempel, und die Pilger sind bemüht, sie alle zu besuchen, was trotz der jeweils ein Stück des Weges hinauffahrenden Minibusse eine zeitraubende Angelegenheit ist. Früher benötigten die wahren Gläubigen bis zu zwei Jahre, um sämtliche Tempel zu Fuß zu erreichen, doch heute geben sich die meisten Besucher schon mit einem Blick auf die Silhouetten der Gipfeltempel durch die Teleskope der geschäftstüchtigen Unternehmer von Taihuai zufrieden. Für welchen Weg stadtauswärts man sich auch entscheidet, es wird immer ein lohnender Ausflug sein, wobei der Südgipfel, dessen Hänge in einem Ming-Gedicht als „mit Blumen geschmückt wie eine farbenfrohe Seidendecke" beschrieben werden, als der schönste gilt.

Übernachtung

Preiswerte Zimmer in der Nähe der Bushaltestelle von Taihuai bietet das ***Number Five Hostel**** auf der gegenüberliegenden Straßenseite, einen Block nördlich der Hauptstraße. Ebenfalls gegenüber vom Busparkplatz liegt das ***Taihuai****, ✆ 6542731, wo ausländische Reisegruppen einquartiert werden. Dieser Komplex aus einstöckigen grauen Gebäuden mit nach oben gebogenen Dächern soll eigentlich einem Kloster gleichen, doch haben die mit Teppichboden und TV ausgestatteten Zimmer so gar nichts Klösterliches an sich. Auch das ***Railway Hostel****, ✆ 6542041, ein komfortables und ruhiges Haus abseits des Trubels, liegt ganz in der Nähe: Von der Bushaltestelle in Richtung Pusa Ding gehen und ein paar Meter hinter dessen Eingangsstufen in die Gasse nach rechts abbiegen.

Ansonsten nehmen auch fast alle **Gästehäuser** in den schmalen Gassen rund um den Pusa Ding gern Ausländer auf. Hier lässt sich ein komfortables Zimmer durchaus bis auf ¥40 herunterhandeln. Viele Pilger übernachten in den Tempeln, von denen die meisten über elementare Einrichtungen für Gäste verfügen, und vielleicht ist das auch Ausländern möglich. Unter Umständen werden auch Privatunterkünfte angeboten, was zwar illegal ist, aber niemanden zu stören scheint.

Außerhalb der Stadt stehen sowohl das ***Friendship*****, ✆ 6542678, 📠 6542123, als auch das ***Yunfeng*****, ✆ 6542566, für die Vergangenheit und die Zukunft von Taihuai. Einst die einzigen Häuser, in denen Ausländer akzeptiert wurden, kümmern sie sich heute um gut betuchte Gäste aus dem eigenen Land. Diese komfortablen, typisch chinesischen Hotels liegen 1,5 bzw. 2 km südlich der Stadt.

Essen

Trotz der Vielzahl von Restaurants in Wutai ist das Essen hier fast überall teuer und mittelmäßig – für ein vegetarisches Gericht werden etwa ¥10 verlangt, für Fleisch das Doppelte, und Reis und Tee kosten immer extra. Die sich aneinander reihenden Straßenstände entsprechen nicht gerade westlichen Hygienevorstellungen, sodass Hungrige in den Speisesälen der Hotels am besten aufgehoben sind. Eine Alternative dazu sind belebte Restaurants wie das ***Deyue Jiudian***, gegenüber der Monk's Fashion Factory in der von der Hauptstraße zu den Stufen des Pusa Ding führenden Gasse.

Sonstiges

GELD – Eine Zweigstelle der ***Bank of China*** liegt an der Hauptstraße, etwa 1 km nördlich des *Friendship*, ⌚ tgl. 8–12 und 14–18 Uhr.

REISEBÜROS – Im Hotel *Yunfeng*, ✆ 6542566, befindet sich ein ***CITS***-Büro.

STADTPLÄNE – Englische Stadtpläne, ob auf Papier oder Taschentüchern gedruckt, sind für ¥3 erhältlich.

VORWAHL – 0350

Transport

BUSSE – Auf dem langen und holprigen Weg über kurvenreiche Bergpässe zum Wutai Shan verkehren heute viele **Touristenminibusse**. Taihuai ist von Datong (s.S. 302) oder Taiyuan (s.S. 315) aus erreichbar. Beide Strecken werden auch von örtlichen **Nahverkehrsbussen** befahren, doch sind die geringfügig teureren Touristenbusse (¥45) den Preisaufschlag wert, da sie die direkte Route nehmen. Die Straßenverbindung von der 240 km südwestlich des Wutai Shan gelegenen Stadt Taiyuan ist um vieles angenehmer als die von Datong: Man fährt 4 Std. entlang der unteren südlichen Zufahrtsstraße und kommt an den abgeschiedenen, großartigen Tempeln Nanchan und Foguang vorbei. Am einfachsten gestaltet sich die Anreise aus der Stadt **Xinzhou**, die an der Eisenbahnstrecke zwischen Datong und Taiyuan liegt und von wo die Busse auf der südlichen Route 2–3 Std. benötigen. Wer aus Taiyuan kommt, muss womöglich hier aussteigen, um dann das letzte Stück mit einem anderen Bus zurückzulegen. Die Busreise aus dem nördlich gelegenen Datong dauert 6 Std., führt über einige der höchstgelegenen Gebiete und kommt unmittelbar am Nordgipfel und dem Wanghai Si vorbei. Im Winter ist diese Strecke meist unpassierbar und auch sonst fast überall holprig und langsam. Vor der Abreise unbedingt bei *CITS* in Datong (s.S. 307 f.) erkundigen!

Alle Busse kommen im Zentrum von Taihuai an, jedoch nicht an dem geschlossenen Busbahnhof, sondern auf einem Parkplatz unweit des Pusa Ding. Die Busse nach DATONG (6 Std., ¥40) und TAIYUAN (4 Std., ¥40) fahren zwischen 7 und 14 Uhr von der Hauptstraße ab.

EISENBAHN – Der Wutai Shan liegt an der Eisenbahnlinie Beijing–Taiyuan, allerdings kommen mit dem Nachtzug Reisende aus Beijing noch vor Tagesanbruch in dem Dorf **Shahe** an, von wo sie ein wartender Minibus nach Taihuai bringt (¥10)

Eine durchaus überlegenswerte Anreisevariante ab Datong ist auch der Nachtzug Nr. 4463 nach Taiyuan (7 Std., ¥65), wo die Busse nach Wutai direkt an der Bahnhofshalle abfahren. Man spart dabei eine Übernachtung und ist mühelos lange vor Tagesmitte in Wutai.

Taiyuan

Als wirtschaftlicher Motor und Hauptstadt der Provinz Shanxi liegt Taiyuan (ehemals Jinyang) auf halbem Wege zwischen dem reizvolleren Datong (s.S. 302) und Xi'an (s.S. 337) und gilt als günstigster Ausgangspunkt für eine Reise nach Pingyao (s.S. 327) sowie zu den Tempeln des Wutai Shan (s.S. 313). Die modernen Hochglanzhotels, imposanten Banken und erstklassigen Restaurants der Vorzeigeallee Yingze Dajie mögen vielleicht sogar dazu taugen, Reisende für eine Weile zum Bleiben zu bewegen. Tatsächlich lässt sich die Innenstadt gut zu Fuß erkunden und belohnt das Umherstreifen mit der Entdeckung faszinierender Gassen und einer geschäftigen Fußgängerzone, an der sich ein kulinarisches Angebot an das nächste reiht. Wer seine Reise auf dem Weg nach Wutai hier unterbricht, dem sei auch ein Abstecher zu den uralten Gebäuden außerhalb der Stadt ans Herz gelegt.

Die Stadt, die stets in der Nähe wechselnder Grenzverläufe lag, dehnt sich entlang des vom Fen-Fluss gebildeten Tales aus, dem Invasionskorridor zwischen dem Land der Barbaren im Norden und dem chinesischen Kernland am Gelben Fluss im Süden. Aus diesem Grunde war sie mehr als die meisten anderen chinesischen Städte **Eindringlingen** und auch den Konflikten ausgesetzt, die mit dem Zusammenbruch von Dynastien einhergingen. Den Anfang machten die mongolischen Hunnen, die im Jahre 200 v. Chr. einfielen und schließlich im 4. Jh. n. Chr. von dem türkischen Nomadenvolk der Toba vertrieben wurden, die gen Süden stürmten und die Dynastie der Nördlichen Wei errichteten. Zur Zeit der Tang-Dynastie genoss die Stadt als bedeutender Grenzort zwischen dem Han-chinesischen Einflussgebiet und dem Land der Barbaren eine kurze Phase des Wohlstands, bevor sie zu einem der größten Schlachtfelder der Fünf Dynastien (907–979) wurde, als auf den Zerfall der Tang-Dynastie erhebliche Auseinandersetzungen folgten. Im Zuge der Expansion der Song-Dynastie wurde die Stadt im Jahre 976 dem Erdboden gleichgemacht.

In der jüngeren Geschichte war die Stadt Schauplatz eines der furchtbarsten Massaker des Boxeraufstandes (s.S. 101), als alle ausländischen Missionare mitsamt ihren Familien auf Befehl des Provinzgouverneurs getötet wurden. Doch selbst auf diese Weise waren die Engländer, Franzosen und Russen nicht zu verjagen, die in den folgenden zwei Jahrzehnten die Ausbeutung der Bodenschätze der Stadt, mit der sie zum Ende des 18. Jahrhunderts begonnen hatten, noch steigerten.

Mit der Herrschaft von Yan Xishan in den Jahren von 1912 bis 1949 war Taiyuan erneut der Stammsitz eines kriegerischen Anführers. Gefürchtet als einer der erbarmungslosesten Warlords der Guomindang, betrachtete er die Stadt als sein Privatreich. Dem zeitgenössischen *Handbuch für China* von Carl Crow zufolge war Taiyuan unter Yan Xishan ein von Reformgedanken geprägter Ort, berühmt für seinen Kampf gegen das Opium und die Bewegung zur Abschaffung des Fußeeinbindens. Doch die Herrschaft Yan Xishans hielt die ausländischen Mächte nicht davon ab, die Stadt schrittweise weiterzuentwickeln, und so schufen die Japaner 1940 ausgedehnte Kohleminen. Mit Nachdruck vorangetrieben wurde die Industrialisierung nach der Machtübernahme durch die Kommunisten, und heute dominieren die Fabriken, die unermüdlich die Kohle- und Erzvorräte der Region bewirtschaften, das Stadtbild.

Chinas größte Edelstahlplastik, die drei edle Arbeiter mit übertrieben kantigen Zügen darstellt, steht vor dem Bahnhof von Taiyuan und prägt den Stil der anliegenden großen Hauptstraße **Yingze Dajie**. Sie ist neu und glänzend und bewegt sich irgendwo zwischen Boulevard und Autobahn, mit acht Spuren und einer Metallleitplanke in der Mitte, die ein unerlaubtes Überqueren der Straße jenseits der Fußgängerüberwege östlich des Wuyi-Platzes und an den Kreuzungen verhindern soll. Außerhalb des Zentrums ist Taiyuan ein fades industrielles Ballungsgebiet, doch entlang der Yingze Dajie versucht die Stadt, mit etwas Neon, protzigen Neubauten, knallbunten Skulpturen sowie unzähligen Schaufenstern mit Massageangeboten und Sexspielzeugen ihrem Status als Provinzhauptstadt gerecht zu werden.

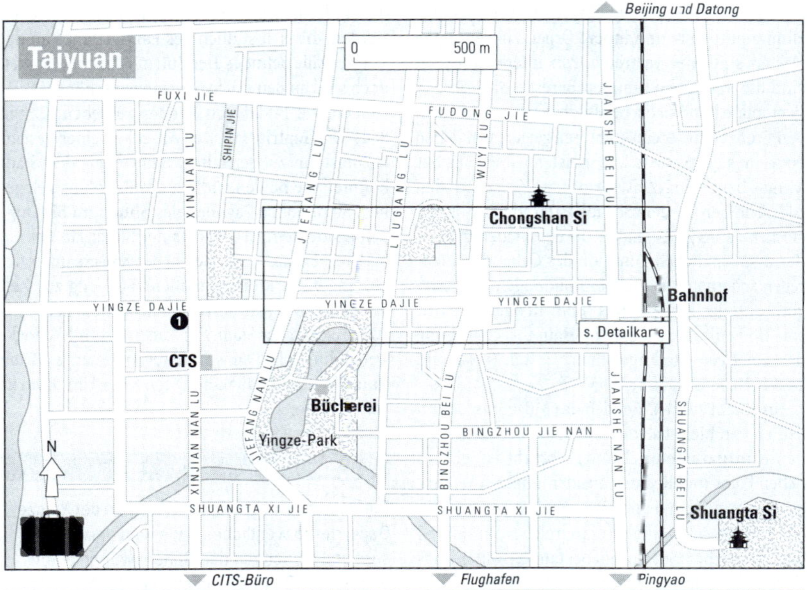

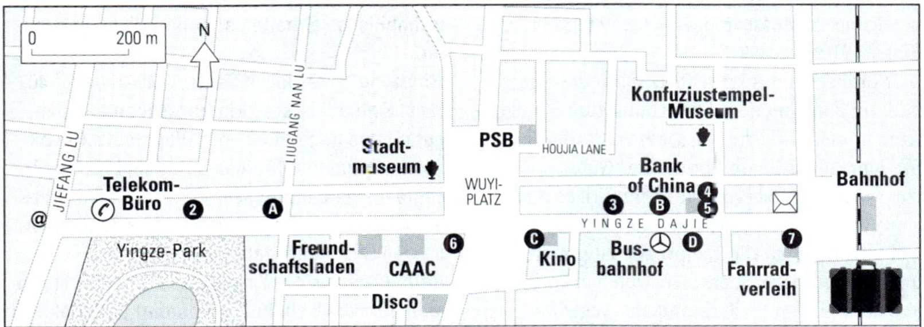

Übernachtung:						**Essen:**			
Bingzhou	6	Shanxi Grand	1	Tianwaitian	4	Hotpot City	D	McDonald's	C
Kaile Binguan	7	Shanxi Huayuan	5	Yingze Binguan	2	KFC	A	Noodle Place	B
				Yunshan	3				

Etwa 1 km westlich des Bahnhofs, entlang der Yingze Dajie und vorbei an zahlreichen Hotels und Restaurants, liegt der betonierte **Wuyi-Platz**, der von einer riesigen Skulptur eines Flöte spielenden Mannes, eines Hirsches und einer vollbusigen Frau dominiert wird, die nachts in fluoreszierendem Grün erstrahlt. Unmittelbar westlich davon ist das **Stadtmuseum** in dem gewaltigen Ming-Tempelkomplex Chunyanggong untergebracht, der schon bessere Tage gesehen hat. Der reizende Komplex aus kleinen, mehrstöckigen Gebäuden, zu denen aus engen Höfen steile Treppen hinaufführen und wo einst der daoistischen Gottheit Lu Dongbin Opfer dargebracht wurden, wirkt mit seiner heute ausgestellten bunten Mischung ausgestopfter Vögel und anderer Tiere etwas zweckentfremdet. Sogar ein paar in Formaldehyd eingelegte, vertrocknete Humanpräparate und innere Organe in separaten Kästen sind hier vertreten. Am interessantesten sind die Räume im hinteren Bereich, die erlesene Exemplare buddhistischer Bildhauerkunst in Form von Bronze- und Steinskulpturen zeigen, von denen einige aus der Sui-Ära, die meisten jedoch aus der Ming- bzw. Qing-Zeit stammen. Zwischen den Glasscheiben in den Schaukästen vieler Statuen stecken Papiergeldspenden, die ein Wiederaufleben der ursprünglichen Funktion des Gebäudes anzuregen scheinen. Die vielen Abbildungen von Kriegern und des Kriegsgottes Guan Yu sind eine Anspielung auf die militärische Hauptbeschäftigung der einstigen Stadtbewohner. ◷ tgl. 9–12 und 14.30–18.30 Uhr, Eintritt ¥5.

In einem zweiten Bereich des Museums, der im östlich von hier abseits der Jianshe Bei Lu gelegenen **Konfuziustempel** untergebracht ist, gibt es neben Fotos und Relikten aus der jüngeren Vergangenheit von Shanxi auch Bronzeplastiken aus der Shang-Zeit und eine umfangreiche Sammlung buddhistischer Sutren zu bestaunen. Allerdings sind die prächtigen Ming-Bauten deutlich spannender als die Ausstellungsstücke. ◷ tgl. 8–17 Uhr, Eintritt ¥10.

Nordöstlich des Wuyi-Platzes, wo das Straßenbild mit zunehmender Entfernung zum Stadtzentrum immer ärmlicher wird, lohnt der **Chongshan Si** (Tempel der Ehrfurcht vor der Güte), vor dem viele Wahrsager lagern, den 15-minütigen Spaziergang. Zwar birgt die Architektur nichts Außergewöhnliches, doch die Haupthalle ist gut erhalten und voller Andachtsutensilien: Opfergaben, bemalte Blätter an den Pfeilern und aus weggeworfenen Verpackungen zusammengenähte Gebetsteppiche. Zu sehen ist außerdem eine Auslage von Rollbildern und Büchern – in den Song-, Yuan- und Ming-Dynastien gedruckte Sutren, teils in tibetischer Sprache, und eine Reihe von Holzschnittillustrationen. Unmittelbar südlich des Tempels befindet sich der ehemals angeschlossene Klosterkomplex, der in Werkstätten und Lagerräume umgewandelt worden ist. Dort darf man zwar herumschlendern, jedoch sind die meisten Gebäude in einem ziemlich baufälligen Zustand. ◷ tgl. 8–17 Uhr, Eintritt ¥4.

Bei einem Bummel durch den spärlich bewachsenen **Yingze-Park** sollte das Hauptaugenmerk auf die Bibliothek aus der Ming-Dynastie gerichtet werden, die sich südlich des Parkeingangs an der Yingze Dajie befindet. Der Zutritt ist nicht gestattet, doch sind an den Dachvorsprüngen schöne Verzierungen wie Bilder von Pandas zu sehen. ◷ tgl. 8–17 Uhr, Eintritt ¥10. Den Abschluss einer Besichtigungstour zu den alten Bauwerken der Stadt könnten die beiden südlich des Bahnhofs gelegenen, 50 m hohen Pagoden des **Shuangta Si** (Doppelpagodentempel), abseits der Shuangta Bei Lu, bilden. Sie wurden auf Befehl des Kaisers unter der Leitung eines Mönchs namens Fu Deng zur Zeit der Ming-Dynastie erbaut und gelten heute als Wahrzeichen der Stadt. Ein Aufstieg zum 13. Stockwerk lohnt sich allein schon wegen des ungestörten Rundblicks auf Taiyuan. ◷ tgl. 8–17 Uhr, Eintritt ¥6.

Übernachtung

Die meisten Hotels befinden sich an der Yingze Dajie, deren westliches Ende weniger interessant und weiter von den Sehenswürdigkeiten entfernt ist. Das östliche Ende in der Nähe des Bahnhofs ist lebhafter, aber natürlich auch lauter.

Bingzhou**, 32 Yingze Dajie, ✆ 4041004, 📠 403 3540. Eine der besten Mittelklasseoptionen in guter Lage gegenüber vom Wuyi-Platz. Die billigsten Zimmer im Tiefgeschoss sind nichts für Leute mit einem Hang zur Klaustrophobie – lieber etwas mehr für ein geräumiges Zimmer im oberen Stockwerk zahlen.

Kaile Binguan**, 2 Yingze Dajie, ✆ 4060011. Gegenüber vom Bahnhof, gut geführt und praktisch.

Shanxi Grand*****, 5 Xinjian Nan Lu, ✆ 4043901, 📠 4043525. Vornehmste Unterkunft der Stadt und beliebtes Ziel von Reisegruppen, aber etwas zu weit westlich. Sonderbar in einem Durcheinander verschiedener Stilrichtungen dekoriert, aber hoher Komfort.

Shanxi Huayuan**, 9 Yingze Dajie, ✆ 4046201, ✆ 4646980. Geräumige und saubere Zimmer, vielleicht etwas laut.

Tianwaitian*, 23 Yingze Dajie, ✆ 4041097. Obwohl von außen unauffällig, verfügt dieses Budget-Hotel in Bahnhofsnähe über die größte Auswahl an Zimmern – leider meist ohne Fenster. Sauber und freundlich. Von der Gasse abseits

Taiyuan und Umgebung

Taiyuan	太原	***tàiyuán***
Chongshan Si	崇善寺	*chóngshàn sì*
Shuangta Si	双塔寺	*shuāngtǎ sì*
Wuyi-Platz	五一广场	*wǔyī guǎngchǎng*
Yingze-Park	迎泽公园	*yíngzé gōngyuán*
Übernachtung und Essen		
Bingzhou	并州饭店	*bìngzhōu fàndiàn*
Hotpot City	川妞火锅城	*chuānniū huǒguō chéng*
Kaile Binguan	凯乐宾馆	*kǎilè bīnguǎn*
Shanxi Grand	山西大酒店	*shānxī dàjiǔdiàn*
Shanxi Huayuan	山西华苑	*shānxī huáyuàn*
Shipin Jie	食品街	*shípǐn jiē*
Tianwaitian	天外天宾馆	*tiānwàitiān bīnguǎn*
Yingze Binguan	迎泽宾馆	*yíngzé bīnguǎn*
Yunshan	云山宾馆	*yúnshān bīnguǎn*
Die Umgebung von Taiyuan		
Jinci Si	晋祠寺	*jìncí sì*
Tianlong Shan	天龙山	*tiānlóng shān*
Xuanzhong Si	玄中寺	*xuánzhōng sì*

der Yingze Dajie führt eine mit rotem Teppich ausgelegte Treppe dorthin herunter. Dorm-Betten ab ¥15.

Yingze Binguan, 189 Yingze Dajie, ✆ 4043211, 📠 4043784. Das elegante Hotel besteht aus zwei Gebäuden: Der Westflügel ***** mit hervorragenden Einrichtungen zielt auf die anspruchsvollere Kundschaft, der Ostflügel *** ist bodenständiger und erschwinglich, nimmt aber nicht unbedingt ausländische Gäste auf.

Yunshan*, 99 Yingze Dajie, ✆ 4041351. Angenehm bescheidene Unterkunft in günstiger Lage und mit hilfreichem Personal. Ein-, Zwei- und Dreibettzimmer.

Essen

In der Yingze Dajie findet sich eine Ansammlung guter Restaurants, von denen viele auch auf Touristen eingestellt sind. Die beste Empfehlung ist die **Shipin Jie** (Straße des Essens), parallel zur und westlich der Jiefang Lu sowie nördlich der Yingze Dajie. Diese angenehme Fußgängerzone ist voller Lokale und lockt mit billigen Nudelläden im Fastfood-Stil sowie ruhigen Nobelrestaurants ebenso wie mit Verkaufsständen für Nüsse und Obst, Karaoke-Bars und Frisiersalons. Abends wird es voll, und gut besuchte Lokale sind ein sicheres Zeichen für Qualität. Auf der Yingze Dajie ist das ***Hotpot City*** in Haus Nr. 16 einen Versuch wert. Es wirkt teurer, als es tatsächlich ist – ein Essen für 2 Pers. dürfte nicht mehr als ¥50 kosten. Es liegt gleich westlich des Bahnhofs auf der Südseite der Straße und ist an seinen beschlagenen Fensterscheiben leicht zu erkennen. Das ***Nudelrestaurant*** in Haus Nr. 73 ist sehr beliebt und ungewöhnlich, weil es keinen Reis gibt. Das Essen wird in tiefen Schalen serviert, und die Schüssel mit den Nudeln, die unter die Reste der anderen Speisen gemengt werden, kommt immer zum Schluss. Bestes Hotelrestaurant ist jenes im 1. Stock des Westflügels des ***Yingze Binguan***, das mit ca. ¥50 p.P. nicht übermäßig teuer ist. Die Atmosphäre wirkt keinesfalls einschüchternd, und es gibt gemütliche Tische samt freundlichem, aufmerksamem Personal. Wenn Geld keine Rolle spielt, lohnen die schickeren Restaurants im ***Shanxi Grand*** mit chinesischer und westlicher Küche sowie Preisen von etwa ¥80 p.P. Natürlich gibt es auch die unvermeidlichen Filialen von ***McDonald's*** und ***KFC***, die am Wuyi-Platz bzw. im westlichen Abschnitt der Yingze Dajie zu finden sind.

Unterhaltung

Wer sich ins Nachtleben stürzen will, ist in der ***Chinatown Disco*** in 49 Bingzhou Bei Lu, unweit der Kreuzung mit der Yingze Dajie, bestens aufgehoben. Von dem etwas unglücklichen Rechtschreibfehler auf dem Schild („pisco") darf man sich nicht abschrecken lassen, denn diese Großraumdisco ist für eine Provinzstadt überraschend mondän. Westliche DJs legen Platten auf, und zur beeindruckenden Innenausstattung zählen ein Laser sowie eine Riesenfledermaus und ein Raumschiff, die an der Decke hängen. Das hohe Eintrittsgeld lässt darauf schließen, dass das Publikum eher schick als unkonventionell und im Allgemeinen viel zu cool ist, um Ausländern auf der Tanzfläche besondere Beachtung zu schenken. ◷ tgl. 20–24 Uhr, Eintritt ¥30.

Einkaufen

Der ***Freundschaftsladen***, 45 Yingze Dajie, bietet die übliche Auswahl an Jadeartikeln und Kunsthandwerk an. Weniger typische – aber dennoch teure – Souvenirs findet man im ***Arts and Crafts Store***, 54 Yingze Dajie, oder im ***Antique Store***, 15 Jiefang Lu.

Sonstiges

AMT FÜR ÖFFENTLICHE SICHERHEIT (PSB) – 9 Houjia Lane, an der nordöstlichen Ecke des Wuyi-Platzes. ◷ tgl. 8–12 und 14.30–17.30 Uhr.

FAHRRÄDER – Fahrräder können für ¥5 pro Tag und ¥100 Kaution in dem chaotischen Fahrradverleih am östlichen Ende der Yingze Dajie, gegenüber vom Bahnhof, gemietet werden. ◷ tgl. 8–20 Uhr.

GELD – ***Bank of China***, 55 Yingze Dajie, ◷ Mo–Fr 8–12 und 14–18 Uhr, Sa 8.30–12 Uhr.

INTERNET – Am Bahnhof nach dem neuesten Café in der Nähe erkundigen, sonst die unbenannte Gasse einen Block nördlich der Yingze Dajie und östlich des Wuyi-Platzes versuchen, die an der Strecke des Oberleitungsbusses Nr. 102 liegt. Das Internet-Café auf der Westseite der Jiefang Lu, unweit der Kreuzung mit der Yingze Dajie, bietet gute Verbindungen für nur ¥2 pro Std. sowie Kaffee an.

KINO – Die neuesten synchronisierten Hollywood-Streifen gibt es in den Kinos in Nr. 20 Yingze Dajie (Ticketpreis ¥40) sowie auf der Westseite des Wuyi-Platzes zu sehen.

POST UND TELEFON – In dem weißen Gebäude gegenüber vom Bahnhof auf der Nordseite der Yingze Dajie ist ein bemerkenswert modernes und effizientes ***Postamt*** untergebracht, ◷ tgl. 8–20 Uhr; eine Zweigstelle befindet sich in Nr. 215 Yingze Dajie, ◷ tgl. 8–18 Uhr.
Das ***Telekom-Büro***, 213 Yingze Dajie, hat rund um die Uhr geöffnet.

REISEBÜROS – Das freundliche ***CTS***-Büro, 8 Xinjian Nan Lu, bucht Zugfahrscheine, ◷ tgl. 8–12 und 14–18 Uhr, ✆ 4049270. Die Zweigstelle im Guolu-Gebäude, 38 Ping Yang Lu, ◷ tgl. 8–12 und 14.30–18 Uhr, ✆ 7242162, lohnt einen Umweg, denn der hilfreiche Manager spricht Englisch und kann Preisnachlässe für Unterkünfte und verschiedene Exkursionen aushandeln. Wenn man der Xinjian Nan Lu in südlicher Richtung folgt, liegt das Büro auf der linken Straßenseite.

VORWAHL – 0351

Nahverkehrsmittel

Obwohl Taiyuan sehr ausgedehnt ist, findet man sich leicht zurecht, da die meisten Sehenswürdigkeiten an oder in der Nähe der Yingze Dajie liegen. Die Straße durchquert die Stadt von Ost nach West und streift die Südseite des im Herzen der Stadt gelegenen Wuyi-Platzes. Die meisten Sehenswürdigkeiten, Hotels und Restaurants sind von hier zu Fuß erreichbar. Fast alle **Stadtbusrouten** starten an dem Terminal an der nordöstlichen Ecke des Wuyi-Platzes. Ganz nützlich kann Bus Nr. 328 sein, der die Yingze Dajie in westlicher Richtung entlangfährt und dann links in die Xinjian Nan Lu einbiegt. Darüber hinaus stehen fünf **Straßenbahnlinien** zur Verfügung, die hauptsächlich auf der Nord-Süd-Achse verkehren. Tram Nr. 102 hat ihre Endhaltestelle an der Westseite der Jianshe Bei Lu, gleich nördlich des Bahnhofs, von wo aus sie westwärts zum Wuyi-Platz und anschließend die Wuyi Lu in nördlicher Richtung entlangfährt. **Taxis** sind mit einer Mindestgebühr von ¥7 recht preiswert und in großer Zahl vorhanden.

Transport

BUSSE – Der **Überland-Busbahnhof** liegt westlich des Bahnhofs an der Yingze Dajie. Auch die Busse in nahe gelegene Städte wie Pingyao fahren von dort ab.

Busse nach:
DATONG 6 Std.;
PINGYAO 2 Std.;
SHIJIAZHUANG 3 Std.;
WUTAI SHAN 4 Std.;
YUNCHENG 7 Std.

EISENBAHN – Der an der Strecke Beijing–Xi'an gelegene **Bahnhof** ist der Stolz der Stadt – so scheint es jedenfalls angesichts der vielen Fotostände, die davor aufgereiht stehen und denjenigen zu Diensten sind, die ihr Konterfei mit dem Gebäude im Hintergrund abgebildet haben möchten. Der Bahnhof ist zweifellos einer der angenehmeren Chinas: sauber, neu und effizient, doch bleibt das übliche Durcheinander von Bussen und Verkaufsständen auf dem Vorplatz auch hier nicht aus. Er liegt günstig am östlichen Ende der Yingze Dajie, der Hauptdurchfahrtsstraße der Stadt, deren gesamte Länge Bus Nr. 10 abfährt.
Fahrkarten erwirbt man an dem Ausgabeschalter an der Südseite des Bahnhofs. Täglich kommen Dutzende Züge, die auf der Nord-Süd-Strecke unterwegs sind, an Taiyuan vorbei, und für gewöhnlich bekommt man selbst kurzfristig noch einen Schlafwagenplatz. Falls nötig, nimmt man ein unreserviertes *(wuzuo)* Ticket und wartet es im Zug auf, oder man hält sich in der Nähe des Rückgabeschalters *(tuipiao)* auf und hofft auf einen frei werdenden Platz.

Züge nach:
BEIJING 4x tgl., 12 Std.;
DATONG 5x tgl., 7 Std.;
LINFEN tgl., 7 Std.;
LUOYANG 2x tgl., 12 Std.;
PINGYAO 4x tgl., 2 Std.;
SHIJIAZHUANG 6x tgl., 6 Std.;
XI'AN 4x tgl., 14 Std.;
YUNCHENG tgl., 9 Std.;
ZHENGZHOU 2x tgl., 13 Std.

FLÜGE – Die Stadtverwaltung ist so stolz auf den **Flughafen** von Taiyuan, dass sie eine Nachbildung des modernistischen Gebäudes im zentral gelegenen Yingze-Park aufgestellt hat. Das Original liegt 15 km südöstlich der Stadt und ist für ca. ¥30 mit dem Taxi zu erreichen.

Fluggesellschaften: ***CAAC***, 158 Yingze Dajie, ⌚ Mo–Sa 8–20 Uhr, ✆ 4042903.
Auch der ***Shanxi Dong Air Service*** in der Lobby des Südgebäudes des *Bingzhou Hotel* kann hilfreich sein.

Flüge nach:
BEIJING 3x tgl., 3/4 Std.;
CHANGSHA tgl., 2 Std.;
CHENGDU 4x wöchentl., 2 1/4 Std.;
CHONGQING 5x wöchentl., 2 Std.;
DALIAN tgl., 2 1/2 Std.;
FUZHOU 2x wöchentl., 3 Std.;
GUANGZHOU 3x tgl., 2 3/4 Std.;
HAIKOU 2x wöchentl., 4 1/2 Std.;
HANGZHOU tgl., 2 Std.;
HOHHOT tgl., 3/4 Std.;
NANJING 6x wöchentl., 2 Std.;
SHANGHAI tgl., 2 Std.;
SHENYANG tgl., 1 3/4 Std.;
SHENZHEN 2x wöchentl., 3 1/4 Std.;
TIANJIN tgl., 1 Std.;
WENZHOU 2x wöchentl., 4 1/4 Std.;
WUHAN tgl., 3 1/4 Std.;
XIAMEN 2x wöchentl., 3 1/4 Std.;
XI'AN 4x tgl., 1 Std.;
ZHENGZHOU tgl., 1 Std.

Die Umgebung von Taiyuan

In den Ebenen um Taiyuan liegt der leicht erreichbare und sehr touristische Tempelkomplex **Jinci Si**. In westlicher Richtung sind außerdem noch die buddhistischen Grotten des **Tianlong Shan** zu empfehlen, vor allem für diejenigen, die nicht vorhaben, die Höhlen bei Datong oder die Longmen-Grotten von Luoyang zu besichtigen. Auch die etwas weiter entfernte Kleinstadt Pingyao, eine Art Relikt aus der Qing-Dynastie, und der Shuanglin Si mit seinen atemberaubenden Skulpturen können von Taiyuan aus besucht werden.

Jinci Si

Mag der Jinci Si auch über die großartigsten Bauwerke der Song-Dynastie im ganzen Land verfügen, so haben Vernachlässigung und die konsequente Umgestaltung zur Touristenattraktion ihm viel von seinem ursprünglichen Reiz genommen. Bus Nr. 308 vom Bahnhof in Taiyuan sowie Bus Nr. 804 vom Jinci-Terminal westlich des Wuyi-Platzes verkehren zu der 25 km entfernten Stätte. Schon der erste Eindruck verheißt nichts Gutes – nach einer holprigen Fahrt durch eine öde Industrielandschaft hält der Bus an einem Park außerhalb des Tempels, der an einem Fluss am Fuße eines Berges liegt und mit seinen Verkaufsständen sowie den Kamelen mit ihrem zottigen Fell wie ein reizloser Jahrmarkt wirkt.

Seit den Tagen der Nördlichen Wei befindet sich hier ein Tempel, doch die heute bestehenden Bauten stellen eine bunte Mischung aus verschiedenen Dynastien dar. Der freie Platz hinter dem Tor wurde einst als Theater genutzt und wird in der Mitte von der reich verzierten Ming-Bühne, der **Wasserspiegel-Terrasse**, dominiert. Der kleine Fluss dahinter, der durch den Komplex geleitet wurde, muss zu dessen schönsten Attraktionen gehört haben, doch ist er jetzt durch den vielen Abfall ruiniert. Auf der Brücke hinter der Bühne blicken vier Metallkrieger aus der Song-Dynastie, wahrscheinlich Wächter des Flusses, von einer Plattform wütend auf das Geschehen. Die Inschriften auf ihrer Brust geben Auskunft über die Entstehungsdaten, einzelne Teile sind seither ersetzt worden.

Die dahinter liegende **Opferhalle** und – weiter zurückgesetzt – die **Halle der Heiligen Mutter** wurden in der Jin-Dynastie ursprünglich als Andachtsstätten für die Mutter des Prinzen Shuyu errichtet, der die Dynastie gegründet hatte und dem Zauberkräfte nachgesagt wurden. Unter den Song umgebaut, zählen sie heute zu den größten der aus dieser Dynastie erhaltenen Bauwerke. Die Halle der Heiligen Mutter war eine der ersten Holzhallen in China und ist die Hauptsehenswürdigkeit des Komplexes. Ihre Fassade bietet eine Mischung aus dekorativen Verzierungen und stabiler Funktionalität: Da winden sich hölzerne Drachen um die acht Säulen, die den First des nach oben gebogenen Daches stützen. Ebenso eindrucksvoll präsentiert sich der Innenraum der Halle mit fein gearbeiteten, zart anmutenden Frauengestalten aus der Song-Dynastie in naturalistischen Posen, einige mit Besenstielen, Krügen und Siegeln ausgestattet, die ein Bild der würdevollen Heiligen Mutter umstehen. Geht man rechts aus der Halle hinaus, gelangt man zu einem kleineren Tempel, einem Ming-Turm, einer heißen Quelle und leider auch zu einer ärgerlich geschmacklosen Wachsfiguren-Schau. Die dahinter liegenden Gebäude sind kaum von Interesse, allerdings ist eines zu einer Kunstgalerie umgebaut worden. Unter den Gebäuden auf der rechten Seite der Halle der Heiligen Mutter zeugt eine Stele aus der Tang-Dynastie von dem Besuch des Kaisers Tai Zong im Jahre 647. ◷ tgl. 8–17 Uhr, Eintritt ¥20.

Tianlong Shan und Xuanzhong Si

50 km südlich von Taiyuan ist in den Tianlong Shan eine kleine Gruppe buddhistischer Höhlentempel eingearbeitet worden. Die Höhlen auf der Ost- und der Westseite wurden zwischen 534 und 907 angelegt, beginnend mit den Östlichen Wei bis hin zur Tang-Dynastie. Den Grotten bei Datong oder Luoyang können sie keinesfalls das Wasser reichen, und die Skulpturen sind von der Witterung schwer angegriffen. Einzig der große, dem Wetter ausgesetzte Buddha in Höhle 9, der mit entblößter Brust königlich wie auf einem Stuhl sitzt, bietet mit seinem unverwechselbar pausbäckigen Gesicht und seinen hervorquellenden Augen einen schönen Anblick. Die östlichen Höhlen sind durch einen aus der Ming-Dynastie stammenden Holzvorbau geschützt, der quer über die Felswand gebaut wurde. Anfahrt mit Bus Nr. 103 von der nordöstlichen Ecke des Wuyi-Platzes (vor dem *Jinyang Fandian*) nach **Qingxu**, für die verbleibenden 3 km stehen Auto-Rikschas bereit. ◷ tgl. 8.30–16.30 Uhr, Eintritt ¥15.

Der 80 km südwestlich von Taiyuan gelegene Xuanzhong Si ist als eine der Geburtsstätten des Zen-Buddhismus berühmt – die Priester Daochuo und Shandao, zwei seiner Gründer, haben hier gelehrt. Seine Geschichte lässt sich auf 1500 Jahre zurückverfolgen, doch ein Großteil der heutigen, übereinander liegenden Reihen von Gebäuden, die sich einen Berghang hinaufziehen, stammen aus der Ming- oder Qing-Zeit. Die blühende Andachtsstätte ist zu einem beliebten Wallfahrtsort für Japaner geworden, von denen einige kommen, um die heutigen Meister predigen zu hören. Anfahrt am besten mit den Touristenminibussen vom Bahnhof in Taiyuan, die den Tempel zum Fahrpreis von ¥15 direkt ansteuern. Ansonsten verkehrt ein Bus vom Busbahnhof nach **Jiaocheng**, einer 4 km nordöstlich des Tempels gelegenen Stadt, von wo es mit der Auto-Rikscha weitergeht.

Pingyao und Umgebung

Die 100 km südlich von Taiyuan gelegene kleine Stadt Pingyao und der **Shuanglin Si** in ihrer Nähe sind zwei der eindrucksvollsten Orte in der Region und unbedingt eine Reise wert. Trotz des florierenden Tourismus gehört Pingyao zu den wenigen Orten in diesem Landesteil, die einen wesentlichen Teil ihrer traditionellen Infrastruktur sowie der Bauten aus ihrer Blütezeit im 19. Jh. erhalten haben. Einige dieser Gebäude sind in Hotels umgewandelt worden, und so kann Pingyao wohl mit den stimmungsvollsten Unterkünften von ganz China aufwarten. Das Frühlingsfest ist der ideale Zeitpunkt für einen Besuch, denn dann sind die Straßen mit Hunderten roter Laternen beleuchtet. Etwa 5 km außerhalb der Stadtmauern birgt der Shuanglin Si einen wahren Schatz an Holz- und Terrakottaskulpturen – einige lebensecht, einige unheimlich, einige komisch –, die in der ganzen Region ihresgleichen suchen.

Pingyao erlebte seine Blütezeit während der **Ming-Dynastie**, als es als eines der ersten Bankenzentren Chinas zu großem Wohlstand gelangte und seine reichen Bewohner luxuriöse Herrenhäuser bauten, wobei sie nicht vergaßen, zu Verteidigungszwecken eine massive Mauer um die Stadt zu ziehen. Im Laufe des 20. Jahrhunderts jedoch glitt die Stadt unaufhaltsam in die Bedeutungslosigkeit eines Provinznestes ab und wurde deshalb kaum modernisiert. Innerhalb der Mauern von Pingyao sind die engen Straßen mit eleganter Qing-Architektur gesäumt und kommen ohne Neon, weiß glasierte Ziegel und Autos einer Offenbarung gleich – ein Abbild der Stadt während ihrer Glanzzeit im 19. Jahrhundert. Nur wenige Häuser besitzen mehr als zwei Stockwerke, die meisten sind kleine Läden, deren Erscheinung weitaus interessanter ist als die Ware: reich verziertes Holz, bemalte Glaslaternen, verblichene Gemälde an den Dachvorsprüngen und kompliziert gearbeitete Holzgitter, meist mit Papier und nur gelegentlich mit Glas an den Fenstern. Der ähnlich gestaltete Komplex der Qiao-Familie liegt eine halbe Stunde Fahrt entfernt und wurde einst von Zhang Yimou als Drehort für seinen Film *Rote Laterne* ausgewählt, in dem der labyrinthartige Aufbau der Stadt das eingeschränkte Leben der Frau symbolisiert.

Der **Grundriss** von Pingyao ist denkbar einfach: Die jeweils 1500 m langen Mauern bilden ein Quadrat und umschließen vier nach den Himmelsrichtungen ausgerichtete Hauptstraßen – ein typisches, von Fengshui beeinflusstes Muster, das die Chinesen mit den Zeichnungen auf Schildkrötenpanzern vergleichen. Die Nan Dajie, die heute von einander gleichenden Souvenirläden gesäumt ist, neigt sich kaum merklich abwärts, weil sie einst die städtischen Abwässer zum (symbolischen) hinteren Ende der Schildkröte hinausleiten musste.

Mit dem Zug eintreffenden Besuchern muss Pingyao wohl zunächst genauso vorkommen wie jede andere verstaubte, mittelgroße chinesische Stadt. Der Weg geradeaus und an der ersten Kreuzung nach links führt zur Xiaxiguan Jie, einer Marktstraße, die von dem 300 m entfernten Westtor beherrscht wird. Durch das Tor gelangt man in die Xi Dajie, die mitten ins Herz der **Altstadt** führt, deren Häuser immer schöner werden, je tiefer man sich hineinbegibt. Zwischen den schmalen Hauptstraßen verbindet ein Geflecht noch schmalerer Gassen die Höfe miteinander. Es lohnt sich allemal, hier herumzustreifen, sogar nachts, wenn der Lichtschein nahe gelegener Häuser den Weg weist. Kleine Kinder trauen sich allerdings bei Dunkelheit nicht auf die Straße, denn ihre Eltern haben ihnen Gruselmärchen von wiederkehrenden Geistern aus der Ming-Ära erzählt, die sich der Legende zufolge in den unveränderten Straßen leicht zurechtfinden. Die Geister einer ganz anderen Zeit sind an den

Pingyao und Umgebung

Pingyao	平遥	***píngyáo***
Chenghuang-Miao-Tempel	城隍庙	*chénghuáng miào*
Ehemalige Residenz des Lei Lütai	雷履泰故居	*léilǚtài gùjū*
Ehemaliger Bezirks-Yamen	旧县衙	*jiù xiànyá*
Kuixing-Turm	奎星楼	*kuíxīng lóu*
Rishengchang	日升昌	*rìshēng chāng*
Tian-Ji-Xiang-Museum	天吉祥	*tiānjí xiáng*
Übernachtung		
Dejuyuan Folk-Style Guesthouse	德居源民风宾馆	*déjūyuán mínfēng bīnguǎn*
Yunjincheng Folk Custom Binguan	云锦成民风宾馆	*yúnjǐnchéng mínfēng bīnguǎn*
Zhongdu Binguan	中都宾馆	*zhōngdū bīnguǎn*
Shuanglin Si	双林寺	***shuānglín sì***

Eingängen alter verfallener Häuser und den verblichenen Slogans an den Mauern (z.B. „Lang lebe der Vorsitzende Mao") auszumachen – Pingyao, so sagen die Einheimischen, sei bei der Kulturrevolution sehr schlecht weggekommen.

Gleich innerhalb des Bogens des Westtors führen Stufen hoch zu der mit Zinnen versehenen, 12 m hohen **Ming-Stadtmauer**, die auf ihrer Gesamtlänge von 6 km alle 50 m von einem Wachturm unterbrochen wird. Eine vollständige Umwanderung dauert zwei Stunden und gewährt nicht nur Blicke in einige der zahlreichen Höfe innerhalb der Mauern, sondern auch in ein Armeeausbildungslager auf ihrer Außenseite, wo Rekruten bei Exerzierübungen und dem Werfen von Handgranatenattrappen zu beobachten sind. Die Bauten, an denen die Mauer breiter wird, heißen *mamian* (wörtlich übersetzt: Pferdegesichter) und dienten Soldaten als Gefechtsstand. In der südöstlichen Ecke der Mauer erscheint der **Kuixing-Turm**, eine hohe, befestigte Pagode mit einem nach oben gebogenen Ziegeldach, geradezu frech im Gegensatz zu der militärischen Standhaftigkeit der Zinnen. ◷ tgl. 8–18.30 Uhr, Eintritt ¥15.

Wer jemanden findet, der den **Glockenturm** (Eintritt ¥5) auf der Nan Dajie aufschließt, kann das reizende kleine Gebäude auch hinaufklettern. Die Ladenbesitzer rundherum sind alle sehr hilfsbereit, haben aber keine Ahnung, wer den Schlüssel besitzt. Die Verzierungen am Dachvorsprung, zu denen farbenfrohe Reliefs von Fischen und wohlbeleibten Händlern gehören, sind sehr fein gearbeitet. Ebenfalls auf der Nan Dajie, fünf Minuten Fußweg südlich des Glockenturms, liegt das **Tian-Ji-Xiang-Museum** mit seiner Sammlung von Münzen, Gemälden und anderen Artefakten aus der Stadtgeschichte. ◷ tgl. 9–17 Uhr, Eintritt ¥10.

Am östlichen Ende der Dong Dajie empfiehlt sich ein Rundgang durch die 1824 erbaute erste Bank des Landes namens **Rishengchang**, die weltweit zu den ersten gehörte, in denen mit Schecks gearbeitet wurde. Während der Qing-Zeit gab es über 400 Finanzhäuser in Pingyao, durch deren Hände jährlich mehr als 80 Millionen Silberunzen gingen. Nach dem Boxeraufstand kam die Kaiserinwitwe Cixi her, um Darlehen für die Zahlung der von den Acht Alliierten Mächten geforderten hohen Entschädigungssummen zu erbitten. Bald darauf geriet der Hof in Verzug und musste schließlich abdanken, und die Banken gingen ein. In der Folge übernahmen die Küstenstädte Hongkong und Shanghai die Rolle von Pingyao, und die Stadt erlitt einen Bedeutungsverlust, von dem sie sich bis heute nicht erholt hat. ◷ tgl. 9–17 Uhr, Eintritt ¥10.

Südlich des Glockenturms gewährt die **Ehemalige Residenz des Lei Lütai**, der restaurierte Wohnsitz eines der Gründer der Bank Rishengchang, einen spannenden Einblick in das Leben

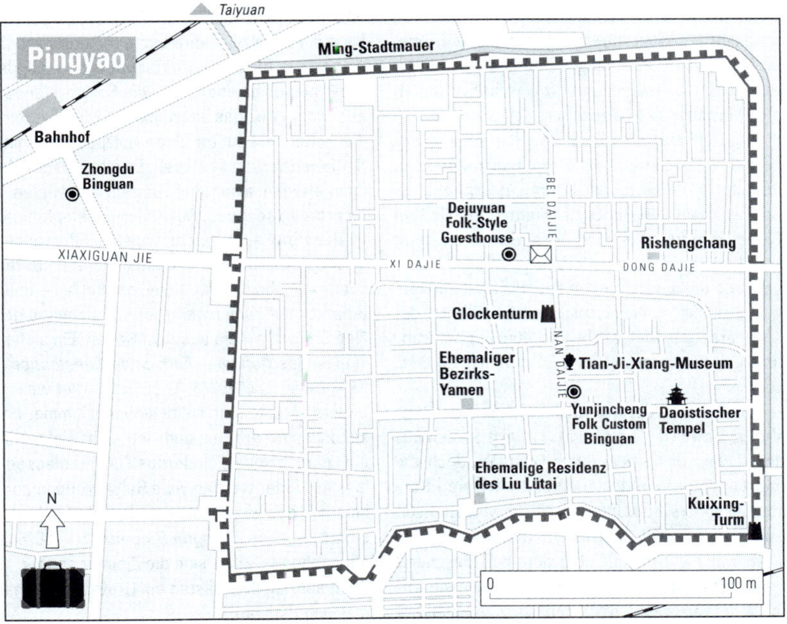

der früheren High Society von Pingyao. ⌚ tgl. 8–19 Uhr, Eintritt ¥15. Der nahe gelegene **Ehemalige Bezirks-Yamen** ist ein gewaltiger Komplex, in dem die unterschiedliche Gestaltung der Büros je nach Dienstgrad der Funktionäre deutlich wird. ⌚ tgl. 8–18.30 Uhr, Eintritt ¥20. Von hier aus in östlicher Richtung wird die Yamen Jie bald zur Chenghuang-Miao-Straße, und zwar an dem gleichnamigen **daoistischen Tempel** (Eintritt ¥20). Während der Kulturrevolution hatte die Armee hier ihr Lager aufgeschlagen, wodurch der Ort ironischerweise vom Zorn der Roten Garden verschont blieb. Heute tummelt sich hier eine bunte Mischung aus älteren Kartenspielern und reumütigen Andächtigen.

Shuanglin Si

Der Shuanglin Si mit seinem herausragenden Sammlung buddhistischer Skulpturen steht 5 km südwestlich von Pingyao in einer ruhigen Landschaft und ist auf einem angenehmen Spaziergang, mit dem Fahrrad auf einer flachen Straße oder binnen zehn Minuten mit dem Taxi (¥15) vom Bahnhof oder Westtor erreichbar. Ursprünglich wurde der Tempel zur Zeit der Nördlichen Wei erbaut, doch die heutigen Gebäude – zehn um drei Höfe gruppierte Hallen – gehen auf die Ming- und Qing-Zeit zurück. Leider hat der zunehmende Schadstoffausstoß der Industriebetriebe die Bauten und ihre Bewohner mit einem Schleier aus Kohlenstaub überzogen, zudem werden große Teile des Komplexes derzeit restauriert.

Der Tempelkomplex erinnert von außen eher an eine Festung und wird von hohen Mauern und einem Tor geschützt. Doch innen verblasst die großartige Architektur angesichts des in den Hallen untergebrachten Schatzes aus über 1600 bunten Terrakotta- und Holz-**Skulpturen**, die von der Song- bis zur Qing-Zeit entstanden sind. Sie sind buchstäblich hinter Gittern aufgestellt und dabei wirkungsvoll gruppiert, mit wirbelnden Wassern oder Wolken im Hintergrund, die die staubigen Holzhallen in prachtvolle Grotten verwandeln. Ein paar der Figuren befinden sich in einem erbärmlichen Zustand, doch die meisten erfreuen sich noch eines Großteils ihrer Originalbemalung, wenn auch etwas von der knalligen Buntheit verloren gegangen ist. Die Hallen sind für gewöhnlich mit einem Vorhängeschloss gesichert, sei es zum Schutz der Figuren oder einfach weil so selten jemand vorbeikommt. Doch wenn der ernste Hausmeister den Besuchern die einzelnen Räume aufschließt, erzählt er ihnen alles über die Figuren, ob sie sein Chinesisch nun verstehen oder nicht. Hier lohnt sich die Ausgabe für eine Führung, denn jede Halle und jede Reihe von Statuen hat faszinierende Elemente zu bieten, wie beispielsweise die Plastik des Ehepaares, das hier gelebt und den Tempel während der Kulturrevolution beschützt hat s.S. 331, Touren.

Die Reiter in dem vertikalen Relief in der **Wushung-Halle** (die erste rechts) zeigen Szenen aus dem Leben des Kriegsgottes Guan Yu, doch die meisten Figuren in den anderen Hallen sind Darstellungen des Buddha oder solche von Heiligen und Wächtern. Die 18 *Arhats* in der zweiten Halle sind zwar nicht bemalt, aber dennoch täuschend lebensecht, und in der Düsternis wirken sie mit ihren hervortretenden Stirnen, spitz zulaufenden Fingernägeln und Augen aus schwarzem Glas, die einen im ganzen Raum zu verfolgen scheinen, fast etwas bedrohlich. In der dritten Halle sind die Wände mit eleganten, 20 cm großen Bodhisattvas gesäumt, die sich einer Gruppe größerer Buddhafiguren in ihrer Mitte entgegenneigen. Die Bodhisattvas sind auf geschnitzten Regalen angeordnet, die die Ebenen des Daseins symbolisieren, mit Dämonen im unteren Bereich und Wolken und Engeln im oberen. Die **vierte Halle** ist für die über den Buddhas hängenden Monster und die **fünfte** für eine beachtliche Figur der vielarmigen Guanyin sehenswert. ⏲ tgl. 8–18 Uhr, Eintritt ¥12.

Übernachtung

Pingyao und der Shuanglin Si lassen sich mühelos auf einer Tagestour ab Tayuan besichtigen, doch lohnt durchaus eine Übernachtung in Pingyao, da sich die Hektik des Tages mit dem großen Souvenirgeschäft bei Einbruch der Dunkelheit deutlich legt. Außerdem nennt Pingyao eines der wunderbarsten Hotels des Landes sein Eigen: das ***Yunjincheng Folk Custom Binguan****** in 62 Nan Dajie, ✆ und 📠 5680944. Schon seine Lage in einem 200 Jahre alten, restaurierten Bau unweit des Glockenturms ist unübertroffen, darüber hinaus beeindrucken die Fensterblenden aus Mahagoni, das altertümliche Mobiliar und die Betten, die auf erhöhten Holzpodesten hinter Schirmen versteckt stehen. Es gibt verschiedene Zimmertypen, also ruhig vor dem Auswählen mehrere anschauen. Reservierung empfohlen. Ist das Hotel ausgebucht, weist das Personal gern auf Alternativen in nahe gelegenen Unterkünften in ähnlich traditionellem Stil hin – Imitationen des *Yunjincheng* sprießen entlang der Nan Dajie wie Pilze aus dem Boden. Ein sicherer Tipp ist das ***Dejuyuan Folk-Style Guesthouse***, 43 Xi Dajie, ✆ 5685266, 📠 5685366. Wer woanders unterkommt, sollte sich das Zimmer ansehen, bevor er zahlt, und sich nicht einfach in ein schmuckloses, modernes Zimmer stecken lassen. Leider werden viele Reisegruppen noch immer in das gegenüber vom Bahnhof gelegene, nichts sagende ***Zhongdu Binguan*****, ✆ 5626618, abgeschoben. Zwar sind die Zimmer sauber, doch entgeht den Gästen ein Großteil des Charmes von Pingyao.

Essen

Das beste Essen weit und breit gibt es im **Hotelrestaurant** des *Yunjincheng* mit seinem ornamentreichen Holzinterieur und den dazugehörigen roten Laternen. Seine Köche zaubern köstliche traditionelle Speisen der Pingyao-Küche, darunter *ca ge dou* (Nudeln mit Tomaten), *suan cai chao dou fu* (Tofu mit Essiggemüse) und *yiya cai* (kaltes Essiggemüse). Unbedingt *sanxie shaomai* probieren, eine interessante und leckere *jiaozi*-Variation. Ein Essen für 2 Pers. kostet hier etwa ¥40. Billigere Speisen sind in den zahlreichen Lokalen südlich des Glockenturms zu bekommen.

Sonstiges

AMT FÜR ÖFFENTLICHE SICHERHEIT (PSB) – 110 Zhoubi Nan Jie, unweit des Ehemaligen Bezirks-Yamen. Mit etwas Glück kann man hier sein Visum verlängern, doch besser ist es, sich in Taiyuan darum zu kümmern.

FAHRRÄDER – Fahrräder können in den meisten Gästehäusern, auch im *Yunjincheng*, für ¥5–10 pro Tag gemietet werden.

GELD – ***Bank of China,*** 64 Xi Dajie, ⌚ tgl. 8.30–18 Uhr, im Sommer bis 19 Uhr.

MEDIZINISCHE HILFE – Es gibt eine hilfreiche ***Klinik*** in Nr. 43 Dong Dajie, ✆ 5683732.

POST – Das ***Postamt*** befindet sich in Nr. 1 Xi Dajie, ⌚ tgl. 8–18.30 Uhr.

TOUREN – Führungen in englischer Sprache durch den Ort, inkl. einer Fahrt zum Shuanglin Si, sollten bei Wu Qiulian (Julia) im ***Yunjincheng Folk Custom Hotel,*** ✉ wu_qiu_lian@sina.com, gebucht werden. Sie arbeitet mit internationalen wissenschaftlichen Instituten und Reiseagenturen zusammen und vermittelt einen lehrreichen Einblick in die Geschichte und Gegenwart ihrer Stadt. Wärmstens empfohlen.

VORWAHL – 0354

Nahverkehrsmittel

Taxis sind innerhalb der Stadtmauern nicht erlaubt. Am Bahnhof und am Westtor starten **Fahrrad-Rikschas** für ¥5, allerdings tut man gut daran, den dringenden Appellen des Fahrers zu widerstehen, der einem das auserwählte Hotel auszureden versucht – er bekommt nämlich eine Provision, wenn er die Gäste dazu bewegt, woanders zu übernachten. In bestimmten Stadtgebieten sind Rikschas nicht zugelassen, was die teils verwirrenden Umwege durch dunkle und enge Gassen erklärt.

Transport

BUSSE – Busse und Minibusse nach LINFEN (1 3/4 Std.) und TAIYUAN (2 Std., ¥10) fahren vor dem winzigen Bahnhof im Norden der Stadt ab; die Reise führt über gut ausgebaute Straßen.

EISENBAHN – Auf dem Weg nach Norden oder Süden kommen täglich 16 Züge an Pingyao vorbei. Ein Informationsschalter im Bahnhof ist englisch beschriftet, was allerdings noch lange nicht heißt, dass das Personal auch Englisch spricht. Die Fahrpläne sind übersichtlich ausgehängt, doch leider auf Chinesisch.
Auf dem Weg nach Xi'an empfiehlt sich ein Tagesaufenthalt in Pingyao mit anschließender Weiterreise mit einem der beiden Abendzüge in Richtung Süden. Der Fahrkartenschalter öffnet eine halbe Stunde vor Ankunft der Züge. Hier kann man allerdings nur freie Plätze in der Hartsitzklasse erstehen. Im Zug sollte es aber zumindest unter der Woche möglich sein, das Ticket aufzuwerten, an Wochenenden könnte sich das schwieriger gestalten. Das Gepäck kann hinter dem Ladentisch des Bahnhofsladens aufbewahrt werden.

Zwischen Pingyao und Xi'an

Die nördlich des Gelben Flusses gelegenen kleinen Ortschaften zwischen Pingyao und Xi'an werden von ausländischen Touristen kaum besucht, obgleich sich hier manch sehenswerter Ort verbirgt – wer seine Reise für einen kurzen Abstecher in eine noch wenig erschlossene Gegend unterbrechen möchte, liegt hier genau richtig. Das etwa 140 km südlich von Pingyao gelegene **Linfen** ist vor allem einheimischen Touristen ein Begriff, die von hier aus zu den **Hukou-Wasserfällen** gelangen wollen. Diese gelten landesweit als einer der schönsten Orte Chinas, eine Auszeichnung, die trotz des erheblichen Reklamerummels vielleicht ein wenig übertzogen erscheint. Der nahe gelegene, aber weniger beachtete **Guangsheng Si** lohnt ebenfalls einen Besuch, und seine bemerkenswerte glasierte Pagode entschädigt für die beschwerliche Anreise. Weiter südlich liegt die Stadt **Yuncheng**, die sich als Standort für Ausflüge zu dem vor allem bei Taiwanesen beliebten wunderbaren Tempel **Guan Yu Miao**, in die Stadt **Ruicheng** und zum nahe gelegenen daoistischen Tempel **Yongle Gong** mit seiner großartigen Wandgemälden anbietet. Von hier aus sind es nur noch vier Stunden Busfahrt bis nach Xi'an (s.S. 337).

Linfen und Umgebung

Die Provinzstadt Linfen bietet zwar keine Sehenswürdigkeiten, die einen längeren Aufenthalt rechtfertigen würden, ist aber durchaus beschaulich. Mit seiner Kopie des Tian'anmen-Platzes im Zentrum und dem ausgedehnten Vergnügungspark namens Yaodu-Platz am Stadtrand verwandelt sich die Stadt gerade in ein Miniatur-Beijing. Sogar Kopien der Architekturwunder von Beijing wie dem Himmelstempel und der Großen Mauer sind hier zu bestaunen, daneben ein Park mit einem maßstabsgerechten Topographiemodell des gesamten Landes, wo die Besucher Godzilla spielen und auf den ihnen missfallenden Städten herumtrampeln können.

Die wenigen Taxis der Stadt verlangen eine Grundgebühr von ¥4 und versammeln sich am **Bahnhof** im Westen der Stadt. Von hier aus bestehen Zugverbindungen nach Taiyuan (1x tgl., 5 Std.), Xi'an (2x tgl., 9 Std.) und Yuncheng (3x tgl., 4 Std.). Die **Bushaltestelle** mit Verbindungen nach Pingyao (2–3 Std., ¥28), Taiyuan (3 Std.) und Yuncheng (4 Std.) sowie nach Hongdong und zu den Hukou-Wasserfällen liegt am anderen Ende der Stadt. **Unterkunft** findet man im *Pingyang Hotel**, 58 Jiefang Nan Lu, ✆ 0357/2012760, dessen Angebotspalette von sehr schlichten bis zu recht noblen Zimmern reicht. Im Speisesaal des Hotels, der an eine Flugzeughalle erinnert und auf dessen riesigen runden Tischen Autos parken könnten, erwartet den Gast ein ganz passables **Essen**.

Hongdong und der Guangsheng Si

Das Dörfchen Hongdong liegt 28 km nordöstlich von Linfen, etwa eine Stunde Busfahrt entfernt (¥8). Gelegentlich wird man an einer Kreuzung hinausgelassen, von wo man die Weiterfahrt mit einem Taxi antreten oder die verbleibenden 4 km in den Ort zu Fuß laufen kann. Hierher kommt, wer den Guangsheng Si besuchen möchte, doch auch das 1 km westlich der Bushaltestelle gelegene **Susan-Gefängnis** ist nicht uninteressant. Dieses älteste erhaltene Gefängnis Chinas, ein gedrungener schwarz-weißer Ziegelbau aus der Ming-Dynastie, besteht aus mehreren Kreuzgängen, von denen die erstaunlich geräumigen Zellen abgehen, die mit ihren gewölbten Decken durchaus an den Standard eines billigen chinesischen Hotelzimmers heranreichen. Allerdings beherbergen sie heute eine Sammlung von Folterinstrumenten und grausigen Dioramen, die ihre Anwendung demonstrieren. Auch englischsprachige Erläuterungen fehlen nicht; eine typische ist am Haus der Gefängnisaufseher zu finden und lautet: „Das ist der Ort, wo die Gefängnisaufseher lebten. In damaligen Zeiten waren die Gefängnisaufseher diejenigen, die die Aufsicht über die Gefangenen hatten." Die Stele im Hinterhof enthält eine Liste der Insassen. 🕓 tgl. 8–17 Uhr, Eintritt ¥13.

Von der Bushaltestelle in Hongdong fährt Bus Nr. 5 zum Preis von ¥2 oder ein Taxi, das für Hin- und Rückfahrt samt einstündigem Aufenthalt ¥30 verlangt, die 15 km zum Guangsheng Si, der in einer ländlichen Gegend mit vereinzelten Ziegelbrennöfen auf einem Hügel thront. Mit großer Wahrscheinlichkeit ist man hier vollkommen ungestört, wenn man von den paar Mönchen, die sich um den Tempel kümmern, und den obligatorischen Souvenirverkäufern einmal absieht. Der Komplex besteht aus drei Teilen – dem Oberen Tempel, dem Unteren Tempel und dem Tempel der Wassergottheit –, von denen vieles auf das beginnende 14. Jh. zurückgeht, als der unter den Östlichen Han (225–220) entstandene Komplex nach einem Feuer wieder aufgebaut wurde. Die Gebäude mit ihren nach innen gebogenen Dachfirstverzierungen – charakteristisch für die frühe Tempelarchitektur – und den klobigen Holzträgern auf robusten Mauern vermitteln den blockartigen Eindruck eines Viehstalls. Beim Eintreten wird der Besucher von der strahlenden **Feihong Ta** (Pagode des Fliegenden Regenbogens) aus dem Jahre 1527 begrüßt, die mit ihren grün-, blau- und gelbglasierten Ziegelsteinen im Sonnenlicht glitzert. Alle 13 Stockwerke sind so überschwänglich mit glasierten Figuren geschmückt – Wächtern, Löwen, Vögeln, mythischen Tieren und auf Drachen reitenden Menschen –, dass von der Mauer kaum noch etwas zu sehen ist. Im ersten Raum führt eine Treppe hinter der großen Buddhafigur die Pagode hinauf. Offiziell darf man bis in den neunten Stock hinaufklettern, aber dieses Unterfangen ist weder leicht noch sicher, denn innen herrscht völlige Dunkelheit, und die merkwürdige Treppe besteht aus einer Reihe gefährlicher Vorsprünge, die sich um den Rand eines senkrechten Schachts winden.

Der **Untere Tempel** (Eintritt ¥10) befindet sich hinter der Pagode und ist ein schmählich vernachlässigter Komplex aus dem Jahre 1309. Es ist ein aufregendes Gefühl, die schweren Türen selbst aufzustoßen und in die Halle mit den drei Buddhas einzutreten, deren Throne kunstvoll mit Darstel-

Linfen	临汾	***línfēn***
Pingyang Hotel	平阳宾馆	*píngyáng bīnguǎn*
Hongdong	洪洞	***hóngdòng***
Feihong Ta	飞虹塔	*fēihóng tǎ*
Guangsheng Si	广胜寺	*guǎngshèng sì*
Susan-Gefängnis	苏三囚牢	*sūsān qiúláo*
Hukou-Fälle	壶口瀑布	***húkǒu pùbù***
Hukou Guesthouse	壶口招待所	*húkǒu zhāodàisuǒ*
Yuncheng	运城	***yùnchéng***
Guan Yu Miao	解州关帝庙	*jiězhōu guāndì miào*
Huanghe Hotel	黄河大厦	*huánghé dàshà*
Xinfeng Hotel	鑫丰大酒店	*xīnfēng dàjiǔdiàn*
Jixian	吉县	***jíxiàn***
Ruicheng	芮城	***ruìchéng***
Ruicheng Binguan	芮成宾馆	*ruìchéng bīnguǎn*
Yongle Gong	永乐宫	*yǒnglè gōng*

lungen von Löwen und Elefanten geschmückt sind. Die Verzierungen an den Dachvorsprüngen mit den Bildern von Fischen und Vögeln beeindrucken vor allem durch ihre vielfältigen Details. Der durch eine Mauer abgetrennte **Tempel der Wassergottheit** daneben birgt anschauliche und lebhafte Wandmalereien aus dem Jahre 1324, von denen einige gut erhalten sind. Ihr unschätzbarer Wert für Wissenschaftler liegt vor allem in ihrem Realismus und der Liebe zum Detail. Bemerkenswert ist etwa die seltene Darstellung der zehn Schauspieler auf einer Tempelbühne an der Südmauer, die Einblicke in das antike Drama gewährt. Die Schauspieler tragen rituelle Kleidung, und einige spielen Instrumente, während ein Mädchen hinter dem Vorhang sie heimlich beobachtet. Am oberen Teil der Ostmauer zeigt ein Gemälde, wie der Tempel zur Zeit der Yuan-Dynastie aussah.

Auf dem Rückweg vom Guangsheng Si steigt man am besten an der Kreuzung mit der Straße von Linfen nach Pingyao aus, wo man einen vorbeifahrenden Bus anhalten kann – dies erspart den erneuten Aufenthalt an der langweiligen Bushaltestelle Hongdongs.

Die Hukou-Wasserfälle

An den 150 km westlich von Linfen herabstürzenden Hukou-Wasserfällen, die von *CITS* so poetisch als „riesige, im Fluss kämpfende Drachen" beschrieben werden, zeigt sich der Gelbe Fluss von seiner stürmischsten Seite. An der Jinshan-Schlucht muss sich der 400 m breite Fluss plötzlich durch eine 20 m breite Lücke quetschen und stürzt dabei eine Klippe herunter, wo das tobende Wasser hoch in die Luft geschleudert wird. Sein Rauschen ist noch in einer Entfernung von 2 km zu hören, daher der Name „hukou" (Kesselschnauze). Am imposantesten ist der Anblick im Sommer, wenn der Fluss das höchste Wasser führt. Die bei den Chinesen sehr beliebten Fälle sind zweifellos wunderschön, doch die Anreise ist lang, und die vielen Souvenirstände machen die Reise nicht gerade zum Naturerlebnis. Wer schon einen anderen Wasserfall oder reißenden Fluss gesehen hat, kann sie getrost auslassen.

Von Linfen nimmt man am besten ein Taxi zur so genannten Bushaltestelle 309, von wo aus Minibusse die restlichen 30 km zu den Fällen zurücklegen. Nur im Sommer verkehren auch **Touristen-**

minibusse (¥20) von den Bahnhöfen in Linfen und Yuncheng. Die Busfahrt dauert 4–6 Std.; wer also keine ¥800 für die Hin- und Rückfahrt mit dem Taxi anlegen möchte, wird um eine **Übernachtung** nicht herumkommen. Das neue *Hukou Guesthouse** bietet ausreichenden Komfort.

Yuncheng und der Guan Yu Miao

Das 140 km südlich von Linfen gelegene Yuncheng ist die letzte größere Stadt vor Xi'an auf der von Datong nach Süden verlaufenden Eisenbahnstrecke. Von hier aus lassen sich nicht nur die Hukou-Wasserfälle ansteuern, sondern auch verschiedene Ziele in westlicher und südlicher Richtung: der Guan Yu Miao, Ruicheng und der Yongle Gong, die allesamt mit dem Bus erreichbar sind.

Zum ungefähr 20 km westlich von Yuncheng gelegenen Guan Yu Miao gelangt man mit Bus Nr. 11 (¥2), der gegenüber der Bahnhofshalle abfährt. Die kleine ländliche Stadt **Jiezhou** ist die Heimat dieses großartigsten Tempels des Kriegsgottes in ganz China. Das heutige Jiezhou wirkt zunächst nicht sehr attraktiv – der Bus hält an einem schmutzigen Platz mit Verkaufsständen und Billardtischen –, sodass der riesige Tempelkomplex an seiner Westseite etwas fehl am Platz erscheint. Dies ist jedoch der Geburtsort von **Guan Yu** (auch Guan Di genannt), eines Generals aus der Periode der Drei Reiche in den Jahren 220–280 (Kasten s.S. 578). Er war hier ein beliebter Volksheld – etwa vergleichbar mit König Artus –, der wie viele Persönlichkeiten aus der chinesischen Geschichte von Legenden umrankt und später als Gottheit verehrt wurde. Seiner Stellung als Kriegsgott entsprechend ist auch sein Tempel äußerst robust und erinnert mit seinen hohen Zinnen und schweren Holztüren eher an eine Festung. Gegründet wurde er im Jahre 589, der heutige Bau stammt allerdings aus dem 18. Jh. Unter den Bildern an dem Holzbogen am Eingang befindet sich ein siegreicher Turnierkämpfer, der fröhlich den Kopf des Unterlegenen forträgt. Das kriegerische Thema setzt sich im Innern fort, wo in den hervorragenden Qing-zeitlichen Friesen und Steinmetzarbeiten an den Dachvorsprüngen und an den Pfeilern der drei Hallen das Abschlachten der Feinde weitergeht. Guan Yu ist in Taiwan sehr populär, und viele Taiwanesen kommen zum Tempelfest zwischen dem 18. und 28. Oktober hierher. 🕓 tgl. 8–17 Uhr, Eintritt ¥25.

Der **Bahnhof** von Yuncheng, vor dem eine Statue von Guan Yu ihren stechenden Blick auf die Stadtbewohner richtet, liegt im Nordwesten der Stadt, am nördlichen Ende der Zhan Nan Lu. Von hier aus fahren Züge nach Linfen (3x tgl., 4 Std.), Taiyuan (1x tgl., 8 Std.) und Xi'an (2x tgl., 4 Std.). Der **Busbahnhof** mit Verbindungen nach Ruicheng (4 Std.) und Taiyuan (7 Std.) befindet sich etwas weiter südlich auf der Westseite derselben Straße. Die Busse nach Xi'an (3–5 Std., ¥40–60) fahren vor der Bahnhofshalle oder vom Busbahnhof ab. Neben der Haltestelle von Bus Nr. 11, gegenüber vom Bahnhof, gibt es ein **Internet-Café**.

Unterkunft bietet das freundliche *Huanghe Hotel**** am östlichen Ende der Zhan Dong Lu, ✆ 0359/2023135, mit einer breiten Auswahl an Zimmern und einem ordentlichen Restaurant. Unmittelbar an die Bahnhofshalle grenzt linker Hand das *Xinfeng Hotel**, ✆ 0359/2067666. Saubere Dorm-Betten kosten ab ¥18, und Ausländer sind willkommen.

Ruicheng und der Yongle Gong

Die Busfahrt von Yuncheng in das 90 km südlich gelegene Ruicheng, ein Dorf unmittelbar nördlich des Gelben Flusses, ist eine spannende, aber auch haarsträubende Reise über die Zhongtiao-Berge, eine ockerfarbene Landschaft, die ein Bild vollkommener Trostlosigkeit offenbart. Ab und an hält der Bus an irgendeinem einsamen Gipfel, und erstaunlicherweise dürfen die Fahrgäste sogar aussteigen. Zwar löst sich das Gefühl, durch eine Wüstenlandschaft zu reisen, bei der Ankunft in Ruicheng auf, dennoch befindet man sich hier in einem sehr abgeschiedenen und rückständigen Teil Chinas, wo man Ausländern noch mit viel Aufmerksamkeit begegnet: Da kann es durchaus vorkommen, dass höfliche Fremde einem ihren Sitzplatz im Bus anbieten oder Lokalbesitzer darauf bestehen, dem Gast das Essen zu spendieren. Der Bus hält unmittelbar östlich der Kreuzung der vier Straßen von Ruicheng, unweit des *Ruicheng Binguan** auf der Nordseite der Weststraße.

Der bedeutende daoistische Tempel Yongle Gong (Palast der Ewigen Freude) liegt 4 km südlich des Dorfes und ist vor allem für seine außergewöhnlichen Wandgemälde berühmt. Sein Name leitet sich von seiner einstigen Lage in dem Dorf

Yongle ab, das weiter südlich am Gelben Fluss liegt und 1959 Stein für Stein verlegt wurde, als der Staudamm bei Sanmenxia gebaut und Yongle vom Wasser verschluckt wurde.

Die Tempelanlage besteht aus drei Hallen, von denen jeweils drei Seiten mit lebhaften **Wandgemälden** versehen sind. In der **ersten Halle** sitzen die drei großen Götter des Daoismus auf Thronen und sind von einem Pantheon untergebener Gottheiten umgeben, die wie Kaiser aussehen und wiederum von Höflingen umlagert werden. Alle Figuren sind über 2 m groß, grell bemalt und präzise gezeichnet, doch obwohl viel Wert auf die genaue Darstellung von Gesichtsausdrücken und Kostümen gelegt worden ist, fehlt den Bildern eine gewisse Tiefe. Die Figuren, die jeweils in Viererreihen hintereinander stehen, sind flach wie versetzt angeordnete Spielkarten. Einige zeigen die Gesichter von Monstern, andere tragen Bärte, die fast bis zur Taille reichen und in denen jedes Haar einzeln gezeichnet wurde. Ein Mann hat sogar sechs Augen. In der **zweiten Halle** vergnügen sich elegant gekleidete Gestalten in detailliert dargestellten, von Mauern umgebenen Höfen und Tempelkomplexen in nebligen Berglandschaften. Diese Szenen aus dem Leben des **Lu Dongbin** – eines der acht daoistischen Unsterblichen, der in Yongle zur Welt kam – sind wie in einem Comic auf Tafeln angeordnet. Die Wandmalereien der **dritten Halle**, die das Leben eines daoistischen Priesters darstellen, sind leider zum größten Teil beschädigt. ◷ tgl. 8–17 Uhr, Eintritt ¥30.

Die Provinzen Shaanxi und Henan

Die Bedeutsamkeit der Provinzen Shaanxi und Henan liegt in ihrer weit zurückreichenden und ereignisvollen Geschichte. Die Region selbst ist staubig und unwirtlich, dazu gesellt sich ein Klima der Extreme: Im Winter wachsen sich starke Winde mitunter zu gelben Sandstürmen aus, die Sommer hingegen sind heiß und gelten offiziell als Regenzeit. Doch dank des Gelben Flusses stand hier die Wiege der chinesischen Geschichte, und jahrtausendelang befand sich hier das Machtzentrum einer Reihe von Dynastien, deren ehemalige Hauptstädte noch heute am südlichen Rand des Tieflandes aufgereiht liegen.

Spuren neolithischer Siedlungen gibt es am Fluss zuhauf – Häuser von Bauern, Fischern und äußerst geschickten Töpfern –, doch die ersten großen Bauten entstanden erst in der Shang-Dynastie (1600–1066 v. Chr.), deren Herrscher schriftliche Aufzeichnungen hinterließen. In den folgenden 3000 Jahren war dieser schmale Streifen am Gelben Fluss Schauplatz der Entwicklung des chinesischen Staates und seiner Zivilisation, die fortwährend von Stämmen aus dem Norden und den Gefahren des Flusses selbst bedroht wurde, aber dennoch stetig voranschritt. Die Zhou-Dynastie, die den Norden Chinas seit etwa 1000 v. Chr. beherrschte, gründete eine Hauptstadt in der Nähe von Xi'an und verlegte sie nach Luoyang, nachdem erstere ausgeplündert worden war. Den Zhou folgte der große Kaiser Qin Shi Huang, der bereits 221 v. Chr. ein Herrschaftsgebiet geschaffen hatte, das sich von der Großen Mauer im Norden bis zu Gebieten weit südlich des Gelben Flusses erstreckte. Die darauf folgende Dynastie der Han errichtete ihre Hauptstadt ebenfalls in der Nähe von Xi'an.

In diese Zeit fiel die Etablierung der **Seidenstraße**, die sich durch Zentralasien bis nach Syrien erstreckte, und der nunmehr florierende Handel mit dem Westen stärkte die Region am Gelben Fluss erheblich. Doch auch kulturelle Einflüsse fanden auf diesem Wege ins Land, an erster Stelle der **Buddhismus**. Allein in Xi'an, der prächtigen Hauptstadt der Tang-Dynastie (618–907), gab es mehr als 100 Tempel, und von den zehn bedeutendsten Schulen des Buddhismus in China hatten fünf hier ihren Ursprung. Unter den Tang schienen die Städte im Stromgebiet des Gelben Flusses den Gipfel ihres Wohlstands und ihrer Macht erreicht zu haben, doch in der Rückschau wird deutlich, dass das wirtschaftliche Gleichgewicht sich über einen langen Zeitraum hinweg nach Süden verschoben hatte. Der **Kaiserkanal**, der im Jahre 608 als Verbindung zwischen dem Gelben und dem Yangzi-Fluss fertig gestellt worden war, hatte die Rolle des Yangzi-Beckens als Nahrungs- und wichtigste Finanzquelle des chinesischen Reiches zementiert. Kaifeng war die letzte kaiserliche Hauptstadt am Gelben Fluss und erhielt diesen Status im Jahre 960. 1127 zwang eine weitere Invasionswelle den Hof, sich in den Süden zurückzuziehen.

Der Gelbe Fluss Der Gelbe Fluss fließt auf 6000 km Länge durch neun Provinzen: vom tibetischen Hochland im Westen durch die Innere Mongolei, dann unvermittelt nach Süden in die Provinz Shanxi und schließlich in östlicher Richtung durch die Überschwemmungsgebiete von Shaanxi, Henan und Shandong bis zum Golf von Bohai. Der obere Flussabschnitt sorgt für dringend benötigte Bewässerung und Energie, doch auf der zweiten Hälfte seiner Reise richtet der Gelbe Fluss genauso viel Schaden an, wie er Nutzen stiftet.

Das Problem sind die riesigen Mengen **Schlamm** – rund 1,6 Milliarden Tonnen jährlich –, die der Fluss auf seinem verschlungenen Weg mit sich führt und deren Stauwirkung seinen Lauf immer wieder umgelenkt hat. Mal ist der Fluss bei Beijing ins Meer geflossen und mal ins untere Yangzi-Tal, doch stets haben seine unvorhersehbaren Verlaufsänderungen zu schweren Verwerfungen und chaotischen Zuständen geführt.

Von 1194 bis 1887 gab es 50 schwere **Flutkatastrophen** am Gelben Fluss, und allein im Jahre 1642 kamen 300 000 Menschen um. 1855 verschob sich die Flussmündung um über 350 km vom Norden in den Süden der Halbinsel Shandong, was zum Teil korrupten Beamten zur Last gelegt werden kann, die für die Flutkontrolle vorgesehene Gelder veruntreut hatten. Auf das verheerende Hochwasser des Jahres 1933 folgte 1937 die nächste, diesmal von Menschenhand verursachte Tragödie, als Chiang Kaishek den Fluss zur Verteidigung gegen die vorrückenden Japaner nutzte: Er ließ die Dämme einreißen, um die Eisenbahnlinie lahmzulegen. Diese Verschnaufpause von wenigen Wochen mussten Hunderttausende Chinesen mit dem Leben bezahlen.

Schon sehr früh gab es Versuche, das Potenzial des Flusses für den Menschen nutzbar zu machen. So wurden im 8. Jh. v. Chr. erste **Bewässerungskanäle** angelegt, und im 5. Jh. v. Chr. umfasste das noch heute genutzte Bewässerungssystem des Zheng-Guo-Kanals die erstaunliche Gesamtlänge von 150 km. Das bedeutendste Projekt war jedoch der im 6. Jh. n. Chr. unternommene Bau des 1800 km langen **Kaiserkanals (auch: Großer Kanal)**, der den Gelben mit dem Yangzi-Fluss verband und auf dem Getreide in den Norden verschifft wurde. Beim Bau arbeitete man mit Schleusen, um die Wasserstände kontrollieren zu können – eine Innovation, die im Westen erst 400 Jahre später Einzug hielt.

Auch **Dämme** wurden schon vor Urzeiten angelegt, und in einigen östlichen Abschnitten liegt das Flussbett nicht selten 5 m höher als die umliegenden Gebiete. Deichbauer gelten am Gelben Fluss als Helden, und jeder Chinese kennt die Geschichte von **Da Yu** (Yu dem Großen), der legendären Gestalt, die gegen die launischen Wasser kämpfte. Nach der fürchterlichen Flutkatastrophe des Jahres 297 v. Chr. soll er Tausende Menschen mobilisiert haben, um das Flussbett auszuheben und Ableitungskanäle zu graben. Die Arbeiten dauerten 13 Jahre, und kein einziges Mal während dieser Zeit ging Yu nach Hause. Als schließlich alles vollbracht war, versenkte er einen bronzenen Ochsen im Wasser, der als Talisman den Fluss zähmen sollte. Eine Kopie des Ochsen wacht heute am Ufer des Kunming-Sees im Sommerpalast von Beijing. Die **Flutkontrolle** wird heutzutage in großem Maßstab fortgesetzt. Um Hochwasser zu vermeiden, wird das Flussbett ausgebaggert, werden Umleitungskanäle ausgehoben und Wasserreservoirs an den Nebenflüssen angelegt. Das flussnahe Land ist bewaldet worden, um der Erosion entgegenzuwirken und somit die Schlammmengen im Fluss einzudämmen.

Den größten Teil seiner Reise windet sich der Gelbe Fluss durch ein flaches Überschwemmungsgebiet mit einem messerscharfen Horizont.

Betrachten lässt er sich am besten von dem **Aussichtspunkt in Kaifeng** oder vom **Park am Gelben Fluss** außerhalb von Zhengzhou. Turbulenter präsentiert er sich weiter nördlich an den **Hukou-Wasserfällen** (s.S. 333) an der Grenze zwischen den Provinzen Shaanxi und Shanxi.

Keine der alten Hauptstädte wirkt heute beeindruckender als das blühende **Xi'an**, das jenseits der Ostküstenmetropolen Shanghai und Hongkong wohl auch die kosmopolitischste Stadt ganz Chinas ist. Die Hauptstadt der heutigen Provinz Shaanxi hat sich zahlreiche Zeugnisse ihres einstigen Ruhmes bewahrt: Am spektakulärsten sind natürlich die Grabwächter des Qin Shi Huang, die berühmte **Terrakotta-Armee**, doch auch an Tempeln und Museen herrscht kein Mangel. Die ganze Gegend ist voller Bauwerke, die die Entwicklung des chinesischen Buddhismus seit ihren Anfängen widerspiegeln. Als eines der bedeutendsten gilt der Baima Si im östlich gelegenen **Luoyang**, das die alten Chinesen für den Mittelpunkt des Universums hielten. Der Tempel ist auch heute noch ein buddhistisches Zentrum und die letzte Ruhestätte der Mönche, die aus Indien Sutren herbeigeschafft hatten. Die **Longmen-Grotten** vor der Stadt gehören zu den eindrucksvollsten Kunstwerken Chinas, doch auch Ausflüge in deren Umgebung lohnen sich, denn die beiden heiligen Berge **Hua Shan** und **Song Shan** – der eine buddhistisch, der andere daoistisch – bilden eine willkommene Abwechslung zu den oft erdrückenden Städten.

Das weiter östlich gelegene **Zhengzhou**, die Hauptstadt der Provinz Henan, verfügt über ein ausgezeichnetes neues Provinzmuseum, in dem die Funde der laufenden archäologischen Ausgrabungen ausgestellt sind, vorwiegend Bronzeskulpturen aus der Shang-Dynastie. Östlich von hier befindet sich die einstige Hauptstadt der Song-Dynastie **Kaifeng** – ein entzückender und beschaulicher kleiner Ort, der aufgrund seiner Nähe zu dem tückischen Gelben Fluss nicht viel von seiner Vergangenheit bewahren konnte. Das nördlich von Kaifeng, an der Grenze zu Hebei gelegene **Anyang** ist nach wie vor ein Provinznest, das allerdings mit einem bemerkenswerten archäologischen Erbe aufwarten kann – die aktuellen Entdeckungen aus der Shang-Ära sind im Museum zu begutachten. Wer von den Relikten alter Kulturen die Nase voll hat, kann sich der jüngeren Geschichte widmen: entweder in **Yan'an** im äußersten Norden von Shaanxi, dem abgeschiedenen Stützpunkt hoch oben im Lössplateau, zu dem Mao auf seinem Langen Marsch im Jahre 1937 gelangte, oder am **Rote-Fahne-Kanal**, einem Vorzeigeprojekt des selbstbewussten Chinas der 60er Jahre unter Führung von Mao, nahe Linxian im nördlichen Henan gelegen.

Xi'an

Xi'an, die Hauptstadt der Provinz Shaanxi, ist eine Industriestadt mit fünf Millionen Einwohnern, der eine Schlüsselposition in den fruchtbaren Ebenen zwischen dem hohen Lössplateau im Norden und den Qingling-Bergen im Süden zukommt. Sie gehört zu den angenehmeren chinesischen Großstädten und ist neben Chengdu die wohlhabendste Stadt im Landesinneren – mit Straßen voller japanischer Autos, Geschäften voller Konsumgüter und neuen Discos voller eleganter Einheimischer. De facto ist Xi'an die Hauptstadt von Chinas Westen und zudem Sitz der dahinplätschernden Regierungskampagne zur Entwicklung des Westens (Xibu Da Fazhan). Der blühende Tourismus in der Stadt bringt es natürlich mit sich, dass Xi'an in Sachen Entwicklung den umliegenden Gebieten weit voraus ist – eine Tatsache, die sich in der Anwesenheit zahlreicher Wanderarbeiter aus ländlichen Gebieten widerspiegelt, die auf den inoffiziellen Arbeitsmärkten vor den Stadttoren herumlungern

Die Stadt und ihre Entwicklung dient auch als Leitfaden durch die chinesische Geschichte, da sie zwischen 1000 v. Chr. und dem Jahr 1000 als **kaiserliche Hauptstadt** für elf Dynastien fungierte. Eine Vielzahl an bedeutenden Stätten und Relikten sind in der Gegend zu bestaunen, etwa das neolithische Banpo, die Terrakotta-Armee des Qin-Kaisers oder die kaiserlichen Grabstätten der Han und Tang. In der Stadt selbst locken die **Wildganspagoden** der Tang, der **Glocken- und der Trommelturm**, die **Stadtmauer aus der Ming-Zeit** sowie zwei hervorragende **Museen** mit den Schätzen aus den glanzvollsten Phasen der chinesischen Geschichte. Trotz der Umweltverschmutzung (viele Einwohner laufen mit weißen Atemschutzmasken herum) und des völlig überlasteten Straßennetzes, wie sie allen sich so rasant entwickelnden chinesischen Städten gemein sind, lassen sich in Xi'an viele Ausländer nieder, von denen zahlreiche die hiesigen Colleges bevölkern, die in Bezug auf die Qualität ihrer Chinesisch-Kurse einen hervorragenden Ruf genießen.

In Xi'an ist es gelungen, das architektonische Erbe erfolgreich in die moderne Stadt zu integrie-

Xi'an

Xi'an	西安	***xī'ān***
Baxian Gong	八仙宫	*bāxiān gōng*
Century-Ginwa-Kaufhaus	世纪金花百货商店	*shìjì jīnhuābǎihuò shāngdiàn*
Daci'en Si	大慈恩寺	*dàcí'ēn sì*
Daxingshan Si	大兴善寺	*dàxīngshàn sì*
Glockenturm	钟楼	*zhōnglóu*
Große Moschee	大清真寺	*dà qīngzhēn sì*
Große Wildganspagode	大雁塔	*dàyàn tǎ*
Historisches Museum Shaanxi	陕西历史博物馆	*shǎnxī lìshǐ bówùguǎn*
Kleine Wildganspagode	小雁塔	*xiǎoyàn tǎ*
Kunstmuseum der Tang-Dynastie	唐代艺术馆	*tángdài yìshùguǎn*
Relifeixing Internet Café	热力飞行网吧	*rèlìfēixíng wǎngbā*
Stelenwald-Museum von Shaanxi	陕西碑林博物馆	*shǎnxī bēilín bówùguǎn*
Trommelturm	鼓楼	*gǔlóu*
Übernachtung und Essen		
Ana Grand Castle Hotel	长安城堡大酒店	*chángān chéngbǎo dàjiǔdiàn*
Baohua Jiujia	宝华酒家	*bǎohuá jiǔjiā*
Bell Tower	钟楼饭店	*zhōnglóu fàndiàn*
Dongya Fandian	东亚饭店	*dōngyà fàndiàn*
Dynasty	秦都酒店	*qíndū jiǔdiàn*
Flats of Renmin Hotel	人民大厦公寓	*rénmín dàshà gōngyù*
Foreign Language Institute Guesthouse	西安外语学院外事服务中心	*xī'ān wàiyǔxuéyuàn wàishì fúwù zhōngxīn*
Hyatt	凯悦饭店	*kǎiyuè fàndiàn*
Jiefang	解放饭店	*jiěfàng fàndiàn*
Laosunjia	老孙家	*lǎosūnjiā*
Lemon-tree West	柠檬树西餐咖啡厅	*níngméngshù xīcān kāfēitīng*
New World	古都大酒店	*gǔdū dàjiǔdiàn*
Renmin	人民大厦	*rénmín dàshà*
Royal	皇城宾馆	*huángchéng bīnguǎn*
Shanxi Local Food	西安饭店	*xī'ān fàndiàn*
Shuyuan Hostel	属院青年旅舍	*shǔyuàn qīngnián lǚshè*
Sichuan Fandian	四川饭店	*sìchuān fàndiàn*
Sushi Restaurant	回转寿司店	*huízhuǎn shòusīdiàn*
Tang Dynasty	唐乐宫	*tánglè gōng*
Victory	胜利饭店	*shènglì fàndiàn*
Weizhong Co Ltd	维众网吧	*wéizhòng wǎngbā*
Wuyi Fandian	五一饭店	*wǔyī fàndiàn*
Xi'an	西安宾馆	*xī'ān bīnguǎn*
Xiang Xiang Da Pan Ji	香香大盘鸡	*xiāngxiāng dàpánjī*
Xianghelou Roast Duck	祥和楼烤鸭店	*xiánghélóu kǎoyādiàn*
Xijing	西京饭店	*xījīng fàndiàn*
Zhiyuan	止园饭店	*zhǐyuán fàndiàn*
Unterhaltung		
Didi's Disco	帝者迪斯科	*dìzhě dísīkē*
Twenty One Disco	龙都二十一世纪迪斯科	*lóngdū èrshíyīshìjì dísīkē*

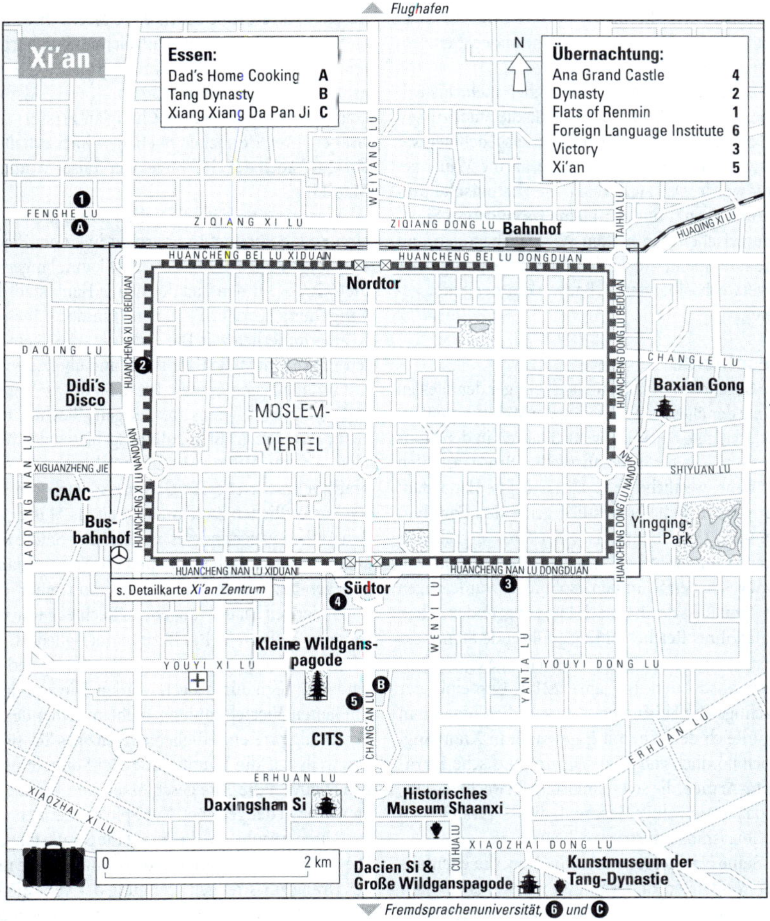

ren, und die stattliche Mauer verleiht dieser ebenso wie der alte geometrische Grundriss mit dem Glockenturm in der Mitte einen besonderen Charakter, den die meisten chinesischen Städte in ihrer Weitläufigkeit vermissen lassen. Das **Stadtzentrum** von Xi'an, innerhalb der Mauer, ist gerade noch zu Fuß zu erkunden und bietet genügend Sehenswertes für einen langen Tag. Hier kommt auch der neue Wohlstand der Stadt am besten zum Ausdruck, und zwar nicht nur in der Warenvielfalt der hochpreisigen Geschäfte auf der Haupteinkaufsmeile **Dong Dajie**, wo übrigens auch die besten Hotels und Restaurants zu finden sind, sondern auch in der Anzahl der Fahrzeuge, die in der Hauptverkehrszeit die Straßen verstopfen. Südlich von dort verläuft die **Nan Dajie**, eine weitere Einkaufsstraße, an deren Ende sich das **Provinzmuseum** mit seiner riesigen Sammlung von Stelen befindet, unweit der Stadtmauer, die eine wohl noch imposantere Hinterlassenschaft des kaiserlichen China darstellen. Einen schönen Gegensatz dazu bildet das **Moslemviertel** abseits der Xi Dajie, das mit seinem um die **Große Moschee** herum angelegten Straßenlabyrinth eine ganz andere Seite des alten China bewahrt hat.

In der südlichen Vorstadt stehen mehr historische Gebäude als im Zentrum, da die Stadt zu Zeiten der Han und Tang bedeutend ausgedehnter war als während der Ming-Dynastie, als die Mauer gebaut wurde. Das ausgezeichnete **Historische Museum Shaanxi** und der kleine **Daxingshan Si** liegen zwischen den beiden Wildganspagoden und ihren Tempeln, die zu den ältesten – und gewiss unverwechselbarsten – Bauwerken der Stadt gehören.

Geschichte

Die Gegend um Xi'an kann sich einiger der ältesten Städte der ältesten Zivilisation der Welt rühmen. Ihre Geschichte begann vor 3000 Jahren in der Bronzezeit, als die für ihre kunstvollen Bronzearbeiten berühmte westliche Zhou-Dynastie ihre Hauptstadt im einige Kilometer westlich gelegenen **Fenghao** gründete. Unweit davon ist einer ihrer vergrabenen Streitwagen freigelegt worden. Als Fenghao von nordwestlichen Stämmen geplündert wurde, zogen die Zhou flussabwärts nach **Luoyang**, und mit dem Zerfall ihres Reiches in Krieg führende Stammesfürstentümer konnte sich das nahe gelegene Qin-Reich ausdehnen. Im Jahre 221 v. Chr. einte der mächtige Qin Shi Huang (s.S. 360) die Chinesen in dem Reich der Qin, mit Hauptstadt in **Xianyang**, gleich nördlich von Xi'an. Die unterirdische **Terrakotta-Armee**, die seine Grabstätte bewachen sollte, ist das unfreiwillige Geschenk dieses Tyrannen an die Tourismusindustrie von heute.

Seine Nachfolger waren die Han, die ebenfalls hier residierten und von 206 v. Chr. bis ins Jahr 220 n. Chr. herrschten. Als Beinahe-Zeitgenossen des Roms der Kaiserzeit regierten sie über ein Reich vergleichbarer Größe und Macht. Hier in Xi'an nahm die Seidenstraße ihren Anfang (Kasten s.S. 1067), auf der neben vielen anderen Waren auch chinesische Seide zu den römischen Senatoren und ihren Frauen am Hofe des Kaisers Augustus gelangte. Daneben fand ein reger Handel mit Süd- und Westasien statt, denn das China der Han war ein nach außen blickendes Reich. Die Kaiser errichteten sich eine neue, prächtige und kosmopolitische Hauptstadt ein paar Kilometer nordwestlich von Xi'an, die sie **Chang'an** (Ewiger Friede) nannten. Ihre Größe brachte die Macht ihres Reiches zum Ausdruck, und Aufzeichnungen berichten, dass ihre Mauer 17 km lang und von zwölf großartigen Toren unterbrochen war. Als die Dynastie zerbrach, wurde Chang'an zerstört. Die Gräber ihrer Herrscher blieben jedoch erhalten, darunter auch der Grabhügel von Kaiser Wudi am **Mao Ling**.

Erst 589 vereinigte die Sui-Dynastie die widerstreitenden Fürstentümer erneut in einem Reich, allerdings währte ihre Herrschaft kaum länger als die Zeit, die für den Bau der neuen Hauptstadt **Da Xingcheng** (Großer Wohlstand) in der Nähe von Xi'an erforderlich war. Die Tang, die sie 618 ersetzten, übernahmen die Hauptstadt und überzogen sie mit ihren eigenen Bauten. Diese Stadt war seinerzeit Hauptstadt eines gewaltigen Reiches und gehörte zu den größten Ballungsgebieten der Welt. Mehr als eine Million Menschen lebten an diesem prachtvollen Ort, dessen **Grundriss** aufgrund seiner vortrefflichen Zweckmäßigkeit als Muster für den Aufbau vieler anderer chinesischer Städte und sogar der japanischen Hauptstadt Nara im Jahre 710 genutzt wurde. Das riesige, von einer fast 10 km langen Mauer umgebene Rechteck war von weiteren Mauern in 108 Bezirke untergliedert, die wiederum von einem Netz schachbrettartig verlaufender Straßen durchzogen wurden. Die einzelnen umbauten Viertel konnten nicht miteinander in Verbindung treten, lediglich ein einziges Tor führte jeweils auf die Hauptstraße. Bei Sonnenuntergang wurden die Tore geschlossen und bei Tagesanbruch wieder geöffnet. Nur Spitzenbeamten waren Türen erlaubt, die direkt auf die Straße gingen. Die an Besessenheit grenzende Ordnungsliebe und der Drang zur strengen Trennung der verschiedenen Gesellschaftsbereiche trat noch stärker in der Kaiserlichen Stadt zutage, wo es weitere Mauern gab und der eingebettete Palast zusätzlich abgeschottet war.

Die Tang-Periode erwies sich als goldenes Zeitalter für die **Künste**, und sowohl Töpferei, Kalligrafie und Malerei als auch Lyrik erreichten neue Höhepunkte. Deutlich wird die neue Qualität u.a. in den Pferden und Kamelen im Historischen Museum Shaanxi in Xi'an, den Klassikern von der kindlichen Ergebenheit im Stelenwald-Museum von Shaanxi, den Wandgemälden der Tang-Gräber und den als Opfergaben an den Fingerknochen des

Buddha vergrabenen Relikten im Famen Si. Die hier entdeckten römischen Glaswaren sind Beleg für den damals blühenden Handel entlang der Seidenstraße, ebenso wie die vielen ausländischen Münzen in dem Museum. Die religiöse Toleranz spiegelte die Aufgeschlossenheit der Gesellschaft wider – die Tang-Periode war eine große Zeit für den Buddhismus, dessen Mönche im Jianfu Si eifrig die Sutren übersetzten, die der abenteuerlustige Mönch Xuan Zang aus Indien mitgebracht hatte. Auch die Große Moschee stammt aus der Tang-Ära, und eine der Stelen im Provinzmuseum zeugt von der Gründung eines Gotteshauses durch nestorianische Christen.

Nach dem Zerfall der Tang-Dynastie war Xi'an ein langwieriger **Niedergang** beschieden. Die Zeiten als kaiserliche Hauptstadt waren vorüber, wenn auch der Ming-Kaiser Hong Wu die Stadt noch einmal aufbauen ließ – als Geschenk für seinen Sohn. In dieser Zeit entstanden die großen Mauern und Tore. Dennoch gelang es der Stadt immer wieder, sich in die Geschichtsbücher zu schmuggeln. Als die Kaiserinwitwe Cixi nach dem Boxeraufstand aus Beijing fliehen musste, richtete sie hier für zwei Jahre ihren Hof ein. Im Jahre 1911 wurde im Zuge des Aufruhrs gegen die mandschurische Qing-Dynastie das Mandschu-Viertel von Xi'an zerstört und seine Bewohnerschaft niedergemetzelt. Und 1936 schließlich wurde Chiang Kaishek ganz in der Nähe an den Huaqing-Thermalquellen verhaftet, was später als Xi'an-Zwischenfall bekannt wurde.

Orientierung

In Xi'an findet sich der Besucher gut zurecht, denn der Grundriss der heutigen Stadt ähnelt stark dem geschichtlichen Vorbild: Er besteht aus geraden, breiten, nach den Himmelsrichtungen ausgerichteten Straßen. Das **Stadtzentrum** wird von einer rechteckigen Stadtmauer umgeben, ein Glockenturm markiert die Kreuzung der vier Hauptstraßen Bei Dajie, Nan Dajie, Dong Dajie und Xi Dajie – die nach Norden, Süden, Osten und Westen führen. Eine weitere Hauptstraße verläuft vom Bahnhof, wo sie Jiefang Lu heißt, in südlicher Richtung durch die Stadt und kreuzt die Dong Dajie, wonach sie ihren Namen in Heping Lu ändert. Außerhalb der Mauer wird sie zur Yanta Lu und führt weiter bis zur Großen Wildganspagode in den **südlichen Vororten**, wo sich viele Sehenswürdigkeiten der Stadt befinden. Die einzige Ausnahme von dem geordneten Straßennetz bildet das **Moslemviertel**, nordwestlich des Glockenturms, in dessen nicht gekennzeichneten, verschlungenen Gassen man sich ohne weiteres verlaufen kann (was nicht unbedingt stören muss).

Die **moderne Stadt**, die sich bis weit jenseits der Mauer erstreckt, hält sich im Allgemeinen an dasselbe geordnete Muster. Sie verfügt zudem über zwei große Autobahnen, die als Umgehungsstraßen dienen und von denen die innere direkt um die Stadtmauer herumführt.

Das Stadtzentrum

Im Herzen der Stadt steht der **Glockenturm** direkt in der Mitte der Kreuzung der vier Hauptstraßen. Der ursprüngliche Bau aus dem Jahre 1384 stand zwei Blocks westlich von hier, im Zentrum der Tang-zeitlichen Stadt. Die heutige Holzkonstruktion auf einem Steinpodest mit drei Dachvorsprüngen ist 1582 entstanden und 1739 restauriert worden. Zutritt ist nur durch die Unterführung von der Bei Dajie möglich, in der die Besucher ihre Eintrittstickets erwerben und ihre Taschen zurücklassen müssen (Gebühr ¥2). Im Gebäude ist neben anderen Glockenspielen eine bronzene Glocke ausgestellt (nicht das Original). Um das Gebäude herum führt ein Außenbalkon, von dem sich eine gute Aussicht auf den Stadtverkehr bietet. ⌚ tgl. 8.30–18 Uhr, Eintritt ¥15.

Die gen Osten verlaufende **Dong Dajie** ist die Hauptstraße des Stadtzentrums, wo man Pizza bekommt, Briefe abschicken oder einen Film entwickeln lassen kann, aber auch die neuesten Jeans oder Turnschuhe findet – in den Bekleidungsgeschäften und Kaufhäusern wie etwa dem *Century Ginwa* (s.S. 350, Einkaufen). Zu den lohnenswerten Restaurants entlang dieser Straße zählen das *Laosunjia* und das *Shaanxi Local Food Restaurant* (s.S. 348 f.), daneben gibt es für den kleinen Hunger zahllose Fastfood- und Nudellokale. In dem Markt, der durch einen Torbogen gegenüber vom *Royal Hotel* zu erreichen ist, werden gefangene Delikatessen wie Schlangen und Kröten angeboten.

Das Moslemviertel

Abseits der Xi Dajie, einer Straße voller kleiner Händlerläden westlich des Glockenturms, werden nach Norden hin die Gassen plötzlich enger, und im Handumdrehen entsteht die Vertrautheit eines kleinen Dorfes. Die schmalen, unbefestigten Sträßchen sind von kleinen braunen, zweistöckigen Fachwerkhäuschen mit Veranden gesäumt. Hier ist das Moslemviertel, seit Jahrhunderten Lebensmittelpunkt der moslemischen Hui-Minderheit von Xi'an, die sich heute auf etwa 30 000 Menschen beläuft und die angeblich von den arabischen Soldaten aus dem 8. Jh. abstammt. Die verschlungenen Gassen laden zu einem lohnenswerten Spaziergang ein, der an der Damaishi Jie im äußersten Westen des Viertels beginnen kann – die große Marktstraße ist an der Kreuzung mit der Xi Dajie durch ein grünes Tor mit stolzer arabischer Kalligrafie gekennzeichnet. Geht man diese Straße nach Norden – mit dem Fahrrad würde es ohnehin zu eng –, kommt man an winzig kleinen *jiaozi*-Buden mit davor aufgereihten Verkaufsständen vorbei, von denen viele Innereien anbieten. Hier findet man beispielsweise Hirnschalen von Schafen, denen der Händler beim Kauf das Gehirn mit einem Essstäbchen herauskratzt, um es dann in Papier einzuwickeln. Appetitlicher und unbedingt einen Versuch wert sind die Süßigkeiten, teils auch mit aufgestempelten Glücksbotschaften, die Hammelfleischspieße, die auf Verlangen frisch zubereitet werden, sowie die Nüsse und Samen, die vor den winzigen Läden auf Tellern ausliegen.

Biegt man etwa 200 m voran an einer Kreuzung nach Osten, so erreicht man nach rund 700 m eine gewundene Gasse, die nach Süden bis zur **Großen Moschee** im Herzen des Viertels führt. Die größte Moschee in China entstand ursprünglich im Jahre 742; sie wurde in der Qing-Dynastie umgebaut und kräftig restauriert. Der von Ost nach West ausgerichtete Komplex mit arabischen Merkmalen, die in die übliche chinesische Gestaltung eingeflochten sind, ist ein besinnlicher Ort, der von der hektischen Atmosphäre der ihn umgebenden Straßen nicht durchdrungen wird, und zudem ein öffentlicher Platz, wo man einfach nur sitzen und ein Buch lesen kann, ohne Aufmerksamkeit zu erregen. Zu beiden Seiten des steinernen Eingangstores stehen zwei **Stelen**, die auf zwei der berühmtesten chinesischen Kalligraphen zurückgehen, Mi Fei aus der Song- und Dong Qichang aus der Ming-Dynastie. Der reizvolle Hof dahinter, mit seinem Minarett in Form einer achteckigen Pagode in der Mitte, wird von Holzgebäuden mit abstrakten Verzierungen an den Dachvorsprüngen gesäumt – die üblichen bildlichen Darstellungen waren wohl für eine Moschee unangebracht. Außerdem gibt es hier frei stehende Stelen mit chinesischen, persischen und arabischen Inschriften. Die **Hauptgebetshalle** hinter den beiden Springbrunnen weist ein türkisfarbenes Dach und einige feine Schnitzereien an Türen und Dachvorsprüngen auf. Außerhalb der Gebetszeiten steht sie Besuchern offen (Schuhe ausziehen!). ⌚ tgl. 8–18.30 Uhr, Eintritt ¥12.

Ein kurzes Stück östlich von hier verläuft die Beiyuanmen, eine Straße voller Souvenirläden, die wegen ihrer uralten Bäume und wunderschönen Holzgebäude mindestens genauso interessant ist wie wegen der hier feilgebotenen Waren. In südlicher Richtung führt sie zum **Trommelturm**, wo man das Moslemviertel wieder verlässt. Der Holzbau mit seinen drei Dachvorsprüngen steht auf einem 50 m langen Bogen, der die Straße überspannt. Er ist von der Westseite über eine Treppe zugänglich, wobei es oben nicht viel zu sehen gibt, da die Trommel, die einst bei Einbruch der Dunkelheit geschlagen wurde und somit das Gegenstück zu der Glocke im Glockenturm darstellte, die den Tag einzuläuten pflegte, nicht mehr da ist. ⌚ tgl. 8.30–18 Uhr, Eintritt ¥12.

Das Stelenwald-Museum von Shaanxi

Vom Glockenturm führt die Nan Dajie, eine Straße voller Kaufhäuser und Bürogebäude, nach Süden bis zu dem mächtigen **Südtor**, einem Torbogen in der Mauer, der von einer Holzkonstruktion mit drei Dachvorsprüngen gekrönt und der Öffentlichkeit nicht zugänglich ist. Von dort nach Osten führt die Shuyuanmen, eine Straße mit Kopfsteinpflaster und Souvenirgeschäften, die wie alte Qing-Gebäude herausgeputzt sind, und nach 500 m Weg an der Mauer entlang taucht das Stelenwald-Museum von Shaanxi (auch: **Shaanxi-Beilin-Museum**) auf, ein umgebauter konfuzianischer Tempel. Die Ausstellungsstücke sind vorwiegend Stelen aus der Zeit von der Han- bis zur Qing-Dynastie, die auch diejenigen faszinieren, die des Chinesischen nicht mächtig sind – viele sind mit Karten und Zeichnungen versehen.

In dem Anbau auf der Westseite werden kleine, steinerne **buddhistische Bilder** gezeigt, von denen in Shaanxi Unmengen entdeckt worden sind. Die

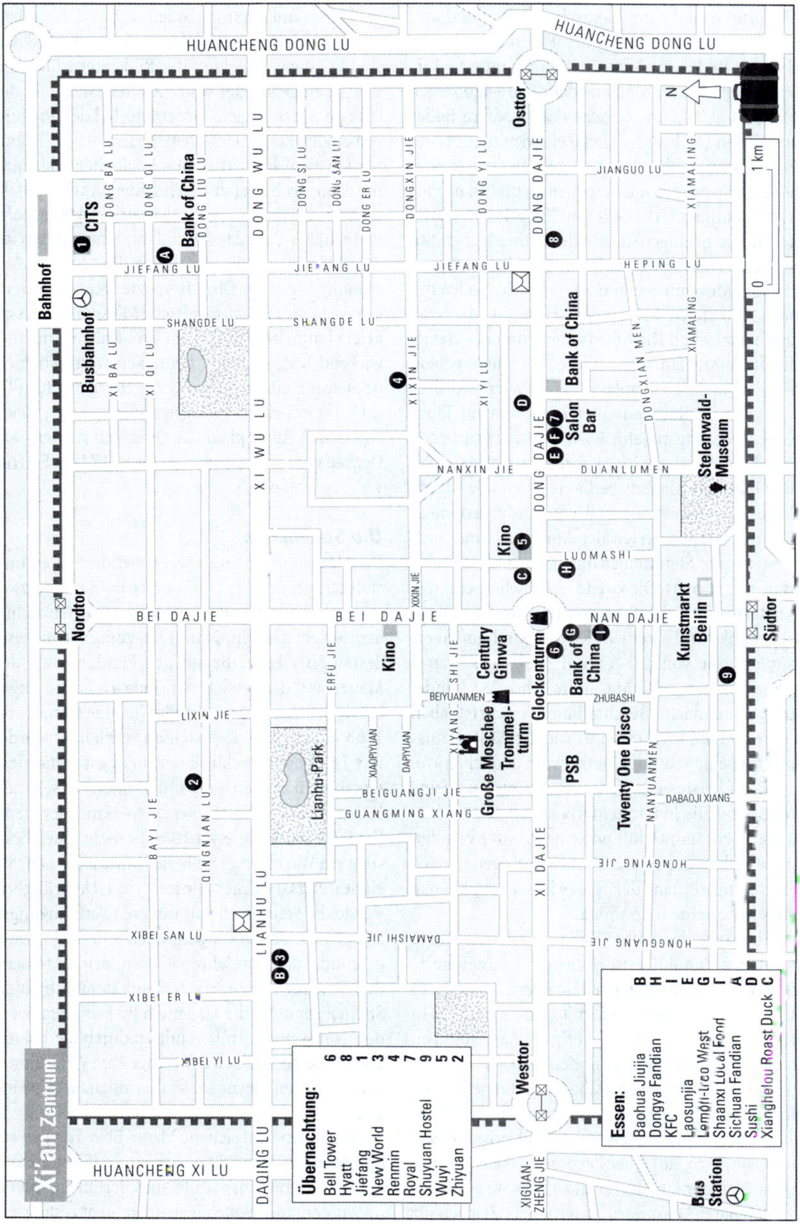
Xi'an Zentrum
HUANCHENG DONG LU
HUANCHENG XI LU
Bahnhof
Busbahnhof
CITS
Bank of China
Nordtor
Ostor
Westtor
Südtor
DONG WU LU
XI WU LU
DONG DAJIE
XI DAJIE
BEI DAJIE
NAN DAJIE
JIEFANG LU
SHANGDE LU
LIANHU LU
DAQING LU
Lianhu-Park
Glockenturm
Trommel-turm
Große Moschee
Century Ginwa
Kino
Salon Bar
PSB
Twenty One Disco
Kunstmarkt
Beilin
Stelenwald-Museum
Bus Station
BEIYUANMEN
XIYANG SHI JIE
XIXIN JIE
DONGXIN JIE
NANXIN JIE
DUANLUMEN
LUOMASHI
ZHUBASHI
DONGXIAN MEN
NANYUANMEN
DABAOJI XIANG
HONGYING JIE
HONGGUANG JIE
DAMAISHI JIE
BEIGUANGJI JIE
GUANGMING XIANG
XIAOPIYUAN
DAPIYUAN
ERFU JIE
LIXIN JIE
QINGNIAN LU
BAYI JIE
XIBEI SAN LU
XIBEI ER LU
XIBEI YI LU
XIGUAN-ZHENG JIE
JIANGUO LU
HEPING LU
XIAMALING
DONG BA LU
DONG QI LU
DONG LIU LU
DONG SI LU
DONG SAN LU
DONG ER LU
DONG YI LU
XI BA LU
XI QI LU
XI YI LU
0
1 km
N
Übernachtung:
Bell Tower 6
Hyatt 8
Jiefang 1
New World 3
Renmin 4
Royal 7
Shuyuan Hostel 9
Wuyi 5
Zhiyuan 2
Essen:
Baohua Jiujia B
Dongya Fandian H
KFC I
Laosunjia E
Lemon-Tree West G
Shaanxi Local Food F
Sichuan Fandian A
Sushi D
Xianghelou Roast Duck C

Skulpturen sind chronologisch geordnet und machen deutlich, wie sich die Physiognomie der Buddha-Bilder im Laufe der Jahrhunderte verändert hat. Die ältesten aus dem Jahre 420 zeigen füllige Buddhas im indischen Stil; spätere Bilder lassen den Einfluss der Han-Zeit erkennen, als der Buddhismus chinesische Züge entwickelte und auch Elemente des Konfuzianismus und Daoismus in sich aufnahm. Die Sui- und Tang-Figuren sind besonders gelungen, da sie den chinesischen Stil am besten zur Geltung bringen.

Zum Museum gehören weitere sechs Hallen mit über 1000 **Stelen**. In der ersten Halle sind die zwölf konfuzianischen Klassiker untergebracht – Texte, die die konfuzianische Philosophie wiedergeben. Sie sind in 114 Steinplatten eingraviert worden, und zwar im Rahmen eines riesigen, vom Tang-Kaiser Wenzong im Jahre 837 in Auftrag gegebenen Projektes: Auf diese Weise wollte er sicherstellen, dass die Texte niemals verloren gehen oder durch Fehler von Kopisten verfälscht werden konnten. Wie die meisten Stelen des Museums sind auch diese in eine Steinmauer integriert bzw. in Stahlrahmen gesichert. Die zweite Halle beherbergt u.a. die **nestorianische Tafel von Daqing** (beim Eintreten links und an einem Kreuz obendrauf zu erkennen), die von der Ankunft eines nestorianischen Priesters in Chang'an im Jahre 781 kündet und eine einfache Beschreibung der christlichen Lehre enthält. Im Westen wurde der Nestorianismus für seine zentrale Doktrin vom doppelten Wesen des Christus als Mensch und Gott und seine Weigerung, die Jungfrau Maria anzubeten, als ketzerisch gebrandmarkt und seine Priester verfolgt. Diese flohen bis in die Türkei und weiter nach Osten, und so kam der Nestorianismus als erste christliche Lehre nach China.

Eine Stele der dritten Halle enthält eine **Karte von Chang'an** auf dem Höhepunkt seiner Herrlichkeit, als die Mauern noch weit genug waren, um die Große Wildganspagode mit zu umschließen. In der vierten Halle werden häufig Steinabreibungen angefertigt, denn hier befinden sich die meisten gravierten Zeichnungen. Dabei wird dünnes Papier über eine Stele geklebt und dann mit einem flachen, mit Stoff umwickelten Stein pulverisierte Farbe aufgetragen. Auf einer der Stelen ist ein Bild namens „Gott der Literatur zeigt auf das Sternbild des Großen Bären" dargestellt, das die acht Zeichen für die konfuzianischen Tugenden zeigt – Güte, Selbsterziehung, Überwindung der Selbstsucht und Anstand –, die geschickt in das Bild einer fröhlichen Gestalt eingearbeitet sind. „Auf das Sternbild des Großen Bären zeigen" bedeutete, bei den Prüfungen zu den konfuzianischen Texten, die die Beamten vor dem Eintritt in den Staatsdienst ablegen mussten, als bester abzuschneiden. Andere Tafeln enthalten lebhafte Strichzeichnungen landschaftlich schöner Orte der Gegend. Im hinteren Bereich der Halle beschreibt eine Stele die scharfen Anschuldigungen der Qing-Herrscher gegen ein Dorf, das im Jahre 1903 ausländische Missionare massakriert hatte. In den übrigen drei Hallen sind vorwiegend Texte vertreten, bemerkenswert ist hier eine Stele mit einem großen Schriftzeichen „Hu" (Tiger), das mit einem einzigen schwungvollen Strich von dem Kalligraphen der Qing-Zeit namens Ma Dezhao geschaffen wurde. 🕒 tgl. 9–17 Uhr, Eintritt ¥30, Studenten ¥15.

Die Stadtmauer

Die Mauer von Xi'an ist weitgehend erhalten und stattlich genug, um eine physische Barriere zwischen dem Stadtzentrum und den Vororten zu bilden. Sie entstand im Jahre 1370 zunächst aus festgestampfter Erde, die auf den Fundamenten der Mauer aus dem Reich der Tang-Dynastie angebracht wurde, und erhielt ihre heutige Gestalt erst 1568, als sie mit Ziegelsteinen verblendet wurde. Das 12 m hohe Rechteck der unlängst restaurierten, 12 km langen und mit Zinnen versehenen Mauer ist das hervorstechenste Merkmal der Stadt. Ihr Fundament ist etwa 18 m breit, in jeder Ecke steht ein Wachturm, und in der Mitte jeder Seite ist ein festungsähnliches Tor integriert. Ursprünglich wurde die Stadt noch von weiteren Verteidigungsanlagen wie einem Wassergraben und Zugbrücken geschützt, doch im Jahre 1983 ist nach umfassenden Restaurierungsarbeiten auf dem schmalen Streifen rund um die Mauer ein Park angelegt worden. Nur wenige Straßen führen durch die Mauer, und oft genug müssen Fahrzeuge eine Weile außen herumkreisen, bevor sie in die Innenstadt gelangen.

Von innen lässt sich die Mauer über Treppen erklimmen, die sich 200 m östlich des Südtors und am Westtor befinden. Aufgrund der überwiegend im Norden und Westen liegenden nicht restaurierten Bereiche ist ein vollständiger Rundgang nicht möglich. Am weitesten kommt, wer am Westtor hochklettert und in Richtung Süden läuft, an der Straße wieder heruntersteigt und dann am südlichen Eingang wieder hinauf. Die Einheimischen nutzen die Mauer manchmal als clevere Abkürzung im dichten Verkehr – dumm ist nur, dass jedes Mal das Eintrittsgeld verlangt wird. ⏲ im Sommer tgl. 7–22.30 Uhr, sonst tgl. 8–18 Uhr, Eintritt ¥10.

Die Kleine Wildganspagode und der Daxingshan Si

Die **Xiaoyan Ta** (Kleine Wildganspagode) steht südwestlich des Südtors an der Youyi Lu. Das 45 m hohe, feine Bauwerk wurde während der Tang-Dynastie im Jahre 707 gegründet, um Sutren aus Indien unterzubringen. Es steht auf dem Gelände der Überreste des Jianfu Si. Zwei der einst 15 Stockwerke wurden bei einem Erdbeben zerstört, sodass das Dach heute einen recht groben Abschluss hat. Dort hinauf gelangt, wer eine zusätzliche Gebühr von ¥10 für einen Blick auf die Stadt zahlt. In dem Laden im hinteren Teil des Komplexes wird Volkskunst aus Shaanxi verkauft. Anfahrt vom Bahnhof mit Bus Nr. 603 oder 14 (an der Kreuzung mit der Chang'an Lu aussteigen). ⏲ tgl. 8–18 Uhr, Eintritt ¥10.

Unmittelbar südlich von hier an der Xingshan Xijie liegt im Xinfeng Park der kleine Daxingshan Si, der über eine schmale Marktgasse erreichbar ist. Für gewöhnlich wird er von den Besuchern ignoriert, jedoch völlig zu Unrecht. Zur Zeit der Buddhistenverfolgung in der Tang-Ära wurde er zerstört, sodass die kleinen, niedrigen Gebäude von heute zumeist aus der Qing- und Ming-Zeit stammen. Es handelt sich um den einzigen aktiven buddhistischen Tempel von Xi'an, in dessen Haupthalle Mönche in ausgebeulten orangefarbenen Hosen die Namen der Gäste auf Gebetsblätter schreiben, um Spenden zu erheischen. ⏲ tgl. 8–18 Uhr, Eintritt ¥10.

Historisches Museum Shaanxi

Zu den echten Höhepunkten der Stadt gehört das Historische Museum Shaanxi, ein beeindruckendes modernes Bauwerk, das 1992 eröffnet wurde. Die Ausstellungsräume präsentieren die hervorragende Sammlung von über 3000 Relikten in sehr vorteilhafter Weise – sie sind geräumig und gut eingerichtet, und es gibt englische Erläuterungen.

Das **untere Stockwerk** vermittelt einen allgemeinen Überblick über die Entwicklung der Zivilisation bis zur Shang-Dynastie und zeigt vorwiegend Pfeilspitzen und einfache Ziergegenstände – besonders faszinierend sind die großartigen **Bronzegefäße** mit den in geometrischen Mustern angedeuteten Tierformen aus der Zeit der Westlichen Zhou und der Shang, die einst zur Aufbewahrung und Zubereitung ritueller Mahlzeiten genutzt wurden. Ein kleiner Bereich in der **oberen Etage** stellt Relikte aus der Phase der Han bis zu den Nördlichen Zhou aus. Hier gebührt den Han-zeitlichen Begräbnisobjekten aus Keramik, vor allem den Modellhäusern, ein besonderes Augenmerk.

In zwei **Nebensälen** in der unteren Etage sind thematische Ausstellungen untergebracht. Bronzen und Keramik, von denen die am besten erhaltenen Artefakte aus der Tang-Zeit stammen, werden im Westsaal gezeigt. Die umfassende Sammlung glasierter und unglasierter keramischer **Begräbnisobjekte** setzt sich aus ungemein ausdrucksstarken und ziemlich boshaft wirkenden Kamelen, Wächtern, Tänzern, Höflingen und Kriegern zusammen. Selbst ein Strauß und ein Nashorn – Geschenke ausländischer Botschafter – bereichern die Auslagen. Der Ostsaal beherbergt neben den Tang-zeitlichen **Gold- und Silberobjekten** vorwiegend Bilder von Drachen und winzigen, zarten Blumen und Vögeln sowie eine Sammlung von **Kostümen und Ornamenten** aus derselben Epoche. In der einführenden Erläuterungen zu diesem Saal ist zu lesen, dass Tang-Frauen ein „aktives und emanzipiertes Leben" führten, was in Anbetracht der komplizierten, hier als Perücken ausgestellten Frisuren, die sich der Schwerkraft zu entziehen scheinen, und der hohen, schmalen Holzsohlen an ihren Schuhen schwer vorstellbar ist. Das Museum ist mit Bus Nr. 5 oder 610 vom Bahnhof oder zu Fuß vom Daxingshan Si und der Großen Wildganspagode zu erreichen. ⏲ tgl. 9–17.30 Uhr, letzter Einlass 16.30 Uhr, Eintritt ¥35, Studenten ¥18; Taschen und Kameras müssen draußen bleiben.

Dacien Si, Dayan Ta und Kunstmuseum der Tang-Dynastie

Der Dacien Si (Tempel der Großen Gnade und Güte) liegt im äußersten Süden der Stadt, 4 km von der Stadtmauer entfernt an der Route der Busse Nr. 5 und 41 vom Bahnhof. Er ist der größte Tempel von Xi'an, doch reicht er an seine ursprünglichen Ausmaße bei seiner Errichtung im Jahre 647, als er über fast 2000 Räume verfügte und mehr als 3000 Mönchen ein Zuhause bot, nicht mehr heran. Das Original ist 907 zerstört worden, und die heutigen Bauten gehen auf die Qing-Zeit zurück, ebenso wie die neu in grellen Farben bemalten *Luohan*-Figuren in der Haupthalle. In anderen Räumen findet der Besucher Gemälde, die zum Verkauf stehen oder nur zum Betrachten da sind. Im ganzen Tempelbereich sind Steinabreibungen von einer Qing-Stele im Xingjiao Si verteilt, die den Mönch **Xuan Zang** aus der Tang-Dynastie darstellen, der als berühmtester Bewohner des Tempels 15 Jahre lang in Indien Sanskrit-Sutren sammelte, bevor er sie hier in 1335 Bänden übersetzte. Er wird mit dem größten Bambusrahmen-Rucksack abgebildet, der einem wohl je im Land begegnen wird. ◷ tgl. 8–17 Uhr, Eintritt ¥20.

Auf Bitten von Xuan Zang wurde die Dayan Ta (Große Wildganspagode) als brandsicherer Lagerraum für seine kostbaren Sutren im Zentrum des Tempels erbaut. Niemand scheint zu wissen, woher der Name „Wildgans" stammt – vielleicht aus dem Märchen, in dem Xuan Zang und der Affe Sun Wukong, die Helden des beliebten Klassikers *Xi You Ji* (Die Reise nach dem Westen), von einer Wildgans gerettet werden, nachdem sie sich in der Wüste verirrt hatten. Die im Vergleich zu ihrer kleinen Schwester noch imposantere Große Wildganspagode ist robuster und eckiger als jene, mit einem quadratischen Grundriss und 60 m Höhe. Im Laufe der Zeit ist sie häufig restauriert und ergänzt worden, doch die gegenwärtige Gestalt kommt dem Original sehr nahe. Auf der ersten Etage sind verschiedene Pagodenbaustile ausgestellt, und auf beiden Seiten des Südeingangs zeigen Steintafeln kalligrafische Arbeiten zweier Tang-Kaiser. Rundherum sind Basreliefs von Drachen und fliegenden Engeln zu sehen, die ebenso wie das feine Relief von dem in einem chinesischen Gebäude mit seinen Schülern sitzenden Buddha, das sich über dem Sturz des Westeingangs befindet, auf die Tang-Zeit zurückgehen. Die Pagode besteht aus sieben Stockwerken mit jeweils großen Fenstern (aus denen die Besucher Geld werfen, was Glück bringen soll). Ein Blick aus den Fenstern auf der Nordseite lässt die peinlich genaue Geometrie des Straßennetzes erkennen, wobei schwer zu glauben ist, dass der Tempel sich zu seiner Entstehungszeit während der Tang-Dynastie mindestens 3 km innerhalb der Stadt befand und ein Ort märchenhafter Schönheit war, mit Pavillons durchsetzt und von Dichtern gepriesen. ◷ tgl. 8–17 Uhr, Eintritt ¥20.

Ein kurzer Spaziergang von hier in Richtung Osten führt zu dem Kunstmuseum der Tang-Dynastie, das angesichts der Fülle von Relikten aus dieser Ära, die als Glanzzeit der chinesischen Kunst gilt, die Erwartungen nicht wirklich erfüllt. Dennoch gibt es einige erlesene Stücke zu bewundern, größtenteils Pferde und Kamele aus Keramik und dreifarbig glasierte Figuren, unter denen sich neben den üblichen Kriegern und Höflingen auch ein paar spießig wirkende Bürokraten in kunstvoll gearbeiteten Kostümen befinden. Die Exponate sind mit Datum versehen, aber englische Erklärungen fehlen. ◷ tgl. 8–17 Uhr, Eintritt ¥15.

Baxian Gong

Der Baxian Gong (auch als Baxian An bekannt) liegt mitten in einer heruntergekommenen Gegend vor dem Osttor und ist der einzige daoistische Tempel in Xi'an. Die von etwa 100 Mönchen und Nonnen bewohnte Anlage lockt nicht nur mit ihrer Sammlung von Stelen, die auch Landschaftsbilder der Umgebung und Kopien komplexer alter medizinischer Darstellungen des menschlichen Körpers umfasst, sondern auch als Veranstaltungsort des beliebten religiösen Festes an jedem 1. und 15. Tag der Mondmonate. Die meisten Besucher werden aber wohl von dem **Antikmarkt** angezogen, der immer mittwochs und sonntags außerhalb des Tempels stattfindet (s.S. 350, Einkaufen).

Übernachtung

Xi'an ist fester Bestandteil jeder China-Rundreise, und so herrscht an Unterkünften auch kein Mangel. Den Schleppern vom Bahnhof mit ihren billigen Zimmerangeboten sollte man am besten aus dem Weg gehen, vor allem weil sie einen womöglich zu einer Unterkunft führen, die gar keine Ausländer aufnimmt. Wer aber dennoch mitgeht, sollte unbedingt um den Zimmerpreis feilschen.

Internationale Luxushotels mit all ihren prachtvollen Angeboten sind sowohl innerhalb als auch außerhalb der Stadtmauern zahlreich vertreten. Die meisten Sehenswürdigkeiten liegen im Bereich des Stadtzentrums – wenn es das Budget irgend zulässt, sollte man sich für eine Unterkunft innerhalb der Mauern und damit inmitten des Geschehens entscheiden, wo die Atmosphäre weitaus angenehmer und stimmungsvoller ist. Hier gibt es auch Mittelklassehäuser in Hülle und Fülle.

INNERHALB DER STADTMAUER – ***Bell Tower********, 110 Nan Dajie, ✆ 7279200, 📠 721 8767. Holiday-Inn-Hotel gegenüber der südwestlichen Ecke des Glockenturms, unmittelbar im Zentrum, exquisite Lage und viel Komfort.
Hyatt, Luxus, 158 Dong Dajie, nahe der Kreuzung mit der Heping Lu, ✆ 7231234, 📠 7216799. Exklusive Stahlbetonfestung mit allem Komfort. Luxuriöseste Unterkunft von Xi'an, wo die meisten Reisegruppen absteigen.
Jiefang**, 181 Jiefang Lu, ✆ 7428946, 📠 742 2617. Wegen der Bahnhofsnähe für einen Kurzaufenthalt geeignet, allerhand Service inkl. *CITS*-Büro, Fahrradverleih und Ausflugsangebot. Das Personal ist auf Draht und die Preise sind vernünftig.
New World*****, 48 Lianhu Lu, ✆ 7216868, 📠 7219754. Der Haupteingang führt in eine Lobby ganz aus Marmor mit einem Hauch schlichter Eleganz. Recht luxuriös mit entsprechenden Preisen, aber in einem eher unansehnlichen Stadtteil.
Renmin****, 319 Dongxin Jie, ✆ 7215111, 📠 721 8152. Die knollige Fassade dieses merkwürdigen Gebäudes, das in den 50er Jahren für russische Berater erbaut wurde, wirkt leicht osteuropäisch. Innen ist es renoviert worden und gleicht nun allen anderen Hotels dieser Preisklasse.
Royal, Luxus, 334 Dong Dajie, ✆ 7235311, 📠 723 5887. Japanisch-chinesisches Joint Venture der Luxusklasse in guter Lage.
Shuyuan International Youth Hostel**, gleich hinter dem Südtor, ✆ 7287720, 📠 7287238. Vom Bahnhof mit Bus Nr. 603, 608 oder 239 zum Südtor erreichbar, dort ist es englisch ausgeschildert. Lage und Preise unschlagbar, um einen ruhigen Innenhof gebaut. Die Notzimmer im Untergeschoss besser meiden, denn es handelt sich dabei um feuchte und fensterlose Zellen. Einwandfreies, wenn auch schlichtes Restaurant. Das hilfreiche Personal organisiert Tagesausflüge zu den bedeutendsten Sehenswürdigkeiten der Umgebung. Dorm-Betten ab ¥50.
Wuyi (auch: May 1)**, 351 Dong Dajie, ✆ 721 0804, 📠 7213824. Beste Lage im Zentrum, hinter dem dazugehörigen *jiaozi*-Laden. Kleines Hotel mit Ausstrahlung und gutem Preis-Leistungs-Verhältnis sowie ausgezeichnetem Restaurant. Verdientermaßen beliebt und oft ausgebucht. Erreichbar mit Bus Nr. 606 oder Oberleitungsbus Nr. 101 vom Bahnhof.
Zhiyuan**, Qingnian Lu, ✆ 7336688. Von der Einfahrt zu diesem ruhigen Komplex herunter und dann nach links geht es zum Haus Nr. 6, in dem sich das Hotel befindet. Ein Parkplatz voller Toyota-Jeeps und schwarzer Autos mit getönten Scheiben sowie roten Fahnen auf der Motorhaube weist auf den halboffiziellen Charakter dieses Kadertreffs hin. Schon die Frage nach einem Zimmer in der stahlgrauen Lobby voller Parteigenossen erfordert einige Nervenstärke. Ausländer werden in den Häusern 5, 6 und 8 untergebracht

AUSSERHALB DER STADTMAUER – ***Ana Grand Castle Hotel***, Luxus, 12 Xi Duan Cheng Nan Lu, ✆ 7231800, 📠 7231500. Exklusive Betonparodie auf die Große Wildganspagode, gleich außerhalb des Südtors. Die höhlenartige Atrium-Lobby wirkt etwas unpersönlich. Beherbergt größtenteils Reisegruppen.
Dynasty*****, 55 Huancheng Xi Lu, ✆ 8626262, 📠 8627728. Gehobenes Hotel, dessen auffallendstes Merkmal eine Bronzestatue von Kaiser Qin Shi Huang ist, die die Gäste in der Lobby anstarrt. Zielgruppe sind chinesische Geschäftsleute mit Heimweh. Luxuriöse Karaoke-Räume im Stile verschiedener Regionen – darunter ein Bauernhaus aus dem Norden mit falschem *kang*.
Flats of Renmin Hotel/International Youth Hostel**, 11 Fenghe Lu, ✆ 6240349. Hier landen die meisten Rucksackreisenden: uninteressante Gegend, neun Haltestellen westlich des Bahnhofs mit Bus Nr. 9, englisch ausgeschildert auf einer rosa Tafel auf der Westseite der Xinhuo Lu. Von dort liegt das Hotel 200 m westlich die nächste Seitenstraße herunter, hinter den Bahngleisen. Wer ein Taxi nimmt (¥10 vom Bahnhof), sollte darauf achten, dass der Fahrer nicht zum *Renmin Hotel* im Zentrum fährt. Der ältere Südblock

ist viel schäbiger und nur unwesentlich billiger als der noblere Nordblock. Beide Gebäude haben Dorms und DZ. Vor dem Bezahlen sollte man sich ein paar Zimmer ansehen, denn es gibt Dutzende zur Auswahl. Die Betten in dem neuen, von der IYHF gebilligten Bereich sind am schönsten. Die beiden Restaurants *Kane's* und *Dad's* gegenüber, mit Wäscherei, Fahrradverleih, Auskunft und nicht zuletzt ziemlich gutem Essen sind ein großes Plus. Dorm-Betten ¥25.

Foreign Language Institute Guesthouse*, Chang'an Nan Lu, ✆ 5309532, 📠 5262221. Auf dem belaubten und angesagten Campus, der bei hier lebenden Ausländern, die ihre Chinesischkenntnisse aufbessern wollen, beliebt ist. Internet-Cafés, Telefonämter, preiswerte Restaurants und gute Einkaufsmöglichkeiten machen die Gegend auch weit nach Einbruch der Dunkelheit zu einem belebten Ort. Mit Bus Nr. 603 dorthin fahren, dann die Gasse zum Campus entlanggehen, durch das Tor, an der T-Kreuzung nach rechts, und dann der Straße nach links folgen. Das Guesthouse ist das Haus mit den weißen Ziegeln hinter den Sportplätzen. Studentenermäßigung.

Victory**, Heping Lu, ✆ 7856051. Mittelklasseunterkunft in schöner Lage vor dem Südtor in der Stadtmauer, Personal eher unkooperativ. Tagesausflugsangebote. Bus Nr. 14 oder 41 vom Bahnhof.

Xi'an, Luxus, 36 Chang'an Lu, ✆ 5261351, 📠 526 1796. Große, komfortable Unterkunft mit riesiger brauner Lobby, doch etwas zu weit außerhalb, um die hohen Preise zu rechtfertigen.

Essen

Die Vielfalt der Lokale mit landesüblicher Küche sorgt dafür, dass in Xi'an für jeden Geschmack etwas dabei ist. Das Stadtzentrum bietet eine enorme Auswahl an Restaurants, und an den vielen Straßenständen gibt es ausgezeichnetes Essen wie *hele* (Buchweizennudeln) und *mianpi* (Bandnudeln aus feinem Weizenteig). Auch im Moslemviertel, vor allem an der Damaishi Jie, oder auf dem **Nachtmarkt** am östlichen Ende der Dongxin Jie, findet der Gast Leckeres. **Moslemische Küche** wie Kebabspieße und schmackhafte Hammel- und Rindfleischgerichte gibt es in den meisten Restaurants, und allgemein gilt, dass Restaurants mit arabischer Aufschrift hygienischer betrieben werden als die meisten anderen. Unvermeidlich natürlich auch hier das **westliche Fast Food**: Das *KFC* auf der Nan Dajie, unmittelbar südlich des Glockenturms, hat so gewaltige Ausmaße, dass es immer leer erscheint.

Baohua Jiujia, Lianhu Lu. Direkt westlich des *New World Hotel*, beliebtes Stammlokal – mit englischer Speisekarte – für jeden Geldbeutel. Zu den teureren Gerichten zählen das geschmorte Schweinefleisch und der Fisch mit Chrysanthemen. Die Nebenräume sind angenehmer als der schmale vordere Saal.

Dad's Home Cooking, Fenghe Lu. Gegenüber vom *Flats of Renmin Hotel* und in scharfer Konkurrenz zum *Kane's* nebenan. Backpacker-Treff mit dem üblichen Angebot aus süßsaurem Schweinefleisch, Schokoladenpfannkuchen und Pommes. Der Apfel in Karamell ist lecker. Im Gästebuch des Restaurants findet man Neuigkeiten und Tipps von anderen Reisenden.

Dongya Fandian, 46 Luoma Shi. Großes und teures Shanghai-Restaurant, 1916 gegründet, serviert Wuxi- und Suzhou-Küche, ist aber eher langweilig. Englische Speisekarte mit relativ begrenztem Angebot.

Laosunjia, 364 Dong Dajie. Heiß empfohlenes Moslemrestaurant, wo Ausländer in den 3. Stock geleitet werden. Am häufigsten wird die Spezialität des Hauses verlangt: *paomo* (Fleischeintopf für ¥20). Zunächst bekommt man zwei Brotkuchen, die man mit den Händen in kleine Stücke teilt und in eine Schüssel gibt – das kostet Zeit, macht aber hungrig. Die mit einer nummerierten Wäscheklammer versehene Schüssel wird dann in die Küche gebracht und mit gehacktem Fleisch, Nudeln und Soßen aufgefüllt. Auch die Rindfleisch- und Ochsenschwanzgerichte sind hier sehr schmackhaft. Als Getränk empfiehlt sich der „Acht-Schätze Tee", eine Mischung aus Tee, Nüssen, Früchten und Kristallzucker.

Lemon-tree West, Nan Dajie. Wen es nach gehobenerem westlichen Fast Food verlangt, als es in den meisten Teilen Chinas angeboten wird, sollte dieses nachgeahmte Imbisslokal aufsuchen. Vom Glockenturm geht es die Nan Dajie herunter und an der Agricultural Bank of China nach rechts in eine Gasse hinein. Ein Gericht

für 2 Pers. kostet etwa ¥120 (inkl. teurer Getränke).
Pavilion, im *Hyatt Regency,* Dong Dajie. Elegant ausgeschmücktes, kantonesisches Restaurant, exklusivstes Lokal der Stadt. Das Essen entspricht den Erwartungen: Zu den Delikatessen gehören Abalone und Hai, außerdem gibt es eine Karte mit Spezialteesorten. Ein Essen für zwei kostet etwa ¥350.
Shaanxi Local Food Restaurant, Dong Dajie. Das ehemalige *Xi'an Restaurant* ist eine echte Institution, ein riesiges Lokal mit vier Etagen. Der beste Blick auf die Dong Dajie bietet sich vom 2. Stock. Atmosphäre und Essen sind wirklich gut, aber nichts für schmale Geldbeutel: Ein Essen für zwei kostet mindestens ¥100.
Sichuan Fandian, 151 Jiefang Lu. Etwas versteckt über einer öden Kantine, über die Treppen auf der Nordseite erreichbar. Köstliches Essen, gut besucht, für Ausländer weniger scharf gewürzte Speisen.
Sushi Restaurant, 223 Dong Dajie. Authentische und erschwingliche Sushi-Bar. Entweder am Fließband sitzen und auswählen oder in einer Sitzecke die teureren Gerichte bestellen.
Tang Dynasty, 75 Chang'an Dajie, ✆ 5261633. Spezial-*jiaozi* und täglich kantonesisches Mittagsbuffet. Abends gibt es ein kaiserliches Bankett (18.30–20.15 Uhr) mit anschließendem 90-minütigem Kulturprogramm, das ¥410 kostet. Wer nur einen Cocktail zur Show schlürfen will, zahlt ¥200. Tickets im Vorverkauf gibt es im Theaterfoyer, das sich im Erdgeschoss befindet.
Wuyi Fandian, 351 Dong Dajie. In Dampf gegartes Gebäck und *jiaozi* (¥1) im Straßenverkauf, mit denen sich der Gast dann in die Kantine setzt. Im 1. Stock des Hotels darüber befindet sich ein Restaurant mit gemächlicherer Atmosphäre, das Jiangsu- und Anhui-Spezialitäten bietet. Tipp: Banpo-Fisch.
Xiang Xiang Da Pan Ji, Chang'an Nan Lu, gegenüber vom Home-Club-Kaufhaus. Jahrelang gab es in diesem zurückhaltenden und meist gut besuchten Lokal das für Xi'an typische *dapanji:* Dafür wird ein ganzes Huhn zerkleinert, gebraten und mit selbst gemachten Nudeln und einer aromatischen Soße gereicht. Unbedingt probieren, dazu ein Bier vom Fass.
Xianghelou Roast Duck, 365 Dong Dajie. Der Eingang zu diesem Lokal im 2. Stock liegt auf der Westseite einer Gasse abseits der Dong Dajie. Mit ¥80 für 2 Pers. recht preiswert. Spezialität: Peking-Ente.

Unterhaltung

Das Nachtleben Xi'ans kann sich zwar nicht an demjenigen von Beijing oder Shanghai messen, doch sorgt die große Studentengemeinde und der allgemeine Wohlstand der Stadt dafür, dass es spannender ist als in den meisten anderen chinesischen Großstädten. Nachts leuchten in der ganzen Stadt rote Laternen, und die Neonlichter an den Stadtmauern verschönern die abendliche Stimmung zusätzlich. Besonders lohnend sind das Universitätsviertel (zu erreichen mit Bus Nr. 603) oder die **Kneipengegend** rund um die Defu Lu, hinter dem *Shuyuan Hostel* und innerhalb des Südtors. Die Popularität von Xi'an bei Budget-Reisenden hat hier einige **Backpacker-Cafés** entstehen lassen, die zum Teil nur während der Saison (Mai–Aug) geöffnet sind und wo Bananenpfannkuchen, Bier bis spät in die Nacht und gefälschte Studentenausweise angeboten werden. Für einen preiswerten Kneipenbummel am besten geeignet sind die Defu Lu, das Universitätsviertel oder die vielen Hotelbars, in denen man sich vor den unerwünschten Annäherungsversuchen allein trinkender Damen in Acht nehmen sollte.
Dienstag ist der beste Ausgehtag, da Frauen dann in sämtlichen **Discos** freien Eintritt genießen. Ausländer werden vielleicht zunächst etwas Aufmerksamkeit erregen und können auf der Tanzfläche all ihre *Saturday-Night-Fever*-Fantasien ausleben, aber wer nur zuschauen will, wird in Ruhe gelassen. Bei ausländischen Studenten besonders beliebt ist das ***Didi's*** auf der Huangcheng Xi Lu, ◷ tgl. 20–24 Uhr. Eintritt ¥20, wo Ausländer umsonst eingelassen werden, wahrscheinlich weil sie exotisch sind und Getränke kaufen (¥15 für ein Bier). Der Club ist relativ klein und alternativ angehaucht – die Musik setzt sich aus Hip-Hop, Dance, Rap und schnulzigen Lovesongs zusammen, die von einem Live-Sänger vorgetragen werden. Nach 22.30 Uhr, wenn die Musik schneller wird und nur noch die

echten Clubgänger da sind, kommt Stimmung auf. Das ***Twenty One*** auf der Nanyuanmen ist eine größere und protzigere Version, ⏲ tgl. 20–24 Uhr, Eintritt ¥20.

Das Restaurant des *Tang Dynasty Hotel* (s.S. 349) bietet ein üppiges Nachtmahl inklusive **Kulturprogramm** mit Oper, Akrobatik und klassischen Vorträgen – einen Besuch wert, sofern man noch keines in Beijing gesehen hat.

Einkaufen

Xi'an ist ein vorzüglicher Ort zum Aufstöbern von Souvenirs und Antiquitäten, die generell billiger und variationsreicher sind als in Beijing. Zudem lässt sich hier der Einkaufsbummel auch als amüsante Abendbeschäftigung planen – die Märkte und Kaufhäuser sind bis 22 Uhr geöffnet. Die Preise müssen allerdings kräftig heruntergehandelt werden, und die Qualität der Waren, besonders in den Touristenläden, lässt bisweilen sehr zu wünschen übrig. Auch sind viele als Antiquitäten angepriesene Artikel in Wirklichkeit Fälschungen.

Das neueste und zweifellos schickste Einkaufszentrum von Xi'an ist das **Century-Ginwa-Kaufhaus** auf der Xi Dajie, unmittelbar vor dem Trommelturm. Neben den üblichen Designerläden gibt es hier Filialen von *DeliFrance* und *Kenny Rogers Roasters* sowie ein gutes Café im Erdgeschoss. Der Supermarkt im Untergeschoss gehört zu den besten des Landes und verfügt über ein umfassendes Angebot an erschwinglichen Importwaren. Das **Xi'an-Kaufhaus** gegenüber vom *Wuyi Hotel* auf der Dong Dajie und das **Guangren-Kaufhaus** gleich östlich des Glockenturms bieten verschiedenste Haushaltswaren, Sportartikel und Schreibwaren an. Campingausrüstung und CDs findet man im **Universitätsviertel**, wo sich an der Chang'an Lu Dutzende Universitätsgebäude aneinander reihen und das mit Bus Nr. 603 erreichbar ist. Am riesigen Home-Club-Kaufhaus aussteigen und die Straße überqueren – und dann mitten ins Labyrinth der Geschäfte.

Die **Nachtmärkte** im Moslemviertel und in Beilin bieten die Gelegenheit zu einem unterhaltsamen Stadtbummel unter Sternen. Hier verkaufen die nächtlichen Händler alles nur Denkbare, vom Abendessen bis zur Seidenmalerei. Auch am östlichen Ende der Dongxin Jie gibt es einen Nachtmarkt mit lebhafter Atmosphäre, doch für Touristen wenig spannendem Angebot – hauptsächlich Küchengeschirr aus Plastik.

ANTIQUITÄTEN – Touristische Antiquitäten gibt es in einem spezialisierten ***Antiquitätengeschäft,*** 14 Nanxin Jie, doch der beste Ort, um nach solchen Gegenständen zu stöbern, ist der authentischere **Markt am Baxian Gong**. Er findet jeden Mittwoch und Sonntag statt und zielt mehr auf einheimische Käufer denn auf die Ausbeutung ahnungsloser Touristen ab, was sich deutlich an dem Preisniveau ablesen lässt. Viele Händler kommen aus abgelegenen Dörfern und scheinen soeben ihren Dachboden ausgemistet zu haben. Anders als in den Warenhäusern findet man hier Ungewöhnliches wie Bücher und Zeitschriften aus der Zeit der Kulturrevolution mit fanatischer antiwestlicher Propaganda, Qing-Vasen, Opiumpfeifen und sogar verrostete Waffen.

BÜCHER – Bücher über Xi'an sind im Historischen Museum Shaanxi oder in dem Laden hinter der Kleinen Wildganspagode erhältlich. Die meisten sind teuer und bieten mehr Hochglanzbilder als Text, doch es gibt auch ein paar gut illustrierte Paperback-Ausgaben zu vernünftigen Preisen. Der ***Xinhua Bookshop*** nebenan bietet eine ansehnliche Auswahl an Büchern und Musik in chinesischer und englischer Sprache. Der ***Foreign Language Bookstore,*** 347 Dong Dajie, hat außer ein paar Romanen von Agatha Christie wenig Englischsprachiges zu bieten.

KLEIDUNG – Eine große Auswahl an kostspieliger Bekleidung besteht in der Dong Dajie, wo viele bekannte Marken eine Filiale unterhalten. Billiger wird es auf dem Straßenmarkt: Vom Glockenturm aus die Dong Dajie entlang, die erste Straße rechts bis zum Ende, vorbei an den Läden mit gefälschten DKNY-Bomberjacken u.Ä., und dann zur Westseite – dort gibt es ein Geschäft mit praktischer, strapazierfähiger Bekleidung wie z.B. Kapuzen-Sweatshirts.

KUNST – Die Stadt gilt als Treffpunkt der Kunstszene, und **Gemälde** sind hier in weitaus mehr

Stilrichtungen erhältlich als anderswo. Neben den üblichen aquarellisierten Gemälden von legendären Gestalten, Blumen und Tieren lohnt es sich hier besonders, nach der leuchtenden, einfachen Volksmalerei Ausschau zu halten, die zumeist Szenen aus dem Landleben darstellt. Sie ist eine traditionelle Kunstform aus Shaanxi und spricht vor allem wegen ihrer dekorativen Gestaltung und der kräftigen Farben an. In den 70er Jahren waren diese Bilder in China sehr gefragt, weil sie das Bauernleben so idealistisch und optimistisch darstellten, und viele Dorfbewohner, vor allem aus der 20 km südlich von Xi'an gelegenen Stadt Huxian, haben diese Kunstform zu ihrem Beruf gemacht. Eine große Auswahl dieser Gemälde findet man in einem Geschäft direkt hinter der Kleinen Wildganspagode und in dem Tempelkomplex sowie vor dem Banpo-Museum (s.S. 356), wo auch leuchtende Volkskunst-Papierschnitte und Mehlfiguren angeboten werden. Außerdem liegen mehrere Gemäldegeschäfte an der Beiyuanmen, nördlich des Trommelturms – Nr. 144 ist eine gute Empfehlung. Die um einiges billigeren und trotzdem ansprechenden **Steinabreibungen** von Stelen sind in der Großen Wildganspagode und im Provinzmuseum zu bekommen. In der Fußgängerunterführung am Südtor gibt es einen Abzweig zu einem alten Luftschutztunnel zur Nan Shang Jie, wo **Papierschnitte** zum Verkauf stehen.
Wer zum **Feilschen** bereit ist, kann bei dieser harten Konkurrenz einen guten Preis erzielen – ein gutes, recht großes Bild ist durchaus für unter ¥150 zu bekommen. Allerdings sei vor den strahlenden jungen Menschen gewarnt, die sich als Kunststudenten ausgeben, deren Klasse zufällig gerade eine Ausstellung zeigt: Es handelt sich um Schlepper, die ihre Opfer in einen Raum voller zweitklassiger Arbeiten zu völlig überhöhten Preisen führen.

SOUVENIRS – Die Beiyuanmen ist auch eine gute Adresse für kleine Souvenirs wie etwa Essstäbchen mit Gravuren, Teekannen oder Qigong-Kugeln. Weitere Touristenläden reihen sich in der gepflasterten Fußgängerzone der Shuyuanmen, gleich östlich des Südtores, aneinander, wo ein Versuch zur Verschönerung der Geschäfte unternommen wurde, indem sie wie Gebäude aus der Qing-Dynastie ausstaffiert wurden. Natürlich werden auch sämtliche Sehenswürdigkeiten von Verkaufsständen und Händlern belagert, die viele Besucher allerdings eher als Belästigung empfinden. Eine Ausnahme bilden die Stände rund um die Große Moschee – neben gebogenen, islamischen *shabaria*-Messern gibt es hier Mao-Uhren und anderen touristischen Schnickschnack zu erstehen. An manchen Ständen werden kleine Terrakotta-Soldaten in einem geflochtenen Korb feilgeboten, die man auf nur wenige Yuan herunterhandeln kann. Allerdings sind diese Figuren nicht korrekt gebrannt worden, sodass sie nach jeder Berührung schwarze Farbe an den Händen hinterlassen. Bessere Qualität findet man im ***Century-Ginwa-Einkaufszentrum***. Auch die Stände vor dem Bahnhof handeln mit solchen Figuren – aber hier ist sorgfältige Prüfung und hartnäckiges Handeln angesagt. Als persönliches Souvenir eignen sich vielleicht Siegelprägungen, die in Nr. 22 Heping Lu oder ähnlichen Läden in Beilin, dem offiziellen Künstlerviertel, angefertigt werden. Hier steht auch eine Vielfalt von Waren des **Künstlerbedarfs** wie Kalligrafie-Sets zum Verkauf.

Sonstiges

AMT FÜR ÖFFENTLICHE SICHERHEIT (PSB) – 138 Xi Dajie, ⌚ Mo–Sa 8–12 und 15–17 Uhr.

FAHRRÄDER – Die Mietkosten für ein Fahrrad liegen bei ¥5 pro Tag zzgl. einer Kaution von bis zu ¥100. *Flying Pigeons* sind im ***Flats of Renmin Hotel***, dem ***Jiefang Hotel*** und dem ***Shuyuan Hostel*** zu mieten. Auch die Restaurants ***Kane's*** und ***Dad's*** verleihen Fahrräder.

GELD – ***Bank of China***, 318 Dong Dajie und 233 Jiefang Lu, ⌚ Mo–Fr 9–17 Uhr, Sa 9–15 Uhr. Die Filiale auf der Nan Dajie neben *KFC* öffnet So 10–14 Uhr. Dort akzeptiert ein Geldautomat westliche Kreditkarten. Geldumtausch ist auch in den Business Centres der größeren Hotels möglich.

INTERNET – Am billigsten ist der Internet-Zugang in der Fremdsprachenuniversität – in der Gegend gibt es Dutzende von rund um die Uhr geöffneten Internet-Cafés. Anfahrt mit Bus Nr. 603 von der Chang'an Lu am Glockenturm bis zum Home-Club-Kaufhaus. Am besten ist man an der Kreuzung von Chang'an Lu und Shida Lu (der Universitätsstraße) aufgehoben, wo sich im 2. Stock das ***Relifeixing Internet Café*** befindet (¥3 pro Std.).

KINO – Wer Bruce Willis Mandarin sprechen hören will, geht ins Kino in Nr. 379 Dong Dajie, wo gelegentlich auch synchronisierte ausländische Actionfilme laufen – mal was anderes als die einheimischen Actionstreifen. In den Straßen rund um das Fremdspracheninstitut gibt es mehrere DVD-Salons, die aktuelle amerikanische Streifen zeigen.

MEDIZINISCHE HILFE – ***Provincial Hospital,*** Youyi Xi Lu, unmittelbar westlich der Kreuzung mit der Lingyuan Lu.

POST UND TELEFON – Die ***Hauptpost*** steht gegenüber vom Glockenturm. Eine Filiale befindet sich gegenüber vom *Hyatt* in Nr. 161 Dong Dajie, ⌚ Mo–Fr 9–19 Uhr, und eine weitere gegenüber vom *New World Hotel* auf der Lianhu Lu, ⌚ Mo–Fr 9–12 und 14–17 Uhr. Telefon-Service rund um die Uhr gibt es im Gebäude der Hauptpost. Internationale Ferngespräche können auch von den Business Centres größerer Hotels geführt werden.

REISEBÜROS – Das Hauptbüro von ***CITS*** ist in Nr. 48 Chang'an Lu, ✆ 5262066, 📠 5261558, ⌚ tgl. 8–18 Uhr. Doch das freundliche Paar in dem kleineren Büro im hinteren Bereich des *Jiefang Hotel,* ✆ 7431023, ist zugänglicher und verkauft Tickets für die Weiterreise per Zug oder Flugzeug, für den Flughafenbus und die Bootsfahrten auf dem Yangzi-Fluss. Erreichbar ist das Büro durch die Lobby und dann nach links, den Korridor entlang und am Fahrstuhl vorbei. Hier sind auch noch Zugfahrscheine zu bekommen, wenn das Bahnhofspersonal schon abgewinkt hat. ⌚ tgl. 8–21 Uhr.
Auch die Reiseagenturen in den beiden Hostels können oft weiterhelfen.

VORWAHL – 029

Nahverkehrsmittel

Die meisten **Stadtbusse** versammeln sich direkt südlich des Bahnhofs am verworrenen nördlichen Ende der Jiefang Lu. Weitere Knotenpunkte liegen vor dem Südtor und am südlichen Ende der Yanta Lu, unmittelbar nördlich der Großen Wildganspagode. Normale Busse kosten ¥1, die besseren mit Klimaanlage ¥2.

Nützliche Stadtbuslinien
Nr. 9 vom Bahnhof zum *Flats of Renmin Hotel.*
Nr. 41 vom Bahnhof über die Heping Lu zur Großen Wildganspagode.
Nr. 215 vom Südtor zur Chang'an Lu.
Nr. 501 von der Huangcheng Xi Lu, 200 m östlich des *Flats of Renmin Hotel,* über die Nan Dajie zur Großen Wildganspagode.
Nr. 601 von der Großen Wildganspagode über die Dong Dajie und den Glockenturm zur Bei Dajie.
Nr. 603 vom Bahnhof über die Jiefang Lu, den Glockenturm sowie die Chang'an Lu zum Fremdspracheninstitut.
Nr. 606 vom Bahnhof über die Jiefang Lu und Dong Dajie zum Glockenturm.

In der Stadt gibt es fünf **Oberleitungsbuslinien**, die alle auf der Ost-West-Achse verkehren, am nützlichsten ist Nr. 101, deren Route von der Haltestelle am Bahnhof gen Süden die Jiefang Lu entlang, dann in westlicher Richtung weiter zur Dong Dajie, am Glockenturm vorbei und schließlich durch das Westtor zur Fenghao Lu in der Nähe des CAAC-Büros führt. Doppeldeckerbus Nr. 603 fährt vom Bahnhof durch das Zentrum, hält am Glockenturm und am Südtor, bevor er am südlichen Stadtrand auf Höhe des Fremdspracheninstituts endet.
Unmengen roter **Taxis** sind auf den Straßen unterwegs und können überall herangewunken werden; am Bahnhof warten sie auf der Westseite der Bahnhofshalle. Die meisten Ziele innerhalb der Stadt übersteigen den Mindestfahrpreis von ¥6 nicht.
Da die Straßen breit und eben sind, kommt man auch mit dem **Fahrrad** gut voran. Die Hauptstraßen sind mit Radwegen versehen, die an großen

Kreuzungen von Beamten mit Flaggen kontrolliert werden. Doch leider sind Fahrradparkplätze rar, sodass die meisten Fahrer ihre Drahtesel an Geländer anschließen und damit das Risiko eingehen, die Strafgebühr von ¥10 zu zahlen. Ein gutes Schloss ist wichtig, insbesondere wenn man nicht auf einem heruntergekommenen *Flying Pigeon* unterwegs ist. Fahrradverleih s.S. 351.

Die überall für ¥3 erhältlichen gelben **Stadtpläne** sind im Allgemeinen zuverlässig und verzeichnen neben vielem anderen auch die Bus- und Oberleitungsbuslinien. Am besten gleich einen anschaffen, da die Busrouten fortwährend geändert werden.

Transport

BUSSE – Eigentlich sollen die Busse am **Busbahnhof** südlich des Bahnhofs oder an dem **Terminal** außerhalb der südwestlichen Ecke der Stadtmauern eintreffen, doch in der Praxis hängt der Ankunftsort überwiegend von der Busgesellschaft, der Herkunftsrichtung und der Laune des Fahrers ab. Da die meisten Busse nachts ankommen und man mit großer Wahrscheinlichkeit irgendwo an einer Hauptstraße endet, empfiehlt es sich, sein Ziel schon zu kennen und ein Taxi zu nehmen.

Vom Busbahnhof fahren Busse u.a. zum Hua Shan sowie nach Yan'an, Ruicheng und Luoyang ab. Vom Terminal an der Stadtmauer verkehren regelmäßig Busse zu Zielen im Süden und Westen der Stadt.

Busse nach:
HUA SHAN 1 1/2 Std.;
LUOYANG 6 Std.;
RUICHENG 4 Std.;
YAN'AN 6 Std.;
YUNCHENG 5 Std.;
ZHENGZHOU 7 Std.

EISENBAHN – Der geschäftige **Bahnhof** in der nordöstlichen Ecke der Stadt, unmittelbar außerhalb der Mauern, ist ein wichtiger Endbahnhof an einer West-Ost-Linie, die sich gleich östlich der Stadt teilt und in Richtung Norden nach Beijing sowie in Richtung Osten nach Shanghai führt. Im Bahnhof scheint es bizarrerweise nie **Fahrscheine** zu geben. In der 2. Etage der Buchungshalle befindet sich die Buchungsstelle für Ausländer, ⏲ tgl. 10.30–12.30 und 14.30–16.30 Uhr, deren Nutzen aber begrenzt ist – das Personal fragt nach dem Reiseziel und der gewünschten Abfahrtszeit, schreibt beides in chinesischer Sprache auf und schickt einen dann zu dem entsprechenden Schalter, wo man sich für die Fahrkarte anstellen muss. Mit weniger Aufwand lässt sie sich bei *Kane's* oder *Dad's* oder bei der Reiseagentur im hinteren Bereich des *Jiefang Hotel* erstehen. Das Reservierungsbüro auf der Lianhu Lu, auf einigen Stadtplänen englisch beschriftet, stellt Ausländern oft keine Tickets aus.

Züge nach:
BAOJI 11x tgl., 4 Std.;
BEIJING 5x tgl., 16–18 Std.;
DATONG 2x tgl., 22 Std.;
GUANGZHOU 2x tgl., 40 Std.;
HUA SHAN 4x tgl., 3 Std.;
LANZHOU 8x tgl., 12 Std.;
LINFEN 2x tgl., 6 Std.;
LUOYANG 14x tgl., 6 Std.
SHANGHAI 5x tgl., 24 Std.;
TAIYUAN 5x tgl., 12 Std.;
ÜRÜMQI tgl., 60 Std.;
XINING 4x tgl., 16 Std.;
YUNCHENG 3x tgl., 10 Std.;
YAN'AN 2x tgl., 10 Std.;
ZHENGZHOU 14x tgl., 10 Std.

FLÜGE – Das Ankunftsterminal des 40 km nordwestlich der Stadt gelegenen **Flughafens von Xi'an**, unweit der Stadt Xianyang, wird von Taxifahrern belagert, die für ¥120 in die Stadt fahren. Besser aufgehoben ist man allerdings im **Flughafenbus** (¥25), Tickets in dem Büro rechter Hand, wenn man aus dem Haupteingang herauskommt. Die Fahrt dauert 1 Std. und endet vor dem *CAAC*-Büro auf der Laodong Lu, westlich des Anding-Tores an der Stadtmauer. Wer mit dem Taxi ins Zentrum fährt, sollte auf die Funktionsfähigkeit des Taxameters achten, sonst läuft er Gefahr, übers Ohr gehauen zu werden.

Fluggesellschaften: ***CAAC*** an der südöstlichen Ecke der Kreuzung mit der Fenghao Lu, ✆ 870 8450, ⏲ Mo–Sa 8–21 Uhr. Der Flughafenbus fährt tgl. von 5 bis 18 Uhr alle 30 Min. von der hiesigen Haltestelle ab.

Flüge nach:
BAOTOU tgl., 1 1/2 Std.;
BEIJING 12x tgl., 1 1/2 Std.;
CHANGSHA tgl., 1 3/4 Std.;
CHENGDU 4x tgl., 1 1/4 Std.;
CHONGQING 3x tgl., 1 1/2 Std.;
DALIAN tgl., 2 Std.;
DUNHUANG 5x tgl., 2 1/4 Std.;
FUZHOU tgl., 2 Std.;
GUANGZHOU 4x tgl., 2 1/2 Std.;
GUILIN 6x tgl., 1 1/2 Std.;
HAIKOU tgl., 3 Std.;
HANGZHOU tgl., 1 Std.;
HARBIN tgl., 4 3/4 Std.;
HONGKONG tgl., 2 1/2 Std.;
JI'NAN tgl., 1 1/2 Std.;
KUNMING tgl., 2 1/4 Std.;
LANZHOU 6x tgl., 1 1/4 Std.;
NANJING tgl., 2 Std.;
NINGBO tgl., 2 3/4 Std.;
QINGDAO 6x wöchentl., 1 3/4 Std.;
SHANGHAI 6x tgl., 2 Std.;
SHENYANG tgl., 2 1/4 Std.;
SHENZHEN 4x tgl., 2 1/4 Std.;
SHIJIAZHUANG tgl., 1 Std.;
TAIYUAN 4x tgl., 1 Std.;
TIANJIN tgl., 1 1/2 Std.;
ÜRÜMQI 1–3x tgl., 3 1/4 Std.;
WENZHOU 4x tgl., 3 Std.;
WUHAN 1–3x tgl., 2 1/4 Std.;
XIAMEN tgl., 3 Std.;
XINING 2x tgl., 1 1/4 Std.;
YANTAI 5x wöchentl., 1 3/4 Std.;
YINCHUAN 4x tgl., 3/4 Std.
Daneben besteht eine internationale Flugverbindung nach SEOUL.

Die Umgebung von Xi'an

Es gibt so viel Sehenswertes in der Umgebung von Xi'an, dass man ein mehrtägiges Ausflugsprogramm damit füllen könnte. Ein unbedingtes Muss für die meisten Besucher ist die zu Recht berühmte **Terrakotta-Armee**, außerdem das **Banpo-Museum** und die **Kaiserlichen Grabstätten**. Weniger bekannt, aber lohnend sind der **Famen Si** mit seinem großartigen Museum, der allerdings eine recht weite Anreise erfordert, und **Hua Shan**, der heilige Berg (s.S. 365).

Am einfachsten sind die Attraktionen rund um Xi'an auf einer der zahlreichen organisierten **Touren** zu besichtigen. Es gibt zwei Routen: Großer Beliebtheit erfreut sich die **Ostroute** mit den Huaqing-Thermalquellen, der Terrakotta-Armee, dem Grab des Qin Shi Huang und dem Banpo-Museum auf dem Programm. Die – in der Nebensaison kaum angebotene – **Westroute** zu den Kaiserlichen Grabstätten und zum Famen Si ist aufgrund der längeren Fahrtzeiten und höheren Kosten weniger begehrt. Die örtlichen **Tourbusse** der privaten Betreiber fahren jeden Morgen vor dem Bahnhof ab, wo ein frühes Erscheinen erforderlich ist, da die meisten Busse um 9 Uhr bereits unterwegs sind.

An den Fahrkartenbuden vor dem Busbahnhof und auf der Ostseite der Jiefang Lu hängen Anzeigetafeln, auf denen alle Routen und Preise abzulesen sind – mit etwa ¥40 pro Person ist zu rechnen. Die Veranstalter der Touren auf der Westroute lassen ungeachtet ihrer Ankündigung den abgelegenen Famen-Tempel häufig aus.

Zuverlässiger sind die Touren der **Hotels und Hostels**. Das *Flats of Renmin Hotel* bietet einen Ausflug für ¥50 an, der täglich um 8.30 Uhr startet und alle östlichen Sehenswürdigkeiten außer den ohnehin überbewerteten Huaqing-Thermalquellen ansteuert und weder Mittagessen noch Reiseleiter beinhaltet.

Das *Victory Hotel* bedient dieselbe Route (ebenfalls ¥50), allerdings mit Reiseleiter, und im Sommer verkehrt ein Minibus auf der Westroute. Die **CITS-Touren** (¥55) fahren auf beiden Routen, die östliche schließt bequemerweise sogar die Große Wildganspagode mit ein. Jeden Morgen um 8 Uhr geht es vom *Jiefang Hotel* los, Tickets sollten besser am Tag zuvor gebucht werden.

Sämtliche Sehenswürdigkeiten lassen sich auch mit **Nahverkehrsbussen** ansteuern. Insbesondere die östlich gelegenen Attraktionen sind bequem erreichbar, doch an einem einzigen Tag nicht zu schaffen. Dagegen ist die Fahrt mit dem Nahverkehrsbus zu den Attraktionen auf der Westroute sehr zeitaufwändig.

Zwei neue öffentliche Busrouten fahren täglich zwischen 7.30 und 17.30 Uhr die wichtigsten Stätten im halbstündlichen Takt an: Bus Nr. 1 fährt zum Huashan (2 Std., ¥18), Bus Nr. 2 zum Famen Si und nach Qianling (3 Std., ¥18). Die Busse verkeh-

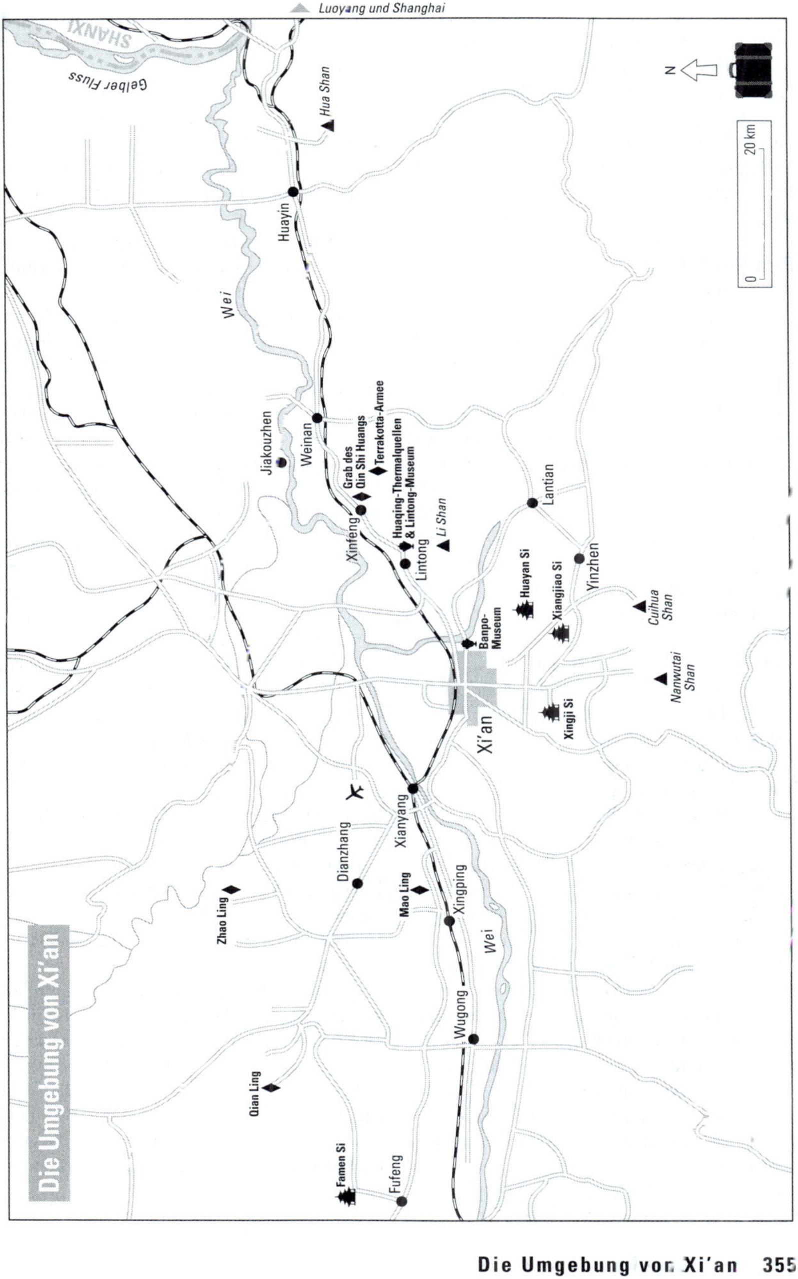
Die Umgebung von Xi'an
Luoyang und Shanghai
Yan'an
SHANXI
Gelber Fluss
Hua Shan
Huayin
Wei
Jiakouzhen
Weinan
Grab des Qin Shi Huangs
Terrakotta-Armee
Huaqing-Thermalquellen & Lintong-Museum
Li Shan
Xinfeng
Lintong
Lantian
Yinzhen
Huayan Si
Xiangjiao Si
Banpo-Museum
Cuihua Shan
Nanwutai Shan
Xi'an
Xingji Si
Xianyang
Dianzhang
Mao Ling
Xingping
Zhao Ling
Wei
Wugong
Qian Ling
Famen Si
Fufeng
N
0
20 km

ren unabhängig von der Auslastung und sind komfortabel, allerdings müssen sich die Fahrgäste eine VCD mit einer bunten Neujahrssendung gefallen lassen. Zur Terrakotta-Armee fahren Busse Nr. 306 und 307 regelmäßig von der Ostseite der Bahnhofshalle ab (1 Std., ¥5). Die letzten Busse kehren bei Einbruch der Dunkelheit zurück. Wer ein **Taxi** für einen ganzen Tag für weniger als ¥450 chartern will, muss geschickt feilschen können.

Banpo-Museum

Das Banpo-Museum am östlichen Stadtrand, 8 km vom Bahnhof entfernt, ist der erste Halt auf den meisten östlichen Touren. Wer selbstständig dorthin kommen will, nimmt den Oberleitungsbus Nr. 105 mit Endhaltestelle an der Bei Dajie, 300 m nördlich des Glockenturms, und steigt an der zweiten Haltestelle hinter dem Fluss aus – die Fahrt dauert etwa eine Stunde. Im Ticket ist der Eintritt für das Museum und das Modelldorf enthalten, Letzteres kann man sich allerdings sparen. Die Stätte als Ganzes ruft ein geteiltes Echo hervor – ein spektakulärer Anblick ist sie nicht gerade, sodass einige Fantasie vonnöten ist, um sie sich lebendig vorzustellen. ◷ tgl. 9–17.30 Uhr, Eintritt ¥40.

Bei diesem Museum handelt es sich um die Ausgrabungsstätte eines **neolithischen Dorfes**, das ungefähr zwischen 4500 und 3750 v. Chr. bewohnt war und 1953 entdeckt wurde. Es ist die größte und am besten erhaltene Stätte der **Yangshao-Kultur**, die bislang gefunden worden ist, und erhielt den Namen des Dorfes in der Nähe der östlichen Biegung des Gelben Flusses, an dem die ersten Relikte dieser Kultur entdeckt wurden. In einer Geschichte aus der Zeit um 300 v. Chr. heißt es, dass die Menschen des Yangshao-Volkes „ihre Mütter kannten, jedoch nicht ihre Väter. Sie lebten mit dem Wild, bestellten den Boden und woben Stoffe, und zwischen ihnen gab es keinen Streit."

Das und die Tatsache, dass die Frauengräber mehr Gegenstände enthielten als die der Männer, brachte die Chinesen zu der Annahme, dass die Menschen in der Gesellschaftsordnung des **Matriarchats** gelebt haben. In der Touristenliteratur findet sich sogar die zweifelhafte Behauptung, man könne von einer „primitiven kommunistischen Gesellschaft" sprechen. Die ausgegrabenen Knochensicheln und Steinwerkzeuge lassen mit Sicherheit lediglich darauf schließen, dass sich die Menschen mit Ackerbau, Fischfang und Viehzucht beschäftigten.

Auf erhöhten Wegen können die Besucher durch die überdachte Ausgrabungsstätte schlendern, die einer Mondlandschaft aus Gruben, Kratern und Hügeln ähnelt und in der es gar nicht so einfach ist, das Gesehene den Gebäuden und Objekten zuzuordnen, die auf den Schildern in skurrilem Englisch beschrieben werden. Das Dorf ist in drei Bereiche aufgeteilt: Der erste ist ein **Wohnbereich**, dessen Verteidigungsgraben die Überreste von 46 runden und pyramidenförmigen Häusern umschließt, die zur Hälfte in den Boden eingelassen sind. Ihre Holzmauern sind mit Lehm und Stroh verkleidet, und in der Mitte befindet sich jeweils eine Kochgrube. Rund um die Häuser fand man Vorratsgruben und die Überreste von Pferchen, in denen die Haustiere untergebracht waren. Ein größerer, zentral gelegener Bau diente als Gemeinschaftsraum.

Nördlich von hier befand sich ein **Gräberfeld**, um das herum Skelette und Begräbnisobjekte wie Keramikschalen und Jade- sowie Knochenornamente ausgestellt sind. Das Grab eines in einem Tongefäß begrabenen jungen Mädchens enthielt 76 Objekte, darunter Jadeohrringe und Steinkugeln. Weitere entdeckte Keramikgegenstände, die in den hiesigen **sechs Brennöfen** hergestellt worden sind, werden in dem **Museumsflügel** ausgestellt. Sie sind erstaunlich kunstvoll gearbeitet, wurden per Hand aus rotem Lehm geformt und mit schematischen Bildern von Fischen, Wild und Köpfen verziert. Auch abstrakte Muster wurden gewählt, teilweise mit Zeichen an den Rändern, die vermutlich eine Art Schrift darstellen. Das Museum zeigt zudem Angelhaken mit Widerhaken und Gewichten, Steinwerkzeuge, Spindeln und Nadeln aus Knochen.

Die als **Kulturdorf** bezeichnete Ansammlung von Hütten außerhalb des Museums ist nichts als ein plumper Versuch, das Originaldorf wieder auferstehen zu lassen – ein neolithischer Themenpark, in den man unter einer überdimensionalen Glasfaserfrau hindurch gelangt. Die Bemühungen um Authentizität gingen nur soweit, dass man die Feuerlöscher unter Blättern zu verbergen versuchte.

Die Umgebung von Xi'an

Banpo-Museum	半坡博物馆	*bànpō bówùguǎn*
East Peak Guesthouse (Hua Shan)	东峰宾馆	*dōngfēng bīnguǎn*
Famen Si	法门寺	*fǎmén sì*
Grab der Prinzessin Yong Tai	永泰墓	*yǒngtài mù*
Grab des Qin Shi Huang	秦始皇陵	*qínshǐhuáng líng*
Hua Shan	华山	*huá shān*
Huaqing-Thermalquellen	华清池	*huáqīng chí*
Huayan Si	华严寺	*huáyán sì*
Mao Ling	茂陵	*mào líng*
Qian Ling	乾陵	*qián líng*
Terracotta-Armee	兵马俑	*bīngmǎ yǒng*
Xianyang	咸阳	*xiányáng*
Xianyang-Museum	咸阳博物馆	*xiányáng bówùguǎn*
Xiangji Si	香积寺	*xiāngjī sì*
Xingjiao Si	兴教寺	*xìngjiào sì*
Zhao Ling	昭陵	*zhāo líng*

Huaqing-Thermalquellen und Lintong-Museum

Die Huaqing-Thermalquellen befinden sich am Fuße des Li Shan, 30 km östlich von Xi'an an der Straße, die zur Terrakotta-Armee führt. Das an Mineralien reiche Wasser weist eine gleich bleibende und angenehme Temperatur von 43 °C auf und lockt schon seit fast 2500 Jahren die Besucher an, darunter auch viele Kaiser. Qin Shi Huang besaß hier eine Residenz, ebenso wie die Han-Kaiser, doch in seiner heutigen Form ist der Komplex von **Badehäusern und -becken** zur Zeit der Tang-Dynastie entstanden. Der erste Tang-Kaiser Tai Zong hatte zwar einen Palast in Huaqing, doch erst unter seinem Nachfolger **Xuan Zong**, der mit seiner Lieblingskonkubine **Yang Guifei** (s. Kasten S. 359) fast den gesamten Winter hier verbrachte, erreichte der Komplex den Höhepunkt seiner Beliebtheit als kaiserlicher Vergnügungsort. Anfahrt mit Bus Nr. 306 oder 307 vom Bahnhof; ⌚ tgl. 8–19 Uhr, Eintritt ¥40, für Studenten ¥20.

Heute besteht Huaqing aus einer Ansammlung klassischer Gebäude und ist längst nicht so romantisch, wie es klingt – die Bauten lassen jeden besonderen Reiz vermissen, und die Anlage wimmelt für gewöhnlich von Tagesausflüglern. Die alten **kaiserlichen Badehäuser** im hinteren Bereich des Komplexes müssen sehr beeindruckend gewesen sein, doch heute ähneln sie nur noch halb verfallenen, ausgetrockneten Swimming Pools. Der größte unter ihnen ist der Lotos-Pool, der über 100 m² misst und einst nur von Xuan Zong genutzt werden durfte. Etwas kleiner ist der Holzapfel-Pool, der der Konkubine Yang vorbehalten war. Neben den Pools gibt es einige Hallen, in denen heute Souvenirläden untergebracht sind, sowie ein kleines **Museum**, in dem Fragmente architektonischer Feinarbeiten aus der Qin- und Tang-Zeit – Dachziegel und verzierte Ziegelsteine – an die alte Herrlichkeit erinnern. Das **Marmorboot** am Rande des Jiulong-Teiches hinter dem Eingang links, ist 1956 erbaut worden. Dahinter bietet das **Badehaus an den Huaqing-Thermalquellen** die Möglichkeit, sich zu erfrischen: Für den gepfefferten Preis von ¥70 wird man in einen Raum geführt, der an ein Mittelklasse-Hotelzimmer mit Bad und Dusche erinnert; zur Ausstattung gehören das Hochglanzfoto eines Tropenparadieses an der Wand sowie kleine Plastikflaschen mit Shampoo.

Empfehlenswerter ist das öffentliche Badehaus an der Vorderseite des Komplexes, links am Eingangstor, wo ein Bad im Gemeinschaftsbecken nur ¥20 kostet – Seife und Handtuch sind hier mitzubringen.

Der Xi'an-Zwischenfall Die Thermalquellen von Huaqing sind heute eigentlich nur als Schauplatz des Xi'an-Zwischenfalls von 1936 berühmt, als **Chiang Kaishek** von seinen eigenen Leuten gefangen genommen und gezwungen wurde, ein Bündnis mit den Kommunisten zu unterzeichnen.

Die Geschichte ist allerdings etwas komplizierter: Als japanische Truppen immer weiter nach China vordrangen, bestand Chiang auf der Weiterführung seiner Politik der nationalen Vereinigung und somit der Niederschlagung der Kommunisten als erste Pflicht. Im Dezember 1936 floh er nach Xi'an in ein Gebiet, das sich zu jener Zeit unter der Kontrolle von **Marschall Zhang Xueliang** und dessen mandschurischen Truppen befand. Obwohl GMD-Anhänger, waren sie wie viele andere der Politik von Chiang überdrüssig, und ihre Ernüchterung wurde durch die Misserfolge im Kampf gegen die Rote Armee sowie die Tatsache, dass die mandschurische Heimat jetzt von den Japanern besetzt war, noch verstärkt. In geheimen Zusammenkünften mit kommunistischen Führungspersönlichkeiten ließ sich Zhang von der Echtheit deren antijapanischer Einstellungen überzeugen, und somit stürmten am Morgen des 12. Dezember nationalistische Truppen das Hauptquartier von Chiang am Fuße des Li Shan und nahmen fast alle dortigen Mitarbeiter gefangen. Der große Anführer selbst wurde schließlich in einem Haus am Hang hinter dem Komplex erwischt, und zwar hinter den Quellen – die Stelle wird durch einen neo-griechischen Pavillon am unteren Berghang markiert. Im Schlafanzug und ohne Gebiss war er von dem Gewehrfeuer aus dem Bett aufgeschreckt worden und geflüchtet.

Chiang wurde gezwungen, ein hohes Lösegeld zu zahlen, blieb aber ansonsten unverletzt. Seine Bewacher gestanden ihm die weitere Führung des Landes zu, allerdings unter der Bedingung, dass er sich mit den Kommunisten gegen die Japaner verbündete. Heute stellen sich die Touristen am Pavillon an, um GMD-Uniformen anzuziehen und sich darin fotografieren zu lassen.

Die Tourveranstalter planen hier einen zweistündigen Aufenthalt ein, viel mehr Zeit, als dieser Ort verdient. Zum Glück bietet das Lintong-Museum in der Nähe noch eine lohnende Ablenkung: Aus dem Thermalquellen-Komplex von Huaqing kommend, führt der Weg nach rechts, 150 m entlang vieler Souvenirhändler, bis das Museum rechter Hand auftaucht. Es ist zwar klein und relativ teuer, doch es lohnt sich schon wegen seiner abwechslungsreichen Sammlung, die Essstäbchen und Scheren aus Silber, ein mit menschlichen Gesichtern geschmücktes Bronzegefäß, eine Armbrust und unzählige Han-zeitliche Begräbnisobjekte umfasst, darunter Keramikfiguren von Pferden, Hunden, Enten und Schweinen. Das interessanteste Ausstellungsstück, ein unweit von hier ausgegrabenes **Tang-Reliquiar**, steht in dem zweiten der drei Räume. In dem ca. 1 m großen, mit Bildern aus dem Alltagsleben verzierten steinernen Stupa fand man einen silbernen Sarg mit einem steil abfallenden Deckel, der an den Seiten verspielt mit Silberspiralen, Perlenketten und goldenen Bildern von Mönchen geschmückt ist. Darin befand sich, in einem nur wenige Zoll großen goldenen Sarg, ein winziges Glasgefäß mit einer Hand voll Staub auf dem Boden. Diese feinen Relikte sowie die angebliche „Asche des Buddha" sind zwar in unansehnlichen Plastikdosen ausgestellt, doch zweifellos interessanter als die gesamten Huaqing-Thermalquellen. 🕓 tgl. 8–17.30 Uhr, Eintritt ¥20.

Die Terrakotta-Armee und das Grab des Qin Shi Huang

Die Terrakotta-Armee – wohl der Höhepunkt einer jeden Reise nach Xi'an – und die Grabanlage des Qin Shi Huang, die von ihr bewacht wird, befinden sich 28 km östlich von Xi'an, gleich jenseits der Huaqing-Thermalquellen. Sie bilden das Ziel eines unablässigen Stroms organisierter Touren, deren Teilnehmer zwei Stunden Zeit für die Armee und weitere 20 Minuten für das Grab erhalten. Wer es ruhiger angehen lassen will, kann auch auf eigene Faust anreisen – Busse Nr. 306 und 307 vom Parkplatz auf der Ostseite des Bahnhofs von Xi'an verkehren auf dieser Strecke. Die Fahrt auf kleineren Straßen durch die Dörfer dauert rund eine Stunde. Etwas teurer, aber auch ein wenig schneller sind die vor dem Bahnhof abfahrenden **Minibusse**, die den direkten Weg über die Autobahn nehmen. Sie fahren allerdings nur zur Terrakotta-Armee – wer auch das Grab sehen will, muss also von dort zu Fuß gehen.

Xuan Zong und Yang Guifei Die Geschichte von Kaiser Xuan Zong und seiner Konkubine Yang Guifei gehört zu den großen **tragischen Romanzen** Chinas, ist vergleichbar mit der von Antonius und Cleopatra und wird häufig in Kunst und Schauspiel dargestellt – am berühmtesten ist ein Epos des großen Tang-zeitlichen Poeten Bai Juyi. Xuan Zong hatte Gefallen an Yang Guifei gefunden, die ursprünglich die Konkubine seines Sohnes war. Er zählte bereits mehr als 60 Jahre, und auch sie war nicht mehr die Jüngste (Berichte aus jener Zeit beschreiben die Dame sogar als recht korpulent). Sie verliebten sich ineinander, doch seine Vernarrtheit in sie ließen ihn seine Staatsgeschäfte vernachlässigen, was den Unmut seiner Beamten hervorrief, die um das Schicksal des Reiches fürchteten, und einen der Auslöser für die Rebellion des verärgerten Generals An Lushan bildete. Als dieser sich mit seinen Truppen der Hauptstadt näherte, weigerten sich die Garden des Kaisers, die Waffen gegen die Invasoren zu erheben, solange er nicht die Hinrichtung von Yang Guifei anordnete. In ihrer Verzweiflung darüber erhängte sie sich selbst.

Eine Warnung: 1 km vor den eigentlichen Sehenswürdigkeiten kommt man an dem „Amusement Park of Emperor Qin and the Terracotta Army" vorbei. Einige Busse halten hier, und so mancher ahnungslose Tourist, der den klein gedruckten Hinweis „Vergnügungspark" übersehen hat, zahlt bereitwillig ¥18 Eintritt, nur um sich dann in einer Halle mit einer Foto- und Folterausstellung wiederzufinden. Besser ist es, im Bus zu warten, bis die Gruppe mürrisch den kurzen Rundgang beendet hat.

Es gibt keinerlei Aufzeichnungen über die Terrakotta-Armee, die zur Bewachung der Grabstätte von Qin Shi Huang aufgestellt wurde. Erst 1974 wurde sie von einheimischen Bauern entdeckt, die einen Brunnen graben wollten. Man fand drei rechteckige Gruben aus Erde mit Ziegelboden und Holzträgern. Heute sind Hangars über die freigelegten Stätten gebaut worden, sodass die Reihen der Soldaten – die eigentlich dazu bestimmt waren, niemals das Tageslicht zu erblicken, heute jedoch zu den beliebtesten Touristenattraktionen Chinas zählen – vor Ort betrachtet werden können. Eine Führung kostet stolze ¥200, wer diese Gebühr für übertrieben hält, leiht sich am Eingang für ¥40 elektronische Kopfhörer aus – der Kommentar vermittelt dieselben Informationen und drängt einen nicht dauernd zum Fotografieren (trotz anders lautender Schilder machen alle von ihren Kameras Gebrauch, und ein Großteil des Personals hat es aufgegeben, den Einsatz von Blitzlichtern zu monieren). ⌚ tgl. 8–18 Uhr, Eintritt ¥65, Studenten nur ¥35, der Nachlass wird allerdings nicht immer gewährt.

Grube 1

Die größte der drei Gruben ist die erste, die bislang zu einem Fünftel ihrer Fläche freigelegt worden ist und in der über 1000 Figuren (von geschätzten 8000) in Gefechtsformation gefunden wurden. Ihr Anblick bei Betreten des Hangars gehört zu den unvergesslichsten Eindrücken einer China-Reise. Aus der Nähe lassen sich die Figuren von erhöhten Wegen aus betrachten. Die durchschnittlich 1,80 m hohen Figuren sind von den Oberschenkeln aufwärts hohl, Köpfe und Hände wurden separat modelliert und später den aus der Massenproduktion stammenden Körpern beigefügt. Jeder Soldat trägt individuelle Gesichtszüge, und sein jeweiliger Rang ist erkennbar. Manche Archäologen glauben, dass es sich hier um die Abbilder der echten Mitglieder der alten Kaiserlichen Garden handelt. Die Haare der Soldaten sind zu Knoten zusammengebunden, und sie tragen knielange Waffenröcke. Die äußeren Figuren trugen ursprünglich Lederrüstungen, die sich inzwischen zersetzt haben. Pigmentspuren lassen darauf schließen, dass die Bekleidung einst in leuchtendem Gelb, Purpur und Grün schimmerte, inzwischen ist sie nur noch grau. Ursprünglich trugen die Scharen echte Bögen, Schwerter, Lanzen und Armbrüste, von denen man mehr als 10 000 fand. Die Metallwaffen aus hoch entwickelten Legierungen waren bei ihrer Entdeckung sogar noch scharf und die Pfeilspitzen noch mit Blei vergiftet.

Qin Shi Huang Obwohl Qin Shi Huang im zarten Alter von gerade einmal 13 Jahren den Thron des westlichen Staates Qin (246 v. Chr.) bestieg, gelang es ihm binnen 25 Jahren, sämtliche der kriegerischen östlichen Staaten zu unterwerfen und sich somit zum ersten Kaiser eines **vereinten China** aufzuschwingen. „Wie eine Seidenraupe ein Maulbeerblatt verschlingt, schluckte Qin die Fürstentümer des Reiches" – so etwa lautet die Darstellung des Historikers Sima Qian aus dem 1. Jh. v. Chr. In den elf Jahren seiner Alleinherrschaft über die chinesische Welt ging Qin Shi Huang daran, sie zu verändern – in der Hoffnung, dass er ein Reich zu schaffen in der Lage wäre, welches seine Nachkommen noch weitere „zehntausend Jahre" regieren könnten. Seine Herrschaft war durch zentrale Machtausübung und oft auch **gnadenlose Tyrannei** geprägt. Neben der Standardisierung von Gewichten und Maßen (selbst der Breite von Wagenrädern) und der Anordnung einer einheitlichen Schrift verfügte der erste Kaiser auch, dass sämtliche Bücher – mit Ausnahme solcher über die Geschichte der Qin und praktische Dinge wie Landwirtschaft – vernichtet werden sollten, ebenso wie die Gelehrten, die sie verfasst hatten. Nur dank ein paar konfuzianischer Gelehrter, die ihre Bücher versteckt hatten, sind literarische Werke aus der Zeit vor dieser Periode erhalten geblieben. Qin Shi Huang selbst war ein Verfechter der strengen Philosophie des so genannten Legalismus, die das menschliche Wesen an sich als schlecht beurteilte, weswegen es durch die drakonischen Gesetze des Staates an die Kandare genommen werden müsse.

Neben der Anordnung des Baus von Straßen, die alle Teile des Reiches verbinden sollten und in erster Linie für militärische Operationen benötigt wurden, begann Qin Shi Huang auch mit der Errichtung der **Großen Mauer**. Dieses Projekt trug vielleicht noch mehr als seine scharfe Gesetzgebung und die hohen Steuern dazu bei, die breite Masse gegen ihn aufzubringen, die ja zu dem Bau gezwungen wurde. Bis zum Ende voller großer Pläne, starb Qin Shi Huang auf einer Reise zur Ostküste, wo er nach der legendären Insel der Unsterblichen suchte und der Geheimdroge der Langlebigkeit, die er dort vermutete. Sein Gefolge verheimlichte seinen Tod – was nicht sonderlich schwer war, denn er hatte in vollkommener Abgeschiedenheit von seinem Volk gelebt – und setzte einen leicht zu manipulierenden Prinzen auf den Thron. Das Reich versank bald im Bürgerkrieg, und innerhalb weniger Jahre war Qin Shi Huangs Hauptstadt zerstört, sein Palast in Flammen aufgegangen und sein Grab geplündert worden.

Möglicherweise ist der als Urbild eines Tyrannen kritisierte Qin Shi Huang von der Geschichtsschreibung zu streng beurteilt worden, denn seine Herrschaft wurde in der Han-Dynastie beschrieben – von Angehörigen eines östlichen Volkes, das von ihm unterworfen worden war, bevor es selbst an die Macht kam. Natürlich waren die Han ihm daher nicht sonderlich zugetan, und auch die Tatsache, dass die Terrakotta-Armee nach Osten gewandt ist – die Richtung, aus der Qin Shi Huang sein Reich bedroht sah –, belegt die Feindseligkeit, die ihm zweifellos entgegenschlug. Doch die außerordentliche Kunstfertigkeit der Terrakottafiguren hat die zuvor verbreitete Meinung, die Qin-Dynastie sei eine Zeit unerbittlichen Banausentums gewesen, revidiert, und seine Herrschaft wird seit der Entdeckung der Figuren neu bewertet. Mao Zedong, so heißt es, war ein Bewunderer seines revolutionären Vorgängers.

Von einer Reihe von Streitwagen ist nur eine zentrale Gruppe von Terrakotta-**Pferden** übrig geblieben. Sie trugen Zaumzeug mit Messingbeschlägen und sind als eine Rasse aus Gansu und Xinjiang identifiziert worden. Alle haben sechs Zähne und waren somit im besten Alter.

Gruben 2 und 3

Grube 2 bedeckt eine kleinere, L-förmige Fläche, die sich noch mitten in den Ausgrabungsarbeiten befindet. Man vermutet, dass sich hier noch mehr Krieger befinden als in Grube 1. Die Haltungen und Uniformen der hiesigen vier Gruppen – Armbrustträger, Wagenlenker, Kavallerie und Infanterie – weisen eine größere Vielfalt auf als die Figuren in der Hauptgrube, wobei die zahlreichen zerschlagenen und zerbrochenen Figuren eher an eine Szene nach der Schlacht erinnern als an die Vorbereitung zum Kampf. Vier außergewöhnliche Figuren, die hier gefunden wurden, sind an der Seite ausgestellt: ein kniender Bogenschütze, ein Kavallerist mit einem Pferd, ein Offizier mit einem eleganten Spitzbart und die großartige Figur eines 2 m großen Generals, der eine gravierte Rüstung und eine Kappe mit zwei Enden trägt. Auch einige hier entdeckte Waffen sind ausgestellt, darunter eine riesige bronzene Streitaxt.

Die um vieles kleinere Grube 3, wo 68 Figuren und ein Streitwagen gefunden wurden, scheint das Gefechtshauptquartier gewesen zu sein. Die mit zeremoniellen *shu* (kurzen Bronzekeulen mit dreieckigen Spitzen) bewaffneten Figuren stehen nicht in Gefechtsformation, sondern bilden eine Ehrengarde. Die hier gefundenen Tierknochen zeugen von Opferritualen, die auch eine echte Armee vor der Schlacht veranstaltet hätte. Die Fotoausstellung von Kopien aus Gips vermittelt eine Vorstellung davon, wie die Figuren hätten bemalt gewesen sein können.

Weitere Sehenswürdigkeiten

Das kleine **Museum** an der Seite von Grube 2 zeigt zwei wunderbare **Bronzestreitwagen** in Schaukästen aus Glas. Sie wurden 1982 in der Nähe des Grabes von Qin Shi Huang entdeckt und sind etwa halb so groß wie ihr wirkliches Vorbild. Der vordere ist der Streitwagen des Anführers der kaiserlichen Flotte; er wird von vier Pferden und einem Wagenlenker bedient und ist mit Drachen-, Phönix- und Wolkenbildern verziert, mit einer geschwungenen Überdachung und Zaumzeug aus Gold und Silber. Das große Abteil hinter dem Lenker weist einen silbernen Türriegel und verschließbare Fenster auf. Der Streitwagen dahinter gehörte dem Kaiser und war im Hinterraum mit Sitzen und Betten ausgestattet. Beide Wagen sind mit erstaunlicher Liebe zum Detail angefertigt worden, man erkennt sogar die Knöchel, Nägel und Fingerabdrücke des Fahrers. In einem zweiten Museum sind kleine Artefakte aus der Gegend ausgestellt, darunter ein Schädel, in den eine Pfeilspitze eingedrungen ist, sowie einige kniende Keramikdienerinnen – die einzigen weiblichen Gestalten der Ausstellung.

Der Komplex um die Terrakotta-Armee ist ein einziger Touristenzirkus mit einem Souvenirrummel, der schon industrielle Ausmaße angenommen hat. Zu den meistverkauften Waren gehören Postkarten und Dias, da das Fotografieren innerhalb der Hallen – jedenfalls offiziell – nicht erlaubt ist. Außerdem gibt es Miniaturterrakottafiguren, Pelzmäntel und Volkshandwerk. Das Essen ist kaum genießbar, also besser vorher speisen. Die Läden in den Hallen bieten qualitativ etwas hochwertigere Souvenirs an, wie z.B. Terrakottafiguren in voller Größe zum Preis von ¥36 000. Bisweilen trifft man auf einen süffisant lächelnden Bauern, der in dem Laden von Grube 2 Postkarten unterschreibt. Angeblich handelt es sich dabei um Yang Zhifa, den Mann, der all dies im Jahre 1974 entdeckte.

Das Grab des Qin Shi Huang

Das knapp 2 km westlich der Terrakotta-Armee gelegene Grab des Qin Shi Huang ist heute nur noch ein künstlicher Hügel. Der Grabhügel befand sich ursprünglich am südlichen Ende eines inneren Heiligtums mit 2,5 km langen Mauern und bildete selbst den Mittelpunkt einer äußeren Stadt, die sich über 6 km erstreckte, von der aber nichts mehr übrig geblieben ist. Viel gibt es hier nicht zu sehen, Besucher können allenfalls – auf Schritt und Tritt von Souvenirhändlern belästigt – die Steintreppe zum Gipfel emporsteigen, von wo sich ein Blick über die Felder eröffnet, die zu landwirtschaftlichen Zwecken abgetragen worden sind. Den Berichten des Sima Qian in seinen *Historischen Aufzeichnungen* zufolge, die er 100 Jahre nach dem Begräbnis verfasste, hatten 700 000 Arbeiter 36 Jahre gebraucht, um unter der Erde eine kaiserliche Stadt zu errichten. Sie schufen einen Komplex voller Wunder: An der Decke der zentralen Kammer war der Himmel mit Perlen dargestellt, und die geografischen Strukturen der Erde waren auf einem bronzenen Boden gezeichnet, wobei angeblich die Seen und Flüsse durch Quecksilberbecken veranschaulicht und durch Maschinen zum Fließen gebracht wurden. Zur Bewachung der vielen Relikte aus Gold und Silber waren Sima Qian zufolge automatische Armbrüste aufgestellt. Auffällig hohe Konzentrationen an Quecksilber sind unlängst in den Böden der Umgebung festgestellt worden, wodurch zumindest Teile des Berichtes als glaubwürdig erscheinen. Wie üblich sorgte man für Geheimhaltung, indem man die meisten Arbeiter tötete. Das Grab ist bisher noch nicht freigelegt worden, doch Ausgrabungen in der Umgebung haben die inneren und äußeren Mauern zum Vorschein gebracht, dazu zehn Tore und vier Wachtürme. ◷ tgl. 8–17.30 Uhr, Eintritt ¥26.

Nördlich und westlich von Xi'an

Mit Ausnahme des Museums in **Xianyang** sind die Gräber, Tempel und Museen im Norden und Westen von Xi'an für einen bequemen Besuch etwas abgelegen. Auf eigene Faust herumzufahren ist sehr umständlich, denn die **Nahverkehrsbusse** sind langsam, die Routen kompliziert und die durch die karge Lössebene führenden Landstraßen, in denen die bunten Fähnchen auf den vereinzelten Gräbern für die einzigen Farbtupfer in der braunen Landschaft sorgen, sind in keinem guten Zustand. Unkompliziert gestaltet sich immerhin die Rückfahrt nach Xi'an – man stellt sich einfach an die Straße und hält einen Minibus an. **Touren** beginnen frühmorgens und ziehen sich bis in den späten Abend hinein, da die Sehenswürdigkeiten weit voneinander entfernt liegen. Dennoch sind die Museen anregend, und die Gräber – obwohl kaum mehr als große Erdhügel – vermitteln eine Vorstellung von der Herkunft der vielen Museumsschätze. Die am weitesten entfernte und unbekannteste, aber gleichzeitig auch lohnendste Attraktion ist der **Famen Si**.

Xianyang

Ein Großteil der Reisenden sieht Xianyang, eine unscheinbare Stadt im Schatten des etwa 30 km südöstlich gelegenen Xi'an, bestenfalls aus dem Fenster eines *CAAC*-Busses, denn nördlich von hier befindet sich der Flughafen von Xi'an. Die beiden Städte sind durch eine gute Autobahn verbunden, sodass die Busfahrt von Xi'an nur etwa eine Stunde dauert.

Die Stadt ist heute kaum mehr als ein fahler Schatten ihres südlichen Nachbarn, vor zwei Jahrtausenden jedoch befand sich hier das Herz Chinas, die Hauptstadt von **Chinas erster Dynastie** der Qin. Viel ist aus dieser Zeit allerdings nicht übrig geblieben, abgesehen von der ebenen Fläche im Osten der Stadt, wo einst der Palast von Qin Shi Huang stand. Die dort entdeckten Relikte, zumeist unspektakuläre architektonische Kleinigkeiten wie etwa Dachziegel, Wasserleitungen oder Ziegelsteine, die höchstens für Archäologen von Interesse sind, werden im städtischen **Museum** auf der Zhongshan Lu in einem umgebauten konfuzianischen Tempel gezeigt. Es liegt etwa 2 km vom Busbahnhof entfernt: Man geht links auf die Xilan Lu, dann gleich wieder links auf die Shengli Anding Lu, die hinter der Leyu Lu zur Zhongshan Lu wird – das Museum befindet sich auf der linken Seite dieser Straße. Höhepunkt der Sammlung ist eine Miniaturausgabe der Terrakotta-Armee aus einer 20 km entfernten Grabstätte eines wohl hohen Beamten, die natürlich in puncto Bedrohlichkeit von dem Original weit übertroffen wird, da jede der fast 3000 Terrakottafiguren nur 50 cm misst. Die aus einer Massenproduktion stammenden Figuren sind der Kavallerie und der Infanterie zuzuordnen. Einige tragen schwere Rüstungen und Kappen, andere leichte Rüstungen und Haarknoten. Teilweise sind sogar noch Spuren der ursprünglichen leuchtenden Bemalung auszumachen, die auf eine große Gestaltungsvielfalt der Schilde schließen lassen. Die Krieger sind ziemlich derb gearbeitet, die Pferde dagegen echte Kunstwerke. ◷ tgl. 8–17.30 Uhr, Eintritt ¥10.

Die Kaiserlichen Grabstätten

Mao Ling, die 40 km westlich von Xi'an gelegene letzte Ruhestätte des fünften Han-Kaisers Wu Di (157–87 v. Chr.), ist die größte von über 20 **Han-Grabanlagen** der Gegend und zeichnet sich als gewaltiger grüner Hügel gegen die Berge ab. Für den Bau dieser Grabstätte wurden 50 Jahre benötigt, und unter ihren vielen Schätzen befindet sich ein vollständig erhaltenes **Totengewand aus Jadeplättchen** – damals glaubte man, dass Jade den Körper vor der Verwesung bewahren könnte und sich die Chance der Seele auf Langlebigkeit somit verbesserte. Ein Dutzend kleinerer Grabstätten in der Umgebung sind dem kaiserlichen Hof zuzuordnen, u.a. Wu Dis Lieblingskonkubine und seinen Generälen, darunter der brillante Stratege Huo Qubing, der mehrere Feldzüge gegen die Stämme aus dem Norden (die Hunnen) anführte und im Alter von 24 Jahren verstarb. In dem kleinen **Museum** sind ein paar bemerkenswerte Relikte ausgestellt, etwa eine Vielzahl riesiger Steinskulpturen von Tieren, die einst die Seelenstraßen des Grabes säumten – vereinfachte Figuren, die liebenswert schrullig anmuten. Sehenswert sind vor allem die Frösche, eine Kuh und das Pferd, das mit seinen Hufen einen bösartig aussehenden Hunnen niedertrampelt – eine makabere Szene, die einer gewissen Komik nicht entbehrt. ⌚ tgl. 8–17 Uhr, Eintritt ¥30.

Die Kaiserin Wu Zetian Die Machtübernahme der Kaiserin Wu Zetian in einer Gesellschaft, in der Frauen generell nur wenig mehr galten als Sklaven, war außergewöhnlich. Ursprünglich die Konkubine des Vaters von Kaiser Gao Zong, gewann sie nach ihrer Trauer um ihn die Zuneigung des Sohnes, gebar ihm wiederum Söhne und heiratete ihn schließlich. Als ihr Gatte kränkelte, wuchs ihre Macht über die Verwaltung, bis sie stark genug war, um sich nach seinem Tod des Thrones zu bemächtigen. Sieben Jahre später wurde sie zur Kaiserin aus eigenem Recht erklärt und herrschte bis zu ihrem Tode im Jahre 705. In den späteren Jahren war ihre Herrschaft berüchtigt für allerlei Intrigen und Blutvergießen, doch das mag eine Folge der historischen Vorurteile sein – eine Frau in der höchsten Machtposition (ihr Titel war „Kaiser", denn ein weibliches Äquivalent gab es für diesen hohen Posten nicht) verstieß so ungefähr gegen jede Regel der immer verknöcherteren chinesischen Gesellschaft. Später beschrieb ein Historiker sie als Hure, weil sie sich männliche Liebhaber nahm (von männlichen Kaisern hingegen erwartete man, dass die Anzahl ihrer Konkubinen sich im dreistelligen Bereich bewegte), und den Trauernden aus Stein am Kaiserlichen Weg zu ihrer Grabstätte schlugen Unbekannte späterer Generationen die Köpfe ab.

Qian Ling liegt 80 km nordwestlich von Xi'an und ist nach Mao Ling die am zweithäufigsten besuchte Grabanlage. Wer sie auf eigene Faust ansteuern möchte, nimmt Tourbus Nr. 2 (3 Std., ¥18) vom Bahnhof von Xi'an, jenseits der Bahnhofshalle auf der Ostseite, vor dem *Jiefang Hotel*. Vom Fernbusbahnhof in Xi'an fährt ein Bus nach **Qianxian**, und der Rest des Weges kann mit einer Rikscha zurückgelegt werden. Unter diesem Grabhügel an den Hängen des Liang Shan sind **Kaiser Gao Zong** und seine Kaiserin **Wu Zetian** im 7. Jh. begraben worden.

Der **Kaiserweg** ist von gemeißelten Steinfiguren von Männern, geflügelten Pferden und zwei Gruppen nunmehr kopfloser Trauernder gesäumt – Prinzen und Gesandten aus Tributstaaten, von denen manchen der Name auf den Rücken eingraviert wurde. Die hohe Stele auf der linken Seite preist Gao Zong, und gegenüber steht die unbeschriftete Stumme Stele, die die Kaiserin als Symbol der höchsten Macht errichten ließ, die nicht in Worte zu fassen war. ⌚ tgl. 8–17 Uhr, Eintritt ¥30.

17 **unbedeutendere Begräbnisstätten** gehören zum südöstlichen Bereich des Areals. Zu den fünf seit 1960 freigelegten Gräbern zählt auch das von Prinz Zhang Huai, des zweiten Sohnes von Gao Zong, den seine eigene Mutter in den Selbstmord trieb. Hier befindet sich eine Gruft mit Fresken von Militär- und Prozessionsszenen, an deren Eingang zwei schöne Löwen stehen. Ein Fresko zeigt ein lebhaftes Polospiel, ein anderes einen Empfang bei Hofe für ausländische Besucher, unter denen sich ein Mann aus dem Westen mit einer Hakennase befindet. In dem **Museum** draußen stehen ein paar Tang-zeitliche Tonpferde.

Das **Grab der Prinzessin Yong Tai** (Eintritt ¥20) ist das feinste weit und breit – sie war die Enkelin des Kaisers und starb im Alter von 17 Jahren. Nischen in den Mauern enthalten Begräbnisopfergaben, und das gewölbte Dach weist noch immer Spuren von gemalten Mustern auf. Die Mauern entlang der Rampe, die hinunter in das Grab führt, sind mit Wandgemälden von Tieren und Ehrengarden bedeckt. Die Hofdamen haben auch nach 1300 Jahren nicht viel von ihrer Klarheit und Eleganz sowie ihrem Charme verloren, sie tragen für die Tang-Zeit typische Frisuren und Kleider. Tief unten befindet sich das prunkvolle Grab in schwarzem Stein mit zart eingravierten Menschen- und Tiergestalten. Etwa 1300 Objekte aus Gold, Silber und Keramik wurden hier entdeckt und sind jetzt im Museum von Xi'an ausgestellt. Am Eingang zum Grab ist in die traditionelle **Steintafel** das Leben der Prinzessin eingraviert worden – demzufolge ist sie bei einer Niederkunft gestorben; andere Berichte behaupten jedoch, sie sei von ihrer Großmutter, der Kaiserin Wu, ermordet worden. Das **Shun-Mausoleum** für die Mutter von Wu Zetian ist klein, jedoch wegen der zwei außerordentlich prächtigen Granitfiguren zur Bewachung – ein 3 m großer Löwe und ein noch größeres Einhorn – einen Blick wert.

Am **Zhao Ling**, das östlich des Qian Ling und 70 km nordwestlich von Xi'an liegt, befindet sich unter den 19 **Tang-Gräbern** auch das des Kaisers Tai Zong. Die Arbeiten daran begannen im Jahre 636 und dauerten 13 Jahre an. Tai Zong ließ als Erster sein Grab in einen Berg hineinschlagen, anstatt einen Grabhügel auf einer Ebene errichten zu lassen. Von dem Hauptgrab an einem Hang des Jiuzou breitet sich in südöstlicher und südwestlicher Richtung ein großer Friedhof mit 167 unbedeutenderen Grabstätten der kaiserlichen Familie sowie von Generälen und Beamten aus. Ein kleines **Museum** zeigt Steinreliefs, Wandbilder und Tonfiguren aus den kleineren Gräbern.

Famen Si

Der 120 km westlich von Xi'an gelegene außergewöhnliche **Famen Si** beherbergt einen Fingerknochen des Buddha, das nicht weit entfernte **Museum** zudem eine einzigartige Sammlung von Relikten aus der Tang-Dynastie – die lange Anreise lohnt sich also durchaus. Am besten geeignet ist Tourbus Nr. 2 (3 Std., ¥18) vom Bahnhof in Xi'an, der jenseits der Bahnhofshalle auf der Ostseite, vor dem *Jiefang Hotel,* hält. Er fährt auch zum Qian Ling. Ansonsten verkehrt vom Fernbusbahnhof in Xi'an stündlich ein Bus in vier Stunden nach **Fufeng**, einer kleinen ländlichen Siedlung mit weißen Ziegelbauten und Höhlenwohnungen. Von der dortigen Bushaltestelle gibt es Minibusse zum Tempel, die die Strecke in 20 Minuten bewältigen.

Im Jahre 147 verteilte König Ashoka von Indien, angeblich als Buße für sein kriegerisches Leben, kostbare **buddhistische Reliquien** *(sarira)* an buddhistische Kolonien in ganz Asien. Als eine der ersten buddhistischen Kultstätten in China wurde der Famen Si zur Aufbewahrung seines Geschenks – eines **Fingers** in Form von drei einzelnen Knochen – erbaut. Der Tempel genoss großen Ruhm während der Tang-Dynastie, als Kaiser Tuo Bayu die Tradition begründete, die Knochen alle 30 Jahre an der Spitze einer Prozession zeitweise an den Hof von Chang'an zu bringen. Die Prozession, die den Finger im Jahre 873 zu Kaiser Tai Zong geleitete, soll über 100 km lang gewesen sein. Nachdem der Kaiser dem Buddha seine Ehrerbietung erwiesen hatte, wurden die Fingerknochen wieder in einer Gruft unter dem Tempelstupa verschlossen, zusammen mit einer großzügigen Sammlung von Opfergaben, wobei jeder Kaiser seinen Vorgänger in Sachen frommer Generosität zu übertreffen versuchte. Nach dem Zerfall der Tang geriet die Krypta in Vergessenheit, und die Geschichte vom Finger des Buddha wurde als Legende abgetan – bis zum Jahre 1981, als der Stupa einstürzte und die darunter liegende Krypta zum Vorschein kam. Sie war voller unglaublicher Kostbarkeiten aus der Tang-Zeit und verbarg im hinteren Bereich mehrere Kästchen aus Gold, Silber, Kristall und Jade, die schließlich den legendären Finger des Buddha freigaben.

Heute ist der Tempel eine populäre Pilgerstätte. Der Stupa ist wieder aufgebaut worden, und die Original-Krypta mit dem Schrein, in dessen Mitte der Finger aufbewahrt wird, wird nun von einer großen **Gruft** umschlossen. Ständig ist ein betender Mönch anwesend, der vor dem Finger neben dem Safe sitzt, in dem die Reliquie nachts aufbewahrt wird (wenn sie nicht gerade woanders ausgestellt ist, was gelegentlich der Fall ist). Die Mönche des Tempels gehen absolut kein Risiko ein, und der einzige Eingang zu der Gruft wird durch eine massive Metalltür geschützt, wie sie sonst nur in Banken zu finden ist. Besucher können zwar in die Original-Krypta hineinsehen, die mit ihren 21 m Länge die größte ihrer Art ist, die bisher in China entdeckt wurde, doch wirklich Sehenswertes gibt es dort nicht mehr. ◷ tgl. 8–18 Uhr, Eintritt ¥60.

Das westlich des Tempels gelegene **Museum** beherbergt die gut erhaltenen Tang-Relikte aus der Krypta und ist gewiss eines der herausragenden kleineren Museen Chinas. Die Exponate sind je nach Material in verschiedenen Bereichen ausgestellt und mit weitschweifigen Erläuterungen in englischer Sprache versehen. Im unteren Geschoss bestechen die **Gold- und Silberobjekte** durch die Qualität ihrer Verarbeitung, besonders bemerkenswert sind hier ein silberner Weihrauchbrenner mit integriertem Gyroskop für die aufrechte Haltung, ein silberner Teekorb, der als erster physischer Beweis für die Teetrinkgewohnheit in China gilt, und die goldene Figur eines Mannes mit Elefantenkopf.

Zu den ungewöhnlicheren Ausstellungsstücken zählen 20 **Glasteller und -flaschen**, einige aus Persien mit arabischen Schriftzeichen, einige aus dem Römischen Reich, darunter eine Flasche aus dem 5. Jh. Über die Seidenstraße importierte Glaswaren waren zu jener Zeit mehr wert als Gold. Außerdem befanden sich in der Krypta 1000 Bände buddhistischer Sutren, von denen Bilder zeugen, sowie 27 000 **Münzen**, von denen die außergewöhnlichsten aus Schildpatt hier bestaunt werden können. In einem Anbau werden die Überreste der Seidenstoffe gezeigt, in denen sämtliche Relikte eingewickelt waren, und es gibt eine Ausstellung zu den Methoden ihrer Herstellung.

Im Zentrum des Hauptraumes steht ein vergoldeter **Silbersarg**, in dem einer der Fingerknochen aufbewahrt wurde, und zwar in einem Kupfermodell eines Stupa im Innern einer Marmorpagode. Oben fällt ein Mönchsstab aus Gold und Silber auf, der ironischerweise zum Betteln um Almosen genutzt wurde, doch am wichtigsten sind hier die **Kästchen**, in denen die anderen beiden Fingerknochen enthalten waren – fein gearbeitete Schächtelchen aus Silber, Sandelholz, Gold und Kristall, die ineinander gesteckt waren, während sich die eigentlichen Fingerknochen in winzigen Jadesärgen befanden.

Südlich von Xi'an

In der bewaldeten Hügellandschaft südlich von Xi'an bieten sich mehrere bedeutende **Tempel** als würdige Ziele eines Tagesausfluges an. Der im Jahre 669 gegründete **Xingjiao Si** steht 24 km südöstlich der Stadt auf einem Berg am Fan-Fluss. Er ist seinerzeit zur Aufbewahrung der Asche des reisenden Mönchs Xuan Zang (s.S. 346) erbaut worden, dessen sterbliche Überreste unter einem quadratischen Stupa im Zentrum des Tempels liegen. Die beiden kleineren Stupas an den Seiten markieren die Gräber zweier seiner Schüler. Neben dem Stupa ist in einem Pavillon ein bezauberndes und häufig reproduziertes Steinrelief von Xuan Zang untergebracht, der trotz seines schweren Bündels ganz fröhlich wirkt. Von dem Tempel **Huayan Si**, der auf dem Weg zum Xingjiao Si liegt, ist nicht mehr viel übrig – außer zwei kleinen Ziegelsteinpagoden, von denen eine die sterblichen Überreste des Mönchs Dushun enthält, eines Gründers des Zen-Buddhismus. Zum 5 km westlich von hier gelegenen **Xiangji Si** gehört eine zehnstöckige Pagode zur Aufbewahrung der Asche von Shandao, dem Gründer der Jingtu-Sekte.

Organisierte Touren zu den Tempeln gibt es nicht, doch sind sie alle mit **Bus** Nr. 215 erreichbar, der direkt außerhalb des Südtores abfährt. Von der Endhaltestelle dieser Linie fahren Rikschas zu den Tempeln. Es empfiehlt sich die Rückfahrt gleich mit auszuhandeln.

Hua Shan

Die fünf Gipfel des 120 km östlich von Xi'an aufragenden Hua Shan sollen wie eine fünfblättrige Blüte aussehen, daher der Name „Blumenberg". Ursprünglich wurde er Xiyue (Westberg) genannt, weil er der westlichste der fünf Berge ist, die im Daoismus seit über 2000 Jahren als heilig gelten. Der Ort war immer eine beliebte Pilgerstätte – heute allerdings sind die Leute, die sich die steilen, schmalen Wege hinaufquälen und die sensationellen Aussichten von den Gipfeln genießen, wohl eher der Spezies der Touristen zuzuordnen.

Ein chinesisches Sprichwort lautet: „Nur ein einziger Pfad führt zum Gipfel des Hua Shan", was bedeuten soll, dass der schwierige Weg manchmal der einzige ist. Dieser Weg (Eintritt ¥60) ist inzwischen sehr viel einfacher gemacht worden. Er beginnt heute am neuen **Osttor** und führt zu einer **Seilbahn**, die den Berg allerdings nur bis zur Hälfte hinauffährt (Hin- und Rückfahrt ¥100). Die beschwerliche alte Route beginnt am **Yuquan Si** (Tempel der Jadequelle), der dem Mönch Xiyi aus dem 10. Jh. geweiht ist, der hier als Einsiedler gelebt hat. Wer von hier aus loswandert, wird alle paar hundert Meter an einem Erfrischungsstand am Wegesrand vorbeikommen, der mit Steinhockern, einer Kochplatte, Tee, alkoholfreien Getränken, Karten und Souvenirs lockt – je höher man kommt, desto reizvoller erscheinen einem zudem die knubbeligen Wanderstöcke an den Ständen. Im Sommer geht man eher in einer Art Polonaise den Berg hinauf – mit vielen chinesischen, meist jungen Pärchen in modischer, oft höchst unpraktischer, feinster Urlaubskleidung einschließlich hochhackiger Schuhe.

Der als die „Achtzehn Biegungen" bekannte, trügerischerweise recht einfach erscheinende Aufstieg windet sich etwa zwei Stunden lang durch die Schluchten, bevor er die schmale Steintreppe erreicht, die zu der ersten Bergkuppe namens **Nordgipfel** führt. Der Berg war einst mit Tempeln übersät, von denen immerhin noch ein halbes Dutzend erhalten sind. Viele Touristen kehren hier wieder um, es bietet sich aber auch eine Weiterwanderung zu den Zentral-, Ost-, West- und Südgipfeln an – alles in allem eine achtstündige Rundwanderung.

Auch wenn die Berge nur mäßig hoch sind, erinnern die kargen felsigen Gipfel, verdrehten Kiefern und zerklüfteten Hänge doch sehr an ein echtes Gebirge, wie sie da inmitten der Nebelschleier immer wieder auftauchen und verschwinden. Es ist durchaus möglich, den Berg an einem Tag hinauf- und herunterzukommen, vor allem wenn die Seilbahn genutzt wird. Der Weg ist stellenweise sehr schwierig, doch an gefährlichen Passagen sind Sicherungsketten in den Fels gehauen, so z.B. an dem sehr anschaulich bezeichneten 1000-Fuß-Steilhang und dem Grat des Grünen Drachens, wo der Pfad sich zu einem Gesims an einer Felswand verengt. Manche Besucher kommen erst abends an und klettern im Mondschein weiter, um vom Zentral- oder Ostgipfel den Sonnenaufgang über dem Wolkenmeer bewundern zu können.

Übernachtung und Essen

Rund um das Osttor stehen verschiedene Unterkünfte (meist *, Dorm-Betten ¥40) zur Verfügung, zudem gibt es ca. alle 5 km an der Rundwanderung ein einfaches Hotel, wo eine Übernachtung etwa ¥30 kostet, allerdings ist hier Verhandlungsgeschick gefragt. Mit Licht oder Heizung ist leider nicht zu rechnen, und wer die Nacht auf dem Berg verbringen will, sollte besser den eigenen Schlafsack bei sich haben. Die Unterkünfte sind sehr leicht zu finden, und ihre Schlepper lauern den Reisenden ohnehin entlang der ganzen Strecke auf. Das etwas bessere Hotel namens ***East Peak Guesthouse****** thront auf dem Ostgipfel und wird von den vielen Sonnenaufgang-Fans gern und oft in Anspruch genommen.

Das Essen im Dorf und auf dem Berg ist bestenfalls als akzeptabel zu bezeichnen, darüber hinaus steigen mit zunehmender Höhe auch die Preise. Wer wenig Geld ausgeben will, nimmt sich Proviant mit. Das Nudelrestaurant ***Jixiang Kuaican*** in der Nähe des Busparkplatzes reicht gebratene Nudeln vegetarischer Art, die zwar lecker, aber mit ¥10 auch ein wenig überteuert sind.

Transport

Da Hua Shan an der Eisenbahnstrecke von Xi'an nach Luoyang (s.S. 370) liegt, lässt sich ein Besuch des Berges gut als Zwischenhalt auf dem Weg von der einen in die andere Stadt einplanen. Der Berg empfiehlt sich auch als Ausflug von Xi'an oder auf dem Weg von dort nach Ruicheng in Shanxi (s.S. 334) oder umgekehrt. Jeden Morgen fahren ein paar **Direktzüge** von XI'AN (2–2 1/2 Std) hierher, und am Abend ein weiterer. Tägliche Verbindungen bestehen auch von und nach YUNCHENG (5 Std.). Daneben gibt es die häufiger verkehrenden Züge zum Bahnhof von **Menyuan**, von wo Minibusse die restlichen 20 km zum Hua Shan bewältigen.

Vom **Bahnhof** am Dorf Hua Shan verkehren Busse (¥3) zu den Ausgangspunkten der Wanderung, Fußgänger sind etwa 20 Min. unterwegs: In südlicher Richtung verläuft der Weg bis zum unteren Ende der Straße, dann nach rechts zur Hauptstraße und schließlich die nächste Straße wiederum nach rechts zur westlichen Route.

Am einfachsten jedoch gestaltet sich die Anreise mit dem **Bus**: Sowohl Tourbus Nr. 2 von der Bahnhofshalle von Xi'an als auch Bus Nr. 1 bringen die Fahrgäste für ¥18 in 2 Std. zum neuen Osttor, von wo aus ein weiterer Bus (15 Min., ¥10) zum Ausgangspunkt der Wanderung verkehrt. Die letzten Busse zurück nach Xi'an fahren gegen 17.30 Uhr ab, doch an der Hauptstraße bietet sich bis mindestens 20 Uhr die Möglichkeit, einen der privaten Minibusse zu nehmen, der letzte Zug fährt etwas früher ab.

Die **Bushaltestelle** liegt direkt an der Hauptstraße und damit ein wenig näher am Berg als der Bahnhof. Eine Landkarte, die für ¥2 erhältlich ist, kann sehr nützlich sein, und Leute mit empfindlichen Händen sollten sich Handschuhe zum Preis von ¥3 zulegen – diese beiden Gegenstände werden dem Besucher ohnehin förmlich aufgedrängt. Wer einen abendlichen Aufstieg plant, sollte unbedingt warme Kleidung und eine Taschenlampe mit Ersatzbatterien mit sich führen.

Yan'an

Die Stadt Yan'an inmitten der schaurig schönen, trockenen Lössberge des nördlichen Shaanxi hat mit den anderen Städten der Provinz sehr wenig gemeinsam. Ihrem Erscheinungsbild und Temperament nach erinnert sie eher an die hoch entwickelten Industriestädte von Shanxi als an die uralten Hauptstädte entlang der Ebenen des Gelben Flusses. Dennoch ist sie nur mit dem Zug oder Bus aus dem 250 km südlich gelegenen Xi'an leicht erreichbar. Wer heute durch die düsteren Straßen dieser ruhigen Provinzstadt spaziert, kann sich kaum vorstellen, dass sie in den 30er und frühen 40er Jahren der Hauptsitz der kommunistischen Partei und später eines der beliebtesten Touristenziele sowie nach Maos Geburtsstätte in Shaoshan (s.S. 632) der zweitpopulärste revolutionäre Pilgerort war. Doch das neue politische Klima, in dem die Begeisterung für die Partei schwindet und dies auch nicht mehr Pflicht ist, hat sie zu einer von vielen Städten des Nordens werden lassen, in die sich außer ein paar Gruppen von Soldaten der Volksbefreiungsarmee und vereinzelten Partei-Ideologen nur noch wenige Besucher verirren.

Auch die Sehenswürdigkeiten sind nichts Besonderes, es sei denn, die Tatsache, dass Mao und sein Gefolge sich einst hier aufhielten, flößt irgendjemandem Ehrfurcht genug ein. Ein paar Einblicke in die jüngere Geschichte Chinas gewähren zum einen das **Revolutionsmuseum**, das während des Touristenbooms errichtet wurde und ein gutes Beispiel für die Zweckbauten aus den 50er und 60er Jahren abgibt, und zum anderen die umliegenden Hänge, die mit traditionellen, für Shaanxi typischen **Höhlenbehausungen** übersät sind. Seltsamerweise liegt in der Trostlosigkeit dieser Stadt ein gewisser Reiz, der neben der Schönheit der Umgebung einen Tagesausflug von Xi'an lohnenswert erscheinen lässt. Als beste Option bietet sich die Hinfahrt im Nachtzug und die Rückfahrt mit dem Bus an.

Nach der Anreise durch die geriffelten Lössberge, die zu den herrlichsten Landschaften Chinas gehören, ist die Ankunft in Yan'an eine Enttäuschung, denn die Stadt weist unverkennbar stalinistische Züge auf: Sie ist Y-förmig am Zusammenfluss der östlichen und westlichen Arme des Yan-Flusses angeordnet und präsentiert sich als ca. 7 km langer, schmaler Streifen voller scheußlicher Schlackensteinarchitektur, der von steilen Bergen eingekeilt ist.

Passenderweise bedient das Zentrum vollkommen das aus dem Kalten Krieg herrührende Klischee von kommunistischer Kargheit: Die Straßen sind von einander ähnelnden Wohnblocks aus bröckelndem grauem Beton gesäumt, die regelmäßig von Stromausfällen und Wassermangel betroffen sind. Sehr viel attraktiver ist der Stadtrand, wo die düsteren Gebäude den Höhlen sowie den fensterlosen (den Höhlen nachgeahmten) Häusern an den Hängen weichen.

Das Revolutionsmuseum

Das in der nordöstlichen Ecke der Stadt gelegene Revolutionsmuseum umgibt sich mit der Aura eines Schreins, und eine Skulptur in seinem Innern, gegenüber vom Eingang, stellt den revolutionären Kampf dar. Davor werden Spenden entgegengenommen. Die riesigen Hallen zeigen eine umfangreiche Sammlung von Artefakten – die Museumsleitung scheint alles, was sich zwischen 1935 und 1949 in der Stadt befand, als ausstellungswürdig zu erachten. Dazu gehören Fußbälle ohne Luft, Nähmaschinen, verrostete Becher und Hunderte Waffen und Handgranaten. Das ausgestopfte weiße Pferd soll seinerzeit Mao getragen haben, außerdem sind chinesische Übersetzungen von Büchern von Lenin, Stalin und Trotzki zu sehen. Englische Beschriftungen fehlen, aber für ausländische Besucher sind das Interessanteste ohnehin die Propagandabilder, unter denen sich Holz- und Papierschnitte von Soldaten der Roten Armee befinden, die den Bauern bei ihrer Arbeit auf den Feldern helfen.

Die Wände hängen voller Fotos aus jener Zeit, und Sinologen können sich den Spaß machen zu versuchen, die Portraits der ungelenk posierenden, jugendlichen Personen mit frischen Gesichtern, die einander in ihren Mao-Anzügen gleichen wie ein Ei dem anderen, den achtzigjährigen Führern des Chinas des ausgehenden 20. Jahrhunderts zuzuordnen.

Sehenswerter ist da schon das **Lao Ganbu Menqiu Chang** (Krocketfeld der Alten Kader) links vom Museumseingang, wo alte Käuze mit jedem plaudern, der bereit ist zuzuhören. 🕒 tgl. 8–17.30 Uhr, Eintritt ¥10.

Die Kommunisten in Yan'an Die Ankunft der Kommunisten in Yan'an im Oktober 1935 ging mit dem Ende des **Langen Marsches** einher – einer unglaublichen und inzwischen fast legendären Reise, auf der 80 000 Männer, Frauen und Kinder der Roten Armee aus ihren Quartieren in den Bergen der Provinz Jiangxi flohen, um ihrer Einkesselung und Vernichtung durch die Nationalisten zu entgehen. Auf ihrem beschwerlichen Weg durch einige der unwirtlichsten Gebiete der Erde legten sie innerhalb eines Jahres 9500 km zurück (Kasten s.S. 654).

Als Mao schließlich in Yan'an eintraf, war seine Begleitung auf etwa 5000 Menschen eingeschmolzen, doch hier trafen sie auf Kommunisten aus dem Norden, die bereits einen Sowjet eingerichtet hatten. Ganz allmählich trafen auch die Nachzügler ein sowie jene, die auf Missionen in andere Landesteile gesandt worden waren, sodass die Zahl der Kommunisten in der Stadt immer weiter anstieg. Der **Sowjet von Yan'an** kontrollierte bald ein riesiges Gebiet im Umland und unterhielt seine eigenen Wirtschaftsstrukturen, einschließlich eigener Banknoten, zur Unterstützung des neuen politischen Systems. Soldaten hatten in China bis dahin parasitär von den unglückseligen Bauern gelebt, die ihren Weg kreuzten. Maos Truppen dagegen waren darauf geschult, sich als Beschützer des Volkes zu betrachten, und angewiesen, immer höflich zu sein und für ihre Versorgung zu bezahlen. Mao zufolge war der Sieg nur „mit Waffen und Hirse" zu erreichen, also musste man die Landbevölkerung für die Sache gewinnen. In den folgenden Jahren führten die Kommunisten eine Bodenreform durch und organisierten die Bauern in Genossenschaften, während sie einen Guerillakrieg gegen die Japaner begannen. **Mao** schrieb hier einige seiner bedeutendsten Aufsätze, darunter vieles von dem, was später in seinem *Kleinen Roten Buch* zu lesen war. Doch nicht nur der Großteil der wichtigsten politischen Persönlichkeiten des kommunistischen China kam hierher, sondern auch so mancher bekannte Ausländer wie etwa Edgar Snow, dessen Buch *Roter Stern über China* das Leben in Yan'an beschreibt, und Norman Bethune, der kanadische Chirurg, der bei seinem Dienst für die Rote Armee ums Leben kam (s.S. 251). Beiden wurde am Revolutionären Hauptquartier Fenghuangshan ein Denkmal gesetzt.

Die beiden revolutionären Hauptquartiere

Ebenfalls empfehlenswerter als das Museum ist das **Revolutionäre Hauptquartier Wangjiaping**, gleich um die Ecke, doch trotz der großen blauen Wegweiser ist es schwer zu finden. Aus dem Museumskomplex kommend, geht man direkt nach links und läuft 200 m einen schmalen Pfad entlang, der in ein Dorf zu führen scheint. Das Hauptquartier ist eine Ansammlung niedriger Gebäude, befindet sich auf der rechten Seite und ist durch ein verblasstes Schild gekennzeichnet. Mit erstaunlicher Zurückhaltung wird hier die vor gar nicht langer Zeit vielbesuchte Touristenattraktion präsentiert, wo u.a. Mao, Zhou Enlai und Zhu De lebten und arbeiteten. Die schlichten, weiß verputzten Flachbauten aus Stroh, Lehm und Ziegeln, die die typische traditionelle Architektur der Gegend widerspiegeln, sind elegant gebaut, mit Gitterfenstern aus Holz, die mit Papier ausgekleidet sind, auf dem manchmal noch der kommunistische Stern prangt. Trotz der englischsprachigen Erläuterungen zur Geschichte strahlt der Komplex ein nahezu klösterliches Flair aus. Die gewölbten Räume mit den Tassen auf den Tischen und dem Bettzeug auf den Betten vermitteln das Gefühl, als würden die Bewohner demnächst zurückkehren, und sind von einer Bescheidenheit, die mit der von Mönchskammern vergleichbar ist. Die Haupthalle schließlich ist ein schmuckloser Holzbau mit Reihen von Holzbänken vor einem Podium, der an eine Gebetshalle erinnert. Hin und wieder finden sich hier Gruppen von PLA-Soldaten ein, die zunächst in den Hof einmarschieren, dann Klappstühle auseinander falten und einem Vortrag lauschen. Die hochnäsigen Museumswärter verkaufen für ¥10 ein Buch mit vielen Fotos aus jener Zeit. 🕓 tgl. 8–17 Uhr, Eintritt ¥9.

Über den Fluss führt der Weg weiter in Richtung Bahnhof zum **Revolutionären Hauptquartier Fenghuangshan**. Am Ende einer Seitenstraße

Yan'an

Yan'an	延安	***yán'ān***
Baota-Pagode	延安塔	*yán'ān tă*
Revolutionäres Hauptquartier Fenghuangshan	凤凰山革命旧址	*fēnghuángshān gémìng jiùzhǐ*
Revolutionäres Hauptquartier Wangjiaping	王家坪革命旧址	*wángjiāpíng gémìng jiùzhǐ*
Revolutionsmuseum Yan'an	延安革命纪念馆	*yán'ān gémìng jìniànguăn*
Übernachtung		
Yan'an Binguan	延安宾馆	*yán'ān bīnguăn*
Yan'an Jiaoji Binguan	延安交际宾馆	*yán'ān jiāojì bīnguăn*

der Zhangxin Jie zwischen der Post und dem *Yan'an Binguan* gelegen, war dies die erste Niederlassung der Kommunisten. In den Jahren 1937 und 1938 dienten die beiden Haupträume im westlichen Innenhof als Maos Schlaf- bzw. Studierzimmer. Noch immer werden hier sein Holzbett, sein Schreibtisch mit Stühlen und eine Latrine aufbewahrt – ebenso wie eine Sammlung von Briefen und Fotos von kommunistischen Funktionären, die alle nur chinesisch beschriftet sind Zwei Souvenirgeschäfte bieten Reproduktionen von sämtlichen Dingen an, die mit dieser Zeit zu tun haben – hauptsächlich nutzloses Zeug wie z.B. singende Mao-Feuerzeuge. ⌚ tgl. 8–17.30 Uhr, Eintritt ¥8.

Baota-Pagode

Am südöstlichen Stadtrand am Ostufer des Flusses thront auf einem Hügel die Baota-Pagode aus der Ming-Dynastie, die manchmal als Symbol der kommunistischen Partei herhalten muss. Aufgrund ihrer Lage hoch über der Stadt gewährt die über eine kurvenreiche Straße erreichbare Pagode einen eindrucksvollen Blick auf die kantigen Ebenen der Umgebung und die dahinter liegenden zerklüfteten, mit Höhlen durchlöcherten Berge. Draußen können Touristen in den blau-grauen Militäruniformen der ersten kommunistischen Soldaten mit roter Armbinde und Holzgewehr für Fotos posieren. Von dem Berg aus sind auch andere revolutionäre Stätten in der Umgebung der Stadt zu sehen – die roten Fahnen sind ein sicheres Zeichen dafür –, allerdings handelt es sich hauptsächlich um Brücken und Standorte von Gebäuden, die inzwischen verschwunden sind. ⌚ tgl. 8–17.30 Uhr, Eintritt ¥20 plus ¥3 für die Besteigung der neun Treppen.

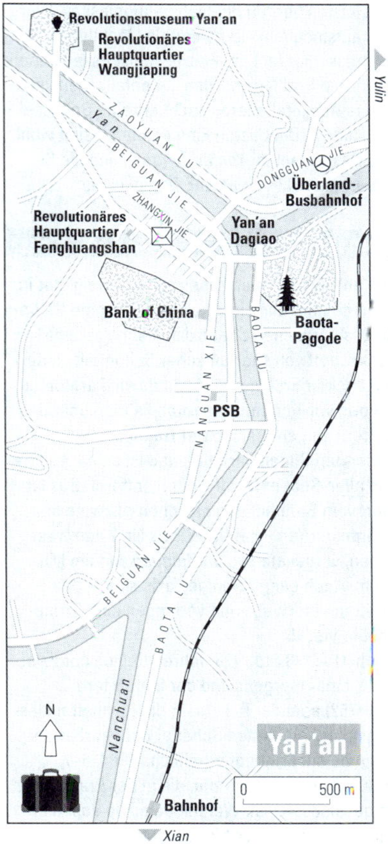

Übernachtung und Essen

Übernachtet werden kann im ***Yan'an Binguan******* an der Yan'an Lu, ✆ 2113122, unmittelbar südlich der Flussgabelung im Stadtzentrum. Die kompromisslose Fassade dieses Hotels lässt das gemütliche Innere in keinster Weise erahnen. Es liegt am Westufer des Flusses, ein kurzes Stück südlich der Brücke. Preiswerter ist der schmucklose Betonbau des ***Yan'an Jiaoji Binguan****, ✆ 2113862, der 3 km nördlich des Bahnhofs an der Zhongxin Jie liegt und Dreibettzimmer mit Gemeinschaftsbad sowie DZ anbietet. Vielleicht akzeptieren inzwischen auch andere Hotels Ausländer, denn das Geschäft hat in den letzten Jahren deutlich nachgelassen. Wer Einkaufsmöglichkeiten oder ein Nachtleben sucht, ist hier fehl am Platze, selbst Essen gehen kann zum Problem werden, jedenfalls wenn man etwas Ausgefalleneres sucht als eine Schüssel mit Nudeln. Die besten Empfehlungen sind wohl das Restaurant im *Yan'an Binguan* und die Sichuan-*jiaozi*-Läden an der Zhongxin Jie.

Transport

Yan'an liegt an einem Eisenbahnabzweig, der in Xi'an beginnt und sich durch das bergige Gelände des nördlichen Shaanxi schlängelt – eine Landschaft von spartanischer Schönheit, in deren nackter Erde nur hier und da ein Farbtupfer in Form von vereinzelten roten Fahnen über den Dörfern eingebettet ist. Der **Bahnhof** liegt im äußersten Süden der Stadt und ist somit weit von allen Sehenswürdigkeiten entfernt. Bus Nr. 1 fährt vom Bahnhof den östlichen Abzweig des Y-förmigen Yan'an entlang, Bus Nr. 2 den westlichen, vorbei am *Yan'an Binguan* und am Museum. Auch einige wenige Taxis sind in den Straßen unterwegs und verlangen eine Grundgebühr von ¥5.
Nach XI'AN (8 Std., ¥76) fahren täglich nur zwei Züge, einer morgens und der begehrtere (Nr. 4762) abends. Tickets für die Hartbettenklasse sind nur am ersten Schalter der Fahrkartenausgabe am Bahnhof erhältlich, ◷ tgl. 6–7, 15.30–17 und 20–21.30 Uhr, die in der Praxis aber oft geschlossen ist. Wer mit dem Zug aus Xi'an angereist ist und dorthin zurückfahren möchte oder die Reise nach Xi'an zum ersten Mal unternimmt, sollte den Bus nehmen, denn die Blicke aus den Fenstern auf die Lösslandschaft und die Höhlenbehausungen sind einfach unschlagbar. Expressbusse nach XI'AN (6 Std., ¥69) fahren um 9.15 und 12 Uhr vom **Busbahnhof** ab, der sich ca. 1 km östlich des Stadtzentrums befindet. Verbindungen bestehen außerdem nach Linfen in Shanxi sowie nach Yulin, das im Norden unweit der Grenze zur Inneren Mongolei liegt, aber auch direkt nach Baotou in der Inneren Mongolei (eine holprige, jedoch faszinierende Fahrt) sowie einmal täglich in 10 Std. zu den Hukou-Wasserfällen (s.S. 333).

Luoyang

Luoyang liegt etwa in der Mitte des Tals des Gelben Flusses und zeigt sich von zwei verschiedenen Seiten. Zum einen gibt es das industrielle Luoyang – in den 50er Jahren gebaut, trist und wenig interessant, außer wenn im April die Besucherscharen einfallen, um die Pfingstrosenblüte zu bestaunen – und zum anderen die uralte „Stadt der Neun Hauptstädte", die von neolithischen Zeiten bis in das Jahr 937 bewohnt war und heute aus nicht viel mehr als ein paar Stätten am Rande der modernen Stadt besteht. Trotz der Bedeutung des alten Luoyang für die chinesische Geschichte, von der zahlreiche Funde in dem Museum zeugen, gibt es dort, wo einst die prächtigen Paläste und Tempel standen, nunmehr wenig zu entdecken. Die Stadt zeigt eine gewisse Ähnlichkeit mit anderen ehemals bedeutenden Städten der Provinz wie Zhengzhou oder Shijiazhuang, für die heute die Modernisierung oberste Priorität hat. Doch abseits der glitzernden Hauptboulevards sind die Straßen ausgefahren, voller Bauschutt und von identischen braunen Wohnblocks gesäumt – ein ausgeprägter Gegensatz, der die schnelle und ungleichmäßige Entwicklung der Stadt veranschaulicht.

Jenseits der Stadtgrenzen aber faszinieren noch immer die **Longmen-Grotten**, die mit ihren buddhistischen Reliefs zu den bedeutendsten Kunststätten Chinas zählen, sowie die altehrwürdigen **Tempel Baima und Guanlin**. Die Stadt eignet sich auch als Ausgangspunkt für die Erkundung des heiligen Berges **Song Shan** und des **Shaolin Si**, der Heimat der asiatischen Kampfsportarten.

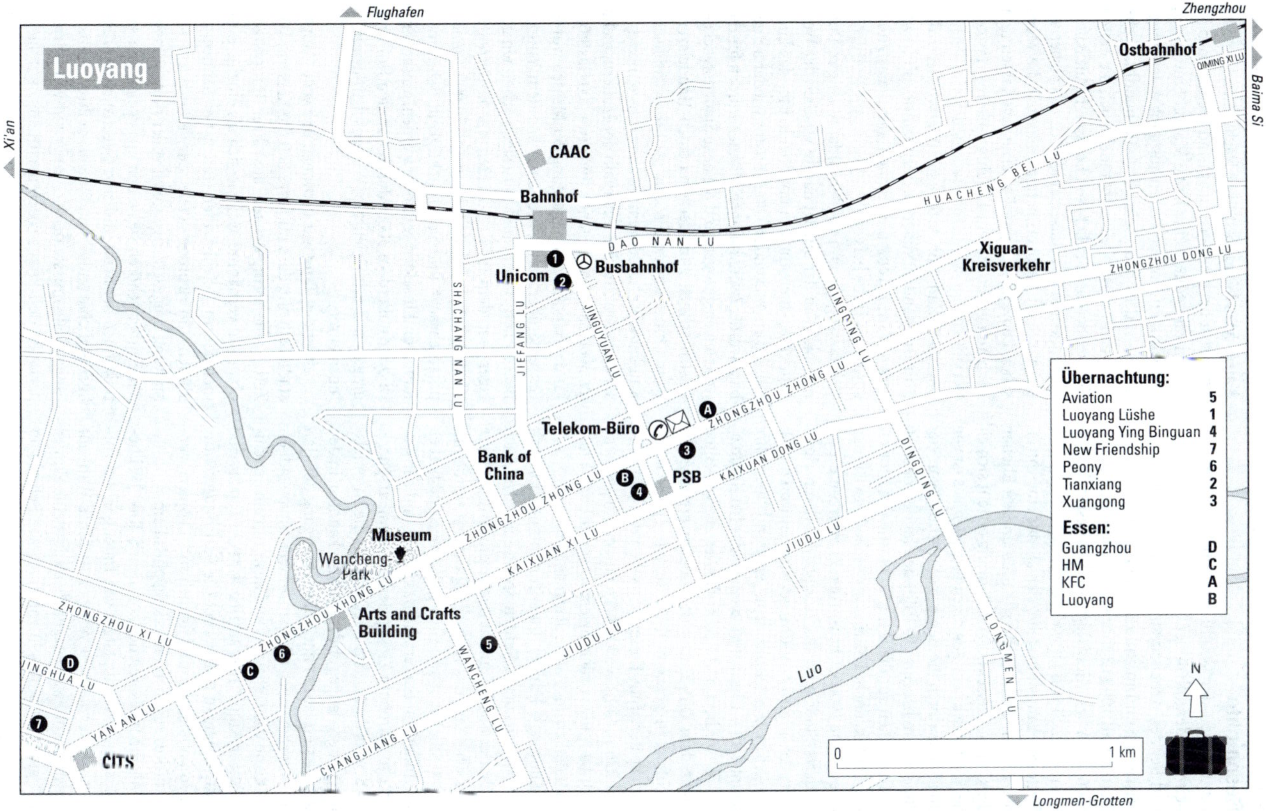
Luoyang
Flughafen
Zhengzhou
Baima Si
Xi'an
Longmen-Grotten
Ostbahnhof
QIMING XI LU
CAAC
Bahnhof
HUACHENG BEI LU
DAO NAN LU
Busbahnhof
Unicom
Xiguan-
Kreisverkehr
ZHONGZHOU DONG LU
SHACHANG NAN LU
JIEFANG LU
JINGUYUAN LU
DINGDING LU
ZHONGZHOU ZHONG LU
Telekom-Büro
Bank of
China
PSB
KAIXUAN DONG LU
KAIXUAN XI LU
JIUDU LU
Museum
Wancheng-
Park
ZHONGZHOU XI LU
Arts and Crafts
Building
WANCHENG LU
JINGHUA LU
YAN'AN LU
CITS
CHANGJIANG LU
LONGMEN LU
Luo
Übernachtung:
Aviation 5
Luoyang Lüshe 1
Luoyang Ying Binguan 4
New Friendship 7
Peony 6
Tianxiang 2
Xuangong 3
Essen:
Guangzhou D
HM C
KFC A
Luoyang B
N
0
1 km

Geschichte

Ein Großteil der Geschichte Luoyangs kam erst beim Wiederaufbau der Stadt in den 50er Jahren und bei den Arbeiten zur Terrassierung und Bewässerung im Umland zum Vorschein, als etwa 60 Stätten und 1000 Gräber entdeckt wurden. Schon 5000 v. Chr. war diese Gegend dicht besiedelt – die 1921 westlich von Luoyang entdeckte neolithische Stätte von **Yangshao** stellte sich als nur eine von einer ganzen Reihe solcher Stätten an den Ebenen des Gelben Flusses heraus. Luoyang erfreut sich einer strategisch sehr günstigen Lage, denn es ist von drei Seiten durch die Berge geschützt und von vier Flüssen durchzogen. Die frühesten hier entdeckten Spuren gehen auf die Shang-Dynastie der Bronzezeit zurück, doch die erste wirkliche Entwicklung scheint eine 1000 v. Chr. von den Zhou erbaute, ummauerte Stadt gewesen zu sein. Als deren Herrscher im Jahre 771 v. Chr. gezwungen waren, sich aus Xi'an zurückzuziehen, entstand hier ihre Hauptstadt – Überlieferungen zufolge hat Konfuzius hier studiert und Lao Zi die Archive verwaltet. Unter dem Qin-Kaiser und seinen ersten Han-Nachfolgern gewann Xi'an seinen Titel wieder, doch spätere Han-Kaiser (zwischen den Jahren 25 und 220 n. Chr.) wurden erneut gezwungen, sich nach Luoyang zurückzuziehen, woraufhin sie ihre Stadt östlich des Baima Si errichteten.

Luoyangs Handel und Kommunikation mit dem Westen auf der **Seidenstraße** entwickelte sich rasch: Der Buddhismus erreichte die Stadt im Jahre 68 n. Chr., und das Kaiserliche College wurde mit 30 000 Studenten und einer großartigen Bibliothek gegründet. Cai Lun erfand das Papier und der kaiserliche Astronom Zhang Hen die Armillarsphäre, ein Beweis dafür, dass die Chinesen die Himmelsbewegungen lange vor dem Westen kannten. In den turbulenten Jahren nach dem Untergang der Han blieb Luoyang noch eine ganze Weile Hauptstadt einer Reihe von Dynastien und das Zentrum der chinesischen Kultur. Hier schrieb der Poet Zuo Si seine Gedichtreihe mit dem Titel *Die Drei Hauptstädte,* die so populär war und folglich so oft kopiert wurde, dass es zu einer Papierknappheit kam.

Als die Invasoren der nördlichen **Toba Wei** beschlossen, ihre Hauptstadt von Datong in das chinesische Herzland zu verlegen, fiel ihre Wahl auf Luoyang, wohl weil es damals als Mittelpunkt der Welt galt. Im Jahre 493 zogen sie auf Befehl von Kaiser Xiao Wendi fast über Nacht nach Luoyang und erbauten eine neue Hauptstadt. Schon nach 30 Jahren zählte diese eine halbe Million Einwohner, auf Märkten wurden Waren aus ganz Asien angeboten, und es gab mehr als 1400 buddhistische Tempel. In dieser Zeit entstanden auch die ersten der wunderbaren Reliefs von **Longmen**. Auf Befehl eines anderen Wei-Kaisers und noch plötzlicher, als sie die Stadt bezogen hatten, mussten die Menschen Luoyang im Jahre 543 erneut verlassen und nach **Yeh** gehen. Einem 13 Jahre später verfassten Bericht zufolge waren die Stadtmauern im Verfall begriffen und mit Artemisia überwuchert, die Straßen standen voller Dornenbäume, und zwischen den Zeremonientürmen der Palastruine spross die Hirse hervor.

Luoyang lag nun wieder 70 Jahre lang in Ruinen, bis es in der **Sui-Dynastie** westlich der Wei-Ruinen nach einem sich über beide Ufer des Luo-Flusses erstreckenden Gittermuster wieder aufgebaut wurde. Zwei Millionen Männer wurden für die Arbeiten eingezogen, und die neue Stadt entwickelte sich schnell zum bedeutendsten Handelszentrum Chinas und zum Magneten für ausländische Kaufleute: Man zählte eine Million Einwohner, drei separate Großmärkte innerhalb der Mauern, mehr als 3000 Läden und Stände und etwa 400 Gasthöfe für die Händler. Zur Versorgung der Massen wurde Getreide über den Kaiserkanal aus dem Yangzi-Becken hergebracht und in riesigen Scheunen gelagert – in dem 1971 entdeckten Hanjia-Getreidesilo westlich der Altstadt konnten 250 000 Tonnen untergebracht und vor Feuchtigkeit, Schimmel, Ratten und Insekten geschützt werden. Kaiser Yang Di holte außerdem 3000 Musiker an den Hof und umgab sich mit Gelehrten, Wissenschaftlern und Ingenieuren.

Unter den **Tang** war Luoyang nur zweite Hauptstadt. Es heißt, dass im Jahre 800 die Kaiserin Wu Zetian alle **Pfingstrosen** aus ihrer Hauptstadt Chang'an verbannte, weil sie sich als einzige Blumen ihrem Befehl widersetzten, bei Schnee zu blühen. So wurden viele der Pflanzen nach Luoyang umgesetzt, wo sie zu voller Blüte gelangten. Seither gehören sie zu den meistgefeierten Attraktionen der Stadt und sind Gegenstand unzähliger Gedichte und Abhandlungen zu ihrem Anbau. Einige Male musste der Hof aufgrund von Dürreperioden den Pfingstrosen nach Luoyang folgen,

Luoyang und Umgebung

Luoyang	洛阳	***luòyáng***
Arts and Crafts Building	工艺美术楼	*gōngyì měishùlóu*
Luoyang-Museum	洛阳博物馆	*luòyáng bówùguǎn*
Wancheng-Park	王成公园	*wángchéng gōngyuán*
Übernachtung und Essen		
Aviation	航空大厦	*hángkōng dàshà*
Dongbei Fengwei Jiaozi	东北风味饺子	*dōngběi fēngwèi jiǎozi*
Guangzhou	广州酒家	*guǎngzhōu jiǔjiā*
HM	弘棉大酒店	*hóngmián dàjiǔdiàn*
Luoyang Lüshe	洛阳旅社	*luòyáng lǚshè*
Luoyang Restaurant	洛阳酒店	*luòyáng jiǔdiàn*
Luoyang Ying Binguan	洛阳迎宾馆	*luòyáng yíngbīnguǎn*
New Friendship	友谊宾馆	*yǒuyì bīnguǎn*
Peony	牡丹大酒店	*mǔdān dàjiǔdiàn*
Tianxiang	天香旅社	*tiānxiāng lǚshè*
Xuangong	旋宫大厦	*xuángōng dàshà*
Die Umgebung von Luoyang		
Baima Si	白马寺	*báimǎ sì*
Guanlin Miao	关林庙	*guānlín miào*
Longmen-Grotten	龙门石窟	*lóngmén shíkū*
Qiyun Ta	齐云塔	*qíyún tǎ*

wo die Kaiserin einige der bedeutendsten Skulpturen von Longmen in Auftrag gab.

Mit dem Ende der Tang verlor Luoyang schließlich für alle Zeit seine Bedeutung. Die Hauptstadt wurde nun nach **Kaifeng** verlegt, und ganz allmählich verlagerte sich der wirtschaftliche Schwerpunkt der Nation nach Süden. Luoyang konnte sich von diesem Bedeutungsverlust nie wieder erholen, und im Jahre 1920 gab es hier nur noch eine heruntergekommene Siedlung von etwa 20 000 Menschen. Der erste Fünfjahresplan sah eine **industrielle Entwicklung** für die Stadt vor, und dieses Ziel wurde seitdem ohne Ansehen der Geschichte verfolgt. Seit Anfang der 50er Jahre geht es kontinuierlich und in schnellem Tempo aufwärts, nicht zuletzt wegen der günstigen Lage der Stadt an der Ost-West-Eisenbahnlinie und dem südlichen Abzweig nach Yichang. Luoyang ist also wieder zur blühenden Metropole geworden, wenn es auch viel von seinem einstigen Reiz eingebüßt hat und verschmutzter ist als je zuvor.

Sehenswürdigkeiten

In Luoyang selbst hält einen nicht viel, doch wenn zwischen den Touren zu den umliegenden Attraktionen ein wenig Zeit bleibt, laden ein paar nette Restaurants, ein Museum und die Altstadt zum Schlendern ein.

Die Stadt erstreckt sich von Ost nach West zwischen dem Luo-Fluss und der Eisenbahnlinie, die Altstadt liegt im Osten und das modernere Ballungsgebiet mit Fabriken und Wohnblocks im Westen. Die **Zhongzhou Zhong Lu** ist die Hauptdurchfahrtsstraße, die sich längsseits durch die ganze Stadt zieht. An der T-Kreuzung im Zentrum der Innenstadt trifft sie auf die Jinguyuan Lu, die vom Bahnhof nach Süden führt. Hier steht neben dem *Xuangong Hotel* das sechsstöckige Kaufhaus mit einem Café im Erdgeschoss.

In westlicher Richtung führt die von Bäumen gesäumte Zhongzhou Zhong Lu nach 1 km zum **Wancheng-Park**, der auch mit den Bussen Nr. 9 und 2 sowie dem Oberleitungsbus Nr. 102 erreichbar ist und sich während der Pfingstrosenblüte im April von seiner schönsten Seite zeigt. Die **Pfingstrosen** von Luoyang sind so intensiv gezüchtet und gesammelt worden, dass die Stadt heute über 150 Arten ihr Eigen nennt, die auch wirklich auf jedem verfügbaren Flecken Erde wachsen – ein wunderschöner Anblick. Das Pfingstrosenmotiv findet sich überall in der Stadt wieder, z.B. an Pergolen und sogar an Abfallbehältern. ⏲ tgl. 8–18 Uhr, Eintritt ¥3.

Außerhalb der Blütezeit ist Wancheng nur irgendein Park mit einem traurigen Zoo, der Fluss trocknet im Winter aus und verbreitet üble Gerüche. **Ausgrabungen** im Park haben viele Bestandteile der alten Zhou-Hauptstadt aus dem Jahre 771 v. Chr. zum Vorschein gebracht, darunter Mauern, Paläste, Tempel und einen Marktplatz, allerdings bleiben diese Stätten der Öffentlichkeit verborgen. Die Hängebrücke in der nordwestlichen Ecke des Parks führt zu zwei **Han-Gräbern**, die der Öffentlichkeit zugänglich gemacht werden sollen und in denen angeblich ein paar gute frühe Wandmalereien zu sehen sind.

Ansonsten ist fast alles, was von den uralten Städten übrig geblieben ist, in dem unmittelbar östlich des Parks gelegenen **Museum** zusammengetragen worden. Dort gibt es fünf chronologisch angeordnete Hallen, die zunächst etwas langweilig wirken – Unmengen von Bronzegefäßen, die in keinem Provinzmuseum zu fehlen scheinen, sind hier ausgestellt, und englische Erklärungen gibt es nicht. Doch dann wird es besser: In Halle 2 bestechen die **Shang-Bronzeobjekte** und ein reizender **Jadetiger** der Zhou. Halle 4 begeistert durch ein paar indisch inspirierte **Wei-Statuen** sowie eine Modellfarm aus einem Han-Grab mit einer Sau und ihren Ferkeln. In Halle 5 werden komisch anmutende **polychrome Figuren aus der Tang-Zeit** gezeigt, u.a. Kamele und ein reisender Kaufmann, der unter der Last seines Gepäcks vornüberfällt. In der oberen Etage gibt es einen neuen, ausgezeichneten Saal, in dem ausgiebig englisch beschriftete Relikte wohlgefällig präsentiert werden. Sie sind nicht wie gewöhnlich nach Dynastien, sondern nach ihrem Material (Bronze, Silber und Jade) geordnet – ein ungewöhnliches System, das in diesem Fall gut funktioniert, da es den direkten Vergleich über die Jahrhunderte hinweg ermöglicht. Wie üblich schlägt in der Keramikabteilung die Tang-Zeit mit ihren ausdrucksstarken Kamelen und einem hakennasigen Ausländer mit spitzem Kinn mühelos die Konkurrenz, ebenso wie beim **Gold und Silber**, wo ihre ornamentreichen Schmuckobjekte den Einfluss persischer und römischer Stile erkennen lassen. In der **Jade**-Abteilung werden ein paar sonderbare kleine Tierskulpturen gezeigt, die den Xia und Shang zuzuordnen sind, und in der **Bronze**-Abteilung schließlich – die besonders groß ist, da die Gegend um Luoyang früher in die Bronzezeit eintrat als der Rest des Landes – ein Pferdegeschirr von einem Streitwagen der Shang. ⏲ tgl. 9–17.30 Uhr, Eintritt ¥10.

Östlich des Xiguan-Kreisverkehrs lässt es sich in den Gassen der **Altstadt** wunderbar bummeln, vorzugsweise mit dem Fahrrad, da sie ziemlich ausgedehnt ist. Die interessantesten Gassen liegen südlich der Zhongzhou Dong Lu, wo in weiß getünchten Fachwerkhäusern kleine Familienläden untergebracht sind, zu deren Warenangebot Siegel gehören – in die der gewünschte Name eingraviert wird, während der Kunde wartet –, nebst Tee und Künstlerbedarf.

Übernachtung

Eine Unterkunft in Bahnhofsnähe ist hier, anders als in anderen chinesischen Städten, zu empfehlen, da die meisten Sehenswürdigkeiten ohnehin außerhalb der Stadt liegen und alle Verkehrsverbindungen von hier aus bequem erreichbar sind. Wer einen längeren Aufenthalt plant und die höheren Preise nicht scheut, sollte sich in der Stadt etwas suchen, wo es ruhiger und sauberer ist.

Aviation***, an der Kreuzung von Fanglin Lu und Kaixuan Xi Lu, ✆ 3385599. Bus Nr. 8 vom Bahnhof nehmen und an der Wancheng Lu aussteigen. Das Personal dieses neunstöckigen Hotels trägt die elegantesten Uniformen aller Hotels von Luoyang, und die Gäste – viele Piloten und Flugbegleiter – sind ebenfalls recht schick. Passenderweise erinnert das Foyer an eine Flughafen-Lounge. Schade nur, dass es in solch einem tristen Stadtteil liegt.

Luoyang Lüshe*, ✆ 3935181. Schäbiges Gebäude gegenüber vom Bahnhof, am Ausgang links. Gehört zu den besseren Optionen der unteren Preisklasse: groß, einfach und laut, aber sauber und angenehmes Personal. Die besseren Räume, außer Hörweite der laut tönenden Bahnhofsuhr, gehen nach hinten raus. Die Zimmer immer vor dem Zahlen anschauen, da einige ziemlich abgewohnt sind. Die gemütlichen Vierbett-Dorms (Betten ab ¥15) sind ein echtes Schnäppchen.

Luoyang Ying Binguan**, 6 Renmin Xi Lu, ✆ 393 5414. Neues Hotel in guter und ruhiger Lage im Stadtzentrum. Zählt zu den besten Mittelklassehotels und verfügt über einen hauseigenen Reiseschalter mit Verkauf von Flugtickets.

New Friendship***, 6 Xiyuan Lu, ✆ 4686666, 📠 4912328. Mit Bus Nr. 8 vom Bahnhof erreichbar. Der angenehme rote Backsteinbau mit schokoladenfarbenem Foyer ist stilvoll und elegant, aber vielleicht etwas zu weit westlich gelegen. Gegenüber von einem Park, in dem im Frühling die Pfingstrosen blühen. Der preiswertere Flügel ** nebenan ist oft voller Reisegruppen.

Peony****, 15 Zhongzhou Zhong Lu, ✆ 4913699, 📠 4913668. Vornehmstes Hotel der Stadt, das für die luxuriösesten Zimmer bis zu ¥1000 verlangt. Alle modernen Annehmlichkeiten vorhanden, außerdem ein *CITS*-Büro und ein gutes, aber teures Restaurant.

Tianxiang*, 56 Jinguyuan Lu, ✆ 2561135. Wohl die beste Option der unteren Preisklasse, große Auswahl an sauberen und komfortablen, wenn auch betonierten Zimmern. Eines der besten Restaurants von Luoyang in der unteren Etage. Unmittelbar gegenüber vom Bahnhof und Busbahnhof – also nach einem ruhigeren Zimmer nach hinten raus fragen. Dorm-Betten ab ¥20.

Xuangong**, 275 Zhongzhou Zhong Lu, ✆ 322 2226. Gute Lage mitten im Zentrum, komfortables Hotel mit gutem Restaurant. Mit der Neonbeleuchtung am Eingang auch nachts nicht zu verfehlen.

Essen

Unter den schummrigen, winzigen Nudellokalen rund um den Bahnhof ist gleich rechts neben dem *Tianxiang Hotel* ein ganz nettes mit der Aufschrift ***Foreigner Restaurant***. Mit seiner englischsprachigen Speisekarte und einem breiten westlichen Imbissangebot versucht es, Rucksackreisende anzulocken. *Jiaozi* gibt es im ***Dongbei Fengwei Jiaozi***, wo ein ganzer Teller ¥10 kostet – wenn man aus dem Bahnhof kommt rechts, über die Jiefang Lu und vorbei an zwielichtigen Gästehäusern auf der linken Seite. Ebenfalls gegenüber vom Bahnhof werden, unweit der vielen Schuhputzer, an den allabendlich öffnenden Holzbuden verschiedenste Snacks wie Orangen, Äpfel und Nüsse angeboten.

Guangzhou, Jinghua Lu. Etwas abseits, aber die Mühe lohnt sich, englische Beschriftung. Nicht die schmuddelige Kantine im unteren Stock wählen, sondern das darüber gelegene, gut besuchte Restaurant, das kantonesische Speisen serviert. Das Personal spricht kein Englisch, ist aber freundlich, auch keine englische Speisekarte. Halbe Portionen zum halben Preis, somit bekommt man auch zu zweit oder als Alleinreisender vier oder fünf Gerichte für weniger als ¥100.

HM, Zhongzhou Zhong Lu, gegenüber der Kreuzung mit der Zhongzhou Xi Lu. Gemütliche Atmosphäre, kleine Tische und englische Speisekarte. Große Auswahl an Gerichten, Höhepunkte für den Gaumen mit Heimweh sind das Soufflé und die köstlichen Bananenröllchen. Mit ca. ¥50 p.P. ist es jedoch nicht billig.

Luoyang, Zhongzhou Zhong Lu, unweit der Kreuzung mit der Jinguyuan Lu. Ruhiges Lokal mit preiswertem und einfachem Speisenangebot.

Tianxiang, 56 Jingyuyuan Lu. Opulente Sichuan-Küche zu erschwinglichen Preisen. Gehört zum gleichnamigen Hotel und ist abends voll mit einheimischen Gästen.

Xuangong, Zhongzhou Zhong Lu, neben dem *Xuangong Hotel*. Ausschließlich große Tische für große Gruppen, aber angenehme Atmosphäre und aufmerksames Personal. Englische Speisekarte mit Standardgerichten zu passablen Preisen. Rechtzeitig kommen, denn es ist sehr beliebt.

Sonstiges

AMT FÜR ÖFFENTLICHE SICHERHEIT (PSB) – 1 Kaixuan Xi Lu, gut an den blutigen Bildern von Verkehrsunfällen zu erkennen. 🕓 Mo–Sa 8–12 und 14–18 Uhr.

BÜCHER – Der ***Xinhua Bookshop*** neben dem *Xuangong Hotel* auf der Westseite der Zhongzhou Zhong Lu hat ein paar englischsprachige Bücher und eine große Auswahl an Kunstbänden im Sortiment.

EINKAUFEN – In der Gegend gefertigte, dreifarbige Keramikkopien von Tang-Skulpturen werden im ***Arts and Crafts Building*** in Nr. 90 Yan'an Lu angeboten. Andere Inlandswaren sind im ***Bai Luo Hou Department Store*** neben dem *Xuangong Hotel* auf der Zhongzhou Zhong Lu erhältlich.

GELD – Die ***Bank of China*** liegt etwas zurückgesetzt in Nr. 268 Yan'an Lu, ◷ Mo–Fr 8–17 Uhr, Sa 8–12 Uhr.

POST – Das ***Postamt*** liegt an der Nordseite der Zhongzhou Zhong Lu, unweit der Kreuzung mit der Jinguyuan Lu, ◷ Mo–Sa 8–18 Uhr.

REISEBÜROS UND TOUREN – Das Hauptbüro von ***CITS,*** ✆ 4325061, liegt an der Yan'an Lu. Besser erreichbar ist die Filiale im *Peony Hotel,* ◷ tgl. 8–18.30 Uhr, ✆ 4913699, wo Tagesausflüge zu Sehenswürdigkeiten im Umland und Zugfahrscheine gebucht werden können. Ein Standard-Tagesausflug zu den Attraktionen in der unmittelbaren Umgebung der Stadt, inkl. Baima Si und Shaolin Si, kostet etwa ¥35 und kann im Hotel *Tianxiang* gebucht werden.

TELEFON – Das rund um die Uhr geöffnete ***Telekom-Büro*** liegt von der Post aus gesehen gleich um die Ecke an der Jinguyuan Lu. Für internationale Ferngespräche verlangt der ***Unicom-Laden*** gegenüber vom Bahnhof neben dem *Luoyang Lüshe* recht niedrige Gebühren.

VORWAHL – 0379

Nahverkehrsmittel

Am Bahnhof halten die meisten **Stadtbusse**. Von dort fahren der Oberleitungsbus Nr. 102 und Bus Nr. 2 in südlicher Richtung die Jinguyuan Lu entlang und biegen an der zentralen T-Kreuzung nach Westen in die Zhongzhou Zhong Lu ab. Bus Nr. 5 vom Bahnhof fährt gen Osten, vorbei am Xiguan-Kreisverkehr. Auch dort starten viele Linien, die wegen der Entfernung vom Stadtzentrum jedoch kaum interessant sind, allerdings kommt man von hier zum Baima Si. Die reichlich vorhandenen **Taxis** können überall herangewunken werden, die Grundgebühr beträgt ¥6.

Transport

BUSSE – Der **Überland-Busbahnhof** von Luoyang liegt neben dem Bahnhof auf der Ostseite der Jinguyuan Lu. Tickets gibt es am Schalter, ◷ tgl. 8–17 Uhr, oder im Bus. Busse nach Zhengzhou und Xi'an fahren von dem Platz auf der Westseite der Bahnhofshalle ab. Minibusse zu den Touristenzielen der Umgebung und zum Shaolin Si starten vor dem Bahnhof.
Busse nach:
ANYANG 4 Std.;
DENGFENG 3 Std.;
GONGXIAN 3 Std.;
RUICHENG 4 Std.;
XI'AN 6 Std.;
YUNCHENG 5 Std.;
ZHENGZHOU 2 Std.

EISENBAHN – Der riesige, ausgebaute **Bahnhof**, ein lebhafter Knotenpunkt an der Eisenbahnlinie zwischen Xi'an und Zhengzhou, ist für die meisten Besucher ein wichtiger Ausgangsort für Unternehmungen: Der Busbahnhof liegt gegenüber, Touren zu den Sehenswürdigkeiten starten an der Bahnhofshalle, und die preiswerten Hotels sind in der Nähe. Allerdings befindet er sich im äußersten Norden der Stadt, also recht weit entfernt von den interessanteren und schöneren Stadtteilen.
Züge nach:
BEIJING tgl., 13 Std.;
SHANGHAI 3x tgl., 18 Std.;
XI'AN 4x tgl., 6 Std.;
ZHENGZHOU 6x tgl., 2 Std.

FLÜGE – Der winzige **Flughafen** von Luoyang liegt 20 km nördlich der Stadt und wird von einem Bus angefahren (¥15). Dieser hält am Hauptbüro der ***CAAC*** in Nr. 196 Dao Bei Lu, ✆ 3335301, 200 m nördlich des Bahnhofs. Hier gibt es auch Flugtickets, die man ebenso bei ***CITS*** im *Peony Hotel* sowie in dem Büro von *CAAC* im *Luoyang Ying Binguan* erhält.

Flüge nach:
BEIJING tgl., 1 3/4 Std.;
CHENGDU 3x wöchentl., 1 3/4 Std.;
DALIAN 3x wöchentl., 1 1/2 Std.;
SHANGHAI tgl., 2 1/4 Std.;
XI'AN tgl., 1 Std.

Die Umgebung von Luoyang

Die **Longmen-Grotten** sowie die Tempel **Guanlin Miao** und **Baima Si** sind ohne weiteres mit den Nahverkehrsmitteln von Luoyang aus erreichbar und sogar alle drei an einem Tag zu schaffen, wenn die Zeit für ein gemächlicheres Tempo zu knapp ist. Die Touren zum **Song Shan** und zum **Shaolin Si** (s.S. 380 f.) halten für gewöhnlich auf dem Rückweg am Baima Si. Wer auf eigene Faust zum Song Shan gelangen will, sollte die vierstündige Fahrt für einen Besuch des Tempels unterbrechen. Sämtliche Sehenswürdigkeiten werden auch von privaten Touristenminibussen angefahren, die am Bahnhof starten. Ist die Zeit begrenzt, so sollte man zunächst die buddhistischen Skulpturen von Longmen ansteuern: Auch wer nur wenig über den Buddhismus und die Bildhauerei weiß, wird sich der Erhabenheit und Komplexität dieser Arbeiten kaum entziehen können, ebenso wenig wie dem außergewöhnlichen Gegensatz zwischen der Macht der riesenhaften Figuren und der feinen Zierlichkeit der Miniaturen.

Die Longmen-Grotten

Als Weltkulturerbe der UNESCO sind die Longmen-Grotten wunderschön renoviert und englisch beschriftet worden. Zu der 13 km südlich der Stadt gelegenen Stätte fährt Bus Nr. 81 von einer Endhaltestelle am nördlichen Ende der Jinguyuan Lu ab und hält auch unmittelbar westlich des *Xuangong Hotel*. Die Grotten sind ebenso mit Bus Nr. 60 von einer Haltestelle vor dem *Freundschaftshotel* sowie mit Bus Nr. 53 vom Xiguan-Kreisverkehr zu erreichen. Im Sommer ist der Ort sehr gut besucht, dann wimmelt es nur so von Touristen, die in den leeren Nischen im Lotossitz für Fotos posieren und auf den Skulpturen herumklettern. Die beste Zeit für eine Besichtigung ist in diesem Fall der frühe Morgen, die Mittagszeit oder der Abend. Die zusätzlichen ¥5 für einen Audio-Guide, erhältlich hinter dem Eintrittskartenschalter, lohnen sich allemal.

Die **Grotten** sind Nischen in den Klippen, wo der Yi-Fluss durch einen Spalt namens Drachentor fließt. Der Legende nach entstand dieser, als der Große Yu, Bezwinger der Fluten, den Berg teilte, um einen gefangenen Drachen zu befreien, der Verwüstung verursachte. Aus der Ferne sehen die mit grünen Zypressen betupften und mit Linien durchzogenen Klippen aus wie eine riesige Scheibe Gorgonzola-Käse, und bei näherer Betrachtung gehen von den verschiedenen Felsen spektakuläre Effekte aus, die den Figuren zusätzliche Ausdruckskraft verleihen.

Im Laufe der Zeit sind 1350 Grotten, 750 Nischen und 40 Pagoden hinzugekommen, die 110 000 Statuen enthalten, die aus den steilen **Kalksteinklippen** am Rande des Flusses herausgemeißelt worden sind. Die Skulpturen erstrecken sich auf 1 km Länge und befinden sich größtenteils am Westufer. In Auftrag gegeben wurden sie von Kaisern, der kaiserlichen Familie oder anderen wohlhabenden Familien, die sich auf diese Art Glück zu erkaufen suchten, von Generälen, die sich davon Siege erhofften, und von religiösen Gruppen. Die **Toba Wei** nahmen die Arbeiten im Jahre 492 auf, als sie ihre Hauptstadt von Datong, wo sie die Wolkengrat-Grotten (s.S. 309) in den Stein gemeißelt hatten, nach Luoyang verlegten. In Longmen passten sie ihre Kunst an die andersartigen Anforderungen der härteren Kalksteinoberflächen an. Drei Gruppen von Grotten, **Guyang**, **Bingyang** und **Lianhua**, stammen aus dieser frühen Periode. Die Arbeiten setzten sich in den folgenden 500 Jahren fort und erreichten ihre zweite Hochphase unter den **Tang**, besonders unter der Kaiserin Wu Zetian, die eine ergebene Anhängerin des Buddhismus war.

Die Entwicklung von dem frühen Stil aus Datong, der durch einfache, runde, formell gestaltete heilige Figuren gekennzeichnet ist, bis hin zu den komplexen und ausgefeilten, aber geradlinigeren Tang-Skulpturen, die auch Frauen und Persönlichkeiten des Hofes darstellen, ist klar erkennbar. Im Allgemeinen sind die Buddhas recht schlicht gehalten, doch an den Dienergestalten und dekorativen Verzierungen rund um die Ränder der Grotten konnten die Bildhauer ihrer Fantasie freien Lauf lassen und ihre ganze Kunstfertigkeit unter Beweis stellen. Ebenfalls deutlich wahrnehmbar sind die Spuren des Vandalismus und der Plünderei – viele

Köpfe und Hände fehlen –, die mit der anti-buddhistischen Bewegung im 9. Jh. begannen, sich mit der Souvenirjagd der Besucher aus dem Westen im 19. und 20. Jh. fortsetzten und schließlich während der Kulturrevolution in den (erstaunlich zurückhaltenden) Übergriffen der Roten Garden ihren Höhepunkt fanden.

Im Folgenden sind die größten und bedeutendsten Meißelarbeiten aufgeführt, die durch ihre Ausmaße hervorstechen, beginnend mit dem Eingang am nördlichen Ende und weiter in südlicher Richtung: Die drei **Bingyang**-Grotten gehören zu den ältesten, die mittlere unter ihnen wurde von Kaiser Xuan Wu zu Ehren seiner Eltern in Auftrag gegeben. Eine Inschrift besagt, dass 802 336 Männer in dem Zeitraum von 500 bis 523 an ihrer Fertigstellung arbeiteten. Die elf Buddhastatuen in ihrem Innern weisen nördliche Eigenschaften – lange Formen, schmale Gesichter, ausgeschrägte Fischschwanzroben – und Spuren griechischer Einflüsse auf. Die unter den Tang fertig gestellten Nebengrotten sind natürlicher und sinnlicher und im Hochrelief gemeißelt. Die unmittelbar südlich von hier gelegene **Wanfo** (Zehntausend-Buddha-Höhle) wurde im Jahre 680 von Gao Zong und seiner Kaiserin Wu Zetian erbaut und beherbergt 15 000 in winzige Nischen eingemeißelte Buddhas, von denen keiner dem anderen gleicht und der kleinste noch nicht einmal 2 cm misst. Die **Lianhua** (Lotoshöhle) aus dem Jahre 527 gehört ebenfalls zu den ältesten und ist nach dem wunderschön gemeißelten Lotos in ihrem Dach benannt.

Die größte und prächtigste Grotte von allen ist die **Fengxian** (Höhle zur Ahnenverehrung), die 672 für die Kaiserin Wu Zetian entstand und einen überwältigenden sitzenden Vairocana-Buddha von 17 m Größe und mit 2 m langen Ohren beherbergt. Der Bodhisattva links von ihm trägt eine Krone und Perlen, und ein Weltenhüter zermalmt einen feindseligen Geist unter seinem Fuß. Hier zeigt sich die Bildhauerkunst der Tang auf ihrem Höhepunkt und ist eine genaue Betrachtung wert. Die **Rezeptgrotte** aus dem Jahre 575 beschreibt ausführlich mehrere Hundert Rezepturen für alles von der Geisteskrankheit bis hin zur einfachen Erkältung. **Guyang** ist die älteste aller Höhlen und geht auf das Jahr 495 zurück. Dort sind noch immer Spuren der leuchtenden Bemalung auszumachen, die diese Plastiken einst mit Leben erfüllte. Die Höhle enthält eine zentrale Buddhafigur und neunzehn der „Zwanzig Stücke", die bedeutende Beispiele uralter Kalligrafie darstellen.

Vom Ende des Westufers führt der Weg über die Brücke zum Ostufer, wo sich ein schöner Blick auf die Grotten bietet, die das gegenüber liegende Ufer sprenkeln wie Kaninchenbaue. Weiter oben am Berg befindet sich das **Grab des Bai Juyi**, des berühmten Tang-Dichters, der seine letzten Jahre als der Einsame Gelehrte vom Duftenden Berg in Luoyang verbrachte. ⏲ tgl. 7–18.30 Uhr, Eintritt ¥60.

Guanlin Miao

Die Busse zu den Longmen-Grotten durchqueren das 7 km südlich der Stadt gelegene **Guanlin**, dessen Tempel sich als Zwischenstopp auf dem Weg zu oder von den Höhlen anbietet. Von Luoyang kommend, ist nicht die große Bushaltestelle im Stadtzentrum der beste Ausstiegsort, sondern die darauf folgende – am Ende der mit roten Zinnen versehenen Mauer auf der Ostseite der Straße. Der Tempel ist dann noch fünf Minuten Fußweg entfernt, am Ende der Guanlin Nan Lu, die an der Haltestelle von der Hauptstraße in östlicher Richtung abgeht und durch einen Holztorbogen führt.

Der Guanlin-Tempel ist **Guan Yu** geweiht, einem Helden aus der Zeit der Drei Reiche (s. Kasten S. 578) und treuen General von Liu Bei, dem König der Shu. Er war vom König der Wu besiegt und hingerichtet worden. Der sandte seinen Kopf zu Cao Cao, dem König der Wei, in der Hoffnung, jedwede Rachegelüste auf die Wei zu lenken. Cao Cao wich diesem grausigen Spiel geschickt aus, indem er den Kopf in allen Ehren in einem Grab hinter dem Tempel versenkte.

Trotz seines **militärischen Themas** ist der Tempel außergewöhnlich schön, die eleganten Ming-Bauten sind mit einer Vielzahl an Reliefs versehen und reich verziert. Besonders prächtig sind die Löwinnen aus Stein am Weg zur Haupthalle. Jede hat einen anderen Ausdruck und ein anderes Junges, von denen manche auf dem Rücken ihrer Mütter sitzen und einige sich geheimnistuerisch hinter ihren Pfoten verstecken. In der ersten Halle lohnt ein Blick auf die Dachvorsprünge mit ihren recht komischen Bildern von Guan Yu – auf dem roten Pferd –, der sich mitten im Kampf befindet. Er führt eine Armee an, die mit der Plünderung einer Stadt beschäftigt ist, die gerade von Flammen aus geschnitztem Holz verschlungen wird. Innen steht eine 7 m hohe Statue des Generals, einer strahlenden Erscheinung im farbenprächtigen Zeremoniengewand mit einem Perlenvorhang, der von seinem Hut herabhängt. Weitere Bilder des Generals sind in der zweiten und dritten Halle zu sehen, die u.a. mit Fresken von Kriegern in Turnieren und Männern beim *Go*-Spiel geschmückt sind. Nebenhallen zeigen Kunstausstellungen, prachtvoll gemeißelte Grabsteine und riesige Steintiere – vor allem die Schafe sind herrlich, die Löwen fast nicht als solche erkennbar. Es ist ein ruhiger Ort, hübsch restauriert und voller leuchtender Farben vor dem grauen und grünen Hintergrund aus Stein und den vielen verdrehten Zypressen. ⌚ tgl. 8–17 30 Uhr, Eintritt ¥25.

Baima Si

Der historische, belaubte Baima Si (Tempel des Weißen Pferdes) steht 12 km östlich von Luoyang und lockt vor allem mit seinen uralten Gebäuden und seiner andächtigen Atmosphäre. Im Jahre 68 gegründet, kann er durchaus für sich beanspruchen, der **erste buddhistische Tempel** Chinas zu sein. Der Legende nach soll Kaiser Mingdi von den Östlichen Han von einer goldenen Figur mit Sonne und Mond hinter dem Kopf geträumt haben. So wurden zwei Mönche ausgesandt, um nach dem Ursprung dieses Traumes zu suchen. Sie kamen nach Indien und kehrten auf weißen Pferden mit zwei indischen Mönchen im Schlepptau und einem Packen Sutren zurück. Ihnen zu Ehren wurde dieser Tempel errichtet, und die ganze Aufmachung folgt der Legende: Es gibt zwei Steinpferde zu den Seiten des Eingangs, und der erste Innenhof beherbergt die Gräber der zwei Mönche, von runden Steinmauern umringte Erdhügel.

Im Innern des Tempels und außer Hörweite der Autobahn und der aufdringlichen Souvenirverkäufer mit ihren glasierten Keramikartikeln, umgibt den Besucher eine friedfertige Atmosphäre, deren Stille nur von den Gongschlägen oder dem Pochen der an Stelen arbeitenden Steinmetze unterbrochen wird. Hinter der Halle der Himmlischen Wächter beherbergt die **Haupthalle** eine Statue von Sakyamuni mit den Figuren Manjushri und Samantabhadra an seinen Seiten. Die uralte Glocke in der Nähe des Großen Altars wiegt mehr als eine Tonne. Als hier noch über 10 000 Tang-Mönche lebten, läutete sie immer rechtzeitig zu deren Sprechgesängen. Die Inschrift lautet etwa: „Das in Buddhas Tempel ertönende Glockengeläut lässt die Geister in der Hölle vor Angst erbeben." Hinter der Haupthalle liegt die Luftige Terrasse, wo die Original-Sutren angeblich übersetzt worden sind. Opfergaben in Form von Früchten an den Altären, von den Decken herabhängende bunte Tücher, brennende Kerzen in Schalen, die auf Wasserbecken schwimmen, und die berauschenden Schwaden von Weihrauch aus den Brennern in den Höfen lassen erkennen, dass es sich hier – anders als in den Tempeln der Umgebung – um das Original handelt. Das zeigt sich auch an den Finkenschwärmen in den gut gepflegten Gärten an den Hallen – denn echte Tempel mit ihren wahrhaft pazifistischen Bewohnern sind ein beliebter Zufluchtsort für Vögel.

Als Heimat einer lebendigen Gemeinschaft von Mönchen ist der Baima Si in erster Linie ein Ort der Andacht, und allzu neugierige Besucher werden taktvoll, aber bestimmt zurechtgewiesen. Die mittägliche Umschreitung des Großen Altars durch die Mönche mag zeitlos erscheinen, doch werden die Gäste schon beim Betreten des Komplexes von Fotos begrüßt, die von Besuchen Jiang Zemins und anderer Führungspersönlichkeiten zeugen, und das moderne Leben beschränkt sich keineswegs auf die Anwesenheit von Touristen – der Abt verfügt in seinem Quartier über einen Fernseher, um über die politischen Kapriolen des ihm wenig wohlgesonnenen Regimes informiert zu sein, und sämtliche Mönche müssen einen roten Ausweis mit sich führen, der ein wenig an einen Studentenausweis erinnert. – Anfahrt mit Bus Nr. 56 vom Xiguan-Kreisverkehr oder mit einem Minibus vom Bahnhof; der Ausstieg ist entweder an der Straße oder auf dem Parkplatz, wo dann der Spießrutenlauf durch die Souvenirläden bis zum Eintrittskartenschalter beginnt. ⌚ tgl. 8–17 Uhr, Eintritt ¥35.

In einem von den Unterkünften der Mönche getrennten, südwestlich des Tempels gelegenen Komplex steht die **Qiyun Ta** (Pagode, die die Wolken erreicht), die im 10. Jh. erbaut und seither mehrfach restauriert worden ist (kein Zutritt). Vom Eingang des Baima Si führt der Weg nach links über den neuen, gärtnerisch gestalteten Platz und die Brücke. Die Ausgänge in diesem Tempelbereich sind jedoch verschlossen, sodass der Weg zurück unumgänglich ist.

Song Shan

Die 70 Gipfel der Song-Shan-Gebirgskette ziehen sich auf 64 km Länge durch den Bezirk Dengfeng, genau zwischen Luoyang und Zhengzhou. Als der Zhou-Herrscher Ping im Jahre 771 v. Chr. seine Hauptstadt nach Luoyang verlegte, war der Gebirgszug als Zhong Yue (Berg der Mitte) bekannt, der sich genau an der Achse der **fünf heiligen Berge des Daoismus** befand – mit dem Hua Shan im Westen, dem Tai Shan im Osten, dem Heng Shan im Süden und einem weiteren Heng Shan im Norden. Die dicht mit Bäumen bewachsenen Berge erheben sich aus schmalen, steil abfallenden Felstälern und beeindrucken durch ihre vermeintliche Höhe, die in Wirklichkeit gar nicht so enorm ist – der höchste Berg Junji misst gerade mal 1500 m. Wenn die Gipfel sich allerdings über das wogende Wolkenmeer erheben und die Hänge in leuchtende Herbstfarben gehüllt sind, eröffnet sich dem Besucher schon ein märchenhafter Anblick.

Der Song Shan kann auf einem Tagesausflug von Luoyang oder Zhengzhou besucht werden. Die bessere Variante ist jedoch ein Besuch der Gegend auf dem Weg von Luoyang nach Zhengzhou, wobei zu beachten ist, dass letztere Stadt über eine viel größere Auswahl an Unterkünften verfügt. Die Touren starten in beiden Städten frühmorgens vom Bahnhof und decken zumindest den **Shaolin Si** (s.S. 381) und den **Zhongyue Miao** (s.S. 384) ab, lassen den Berg selbst aber weitgehend links liegen. Die Ausflugsbusse von Luoyang (Hin- und Rückfahrt ¥35) halten auf dem Rückweg meist noch am Baima Si (s.S. 379). Auch eine Übernachtung in **Dengfeng** böte sich an, einer Stadt im Herzen der Gebirgskette, 13 km von Shaolin und 4 km vom Zhongyue Miao entfernt, die einen hervorragenden Ausgangspunkt für Wanderungen ins Umland darstellt. Zwei bis drei Tage lassen sich mühelos mit Streifzügen auf den vielen verschlungenen Pfaden durch die Täler füllen, vorbei an Tempeln, Pagoden und Wachtürmen und mit wunderschönen Blicken. Im Gegensatz zu anderen heiligen Bergen gibt es hier keinerlei festgesetzte Wege, und da die Hänge nicht steil und nur spärlich bewachsen sind, stehen dem Wanderer sämtliche Himmelsrichtungen zur freien Auswahl. Die Sehenswürdigkeiten befinden sich in einigem Abstand voneinander, also sind an einem Tag bestenfalls eine oder zwei zu schaffen, wenn man vor Einbruch der Nacht wieder in Dengfeng sein will. **Landkarten** von der Gegend findet man auf der Rückseite der Stadtpläne von Zhengzhou oder für ¥2 in den Geschäften von Dengfeng und Shaolin.

Viel zu entdecken gibt es nicht in Dengfeng, außer einer Hauptstraße, die allerdings dadurch hervorsticht, dass sämtliche Läden unter den chinesischen Schriftzeichen fein säuberlich ihren Namen und Zweck in englischer Sprache angeben. Die wohl ausgefallenste Verkaufsstelle ist der *Dengfeng Legendary Kungfu Weapon Shop*, wo beispielsweise Krummsäbel, spitze Stangen und Wurfsterne angeboten werden, und das zu besseren Preisen als im Shaolin Si.

Dengfeng liegt nicht an der Eisenbahnlinie. **Busse** von Gongxian (2 Std.), Luoyang (3 Std.) und Zhengzhou (2 Std.) halten an der Haltestelle am westlichen Ende der Hauptstraße. Von dort verkehren Nahverkehrsbusse (¥1) zu den Tempeln von Shaolin, stattdessen kann man auch versuchen, auf der Hauptstraße namens Zhongyue Dajie einen vorbeikommenden Minibus anzuhalten. Das einzige westlich gefärbte **Hotel** mit netten Zimmern ist das *Shaolin International***, 16 Dong Shaolin Lu, ✆ 0371/2861446, 📠 2861448. Es befindet sich eine Viertelstunde Fußweg südöstlich der Bushaltestelle: Die Zhongyue Dajie geht es in östlicher Richtung entlang, am Kanal nach rechts, die Dong Shaolin Lu liegt nun linker Hand – das Hotel steht auf der Nordseite der Straße.

Songyang-Akademie, Songyue-Pagode und Gaocheng-Observatorium

Die Songyang-Akademie liegt 3 km nördlich von Dengfeng und könnte das Ziel eines Spaziergangs sein. Sie besteht aus ein paar Vortragssälen, einer Bibliothek und einer Gedenkhalle und stammt aus dem Jahre 484. Unter den Song war sie eine der bedeutendsten Bildungsstätten, und viele berühmte Gelehrte wie Sima Guang und Cheng Hao hielten hier ihre Vorträge. Im Innenhof ragen zwei mächtige Zypressen empor, die 3000 Jahre alt sein sollen, sowie eine Stele aus der Tang-Dynastie. Der dahinter liegende Weg führt zum Junji-Gipfel hinauf und besitzt einen Abzweig zur Songyue-Tempelpagode, 5 km nördlich von Dengfeng. Von den Nördlichen Wei zu Beginn des 6. Jhs. erbaut, ist dieses 45 m hohe Bauwerk die älteste Pagode in ganz China, die mit ihren zwölf Seiten eine echte Seltenheit ist.

Song Shan

Song Shan	嵩山	***sōngshān***
Gaocheng-Observatorium	观星台	*guānxīng tái*
Shaolin Si	少林寺	*shàolín sì*
Shaolin Martial Arts Hotel	少林武术宾馆	*shàolín wǔshù bīnguǎn*
Songyang-Akademie	嵩阳书院	*sōngyáng shūyuàn*
Songyue-Pagode	嵩岳寺塔	*sōngyuèsì tǎ*
Zhongyue Miao	中岳庙	*zhōngyuè miào*
Dengfeng	登封	***dēngfēng***
Shaolin International Hotel	少林国际大酒店	*shàolín guójì dàjiǔdiàn*

Das Gaocheng-Observatorium aus dem Jahre 1279 liegt 7 km südöstlich von Dengfeng und kann auf einer Tageswanderung besichtigt werden. Das von Guo Shoujing angelegte Gebäude fasziniert durch seine skulpturenhaft anmutende Erscheinung – der fast pyramidenförmige Turm mit der dahinter liegenden langen, geraden Mauer mit Maßeinheiten wurde ursprünglich zur Berechnung der Sonnenwenden genutzt.

Shaolin Si

Ehrwürdige und todbringende Mönche sind ziemlich selten geworden im Shaolin Si, der berühmten Heimat des **Kung-Fu** *(wushu)*, und die Wahrscheinlichkeit, Reisegruppen redseliger Tattergreise zu begegnen, ist weitaus größer. Dennoch besitzt dieser Ort einen gewissen Reiz, und sei es auch nur, weil er zur beliebtesten Pilgerstätte des Kung-Fu-Kultes geworden ist, der das moderne China erfasst hat.

Der Weg zum Kloster führt durch eine öde Berglandschaft und lässt in keiner Weise erahnen, welche Besuchermassen einen bei der Ankunft erwarten und sich die kilometerlange Straße entlangschieben, die vom Parkplatz zum Kloster führt und mit Schleppern, Kinos, Imbissständen und Souvenirläden gespickt ist. Die meisten Geschäfte sind voller Waffen, von Wurfsternen bis hin zu elektrischen Viehtreibstäben. Auch Trainingsanzüge werden angeboten, doch die blauen Oberteile mit der Aufschrift „Shaolin-Kloster" (vorn auf Englisch und hinten auf Chinesisch), die die Schüler aus den zahlreichen *wushu*-Schulen der Gegend tragen, stehen leider nicht zum Verkauf. Sollte sich jemand mit dem Gedanken tragen, eines zu stehlen, so wird er diesen schnell verwerfen, wenn er sieht, wie die Schüler beim Training am Straßenrand die mit Stroh ausgestopften Figuren treten und schlagen. Das Kung-Fu-Training hat überall an den kaputten und gesplitterten Borken vieler Bäume Spuren hinterlassen. Im September ist es hier besonders voll, dann kommen begeisterte Anhänger der Kampfkunst aus aller Welt, um an dem internationalen **Wushu-Festival** teilzunehmen.

Der ursprüngliche Shaolin Si wurde im Jahre 495 erbaut. Überlieferungen zufolge traf kurze Zeit später der indische Mönch **Boddhidarma**, dem die Gründung des Zen-Buddhismus zugeschrieben wird, hier ein, nachdem er den Kaiser in Nanjing besucht und den Yangzi mithilfe von Schilfrohr überquert hatte – dargestellt auf einer Tafel im Kloster. Nur wenig zeugt heute von der langen Geschichte des Klosters, da es häufig Brandstiftungen zum Opfer fiel. Das letzte Feuer wütete hier im Jahre 1928, als der Warlord Shi Yousan seine Zerstörung befahl. Der heutige Komplex ist unlängst restauriert und farbenprächtig neu bemalt worden, und in den meisten Hallen haben sich Souvenirläden eingerichtet. Ein paar kahl geschorene Kinder laufen herum, sind für die Läden zuständig und demonstrieren für eine ausländische Münze gern ihre Beweglichkeit.

Im ersten Innenhof des Klosters gibt es **Stelen**, von denen eine in englischer Sprache den Besuch amerikanischer Kung-Fu-Meister feiert. Die **Wandgemälde** in zwei der Hallen im hinteren Bereich gehören zu den wenigen Gegenständen, die nicht mehrfach restauriert wurden. Sie sind wunderbar anzuschauen, allerdings sehen die abgebildeten Mönche eher komisch als beängstigend aus. Die

Bilder in der **Halle der Weißen Roben**, eine Illustration der Rettung von Kaiser Tai Zong durch dreizehn Mönche, sind Qing-zeitliche Darstellungen typischer Kung-Fu-Bewegungen. In der **Tausend-Buddha-Halle** ist ein berühmtes Wandgemälde mit 500 *Arhats* aus der Ming-Dynasty zu bestaunen.

Die Eintrittskarte gilt auch für alle anderen Attraktionen des Areals wie etwa das Kino mit Lehrfilmen und eine Halle mit modernen *Arhats*. Besonders lohnend ist der **Pagodenwald**, der sich vom Kloster aus 200 m bergan befindet und wo zwischen dem 9. und 19. Jh. Hunderte Steindenkmäler aufgestellt wurden. Sie sind bis zu 10 m hoch und mit abgestuften, eingelassenen Oberteilen versehen, und jedes erinnert an einen einzelnen Mönch, dessen Schüler mit ihren Namen darauf verewigt sind. Diese goldenen Steinkonstruktionen kommen besonders gut zur Geltung, wenn auf dem roten Berg dahinter Schnee liegt oder wenn die Schüler des Klosters in orangefarbenen Kostümen gerade ihr Training absolvieren – bei einer ihrer Übungen müssen sie auf halber Höhe der fast vertikalen Seiten der Pagoden kämpfen.

Shaolin-Kung-Fu Das Kung-Fu wurde im Shaolin Si zunächst als eine Form der Gymnastik entwickelt, um einen Ausgleich zu der Bewegungslosigkeit bei der Meditation zu schaffen. Die Mönche studierten die Bewegungen der Tiere und ahmten sie nach – sie krochen wie Schlangen, sprangen wie Tiger und tanzten wie Gottesanbeterinnen. Da sich der Tempel recht einsam in einer eher gesetzlosen Gegend befand, wurde er häufig von Banditen überfallen, und so verwandelten die Mönche ihre Übungen nach und nach in eine Art Selbstverteidigung.

Ihre Kraft nahmen die Mönche aus ihrer eisernen **Disziplin**, von Kindheit an trainierten sie jeden Tag fünf Stunden. Zur Stärkung ihrer Hände stießen sie diese fortwährend in Säcke mit Bohnen, und mit zunehmendem Alter auch in Säcke mit Sand. Ihre Fäuste kräftigten sie, indem sie auf tausend Blatt Papier einschlugen, die an einer Wand befestigt waren – mit den Jahren nutzte sich das Papier ab, und so schlugen die jungen Mönche auf die Ziegelsteine ein. Sie trainierten die Beine, indem sie mit Sandsäcken an den Knien um den Hof rannten, und ihre Köpfe bearbeiteten sie zur Abhärtung mit Ziegelsteinen. Die Vertiefungen in dem Steinfußboden der Halle des Wen Shu im Kloster sind durch Mönche entstanden, die Jahr für Jahr an derselben Stelle standen und ihre Tritte übten.

Erst nach 20 Jahren dieser Übungen durfte sich jemand als voll ausgebildeter Shaolin-Mönch betrachten, doch dann war er zu unglaublichen Kunststücken in der Lage, von denen einige auf den Wandgemälden im Kloster verewigt und andere auf Fotos der modernen *wushu*-Meister in den Büchern der Souvenirläden zu sehen sind. Neben dem üblichen Repertoire des Zerschlagens von Betonplatten mit den Fäusten oder Eisenstangen mit den Köpfen beherrschten die alten Shaolin-Mönche auch das Balancieren auf einem Finger, konnten Schläge mit dem Vorschlaghammer auf die Brust aushalten und mit dem Nacken an einem Baum hängen. Die *wushu*-Meister von heute stehen ihnen darin nicht nach. Doch ebenso eindrucksvoll sind die **Katas**, Bewegungsserien von anmutiger Grazie, die auch Schläge und Tritte beinhalten und die Ursprünge der Kunst in tierischen Bewegungen klar erkennen lassen. Am bemerkenswertesten sind die Übungen namens „Betrunkener Affe", die mit einer Stange vollführt wird, und „Gottesanbeterin", die fast durchweg auf einem Bein zu bewältigen ist.

Allerdings waren die Mönche nicht nur Kämpfer, sondern ihre Kunst galt auch als Technik zum Erreichen des inneren Friedens. Genauso viele Stunden wie mit dem Trainieren verbrachten sie mit **Meditation und Gebeten**. Sie lebten nach einem Sittenkodex, der die Einschränkung beinhaltete, dass der Kampf nur der Selbstverteidigung gelten dürfe und das Töten des Gegners möglichst zu vermeiden war. Diese Regeln wurden im Laufe der Jahrhunderte etwas gelockert, als die Kaiser genau wie die Bauern sie um Hilfe in

Der hinter dem Kloster gelegene Berg kann per Seilbahn oder über Steinstufen erklommen werden, doch viel gibt es nicht zu entdecken einmal abgesehen von der **Höhle**, in der Boddhidarma eine neunjährige Wache gehalten haben soll, während der er bewegungslos in einem Zustand der Erleuchtung (des geheimnisvollen Wissens um die Nichtigkeit von Allem) vor einer Mauer saß. Wer sich die Mühe sparen will, zahlt ein paar Yuan und schaut von der Straße aus durch ein Hochleistungsteleskop. ⌚ tgl. 8–18 Uhr, Eintritt ¥42.

Zur **Anfahrt** empfiehlt sich außer den Minibussen aus Dengfeng auch einer der regelmäßig verkehrenden **Touristenminibusse** von Zhengzhou oder Luoyang (2–3 Std., ¥10). Sie halten am oberen Ende der Marktstraße, von wo es noch fünf Minuten Fußweg herunter zum Kloster sind. Auch ein Velotaxi (¥2) ist eine Überlegung wert, da die Besucher oft von Frauen mittleren Alters bedrängt werden, die ebenso energisch sind wie die Ziegelsteine entzweitretenden *wushu*-Schüler um sie herum. Sie versprechen den Gästen, sie in den hinteren Bereich des Klosters hineinzuschmuggeln,

ihren Kämpfen baten und die Shaolin-Mönche für ihren Einsatz im Namen der Gerechtigkeit zu legendären Figuren wurden. Zu den berühmtesten Erzählungen in China gehört die Geschichte eines Mönchs, der mit einer Stange gegen tausend Feinde kämpfte, während er den Betrunkenen spielte, und die von dem Koch, der an den Tempeltoren eine ganze Horde mit einem Schürhaken in Schach hielt, sodass die Mönche ihre Meditation ungestört fortsetzen konnten.

Den Höhepunkt ihrer Macht erreichten die Mönche zur Zeit der Tang-Dynastie, obwohl auch in der Ming-Zeit, als ihre Disziplin durch **Waffen** ergänzt wurde, noch mit ihnen zu rechnen war. Während der Kulturrevolution jedoch zeigten sie keinen großen Kampfgeist und ließen zu, dass die Roten Garden das Kloster plünderten und viele von ihnen in Gewahrsam nahmen. Andere konnten fliehen und wurden Bauern. Zwar lebte ihre Kampfkunst im Ausland weiter als **Judo**, **Karate** und **Kendo**, die alle ihren Ursprung im Kung-Fu der Shaolin haben, doch wurde in China die Lehre für viele Jahre verboten – und zwar bis in die 80er Jahre hinein, als der ungeheuer populäre Film *Shaolin-Tempel* dazu beitrug, dass sie ein **Comeback** erlebte. Die alten Meister durften wieder lehren, und die Regierung begriff, dass es besser war, das Kloster als Touristenattraktion zu nutzen, als es einfach dem Verfall preiszugeben.

Die Beliebtheit des Kung-Fu im heutigen China wird nicht nur an dem Touristenzirkus im Shaolin Si deutlich, sondern auch in jedem Kino, wo das Unterhaltungsprogramm zum großen Teil von **Kung-Fu-Filmen** ausgefüllt wird, die die Heldentaten der Shaolin-Mönche feiern. Viele junge Chinesen möchten heute das Kung-Fu erlernen, und um dieser Nachfrage gerecht zu werden, sind zahlreiche **Schulen** in der Umgebung des Klosters eröffnet worden. Den Wunsch, Mönch zu werden, hegen allerdings nur wenige – die meisten träumen von einer Karriere als Filmstar. Auch im Shaolin Si selbst ist das Studium des Kung-Fu möglich, doch für dieses Privileg muss man teuer bezahlen – ein Trainingstag kostet ¥300, so viel wie die Monatsgebühr an den meisten Schulen des Landes.

Obwohl die gegenwärtigen Bewohner des Klosters zweifellos fähige Kämpfer sind, können sie nicht mehr als echte Shaolin-Mönche bezeichnet werden, da die religiöse, spirituelle Seite ihrer Disziplin abhanden gekommen ist. Der derzeitige Abt des Klosters hat sogar den Ruf, aggressiv zu sein – was sich mit der Shaolin-Philosophie nun wirklich nicht vereinbaren lässt.

Zudem bemüht sich das Kloster gerade mit großem Einsatz darum, den Namen „Shaolin" als Warenzeichen eintragen zu lassen, vermutlich um seine unbefugte Benutzung durch alle möglichen Unternehmen – von Kampfkunst-Ausstattern bis hin zu Bierfirmen – zu unterbinden.

Es gibt zwar noch echte Shaolin-Mönche, doch halten die sich im Hintergrund, und der letzte Ort, an dem man sie antreffen würde, wäre der Shaolin Si.

wenn sie dafür eine **Unterkunft** für sie aussuchen dürfen – wofür sie natürlich eine Provision bekommen. Die meisten Touristen, die ihnen ins Netz gehen, werden dann östlich des Tempels einen steilen Hang zum *Shaolin Wushu Binguan**, ✆ 0371/ 2749599, 📠 2749017, hinaufgeführt, einem für Chinas Touristenfallen typischen Ungetüm, das aber ausreichenden Komfort für eine Übernachtung bietet.

Zhongyue Miao

Der riesige Daoistentempel Zhongyue Miao liegt 4 km östlich von Dengfeng und geht auf das Jahr 220 v. Chr. zurück. Später wurde er durch den Han-Kaiser Wu Di umgebaut und beträchtlich erweitert, bevor er in der Ming-Zeit erneut einen Umbau erfuhr; eine weitere Restaurierung erfolgte 1986, um die von japanischen Bomben verursachten Schäden zu beseitigen. Die ausgestopften Tiger und das Rummelplatzflair am Eingang sollten nicht abschrecken, denn innen ist die Stätte mit ihren weiten, offenen Plätzen und den leuchtend gestrichenen Bauten, die sich so wunderbar von den graugrünen Bergen im Hintergrund abheben, ein reizvoller Ort. Trotz einiger heruntergekommener Ecken handelt es sich um ein funktionierendes Daoistenkloster mit freundlichen Mönchen in charakteristischen blauen Gewändern, deren lange Haare auf dem Kopf fest zusammengebunden sind und durch einen oben offenen, blauen Hut durchgucken. Die Mönche leben und beten im hinteren Teil des Tempels in alten stallähnlichen Gebäuden, während sie den vorderen Bereich den Händlern überlassen haben.

Zur **Haupthalle** geht es durch eine Reihe von Toren, Höfen und Pavillons, wo der Kaiser dem Berg seine Opfer darzubringen pflegte. Das unmittelbar vor der Halle stehende Junji-Tor wird von zwei mächtigen, fast 4 m großen Wachposten flankiert, die leuchtend bemalt sind und mit ihren Waffen prahlen. Einige der knorrigen alten Zypressen im Innenhof sind fast so alt wie der Tempel selbst, und auf der Ostseite stehen vier große Eisenstatuen aus der Song-Zeit. Die Haupthalle verfügt über 45 separate Räume mit roten Wänden und orangefarbenen Fliesen sowie über eine gut erhaltene Reliefarbeit mit Drachen auf den Terrassenstufen. Der **Schlafraumpalast** dahinter sticht durch seinen Schrein hervor, der eine im Bett liegende Gottheit darstellt. Weitere Gottheiten, die mit ihrer blauen Haut, ihren roten Igelfrisuren und den Augenbrauen bis zu den Knien dem westlichen Auge wie Punks oder Superhelden vorkommen, sitzen in einer langen Reihe in Hallen zu beiden Seiten. Die Gläubigen von heute zieht es eher in den hinteren Bereich des Komplexes, wo Menschen in den Eisenöfen etwas verbrennen, das wie kleine Origami-Hüte aussieht, oder sich dem Qigong widmen, vitalitätsfördernden Atemübungen.

Ganz im hinteren Bereich des Komplexes, vorbei an den Mönchsunterkünften auf der rechten Seite, befindet sich der Hinterausgang, wo ¥2 für das Privileg verlangt werden, die Stufen zu einer kleinen **Pagode** hinaufzusteigen, die sich auf einem Hügel 200 m hinter dem Tempel erhebt. Von dort führen Pfade durch Kiefernwälder zu den zerklüfteten Berggipfeln, die zu einem lohnenden Nachmittagsausflug einladen und die Chance auf etwas Einsamkeit bieten. Hier sind höchstens ein paar vereinzelte Schäfer anzutreffen. Anfahrt mit Bus Nr. 8, 🕓 tgl. 8–18 Uhr, Eintritt ¥6.

Zhengzhou

Nur wenige Kilometer vom Südufer des Gelben Flusses entfernt, liegt Zhengzhou fast genau auf halber Strecke zwischen Luoyang im Westen und Kaifeng im Osten. Die ummauerte Stadt, die hier vor 3500 Jahren stand, war wahrscheinlich eine frühe Hauptstadt der Shang-Dynastie. Bei Ausgrabungen sind Bronzegießereien, Knochenschnitzer-Werkstätten und Opferaltäre entdeckt worden, oberirdische Zeugnisse der Stadtgeschichte sind jedoch kaum vorhanden, abgesehen von dem erhaltenen Teilstück der alten Stadtmauer und den in dem hervorragenden Provinzmuseum ausgestellten Artefakten. Heute ist Zhengzhou die Hauptstadt der Provinz Henan, was jedoch nichts mit der Geschichte zu tun hat, sondern ausschließlich mit seiner Lage an der Kreuzung der Eisenbahnlinien von Nord nach Süd (Beijing–Guangzhou) und von West nach Ost (Xi'an–Shanghai). Als bedeutendster **Eisenbahnknotenpunkt** Chinas zählt Zhengzhou mehr als drei Millionen Einwohner und verfügt über die entsprechende Industrie.

Die im Zweiten Weltkrieg heftig bombardierte Stadt hat nach 1949 einen enormen Aufschwung erlebt und macht mit ihrer Vitalität wett, was ihr an

Schönheit fehlt. Dem Geschäfts- und Verkehrszentrum der Region mangelt es zudem an großen Touristenattraktionen – mit Ausnahme des Museums, das einen Tagesausflug lohnt. Die Auswahl an Hotels und Restaurants ist glücklicherweise recht groß, denn um diese Stadt kommt der Reisende in Zentralchina kaum herum. Kaifeng (s.S. 394) und Luoyang sind von hier leicht erreichbar, und es werden Bustouren zum Song Shan (s.S. 380) angeboten.

Das Zhengzhou von heute ist eine fast ausschließlich moderne Stadt, die nach den schweren Leiden des Krieges gegen Japan buchstäblich wieder ganz von vorne anfangen musste. Seine Hauptstraßen zeigen das typische geschniegelte Erscheinungsbild der wohlhabenden chinesischen Städte, und doch gibt es noch einiges aufzuholen – noch immer laufen Bewohner in Mao-Anzügen herum und scheinen die Begeisterung für das neue China nicht zu teilen, und viele Straßen, darunter kleine, nützliche Seitenstraßen im Zentrum, sind nach wie vor schmale, schmutzige Gassen, die regelmäßig von Autos verstopft werden. An modernen Einrichtungen mangelt es nicht, die wenigen alten Sehenswürdigkeiten hingegen werden vernachlässigt. Eine wurde sogar abgerissen, womit Zhengzhou zu den wenigen Städten gehört, die ihre Statue des Vorsitzenden Mao einer gepflegten Rasenfläche geopfert haben, die sich gegenüber vom Park an der Kreuzung von Jinshui Lu und Zijingshan Lu befindet.

Inmitten der Innenstadt von Zhengzhou, an einem Kreisverkehr östlich des Bahnhofs, erinnert die siebenstöckige **Erqi-Pagode** an die Todesopfer des von den Kommunisten geführten Eisenbahnerstreiks von 1923, der von dem Warlord Wu Pei Fu mit großer Brutalität niedergeschlagen wurde. Doch die Fotoausstellung im Innern ist schlecht gepflegt und verfügt über keine englischen Erklärungen, sodass die Pagode bestenfalls als Orientierungspunkt nützlich ist. ⌚ tgl. 8.30–18 Uhr, Eintritt ¥5.

Die von hier wegführenden Straßen sind moderne, von Geschäften gesäumte Boulevards, deren größte und interessanteste **Erqi Lu** und **Renmin Lu** heißen. Beide steuern auf die in nördlicher Richtung gelegene Ost-West-Straße **Jinshui Lu** zu, wo sich die exklusivste Gegend der Stadt befindet. Östlich des großen und komplizierten Kreisverkehrs an der Kreuzung von Jinshui Lu und Renmin Lu (und jeder Menge kleinerer Straßen) liegen eine Reihe erstklassiger Restaurants und Hotels.

Das Provinzmuseum von Henan

Die riesige Glaspyramide am nördlichen Ende der Jing Qi Lu ist das neue Provinzmuseum von Henan mit einer bemerkenswerten Sammlung von im Umland ausgegrabenen Relikten, die auf die Shang-Dynastie zurückgehen, als Henan die Wiege der chinesischen Zivilisation war. Von den über 1,3 Millionen hier katalogisierten Artefakten wird auf den unteren drei Etagen nur ein Bruchteil gezeigt, elegant präsentiert und englisch beschriftet; die 4. Etage ist den völlig unpassenden Gummireptilien aus *Dinosaur World* vorbehalten. Der Audio-Guide (Gebühr ¥30; eine Kaution von ¥400 oder der Pass sind zu hinterlegen) führt den Besucher vorbei an neolithischen Töpferwaren, Orakelknochen, Shang-zeitlichen Bronzeobjekten, Münzen aus der Zeit der Seidenstraße, glasierter Keramik aus der Tang-Periode, Jadeschmuck und Modellen der alten ummauerten Städte Henans zu Zeiten ihres größten Wohlstandes. Alte Musikinstrumente – von denen manche erst vor kurzem dem Erdboden entrissen wurden – sind in der Huaxia-Konzerthalle ausgestellt, einem zusätzlichen Gebäudeflügel, in dem häufig Vorführungen mit Kopien dieser Instrumente stattfinden. Am Eingangstor hängt ein Spielplan aus. ⌚ tgl. 8.30–18 Uhr, Eintritt ¥20, 💻 www.chnmus.net.

Die Altstadt

Östlich der Erqi-Pagode wird die Altstadt von den groben, 10 m hohen Erdwällen der **Shang-Stadtmauer** durchkreuzt, die vor über 2000 Jahren errichtet und seither mehrfach ausgebessert wurde. Zu ihrem Bau wurde ein Holzrahmen konstruiert, der mit Erde aufgefüllt und später, nachdem diese festgestampft worden war, wieder entfernt wurde – eine Technik, die noch heute beim Hausbau Anwendung findet. Auf der Mauer gibt es einen Weg, der sich über etwa 3 km auf den südlichen und östlichen Abschnitten hinzieht – der westliche Abschnitt ist größtenteils der Stadtentwicklung zum Opfer gefallen. Der südliche Abschnitt ist zur Straße hin offen und kann je nach Belieben überall bestiegen werden. Zur Überquerung der Nan Dajie muss man heruntersteigen, dann durch eine Gasse

Zhengzhou und Umgebung

Zhengzhou	郑州	*zhèngzhōu*
Chenghuang Miao	城隍庙	*chénghuáng miaò*
Erqi-Pagode	二七塔	*èrqī tă*
Provinzmuseum von Henan	河南省博物馆	*hénánshěng bówùguăn*
Übernachtung und Essen		
Caolaowu Restaurant	曹老五泡馍馆	*cáolăowŭ pàomóguăn*
Golden Sunshine	金阳光大酒店	*jīnyángguāng dàjiŭdiàn*
Holiday Inn Crowne Plaza	中州皇冠假日酒店	*zhōngzhōu huángguān jiàrì jiŭdiàn*
Muslim Restaurant	穆斯林饭店	*mùsīlín fàndiàn*
Shaolin Restaurant	少林饭店	*shàolín fàndiàn*
Sofitel	索菲特国际饭店	*suŏfēitè guóji fàndiàn*
Zhengzhou	郑州饭店	*zhèngzhōu fàndiàn*
Zhongyuan	中原大厦	*zhōngyuán dàshà*
Die Umgebung von Zhengshou		
Buddhistische Grotten von Gongxian	巩县石窟寺	*gŏngxiàn shíkū sì*
Gongxian	巩县	*gŏngxiàn*
Park am Gelben Fluss	黄河公园	*huánghé gōngyuán*
Song-Grabstätten	宋陵	*sòng líng*

wandern, bevor es wieder aufwärts geht zu dem Weg, das Ganze wiederholt sich an der Shangcheng Lu. Heute ist die Mauer mit Bäumen bepflanzt und wird von den Einheimischen als Abkürzung und als Park genutzt. Am frühen Abend tummeln sich hier Liebespaare und Kinder, die auf Metallschalen die steilen Hänge hinunterrutschen, sowie alte Männer, die ihre Käfigvögel an die Bäume hängen und sich am Feuer Süßkartoffeln zubereiten. Manche Leute bauen am Fuße der Mauer Gemüse an, andere werfen hier ihren Müll ab. Der eigentliche Charme der Mauer rührt von der Art und Weise her, wie die Einwohner sie in ihr Leben einbeziehen – niemand hier scheint auf die Idee zu kommen, sie als Baudenkmal zu behandeln.

Nur ein kurzes Stück Weges von der östlichen Mauer entfernt, auf der Nordseite der Shangcheng Lu, lädt der **Chenghuang Miao** (Tempel des Stadtgottes) zu einem Besuch ein. Die Wärterinnen fühlen sich durch Touristen bei ihrer Strickarbeit gestört und halten deshalb meist die Türen verschlossen. Wer sich Zutritt verschaffen will, ruft einfach durch die Lücke hindurch. Der Tempel wirkt wie ein leer stehendes Lagerhaus, doch in den Dachverzierungen werden die Spuren seiner glanzvollen Vergangenheit deutlich. Von guter Beobachtungsgabe zeugende Vogelabbildungen schmücken die Dachvorsprünge der ersten Halle, darüber befinden sich Dachskulpturen von Drachen und Phönixen. Die Osthalle beherbergt heute eine kleine Kunstgalerie und oben eine jener Ausstellungen afrikanischer Körperkunst, die die Chinesen so zu faszinieren scheinen. Im Innern ist die Haupthalle modern und verfügt über ein Wandgemälde auf drei Wänden, dessen Stil stark an den sozialistischen Realismus der 50er Jahre erinnert. In der Mitte befindet sich eine sitzende Skulptur des streng dreinblickenden Chenghuang in einer Richterrobe mit zwei Dienern an den Seiten. Er war der autoritäre Beschützer des Stadtvolkes. 🕓 tgl. 9.30–17.30 Uhr, Eintritt ¥6.

Übernachtung

Zhengzhou bietet eine große Auswahl an Übernachtungsmöglichkeiten in allen Preisklassen. Wer auf der Durchreise ist und nur eine Nacht bleiben will, sollte sich für ein Hotel in der **Bahn-**

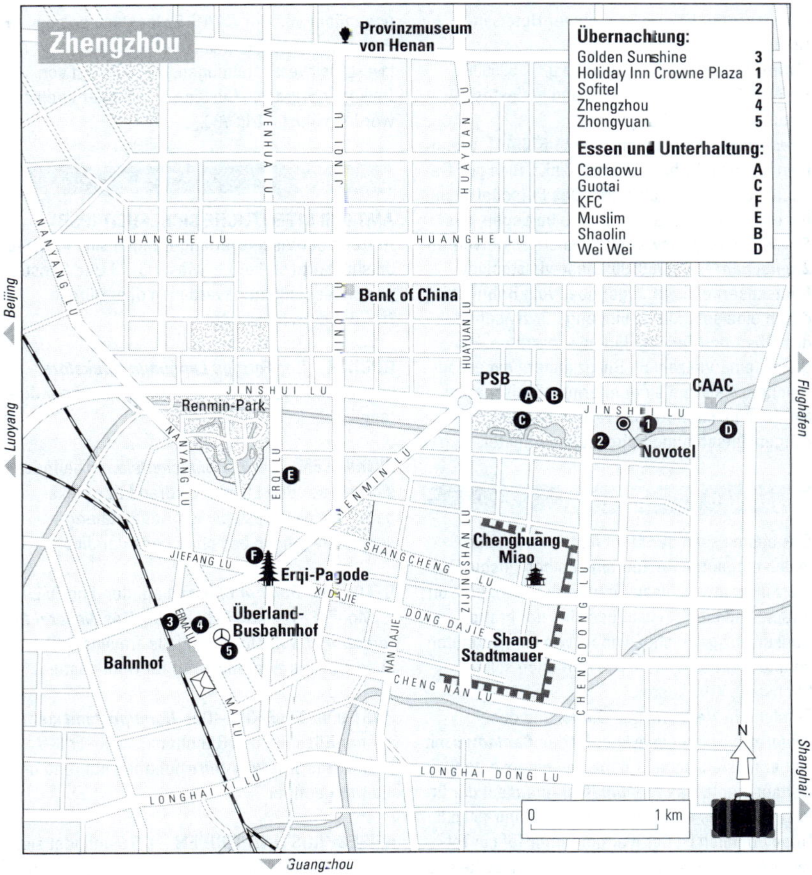

hofsgegend entscheiden – dort ist es laut, aber sauber, und man muss nicht lange suchen. Der gesamte Block gegenüber vom Bahnhof besteht aus **Dorm-Unterkünften**, wo saubere Zimmer schon für ¥50 erhältlich sind. Die Frauen mittleren Alters an den Verkaufsständen auf dem Bürgersteig gegenüber vom Bahnhof können ein Bett für den Schnäppchenpreis von ¥10 pro Nacht besorgen, das Zimmer sollte man sich jedoch in jedem Fall vorher ansehen. Steht etwas mehr Zeit und Geld zur Verfügung, empfiehlt sich auch der Weg in die Stadt oder die Jinshui Lu hinauf. Doch gleich wie die Wahl ausfällt, schadet es nicht, um einen Rabatt zu bitten, denn das Überangebot an Zimmern in der Stadt führt oft zu Preisnachlässen von bis zu 50 Prozent der ausgewiesenen Tarife.

Golden Sunshine*, 6 Erma Lu, ✆ 6969999, ℻ 699 9534. Neues, besseres Hotel nördlich des Bahnhofs mit verschiedensten Zimmern in allen Preisklassen, von fensterlosen EZ bis zu Deluxe-Suiten.

Holiday Inn Crowne Plaza, Luxus, 115 Jinshui Lu, ✆ 5950055, ✉ hicpzz@public.zz.ha.cn. Das Foyer aus cremefarbenem Marmor lässt das Hotel sehr prunkvoll wirken. Alle denkbaren modernen Annehmlichkeiten, inkl. Pool. In einer uninteressanten Gruppe vornehmer Hotels im Osten der Stadt gelegen.

Sofitel, Luxus, 289 Chengdong Lu, ✆ 5950088, 📠 5950080. Komfortabelstes und neuestes der Luxushotels von Zhengzhou.

Zhengzhou***, 8 Xinglong Jie, ✆ 6760111. Wenn man aus dem Bahnhof kommt, links. Riesiges Gebäude, das etwas kahl wirkt. Das Personal ist nur mit Überzeugungstalent dazu zu bewegen, das Privileg eines preiswerten Zimmers zu gewähren.

Zhongyuan**, ✆ 6768599. Diese vielstöckige Mietskaserne direkt gegenüber vom Bahnhof ist durch eine sehr kleine Eingangstür zwischen den Obst- und Taschenläden zu betreten. Hier gibt es eine Vielzahl an Billigzimmern mit exzentrischem Flair und einer enormen Preisspanne. Geräumige, saubere DZ werden komplett mit Fliegenklatsche und Spucknapf vermietet.

Essen und Unterhaltung

Das beste Essen der Stadt findet man in den vielen eleganten **Restaurants** an der Jinshui Lu. Trotz ihrer etwas einschüchternden Wirkung von außen sind die Preise angesichts der großen Konkurrenz gar nicht so hoch, wie man vermuten könnte – ein Essen für zwei Personen sollte höchstens ¥100 kosten.

Empfehlenswert sind das ***Guotai*** und das ***Shaolin***, geringfügig billiger ist das ***Caolaowu*** mit seiner moslemischen Küche und einem guten Mittagsbufett. Das ***Muslim Restaurant*** auf der Erqi Lu ist etwas vornehmer und kostet um ¥50 p.P. Ungewöhnlich ist der hier gereichte Tofu in Toffee. Wer auf westliche Speisen aus ist, sollte das ***Holiday Inn*** oder ***Sofitel*** aufsuchen, beide mit preiswerten Cafés und üppigem Wochenend-Brunch (¥150–200). ***Dicos*** heißen die Fastfood-Läden nordwestlich und östlich der Bahnhofshalle. Nordwestlich des Kreisverkehrs an der Erqi-Pagode befindet sich ein ***KFC***.

Rund um den Bahnhof gibt es zahlreiche kleine ***jiaozi*-Lokale**, die sich in etwa gleichen, sowie ungeheuer viele Läden mit Snacks wie Walnüssen, Orangen und Datteln, die auf die Mengen von Durchreisenden schließen lassen, die tagtäglich hier vorbeikommen.

Wer sich ins **Nachtleben** stürzen möchte, dem sei das ***Wei Wei*** auf der Jinshui Lu empfohlen, gegenüber von der *CAAC*. Es lockt mit seiner ausgelassenen Disco und jede Woche mit Live-Musikveranstaltungen, die unlängst von Beijinger Stars wie Cui Jian und Flower beehrt worden sind. Eintritt ¥30.

Sonstiges

AMT FÜR ÖFFENTLICHE SICHERHEIT (PSB) – Anträge auf Visumsverlängerungen sind in Nr. 10 Jinshui Lu zu stellen, ◷ Mo–Fr 8–23 Uhr. Sonstige Angelegenheiten werden in dem Büro in Nr. 70 Erqi Lu bearbeitet.

BÜCHER – Der ***Foreign Language Bookstore*** liegt direkt westlich der Erqi-Pagode auf der Jiefang Lu.

EINKAUFEN – Der ***Freundschaftsladen*** befindet sich auf der Erqi Lu, am Nordrand des Volksparks. Ein paar kostspielige Antiquitätengeschäfte liegen am östlichen Ende der Jinshui Lu.

GELD – Die ***Bank of China*** ist auf der Jing Qi Lu, ◷ Mo–Fr 8–12 und 14–17.30 Uhr. Das ***Novotel International Hotel*** löst ebenfalls Travellers Cheques ein, und zwar nicht nur für Hotelgäste.

POST UND TELEFON – Das ***Hauptpostamt*** steht auf der Südseite des Bahnhofs, ◷ Mo–Fr 8–20 Uhr. Das ***Telekom-Büro*** nebenan hat rund um die Uhr geöffnet.

REISEBÜROS UND TOUREN – ***CITS*** befindet sich in Nr. 15 Jinshui Lu, ◷ Mo–Sa 8–17 Uhr, ✆ 595 2072, und besitzt eine Zweigstelle im *Novotel International Hotel*, 114 Jinshui Lu. Chinesischsprachige Touren zum Song Shan (¥35) starten jeden Morgen zwischen 8 und 10 Uhr von der Südseite der Bahnhofshalle.

VORWAHL – 0371

Nahverkehrsmittel

Es gibt zwei **Stadtbus-Terminals** zu beiden Seiten des Platzes vor dem Bahnhof. Bus Nr. 2 von der Südseite fährt zur Erqi-Pagode und dann die Erqi Lu entlang. Bus Nr. 10 von der Nordseite fährt die Renmin Lu und anschließend die Huayan Lu entlang. **Taxis** verkehren in rauen Mengen und erheben eine Grundgebühr von ¥7. Sie halten überall an, dürfen allerdings nicht auf den Bahnhofsplatz fahren. **Stadtpläne** in chinesischer Sprache mit genauen Angaben über Buslinien sind zum Preis von ¥3 vor dem Bahnhof erhältlich. Englischsprachige Bezeichnungen gibt es nur in den Plänen von *Holiday Inn* oder *Sofitel*, die ¥10 kosten.

Transport

BUSSE – Einige Busse aus westlich gelegenen Städten, inkl. Luoyang, kommen an dem kleinen **Westlichen Busbahnhof** am Stadtrand an, von wo Bus Nr. 24 oder ein Taxi für ¥8 die Reisenden zum Bahnhof bringen.

Der **Überland-Busbahnhof** von Zhengzhou liegt gegenüber vom Bahnhof und verfügt über ein Fahrkartenbüro mit Computerunterstützung, wodurch sich die Schlangen zu verkürzen scheinen, ⌚ tgl. 7–18 Uhr. Allerdings ist es einfacher, hineinzugehen, die in kräftigen Pinyin-Schriftzeichen angegebenen Reiseziele zu lesen, die Abfahrtzeit und die gewünschte Klasse auszuwählen und einzusteigen. Der Fahrer kümmert sich dann um das Ticket.

Busse nach:
ANYANG 3 Std.;
DENGFENG 2 Std.;
GONGXIAN 3 Std.;
LUOYANG 2 Std.

EISENBAHN – Vor dem **Bahnhof** in der südwestlichen Ecke der Stadt befindet sich ein belebter Platz, der von einem riesigen Bildschirm zur Unterhaltung der wartenden Reisenden dominiert wird, auf dem vorwiegend amerikanische Fernsehsendungen mit lustigen Home-Videos gezeigt werden. Vor der Kulisse aus Lebensmittelständen, Wanderarbeitern und wartenden Familien mitsamt ihrem Gepäck erhält das Ganze eine etwas surreale Atmosphäre. Die meisten Reisenden, die keinen ausgedehnten Besuch in der Stadt planen, werden wohl nicht weit über diesen Platz hinauskommen, denn die billigen Hotels, die Post, die Telekom-Büros und selbst der Überland-Busbahnhof sind in der Nähe.

Zum Bahnhof gehört ein riesiges, zweistöckiges **Fahrscheinbüro**, das mit seinen über 30 Schaltern und dem Gedrängel schon sehr verwirren kann. Vorausbucher können ihre Tickets auch in dem Büro in Nr. 131 Erqi Lu erwerben, ⌚ Mo–Fr 8–12 und 13.30–15.30 Uhr.

Züge nach:
ANYANG 4x tgl., 2–3 Std.;
BEIJING tgl. häufig, 6–12 Std.;
GUANGZHOU 2x tgl., 33 Std.;
LUOYANG 8x tgl., 2 Std.;
SHANGHAI 3x tgl., 13 Std.;
TAIYUAN 3x tgl., 9 Std.;
XI'AN 5x tgl., 8–11 Std.

FLÜGE – Der **Flughafen** vor Zhengzhou liegt tief im Osten der Stadt. Ein Taxi ins Zentrum sollte etwa ¥70 kosten, während die stündlich verkehrenden *CAAC*-Busse nur ¥15 verlangen. Ankunftsort dieser Zubringerbusse ist das *CAAC*-Hauptbüro, 3 Jinshui Lu, ⌚ Mo–Sa 8–18 Uhr, ✆ 5991111. **Flugtickets** sind hier oder auch in dem kleinen Büro neben dem Hauptpostamt erhältlich, ⌚ Mo–Sa 8–22 Uhr, sowie in den meisten Hotels.

Flüge nach:
BEIJING 4x tgl., 1 1/4 Std.;
CHANGSHA tgl., 1 1/2 Std.;
CHENGDU tgl., 1 3/4 Std.;
CHONGQING tgl., 1 3/4 Std.;
DALIAN tgl., 2 1/2 Std.
FUZHOU 2x tgl., 1 3/4 Std.;
GUANGZHOU 3–4x tgl., 2 1/4 Std.;
HAIKOU tgl., 4 Std.;
HARBIN 7x wöchentl., 2 1/4 Std.;
HONGKONG 4x wöchentl., 2 3/4 Std.;
KUNMING tgl., 2 1/4 Std.;
LANZHOU 6x wöchentl., 2 1/4 Std.;
NANJING 4x wöchentl., 1 Std.;
QINGDAO 5x wöchentl., 1 1/4 Std.;
SHANGHAI 3x tgl., 1 1/4 Std.;
SHENYANG tgl., 1 3/4 Std.;
SHENZHEN tgl., 2 Std.;
TAIYUAN tgl., 1 1/4 Std.;
ÜRÜMQI tgl., 4 Std.;
WENZHOU tgl., 2 1/2 Std.;
WUHAN 5x wöchentl., 1 1/2 Std.;
XIAMEN tgl., 1 3/4 Std.;
XI'AN tgl., 3/4 Std.

Die Umgebung von Zhengzhou

Die unterhaltsamsten Attraktionen der Gegend sind bereits in dem Abschnitt Song Shan (s.S. 380) beschrieben worden, doch zwei von der Hauptstadt leicht mit dem Bus erreichbare Orte seien hier noch genannt. Nur wer großes Interesse an Höhlentempeln hegt, sollte **Gongxian** aufsuchen, und der schäbige **Park am Gelben Fluss** bietet denen, die den Fluss noch nicht durch ein Bus- oder Zugfenster zu Gesicht bekommen haben, zumindest die Gelegenheit, einen Blick darauf zu werfen.

Gongxian und Umgebung

Die Stadt Gongxian (auf Landkarten und Fahrplänen auch Gongyishi genannt) liegt genau zwischen Luoyang und Zhengzhou an der Eisenbahnlinie Xi'an–Shanghai und ist mit dem Bus in knapp drei Stunden zu erreichen. Verbindungen bestehen auch nach Dengfeng (2 Std.) und Luoyang (3 Std.). Spannend ist der Ort nicht gerade, doch wer trotzdem hier landet, kann sich ein paar Gräber aus der Song-Dynastie und buddhistische Höhlentempel in der Umgebung ansehen.

Die **Grabstätten** sind über ein 30 km großes Gebiet südöstlich der Stadt verstreut und genauso wie die Tang-Gräber in der Nähe von Xi'an angelegt, wobei sich die Begräbnispraktiken der Song-Kaiser von denen ihrer Vorgänger sehr unterschieden. Insbesondere wurde jedes kaiserliche Grab von seinem Nachfolger gebaut und war innerhalb von sieben Monaten nach dem Tode des Kaisers fertig zu stellen. Da überrascht es nicht, dass die Ergebnisse weitaus weniger bombastisch ausfielen als die Grabanlagen, mit deren Vorbereitung die Kaiser zuvor ihr ganzes Leben verbracht hatten. Es gibt sieben Gräber hier, jeweils mit einer Seelenstraße, die sich in verschiedenen Stadien des Verfalls befinden. Manchmal halten die Tourbusse von Zhengzhou zum Song Shan kurz hier an, doch die meisten Besucher werden wohl um eine **Taxifahrt** von Gongxian nicht herumkommen. Auch auf einer Busfahrt zwischen Luoyang und Zhengzhou sind die Gräber zu sehen.

8 km nördlich von Gongxian befinden sich fünf **buddhistische Grotten** aus der Dynastie der Nördlichen Wei. Die Reliefs sind derber als in Longmen und die Figuren stämmiger, doch die Vielfalt ist beachtlich: Musiker, Tänzer und kaiserliche Prozessionen, sogar ein paar Gestalten mit Hasen- und Affenköpfen sind zwischen den sitzenden Buddhas zu finden. Die Säule in der Mitte der Höhlen ist ehemals von den Betenden umschritten worden. Nur wenige Besucher finden sich hier ein, sodass der Ort noch nicht als große Touristenattraktion gilt, trotzdem hat der Wärter einige Bücher im Angebot. Hinter den Grotten liegt ein Dorf, und die spektakuläre, zerklüftete Landschaft aus stufenförmigen Lössbergen dahinter lädt zu einem erholsamen Nachmittagsstreifzug ein. ⌚ tgl. 8–18 Uhr, Eintritt ¥10.

Der Park am Gelben Fluss

28 km nördlich der Stadt an der Endhaltestelle von Bus Nr. 16, der von der Minggong Lu vor dem Bahnhof von Zhengzhong abfährt, ist der Park am Gelben Fluss eigentlich nur ein Abschnitt typischer chinesischer Landschaft, der ein paar Dörfer und Schrebergärten einschließt und für den das Eintrittsgeld wohl deshalb verlangt wird, weil sich ein Blick auf den Gelben Fluss eröffnet. Es gibt zwar einen schönen Hügel namens Mang Shan, aber keine der Sehenswürdigkeiten, die auf der am Eingang erhältlichen Karte verzeichnet sind – verwahrloste Tempel und Statuen sowie ein riesiges Bild von Yu dem Großen – lohnt wirklich einen Besuch. Ein Nachmittag lässt sich hier durchaus mit Spaziergängen in den Hügeln im hinteren Bereich des Parks verbringen. Wer lieber reitet, kann sich bei den zahlreichen **Pferdeverleihern** ein Pferd nehmen – ein geführter, ein- oder zweistündiger Ritt durch die Berge kostet etwa ¥20. Von den Hügelkuppen bieten sich schöne Blicke über den Fluss und die schlammigen Ebenen zu seinen Seiten. Es ist kaum vorstellbar, dass im Jahre 1937, als Chiang Kaishek die 8 km von der Stadt entfernten Deiche zerstörte, um die Japaner von der Eroberung der Eisenbahnlinie abzuhalten, der Gelbe Fluss diese ganze Ebene überflutete und mehr als eine Million Menschen ihr Leben sowie unzählige mehr ihr Heim verloren. ⌚ tgl. 8–18 Uhr, Eintritt ¥25.

Anyang und Umgebung

Die 200 km nördlich von Zhengzhou gelegene Stadt Anyang war nicht nur die Hauptstadt der Shang-Dynastie, sondern zählt auch zu den bedeutendsten archäologischen Stätten Chinas. Doch da die alte Stadt unter der Erde liegt und die moderne für wirklichen Zauber zu klein und für echten Charakter zu groß ist, rechtfertigt sie kaum einen Besuch, außer für Leute mit speziellen Interessen oder einfach mit dem Wunsch, die Fahrt von oder nach Beijing zu unterbrechen. Ein Großteil der Stadt liegt südlich des Huan-Flusses, doch die alten Stätten wie die **Yinxu-Ruinen** und der **Yuan-Wald** liegen unmittelbar nördlich davon in einem grauen Industriegebiet.

Jiefang Lu und **Hongqi Lu** sind die belebtesten Viertel der modernen Stadt mit einem Nacht- und Wochenendmarkt auf der Hongqi Lu. Im Stadtzentrum von Anyang lohnt sich vor allem ein Spaziergang durch die **Altstadt**, der Gegend um den Glockenturm am südlichen Ende der Hongqi Lu mit ihren staubigen, ungepflasterten Straßen und Gassen, die für Autos und Lastwagen oft zu eng sind, aber von Menschen und Karren nur so wimmeln. Von den Straßen sind nur die langen, weiß getünchten Mauern der Häuser mit ihren Ziegeldächern zu sehen. Der direkte Zugang zu den Höfen von der Straße bleibt durch weitere Mauern verwehrt – traditionell zum Schutz vor bösen Geistern gedacht. In der südwestlich des Glockenturms gelegenen Altstadt befindet sich die ungewöhnlich geformte **Wenfeng-Pagode** aus dem Jahre 925, die sich in Richtung Spitze ausweitet und mit einem pagodenförmigen Abschluss auf einem Flachdach endet – und zusätzlicher Weihnachtsbeleuchtung. Dahinter hat die neue Geschäftsgegend der Altstadt das Herz herausgerissen, und es lohnt sich, in den verbliebenen Gassen umherzuwandern, bevor auch sie verschwinden. ⌚ tgl. 8–17 Uhr, Eintritt ¥5.

Südöstlich des Glockenturms befindet sich der **Chenghuang Miao** aus dem Jahre 1451, ein reizvoller Bau mit Steinmeißeleien von Drachen und Löwen um den Eingang, die hervorragend zu dem gegenwärtigen Zweck des Gebäudes als Galerie für die Arbeiten einheimischer Künstler passen. Ausgestellt sind Papierschnitte, Masken und Kalligrafien – viele der hiesigen Kalligrafen verwenden die Shang-Schriftzeichen. ⌚ tgl. 8–16.30 Uhr, Eintritt ¥10.

Die alten Stätten

Die **Yinxu-Ruinen** sind die einzigen Überbleibsel des alten Anyang, einer Stadt, die vor so langer Zeit in den staubigen Feldern verschwand, dass sogar ihre Existenz in Vergessenheit geriet. Der Historiker Sima Qian, der im 1. Jh. v. Chr. lebte, hatte die Ruinen einer alten Stadt am Ufer des Huan-Flusses erwähnt, doch galt sie ebenso wie ihre Herrscherhäuser als bloße Legende, bis 1899 Unmengen von Orakelknochen entdeckt wurden. In den 20er und 30er Jahren durchgeführte Ausgrabungen ließen dann keinen Zweifel mehr daran, dass es sich hier um die Hauptstadt der historischen Dynastie der **Shang** handelte, die von 1711 bis 1066 v. Chr. ihre Blütezeit erlebte und heute für ihre großen, reich verzierten Bronzegefäße berühmt ist, die in den meisten großen chinesischen Museen vertreten sind.

Bus Nr. 5 fährt vom Bahnhof zu den Ruinen, Ausstieg ist an der ersten Haltestelle auf der Tie Xi Lu; der Fahrer wird Ausländer wahrscheinlich darauf hinweisen. Nun geht man die Straße zurück bis zur Angang Lu, dann etwa 100 m in westlicher Richtung, überquert die Bahngleise und folgt dem Weg ca. 1 km in nordwestlicher Richtung. Ein Taxi vom Bahnhof kostet ¥6. Das Gelände ist ein unwirtliches Stück Ödland und das Sehenswerteste ein neuer Anbau, in dem **sechs Streitwagen**, an denen noch die Pferdeskelette befestigt sind, in Gruben ausgestellt werden. Der Fund wurde im Jahr 2000 freigelegt und ist nach Meinung der Archäologen nur ein Bruchteil dessen, was sie unter der Erde noch erwartet.

Außer diesem unlängst entdeckten Fund gibt es wenig zu sehen, da die ihrem Anschein nach wertvollen Relikte schon vor langer Zeit gestohlen wurden oder sich im Museum der Chinesischen Geschichte von Beijing befinden. Frühere Ausgrabungen brachten die Stadt Yin zum Vorschein: Kaisergräber mit Pferden darin, Streitwagen und rituelle Opfer, Häuser und Werkstätten mit Werkzeugen, herrliche Bronzegefäße, eines mit dem eingravierten Namen des königlichen Prinzgemahls Fu Hao und noch mit Rußspuren vom Feuer, dazu Jade und Keramik in feinster Gestaltung, und nicht zuletzt Zehntausende **Orakelknochen**, die als einzige Relikte noch hier ausgestellt sind – in zwei nachgebauten Yin-Gebäuden mit schmalen Säulen und strohgedeckten Dächern. Bauern hatten diese Knochenstücke mit den Zeichnungen darauf ausgegraben und sie als Drachenknochen für medizinische Zwecke verkauft, bevor sie als Schriftzeichen erkannt wurden und die Ausgrabungen begannen. Die Knochen wurden in der

Wahrsagerei verwendet – die Priester oder Schamanen legten erhitzte Zweige dazu und lasen dann in den so entstandenen Rissen. Dabei kamen alle möglichen wichtigen Informationen ans Tageslicht, die die Jagd, den Krieg, die Ernte und die Opfer betrafen, denn diese Erkenntnisse wurden anschließend in die Knochen eingeritzt. Die Knochen wurden außerdem für Aufzeichnungen verwendet und sagen viel über die komplizierte Organisation der Shang-Stadt, die Namen ihrer Herrscher, die Titel und Funktionen ihrer Beamten sowie über die Tributeinnahmen und -ausgaben aus. Die ausgestellten Knochen sind mit einer Übersetzung ins moderne Chinesisch versehen, und die Shang-Schriftzeichen darauf sind als die bildhafteren Vorgänger der Zeichen von heute zu erkennen. ⏲ tgl. 8–18.30 Uhr, Eintritt ¥21.

Weitere Exponate aus der Shang-Zeit gibt es in dem kleinen, etwas schroff anmutenden Museum im **Yuan-Wald** zu sehen, ebenfalls im Norden der Stadt, an der Route des Busses Nr. 8, der am Volkspark hält. Bus Nr. 2 vom Bahnhof fährt bis zur Brücke über die Shengli Lu, von wo es nur noch ein kurzer Fußweg ist. Doch gehört schon viel Begeisterung dazu, an den Keramikscherben und vergilbten Fotos Gefallen zu finden. Das beste Ausstellungsstück ist ein bronzenes Zaumzeug. ⏲ tgl. 8–18.30 Uhr, Eintritt ¥21.

Hinter dem Museum befindet sich das **Grab des Qing-Warlords Yuan Shikai**, ein grasbewachsener Hügel mit einer Steinmauer an seinem Fuße. Die kurze Ruhmeszeit des Kriegers fiel in das Jahr 1915, als er sich nach der Machtübernahme von Sun Yatsen als Präsident der Republik selbst zum Kaiser erklärte. Kurz nach Beendigung der feierlichen Zeremonien im Himmelstempel verstarb er. Eintritt ¥5.

Der Rote-Fahne-Kanal

Wer von Pagoden erst einmal genug hat, kann sich für den etwas ausgefallenen Abstecher zum Rote-Fahne-Kanal im Taihuang-Gebirge im äußersten Nordwesten der Provinz Henan entscheiden. Wie auch Yan'an im nördlichen Shaanxi gehört er zu den heiligen Stätten des Kommunismus und fasziniert nicht nur an sich, sondern auch durch den Einblick in ideologischer geprägte Zeiten, den er gewährt. Der Ausgangspunkt für einen Besuch des Kanals ist **Linxian**, 70 km westlich von Anyang. **Busse** vom Busbahnhof in Anyang, die ¥10 kosten, kommen hier regelmäßig an und halten im Zentrum der Stadt. Ansonsten fährt ein **Bummelzug** auf einer Nebenlinie, vom Bahnhof sind es allerdings noch 40 Minuten Busfahrt bis ins Stadtzentrum. Von Linxian lässt sich für ca. ¥50 eine Jeep-Tour zum Kanal arrangieren – die Fahrer kommen für gewöhnlich auf die Touristen zu.

Während ein Großteil der Provinz in ständiger Gefahr lebt, von verheerenden Hochwasserkatastrophen heimgesucht zu werden, hat diese Gegend eher mit schweren **Dürreperioden** zu kämpfen. Der akute Wassermangel, gepaart mit dem steinigen und unfruchtbaren Hügelland, verdammt die hier ansässigen Bauern zu einem mühsamen Leben in harter Arbeit, mit der sie dem Staub der Berge ihren Lebensunterhalt entreißen müssen. Der ehrgeizige Plan zur Bewässerung des Gebietes mit Wasser aus dem Zhang-Fluss in Shanxi, dessen Umsetzung 1960 in Angriff genommen wurde, war nach zwölf Jahren verwirklicht und ist fraglos ein Triumph des menschlichen Gemeinsinns und eine der technischen Großtaten, mit denen die Chinesen schon seit der Großen Mauer glänzen. Die gesamte Arbeit wurde von Freiwilligen mit Hacken und Tragekörben ausgeführt – für einen der Abschnitte seilten sich die Männer sogar vom Berg ab, um an den Überhängen zu hacken. Chinesische Broschüren für die Besucher präsentieren stolz die Zahlen: Über 1000 km Kanal wurden ausgehoben, 1250 Hügel gesprengt, 143 Tunnel gegraben, Tausende Morgen Ödlandes in fruchtbares Gebiet verwandelt. Die bei dem Bau verstorbenen 130 Menschen und die Kritik am Kanal werden nicht erwähnt – es heißt, dass dasselbe Ergebnis mit der Verlegung einer einzigen Bewässerungsleitung erzielt worden wäre.

Besuchern wird heute eine geführte **Tour** angeboten, die am Jugend-Tunnel beginnt, wo das Wasser durch eine Bergkette in dem Tal ankommt. Der Rundgang folgt nun dem Verlauf des Kanals bergaufwärts an den Hängen hoch über dem Tal entlang, in dem er sich endlos durch die Ausläufer der Gebirgskette schlängelt – ein wirklich beeindruckender Anblick. Die Tour schließt außerdem einen Staudamm und einen der wichtigsten Aquädukte ein, deren Namen wie z.B. „Helden-Kanalarm" oder „Aquädukt der Rekordernte" an die 60er Jahre erinnern. Es gab eine Zeit, in der ein Be-

Anyang und Umgebung

Anyang	安阳	***ānyáng***
Anyang Guesthouse	安阳招待所	*ānyáng zhāodàisuǒ*
Anyang Hotel	安阳宾馆	*ānyáng bīnguǎn*
Chenghuang Miao	城隍庙	*chénghuáng miào*
Grab des Yuan Shikai	袁世恺墓	*yuánshìkǎi mù*
Wenfeng-Pagode	文峰塔	*wénfēng tǎ*
Yinxu-Ruinen	殷墟博物院	*yīnxū bówùyuàn*
Zhuquan Hotel	珠泉宾馆	*zhūquán bīnguǎn*
Linxian	林县	***línxiàn***
Rote-Fahne-Kanal	林县红旗运河	*línxiàn hongqí yùnhé*

such des Kanals für junge Kader und Studenten geradezu obligatorisch war. Auch die wichtigsten politischen Persönlichkeiten sowie hohe Besucher aus dem Ausland wurden in Limousinen hierher gefahren, um den Berg hochzukraxeln, die Arbeit zu bewundern und sich auf einem Foto neben den hiesigen Würdenträgern zu verewigen. Heute kommen nur noch wenige, die offen eingestehen, dass ein solches Projekt, das auf dem Optimismus und dem Gemeinsinn Freiwilliger gründet, im heutigen China nicht mehr möglich wäre. Inzwischen sind die hochtrabenden Sprüche neben dem Kanal verblasst, und die anliegenden Provinzen haben damit begonnen, sich über die Wasserrechte zu streiten.

Übernachtung und Essen

Busse Nr. 3 und 4 fahren zum komfortablen, wenn auch nicht gerade attraktiven ***Anyang Hotel***** an der Jiefang Lu, unmittelbar östlich der Kreuzung mit der Zhangde Lu, ✆ 5922244. Besser ist das riesige ***Zhongyuan Hotel****, ✆ 592 3235, etwas weiter östlich an der Jiefang Lu und von einer Gasse auf der rechten Seite hinter der Hongqi Lu ab. Dorm-Betten kosten hier ¥60.
Das ***Anyang Guesthouse****, 23 Xi Huancheng Lu, ✆ 5922266, ist das freundlichste und zentralste und liegt an der westlichen Zufahrt zur Wenfeng-Pagode.
Hungrige finden am **Nachtmarkt** auf der Hongqi Lu, den **Restaurants** an der Jiefang Lu oder dem Restaurant im *Anyang Hotel* etwas zu essen.

Sonstiges

INTERNET – Ins Netz gelangt man in vielen Cafés rund um das *Zhongyuan Hotel* sowie in einem Laden im 2. Stock mit Blick auf den Glockenturm.

VORWAHL – 0372

Transport

BUSSE – Der **Überland-Busbahnhof** von Anyang liegt am westlichen Ende der Jiefang Lu, der Hauptdurchfahrtsstraße von Ost nach West, wo sich auch die Endhaltestelle zahlreicher Stadtbuslinien befindet. Bus Nr. 3 fährt die Straße in östlicher Richtung entlang bis zum Volkspark, Bus Nr. 2 fährt zunächst nach Osten und wendet sich dann nach Norden zur Hongqi Lu, der Nord-Süd-Hauptachse. Die Weiterfahrt in südlicher Richtung nach ZHENGZHOU (3 Std.) oder in nördlicher Richtung nach SHIJIAZHUANG (4 Std.) ist unkompliziert, denn den ganzen Tag lang verkehren Busse auf dieser Route. Verbindungen bestehen auch nach KAIFENG (4 Std.) sowie nach LINXIAN (3 Std.). Nach BEIJING (6 Std., ¥60) verkehren flotte Luxusbusse vom Anfang der Schnellstraße stadtauswärts *(gaosu lukou)*.

EISENBAHN – Von Anyang bestehen Verbindungen nach BEIJING (11x tgl., 7 Std.), LINXIAN (1x tgl., 2 Std.), SHIJIAZHUANG (3x tgl., 3–5 Std.) und ZHENGZHOU (12x tgl., 2–3 Std.).

Kaifeng

In den Schwemmebenen am mittleren Abschnitt des Gelben Flusses liegt 70 km östlich von Zhengzhou an einem See die **einstige Hauptstadt** Kaifeng, deren Geschichte sich über 3000 Jahre zurückverfolgen lässt. Doch aufgrund ihrer Lage, die immer wieder Invasoren aus dem Norden anzog und durch die sie vielen Flutkatastrophen des nördlich dahinfließenden, unberechenbaren Gelben Flusses ausgeliefert war, blieben nicht viele Relikte übrig, die den Glanz der Vergangenheit wieder heraufbeschwören könnten. Trotzdem ist die Stadt nicht wie andere alte Hauptstädte der Gegend zu einem Industriemonster geworden, und sie hat ihre angenehme Kompaktheit bewahrt, sodass sich alle Sehenswürdigkeiten auf ein überschaubares Gebiet innerhalb der Stadtmauer konzentrieren. In letzter Zeit ist Kaifeng mächtig herausgeputzt worden und kann heute als **blühende Stadt** bezeichnet werden. Sie ist nicht mehr das verschlafene Nest, das die Besucher vielleicht erwarten, sondern hat sich einer anhaltenden Verschönerungskur unterzogen, um mehr Touristen anzulocken. Die Schattenseite dieser Entwicklung ist allerdings, dass Touristeneinrichtungen wie etwa Themenparks entstehen, die zusammen mit dem Massenansturm von Besuchern den Charme des Ortes zerstören könnten. Doch zu den Vorteilen gehört, dass das Amt für Öffentliche Sicherheit (PSB) gegenüber Ausländern eine sehr entspannte Haltung einnimmt, ihnen keinerlei Einschränkungen hinsichtlich ihrer Aufenthaltsorte auferlegt und Visa ohne große Umstände verlängert. Ein stimmungsvoller Nachtmarkt, ein paar Attraktionen wie schöne Tempel und Pagoden und eine beschauliche Atmosphäre dürften vor allem auf diejenigen anziehend wirken, die der Größe und Hektik der meisten chinesischen Großstädte überdrüssig sind.

Ihre Glanzzeit erlebte die Stadt unter der **Nördlichen Song-Dynastie** zwischen 960 und 1127. Schon um 1000 v. Chr. wurde der Ort als Shang-Stadt erwähnt, die mehreren frühen Königreichen und kleineren Dynastien als Hauptstadt gedient hatte, doch erst unter den Song wurde sie zum politischen, wirtschaftlichen und kulturellen Zentrum des Reiches. Ein berühmtes, 5 m langes horizontales Rollbild von Zhang Azheduan namens *Am Totenfest Qingming flussaufwärts reisen,* heute in der Verbotenen Stadt in Beijing zu sehen, zeigt Abbildungen der Stadt aus jener Zeit, als das Leben brodelte und es von Menschen, Booten, Karren und Tieren nur so wimmelte. Es war das große Zeitalter der Malerei, Kalligrafie, Philosophie und Poesie, und Kaifeng erlangte für die Qualität seiner Stoffe und Stickereien sowie für seine Herstellung von Keramik und gedruckten Büchern große Berühmtheit. Es war zudem die Wiege der ersten mechanischen Uhr der Geschichte – Su Songs astronomischem Uhrenturm von 1092, der durch Energieübertragung von einem riesigen Wasserrad funktionierte.

Dieses Goldene Zeitalter fand im Jahre 1127 sein jähes Ende, als die Invasoren der **Jurcen** in die Stadt einfielen, Paläste und Tempel plünderten und alles Übrige niederbrannten. Der Kaiser wurde mitsamt seinem Hofstaat in Gefangenschaft genommen. Einem einzigen Prinzen von königlichem Geblüt gelang die Flucht nach Süden, wo er in sicherer Entfernung in Hangzhou jenseits des Yangzi-Flusses eine neue Hauptstadt gründete. Kaifeng selbst sollte sich nie wieder erholen, und nur wenig war von der Stadt übrig geblieben. Was noch nicht zerstört war, fiel den immer wiederkehrenden Überschwemmungen zum Opfer – zwischen 1194 und 1887 gab es über 50 schwere Fluten, darunter eine schreckliche Katastrophe, als die Deiche während einer Belagerung durchbrochen wurden und Historikern zufolge mindestens 300 000 Menschen ums Leben kamen.

Orientierung

Das Zentrum von Kaifeng, das auf allen Seiten von etwa 3 km langen Mauern begrenzt wird, ist recht klein und die sehenswerten Orte sind allesamt zu Fuß erreichbar. Die **Zhongshan Lu** ist die Hauptdurchfahrtsstraße von Nord nach Süd, während die **Xihoumen Jie**, die ihren Namen im Zentrum zunächst in Sihou Jie, dann in Gulou Jie und schließlich in Mujiaqiao Jie ändert, die Ost-West-Achse der Stadt bildet. Doch das Herz von Kaifeng schlägt an der Kreuzung von Sihou Jie und Shudian Jie, wo der Nachtmarkt stattfindet. Die Stadt wird kreuz und quer von Kanälen durchzogen, die einst Teil eines Netzes waren, das bis nach Hangzhou und Yangzhou reichte.

Die festgestampften Erdwälle der **Stadtmauer** sind stark zerstört worden, sodass ein Spaziergang auf ihnen nicht möglich ist. Doch als Orientierungspunkt und Grenze zwischen der Innenstadt und den Vororten sind sie allemal nützlich. Innerhalb der Mauern ist Kaifeng überaus reizvoll – schöne, nahe beieinander stehende Bauten an Straßen, die die menschliche Dimension noch nicht verloren haben und in denen der Verkehr nicht tobt wie in vielen anderen chinesischen Städten.

Innerhalb der Stadtmauer

Shudian Jie ist eine hübsche Straße im Zentrum, die von zweistöckigen Qing-Bauten mit aufwändigen Balkons gesäumt wird. Am schönsten ist das Eckhaus an der Kreuzung mit der Gulou Jie – zwar beherbergt es innen nur einen gewöhnlichen *jiaozi*-Laden, doch seine äußeren architektonischen Feinheiten, insbesondere die Steinreliefs am Boden, sind wirklich beeindruckend. Abends verliert die Straße ihren verschlafenen Charakter und verwandelt sich in einen geschäftigen **Nachtmarkt**, wo sich die hell erleuchteten Stände mit Unterwäsche, Kosmetikwaren und Küchenutensilien aus Plastik aneinander reihen. Vor allem Sammler ungewöhnlicher Feuerzeuge könnten geneigt sein, ihr Verhandlungsgeschick zu üben, doch eigentlich ist dies ein Ort, an dem man in seinen besten Sachen umherflaniert, was die meisten Einheimischen auch tun. An den Ständen auf der Gulou Jie werden Bücher mit reißerisch aufgemachten Einbänden angeboten, von denen einige mit merkwürdigen englischen Titeln wie *She Married A Foreigner* (Sie heiratete einen Ausländer) protzen. Die meiste Kundschaft jedoch findet sich an den unzähligen Essensständen rund um die Kreuzung ein, wo man sich für ein paar Yuan den Magen füllen kann (s.S. 400).

Shanshanguan-Gildenhaus

Die kleine Gasse Xufu Jie, die aufgrund ihrer Winzigkeit nicht auf allen Stadtplänen eingezeichnet ist, führt in westlicher Richtung vom nördlichen Ende der Shudian Jie zum Shanshanguan-Gildenhaus, das die Mühe des Suchens belohnt, denn es ist ein erstklassiges Beispiel für die Bauweise der **Qing-Dynastie** in ihrer opulentesten Form. Errichtet wurde es von Kaufleuten der Provinzen Shanxi, Shaanxi und Gansu, um billige Unterkünfte und ein gesellschaftliches Zentrum für die Händler von außerhalb zu schaffen. In jüngerer Vergangenheit gehörte es zu der angrenzenden Schule und wird heute als Touristenattraktion vermarktet und entsprechend restauriert. Mit Geisterwand, Trommel- und Glockenturm und der von kleineren Nebenhallen flankierten Haupthalle hat es den Aufbau eines protzigen, pompösen Tempels. Die Holzschnitzereien an den Dachvorsprüngen sind hervorragend und stellen u.a. muntere und eher trockene Szenen aus dem Leben der reisenden Kaufleute dar: viele beleibte Gestalten, die Instrumente spielen, in Booten sitzen oder auf Pferden reiten. In der Osthalle besonders zu beachten ist der Mann, der von seinem Pferd über den Boden geschleift wird. Die Dachvorsprünge der Haupthalle sind außer mit goldenen Fledermäusen (ein Glückssymbol) mit präzisen Darstellungen von Tieren und Vögeln geschmückt, die zwischen Weintrauben herumtollen. Im Innern wird neben einem Modell der modernen Stadt eines der alten Song-Stadt gezeigt, und in einer Nebenhalle darf die übliche Ausstellung der Körperkunst nicht fehlen. 🕒 tgl. 8–18.30 Uhr, Eintritt ¥10.

Xiangguo Si und Yanqing Si

Der Weg zurück zur Shudian Jie und weiter in südlicher Richtung, vorbei an der Kreuzung, führt zur englisch als „The Street of Insurance Service for Preventing Disaster" (etwa: Straße der Versicherungsvertretungen zum Katastrophenschutz) ausgeschilderten Madao Jie – bizarrerweise ist sie jedoch voller Boutiquen. Biegt man am unteren Ende der Straße nach rechts ab, so trifft man auf den Xiangguo Si, der ursprünglich im Jahre 555 erbaut wurde, dessen heutiges Gebäude allerdings auf das Jahr 1766 zurückgeht. Die schlichte Gestaltung der drei Bauten ist wohltuend, wenngleich der vordere Hof kürzlich in einen Vergnügungspark verwandelt worden ist. Weiter innen wird es besser: Im hinteren Bereich der Haupthalle befindet sich ein farbenfrohes, modernes Fries von *Arhats*, und das Daxiong Baodian (Haus des Großen Schatzes) beherbergt einen sehenswerten bronzenen Buddha aus der frühen Song-Zeit. Die ungewöhnliche achteckige Halle weiter hinten birgt eine wunderbare, ca. 3 m hohe und vierseitige Guanyin, die in Gingkoholz geschnitzt und mit Blattgold überzogen ist. 🕒 tgl. 8–18 Uhr, Eintritt ¥20.

Folgt man von hier aus der Ziyou Lu etwa 1 km nach Westen, gelangt man zum Yanqing Si, dessen eigenartig knubbeliger Zentralbau – der **Pavillon**

Kaifeng

Kaifeng	开封	***kāifēng***
Aussichtspunkt auf den Gelben Fluss	黄河公园	*huánghé gōngyuán*
Fächerpagode	繁塔	*fán tǎ*
Gedenktempel für Lord Bao	包公祠	*bāogōng cí*
Kaifeng-Museum	开封博物馆	*kāifēng bówùguǎn*
Millennium City	清明上河园	*qīngmíng shànghéyuán*
Park der Eisenpagode	铁塔公园	*tiětǎ gōngyuán*
Shanshanguan-Gildenhaus	陕山甘会馆	*shǎnshāngān huìguǎn*
Xiangguo Si	相国寺	*xiàngguó sì*
Yanqing Si	延庆观	*yánqìng guàn*
Yu-Terrasse	古吹台	*gǔchuī tái*
Yuwangtai-Park	禹王台公园	*yǔwángtái gōngyuán*
Übernachtung und Essen		
Bianjing	汴京饭店	*biànjīng fàndiàn*
Dajintai	大金台旅馆	*dàjīntái lǚguǎn*
Diyi Lou	第一楼	*dìyīlóu*
Dongjing	东京大饭店	*dōngjīng dàfàndiàn*
Gulou Jiaozi Guan	鼓楼饺子馆	*gǔlóu jiǎoziguǎn*
Kaifeng	开封宾馆	*kāifēng bīnguǎn*
Number One	第一大饭店	*dìyī dàfàndiàn*
Shao'e Huang	烧鹅皇酒店	*shāo'é huáng jiǔdiàn*
Yingbin Fandian	迎宾饭店	*yíngbīn fàndiàn*

des Jadekaisers – als einziges Überbleibsel eines großen Komplexes gilt, der gegen Ende des 13. Jahrhunderts erbaut wurde. Das Äußere dieses achteckigen Bauwerks aus türkisen Fliesen und gemeißelten Ziegeln ist mit ornamentreichen Verzierungen überzogen, wie z.B. imitierten *dougong* (Holzgebälk). Innen begeistert ein Bronzebild des Jadekaisers in einem Raum, der im Vergleich dazu auffallend nüchtern wirkt. Der Rest des Komplexes sieht zunächst ebenso alt aus, wobei die Abbildungen der Kängurus zwischen den Tieren an den Dachvorsprüngen auf seinen Ursprung in der jüngeren Vergangenheit hindeuten. ◷ tgl. 8–18 Uhr, Eintritt ¥10.

Baogong Hu

Vom Yanqing Si zu Fuß erreichbar ist der Baogong Hu, eines der größten Gewässer von Kaifeng, der in seiner Unberührtheit zu der gelassenen Atmosphäre der Stadt beiträgt. Auf einem Vorgebirge auf der Westseite steht der aus der Entfernung sehr reizvolle **Gedenktempel für Lord Bao** – eine moderne Imitation eines Song-Gebäudes mit einer Ausstellung über das Leben dieser legendären Persönlichkeit, die während der Herrschaft der Nördlichen Song der Gouverneur von Kaifeng war. Nach den ausgestellten Gegenständen, darunter moderne Kopien alter Guillotinen, und den auf Gemälden an den Wänden dargestellten Szenen aus seinem Leben zu urteilen, war Lord Bao ein strenger, aber gerechter Richter, dem es einige Schwierigkeiten bereitet haben muss, mit dem abgebildeten Hut und den Schuhen durch irgendeine Tür zu kommen. ◷ tgl. 7.30–19 Uhr, Eintritt ¥20.

Die stattliche Villa des **Museums von Kaifeng** auf der Südseite des Sees beherbergt einige Stelen, die einst vor der Synagoge standen und die Geschichte der jüdischen Glaubensgemeinschaft von Kaifeng dokumentieren; darüber hinaus gibt es nichts wirklich Interessantes zu entdecken. ◷ tgl. 8.30–11.30 und 14.30–17.30 Uhr, Eintritt ¥10.

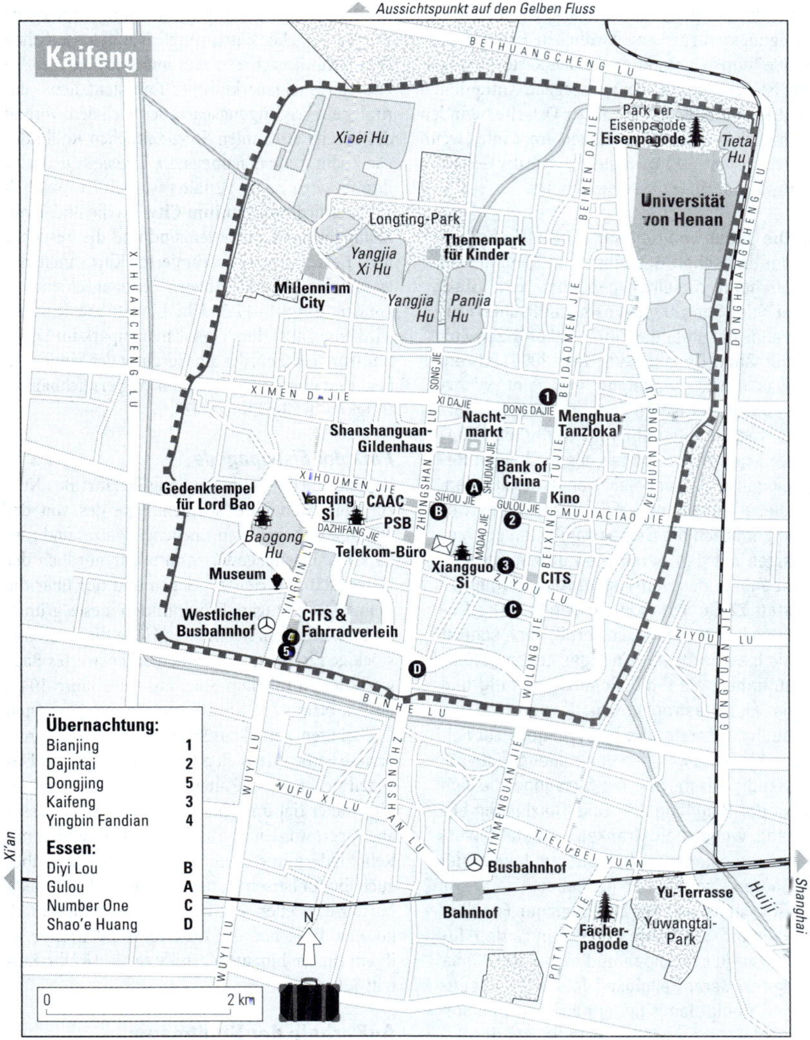

Song Jie, Yangjia Hu und Longting-Park

Geht man grob in Richtung Shanshanguan-Gildenhaus und folgt dann der Zhongshan Lu gen Norden, so gelangt man in deren Verlängerung, der Song Jie, zum Standort des Kaiserpalastes der Song-Dynastie Heute quillt die Straße, an deren südlichem Ende ein Tor steht, über von Touristenläden, die wie Song-Gebäude aufgemacht sind. Von weitem betrachtet machen die Geschäfte wirklich etwas her, doch sind sie ziemlich schäbig gebaut –

das gilt besonders für den Fächerturm, ein Vergnügungszentrum am nördlichen Ende, das als große Touristenattraktion auf den Karten verzeichnet ist. Verkauft werden vorwiegend Antiquitäten und Kuriositäten, doch auf der Ostseite befinden sich auch zwei gute Kunstläden. Im Winter, wenn die Touristen ausbleiben, stellen viele der Geschäfte ihr Angebot auf Haushaltswaren um.

Die Juden von Kaifeng Die Ursprünge der Jüdischen Gemeinde von Kaifeng sind bis heute rätselhaft geblieben. Eine Stele aus der Song-Dynastie im städtischen Museum dokumentiert ihre Ankunft zur Zeit der Zhou-Dynastie vor fast 3000 Jahren, was etwas zweifelhaft erscheint. Wahrscheinlicher ist die Theorie, dass ihre Vorfahren um das Jahr 1000 n. Chr. aus Zentralasien einwanderten, als die beiden Regionen enge Handelsbeziehungen pflegten. Diese Vermutung erhält zusätzliches Gewicht durch die Gemeinsamkeiten der hiesigen mit den persischen Juden, die z.B. ebenfalls das hebräische Alphabet mit 27 statt 22 Buchstaben verwenden. Die Gemeinde war nie wirklich groß, doch scheint sie bis zum 19. Jh. ein reges Leben geführt zu haben, als – möglicherweise aufgrund der Flutkatastrophen wie der von 1850, die auch die Zerstörung der Synagoge zur Folge hatte – die Juden von Kaifeng fast vollständig ausstarben. Die Synagoge, die sich an der Pingdeng Jie, Ecke Beixing Jie befand, wo jetzt ein Krankenhaus steht, wurde nie wieder aufgebaut, und keinerlei Spuren sind erhalten geblieben.

Eine nicht geringe Zahl hiesiger Familien kann ihre Abstammung bis hin zu den Juden zurückverfolgen und hat in dem Klima der größeren religiösen Toleranz im heutigen China damit begonnen, ihre Religion wieder auszuüben. Wenige Relikte der Synagoge sind im Museum von Kaifeng noch zu sehen, darunter drei Stelen, die einst davor standen, doch die meisten befinden sich heute in Sammlungen im Ausland – so etwa eine Thora in chinesischer Sprache, die im British Museum in London ausgestellt ist.

Der am nördlichen Ende der Song Jie gelegene Yangjia Hu gehörte ursprünglich zum kaiserlichen Park, befindet sich jetzt aber inmitten eines großen Labyrinths jahrmarktartiger Touristenfallen – darunter ein Vergnügungspark, der nach dem Vorbild des bereits erwähnten Song-zeitlichen Rollbildes von Zhang Zeduan namens *Am Totenfest Qingming flussaufwärts reisen* gestaltet worden ist. Westlich des Sees liegt **Millennium City**, wo die Bilder von Zhang lebendig geworden sind und die Besucher nach Herzenslust an kostümierten Kurtisanen und werbenden Ladenbesitzern entlangschlendern können. ⏲ tgl. 9–17.30 Uhr, Eintritt ¥30. Kindern wird eine Fahrt durch den Themenpark im Longting-Park gefallen, der am Nordufer des Yangjia Hu liegt und über einen erhöhten Weg erreichbar ist. ⏲ tgl. 6–18 Uhr, Eintritt ¥25.

Park der Eisenpagode

Vom nördlichen Ende der Song Jie fährt Bus Nr. 1 zur äußersten nordöstlichen Ecke des von der Stadtmauer begrenzten, unebenen Platzes und zum Park der Eisenpagode, unmittelbar nördlich der Universität von Henan gelegen und nur über die Beimen Dajie zugänglich. Inmitten dieses grünen Parks erhebt sich bis in 56 m Höhe die dreizehnstöckige Eisenpagode, ein bemerkenswertes Bauwerk der Nördlichen Song aus dem Jahre 1049, dessen Name auf die Oberfläche aus glasierten Deckplatten zurückzuführen ist, der sie die rotbraune Farbe verrosteten Eisens verdankt. Das Unterteil steckt, wie alle alten Bauten von Kaifeng, einige Meter tief im Schlamm, der bei Hochwasser abgelagert worden ist. Fast alle Dachziegel sind mit Reliefbildern versehen, die meist Buddha, aber auch buddhistische Engel, Tiere und abstrakte Muster darstellen. Für eine Zusatzgebühr von ¥5 können Besucher die düstere Wendeltreppe in ihrem Innern hinaufsteigen. ⏲ tgl. 8–18 Uhr, Eintritt ¥20.

Außerhalb der Stadtmauer

2 km südlich der Stadt und etwa 1 km östlich des Bahnhofs lockt der gepflegte **Yuwangtai-Park**, in dessen Nähe die Busse Nr. 8 und 15 halten. Ansonsten ist er über einen langen und staubigen Weg zu erreichen, der durch einen besonders heruntergekommenen Stadtteil führt. Seine Hauptattraktion ist die **Yu-Terrasse**, ein Erdhügel, der wohl einst als

Musikbühne genutzt wurde und auch Treffpunkt von Tang-Poeten war. Der Park mit seinen Pavillons und Gedenkstelen ist vor allem im Sommer reizvoll, wenn die vielen Blumenbeete in voller Blüte stehen. ⌚ tgl. 8–18 Uhr, Eintritt ¥10.

Vom Park aus ist die Spitze der **Fächerpagode** zu sehen, die unweit von hier zwischen einer Autowerkstatt und einem Gewirr von Höfen in einem Vorort aus labyrinthartigen Gassen steht und nicht im Park, wie die Karten vermuten lassen. Der Zugang ist nur von der Westseite möglich. Zusätzlichen Charme erhält der Ort durch die Einwohner, die ihre Wäscheleinen an den Mauern des Bauwerks befestigen und in dem Hof ihren Mais schälen. Die Pagode stammt aus dem Jahre 997 und ist damit das älteste noch stehende Gebäude in Kaifeng. Die untersetzte, sechseckige Ziegelsteinpagode maß ehemals 80 m und zählte neun Stockwerke, von denen heute noch drei erhalten sind. Mit einem Blick über Dächer und Fabriken wird belohnt, wer die Stufen hinaufklettert. Die äußeren gemeißelten Ziegel sind sehenswert, allerdings mussten die unteren Schichten nach dem Vandalismus der Kulturrevolution erneuert werden.

Von einer Bushaltestelle auf der Westseite der Beimen Dajie, gegenüber vom Eingang zum Park der Eisenpagode, lohnt sich ein Ausflug mit Bus Nr. 6 zum **Aussichtspunkt auf den Gelben Fluss**, 11 km nördlich der Stadt, vor allem für jene, die ihn noch nicht gesehen haben. Von dem dortigen Pavillon eröffnet sich ein Blick auf eine bis zum Horizont reichende schlammige Ebene, durch deren faszinierende Leere sich der zäh dahinfließende Fluss seinen verschlungenen Weg bahnt. Neben dem Pavillon steht ein eiserner Ochse, der einst zum Inventar eines nunmehr versunkenen Tempels gehörte. Das knuddelige Vieh hat ein Horn auf dem Kopf und sieht dadurch aus wie ein Nashorn, das auf seinen Hinterläufen sitzt. Eine Inschrift auf dem Rücken macht seine ursprüngliche Funktion deutlich – er war ein Talisman, der Überschwemmungskatastrophen abwenden sollte, eine Tradition, die vom legendären Flutenbezwinger Da Yu eingeführt wurde.

Übernachtung

Trotz seiner geringen Größe verfügt Kaifeng über eine Fülle guter und preiswerter Hotels. Da es hier keine Beschränkungen für Ausländer in chinesisch gestalteten Hotels gibt, mögen Alleinreisende vielleicht ihren Vorteil daraus ziehen: Im Allgemeinen steckt das Personal ungern einen Chinesen mit Ausländern zusammen in ein Zimmer, sodass Letztere oft ein Zimmer für sich haben, obwohl es in diesen Unterkünften Brauch ist, für das Bett zu zahlen statt für das Zimmer. Das *Dajintai* ist die beste Wahl unter den preiswerten Hotels von Kaifeng, allerdings eröffneten während der Arbeiten an diesem Buch weiter östlich auf der Gulou Dajie mehrere neue, preisgünstige Hotels. Sollten sie überleben, ist ein Bett womöglich schon für ¥40 und ein Zimmer für ¥90 zu haben.

Bianjing*, Dong Dajie, Ecke Beixing Jie, ☏ 288 6699. Mit Bus Nr. 3 vom Bahnhof erreichbar. Das erste Haus links in dem großen Komplex ist die Rezeption. Der viele Beton sorgt für das Flair einer Behörde, doch es ist zentral, sauber und erst kürzlich renoviert worden. Dorm-Betten ¥40.

Dajintai*–*, Gulou Dajie, ☏ 5956677. Nicht leicht zu finden, in einem nicht gekennzeichneten Hof abseits der Straße, ca. 50 m westlich des Dazhong-Kinos an der Route von Bus Nr. 4. Rezeption im ersten Haus rechts im Hof. Mitten im Nachtmarkt und dem interessantesten Stadtviertel, beste Unterkunft und noch nicht mal übermäßig laut. Die Zimmer sind mit neuem Boden und Bad versehen, die billigsten haben allerdings kein eigenes Bad. Kräftig feilschen, denn Rabatte werden ungern gegeben.

Dongjing**, 14 Yingbin Lu, ☏ 3989388, 📠 393 8861. Kurzer Fußweg vom Westlichen Busbahnhof, auch die Busse Nr. 1 und 9 vom Bahnhof halten hier. Gebäudekomplex in einem Park gleich außerhalb der Mauer im Süden der Stadt, am Ufer des Bao Hu. Erinnert an ein Sanatorium und ist entsprechend ruhig, gedämpft und komfortabel. Gute Service-Einrichtungen, zu denen auch ein Postschalter gehört.

Kaifeng**, 64 Ziyou Lu, ☏ 5955589, 📠 5953086. Mit Bus Nr. 9 vom Bahnhof erreichbar. Zentrales Hotel in einem großen, attraktiven Komplex abseits der Straße, in dem viele Reisegruppen absteigen. Vier Gebäude und verschiedene Zimmer zur Auswahl, auch Drei- und Vierbettzimmer. Komfortabel, ohne protzig zu wirken, und überraschend preisgünstig. Betten ¥70.

Yingbin Fandian*, Yingbin Lu, ✆ 3931943. Unmittelbar nördlich des *Dongjing* und dessen billigere Alternative. Braunes, wie eine Behörde wirkendes Gebäude, ganz nett, aber nicht umwerfend. Freundliches Personal, das zu langwierigen Preisverhandlungen bereit ist.

Essen und Unterhaltung

Das beste Essen gibt es auf dem **Nachtmarkt** auf der Shudian Jie, der auch in puncto Atmosphäre den wenigen Lokalen mit Sitzplätzen mühelos den Rang abläuft. Neben den üblichen Speisen wie *jiaozi*, bei deren Zubereitung man zuschauen kann, und den Hammelfleischspießen der uigurischen Händler werden hier auch lokale Delikatessen aus heißem, flüssigem Gelee mit Nüssen, Beeren, Blumen und Früchten angeboten. Die Gelee-Stände sind an den riesigen Bronzekesseln mit Schnabeln in Form eines Drachenkopfes zu erkennen. Eine weitere köstliche Süßspeise sind die mit einer Pfannkuchenmischung umhüllten und frittierten Bananenscheiben. Zum Herunterspülen empfiehlt sich ein hiesiges Bianjing-Bier.

Auf der Südseite der Gulou Jie befinden sich einige **Fastfood-Läden** wie z.B. das ***Dicos*** mit gutem Kaffee. ***Jiaozi*-Freunde** sollten das ***Gulou Jiaozi Guan*** in dem restaurierten Holzbau an der Gulou Jie, Ecke Nan Shudian Jie aufsuchen. Was die Lage betrifft, ist dies wohl das schönste *jiaozi*-Lokal Chinas, und obwohl sein steriler, weiß gefliester Innenraum nicht viel hermacht, ist es ein wunderbarer Ort, um aus den Fenstern Leute zu beobachten, und die runden Teigtaschen haben es in sich.

Das **Restaurant** im ***Kaifeng Hotel*** ist sehr anständig, und das gegenüber vom Hotel, etwas weiter westlich auf der Ziyou Lu gelegene ***Number One Restaurant*** recht preisgünstig. Das Essen ist passabel, doch das Dekor mit den Hühnern gleich hinter der Tür und den leeren Aquarien lässt zu wünschen übrig. Das flotte ***Shao'e Huang Restaurant***, 214 Zhongshan Lu, ist der Treffpunkt der ortsansässigen Elite. Eine englische Speisekarte fehlt, doch wird die Auswahl durch die vielen Bilder von Gemüse-, Fisch- und Fleischgerichten in der unteren Etage erleichtert. Ein Essen für Zwei kostet etwa ¥80.

Im ***Diyi Lou Restaurant***, 43 Sihou Jie, spielt jeden Abend ein traditionelles chinesisches Ensemble. Für ein Essen für zwei Personen mit Getränken muss hier mit etwa ¥60 gerechnet werden.

Möglichkeiten zur abendlichen **Unterhaltung** außerhalb des Nachtmarktes sind rar.

Bewegte Bilder gibt es im ***Dazhong-Kino*** am östlichen Ende der Gulou Jie zu sehen, und wer sich ins Nachtleben stürzen will, kann das im ***Menghua-Tanzlokal*** auf der Südseite der Dong Dajie tun. Das Lokal ist bei den Studenten sehr beliebt, es werden aber nur langsame Nummern gespielt.

Sonstiges

AMT FÜR ÖFFENTLICHE SICHERHEIT (PSB) – Die Polizeihauptwache liegt an der Zhongshan Lu. Visumsangelegenheiten werden an den Schaltern 3 und 4 bearbeitet, wo die Diensthabenden so entspannt sind, dass man sie schon fast als cool bezeichnen könnte. Eine Visumsverlängerung zum Preis von ¥120 kann in 10 Min. unter Dach und Fach sein.

BÜCHER – Der ***Xinhua Bookstore*** auf der Ostseite der Shudian Jie, unweit der Kreuzung mit der Xi Dajie, hat einige englischsprachige Bücher im Angebot, aber auch gute Karten sind hier zu bekommen. Mehr Spaß macht es allerdings, die Publikationen auf dem großen Nachtmarkt in der Gulou-Gegend zu durchzustöbern.

EINKAUFEN – Für den Kauf von Künstlerbedarf, eines der besten Mitbringsel aus China, ist Kaifeng gut geeignet. Neben den Läden auf der Song Jie gibt es ein gutes und preiswertes Kunstgeschäft an der Ecke der Sihou Jie, unweit der Kreuzung mit der Shudian Jie. Souvenirs sind in der Song Jie erhältlich.

FAHRRÄDER – Recht gute Räder sind schon für ¥5 pro Tag an einem kleinen Zigaretten- und Telefonkiosk vor dem *Yingbin Hotel* zu mieten, die Kaution beträgt ¥100. Fragen lohnt sich, denn obwohl ein Hinweis in chinesischer Sprache den Service anbietet, werden die Räder drinnen aufbewahrt, sodass der Stand leicht zu übersehen ist. 🕓 tgl. 8–23 Uhr.

GELD – Die ***Bank of China*** befindet sich auf der Nordseite der Gulou Jie, ⌚ Mo–Fr 8–12 und 14–16 Uhr.

POST UND TELEFON – Großes, effizientes ***Postamt*** auf der Ziyou Lu, ⌚ Mo–Fr 8–12 und 14.30–18 Uhr, das rund um die Uhr geöffnete ***Telekom-Büro*** ist nebenan.

REISEBÜROS – Das Personal von ***CITS*** in Nr. 56 Ziyou Lu, ✆ 5666456, ist nicht immer hilfsbereit – der Umgang mit dem Kunden hängt scheinbar davon ab, wie wenig bzw. viel er auszugeben bereit ist. Man kann Ein- und Zweitagestouren buchen oder Zugfahrscheine erwerben (¥40 Zuschlag) und erhält einen kostenlosen englischen Stadtplan, der allerdings sehr ungenau ist. Das Büro liegt östlich hinter dem *Kaifeng Hotel,* dort führt eine von Händlern gesäumte Gasse nach Norden – das Büro befindet sich nach 20 m auf der rechten Seite.

VORWAHL – 0378

Nahverkehrsmittel

Die meisten **Stadtbuslinien** beginnen am Bahnhof. Bus Nr. 1 fährt von hier aus in nördlicher Richtung die Yingbin Lu entlang, dann die Zhongshan Lu, um den Panjia Hu und bis zum nördlichen Mauerabschnitt, mit Endhaltestelle an dem kleinen Busbahnhof an der Beimen Dajie. Vom Bahnhof ins Zentrum verkehrt Bus Nr. 4, der die Yingbin Lu entlang und dann die ganze Stadt auf der Sihou Jie durchfährt. Bus Nr. 3 ist ebenfalls nützlich, er fährt vom Park der Eisenpagode die als Beimen Dajie beginnende Straße entlang und endet am Bahnhof.
Gemessen an der geringen Größe des Ortes verkehren ziemlich viele **Taxis** in den Straßen, die an Touristen gewöhnt sind. Die Grundgebühr von ¥5 reicht für innerstädtische Fahrten aus. Auch **Radfahrer** kommen in den breiten und ebenen Straßen gut voran, allerdings befindet sich der einzige Verleih vor dem *Yingbin Hotel* im äußersten Süden der Stadt. Wenn die Unterkunft also nicht zufällig in der Nähe liegt, kann der Rückweg nach der Abgabe des Rades lang werden. **Stadtpläne** zum Preis von ¥3 sind am Busbahnhof erhältlich.

Transport

BUSSE – Die Fernbusbahnhöfe machen einen ziemlich schäbigen Eindruck, und „Langnasen" erregen einige Aufmerksamkeit. Es bestehen häufige Verbindungen nach ANYANG (4 Std.) und ZHENGZHOU (2 Std.). Der große **Überland-Busbahnhof** befindet sich neben dem Bahnhof und deckt fast alle Buslinien ab. Der kleinere **Westliche Busbahnhof** für Busse zu oder von westlich gelegenen Reisezielen wie Luoyang, Xi'an und Zhengzhou liegt an der Yingbin Lu, gleich innerhalb der Stadtmauer. **Tickets** sind an den Schaltern, ⌚ tgl. 7–18 Uhr, oder im Bus zu erstehen.

EISENBAHN – Der **Bahnhof** an der Eisenbahnlinie Xi'an–Shanghai liegt in einer heruntergekommenen Gegend außerhalb der Mauern, etwa 2 km südlich des Zentrums. Er ist klein, sodass man sich schnell zurechtfindet. Verbindungen bestehen u.a. nach SHANGHAI (6x tgl., 12 Std.), XI'AN (tgl., 5 Std.), YANZHOU (2x tgl., 6 Std.) und ZHENGZHOU (3x tgl. 2 Std.). **Fahrkarten** gibt es im dortigen Buchungsbüro oder im Reservierungsbüro in Nr. 70 Sihou Jie, ⌚ Mo–Fr 8.30–12.30 und 14.30–16.30 Uhr.

FLÜGE – Flugtickets sind bei ***CAAC*** an der südwestlichen Ecke von Zhongshan Lu und Sihou Jie, ✆ 5955555, zu erhalten. Der nächste Flughafen liegt in Zhengzhou (s.S. 384).

Die Provinz Shandong

Die Provinz Shandong, in deren fruchtbaren Ebenen der Gelbe Fluss den letzten Teil seiner Reise absolviert, hat die Form eines sich in die Lüfte erhebenden Adlers – ein passendes Bild für eine Provinz, die sich nach einer Vergangenheit voller Probleme und Stagnation endlich zu behaupten beginnt. Jahrhundertelang dümpelte Shandong als eine der ärmsten Regionen Chinas vor sich hin, überbevölkert und der Gnade des Gelben Flusses ausgeliefert, dessen Verlauf sich fortwährend änderte und dessen Delta sich im Laufe der Zeit vom Golf von Bohai im Norden zum Gelben Meer im Süden verschob, wobei jede Veränderung ein Chaos auslöste.

Doch der Fruchtbarkeit der Überschwemmungsebenen ist auch zu verdanken, dass hier seit 6000 Jahren Menschen siedeln. Spuren aus **neolithischer Zeit** wurden an zwei Orten entdeckt, in Dawenkou und Longshan. Relikte wie mit Töpferscheiben hergestellte Keramik oder Jadeschnitzereien deuten auf eine erstaunlich hoch entwickelte Agrargesellschaft hin. In der Zeit der Streitenden Reiche (720–221 v. Chr.) gehörten die Staaten Qi und Lu zu Shandong, und so ist die Provinz heute übersät mit **alten Grabstätten und Tempeln**, von denen sich die interessantesten auf dem **Tai Shan** befinden, dem heiligsten daoistischen Berg Chinas, der sich fast genau in der Mitte der Provinz erhebt und ihre spektakulärste Touristenattraktion bildet. Als zweite große religiöse Stätte gilt **Qufu**, die Heimat des berühmtesten Sohnes Shandongs namens **Konfuzius**. Die Herrlichkeit des Tempels und der Residenz seines Familienclans der Kong in der kleinen Stadt belegen anschaulich, welches Ansehen der zu Lebzeiten noch ignorierte Philosoph in späteren Generationen genoss, und bezeugen auch die Macht seiner Nachfahren, die dem Kaiser als nahezu ebenbürtig angesehen wurden.

Die jüngere Geschichte Shandongs wird jedoch von **ausländischen Einflüssen** und deren Auswirkungen beherrscht. Im Jahre 1897 kamen die Deutschen und besetzten den Hafen von **Qingdao** im Süden der Provinz. Sie ließen sich hier häuslich nieder, und die Straßen, die direkt aus Bayern hierher verpflanzt scheinen und die besten Strände des nördlichen China säumen, verleihen der Stadt noch heute ein Aussehen, das sich mit den schönsten chinesischen Städten messen kann. Bald darauf folgte die gegenwärtige, hässliche Provinzhauptstadt **Ji'nan**, und mit dem Bau eines provinzweiten Eisenbahnnetzes bauten die Deutschen ihren Einfluss weiter aus. Von ihrer Anwesenheit zeugen noch heute die teutonischen Formen vieler Bahnhöfe. Zu Beginn des vergangenen Jahrhunderts wuchs die Unzufriedenheit mit den Besatzern, und die Stimmung wurde durch Flutkatastrophen und den Zustrom von Flüchtlingen aus dem Süden zusätzlich angeheizt, sodass Shandong schließlich zum Schauplatz des **Boxeraufstandes** (s.S. 101) wurde.

Hinter der deutschen Fassade von Qingdao verbirgt sich ein ganz neues Gesicht von Shandong, und die zunehmende Anzahl von Fabriken zeugt von dem schnellen Tempo der Modernisierung und Industrialisierung. Qingdao ist die Hauptindustriestadt, an zweiter Stelle folgt Ji'nan, und der aktivste Handel wird im Hafen von **Yantai** betrieben. Das neue **Shengli-Ölfeld** im Nordosten ist das zweitgrößte Chinas, und da die Ausbeutung der umfangreichen Ölreserven im Bohai-Meer eben erst begonnen hat, scheint der Provinz ein gewaltiger Wirtschaftsaufschwung bevorzustehen. Auch ihre **Tourismusindustrie** gelangt allmählich zur Blüte. Zwar ist das Eisenbahnnetz eher dünn, doch wird das Reisen in der Provinz durch die neuen Autobahnen zwischen den großen Städten erheblich erleichtert. Zudem lockt Shandong potenzielle Besucher durch seine relativ lockeren Vorschriften in Bezug auf die Unterbringung von Ausländern und angenehm günstige Preise an den großen Anziehungspunkten Tai Shan und Qufu. Dazu kommt die Freundlichkeit der Menschen, die auf ihren Ruf als gastfreundliches Volk stolz sind, denn die Tradition geht auf Konfuzius zurück, der in seinen *Analekten* erklärte: „Ist es nicht eine große Freude, Gäste von weit her zu empfangen?“

Ji'nan

Als **Hauptstadt** von Shandong und Industriemetropole mit drei Millionen Einwohnern ist Ji'nan nicht nur Handels- und Verwaltungszentrum, sondern auch wichtigster Verkehrsknotenpunkt der Provinz, und jeder Reisende in der Gegend wird irgendwann hier landen. Ein Tag lässt sich in der Stadt ohne weiteres verbringen, doch die Touristenattraktionen sind nicht der Rede wert, und auch das Angebot an Hotels lässt zu wünschen übrig. In erster Linie dient die Stadt als Zwischenaufenthalt auf dem Weg von oder nach Qufu und Tai'an, die einige Stunden weiter südlich liegen.

Wer Ji'nan heute durchstreift, ahnt nichts von der glanzvollen Vergangenheit der Stadt. Auf ihrem Boden befanden sich einst Chinas **älteste Siedlungen** überhaupt, und in der Umgebung entdeckte Tonwaren konnten auf über 4000 Jahre zurückdatiert werden. Die heutige Stadt stammt aus dem 4. Jh. n. Chr., als Ji'nan noch militärischer Außenposten und Handelszentrum war. Ihre Ausdehnung erfuhr sie während der Ming-Dynastie, als auch die Stadtmauer errichtet wurde – diese ist zwischenzeitlich wieder verschwunden, doch ihr ehemaliger Standort ist nach wie vor auf allen Karten an den rundherum angelegten Wassergräben zu erkennen. Die gegenwärtige Gestaltung Ji'nans geht auf das Jahr 1898 zurück, als die Deutschen sich das Recht verschafften, ein Eisenbahnnetz in Shandong zu bauen. Die Schienen nahmen ihren Anfang in Qingdao, einer weiteren deutschen Konzessionsstadt, und die Linie wurde 1904 fertig gestellt. Dem Außenhandel öffnete sich die Stadt im Jahre 1906, und die Industrialisierung unter den Deutschen, Engländern und Japanern ging zügig voran.

Ji'nan ist in ganz China für seine **natürlichen Quellen** (s. Kasten) berühmt, obwohl diese derzeit in den typischen chinesischen Stadtparks präsentiert werden und somit eher langweilig wirken. Einige der deutschen und japanischen Bauwerke aus dem 19. Jh. sind erhalten geblieben, doch ist das architektonische Gesamtbild von Ji'nan nicht wirklich attraktiv: Die Mode, Häuser mit weißen Badezimmerfliesen zu verkleiden, scheint hier ihren Höhepunkt erreicht zu haben, und für das westliche Auge wirkt die Stadt eher wie eine riesige öffentliche Bedürfnisanstalt. Zu den lohnendsten Beschäftigungen außerhalb des Zentrums gehören Streifzüge durch die **Parks** mit ihren Seen oder ein Besuch des südlich gelegenen **Tausend-Buddha-Berges**.

Ji'nan hat frustrierende Ausmaße angenommen, und es gibt kein wirkliches innerstädtisches Einkaufsviertel. Die größten Einkaufsstraßen liegen unmittelbar südlich des Daming Hu, und noch etwas weiter südlich markiert der gewaltige rechteckige Quancheng-Platz das Zentrum der Stadt (auf Karten unschwer zu erkennen). Die westlich von hier gelegenen, geordneten Blocks südlich des Bahnhofs gehören zu den ältesten der Stadt und versprühen sogar einen Hauch von Atmosphäre, die meisten Attraktionen sind allerdings am südlichen Stadtrand zu finden.

Tausend-Buddha-Berg und Provinzmuseum

Mit malerischer Landschaft lockt der Tausend-Buddha-Berg im Süden der Stadt, an der Strecke von Bus K54, der von einer Haltestelle in der südwestlichen Ecke des Daming-Parks abfährt, die Entfernung beträgt etwa 5 km. Der Berghang ist schön bewachsen und voller gewundener Wege, deren größter von Opernmasken gesäumt ist. Die meisten frei stehenden Originalstatuen von Buddhas und Bodhisattvas, die den Hang einst bevölkerten, sind von den Roten Garden zerstört worden, doch werden sie durch neue ersetzt, die größtenteils mit Spenden von Auslandschinesen finanziert werden. Die neuen Statuen lassen jedoch die Schlichtheit und Reinheit ihrer Vorgänger vermissen. Der Weg zum Gipfel, für den man zwei Stunden einplanen sollte, kann ganz schön zu schaffen machen, doch die Skulpturen werden mit zunehmender Höhe immer interessanter und die Aussicht besser. Hinter dem **Xingguo Si** in der Nähe des Gipfels gibt es einige großartige buddhistische Skulpturen aus dem 6. Jh. zu entdecken. Der Innenhof des Tempels beherbergt eine Skulptur des mythischen Kaisers Shun, der um 2000 v. Chr. geherrscht und der Legende nach nicht nur den Boden von Ji'nan gepflügt, sondern auch den Schreibpinsel erfunden haben soll. 🕓 tgl. 8–18 Uhr, Eintritt ¥10.

Die Quellen von Ji'nan Das Gebiet südlich des Daming Hu wird von Bächen begrenzt und durch Quellen gespeist, die rätselhafterweise als größte Sehenswürdigkeiten der Stadt gelten – hier setzt sich wohl die geschichtliche Überlieferung über die Realität hinweg. Die von jeher als Synonym für Ji'nan geltenden Quellen waren einst beeindruckend und erhielten ihre romantischen Bezeichnungen im 10./11. Jh., als Poeten sie mit aus der Erde hervorquellenden Perlen und aus dem Bau hervorschnellenden Tigern verglichen. Der Dichter Li Fenggao schrieb über das Qing-zeitliche Ji'nan etwa: „Mit Seerosen auf vier Seiten und Weidenbäumen auf dreien, ist die halbe Stadt ein Berg und die andere Hälfte ein See." Obwohl sie der Stadt einst den Ruf von Sauberkeit und Gesundheit einbrachten, ähneln die Quellen heute höchstens noch schmutzigen Tümpeln. Einige scheinen nicht einmal mehr zu existieren, andere werden verstohlen mit Schläuchen unterstützt. Umweltverschmutzung und Dürreperioden haben wohl dazu geführt, dass sie langsam versiegen. Die berühmteste ist die **Quelle des Schwarzen Tigers** an der Heihuquan Dong Lu, die aus einer unterirdischen Höhle durch tigerkopfförmige Düsen hervorsprudelt. Die dortigen Steinbecken sind ein beliebter Badeplatz.

Ji'nan

Ji'nan	济南	***jì'nán***
Daming Hu	大明湖	*dàmíng hú*
Lehrer-Universität von Shandong	山东师范大学	*shāndōng shīfàn dàxué*
Longtan-Park	龙潭公园	*lóngtán gōngyuán*
Provinzmuseum von Shandong	山东省博物馆	*shāndōng shěng bówùguǎn*
Quancheng-Platz	泉城广场	*quánchéng guǎngchǎng*
Quelle des Schwarzen Tigers	黑虎泉	*hēihǔ quán*
Tausend-Buddha-Berg	千佛山	*qiānfó shān*
Übernachtung und Essen		
Guidu Hotel	贵都宾馆	*guìdū bīnguǎn*
Huiquan	汇泉饭店	*huìquán fàndiàn*
Ji'nan Hotel	济南大酒店	*jì'nán dàjiǔdiàn*
Volksmarkt	人民商场	*rénmín shāngchǎng*
Ji'nan Roast Duck	济南烤鸭店	*jì'nán kǎoyādiàn*
Oriental Gourmet	东方美食城	*dōngfāng měishíchéng*
Qilu Hotel	齐鲁宾馆	*qílǔ bīnguǎn*
Sofitel Silver Plaza	索菲特银座大酒店	*suǒfēitè yínzuò dàjiǔdiàn*
Railway Hotel	铁道大酒店	*tiědào dàjiǔdiàn*
Xibei'er Hotel	喜贝尔宾馆	*xǐbèiěr bīnguǎn*
Xuelin	学林大酒店	*xuélín dàjiǔdiàn*

Mit demselben Bus erreichbar ist das unweit des Berges gelegene Provinzmuseum von Shandong, das eine Reihe erlesener buddhistischer Plastiken sowie Fundstücke von den Ausgrabungen in Longshan und Dawenkou zeigt – zwei neolithische Stätten, die für die dort entdeckte feine Schwarzkeramik berühmt sind. Die Funde gehen auf die Zeit um 5000–2000 v. Chr. zurück und bestehen vorwiegend aus landwirtschaftlichen Geräten aus Ton, Stein und Perlmutt. Die Gesellschaft war vermutlich landwirtschaftlich geprägt, sesshaft sowie recht hoch entwickelt und hat Ahnenkult betrieben. Auch das in einem nahe gelegenen Han-Grab entdeckte älteste noch existierende Buch Chinas zählt zu den Schätzen des Museums. Das Papier war noch nicht erfunden, sodass das Buch mit Pinsel und Tusche auf dünne Bambusstreifen geschrieben und anschließend zusammengeheftet werden musste. Es enthält einen vollständigen Kalender des Jahres 134 v. Chr. und eine Reihe militärischer und philosophischer Texte, darunter *Kriegskunst* von Sun Bin. Diese Ausstellungsstücke sind zweifellos historisch sehr bedeutsam, doch braucht es einige Vorstellungskraft, um sie an sich spannend zu finden. ◷ tgl. 8.30–12 und 13.30–17.30 Uhr, Eintritt ¥10.

Weitere Sehenswürdigkeiten

Wer einige Stunden Wartezeit auf eine Verkehrsanbindung überbrücken muss, findet auch innerhalb der Stadt ein paar lohnende Ziele. Der **Park** um den Daming Hu, an der Buslinie Nr. 11 vom Bahnhof gelegen, ist recht hübsch und besitzt ein paar malerische Gärten, Pavillons und Brücken, nebst einem See, der von Weiden gesäumt und mit Seerosen gesprenkelt ist. Der **Li-Xia-Pavillon** auf einer Insel in der Mitte beherbergt Portraits des Tang-Poeten Du Fu und des Kalligraphen Li Yong, die sich hier getroffen haben sollen. Im Süden steht die **Gedenkhalle** für Xin Qiji, einen berühmten Song-zeitlichen Dichter, der wegen seiner politischen Ansichten und seiner Gedichte, die den Monarchen für sein Versagen beim Zurückschlagen der Jin-Invasion aus dem Norden kritisierten, verbannt wurde. Zu dem ange-

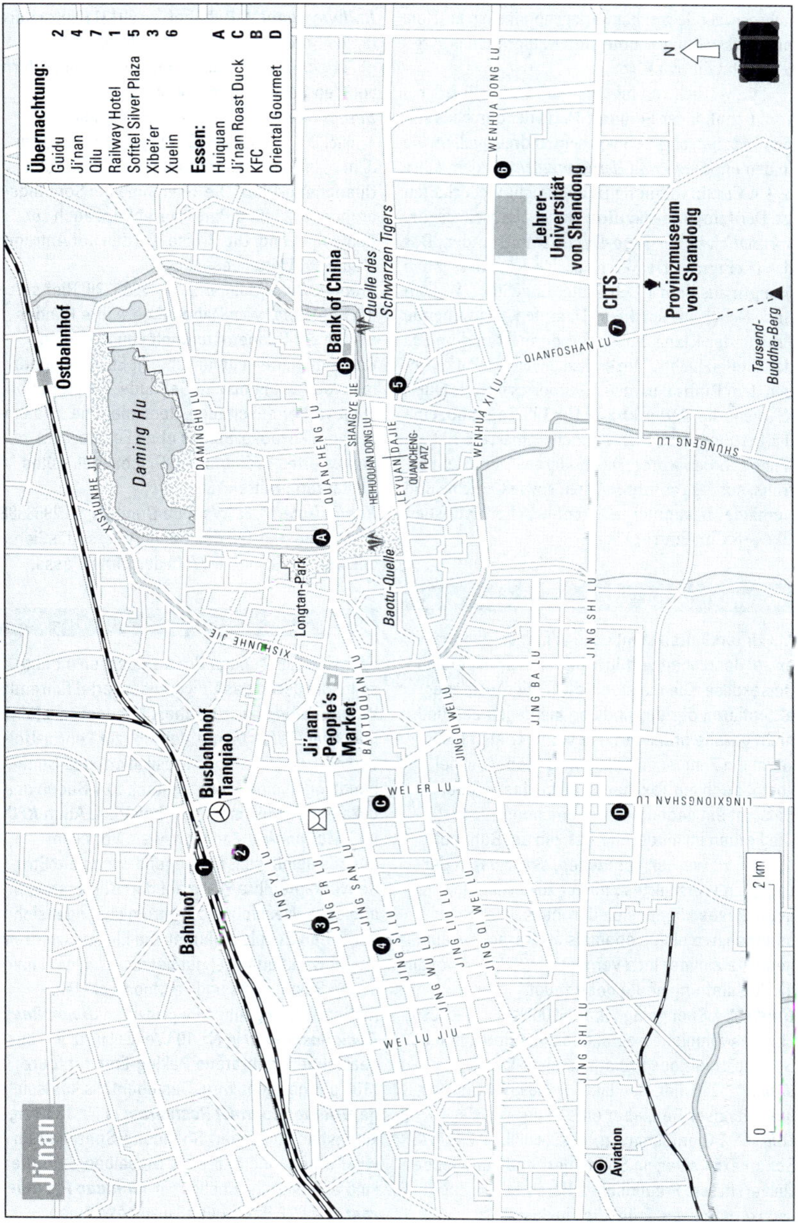
Ji'nan
Übernachtung:
Guidu 2
Ji'nan 4
Qilu 7
Railway Hotel 1
Sofitel Silver Plaza 5
Xibei'er 3
Xuelin 6
Essen:
Huiquan A
Ji'nan Roast Duck C
KFC B
Oriental Gourmet D
N
Ostbahnhof
Daming Hu
DAMINGHU LU
XISHUNHE JIE
Bank of China
Quelle des Schwarzen Tigers
Lehrer-Universität von Shandong
WENHUA DONG LU
CITS
Provinzmuseum von Shandong
Tausend-Buddha-Berg
QIANFOSHAN LU
WENHUA XI LU
SHUNGENG LU
SHANGYE JIE
QUANCHENG LU
HEIHUQUAN DONG LU
LEYUAN DAJIE
QUANCHENG-PLATZ
Baotu-Quelle
Longtan-Park
Überland-Busbahnhof (300 m)
Busbahnhof Tianqiao
Ji'nan People's Market
BAOTUQUAN LU
JING QI WEI LU
JING BA LU
JING SHI LU
WEI ER LU
LINGXIONGSHAN LU
Bahnhof
JING YI LU
JING ER LU
JING SAN LU
JING SI LU
JING WU LU
JING LIU LU
JING QI WEI LU
WEI LU JIU
JING SHI LU
Aviation
0
2 km

nehmen, gepflegten Bauwerk gehören ein paar Höfe und Ausstellungsräume mit Kalligrafien. ⌚ tgl. 6–18 Uhr, Eintritt ¥10.

Südwestlich von hier liegt an der Buslinie Nr. 3 vom Bahnhof der **Longtan-Park**, der durchaus seinen Reiz hat, obgleich von seinen drei Quellen, die in den *Frühlings- und Herbstannalen* aus dem Jahre 694 v. Chr. Erwähnung finden, nicht viel erhalten ist. Der **Luoyuan-Pavillon** an der Nordseite ist ursprünglich in der Song-Dynastie entstanden. Das darin eingravierte Verspaar des Künstlers Zhao Mengfu aus dem 13. Jh. lautet ungefähr: „Wolken und Nebel in feuchten Dämpfen, schwebende Pracht; der Klang der Wellen donnert in dem See des Großen Lichts." Im östlichen Teil des Parks, neben dem Rinnsal namens „Emporspritzende Quelle", steht die **Gedenkhalle für Li Qingzhao**, eine der berühmtesten Dichterinnen Chinas, die 1084 in Ji'nan geboren wurde. Die moderne Halle zeigt Portraits, Auszüge aus ihrer Arbeit sowie Gedichte und Gemälde bekannter zeitgenössischer Künstler. ⌚ 6–18 Uhr, Eintritt ¥5.

Übernachtung

Mit Unterkünften sieht es in Ji'nan schlecht aus, es sei denn, man verfügt über eine prall gefüllte Reisekasse. Die meisten Hotels, die Ausländer akzeptieren dürfen, sind ungünstig gelegen und nicht gerade preiswert. Für weniger als ¥150 ist kaum ein Zimmer zu bekommen – ebenso viel kostet auch ein Taxi nach Tai'an, das in jeder Hinsicht ein bedeutend angenehmerer Ort ist. Die Frauen im mittleren Alter, die am Bahnhof Kunden zu werben versuchen, sind zwar in der Lage, ein preiswertes Zimmer zu vermitteln, doch dieses könnte sich durchaus im *Xibei'er* befinden, wo einige ehemals als Karaoke-Räume genutzte Zimmer jetzt vermietet werden – wovon die Ausstattung heute noch zeugt.

Guidu**, 1 Shengping Lu, ✆ 6900888, 📠 6900099. Eher gewöhnliches, zehnstöckiges Hotel, nah am Bahnhof, mäßiges Preis-Leistungs-Verhältnis.

Ji'nan**, 240 Jing San Lu, ✆ 7938981. Massiver, gesichtsloser Bau, aber gute Lage.

Qilu***, 8 Qianfoshan Lu, ✆ 2966888, 📠 2967676. Schon exklusiver, im Süden der Stadt, unweit der Universitäten. Freundliches Personal mit Englischkenntnissen. Frühstück inklusive.

Railway Hotel**, Bahnhof, ✆ 6012118. Komfortables Hotel im vorderen Bahnhofsbereich, günstige Verkehrsanbindung, aber weit entfernt von den Sehenswürdigkeiten.

Sofitel Silver Plaza, Luxus, 66 Luoyuan Dajie ✆ 606888, 📠 6066666. Der Gipfel des Luxus in Ji'nan, im Herzen der Stadt mit Blick auf den Quancheng-Platz. Die Teilnahme am Sonntagsbrunch (¥228 für 2 Pers.) berechtigt auch zur Poolbenutzung. Die Preise werden auf Anfrage oft um ein Drittel gesenkt.

Xibei'er Hotel*, Jin'er Lu, ✆ 7933238. Hier setzen die Schlepper vom Bahnhof gern ihre Kunden ab. Gilt als Budgetunterkunft von Ji'nan. In Bahnhofsnähe in einer ruhigen Ecke gelegen, teils recht altmodische Gebäude. Zimmer unbedingt vorher anschauen, denn manche sind umgebaute Karaoke-Salons ohne Fenster und mit gepolsterten Wänden und Discokugel. Gutes Restaurant. Betten ¥60.

Xuelin Hotel**, 80 Wenhua Dong Lu, ✆ 2963388. Im belebtesten Teil des Univiertels, südöstlich des Zentrums. Beste Wahl der Mittelklasse.

Essen

Wer sich zum kleinen Preis satt essen möchte, sollte die durch das Universitätsviertel führende **Wenhua Dong Lu** aufsuchen. Mit dem Taxi fährt man zum *Shifan Daxue*, dem Tor zur Lehrer-Universität, wo sich neben Musikalien- und Buchhandlungen eine Menge guter *jiaozi*-Buden und Lokale mit Hausmannskost befinden. Auch ***KFC*** und ***McDonald's*** sind nicht weit. Vor allem abends belebt sich die Gegend, wenn die Straßenverkäufer ihre Ware auf den Bürgersteigen anbieten. Westlich des Zentrums befindet sich der Ji'nan People's Market, ein Einkaufszentrum an der Baotuquan Lu, gut bestückt mit geschniegelten Restaurants und Fastfood-Lokalen.

Richtig stilvoll geht es im protzigen ***Ji'nan Roast Duck Restaurant*** in Nr. 10 Wei Er Lu zu, wo ausgezeichnete gebratene Peking-Ente für teure ¥100 p.P. gereicht wird. Das ebenfalls kostspielige ***Oriental Gourmet Restaurant*** in Nr. 188 Yingxiongshan Lu serviert Shandong-Spezialitäten wie Karpfen und Skorpion. Dieselben Gerichte sind etwas preisgünstiger im ***Huiquan Restaurant*** in Nr. 22 Baotuquan Lu zu bekommen.

Sonstiges

BÜCHER – ***Foreign Language Bookstore***, Quancheng Lu, gegenüber vom Baihua-Gebäude und sehr nah am Ji'nan People's Market.

EINKAUFEN – Das beeindruckendste Kaufhaus ist der riesige Komplex des ***Ji'nan People's Market*** auf der Baotuquan Lu. Ein ***Kunstgewerbegeschäft*** gibt es außerdem in Nr. 88 Jing Shi Lu. Abends sei die Wenhua Dong Lu im Universitätsviertel empfohlen, wo ein geschäftiger Markt Antiquitäten, CDs und mehr anbietet.

GELD – ***Bank of China***, 10 Shangye Jie, östlich des Zentrums, ◷ Mo–Fr 8.30–12, 14–16.30 Uhr.

POST UND TELEFON – ***Hauptpostamt***, Wei Er Lu, Ecke Jing Er Lu, ◷ Mo–Sa 8–18 Uhr. Das integrierte ***Telekom-Büro*** hat 24 Stunden geöffnet.

REISEBÜROS – ***CITS***, 86 Jing Shi Lu, ✆ 2965858, unweit des *Qilu Hotel* und vorwiegend auf Reisegruppen spezialisiert.

VORWAHL – 0531

Nahverkehrsmittel

Die meisten **Stadtbusrouten** starten am Bahnhof: Bus Nr. 3 ist der nützlichste und fährt die Quancheng Lu in östlicher Richtung entlang. Bus Nr. K54 nimmt in südlicher Richtung Kurs auf den Daming Hu und das Provinzmuseum. Die am Bahnhof wartenden **Taxifahrer** gehören zu den aggressivsten Chinas – man sollte daher besser ein kurzes Stück laufen und dann selbst ein Fahrzeug anhalten. Die Grundgebühr von ¥6 reicht für Fahrten im Zentrum oftmals aus. Das *CITS*, Jingshu Lu, südöstlich des Zentrums gelegen, hält englischsprachige **Karten** und Broschüren mit den Attraktionen von Stadt und Provinz bereit.

Transport

BUSSE – Der **Überland-Busbahnhof**, von wo die Busse nach BEIJING (8 Std.), QUFU (3 Std.) und TAI'AN (1 1/2 Std.) abfahren, liegt etwa 2 km nördlich des Bahnhofs. Zu den genannten Zielen fahren auch Minibusse vom Bahnhof ab. Der **Expressbus** nach QINGDAO (4 1/2 Std., ¥95) hält auf dem Parkplatz gegenüber vom Bahnhof. Die Verantwortlichen tragen grüne Uniformen.

EISENBAHN – Der **Hauptbahnhof** an der Kreuzung der Nord-Süd-Linie zwischen Beijing und Shanghai und der Ost-Linie nach Yantai und Qingdao liegt im Nordwesten der Stadt. Probleme beim Fahrkartenkauf sollte es hier nicht geben.
Züge nach:
BEIJING 4x tgl., 9 Std.;
QINGDAO 6x tgl., 6 Std.;
SHANGHAI tgl., 14 Std.;
TAI'AN 4x tgl., 1 Std.;
YANTAI 4x tgl., 8 Std.;
YANZHOU (nach QUFU) tgl., 2 Std.

FLÜGE – Der **Flughafen** mit internationalen Verbindungen nach Japan, Südkorea und auch Hongkong liegt 40 km östlich der Stadt und wird von einem Flughafenbus angefahren, der seine Passagiere vor dem ***CAAC***-Büro im *Aviation Hotel* an der Jing Qiwei Lu, ✆ 6018145, absetzt. Taxis vom Flughafen zur Stadt kosten ¥150. Einfacher als bei *CAAC* sind **Flugtickets** in den Tour-Büros im und um das *Sofitel*, Luoyuan Dajie, zu erwerben.
Flüge nach:
BEIJING 1–2x tgl., 1 Std.;
CHANGCHUN 3x wöchentl., 1 1/2 Std.;
CHENGDU tgl., 3 Std.;
CHONGQING tgl., 2 Std.;
DALIAN tgl., 1 1/4 Std.;
FUZHOU tgl., 2 Std.;
GUANGZHOU 1–3x tgl., 3 Std.;
HAIKOU tgl., 5 3/4 Std.;
HARBIN 8x wöchentl., 2 Std.;
HONGKONG 4x wöchentl., 2 1/2 Std.;
KUNMING tgl., 3 Std.;
NANJING 2x wöchentl., 1 1/2 Std.;
SHANGHAI 4x tgl., 1 3/4 Std.;
SHENYANG tgl., 4 Std.;
SHENZHEN tgl., 3 Std.;
ÜRÜMQI tgl., 6 Std.;
WENZHOU 3x wöchentl., 2 Std.;
WUHAN tgl., 1 1/2 Std.;
XIAMEN tgl., 3 Std.;
XI'AN tgl., 1 1/2 Std.;
YANTAI wöchentl., 1 Std.

Tai'an und Tai Shan

Der 100 km südlich von Ji'nan gelegene Tai Shan ist kein gewöhnlicher Berg: Er ist der östlichste und heiligste der fünf **daoistischen Berge** Chinas (die anderen vier sind Hua Shan, die beiden Heng Shans und Song Shan) und wurde schon vor Beginn der Geschichtsaufzeichnungen von den Chinesen verehrt. Der Tai Shan ist zu Recht berühmt für seine Landschaft und die uralten Bauten auf seinen Hängen. Empfing er einst Kaiser und Gläubige, so bildet er jetzt die größte Touristenattraktion von Shandong. Wer den Aufstieg unternimmt, wird einigem Kitsch begegnen, aber auch spannende und schöne Momente erleben – und vor allem eine Menge Schweiß opfern.

Mehr als jeder andere Berg war der Tai Shan ein Lieblingsplatz für Kaiser, und er verdankt seine augenfälligen Schmuckstücke – die Tempel und Pavillons am Wege – der Gönnerschaft des kaiserlichen Hofes. Von seinem Gipfel schauten eine Reihe von Kaisern auf ihr Reich hinunter, hier brachten sie Opfer dar und zollten dem heiligen Berg Tribut.

Tai'an und Tai Shan

Tai'an	泰安	***tài'ān***
Dai Miao	岱庙	*dài miào*
Puzhao Si	普照寺	*pŭzhào sì*
Übernachtung		
Liangmao Dasha	粮贸大厦	*liángmào dàshà*
Longtan Binguan	龙潭宾馆	*lóngtán bīnguăn*
Overseas Chinese Hotel	华侨大厦	*huáqiáo dàshà*
Taishan Binguan	泰山宾馆	*tàishān bīnguăn*
Tai Shan	泰 山	***tàishān***
Bixia Ci	碧霞祠	*bìxiá cí*
Brücke der Götter	仙人桥	*xiānrén qiáo*
Brücke in den Wolken	云步桥	*yúnbù qiáo*
Dou-Mu-Kloster	斗母宫	*doùmŭ gōng*
Gipfel des Jadekaisers	玉皇	*yùhuáng*
Gipfel zur Betrachtung des Sonnenaufgangs	日观峰	*rìguān fēng*
Hongmen Gong	红门宫	*hóngmén gōng*
Nantianmen	南天门	*nántiān mén*
Pavillon der Kiefern des Fünften Ranges	五松亭	*wŭsōng tíng*
Pavillon des Himmelskessels	壶天阁	*hútiān gé*
Seilbahnstation	索道站	*suŏdào zhàn*
Sheng Xian Fang	升仙房	*shēngxiān fáng*
Tal der Steinsutra	泾石谷	*jīngshí gŭ*
Teich des Schwarzen Drachens	黑龙潭	*hēilóng tán*
Turm der Myriaden Geister	万仙楼	*wànxiān lóu*
Wangmu Chi	王母池	*wángmŭ chí*
Yitianmen	一天门	*yītiān mén*
Yuhuang Ding	玉皇顶	*yùhuáng dĭng*
Zhanlu-Terrasse	占鲁台	*zhànlŭ tái*
Zhongtianmen	中天门	*zhōngtiān mén*
Zhongtianmen Hotel	中天门宾馆	*zhōngtiānmén bīnguăn*

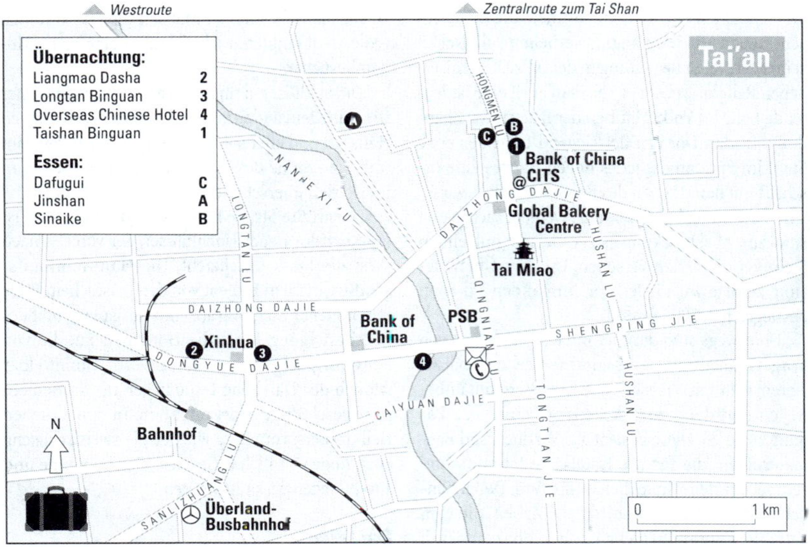

Manchmal reichte ihr Gefolge sage und schreibe vom Gipfel bis zum Fuße des Berges – acht Kilometer zur Schau gestellter Reichtum. Im Jahre 219 v. Chr. ließ Kaiser Qin Shi Huang am ganzen Berg **Straßen** bauen, sodass er hier in seinem Wagen und in Begleitung seiner fürstlichen Garden reisen konnte, wenn er die großen Zeremonien *feng* (Opfer für den Himmel) und *chan* (Opfergaben an die Erde) veranstaltete. Die Teilnahme an einer solchen Zeremonie galt als höchste Ehrung für einen Beamten des Hofes. Als der Historiograf Sima Tan erfuhr, dass er den Kaiser auf dem Weg zum Gipfel nicht begleiten konnte, soll er so bekümmert gewesen sein, dass er noch auf dem Sterbebett weinte. Um sich in dem Glanz des Berges zu sonnen, gaben ihm die Kaiser verschiedene Titel: Im Jahre 725 wurde dem Berg der Titel „Dem Himmel gleichgestellter König" zuteil, und 1101 stieg er zum Kaiser auf. Die Kaiser finanzierten nicht nur die Tempel, sondern ließen ihre Besuche und Gedanken für die Nachwelt auch in Stelen verewigen; Literaten wiederum gravierten Gedichte und Tribute an den Berg auf jede verfügbare Felswand. Der Tai Shan erinnert heute an ein riesiges Freilichtmuseum für Religion und Herrschaft quer durch die chinesische Geschichte.

Natürlich ist der Berg auch ein bedeutender **Touristenmagnet**. Der Beitrag des 20. Jahrhunderts zu der glanzvollen Bebauungsgeschichte des Berges bestand in seiner Umwandlung in einen religiösen Themenpark, und heute macht sich täglich ein unablässiger Besucherstrom daran, den Gipfel zu erklimmen. Es gibt Fotokabinen, Souvenirläden, Verkäufer alkoholfreier Getränke und Teehäuser. Touristen können ihre Namen in Medaillen gravieren und Fotos anfertigen lassen oder Pilze und Ginseng erwerben. Auf halber Strecke zum Gipfel stößt man auf eine Bushaltestelle und eine Seilbahn. Doch trotz alledem strahlt der Tai Shan noch immer eine Atmosphäre der Erhabenheit aus, und sowohl den Bauten als auch dem Berg selbst scheint ihre Trivialisierung nichts anhaben zu können.

Erstaunlich ist, wie viele echte **Pilger** sich unter den Touristenmassen befinden. Der Daoismus hat die lange Phase kommunistischer Verbote überstanden und ist zu neuem Leben und neuer Blüte erwacht, und mit größter Wahrscheinlichkeit trifft man auf bärtige daoistische Mönche oder alte Bauersfrauen aus Shandong, die mit gebundenen Füßen Zentimeter für Zentimeter den Berg hinaufschlurfen. Frauen kommen vor allem her, um zu **Bixia Yuan Jun** zu beten – die Prinzessin der Rosigen

Wolken ist eine daoistische Gottheit, die kinderlosen Frauen zur Empfängnis verhelfen soll. Neben seiner zentralen Bedeutung in der offiziellen kaiserlichen Religion spielt der Tai Shan auch eine bedeutende Rolle im **Volksglauben** der Bauern von Shandong. In den Dörfern der Gegend trägt der erste Stein im Fundament jedes neuen Hauses eine Inschrift mit dem Namen des Bergs – so soll es vor einem Zusammenbruch bewahrt werden. Sackgassen sind zur Abschreckung böser Geister mit einem Stein vom Tai Shan versehen. Und der Überlieferung zufolge wird jeder, der einmal den Tai Shan bestiegen hat, 100 Jahre alt.

Unterwegs sind darüber hinaus Unmengen von **Trägern** anzutreffen, die enorme Gewichte balancieren, während sie sich rasch den Berg hinaufbewegen und dann zurückeilen, um eine neue Ladung zu holen. Diese besteht aus Vorräten und Baumaterialien, die für die Hotels, Restaurants und Tempel auf dem Gipfel bestimmt sind. Dabei handelt es sich um eine traditionelle Arbeit, die vom Vater dem Sohn übergeben und gut bezahlt wird. Doch leider verlangt sie ihren Tribut, sodass sich die meisten Lastenträger, die das 30. Lebensjahr überschritten haben, schon mit einem verformten Rücken herumplagen müssen. Ihr Durchhaltevermögen ist schlicht bewundernswert: Sie schaffen drei Ladungen am Tag, sechs Tage die Woche.

Für Normalsterbliche ist schon eine Tour ermüdend genug, denn über 6000 Stufen sind zu erklimmen. Am Anfang ist der Weg noch breit und nicht sehr steil, doch die zweite Hälfte mit den endlosen, engen Treppen hat es in sich. (Wer sich schonen möchte, nimmt auf halbem Wege die Seilbahn zum Gipfel.) Der Rückweg ist für die Knie sehr anstrengend, und obwohl Hin- und Rücktour an einem Tag zu schaffen sind, wird man womöglich den folgenden Tag im Bett verbringen. Wer über die nötige Kondition verfügt, kann Anfang September am jährlichen **Tai-Shan-Rennen** teilnehmen (*CITS* gibt Auskunft), bei den auch für den besten Ausländer ein Preis ausgesetzt ist.

Tai'an

Tai'an liegt am Fuße des Berges und hat jahrhundertelang von dem regen Pilgerverkehr profitiert. Dem Besucher wird recht schnell bewusst, wie populär die Pilgerfahrten noch immer sind – an bestimmten heiligen Feiertagen können durchaus 10 000 Menschen auf einmal den Gipfel erklimmen – die Stadt empfängt jährlich über eine halbe Million Besucher.

Die Stadt ist ein unauffälliger, aber angenehmer Ort mit Kleinstadtatmosphäre, eher bescheidenen Häusern und ebensolchen Straßen. Tai'an wird im wahrsten Sinne des Wortes von dem großen Berg im Norden überschattet.

Die größte Straße heißt Dongyue Dajie und ist ein Korridor neuer Hochhäuser, der von Ost nach West die Stadt durchzieht. Die **Haupteinkaufsstraße** Qingnian Lu geht von deren östlichem Ende in nördlicher Richtung ab. Zum Ausgangspunkt der Bergbesteigung führt die Hongmen Lu, die von Souvenirgeschäften gesäumt wird. Unmittelbar südlich der Daizhong Dajie liegen im Norden ein paar geschäftige **Marktstraßen**, in denen neben Heilkräutern vom Berg wie beispielsweise Ginseng auch ungewöhnliches Gemüse, Bonsaibäume und Topfpflanzen verkauft werden.

Dai Miao

Die bedeutendste Sehenswürdigkeit von Tai'an ist der Dai Miao, der traditionelle Ausgangspunkt der Prozession auf den Tai Shan, wo die Kaiser dem Berg einst Opfergaben darbrachten. Das wunderbare Bauwerk mit den gelben Ziegeldächern, roten Mauern und hoch gewachsenen alten Bäumen gehört zu den größten und berühmtesten Tempeln des Landes. Obwohl er als Ganzes erscheint, vereint der Tempelkomplex tatsächlich Gebäude aus verschiedenen Glaubenssystemen, die allein die Verehrung des Berges gemein haben.

Mit den Dimensionen der Haupthalle **Tiankuangdian** (Halle der Himmlischen Gaben) können sich nur einige Hallen in der Verbotenen Stadt und in Qufu messen. Ihre Errichtung begann bereits in der Qin-Dynastie (221–206 v. Chr.), doch seither gab es viele Erweiterungen und Renovierungen, vor allem während der Tang- und Song-Dynastien. Im Jahre 1009 waren die Bauarbeiten abgeschlossen; 1956 ist sie dann renoviert worden, sodass sie sich heute außerordentlich gut erhalten präsentiert. Innen ist ein riesiges Wandgemälde zu bewundern, das sich über drei Wände ausbreitet. Dieses Meisterwerk aus der Song-Dynastie stellt den Gott des Tai Shan auf einer Besichtigungs- und Jagdexpedition dar. Doch im Grunde ist es ein riesiger Egotrip, denn das Gemälde wurde zur Feier der Bergesverehrung durch Kaiser Zhen Zong geschaffen, der auch den Tempel bauen ließ und dessen starke Ähnlichkeit mit dem Berggott auf dem Bild nicht zu übersehen ist. Mit den Jahren hat der Zustand des Bildes stark gelitten, doch etwas von seinem ursprünglichen Glanz ist geblieben, und die meisten der Tausenden von Figuren sind noch zu erkennen – jeder von ihnen wurde mit äußerster Sorgfalt ein eigener Gesichtsausdruck und eine eigene Gestik verliehen. Zu den Schätzen der Halle zählt auch eine Statue des Gottes vom Tai Shan in fließenden Gewändern, der auf einem Thron in einer Nische sitzt und die rechteckige Tafel als Zeichen seiner Autorität in der Hand hält. Die fünf Opfergefäße zeigen die Symbole der fünf Gipfel.

Heute dienen die Höfe und Tempelgärten als Freilichtmuseum für **Stelen**. Die beeindruckende Sammlung zeigt Stücke aus einem Zeitraum von über 2000 Jahren. Die älteste Stele in der Dongyuzuo-Halle feiert den Besuch des Kaisers Qin und seines Sohnes im 3. Jh. v. Chr. Auch viele große Kalligrafen sind hier vertreten, und für ästhetisch veranlagte Chinesen ist dieser Ort ein absolutes Muss. Kalligrafie ist eine Kunst größter Feinheit und Kultiviertheit, doch selbst dem ungeschulten westlichen Auge wird hier diese Kunst bewusst. Kohleabreibungen der Stelen sind an den glücklicherweise dezent gehaltenen Souvenirläden innerhalb des Tempelkomplexes käuflich zu erwerben. Im Hof stehen auch uralte Zypressen, Ginkgobäume, Akazien und nicht zuletzt fünf Zypressen, die vom Han-Kaiser Wu Di gepflanzt worden sein sollen.

Die anderen Tempelhallen werden ebenfalls als **Museen** genutzt. Eine beherbergt eine Sammlung früher Opfergefäße und erlesener Tang-zeitlicher Tonwaren, und eine andere widmet sich der chinesischen Kunstform der Bearbeitung und des Polierens von Baumwurzeln. Die Kunst besteht dabei nicht in der Bearbeitung der Wurzel, sondern in ihrer Auswahl, wobei es auf ihre abstrakte Schönheit und die Ähnlichkeit mit anderen Dingen ankommt.

In einem Nebenhof im hinteren Bereich des Komplexes steht der Yanxi-Tempel. Als daoistischer Bewohner des Berges war Yanxi mit dem Bergkult der Tang-Dynastie verbunden. Eine separate daoistische Halle ist der Gattin des Berges gewidmet, einer Gottheit, die wohl erst im Nachhinein erfunden wurde, da sie viel später auftauchte als ihr Mann. ◷ tgl. 7.30–18 Uhr, Eintritt ¥20.

Der Aufstieg zum Tai Shan

Der Tai Shan erhebt sich bis in eine Höhe von 1545 m, und vom Fuße bis zum Gipfel sind es ungefähr 8 km. Zwei **Hauptwege** führen den Berg hinauf: die große historische Zentralroute und eine ruhigere, landschaftlich ansprechendere Westroute. Die Nutzung der Wege kostet von Februar bis einschließlich Oktober jeweils ¥80 und den Rest des Jahres ¥60. Vier bis fünf Stunden dauert der Aufstieg, die Schnelleren schaffen es womöglich in der Hälfte der Zeit, und der Rückweg – für die Beine fast genauso strapaziös – nimmt zwei bis drei Stunden in Anspruch. Offiziell sind beide Wege rund um die Uhr geöffnet, doch Nachtwanderer sollten Taschenlampen mitbringen und die Zentralroute wählen – was ohnehin die meisten auf dem Hinweg tun – und zurück auf der westlichen Route entlangwandern. Diese Rundwanderung wird im Folgenden noch beschrieben. Zur Zentralroute gelangt man zu Fuß über die Hongmen Lu vom *Taishan Binguan* bergan, oder man nimmt Bus Nr. 3 oder Nr. 9 von unterwegs bzw. vom Bahnhof. Zur Westroute fährt Bus Nr. 3 (¥1) bis zur Endhaltestelle namens Tianwaicun, ein Taxi kostet ¥5. Dort geht es über die Straße, die von Ziersäulen gesäumten Stufen hinauf, und schließlich hinunter zum Busparkplatz.

Auf halbem Wege am **Zhongtianmen** treffen die Wege aufeinander – viele Kletterer auf der Westroute nehmen für ¥16 gleich den Bus dorthin. Wer sich gar nicht groß bewegen will, kommt von dort mit der **Seilbahn** zum Gipfel, die einfache Fahrt kostet ¥45. Zum Zhongtianmen führt außerdem eine *CITS*-Tour (¥100).

Ganz gleich wie das **Wetter** in Tai'an auch ist, oben auf dem Berg ist es meist kalt, und mit einem plötzlichen Wettersturz muss jederzeit gerechnet werden. Die durchschnittliche Temperatur auf dem Gipfel beträgt 18 °C im Sommer und fällt im Winter bis auf –9 °C. Die Wetterverhältnisse sind an den Ticketschaltern an der Westroute angeschlagen. Warme Kleidung, Regenjacke und Wanderschuhe sind unabdingbar, auch wenn unbeirrbare chinesische Touristen in T-Shirts und Turnschuhen, ja sogar mit hochhackigen Schuhen den Berg in Angriff nehmen. Die beste Zeit für einen Aufstieg sind der Frühling und der Herbst, wenn es eher trocken ist. Doch wer die Kälte nicht scheut und den Ansturm der Massen umgehen will, wird auch im Winter geeignete klare Tage finden, an denen allerdings das Tageslicht zum Klettern knapper wird.

Auf der ersten Etappe bis zum Zhongtianmen kommt der Wanderer an vielen erschwinglichen Lokalen vorbei, doch sollte er auf eigenen **Proviant** nicht verzichten, da die Preise auf der zweiten Teilstrecke mit zunehmender Höhe weiter ansteigen.

Wer den Sonnenaufgang erleben möchte, sollte sich in eines der **Gästehäuser** auf dem Berg einquartieren oder eine Nachtwanderung wagen – selbstverständlich mit Taschenlampe und warmer Kleidung. Auf die Scheinwerfer am Wegesrand ist kein Verlass – nur die wenigsten sind jemals in Betrieb, und in den Wintermonaten kann die Sonne schon gegen 16.30 Uhr untergehen.

Vom Daizhong Fang zum Zhongtianmen

Wanderer auf der Zentralroute starten die Tour am Daizhong Fang, dem direkt nördlich des Dai Miao gelegenen Steintor in Tai'an. Nördlich des Tores befinden sich auf der rechten Seite der Teich **Wangmu Chi** und ein kleines Nonnenkloster, von wo der wunderlich benannte Teich des Hornlosen Drachens und der Fluss des Kämmens und Waschens zu sehen sind. Die Haupthalle des Klosters birgt eine Statue von Xiwang Mu (Königinmutter des Westens), der bedeutendsten weiblichen Gottheit des Daoismus. Etwa 500 m bergan nimmt der Weg zum **Yitianmen** (Erstes Himmelstor) offiziell seinen Anfang. Dann folgen ein Ming-Tor an der Stelle, wo Konfuzius seinen Aufstieg begonnen haben soll, und der **Hongmen Gong** (Palast des Roten Tores), wo die Kaiser für den Aufstieg passendere Kleidung anlegten und wo es die Tickets (inkl. Versicherung) gibt. Der Hongmen Gong stammt aus dem Jahre 1626 und ist der erste einer Reihe von Tempeln, die der Prinzessin der Rosigen Wolken geweiht sind. Der Name rührt von zwei roten Felsen im Nordwesten her, die in ihrer Gesamtheit an ein Tor erinnern.

Diese Gegend strotzt vor Bauten, die die Aufmerksamkeit auf sich lenken. Gleich nördlich steht der **Turm der Myriaden Geister**, und direkt unterhalb davon soll sich das Grab des Weißen Maultiers an der Stelle befinden, wo das Maultier, das den Tang-Kaiser Xuan den Berg hinauf- und hinuntergetragen hatte, schließlich vor Erschöpfung tot zusammenbrach. Xuan verlieh dem Muli posthum den Generalstitel und ließ ihm zumindest eine angemessene Beerdigung zukommen. Die nächste Gebäudegruppe bildet das ehemalige **Dou-Mu-Kloster** für daoistische Nonnen. Das Gründungsdatum ist ungewiss, doch 1542 ist es renoviert worden. Heute gibt es dort drei Hallen, einen Trommelturm, einen Glockenturm und davor einen Johannisbrotbaum, der wie ein ruhender Drachen aussehen soll. Wie alle anderen Tempelbauten auf dem Berg sind auch diese Mauern mit blutroter Farbe überzogen, in diesem Fall durchsetzt von kleinen grauen Ziegeln.

Einen Kilometer nördlich von hier liegt östlich des Hauptweges das **Tal der Steinsutra**, wo in eine Felswand der Text des buddhistischen Diamantsutra eingraviert worden ist. Dabei handelt es sich nicht nur um eine der wertvollsten kalligrafischen Arbeiten des Tai Shan, sondern auch um einen lohnenden Abstecher vom Hauptweg in eine bezaubernde und ruhige Umgebung. Die Strecke ist nicht beschildert, doch der Pfad ist breit und gut ausgetreten.

Zurück auf dem Hauptweg, ist auch **Dus Teehaus** einen Besuch wert, das an der Stelle entstand, wo vor über 1000 Jahren General Cheng Yao Jing Tang vier Kiefern pflanzte, von denen drei noch immer leben. Das Teehaus wurde ebenso wie sämtliches Inventar aus polierten Baumwurzeln hergestellt, wodurch der Innenraum wie eine Märchenwelt erscheint – der „Maiden Tea" (Jungferntee) ist ausgezeichnet und eine Spezialität dieser Gebirgsgegend. Das Teehaus wird seit Generationen von derselben Familie betrieben, und der gegenwärtige Besitzer Du zeigt mit Freuden Fotos von Touristen und Gästebücher aus den vergangenen zehn Jahren.

Hinter einem Tunnel von Zypressen und dem **Pavillon des Himmelskessels** – dessen Name auf die umliegenden Berge zurückgeht, die den Eindruck vermitteln, als stünden sie in einem Teekessel – erhebt sich direkt vor einem eine steile Klippe namens **Grat, an dem die Pferde zurückgelassen wurden**. Hier musste Kaiser Zhen Zong vom Pferd absteigen, da dieses partout nicht weitergehen wollte. Ein kurzes Stück oberhalb befindet sich das **Zhongtianmen** (Zweites Himmlisches Tor), genau in der Mitte des Aufstiegs. Von dort eröffnen sich schöne Ausblicke, und völlig erschöpfte Wanderer werden sich zweifellos auch am Anblick der **Seilbahn** erfreuen. Hier erwartet das angenehme *Zhongtianmen Hotel***, ✆ 8226740, seine Gäste, und in den verschiedenen faden Restaurants können die Kletterer ihren Hunger stillen. Verwirrenderweise führt der Weg von hier erst zwei

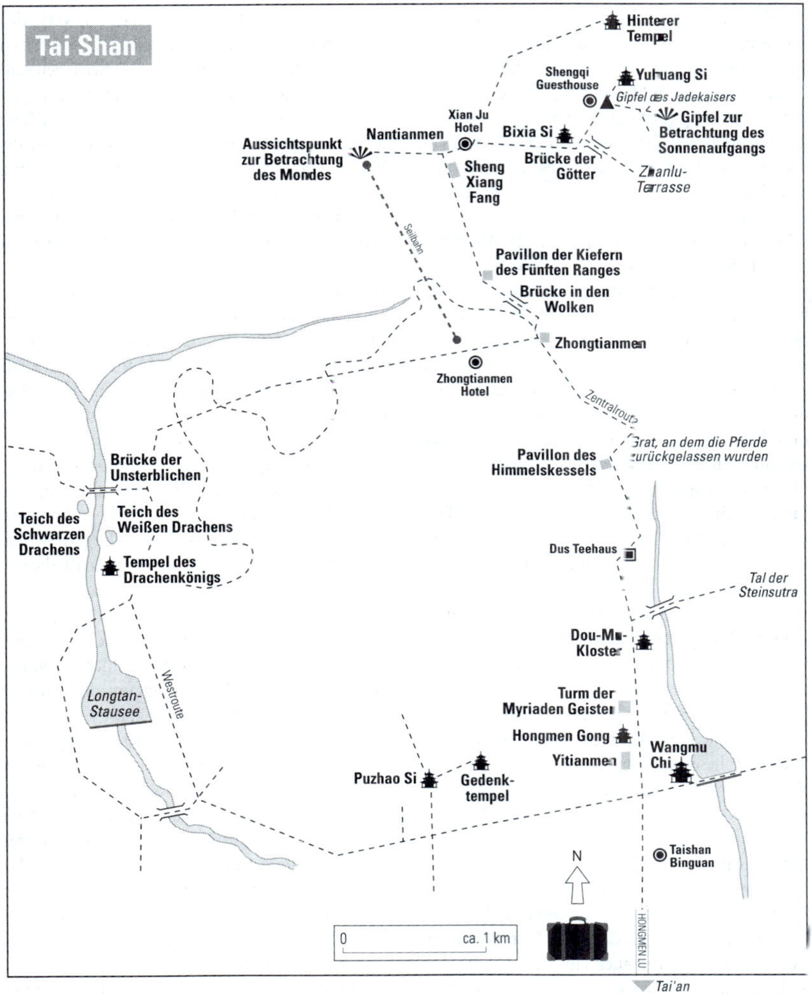

Treppen abwärts, bevor es um die Kurve und weiter aufwärts geht.

Vom Zhongtianmen zum Gipfel

Von hier verläuft der Weg zunächst angenehm eben. Die nächste Sehenswürdigkeit ist die **Yunbu Qiao** (Brücke in den Wolken), hinter der sich der **Pavillon der Kiefern des Fünften Ranges** befindet, wo einst der erste Qin-Kaiser vor einem Sturm unter einer Gruppe von Kiefern Unterschlupf suchte. Dankbar verlieh er anschließend den glückbringenden Kiefern den fünften Ministerrang. Von hier eröffnet sich ein Blick auf die niedrigeren Gipfel des Tai Shan: den Berg der Symmetrischen Kiefern, das Felsmassiv des Fliegenden Drachens und den Grat des Schwebenden Phönix.

Weiter oben führt der Weg durch den **Sheng Xian Fang** (Torbogen der Unsterblichkeit), der dem Bergmythos zufolge Langlebigkeit verspricht und der als Aussichtspunkt den Tang-Dichter Li Bai zu den Worten inspirierte: „In einem langen Atemzug des himmlischen Tores kommt der frische Wind von tausend Meilen her" – allerdings ist es den meisten Kletterern hier oben schon vergangen, die Dichtkunst anderer zu würdigen, geschweige denn selbst solche Worte zu finden. Der **letzte Abschnitt** des Aufstiegs ist der härteste, denn die Steinstufen werden immer steiler und schmaler und führen nahezu senkrecht zwischen zwei Steilwänden hindurch. Nun wird jede einzelne Stufe in Richtung des schwarzen, sich gegen den Himmel abhebenden Nantianmen zur Herausforderung, die zudem oft in dichtem Nebel bewältigt werden muss. Hier bieten drahtige junge Männer den Erschöpften eine Weiterbeförderung in selbst gebastelten Sänften an.

Beim Erreichen des Gipfels tritt man in die **Tian Jie** (Himmelsstraße) und den Tai-Shan-Themenpark ein, wo man gebatikte T-Shirts und Plastikhalsketten mit der Aufschrift „Ich habe den Tai Shan erklommen" kaufen, einen Topf Nudeln schlürfen und sich in kaiserlichen Gewändern fotografieren lassen kann. Neben den entsprechenden Läden und Restaurants gibt es auch ein paar Hotels. Dieses florierende kleine Touristendorf am Gipfel des Berges ist ein Triumph des Gewinnstrebens über die Elemente. Das Wetter hier oben in luftiger Höhe ist alles andere als gastlich, und der Nebel oft so dicht, dass der eine Souvenirladen kaum von dem anderen aus zu sehen ist. In der Mitte der Straße befindet sich die Elefantenrüsselspitze, die geplante Endstation einer Zahnradbahn. Wer über Nacht bleiben möchte, entscheidet sich am besten für das *Shenqi Guesthouse****, ✆ 822 3866, oberhalb des Bixia Ci, wo ein Bett für ¥140 zu haben ist. Dort gibt es auch ein teures Restaurant und eine Alarmglocke, die rechtzeitig zum Sonnenaufgang schlägt. In Nr. 2 Tian Jie liegt das *Xian Ju Hotel***, ✆ 8226877, mit Dorm-Betten für ¥100.

Der **Bixia Ci** am Südhang des Gipfels ist die Endstation für die meisten echten Pilger, die hier der Bronzestatue der Prinzessin in der Haupthalle Opfergaben darbringen. Er ist keine Touristenfalle, sondern ein in Betrieb befindlicher Tempel, dessen Wächter die strengen Regeln bezüglich der erlaubten Aufenthaltsorte für neugierige Besucher durchsetzen. Zudem ist es ein herrliches Bauwerk, das zum Schutz vor Windschäden vollständig mit Eisen verkleidet ist, und auch sämtliche Verzierungen sind aus Metall gefertigt. Die von den Dachvorsprüngen herabhängenden Glocken, die mythologischen Tiere auf dem Dach und auch zwei Stelen davor sind aus Bronze. Von 1759 bis zum Niedergang der Qing sandte der Kaiser alljährlich am 18. Tag des vierten Mondmonats einen Beamten her, um eine Opfergabe darzubringen. Gleich unterhalb befindet sich ein kleiner Schrein für Konfuzius – genau an der Stelle, wo er die Worte „Die Welt ist klein" sprach.

Am **Yuhuang Si** (Tempel des Jadekaisers) ist schließlich der höchste Punkt des Berges erreicht, und folgerichtig steht in seinem Innenhof ein Stein mit den eingemeißelten Schriftzeichen für „höchster Gipfel". In der chinesischen Volksreligion, die Elemente des Daoismus und Konfuzianismus mit Glaubensrichtungen aus früherer Zeit vermischt, ist der Jadekaiser der oberste Herrscher des Himmels und wird mit einer kaiserlichen Kopfbedeckung mit Perlenvorhängen vor dem Gesicht dargestellt. Vor dem Tempel steht die **Stele ohne Inschrift**, die vor über 2000 Jahren von Kaiser Wu errichtet worden sein soll. Es heißt, Wu hätte eine Inschrift gewollt, die seine Verdienste hätte preisen sollen. Doch keiner der Entwürfe hätte seinen Ansprüchen genügt, sodass er die Stele lieber leer ließ und alles Weitere der Vorstellungskraft der Nachwelt überließ.

Südöstlich von hier erhebt sich der Gipfel zur **Betrachtung des Sonnenaufgangs**, wo sich jeden Morgen vor Tagesanbruch Hunderte Besucher einfinden. Hier hat der Song-Kaiser im Jahre 1008 die *feng*-Zeremonie abgehalten, einen Altar errichtet und dem Himmel Opfergaben dargebracht. An klaren Tagen ist in über 200 km Entfernung die Küste zu sehen, und nachts zeigen sich die Lichter von Ji'nan. „Vom Gipfel", so der Tang-Poet Du Fu, „sind alle acht Ecken unter dem Himmel sichtbar". Von hier führen zahlreiche Wege zu landschaftlichen Kleinoden mit fantasievollen Namen wie Feenbrücke oder Himmlischer Kerzenberg. Bei gutem Wetter ist dies eine wunderbare Gegend zum ziellosen Umherwandern.

Der Abstieg

Für den Abstieg empfiehlt sich die **Westroute**, die länger und ruhiger ist und mit fantastischen Aussichten lockt. Sie beginnt am Zhongtianmen, windet sich in Schleifen den Berg hinab und stößt an dessen Fuß wieder auf den Hauptweg. Auf halber Strecke befindet sich der **Teich des Schwarzen Drachens**, ein trüber Tümpel, in dem die kulinarische Spezialität des Tai Shan, der Rotschuppenkarpfen, zu Hause ist – der Fisch war einst so kostbar, dass er als Tribut an den kaiserlichen Hof akzeptiert wurde. Kurz vor Wegesende taucht der reizvolle Komplex des **Puzhao Si** (Tempel Universaler Klarheit) auf, der vorwiegend aus der Qing-Zeit stammt, obwohl an dieser Stelle schon vor 1500 Jahren der erste Tempel erbaut wurde. Er liegt östlich der Westroute und ist von der am Fuß des Berges entlangführenden Straße zu erreichen.

Übernachtung

Die Hotels **auf dem Berg** sind für jene, die die Plackerei mit dem ganzen Gepäck auf sich nehmen wollen, unbedingt eine Überlegung wert, denn die Umgebung ist weitaus angenehmer, und die Preise halten sich in erträglichem Rahmen. Die empfehlenswerteste Unterkunft in Tai'an selbst dürfte wohl das ***Taishan Binguan*****, ✆ 8224678, 📠 8221432, sein – ein fünfstöckiger Bau in günstiger Lage am Anfang des Hauptweges zum Tai Shan an der Hongmen Lu. Es besitzt ein gutes Restaurant, und die meisten Service-Einrichtungen einschließlich der *Bank of China, CITS* und der Souvenirgeschäfte befinden sich in der Nähe. Das ***Liangmao Dasha****, ✆ 8228212, Bett ¥30, ebenfalls in Bahnhofsnähe, bietet verschiedenste Zimmer an.

Ganz schlichte Unterbringung zu Tiefstpreisen findet der Gast im ***Longtan Binguan***** an der Longtan Lu, Ecke Dongyue Dajie, ✆ 8293688. Am anderen Ende der Preisskala angesiedelt ist das ***Overseas Chinese Hotel******* an der Dongyue Dajie, ✆ 8228112, 📠 8228171, das exklusivste Hotel der Stadt, das den Glanz einer Tiara, aber den Charme einer Plastiktasse versprüht. Es ist 19 Etagen hoch und verfügt über Sporträume, Sauna und Swimming-Pool.

Ungewöhnlich für ein Touristenmekka ist das laxe örtliche Amt für Öffentliche Sicherheit (PSB), dem es offensichtlich egal ist, wo die Besucher unterkommen, also lohnt es sich bei begrenztem Budget durchaus, in den schäbigen Unterkünften rund um den **Bahnhof** nachzufragen. Da englische Beschriftungen fehlen, sind sie nur an den Schriftzeichen für *binguan* zu erkennen. Ein Zimmer dort sollte etwa ¥50 kosten, ein Dorm-Bett noch weniger, allerdings ist nicht mit englischsprachigem Personal zu rechnen.

Essen

Eine Spezialität der **Tai'an-Küche** ist der Rotschuppenkarpfen, frisch aus den Teichen am Berg geangelt und lebend gebraten. Ein weiteres Gericht vom Berg ist das geschmorte Huhn mit *siliquose pelvetia* (einem Pilz, der nur in bis zu 2 m Entfernung von den uralten Kiefern rund um den Neun-Drachen-Berg zu finden ist) und weiteren speziellen Gewürzen. Die besten Restaurants befinden sich im *Taishan Binguan* und im *Overseas Chinese Hotel,* wo westliche Gerichte und lokale Spezialitäten gereicht werden. Ein Essen für 2 Pers. mit vegetarischen oder Fleischgerichten sowie Getränken kostet in beiden etwa ¥80. Im *Overseas Chinese Hotel* gibt es neben 15 weiteren sogar ein italienisches Restaurant, zu empfehlen ist jedoch das erschwinglichere chinesische im Erdgeschoss.

Entlang der Hongmen Lu locken noch andere gute Lokale, etwa das ***Sinaike Restaurant*** mit preiswerten Speisen und großen Portionen oder das ***Dafugui Restaurant*** gegenüber, ein nobles Lokal mit ebenso fürstlichen Preisen.

Meeresfrüchte werden im farbenfroh dekorierten ***Jinshan Restaurant*** im Norden der Stadt serviert. Proviant für den Aufstieg zum Gipfel ist im ***Global Bakery Centre*** in Nr. 7 Hongmen Lu erhältlich.

Sonstiges

AMT FÜR ÖFFENTLICHE SICHERHEIT (PSB) – Qingnian Lu, ✆ 8224004, kaum Kontrolle der Unterbringung von Besuchern.

GELD – ***Bank of China,*** Hongmen Lu, in der Nähe des ***Taishan Binguan,*** wo Geldwechsel ebenfalls möglich ist. 🕓 Mo–Fr 8–12 und 13.30–18 Uhr.

POST – Das ***Postamt*** befindet sich an der Dongyue Dajie, unweit der Kreuzung mit der Qingnian Lu. 🕓 Mo–Fr 8–18 Uhr.

REISEBÜROS – Eine hilfreiche, englischsprachige Filiale von ***CITS*** liegt nur ein paar Häuser vom *Taishan Binguan* entfernt in Nr. 22 Hongmen Lu, ✆ 8223259, 💻 www.taishan-cits.com. Aufgrund des fehlenden Schildes ist es nicht einfach zu finden – einfach durch den Torbogen in den Hof gehen, *CITS* befindet sich direkt gegenüber.

VORWAHL – 0538

Nahverkehrsmittel

Alle vier **Stadtbuslinien** starten oder halten an der Haltestelle direkt nördlich des Bahnhofs. Der nützlichste ist Bus Nr. 3, der eine Schleife fährt: vom Beginn des Hauptweges auf den Tai Shan zum Bahnhof und wieder zurück in nördlicher Richtung zum Anfang der westlichen Wanderroute. Bus Nr. 2 durchfährt die Stadt von Süd nach Nord, von der Hongmen Lu zur Dongyue Dajie. Busse Nr. 1 und 4 kreuzen die Ost-West-Achse und fahren die Shengping Jie entlang.
Am Bahnhof erwartet den Reisenden eine ganze Meute eifriger **Taxifahrer**. Die Grundgebühr von ¥5 reicht für Fahrten innerhalb der Stadt aus, zum Berg kann es höchstens ¥7 kosten.

Touren

Bergwanderungen sollten besser auf eigene Faust unternommen werden, ansonsten bietet *CITS* zwei Touren an, die eine Überlegung wert sind. Auf der **Buyang-Dorf-Tour** bekommt man ein echtes, staubiges, baufälliges chinesisches Dorf zu Gesicht und einen Eindruck vom hiesigen Landleben. Man kann mit Einheimischen angeln gehen, eigenhändig *jiaozi* formen oder auch die Nacht in einem Bauernhaus verbringen. Vier oder fünf Teilnehmer sind Voraussetzung, und die Tour kostet ¥120 p.P., inkl. Abendessen.
Die andere Tour (¥50 p.P.) führt mit dem Taxi zum **Puzhao Si** und schließt einen Besuch bei einem ehrwürdigen alten daoistischen Mönch ein – einem *Qigong*-Meister, der anscheinend Nadeln in den Mund nehmen und mit der Zunge einen Faden einfädeln kann. Allerdings ist er kein Clown, der seine Vorstellung zum Besten gibt – er macht seine Kunststückchen nur, wenn er Lust dazu hat. Diese Tour ruft unterschiedliche Reaktionen hervor: Manche Besucher fühlten sich eher wie Eindringlinge.

Transport

BUSSE – Die Busse aus Ji'nan und Qufu enden am **Überland-Busbahnhof** an der Sanlizhuang Lu, südlich des Bahnhofs. Aus Tai'an abfahrende Busse sammeln sich auf der Ostseite der Bahnhofshalle. Solange es hell ist, starten **Minibusse** halbstündlich nach Qufu (¥13) und alle 20 Min. nach Ji'nan (¥12,50).
Busse nach:
BEIJING 9 Std.;
JI'NAN 1 1/2 Std.;
NANJING 9 Std.;
QUFU 1 1/2 Std.;
ZHENGZHOU 10 Std.

EISENBAHN – Wer an dem modernen **Bahnhof** ankommt, der an der Eisenbahnlinie von Ji'nan nach Shanghai liegt, muss sich der recht aufdringlichen Taxifahrer erwehren. Tagesausflügler lassen ihr Gepäck am besten in der **Gepäckaufbewahrung** (¥3) neben dem Fahrkartenverkauf.
Am englisch werbenden Touristenbüro rechts vorbeigehen – denn Englisch wird ohnehin nicht gesprochen, und in Bezug auf Karten und Quartierempfehlungen hat es wenig zu bieten.
Züge nach Qufu und Ji'nan fahren reichlich, obwohl Tai'an für eine Übernachtung eher zu empfehlen ist als das langweilige Ji'nan.
Züge nach:
BEIJING tgl., 10 Std.;
JI'NAN 4x tgl., 1 Std.;
YANZHOU (nach QUFU) 5x tgl., 1 Std.

Qufu und Umgebung

Qufu ist eine staubige, ländliche Stadt im Süden von Shandong, die vom 100 km nördlich gelegenen Tai'an und dem 180 km entfernten Ji'nan leicht mit Bus und Bahn erreichbar ist. Sie zeigt sich reizvoll und angenehm träge und hat eine bemerkenswerte historische und kulturelle Bedeutung. **Konfuzius** wurde 551 v. Chr dort geboren und hat später dort auch gelehrt – damals noch weitgehend ohne öffentlichen Widerhall. Er verbrachte den größten Teil seines Lebens hier und wurde außerhalb der Stadt an einer Stelle beigesetzt, die zu einer heiligen Begräbnisstätte für seinen ganzen Familienclan der Kong wurde. Abgesehen von einer kurzen Episode zerstörerischen Eifers während der Kulturrevolution zeugt die Architektur in der Stadt von der Wertschätzung, die ihm von den nachfolgenden Dynastien entgegengebracht wurde – die monumentalsten Bauten stammen aus der Ming-Ära, als mit der **Residenz der Familie Kong** und dem **Konfuzius-Tempel** die beiden Hauptsehenswürdigkeiten entstanden, die mit ihren Ausmaßen eher nach Beijing passen würden.

Qufu ist ein ansprechender Ort mit entspannter Atmosphäre, der sich bestens für einen mehrtägigen Zwischenstopp eignet und in dem es auf kleinstem Raum viel zu sehen gibt. Man läuft auf unverschmutzten Straßen mit wenig Verkehr, Bänke laden zum Sitzen ein, und in den Bäumen singen die Vögel. Die Kompaktheit des Zentrums bedeutet allerdings auch, dass es schwierig ist, nicht zu Opfern des üblichen Touristennepps zu werden. Wenn alles zu viel wird, helfen vielleicht die Worte des Meisters selbst: „Ein Gentleman versteht, was Moral ist, ein einfacher Mann versteht nur, was einträglich ist." Schließlich bleibt immer noch die Möglichkeit, in den nahe gelegenen **Konfuzius-Wald** zu flüchten, wo man sich zwischen den unheimlichen, verdrehten Zypressen wunderbar verlieren kann. Gegen Ende September, zum Geburtstag des Konfuzius nach dem Mondkalender, geht es ein wenig lebhafter in der Stadt zu, da dann ein **Fest** veranstaltet wird und viele der ursprünglichen Rituale wieder in dem Tempel stattfinden.

Die Orientierung fällt nicht schwer, da das Stadtzentrum direkt an der Kreuzung von Gulou Dajie und Zhonglou Jie liegt und sich somit unmittelbar östlich des Tempels und der Residenz befindet. Außerhalb dieser Gegend gibt es nicht viel zu sehen, eine Ausnahme bildet allerdings der Konfuzius-Wald am nördlichen Stadtrand. Das Zentrum kann durchaus als Konfuzius-Themenpark bezeichnet werden, mit Unmengen von Einkaufsmöglichkeiten zwischen den Attraktionen. Alles hier liegt so eng beieinander, dass man bestens ohne öffentliche Transportmittel auskommt.

Der Wohnsitz der Familie Kong

Die Erste Familie unter dem Himmel – die Nachkommen des Konfuzius – lebte 2500 Jahre lang, in 77 Generationen, ununterbrochen in der Residenz der Familie Kong, die im Stadtzentrum von der Queli Jie aus zugänglich ist. Die Pracht und Größe des Wohnsitzes zeugen von der Macht und dem Reichtum des Kong-Clans und seines Anführers, des Yansheng-Herzogs. Das Anwesen steht auf einer Nord-Süd-Achse und ist grob in Wohnbereiche, einen Verwaltungsbereich und einen Garten eingeteilt. Im Osten befinden sich ein Tempel und eine Ahnenhalle, im Westflügel liegen die Empfangsräume für wichtige Gäste sowie die Zimmer, in denen die Riten erlernt wurden.

Kompliziert und verschlungen zeigt sich der Komplex, dem mit seinen gewundenen Gassen und den über 450 zumeist aus dem 16. Jh. stammenden Zimmern etwas deutlich Exzentrisches anhaftet. In seinem Innern befindet sich ein zentraler Hof mit langen, schmalen Gebäuden, die einst administrativ genutzt wurden und jetzt Läden mit Plunder beherbergen. Das einzige dort angebotene englische Buch mit seinen Farbreproduktionen von Portraits der pompös gekleideten Yansheng-Herzöge aus mehreren Jahrhunderten ist einen Blick wert. Das **Tor des Zweifachen Ruhmes** im Norden wurde ausschließlich zu zeremoniellen Anlässen oder Besuchen des Kaisers geöffnet. Östlich und westlich davon stehen alte **Verwaltungsministerien**, die nach dem Vorbild der sechs Ministerien der kaiserlichen Regierung entstanden und aus heutiger Sicht eine seltsame Mischung darstellen: Das Ministerium für Riten war für den Ahnenkult verantwortlich, das Ministerium für Siegel für Rechtsprechung und Erlasse. Es folgten die Ministerien für Musik, Schriften und Archive, Pachteintreibung und Opferfelder. Hinter dem Tor des Zweifachen Ruhmes saß in der **Großen Halle** der Yansheng-Herzog, in ein Tigerfell gehüllt, auf einem Holzstuhl, verwaltete die Familie und verkündete Erlasse. Die Fahnen und Pfeilsymbole an den Wänden sind Ausdruck seiner Autorität. Die daneben hängenden Schilder mit der Aufschrift „Aus dem Weg!" sollten die Straßen von gemeinem Volk räumen, wenn er das Haus verließ.

In der nun folgenden Halle nahm der Herzog Prüfungen in Musik und Riten ab, und in der dahinter liegenden **Halle des Zurückziehens** trank er seinen Tee. Dort sind zwei Sänften zu besichtigen: eine grüne für Ausflüge außerhalb der Residenz und eine rote für den Hausgebrauch. 🕓 tgl. 8–17 Uhr, Eintritt ¥30.

Qufu und Umgebung

Qufu	曲阜	***qŭfù***
Glockenturm	钟楼	*zhōnglóu*
Konfuzius-Tempel	孔庙	*kǒngmiào*
Konfuzius-Wald	孔林	*kǒng lín*
Trommelturm	鼓楼	*gŭlóu*
Yanhui-Tempel	颜庙	*yán miào*
Zhou Miao	周公庙	*zhōugōng miào*
Übernachtung		
Confucius Mansions	孔府	*kǒng fŭ*
Dongfang	东方宾馆	*dōngfāng bīnguăn*
Gold Mansion	金府宾馆	*jīnfŭ bīnguăn*
Queli	阙里宾舍	*quèlĭ bīnshè*
Yingshi Binguan	影视宾馆	*yĭngshì bīnguăn*

AM GELBEN FLUSS

Die Wohngemächer

Die Wohngemächer der Residenz liegen im Norden und sind durch einst schwer bewachte Tore erreichbar. Auf das Betreten ohne ausdrückliche Erlaubnis stand die Todesstrafe, und um dieser Regel Nachdruck zu verleihen, hingen hier Tigerschweifknüppel, Heugabeln und Jadekeulen mit Goldkopf herum. Selbst dem Wasserträger war der Zutritt verwehrt, sodass er das Wasser in eine außen befindliche Steinrinne gießen musste, die durch die Wände des Wohnbereiches verlief. Auf einer Wand innerhalb der Tore ist ein *tan* dargestellt – ein Fantasietier, das Schätze frisst und gierig die Sonne beäugt. Viele Feudalbeamte hatten dieses Bild als Warnung vor Habgier auch in ihren Häusern.

Die erste Halle mit den sieben Erkern ist die **Empfangshalle**, wo Verwandte empfangen und Banketts sowie Hochzeits- und Beerdigungszeremonien abgehalten wurden. Die einzigen Überbleibsel aus ihrer vornehmen Vergangenheit sind mehrere goldene Throne und verzierte Stäbe. Direkt gegenüber der Empfangshalle birgt der zentrale östliche Raum verschiedenes Mobiliar aus Baumwurzeln, ein Geschenk des Kaisers Qianlong – dort liegt ein Originaldekret des Kaisers auf dem Tisch. Beachtenswert ist auch das Tafelgeschirr mit 404 Teilen, zu denen Teller in Form von Fischen und Hirschen gehören, die für den Verzehr des jeweiligen Gerichtes genutzt wurden. Banketts für Ehrengäste konnten bis zu 196 Gänge umfassen.

Hinter den Nebengebäuden ist durch ein kleines Tor das **Vordere Hauptgebäude** zu erreichen – ein eindrucksvoller zweistöckiger Bau, in dem Gemälde und Kleider ausgestellt sind.

Der zentrale östliche Raum war das Heim von Madame Tao, der Frau des 76. Herzogs Kong Lingyi. Ihre Tochter Kong Demao lebte in dem Zimmer im äußersten Osten, während die Konkubine von Kong Lingyi namens Wang, ursprünglich eine der Zofen von Tao, in dem inneren westlichen Raum wohnte. Das klingt nicht gerade nach häuslichem Idyll, und tatsächlich nutzte Madame Tao jede Abwesenheit des Herzogs dazu, Wang mit einer Peitsche zu schlagen, die sie ausschließlich zu diesem Zwecke aufbewahrte. Als Wang schließlich einen männlichen Erben zur Welt brachte, wurde sie von Tao vergiftet. Eine zweite Konkubine namens Feng wurde von Tao bis zu ihrem Tode in ihren Räumen gefangen gehalten.

Der Herzog selbst lebte im **hinteren Gebäude**, das so erhalten geblieben ist, wie es der letzte Herzog bei seiner Flucht nach Taiwan hinterließ. Dahinter befindet sich der Garten, wo sich allabendlich Krähenschwärme zu einer geräuschvollen Rast niederlassen. Normalerweise werden Krähen in China für unheilvolle Geschöpfe gehalten, doch hier sind sie willkommen und gelten als die Krähensoldaten des Konfuzius, die ihn vor den Gefahren auf seinen Reisen geschützt haben sollen. Südöstlich des inneren Ostflügels steht der vierstöckige **Zu-**

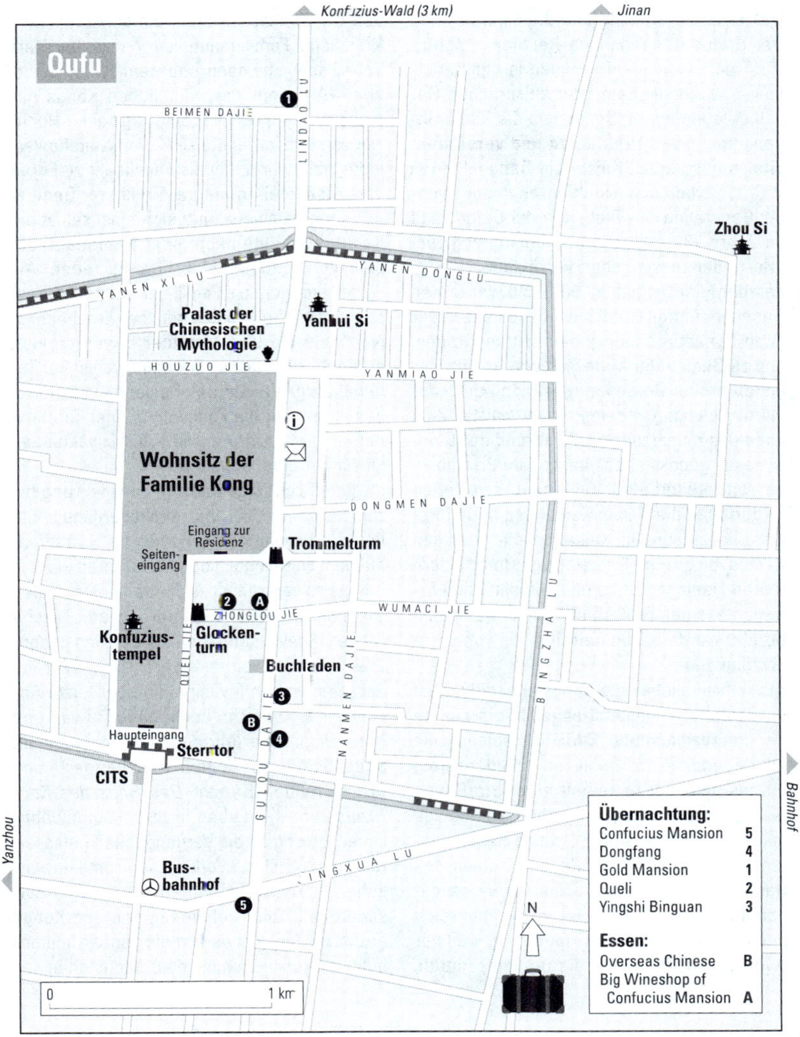

fluchtsturm, ein Rückzugsort, der für den Fall eines Aufstandes oder einer Invasion vorgesehen war. Im ersten Stock gab es eine bewegliche Hängeleiter und eine einsetzbare Falle. In dem Gebäude konnten sich die Flüchtlinge wochenlang von getrockneten Lebensmitteln ernähren.

Der Tempel

Im Osten des Komplexes befinden sich der Familientempel, die Ahnenhalle und die Wohnbereiche niederer Familienangehöriger. Der Tempel ist dem Andenken an Yu gewidmet, der Frau des 72. Herzogs und Tochter von Kaiser Qianlong. Die Prin-

Der Yansheng-Herzog und die Familie Kong
Der Status der Yansheng-Herzöge – Konfuzius' männliche Nachkommen in der Hauptlinie – wuchs im Laufe der kaiserlichen Geschichte in dem Maße, in dem die Kaiser ihnen zunehmend **Privilegien und vererbbare Titel** zugestanden. Kaiser Liu Bang (256–195 v. Chr.) verlieh dem Nachfahren in der neunten Generation den Titel „Herr der Opfer", und im Jahre 739 n. Chr. wurde der Herzog zum „Herrn der Literarischen Vorzüglichkeit". Zur Zeit der Fünf Dynastien (907–960) war er den Beamten fünften Grades gleichgestellt, in der Yuan-Dynastie schon jenen dritten Grades, und zu Beginn der Ming-Zeit war er zum Beamten ersten Grades aufgestiegen und rangierte gleich hinter dem Premierminister. Zum Ende des Kaiserzeitalters während der Qing-Dynastie genoss er das besondere Privileg, in der Verbotenen Stadt auf einem Pferd reiten zu dürfen und auf dem Kaiserweg in den Palast zu gelangen. Die Kaiser beschenkten den Herzog mit großen Gebieten von Opferfeldern (deren Name daher kommt, dass mit den Erträgen aus den Feldern die Opferzeremonien bezahlt wurden), und befreiten ihn von Steuerzahlungen.
Als Familie blieben die Kongs eng verbunden und lebten nach einer **strengen Interpretation der konfuzianischen Ethik**. Beispielsweise wurde jedes junge Familienmitglied, das ein älteres beleidigt hatte, mit einer Strafe von zwei Silbertael belegt und erhielt 20 Schläge mit einem Bambusstock. Strenge Regeln legten fest, wer sich in welchen Räumen des Hauses aufhalten durfte, und als im vergangenen Jahrhundert ein Feuer im Wohnbereich ausbrach, wütete es drei Tage lang, weil nur zwölf der 500 Erbdiener die Befugnis hatten, den Bereich zu betreten, um es zu löschen. Weibliche Familienmitglieder mussten dem Vater, dem Ehemann und dem Sohn gehorchen. Als einer der männlichen Kongs namens Wenxun kurz vor dem Tag seiner Hochzeit verstarb, erhängte seine verzweifelte Verlobte sich, woraufhin die Familie ihr zu Ehren eine Steintafel errichtete. Ein älterer General der Kong-Familie schnitt sich einst selbst die Kehle durch, um nach einer Niederlage auf dem Schlachtfeld seine Ehre zu retten. Als diese Nachricht die Familie erreichte, erhängte sich sein Sohn aus kindlicher Ergebenheit. Nachdem die Leiche entdeckt worden war, erhängte sich dessen Frau aus weiblicher Tugendhaftigkeit. Als der Kaiser davon hörte, beschenkte er die Familie mit einer Tafel mit der Inschrift „Eine Familie voller Loyalität und kindlicher Ergebenheit".
Ihr gutes Leben genoss die Familie Kong bis zum Beginn des 20. Jhs. Ihr **Niedergang** folgte dem Untergang der kaiserlichen Herrschaft auf dem Fuße, und in den 20er Jahren war sie bereits so verarmt, dass die Bediensteten den Wein für die Gäste aus ihrer eigenen Tasche zahlten – gewissermaßen als Gefallen gegenüber ihren Herren. Im Jahre 1940, während der japanischen Invasion, floh der letzte Abkömmling, **Kong Decheng**, nach Taiwan und brach somit die jahrtausendealte Tradition. Seine Schwester **Kong Demao** verfasste den faszinierenden Bericht *Das Haus des Konfuzius* über das Leben in dieser ungewöhnlichen, so eng an die Vergangenheit gefesselten Familie. Das Werk ist in fremdsprachlichen Buchhandlungen erhältlich. Da inzwischen halb Qufu behauptet, von den Kongs abzustammen, gibt es dort ein ganzes Telefonbuch ausschließlich mit dem Buchstaben K.

zessin hatte ein Muttermal im Gesicht, das Prophezeiungen zufolge Unheil bringen würde, wenn sie nicht in eine Familie einheiratete, die noch erlauchter war als der Adel oder die höchstgestellten Beamten. Einzig die Kongs konnten dieses Kriterium erfüllen, doch streng genommen durfte die Tochter des Mandschu-Kaisers keinen Han-Chinesen heiraten. Dies wurde aus der Welt geschafft, indem die Prinzessin zunächst von der Familie des Großen Ministers Yu adoptiert und dann als dessen Tochter mit dem Herzog verheiratet wurde. Ihre Mitgift umfasste 20 Dörfer und mehrere tausend Kleiderkoffer.

Der Konfuzius-Tempel

Der Konfuzius-Tempel gilt neben der Verbotenen Stadt in Beijing und der Sommerresidenz in

Chengde als dritter bedeutender klassischer Architekturkomplex in China. Groß ist er allemal: Er umfasst 466 Räume, ist über 1 km lang und mit seinen neun Höfen auf einer Nord-Süd-Achse wie ein Kaiserpalast angelegt. So riesig war er nicht immer – im Jahre 478 v. Chr. wurde er zunächst als Tempel mit drei Räumen erbaut, in denen einiges aus Konfuzius' bescheidenem Besitz aufbewahrt wurde: Hüte, eine Zither und ein Wagen. Im Jahre 539 n. Chr. ließ Kaiser Jing Di den Komplex renovieren und löste damit einen Trend aus, denn seither versuchten die Kaiser, ihrer Verehrung des weisen Mannes – und demonstrativ auch ihrer Frömmigkeit – Ausdruck zu verleihen, indem sie den Komplex im Laufe von 2000 Jahren immer wieder renovieren und erweitern ließen. Die heutige Anlage stammt vorwiegend aus der Ming- und Qing-Zeit.

Obwohl es westlich der Residenz einen Eingang von der Queli Lu gibt, wird der Tempel zumeist am südlichen Abschnitt der Tempelmauer betreten – das ist ohne Frage der bessere Zugang, da er einen geordneten Eindruck von dem Komplex vermittelt. Hinter dem von gehörnten Kreaturen auf Lotosblüten flankierten Tor fällt der erste Blick auf Gruppen drahtiger Zypressen und monolithische Stelen, die in einem überwucherten Innenhof zum Teil auf den Rücken gemeißelter *bixi* (gelassen dreinschauender, schildkrötenähnlicher Kreaturen) ruhen. Eine Reihe weiterer Tore führt in einen Hof mit dem herrlichen **Kui-Wen-Pavillon** in der Mitte – einem dreistöckigen Holzbau aus dem Jahre 1018, dessen Gestaltung in der chinesischen klassischen Architektur einmalig ist: ein dreistufiges Dach mit geschwungenen Vorsprüngen und vier Schichten von Querträgern. Er wurde 1504 renoviert und hat seither ein Erdbeben unbeschadet überstanden, ein Ereignis, das auf einer Tafel auf der Terrasse festgehalten wurde. Die beiden Pavillons östlich und westlich davon sind Enthaltsamkeitshütten, in denen die gastierenden Kaiser fasteten und badeten, bevor sie an den Opferzeremonien teilnahmen.

Die **dreizehn Stelenpavillons** im Hof dahinter sind einen Blick wert, denn sie beherbergen 53 Tafeln, die verschiedene Kaiser zur Erinnerung an ihre Besuche und die Gaben von Land und Renovierungsgeldern an die Familie Kong gestiftet haben. Die ältesten stammen aus der Tang-Dynastie und die neuesten aus der Republikanischen Phase. Weiter nördlich führen fünf Tore in verschiedene Richtungen: die östlichen zu der Halle, wo den Ahnen des Konfuzius Opfergaben dargebracht wurden, und die westlichen zu den Hallen, wo seine Eltern verehrt wurden. Das mittlere Tor der Großen Vollendung führt zu einem großen Pavillon namens **Aprikosenaltar**. Überlieferungen zufolge hat Konfuzius hier gelehrt, nachdem er das Land auf der Suche nach einem Herrscher bereist hatte, der seine Ideen durchzusetzen bereit war. Die Zypresse gleich hinter dem Tor soll von Konfuzius selbst gepflanzt worden sein und ihr Gesundheitszustand das Schicksal der Familie Kong widerspiegeln.

Die **Halle der Großen Vollendung** hinter dem Altar ist das größte Gebäude des Tempels. Sein auffallendstes Merkmal bilden die 28 **Steinsäulen** mit eingemeißelten Basreliefs von Drachen, die ungefähr aus dem Jahre 1500 stammen. Jede Säule ist mit neun prächtigen Drachen verziert, die sich um Wolken und Perlen in Richtung Dach winden. Vergleichbares gibt es in der Verbotenen Stadt von Beijing nicht, und wenn die Kaiser ihre Besuche abstatteten, wurden die Säulen mit gelber Seide bedeckt, um keinen Neid auszulösen. Ursprünglich war der Tempel ausschließlich zur Verehrung von Konfuzius bestimmt, doch im Jahre 72 n. Chr. brachte Kaiser Liu Zhuang auch seinen 72 Schülern Opfergaben dar. 500 Jahre später erließ Zhen Guan aus der Tang-Dynastie ein Dekret, das vorschrieb, auch 22 weitere berühmte Konfuzianer zu verehren. Die Kaiser späterer Dynastien, die sich nicht ausstechen lassen mochten, fügten weitere hinzu, bis im 20. Jh. schließlich 172 Personen als „würdige Persönlichkeiten" galten.

Hinter der Haupthalle liegt die innere Halle zur Verehrung von Konfuzius' Frau **Qi Guan**, die scheinbar auch durch die bloße Verbindung Vergötterung verdient. Die auf die Säulen und Decken gemalten Phönixe symbolisieren die weibliche Macht, so wie der Drachen für Männlichkeit steht.

Dahinter befindet sich die **Halle der Relikte des Weisen**, wo 120 Steinplatten aus dem 16. Jh. mit Gravierungen von Bildern aus der Song-Ära Szenen aus dem Leben des Konfuzius darstellen. Zu Beginn betet seine Mutter um einen Sohn, und am Ende trauern seine Schüler an seinem Grab. Die künstlerische Qualität ist ausgezeichnet, doch leider beeinträchtigt das Schummerlicht in dem Raum den Genuss der Betrachtung.

Der Konfuzianismus Konfuzius verbrachte sein ganzes Leben, von den Herrschenden und dem gemeinen Volk weitgehend ignoriert, in Armut. Als kleiner Beamter am Hofe von Lu vermochte er nicht zu wirklicher Macht zu gelangen und begann daher, von Staat zu Staat zu reisen und die Herrscher von seinem Moralkodex zu überzeugen. Seine Ideen fanden erst nach seinem Tode weite Verbreitung, als seine Schüler seine Lehren in den *Analekten* zusammenfassten.

Der Konfuzianismus ist eine Philosophie, die nie als Religion gelten sollte, obwohl sie als solche verbreitet wurde. Konfuzius lehrte ritterliches Benehmen, Ethik und die Prinzipien des Herrschens. Er glaubte, dass sowohl der Einzelne als auch der Staat friedfertig, gemäßigt und gesetzestreu sein und Extreme und Übermaß vermeiden sollte. Der Staat sollte dem Volke dienen und die Tugendhaften um sich scharen, und Herrscher sollten sich durch Bildung sowie Menschlichkeit auszeichnen und sich höflich, fleißig, gutgläubig und freundlich verhalten. Bauern sollten gute Bauern sein und Herrscher gute Herrscher, und jedermann sollte mit seiner Stellung in der Gesellschaft zufrieden sein. Dabei war Uneigennützigkeit von grundlegender Bedeutung: „Was du nicht willst, das man dir tu, das füg' auch keinem anderen zu." Konfuzius war ein Kind seiner Zeit, und seine Ideen spiegelten die Ansichten und Ideale der herrschenden Klasse einer stabilen Feudalgesellschaft wider. Seine ideale Herrschaftsform war ein **wohlmeinender Despotismus**. Er glaubte, dass die korrekte Struktur der Gesellschaft und der Familie in einer strengen Hierarchie bestand.

Die konfuzianische Ethik wurde von den Herrschern als geeignetes System zur Kontrolle des Volkes erkannt, und der Konfuzius-Kult nahm unmittelbar nach dessen Tod im Jahre 479 v. Chr. seinen Anfang. Seitdem hat der Konfuzianismus einen ungeheuren Einfluss auf die chinesische Kultur ausgeübt, und sein Schwerpunkt auf Bildung bildete den Grundstein für die bis zum 20. Jh. praktizierten **Prüfungen für zukünftige Staatsdiener**. Die **Kommunisten** wiederum verachteten den Konfuzianismus als veraltetes, feudales System und starteten während der Kulturrevolution eine Anti-Konfuzius-Kampagne, in deren Verlauf vieles von der konfuzianischen Kultur zerstört wurde. Doch momentan erlebt er gerade so etwas wie einen **zweiten Frühling**. Verunsichert durch das Tempo der Veränderungen, den wachsenden Generationsunterschied und den neuen Materialismus in China, verlangen die Konservativen nach einer Wiederkehr konfuzianischer Werte von Respekt und Selbstlosigkeit, genauso wie ihre nervösen Kollegen im Westen die Rückkehr zur Familie predigen. Die konfuzianische Sozialmoral – der Obrigkeit zu gehorchen, die Familie als Fundament der Tugendhaftigkeit zu begreifen und den gegenseitigen Nutzen von Freundschaft hervorzuheben – wird zuweilen als einer der Hauptgründe des Erfolges ostasiatischer Wirtschaftsnationen gepriesen, ebenso wie der Protestantismus als ideologisches Erklärungsmuster zum Wachstum des industrialisierten Westens herhalten musste.

Die meisten konfuzianischen Bauten von Qufu sind unlängst renoviert worden, allerdings ausschließlich im Interesse des **Tourismus** und nicht als Kultstätten. Der Konfuzianismus als religiöse Kraft war für tot gehalten worden, doch die Fähigkeit chinesischer Traditionen, Modernisierung und Unterdrückung zu überleben, überrascht den Betrachter immer wieder. Wie einst ein chinesischer Besucher bemerkte, ist „Konfuzius die einzige chinesische Führungspersönlichkeit, die die Menschen niemals im Stich gelassen hat".

Hier beginnt die **Ostachse** des Tempels, hinter dem Tor der Ahnenfolge des Weisen, neben der Halle der Großen Vollendung. In der hier befindlichen **Halle der Lieder und Riten** soll Konfuzius seinen Sohn Kong Li angehalten haben, aus dem *Buch der Lieder* die Dichtkunst zu erlernen, um sich ausdrücken zu können, und aus dem *Buch der Riten* die Rituale zu erlernen, um seinen Charakter zu stärken. Bei der einzeln stehenden Mauer in dem Hof handelt es sich um die berühmte **Lu-**

Mauer, wo Kong Fu, ein Nachkomme von Konfuzius in der neunten Generation, die Bücher des Weisen versteckt hielt, als der erste Kaiser Qin Shi Huang (s.S. 360) die Anhänger des Konfuzius verfolgte und all seine Bücher verbrannte. Einige Jahrzehnte später befahl Liu Yu, Prinz von Lu und Sohn des Kaisers Jing Di, Konfuzius' Haus zu zerstören, um seinen eigenen Palast zu erweitern. Daraufhin wurden die Bücher entdeckt, was zu einer Spaltung zwischen denen, die der rekonstruierten Version seiner letzten Bücher folgten, und den Anhängern der Lehren aus den wieder gefundenen Originalwerken führte.

Der **westliche Bereich** ist durch das Tor Dessen, der den Weisen Ankündigt, an der Halle der Großen Vollendung zugänglich. Ein gepflasterter Weg führt zu einer hohen Ziegelsteinterrasse, auf der die grün geflieste Halle der Seidenstoffe und des Metalls mit ihren fünf Erkern und die Halle Dessen, der den Weisen Ankündigt, stehen, die zur Verehrung von Konfuzius' Vater Shu Lianghe erbaut wurden. Dieser war zu Lebzeiten ein kleinerer Militärbeamter, der posthum durch seinen Sohn zu Würden kam. Erwartungsgemäß liegt dahinter die Halle der Gattin Dessen, der den Weisen Ankündigt, die Konfuzius' Mutter gewidmet ist.

In der östlichen Tempelmauer, unweit der Lu-Mauer, weist ein unaufdringliches Tor den Weg zum legendären **Heim des Konfuzius**, das zwischen dem spektakulären Tempel und der prunkvollen Residenz eingezwängt liegt, ein winziges Stück Land, das gerade einmal Raum für zwei winzige Zimmer bot. ⏲ tgl. 8–16.30 Uhr, Eintritt ¥50.

Weitere Sehenswürdigkeiten

Unweit des Tores zur Residenz der Familie Kong steht in östlicher Richtung der Ming-zeitliche **Trommelturm**, der gemeinsam mit dem **Glockenturm** auf der Queli Lu ein Paar bildet. Zum Sonnenuntergang wurde die Trommel geschlagen, und die Glocke kündigte den Sonnenaufgang an. Bei großen Opferzeremonien ertönten sie gemeinsam. Beide sind nicht zugänglich.

Ein Stück nordöstlich des Konfuzius-Tempels ist ein kleinerer Komplex **Yanhui** geweiht, der als bedeutendster Schüler des Konfuzius galt und bisweilen „Der Wiedergekehrte Weise" genannt wurde. Seit der Zeit der Han-Dynastie steht hier der Tempel, obgleich der gegenwärtige Bau aus der Ming-Ära stammt. Er ist bildschön, ruhiger als der Konfuzius-Tempel und mit eindrucksvollen baulichen Details wie etwa den Drachensäulen an der Haupthalle und einem in das Dach eingelassenen Drachenkopf versehen. Im östlichen Gebäude ist jetzt eine Ausstellung in der Gegend entdeckter neolithischer und Zhou-Keramik untergebracht.

Der **Zhou Miao** im Nordosten der Stadt ist einem Herzog aus der Zhou-Dynastie gewidmet, von dem eine Statue in der Haupthalle steht, neben denen seines Sohnes Bo Qin und dessen Dieners. Der Legende zufolge war Bo Qin unbesonnener als sein Vater, sodass der Herzog, in Sorge darüber, dass sein Sohn in Staatsangelegenheiten nicht vernünftig handeln würde, einen kurzen, aber treffenden Grundsatz aus seiner eigenen politischen Erfahrung auf eine Schiefertafel schrieb und den Diener anwies, diese auf seinem Rücken zu tragen. Wann immer Bo Qin also im Begriff war, etwas Törichtes zu tun, wandte der allgegenwärtige Diener ihm seinen Rücken zu, sodass sich Bo Qin, nachdem er die Warnung seines Vaters gelesen hatte, eines Besseren besinnen konnte. Auf der Terrasse vor der Halle, wo dem Herzog Opfergaben dargebracht wurden, befindet sich ein bemerkenswerter Weihrauchbrenner mit eingravierten, sich windenden Drachen.

Die Sehenswürdigkeiten, die Qufu heute zu bieten hat, sind mit seinem historischen Reichtum nicht vergleichbar. Der **Palast der Chinesischen Mythologie** hinter der Residenz an der Houzuo Jie bietet mit seiner geschmacklosen, jahrmarktartigen Show mechanischer Dioramen, die von teilnahmslosen Beschäftigten bedient werden, eine zehnminütige befreiende Komik. Der Raum mit der chinesischen Vorstellung von der Hölle ist ganz amüsant, mit all den Plastikschädeln und dem falschen Blut. Der Raum namens „Himmel" ist voller halb nackter Schaufensterpuppen. ⏲ tgl. 8–20 Uhr, Eintritt ¥20.

Der Konfuzius-Wald

Der Konfuzius-Wald liegt 3 km nördlich des Stadtzentrums am Stadtrand und ist mit einer Fahrrad-Rikscha zum Preis von ¥5 bequem erreichbar, doch auch ein Spaziergang lohnt sich. Die Steinmetze am Straßenrand auf dem Weg dorthin lassen sich gerne bei ihrer Arbeit an Skulpturen zuschauen – sie fertigen Drachen, Löwen, Adler sowie Frauen in Bikinis.

Der Wald ist der **Friedhof** der Familie Kong und wie der Tempel über die Jahrhunderte hinweg von etwas sehr Schlichtem und Schmucklosem zu einem prachtvollen Komplex erweitert worden. In der Mitte liegt das Grab des Konfuzius. Während der Song-Dynastie wurde das Areal mit Bäumen bepflanzt und im Jahre 1331 eine Mauer darum gezogen. Die Pavillons und Hallen kamen in der Ming-Dynastie hinzu, und umfangreiche Rekonstruktionsarbeiten wurden 1730 ausgeführt, als Yong Zhen einige bemerkenswerte Gedenktorbögen schuf. Die Schüler des Konfuzius hatten exotische Bäume für das Gelände gesammelt und hier eingepflanzt, sodass heute über 100 000 verschiedene Arten vertreten sind. Der Ort strahlt mit seinen im dichten Gestrüpp halb verborgenen Skulpturen, den in Wäldchen aus uralten Bäumen verstreuten Grabsteinen und seinen mit Sonnenlicht gesprenkelten Wanderwegen eine sehr stimmungsvolle Atmosphäre aus. Das ist ein echter, wild wachsender Wald mit echten Wildtieren und – Vorsicht! – echten ostasiatischen Insekten mit gemeinen Stacheln. Es ist ein vorzüglicher Ausflugsort für einen Nachmittag und eine der wenigen berühmten landschaftlichen Schönheiten Chinas, die man genießen kann, ohne die üblichen Menschenmengen ertragen zu müssen. Gleich hinter dem Eingang startet eine Bahn zu den Hauptattraktionen, der Fahrpreis beträgt ¥4. Bei Redaktionsschluss dieses Buches gab es noch keinen Fahrradverleih, was wirklich ein Jammer ist, denn für Fußgänger ist der Wald einfach zu groß.

Von dem klobigen Haupttor führt in östlicher Richtung der kaiserliche Weg zu einem Tor und einer gewölbten Steinbrücke, hinter der die Grabstätten von Konfuzius und dessen Sohn liegen. In der nördlich der Brücke befindlichen **Halle der Bedachtsamkeit** legten Besucher vor den Opferzeremonien rituelle Gewänder an. Eine Allee, die zunächst von Stempelschnitzern und Souvenirständen und dann von gemeißelten Steintieren gesäumt wird, führt zur **Opferhalle** und weiter zu einem kleinen grasbewachsenen Erdhügel – dem **Grab**. Unmittelbar westlich davon steht eine an einen Geräteschuppen erinnernde Hütte, in der Konfuzius' Schüler jeweils drei Jahre verbrachten, um sein Grab zu bewachen. Konfuzius' Sohn ist nördlich von hier begraben. Seine wenig schmeichelhafte Grabinschrift lautet: „Er starb vor seinem Vater, ohne etwas Besonderes geschaffen zu haben."

Der Legende nach wies Konfuzius vor seinem Tode seine Schüler an, ihn hier zu begraben, weil das *Fengshui* stimmte. Seine Schüler hatten etwas dagegen, weil es keinen Fluss in der Nähe gab. Daraufhin erzählte Konfuzius ihnen von einem Fluss, der in der Zukunft angelegt würde. Nachdem der erste Qin-Kaiser Qin Shi Huang China vereinigt hatte, startete er eine Anti-Konfuzius-Kampagne, verbrannte Schriften und Gelehrte und versuchte, das Grab zu sabotieren, indem er einen Fluss durch den Friedhof graben ließ – womit er diesen versehentlich perfektionierte. 🕒 tgl. 8–18 Uhr, Eintritt ¥20.

Übernachtung

Qufu bietet viele preisgünstige Hotels, von denen die folgenden am günstigsten gelegen sind.

Confucius Mansions Hotel*, 1 Datong Lu, ✆ 0537/4411783. Gegenüber vom Busbahnhof am unteren Ende der Gulou Dajie. Entspannte Atmosphäre und freundliches Personal. Dorm-Betten ¥60.

Dongfang*, 30 Gulou Nan Dajie, ✆ 0537/4412794. Sauber und gute Qualität, mit angenehmen, wenn auch kleinen Zimmern. Dorm-Betten ¥25.

Gold Mansion**, 1 Beimen Dajie, ✆ 0537/441 3469, 📠 4413209. Komfortables Hotel, zum Teil in ausländischem Besitz. Etwas abseits des Zentrums auf dem Weg zum Wald. Nicht so schön wie das *Queli*, aber unter Auslandschinesen sehr populär.

Queli**, 1 Queli Jie, ✆ 0537/4411300, 📠 4412022. Direkt neben dem Konfuzius-Tempel und der Residenz. Wer es sich leisten kann, sollte in diesem beeindruckenden modernen Bauwerk unterkommen, denn es gehört zu den wenigen besseren chinesischen Hotels, die mit ihrer Umgebung harmonieren. Satelliten-TV, Warmwasser rund um die Uhr und englischsprachiges Personal. Ein *CITS*-Büro ist ebenfalls vorhanden.

Yingshi Binguan*, 22 Gulou Nan Dajie, ✆ 0537/4412422. Absolut akzeptabel, wenn auch mit etwas schlechterem Preis-Leistungs-Verhältnis als das *Dongfang*. Dorm-Betten ¥20.

Essen

Zu den hiesigen Spezialitäten zählt Duftreis mit **Skorpionen**, in Salz gekocht und in Öl eingelegt.

Zudem hat die Familie Kong ihre eigene Kochkunst entwickelt, mit Gerichten wie Gold- und Silber-Fisch (ein weißer und ein gelber Fisch). Diese raffinierten Speisen können im *Queli Hotel* gekostet werden, das ein spezielles **Kong-Residenz-Bankett** vorwiegend für Touristengruppen zum Wucherpreis von ¥200 p.P. anbietet. Weniger exquisite Küche findet man in einigen Restaurants an der Gulou Dajie, darunter das freundliche ***Overseas Chinese Restaurant*** in Nr. 85. Der auch in Englisch beschilderte ***Big Wineshop of Confucius Mansion*** unweit des *Queli Hotel* ist recht gut, aber mit etwa ¥80 für ein Essen recht teuer. Bei gut betuchten Gästen ist das Lokal sehr beliebt, sodass es in dem kleinen, eleganten Raum sehr eng werden kann. Abends füllt sich die Wumaci Dajie mit **Imbissständen**, die köstlich aussehende Eintöpfe anbieten. Das Essen ist recht ordentlich und die Atmosphäre belebt, doch vor der Bestellung immer nach dem Preis erkundigen.

Unterhaltung

Das Nachtleben beschränkt sich im Wesentlichen auf den ***Nachtclub*** an der Gulou Dajie, Ecke Zhonglou Jie, mit Karaoke und teuren Drinks. Die hiesige **Bowlingbahn** bietet allerdings reichlich Belustigung. Ein Besuch des grellen ***Confucius Six Arts City*** als Gast der überall in der Stadt beworbenen, grauenhaften Revue *Confucius' Dream* will gut überlegt sein. Und es darf bezweifelt werden, ob in den Träumen des großen Weisen jemals Federkopfschmuck tragende Tänzerinnen und Fächer schwenkende Kampfkunstexperten herumgegeistert sind, wie diese Show behauptet. Vorstellungen tgl. von April bis Oktober, Beginn 20 Uhr, Eintritt ¥40.

Einkaufen

Touristen-Geschäfte sind im Stadtzentrum dicht gesät, und auf der Wumaci Dajie gibt es einen **Nachtmarkt**. Es überrascht kaum, dass Konfuzius bis zum Überdruss ausgeschlachtet wird: Es gibt Konfuzius-Fächer, Konfuzius-Bier, Konfuzius-Süßigkeiten und die so genannte „Konfuzius-Schatztruhe“, in der eine Eichel aus dem Konfuzius-Wald und Sand von dem Grab des großen Weisen enthalten sind – im Wesentlichen eine Schachtel mit sehr teurer und nett verpackter Erde. Die angebotenen T-Shirts im Geschenkeladen der Residenz der Familie Kong bilden vorn das Haus des Meisters (das bei Wärme die Farbe wechselt) und hinten den Spruch *„PRI esta bien para tu familia“* (etwa: Die PRI ist gut für deine Familie) ab – dabei handelt es sich zweifellos um die Hinterlassenschaft des vor einigen Jahren verlorenen Präsidentschaftswahlkampfes dieser politischen Partei Mexikos. Bücher mit übersetzten **Aussprüchen des Konfuzius** sind im *Queli Hotel* erhältlich. Wer dem ganzen konfuzianischen Zirkus aus dem Wege gehen möchte, findet vielleicht die **Stempel** (in wenigen Minuten ist der gewünschte Name eingearbeitet), die Steinabreibungen von den Stelen im Tempel und die selbst gemachten Pistazienschnitzereien ansprechend.

Ein reizendes traditionelles chinesisches **Medizingeschäft** befindet sich auf der Zhonglou Jie, unweit des *Queli Hotel,* zu erkennen an den getrockneten Heilkräutern am Straßenrand. Skorpionessenz – ein Produkt aus heimischer Herstellung, das als Tonikum für alles Mögliche angepriesen wird – gibt es in den Warenhäusern auf der Wumaci Jie.

Nahverkehrsmittel

Durch die Stadt kommt der Besucher mit der **Fahrrad-Rikscha**, in der die Passagiere vorn ziemlich niedrig sitzen und so die vorbeiziehende Szenerie aus der Hundeperspektive betrachten können. Im gesamten Stadtgebiet sollte eine Tour höchstens ¥5 kosten. Es gibt auch zigeunerartige Pferdewagen nur für Touristen, die allerdings nicht billig sind. **Taxis** verlangen eine Grundgebühr von ¥5.

Vom Bahnhof fährt **Bus** Nr. 5 (¥1) in die Stadt, mit Halt am Busbahnhof und am Konfuzius-Tempel. Bei Ankunft am Busbahnhof erübrigt sich ein Stadtbus, denn alles ist leicht zu Fuß erreichbar. Wer weitere Ausflüge in die Umgebung plant, sollte sich nach Ji'nan (s.S. 402) begeben, das mehr Verbindungen bietet – aber dessen Charme in keiner Weise mit dem von Qufu konkurrieren kann.

Transport

Der winzige **Bahnhof** von Qufu ist weit an den Stadtrand verbannt worden, da er in näherer Entfernung das Grab des Weisen hätte stören können. Der nächtliche Direktzug aus BEIJING (10 Std.) hält dort, ebenso wie drei weitere Züge aus TAI'AN (1 Std.) und JI'NAN (2 Std.). Andere Züge halten im 16 km westlich gelegenen Yanzhou an der Strecke Beijing–Shanghai. Von dort verkehren regelmäßig Busse (¥4) nach Qufu, die am Busbahnhof südlich der Residenz der Kong-Familie enden.
Am **Busbahnhof** kommen auch die Überlandbusse aus JI'NAN (3 Std.), QINGDAO (6 Std.) und TAI'AN (1 1/2 Std.) an, nachdem sie durch das fruchtbare Flachland mit seinen Auberginen, Bohnen und Kartoffeln geknattert sind.

Qingdao

Der erste Eindruck der Hafenstadt Qingdao im Osten der Provinz Shandong ist bemerkenswert. Wer aus dem Bahnhof heraustritt, Richtung Norden geht und seine Augen an die Skyline heftet, wird sich fühlen, als wäre er auf dem falschen Kontinent ausgestiegen – hier scheint sich die Kopie eines bayrischen Dorfes aus dem 19. Jh. am Gelben Meer niedergelassen zu haben. Mit ihren teutonischen Formen und Winkeln – roten Dächern, Pflasterstraßen und kompliziert gearbeiteten Eisenbalkons – wirkt diese alte **deutsche Konzession** auf unheimliche Weise völlig fehl am Platze. Der Zusammenschluss deutscher Architektur mit dem modernen China hat ein bizarres Nebeneinander geschaffen, in dem ostasiatische Steinlöwen in dezenten europäischen Gärten stehen und kleine Läden und Wäschereien sich hinter prächtigen, selbstgefälligen Fassaden verstecken.

Die unverwechselbare teutonische Prägung von Qingdao geht auf das Jahr 1897 zurück und ist ein Vermächtnis der eifrigen Versuche **Kaiser Wilhelms**, das deutsche Einflussgebiet im Osten auszudehnen. Seine Annexion von Qingdao samt der umgebenden Halbinsel Jiaozhou wurde nach dem typischen Muster der europäischen Aktivitäten jener Zeit gerechtfertigt. Der Anlass war angeblich die Sorge um die „Sicherheit", nachdem zwei deutsche Missionare von der **Boxer-Bewegung** (s.S. 101) ermordet worden waren. Der Kaiser bauschte den Vorfall zu einer internationalen Krise auf und forderte in seiner nahezu hysterischen Rede (die das Schlagwort von der „gelben Gefahr" prägte) die schwache Mandschu-Regierung zum Handeln auf. So erhielt er seine Konzession, die Chinesen traten das Gebiet für 99 Jahre ab und genehmigten den Bau der Eisenbahnlinien von Shandong. Qingdao war zuvor ein unbedeutendes Fischerdorf gewesen, doch die Deutschen hatten die Auswahl ganz bewusst getroffen – der allgegenwärtige Baron von Richthofen hatte nämlich ein Gutachten erstellen lassen und hier den idealen Platz für einen Tiefwasser-Flottenstützpunkt gefunden. Die Stadt wurde in ein europäisches, ein chinesisches und ein Geschäftsviertel unterteilt, und eine Garnison von 2000 Soldaten schützte ihre Unabhängigkeit. So wurde 1903 eine Brauerei gebaut sowie 1904 die Eisenbahnlinie nach Ji'nan (eine weitere Konzessionsstadt) fertiggestellt und der Stadt damit zu Wohlstand verholfen. Bis zum Jahr 1914 blieb sie in deutscher Hand, als die **Japaner**, begierig auf eine Basis in China und ermutigt durch die Unterstützung ihrer britischen Verbündeten, Qingdao bombardierten. Am 7. November wurde die Stadt eingenommen, und 5000 Gefangene wurden nach Japan verschleppt. Der Versailler Vertrag besiegelte die Abtretung der Stadt an Japan, was die Chinesen zur Weißglut brachte und zu Demonstrationen in Beijing führte – so nahm die 4.-Mai-Bewegung (s.S. 102) ihren Anfang. 1922 ging die Hafenstadt schließlich an China zurück.

Das moderne Qingdao ist noch immer ein bedeutender **Hafen**, immerhin der viertgrößte Chinas, und hinter der Altstadt zeigt sich eine Gegend mit ganz anderem Charakter – nämlich eine ausgedehnte **Industriemetropole** mit Hochhäusern und Fabriken. Als eine der ersten „offenen" chinesischen Städte, mit bester geografischer Lage und ausgezeichneten Verkehrsanbindungen, verfügt Qingdao über eine sich rasch entwickelnde industrielle Basis. Am wichtigsten ist vielleicht, zumindest vom Standpunkt der Besucher aus, die Fortführung der Produktion des weltberühmten **Tsingtao-Biers** (Tsingtao ist die alte Schreibweise von Qingdao), das seinen frischen und sauberen Geschmack der Reinheit des Quellwassers vom Lao Shan verdankt, einer reizvollen Gebirgsgegend östlich der Stadt.

Qingdao ist ein entspannter und hedonistischer Ort mit einer Atmosphäre, die viel lockerer ist als in den meisten chinesischen Großstädten – selbst das Tempo, in dem sich die Menschen in der Stadt bewegen, ist gemächlicher. Trotz der Ausmaße der Stadt sind die interessanten Gegenden sämtlich zu Fuß erreichbar, und in der Hafengegend herrscht eher Kleinstadtflair als Großstadtanonymität. Das ist nicht zuletzt den weißen **Sandstränden** an der Küstenlinie zu verdanken, die zu den besten Nordchinas zählen. Die Stadt ist sogar für die Austragung der Segelwettbewerbe der **Olympischen Sommerspiele von 2008** auserkoren worden. Obwohl die Behörden mehr an dem Neubau von Wolkenkratzern und Strandhotels interessiert scheinen als an der Restaurierung alter Bauwerke, hat die rasche Entwicklung sich bislang nicht negativ auf den Charme der Gegend ausgewirkt, da die modernen Hotels sich weitgehend auf die Ostküste beschränken. Die **Hochsaison** dauert von Juni bis September, doch treffen viele Besucher auch schon gegen Ende April/Anfang Mai ein, wenn die Kirschbäume im Zhongshan-Park blühen. Freunde des hiesigen Bieres mögen auch am alljährlichen **Bierfestival** Gefallen finden, das von Mitte bis Ende August stattfindet.

Von Qingdao bietet sich ein Ausflug zum **Lao Shan** an, der zu den berühmten Bergen Chinas gehört und in der chinesischen Mythologie als Heimat der Unsterblichen gilt. Eine Wanderung hier ist in jedem Fall bedeutend anregender, als den ganzen Tag am Strand herumzusitzen.

Qingdao hat sehr viel Zerstreuung zu bieten, doch am lohnendsten ist hier das Bummeln. In der **Hafengegend** mit ihrer trägen und koketten Atmosphäre, die den Seebädern auf der ganzen Welt eigen ist, ist sehen und gesehen werden angesagt, während die temporeicheren Straßen der **Innenstadt** der bevorzugte Tummelplatz für die besser betuchten Einwohner sind und definitiv ein kosmopolitisches Flair ausstrahlen. Ungewöhnlich ist auch, dass es hier sogar Zeichen einer neuen, sonst nur in Beijing anzutreffenden chinesischen Jugendkultur gibt: Straßenmusikanten an der Strandpromenade, elegant im Sand liegende Strandliebhaber und Skateboarder, die die Berge herabsausen. Das alles gehört zu dem allgemein lockeren und trendigen Flair von Qingdao. Neben den **Stränden** und der **deutschen Altstadt** sorgen auch einige sehr schön gepflegte **Parks** für das im Vergleich zu anderen chinesischen Großstädten außergewöhnliche Charisma.

Die deutsche Konzession und die Brauerei

Die **Zhongshan Lu** ist die Haupteinkaufsmeile voller Schuhgeschäfte und Designerläden. Gegenüber vom *Qingdao Hotel* nach rechts führt eine steile Pflasterstraße zu einer Hinterlassenschaft der Deutschen, der großartigen **Katholischen Kirche**, deren zwei Turmspitzen aus allen Teilen der Stadt zu sehen sind. Sonntagmorgens werden hier Gottesdienste abgehalten – das scheint auch die einzige Zeit zu sein, in der Besuchern Zutritt gewährt wird. Östlich von hier sind viele der zum Teil gepflasterten Straßen von rosa Gebäuden mit schwarzen Eisenbalkons zur Straße hin gesäumt. Bei einem Spaziergang in dieser Gegend wird der Geist der alten deutschen Stadt spürbar.

Das **Qingdao-Museum** an der Daxue Lu ist einen Besuch wert. Dieser wunderschöne Bau aus dem Jahre 1931 war ursprünglich eine Wohlfahrtseinrichtung und der Hauptsitz des unheilvoll klingenden, aber durchaus mildtätigen Vereins des Roten Hakenkreuzes. Hier gibt es eine Gemäldesammlung aus der Zeit von der Yuan- bis zur Qing-Dynastie und eine archäologische Abteilung im Hof mit vier großen stehenden **Buddhas** aus der Zeit um 500–527 n. Chr. – schmale, bemerkenswerte Figuren mit knolligen, lächelnden Gesichtern, eine Hand gen Himmel gerichtet, die andere zur Erde. Die Köpfe wurden 1928 von den Japanern abgenommen und in Museen in Japan untergebracht, doch jetzt sitzen sie wieder auf ihren rechtmäßigen Schultern, und die Nahtstellen sind kaum mehr zu erkennen. Die größte Wertschätzung bringt das Museumspersonal jedoch offensichtlich einem Souvenir entgegen, das Seeleute aus Qingdao von einer chinesischen Südpolexpedition im Jahre 1985 mitgebracht haben: Dabei handelt es sich um einen einfachen Felsbrocken, der stolz in einem eigens gebauten Pavillon im Hof präsentiert wird. ⌚ Di–So 8.30–17 Uhr, Eintritt ¥15.

Liebhabern des Tsingtao-Biers sei ein Ausflug in das Industriegebiet zur **Brauerei** empfohlen. Sie liegt an der Strecke von Bus Nr. 25 und ist leicht erkennbar, allerdings kommen Besucher nur mit einer Führung von *CITS* (s.S. 433) herein, die nur ge-

Qingdao und Umgebung

Qingdao	青岛	***qīngdăo***
Huilange-Pavillon	回澜阁	*huílángé*
Insel Xiaoqingdao	小青岛	*xiăo qīngdăo*
Katholische Kirche	天主教堂	*tiānzhŭ jiàotáng*
Lao Shan	崂山	*láoshān*
Lu-Xun-Park	鲁迅公园	*lŭxùn gōngyuán*
Marinemuseum	海军博物馆	*hăijūn bówùguăn*
Museum für Meeres-produkte	海产博物馆	*hăichăn bówùguăn*
Passagierfährenterminal	港客运站	*găng kèyùnzhàn*
Qingdao-Brauerei	青岛啤酒厂	*qīngdăo píjiŭchăng*
Qingdao-Museum	青岛市博物馆	*qīngdăo shì bówùguăn*
Qingdaoshan-Park	青岛山公园	*qīngdăoshān gōngyuán*
Xiaoyushun-Park	小鱼山公园	*xiăoyúshān gōngyuán*
Xinhaoshan-Park	信号山公园	*xìnhàoshān gōngyuán*
Ying Hotel	迎宾馆	*yíng bīnguăn*
Zhanqiao-Mole	栈桥	*zhàn qiáo*
Zhongshan-Park	中山公园	*zhōngshān gōngyuán*
Übernachtung und Essen		
Chunhelou	春和楼饭店	*chūnhélóu fàndiàn*
Dulaishun	都来顺大酒店	*dūláishùn dàjiŭdiàn*
Friendship	友谊宾馆	*yŏuyì bīnguăn*
Huiquan Dynasty	汇泉王朝大酒店	*huìquán wángcháo dàjiŭdiàn*
International Seamen's Club	国际海员俱乐部	*guójì hăiyuán jùlèbù*
Oceanwide Elite	泛海名人酒店	*fànhăi míngrén jiŭdiàn*
Qingdao	青岛饭店	*qīngdăo fàndiàn*
Railway	铁道大厦	*tiĕdào dàshà*
Shangri-La	青岛香格里拉大酒店	*qīngdăo xiānggélĭlā dàjiŭdiàn*
Tianqiao	天桥宾馆	*tiānqiáo bīnguăn*
Xinhao Hill	信号山迎宾馆	*xìnhàoshān yíngbīnguăn*

legentlich angeboten wird. Dazu gehört eine freie Verkostung, bei der auch ein ungewöhnlich braunes Dunkelbier angeboten wird, doch vorher ist eine Menge Statistik zu ertragen.

Die Strände und die Hafengegend

Qingdaos Strände mit ihrem feinen weißen Sand sind vom frühen Morgen, wenn die Freunde des Taijiquan und die Strandgutsammler überwiegen, bis spät in den Abend recht belebt, wenn die Urlauber die Bars und Cafés am Strand und die Promenade bevölkern oder vor dem Hintergrund Japanischer Schwarzkiefern einfach nur dasitzen und auf das Meer blicken. Abseits der Nanhai Lu befindet sich der mit 580 m längste und beste **Strand Nr. 1**, der von Wolkenkratzern auf der einen und roten Ziegeldächern auf der anderen Seite gesäumt wird. Zur Hauptsaison tobt hier das Leben und wimmelt es von Eisverkäufern, Souvenirständen sowie Unmengen von Fotografen. Glücklicherweise hat hier nicht wie in Beidaihe, dem anderen nördlichen Seebad (s.S. 232), der Kitsch die Oberhand gewonnen. Der ganze Strandbereich mit seinen seltsamen, wasserballähnlichen Umkleidekabinen, Du-

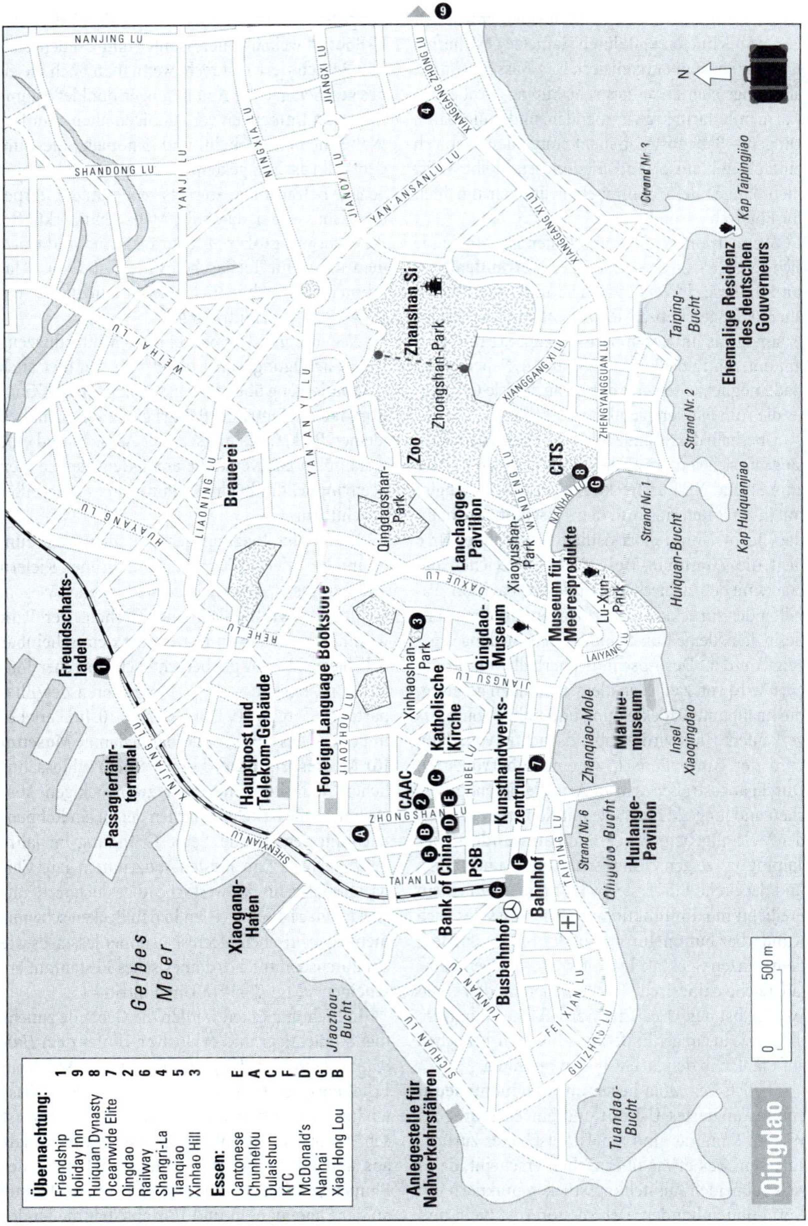
Qingdao
Übernachtung:
Friendship 1
Holiday Inn 9
Huiquan Dynasty 8
Oceanwide Elite 7
Qingdao 2
Railway 6
Shangri-La 4
Tianqiao 5
Xinhao Hill 3
Essen:
Cantonese E
Chunhelou A
Dulaishun C
KFC F
McDonald's D
Nanhai G
Xiao Hong Lou B
Gelbes Meer
Anlegestelle für Nahverkehrsfähren
Jiaozhou-Bucht
Xiaogang-Hafen
Passagierfährterminal
Freundschaftsladen
Hauptpost und Telekom-Gebäude
Foreign Language Bookstore
Brauerei
CAAC
Bank of China
PSB
Busbahnhof
Bahnhof
Kunsthandwerkszentrum
Katholische Kirche
Xinhaoshan-Park
Qingdao-Museum
Museum für Meeresprodukte
Lu-Xun-Park
Lanchaoge-Pavillon
Xiaoyushan-Park
Qingdaoshan-Park
Zoo
Zhongshan-Park
Zhanshan Si
CITS
Ehemalige Residenz des deutschen Gouverneurs
Kap Taipingjiao
Taiping-Bucht
Strand Nr. 3
Strand Nr. 2
Strand Nr. 1
Strand Nr. 6
Kap Huiquanjiao
Huiquan-Bucht
Insel Xiaoqingdao
Marinemuseum
Zhanqiao-Mole
Qingdao Bucht
Huilange-Pavillon
Tuandao-Bucht
NANJING LU
SHANDONG LU
YANJI LU
NINGXIA LU
JIANGXI LU
JIANGYI LU
XIANGGANG ZHONG LU
YAN'ANSANLU LU
XIANGGANG XI LU
WEIHAI LU
HUAYANG LU
LIAONING LU
YAN AN YI LU
REHE LU
DAXUE LU
JIAOZHOU LU
JIANGSU LU
HUBEI LU
ZHONGSHAN LU
XINJIANG LU
SHENXIAN LU
TAI'AN LU
TAIPING LU
WENDENG LU
NANHAI LU
LAIYANG LU
ZHENGYANGGUAN LU
YUNNAN LU
SICHUAN LU
FEI XIAN LU
GUIZHOU LU
N
0
500 m

schen, bunten Sonnenschirmen sowie mit Bojen gekennzeichneten und durch Hainetze gesicherten Badezonen ist gut organisiert. Das Wasser erinnert allerdings eher an chinesische Suppe – trübe und warm, mit darin schwimmenden, undefinierbaren Dingen – Baden ist also nicht empfohlen. Wer sich einfach nur am Strand niederlässt, bleibt meist nicht lange allein, denn viele Leute hier möchten ihr Englisch ausprobieren.

Wem Strand Nr. 1 zu überlaufen ist, der wende sich gen Osten zu den versteckteren **Stränden Nr. 2 und 3**. Diese sind etwas ruhiger und vor allem bei älteren Sanatoriumsgästen beliebt. Am meisten los ist am etwas unlogisch bezeichneten **Strand Nr. 6** am unteren Ende der Zhongshan Lu. Neben guten Bademöglichkeiten gibt es hier auch viele Geschäfte, die zum Flanieren einladen.

Oberhalb der Strände führt die **Promenade** entlang, die sich vom westlichen Ende der Halbinsel bis zum Strand Nr. 1 erstreckt. Zuversichtliche Angler mit ihren Ruten sitzen an dem Abschnitt der Tuandao-Bucht. Unmittelbar östlich des Strandes Nr. 6 liegt die **Zhanqiao-Mole**, das Wahrzeichen der Stadt, mit dem achteckigen **Huilange-Pavillon** (Pavillon der zurückkehrenden Wogen) an ihrem Ende, in dem kleine Kunsthandwerksausstellungen gezeigt werden. Der Abschnitt oberhalb von Strand Nr. 6 wird von zahllosen kleinen Ständen gesäumt, die knallbunte Badekleidung und billige Souvenirs verkaufen. Hier wird es abends richtig voll, dann wird der ganze Bereich zu einer übervölkerten Durchgangsstraße: Arm in Arm flanierende Pärchen und junge Männer, die mit Kopfsprüngen von der Mole angeben. Zwei große **Leinwände** an der Taiping Lu zeigen chinesische Opern und Filme, und der breite Bürgersteig wird zum Teil zu einem Freilichtkino umfunktioniert. Hier lässt es sich wunderbar bummeln, obwohl der Blick aufs Meer dem ganzen Spektakel geopfert wurde: Denn einfallsreiche chinesische Werbefirmen fanden einen Weg, selbst den Ozean als Werbefläche zu nutzen, indem sie in einiger Entfernung Neonschriftzeichen auf Pfählen in den Meeresboden rammten.

Östlich der Mole liegen am **Marinemuseum** ein ausrangiertes **U-Boot** und ein **Zerstörer** im Wasser. Kameras sind am Ticketschalter zurückzulassen, was etwas übertrieben erscheint, da es sich bei beiden Ausstellungsstücken praktisch um Antiquitäten handelt. Der Zerstörer ist klein und verrostet und zeigt Furcht erregende Waffen. Das U-Boot ist weitaus interessanter und zweifellos einen Besuch wert, erst recht wenn man noch nie eines gesehen hat. Die Abfolge enger, dunkler Räume mit ihren Unmengen von klobigen alten Ventilen, Wählscheiben, Hebeln und Knöpfen, die zum Großteil russisch gekennzeichnet sind, lohnt eine genaue Betrachtung. Abwärts geht es in den Torpedoabschussraum, durch die Matrosenunterkünfte, die nicht viel größer als Schränke sind und trotzdem Raum für Teeflaschen boten, und vom Maschinenraum schließlich wieder hinauf. 🕓 tgl. 8.30–19.30 Uhr, Eintritt ¥20.

Neben dem U-Boot steht ein Militärflugzeug zur Besichtigung, sonst bietet sich von hier auch ein Spaziergang über die Sandbank zur **Insel Xiaoqingdao** an, Eintritt ¥10. Dort gibt es einen netten kleinen Park, Cafés mit schöner Aussicht und eine erstaunlich laszive Statue einer Geige spielenden Seenymphe. Am höchsten Punkt steht ein weißer Leuchtturm.

Hinter der Biegung liegt auf dem Weg zum Strand Nr. 1 der **Lu-Xun-Park** mit grünen Kiefern und Zypressen, schmalen, verschlungenen Wegen, Pavillons sowie Bänken und Tischen. Der Park wimmelt zumeist von Paaren, die dem scheinbar beliebtesten Hobby gut betuchter chinesischer Touristen nachgehen – dem Fotografieren des Ehepartners. 🕓 tgl. 6–19 Uhr, Eintritt ¥10. Im Park befindet sich das etwas sonderbar benannte **Museum für Meeresprodukte**, das aus einem schlossähnlichen Aquarium und einer zweistöckigen Ausstellungshalle besteht, zwischen denen ein Robbenteich angelegt wurde. Seine Gründung im Jahre 1932 macht es zum ältesten Aquarium in ganz China, obwohl es für das westliche Auge doch recht unspektakulär ist – die vielen in den Becken schwimmenden exotischen Meeresbewohner lassen es wie ein durchschnittliches chinesisches Restaurant erscheinen. 🕓 tgl. 7.45–18 Uhr, Eintritt ¥15.

In Richtung Osten werden die Gebäude zunehmend prächtiger und exklusiver. Hinter dem *Huiquan Dynasty Hotel* liegt das **Badaguan-Areal**, ein Erholungsgebiet mit Sanatorien und noblen Gästehäusern inmitten von Bäumen. Die Gegend ist sehr schön und strahlt ein gewisses Vorstadtflair aus, und jede Straße ist mit anderen Bäumen oder Blumen bewachsen – so stehen z.B. Pfirsichbäume an der Shaoguan Lu und Holzapfelbäume an der

Ningwuguan Lu. Im Gegensatz zu den meisten alten Gärten in Qingdao werden die Pflanzen hier bestens gepflegt. Am östlichen Ende von Strand Nr. 2 steht die **Ehemalige Residenz des deutschen Gouverneurs**, ein großes Schloss mit Meerblick.

Zhongshan-Park und Umgebung

Die oberhalb der Hafengegend gelegenen **Parks** von Qingdao dienen als Pufferzonen zwischen den interessanten Stadtteilen, der Hafengegend sowie den öden Industriegebieten und gehören zu den besten in ganz China. Der ausgedehnteste ist der 2 km² große Zhongshan-Park an einem Hang des Berges Taiping. Er beherbergt den buddhistischen **Zhanshan Si**, den Zoo, Themenparks, ein Teehaus und den Fernsehturm, der einem Science-Fiction-Streifen entsprungen scheint. Von einer Talstation unweit des Eingangs führt eine Seilbahn hinauf zur Bergkuppe. Hier kann man den Massen entfliehen und herumwandern, doch aufgrund der enormen Ausmaße des Parks ist ein ganzer Tag erforderlich, um ihn gründlich zu erforschen. Berühmt ist er für seine **Kirschbäume**, die ihn während der Blütezeit gegen Ende April/Anfang Mai in einen rosafarbenen Wald verwandeln. Tausende Besucher kommen eigens her, um diesem Ereignis beizuwohnen. ⏲ tgl. 6–18 Uhr, Eintritt ¥5.

Unmittelbar westlich des Zhongshan-Parks liegt der **Qingdaoshan-Park** mit der kleinen Festung Jingshan, ⏲ tgl. 6–18 Uhr, Eintritt ¥3. Weiter westlich beherbergt der abschüssige, aber sehr ansprechende **Xinhaoshan-Park** am Museum das **Ying Hotel**, ⏲ tgl. 8.30–16.30 Uhr, Eintritt ¥10 – eine restaurierte, herrliche alte Villa aus dem Jahre 1905. Ein Besuch lohnt sich, denn sowohl der deutsche Generalgouverneur als auch der Warlord Yuan Shikai sowie der Vorsitzende Mao haben hier logiert. An der höchsten Erhebung des Parks, die über umständlich gewundene Wege erreichbar ist, eröffnet sich ein schöner Blick über die Stadt. Der **Xiaoyushun-Park** auf einem Hügel an der Huiquan-Bucht ist wie ein klassischer chinesischer Garten angelegt. Der große dreistöckige, achteckige Bau auf dem Gipfel ist der **Lanchao Ge** – ein traditionell zur Beobachtung der Gezeiten genutzter Pavillon.

Freunde der modernen chinesischen Literatur sollten auf dem Weg bergab einen Abstecher zur Hafengegend und zur Nr. 12 Huangxian Lu machen. An diesem heruntergekommenen Wohnhaus erinnert eine kleine Gedenktafel in chinesischer Sprache an den Schriftsteller **Lao She**, der von 1934 bis 1937 hier gelebt hat.

Übernachtung

Qingdao ist vermutlich die teuerste Stadt in Shandong, obgleich außerhalb der Saison die Zimmerpreise sinken und Verhandeln sich lohnt. Zudem werben die meisten Hotels mit Wochenendschnäppchen. Wer gern für den Luxus oder die Aussicht zahlt, findet hier leicht eine Unterkunft, da es an internationalen **Spitzenhotels** am Meer nicht mangelt. Die Auswahl für Preisbewusstere ist bedeutend kleiner und wird einen wohl in die Gegenden abseits der malerischen Stadtteile treiben. Die Schlepper am Bahnhof finden meist ein gutes Zimmer im Zentrum – sie müssen nur wissen, was der Gast auszugeben bereit ist. Vor dem Verhandeln aber unbedingt das Zimmer ansehen! Gute Unterkünfte mit fairem Preisgefüge gibt es in der Gegend nordöstlich des Bahnhofs an den Straßen zwischen Zhongshan Lu und Tai'an Lu.

Friendship*, Xinjiang Lu, ☎ 2824686. Weit außerhalb in dem Gebäude des *Freundschaftsladens,* neben dem Passagierfährenterminal. Unschöner Bau, aber gepflegte Zimmer, beliebt bei Budgetreisenden. Hilfreicher, Englisch sprechender Manager. Die 4. Etage lieber meiden, denn dort tönt aus dem Nachtclub bis nachts um 2 Uhr alte europäische Popmusik. Dorm-Betten ¥50.

Holiday Inn, Luxus, 76 Xianggang Zhong Li, ☎ 571888, 📠 5777513. Luxushochhaus im modernen Ostteil der Stadt, sämtliche modernen Annehmlichkeiten vorhanden.

Huiquan Dynasty***, 9 Nanhai Lu, ☎ 2886688, 📠 2871122. Günstige Lage, vom Strand nur durch eine schmale Gasse getrennt. Nicht-Gäste können den Pool für ¥35 nutzen.

Oceanwide Elite***, 29 Taiping Lu, ☎ 2886699 📠 2886699. Herrliche Lage gegenüber der Zhanqiao-Mole, eindrucksvolle Innenausstattung und alle üblichen Einrichtungen.

Qingdao*, 53 Zhongshan Lu, ☎ 2891888. Protziger Turm im Herzen der Stadt, in dem auf Anfrage beträchtliche Rabatte gewährt werden.

Railway**, 2 Tai'an Lu, ✆ 2869963. Direkt neben dem Bahnhof, spartanisch, sauber, aber laut.
Shangri-La, Luxus (an Wochenenden *******), 9 Xianggang Zhong Lu, ✆ 3883838, ℻ 3886868. Ein weiterer glänzender Turm, 5 Min. vom Strand entfernt, in einem exklusiven Stadtviertel. Der zu erwartende Luxus wird hier geboten, dazu ein hochinteressanter Wochenendtarif. Busse Nr. 223 und 501 vom Bahnhof halten hier.
Tianqiao Hotel**, 47 Feicheng Lu, ✆ 2808475. Dieses Hotel (genau wie das benachbarte *Jindaiyuan*) bietet saubere Zimmer und wird von den Schleppern am Bahnhof empfohlen. Betten ab ¥50.
Xinhao Hill****, 26 Longshan Lu, ✆ 2866209, ℻ 2861985. Moderner Bau neben der bildschönen alten deutschen Villa gleichen Namens, nett zwischen Bäumen im Xinhaoshan-Park gelegen.

Essen

Restaurants gibt es in Qingdao in Hülle und Fülle – die Spezialität sind, wie nicht anders zu erwarten, Meeresfrüchte. Die hiesigen Muscheln und Krabben sind besonders schmackhaft und gar nicht teuer. An der Laiyang Lu warten viele kleine **Meeresfrüchtelokale** auf ihre Gäste, besonders in der Nähe des *Haiqing Hotel*. Zwar sind sie eng, laut und voll, doch sichert die Konkurrenz auch hohe Standards und, mit wenigen Ausnahmen, günstige Preise. Auch die teuren Hotels verfügen über Restaurants, und wer die hohen Preise nicht scheut, kann sich an leckeren Speisen erfreuen, von der fürstlichen Atmosphäre ganz zu schweigen. Das Restaurant im ersten Stock des ***Huiquan Hotel*** zählt zu den besten.
Die erste Wahl an der Strandpromenade ist das ***Nanhai***, 14 Nanhai Lu, gegenüber vom *Huiquan Dynasty Hotel*. Zwar sind die Portionen etwas dürftig, aber das Essen ist fabelhaft, und das Bier wird in richtigen Pint-Gläsern serviert. Die Preise liegen bei ca. ¥60 p.P.
Auf der Zhongshan Lu lohnt das berühmte ***Chunhelou*** in Nr. 146 einen Besuch – ein kleines gemütliches Lokal mit dezentem Service, kleinen Tischen und stimmungsvoller Beleuchtung, das fast etwas europäisch wirkt. Das Essen ist ausgezeichnet, und die Portionen sind mehr als großzügig – das pikante Huhn sei wärmstens empfohlen.
Gleich abseits dieser Hauptdurchfahrtsstraße lockt das ***Cantonese Restaurant*** an der Qufu Lu mit gutem Dim Sum und Meeresfrüchten. Eintöpfe, Sichuan-Gerichte, Fassbier aus kleinen Brauereien und eine unschlagbare Aussicht findet der Gast im 2. Stock des ***Dulaishun***, gegenüber der Kathedrale. Preiswerte einheimische Küche ist im ***Xiao Hong Lou***, westlich von der Zhongshan Lu in Nr. 17 Kunming Lu, zu genießen. ***KFC*** befindet sich an der Feixian Lu, über die Straße am südlichen Ende des Bahnhofs. Eine Filiale von ***McDonald's*** liegt an der Zhongshan Lu, und gegenüber gibt es einige gute und preiswerte Sushi-Lokale.

Unterhaltung

Überraschenderweise ist das **Nachtleben** hier etwas enttäuschend, und selbst die Suche nach einer Kneipe mit Fassbier gestaltet sich schwierig – angesichts der vielen Tsingtao-Werbung durchaus erstaunlich. Chinesische Besucher zieht es vor allem in die Karaoke-Bars oder teuren Hotel-Nachtclubs wie den mit dem unglaublichen Namen ***Wonderful Groggery*** (Wunderbare Schnapsbude), unweit des *Huiquan*. An der Zhanqiao-Mole ist der frühe Abend am schönsten, wenn alle nach dem Essen noch einen Spaziergang machen. Hinter dem Strand Nr. 6 gibt es eine gute ***Bar*** im amerikanischen Stil, die wie ein Boot gestaltet ist.

Sonstiges

AMT FÜR ÖFFENTLICHE SICHERHEIT (PSB) – 29 Hubei Lu, in Bahnhofsnähe, ⏲ Mo–Sa 8–12 und 14–19 Uhr.

BOOTSVERLEIH – Der ***Discoverer Kayak Club***, ✆ 2889948, gegenüber vom Huiquan Hotel am Strand Nr. 1, vermietet stundenweise Kajaks (Einzel ¥20, Doppel ¥30).

BÜCHER – Der ***Foreign Language Bookstore*** an der Zhongshan Lu, unweit der Kreuzung mit der Jiaozhou Lu, hat die üblichen alten, verstaubten Romane im Angebot.

EINKAUFEN – In Nr. 40 Zhongshan Lu gibt es ein ***Antiquitätengeschäft*** und am nördlichen Ende der Straße in Nr. 212 ein großes ***Kunsthandwerkszentrum***. An der Zhongshan Lu bietet gegenüber von *McDonald's* ein ***Musikaliengeschäft*** eine außerordentlich breite Auswahl an CDs.

GELD – Die Hauptfiliale der ***Bank of China*** in Nr. 62 Zhongshan Lu wechselt keine Travellers Cheques. Eine andere Niederlassung, direkt gegenüber der Vorderseite der Katholischen Kirche, bearbeitet Kreditkarten-Vorauszahlungen und Travellers Cheques. ⌚ jeweils Mo–Fr 8–12 und 14–17.30 Uhr.

INTERNET – In einem ***Café*** im Erdgeschoss auf der Westseite der Kathedrale.

POST UND TELEFON – Das ***Hauptpost- und Telekom***-Gebäude liegt am nördlichen Ende der Zhongshan Lu, ⌚ Mo–Sa 8–18 Uhr.

REISEBÜROS – Im unten in der Bahnhofshalle, links am Ausgang befindlichen ***Tourist Service Center***, ✆ 2968663, arbeitet hilfreiches Personal. Zudem machen Touch-Screen-Computer die Besucher mit der Gegend vertraut, und es gibt kostenlose Stadtpläne. ***CITS*** ist in einem separaten Gebäude im hinteren Teil des *Huiquan Dynasty Hotel* in Nr. 9 Nanhai Lu untergebracht, ✆ 286 1513. Wie gewöhnlich, befasst es sich eher mit inländischen Reisegruppen als ausländischen Individualreisenden, doch zumindest lässt sich hier eine Brauerei-Tour arrangieren (ab vier Teilnehmern, Mindestpreis ¥200 p.P.).

VORWAHL – 0532

Nahverkehrsmittel

Das alte Konzessionsgebiet und die Strandpromenade lassen sich leicht zu Fuß und auf eigene Faust erkunden. Die von Nord nach Süd verlaufende Zhongshan Lu ist die moderne, glitzernde Einkaufsmeile und das Herz des Konzessionsdistrikts. Auf der Ost-West-Achse folgen die Taiping Lu und die Laiyang Lu der Küstenlinie. **Bus Nr. 6** ist eine nützliche Linie; er fährt vom oberen Ende der Zhongshan Lu herunter zum Bahnhof und dann in östlicher Richtung die Strandpromenade entlang, passiert Strand Nr. 1 in geringer Entfernung und endet unweit des Eingangs zum Zhongshan-Park. Die Busse der **300er** Linien (Nr. 304, 311, 312 und 316) sind ebenfalls praktisch, denn sie verkehren zwischen der Zhanqiao-Mole in Bahnhofsnähe und dem östlichen Stadtgebiet an der Küste entlang. Private **Minibusse** fahren ebenfalls die meisten Busrouten ab. Sie verkehren häufiger und sind schneller, aber auch etwas teurer. **Taxis** verlangen zu den meisten Zielen im Stadtgebiet die Grundgebühr von ¥10, wer zum Ostteil der Stadt fahren möchte, muss sich allerdings auf das Doppelte gefasst machen.

Transport

BUSSE – Der chaotische **Überland-Busbahnhof** liegt direkt hinter bzw. westlich des Bahnhofs. Die neue Schnellstraße hat die Fahrtzeit nach Ji'nan deutlich verkürzt. Günstige Verbindungen bestehen insbesondere nach Yantai, zu anderen Zielen nimmt man besser den Zug.

Busse nach:
JI'NAN 4 1/2 Std.;
QUFU 6 Std.;
WEIHAI 4 Std.;
YANTAI 3 1/2 Std.

EISENBAHN – Am einfachsten gestaltet sich die Anreise nach Qingdao mit dem Zug. Der **Bahnhof** am Ende eines Abzweigs auf der Strecke von Ji'nan nach Yantai ist ein prächtiger deutscher Bau im Herzen der Altstadt, von dem aus der Strand und dessen Hotels leicht zu Fuß zu erreichen sind.

Züge nach:
BEIJING 2x tgl., 15 Std.;
JI'NAN 5x tgl., 6 Std.;
SHENYANG tgl., 25 Std.;
TIANJIN 2x tgl., 17 Std.;
YANTAI 3x tgl., 5 Std.

FÄHREN – Das **Passagierfährenterminal**, wo die Schiffe aus Dalian und Shanghai ankommen, liegt im schäbigen Norden der Stadt in der Nähe einiger Billighotels. Von dort zur Strandpromenade fährt Bus Nr. 215 in südlicher Richtung – gegenüber vom Xiaogang-Hafen an der Shenxian Lu aussteigen, dann nach Osten zum Ende der Zhongshan Lu laufen und dort in den Bus Nr. 6 einsteigen. Ansonsten bis zur Endhaltestelle von Bus Nr. 215 fahren, dann zu Fuß in südlicher Richtung zur Guizhou Lu gehen, mit Bus Nr. 25 nach Osten weiterfahren und gleich hinter dem Huilange-Pavillon aussteigen, bevor der Bus die Daxue Lu hinauffährt. Wem dies zu verworren erscheint, der nehme ein Taxi, vor allem wenn viel Gepäck im Spiel ist.

Von Qingdao verkehrt zweimal wöchentlich eine Fähre nach INCHON in Südkorea (Di und Do, 21 Std., ¥1330–2490) sowie eine Fähre pro Woche nach SHIMONOSEKI in Japan (Do, 39 Std., ¥3400). **Tickets** können im Voraus am Passagierfährenterminal in der Nähe des *Freundschaftsladens* auf der Xinjiang Lu erworben werden. Fünf Klassen sind im Angebot (spezial, erste, zweite, dritte und vierte), die sich preislich stark voneinander unterscheiden. Die dritte Klasse entspricht in etwa dem Komfort der Hartbettenklasse im Zug und ist wohl am geeignetsten, es sei denn, man ist besonders gut betucht oder pleite.

Nach Dalian und Shanghai verkehren Fähren vom drei Stunden Busfahrt entfernt gelegenen Yantai (s.S. 435). Tickets im Vorverkauf gibt es an den Kiosks an der Bahnhofshalle.

FLÜGE – Der große **Flughafen** liegt 30 km nördlich der Stadt und wird regelmäßig von Bussen der ***CAAC*** angefahren (¥15), die die Passagiere an deren Hauptbüro in Nr. 29 Zhongshan Lu, ✆ 2870057, absetzen. Eine weitere Niederlassung von *CAAC* befindet sich in dem im Ostteil der Stadt gelegenen Aviation Building, 30 Xianggang Zhong Lu, ✆ 5775555. Dort halten ebenfalls die Busse zum/vom Flughafen.

Flüge nach:
BEIJING 8x tgl., 1 1/4 Std.;
CHANGCHUN tgl., 1 1/2 Std.;
CHANGSHA tgl., 2 Std.;
CHENGDU tgl., 2 1/2 Std.;
CHONGQING 6x wöchentl., 2 Std.;
DALIAN 6x tgl., 3/4 Std.;
FUZHOU 4x tgl., 2 Std.;
GUANGZHOU 3x tgl., 3 Std.;
GUILIN 6x wöchentl., 4 Std.;
HAIKOU tgl., 6 Std.;
HANGZHOU tgl., 1 1/4 Std.;
HARBIN tgl., 2 Std.;
HEFEI 4x wöchentl., 2 Std.;
HONGKONG tgl., 3 Std.;
KUNMING tgl., 3 Std.;
LANZHOU 3x wöchentl., 4 1/4 Std.;
NANJING tgl., 1 Std.;
NINGBO tgl., 1 1/2 Std.;
SHANGHAI 8x tgl., 1 1/4 Std.;
SHENYANG tgl., 2 Std.;
SHENZHEN tgl., 2 3/4 Std.;
ÜRÜMQI 5x wöchentl., 6 Std.;
WENZHOU tgl., 2 Std.;
WUHAN tgl., 1 1/2 Std.;
XI'AN 6x wöchentl., 2 1/4 Std.;
XIAMEN tgl., 3 1/4 Std.;
ZHENGZHOU 5x wöchentl., 1 1/2 Std.
Daneben bestehen internationale Flugverbindungen nach OSAKA und SEOUL.

Die Umgebung von Qingdao

Das Gebiet des **Lao Shan** umfasst 400 km² zerklüfteter Küstenlandschaft, liegt 40 km östlich von Qingdao und ist somit als bequemer Tagesausflug von dort zu empfehlen. **Minibusse** (¥10) sowie die öffentlichen Busse Nr. 304 und 801 (¥8) fahren regelmäßig vom Bahnhof bis zum Fuße des Lao Shan und von dort wieder zurück nach Qingdao – die Minibusse halten zudem überall an den drei Straßen in dem Gebiet. Andere Minibusse wiederum verkehren zwischen den Tempeln und dem Berg, sodass sich die Pendelei zwischen den sehenswerten Landschaften recht einfach gestaltet. Eine **Karte** von der Gegend findet man in jedem Stadtplan und sollte auf einer solchen Tour keinesfalls fehlen.

Während der Tang-Dynastie gab es hier 72 daoistische Tempel, doch inzwischen haben der Zahn der Zeit, die Vernachlässigung und die Kulturrevolution die meisten in Ruinen verwandelt. Das Gebiet ist für Streifzüge bestens geeignet – überall gibt es Höhlen, Quellen und Wasserfälle inmitten der ausgesprochen schönen Landschaft –, und mit etwas Mühe kann man den Besuchermassen und Ramschverkäufern entfliehen. Hier kommt auch das berühmte **Lao-Shan-Mineralwasser** her, das dem Tsingtao-Bier seinen Geschmack gibt. Aus dem Jiushui-Tal im Nordosten des Bergs gewonnen, gehört es zu den wenigen chinesischen Mineralwassern, die nicht nach Schwimmbad schmecken.

An klaren Tagen ist die Fahrt von Qingdao auf der **Küstenstraße**, die sich beinahe ein wenig gefährlich an den Klippen entlangwindet, geradezu überwältigend. Unterwegs führt sie am **Versteinerten Alten Mann** vorbei, einem 10 m hohen Felsen, der unweit des Strandes aus dem Meer aufragt. Der Legende nach wurde vor langer Zeit ein schönes Mädchen aus der Gegend namens Mudan von Longwang, dem König des Ostmeeres, entführt. Ihr verzweifelter Vater soll daraufhin so lange am Meer gestanden und nach seiner Tochter Ausschau gehalten haben, bis er schließlich zu Stein wurde.

Der Zutritt zum Berg kostet ¥30 und wird in der Nähe des Dorfes Lao Shan erhoben. Dort bieten sich **drei Straßen** an, die alle mit grandiosen Aussichten locken. Die südliche Straße passiert den Taiqing Gong, die Mingxia-Höhle und den Longtan-Wasserfall, die östliche Route führt zum Taiping Gong, und die mittlere verläuft in südöstlicher Richtung bis in ein Dorf am Fuße des Lao Shan. Von dort führt ein **Weg** aus Steinstufen bis hoch zum Gipfel und dann auf einer Strecke auf der anderen Seite wieder hinunter. Er wurde vor 100 Jahren von der einfallsreichen deutschen Lao-Shan-Gesellschaft angelegt, um ihren Landsleuten die Gebirgskletterei zu erleichtern. Der Weg verläuft an Schluchten, Wäldern, Bächen und Teichen entlang, und der Aufstieg nimmt etwa zwei Stunden in Anspruch. Auf halber Strecke befindet sich ein Tempel, wo Obst und Tee zur Stärkung für die letzte Etappe angeboten werden. Am 1133 m über dem Meeresspiegel liegenden Gipfel beherbergt eine Tempelruine heute eine Wetterstation. Der Blick ist atemberaubend und gewinnt beim Abstieg auf der Alternativroute zurück zum Dorf noch an Reiz.

Andere landschaftliche Schmuckstücke haben einen religiösen Bezug. Auf dem **Naloyan Shan**, 2 km nordöstlich des Lao Shan, soll in einer Höhle der Naloyan-Buddha meditiert haben, und an der Küste nördlich davon war die **Baiyun-Höhle** einst Heimat des berühmten Mönchs Tian Baiyun. Seitdem gilt sie als viel versprechender Ort zur Meditation. Die 3 km weiter südlich, an den Hängen des Kunyu Shan gelegene **Mingxia-Höhle** ist von dem berühmten Daoisten Qiu Changchun beschrieben worden. In der Höhle befinden sich Steine, die die Strahlen der Morgensonne reflektieren, und die ebene Fläche davor ist ein bevorzugter Aussichtspunkt zur Betrachtung der Sonnenuntergänge.

Lohnenswert ist auf jeden Fall der **Taiqing Gong** (Eintritt ¥15) südlich des Lao Shan, ein an der Küste unweit der Bootsanlegestelle gelegener Tempel. Er ist der älteste und prächtigste der hiesigen Tempel und umfasst drei Hallen inmitten einer bezaubernden Landschaft. Vor der ersten Halle stehen zwei Kamelien, über die Pu Songling eine Geschichte geschrieben hat. Es ist ein fotogener, grüner Ort mit einigen seltenen Blumen und Bäumen wie Hanbai-Paläo-Zypressen, die in der Han-Zeit gepflanzt worden sind, sowie Tangyu-Ulmen aus der Tang-Dynastie. Neun Tempel gibt es in der Umgebung noch, die zwar kleiner sind, aber dafür eine stille und friedfertige Atmosphäre verströmen.

Jahrhundertelang hat diese Landschaft Schriftsteller inspiriert und edle Graffiti in Form von in die Felsen eingravierten Gedichten und weisen Gedanken hinterlassen. Auch einige große und unverwechselbare, seltsam geformte **Granitfelsen** sind zu sehen, die nach ihrer oft schwachen Ähnlichkeit mit Tieren oder Personen benannt worden sind. Ihre Gestalt ist durchaus interessant, doch ist hier einige Fantasie gefragt – oder Tsingtao Red –, um die Andeutungen zu verstehen.

Yantai

Yantai liegt im Norden von Shandong am Gelben Meer, 240 km nordöstlich von Qingdao, und ist eine etwas ramponiert anmutende Küstenstadt mit einem florierenden Hafen und einer um ihre eher durchschnittlichen Strände konzentrierten Tourismusindustrie. Sie ist der etwas glücklosere Nachbar von Qingdao und war daher auch bei der Bewerbung um die Austragung der olympischen Segelwettbewerbe von 2008 unterlegen, obwohl sie hinsichtlich des Wassers deutlich bessere Bedingungen zu bieten hatte. Allemal lohnend ist ein Besuch des 70 km westlich der Stadt gelegenen **Tempels von Penglai**, außerdem verfügt Yantai über günstige Verkehrsanbindungen für die Weiterreise: Es gehen **Fähren** nach Tianjin und Dalian im Nordosten sowie nach Shanghai im Süden, und **Weihai**, wo die Fähren nach Südkorea ablegen, ist leicht mit dem Bus erreichbar.

Yantai und Umgebung

Yantai	烟台	***yāntái***
Internationaler Seemannsclub	国际海员俱乐部	*guójì hǎiyuán jùlèbù*
Strand Nr. 1	第一海水浴场	*dìyī hǎishuǐ yùchǎng*
Strand Nr. 2	第二海水浴场	*dìèr hǎishuǐ yùchǎng*
Yantai-Museum	烟台博物馆	*yāntái bówùguǎn*
Yantaishan-Park	烟台山公园	*yāntáishān gōngyuán*
Übernachtung		
Gangcheng	港城宾馆	*gǎngchéng bīnguǎn*
Shandong Pacific Hotel	太平洋大酒店	*tàipíngyáng dàjiǔdiàn*
Yantai Marina Hotel	南海饭店	*nánhǎi fàndiàn*
Penglai	蓬莱	*pénglái*
Weihai	威海	*wēihǎi*
Passagierfährenterminal	港客运站	*gǎng kèyùnzhàn*
Qing Quan Hotel	清泉大酒店	*qīngquán dàjiǔdiàn*
Weihaiwei Dasha Hotel	威海威大酒店	*wēihǎiwēi dàjiǔdiàn*

Yantai bedeutet in etwa „rauchender Berg" – der Name stammt von dem alten Brauch, Wolfdungfeuer an den Landspitzen zu entfachen, um vor drohenden japanischen Invasoren oder (was wahrscheinlicher war) sich nähernden Piraten zu warnen. Vor 1949 war es ein Fischerhafen und hieß Chefoo. Seine jüngere Geschichte ist wie die von Qingdao eng mit dem europäischen Abenteurertum verbunden. Im Jahre 1862 wurde Chefoo als Beute des Opiumkrieges zu einem **Britischen Vertragshafen** gemacht. 30 Jahre später trafen die **Deutschen** ein, um ihren Einfluss auf der Halbinsel auszubauen. Nach dem Ersten Weltkrieg waren die **Amerikaner** an der Reihe, die den Hafen als Sommeraufenthaltsort für ihre gesamte Asien-Flotte nutzten, anschließend die **Japaner**, die hier eine Handelsniederlassung gründeten. Doch all diese Eindringlinge haben keine nennenswerten architektonischen Spuren hinterlassen: Es gab keine ausländische Konzession, und trotz vereinzelter, unpassender europäischer Villen aus dem 19. Jh. ist der überwiegende Teil der Stadt in der jüngeren Vergangenheit entstanden – als Produkt der rasanten Industrialisierung seit 1949. Der **Hafen** ist ausgebaut worden, und Yantai gilt heute in Shandong als industrielles Schwergewicht. Zu Beginn des vergangenen Jahrhunderts wurden hauptsächlich Bohnenkuchen, Fadennudeln, Erdnüsse und Seide exportiert – sowie 100 000 Kulis pro Jahr, die nach Sibirien geschickt wurden. Heute produziert und exportiert die Gegend riesige Mengen von Äpfeln, Erdnüssen, Fisch und Shrimps sowie Holzuhren. Auch der überaus schmackhafte **Wein** aus den 1893 von den Chinesen aus Singapur angelegten Anbaugebieten ist weithin bekannt – diese hatten ihre Kunst von den dort stationierten französischen Soldaten erlernt.

Unzählige Ausländer erreichen Yantai mit den Schiffen, die an dem riesigen Hafen im Norden der Stadt anlegen. Die meisten von ihnen sind russische Seeleute, die oft am **Internationalen Seemannsclub** gegenüber vom Bahnhof hängen bleiben – dessen Bar wohl die größte Attraktion der Stadt darstellt – oder im gut ausgestatteten *Freundschaftsladen* gleich um die Ecke, wo hiesiger Wein und Weinbrand angeboten werden. Dabei verpassen sie nicht viel, denn der Rest der Stadt hat nichts wirklich Aufregendes zu bieten, allein das Museum ist einen Besuch wert – das Gebäude noch mehr als die Ausstellungsstücke.

Am **Ufer** entlangzuwandern ist die angenehmste Beschäftigung hier. Yantai ist Heimat einer gro-

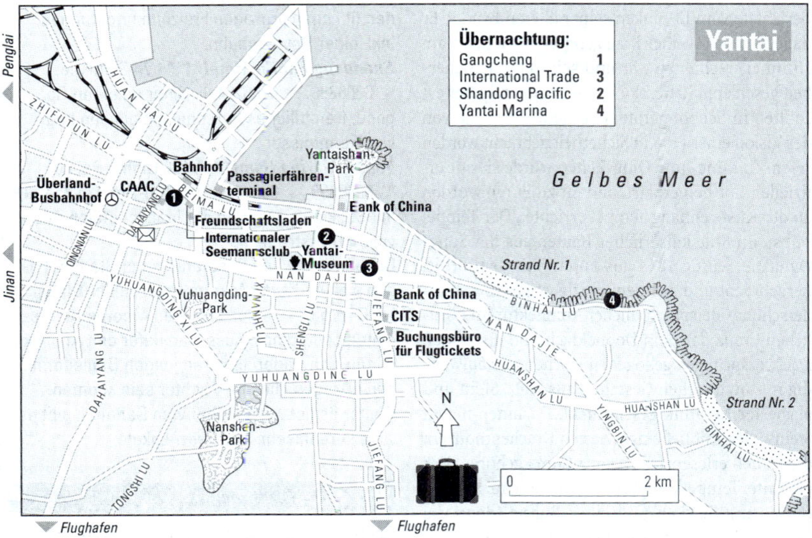

ßen und modernen Fischereiflotte, und um die Landspitze im Osten der Stadt sind Fischer beim Reparieren ihrer Netze sowie beim Trinken und beim Kartenspiel zu beobachten, während sich an der Promenade optimistische Angler aneinander reihen. Der **Yantaishan-Park** (Eintritt ¥2) liegt am westlichen Ende des Strandes und markiert den östlichen Rand der Hafengegend. Von diesem steilen, von verschlungenen Pfaden durchkreuzten Hügel pflegten die Einheimischen nach Piraten Ausschau zu halten. Der moderne **Leuchtturm** (Eintritt ¥5) bietet einen spektakulären Blick auf den Hafen. Außerdem liegen hier einige Pavillons, ein paar ehemalige europäische Konsulate und ein altes japanisches Militärlager verstreut. Die beiden **Strände** der Stadt erstrecken sich östlich von hier, sind aber keineswegs umwerfend – von Müll übersät, windig und von lauter unschönen Gebäuden gesäumt. Der etwas weiter entfernte Strand Nr. 2 ist besser, obwohl auch dort das Wasser stark verschmutzt ist. An der Uferstraße Binhai Lu gibt es viele kleine Meeresfrüchtelokale.

Yantai-Museum

Bei einem Besuch unbedingt zu berücksichtigen ist das Yantai-Museum an der Nan Dajie. Es ist in dem größten und schönsten alten Gildehaus der Stadt untergebracht, das einst für die Nutzung durch Kaufleute und Reeder eingerichtet wurde. Schon die Eingangshalle mit ihren über hundert Steingravierungen und Holzschnitzereien ist verblüffend. Die Tragbalken haben die Form einer auf der Seite liegenden, stillenden Frau, und unter den Dachvorsprüngen sind arabische Gestalten beim Instrumentenspiel dargestellt. Andere, nach Norden liegende Tafeln zeigen Szenen aus der *Geschichte der Drei Reiche* (s.S. 578), der Geschichte der Acht Unsterblichen Seefahrer, die das Meer überquerten, und der Geschichte des Generals Su Wu aus dem 2. Jahrhundert, der zur Strafe für seine Weigerung, sich den Hunnen zu unterwerfen, 19 Jahre lang Schafe hüten musste.

Das Hauptgebäude hier ist der **Tempel für die Meeresgöttin**. Diese war ursprünglich eine Person aus Fleisch und Blut – Schwester von vier Brüdern, die alle Fischer waren. Sie soll in eine tiefe Trance gefallen sein, als ihre Brüder einst lange mit dem Fischerboot auf See waren. Ihre Eltern fürchteten, dass sie tot sei, und weckten sie, woraufhin sie ihnen erzählte, dass sie von ihren Brüdern geträumt hatte, die in einen schweren Sturm geraten wären. Irgendwann kam der jüngste Bruder zurück und berichtete vom Ertrinken seiner älteren Brüder. Er dagegen sei von einer Frau gerettet worden, die am Himmel erschienen war und sein Boot in Sicherheit geschleppt hatte. Noch Generationen später erzählten in Seenot geratene Seeleute, dass sie von der Vision einer Frau in Sicherheit gebracht worden seien. Zu Ming- und Qing-Zeiten wurde sie zur offiziellen Gottheit erklärt, und ihr zu Ehren wurden an der Küste entlang Tempel errichtet. Der Tempel selbst, im Stile kaiserlicher Bauten aus der Song-Dynastie, wurde 1864 aus Fujian mit dem Schiff hergebracht und stellt ein einzigartiges und wunderschönes Beispiel südlicher Architektur im nördlichen China dar. Sein Doppeldach und die zu den Dachvorsprüngen gebogenen Hörner sind aufwändig mit mythischen Gestalten aus Holz, Stein und glasierter Keramik geschmückt. Darunter stehen Steinsäulen mit tief eingravierten Drachenmotiven, die zu den erlesensten in ganz China gehören. Der gesamte Tempelkomplex liegt in einem kleinen Garten mit Teichen und einer Bühne (denn die Göttin soll das Schauspiel geliebt haben). In den Nebengalerien zeigt das Museum eine Reihe steinzeitlicher Kochtöpfe, Äxte und Pfeilspitzen, die angeblich 6000 Jahre alt sind, sowie ein paar schöne Porzellanstücke aus dem 17./18. Jahrhundert ⌚ tgl. 8– 17 Uhr, Eintritt ¥10.

Übernachtung und Essen

Das Hotelangebot in Yantai lässt zu wünschen übrig. Im Folgenden sind die besten Unterkünfte genannt. Bei chinesischen Touristen ist die Stadt sehr beliebt, darum gibt es viele kleine Gästehäuser, doch die billigeren unter ihnen bleiben zumeist Ausländern verschlossen.

Gangcheng*, 72 Beima Lu, ✆ 6283888. Vor dem Bahnhof, etwas verborgen abseits der Straße, neben der Post und deren Hotel. Den Zimmern ist das Alter anzusehen, aber sie sind billig und sauber. Der Nachteil des Hotels ist sein fraglos zwielichtiger Ruf, weshalb man spät in der Nacht nicht ans Telefon gehen sollte, da möglicherweise die hier arbeitenden Massage-Damen am anderen Ende der Leitung sind. Betten ab ¥30.

International Trade Hotel**, 303 Nan Dajie, ✆ 6217888. Auffallendes neues 28-stöckiges Hochhaus, das teurer aussieht, als es ist, mit den üblichen protzigen Freizeiteinrichtungen, inkl. einer Bowlingbahn.

Shandong Pacific Hotel*****, 74 Shifu Jie, ✆ 6206888, 📠 6205204. In einer belebten Gegend, freundliches Personal mit einigen Englischkenntnissen.

Yantai Marina Hotel****, 128 Binhai Bei Lu, ✆ 6669999, 📠 6669770. Das Top-Hotel in Yantai, mit Blick aufs Meer an der landschaftlich reizvollen Uferstraße.

Die beiden besten **Restaurants** der Stadt befinden sich im *Yantai Marina Hotel* an der Binhai Lu. Dort gibt es einen leckeren Meeresfrüchteeintopf, allerdings muss man dafür den Anblick der älteren Kader mit ihren jungen Begleiterinnen ertragen, die ihre Töchter sein könnten. Weiter östlich, gegenüber vom Bahnhof, gibt es viele koreanische und *jiaozi*-Lokale.

Sonstiges

GELD – Die ***Bank of China*** liegt an der Buslinie Nr. 17, ⌚ Mo–Fr 8–12 und 14–17, Sa 8–12 Uhr.

POST – Das ***Postamt*** liegt an der Buslinie Nr. 17, ⌚ Mo–Fr 8–18 Uhr.

REISEBÜRO – Das ***CITS***-Büro in Nr. 181B Jiefang Lu, ✆ 6234144, ist nicht wirklich hilfreich.

VORWAHL – 0535

Nahverkehrsmittel

Taxis gibt es in rauen Mengen, die Grundgebühr beträgt ¥5. Mit ¥15 kommt der Fahrgast zu den entlegenen Oststränden. Bus Nr. 2 ist der nützlichste Stadtbus und fährt vom Bahnhof in östlicher Richtung die Hauptstraße Nan Dajie entlang, bevor er nach Süden auf die Jiefang Lu abbiegt. Bus Nr. 17 nimmt vom Bahnhof aus die Küstenroute.

Transport

BUSSE – Der Bus aus Qingdao fährt im Eiltempo die Schnellstraße entlang und endet am **Überland-Busbahnhof** an der Qingnian Lu, südwestlich des Bahnhofs.

Busse nach:
BEIJING 12 Std.;
JI'NAN 5 Std.;
QINGDAO 3 1/2 Std.;
WEIHAI 1 Std.

EISENBAHN – Der **Bahnhof** im Nordwesten der Stadt ist die Endstation der beiden Eisenbahnlinien nach Qingdao und Ji'nan.
Züge nach:
BEIJING tgl., 18 Std.;
JI'NAN 3x tgl., 7 Std.;
QINGDAO 6x tgl., 4 Std.

FÄHREN – Die Fähren kommen am **Passagierfährenterminal** im Nordwesten der Stadt an, das im Sommer von Bauern übervölkert ist, die ihre alljährliche Wanderung in die Mandschurei antreten, wo sie bei der Ernte aushelfen. Es gibt Fähren nach Dalian, Shanghai und Tianjin doch aufgepasst: Wer eine Express-Verbindung nach Dalian möchte, bekommt die entsprechenden Tickets nur am Reisetag. Für einen Zuschlag von ¥20 verkauft ein Schalter in der Hauptbuchungshalle neben dem Bahnhof Zugfahrkarten zur Weiterfahrt von Dalian.
Fähren nach:
DALIAN 14x tgl., nur 4 Expressverbindungen, 4 Std.;
SHANGHAI 2x wöchentl., 35 Std.;
TIANJIN alle 2 Tage, 7 Std.

FLÜGE – Der **Flughafen** von Yantai liegt 15 km südlich der Stadt. Taxis von dort ins Zentrum kosten etwa ¥50, der ***CAAC***-Bus (¥10) hält am dazugehörigen Büro an der Da Haiyang Lu, ✆ 6245851, unweit des Bahnhofs.
Flüge nach:
BEIJING 4x tgl., 1 Std.;
CHANGCHUN 5x wöchentl., 1 3/4 Std.;
CHENGDU 4x wöchentl., 4 Std.;
GUANGZHOU 5x wöchentl., 2 1/2 Std.;
HARBIN tgl., 1 1/2 Std.;
HONGKONG 2x wöchentl., 3 Std.;
JI'NAN wöchentl., 1 1/4 Std.;
KUNMING 2x wöchentl., 4 Std.;
NANJING 4x wöchentl., 1 3/4 Std.;
SHANGHAI 3x tgl., 1 1/2 Std.;
SHENYANG 6x wöchentl., 1 Std.;
SHENZHEN 6x wöchentl., 3 1/2 Std.;
WENZHOU 2x wöchentl., 2 Std.;
WUHAN 8x wöchentl., 1 3/4 Std.;
XIAMEN 4x wöchentl., 2 3/4 Std.;
XI'AN 4x wöchentl., 2 Std.

Die Umgebung von Yantai

Der auf einem 70 km westlich der Stadt aufragenden Hügel gelegene **Tempel Penglai** stellt das Ziel eines lohnenswerten Tagesausflugs dar, denn er hat mehr zu bieten als ganz Yantai. **Touristenminibusse** zum Preis von Preis ¥10 fahren unregelmäßig vom Bahnhof in Yantai ab und erreichen den Tempel nach 45 Minuten. Auch Nahverkehrsbusse in die Stadt Penglai, die vom Überland-Busbahnhof starten und 2 Std. für die Strecke benötigen, stehen zur Verfügung. Der Tempel liegt 3 km außerhalb der Stadt, aber es stehen genügend Minibusse für die letzte Etappe der Reise bereit.

Der Tempel (Eintritt ¥40) ist über 1000 Jahre alt und in einem guten Zustand. Der auffallend schöne Komplex thront beängstigend hoch auf einer Felswand und wird von einem leuchtturmähnlichen Bau dominiert. Seine mit Zinnen versehenen Mauern lassen ihn eher wie eine Burg erscheinen, und er besteht aus sechs Hauptgebäuden, die umfassend restauriert und erweitert worden sind. Die Haupthalle beherbergt eine kostbare vergoldete Meeresgöttin, hinter deren Podest ein fantastisches Wandgemälde sich vergnügende Meeres- und Wolkendrachen zeigt. Während der Wartezeit auf den Bus zurück lädt das Meer zum Baden oder zur Krabbenjagd ein – das Wasser ist etwas sauberer als in Yantai.

Berühmt ist der Tempel für seine **Luftspiegelungen von Penglai**, die laut Einheimischen alle paar Jahrzehnte erscheinen. Die Berichte darüber gehen weit auseinander, von nah über dem Meeresspiegel schwebenden Nebeln bis zu einer Insel im Himmel, auf der es Menschen, Bäume und Fahrzeuge gibt. Das Phänomen dauert etwa 40 Minuten, und wem das Glück verwehrt bleibt, es zu beobachten, der kann es sich auf dem Fernseher in einem dafür vorgesehenen Nebenraum im Tempel ansehen. Das Personal will von einem Zusammenhang zwischen dem erhöhten Streben nach Tourismuseinnahmen und den immer häufiger auftretenden Erscheinungen nichts wissen.

Weihai

Die 88 km östlich von Yantai gelegene Hafenstadt Weihai hat Touristen eigentlich nichts zu bieten, doch ist es ein sonniger Ort, in dem man sich die Wartezeit auf ein Boot mit Spaziergängen verkürzen kann. **Unterkunft** findet man im allerdings nicht ganz preiswerten *Weihaiwei Dasha******, Kunming Lu, Ecke Xinwei Lu, ✆ 0631/5285888, 📠 5285777. Billigere Zimmer gibt es zwei Blocks weiter westlich im *Qing Quan Hotel***, 5 Gongyuan Lu, ✆ 0631/5224112. Die *Bank of China*, die auch Travellers Cheques einlöst, befindet sich ein paar Minuten westlich des *Weihaiwei Dasha* entlang der Kunming Lu.

Der **Überland-Busbahnhof** liegt ca. 10 Minuten südlich der Bank of China oder 25 Minuten Fußweg vom Hafen entfernt. Es fahren jeden Nachmittag Schlafbusse nach Beijing (13 Std., ¥150) und Shanghai (16 Std., ¥200), zudem gibt es regelmäßige Verbindungen nach Qingdao (4 Std.) und Yantai (1 Std., ¥17). Dreimal wöchentlich verkehrt auch eine **Passagierfähre** nach Inchon in Südkorea (24 Std., ¥750–1380), Tickets können am Terminal am östlichen Ende der Kunming Lu oder im Business Centre des *Weihaiwei Dasha* gebucht werden.

Shanghai

Highlights

- **Der Bund**
Kontrastreiche Kulisse aus angestaubten Kolonialbauten und ungestümer Modernität am Huangpu.

- **Peace Hotel**
Im Charme des Art-déco-Ambiente einen Cocktail schlürfen und von der Dachterrasse die Aussicht genießen.

- **Bootsfahrt auf dem Huangpu**
Auf einem Ausflugsdampfer oder einer der Fähren erhält man einen Eindruck von der dem Meer zugewandten Wirtschaft, die den Erfolg der Stadt ausmacht.

- **Nanjing Lu**
Konsumparadies und eine der prachtvollsten Einkaufsstraßen Chinas.

- **Shanghai-Museum**
Rangiert unter den besten Museen des Landes und besticht obendrein durch herausragende Architektur.

- **Cloud 9 Café**
Grandiose Ausblicke von der obersten Etage des höchsten Gebäudes in Shanghai.

- **Shanghais Nachtleben**
Eine glamouröse, laute, ausschweifende und oftmals sehr dekadente Angelegenheit.

Nach 40 Jahren der Stagnation erlebt die fantastische Metropole Shanghai derzeit ein weltweit einmaliges wirtschaftliches Wachstum. In Anbetracht überbordender Geschäfte und immer neuer in den Himmel wachsender Wolkenkratzer scheint Shanghai zweifellos auf dem besten Weg zu sein, die vor dem Zweiten Weltkrieg innehabende Position als führende Handelsstadt Ostasiens wieder zurückzugewinnen. Trotz aller moderner Neuerungen verbinden Shanghai jedoch bis heute tiefe Bande mit seiner **kolonialen Vergangenheit**.

Nach wie vor ist Shanghai dem Westen vor allem als berühmt-berüchtigter Ausgangspunkt des **europäischen Imperialismus** in China bekannt – als Stadt der Dekadenz, zwielichtiger Vergnügungen, des Rassismus, zum Himmel schreiender sozialer Ungerechtigkeiten und der Mafiasyndikate. Fast schon vergessen sind die fünf Jahrzehnte, die danach folgten, geradeso als wäre eine ereignislose Zeit angebrochen, als die Kommunisten kamen und die Ausländer gingen. Und tatsächlich ist diese Wahrnehmung nicht ganz unberechtigt, denn bis in die 90er Jahre betrieb die Zentralregierung in Beijing bewusst den Niedergang Shanghais, als sie die hier erwirtschafteten Überschüsse für andere Landesteile bis zu einem Grad abschöpfte, dass die Stadt zusehends einem lebendigen Museum glich, einer Stadt, die mit ihrer weltweit größten Ansammlung von **Art-déco-Gebäuden** in den 40er Jahren stehen geblieben zu sein schien.

Trotz allem haben es die Shanghaier stets verstanden, sich nicht unterkriegen zu lassen, und seit einiger Zeit dominieren Persönlichkeiten aus der Region Shanghai, die wohlwollend auf den Wiederaufbau ihrer alten Metropole blicken, sogar die chinesische Zentralregierung. Mitte der 80er Jahre fiel der Entschluss, Shanghai ein weiteres Mal die Vorreiterrolle für die **Modernisierung Chinas** zuzuweisen, und seither kennen die entfesselten **wirtschaftlichen Energien** kein Halten mehr. Während der letzten 20 Jahre waren Städteplaner eifrig dabei, ein U-Bahnnetz anzulegen, kolossale Autobahnen, irrwitzige Trassen und Brücken zu bauen, Einkaufszentren und Hotelgebäude entstehen zu lassen und den Grundstein für einen „Neuen Bund", jener Wirtschaftssonderzone am gegenüberliegenden Flussufer in Pudong, zu legen, wo bald das höchste Gebäude der Welt in den Himmel ragen soll. Bezeichnenderweise befindet sich die größte Gelddruckerei Chinas in der Nähe, daher auch der hohe Anteil an glänzenden, neuen Münzen und Geldscheinen, die in der Stadt in Umlauf sind. Nirgendwo im Land findet man besser ausgebildete Arbeitskräfte, und die Shanghaier sind bekannt für ihre Fähigkeit, Stil und anspruchsvolle Qualität mit gleichzeitig stark ausgeprägtem Geschäftssinn und internationalem Denken zu verbinden. Ihnen ist es zu verdanken, dass die Stadt einen solchen Boom erlebt.

Nicht dass das **alte Shanghai** über Nacht zu verschwinden droht. Zwar werden immer schneller neue Gebäude aus dem Boden gestampft, in einigen Teilen jedoch gleicht die Stadt noch heute einer Zukunftsvision aus den 20er Jahren: eine schmutzige Metropolis monolithischer, pseudo-klassizistischer Bauten, durchzogen von Oberleitungen und Gehwegen, verstopft von unübersehbaren Menschenmassen und klapprigen Omnibussen. Im Unterschied zu anderen großen Städten Chinas ist Shanghai erst in jüngerer Vergangenheit einem Umbau größeren Stils unterzogen worden. Ein Großteil des Stadtgebiets war bis 1949 zwischen ausländischen Mächten aufgeteilt, und deren einstige Botschaften, Banken und offizielle Residenzen verleihen weiten Gegenden Shanghais bis heute ein europäisches 20er Jahre Flair, mit dem die von Sowjetarchitektur geprägten Regierungsgebäude nicht mithalten können. Noch immer lassen sich die Grenzen der früheren ausländischen Konzessionen erkennen, die um das verwirrende Gassennetz des alten chinesischen Zentrums lagen. Großzügiger ist der Raum nur am Ufer des Huangpu inmitten der unerschütterlichen Erhabenheit am Bund. Die vordergründige, wenngleich angejahrte und etwas verkommene Pracht der dortigen Gebäude, die nach wie vor in Diensten stehen, ist Shanghais eindrucksvollste Reminiszenz an die Vergangenheit. Ein Spaziergang am Bund gehört inzwischen zum Pflichtprogramm eines jeden Besuchers, obschon es ironisch anmuten mag, dass gerade die Relikte des verhassten ausländischen Imperialismus wie der Bund heute als städtische Denkmäler geschützt werden.

Wie ihr wirtschaftliches Vorbild Hongkong ist die Stadt nicht sonderlich reich an klassischen **Sehenswürdigkeiten**. Abgesehen vom Shanghai-Museum, dem an die Gärten Suzhous erinnernden Yu Yuan und einer Ausflugsfahrt auf dem Huangpu

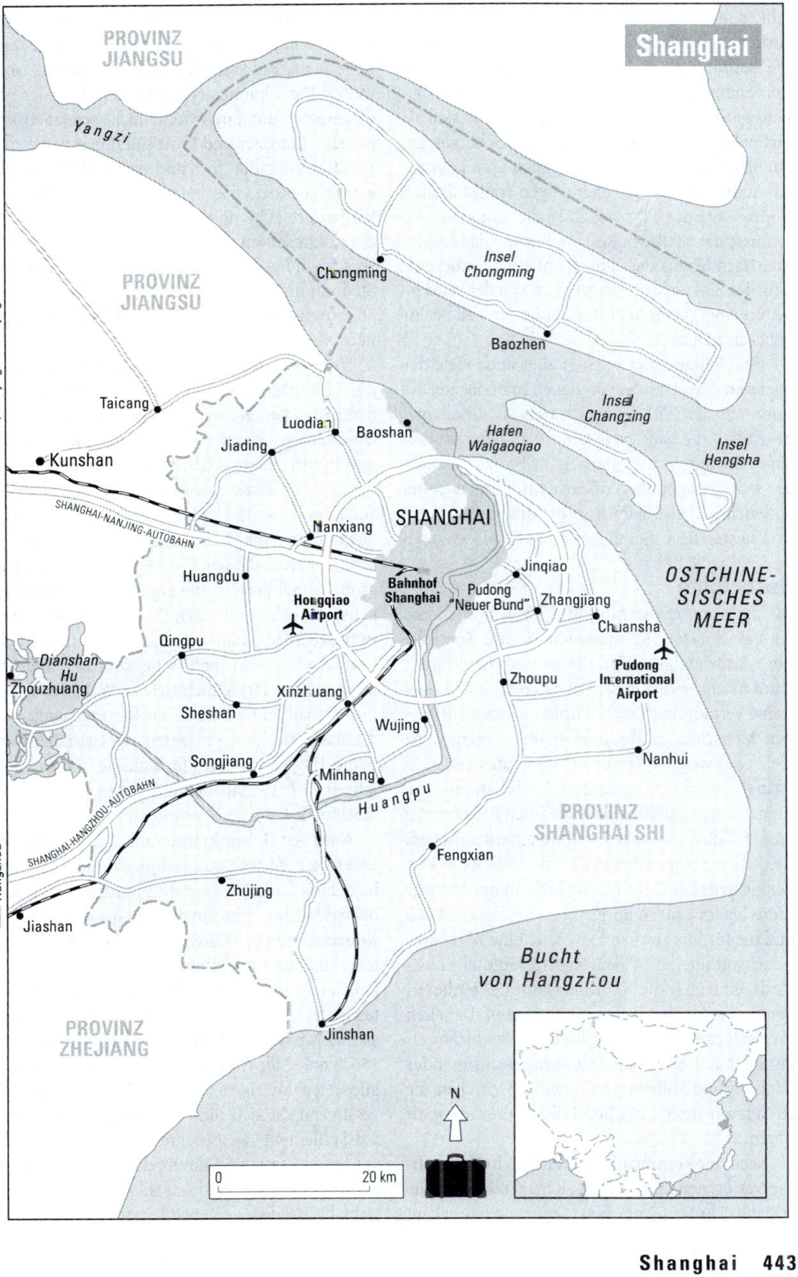
Shanghai
PROVINZ
JIANGSU
Yangzi
PROVINZ
JIANGSU
Suzhou, Nanjing und Beijing
Chongming
Insel
Chongming
Baozhen
Taicang
Luodian
Baoshan
Insel
Changxing
Hafen
Waigaoqiao
Insel
Hengsha
Jiading
Kunshan
SHANGHAI-NANJING-AUTOBAHN
SHANGHAI
Nanxiang
Huangdu
Jinqiao
Bahnhof
Shanghai
Pudong
"Neuer Bund"
Zhangjiang
OSTCHINE-
SISCHES
MEER
Hongqiao
Airport
Chuansha
Qingpu
Dianshan
Hu
Zhouzhuang
Zhoupu
Pudong
International
Airport
Xinzhuang
Sheshan
Wujing
Songjiang
Minhang
Nanhui
Huangpu
SHANGHAI-HANGZHOU-AUTOBAHN
PROVINZ
SHANGHAI SHI
Hangzhou
Fengxian
Zhujing
Jiashan
Bucht
von Hangzhou
PROVINZ
ZHEJIANG
Jinshan
N
0
20 km

SHANGHAI

gibt es nur wenige Attraktionen, die eine größere Anziehungskraft besitzen. Viele Besucher verlassen die Stadt mit einem Gefühl der Enttäuschung. Der Reiz Shanghais liegt jedoch weniger darin, von Sehenswürdigkeit zu Sehenswürdigkeit zu hasten als vielmehr im Entdecken verborgener Schönheiten: ein Spaziergang am Bund, das Aufspüren kolonialer Architektur in der ehemaligen französischen Konzession, das Eintauchen in die kulinarischen Genüsse der zahllosen Restaurants und das ausgiebige Nachtleben oder einfach nur ein Bummel entlang der Einkaufsstraßen, um sich von der Wiedergeburt einer der herrlichsten Städte der Welt beeindrucken zu lassen.

Eine Renaissance erleben aber auch viele der **sozialen Missstände**, von denen man dachte, die Kommunisten hätten sie nach 1949 ein für allemal beseitigt. Arbeitslosigkeit, Drogen und Prostitution sind stark auf dem Vormarsch. Die Dynamik, durch die sich Shanghai gegenüber dem übrigen China auszeichnet, wird jedoch selbst den China-überdrüssigsten Besucher in ihren Bann schlagen.

Geschichte

Als die Kommunisten im Mai 1949 in Shanghai einmarschierten, übernahmen sie die Kontrolle über das wichtigste Wirtschafts- und Handelszentrum Asiens, einen internationalen Hafen, in dem wahre Vermögen gemacht wurden, während Millionen Menschen in absoluter Armut lebten. Ganz gleich auf welcher Seite man stand, das Leben in Shanghai zeichnete sich meist durch Extreme aus. Chinas wohlhabendste Stadt, die ihren Reichtum zu großen Teilen europäischem und amerikanischem Geld zu verdanken hatte, war die erste Asiens, in der elektrisches Licht Einzug hielt, in der es mehr Autos als im ganzen übrigen Land zusammen gab und die für ihre reichen Bewohner eine Welt europäisch anmutender Villen, baumgesäumter Boulevards, eine elegante Kaffeehauskultur, Pferderennen und exklusive Herrenklubs erschuf. Daneben existierte, und auch dies gehört zur Geschichte, eine Stadt der Singsong-Mädchen, rivalisierender Gangster und Millionen hungernder Menschen, die zu Sklaven ihrer täglichen Reisschale verdammt waren.

Nach der **kommunistischen Machtübernahme** verloschen die grellen Lichter. Während die ausländische Gemeinde noch erwartete, wie gehabt ihren Geschäften nachgehen zu können, war das neue Regime entschlossen, auch Shanghai seine Rolle in der radikalen Umgestaltung Chinas zuzuweisen. Die schlimmsten Elendsviertel wurden niedergerissen, um durch Wohnblöcke ersetzt zu werden. Die Gangster und Prostituierten schaffte man zur „Umerziehung“ fort, und ausländisches Kapital wurde rücksichtslos besteuert oder gleich ganz konfisziert. (Chiang Kaishek gelang es allerdings, die Goldreserven der Bank of China nach Taiwan verschwinden zu lassen und so eine bankrotte Stadt zu hinterlassen.) Über einen Zeitraum von 35 Jahren wurden westliche Einflüsse erzwungenermaßen unterdrückt.

Entgegen westlichen Interpretationen begann die Geschichte Shanghais nicht mit der Gründung der britischen Konzession im Zuge des Ersten Opiumkriegs, denn dort wo Yangzi, Kaiserkanal und Pazifik aufeinander treffen, gab es schon seit der Song-Dynastie einen wichtigen Handelshafen, von dem die stattliche Baumwollernte der Region nach Beijing, ins Hinterland und nach Japan verschifft wurde. Bis zur Qing-Dynastie hatten sich große, durch den Handel organisierte und äußerlich den niederländischen Gilden ähnelnde **Kaufmannszünfte** gebildet, die sich die wirtschaftliche und teilweise auch politische Kontrolle über die Stadt teilten. Tatsächlich fiel die Wahl der Briten nur deshalb auf Shanghai als Vertragshafen, weil die Stadt, wie der Repräsentant der Ostindienkompanie, Hugh Lindsey, es formulierte, seit den 40er Jahren des 19. Jahrhunderts zum „wichtigsten Marktplatz Ostasiens“ geworden war.

Nach den **Opiumkriegen** zogen die Briten 1842 unter dem Vertrag von Nanjing in die Stadt ein, bald darauf, 1847, folgten die Franzosen, und diese beiden Mächte richteten die ersten **ausländischen Konzessionen** in Shanghai ein – die Briten entlang dem Bund und im Gebiet nördlich von Alt-Shanghai, der Chinesenstadt, die Franzosen im Südwesten in der Gegend einer Kathedrale, die ein französischer Missionar 200 Jahre zuvor begründet hatte. 1863 kamen die Amerikaner, 1895 die Japaner und gliederten ihre eigenen Gebiete der britischen Konzession an, die sich zum so genannten „International Settlement“ ausgedehnt hatte. In einer Reihe von privilegierten Enklaven, die auf unbestimmte Zeit gepachtet waren, fielen Händler unter die Gerichtsbarkeit ihres eigenen Landes, und es gab eigene Polizeikräfte. Durch die günstige Lage nahe der Haupthandelsroute der großen Seide und Tee produzierenden Regionen entwickelte sich Shanghai bis 1900 zu einem wichtigen Hafen und Industriezentrum, das weitgehend von der „Grünen Gang“, einem berüchtigten, im 18. Jahrhundert von arbeitslosen Seemännern gegründeten Syndikat kontrolliert wurde. Bis zum Beginn der 20er Jahre hatte diese Clique auch die weit verzweigte Unterwelt unter ihre Herrschaft gebracht. An Kaufleuten und Kriminellen, die deren strengen Verhaltenskodex missachteten, wurden grausame Exempel statuiert – man trennte ihnen mit einem Messer sämtliche hervorstehende Sehnen durch, bevor man sie im lebendigen Treiben am Straßenrand verenden ließ.

Während des Taiping-Aufstands (s.S. 100) flohen viele vor den Massakern in die ausländischen Ansiedlungen und vermehrten die billigen Arbeitskräfte Shanghais, aber auch Bauern wurden vom augenscheinlichen Reichtum der Stadt angelockt. Es bildete sich das erste städtische Proletariat Chinas heraus, und die erbärmlichen Lebensbedingungen schufen im Zusammenspiel mit immer stärker grassierender Arbeitslosigkeit und der Ausbeutung chinesischer Arbeitskräfte durch die ausländischen Investoren den natürlichen Nährboden für **revolutionäre Kräfte**. 1921 gründete sich in Shanghai die Kommunistische Partei Chinas, die jedoch 1927 nach dem Massaker an Hunderten Streikenden erst einmal in den Untergrund gezwungen wurde.

Selbst nach 1949 blieb die Stadt eine Hochburg radikalen Denkens. Von hier nahm die Kulturrevolution Maos, der von der Zentralregierung in Beijing ausgeschaltet worden war, 1966 ihren Lauf. Einige Rote Garden proklamierten sogar eine eigene Kommune Shanghai, bevor die ganze Angelegenheit die Züge hemmungsloser Zerstörung und engstirniger Rachefeldzüge annahm. Nach Maos Tod war Shanghai die letzte Bastion der Viererbande im Kampf um die Nachfolge, allerdings ging deren Plan nie auf. Viele Politiker, die die Modernisierung vorantreiben und Schlüsselpositionen in der Zentralregierung innehaben oder -hatten, kommen aus der Region Shanghai, darunter der ehemalige Staatspräsident Jiang Zemin und Ex-Ministerpräsident Zhu Rongji, beide frühere Bürgermeister der Stadt.

Neben ihrer Funktion als wichtige Machtbasis für die Regierungspartei steht die Stadt seit jeher auch im Ruf, die modebewussteste Metropole Chinas zu sein und wie keine andere ihren **Blick nach außen** zu richten. Bekannt sind die Bewohner Shanghais für ihren scharfen Verstand und ihr unternehmerisches Geschick. Viele flohen nach 1949 nach Hongkong und ebneten den Weg für die wirtschaftliche Explosion dieser britischen Kolonie, während sich zahllose andere aus der Region in fernere Gegenden der Welt aufmachten, um dort als Übersee-Chinesen erfolgreiche Geschäftsleute zu werden. Selbst während der Kulturrevolution konnten westliche Exzesse wie Dauerwelle oder öffentliches Händchenhalten in Shanghai weiter bestehen. Trotz des lokalen Dialekts, der für andere Chinesen nicht zu verstehen ist, haben die ausgezeichneten Englischkenntnisse der einheimischen Bevölkerung sowie deren Vertrautheit mit Ausländern und überhaupt mit dem Fremden schon immer dafür gesorgt, dass Besucher ungleich leichter als irgendwo sonst im Land zurechtkommen. Der relative Reichtum der Stadt fördert zudem ein größeres Interesse an **Freizeitaktivitäten** und am **Nachtleben**, so dass Shanghai ein breites Unterhaltungsangebot und eine Fülle neuer Bars und Clubs besitzt. Nicht nur steht Shanghai nach wie vor als Industriestandort an erster Stelle im Land, es ist auch ein wichtiges Zentrum des Konsums, und die Vielfalt sowie Qualität der Waren in den Läden locken Menschen aus ganz China an.

Einige Probleme bleiben jedoch nach wie vor ungelöst, allen voran die hoffnungslose **Übervölkerung**. Obwohl in den vergangenen Jahren zahllose neue Wohnungen entstanden sind, geben selbst offizielle Statistiken den durchschnittlich zur Verfügung stehenden Wohnraum mit einer Fläche an, die kaum größer als ein Doppelbett ist, was in der Praxis oftmals bedeutet, dass drei Generationen einer Familie in einem Zimmer schlafen. Egal wohin man blickt, man sieht sich Menschenmassen gegenüber. Der daraus resultierende Stress tritt häufig in Misslaune, gelegentlich auch in Pöbeleien auf der Straße zutage. Als Zentrum riesiger Ölraffinerien, Chemiefabriken und Schmelzhütten hat Shanghai auch unter **Umweltverschmutzung** in Form schwefelhaltiger Rauchwolken zu leiden, die die Fabrikschornsteine unablässig ausspucken. Ungefähr vier Millionen Tonnen ungefilterter Industrie- und Haushaltsabwässer ergießen sich tagtäglich in den Huangpu, die wichtigste Trinkwasserquelle der Stadt, und der Suzhou-Kanal ist nur noch eine schwarze, übel riechende Brühe. Zuletzt sei noch die **Arbeitslosigkeit** erwähnt, die in Shanghai wesentlich höher als in anderen Großstädten ist. Das Problem der Auswärtigen, die ohne Aufenthaltsgenehmigung (also auch ohne Wohnung) auf der Suche nach dem großen Glück in die Stadt strömen, bergen ein explosives Potenzial für soziale Unruhen. Obwohl die Stadt für chinesische Zuzügler nominell gesperrt ist und trotz der Ein-Kind-Politik und 300 000 Abtreibungen jährlich, wächst Shanghai zusehends weiter – im Moment ist man bei über 13 Millionen Einwohnern angelangt, was Shanghai zu einer der größten (und überfülltesten) Städte der Welt macht.

Orientierung

Gemessen an der enormen Einwohnerzahl ist Shanghai überraschend kompakt. Obwohl das Stadtbild weniger geometrisch als das Beijings angelegt ist, findet man sich zu Fuß problemlos zurecht; will man jedoch von einem Viertel in das nächste, sind Busse oder Taxis als Transportmittel unabdingbar. Die für Touristen interessanteste Gegend wird im Osten vom **Huangpu** begrenzt (der von Westen nach Osten fließt), im Norden vom **Suzhou-Kanal** (Wusong Hei). Um eine erste Orientierung zu bekommen, empfiehlt sich die südwestliche Ecke des Zusammenflusses dieser beiden Gewässer am Eingang zum kleinen Huangpu-Park. Nördlich davon liegt jenseits der stählernen Waibaidu-Brücke über den Suzhou-Kanal das Gebiet der ehemaligen japanischen Konzession. Südlich des Parks verläuft am westlichen Ufer des Huangpu **der Bund** – in offiziellem Chinesisch Zhongshan Lu, inoffiziell Wai Tan genannt. Dem Bund wiederum gegenüber erhebt sich am Ostufer der „Perle des Orients" getaufte Fernsehturm als auffälligstes Bauwerk der Stadt. Zahlreiche Hotels sowie einige der wenigen Dorm-Unterkünfte sind in der Gegend um den Bund angesiedelt. Etwa 100 m südlich des Huangpu-Parks zweigt vom Bund eine der großen Einkaufsstraßen Shanghais, die **Nanjing Lu**, ab und führt nach Westen am nördlichen Rand des zentralen Volksparks vorbei. Wie alle Ost-West-Straßen ist auch die Nanjing Lu nach einer Stadt benannt, während die in Nord-Süd-Richtung verlaufenden Straßen Provinzen als Namensgeber haben. Eine weitere wichtige Magistrale ist die Yan'an Lu, die sich etwas südlich der Nanjing Lu ebenfalls von Ost nach West ausdehnt und im Osten in einem Tunnel unter dem Huangpu hindurchführt. Südlich davon und nur wenig westlich vom Bund beschreibt das Gebiet **Alt-Shanghais** ein Oval. Die wichtigste Nord-Süd-Achse ist die **Xizang Lu**, die sich unmittelbar östlich des **Volksparks** ihren Weg durch das Zentrum bahnt. Im Süden kreuzt die Xizang Lu die **Huaihai Lu**, den anderen großen Einkaufsboulevard Shanghais, der nach Westen ins Herz der **ehemaligen französischen Konzession** führt. In Shanghai sind wie in vielen anderen chinesischen Städten lange Straßen zwecks einfacherer Benennung in Abschnitte unterteilt. So bezeichnet beispielsweise Yan'an Dong Lu den östlichen Abschnitt der Yan'an Lu, Yan'an Zhong Lu den mittleren Teil und Yan'an Xi Lu das westliche Teilstück. Für das Auffinden von Adressen ist diese Praxis überaus hilfreich. Für die genauere Bestimmung von Norden und Süden wird *bei* bzw. *nan* in den Straßennamen eingefügt.

Obwohl sich das Besucherinteresse überwiegend auf die Gebiete westlich des Huangpu und dessen klassischer Uferpromenade aus der Kolonialzeit, den Bund, konzentriert, ragt als auffälligstes Bauwerk der wie eine Rakete anmutende, „Perle des Orients" getaufte Fernsehturm am Ostufer des Flusses in der Sonderwirtschaftszone **Pudong** in den Himmel. Am besten lernt man beide Uferseiten und deren Sehenswürdigkeiten im Rahmen der ausgezeichneten **Flussfahrt auf dem Huangpu** kennen.

Als betriebsamste Einkaufsstraße Chinas gilt die Nanjing Lu, die das Zentrum Shanghais durchquert. An ihrem östlichen Ende liegt das berühmte **Peace Hotel**, weiter westlich erreicht sie am **Volkspark** das hervorragende neue **Museum** der Stadt. Die anderen größeren Sehenswürdigkeiten befinden sich ca. 1,5 km südlich der Nanjing Lu in der Altstadt, der am längsten bewohnten Gegend der Stadt, wo man den **Yu Yuan**, einen restaurierten, klassischen chinesischen Garten mit dem Huxinting-Teehaus sowie Marktstände in der Nachbarschaft findet. Südwestlich davon erstreckt sich das herrliche Gebiet der ehemaligen französischen Konzession, die sich durch ihre kosmopolitischen Kochtraditionen, europäischen Gebäude und Relikte der Revolution auszeichnet. Das Zentrum der pulsierenden Restaurant- und Nachtschwärmerszene Shanghais bildet die **Huaihai Lu**, die als Hauptverkehrsader durch dieses Gebiet führt.

Weiter abseits des Zentrums gibt es noch eine Hand voll weiterer lohnender Ziele. Nördlich des Suzhou-Kanals liegt der interessante **Hongkou-Park** mit seinen, dem großen Schriftsteller des 20. Jahrhunderts, Lu Xun, gewidmeten Denkmälern. Im äußersten Westen schließlich befinden sich zwei der bedeutendsten noch existierenden religiösen Stätten Shanghais, der **Longhua Si** und der **Yufo Si**.

Der Bund

In seiner Mischung aus Liverpool und Manhattan der 20er Jahre ist der Bund schon immer die beeindruckendste Straße Shanghais gewesen. Seit 1949 trägt er offiziell den Namen Zhongshan Lu, unter Einheimischen ist er jedoch besser als Wai Tan (äußerer Strand) bekannt. Zu Zeiten, da Shanghai seine wilde Blütezeit erlebte, befand sich am Bund nicht nur das Finanzzentrum der Stadt, es gab hier auch einen betriebsamen Hafen, in dem von winzigen Dschunken bis zu Ozeanriesen alle möglichen Wassergefährte unter der wachsamen Kontrolle britischer, später auch amerikanischer und japanischer Kriegsschiffe ihre Fracht löschten. Sämtliche Güter, von Seide über Tee bis zu schwerem Industriegerät, trafen hier ein, und zwischen all der Hektik gingen wohlhabende Ausländer von Bord ihrer Schiffe, um sich durch die Menge von Bettlern, Straßenverkäufern, Schwarzhändlern, Schuhputzern und überbeladenen Kulis ihren Weg zu einem der luxuriösen Hotels zu bahnen. Am Bund, dessen Name auf den alten anglo-indischen Begriff *bunding* (Befestigung morastigen Uferlands) zurückgeht, schlug das wirtschaftliche Herz des alten Shanghai. Auf der einen Seite war der Fluss, auf der anderen waren die Büros der führenden Banken und Handelshäuser. Eine radikal neue Perspektive hat sich in den vergangenen Jahren durch die gewaltigen Bauprojekte am jenseitigen Ufer eingestellt – allen voran der spektakuläre Fernsehturm, der so hoch ist, dass seine Antenne oftmals im Dunst verschwindet.

Ausgehend von der **Waibaidu-Brücke** am Zusammenfluss des Huangpu und des Suzhou-Kanals erstreckt sich der Bund 1,5 km nach Süden zur Jinling Dong Lu, der ehemaligen Rue du Consulat. Bei Ausbruch des Chinesisch-Japanischen Krieges 1937 bildete die Waibaidu-Brücke eine Art Niemandsland zwischen den japanisch besetzten Gebieten nördlich des Suzhou-Kanals und dem internationalen Sektor – am einen Ende hielten Japaner, am anderen Briten Wache. Obwohl die meisten Schiffe heute weiter stromabwärts anlegen, werden die Wasserstraßen noch rege als Verbindungswege genutzt, und der Bund selbst wird gerne als Ort für einen Abendspaziergang oder die morgendliche Körperertüchtigung aufgesucht, während Touristen aus ganz China die Uferpromenade entlangschlendern und Fotos von sich vor dem im Hintergrund aufragenden Fernsehturm machen. Das erste Gebäude südlich der Brücke, das **ehemalige britische Konsulat**, repräsentierte einen der Eckpfeiler der britischen Interessen im alten Shanghai und wurde demonstrativ von prachtvoll gewandeten Sikh-Soldaten bewacht. Das blaue, nur wenig nordöstlich von hier am anderen Ufer des Suzhou-Kanals gelegene Gebäude hat bis heute seine ursprüngliche Funktion als **russisches Konsulat** behalten.

Direkt am Zusammenfluss der beiden Wasserstraßen befindet sich eine weitere britische Schöpfung aus früherer Zeit, der **Huangpu-Park**, dessen Untergrund aus angeschwemmtem Schlamm und Schluff entstand, die sich um ein Schiffswrack aufhäuften. Auch hier waren Sikh-Soldaten anzutreffen, die auf die Einhaltung der Regel, wonach Hunden und Chinesen der Zutritt zum Park verboten war (es sei denn, es handelte sich um Bedienstete in Begleitung ihrer Herrschaft), achteten. Nach Protesten erging eine Änderung dieser Praxis, so dass fortan auch „gut gekleidete“ Chinesen den Park betreten durften, sofern ihrem Antrag auf entsprechende Sondergenehmigung stattgegeben wurde. Inzwischen steht im Park ein steinernes Denkmal für die „Volkshelden“; gerne wird er auch von Einheimischen zum frühmorgendlichen Taijiquan besucht, am lohnendsten ist er jedoch, um bei einem Spaziergang einfach nur die Uferpromenade im Blick zu haben, die die Szenerie der beiden Flüsse beherrscht. Unter dem Denkmal ist ein kleines **Museum** angesiedelt, das einen informativen Abriss der Stadtgeschichte präsentiert und eine Stippvisite wert ist. Park ⌚ 5–21, Museum ⌚ 9–16 Uhr, beide Eintritt frei.

SHANGHAI

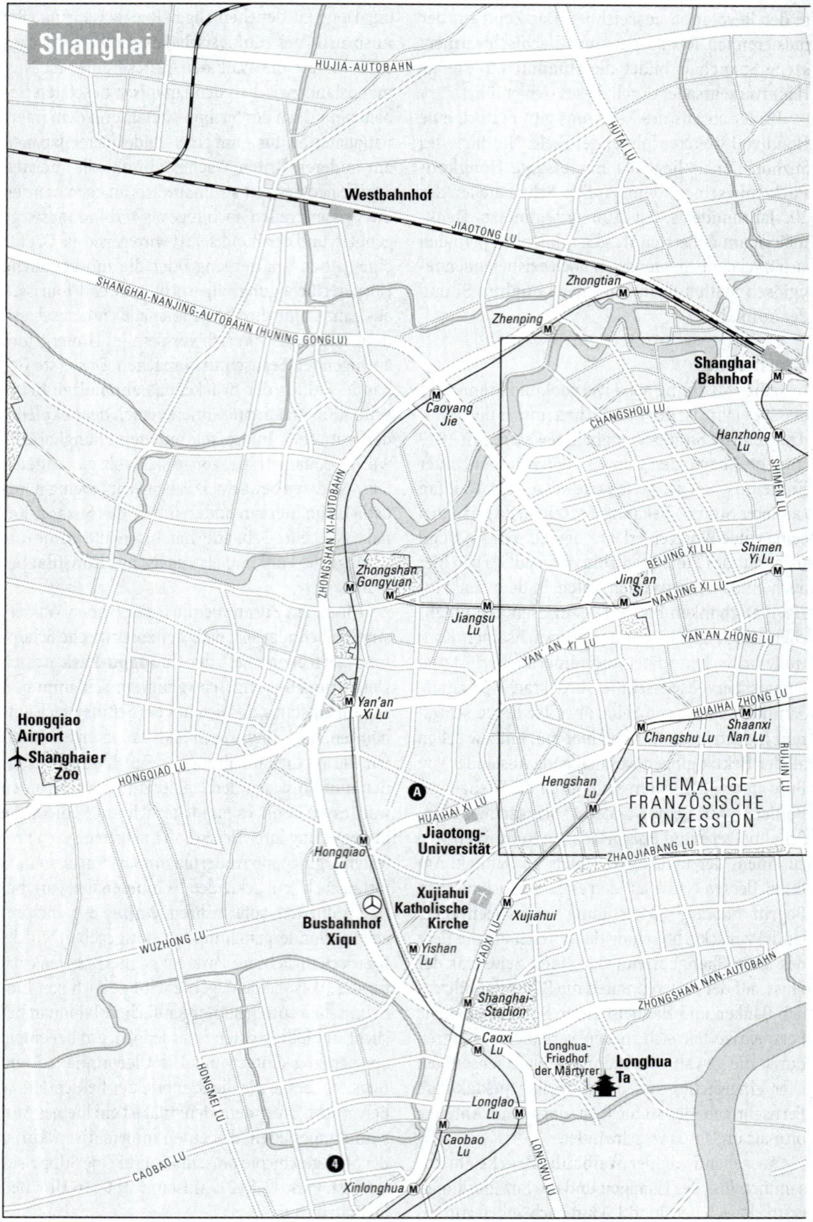
Shanghai
HUJIA-AUTOBAHN
HUTAI LU
Westbahnhof
JIAOTONG LU
SHANGHAI-NANJING-AUTOBAHN (HUNING GONGLU)
Zhongtian
Zhenping
Shanghai
Bahnhof
Caoyang
Jie
CHANGSHOU LU
Hanzhong
Lu
SHIMEN LU
ZHONGSHAN XI-AUTOBAHN
Shimen
Yi Lu
BEIJING XI LU
Jing'an
Si
NANJING XI LU
Zhongshan
Gongyuan
Jiangsu
Lu
YAN'AN ZHONG LU
YAN' AN XI LU
HUAIHAI ZHONG LU
Yan'an
Xi Lu
Hongqiao
Airport
Shanghaier
Zoo
Changshu Lu
Shaanxi
Nan Lu
RUIJIN LU
HONGQIAO LU
Hengshan
Lu
EHEMALIGE
FRANZÖSISCHE
KONZESSION
A
HUAIHAI XI LU
Jiaotong-
Universität
Hongqiao
Lu
ZHAOJIABANG LU
Xujiahui
Katholische
Kirche
Xujiahui
Busbahnhof
Xiqu
CAOXI LU
WUZHONG LU
Yishan
Lu
ZHONGSHAN NAN-AUTOBAHN
Shanghai-
Stadion
Caoxi
Lu
Longhua-
Friedhof
der Märtyrer
Longhua
Ta
HONGMEI LU
Longlao
Lu
Caobao
Lu
LONGWU LU
4
CAOBAO LU
Xinlonghua

SHANGHAI

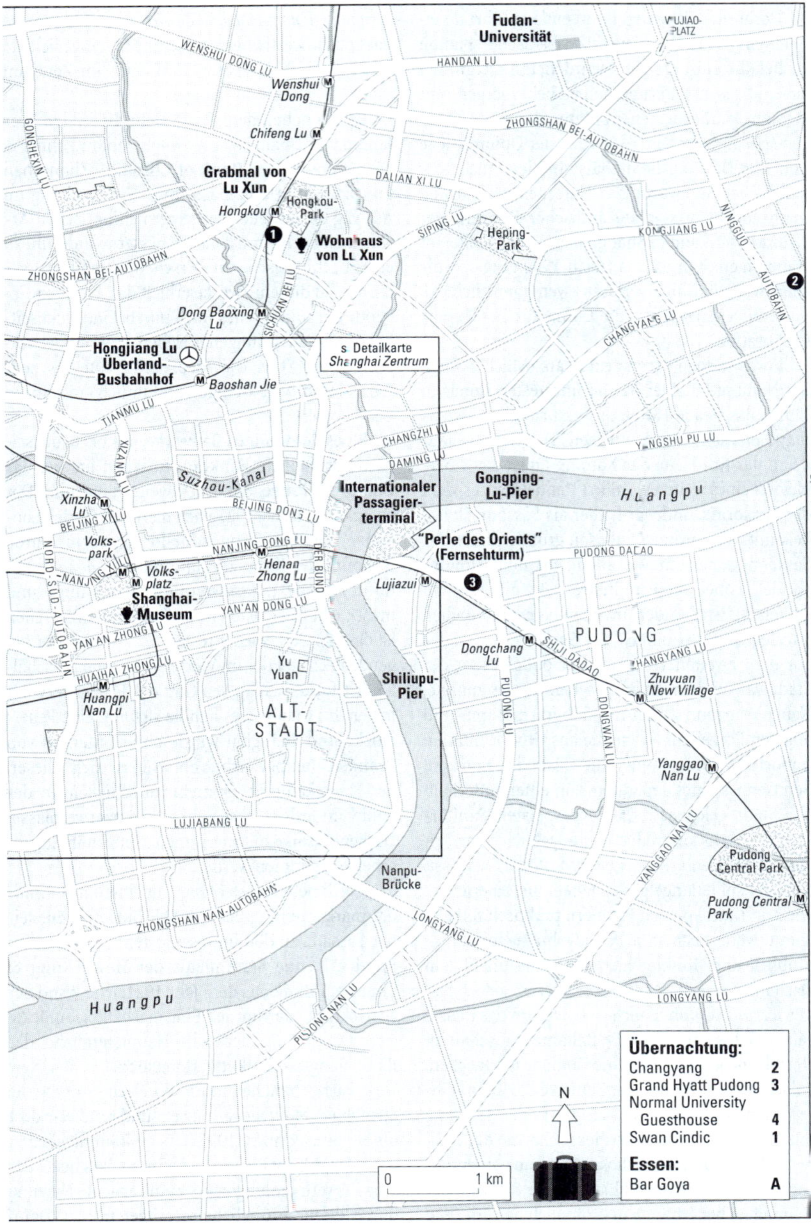

Fudan-Universität
WUJIAO-PLATZ
WENSHUI DONG LU
HANDAN LU
Wenshui Dong
GONGHEXIN LU
Chifeng Lu
ZHONGSHAN BEI-AUTOBAHN
Grabmal von Lu Xun
DALIAN XI LU
Hongkou
Hongkou-Park
Wohnhaus von Lu Xun
SIPING LU
Heping-Park
KONGJIANG LU
NINGGUO - AUTOBAHN
ZHONGSHAN BEI-AUTOBAHN
SICHUAN BEI LU
Dong Baoxing Lu
CHANGYANG LU
Hongjiang Lu Überland-Busbahnhof
s. Detailkarte Shanghai Zentrum
Baoshan Jie
TIANMU LU
XIZANG LU
CHANGZHI LU
YANGSHU PU LU
DAMING LU
Suzhou-Kanal
Gongping-Lu-Pier
Internationaler Passagier-terminal
Huangpu
Yangpu-Brücke
Xinzha Lu
BEIJING DONG LU
BEIJING XI LU
Volks-park
NANJING DONG LU
"Perle des Orients" (Fernsehturm)
PUDONG DADAO
NORD-SÜD-AUTOBAHN
NANJING XI LU
Volks-platz
Henan Zhong Lu
DER BUND
Lujiazui
Shanghai-Museum
YAN'AN DONG LU
YAN'AN ZHONG LU
PUDONG
Dongchang Lu
SHIJI DADAO
ZHANGYANG LU
HUAIHAI ZHONG LU
Yu Yuan
Shiliupu-Pier
Zhuyuan New Village
Huangpi Nan Lu
PUDONG LU
DONGWAN LU
ALT-STADT
Yanggao Nan Lu
LUJIABANG LU
YANGGAO NAN LU
Pudong Central Park
Nanpu-Brücke
Pudong Central Park
ZHONGSHAN NAN-AUTOBAHN
LONGYANG LU
Huangpu
PUDONG NAN LU
LONGYANG LU
Pudong Airport
N
0
1 km
Übernachtung:
Changyang 2
Grand Hyatt Pudong 3
Normal University Guesthouse 4
Swan Cindic 1
Essen:
Bar Goya A

Der weitere Weg den Bund entlang führt an einer Reihe grandioser neoklassizistischer Bauten vorbei, die einst errichtet wurden, um die großen ausländischen Unternehmen zu beherbergen. Von William Matheson, jenem Mann, der mehr als irgendein anderer zum Ausbruch der Opiumkriege und zur Öffnung Shanghais für den Auslandshandel beitrug, wurde das Unternehmen Jardine Matheson als erster ausländischer Konzern gegründet, der Land in Shanghai erwerben sollte. Im ehemaligen Stammhaus (nach 1949 ging sämtlicher Besitz in China verloren) wenig nördlich des *Peace Hotel* sitzt heute die China Textiles Export Corporation.

Etwas südlich davon prunkt am östlichen Ende der Nanjing Lu eines der berühmtesten Hotels in China, das **Peace Hotel**, das ursprünglich als *Cathay Hotel* seine Pforten öffnete. Das Hauptgebäude an der Nordseite der Nanjing Lu ist das Überbleibsel eines weiteren großen Handelshauses, dem der **Sassoons**, und war früher als Sassoon House bekannt. Wie Jardine Matheson gründete auch das Sassoon-Imperium vor allem auf dem Opiumhandel, wobei das Familienvermögen bereits im frühen 20. Jahrhundert in Shanghaier Immobilien angelegt war, wozu auch das *Cathay* gehörte, das vor dem Zweiten Weltkrieg der obligate Ort der Stadt war, an dem „man" gesehen werden musste. Neben Marmorbädern mit Silberarmaturen und feinsten Porzellanbecken, die aus Großbritannien importiert waren, kamen die Gäste des Hotels in den Genuss eines separaten, von einer außerhalb der Stadt gelegenen Quelle gespeisten Sanitärsystems. Noel Coward hat hier angeblich seine *Private Lives* (deutscher Titel *Intimitäten)* verfasst. Sassoon sollte lange genug leben, um zu erleben, wie sein Hotel von den Japanern praktisch zerstört wurde, wobei auch seine Privatwohnung mit Rundumblick und dunkler Eichentäfelung unter dem Dach nicht verschont blieb (vor kurzem jedoch restauriert wurde), aber auch so lange, um das meiste seines Geldes noch auf die Bahamas zu schaffen. Noch heute ist das *Peace* eine Domäne der Reichen, jedoch ist auch für weniger Betuchte die Bar mit ihrer legendären Jazzband (s.S. 474) oder der Gang durch den verblassten Art-déco-Charme der Lobby und der oberen Geschosse durchaus einen Besuch wert. Der kleinere Flügel an der Südseite der Nanjing Lu beherbergte ursprünglich das um 1906 errichtete *Palace Hotel,* in dessen erster Etage heute das nach westlichem Geschmack eingerichtete *Peace Café* als beliebter Treffpunkt im Zentrum dient.

Gleich neben dem *Peace* steht die in den 20er Jahren vom Shanghaier Architektenbüro Palmer & Turner entworfene **Bank of China**, 19 Zhongshan Lu (bzw. Bund), die nach ihrer Fertigstellung im Auftrag der Erbauer von einem chinesischen Architekten noch einmal nachgebessert wurde, um zu einem „chinesischeren" Erscheinungsbild zu gelangen. Zu diesem Zwecke erhielt das Art-déco-Gebäude ein chinesisches Dach und beeindruckt seither durch sein gelungenes Nebeneinander der verschiedenen Stile. Die Idee wird heute bis zum Exzess und weit weniger ansehnlich im ganzen Land kopiert.

Eines der wenigen Bauwerke, das bis heute seine ursprüngliche Funktion behalten hat, ist das **Customs House**, ein Stück weiter am Bund. Der charakteristische, 1927 nach dem Vorbild des Londoner Big Ben fertig gestellte Uhrturm wurde während der Kulturrevolution allerdings so weit umfunktioniert, dass von ihm täglich um 6 und um 18 Uhr „Der Osten ist rot" ertönte. Inzwischen ist das Uhrwerk wieder restauriert worden. Der Legende nach soll der im Viertelstundentakt erschallende Glockenschlag den Gott des Feuers verwirrt haben. Im Glauben, es handle sich um eine Feuerglocke und Shanghai würde ohne Unterlass von Bränden heimgesucht, entschloss sich dieser, der Stadt keine Feuer mehr zu schicken. In der Lobby im Erdgeschoss können ein paar verblasste Deckenmosaike mit maritimen Motiven in Augenschein genommen werden.

Gleich nebenan steht das mit einem nicht minder markanten Kuppeldach bekrönte und mit seiner Fassade zu den imposantesten Gebäuden am Bund zählende Stammhaus der **Hong Kong & Shanghai Bank** aus dem Jahr 1921. Jede Wand der achteckigen, marmornen Eingangshalle schmückte eine Darstellung der acht Hauptstandorte der Bank: Bangkok, Kalkutta, Hongkong, London, New York, Paris, Shanghai und Tokio. Nach 1949 zog die Shanghaier Stadtverwaltung ein und residierte dort bis zu ihrem Umzug 1995 in neue Räumlichkeiten nahe des Volksparks im Zentrum, so dass heute der Weg für Verhandlungen über eine erneute Nutzung durch die ursprünglichen Besitzer frei ist. Dann

Shanghai: Die Stadt

Altstadt	南市区	*nánshì qū*
Ausstellungszentrum Shanghai	上海展览中心	*shànghǎi zhǎnlǎn zhōngxīn*
Blumen- und Vogelmarkt	花鸟市场	*huāniǎo shìchǎng*
Botanischer Garten	植物园	*zhíwùyuán*
Bund	外滩	*wàitān*
Chenghuang Miao	城皇庙	*chénghuáng miào*
Customs House	海关楼	*hǎiguān lóu*
Dongtai-Lu-Markt	东台路市场	*dōngtáilù shìchǎng*
Fernsehturm „Perle des Orients"	东方明珠广播电视塔	*dōngfāng míngzhū guǎngbō diànshìtǎ*
Gründungsstätte der KPCh	一大会址	*yīdà huìzhǐ*
Hongkou-Park	红口公园	*hóngkǒu gōngyuán*
Huangpu	黄浦江	*huángpǔjiāng*
Huangpu-Flussfahrten	黄浦江旅游	*huángpǔjiāng lǚyóu*
Huxinting-Teehaus	湖心亭	*húxīn tíng*
Jing'an Si	静安寺	*jíng'ān sì*
Katholische Kirche Xujiahui	徐家汇天主教堂	*xújiāhuì tiānzhǔ jiàotáng*
Longhua Si	龙华寺	*lónghuá sì*
Longhua-Friedhof der Märtyrer	龙华烈士陵园	*lónghuá lièshì língyuán*
Lu-Xun-Grabmal	鲁迅纪念馆	*lǔ xùn jìniànguǎn*
Mu'en Tang	沐恩堂	*mù'ēn táng*
Palast der Kinder	少年宫	*shàonián gōng*
Pudong „Neuer Bund"	浦东新区	*pǔdōng xīnqū*
Shanghai Centre	上海商城	*shànghǎi shāngchéng*
Shanghai Grand Theatre	上海大剧院	*shànghǎi dàjùyuàn*
Shanghai Kunstmuseum	美术展览馆	*měishù zhǎnlǎnguǎn*
Shanghaier Zoo	上海动物园	*shànghǎi dòngwùyuán*
Shanghai-Museum	上海博物馆	*shànghǎi bówùguǎn*
Tung Feng Hotel	东风饭店	*dōngfēng fàndiàn*
Vergnügungszentrum Great World	大世界	*dà shìjiè*
Volkspark	人民公园	*rénmín gōngyuán*
Volksplatz	人民广场	*rénmín guǎngchǎng*
Waibaidu-Brücke	外白渡桥	*wàibáidù qiáo*
Wohnhaus von Lu Xun	鲁迅故居	*lǔ xùn gùjū*
Wohnhaus von Song Qingling	宋庆龄故居	*sòng qìnglíng gùjū*
Wohnhaus von Sun Yatsen	孙中山故居	*sūn zhōngshān gùjū*
Wohnhaus von Zhou Enlai	周恩来故居	*zhōu ēnlái gùjū*
World Link Medical and Dental Centres	瑞新国际医疗中心	*ruìxīn guójì yīliáo zhōngxīn*
Yu Yuan	豫园	*yùyuán*
Yufo Si (Jadebuddha-Tempel)	玉佛寺	*yùfó sì*

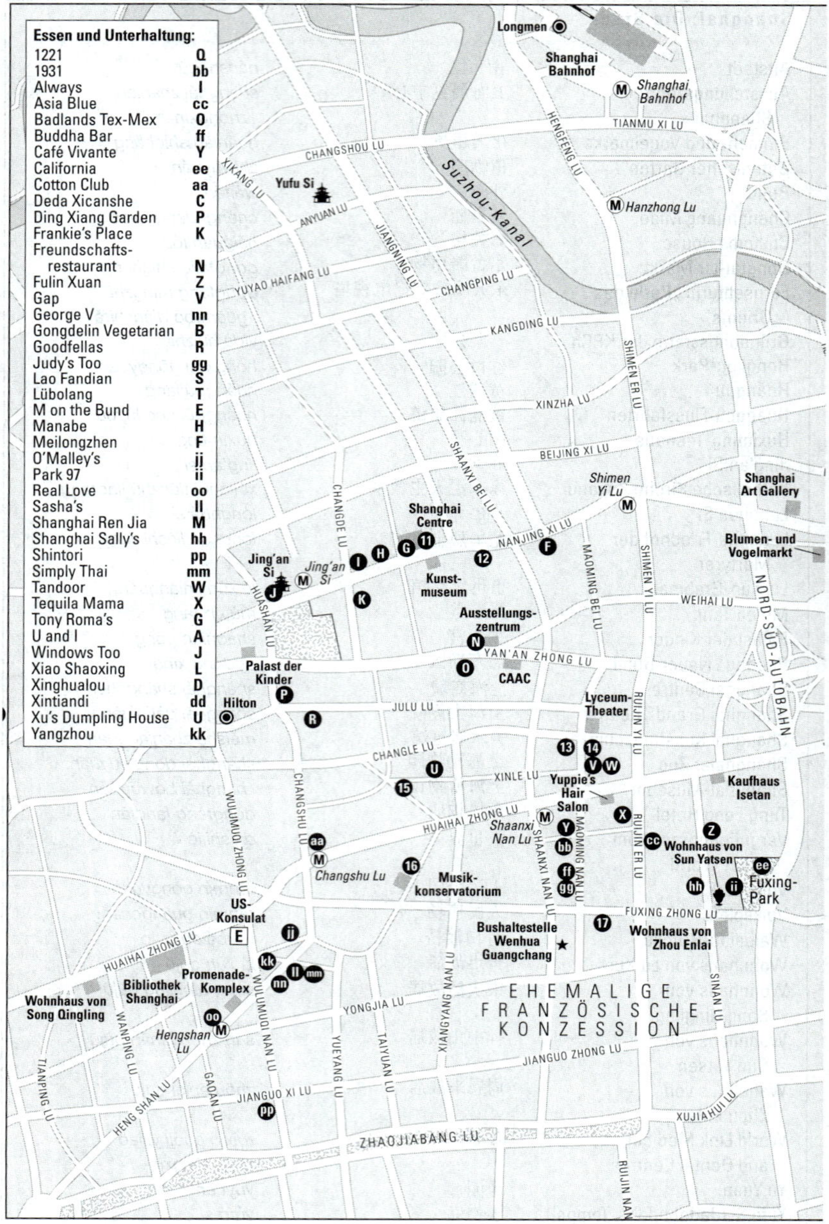
Essen und Unterhaltung:
1221 Q
1931 bb
Always I
Asia Blue cc
Badlands Tex-Mex O
Buddha Bar ff
Café Vivante Y
California ee
Cotton Club aa
Deda Xicanshe C
Ding Xiang Garden P
Frankie's Place K
Freundschafts-restaurant N
Fulin Xuan Z
Gap V
George V nn
Gongdelin Vegetarian B
Goodfellas R
Judy's Too gg
Lao Fandian S
Lübolang T
M on the Bund E
Manabe H
Meilongzhen F
O'Malley's jj
Park 97 ii
Real Love oo
Sasha's ll
Shanghai Ren Jia M
Shanghai Sally's hh
Shintori pp
Simply Thai mm
Tandoor W
Tequila Mama X
Tony Roma's G
U and I A
Windows Too J
Xiao Shaoxing L
Xinghualou D
Xintiandi dd
Xu's Dumpling House U
Yangzhou kk
Longmen
Shanghai Bahnhof
Shanghai Bahnhof
TIANMU XI LU
HENGFENG LU
CHANGSHOU LU
Suzhou-Kanal
XIKANG LU
Yufu Si
ANYUAN LU
JIANGNING LU
Hanzhong Lu
YUYAO HAIFANG LU
CHANGPING LU
KANGDING LU
SHIMEN ER LU
XINZHA LU
BEIJING XI LU
SHAANXI BEI LU
CHANGDE LU
Shimen Yi Lu
Shanghai Art Gallery
Shanghai Centre
NANJING XI LU
Blumen- und Vogelmarkt
Jing'an Si
Jing'an Si
Kunst-museum
MAOMING BEI LU
SHIMEN YI LU
NORD-SÜD-AUTOBAHN
HUASHAN LU
WEIHAI LU
Ausstellungs-zentrum
YAN'AN ZHONG LU
CAAC
Palast der Kinder
Hilton
JULU LU
Lyceum-Theater
RUIJIN YI LU
CHANGLE LU
XINLE LU
Yuppie's Hair Salon
Kaufhaus Isetan
HUAIHAI ZHONG LU
Shaanxi Nan Lu
WULUMUQI ZHONG LU
CHANGSHU LU
MAOMING NAN LU
SHAANXI NAN LU
RUIJIN ER LU
Wohnhaus von Sun Yatsen
Changshu Lu
Musik-konservatorium
Fuxing-Park
US-Konsulat
FUXING ZHONG LU
Bushaltestelle Wenhua Guangchang
Wohnhaus von Zhou Enlai
HUAIHAI ZHONG LU
Promenade-Komplex
Bibliothek Shanghai
Wohnhaus von Song Qingling
WULUMUQI NAN LU
SINAN LU
EHEMALIGE FRANZÖSISCHE KONZESSION
YONGJIA LU
XIANGYANG NAN LU
WANPING LU
Hengshan Lu
TIANPING LU
YUEYANG LU
TAIYUAN LU
JIANGUO ZHONG LU
HENG SHAN LU
GAOAN LU
JIANGUO XI LU
XUJIAHUI LU
ZHAOJIABANG LU
RUIJIN NAN

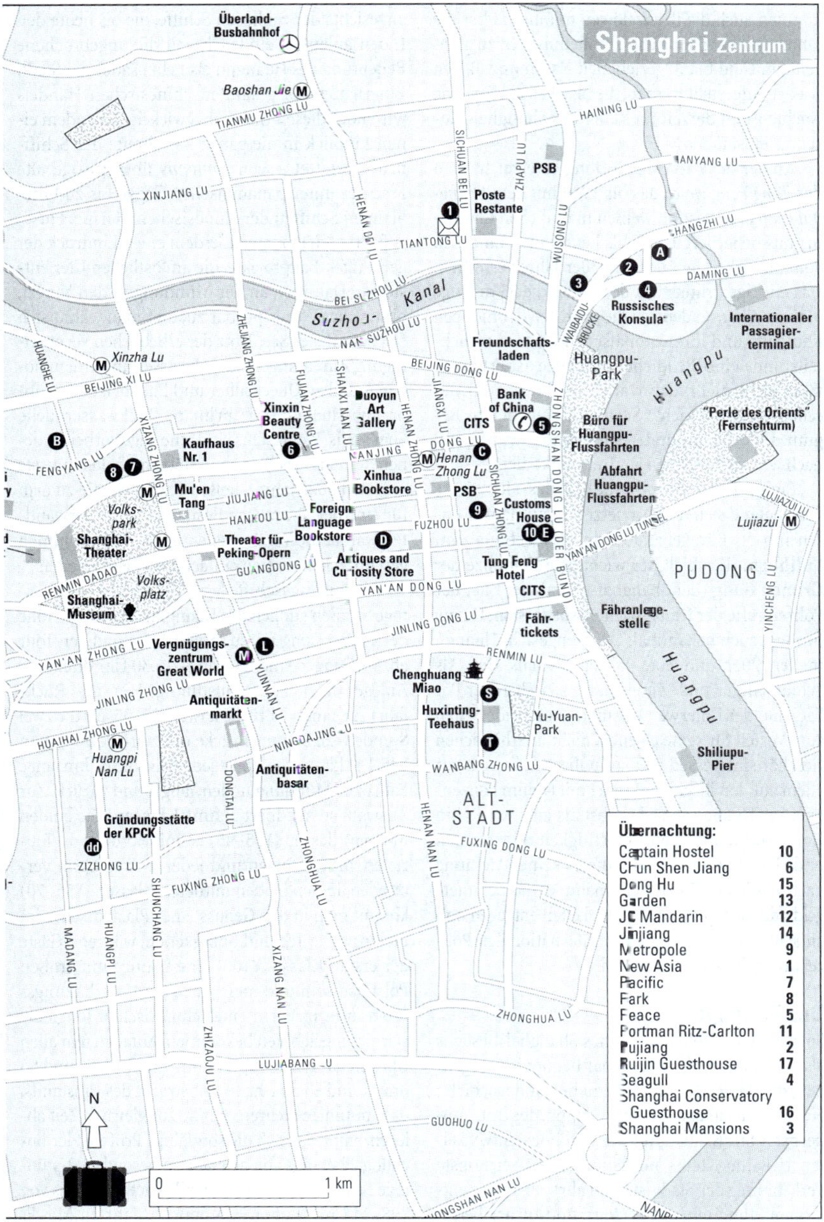
Shanghai Zentrum
Überland-Busbahnhof
Baoshan Jie
TIANMU ZHONG LU
HAINING LU
SICHUAN BEI LU
ZHAPU LU
PSB
ANYANG LU
XINJIANG LU
HENAN BEI LU
Poste Restante
WUSONG LU
TIANTONG LU
HANGZHI LU
DAMING LU
Russisches Konsulat
Internationaler Passagierterminal
BEI SUZHOU LU
Kanal
Suzhou-
NAN SUZHOU LU
ZHEJIANG ZHONG LU
WAIBAIDU-BRÜCKE
Freundschaftsladen
Huangpu-Park
Huangpu
HUANGHE LU
Xinzha Lu
BEIJING XI LU
BEIJING DONG LU
FUJIAN ZHONG LU
SHANXI NAN LU
Duoyun Art Gallery
JIANGXI LU
Bank of China
ZHONGSHAN DONG LU (DER BUND)
"Perle des Orients" (Fernsehturm)
Xinxin Beauty Centre
HENAN ZHONG LU
CITS
Büro für Huangpu-Flussfahrten
XIZANG ZHONG LU
Kaufhaus Nr. 1
NANJING DONG LU
Henan Zhong Lu
SICHUAN ZHONG LU
FENGYANG LU
Mu'en Tang
Xinhua Bookstore
PSB
Abfahrt Huangpu-Flussfahrten
LUJIAZUI LU
JIUJIANG LU
Customs House
Lujiazui
Volkspark
Foreign Language Bookstore
HANKOU LU
FUZHOU LU
YAN'AN DONG LU TUNNEL
Shanghai-Theater
Theater für Peking-Opern
Antiques and Curiosity Store
Tung Feng Hotel
GUANGDONG LU
PUDONG
RENMIN DADAO
Volksplatz
YAN'AN DONG LU
CITS
Shanghai-Museum
Fährtickets
Fähranlegestelle
YINCHENG LU
JINLING DONG LU
Vergnügungszentrum Great World
RENMIN LU
YAN'AN ZHONG LU
YUNNAN LU
Chenghuang Miao
JINLING ZHONG LU
Antiquitätenmarkt
Huxinting-Teehaus
Yu-Yuan-Park
HUAIHAI ZHONG LU
NINGDAJING LU
Shiliupu-Pier
Huangpi Nan Lu
Antiquitätenbasar
WANBANG ZHONG LU
DONGTAI LU
ALTSTADT
HENAN NAN LU
Gründungsstätte der KPCK
ZHONGHUA LU
FUXING DONG LU
ZIZHONG LU
FUXING ZHONG LU
SHUNCHANG LU
MADANG LU
HUANGPI LU
XIZANG NAN LU
ZHONGHUA LU
ZHIZAOJU LU
LUJIABANG LU
N
GUOHUO LU
0
1 km
ZHONGSHAN NAN LU
NANPU
Übernachtung:
Captain Hostel 10
Chun Shen Jiang 6
Dong Hu 15
Garden 13
JC Mandarin 12
Jinjiang 14
Metropole 9
New Asia 1
Pacific 7
Park 8
Peace 5
Portman Ritz-Carlton 11
Pujiang 2
Ruijin Guesthouse 17
Seagull 4
Shanghai Conservatory Guesthouse 16
Shanghai Mansions 3

SHANGHAI

könnten auch die Bronzelöwen mit ihren über die Jahre von abergläubischen Einheimischen zu glänzendem Gold blank geriebenen Nasen und Tatzen wieder aufgestellt werden, die bis 1966 am Eingang wachten und derzeit im Keller des Shanghai-Museums einstauben.

An der Ecke zur Yan'an Dong Lu erreicht man das *Tung Feng Hotel*, das bis 1949 mit dem *Shanghai Club* eine Bastion weißen männlichen Chauvinismus beherbergte und bis heute einen Eindruck vom Shanghai der 20er und 30er Jahre vermittelt. Das einstige Prunkstück des Clubs, die 33 m lange Mahagonibar, an der sich die reichsten der hiesigen Kaufleute und ihre europäischen Gäste zur Cocktailstunde eine Stelldichein gaben, existiert heute zwar nicht mehr, dafür aber der im oberen Geschoss untergebrachte Seemannsclub, der zu Beginn des 20. Jahrhunderts gegründet wurde und nach wie vor Seeleuten als Treffpunkt dient.

Einige Häuserblocks südlich des alten *Tung Feng* befand sich dort, wo jetzt nur ein Haufen unscheinbarer Bürogebäude steht, das **Teehaus zum Füllhorn**. Hier hielt der wichtigste Komplize der **Grünen Gang** (der Shanghai-Mafia), der Chef der Polizeikräfte der französischen Konzession, Huang Jinrong, auch bekannt als „Pockengesicht Huang", in den 20er und 30er Jahren oftmals Hof. Als Schlüsselfigur und Mittelsmann zwischen der Polizei und der Unterwelt verstand er es, beide Seiten zum Vorteil für seine eigenen, nicht unerheblichen Geschäftsinteressen zu manipulieren, die sich vor allem auf den illegalen Handel mit Opium konzentrierten. Huang sah sich selbst als eine Art Robin Hood, der denjenigen Gerechtigkeit widerfahren und Geld zukommen ließ, die es seiner Meinung nach verdienten. Im Teehaus nahm er das Schmiergeld oder den Lohn für Gefälligkeiten entgegen und entschied, ob Missetäter der internationalen Polizei übergeben werden sollten.

Der Huangpu

Sowohl einen Höhepunkt eines Shanghai-Besuchs als auch eine zugleich denkbar bequeme Gelegenheit, die Bauwerke am Bund zu bewundern, bietet ein Schiffsausflug auf dem Huangpu, der trotz modernster Straßenbauprojekte und hoch entwickelten U-Bahnsystems noch immer der wichtigste Verkehrsweg der Stadt ist. Die Fahrt zur 30 km entfernten Mündung in den Yangzi und zurück belegt angesichts der zahllosen Schiffe, die bis heute den Hafen anlaufen, eindrucksvoll die ungebrochene Bedeutung des Huangpu als Lebensader der Stadt. Ein Drittel des gesamten chinesischen Handels wird über diesen Hafen abgewickelt, der zudem einen Einblick in die ganze Bandbreite des Schiffbaus gestattet – von *sampans* über rostige alte Frachter unter panamaischer Flagge bis zu blitzblanken Schiffen der chinesischen Marine. Flussaufwärts erhält man außerdem einen Eindruck der gewaltigen Bauprojekte, die am östlichen Ufer entstehen. Dahinter, an der Mündung in den Yangzi, nimmt der Wind spürbar zu, und man wähnt sich fast auf offener See. Trotz der erheblichen Verunreinigung durch ungeklärte Abwässer und einem hohen Anteil an Quecksilber und Phenol ist der trübbraune Huangpu die primäre Trinkwasserquelle Shanghais. Wenigstens sind jene Tage vorbei, in denen der Fluss als Begräbnisstätte herhalten musste – in den 30er Jahren ließen Chinesen, die zu arm für eine herkömmliche Bestattung ihrer Verwandten waren, die Verstorbenen in mit Papierblumen geschmückten Kisten einfach ins Wasser gleiten.

Die **Ausflugsschiffe** legen vom Shiliupu-Pier, einige Straßen südlich des Huangpu-Parks, auf Höhe der Yan'an Dong Lu, zu ihrer 3 1/2-stündigen Tour ab. Buchungen sind tgl. von 8–16.30 Uhr direkt am Anleger möglich. Die einstündige Hin- und Rückfahrt zur Yangpu-Brücke kostet ¥25–35, für die zwei Stunden zur Nanpu-Brücke und zurück zahlt man ¥45. Die klassische Route jedoch ist die 60 km lange Fahrt zur Mündung in den Yangzi und zurück. Zur Auswahl stehen hierbei **fünf Klassen**: Die beiden unteren Klassen (¥35–45) ist mit Horden von Touristen, harten Sitzen und jeder Menge Lärm verbunden, in den beiden mittleren Klassen (¥55–70) kommt man in den Genuss eines Plastiktisches im Freien sowie Tee und Süßigkeiten, während Gäste der ersten Klasse (¥100) eine Lounge mit großen Polstersesseln und meist auch ein Unterhaltungsprogramm in Form einer chinesischen Jongleur-Darbietung geboten bekommen. Abfahrten in allen Klassen ganzjährig Mo–Fr um 9 und 14, Sa und So um 11 und 15.30 Uhr. In Anbetracht des Umstands, dass mitunter mehrere Schiffe zur gleichen Zeit ablegen, empfiehlt sich die sorgfältige Prüfung der Buchung. Ebenfalls von hier starten besondere 2-stündige Luxusausflüge inkl. Abendbuffet zum Preis von ¥98–118 mit Buffet, ¥53 ohne; Abfahrten Mo–Fr

19.30, Sa und So 20 Uhr. Bei nebligem oder windigem Wetter fallen die Touren aus. Informationen sind unter ✆ 63744461 erhältlich.

Am Ostufer des Huangpu: Pudong

Historisch galt Pudong als das „falsche Ufer des Huangpu", denn vor 1949 zeichnete sich das Gebiet durch arbeitslose Zuwanderer, Prostitution, Mord und den schlimmsten Lebensbedingungen der Stadt aus. Ruinierte Glücksspieler kamen zum *tiao Huangpu* hierher, d.h. sie begingen Selbstmord durch Ertränken im Fluss. Shanghais berühmtester Gangster, Du Yuesheng, besser bekannt als „Großohr Du", wuchs in diesem rauen Stadtteil auf und erlernte hier sein Gewerbe. 15 Jahre nach dem Beginn der wirtschaftlichen Reformen in China beschloss man 1990, dieser großen, überwiegend landwirtschaftlich genutzten Fläche am anderen Flussufer den Status einer Sonderwirtschaftszone zu verleihen. Heute treibt diese Entscheidung mehr als irgendeine andere das explosionsartige Wirtschaftswachstum Shanghais auf seinem weiteren Weg ins neue Jahrhundert an.

Im Vertrauen darauf, dass Pudong eines Tages zu den wichtigsten Handelszentren Asiens, ja vielleicht der Welt, zählen wird, sind hier bis heute bereits 70 Milliarden US-Dollar investiert worden. In weniger als zehn Jahren haben sich die zahllosen Reisfelder zunächst in ein Meer von Kränen und schließlich in ein Gewirr von Wolkenkratzern verwandelt, das schier endlos nach Osten zu reichen scheint. Man möchte eine Stadt des 21. Jahrhunderts entstehen lassen, die der weitgehend fremdbestimmten Metropole der 20er Jahre ebenbürtig sein oder, besser noch, sie in den Schatten stellen soll. Die hochfliegenden Pläne kamen zeitweilig ins Stocken, als 1997 im Zuge der Finanzkrise Asiens in vielen Gebäuden ein Leerstand von mehr als 50 Prozent herrschte. Inzwischen hat eine allmähliche Erholung eingesetzt, die nicht zuletzt durch den ehemaligen Premierminister (und früheren Bürgermeister von Shanghai) Zhu Rongji begünstigt wurde, der verstärkt Investitionen in das Gebiet fließen ließ.

Pudong ist in erster Linie ein von der **Wirtschaft** geprägter Bezirk, der abgesehen von seiner Skyline – und einem guten Training der Halsmuskulatur beim beständigen Blick nach oben – normalen Besuchern kaum Interessantes bietet.

Shanghai Financial Centre Wohl kein Vorhaben verdeutlicht Shanghais Bestreben, Hongkong zu überflügeln und Chinas Finanzmetropole Nr. 1 zu werden, mehr als der Bau des 625 Millionen US-Dollar teuren World Financial Centre. Mit 94 Stockwerken und einer Höhe von 460 m wird der über eine Bruttogeschossfläche von mehr als 300 000 m² verfügende Turm nach seiner Fertigstellung das höchste Gebäude der Erde und ein Symbol der aufstrebenden wirtschaftlichen Macht Pudongs sein.
Doch schon bei der Vorstellung des ursprünglichen Projektplans durch das Architektenbüro Kohn Pederson Fox in New York gab es die ersten Probleme. Sie hatten oben im Gebäude ein rundes „Mondtor" vorgesehen, das einerseits das chinesische Verständnis von Einheit und Harmonie verkörpern (ganz zu schweigen von der damit gelösten Problematik des Windwiderstands) und andererseits als eine Art Spiegel die Kugelform des nahen, derzeit als markantestes Bauwerk aus der Skyline herausstechenden Fernsehturms fortführen sollte. Die Chinesen betrachteten das Tor jedoch unter einem gänzlich anderen Gesichtspunkt, nämlich als Bild der aufgehenden Sonne, das Emblem der japanischen Flagge. Die Architekten ergänzten ihren Plan zum Wohlgefallen der Shanghaier Behörden um eine begehbare Verbindung, die das Mondtor durchschneiden sollte.
Dann, 1997, setzte jedoch die Finanzkrise Asiens ein und führte zu einem Überangebot an gewerblichen Immobilien in Pudong sowie zu einer Zuspitzung der Lage im japanischen Bankensystem, durch das ein Großteil des Projekts finanziert wurde. Im Jahr 2000 konnte weitergebaut werden, aber inzwischen geht man von einer Fertigstellung nicht vor 2005 aus.

Unweit jener Baustelle, wo sich demnächst der **höchste Wolkenkratzer der Welt**, das Shanghai Financial Centre, erheben wird, strebt das 421 m hohe Jin Mao Centre in die Höhe. Ihm direkt gegenüber ragt der 457 m hohe **Fernsehturm**, die

„Perle des Orients", auf. Die Fahrt auf den Turm, um in Schwindel erregender Höhe den Blick über die Stadt schweifen zu lassen, gehört trotz des stattlichen Eintrittspreises und der langen Warteschlange vor dem Aufzug heute zum Pflichtprogramm der meisten chinesischen Besucher Shanghais. Oben gibt es Souvenirstände, unten eine Jazzband, ein Café, eine Ausstellung über andere große Weltstädte sowie tadellose Toiletten. 🕓 tgl. 8–21.30 Uhr, Eintritt ¥40–100. Bessere Ausblicke für weit weniger Geld kann man bei einem Kaffee im *Cloud 9,* dem Café im obersten Stockwerk des *Hyatt Hotel* im Jin Mao Centre bzw. Tower bekommen (s.S. 473, Essen).

Die **Fahrt nach Pudong** hat sich in den vergangenen Jahren erheblich vereinfacht. Am schnellsten geht es mit der U-Bahn, die für die Strecke vom Volksplatz bis ins Herz von Pudong weniger als drei Minuten benötigt. Vom Süden des Platzes, nahe dem Shanghai-Museum, fahren außerdem verschiedene Minibusse entlang einer Route, die unter dem Fluss hindurchführt, hinüber nach Pudong. Etwas malerischer gestaltet sich die Überfahrt mit der Fähre, die vom Bund ans andere Ufer übersetzt. Den Anleger erreicht man vom östlichen Ende der Jinling Lu den Bund entlang. Und schließlich gibt es noch einen Touristentunnel (Eingang in der U-Bahn gegenüber der Beijing Dong Lu), der für ¥20 die durch eine kitschige Lichtshow illuminierte Röhre in einem Wagen durchquert.

Nanjing Lu und Umgebung

Vom Bund führen die Hauptgeschäftsstraßen der Stadt nach Westen durch das Herz Shanghais, darunter auch eine der beiden großen Einkaufsstraßen, die Nanjing Lu, begleitet von zwei wichtigen, parallel dazu verlaufenden Verkehrsadern, der Fuzhou Lu und der Yan'an Lu. Zu Zeiten der ausländischen Konzessionen galt die Nanjing Lu als eine Mischung aus Broadway und Oxford Street, und selbst nach 1949 behauptete sie sich als ein Zentrum des Theaters und Kinos und blieb eine der belebtesten Einkaufsstraßen der Welt.

Nanjing Dong Lu

Grelles Neonlicht und eindrucksvolle Schaufenster mit Luxusartikeln und Waren aus dem Ausland beherrschen wie eh und je den östlichen Abschnitt, die Nanjing Dong Lu. Wie keine andere Straße auf dem chinesischen Festland ähnelt sie dem Zentrum Hongkongs. Im Strom der Menschenmassen lässt sich vor Geschäftsschluss (zwischen 21 und 22 Uhr) ein interessanter **Bummel** unternehmen und ein Eindruck des riesigen Imbissangebots sowie der Boutiquen, Kinos, Hotels und vor allem der riesigen Kaufhäuser gewinnen. Vor 1949 gab es in der Nanjing Dong Lu und der Fuzhou Lu zahlreiche Teehäuser, die gleichzeitig als exklusivste Bordelle der Stadt fungierten. Geisha-ähnliche *shuyu* (singende und Geschichten erzählende Mädchen) tingelten von Teehaus zu Teehaus, um Szenen klassischer Theaterstücke und Opern aufzuführen und Gäste zu bewirten. Im typischen Nebeneinander der Extreme reihten sich im Vorkriegs-Shanghai nur zwei Häuserblocks nördlich der Nanjing Dong Lu die schäbigsten Bordelle den Suzhou-Kanal entlang. Man nannte sie *dingpeng* (Nagelschuppen), weil der Sex für ¥0,3 so schnell wie das „Einschlagen von Nägeln" vonstatten ging. Die Straße selbst wiederum war wegen der nächtlichen Auseinandersetzungen zwischen landgängigen Matrosen berüchtigt, die sich hier tummelten, und galt daher als „blutige Gasse".

Gleich nordöstlich des Volksparks steht an der kreisrunden Straßenüberführung an der Kreuzung Nanjing und Xizang Lu das prachtvollste Kaufhaus der Gegend, das altehrwürdige **Kaufhaus Nr. 1** (das frühere Kaufhaus *Sun*). Dieser größte Konsumtempel des Landes wird tagtäglich von 100 000 Chinesen besucht, viele davon kommen vom Land und wagen sich das erste Mal nach Shanghai. Eine weitere Besonderheit der Nanjing Lu sind die zahllosen **Schönheitssalons**, die ihre Behandlungskünste am lebenden Objekt zur Unterhaltung der Passanten auf der Straße in den Schaufenstern präsentieren. Einer der berühmtesten dieser Salons ist das *Xinxin Beauty Centre,* nur wenig westlich der Fujian Lu, das nicht weniger als 80 Angestellte für das Stylen und Massieren beschäftigt.

Volkspark und Volksplatz

Unmittelbar westlich der Kreuzung mit der Xizang Lu – dort, wo die Nanjing Dong Lu zur Nanjing Xi Lu wird – erstreckt sich der Volkspark und, südlich davon, der neu gestaltete Volksplatz. Das gesamte Areal wurde einst von der Pferderennbahn Shanghais eingenommen, die die Wettleidenschaft der

Chinesen so sehr animierte, dass der Shanghaier Rennclub in den 20er Jahren das drittreichste ausländische Unternehmen in China war. Chiang Kaishek, der es als unklug erachtete, dieser Passion weiterhin Vorschub zu leisten, wandelte das Gelände später in eine Sportarena um. Während des Krieges diente das Stadion als Gefangenenlager und als zeitweilige Aufbahrungsstätte für Tote. Danach wurde ein Großteil planiert und der nördliche Teil mit Grünflächen und Bäumen bepflanzt, um den erstaunlich heimeligen Volkspark zu bilden; den Rest ebnete man zu einem staubigen Paradeplatz für politische Machtdemonstrationen ein. Lediglich der Uhrturm des Rennplatzes steht heute noch und ragt am südöstlichen Platzrand in die Höhe. Das einst betonierte Areal wird heute von Grünflächen, Springbrunnen und Tauben eingenommen, während sich die früheren Bombenschutzräume darunter inzwischen zu einem der beliebtesten Einkaufszentren gemausert haben. Am nordwestlichen Rand des Platzes steht das neue und imposante **Shanghai-Theater** mit seinem unverwechselbaren, nach innen gewölbten Dach. Die hochmoderne Akustik und große zentrale Konzerthalle wurden so konzipiert, dass alle möglichen Kunstformen, angefangen bei westlichen Theaterstücken, Opern und Kammermusikkonzerten bis hin zu Chinesischer Oper und Lesungen klassischer Werke, hier aufgeführt werden können. Besuchern wird Gelegenheit geboten, Lobby, Bühne, Auditorium und Proberäume auf eigene Faust (¥20) oder aber im Rahmen einer Führung (¥60) in Englisch oder Chinesisch zu erkunden. ⌚ tgl. 9–11 und 13–16.30 Uhr; Informationen über die Führungen unter ✆ 63276562 oder 63723702, mehr dazu unter „Unterhaltung“, s.S. 474 ff.

Der Volksplatz bietet zwar völlig neue Ausblicke und ein unerwartetes Panorama der sich wandelnden Stadt, von größerem Interesse ist hier jedoch das neueste Prunkstück Shanghais, das **Shanghai-Museum**, das in jedem Fall auf der nicht wirklich umfangreichen Liste der lohnenden Sehenswürdigkeiten stehen sollte. Von außen hat das Gebäude, das unter den beeindruckendsten neuen Bauten der Stadt rangiert, die Form eines Tang-Gefäßes aus alter Zeit, während im Innern hervorragend arrangierte, (auch in Englisch) beschriftete und ausgeleuchtete Exponate präsentiert werden. Empfohlen sei hier der englischsprachige Audioführer (¥35), um die Objekte noch eingehender erläutert zu bekommen. Die Ausstellungen vermitteln eine ausgezeichnete Einführung in die Entwicklung sämtlicher Facetten chinesischer Kunst und Kultur, angefangen von Keramik bis zu Bildhauerei und Siegelkunst. Zu den Hauptattraktionen gehören eine siebenmal täglich gezeigte Live-Demonstration altertümlicher Töpfer-Techniken, eine Sammlung farbenprächtig lackierter Opernmasken der Guizhou, einer chinesischen nationalen Minderheit, sowie ein Anzug aus Lachshaut, wie er von dem Volk der Oroqen in Dongbei getragen wird. Eine aufschlussreiche Ausstellung über die Geschichte chinesischer Malerei schlägt einen Bogen von der Zeit der Streitenden Reiche über die Song-Periode bis zu westlichen Einflüssen unter den Qing. Nach vorheriger Anmeldung unter ✆ 63723500 steht Interessierten auch die ausgezeichnete Museumsbibliothek offen. ⌚ Mo–Fr 9–17, Sa 9–20 Uhr, Eintritt ¥20, Studenten Sa 17–19 Uhr kostenlos, sonst ¥5.

Vom Volkspark ist es nur ein kurzer Umweg über die Xizang Lu nach Süden zur **Mu'en Tang**, die nach ein paar Straßen auf der linken Seite steht. Die Besichtigung einer Kirche in Shanghai ist sicherlich ein ungewöhnliches Erlebnis, und der besondere Reiz an dieser ist ihre zentrumsnahe Lage. Die Messen werden zwar nur in Chinesisch abgehalten, Besucher sind jedoch herzlich willkommen und kommen in den Genuss von Sitzplätzen auf der Empore mit Blick auf die dicht gedrängte Gemeinde – ein Querschnitt der Shanghaier Gesellschaft, die grimmige alte Kommunisten ebenso umfasst wie junge Mädchen in silbernen Miniröcken. Messen werden mehrmals pro Woche zelebriert, über die genauen Zeiten informiert eine leider nur in Chinesisch gehaltene Hinweistafel draußen. In krassem Kontrast zur sakralen Erbaulichkeit steht das mit grellem Neonlicht lockende Vergnügungszentrum **Great World** (s.S. 476), einen Häuserblock weiter südlich, direkt unter der Straßenüberführung über die Yan'an Dong Lu.

Nanjing Xi Lu

Im westlichen Abschnitt der Nanjing Lu, der Nanjing Xi Lu, stehen gegenüber dem Volkspark die historischen Fassaden des **Pacific Hotel** und des **Park Hotel**. Das *Park Hotel,* das lange Jahre als höchstes Gebäude in Shanghai aufragte, war früher berühmt für sein ausgezeichnetes Essen und für die Tanzveranstaltungen, für die das Dach zurückgefahren wurde, so dass sich die Gäste unter dem Sternenhimmel vergnügen konnten. In späteren Jahren pflegte Mao Zedong hier zu weilen, wenn er Shanghai besuchte. Von all seinem alten Charme ist heute allerdings kaum noch etwas übrig. Das nur wenig östlich davon gelegene *Pacific* lohnt hingegen noch immer einen Blick, sowohl was seine prachtvolle Fassade betrifft, als auch wegen der fantastischen Gipsreliefs in der Lobby. In einer kleinen, etwas südlich von hier und parallel zur Hauptstraße verlaufenden Gasse mit Namen Jiangyin Lu ist Shanghais ständiger **Blumen- und Vogelmarkt** beheimatet, auf dem sich in einer herrlich bodenständigen Enklave zahllose Einheimische drängeln, um junge Hunde und Katzen, Goldfische, Vogelkäfige und eine Unmenge von Pflanzen zu begutachten.

Der äußerste Westen der Nanjing Xi Lu war in Anbetracht einer Quelle, die am Ende der Straße aus dem Boden hervorsprudelte, unter „Shanghailändern" (jenen Europäern, die sich hier niederließen) als „Bubbling Well Road" (Straße der sprudelnden Quelle) bekannt. Damals wie heute zählt diese Gegend zu den nobelsten Adressen der Stadt und führte in baumgesäumte Straßen, in denen die Ausländer aus dem Westen in prunkvollen Anwesen im Tudor-Stil hinter hohen Mauern residierten. Heute findet man hier auch einige Luxushotels, darunter das **Shanghai Centre**, einen ultramodernen Komplex mit edlen Geschäften, Restaurants und Apartments, die um das Fünf-Sterne-Hotel *Portman* angelegt sind. Gegenüber ist in einem Gebäude, das früher zur Rennbahn gehörte, bevor die Stadtbibliothek einzog, das neu gestaltete **Kunstmuseum** Shanghais eingezogen und zeigt eine umfangreiche Sammlung traditionell ausgerichteter, zeitgenössischer chinesischer Kunst. ◷ tgl. 9–11 und 13–16 Uhr, Eintritt ¥10, Sonderausstellungen ¥5 extra.

Ebenfalls an diesem Ende der Nanjing Lu steht einige hundert Meter westlich des Shanghai Centre, neben dem winzigen Jing'an-Park und im Schatten bedrohlich aufragender Hochhäuser, der **Jing'an Si**, ein kleiner, nach wie vor genutzter Tempel. Bereits zur Zeit der Drei Reiche wurde mit dem Bau des Tempels begonnen, dessen zwiespältige Geschichte über seine Vergangenheit als eines der stärksten buddhistischen Fundamente in der Stadt hinwegtäuscht. Einst stand dem Tempel der legendäre Abt Khi Vehdu vor, der seine religiösen Aufgaben mit dem Lebensstil eines Gangsters verband. Der Abt und seine sieben Konkubinen wurden auf Schritt und Tritt von weißrussischen Leibwächtern geschützt, von denen jeder einen ledernen, im Innern mit kugelsicherem Stahl ausgekleideten Aktenkoffer trug, um damit im Falle eines Angriffs einen Abwehrschild zu bilden. Heute wird der Tempel vor allem als Ort der Ahnenverehrung aufgesucht, aber auch um materielles Glück zu erbitten: Eifrig werfen die Bittsteller in der Hoffnung, die Götter mögen ihnen geldwerten Erfolg zuteil werden lassen, Münzen in die Behälter mit Räucherkerzen. Zu erreichen ist der Tempel mit der U-Bahnlinie 2 oder mit dem Bus Nr. 20 vom Volksplatz. ◷ tgl. 5–17 Uhr, Eintritt ¥5.

Eine Straße südwestlich des Tempels befindet sich der grandiose, wenngleich etwas heruntergekommene **Palast der Kinder** an der Wulumuqi Bei Lu, Ecke Yan'an Zhong Lu. Das weitläufige Anwesen war ursprünglich unter dem Namen „Marmorhalle" bekannt und entstand 1918 als Wohnhaus der Kadoories, einer sephardisch-jüdischen Familie, die vor dem Zweiten Weltkrieg zu den großen Investoren in Shanghai gehörte. Hinter dem ramponierten und angejahrten Äußeren verbirgt sich derzeit ein Kunstzentrum für Kinder, in dem an Nachmittagen unter der Woche sowie an Wochenenden häufig Gesangs- und Tanzvorstellungen dargeboten werden. Die einzige offizielle Möglichkeit, eine dieser Veranstaltungen zu sehen, ist eine organisierte Tour mit dem *CITS*. Wer jedoch einfach so vorbeischaut, wird eventuell das rückwärtige Tor an der Nanjing Xi Lu offen finden. Das prachtvolle, neogotische Gebäude westlich des Kinderpalasts war früher die Residenz des Verkehrsministers der Guomindang.

Wie ein stalinistischer Hochzeitskuchen wirkt das gigantische **Ausstellungszentrum Shanghai**, das eine Straße südlich des Shanghai Centre mit einer überaus schmuckreichen Fassade mit Säulen, an denen rote Sterne prangen, und einer darüber hoch aufragenden, goldenen Spitze seine Besucher empfängt. Das 1954 von den Russen errichtete Bauwerk war früher als der „Palast chinesisch-sowjetischer Freundschaft" bekannt und beherbergte eine Dauerausstellung mit Industrieprodukten aus der Region Shanghai – Beweise des errungenen Fortschritts nach 1949. In jüngerer Vergangenheit ist daraus ein riesiger Konsumtempel geworden, in dem es überteuerte Möbel und wertlosen Ramsch gibt.

Altstadt

Die Altstadt bildete nie einen Teil der ausländischen Konzessionen und wurde von den in Shanghai lebenden Ausländern etwas verächtlich **Chinesenstadt** genannt. Das Areal der alten, von Mauern umschlossenen Stadt Shanghai, deren Geschichte bis ins 11. Jahrhundert zurückreicht, wandelte sich im 19. und frühen 20. Jahrhundert zu einem Ghetto für die Massen von Chinesen, die hier dicht gedrängt unter erbärmlichsten Bedingungen hausten, während die Ausländer die außerhalb gelegenen Bezirke unter sich aufteilten. Bis heute ist die ovale Form erkennbar, in der sich dieses Gebiet über rund 4 km² ausdehnt. Die nördliche Begrenzung bildet die in einem Bogen verlaufende Renmin Lu, die südliche die Zhonghua Lu, und im Nordosten reicht die Altstadt bis auf wenige hundert Meter an den südlichen Bund heran. In neuerer Zeit ist mit der Henan Lu als wichtigster Nord-Süd-Verbindung eine große Schneise mitten durch die Altstadt geschlagen worden. Zu Fuß führt der bequemste Weg von der Nanjing Dong Lu in die Altstadt über die Henan Lu oder die Sichuan Lu einfach nach Süden.

Baumgesäumte Ringstraßen haben die ursprünglichen Mauern und Gräben bereits 1912 ersetzt, und auch die hygienischen Bedingungen haben sich seit dem Ende des 19. Jahrhunderts erheblich verbessert, aber noch heute betritt man hier eine völlig andere Welt. In den verwinkelten Gassen blüht das freie Unternehmertum in Form von zahllosen behelfsmäßig errichteten Märkten, auf denen Fisch, Gemüse, billiger Tand, Kleidung und Essen feilgeboten wird. Zwei der besten **Antiquitätenmärkte** Shanghais liegen in bzw. in unmittelbarer Nähe der Altstadt (s.S. 476). Touristen kommt es ironischerweise mitunter so vor, als würden sie eine Chinatown in einer westlichen Stadt erkunden.

Das Zentrum des geschäftigen Treibens bildet heute eine Gegend, die Einheimische nach einem hiesigen Tempel **Chenghuang Miao** nennen und die sich um die zwei berühmtesten und bevölkertsten Touristenattraktionen der Stadt erstreckt: den Yu Yuan und das Huxinting, beide inmitten eines neuen Basarviertels, das chinesische Touristen zuhauf anlockt. „Antiquitäten", Bildrollen und kitschige Souvenirs gibt es an jeder Ecke, daneben aber auch einige gute Lokale für *dian xin,* den Shanghaier Dim Sum, die mal mehr, mal weniger preiswert zu bekommen sind (s.S. 468, Essen). Der **Yu Yuan** (Jadegarten) ist ein klassischer chinesischer Garten mit Teichen, Pfaden, Brücken und arrangierten Felsen. Ein hoher Beamter des kaiserlichen Hofes legte ihn im 16. Jahrhundert zu Ehren seines Vaters an. Ungeachtet seiner wechselvollen Geschichte hat der Garten die Jahrhunderte überraschend unbeschadet überdauert. Seine größte Krise – die Kulturrevolution – konnte er wohl nur deshalb überstehen, weil die anti-imperialistische „Gesellschaft der Kleinen Schwerter" ihn 1853 als Hauptquartier während des Taiping-Aufstands genutzt hatte. Gartenliebhaber von heute werden vor allem an den weiß getünchten, von Drachen und wellenförmig gesetzten Ziegeln bekrönten Mauern und an dem riesigen, zerfurchten und durchlöcherten Felsbrocken vor der Yuhua Tang (Halle des Exquisiten Jadesteins) Gefallen finden. Während des Laternenfests am 15. Tag nach dem traditionellen Neujahr erleuchten 10 000 Laternen unter den Augen von noch mehr Besuchern den Garten. Zwar sind die Gärten des nahen Suzhou wohl beeindruckender als der Yu Yuan, in Anbetracht seiner rund 300 Jahre älteren Existenz als die noch verbleibenden Reste der ausländischen Ansiedlungen blicken die Shanghaier aber verständlicherweise und zu Recht mit Stolz auf ihn. 🕓 tgl. 8.30–17 Uhr, Eintritt ¥25.

Nach einem Rundgang durch den Garten lädt das zauberhafte **Huxinting** (Teehaus im Herzen des Sees) zur Einkehr ein. Wohl jeder Besucher Shanghais, sogar die Queen, hat hier schon Tee getrunken. Direkt gegenüber vom Eingang in den Yu Yuan führt eine Zickzackbrücke über einen kleinen Zierteich zum Teehaus. Wer in der unteren Etage ¥10 zahlt, kommt in den Genuss unbegrenzten Nachschenkens und kann die älteren Einheimischen beim stundenlangen Kartenspielen, Plaudern oder Dahindösen bei traditioneller Musik beobachten, die ein ehrwürdiges chinesisches Orchester gelegentlich hier zum Besten gibt. Oben kostet es tagsüber mindestens ¥25, dafür sind die Räume aber klimatisiert und es gibt Wachteleier zum Tee.

am Abend kann man für ¥65 einer Teezeremonie beiwohnen. Der Tee schmeckt in jedem Fall immer hervorragend und wird in dunklem, für die Gegend von Yixing (s.S. 508) charakteristischem Teeporzellan serviert. Untere Etage ⌚ tgl. 5.30–12 und 13.30–17, obere Etage ⌚ tgl. 8.30–17 und 20.30–22 Uhr.

Ein Besuch des Chenghuang Miao am frühen Sonntagmorgen lässt sich ideal mit einem Bummel über den herrlichen **Sonntagsmarkt** in der kleinen Fuyou Lu verbinden, die am nördlichen Rand des Yu Yuan von Ost nach West verläuft. Die beste Zeit ist zwischen 8 und 11 Uhr, Betrieb herrscht aber bis in die Nachmittagsstunden. In ursprünglicher und von unternehmerischem Geist gekennzeichneter Atmosphäre werden alle möglichen Kuriositäten und mal mehr, mal minder echte Antiquitäten feilgeboten, deren Bandbreite von billigem Jadeschmuck bis hin zu Mao-Fibeln reicht. Hartnäckiges Handeln gehört hier unbedingt dazu. Nur wenig abseits der Altstadt befindet sich in der schmalen, von der Xizang Nan Lu nach Westen abzweigenden Dongtai Lu der größte ständige **Antiquitätenmarkt** Shanghais und vielleicht ganz Chinas. Selbst wer nichts kaufen möchte, sollte sich das faszinierende Treiben nicht entgehen lassen und einen Blick auf das riesige Angebot werfen, das alte Buddhas, Münzen, Vasen und Teekannen ebenso umfasst wie *Mahjong*-Spiele, aufgearbeitete Möbel und Anstecker aus Zeiten der Kulturrevolution. Vieles ist Nepp, häufig genug jedoch sind die Händler seriöse Geschäftsleute, die auf ihre Ehre und ihren Ruf bedacht sind. ⌚ tgl. 10–16 Uhr.

Die ehemalige französische Konzession

Die Mitte des 19. Jahrhunderts gegründete ehemalige französische Konzession erstreckte sich südlich und westlich der internationalen Niederlassung und grenzte an die Altstadt. Trotz ihres Namens war die Gegend nie ausgesprochen französisch: Vor 1949 war sie eine billige Wohngegend, in der vor allem Chinesen und Weißrussen lebten. Auf letztere sahen andere Ausländer aus dem Westen als Menschen herab, die gezwungen waren, solche Arbeiten anzunehmen, die doch eigentlich Chinesen vorbehalten waren. Bis heute hat jedoch auch typisch Französisches in Form gepflegter Eleganz und einer augenscheinlichen Vorliebe für Brot und Kuchen überdauert. Greifbar wird dies in der **Huaihai Lu**, der Hauptstraße durch das Herz der Gegend, die weniger übervölkert und weit mondäner als die Nanjing Lu ist. Insbesondere in der Umgebung der **Maoming Lu** und **Shaanxi Lu** gibt es jede Menge edle Modeboutiquen, sündhaft teure Kaufhäuser und ausgezeichnete Bäckereien.

Die beiden feudalsten Hotels der Stadt, das *Garden* und das *Jinjiang*, liegen an der Maoming Lu, wenig nördlich der Huaihai Lu, und verdienen ob ihrer vormaligen Pracht durchaus Beachtung. Auf dem Gelände des *Jinjiang* befindet sich außerdem der Komplex der früheren **Grosvenor Residence**, der nobelsten und teuersten Adresse in Shanghai vor dem Zweiten Weltkrieg. Vor kurzem wurde sie modernisiert, der VIP-Club hat von seinem Glanz der 20er Jahre jedoch kaum etwas verloren. Wer will, kann im alten Flügel des *Jinjiang* mit dem Fahrstuhl in die oberste Etage fahren und einen verstohlenen Blick in den Club werfen; etwas schwieriger dürfte es sich gestalten, einen Eindruck der 20 darunter liegenden, 800 US-Dollar teuren Zimmer und deren beeindruckenden Art-déco-Einrichtung zu bekommen.

Ein paar Häuserblocks stellen Wohnhäuser entlang der Changle Lu und Julu Lu, die beide etwas nördlich parallel zur Huaihai Zhong Lu verlaufen, weitere imposante architektonische Zeugnisse im Stil Palladios, des Art-déco und anderer zu Beginn des frühen 20. Jahrhunderts bevorzugter Bauweisen dar. Besonderes Augenmerk gebührt der ehemaligen russisch-orthodoxen Missionskirche, deren blaue Kuppel nach wie vor stolz über die Xinle Lu strahlt, obgleich inzwischen eine Wertpapierbörse und eine Diskothek namens *St. Peter's* hier Quartier bezogen haben.

Die Franzosen mögen sich zwar schon lange aus der französischen Konzession zurückgezogen haben, ihr ausgeprägter Sinn für Stil und Eleganz lebt in dieser Gegend jedoch bis heute fort. Am deutlichsten manifestiert sich dies in der Vielzahl der Modeboutiquen und Friseursalons entlang der Huaihai Lu, die in den 90er Jahren einen wahren Geschäftsboom erlebt hat. Darunter befindet sich u.a. der nicht umsonst so benannte *Yuppie's Hair Salon* im Haus Nr. 819, etwas östlich der Maoming Lu, ✆ 64456640, dessen aufmerksamer Dienst am Kunden die meisten Salons im Westen wohl beschämen würde. Für nur ca. ¥70 wird man hier mit einer doppelten Haarwäsche (einmal vor, einmal nach dem Schneiden), einem Haarschnitt und einer Teilkörpermassage verwöhnt.

Ebenso berühmt war die französische Konzession aber auch für ihre Gesetzlosigkeit und die Leichtigkeit, mit der sich im Unterschied zu den relativ ruhigen, gut kontrollierten Gebieten der Briten die Polizei und Beamte bestechen ließen. Es war ideales Terrain für die Unterwelt und für zwielichtige Figuren wie Du Yuesheng, den Gangsterkönig Shanghais und die rechte Hand von Huang Jinrong. Aus ähnlichen Gründen bevorzugten auch **politische Aktivisten** diesen Sektor – 1921 war er Schauplatz der ersten Versammlung der Kommunistischen Partei Chinas, und sowohl Zhou Enlai als auch Sun Yatsen, der erste Präsident der Republik China nach dem Sturz der Qing-Dynastie, lebten hier. Vor allem die restaurierten Wohnhäuser dieser beiden lohnen einen Besuch, bieten sie doch wie keine anderen Bauten im modernen Shanghai einen Einblick in den einstigen Lebensstil westlicher und verwestlichter Bewohner der Stadt.

Erstes erhaltenes Zeugnis der 20er Jahre, auf das man südlich der Huaihai Lu und auf dem Weg weiter nach Westen stößt, ist die **Gründungsstätte der Kommunistischen Partei Chinas**, Xingye Lu, Ecke Huangpi Nan Lu. Der offiziellen Geschichtsschreibung zufolge trafen sich am 23. Juli 1921 in diesem Gebäude 13 Vertreter der überall in China entstandenen kommunistischen Zellen, unter ihnen der junge Mao Zedong, um die Gründung einer nationalen Volkspartei zu diskutieren. Die Zusammenkunft wurde von einem französischen Polizeiagenten entdeckt (politische Versammlungen waren in der französischen Konzession verboten), und am 30. Juli flohen die Delegierten in die Provinz Zhejiang, wo sie ihre Gespräche auf einem Boot auf dem Nan Hu fortsetzten. Inwieweit diese Darstellung den tatsächlichen Ereignissen entspricht, bleibt ungeklärt, es ist jedoch wahrscheinlich, dass die Zahl der Delegierten höher als die genannte war – unbequeme Mitstreiter wurden später den politischen Gegebenheiten entsprechend einfach von der Liste gestrichen. Das seit 1949 in seinem Originalzustand erhaltene Gebäude beherbergt in der unteren Etage eine kleine Ausstellungshalle mit der üblichen Propaganda und einem detaillierten Abriss jener unterdrückerischen Umstände, die die kommunistische Bewegung überhaupt erst entstehen ließen. Interessanter ist das wächserne Diorama von Mao und seinen Gefährten. ⌚ tgl. 9–17 Uhr, letzter Einlass 16 Uhr, Eintritt ¥4.

Nur wenige hundert Meter weiter westlich verläuft jenseits der monströsen, in Nord-Süd-Richtung führenden Hochtrasse des Autoverkehrs und in Nachbarschaft zum **Fuxing-Park**, ⌚ tgl. 5–17 Uhr, Eintritt ¥1, die Sinan Lu, in der einst zwei Helden des modernen China wohnten. Im ehemaligen **Wohnhaus von Sun Yatsen**, 59 Sinan Lu, können Besucher einen Blick auf dessen Bücher, ein Grammophon sowie auf Kamine und Veranden werfen, die sich so gar nicht ins gegenwärtige Erscheinungsbild Shanghais einfügen wollen. Das Gebäude, an das sich im hinteren Bereich ein ausgedehnter englischer Rasen anschließt und das hinter alten Bäumen und einer hohen Mauer abgeschirmt liegt, wurde von Suns Witwe Song Qingling noch bis 1937 weiter bewohnt. ⌚ Mo–Sa 9– 16.30 Uhr, Eintritt ¥8. Südlich davon gelangt man jenseits der Fuxing Lu zum früheren **Wohnhaus von Zhou Enlai**, 73 Sinan Lu, einem hübschen Gebäude mit Rattanstühlen auf der rückwärtigen Terrasse, blank polierten Holzfußböden und einem Garten, Hecken und efeubewachsenen Mauern, deren Idylle aus einer Londoner Vorstadt der 30er Jahre zu stammen scheinen. ⌚ Di, Mi und Fr–So 8.30–11 und 13–16, Mo und Do 13–16 Uhr, Eintritt ¥2.

Einige Straßen westlich steht das stattliche **Ruijin Guesthouse**, Fuxing Zhong Lu, Ecke Shanxi Nan Lu. Dieses Landhaus im Tudor-Stil war vormals der Wohnsitz der Familie Morris, den Besitzern der *North China Daily News*. Mr. Morris züchtete Windhunde für den Shanghai Race Club und die frühere Canidrome-Hunderennbahn auf der gegenüberliegenden Straßenseite. Auf wundersame Weise, bzw. weil hochrangige Parteifunktionäre hier Privatquartier bezogen, blieb das Anwesen, das inzwischen zur Gästeunterkunft umgestaltet worden ist, von den Zerstörungen der Kulturrevolution verschont. Auch wer hier nicht absteigt, kann einen Spaziergang durch die weitläufigen Anlagen unternehmen, deren Ruhe es geradezu unglaublich erscheinen lässt, dass man sich mitten in einer der hektischsten Metropolen der Welt bewegt.

Ein ganzes Stück weiter westlich befindet sich rund 20 Minuten Fußmarsch nordwestlich der Metrostation Hengshan Lu das ehemalige **Wohnhaus von Song Qingling**, das sie ab 1948 und bis zu ihrem Tod 1981 immer wieder sporadisch nutzte. Als Frau von Sun Yatsen war Song Qingling Teil eines bizarren Familienklüngels – ihre Schwester Song Meiling wurde mit Chiang Kaishek verheiratet, und ihr Bruder, bekannt als „TV Soong", wurde unter Chiang Finanzminister. Sie selbst zeigte sich zeitlebens loyal gegenüber China, zuletzt als „Ehrenpräsidentin" der Volksrepublik, während Meiling, die heute noch lebt und inzwischen geschmäht wird, ihren dauerhaften Wohnsitz nach New York verlegt hat. Auch bei der Besichtigung dieses Gebäudes lässt sich eine zauberhafte Reise zurück in die Wohngepflogenheiten des Shanghai vergangener Tage antreten. Zwar stammt ein Großteil der Exponate aus der Zeit nach 1949 (auch ihre in der Garage geparkten Dienstlimousinen), die Holztäfelungen und Lackarbeiten im Innern des Hauses sind jedoch in jedem Fall sehenswert. ⌚ tgl. 9–11 und 13–16.30 Uhr, Eintritt ¥8.

Der Westen Shanghais

Die Sehenswürdigkeiten im Westen der Stadt liegen zu weit verstreut, als dass die Entfernungen zwischen ihnen zu Fuß bewältigt werden könnten. Hauptattraktionen sind zwei **Tempel**: der Longhua Si mit einer ausgedehnten Anlage im Südwesten und der Yufo Si mit einzigartigen Statuen im Nordwesten. Direkt im Westen hat die Stadt kaum Lohnendes zu bieten. Die Nanjing Lu stößt hinter dem Jing'an Si auf die Yan'an Lu, die sich (jenseits des Stadtrings) schließlich mit der Hongqiao Lu vereint und als diese zum Flughafen führt. Kurz davor liegt der riesige **Shanghaier Zoo**, in dem mehr als 2000 Tiere und Vögel unter Bedingungen gehalten werden, die, wenngleich nicht optimal, so doch besser sind als in den meisten chinesischen Zoos. Star – wie sollte es auch anders sein – ist ein Großer Panda. Vor 1949 erstreckte sich auf dem heutigen Zoogelände einer der exklusivsten Golfplätze Shanghais. Zoo ⌚ tgl. 6.30–16.30 Uhr, Eintritt ¥20.

Gleich daneben, 2409 Hongqiao Lu, befindet sich das herrschaftliche Wohnhaus, das einst die **Sassoons** bewohnten und in dem es früher einen Kamin gab, der groß genug war, um einen Ochsen darin zu braten. Der zentrale, inzwischen renovierte Raum glich einer mittelalterlichen Schlosshalle. Victor Sassoon, der das Haus als Wochenenddomizil nutzte (ansonsten bewohnte er das oberste Stockwerk im *Peace Hotel*), gestattete aus Furcht vor potenziellen Übernachtungsgästen lediglich die Einrichtung von zwei kleinen Schlafzimmern. In späteren Jahren diente das Gebäude als Hauptquartier der japanischen Marine, als Casino und als Privatvilla der Viererbande; inzwischen erleidet es die relative Schmach zu mietender Büroräume. Zutritt ist mitunter durch das Seitentor möglich. Die Anfahrt ist mit dem Bus Nr. 57 vom westlichen Ende der Nanjing Lu möglich.

Der Südwesten

Am südwestlichen Stadtrand gibt es eine Hand voll interessanter Besichtigungsziele. Erstes davon ist die **katholische Kirche Xujiahui**, eine von vielen öffentlichen religiösen Stätten, die in den vergangenen Jahren zu neuem Leben erwacht sind. Das 1846 auf dem Grab von Paul Xu Guangqi, Matteo Riccis persönlichem Assistenten und erstem bekehrten Jesuiten, errichtete Gotteshaus war während der Kulturrevolution mehr als zehn Jahre geschlossen und wurde 1979 wieder eröffnet. Bis heute sind ein Großteil der 200 000 Bände umfassenden Kirchenbibliothek sowie das meteorologische Zentrum (das zur selben Zeit wie die Kirche entstand und heute das städtische Wetteramt beherbergt) auf dem Gelände verblieben. Die Größe und Inbrunst der versammelten Kirchengemeinde ist erstaunlich, insbesondere während der sonntäglichen Frühmesse sowie an Weihnachten und Ostern. Ist die Zeit knapp, kann man mit der U-Bahn bis zur wenige Minuten zu Fuß entfernten Station Xujiahui fahren. An Wochentagen beginnt der erste Gottesdienst um 6.30, sonntags um 8 Uhr.

Ungefähr 1 km südöstlich der Kirche liegt der Longhua-Park, der heute offiziell den Namen **Longhua-Friedhof der Märtyrer** trägt, um an jene zu erinnern, die während der Jahrzehnte vor dem endgültigen Sieg im Jahr 1949 im Kampf für den chinesischem Kommunismus ihr Leben ließen. Im Besonderen wird der Arbeiter, Aktivisten und Studenten gedacht, die in den 20er Jahren von Chiang Kaishek niedergemetzelt wurden – das Friedhofsgelände soll die zentrale Exekutionsstätte gewesen sein. Inmitten des Geländes befindet sich eine verglaste Ausstellungshalle in Pyramidenform mit einem bombastischen Ehrenmal für 250 kommunistische Märtyrer, die sich Chiangs Soldaten entgegenstellten. Zahllose steinerne Gedenkskulpturen, viele davon mit Fotos und Namen versehen, stehen über den Park verstreut, eine davon mit einer ewigen Flamme direkt hinter der Ausstellungshalle. Die frischen Blumen, die täglich niedergelegt werden, zeugen von der Bedeutung, die diese Ereignisse bis heute besitzen. Der Friedhof liegt nur einen kurzen Marsch in südlicher Richtung von der Endhaltestelle des Busses Nr. 41 entfernt, mit dem man von der Huaihai Lu nahe der Shanxi Lu oder von der Nanjing Xi Lu nahe dem Shanghai Centre hinfahren kann. ◷ tgl. 6.30 – 16 Uhr, Eintritt ¥1 für den Friedhof, ¥5 für die Ausstellungshalle.

In unmittelbarer Nachbarschaft des Märtyrerfriedhofs befindet sich eine der wichtigsten religiösen Stätten Shanghais, der **Longhua Si**, mit seiner 1700 Jahre alten Pagode. Die Pagode selbst ist ein achteckiger, ca. 40 m hoher Ziegelbau mit sieben Stockwerken, Holzbalkonen und rot lackierten Säulen. Im Jahr 977 brachte ein Mönch hier ein bronzenes Windspiel an, dessen Klang bis ins 19. Jahrhundert noch auf dem Huangpu zu hören war. Bis zur eilfertigen Errichtung der Bankgebäude am Bund im frühen 20. Jahrhundert ragte die Pagode als höchstes Bauwerk aus dem Stadtbild auf. Ihre heutige Erscheinung ist das Ergebnis von Restaurierungsarbeiten, nachdem sie lange Zeit vernachlässigt wurde – die Roten Garden betrachteten die Pagode als praktische „Litfaßsäule" für das Aufhängen von Transparenten. Im Zuge eines ehrgeizigen Projekts zur Flächenneuordnung wurde die Pagode in jüngerer Vergangenheit auf Vordermann gebracht, entstanden in ihrer Umgebung Teegärten sowie Grünanlagen und wurden Verkaufsstände eingerichtet. Der Tempelkomplex stammt aus einer etwas späteren Zeit als die Pagode (345 n.Chr.) und stellt heute die aktivste buddhistische Glaubensstätte der Stadt dar, in der zahlreiche Mönche ausgebildet werden. Obgleich auch hier umfangreich rekonstruiert wurde, gilt er als herausragendes Zeugnis der Architektur der Südlichen Song. Rechter Hand vom Eingang steht ein Glockenturm, wo man für ¥10 durch Schlagen der Glocke das Schicksal günstig stimmen kann. Zum chinesischen Neujahrsfest schlägt ein Mönch die Glocke 108 mal, wahrscheinlich zur Erlösung von den 108 Leidenschaften, die der Buddhismus annimmt. ◷ tgl. 5.30–16 Uhr, Eintritt ¥5.

Wiederum 1 km südlich erstreckt sich der **Botanische Garten**, eine von üppig grünen Bäumen bestandene und von Vögeln bevölkerte Oase abseits der Großstadthektik. Unter den mehr als 9000 hier gedeihenden Pflanzen befinden sich zwei Granatapfelbäume, die bereits im 18. Jahrhundert während der Herrschaft des Kaisers Qianlong gepflanzt worden sein sollen und die trotz ihres Alters noch heute Früchte entwickeln. Einen Blick lohnt auch die Orchideensammlung, die mehr als 100 verschiedene Arten umfasst. Im Frühjahr 1999 fand auf dem Gelände die Weltausstellung für Pflanzen statt. Anfahrt mit Bus Nr. 56, der westlich des Longhua Si die große Longwu Lu entlangfährt. ◷ tgl. 7–16 Uhr, Eintritt ¥6.

Der Nordwesten

Nur wenig südlich des Suzhou-Kanals befindet sich im Nordwesten Shanghais die zweitwichtigste religiöse Stätte Shanghais, der 1882 eigens für zwei kostbare Buddha-Statuen aus Myanmar errichtete **Yufo Si** (Jadebuddha-Tempel) in der Anyan Lu, etwas südlich der Kreuzung Changzhou Lu und Jiangning Lu. Die Buddhas wurden jeweils aus einem einzigen Block weißer Jade geschnitzt. Die größere der beiden Statuen ist im unteren Geschoss zu sehen, die kleinere, aber weitaus prachtvollere, sitzende Figur wird im Rahmen einer Sammlung von Sutren und Malereien in einem Raum in der oberen Etage gezeigt. Zwischen 1949 und 1980 war der Tempel geschlossen, inzwischen wird er wieder sehr aktiv genutzt. Heute bewohnen ungefähr 100 Mönche den Tempel und bilden Schüler aus, um die überall im Land wieder eröffnenden Klöster mit neuem Leben zu füllen – daneben behalten sie die Touristen im Augen, denn Fotografieren ist verboten. Anfahrt mit Bus Nr. 112 vom Volksplatz oder mit Bus Nr. 24 von der Huaihai Lu (über die Shaanxi Lu). Alternativ dazu ist der Tempel auch vom Bahnhof in ca. 25 Minuten zu Fuß zu erreichen. ◷ tgl. 8.30–16.30 Uhr, Eintritt ¥10.

Nördlich des Suzhou-Kanals

Dem Bund nach Norden folgend, gelangt man jenseits der Waibaidu-Brücke in ein Gebiet, das vor dem Krieg das japanische Viertel der internationalen Niederlassung umfasste und nach 1949 Schauplatz umfangreicher Wohnbauprojekte war. Von primärem Interesse ist hier der Hongkou-Park

Lu Xun Der unter seinem literarischen Pseudonym bekannte Lu Xun (sein richtiger Name lautete Chou Shujian) wurde 1881 in der kleinen Stadt Shaoxing geboren. Ursprünglich von bescheidener Herkunft, sollte er später als einer der größten chinesischen Schriftsteller des 20. Jahrhunderts verehrt werden. In einfacherer und verständlicherer Erzählweise als je ein chinesischer Dichter vor ihm suchte der von den Kommunisten als Musterbeispiel des sozialistischen Realismus geschätzte Lu Xun das Leben der Armen und Geknechteten in der chinesischen Gesellschaft zu erforschen und zu porträtieren.
Dabei wollte er nicht von Anfang an Schriftsteller werden. Zunächst hatte er den Beruf des Arztes angestrebt und in Japan Medizin studiert, da er in ihr die Rettung der Menschheit sah. Später jedoch, unter dem Schock der scheinbar unlösbaren sozialen Probleme, die China heimsuchten, begann er zu schreiben und veröffentlichte 1918 sein *Tagebuch eines Verrückten,* das nach einer Vorlage Gogols entstand. Diese Kurzgeschichte westlichen Stils war die erste in Chinesisch verfasste und prangert als beißende Satire die konfuzianische Gesellschaft an. Drei Jahre später erschien Lu Xuns berühmteste Kurzgeschichte, *Die wahre Geschichte des Ah Q,* die von einem einfältigen, gutgläubigen Analphabeten handelt, dessen einziges Mittel gegen die zahlreichen ihm widerfahrenden Übel darin besteht, sie in Siege des Geistes umzudeuten – erneut die Logik konfuzianischen Denkens. Es dauerte nicht lange, bis die herrschende Guomindang mit Zorn und Drohungen auf Lu Xuns Schriften reagierten. 1926 floh er aus seiner Wahlheimat Beijing und suchte Schutz in der internationalen Niederlassung Shanghais. Die letzten zehn Jahre seines Lebens wohnte er im damals japanischen Sektor der Stadt und unterstützte von dort aus die Kommunisten. Obwohl er sich letztlich weigerte der Partei beizutreten, hinderte dies die Kommunisten nicht daran, ihn posthum zu einer Ikone aus ihren Reihen zu stilisieren.

(auch Lu-Xun-Park genannt) mit seinen Denkmälern für den politischen Schriftsteller Lu Xun, wenngleich die gesamte Gegend durch ihre Lebendigkeit und Architektur reizvoll ist.

Der **Lu-Xun-Park** ist einer der besten Orte, um die Bewohner Shanghais einmal ganz entspannt zu erleben. Zwischen 6 und 8 Uhr kommen sie in Scharen, um ihre täglichen Taijiquan-Übungen zu praktizieren, später am Tag folgen verliebte Paare, die sich in Tretbooten auf dem See des Parks vergnügen, und Großväter, die ihren Enkelkindern zeigen, wie man Drachen steigen lässt. Im Park befindet sich außerdem das pompöse **Grabmal von Lu Xun**, nebst einer sitzenden Statue und einer kalligrafischen Inschrift von Mao, das 1956 im Gedenken daran errichtet wurde, dass Lu Xun die letzten zehn Jahre seines Lebens in diesem Teil Shanghais verbrachte. Die Grabstätte entstand gegen Lu Xuns eigenen Wunsch, in einem einfachen, schlichten Grab auf einem Friedhof im Westen Shanghais begraben zu werden. Gedacht wird dem Schriftsteller außerdem in der Lu-Xun-Gedenkhalle, die rechts vom Haupteingang in den Park steht und u.a. seine Originalkorrespondenz zeigt, darunter Briefe und Fotografien von George Bernard Shaw. Park ⏲ tgl. 6–19 Uhr, Eintritt ¥1, Gedenkhalle tgl. 9–11 und 13.30–16 Uhr, Eintritt ¥5.

Eine Straße südöstlich des Parks kann in der Shanyin Lu (Lane 132, Haus Nr. 9) auch das **ehemalige Wohnhaus von Lu Xun** besichtigt werden. Der Abstecher ist mit Sicherheit lohnenswert, vor allem nach einem Besuch der früheren Wohnstätten Zhou Enlais und Sun Yatsens in der französischen Konzession (s.S. 461 f.). Lu Xuns bescheiden eingerichtetes Haus bietet einen faszinierenden Einblick in typisch japanische Wohnkultur seiner Zeit. Von außen erinnert die gesetzt nüchterne, zwischen ähnlichen Gebäuden eingezwängte Ziegelfassade sehr stark an den Back Bay District in Boston. In jenen Jahren boten japanische Wohnhäuser zwar weit weniger Platz als europäische, das Ambiente war aber erstaunlich bequem. Lu Xun bewohnte dieses Gebäude mit seiner Frau und seinem Sohn von 1933 bis zu seinem Tod im Jahr 1936. ⏲ tgl. 9 – 16 Uhr, Eintritt ¥4.

Außerhalb der Stadt

Shanghai Shi, der Stadtbezirk Shanghai, umfasst 10 Bezirke, die bis weit über die eigentlichen Stadtgrenzen hinausreichen. Im Norden gehören dazu drei Inseln im Flussdelta des Yangzi, von denen die größte, Chongming Dao, fast 100 km lang ist. Nordwestlich und südwestlich schließen sich die Provinzen Jiangsu und Zhejiang an, im Osten grenzt das Gebiet direkt ans Ostchinesische Meer. Obwohl es auch dort eine Hand voll interessanter Orte gibt, zieht es merkwürdigerweise kaum ausländische Touristen dorthin.

Der augenfälligste darunter ist der **She Shan**, ein Hügel ca. 30 km südwestlich der Stadt. Obwohl nur gut 100 m hoch, kann man ihn in der extrem flachen Landschaft kilometerweit sehen. Auf der Hügelkuppe steht eine riesige und überaus beeindruckende **Basilika**, ein Erbe der europäischen Missionarsarbeit im 19. Jahrhundert. Der Hügel befindet sich seit Mitte des 19. Jahrhunderts im Besitz einer katholischen Gemeinde, die Kirche wurde allerdings erst 1925 erbaut. Gottesdienste finden nur an christlichen Feiertagen statt, der Weg hinauf (zu Fuß oder per Seilbahn), vorbei an Bambuswäldchen und der einen oder anderen alten Pagode, ist jedoch zu jeder Jahreszeit reizvoll. Die Mehrzahl der hiesigen Landbevölkerung ist strenggläubig katholisch und zeigt sich westlichen Besuchern gegenüber sehr gastfreundlich. Auf dem Hügel gibt es außerdem eine Wetterstation und ein ehemaliges Observatorium mit einem kleinen Ausstellungsraum, in dem eine alte Apparatur zur Anzeige von Erdbeben zu sehen ist. Es handelt sich dabei um einen Drachen mit Stahlkugeln im Maul. Der Drache ist so fest im Boden verankert, dass nur von entfernten Erdbeben ausgehende Erschütterungen die Kugeln aus dem Maul fallen lassen. Je mehr Kugeln herausfallen, umso stärker das Erdbeben. Die Anfahrt zum She Shan ist mit einem Bus von der Haltestelle am Wenhua Guangchang oder vom Busbahnhof Xiqu (s.S. 482) möglich. Sollten keine direkten Busse verkehren, kann man jeden nach Songjiang fahrenden Bus nehmen und einige Haltestellen vor der Endstation aussteigen – ohne Nachfragen wird es nicht gehen. Für die verbleibende Strecke ist in eine Motor-Rikscha (¥15) umzusteigen. ⌚ tgl. 7.30–16 Uhr, Eintritt ¥5.

Nochmals ca. 20 km westlich liegen im Bezirk Qingpu der **Dianshan Hu** und der **Garten der Großartigen Aussicht**. Das südöstliche Ufer des Dianshan Hu wird derzeit zu einem Feriendomizil für einheimische Touristen mit Gelegenheit zum Bootfahren, Schwimmen, Angeln und sogar Golfen ausgebaut. Unverhohlen auf die touristische Klientel schielt man im Garten der Großartigen Aussicht, der dem berühmten Garten des chinesischen Romans *Der Traum der Roten Kammer* aus dem 18. Jahrhundert nachempfunden ist. Anfahrt mit einem Bus nach Qingpu, dann weiter mit einer Motor-Rikscha (¥5) bis zum nahen See.

Zhouzhuang

Nach weiteren 20 km gen Westen gelangt man kurz hinter der Grenze zur Provinz Jiangsu in die kleine, von Gebäuden aus der Ming-Zeit beherrschte Wasserstadt Zhouzhuang. Durch ihre Lage am großen Jinghang-Kanal, der Suzhou und Shanghai verbindet, konnte die Stadt von dem regen Handel mit Getreide, Seide und Töpferwaren während der Ming-Dynastie profitieren und zu Wohlstand gelangen. Viele reiche Regierungsbeamte, Gelehrte und Künstler zogen nach Zhouzhuang und errichteten prächtige Villen, während sie gleichzeitig den Ausbau der stattlichen Steinbrücken und baumgesäumten Kanäle finanzierten, die heute den vorrangigen Reiz der Stadt ausmachen. An Wochenenden fallen chinesische Gruppen in Scharen in Zhouzhuang ein, wesentlich beschaulicher geht es unter der Woche zu. Von Shanghais Busbahnhof Beizhan verkehren 2x tgl. Minibusse um 6.20 und 15.30 Uhr, vom Hongkou Gongyuan 1x tgl. um 14 Uhr und von der U-Bahnstation Xinzhuang 2x tgl. um 9.30 und 10.30 Uhr in die drei Stunden entfernt gelegene Stadt. Von Zhouzhuang besteht die verlockende Möglichkeit der Weiterfahrt an Bord eines Schnellboots nach **Tongli** (s.S. 502), einer weiteren Wasserstadt in Jiangsu, von wo häufig Busse nach Suzhou verkehren.

Übernachtung

An Unterkünften herrscht in Shanghai kein Mangel. Mitunter sind sie ausgesprochen elegant, in der Regel zudem teurer als im übrigen China. Ein Zimmer in den **luxuriösen Hotels europäischen Stils**, die einen festen Bestandteil in der Geschichte Shanghais bilden, kostet heute mindestens $120, jedoch vermittelt auch ein nur kurzer Aufenthalt beispielsweise im berühmten *Peace Hotel* bereits einen guten Eindruck davon, wie Shanghai früher war. Aber auch wer sich hier nicht einquartiert, kann durch das Hotel spazieren und einen Blick auf eine der schönsten Art-déco-Einrichtungen der Welt werfen.

Häufig wird irrtümlicherweise angenommen, es gäbe in Shanghai nur eine einzige wirklich **billige Unterkunft**, nämlich das *Pujiang*. Entsprechend schnell ist dort während der Hochsaison kein Platz mehr frei. Shanghai besitzt jedoch mit den Gästehäusern des Shanghaier Konservatoriums für Musik und der pädagogischen Universität (Normal Teacher's University) im Südwesten der Stadt sowie mit dem neuen *Captain Hostel* am Bund noch weitere gute und preiswerte Übernachtungsmöglichkeiten, in denen ein Bett für weniger als ¥80 zu bekommen ist und die oftmals selbst im Sommer nicht restlos belegt sind.

Derweil wachsen immer neue **Wolkenkratzer-Hotels** in den Himmel, vor allem in der Sonderwirtschaftszone Pudong, wo das höchste Hotel der Welt die oberen Stockwerke des 421 m hohen Jin-Mao-Turms einnimmt. Daneben besitzt Shanghai eine Reihe von Spitzenhotels, u.a. ein *Sheraton* und ein *Hilton* im Westen der Stadt, vor allem entlang der Nanjing Xi Lu. Die Preise hierfür werden häufig in US-Dollar angegeben, man kann jedoch auch immer in Renminbi bezahlen. Alle Luxushotels erheben auf ihre Preise einen Servicezuschlag in Höhe von 10%, während der Nebensaison von November bis April werden jedoch z.T. stattliche Preisnachlässe angeboten.

Ausländische Studenten, die an einer chinesischen Universität immatrikuliert sind, können z.B. in vielen 3- und 4-Sterne-Hotels Shanghais nur durch Vorlage ihres roten *liuxuesheng zheng* (ausländischer Studentenausweis) an der Rezeption schon für ca. ¥300 ein Zimmer bekommen. Anzeigen mit aktuellen Sonderangeboten findet man in den verschiedenen englischsprachigen Zeitschriften. Und wer kein Student ist, kann sich in vielen Seitengassen für ca. ¥50 einen echt aussehenden Studentenausweis anfertigen lassen.

DER BUND UND UMGEBUNG – ***Captain Hostel****, 37 Fuzhou Lu, ✆ 63235053, 📠 63219331, ✉ captain@captainhostel.com.cn. Neues, sehr preiswertes Hostel mit hohem Servicestandard, das dem nahen *Pujiang* wohl schon bald ernsthaft Konkurrenz machen wird. Die Einrichtungen sind zwar gemeinschaftlich zu nutzen, aber es ist sauber und es gibt eine Küche sowie Waschmaschinen. Draußen weist ein englisches Schild auf die Unterkunft hin. Mit bewundernswerter Sorgfalt wird hier das Seefahrerambiente umgesetzt – die Dorms wirken wie Kajüten und haben Bullaugen als Fenster, und selbst auf Sand unter den gläsernen Tischplatten wollte man nicht verzichten. Bett ¥50.

Chun Shen Jiang**, 626 Nanjing Dong Lu, nahe Fujian Lu, ✆ 63515710. Schild nur in chinesischen Schriftzeichen. Etwas muffige und spartanische Zimmer, dafür aber bezahlbar und in exquisiter Lage ungefähr auf halbem Weg zwischen Volkspark und dem Bund.

Metropole***, 180 Jiangxi Lu, ✆ 63213030, 📠 63217365. Nahe dem Bund, 1931 erbaut und eines der erschwinglicheren „alten" Hotels. Prachtvolle Lobby, aber schlichte Zimmer.

New Asia***, 422 Tian Tong Lu, ✆ 63242210, 📠 63566816. Nördlich des Suzhou-Kanals, ein paar Straßen westlich der Shanghai Mansions. Guter Preis für die Lage.

Peace, Luxus, Ecke Bund und Nanjing Dong Lu, ✆ 63216888, 📠 63290300. Ehemals *Cathay Hotel* und berühmtestes Hotel Shanghais mit Flügeln zu beiden Seiten der Straße, beherbergt die *Jazz Bar* (s.S. 474, Nachtleben). Schon allein die Art-déco-Einrichtung der Lobby lohnt einen Besuch, allerdings stehen die hohen Preise – ein einfaches DZ gibt es ab US$160, eine original eingerichtete Deluxe-Suite kostet ab US$520 – und der vergleichsweise dürftige Service in keinem Verhältnis.

Pujiang**, 15 Huangpu Lu, ✆ 63246388, 📠 6324 3179. Jenseits der Waibaidu-Brücke, nördlich des Bund und etwas nach Osten, gegenüber dem blauen Gebäude des russischen Konsulats. Früheres *Astor Hotel*, 1846 erbaut, hübsches altes Ambiente mit knarzenden Holzfußböden, hohen Decken und dem Charme eines angestaubten englischen Internats. In den Dorms, die jeweils über ein eigenes Bad mit Toilette verfügen, kostet ein Bett ¥55, auf einer anderen Etage gibt es Gemeinschaftsduschen. Anfahrt vom Bahnhof mit dem Bus Nr. 64 zur Haltestelle Jiangxi Nan Lu, von dort weiter zu Fuß nach Osten zum Bund und dann über die Waibaidu-Brücke.

Shanghai: Übernachtung

Captain Hostel	船长酒店	*chuánzhăng fàndiàn*
Changyang	长阳饭店	*chángyáng fàndiàn*
Chun Shen Jiang	春申江宾馆	*chūnshēnjiāng bīnguăn*
Dong Hu	东湖宾馆	*dōnghú bīnguăn*
Garden	花园酒店	*huāyuán jiŭdiàn*
Grand Hyatt Pudong	浦东金茂凯悦大酒店	*pŭdōng jīnmàokăiyuè dàjiŭdiàn*
JC Mandarin	锦沧文华大酒店	*jĭncāngwénhuá dàjiŭdiàn*
Jinjiang	锦江饭店	*jĭnjiāng fàndiàn*
Metropole	新城饭店	*xīnchéng fàndian*
New Asia	新亚大酒店	*xīnyà dàjiŭdiàn*
Normal University Guesthouse	师范大学外宾楼	*shīfàn dàxué wàibīnlóu*
Pacific	金门大酒店	*jīnmén dàjiŭdian*
Park	国际饭店	*guójì fàndiàn*
Peace	和平饭店	*hépíng fàndiàn*
Portman Ritz-Carlton	波特曼丽思卡尔顿酒店	*bōtèmàn lìsīkăěrdùn jiŭdiàn*
Pujiang	浦江饭店	*pŭjiāng fàndiàn*
Ruijin Guesthouse	瑞金宾馆	*ruìjīn bīnguăn*
Seagull	海鸥饭店	*hăiōu fàndiàn*
Shanghai Conservatory Guesthouse	音乐学院招待所	*yīnyuèxuéyuàn zhāodàisuŏ*
Shanghai Mansions	上海大厦	*shànghăi dàshà*
Swan Cindic	天鹅宾馆	*tiāné bīnguăn*

Seagull****, 60 Huangpu Lu, ✆ 63251500, 📠 63241263. Am Nordufer des Suzhou-Kanals, etwas östlich des russischen Konsulats. Schickes und modernes chinesisches Hotel.
Shanghai Mansions****, 20 Suzhou Bei Lu, ✆ 63246260, 📠 63065147. Gewaltiger, nicht sonderlich ansehnlicher Koloss am Nordufer des Suzhou-Kanals, vom nördlichen Ende des Bund nicht zu übersehen. Das in den 30er Jahren ursprünglich als Wohnhaus errichtete Gebäude bietet heute exzellente, große Zimmer mit herrlicher Aussicht auf den Bund. Je weiter oben man wohnen möchte, umso teurer das Zimmer. Die berühmteste Persönlichkeit, die hier residierte, war Jiang Qing (Ehefrau Mao Zedongs), auf deren Geheiß während der Kulturrevolution ein Verbot erging, nach dem Flusskähne und *sampans* den Huangpu und Suzhou-Kanal nicht befahren durften, während sie schlief. Wer sich nicht hier einquartiert, kann nach einer Fahrt in den 18. Stock zumindest die Aussicht genießen.

WEST-SHANGHAI: NANJING XI LU UND DIE EHEMALIGE FRANZÖSISCHE KONZESSION –
Dong Hu****, 70 Donghu Lu, ✆ 64158158, 📠 64157759. Eine Straße nördlich der Huaihai Zhong Lu. Saubere, geräumige Zimmer, die nicht vermuten lassen, dass das Hotel in den 20er und 30er Jahren als Opiumlager und Schaltzentrale der Mafia diente.
Garden, Luxus, 58 Maoming Lu, ✆ 64151111, 📠 64158866. Unter japanischer Leitung und vielleicht das beste Hotel Shanghais, errichtet am Standort des ehemaligen ultra-exklusiven französischen Clubs in der französischen Konzession. DZ ab US$165
Heng Shan Moller Villa*****, 30 South Shanxi Lu, ✆ 62478881, 📠 62891020. Die Villa wurde erst vor kurzem als Hotel eröffnet und ist ein echter Geheimtipp. Ein 5000 qm großer Park umgibt das Schlösschen aus dem Jahr 1936. Die Zimmer im alten Gebäude sind besonders schön.

JC Mandarin, Luxus, 1225 Nanjing Xi Lu, ✆ 62791888, 📠 62791822. Zwei Häuserblocks östlich des Shanghai Centre (s.S. 458). Modernes 5-Sterne-Hotel mit feudal eingerichteten Zimmern und allen nur erdenklichen Annehmlichkeiten. DZ ab US$128.

Jinjiang, Luxus, 59 Maoming Lu, ✆ 62582582, 💻 www.jinjianghotelshanghai.com. Sehr großes, sich über mehrere Flügel erstreckendes Hotel in der ehemaligen französischen Konzession mit etlichen Flügeln, reicher Geschichte und einer Ausstattung, die zu den besten der Stadt zählt. Hier weilte Richard Nixon1972 während seines berühmten Chinabesuchs und unterzeichnete im (inzwischen renovierten) Auditorium im 2. Stock das Shanghai-Kommuniqué. DZ ab US$130.

Pacific*,*** 108 Nanjing Xi Lu, ✆ 63276226, 📠 63723634. Historisches Gebäude, praktisch im Zentrum gelegen, mit einer prunkvollen Eingangshalle und Lobby.

Park**,*** 170 Nanjing Xi Lu, ✆ 63275220, 📠 63276958. Sehr zentral, direkt gegenüber dem Volkspark. Das aus den 30er Jahren stammende, im Innern aber inzwischen modernisierte Hotel war lange Zeit das höchste Gebäude der Stadt.

Portman Ritz-Carlton, Luxus, 1376 Nanjing Xi Lu, ✆ 62798888, 📠 62798999. Eines der besten Hotels Shanghais und Teil des Shanghai Centre, das auch Restaurants, Büros von Fluggesellschaften und sehr teure Bars und Speiselokale beherbergt. DZ ab $250, weniger in der Nebensaison.

Ruijin Guesthouse, Luxus, 118 Ruijin Er Lu, Eingang von der Fuxing Lu, ✆ 64725222, 📠 6473 2277. Sehr schöne Lage, einige Straßen südlich der Huaihai Lu. Umfasst acht Villen im Tudor-Stil mit Gästezimmern, außerdem einen japanischen Garten und Tennisplatz auf Rasen. In den 20er Jahren wohnte hier der Herausgeber der *North China Daily News.*

Shanghai Conservatory Guesthouse**, 20 Fen Yang Lu, ✆ 64372577. Nahe der Huaihai Lu und der U-Bahnstation Changshu. Ca. 30 Dorm-Betten (¥40) und 8 sehr preiswerte, aber einfache DZ, z.T. mit eigener Dusche auf dem Gelände des Musikkonservatoriums. Im Sommer fast immer voll, in den Wintermonaten sollte die Unterbringung aber kein Problem sein.

AUSSENBEZIRKE UND PUDONG – ***Changyang*,*** 1800 Changyang Lu, ✆ 65434890. Weit draußen, nordöstlich des Zentrums im Universitätsviertel gelegene, aber ausgezeichnete und moderne Unterkunft mit sehr preiswerten DZ. In der Nähe, am Wujiaochang, gibt es jede Menge Studentenbars und billige Lokale. Gleich nördlich des Suzhou-Kanals fährt der Bus Nr. 22 bis ganz in die Nähe; Ausstieg an der Haltestelle Linqing Lu.

Grand Hyatt Pudong, Luxus, Jin Mao Tower, 177 Lujiazui Lu, Pudong, ✆ 50491111, 💻 www.shanghai.grand.hyatt.com. Neues Luxushotel gegenüber dem Fernstehturm, das die oberen 36 Stockwerke in einem der höchsten Gebäude der Welt einnimmt und ein gigantisches, sich über 29 Etagen erstreckendes Atrium umfasst. Das Gebäude ist so hoch, dass Gäste mitunter in der Rezeption anrufen müssen, wenn sie wissen wollen, ob es unten regnet. DZ ab $200.

Normal University Guesthouse**, 100 Guilin Lu, ✆ 64701860, 📠 64369249. Weitab im Südwesten der Stadt, aber mit der U-Bahn vom Zentrum und Bahnhof gut zu erreichen. Ruhig und preiswert, mit sauberen Dorms (¥45) und komfortablen DZ. Anfahrt mit der U-Bahn bis zur Haltestelle Shangtiguan, von dort Bus Nr. 43 bis zur Endstation. Die Unterkünfte befinden sich hinter dem Haupttor der Universität auf der linken Seite.

Swan Cindic*,*** 2211 Sichuan Bei Lu, ✆ 5666 5666, 📠 63248002. Sehr schick, in ruhiger und hübscher Gegend gegenüber dem Lu-Xun-Park.

Essen

Wie in vielen anderen Bereichen nimmt Shanghai auch in puncto Freizeitkultur eine Vorreiterrolle in China ein. Obwohl die meisten Bewohner Shanghais noch nie ein Theater oder ein Restaurant besucht haben, hat sich inzwischen eine größere Schicht entwickelt, für die das Essen in einem Restaurant und abendliche Unterhaltungsveranstaltungen durchaus zur Freizeitgestaltung gehören können. Speziell **Restaurants** haben sich hinsichtlich ihrer Qualität und Vielfalt in den vergangenen Jahren erheblich verbessert. Kaum vorstellbar, dass es bis in die frühen 90er Jahre noch ein praktisch aussichtsloses Unterfangen war, einfach nur einen Tisch zu bekommen. Die ungeheure Auswahl der angebote-

Shanghai: Essen

1221	一二二一酒家	*yīèryī jiǔjiā*
1931	一九三一饭店	*yījiǔsānyī fàndiàn*
Always	奥维斯	*àowéi sī*
Badlands Tex-Mex	百岚	*bǎilán*
Bonomi	波诺米	*bōnuò mǐ*
Deda Xicanshe	德大西餐社	*dédà xīcānshè*
Ding Xiang Garden	丁香花苑	*dīngxiāng huāyuàn*
Frankie's Place	法兰奇餐厅	*fǎlánqí cāntīng*
Fulin Xuan	福临轩	*fúlín xuān*
Gap Café	锦亭酒家	*jǐntíng jiǔjiā*
Gongdelin Vegetarian	功德林素食馆	*gōngdélín sùshíguǎn*
Huanghe Lu	黄河路	*huánghé lù*
Hubin Mei Shilou	湖滨美食楼	*húbīn měi shí lóu*
Lao Fandian	老饭店	*lǎo fàndiàn*
Lübolang	绿波廊餐厅	*lùbōláng cāntīng*
M on the Bund	米氏西餐厅	*mǐshì xīcāntīng*
Manabe	真锅咖啡	*zhēnguō kāfēi*
Meilongzhen	梅龙镇酒家	*méilóngzhen jiǔjiā*
Sasha's	萨莎	*sàshā*
Shanghai Ren Jia	上海人家	*shànghǎi rénjiā*
Shashi Xiaochi Shijie	沙市小吃世界	*shāshì xiǎochī shìjiè*
Shintori	新都里餐厅	*xīndūlǐ cāntīng*
Shu Di la Zi Yu Guan	蜀地辣子鱼馆	*shǔdìlàzǐ yúguǎn*
Simply Thai	天泰餐厅	*tiāntài cāntīng*
Tandoor	锦江孟买餐厅	*jǐnjiāngmèngmǎi cāntīng*
Tony Roma's	多力罗马	*duōlì luómǎ*
U and I	亚拉餐厅	*yàlā cāntīng*
Xiao Shaoxing	小绍兴	*xiǎo shàoxīng*
Xinghualou	杏花楼	*xìnghuā lóu*
Xu's Dumpling House	许家小吃	*xǔjiā xiǎochī*
Yunnan Lu	云南路	*yúnnán lù*
Zhapu Lu	乍浦路	*zhàpǔlù*
Zhejiang Zhong Lu	浙江中路	*zhèjiāng zhōnglù*

nen Speisen, die sämtliche Regionen Chinas und alle Kontinente berücksichtigen, spiegelt sowohl die Offenheit der Stadt als auch die zunehmende Präsenz ausländischer Bewohner wider. Ähnlich explosionsartig ist das nächtliche Unterhaltungsangebot gewachsen, dessen Spektrum heute von **englischen Pubs** bis hin zu **Peking-Opern** und von **Discos** bis hin zu **traditioneller Volksmusik** reicht.

RESTAURANTS – Die Traditionen der kosmopolitischen Vergangenheit Shanghais sind noch vage in den Restaurants der Stadt erkennbar. Viele der alten Lokale florieren nach wie vor, und obwohl die holzgetäfelten Speisesäle von einst Jahr um Jahr Modernisierungsmaßnahmen zum Opfer fallen, sorgt der stete Zuwachs an privaten Unternehmen dafür, dass die Vielfalt der Lokale noch nie so groß war wie heute. Wer aus anderen Gegenden Chinas nach Shanghai kommt, wird erstaunt sein über die enorme wie exquisite Fülle der Speisen und neben regionalen Spezialitäten Chinas auch eine beeindruckende Reihe ausländischer Küchen vertreten finden, die u.a.

brasilianische, indische, japanische und europäische Gerichte servieren. Restaurants, die sowohl chinesische als auch internationale Speisen anbieten, sind in Shanghai teurer als in anderen Regionen, am internationalen Standard gemessen aber immer noch erschwinglich. Obgleich Einheimische beklagen, wie schnell die Preise auf das hohe Niveau von Hongkong zusteuern, sind die meisten Gerichte in chinesischen Restaurants für ¥3–4 zu bekommen und haben selbst viele teurere westliche Restaurants besondere Angebote für weniger als ¥10. Im Vergleich zur Kochkunst Kantons oder Sichuans z.B. ist die **Küche Shanghais** bei Ausländern weder sonderlich bekannt noch begehrt, es gibt jedoch durchaus einige interessante Gerichte, insbesondere wenn man Exotisches aus dem Meer mag. Fisch und Garnelen werden als Grundbestandteile eines jeden vernünftigen Essens betrachtet, wo möglich kommen noch Aal und Krebs hinzu. Während der Saison – zwischen Oktober und Dezember – steht gelegentlich der *dazha*-Krebs auf dem Speiseplan, der teuerste und angeblich schmackhafteste Krebs. Gekocht wird meist unter Zugabe von Ingwer, Zucker und Shaoxing-Wein; auf den exzessiven Gebrauch von Gewürzen wird verzichtet. Als generelle Warnung bei einem Restaurantbesuch sei auf die absolute Notwendigkeit hingewiesen, sich über den Preis für die gewünschten Speisen vorher zu verständigen. Shanghais Restaurantbetreiber sind dafür berüchtigt, ausländische Touristen über Gebühr zur Kasse zu bitten.

Bund, Nanjing Dong Lu und Umgebung: Die größte kulinarische Attraktion der Gegend sind verschiedene **Restaurantstraßen**. Nach ihrer Nähe zum oberen Ende der Nanjing Lu geordnet ist die erste davon die **Shashi Xiaochi Shijie**, eine kleine Gasse, die etwas westlich der Jiang Xi Lu von der Nanjing Dong Lu nach Süden führt. In ihr findet man eine Reihe preiswerter Restaurants, die gute Eintopfgerichte und Nudelsuppen servieren. Nördlich des Suzhou-Kanals und nur wenige Gehminuten westlich des *Pujiang Hotel* verläuft die **Zhapu Lu**, die nachts in grellem Neonlicht erstrahlt und kaum verfehlt werden kann. In ihr sind etliche Restaurants mit z.T. recht guter Shanghaier Küche versammelt; Touristen sollten hier allerdings darauf achten, mit den Preisen nicht über den Tisch gezogen zu werden. Die vielleicht interessanteste Restaurantstraße ist die eine Straße östlich des Volksparks von der Nanjing Lu nach Süden abzweigende **Yunnan Lu** mit ihren diversen Spezialitätenrestaurants und zahllosen Essensständen, an denen nachts Snacks verkauft werden. In der **Zhejiang Zhong Lu**, gleich nördlich der Fuzhou Lu, sind einige **moslemische** Imbiss-Lokale angesiedelt, in denen es schmackhafte und sättigende Nudelsuppen gibt. Die vom Volkspark nach Norden führende **Huanghe Lu** schließlich umfasst – insbesondere im Bereich nördlich der Beijing Lu – eine weitere Ansammlung von Restaurants, viele davon haben 24 Std. geöffnet. Die **Nanjing Dong Lu** ist die wohl beste Adresse für Back- und Konditoreiwaren. Am **Bund** selbst wiederum gibt es einige anständige Speiselokale, allerdings ist die dortige Situation derzeit einem raschen Wandel unterworfen und hat verschiedene gehobene Restaurants in einige der Art-déco-Gebäude Einzug halten lassen, allen voran das *M on the Bund*. Die direkt am Wasser gelegenen Lokale sind überteuert und bieten nur dürftige Genüsse.

Gongdelin Vegetarian, 445 Nanjing Xi Lu, zwischen Chengdu Lu und Huangpi Lu. Das vielleicht beste vegetarische Restaurant der Stadt. Der Angebot aus „Fisch", „Fleisch" und „Krebs" besteht tatsächlich aus Gemüse und Tofu. Besonders zu empfehlen ist der „Tintenfisch".

M on the Bund, 7. Etage, 5 Wai Tan, Eingang von der Guang Dong Lu, ✆ 63509988. Lohnt schon alleine wegen der herrlichen Aussicht auf den Bund, den Verkehr auf dem Huangpu und die Skyline von Pudong. Auch die Speisen, die zu den besten (und teuersten) der Stadt gehören und manchen als überschätzt gelten, können sich sehen lassen, der Service ist allerdings verbesserungswürdig. Günstiges Mittagsmenü für ¥88. Reservierung empfohlen.

Meilongzhen, Nr. 22, Lane 1081, im Bereich der 800er Hausnummern der Nanjing Xi Lu, unweit der Jiang Ning Lu. Ausgezeichnetes, verwinkeltes Shanghaier Restaurant, das auf Fisch spezialisiert ist und sich bei Einheimischen größter Beliebtheit erfreut. Die schlichten, aber geschmackvollen Räumlichkeiten lassen kaum ah-

nen, dass das Lokal in den 20er Jahren einer der berüchtigtsten Mafia-Treffpunkte war. Besonders schmackhaft sind die Aal- und Tintenfischgerichte.
Shanghai Ren Jia, 41 Yunnan Zhong Lu. Großes, betriebsames Restaurant mit interessanten Variationen herkömmlicher Standardgerichte Shanghais. Am besten kommt man zu mehreren, um die ganze Vielfalt probieren zu können.
Xiao Shaoxing, Yunnan Lu (Ostseite). Berühmt für gekochtes Huhn *(bai qie ji)*, Wagemutigere können auch Blutsuppe oder Hühnerfüße probieren.
Xinghualou, Fuzhou Lu, etwas westlich der Henan Lu. Alteingesessenes kantonesisches Restaurant, nicht so teuer wie das *Ding Xiang Garden*.

Französische Konzession und westliche Stadtteile: Dies ist die bevorzugte Gegend der meisten ausländischen Bewohner Shanghais, entsprechend hoch sind hier die Preise. In der Regel gibt es die Speisekarten in Englisch, zudem wird häufig auch Englisch gesprochen. Wer der chinesischen Küche überdrüssig wird, findet in der Huaihai Lu und in der Maoming Lu eine reichhaltige Auswahl an **internationaler Küche** – einige der großen Hotels bieten beispielsweise **Buffets** an, als bestes darunter gilt das im *Hilton*, 505 Wulumuqi Bei Lu, weitaus preiswerter ist allerdings das im *Portman*. In den Gassen um Huaihai Lu gibt es außerdem zahlreiche ausgezeichnete Restaurants mit Speisen aus **Shanghai und Sichuan**, die weit weniger als die internationalen Gerichte kosten. Das *Hilton* beherbergt ein hervorragendes kantonesisches Dim-Sum-Restaurant, wo die Rechnung am Ende häufig nicht mehr als ¥100 p.P. beträgt.
Fastfood-Lokale, Bäckereien und **Imbiss-Stände** säumen die Huaihai Lu, die besten Backwaren bietet die Bäckerei im japanischen Kaufhaus *Isetan* am östlichen Ende der Huaihai Dong Lu. An der Kreuzung der Nanjing Xi Lu mit der Shaanxi Lu befindet sich das so genannte **Food Theatre**, eine Ansammlung blitzsauberer Fastfood-Lokale. Nördlich der französischen Konzession liegt **Xintiandi**, ein vor kurzem renovierter Komplex im Stil der „Alten Welt" mit schicken Cafés und Restaurants, die allerdings mehr wie ein kulinarischer Themenpark für Yuppies anmuten.
1221, 1221 Yan'an Xi Lu. Etwas abseits gelegen; Anfahrt am besten mit dem Taxi oder mit dem Bus Nr. 71, der direkt vor der Tür hält. Eines der besten und kreativsten Restaurants mit Shanghaier Küche in der Stadt mit einem gemischten Publikum aus Einheimischen und ausländischen Bewohnern. Ausgezeichnetes mariniertes Hühnchen und kross gebratene Duftente *(xiang su ya)*, ebenso hervorragende Zwiebelkuchen.
1931, 112 Maoming Nan Lu, nur wenig südlich der Huaihai Zhong Lu. Schmackhafte Mischung der Küchen Shanghais, Japans und Südostasiens zu vernünftigen Preisen, üppige Portionen.
Badlands Tex-Mex, Yan'an Lu, gegenüber dem Ausstellungszentrum Shanghai. Mittags sowie abends gutes und preiswertes mexikanisches Buffetessen.
Ding Xiang Garden, 849 Hua Shan Lu, ✆ 6251 1166. Bestes kantonesisches Restaurant der Stadt, hübsches Ambiente, mittags leckere Dim Sum, abends kann man bei wärmerem Wetter im Garten speisen – eine Seltenheit für ein kantonesisches Restaurant. Für ein Abendessen inkl. Getränke ist mit ca. ¥120 p.P. zu rechnen. Reservierung empfohlen.
Frankie's Place, 1477 Gubei Nan Lu. Schmackhafte Gerichte aus Singapur, u.a. Currys und gegrillter Rochen zu bezahlbaren Preisen.
Freundschaftsrestaurant, im Ausstellungszentrum Shanghai. Chinesische, westlichen Gaumen angepasste Speisen. Bei ausländischen Bewohnern Shanghais beliebt.
Fulin Xuan, 37 Sinan Lu, zwei Straßen südlich der Huaihai Lu. Großes kantonesisches Restaurant unter macau-chinesischer Leitung mit englischer Speisekarte und einem guten Ruf unter Einheimischen. Die Abalonen und Haifischflossen schmecken fast wie in Hongkong. Gerichte meist um die ¥100.
Gap, 127 Maoming Nan Lu, etwas nördlich der Huaihai Zhong Lu; Filialen: 8 Hengshan Lu, nahe Wulumuqi Nan Lu, und 8 Zunyi Lu, beim *Freundschaftsladen* in Hongqiao. Shanghaier Restaurantkette mit inzwischen sechs Filialen, spezialisiert auf Fisch und Meeresfrüchte, aber auch die Dim Sum sind nicht schlecht. Das Lokal in der

Maoming Nan Lu lockt zusätzlich jeden Abend mit Live-Musik und Modeschauen.

Park 97, am westlichen Rand des Fuxing Park, drei Straßen südlich der Huaihai Lu. Beste Tapas-Bar in Shanghai. Große Portionen zu vernünftigen Preisen, außerdem Pizza. Der Brunch am Wochenende und die wöchentliche „Schoko-Bar" sorgen für Abwechslung. Am Abend wird die Bar zu einem der angesagten Treffpunkte der Stadt.

Sasha's, 9 Dong Ping Lu, Ecke Hengshan Lu, ✆ 64746166. Gute kontinental-europäische Küche in ansprechender Atmosphäre in einem herrschaftlichen Holzgebäude. Am preiswertesten ist das Mittagsmenü für ¥99. Reservierung empfohlen.

Shintori, 288 Wulumuqi Nan Lu, der Straßen südlich der Hengshan Lu, ✆ 64672459. *Nouvelle Cuisine* aus Japan mit einem *Keiseki*-Buffet für ca. ¥300–400, unterhaltsam präsentiert und sehr schmackhaft. Reservierung empfohlen.

Simply Thai, 5-C Dong Ping Lu. Bestes Thai-Restaurant der Stadt, vielfältiges Angebot, beeindruckender Service, hübscher Außenbereich, gut und preiswert. Empfohlen seien der kurz gebratene Spargel an Fischkuchen und als Nachtisch *tub kim krob* (Kokosnuss-Sirup).

Shu Di La Zi Yu Guan, 187 Anfu Lu, Ecke Wulumuqi Zhong Lu. Sehr gute Sichuan- und Hunan-Küche, lohnend u.a. *mala dofu* und Pfefferhuhn. Englische Speisekarte, nicht zu teuer.

Tandoor, im neuen Südflügel des *Jinjiang Hotel*, etwas nördlich der Kreuzung Huaihai Lu, Maoming Lu, ✆ 64725494. Erstklassiges, aber sehr teures indisches Essen für ca. ¥150–250 p.P. inkl. Getränke, mittags gibt es allerdings auch ein Menü für ¥96. Reservierung empfohlen.

Tony Roma's, Shanghai Centre, neben dem *Portman Ritz-Carlton*. Das wohl amerikanischste Lokal in ganz China. Berühmt für seine Spareribs und Barbecue-Soße, aber recht teuer.

Xu's Dumpling House, Nr. 1, Lane 142, von der Xinle Lu um die Ecke gelegen. Winzige Einrichtung mit u.a. ausgezeichneten, preiswerten *jiaozi*.

Yangzhou, 72 Nanjing Xi Lu. Reger Andrang von Einheimischen um die Shanghaier Spezialitäten aus dem Meer. Hervorragend schmeckt u.a. *ju hua xie* (Chrysanthemen-Krebs).

Altstadt: Die Umgebung des Yu Yuan ist seit jeher eine gute Gegend, um in der entspannten Atmosphäre einer Imbissbar *xiao long bao* und ähnliche kleine Mahlzeiten zu sich zu nehmen. Die Qualität ist in der Regel hervorragend und die Preise sind sehr niedrig; einziger Nachteil sind die langen Warteschlangen, die sich während der Hauptessenszeiten zwischen 11.30 und 13.30 sowie nach 17.30 Uhr bilden. In den Gassen um den Yu Yuan ist die Auswahl reichlich, am besten ist vielleicht:

Hubin Mei Shilou, nahe dem Eingang zum Yu Yuan, serviert schmackhafte *changsheng zhou* (Suppe für ein langes Leben) aus süßen Bohnen.

Lao Fandian (Altes Restaurant), Fuyou Lu, etwas nördlich des Yu Yuan. Gehört zu den berühmtesten Restaurants der Stadt und bietet einheimische Küche zu allerdings etwas überzogenen Preisen.

Lübolang (Grüne Welle), in unmittelbarer Nachbarschaft des Huxinting, mit einem vielfältigen Angebot an Knödeln und Nudelgerichten.

Für den kleinen Hunger zwischendurch empfehlen sich die Stände, die den westlichen Rand des Yu-Yuan-Markts säumen und Satay, Nudeln und Maiskolben anbieten.

CAFÉS, BÄCKEREIEN UND FASTFOOD-LOKALE – Ein gutes **Frühstück** zu bekommen, ist das einzige Problem, auf das man in Shanghai stoßen könnte. Am besten sind die guten, aber sehr teuren (¥100–150) Frühstücksbuffets der meisten Luxushotels und die ausgezeichneten japanischen und chinesischen Bäckerein entlang der Huaihai Zhong Lu und der Nanjing Dong Lu. Eine Alternative wäre das Aufspüren einer *Starbucks*-Filiale.

Preiswerte **Imbisskost** ist praktisch in jedem Stadtteil und zu jeder Tages- und Nachtzeit zu bekommen – empfehlenswert ist *xiao long bao*, eine hiesige Spezialität.

Die meisten Hotels unterhalten respektable Restaurants, in denen morgens und mittags **Dim Sum** serviert werden.

In großem Stil haben sich inzwischen westliche Fastfood-Ketten in Shanghai niedergelassen, so dass kein Mangel an *McDonald's*, *Pizza Hut* und vor allem *KFC* herrscht – letztgenanntes Unternehmen ist mit sage und schreibe 51 Filialen vertreten.

Im Unterschied zu vielen anderen Chinesen sind die Bewohner Shanghais für ihre Schwäche für Süßes bekannt, eine Leidenschaft, die mehr als **1800 Bäckereien**, **Cafés** und **Konditoreien** – eine Tradition aus der Zeit der internationalen Niederlassungen – mit über 2 t an verkauftem Gebäck und Konfekt pro Woche zu befriedigen suchen. Ergänzend zur folgenden Liste sei auch auf die diversen Nennungen entsprechender Lokale weiter oben unter „Restaurants" hingewiesen.

Always, 1528 Nanjing Xi Lu. Eine lokale Institution und vor allem wegen des billigen, von 11.30 bis 17 Uhr servierten Mittagsmenüs für nur ¥20 inkl. unbegrenzt Kaffee überaus beliebt.

Bonomi, Rm 112, Erdgeschoss im Shanghai Centre, auch 1376 Nanjing Xi Lu, Rm 226; 12 Zhongshan Dong Yi Lu (am Bund); 242 Fuyou Lu. Einheimische Lokalkette mit Kaffee und Gebäck.

Cloud 9, *Grand Hyatt Pudong*, Jin Mao Tower, Pudong. Höchstes Café Chinas, das bei grandioser Aussicht u.a. asiatische Snacks, Cocktails und Kaffee serviert.

Deda Xicanshe, Sichuan Lu, etwas südlich der Nanjing Dong Lu. Klassische Cafébar, die für ihre Schokobrötchen und ähnliches Gebäck berühmt ist und auch westliche sowie japanische Speisen anbietet.

Manabe, 85 Huating Lu, 638 Huashan Lu und 1005 Huaihai Zhong Lu. Gehobene taiwanische Kette mit Raucher- und Nichtraucher-Bereichen sowie einer immensen Auswahl verschiedener Kaffees, die per Bild ausgewählt werden können.

Starbucks, 1376 Nanjing Xi Lu; House 18, North Block Xintiandi und 189 Nanjing Xi Lu. Gut für das Frühstück, mit allem was die Kaffee-Kolonisatoren üblicherweise bieten.

Subway, 479 Nanjing Dong Lu; 555 Biyun Lu; 268 Shui Cheng Nan Lu. Teure, aber sättigende Sandwiches.

U and I, 108 Daming Lu. Frühstücksmenü nach westlichem Geschmack für ¥16, einziges erschwingliches Lokal dieser Art nahe dem *Pujiang Hotel*.

Nachtleben

Shanghai besitzt ein pulsierendes Nachtleben, allerdings schmücken sich viele Lokale mit dem zweifelhaften Charme des leicht Schäbigen.

Bars westlichen Stils gibt es zuhauf, vor allem in der Umgebung der Huaihai Lu, und in fast allen werden auch Speisen angeboten, einige haben zudem eine Tanzfläche. In den Straßen nördlich der Huaihai Lu und südlich der Yan'an Zhong Lu, insbesondere in der Julu Lu und Maoming Lu, findet man die größte Konzentration an Bars in der Stadt, kleinere Ansammlungen auch in der Umgebung der Fudan-Universität und der Hengshan Lu. Die Auswahl an Getränken in Shanghaier Bars lässt keine Wünsche offen, das Bier wird jedoch in der Regel in Flaschen gereicht und nicht gezapft, und die Preise sind nicht gerade billig: mit ¥30–60 pro Getränk ist in den meisten Lokalen zu rechnen, was weit über dem liegt, was man in vielen Restaurants zahlt. Wer chinesischen Rock hören möchte, findet ein großes Angebot an **Live-Musik**, allerdings ist die Qualität sehr variabel. Für Informationen über Veranstaltungen und die neuesten Bars empfiehlt sich eine aktuelle Ausgabe der englischsprachigen Zeitschrift *That's Shanghai* (s.S. 478, Informationen).

BARS UND CLUBS – ***Asia Blue***, 18 Gao Lan Lu, nahe der Sinan Lu. Schwulenbar, in der auch Heteros gerne willkommen sind. Wird von einer berühmten Shanghaier Drag Queen und dessen Partner geleitet. Getränke um die ¥30. ⏲ tgl. 20–2 Uhr.

Buddha Bar, 172 Maoming Nan Lu. Zur Zeit der Recherche die angesagteste Lokalität der Stadt. Stimmungsvolles, rotes Licht und buddhistische Statuen lassen das Ganze wie ein Bordell in einem Tempel erscheinen. Für bequemes Beobachten stehen komfortable Sitzgelegenheiten zur Verfügung. Um hier zu reüssieren, ist eine gehörige Portion Eitelkeit und Selbstbewusstsein vonnöten, aber daran scheint kein Mangel zu herrschen. Ausgelassenes Treiben die ganze Nacht über zu hypnotischem Trance. Getränke ca. ¥30. ⏲ tgl. 21–2, an Wochenenden bis 7 Uhr.

Café Vivante, 82 Maoming Nan Lu, etwas südlich der Huaihai Zhong Lu. Intimes, rund um die Uhr geöffnetes Café inmitten eines lebendigen Ausgehviertels. Gut, um sich von der Szene zu erholen.

California, 2 Gao Lan Lu (im Fuxing-Park). Nobler Nachtclub mit ebensolchen Gästen, die nicht selten den (gelangweilten) Eindruck erwecken, als gehöre ihnen das Lokal. Am späteren Abend lockert sich die Stimmung. ◷ Mo–Do und So 19–2, Fr und Sa ab 21 Uhr bis spät in die Nacht.

Cotton Club, 1428 Huaihai Zhong Lu. Beste Adresse, um Live-Jazz und -Blues zu hören. Allabendlich außer montags Auftritte, obligater Zwischenstopp für große Namen auf Tour, gelegentlich darf sich auch das Publikum auf der Bühne produzieren. ◷ tgl. 19.30–2 Uhr, Eintritt ¥25–100.

Face, *Ruijin Guesthouse,* 118 Rui Jin Er Lu. Einzige Hotelbar, die das Prädikat „cool" verdient. Den Cocktail, der in seiner billigsten Variante ¥55 kostet, sollte man nicht zu schnell schlürfen, um in aller Ruhe den Blick über die betriebsame, illustre Gästeschar sowie das alte Shanghaier Ambiente schweifen lassen zu können. ◷ tgl. 14–2 Uhr.

George V, 1 Wulumuqi, gegenüber vom US-Konsulat. Entspannte, ausgelassene Atmosphäre. Billard, Dartboard und *Boddington's* vom Fass, dazu 3x wöchentl. Jazz, außerdem einmal pro Woche R&B und klassische Violinenkonzerte. ◷ Mo–Fr 9–2, Sa und So 18–2 Uhr.

Goodfellas, 907 Julu Lu. Eine von zahlreichen, intimen und freundlichen Bars der Umgebung mit preiswertem Bier. ◷ tgl. 14–2 Uhr.

Goya, 359 Xin Hua Lu. Kultivierte Martini-Bar mit bequemen Sofas und 50 verschiedenen Martinis zur Auswahl. ◷ tgl. 19–2 Uhr.

Judy's Too, 176 Maoming Nan Lu. Deutsches Bier vom Fass, dazu Speisenangebot und Discobetrieb. Mi Latin, Do Retro, Fr und Sa Disco pur. ◷ tgl. 18–2 Uhr.

O'Malley's, 42 Tao Jiang Lu. Typisch verkitschtes Irish Pub, das neben den üblichen ausländischen Verdächtigen auch eine stattliche Anzahl Einheimischer anlockt. ◷ tgl. 11–2 Uhr.

Peace Hotel Jazz Bar, Bund, Ecke Nanjing Dong Lu. Düstere, große Lokalität im Nordgebäude des *Peace Hotel,* deren legendäre acht Mann starke Tanzkapelle hier bereits in den 30er Jahren spielte, bevor sie während der Kulturrevolution verfemt war, um schließlich in hohem Alter noch einmal zu Ruhm und Ehre zu gelangen. Die jüngeren Nachfolger spielen heute achtbare Instrumentalversionen beliebter Titel von Fats Domino und Elvis Presley, zu deren nostalgischen Rhythmen wohl beleibte Touristen im alten Ambiente das Tanzbein schwingen und Cocktails schlürfen. ◷ tgl. 20–1.30 Uhr, Eintritt ¥60.

Pegasus, 2. Etage, Golden Bell Plaza, 98 Huai Hai Zhong Lu. Bester der großen Clubs. Schräge Einrichtung, Gast-DJs aus dem Westen. Getränke ¥25, ◷ Mo und Di geschlossen, ansonsten bis 2 Uhr, an Wochenenden länger.

Real Love, 10 Heng Shan Lu, im Promenade-Komplex. Alteingesessene Disco, nicht ganz so angesagt wie in früheren Zeiten, daher vielleicht inzwischen auch billigerer Eintrittspreis von ¥40. Frauen haben Mo und Mi freien Eintritt. ◷ tgl. 20–2 Uhr.

Shanghai Sally's, Sinan Lu, Ecke Xiangshan Lu, gegenüber vom ehemailigen Wohnhaus Sun Yatsens (südlich der Huaihai Lu). Versucht sich britisch zu geben und hält hierfür Billard, Pool, alte Poster und teure Getränke (*Guinness* ¥55) bereit. Die nach U-Bahn-Motiven gestaltete Disco ***Underground*** darunter besitzt eine entsprechend kühle Atmosphäre. ◷ Di–Sa ab 16, So ab 11 Uhr bis spät in die Nacht.

Tequila Mama, 24 Ruijin Lu, etwas südlich der Huaihai Lu. Mexikanisch angehauchte Bar/ Dance Club mit oftmals mäßiger Musikauswahl, dafür aber häufigen Sonderpreisen für Getränke – zur Zeit der Recherche gab es vor 21 sowie nach 1.30 Uhr Bier sogar umsonst. Wer mehr als einmal hierher kommt, sollte sich ernsthafte Gedanken über sein Leben machen. ◷ Mo–Do und Fr–So 19–2 Uhr.

Windows Too, J104, Jingan Si Plaza, 1699 Nanjing Xi Lu, nahe der Hua Shan Lu. Bier für ¥10, laute Musik, entspannte Atmosphäre, lange Öffnungszeiten. Nicht sehr schick, dafür umso ausgelassener. ◷ tgl. 6.30–2 Uhr.

Unterhaltung und Kultur

In Shanghai, so drängt sich der Eindruck auf, geht es vor allem um Konsum, und da ist für Kultur kein Platz. Es existiert jedoch durchaus eine Art Kulturszene, die sich vor allem durch Kinos, die ausländische und chinesische Filme zeigen, sowie ein breites Angebot an Theaterformen, darunter Oper, Schauspiel, Tanz, Akrobatik und

Puppenspiel, manifestiert. Das Veranstaltungsprogramm kann den fremdsprachigen Stadtmagazinen entnommen werden (s.S. 477, Informationen), darüber hinaus ist auch das *CITS* (s.S. 478, Reisebüros) bei der Suche in einheimischen Zeitungen behilflich. In den meisten Fällen ist es sinnvoll, Karten vorab direkt am Veranstaltungsort (vorzugsweise mit einem in Chinesisch ausgeschriebenen Kartenwunsch) zu kaufen oder sich gegen Gebühr über das *CITS* besorgen zu lassen. Mitunter und mit etwas Glück sind Karten auch an den Abendkassen erhältlich.

JAZZ – Die beliebtesten Adressen für Jazz sind der ***Cotton Club,*** das ***Jingan Hotel,*** 371 Huashan Lu, sowie die touristische ***Peace Hotel Jazz Bar***.

KINO – Shanghai besitzt zahlreiche Kinos, von denen viele aus der Zeit vor 1949 stammen, die meisten ausländischen Filme werden jedoch in einer chinesischen Synchronfassung gezeigt. Inzwischen wächst aber die Zahl der Kinos, in denen es Filme in Englisch zu sehen gibt; dazu gehören:

Shanghai Film Art Centre, 160 Xinhua Lu, ✆ 6280 4088. Regelmäßig kommen hier die neuesten Kassenschlager aus Amerika auf die Leinwand.

Yong Le Gong (Paradise Theatre), 308 Anfu Lu, ✆ 64312961, zeigt künstlerisch Anspruchsvolleres.

In vielen Bars finden regelmäßig „Filmabende" statt; Informationen hierüber enthält der Veranstaltungskalender in *That's Shanghai.*

KLASSIK – ***Jingan Hotel Auditorium,*** 371 Huashan Lu, ✆ 62481888, App. 687, jeden Freitagabend Kammerkonzerte für ¥20.

Musikkonservatorium Shanghai, 20 Fenyang Lu, südlich der Huaihai Lu und unweit der U-Bahnstation Changshu Lu. 1927 als Lehreinrichtung für junge Musiktalente gegründet und bis heute Ausbildungsstätte für viele der Wunderkinder Chinas. Konzerte finden jeden Sonntag gegen 19 Uhr statt. Zum Kartenverkauf geht es hinter dem Haupteingang sofort nach rechts und weiter bis zu einer Anschlagtafel, von dort in die 3. Etage im gegenüberliegenden Gebäude. Es empfiehlt sich, die mit nur wenigen Yuan extrem billig bemessenen Karten bereits einen oder zwei Tage vor Veranstaltung zu besorgen. Chinesischsprechende Besucher können unter ✆ 64310334 Informationen erhalten.

Shanghai Concert Hall, 523 Yan'an Dong Lu, ✆ 64604699, ebenfalls klassische Konzerte.

THEATER – ***Grand Theatre,*** 300 Renmin Da Dao. Shanghais stattlicher, neuer Glaspalast für Ballett, Oper, Schauspiel und Klassikkonzerte ist nach Plänen jener Architekten entstanden, die bereits die Pariser Opéra de la Bastille entworfen haben, und hegt keine geringeren Ambitionen als zu einem Haus von Weltruf zu werden. In Anbetracht jüngerer Produktionen erscheint dieses Ziel noch nicht einmal zu hoch gesteckt. Der Komplex umfasst außerdem zwei kleinere Theater für chinesische Opern und Kammerkonzerte. Kartentelefon ✆ 63728701 oder 63723833.

Shanghai Centre, Nanjing Xi Lu, ✆ 62798663, beherbergt ein riesiges, neues Mehrspartenhaus für Konzerte, Ballett, Oper und Akrobatik-Shows von internationalem Rang. Der allabendliche Auftritt der berühmten **Akrobatentruppe** Shanghais ist ein grandioses Spektakel aus Bodenakrobatik, Jonglierkunst, Clowneinlagen, Zaubervorführungen und Tiernummern, bei denen sich westliche Betrachter an eine Zirkusvorstellung erinnert fühlen werden. Einige der Kunststücke wie Schwertschlucken, Feuerspeien und die beeindruckenden Balanceakte wurden bereits zu Zeiten der Han-Dynastie entwickelt, andere bedienen sich kitschigen Beiwerks wie Motorräder, aufwendige Kostüme oder gar eines Auto fahrenden Pandabären. Eintrittskarten kosten pro Vorstellung ¥70 und sind am Schalterfenster draußen am Theater für denselben Tag oder bis zu drei Tage im Voraus vom Verkaufsschalter vor dem Shanghai Centre erhältlich; ◷ tgl. 9–20 Uhr, Vorstellungsbeginn 19.30 Uhr. Auch an verschiedenen anderen Spielstätten werden westliche und chinesische Opern gezeigt:

Grand Stage Theatre, 1111 Cao Xi Bei Lu, ✆ 64384952. Gelegentlich Aufführungen traditioneller chinesischer Opern und Theaterstücke.

Lan Xin Theater (auch als Lyceum-Theater bekannt), Changle Lu, Ecke Maoming Lu, gegenüber dem *Jinjiang Hotel,* ✆ 62178530, stammt noch aus der Kaiserzeit und zeigt westliche sowie chinesische Opern, mitunter finden auch **Magier-Shows** statt. Als Außenposten kolonialer Kultur und Sitz der British Amateur Dramatic Society war das Theater bis 1933 Aufführungsort von überaus beliebten Revuen.

Tianchan Yifu Theater, 701 Fuzhou Lu (Südseite), eine Straße östlich des Volksparks, zeigt 2x tgl. eine chinesische Oper, sonntags eine Matinee mit einer Peking-Oper. Vorstellungen 13.30 und 19.15 Uhr, Karten ¥20–100. Wer der chinesischen Sprache mächtig ist, kann sich unter ✆ 63514668 informieren.

WEITERES – ***Great World Entertainment Centre***, 1 Xizang Nan Lu, wenig südlich der Hochtrasse der Yan'an Dong Lu, bietet von allem etwas und ist in dieser Hinsicht unschlagbar. Der von einem charakteristischen weißen und beigefarbenen Turm überragte Vergnügungspalast umfasste bei seiner Eröffnung in den 20er Jahren einen noch größeren Gebäudekomplex, in dem jede nur erdenkliche Form der Unterhaltung geboten wurde. Heute gibt es noch vier Etagen mit jeweils zwei Veranstaltungssälen und einen zentralen Hof mit einer Freilichtbühne. Treppen führen in alle Himmelsrichtungen. Eine davon soll an ihrem Ende eine Tür ins Nichts gehabt haben, um bankrotten Spielern am Ende eines unglückseligen Abends den Sturz in den Tod zu ermöglichen. Neben so profanen Vergnügungen wie Autoscooter, Billard, Bowling, Videospielen und den Gang durch ein Spiegelkabinett laufen gleichzeitig verschiedene Veranstaltungen – eine Peking-Oper, ein Puppenspiel, mindestens eine Filmvorführung, Talentshows, Popkonzerte, Discoveranstalungen, und auf der Hauptbühne wird durchgehend ein Programm von Akrobaten, Clowns und Unterhaltungskünstlern geboten. Besucher können nach Belieben von einem Spektakel zum nächsten wandern. ⌚ tgl. 9–20.30 Uhr, ¥20 für den gesamten Komplex.

Einkaufen

Zwar kann Shanghai noch nicht mit Städten wie Hongkong oder Bangkok als Einkaufsparadies konkurrieren – schlichtweg, weil die importierten Waren hier viel teurer sind –, durch die Belebung alter Shanghaier Handwerks- und Handelstraditionen gibt es jedoch inzwischen eine Reihe von Waren, die den Kauf lohnen.

ANTIQUITÄTEN, KUNST UND KUNSTHANDWERK – Auch die Suche nach Antiquitäten kann lohnende wie preiswerte Resultate zu Tage fördern. Die beiden Antiquitätenmärkte in der Dongtai Lu und in der Fuyou Lu in der Altstadt sind die besten Adressen, allerdings sollte man sich darüber im Klaren sein, dass das meiste nicht echt ist. Wer nicht gerne handelt, ist vielleicht in einem der staatlichen Antiquitätenläden besser aufgehoben.

Bai Fu Stationery Store, 428 Fuzhou Lu. Umfangreiches Angebot an Schreibgerät, Papier, Kalligrafiepinsel und anderen Artikeln. ⌚ tgl. 9–17.30.

Duoyun Art Gallery, Nanjing Dong Lu, etwas westlich der Shanxi Lu. Gute Adresse für chinesische Kunst. Weitere Galerien gibt es entlang der Maoming Bei Lu, wenig nördlich der Yan'an Zhong Lu. Neben z.T. prachtvollen Bildrollen (Aquarelle und Kalligrafie) findet man hier auch Kunstbücher und sämtliches Handwerkszeug, um traditionelle chinesische Kunst in Eigenproduktion herzustellen.

G. E. Tang Antique and Curio Shop, Hauptgeschäft 85 Dongtai Lu. Privates und preiswertes Geschäft, in dem es sehr schöne restaurierte chinesische Möbel und andere größere Stücke gibt.

Shanghai Antique and Curio Store, 218–226 Guang Dong Lu. Größter der staatlichen Antiquitätenläden mit einer stattlichen Auswahl an modernem Kunsthandwerk und z.T. recht großen Antiquitäten.

BEKLEIDUNG UND TEXTILIEN – Allen voran sei **maßgeschneiderte Kleidung** genannt. Bedingt durch niedrige Arbeits- und Materialkosten können Schneider Kostüme, Anzüge, Hemden, Jacken, Hosen usw. 20% oder noch billiger als ihre Kollegen in der Savile Row bei oftmals ebenso hoher Verarbeitungsqualität anbieten. Englisch wird allerdings selten gesprochen, weshalb es sich empfiehlt, in chinesischsprachiger Begleitung vorstellig zu werden. Zu den besten Schneiderwerkstätten gehören ***Aijian***, 45 Xianggang Lu, etwas westlich vom Bund, ✆ 63299993; 454 Handan Lu, im Norden der Stadt nahe dem Wujiaochang (Platz der Fünf Ecken); und Nr. 3 Lane 471 Miyun Lu in Hongkou, ✆ 65523473.

Bei **Konfektionsware** möchte Shanghai nicht länger hinter Hongkong zurückstehen. Einige der billigen (aber qualitativ guten) Hongkonger Markenläden wie die Kette *Giordano* sind in der Stadt vertreten, allerdings könnten kräftiger gebaute Besucher aus dem Westen auf Schwierigkeiten stoßen, etwas Passendes zu finden. Jeden Abend findet in der Huashan Lu, in Nachbarschaft des Wujiaochang im Norden der Stadt, unweit von Fudan, ein **Nachtmarkt** mit einer riesigen Auswahl an preiswerten (und qualitativ akzeptablen) Bekleidungsartikeln und Souvenirs statt. Anfahrt vom Zentrum mit den Bussen Nr. 55 oder Nr. 910 vom Bund.

Waren aus **Seide**, insbesondere traditionelle chinesische Frauengewänder, können ebenfalls günstig erstanden werden. Gute Adressen hierfür sind die Kaufhäuser wie z.B. das monumentale, aber schlichte ***Kaufhaus Nr. 1***, Nanjing Lu, Ecke Xizang Lu, oder die teureren und weitaus edleren Warenhäuser in der Huaihai Lu sowie die Shanghaier Dependance des französischen Kaufhauses ***Printemps***, Ecke Shaanxi Lu, und das japanische Kaufhaus ***Huating-Isetan***, gleich östlich der Chengdu Lu.

Einen Besuch lohnt in jedem Fall immer der ***Freundschaftsladen***, 40 Beijing Lu, nahe dem *Peace Hotel*, wo es neben allen möglichen Seide- und Bekleidungsartikeln auch jede Menge Lederwaren, Kunst und Kunstgewerbe, chinesische Arzneien, Lebensmittel und Gebrauchsgegenstände gibt. ◷ tgl. 9–22 Uhr.

BÜCHER – ***Foreign Language Bookstore***, 390 Fuzhou Lu, ist mit Abstand die beste englischsprachige Buchhandlung der Stadt und bietet eine umfassende Auswahl. Um die Ecke, 201 Shandong Zhong Lu, gibt es übersetzte chinesische Literatur. ◷ tgl. 9–17.30 Uhr.

Die meisten anderen Läden entlang der **Fuzhou Lu** (die in Anbetracht ihrer zahlreichen Buchhandlungen den Spitznamen „Bücherstraße" trägt) haben kaum ausländische Bücher. Taschenbücher und Zeitschriften aus dem Westen findet man in allen großen Hotels sowie im *Freundschaftsladen*.

Sonstiges

AMT FÜR ÖFFENTLICHE SICHERHEIT (PSB) – 210 Hankou Lu, nahe der Henan Zhong Lu. Für Visaverlängerungen ist das Büro, 333 Wusong Lu, zuständig; ◷ tgl. 8.30–11 und 14–17 Uhr.

DIPLOMATISCHE VERTRETUNGEN – **Deutschland**, Generalkonsulat, 18th floor, New Century Plaza, 188 Wujiang, ✆ 62172884, 📠 62714650.
Österreich, Generalkonsulat, 3F, Qi Hua Tower, 1375 Huai Hai Zhong Lu, ✆ 64740278, 📠 6471 1554.
Schweiz, Generalkonsulat, 22F Building A, Far East International Plaza, 319 Xianxia Lu, ✆ 6270 0519, 📠 62700522.

FAHRRÄDER – Im dichten Gedränge der Straßen Shanghais ist es nur Einwohnern gestattet Rad zu fahren. Wer mit dem Rad unterwegs ist, wird wohl nicht angehalten werden, eine Vermietstation werden Besucher jedoch nicht finden.

FUSSBALL – Der Shanghaier Fußballklub Shenhua war 1996 chinesischer Meister und in den Jahren von 1997 bis 1999 Vizemeister. Austragungsort der jeden 2. Sonntag um 15.30 Uhr beginnenden Saisonspiele (im Winter) ist das prachtvolle, 35 000 Zuschauer fassende Hongkou-Fußballstadion, 444 Dongjianwan Lu, im Norden der Stadt. Eintrittskarten kosten ¥30 und sind am Spieltag vor Ort erhältlich.

GELD – Reiseschecks können in den meisten Hotels gewechselt werden, außerdem in allen Filialen der ***Bank of China***; Zentrale, 23 Zhongshan Lu, neben dem *Peace Hotel* am Bund, ◷ Mo–Fr 9–12 und 13.30–16.30, Sa 9–12 Uhr. Gleich daneben gibt es einen Geldautomaten der ***Citibank*** mit 24-Std.-Betrieb.
American Express, Rm 206, Shanghai Centre, 1376 Nanjing Xi Lu, ✆ 62798082, ◷ Mo–Fr 9–17.30 Uhr.

INFORMATIONEN – **Telefonische Touristeninformation** in Englisch, ✆ 62520000, tgl. 8–22 Uhr. Information am **Hongqiao Airport**, ✆ 62688899, App. 56750, tgl. 10–21.30 Uhr.

Der **Informationskiosk** am nördlichen Zugang zur U-Bahn am Volksplatz bietet kostenloses Kartenmaterial, Broschüren und Hilfestellung in Englisch. Ein etwas älterer Mitarbeiter spricht ausgezeichnet Englisch und ist eine gute Informationsquelle für die neueren architektonischen Sehenswürdigkeiten Shanghais.
Ein unentbehrlicher Wegweiser durch den Wust aktueller Veranstaltungen ist das hervorragende, kostenlose und von ausländischen Bewohnern Shanghais herausgegebene, englischsprachige Monatsblatt **That's Shanghai**, 💻 www.thatsshanghai.com, das in den meisten Hotels, Bars und gehobenen Restaurants ausliegt. Ähnliche und ebenfalls recht brauchbare Publikationen sind *ShanghaiScene* und *Shanghai Talk.* Dieselbe Art von Informationen ist online unter 💻 www.shanghai-ed.com abrufbar. Auch die Website 💻 www.shanghaiguide.com ist brauchbar.
Unter der Ägide der Tourismusbehörde erscheinen die englischsprachigen Zeitungen *Travel China: Shanghai Edition* und *Shanghai Today,* die sich beide mehr dem tagespolitischen Geschehen widmen und weniger eine Auflistung von Restaurants und Vergnügungsmöglichkeiten bieten. Darüber hinaus gibt es verschiedene, auf Hochglanzpapier gedruckte, englischsprachige **Stadtpläne** mit Informationen zu Straßen und Sehenswürdigkeiten. Dazu gehört u.a. die *Shanghai Official Tourist Map,* die über Werbung finanziert wird und in Hotels sowie in der U-Bahnstation am Volksplatz kostenlos zu bekommen ist. Erhältlich ist außerdem ein Linienplan der öffentlichen Verkehrsmittel, allerdings sind die Straßen nur in Chinesisch angegeben. Ansonsten gibt es englischsprachiges Kartenmaterial in den großen Hotels, Buchhandlungen sowie am Touristenkiosk am nördlichen Rand des Volksplatzes. Chinesische Stadtpläne werden allerorten von Straßenverkäufern feilgeboten.

INTERNET – ***Bibliothek Shanghai,*** 1555 Huaihai Zhong Lu. Im Untergeschoss der Bibliothek wird der wohl preiswerteste Internet-Zugang der Stadt angeboten; ¥6/Std., 🕒 tgl. 8.30–20 Uhr, Ausweis mitbringen. ***Shanghai Bookstore,*** Obergeschoss, 465 Fuzhou Lu, 🕒 Mo–Fr 9.30–18.30, Sa und So 9.30–19 Uhr, ¥14/Std.
Hong Tai, Obergeschoss, 507 Sichuan Zhong Lu, 🕒 tgl. 13–22.30 Uhr, ¥18/Std.
Worldwide Network Club, 555 Jiangsu Lu, 🕒 tgl. 8–24 Uhr, ¥12/Std.
Möglichkeiten ins Internet zu gehen bestehen auch an der Fudan-Universität sowie an anderen Hochschulen – am besten erkundigt man sich bei Studenten, da ständig neue Einrichtungen öffnen.

MEDIZINISCHE HILFE – Eine Reihe von städtischen Krankenhäusern verfügt über gesonderte Einrichtungen für Ausländer, u.a. das ***Huadong-Krankenhaus,*** 221 Yan'an Xi Lu, 📞 62483180, und das ***Hua-Shan-Krankenhaus,*** 19. Etage, 12 Wulumuqi Lu, 📞 62489999.
World Link Medical and Dental Centres, Suite 203, Shanghai Centre, 1376 Nanjing Lu, 📞 6279 7688. Beste, wenngleich teure medizinische Betreuung für ¥700 pro Konsultation. *World Link* unterhält eine Zweigstelle in Hongqiao nahe dem Flughafen, 778 Hong Xu Lu, 📞 6405 5788.

POST – Die **Hauptpost** ist in einem stattlichen Art-déco-Gebäude aus der Jahrhundertwende am Suzhou-Kanal, 1761 Sichuan Lu, untergebracht. Sehr effizienter Paketdienst, per Express erreichen Päckchen ihren Bestimmungsort in Übersee innerhalb von zwei Tagen. **Postlagernde Sendungen** (Poste restante) gibt es im gegenüberliegenden Gebäude, Bei Suzhou Lu. Auf kleinen Pappstücken wird dort jede einzelne Sendung vermerkt und dann in einen Aushängekasten nahe dem Eingang eingestellt. Beide 🕒 tgl. 9–17 Uhr. Postfilialen sind über die ganze Stadt verstreut, günstig gelegen u.a. in der Nanjing Donglu, Huaihai Zhong Lu, im Portman Centre sowie nahe dem Fährableger am Huangpu, Jinling Don Lu, Ecke Sichuan Bei Lu.
Die meisten Hotels, u.a. das *Pujiang,* nehmen Sendungen an und lagern sie.

REISEBÜROS – ***CITS,*** 66 Nanjing Dong Lu, nicht weit vom *Peace Hotel,* 📞 63233384, 📠 63290295. Bietet gegen eine geringe Gebühr gute Hilfe bei der Beschaffung von Fahrkarten und Eintrittskarten für Veranstaltungen. Eine Filiale in der 1277 Beijing Xi Lu, 📞 62898899, eine weitere (nur Verkauf von Eintrittskarten) nahe dem Bund,

2 Jinling Dong Lu, gegenüber der Verkaufsstelle für Schiffskarten. Alle ⌚ tgl. 8.30–11.30 und 13–16.45 Uhr.
Die meisten, wenn nicht gar alle **Hotels** verfügen über Einrichtungen, die dieselben Dienste anbieten.

TELEFON – Internationale Telefongespräche lassen sich am bequemsten und billigsten mit einer Telefonkarte tätigen, die es in Hotels und an Straßenständen zu kaufen gibt; ansonsten in der 2. Etage der Hauptpost, 1761 Sichuan Bei Lu, oder in der Niederlassung von *China Telecom,* 30 Nanjing Dong Lu, nahe dem Peace Hotel ⌚ 24 Std.

VORWAHL – 021

Nahverkehrsmittel

BUSSE – Die überall verkehrenden Stadtbusse haben drei entscheidende Nachteile: Sie sind hoffnungslos überfüllt, vor allem im morgendlichen und abendlichen Berufsverkehr, kommen angesichts der gleichermaßen verstopften Straßen nur extrem langsam voran, und nur wenige Linienstrecken sind so lang, um damit die weiten Entfernungen von einem Ende der Stadt zum anderen zurücklegen zu können.
Generell verkehren die Busse von ca. 4 bis 22.30 Uhr, jede Linie hat jedoch einen eigenen Fahrplan. Auf den in Hotels, *CITS*-Büros und an den meisten U-Bahnstationen erhältlichen Busplänen sind die weit auseinander liegenden Haltestellen durch kleine Punkte angezeigt. Die Fahrpreise betragen in der Regel ¥1 für normale, ¥2 für klimatisierte Busse. Fahrkarten gibt es beim Fahrer; mit abgezähltem Geld lässt sich unnötiges Hin und Her vermeiden.

U-BAHN – Die saubere, effiziente U-Bahn Shanghais umfasst derzeit drei Linien, weitere befinden sich im Bau. Ihr futuristisches Erscheinungsbild ähnelt verblüffend dem der Hongkonger MTR-Metro – nicht von ungefähr, denn beide Verkehrssysteme stammen aus demselben Planungsbüro. **Linie 1** führt vom Hauptbahnhof im Norden am Volkspark und am Shanghai-Museum vorbei, um dann in westlicher Richtung dem Verlauf der Huaihai Lu zu folgen. Die anlässlich des 50. Geburtstages der Gründung der Volksrepublik am 1. Oktober 1999 eingeweihte **Linie 2** beginnt am Zhongshan-Park im Westen (wo Anschluss an die Linie 3 besteht), kreuzt am Volkspark die Linie 1 und führt unter dem Huangpu hindurch weiter nach Pudong. Die **Linie 3** schließlich (auch als „Pearl Line“ bezeichnet) verläuft oberirdisch vom Südwesten in den Nordosten und streift in ihrem Streckenverlauf das nordwestliche Zentrum. Fahrkarten kosten abhängig von der Länge der gefahrenen Strecke ¥3–4 und sind an Automaten erhältlich; dort gibt

Nützliche Stadtbuslinien
Nord-Süd-Richtung
Nr. 18 (Oberleitungsbus) vom Hongkou-Park über den Suzhou-Kanal und entlang der Xizang Lu.
Nr. 41 verkehrt entlang der dem Bahnhof vorgelagerten Tianmu Xi Lu und fährt durch die französische Konzession zum Longhua-Park.
Nr. 64 vom Bahnhof über die Beijing Lu bis in die Nähe des Shiliupu-Piers am südlichen Bund. Beste Busverbindung, um vom Bahnhof zum *Pujiang Hotel* zu gelangen – Ausstieg an der Haltestelle Jiangxi Nan Lu.
Nr. 65 führt die gesamte Zhongshan Lu (den Bund) entlang mit Endhaltestelle im Süden an der Nanpu-Brücke.

Ost-West-Richtung
Nr. 19 (Oberleitungsbus) verkehrt unweit des Fähranlegers Gongping Lu im Osten und nahe dem *Pujiang Hotel,* folgt grob dem Lauf des Suzhou-Kanals und führt kurz vor Erreichen der Endhaltestelle am Jadebuddha-Tempel vorbei.
Nr. 20 von der Jiujiang Lu (vom Bund um die Ecke) die Nanjing Lu entlang, vorbei am Jing'an Si, dann weiter zum Zhongshan-Park.
Nr. 42 von der Guangxi Lu (vom Bund um die Ecke) über die Huaihai Lu in die französische Konzession.
Nr. 135 von der Yangpu-Bridge über den Bund zum östlichen Ende der Huaihai Dong Lu.

es auch eine Sammelkarte für ¥50. U-Bahnbetrieb tgl. 5.30–23 Uhr.
Zwischen dem Bund und Pudong erstreckt sich ein **Tunnel**, der von speziellen Fahrgastwagen bei gleichzeitiger Lichtshow durchquert wird; der Preis von ¥20 hierfür ist allerdings recht happig.

FÄHREN – Am billigsten lässt sich der Huangpu hinüber nach Pudong an Bord einer der häufig verkehrenden, doppelstöckigen Fähren überqueren, die vom zentralen Abschnitt des Bund, in unmittelbarer Nachbarschaft des *Diamond Restaurant* ablegen; ¥0,8, entsprechende Plastikchips gibt es am Pier.

TAXIS – sind an jeder Ecke zu bekommen und für diejenigen, die nicht unbedingt auf jeden Yuan achten müssen, oftmals das bequemste Fortbewegungsmittel. Stadtfahrten kosten in der Regel ¥20–40. Nur wenige Taxifahrer sprechen Englisch, so dass es sich empfiehlt, das Fahrziel in chinesischen Schriftzeichen griffbereit zu haben. Einzig die häufig eingeschlagenen, langen Umwege könnten für Missmut sorgen – vermeiden lässt sich dies meist, wenn man sich mit aufgeschlagenem Stadtplan nach vorne setzt. Am späten Abend halten andere Sitten Einzug: Oft werden dann die Taxameter ausgeschaltet, und man muss den Fahrpreis aushandeln oder dem Fahrer mit einem *„da bia"* zu verstehen geben, dass er den Taxameter einschalten möge. Die Anfangspreise liegen bei Fahrten zwischen 23 und 5 Uhr um ca. 30% höher als zu anderen Zeiten.

Transport

BUSSE – Kaum ein Tourist wählt für die Anreise nach Shanghai den Bus, und ein guter Grund hierfür ist, dass man mitunter in weit außerhalb gelegenen Gegenden der Stadt aussteigen muss. Einige Busse fahren bis zum Busbahnhof in der Qiujiang Lu, etwas westlich der Henan Bei Lu, neben der U-Bahnstation Baoshan Lu, einige wenige private Busse bis zum Bahnhof, wieder andere haben als Endhaltestelle den Busbahnhof an der Hengfeng Lu, gegenüber der U-Bahnstation Hanzhong Lu – wo man letztlich endet, lässt sich kaum vorhersehen.

Es ist wenig sinnvoll, für weiter entfernte Ziele einen Bus zu nehmen; die Fahrt dauert länger als mit dem Zug und ist weitaus unbequemer. Bei Fahrten in die Umgebung von Shanghai jedoch sind, zumindest was Fahrzeiten und -preise angeht, Busse durchaus eine überlegenswerte Alternative.

Busse nach:
HANGZHOU 45x tgl. 3 Std.;
LIANYUNGANG 5x tgl., 8 Std.;
NANJING 27x tgl., 4 Std.;
SHAOXING 6x tgl., 4 Std.;
SUZHOU 53x tgl., 1 Std.;
WENZHOU 3x tgl., 12 Std.;
WUXI 35x tgl., 3 Std.;
YANGZHOU 13x tgl., 5 Std.

EISENBAHN – Der **Hauptbahnhof** von Shanghai liegt nördlich des Suzhou-Kanals. Dichtes Gewimmel hier kampierender Bauern bestimmt zu jeder Tages- und Nachtzeit das Bild des riesigen, betonierten Vorplatzes. Nachts ist dies nicht unbedingt die sicherste Gegend. Mit einem Stadtbus vom Bahnhof weiterzukommen, ist kein leichtes Unterfangen, zum Glück jedoch beginnt und endet am Bahnhof die U-Bahnlinie 1, was den Transport zu einem Hotel, sollte es nahe einem U-Bahnhof der Strecke liegen, sehr bequem macht. Günstig ist noch die direkte Busverbindung vom Flughafen Hongqiao mit dem Bus Nr. 328, ¥2. Ansonsten empfiehlt es sich, ein Taxi zu nehmen, das nicht mehr als ¥15–20 kosten sollte. Vor dem Bahnhof gibt es einen offiziellen Taxistand, an dem Ausländer nicht von umtriebigen Fahrern bedrängt werden.
Weit ab im Nordwesten der Stadt befindet sich der **Westbahnhof** von Shanghai, an dem einige Fernzüge ihren Zielbahnhof erreichen, darunter der Zug aus der Inneren Mongolei. Mit dem Bus Nr. 106 besteht von dort eine Anbindung an die U-Bahn und den Taxistand am Hauptbahnhof.
Die folgende Liste ist lediglich als Orientierungshilfe gedacht. Die Fahrpläne ändern sich 4x pro Jahr, und die Verkehrsbehörde richtet kontinuierlich neue Züge ein – aktuelle Verbindungen daher bitte am Verkaufsschalter erfragen.
Züge vom Hauptbahnhof nach:
BEIJING 4x tgl. Expresszug, 14 Std.,
8x tgl. Eilzug, 22 Std.;

Zeichen ewiger Liebe – Schlösser auf dem Tai Shan

Paradiesweg; Tai Shan

Tempel der Prinzessin der Azurblauen Wolke; Tai Shan

Nanjing Lu, Shanghai

Altstadt-Gasse, Shanghai

Gründungsstätte der KP Chinas, Französische Konzession; Shanghai

Ehemaliges Sumpfgebiet – Pudong; Shanghai

Morgenstimmung am Westsee; Hangzhou

Lingyin Si; Hangzhou

Kanalfahrt; Tongli

Leben am Kanal; Suzhou

Kanal am Tigerhügel; Suzhou

Garten des Meisters der Netze; Suzhou

Shanghai: Transport

Shanghai	上海	***shànghǎi***
Gongping-Lu-Pier	公平路码头	*gōngpínglù mǎtóu*
Hongqiao Airport	虹桥机场	*hóngqiáo jīchǎng*
Internationaler Passagierterminal	国际客运码头	*guójì kèyùn mǎtóu*
Pudong International Airport	浦东国际机场	*pǔdōng guójì jīchǎng*
Shanghai Metro	上海地铁	*shànghǎi dìtiě*
Shanghai Bahnhof	上海火车站	*shànghǎi huǒchēzhàn*
Shanghai Westbahnhof	上海西站	*shànghǎi xīzhàn*
Shiliupu-Pier	十六浦码头	*shíliùpù mǎtóu*

CHANGSHA 3x tgl., 19 Std.;
CHANGZHOU 17x tgl. 2–3 Std.;
CHENGDU 2x tgl., 40–45 Std.;
CHONGQING 1x tgl., 44 Std.;
FUZHOU 2x tgl., 21 Std.;
GUANGZHOU 3x tgl., 24 Std.;
GUILIN 3x tgl., 27 Std.;
HANGZHOU 16x tgl., 2–3 Std.;
HARBIN 1x tgl., 33 Std.;
HEFEI 5x tgl., 9 Std.;
HONGKONG 3–5x wöchentl., 28 Std.;
HUANGSHAN 1x tgl., 12 Std.;
KUNMING 1x tgl., 48–58 Std.;
LANZHOU 2x tgl., 30 Std.;
LIANYUNGANG 1x tgl., 14 Std.;
NANCHANG 1x tgl., 12 Std.;
NANJING 19x tgl., 3–4 Std.;
NANNING 2x tgl., 15 Std.;
NINGBO 6x tgl., 6–9 Std.;
QINGDAO 1x tgl., 20 Std.;
SHAOXING 6x tgl. 3–5 Std.;
SHENYANG 1x tgl., 28 Std.;
SUZHOU 23x tgl., 1 Std.;
TAI'AN (Richtung Qufu) 4 x tgl., 11 Std.;
TIANJIN 4x tgl., 16 Std.;
ÜRÜMQI 1x tgl., 64 Std.;
WUXI 16x tgl., 2 Std.;
XIAMEN 1x tgl., 26 Std.;
XI'AN 2x tgl., 21 Std.;
XINING 1x tgl., 41 Std.;
XUZHOU 7x tgl. 9 Std.;
ZHENJIANG16x tgl. 3 Std.

Züge vom Westbahnhof nach:
BAOTOU 2x tgl., 34 Std.;
HOHHOT 2x tgl., 31 Std.

FÄHREN – Die wohl reizvollste Ankunft in Shanghai erlebt man an Bord eines Schiffes, egal ob man nun von Japan, Korea oder von einer der Städte an der Küste oder am Yangzi kommt. Die Yangzi-Boote und Küstenschiffe von und nach Ningbo, Wenzhou sowie vom Putuo Shan passieren den Bund auf ihrem Weg zum und vom **Shiliupu-Pier** im Süden. Von dort verkehrt der Bus Nr. 55 zum nördlichen Ende des Bund. Die Küstenschiffe von und nach Qingdao, Dalian und Fuzhou nutzen den **Gongping-Lu-Pier**, der vom Bund in nordöstlicher Richtung ca. 20 Min. zu Fuß bzw. eine kurze Fahrt mit dem Bus Nr. 135 liegt. Die Schiffe aus Japan und Südkorea legen am **internationalen Passagierterminal**, ca. 5 Gehminuten östlich des *Pujiang Hotel*, an.

Fähren nach:
CHONGQING 1x tgl., 6 Tage;
DALIAN 1x wöchentl., 48 Std.;
FUZHOU/MAWEI 3x wöchentl., 36 Std.;
KOBE (Japan) saisonal, 1x wöchentl. 38 Std.;
NANJING 6x wöchentl., 16 Std.;
NINGBO 2x tgl., 4–8 Std.;
OSAKA (Japan) saisonal, 2x wöchentl., 36 Std.;
PUTUO SHAN 2x tgl., 4–12 Std.;
QINGDAO 1x wöchentl. 26 Std.;
WENZHOU 4x wöchentl., 24 Std.;
WUHAN 4x tgl., 56 Std.

Weiterreise von Shanghai Im Wartesaal der Weichsitzklasse im **Hauptbahnhof** (Eingang vom Vorplatz nahe dem östlichen Ende; ein Hinweisschild in Englisch weist den Weg) gibt es einen Schalter, an dem ausschließlich Fahrkarten für denselben und den nächsten Tag erhältlich sind, und zwar für alle Klassen; ⌚ tgl. 7–21 Uhr. Einen Fahrkartenschalter für Ausländer gibt es außerdem in der Lobby des *Longmen Hotel,* ein paar Gehminuten westlich des Bahnhofsplatzes, wo Fahrkarten bis zu vier Tage im Voraus ausgestellt werden – überwiegend Sitzplätze nach Nanjing und Hangzhou, für einige wichtige Städte wie Beijing oder Guangzhou auch Schlafplätze; ⌚ tgl. 7–17.30 und 18–21 Uhr. Wer weiter im Voraus buchen möchte (d.h. bis zu einer Woche) kann entsprechende Fahrkarten unter Zuzahlung eines Aufschlags von 10–15 % von *CTS* im *Pacific Hotel,* Nanjing Xi Lu, oder im *CITS*-Büro im Shanghai Centre oder in der *CITS*-Filiale, 2 Jinling Dong Lu, kaufen; alle ⌚ tgl. 8.30–11.30 und 13–16.45 Uhr.

Nur selten nutzen Touristen einen **Bus** für Reisen von oder nach Shanghai; für einige Ziele stellen Busse jedoch eine gute Alternative dar, da sie etwas billiger als Züge sind und man leicht einen Platz bekommt. Am westlichen Bahnhofsplatz verkaufen verschiedene private Anbieter Fahrkarten bis zu einem Tag im Voraus für Ziele in den Provinzen Jiangsu und Zhejiang, ihre Preise unterschieden sich allerdings kaum von denen für Zugkarten. Fahrkarten für Busse vom Bahnhof sind bis zu einer Woche im Voraus an einem Kiosk zwischen dem Shanghai-Museum und der Hochtrasse der Yan'an Lu erhältlich. Preiswerter, aber auch in unbequemeren Bussen, die überwiegend Hangzhou und Städte in der Provinz Jiangsu ansteuern, fährt man vom Busbahnhof in der Qiujiang Lu, etwas westlich der Henan Bei Lu.

Einige Ziele außerhalb der Stadt, aber noch innerhalb des Verwaltungsbezirks Shanghai, werden mit Bussen vom **Xiqu-Busbahnhof** (Anfahrt dorthin mit dem Bus Nr. 113 vom Bahnhof) oder ausgehend von einem namenlosen Halteplatz an der Shaanxi Nan Lu, in Nachbarschaft des Wenhua Guangchang, etwas südlich der Fuxing Lu, bedient. Der Fahrpreis ist bei diesen direkt im Bus zu entrichten.

Eine Weiterreise per **Schiff** kann ebenfalls eine Überlegung wert sein, denn auch hier sind die Fahrkarten billiger und die Reisebedingungen mitunter besser als für Züge. Fahrscheine gibt es gegen eine Gebühr in jedem Reisebüro oder am eigens hierfür eingerichteten **Verkaufsbüro** am Bund, Ecke Jinling Donglu, wo alle möglichen Schiffsverbindun-

FLÜGE – Mit dem Flugzeug in Shanghai anzukommen, kann eine strapaziöse Angelegenheit sein. Der neue, 1999 am Nationalfeiertag eingeweihte, internationale Flughafen **Pudong** liegt 45 km östlich der Stadt an der Mündung des Yangzi. Über ihn soll in Zukunft die Mehrzahl der internationalen Flüge abgewickelt werden. Der alte und wesentlich kleinere Flughafen **Hongqiao** liegt 15 km westlich der Stadt und bleibt für Inlandsflüge weiter geöffnet.

Transport von/zu den Flughäfen: Ein Taxi vom Flughafen **Pudong** zum Bund kostet ca. ¥80, zur Nanjing Xi Lu ca. ¥100. Wesentlich günstiger fährt man mit dem Flughafenbus zum Stadtbüro der *China Eastern Airlines,* in der Yan'an Lu, mehr oder weniger gegenüber dem Ausstellungszentrum Shanghai (ca. 90 Min.) – in dessen Umgebung einige 5-Sterne-Hotels angesiedelt sind, man zum Bund aber immer noch 3 km entfernt ist. Ab 2004 soll der Transrapid den regulären Fahrgastbetrieb zwischen dem Flughafen Pudong und dem innerstädtischen Bahnhof Long Yang Lu (mit Anschluss an die U-Bahnlinie 2) aufnehmen. Die Fahrzeit wird 8 Min. betragen. Vom Flughafen **Hongqiao** schlägt eine Taxifahrt zur Nanjing Xi Lu mit ca. ¥45, zum Bund mit ca. ¥60 zu Buche. Auch von hier verkehrt wiederum ein Flughafenbus zum Büro der *China Eastern Airlines* in der Yan'an Lu; ¥5. Es bestehen außerdem zwei nützliche Verbindungen mit regulären Stadtbussen zwischen dem Flughafen und dem Bahnhof sowie dem Volksplatz, allerdings sind die Haltestellen nicht leicht zu finden. Der Bus

gen ab Shanghai verkauft werden. Achtung: Auf die Verkaufsstelle weist kein englischsprachiges Schild hin; es liegt direkt gegenüber dem pyramidenförmigen *Diamond Restaurant* am Flussufer, auf der anderen Seite des Bund, ⌚ tgl. 7–11.30 und 12–17 Uhr. Am Schalter in der unteren Etage werden Fahrkarten für die Küstenroute verkauft. Aufpreise für Ausländer gehören der Vergangenheit an, so dass die Preise inzwischen recht günstig sind. In der 1. bis 5. Klasse kostet die Schiffsfahrt beispielsweise nach Dalian ¥120–387, Qingdao ¥138–345, Ningbo ¥46–170, Putuo Shan ¥68–200, Wenzhou ¥90–265 und Mawei (Richtung Fuzhou) ¥104–317. Fahrgästen der 1. Klasse steht in der Regel eine Doppelkabine mit guten Matratzen und einem Waschbecken zur Verfügung, in der 5. Klasse hingegen ist mit einer Kabine für 32 Passagiere bei durchgehender Beleuchtung und in lärmiger Umgebung vorlieb zu nehmen. Für Fahrten zum **Putuo Shan** gibt es außerdem einen gesonderten Schalter in privater Regie; mehr hierzu s.S. 565, Putuo Shan. Im oberen Geschoss werden Karten für Fahrten auf dem **Yangzi** verkauft. Auch für diese müssen Ausländer keine zusätzlichen Aufschläge mehr bezahlen. Ziele sind u.a. Nanjing für ¥56–128, Wuhan ¥130–409 und Chongqing ¥306–994. Schalter ⌚ Mo–Fr 8.30–11.15 und 13–16 Uhr.

Durchquert man die Halle im oberen Geschoss und folgt dann dem Korridor rechter Hand, gelangt man auf der linken Seite zu zwei Büros, die Fahrkarten nach **Japan und Korea** verkaufen; ⌚ Mo–Sa 8.30–12 und 13–16 Uhr. Zielorte in Japan sind Osaka und Kobe. Die Kabinenpreise liegen zwischen ¥1300 für eine Tatami-Matte auf dem Boden und ¥6500 für eine Kabine in der 1. Klasse. Bei Hin- und Rückfahrt verbilligt sich der Preis um die Hälfte.

Die Häufigkeit der Verbindungen ist saisonabhängig, in der Regel legen die Schiffe im Winter 1x pro Woche, im Sommer 2x pro Woche ab. Die Reisedauer beträgt ca. 2 Tage. Der Zielhafen in Südkorea ist Inch'on, der im Winter ebenfalls 1x pro Woche, im Sommer 2x pro Woche angelaufen wird. Die Preise für die ca. 38-stündige Überfahrt liegen zwischen ¥600 und ¥1600.

Alle Schiffe sind recht luxuriös ausgestattet und bieten u.a. Dampfbäder, Discos sowie saubere, komfortable Kabinen; in Anbetracht der hohen Restaurantpreise ist jedoch die Mitnahme von extra Verpflegung in Erwägung zu ziehen.

Die langjährige Schiffsverbindung nach Hongkong wurde mit Errichtung der direkten Eisenbahnverbindung von Shanghai nach Kowloon eingestellt.

Nr. 328, der am Parkplatz direkt vor dem Flughafen hält, fährt direkt zum Hauptbahnhof Shanghai; ¥2. Der andere Bus, genannt „Airport Express" (oder *feijichang tekuai qiche* auf Chinesisch) fährt von einer leicht zu übersehenden Haltestelle hinter dem internationalen Terminal, gegenüber dem Frachtterminal (am besten bei Passanten nachfragen) zum Shanghai-Museum am Volksplatz; ¥3. In beiden Bussen kann man je nach Verkehrsaufkommen bis zu einer Stunde unterwegs sein.

Fluggesellschaften: Die folgenden Fluggesellschaften sind in Shanghai mit einem Büro, meist im Shanghai Centre, 1376 Nanjing Xi Lu, vertreten:

Aeroflot, *Donghu Hotel*, Donghu Lu, ✆ 64158158;

Air France, Rm 1301, Novel Plaza, 128 Nanjing Xi Lu, ✆ 63606688;

All Nippon Airways, Shanghai Centre, ✆ 6279 7000;

Austrian Airlines, Rm 303, *Equatorial Hotel*, 65 Yan'an Xi Lu, ✆ 62491202;

Canadian, 6. Etage, New Jinjiang Tower, ✆ 6415 3091;

China Eastern Airlines, 204 Yan'an Xi Lu, Inlandsflüge ✆ 62471960, internationale Flüge ✆ 62472255;

Dragonair, Rm 202, Shanghai Centre, ✆ 6279 8099;

Japan Airlines, 2. Etage, Ruijin Building, 205 Maoming Lu, ✆ 64723000;

Korean Air, Rm 104–5, *Hotel Equatorial*, 105 Yan'an Xi Lu, ✆ 62481777;

SHANGHAI

Lufthansa, *Hilton Hotel*, 250 Huashan Lu, ✆ 6248 1100;
Malaysian Airlines, Rm 209, Shanghai Centre, ✆ 62798657;
Northwest, Rm 207, Shanghai Centre, ✆ 6279 8088;
Qantas, Rm 203A, Shanghai Centre, ✆ 62798660;
SAS, ✆ 62407003;
Shanghai Airlines, 555 Yan'an Zhong Lu, ✆ 6268 1551.
Singapore Airlines, Rm 208, Shanghai Centre, ✆ 62798008;
Swiss, Rm 203 Shanghai Centre, ✆ 62797381;
United Airlines, Rm 204, Shanghai Centre, ✆ 62798009.

Flüge nach:
BAOTOU 2x wöchentl., 2 3/4 Std.;
BEIJING 16x tgl., 1 3/4 Std.;
CHANGCHUN 3x tgl., 2 3/4 Std.;
CHENGDU 5x tgl. 2 3/4 Std.;
CHONGQING 4x tgl., 2 1/2 Std.;
DALIAN 5x tgl., 1 1/2 Std.;
FUZHOU 1x tgl., 1 1/2 Std.;
GUANGZHOU 10x tgl., 2 Std.;
GUILIN 2x tgl., 2 1/4 Std.;
HAIKOU 4x tgl., 3 Std.;
HARBIN 2–4x tgl., 2 3/4 Std.;
HOHHOT 3x wöchentl., 2 1/4 Std.;
HONGKONG 19x tgl., 2 1/4 Std.;
HUANGSHAN 3x wöchentl. 1 Std.;
KUNMING 1–3x tgl., 3 Std.;
LANZHOU 1–2x tgl., 3 Std.;
MACAU 2x tgl., 2 1/4 Std.;
NANNING 1x tgl., 3 Std.;
NINGBO 1x tgl., 3/4 Std.;
QINGDAO 1x tgl., 1 1/4 Std.;
SHENZHEN 10x tgl., 2 Std.;
TAIYUAN 1x tgl., 2 Std.;
TIANJIN 1x tgl., 1 1/2 Std.;
ÜRÜMQI 5x wöchentl., 5 Std.;
WENZHOU 1–3x tgl., 1 Std.;
WUHAN 3x tgl., 1 Std.;
XIAMEN 3x tgl.; 1 1/2 Std.;
XI'AN 6x tgl., 2 1/4 Std.

Jiangsu und Zhejiang

Highlights

- **Der Kaiserkanal**
  Ursprungsquelle des Wohlstands der Region und eine Bauleistung, die sich mit der Großen Mauer messen kann.

- **Suzhou**
  Pittoreskes Nebeneinander von baumgesäumten Kanälen, windschiefen Häusern, alten Steinbrücken und Hightech-Fabriken.

- **Tongli**
  Stille, charmante Stadt mit verwinkelten Gassen und Kanälen nahe Suzhou.

- **Seilbahn von Zhenjiang**
  Die Fahrt von der verträumten Stadt zur grünen Insel Jiao Shan bietet einzigartige Ausblicke auf den Yangzi.

- **Fuzi Miao in Nanjing**
  Ein lebendiges und ursprüngliches Einkaufsparadies.

- **Radfahren am Xi Hu**
  Gemächliche Art, Hangzhous herrlichen Westsee zu entdecken.

- **Shaoxing**
  Malerische Provinzstadt und Heimat des Schriftstellers Lu Xun.

- **Putuo Shan**
  Friedliche Insel mit buddhistischen Tempeln und Stränden.

Ursprünglich mag das Herz Chinas im trockenen Becken des Huanghe geschlagen haben, doch das fruchtbare grüne Delta des Yangzi zog die Chinesen weiter nach Süden und versorgte sie mit dem Wohlstand und der Macht, durch die sich ihr riesiges Reich erst behaupten konnte. Die Provinzen **Jiangsu** und **Zhejiang**, die heute im Norden und Süden die Metropolis Shanghai flankieren, spielen seit zweitausend Jahren eine wichtige Rolle für die kulturelle und wirtschaftliche Entwicklung Chinas. Keine Reise nach Ostchina wäre ohne einen Besuch einiger dieser klassischen Orte komplett.

Die Geschichte reicht bis ins 6. Jahrhundert v. Chr. zurück, als das Gebiet als Teil des Staates Wu bereits eine ausgeprägte eigene Kultur besaß. Das flache Terrain, die üppigen Ernteerträge und die ausgezeichneten Verkehrswege, die durch die Küstenhäfen und schiffbaren Wasserstraßen zur Verfügung standen, ließen die wichtigsten Städte schnell zu bedeutenden **Handelszentren** gedeihen, die zu Zeiten der sich entfaltenden Qin-Dynastie zu einem unwiderstehlichen Beuteobjekt des chinesischen Großreichs wurden: 223 v. Chr. wurde die Region annektiert und entwickelte sich rasch zu einem der wichtigsten Wirtschaftszentren des Reiches. Nach dem Sturz der Han-Dynastie im dritten nachchristlichen Jahrhundert richteten mehrere Herrscherhäuser kurzlebige Hauptstädte in südlichen Orten ein. Der entscheidende Aufschwung für Südchina aber erfolgte unter der Sui-Dynastie (581–618), die den **Kaiserkanal** ausbaute, um den Yangzi mit dem Huanghe zu verbinden und die Handelsströme frei zwischen dem Süden und den wichtigen Städten des Nordens fließen zu lassen. Chinas Schwerpunkt verlagerte sich ein ganzes Stück nach Süden. Unter späteren Dynastien entwickelten sich zunächst Hangzhou, später Nanjing zu den größten Städten Chinas.

Besucher der Region gelangen in eine Welt des **Wassers**. Zahlreiche Flüsse, Kanäle und Seen verleihen dem intensiv für die Landwirtschaft genutzten Gebiet sein besonderes Gepräge. Das traditionelle Fortbewegungsmittel war das Boot, und noch heute verkehren zahlreiche Fähren auf dem Yangzi. Aber auch die wichtigen Seehäfen – Shanghai, Ningbo und Wenzhou – sind durch Passagierfähren entlang der Küste miteinander verbunden. Selbst abseits der Küste gibt es noch im regulären Fährverkehr genutzte Wasserstraßen wie beispielsweise die von Seidefarmen und Teeplantagen gesäumten Kanäle zwischen Suzhou, Wuxi und Hangzhou.

Die wirtschaftlich mächtigen Städte an den Wasserstraßen bilden seit jeher ein Gegengewicht zum bürokratischen Beijing. Sowohl **Hangzhou** als auch **Nanjing** waren Hauptstädte Chinas – Nanjing in den kurzen Jahren der Republik China nach dem Sturz der Qing-Dynastie unter Sun Yatsen. Marco Polo nannte Hangzhou „die schönste und prachtvollste Stadt der Welt", und der auf klassischen Rollbildern verewigte Westsee (Xi Hu) gilt zu Recht als einer der landschaftlich schönsten Orte Chinas. Auch **Suzhou** und **Yangzhou** mit ihrem geschäftigen Treiben entlang der Kanäle, die sie kreuz und quer durchziehen, und den beschaulichen, berühmten **Gärten** verdienen Beachtung. Diese und andere Städte wie **Zhenjiang**, **Wuxi** und **Ningbo** haben sich im Zuge des Aufschwungs, der die Provinzen Jiangsu und Zhejiang in die vorderste Reihe der wirtschaftlichen Entwicklung Chinas katapultierte, ebenfalls zu bedeutenden Produktionszentren entwickelt. Inzwischen weist Jiangsus Süden das höchste inländische Pro-Kopf-Einkommen außerhalb von Shanghai, Süd-Guangdong und Hongkong auf.

Die Kehrseite der Medaille dieses für chinesische Verhältnisse relativen Wohlstands ist die chronische Überbevölkerung. Über 135 Millionen Menschen leben in Jiangsu, Shanghai und Zhejiang, und die Zugfahrt durch die Region erweckt den Anschein, als sei dieses Gebiet von einem bis zum anderen Ende zugebaut. Nur schwerlich lassen sich einmal ländlicher wirkende Gegenden entdecken. Ausnahmen sind die Umgebung des malerischen **Shaoxing** und vor allem die heilige buddhistische Insel **Putuo Shan** mit herrlichen Stränden und tief in bewaldetem Hügelland versteckten Klöstern.

Besucher aus dem Ausland kommen vorwiegend im Rahmen teurer Gruppenreisen in die Region, sodass Individualreisende nur wenige Einrichtungen wie etwa Dorm-Betten für Ausländer vorfinden. **Unterkünfte** sind fast überall teuer, und selbst die billigsten Hotels berechnen selten weniger als ¥200 für ein Doppelzimmer – oft bieten nur die Universitäten eine wirklich billige Alternative. Bei der Auswahl der Reisezeit gilt zu beachten, dass auch die tief gelegene und weit von den nördlichen Ebenen entfernte Yangzi-Region in den Wintermo-

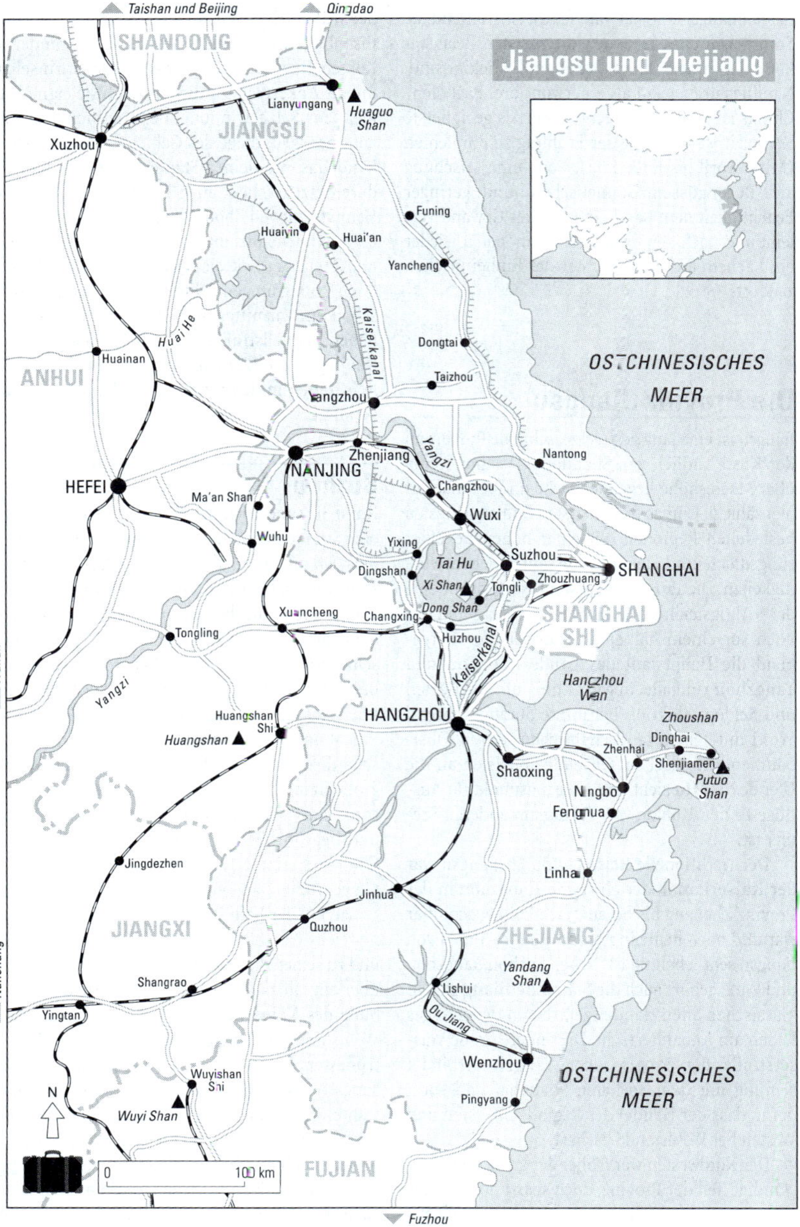

Jiangsu und Zhejiang
Taishan und Beijing
Qingdao
SHANDONG
JIANGSU
ANHUI
JIANGXI
ZHEJIANG
FUJIAN
SHANGHAI SHI
OSTCHINESISCHES MEER
OSTCHINESISCHES MEER
Lianyungang
Huaguo Shan
Xuzhou
Funing
Huaiyin
Huai'an
Yancheng
Huai He
Kaiserkanal
Dongtai
Huainan
Taizhou
Yangzhou
Nantong
Zhenjiang
Yangzi
NANJING
HEFEI
Changzhou
Ma'an Shan
Wuxi
Wuhu
Yixing
Tai Hu
Suzhou
SHANGHAI
Dingshan
Zhouzhuang
Xi Shan
Tongli
Xuancheng
Changxing
Dong Shan
Tongling
Huzhou
Kaiserkanal
Wuhan
Yangzi
Hangzhou Wan
Huangshan Shi
HANGZHOU
Zhoushan
Huangshan
Dinghai
Zhenhai
Shenjiamen
Shaoxing
Putuo Shan
Ningbo
Fenghua
Jingdezhen
Linhai
Jinhua
Quzhou
Yandang Shan
Nanchang
Shangrao
Lishui
Yingtan
Ou Jiang
Wenzhou
Wuyishan Shi
N
Wuyi Shan
Pingyang
0
100 km
Fuzhou

naten unangenehm kalt und feucht ist, während die Sommermonate, in denen die meisten Besucher kommen, unerträglich heiß und stickig sind. Nanjings uralter Ruf als einer von „drei Backöfen" Chinas ist mehr als gerechtfertigt. Als geeignetste Reisezeit ist vielleicht der Frühling zu empfehlen (Mitte April bis Ende Mai), wenn eine Mischung aus Regengüssen, Sonnenschein und geringer Feuchtigkeit dem Land ein grüneres Gewand verleiht und nach den harten Wintermonaten wieder ein Lächeln auf die Gesichter der Einheimischen zaubert.

Die Provinz Jiangsu

Jiangsu ist eine lang gestreckte, schmale Provinz an der Küste südlich von Shandong. Das nur wenig über Meereshöhe liegende, flache und feuchte Gebiet zählt zu Chinas fruchtbarsten und am längsten besiedelten Regionen mit einer hohen Bevölkerungsdichte und vielen interessanten Sehenswürdigkeiten. Die Provinzhauptstadt **Nanjing** ist eine der wichtigsten historischen Städte Chinas und war noch vor einem halben Jahrhundert vorübergehend die Hauptstadt des Landes. **Suzhou** und **Yangzhou** sind alte, in ganz China für ihre Gärten und Seideproduktion berühmte Städte, während **Wuxi** mit seinen landschaftlichen Reizen, Obstbäumen und Fischen Tausende Touristen an die Ufer des **Tai Hu** zieht und Ausgangspunkt für Ausflüge zu den Höhlen von **Yixing** am anderen Seeufer ist.

Der traditionelle Reiseweg durch Jiangsu war der **Kaiserkanal**, der einst von Hangzhou in der Provinz Zhejiang bis hinauf nach Beijing schiffbar war und noch heute in Abschnitten im Süden von Jiangsu sehr lebendig ist. Neben Suzhou, Yangzhou und Wuxi gehört auch die Stadt **Zhenjiang** zu den klassischen alten Handelszentren, in denen reges Leben am Kanal herrscht. Die andere große Wasserstraße der Provinz, der **Yangzi**, verbindet Nanjing mit dem Seehafen Shanghai und sorgt dafür, dass der Handel der Region von Osten und Westen her Wohlstand beschert.

Der Nordwesten war früher der arme und rückständige Teil der Provinz, doch selbst dort ist **Xuzhou** heute längt nicht mehr nur eine alte Stadt aus der frühen Han-Zeit, sondern auch ein wichtiger Eisenbahnknotenpunkt und Standort moderner Kohlebergwerke. Die zentrale Küste ist zu seicht, um als Ankerplatz zu dienen, doch sie eignet sich ideal zur Salzgewinnung, der traditionellen Einkommensgrundlage des Gebietes. In dem flachen Land, das mit kleinen Städten, Seen und Kanälen durchsetzt ist, liegt auch **Huai'an**, die attraktive Heimatstadt von Zhou Enlai.

Zahlreiche Busunternehmen bedienen Jiangsu und Zhejiang sowie die Nachbarprovinzen. Bei weiteren Entfernungen sollte die Reise vorzugsweise schon am Vormittag angetreten werden. Der Bau neuer Schnellstraßen zwischen Shanghai und Nanjing sowie Lianyungang und Nanjing hat die Reisezeiten in den vergangenen Jahren erheblich verkürzt.

Suzhou

Rund 30 km östlich des Tai Hu (s.S. 503) und nur eine Stunde Bahnfahrt von Shanghai entfernt liegt dort, wo die Eisenbahntrasse auf den Kaiserkanal stößt, die Stadt Suzhou, deren alter Kern von einem Stadtgraben umgeben ist und die für ihre Gärten, Seide und schönen Frauen berühmt ist. Die Stadt selbst erstreckt sich um ein Netz miteinander verbundener Kanäle, deren Wasser die berühmten **klassischen Gartenanlagen** speist, die Suzhous Pracht und Stolz sind. Obwohl Suzhou einen wirtschaftlichen Boom erlebt, der rund um die Stadt große Industriegebiete entstehen lässt, ist das Zentrum nach wie vor von Wasseradern durchzogen und begrünt. Es ist so viel vom ursprünglichen Charakter erhalten geblieben, dass sich ein mehrtägiger Aufenthalt lohnt.

He Lu, der halb mythische Herrscher des Königreichs Wu, soll Suzhou um 600 v. Chr. gegründet und zu seiner Hauptstadt gemacht haben, doch erst über ein Jahrtausend später bescherte die Aushebung des **Kaiserkanals** der Stadt zunehmenden Wohlstand. Auch **Seidenhandel** wurde schon in frühester Zeit betrieben – er erblühte unter der Tang-Dynastie und erlebte einen wahren Boom, als während der Song-Dynastie der gesamte Kaiserhof nach Süden zog. Noch heute gehört Seide zu den wichtigsten Einnahmequellen Suzhous.

Durch die Nähe zur kaiserlichen Hauptstadt Hangzhou zog Suzhou zahlreiche Gelehrte, Beamte

Der Kaiserkanal Der Kaiserkanal (*Dayunhe*, auch: Großer Kanal), mit 1800 km Länge der längste von Menschenhand geschaffene Kanal der Welt, stellt neben dem Bau der Großen Mauer die gewaltigste bautechnische Leistung Chinas dar. Die ersten Abschnitte wurden bereits um 400 v. Chr. vermutlich aus militärischen Gründen ausgehoben, doch die historische Aufgabe, die Flüsse Yangzi und Huanghe miteinander zu verbinden, wurde erst im frühen siebten nachchristlichen Jahrhundert unter dem Sui-Kaiser **Yang Di** erfüllt, der für den Bau sechs Millionen Männer zur Zwangsarbeit einsetzen ließ.

Chinesen weisen gerne darauf hin, dass die Große Mauer errichtet wurde, um Kontakte und Kommunikation zu verhindern, während selbige durch den Kanal gefördert werden sollten. Zweck des künstlichen Wasserwegs war es, die fruchtbaren Reisanbaugebiete des Yangzi-Beckens mit den dichter bevölkerten und weniger produktiven Gegenden des Nordens zu verbinden, um die Auswirkungen von regelmäßigen Missernten zu mildern und Hungersnöten vorzubeugen. Nach seiner Vollendung förderte der Kanal unter der Tang- und Song-Dynastie die Ausweitung des Handels in einer Weise, die sowohl den Süden als auch den Norden begünstigte. Langsam verschob sich das Zentrum der politischen Macht nach Süden. Um 800 n. Chr. löste das Yangzi-Becken die Huanghe-Region als wichtigste Quelle der Staatseinnahmen ab und beendete die lange Vormachtstellung der nördlichen Hauptstädte. Gleichzeitig entwickelten sich Hangzhou und Nanjing zu Chinas mächtigsten und bevölkerungsreichsten Städten. Der japanische Mönch Ennin, der China von 836 bis 847 bereiste, beschrieb den damaligen Verkehr auf den Wasserwegen wie folgt (mitunter sind ähnliche Szenen noch heute zu beobachten):

> *„Zwei Wasserbüffel wurden vor über vierzig Boote gespannt, von denen jeweils zwei oder drei zu einzelnen Flößen vertäut wurden, die in langer Reihe durch Trossen verbunden waren. Da es schwierig war, sich von der Spitze bis zum Ende zu verständigen, herrschte in alle Richtungen lautes Geschrei … Boote des Salzkontors, die zu viert oder fünft vertäut waren, glitten mit Salz beladen vorbei und folgten einander in Reihen, die sich über Dutzende li hinzogen."*

Im 12. Jahrhundert bildeten die heutigen Provinzen Jiangsu und Zhejiang das wirtschaftliche und politische Herz Chinas.

Die Song-Dynastie orientierte sich südwärts und richtete ihre Hauptstadt in **Hangzhou** ein, und später ließen sich die Ming-Kaiser in **Nanjing** nieder. In jenen Epochen und den späteren Jahrhunderten wurde der Kanal beständig instand gehalten und regelmäßig mit neuen Uferbefestigungen versehen. Der westliche Reisende Robert Morrison, der 1816 von Tianjin zum Yangzi reiste, beschrieb die zahlreichen ausgeklügelten Schleusen und merkte an, dass die Ufer in manchen Abschnitten so hoch und das Land ringsum so niedrig waren, dass man von den Booten hinab auf Dächer und Baumwipfel schauen konnte.

Anfang des 20. Jahrhunderts aber schien der Kanal ausgedient zu haben. Zu den Ursachen gehörten häufige Überschwemmungen des Huanghe, die zunehmende Küstenschifffahrt und der Bau von Eisenbahnlinien. Kaum noch genutzt, verschlammten viele Abschnitte des Kanals zusehends. Mit der Wiederentdeckung seines Werts in den 50er Jahren wurden ausbessernde Baumaßnahmen eingeleitet. Inzwischen ist der Abschnitt **südlich des Yangzi** von Zhenjiang nach Changzhou, Wuxi und Suzhou (und von dort weiter nach Hangzhou in der Provinz Zhejiang) wieder ganzjährig schiffbar – zumindest von flachen Barkassen und kleinen, für Touristen gebauten Passagierschiffen.

Obwohl die meisten örtlichen **Passagierfähren** vom Kanal verschwunden sind, vermitteln die bestehenden Verbindungen von Hangzhou nach Suzhou oder Wuxi hinlängliche Eindrücke vom mehr faszinierenden, denn schönen Leben am und auf dem Kanal: Neben dem hektischen Be- und Entladen von Barkassen stechen vor allem heftige Umweltverschmutzung und Anlagen der Schwerindustrie ins Auge.

Nördlich des Yangzi ist der Kanal je nach Jahreszeit praktisch bis an Jiangsus Nordgrenze zu Shandong schiffbar. Nach umfangreichen Baumaßnahmen werden in absehbarer Zukunft große Transportschiffe bis in die Kohle produzierende Stadt Xuzhou gelangen. Die weiteren Abschnitte Richtung Huanghe bleiben leider unpassierbar.

Suzhou und Umgebung

Suzhou	苏州	***sūzhōu***
Beisi Ta	北寺塔	*běisì tǎ*
Canglang Ting	沧浪亭	*cānglàng tíng*
Feng Qiao	枫桥	*fēng qiáo*
Hanshan Si	寒山寺	*hánshān sì*
Huqiu Shan	虎丘山	*hǔqiū shān*
Liu Yuan	留园	*liú yuán*
Opern- und Theatermuseum	戏曲博物馆	*xìqǔ bówùguǎn*
Ou Yuan	藕园	*ǒuyuán*
Pan Men	盘门	*pánmén*
Ruiguang Ta	瑞光塔	*ruìguāng tǎ*
Seidenmuseum	丝绸博物馆	*sīchóu bówùguǎn*
Shi Lu	石路	*shílù*
Shizi Lin	狮子林	*shīzi lín*
Shuang Ta	双塔	*shuāng tǎ*
Wangshi Yuan	网师园	*wǎngshī yuán*
Wumen Qiao	吴门桥	*wúmén qiáo*
Xi Yuan	西园	*xīyuán*
Xuanmiao Guan	玄妙观	*xuánmiào guàn*
Yi Yuan	怡园	*yíyuán*
Zhuozheng Yuan	拙政园	*zhuózhèng yuán*
Übernachtung und Essen		
Canglang	沧浪宾馆	*cānglàng bīnguǎn*
Korean Restaurant	汉城韩国料理	*hànchénghánguó liàolǐ*
Lexiang	乐乡饭店	*lèxiāng fàndiàn*
Nanlin	南林饭店	*nánlín fàndiàn*
Nanyuan	南园宾馆	*nányuán bīnguǎn*
New Century	新世纪大酒店	*xīnshìjì dàjiǔdiàn*
Renjia	人家	*rénjiā*
Sakura Gawa	樱川	*yīngchuān*
Sheraton	喜来登大酒店	*xǐlàidēng dàjiǔdiàn*
Shiquan Ren Jia	十全人家	*shíquán rénjiā*
Sicily	西西里餐厅	*xīxīlǐ cāntīng*
Songhelou Caiguan	松鹤楼	*sōnghè lóu*
Suzhou	苏州饭店	*sūzhōu fàndiàn*
Yingfeng	迎枫饭店	*yíngfēng fàndiàn*
Yonghe Doujiang	永和豆浆小吃	*yǒnghé dòujiāng xiǎochī*
Youyi	友谊宾馆	*yǒuyí bīnguǎn*

Die Umgebung von Suzhou

Baodai Qiao	宝带桥	*bǎodài qiáo*
Lingyan Shan	灵岩山	*língyán shān*
Tianchi Shan	天池山	*tiānchí shān*
Tianping Shan	天平山	*tiānpíng shān*
Tongli	同里	*tónglǐ*

und Kaufleute an, die der Stadt Kundschaft und Reichtum bescherten.

Im späten 13. Jahrhundert berichtete Marco Polo von „sechstausend Brücken, klugen Geschäftsleuten, fähigen Fachleuten aller Handwerke, sehr weisen und deshalb als Heilige verehrten Männern und herausragenden Ärzten der Naturheilkunde". Diese Kreise waren für die Gestaltung der kunstvollen Gartenanlagen verantwortlich, die bis zum heutigen Tag Suzhous herausragende Sehenswürdigkeiten sind. Als der erste Kaiser der Ming-Dynastie seine Hauptstadt in Nanjing einrichtete, festigte die Stadt ihre privilegierte Position im Umfeld des Kaiserhofs und erblühte als Zentrum für Holzschnitte und Seidenweberei. Durch das systematische Zusammenziehen von Arbeitskräften wandelten sich die Produktionsbedingungen in einer Weise, wie sie der Westen erst 300 Jahre später im Zuge der industriellen Revolution erleben sollte.

Bis in die jüngere Vergangenheit blieb Suzhou von schlimmeren Auswüchsen der Geschichte verschont, wenngleich für kurze Zeit auch Besatzungsmächte wie die Taiping-Revolutionäre in den 60er Jahren des 19. Jahrhunderts und die Japaner und im Zweiten Weltkrieg Einzug hielten. Die 2500 Jahre alten **Stadtmauern**, die noch 1925 ein wirkungsvoller Schutzschild gegen vandalierende Warlords waren, wurden jedoch nach 1949 nahezu vollständig abgerissen, und die noch existierenden Teile der Altstadt – Wassergräben, Tore, von Bäumen gesäumte Kanäle, Steinbrücken, Kopfsteinpflasterstraßen und weiß getünchte alte Häuser – verschwinden zusehends. In absehbarer Zeit werden wohl nur noch die berühmten Gärten ein beredtes Zeugnis von der ruhmreichen Vergangenheit der Stadt ablegen.

Für Chinesen gehört Suzhou zu den beliebtesten Touristenzielen des gesamten Landes. In den Hauptreisezeiten ist die Stadt mit Besuchern aus fern und nah überfüllt, was einerseits für eine ausgelassene Atmosphäre sorgt, andererseits jedoch unweigerlich bedeutet, dass man die **Gärten** nur in Ausnahmefällen in der ihnen ursprünglich angedachten Ruhe erleben kann. Die drei berühmtesten Gärten – Wangshi Yuan, Shizi Lin und Zhuozheng Yuan – gehören zum Pflichtprogramm eines jeden Besuchers und locken das ganze Jahr über die Massen an. Viele andere ebenso schöne, aber weniger bekannte Gärten – insbesondere Canglang Ting und Ou Yuan – wirken demgegenüber vergleichsweise friedvoll und leer.

Als beste Strategie empfiehlt es sich, so viel wie möglich von den drei berühmtesten Gärten vor 10 Uhr vormittags anzuschauen und den Rest des Tages den kleineren Gärten zu widmen. Am schönsten präsentieren sich die Gärten bei blauem Himmel mit wenigen Wolken, denn sie benötigen zu ihrer vollen Prachtentfaltung Kontraste, Licht und Schatten, klar umrissene Konturen und effektvolle Wasserspiegelungen. Die verschiedenen Jahreszeiten fördern überraschend wenig Unterschiede zutage und lassen die Gärten ganzjährig ihren Reiz behalten, wenngleich der Frühling mit seinen Blüten und leuchtenderen Farben eine ganz besondere Abwechslung ins Erscheinungsbild bringt.

Die **Eintrittspreise** für die Gärten (in der Regel ◷ im Sommer tgl. 7.30– 17.30, im Winter 8–17 Uhr) liegen zwischen ¥5 und ¥40. Wer die drei berühmtesten Gärten besichtigen möchte, sollte das günstige Kombiticket für ¥100 kaufen, das außerdem den Eintritt für den Tigerhügel beinhaltet.

Die Gärten können jedoch auch anstrengend werden: Die oft manierierte und künstliche Kombination von Natur, Kunst und Architektur wirkt mitunter überladen und pedantisch, und abgesehen von der kurzen Blüte im Frühling können die Gärten farblos und stumm erscheinen. Man sollte von daher nicht den Ehrgeiz entwickeln, unbedingt sämtliche Gärten sehen zu müssen. Suzhou hat schließlich noch anderes zu bieten, gehört die Stadt doch zu den angenehmeren Orten Chinas, um einfach nur einen Bummel zu unternehmen oder auf Entdeckungstour zu gehen. Abseits der Hauptstraßen führt der Weg zu Pagoden und Tempeln, in geschäftige Einkaufsviertel und an betriebsame Kanäle. Da die Entfernungen beträchtlich sind und das Gelände vorwiegend flach ist, bietet die Erkundung per **Fahrrad** eine reizvolle Alternative zu den Spaziergängen (Fahrradverleih s.S. 500)

Das übersichtliche historische Zentrum mit seinem Netz aus Straßen und Wasserwegen innerhalb des rechteckigen Stadtgrabens macht die Orientierung leicht. Die Hauptstraße **Renmin Lu** verläuft vom unmittelbar nördlich des Grabens gelegenen **Bahnhof** südwärts durch das Zentrum.

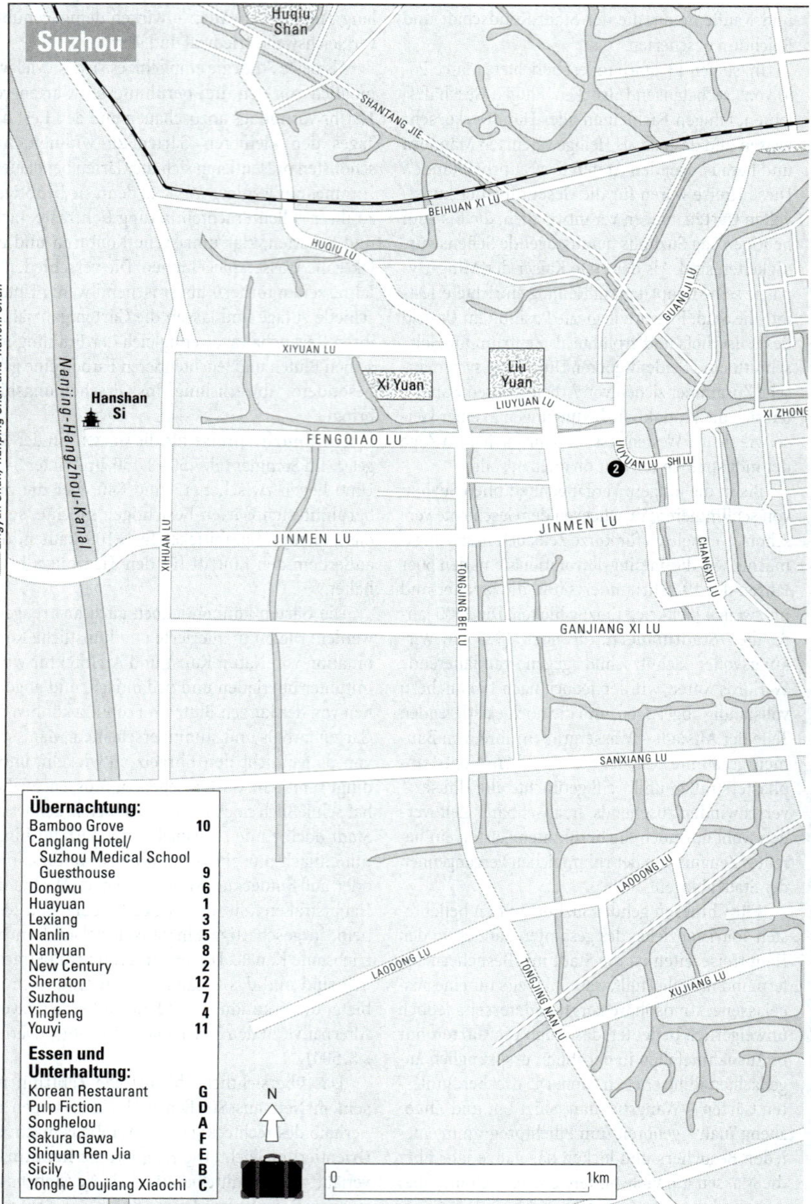
Suzhou
Huqiu Shan
Shantang Jie
Beihuan Xi Lu
Huqiu Lu
Guangji Lu
Xiyuan Lu
Xi Yuan
Liu Yuan
Liuyuan Lu
Hanshan Si
Fengqiao Lu
Xi Zhong
Liuyuan Lu
Shi Lu
2
Nanjing-Hangzhou-Kanal
Lingyan Shan, Tianping Shan und Tianchi Shan
Xihuan Lu
Jinmen Lu
Jinmen Lu
Changxu Lu
Tongjing Bei Lu
Ganjiang Xi Lu
Sanxiang Lu
Laodong Lu
Laodong Lu
Tongjing Nan Lu
Xujiang Lu
Übernachtung:
Bamboo Grove 10
Canglang Hotel/ Suzhou Medical School Guesthouse 9
Dongwu 6
Huayuan 1
Lexiang 3
Nanlin 5
Nanyuan 8
New Century 2
Sheraton 12
Suzhou 7
Yingfeng 4
Youyi 11
Essen und Unterhaltung:
Korean Restaurant G
Pulp Fiction D
Songhelou A
Sakura Gawa F
Shiquan Ren Jia E
Sicily B
Yonghe Doujiang Xiaochi C
N
0
1km

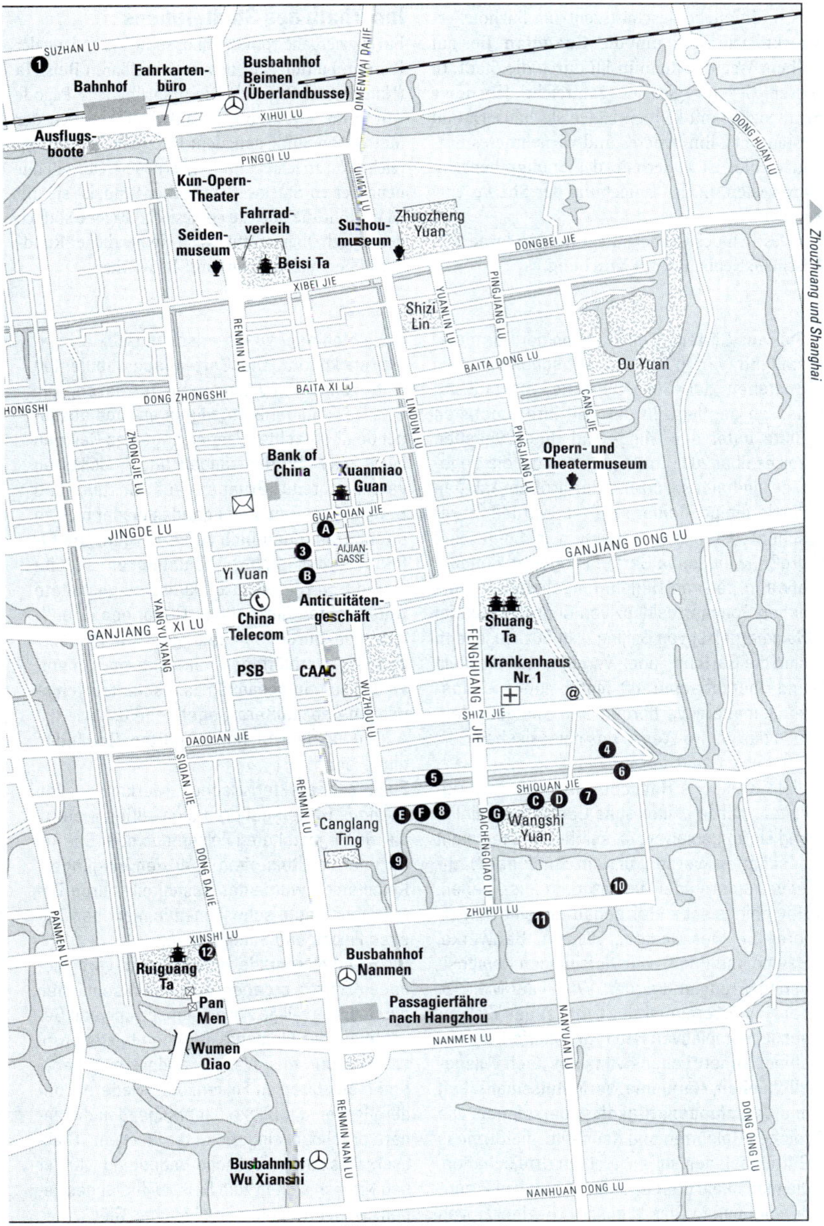
Suzhan Lu
Bahnhof
Fahrkarten-büro
Busbahnhof Beimen (Überlandbusse)
Qimenwai Dajie
Xihui Lu
Dong Huan Lu
Ausflugs-boote
Pingqi Lu
Qimen Lu
Kun-Opern-Theater
Fahrrad-verleih
Seiden-museum
Beisi Ta
Suzhou-museum
Zhuozheng Yuan
Dongbei Jie
Xibei Jie
Shizi Lin
Yuanlin Lu
Pingjiang Lu
Renmin Lu
Baita Dong Lu
Ou Yuan
Baita Xi Lu
Dong Zhongshi
Zhongshi
Lindun Lu
Cang Jie
Zhongjie Lu
Bank of China
Xuanmiao Guan
Opern- und Theatermuseum
Guanqian Jie
Jingde Lu
Aijian-Gasse
Ganjiang Dong Lu
Yi Yuan
Antiquitäten-geschäft
China Telecom
Yangyu Xiang
Ganjiang Xi Lu
Shuang Ta
Fenghuang Jie
Krankenhaus Nr. 1
PSB
CAAC
Wuzhou Lu
Shizi Jie
Daoqian Jie
Sigian Jie
Shiquan Jie
Canglang Ting
Daichengqiao Lu
Wangshi Yuan
Dong Dajie
Panmen Lu
Zhuhui Lu
Xinshi Lu
Ruiguang Ta
Busbahnhof Nanmen
Pan Men
Passagierfähre nach Hangzhou
Nanyuan Lu
Nanmen Lu
Wumen Qiao
Renmin Nan Lu
Dong Qing Lu
Busbahnhof Wu Xianshi
Nanhuan Dong Lu
Zhouzhuang und Shanghai
Baodai Qiao und Tongli
Jiangsu und Zhejiang

Das traditionelle Geschäftszentrum Suzhous erstreckt sich rund um die **Guanqian Jie**, auf halbem Weg der Renmin Lu durch die Stadt. In dieser Gegend gibt es zahlreiche lebendige Straßenzüge mit kleinen Läden, Teehäusern und Restaurants. Ein neueres und vornehmeres Einkaufsgebiet ist außerhalb des Stadtgrabens im Nordwesten, in der Umgebung der **Shi Lu** entstanden.

Westlich des Grabens liegt das moderne und hässliche Neubauviertel **Xincheng**.

Innerhalb des Stadtgrabens

Ein Spaziergang vom Bahnhof südwärts entlang der Renmin Lu führt zur unverwechselbaren **Beisi Ta** (Nordtempel-Pagode). Die ursprüngliche Pagode wurde im 3. Jahrhundert auf dem Anwesen der Mutter von Sun Quan, dem Herrscher des Königreichs Wu, errichtet und 1582 erneuert. Obwohl nur neun der elf Stockwerke erhalten sind, ist sie mit 76 m Höhe die höchste chinesische Pagode südlich des Yangzi. Oben eröffnet sich ein herrlicher Rundblick über Suzhous markante Bauwerke:

Suzhous Gärten Die Tradition der Gartengestaltung wird in dieser Stadt schon seit dem Bestehen der Song-Dynastie vor tausend Jahren gepflegt. In der Zeit ihrer höchsten Blüte unter den Ming- und Qing-Dynastien soll es über 200 Gärten gegeben haben. Ungefähr ein halbes Dutzend der großen Anlagen sowie einige kleinere Gärten wurden inzwischen restauriert. Anderswo in China sind große, weitläufige Gartenanlagen zu finden – etwa in der von Hügeln umgebenen kaiserlichen Sommerresidenz von Chengde oder im Sommerpalast von Beijing –, in Suzhou jedoch sind die Gartenanlagen vergleichsweise klein und überschaubar, oft hinter hohen Umfassungsmauern verborgen und spiegeln deshalb das wahre Wesen des chinesischen Gartenbaus weitaus besser wider.

Viele westliche Besucher haben Schwierigkeiten, sich in chinesische Gärten einzufühlen und sie zu genießen, da solche Anlagen nicht geschaffen werden, um ein Stück der Natur zu verfeinern oder um natürlich auszusehen. Der chinesische Gartenbau ist eine Kunstform, bei der Gestein, Wasser, Bauwerke, Bäume und Pflanzen in tiefsinnigen Kompositionen arrangiert werden. Wie in der Malerei, der Bildhauerei und der Lyrik ist das Ziel, einen kontemplativen Raum zu schaffen, der die chinesischen Lebenswünsche nach **Ausgeglichenheit**, **Harmonie**, **Verhältnismäßigkeit** und **Verschiedenartigkeit** widerspiegelt. Die reichen Gelehrten und Kaufleute, die Suzhous Gärten anlegen ließen, wollten Orte schaffen, die man allein oder in Gesellschaft von Freunden bei einem Glas Wein zum Rezitieren von Gedichten oder zu literarischen Debatten genießen konnte. Die Gartenbauer bedienten sich kleiner Pavillons und Terrassen, um Größe zu suggerieren, fügten an- und absteigende überdachte Wandelgänge und Galerien hinzu, um Höhe zu erzeugen, und modellierten verschachtelte Gruppen aus Gestein und Bambus, um Dahinterliegendes weder halb zu offenbaren, noch halb zu verbergen. Die **Effekte** vermeintlicher Weitläufigkeit erzielte man durch Blicke durch kunstvoll gestaltete Gitterfenster, umkachelte Öffnungen, Mondtore und durch Spiegelungen auf Wasserflächen – verblüffende Perspektiven, die entweder auf ein gesamtes Landschaftsbild hinwiesen oder äußere Gegebenheiten wie die Außenwände von benachbarten Gebäuden einbezogen.

Zu den charakteristischen Merkmalen von Suzhous Gärten gehören die weißen Kiefern, die skuril gestalteten Felsen aus dem See Tai Hu und die Steintafeln über den Eingängen. Komplettiert wurde das Gesamtbild durch Tiere – noch heute schwimmen in manchen Teichen Fische und Schildkröten.

Die **Stilunterschiede** zwischen den verschiedenen Gärten ergeben sich im Wesentlichen durch die jeweilige Zusammensetzung und Gewichtung der Elemente. Manche bestehen zu zwei Dritteln aus Wasser, andere sind Labyrinthe aus bizarren Felsen, und wiederum andere lenken die Blicke überwiegend in das Innere prachtvoll eingerichteter Pavillons. Praktisch alles hat symbolische Bedeutung – Kiefer und Kranich stehen zum Beispiel für langes Leben, Mandarin-Enten für eheliches Glück.

Shuang Ta, Xuanmiao Guan und (am südwestlichen Horizont) Ruiguang Ta. ⌚ tgl. 8–17 Uhr, Eintritt ¥15. Auf dem Gelände der Pagode befindet sich auch ein sehr gemütliches Teehaus.

Praktisch gegenüber liegt ebenfalls an der Renmin Lu das **Seidenmuseum von Suzhou**, das sich zu den besseren Museen Chinas zählen darf und durchweg mit englischen Erläuterungen ausgestattet ist. Ausgehend von der legendären Erfinderin der Seide Lei Zu, Konkubine des ebenso legendären Gelben Kaisers (Huang Di), werden die Geschichte der Seidenproduktion und die Arten ihrer Verwendung von 4000 v. Chr. bis zum heutigen Tage vorgestellt. Die Sammlung zeigt unter anderem Reproduktionen antiker Seidenmuster, daneben aber auch Originale. An alten Webstühlen und Webmaschinen wird veranschaulicht, wie an diesen Geräten gearbeitet wurde. Eine weitere Abteilung stellt die Kunst der Seidenraupenzucht vor, das faszinierendste (zugleich für manche abstoßendste) Exponat ist ein Raum voller Seidenraupen, die Maulbeerbaumblätter verzehren und Kokons spinnen, und kopulierender Falter. ⌚ tgl. 9–17.30 Uhr, Eintritt ¥7.

Suzhou-Museum, Zhuozheng Yuan und Shizi Lin

Von der Nordtempel-Pagode führt der Weg nach Osten über die Xibei Jie, die in die Dongbei Jie übergeht, hinter der ersten großen Kreuzung zum **Suzhou-Museum** und zum **Zhuozheng Yuan** (Garten des Bescheidenen Beamten). Das Museum (⌚ tgl. 8.15–16.15 Uhr, Eintritt ¥10) im Haus des früheren Taiping-Führers Li Xiucheng präsentiert eine etwas merkwürdige Sammlung verstaubter Keramikwaren, der benachbarte Garten ist jedoch unbedingt sehenswert. Mit 40 000 m² ist der Zhuozheng Yuan mit Abstand der größte unter Suzhous Gärten. Wasser bestimmt die Anlage, die in drei miteinander verbundene Abschnitte unterteilt ist: Ein kleiner Lotusteich und Pavillons stehen im Mittelpunkt des östlichen Bereichs unmittelbar hinter dem Eingang; Wasser und zwei kleine, durch Zickzackbrücken miteinander verbundene Inseln dominieren den zentralen Teil der Gartenanlage; im Westen hingegen überwiegen untypische offene Grünflächen. Ein kaiserlicher Zensor der Ming-Dynastie namens Wang Xianchen ließ kurz nach dem Ausscheiden aus seinem Amt den Garten bauen und gab ihm im ironischen Bedauern darüber, dass er fortan nurmehr über die Pflege des Gartens würde walten können, seinen Namen. Eintritt ¥40.

Zu Fuß nur wenige Minuten südlich des Zhuozheng Yuan liegt ein weiterer in jedem Fall sehenswerter Garten, der **Shizi Lin** (Löwenwald). Der Mönch Tian Ru entwarf die Anlage im Jahre 1342 und benannte sie zu Ehren seines Lehrers Zhi Zheng, der auf dem Löwenfelsenberg lebte – die Felsen dieses Parks sollen Löwen in allen erdenklichen Formen und Größen ähneln. Nach der Auswahl wurden die bizarren Felsen jahrzehntelang im Tai Hu versenkt, um weiter ausgewaschen zu werden. Einige Bereiche des Steingartens sind zu einem Labyrinth gestaltet, das gelegentlich Blicke auf Wasserflächen frei gibt, auf denen sich die grünen Bäume und grauen Steine spiegeln. Die Qing-Kaiser Qianlong und Kangxi sollen von diesem Steingarten so begeistert gewesen sein, dass sie ihn zum Vorbild des Gartens im Yuanmingyuan, dem Alten Sommerpalast, in Beijing machten. Eintritt ¥15

Xuanmiao Guan und Yi Yuan

Weiter südlich gelangt man zum daoistischen Tempel **Xuanmiao Guan** (Tempel des Mysteriums), dessen Lage an der Nordseite der Guanqian Jie im Herzen des modernen Einkaufsviertels Suzhous etwas befremdlich wirkt. Der ursprüngliche Tempel geht auf die Jin-Dynastie im 3. Jahrhundert zurück, doch wurde er zerstört, wieder aufgebaut, durch Feuer vernichtet und mehrmals in seiner Geschichte umgestaltet. Jahrhundertelang gab es hier einen großen Basar, auf dem reisende Schausteller, Akrobaten und Schauspieler das Volk unterhielten. Bis heute ist der Komplex ein reizvoller und belebter Ort geblieben, in dessen weitem Eingangshof die Einheimischen zusammensitzen. Im hinteren Bereich der Anlage, die von einem neu eingerichteten Park umgeben ist, steht eine Halle mit daoistischen Gottheiten und Symbolen.

Nur wenig südlich der Guanqian Jie liegt an der nordwestlichen Ecke der Kreuzung von Renmin Lu und Ganjiang Lu der **Yi Yuan** (Garten des Wohlbehagens), einer der kleineren Gärten. Die vom Beamten Gu Wenbin in der späten Qing-Dynastie entworfene Anlage ist wesentlich jünger als die anderen Gärten und weist sämtliche Hauptelemente der chinesischen Gartenbaukunst auf (s.S. 494, Kasten). Als gestalterische Besonderheiten gibt es außerdem streng angeordnete Blumenbeete und Arrangements aus farbigen Kieselsteinen zu sehen. Eintritt ¥5.

Opern- und Theatermuseum und Ou Yuan

Nach zehnminütigem Fußmarsch durch die schmalen Gassen östlich der Guanqian Jie erreicht man das außergewöhnliche und beeindruckende **Opern- und Theatermuseum** in der Zhongzhangjia Xiang. Zahllose Kostüme, Masken und Musikinstrumente füllen die Ausstellungsräume, und sogar ein komplettes Orchester wird als Modell in allen Einzelheiten bis hin zu Teetassen gezeigt. Die unbestritten größte Attraktion jedoch ist das Theater selbst, ein zu Zeiten der Ming-Dynastie errichtetes Gebäude mit hölzernem Gitterwerk, einer erhöhten Bühne im zweiten Stockwerk eines großen Pavillons mit einer spiralförmig aufragenden Holzkuppel sowie einem an allen Seiten von Galerien eingefassten Zuschauerraum unter freiem Himmel.

Die Region um Suzhou ist die historische Heimat der **Kun-Oper**. Sie ist 5000 Jahre alt und damit Chinas älteste Opernform – die Peking-Oper ist erst 3000 Jahre alt. Die charakteristischen Züge der Kun-Oper sind das Geschichtenerzählen und Balladensingen, doch es ist äußerst schwierig, den Inhalten zu folgen, denn die Vorstellungen werden im mehr als unverständlichen (selbst wenn man Chinesisch spricht) Suzhou-Dialekt aufgeführt. Die Gesellschaft zur Förderung der Kun-Oper veranstaltet gelegentlich **Aufführungen** im Museum, deren Termine die Kuratoren, die oftmals selbst ehemalige Opernstars sind, gerne bekannt geben. Wer interessiert und der chinesischen Sprache mächtig ist, kann von den Kuratoren außerdem höchst Wissenswertes über diese Kunstform und die Erniedrigungen ihrer Interpreten während der Kulturrevolution erfahren. Ganz ohne Chinesischkenntnisse hingegen erschließt sich Besuchern anhand zahlreicher Fotografien die Geschichte der Kun-Oper während der letzten 100 Jahre. Frappant wirken die Unterschiede zwischen den aufwendigen Kostümen und spektakulären Produktionen früher Zeiten und den Jahren, in denen die mutlose Truppe in großen Stahlfabriken Revolutionsopern in trister Ausstattung aufführen musste. Im Teehaus nebenan finden täglich und wie es scheint vor allem zur Erbauung älterer Bewohner Suzhous Opern- und Musikdarbietungen im Kun-Stil statt; Beginn ca. 13 Uhr. Museum 🕓 tgl. 8.30–16.30 Uhr, Eintritt ¥5.

Nur fünf Minuten nordöstlich des Museums liegt der relativ untouristische **Ou Yuan** (Doppelgarten) und erstreckt sich am äußeren Kanalgraben an der Resten der alten Stadtmauer entlang. Verschiedene Hallen und Korridore führen zu einem friedlichen Hof mit einem von abstrakten Felsformationen und gemütlichen Teehäusern umgebenen Teich in seiner Mitte. Der große Vorzug des Ou Yuan ist das Fehlen der Touristenscharen, die mit Megaphonen durch die anderen Gärten geführt werden. In der näheren Umgebung des Gartens befinden sich viele der reizvollsten Gebäude, Brücken und Kanäle der Stadt und lohnen einen ausgedehnten Spaziergang. 🕓 tgl. 8–16.30 Uhr, Eintritt ¥15

Shuang Ta, Canglang Ting und Wangshi Yuan

Einige Straßen östlich der Renmin Lu erheben sich unmittelbar südlich der Ganjiang Lu die schlanken Doppelpagoden **Shuang Ta**, die während der Song-Dynastie von einer Gruppe erfolgreicher Absolventen der kaiserlichen Prüfungen zu Ehren ihres Lehrers errichtet wurden. Die zarten Bauwerke, die eine Besteigung nicht erlauben, stehen in einem schönen Garten, der mit seinen darin verteilten Statuen ein wenig an eine klassisch-griechische Szenerie erinnert. An einem Ende steht das Gärtnerhäuschen, das von Chrysanthemen in Blumentöpfen und liebevoll gepflegten Bonsais umgeben ist, am anderen Ende lädt ein Teehaus zum Verweilen ein. 🕓 tgl. 7–16.30 Uhr, Eintritt ¥10.

Gut einen Kilometer weiter südlich befinden sich jenseits der Shiquan Jie zwei weitere Gärten. Der wenig besuchte, aber beeindruckende **Canglang Ting** (Garten des Pavillons der Azurblauen Wellen), an der Renmin Lu, Ecke Zhuhui Lu, ist der älteste der größeren erhaltenen Gärten. Er geht auf auf den Gelehrten Su Zimei aus der Song-Dynastie zurück, der ihn um 1044 anlegte. Im Norden ist keine Umfassungsmauer vorhanden, da der Garten Merkmale der Umgebung „borgen" und diese dann zu integralen Bestandteilen des Gesamtbildes machen sollte. Hinter einer großen Steinbrücke und einem Torbogen aus Marmor gelangt man ins Garteninnere, dessen zentrale Erhebung einem bewaldeten Hügel nachgebildet ist. Im Süden des Gartens (abseits des Eingangs) steht der interessante Tempel der Fünfhundert Weisen, der von Steinstelen umgeben ist, die Namen und Leistungen großer Staatsmänner, Helden und Dichter aus Suzhou verkünden. ⌚ tgl. 8–16 Uhr, Eintritt ¥8.

Der nahe **Wangshi Yuan** (Garten des Meisters der Netze) an der Shiquan Jie liegt nur wenig westlich des *Suzhou Hotels* und ist über eine schmale, nach links abzweigende Gasse zu erreichen. Seinen Namen erhielt der kleine beschauliche Garten von einem Beamten im Ruhestand, der sich entschloss, Fischer zu werden. Die Anlage wurde 1140 begonnenen, später jedoch dem Verfall preisgegeben und erhielt erst 1770 ihr heutiges Aussehen. Unter Kennern gilt der Garten mit seinem hübschen zentralen Teich, seinen schmalen Verbindungsgängen und Pavillons mit winzigen Höfen und geschnitzten Holztüren als schönste Anlage überhaupt – was ihm auch meistens mehr Besucher beschert, als er eigentlich vertragen kann. Liebhaber der chinesischen Gartenbaukunst können sich im *CITS* nach der Möglichkeit erkundigen, den Garten am späten Abend nach der Vorstellung der acht Hauptformen der **chinesischen Oper** (darunter auch des hiesigen Kun-Stils, s.S. 496) zu besuchen, denn er soll bei Mondschein die schönste Ausstrahlung besitzen. Vom Pavillon zum Betrachten des Mondes ist dieser dreifach zu sehen: am Himmel, im Wasser und in einem Spiegel. Zu den weiteren Charakteristika des Gartens gehören zartes Gitterwerk aus Holz und ausgeschnitzte Fenster, die den Blick auf schimmernden Bambus, dunkle Innenräume, Wasserflächen und miniaturhafte Steingärten lenken. Eintritt ¥15.

Pan Men und Umgebung

Im Südwesten des Stadtgrabens dehnt sich um das Stadttor **Pan Men** eines der schönsten Viertel aus, in dem noch Reste der ursprünglichen, von König He Lu des Königreichs Wu um 514 v. Chr. errichteten Stadtmauer erhalten sind. Es ist das einzige noch existierende von acht Stadttoren, die einst Suzhous umgaben. Der schönste Weg dorthin führt vom Süden über die **Wumen Qiao**, Suzhous anmutigste und zugleich höchste Bogenbrücke, die auch beste Blicke auf den Verkehr auf dem Kanal bietet. Vom Bahnhof verkehrt der Bus Nr. 7 zum südlichen Abschnitt des Stadtgrabens. Etwas nördlich der Brücke steht das Pan Men, auf das Stufen hinaufführen. In östlicher Richtung erstreckt sich ein 300 m langes begehbares Teilstück der alten Stadtmauer. ⌚ tgl. 8–17 Uhr, Eintritt ¥20.

Wiederum nur ein Stück nordöstlich der Mauer ragt die 1000 Jahre alte, aus Trümmern wieder errichtete **Ruiguang Ta** (Pagode des Lichts des Guten Omens) in die Höhe, die früher einen seltenen buddhistischen Perlen-Stupa beherbergte, der inzwischen dem Suzhou-Museum vermacht wurde; Eintritt ¥6. Kurzweiliger als diese Sehenswürdigkeiten sind jedoch die von Wäscheleinen überspannten, alten Gassen ringsum und ein Spaziergang am Kanal.

Westlich des Stadtgrabens

Bester Ausgangspunkt für eine Erkundung der Gegenden westlich des Stadtgrabens mit öffentlichen Transportmitteln ist der Bahnhof. Wer mit dem Fahrrad unterwegs ist, kann die folgenden Ziele aber auch zu einer bequemen halbtägigen Tour verbinden.

Liu Yuan und Xi Yuan

Nicht weit westlich der Shi Lu liegen an der Strecke der Buslinie Nr. 2 vom Bahnhof zwei weitere elegante Gärten. Der **Liu Yuan** (Garten des Verweilens) hieß ursprünglich Dong Yuan (Ostgarten), um ihn vom gegenüberliegenden Xi Yuan (Westgarten) abzugrenzen. Die Anlage wurde in der Ming-Dynastie vom Arzt Xu Taishi geschaffen, der seinen Patienten ein angenehmes Umfeld zur Wiedergenesung verschaffen wollte; später wurde der Garten von den Japanern zerstört und 1953 restauriert. Die vier landschaftlichen Bereiche und ihre Gebäude sind durch einen 700 m langen, harmonisch dem unterschiedlichen Gelände angepassten Wandelgang miteinander verbunden. Dichter der Qing-Dynastie und Patienten von Dr. Xu schrieben ihre Eindrücke von diesem Garten auf Steintafeln, die entlang des Wandelgangs hängen. Zu den Hauptattraktionen gehört der größte aller Felsen aus dem Tai Hu, ein gewaltiger Brocken, der rund 5000 kg wiegt und den Namen **Wolkenbedeckter Gipfel** trägt. Eintritt ¥16

Nur wenige hundert Meter weiter westlich befindet sich der **Xi Yuan** (Westgarten), den Xu Taishi mehr als Tempel denn als Garten anlegen ließ, um seine tiefe Verehrung für den Buddhismus zu bekunden. Lange ockergelbe Mauerflächen setzen hier markante Kontraste zu den grauschwarzen Dachziegeln und dem roten Balkenwerk. Die Haupthalle prunkt mit einer imposanten Decke, und in einem Seitenflügel stehen beeindruckende Arhat. Im Teich tummeln sich Riesenkarpfen und Weichschildkröten. Eintritt ¥10.

Huqiu Shan

Nördlich der beiden Gärten erhebt sich der Huqiu Shan (Tigerhügel), die legendäre Stätte des Grabes von He Lu, dem König von Wu und angeblichen Gründer von Suzhou. Der Legende nach wurde der Hügel nach einem mythischen weißen Tiger benannt, der das Grab am dritten Tag der Begräbniszeremonien zu bewachen begann und nicht weichen wollte.

In seiner willkürlichen und asymmetrischen Gestaltung steht der ausgedehnte Park in krassem Gegensatz zum kunstvollen und ausgewogenen Erscheinungsbild der anderen Gärten der Stadt. Neben Terrassen mit Buschwerk und Bäumen gibt es hier ein Teehaus sowie zahlreiche Felsen und Teiche, die alle eigene Namen tragen und mit geheimnisvollen Legenden verknüpft sind. Zu diesen gehören u.a. der **Fels der Tausend Männer**, wo die Männer, die das Grab bauten, angeblich hingerichtet wurden, um den Ort geheim zu halten, sowie der **Schwerterteich**, in dem die königlichen Schätze – darunter 3000 Schwerter – verborgen liegen sollen. Auf dem Gipfel thront Suzhous schiefer Turm, die **Yunyan Ta** (Wolkenfelsen-Pagode). Das achteckige Ziegelbauwerk mit sieben Stockwerken neigt sich zwei Meter zur Seite und benötigt ständig absichernde Maßnahmen, um nicht einzustürzen. Bei einer solchen baulichen Schutzmaßnahme fanden Arbeiter 1965 eine Kiste mit in Seide gehüllten buddhistischen Sutren aus dem 10. Jahrhundert. Trotz bester Bemühungen der Konservatoren neigt sich der Turm jährlich um einen weiteren Zentimeter nach Norden. Archäologen führen diese Entwicklung auf mögliche unterirdische Gänge zurück, die vielleicht das Geheimnis des legendären Grabes hüten.

Der Tigerhügel liegt an der Route der Busse Nr. 1 und Nr. 2 vom Bahnhof. Wer mit dem Fahrrad unterwegs ist, kann als reizvolle (jedoch holprige) Alternative den direkten Weg über die gepflasterten Treidelpfade wählen, die den Shantang-Kanal säumen und an prachtvollen ehemaligen Kaufmannshäusern mit imposanten Fassaden und Wassertoren vorbeiführen. ⏲ tgl. 7–18 Uhr, Eintritt ¥30.

Hanshan Si

Ebenfalls am Stadtrand liegt ungefähr 5 km westlich des Zentrums das Hanshan Si (Kloster des Kalten Berges), das von der siebenstöckigen Pagode Puming Ta aus dem 11. Jahrhundert überragt wird. Schon vom Eingang aus kann man die herrliche Bogenbrücke **Feng Qiao** bewundern, die Kaiser Jiaqing 1557 zur Verteidigung gegen die vorrückenden Japaner errichten ließ. Heute bietet die Brücke schöne Ausblicke auf die Barkassen, die den Kanal entlangschippern.

Das Kloster, das auf die Zeit um 500 n. Chr. zurückgeht, genießt sowohl in China als auch in Japan Berühmtheit, da der gefeierte Tang-Dichter **Zhang Ji** ein Gedicht schrieb, das im Innenbereich auf einer Steinstele zu lesen ist:

Monduntergang.
Das Krächzen einer Krähe durchschneidet
die eisige Luft.
An der Brücke Feng, die meine Rast unterbricht,
Schimmern die Lampen der Fischer.
Mir, der ich in meinem Boot liege,
beschert die dunkle Stunde
Den laut nachhallenden,
sich wiederholenden Klang der Klosterglocken
Am Hanshan hinter Suzhou.

Neben dem Torbogen vor dem Hanshan Si erinnert eine kleine Gedenkstätte (⏲ tgl. 8–16 Uhr, Eintritt ¥5) mit einer Bronzestatue an den Poeten Zhang Ji und zeigt z.T. recht ansehnlich gestaltete Schaubilder von Suzhou zur Tang-Zeit. An Neujahr kommen scharenweise Japaner, die unbedingt den Klang der Mitternachtsglocke hören wollen. Spenden haben das Kloster so reich werden lassen, dass im Osten der alten Anlage derzeit ausgedehnte neue Bereiche mit Hallen und Pagoden entstehen. Anfahrt vom Bahnhof mit dem Bus Nr. 3; von der Haltestelle ist es noch ein kurzer Fußmarsch entlang der Tempelmauer bis zum Kanal und zum rechter Hand liegenden Haupteingang. Mitunter werden auch Bootsfahrten vom Stadttor Pan Men zum Kloster angeboten. ⏲ tgl. 8–17 Uhr, Eintritt ¥10.

Übernachtung

Die meisten Hotels sowie die wichtigsten Gärten und historischen Bauwerke liegen im Süden der Stadt rund um die **Shiquan Jie**. In der Nebensaison (Okt–Mai) lässt sich in allen genannten Hotels in der Regel ein Preisnachlass von 10–20% aushandeln.

Bamboo Grove*,* Luxus, 168 Zhuhui Jie, ✆ 6520 5601, 💻 www.bg-hotel.com. Neues, gut geführtes Touristenhotel unter japanischer Leitung, das mit schwarzweißen Wänden und üppigem Bambuswuchs im Garten dem lokalen Ambiente nachzueifern versucht. Verschiedene gute Restaurants im Haus.

Canglang Hotel / Suzhou Medical School Guesthouse**,* 53 Wuqueqiao Jie, ✆ 65201557, 📠 6510 3285. Fade Erscheinung, aber saubere Zimmer mit Bad. Das Personal spricht kein Englisch und geht davon aus, dass Ausländer eines der teureren Zimmer wünschen, sofern sie sich nicht nachdrücklich anders äußern. Dorm-Betten ¥60.

Dongwu*,* Shiquan Jie, ✆ 65194437, 📠 65194590. Mit Abstand die beste der billigen Unterkünfte. Großes Anwesen unter Verwaltung der Suzhou-Universität, zentral gelegen und dennoch ruhig. Saubere Zimmer im Hauptgebäude, billigere Alternativen im hübschen Gästehaus für Auslandsstudenten. Sehr preisgünstige Mensa. EZ ab ¥80.

Huayuan*,* Suzhan Lu, ✆ 67225510. Heruntergekommen und voller Moskitos, als Notlösung aber akzeptabel. DZ zum Teil mit Bad. Vom Bahnhof 15 Min. Fußweg entfernt: am Ausgang nach rechts abbiegen, dann noch einmal nach rechts durch eine Unterführung unter den Gleisen und der Straße bis zur T-Kreuzung folgen; das Hotel liegt auf der rechten Seite, kurz hinter der Ecke (kein englisches Schild).

Lexiang***,* 18 Dajin Xiang, ✆ 65222890, 📠 6524 4165. Dritte Gasse südlich der Guanqian Jie, östlich der Renmin Lu. Sehr gutes, freundliches und zentrales Hotel, deshalb eine der besten Mittelklasse-Optionen. CITS gleich nebenan, mehrere gute Restaurants in der Nähe.

Nanlin**–******,* Shiquan Jie, ✆ 65194641 oder 65198830, 📠 65191028. Großes Hotel in gartenähnlicher Umgebung mit blitzsauberer Lobby, Luxuszimmern im neuen Flügel, DZ zu angemessenen Preisen im alten Trakt.

Nanyuan***,* Shiquan Jie, ✆ 65227661, 📠 6523 8806. Kleines apartes Hotel gegenüber dem *Nanlin*. Weitläufiges Gelände, das zu abendlichen Spaziergängen einlädt. Das Personal ist jedoch ein wenig hochnäsig.

New Century*****,* 23 Guangji Lu, ✆ 65338888, 📠 65337788. Am westlichen Stadtrand, jenseits des Stadtgrabens gelegen und mit dem Bus Nr. 7 vom Bahnhof zu erreichen. Schön eingerichtete, luftige Zimmer. Bequeme Nähe zu den Geschäften an der Shi Lu.

Sheraton*,* Luxus, 388 Xin Shi Lu, ✆ 65103388, 💻 www.sheraton-suzhou.com. Suzhous bestes (und mit Abstand teuerstes) Hotel breitet sich als eine Art Persiflage auf die tradtionelle chinesische Baukunst nahe dem Pan Men im Südwesten der Stadt über ein weitläufiges Areal aus. Geboten werden internationaler Standard, Swimmingpools drinnen und draußen, stille Gärten und ein Bach, der durch das Gelände fließt.

Suzhou***,* Shiquan Jie, ✆ 65204646, 📠 6520 4015. Großes, relativ unpersönliches Hotel für Touristengruppen. Die billigsten Zimmer sind ein wenig schmuddelig, haben jedoch saubere Badezimmer.

Yingfeng**,* 39 Wuya Chang, ✆ 65300907. Ruhiges, freundliches Hotel am Kanal, unweit der Shiquan Jie – zu erreichen über die schmale Gasse, die gegenüber vom *Suzhou Hotel* abzweigt, dann bis hinter eine Brücke laufen, wo das Hotel rechter Hand liegt. Angemessene Preise.

Youyi (auch: *Friendship Hotel)**,* Zhuhui Lu, ✆ 65205218, 📠 5206221. Eine Straße südlich der Shiquan Jie. Großes, freundliches Haus mit fairen Preisen und einem gemütlichen, nach oben offenen Garten im zentralen Atrium.

Essen

Die hiesige Küche mit ihrem Schwerpunkt auf Fisch aus den nahen Seen und Flüssen wird zu Recht gerühmt. Zu den Spezialitäten gehören *yinyu* (Silberfisch) und *kaobing* (geröstete Pfannkuchen mit süßer Füllung). Die Stadt verfügt über zahlreiche Restaurants aller Preiskategorien.

Korean Restaurant, Daichengqiao Lu, wenig südlich der Shiquan Jie. Eines der besten von mehreren fantasielos benannten koreanischen Restaurants. Gutes Grillfleisch, das am Tisch zubereitet wird.
Sakura Gawa, Shiquan Jie, westlich des *Nanyuan Hotel.* Elegantes japanisches Restaurant und längst nicht so teuer, wie es von außen wirkt. Gerichte für rund ¥50 p.P.
Shiquan Ren Jia, Shiquan Jie, gleich westlich des *Sakura Gawa.* Keine schlechte Adresse für lokale Spezialitäten, zudem nicht teuer.
Sicily Restaurant and Pub, 1 Shaomozhen Xiang. Dunkle, gemütliche Bar, die westliche Speisen anbietet. Die Spaghetti sind nur durchschnittlich, lecker hingegen die Pommes frites.
Songhelou Caiguan, Guanqian Jie, 200 m östlich der Renmin Lu. Berümtestes Restaurant der Stadt, das sich brüstet, schon Kaiser Qianlong bewirtet zu haben. Umfangreiche Fischkarte (u.a. Krabben, Aal, Eichhörnchenfisch). Schön, aber mit ca. ¥150 p.P. nicht gerade preiswert.
Vier berühmte Restaurants, von denen jedes älter als 100 Jahre ist, versammelt die **Taijian-Gasse**, ein kurzer Straßenzug, der von der Guanqian Jie gegenüber dem Xuanmiao Guan abzweigt: ***Dasanyuan,*** im Haus Nr. 8, ***Deyuelou,*** Nr. 27, ***Wangsi,*** Nr. 23, und ***Laozhengxing,*** Nr.19. Sie alle sind groß und nicht billig, doch für schmackhafte Einblicke in die lokale Kochkunst nur zu empfehlen und bieten zudem neben freundlicher Atmosphäre auch englische Speisekarten.
Yonghe Doujiang Xiaochi, vor dem Eingang zum Garten des Meisters der Netze. Preiswerte Snacks, *jiaozi* (Teigtaschen), Nudelsuppen und Sojabohnenmilch. 🕓 24 Std.

Unterhaltung

Das Nachtleben Suzhous ist nicht besonders ausgeprägt. Einige touristische Bars gibt es an der Shiquan Jie in der Nähe des Wangshi Yuan, die beiden besten darunter sind das ***Pulp Fiction,*** 200 m westlich des Suzhou Hotel, und die kleine ***Pub Bar,*** 50 m weiter westlich.
Am lohnendsten sind die allabendlichen **Theateraufführungen** im Wangshi Yuan, wo in acht Kurzpräsentationen von der Peking-Oper über Volkstänze bis hin zu szenischen Lesungen die wichtigsten Formen chinesischer Bühnenkunst vorgestellt werden. Die Aufführungen finden von 19.30 bis 22 Uhr statt und kosten ¥60. Gelegentlich bringt das Opern- und Theatermuseum (s.S. 496), ✆ 67533268, im eigenen Theater an der Renmin Lu, nur wenig südlich der Pingsi Lu, Opern im Kun-Stil auf die Bühne.

Einkaufen

Es gibt zahllose Möglichkeiten, Seide einzukaufen, doch besonders in den Boutiquen an der **Shiquan Jie** und **Guanyin** Jie sowie auf dem Nachtmarkt an der **Shi Lu** werden hohe Preise verlant. Man muss hart handeln, denn die Verkäufer fordern von Ausländern Preise, die mitunter zehnfach überzogen sind.
Eine gute Auswahl bietet der *King Silk Store* neben dem Seidenmuseum, u.a. schöne Steppdecken für rund ¥300. Das Antiquitätengeschäft, Renmin Lu, Ecke Ganjiang Dong Lu, ist die beste Adresse für alte Möbel; 🕓 tgl. 10–17.30 Uhr.
Gute Gemälde und Stickereien findet man in einem Pavillon nahe der Kreuzung Renmin Lu und Baita Xi Lu sowie in den Geschäften an der Shiquan Jie.

Sonstiges

AMT FÜR ÖFFENTLICHE SICHERHEIT (PSB) – Renmin Lu, an der Kreuzung mit der kleinen Gasse Dashitou Xiang.

BOOTSAUSFLÜGE – Von einer kleinen Anlegestelle gegenüber dem Bahnhof starten Boote zu zweistündigen Ausflügen auf dem Kaiserkanal, die nach Süden Richtung Pan Men oder nach Norden Richtung Hu Qiu führen; ¥30 p.P. bei Gruppen, wer das Boot für sich allein haben möchte, zahlt ca. ¥150.

BUCHLÄDEN – ***Xinhua Shudian,*** 166 Guanqian Jie. Kleine Auswahl an klassischen Romanen.

FAHRRÄDER – An der Shiquan Jie gibt es zahlreiche Fahrradverleihe, die meisten davon westlich des *Suzhou Hotel.* Sie berechnen durchschnittlich ¥20 pro Tag, manche lassen sich auch auf

¥10–15 herunterhandeln. Auch gegenüber dem Seidenmuseum gibt es einen Fahrradverleih.

GELD – ***Bank of China,*** Hauptfiliale im Zentrum an der Renmin Lu, nördlich der Guanqian Jie; ⏲ Mo– Fr 8.30–11.30 und 13.30–16, Sa 8–11.30 Uhr. Alle besseren Hotels bieten ihren Gästen den Umtausch von Geld an.

INTERNET – Der angenehmste Ort, um online zu gehen, befindet sich an der Shizi Jie, östlich des Krankenhauses, und ist mit ¥1,50 pro Stunde zugleich der billigste Anbieter; ⏲ tgl. 9–23 Uhr. Alternativen sind *China Telecom,* 333 Renmin Lu (⏲ tgl. 9.30–21 Uhr, ¥4 pro Std.) oder das Internet-Café westlich des *Nanlin Hotel* auf der gegenüberliegenden Straßenseite (¥5 proStd.). Entlang der Shiquan Jie eröffnen und schließen ständig Internet-Cafés – aktuelle Information hierzu sind in den Hotels zu erfahren.

MEDIZINISCHE HILFE – ***Krankenhaus Nr. 1*** im Osten der Stadt an der Fenghuang Jie, Ecke Shizi Jie.

POST UND TELEFON – ***Hauptpostamt*** an der Renmin Lu, Ecke Jingde Lu.

REISEBÜROS – Bei begrenzter Zeit können sich Tagestouren zu den wichtigsten Sehenswürdigkeiten lohnen. Abfahrt entsprechender Minibusse um 7.30 Uhr vom Bahnhof, wo sie um 16 Uhr auch wieder enden; ¥10 exkl. Eintrittsgelder. ***CITS,*** Dajing Xiang, neben dem *Lexiang Hotel,* ✆ 65155199, sowie andere Agenturen bieten Rundfahrten in klimatisierten Touristenbussen inkl. Mittagessen und Eintrittsgebühren für ca. ¥260. Fast alle großen Hotels bieten außerdem eigene Dienste an.

VORWAHL – 0512

Nahverkehrsmittel

Die Busse Nr. 1 und Nr. 20 fahren vom östlichen Bahnhofsplatz ins Zentrum. Einige private **Minibusse** steuern von dort auch Wuxi und Ziele am Tai Hu an.

Transport

BUSSE – Suzhou hat zwei große Busbahnhöfe. Vom direkt östlich des Bahnhofs angesiedelten **Busbahnhof Beimen** verkehren alle 30 Min. Busse nach Shanghai und Wuxi, außerdem häufige Busse nach Zhouzhuang. Der **Busbahnhof Nanmen** am Südende der Renmin Lu bedient Ziele im Süden, u.a. Hangzhou und Wenzhou; Anbindung ans Zentrum von dort mit dem Bus Nr. 1. Vom dritten, eventuell ebenfalls zweckdienlichen **Busbahnhof Wu Xianshi**, ein ganzes Stück südlich des Stadtgrabens und ebenfalls an der Strecke des Busses Nr. 1 gelegen, bestehen Verbindungen zu nahen Orten wie Tongli und Zhouzhuang.

Verbindungen von den Busbahnhöfen
Beimen nach:
HANGZHOU 4 Std.;
NANJING 3 Std.;
SHANGHAI 1–2 Std.;
WUXI 1 Std.;
YANGZHOU 5 Std.
Nanmen nach:
DINGSHAN 3 Std.;
TONGLI 1 Std.;
YIXING 3 Std.;
ZHOUZHUANG 2 Std.

EISENBAHN – Fast alle Besucher Suzhous wählen die Bahn als Transportmittel, da die Stadt an der tgl. von zahlreichen Zügen befahrenen Hauptstrecke zwischen Shanghai und Nanjing liegt. Vielleicht weil Suzhou ein bedeutendes Touristenziel ist, gebärden sich die Hotelschlepper wesentlich aggressiver als anderswo in China – am besten schüttelt man sie ab, indem man sie einfach ignoriert.
Die Verkaufsstelle für Fahrkarten befindet sich in einem separaten Gebäude links des Bahnhofsausgangs. Eine weitere Verkaufsstelle gibt es in der 556 Renmin Lu, 1. Stock. *CITS* und die meisten Hotels besorgen Fahrkarten gegen eine geringe Gebühr.

Züge nach:
HANGZHOU 9x tgl., 3–4 Std.;
NANJING 15x tgl., 3–4 Std.;

SHANGHAI 18x tgl., 1 Std.;
WUXI 17x tgl., 1 Std.;
ZHENJIANG 16x tgl., 2–3 Std.

FÄHREN – Eine tgl. Fähre verbindet Suzhou und Hangzhou; Abfahrt 17.30 Uhr vom Ableger am südlichen Ende der Renmin Lu, nahe dem Busbahnhof Nanmen;13 Std., Hartsitzklasse ¥20, Pritsche in einer Viererkabine ¥60, Privatkabine ¥180 für Privatkabinen. An Bord gibt es eine Bar und Karaoke. Ankunft aus Hangzhou gegen 7 Uhr. Fahrkarten sind am Anleger sowie im Büro in der 556 Renmin Lu, 1. Stock, erhältlich.

FLÜGE – Der nächstgelegene Flughafen befindet sich in Shanghai, ca. 1 Std. mit dem Taxi entfernt. Für Buchungen und Reservierungen gibt es ein ***CAAC***-Büro, 120 Renmin Lu, etwas südlich der Gangjiang Lu, ✆ 5222788; 🕓 tgl. 8–11.30 und 13–17.15 Uhr.

Die Umgebung von Suzhou

In der näheren Umgebung Suzhous laden verschiedene Orte zu schönen Tagesausflügen per Fahrrad oder Bus ein. Eine kurze Fahrradtour entlang der Kanäle nach Süden führt zum Hauptarm des Kaiserkanals und zur **Baodai Qiao** (Brücke des Kostbaren Gürtels), von wo sich der Kanal seinen Weg nach Hangzhou bahnt. Das Bauwerk aus der Tang-Dynastie mit 53 Bögen ist nach Wang Zhongshu benannt, einem örtlichen Präfekten, der selbstlos seinen kostbaren Gürtel verkaufte, um Geld für seine Untertanen zu erwerben. Es ist kein wahnsinnig aufregender Ort, doch da der Verkehr inzwischen über eine neue Brücke fließt, kann man dort in relativer Idylle den vorbeifahrenden Schiffen hinterhersehen und einheimische Angler beobachten. Der Weg zur Brücke führt südwärts entlang der Renmin Lu über den Stadtgraben, dann durch Suzhous südliche Vorstädte bis zu einem Kreisverkehr, in dessen Mitte eine Nachbildung des Eiffelturms steht, und weiter über den breiten Kaiserkanal bis zur Shihu Lu, der ersten großen Kreuzung. Dort biegt man nach links ab und fährt knappe 3 km bis zur nächsten großen Kreuzung, um erneut nach links abzubieten und einem Kanal zu folgen.

Ein ganzes Stück weiter südlich liegt 23 km von Suzhou entfernt das Städtchen **Tongli**, das als sehr schönes Beispiel den typischen Charakter der Kanaldörfer und -städte der Region widerspiegelt. Fast alle Häuser liegen dort an Kanälen, die von insgesamt 49 Steinbrücken überspannt werden, und praktisch sämtliche Fortbewegung findet mit Hilfe von Booten statt. Von Suzhous Busbahnhof Wu Xianshi, südlich des Stadtgrabens, verkehren Minibusse nach Tongli (¥5). Die Hauptstraße durch Tongli ist inzwischen recht touristisch und wird von Souvenirständen mit überteuerten Waren sowie zahlreichen Restaurants gesäumt. Abseits davon führen jedoch Seitengassen an malerische Kanäle mit erhabenen Brücken, überhängenden Weiden und Spazierwegen am Ufer. Zu den bedeutendsten Sehenswürdigkeiten gehören der **Tuisi Yuan** (🕓 tgl. 8–16.15 Uhr, Eintritt ¥8), ein Garten aus der späten Qing-Dynastie, der vage an Suzhous Ou Yuan erinnert, sowie die **Jiayin-Halle** (🕓 tgl. 9–17.15 Uhr, Eintritt ¥2), das zweistöckige, bescheidene Wohnhaus von Liu Yazi, eines nationalistisch gesinnten Schauspielers und Unterhaltungskünstlers, der unter anderem durch seine exzentrische Sammlung von Kopfbedeckungen aus Gaze bekannt wurde. Zwischen Tongli und der Kanalstadt Zhouzhuang verkehren Schnellboote. Die Fahrt, die u.a. über den Tongli-See führt, dauert 45 Minuten und kostet ¥80–100. Als interessanter, wenngleich langer Tagesausflug lässt sich die Busfahrt am Morgen nach Tongli mit der Bootsfahrt gegen Mittag nach Zhouzhuang und der Rückkehr per Bus nach Suzhou am späten Nachmittag verbinden.

Nicht minder interessante Ziele warten **westlich** von Suzhou in Richtung des Sees Tai Hu. 15 bzw. 18 km von Suzhou entfernt in den flachen Vorbergen die Hügel **Lingyan Shan** (Berg des Erhabenen Abhangs) und **Tianping Shan** (Berg des Flachen Himmels), die beide herrliche Ausblicke auf die Umgebung bieten und ausgehend von der Sufugong Lu am südwestlichen Stadtgraben im Rahmen einer ausgedehnteren Tagestour mit dem Fahrrad erkundet werden können. Alternativ dazu kann man auch den Bus Nr. 16 vom Bahnhof zum Lingyan Shan nehmen. Am Lingyan Shan führen Steinstufen an einem Glockenturm vorbei zu einer ummauerten Anlage mit einer Tempelhalle, einer siebenstöckigen Pagode und einem Brunnen. 🕓 tgl. 6.30–17.30 Uhr, Eintritt ¥11. Der 3 km entfernte Tianping Shan war mit seinen

Bächen und zahlreichen bizarren Felsformationen bereits zur Zeit der Song-Dynastie ein beliebtes Ausflugsziel. Bewaldete Pfade winden sich an Pavillons und kleinen Gärten vorbei hinauf zum Gipfel, und im Herbst scheinen die Ahornbäume, die die Hänge überziehen, in Flammen zu stehen. ⏲ tgl. 6.45– 16.45 Uhr, Eintritt ¥6. Abenteuerlustige können vom Tianping Shan auf einem ca. 4 km langen Pfad den Bergkamm entlang zum **Tianchi Shan** wandern und einen weiteren Tempelkomplex in reizvoll abgelegener Umgebung erkunden.

Tai Hu

Der von zahlreichen Inseln durchsetzte und von bewaldeten Hügeln umgebene Tai Hu ist einer der vier größten Süßwasserseen Chinas und erhält durch ergiebige Regenfälle beständig neuen Wassernachschub. Im durchschnittlich nur 2 m tiefen, relativ sauberen See werden Fische gezüchtet, während auf den Inseln unter idealen Bedingungen Lotus und Wasserkastanien gedeihen. Auch das übrige Pflanzen- und Tierleben ist vielfältig. Die Ufer (insbesondere das Westufer zwischen den Höhlen und Töpferwerkstätten im Bezirk Yixing) werden von Teeplantagen und Obstgärten gesäumt, in denen Japanische Wollmispeln, Birnen, Pfirsiche, Aprikosen und Pflaumen wachsen. Von Suzhou am bequemsten zu erreichen sind die malerisch-ländlichen Gegenden um den **Dong Shan** und den **Xi Shan** am südöstlichen Seeufer, während der beste Ausgangspunkt für einen Aus-

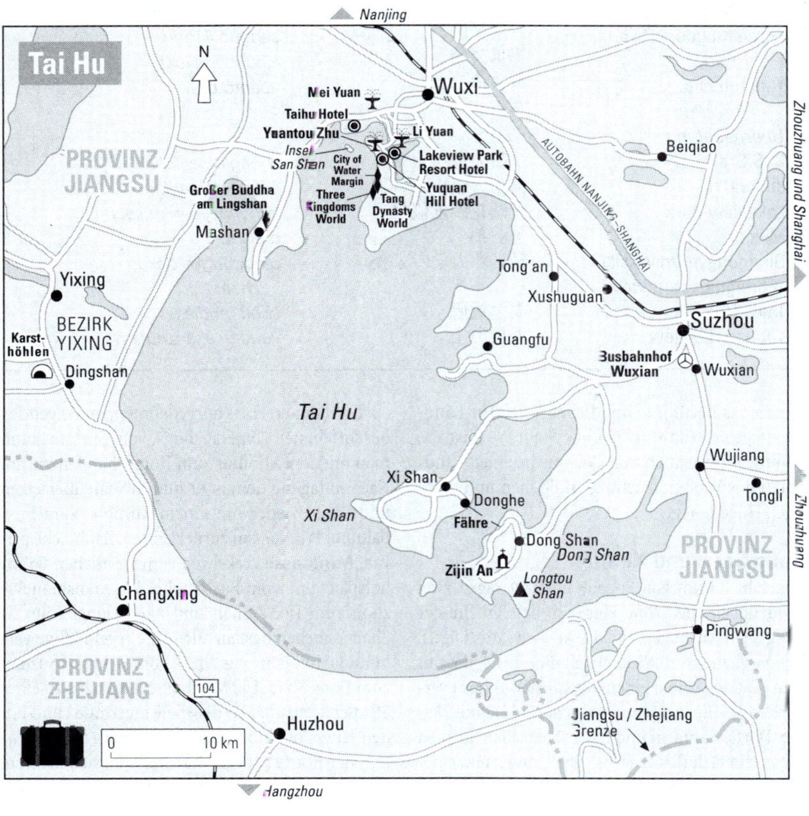

Tai Hu und Wuxi

Tai Hu	太湖	***tàihú***
Dong Shan	东山	***dōngshān***
Longtou Shan	龙头山	*lóngtóu shān*
Zijin An	紫金庵	*zǐjīn ān*
Xi Shan	西山	***xīshān***
Donghe	东河	*dōnghé*
Linwu-Höhle	林屋古洞	*línwūgǔdòng*
Wuxi	无锡	***wúxī***
City of Water Margin	水浒景区	*shuǐhǔ jǐngqū*
Lingshan-Buddha	灵山大佛	*língshān dàfó*
Mei Yuan	梅园	*méiyuán*
Miaoguang-Pagode	妙光塔	*miàoguāng tǎ*
Tang Dynasty World	唐朝景区	*tángcháo jǐngqū*
Three Kingdoms Worlds	三国景区	*sānguó jǐngqū*
Xihui-Park	锡惠公园	*xīhuì gōngyuán*
Yuantou Zhu	鼋头渚	*yuántóuzhǔ*
Übernachtung		
CTS Grand	中旅大酒店	*zhōnglǚ dàjiǔdiàn*
Jinhua	锦华大饭店	*jǐnhuá dàfàndiàn*
Lakeview Park	太湖花园度假村	*tàihúhuāyuán dùjiàcūn*
Milido	美丽都	*měilìdū*
Qinggongye University Foreign Experts Hotel	轻工业大学专家楼	*qīnggōngyè dàxué zhuānjiālóu*
Taihu Hotel	太湖饭店	*tàihú fàndiàn*
Yuquan Hill View	玉泉山庄	*yùquán shānzhuāng*

flug in das berühmte und beliebte Tai-Hu-Landschaftsgebiet **Yuantou Zhu** die Stadt Wuxi ist, die 40 km nordwestlich von Suzhou in einer Landschaft aus Wasser, fruchtbaren Ebenen und niedrigen Hügeln liegt.

Dong Shan und Xi Shan

Ungefähr 35 km von Suzhou entfernt ragen zwei Landzungen wie grüne Finger in den Tai Hu: der Dong Shan (Osthügel) und der Xi Shan (Westhügel). Der Xi Shan ist in Wirklichkeit eine Insel, die mit dem Festland durch einen künstlichen Damm verbunden ist. Hier präsentiert sich der Tai Hu mit kleinen Dörfern und freundlichen Menschen, grünen Hügelketten, duftenden Obstgärten und kaum einer Spur von Industrie als ländliche Bilderbuchidylle.

Im Rahmen eines ausgedehnten, im Folgenden beschriebenen Tagesausflugs von Suzhou kann man mit dem Minibus zum Dong Shan fahren, am Nachmittag mit dem Boot zum Xi Shan übersetzen und dann wieder mit einem Minibus zum Busbahnhof Wu Xianshi zurückkehren. Zahlreiche private **Minibusse** verkehren vom westlichen Bahnhofsplatz und vom Busbahnhof Wu Xianshi in Suzhou zum Dong Shan und nach Donghe am Xi Shan, daneben besteht auch eine regelmäßige Verbindung mit dem Bus Nr. 20 vom Bahnhof Suzhou zum Dong Shan. Die Minibusse fahren bis zu einer Straßenkreuzung, an der die Ringstraße rund um den Hügel beginnt. Der Fähranleger *(lugang matou)* der **Boote** zum Xi Shan befindet sich mehrere Kilometer nordwestlich der Abzweigung; Abfahrten tgl. 7.30 Uhr und 14.30 Uhr, 30 Min., ¥5. Für eine Rundfahrt um den Dong Shan stehen **Motor-Rikschas** zur Verfügung, die bei Ankunft der Busse bereits auf Passagiere warten. Für eine solche Tour ist inkl. Wartezeiten für Zwischenstopps mit ¥30–40 zu rechnen. Wer übernachten will, findet nahe der Straßenkreuzung eine Hand voll preiswerter Unterkünfte und Restaurants.

Am Dong Shan angekommen, empfiehlt sich der Weg von der Straßenkreuzung nach Süden (d.h. nach links) zum alten buddhistischen **Zijin An** (Purpurgoldenes Nonnenkloster), das für seine antiken Statuen und die reizvolle Lage in einem abgeschiedenen, vom süßen Duft der umliegenden Apfelsinenhaine geschwängerten Wald bekannt ist; ⌚ tgl. 7–17 Uhr, Eintritt ¥6. Ein Stück weiter erhebt sich im Süden der Halbinsel der **Longtou Shan** (Drachenkopfberg). Wenn der Gipfel nicht gerade von Wolken umhüllt ist, wird der leichte Aufstieg mit schönen Ausblicken auf die umliegenden Felder, die Teeplantagen und den See belohnt. Alle Rikschafahrer beschwören, dass die Nordseite des Dong Shan die besten Ausblicke auf den Tai Hu biete, tatsächlich aber liegen die schönsten Aussichtspunkte auf der Südseite der Halbinsel in der Gegend südlich des Longtou Shan, die nur zu Fuß zu erreichen ist.

Am Xi Shan fahren Motor-Rikschas zur **Linwu Dong**, einer nicht sonderlich spektakulären, im 10. Jahrhundert entdeckten Kette von Höhlen, von deren Öffnung sich aber immerhin ein lohnender Blick auf den darunterliegenden See werfen lässt; ⌚ tgl. 8–17.30 Uhr, Eintritt ¥9. Von **Donghe**, der kleinen Siedlung auf der Insel, fahren Busse über den 4 km langen künstlichen Damm und weiter nach Suzhou; letzte Abfahrt gegen 18 Uhr.

Wuxi

Die Stadt Wuxi, das nahe am nördlichen Seeufer gelegene regionale Zentrum, ist nicht besonders attraktiv, bietet sich aber als idealer Ausgangspunkt für eine Erkundung des Tai Hu an. Angeblich wurde Wuxi vor über 3500 Jahren als Hauptstadt des Königreichs Wu gegründet und behielt diese Funktion mehr als 600 Jahre lang bis zum Beginn der Han-Dynastie und dem Versiegen der Zinnvorkommen in den nahen Minen. Zu jener Zeit wurde die Wu-Hauptstadt ins westliche Wuhan verlegt (Wuxi bedeutet: „ohne Zinn"). Erst der Bau des Kaiserkanals Jahrhunderte später belebte hier wie in vielen anderen Kanalstädten den Handel und die Wirtschaft in der Region wieder. Heute steht Wuxi als Seeort im Schatten von Hangzhou und als Kanalstadt mit traditionellen Gärten im Schatten von Suzhou. Im Bestreben, Touristen von den berühmteren Nachbarstädten wegzulocken, haben Wuxis Stadtplaner in den vergangenen Jahren so künstliche wie konsumorientierte touristische Fertigkost in Gestalt von mehreren Themenparks und des **größten Buddhas** der Welt ersonnen. Die Einheimischen kommen in Scharen, um sich am Seeufer zu vergnügen und die Statue zu bestaunen, doch ausländische Besucher verpassen nicht viel, wenn sie ihre Erkundungen auf den See beschränken.

Die **Altstadt** von Wuxi besitzt einen nahezu ovalen Grundriss und wird von einem Ring aus Kanälen umgeben. Ungefähr 1 km südwestlich dieses Rings durchquert der Hauptarm des Kaiserkanals die modernen Stadtteile. Innerhalb des Kanalrings verläuft die Ringstraße Jiefang Lu, die in Nord-Süd-Richtung von der Zhongshan Lu und in Ost-West-Richtung von der Renmin Lu gekreuzt wird. Um den Kreuzungspunkt der beiden Straßen dehnt sich Wuxis Zentrum aus.

Zu ein paar angenehmen Stunden zwischen Bäumen und Spazierwegen lädt westlich des Zentrums der **Xihui Park** ein, den angeblich schon Kaiser Qin Shi Huang besucht haben soll. Der Pfad vom Haupteingang an der Huihe Lu führt zur Longguang Ta (Drachenlicht-Pagode) auf dem Gipfel des **Xi Shan**. Interessanter ist die lange Fahrt auf den Gipfel des benachbarten **Hui Shan** mit der **Seilbahn** (¥25), die an klaren Tagen wundervolle Panoramablicke auf den Tai Hu eröffnet, aber einiges an Schwindelfreiheit erfordert. Der Hui Shan liefert den besonderen schwarzen Ton, der für die nicht sonderlich ansehnlichen Figurinen verwendet wird, die schon mindestens seit der Ming-Dynastie hergestellt und überall in Wuxi verkauft werden. Anfahrt zum Park mit dem Bus Nr. 2 vom Bahnhof. ⌚ tgl. 7–19 Uhr, Eintritt ¥4.

Übernachtung

CTS Grand****, direkt gegenüber vom Bahnhof, ✆ 0510/2300888, 📠 2304561, ist nichts sagend.

Jinhua**, Dongliang Xi Lu, ✆ 0510/2720612, 📠 2711092.
Milido****, 2 Liang Xi Lu, ✆ 0510/5865665, 📠 5801668. Anspruchsvoll.
Qinggongye University Foreign Experts Hotel*, 170 Huihe Lu, ✆ 0510/5861034. Mit Abstand billigste Unterkunft. Zimmer durchweg gemütlich, sehr sauber und mit Bad. Anfahrt mit dem Bus Nr. 2 vom Bahnhof, an der zweiten Haltestelle (Qingshanwan) hinter der großen Brücke über den Kaiserkanal aussteigen, die Straße überqueren und nur wenige Meter weiter gehen, bis das englische Schild zu sehen ist.
Weitere Übernachtungsmöglichkeiten in schönerer Umgebung am See (s.S. 508).

Essen

Wuxis berühmtester Beitrag zur chinesischen Küche sind Spareribs, die in einer scharfen Sauce auf Sojabasis zubereitet und in fast allen **Restaurants** der Stadt angeboten werden. Gute und nicht zu teure Restaurants gibt es an der Zhongshan Lu, etwas südlich der Kreuzung mit der Renmin Lu, darunter das ***Wuxi Roast Duck Restaurant*** mit englischer Speisekarte.
Wangxingji Wonton Restaurant, im Zentrum, Zhongshan Lu, Ecke Xueqian Jie, gute Snacks. Gerühmt werden dort die „Wonton-Suppe der drei frischen Zutaten" (zubereitet mit Schweinsfüßen, Garnelen und Eiern) und die gedämpften Teigrollen mit Krabbenfüllung.
Zhongguo Restaurant, nahe dem Bahnhof, einige Straßen südlich der Brücke. Gerichte der Jiangsu-Küche, u.a. kalter, knuspriger Aal und Gemüsepfannkuchen.
Huang Ting Delicious Food City, im Chongan-Tempel im Zentrum. Die „Stadt" blickt auf eine mehr als 120jährige Geschichte zurück und hat leckere Pflaumenkuchen und *Yulan*-Gebäck im Angebot.

Transport

BUSSE – Großer **Busbahnhof für Überlandbusse** im Norden, etwas westlich des Bahnhofs, ein kleinerer **Busbahnhof im Südwesten** der Stadt, jenseits der Liangxi-Brücke über den Kaiserkanal. Von letzterem verkehren auch der Bus Nr. 20 sowie zahlreiche Minibusse durch die Stadt zum Bahnhof.
Busse vom Überlandbusbahnhof nach:
LIANYUNGANG 8 Std.;
HANGZHOU 4 Std.;
NANJING 2 Std.;
SHANGHAI 2 Std.;
SUZHOU 1 Std.;
YANGZHOU 2 1/2Std.;
ZHENJIANG 1 1/2 Std.
Busse vom westlichen Busbahnhof nach:
YIXING 2 Std.

EISENBAHN – Der **Bahnhof** liegt nordöstlich des Kanalrings. Alle zwischen Shanghai und Nanjing verkehrenden Züge halten in Wuxi.
Züge nach:
HANGZHOU 6x tgl., 5 Std.;
NANJING 14x tgl., 2–3 Std.;
SHANGHAI 14x tgl., 2 Std.;
SUZHOU 16x tgl., 1 Std.;
ZHENJIANG 17x tgl., 2 Std.

FÄHREN – Zwischen Wuxi und Hangzhou besteht eine tgl. Bootsverbindung; Der **Fähranleger** befindet sich am Kaiserkanal, wenige hundert Meter südlich der Liangxi-Brücke. Abfahrt am frühen Abend, 14 Std., Pritsche in einer Viererkabine ¥82. Vom Anleger verkehrt der Bus Nr. 1 entlang der Jiefang Xi Lu zum Bahnhof.

Die Umgebung von Wuxi

Die Wuxi am nächsten gelegenen Ufergebiete des Tai Hu werden von Gärten, Wäldern, Pagoden und Hotels gesäumt. Zwei Parkanlagen, **Mei Yuan** und **Yuantou Zhu**, laden zu Spaziergängen ein, allerdings sind sie teuer und überlaufen. In diesem Bereich des Seeufers sind die Auswüchse der Bauwut, die Wuxi in den letzten Jahren befallen hat, am deutlichsten ersichtlich. Nach westlichem Vorbild entstanden hier kitschige Themenparks in der Hoffnung, dem nahen Suzhou und Hangzhou Touristen abzuluchsen. Die meisten Besucher übernachten zwar in Wuxi, doch hat die rege Bautätigkeit um den Tai Hu auch ein Überangebot an Fremdenzimmern geschaffen, die wesentlich günstiger angeboten werden als in vergleichbaren Unterkünften im Zentrum der Stadt.

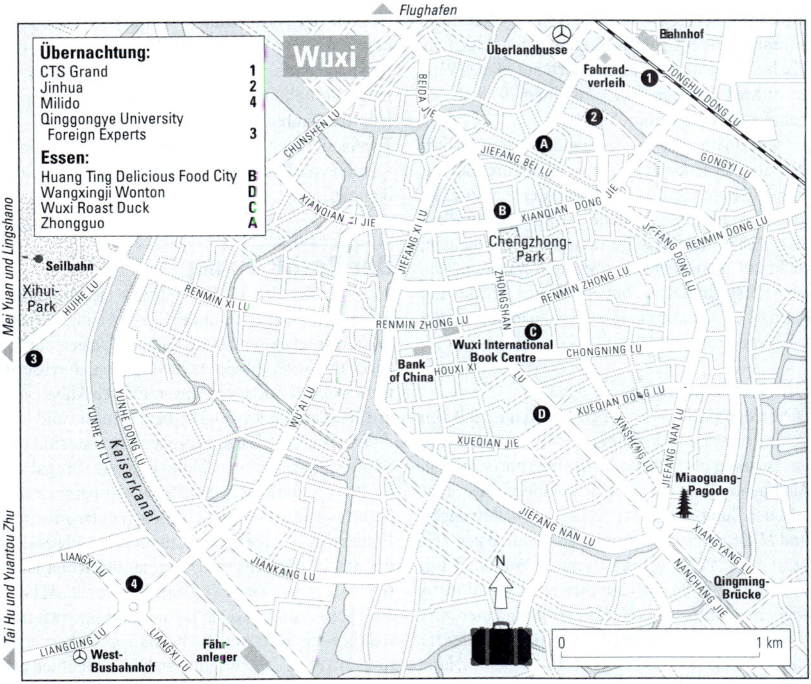

Etwas weiter entfernt steht auf der Halbinsel Ma Shan 10 km südwestlich von Wuxi am Ufer des Tai Hu ein eher lächerlich wirkendes Monument: der uninspirierte **Lingshan Fo** (Buddha des Ling-Bergs). Mit 88 m Höhe ist der mit Bronzeplatten verkleidete Gigant zwar der größte Buddha der Welt, er wurde jedoch nur für die Rekordbücher errichtet (und um Touristen Geld aus der Tasche zu ziehen) und steht an einem Ort ohne jegliche religiöse Bedeutung. Anfahrt mit dem Bus Nr. 14 vom Bahnhof Wuxi. ⏲ tgl. 8–16 Uhr, Eintritt ¥35.

Mei Yuan und Yuantou Zhu

Am Seeufer direkt westlich von Wuxi erstreckt sich an den Hängen eines niedrigen Hügels der Mei Yuan (Pflaumengarten), ein 1912 angelegter Park mit 4000 Pflaumenbäumen, die im Frühling für eine spektakuläre Blütenpracht sorgen. Den schönsten Blick darauf hat man von der Pagode auf dem höchsten Punkt des Parks. Im Herbst duftet es überall nach Osmanthus-Blüten, die zum Würzen von Honigpflaumen, einer hiesigen Spezialität, verwendet werden. Anfahrt mit dem Bus Nr. 2 vom Bahnhof Wuxi. ⏲ tgl. 8–17 Uhr, ¥15.

Etwas südlich des Mei Yuan legen kleine Boote (¥15) zur **Yuantou Zhu** (Schildkrötenkopf-Halbinsel) ab, dem beliebtesten, wenngleich überteuerten Ausflugsziel am Tai Hu. Der große Park, der nur wenig erkennbare Ähnlichkeit mit dem Kopf einer Schildkröte hat, nimmt den nordwestlichen Teil der in den See hineinragenden Halbinsel ein. An der Westspitze steht ein kleiner Leuchtturm, daneben gibt es zahlreiche Teehäuser und Pavillons, die früher von reichen Chinesen als Sommerresidenzen genutzt wurden. Anfahrt mit dem Bus Nr. 1 vom Bahnhof Wuxi. ⏲ tgl. 6.30–17 Uhr, Eintritt ¥50.

Von einem Pier nördlich des Leuchtturms legen regelmäßig Touristenboote zur kleinen **San Shan Dao** (Drei-Hügel-Insel) ab, die einst Räubern als

Schlupfwinkel diente. Begleitet von Ausblicken auf baumbestandene Inseln, geschwungene Buchten, Fischerboote und bei Sonne auch auf blaues Wasser führen gepflegte Pfade zu einem Teehaus, einem Pavillon und einer Pagode.

Von einem anderen, dem Festland zugewandten Pier am Nordende der Yuantou Zhu fahren kleine, schnelle Boote (¥6) in Richtung Mei Yuan und legen nahe der Endhaltestelle der Buslinie Nr. 2 an. Das Ticket hierfür sollte man am Kiosk kaufen, nicht auf dem Boot. Der Weg zum Mei Yuan von dort führt geradeaus über eine kleine Brücke und dann einen Kanal entlang, an dessen anderem Ufer ein Vergnügungspark liegt.

Die Themenparks

Die beiden nach historischen Motiven gestalteten Vergnügungsparks im Süden der Yuantou Zhu sind etwas besser als ihre Pendants andernorts am See. Als Nachbildung einer typisch chinesischen Stadt aus der Tang-Ära samt Kung-Fu-Vorführungen und Mitarbeitern in Kostümen der damaligen Zeit präsentiert sich die **Tang Dynasty World**. ⌚ tgl. 9–22 Uhr, Eintritt ¥20. Die **City of Water Margin** wiederum umfasst die Rekonstruktion einer mittelalterlichen Festungsstadt und eines Kanaldorfs aus der Ming-Dynastie. ⌚ tgl. 8.30–22.30 Uhr, Eintritt ¥36. Beide Parks gehören einem Fernsehsender und dienen häufig als Drehkulisse für Kung-Fu-Serien oder die Verfilmung klassischer Stoffe.

Übernachtung und Essen

Taihu Hotel***, südlich des Mei Yuan zwischen Fischteichen gelegen, ✆ 0510/5517888, von der Endhaltestelle der Buslinie 2 ca. 20 Min. zu Fuß. Herrliche Unterkunft in idyllischer Abgeschiedenheit, von Bäumen umgeben und mit einem Garten, in dem sich Vögel und Glühwürmchen tummeln. Das Hotelrestaurant serviert u.a. ausgezeichnetes Lotusblatt-Huhn, eine lokale Spezialität, bei der das Huhn in Sojasoße geschmort und einem Lotusblattmantel gedämpft wird.

Lakeview Park Resort*******, 8 Qitang Lu, unmittelbar südlich des Eingangs zur Yuantou Zhu, ✆ 0510/5555888, 📠 5556909. Luxuriöser uebenfalls schön gelegen. In der stattlichen Lobby steht ein mechanisches Klavier, alle Zimmer verfügen über Internet-Anschluss.

Yuquan Hill View Hotel****, direkt gegenüber dem *Lakeview*, ✆ 0510/5559999, 📠 5551599. Luftige und komfortable Zimmer, gutes Preis-Leistungs-Verhältnis,. Besondere Würdigung erfährt hier das Tischtennis: In der Lobby stehen fünf Tische, und den vorderen Garten zieren Bronzestatuen von Tischtennismeistern aus der Provinz Jiangsu.

Der Bezirk Yixing

Am Westufer des Tai Hu erstreckt sich ungefähr 60 km von Wuxi entfernt der Bezirk Yixing in einer sanften, fruchtbaren Ebene, die von Kanälen durchzogen und von zahlreichen kleinen Seen durchsetzt ist, was ideale Voraussetzungen für den Anbau von Tee und Bambus schafft. Das bedeutendste und traditionellste der hiesigen Erzeugnisse aber sind die Töpferwaren aus der kleinen Stadt **Dingshan** (auch: Dingshu). Zu den weiteren Attraktionen des Gebietes gehören die verschiedenen unterirdischen Höhlensysteme, die in den Karsthügeln südwestlich der Stadt Yixing liegen. Das gesamte Gebiet lässt sich im Rahmen eines Tagesausflugs von Wuxi (s.S. 505) aus erkunden, doch da dies unweigerlich mit Hektik verbunden wäre, sollte man eine Übernachtung in Yixing in Erwägung ziehen – eventuell als Zwischenstopp auf dem Weg von Nanjing nach Wuxi oder Hangzhou. Die **Stadt Yixing** selbst bietet Reisenden abgesehen von Transportverbindungen und Unterkünften nur wenig von Interesse.

Dingshan

Wer sich für Töpferei interessiert oder einfach nur ein chinesisches Teeservice kaufen will, sollte Dingshan besuchen. Minibusse aus Yixing benötigen für die Fahrt dorthin nur 30 Minuten. Außer Töpfer- und Keramikwaren gibt es zwar nichts zu sehen, ein Rundgang durch den Ort ist aber allemal faszinierend, lassen sich doch buchstäblich in jeder Ecke und in jedem Winkel Produkte der **Töpferwerkstätten** entdecken. Laternenpfähle aus Keramik säumen die Straße in die Stadt, Töpferscherben knirschen beim Spaziergang entlang der Hauptstraße unter den Füßen, und zerbrochene Tonkacheln zieren die Häuser.

Kaum zu glauben, dass in der kleinen Stadt schon seit dem Beginn der Geschichtsschreibung Töpferwaren hergestellt werden. Man hat einfache

Yixing		
Stadt Yixing	宜兴市	***yíxīng shì***
Beisite Guoji	贝斯特国际大酒店	*bèisī tèguójì dàjiǔdiàn*
Huating Hotel	华亭大酒店	*huátíng dàjiǔdiàn*
Yixing Hotel	宜兴宾馆	*yíxīng bīnguǎn*
Bezirk Yixing	宜兴县	***yíxīngxiàn***
Dingshan (Dingshu)	丁山	*dīngshān*
Linggu-Höhlen	灵谷洞	*línggǔ dòng*
Shanjuan-Höhlen	善卷洞	*shànjuǎn dòng*
Zhanggong-Höhlen	张公洞	*zhānggōng dòng*

unglasierte Gefäße gefunden, die auf die Shang- und Zhou-Dynastie zurückgehen, also ein Alter von ca. 3000 Jahren besitzen. Spätestens seit der Han-Dynastie um 200 v. Chr. war Dingshan Chinas bekannteste Produktionsstätte für glasierte Waren – die Stadt hat wesentlich dazu beigetragen, dass Keramikwaren im Englischen noch heute *china* heißen. Seine größte Blüte erlebte Dingshan zwar unter der **Ming-Dynastie** im 14. Jahrhundert, in den ca. 30 Töpferwerkstätten wird jedoch noch heute reichlich produziert. Sandiger Ton aus der Umgebung liefert das Material für die hiesigen matt braunen, unglasierten Töpferwaren, die einen hohen Anteil an Eisen und die Eigenschaft besitzen, die Farbe, den Duft und das Aroma des Tees aufzunehmen und somit beste Teekannen abgeben. Wer eine solche Kanne erwirbt, sollte sie nach dem Benutzen nie auswaschen, denn irgendwann soll sie vom Tee so durchdrungen sein, dass man überhaupt keine Teeblätter mehr hinzugeben muss.

Entlang Dingshans Hauptstraße gibt es etliche Läden und Stände, die Teeservice zu sehr günstigen Preisen anbieten. Kaufinteressierte sollten darauf achten, dass die Kanne gut steht, der Deckel richtig passt und beim Anschnippen der Kanne ein klarer, heller Ton erklingt. Nicht unwichtig ist zudem die Oberflächenbeschaffenheit: Eine raue Materialstruktur deutet keinesfalls auf schlechte Qualität hin; im Gegenteil, die Kannen sollen rau sein, insbesondere innen. Man sollte auch etwas Wasser in die Kanne füllen lassen, um sicherzustellen, dass die Flüssigkeit beim Einschenken aus der Tülle gut fließt und nicht nur tröpfelt. Zu guter Letzt ist Handeln angezeigt, denn in der Regel sind alle Waren für ungefähr die Hälfte des anfänglich verlangten Preises zu haben.

In Dingshan werden auch **Dachziegel** und Ziergegenstände hergestellt, die für den Wiederaufbau der chinesischen Tempel benötigt werden. Besonders schön sind die riesigen Töpfe mit den sich darumwindenden Drachen sowie die schweren runden, blau glasierten Tische, die man in vielen chinesischen Gärten finden kann. Das **Ausstellungszentrum**, 2 km nördlich der Endhaltestelle der Minibusse auf der Hauptstraße, zeigt sowohl sehr kunstvolle Töpferarbeiten, angefangen von zierlichen Teekannen aus der Song-Dynastie bis hin zu extravaganten modernen Lampen, als auch profanere Gebrauchsgegenstände wie Toilettenschüsseln und Zündkerzen-Isolatoren.

Die Yixing-Höhlen

Südlich und westlich der Städte Yixing und Dingshan erstrecken sich malerische Hügel, Wälder, Teeplantagen und, unter der Erde, einige sehenswerte **Karsthöhlen**. Da die verschiedenen Höhlen von Yixing aus mit Bussen zu erreichen sind (an beiden Busbahnhöfen nachfragen) und zwischen ihnen häufige Minibusse verkehren, lässt sich ihre Erkundung zu einem schönen, weitgehend unabhängigen Tagesausflug durch die Gegend verbinden. Alternativ dazu kann man von Yixing und Wuxi aus auch an Touren dorthin teilnehmen. In jedem Fall ist es ratsam, festes Schuhwerk und einen Nässeschutz gegen tropfende Stalaktiten mitzunehmen. ⌚ der Höhlen tgl. bis ca. 16 Uhr, Eintrittspreise unterschiedlich, max. ¥30.

Das der Stadt am nächsten gelegene und interessanteste Höhlensystem **Zhanggong** ist mit dem Bus von Yixing in 40 Min., zu Fuß von Dingshan in 10 Min. zu erreichen. Zhanggong besteht aus 72 einzelnen Höhlen, die auf zwei Ebenen durch über 1500 Stufen miteinander verbunden sind. In Wirklichkeit besteigt man einen Hügel, nur eben von innen. Obwohl die Stalaktiten, Stalagmiten und anderen Felsformationen alle nach exotischen Wesen und Alltagsgegenständen benannt sind, ist viel Phantasie erforderlich, um derartige Ähnlichkeiten festzustellen. Der Legende nach sollen Zhang Daolin, der Vater des chinesischen Daoismus, und Zhang Guolao, einer der legendären Acht Unsterblichen, ihre Lehren dort praktiziert haben. Hauptattraktion ist die **Halle des Seedrachenkönigs**, in der sich das Gestein in bizarren Windungen in die Höhe schraubt, um weit oben und umgeben von einem gespenstisch wirkenden Dunstschleier an die Oberfläche des grünen Berghangs zu treten.

Nach weiteren 15 Min. Busfahrt durch Teeplantagen erreicht man südlich der Zhanggong-Höhlen die erst jüngst entdeckte Gruppe der **Linggu-Höhlen**, in denen es einen unterirdischen Wasserfall gibt. Das System aus zahlreichen großen miteinander verknüpften Höhlen ist noch nicht vollständig erforscht, doch wurden jahrhundertealte menschliche Überreste und Inschriften aus der Tang-Dynastie entdeckt. Die Inschriften stammen offenbar zum größten Teil von dem Tang-Poeten Lu Guimeng, der angeblich zufällig auf die Höhlen stieß, als er nach den perfekten Teeblättern suchte. Vom Höhleneingang eröffnen sich prächtige Ausblicke auf den Tai Hu sowie auf Bambushaine, Teeplantagen und üppig grüne Hügel. In der Nähe der Linggu-Höhlen erstreckt sich die ausgedehnte **Teeplantage Yanxian** bis in die Hügelketten in der Ferne. Der Tee ist dort definitiv zu teuer, die Aussicht hingegen ist einzigartig.

Das dritte und am meisten besuchte Höhlensystem **Shanjuan** liegt 25 km (oder 1 Std. Busfahrt) südwestlich von Yixing ungefähr auf halber Strecke auf dem Weg nach Dingshan. Die Höhlen umfassen drei miteinander verbundene Ebenen. Die oberste davon nimmt eine schneckenhausförmige Höhle ein, interessant ist aber vor allem die untere Wasserhöhle, wo sich Besucher in einem Boot durch unterirdische, infolge von Gesteinszersetzung entstandene Passagen fahren lassen können.

Übernachtung

Wer in Yixing eine Unterkunft sucht, muss von beiden Busbahnhöfen aus ostwärts über die Taige Lu in Richtung des hohen, unübersehbaren Gebäudes der *Bank of China* gehen.

Beisite Guoji Hotel***, 15 Min. Fußmarsch von den Busbahnhöfen entfernt, ✆ 0510/7908866, 📠 7906412. Große und elegante DZ.

Huating Hotel***, Jiefang Lu, ✆ 0510/7911888, 📠 7903364, bietet ähnliche Zimmer der gehobenen Klasse. Zu Fuß biegt man vor dem *Beisite Guoji* nach Süden auf die Brücke ab und läuft entlang der Renmin Lu bis zur links abzweigenden Jiefang Lu.

Yixing Hotel****, zentral, ✆ 0510/7916888, 📠 7900767, befindet sich weiter südlich entlang der Renmin Lu, links hinter einem imposanten Torbogen. Sauber und gut geführt.

Im Torbogen sind mehrere Agenturen untergebracht, in denen Ausflüge und Fahrzeuge mit Chauffeur gebucht werden können.

Transport

Am nordwestlichen Rand der Stadt Yixing gibt es **zwei Busbahnhöfe**, den städtischen Busbahnhof *(Shi)* und den kleineren Provinz-Busbahnhof *(Sheng)*.

Zwischen den Bahnhöfen und Dingshan im Süden pendeln zahlreiche Minibusse (¥3).

Busse nach:
HANGZHOU 4 Std.;
NANJING 4 Std.;
WUXI 2 Std.;
ZHENJIANG 3 Std.

Zhenjiang

Nordwestlich von Changzhou und Wuxi und östlich von Nanjing liegt die Stadt Zhenjiang, die gewiss nicht zu den schönsten Chinas zählt, jedoch drei reizvolle Tempel zu bieten hat, die jeweils auf dem Gipfel eines Hügels stehen, der wundervolle Ausblicke auf den Yangzi gewährt. Die Stadt lohnt einen Abstecher im Rahmen eines Tagesausflugs von Nanjing oder als Zwischenstopp auf der Fahrt von Shanghai oder Suzhou nach Nanjing. An Wochenenden tummeln sich die Touristenscharen in den

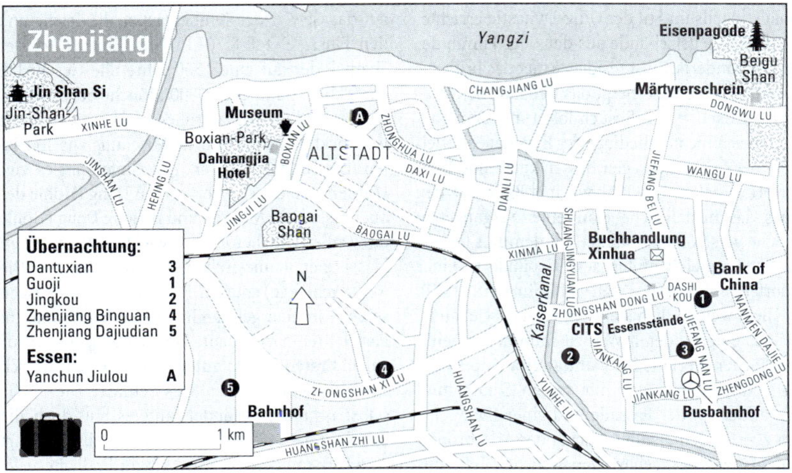

Tempeln, die meiste andere Zeit jedoch bleibt es erholsam ruhig.

Seit mehr als 2000 Jahren dient Zhenjiang, das an drei Seiten von niedrigen Hügeln umgeben ist, als geschützter Hafen und starke Verteidigungsbasis am Schnittpunkt zweier Handelsrouten, die zu den größten der Welt gehören: des **Yangzi** und des **Kaiserkanals.** Zur Zeit der Drei Reiche errichtete ein Wu-Herrscher an diesem Ort eine befestigte Siedlung, die er zu seiner Hauptstadt machte. Die Stadt wuchs rasch und profitierte im Lauf der Jahrhunderte von der Lage am Kaiserkanal und später von der Nähe zur Ming-Hauptstadt Nanjing. Marco Polo berichtete vom Reichtum der damaligen **Seiden- und Goldfaktoreien**, die auch heute noch berühmt sind – ebenso wie Zhenjiangs Essig und eingelegte Speisen. Nach den Opiumkriegen wurden den Briten und Franzosen **Konzessionen** zugestanden, von denen noch interessante Spuren in der Nähe des ehemaligen britischen Konsulats zu entdecken sind.

Heute liegt Zhenjiang an der wichtigen Eisenbahnlinie Shanghai-Nanjing und ist nach wie vor ein bedeutender Hafen am Yangzi, was der Stadt ihren Wohlstand sichert. Mit dem Bau einer neuen **Brücke** über den Fluss – einem Eckpfeiler der ehrgeizigen Verkehrsprojekte Jiangsus – werden zusätzliche Handelsverbindungen mit dem Norden Jiangsus und die Bedingungen für zukünftiges Wachstum geschaffen. Die Brücke wird die dritte Straßenverbindung über den Yangzi sein (die erste war die in den 60er Jahren errichtete Nanjing Daqiao), demnächst sollen zwei weitere folgen: eine nahe Nanjing und eine von Shanghai zum Nordufer des Yangzi.

Obwohl die Ausdehnung der Stadt Erkundungen zu Fuß nicht empfehlenswert macht, fällt die Orientierung in Zhenjiang nicht sonderlich schwer. Im Norden fließt der Yangzi, im Süden bildet die Eisenbahnlinie eine Grenze. Dazwischen durchzieht der Kaiserkanal ungefähr in Nord-Süd-Richtung die Stadt. Das moderne Zentrum erstreckt sich um den **Dashi Kou**, die Kreuzung von Zhongshan Lu und Jiefang Lu, ungefähr 3 km östlich des Bahnhofs und 2 km südlich des Yangzi. Die Tempel stehen alle nahe dem Flussufer und sind mit den Stadtbussen Nr. 2 und Nr. 4 vom Bahnhofsplatz zu erreichen.

Die **Altstadt** erstreckt sich gleich nördlich des Bahnhofs um die Daxi Lu und Boxian Lu und reicht fast bis zum südlichen Yangzi-Ufer; vom Bahnhof verkehrt der Bus Nr. 2 via Dashi Kou zur Daxi Lu. Alte Gebäude, dutzende kleine Läden und schmale, in alle Richtungen abzweigende Gassen prägen das Erscheinungsbild dieser Gegend und laden zu einem faszinierenden Bummel ein. Im westlichen Abschnitt der Daxi Lu gelangt man zu einem bemerkenswerten, teils in britischem Kolonialstil, teils im Stil der Qing-Dynastie errichteten, roten Ziegelgebäude aus den 90er Jahren des 19. Jahrhunderts. Einst residierte hier das britische Konsulat, heute beherbergt das Gebäude das städtische **Museum**. Ein Besuch lohnt in jedem Fall, wenngleich nicht unbedingt der Exponate als vielmehr des Gebäudes wegen, dessen knarrende Treppen, Holzdielen und Balkone mit Blick auf den Fluss das nostalgische Flair einer vergangenen Epoche verströmen. Anfahrt mit dem Bus bis zur Haltestelle gleich hinter dem Gebäude in einer scharfen Linkskurve. ◷ tgl. 9–16 Uhr, Eintritt ¥10.

Nicht weit südlich steht ein weiteres Gebäude, das aus einer anderen Welt zu stammen scheint: das langsam verfallende **Dahuangjia Hotel**, ehemals *Royal Hotel,* das mit seinen Säulen und Karyatiden an der Fassade und einer Lobby aus den 20er Jahren als überraschender Anachronismus aus seiner Umgebung heraussticht. Mit besonderem Stolz verweist man darauf, dass (verblüffenderweise in den Jahren der Volksrepublik) Chiang Kaishek einst zu Gast war. Das Gebäude wird heute nicht mehr als Hotel genutzt und beherbergte bis vor kurzem noch eine zweifelhafte Karaoke-Bar. Wiederum nur ein kurzes Stück entfernt liegt der verträumt verwilderte Boxian-Park, der vor allem von älteren Bewohnern Zhenjiangs aufgesucht wird. Mit etwas Glück erlebt man im Teehaus eine chinesische Opernaufführung ohne Mikrofon. Eintritt ¥2.

Jin-Shan-Park

Im Nordwesten der Stadt erstreckt sich in malerischer Flusslandschaft der Jin-Shan-Park mit dem **Jin Shan Si** (Goldhügeltempel), der einen mehrstündigen Besuch lohnt. Früher war der Jin Shan eine kleine Insel im Yangzi, doch die Verschlammung ließ im Lauf der Jahre daraus eine flache Halbinsel entstehen, um deren niedrige Hügelkuppe rechteckige Fischteiche liegen. Hinter dicken, gelblich-ockerfarbenen Mauern reihen sich die Tempelgebäude in eindrucksvoller Anordnung um den Hügel. Zickzack-Treppen führen an ihnen vorbei zur **Cishou Ta** (Pagode der Güte und des Langen Lebens), die vor über 1400 Jahren erbaut und im Jahre 1900 mit großem Aufwand zur Feier des 65. Geburtstags der Kaiserinwitwe Cixi renoviert wurde. Von der Spitze des siebenstöckigen achteckigen Bauwerks öffnet sich ein schöner Ausblick auf das Gewirr der Tempeldächer, die Teiche und den Fluss. ◷ tgl. 8.30–18 Uhr; Eintritt ¥4. Der Tempel, der auf eine 1500 Jahre alte Geschichte zurückblickt und einst 3000 Mönche beherbergte, wurde erst kürzlich zu früherem Glanz restauriert und lockt heute die übliche Mischung aus Touristen und Huldigenden an. Am Gipfel gibt es vier **Höhlen**, von denen zwei – Fohai Dong (Höhle des buddhistischen Meeres) und Bailong Dong (Höhle des weißen Drachen) – eine wichtige Rolle in dem klassischen chinesischen Märchen *Baishe* (Die weiße Schlange) spielen, das wohl jeder Chinese in seiner Kindheit gelesen hat. Von einem Kanal im Park fahren nachgebaute Drachenboote (¥10) zur nahen **Ersten Quelle unter dem Himmel**, die sich am Rand eines kleinen Sees befindet. Die Ouelle selbst ist nicht besonders interessant, doch die Fahrt auf dem Wasser ist recht kurzweilig. Anfahrt zum Park mit dem Bus Nr. 2 bis zur Endhaltestelle. ◷ tgl. 8–20 Uhr, Eintritt ¥10.

Beigu Shan und Jiao Shan

An der Strecke der Buslinie Nr. 4 erhebt sich im Nordosten der Stadt der **Beigu Shan**, ein Berg, den ein Kaiser vor 1400 Jahren begeistert als „Schönsten Berg der Welt über einem Fluss" bezeichnete. Vom Eingang führen Stufen auf der rechten Seite bergauf, dann zweigt der Weg nach links ab und führt an einem Erdwall vorbei zu den Überresten der durch Blitzeinschlag beschädigten, 900 Jahre alten **Eisenpagode**, um dahinter auf dem Gipfel den erlesenen **Lingyun Ting** (An die Wolken ragender Pavillon) zu erreichen, wo man im Schatten sitzen und die herrlichen Ausblicke auf den Fluss genießen kann. ◷ tgl. 7–19 Uhr, Eintritt ¥8.

Unmittelbar südlich des Beigu Shan steht der moderne **Märtyrerschrein**, der an die Opfer erinnert, die der Kampf für den Kommunismus in China gefordert hat.

Weiter östlich erreicht der Bus Nr. 4 nach einigen Haltestellen die lohnendste Sehenswürdigkeit Zhenjiangs, den **Jiao Shan**, eine rund 5 km stromabwärts des Zentrums gelegene Insel. Ein kurzes Stück östlich der Endhaltestelle von Bus Nr. 4 befinden sich ein Ticketschalter und eine kleine Anlegestelle, von der die Touristen in halbstündigem Takt mit Booten zur Insel geschippert werden (die Bootsfahrt ist im Eintrittspreis inbegriffen). Alternativ dazu kann man nur wenig nördlich der Anle-

Zhenjiang		
Zhenjiang	镇江	***zhènjiāng***
Beigu Shan	北固山	*běigù shān*
Jiao Shan	焦山	*jiāo shān*
Jin Shan	金山	*jīn shān*
Übernachtung und Essen		
Dantuxian	丹徒县招待所	*dāntúxiàn zhāodàisuǒ*
Guoji Fandian	国际饭店	*guójì fàndiàn*
Jingkou	京口饭店	*jīngkǒu fàndiàn*
Yanchun Jiulou	宴春酒楼	*yànchūn jiǔlóu*
Zhenjiang Binguan	镇江宾馆	*zhènjiāng bīnguǎn*
Zhenjiang Dajiudian	镇江大酒店	*zhènjiāng dàjiǔdiàn*

gestelle eine **Seilbahn** (¥15) nehmen, die großartige Ausblicke auf den Yangzi auf der einen und auf steil in die Höhe steigende schroffe Klippen auf der anderen Seite eröffnet. Die grüne, ländliche Insel mit üppigem Bambus- und Kiefernbestand ist ein herrlicher Ort, um einfach nur herumzustreifen. Die Besteigung des Aussichtsturms **Xijiang Lou** belohnt mit einem Rundblick auf den Fluss und die Stadt. Unten sind Reste der Geschützgruppen zu sehen, die 1842 gegen die Briten, im Zweiten Weltkrieg gegen die vordringenden Japaner und während der kommunistischen Machtübernahme 1949 erneut gegen die Briten eingesetzt wurden, als die *HMS Amethyst* auf dem Fluss festsaß. In der Nähe des Piers befinden sich zahlreiche Hallen und Pavillons, darunter der **Dinghui Si**, in dessen Vorhof sechshundert Bäume stehen und der durch seine kunstfertigen Schnitzereien, das bemalte Innere und einen prachtvoll vergoldeten Buddha besonders herausragt. Für die Besichtigungen des Jiao Shan reichen ein bis zwei Stunden Zeit aus. ⌚ tgl. 7.30–16.45 Uhr, Eintritt ¥7.

Übernachtung

Zhenjiangs Hotels sind nicht billig. An Wochentagen und in der Nebensaison zwischen September und Juni können bei zähem Verhandlungsgeschick 10–30% Nachlass auf die Zimmerpreise erzielt werden.

Dantuxian**, Shuilusi Xiang, ✆ 5011666. Freundliches, relativ preisgünstiges Haus in einer kleinen Gasse, etwas südlich des Dashi Kou. Englische Ausschilderung an der Hauptstraße. Günstige Lage zum Busbahnhof in der Jiefang Lu.

Guoji*****, 218 Jiefang Lu, Ecke Zhongshan Dong Lu im Stadtzentrum, ✆ 5021888, ℻ 5021777. Einziges Vier-Sterne-Hotel der Stadt. Geräumige, saubere Zimmer, aufmerksamer Service.

Jingkou*, Binhe Lu, ✆ 5224866, ℻ 523005. Ruhiger, schöner Komplex in zentraler Lage östlich des Kaiserkanals. Breites Spektrum an Kategorien, das von einigen der billigsten bis hin zu den teuersten Zimmern der Stadt reicht. Zu erreichen von der Zhongshan Lu über eine schmale, nach Süden abzweigende Gasse, vom Bahnhof mit dem Bus Nr. 15. Rezeption im hinteren Bereich.

Zhenjiang Binguan*****, 92 Zhongshan Xi Lu, ✆ 5233888–511, ℻ 5231055. Zu Fuß 10 Minuten östlich des Bahnhofsplatzes. Eines der besten Häuser der Stadt. Viel Marmor, in der Lobby mehrere Reiseagenturen.

Zhenjiang Dajiudian***, Zhongshan Xi Lu, ✆ 523 6666, ℻ 5230145. Nettes, modernes Haus direkt am Bahnhofsplatz, linker Hand vom Ausgang.

Essen

Yanchun Jiulou, in einer Gasse nördlich der Daxi Lu, wenig östlich des ehemaligen britischen Konsulats und gegenüber der *Bank of China*. Genießt unter Einheimischen den Ruf des besten Restaurants der Stadt. Zu den Spezialitäten gehören kleine kalte Vorspeisen – Salate, gefüllte süße Brötchen und gewürfeltes Schweinefleisch, das so zart ist, das es buch-

stäblich im Munde zerfließt. Im unteren Stockwerk befindet sich eine preiswerte Kantine. In diesem Teil der Altstadt gibt es zahlreiche Nudelküchen und *jiaozi*-Restaurants.
Fast Food auf chinesische Art bieten zahlreiche **Essensstände** in einer schmalen Gasse, einen Häuserblock südlich der Zhongshan Dong Lu und parallel zu dieser verlaufend (westlich des *Guoji Hotels)*, wo tgl. von 17 Uhr bis ca. 2 Uhr Betrieb herrscht.

Sonstiges

Die meisten Einrichtungen befinden sich in der Umgebung des Dashi Kou.

GELD – ***Bank of China***, östlich der Zhongshan Lu. ⌚ Mo–Fr 8–11.30 Uhr und 13.30–16 Uhr.

POST UND TELEFON – ***Hauptpostamt*** unmittelbar nördlich der Jiefang Bei Lu.

REISEBÜROS – ***CITS***, 92 Zhongshan Xi Lu.

VORWAHL – 0511

Transport

BUSSE – Einige Busse halten nahe dem Bahnhof, andere am **Busbahnhof** in der Jiefang Nan Lu, 500 m südlich des Dashi Kou.
Vom Bahnhofsplatz verkehren zahlreiche Minibusse nach Nanjing, vom Busbahnhof fahren Busse u.a. nach Nanjing, Huai'an, Yangzhou und Lianyungang.

Busse nach:
HUAI'AN 3 Std.;
LIANYUNGANG 6 Std.;
NANJING 1 Std.;
YANGZHOU 1 1/2 Std.;
YIXING 3 Std.

EISENBAHN – Zhenjiangs **Bahnhof** befindet sich im Südwesten der Stadt an der Zhongshan Lu. Vom Bahnhof fahren die Busse Nr. 2 und Nr. 4 via Dashi Kou nach Norden, sowie die Busse Nr. 10 und Nr. 12 via Dashi Kou nach Süden.

Züge nach:
NANJING 17x tgl., 1 Std.;
SHANGHAI 13x tgl., 3–4 Std.;
SUZHOU 16x tgl., 2–3 Std.;
WUXI 16x tgl., 2 Std.

Yangzhou

Eine Busstunde nördlich von Zhenjiang und einige Stunden von Nanjing entfernt, erstreckt sich am Kaiserkanal nördlich des Yangzi die grüne und freundliche Stadt Yangzhou. In unseren Tagen ist die Stadt in erster Linie stolz darauf, die Heimat von Ministerpräsident Jiang Zemin zu sein, doch ihre Ursprünge gehen auf die Zeit um 500 v. Chr. zurück, als die Wu-Herrscher Kanäle ausheben ließen, die später in den Kaiserkanal eingegliedert wurden. Dank der Lage am Kaiserkanal und zwischen den Flussläufen des Yangzi und Huaihe entwickelte sich Yangzhou nicht zuletzt mit Hilfe des Monopols auf den lukrativen **Salzhandel** rasch zu einer wohlhabenden Stadt. Zur Zeit der Tang-Dynastie und auch später noch lebten zahlreiche ausländische Kaufleute in der Stadt, um Handel zu treiben, darunter eine Gemeinschaft aus Persien, die eine **Moschee** aus dem 12. Jahrhundert hinterließ. Eine oft zitierte (doch nirgendwo belegte) Geschichte erzählt, dass Marco Polo die Stadt drei Jahre lang regiert haben soll. Die Stadt war berühmt für ihre Kultur, ihre Geschichtenerzähler und ihre mündlichen Traditionen, die von einer Generation an die nächste weitergegeben wurden. Oft kam der **Kaiserhof** samt Gefolge zu Besuch, Künstler strömten in die Stadt und Beamte im Ruhestand ließen sich nieder, um Tempel zu stiften, eingefriedete Gärten anzulegen und die lokalen Künste zu fördern.

Trotz des industriellen Gürtels, der heute den Süden und Osten der Stadt umgibt, lassen vor allem die noch erhaltenen **Gärten**, die Zeugnisse islamischen Lebens sowie die Anlage der Straßen, Wasserwege und Brücken im Stadtzentrum die kosmopolitische und kultivierte Vergangenheit Yangzhous erahnen. In einem länglichen, sich durch den Nordwesten der Stadt windenden Grünstreifen befinden sich die beiden bedeutendsten Sehenswürdigkeiten: der **Shou-Xihu-Park** (Schmaler Westsee-Park) und der **Daming Si** (Tempel der Großen Klarheit). See und Tempel waren im 18. Jahrhundert fester Be-

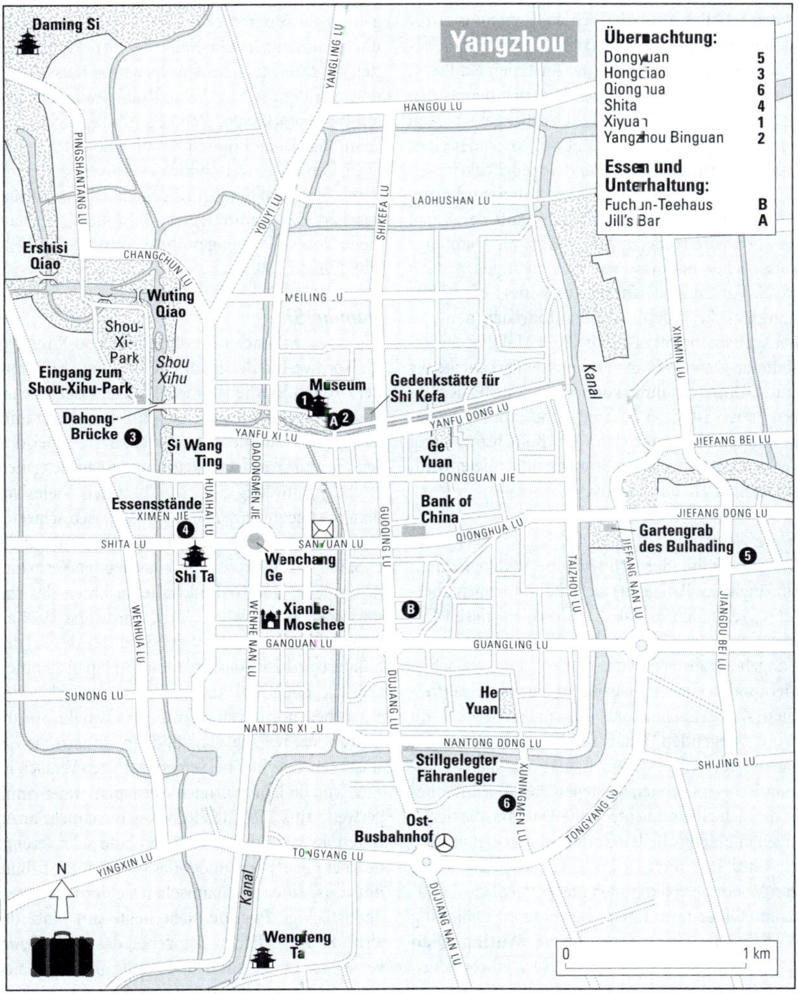

standteil von Kaiser Qianlongs regelmäßigen Rundreisen.

Gärten und Tempel sind über das gesamte Stadtgebiet verteilt, doch der Norden und Nordwesten weisen die größte Dichte an Sehenswürdigkeiten auf. Weite Teile der Stadt lassen sich zu Fuß erkunden, wer von einem Ende Yangzhous zum anderen gelangen möchte, wird jedoch auf Stadtbusse angewiesen sein. An Wochenenden und Feiertagen fallen Tagesausflügler aus Nanjing in Yangzhou ein; unter der Woche geht alles viel ruhiger zu.

Shou Xihu und Daming Si

Es ist sinnvoll, die beiden Hauptattraktionen Yangzhous in Kombination zu besuchen und auf dem Hin- oder Rückweg kleinere Sehenswürdigkeiten westlich oder nördlich des Zentrums abzuklappern. Wer den Shou-Xihu-Park im Süden betritt (Eingang in der Nähe der Buslinien Nr. 1, 3, 4, 5 und 15) und im Norden verlässt, hat bereits den halben Weg zum Daming Si zurückgelegt. Man kann die restliche Distanz mit Bus Nr. 5 oder einer Rikscha zurücklegen. Eine andere Möglichkeit, beide Stätten zu besuchen, bieten **Touristenboote**. Südlich des Shou-Xihu-Parks verläuft der Kanal ostwärts zum früheren Anlegeplatz von Qianlongs kaiserlicher Barkasse vor dem heutigen *Xiyuan Hotel*. Vor einigen Jahren wurde dort eine Landungsbrücke gebaut, von der Touristen heute in nachgebauten, mit edlem gelbem Mobiliar ausgestatteten Drachenbooten durch die Parkanlage bis zum Daming Si fahren können. Angesichts des hohen Preises ist diese Variante jodoch nur für größere Gruppen lohnend, denn ein Boot für zwanzig Personen, das für einige Stunden angemietet wird, kostet mehrere hundert Yuan.

Shou Xihu

Der Shou Xihu, der sich wie eine Schlange durch ein längliches Parkgebiet zieht, heißt wörtlich übersetzt „Schmaler Westsee" und erhielt diesen Namen, um an das Vorbild des „dicken" Westsees in Hangzhou zu erinnern. Neben den typischen Merkmalen eines chinesischen Parks wie zahlreichen Wasserflächen und sich melancholisch im Wind wiegenden Trauerweiden besitzt er eine ganze Reihe interessanter Bauten, die man als romantische Spielereien verstehen darf. Darunter befindet sich eine schlichte weiße **Dagoba**, die derjenigen in Beijings Beihai-Park nachgestaltet ist, und die **Chui Tai** (Terrasse der Glückseligkeit), deren drei Mondtore vollkommen unterschiedliche Landschaftsbilder umrahmen. Besondere Erwähnung verdient die gerne fotografierte **Wuting Qiao** (Fünf-Pavillon-Brücke) aus dem 18. Jahrhundert, die mit ihren gewölbten und mit gelben Ziegeln gedeckten Dächern beeindruckt. Ein fünfzehnminütiger Spaziergang von der Wuting Qiao nach Westen am Nordufer des Sees entlang führt zu einer weiteren Brücke, der imposanten **Ershisi Qiao** (Vierundzwanzig-Brücke), deren Brückenbogen so hoch ist, dass durch die praktisch kreisrunde Öffnung Boote hindurchfahren konnten. Nach dem Wunsch seines Erbauers, sollte das Meisterwerk 24 Stunden am Tag bewundert werden, und einst gab es 24 Steinbrücken, die Yangzhous Kanäle überspannten. In der Nähe der Brücke befindet sich der rekonstruierte Angelplatz von Kaiser Qianlong, vor dem sich verliebte Paare besonders gern fotografieren lassen. Der Legende zufolge sollen Qianlongs Diener in den Kanal getaucht sein, um Fische an die Angelschnur des Kaisers zu haken, damit dieser im Glauben, die Stadt habe ihm Glück beschert, den Stadtbürgern wohlwollendere finanzielle Unterstützung gewährte. 🕓 tgl. 6.45–17.30 Uhr, Eintritt ¥30.

Daming Si

Gut einen Kilometer nördlich des Shou Xihu liegt im Nordwesten der Stadt der Daming Si (Tempel der Großen Klarheit) in weitläufigem Gelände auf einem Hügel. Man sollte sich für die Anlage mindestens eine Stunde Zeit nehmen. Der Tempel, dessen Ursprünge auf das 5. Jahrhundert zurückgehen, erlebt gegenwärtig eine neue Blütezeit. Vieles von dem, was heute zu sehen ist, wurde nach schweren Verwüstungen während des Taiping-Aufstandes (s.S. 100) rekonstruiert, und das heutige Kernstück der Anlage, eine **Gedenkhalle** zu Ehren des chinesischen Mönchs Jian Zhen, wurde erst 1973 errichtet. Jian Zhen, ein weiser Gelehrter des 8. Jahrhunderts, erhielt eine Einladung, in Japan zu unterrichten, doch bei fünf aufeinander folgenden Versuchen, dorthin zu gelangen, trieben ihn Stürme und andere widrige Umstände in chinesische Gewässer zurück. Erst bei seinem sechsten Versuch im Alter von 66 Jahren erreichte er Japan, wo er sinnigerweise entschied, den Rückweg nicht mehr anzutreten. Er wird in Japan noch heute sehr verehrt, denn er gilt als Begründer des dortigen *Ritsu*-Buddhismus. Eine mit japanischen Geldern errichtete neunstöckige **Pagode** steht heute am Platz des alten, Song-zeitlichen Bauwerks, das durch Feuer vernichtet wurde. Auf dem Gelände gibt es ein ausgezeichnetes buddhistisches **vegetarisches Restaurant**, das auch auswärtige Gäste bewirtet, die jedoch zuvor die Mönche um Erlaubnis bitten sollten.

Ein Stück nördlich des Tempels liegen einige Parks und Gärten, die 1751 um eine natürliche Quelle herum angelegt wurden und den Namen **Fünfte Quelle unter dem Himmel** tragen. Im kühlen, von Windbrisen durchwehten Teehaus kann man frisches Quellwasser oder Tee aus der Region probieren und dabei auf Teiche schauen, in

Yangzhou

Yangzhou	扬州	***yángzhōu***
Daming Si	大明寺	*dàmíng sì*
Ershisi Qiao	二十四桥	*èrshísì qiáo*
Gartengrab des Bulhading	普哈丁墓	*pǔhādīng mù*
Ge Yuan	个园	*gèyuán*
Gedenkstätte für Shi Kefa	史可法纪念馆	*shǐkěfǎ jìniànguǎn*
He Yuan	何园	*héyuán*
Shi Ta	石塔	*shítǎ*
Shou Xihu	瘦西湖	*shòuxī hú*
Wenfeng Ta	文峰塔	*wénfēng tǎ*
Wuting Qiao	五亭桥	*wǔtíng qiáo*
Xianhe-Moschee	仙鹤寺	*xiānhè sì*
Übernachtung und Essen		
Dongyuan	东园饭店	*dōngyuán fàndiàn*
Fuchun-Teehaus	富春茶社	*fùchūn cháshè*
Hongqiao	红桥宾馆	*hóngqiáo bīnguǎn*
Qionghua	琼花大厦	*qiónghuā dàshà*
Shita	石塔宾馆	*shítǎ bīnguǎn*
Xiyuan	西园饭店	*xīyuán fàndiàn*
Yangzhou Binguan	扬州宾馆	*yángzhōu bīnguǎn*

denen mollige Goldfische und Karpfen vorbeigleiten. ⌚ tgl. 7.30–17 Uhr, Eintritt ¥18.

Das Zentrum

Durch Yangzhous Zentrum verläuft in Nord-Süd-Richtung die **Guoqing Lu**, die im Süden zur Dujiang Lu wird. Sie wird in Ost-West-Richtung von mehreren großen Einkaufsstraßen gekreuzt, die zur Verwirrung von Besuchern ihre Namen jenseits der Guoqing Lu jeweils ändern. Im Osten und Westen begrenzen die **Huaihai Lu** bzw. die **Taizhou Lu** das Zentrum.

Am nördlichen Rand des Zentrums ist eine klassische chinesische Gartenkomposition aus Stein und Wasser angesiedelt: der **Ge Yuan** (Garten des Ge), den man von der Yanfu Dong Lu im Norden oder von der Dongguan Jie im Süden betreten kann. Leider wirkt der Garten mit seinen kunstvollen Pavillons und landschaftlich gestalteten Felsformationen, die vermutlich auf die vier Jahreszeiten anspielen sollen, etwas vernachlässigt, doch dafür sind in der Regel nur wenige Besucher anzutreffen. ⌚ tgl. 8–16.45 Uhr, Eintritt ¥15. Lohnender ist ein Spaziergang vom Ge Yuan über den Kanal und dann nach Westen, über die Guoqing Lu hinaus, bis zum **Museum**, das zu den interessanteren seiner Art in China zählt. Verschiedene alte Pavillons bilden dort ein geschmackvolles Ensemble und zeigen u.a. ein 1000 Jahre altes, aus dem Kaiserkanal geborgenes Holzboot, ein außergewöhnliches, aus 500 Jadeplättchen bestehendes Leichengewand aus der Han-Dynastie sowie zwei hölzerne Grabmale aus der Han- und Song-Dynastie. ⌚ tgl. 8.30–17.30 Uhr, Eintritt ¥12. Gleich östlich des Museums befindet sich inmitten einer Vielzahl von Blumen und Pflaumenbäumen die **Gedenkstätte für Shi Kefa**, die an einen lokalen Helden erinnert, der in den letzten Tagen der Ming-Dynastie sein Leben im Widerstand gegen die vorrückenden Qing-Armeen hingab. Es waren die siegreichen Qing, die das Bauwerk zum Andenken an seinen Heldenmut errichten ließen. ⌚ tgl. 8.15–11.30 und 14–17.30 Uhr, Eintritt ¥10. Etwas westlich des Museums schließt sich am Kanalufer ein Bereich an, in dem mehr und mehr mit Souvenirständen und „traditioneller" Architektur Touristen angelockt werden sollen. Vom dortigen Landungssteg fahren Boote zum Shou Xihu und Daming Si.

Westlich des Zentrums

Das bedeutendste noch erhaltene Zeugnis persischer Händler, die im Mittelalter in der Stadt lebten, ist die **Xianhe-Moschee** (Kranich-Moschee) in der Wenhe Lu, unmittelbar nördlich der Ganquan Lu. Die Hauptsehenswürdigkeit des kleinen strengen Bauwerks ist eine Wand, die komplett mit arabischen Schriftzügen verziert ist. Besucher müssen sich mitunter in ein Buch eintragen, bevor ihnen der Zutritt gestattet wird.

An unerwarteten Ecken und scheinbar willkürlich verteilt gibt es in dieser Gegend noch weitere Relikte aus verschiedenen geschichtlichen Epochen zu entdecken. Dazu gehört u.a. die **Shi Ta**, eine kleine Steinpagode im Stil der Tang-Dynastie, die sich im Schatten eines 1000 Jahre alten Gingkobaums an der Shita Lu, direkt westlich der Huaihai Lu erhebt. Mitten auf der Kreuzung der Shita Lu und Wenhe Lu prunkt der runde **Wenchang Ge** (Pavillon der Erblühenden Kultur) aus der Ming-Dynastie, der wie eine Miniatur des Himmelstempels in Beijing aussieht. Eine Straße weiter nördlich steht der dreistöckige, achteckige **Si Wang Ting** (Pavillon des Schauens in vier Richtungen) aus dem 13. Jahrhundert.

Östlich und südlich des Zentrums

Spuren früherer moslemischer Präsenz in Yangzhou finden sich auch östlich des Zentrums, nicht weit jenseits des Kanals an der Jiefang Nan Lu. Vom westlichen Kanalufer und von der Jiefang-Brücke (Befreiungsbrücke) kann man Richtung Norden einen bewaldeten Hügel und dahinter ein Ansammlung moslemischer Architektur sehen. Dieses recht traurige und staubige Überbleibsel aus der weltoffensten Epoche in der chinesischen Geschichte ist das **Gartengrab des Bulhading** (auch: Puhaddin), eines Nachkommen des Propheten Mohammed, der im 13. Jahrhundert nach China kam, die Stadt zu seiner neuen Heimat machte und zehn Jahre hier lebte. Es war sein ausdrücklicher Wunsch, an diesem Ort beigesetzt zu werden. Leider nur auf Chinesisch ausgeschilderte Gemälde und Kunstwerke berichten in einer kleinen benachbarten Ausstellungshalle von seinem Leben. 🕒 tgl. 7.15–16 Uhr, Eintritt ¥7. Weitere über ein größeres Gebiet verstreute Sehenswürdigkeiten befinden sich im **Süden** der Stadt. Nur wenig nördlich des Kanals liegt in diesem alten und ruhigen Stadtteil der erlesene **He Yuan** (Garten des Meisters He). Mit Hilfe von Bäumen, Sträuchern und eines erhöhten Wandelgangs wurden in dem kleinen, wunderschönen Garten aus dem 19. Jahrhundert raffinierte Illusionen von Vielfältigkeit und Tiefe geschaffen, die sich an einem sonnigen Morgen besonders reizvoll präsentieren. Gemütliche Teehäuser laden zu erholsamer Rast ein. 🕒 tgl. 8–18 Uhr; Eintritt ¥15.

Im äußersten Süden der Stadt erhebt sich an einer Biegung des Kaiserkanals auf einem kleinen, von Stockrosen bestandenen Areal an der Wenfeng Lu die auffällige, siebenstöckige **Wenfeng Ta** (Pagode des kulturellen Gipfels). Das Bauwerk wurde 1582 errichtet, um hiesigen Kandidaten der kaiserlichen Prüfungen Glück zu bescheren, heute wird es in erster Linie als Aussichtspunkt auf den betriebsamen Kanal geschätzt. 🕒 tgl. 6.30–17.30 Uhr, Eintritt ¥2. Um das lebendige Treiben aus der Nähe zu betrachten, muss man nur ein Stück das Kanalufer zu den Kais entlanglaufen. Zahllose Familienboote warten dort in langen Schlangen, um mit allem Möglichen von Getreide über Flaschengetränke und Kies bis hin zu Lastwagenreifen beladen zu werden. Eine Busverbindung zur Pagode gibt es nicht, sodass man entweder einen ziemlich langweiligen, 30-minütigen Fußmarsch vom östlichen Busbahnhof in Kauf nehmen oder eine Rikscha mieten muss.

Übernachtung

Unterkünfte in Yangzhou sind relativ teuer. Einzige Ausnahmen sind das *Hongqiao*, das Gästehaus der *Yangzhou Normal University*, und das *Dongyuan* östlich des Zentrums.

Dongyuan*, 25 Lixin Lu, nahe Jiangdu Bei Lu, ✆ 7233003, 📠 7221705. Recht weit abgelegen im Osten der Stadt, Bus Nr. 12 vom Zentrum hält jedoch direkt vor der Tür. Ruhig, ordentliche Zimmer zu vernünftigen Preisen.

Hongqiao*, auf dem Campus der *Yangzhou Normal University*, ✆ 7365275. Unmittelbar südlich des Eingangs zum Shou-Xihu-Park. Die spartanischen, aber sauberen Zimmer gehören zu den günstigsten der Stadt. Anfahrt vom westlichen Busbahnhof mit dem Bus Nr. 3 bis Yanfu Lu, Ecke Huaihai Lu; vom östlichen Busbahnhof mit dem Bus Nr. 1 bis zur Endhaltestelle, von dort zu Fuß rechts entlang Huaihai Lu nach Norden, in die

Dahongqiao Lu (erste Straße hinter der Yanfa Lu) nach links abbiegen, hinter der großen Steinbrücke die erste Straße nach links gehen und schließlich die erste Abzweigung nach rechts.
Qionghua**, 1 Pifang Lu, Ecke Xuningmen Lu, ✆ 7811321–8811, ✆ 7812079. Einzige zu Fuß vom östlichen Busbahnhof bequem zu erreichende Unterkunft (ca. 20 Min.). Recht elegante, gute Zimmer, faires Preisgefüge.
Shita***, 18 Shita Lu, etwas westlich der Huaihai Lu, ✆ 7344467, ✆ 7314125. Sehr schicke, behagliche Zimmer. Vom Busbahnhof mit den Bussen Nr. 7 und Nr. 13 zu erreichen.
Xiyuan**, 1 Fengle Shang Jie, in unmittelbarer Nachbarschaft des Museums an der Yanfu Xi Lu, ✆ 7344888, ✆ 7233870. Hotel auf weitläufigem Gelände, günstige Lage zu den Sehenswürdigkeiten, Zimmer unterschiedlicher Kategorien. Mehrere Reisebüros im Haus.
Yangzhou Binguan***, 5 Fengle Shang Jie, ✆ 734 2611, ✆ 7343599. Anspruchsvolles Hotel in einem Hochhaus im Norden neben dem Museum.

Essen

Essen in Yangzhou ist ein wahres Vergnügen – wenn man die richtigen Adressen kennt.
Fuchun-Teehaus, in einer schmalen Gasse namens Dexingqiao, östlich der Guoqing Lu (über der Gasseneinfahrt hängt ein großes Schild), ist das bekannteste Restaurant der Stadt. Eine Schale mit zehn verschiedenen *jiaozi*-Arten kostet ¥28; zu den anderen Spezialitäten gehören *doufu gansi* (getrocknete Tofu-Streifen) und *qingshao xiaren* (gebratene Garnelen). Filiale neben dem Ge Yuan.
Das Restaurant im *Qionghua Hotel* serviert ebenfalls schmackhafte Gerichte.
Zahlreiche Nudelküchen und *jiaozi*-Restaurants gibt es rund um die **Ganquan Lu**.
Jede Menge **Essensstände** bieten entlang der Ximen Jie, ab Huaihai Lu, tgl. ab Einbruch der Dunkelheit bis 2 Uhr nachts alle möglichen Leckereien von Feuertopf über gegrillte Fleischspieße bis hin zu Pudding.
Die hiesige Variante von gebratenem Reis ist inzwischen zu einer festen Größe auf den Speisekarten Chinas avanciert, schmeckt allerdings nicht viel anders als ganz gewöhnlicher gebratener Reis. Das Gericht wird in jedem Lokal der Stadt angeboten.

Unterhaltung

Erste Anzeichen aufkeimenden Nachtlebens machen sich am Kanal zwischen den Hotels *Xiyuan* und *Yangzhou Binguan* bemerkbar. Die beste und ausländerfreundlichste Bar ***Jills*** liegt ungefähr auf halbem Weg zwischen beiden Hotels. Die ***Banana Disco*** vor dem *Yangzhou* nimmt sich recht provinzell aus.

Sonstiges

GELD – ***Bank of China***, Qionghua Lu.

POST UND TELEFON – ***Hauptpostamt*** in der Sanyuan Lu.

REISEBÜROS – ***CITS*** plant, demnächst ein Büro zwischen dem *Xiyuan* und *Yangzhou Binguan* zu eröffnen.

VORWAHL – 0514

Transport

BUSSE – Die häufigen Busse von und nach Zhenjiang und Nanjing nutzen in der Regel den abgelegenen **westlichen Busbahnhof** im Südwesten der Stadt. Busse zu weiter entfernten Zielen (auch Schlafkojenbusse) verkehren vom **östlichen Busbahnhof** an der Dujiang Nan Lu im Süden der Stadt. Eine Verbindung zwischen den beiden Busbahnhöfen besteht mit dem Bus Nr. 8; vom Westbusbahnhof verkehrt außerdem der Bus Nr. 3 zur Huaihai Lu. Tagesausflüge von Nanjing oder Zhenjiang nach Yangzhou sind möglich, allerdings muss man, um nicht übernachten zu müssen, vor Sonnenuntergang die Rückfahrt antreten, da beide Busbahnhöfe abends den Betrieb einstellen.
Busse vom östlichen Busbahnhof nach:
HANGZHOU 7 Std.;
HUAI'AN 5 Std.;
SHANGHAI 6 Std.;
SUZHOU 5 Std.;
WUXI 2 1/2 Std.

Vom westlichen Busbahnhof nach:
NANJING 2 Std.;
ZHENJIANG 1 Std.

EISENBAHN – Der nächstgelegene Bahnhof befindet sich in Zhenjiang. **Zugfahrkarten** können am östlichen Busbahnhof und am stillgelegten Fähranleger am Nordufer des Kanals gebucht werden.

Nanjing

Nanjing, im Westen früher unter dem Namen Nanking bekannt, zählt zu den größten Städten Chinas. Die wörtliche Übersetzung „Südliche Hauptstadt" steht in direkter Abgrenzung zur „Nördlichen Hauptstadt" Beijing, und noch heute betrachten viele Überseechinesen – insbesondere aus Taiwan – Nanjing als die rechtmäßige Hauptstadt Chinas. Es ist eine reiche und blühende Stadt, die sowohl von ihrer Nähe zu Shanghai als auch von ihrer Schlüssellage am **Yangzi** profitiert, der nach Westen tief in das Landesinnere vordringt. Mit seinen breiten, baumbestandenen Boulevards und balkongeschmückten Häusern innerhalb alter Stadtmauern und Stadttoren aus der Ming-Dynastie gehört Nanjing zu den attraktivsten chinesischen Großstädten. Die Stadt hat sich zu einem recht teuren Aufenthaltsort entwickelt, bietet eine recht kosmopolitische Auswahl an touristischen Einrichtungen, und der Reichtum an historischen Stätten füllt leicht mehrere Besichtigungstage.

Geschichte

Strategisch am Südufer des Yangzi inmitten einer schönen Umgebung aus Seen, Flüssen, bewaldeten Hügeln und zerbröckelnden Befestigungsanlagen gelegen, hat Nanjing seit frühester chinesischer Geschichte eine bedeutende Rolle gespielt, doch erst um 600 v. Chr. entstanden die Anfänge einer ummauerten Stadt. Als im Jahre 220 n. Chr. die Han-Dynastie zusammenbrach, blickte Nanjing auf eine Epoche zurück, in der es einem halben Dutzend Dynastien als Hauptstadt gedient hatte, und nachdem die Sui-Dynastie China im Jahre 589 wieder vereinigt hatte, gewann die Stadt mit dem Bau des **Kaiserkanals** erheblich an wirtschaftlicher Bedeutung. Nanjing wurde berühmt durch seine Schmieden, Gießereien und Webereien – besonders gerühmt wurden die gemaserten Brokatstoffe, die in noblen Häusern und Klöstern gefertigt wurden. Während der Tang- und Song-Dynastie machte die Stadt dem nahen Hangzhou den Rang der wohlhabendsten Stadt des Reiches streitig, und 1368 erhob der erste Kaiser der Ming-Dynastie Nanjing zur **Hauptstadt** über ganz China.

In folgenden Jahrhunderten wurde Nanjings Anspruch, die einzig legitime Hauptstadt zu sein, von der fest im Norden verankerten Qing-Dynastie zwar belächelt, doch schlossen sich gegen die Staatsautorität gerichtete Kräfte immer wieder mit Organisationen zusammen, die den Rang der alten Hauptstadt restaurieren wollten. Mitte des 19. Jahrhunderts richteten die **Taiping-Rebellen** für elf Jahre ihre Hauptstadt des **Königreichs des Himmlischen Friedens** in Nanjing ein. Die Belagerung und letztendliche Niederwerfung der Stadt durch die von ausländischen Mächten unterstützten Qing-Armeen im Jahre 1864 gehört zu den traurigsten und tragischsten Ereignissen der gesamten chinesischen Geschichte. Nach dem Ersten Opiumkrieg wurde in der Stadt der **Vertrag von Nanjing** unterzeichnet, mit dem Hongkong an Großbritannien abgetreten und Nanjing selbst mit dem entwürdigenden Rang eines Vertragshandelshafens belegt wurde. Nach dem Sturz der Qing-Dynastie im Jahre 1911 erblühte die Stadt jedoch erneut und wurde zur provisorischen Hauptstadt der neuen Republik China unter deren erstem Präsident Sun Yatsen. Sein Mausoleum **Zhongshan Ling** am Stadtrand des modernen Nanjing gehört heute zu den bedeutendsten Wallfahrtsstätten der Chinesen.

1937 wurde der Name der Stadt Nanjing zum Synonym einer der scheußlichsten Greueltaten der Kriegsgeschichte, als im Vorfeld des Zweiten Weltkriegs in China vorrückende Japaner geschätzte 300 000 Zivilisten abschlachteten – das schreckliche Ereignis ging als **Massaker von Nanjing** in die Geschichte ein. Chiang Kaisheks Regierung konnte entkommen und richtete ihren provisorischen Sitz im westlichen Chongqing ein, doch nach Japans Kapitulation und Chiangs Rückkehr erhielt Nanjing für kurze Zeit seinen Status als offizielle Hauptstadt Chinas zurück. Nur vier Jahre später jedoch, 1949, beschlossen die im chinesischen Bürgerkrieg siegreichen Kommunisten, Nanjing endgültig als Hauptstadt aufzugeben; sie wählten statt-

Nanjing: Sehenswürdigkeiten

Nanjing	南京	***nánjīng***
Bailuzhou	白鹭洲	*báilù zhōu*
Chaotian Gong	朝天宫	*cháotiān gōng*
Dujiang Jinianbei	渡江纪念碑	*dùjiāng jìniànbēi*
Fuzi Miao	夫子庙	*fūzǐ miào*
Gugong-Park	故宫	*gùgōng*
Gulou	鼓楼	*gǔlóu*
Jinghai Si	静海寺	*jìnghǎi sì*
Linggu Si	灵谷寺	*línggǔ sì*
Meiyuan Xincun	梅园新村	*méiyuán xīncūn*
Denkmal für die Opfer des Massakers von Nanjing	南京大屠杀纪念馆	*nánjīngdàtúshā jìniànguǎn*
Ming Xiaoling	明孝陵	*míngxiào líng*
Mochou-Hu-Park	莫愁湖公园	*mòchóuhú gōngyuán*
Nanjing-Museum	南京博物馆	*nánjīng bówùguǎn*
Qinhuai	秦淮河	*qínhuái hé*
Qixia Si	栖霞寺	*qīxiá sì*
Shixiang Lu (Seelenweg)	石象路	*shíxiàng lù*
Museum zur Geschichte des Königreichs des Himmlischen Friedens	太平天国历史博物馆	*tàipíngtiānguólìshǐ bówùguǎn*
Stadtmauer	城市墙	*chéngshì qiáng*
Tianchao Gong	天朝宫	*tiāncháo gōng*
Xinjiekou	新街口	*xīnjiē kǒu*
Xuanwu-Hu-Park	玄武湖公园	*xuānwǔhú gōngyuán*
Yangzi-Brücke	长江大桥	*chángjiāng dàqiáo*
Yuhuatai-Park	雨花台公园	*yǔhuātái gōngyuán*
Zhonghua Men	中华门	*zhōnghuá mén*
Zhongshan Ling	中山陵	*zhōngshān líng*
Zhongshan Men	中山门	*zhōngshān mén*
Zhongyang Men	中央门	*zhōngyāng mén*
Zijin Shan	紫金山	*zǐjīn shān*

dessen das alte – und hochgradig konservative – Beijing zum Sitz der ersten „modernen" Regierung des Landes. Heute ist Nanjing die Hauptstadt der Provinz Jiangsu, ein bedeutender Eisenbahnknotenpunkt (eine gewaltige Brücke aus den 60er Jahren führt die Eisenbahntrasse Beijing–Shanghai über den Yangzi) und ein wichtiger Flusshafen für große Schiffe.

Orientierung

Eine gute Orientierungshilfe sind die Reste der alten, Ming-zeitlichen Stadtmauer, zwischen deren Toren die Hauptstraßen die Stadt durchqueren. Das mächtige Tor im Norden, das heute von einem großen Kreisverkehr mit Fußgängerüberführungen umgeben ist, heißt **Zhongyang Men**. Östlich von dort befindet sich außerhalb der Stadtmauer der **Hauptbahnhof**. Im inneren Mauerbereich beginnt am Zhongyang Men die Hauptstraße der Stadt, die mit ihren ineinander übergehenden Abschnitten Zhongyang Lu, Zhongshan Lu und Zhongshan Nan Lu 8 km weit nach Süden verläuft, bevor sie das südliche Stadttor **Zhonghua Men** erreicht. Auf ihrem Weg wird diese Hauptstraße von zwei weiteren wichtigen Straßen gekreuzt: im Gebiet von Gulou von der Beijing Lu und weiter südlich am Verkehrskreisel von Xinjiekou von der Hanzhong Lu/Zhongshan Dong Lu. Letztere führt von dort

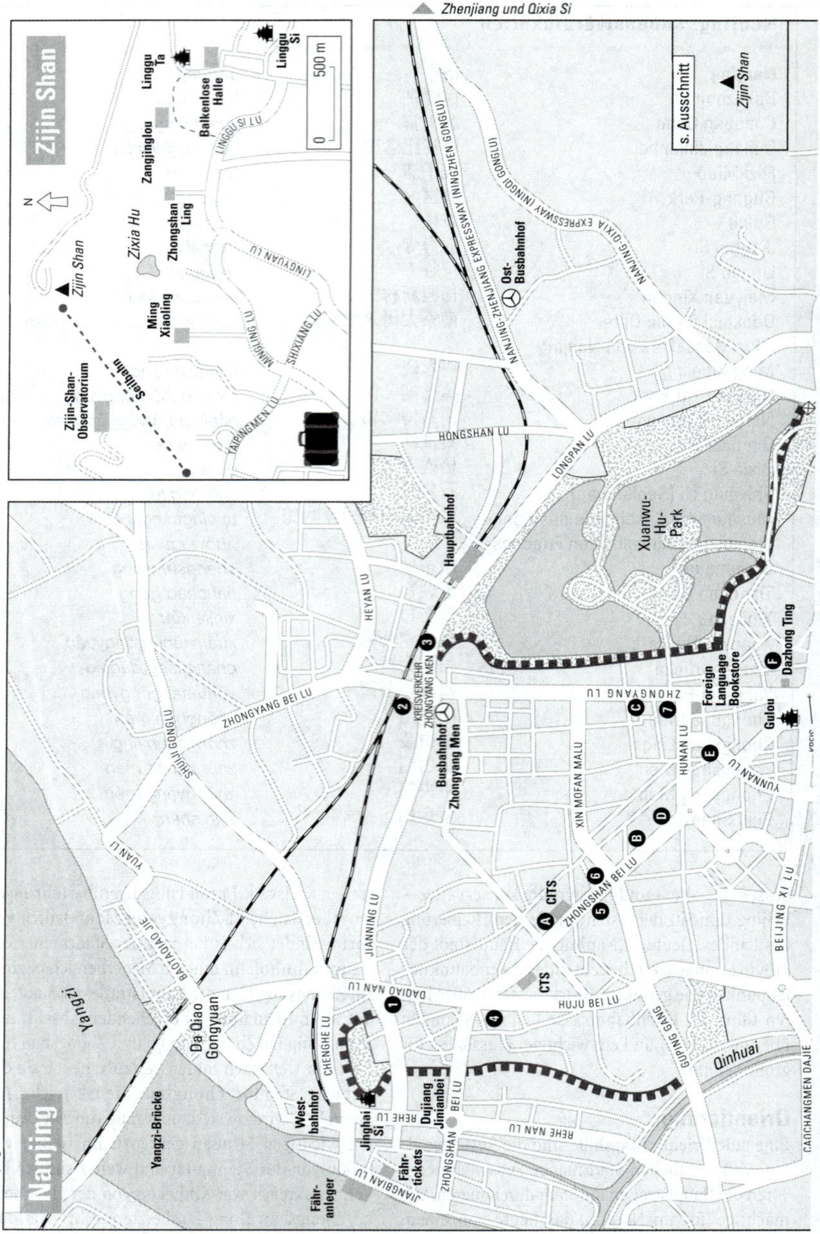
Nanjing
Zijin Shan
Zhenjiang und Qixia Si
Beijing
s. Ausschnitt
Zijin Shan
N
Zijin-Shan-Observatorium
Seilbahn
Ming Xiaoling
Zixia Hu
Zhongshan Ling
Zangjinglou
Balkenlose Halle
Linggu Ta
Linggu Si
LINGGU SI LU
LINGYUAN LU
MINGLING LU
SHIXIANG LU
TAIPINGMEN LU
0
500 m
Yangzi
Yangzi-Brücke
Da Qiao Gongyuan
BAOTADIAO JIE
YUAN LI
SHUIJU GONGLU
ZHONGYANG BEI LU
HEYAN LU
Hauptbahnhof
HONGSHAN LU
LONGPAN LU
Ost-Busbahnhof
NANJING-ZHENJIANG EXPRESSWAY (NINGZHEN GONGLU)
NANJING-QIXIA EXPRESSWAY (NINGQI GONGLU)
Xuanwu-Hu-Park
KREISVERKEHR ZHONGYANG MEN
Busbahnhof Zhongyang Men
ZHONGYANG LU
Foreign Language Bookstore
Dazhong Ting
Gulou
HUNAN LU
YUNNAN LU
XIN MOFAN MALU
ZHONGSHAN BEI LU
CITS
CTS
HUJU BEI LU
JIANNING LU
DAQIAO NAN LU
CHENGHE LU
West-bahnhof
Jinghai Si
Dujiang Jinianbei
BEI LU
REHE LU
REHE NAN LU
ZHONGSHAN
Fähr-tickets
Fähr-anleger
JIANGBIAN LU
GUPING GANG
Qinhuai
BEIJING XI LU
CAOCHANGMEN DAJIE
1
2
3
4
5
6
7
A
B
C
D
E
F

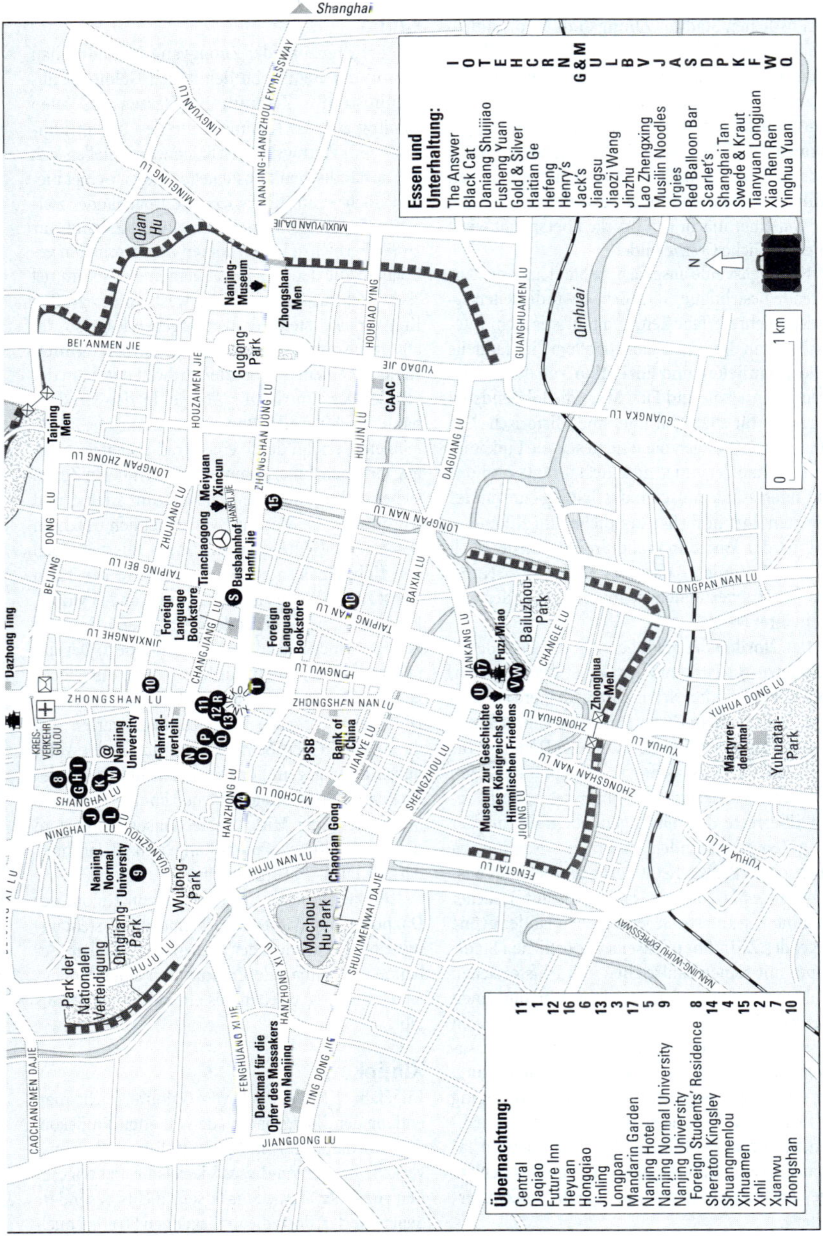
Shanghai
Flughafen
Essen und Unterhaltung:
The Answer I
Black Cat O
Daniang Shuijiao T
Fusheng Yuan E
Gold & Silver H
Haitian Ge C
Hefeng R
Henry's N
Jack's G & M
Jiangsu U
Jiaozi Wang L
Jinzhu B
Lao Zhengxing V
Musilin Noodles J
Orgies A
Red Balloon Bar S
Scarlet's D
Shanghai Tan P
Swede & Kraut K
Tianyuan Longjuan F
Xiao Ren Ren W
Yinghua Yuan Q
Übernachtung:
Central 11
Daqiao 1
Future Inn 12
Heyuan 16
Hongqiao 6
Jinling 13
Longpan 3
Mandarin Garden 17
Nanjing Hotel 5
Nanjing Normal University 9
Nanjing University
Foreign Students' Residence 8
Sheraton Kingsley 14
Shuangmenlou 4
Xihuamen 15
Xinli 2
Xuanwu 7
Zhongshan 10
0
1 km
N
Qian Hu
Nanjing-Museum
Zhongshan Men
Gugong-Park
Taiping Men
CAAC
Qinhuai
Dazhong Ting
Kreis-verkehr Gulou
Nanjing University
Nanjing Normal University
Fahrrad-verleih
Foreign Language Bookstore
Tianchaogong
Meiyuan Xincun
Busbahnhof Hanfu Jie
PSB
Bank of China
Chaotian Gong
Museum zur Geschichte des Königreichs des Himmlischen Friedens
Fuzi Miao
Bailuzhou-Park
Zhonghua Men
Märtyrer-denkmal
Yuhuatai-Park
Wulong-Park
Qingliang-Park
Park der Nationalen Verteidigung
Mochou-Hu-Park
Denkmal für die Opfer des Massakers von Nanjing
Nanjing-Hangzhou Expressway
Nanjing-Wuhu Expressway
Lingyuan Lu
Mingling Lu
Muxuyuan Dajie
Bei'anmen Jie
Houzaimen Jie
Houbiao Ying
Yudao Jie
Guanghuamen Lu
Guangka Lu
Longpan Zhong Lu
Zhongshan Dong Lu
Huijin Lu
Daguang Lu
Longpan Nan Lu
Beijing Dong Lu
Zhujiang Lu
Taiping Bei Lu
Baixia Lu
Jinxianghe Lu
Changjiang Lu
Taiping Nan Lu
Hongwu Lu
Zhongshan Lu
Zhongshan Nan Lu
Jiankang Lu
Changle Lu
Zhonghua Lu
Yuhua Lu
Yuhua Dong Lu
Yuhua Xi Lu
Zhongshan Nan Lu
Shengzhou Lu
Jianye Lu
Mochou Lu
Hanzhong Lu
Shanghai Lu
Ninghai Lu
Guangzhou Lu
Huju Nan Lu
Huju Lu
Jiqing Lu
Fengtai Lu
Shuiximenwai Dajie
Hanzhong Xi Lu
Fenghuang Xi Jie
Caochangmen Dajie
Jiangdong Lu
Ting Dong Jie

zum östlichen Stadttor **Zhongshan Men**. Südlich von Xinjiekou (1–2 km vor dem Zhonghua Men) ist das neue und moderne Wirtschafts- und Touristenzentrum Fuzi Miao entstanden, das in den vergangenen Jahren zunehmend an Bedeutung gewonnen hat. Viele historische Stätten befinden sich außerhalb der östlichen Stadtmauer am nahen **Zijin Shan**, während im Nordwesten der **Yangzi**, der von einer mächtigen Brücke überspannt wird, eine natürliche Grenze bildet.

Nanjing ist eine ausgedehnte Stadt, und die eingehende Besichtigung aller Sehenswürdigkeiten erfordert mehrere Tage Zeit. Von touristischem Interesse sind in der Innenstadt vor allem die Stadtteile **Gulou**, **Xinjiekou** und **Fuzi Miao**, von denen wiederum Xinjiekou und Fuzi Miao die lohnendsten Gegenden für einen Bummel sind. Historische Gebäude, zu Fußgängerzonen umgestaltete Einkaufsstraßen, Kanäle, einige gute Restaurants und das sehr interessante Museum des Taiping-Aufstandes erwarten dort Besucher. Stattliche fünf Kilometer lang ist der Weg durch alle drei Stadtteile, doch mehrere Buslinien – darunter Nr. 1, Nr. 16, Nr. 26 und Nr. 33 – verbinden sie miteinander oder halten in ihrer Nähe.

Den **Norden** der Stadt nehmen der ausgedehnte Xuanwu-Hu-Park und das Gebiet des Yangzi ein, im Westen befinden sich mehrere kleinere Parkanlagen, der Chaotian Gong (Palast der Himmelsverehrung) aus der Ming-Zeit und das Denkmal für die Opfer des Massakers von Nanjing. Im Osten und Süden wiederum sind einige der besterhaltenen Überreste der mächtigen, ebenfalls aus der Ming-Zeit stammenden Stadtmauer Nanjings zu sehen, einen Besuch lohnt dort außerdem das ausgezeichnete Museum von Nanjing. Die für Besucher wohl interessanteste Gegend jedoch ist der grüne Hügel des **Zijin Shan** jenseits der östlichen Stadtmauer mit seinen zahlreichen kulturhistorischen Relikten aus vergangenen Zeiten. Wer nur einen oder zwei Tage Zeit zur Verfügung hat, sollte sich auf den Zijin Shan, das Denkmal für die Massakeropfer, die Stadtmauer und den **Tianchao Gong**, den ehemaliger Regierungssitz unter den Taiping im 19. Jahrhundert und später unter den Nationalisten, beschränken. Mit mehr Zeit lohnt sich ein Tagesausflug zum imposanten, 22 km nordöstlich gelegenen **Qixia Si** (Tempel, an dem die Wolken verweilen).

Gulou

Um die Kreuzung der Zhongyang Lu/Zhongshan Lu mit der Beijing Lu dehnt sich Gulou als das administrative Zentrum im Herzen des alten Nanjing aus. Als Nanjing Mitte des 19. Jahrhunderts zum Vertragshandelshafen wurde, ließen sich alle ausländischen Konsulate in diesem Gebiet nieder, doch heute überwiegen Bürogebäude, zwischen denen zäh der Verkehr fließt. Es sind nur zwei Überbleibsel aus früheren Zeiten erhalten geblieben, die jedoch im allgemeinen Getümmel recht verloren wirken. Etwas westlich des großen Kreisverkehrs steht der namensgebende Gulou, der 600 Jahre alte kleine, jedoch massive **Trommelturm** auf einem grasbeckten Erdwall mitten in der Straße. Der Eintritt zur Anlage, in der Straßenhändler schillernde „Blütenregensteine" (s.S. 528) feilbieten, erfolgt durch einen traditionell gestalteten Torbogen. Eine Trommel rief in früheren Zeiten siebenmal am Tag die Wachen zum Dienst und wurde auch zur Warnung vor nahenden Gefahren geschlagen. Heute sind im Innern Ausstellungen von Hobbymalern zu sehen, während der Turm selbst zur Hälfte in ein Teehaus verwandelt wurde. Eine schauerliche Legende umrankt eine draußen gezeigte Glocke aus dem 14. Jahrhundert: Der damalige Kaiser soll angeordnet haben, die Glocke zusammen mit dem Blut einer Jungfrau zu gießen. Die zwei Töchter des Stadtschmieds warfen sich daraufhin in den Schmelzofen, damit der Vater dem Kaiser gegenüber Gehorsam üben und der drohenden Todesstrafe entgehen konnte. Die große Steinstele in der Mitte des Teehauses erinnert an die Herrschaft des Kaisers Kangxi im 17. Jahrhundert. ⏱ tgl. 8–24 Uhr, Eintritt ¥5.

Die zweite Sehenswürdigkeit von Gulou, der **Dazhong Ting** (Großer Glockenpavillon), steht unmittelbar nordöstlich der Kreuzung hinter dem Gebäude von China Telecom inmitten eines gepflegten Gartens, wo es ebenfalls ein hübsches Teehaus gibt.

Xinjiekou

Ungefähr 2 km südlich von Gulou erreicht man entlang der Zhongshan Lu den Stadtteil Xinjiekou, das Geschäftszentrum Nanjings. Der große Kreisverkehr im Herzen dieses Viertels besitzt abgesehen von einer Statue Sun Yatsens nichts besonders Sehenswertes, doch die umliegenden Straßen quellen über vor Banken, Hotels und Kaufhäusern, und zu Fuß ist es von dort nicht weit zu bedeutenden Sehenswürdigkeiten.

Läuft man ein Stück nach Osten und eine Straße nach Norden, gelangt man in der Changjiang Lu (die in die Hanfu Jie übergeht) zu einigen historisch bedeutsamen Gebäuden. Erstes davon ist der **Tianchao Gong** (Palast des Himmlischen Königreichs), 292 Changjiang Lu, ein unspektakulär wirkendes Regierungsgebäude auf dem Gelände des an Suzhouer Gärten erinnernden **Xu Yuan**. Tatsächlich jedoch gehört es unter historischen Gesichtspunkten zu den interessantesten Bauwerken Chinas. Der Tianchao Gong und Xu Yuan wurden vor über 600 Jahren als Privatresidenz und Privatgarten eines Ming-Prinzen erbaut und später unter der Qing-Dynastie zum Sitz des Provinzgouverneurs umgestaltet. 1853 eroberten die Armeen des Taiping-Reichs des Himmlischen Friedens die Residenz und machten es zum Hauptquartier des Taiping-Führers Hong Xiuquan. Nach dem Sturz der Qing-Dynastie nutzte die Guomindang-Regierung das Gebäude als Präsidentenpalast, und in den frühen Jahrzehnten des 20. Jahrhunderts regierten zunächst Sun Yatsen und später Chiang Kaishek von hier aus China. Heute sind im Palast Ausstellungen über den Taiping-Aufstand und das Leben und die Zeit Sun Yatsens untergebracht. Selbst der in der Volksrepublik verhasste Chiang Kaishek ist auf einigen Fotos zu sehen. Der umliegende Garten gehört zu den Lieblingszielen von Nanjinger Familien und kann an Wochenenden sehr voll sein. ⌚ tgl. 8–17 Uhr, Eintritt ¥10.

Etwas weiter östlich befindet sich das **Meiyuan Xincun**, das ehemalige Büro der Kommunistischen Partei Chinas, das von Zhou Enlai geleitet wurde, der während der Guomindang-Regierung von seiner Partei dorthin entsandt wurde. 1946 und 1947 trafen sich hier die Kommunisten und die Guomindang zu einer Reihe von Friedensgesprächen, die jedoch nach Ausbruch des Bürgerkriegs eingestellt wurden. Interessant ist das heutige Museum schon allein, um einen Eindruck von den bitteren anti-nationalistischen Kommentare zu bekommen, die auf den Ausstellungstafeln (die meisten davon auch in Englisch) zu lesen sind. Zu der Hand voll faszinierender Fotos gehört u.a. ein wenig bekannter Schnappschuss, auf dem Chiang Kaishek und Mao Zedong plaudernd nebeneinander stehen. ⌚ tgl. 8–17 Uhr, Eintritt ¥8.

In entgegengesetzter Richtung vom Kreisverkehr liegt ungefähr 1 km südwestlich an der Jianye Lu der ehemalige Ming-Palast **Chaotian Gong**, in dem heute das **Städtische Museum** untergebracht ist. Der große Platz mit dem Palast wird auf der einen Seite von einer hohen, zinnoberroten Mauer, auf der anderen von einem Torweg mit wachenden Tigerskulpturen begrenzt und ist vermutlich die Stätte der antiken Ye Cheng (Gießereistadt), die im 5. Jahrhundert v. Chr. errichtet wurde. Während der Han-Dynastie kamen auf dem Platz auch Bauern zusammen, um dem Himmel zu opfern oder um eine fruchtbare Ernte zu bitten. Der Palast wurde erst 1384 unter der Ming-Dynastie erbaut und von Adligen zum Zwecke der Ahnenverehrung, aber auch vom Kaiser für Audienzen genutzt – deshalb der Name Chaotian, „Verehrung des Himmels“. In späteren Jahren erhielt der Palast eine neue Funktion als Lehrstätte und Konfuziustempel, bevor er schließlich zu einem kleinen Museum mit einigen herausragenden Bronzen umgestaltet wurde. Auf dem Palastplatz können Besucher einer Darbietung **Ming-zeitlichen Hofzeremoniells** (tgl. 11.15–12.15 Uhr) beiwohnen und dabei Höflinge, Eunuchen, Wachen und Tänzerinnen vor dem kaiserlichen Tor bestaunen. Anfahrt mit dem Bus Nr. 4 vom Fuzi Miao. ⌚ tgl. 8–17 Uhr, Eintritt ¥15 inkl. Hofzeremoniell.

Fuzi Miao

Weitere 2 km südlich von Xinjiekou erstreckt sich in der Nähe der Endhaltestelle der Buslinie Nr. 1 das Gebiet des Fuzi Miao (Tempel des Konfuzius), das südlich der Jiankang Lu am Ende der Taiping Lu beginnt und von lärmenden Straßenverkäufern, kleinen Geschäften, **Passagen** und Restaurants geprägt ist. An heißen Tagen gibt es kaum etwas Erfrischenderes, als an einem der Straßenstände ein Glas *lüdou shatou* zu trinken, ein Getränk aus grünen Bohnen mit geraspeltem Eis (¥3).

Der **Tempel des Konfuzius** selbst, der innen wie ein konfuzianischer Disney-Themenpark wirkt, verdient wenig Beachtung, schön ist hingegen der Uferbereich, wo der Tang-Dichter Liu Yuxi sein berühmtestes Gedicht „Die Wuyi-Gasse“ verfasste und und man auf Booten (¥10) nach Süden bis zum Zhonghua Men fahren kann. Über-

JIANGSU UND ZHEJIANG

Der Taiping-Aufstand Die Schwäche der Qing-Dynastie führte Mitte des 19. Jahrhunderts u.a. zum beispiellosen Taiping-Aufstand, durch den Millionen Menschen niedergemetzelt wurden und der als gewaltigster Bürgerkrieg der Weltgeschichte beschrieben wurde. Anführer der Taiping-Rebellen war **Hong Xiuquan**, ein gescheiterter Beamtenkandidat und evangelischer Christ, der sich als jüngerer Bruder von Jesus Christus ausgab. 1851 scharte er im Dorf **Jintian** bei Guiping in der Provinz Guangxi 20 000 bewaffnete Anhänger um sich und rief **Taiping Tianguo**, das Königreich des Himmlischen Friedens aus. Seine Milizen vertrieben die mandschurischen Streitkräfte, und schon im folgenden Jahr stürmten sie durch die Provinz Hunan nach Zentral-China. 1853 eroberten sie **Nanjing**, doch obwohl das „Königreich" noch weitere elf Jahre Bestand hatte, war dies der letzte große Erfolg dieser Bewegung. Expeditionen, die zur Eroberung Beijings und Niederwerfung Westchinas ausgesandt wurden, scheiterten aufgrund mangelhafter Planungen, und Hongs Führung, die ursprünglich auf die Verleihung der Bürgerrechte für die Bauernschaft und die Ausmerzung von Opium, Alkohol und sexueller Diskriminierung ausgerichtet war, schlug in Wahnsinn und Fanatismus um. Nach erbitterten Kämpfen konnten die **Streitkräfte der Qing-Dynastie** die Taiping-Rebellen schließlich besiegen, nicht zuletzt dank der Unterstützung westlicher Regierungen, vornehmlich in der Person von Queen Victorias persönlichem Günstling, Charles „Chinese" Gordon.

Trotz des letztendlich verheerenden Misserfolgs der Rebellion und ihrer offen christlichen Botschaft wird die gesamte Bewegung als Vorbote des aufkommenden Kommunismus in China gewertet, denn in ihrer fanatischen Ablehnung des Konfuzianismus und im unvorstellbaren Schaden, den sie Bauwerken und Stätten von historischem Wert zufügte, ähnelt sie in bemerkenswerter Weise Mao Zedongs Kulturrevolution.

quert man den Kanal vor dem Tempel und läuft ein Stück in südwestlicher Richtung, gelangt man zum kleinen Park **Bailuzhou** (Insel der Seidenreiher). Diese Gegend blieb auch nach der Ankunft der Mandschus im 17. Jahrhundert als chinesisches Viertel erhalten und birgt noch zahlreiche traditionelle Häuser.

Nur zehn Minuten Fußmarsch westlich des Konfuzius-Tempels steht direkt an der kleinen Zhanyuan Lu und nur wenig östlich der Zhonghua Lu das **Museum zur Geschichte des Königreichs des Himmlischen Friedens**, das in der ehemaligen Residenz des Ming-Prinzen Xu Da untergebracht ist und einen Besuch lohnt. An Hand von Bildern und Gegenständen dokumentiert das Museum die traurige und faszinierende Geschichte des Taiping-Aufstands (s.S. 100 und Kasten), der zur der Eroberung von Nanjing durch Rebellen führte, welche die Stadt von 1853 bis 1864 kontrollierten. Das Gebäude selbst war während des Aufstands die Residenz eines der Rebellengeneräle. ⏲ tgl. 7–17 Uhr, Eintritt ¥10.

Xuanwu-Hu-Park

Nördlich des Zentrums erstreckt sich östlich der Zhongyang Lu und südlich des Bahnhofs der ausgedehnte Xuanwu-Hu-Park. Um den riesigen Xuanwu Hu (Schwarzer-Drachen-See) erheben sich an drei Seiten niedrige Hügel, das westliche Seeufer wird von der alten Stadtmauer gesäumt. Früher diente er der kaiserlichen Familie als Ort der Erholung und war auch Schauplatz einer Flotteninspektion durch den Song-Kaiser Xiaowu, bevor er 1911 zu einem Park umgestaltet wurde. Heute lädt er zu schönen Spaziergängen ein und ist an Wochenenden ein gern besuchter Ort zum Ausspannen. Im 5 km langen See gibt es fünf kleine, durch Dämme und Brücken miteinander verbundene **Inseln** mit Restaurants, Teehäusern, Pavillons, Ruder- und Paddelbooten, Badeplätzen, einem Freilichttheater und einem Zoo. Die malerischste Insel ist **Yingzhou**, die von einem weiten Teppich aus Seerosenblättern und von bizarren Bäumen umgeben ist, deren Stämme wie Korkenzieher aussehen. Am südlichen Ende des Parks sind einige der am besten erhaltenen Abschnitte der Stadtmauer zu bewundern. Eintrittskarten hierfür gibt es an einem Schalter an der Jiwusi Lu (⏲ tgl. 6.30–19 Uhr, Eintritt ¥5), am östlichen Ende kann die Mauer jedoch ohne Eintrittsgebühren bestiegen werden. Am günstigsten gelegener Parkeingang ist das Xuanwu-Tor an der Zhongyang Lu, ca. 1 km nördlich des Gulou (Bus Nr. 1). ◷ tgl. 5–21 Uhr, Eintritt ¥15.

Am Yangzi

Der Nordwesten der Stadt in der Nähe des Yangzi bietet einige kleinere Sehenswüdigkeiten. In Nachbarschaft des Westbahnhofs befindet sich im Jinghai Si das **Museum des Vertrags von Nanjing**; zu erreichen über eine schmale Gasse, die von der Rehe Lu direkt gegegenüber der Longjiang Lu abzweigt. In diesem Tempel handelten die Briten mit den Chinesen nach dem Ersten Opiumkrieg im Jahre 1843 den ersten von zahlreichen ungerechten Verträgen aus (der Vertrag wurde später auf einem britischen Marineschiff im Hafen von Nanjing unterzeichnet). Leider wird die detaillierte Ausstellung über die angespannten sino-britischen Beziehungen im 19. und 20. Jahrhundert nur auf Chinesisch erläutert, doch alleine schon das Tempelgelände lädt zu einem interessanten Rundgang ein. Der ursprüngliche Tempel wurde in der Ming-Dynastie im 14. Jahrhundert unter Kaiser Chengzu gebaut, um den heldenhaften Seefahrer Zhenghe zu ehren, der die chinesische Flotte auf Entdeckungsfahrten bis zum Persischen Golf und zur ostafrikanischen Küste führte. ◷ tgl. 8–16 Uhr, Eintritt ¥4.

Die Umgebung des Jinghai Si, des **Westbahnhofs** (Bus Nr. 16 von Gulou und Xinjiekou) und des gleich hinter der Stadtmauer gelegenen Hafens lädt zu einem kurzweiligen Bummel durch alte, zunehmend verfallende Gassen und über streng riechende Fischmärkte ein. An der Kreuzung der Rehe Lu und Zhongshan Bei Lu steht der steinerne Koloss des **Dujiang Jinianbei** (Denkmal zur Erinnerung an die Flussüberquerung) und erinnert an die Überquerung des Yangzi von Norden und die anschließende Einnahme von Nanjing durch die Kommunisten im Jahre 1949.

Einmal hier, sollte man unbedingt einen Blick auf die 1,5 km lange, zweigeschossige **Yangzi-Brücke** werfen, die noch heute alle Chinesen mit Stolz erfüllt, denn sie entstand aus eigener Kraft, nachdem die Russen 1960 ihre Berater und Gerätschaften abgezogen hatten. Vor dem Bau der Brücke dauerte es anderthalb Stunden, um Züge und Straßenfahrzeuge mit Fähren über den Fluss zu bringen. Großartige Blicke auf das enorme Bauwerk eröffnen sich vom **Da Qiao Gongyuan** (Große-Brücke-Park) am Ostufer des Flusses. Ein Fahrstuhl (¥4) befördert Besucher zu einer erhöhten Plattform über die obere (Straßen-) Ebene der Brücke. Anfahrt vom Zhongyang Men oder Gulou mit dem Bus Nr. 15.

Westlich des Zentrums

Verschiedene kleinere Sehenswürdigkeiten sowie eine größere Attraktion befinden sich im Westen und Südwesten der Stadt. Zwischen der Caochangmen Dajie und der Hanzhong Lu erhebt sich eine mächtige Bastion aus Stadtmauertürmen hoch über den schmalen Fluss Qinhuai. Es handelt sich um Teile der ursprünglichen, rund 2000 Jahre alten Stadtmauer. Obwohl kontinuierlich verstärkt und schließlich in die Ming-Abwehranlagen integriert, ist die z.T. aus rotem Gestein bestehende Originalstruktur in einem 300 m langen Mauerabschnitt noch klar zu erkennen. Der Bus Nr. 18, der außerhalb der Mauer zwischen Xinjiekou und dem Westbahnhof verkehrt, fährt an diesem Abschnitt vorbei. Innerhalb der Mauern gibt es etliche kleine Parks, die besonders am Wochenende von Einheimischen bevölkert werden. Der vielleicht schönste davon ist der im Süden gelegene, winzige **Wulong-Park**, in dem sich oft ältere Musiker treffen, um Opern zu singen und auf traditionellen Instrumenten zu musizieren. ◷ tgl. 7–17.30, Eintritt ¥2.

Weiter südlich liegt jenseits des Qinhuai der Eingang zum **Mochou-Hu-Park**, dessen recht hohe Eintrittspreise nur an den relativ besucherschwachen Wochentagen das Geld wert sind. An Wochenenden wird er von Horden lärmender Schulkinder heimgesucht. Eine Freilichtbühne ragt in den See, dahinter steht ein stattliches Teehaus. Zu den Pavillons und Wandelgängen gehört der **Rechteckige Pavillon** mit einer Statue der legendären Jungfrau Mochou, die dem See seinen Namen gab: *mochou* bedeutet „sorgenfrei". Sie erhielt diesen Namen, weil ihr süßer Gesang angeblich alle Unglückseligkeit lindern konnte. Im benachbarten **Turm der Gewonnenen Schachpartie** spielte der Ming-Kaiser Zhu Yuanzhang einst eine wichtige Partie Schach gegen seinen ersten General. ◷ tgl. 6.30–24 Uhr, Eintritt ¥12.

Westlich des Parks befindet sich eine der bedeutendsten Sehenswürdigkeiten der Stadt: das

Denkmal für die Opfer des Massakers von Nanjing. Auf dem düsteren Kiesgelände gibt es eine bedrückende Zusammenstellung von Schädeln und Knochen der Opfer zu sehen, die halb begraben in der Erde liegen, daneben eine eingehende (auch in Englisch zu lesende) Schilderung der unvorstellbaren Leiden, die den Chinesen von der japanischen Armee im Zweiten Weltkrieg zugefügt wurden. Im letzten Ausstellungsraum sind Kondolenzbriefe von japanischen Schulkindern ausgestellt. ⌚ tgl. 8.30–16 Uhr, Eintritt ¥10.

Nanjings Stadtmauer Schon vor 2500 Jahren war Nanjing von einer Stadtmauer umgeben, und Reste der originalen Mauer aus rotem Gestein sind noch heute in der „Steinstadt" im Westen des Stadtgebietes zu sehen. Die gegenwärtige Stadtmauer aber geht in erster Linie auf den ersten Ming-Kaiser zurück, der ältere Mauerabschnitte zwischen 1369 und 1373 ausweiten und verstärken ließ.

Seine aus Backstein gebaute Mauer war über 32 km lang und folgte den landschaftlichen Gegebenheiten: Im Norden säumte sie den Xuanwu Hu, im Osten schmiegte sie sich an den Xijin Shan, und im Westen und Süden folgte sie dem Lauf des Flusses Qinhuai, der dadurch eine zweite Funktion als schützender Wassergraben erhielt. Die Kosten für die Mauer wurden vorwiegend von reichen Familien bestritten, die vom Kaiser nach Nanjing umgesiedelt wurden; ein einziger Einwohner aus Wuxiang in der Provinz Zhejiang „spendete" ein Drittel der Gesamtkosten. Für den Mauerbau wurden 200 000 Arbeiter zwangsweise verpflichtet, die dafür zu sorgen hatten, dass alle Backsteine dieselbe Größe und Ausführung hatten und dass jeder gelieferte Stein die Namen der verantwortlichen Handwerker und Aufseher trug.

Die Backsteine wurden zu einer durchschnittlichen Höhe von 12 m und einer Dicke von 7 m aufgeschichtet und durch eine Mischung aus Kalk und klebriger Reispaste verfestigt.

Südlich des Zentrums

Imposante Befestigungsanlagen lassen sich auch am **Zhonghua Men** im äußersten Süden bestaunen. Das mächtige, seiner einstigen Mauerverlängerungen beraubte Stadttor nimmt heute einen Platz auf einer Verkehrsinsel kurz hinter dem Flussgraben an der Route der Buslinie Nr. 16 zwischen Xinjiekou und Gulou ein. Tatsächlich besteht es aus vier sich umschließenden Torgebäuden, in denen im Falle eines Angriffs 3000 Soldaten zur Verteidigung zusammengezogen werden konnten, was dieses Bauwerk zu einem der größten seiner Art in ganz China macht. Jenseits des zentralen Torbogens können Besucher heute zwei Ebenen nach oben steigen und einen beeindruckenden Ausblick auf die Tore und die sich dahinter ausdehnende Stadt genießen.

Zwischen dem Zhonghua Men und dem südlich gelegenen Yuhuatai-Park erstreckt sich ein reizvoller Straßenabschnitt, der von zweigeschossigen, im Erdgeschoss mit Läden und Werkstätten eingerichteten Häusern mit Holzfassaden und Balkonen gesäumt wird. Die „Allzweck"-Bäume auf den Bürgersteigen spenden Schatten und bieten genügend Platz, um Vogelkäfige, Topfpflanzen und Wäsche aufzuhängen. Kurz hinter der Bahntrasse erreicht die Straße einen kleinen Hügel, den heute der als **Yuhuatai** (Blütenregenterrasse) bekannter Park einnimmt. Der Legende nach predigte ein buddhistischer Mönch dort im 5. Jahrhundert in so bewegender Weise, dass vom Himmel Blüten auf ihn herabregneten. Noch heute stöbern chinesische Touristen im Boden nach vielfarbigen Kieselsteinen, den so genannten „Blütenregensteinen" *(yuhuashi)*, die mit jener Legende verknüpft werden. Leider aber ruft der Hügel auch weniger romantische Erinnerungen wach: Nach 1927 diente er der Guomindang als Exekutionsstätte – zahllose Opfer sollen hier skrupellos ermordet worden sein. Heute steht an dieser Stätte das **Märtyrerdenkmal**, eine kolossale Komposition aus neun 30 m hohen Figuren, die durchaus als Paradebeispiel für die Gigantomanie des chinesischen sozialistischen Realismus betrachtet werden kann. Der hübsche Park selbst erstreckt sich an einem dicht von Kiefern bewachsenen Hang und ist ein beliebtes Ziel von Einheimischen, die ihren Käfigvögeln in der kühlen Frische des Morgens ein wenig Luft gönnen, während sie selbst unter den Bäumen sitzen und Karten spielen. Der Aufstieg zur vierstöckigen Pagode auf dem kleinen Hügel hinter dem Denkmal belohnt trotz der Dunstglocke, die stets über der Stadt hängt, mit beeindruckenden Ausblicken auf das sich im Norden ausdehnende Nanjing. ◷ tgl. 6–18.45 Uhr, Eintritt ¥8.

Östlich des Zentrums

Rund 3 km östlich von Xinjiekou steht an der Zhongshan Dong Lu das herausragende **Nanjing-Museum**, das nicht zuletzt hinsichtlich der guten Erläuterungen (nahezu alle Exponate sind auch auf Englisch beschriftet) zu Chinas besten Provinzmuseen gehört. Zu den besonders sehenswerten Stücken der Sammlung gehören einige seidenbestickte Sänften und mehrere schwere Bronzen, die z.T. bis auf die Westliche Zhou-Dynastie (1100–771 v. Chr.) zurückgehen. Äußerst interessant sind außerdem die Abteilungen für Jade- und Lackwaren sowie Modelle von Handelsschiffen aus der Provinz Fujian. Anfahrt mit den Bussen Nr. 5 und Nr. 9 von Xinjiekou oder Bus Nr. 20 von Gulou. ◷ tgl. 9–16.45 Uhr, Eintritt ¥20.

Ein kurzer Fußmarsch Richtung Osten führt zum **Zhongshan Men**, dem östlichsten Tor der alten Stadtmauer. Man kann die Mauer hier besteigen und begleitet von schönen Ausblicken in beide Richtungen ein Stück Richtung Norden bis zum kleinen See Qian Hu entlanggehen. Am frühen Morgen erklimmen zahlreiche ältere Bewohner Nanjings diesen Mauerabschnitt, um ihre täglichen gymnastischen Übungen zu verrichten.

Zijin Shan

Nicht weit außerhalb des Zhongshan Men erhebt sich der Zijin Shan (Purpurgoldberg), der nach den Farben seines Gesteins benannt ist. Seit jeher ist diese kühle und schattige Gegend der bevorzugte Ort, um der Backofenhitze des sommerlichen Nanjing zu entfliehen und den Duft wohlriechender Wälder sowie grasbestandene Grünflächen zu genießen. Heute befinden sich dort drei der meistbesuchten Sehenswürdigkeiten Nanjings. Herzstück des Gebiets ist das zentral in den Hügeln gelegene **Zhongshan Ling**, das prachtvolle Mausoleum der ersten Präsidenten Chinas, Sun Yatsen. Östlich des Zhongshan Ling befindet sich der Tempelkomplex des **Linggu Si**, und im Westen steht das antike **Ming Xiaoling**, das Grabmal des ersten Ming-Kaisers Hongwu, der China von Nanjing aus regierte. Der Besuch dieser drei Stätten füllt leicht einen ganzen Tag aus, lässt sich aber dank guter Transportverbindungen leicht bewältigen. Zahlreiche private **Minibusse** verkehren via Zhongshan Dong Lu zum Zijin Shan; Ziel der meisten ist das Zhongshan Ling (¥3), manche fahren jedoch auch bis zu den beiden anderen Stätten. Bus Nr. 9 fährt von Xinjiekou via Linggu Si zum Zhongshan Ling, Bus Nr. 20 von Gulou zum Ming Xiaoling. Etliche Minibusse und andere privat betriebene Fahrzeuge warten zudem am Bahnhofsplatz auf Fahrgäste. Um alle drei Anlagen zu besichtigen, ist es am sinnvollsten, am Morgen mit dem Bus entweder zum Ming Xiaoling oder zum Linggu Si zu fahren und von dort zu Fuß weiterzulaufen – so vermeidet man doppelte Wege. Reisebüros und die gehobenen Hotels der Stadt bieten auch halbtägige **Bustouren** an.

Wer einen Blick aus der Höhe auf den Berg werfen möchte, kann ca. 1 km östlich des Taiping Men (dem Tor im Südens Xuanwu-Hu-Parks) mit einer **Seilbahn** zum Gipfel fahren (einfach ¥25, hin und zurück ¥40).

Linggu Si

An der Ostflanke des Berges, und damit am weitesten von der Stadt entfernt, liegt der Linggu Si (Tempel des Tals der Geister), die vielleicht unspektakulärste Anlage am Zijin Shan. Die Busse fahren bis vor die Haupthalle, die den Namen **Wu Liang Dian** (Balkenlose Halle) trägt. Die 1381 vollendete und weitgehend restaurierte Halle ist ungewöhnlich groß und für das sich selbst tragende Bogengewölbe aus Ziegelwerk berühmt, das auf fünf Säulen ruht und ohne Stützbalken auskommt. Früher wurden in ihr die buddhistischen Sutren aufbewahrt, später funktionierten Taiping-Rebellen sie in eine Festungsanlage um, und heute dient sie als Ausstellungshalle.

Zu Fuß nur wenige Minuten östlich der Balkenlosen Halle erreicht man den ebenfalls umfassend restaurierten Linggu Si selbst, der ursprünglich wesentlich größer war, aber noch heute von Mönchen in gelben Gewändern aktiv betrieben wird. Nördlich der Halle steht ein kleiner Pavillon, der von schönen Zypressen und Kiefern umgeben ist, noch weiter nördlich ragt die achteckige, neunstöckige Pagode **Linggu Ta** 60 m in die Höhe. Merkwürdigerweise wurde sie in den 30er Jahren als Gedenkstätte für Guomindang-Mitglieder errichtet, die zwischen 1926 und 1927 im Kampf gegen die aufständischen Kommunisten ums Leben kamen. Ein Aufstieg belohnt mit herrlichen Ausblicken auf die umliegende Landschaft.

Zwischen dem Linggu Si und dem Zhongshan Ling pendelt ein Bus (¥1), die beiden Anlagen sind jedoch auch durch einen hübschen, relativ gut markierten Waldpfad miteinander verbunden (vom Linggu Si Richtung Nordwesten). Unterwegs gibt es das eine oder andere Gebäude zu entdecken, darunter die **Buddhistische Bibliothek** *(Zanjinglou)*, die heute das recht fade **Sun-Yatsen-Museum** beherbergt – eine Sammlung von Bildern mit ausschließlich chinesischen Erklärungen. ◷ tgl. 8–17 Uhr, Eintritt ¥15 für die gesamte Anlage.

Zhongshan Ling

Dr. Sun Yatsen, erster Präsident des nachkaiserlichen Chinas und einziger Nationalheld, der auf beiden Seiten der Taiwan-Straße verehrt wird, erfährt im Zuge der Suche Chinas nach einer postkommunistischen Zukunft und der sich allmählich verbessernden Beziehungen zu Taiwan zunehmend politische Würdigung. Die unglaubliche Anziehungskraft des Zhongshan Ling, des Mausoleums des ehemaligen Staatsführers, belegt dies auf beeindruckende Weise. Die Anlage mit ihrer berühmten Treppenflucht aus Marmor, die eine grüne Anhöhe hinaufführt, rangiert unter den beliebtesten Pilgerzielen chinesischer Touristen, und der Gang die Stufen hinauf gehört zum Pflichtprogramm bei einem Besuch Nanjings (für ¥50 kann man sich auch in einer Sänfte nach oben tragen lassen, und sei es nur um den Blick zurück über die Steintreppe und die dunstverhangenen Hügel im Süden zu werfen.

Das Mausoleum, ein imposantes Bauwerk aus weißem Granit und dunkelblauen Keramikdachziegeln (die Farben der Nationalisten), das sich effektvoll vom Dunkelgrün der umgebenden Kiefern abhebt, wurde 1929, d.h. vier Jahre nach Sun Yatsens Tod fertig gestellt. Von einer großen Bronzestatue am Fuß der Treppe führen 392 Marmorstufen hinauf zur Gedenkhalle, die von einer 5 m hohen Marmorstatue des großen Politikers dominiert wird. Hinter der Statue befindet sich die Grabkammer mit einem weiteren Marmorbildnis auf dem steinernen Sarg, aus dem die sterblichen Überreste unbestätigten Gerüchten zufolge entnommen wurden, als die Guomindang-Führung 1949 nach Taiwan floh. Über dem Eingang zur Grabkammer sind die politischen Ideale der Guomindang in vergoldeten Schriftzeichen in schwarzen Marmor gemeißelt: Nationalismus, Demokratie und soziale Gerechtigkeit. ◷ tgl. 6.30–18.30 Uhr, Eintritt ¥25, Taschen müssen deponiert werden.

Ming Xiaoling

Vom Zhongshan Ling ist es ein 35-minütiger Fußmarsch entlang der Straße Richtung Westen bis zum Ming Xiaoling, der Grabstätte von Zhu Yuanzhang, dem Gründer der Ming-Dynastie und einzigen der vierzehn Ming-Kaiser, der in Nanjing beigesetzt wurde (die Grabanlagen seiner dreizehn Nachfolger befinden sich ausnahmslos bei Beijing). Der notwendige Erdaushub und die Errichtung der Steinmauern waren so aufwendig, dass 100 000 Soldaten und Zwangsarbeiter das Grabmal erst im Jahre 1383 nach zweijähriger Arbeit fertig stellen konnten. Ursprünglich war die Anlage wesentlich größer als die Ming-Gräber bei Beijing, doch ihre Hallen und Pavillons sowie die 22 km lange, zinnoberrote Umfassungsmauer wurden von den Taiping-Rebellen zum großen Teil zerstört. Erhalten ist noch ein umfriedeter Bereich mit ein paar prachtvollen Bäumen, einigen Steinbrücken und halb verfallenen Toren, die zu einem einsamen bewaldeten Hügel im hinteren Teil der Anlage führen, unter dem sich die (noch ungeöffnete) Grabkammer des Kaisers und seiner Frau befindet. Mit ihnen sollen 50 Höflinge und Hofdamen lebendig begraben worden sein, um ihren Herrschaften Gesellschaft zu leisten. ◷ tgl. 8–17.30 Uhr, Eintritt ¥15.

Das Ming Xiaoling umfasst zwei Bereiche: einmal das Grab selbst und daneben den **Seelenweg** (Shendao), der allgemein **Shixiang Lu** (Straße der Steinstatuen) genannt wird und schräg auf das Grab zuläuft, um böse Geister abzuwehren, die sich nur in direkter, gerader Linie bewegen können. Eine merkwürdige und magische Atmosphäre umgibt den Weg, der an zwölf steinernen Tierpaaren, darunter Löwen, Elefanten und Kamele, gefolgt von vier Beamtenpaaren vorbeiführt. Jede dieser Statuen ist aus einem einzigen Steinblock gemeißelt.

Die Tierskulpturen stehen auf einem zentralen, zu beiden Seiten vom Zugangsweg flankierten Grasstreifen, während die Beamten etwas weiter entfernt unter Bäumen gruppiert sind. Die meisten Besucher besichtigen zuerst die Grabanlage, da die Straße vom Zhongshan Ling direkt bis vor den Eingang der Grabstätte führt. Läuft man von dort (mit dem Grabmal im Rücken) die Straße nach rechts und folgt der Linkskurve, erreicht man nach 15 Min. den Seelenweg. ⌚ tgl. 8–18.30 Uhr, Eintritt ¥10.

Neben dem Ming Xiaoling befindet sich der Eingang zum **Zixia Hu**, einem kleinen See, dessen bewaldete Umgebung das ganze Jahr über zu schönen Spaziergängen einlädt. Im Sommer kann man im See baden, allerdings ist er an Wochenenden hoffnungslos mit Ausflüglern aus Nanjing überlaufen, die hier der Hitze der Stadt entkommen wollen. ⌚ tgl. 7–18 Uhr, Eintritt ¥10.

Eine weitere Sehenswürdigkeit ist das ca. 2 km nördlich des Ming Xiaoling angesiedelte **Zijin-Shan-Observatorium**, das 1929 hoch auf einem der drei Gipfel eingerichtet wurde, die den Taiping einst als Bastion dienten. Oben lassen sich frische Bergluft und schöne Ausblicke auf Nanjing genießen. Mitunter fahren Minibusse zum Gipfel hinauf. Eintritt ¥10.

Qixia Si

In der bewaldeten Hügellandschaft nordöstlich von Nanjing steht einsam der im 5. Jahrhundert von dem Mönch Shao Shezhai errichtete **Qixia Si** (Tempel, an dem die Wolken verweilen), der heute eines der größten buddhistischen Seminare Chinas ist. Die vordere der beiden Haupthallen beherbergt die Statue eines sitzenden Maitreya-Buddhas sowie, an zwei Wänden, fliegende Apsaras. Im Zentrum der zweiten Tempelhalle steht eine Statue des Buddhas Vairocana. Gleich hinter dem Tempel erstreckt sich der **Qian Fo Yan** (Tausend-Buddha-Felsen) mit 515 in den Fels gemeißelten Skulpturen. Viele Buddhaköpfe fielen der Kulturrevolution zum Opfer und sind daher nicht mehr erhalten, diejenigen jedoch, die den Verwüstungen entgingen, zeigen eine bunte Vielfalt unterschiedlicher Gesichtsausdrücke. Manche Reliefs gehen auf die Südliche Qi-Dynastie des 5. Jahrhunderts zurück, die meisten stammen jedoch aus der Tang- und Song-Dynastie. In dem reich mit Pavillons bestückten Wald dahinter lassen sich ausgedehnte Spaziergänge unternehmen. Anfahrt mit einem der Busse oder Minibusse vom Bahnhofsplatz (Qixia ist in chinesischen Schriftzeichen als Ziel vorne im Bus angegeben), 45 Min. ⌚ tgl. 7–17.30 Uhr, Eintritt ¥10.

Übernachtung

Nanjings Hotels sind fast ausnahmslos teuer und unterscheiden sich kaum in Ausstattung oder Preis. Außerhalb der Sommermonate lässt sich meist ein Nachlass von 10–20% auf die Zimmerpreise aushandeln. Die einzigen Optionen für preiswerte Unterkünfte sind die beiden Universitäten, die ausländische Studenten aufnehmen.

HOTELS – ***Central,*** Luxus, 75 Zhongshan Lu, westliche Seite, ☎ 4733888, 📠 4733999. Eine der luxuriösesten Adressen der Stadt. Erst kürzlich renoviert. Zu Fuß nur 5 Min. nördlich von Xinjiekou.

Daqiao**, 255 Jianning Lu, Ecke Daqiao Nan Lu, ☎ 8801544, 📠 8809255. Freundliches Haus, nur 1 km vom Fähranleger entfernt. Anfahrt vom Bahnhof oder vom Zhongyang Men mit dem Bus Nr. 10.

Future Inn,*** 34 Guanjia Qiao, eine Straße westlich der Zhongshan Lu, direkt neben dem *Central*, ☎ 4700999, 📠 4700123. Recht neu und exzellent gelegen, vorzüglicher Service, saubere Zimmer, mehrere ausgezeichnete Restaurants in der Nähe.

Heyuan**, 305 Taiping Nan Lu, auf halber Höhe zwischen Fuzi Miao und Xinjiekou, ☎ 4405561, 📠 4417848. Angenehm und ruhig.

Hongqiao,*** 202 Zhongshan Bei Lu, unmittelbar nördlich der Xinmofan Malu, ☎ 3400888, 📠 663 5756. Gemütliches Hotel mit sehr komfortablen, sauberen Zimmern. Anfahrt vom Bahnhof mit dem Bus Nr. 13.

Jinling, Luxus, Hanzhong Lu, ☎ 4711999, 📠 471 1666. Nur wenige Schritte westlich von Xinjiekou. Eines der besten Hotels der Stadt. Satelliten-TV, Fitnesszentrum, Swimmingpool, Geschäfte und mehrere Restaurants.

Longpan**, 250 Longpan Lu, neben dem Stadtbus-Bahnhof, zu Fuß 5 Min. westlich des Bahnhofs. Keine englische Ausschilderung. Man erwartet eigentlich nicht, dass dieses Haus

Ausländer aufnimmt, doch man irrt. Annehmbare, wenngleich etwas abgewohnte Zimmer zu akzeptablen Preisen. Zur Zeit der Recherche wurde renoviert.

Mandarin Garden**, 9 Zhuang Yuan Jing, ✆ 2202555, ℻ 2201876. Stilvolle Unterkunft mit mehreren Hundert Zimmern und allen erdenklichen Luxuseinrichtungen. Ausgezeichnete Lage mitten im Herzen des lebendigen Fuzi Miao in einer schmalen Gasse am südlichen Ende der Taiping Lu.

Nanjing*, 259 Zhongshan Bei Lu, ✆ 3411888. Etwas altmodisches, jedoch würdevolles Haus mit großem abgetrenntem Garten direkt gegenüber vom *Hongqiao.*

Sheraton Kingsley, Luxus, 185 Hanzhong Lu, zwei Straßen westlich des Kreisverkehrs Xinjiekou, ✆ 6509478, ℻ 6519990. So vornehm und luxuriös wie alle Schwesterhotels weltweit. DZ ab ¥1600.

Shuangmenlou, 185 Huju Bei Lu, nahe der Zhongshan Bei Lu, ✆ 8805961–280, ℻ 8801421. Keine schlechte Adresse. Bietet einige der preiswertesten Zimmer von ganz Nanjing im bislang unrenovierten alten Flügel. Umgeben von einem großen Garten.

Xihuamen, Zhongshan Dong Lu, südliche Seite, ✆ 4596221–2888. Nur wenig westlich eines schmalen Kanals, ungefähr 2 km östlich vom Kreisverkehr Xinjiekou. Recht hübsch, inmitten von Gärten gelegen, sehr ordentliche und trotzdem relativ preiswerte Zimmer.

Xinli, Jianning Lu, ✆ 5504688–281. Unmittelbar nördlich des Busbahnhofs Zhongyang Men. Jüngst renovierte, saubere und luftige Zimmer.

Xuanwu**, 193 Zhongyang Lu, etwas nördlich der Hunan Lu, ✆ 3358888, ℻ 3366777. Stattliches Haus mit schönen Ausblicken auf den Xuanwu-Hu-Park. Erhebt den Anspruch, ein Luxushotel zu sein, und ist gar nicht so weit davon entfernt.

Zhongshan*, 200 Zhongshan Lu, Ecke Zhujiang Lu, ✆ 3361888–0008, ℻ 3377228. Sehr zentral zwischen Gulou und Xinjiekou gelegen. Geräumige, elegant eingerichtete Zimmer. Auf dem Gelände gibt es eine Disco und ein Fluglinienbüro.

UNIVERSITÄTSZIMMER – *Nanjing Normal University (Nanshan Hotel)**, Ninghai Lu, abseits der Guangzhou Lu, ✆ 3716440, ℻ 3738174. Von der Beijing Lu (zu erreichen mit Bus Nr. 13 vom Bahnhof) entlang der Shanghai Lu laufen, dann nach Westen in eine der schmalen Seitengassen zur Ninghai Lu abbiegen. Ein imposantes Tor markiert den Eingang zum Universitätscampus. Geradeaus erreicht man ein grasbewachsenes Oval, von dem der Weg nach links einen Hang hinaufführt – das *Nanshan* steht oben auf dem Hang. Sehr angenehme Unterkunft, doch vor allem in den Sommermonaten voll, eine Reservierung ist ratsam (man spricht Englisch).

Nanjing University Foreign Students' Residence*–, Shanghai Lu, ✆ 3593589, ℻ 3594699. Vom Bahnhof mit dem Bus Nr. 13 zur Beijing Lu fahren, von dort noch ein Stück nach Süden laufen, bis man auf der linken Seite das hoch aufragende Gebäude sieht, das durch eine schmale Gasse zu erreichen ist. Ausgezeichnete DZ z.T. mit Bad.

Essen

Nanjing besitzt eine große Auswahl an **Restaurants**, die lokale und regionale sowie ausländische Gerichte anbieten, und das oftmals zu günstigeren Preisen als im nahen Shanghai. Insbesondere lohnend ist die **Jiangsu-Küche**, deren Spezialität *yanshui ya* (gesalzene Ente) längst landesweite Berühmtheit erlangt hat. Die ausgenommene, gesalzene Ente wird hierfür in in Salzlake getränkt und anschließend gebacken, wobei die Haut eine cremefarbene Kruste haben und das Fleisch rot und zart sein sollte. Andere durchaus probierenswerte Gerichte der einheimischen Küche sind *majiang yaopian* (Schweineinnereien), *jiwei xia* (ein Süßwassersee-Krustentier, das entfernt an einen Hummer erinnert, aber – die Einheimischen schwören darauf – wesentlich besser schmeckt) und *paxiang jiao* (eine Gemüseart, die Bananenblättern ähnelt). Die besten Gegenden für eine kulinarische Entdeckungsreise in die Küche Jiangsus liegen nördlich von Gulou an der Zhongyang Lu und nordwestlich an der Zhongshan Bei Lu.

Dank zahlreicher Auslandsstudenten und einer wachsenden Zahl ausländischer sowie weltoffener einheimischer Geschäftsleute besitzt

Nanjing: Übernachtng, Essen und Unterhaltung

Übernachtung

Central	中心大酒店	*zhōngxīn dàjiǔdiàn*
Daqiao	大桥饭店	*dàqiáo fàndiàn*
Future Inn	明日大酒店	*míngrì dàjiǔdiàn*
Heyuan	和园饭店	*héyuán fàndiàn*
Hongqiao	虹桥饭店	*hóngqiáo fàndiàn*
Jinling	金陵饭店	*jīnlíng fàndiàn*
Longpan	龙蟠大厦	*lóngpán dàshà*
Mandarin Garden	状元大酒店	*zhuàngyuán dàjiǔdiàn*
Nanjing	南京饭店	*nánjīng fàndiàn*
Nanjing University Foreign Students' Residence	南京大学外国留学生宿舍	*nánjīng dàxué wàiguóliúxuéshēng sùshè*
Normal University (Nanshan Hotel)	师范大学南山宾馆	*shīfàn dàxué nánshān bīnguǎn*
Shuangmenlou	双门楼宾馆	*shuāngménlóu bīnguǎn*
Xihuamen	西华门饭店	*xīhuámén fàndiàn*
Xinli	信力酒店	*xìnlì jiǔdiàn*
Xuanwu	玄武饭店	*xuánwǔ fàndiàn*
Yuehua	悦华大酒店	*yuèhuá dàjiǔdiàn*
Zhongshan	中山大厦	*zhōngshān dàshà*

Essen und Unterhaltung

The Answer	答案酒吧	*dáàn jiǔbā*
Black Cat	黑猫餐馆	*hēimāo cānguǎn*
Chaozhou	潮州饭店	*cháozhōu fàndiàn*
Daniang Dumplings	大娘水饺	*dàniáng shuǐjiǎo*
Fusheng Yuan	福盛缘酒店	*fúshèngyuán jiǔdiàn*
Gold & Silver	金银餐厅	*jīnyíng cāntīng*
Haitian Ge	海天阁	*haitiān gé*
Hefeng	和风日膳	*héfēng rìshàn*
Henry's	亨利之家	*hēnglìzhījiā*
Jack's	杰克餐厅	*jiékè cāntīng*
Jiangsu	江苏饭店	*jiāngsū fàndiàn*
Jiaozi Wang	饺子王	*jiǎozi wáng*
Jinzhu	金竹居	*jīnzhú jū*
Lao Zhengxing	老正兴菜馆	*lǎozhèngxīng càiguǎn*
Musilin Noodles	穆斯林餐厅	*mùsīlín cāntīng*
Orgies Bar	奥杰酒吧	*àojié jiǔbā*
Red Balloon Bar	红色气球酒吧	*hóngsè qìqiú jiǔbā*
Scarlet's	乱世佳人	*luànshì jiārén*
Shanghai Tan	上海滩	*shànghǎi tān*
Swede & Kraut	老外乐	*lǎowài lè*
Tianyuan Longjuan	天缘龙娟	*tiānyuán lóngjuān*
Xiao Ren Ren	小任任饭店	*xiǎorènrèn fàndiàn*
Yinghua Yuan	樱花园菜馆	*yīnghuāyuán càiguǎn*

Nanjing etliche **westliche Restaurants und Bars**, die nicht zu teuer sind. Besonders rings um die *Nanjing University Foreign Students' Residence* gibt es viele Lokale, die ihr Angebot auf den westlichen Gaumen ausgerichtet haben. Xinjiekou und Fuzi Miao sind ebenfalls gute Viertel, um fündig zu werden. Für **Chinesische Snacks** wie Nudeln, Sichuan-Feuertopf, *jiaozi* oder *wonton*-Suppen empfehlen sich die Ninghai Lu, etwas nördlich des Haupteingangs zur *Normal University*, die Gegend westlich des Fuzi Miao und das Gebiet unmittelbar südöstlich von Xinjiekou.

Black Cat, in einer Gasse nahe der Kreuzung der Hanzhong Lu und Mochou Lu (ein großer metallener Telefonleitungsmast markiert den Gasseneingang), ist bescheiden eingerichtet, bietet aber u.a. leckere Steaks mit Pommes frites und Salat für nur ¥40. Eine Filiale gleich um die Ecke im *Great Eagle Building*.

Chaozhou, Zhongshan Bei Lu, auf dem Gelände des *Nanjing Hotel*. Teures Buffet-Restaurant mit Gerichten der Chaozhou-Küche, darunter köstliches *chongcao* (eine Gemüsesorte, deren Form entfernt an ein Insekt erinnert) und *jiayu* (ein Mitglied der Familie der Schildkröten). Um 19 Uhr ist Showtime mit einer russischen Tanztruppe angesagt.

Daniang Shuijiao, im Untergeschoss des Kaufhauses *Xinjieko* , direkt am Kreisverkehr. Über 40 Variationen preiswerter und sättigender *jiaozi*, meist für weniger als ¥5.

Fusheng Yuan, Yunnan Lu, nahe Hunan Lu. Spezialitäten aus Nanjing und Yangzhou in angenehmem Ambiente. Einheimische schätzen hier insbesondere den ausgezeichneten Feuertopf.

Gold and Silver, Jinying Lu, nahe Shanghai Lu. Bestes von mehreren chinesischen Restaurants, die vor allem Studenten der *Nanjing University* anlocken. Als Dessert empfehlen sich die gebackenen und in Kondensmilch getränkten *mantou*.

Haitian Ge, 179 Zhongyang Lu, etwas nördlich der Hunan Lu und nahe dem Xuanwu Hu. Spezialiäten sind Speisen aus Jiangsu und Beijing, inbesondere Gesalzene Ente, daneben gibt es auch leckere Gerichte aus Macau. Preiswert und bei Einheimischen sehr beliebt, daher ab 17 Uhr oft voll.

Hefeng, 75 Zhongshan Lu, im *Central Hotel*. Preiswertes und fantasievoll arrangiertes japanisches Essen. Für eine sättigende Portion Sushi reichen weniger als ¥50.

Henry's, 33 Huaqiao Lu. Leckere Nudelgerichte, Salate, Steaks und Burger für weniger als ¥25.

Jack's, Jinying Lu, Ecke Shanghai Lu. Westliches und japanisches Essen in Traveller-freundlicher Atmosphäre. Guter Kaffee, zum Frühstück allerdings in der Regel noch nicht geöffnet. Edlere Filiale mit italienischen Speisen gegenüber dem Haupteingang der *Nanjing Normal University*, 35 Wangfu Lu.

Jiangsu, 26 Jiankang Lu, östlich der Zhonghua Lu in Fuzi Miao ubd nahe dem Taiping Museum. Eine der exklusivsten Adressen für die lokale Küche – zu den Spezialitäten gehört natürlich *yanshui ya*.

Jiaozi Wang, Ninghai Lu, nahe Guangzhou Lu und der *Normal University*. Ausgezeichnete Adresse für *jiaozi*, die es in allen erdenklichen Varianten gibt. Bei Studenten sehr beliebt.

Jinzhu, 204 Zhongshan Bei Lu, im Norden, zwischen Xin Mofan Malu und Hunan Lu. Preiswerter Familienbetrieb, der Spezialitäten aus Jiangsu serviert und von Einheimischen regelrecht überrannt wird. Die meisten Gerichte kosten weniger als ¥30. Unbedingt nach den wechselnden, köstlichen Fischgerichten fragen.

Lao Zhengxing, 119 Gongyuan Jie, nahe Fuzi Miao. Traditionelles, lebendiges Restaurant am Fluss mit verlockenden Speisen der einheimischen Küche. War in den 30er Jahren ein Lieblingslokal von Guomindang-Offiziellen.

Musilin Noodles, Ninghai Lu, nahe Hankou Xi Lu und dem Haupttor der *Normal University*. Preiswerte und sättigende *lamian* (gezogene Nudeln) nach Xinjiang-Art. Wird bevorzugt von Studenten besucht.

Shanghai Tan, in einer schmalen Gasse direkt hinter dem *Central Hotel*. Exzellente Shanghai-Küche, auch einige Gerichte aus Jiangsu (vor allem *yanshui ya)*. Besonders zu empfehlen sind die Fischgerichte. Bei Einheimischen sehr beliebt.

Swede and Kraut, 14 Nan Xiui Cun, in einer Seitengasse der Shanghai Lu. Bietet das mit Abstand beste westliche Essen der Stadt und ist dabei nicht zu teuer. Die Nudeln und das Brot sind aus eigener Herstellung. Die Lasagne und die Fettucini sind besonders lecker, das Ciabatta ist ein Muss. Geleitet wird das Lokal von einem europäischen Paar, das auch die Bäckerei *Skyways*, 3–6 Hankou Xi Lu, besitzt.

Tianyuan Longjuan, Gulou, eine Straße nördlich des Kreisverkehrs. Kleiner Familienbetrieb, der Beijing-Ente inkl. Suppe und Beilagen für unglaubliche ¥30 für zwei Personen anbietet.

Xiao Ren Ren, 97 Gongyuan Jie, Fuzi Miao. Freundliches, im Stil eines traditionellen Teehauses eingerichtetes Lokal, in dem Musiker den Gästen ein Ständchen bringen und für nur ¥38 aus einer Vielzahl einheimischer Spezialitäten gewählt werden kann.

Yinghua Yuan, gemütliches Kellerlokal nahe der Hanzhong Lu, das unter Einheimischen zu den beliebtesten Restaurants zählt und schmackhafte, preiswerte Gerichte aus Jiangsu und Shanghai serviert. Besonders lecker ist das geschmorte Wildkaninchen.

Unterhaltung

Nanjings **Nachtleben** kann sich sicherlich nicht mit dem Shanghais messen, doch es gibt einige recht gute Bars und Diskotheken, die eine gemischte Klientel aus Ausländern (überwiegend Studenten) und Chinesen anziehen. Ein Abend ist preiswert, da Ausländern die Eintrittsgebühren meistens erlassen werden und eine Flasche Bier oft nur ¥10 kostet. Auch das kulturelle Leben ist längst nicht so vielfältig wie in Shanghai, wenngleich gelegentlich Akrobatikaufführungen oder traditionelle chinesische Opernvorstellungen geboten werden. Die Dozenten und Auslandsstudenten der *Nanjing University Foreign Student's Residence* können gute Veranstaltungstipps geben, und auch gehobenen Hotels sind gewöhnlich über das aktuelle Kulturangebot informiert.

The Answer, Jinying Lu, nahe der *Nanjing University Foreign Students' Residence*. Gemütliche Bar mit häufiger Live-Musik, beliebt unter Auslandsstudenten und kunstinteressierten Einheimischen. ⌚ tgl. 20–2Uhr.

Casablanca, im 1. Stock des *Xuanwu Hotel*, 193 Zhongyang Lu. Hotel-Disco, mehr altbacken als hip. ⌚ tgl. 20–2.30 Uhr.

Orgies, 202 Zhongshan Bei Lu. Auftritte von Tänzerinnen in Leopardenfell-Bikinis, denen eine Tombola folgt – gibt es definitiv so nur in China. Besonders beliebt unter jungen Chinesen, die ihre Köpfe zu monotonem Techno kreisen lassen. ⌚ tgl. 21–2 Uhr.

Red Balloon Bar, 118 Chengxian Jie, an der Kreuzung der Taiping Bei Jie mit der Zhongshan Dong Lu, in einer Seitengasse hinter ei-nem ehemaligen Hotel. Künstlertreff, der anspruchsvolle Filme und Live-Musik bietet. ⌚ tgl. 20–2 Uhr.

Scarlet's, 29 Chezhan Dong Xiang, in einer schmalen Gasse nahe der Zhongshan Bei Lu, einige Straßen westlich von Gulou. Zweistöckige Bar, in der ein westlicher DJ Tanz- und Rockmusik auflegt. Bevorzugter Treffpunkt der Nanjinger Ausländergemeinde, die gewöhnlich erst spät eintrifft. ⌚ tgl. 18.30–2 Uhr.

Sonstiges

BÜCHER – ***Foreign Language Bookstore***, Zhongshan Dong Lu, einen Häuserblock östlich des Kreisverkehrs Xinjiekou, bietet die beste Auswahl englischsprachiger Bücher. Große Filiale in der Hunan Lu, unmittelbar südlich der Zhongyang Lu und nahe dem Xuanwu-Hu-Park.

GELD – ***Bank of China***, Hauptfiliale in der Zhongshan Nan Lu, etwas südlich des Kreisverkehrs Xinjiekou; ⌚ Mo–Fr 8–17, Sa 8–12.30 Uhr, der Bankautomat draußen ist 24 Std. in Betrieb. Reiseschecks werden auch in kleineren Zweigstellen gewechselt.

Gehobene Hotels bieten ihren Gästen den Umtausch von Geld und Schecks an.

INTERNET – Zahlreiche Internet-Cafés gibt es entlang der Shanghai Lu, nahe der Nanjing University und der Normal University.

Laiba, auf dem Gelände der *Nanjing University Foreign Students' Residence*, Jinying Lu, nahe Shanghai Lu, bietet etwas mehr Platz als andere kleinere Einrichtungen.

MEDIZINISCHE HILFE – ***Gulou Hospital***, Zhongshan Lu, gleich südlich des Kreisverkehrs Gulou, ist das am zentralsten gelegene Krankenhaus.

POST UND TELEFON – ***Hauptpostamt***, 2 Zhongyang Lu, am Kreisverkehr Gulou, bietet neben allen klassischen Postdiensten auch die Möglichkeit, internationale Telefongespräche zu führen und Faxe zu versenden; ◷ tgl. 8–18.30 Uhr. Ein weiteres Postamt befindet sich etwas nördlich des Kreisverkehrs Xinjiekou, 19 Zhongshan Lu.

REISEBÜROS – Praktisch alle besseren Hotels unterhalten eigene Reiseagenturen.
CITS, 202 Zhongshan Bei Lu, ein paar km nordwestlich des Kreisverkehrs Gulou, ✆ 3421125, 📠 3421960. ◷ tgl. 9–16 Uhr.
CTS, 309 Zhongshan Bei Lu, nahe *CITS*, ✆ 880 1502, 📠 8801533. Die Mitarbeiter sprechen Englisch. ◷ tgl. 8–12 und 13.30–17.30 Uhr.
CYTS, 160 Hanzhong Lu, ✆ 6523344; ◷ tgl. 8.30–17 Uhr. Filiale neben der *Nanjing University Foreign Students' Residence*, 20 Jinying Jie, ✆ 3594902, 📠 3594904; ◷ tgl. 8.30–16 Uhr.
Alle besorgen Zug-, Fähr- und Flugtickets und organisieren Rundfahrten sowie Ausflüge in die Umgebung.

VORWAHL – 025

Nahverkehrsmittel

Das **Busnetz** ist gut ausgebaut, zu den Hauptverkehrszeiten sind die Fahrzeuge jedoch selbst für chinesische Verhältnisse hoffnungslos überfüllt. Unverzichtbar ist ein guter **Stadtplan**, auf dem die Busrouten eingetragen sind – englischsprachige Stadtpläne sind in den meisten großen Hotels und an manchen Sehenswürdigkeiten erhältlich. Eine preiswerte und zudem sehr bequeme Alternative sind **Taxis**.

Transport

BUSSE – Die Entscheidung ankommender Busfahrer, wo sie ihre Passagiere absetzen, ist höchst undurchsichtig und wechselhaft. Zahlreiche Verbindungen bestehen vom großen **Busbahnhof Zhongyang Men** am gleichnamigen Tor im Norden der Stadt. Als Faustregel gilt, dass Busse, die von Norden oder Osten her in Nanjing eintreffen oder dorthin fahren (z.B. nach Shanghai), diesen Busbahnhof nutzen. Andere Busse, beispielsweise von und nach Yixing, Dingshan und zu Zielen in der Provinz Zhejiang, verkehren vom wesentlich zentraler gelegenen **Busbahnhof Hanfu Jie**, in einer kleinen Straße nördlich der Zhongshan Dong Lu. Ein ganzes Stück östlich des Hauptbahnhofs befindet sich der **östliche Busbahnhof**, der vornehmlich von Bussen aus und nach Yangzhou und Yixing genutzt wird. Bei Abreise aus Nanjing gilt zu beachten, dass nur Fahrkarten für Abfahrten am selben oder nächsten Tag verkauft werden.

Vom Busbahnhof Zhongyang Men nach:
HEFEI 7 Std.;
LIANYUNGANG 4–5 Std.;
HUAI'AN 3–4 Std.;
QINGDAO 12 Std.;
SHANGHAI 4–5 Std.;
SUZHOU 3–4 Std.;
WUXI 2–3 Std.;
XUZHOU 5–6 Std.;
ZHENJIANG 1 Std.

Vom Busbahnhof Hanfu Jie nach:
HANGZHOU 5 Std.;
HUANG SHAN 5 Std.;
NINGBO 8 Std.;
WUHAN 19 Std.;
WENZHOU 12 Std.

Vom östlichen Busbahnhof nach:
YANGZHOU 2 Std.;
YIXING 4 Std.

EISENBAHN – Der **Hauptbahnhof** befindet sich östlich des Zhongyang Men außerhalb der Stadtmauer. Der Bus Nr. 1 fährt von dort in südliche Richtung via Gulou, Xinjiekou und Fuzi Miao durch die Stadt. Selten kommt es vor, dass ein Zug am **Westbahnhof** endet, der sich außerhalb der Stadtmauer nahe dem Yangzi befindet. Von dort verkehrt der Bus Nr. 16 nach Gulou und Xinjiekou.

Züge nach:
BEIJING 9x tgl., 11–17 Std.;
CHENGDU 2x tgl., 34–40 Std.;
FUZHOU 2x tgl., 19 Std.;
HANGZHOU 8x tgl., 7–9 Std.;
LIANYUNGANG tgl., 8 Std.;
QUFU 6x tgl., 13 Std.;
SUZHOU 15x tgl., 3–4 Std.;
SHANGHAI 20x tgl., 3–5 Std.;
WUHU 4x tgl., 3 Std.;
WUXI 15x tgl., 2–3 Std.;

XI'AN 2x tgl., 17 Std.;
XUZHOU 5x tgl., 5 Std.;
ZHENJIANG 17x tgl., 1 Std.

FÄHREN – Schiffsverbindungen bestehen nach Shanghai im Osten sowie Wuhan und Chongqing im Westen. Ankunft der Schiffe in Nanjing an einem der Anleger an der Jiangbian Lu. Von dort verkehrt der Bus Nr. 10 zum Zhongyang Men und weiter zum Hauptbahnhof. Alternativ dazu kann man eine Haltestelle bis zum Westbahnhof fahren (oder gehen) und dann den Bus Nr. 16 in die Stadt nehmen.
Tickets für die Fähren nach Shanghai, Wuhan, Chongqing oder zu Zielen entlang der Routen gibt es direkt am Fluss in dem großen gelben Terminal gegenüber von Dock 4 an der Jiangbian Lu. Gegen eine geringe Gebühr besorgen auch *CITS* und *CYTS* die Tickets.
Fähren nach:
CHONGQING 2x tgl., 5 Tage;
SHANGHAI 2x tgl., 14 Std.;
WUHAN 5x tgl., 2 Tage.

FLÜGE – Der **Flughafen Nanjing Lukou** liegt 42 km südöstlich der Stadt buchstäblich inmitten von Reisfeldern. Zwischen dem Flughafen und der Stadt verkehren häufige *CAAC*-Busse (¥25) entlang zweier Routen: Die eine endet am Xinghan Building in der Hanzhong Lu nahe Xinjiekou, die andere am Hauptbüro von *CAAC* an der Ruijin Lu im Südosten der Stadt.
Reservierungen und Ticketverkauf: ***CAAC***-Zentrale, 52 Ruijin Lu, im Südwesten der Stadt, ✆ 4408583; ⌚ tgl. 8–12 und 13.30–17.30 Uhr. ***China Eastern Airlines***, Hauptbüro in der Changbai Jie, Ecke Zhongshan Dong Lu, ✆ 4400102; ⌚ tgl. 8.30–18 Uhr. Kleinere Büros der beiden sind im gesamten Stadtgebiet zu finden.
Flüge nach:
BEIJING 7x tgl., 1 3/4 Std.;
CHENGDU 1–2x tgl., 2 1/2 Std.;
CHONGQING tgl., 2 1/4 Std.;
DALIAN tgl., 1 1/2 Std.;
FUZHOU 2x tgl., 1 3/4 Std.;
GUANGZHOU 6x tgl., 2 Std.;
GUILIN 6x wöchentl., 2 Std.;
HAIKOU 4x wöchentl., 3 1/4 Std.;
HONGKONG 5x tgl., 2 1/2 Std.;
KUNMING tgl., 2 3/4 Std.;
NINGBO 2x wöchentl., 1 Std.;
QINGDAO 2x tgl., 1 Std.;
SHENZHEN 2–4x tgl., 2 Std.;
ÜRÜMQI 2x wöchentl., 4 3/4 Std.;
WENZHOU tgl., 1 1/4 Std.;
XIAMEN 2–4x tgl., 1 3/4 Std.;
XI'AN tgl., 2 Std.

Der Norden Jiangsus

Hat man die historischen Kanalstädte im Süden der Provinz Jiangsu erst einmal hinter sich gelassen, ist Interessantes weit spärlicher gesät. Obwohl der Kanal nördlich des Yangzi je nach Jahreszeit bis hinauf zur Grenze nach Shandong, manchmal sogar bis zum Huanghe, schiffbar ist, scheinen die Menschen nur eines zu transportieren: Kohle. Entsprechend wenige Touristen besuchen die überwiegend flache und feuchte Region, die ideale Bedingungen für die **Salzgewinnung** in Verdunstungspfannen, jedoch für kaum etwas anderes bietet. Auf der Fahrt zwischen Nanjing und Qingdao lässt sich hier ein Zwischenstopp einlegen, besonders spektakuläre Orte darf man in dieser Region allerdings nicht erwarten. Das kleine ländliche **Huai'an**, Geburtsort von Zhou Enlai, ist ein hübsches altes Städtchen, und im stark industrialisierten **Xuzhou** befindet sich immerhin eine faszinierende Hanzeitliche Grabstätte.

Huai'an

Huai'an war bereits vor 5000 Jahren besiedelt und ist seit 1600 Jahren von einer Stadtmauer umgeben. Heute ist die Stadt in China vor allem als Geburtsort des beliebten Ministerpräsidenten Zhou Enlai bekannt. Sein früheres Wohnhaus wird als Nationaldenkmal gepflegt, außerdem hat die Stadt ihm zu Ehren eine große Gedenkstätte errichtet. Abgesehen von diesen Sehenswürdigkeiten präsentiert sich Huai'an als ruhige, beschauliche Stadt mit Parkanlagen, Seen und zahlreichen alten Gebäuden in einem fruchtbaren und ertragreichen Teil der Provinz Jiangsu. Den meisten Charme gewinnt Huai'an aber vielleicht dadurch, dass sich nur wenige Touristen hierher verirren.

Das Zentrum

Huai'an lässt sich bequem zu Fuß erkunden, und die Orientierung ist unproblematisch. Als Hauptstraße durchquert die Zhenhuailou Lu in Ost-West-Richtung die Stadt und führt am zentralen **Trommelturm-Platz** vorbei, von dem die zweite große Verkehrsstraße, die Nanmen Dajie, nach Süden verläuft. Der ältere Stadtteil nördlich und nordwestlich des Trommelturms ist voller kleiner Läden, Restaurants, Wahrsagern, *daixie* (Personen, die für Analphabeten Briefe schreiben) und interessanter Gebäude.

Von der Zhenhuailou Lu weist ein Schild den Weg durch eine Seitengasse zum **ehemaligen Wohnhaus von Zhou Enlai**, der Hauptattraktion im Zentrum. Das stattliche Gebäude aus schwarzem Backstein und schweren Dachziegeln, in dem Zhou 1898 geboren wurde, ist inzwischen liebevoll zu seiner originalen Pracht restauriert worden. Mehrere Höfe innerhalb der Umfassungsmauer und die separaten Zimmer von Zhous Stiefmutter und Amme weisen darauf hin, dass die Familie wohlhabend gewesen sein muss. Neben einigen interessanten alten Holzmöbeln beherbergt das Haus eine kleine Fotoausstellung, die sowohl das Leben Zhou Enlais als auch das seiner Frau Deng Yingchao dokumentiert, die in den Herzen der Chinesen einen ähnlich hohen Rang wie der ehemalige Ministerpräsident einnimmt. ⌚ tgl. 7–18 Uhr, Eintritt ¥10.

Nördlich davon steht zehn Minuten Fußmarsch entfernt an der Xichang Jie ein weiteres früheres Wohnhaus eines berühmten Chinesen: das des Intellektuellen **Liu E**. Der 1909 gestorbene und in China durch seine Leistungen als Wissenschaftler und Romancier berühmt gewordene Liu E mag Ausländern unverständlich bleiben, sein Haus jedoch wird jeden Besucher faszinieren. Zwischen Bambushainen und Goldfischteichen können hier Eindrücke der friedvollen, hochkultivierten Welt im alten China gewonnen werden.

An manchen Nachmittagen finden in den Höfen Darbietungen traditionellen Geschichtenerzählens statt, bei denen das gesprochene Wort von einer kleinen Trommel begleitet wird. ⌚ tgl. 7.45–17 Uhr, Eintritt ¥2.

Im nordöstlichen Zentrum befindet sich die **Zhou-Enlai-Gedenkstätte**, die zwei Eingänge hat: einen von der Huaijiang Gong Lu, nördlich des Busbahnhofs, den anderen östlich davon von der

Huai'an und Xushan

Huai'an	淮安	***huái'ān***
Früheres Wohnhaus von Liu E	刘鹗故居	*liúè gùjū*
Früheres Wohnhaus von Wu Cheng'en	吴承恩故居	*wúchéngēn gùjū*
Früheres Wohnhaus von Zhou Enlai	周恩来故居	*zhōuēnlái gùjū*
Xiao Hu	肖湖	*xiāohú*
Zhou-Enlai-Gedenkstätte	周恩来纪念馆	*zhōuēnlái jìniànguǎn*
Übernachtung		
Huai'an Binguan	淮安宾馆	*huái'ān bīnguǎn*
Jingdu	静都大酒店	*jìngdū dàjiǔdiàn*
Youdian	邮电宾馆	*yōudiàn bīnguǎn*
Xuzhou	徐洲	***xúzhōu***
Guishan Hanmu	龟山汉墓	*guīshān hànmù*
Hanhua-Museum der Steinmetzkunst	汉画像石馆	*hànhuàxiàng shíguǎn*
Heroes Hotel	茴圣楼宾馆	*huíshènglóu bīnguǎn*
Terrakotta-Armee-Museum	兵马俑博物馆	*bīngmǎyǒng bówùguǎn*

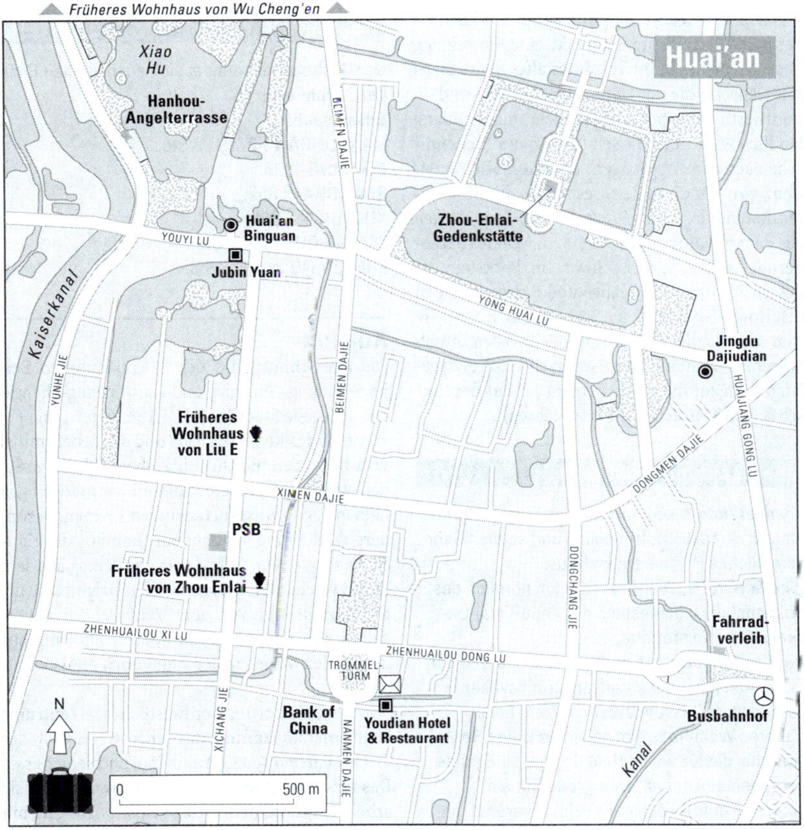

Beimen Jie, ca. 1 km nördlich des Trommelturms. Die Gedenkstätte selbst, die von einem kleinen See umgeben ist, scheint nach dem Vorbild eines vertrauten Präsidentendenkmals in Washington D. C. gestaltet worden zu sein – die sitzende Statue Zhou Enlais hat bemerkenswerte Ähnlichkeit mit dem Abbild Abraham Lincolns. Nur die handwerkliche Ausführung und die Qualität des Steins sind nicht ganz so perfekt.

Im unteren Geschoss informiert ein kleines Museum umfassend über das Leben dieses bemerkenswerten Staatsmannes (leider nur mit chinesischen Erläuterungen). ⏲ tgl. 7.30–18.30, Eintritt ¥15.

Nordwestlich des Zentrums

Huai'ans Westen wird auf seiner gesamten Länge vom **Kaiserkanal** gesäumt. Ein lohnender zweistündiger **Rundgang** führt dort in Gegenden, die vom modernen Leben noch fast völlig unberührt sind. Vom Ausgangspunkt westlich des *Huai'an Binguan* folgt man zunächst dem Kanal nach Norden. Geschäftiges Treiben herrscht auf dem Wasser, wo Lastkähne in Position manövriert werden, um von Hand be- oder entladen zu werden. Schon bald taucht auf der rechten Seite der **Xiao Hu** (Kleiner See) auf. Ein Steintor am See markiert den Beginn der **Angelterrasse Hanhou**, einer einladenden, von Bäumen und hohem Gras gesäumten Uferpromenade. Von der Straße führt weiter nördlich, wo der Kanal nach Westen schwenkt, eine Abzweigung nach rechts in ein interessantes altes Stadtviertel mit Häusern, die mit Steinplatten gedeckt sind. In nordwestlicher Richtung erreicht man entlang ländlich wirkender Gassen (man muss Einheimische nach dem Weg fragen) die **Ehemalige Residenz von Wu Cheng'en**, des Autors des berühmten Romanklassikers *Die Reise nach dem Westen* aus dem 16. Jahrhundert. Es ist ein weiteres bezauberndes Gebäude aus schwarzem Backstein, zu dessen Zierden Säulengänge und Bambushaine in den Höfen gehören. ⏲ tgl. 7.30–16 Uhr, Eintritt ¥6. Den beschaulichen Gassen nach Osten durch Schrebergärten und Gemüseparzellen folgend, gelangt man auf die große Beimen Jie, auf der Rikschas für ¥3 zurück in die Stadt fahren.

Übernachtung und Essen

Youdian Hotel*, südwestlich des Trommelturm-Platzes, ✆ 5919501, freundlich und sauber. Sehr gemütliches Restaurant im Haus.

Jingdu Hotel**, Yonghuai Lu, 1 km nördlich des Busbahnhofs, südwestlich der Zhou-Enlai-Gedenkstätte. Komfortabel.

Huai'an Binguan**, Xichang Jie, im Norden der Stadt. Ähnlich, aber etwas anspruchsvoller.

Versteckt im Gassengewirr um Zhou Enlais früheres Wohnhaus gibt es einige kleine **Restaurants**, die für wenig Geld üppige, sättigende Portionen auftischen; eine große Schale *pingchao dofu* – köstlicher Tofu, zubereitet mit schwarzem Pfeffer und Koriander – kostet nur wenige Yuan.

Jubin Yuan, Xichang Jie, gegenüber dem *Huai'an Binguan*, gute Auswahl lokaler Gerichte und Sichuan-Feuertopf.

Sonstiges

GELD – ***Bank of China***, u.a. an der südwestlichen Ecke des Trommelturm-Platzes. ⏲ Mo–Fr 8–11.30 und 13.30–17 Uhr.

POST – ***Postamt*** am Trommelturm-Platz, gegenüber der *Bank of China*.

VORWAHL – 0517

Transport

Der **Busbahnhof** befindet sich am östlichen Ende der Zhenhuailou Lu.

Busse nach:
LIANYUNGANG 2x tgl., 3 Std.;
NANJING 4 Std.;
SHANGHAI 8 Std.;
XUZHOU 4–5 Std.;
YANGZHOU 2x tgl., 3 Std.;
ZHENJIANG 2x tgl., 5 Std.

Xuzhou

Die am Schnittpunkt der Eisenbahnlinien Beijing–Nanjing–Shanghai und Lianyungang-Zhengzhou gelegene Stadt Xuzhou ist in erster Linie ein Zentrum des Kohlebergbaus und der Lebensmittel verarbeitenden Industrie, hält aber auch einige Sehenswürdigkeiten bereit, die einen kurzweiligen halben Tag in Anspruch nehmen können. Besondere Erwähnung verdient ein Grab aus der Han-Dynastie am Berg Gui, in dem ein Herzog aus dem ersten vorchristlichen Jahrhundert beigesetzt wurde. Xuzhou war vor über 2000 Jahren außerdem der Heimatort des Han-Kaisers Liu Bang, aus dessen Zeit jedoch leider kaum noch etwas erhalten ist.

Einige Kilometer nordwestlich des Zentrums liegt **Guishan Hanmu**, das sehenswerte Grab des dritten Fürsten von Chu, Liu Zhu, und seiner Frau. Das fürstliche Paar (sowie die Sklaven, die für sie arbeiteten) unternahm große Anstrengungen, um sicherzustellen, dass ihre Schätze nach ihrem Tode bei ihnen verblieben: Der Eingang zur Grabstätte, den Bauern bei Arbeiten in einem Steinbruch erst in den 80er Jahren entdeckten, wurde geschickt in die Landschaft der benachbarten schildkrötenförmigen Berge (*guishan* bedeutet „Schildkrötenberg") eingepasst. Gute englische Erläuterungen beschreiben den Zweck der über 20 dahinter liegenden Höhlenräume. Diese reichen von einem Stall, in dem die Pferde von den mit dem Leichnam des Fürsten eingeschlossenen Dienern gefüttert wurden, über die Hocktoilette, die eine frappierende Ähnlichkeit mit entsprechenden Örtlichkeiten im heutigen China besitzt, bis hin zur Schatzkammer, in der inzwischen nur Repliken zu sehen sind, und den Grabkammern selbst. Vom Zentrum Anfahrt mit dem Bus Nr. 37 von der Kreuzung Huaihai Dong Lu und Zhongshan Lu. ⏲ tgl. 8–17.30 Uhr, Eintritt ¥15.

Südlich der Stadt verdienen zwei weitere Sehenswürdigkeiten Beachtung. Im Südosten zeigt das **Terrakotta-Armee-Museum von Xuzhou** eine 3000 Mann starke tönerne Armee, eine größen- wie zahlenmäßig kleinere Version des berühmteren Gegenstücks in Xi'an. Vermutlich erfüllte die Armee den Zweck, das Grab eines hiesigen Prinzen aus der Han-Dynastie oder einer noch früheren Zeit zu bewachen. Vier Gruben beherbergen zahlreiche Bogenschützen, Fußsoldaten, Pferde, Streitwagen und Diener aus Ton, die alle individuell gestaltet sind. Anfahrt vom Zentrum mit dem Bus Nr. 5. ⏲ tgl. 8.30–16 Uhr, Eintritt ¥14. Das auf der anderen Seite der Stadt am Ostufer des Yunlong Hu angesiedelte **Hanhua-Museum der Steinmetzkunst** besitzt eine umfangreiche Sammlung von Steingravuren aus der Han-Dynastie, viele davon stammen aus der Epoche von Liu Bang. Die kunstvollen Arbeiten bieten faszinierende Einblicke in das damalige Marktleben sowie in die frühen Strukturen des Transportwesens und der Unterhaltungskultur. Englische Erläuterungen gibt es leider nicht. Vom Sportgelände unmittelbar südlich des Zentrums verkehrt der Bus Nr. 22 zum Museum. ⏲ tgl. 8.30–17 Uhr, Eintritt ¥5.

Ausländische Besucher finden in Xuzhou ein nur begrenztes **Übernachtungsangebot**. Zu den besten Unterkünften gehört das zentral gelegene *Heroes Hotel****, Jiahe Jie, ✆ 0516/5730001, in einer Seitenstraße der Zhongshan Bei Lu, zwei Häuserblocks nördlich der Huaihai Lu.

Transport

BUSSE – Busse nach:
HUAI'AN 4–5 Std.;
LIANYUNGANG 4 Std.;
NANJING 5–6 Std.;
YANGZHOU 5 Std.

EISENBAHN – Der **Bahnhof** liegt im Osten der Stadt. Verbindungen bestehen zu so entfernten Zielen wie Guangzhou und Ürümqi.
Vom Bahnhof verkehrt Bus Nr. 1 ins Zentrum zur Kreuzung der Huaihai Dong Lu und Zhongshan Lu.

Züge nach:
BEIJING 7x tgl., 8–11 Std.;
SHANGHAI 13x tgl., 9 Std.;
QUFU 3x tgl., 5 Std.;
JI'NAN 4x tgl., 7 Std.;
KAIFENG 6x tgl., 5 Std.;
LIANYUNGANG 7x tgl., 5 Std.;
NANJING 6x tgl., 5 Std.;
ZHENGZHOU 12x tgl., 6 Std

Die Provinz Zhejiang

Zhejiang, eine der kleinsten und zugleich reichsten Provinzen Chinas, besteht aus zwei recht unterschiedlichen Regionen. Der Norden teilt Klima, Geografie, Geschichte und den Kaiserkanal mit der Nachbarprovinz Jiangsu. In den fruchtbaren, von zahllosen Wasserwegen durchzogenen Ebenen wird extensive Landwirtschaft betrieben. Die Sommer sind heiß und die Winter kalt. Der im Landesinnern gebirgige und dünn besiedelte, an der Küste üppig grüne und subtropische Süden hingegen besitzt mehr Gemeinsamkeiten mit der Provinz Fujian. Sogar der im Gebiet von Wenzhou verbreitete Dialekt ähnelt in vielem der Sprache Fujians.

Jüngste Ausgrabungen erbrachten den Nachweis, dass es im Yangzi-Delta entgegen bisherigen Vermutungen steinzeitliche Siedlungen gab, die ebenso alt wie diejenigen im Huanghe-Becken sind. Bereits vor 7000 Jahren, als noch Nashörner und Elefanten das Land durchstreiften, gab es in der Shaoxing-Ningbo-Ebene bei Hemudu sesshafte Bauern, die Reis anbauten und in planvoll errichteten, zweigeschossigen Häusern lebten. Jahrtausendelang blieb die Region ebenso wohlhabend wie provinziell, denn politisch stand sie stets im Schatten des bevölkerungsreicheren Beckens des Huanghe im Norden Chinas. Mit der Verlagerung der wirtschaftlichen Interessen nach Süden jedoch setzte ein allmählicher Aufschwung ein. Der Kaiserkanal wurde gebaut, und im 12. Jahrhundert zog der Kaiserhof der Song-Dynastie nach Süden und richtete seine Hauptstadt in Hangzhou ein. Mehr als zwei Jahrhunderte ging von Zhejiangs Norden eine beispiellose Macht aus, die erst zu Ende ging, als die Hauptstadt wieder nach Beijing verlegt wurde.

Die Mehrzahl der Touristenziele liegt im Norden. Eine der grünsten und attraktivsten Städte Chinas ist **Hangzhou**, ehemals mächtige Hauptstadt am Endpunkt des Kaiserkanals und bis heute ein Zentrum für Seide, Tee und Papierherstellung. Besonders berühmt ist der Westsee, an dem einst schon Kaiser Erholung suchten. Das nahe **Shaoxing**, eine charmante, von Kanälen durchzogene Stadt, lädt zu ausgiebigen Erkundungstouren der schönen Umgebung mit dem Boot ein, während **Ningbo**, das als Industriehafen längst von Shanghai in den Hintergrund gedrängt worden ist, heute vornehmlich als Sprungbrett zur vorgelagerten buddhistischen Insel **Putuo Shan** dient. Die Insel, auf der es mehr Tempel als Autos gibt, ist so erholsam, grün und friedvoll wie kaum ein anderer Ort in Ostchina. Etwas abgeschieden im Süden der Provinz liegt **Wenzhou**, früher ein Vertragshandelshafen, heute eine sich rasant entwickelnde Stadt und das Tor zum **Yandangshan**, einem üppig grünen Naturschutzpark mit Wasserfällen, Pagoden und Wandermöglichkeiten.

Hangzhou

Oberhalb der Hangzhou-Bucht und am südlichen Ende des Kaiserkanals liegt in Zhejiangs Norden eines der beliebtesten Touristenziele Chinas: die Provinzhauptstadt Hangzhou. Der Kanal war der Schlüssel für das Aufblühen der Stadt und machte sie über ein Jahrtausend lang zu einem Hort von Reichtum und Kultur. Wie so oft in China ist die moderne Innenstadt nicht besonders interesssant, doch der **Westsee** *(Xi Hu)*, um den sich Hangzhou schmiegt, und dessen Ufer bieten noch immer eine chinesische Bilderbuchidylle aus Bäumen, Hügeln, Blumen, alten Deichen im See, Fischerbooten, Pavillons und Pagoden – und dies alles nur wenige Minuten vom Stadtzentrum entfernt. Der See, dessen natürliche Umgebung trotz kontinuierlich zunehmender Touristenscharen noch größtenteils intakt ist und dessen landschaftliche Schönheit immensen Einfluss auf Literatur und Kultur hatte, sollte fester Programmpunkt einer jeden Chinareise sein.

Besonders viel Betrieb herrscht an Wochenenden und im Sommer, wenn es Horden von Ausflüglern aus Shanghais Betondschungel an den See zieht. Dies treibt zwar die Hotelpreise in die Höhe, bringt jedoch auch einige Vorteile mit sich: Es gibt zahlreiche Restaurants, dem Umweltschutz wird erhöhtes Augenmerk gewidmet, und die Schäden aus der Taiping-Revolution sind inzwischen größtenteils behoben (Tempel wurden wieder aufgebaut und Gärten neu angelegt). Die meisten Sehenswürdigkeiten sind zu Fuß oder mit dem Fahrrad zu erreichen, zu entfernteren Zielen verkehren regelmäßig Stadtbusse.

Geschichte

Abgesehen davon, dass **Yu der Große**, der Bezwinger der Fluten, mit seinen Schiffen hier vor Anker gelegen haben soll, wissen legendenhafte Überlieferungen und die Geschichte nur wenig über Hangzhou zu berichten, und zwar aus dem einfachen Grund, weil das heutige Stadtgebiet am östlichen Seeufer ursprünglich unter Wasser stand. Der Westsee selbst war zunächst nur ein weiter, seichter Arm der nahen Meeresbucht, und angeblich soll Kaiser Qin Shihuang vom Meer in die Bucht gesegelt sein und seine Schiffe am jetzigen Nordwestufer des Sees vertäut haben. Erst im 4. Jahrhundert begannen Flussströmungen und Gezeiten eine Barriere aus Schlick und Sand anzuschwemmen, die schließlich den See entstehen ließ.

Ihren gemächlichen Start in die Geschichte machte die Stadt jedoch rasch wett. Den ersten großen Entwicklungsschub brachte der Bau des Kaiserkanals gegen Ende des 6. Jahrhunderts: Hangzhou wurde binnen kürzester Zeit zum Zentrum des Handels zwischen Nord und Süd, d.h. zwischen den Becken des Huanghe und des Yangzi. Unter der **Tang-Dynastie** erblühte Hangzhou zu einer reichen und prosperierenden Stadt, doch die eingekeilte Lage zwischen See und Fluss machte sie anfällig für die heftigen, im Frühjahr und Herbst hereinpeitschenden Stürme aus der Hangzhou-Bucht. Als Gouverneure der Tang-Dynastie Stauanlagen und Deiche bauen ließen, um die Gewässer rund um Hangzhou zu kontrollieren, schilderte ein zeitgenössischer Dichter das Entstehen eines Meeresdamms mit den Worten: „Bogenschützen wurden an den Gestaden positioniert, um gegen die Wellen anzuschießen, und Gedichte wurden rezitiert, um den Drachenkönig und die Herrscher über das Wasser zu besänftigen; die Wellen wichen sofort von den Wällen zurück und zerbrachen an den gegenüberliegenden Ufern, sodass die Arbei-

Hangzhou: Sehenswürdigkeiten

Hangzhou	杭州	***hángzhōu***
Bai Di	白堤	*báidī*
Baoshu Ta	保淑塔	*bǎoshū tǎ*
Daoistisches Kloster Baopu	包朴道院	*bāopǔ dàoyuàn*
Feilai Feng	飞来峰	*fēilái fēng*
Gu Shan	孤山	*gūshān*
Huanglong-Dong-Park	黄龙洞公园	*huánglóngdòng gōngyuán*
Hupaomeng Quan	虎跑梦泉	*hǔpǎomèng quán*
Huqingyu-Tang-Museum der Chinesischen Medizin	胡庆余堂中药博物馆	*húqìngyútáng zhōngyào bówùguǎn*
Jingci Si	净慈寺	*jìngcí sì*
Kunstinstitut	美术学院外事招待所	*měishùxuéyuàn wàishì zhāodàisuǒ*
Lingyin Si	灵隐寺	*língyǐn sì*
Liuhe-Pagoda	六和塔	*liùhé tǎ*
Longjing	龙井	*lóngjǐng*
Provinzmuseum von Zhejiang	浙江博物馆	*zhèjiāng bówùguǎn*
Santan Yinyue	三潭印月	*sāntán yìnyuè*
Straße der 9 Bäche und 18 Schluchten	九溪十八涧	*jiǔxī shíbājiàn*
Su Di	苏堤	*sūdī*
Xi Hu	西湖	*xīhú*
Xiling-Siegelschnitzer-Gesellschaft	西泠印社	*xīlíng yìnshè*
Yuefei Mu	岳飞墓	*yuèfēi mù*
Zhongshan-Park	中山公园	*zhōngshān gōngyuán*

ten fortgesetzt werden konnten." **Überschwemmungen** und die Suche nach Abhilfe sollten die Stadtgeschichte über die Jahrhunderte hinweg begleiten.

Unter der **Song-Dynastie** erlebte Hangzhou einen zweiten gewaltigen Aufschwung, als die im Norden einfallenden Dschurdschen die damalige Hauptstadt Kaifeng zerstörten und die Überlebenden der kaiserlichen Familie nach Süden flohen, um nach einem neuen Herrschersitz Ausschau zu halten. Während dieser Zeit der politischen Umwälzungen fungierte Hangzhou von 1138 bis 1279 als **kaiserliche Hauptstadt** Chinas. Explosionsartig stieg die Produktion von Seide und Brokat und wuchsen alle Handelszweige, die den Hofstaat und dessen reiches Umfeld belieferten. Als Marco Polo Ende des 13. Jahrhunderts von Hangzhou berichtete, sprach er von „der Stadt des Himmels, der schönsten und glanzvollsten Stadt der Welt. Sie hat mindestens zehn bedeutende Märkte, und da gibt es Wild aller Art: Rehböcke, Hirsche, Hasen, Kaninchen, Rebhühner, Fasane, Birkhühner, Wachteln, Haushühner, Kapaune und eine unbeschreiblich große Zahl von Enten und Gänsen. Zu allen Jahreszeiten gibt es eine Menge von Kräutern und Früchten aller Art, besonders Birnen von außerordentlicher Größe, die bis zu zehn Pfund wiegen, und von dem fündundzwanzig Meilen entfernten Meer wird täglich auf dem Flussweg eine gewaltige Menge von Fischen in die Stadt gebracht. Auch im See gibt es Fische im Überfluss." Hangzhou genoss einen so glanzvollen Ruf, dass die Menschen in Scharen herbeiströmten und die Stadt aus allen Nähten zu platzen drohte. Auf der Sandbank, auf der Hangzhou gebaut war, drängten sich alsbald über eine Million Menschen – eine Bevölkerungszahl wie in Chang'an (dem heutigen Xi'an) unter der Tang-Dynastie, doch auf einem Viertel der Fläche. In den schmalen Gassen wuchsen alsbald bis zu fünf Stockwerke hohe Holzhäuser in den Himmel, die ein gefährlicher Brandherd waren.

Als die Mongolen die Song-Dynastie im Jahre 1279 stürzten, war Hangzhous Zeit als Mittelpunkt des Reiches zwar vorbei, doch blieb die Stadt ein wichtiges Handelszentrum und ein Ort des Überflusses mit zahlreichen **Parkanlagen** und **Gärten** außerhalb der Schutzwälle sowie Hunderten von Booten auf dem See. In späteren Jahren ließen die Ming-Herrscher die Stadtmauern reparieren und den Kaiserkanal vertiefen, sodass auf der von Menschenhand geschaffenen Wasserstraße auch große Schiffe zwischen Hangzhou und Beijing verkehren konnten. Auch die beiden großen Qing-Kaiser Kangxi und Qianlong besuchten die Stadt häufig und ließen Villen, Tempel und Gartenanlagen am See errichten. Obwohl Hangzhou durch den **Taiping-Aufstand** (1861–63) weitgehend zerstört wurde, erholte sich die Stadt überraschend schnell. Die **ausländischen Konzessionen**, die gegen Ende des 19. Jahrhunderts eingerichtet wurden, gefolgt vom Bau der Eisenbahn von Shanghai und Ningbo ließen neben den traditionellen Seiden- und Brokatmanufakturen neue Wirtschaftszweige erblühen. Seit 1949 beherbergt die Stadt mit rund einer Million Einwohner wieder fast ebenso viele Menschen wie zu Zeiten der Song-Dynastie.

Orientierung

Hangzhou besteht aus zwei Hälften: Den Osten und Norden des Stadgebiets nimmt das Zentrum ein, westlich und südlich davon liegt der **See** in grüner Landschaft und befinden sich verschiedene Sehenswürdigkeiten. Die von Osten nach Westen führende Hauptstraße **Jiefang Lu** beginnt etwas nördlich des Bahnhofs und wird in ihrem Verlauf von verschiedenen großen Nord-Süd-Achsen gekreuzt, zu denen die Zhongshan Lu und, näher am See, die Yan'an Lu gehören. Das Gebiet um die Kreuzung von Jiefang Lu und Yan'an Lu (einschließlich Seeufer und der nördlich gelegenen kleinen Gassen) bildet das Geschäftszentrum und versammelt Läden, Restaurants und Unterkünfte. Dort beginnen auch die Busrundfahrten um den See. Den südlichen Stadtrand begrenzt der Fluss **Qiantang Jiang**, Hangzhous Tor zum Meer, in den im Norden der Kaiserkanal mündet – die meisten Besucher Hangzhous sehen aber weder das eine noch das andere Gewässer.

Hangzhou unterscheidet sich von anderen chinesischen Städten durch weitläufige Grünflächen, die fast schon ländlichen Charakter besitzen. Diese Idylle ist größtenteils dem Westsee zu verdanken, der in der Stadtgeschichte eine zentrale und beherrschende Rolle gespielt hat.

Im See, über den zwei lange Dammwege führen, gibt es verschiedene **Inseln**, und entlang der Ufer erstrecken sich schier endlose Parkanlagen, die auch die wichtigsten Sehenswürdigkeiten der Stadt beherbergen: den bemerkenswerten und historisch bedeutenden **Yue Fei Mu** (Tempel und Grab des Generals Yue Fei) sowie die jahrhundertealten buddhistischen Steinskulpturen am **Felai Feng** (Herbeigeflogener Gipfel) mit dem angegliederten **Lingyin Si** (Kloster der Seelenzuflucht), der zu Chinas größten und berühmtesten Tempelanlagen gehört. Nur wenig außerhalb der Stadt schmiegen sich herrliche Teeplantagen um das kleine Dorf **Longjing**, und nicht weit entfernt steht das merkwürdige ehemalige Wohnhaus des in Ungnade gefallenen ehemaligen KP-Führers **Lin Biao**. Im Süden bietet die Uferregion des **Qiantang Jiang** ausgezeichnete Wandermöglichkeiten.

Da die meisten Sehenswürdigkeiten Hangzhous am oder in der Nähe des Sees liegen, lassen sie sich am besten mit dem **Fahrrad** erkunden, natürlich kann man aber auch die Stadtbusse benutzen oder einfach zu Fuß gehen. Wer will, kann an einem einzigen Tag um den ganzen See wandern, wird dann jedoch kaum genügend Zeit haben, um den Sehenswürdigkeiten die ihnen gebührende Aufmerksamkeit zu schenken.

Der Westsee (Xi Hu)

Im Zusammenspiel von Wasser, Vegatation und Gebäuden an seinen Ufern bildet der Westsee eine Reihe reizvoller, sich auf seiner Oberfläche effektvoll widerspiegelnder und von üppig bewaldeten Hügeln umrahmter Miniaturlandschaften. Der See selbst misst in seiner Nord-Süd-Ausdehnung gut 3 km, von Osten nach Westen etwas weniger, doch die umliegenden Parkanlagen mit ihren Sehenswürdigkeiten reichen weit über die unmittelbaren Uferbereiche hinaus. An sonnigen Tagen entfaltet sich am See ein prachtvolles Farbenspiel, doch

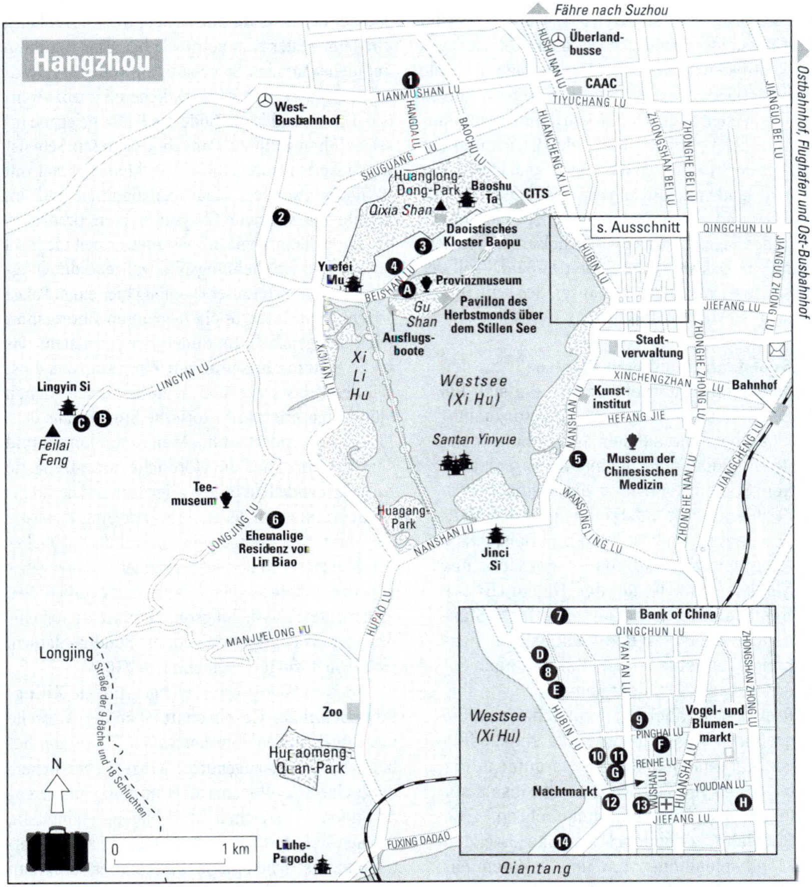

Übernachtung:

Dahua	14	Qingbo	5	Xinxin	3
Dongpo	11	Shangri-La	4	Zhejiang	6
Haihua Novotel	7	Taipingyang	9	Zhejiang University	2
Hangzhou University	1	Xi Hu	10	Guesthouse	
Huaqiao	8	Xinqiao	13	Zhonghua	12

Essen und Unterhaltung:

Bafangyuan	F	Louwailou	A
Häagen-Dazs	D	Starbucks	E
Kuiyuan Guan	H	Tianwaitian	B
Vegetarisches	C	Zhiweiguan	G
Restaurant am Lingyin Si			

selbst unter grauem Himmel und bei aufgepeitschtem Wasser büßen die berühmten Ausblicke nichts von ihrer friedlichen und beschaulichen Idylle ein. Für Chinesen sind diese Seeblicke aufs Engste mit literarischen und historischen Assoziationen verknüpft. Obwohl die vielen Besucher und Straßenhändler zuweilen störend wirken, lassen sich in dem weitläufigen Gebiet auch stille Orte fernab des Trubels finden. Besonders schön präsentiert sich der See bei Sonnenaufgang, wenn die Massen noch nicht auf den Beinen sind und ältere Menschen bereits beflissen ihre Taijiquan-Übungen praktizieren, während sich der morgendliche Nebelschleier über dem See allmählich lichtet.

Schon in der Tang-Dynastie wurde versucht, das Wasser des Sees durch Deiche und Stauanlagen zu kontrollieren. Die beiden **Dammwege**, die heute Teile des Sees queren – *Bai Di* im Norden und *Su Di* im Westen – gehen auf jahrhundertealte Aufschüttungen zurück. Abseits des Lärms und des Smogs der im Osten gewachsenen Stadt laden diese vorwiegend von Fußgängern und Radfahrern genutzten und von Seerosen gesäumten Dammwege zu jeder Tageszeit zu einem erholsamen Spaziergang ein. Das westliche Ende des Bai Di soll der beste Aussichtspunkt am ganzen See sein, insbesondere in Vollmondnächten im Herbst.

Bootsfahrten auf dem Westsee Zu den schönsten Unternehmungen, die sich bei einem Besuch Hangzhous anbieten, gehört eine Bootsfahrt auf dem See verbunden mit der Erkundung der Inseln. An verschiedenen Stellen kann man die kleinen überdachten Boote besteigen und sich über den See rudern lassen, so zum Beispiel am Anlegeplatz am Gu Shan in der Nähe des Museums sowie an der Hubin Lu. Die Bootsbesitzer berechnen eine feste Stundengebühr, die an den Anlegestellen aushängt, Touristen sollten aber dennoch auf der Hut sein, um nicht geneppt zu werden. Preiswerter, aber unpersönlicher sind die größeren Ausflugsboote, die regelmäßig von der Anlegestelle am Nordufer in der Nähe des Yue-Fei-Grabs zu den Inseln ablegen; ¥35 inkl. Eintrittsgebühren. Eine Rundfahrt zu den Inseln und den „Drei den Mond spiegelnden Teichen" in einem der aufgemotzten Drachenboote dauert eine gute Stunde.

Eine Reise auf diesem See bietet mehr Zerstreuung und Vergnügen als jedes andere Erlebnis auf Erden ...

Marco Polo

Bai Di und Gu Shan

Der nach dem berühmten Tang-Dichter Bai Juyi (772–846) benannte **Bai Di** im Norden ist mit 1,5 km Länge der kürzere und beliebtere der beiden Dammwege. Er beginnt im Nordwesten des Sees nahe dem *Shangri-La Hotel* und folgt dem Südufer der Insel **Gu Shan** (Berg der Einsamkeit), um dann weiter zum nordöstlichen Ufer zu führen und den schmalen, so genannten **Beili Hu** (Nördlicher Innerer See) vom restlichen See abzutrennen. Die am südlichen Ende des Bai Di gelegene Insel Gu Shan zählt zu Hangzhous großen Sehenswürdigkeiten und umfasst ein kleines Areal mit Pavillons, Pagoden, schattigen Bäumen und, im Früjahr, ein Meer von Chrysanthemen. Ursprünglich in der Tang-Dynastie gestaltet, erhielt die Insel ihr heutiges Erscheinungsbild während der Qing-Dynastie, als sich Kaiser Qianlong hier einen Palast errichten und den üppig begrünten **Zhongshan Park** anlegen ließ. Im Süden der Insel steht das große **Provinzmuseum von Zhejiang**, das einst Teil des Palasts war und heute in verschiedenen Flügeln u.a. erlesene historische Bronzen aus dem 11.–8. Jahrhundert v. Chr., Münzsammlungen und der Welt erste, auf die Nördliche Song-Dynastie zurückgehende Banknoten zeigt. Anhand der in ihrer Gestaltung von der Han- bis zur Qing-Dynastie 2000 Jahre lang weitgehend unverändert gebliebenen Münzen wird der tief verwurzelte Konservatismus in der chinesischen Gesellschaft deutlich. Neu eingerichtete Ausstellungsräume präsentieren chinesische Malereien und tibetische Buddha-Statuen. ◷ Di–So 8.45–16.15 Uhr, Eintritt ¥10.

Die bemerkenswerte, 1904 gegründete **Xiling-Siegelschnitzer-Gesellschaft** ist an der Westseite des Hügels neben dem *Louwailou Restaurant* beheimatet. Der dazugehörige winzige Park beherbergt einen Pavillon, der über anmutig ansteigende Stufen zu erreichen ist, behauene Steintafeln, Strauchwerk und, etwas abseits, einen kleinen, alten buddhistischen Stupa. Im Sommer kann man nicht selten die Siegelschnitzer bei der Arbeit beobachten. ◷ tgl. 9–16 Uhr, Eintritt ¥3. Im Südosten des Hügels steht am Wasser ein weiteres kaiserliches Bauwerk, der **Pavillon des Herbstmonds über dem Stillem See** – der ideale Ort, um den Vollmond zu betrachten und seine runde Gestalt über den Wasserspiegel wandern zu sehen. Heute ist darin ein Teehaus untergebracht, das besonders nach Sonnenuntergang gerne aufgesucht und von verzückten Hochzeitspaaren bevölkert wird.

Gleich östlich des Gu Shan gibt es am Ufer Boote zu mieten, die in der Kühle des Abends für eine kurzweilige Abwechslung sorgen (¥20 pro Std., ¥200 Pfand). Die niedrige steinerne **Duan Qiao**

(Zerbrochene Brücke) am östlichen Ende des Dammwegs erhielt ihren Namen, weil winterlicher Schnee zuerst auf dem Brückenbogen schmilzt, wodurch die Illusion einer Lücke entsteht.

Su Di und die Insel Santan Yinyue

Der zweite, längere Dammweg **Su Di** wurde nach dem Dichter-Beamten der Song-Dynastie Su Dongpo benannt, der Präfekt von Hangzhou war. Der Dammweg beginnt am südwestlichen Seeufer und quert ihn in seiner gesamten westlichen Länge bis zum Nordufer in der Nähe des Yue-Fei-Grabs. Die mit Trauerweiden und Pflaumenbäumen bepflanzten Eindeichungen, die durch sechs steinerne Bogenbrücken miteinander verbunden sind, riegeln eine weitere kleine Wasserfläche vom restlichen See ab, den **Xili Hu** (Westlichen Inneren See). Östlich des Dammwegs liegt im südlichen Seebereich die **Insel Xiaoying**, besser bekannt unter dem Namen **Santan Yinyue** (Drei den Mond spiegelnde Teiche) und nach den drei kleinen Steinpagoden im Wasser benannt, welche die bösen Geister im Zaum halten, die an diesen tiefsten Stellen des Sees lauern sollen. Die nahezu kreisrunde Insel ist die größte des Sees und wurde 1607 angelegt. Brücken verbinden den Norden mit dem Süden und den Osten mit dem Westen, sodass sie wie ein Rad mit vier Speichen und einer zentralen Nabe wirkt, die gerade groß genug für einen Pavillon ist, der heute zugleich als Geschäft und Restaurant dient. Eintritt auf die Insel ¥20.

Das Seeufer

Folgt man dem Seeufer von der Beishan Lu im Nordosten in entgegengesetztem Uhrzeigersinn, fällt zunächst die rechts auf dem Baoshi Shan (Edelsteinhügel) aufragende siebenstöckige Pagode **Baochu Ta** (Beschützer-Chu-Pagode) ins Auge. Sie ist zwar nur die 1933 errichtete Rekonstruktion eines Turmes aus der Song-Zeit, doch steht sie in schöner Umgebung, die zu einem Spaziergang über hügelige Pfade einlädt. Von der Beishan Lu führt ein schmaler Weg an Wohnhäusern vorbei hinauf zur Pagode. Oben angekommen lässt sich der Weg u.a. auf den **Qixia Shan** (Berg, an dem die Wolken verweilen) fortsetzen, der schöne Ausblicke auf den See eröffnet. Auf halber Strecke rückt unten links ein verstecktes, gelb ummauertes Gebäude mit schwarzen Dächern ins Blickfeld: das **Daoistische Kloster Baopu**, das einen Besuch wert ist, um die zahlreichen traditionellen Aktivitäten zu verfolgen, die vornehmlich in den späten Nachmittagsstunden und nach Schließung der Anlage stattfinden. Mit etwas Glück erlebt man eine der häufigen Ahnenverehrungszeremonien, bei denen Priester in farbenprächtigem Ornat die Riten für Witwen vollziehen, die lange schwarze Ketten durch die Finger gleiten lassen, um ihre verstorbenen Ehemänner zu ehren. Am oberen Ende der Treppe stehen einige kleinere Hallen, in denen alte Männer sich in Kalligrafie üben und junge Frauen Pipa spielen. Wie an allen solchen Orten sollten Touristen Zurückhaltung üben und die Privatsphäre achten, in die sie eindringen. ◷ tgl. 7–16 Uhr, Eintritt ¥4.

Ein Stück weiter erreicht der oberhalb des Klosters verlaufende Pfad **Chuyang** (Terrasse des Sonnenaufgangs), den traditionell bevorzugten Platz zum Betrachten des Sonnaufgangs im Frühjahr. Weiter westlich führen steile Stufen hinunter zur Straße, die man in der Nähe des Yue-Fei-Grabs im Nordwesten des Sees unweit des *Shangri-La*-Hotels erreicht.

Yue Fei Mu und Huanglong-Dong-Park

Die Anlage **Yue Fei Mu** (Tempel und Grab des Yue Fei) gehört zu Hangzhous Hauptattraktionen, da der Song-General Yue Fei aus dem 12. Jahrhundert im modernen China aufgrund seines bedingungslosen Patriotismus als Nationalheld betrachtet wird. Nachdem er siegreich von einem Krieg gegen barbarische Eindringlinge aus dem Norden zurückgekehrt war, wurde Yue Fei von einem eifersüchtigen Minister hinterhältig des Verrats bezichtigt, nach einer intriganten Verhandlung für schuldig befunden und im Alter von 39 Jahren hingerichtet. Zwanzig Jahre nach der Exekution aber hob der nächste Kaiser alle Schuldzuweisungen auf und ließ Yue Feis sterbliche Überreste mit allen Ehren an diese Stelle umbetten, um seinen Namen für alle Zeiten der Nachwelt zu erhalten. Nach dem Besuch der Tempelhallen führt der Weg zu zwei Grabhügeln (der zweite Grabhügel ist der von Yue Feis Sohn), die von alten Pinien umrahmt werden. Man erreicht sie jenseits einer kleinen Brücke über Wasser und hinter einer kurzen Seelenstraße, die zu beiden Seiten von Steinskulpturen gesäumt wird. Stelen künden von den damaligen Ereignissen, und vier kniende gusseiserne Statuen mit schamvoll hinter dem Rücken verschränkten Armen stellen die intriganten Schurken dar. Vor dem Grab fordert eine Kalligrafie: „Steht treu zu Eurem Land." ⌚ tgl. 7.30–17.30 Uhr, Eintritt ¥20.

Westlich von Yue Feis Grab führt eine Gasse weg vom See und hinauf in die im Norden hinter dem Tempel aufragenden Hügel. Nach einer halben Stunde Fußmarsch gelangt man zum nördlich des Qixia Shan gelegenen **Huanglong-Dong-Park** (Park der Höhle des Gelben Drachens), dessen Hauptbereich geheimnisvoll eingebettet zwischen jäh ansteigenden Felswänden liegt. Zu den Sehenswürdigkeiten gehören ein Teich, verschiedene Teehäuser, ein Schrein für Yue Lao (den chinesischen Gott der Heiratsplanung), Kirschblüten im Frühling und ein Pavillon, in dem Musiker traditionelle Weisen spielen – für ¥10 können Musikwünsche angemeldet werden. ⌚ tgl. 6.30–16 Uhr, Eintritt ¥5.

Huagang-Park, Jinci Si und das Museum der chinesischen Medizin

Auf einem Landvorsprung im Südwesten des Sees erstreckt sich der kleine **Huagang-Park** (Blumenbuchtpark) aus der Song-Dynastie mit einem Teich voller riesiger Fische und herrlichen, zum Verweilen einladenden Grünflächen mit exotischen Bäumen. Östlich davon befindet sich nicht weit vom südlichen Seeufer entfernt der Tempel **Jinci Si**, der einen eindrucksvollen, großen Buddha beherbergt. Obwohl diese Anlage bei weitem nicht so aktiv genutzt wird wie das Kloster der Seelenzuflucht, wurde sie vollständig restauriert. In der Nähe halten die Busse Nr. 308 und Nr. 315 auf ihrem Weg in die Stadt. ⌚ tgl. 6–16 Uhr, Eintritt ¥10.

Einen Kilometer östlich des Sees lädt in der schmalen, von der Hefang Jie abzweigenden Gasse Dajing Xiang das eindrucksvolle **Huqingyu-Tang-Museum der Chinesischen Medizin** zu einem Besuch ein. Es zeichnet die komplexe, jahrtausendealte Geschichte der chinesischen Medizin nach und ist in einer authentischen traditionellen Apotheke untergebracht – eine Kulisse, die im modernen China mehr und mehr zu verschwinden droht. ⌚ Mo–Mi und Fr–So 8–16 Uhr, Do 13–16 Uhr, Eintritt ¥5.

Feilai Feng und Lingyin Si

Drei Kilometer westlich des Sees befinden sich rund um den **Feilai Feng** (Herbeigeflogener Gipfel) Hangzhous berühmteste Sehenswürdigkeiten. Der merkwürdige Name des Felsens geht auf einen indischen Buddhisten mit dem chinesischen Namen Hui Li zurück, der bei seiner Ankunft in Hangzhou einen Hügel aus seiner indischen Heimat zu erkennen glaubte und daraufhin fragte, wann dieser dorthin geflogen sei. In der Nähe des Eingangs steht die für diesen Mönch errichtete **Ligong-Pagode**. Kurz dahinter führt ein Weg nach links zu einer eindrucksvollen Ansammlung in den Fels gemeißelter Repliken großer Buddhas aus ganz China. Rechts vom Eingang befindet sich eine Snack-Bar, die schöne Aussichten auf die benachbarten, sich über die Hänge ziehenden Teeplantagen bietet.

Die unbestritten größte und entsprechend gut besuchte Attraktion des Feilai Feng sind Hunderte aus dem Kalkgestein gehauene **Buddha-Skulpturen**, die zwischen dem 10. und 14. Jahrhundert entstanden und die bedeutendsten ihrer Art südlich des Yangzi sind. Überall gibt es moosbedeckte kleine Buddhas und andere Figuren zu entdecken, die dem Betrachter zwischen Laubwerk zulächeln. Wer will, kann auf schmalen Pfaden den Gipfel erklimmen und dem touristischen Gewimmel entkommen. ⌚ tgl. 7–16 Uhr, Eintritt ¥20.

Folgt man dem Hauptweg den Felai Feng weiter, erreicht man rechter Hand (und nur über das Gelände des Felai Feng) den Eingang zum **Lingyin Si** (Kloster der Seelenzuflucht), eine der größten Tempelanlagen Chinas. Der im Jahre 326 von Hui Li (dessen Grab sich in der Nähe befindet) gegründete Tempel war früher das größte und wichtigste Kloster Hangzhous mit einst 3000 Mönchen, neun Türmen, 18 Pavillons sowie 75 Hallen und anderen Räumen. Die reizvolle Anlage wurde mindestens sechzehnmal restauriert und gehörte offenbar zu den Kulturobjekten, über die Zhou Enlai während der Kulturrevolution seine schützende Hand hielt. Bis heute finden hier täglich Zeremonien statt, meist am frühen Morgen und nach 15 Uhr.

In den 40er Jahren war der Tempel so schlimm von Holzwürmern zerfressen, dass die mächtigen Querbalken der Haupthalle auf die Statuen stürzten. 1956 wurde aus Kampferholzstämmen eine Kopie der 18 m hohen Shakyamuni-Statue aus der Tang-Dynastie angefertigt. In anderen Bereichen des Tempels steht Altes und Neues oft dicht nebeneinander. So birgt die **Halle der Himmelskönige** beispielsweise vier große, grell bemalte „Wächterfiguren der Vier Himmelsrichtungen“ aus den 30er Jahren, gleichzeitig aber auch den Maitreya schützenden „Wächter der Buddhistischen Gesetze und Ordnung“, der vor 800 Jahren aus einem einzigen Stück Holz geschnitzt wurde. Anfahrt mit Bus Nr. 7 vom Tempel des Yue Fei bis zur Endhaltestelle. ⏲ tgl. 7.30–16.45 Uhr, Eintritt ¥15.

Südwestlich des Sees

Die südwestlich des Sees gelegene Gegend um das Dorf Longjing ist ganz dem **Teeanbau** gewidmet. Ein Meer von leuchtend grünen Teesträuchern zieht sich über die wogenden Hügel, und überall preisen alte Frauen Touristen frische Teeblätter zum Kauf an. Das relativ neue und sehr hübsch gestaltete **Teemuseum** zeichnet in einer sehenswerten und mit zahlreichen englischen Erläuterungen versehenen Ausstellung die Geschichte des Tees von der frühen Anwendung für medizinische Zwecke über die Etikette der Teezeremonie bis hin zur engen Beziehung zum Buddhismus nach. Besucher lernen verschiedene Teesorten, Anbautechniken sowie die Entwicklung speziellen Teegeschirrs kennen und können Nachbildungen regionaltypischer Teezimmer (u.a. aus Tibet und Yunnan) sehen. Anfahrt mit dem Bus Nr. 27 von der Pinghai Lu im Stadtzentrum bis zur Haltestelle schräg gegenüber dem Zhejiang Hotel; von dort der schmalen Gasse folgen, die etwas nördlich parallel zur Hauptstraße Longjing Lu nach Südwesten zum Museum führt. ⏲ tgl. 8–16.15 Uhr, Eintritt ¥10.

Das nahe **Zhejiang Hotel** birgt eine der merkwürdigsten Sehenswürdigkeiten Chinas. Diese ist mit dem berühmtesten ehemaligen Hotelgast verknüpft, dem in Ungnade gefallenen **Marschall Lin Biao** und bis dahin designierten Nachfolger Maos. Lin Bao kam 1971 zusammen mit seiner Familie bei einem angeblichen Flugzeugabsturz über der Mongolei ums Leben, als er versuchte, zur Sowjetunion überzulaufen. Irgendjemand mit seltsamem Sinn für Humor hatte die Idee, den Ruf des fortan gebrandmarkten Lin auszuschlachten und in den ehemals geheimen unterirdischen Räumen, zu denen er Zugang hatte, eine recht absurde **Schreckenskammer** (¥8) mit Monstern, Skeletten und anderen Schauergestalten einzurichten. Auch die überirdischen Zimmer, in denen Lin mit seiner Frau lebte und arbeitete, können besichtigt werden. Mit Nachdruck wird der örtliche Führer Lins Feigheit und Paranoia herausstellen und auf die gepolsterten Lampenschirme sowie die dreifach verstärkten, kugelsicheren und von außen verspiegelten Fenster hinweisen. Führungen (nur in Chinesisch) vermittelt die Rezeption neben der Hotelzufahrt; für gewöhnlich übernimmt ein Mann der gelangweilten Wachmannschaft die Aufgabe. Der Hotelkomplex selbst erstreckt sich über mehrere Hektar. Die skurrile Sehenswürdigkeit ist nicht ausgeschildert, und wer sie in eigener Regie erkunden möchte, muss Passanten nach dem Weg zum Gebäude Nr. 1 fragen.

Einige Kilometer weiter südwestlich liegt das Dorf **Longjing** (Drachenbrunnen), das von ansteigenden Teeterrassen umrahmt wird. Das Dorf ist berühmt als Heimat des **Longjing-Tees**, des vielleicht besten grünen Tees ganz Chinas. Je nach Jahreszeit eröffnet ein kurzer Streifzug Einblicke in die verschiedenen Anbau- und Verarbeitungsphasen der Teeproduktion – Pflücken der Blätter, Sortieren, Trocknen, usw. Unweigerlich finden sich Touristen alsbald in einem überteuerten Teehaus wieder oder werden bereits beim Aussteigen aus dem Bus bedrängt, Tee zu kaufen. Man sollte sich vor dem Kauf jedoch gut umschauen, denn es gibt ein komplexes Abstufungssystem und ein breites Spektrum unterschiedlicher Qualitäten und Preise. Die **Drachenbrunnenquelle** selbst liegt am Ende des Dorfes und ist von einer recht touristisch anmutenden Gebäudegruppe umgeben. Einmal pro Stunde fährt Bus Nr. 508 vom nordwestlichen Seeufer in der Nähe des Yue-Fei-Grabs nach Longjing. Wer gut zu Fuß ist, kann auch eine Wanderung vom Qiantang hierher unternehmen (siehe folgender Abschnitt).

Südlich des Sees

Bäume und sanfte Hänge prägen das Erscheinungsbild im Gebiet südlich und südwestlich des Westsees in der Umgebung des Qiantang. Zu den schönsten Parks der Gegend gehört die Anlage **Hupaomeng Quan** (Quelle des Laufenden Tigers). Die Quelle, die der Legende nach ein zen-buddhistischer Mönch im 9. Jahrhundert mit Hilfe von zwei Tigern entdeckt haben soll, liefert angeblich das reinste Wasser der gesamten Umgebung – das einzige Wasser, das wahre Teekenner für das Aufbrühen der besten Longjing-Teesorten benutzen

Jahrhundertelang zog es Einsiedler mit Vorliebe in dieses Gebiet, das sich heute über ein weites bewaldetes Areal mit Teehäusern, Schreinen, Wasserfällen und Pagoden ausdehnt. Anfahrt vom Zentrum mit den Bussen Nr. 308 und Nr. 315 am Ostufer des Sees entlang, von Longjing mit Bus Nr. 508. ⌚ tgl. 6.30–17.45 Uhr, Eintritt ¥10

Weiter südlich erreicht Bus Nr. 308 die 1000 Jahre alte **Liuhe Ta** (Pagode der Sechs Harmonien), die sich etwas westlich der Eisenbahnbrücke auf einem Hügel oberhalb des Qiantang erhebt. Der Sage nach gebot einst ein Drachenkönig über die Gezeiten des Flusses, der mit Springfluten regelmäßig die Ernten der Bauern vernichtete. Eines Tages spülte eine besonders hohe Welle die Mutter eines Jungen namens Liuhe fort und trug sie in das Versteck des Drachenkönigs. Als einfachsten Weg, seine Mutter zu befreien, ersann Liuhe die List, immer mehr Steine in den Fluss zu werfen, um auf diese Weise den Drachenpalast zu beschädigen und den Drachenkönig zu zwingen, ihm seine Mutter zurückzugeben und niemals wieder die Wellen zu manipulieren.

Aus Dankbarkeit bauten die Dorfbewohner die mächtige Pagode aus Holz und Backstein, an deren aufwärts geschwungenen Dachenden 104 große Eisenglocken hängen. Heute ist die Pagode ironischerweise der beste Aussichtspunkt auf die im Herbst auftretenden, mächtigen Springfluten. ⌚ tgl. 6.45–17.30 Uhr, Eintritt ¥10.

Von der 20 Minuten Fußmarsch flussaufwärts gen Westen gelegenen Endhaltestelle des Busses Nr. 2 führt eine schmale Straße, die unter dem Namen **Neun Bäche und Achtzehn Schluchten** bekannt ist, im rechten Winkel vom Fluss in Richtung Longjing. Die Strecke, die zu einer herrlichen Tour mit dem Fahrrad oder zu Fuß einlädt, folgt dem Ufer eines Flusses und windet sich durch Nassreisfelder und Teeterrassen, die zu beiden Seiten stufenförmig zu Hügeln ansteigen. Auf halber Strecke ist ein Restaurant am Fluss angesiedelt, der sich hier zu einer friedlichen Lagune weitet. Idyllisch schmiegt sich ein kleiner Pavillon an den bewaldeten Hang, und das Restaurant serviert ausgezeichneten Tee sowie leckere Mahlzeiten. Über holprige Pfade und zahlreiche Wasserläufe mit bequem gesetzten Trittsteinen führt der Weg weiter nordwärts bis nach Longjing.

Übernachtung

Um den See gibt es einige exzellente Hotels, wirklich billige Unterkünfte bieten jedoch nur die beiden Universitäten. Da diese preiswerten Zimmer im Sommer rasch ausgebucht sind, empfiehlt sich eine frühzeitige Reservierung. Zur Zeit der Recherche wurde das Kunstinstitut, 218 Nanshan Lu, renoviert; nach der Wiedereröffnung soll dort auch ein Gästehaus zur Verfügung stehen.

Dahua****, 171 Nanshan Lu, ✆ 7011901, 📠 7061770. Einige Straßen südlich der Jiefang Lu am Seeufer. Weitläufiges Gelände, komfortable Zimmer, aufmerksamer Service. Teuer, doch dafür bessere Leistungen als in anderen Hotels dieser Kategorie. Mao Zedong und Zhou Enlai bezogen bei ihren Aufenthalten in Hangzhou stets in diesem Haus Quartier.

Dongpo**, 52 Renhe Lu, ✆ 7069769, 📠 7024266. Elegante neue Zimmer und der feundliche, aufmerksame Service machen dieses Hotel zu einer der attraktivsten Adressen der Stadt. Schönes sechsstöckiges Atrium in der Mitte des Gebäudes.

Haihua Novotel**-Luxus***, 298 Qingchun Lu, ✆ 7215888, 📠 7215108. Anspruchsvolles Haus der internationalen Hotelkette mit luxuriösen und geschmackvoll eingerichteten Zimmern, z.T. mit Blick auf den See, und einer imposanten Treppe in der großen Lobby.

Hangzhou University*, Tianmushan Lu, im Norden der Stadt, am Ende der Hangda Lu. Zur Auswahl stehen zwei Unterkünfte: das *Foreign Experts' Hotel* etwas östlich des Haupteingangs zur Universität bietet DZ mit Hotelstandard, der *Foreign Students' Dormitory* in Gebäude 3 (hinter dem Eingang nach rechts und ca. 5 Min. geradeaus gehen) ist wesentlich preiswerter und hat mitunter einige Betten oder gar DZ frei, verfügt allerdings nur über Gemeinschaftsduschen. Anfahrt mit den Bussen Nr. 11 oder 153 vom Hauptbahnhof, oder Nr. 28 vom Ostbahnhof.

Huaqiao (auch: Overseas Chinese Hotel)****, 15 Hubin Lu, ✆ 7074401, 📠 7074978. Am Seeufer in der Nähe des westlichen Endes der Changsheng Lu. Schönes Haus in perfekter Lage, Zimmer jedoch etwas überteuert.

Hangzhou: Übernachtung und Essen

Übernachtung		
Dahua	大华饭店	*dàhuá fàndiàn*
Dongpo	东坡宾馆	*dōngpō bīnguǎn*
Haihua Novotel	海华大酒店	*hǎihuá dàjiǔdiàn*
Hangzhou University	杭州大学	*hángzhōu dàxué*
Huaqiao	华侨饭店	*huáqiáo fàndiàn*
Qingbo	青波饭店	*qīngbō fàndiàn*
Shangri-la	香格里拉饭店	*xiānggélǐlā fàndiàn*
Taipingyang	太平洋大酒店	*tàipíngyáng dàjiǔdiàn*
Xi Hu	西湖饭店	*xīhú fàndiàn*
Xinqiao	新桥饭店	*xīnqiáo fàndiàn*
Xinxin	新新饭店	*xīnxīn fàndiàn*
Zhejiang	浙江宾馆	*zhèjiāng bīnguǎn*
Zhejiang University Guesthouse	浙江大学招待所	*zhèjiāng dàxué zhāodàisuǒ*
Zhonghua	中华饭店	*zhōnghuá fàndiàn*
Essen		
Bafangyuan	八方缘	*bāfāng yuán*
Kuiyuan Guan	奎元馆	*kuíyuán guǎn*
Louwailou	楼外楼	*lóuwài lóu*
Tianwaitian	天外天	*tiānwài tiān*
Zhiweiguan	知味观	*zhīwèi guàn*

Qingbo**, 109 Qingbo Lu, am See, ✆ 7079988. Gut gelegenes Mittelklassehotel, komfortable Zimmer mit fairem Preisgefüge. Nach der Verfügbarkeit von Zimmern mit Seeblick fragen. Beträchtliche Preisnachlässe in der Nebensaison.

Shangri-La, Luxus, Beishan Lu, am Nordufer des Sees, in Nachbarschaft des Tempels des Yue Fei, ✆ 7077951, 💻 www.shangri-la.com. Rundum klimatisierter Komfort inmitten eines schönen, baumbestandenen Geländes. Teures, aber üppiges Frühstücksbufett.

Taipingyang (auch: Pacific Hotel)***, 52 Pinghai Lu, gleich östlich der Yan'an Lu, ✆ 7077666, 📠 7063638. Recht anonymes, aber sauberes und komfortables Haus.

Xi Hu**, 80 Hubin Lu, ✆ 7066933. Perfekte Lage am Seeufer. Etwas heruntergekommene, dafür jedoch preiswerte Zimmer, z.T. mit Bad. Anfahrt mit Bus Nr. 17 vom Bahnhof.

Xinqiao****, 176 Jiefang Lu, Ecke Yan'an Lu, ✆ 7076688, 📠 7022768. Sehr zentral gelegen und eine der vornehmsten Adressen der Stadt.

Xinxin**, 58 Beishan Lu, ✆ 7987101, 📠 7053263. Durchschnittliche, etwas abgewohnte Zimmer, aber angesichts des Preises und der vorzüglichen Lage mit Blick auf das nördliche Seeufer durchaus empfehlenswert.

Zhejiang****, 53 Longjing Lu, ✆ 7977988 📠 797 1904. In friedlicher ländlicher Umgebung südwestlich des Sees inmitten von Teeplantagen. Manchen Zimmern ist der Zahn der Zeit anzusehen. Anfahrt mit Bus Nr. 27 von der Pinghai Lu.

Zhejiang University Guesthouse*, Zheda Lu, ✆ 7951207. Von der Yugu Lu um die Ecke, neben dem *Lingfeng Hotel*, Anfahrt mit Bus Nr. 16 vom Seeufer. Das Gebäude befindet sich ca. 100 m hinter dem Nordtor *(beimen)* auf der rechten Seite. Saubere, neue Zimmer, faire Preise, gute Kantine.

Zhonghua**, 55 Youdian Lu, ✆ 7027094, 📠 702 9574. Sehr zentral zwischen Seeufer und Yan'an Lu gelegen. Freundliche, neue Zimmer in hübscher Umgebung.

Essen

Da Hangzhou zu den beliebtesten Zielen einheimischer Touristen gehört, ist die Auswahl an Restaurants groß, allerdings fehlt die kosmopolitische Vielfalt, die beispielsweise Shanghai und Nanjing besitzen. Eine Straße östlich der Yan'an Lu gibt es in der parallel verlaufenden Wushan Lu zahlreiche Lokale, die Gerichte der Yangzi- und nördlichen Zhejiang-Küche anbieten. Gleiches gilt für die Huabin Lu und Pinghai Lu am Ostufer des Sees.

Für viele chinesische Touristen ist der Besuch eines der berühmten **historischen Restaurants** der Stadt fester Bestandteil eines Hangzhou-Aufenthalts. Das *Louwailou* (Turm hinter Turm) auf der Insel Gu Shan und das *Tianwaitian* (Himmel hinter Himmel) in der Nähe des Lingyin Si servieren lokale Spezialitäten zu angemessenen Preisen. Ein drittes Restaurant namens *Shanwaishan* (Berg hinter Berg) hat sich hingegen im Laufe der Jahre einen schlechten Ruf erworben. Die Namen der drei Restaurants spielen auf eine Zeile im berühmtesten Gedicht des Dichters Lin Hejin aus der Südlichen Song-Dynastie an: „Berg hinter Berg und Turm hinter Turm / Können Lieder und Tänze am Westsee jemals ein Ende finden?"

Eine Filiale von *Häagen-Dazs* an der Huibin Lu ist lächerlich teuer; wer Lust auf einen Snack und einen Kaffee hat, ist im nahen *Starbucks* an der Xueshi Lu besser aufgehoben.

Bafangyuan, Pinghai Lu. Zwei Straßen östlich der Yan'an Lu. Zentral gelegene Snackbar unter taiwanischer Führung. Gut besucht, sauber und effizient. Im Angebot sind zahlreiche Getränke, darunter der köstliche taiwanische *naizhu cha* – ein milchiger Tee mit kernigen Tapioka-Blüten, Desserts, Feuertöpfe (u.a. eine Version mit Hundefleisch) und die üblichen Hauptgerichte.

Kuiyuan Guan, Jiefang Lu, gleich westlich der Zhongshan Zhong Lu, im 1. Stock (hinter dem mit chinesischen Laternen geschmückten Eingang nach links gehen). Über 40 verschiedene Nudelgerichte für jeden Geschmack, von gewöhnlicher Nudelsuppe mit Rindfleisch bis hin zur gewöhnungsbedürftigen Variante mit Schweine-Innereien und Nierchen. Bietet auch diverse lokale Meeresfrüchte-Spezialitäten an.

Lingyin Si, vegetarisches Restaurant am Lingyin Si. Ausgezeichnete Küche, jedoch nur Mittagstisch. Sättigende Mahlzeiten für ca. ¥50 pro Person.

Louwailou, auf der Insel Gu Shan. Hangzhous berühmtestes Restaurant, gelegen am südlichen Ufer der Insel, nahe dem Museum. Zu den Spezialitäten gehören *dongpo*-Schweinefleisch, Fischstreifensuppe und Bettlerhuhn (ein ganzes Huhn, gegart in einem Tonmantel, der erst am Tisch aufgebrochen wird). Unter anderem speisten hier schon Lu Xun und Zhou Enlai. Standardgerichte ¥30–45.

Tianwaitian, Lingyin Si, über dem vegetarischen Restaurant. Chinesische Touristen strömen in Scharen herbei, um die frischen Meeresfrüchte zu kosten, die angeblich aus dem Westsee stammen und zu akzeptablen Preisen angeboten werden. Gerichte für ¥40–55. Hat nicht die Klasse des *Louwailou.*

Zhiweiguan, Renhe Lu, ein halber Häuserblock östlich des Sees. Eines der schönsten Lokale der Stadt für das Mittagessen. Sehr kultivierte Atmosphäre mit westlicher klassischer Musik aus der Konserve im Hintergrund. *Dian-xin*-Gerichte pro Teller rund ¥20, darunter zum Beispiel *xiao long bao* (kleine *jiaozi* mit delikater Füllung) und *mao erduo* (knusprig gebratene *jiaozi*). Empfehlenswert sind auch *huntun tang* (*wonton*-Suppe) und *jiu miao* (gebratener Schnittlauch).

Unterhaltung

Einen Hauch von Nachtleben bietet ***Phoenix Fire,*** 103 Nanshan Lu, gegenüber dem Gästehaus des Kunstinstituts, eine von mehreren Bars, die gerne von Auslandsstudenten der nahen Hangzhou-Universität und Touristen besucht wird.

Einkaufen

Auf einem **Nachtmarkt** an der Wushan Lu, die zwischen der Pinghai Lu und Youdian Lu parallel zur Yan'an Lu verläuft, bieten Straßenhändler das übliche Warensammelsurium an, von Yixing-Teekannen über Dolche bis hin zu chinesischen Namensstempeln.

Gegenüber dem Kunstinstitut gibt es an der Nanshan Lu einige **Kunstgalerien**, die zu durchstöbern sich lohnen kann.
Für Seide empfehlen sich der ***Hangzhou Silk and Brocade Shop*** und das Ladengeschäft der ***Wangxingji Fan Factory,*** beide in der Hubin Lu, Hausnr. 1 bzw. 8, am nordöstlichen Seeufer, mit der besten Auswahl und den lukrativsten Preise der Stadt.

Sonstiges

AMT FÜR ÖFFENTLICHE SICHERHEIT (PSB) – Visa-Verlängerungen erteilt das Büro der Stadtverwaltung im Zentrum an der südwestlichen Ecke der Kreuzung der Jiefang Lu und Yan'an Lu.

FAHRRÄDER – Auch die meisten großen Hotels vermieten inzwischen Fahrräder – beispielsweise verlangt das *Huaqiao Hotel* ¥5 pro Std. plus Pfand ¥200, Tandems kosten ¥20 pro Std.

GELD – Hauptfiliale der ***Bank of China,*** 140 Yan'an Bei Lu, wenig nördlich der Qingchun Lu, 🕓 Mo–Fr 8–16 und Sa 8–12.30 Uhr. Auch die kleineren Zweigstellen lösen Reiseschecks ein. Gäste gehobener Hotels können in ihrer Unterkunft Geld wechseln.

INFORMATIONEN – Hangzhou ist eine der wenigen chinesischen Städte, die mit einem Informationsbüro für Touristen gesegnet ist. Im ***Hangzhou Tourist Information Centre,*** Jiefang Lu, Ecke Hubin Lu, ✆ 7012003, sind reichlich Stadtpläne, Broschüren und Tipps von englischsprachigen Mitarbeitern erhältlich. 🕓 tgl. 8–16 Uhr.

INTERNET – In der unmittelbaren Umgebung beider Universitäten gibt es inzwischen etliche kleine Internet-Läden.

MEDIZINISCHE HILFE – ***Shengzhong Hospital,*** Youdian Lu, drei Straßen östlich des Sees, ✆ 70688001, ist das zentralste Krankenhaus. ***Hangda Hospital*** auf dem Campus der Hangzhou-Universität, ✆ 7072524, ist am schnellsten zu erreichen, wenn man im Norden der Stadt wohnt. ***Zhejiang Hospital,*** ✆ 7987373, günstig für alle diejenigen gelegen, die westlich des Sees Quartier beziehen.

POST UND TELEFON – ***Hauptpostamt,*** Huancheng Dong Lu, nur wenig nördlich des Bahnhofs.

REISEBÜROS – ***CITS,*** ✆ 5152888, 📠 5156667, liegt am Nordufer des Sees auf einem Hügel oberhalb der Kreuzung der Beishan Lu und Baoshu Lu. Das Büro befindet sich 80 m links hinter dem Haupttor; 🕓 tgl. 8.30–17 Uhr. Nahezu alle Hotels verfügen über eigene Reiseagenturen.

VORWAHL – 0571

Nahverkehrsmittel

Im Stadtgebiet lässt sich problemlos eines der zahllosen roten **Taxis** heranwinken. Die meisten Ziele innerhalb Hangzhous sind für ¥10 zu erreichen. Das Netz der **Stadtbuslinien** ist gut organisiert. Relevante Linien sind unter den jeweiligen Sehenswürdigkeiten aufgeführt.

Transport

BUSSE – Vom Vorplatz des Hauptbahnhofs verkehren zahlreiche Privatbusse nach Ningbo und Shaoxing sowie in nahe Städte wie Suzhou oder Shanghai.
Der wichtigste **Überland-Busbahnhof** liegt im Norden der Stadt an der Hushu Nan Lu, wenig nördlich der Huancheng Lu. Bus Nr. 151 vom und zum Bahnhof hält dort. Die meisten Überlandbusse steuern diesen Bahnhof an. Ausnahmen sind die Busse aus Shaoxing, Ningbo und Fuzhou, die den **Ost-Busbahnhof** im Nordosten der Stadt nutzen, der durch Bus Nr. 5[illegible] mit dem Überland-Busbahnhof und Bus Nr. 503 mit dem Hauptbahnhof verbunden ist. Wer von dort in die Stadt gelangen möchte, fährt zuerst zum Überland-Busbahnhof, von dort weiter mit Bus Nr. 151 nach Süden ins Zentrum.
Busse nach Shanghai sowie mit Zielen in der Provinz Jiangsu nutzen den **Nord-Busbahnhof**, der weit außerhalb im Norden der Stadt an der Mogan Shan Lu liegt. Nach Huangshan verkehren Busse vom **West-Busbahnhof**, westlich der

Hangzhou-Universität an der Tianmu Shan Lu. Wenzhou und Orte in der Provinz Fujian werden vom **Süd-Busbahnhof** angesteuert, der zu Fuß nur 5 Minuten südlich des Hauptbahnhofs an der Dong Bao Lu, Ecke Qiushou Lu liegt.

Für alle Ziele – außer vielleicht Shaoxing und Ningbo – ist die Eisenbahn die bequemere und häufig preiswertere Alternative.

Busse nach:
HUANG SHAN 5 Std.;
LIANYUNGANG 9 Std.;
NANJING 6 Std.;
NINGBO 3 Std.;
SHANGHAI 2 Std.;
SHAOXING 1 Std.;
SUZHOU 4 Std.;
WENZHOU 10 Std.;
WUXI 4 Std.;
YANGZHOU 6 Std.

EISENBAHN – Der **Hauptbahnhof** liegt 2 km östlich des Stadtzentrums. Bis zum Seeufer benötigt man von dort zu Fuß ungefähr 40 Minuten (vom Ausgang geradeaus bis zur Jiefang Lu, dann nach links in westliche Richtung bis zum See). Bus Nr. 7 fährt vom Bahnhof direkt zum See, die Busse Nr. 151 und Nr. 152 bis zur Yan'an Lu. In Ausnahmefällen halten Züge nur am abgelegenen **Ostbahnhof**, von wo Bus Nr. 518 ins Zentrum verkehrt.

Links vom Eingang zum Hauptbahnhof gibt es einen für Ausländer reservierten Fahrkartenschalter für Karten in der Weichsitzklasse; ⏲ Mo–Sa 8–11.30 und 13–16 Uhr. Für Fahrkarten in der Hartsitz- oder Hartbettenklasse muss man sich in der Bahnhofshalle vor den Schaltern 1 oder 2 anstellen.

Züge nach:
BEIJING 4x tgl., 16 Std.;
GUANGZHOU 3x tgl., 22–24 Std.;
NANCHANG tgl., 12 Std.;
NANJING 8x tgl., 5–7 Std.;
NINGBO 8x tgl., 3–4 Std.;
SHANGHAI 22x tgl., 2–3 Std.;
SHAOXING 8x tgl., 1 1/2 Std.;
SUZHOU 9x tgl., 3–4 Std.;
WENZHOU 5x tgl., 8–11 Std.;
WUXI 8x tgl., 5 Std.

FÄHREN – Es bestehen tägliche Verbindungen auf dem Kaiserkanal von Hangzhou nach Suzhou und Wuxi. Die Schiffe kommen morgens an und legen am frühen Abend wieder ab.

Die Anlegestelle befindet sich im äußersten Nordosten der Stadt – Bus Nr. 305 hält in der Nähe. Unregelmäßige Verbindungen bestehen auf dem Fluss Xin'an und über den See der Tausend Inseln nach Huangshan in der Provinz Anhui; aktuelle Auskünfte können an der Landungsbrücke der Fähren eingeholt werden. Auskünfte sind auch über *CITS* und die Reiseagenturen in den Hotels (s.S. 553) erhältlich.

Fähren nach:
SUZHOU 2x tgl., 13 Std.;
WUXI tgl., 14 Std.

FLÜGE – Hangzhous **Flughafen** liegt 15 km nördlich der Stadt. CAAC-Busse (¥5) fahren vom Flughafen zum Hauptbüro der Gesellschaft an der Tiyuchang Lu, wenig östlich der Hushu Lu.

Fluggesellschaften: Hauptbüro von ***CAAC*** für Reservierungen und Ticketverkauf, 160 Tiyuchang Lu, im Norden der Stadt; ⏲ tgl. 8.15–18 Uhr; ✆ 5154259 für nationale Abflugzeiten, ✆ 5152575 für Reservierungen. *CAAC*-Flughafenbusse (¥10) fahren ca. 2 1/2 Std. vor der jeweiligen Abflugzeit vor dem Büro ab.

Flüge nach:
BEIJING tgl., 2 Std.;
CHENGDU 6x tgl., 2 1/2 Std.;
FUZHOU 3x tgl., 1 Std.;
GUANGZHOU 4–5x tgl., 2 Std.;
GUILIN tgl., 1 3/4 Std.;
HONGKONG 2x tgl., 2 1/2 Std.;
KUNMING 2x tgl., 2 1/2 Std.;
QINGDAO tgl., 1 1/2 Std.;
SHANGHAI tgl., 1/2 Std.;
SHENZHEN tgl., 2 Std.;
SINGAPORE 3x wöchentl., 6 Std.;
WENZHOU 2x tgl., 3/4 Std.;
XIAMEN 2x tgl., 1 1/4Std.;
XI'AN tgl., 2 1/4Std.

Shaoxing

Südlich der Bucht von Hangzhou, inmitten einer flachen Ebene, die von niedrigen Hügeln umgeben und kreuz und quer von Wasserwegen durchzogen ist, liegt eine der ältesten Städte Zhejiangs Bereits im 5. Jahrhundert v.Chr. etablierte sich Shaoxing als regionales Zentrum und entwickelte sich in den darauffolgenden Jahrhunderten – besonders unter der Song-Dynastie, als der kaiserliche Hof im benachbarten Hangzhou residierte – zu einer blühenden Stadt, die jedoch mangels eines direkten Zugangs zum Meer nie von wirklich großer Bedeutung war. Umso überraschender ist es, dass die kleine Stadt eine wichtige Rolle in der chinesischen Legende und Kultur spielt, indem sie einige von Chinas schillernden Persönlichkeiten hervorgebracht hat, darunter Yu der Große, mythischer Bezwinger der Fluten, der Frauen mordende Ming-Maler Xin Wei, die ruhmreiche Revolutionsheldin Qiu Jin sowie Lu Xun, ein bedeutender Schriftsteller des 20. Jahrhunderts – sie alle haben ihre Spuren hinterlassen. Weitere Berühmtheit verdankt die Stadt dem nahe gelegenen **Jian Hu** und seinem ungewöhnlich klaren Wasser, ein wichtiger Bestandteil der Alkoholika, die nicht nur in China überaus begehrt sind. Das höchste Ansehen genießen der **gelbe Reiswein**, weltweit ein unverzichtbarer Bestandteil chinesischer Kochrezepte, und der rubinfarbene **Nü'er Hongjiu** (Mädchen-Rotwein), mit dem Bräute traditionell auf das Wohl ihres frisch angetrauten Ehemannes anstoßen – das alkoholische Gebräu wird bei der Geburt eines Mädchens gekauft und im Hinterhof vergraben, wo es bis zum Zeitpunkt der Eheschließung heranreift.

Besuchern präsentiert sich Shaoxing heute als ruhigere und gemütlichere Version von Suzhou und bietet neben einigen interessanten Sehenswürdigkeiten auch die Möglichkeit zu **Bootstouren** durch klassische chinesische Landschaften. Die Stadt kann im Rahmen eines Tagesausflugs von Hangzhou besucht werden, aber ein Tag reicht definitiv nicht aus, um den Sehenswürdigkeiten der Stadt und ihrer Umgebung gerecht zu werden. Einen weiteren Anreiz für längere Aufenthalte bieten die preiswerten Unterkünfte.

Shaoxings Zentrum wird von einer typisch chinesischen Einkaufsstraße beherrscht, doch nicht weit davon entfernt gurgeln Wasserläufe und säumen weiß getünchte Häuser die Kopfsteinpflastergassen der Altstadt. An vielen Gebäuderückseiten ragen baufällig wirkende Veranden – die meist die Küche beherbergen – über die Kanäle, an deren Ufer alte Frauen hocken und ihre Wäsche reinigen. Die Stadt lässt sich wunderbar mit dem Fahrrad erkunden (s.S. 558, Sonstiges), wobei der **Fushan-Park** im Westen des Zentrums als nützlicher Orientierungspunkt dient. Nahe dem Parkeingang steht ein großer Tempel, der Aufstieg zum Gipfel des Hügels führt an etlichen kleinen Pavillons vorbei, und von oben schweift der Blick über die Kanäle und Brücken der Stadt. Vor allem nach Sonnenuntergang treffen sich hier eine Menge verliebter Pärchen zum romantischen Stelldichein. Der Haupteingang zum Park befindet sich an der Fushanhen Jie, leicht an einem auffälligen Torbogen zu erkennen, der ihr östliches Ende von der Nord-Süd-Achse Jiefang Lu abgrenzt. Nachmittags und abends verwandelt sich die Fushanhen Jie zu einem lebendigen Marktplatz, auf dem von Gemüse bis hin zu raubkopierten CDs alles angeboten wird. 🕓 tgl. 7–22 Uhr, Eintritt ¥8.

An bzw. nahe der Jiefang Lu stehen einige ehemalige Wohnhäuser berühmter Persönlichkeiten. Der gepflegte und friedliche **Qingteng Shuwu** (Studienraum des Grünen Weinstocks) versteckt sich in einer schmalen Gasse namens Houguan Xiang 100 m südwestlich der Kreuzung von Jiefang Lu und Renmin Lu. Das kleine Haus aus dem 16. Jahrhundert ist nicht leicht zu finden, da es an der Jiefang Lu keine Ausschilderung gibt, doch die Passanten helfen üblicherweise gerne weiter. Die ruhige Ausstrahlung dieses Orts lässt nicht vermuten, dass hier einst der exzentrische Ming-Maler und Dramatiker Xu Wei (1521–93) lebte, der einige schlimme Gewalttaten beging und zu guter Letzt sogar seine Ehefrau ermordete. Xu führte ein schillerndes Leben: Er stand als Erster Kalligraf im Dienst des Kaisers, zog gegen japanische Piraten in die Schlacht und verbrachte seine letzten Lebensjahre als verarmter Vagabund, der seine Kalligrafien anonym verkaufte. Das Haus beherbergt einige seiner Pinsel, Malereien und Kalligrafien. 🕓 tgl. 8–16 Uhr, Eintritt ¥2.

500 m weiter südlich wird der niedrige Tu Shan von der **Yingtian-Pagode** gekrönt. Sie gehörte einst zu einem in der Song-Zeit errichteten Tempel, wurde von den Taiping-Rebellen niedergebrannt und später wieder aufgebaut. Der mühevolle Auf-

stieg wird mit schönen Ausblicken auf die Kanäle der Stadt belohnt. ⌚ tgl. 8–17 Uhr, Eintritt ¥2.

Die schwarzen Dachziegel einen Block weiter südlich in der Hechang Tang gehören zum **Ehemaligen Wohnsitz von Qiu Jin**, eine radikale Aktivistin, die hier 1875 geboren wurde, zum Studium nach Japan ging, nach ihrer Rückkehr als Lehrerin arbeitete und sich dann Sun Yatsens geheimer Revolutionspartei anschloss. Nach Herausgabe mehrerer revolutionärer Schriften in Shanghai und Teilnahme an einigen misslungenen Handstreichen wurde sie festgenommen und 1907 von den Qing-Truppen in Hangzhou hingerichtet. Das Haus beherbergt umfangreiches Material über ihr Leben, und obwohl keine englischsprachigen Erläuterungen vorhanden sind, vermitteln die Fotografien und Malereien ein Gefühl für die Atmosphäre der damaligen Zeit. ⌚ tgl. 8–16 Uhr, Eintritt ¥2.

Östlich der Jiefang Lu befinden sich an der Luxun Lu einige Sehenswürdigkeiten, die in Beziehung zu dem berühmten Schriftsteller **Lu Xun** stehen (s.S. 173). Ein kombiniertes Ticket für alle drei Anlagen, die jeweils von 8–16 Uhr geöffnet haben, kostet ¥30. Da Lu Xun seine Kindheit und frühen Jugendjahre in Shaoxing verbrachte, tauchen in seinen Werken zahlreiche lokale Charaktere auf. Die Kurzgeschichte *Kong Yiji* beispielsweise erzählt von einem Dorfidioten, der die kaiserlichen Prüfungen nicht besteht und deshalb von der Gesellschaft ausgestoßen wird – den Stoff hierfür sammelte Lu Xun vermutlich in einem Schankraum, der sich einst in dieser Straße befand. Da die Stadt von gewaltsamen Veränderungen weitgehend verschont blieb, sind viele in seinen Schriften auftauchende Kulissen noch heute zu erkennen. Der Spaziergang führt zunächst zur **Lu-Xun-Gedenkhalle**, die jedoch nur chinesische Erklärungen enthält und für Ausländer daher eher von geringem Interesse ist. Wenige Fußminuten weiter östlich steht hinter der schlichten **Lu-Xun-Bibliothek** der **Ehemalige Wohnsitz von Lu Xun**, der in ein **Volksmuseum** umgewandelt wurde. Der Rundgang macht mit der ehemaligen Behausung des Schriftstellers bekannt und führt darüber hinaus in einen schönen Garten. Nach Betrachtung so vieler hoher und abweisender Mauern anderer Wohngebäude ist es ziemlich interessant, das Innenleben eines traditionellen Hauses einmal genauer unter die Lupe zu nehmen. Direkt gegenüber vom Museum befindet sich der **Sanwei Shuwu** (Studienraum der Drei Aromen), eine kleine Schule, die Lu Xun als Kind besuchte. Es gibt dort nur einen Raum zu besichtigen, in dem auf einer Schulbank ein glatter Tuschestein und eine Schale Wasser stehen – damals die einzigen Werkzeuge für arme Kalligrafie-Studenten, die sich Papier und Tinte nicht leisten konnten. Es soll übrigens Glück bewirken, seinen Namen mit Wasser auf den Stein zu schreiben.

Eine weitere Sehenswürdigkeit Shaoxings und fester Bestandteil einer jeden Stadtbesichtigung liegt nordöstlich der Gedenkstätten für Lu Xun mitten in einem der pittoreskesten und traditionellsten Viertel der Stadt. Die nach wie vor viel benutzte **Bazi Qiao** (Brücke in Form des Schriftzeichens Acht – so genannt nach ihrem Aussehen) stammt aus dem 13. Jahrhundert und ist das berühmteste Bauwerk seiner Art in Shaoxing. Um dorthin zu gelangen, zweigt man von der Zhongxing Zhong Lu gen Osten in die schmale Baziqiao Zhi Jie ab.

Übernachtung

Im Gegensatz zu vielen anderen Städten scheint es in Shaoxing keine Einschränkungen für die Unterbringung von Ausländern zu geben.

Jinyu*, 5 Fußmin. südlich des Busbahnhofs. Halbwegs luxuriöse EZ und DZ, beste Alternative unter mehreren ähnlichen Unterkünften im Norden der Jiefang Lu.

Jiaoyundasha Luguan*, unmittelbar südlich des Busbahnhofs. Alles andere als herausragend, doch sehr preiswerte DZ mit und ohne Bad.

Shaoxing Dasha*, Jiefang Lu, schräg gegenüber vom Busbahnhof. Passable DZ mit ac.

Shaoxing Fandian**, Shengli Lu, ✆ 5155888. Bestes Hotel der Stadt, erbaut im Stil der Ming-Architektur. Große charmante Anlage auf ebenso großem Gelände, das sogar zu einer Bootstour einlädt. Vom Bahnhof mit Bus Nr. 3 zu erreichen.

Essen

Im nördlichen Bereich der Jiefang Lu gibt es mehrere Möglichkeiten zum Einkehren, darunter eine richtiggehende **Essstraße**, die westwärts von der Jiefang Lu abgeht. Das ordentliche ***Jinyu Restaurant*** im gleichnamigen Hotel ser-

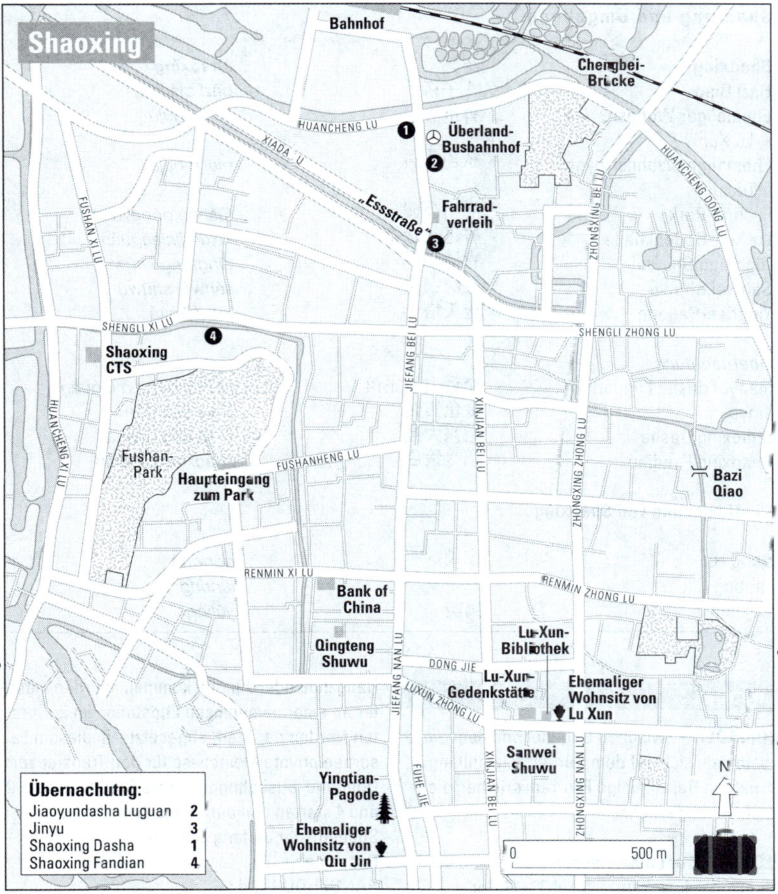

Lanting

Dong Hu und Yu Ling

viert Gerichte, die nach hiesiger Art über Holzkohle gegrillt *(mei)* werden, aber leider gibt es nur eine chinesische Speisekarte. Zu Shaoxings weiteren Spezialitäten gehören Süßwasserfisch und natürlich der gelbe Reiswein, der angeblich schon seit über 2000 Jahren aus dem vor Ort angebauten Klebreis und dem klaren Wasser des Jian Hu produziert wird. Heutzutage verwendet man den Wein eher zum Kochen als zum Trinken – ein ganz typisches Gericht dieser Art ist Shaoxing-Huhn *(shaoxing ji)*.

Bei einem Bummel durch die Stadt fallen auch die vielen Stände ins Auge, die Stinkenden Tofu *(chou doufu)* anbieten. Das Rezept hierfür, das sich mittlerweile über ganz China verbreitet hat, wurde angeblich von einer Frau aus Shaoxing kreiert, die ihre Speisenvielfalt ein wenig erweitern wollte und versuchsweise diverse Gewürze zusammen mit Tofustücken in einen Wok warf – der Geschmack des *chou doufu* ist übrigens weit besser als sein Geruch.

Shaoxing und Umgebung

Shaoxing	绍兴	***shàoxīng***
Bazi Qiao	八子桥	*bāzǐ qiáo*
Ehemaliger Wohnsitz von Lu Xun	鲁迅故居	*lǔxùn gùjū*
Ehemaliger Wohnsitz von Qiu Jin	秋瑾故居	*qiūjǐn gùjū*
Fushan-Park	府山公园	*fǔshān gōngyuán*
Lu-Xun-Gedenkhalle	鲁迅纪念馆	*lǔxùn jìniànguǎn*
Qingteng Shuwu	青滕书屋	*qīngténg shūwū*
Sanwei Shuwu	三味书屋	*sānwèi shūwū*
Yingtian-Pagode	应天塔	*yìngtiān tǎ*
Übernachtung		
Jiaoyundasha Luguan	交运大厦旅馆	*jiāoyùn dàshà lǚguǎn*
Jinyu	金鱼宾馆	*jīnyú bīnguǎn*
Shaoxing Dasha	绍兴大厦	*shàoxīng dàshà*
Shaoxing Fandian	绍兴饭店	*shàoxīng fàndiàn*
Die Umgebung von Shaoxing		
Dong Hu	东湖	*dōnghú*
Lanting	兰亭	*lántíng*
Yu Ling	禹陵	*yǔlíng*

Sonstiges

FAHRRÄDER – Zwischen Bahnhof und dem *Jinyu* versammeln sich auf dem Bürgersteig entlang der Jiefang Bei Lu einige Fahrradverleiher, die jedoch ständig wechseln.

GELD – ***Bank of China,*** Renmin Dong Lu sowie mehrere Zweigstellen, ◷ tgl. 8.30–17 Uhr.

REISEBÜROS – ***Shaoxing CTS,*** 360 Fushan Lu, ✆ 5155888. Die freundliche, Englisch sprechende Belegschaft organisiert Ausflüge in die Umgebung und bucht Transportmittel.

VORWAHL – 0575

Transport

BUSSE – Der **Überland-Busbahnhof** befindet sich südlich des Bahnhofs an der Kreuzung von Jiefang Lu und Huancheng Lu. Reisende, die aus Hangzhou oder Ningbo kommen, werden mitunter an einer namenlosen Endstation im äußersten Norden der Stadt abgesetzt – in diesem Fall sorgen private Kleinbusse für den Transfer zum Überland-Busbahnhof, wo die Stadtbusse Nr. 2 und 4 starten und durch das Zentrum bis ans Südende der Jiefang Lu fahren.
Busse nach:
HANGZHOU 1 Std.;
NINGBO 2 Std.

EISENBAHN – Shaoxings **Bahnhof** liegt nördlich des Überland-Busbahnhofs an der Trasse zwischen Hangzhou und Ningbo. Der Ticketkauf ist im Gegensatz zu anderen Städten eine relativ stressfreie Angelegenheit, und es gibt auch nicht die Scharen von Stadtplanverkäufern, die überall sonst an den Bahnhöfen herumlungern (Stadtpläne bekommt man eher in den Kaufhäusern der Stadt). Vom Bahnhof fahren die Busse Nr. 1, 2, 3 und 4 zum Busbahnhof.

Züge nach:
HANGZHOU 8x tgl., 1–1 1/2 Std.;
NINGBO 8x tgl., 2–4 Std.;
SHANGHAI 6x tgl., 3–4 Std.

Die Umgebung von Shaoxing

Ein Besuch in Shaoxing wäre nicht vollständig ohne die ein oder andere Erkundungstour in die Umgebung. Nicht weit entfernt liegt der **Dong Hu** (Ostsee), der mit Bus Nr. 1 innerhalb von 20 Minuten erreichbar ist – auf Nachfrage macht der Schaffner auf die richtige Ausstiegshaltestelle aufmerksam. Allem Anschein zum Trotz ist der Dong Hu kein natürlicher See. Im 7. Jahrhundert ließen die Sui-Herrscher das harte grünliche Gestein östlich von Shaoxing zu Bauzwecken abbauen, und als man später die Gebirgsflüsse eindämmte, entstand im Steinbruch ein See, der unter der Qing-Dynastie zu pittoresken Zwecken mit einem erhöhten Fußweg versehen wurde. Der äußerst fotogene See wird über seine gesamte Länge von der mächtigen Felswand des Steinbruchs begrenzt, deren Farben und Konturen sich im Wasser spiegeln. Rund um das Gewässer ziehen sich zahlreiche Wasserläufe und gewundene Pfade durch die Landschaft, natürlich gibt es jede Menge Pagoden, und im Parkinnern werden kleine Boote (maximal drei Personen, ¥30) zur Erkundung der Höhlen und Einbuchtungen in der Felswand vermietet. Man kann sich auch am gegenüberliegenden Ufer absetzen lassen, wo zunächst eine Treppe und anschließend ein Pfad auf die Klippe führt, die einen herrlichen Ausblick auf die umliegenden Reisfelder gestattet. Der letzte Bus fährt gegen 17.30 Uhr zurück nach Shaoxing. ⌚ tgl. 7–17.30 Uhr, Eintritt ¥15.

Da die Region ein ausgedehntes Wasserstraßennetz besitzt, bietet es sich an, per **Boot** nach Shaoxing zurückzukehren (45 Min., mit etwas Verhandlungsgeschick ¥45 pro Boot). Sehr schön ist auch die Bootstour zum Yu Ling (s.u.), bei der es vorbei an Reisfeldern durch eine beschauliche Landschaft geht und nur der gelegentliche Ruf einer Gans oder Ente die Stille zerreißt (1 Std. 20 Min., etwa ¥65 pro Boot). Während es sich die Passagiere unter dem Sonnensegel bequem machen, steht der Bootsmann am Heck des schlanken, flachen Kahns, bedient das Ruder mit den Händen und das Paddel mit seinen Füßen.

Yu Ling und Lanting

Bus Nr. 2 stellt die Verbindung von Shaoxing zum 6 km südöstlich gelegenen **Yu Ling** (Grab des Yu) her, eine unübersichtliche Ansammlung von Tempelgebäuden inmitten einer schönen Landschaft, die von Bäumen, bemoosten Felsen und Bergzügen geprägt ist. Yu, legendärer Begründer der Xia-Dynastie um 2000 v.Chr., erhielt seinen Beinamen „Bezwinger der Fluten“, weil er große Felsbrocken zu bewegen vermochte und es mit den unter Wasser lebenden Drachen aufnahm, die immer wieder verheerendes Unheil stifteten. Er benötigte acht Jahre, um eine schlimme Überschwemmung am Unterlauf des Yangzi in den Griff zu bekommen und ließ sich danach an der Stelle seines Erfolgs nieder, wo er letztlich auch starb. Der älteste Tempel der Anlage geht vermutlich auf das 6. Jahrhundert zurück, während das Grab selbst aus einer früheren Zeit zu stammen scheint, wahrscheinlich aus der Han-Dynastie. Im heutigen Tempel, der in den 30er Jahren restauriert wurde, sind eine große bemalte Statue des Yu sowie zahlreiche Wandtafeln und Steine mit Inschriften zu sehen. Außerhalb davon befindet sich im Schutz eines eleganten offenen Pavillons der große, grob behauene Grabstein. Die große Zahl der Andächtigen im Tempel lässt auf die immense Verehrung schließen, die Yu auch im modernen China noch zuteil wird. ⌚ tgl. 8–16 Uhr, Eintritt ¥15.

Ein weiterer wundervoller Ausflug aufs Land führt von Shaoxing zum 11 km südwestlich gelegenen **Lanting** (Orchideenpavillon), benannt nach König Goujian aus dem Reiche Yue, der dort vor nahezu 3000 Jahren eine Orchidee pflanzte. Im 4. Jahrhundert soll hier der Poet und Kalligraf Wang Xizhi seine *Anthologie des Orchideenpavillons* zusammengestellt haben, die noch heute zu den Meisterwerken der chinesischen Dichtkunst zählt und auf eine schöne Geschichte zurückblickt: Wang gab ein Fest für 41 Freunde und alle miteinander saßen sie an einem Bach, auf dem sie mit Wein gefüllte Tassen treiben ließen – sobald eine Tasse am Ufer hängen blieb, musste derjenige, der ihr am nächsten saß, sie entweder austrinken oder ersatzweise ein Gedicht verfassen. Später stellte Wang daraus die Anthologie zusammen. Der Orchideenpavillon hat heute den Stellenwert eines Schreins, der all jenen Chinesen heilig ist, die eine enge Beziehung zu Kalligrafie und Dichtung besitzen. In Wangs Ahnenschrein, der auf einer kleinen Insel in einem See thront, kann man Künstlern und Kalligrafen bei der Arbeit zuschauen. Den weitläufigen, mit Bambus und Farnen bewachsenen Garten schmücken Teehäuser, Seen und eine kleine Ausstellungshalle, während die umliegende Landschaft mit ihren Reisfeldern und grünen Hügeln ein klassisch chinesisches Gepräge aufweist. Von der Jiefang Lu in Shaoxing fährt Bus Nr. 3 in 45 Minuten zum Orchideenpavillon. ⌚ tgl. 7.30–17 Uhr, Eintritt ¥10.

Ningbo

Die von Hangzhou durch Shaoxing führende Eisenbahntrasse endet in Ningbo (Ruhige Wellen), ein bedeutendes Wirtschaftszentrum im äußersten Nordosten der Provinz Zhejiang. Ningbo besitzt einen Hafen, liegt aber gut 20 km im Inland am Zusammenfluss des Yuyao und Yong, welche als Fenghua die Verbindung zum Meer herstellen. Ringsum die Stadt erstrecken sich feuchte Ebenen und Reisfelder, und entlang der zerklüfteten Küste finden sich Salzgewinnungsanlagen und Anzeichen einer Fischindustrie. Das allein würde einen Besuch von Ningbo kaum rechtfertigen, aber die Stadt besitzt auch diverse Sehenswürdigkeiten, allen voran die faszinierende Bibliothek Tianyige sowie mehrere Klöster in der unmittelbaren Umgebung. Vor allem aber dient Ningbo als Sprungbrett für Ausflüge auf die nahe Insel **Putuo Shan** (s.S. 565).

Ningbos Geschichte ist ebenso kurz wie turbulent. Unter der Tang-Dynastie entstand bereits im 7. Jahrhundert ein kompliziertes System aus Sperrvorrichtungen und Kanälen, um die seichten, gezeitenabhängigen Flüsse schiffbar zu machen, und Ende des 12. Jahrhunderts ließ man zum Schutz des Hafens Wellenbrecher installieren. Schon damals begann der Handel mit Japan und Korea, der im Laufe der Jahrhunderte eine fulminante Entwicklung erfuhr – unter der Ming-Dynastie avancierte Ningbo gar zu Chinas wichtigstem Hafen – und im Austausch gegen Seide viel Gold in die Stadt brachte. Schon früh geriet Ningbo unter europäischen Einfluss: Im 16. Jahrhundert bedienten sich die Portugiesen des Hafens, richteten stromabwärts ein Warenlager ein und unterstützten die Einheimischen im Kampf gegen Piraten; zwei Jahrhunderte später drängte die Britische Ostindienkompanie ins Geschäft; und nach dem Ersten Opiumkrieg ernannte man Ningbo 1843 zu einem **Vertragshafen** (mit britischem Konsulat). 1861 wurde die Stadt kurzzeitig in den Taiping-Aufstand verwickelt und verlor danach gegenüber Shanghai rasch an Boden. Erst ab 1949 nahm Ningbos Bedeutung wieder zu – die Wasserläufe wurden ausgebaggert, ein Passagier- und ein Frachthafen angelegt, Brücken fertig gestellt und die vorhandenen Einrichtungen vergrößert, um den wachsenden Export der vor Ort produzierten Chemikalien, Nahrungsmittel und Metallwaren abzuwickeln. Trotz der Tatsache, dass Ningbo heute zu den Boom-Regionen des Landes zählt, verströmt die Stadt ein eher provinzielles Flair.

Durch den Zusammenfluss von Yuyao und Yond wird die Innenstadt in drei Bereiche geteilt. Die **Xinjiang-Brücke** verbindet den Westen, die alte ummauerte Stadt, mit dem Norden, in dem sich einst die ausländische Konzession befand. Wer ein wenig von der ursprünglichen Atmosphäre schnuppern möchte, bummelt am besten durch die Viertel zu beiden Seiten des Yuyao (erreichbar mit Bus Nr. 1 vom Bahnhof). Wenig südwestlich der Brücke befindet sich ein interessanter **Markt**, auf dem alle Arten von Trockenfisch angeboten werden, während am Nordufer ein geschäftiger Fischerhafen das Bild bestimmt. Im Viertel östlich davon haben einige kunstvolle Säulengänge und Veranden aus der Zeit des alten **Vertragshafens** überlebt und sind umgeben von spontan organisierten Fischmärkten. Unmittelbar südlich des Fähranlegers steht eine **portugiesische Kirche** (⌚ tgl. 6–18.30 Uhr, Eintritt frei) aus dem 17. Jahrhundert, die noch heute von der hiesigen christlichen Gemeinde genutzt wird, aber außer ihren Buntglasfenstern mit Abbildungen von den zwölf Stationen des Kreuzweges keine interessanten Einzelheiten aufzuweisen hat. Die Aufseher erklären sich übrigens gerne zu einer kurzen Führung bereit. Betrachtet man die Kirchturmspitze und die mediterran wirkenden Häuser drumherum, so könnte man fast meinen, irgendwo in Südeuropa gelandet zu sein.

Das moderne Stadtzentrum, dessen Bild und Maßstab anderen chinesischen Städten ähneln, erstreckt sich südlich der Xinjiang-Brücke. Ningbos Hauptgeschäftsstraße, die **Zhongshan Lu**, verläuft von West nach Ost über die große Kreuzung **Dongmen Kou** und die **Jiangsha-Brücke** bis ans Ost-

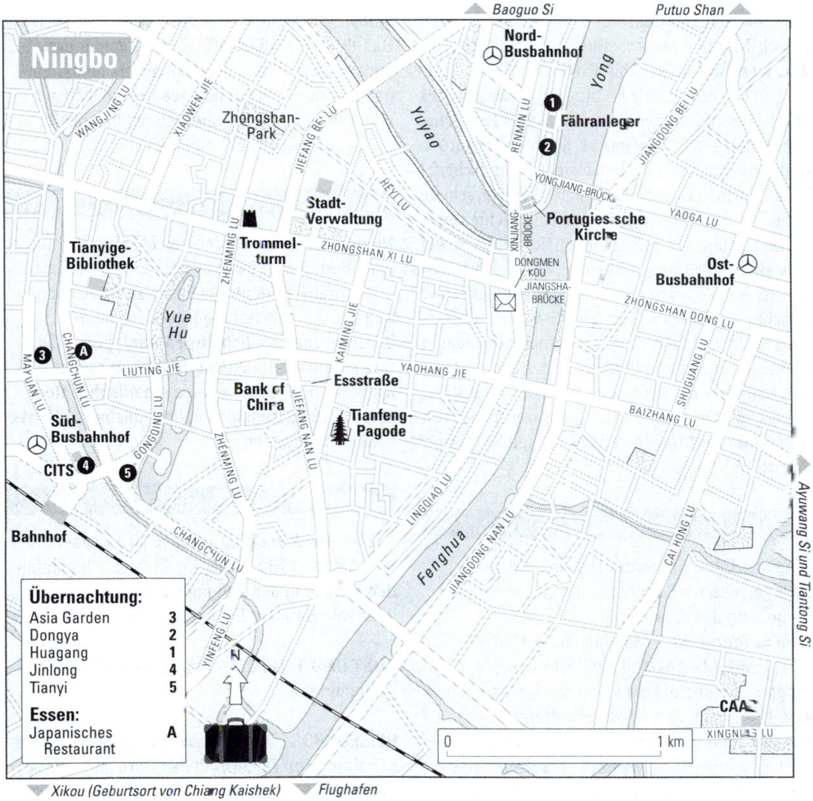

ufer des Fenghua, wo in den letzten Jahren ein gehobenes Einkaufsviertel sowie mehrere amerikanische Fastfood-Lokale entstanden sind. Das Herz der modernen Stadt jedoch pocht im westlichen Abschnitt der Zhongshan Lu, hier ein breiter Boulevard mit modernen Hochhäusern, die Ningbos große Kaufhäuser beherbergen. Rund 500 m westlich der Dongmen Kou lohnt ein Bummel über die Kaiming Jie, die von der Zhongshan Lu gen Süden abzweigt und neben zahlreichen kleinen Läden und Verkaufsständen auch einige der besseren Meeresfrüchte-Restaurants für sich verbucht. Nahe der Kreuzung mit der Jiefang Lu gewährt die **Tianfeng-Pagode** aus dem 14. Jahrhundert einen schönen Ausblick auf die Stadt. Die westliche Parallelstraße zur Jiefang Lu, die Zhenming Lu, wird von hübschen Fachwerkhäusern und Bäumen gesäumt und führt Richtung Norden am **Trommelturm** vorbei zum **Zhongshan-Park**, ein kleines Areal, auf dem sich morgens die Anhänger der asiatischen Kampfsportarten treffen.

Das älteste Stadtviertel erstreckt sich im Südwesten um den **Yue Hu** (Mondsee) und ist mit Bus Nr. 20 von der Xinjiang-Brücke zu erreichen. Bei dem Gewässer handelt es sich um die größere Version eines Dorfteichs, aber immerhin wurde eigens für Schwimmer ein Bereich abgesperrt. An anderer Stelle hocken Frauen auf den Steinstufen und waschen ihre Wäsche. Nachdem am Westufer des Sees ein großer neuer Park eröffnet wurde, hat der Ort viel von seinem Charme verloren, rühmt sich jedoch Ningbos größter Touristenattraktion, der **Tianyige-Bibliothek**. Das 1516 vom Ming-Beamten Fan Qin gegründete Institut soll Chinas ältestes erhaltenes Bibliotheksgebäude sein. Fan Qins Sammlung ging bis auf das 11. Jahrhundert zurück und umfasste hölzerne Druckstöcke, handschriftliche Kopien der konfuzianischen Klassiker, seltene Aufzeichnungen über die lokale Geschichte sowie Namenslisten der erfolgreichen Kandidaten bei kaiserlichen Prüfungen. Heutige Besucher können den Bibliotheksgarten und einige Nebengebäude besichtigen, in denen zum Teil alte Bücher und Gedenktafeln zu sehen sind. Mit seinen vergoldeten und holzverkleideten Gebäuden, den Bambushainen, Teichen und Steingärten verströmt der stimmungsvolle Ort noch immer eine Atmosphäre von Besinnung und Gelehrsamkeit. ◷ tgl. 8–16 Uhr, Eintritt ¥12.

Übernachtung

Ningbos Hotels konzentrieren sich auf zwei Bezirke, einen in Bahnhofsnähe und einen in Umgebung des Fähranlegers.

Asia Garden, Luxus, Mayuan Lu, ✆ 7116888, 📠 7116554. Mit Abstand die beste Adresse in Ningbo – luxuriöse Lobby und ebensolche Zimmer. 10 Fußmin. vom Bahnhof entfernt.

Dongya (East Asia Hotel)**, 88 Zhongma Lu, nahe Fähranleger, ✆ 7356224, 📠 7353529. In der stimmungsvollen Altstadt gelegen und eine gute Alternative, wenn das nahe *Huagang* ausgebucht ist – daran ändert auch die Tatsache nichts, dass das Hotel zugleich als Bordell fungiert, denn die Zimmer sind komfortabel eingerichtet und die Wände schalldicht isoliert. Anfahrt mit Bus Nr. 1 vom Bahnhof, an der ersten Haltestelle *(lunchuan matou)* hinter der Xinjiang-Brücke aussteigen, Richtung Fähranleger laufen und in die erste Gasse rechts einbiegen.

Huagang**, 146 Zhongma Lu, unmittelbar neben dem Fähranleger, ✆ 7691888, 📠 7691001. Komfortable, aber schlichte Zimmer. Unterhaltung bietet eine Bowlingbahn nebenan.

Jinlong (Golden Dragon),*** Gongqing Lu, gegenüber vom Bahnhof, ✆ 7318888/7114, 📠 7312288. Ausgezeichnete Unterkunft mit komfortablen Zimmern.

Tianyi**, Gongqing Lu, Ecke Changchun Lu, nahe Bahnhof, ✆ 7316595/40. DZ, 3er-Zimmer und günstige 5er-Dorms – bei Letzteren hat man eigentlich nur eine Chance, wenn man sich mit anderen zu einer Gruppe zusammenschließt. In der Lobby werden Fährtickets verkauft.

Essen

Ningbos Speisen werden von Meeresfrüchten dominiert. Die besten Lokale hierfür findet man in der grell beleuchteten Essstraße zwischen Kaiming Jie und Jiefang Lu sowie in den Straßenzügen südlich des Fähranlegers. Das Restaurant im Hotel *Jinlong* serviert riesige Krabben, und ein schlichtes **japanisches Restaurant**, 70 Changchun Lu, hat günstige Mittagsmenüs im Angebot.

Sonstiges

GELD – ***Bank of China***, Jiefang Lu, ◷ Mo–Fr 8–11.15 und 13.30–16.15 Uhr. Zweigstellen befinden sich nahe der Dongmen Kou sowie gegenüber vom Bahnhof beim Hotel *Jinlong*.

POST UND TELEFON – *Hauptpostamt,* nahe Dongmen Kou.

REISEBÜROS – Als beste Anlaufstelle für die Beschaffung von Tickets gilt das Büro im 5. Stock des Hotels *Jinlong,* gegenüber vom Bahnhof, Zimmer 507, ✆ 7329381, ◷ tgl. 8–17 Uhr.

VISAVERLÄNGERUNGEN – Anträge bearbeitet die Stadtverwaltung östlich der Jiefang Bei Lu.

VORWAHL – 0574

Transport

BUSSE – Ningbo besitzt drei Busbahnhöfe. Einige Busse aus Hangzhou, Shaoxing und Wenzhou treffen am **Busbahnhof-Nord** ein, doch die meisten Überland-Busse benutzen den **Busbahnhof-Süd**, der unmittelbar neben dem Bahnhof liegt. Am **Busbahnhof-Ost**, Shuguang Lu, Ecke Ningbo Lu (erreichbar mit den Bussen Nr. 514 und 604 vom Fähranleger oder von der Dong-

Ningbo und Umgebung

Ningbo	宁波	***níngbō***
Dongmen Kou	东门口	*dōngmén kǒu*
Jiangsha-Brücke	江厦桥	*jiāngshà qiáo*
Portugiesische Kirche	天主教堂	*tiānzhǔ jiàotáng*
Tianfeng-Pagode	天封塔	*tiānfēng tǎ*
Tianyige-Bibliothek	天一阁图书馆	*tiānyīgé túshūguǎn*
Xinjiang-Brücke	新江桥	*xīnjiāng qiáo*
Yue Hu	月湖	*yuè hú*
Zhongshan-Park	中山公园	*zhōngshān gōngyuán*
Übernachtung		
Asia Garden	亚洲华园宾馆	*yàzhōuhuáyuán bīnguǎn*
Dongya	东亚饭店	*dōngyà fàndiàn*
Huagang	华港宾馆	*huágǎng bīnguǎn*
Jinlong	金龙饭店	*jīnlóng fàndiàn*
Tianyi	天一大酒店	*tiānyī dàjiǔdiàn*
Die Umgebung von Ningbo		
Ayuwang Si	阿育王寺	*āyùwáng sì*
Baoguo Si	保国寺	*bǎoguó sì*
Tiantong Si	天童寺	*tiāntóng sì*
Xikou	溪口	*xīkǒu*

men Kou) starten die Nahverkehrsbusse zu den Tempeln und Pagoden außerhalb der Stadt.

Busse nach:
HANGZHOU 3 Std.;
NANJING 8 Std.;
SHAOXING 2 Std.;
WENZHOU 7 Std.

EISENBAHN – Der **Bahnhof** liegt im Südwesten der Stadt. Von hier fährt Bus Nr. 10 über das Stadtzentrum und die östlichen Viertel zum *CAAC*-Büro in der Xingning Lu. Minibusse und Bus Nr. 1 verkehren durch das Zentrum und über die Xinjiang-Brücke Richtung Norden und halten nahe des Busbahnhofs-Nord und des Fähranlegers.

Züge nach:
HANGZHOU 8x tgl., 3–4 Std.;
SHANGHAI 6x tgl., 5–7 Std.;
SHAOXING 8x tgl., 2 Std.

FÄHREN – Der **Fähranleger** für die Schiffe nach Putuo Shan und Shanghai befindet sich nördlich der Xinjiang-Brücke an der Waima Lu. Wer mit einem der Minibusse oder mit Bus Nr. 1 vom Bahnhof oder vom Zentrum ankommt, steigt nach einer Straßenüberführung unmittelbar nördlich der Xinjiang-Brücke aus und erreicht nach ein paar Fußminuten in nordöstlicher Richtung das Fährterminal. Am **Ticketschalter**, ◷ tgl. 5.45–18 Uhr, werden Fahrkarten für die täglichen Abfahrten nach PUTUO SHAN (9x tgl., 2–5 Std.) und SHANGHAI (3x tgl., 6–9 Std.) sowie für die unregelmäßigen Sommerverbindungen nach SUZHOU verkauft. Achtung: Nur die langsamen Schiffe – darunter das 9-Uhr-Boot nach Putuo Shan (5 Std.) – legen hinter dem Ticketschalter in Ningbo ab, alle schnelleren und bequemeren Schiffe nach Shanghai und Putuo Shan benutzen die Docks in **Zhenhai**, die mit einem Pendelbus vom Fähranleger in Ningbo erreichbar sind (1 Std., Preis im Fährticket enthalten). Der Schiffsfahrplan ändert sich von Saison zu Saison; näheres über die Verbindungen nach Putuo Shan unter dem dortigen Transportkapitel, s.S. 570.

JIANGSU UND ZHEJIANG

FLÜGE – Ningbos **Flughafen** liegt 25 km südlich der Stadt und bietet Verbindungen zu zahlreichen chinesischen Städten inklusive Hongkong. Ein **Shuttlebus** (Nr. 10) fährt zum *CAAC*-Büro, Xingning Lu, im Südosten von Ningbo.

Flüge nach:
BEIJING 4x tgl., 2 Std.;
GUANGZHOU 2x tgl., 2 Std.;
HONGKONG 2x tgl., 2 1/4 Std.;
NANJING 2x wöchentl., 1 Std.;
SHANGHAI 4x tgl., 3/4 Std.;
SHENZHEN 2x tgl., 2 1/4 Std.;
WENZHOU tgl., 3/4 Std.;
XIAMEN tgl., 1 Std.

Die Umgebung von Ningbo

In den ländlichen Gebieten rund um Ningbo warten zahlreiche Tempel und Pagoden auf ihre Erkundung, doch Ausflüge dorthin lohnen sich eigentlich nur für Reisende mit enorm viel Zeit, da sich die Bauwerke nicht nennenswert von entsprechenden anderen Anlagen in China unterscheiden. Zu den interessantesten Zielen zählt der **Baoguo Si** (Tempel zum Schutz des Reiches) rund 15 km nordwestlich der Stadt, eines der ältesten Holzgebäude Chinas und mit Sicherheit die älteste Holzkonstruktion südlich des Yangzi. Nördlich der Xinjiang-Brücke starten alle 30 Minuten Busse der Nr. 331 oder 332, die für die Strecke zum Tempel rund 40 Minuten benötigen und durch eine endlose Aneinanderreihung von Reisfeldern fahren, deren Monotonie nur gelegentlich von einem Dorf mit dem obligatorischen Ententeich unterbrochen wird. Der auf einem Hügel thronende Tempel wurde 1013 erbaut und unter der Qing-Dynastie restauriert. Seine Baustruktur ist auch heute noch klar zu erkennen, da er unverkleidet blieb. Ursprünglich hatte man die gesamte Halle ohne einen einzigen Nagel zusammengefügt, doch der Zahn der Zeit hat deutliche Spuren hinterlassen, und in den vergangenen Jahren mussten immer mehr Nägel in das Holz getrieben werden, um dem weiteren Verfall des Baoguo Si Einhalt zu gebieten. Hinter dem Tempel führen Stufen zu einem Pavillon hinauf, von dem man den Baoguo Si zwar nur schemenhaft durch die Bäume erkennt, aber dafür eine wunderbare Aussicht auf die flache Reisfeld-Landschaft genießt, die von den silbernen Streifen der Kanäle durchzogen wird. 🕓 tgl. 7–16 Uhr, Eintritt ¥5.

Südöstlich der Stadt lassen sich im Rahmen eines Tagesausflugs gleich mehrere Stätten erkunden. Ungefähr 20 km östlich von Ningbo erhebt sich an den Ausläufern des Tai Ba Shan der **Ayuwang Si**, ein Tempel von König Ashoka. Das Bauwerk aus dem 5. Jahrhundert ist weithin bekannt für seinen Miniatur-Stupa, der angeblich einen Schädelknochen von Shakyamuni, dem Begründer des Buddhismus, beherbergt haben soll, bis ihn die Roten Garden im Zuge der Kulturrevolution verschwinden ließen – einer der Mönche vermag einen herzzerreißenden Bericht von diesen tragischen Ereignissen zu erzählen. Ganz zu Recht wird auch die Architektur der Anlage gewürdigt, eine interessante Mischung aus nüchternen grauen Stufen, einem schattigen Innenbereich sowie orangenen Dachziegeln und dunkelrotem Holz, welche einen herrlichen Kontrast zu den sattgrünen Hügeln bieten. Von einer Haltestelle in Nähe des Fähranlegers fährt Bus Nr. 82 zum Tempel hinaus, doch bequemer und schneller sind die direkten Minibusse, die alle zehn Minuten am Busbahnhof-Ost abfahren (von der Xinjiang-Brücke und der Dongmen Kou fahren die Busse Nr. 514 und 604 zum Busbahnhof-Ost). Natürlich kann man über die Reisebüros auch ein Auto mit Fahrer mieten, was jedoch wesentlich teurer ist. 🕓 tgl. 6.30–16.30 Uhr, Eintritt ¥3.

Wenige Kilometer vom Ayuwang Si entfernt steht zu Füßen einer Hügelgruppe tief im Wald versteckt der Komplex des **Tiantong Si** (Tempel der Kinder des Himmels). Die im 3. Jahrhundert gegründete Anlage umfasst 963 Hallen sowie viele bedeutende buddhistische Kunstwerke und gehört zu den größten Klöstern in ganz China – für die Zen-Buddhisten ist es sogar die zweitwichtigste Pilgerstätte im Land. Alles beherrschend erhebt sich im Zentrum des Komplexes eine sehr große und sehr dicke Buddhastatue, die ein enorm breites Lächeln zur Schau stellt. Die großen Scharen japanischer Besucher sind darauf zurückzuführen, dass 1223 der japanische Mönch Dogen zum Studieren hierher kam. Nach seiner Rückkehr in die Heimat gründete er die Sotoshu-Schule, die heute in Japan acht Millionen Anhänger hat. Vom Ayuwang Si fahren zahlreiche Minibusse auf direktem Wege zum Tiantong Si. 🕓 tgl. 5–17.30, Eintritt ¥3.

Nicht allzu weit entfernt bzw. 35 km südlich von Ningbo liegt inmitten grüner Reisfelder die freundliche Kleinstadt **Xikou**, die als **Geburtsort von Chiang Kaishek** zu Berühmtheit gelangte und heute Heerscharen taiwanesischer Touristengruppen anzieht. Chiangs Geburtshaus existiert zwar nicht mehr, dafür sind einige Orte seiner Kindheit erhalten geblieben, darunter die Grundschule, aber auch der Friedhof, auf dem seine Ahnen bestattet sind. An Ningbos Busbahnhof-Ost starten Busse nach **Fenghua**, die unterwegs in Xikou halten.

Putuo Shan

Wenige Stunden benötigt die Fähre zur nordöstlich von Ningbo gelegenen Insel Putuo Shan, nurmehr 12 km² groß und durch einen schmalen Kanal von der wesentlich größeren Insel Zhoushan getrennt. Die Bedeutung von Putuo Shan gründet sich auf den gleichnamigen Gipfel, der sich am einen Ende des Eilands 300 m über das Meer erhebt und einer von Chinas vier heiligen buddhistischen Bergen ist. Unbestreitbar gehört die Insel, von den Chinesen auch „Märchenhaftes Land der Unsterblichen“ genannt, zu den idyllischsten Orten in ganz Ostchina – es gibt hier weder hupende Autos noch Kaufhäuser, stattdessen schweift der Blick über das tiefblaue Meer, sandige Strände und grüne, mit antiken Klöstern überzogene Hügel. Putuo Shan ist ein idealer Ort, um der Hektik und dem Dreck der Großstädte zu entrinnen und anstatt durch Häuserschluchten durch eine herrliche Landschaft zu wandern. Obwohl an den Wochenenden und schönen Sommertagen Scharen einheimischer Besucher die Ruhe stören, und die staatlichen Tourismusbehörden jüngst verlauten ließen, durch Verbesserungen der Infrastruktur noch mehr Menschen anlocken zu wollen, kann man den Horden unter der Woche oder in der Nebensaison problemlos entkommen. Als beste Reisezeit gelten die Monate April, Mai, September und Oktober, wenn die Temperaturen warm sind und die Insel nicht so überlaufen ist.

Seit mindestens einem Jahrtausend zieht Putuo Shan buddhistische Pilger aus ganz Nordostasien an, und es gibt zahlreiche Legenden, die vom Status der Insel als Zentrum des **Kultes für Guanyin** berichten. Einer Überlieferung zufolge soll die Göttin der Barmherzigkeit auf Putuo Shan zur Erleuchtung gelangt sein; eine andere Geschichte erzählt von einem japanischen Mönch namens Hui e, der sich mit einem Bildnis der Göttin auf der Heimreise befand, vor einem Sturm auf die Insel flüchtete und von deren Schönheit so entzückt war, dass er sich dort niederließ und einen Schrein für das Bildnis von Guanyin erbaute. Im Laufe der Zeit entstanden über 100 Klöster und Schreine, ergänzt von wundervollen Hallen und Gärten. Zur Blütezeit lebten rund 4000 Mönche auf dem Eiland, und selbst 1949 zählte die buddhistische Gemeinde noch rund 2000 Mitglieder. Bis zu jenem Jahr waren auf der Insel keinerlei säkulare Strukturen zugelassen, nur Mönche durften sich hier aufhalten.

Obwohl während der Kulturrevolution große Verwüstungen auf Putuo Shan angerichtet wurden, haben viele ihrer Kunstschätze überlebt – einige davon befinden sich heute im Provinzmuseum von Zhejiang in Hangzhou. Die Restaurationsarbeiten schreiten kontinuierlich fort, und lebten Ende der 60er Jahre nurmehr 29 Mönche auf dem Eiland, ist ihre Zahl inzwischen wieder auf mehrere Hundert gestiegen. Drei der wichtigsten Klöster haben alle Wirren überlebt: **Puji Si**, der älteste und zentralste Komplex, **Fayu Si** an den südlichen Hängen des Foding Shan und **Huiji Si** auf dem Gipfel. Abgesehen von diesen drei Anlagen existieren zahlreiche kleinere Tempel und Monumente. Wer die Insel erkundet, wird rasch bemerken, dass fast alle chinesischen Touristen eine identische gelbe Baumwolltasche dabeihaben, die an den verschiedenen Tempeln mit Symbolen der Guanyin verziert werden (teilweise im Austausch gegen eine kleine Spende). Im Zuge der Wiedergeburt alter Glaubensvorstellungen pilgern viele Chinesen nur deswegen nach Putuo Shan, um sich von der Göttin einen Gefallen zu erbitten – meist geht es um den ersehnten Nachwuchs.

Die lange und schmale Insel Putuo Shan hat ganz im Süden eine **Anlegestelle** für die Fähren, wo von allen Besuchern saftige ¥60 Eintritt verlangt werden. Rund 1 km nördlich davon liegt der Ort, eine kleine Ansammlung von Hotels, Geschäften und Restaurants rund um einen zentralen Platz mit drei rechteckigen Teichen, der gen Norden den Blick zum Haupttempel der Insel, dem Puji Si, freigibt. Auf den wenigen Straßen der Insel verkehren lediglich ein paar **Minibusse**, die den Hafen mit dem Puji Si und anderen Sehenswürdigkeiten weiter nördlich verbinden.

Nach der Ankunft kann man entweder zu Fuß (20 Min.) oder per Bus – Abfahrt am Parkplatz östlich des Eingangsbogens – in den Ort gelangen. Fußgänger haben zwei Möglichkeiten: entweder über die etwas kürzere Westroute, die an einigen modernen Gebäuden und an den meisten Dienstleistungs-Einrichtungen (s.S. 570, Sonstiges) vorbeiführt, oder über die Ostroute. Letztere zweigt kurz nach dem zeremoniellen Bogen, der den Eingang zum Berg symbolisiert, links in einen Pfad ab und bietet einen schönen Ausblick auf die Landzunge mit der Statue von Guanyin.

Sehenswürdigkeiten

Die drei Haupttempel der Insel wurden erst vor relativ kurzer Zeit renoviert und präsentieren sich daher in einem äußerst guten Zustand. Ihre ockerfarbenen Mauern stehen in harmonischem Kontrast zum satten Grün der alten Bäume in den Vorhöfen, was besonders auf den **Puji Si** nördlich des Dorfplatzes zutrifft. Der 1080 erbaute und unter späteren Dynastien erweiterte Tempel steht inmitten mächtiger Kampferbäume und umfasst eine von Statuen gesäumte Brücke sowie eine elegante Pagode, die mit einer wuchtigen Eisenglocke ausgestattet ist. ⌚ tgl. 6–21 Uhr, Eintritt ¥5.

Südöstlich davon erhebt sich die **Duobao-Pagode** aus dem Jahre 1334, deren fünf Stockwerke auf allen vier Seiten mit buddhistischen Inschriften versehen sind. Die Steine, die zu ihrem Bau verwendet wurden, stammen ausnahmslos vom Tai Hu in der Provinz Jiangsu. Ein 20-minütiger Fußmarsch in südöstliche Richtung führt zur **Chaoyin Dong**, eine Grotte am Meer, die sich durch das laute Getöse der brechenden Wellen auszeichnet. Das Geräusch soll an Buddhas Stimme erinnern, weswegen früher viele Mönche genau diese Stelle wählten, um Selbstmord zu begehen. In unmittelbarer Nachbarschaft liegt der **Zizhu Si** (Tempel des Purpurnen Bambus), einer der weniger touristischen Tempel der Insel und ein guter Ort, um die täglichen Rituale der Mönche zu verfolgen. ⌚ tgl. 6–18 Uhr, Eintritt für Tempel und Grotte ¥5.

Am Südzipfel der Insel befindet sich Putuos auffälligste Sehenswürdigkeit, der **Sprung der Guanyin**, eine Landzunge mit einer 33 m hohen, bronzefarbenen Statue der Göttin der Barmherzigkeit, die von fast überall auf der Insel zu sehen ist. In ihrer linken Hand hält Guanyin ein Steuerrad, das Fischern – und natürlich auch Wandermönchen wie Hui'e – symbolischen Schutz vor Meeresstürmen gewährt. Sowohl Fischer als auch Küstenbewohner betrachten Guanyin als Retterin und Erlöserin, die sie seit jeher vor den schlimmsten Gefahren des Meeres behütet. In einem Pavillon am Fuße der Statue zeigt eine Ausstellung hölzerner Wandpaneele wie Guanyin den Bewohnern und Fischern von Putuo immer wieder geholfen hat, während in einem kleinen Raum direkt unterhalb der Statue 400 Figuren stehen, welche die verschiedenen spirituellen Inkarnationen der Guanyin repräsentieren. Von der Basis der Statue bietet sich an klaren Tagen ein wunderbarer Ausblick auf die umliegenden Inseln, und auf einem Spaziergang entlang der Küste zur Chaoyin Dong passiert man eine Gedenktafel, die den Ort markiert, an dem Hui'e, der japanische Begründer der Putuo-Schule, vor dem Sturm an Land flüchtete. ⌚ tgl. 7–17 Uhr, Eintritt ¥6.

Im nördlichen Teil der Insel befinden sich zwei weitere Tempel, die sich problemlos im Rahmen eines Tagesausflugs vom Ort aus erkunden lassen. Von der Puji-Bushaltestelle am Dorfplatz starten in regelmäßigen Abständen Minibusse (¥6) zu beiden Stätten, aber es besteht natürlich auch die Möglichkeit, eine Wanderung dorthin zu unternehmen. Der **Huiji Si** steht nahe dem Gipfel des **Foding Shan**, der spektakuläre Ausblicke auf das Meer und die umliegenden Inseln gewährt. Eine **Seilbahn** (tgl. 7–17 Uhr, ¥22 bergauf, ¥12 bergab) befördert die Besucher von der Endhaltestelle der Minibusse auf den Gipfel, den man auch zu Fuß erklimmen kann. Der Tempel selbst, zwischen 1793 und 1851 erbaut und daher um einiges jünger als der Puji Si, thront an einer schönen Stelle nordwestlich des Gipfels und wird von Teeplantagen eingerahmt. Über einen eingeebneten Bereich verteilt liegen die Hallen, deren Grün, Rot, Blau und Gold glasierte Dachziegel zwischen dem Blätterdach der uralten Bäume und kleinen Bambushaine hervorschimmern. Für die Verköstigung der Besucher sorgt ein vegetarisches Restaurant. ⌚ tgl. 6.30–17 Uhr, Eintritt ¥7.

Vom Tempel kann man auf einem markierten Wanderweg binnen einer Stunde zum südlich gelegenen Fayu Si spazieren, der dritte bedeutende Tempel auf der Insel. Gleich zu Beginn zweigt links

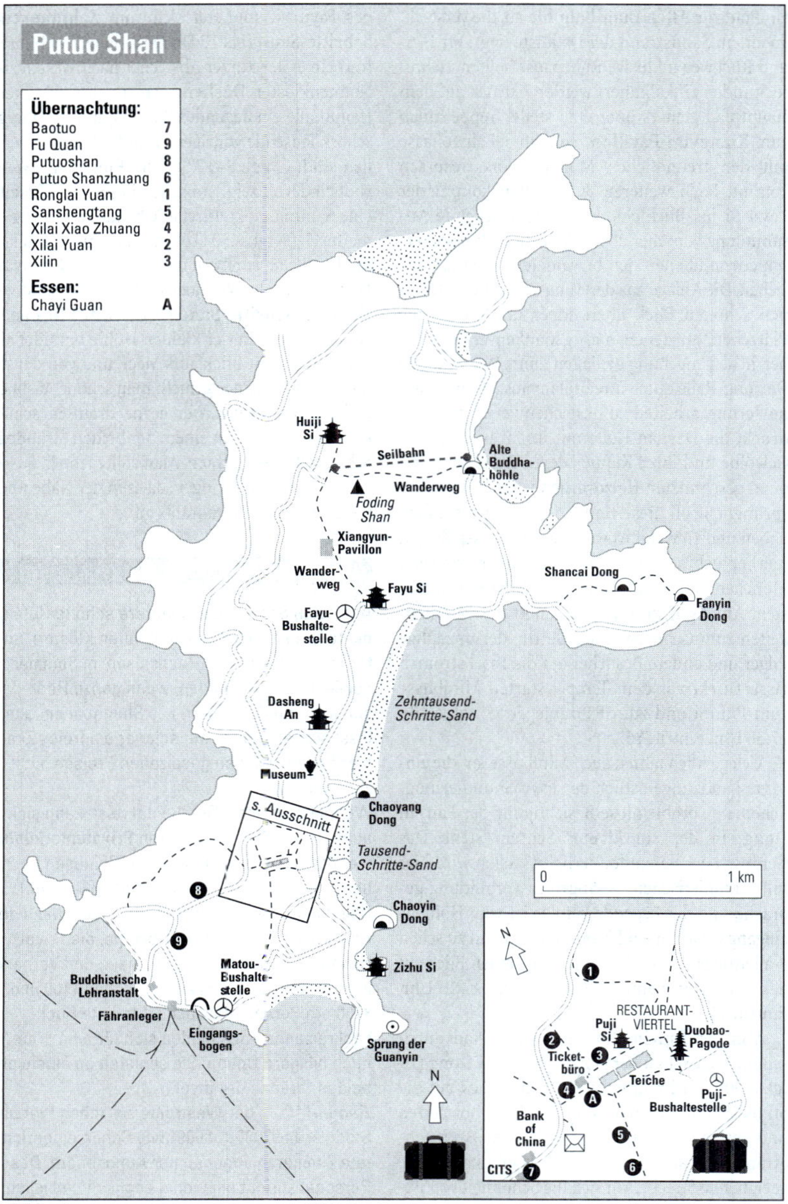
Putuo Shan
Übernachtung:
Baotuo 7
Fu Quan 9
Putuoshan 8
Putuo Shanzhuang 6
Ronglai Yuan 1
Sanshengtang 5
Xilai Xiao Zhuang 4
Xilai Yuan 2
Xilin 3
Essen:
Chayi Guan A
Huiji Si
Seilbahn
Alte Buddhahöhle
Wanderweg
Foding Shan
Xiangyun-Pavillon
Wanderweg
Fayu Si
Fayu-Bushaltestelle
Shancai Dong
Fanyin Dong
Dasheng An
Zehntausend-Schritte-Sand
Museum
Chaoyang Dong
s. Ausschnitt
Tausend-Schritte-Sand
Chaoyin Dong
Zizhu Si
Buddhistische Lehranstalt
Fähranleger
Matou-Bushaltestelle
Eingangsbogen
Sprung der Guanyin
N
0
1 km
Shanghai
Shenjiamen
Ningbo
RESTAURANT-VIERTEL
Puji Si
Duobao-Pagode
Ticketbüro
Teiche
Puji-Bushaltestelle
Bank of China
CITS

ein Pfad zur **Alten Buddhahöhle** ab, die versteckt an einem Sandstrand der Ostküste liegt; für Hin- und Rückweg inklusive Ruhepause sollten mehrere Stunden einkalkuliert werden. Zurück auf dem Hauptpfad geht es über eine steile Treppe hinab zum **Xiangyun-Pavillon**, wo man bei einer Tasse mit den freundlichen Mönchen ins Gespräch kommt. Nach weiteren 30 Minuten kommt der **Fayu Si** ins Blickfeld, eine beeindruckende Ansammlung von über 200 Hallen, die sich über verschiedene Ebenen den bewaldeten Hang hinaufziehen. Die Anlage aus der Ming-Dynastie bietet einen schönen Blick übers Meer und viele stille Plätzchen, an denen man gedankenverloren die herrliche Umgebung genießen kann. Während die Daxiong-Halle durch ihre brillant ausgeführten Renovierungsarbeiten zu bestechen vermag, beeindruckt die Dayuan-Halle mit ihrem balkenlosen Gewölbe und ihrer Kuppel, deren Innenseite von neun geschnitzten Holzdrachen verziert wird. Ursprünglich soll diese Halle in Nanjing gestanden haben und 1689 auf Anweisung von Kaiser Kangxi hierher gebracht worden sein. Ihre große, von Mönchen und Nonnen flankierte **Guanyin-Statue** steht Anfang April im Mittelpunkt der Feierlichkeiten zum Geburtstag der Göttin, der unzählige Pilger und andere Besucher auf die Insel strömen lässt. Direkt vor dem Tempel starten Minibusse zum Puji Si und zum Fähranleger. ◷ tgl. 6.30–17.30 Uhr, Eintritt ¥6.

Gelegentlich fahren auch Minibusse auf die einsame Landzunge östlich des Fayu Si und ermöglichen eine problemlose Besichtigung der **Fanyin Dong**, in der ein kleiner Schrein steht. Das Geräusch der hereindonnernden Wellen wird hier mit buddhistischen Gesängen in Verbindung gebracht, und der Legende zufolge ist vom Höhleneingang zuweilen ein Bildnis der Guanyin zu sehen – allerdings nur, wenn man gerade einen Blick auf das richtige Wellental erhascht. ◷ tgl. 8–16 Uhr, Eintritt ¥5.

Von der Fanyin Dong führt ein Pfad durch schöne Landschaft bergauf zur **Shancai Dong** (◷ tgl. 8.30–16 Uhr, Eintritt ¥5) und zurück auf die Straße. Wanderfreunde können die Tour fortsetzen und entlang der beiden traumhaften Ostküsten-Strände gen Süden spazieren – es gibt kaum eine geeignetere Strecke, um sich die Schönheit von Putuo Shan vor Augen zu führen. Etwa 1 km südlich des Fayu Si empfiehlt sich vom **Zehntausend-Schritte-Sand** (bis 17 Uhr ¥15, danach gebührenfrei) ein erster kurzer Abstecher nach Westen zum Nonnenkloster **Dasheng An**, in dessen unterer Haupthalle ein liegender Buddha und im Obergeschoss Tausende winziger sitzender Buddhas zu sehen sind. ◷ tgl. 8–17.30 Uhr, Eintritt ¥1. Wenig südlich davon zeigt ein selten besuchtes **Museum** eine Sammlung kultureller Objekte mit Bezug auf die Insel. ◷ tgl. 8.30–16 Uhr, Eintritt ¥1. Ein kleiner Landvorsprung mit der versteckten **Chaoyang Dong** trennt den Zehntausend-Schritte-Sand vom **Tausend-Schritte-Sand** (bis 17 Uhr ¥10, danach gebührenfrei). In der kleinen Höhle befindet sich ein Teehaus mit Blick aufs Meer, und von der Anhöhe der Landzunge genießt man schöne Ausblicke auf die Umgebung. Wer gerne draußen schläft, kann im Sommer an einem der beiden Strände im Schlafsack übernachten. Man sollte jedoch ausreichend Vorräte mitbringen, da es in der Nähe weder Geschäfte noch Restaurants gibt.

Übernachtung

Auf Putuo Shan gibt es mehrere schöne Hotels, die teilweise sogar in umgebauten Klöstern untergebracht sind. Zur Hochsaison im Sommer sowie an Wochenenden, wenn ganze Heerscharen von Besuchern aus Shanghai einfallen, lässt sich allerdings nur schwer ein freies Zimmer finden, von den gesalzenen Preisen nicht zu reden.

Wer mit schmalem Geldbeutel reist, kann sich auch an eine der günstigeren **Privatunterkünfte** wenden, wo offiziell jedoch nur Chinesen beherbergt werden dürfen (Diskretion wahren). Üblicherweise trifft man bereits gleich nach der Ankunft am Pier auf Einheimische, die Privatzimmer anpreisen. Je nach Saison und Verhandlungsgeschick sind Preise zwischen ¥100 und ¥150 pro Person realistisch. Manche Rucksackreisende entscheiden sich für eine dritte, noch billigere Option: Sie schlafen an einem der beiden Strände der Insel.

Baotuo***, an der Westroute zwischen Pier und Stadt, ✆ 6092090, 📠 6091148. Schön eingerichtete Zimmer in angenehmer Atmosphäre. Das Personal spricht ein wenig englisch und ist sehr hilfsbereit.

Putuo Shan

Putuo Shan	普陀山	***pǔtuóshān***
Chaoyang Dong	潮音洞	*cháoyáng dòng*
Chaoyin Dong	潮阳洞	*cháoyīn dòng*
Dasheng An	大乘庵	*dàshèng ān*
Duobao-Pagode	多宝塔	*duōbǎo tǎ*
Fanyin Dong	梵音洞	*fányīn dòng*
Fayu Si	法雨寺	*fǎyǔ sì*
Foding Shan	佛顶山	*fódǐng shān*
Huiji Si	慧济寺	*huìjì sì*
Puji Si	普济寺	*pǔjì sì*
Sprung der Guanyin	观音跳	*guānyīn tiào*
Tausend-Schritte-Sand	千步沙	*qiānbù shā*
Zehntausend-Schritte-Sand	百步沙	*bǎibù shā*
Zizhu Si	紫竹寺	*zǐzhú sì*
Übernachtung		
Baotuo	宝陀饭店	*bǎotuó fàndiàn*
Fu Quan	福泉山庄	*fúquán shānzhuāng*
Putuoshan Hotel	普陀山大酒店	*pǔtuóshān dàjiǔdiàn*
Putuo Shanzhuang	普陀山庄宾馆	*pǔtuóshānzhuāng bīnguǎn*
Ronglai Yuan	融来院	*rónglái yuàn*
Sanshengtang	三圣堂饭店	*sānshèngtáng fàndiàn*
Xilai Xiao Zhuang	息来小庄宾馆	*xīlái xiǎozhuāng bīnguǎn*
Xilai Yuan	息来院饭店	*xīláiyuàn fàndiàn*
Xilin	锡麟饭店	*xīlín fàndiàn*

Fu Quan**, nahe Fähranleger, ✆ 6092069. Nur auf Chinesisch ausgeschildert und deshalb nicht leicht zu finden. Einfache, aber passable Zimmer; gehört zu den preiswerteren Unterkünften auf der Insel.

Putuoshan Hotel, Luxus, an der Westroute zwischen Pier und Stadt, ✆ 6092828, ℻ 6091818. Bestes und teuerstes Hotel der Insel unter Leitung von Investoren aus Hongkong. Sehr auffälliges Gebäude in riesiger Anlage.

Putuo Shanzhuang***, an der Ostroute zwischen Pier und Stadt, ✆ 6091666, ℻ 6091667. Schön und sehr komfortabel, aber relativ abgelegen.

Ronglai Yuan Guesthouse*, nördlich des Platzes hinter dem Puji Si (an der Ostseite des Tempels durch einen Torbogen und in die erste Gasse links einbiegen), ✆ 6091262. Im Hauptgebäude – ein umgebautes, von riesigen Bäumen umgebenes Kloster – werden keine Ausländer mehr aufgenommen, wohl aber im kleinen Nebengebäude gegenüber, das über komfortable, wenngleich beengte Zimmer verfügt. Der äußerst vornehm wirkende Eigentümer spricht zwar kein englisch, zeigt sich jedoch sehr hilfsbereit.

Sanshengtang**, wenig nördlich des *Putuo Shanzhuang*, ✆ 6091277. Attraktiv im Stil eines Tempels gestaltet, aber es besteht die Tendenz, Ausländern 50% mehr abzuknöpfen.

Xilai Xiao Zhuang*****, westlich des Platzes, ✆ 6091812/501, ℻ 6091023. Kein besonders schönes Haus, doch sehr komfortabel und besonders beliebt bei chinesischen Touristengruppen.

Xilai Yuan**, am Ende einer kurzen Gasse westlich des Puji Si, ✆ 6091119/3568. Eines von mehreren ehemaligen Klöstern, die zu Hotels umgebaut wurden. Ordentliche und preiswerte DZ sowie 4er-Zimmer.

Xilin***, direkt am zentralen Platz gelegen, ✆ 6091303. Tolle Unterkunft und gutes Restaurant – der Eingang ist im Stil eines Tempels aufgemacht. Leider werden auch hier Ausländer mitunter übervorteilt.

Essen

Essen und Trinken gehören sicherlich nicht zu den Highlights auf Putuo Shan – die meisten Lebensmittel müssen vom Festland herbeigeschafft werden und sind deshalb teuer und nicht besonders frisch. Zu den besten Optionen gehören die Hotel-Restaurants, aber man findet auch Alternativen, z.B. in der Gasse nordöstlich des Puji Si sowie in der Straße zwischen Fähranleger und Ort. Die meisten dieser Lokale machen einen etwas schmuddligen Eindruck und sind auf **Meeresfrüchte** spezialisiert (von Fisch über Weichtiere bis zu Aal), bieten aber auch eine Auswahl anderer Gerichte. Wesentlich schöner – und teurer – ist das ***Chayi Guan*** am zentralen Platz, wo man einen ausgezeichneten Tee, Dim Sum zum Frühstück und am Abend komplette Menüs bekommt.

Sonstiges

GELD – ***Bank of China,*** gegenüber vom Hotel *Baotuo,* ◷ tgl. 8–11 und 13–16 Uhr.

POST UND TELEFON – In einer kleinen Gasse nordöstlich der *Bank of China*.

REISEBÜROS – ***CITS,*** neben dem Hotel *Baotuo*. **Flugtickets** für Inlandsflüge ab Ningbo oder Shanghai kann man über das **Ticketbüro** buchen, das sich an der Nordwestecke des zentralen Platzes befindet.

VORWAHL – 0580

Transport

Nachdem die örtlichen Behörden das enorme touristische Potenzial von Putuo Shan erkannt haben, ist die Insel in den letzten Jahren wesentlich leichter erreichbar geworden (und vermeldet stetig steigende Besucherzahlen). Das einzig mögliche Transportmittel, um auf die Insel zu gelangen, ist das **Schiff**. Aus NINGBO kommen täglich mehrere schnelle Fähren (letzte Abfahrt in Ningbo um 15 Uhr, 2 Std., ¥55) sowie ein langsames Boot (Abfahrt 9 Uhr, 5 Std., ¥22) und aus SHANGHAI täglich drei bis vier schnelle Fähren (4 Std., ¥243) sowie ein oder zwei langsame Nachtfähren (14 Std., ¥72–350). Auf den Nachtfähren von/nach Shanghai gibt es in der 2. Klasse akzeptable 3er- und 4er-Kabinen (mit Waschbecken) für ¥96 p.P. Tickets für beide Shanghai-Fähren werden im 1. Stock des Ticketbüros in Shanghais Jinling Dong Lu verkauft. Eine preiswertere und kurzweiligere Reiseroute führt über Shenjiamen auf der benachbarten Insel Zhoushan. Mindestens sieben Boote täglich pendeln zwischen den beiden Inseln (30 Min., ¥15), und Shenjiamen ist ausreichend interessant, um dort einige Stunden zu verbringen. Von Shenjiamen gibt es täglich zahlreiche Busverbindungen über die neue Brücke nach Ningbo. **Fährtickets** für die Abreise von Putuo Shan sind in allen Hotels und am Fähranleger, ◷ tgl. 6–18 Uhr, erhältlich. Die Ablegestelle befindet sich übrigens 200 m östlich der Anlegestelle (nur auf Chinesisch ausgeschildert). Für die Fahrt nach Shanghai sollte man die langsame Nachtfähre in Betracht ziehen, welche die Millionenstadt kurz nach Sonnenaufgang erreicht und unvergessliche Eindrücke von der erwachenden Metropole vermittelt.

Fähren nach:
NINGBO 10–13x tgl., 2–4 Std.;
SHANGHAI 3–4x tgl., 4–12 Std.

Wenzhou

Das einsam an Zhejiangs Südostküste gelegene Wenzhou wirkt auf den ersten Blick wie ein düsteres Provinznest und ist auch historisch kaum in Erscheinung getreten. Eingezwängt zwischen Küste und gebirgigem Landesinnern haben nicht nur die Bewohner von Wenzhou, sondern von ganz Süd-Zhejiang und der benachbarten Provinz Fujian ihr Leben seit jeher auf das Meer ausgerichtet. Stets fungierten Seefahrt, Fischerei und Handel als Stützen der Wirtschaft, während das übrige China politisch mehr oder weniger ignoriert wurde – eine Neigung, die noch heute in dem verschrobenen lo-

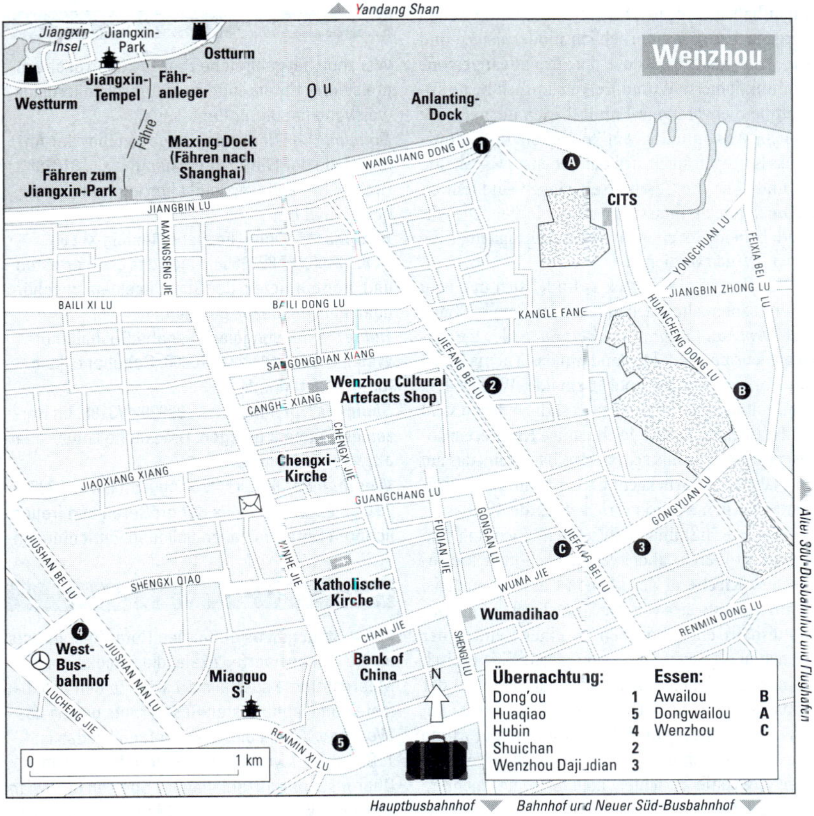

kalen Dialekt und der unkontrollierten freien Marktwirtschaft zum Ausdruck kommt. Überaus verbreitet in dieser Region sind auch Schmuggel und der Handel mit imitierten Markenprodukten. Und seitdem immer mehr Auslandsinvestitionen (vornehmlich aus Taiwan) in die Stadt fließen, haben die hiesigen Unternehmer einen Wirtschaftsboom in Gang gesetzt, der in ganz China seinesgleichen sucht – viele Einheimische führen ihr geschäftliches Geschick übrigens auf jüdische Vorfahren aus dem 11. Jahrhundert zurück.

Für Touristen bietet Wenzhou zahlreiche Hotels, aber nur wenige Sehenswürdigkeiten. Diese beschränken sich in erster Linie auf den **Jiangxin-Park** mitten im Fluss Ou sowie einen nur mäßig interessanten Uferbereich und eine überraschend gut erhaltene Altstadt aus der Zeit nach 1870, als Wenzhou ein ausländischer **Vertragshafen** war. Etwas außerhalb der Stadt lockt der Naturpark **Yandang Shan** mit einigen Pagoden und ausgezeichneten Wandermöglichkeiten in üppig grüner Landschaft.

Die **Altstadt** erstreckt sich über ein Gebiet, das im Norden von dem breiten **Fluss Ou**, im Westen von der Xinhe Lu und im Osten von einer zweiten großen Einkaufsstraße, der Jiefang Lu, begrenzt wird. Im Süden markiert die Renmin Lu eine ungefähre Grenze, doch die Planierraupen schleichen unaufhaltsam voran. Das Stadtbild wurde in den vergangenen Jahren erheblich modernisiert, und die Hauptgeschäftsstraße, die zur Fußgängerzone umfunktionierte **Wuma Jie**, versammelt heute anstatt heimeliger Tante-Emma-Läden nurmehr die übliche Ansammlung von Boutiquen. In Richtung Fluss hingegen spielt sich das Leben ab wie eh und je, und über den Geschäftseingängen sind teilweise noch alte Steinfassaden zu entdecken. Die Altstadt beheimatet ein paar Sehenswürdigkeiten, die einen Besuch verdienen.

Im Herzen des Viertels befindet sich in einem interessanten alten Gebäude an der Canghe Xiang der *Wenzhou Cultural Artefacts Shop*, der die verschiedensten Produkte rund um das Thema Kunst im Angebot hat, darunter Gemälde, Wandrollen, Antiquitäten und Pinsel. Etwas südlich davon steht in der Chengxi Jie die gleichnamige **Kirche**, ein gotisches Gebäude aus schwarzem Backstein, das auf das Jahr 1778 zurückgeht und einst im Auftrag einer britischen Mission errichtet wurde. Wiederum nur wenige Fußminuten in südliche Richtung sind es zur größeren, aber weniger schönen **katholischen Kirche** in der kleinen Gasse Zhouzhaisi Xiang, die ostwärts von der Xinhe Jie abzweigt. Das Gotteshaus entstand 1888 zu einer Zeit, in der Wenzhou als Vertragshafen fungierte. Eine typisch chinesische Sehenswürdigkeit findet man auf der Südseite des Songtai-Hügels in der Renmin Xi Lu, wo sich der **Miaoguo Si** erhebt. Erstmalig wurde der Tempel vor über 1000 Jahren während der Tang-Dynastie errichtet, aber seitdem mehrere Male ersetzt, zuletzt 1984. ◷ tgl. 8–17 Uhr, Eintritt ¥3.

Wenzhous Hauptattraktion ist der autofreie **Jiangxin-Park**, der sich über eine Insel im Fluss Ou erstreckt. Auf dem Gelände verteilen sich diverse Pavillons, Türme und Gärten, und es lohnt sich durchaus, hier ein paar Stunden umherzuschlendern oder unter den hohen alten Bäumen ein Picknick zu veranstalten. Die auffälligsten Bauwerke der Insel sind die beiden **Türme** – derjenige im Osten ist alt und verfallen, aber derjenige im Westen wurde einer umfassenden Restaurierung unterzogen. Regelmäßig steuern Fähren die Insel an, die vom Kai am Nordende der Maxingseng Jie ablegen. ◷ tgl. 6.30–16 Uhr, Eintritt ¥7 inkl. einfaches Fährticket – bei der Rückfahrt in die Stadt werden weitere ¥3 fällig.

Übernachtung

Wenzhou hat zahlreiche zum Teil überraschend preiswerte Unterkünfte zu bieten, die allerdings weit voneinander entfernt liegen.

Dong'ou**, 1 Wangjiang Lu, gegenüber der Anlegestelle der Fähren aus Shanghai, ✆ 8187901. Großes Gebäude mit leicht heruntergekommenen EZ und DZ.

Huaqiao***, Xinhe Jie, nahe Renmin Xi Lu, ✆ 8222406, 📠 8229656. Eines der etabliertesten und größten Hotels der Stadt, in einem geschäftigen Einkaufsbezirk gelegen.

Hubin***, Youyongqiao Lu, nahe Busbahnhof-West, ✆ 8227961, 📠 8210600. Gehobene, komfortable Unterkunft.

Shuichan*, Jiefang Lu, ✆ 8292929/3188. Im Herzen der Altstadt gelegen. Grässliche Lobby, aber akzeptable Zimmer.

Wenzhou Dajiudian***, Gongyuan Lu, ✆ 8235 991, 📠 82221333. Eines der größeren und freundlicheren Hotels mit allen üblichen Einrichtungen.

Essen

In der Stadt gibt es außer den Hotel-Restaurants einige lohnenswerte Lokale, die zumeist auf Meeresfrüchte spezialisiert sind. Zu den beliebtesten und lebhaftesten Restaurants gehört das ***Wenzhou***, Wuma Jie, Ecke Jiefang Lu, das im 1. Stock preiswerte Kantinengerichte und im Obergeschoss ausgefallenere Speisen (z.B. *dian xin* nach Wenzhou-Art oder Meeresfrüchte nach Shanghai-Art) und einen gehobeneren Service bietet.

Gute einheimische Meeresfrüchte-Spezialitäten bekommt man im ***Awailou***, Huaicheng Lu, sowie in dessen Schwesterrestaurant ***Dongwailou***, Huaicheng Lu – ein Besuch lohnt allein wegen des Anblicks der vielen bunten Fische in den Aquarien. Für einen Drink am Abend eignet sich das ***Wumadihao***, eine Mischung aus Kaffeebar und Diskothek an der Kreuzung von Wuma Jie und Shengli Jie.

Sonstiges

GELD – ***Bank of China***, 113 Chan Jie, ◷ Mo–Fr 8–11.30 und 13.15–16.45 Uhr.

Wenzhou und Umgebung

Wenzhou	温洲	***wēnzhōu***
Fluss Ou	瓯江	*ōujiāng*
Jiangxin-Park	江心孤屿	*jiāngxīn gūyǔ*
Yandang Shan	雁荡山	*yàndàng shān*
Übernachtung und Essen		
Awailou	阿外楼餐馆	*āwàilóu cānguǎn*
Dong'ou	东瓯大厦	*dōngōu dàshà*
Dongwailou	东外楼餐馆	*dōngwàilóu cānguǎn*
Huaqiao	华侨饭店	*huáqiáo fàndiàn*
Hubin	湖宾饭店	*húbīn fàndiàn*
Shuichan	水产招待所	*shuǐchǎn zhāodàisuǒ*
Wenzhou Dajiudian	温洲大酒店	*wēnzhōu dàjiǔdiàn*
Wenzhou Restaurant	温州饭店	*wēnzhōu fàndiàn*

POST UND TELEFON – Xinhe Jie, ⏲ tgl. 8–17.30 Uhr.

VORWAHL – 0577

Transport

BUSSE – Wenzhou besitzt vier große Überland-Busbahnhöfe: **Busbahnhof-West**, nahe Lucheng Jie (Bus Nr. 105 fährt zum Fluss); **Hauptbusbahnhof**, 3 km südlich der Stadt an der Niushan Bei Lu (Bus Nr. 103 fährt in die Innenstadt); **Neuer Busbahnhof-Süd**, Shugang Gong Lu, zwei Blocks westlich des Bahnhofs (vom Bahnhof fahren Bus Nr. 27 und 33 ins Zentrum); und **Alter Busbahnhof-Süd**, 1 km südöstlich der Innenstadt an der Feilu Nan Lu (Bus Nr. 3 fährt durch das Zentrum zum Fluss). Mit Ausnahme des Hauptbusbahnhofs, der alle Destinationen abwickelt, ist jeder Busbahnhof für ein bestimmtes Ziel zuständig – der Busbahnhof-West für Shanghai, der Neue Busbahnhof-Süd für Fuzhou und der Alte Busbahnhof-Süd für Ningbo. **Tickets** hierfür sind jeweils an allen Busbahnhöfen zu bekommen, da zwischen den verschiedenen Anbietern ein extrem harter Wettbewerb herrscht, und die Verkaufsstellen überall verteilt sind (nicht zu reden von den Schleppern).
Busse nach:
FUZHOU 8 Std.;
GUANGZHOU 36 Std.;
HANGZHOU 9x tgl., 10 Std.;
NANJING 13 Std.;
NINGBO 7 Std.;
SHANGHAI 12 Std.;
SUZHOU 12 Std.;
WUXI 13 Std.;
XIAMEN 13 Std.

EISENBAHN – Wenzhous Transportverbindungen haben sich stark verbessert, seitdem es eine Eisenbahnlinie via Jinhua nach Hangzhou gibt. Der **Bahnhof** liegt im äußersten Süden der Stadt und gehört zu den angenehmsten des Landes. Bus Nr. 33 fährt ins Zentrum und Bus Nr. 27 durchs Zentrum zum Fluss.
Züge nach:
HANGZHOU 7x tgl., 8–11 Std.;
NANJING tgl., 16 Std.;
SHANGHAI 4x tgl., 10–12 Std.

FÄHREN – Eine weitere An- und Abreisemöglichkeit bieten die Fähren aus Shanghai, die am **Anlanting-Dock** eintreffen und am **Maxing-Dock** abfahren. Das **Ticketbüro**, ⏲ tgl. 8–11.30 und 13–16 Uhr, befindet sich in einer kleinen Gasse am Nordende der Maxingseng Jie. Mit Ausnahme der Fähren nach Shanghai (18 Std.) sind inzwischen alle anderen Verbindungen eingestellt worden, auch wenn der Fahrplan im Ticketbüro einen anderen Eindruck vermittelt. Die Fähren verkehren täglich und kosten zwischen ¥275

(Spezialklasse), ¥158 (1. Klasse) und ¥53 (Normalklasse) – selbst die 1. Klasse ist eher dürftig ausgestattet, und die Verhältnisse in der Normalklasse können höllisch sein. Vom Anlanting-Dock fährt Bus Nr. 4 via Wangjiang Dong Lu und Jiefang Lu in den Süden der Stadt.

FLÜGE – Der **Flughafen** liegt 25 km östlich der Stadt. Ein **Shuttlebus** pendelt zum *CAAC*-Büro im Südosten der Stadt, von wo Bus Nr. 5 über die Renmin Lu ins südliche Stadtgebiet fährt.
Fluggesellschaften:
CAAC, Minhang Lu, ✆ 8333197.
Flüge nach:
BEIJING 4x tgl., 2 1/2 Std.;
FUZHOU 5x wöchentl., 3/4 Std.;
GUANGZHOU 4x tgl., 2 Std.;
HANGZHOU 4x tgl., 1 Std.;
HONGKONG 4x wöchentl., 2 1/4 Std.;
NANJING 6x wöchentl., 1 1/4 Std.;
NINGBO tgl., 1/4 Std.;
SHANGHAI 5x tgl., 1 Std.;
SHENZHEN 2x tgl., 2 Std.;
XI'AN 6x wöchentl.; 2 1/2 Std.;
XIAMEN tgl., 1 Std.

Die Umgebung von Wenzhou

Die Umgebung von Wenzhou hat schöne Berglandschaften zu bieten, vor allem rund um den **Yandang Shan**, ein Gebiet mit schroffen Klippen und grünen Hängen etwa 80 km nordöstlich der Stadt im Bezirk Leqing.

Von Wenzhous Busbahnhof-West fahren Busse nach Baixi oder Leqing Yandangshan (den Fahrer darauf aufmerksam machen, dass man in Baixi aussteigen möchte). Außerhalb von Baixi bestehen schöne Wandermöglichkeiten zu Klöstern und landschaftlichen Höhepunkten, beispielsweise zum **Dalongqiu Pubu**, mit 190 m einer von Chinas größten Wasserfällen.

Bislang verirren sich nur wenige westliche Besucher in diese abgelegene Ecke des Landes, die dennoch eine recht gute touristische Infrastruktur besitzt, was auf die vielen chinesischen Reisegruppen zurückzuführen ist.

Ausländer können in einem einfachen **Gasthof** absteigen und essen, der 2 km außerhalb von Baixi neben dem **Lingfeng Si** liegt.

Das Yangzi-Becken

Highlights

- **Yixian**
Bezaubernde alte Ming-Dörfer, die dem Film *Rote Laterne* von Zhang Yimou als stimmungsvolle Kulisse dienten.

- **Huang Shan**
Die wohl schönste Gebirgslandschaft Chinas bezaubert mit schmalen Steintreppen, verwachsenen Bäumen und wolkenverhangenen Gipfeln.

- **Provinzmuseum von Hubei, Wuhan**
Die Ausstellung zeigt 2000 Jahre alte Relikte aus Aristokratengräbern, darunter ein lackierter Sarg sowie ein Orchester aus 64 riesigen Bronzeglocken.

- **Shennongjia-Waldschutzgebiet**
Fernab in den Bergen liegt dieser urwüchsige Zufluchtsort für den gefährdeten Goldaffen und – so sagt man – den geheimnisvollen chinesischen Yeti *(ye ren)*.

- **Wudang Shan**
Von daoistischen Tempeln übersäte Berge, angeblich der Ursprungsort des Taijiquan.

- **Jingdezhen**
Seit 600 Jahren Chinas Porzellanhauptstadt – zu den Sehenswürdigkeiten gehören ein großartiges Museum für Keramikgeschichte sowie belebte Straßenmärkte.

Nachdem der Yangzi Sichuan verlassen und sich seinen Weg durch die engen Drei Schluchten gebahnt hat, wird der Fluss (hier noch Changjiang genannt) allmählich breiter und langsamer und schlängelt sich durch flache Niederungen. Hier, in seinem Mittellauf, wird er von zahlreichen anderen Bächen und Flüssen gespeist, die ihren Ursprung im Hochland der vier Anliegerprovinzen des Yangzi-Beckens haben: **Anhui**, **Hubei**, **Hunan** und **Jiangxi**. Der Mittellauf des Yangzi liefert nicht nur das Wasser für eines der wichtigsten Reis- und Teeanbaugebiete Chinas, sondern dient schon lange Zeit als Handels- und Verkehrsweg. Bereits im 13. Jahrhundert erwähnte Marco Polo ehrfurchtsvoll die „unzähligen Städte und Dörfer an seinen Ufern und die vielen Schiffe, die die Handelswaren der Kaufleute beförderten". Dagegen gehören die ländlichen Randgebiete abseits des Flusses – darunter große Teile der Provinzen Anhui und Jiangxi – noch immer zu den unterentwickelsten Regionen Zentralchinas. Diesem Zustand soll der gewaltige **Drei-Schluchten-Damm** Abhilfe schaffen, der derzeit an der Grenze zwischen Hubei und Chongqing entsteht und vermutlich 2008 beendet sein wird. Man hofft, die neu gewonnene Energie möge der hiesigen Wirtschaft einen solchen Aufschwung verleihen, dass sie es mit der Ostküste aufnehmen kann.

Das Flussbecken selbst lässt sich am besten durch die ausgedehnten Ebenen rund um die beiden größten Süßwasserseen Chinas beschreiben: der **Dongting** an der Grenze zwischen Hunan und Hubei sowie der **Poyang** im Norden der Provinz Jiangxi, wo zugleich Chinas berühmte Porzellanstadt **Jingdezhen** beheimatet ist. Am Fluss gelegene Städte wie **Wuhu** in Anhui gewinnen durch ihre Häfen an Interesse. Zwar hat auch hier bereits die Fertigungsindustrie Einzug gehalten, aber am Wasser kann man nach wie vor traditionelle Wirtschaftszweige wie Fischzucht oder die Verschiffung von Getreide, Reis und Bambus beobachten. Seltsamerweise befindet sich von allen vier im flussnahen Raum gelegenen Provinzhauptstädten lediglich Hubeis **Wuhan** direkt am Yangzi – eine Sonderstellung, die diese Stadt zum interessantesten Ballungsgebiet Zentralchinas hat werden lassen. Im Gegensatz dazu wirken die anderen Provinzhauptstädte – **Changsha** in Hunan, **Hefei** in Anhui sowie **Nanchang** in Jiangxi – eher ungepflegt und langweilig, obwohl auch sie aufgrund ihrer langen Besiedlungsgeschichte einige lohnenswerte Sehenswürdigkeiten zu bieten haben – von gut erhaltenen Grabstätten aus der Han-Dynastie bis zu wunderschönen Häuserensembles aus der Ming-Ära. Zudem stolpert der Besucher fast überall über die Schauplätze des Heldenepos von den **Drei Reichen**, weshalb die Lektüre dieses Werks unbedingt empfohlen wird (s.S. 578, Kasten). In vielen Städten sind auch noch stattliche europäische Bauten zu sehen, Überbleibsel aus den 60er Jahren des 19. Jahrhunderts, als sich die Orte nach dem zweiten Opiumkrieg für ausländische Händler öffnen mussten und zu Vertragshäfen ernannt wurden. Womöglich ist es nicht zuletzt diesen unerwünschten Eingriffen zu verdanken, dass das Yangzi-Becken als **Wiege des modernen China** gilt: Mao Zedong wurde in Hunan geboren; Changsha, Wuhan und Nanchang sind eng mit der Geschichte der kommunistischen Partei verbunden; und die gebirgige Grenze zwischen Hunan und Jiangxi diente während der rechtsgerichteten Säuberungsaktionen der späten 20er Jahre als Zufluchtsort der Roten Kräfte sowie danach als Ausgangspunkt des Langen Marsches nach Shaanxi.

Abseits des Flusses laden wilde Gebirgslandschaften zu herrlichen Wanderungen ein. Erste Wahl ist zweifellos der **Huang Shan** im südlichen Anhui, gefolgt von dem abgelegenen **Shennongjia-Waldschutzgebiet** in Hubei und dem **Zhangjiajie-Nationalpark** im äußersten Westen von Hunan. Bei Pilgern besonders beliebt sind die buddhistischen und daoistischen heiligen Berge, die sich auf nicht enden wollenden Steintreppen erklimmen lassen – besonders bemerkenswert der **Wudang Shan** in Hubei. Weniger gläubige Seelen können die schönen Aussichten in dem Luftkurort **Lu Shan** in Jiangxi genießen.

Theoretisch stellen die Verkehrsverbindungen kein Problem dar. **Fähren** sind nach wie vor eine interessante, wenn auch langsame Methode zur

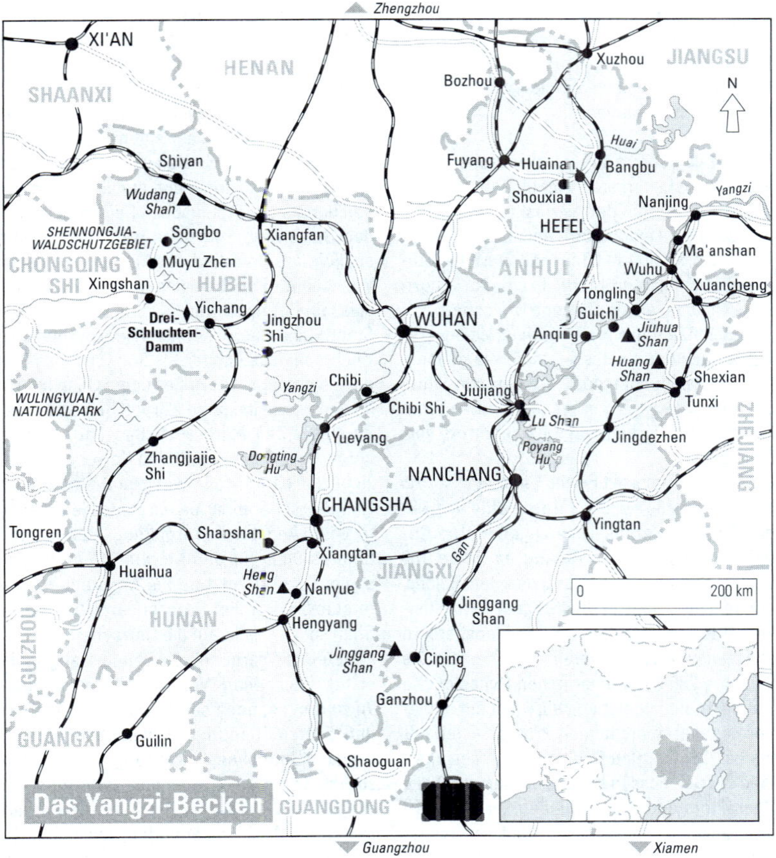

Fortbewegung. **Eisenbahnlinien** aus allen Teilen Chinas führen durch die Region, und eine Vielzahl von **Bussen** sowie schnelleren, aber kostspieligeren Minibussen bedient auch die entlegensten Ecken. Als angenehmste Jahreszeit für einen Besuch gilt der Herbst, obwohl selbst die Winter im Allgemeinen recht mild ausfallen. Einzig die Sommermonate (Juni bis August) werden von Dauerregen und den damit einhergehenden **Überschwemmungen** der Tieflandgebiete geplagt. Im Jahre 1998 forderten die schlimmsten Hochwasser seit Menschengedenken Tausende Menschenleben, löschten ganze Dörfer aus, schnitten Städte von der Außenwelt ab und zerstörten Millionen Hektar bebautes Ackerland. Eine ähnliche Katastrophe konnte 2002 nur knapp verhindert werden.

Sanguo: Die Drei Reiche

Das Reich, lange geteilt, muss sich vereinen;
lange vereint, muss es sich teilen.
So ist es immer gewesen.

So in etwa beginnt auf recht zynische Weise eine der bekanntesten Erzählungen Chinas: der im 14. Jahrhundert verfasste historische Roman **Die Geschichte der Drei Reiche**. Seine 120 Kapitel mit Tausenden Mitwirkenden drehen sich größtenteils um das Yangzi-Becken, das als Pufferzone zwischen den Drei Reichen den Hintergrund für viele große Schlachten und Schlüsselereignisse geboten hat. Und so manche noch existierende Stätte aus dem Werk wird in diesem und anderen Kapiteln des vorliegenden Reiseführers vorgestellt.

Obwohl durchaus mit Fakten unterlegt, ist *Drei Reiche* – ähnlich wie die Geschichte von König Artus – in erster Linie Legende. Die Geschichte nimmt ihren Anfang im Jahre 168 und erzählt vom Niedergang des Han-Reichs, der Teilung Chinas in drei Staaten durch konkurrierende Warlords sowie von der späteren (kurzzeitigen) Wiedervereinigung des Landes im Jahre 280 unter einer neuen Dynastie. Die Haupthandlung setzt im Jahre 189 ein. Zu jener Zeit waren die beiden Protagonisten der niederträchtige **Cao Cao** und der rechtschaffene **Liu Bei**, dessen blasses Wesen durch die Charakterstärke seiner beiden kühnen Waffenbrüder **Zhang Fei** und **Guan Yu** ausgeglichen wurde – Letzterer fand schließlich im chinesischen Pantheon als rotgesichtiger Gott des Krieges und der Heilung einen Platz. Nachdem sie im Namen des Kaisers die rebellierenden Gelben Turbane besiegt hatten, fühlten sich sowohl Cao als auch Liu gegenseitig in ihrer Position bedroht. Cao war Regent für den Kaiser **Xian**, doch Liu verband eine entfernte Blutsverwandtschaft mit dem Thron. Obwohl beide behaupteten, sich den Wünschen des Kaisers unterzuordnen, begannen Cao und Liu, sich zu bekämpfen. 208 erlitt Cao in der Schlacht der Roten Felsen in Hubei eine Niederlage, nachdem Liu die Hilfe des listigen Beraters **Zhuge Liang** in Anspruch genommen hatte, der Lius zahlenmäßig unterlegene Truppen verstärkte, indem er die Unterstützung eines dritten Warlords namens **Sun Quan** gewann.

Um ihre Machtpositionen zu behaupten, gründete jeder der drei sein eigenes Reich: Cao Cao zog sich nach Norden in das Becken des Gelben Flusses zurück und etablierte dort um den bereits angeschlagenen Kaiserhof herum den Staat **Wei**; Sun Quan errichtete weiter südlich, am Unterlauf des Yangzi, das Reich **Wu**, während Liu Bei seine Machtbasis in den Flussniederungen von Sichuan schuf, den Staat **Shun**. Das Bündnis zwischen Shun und Wu brach auseinander, als Sun Quan von Guan Yu verlangte, Liu zu betrügen. Guan lehnte ab und wurde im Jahre 220 von Sun ermordet. Zu dieser Zeit starb auch Cao Cao, dessen ehrgeiziger Sohn **Cao Pi** den Kaiser zum Verzicht auf den Thron zwang und sich selbst zum Herrscher einer neuen Dynastie ernannte. Aus Angst vor Vergeltung seitens des Staates Shun für den Mord an Guan Yu beschloss Sun Quan, Cao Pis Anspruch zu unterstützen. Parallel dazu erklärte Liu Bei in Shun sein Anrecht auf die Herrschaft.

Trotz einer Warnung von Zhuge Liang marschierte Liu gegen Wu, um den Tod von Guan Yu zu rächen, doch seine Truppen meuterten und töteten Zhang Fei. Gedemütigt zog sich Liu nach **Baidicheng** in die Yangzi-Schluchten zurück und starb. Da er nun nicht mehr im Wege stand, wagte Cao Pi einen Angriff auf Sun Quan, der sich dadurch gezwungen sah, sein Bündnis mit Shun (in dem jetzt Zhuge Liang herrschte) zu erneuern, um sein Reich vor den Invasoren zu schützen. Als die Lage 229 stabil genug war, erklärte sich Sun Quan zum rivalisierenden Kaiser und ließ Zhuge fünf Jahre später im Kampf gegen die Armeen von Wei sterben. Wei konnte den Vorteil nicht nutzen, da ein Putsch gegen Cao Pi im Norden eine Phase des Bürgerkriegs einleitete, der erst um 249 endete und aus dem der **Sima-Clan** siegreich hervorging. Bald darauf starb Sun Quan, und Shun verzichtete auf jegliche Ansprüche. Der Sima-Clan von Wei gründete 265 die neue Dynastie der **Jin**, überwältigte Wu und einigte China im Jahre 280.

Die Provinz Anhui

Ungeachtet der von der Regierung gehegten Hoffnungen, das Gebiet würde sich eines Tages zu einem wohlhabenden Korridor zwischen der Küste und dem Binnenland entwickeln, konnte sich Anhui bis heute nicht seines Rufs als ärmste Provinz Ostchinas entledigen. Die Region blickt jedoch auf eine lange Geschichte zurück, die nicht nur negative Ereignisse aufzuweisen hat: Man fand Millionen Jahre alte Überreste des urmenschlichen *Homo erectus*, und die Kupferminen aus der Shang-Ära im südlichen Anhui waren maßgeblich an der Entwicklung von Chinas Bronzezeit beteiligt. Später kam die Provinz durch die Kunstfertigkeit ihrer Bewohner zu Berühmtheit, was in den verzierten Han-Grabstätten, dem Shang-zeitlichen Porzellan und der Ming-Architektur auszumachen ist.

All das ging jedoch mit dem ständigen Kampf gegen die widrigen geografischen Verhältnisse von Anhui einher: Die trockenen und erodierten Ebenen Nordchinas erstrecken sich beinahe über das gesamte nördliche Drittel der Provinz bis zum Fluss **Huaihe**; der wärmere und feuchtere Süden bietet zwar günstige Bedingungen für den Tee- und Tabakanbau, aber die fruchtbaren bewaldeten Hügel gehen bald in zerklüftete Gebirgsgegenden über, in denen von Nahrungsmittelanbau keine Rede mehr sein kann. Doch eigentlich ist der **Yangzi** für die Armut der Provinz verantwortlich, denn er überflutet regelmäßig deren niedrig liegendes Zentrum, das ansonsten beträchtliche Getreideerträge erzielen könnte. Für die rein physische Trennung des gebirgigen Südens von den dichter besiedelten nördlichen Regionen sorgte bis vor kurzem zusätzlich der Mangel an Brücken über den Fluss. Doch trotz der infrastrukturellen Fortschritte seit den 90er Jahren, inklusive des Ausbaus der Straßen- und Eisenbahnnetze, geht die Entwicklung nur schleppend voran, und an der wirtschaftlichen Rückständigkeit von Anhui scheint sich – eigentlich zu Unrecht – nichts geändert zu haben.

Reisende sollten sich davon jedoch nicht abschrecken lassen. Zwar haben weder die Provinzhauptstadt **Hefei** noch der Norden außer ihrer Geschichte viel zu bieten, dafür ist die Gegend südlich des Yangzi umso schöner. Seit Jahrhunderten ziehen die Gebirgslandschaft des **Huang Shan** und die vielen buddhistischen Tempel des **Jiuhua Shan** Scharen von Besuchern an. Zudem ist die Region von einer starken kulturellen Tradition geprägt, und in der Umgebung von **Tunxi** sind viele Beispiele der antiken ländlichen Architektur unversehrt erhalten geblieben. In den Uferzonen bei **Xuancheng** wurde ein Schutzgebiet für den Chinesischen Alligator eingerichtet, der zu den bedrohtesten Tierarten der Welt zählt – obwohl auch eine andere heimische Rarität, der Yangzi-Flussdelphin, mit großen Schritten seiner Ausrottung entgegengeht.

Neben den Überschwemmungen – die während der Sommermonate so gut wie sicher den Busverkehr behindern – haben Reisende in Anhui vor allem mit der **Orientierung** zu kämpfen: Viele Städte tragen einen Beinamen und werden auf Karten und Fahrplänen unterschiedlich bezeichnet. Es gibt Eisenbahnlinien von Hefei nach Nanjing über Wuhu – Anhuis größter Hafen und Haltestelle der Yangzi-Fähren – sowie gen Westen nach Changsha, gen Norden nach Xi'an und Beijing und gen Süden nach Jiangxi.

Hefei

Im Herzen der Provinz gelegen, aber meist auf der eiligen Durchreise zum Huang Shan übersehen, wird Anhuis **Hauptstadt** Hefei nur gelegentlich von Touristen beehrt. Der vor seiner Entwicklung zur bescheidenen industriellen Basis (ab 1949) unbedeutende und rückständige Ort hat auch nur wenig Interessantes zu bieten – lediglich ein paar **historische Stätten** sowie ein ungewöhnlich sorgsam eingerichtetes **Museum**. Dafür blieb Hefei, das sich einiger bedeutender Wissenschafts- und Techniklehranstalten rühmt, vom Bauboom des übrigen China weitgehend verschont und kann für ein paar Tage ein recht angenehmer Aufenthaltsort sein.

Umringt von Parkanlagen und Kanälen (Überreste der Wassergräben aus der Ming-Dynastie), erinnert das Zentrum von Hefei eher an einen Vorort als an eine Provinzhauptstadt. Alles ist zu Fuß erreichbar, aber man kann auch einen der regelmäßig verkehrenden Busse benutzen oder für ¥5 eines der zahlreichen Taxis anheuern.

Das **Provinzmuseum** an der Mengcheng Lu liefert ausführliche Beweise für den Beitrag von Anhui zur chinesischen Kultur. Eine begehbare Gipshöhle führt zu einem Abguss des *Homo erectus* *cranium* aus Taodian im Süden der Provinz, der voller Stolz in einem überdimensionalen Glasschaukasten präsentiert wird. Doch auch die jüngere Geschichte findet Berücksichtigung, z.B. in den Exponaten aus der Steinzeit und einer außergewöhnlichen Bronzeurne aus der Shang-Ära, die mit Tiger- und Drachenmotiven verziert ist. Ebenfalls interessant sind die gemeißelten Blocks aus den Han-Dynastie-Mausoleen – Besuchern mit Chinesischkenntnissen werden sich vielleicht sogar die Kommentare über die Familie Cao (berühmt aus der *Geschichte der Drei Reiche*) erschließen, die von den Handwerkern in die Ziegel ihrer Grabstätte in Bozhou eingraviert worden sind. Weiterhin gibt es eine Sonderausstellung zu den „Vier Schätzen der Studierstube", für die die Provinz berühmt ist: qualitativ hochwertige Tusche, geschnitzte Tuschesteine, Schreibpinsel aus Wieselhaar sowie mehrfarbiges Papier. 🕓 Mo–Fr 8.30–10.40 und 14–16, Sa und So 8.30–11.40 und 14–17 Uhr, Eintritt ¥10.

Am anderen Ende der Stadt bieten die hypermodernen Einkaufszentren der geschäftigen Fußgängerzone im östlichen Abschnitt der Huai He Lu eine seltsame Kulisse für den **Mingjiao Si** (Eintritt ¥5), einen zuletzt 1991 restaurierten Tempel aus dem 16. Jahrhundert, dessen festungsähnliche Mauern die bescheidenen Hallen samt Pfirsichgarten schützen. Das Gebäude steht an einer Stelle, an der laut der *Geschichte der Drei Reiche* der Herrscher aus dem Norden, **Cao Cao**, im Winter 216/217 seine Armbrustschützen ausbilden ließ. Zuvor hatte sein General Zhang Liao die Armeen von Wu in der blutigen **Schlacht von Xiaoyaojin** besiegt (wo sich heute, unmittelbar nördlich des Tempels, der nichts sagende Xiaoyao-Jin-Park befindet), woraufhin Sun Quan, das Oberhaupt von Wu, auf einem Pferd fliehen musste und den brückenlosen Kanal übersprang.

Ein verglaster Brunnen im Hauptinnenhof des Tempels soll aus dieser Zeit stammen und macht zweifellos einen uralten Eindruck – davon zeugt ein abgenutzter Steinring nah am Boden, dessen tiefe Kerben von dem jahrhundertelangen Gebrauch von Seilen stammen, die über den Rand gezogen wurden. Gleich westlich des Mingjiao Si steht **Li Hongzhang Ju**, eine ähnlich anachronistische Villa aus der Qing-Ära, deren graue Ziegelmauern eine Reihe geschmackvoll verzierter Höfe und Hallen verbergen, in denen aufwändig geschnitzte Holzmöbel zu bewundern sind. 🕓 tgl. 8.30–17.30 Uhr, Eintritt ¥15.

Hefei	合肥	***héféi***
Bao Gong Ci	包公祠	*bāogōng cí*
Baohe-Park	包河公园	*bāohé gōngyuán*
Drei Reiche	三国	*sān guó*
Li Hongzhang Ju	李鸿章居	*lǐhóngzhāng jū*
Mingjiao Si	明教寺	*míngjiào sì*
Provinzmuseum	省博物馆	*shěng bówùguǎn*
Xiaoyao-Jin-Park	逍遥津公园	*xiāoyáojīn gōngyuán*
Übernachtung und Essen		
Ao Xing	澳星宾馆	*àoxīng bīnguǎn*
Fuhao Fandian	富豪饭店	*fùháo fàndiàn*
Hao Xiang Lai	豪享来	*háoxiǎng lái*
Holiday Inn	古井假日饭店	*gǔjǐng jiàrì fàndiàn*
Huaqiao Fandian	华侨饭店	*huáqiáo fàndiàn*
Jinli Yinlu	金利银路	*jīnlì yínlù*
Jinxin Jiujia	金新酒家	*jīnxīn jiǔjiā*
Luzhou	庐州	*lúzhōu*
Xinya Dajiudian	新亚大酒店	*xīnyà dàjiǔdiàn*
Zhongxi Kafei	中西咖啡	*zhōngxī kāfēi*

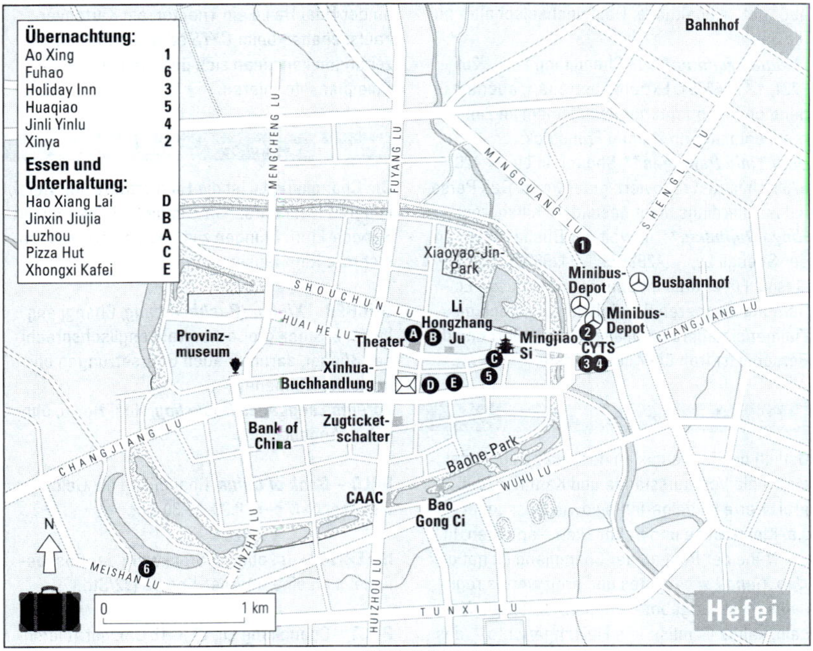

Am südöstlichen Stadtrand, nahe der Wuhu Lu, befindet sich der **Baohe-Park**, ein hübsches Fleckchen mit Weiden und Bogenbrücken, wo der **Bao Gong Ci** (Eintritt ¥10) die Stadt Hefei als Geburtsort von Bao, dem berühmten Richter aus der Song-Dynastie und späteren Gouverneur von Kaifeng identifiziert. Seine Fähigkeit, in komplizierten Gerichtsverfahren die Wahrheit aufzudecken, und seine sprichwörtlich unparteiischen Entscheidungen boten Stoff für endlose Geschichten; zudem erscheint er auf Gemälden von der chinesischen Hölle häufig als Richter. Neben den vergoldeten Statuen erweckt auch ein **Wachsfigurenkabinett** einige weithin bekannte Legenden zum Leben. Unbedingt einen Blick wert sind Baos düsteres Gesicht, sein „Flügelhut" sowie die drei Hackbeile – dargestellt als Drachen, Tiger und Hund –, die er für Hinrichtungen kreiert hatte und die je nach Status des Verurteilten ausgewählt wurden.

Übernachtung

Die Hotels von Hefei sind vorwiegend der mittleren und gehobenen Klasse zuzuordnen, wobei für Gäste mit Chinesischkenntnissen die Chance besteht, in einem der Budget-Hostels (Dorm-Betten ¥35) rund um die Überland-Busbahnhöfe unterzukommen.

Ao Xing**, Mingguang Lu, ✆ 4298183. Nicht allzu teuer, aber dafür auch nicht umwerfend ausgestattet, EZ und DZ.

Fuhao Fandian**, Meishan Lu, ✆ 2811818, 📠 2817583. Der Budget-Flügel des teureren *Anhui Fandian* in dessen hinterem Bereich. Spärlich ausgestattete, aber gut gepflegte Zimmer zu angemessenen Preisen.

Holiday Inn, Luxus, Changjiang Dong Lu, ✆ 429 1188, 📠 4291166. Die üblichen Einrichtungen und eine erstaunlich preiswerte, rund um die Uhr geöffnete Nudeltheke. Geldwechselschalter nur für Gäste.

Huaqiao Fandian**, 98 Changjiang Lu, ✆ 265 2221, 📠 2542861. Extrem überteuert, aber mit ordentlichen Einrichtungen und einem im Zimmerpreis enthaltenen kleinen Frühstück.

Jinli Yinlu Dajiudian**, Shouchun Lu, ✆ 429 6255. Unlängst renoviert, guter Preis. Das Personal ist allerdings nicht besonders hilfsbereit.

Xinya Dajiudian**, unweit der Busbahnhöfe an der Shengli Lu, ✆ 4292929, 📠 4296067. Das exklusive Foyer täuscht über die abgenutzte Einrichtung im oberen Bereich hinweg, doch die Zimmer sind geräumig, alles funktioniert und das Personal ist froh über seine Gäste.

Essen

Östlich des Museums an der Huaihe Luj findet man viele Verkaufsstände und Kantinen, die preiswerte Nudelgerichte sowie Flussgetier – v.a. Kleinkrebse und Schnecken – anbieten. In der Nähe der Post an der Changjiang Lu hat das ***Hao Xiang Lai*** ein gutes und preiswertes regionales Imbissangebot – Suppen, Brötchen, Nudeln, kaltes Gemüse und Fleischgerichte –, das der Kunde in der Auslage auswählt. Ein paar Straßen weiter, an der Suzhou Lu, unweit der Kreuzung mit der Huai He Lu, liegen ausgezeichnete Lokale, in denen es sich der Gast inmitten des lautstarken, einheimischen Publikums schmecken lassen kann: Das ***Luzhou*** ist ein spärlich möbliertes Restaurant mit Bratente als Spezialität – das Lokal ist so beliebt, dass sich davor meist lange Schlangen bilden. Das ***Jinxin Jiujia*** ist etwas schicker und auf *jiaozi* und kleine Speisen spezialisiert. Gerichte im **westlichen Stil** bekommt man bei ***Pizza Hut*** sowie in dem rund um die Uhr geöffneten Café gegenüber vom Mingjiao Si oder im ***Zhongxi Kafei*** an der Changjiang Lu (Steak- oder Pastagerichte ab ¥30).

Unterhaltung

Wer abends ausgehen möchte, sollte um den Ruf von Hefei als Stadt der **Bühnenproduktionen** wissen – es gibt mindestens zwei heimische Opernarten sowie eine ortsansässige Akrobatentruppe. Zudem steht westlich des Mingjiao Si an der Huai He Lu ein **Theater**; am Kartenverkaufsschalter, beim *CYTS* oder in den Lokalzeitungen kann man sich über den aktuellen Spielplan informieren.

Sonstiges

Die Changjiang Lu ist die Hauptstraße von Hefei, in deren Nachbarschaft sämtliche notwendigen Service-Einrichtungen zu finden sind, u.a. auch mehrere Kaufhäuser.

BÜCHER – ***Xinhua-Buchhandlung***, Changjiang Lu, im 2. Stock große Auswahl englischsprachiger Bücher, darunter auch Übersetzungen chinesischer Romane.

Foreign Languages Bookshop, Huai He Lu, ähnliches Angebot.

GELD – ***Bank of China***, Changjiang Lu, Geldwechsel 🕓 Mo–Fr 8.30–16.30 Uhr.

INTERNET – Im oberen Stockwerk der Post befindet sich eine Internet-Kneipe (¥2/Std.).

POST – Changjiang Lu, 🕓 8–18 Uhr, mit Telefonservice und dem *China Daily* im Angebot.

REISEBÜROS – ***CYTS***, im Erdgeschoss des Scitech Plaza neben dem *Holiday Inn*, ✆ 4291999, 📠 4291666, allgemeine Informationen und Durchführung von Touren zu den Highlights von Anhui, freundliche, englischsprachige Mitarbeiter.

CAAC, Huizhou Lu (der Eingang führt zugleich in einen Blumenladen), ✆ 2886626, 📠 2885553, 🕓 tgl. 8–22 Uhr.

VORWAHL – 0551

Transport

BUSSE – Der an der Minguang Lu gelegene **Busbahnhof** von Hefei wickelt den Verkehr für ganz Anhui sowie in die benachbarten Provinzhauptstädte ab. Zusätzlich gibt es Verbindungen von den nahe gelegenen, aber chaotischen **Minibus-Depots** an der Shengli Lu. Wer die Stadt verlassen will, muss sich auf eine schwierige Suche nach der richtigen Haltestelle und dem richtigen Verkehrsmittel einstellen.

Busse nach:
BOZHOU 6 Std.;
HUAINAN 2 Std.;
JIUHUA SHAN 5 Std.;
JIUJIANG 8 Std.;
NANCHANG 12 Std.;
NANJING 4 Std.;
SHOUXIAN 2 Std.;
TONGLING 2 Std.;
TUNXI 4 Std.;
WUHAN 8 Std.;
WUHU 2 Std.

EISENBAHN – Der **Bahnhof** liegt 3 km nordöstlich des Zentrums am Ende der Shengli Lu – Bus Nr. 119 fährt die Shengli Lu entlang und dann auf der Changjiang Lu in Richtung Zentrum. Zugfahrscheine sind außer am Bahnhof auch an einem Stand in der Huizhou Lu, unmittelbar südlich der Kreuzung mit der Changjiang Lu, erhältlich.

Züge nach:
BEIJING 3x tgl., 12 Std.;
BOZHOU 1x tgl., 4 Std.;
GANZHOU 1x tgl., 14 Std.;
JINGDEZHEN 1x tgl., 10 Std.;
JIUJIANG 3x tgl., 4 Std.;
NANCHANG 3x tgl., 8 Std.;
NANJING 2x tgl., 6 Std.;
SHANGHAI 2x tgl., 9 Std.;
TUNXI 4x tgl., 8 Std.;
WUHAN 1x tgl., 9 Std.;
WUHU 4x tgl., 2 Std.;
XIAN 2x tgl., 17 Std.

FLÜGE – Der **Flughafen Luogang** liegt direkt südlich der Stadt in etwa 7 km Entfernung und wird vom *CAAC*-Büro in der Huizhou Lu mit einem Flughafenbus angefahren.

Flüge nach:
BEIJING 2x tgl., 1 3/4 Std.;
CHANGSHA 1x tgl., 1 1/2 Std.;
GUANGZHOU 2x tgl., 1 3/4 Std.;
NANCHANG 2x wöchentl., 1 Std.;
SHENZHEN 2x tgl., 2 Std.;
TUNXI 1x tgl., 1 Std.;
XIAMEN 1x tgl., 1 1/4 Std.;
XIAN 1x tgl., 1 1/2 Std.

Der Norden von Anhui

Zynikern zufolge sind die Höhepunkte des nördlichen Anhui seine Straßen, die auf hochwassergeschützten, einige Meter über den grünen Reisfeldern gelegenen Dämmen entlangführen. In geografischer Hinsicht verdienen eigentlich nur die **Flüsse** wie der Huaihe Erwähnung, der die Kulisse für das eher triste Industrie- und Getreidezentrum **Bangbu** bildet. Ganz in der Nähe fand 1948 die entscheidende **Huaihe-Schlacht** statt, bei der eine Million Kämpfer aus der nationalistischen Partei (Guomindang) und der Volksbefreiungsarmee (VBA) gegeneinander antraten, wobei die guerillaerfahrenen Kommunisten die weniger beweglichen Truppen Chiang Kaisheks überrollten. Im Januar des darauf folgenden Jahres ergab sich in Beijing eine demoralisierte Guomindang, und obwohl der Konflikt wieder aufflammte, als man sich nicht über die Bedingungen einigen konnte, handelte es sich dabei weitestgehend um eine Säuberungsaktion der Kommunisten gegen die Guomindang-Bastionen.

All das bildet eigentlich nur den geschichtlichen Hintergrund für eine Reise durch diese Gegend, die mit einigen interessanten Sehenswürdigkeiten aufwartet. Städteplaner werden von **Shouxian** begeistert sein, das sich problemlos im Rahmen einer Tagestour von der Hauptstadt aus erkunden lässt. Für den Besuch in **Bozhou** hingegen sollte man wegen der langen Fahrt von Hefei in die Provinz mindestens eine Übernachtung einplanen, was sich jedoch für Leute mit Interesse an traditioneller chinesischer Medizin und Geschichte absolut auszahlt. Von Hefeis Busbahnhöfen in der Shengli Lu verkehren tagsüber Minibusse nach Bozhou und Shouxian (nicht zu verwechseln mit der beliebten Touristendestination Shexian, was im hiesigen Dialekt sehr ähnlich ausgesprochen wird). Weniger empfehlenswert ist der tägliche Zug von Hefei nach Bozhou, der die Provinzhauptstadt gegen 3 Uhr morgens verlässt.

Shouxian

Etwa 100 km bzw. zwei Autostunden nördlich von Hefei befindet sich Shouxian, das 241 v.Chr., zur Zeit der Streitenden Reiche, Regionalhauptstadt war. Heute ist es ein kleiner ländlicher Ort, umgeben von 6 km langen Dämmen und **Steinmauern** aus der Ming-Ära, von denen sich herrliche Aus-

DAS YANGZI-BECKEN

sichten bieten. Die Minibusse aus Hefei lassen ihre Passagiere an einer mehr oder weniger ausgedienten Haltestelle rund 700 m südlich der Mauern aussteigen. Von hier verläuft die Straße in einer Kurve zum dreifachen Bogen des **Südtors**, hinter dem sich Chinas besterhaltenes Beispiel einer Song-zeitlichen Stadtanlage verbirgt. Es gibt zwar einige besondere Sehenswürdigkeiten – z.B. ein altes **Theater** an der Ostachse sowie die Ruinen des **Bao'en-Klosters** im Südwesten des Zentrums –, aber noch mehr Spaß macht es, durch die engen Gassen zu bummeln und auf die Suche nach datierten Holzstürzen und bronzenen Türverzierungen zu gehen, die viele der Gebäude schmücken. Aus Shouxian stammt übrigens der Philosoph **Liu An**, ein Angehöriger der Han-Dynastie, der angeblich die Bohnengallerte zur Herstellung von Tofu erfand – ihm zu Ehren findet hier alljährlich im September ein **Tofu-Festival** statt.

Entlang der Hauptstraße von Shouxian liegen ein paar preiswerte **Gästehäuser**, doch da Ausländer eine ziemliche Seltenheit sind und viel Aufsehen erregen, übernachtet man vielleicht besser in einem anderen Ort. Wer Reiseziele jenseits von Hefei im Visier hat, fährt mit dem Minibus-Taxi (Fahrpreis ¥2) vom Busbahnhof zum 20 km östlich gelegenen Bergbauzentrum **Huainan**, wo es Busse nach Nanjing, Shanghai, Wuhan und **Fuyang** (auf der Strecke nach Bozhou) gibt.

Bozhou

Bozhou liegt am Nordwestrand der Provinz Anhui, etwa fünf Stunden von Hefei bzw. drei Stunden von Shouxian entfernt. Auf dem Weg dorthin ziehen Bilder vorbei, die mit Kohle beladene Lastkähne zeigen, und kleine Dörfer, deren rote Ziegelsteinhäuser von geschnittenen Weiden umgeben sind. In der Ferne wird der flache Horizont nur von den Schornsteinen der Brennöfen unterbrochen. Bozhous Ruhm gründet sich in erster Linie auf seine Stellung als weltgrößter Markt für **traditionelle Arzneimittel**. Überdies kennt man die Stadt als Geburtsort von **Hua Mulan**, einer Heldin der chinesischen Sage und des Zeichentrickfilms (allerdings gibt es kein einziges Denkmal für sie), sowie als Stammsitz von **Cao Cao**, einem der Warlords der Drei Reiche. In den Erzählungen als selbstsüchtiger Schurke dargestellt, dessen Grundsatz lautete „Lieber die Welt schädigen, als von der Welt geschädigt zu werden", war er dennoch ein brillanter General und angesehener Poet, dessen Ansprüche auf die Herrschaft über China genauso legitim waren wie die seines Erzrivalen Lu Bei. Wie dem auch sei, in Bozhou scheint sich niemand für diese Verbindung zu schämen.

Das Zentrum von Bozhou erstreckt sich unmittelbar südlich des gemächlich dahinfließenden **Wo He**. Die beiden Hauptstraßen heißen Renmin Lu (von Ost nach West) sowie Qiaoling Lu (von Nord nach Süd) und kreuzen sich im Osten der Stadt. Beim ersten Anblick der schmutzigen Straßen von Bozhou mag sich der Besucher noch wundern, was ihn hierher getrieben hat – doch wer ein wenig Geduld zeigt, wird belohnt. Etwa 3 km südöstlich des Zentrums verwandelt sich das östliche Ende der Zhan Qian Lu (die Zufahrtsstraße zum Bahnhof) von Montag bis Freitag in einen Medizinmarkt, der jeden Tag um die 60 000 Händler aus ganz China und Südostasien anlockt. Das riesige Gebäude des **Chinesischen Arzneimittelmarktes** steht an der Südseite der Straße und ist an einigen Stellen bis unters Dach vollgepackt mit Bündeln getrockneter Pflanzen, Pilze – darunter auch der bizarre Raupenpilz *(cordyceps)* – und Tiere (bzw. Teile davon); auf dem restlichen Gelände tummelt sich eine begeisterte Menschenmenge. Allein der geschäftige Markt und seine eigenartig beruhigenden Düfte rechtfertigen einen Besuch in der Stadt.

Das übrige Bozhou reizt vor allem Geschichtsfans. Auf der Südseite der Renmin Zhong Lu befindet sich der **Dixia Yunbing Dao** (Eintritt ¥5), ein 100 m langer unterirdischer Tunnel, den Cao Cao einst für Überraschungsangriffe auf einfallende Truppen erbauen ließ und dessen enge Backsteingänge völlig unerwartet auf gleicher Höhe mit der Straße liegen. Nördlich davon verkörpert die Renmin Bei Jie das übervölkerte Herz der moslemischen Gemeinschaft von Bozhou – mit zahlreichen Nudel-, Brot- und Kebab-Ständen sowie kleinen **Moscheen** – und endet an dem massiven, steinernen **Nordtor** der Stadt. Das dahinter gelegene Gebiet zwischen der Heping Lu und dem Fluss wird durch ein Netz ruhiger Gassen aus dem 19. Jahrhundert ausgefüllt, in denen sich kleine, weiß getünchte Geschäfte und Werkstätten aneinander reihen. Die **Gu Qian Zhuang** (Alte Bank, Eintritt ¥5) an der Nanjing Gang übte ihre ursprüngliche Funktion zwischen 1825 und 1949 aus und ist heu-

Der Norden von Anhui

Bangbu	蚌埠	***bàngbù***
Bozhou	亳州	***bózhōu***
Chinesischer Arzneimittelmarkt	中药材交易中心	*zhōngyàocái jiāoyìzhōngxīn*
Cuiwei Dajiudian	翠微大酒店	*cuìwēi dàjiǔdiàn*
Dixia Yunbing Dao	地下运兵道	*dìxià yùnbīngdào*
Gujing Dajiudian	古井大酒店	*gǔjǐng dàjiǔdiàn*
Gu Qian Zhuang	古钱庄酒店	*gǔqián zhuāng jiǔdiàn*
Hua Xilou	花戏楼	*huāxì lóu*
Fuyang	阜阳	***fùyáng***
Huainan	淮南	***huáinán***
Shouxian	寿县	***shòuxiàn***
Bao'en-Kloster	报恩寺	*bàoēn sì*

te eher langweilig anzusehen; lohnend jedoch ist der Blick von ihrem Balkon auf das graue Dächermeer der Stadt.

Als architektonisches Meisterwerk von Bozhou gilt das **Hua Xilou** (Eintritt ¥12), ein Gildentempel-Theater aus dem 17. Jahrhundert, das etwa 500 m nördlich der Gu Qian Zhuang liegt, dort, wo die Nanjing Gang auf den Fluss trifft. Das Theater mit seinen kunstvoll gearbeiteten Ziegel- und Holzverzierungen ist nach dem Arzt **Hua Tuo** aus der Han-Dynastie benannt, dem ersten Chinesen, der chirurgische Eingriffe unter Narkose vornahm. Später wurde er von Cao Cao getötet, weil er eine Stellung als dessen Leibarzt ablehnte. Besonders zu beachten sind die gemalten Friese rund um die Bühne, auf denen verschiedene Szenen aus den *Drei Reichen* dargestellt sind, darunter auch Zhuge Liangs gefeierte „Kriegslist der Leeren Stadt": Als ihm zur Verteidigung der Hauptbastion Xicheng keine Truppen zur Verfügung standen, ließ er kurzerhand die Tore öffnen und setzte sich kapitulierend auf die Mauer, während seine Männer die Straßen durchstreiften; der angreifende General Sima Yin kannte jedoch die Gerissenheit von Zhuge, vermutete eine ausgeklügelte Falle und ergriff die Flucht. Die hintere Halle des Theaters beherbergt eine Sammlung neolithischer Steinäxte sowie einige in der Nähe ausgegrabene Artefakte der Östlichen Han, darunter ein Totengewand aus Jadeplättchen, das aus 2400 Teilen besteht und Cao Caos Vater gehörte. Jener Cao Song wurde schmachvoll von Rebellen getötet, als er sich in einer Toilette zu verstecken versuchte.

Übernachtung und Essen

An der Kreuzung von Renmin Lu und Qiaoling Lu ca. 500 m südlich des Busbahnhofs, befinden sich mehrere Unterkünfte.

Das ***Cuiwei Dajiudian****, ✆ 5516604, ist ein gewöhnliches Stadthotel, während das gegenüberliegende ***Gujing Dajiudian*****, ✆ 5521274, wesentlich mehr Komfort bietet – wem keines dieser beiden Hotels zusagt, der kann zwischen den vielen anderen wählen.

Essensstände sind reichlich vorhanden.

Das Restaurant ***Cuiwei Dajiudian*** ist bei einheimischen Würdenträgern außerordentlich beliebt.

Sonstiges

GELD – ***Bank of China***, Renmin Lu, Ecke Qiaoling Lu.

POST – Das ***Hauptpostamt*** liegt in der Renmin Zhong Lu, 500 m westlich der großen Kreuzung von Renmin Lu und Qiaoling Lu.

VORWAHL – 0558

Transport

BUSSE – Von den **Busbahnhöfen** an der Qiaoling Lu werden v.a. Hefei, Fuyang sowie weitere Ziele in der näheren Umgebung angefahren. Darüber hinaus verkehren ein paar altersschwache, aber billige Überlandbusse in die angrenzenden Provinzen.

EISENBAHN – Der **Bahnhof** liegt etwa 3 km südöstlich des Zentrums und ist am besten mit dem Taxi zu erreichen. Die einzig sinnvolle Verbindung auf dieser Nebenstrecke ist der Frühzug nach Hefei. Wer die Eisenbahnlinien Beijing–Jiujiang oder Hefei–Zhengzhou nutzen möchte, muss zuerst mit dem Minibus nach Fuyang (ca. 1 1/2 Std.) fahren.

Die Städte am Yangzi

Der breite, durch den vielen mitgeführten Schlamm ganz graue Yangzi fließt auf 350 km Länge durch das untere Drittel der Provinz Anhui und bildet eine deutlich sichtbare geografische Grenze – sobald man den Fluss Richtung Süden überquert hat, werden Hügel und Berge zum bestimmenden Landschaftsbild. Noch bis 1995 konnte man den Yangzi in Anhui nur mit der Fähre überqueren, ein klassisches Zeichen für die chronische Unterentwicklung dieser Provinz. Inzwischen wurden zwei Brücken erbaut: eine in **Wuhu** und eine in **Tongling**. Die meisten am Fluss gelegenen Städte haben einen rein zweckmäßigen Charakter und lohnen eigentlich keinen Besuch, aber man passiert sie automatisch auf der Durchreise, sei es per Fähre oder per Minibus. Wuhu und **Xuancheng** liegen zudem an der Eisenbahnlinie Hefei–Tunxi (am Huang Shan).

Ma'anshan und Wuhu

Die Fahrt auf dem Yangzi von Nanjing ins westliche Anhui führt zunächst an Ma'anshan vorbei, ein industrielles Zentrum, das für die 7 km südlich gelegene Felsenlandschaft des **Cuiluo Shan** bekannt ist. Eine Reihe von Hallen und Pavillons erinnert hier an den fahrenden, romantischen Tang-Poeten **Li Bai**, der 762 ganz in der Nähe ertrank – er war bei dem Versuch, von einem Boot aus das Spiegelbild des Mondes zu berühren, betrunken ins Wasser gefallen.

Schon eher zu empfehlen ist ein Zwischenstopp am Südufer in Wuhu, Anhuis größter Fährhafen und größte Handelsniederlassung (nicht zu verwechseln mit der gleichnamigen Bezirksstadt). Zur Zeit der Vertragshäfen war dies der letzte Ort stromaufwärts, der für die Dampfschiffe zu erreichen war, und die hiesigen Schiffswerften bauten unerlässlich kleinere Boote, auf denen man die von der Küste kommenden Waren noch weiter den Yangzi und seine Nebenflüsse hinaufbefördern konnte. Zwar erfolgt der Transport längst auf Straßen und Schienen, doch sind noch immer Lastkähne aus den nördlichen Regionen Anhuis zu sehen, die an den Kais solche Güter wie Kohle, Bambus, Nutzholz und Kies abladen. Der wirtschaftliche Schwerpunkt von Wuhu hat sich indes auf die Textilproduktion sowie andere Bereiche der Konsumgüterindustrie verlagert. Dazu zählen auch **schmiedeeiserne Bilder**, vermutlich Chinas nichtssagendste Handwerkskunst, die im 17. Jahrhundert aus dem Streit zwischen einem Maler und einem Schmied entstanden sein soll.

Wuhu ist ein klassischer Verkehrsknotenpunkt und lässt sich kaum umgehen, aber es gibt weitaus schlimmere Orte für eine kurze Fahrtunterbrechung.

Vom Busbahnhof fährt die Nr. 4 via Dazhai Lu und **Zheshan-Park** – wo man eine halb zerstörte, dreistöckige Pagode erklettern und die Aussicht auf die Stadt genießen kann – zum **Fährterminal**, das sich etwa 1 km nördlich der fünfstöckigen, mitten im Fluss gelegenen **Zhongjiang-Pagode** befindet. Von hier führt ein hübscher Spaziergang durch die begrünten Gassen des alten Stadtzentrums an einen überwucherten Teich, den **Jing Hu** (Spiegelsee).

Übernachtung

Tieshan Binguan*, Gengxin Lu, Wuhu, auf der Westseite des Zheshan-Parks gelegen, ✆ 0553/3835981, 📠 3830240. In der Nähe des Busbahnhofs und des Fährterminals gibt es außerdem einige preiswerte Hostels.

Die Städte am Yangzi

Yangzi	长江	***chángjiāng***
Anqing	安庆	***ānqìng***
Guichi	贵池	***guìchí***
Ma'anshan	马鞍山	***mǎ'ān shān***
Cuiluo Shan	翠螺山	*cuìlúo shān*
Tongling	铜岭	***tónglǐng***
Wusong Shan Binguan	五松山宾馆	*wǔsōngshān bīnguǎn*
Yangzi-Flussdelfin	白鳍	*báijì*
Wuhu	芜湖	***wúhú***
Jing Hu	镜湖	*jìnghú*
Tieshan Binguan	铁山宾馆	*tiěshān bīnguǎn*
Zheshan-Park	赭山公园	*zhěshān gōngyuán*
Zhongjiang-Pagode	中江塔	*zhōngjiāng tǎ*
Xuancheng	宣城	***xuānchéng***
Xuanzhou Binguan	宣州宾馆	*xuānzhōu bīnguǎn*
Zuchtstation für den China-Alligator	扬子鳄养殖场	*yángzǐ'è yǎngzhíchǎng*

Transport

BUSSE – Der **Busbahnhof** von Wuhu liegt nordöstlich des Zentrums.
Busse nach:
HEFEI 2 Std.;
JIUHUA SHAN 6 Std.;
NANJING 3 Std.;
TUNXI 3 Std.;
TONGLING 2 Std.;
XUANCHENG 2 Std.

EISENBAHN – Der **Bahnhof** liegt – getrennt durch eine riesige Freifläche – genau gegenüber vom Busbahnhof.
Züge nach:
HEFEI 4x tgl., 2 Std.;
NANJING 2x tgl., 4 Std.;
SHANGHAI 2x tgl., 8 Std.

Xuancheng

Chinesisch sprechende Besucher, die sich für das heimische Tierleben interessieren, sollten das zwei Stunden Busfahrt südöstlich von Wuhu liegende Xuancheng nicht verpassen. Die Reise führt an sanften Hügeln und Teeplantagen vorbei, und verwirrenderweise liegt auf halbem Wege ein weiteres Wuhu – in diesem Falle die Bezirksstadt. Der ungepflegte, aber freundliche Ort Xuancheng wird nicht nur mit der Herstellung qualitativ hochwertigen, handgeschöpften Kunstdruckpapiers in Verbindung gebracht (obwohl das eigentlich aus dem 55 km südwestlich gelegenen Jiangxian kommt), sondern rühmt sich auch einer **Zuchtstation für den Chinesischen Alligator**. In freier Wildbahn sind diese scheuen Tiere kaum noch anzutreffen und in ihrer Verbreitung ausschließlich auf Anhui beschränkt, obwohl das in den 90er Jahren gestartete weltweite Zuchtprogramm unter Leitung des US Bronx Zoo die Zahl der in Gefangenschaft lebenden Exemplare wieder auf mehrere Tausend hat ansteigen lassen. Die Zuchtstation liegt einige Kilometer südlich von Xuancheng, wobei der Weg dorthin nach starken Regenfällen manchmal unpassierbar wird, und die Anwohner in Holzkähnen zwischen ihren Häusern herumpaddeln müssen. Bei normalen Witterungsbedingungen empfiehlt sich eine Absprache mit den Minibus-Fahrern in Xuancheng, die an der Kreuzung unweit des Busbahnhofs auf Kunden warten. Wer des Chinesischen nicht mächtig ist, sollte den Besuch in der Zuchtstation eventuell über einen Reiseveranstalter in Tunxi oder Hefei organisieren.

Xuancheng wird von mehreren kleinen Flüssen eingerahmt und misst der Länge nach etwa 2 km. Der **Bahnhof** liegt auf der Ostseite des Orts und der **Busbahnhof** im Südwesten.

Unterkunft, Essen und Informationen findet man in mehreren Hostels rund um die Haltestellen sowie in dem etwas gehobeneren *Xuanzhou Binguan***, Zhuangyuan Lu, Nähe Busbahnhof, ✆ 0553/3022957.

Tongling, Guichi und Anqing

Bei einer Flussreise auf dem Yangzi durch die Provinz Anhui erreicht man ziemlich genau nach der Hälfte der Strecke die **Kupfermetropole** Tongling, eine von Industriekomplexen und Kraftwerken umgebene Stadt, die durch Straßen mit Wuhu und Qingyang sowie durch eine Schnellstraße mit Hefei verbunden ist. In den vergangenen Jahren hat sich Tongling über alle Maßen dafür eingesetzt, dass der hellgraue **Yangzi-Flussdelphin** *(baiji)* nicht in Vergessenheit gerät. Der katastrophale Rückgang seines Bestands – in den 70er Jahren noch weit verbreitet, gab es 1997 schätzungsweise nur noch zwei Dutzend Exemplare – ist direkt mit der wachsenden Umweltverschmutzung, dem Verkehr auf dem Fluss und der Netzfischerei in Verbindung gebracht worden. Viel zu spät hat man südwestlich der Stadt ein Schutzgebiet angelegt, doch bislang sind alle Versuche zur Ansiedlung eines Zuchtpaares der Delphinart gescheitert. Die Spezies scheint verloren, es sei denn, man kann den jüngsten Berichten über Klonversuche Glauben schenken. Ansonsten werden die Tiere womöglich nur noch auf den Flaschendeckeln von Tonglings *Baiji*-Bier fortbestehen, wo der lateinische Name des Delphins *(Lipotes vexillifer)* geschrieben steht.

In Tongling fällt die Orientierung sehr leicht: Der Großteil der Stadt erstreckt sich über einige Kilometer entlang der **Yi'an Lu**, die vom **Überland-Busbahnhof** gen Süden zu einer Haltestelle für **Minibusse** nach Qingyang und zum Jiuhua Shan (s.u.) führt. **Übernachten** kann der Besucher gegenüber vom Busbahnhof im *Wusong Shan Binguan***, ✆ 0562/2864487, 📠 2862937 – nicht zu verwechseln mit dem benachbarten und ziemlich heruntergekommenen Gästehaus desselben Namens.

Weiter stromaufwärts, in Richtung der Grenzen zu Jiangxi und Hubei, ist **Guichi** der nächste Halt für den Flussverkehr. Von dort fahren zahlreiche Minibusse nach Qingyang sowie zum Jiuhua Shan, der sich nach Süden hin deutlich abzeichnet. Ein kleines Stück weiter befindet sich der letzte Hafen in Anhui, das am Nordufer gelegene **Anqing**. Gegen Ende der 40er Jahre des 19. Jahrhunderts war die Stadt eine Hochburg der Taiping-Rebellen und gilt heute als kulturelles Zentrum, das landesweit für seinen **Huangmei-Opernstil** bekannt ist. Von hier benötigen die Schiffe noch rund einen halben Tag bis nach Jiujiang und zum Poyang Hu (s.S. 640) in der Provinz Jiangxi.

Jiuhua Shan

Als Alternative zum bekannteren Huang Shan (s.S. 595) birgt der Jiuhua Shan (Neun Prächtige Berge) viele Vorteile: Er ist niedriger (der höchste Gipfel erreicht knapp über 1300 m), entsprechend einfacher gestaltet sich der Aufstieg, und man bekommt nicht nur landschaftliche Höhepunkte zu Gesicht. Seit 1500 Jahren eine Kultstätte, reiht er sich in die **heiligen buddhistischen Berge** Chinas ein, seit der koreanische Mönch **Jin Qiaojue** (der für die Reinkarnation des Bodhisattva Dizang gehalten wurde, dessen Grundsätze er vertrat) hier 794 in einer abgeschiedenen Höhle starb. Heute gibt es am Jiuhua Shan mehr als 60 Tempel – einige aus dem 9. Jahrhundert – sowie eine umfangreiche Sammlung von Skulpturen, religiösen Texten und frühen Kalligrafien, aber auch massenweise Besucher (viele davon im Ausland lebende Chinesen und Koreaner) sowie einige überdimensionale Bauprojekte, die den ansonsten überschaubaren Maßstab des Jiuhua Shan zu übersteigen drohen. Dennoch kann man in den meist schmucklosen,

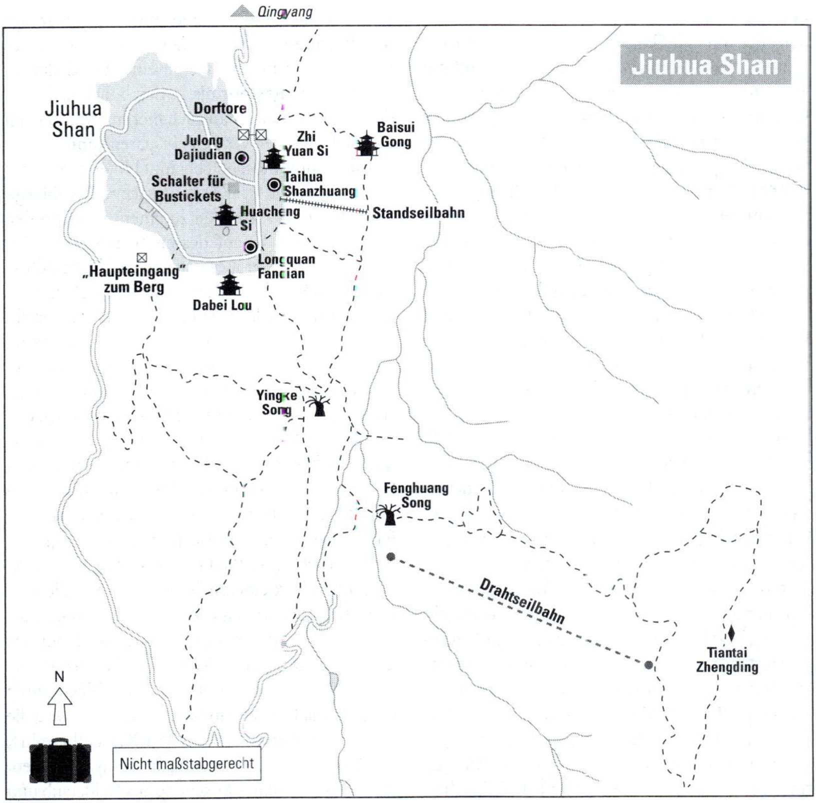

von Weihrauch und leisen Gesängen durchdrungenen Hallen eine Atmosphäre wahrer Andacht spüren.

Trotz seiner Entfernung zu den großen Verkehrszentren 60 km südlich des Yangzi ist der Jiuhua Shan einfach zu erreichen (s.S. 591, Transport). Von **Qingyang** schlängelt sich die Straße durch sattgrüne Reisfelder und Bambuspflanzungen, vorbei an Dörfern mit weiß getünchten Häusern, und immer wieder eröffnen sich wunderbare Aussichten auf spitze Gipfel und tiefe Täler. Die Fahrt endet inmitten der Berge in dem malerischen **Dörfchen Jiuhua Shan**, wo sich rund um die wenigen Kopfsteinpflasterstraßen die Unterkünfte und berühmtesten Tempel drängen. Bei der Ankunft an den Toren des Dorfes wird ein Eintrittsgeld zum Jiuhua Shan erhoben (März–Nov ¥60, Dez–Feb ¥50). Vorbei an vielen Marktständen – die Postkarten, allerhand Plunder, wasserdichte Landkarten und Regenschirme (hier ist es meist sehr feucht) anbieten – gelangt man nach etwa 100 m zu einer Kreuzung, an der sich die Straße teilt und in einem etwa 2 km langen Rundkurs um das Dorf führt.

Sehenswürdigkeiten

An einen Felsen gleich hinter den Dorftoren schmiegt sich das imposante **Qing-Kloster Zhiyuan Si** (Eintritt ¥5) mit glatten, vertikalen Mauern, geschwungenen Dachvorsprüngen und gelbem Ziegeldach. Das recht groß wirkende Äußere lässt kaum auf die Enge der vielen kleinen Hallen schließen, die mit Skulpturen überladen sind, darunter ein bärtiger, hakennasiger Donnergott mit Reißzähnen, der – so scheint es – aus seiner schützenden Glasvitrine gleich hinter dem Eingang auszubrechen versucht. In der Haupthalle sitzt eine herrlich vergoldete, von mehreren Arhat umringte **buddhistische Dreieinigkeit** feierlich auf einzelnen Lotusblüten. Dieser Ort bildet einen angemessenen Rahmen für das alljährliche **Tempelfest**, das zu Ehren von Dizang am letzten Tag des siebten Mondmonats abgehalten wird, und zu dessen Anlass sich die Halle mit Gläubigen, Mönchen und Touristen füllt. Man sollte unbedingt auch einen Blick hinter den Altar werfen, wo eine Gruppe von Guanyin-Statuetten bis zu den hohen Dachbalken aus Holz hinaufreicht.

Auf der Hauptstraße durch das Dorf erreicht man bald den nächsten sehenswerten Tempel, den neuen, knallbunten **Dabei Lou** (Eintritt ¥5), der einige imposante Steinmetzarbeiten aufweist. Ungefähr gegenüber liegt der **Huacheng Si** (Eintritt ¥5), seines Zeichens der älteste erhaltene Tempel am Berg, der teilweise bis in die Tang-Ära zurückgehen soll, allerdings umfassend restauriert wurde. Sein Eingang liegt im hinteren Bereich eines großen gepflasterten Platzes, in dessen Zentrum sich ein tiefer Teich mit ein paar Goldfischen darin befindet. Im Tempel fungiert die niedrige, aber geräumige Haupthalle zugleich als **Museum**. Die hier ausgestellten Gemälde zeigen das Leben des Jin Qiaojue von seiner Meeresüberquerung nach China (auf der er nur von einem treuen Hund begleitet wurde) bis zu seinem Tod im Alter von 90 Jahren sowie die Entdeckung seines wundersam unversehrten Körpers drei Jahre danach.

Aufstieg zum Berg

Der offizielle „Eingang" zum Berg ist durch ein riesiges verziertes Tor und einen Tempel gekennzeichnet, die sich etwa 500 m hinter dem Dabei Lou an der Hauptstraße befinden. Als alternativer Aufstiegsweg bieten sich schmale gepflasterte Pfade an, die sowohl hinter dem Zhiyuan Si als auch in der Kurve der Hauptstraße beginnen. Darüber hinaus fährt eine Standseilbahn von der Hauptstraße beim *Longquan Fandian* zum Kamm oberhalb des Zhiyuan Si hinauf (Fahrpreis ¥32). Kombiniert man die verschiedenen Möglichkeiten miteinander, so lässt sich eine schöne und einfache, einstündige **Rundwanderung** auf der Kammlinie oberhalb des Dorfes unternehmen oder gar eine abwechslungsreiche **Ganztagestour** bis zu den höheren Gipfeln des Jiuhua – wobei man auch hier mit Minibussen und Seilbahnen etwas Zeit einsparen kann.

Die Rundwanderung beginnt hinter dem Dabei Lou, dort, wo die Straße scharf nach rechts abbiegt. Von hier steigen Treppen zu einem mittelgroßen Tempelkomplex hinauf, dessen Atrium in der Eingangshalle lebensgroße Gestalten aus der **buddhistischen Hölle** birgt. Die Skulpturen, schauerlich und amüsant zugleich, sind so bildhaft dargestellt, dass man sich des Gefühls nicht erwehren kann, den Künstlern habe ihre Arbeit enormen Spaß gemacht: Arme Sünder werden von Dämonen aufgespießt, geprügelt, erwürgt, gesiedet und zweigeteilt, unterdessen blicken die Tugendhaften auf sie herab und empfinden zweifellos äußerste Dankbarkeit für ihre Erlösung. Ein paar Minuten Fußweg jenseits des Tempels treffen an der **Yingke Song** (Kiefer zur Begrüßung der Gäste) mehrere Wege aufeinander. Der linke Pfad führt vorbei an mehreren Pavillons und kleineren Tempeln zum schlichten, aber stimmungsvollen **Kloster Baisui Gong** (Eintritt ¥5), wo sich ein spektakulärer Blick auf das Dorf bietet. Das Innere des Klosters ist alles andere als wetterfest – nicht selten ziehen Wolken durch die Haupthalle. In einem hinteren Zimmer wird die Mumie des Ming-Priesters **Wu Xia** aufbewahrt, berühmt für seine Sammlung der **Huayan-Sutren**, die er einst mit einer Mischung aus Goldstaub und seinem eigenen Blut schrieb. Sein winziger Körper ist in sitzender Gebetshaltung ausgestellt und wirkt aufgrund des dicken, glatten Blattgoldüberzugs reichlich grotesk. Vom Baisui Gong führen Treppen hinab zum Zhiyuan Si, oder man nimmt einfach die Standseilbahn zur Hauptstraße.

Der Weg zu den höheren Gipfeln zweigt an der Yingke Song nach rechts ab und steigt dann etwa zwei Stunden bergan, vorbei an der **Fenghuang Song** (Phönixkiefer), an weiteren Tempeln und windgeschliffenen Felsen bis zur fantastischen Gipfellandschaft der **Tiantai Zhengding** (Himmelsterrasse). Es gibt auch eine Drahtseilbahn von der Fenghuang Song bis zu einer Stelle direkt unterhalb der Gipfel (Fahrpreis ¥55 auf- bzw. ¥45 abwärts). Wer nicht laufen kann oder möchte, fährt von der Haltestelle gegenüber dem Dabei Lou im Dorf per

Jiuhua Shan	九华山	***jiǔhuá shān***
Baisui Gong	百岁宫	*bǎisuì gōng*
Dabei Lou	大悲楼	*dàbēi lóu*
Drahtseilbahn	缆车站	*lǎnchē zhàn*
Fenghuang Song	凤凰松	*fènghuáng sōng*
Huacheng Si	化城寺	*huàchéng sì*
Julong Dajiudian	聚笼大酒店	*jùlóng dàjiǔdiàn*
Longquan Fandian	龙泉饭店	*lóngquán fàndiàn*
Standseilbahn	索道站	*suǒdào zhàn*
Taihua Shanzhuang	太华山庄	*tàihuá shānzhuāng*
Tiantai Zhengding	天台正顶	*tiāntái zhèngdǐng*
Yingke Song	迎客松	*yíngkè sōng*
Zhiyuan Si	执园寺	*zhíyuán sì*
Qingyang	青阳	***qīngyáng***

Minibus zur Fenghuang Song (Fahrpreis ¥5). Als der Tang-Literat **Li Bai** von hier oben den Sonnenaufgang betrachtete, wurde er vom Anblick der aus den Wolken aufragenden Gipfel dazu inspiriert, dem Jiuhua Shan seinen Namen – Neun Prächtige Berge – zu verleihen. In den kommenden Jahren wird dies übrigens der Ort sein, an dem man die Fortschritte eines der bombastischsten religiösen Bauprojekte Chinas beobachten kann: Am Berg ist eine 99 m hohe **Statue von Dizang** geplant, die nach ihrer Vollendung die größte Buddhaskulptur der Welt sein wird.

Übernachtung und Essen

Gleich bei der Ankunft werden die Besucher mit allen möglichen Angeboten zur Unterbringung überhäuft, von denen die meisten recht ordentlich sind. Für gehobene Ansprüche ist das ***Julong Dajiudian*****, rechterhand hinter den Toren zum Dorf, ✆ 0566/5011368, 📠 5011022, eine gute Wahl, wenngleich das Personal nicht mit sich handeln lässt und die Zimmer etwas feucht sind. Direkt gegenüber bietet der ***Zhiyuan Si*** extrem schlichte Schlafstätten (¥30), die eigentlich für umherziehende Mönche gedacht sind, aber eventuell auch Touristen zur Verfügung stehen. Weiter oberhalb an der Hauptstraße liegt linkerhand das ***Taihua Shanzhuang****, ✆ 0566/5011340, 📠 5012888, zu erkennen an einem englischen Schild über einem Parkplatz – ein angenehmes Gasthaus mit fließend Warmwasser. Ein Stück weiter auf der rechten Seite gibt es im ***Longquan Fandian****, ✆ 0566/5011320, saubere Zimmer und viele chinesische Gäste.
In den zahlreichen Lokalen ist von Backwaren bis zu teuren Wildgerichten alles zu bekommen.

Transport

Der Jiuhua Shan ist problemlos zu erreichen: Von Hefei, Tangkou, Taiping (Huang Shan), Tongling und Guichi gibt es **Direktbusse**, oder man fährt in das 25 km nordöstlich gelegene **Qingyang**, von wo tagsüber immer wieder Minibusse zum Jiuhua Shan starten (¥6). Wer in Qingyang keinen Anschluss mehr bekommt, kann in dem Hotel (¥75) direkt an der Bushaltestelle absteigen.
Ähnliches gilt für die entgegengesetzte Richtung. Die **Überlandbusse** nach Hefei, Nanjing, Tangkou, Taiping, Tunxi und Shanghai versammeln sich früh am Morgen beim Ticketschalter am Rand des Dorfzentrums. Ansonsten verkehren regelmäßig **Minibusse** nach Qingyang, wo man wiederum Anschluss in viele andere Städte hat.
Busse nach:
HEFEI 5 Std.;
QINGYANG 1 Std.;
TAIPING 3 Std.;
TANGKOU 4 1/2 Std.;
TONGLING 2 Std.;
WUHU 6 Std.

Tunxi und Umgebung

Der Hauptgrund für eine Reise nach Tunxi nahe der Südgrenze von Anhui sind in erster Linie die **günstigen Verkehrsanbindungen** zum 50 km nordwestlich gelegenen Huang Shan (s.S. 595): Die Stadt verfügt über einen Flughafen und einen Bahnhof, und darüber hinaus kommen hier viele Überlandbusse vorbei. Doch wer sich für **klassische chinesische Architektur** interessiert, kann Tunxi samt der umliegenden Orte auch um ihrer selbst willen besuchen. Die Abgeschiedenheit von Anhui hat dazu beigetragen, dass in der Gegend so manche Baudenkmäler und Häuser aus dem 17. Jahrhundert erhalten geblieben sind, besonders in **Shexian** und **Yixian**, die nur je eine kurze Busfahrt entfernt liegen. Das alte Handelszentrum Tunxi, auch bekannt als **Huang Shan Shi**, liegt am Zusammenfluss zweier Wasserläufe und teilt sich in Alt- und Neustadt: Die Altstadt befindet sich am Nordufer des Xin'an Jiang, an der Kreuzung von Huang Shan Lu und Xin'an Lu, und das neuere Stadtviertel konzentriert sich um den etwa 1 km nordöstlich gelegenen Bahnhof und Busbahnhof. Wer etwas Zeit mitbringt, sollte die beiden **Häuser aus der Ming-Dynastie** besuchen, die in den östlichen Seitenstraßen von Tunxi zu finden sind (allerdings schlecht gekennzeichnet). Das östlichere der beiden, das einst dem Mathematiker Cheng Dawei gehörte, ist in einem bedauernswerten Zustand, aber beide gelten als klassische Beispiele des hiesigen **Huizhou-Stils**, von dem in Shexian und Yixian noch vieles mehr zu entdecken ist. Ihr Grundriss – zwei Etagen galerieartig angelegter Räume um einen Innenhof – erwies sich als so populär, dass er zum Maßstab für die städtische Wohnarchitektur in Zentral- und Ostchina avancierte.

Weitere Sehenswürdigkeiten finden sich in der historischen Pflasterstraße **Lao Jie** (Alte Straße), einer westlichen Verlängerung der Huang Shan Lu. Parallel zum Fluss wurden hier auf 500 m Länge eine Reihe von **Ming-Geschäften** restauriert, die alle Arten von Waren verkaufen: lokale Teesorten, Heilkräuter, Artikel für den Künstlerbedarf sowie „Antiquitäten" wie Tuschesteine, Pinsel, Mao-Abzeichen, dekadente Werbeplakate aus den 30er Jahren und geschnitzte Holzpaneele, die aus alten Häusern stammen. Ein paar Originalgeschäfte heben sich von den anderen ab, besonders eine Apotheke mit Holzdekor aus den 20er Jahren sowie mehrere kleine *jiaozi*-Läden, die sich vor allem bei den Einheimischen großer Beliebtheit erfreuen. Auch die charakteristischen **Pferdekopfgiebel** sind hier zu entdecken – sie dienten ursprünglich als Feuerschutz zwischen benachbarten Häusern und sollten die Flammen daran hindern, auf andere Gebäude überzugreifen; heute stehen allerdings eher dekorative Zwecke im Vordergrund.

Übernachtung und Essen

Rund um den Bahnhof von Tunxi konzentrieren sich einige praktische, wenngleich zumeist trostlose und überteuerte Unterkünfte. Am empfehlenswertesten sind das schicke ***Jingwei Jiudian******, ✆ 2345188, 📠 2345098, das in der Nebensaison Rabatte von 50% gewährt, sowie das gegenüberliegende, etwas schmuddlige ***Jiangnan Dajiudian*****, ✆ 2358111, 📠 2358248. In der Nähe der Altstadt, auf der anderen Seite des Xin'an Jiang, eröffnet das ruhige ***Huaxi Fandian*****, ✆ 2514312, Blicke auf den Fluss. Essen kann man in einem der zahlreichen kleinen Restaurants rund um die Kreuzung von Xin'an Lu und Lao Jie. Auch die vielen Suppen- und Nudelstände am Bahnhofsplatz sind zu empfehlen, obwohl Ausländern hier meist zu viel berechnet wird und die vielen Stadtplanverkäufer und Kundenwerber der Busunternehmen recht aufdringlich sein können.

Shexian

25 km östlich von Tunxi und problemlos per Minibus zu erreichen liegt die einstige Bezirkshauptstadt Shexian, der Anhui einiges zu verdanken hat – nicht zuletzt seinen Namen: Das Wort „Anhui" entstand aus der Verschmelzung der beiden Worte Anqing und **Huizhou**, wie Shexian damals genannt wurde. Ihre Blütezeit hatte die Region im 17. Jahrhundert, als hiesige Salzhändler zur Demonstration ihres Reichtums imposante Stadthäuser und kunstvolle Torbogen errichteten, von denen einige bis heute überdauert haben. Außerdem sind die Opernstile der Provinz hier entstanden, und die Stadt ist für ihre *hui*-Tuschesteine sowie die feinkörnigen *she*-Tuschestäbe berühmt geworden, wobei Letztere als beste Chinas gelten.

Der **Busbahnhof** von Shexian liegt außerhalb des Zentrums an der Autobahn, wo die Ankom-

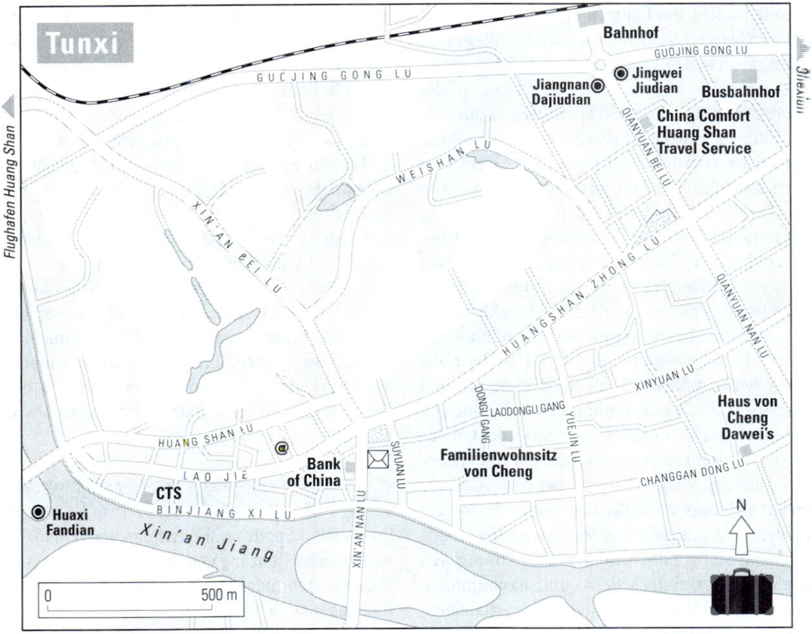

Tunxi und Umgebung

Tunxi	屯溪	***túnxī***
Familienwohnsitz von Cheng	程氏三宅	*chéngshì sānzhái*
Haus von Cheng Dawei	程大位居	*chéngdàwèi jū*
Huaxi Fandian	花溪饭店	*huāxī fàndiàn*
Jingwei Jiudian	经纬酒店	*jīngwěi jiǔdiàn*
Lao Jie	老街	*lǎojiē*
Shexian	歙县	***shèxiàn***
Doushan Jie	斗山街	*dǒushān jiē*
Nan Lou	南楼	*nánlóu*
Tangyue-Torbogen	堂越牌坊	*tángyuè páifáng*
Xuguo-Torbogen	许国石坊	*xǔguó shífáng*
Yanghe Men	阳和门	*yánghé mén*
Yixian	黟县	***yíxiàn***
Hongcun	宏村	*hóngcūn*
Nanping Cun	南屏村	*nánpíng cūn*
Xidi	西递	*xīdì*

menden sofort von Führern und Motor-Rikscha-Fahrern belagert werden – die allesamt völlig überflüssig sind, weil man die Strecke gut alleine und zu Fuß zurücklegen kann. Zunächst geht es auf der Brücke über den Fluss und anschließend noch etwa 100 m geradeaus, vorbei an trostlosen Betonbauten, bis zum Ende der Straße. Hier biegt man zunächst rechts und dann gleich wieder in die erste Straße links ein, und schon befindet man sich in der **Jiefang Jie**, von der die Gassen der Altstadt abgehen. Links und rechts erheben sich die restaurierten **Tortürme Nan Lou** und **Yanghe Men**, geradeaus führt die Jiefang Jie unter dem kleineren, aber reich verzierten **Xuguo-Torbogen** hindurch, einem der schönsten in der Gegend. In der Nähe verkaufen Souvenirstände allerlei Krimskrams und eine Buchhandlung sehr hilfreiche **Stadtpläne** von Shexian (etwa ¥3). Natürlich ist nicht jedes Gebäude der Stadt ein architektonisches Wunder, aber Shexians Charme besteht auch eher darin, dass die meisten Häuser nicht für den Tourismus hergerichtet wurden, sondern ganz normal in Gebrauch sind und völlig authentisch wirken. Am meisten Spaß macht es, einfach ziellos umherzubummeln und zwischendrin eine der hiesigen Spezialitäten, z.B. die leckeren süßen Brötchen, zu probieren. Wer seinen Spaziergang mit etwas mehr System angehen möchte, sollte die **Doushan Jie** ansteuern, eine Straße voller gut erhaltener Häuser im Huizhou-Stil, durch die auch chinesischsprachige Touren (¥8) angeboten werden.

Mit ausreichend Zeit im Gepäck empfiehlt sich auf dem Rückweg per Minibus nach Tunxi noch ein Abstecher zum **Tangyue-Torbogen** (Eintritt ¥20), der mit seinen sechs, einsam auf einem Feld aufgereihten Toren einen seltsamen Anblick bietet. Um hierher zu gelangen, lässt man sich einfach nach etwa 5 km an der Autobahn absetzen und geht die letzten 3 km entweder zu Fuß oder nimmt eine Motorrad-Rikscha.

Yixian

Es hat ausnahmsweise einmal nichts mit Architektur zu tun, dass man für einen Zwischenstopp in Yixian, etwa 60 km westlich von Tunxi, eine **Polizeigenehmigung** benötigt (in Tunxi für etwa ¥50 erhältlich): Die Stadt fungiert als Sprungbrett für die umliegenden Dörfer, die nur von Charter-Minibussen (etwa ¥30 pro Haltestelle) angesteuert werden und nur in Begleitung eines Reiseleiters (¥20 pro Ort) besichtigt werden dürfen. Die erste Wahl sollte auf **Xidi** fallen, ein besonders bezaubernder Ort mit etwa 120 Häusern aus dem 18. Jahrhundert, die an einem Flussufer stehen und in einen einzigen großen Antiquitätenmarkt verwandelt wurden.

Unzählige Beispiele geschnitzter und vergoldeter Holzwände und Paneele in den Gebäuden sowie feine Strichmalereien an der Vorderfront zeigen unter anderem Tierpaare. Spiegel über den Türstürzen sollen das Unglück ablenken oder das wahre Wesen eines Menschen enthüllen – ein nützliches Mittel zur Beurteilung Fremder. Ein weiterer ansprechender Ort ist **Hongcun**, der in seiner Form (mit einiger Fantasie) an den Körper eines Büffels erinnert. Schließlich sei noch **Nanping** genannt, das den Rahmen für den Film, *Judou (Rote Laterne)* von Zhang Yimou bildete.

Sonstiges

Die meisten Serviceeinrichtungen findet man rund um die Kreuzung von Huang Shan Lu und Xin'an Lu, wo zudem ein paar Märkte und Warenhäuser beheimatet sind.

GELD – ***Bank of China,*** Huang Shan Lu, Ecke Xin'an Lu, ◷ Mo–Fr 9–11.30 und 14.30–17 Uhr.

POST – Huang Shan Lu, Ecke Xin'an Lu.

REISEBÜROS – Informationen, Flugtickets und Genehmigungen für Yixian bekommt man im ***China Comfort Huang Shan Travel Service,*** 12 Qianyuan Bei Lu, 150 m südlich des Bahnhofs, ✆ 2515832, ℻ 2114040, ◷ Mo–Fr 8.30–12 und 13.30–17 Uhr, Sa und So variable Öffnungszeiten. ***CTS,*** 1 Binjiang Xi Lu, ✆ 2522649, ℻ 2522635.

VORWAHL – 0559

Nahverkehrsmittel

BUSSE – Folgende Stadtbusse gibt es in Tunxi: Vom Bahnhof fährt die Nr. 6 auf einer Nebenstraße in die Stadt; Nr. 1 und Nr. 2 starten am Busbahnhof und folgen der Huang Shan Lu in südwestlicher Richtung – beide Strecken lassen sich in rund 20 Min. auch zu Fuß zurücklegen.

Transport

BUSSE – Die Minibusse nach Tangkou sammeln sich am **Bahnhofsplatz**, alle anderen Busse starten am **Busbahnhof**, der 250 m südlich der Guojing Gong Lu über einen ganzen Block verteilt ist. Es verkehren regelmäßig Busse nach Shexian, Yixian, Tangkou und Taiping sowie Überlandbusse zum Jiuhua Shan, nach Wuhu, Hefei, Shanghai, Jiujiang, Nanchang und sogar Guangzhou.

Busse nach:
HEFEI 4 Std.;
JINGDEZHEN 5 Std.;
JIUHUA SHAN 5 Std.;
NANJING 6 Std.;
SHANGHAI 12 Std.;
SHEXIAN 1 Std.;
TANGKOU 1 1/2 Std.;
TONGLING 4 Std.;
WUHU 2 Std.;
YIXIAN 2 Std.

EISENBAHN – Der **Bahnhof** liegt an der nördlichen Stadtgrenze, am Ende der Qianyuan Bei Lu. Neben Zügen nach Hefei (über Xuancheng und Wuhu), Nanchang, Shanghai, Xiamen und Beijing gibt es täglich eine nützliche, wenngleich schleppend langsame Verbindung nach Jingdezhen (s.S. 650) im Südwesten von Anhui.

Züge nach:
BEIJING 1x tgl., 20 Std.;
HEFEI 4x tgl., 8 Std.;
JINGDEZHEN 6x tgl., 3–5 Std.;
NANCHANG 1x tgl., 9 Std.;
NANJING 6x tgl., 9 Std.;
SHANGHAI 2x tgl., 11 Std.

FLÜGE – Der **Huang-Shan-Flughafen** befindet sich etwa 10 km westlich der Stadt und wird von einem Flughafenbus (¥5) bedient, der sowohl den Bahnhof als auch den Busbahnhof anfährt.

Flüge nach:
BEIJING 5x wöchentl., 2 Std.;
GUANGZHOU 1x tgl., 1 3/4 Std.;
HEFEI 1x tgl., 1 Std.;
NANCHANG 2x wöchentl., 3/4 Std.;
SHANGHAI 6x wöchentl., 3/4 Std.;
WUHAN 2x wöchentl., 1 Std.

Huang Shan

Das südliche Anhui wird vom Huang Shan (Gelbes Gebirge) überragt, eine der sehenswertesten Gegenden Ostchinas. Wer diese Gipfel bestiegen hat, so heißt es, wird niemals wieder einen anderen Berg erklimmen wollen. Und tatsächlich eröffnet sich dem Wanderer eine **sagenhafte Landschaft**: Mächtige Gipfel und schroffe Felswände steigen aus dichten Bambuswäldern auf, knorrige Kiefern klammern sich an steinerne Vorsprünge, und wogender Nebel verleiht der Szenerie die nötige mystische Aura. Bilder wie diese kommen einem nicht von ungefähr bekannt vor, hat die Landschaft des Huang Shan doch einen unauslöschlichen Einfluss auf die chinesische Kunst ausgeübt, und auch heute noch trifft man auf allen Wegen Maler, die sich in ihre Wattejacken kuscheln und ihre Arbeiten mit Schirmen vor dem Nieselregen schützen – manche verbringen hier oben gleich mehrere Monate.

Die bei Kaisern und Kommunisten gleichermaßen beliebte **Pilgerstätte** des Huang Shan gilt in China als heilig, und jeder Chinese will den Berg zumindest einmal im Leben erobern. Einsamkeit ist hier also nicht zu erwarten, stattdessen schieben sich ganze Menschenscharen über die sorgfältig gepflasterten Wege oder stauen sich vor den drei Seilbahnstationen. All das erinnert auf deprimierende Art an den Besuch in einem Vergnügungspark, doch dann steht man plötzlich vor einem riesigen Monolithen mit einer einsamen Kiefer obendrauf oder sieht ein entferntes Waldstück, dass völlig isoliert auf einer felsigen Plattform wächst, und versöhnt sich mit seiner Umgebung, in der die Natur sich immer wieder selbst in Szene zu setzen vermag.

Orientierung

Aus dem ganzen östlichen China fließt der **Verkehr** in das Huang-Shan-Gebiet. Es gibt Direktbusse aus Shanghai, Hangzhou und Nanjing, vom Jiuhua Shan, aus Wuhu, Hefei sowie anderen Orten in Anhui. Die meisten Verbindungen führen – wie auch sämtlicher Eisenbahn- und Flugverkehr – durch **Tunxi** (alias Huang Shan Shi, s.S. 592). Von dessen Bahnhof bzw. Busbahnhof fahren regelmäßig Shuttle-Busse nach **Tangkou** (Fahrpreis ¥13), das rund 50 km nordwestlich von Tunxi in den südlichen Vorgebirgen liegt und das Tor zum Huang Shan darstellt. Weniger frequentiert, aber ebenfalls als Ausgangspunkt geeignet ist **Taiping** auf der Nordseite des Gebirges an der Straße von Jiuhua Shan nach Tangkou. Einige Überlandbusse, die direkt nach Tangkou oder Taiping fahren, bezeichnen diese Städte auf ihren Fahrplänen manchmal als „Huang Shan".

Tangkou bietet Zugang zu den beiden **Wanderwegen** (s.S. 598f.) am Huang Shan sowie zu deren parallel verlaufenden **Seilbahnrouten**. Eine weitere Seilbahn (Fahrpreis ¥65) ist von Taiping aus erreichbar, wobei man zuvor die 22 km zwischen dem Busbahnhof an der Hauptstraße und der Endhaltestelle in **Songgu** in einem Minibus zurücklegen muss. An dieser Stelle sei außerdem erwähnt, dass die Warteschlangen an den Talstationen der Seilbahnen gewaltig sein können und der Betrieb bei starkem Wind eingestellt wird. Der **Eintrittspreis** zum Huang Shan wird am Beginn der Wanderwege bzw. an den Seilbahnen erhoben und beträgt ¥62 (ermäßigt ¥55). Die Seilbahnfahrt zum

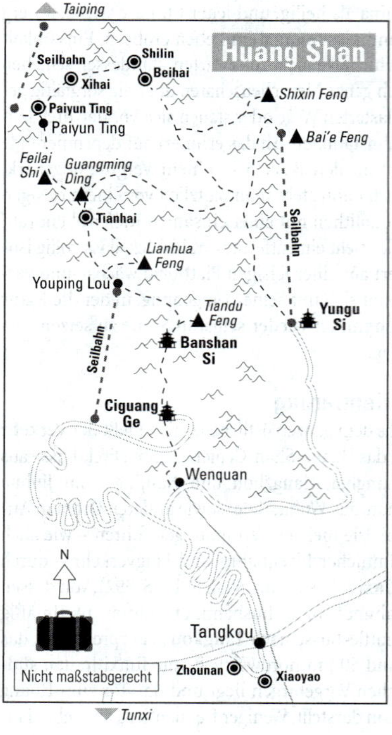

Gipfel dauert 20 Minuten, der Fußmarsch zwei bis acht Stunden, je nachdem, ob man sich für die einfache **Ostroute** oder die längere und anspruchsvollere **Westroute** entscheidet. Oben angelangt, gibt es relativ einfache Halbtageswanderungen rund um die Gipfel. Ideal wäre ein zwei- bis dreitägiger Aufenthalt auf dem Berg, um für den Aufstieg und die Rundwanderung ausreichend Zeit zu haben, aber auch an einem Tag lässt sich bereits ein guter Teil des Huang Shan erkunden.

Unterkünfte (zu recht gesalzenen Preisen) und **Essen** findet man in Tangkou, Taiping oder auf dem Berg selbst. Wanderer sollten unbedingt feste Schuhe tragen und warme, wasserdichte Kleidung einpacken, da es auf dem Gipfel ziemlich feucht und zugig sein kann. Die Wege sind im Allgemeinen einfach zu begehen, sodass Führer unnötig sind, desgleichen Träger, da man in den Unterkünften von Tangkou und Taiping überflüssige Ausrüstung deponieren kann.

Tangkou und Wenquan

Zwei Stunden bzw. 50 km von Tunxi entfernt liegt Tangkou, ein unansehnliches Wirrwarr enger Gassen, Hotels und Restaurants an der **Taohua-Schlucht**, wo die Straßen aus Wuhu, Tunxi und vom Jiuhua Shan aufeinander treffen. Die meisten Busse zum Huang Shan enden hier, doch es gibt noch Zubringer ins 3 km entfernte Wenquan, das ebenfalls über einige Unterkünfte verfügt und durch seine Lage inmitten von Kiefern- und Bambuswäldern sowie oberhalb des klaren **Taoyuan-Baches** insgesamt einen hübscheren Anblick bietet.

Nach der steilen Anfahrt von Tangkou kommt zunächst die Bogenbrücke über den Taoyuan in Sicht, an der die Straße zum 8 km entfernten **Yungu Si** (Wolkenschluchttempel), dem Ausgangspunkt der Ostroute, abzweigt.

Folgt man indes dem Fußweg flussaufwärts, so erreicht man nach rund 30 Minuten den **Ciguang Ge** (Gnadenlicht-Pavillon) am Anfang der Westroute (von Wenquan kostet ein Minibus hierher ¥5).

Erschöpfte Wanderer können sich übrigens in Wenquans **Thermalbadehaus**, nahe dem Hotel *Huangshan Binguan*, erholen, das allerdings ein wenig gammlig daherkommt (Eintritt ¥30 bzw. ¥50 für ein privates Bad).

Huang Shan	黄山	***huángshān***
Bai'e Feng	白鹅峰	*bái é fēng*
Banshan Si	半山寺	*bàn shān sì*
Ciguang Ge	慈光阁	*cíguāng gé*
Feilai Shi	飞来石	*fēilái shí*
Guangming Ding	光明顶	*guāngmíng dǐng*
Jiyu Bei	鲫鱼背	*jìyú bèi*
Paiyun Ting	排云亭	*páiyún tíng*
Seilbahnstation	索道站	*suǒdào zhàn*
Shixin Feng	始信峰	*shǐxìn fēng*
Tiandu Feng	天都峰	*tiāndū fēng*
Yingke Song	迎客松	*yíngkèsōng*
Yungu Si	云谷寺	*yúngǔ sì*
Yuping Lou	玉屏楼	*yùpíng lóu*
Übernachtung und Essen		
Beihai Binguan	北海宾馆	*běihǎi bīnguǎn*
Paiyun Ting Binguan	排云亭宾馆	*páiyúntíng bīnguǎn*
Shilin Dajiudian	石林大酒店	*shílín dàjiǔdiàn*
Tianhai Binguan	天海宾馆	*tiānhǎi bīnguǎn*
Xihai Fandian	西海饭店	*xīhǎi fàndiàn*
Taiping	太平	***tàipíng***
Tangkou	汤口	***tāngkǒu***
Dacong Fandian	大众饭店	*dàzhòng fàndiàn*
Fuxing Lou Da Jiudian	复兴楼大酒店	*fùxīng lóu dà jiǔdiàn*
Xiaoyao Binguan	逍遥宾管	*xiāoyáo bīnguǎn*
Zhounan Dajiudian	洲楠大酒店	*zhōunán dàjiǔdiàn*
Wenquan	温泉	***wēnquán***
Huangshan Binguan	黄山宾馆	*huángshān bīnguǎn*
Taoyuan Binguan	桃源宾馆	*táoyuán bīnguǎn*
Wenquan Dajiudian	温泉大酒店	*wēnquán dàjiǔdiàn*

Übernachtung und Essen

TANGKOU – Die Übernachtungsmöglichkeiten von Tangkou sind vor allem für Leute mit schmalem Geldbeutel und für Spätankömmlinge interessant. Unten in der Schlucht verbergen sich hinter der trostlosen Fassade des ***Xiaoyao Binguan*****, ✆ 5562571, heruntergekommene Zimmer (Dorm-Betten ¥35) und gelangweiltes Personal. An der Hauptstraße liegt das ***Zhounan Dajiudian*****, ✆ 5562387, ein modernes und komfortables Haus, in dem bereitwillig Rabatte gewährt werden. Darüber hinaus gibt es das auf chinesische Gäste ausgerichtete ***Dacong Fandian*****, ✆ 5562453, mit Dorm-Betten für ¥50, sowie das ***Fuxing Lou Jiudian*****, ✆ 5563588.

Ein sättigendes Nudel- oder *baozi*-Frühstück bekommt man am billigsten an den Tischen unter der Brücke. Als Alternative gibt es im Zentrum eine Menge Kantinen, deren Besitzer die Passanten in ihre Lokale zu zerren versuchen. Einige davon haben zweisprachige Speisekarten und so zweifelhafte Gaumenfreuden wie Eichhörncheneintopf oder Bergfroschragout im Angebot, aber es werden immer auch konventionellere Gerichte wie in Soja geschmorte Bambussprossen und Pilze angeboten – den Preis unbedingt im Voraus vereinbaren, damit man beim Bezahlen keine böse Überraschung erlebt.

WENQUAN – Die Unterkünfte von Wenquan liegen zu beiden Seiten des Baches. Am nettesten ist das ***Taoyuan Binguan*****, ✆ 5562666, 📠 5562888, aber auch das ***Wenquan Dajiudian****, unterhalb der Brücke, ✆ 5562198, 📠 5562788, kann empfohlen werden, sofern man nicht eines der billigen, feuchten Zimmer nimmt. Auf der anderen Seite der Brücke bietet das rot gedeckte ***Huangshan Binguan****, ✆ 5585818, 📠 5585816, winzige Zimmerchen an, ist dafür aber relativ preiswert und zu Verhandlungen bereit.
Essen gibt es in den Unterkünften oder in Tangkou.

Sonstiges

EINKAUFEN – Überall in Tangkou bieten Straßenhändler Regenschirme, Wanderstöcke und Landkarten an.

VORWAHL – 0559

Transport

Die **Minibusse** aus Tunxi und vom Jiuhua Shan haben ihre Haltestelle an der zentralen Brücke von Tangkou, während die **Überlandbusse** noch 1 km weiterfahren und ihre Passagiere vor dem offiziellen Eingang zum Huang Shan an der Straße nach Wenquan absetzen. Hier kann man auch in die Minibusse bergauf nach Wenquan zusteigen, allerdings ist es nicht ganz leicht, einen vernünftigen Preis auszuhandeln – derzeit liegen die Preise bei ¥5 nach Wenquan bzw. bei ¥10 bis zum Ausgang der Ostroute am Yungu Si.

Wanderungen am Huang Shan

Der Huang Shan erreicht nur knapp über 1870 m, doch wer sich die unendlich erscheinenden Stufen hinaufquält, bekommt ein völlig anderes Höhengefühl. Am einfachsten gestaltet sich der Aufstieg über die **Ostroute**. Die Straße von Wenquan endet am **Yungu Si** (Wolkenschluchttempel), wo eine Seilbahn (tgl. 9–15.30 Uhr, ¥66) ihre Fahrgäste in 20 Minuten zur Gipfelgegend am **Bai'e Feng** befördert. Man kann den Bai'e Feng auch in weniger als drei Stunden über Treppen erreichen, aber das Blätterdach des Waldes lässt zumeist keine Ausblicke zu, und der Weg ist voller Träger, die beladen mit Wäsche, Baumaterialien und Müll den Hang hinauf- und hinunterlaufen.

Einen angenehmen Kontrast hierzu bildet die außergewöhnliche Landschaft der 15 km langen **Westroute**, die auf einem anstrengenden Fußmarsch (6–8 Stunden) zu bewältigen ist – auch hier kann man die Tour durch eine Fahrt mit der Seilbahn verkürzen, die zwischen dem Ausgangspunkt der Wanderung am Ciguang Ge und dem Yuping Lou verkehrt (tgl. 9–15.30 Uhr, ¥40). Etwa 2000 Stufen umfasst der Aufstieg vom Ciguang Ge bis zum **Banshan Si** (Tempel auf Halber Berghöhe – leider ein sehr irreführender Name), hinter dem es so richtig interessant wird. Durch eine schmale, immer tiefere Schlucht, deren Hänge von Höhlen durchzogen und mit Hamamelis, Azaleen und Wildpflaumen bewachsen sind, geht es immer steiler bergauf. Die Felsen haben gewaltige Ausmaße, und ihre merkwürdigen Formen lassen zumindest halbwegs vermuten, wie ihre bizarren Namen zustande gekommen sind. Für Menschen ohne Höhenangst empfiehlt sich vom Banshan Si ein anstrengender, einstündiger Abstecher zum **Tiandu Feng** (Gipfel der Himmlischen Hauptstadt), zu dem steile, in die Felsen gehauene Stufen hinaufführen; zur Belohnung bietet der **Jiyu Bei**, ein schmaler, 10 m langer Pfad oberhalb eines Steilhangs, die spektakulärsten Aussichten am Huang Shan.

Zurück auf dem Hauptweg markiert der wunderschön gelegene **Yuping Lou** (Pavillon des Jadevorhangs) ziemlich genau die Hälfte der Wanderung. Die Vegetation wird nun spärlicher und macht immer mehr kahlen Felsen Platz, an die sich nur noch einzelne, vom Wind zerzauste Bäume klammern – berühmtestes Beispiel ist die **Yingke Song** (Kiefer zur Begrüßung der Gäste), die auf unzähligen Rollbildern, Fotos, Zigarettenpackungen und Bieretiketten verewigt wurde. Immer weiter führen die Stufen bis zu einem Pass, an dem noch mehr sonderbar geformte Felsen aus dem Nebel aufragen; wer den höchsten Punkt des Huang Shan, den **Lianhua Feng** (1864 m), erklimmen möchte, muss sich hier rechts halten.

Als Alternative empfiehlt sich eine **Übernachtung** im *Tianhai Binguan****, ✆ 0559/5562201, von wo es nur noch ein kurzer Aufstieg zum Beginn der Gipfelrundwanderung am **Guangming Ding** (Gipfel des Strahlenden Lichts) ist.

Die Gipfelrundwanderung

Unabhängig von der Art des Aufstiegs – sei es über eine der Wanderrouten oder per Seilbahn zum Bai'e Feng – dauert die Rundwanderung um die Gipfel etwa drei Stunden. Wendet man sich von der Endstation der Seilbahn am Bai'e Feng gen Norden, so empfiehlt sich die erste Rast dort, wo ein Abstecher zum **Shixin Feng** führt. Diese Gipfelgruppe bietet einen hervorragenden Blick auf die Wälder und Flüsse im Flachland, Kaffernsegler drehen ihre Runden, und aus den dahinziehenden Wolkenfetzen tauchen immer wieder die Konturen von vereinzelten Kiefern und Felsnadeln auf. Da sich die Reisegruppen vorwiegend an den höher gelegenen Gipfeln tummeln, kann man die wunderbare Stimmung eher an den ruhigeren unteren Treppenstufen genießen.

Der Hauptweg führt weiter zum komfortablen *Beihai Binguan*****, ✆ 0559/5582555, ✆ 5581996, wo sich sogar eine Filiale der *Bank of China* mitsamt Geldautomat befindet. Jeden Morgen versammeln sich die Menschenmassen auf der nahen Terrasse, um über dem „nördlichen Wolkenmeer" den Sonnenaufgang zu bestaunen, einer der bewegendsten Anblicke am Berg. Doch auch ohne Morgendämmerung bietet sich von hier eine grandiose Aussicht, sodass die Stelle den ganzen Tag über gut besucht ist. Geradeaus führt ein Seitenweg zum gemütlichen *Shilin Dajiudian*****, ✆ 0559/558 4040, 🖳 www.shilin.com/eindex.htm, wo die Gäste sogar die *China Daily* bekommen. Nach weiteren 30 Minuten auf dem Hauptweg trifft man auf das luxuriöse *Xihai Fandian*****, ✆ 0559/558 8987, ✆ 5588988, wie geschaffen, um auf der Terrasse an einem Drink zu nippen, während die Sonne nunmehr über dem „westlichen Wolkenmeer" untergeht.

Etwa zehn Fußminuten hinter dem *Xihai* steht an einer Wegkreuzung die preiswerteste Unterkunft des Berges, das *Paiyun Ting Binguan*****, ✆ 0559/5581558, ✆ 5583999 (Dorm-Betten ¥120). Von hier sind es nur wenige Schritte bis zur **Taiping-Seilbahnstation**, wo die Gondeln nach Songgu abfahren (s.S. 596). Der Hauptweg führt weiter zum **Paiyun Ting** (Pavillon zum Zerstreuen der Wolken). Unterhalb davon wird an klaren Tagen eine tiefe Schlucht sichtbar, deren Wände über und über mit Kiefern und Magnolien bewachsen sind. Ein nicht minder schöner Ausblick bietet sich ein Stück weiter am einsamen **Feilai Shi** (Herbeigeflogener Felsen) – nach starkem Regen kann man von hier zahlreiche Wasserfälle erkennen, die von den niedrigeren Gipfeln in die Unendlichkeit hinabzustürzen scheinen. Der Weg verläuft nun über den Kamm, passiert die Stufen der Westroute (unterhalb eines Fernsehturms und einer Wetterstation gelegen) und schlängelt sich zurück zur Seilbahnstation am Bai'e Feng.

Die Provinz Hubei

Hubei ist das landwirtschaftliche und geografische Zentrum von Han-China, charakterisiert durch ein mildes Klima und große Wasservorkommen. Bis 280 v.Chr. lag hier der unabhängige Staat **Chu**, dessen hoch entwickelte Bronzeverarbeitung Archäologen immer wieder in Erstaunen versetzt. Der Ostteil der Provinz – der von den Niederungen der **Jianghan-Ebene** dominiert und von Wasserläufen durchzogen wird, die den Yangzi und den Han speisen – hat sich in den vergangenen 500 Jahren zu einem intensiv bebauten Labyrinth von Reisfeldern entwickelt, das (traditionsgemäß) reich genug wäre, um den ganzen Landesbedarf zu decken. In der jüngeren Vergangenheit wandelte sich Hubei dank seiner zentralen Lage und seiner guten Verkehrsanbindungen in benachbarte Regionen zur ersten nachhaltig industrialisierten Provinz des chinesischen Binnenlands. Und nach der geplanten Fertigstellung des gewaltigen **Drei-Schluchten-Staudamms** stromaufwärts von **Yichang** (s.S. 614) werden der Automobilbau – der mithilfe ausländischer Investitionen bereits in Schwung gekommen ist – sowie die schon lange bestehende Hüttenindustrie einen beträchtlichen Teil des Einkommens für Zentralchina erwirtschaften.

Als „Tor zu Neun Provinzen“ war das von Bergen umgebene Hubei, genau in der Mitte zwischen Shanghai und Chongqing am **Yangzi** gelegen, schon immer von großer strategischer Bedeutung, und aufrührerische Ideen konnten mühelos auf den Rest des Landes überspringen. Die von der Hauptstadt **Wuhan** stromaufwärts gelegenen Zentralregionen waren ein wichtiger Schauplatz in der *Geschichte der Drei Reiche* (s.S. 578, Kasten), und während die beiden Hafenstädte **Jingzhou** und **Chibi** ihren historischen Bezug bewahrt haben, kann Wuhan nicht nur große wirtschaftliche Erfolge für sich verbuchen, sondern spielte zudem eine Schlüsselrolle in Chinas Revolutionen des beginnenden 20. Jahrhunderts. In den westlichen Gebirgsketten an der Grenze zu Sichuan liegen der heilige **Wudang Shan**, berühmt für seine vielen daoistischen Tempel und Kampfkunstweisheiten, sowie das abgelegene und wenig besuchte **Shennongjia-Waldschutzgebiet**, in dem Chinas Yeti leben soll.

Wuhan

Wer in Zentralchina unterwegs ist, wird an Hubeis ausgedehnter **Hauptstadt** Wuhan kaum vorbeikommen, wobei ein Großteil der Touristen entweder per Schiff auf dem Yangzi oder mit der klapprigen Eisenbahn anreist. Der Name Wuhan geht auf die drei ursprünglichen Siedlungen **Wuchang**, **Hankou** und **Hanyang** zurück, die durch die Flüsse Han und Yangzi getrennt werden, aber dank dreier großer verbindender Brücken auch eine Einheit bilden. Wuhan fungiert in erster Linie als administratives und gesellschaftliches Zentrum und kann nicht unbedingt als Touristenmagnet bezeichnet werden. Andererseits sorgen allein die Größe der Stadt, ihr reges Treiben sowie ihr wirtschaftlicher Rang innerhalb der Region für eine gewisse Ausstrahlung, die zusammen mit den Sehenswürdigkeiten einen kurzweiligen Aufenthalt garantiert. Seiner ehemaligen Rolle als **ausländische Konzession** verdankt Hankou ein europäisches Kolonialerbe, und das Provinzmuseum in Wuchang gehört zu den besten Chinas. Darüber hinaus gibt es Tempel und historische Monumente zu entdecken, von denen einige mit der **Revolution von 1911** in Verbindung stehen, die den 2000 Jahren kaiserlicher Herrschaft ein Ende setzte. Sehr gewöhnungsbedürftig hingegen sind die sommerlichen Temperaturen, die Wuhan – neben Chongqing und Nanjing – den wohlverdienten Ruf als einer der drei „Backöfen“ Chinas eingebracht haben: Zwischen Mai und September lässt die Hitze die Luft in den Straßen flirren und die Bevölkerung mit Wassermelonen und Speiseeis gegen den Durst ankämpfen.

Die meisten Besucher übernachten am Nordufer des Yangzi in Hankou, das als Handels- und Geschäftszentrum der Stadt das beste Angebot an Dienstleistungen und Unterkünften aufweist. Südlich davon, am anderen Ufer des Han, liegt das industrialisierte Hanyang. Wuchang nennt die meisten Sehenswürdigkeiten sein Eigen und wartet mit einer erholsamen Parklandschaft auf.

Hankou

Wuhans größter Stadtbezirk Hankou war ein einfacher Fischerhafen, bis er im Jahre 1861 als **Vertragshafen** eröffnet wurde – was die Chinesen sehr verärgerte und dazu brachte, jeden Ausländer mit Steinen zu bewerfen, der es wagte, die Straßen zu betreten. Daraufhin wurde den Chinesen der Zugang zum Konzessionsgebiet am Fluss verwehrt, das in den folgenden Jahrzehnten in großem Maßstab ausgebaut wurde, samt Rennbahn und einem **Bund** (in den 60er Jahren des 19. Jahrhunderts von den Briten angelegte Uferbefestigung zum Hochwasserschutz), der von europäischen Bauwerken im Stile des Neoklassizismus gesäumt ist, die einst Banken, Botschaften und Unternehmenssitze beherbergten.

Das **20. Jahrhundert** war der Stadt weniger wohlgesinnt. Am 10. Oktober 1911 explodierte in Hankou verfrüht eine Bombe in der Zentrale einer revolutionären Gruppe, die mit Sun Yatsens Tongmen Hui in Verbindung stand, eine Organisation, welche die kaiserliche Herrschaft in China beenden und durch eine demokratische Regierung ersetzen wollte. Kaiserliche Truppen töteten die Anführer und entfachten so in der ganzen Stadt einen brutalen Aufstand gegen die Mandschu, der Hankou buchstäblich dem Erdboden gleichmachte und bald auf ganz China übergriff. Der letzte Kaiser Puyi musste abdanken, und im Jahr darauf wurde in Nanjing erwartungsgemäß eine republikanische Regierung unter der Führung von Sun Yatsen gewählt. Zwar baute man die ausländische Konzession wieder auf, doch 1925 kam es zu anti-westlichen Unruhen, die von der britischen Marine niedergeschlagen wurden, bevor sie im Jahre 1927 erneut aufflammten und zur Rückgabe der Konzessionsgebiete von Hankou an China führten. Einige Monate später stürmte die Guomindang auf ihrem Nordfeldzug durch die Stadt. 1937 kehrte sie kurz zurück, um hier eine Nationalregierung zu errichten, wurde jedoch bald darauf von den Japanern weiter nach Westen gedrängt. 30 Jahre danach erlebte Hankou weitere Kämpfe, diesmal zwischen der VBA und verschiedenen Fraktionen der Roten Garden, die über unterschiedliche Interpretationen von Maos Kulturrevolution stritten.

Im heutigen Hankou, das vor lauter Verkehr und Menschen aus allen Nähten zu platzen scheint, kann der Besucher bummeln, einkaufen, essen, Geld ausgeben – und die Chinesen dabei beobachten, wie sie genau dasselbe tun. Die Hauptdurchfahrtsstraße **Zhongshan Dadao** präsentiert sich als überfüllter, 3 km langer Streifen voller Restaurants, Geschäfte und Einkaufszentren. Angesichts der Stadtgeschichte überrascht es einigermaßen, dass Hankous **Kolonialviertel** fast vollständig erhalten blieb; im Zuge eines großen städtischen Projektes wurde es 2001 sogar restauriert. Abgesehen von der ehemaligen Rennbahn an der Jiefang Dadao – inzwischen zum **Zhongshan-Park** (Eintritt ¥2) verwandelt – liegt das Herz des Kolonialviertels größtenteils zwischen der östlichen Hälfte der Zhongshan Dadao und dem Fluss. Die schönsten Abschnitte befinden sich am ehemaligen Bund, der in Yanjiang Dadao umbenannt wurde, sowie im Fußgängerbereich der Jianghan Lu, also in den beiden Straßen, die an dem imposanten **Zollamt** im Renaissancestil zusammentreffen. Der Bund selbst ist bis heute erkennbar und wurde 1954 im Auftrag der Kommunisten durch ein **Hochwasserschutzdenkmal** – ein hoher Obelisk mit einem Porträt von Mao – im Binjiang-Park ergänzt. Viele Gebäude der Gegend sind mit englischsprachigen Tafeln versehen, auf denen ihre Geschichte nachzulesen ist. Unbedingt sehenswert sind die Außenfront des ungewöhnlichen, siebenstöckigen Art-déco-Gebäudes der ehemaligen **Siming-Bank**, 45 Jianghan Lu, sowie der Backsteinbau des „Wuhan-Talentmarktes" an der Yanjiang Dadao, in dem einst das US-Konsulat untergebracht war. Die an der Jianghan Lu, Ecke Zhongshan Dadao gelegene **Bank of China** hat ihre historische Inneneinrichtung samt Holztäfelung und Kronleuchter bewahrt, während der **alte Bahnhof** von Hankou an der Chezhan Lu heute nurmehr aus einem zerfallenen Gemäuer – immerhin im Stil der französischen Gotik – besteht und von zahlreichen heruntergekommenen Läden und Verkaufsständen umgeben ist.

In der Nähe des Bahnhofs von Hankou lockt das **Museum von Wuhan** mit einer äußerst bemerkenswerten Sammlung von antiken Bronzeobjekten, Porzellan, Jade, Rollbildern und Kalligrafien – beim Betrachten dieser Schätze erkennt so mancher Besucher deren Bedeutung für die Chinesen. Besonders hervorzuheben sind ein wunderschönes Gemälde aus der Ming-Dynastie vom Yueyang-Turm in Hunan (s.S. 636) sowie ein 1700 Jahre alter, 15 cm breiter Bronzespiegel, der mit Szenen aus der Han-zeitlichen Sammlung chinesischer Sagen verziert ist, dem *Buch der Lieder*. ⌚ Di–So 8.30–16.30 Uhr, Eintritt ¥10.

Hanyang

Das auf der anderen Seite des Han gelegene Hanyang ist von Hankou per Bus über die Jianghan-Brücke oder per Seilbahn (¥15), die zwischen der Yanhe Dadao und dem **Gui-Shan-Park** verkehrt, erreichbar. Obwohl die Besiedlung von Hanyang auf das Jahr 600 zurückgeht, erlangte der Ort erst gegen Ende des 19. Jahrhunderts Bedeutung, als der Vizekönig **Zhang Zhidong** hier die erste große Stahlgießerei Chinas bauen ließ – im Zuge der so genannten „Selbststärkungsbewegung", die als letzter verzweifelter Versuch zur Modernisierung des Landes in der Endphase der Qing-Dynastie zu begreifen ist.

Hanyang gilt nach wie vor als Hauptproduktionsstätte von Wuhan, und in den ausgesprochen schäbigen Straßen dominiert das Kleingewerbe. Die Jianghan-Brücke führt in südlicher Richtung zu einem riesigen Kreisverkehr unterhalb des Gui-Shan-Parks, von dessen Hügeln der Xia-Kaiser Yu vor 4000 Jahren die Fluten unterworfen haben soll (s.S. 616, Kasten Drei-Schluchten-Damm). Auf der östlich des Kreisverkehrs gelegenen **Guqin Tai** (Plattform der Alten Laute, Eintritt ¥5) hielt sich der legendäre Musiker Yu Boya gerne auf, der zum letzten Mal am Grab seines Freundes Zhong Ziqi spielte und dann sein Instrument zerschmetterte, weil der einzige Mensch, der seine Musik zu schätzen wusste, nun tot war. Gelegentlich spielt im Be-

DAS YANGZI-BECKEN

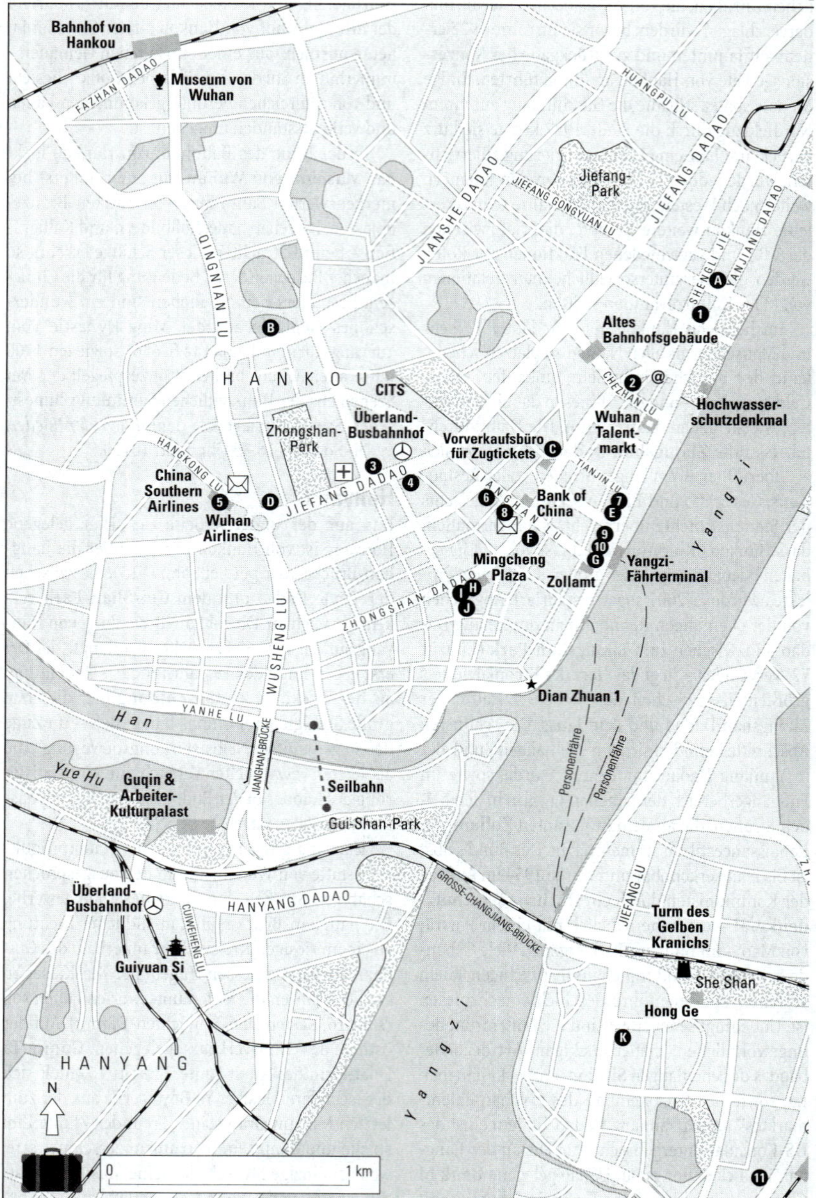
Bahnhof von Hankou
Museum von Wuhan
FAZHAN DADAO
HUANGPU LU
Jiefang-Park
JIEFANG DADAO
JIEFANG GONGYUAN LU
JIANSHE DADAO
QINGNIAN LU
SHENGLI JIE
YANJIANG DADAO
Altes Bahnhofsgebäude
CHEZHAN LU
Hochwasserschutzdenkmal
HANKOU
CITS
Zhongshan-Park
Überland-Busbahnhof
Vorverkaufsbüro für Zugtickets
Wuhan Talentmarkt
HANGKONG LU
China Southern Airlines
Wuhan Airlines
JIEFANG DADAO
JIANGHAN LU
TIANJIN LU
Bank of China
Mingcheng Plaza
Zollamt
Yangzi-Fährterminal
Yangzi
ZHONGSHAN DADAO
WUSHENG LU
Dian Zhuan 1
YANHE LU
Han
Yue Hu
JIANGHAN-BRÜCKE
Guqin & Arbeiter-Kulturpalast
Seilbahn
Gui-Shan-Park
Personenfähre
Personenfähre
GROSSE-CHANGJIANG-BRÜCKE
Überland-Busbahnhof
HANYANG DADAO
CUIWEIHENG LU
Guiyuan Si
JIEFANG LU
Turm des Gelben Kranichs
She Shan
Hong Ge
HANYANG
Yangzi
N
0
1 km

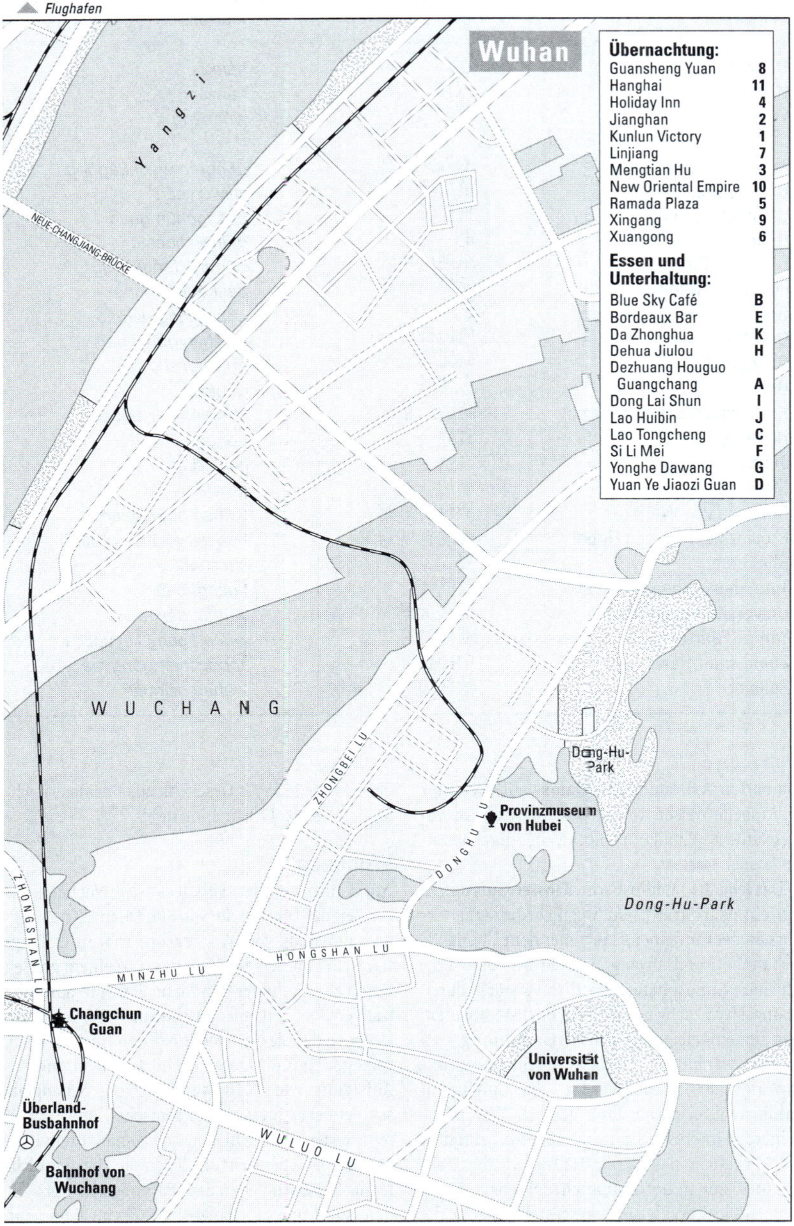
Flughafen
Wuhan
Übernachtung:
Guansheng Yuan 8
Hanghai 11
Holiday Inn 4
Jianghan 2
Kunlun Victory 1
Linjiang 7
Mengtian Hu 3
New Oriental Empire 10
Ramada Plaza 5
Xingang 9
Xuangong 6
Essen und Unterhaltung:
Blue Sky Café B
Bordeaux Bar E
Da Zhonghua K
Dehua Jiulou H
Dezhuang Houguo Guangchang A
Dong Lai Shun I
Lao Huibin J
Lao Tongcheng C
Si Li Mei F
Yonghe Dawang G
Yuan Ye Jiaozi Guan D
Yangzi
Neue-Changjiang-Brücke
WUCHANG
Mo Shan
Dong-Hu-Park
Zhongbei Lu
Provinzmuseum von Hubei
Donghu Lu
Dong-Hu-Park
Zhongshan Lu
Hongshan Lu
Minzhu Lu
Changchun Guan
Universität von Wuhan
Mo Shan
Überland-Busbahnhof
Wuluo Lu
Bahnhof von Wuchang

Wuhan	武汉	*wǔhàn*
Hankou	汉口	*hànkǒu*
Hanyang	汉阳	*hànyáng*
Wuchang	武昌	*wǔchāng*
Arbeiterkulturpalast	工人文化宫	*gōngrén wénhuàgōng*
Botanischer Garten	植物园	*zhíwù yuán*
Changchun Guan	长春观	*chángchūn guàn*
Dian Zhuan Nr. 1	电一专路	*diànyī zhuānlù*
Dong-Hu-Park	东湖风景区	*dōnghú fēngjǐngqū*
Flughafen Tianhe	天河飞机场	*tiānhé fēijīchǎng*
Große-Changjiang-Brücke	长江大桥	*chángjiāng dàqiáo*
Gui-Shan-Park	龟山公园	*guīshān gōngyuán*
Guiyuan Si	归元寺	*guīyuán sì*
Guqin Ta	古琴塔	*gǔqíntǎ*
Hochwasserschutzdenkmal	防洪纪念碑	*fánghóng jìniànbēi*
Hong Ge	红阁	*hónggé*
Jiu Nüdun	九女墩	*jiǔnǚ dūn*
Mo Shan	磨山	*móshān*
Museum von Wuhan	武汉博物馆	*wǔhàn bówùguǎn*
Provinzmuseum von Hubei	湖北省博物馆	*húběishěng bówùguǎn*
She Shan	蛇山	*shéshān*
Turm des Gelben Kranichs	黄鹤塔	*huánghè tǎ*
Universität von Wuhan	武汉大学	*wǔhàn dàxué*
Yangzi-Fährterminal	武汉港客运站	*wǔhàn gǎng kèyùnzhàn*
Zhongshan-Park	中山公园	*zhōngshān gōngyuá*
Zollamt	武汉海关	*wǔhàn hǎiguān*

nachbarten **Arbeiterkulturpalast** ein Orchester traditionelle Weisen, was insbesondere ein schläfriges, ältliches Publikum anlockt, aber durchaus einen Besuch wert ist.

Das lebhafte buddhistische **Kloster Guiyuan Si** liegt ein paar Straßen südwestlich des Kreisverkehrs an der Cuiweiheng Lu, hinter dem Überland-Busbahnhof von Hanyang. Hier herrscht eine recht autoritäre Atmosphäre, zusätzlich verstärkt durch die massiven, schwarz-weißen Backsteinbauten, aber die tempeleigene **Schriftensammlung** – zu der ein vollständiges Werk des seltenen *Longcan-Sutra* mit 7000 Bänden gehört – hat Guiyuan in Buddhistenkreisen berühmt gemacht. Von allgemeinerem Interesse sind die mehreren Hundert Heiligenstatuen in der Arhat-Halle sowie die Shakyamuni-Figur in der Haupthalle, eine aus einem einzigen Block weißer Jade hergestellte Statue, die das Kloster 1935 als Geschenk aus Burma erreichte. 🕓 tgl. 8.30–17 Uhr, Eintritt ¥5.

Wuchang

Am Ostufer des Yangzi erstreckt sich Wuchang, das zur Zeit der Drei Reiche von Sun Quan als befestigte Hauptstadt von Wu gegründet wurde. Tang-Herrscher bauten die Stadt dann zu einem großen Hafen aus, der unter den Mongolen zum administrativen Zentrum einer ausgedehnten Region avancierte, zu der die heutigen Provinzen Hunan, Hubei, Guangdong und Guangxi gehörten. Während des Aufstands von 1910 war Wuchang Schauplatz schrecklicher Ereignisse: Ethnische Han-Truppen rebellierten und verhielten sich gemäß ihrem Banner mit der Aufschrift „Es leben die Han, vernichtet die Mandschu" – in dem folgenden Kampf wurden nicht nur ein ganzes Mandschu-Regiment,

Wuhan

Übernachtung		
Guansheng Yuan	冠生园大酒店	*guānshēngyuán dàjiŭdiàn*
Hanghai	航海宾馆	*hánghăi bīnguăn*
Holiday Inn	天安假日酒店	*tiānānjiàrì jiŭdiàn*
Jianghan	江汉饭店	*jiānghàn fàndiàn*
Kunlun Victory	昆仑胜利饭店	*kūnlún shènglì fàndiàn*
Linjiang	临江饭店	*línjiāng fàndiàn*
Mingtian Hu	明天湖宾馆	*míngtiānhú bīnguăn*
New Oriental Empire	新东方帝豪酒店	*xīndōngfāng dìháo jiŭdiàn*
Ramada Plaza	华美达天禄酒店	*huáměidá tiānlù jiŭdiàn*
Xingang	新港饭店	*xīngăng fàndiàn*
Xuangong	璇宫饭店	*xuángōng fàndiàn*
Essen und Trinken		
Blue Sky Café	蓝色天空酒吧	*lánsètiānkōng jiŭbā*
Bordeaux Bar	波尔图酒吧	*bōĕrtú jiŭbā*
Changchun Sucai Guan	长春素菜馆	*chángchūn sùcàiguăn*
Da Zhonghua	大中华	*dà zhōnghuá*
Dehua Jiulou	德华酒楼	*déhuá jiŭlóu*
Dezhuang Huoguo Guangchang	德庄火锅广场	*dézhuāng huŏguō guăngchăng*
Lao Huibin	老会宾	*lăohuì bīn*
Lao Tongcheng	老通成	*lăotōng chéng*
Si Li Mei	四季美	*sìlìměi*
Yonghe Dawang	永和大王	*yŏnghé dàwáng*
Yuan Ye Jiaozi Guan	原野饺子馆	*yuányě jiăoziguăn*

sondern auch über 800 Zivilisten getötet. Dennoch haben Stadt und Verwaltung überlebt, und heute besteht Wuchang in erster Linie aus Regierungsbehörden sowie dem riesigen Gelände der **Universität von Wuhan**. Ein Großteil der Außenbezirke wird vom malerischen **Dong-Hu-Park** eingenommen, eine 5 km breite Grün- und Wasserfläche, die eine hervorragende Abwechslung zu den Menschenmengen von Hankou bietet. Als weitere Attraktionen der Gegend gelten das Provinzmuseum von Hubei, der daoistische Rückzugsort **Changchun Guan** sowie der Turm des Gelben Kranichs, der größte aller ufernahen Pavillons am Yangzi.

Turm des Gelben Kranichs und Umgebung

Die Straße von Hanyang nach Wuchang verläuft über die **Große-Changjiang-Brücke**, vor deren Fertigstellung im Jahre 1957 sämtlicher Verkehr – inklusive der Eisenbahn – die 1500 m über den Fluss per Fähre zurücklegen musste. Auf der anderen Seite beschreibt die Wuluo Lu einen Bogen um den **She Shan** (Schlangenberg), der vom 50 m hohen Turm des Gelben Kranichs (Eintritt ¥30) gekrönt wird. Der Turm mit seinen leuchtenden Kacheln und roten Holzsäulen erscheint umso bemerkenswerter, wenn man weiß, dass er eine komplett nachgebaute, moderne Qing-Reproduktion des Originals aus dem 3. Jahrhundert ist, das 1 km von hier entfernt stand und 1884 vollständig niederbrannte. Der Legende nach soll der She Shan einst die Heimat eines daoistischen Unsterblichen gewesen sein, der in einem nahe gelegenen Gasthaus seine Rechnungen bezahlte, indem er das Bild eines Kranichs an die Wand malte, der von Zeit zu Zeit heruntergeflogen kam und die Gäste unterhielt. Ein paar Jahre später flog der Unsterbliche auf seinem Werk davon und der Wirt, der es sich nun allemal leisten konnte, ließ den Turm zu seinen Ehren errichten. Innen führt eine Treppe bis zum obersten Stockwerk, von wo aus sich Wuhan und der Yangzi von ihrer schönsten Seite zeigen.

Am Südhang des She Shan steht eine hübsche koloniale Backsteinvilla namens **Hong Ge**, in der Hubeis Militärregierung während des Aufstands von 1910 untergebracht war. Davor grüßt eine Bronzestatue von Sun Yatsen, obwohl jener zur Zeit der Unruhen im Ausland weilte, um Gelder aufzutreiben. 1 km weiter östlich führt die Wuluo Lu zu den rostbraunen Mauern des **Changchun Guan** (Eintritt ¥5), ein daoistischer Komplex, der durch **Qiu Chuzi** aus der Yuan-Dynastie bekannt wurde. Dieser hielt hier nicht nur seine Predigten, sondern gründete später auch seine eigene Sekte. Die schlichten Hallen öffnen sich nur teilweise den Besuchern und sind ausgestattet mit Statuen der Drei Reinheiten, des Jadekaisers sowie anderer daoistischer Gottheiten. Ein Seitenflügel dient als Apotheke, wo Leute mit Chinesischkenntnissen von einem traditionellen Arzt ihre Vitalfunktionen untersuchen lassen und Arzneimittel erstehen können, die – so versichert das Personal – auf dem Wudang Shan gesammelt wurden. Auch ein Kampfsport-Übungsplatz ist vorhanden, auf dem rostige Streitäxte und Schwerter ausgestellt sind. Nebenan lockt das vegetarische Restaurant des *Changchun* zur Mittagszeit mit gutem Essen (s.S. 608).

Provinzmuseum von Hubei

Vom Turm des Gelben Kranichs bis zum Provinzmuseum von Hubei an der Donghu Lu benötigt der Bus etwa 20 Minuten. Die Besichtigung der Ausgrabungsfunde aus dem **Grab des Marquis Yi** nimmt eine gute Stunde in Anspruch – erst recht, wenn man danach noch ähnliche Sammlungen in Jingzhou (s.S. 612) oder Changsha (s.S. 624) besuchen will.

Der Marquis starb 433 v.Chr. und wurde in einem gewaltigen lackierten Holzsarg im nahen Suizhou beigesetzt, das zur Zeit der Streitenden Reiche eine bedeutende Stadt im Staate **Zeng** war. 15 000 Bronze- und Holzartefakte, 21 Frauen und ein Hund folgten ihm in sein Grab. Die ausführlichen englischen Erläuterungen zur Zeitgeschichte sowie die Fotos von den Ausgrabungen im Jahre 1978 vermitteln ein sehr anschauliches Bild. Keinesfalls verpasst werden darf das eindrucksvolle Orchester aus **64 Bronzeglocken**, deren Gewichte von einigen Kilogramm bis zu einer Vierteltonne variieren. Sie wurden in der wasserdurchtränkten Grabstätte entdeckt und stellen das größte jemals gefundene Ensemble dieser Art dar, das zusammen mit dem Holzrahmen, an dem sie einst reihenweise befestigt waren, eine Einheit bildet. Die Glocken wurden per Hand mit Stäben zum Klingen gebracht, und jede Glocke kann zwei Töne hervorbringen, je nachdem, wo man sie berührt. Das zur Schaffung dieses Werks erforderliche Wissen um Metalle und Gießtechnik verschlug den neuzeitlichen Forschern zunächst die Sprache und sie benötigten fünf Jahre, um Nachbildungen anzufertigen. Neben über 100 weiteren Musikinstrumenten wie Trommeln, Flöten und Zithern werden auch Speerspitzen sowie ein wahrhaft seltsames Kranichtotem mit Geweih gezeigt – eine Inschrift legt die Vermutung nahe, es habe dem Marquis nach seinem Tod als Streitross gedient. Die Souvenirläden vor dem Museum verkaufen teure Aufzeichnungen historischer Klänge, die auf den Glocken gespielt wurden. Darüber hinaus finden etwa stündlich kurze **Vorstellungen** im Vorführungsraum des Museums statt. ◷ tgl. 8.30–12 und 13.30–17 Uhr, Eintritt ¥30.

Dong-Hu-Park und Umgebung

Nordöstlich des Museums umfasst der 1949 angelegte Dong-Hu-Park etwa 73 km² kurvenreichen Seeufers und offener Grünflächen, wo es sich in relativer Ruhe entspannen lässt. Folgt man vom Eingang dem Ufer, so kommt man an einer Reihe von **Pavillons und Gärten** vorbei, deren sinnträchtige Namen – „Haus, in dem man den Wellen lauscht" oder „Halle der Gedichtrezitation" – für ihre moderne Bauweise und ihr schäbiges Aussehen entschädigen. Noch ein Stückchen weiter war das **Jiu Nüdun** (Grab der Neun Heldinnen) der Rastplatz für neun Frauen, die während der großen Rebellion von 1851 bis 1864 in der Taiping-Armee gekämpft haben. Von hier überquert ein 5 km langer Damm – der von der Buslinie Nr. 54 befahren wird – den See zu einem Pavillon (mit Möglichkeit zum Mittagessen) und weiter zum fernen Ufer am **Mo Shan**, wo in dem **Botanischen Garten** von Wuchang der gekünstelte Versuch unternommen wurde, eine „traditionelle" Gartenanlage nachzustellen. Vom Mo Shan fährt die Buslinie Nr. 36 entlang dem

Südufer zurück zur Changjiang-Brücke am Yangzi. Unterwegs passiert man die **Universität von Wuhan**, deren faszinierender Campus – 1913 im Stile einer Pagode errichtet – 1967 zum Schauplatz eines heftigen Gefechts zwischen revolutionären Kräften und der VBA wurde.

Übernachtung

Viele der Hotels von Wuhan sind der höheren Preisklasse zuzuordnen, doch es gibt auch preiswertere Unterkünfte, die sich nicht zu verstecken brauchen. Die meisten Übernachtungsmöglichkeiten findet man in Hankou. Wer zu später Stunde in Wuchang ankommt, wendet sich am besten an das ***Hanghai****, Zhongshan Lu, gegenüber vom Bahnhof, das zwar nicht gerade ruhig zu nennen ist, aber an dem die Busse Nr. 507 und Nr. 10 nach Hankou vorbeifahren.

Guansheng Yuan**, 117 Jianghan Lu, ✆ 827 79069, 📠 82778151. Neben dem gleichnamigen Warenhaus und unmittelbar südlich des Hotels *Xuangong.* Nicht gerade glamourös, aber sauber, zentral und mit angemessenen Preisen. Häufig ausgebucht.

Holiday Inn****, 868 Jiefang Dadao, ✆ 85867888, 📠 85845353. Schickes internationales Hotel mit zuverlässigem Komfort und Service zu erstaunlich niedrigen Preisen.

Jianghan*****, 245 Shengli Jie, ✆ 82811600, 📠 82814342. Das beste Hotel in Wuhan, eine renovierte französische Kolonialvilla mit holzgetäfeltem Foyer, recht luxuriösen Zimmern und zweisprachigem Personal. Höflich anfragende Nicht-Gäste dürfen in der Regel den Bank-, Post- und Telefonservice nutzen.

Kunlun Victory***, 11 Siwei Lu, ✆ 82732780, 📠 82721106. Hinter einer hohen Mauer verborgen, deshalb nicht leicht zu finden. Ein moderner, fünfstöckiger Block mit ähnlicher Ausstattung wie das nahe gelegene *Jianghan,* jedoch ohne dessen Arroganz.

Linjiang**, 1 Tianjin Lu, nahe Yangzi-Fährterminal, ✆ 82818830, 📠 82832056. Armeeeigenes Hotel mit kolonialer Fassade (im Jahre 1924 war hier der Sitz der *Asian Kerosene Company*). Für die Lage sind die Preise angemessen und der Service gut. Auf Anfrage gibt es Rabatte.

Mingtian Hu*, Jiefang Dadao, westlich des Busbahnhofs in Hankou, ✆ 85776595. Etwas schäbige Unterkunft, aber die Zimmer sind in Ordnung und Ausländer werden gerne aufgenommen.

New Oriental Empire***, 136 Yanjiang Dadao, ✆ 82211881, 📠 82813132. Hinter der kolonialen Fassade verbirgt sich die Inneneinrichtung eines städtischen Mittelklassehotels. Eine Klasse besser als das nahe *Linjiang,* dafür auch kostspieliger.

Ramada Plaza, Luxus, 5 Qingnian Lu, ✆ 8363 0888, 📠 83630849, 💻 www.ramadaplaza-tianlu.com. Makelloses internationales Hotel, allerdings ungünstig an einer belebten Straße in Nähe einer großen Kreuzung und einer Straßenüberführung gelegen.

Xingang*, Yanjiang Dadao, gegenüber vom mittleren Abschnitt des Fährterminals und zwischen zwei Reisebüros gelegen, ✆ 82834552. Keinerlei Schnickschnack, aber ein Schnäppchen, wenn man aufgenommen wird. Die billigste Unterkunft der Stadt, die unter Umständen ausländische Gäste akzeptiert.

Xuangong****, 57 Jianghan Lu, Zugang von einer westlichen Nebenstraße, ✆ 68822330, 💻 www.xuangonghotel.com. Düsteres, aber sehr stimmungsvolles Konzessionsgebäude aus den 20er Jahren, zentral gelegen und mit komfortablen Zimmern. Die ausgewiesenen Preise werden oft stark reduziert.

Essen und Trinken

Wuhans Küche spiegelt ziemlich genau die Lage der Stadt zwischen Shanghai und Chongqing wider. Die Restaurants offerieren eine ausgewogene Mischung gedünsteter und geschmorter Gerichte im östlichen Stil – insbesondere aus Fisch und Schalentieren – sowie scharf gewürzte Sichuan-Speisen. Auch die Imbiss-Tradition ist in der Stadt stark ausgeprägt, was sich vor allem in den vielen *jiaozi*-Spezialitäten zeigt: Neben den unterschiedlichsten Variationen von *shaomai* gibt es beispielsweise die gefüllten *tangbao,* die beim Reinbeißen gerne aufplatzen und eine ziemliche Ferkelei veranstalten – sehr zur Unterhaltung der anderen Gäste – oder *doupi* (mit Fleisch gefüllter Klebreis, der in Bohnenpaste eingehüllt wird).

Die besten **Restaurants** findet man in Hankou, überwiegend in der Zhongshan Dadao sowie in deren Nebenstraßen. Selbst die formellen Lokale sind preisgünstig, und viele verfügen im 1. Stock über Kantinen, wo für wenig Geld einfache lokale Gerichte serviert werden. Auch die Bahnhöfe sind mit guten und preiswerten Lokalen ausgestattet, die vorwiegend vegetarische und Fischgerichte anbieten.
An der Yanjiang Dadao und an der Jianghan Lu schießen immer mehr **Cafés** und **Kneipen** im westlichen Stil aus dem Boden (die meisten füllen sich allerdings erst am Abend), und in der ganzen Stadt haben sich westliche Fastfood-Ketten ausgebreitet. Der **Coffeeshop** im Erdgeschoss des *Holiday Inn* bietet Schokoladen- und Naschwaren für ¥15 pro Stück bzw. Tee mit Kuchen für ¥38 pro Person. Am unteren Ende der Jianghan Lu Richtung Fluss gibt es eine Reihe von **Kuchengeschäften**, leider findet man hier nur selten englische Speisekarten.

HANKOU – ***Blue Sky Café***, Jianshe Dadao. Lieblingslokal der großen Gemeinschaft der Auslandschinesen von Wuhan. Restaurant und Kneipe mit ausgezeichneter asiatischer und westlicher Küche, Klimaanlage, riesigem Fernsehbildschirm und langen Öffnungszeiten. Ein Schnaps in der meist völlig überfüllten Kneipe kostet ca. ¥20, und die Getränke werden sehr großzügig ausgeschenkt.
Bordeaux Bar, Yanjiang Dadao, unmittelbar westlich vom Hotel *Linjiang*. Eine von vielen Café-Kneipen in dieser Gegend, aber eine der wenigen mit Charakter – drinnen gemütliches Schummerlicht und draußen nette Sitzmöglichkeit auf dem Gehweg. Pasta- und Steakgerichte nach westlicher Art sowie eine bunte Mischung chinesischer Speisen, alles zu gepfefferten Preisen. Am besten hält man sich an Kaffee und Bier.
Dehua Jiulou, Zhongshan Dadao. Preisgünstige Brötchen und *jiaozi* (unbedingt *tangbao* probieren), dazu feinste heimische Küche, die gar nicht so teuer ist.
Dezhuang Huoguo Guangchang, Yanjiang Dadao, Ecke Sanyang Lu. Groß, hell, laut und preisgünstig; wer Appetit auf Fleischeintopf nach nordchinesischer Art hat, liegt hier genau richtig.
Dong Lai Shun, Zhongshan Dadao. Berühmte moslemische Restaurantkette, die 1903 gegründet wurde und heute sehr modern und ungewöhnlich schick daherkommt; scharf gewürztes *lamian*, Kebabs und Lammfleischeintopf zu erschwinglichen Preisen.
Lao Huibin, Sanmin Lu, Ecke Sanquan Lu, nahe der Statue von Sun Yatsen. Typisch chaotischer *jiaozi*-Laden im Erdgeschoss, formeller geht es oben zu. Gutes Essen, von Frühlingsrollen über Brötchen und Nudeln (unter ¥5 pro Mahlzeit) bis hin zu erstklassigen Fischgerichten (ab ¥25).
Lao Tongcheng, 1. Stock, Zhongshan Dadao, Ecke Dazhi Lu (Eingang durch ein Handy-Geschäft). Kantinenähnliches Lokal, das für seine *doupi* bekannt ist – am besten soll die Füllung mit Zunge, Herz und Bambussprossen sein, aber wer eine Abneigung gegen Innereien hat, kann auch auf Shrimps- oder Hähnchenfüllung zurückgreifen. Bestellung an der Theke, pro Portion ca. ¥3.
Si Li Mei, Zhongshan Dadao. Leicht zu verpassen, da sich der kleine Eingang hinter einigen Verkaufsständen versteckt; zu Essen gibt's Leckereien aus dem Fluss und *tangbao*.
Yonghe Dawang, Yanjiang Dadao, gegenüber vom Fährterminal. Das Logo dieser Restaurantkette erinnert stark an *KFC*, das Essen jedoch hat nichts damit zu tun: große Schüsseln mit Rindfleisch-Nudelsuppe oder *doujiang* und gebratener Reis, alles zu günstigen Preisen. ◷ 24 Std.
Yuan Ye Jiaozi Guan, Jiefang Dadao, unmittelbar westlich vom Zhongshan-Park. Extrem beliebtes und gemütliches Imbisslokal, gut erkennbar an den langen Glasfenstern; *jiaozi* (ca. ¥10), eingelegte Eier sowie kalte vegetarische und Fleischgerichte nach Sichuan-Art.

WUCHANG – ***Changchun Sucai Guan***, Changchun Guan, Wuluo Lu. Vegetarisches Restaurant mit Ming-Dekor und typisch chinesischen Speisen. „Rind" und „Huhn" werden aus Tofuscheiben gemacht, „Garnelen" aus Bohnenstärke usw. Die riesigen Portionen (wer Verschiedenes probieren möchte, sollte nach kleinen Tellern fragen) sind reichlich mit Chili und Anissamen versehen und schmecken ausgezeichnet. Hauptgerichte ab ¥15.
Da Zhonghua, Pengliuyang Lu. Vierstöckiges Lokal, das sich mit seinen klassischen und inno-

vativen Fischgerichten einen Namen gemacht hat – Tipp: Süßwasserfisch mit roter Beerensoße. Im 1. Stock gibt es Nudeln und Suppen, im 3. Stock befindet sich ein allgemeiner Speisesaal und ganz oben ein Teehaus. Die meisten Gerichte kosten unter ¥30.

Sonstiges

APOTHEKEN – Neben mehreren kleinen Apotheken verfügt Hankou in der Hangkong Lu über eine Reihe von Filialen, die sowohl traditionelle als auch moderne Arzneimittel führen. Als größte hiervon sei die ***Grand Pharmacy*** genannt, die an dem englischen Schild „Ark of Health" zu erkennen ist.

BÜCHER – ***Xinhua-Buchhandlung,*** unmittelbar westlich der Kreuzung von Jianghan Lu und Zhongshan Dadao, Hankou. Verkauft neben zahlreichen Landkarten auch ein paar englische Titel, z.B. Kurzfassungen chinesischer Klassiker. Fremdsprachige Bücher findet man auch in den Läden der Hangkong Lu, und das hiesige Postamt verkauft die *China Daily.*

FAHRRÄDER – Mietfahrräder lassen sich in Wuhan kaum auftreiben. Auch die Einheimischen sieht man nicht in den üblichen Massen durch die Gegend radeln, was einerseits vermutlich mit Wuhans Größe zu tun hat und andererseits auf das häufige Brückenfahrverbot zurückzuführen ist, dem undurchschaubare Regeln zugrunde liegen.

GELD – ***Bank of China,*** Zhongshan Dadao, Hankou, ⌚ Mo–Sa 8.30–16.30, So 9–12 Uhr.

GEPÄCKAUFBEWAHRUNG – An Busbahnhof und Bahnhof gibt es je eine Gepäckaufbewahrung, die pro Gepäckstück ¥5 verlangt, ⌚ etwa 5–21 Uhr.

INTERNET – **Hankou**: mehrere Internet-Cafés rund um die Kreuzung von Zhongshan Dadao und Shengli Jie sowie in der Nähe des Hotels *Jianghan* und östlich des *Holiday Inn* in der Jiefang Dadao.
Wuchang: Wuluo Lu, westlich der Zhongshan Lu.

KINO – Leinwände gibt es im ***Mingcheng Plaza,*** Zhongshan Dadao, sowie nahe dem ehemaligen US-Konsulat in der Yanjiang Dadao.

KRANKENHÄUSER – Das östlich der Kreuzung von Jiefang Dadao und Qingnian Lu gelegene ***Tongji*** gilt als bestes Krankenhaus von Wuhan. Auf Akupunktur und Massage spezialisiert ist das Krankenhaus nördlich des She Shan in Wuchang, das zum Hubei-College für Traditionelle Medizin gehört.

MÄRKTE UND EINKAUFEN – Münzen- und Briefmarkensammler treffen sich vor dem Postamt in der Hangkong Lu, Hankou. „Antiquitäten" größeren Umfangs werden in den Geschäften am Provinzmuseum von Hubei in Wuchang angeboten. Das alte Konzessionsgebiet von Hankou, nördlich der Zhongshan Dadao, erfreut sich eines geschäftigen Marktlebens, das sich jedoch hauptsächlich um Obst und Gemüse dreht. Wie die meisten chinesischen Großstädte bietet sich auch Hankou zum Kauf von Bekleidung an – gute Adressen sind das neue ***Galaxy Plaza,*** Zhongshan Dadao, sowie die vielen kleineren Läden in der Umgebung.

POST UND TELEFON – Die mit IDD-Telefonen ausgestatteten ***Hauptpostämter*** liegen in der Zhongshan Dadao sowie an der Kreuzung von Hangkong Lu und Qingnian Lu in Hankou, ⌚ tgl. 8–18 Uhr.
Ein GPO als solches ist nicht vorhanden, sodass bei postlagernden Sendungen unbedingt der Straßenname sowie „Hankou" auf den Umschlag geschrieben gehört, soll die Post nicht irgendwo in der Stadt verloren gehen.

REISEBÜROS – Rund um das Yangzi-Fährterminal und den Überland-Busbahnhof von Hankou gibt es Reisebüros in Hülle und Fülle.
CITS, im 7. Stock eines Bürogebäudes aus den 80er Jahren, Taibei Lu, Hankou, ✆ 85784100, 📠 85784089. Gut informierte Agentur mit englischsprachigem Personal, besonders auf Touren zu den Drei Schluchten, nach Shennongjia und zum Wudang Shan spezialisiert.

VORWAHL – 027

Nahverkehrsmittel

Wuhans Ausmaße machen eine Erkundung zu Fuß praktisch unmöglich – wenngleich das völlig überlastete Bussystem nur selten schneller zu sein scheint und die Haltestellen unter Umständen weit voneinander entfernt liegen. **Stadtpläne** von Wuhan, in denen die Nahverkehrsverbindungen eingezeichnet sind, werden überall an den Bahnhöfen und Busbahnhöfen verkauft.

BUSSE – Die wichtigsten Haltestellen der Stadtbusse befinden sich in Nähe der **Bahnhöfe** von Hankou und Wuchang sowie neben dem **Yangzi-Fährterminal** in der Yanjiang Dadao. Zwischen 6 und 22 Uhr gibt es in fast alle Ecken der Stadt eine Busverbindung, die zumeist sehr zuverlässig und sehr billig ist – die Fahrt zwischen den beiden Bahnhöfen in Wuchang und Hankou kostet beispielsweise nur ¥2.

Nützliche Buslinien:

Nr. 1 – auch Dian Zhuan (Electric Special) genannt und nicht zu verwechseln mit gewöhnlichen Bussen der Linie 1; der Schriftzug *dian zhuan* ist zu beiden Seiten der Nummer aufgemalt. Optimales Transportmittel für Sightseeing-Touren (Yanhe Dadao, Hankou – Hanyang – Große Changjiang-Brücke – Turm des Gelben Kranichs – Changchun Guan – Provinzmuseum – Dong-Hu-Park).

Nr. 9 – verkehrt zwischen dem Bahnhof von Hankou und dem Yangzi-Fährterminal.

Nr. 10 – verbindet die Bahnhöfe von Hankou und Wuchang miteinander und benötigt für die Strecke je nach Verkehrsaufkommen 45–90 Min. (Qingnian Lu – Wusheng Lu –Große Changjiang-Brücke).

Nr. 38 – fährt vom Bahnhof in Hankou durch das innerstädtische Konzessionsgebiet und endet in der Nähe des Hochwasserschutzdenkmals am Yangzi.

Nr. 503 und Nr. 507 – starten in der Wuluo Lu, etwa 500 m nördlich des Überland- Busbahnhofs von Wuchang, und haben das Fährterminal in Hankou zum Ziel.

FÄHREN – Unter Tag verkehren Passagierfähren auf dem Yangzi, die zwischen dem südlichen Ende der Yanjiang Dadao in Hankou und der Endhaltestelle der Stadtbusse in Wuchang, unmittelbar nördlich der Changjiang-Brücke, hin und her pendeln. Die Überfahrt kostet ¥1 und dauert etwa 30 Min.

MOTORRAD- UND MOTOR-RIKSCHAS – Kurze Entfernungen lassen sich am besten per Motorrad- oder Motor-Rikscha zurücklegen, die man überall an den Bahnhöfen und Busbahnhöfen findet. Das Feilschen über den Preis gehört übrigens mit zum Geschäft.

TAXIS – Die allgegenwärtigen Taxis sind recht bequem und mit ihrem Preis von ¥8 für die ersten 2 km durchaus erschwinglich.

Transport

Wuhan erstreckt sich über mehr als 10 km und besitzt zwei Bahnhöfe sowie mindestens drei Überland-Busbahnhöfe – es lohnt sich also durchaus, seinen Ankunfts- bzw. Abfahrtsort rechtzeitig in Erfahrung zu bringen. Einen ersten Hinweis darauf liefern die Zug- und Busfahrpläne, auf denen meist nicht nur „Wuhan", sondern das jeweilige Stadtviertel angegeben ist. Informationen über Verkehrsverbindungen erhält man in einigen Unterkünften sowie in den zahlreichen Reiseagenturen rund um das Yangzi-Fährterminal und den Busbahnhof von Hankou.

BUSSE – Wuhan besitzt drei große **Überland-Busbahnhöfe**: an der Jiefang Dadao im Zentrum von Hankou, an der Hanyang Dadao in Hanyang sowie an der Zhongshan Lu in Wuchang. Des Weiteren gibt es zahlreiche private Busunternehmen, die ihre Haltestellen entweder vor dem Yangzi-Fährterminal oder entlang der Yanhe Dadao in Hankou haben.

Größter und belebtester Überland-Busbahnhof von Wuhan ist derjenige in Hankou, wo der Verkehr in die meisten Großstädte des Landes abgewickelt wird. Die Busbahnhöfe in Wuchang und Hanyang haben weniger Destinationen im Angebot, bieten dafür aber hilfreiche zusätzliche Verbindungen gen Süden und Osten (z.B. Nanchang, Changsha und Hefei). Busse mit Schlafkojen und Standardbusse fahren von allen Haltestellen ab – und egal wohin die Reise geht: Freie Sitze sind – fast – immer verfügbar.

Busse nach:
CHANGSHA 9 Std.;
HEFEI 8 Std.;
JINGZHOU 2 1/2 Std.;
JIUJIANG 6 Std.;
NANCHANG 12 Std.;
XIANGFAN 8 Std.;
YICHANG 4 Std.;
YUEYANG 5 Std.

EISENBAHN – Wuhans zwei **Hauptbahnhöfe** liegen an der Fazhan Dadao in Hankou bzw. an der Zhongshan Lu in Wuchang. Beide bieten Direktverbindungen zu fast allen Reisezielen des Landes, wenngleich als Faustregel gilt, dass der größere Bahnhof in Hankou für Ziele im Norden und Wuchang für jene im Süden zuständig ist. Obwohl die Bahnhöfe nur Fahrscheine für die vor Ort abfahrenden Züge verkaufen, bereitet die Beschaffung von Tickets normalerweise kein Problem. Die langen Schlangen am Bahnhof kann man umgehen, indem man sich entweder an ein Reisebüro oder an das bahnhofseigene Vorverkaufsbüro in der Baohua Jie, einer kleinen Parallelstraße zur Zhongshan Dadao, wendet. Am Bahnhof von Hankou werden Fahrgäste für zusätzliche ¥5 früher aus dem Warteraum entlassen und auf einem Anhänger zum Zug gebracht.

Züge nach:
BEIJING 10x tgl., 12–15 Std.;
CHANGSHA 30x tgl., 3 1/2–5 Std.;
GANZHOU 1x tgl., 14 Std.;
GUANGZHOU 15x tgl., 12 1/2–16 Std.;
HEFEI 1x tgl., 9 Std.;
JIUJIANG 6x tgl., 4 Std.;
NANCHANG 6x tgl., 9 Std.;
SHIYAN 8x tgl., 5–8 Std.;
WUDANG SHAN 1x tgl., 7 Std.;
XIANGFAN 9x tgl., 3–6 Std.;
YUEYANG 30x tgl., 2–4 Std.;
XIAN 8x tgl., 16 Std.

FÄHREN – Nicht zu übersehen ist das weiß geflieste **Yangzi-Fährterminal**, Yanjiang Dadao, Hankou. Die Ticketverkaufsstelle, ◷ tgl. 9–12 und 14–17 Uhr, befindet sich im 1. Stock am nördlichen Ende des Gebäudes und kann nur mit Fahrplänen in chinesischer Sprache aufwarten, die in Reiseziele stromauf- und stromabwärts unterteilt sind. Üblicherweise verkehren täglich Schiffe stromaufwärts nach SHASHI/JINGZHOU (Fahrpreis 1. Klasse ¥310, 2. Klasse ¥160, 3. Klasse ¥71), YICHANG (36 Std.; ¥392/201/88) und CHONGQING (5 Tage; ¥1080/588/249) sowie stromabwärts nach JIUJIANG (18 Std.; ¥200/117/56), GUICHI (¥338/197/93), WUHU (30 Std.; ¥418/244/116), NANJING (48 Std.; ¥476/278/131) und SHANGHAI (3 Tage; ¥698/408/192).

FLÜGE – Der **Flughafen Tianhe** liegt 30 km nördlich von Wuhan an einer gut ausgebauten Straße und wird jeweils zu den Abflugzeiten durch einen Flughafenbus bedient, der am Büro von *China Southern*, Hangkong Lu, Hankou, abfährt. Neben Flügen in viele chinesische Großstädte gibt es auch eine Verbindung ins japanische Fukuoka.

Fluggesellschaften:
China Southern, Hangkong Lu, Hankou, ✆ 83611756, 📠 83632265, ◷ tgl. 8–21 Uhr;
Wuhan Airlines, Hangkong Lu, Hankou, ✆ 83646425, 📠 83641320, ◷ tgl. 8–20 Uhr.

Flüge nach:
BEIJING 4x tgl., 1 3/4 Std.;
CHANGSHA 8x wöchentl., 1 1/4 Std.;
GUANGZHOU 7x tgl., 1 1/4 Std.;
HONGKONG tgl., 1 3/4 Std.;
NANCHANG 2x wöchentl., 3/4 Std.;
SHANGHAI 4x tgl., 1 Std.;
TUNXI 2x wöchentl., 1 Std.;
ZHANGJIAJIE 2x wöchentl., 3/4 Std.

Auf dem Yangzi stromaufwärts nach Yichang

Die flachen, weiten Ebenen westlich von Wuhan erscheinen zunächst nicht besonders interessant, aber die vielen geschichtlichen Spuren verleihen den Städten am Weg einen soliden Charakter. Ein Schiff benötigt etwa 36 Stunden von Wuhan stromaufwärts über **Chibi** und **Jingzhou Shi** nach Yichang, wo die spannende Reise durch die Yangzi-Schluchten bis nach Chongqing in Sichuan ihren Anfang nimmt. Da die meisten Schiffe ihre Fahrt jedoch erst wieder in Yichang unterbrechen, sollten Reisende, die von der Gegend etwas sehen wollen, die Schnellstraße von Wuhan via Jingzhou nach Yichang nutzen und eventuell einen Abstecher nach Chibi einplanen – außerdem verkürzt man damit die reine Fahrtzeit nach Yichang um fast vier Stunden.

Chibi

Der erste einigermaßen bedeutsame Ort am Fluss, das rund 80 km südwestlich von Wuhan gelegene Chibi (Rote Felsen), musste als Schauplatz der wichtigsten Schlacht in der Ära der **Drei Reiche** herhalten, die damit endete, dass die kämpfenden Staaten ihre endgültigen Grenzen festlegten. Hier überfielen im Jahre 208 die nördlichen Armeen von Wei, unter Führung ihres Herrschers Cao Cao, die vereinten südlichen Truppen von Liu Bei und Sun Quan. Letztere waren zahlenmäßig zwar stark unterlegen, erfreuten sich jedoch der Unterstützung der beiden bemerkenswerten Strategen **Zhuge Liang** und **Pang Tong**, welche sich Caos Entschluss für einen Überfall vom Wasser aus zunutze machten. Von Pang Tongs Spionen in die Irre geführt, kettete Cao seine Schiffe am Nordufer aneinander, während er sich auf den Angriff vorbereitete. Derweil beschwor Zhuge Liang – angeblich mit daoistischer Zauberkraft – einen für die Jahreszeit ungewöhnlichen Südostwind herauf und sandte eine Flottille brennender Schiffswracks über den Yangzi, die Caos Kriegsflotte vollständig zerstörten und die Farbe der Flammen für immer in den Felsen hinterließen. Trotz des Sieges über Cao Cao verfügte keine der gegnerischen Armeen über die Kraft, ihn zu verfolgen, geschweige denn, es miteinander aufzunehmen – vielleicht wäre aus solch einem letzten Gefecht ein geeintes China hervorgegangen, so jedoch stürzte das Land in einen fast fünf Jahrhunderte währenden Bürgerkrieg.

Um von Wuhan nach Chibi zu gelangen, nimmt man einen Zug oder Bus Richtung Yueyang in Hunan und steigt nach zwei Dritteln des Weges in **Chibi Shi**, auch bekannt als **Puqi**, aus. Von hier benötigen die Nahverkehrsbusse noch rund 90 Minuten zu der Stätte, die – um sich von Chibi Shi zu unterscheiden – den Namen **Sanguo Chibi** trägt. Unweit der Bushaltestelle führt rechts eine Treppe den Jinluan-Hügel hinauf zur **Feng Chu An**, eine weiß getünchte Halle, in der Pang Tong einst Militärstrategie studierte und daraufhin den Plan entwarf, der zum Sieg über Cao führte. Wieder auf der Hauptstraße angekommen, liegt linkerhand der **Nanping Shan**, auf dem zwei steinerne Löwen den Eingang zum **Wuhou-Palast** und zur **Baifeng-Terrasse** flankieren. Die vier Statuen hier erinnern an Zhuge Liang und Liu Bei sowie an Liu Beis Waffenbrüder Guan Yu und Zhang Fei. Läuft man nun in Richtung Fluss, so gelangt man zum kleinen **Wangjiang-Pavillon**, ehemals ein Wachhäuschen und heute ein wunderbarer Aussichtspunkt über die tiefer gelegenen Reisterrassen. Die Speere, Pfeilspitzen und Keramikscherben in dem nahen, düsteren Museum beweisen, dass die Legenden einer historischen Grundlage nicht entbehren. Auf den Felsen außerhalb der Stadt, am Südufer des Yangzi, kann man die beiden Schriftzeichen für *chibi* erkennen, die angeblich auf Bestreben des siegreichen Wu-Generals Zhou Yu eingraviert wurden.

Jingzhou Shi und Umgebung

Von Wuhan sind es 240 km auf der Schnellstraße und von Chibi fast ein Tag mit der Fähre, um nach Jingzhou Shi am Nordufer des Yangzi zu gelangen, wo die Schnellstraße Wuhan–Yichang auf die Autobahn nach Xiangfan im nördlichen Hubei (s.S. 619) trifft. Die Stadt teilt sich in zwei Bezirke: Während sich das östliche **Shashi** nurmehr durch seinen modernen Hafen auszeichnet, wird der 10 km weiter westlich liegende Stadtteil **Jingzhou** von etwa 8 km langen Wassergräben und gut erhaltenen, 7 m hohen Befestigungsmauern umgeben, erbaut vom Helden der *Drei Reiche,* Guan Yu, der das Kommando über die Verteidigungstruppen aus dem östlichen Shun innehatte. Zuvor diente **Jinan**, unmittelbar nördlich von Jingzhou, als Hauptstadt des Staates Chu, wurde jedoch 278 v.Chr. von den Qin-Truppen völlig zerstört.

Von Shashis Überland-Busbahnhof in der Taqiao Lu fährt der Stadtbus Nr. 1 gen Westen nach Jingzhou; er passiert das Osttor sowie den zweiten Überland-Busbahnhof in der Jing Nan Lu, bevor er in die Jingzhong Lu einbiegt und kurz darauf am Westtor endet. Abgesehen vom Blick auf die Befestigungsmauern birgt die 40-minütige Fahrt nur wenig Interessantes, doch einen kurzen Spaziergang von der Endhaltestelle entfernt lohnt das **Museum von Jingzhou**, Jingzhong Lu, einen Besuch. Während man das leblose Hauptgebäude voller staubiger Schaukästen mit undefinierbaren Ge-

Auf dem Yangzi stromaufwärts nach Yichang

Chibi	赤壁	***chìbì***
Baifeng-Terrasse	拜风台	*bàifēng tái*
Feng Chu An	风雏庵	*fēngchú ān*
Nanping Shan	南屏山	*nánpíng shān*
Wangjiang-Pavillon	望江亭	*wàngjiāng tíng*
Wuhou-Palast	武侯宫	*wǔhóu gōng*
Jingzhou	荆州	***jīngzhōu***
Kaiyuan Guan	开元观	*kāiyuán guàn*
Museum von Jingzhou	荆州博物馆	*jīngzhōu bówùguǎn*
Puqi	蒲圻	***púqí***
Shashi	沙市	***shāshì***
Yichang	宜昌	***yíchāng***
Dagong Fandian	大公饭店	*dàgōng fàndiàn*
Dongxin Dajiudian	东鑫大酒店	*dōngxīn dàjiǔdiàn*
Drei-Schluchten-Damm	三峡大坝区	*sānxiá dàbàqū*
Flughafen Sanxia	三峡机场	*sānxiá jīchǎng*
Gezhou-Damm	葛洲坝	*gězhōu bà*
Hafen für Tragflächenboote	高速客轮中心	*gāosù kèlún zhōngxīn*
Liujin Suiyue Kafei	流金岁月咖啡	*líujīn suìyuè kāfēi*
Taohualing Binguan	桃花岭宾馆	*táohuālǐng bīnguǎn*
Transit-Terminal Dagong-Brücke	大公桥水路客运站	*dàgōngqiáo shuǐlù kèyùnzhàn*
Yichang International Hotel	宜昌国际大酒店	*yíchāng guójì dàjiǔdiàn*

fäßen und unscharfen Fotos getrost außer Acht lassen kann, empfiehlt sich der hintere Bereich, wo die „Ausstellung der Schätze" fantastische Grabrelikte der Westlichen Han zeigt. Die Exponate wurden einige Kilometer nördlich der Stadt am **Fenghuang Shan** entdeckt, dort, wo sich einst Jinan befand. Ehemalige Bewohner hatten den Ort nach seiner Zerstörung zu einem Friedhof umfunktioniert, um bei ihren Vorfahren begraben werden zu können. Über 180 Gräber aus der Zeit von der Qin-Ära bis zum Ende der Westlichen Han-Dynastie (221 v.Chr. –24 n.Chr.) sind hier aufgespürt worden, was für einen einzigen Standort eine bemerkenswerte Anzahl ist. Die Ausstellung konzentriert sich auf Grab Nr. 168, in dem der Hofbeamte Sui seine letzte Ruhestätte fand. In vielerlei Hinsicht ähneln die Exponate denen im Provinzmuseum von Wuhan (s.S. 606), beispielsweise die hausähnlichen Sarkophage und die kunstvollen Lackarbeiten. Eine Besonderheit jedoch ist der verblüffend gut erhaltene Leichnam von Sui sowie ein paar praktische Haushaltsgegenstände und Holzminiaturen seiner Diener – entweder war er nicht mächtig genug, um seine echten Bediensteten mit ins Grab zu nehmen oder dieser Brauch war aus der Mode gekommen. Fans der *Geschichte der Drei Reiche* sollten auch den **Kaiyuan Guan** nebenan nicht verpassen, ein winziger Tempel, der Guan Yu geweiht ist und inmitten überwucherter Gärten steht. ⏲ Di–So 8–16 Uhr, Eintritt ¥8 für das Hauptgebäude bzw. ¥10 für die „Ausstellung der Schätze".

Von den **Überland-Busbahnhöfen** in Jingzhou und Shashi verkehren sowohl Richtung Yichang als auch Richtung Wuhan bis zum frühen Abend zahlreiche Busse; überdies gibt es täglich mindestens acht Verbindungen nach Xiangfan. Wer trotzdem vor Ort übernachten muss, findet in der Nachbarschaft der Busbahnhöfe einige einfache **Unterkünfte**.

Yichang

120 km westlich von Jingzhou liegt Yichang, eine Art **Verkehrsknotenpunkt**, wo viele eine Übernachtung einlegen müssen – in Yichang beginnt die Bootsfahrt durch die Drei Schluchten, es liegt an der Eisenbahnstrecke zwischen Xi'an und Hunan, und von hier gibt es Verbindungen Richtung Norden nach Shennongjia. Unter den Han noch ein Handelszentrum, entwickelte sich Yichang später zu einem abgelegenen, aber bedeutenden Vertragshafen, der jedoch im Laufe des 20. Jahrhunderts immer mehr verblasste.

Erst die wachsenden Tourismuszahlen der letzten Jahre und der Bau des **Drei-Schluchten-Damms** (s.S. 616) haben der Stadt zu neuem Aufschwung verholfen, wenngleich sich die Aktivitäten auf die Besichtigung der Damm-Baustelle sowie Spaziergänge zu Überbleibseln aus der Kolonialzeit – beispielsweise die **alte Kirche** östlich der Yujin Lu – beschränken. Im Übrigen gewinnt die Stadt durch ihre Lage am Yangzi, wo man den Schiffsverkehr beobachten, Kindern beim Drachensteigen zusehen und in den Straßenrestaurants leckere Schalentiere oder einfach nur ein erfrischendes Eis genießen kann.

Übernachtung und Essen

Dagong Fandian*, in der Nähe des Fährterminals. Saubere, wenngleich triste Zimmer.
Dongxin Dajiudian**, Dongshan Dadao, zwischen Bahnhof und Busbahnhof, ✆ 6453449, 📠 6443525. Etwas bessere Wahl als das *Dagong Fandian.*
Yichang International Hotel***, Yanjiang Dadao, Ecke Shengli Si Lu, ✆ 6222888, ✉ webmaster@ycinthotel.com. Gehobene Unterkunft mit eigener Brauerei, rotierendem Restaurant sowie rund um die Uhr geöffnetem Café.
Taohualing Binguan****, nahe Yunji Lu, ✆ 623 6666, 📠 6238888. Ebenfalls gehobene Unterkunft in ruhiger Lage.
Sämtliche Hotels sind mit einem Restaurant ausgestattet. Gute und preisgünstige andere Lokale findet man im Umkreis der Kreuzung von Dongshan Dadao und Yunji Lu. Das westlich angehauchte ***Liujin Suiyue Kafei***, Yujin Lu, nahe dem Fluss, serviert guten Kaffee, aber schlechtes Essen.

Sonstiges

REISEBÜROS – Tickets für Flüge, Fähren und Züge sind an den Reiseschaltern einiger Hotels erhältlich, wobei derjenige im *Yichang International Hotel* am besten auf Touristen eingestellt zu sein scheint. Hier können auch Touren zu den Drei Schluchten sowie nach Shennongjia und Zhangjiajie gebucht werden, desgleichen im ***CITS***, 40 Yanjiang Dadao, ✆ 6746582, 📠 6731683 (das eine echte Hilfe sein kann, sofern man jemanden findet, der Englisch spricht), und im ***Hengtong Lüxingshe***, am Transit-Terminal an der Dagong-Brücke, ✆ 6222714, 📠 6224860.

TAXI – Innerhalb des Stadtzentrums kosten Taxis den Festpreis von ¥5.

VORWAHL – 0717

Transport

BUSSE – Der große **Überland-Busbahnhof** von Yichang liegt 500 m südlich des Bahnhofs. Verschiedene Busse enden aber auch im Südteil der Stadt am **Transit-Terminal Dagong-Brücke**, wo zugleich die Yangzi-Fähren anlegen. Der Überland-Busbahnhof ist dem Transit-Terminal an der Dagong-Brücke insofern überlegen, als er mit englischsprachigem Personal am Infoschalter und einer Gepäckaufbewahrung (bis 20 Uhr) aufwartet und Busverbindungen in fast alle Städte zwischen Chongqing und Shanghai bietet. Xingshan, Xiangfan, Jingzhou und Wuhan werden außerdem von **Minibussen** bedient, die vom Platz vor dem Überland-Busbahnhof starten.

Busse nach:
CHANGSHA 10 Std.;
JINGZHOU 1 1/2 Std.;
JIUJIANG 12 Std.;
WUHAN 4 Std.;
XIANGFAN 6 Std.;
XING SHAN 4 Std.

EISENBAHN – Der im Norden der Stadt gelegene **Bahnhof** befindet sich oberhalb einer breiten Treppe, die zu der Kreuzung von Dongshan Dadao und Yunji Lu hinunterführt. Mit dem Zug

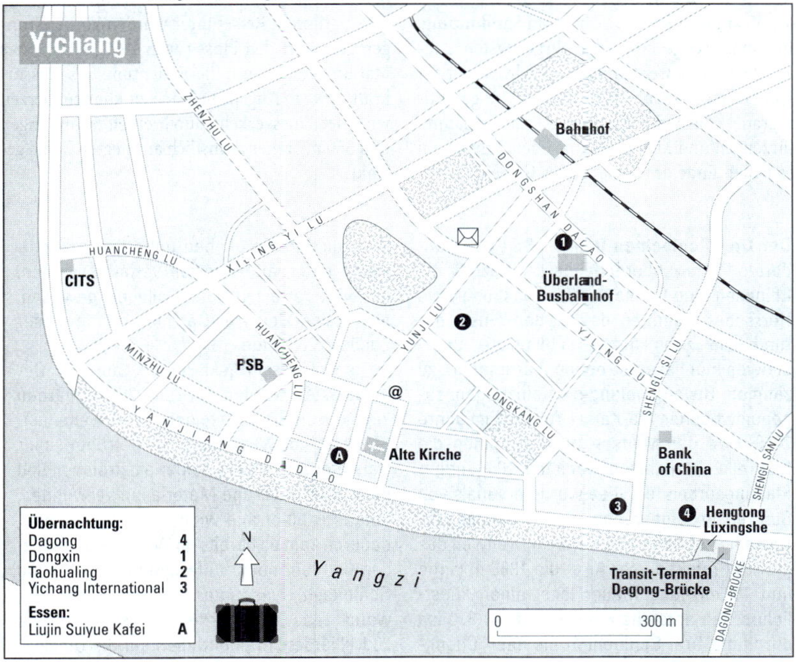

kommt man bequem nach Xiangfan sowie zu anderen nördlich gelegenen Reisezielen, aber auch gen Süden nach Zhangjiajie in Hunan (s.S. 638). Da es am Fahrkartenschalter im Bahnhof recht turbulent zugehen kann, sollte man seine Tickets lieber im *Yichang International Hotel* erstehen. Zwischen dem Bahnhof und der Dagong-Brücke verkehren die Stadtbusse Nr. 3 und Nr. 4 (via Yunji Lu).

Züge nach:
BEIJING 5x tgl., 22 Std.;
XI'AN 1x tgl., 12 Std.;
XIANGFAN 5x tgl., 4 Std.;
ZHANGJIAJIE 2x tgl., 6 Std.

FÄHREN – Die Yangzi-Fähren legen am **Transit-Terminal Dagong-Brücke** an. Es bestehen tägliche Verbindungen stromaufwärts durch die Drei Schluchten nach CHONGQING (2–4 Tage) sowie stromabwärts nach WUHAN (22–24 Std.). Die genauen Abfahrtszeiten sind der Tafel neben dem Ticketschalter zu entnehmen; weitere Infos zu Klassen und Konditionen s.S. 611.

Täglich startet auch ein Tragflächenboot nach CHONGQING (11 Std., ¥380), das um 7 Uhr oberhalb des Gezhou-Damms, 5 km nordwestlich de Stadt, ablegt. Vom Zentrum fährt der Bus Nr. 3 hierher, oder man nimmt ein Taxi.

FLÜGE – Der **Flughafen Sanxia** liegt 10 km östlich der Stadt; eine Taxifahrt vom Zentrum kostet ¥50.

Flüge nach:
BEIJING 3x wöchentl., 2 Std.;
CHONGQING 10x wöchentl., 3/4 Std.;
GUANGZHOU 4x wöchentl., 1 3/4 Std.;
SHANGHAI 4x wöchentl., 1 1/4 Std.;
ZHANGJIAJIE 6x wöchentl., 3/4–4 Std.

Der Drei-Schluchten-Damm

Etwa 35 km westlich von Yichang, in **Sandouping**, kann man Zeuge eines der ehrgeizigsten Bauprojekte der Welt werden: Hier entsteht derzeit der gigantische Drei-Schluchten-Damm. Der gewaltige, graue Koloss der Staumauer, von Schlamm, Fahrzeugen und Menschen umgeben, nimmt am westlichen Ende der Schlucht des Gelben Ochsen bereits beachtliche Formen an. Während der Arbeit an diesem Reiseführer wurden Vorbereitungen getroffen, den Fluss (nach 1997) ein zweites Mal umzuleiten, um die Errichtung des Wasserkraftwerks in Angriff nehmen zu können; derzeit wird der Flussverkehr durch einen 5 km langen und 350 m breiten, künstlich angelegten Kanal gelenkt.

Der Drei-Schluchten-Damm Seit Jahrhunderten ist der unberechenbare Yangzi für die Chinesen eine Quelle des Traumas, und viele Herrscher träumten davon, den Fluss, der rund alle zehn Jahre schlimmste Überschwemmungskatastrophen verursacht, zu zähmen. Bislang gelang dies einzig dem sagenumwobenen Xia-Kaiser Yu, doch im Jahre 2009 wird der Mensch wohl endgültig die Kontrolle übernehmen. Nach fast 100-jähriger Planungsarbeit (die Idee wurde erstmals von Sun Yatsen aufgebracht) begann man mit dem Bau am Drei-Schluchten-Damm, weltweit das größte Projekt dieser Art – die 1983 m lange und 185 m hohe Mauer lässt einen künstlichen See entstehen, der sich über 670 km durch die Drei Schluchten bis nach Chongqing erstrecken soll.

Die Investitionen stützen sich in erster Linie auf das hydroelektrische Potenzial des Damms – seine 26 Generatoren werden 18,2 Millionen Kilowatt und damit 10% des gesamten Energiebedarfs von China erzeugen – sowie auf die Einnahmen, welche die Region aus der Nutzung der Energie und aus deren Verkauf ins Ausland beziehen wird. Es steht außer Zweifel, dass dieser sonst schwach entwickelte Landstrich durch die erhofften finanziellen Gewinne beträchtliche Verbesserungen der Infrastruktur zu erwarten hat. Zu guter Letzt gibt es natürlich noch das Argument des Hochwasserschutzes, das der Vorsitzende der Kommunistischen Partei, Zhu Rongji, unermüdlich ins Felde führt, wenn es darum geht, Proteste gegen das Projekt abzuwehren. Hinweise der Gegner, der Staudamm könne gegen die nicht minder gravierenden Überschwemmungen an den stromabwärts liegenden Nebenflüssen des Yangzi kaum etwas ausrichten, blieben unberücksichtigt – selbst dann, als Experten verlauten ließen, es wäre effektiver und billiger gewesen, eine Reihe kleinerer Dämme entlang dieser Zuflüsse zu bauen.

So nimmt das Projekt seinen Lauf. Die Gesamtkosten werden auf rund 205 Milliarden Yuan geschätzt und steigen immer weiter, unter anderem wegen einiger betrügerischer Bauunternehmer, die Gelder einstreichen und dann minderwertige Materialien verwenden, um die Fehlbeträge wieder auszugleichen – dadurch kam es bereits im Winter 2001 zu Rissen in den noch unfertigen Mauern und Schleusen, was unter großem Kostenaufwand repariert werden musste. Weitere 28 Milliarden Yuan entfallen auf die Umsiedlung von Millionen Menschen, deren alte Heimat in den Wassermassen versinken wird. Abgesehen von der finanziellen Belastung hat dieses stark umstrittene Umsiedlungsprogramm auch zu schwer wiegenden sozialen Konflikten geführt, weil die Menschen teilweise auf anderer Leute Besitz angesiedelt wurden. Nicht zu reden von den historischen Relikten und Stätten, die den Fluten zum Opfer fallen werden, und den Archäologen, die verzweifelt ihre Ausgrabungen vorantreiben, um zu retten, was noch zu retten ist, bevor sich der Stausee im Jahre 2008 zu füllen beginnt. Auch ökologisch betrachtet ist das Projekt völlig inakzeptabel: Chongqing, eine der größten Industriestädte Chinas, wird seine Abwässer direkt in den neuen See einleiten, und selbst die chinesische Regierung gesteht ein, dass der Damm durch die Verschlammung innerhalb von 70 Jahren unbrauchbar wird, sollte in der Zwischenzeit keine neue Lösung in Sicht kommen.

Um von Yichang zur Baustelle zu gelangen, fährt man mit dem Bus Nr. 4 – der unmittelbar westlich des Bahnhofs an der Dongshan Lu abfährt – vier Haltestellen und steigt dann in die Buslinie Nr. 8 um; alles in allem dauert die Fahrt etwa eine Stunde. Vor Ort stehen Minibusse (¥10) bereit, aber man kann die Strecke von der Bushaltestelle zum Aussichtspunkt auch gut zu Fuß zurücklegen.

Shennongjia-Waldschutzgebiet

200 km nördlich von Yichang, im äußersten Westen von Hubei, umfasst das Shennongjia-Waldschutzgebiet eine wilde Gebirgslandschaft, die mit dem 3053 m hohen Da Shennongjia Zentralchinas höchste Erhebung für sich verbuchen kann. Aus botanischer Sicht handelt es sich um eine der reichsten Gegenden des Landes, berühmt für ihre Pflanzenvielfalt, seit der daoistische Unsterbliche und legendäre **Xia-König Shennong** (welcher der Menschheit auch die Landwirtschaft, die Medizin und den Tee nahe gebracht haben soll) dieses Gebiet nach Kräutern abgesucht hat. In jüngerer Vergangenheit, zu Beginn des 20. Jahrhunderts, fand der Botaniker Ernest Wilson hier mehrere neue Arten für die Kew Gardens von London. Interessanterweise wurde seither in Shennongjia mehrfach der **Chinesische Yeti** gesichtet, dessen Existenz in diesem Refugium uralter Pflanzen alles andere als unmöglich erscheint. Sollte man dem Yeti wider Erwarten nicht begegnen, so bleibt immer noch die Hoffnung, einen der vom Aussterben bedrohten **Goldaffen** anzutreffen.

Shennongjia gilt zwar nicht als Touristenmagnet, ist aber von Yichang ganz einfach zu erreichen. Für einen Besuch des Waldschutzgebiets genügen drei Tage, was in erster Linie damit zu tun hat, dass ein Großteil der Region von Ausländern nicht betreten werden darf. Schenkt man den chinesischen Landkarten Glauben, so fungiert der zentrale Ort Shennongjia, auch **Songbai** genannt, als Ausgangspunkt in die Region, doch wer bis hierher vorstößt, wird verhaftet, mit einem Bußgeld belegt und vom Amt für öffentliche Sicherheit zurückgeschickt. Das wiederum hat zur Folge, dass man von Muyu nicht gen Norden nach Shiyan oder zum Wudang Shan gelangen kann, da sämtliche Verkehrsmittel auf dieser Strecke über Songbai fahren. Weder das Amt für öffentliche Sicherheit von Yichang noch der dortige *CITS* sind über die Situation informiert und empfehlen unbekümmert, das Sperrgebiet zu durchqueren. Dabei haben nur diejenigen nichts zu befürchten, die sich auf die offiziell zugängige Zone rund um das Dorf Muyu Zhen beschränken. Besucher seien außerdem darauf hingewiesen, dass die Region im Winter von **großer Kälte** heimgesucht wird, und das Schutzgebiet zwischen November und Mai häufig eingeschneit ist.

Nach Muyu Zhen und zum Schutzgebiet

Minibusse aus Yichang, die von morgens bis nachmittags alle 30 Minuten vor dem Busbahnhof abfahren, benötigen für die Fahrt nach **Xingshan** vier Stunden (Fahrpreis ¥45). Auf passablen Straßen geht es durch eine landwirtschaftlich genutzte und immer bergiger werdende Landschaft, in der ein Wasserkraftwerk das andere abwechselt. Xingshan selbst präsentiert sich als typische Industriestadt. Wendet man sich vom Busbahnhof nach rechts, so gelangt man nach etwa 100 m an eine Kreuzung, wo reichlich ramponierte Minibusse warten, die für den letzten Abschnitt nach Muyu Zhen (Fahrpreis ¥10) rund zwei Stunden brauchen.

Muyu Zhen, auch **Muyu** oder **Yuzhen** genannt, 17 km südlich des Schutzgebiets, ist ein klassisches Dienstleistungszentrum, das aus einer 500 m langen Straße mit kleinen Läden, Gasthäusern und Kantinen besteht. Als Ausgangsort für einen Kurzbesuch in der Region eignet es sich allemal, nur bei längeren Aufenthalten im Schutzgebiet empfiehlt sich eine der dortigen, günstigeren **Unterkünfte**. Die Hotels von Muyu sind erstaunlich anspruchsvoll: Am Ende der Hauptstraße bietet das *Yumingshan Binguan**, ✆ 0719/3453088, geräumige und saubere Doppelzimmer sowie ein nettes Restaurant. Das exklusive *Shenlong Resort*** besticht allein durch seine Lage auf einem Hügel oberhalb der Stadt. Wer sich für Karten oder Touren durch das Schutzgebiet interessiert, wendet sich an den *Forestry Office Travel Service* (Reisedienst des Forstbüros), ✆ 0719/3452303, ℻ 3452335, der etwa 100 m vor dem *Yumingshan Binguan* linkerhand an der Hauptstraße liegt (zu erkennen an dem Schild „Shennongjia Natural Reserve“). Einige Mitarbeiter sprechen Englisch und geben den Besuchern Tipps, wo ungewöhnliche Pflanzen und

Shennongjia-Waldschutzgebiet

Muyu Zhen	木鱼镇	***mùyú zhèn***
Yumingshan Binguan	玉名山宾馆	*yùmíngshān bīnguǎn*
Shennongjia-Waldschutzgebiet	神农架林区	***shénnóngjià línqū***
Banbi Yan	板壁岩	*bǎnbì yán*
Dalong Tan	大龙潭	*dàlóng tán*
Fengjing Ya	风京垭	*fēngjīng yà*
Jinhou Ling	金猴岭	*jīnhóu lǐng*
Tore zum Schutzgebiet	鸭子口	*yāzi kǒu*
Xiaolong Tan	小龙潭	*xiǎolóng tán*
Fauna		
Goldaffe	金丝猴	*jīnsīhóu*
Goldfasan	红胸锦鸟	*hóngxiōng jǐnniǎo*
Riesensalamander	娃娃鱼	*wáwá yú*
Tragopan	红胸角雉	*hóngxiōng juézhì*
Songbai	松柏	***sōngbǎi***
Xingshan	兴山	***xīngshān***

Tiere aufzuspüren sind; ein Auto samt Dolmetscher kostet ¥400 pro Tag. Wer auf eigene Faust zum Schutzgebiet gelangen möchte, kann an der Hauptstraße einen der Busse nach Songbai anhalten (Ausländer dürfen nur bis zu den Toren des Schutzgebiets mitfahren) oder mit den Minibus-Fahrern von Xingshan einen Preis aushandeln (etwa ¥50 bis zu den Toren bzw. ¥300 pro Tag).

Im Schutzgebiet

Der Eingang zum Schutzgebiet liegt an der Straße nach Songbai, die sich von Muyu in nördlicher Richtung immer steiler ins Gebirge hinaufwindet. An einem Kontrollposten an den **Toren zum Schutzgebiet** wird ein Eintrittsgeld in Höhe von ¥60 erhoben, und die wenigen ausländischen Gäste müssen ihre Namen in eine Liste eintragen. Es folgen 6 km Schotterstraße in südwestlicher Richtung durch ein ehemals abgeholztes Tal bis zu den wenigen Holzgebäuden des Forstamts, darunter **Xiaolong Tan**, wo es Schlafgelegenheiten (¥50 pro Person) und Essen gibt sowie die Möglichkeit besteht, Goldaffen aus nächster Nähe zu bestaunen – zumindest sofern sich gerade eines der Tiere in der hiesigen „Veterinärklinik" auskuriert. Darüber hinaus kann man dem hiesigen **Yeti-Museum** einen Besuch abstatten, wo Gemälde, Zeitungsausschnitte, Karten und Fußabdrücke alle bekannten Begegnungen mit dem zotteligen, rothaarigen *ye ren* dokumentieren, seit dieser 1924 erstmals gesichtet wurde.

In der Gegend um Xiaolong Tan gibt es eine Menge schöner Wanderwege, allerdings sollte man sich vor dem Aufbruch unbedingt beim Forstpersonal über die aktuellen Bedingungen informieren. Eine der Routen (die größtenteils entlang einem Fahrweg verläuft) führt in südlicher Richtung bergan und erreicht nach etwa 2,5 km einen Chinatannen-Wald. Hier, an den Hängen des **Jinhou Ling**, lassen sich am allerbesten ganze Familienverbände von **Goldaffen** beobachten, die schon früh am Morgen nach Futter suchen. Eigentlich bevorzugen sie grüne Blätter, Halme, Blumen und Früchte, doch im Winter müssen sich die Affen von Flechten und Moosen ernähren, die überall auf den Bäumen wachsen. Vor allem die Männchen mit ihrem rötlich-goldenen Fell, hellblauen Gesichtern, riesigen Lippen und ohne sichtbare Nasen sind ein unvergesslicher Anblick. Der weitere Weg zum Gipfel des Jinhou Ling (etwa 4 Std.) gestaltet sich ziemlich schwierig und sollte nicht ohne Führer in Angriff genommen werden. Als Alternative empfiehlt sich eine einfache, 3 km lange Wanderung von Xiaolong Tan gen Norden nach **Dalong Tan**, eine Ansammlung heruntergekommener Hütten an einem Bach (der angeblich von Riesensalamandern bevölkert wird), von wo ein einfacher, 8 km langer Wanderweg talaufwärts zur **Guanyin-Höhle** führt. Die Strecke verläuft zumeist durch offenes Gelände, das im Frühling von Wildblumen übersät ist – mit etwas Glück erspäht man hier einen **Goldfasan** oder gar den herrlich bunten, waldhuhnähnlichen **Tragopan**.

Landschaftsfreunden wird die Schotterstraße ans Herz gelegt, die sich von Xiaolong Tan in westlicher Richtung das Tal bis zum Kamm hinaufschlängelt und bei klarem Wetter spektakuläre Ausblicke eröffnet. Der Weg passiert den abgerundeten Gipfel des Da Shennongjia, den man allerdings kaum als solchen erkennt.

Interessanter sind die Felsenlandschaft 10 km weiter bei **Fengjing Ya** und **Jinzi Yanya** sowie der „Wald" aus Kalksteinspitzen, an dem die Straße 17 km westlich von Xiaolong Tan bei **Banbi Yan** im Nichts endet.

Xiangfan

Die Flussniederungen von Hubei erstrecken sich bis weit in den Nordwesten der Provinz, wo sich – 300 km von Wuhan entfernt – Zentralchinas **Automobilhauptstadt** Xiangfan befindet, in der ein Volkswagen nach dem anderen vom Band läuft. Das freundliche Industrie- und Verkehrszentrum Xiangfan am Oberlauf des Han blickt auf eine lange Geschichte zurück. Im 30 km südwestlich gelegenen **Longzhong** hat sich der Warlord Liu Bei aus den *Drei Reichen* erstmalig mit dem einsiedlerisch lebenden Genie Zhuge Liang getroffen und diesen um Rat gefragt, wie der Kampf gegen Cao Cao zu gewinnen sei. Dreimal wurde Liu abgewiesen, ohne Zhuge zu sehen, aber letztendlich führte seine Geduld zu einem persönlichen Gespräch: In der berühmten Romanepisode „Antwort in Longzhong" legt Zhuge seine Taktik dar, die Liu in die Lage versetzen sollte, die überlegenen Truppen von Cao zu besiegen. Schließlich konnte Zhuge sogar dazu überredet werden, Lius Kriegsanstrengungen als dessen oberster Berater zu unterstützen.

Aus nicht so weit zurückliegender Zeit, nämlich der Ming-Dynastie, stammt die teilweise restaurierte **Stadtmauer** von Xiangfan, die man am besten auf einer Busfahrt mit den Linien Nr. 13 oder Nr. 14 (Abfahrt am Bahnhof) in Augenschein nimmt. Nichts von alledem rechtfertigt jedoch einen Aufenthalt in Xiangfan, es sei denn, die Verkehrsverbindungen erfordern eine Übernachtung.

Übernachtung und Essen

Unterkünfte gibt es sowohl gegenüber dem Bahnhof als auch gegenüber dem Überland-Busbahnhof.

Railway Grand Hotel**, am Bahnhof, ✆ 3220043, 💻 www.railway-hotel.com. Ein Haus der gehobenen Klasse, das jedoch auch einige billigere Zimmer anbietet.

Landun Binguan*, am Überland-Busbahnhof, ✆ 3254377. Wird von der Bahnpolizei betrieben. Bett ¥50.

An preiswertem Essen herrscht kein Mangel – sei es ein Teller *jiaozi* und ein Bier im ***Tiege Jiaozi Guan***, Qianjin Lu, hinter dem *Railway Grand Hotel*, oder eine Mahlzeit in einem der zahllosen *lamian*-Läden. Zwischen Bahnhof und Busbahnhof gibt es außerdem eine Filiale von ***Dico's Burgers***.

Xiangfan	襄樊	***xiāngfán***
Dico's	德克士	*dékè shì*
Landun Binguan	蓝盾宾馆	*lándùn bīnguǎn*
Railway Grand Hotel	铁路大酒店	*tiělù dàjiǔdiàn*
Tiege Jiaozi Guan	铁哥饺子馆	*tiěgē jiǎoziguǎn*

Sonstiges

GELD – Die ***Bank of China,*** Changzheng Lu, ist mit dem Bus Nr. 11 in etwa 10 Min. vom Bahnhof zu erreichen.

INTERNET – Ganz in der Nähe des *Tiege Jiaozi Guan,* Qianjin Lu, hinter dem *Railway Grand Hotel,* gibt es ein kleines Internet-Café.

POST – Das ***Postamt***, Jiefang Lu, liegt ein paar Haltestellen hinter der *Bank of China* (s. Geld).

VORWAHL – 0710

Transport

BUSSE – Der **Busbahnhof** von Xiangfan liegt nördlich des Flusses in der Zhongyuan Lu, rund 200 m vom Bahnhof entfernt. Von hier fahren Busse nach JINGZHOU (4 1/2 Std.), YICHANG (6 Std.) und WUHAN (8 Std.) sowie **Minibusse** nach SHIYAN (3 Std., ¥30), die unterwegs am Wudang Shan halten.

EISENBAHN – Der **Bahnhof** befindet sich an der Kreuzung von Qianjin Lu und Zhongyuan Lu. Zugtickets werden bei ***Railway International,*** Qianjin Lu, neben dem *Railway Grand Hotel,* verkauft. Außer Zügen nach Xi'an, Chengdu, Chongqing, Yichang, Wuhan usw. gibt es einen morgendlichen Bummelzug sowie einen schnelleren Mittagszug zum Wudang Shan.
Züge nach:
SHIYAN 15x tgl., 2–6 Std.;
WUDANG SHAN 2x tgl., 2–5 Std.;
WUHAN 9x tgl., 3–6 Std.;
YICHANG 5x tgl., 4 Std.;
ZHANGJIAJIE 1x tgl., 7 1/2 Std.

Wudang Shan

Westlich von Xiangfan weichen die Ebenen zögerlich den Gebirgszügen, die an die Provinzen Henan, Shaanxi und Sichuan grenzen und von den Legenden um den Wudang Shan durchdrungen sind. Der allmähliche Landschaftswechsel und die faszinierende Gebirgsregion lassen die Reise zu einem echten Erlebnis werden, das dank der guten Verkehrsverbindungen von Wuhan oder Yichang, inklusive der Eisenbahnlinie Hubei–Xi'an, ungetrübt genossen werden kann.

Seit der Tang-Ära sind die 72 Gipfel des Wudang Shan – als dessen höchste Erhebung der Tianzhu 1600 m in den Himmel ragt – großzügig mit **daoistischen Tempeln** bestückt worden. Diejenigen, die die Revolten des 13. Jahrhunderts überstanden, wurden gemäß einem Erlass (1413) des Ming-Kaisers Cheng Zi zur Religionsentwicklung restauriert, was 300 000 Arbeiter und zehn Jahre in Anspruch nahm. Derzeit erlebt der Berg erneut eine Blütezeit religiöser Leidenschaft, aus der viele der Tempel herrlich renoviert hervorgehen und nach jahrzehntelanger Vernachlässigung wieder ganze Scharen von Besuchern anziehen.

Der Wudang Shan hat auch für seinen **Kampfsport** Ruhm geerntet, der ebenso großes Ansehen genießt wie der des Shaolin Si in Henan (s.S. 381). Es heißt, der Mönch Zhang Sanfeng aus der Song-Dynastie hätte das Wudang-Boxen entwickelt – aus dem Taijiquan entstanden ist –, nachdem er Zeuge des Kampfes zwischen einer Schlange und einer Elster geworden war. Plötzlich sei ihm das Wesen der *neijia* klar geworden, eine innere Kraft, die auf typisch daoistische Weise genutzt wird, um „Aktion" mit „Nicht-Aktion" zu kontrollieren. Angesichts der unzähligen Schurken, die sich über die Jahrhunderte in diesen Bergen aufhielten, kam die Kampfkunst ziemlich zupass. Der aufständische Bauer Li Zicheng zog in diesem Gebirge seine Kräfte zusammen und erhob sich gegen den letzten Ming-Kaiser. Eine Tafel berichtet außerdem von der Niederschlagung der Roten Turbane in den Bergen durch die Qing-Truppen im Jahre 1856. Und vor nicht allzu langer Zeit, im Jahre 1931, fand hier die kommunistische Armee der Dritten Front nach ihrem Marsch vom Hong-See im südlichen Hubei Zuflucht.

Aus friedvolleren Zeiten ist zu berichten, dass der Wudang Shan auch dem **Kaiser Zhen Wu** als Rückzugsort diente, der im 15. Jahrhundert in diesen Bergen seine Langlebigkeit kultivierte und dessen beleibte Statue viele Tempel in der Gegend schmückt – sein Geburtstag wird am dritten Tag des dritten Mondmonats begangen, zu einer Zeit, die für einen Besuch des Bergs bestens geeignet ist. Später erregten die wertvollen Pflanzen dieser Gegend die Aufmerksamkeit des Pharmakologen **Li**

Wudang Shan

Shiyan	十堰	***shíyàn***
Wudang Shan (Ort)	武当山市镇	***wǔdāngshān shìzhèn***
Taishan Miao	泰山庙	*tàishān miào*
Xuanwu Jiudian	玄武酒店	*xuánwǔ jiǔdiàn*
Yuxu Gong	玉虚宫	*yùxū gōng*
Wudang Shan (Berg)	武当山	***wǔdāng shān***
Feisheng-Felsen	飞升岩	*fēishēng yán*
Huangjing-Halle	皇经堂	*huángjīng táng*
Huanglong Dong	黄龙洞	*huánglóng dòng*
Jindian Gong	金殿宫	*jīndiàn gōng*
Lang Mei Xian Ci	榔梅仙祠	*lángméi xiānci*
Nanyan Gong	南岩宫	*nányán gōng*
Nanyan Binguan	南岩宾馆	*nányán bīnguǎn*
Santian Men	三天门	*sāntiān mén*
Taihe Binguan	太和宾馆	*tàihé bīnguǎn*
Taihe Gong	太和宫	*tàihé gōng*

Shizhen aus dem 16. Jahrhundert, der allein am Wudang 400 der 1800 aufgelisteten Arten seiner *Materia Medica* fand, bis heute der Leitfaden zur medizinischen Nutzung chinesischer Heilkräuter.

Der Ort

Etwa 120 km westlich von Xiangfan laufen Schienen und Straßen in der kleinen Marktstadt Wudang Shan zusammen, die unmittelbar nördlich der Gebirgskette liegt. Bis zum späten Nachmittag kommen hier Busse aus Xiangfan an, ebenso wie zwei Züge am Tag. Es besteht auch die Möglichkeit, bis ins 25 km westlich gelegene **Shiyan** zu fahren und von dort einen Minibus nach Wudang Shan zu nehmen (Abfahrt gegenüber vom Bahnhof in Shiyan, Fahrpreis ¥10)

Der Ort Wudang Shan besteht nurmehr aus ein paar verschmutzten Seitenstraßen, die südlich der 500 m langen Durchgangstraße verlaufen. Als beste Unterkunft sei das *Xuanwu Jiudian**, gegenüber vom Busbahnhof, ✆ 0719/5666013, empfohlen. Eine der Seitenstraßen neben dem Busbahnhof führt in Richtung einer Eisenbahnbrücke; kurz vor der Unterführung liegt linkerhand der **Taishan Miao** (Eintritt ¥2), ein kleines Tempelmuseum, zu dessen ausgefallenen Exponaten neben einem mächtigen Bronzemodell des Jindian Gong (s. S. 623) auch ein illustriertes medizinisches Rollbild zählt, das die Auswirkungen der Mondphasen auf die verschiedenen Organe beschreibt. Folgt man der Straße weiter, unter der Eisenbahnbrücke hindurch, so trifft man auf den **Yuxu Gong** (Eintritt ¥2), der vor seiner Zerstörung durch ein Feuer im Jahre 1745 der größte Tempelkomplex von Wudang Shan war. Übrig geblieben sind nur ein paar überwucherte Pavillons, Treppen und Brunnen, die sich über eine mit Platten ausgelegte Fläche von der Größe zweier Fußballfelder verteilen.

Der Berg

Wer den Berg besteigen möchte, kann es vom Ort bis zum Gipfel in etwa acht Stunden schaffen – der Wanderweg beginnt in Nähe des Bahnhofs. Die meisten Leute nehmen allerdings einen der Minibusse zum Nanyan Gong (Fahrpreis ¥10), wo man bereits drei Viertel des Weges hinter sich hat. An der Haltestelle am Parkeingang etwas außerhalb von Wudang Shan werden die unvermeidlichen Eintrittsgelder erhoben (¥31), und dann fährt man an kargen Feldern, einsamen Tempeln und Kampfkunstschulen vorbei, bis die Straße an einigen Hotels, Schwertläden und einem Parkplatz endet.

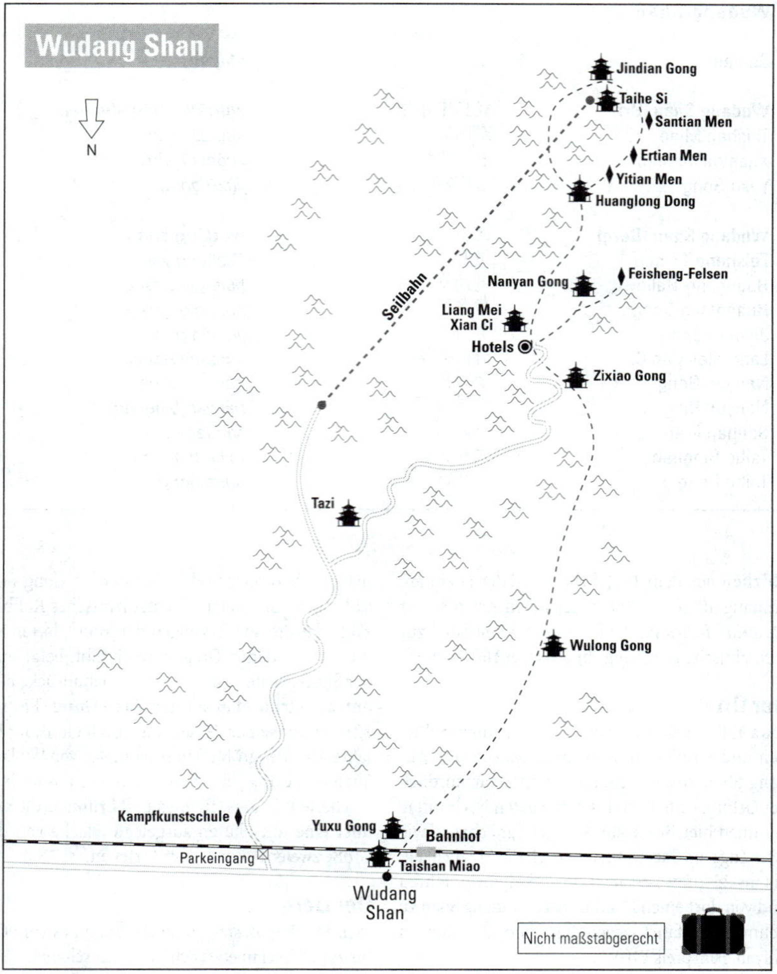

Die **Unterkünfte** hier oben sind recht teuer und bieten wenig; vor den Preisverhandlungen sollte man unbedingt das Zimmer in Augenschein nehmen und überprüfen, ob es Warmwasser gibt. Zurzeit ist man am besten im *Nanyan Binguan** oder im vergleichbaren *Taihe Binguan** aufgehoben. Alle Gästehäuser bieten auch Essen an, das meist gar nicht so schlecht ist.

Von der Hotelgegend führt ein aussichtsreicher Pfad an mehreren Ruinen aus der Tang-Dynastie vorbei zum **Nanyan Gong** (Eintritt ¥10), der wie eine Festung auf einem Steilhang thront. Seine winzigen und schmucklosen Hallen sind aus der Felswand herausgearbeitet worden, die Hauptattraktion jedoch ist der **Drachenkopffelsen**, der geradewegs ins Leere führt. Bevor eine Begrenzung errichtet wurde, haben hier unzählige Menschen ihr Leben verloren. Am Tempel vorbei geht es weiter zum **Feisheng-Felsen**, wo man einen weitaus ungefährlicheren Blick auf die Landschaft genießt.

Vom Parkplatz am Ende der Straße sind es etwa 3 km bergab zum **Zixiao Gong** (Palast der Purpurwolken, Eintritt ¥10), der schon vom Weg aus zu sehen ist. Dieser imposante Tempelkomplex aus der frühen Ming-Ära scheint mit seinen sukzessiv aufsteigenden Plattformen das Gefüge der Berge nachzuahmen. Mönche, Touristen und gelegentlich auch ein paar umherziehende Bettler bevölkern den Tempel, der sich allmählich zum bedeutendsten Einzelkloster des Bergs entwickelt. Hinter den Toren steigt eine breite Steintreppe zwischen kastenförmigen Tang-Pavillons – die riesige Steinschildkröten beherbergen – zur **Haupthalle** hinauf, deren Äußeres von ihrem schwungvollen Ziegeldach aufgelockert wird. Im Innern befinden sich eine seltene spiralförmige Kuppel sowie eine Statue des Gelben Kaisers. Die Höfe werden manchmal für Kampfkunstaufführungen genutzt.

Die Wanderung von der Hotelgegend zum **Tianzhu-Gipfel** nimmt etwa zwei Stunden in Anspruch und führt einen angenehm gepflasterten Weg entlang (eine Regenjacke oder ein Schirm können hier gute Dienste leisten, denn das Wetter am Wudang Shan ist sehr wechselhaft). Wer sich von der unendlich erscheinenden Treppenflucht ablenken will, kann im Wald nach den Rotschnabelkittas mit ihren eleganten blauen Schwänzen Ausschau halten. Kurz darauf steht man vor dem **Lang Mei Xian Ci** (Eintritt ¥2), einem kleinen, Zhang Sanfeng und dessen Beitrag zur chinesischen Kampfkunst gewidmeten Schrein. Zu sehen gibt es eine Statue von Zhang Sanfeng, eine gusseiserne Hellebarde sowie in chinesischer Sprache verfasste Berichte über die Entwicklung des Wudang-Boxens.

Auf halbem Weg zum Gipfel teilt sich der Weg an der **Huanglong Dong** (Höhle des Gelben Drachen) – hier beginnt die Rundwanderung um den Tianzhu. Die einfachere Strecke führt geradeaus und bietet herrliche Blicke über das Wolkendach auf die angeblich unbesteigbaren Felsen. Nach erstaunlich kurzer Zeit steht man selbst dort oben, außerhalb der Mauer, die den Tianzhu und seine Tempel einst zu einer gut geschützten Zitadelle machte. Innen beeindruckt der Ming-zeitliche **Taihe Gong** allein durch sein marodes Aussehen. Er ist umgeben von den dicken grünen Fliesen und roten Mauern der **Huangjing-Halle**, wo sich die Mönche in den beengten steinernen Höfen treffen oder in den reich verzierten Räumen beten. Für weitere ¥10 kann man die unglaublich steile Jiuliandeng (Treppe der Neun Abschnitte) erklimmen und steht schließlich vor dem **Jindian Gong** (Goldhallentempel), der den Berg im wahrsten Sinne des Wortes krönt. Der winzige Schrein besitzt ein vergoldetes Bronzedach, das von Kranichen und Hirschen geziert wird. Seinen Innenraum beherrscht eine Statue des Zhen Wu, dargestellt in einer Rüstung, der als Richter hinter einem Schreibtisch sitzt. Von der vorderen Terrasse eröffnet sich – morgens in größter Klarheit – ein Blick auf die schroffen Felsen, die steil in den Wald abfallen. Das *Hostel* direkt vor den Toren des Tianzhu bietet Dorm-Betten für ¥25 wobei die angenehme Gesellschaft der Mönche die spartanische Einrichtung vergessen lässt. Als Alternative für den Abstieg empfiehlt sich die teils sehr schlechte Treppe von der hinteren Terrasse des Jiandian Gong, die am **Santian Men** (Tor der Drei Himmel) vorbei zum Huanglong Dong zurückführt.

Die Provinz Hunan

Viele Reisende empfinden Hunan als Querschnitt durch das Touristenimage vom ländlichen China – am Zugfenster ziehen endlose Schlammgebiete und intensiv bebaute Reisfelder vorbei, je nach Jahreszeit grün oder golden. Doch das trostlose Land, besser gesagt die Bauern, die es bearbeiten, haben die jüngere Geschichte des Landes enorm beeinflusst. Der berühmteste Bauernsohn von Hunan, **Mao Zedong**, wurde geprägt von der schrecklichen Armut, welche die Bauern durch die Gutsbesitzer und die korrupte Regierung zu erleiden hatten, und von der Brutalität bei der Unterdrückung jeglicher Proteste. Obwohl Mao heute nicht mehr seinen früheren gottesähnlichen Status besitzt, ist die Gegend um die Provinzhauptstadt **Changsha** mit Monumenten von ihm übersät und bietet ausreichend Gelegenheit, sich mit Maos Jugend zu befassen. Im Gegensatz dazu wartet das geschichtsträchtige **Yueyang** im nördlichen Hunan mit feinsinnigeren Sehenswürdigkeiten auf. In dieser Gegend schlängelt sich auch der Yangzi an Chinas zweitgrößtem See, dem **Dongting Hu**, vorbei, und sowohl Hunan als auch Hubei – wörtlich „südlich des Sees" bzw. „nördlich des Sees" – leiten ihre Namen von dem gewaltigen Gewässer ab, das auf verschlungenen Wegen mit den Ursprüngen des Drachenbootrennens verbunden ist. Etwas weiter entfernt lädt eine schöne Ansammlung von Bergtempeln zu einer Tagestour am **Heng Shan** ein, der sich südlich von Changsha erhebt. Und schließlich seien noch die zerklüfteten Landschaften im äußersten Westen genannt, die im **Wulingyuan-Nationalpark** durchwandert werden können.

Changsha

Die Gegend um Changsha, Hunans ordentliche, beinahe unbeschreibbare **Hauptstadt**, soll seit rund 3000 Jahren besiedelt sein, wofür es jedoch kaum Beweise gibt. Fest steht hingegen, dass es schon lange eine bedeutende Hafenstadt ist und vor den Qin-Invasionen im Jahre 280 v.Chr. die südliche Hauptstadt des **Königreiches Chu** war. 1903 erklärte man Changsha zum Vertragshafen, aber schon bald mussten die Europäer erste Erfahrungen mit dem aufbrausenden Wesen der Einwohner von Hunan machen – das andere Chinesen bereits zur Genüge kannten. Nach einer Erhöhung des Marktpreises für Reis durch die Briten während der Hungersnot von 1910 kam es dann auch zu Krawallen, aus denen das ausländische Viertel völlig zerstört hervorging. Was von der Stadt übrig blieb, wurde 1938 fast gänzlich von der Guomindang in Brand gesetzt, die auf ihrer Flucht vor den vorrückenden Japanern ihre „Politik der verbrannten Erde" in die Tat umsetzte. Die allerletzten Überreste sind schließlich der Modernisierung zum Opfer gefallen, und heute bestimmen belebte Kleeblatt-Kreuzungen, graue Betonfassaden sowie andere Auswüchse des modernen chinesischen Städtebaus das Bild. Umso erstaunlicher ist es, dass in der Gegend immer wieder uralte Stätten und Objekte auftauchen, seien es Shang-zeitliche Bronzeweinkrüge oder die außergewöhnlich gut erhaltenen Relikte aus drei **Han-Grabhügeln**.

In erster Linie jedoch ist Changsha für seinen Bezug zu **Mao** bekannt. Im Alter von 18 Jahren kam er aus seiner Heimat **Shaoshan** (s.S. 632) hierher, als der Zerfall der Mandschu-Dynastie im Jahre 1911 landesweit zu Machtkämpfen führte. Bald legte er sein Universitätsstudium auf Eis, um sich für sechs Monate der örtlichen Miliz anzuschließen. Nachdem Mao 1913 auf die Schulbank zurückgekehrt war, entwickelte sich Changsha zum Nährboden politischer Geheimgesellschaften und Intellektueller, sodass Hunan bereits 1918 echte Chancen hatte, ein unabhängiger Staat zu werden. Eine Zeit lang fand dieser Gedanke sogar bei dem ortsansässigen Warlord **Zhao Hendi** Gefallen, doch schon bald darauf wandte er sich gewaltsam gegen seine Anhänger. Mao, der zu jener Zeit wieder in Shaoshan war, dort an der Spitze einer Gruppe der kommunistischen Partei stand und Bauernproteste anführte, wurde ausgesondert und floh 1925 nach Guangzhou, wo er in der Lehranstalt der Bauernbewegung (s.S. 659) einen Lehrerposten annahm. Noch vor Ablauf von drei Jahren kehrte er jedoch nach Hunan zurück, um den erfolglosen Herbsternte-Aufstand zu organisieren und Guerilla-Stellungen im ländlichen Jiangxi zu errichten.

Mao war bei weitem nicht der einzige junge Mensch aus Hunan, der in diese Ereignisse verwickelt war – viele seiner Mitstreiter tauchten sogar später in der kommunistischen Regierung auf: **Liu Shaoqi**, Maos Stellvertreter, bevor er Opfer der Kulturrevolution wurde; vier Mitglieder des Politbüros unter Deng Xiaoping, darunter der ehemalige KPCh-Vorsitzende **Hu Yaobang**; sowie **Hua Guofeng**, der kurz als Maos Nachfolger im Amt war. Heute erinnern so manche Sehenswürdigkeiten von Changsha an den großen Vorsitzenden. Außerdem laden ein paar Parks zu Spaziergängen ein, und das Provinzmuseum ist ebenfalls zu empfehlen. Die einzige lohnenswerte Tagestour von Changsha führt zum 90 km südwestlich gelegenen Geburtsort von Mao in Shaoshan, ein sehr schöner Ausflug mit dem Nahverkehrszug.

Orientierung

Die Stadt Changsha mag außer ihren speziellen Sehenswürdigkeiten zwar nicht viel hergeben, ist aber eine saubere, ordentliche Stadt mit auffallend freundlichen Menschen – es kann durchaus passieren, dass man beim Herumschlendern plötzlich von einer Art Touristenführer begleitet wird, den man eigentlich gar nicht wollte.

Changsha und Shaoshan

Changsha	长沙	***chángshā***
Aiwan Ting	爱晚亭	*àiwǎn tíng*
Erste Lehrerbildungsanstalt	第一师范	*dìyī shīfàn*
Jiezi Dao	桔子岛	*júzi dǎo*
Märtyrerpark	烈士公园	*lièshì gōngyuán*
Provinzmuseum von Hunan	湖南省博物馆	*húnánshěng bówùguǎn*
Qingshui Tan	清水潭	*qīngshuǐ tán*
Universität von Hunan	湖南大学	*húnán dàxué*
Wangxiang Ting	望乡亭	*wàngxiāng tíng*
Yuelu-Akademie	岳麓书院	*yuèlù shūyuàn*
Yuelu Shan	岳麓山	*yuèlù shān*
Übernachtung		
Civil Aviation	民航大酒店	*mínháng dàjiǔdiàn*
Cygnet	小天鹅大酒店	*xiǎotiāné dàjiǔdiàn*
Didu	地都大酒店	*dìdū dàjiǔdiàn*
Dolton	通程国际大酒店	*tōngchéng guójì dàjiǔdiàn*
Hunan Normal University Guesthouse	湖南大学专家楼	*húnán dàxué zhuānjiālóu*
Purple Gold Dragon	紫金龙大酒店	*zǐjīnlóng dàjiǔdiàn*
Sanjiu Chunyun	三九楚云大酒店	*sānjiǔchǔyún dàjiǔdiàn*
Essen		
Beijing Jiaozi Guan	北京饺子馆	*běijīng jiǎozi guǎn*
Chaozhou Caiguan	潮州菜馆	*cháozhōu càiguǎn*
Dong Lai Shun	东来顺	*dōnglái shùn*
Fire Palace	火宫饭店	*huǒgōng fàndiàn*
Juyuan Jiujia	聚远酒家	*jùyuǎn jiǔjiā*
Ludao Kafei Guan	绿岛咖啡馆	*lùdǎo kāfēiguǎn*
Shangdao	上岛	*shàngdǎo*
Xinhua Lou	新华楼	*xīnhuá lóu*
Zhiwei Kafei Niupai	之味咖啡牛排	*zhīwèikāfēi níupái*
Shaoshan	韶山	***sháoshān***
Dishui Dong	滴水洞	*dīshuǐ dòng*
Mao-Familientempel	毛氏宗祠	*máoshì zōngcí*
Mao-Zedong-Ausstellungshalle	毛泽东纪念馆	*máozédōng jìniànguǎn*
Shaofeng Binguan	韶凤宾馆	*sháofèng bīnguǎn*
Shaoshan Binguan	韶山宾馆	*sháoshān bīnguǎn*
Wohnsitz der Familie Mao	毛泽东故居	*máozédōng gùjū*

Der Großteil von Changsha erstreckt sich östlich des **Xiang** und wird auf 4 km von der Hauptdurchfahrtsstraße namens **Wuyi Dadao** durchzogen. Wem die Straßen merkwürdig leer vorkommen und wer sich fragt, wo all die Menschen zu finden sind, der sollte das große **Einkaufsviertel** um die Kreuzung von Wuyi Dadao und Huangxing Lu ansteuern. Letztere wird derzeit zu einer Fußgängerzone umfunktioniert, obgleich die Gegend schon jetzt vor lauter Einkaufszentren und west-

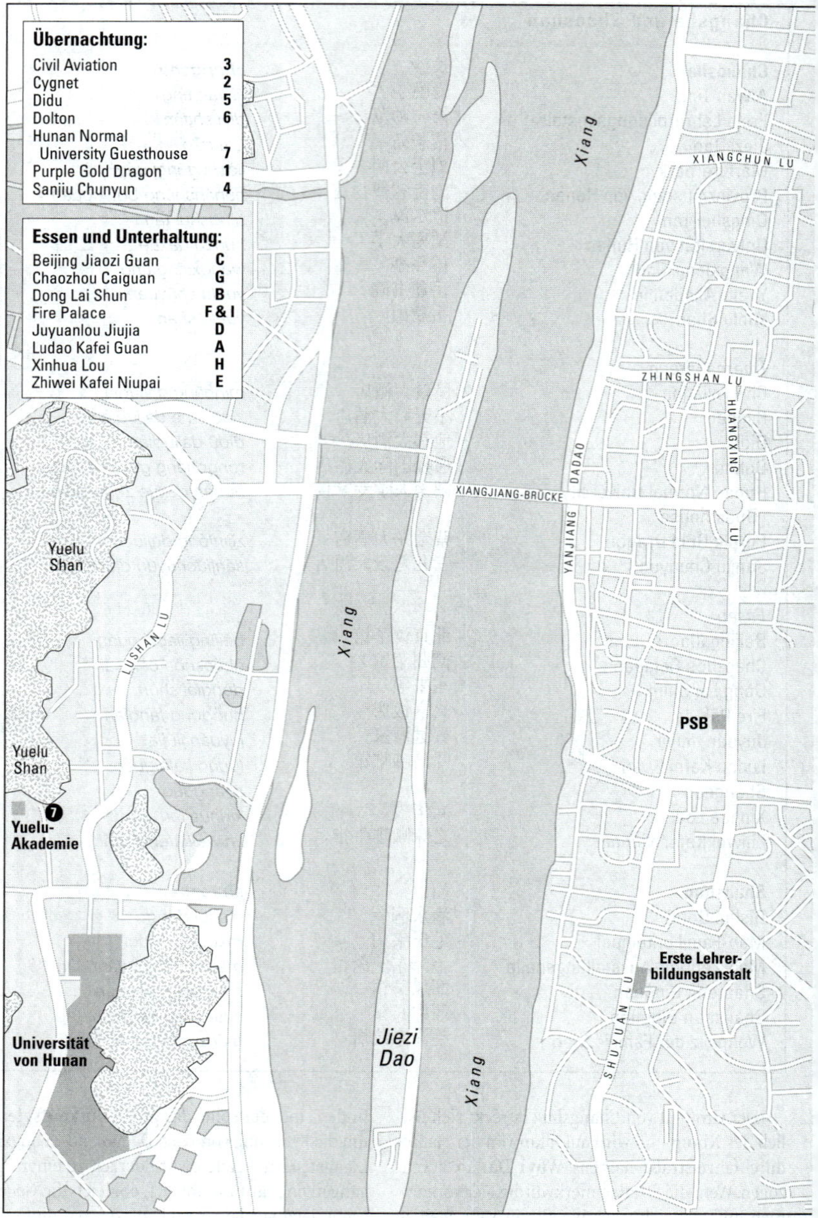
Übernachtung:
Civil Aviation 3
Cygnet 2
Didu 5
Dolton 6
Hunan Normal University Guesthouse 7
Purple Gold Dragon 1
Sanjiu Chunyun 4
Essen und Unterhaltung:
Beijing Jiaozi Guan C
Chaozhou Caiguan G
Dong Lai Shun B
Fire Palace F & I
Juyuanlou Jiujia D
Ludao Kafei Guan A
Xinhua Lou H
Zhiwei Kafei Niupai E
Busbahnhof-West
Xiang
XIANGCHUN LU
ZHINGSHAN LU
HUANGXING LU
DADAO
YANJIANG
XIANGJIANG-BRÜCKE
Yuelu Shan
LUSHAN LU
Xiang
PSB
Yuelu Shan
7
Yuelu-Akademie
Erste Lehrerbildungsanstalt
Universität von Hunan
Jiezi Dao
Xiang
SHUYUAN LU

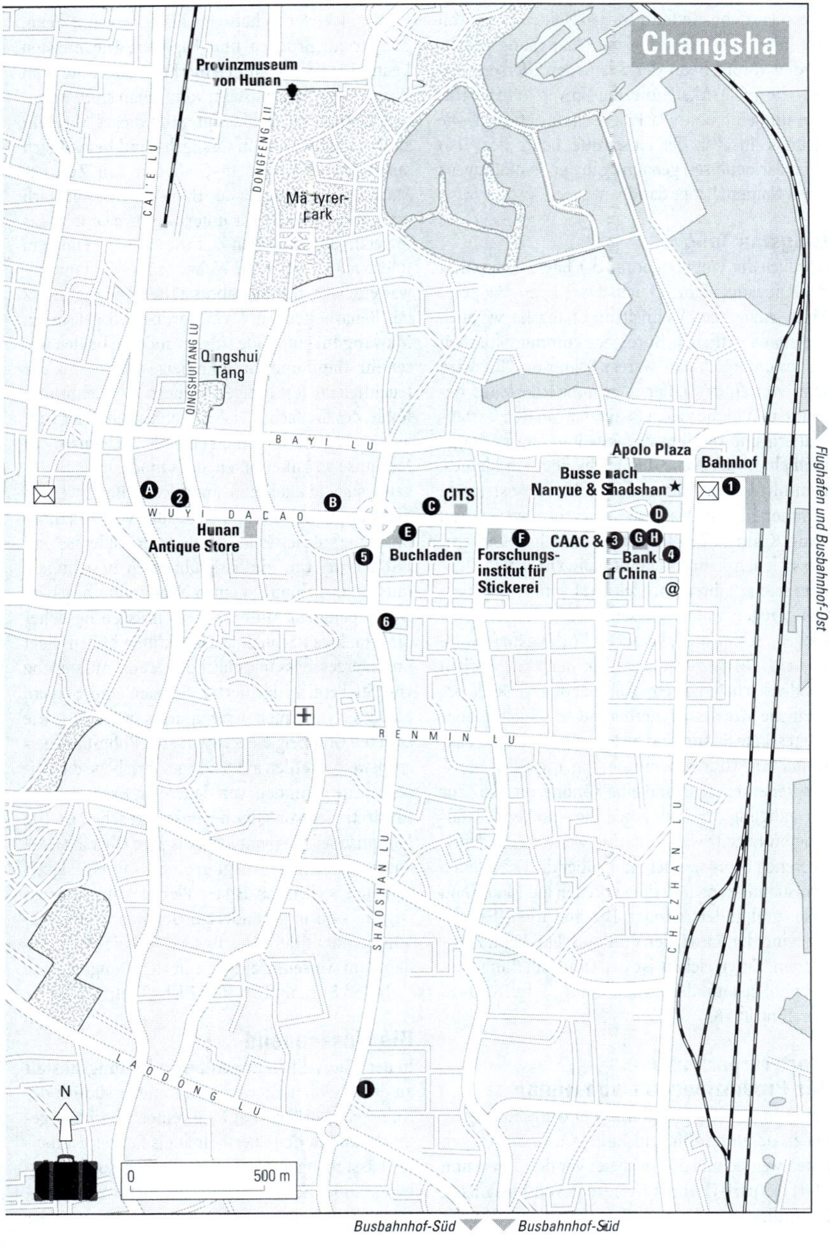

Changsha
Provinzmuseum von Hunan
Märtyrerpark
Qingshui Tang
CAI'E LU
DONGFENG LU
QINGSHUITANG LU
BAYI LU
WUYI DADAO
RENMIN LU
SHAOSHAN LU
CHEZHAN LU
LAODONG LU
Apolo Plaza
Bahnhof
Busse nach Nanyue & Shadshan
CITS
Hunan Antique Store
Buchladen
Forschungsinstitut für Stickerei
CAAC
Bank of China
Flughafen und Busbahnhof-Ost
Busbahnhof-Süd
Busbahnhof-Süd
N
0
500 m

lichen Fastfood-Ketten aus allen Nähten platzt. Von der Innenstadt führt die lange Xiangjiang-Brücke zu den Vororten auf der westlichen Uferseite, wo sich die Yuelu-Akademie, die Universität von Hunan und eine nette Parklandschaft befinden. Die schmale Insel in der Flussmitte, heute Jiezi Dao (Mandarineninsel) genannt, gab der Stadt übrigens ihren Namen: Lange Sandbank.

Qingshui Tang

Nördlich der Wuyi Dadao, an der Bayi Lu, markiert der Qingshui Tang (Teich des Klaren Wassers) Maos ehemaligen Wohnsitz in Changsha, wo auch die ersten örtlichen Büros der kommunistischen Partei untergebracht waren. Schon am Tor wird man von einer weißen Marmorstatue Maos begrüßt, und in die vielen Steintafeln an den Gartenmauern sind von ihm verfasste Epigramme eingemeißelt. In der Nähe des Teichs liegt ein kleines, gammliges Gemüsebeet sowie das rekonstruierte Zimmer, in dem Mao mit seiner zweiten Ehefrau **Yang Kaihui** (Tochter seines stoischen und einflussreichen Lehrers Yang Chang Qi) lebte, nachdem sie nach ihrer Hochzeit 1921 von Beijing hierher gezogen waren. Zu sehen sind Bauernwerkzeuge – Schleifstein, Drescher, Körbe usw. – sowie wie ein Abriss zur Geschichte der chinesischen Landwirtschaft. Das ebenfalls auf dem Gelände befindliche **Museum** beherbergt eine schlichte, aber interessante Sammlung historischer Artefakte, darunter eine Grabfigurine aus Ton, die einen bärtigen Reiter darstellt, und eine Kanone, die 1852 zur Verteidigung der Stadt gegen die einfallenden Taiping im Einsatz war. Weiterhin werden eine deprimierende Fotodokumentation über die Gräueltaten der Guomindang und die Lobreden auf Mao, Zhou Enlai und andere gezeigt. Die drei roten Fahnen hier sind der Partei, der VBA und dem Land zuzuordnen. Zu erreichen ist der Qingshui Tang vom Bahnhof aus mit der Buslinie Nr. 1. ◷ tgl. 8.30–17 Uhr, Eintritt ¥8.

Märtyrerpark und das Provinzmuseum von Hunan

Vom Qingshui Tang folgt man der Qingshuitang Lu bis zu deren nördlichem Ende, wo man sich gen Osten wendet und 500 m später vor den Toren zum Märtyrerpark (Eintritt frei) steht. Von Einsamkeit kann hier zwar keine Rede sein, doch lockt der Park mit vielen schattigen Plätzchen, mit Seen, Ziergärten, Brücken und Pagoden. Die meisten Leute allerdings kommen hierher, weil sie auf dem Weg zum Provinzmuseum von Hunan sind. Wenngleich etwas vernachlässigt, zählt dieses Museum zu den Highlights von Changsha und befasst sich ausschließlich mit dem Grab von **Xin Zui**, der Marquise von Dai aus der Han-Ära. Xin Zui starb um 160 v.Chr., und ihr unterirdisches Grab – das ungefähr aus derselben Zeit wie ähnliche Funde in Jingzhou (s.S. 612) und Wuhan (s.S. 600) stammt – war eine der drei Begräbnisstätten, die man 1972 bei Bauarbeiten im 4 km nordöstlich gelegenen **Mawangdui** entdeckte (in den anderen beiden waren ihr Mann und ihr Sohn beigesetzt). Dank der feuchtigkeitsbeständigen Mauern aus Lehm und Kohle, des dreifachen Holzsarkophags und der Hüllen aus Leinen und Seide blieb der Leichnam der Marquise so gut erhalten, dass moderne Pathologen feststellen konnten, an welchen Beschwerden die Marquise in ihrem Sterbealter von 50 Jahren litt: Tuberkulose, Gallensteine, Arteriosklerose und Bilharziose. Um die Sarkophage zu besichtigen, muss man sich nur in einen Nebenraum begeben. Der Zugang zur Mumie (zuvor müssen Besucher ihre staubigen Schuhe in Plastiktüten hüllen) liegt im Untergeschoss und führt durch eine Ausstellung von Stickereien, lackierten Schalen und Särgen, Musikinstrumenten, Grabfiguren aus Holz sowie anderen Grabbeigaben. In Xin Zuis Ruhestätte beispielsweise wurden auf Seide geschriebene daoistische Texte gefunden, von denen ein Exemplar mit Illustrationen von **Qigong-Posen** zu sehen ist. Die Marquise selbst – vom Kinn bis zum Oberschenkel anständig verhüllt – liegt in einem mit Flüssigkeit gefüllten Becken aus dickem Plexiglas, ihre inneren Organe sind in gesonderten Gefäßen ausgestellt. Vom Bahnhof fährt der Bus Nr. 203 via Wuyi Dadao zum Museumseingang in der Dongfeng Lu. ◷ Di–So 8–12 und 14.30–17 Uhr, Eintritt ¥20.

Die Flussgegend

In der grau-weißen **Ersten Lehrerbildungsanstalt** an der Shuyuan Lu, wenige Kilometer südlich der Xiangjiang-Brücke, hat Mao seinen Abschluss gemacht und in den 20er Jahren als Lehrer gearbeitet. Lässt man jedoch die historischen Zusammenhänge außer Acht, so gibt es hier nichts zu sehen – sogar die Schule ist eine Rekonstruktion, weil der ursprüngliche Bau in den 30er Jahren einem Brand zum Opfer fiel. Die Lehrerbildungsanstalt kann vom Bahnhof mit der Buslinie Nr. 139 angefahren werden.

Auf der Fahrt über den Fluss passiert man die fast ländliche **Jiezi Dao**, die nach den Ereignissen von 1910 von der ortsansässigen europäischen Gemeinde besiedelt wurde. Einige der alten Häuser stehen noch, wobei die einstigen Villen inzwischen in Apartments unterteilt sind. Der Legende zufolge pflegte Mao regelmäßig von der Südspitze der Insel ans Ufer zu schwimmen – eine Meisterleistung, die er an seinem 65. Geburtstag wiederholte, was als eine seiner berühmten Flussdurchquerungen in die Geschichte einging.

Am Westufer des Xiang erstreckt sich das Gelände der **Universität von Hunan** und nördlich davon der **Yuelu Shan**, eine viel besuchte Hügellandschaft, die vom Bahnhof mit dem Bus Nr. 202 erreichbar ist. Die Haltestelle befindet sich unterhalb der **Yuelu-Akademie** an einem Platz, der von einer Mao-Statue dominiert wird. Von Essens- und Souvenirständen flankierte Wege führen von hier zu den Toren des Parks (Eintritt ¥2), schlängeln sich dann bergauf und enden nach rund 40 Minuten durch angenehmes Waldland am **Wangxiang Ting**, einem Pavillon mit Blick über die Stadt. Unterwegs kommt man an dem kleinen **Aiwan Ting** (Pavillon der Geliebten Abenddämmerung) vorüber, der zu den Stätten von Maos Jugend gehört (auf einer Tafel ist seine Schönschreibkunst zu bewundern).

Übernachtung

Aufgrund strenger Kontrollen sind die für Ausländer offen stehenden Hotels fast alle ziemlich teuer. Mit Ausnahme der Universität verfügen alle nachfolgend genannten Unterkünfte auch über ein Restaurant und eine Reiseagentur.

Civil Aviation**, 75 Wuyi Dadao, ✆ 4170228, 📠 4170388. Gut geführte und ordentliche Unterkunft, die von einer Fluggesellschaft betrieben wird; das Personal an der Rezeption macht allerdings oft einen gestressten Eindruck und verhält sich recht unfreundlich.

Cygnet**, 178 Wuyi Dadao, ✆ 4410400, 📠 442 3698. Großes, auf internationale Geschäftsreisende ausgerichtetes Hotel in Hochhauskomplex; Nachtclub, Varieté, Swimming Pool und Sporträume.

Didu Jiudian**, 80 Shaoshan Bei Lu, ✆ 4451555, 📠 4454483. Preisgünstige Unterkunft in einem renovierten, aber hässlichen Gebäude aus den 30er Jahren. Ist zwar nicht offiziell als Ausländerhotel gelistet, nimmt diese jedoch gerne auf. Zu erreichen mit einem der Busse, die auf der Wuyi Dadao verkehren.

Dolton, Luxus, 149 Shaoshan Bei Lu, ✆ 4168888, 📠 4169999, 💻 www.dolton-hotel.com. Eleganteste Unterkunft von Changsha – viel Marmor, Kronleuchter und erstklassiger Service.

Hunan Normal University Guesthouse*, zu Füßen des Yuelu Shan am Westufer, ✆ 8872211. Billige Zimmer, aber oft ausgebucht – also unbedingt vorher anrufen. Bus Nr. 202 vom Bahnhof oder Nr. 305 vom Busbahnhof-West bis zur Endhaltestelle an der Brücke, wo man in Bus Nr. 202 oder 106 umsteigen kann. Von der Haltestelle sind es gute 10 Fußmin. bergauf zum Guesthouse, das auf dem kleineren, nördlichen Universitätsgelände liegt.

Purple Gold Dragon*, in der nordöstlichen Ecke des Bahnhofsplatzes, direkt neben dem Ausgang für ankommende Reisende, ✆ 2293366, 📠 229 5412. Das beliebte Hotel ist gut und meist voll – am besten hält man sich vormittags in der Nähe auf, um sich gleich eins der frei werdenden Zimmer zu schnappen. Achtung: Das Personal versucht manchmal, zuerst die teuersten Zimmer loszuwerden.

Sanjiu Chunyun**, unmittelbar südwestlich des Bahnhofs an der Chezhan Lu, ✆ 4191999, 📠 4191399. Neues Hotel, daher noch völlig „unbefleckt" und mit enthusiastischem Personal.

Essen

Aufgrund ihrer scharfen Gewürze und Unmengen von Chili sind die typischen Gerichte von Hunan eindeutig dem westchinesischen Küchengürtel zuzuordnen – Mao selbst behauptete, es sei das feurige Essen gewesen, das die Einheimischen (politisch) so rot habe werden lassen. Zu den pikanten regionalen Spezialitäten gehören mit Chili geräuchertes Fleisch, *dong'an*-Huhn, wobei das zerkleinerte, gedünstete Fleisch mit einer Essig-Soja-Soße gewürzt ist, *gualiang fen,* eine gallertartige Masse kalter Reisnudeln mit scharfer Soße, *chou dofu* (wörtlich „stinkender Tofu"), ein fermentiertes und wirklich wohlschmeckendes Tofugericht, und schließlich eine Vielzahl milderer Snacks wie eingelegte Eier, eingelegtes Gemüse, Brötchen und *jiaozi.* Speisen dieser Art bekommt man in den – zumeist außergewöhnlich guten – Kantinen der Bahnhofsgegend sowie in diversen gehobenen Restaurants, die trotzdem ganz vernünftige Preise haben.

Die Cafés im westlichen Stil servieren die üblichen Mahlzeiten und frische Getränke, darunter das ***Zhiwei Kafei Niupai,*** Wuyi Dadao, nahe der Xinhua-Buchhandlung, das ***Shangdao,*** westlich des Hotels *Civil Aviation,* sowie das überdurchschnittlich gute ***Ludao Kafei Guan,*** nahe Cai'e Lu, Ecke Wuyi Dadao. Kekse, Kuchen und Vanillecremetorten portugiesischer Art findet man in der **Konditorei *New Mario,*** vor dem Hotel *Sanjiu Chunyun.*

Aus unerklärlichen Gründen ist die tropische Betelnuss (die anregende Samenhülse der Arekapalme) vor Ort ein beliebter Muntermacher, den es gekocht und geschnitten zum Kauen oder pulverisiert in Zigaretten gibt.

RESTAURANTS – ***Beijing Jiaozi Guan,*** Wuyi Dadao. Wie der Name schon vermuten lässt, ist man hier auf *jiaozi* spezialisiert, die mit verschiedenen Fleisch- und Gemüsefüllungen serviert werden – am besten schmecken sie mit Rindfleisch. Die langen wuchtigen Tische und Holzbänke erinnern ein wenig an einen Speisesaal beim Militär, aber hier diniert man nicht, sondern schlägt sich den Bauch voll.

Chaozhou Caiguan, Wuyi Dadao. Großes Mittelklasserestaurant mit südchinesischer Küche und einer Vorliebe für Meeresfrüchte.

Dong Lai Shun, Wuyi Dadao. Moslemisches Restaurant mit Schwerpunkt auf Lammeintöpfen mit Soße aus eingelegtem Knoblauch. Das Fleisch wird sorgfältigst ausgewählt und schmeckt ziemlich lecker.

Fire Palace, Shaoshan Lu (erreichbar mit den Bussen Nr. 7, Nr. 202 oder Nr. 104) sowie Wuyi Dadao. Unglaublich gutes Restaurant, wobei die Filiale in der Shaoshan Lu um einiges netter ist – ein besseres Lokal zum Kosten regionaler Spezialitäten ist kaum vorstellbar. Man besorgt sich bei der Kellnerin eine Bestellkarte, ordert ein dunkles Baisha-Bier und stoppt die vorbeikommenden Wagen mit kleinen Tellern voller Leckerbissen; selbst wenn man ein Dutzend Male hier isst, hat man noch nicht alles probiert. Von den À-la-carte-Menüs abgesehen, kosten die Speisen in beiden Filialen ¥2–12 pro Teller.

Juyuan Jiujia, am östlichen Ende der Wuyi Dadao. Das freundliche Restaurant ist auf Essbares aus dem Fluss spezialisiert, doch es gibt auch einige regionale Fleischspeisen – Tipp: das Rindfleischgericht *wuxiang* (mit fünf Gewürzen), das aus zarten, gebratenen Fleischscheiben mit Knoblauch, Chili, Ingwer, Zwiebeln und ganzen Kreuzkümmelsamen besteht.

Xinhua Lou, am östlichen Ende der Wuyi Dadao. Noch ein ausgezeichnetes Lokal mit heimischen Speisen, die auf Servierwagen durch den Raum geschoben werden –geräucherter Tofu und geräuchertes Fleisch, knackiges kaltes Gemüse mit Sesamöl, eingelegte Eier sowie eine Riesenauswahl von *jiaozi*; Kosten pro Gericht ¥2–10. ◷ 6.30–2 Uhr.

Sonstiges

AMT FÜR ÖFFENTLICHE SICHERHEIT (PSB) – Die Auslandsabteilung des PSB befindet sich in der Huangxing Lu, ✆ 4413851, ◷ Mo–Fr 8.30–17 Uhr.

BÜCHER – ***Xinhua-Buchhandlung,*** Wuyi Dadao, Ecke Shaoshan Lu. Umfangreiche Kunstabteilung inkl. Büchern über Maltechniken, dafür nur wenig englischsprachige Literatur.

EINKAUFEN – Wie ein Besuch des Provinzmuseums zeigt, ist Changsha für seine Seidenstickereien bekannt, die in verschiedenen Läden entlang der Wuyi Dadao angeboten werden. An der Verkaufsstelle des **Forschungsinstituts für Stickerei** muss man mit ¥50 für ein Taschentuch bzw. mit ¥2000 und mehr für ein erstklassiges Stück in Handtuchgröße rechnen. Der ***Hunan Antique Store,*** Wuyi Dadao, bietet jede Menge alter Holzschnitzereien, Porzellanartikel, Tuschesteine, Siegel und typische Souvenirs. Waren des täglichen Bedarfs bekommt man im Mittelklassekaufhaus ***Apolo Plaza,*** Bayi Lu, sowie in vielen anderen ähnlichen Geschäften an der Kreuzung von Chezhan Lu und Wuy Dadao.

GELD – ***Bank of China,*** Wuyi Dadao, nahe Bahnhof, ⌚ Mo–Sa 8–12 und 14.30–17.30 Uhr. Reiseschecks kann man auch in einigen Hotels der gehobenen Klasse, z.B. im *Dolton* oder im *Cygnet,* tauschen.

GEPÄCKAUFBEWAHRUNG – Sowohl am Bahnhof als auch an den Busbahnhöfen gibt es jeweils eine Gepäckaufbewahrung, die man allerdings nur nutzen darf, wenn man ein Ticket für die Weiterreise besitzt.

INTERNET – Eine Menge Internet-Cafés findet man südwestlich des Bahnhofs an der Chezhan Zhong Lu; die Preise betragen überall ¥3 pro Std. Besonders angenehm ist das Internet-Café im 3. Stock des Hotels ***Sanjiu Chunyun,*** Chezhan Lu.

KRANKENHAUS – ***Changsha Number 2 Medical College,*** Renmin Lu, ✆ 5550400 oder 5550511.

POST UND TELEFON – Am günstigsten gelegen ist das ***Postamt*** am Bahnhofsplatz, wo es auch einen Paket- und internationalen Telefonservice gibt.

REISEBÜROS – ***CITS,*** 170 Wuyi Dadao, ✆ 446 9991 (für Flugtickets), ✆ 4469992 (für Touren), ✆ 4469990.
Tagesausflüge zum Heng Shan (¥280) sowie mehrtägige Touren nach Zhangjiajie (2–5 Tage, ¥600-900) können auch in dem kleinen Busdepot an der Chezhan Bei Lu gebucht werden, was vor allem viele Chinesen in Anspruch nehmen.

VORWAHL – 0731

Nahverkehrsmittel

BUSSE –Die Stadtbusse von Changsha sind etwa zwischen 6 und 21 Uhr im Einsatz und starten bzw. halten alle am Bahnhofsplatz (s.u. Transport/Busse). An den einschlägigen Verkehrsknotenpunkten bieten Straßenverkäufer chinesische Stadtpläne an, in denen die Busrouten deutlich verzeichnet sind.

TAXIS – Am Bahnhof und an den Busbahnhöfen stehen überall auch Taxis bereit, die einen Grundpreis von ¥5 verlangen und dann je nach Entfernung stufenweise um ¥2 aufschlagen.

Transport

BUSSE – Die drei großen **Überland-Busbahnhöfe** befinden sich mehrere Kilometer außerhalb des Zentrums in den Vororten und werden von folgenden Stadtbussen mit dem Bahnhof verbunden: Bus Nr. 126 vom Busbahnhof-Ost (4 km), Nr. 312 vom Busbahnhof-West (8 km) und Nr. 107 vom Busbahnhof-Süd (10 km). Als Faustregel gilt, dass der Busbahnhof-Ost für Reiseziele im Osten, der westliche für solche im Westen und der südliche für die im Süden am besten geeignet sind – angesichts des schlechten Zustands der Straßen in Hunan wird für Fernreisen allerdings der Zug empfohlen, besonders nach Zhangjiajie. Reisende aus Shaoshan und Nanyue kommen meist an einem kleinen Busdepot nordwestlich des Bahnhofs in der Chezhan Bei Lu an, wo es von 8–17.30 Uhr auch regelmäßig Verbindungen in diese Städte gibt.
Busse nach:
HENG SHAN 4 Std.;
JIUJIANG 13 Std.;
NANCHANG 10 Std.;
WUHAN 9 Std.;
YICHANG 10 Std.;
YUEYANG 4 Std.;
ZHANGJIAJIE 14 Std.

EISENBAHN – Der **Bahnhof** von Changsha liegt zentral am östlichen Ende der Wuyi Dadao. Von Changsha in nördlicher Richtung verkehren Züge nach Yueyang und in die Provinz Hubei, in westlicher Richtung nach Guizhou und Zhangjiajie, gen Osten nach Nanchang in Jiangxi und nach Süden über Hengyang bis nach Guangdong und Guangxi. Außerdem gibt es täglich einen Touristensonderzug nach Shaoshan. Der derzeit schnellste Zug nach Zhangjiajie ist der T358, der morgens um 6.15 Uhr abfährt und nur fünf Stunden braucht. Die Ticketschalter befinden sich an der Südseite des Bahnhofsplatzes, ⌚ tgl. etwa 8.15–12 und 14.30–17.45 Uhr, und das Bahnhofspersonal ist generell sehr hilfreich.

Züge nach:
BEIJING 30x tgl., 16 Std.;
GUANGZHOU 30x tgl., 7–10 Std.;
GUIYANG 2x tgl., 15 Std.;
HENGYANG 14x tgl., 4 Std.;
NANCHANG 5x tgl., 7 Std.;
SHAOSHAN 1x tgl., 3 Std.;
SHENZHEN 3x tgl., 9 1/2 Std.;
WUHAN 30x tgl., 3 1/2–5 Std.;
YUEYANG 30x tgl., 1 1/2–2 Std.;
ZHANGJIAJIE 4x tgl., 5–7 Std.

FLÜGE – Zwischen dem 15 km östlich der Stadt gelegenen **Flughafen** und den Büros der Fluggesellschaften an der Wuyi Dadao verkehrt ein Shuttle-Bus (¥15); über die Abfahrtszeiten informiert das Hauptbüro der Fluggesellschaften, Wuyi Dadao, westlich des Hotels *Civil Aviation*, ✆ 4112222, ⌚ tgl. 7.30–21.30 Uhr. Von Changsha gehen Flüge nach Wuhan, Hefei, Yichang, Zhangjiajie, Shanghai, Beijing sowie zu allen Flughäfen zwischen Hongkong und Ürümqi.
Flüge nach:
BEIJING 5x tgl., 3 Std.;
CHONGQING 1x tgl., 1 3/4 Std.;
GUANGZHOU 3x tgl., 1 Std.;
HEFEI 1x tgl., 1 1/2 Std.;
HONGKONG 7x wöchentl., 1 1/2 Std.;
SHANGHAI 4x tgl., 1 1/2 Std.;
SHENZHEN 2x tgl., 1 1/4 Std.;
WUHAN 8x wöchentl., 1 1/4 Std.;
ZHANGJIAJIE 1x tgl., 3/4 Std.

Shaoshan

Mao Zedongs Geburtsort, das kleine Dörfchen Shaoshan, liegt 90 km südwestlich von Changsha und eignet sich wunderbar für einen Tagesausflug von der Hauptstadt. Diente Shaoshan während der Kulturrevolution noch als Pilgerort für die götzendienerischen Roten Garden, so wimmelt es heute von chinesischen Touristen, die – nachdem das Ansehen von Mao in den 80er Jahren einen Tiefpunkt erreicht hatte – erneut in die Heimatstadt des Großen Steuermanns strömen. Die beste Möglichkeit zur Anreise bietet der Sonderzug aus Changsha, der täglich um 7.05 Uhr auf seine dreistündige Reise geht (¥15 einfach, Rückfahrt gegen 16.55 Uhr). Tourbusse fahren um 6 Uhr vor dem Fahrscheinbüro am Bahnhof ab; die geführten Tagestouren kosten ¥185.

Shaoshan besteht aus zwei Teilen: zum einen aus einer Gruppe von Hotels und Dienstleistungseinrichtungen rund um den Sackbahnhof und das Busdepot und zum anderen aus dem eigentlichen Dorf Shaoshan Dong, rund 6 km entfernt. Wer am Bahnhof ankommt, wird von patriotischen Sprüchen und einem großen Mao-Porträt begrüßt. Sofern man nicht übernachten will und auch keinen Hunger hat – für diesen Fall stehen in der Nähe ein billiges Hotel sowie mehrere Restaurants bereit –, sollte den erstmöglichen Minibus ins Dorf (¥1) nehmen. Als erster Stopp empfiehlt sich kurz vor dem Dorf der **Wohnsitz der Familie Mao**, mehrere Häuser aus schlichten Adobeziegeln neben einem Teich voller Lotusblumen, wo Mao am 26. Dezember 1893 das Licht der Welt erblickte. Die gut erhaltenen Gebäude beherbergen einige historische Möbelstücke sowie ein paar Fotos, die mit herrlich schwülstigen (englischen) Erklärungen versehen sind. In dieser Umgebung hat Mao als eines von vier Kindern einer recht wohlhabenden Bauernfamilie – die die furchtbaren Hungersnöte von Hunan während der ersten zehn Jahre des 20. Jahrhunderts sorgenfrei überstand – eine ganz normale Kindheit verlebt. Seine jugendliche Aufsässigkeit wurde erst nach seinem Umzug nach Changsha im späten Teenageralter in politische Bahnen gelenkt. ⌚ tgl. 8–17 Uhr, Eintritt frei.

Ein Stück weiter die Straße hinauf steht auf dem großen **Dorfplatz** neben der Bronzestatue eines ältlichen Mao sowie Unmengen von Souvenirständen die **Mao-Zedong-Ausstellungshalle**. Allerlei Fotos und Schnickschnack erzählen hier von Maos Karriere, wobei heute ein großer Unterschied gemacht wird zwischen Mao als heldenhaftem Revolutionär und dem Menschen, der seinem Land den *Großen Sprung nach Vorn* (jene unglückselige Bewegung, die die chinesische Industrieproduktion auf das Westniveau anheben sollte) und die Kulturrevolution aufgebürdet hat. Was in der Ausstellung auffälligerweise fehlt, sind das *Kleine Rote Buch* sowie jedwede Aufzeichnungen aus der Zeit zwischen 1957 und seiner Beisetzung im Jahre 1976. Eine unlängst eröffnete Erweiterung des Museums zeichnet ein Bild von Maos Nachfolger Deng Xiaoping und endet mit der Übergabe von Hongkong sowie dem Porträt eines sehr staatsmännisch wirkenden Jiang Zemin. ⏲ tgl. 8–17 Uhr, Eintritt ¥15.

Neben dem Museum steht der ehemalige **Mao-Familientempel** (Eintritt ¥5), heute ein Denkmal für Maos frühe Aktivitäten unter den hiesigen Bauern.

Nachdem sein *Großer Sprung nach Vorn* ins Stocken geraten war, kehrte Mao 1959 nach Shaoshan zurück und befragte die Bauern zu den Schwächen der Bewegung. Was er damals zu hören bekam, kann ihm kaum gefallen haben. Bei seinem letzten Besuch zu Beginn der Kulturrevolution im Jahre 1966 hielt er sich an einem geheimen Rückzugsort mit dem poetischen Namen **Dishui Dong** (Höhle des Tropfenden Wassers) verborgen; die Stelle kann besichtigt werden und ist per Minibus zu erreichen. Darüber hinaus wäre noch der elegante Pavillon auf dem **Shaoshan-Gipfel** zu nennen, der einen schönen Blick auf üppige Felder und Bambuspflanzungen bietet – ein für diesen Landstrich eher untypisches Bild, das vor allem auf die nicht minder üppigen Touristeneinnahmen zurückzuführen ist.

Um den Dorfplatz von Shaoshan gruppieren sich einige **Restaurants** und **Unterkünfte**, darunter das direkt am Platz gelegene *Shaoshan Binguan**, ✆ 0732/5682309, mit mittelmäßigen, um einen Zierteich angelegten Zimmern, und das freundliche *Shaofeng Binguan**, 100 m vom Dorfplatz entfernt in einer Seitenstraße, ✆ 0732/568 5073, 📠 5685241, mit Dorm-Betten für ¥30.

Heng Shan

Etwa 120 km südlich von Changsha zählt das Gebiet um den Heng Shan zu Chinas heiligsten Stätten. Die über 80 km lange Gebirgskette hat unzählige niedrige Gipfel aufzuweisen, die von Wald bedeckt und mit **buddhistischen und daoistischen Tempeln** übersät sind, einige davon mehr als 1300 Jahre alt. Hier lässt es sich wunderbar entspannen und die wunderschöne Landschaft genießen – entweder auf relativ leichten Wanderungen von einem Heiligtum zum nächsten oder auf Gipfeltouren, bei denen man auf die örtlichen Verkehrsmittel zurückgreifen kann.

Verwirrenderweise fungiert nicht die nahe gelegene Stadt Hengshan als Ausgangspunkt für Ausflüge in die Berge, sondern **Nanyue**. Die Busse aus Changsha und Shaoshan benötigen hierher etwa fünf Stunden und fahren über **Xiangtan**, wo man unter Umständen das Fahrzeug wechseln muss. Wer aus dem Süden von Shaoguan in der Provinz Guangdong oder von Guilin in Guangxi anreist, steigt in **Hengyang** aus und in einen der Minibusse nach Nanyue um, die vom Busdepot in der Jiefang Lu eine Stunde unterwegs sind – der Stadtbus Nr. 1 verkehrt zwischen dem überfüllten Bahnhof von Hengyang und dem Busdepot auf der anderen Seite des Flusses. Alternativ dazu kann man auch etwas später in **Hengshan** aussteigen und von dort einen Minibus ins 20 km entfernte Nanyue nehmen.

Heng Shan	衡山	***héngshān***
Danxia Si	丹霞寺	*dānxiá sì*
Huangting Si	黄庭寺	*huángtíng sì*
Shangfeng Si	上封寺	*shàngfēng sì*
Xuandu Si	玄都寺	*xuándū sì*
Zhurong Dian	祝融殿	*zhùróng diàn*
Zushi Gong	祖师宫	*zǔshī gōng*
Nanyue	南岳	***nányuè***
Nanyue Damiao	南岳大庙	*nányuè dàmiào*
Nongye Binguan	农业宾馆	*nóngyè bīnguǎn*
Xiufeng Binguan	秀风宾馆	*xiùfēng bīnguǎn*
Zhusheng Si	祝圣寺	*zhùshèng sì*
Hengyang	衡阳	***héngyáng***

Nanyue

Mit über die Autobahn gespannten Bannern heißt Nanyue (Südberg) seine Gäste willkommen. Das kleine, aber stetig wachsende Dorf entstand rund um die beiden größten und architektonisch eindrucksvollsten Tempelkomplexe der Gegend, Nanyue Damiao und Zhusheng Si, und wird im Osten von der Autobahn Changsha–Hengyang gestreift. An deren südlichem Ende (Richtung Hengyang) befindet sich der **Busbahnhof**, wo Landkartenverkäufer, Rikschafahrer und Kundenwerber der Hotels Jagd auf Neuankömmlinge machen. Läuft man die Autobahn ein Stück gen Norden, markiert ein verziertes **Steintor** den „Eingang" zum eigentlichen Dorf und führt geradewegs zur Hauptstraße Dongshan Lu. Hier gibt es unzählige **Restaurants**, deren Personal die Passanten zum Einkehren zu bewegen versucht – um böse Überraschungen zu vermeiden, sollte man sich schon bei der Bestellung auf den Preis einigen. Viele dieser Lokale bieten auch bescheidene **Übernachtungsmöglichkeiten** für etwa ¥35 pro Person, ansonsten gibt es genügend neuere Hotels in der Nachbarschaft, beispielsweise das *Nongye Binguan***, ✆ 0734/5666491, oder das *Xiufeng Binguan***, ✆ 0734/5666111.

Von der Dongshan Lu zweigen Nebenstraßen in die alte Dorfmitte und zum **Nanyue Damiao** (Eintritt ¥15) ab. Dieser Ort soll mindestens seit 725 eine Kultstätte sein – teilweise wird sogar behauptet, er sei bereits zu Qin-Zeiten geheiligt worden –, doch die älteren Gebäude fielen vor langer Zeit einem Feuer zum Opfer und sind im 19. Jahrhundert durch eine kleine Version der Verbotenen Stadt in Beijing ersetzt worden. Es geht hier sehr lebhaft zu, Weihrauch hängt in der Luft, und überall ertönen Glocken und Knallkörper. Die 72 Pfeiler symbolisieren die Gipfel des Heng Shan und stützen die schweren hölzernen Querträger des Doppeldachs der **Haupthalle**. Vergoldete Phönixe zeichnen sich über den vielen knienden Andächtigen ab, die daoistischen und buddhistischen Gottheiten huldigen. Die anderen Hallen in den umliegenden Gärten wirken sehr viel bescheidener, rühmen sich aber auch feiner Schnitzereien an Dachvorsprüngen und Erkern.

Weitaus ruhiger und weniger besucht, dafür aber mit mehr Mönchen, präsentiert sich das Kloster **Zhusheng Si**, das nur einen kurzen Fußweg entfernt liegt (beim Verlassen der Tempeltore nach links wenden). Die rein buddhistische Stätte stammt etwa aus derselben Zeit wie der Tempelkomplex Nanyue und wurde für den erwarteten Besuch von Kaiser Kangxi im Jahre 1705 rekonstruiert – der Adlige tauchte nie hier auf, geblieben ist der Name, der übersetzt so viel wie „Kaiserlicher Segen" bedeutet. Im Gegensatz zum protzigen Nanyue ist dieses Kloster wesentlich kleiner und schlichter, wenngleich die Mauer der hinteren Halle 500 Gravuren buddhistischer Arhats zieren, und in den reizvollen Höfen ein fein gearbeitetes, vielgesichtiges und vielarmiges Abbild von Guanyin zu bewundern ist.

In den Bergen

15 km außerhalb von Nanyue thront auf dem 1290 m hohen Gipfel des Heng Shan der **Zhurong Gong**, den man im Rahmen einer Tageswanderung erkunden kann. Da selbst die größeren Tempel am Wegesrand bescheiden daherkommen, ihre Erkundung wenig Zeit erfordert und die Wanderwege keine großen Ansprüche stellen, sollten acht Stunden für den Hin- und Rückweg auf der direktesten Route ausreichen – wobei mindestens zehn Stunden nötig sind, um auf dem Berg alles zu sehen. **Minibusse** brauchen für die Fahrt von Nanyue zum Shangfeng Si unterhalb des Gipfels weniger als eine Stunde (Fahrpreis ¥10). An strategisch wichtigen Stellen gibt es **Essensstände**, sodass man außer geeigneter Kleidung nicht viel mitzunehmen braucht.

Über die Hauptstraße von Nanyue gelangt man zu den Parktoren hinter dem Nanyue Damiao, wo ein Eintrittspreis von ¥45 erhoben wird, der nicht nur den Zugang zu sämtlichen Tempeln gestattet, sondern auch eine zweisprachige Karte vom Berg umfasst. Zunächst schlängelt sich der Weg an Flüssen und Ackerflächen entlang; hier und da begegnet man Gruppen absteigender Touristen und schwarz gekleideten, daoistischen Bettelmönchen. Nach rund zwei Stunden kommt die tempelähnliche **Märtyrergedenkhalle** ins Blickfeld, die an die Opfer der Revolution von 1911 erinnern soll. Kurz darauf geht es durch Kiefernwälder, wo der **Xuandu Si** die Hälfte der Strecke markiert – daher auch sein Beiname Kloster auf Halbem Weg. Obwohl der Tempel Hunans daoistisches Zentrum ist (um 700 gegründet), schmückt der ein oder andere buddhistische Heilige die Nebenschreine. Als Attraktion gilt allerdings die ungewöhnlich gewölbte Decke in der zweiten Halle, die von einer Statue des Lao Zi mit einer Unsterblichkeitspille in der Hand bewacht wird.

Der restliche Aufstieg führt an einer Hand voll Tempel vorbei, die nach wie vor in aktivem Gebrauch sind und in deren Gärten Mönche und Nonnen herumspazieren – zu den größten dieser Tempel gehören der **Danxia Si** und der **Zushi Gong**. Kurz darauf erreicht man die roten Holzhallen des **Shangfeng Si**, gleichzeitig die Endstation der Minibusse.

Überteuerte Hotels beherbergen jene, die von der nahe gelegenen Aussichtsterrasse einen grandiosen Sonnenaufgang zu sehen erhoffen. Bei bedecktem Wetter empfiehlt es sich, noch 20 Minuten bis zum Gipfel aufzusteigen, wo der winzige Tempel **Zhurong Gong**, fast vollständig aus schweren Steinblöcken erbaut und innen vom Weihrauch ganz schwarz, aus dem Nebel aufragt und eine überaus stimmungsvolle Atmosphäre verbreitet. Für den Rückweg kann man den Bus nehmen, oder aber man läuft bis zum Xuandu Si zurück, von wo eine in den Karten verzeichnete Alternativroute nach Nanyue führt. An dieser Strecke liegen die Lingzhi-Quelle, die Spiegelschleifterrasse, das klobige Nantai-Kloster sowie die stillen Hallen des **Huangting Si**, ein weiteres bedeutendes daoistisches Heiligtum.

Yueyang und Dongting Hu

Yueyang, eine große Stadt am Fluss und Anlegestelle für die Yangzi-Fähren an der Eisenbahnlinie Beijing–Guangzhou, liegt 120 km nördlich von Changsha am Ostufer des zweitgrößten Süßwassersees des Landes: Der sichelförmige Dongting Hu umfasst eine Fläche von 2500 km^2 und ist von Dörfern umgeben, deren Bewohner vom Rohr- und Reisanbau sowie vom Fischfang leben. Trotz des zunehmenden Tourismus und der schäbigen modernen Stadtviertel in der Peripherie eignet sich Yueyang als Zwischenstopp auf der Reise zwischen Changsha und Wuhan, die beide nur wenige Stunden entfernt liegen. Die Stadt lockt mit dem eindrucksvollen Yueyang-Turm, der kleinen Insel Junshan Dao, berühmt für ihren Tee, und nicht zuletzt mit seinem historischen Bezug zu den landesweit ausgeübten Drachenbootrennen.

Drachenboote Im Jahr 278 v.Chr. stand der Staat Chu, der einst das Gebiet des nördlichen Hunan umfasste, unter Belagerung der ambitiösen Qin-Armeen, die später ganz China unterjochen sollten. Zu jener Zeit hielt sich der Dichter und Gouverneur Qu Yuan, ein Opfer der Palastpolitik und doch ein glühender Patriot von Chu, im Exil in Dongting auf. Als er von der bevorstehenden Invasion erfuhr, nahm sich Qu Yuan einen schweren Stein und ertränkte sich im nahe gelegenen Miluo-Fluss, um nicht mit ansehen zu müssen, wie sein geliebter Staat erobert würde. Verzweifelte Bewohner jagten in ihren Booten zur Rettung hinterher, konnten aber nichts mehr ausrichten. Später kehrten sie zurück, um *zongzi* (in Schilf- und Lotusblätter eingewickelte Fleisch- und Reisbällchen) als Opfergaben für den Geist von Qu Yuan in den Fluss zu werfen.

Das Drachenbootfest, das am fünften Tag des fünften Mondmonats (Juni oder Juli) in allen Teilen Chinas begangen wird, erinnert an die hoffnungslosen Versuche jener Ruderer – wenngleich viele Historiker die Traditionen von Lebensmittelgaben und jährlichen Bootsrennen auf eine Zeit lange vor Qu zurückführen. Auf jeden Fall handelt es sich nicht um ein trauriges Ereignis, sondern um ein Fest, bei dem Unmengen von gegarten *zongzi* vertilgt und begeisterte Wettbewerbe zwischen den ortsansässigen Drachenboot-Teams ausgetragen werden. Schon Monate vor den Rennen kann man sie beim Training in ihren schmalen, schnellen Booten beobachten – immer zu den regelmäßigen Trommelschlägen, die das Tempo vorgeben. In Yueyang wird das lebhafte Sportereignis vor großem Publikum auf dem Miluo südlich der Stadt ausgetragen, wo die Massen ihre Ruderer anfeuern. Um von den Feierlichkeiten – z.B. die Weihung der drachenkopfförmigen Buge – möglichst viel mitzubekommen, empfiehlt sich frühes Aufstehen, denn das eigentliche Rennen dauert nur ein paar Minuten. Der *CITS* oder das jeweilige Hotel informieren über die Verkehrsverbindungen zum Austragungsort.

Die breite Hauptstraße von Yueyang heißt Baling Lu und verläuft auf 5 km Länge in westlicher Richtung stur geradeaus bis zu den **Nanyue-Docks** am Seeufer. Wo sie von der Dongting Lu gekreuzt wird, befinden sich der Yueyang-Turm sowie die meisten Dienstleistungseinrichtungen.

Der bei chinesischen Touristen besonders beliebte **Yueyang-Turm** (Eintritt ¥30) erhebt sich auf einem Schutzwall an der Dongting Bei Lu und überblickt den Dongting Hu. Ursprünglich befand sich hier nur eine Plattform, von der General Lu Su aus den *Drei Reichen* die Paraden seiner Truppen abnahm. Dank Lus diplomatischen Geschicks vereinten sich die Armeen seines Heimatstaates Wu mit denen von Shun zum Kampf gegen die überlegenen Truppen von Wei, die 208 in der Schlacht der Roten Felsen tatsächlich besiegt werden konnten. Bereits 716 gab es hier einen ersten Turm, aber die 20 m hohe Holzkonstruktion von heute – 1983 zuletzt restauriert – stammt aus der Qing-Dynastie. Die drei nach oben geschwungenen, leuchtgelben Dächer werden von massiven, blutroten Säulen gestützt und die Wände, Dachvorsprünge und Querträger sind mit Tierschnitzereien verziert, was dem Turm ein überaus prächtiges Aussehen verleiht. Für eine Zusatzgebühr von ¥5 können Besucher hinaufklettern und den herrlichen Blick auf den See genießen, der sich schon beim ersten Windstoß in ein stürmisches Meer zu verwandeln scheint. Zu beiden Seiten des Turms stehen kleinere Pavillons: der **Xianmei Ting** (Pavillon der unsterblichen Pflaumenblüte), benannt nach dem filigranen Blütenmuster auf einer Ming-Steintafel im Innern, und der **Sanzui Ting** (Pavillon der drei Betrunkenen). Letzterer erinnert an die Eskapaden von Lu Dongbin, einem der Acht Unsterblichen des Daoismus, der regelmäßig in den Pavillon kam, um hier eine oder auch zwei Kürbisflaschen Wein zu leeren – ein unterhaltsames Gemälde im Innern erzählt von Lus sämtlichen Fehlern und Schwächen. Ihm werden übrigens auch die Schwärme silbriger Fische im Dongting Hu zugeschrieben, die sich hier anscheinend ansiedelten, weil Lu Sägespäne ins Wasser warf.

Das Grab von **Xiao Qiao**, Ehefrau eines weiteren historischen Generals, befindet sich am nördlichen Ende der umliegenden Gärten; als Zeichen der Ehrerbietung wurde an dem grasbewachsenen Hügel eine Tafel mit einer Kalligrafie des berühmten Poeten **Su Dongpo** aus der Song-Dynastie angebracht.

Einst war im Dongting Hu auch der **Yangzi-Flussdelphin** (s.S. 588) heimisch, doch hat sich sein Bestand drastisch reduziert – zum einen aufgrund der Verschlammung (die wiederum auf die Hochwasserschutzdeiche aus den 80er Jahren zurückzuführen ist) und zum anderen aufgrund der anschließenden Landgewinnungsmaßnahmen für den Ackerbau, die den See seit 1949 fast 60% seiner Fläche gekostet haben. Nach den verheerenden Überschwemmungen von 1998 siedelte die Regierung ungefähr 300 000 Bauern um und machte sich daran, die alten Deiche wieder abzutragen. Ziel dieser Aktion war es, den Wasserdurchfluss im See zu erhöhen, der sich dadurch von Jahr zu Jahr vergrößert. Einer der früheren Versuche zur Regulierung des Yangzi äußerte sich im Bau der **Cishi Ta**, einer Steinpagode von 1242, welche die für das Hochwasser verantwortlichen Dämonen vertreiben sollte – heute bröckelt sie unter einer Pflanzendecke in aller Stille langsam auseinander (1 km südlich des Yueyang-Turms, nahe der Dongting Nan Lu).

Junshan Dao

Der einstige daoistische Rückzugsort und heutige „Stadtpark" Junshan Dao (Insel des Monarchen, Eintritt ¥35) liegt eine 30-minütige Bootsfahrt über das ruhige, braune Wasser des Sees von Yueyang entfernt. Viermal täglich starten Fähren dorthin, zum einen von den Yueyang-Docks nahe dem gleichnamigen Turm und zum anderen von den Nanyue-Docks am westlichen Ende der Baling Lu (7.30–15.30 Uhr, ¥15 hin und zurück). Das letzte Boot zurück legt um 16.30 Uhr auf der Insel ab. Auch private Schnellboote kreuzen regelmäßig den See, allerdings gestalten sich hier die Preisverhandlungen etwas komplizierter. Bei schlechtem Wetter lohnt sich der Ausflug übrigens nicht.

Am Betonpier von Junshan Dao beginnen die Wege zu den **Terrassenfeldern**, die einen Großteil der nurmehr 1 km^2 großen Insel bedecken und den berühmten **Silbernadel-Tee** hervorbringen. Er soll ein langes Leben schenken und wurde einst sogar als Tributzahlung an den Kaiser akzeptiert, was sich noch heute in den Preisen niederschlägt: In den Geschäften von Yueyang kostet ein einziger Löffel bereits ¥5. Das Gewächs besitzt feine Spitzen, die wie

Yueyang und Dongting Hu

Yueyang	岳阳	***yuèyáng***
Chenglingji	城陵矶	*chénglíng jī*
Cishi Ta	慈氏塔	*císhì tă*
Junshan Dao	君山岛	*jūnshān dăo*
Miluo-Fluss	汨罗江	*mìluó jiāng*
Nanyue Docks	南越码头	*nányuè mătóu*
Yueyang Binguan	岳阳宾馆	*yuèyáng bīnguăn*
Yueyang-Docks	岳阳楼客运站	*yuèyánglóu kèyùnzhàn*
Yueyang-Turm	岳阳楼	*yuèyáng lóu*
Yueyanglou Binguan	岳阳楼宾馆	*yuèyánglóu bīnguăn*
Yunmeng	云梦宾馆	*yúnmèng bīnguăn*
Dongting Hu	洞庭湖	***dòngtínghú***

blassgrüne Spiralen aussehen und unter Zugabe von kochendem Wasser einen eher muffigen Geruch absondern, dafür bewegen sie sich lustig im Teeglas auf und ab. Neben dem Tee bietet die Insel eine Fülle von Stätten, die um sorgfältig konstruierte Legenden herum entstanden sind – sei es das Grab der zwei Witwen des sagenumwobenen Kaisers Shun, deren Tränen über den Tod ihres Mannes die gesprenkelten Bambuspflanzen drumherum verfärbt haben sollen, oder eine alberne Glocke, die auf halber Höhe in einen Baum eingekeilt ist und mit welcher der Rebell Yang Yao im 12. Jahrhundert angeblich seine Versammlungen einberief.

Übernachtung und Essen

Yueyangs Unterkünfte sind nicht gerade überragend zu nennen.

Yueyang Binguan**, Dongting Bei Lu, ✆ 8320011, ℻ 8320235. Ziemlich touristisch, mit Blick auf den See.

Yueyanglou Binguan*, in einer Seitenstraße gegenüber vom südlichen Eingang zum Yueyang-Turm, ✆ 8321288. Saubere, aber zunehmend schäbige Zimmer.

Yunmeng*, 25 Cheng Dong Lu, nahe der großen Überführung an der Baling Lu, ✆ 8221115. Recht düstere Unterkunft.

Essen kann man in den zahlreichen Lokalen an der Dongting Bei Lu oder in den Hotelrestaurants, auf deren Speisekarten vorwiegend Schmackhaftes aus dem See angeboten wird.

Sonstiges

GELD – Ausländische Währung wechselt eventuell das ***Yueyang Binguan***, Dongting Bei Lu.

POST – Baling Lu, nahe Bahnhof, ⏲ tgl. 8–18 Uhr.

REISEBÜROS – ***CITS***, im Hotel *Yunmeng*, ✆ 823 2010, ⏲ tgl. 9–11.30 und 14–17 Uhr. Organisiert Touren am See; englischsprachiges Personal.

VORWAHL – 0730

Transport

BUSSE – Der **Busbahnhof** von Yueyang liegt an einem riesigen Kreisverkehr 3 km östlich des Zentrums an der Baling Lu. Von hier fährt der Stadtbus Nr. 22 zum See und dann Richtung Norden entlang der Dongting Bei Lu bis zum Yueyang-Turm – bei Ankunft einen Stadtplan besorgen.

EISENBAHN – Der **Bahnhof** befindet sich unmittelbar gegenüber vom Busbahnhof. Da man in Yueyang nur schwer Fahrkarten für längere Strecken in Nachtzügen bekommt, reist man von hier besser nach CHANGSHA (30x tgl., 1 1/2–2 Std.) oder WUHAN (30x tgl., 2–4 Std.) und steigt dort zu.

FÄHREN – Die Yangzi-Fähren legen 17 km nördlich der Stadt in **Chenglingji** an, von wo die Buslinie Nr. 1 zum Bahnhof fährt.

Wulingyuan (Zhangjiajie)

Im äußersten Nordwesten von Hunan bewahrt der 370 km² große Wulingyuan-Nationalpark, auch **Zhangjiajie-Nationalpark** genannt, eine mystische Landschaft, die zu den schönsten Chinas gehört – unzählige Flüsse durchziehen das Gebiet, Sandsteinplatten und zerklüftete Kalksteintürme ragen aus tief schwebenden Wolken empor, und auf praktisch jeder horizontalen Oberfläche gedeihen urzeitliche, subtropische Gewächse. Zu den über 550 Baumarten – zweimal so viel wie es in ganz Europa gibt – gehören seltene Taubenbäume, Ginkgos und **Chinesisches Rotholz**. Letztere sind an ihrer fasrigen Borke sowie den federförmigen Blättern zu erkennen und heute als Zierbäume beliebt, galten jedoch bis 1948 als ausgestorben. Auch die Liste der hier lebenden **Tiere** kann sich sehen lassen: Unter anderem bevölkern Zibetkatzen, Riesensalamander, Affen und Raubvögel den Park. Das Gebiet bildet auch die Heimat von mehreren Millionen Menschen der **Tujia**, die von manchen für die letzten Nachkommen des prähistorischen, westchinesischen Ba-Reichs gehalten werden. An Negativem ist zu vermelden, dass der Park trotz seiner Ernennung zum Weltkulturerbe durch die UNESCO, trotz des totalen Feuerverbots (inklusive Rauchverbot) und der Vielzahl erosionsbeständiger Wege bereits stark unter seiner Popularität zu leiden hat – die leichter zugänglichen Regionen des Schutzgebiets werden von so vielen Reisegruppen besucht, dass man manchmal kaum einen Schritt vor den anderen setzen kann, vom herumliegenden Müll gar nicht zu reden.

Verkehrsknotenpunkt der Region ist das 33 km südlich des Schutzgebiets gelegene **Zhangjiajie Shi**, aber die meisten Besucher wählen die Südgrenze des Parks als Ausgangspunkt und übernachten im **Dorf Zhangjiajie**, wo man sich mühelos ein paar Tage beschäftigen kann, z.B. mit ausgedehnten Wanderungen nach Norden zum **Tianzi-Berg** oder nach Osten in die **Suoxi-Schlucht**. Die Dörfer und Verkaufsstände am Wegesrand bieten Unterkünfte und Essen an, für längere Touren sollten allerdings Wasser und Snacks mitgebracht werden. Besonders wichtig sind bequeme Wanderschuhe sowie dem Wetter angepasste Kleidung – im Sommer ist es feucht, ab dem Spätherbst kalt und zu Beginn des Jahres liegt oft eine dünne Schneedecke über dem Gebiet.

Wer eine chinesische **Pauschalreise** nach Wulingyuan gebucht hat, muss aufpassen, dass nicht eine Zusatzgebühr von ¥50–100 abgeknöpft wird, die angeblich durch die höheren Eintrittspreise für Ausländer in das Schutzgebiet zustande kommt: Es gibt hier keine Preisunterschiede – will die Reiseleitung nicht von ihrer Forderung abgehen, so sagt man einfach, man würde den Aufpreis am Eingang selbst bezahlen.

Der Nationalpark

Beim Anblick der eng beieinander liegenden, hohen Karstgipfel verschlägt es selbst chinesischen Touristen oft die Sprache. Die Dorfstraße von Zhangjiajie führt geradewegs hinunter zum Parkeingang (Eintritt ¥55), vorbei an einer Gruppe Tujia, die Heilpflanzen und billige Plastikponchos verkaufen. Auch Fahrräder werden vermietet, allerdings sind diese auf vielen Wegen von zweifelhaftem Wert. Der linke Weg führt auf eine vierstündige Rundwanderung durch ein kleines Tal bis hinauf ins **Dorf Huangshi** am Rande eines kleinen, inselähnlichen Plateaus, von dem sich herrliche Blicke auf die Umgebung bieten. Der Pfad zur Rechten lässt mehrere Varianten zu, von denen die kürzeste (auch etwa vier 4 Stunden) am Bach entlangführt, dann nach rechts abzweigt und auf dem direkten Weg zurück zum Ausgangspunkt in einen richtiggehenden Wald aus Felsenspitzen eintaucht, der unterhalb zweier gegenüberliegender Felsnasen – Sehnsüchtiges Paar genannt – liegt; entlang der ganzen Strecke machen Tafeln mit den Namen der anderen Felsformationen vertraut. Biegt man ein paar Kilometer hinter dieser Stelle nach links ab (auf der Karte nachschauen), so gelangt man an der **Bezaubernden Terrasse** vorbei ins **Shadao-Tal**. Von hier schlängeln sich einfache Wege durch die faszinierende Landschaft am Westrand des Plateaus zum **Dorf des Schwarzen Drachen** und zurück zu den Parktoren. Das Ganze ist eine längere Tagestour, auf der man von anderen Touristen weitgehend verschont bleibt.

Suoxi-Schlucht

Suoxi besitzt ähnliche Einrichtungen wie Zhangjiajie und eignet sich als Basis für die Erkundung der östlichen und nördlichen Parkzonen. Das Dorf liegt in der Suoxi-Schlucht, nur 10 km Luftlinie von Zhangjiajie entfernt, aber zu Fuß ist man fast einen

Wulingyuan (Zhangjiajie)

Wulingyuan-Nationalpark	武陵源风景区	***wǔlíngyuán fēngjǐngqū***
Bezaubernde Terrasse	迷魂台	*míhún tái*
Dorf des Schwarzen Drachen	黑龙寨	*hēilóng zhài*
Dorf Huangshi	黄石寨	*huángshí zhài*
Dorf Suoxi	索溪峪镇	***suǒxīyù zhèn***
Baofeng Hu	宝峰湖	*bǎofēng hú*
Brücke der Unsterblichen	仙人桥	*xiānrén qiáo*
Huanglong Dong	黄龙洞	*huánglóng dòng*
Shentangwan	神堂湾	*shéntáng wān*
Zehn-Li-Korridor	十里画廊	*shílǐ huàláng*
Zhangjiajie	张家界	***zhāngjiājiè***
Jinyan Fandian	金岩饭店	*jīnyán fàndiàn*
Wuling Binguan	武陵宾馆	*wǔlíng bīnguǎn*
Xiangdian Shanzhuang	香殿山庄	*xiāngdiàn shānzhuāng*
Zhangjiajie Binguan	张家界宾馆	*zhāngjiājiè bīnguǎn*

ganzen Tag unterwegs – man kann allerdings auch einen der Nahverkehrsbusse nehmen. Zu den hiesigen Attraktionen gehören ganze Gruppen von Rhesusaffen sowie relativ offene Schluchten, auf deren Flüssen **Bootsausflüge** und **Raftingtouren** angeboten werden. In der Umgebung des 2 km langen **Baofeng Hu**, ein See, der über eine leiterähnliche Treppe von der Talsohle aus zugänglich ist, hat der Naturfreund eine reelle Chance, Goldfasane und Tragopane zu entdecken, mit etwas Glück außerdem Riesensalamander, geheimnisvolle, rotgefleckte Monster, die eine Länge von 2 m erreichen können und als Delikatesse geschätzt sind. Wenige Kilometer östlich von Suoxi befindet sich die **Huanglong Dong** (Höhle des Gelben Drachens), eine Reihe grell beleuchteter Kalksteinhöhlen, die durch einen unterirdischen Fluss miteinander verbunden sind. Außerdem sei das **Tal der Hundert Schlachten** erwähnt, wo der Tujia-König Xiang aus der Song-Dynastie gegen die kaiserlichen Truppen kämpfte.

Tianzi Shan

Die Gegend um den Tianzi Shan, die im Wesentlichen den Norden des Parks umfasst, erhielt ihren Namen von einem einzelnen, 1250 m hohen Berg und birgt die meisten Höhlen von ganz Wulingyuan. Am ehesten empfiehlt sich ein Besuch von Suoxi aus, wo am **Zehn-Li-Korridor** eine Rundwanderung von 30 km Länge beginnt. Zu den Highlights gehören die vielen Aussichtspunkte rund um **Shentangwan**, ein Tal voller nadelförmiger Felsen, in dem Xiang nach seiner endgültigen Niederlage seinem Leben ein Ende gesetzt haben soll, sowie die **Brücke der Unsterblichen**, ein schmaler, ungesicherter Felsbogen, der ein tiefes Tal überspannt. Anstatt nach Suoxi zurückzukehren, kann man auch zum Dorf Tianzi Shan weiterlaufen, dort die Nacht verbringen und am nächsten Tag entweder gen Süden nach Zhangjiajie wandern oder den Park verlassen und per Bus über Songzhi (45 km) nach Dayong (nochmals 60 km) fahren.

Übernachtung und Essen

ZHANGJIAJIE SHI – Wer in Zhangjiajie Shi übernachten muss, ist mit dem ***Hostel**** in Bahnhofsnähe oder einem der vielen Hotels im 9 km entfernten Zentrum gut beraten – schön, aber teuer ist das ***Wuling Binguan*****, ✆ 82226302.

ZHANGJIAJIE – An den Wochenenden und während der Ferienzeiten verdoppeln sich die Übernachtungspreise (und Zugtickets werden knapp) – diese Zeiten sollten unbedingt vermieden werden.

Zhangjiajie Binguan**, ✆ 5712388. Empfehlenswerteste Unterkunft vor Ort – komfortable DZ im neuen Flügel sowie saubere, aber feuchte Zimmer im älteren Bereich. Die preiswerteren Dorms sind unweigerlich „voll".
Xiangdian Shanzhuang**, hinter der Brücke, ✆ 5712266. Komfortabler und teurer als das *Zhangjiajie Binguan*, ebenso das
Jinyan Fandian**, nahe Bushaltestelle.
Fast alle Restaurants in Zhangjiajie sind ziemlich teuer, was sich besonders bei den Fleischgerichten bemerkbar macht.

Sonstiges

INFORMATIONEN UND TOUREN – Die Reiseagentur des Hotels *Zhangjiajie Binguan* im Dorf Zhangjiajie dient mit hilfreichen Wandertipps und organisiert Tagestouren zum Wildwasser-Rafting in der Suoxi-Schlucht (¥250 p.P.).

POST – Im Dorf Zhangjiajie gibt es ein ***Postamt***.

VORWAHL – 0744

Transport

BUSSE – Der **Busbahnhof** von Zhangjiajie Shi liegt recht zentral, allerdings gestaltet sich die An- und Abreise per Bus äußerst mühsam (Changsha beispielsweise liegt 12 Std. entfernt am anderen Ende der Provinz), weswegen Züge eindeutig die bessere Wahl sind.

EISENBAHN – Zhangjiajie Shis **Bahnhof** und das Fahrscheinbüro befinden sich 9 km südlich des Zentrums.
Für die einstündige Weiterfahrt zum Schutzgebiet stehen **Minibusse** bereit, die sowohl das Dorf Zhangjiajie als auch Suoxi ansteuern (Fahrpreis ¥10). Per Zug gibt es Direktverbindungen gen Osten nach CHANGSHA (4x tgl., 5–7 Std.), gen Norden nach YICHANG (2x tgl., 6 Std.) und XIANGFAN (1x tgl., 7 1/2 Std.) in Hubei sowie gen Süden nach Liuzhou in Guangxi. Für Fahrten in die Provinz Guizhou und zu anderen Reisezielen im Westen muss man in HUAIHUA (7x tgl., 5–6 Std.) umsteigen; Tickets für Schlafwagen ab Huaihua sind in Zhangjiajie Shi praktisch nicht zu bekommen, meist kann man den Fahrschein jedoch im Zug aufwerten lassen.

FLÜGE – Der kleine **Flughafen** von Zhangjiajie Shi liegt rund 9 km westlich des Zentrums. Von hier starten Maschinen nach CHANGSHA (1x tgl., 3/4 Std.) sowie in ein halbes Dutzend anderer Städte, darunter WUHAN (2x wöchentl., 3/4 Std.) und YICHANG (6x wöchentl., 3/4–4 Std.).

Die Provinz Jiangxi

Eingezwängt zwischen dem Yangzi im Norden und der gebirgigen Grenze zu Guangdong im Süden konnte sich die Provinz Jiangxi nie so recht aus ihrer Rückständigkeit befreien. Obwohl das Gebiet schon seit etwa 4000 Jahren bewohnt ist, kam der erste nennenswerte Zustrom von Siedlern erst zur Zeit der Han-Dynastie, als das Territorium den Kriegsflüchtlingen eine neue Heimat bot. Am meisten hat Jiangxis nördliche Hälfte von diesen Zuwanderern profitiert, die damit begannen, die ausgedehnten Niederungen rund um Chinas größten Süßwassersee **Poyang Hu** zu bewirtschaften. Ein ganzes Netz von Flüssen der Provinz mündet in den Poyang, und als der Bau des Kaiserkanals im 7. Jahrhundert einen Schifffahrtsweg durch Yangzhou und den Unterlauf des Yangzi schuf, wurde die Hauptstadt von Jiangxi, **Nanchang**, zu einem wichtigen Ort an der Nord-Süd-Verbindung der Binnenwasserstraßen. Es folgte eine lange Phase gemäßigten Wohlstands in der Region, bis die Küstenschifffahrt und die Eröffnung von Vertragshäfen in den 40er Jahren des 19. Jahrhunderts dem großen Geschäft ein Ende setzten. Innerhalb der nächsten 100 Jahre wandelte sich das Schicksal von Jiangxi komplett: Die Bevölkerungszahlen halbierten sich, da Millionen Menschen vor den sich bekriegenden Warlords flüchteten, und während der 20er und 30er Jahre herrschten langwierige kriegerische Auseinandersetzungen zwischen der Guomindang und den kommunistischen Truppen, was sich insbesondere auf die südlichen Gebirgsketten des **Jinggang Shan** konzentrierte und letztendlich zur gewaltsamen Vertreibung der Roten Armee führte, die sich danach auf ihren Langen Marsch durch China machte.

Trotz aller Konflikte erholte sich das schwer angeschlagene Nanchang nach der kommunistischen Machtübernahme schnell und mauserte sich alsbald zu einer revolutionären Stadt und zum Zentrum einer modernen Schwerindustrie. Der traditionellere Zugang über den Poyang und die Nebenflüsse des Yangzi nützt dem Bergland im Osten, wo **Jingdezhen** seinen Titel als Chinas Porzellanhauptstadt bewahrt hat. Nördlich des Sees gilt **Jiujiang** als bedeutendster Yangzi-Hafen vor den Toren von Anhui und Hubei, und die nahe gelegene Gebirgsgegend des **Lu Shan** erinnert auf angenehme Weise an die besseren Tage von Jiangxi, in denen sie eine Sommerfrische für chinesische Literaten und Kolonialdiener war.

Nanchang

Umrahmt von Bergen liegt Nanchang am größten Fluss der Provinz Jiangxi, dem **Gan Jiang**, der etwa 70 km nördlich davon in den Poyang Hu fließt. Die eigentliche Handelsstadt verdankt ihren heutigen Charakter in erster Linie ihrer Funktion als Eisenbahnknotenpunkt für Zentral-Süd-China. Auf den ersten Blick erscheint die Stadt grau und laut, ein Eindruck, der durch die wenigen wieder zum Leben erweckten älteren Stätten und die geschäftstüchtigen Einheimischen – welche die Prinzipien des freien Markts mehr als verinnerlicht haben und jede Gasse mit Verkaufsständen zupflastern – nur geringfügig kompensiert wird.

Lange pflegte Nanchang ein recht ruhiges Dasein, bis die Stadt im Dezember 1926 von der Guomindang-Armee besetzt wurde. Zu jener Zeit war das Militär noch eine Mischung aus nationalistischen und kommunistischen Kräften, doch als Chiang Kaishek seine Vernunftehe mit den Kommunisten im darauf folgenden Jahr beendete, wurden alle linksgerichteten Elemente aus der Partei ausgeschlossen. Am 1. August 1927 rebellierten die beiden kommunistischen Guomindang-Offiziere **Zhou Enlai** und **Zhu De** in Nanchang und übernahmen mit 30 000 Mann die Kontrolle über die Stadt. Obwohl sie bald darauf in den gebirgigen Süden von Jiangxi fliehen mussten, wird dieser Tag noch heute als Gründungsdatum der **Volksbefreiungsarmee** gefeiert, deren rote Flagge in Gedenken an dieses Datum nach wie vor die chinesischen Zeichen für „8" und „1" *(bayi)* trägt.

Nanchang erstreckt sich über eine riesige Fläche vom Gan Jiang bis hin zu den Industriekomplexen und Ödflächen im Osten. Im Gegensatz dazu präsentiert sich sein Zentrum recht kompakt und beschränkt sich auf das Areal zwischen Fluss und Bayi Dadao. Diese Straße verläuft von dem großen Fushan-Kreisverkehr via Platz des Volkes gen Norden zu einem weiteren Kreisverkehr, wo sie ihren Namen zu Yangming Lu ändert und in östlicher Richtung zur Bayi-Brücke führt.

Ungeachtet seiner langsamen Modernisierung und ein paar weniger historischer Baudenkmäler spiegelt die Architektur von Nanchang vorwiegend die Jahre des Bürgerkriegs sowie die spätere Industrialisierung nach sowjetischem Vorbild wider. Vieles davon, z.B. die protzige Ausstellungshalle, konzentriert sich um den **Platz des Volkes**, der vor allem wegen seiner Ausdehnung und dem merkwürdig geformten, rot-weißen **Bayi-Monument** beeindruckt. Westlich von hier verläuft mitten durch das geschäftige Einkaufsviertel von Nanchang die Zhongshan Lu, an deren nördlicher Seite der wasser- und grünflächenreiche **Bayi-Park** liegt. Ein Stück weiter Richtung Fluss befindet sich das **Museum des Aufstands vom 1. August** (🕓 tgl. 8–17.30 Uhr, Eintritt ¥5), ein ehemaliges Hotel, das 1927 von der damals noch in den Kinderschuhen steckenden VBA besetzt und zu deren Großem Hauptquartier umfunktioniert wurde. Heute ist es in erster Linie als exzellentes Beispiel für Nanchangs Kolonialarchitektur von Interesse. Das Museum selbst präsentiert sich ziemlich langweilig und beherbergt drei Etagen voller antiker Möbel, Waffen und Landkarten, die jedoch alle nur in chinesischer Sprache beschriftet sind. Nordöstlich des Museums lädt die Fußgängerzone der Shengli Lu zu einem Schaufensterbummel ein.

Gegenüber vom oberen Ende des Bayi-Parks befindet sich jenseits der Minde Lu der **Youmin Si** (Eintritt ¥2), ein buddhistischer Tempel aus dem Jahre 503, dessen Zerstörung die Roten Garden von Nanchang in den 60er Jahren besonders eifrig betrieben haben (wohl aufgrund der revolutionären Verbundenheit der Stadt). Die drei restaurierten Hallen bergen eine beachtliche, 10 m hohe stehende Buddhafigur, die aus einer Lotusblüte zu einer mit goldenen Drachen verzierten Kuppel aufragt. Nur wenige Schritte östlich des Tempels steht an der Ecke zur Huayuanjiao Jie ein schmuckloses

Nanchang	南昌	***nánchāng***
Bada-Shanren-Museum	八大山人纪念馆	*bādàshānrén jìniànguǎn*
Bayi-Monument	八一纪念塔	*bāyī jìniàntǎ*
Bayi-Park	八一公园	*bāyī gōngyuán*
Ehemaliger Wohnsitz von Zhu De	朱德旧居	*zhūdé jiùjū*
Flughafen Xiangtan	香檀飞机场	*xiāngtán fēijīchǎng*
Museum des Aufstands vom 1. August	八一纪念馆	*bāyī jìniànguǎn*
Platz des Volkes	人民广场	*rénmín guǎngchǎng*
Provinzmuseum	省博物馆	*shěng bówùguǎn*
Shengjin Ta	绳金塔	*shéngjīn tǎ*
Taxia Si	塔下寺	*tǎxià sì*
Tengwang-Pavillon	滕王阁	*téngwáng gé*
Youmin Si	佑民寺	*yòumín sì*
Übernachtung		
Gloria Plaza	凯莱大酒店	*kǎilái dàjiǔdiàn*
Jiangxi Fandian	江西饭店	*jiāngxī fàndiàn*
Jiaotong	交通宾馆	*jiāotōng bīnguǎn*
Jiujiu Long	九九隆大酒店	*jiǔjiǔlóng dàjiǔdiàn*
Xiangshan Binguan	象山宾馆	*xiàngshan bīnguǎn*
Youzheng Dasha	邮政大厦	*yōuzhèng dàshà*
Essen und Trinken		
Baden Bar Street	巴登酒吧街	*bādēng jiǔbājiē*
Caigenxiang	菜根香	*càigēn xiāng*
Fengwei Xiaochi Cheng	风味小吃城	*fēngwèi xiǎochīchéng*
Fukuoka Japanese	福冈日本饭店	*fúgāng rìběn fàndiàn*
Guhan Feng	古汉风	*gǔhàn fēng*
Jiangnan Fandian	江南饭店	*jiāngnán fàndiàn*
Hao Xiang Lai	豪享来	*háoxiǎng lái*
Hunan Wangcai Guan	湖南王菜馆	*húnánwáng càiguǎn*
Manhattan Bar	曼哈顿酒吧	*mànhādùn jiǔbā*
Xiangcancun	香餐村	*xiāngcān cūn*

graues Backsteinhaus im traditionellen Stil, seines Zeichens der **ehemalige Wohnsitz von Zhu De**, welcher der Öffentlichkeit momentan jedoch nicht zugänglich ist.

Tengwang-Pavillon und Provinzmuseum

Der mächtige Tengwang-Pavillon liegt etwa 1 km westlich des Youmin Si in der Yanjiang Lu. Vor über 1000 Jahren wurde an dieser Stelle der erste Turm zu Ehren eines Tang-Prinzen errichtet, dem 26 weitere mehrstöckige Türme folgten. Die aktuelle Konstruktion im Song-Stil stammt lediglich aus dem Jahre 1989, bietet aber dennoch einen bemerkenswerten Anblick: Der riesige, isoliert stehende Bau erhebt sich inmitten eines grau gepflasterten Platzes auf einem gewaltigen Steinsockel, und jedes der sechs Stockwerke besitzt ein weit ausgestelltes Dach, das von ineinander greifenden Holzbalken gestützt wird. Eher enttäuschend präsentiert sich das Innere, und selbst von den oberen Balkonen bietet sich nurmehr ein Blick auf ein sehr tristes

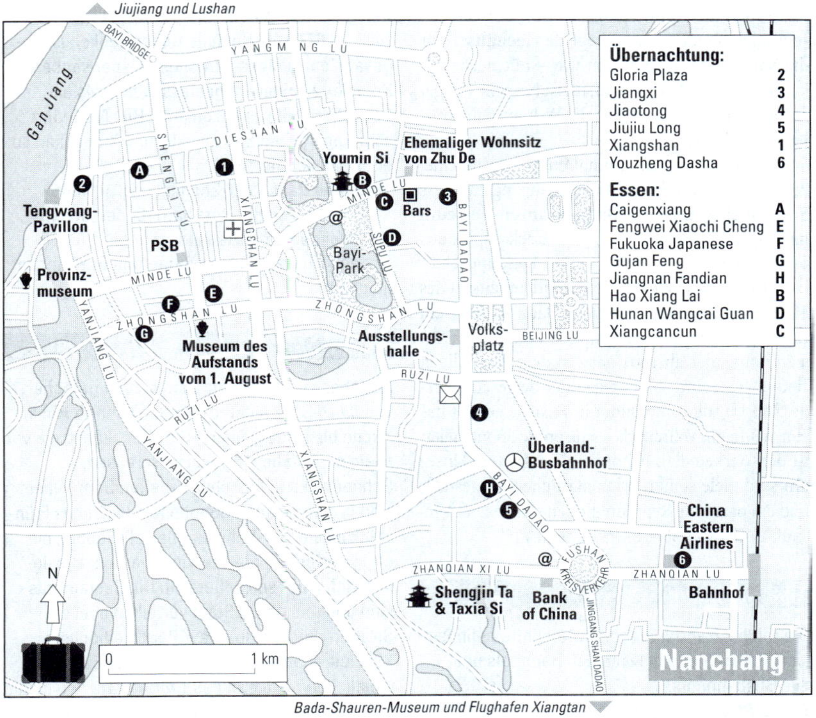

Stadtbild. An Wochenenden hingegen lohnt sich eine Fahrt mit dem Lift (Fahrpreis ¥1) zum obersten Stockwerk, wo ein winziges **Zimmertheater** traditionelle Tanz- und Musikaufführungen veranstaltet, mit etwas Glück erwischt man sogar eine heimische Opernvorstellung. ⌚ Sommer 7.30–17.30 Uhr, Winter 8–16.30 Uhr, Eintritt ¥30.

Südlich des Pavillons führen Brücken von der Yanjiang Lu zum Provinzmuseum, ein seltsam futuristisch erscheinender Bau mit grünen Glastürmen und messerförmigen Seitenflügeln. Ein ehrgeiziger Plan sieht hier die Einrichtung eines Kulturforschungszentrums vor, doch derzeit wirken die Gebäude fast ein wenig verlassen – dabei hat die Ausstellung von Dinosauriern bis zu **Porzellan** aus Jingdezhen alles zu bieten. Demnächst sollen auch die Funde aus einer **Grabstätte der Qing-Dynastie** gezeigt werden, die man 2001 bei Nanchang entdeckte, darunter Gold- und Seidenartefakte sowie der gut erhaltene Leichnam einer Adligen. ⌚ Di–So 8.30–17.30 Uhr, Eintritt ¥10.

Das südliche Nanchang

Westlich des Fushan-Kreisverkehrs an der Zhanqian Lu (Bus Nr. 5 kommt auf seiner Fahrt zwischen dem Kreisverkehr und der Xiangshan Lu daran vorbei) bleiben die Tore zu dem teilweise restaurierten **Taxia Si** oft verschlossen und versperren somit auch den Zugang zur **Shengjin Ta**. Möglicherweise hat das mit der Legende zu tun, die im Falle einer Zerstörung dieser siebenstöckigen Pagode den Untergang der ganzen Stadt prophezeit. Diese Warnung wird noch immer ziemlich ernst genommen – auch wenn Shengjin bereits mehrmals übel mitgespielt wurde, zuletzt im frühen 18. Jahrhundert. In dem Marktviertel entdeckt man nicht nur wunderbar altmodische Friseurläden, sondern auch einige der **Teehäuser**, für die Nanchang einst berühmt war – nüchterne Lokale mit offener Vorderfront, meist besucht von geselligen alten Männern, die die Welt an sich vorüberziehen lassen.

Wer dem Zentrum einmal entfliehen möchte, kann mit dem Bus Nr. 20 von der Yanjiang Lu in das 5 km südlich gelegene **Bada-Shanren-Museum** fahren, ein weiß getünchter Gebäudekomplex aus der Ming-Ära, der inmitten einer Parklandschaft liegt. Dies war einst ein beliebter Aufenthaltsort des Malers Zhu Da, auch bekannt als Bada Shanren, ein reisender buddhistischer Mönch königlicher Abstammung, der ab 1661 ganz in dem ehemaligen Tempel lebte und später auch hier beigesetzt wurde. Zhu Da soll seine Bilder in Ekstase gemalt haben, häufig im Vollrausch – eine große Spontaneität ist den Werken definitiv anzusehen. In dem Museum sind viele seiner Originalarbeiten ausgestellt, und ein paar gute Reproduktionen stehen zum Verkauf. 🕓 Di–So 8.30–16 Uhr, Eintritt ¥15.

Übernachtung

Die reichlich vorhandenen Unterkünfte befinden sich überwiegend in Nähe des Bahnhofs und des Busbahnhofs.

Gloria Plaza, Luxus, 88 Yanjiang Bei Lu, ✆ 673 8855, 💻 www.gphnanchang.com. Modernes Joint Venture im internationalen Stil und das ausländerfreundlichste Hotel in Nanchang, das auch für seine westliche Küche sehr geschätzt wird.

Jiangxi Fandian*, 356 Bayi Dadao, ✆ 6212135, 📠 6202176. Beim Anblick von Ausländern flüchtet das Personal in die Hinterräume, doch wer ein Zimmer ergattert, kann zufrieden sein – mehrere DZ im alten und neuen Flügel, allerdings sind die billigeren Zimmer meist ausgebucht.

Jiaotong*, Bayi Dadao, unmittelbar nördlich des Busbahnhofs, ✆ und 📠 6268578. Saubere, gut gepflegte Standardzimmer – nichts Besonderes, aber günstig. Einzelreisende bekommen unter Umständen ein DZ zum halben Preis.

Jiujiu Long**, 122 Bayi Dadao, ✆ 7036333, 📠 6295299. Schickes neues Haus mit gutem Preis-Leistungs-Verhältnis, freundlichem Personal und sauberen Zimmern.

Xiangshan Binguan*, Xiangshan Bei Lu, ✆ 678 1402, 📠 6771015. Höfliche Beharrlichkeit ist angesagt, um in diesem trostlosen, aber sauberen Komplex zu einem angemessenen Preis ein Dorm-Bett (¥60) zu bekommen. Bus Nr. 5 fährt vom Bahnhof via Zhanqian Lu und Xiangshan Lu direkt bis vor die Türe.

Youzheng Dasha*, 86 Zhanqian Lu, ✆ und 📠 6106015. Von der Post betriebenes Hotel, nicht sonderlich anziehend, aber billig (Dorm-Betten ¥50) und nahe an Bahn- und Busbahnhof gelegen.

Essen

Nanchangs Speisenangebot ist breit gefächert – von *jiaozi*-Spezialitäten über die scharfe Hunan-Küche bis zur regionalen Gan-Kochkunst, die vor allem mit frischem Fisch, Flusskrebsen, Schnecken und Fröschen arbeitet. Sehr beliebt sind in Jiangxi auch Suppen (ein typisches Frühstück ist die Eier-Schweinefleisch-Suppe), die oft in riesigen Töpfen serviert werden, aus denen sich jeder selbst bedient. Die Restaurants sind über die ganze Stadt verteilt, wobei die Straßen rund um den Bayi-Park die höchste Konzentration aufweisen. Das beste Essen im westlichen Stil bietet das ***Gloria Plaza,*** wo man sich für ¥80 am Mittags- und Abendbuffet bedienen kann; Kaffee und Kuchen gibt's im ***Atrium Café*** des Hotels.

Caigenxiang, Dieshan Lu. Pseudo-antikes Restaurant mit dunklen Holzmöbeln und riesiger Milchglasfront. Scharfe, authentische Sichuan-Gerichte zu angemessenen Preisen (Hauptspeisen um ¥35).

Fengwei Xiaochi Cheng, Shengli Lu. Gut besuchtes *jiaozi*-Lokal, eines von mehreren in der Gegend. Bestellt wird von den Plastikkarten hinter dem Tresen, sonst zeigt man einfach dezent auf das Essen anderer Gäste. Kalte Fleischgerichte, Brötchen und Gemüse ab etwa ¥5 pro Portion.

Fukuoka Japanese, Zhongshan Lu. Relativ teuer (die meisten Speisen kosten ¥30 und mehr), aber sehr gut – am besten sind die vegetarischen *tempura*- oder *norimaki*-Rollen.

Guhan Feng, am westlichen Ende der Zhongshan Lu. Ein weiteres modernes, aber auf alt getrimmtes Restaurant mit gefälschtem Ming-Geschirr und schweren Stühlen, diesmal auf die regionale Küche spezialisiert. Speisesaal sowie davon getrennter Snack-Tearoom.

Jiangnan Fandian, Bayi Dadao. Der große bronzene Kessel vor der Tür kennzeichnet das Lokal als typisches Jiangxi-Suppenrestaurant – drei Leute sind mindestens erforderlich, um die großzügig gefüllten Töpfe auf dem Tisch zu leeren, aus denen sich die Gäste selbst bedienen (etwa ¥30 pro Topf).

Hao Xiang Lai, Minde Lu. Zischend heiße Pfeffersteaks für ¥25 sowie leckere chinesische Snacks, Kekse und *jiaozi* vom Wagen ab ¥2 pro Teller. Gute Qualität und eines der wenigen Lokale der Stadt mit englischer Speisekarte.

Hunan Wangcai Guan, Supu Lu. Beliebtes Mittelklasserestaurant mit Blick auf den Bayi-Park, spezialisiert auf Eintöpfe.

Xiangcancun, Minde Lu. Preisgünstige, dreistöckige Kantine mit Restaurant, wo man sich unter die einheimischen Gäste mischen kann.

Unterhaltung

Am östlichen Ende der Minde Lu gibt es mehrere gut besuchte Kneipen und Nachtclubs, deren Preise allerdings zu hoch sind, als dass sich Studenten hierher verirren würden. Die ***Baden Bar Street*** eignet sich für einen Drink, Karaoke-TV und ein Tänzchen, während die noch schickere ***Manhattan Bar*** ein Ort ist, an dem sich manche Leute gerne zeigen, wie sie exorbitante Preise für Alkohol und ein bisschen Gesellschaft zahlen.

Sonstiges

AMT FÜR ÖFFENTLICHE SICHERHEIT (PSB) – Shengli Lu, direkt nördlich der Kreuzung mit der Minde Lu.

EINKAUFEN – Das größte Einkaufszentrum der Stadt mit dem besten Angebot ist der ***Nanchang Department Store,*** der sich westlich des Platzes des Volkes in der Zhongshan Lu hinter einer Häuserfassade aus den 50er Jahren verbirgt. An der Zhongshan Lu selbst sowie in der Fußgängerzone der Shengli Lu drängen sich weitere Bekleidungsgeschäfte und Boutiquen. Eine Riesenauswahl an Porzellan, Siegeln und Gemälden bietet der ***Jiangxi Antique Store*** in der Minde Lu.

GELD – ***Bank of China,*** Zhanqian Xi Lu, nahe Fushan-Kreisverkehr, ◷ Mo–Fr 9–11.30 und 14–17 Uhr.

GEPÄCKAUFBEWAHRUNG – Jeweils an Bahnhof und Busbahnhof, ◷ ca. 6–19 Uhr.

INTERNET – Es gibt drei gute Internet-Cafés (¥2/Std.): gegenüber der *Bank of China* in der Zhanqian Xi Lu; westlich des Youmin Si in der Minde Lu; sowie in der Gasse zwischen dem Hotel *Xiangshan Binguan* und der Shengli Lu.

KRANKENHAUS – ***First City Hospital,*** Xiangshan Lu.

POST UND TELEFON – Sowohl das Hauptpostamt als auch das Telekommunikationsgebäude liegen an der Kreuzung von Bayi Dadao und Ruzi Lu; ◷ beide tgl. 8–20 Uhr.

REISEBÜROS – Die meisten Unterkünfte verfügen über Reiseschalter, wo die Gäste Zug- und Flugtickets buchen können.

VORWAHL – 0791

Nahverkehrsmittel

Der **Stadtbus** Nr. 2 fährt vom Bahnhof via Bayi Dadao ins Zentrum und kommt auf seiner Rundfahrt entweder direkt an den Hotels vorbei oder hält ganz in deren Nähe. Als weitere Transportmittel stehen **Taxis** (¥6 Grundgebühr) und **Motor-Rikschas** zur Verfügung.

Transport

BUSSE – Der große **Überland-Busbahnhof** liegt etwa 1 km nordöstlich des Bahnhofs an der Bayi Dadao. Trotz seiner Größe und seiner Betriebsamkeit findet man sich hier gut zurecht und bekommt praktisch immer ein Ticket für den gewünschten Bus. Regelmäßig starten Minibusse und moderne Reisebusse zu Zielen in der Pro-

DAS YANGZI-BECKEN

vinz, z.B. nach Jiujiang, Lu Shan, Jingdezhen, zum Jinggang Shan oder nach Ganzhou (einige dieser Busse halten übrigens am Bahnhof). Außerdem gibt es Verbindungen zum Wuyi Shan in Fujian sowie zu Reisezielen in ganz Zentralchina.

Busse nach:
CHANGSHA 10 Std.;
HEFEI 12 Std.;
JINGDEZHEN 3 Std.;
JINGGANG SHAN 8 Std.;
JIUJIANG 2 Std.;
LU SHAN 4 Std.;
WUHAN 12 Std.;
YINGTAN 2 1/2 Std.

EISENBAHN – Der **Bahnhof** von Nanchang befindet sich 700 m östlich des Fushan-Kreisverkehrs am Ende der Zhanqian Lu; viele Einheimische glauben übrigens, dass die riesige quadratische Öffnung in der Bahnhofsfassade schlechtes *fengshui* bedeutet, und befürchten, der Wohlstand der Stadt könne auf den Schienen entschwinden. Nanchang liegt an der Eisenbahnlinie Kowloon–Beijing sowie nahe der Strecke Shanghai–Kunming und bietet darüber hinaus Verbindungen gen Südosten via Yingtan in die Provinz Fujian an. Tickets für Schlafwagen sind relativ einfach zu bekommen, allerdings muss man sich auf lange Warteschlangen einstellen; schneller geht es am Ticketschalter in der Supu Lu, am östlichen Eingang zum Bayi-Park, ◷ tgl. 8–16 Uhr, oder bei den Vertretungen der Fluggesellschaften in der Zhanqian Lu, die gegen einen geringen Aufpreis ebenfalls Zugfahrkarten verkaufen. Reisende ins südliche Jiangxi sollten wissen, dass „Jinggang Shan" nicht mit Ciping identisch ist, sondern 120 km östlich davon liegt.

Züge nach:
BEIJING 4x tgl., 14–19 Std.;
CHANGSHA 5x tgl., 7 Std.;
FUZHOU 3x tgl., 13 Std.;
GANZHOU 11x tgl., 5–7 Std.;
GUANGZHOU 5x tgl., 12–15 Std.;
HEFEI 3x tgl., 8 Std.;
JINGDEZHEN 4x tgl., 6 Std.;
JINGGANG SHAN 7x tgl., 3 Std.;
JIUJIANG 9x tgl., 2–5 Std.;
SHANGHAI 4x tgl., 11 Std.;
SHENZHEN 2x tgl., 13 Std.;
TUNXI 1x tgl., 9 Std.;
WUHAN 6x tgl., 9 Std.;
XIAMEN 1x tgl., 20 Std.;
YINGTANG 6x tgl., 2 1/2 Std.

FLÜGE – Der **Flughafen Xiangtan** liegt 28 km südlich von Nanchang und ist nur per Taxi erreichbar (ca. ¥100).

Fluggesellschaften:
China Eastern Airlines, Zhanqian Lu, neben dem *Youzheng Dasha,* ✆ 6100009, 📠 6104789; in der gleichen Straße befinden sich auch viele Vertretungen anderer Fluggesellschaften.

Flüge nach:
BEIJING 3x tgl., 2 1/4 Std.;
GANZHOU 4x wöchentl., 1 1/4 Std.;
HEFEI 2x wöchentl., 1 Std.;
GUANGZHOU 2x tgl., 1 1/4 Std.;
SHANGHAI 4x tgl., 1 Std.;
TUNXI 2x wöchentl., 3/4 Std.;
WUHAN 2x wöchentl., 3/4 Std.

Jiujiang

150 km nördlich von Nanchang liegt am Yangzi die Stadt Jiujiang, im 19. Jahrhundert ein blühender Vertragshafen und heute ein Sprungbrett für jene Touristen, die die sengende Sommerhitze der Niederungen gegen die frische Bergluft am nahen Lu Shan eintauschen wollen. Sowohl die Yangzi-Fähren als auch die Züge von Kowloon nach Beijing legen in Jiujiang einen Stopp ein. Von Nanchang gibt es außerdem täglich Busverbindungen nach Jiujiang und zum Lu Shan (S.S. 648) . Unterwegs bietet sich ein Aufenthalt in **Wucheng** an, wo der Gan Jiang in den Poyang Hu mündet. Das angrenzende **Hou-Niao-Baohu-Schutzgebiet** lockt zwischen November und März 160 Arten von Wildvögeln zum Überwintern an, vor allem Mandarinenten, Störche sowie einen Schwarm von 2000 seltenen Sibirischen Kranichen.

Jiujiang schmiegt sich an das **Südufer des Yangzi**, dort, wo sich der Poyang Hu in ein wahres Labyrinth von Wasserläufen ergießt, und trägt seinen Namen „Neun Flüsse" somit ganz zu Recht. Schon immer galt die kleine Stadt als bedeutender Umschlagplatz für die Flussschifffahrt. Zu be-

Jiujiang	九江	*jiŭjiāng*
Bailu Binguan	白鹿宾馆	*báilù bīnguăn*
Gantang Hu	甘棠湖	*gāntáng hú*
Kuanglu Binguan	匡庐宾馆	*kuānglú bīnguăn*
Nengren Si	能仁寺	*néngrén sì*
Xinhua Binguan	新华宾馆	*xīnhuá bīnguăn*
Xunyang Lou	寻阳楼	*xúnyáng lóu*
Yanshui-Pavillon	烟水亭	*yānshuĭ tíng*
Wucheng-Vogelschutzgebiet	误成鸟保护区	***wùchéng niăo băohùqū***

scheidenem Wohlstand brachte sie es während der Ming-Dynastie durch den Handel mit Porzellan aus Jingdezhen, das von hier aus in alle Teile Chinas verschifft wurde. In der Taiping-Rebellion wurde Jiujiang weitgehend zerstört, doch in den 60er Jahren des 19. Jahrhunderts als Vertragshafen wieder aufgebaut. Heute erlebt die Stadt – trotz der verheerenden Überflutung ihres Zentrums im Jahre 1998 – eine bescheidene Renaissance, und das Hafengebiet zeichnet sich vom Morgengrauen bis zum Abend durch ein überaus geschäftiges Treiben aus.

Das **Zentrum** von Jiujiang konzentriert sich auf das kleine Gebiet zwischen dem Nordufer des Gantang Hu und dem Yangzi: Die Xunyang Lu verläuft vom oberen Ende des Sees Richtung Westen zur Autobahn, während die 100 m nördlich verlaufende Parallelstraße Binjiang Lu dem Flussufer folgt. Eben dieses Viertel zwischen dem Yangzi und dem See gilt auch als interessanteste Ecke von Jiujiang – eine Ansammlung schmaler Gassen mit vielen kleinen Läden, in denen leuchtende Sommerkleidung, Porzellan und vieles mehr den Besitzer wechselt. Das winzige Inselchen im **Gantang Hu** wird komplett von dem malerischen **Yanshui-Pavillon** (Eintritt ¥5) eingenommen, ein geschmackvoll proportioniertes Ming-Gebäude zum Gedenken an den Tang-Poeten und Beamten Li Bai, der sich für den Damm und das umfassend restaurierte, mondförmige Schleusentor verantwortlich zeigte.

Ein zehnminütiger Spaziergang in südöstlicher Richtung über die Yuling Lu führt zu den roten Mauern und Blumenbeeten vor dem **Nengren Si** (Eintritt ¥2), dessen fünfstöckige Pagode sich über drei schlichte Hallen erhebt, von denen die größte gerade ausreicht, um eine hoch aufragende Buddha-Statue mit blauem Haar zu beherbergen. Wesentlich unterhaltsamer präsentiert sich das **Xunyang Lou**, ein „antikes" Weinhaus 1500 m östlich des Fährhafens in der Binjiang Lu, wo es über den Yangzi hinweg auf die Provinzen Anhui und Hubei blickt. 1986 als Ersatz für das ursprüngliche Gebäude aus der Tang-Dynastie erbaut, war es der literarische Schauplatz für eine Szene aus *Die Räuber vom Liangshan-Moor*, die chinesische Version der Legende von Robin Hood. Die lebendige Geschichte – übrigens eine von Maos Lieblingserzählungen – spielt größtenteils weiter östlich in der Provinz Zhejiang und erzählt von 108 rebellischen Helden, die oft blutrünstiger zugange waren als die grausamen Amtspersonen der Song-Dynastie, gegen die sie kämpften. In dem Weinhaus schrieb der künftige Anführer der Gesetzlosen, Song Jiang, in betrunkenem Zustand einige revolutionäre Verse an die Wand und wurde daraufhin zum Tode verurteilt, konnte jedoch in letzter Sekunde auf spektakuläre Weise gerettet werden. Wer mit der Geschichte vertraut ist, wird in den hier ausgestellten Porzellanfiguren einige der Helden dieser Geschichte erkennen, darunter natürlich Song Jiang sowie Liu Kei, der „Schwarze Wirbelwind". Das Restaurant im oberen Stockwerk lohnt einen Besuch zum Mittagessen und serviert so leckere Dinge wie *dongpo rouding* (gedünsteter und geschmorter Schweinebauch), Flussfisch, „Acht-Schätze"-Ente, Rührreier mit grünem Pfeffer oder *sunyang dabin* (ein Pfannkuchen, der von einem der Gesetzlosen erfunden wurde). ◷ tgl 9 Uhr bis spät, Eintritt ¥6. Ein Stück weiter östlich steht noch eine ältere **Pagode**, die schöne Blicke über den Fluss offeriert, wenn man die sieben wackligen Holztreppen heil überwunden hat.

Übernachtung und Essen

Die empfehlenswertesten Unterkünfte liegen zwischen dem Überland-Busbahnhof und dem See. Ein sehr gutes Preis-Leistungs-Verhältnis bietet das ***Xinhua Binguan*****, ✆ 8989222, 📠 8989999. Preisgünstigere Betten findet man im schäbigen ***Kuanglu Binguan****, ✆ 8228893, bzw. noblere Zimmer im ***Bailu Binguan*****, ✆ 8222818, 📠 8221915, ein elegantes Hotel für gut betuchte Reisegruppen.
An Sommerabenden treffen sich die Einheimischen in den Straßencafés am Nordufer des Gantang Hu, wo sie die Aussicht auf den Lu Shan und leckeres Essen genießen, z.B. Fisch- und Flusskrebs-Eintopf, gebratene Frösche oder Süßwasserschnecken. Liebhaber chinesischen Schnapses sollten sich eine Flasche *Jiuling Jiu* gönnen, das mit einem Tonsiegel verschlossene Feuerwasser der Gegend – einmal geöffnet, muss es jedoch komplett geleert werden.

Sonstiges

GELD – ***Bank of China***, zwischen Überland-Busbahnhof und See, ⏲ Mo–Fr 8.30–11 und 13.30–17 Uhr.

VORWAHL – 0792

Transport

BUSSE – Der **Überland-Busbahnhof** liegt 1500 m östlich des Bahnhofs (s.u.) und ist über die Xunyang Lu zu erreichen. Täglich bis 19 Uhr fahren Busse nach Nanchang sowie zum Lu Shan, außerdem gibt es Verbindungen nach Wuhan und Nanjing.
Busse nach:
CHANGSHA 13 Std.;
JINGDEZHEN 1–2 Std.;
HEFEI 8 Std.;
LU SHAN 2 Std.;
NANCHANG 2 Std.;
WUHAN 6 Std.

EISENBAHN – Jiujiangs **Bahnhof** liegt 3 km südöstlich des Fährhafens am unteren Ende des Gantang Hu. Die Buslinie Nr. 17 verbindet den Bahnhof mit dem Fährhafen und die Nr. 1 mit dem Busbahnhof.
Züge nach:
GANZHOU 7x tgl., 8 Std.;
HEFEI 3x tgl., 4 Std.;
NANCHANG 9x tgl., 2–5 Std.;
SHANGHAI 2x tgl., 15 Std.;
WUHAN 6x tgl., 4 Std.

FÄHREN – Das **Yangzi-Fährterminal** befindet sich am westlichen Ende der Binjiang Lu, wobei die Fahrplanauskunft und der Ticketschalter, ⏲ tgl. 8.30–11 und 14.30–17 Uhr, seitlich des Gebäudes und die Abfahrtshalle im mittleren Gebäudeteil zu finden sind.
Fähren nach:
GUICHI (zum JIUHUA SHAN und zum HUANG SHAN) tgl., 12 Std.;
NANJING tgl., 24 Std.;
SHANGHAI tgl., 48 Std.;
WUHAN 8x tgl., 12 Std.

Lu Shan

Die bewaldeten Berge des Lu Shan erheben sich jäh von den Ufern des Poyang Hu und steigen bis auf 1474 m an – eine willkommene Abwechslung zu den feuchtheißen Sommertemperaturen im Yangzi-Becken. Einst mit Tempeln übersät, wurde der Lu Shan Mitte des 19. Jahrhunderts von **Edward Little**, einem methodistischen Pfarrer und späteren Grundstücksspekulanten, zu einem Erholungsort für in China lebende Europäer entwickelt. Nachdem diese die Herrschaft über die Region verloren hatten, hielt die chinesische Elite Einzug: **Chiang Kai-shek** beispielsweise ließ in den 30er Jahren einen Sommersitz samt Ausbildungsstätte für Guomindang-Funktionäre errichten, und 20 Jahre später wurde am Lu Shan eine der wichtigsten Versammlungen der Mao-Ära abgehalten. Heute macht hier vor allem das chinesische Proletariat Urlaub und steigt in den Hotels und Sanatorien ab, die aus den ehemaligen Herrenhäusern hervorgegangen sind. Zwischen Frühling und Herbst ist es hier dermaßen voll, dass man die Landschaft kaum noch genießen kann. Als beste Jahreszeit für einen Besuch eignet sich demnach der – eiskalte – Winter, aber ein Wochenendaufenthalt reicht ohnehin aus, um sich einen Eindruck von der Gegend zu verschaffen.

Lu Shan

Guling	牯岭	***gŭlĭng***
Guling Fandian	牯岭饭店	*gŭlĭng fàndiàn*
Lushan Binguan	庐山宾馆	*lúshān bīnguăn*
Lushan Dasha	庐山大厦	*lúshān dàshà*
Lushan Villas	庐山别墅	*lúshān biéshù*
Meilu-Villa	美庐别墅	*mĕilú bié shù*
Lu Shan	庐山	***lúshān***
Botanischer Garten	植物园	*zhíwù yuán*
Lulin Hu	芦林湖	*lúlín hú*
Ruqin Hu	如琴湖	*rúqín hú*
Volkshalle	人民剧院	*rénmín jùyuàn*
Xianren Dong	仙人洞	*xiānrén dòng*

Guling

Die 30 km lange Anfahrt auf der kurvenreichen Straße von Jiujiang nimmt zwei Stunden in Anspruch – unterwegs sollte man unbedingt einmal anhalten und einen Blick zurück auf den gewaltigen, in der Sonne glitzernden See und den Yangzi werfen. Eine kurze weitere Pause entsteht notgedrungen an den Parktoren, wo das Eintrittsgeld in Höhe von ¥50 einkassiert wird. Nun ist es nicht mehr weit bis nach Guling in der Nordostecke des Lu Shan, das eine nette Basis für weitere Erkundungen darstellt. Als einzige „Sehenswürdigkeit" im Ort wäre die **Meilu-Villa** an der Hexi Lu zu nennen, Chiang Kaisheks ehemalige Residenz mit einer Ausstellung. Darüber hinaus bietet die Villa einen herrlichen Blick auf Gulings gepflasterte Straßen und das Mosaik aus roten Dächern und grauen Steingebäuden im europäischen Stil.

Ausflüge in die Berge

Über rund 300 km² erstreckt sich das **Hochland** des Lu Shan, das eine elliptische Plattform bildet und nach Südwesten hin abfällt. Die Zentralregion beeindruckt mit ihren Seen inmitten bewaldeter Berge, spektakulären Felsformationen, Wasserfällen und herrlichen Ausblicken von der senkrecht abfallenden Plateaukante. In Guling starten private Minibusse, die zu sämtlichen Orten am Lu Shan einen Einheitstarif von ¥10 pro Person verlangen und in der Guling Lu abfahren. Alternativ dazu kann man sich einer organisierten Tagestour anschließen (Abfahrt von der Bushaltestelle in der He Dong Lu), im Rahmen derer gleich mehrere sehenswerte Orte besucht werden.

Für Wanderfreunde bietet sich eine einfache, dreistündige Rundtour an, die in der Guling Lu beginnt. Vom Jiexin-Garten folgt man der Straße abwärts in südwestlicher Richtung bis zum **Ruqin Hu**, an dessen anderem Ende man auf den **Blumenweg** trifft. Dieser schlängelt sich am westlichen Klippenrand entlang und offeriert sagenhafte Blicke über das Jinxui-Tal. Unterwegs passiert man die **Xianren Dong** (Höhle des Unsterblichen), die einst von einem daoistischen Mönch bewohnt war und samt ihrer tröpfelnden Quelle noch heute aktiv als Schrein genutzt wird.

Am überwältigendsten zeigt sich die Landschaft am Südrand des Lu Shan. Eine vollständige Erkundung dieser Gegend ist nur auf einer langen Tageswanderung möglich, was viele auf die Verkehrsmittel hierher zurückgreifen lässt. Ein etwa einstündiger Spaziergang entlang der He Xi Lu und dann nach links führt an der unangenehm überfüllten **Volkshalle** (🕓 tgl. 8–17 Uhr, Eintritt ¥15) vorbei, wo Peng Dehui auf einer Zusammenkunft des Zentralkomitees im Jahre 1959 den *Großen Sprung nach Vorn* kritisierte, woraufhin er von Mao als „Rechter" angeprangert wurde – Ereignisse, die letztendlich zur Kulturrevolution führten. In unmittelbarer Nachbarschaft liegt der **Lulin Hu**, eine hübsche Seenlandschaft mit Drachenteichen und den ältlichen Drei Kostbaren Bäumen im Westen. Direkt östlich von hier (5 km auf der Straße, weniger auf den Wanderwegen) liegt Chinas einziger subalpiner **botanischer Garten**, von dem die allerschönsten Sonnenaufgänge am Lu Shan zu beobachten sind. Jedoch haben klare Tage am Lu Shan zugegebenermaßen Seltenheitswert, und die Gipfel verschwinden häufig in Nebelschwaden – weshalb ein hiesiges Getränk auch den passenden Namen „Wolkennebeltee" trägt.

Übernachtung und Essen

Im Sommer empfängt Guling sehr viele Gäste, und die Preise steigen in dem Maß, in dem die Verhandlungsbereitschaft sinkt – eine frühe Ankunft kann die Zimmersuche ungemein erleichtern. Dagegen purzeln im Winter die Preise und die Besucherzahlen, dafür wird es sehr kalt, und manchmal fällt sogar Schnee (Zimmer auf Heizung und Warmwasser überprüfen). Die nachfolgend genannten Tarife gelten für die Sommersaison.

Guling Fandian***, 104 He Dong Lu, etwa 100 m bergab von der Bushaltestelle, ✆ 8282200, 📠 8282209. Zwei Flügel, die sich an der Straße gegenüberliegen – der ältere Bereich ist billiger, aber die Zimmer im neueren Gebäude sind bedeutend schicker.

Lushan Binguan**, 446 He Xi Lu, ✆ 8282060, 📠 8282843. 10 Fußmin. vom *Guling* entfernt. Massive Steinvilla mit gewöhnlichen, billigeren Zimmern, qualitativ hochwertigen Suiten und einem netten Restaurant.

Lushan Dasha****, 506 He Xi Lu, ✆ 8282178. Ehemalige Ausbildungsstätte für Guomindang-Offiziere, die zum Hotel umgebaut wurde; hinter der trostlosen Fassade verbergen sich gut ausgestattete, komfortable Zimmer.

Lushan Villas****, nahe He Xi Lu, ✆ 8282927, 📠 8282275. Gruppe renovierter Landhausvillen in schöner, ruhiger Lage und nach verschiedenen historischen Persönlichkeiten benannt. Auf dem Gelände befinden sich auch zwei ausgezeichnete Restaurants.

Trotz des Touristenansturms bieten die zahlreichen Restaurants in Guling zumeist gute Qualität; einige hängen ihr Speisenangebot samt Preisen vor der Türe zur Einsicht aus. Die heimische Küche – Pilze und Fisch – kostet man am besten an den Imbissständen und offenen Restaurants rund um den Markt oder im ***Wurong Canting***, über einem Teeladen in der Fußgängerpassage.

Sonstiges

EINKAUFEN, GELD UND POST – Die wichtigsten Einrichtungen liegen in der Fußgängerpassage (50 m unterhalb der Bushaltestelle rechts ab) oder in der Guling Lu (am Ende der Passage gelegen): Souvenirläden mit **Landkarten**, eine **Post**, die ***Bank of China*** (für die Einlösung von Reiseschecks sind die größeren Hotels besser geeignet) sowie ein **Markt**, auf dem Gemüse, Bananen, Pfirsiche und Litschis verkauft werden.

VORWAHL – 0792

Transport

Bei der Anreise nach Guling halten die **Busse** gleich hinter dem Tunnel in der He Dong Lu, wobei die Minibusse aus Jiujiang ihre Fahrt unter Umständen an einer anderen Stelle beenden. Aufgrund des Einbahnstraßensystems starten die abfahrenden Busse in der Guling Lu, wo sich auch die Fahrscheinbüros befinden; Fernreisetickets sind unbedingt am Tag vor der Abreise zu buchen. Es verkehren regelmäßig Busse nach Jiujiang, Nanchang sowie zu anderen Destinationen. Wer keine Direktverbindung findet, fährt nach Jiujiang (für Wuhan und Reiseziele im Osten) oder nach Nanchang (für Bestimmungsorte im Süden und Westen).

Jingdezhen

Von Nanchang führen Straßen und Eisenbahnlinien gen Nordosten nach Jingdezhen, das auf der anderen Seite des Poyang Hu an der Grenze zur Provinz Anhui liegt. Auf der Schnellstraße via Jiujiang dauert die Fahrt nur drei Stunden, aber man kann den See natürlich auch entgegen des Uhrzeigersinns umrunden. Diese bedeutend langsamere Strecke passiert die ungepflegte Kupferstadt **Yingtan**, runde 180 km östlich von Nanchang, die vor Ort für den 20 km südlich gelegenen daoistischen Rückzugsort **Longhu Shan** (Drachen-Tiger-Berg) bekannt ist. Yingtans Bahnhof (mit Anschluss an Züge nach Südosten in die Provinz Fuji-

Jingdezhen und Yingtan

Jingdezhen	景德镇	***jǐngdézhèn***
Alte Porzellanwerkstatt	古窑瓷厂	*gǔyáo cíchǎng*
Changcheng Binguan	长城宾馆	*chángchéng bīnguǎn*
Jingdezhen Joint Venture Hotel	景德镇合瓷宾馆	*jǐngdézhèn hécí bīnguǎn*
Longzhu Ge	龙珠阁	*lóngzhū gé*
Museum für Keramikgeschichte	陶瓷历史博物馆	*táocí lìshǐ bówùguǎn*
Zhongjin Dajiudian	中锦大酒店	*zhōngjǐn dàjiǔdiàn*
Yingtan	鹰潭	***yīngtán***
Changcheng Binguan	长城宾馆	*chángchéng bīnguǎn*
Longhu Shan	龙虎山	*lónghǔ shān*

an) und Busbahnhof liegen sich an der Sihai Lu gegenüber und versammeln in ihrer Nachbarschaft mehrere einfache **Hostels** (¥80) sowie das *Changcheng Binguan***. Weitere fünf Stunden sind nötig, um per Bus von Yingtan nach Jingdezhen zu gelangen – mit dem Zug dauert es nur halb so lang.

Schon seit mindestens 2000 Jahren werden in Jingdezhen Keramikwaren hergestellt, die dank der geografischen Lage der Stadt und dank der Landespolitik nach wie vor die Haupteinnahmequelle der Bevölkerung bilden. Jingdezhen liegt in einem Flusstal, das nicht nur über reiche Vorkommen an brennfähigem Ton verfügt, sondern auch über den Feldspat, der zur Umwandlung von Ton in **Porzellan** erforderlich ist. Als die Ming-Herrscher im 14. Jahrhundert ihre Vorliebe für feines Porzellan entwickelten, erschien ihnen Jingdezhens Lage in Nähe zur ursprünglichen Hauptstadt Nanjing als sehr günstig. So wurde hier 1369 ein **kaiserlicher Brennofen** gebaut, dessen Waren dermaßen hoch geschätzt waren („weiß wie Jade, dünn wie Papier, klar wie ein Spiegel und mit dem Klang einer Glocke"), dass Jingdezhen auch dann noch bevorzugt wurde, als die Ming ihren Hof 50 Jahre später nach Beijing verlegten.

Mit zunehmender Nachfrage experimentierten die Werkstätten mit neuen **Glasuren** und kreierten eine klassische Reihe dekorativer Stile: *qinghua* (blau und weiß), *jihong* (Regenbogen), *doucai* (blau-weiße Überglasur) und *fencai* (mehrfarbige *famille rose*). Im 17. Jahrhundert erreichten die ersten Exemplare Europa und erfreuten sich gleich einer so großen Beliebtheit, dass sich sogar das Wort für Porzellanerde (Kaolin) von deren Herkunftsort **Gaoling** ableitete. Die Fabriken spezialisierten sich mehr und mehr auf **Exportwaren**, deren Formen und Verzierungen dem europäischen Geschmack angepasst wurden und die über die boomenden Märkte von Kanton in die ganze Welt gelangten. Die berühmte **Nanking-Fracht**, bestehend aus 150 000 Teilen, die 1752 aus dem Schiffswrack der holländischen *Geldermalsen* geborgen und 1986 versteigert wurden, war solch eine Sendung. Im Zuge der Weiterentwicklung der europäischen Keramiktechnologie gegen Ende des 18. Jahrhunderts minderten sich die Auslandsverkäufe zwar erheblich, doch konnte Jingdezhen überleben, indem es die Innovationen zugunsten der Fließbandherstellung opferte. Noch heute beschäftigen die vielen privaten und staatlichen Brennöfen der Stadt etwa 50 000 Menschen.

Jingdezhen ist von Reisfeldern und Teeterrassen umgeben, aber eine äußerst umweltverschmutzte Stadt, die unter den zahlreichen Porzellanfabriken im Zentrum zu leiden hat. Der Großteil der Stadt erstreckt sich am Ostufer des **Chang Jiang** (das ist nicht der Yangzi, sondern ein kleinerer Fluss desselben Namens), von dem die **Zhushan Lu** 1 km gen Osten zum zentralen **Guangchang** verläuft, ein Platz, an dem mehrere Straßen aufeinander treffen. Eine Aussicht über Jingdezhen und seine vielen hohen Schornsteine bietet sich an der Zhonghua Bei Lu von dem vierstöckigen **Longzhu Ge** (Drachenperlen-Pavillon), eine hübsche Holzkonstruktion mit orangefarbenen Fliesen, die nach dem Vorbild des Yueyang-Turms in Hunan erbaut wurde (s. S.

636). Die Touristen kommen jedoch nicht wegen der Aussicht, sondern wegen des Porzellans nach Jingdezhen, das gänzlich auf dieses Geschäft ausgerichtet ist. Es gibt zwar ein paar Touristenläden, doch weitaus amüsanter – und um vieles billiger – sind die **Märkte** südlich des Guangchang an der Jiefang Lu, wo die Gehwege förmlich überquellen von allen möglichen und unmöglichen Dingen, die jemals aus Porzellan hergestellt wurden: meterhohe Vasen, lebensgroße Hunde, Geschirr im westlichen und chinesischen Stil, alte Reproduktionen gelb- und grünglasierter Tang-Kamele, unansehnliche Statuetten buddhistischer und historischer Gestalten sowie schlichte Pandabären für den Kaminsims. Es ist ein wahrhaft surrealer Anblick, ebenso wie die chinesischen Besucher, die ganze Wagenladungen davon wegkarren.

Museum für Keramikgeschichte

Wer sich für die Porzellanherstellung interessiert, sollte sich entweder einer der vom *CITS* organisierten **Fabrikbesichtigungen** anschließen oder das Museum für Keramikgeschichte besuchen. Normalerweise ist das Museum eher still, doch sobald sich eine größere Reisegruppe ankündigt, werden die Werkstätten in Betrieb genommen. Das Museum liegt außerhalb der Stadt und ist mit der Buslinie Nr. 3 zu erreichen – von der Zhushan Lu zur Endhaltestelle an der Cidu Dadao fahren, dort die Straße überqueren und durch das gegenüberliegende Ziertor gehen. Ein 15-minütiger Spaziergang durch Felder führt dann zu einer erstaunlichen Ansammlung antiker Gebäude, die in zwei Bereiche unterteilt sind. Das eigentliche Museum ist in einer Ming-Villa untergebracht, deren verzierte Querträger, von Mauern umgebene Gärten und vergoldete Dachvorsprünge weitaus interessanter erscheinen als die zweitklassige Keramikausstellung, obwohl diese einen umfassenden Überblick über die Geschichte des Porzellans gibt: von 1000 Jahre alten Brennofenteilen über die klassische Schlichtheit der Ming-Ära bis zu den bunten Extravaganzen des späten 19. Jahrhunderts. Nebenan verbirgt ein weiterer ummauerter Garten die **Alte Porzellanwerkstatt** samt konfuzianischem Tempel und funktionstüchtiger Töpferei, wo das gesamte Verfahren des Drehens, Modellierens und Glasierens vorgeführt wird. Dahinter steht ein wackliger, zweistöckiger Brennofen, voll gepackt mit den unglasierten, gelben Schutzhüllen, die man häufig auch vor den Feldöfen in dieser Gegend zu sehen bekommt – sie dienen dazu, die kostbaren Porzellanwaren während dem Brennprozess vor eventuell herumfliegenden Stücken zu schützen. ⏲ tgl. 9–17 Uhr, Eintritt ¥15 je Abteilung.

Übernachtung und Essen

Über ein Mittelmaß gehen die Unterkünfte von Jingdezhen nicht hinaus. Die beste Wahl unweit des Bahnhofs ist das ***Zhongjin Dajiudian****, Tongzhan Lu, ✆ 7020888.

In Nähe des Guangchang liegen das ***Changcheng Binguan****, Xinshu Xi Lu, ✆ 8226727, 📠 8214246, sowie das schäbige, aber freundliche ***Jinsheng Dajiudian*****, ✆ 823 2728.

Nobelste Unterkunft der Stadt ist das hübsch gelegene ***Jingdezhen Joint Venture Hotel******, Lianshi Bei Lu, 1 km nördlich des Guangchang im Lianhuata-Park, ✆ 8225012, 📠 8226416.

Östlich des Guangchang, in der Tongzhan Lu, bieten Essensstände Eintöpfe und gebratene Gerichte an.

Sonstiges

GELD – ***Bank of China***, Tongzhan Lu.

INTERNET – In der Zhonghua Bei Lu, nahe dem Longzhu Ge, gibt es mehrere kleine Internet-Cafés (¥2).

POST – Das ***Hauptpostamt*** liegt westlich des Flusses in der Zhushan Lu.

REISEBÜROS – ***CITS***, im *Jingdezhen Joint Venture Hotel*.

VORWAHL – 0798

Transport

BUSSE – Der neue **Überland-Busbahnhof** liegt 3 km nordwestlich des Guangchang auf der anderen Seite des Flusses. Zwischen Bahnhof und Busbahnhof verkehrt der Bus Nr. 28 (¥1) via Zhushan Lu und Guangchang.

Busse nach:
JIUJIANG 1–2 Std.;
NANCHANG 3 Std.;
YINGTAN 2 1/2 Std.

EISENBAHN – Der **Bahnhof** liegt 1500 m südöstlich des Guangchang in der Tongzhan Lu. Es verkehren Züge gen Nordosten nach Tunxi in Anhui, Nanjing und Shanghai sowie in südwestlicher Richtung nach Yingtan und Nanchang. Aufgrund der teilweise chaotischen Zustände auf dem Bahnhof sollte man für den Fahrscheinkauf etwas mehr Zeit einplanen – und nicht erwarten, etwas anderes als einen Platz in der Hartsitzklasse zu bekommen.
Züge nach:
HEFEI 1x tgl., 10 Std.;
NANCHANG 4x tgl., 6 Std.;
SHANGHAI 1x tgl., 17 Std.;
TUNXI 6x tgl., 3–5 Std.

Der Süden von Jiangxi

Als Zhou Enlai und Zhu De nach ihrem gescheiterten Aufstand aus Nanchang vertrieben wurden, flohen sie in die Berge des **Jinggang Shan**, 300 km südwestlich der Stadt an der gebirgigen Grenze zu Hunan. Hier trafen sie auf Mao, dessen Herbsternteaufstand in Hunan ebenfalls misslungen war. Die Reste der beiden Armeen taten sich zusammen und bildeten die ersten echten VBA-Divisionen. Ihre erste Basis hatten sie in Nähe der ländlichen Stadt **Ciping**, wo die Kommunisten blieben, bis sie 1934 von der Guomindang vertrieben wurden – obwohl die VBA bereits 1931 in Ruijin, an der Grenze zu Fujian, eine Chinesische Sowjetrepublik ausrief.

Dank neuer Straßen ist der Jinggang Shan einigermaßen gut zu erreichen, zieht aber keine großen Touristenmassen an – wahrscheinlich weil alles andere so weit entfernt liegt. Somit kann eine Reise dorthin als angenehmes Unterfangen bezeichnet werden, denn an schönen Wäldern und Wanderwegen mangelt es nicht. Ciping liegt acht Stunden Busfahrt von Nanchang entfernt, wobei man unterwegs an der alten Flussstadt **Ji'an** vorbeikommt, deren Wahrzeichen **Yunzhang Ge** (Pavillon der Wolkensekte) auf einer bewaldeten Insel mitten im Fluss erbaut wurde. Auch per Zug ist der Jinggang Shan erreichbar, entweder über **Ganzhou** im Süden oder über Jinggang Shan im Osten, aber in beiden Fällen verbleibt eine 120 km lange Busfahrt bis zum eigentlichen Ziel.

Ciping

Was seine Größe betrifft, ist Ciping, auch als **Jinggang Shan Shi** bekannt, nicht mehr als ein Dorf. In den 30er Jahren von Artilleriefeuern vollkommen zerstört, wurde es nach der kommunistischen Machtübernahme als enormes revolutionäres Relikt wieder aufgebaut. Nur den Begrünungsprojekten aus jüngerer Zeit ist es zu verdanken, dass der Ort mit all seiner zutiefst heroischen Architektur und seinen Monumenten etwas aufgelockert wurde und heute wieder einen eher ländlichen Charme versprüht. Die beiden Hauptstraßen verlaufen in Form einer 2 km langen Ellipse, deren untere Hälfte von einer – besonders bei umherstreifenden Rindern beliebten – Grünanlage mitsamt See und winzigem Vergnügungspark ausgefüllt wird, wo sogar ein echtes MiG-Kampfflugzeug zum Spielen steht.

Die nüchternen historischen Baudenkmäler von Ciping kann man schnell hinter sich lassen, da die umliegenden Berge ohnehin ein viel besseres Gefühl für das damalige Leben der kommunistischen Guerillakämpfer vermitteln. Fünf Minuten westlich des Busbahnhofs liegt das gedrungene **Märtyrergrab**, das oberhalb einer breiten Treppe thront und den Bergen zugewandt ist – es gedenkt der Kämpfer, die bei der Verteidigung eben jener Berge ihr Leben ließen. Das **Revolutionsmuseum**, in dem Schilder das Rauchen, Spucken und Lachen verbieten, zeigt fast ausschließlich Landkarten, welche die Schauplätze der Gefechte sowie die Truppenbewegungen bis zum Jahre 1930 verdeutlichen – danach hatten die Kommunisten einige schwere Niederlagen hinzunehmen. Bildern von einem lächelnden, zu Bauernarmeen predigenden Mao hängen Steinschlossgewehre, Granatwerfer und andere Waffen gegenüber, aus denen sich das Arsenal der Kommunisten anfangs zusammensetzte und die womöglich andeuten sollen, dass letztendlich immer die Rechtschaffenheit siegt. ⏲ tgl. 8–16 Uhr, Eintritt ¥12.

Auf banalerer Ebene vermittelt eine Gruppe von Lehmhütten auf der anderen Seite des Parks im **Ehemaligen Revolutionären Hauptquartier** eine

DAS YANGZI-BECKEN

Der Lange Marsch Im Jahre 1927 begann Chiang Kaishek, der neue Führer der rechtsgerichteten nationalistischen Guomindang-Regierung, einen besessenen Krieg gegen die damals sechs Jahre alte Kommunistische Partei Chinas, indem er einen Gewerkschaftsstreit in Shanghai als Vorwand nutzte, um die Führungspersönlichkeiten zu ermorden. In den Untergrund getrieben, errichteten die Kommunisten ein halbes Dutzend abgelegener ländlicher Stützpunkte (Sowjets) in Zentralchina, darunter die **Armee der Vierten Front** im nördlichen Sichuan unter der Führung von **Zhang Guotao**, der **Hunan-Sowjet** unter Führung des unerschütterlichen Bauerngenerals **He Long** sowie der **Jiangxi-Sowjet** in den Jianggan-Bergen unter der Leitung von Mao und Zhu De, dem kommunistischen Oberbefehlshaber.

Obwohl anfangs nur spärlich bewaffnet, wehrte der Jiangxi-Sowjet die Vertreibungsversuche von Seiten der Guomindang erfolgreich ab, eignete sich in diesem Prozess bessere Waffen an und füllte seine Reihen mit unzufriedenen Bauern und Überläufern von der nationalistischen Seite auf. Jedoch überschätzte er seine Position, gab 1933 die erprobte Guerillataktik Maos auf und wurde daraufhin in mehrere verheerende offene Schlachten verwickelt. Chiang – der bei all seinem Eifer, die Kommunisten zu besiegen, das Eindringen der Japaner in die Mandschurei ignorierte – blockierte die Berge mit einem immer enger werdenden Ring von Bunkern und Stacheldraht und plante die systematische Vertreibung der Guerillas durch Artilleriebeschuss. Eingeschlossen und mit der endgültigen Niederlage vor Augen, beschloss die aus etwa 80 000 Roten Kämpfern bestehende **Armee der Ersten Front** im Oktober 1934, die Blockade zu durchbrechen und den Rückzug nach Westen anzutreten, um sich später mit dem Hunan-Sowjet zusammenzutun – das war der Beginn des Langen Marsches.

Zermürbende 30 km pro Tag waren durchschnittlich zurückzulegen, und die Kommunisten zogen, wann immer möglich, bei Dunkelheit weiter, sodass es dem Feind schwer fiel, ihre exakte Position auszumachen – und trotzdem mussten sie täglich neue Gefechte austragen. Den Kommunisten kam zugute, dass viele mutmaßliche Guomindang-Divisionen in Wirklichkeit Armeen waren, die lokalen Warlords unterstanden. Diese hatten Chiang Kaishek nur symbolisch ihre Treue gelobt und sahen keinen wirklichen Grund zur Bekämpfung der Kommunisten, als ihnen klar wurde, dass sich die Rote Armee ihrer Territorien nicht bemächtigen wollte, sondern nur vorbeizog. Nach schweren Verlusten in einer Schlacht am **Xiang-Fluss** unweit von Guilin in Guangxi wurden die Marschierenden jedoch an ihrem weiteren Vorstoß nach Norden durch überlegene Guomindang-Truppen gehindert, die entschlossen waren, deren Zusammenschluss mit dem Hunan-Sowjet zu vereiteln. So waren die Kommunisten gezwungen, gen Westen nach Guizhou vorzudringen, wo sie im Januar 1935 die Stadt **Zunyi** einnahmen. In Anbetracht ihrer mittlerweile durcheinander geratenen Machtstruktur und ihrer geringen Chancen berief man eine Krisensitzung der Parteispitze ein, die als **Zunyi-Konferenz** in die Geschichte ein- und aus der **Mao** als unumstrittener Führer der Kommunistischen Partei Chinas hervorging. Er erhielt das Mandat, sich mit Zhang Guotao in Sichuan zu vereinen und „nach Norden zu gehen, um die Japaner zu bekämpfen". Während der folgenden Monate kreisten sie durch Yunnan und Guizhou und versuchten, die Guomindang abzuschütteln, wobei sie 20 Regimenter der Provinzarmee von Guangxi am **Loushan-Pass** besiegten. Dann rückten sie plötzlich nach Sichuan vor, überquerten den Jinsha-Fluss und eroberten in einer der berühmtesten Aktionen des Marsches die **Luding-Brücke** am Dadu-Fluss. Danach mussten sie den **Daxue Shan** (Großes Schneegebirge) überwinden, wo Hunderte an Erschöpfung, Erfrierung und Höhenkrankheit zugrunde gingen, bevor die Überlebenden jenseits der Berge auf die Armee der Vierten Front trafen.

Das Aufeinandertreffen dieser beiden Hauptabteilungen der Roten Armee ging nicht ohne Spannungen vonstatten, da sich Mao und Zhang Guotao nicht über das militärische Oberkommando einigen konnten. Mao, dem die Unterstützung der Partei gewiss war, wollte mit dem Widerstand gegen die Japaner beginnen, doch Zhang glaubte sich durch seine besser ausgerüsteten Truppen und seine bessere Ausbildung überlegen und wollte im äußersten Westen von Sichuan zunächst einen kommunistischen Staat gründen. Schließlich gab er nach und übernahm zusammen mit Mao die Kontrolle über verschiedene Kolonnen, um das letzte vor ihnen liegende, natürliche Hindernis im nördlichen Sichuan, das **Aba-Grasland**, zu überwinden. Während Mao in den Sümpfen steckenblieb und sich mit feindseligen Nomaden und schwindenden Lebensmittelvorräten abplagen musste, zog sich Zhang mit seiner Truppe ganz unvermittelt nach **Garzê** zurück, wo er eine unabhängige Regierung einsetzte. Indes bahnte sich Mao samt den Überresten der Ersten Front seinen Weg durch das südliche Gansu – wo durch moslemische Anhänger der Guomindang weitere Verluste hinzunehmen waren – und erreichte im Oktober 1935 das kommunistisch besetzte **Yan'an** in der Provinz Shaanxi. Obwohl die dortigen Berge später zu einem der wichtigsten kommunistischen Stützpunkte werden sollten, konnte nur ein Viertel der 12 Monate zuvor in Jiangxi gestarteten Kämpfer die 9500 km lange Reise zu Ende bringen. Zhang wurde bald von Chiangs Truppen aus dem westlichen Sichuan vertrieben und kämpfte sich nach seinem Zusammenschluss mit He Long bis nach Shaanxi durch, sodass weitere 20 000 Anhänger zu den kommunistischen Reihen aufschlossen. Dort versöhnte er sich im Oktober 1936 mit Mao, bevor er später zur Guomindang überlief.

In seinem unmittelbar nach dem Langen Marsch verfassten Resümee räumte Mao ein, hinsichtlich der Verluste und des Scheiterns der Roten Armee bei der Verteidigung ihrer ursprünglichen Positionen gegen die Nationalisten habe die Guomindang den Sieg davongetragen. Und doch könne der Marsch – langfristig gesehen – als unglaublicher Erfolg gewertet werden, der die Partei unter der Führung Maos geeint, die kommunistischen Ziele klar definiert und dabei noch eine **Legende** geschaffen habe, die das weit verbreitete Bild von den Kommunisten als einer von vielen Rebellentruppen, die sich gegen die Zentralgewalt auflehnten, zugunsten einer entschlossenen, ehrlichen und patriotischen Bewegung wandelte. Nach Zunyi nutzte Mao den Marsch bewusst als Propagandamittel, um den kommunistischen Glauben im Bauernvolk zu verankern. Er öffnete Gefängnisse in eroberten Guomindang-Städten und warb für Toleranz und Zusammenarbeit mit Minderheitengruppen (wenn auch nicht immer mit Erfolg).

Mao bemerkte ganz richtig: „Wie hätte die breite Masse ohne den Langen Marsch so schnell von der Existenz der großen Wahrheit erfahren können, die die Rote Armee verkörpert?"

Vorstellung davon, wie Ciping ursprünglich ausgesehen haben mag. Da Mao und Zhu De hier ihre Guerilla-Aktivitäten koordinierten und dies auch der Ausgangspunkt für den Langen Marsch war, handelt es sich um die größte Attraktion für reisende Kader. ⏲ tgl. 8–16 Uhr, Eintritt ¥12.

Übernachtung und Essen

Etwa 100 m unterhalb des Busbahnhofs liegt linkerhand das ***Jinggang Shan Fandian****, ✆ 655 2328, ein komfortables chinesisches Hotel, dessen scheinbar endlose Flügel und Flure eine riesige Anzahl von Betten beherbergen, darunter Dreibett-Dorms (¥45 p.P.) mit eigenem Bad.

Läuft man vom Busbahnhof bergab und biegt in die erste Straße rechts ein, so gelangt man zum ***Jinggang Shan Binguan*****, ✆ 6552272, 📠 655 2221, das bei reisenden Funktionären beliebt, aber sonst etwas trostlos ist.

In der Nähe des Busbahnhofs befinden sich mehrere Restaurants.

Sonstiges

EINKAUFEN – Auf dem Weg vom Busbahnhof zum Hotel *Jinggang Shan Binguan* passiert man den Touristenmarkt von Ciping, wo u.a. heimische Teesorten, Wolkenohrpilze und Bambuswurzeln, in die Gesichter geschnitzt wurden, den Besitzer wechseln.

GELD – ***Bank of China,*** nahe dem *Jinggang Shan Fandian* und dem Ehemaligen Revolutionären Hauptquartier, 🕒 Mo–Fr 9–11.30 und 14–17 Uhr.

REISEBÜROS – ***CITS,*** im *Jinggang Shan Binguan,* ✆ 6522504, ohne feste Öffnungszeiten; kann unter Umständen eine Rundfahrt mit englischsprachigem Reiseleiter organisieren und hilft beim Verständnis der ungenauen **Wanderkarten**, die am Busbahnhof und vor dem Museum erhältlich sind.

VORWAHL – 0791

Transport

BUSSE – Der **Busbahnhof** von Ciping liegt mitten im Zentrum und bietet Verbindungen nach Nanchang und Ganzhou sowie nach Hengyang in der Provinz Hunan, wo man Anschluss an Busse und Züge nach Süd- und Zentralchina bekommt.
Busse nach:
GANZHOU 6 Std.;
HENGYANG 8 Std.;
JINGGANG SHAN 2 Std.;
NANCHANG 8 Std.

Jinggang Shan

Nachdem man sich durch die furchtbar ernsten Ausstellungen von Ciping gekämpft hat, ist es sehr erholsam, in die überraschend raue Landschaft des Jinggang Shan zu entfliehen. Einige der Gipfel halten – mit etwas Glück – prächtige Blicke auf den Sonnenaufgang bereit, darüber hinaus locken die farbenfrohe Pflanzenwelt, natürliche Kiefern- und Bambuswäldchen, tiefgrüne gemäßigte Nebelwälder sowie Unmengen von Schmetterlingen und Vögeln. Wer einen Tagesausflug zu den sehenswerten Orten der Umgebung plant, sollte sich bei *CITS* um einen Jeep mit Fahrer bemühen oder einen der Minibusse vom Bahnhof nehmen.

Wanderern wird sich das Problem der ungenauen Landkarten in den Weg stellen. Zudem sind die Ortsansässigen unter Umständen sehr schüchtern gegenüber Fremden und laufen weg, sobald sie nach dem Weg gefragt werden. Relativ einfach zu finden und noch dazu eine der schönsten Gegenden hier ist das **Wulong Tan** (Fünf-Drachen-Becken), das etwa 8 km nördlich vom Märtyrergrab liegt. Vom Ende der Straße führt ein Pfad zu der Stelle, wo zwischen kiefernbewachsenen Gipfeln romantisch schöne Wasserfälle in eines der Becken stürzen (von denen es insgesamt acht Stück gibt). Ebenso weit entfernt, aber in südlicher Richtung, erhebt sich der Jinggang Shan, auch als **Wuzhi Feng** bekannt, der mit seinen 1586 m den höchsten Punkt des Gebirges darstellt. Um hierher zu gelangen, folgt man der Straße, in der die *Bank of China* liegt, stadtauswärts und wendet sich dann nach rechts, wo man über einen ansteigenden betonierten „Zufahrtsweg" an ein paar Fabrikgebäuden vorbei zu einer Piste gelangt, die sich nach etwa zehn Minuten gabelt. Hier geht es links hinunter zu einer Brücke, die man überquert, und weiter an einem riesigen Steinbruch und einem **Tunnel** vorbei bis zu Stufen, über die man ein kleines Waldstück voller Ingwer, Farne und moosbedeckter Bäume erreicht. Von hier führen noch mehr Stufen hinauf bis zu dem spitzen und spärlich bewaldeten Gipfel des Wuzhi Feng. Der letzte Wegabschnitt ist recht rutschig und nur wenig benutzt, sodass man die herrliche Landschaft ganz für sich alleine hat und darüber nachsinnen kann, wie die Kommunisten diese Gegend erlebt haben mögen. Wer seinen Blick etwas mehr auf die Büsche am Wegesrand konzentriert, entdeckt unter Umständen ein paar außergewöhnliche Insekten: bunte Grillen, Skarabäen mit orangefarbenen Fühlern sowie riesige, buschige Raupen.

Ganzhou

Ganzhou liegt sechs Stunden südlich des Jinggang Shan auf der subtropischen Seite der Gebirgsketten von Jiangxi und nur einen Katzensprung von der Grenze zu Guangdong entfernt. Durch seine Lage an der Bahnlinie Kowloon–Beijing empfiehlt sich Ganzhou – das eine für Jiangxi ganz besondere Atmosphäre ausstrahlt – für einen interessanten Kurzaufenthalt zur Unterbrechung der Reise.

Für chinesische Maßstäbe ist Ganzhou ein relativ kleiner Ort. Das Leben konzentriert sich hauptsächlich um den **Nanmen Guangchang** (Südtor-Platz), von wo die Wenqing Lu gen Norden durchs

Der Süden von Jiangxi

Ciping	茨坪	***cípíng***
Ehemaliges Revolutionäres Hauptquartier	革命旧居群	*gémìng jiùjūqún*
Jinggang Shan Binguan	井岗山宾馆	*jǐnggǎngshān bīnguǎn*
Jinggang Shan Fandian	井岗山饭店	*jǐnggǎngshān fàndiàn*
Märtyrergrab	烈士纪念堂	*lièshì jìniàntáng*
Revolutionsmuseum	井岗山博物馆	*jǐnggǎngshān bówùguǎn*
Jinggang Shan	井岗山	***jǐnggāng shān***
Wulong Tan	五龙潭	*wǔlóng tán*
Wuzhi Feng	五指峰	*wǔzhǐ fēng*
Ganzhou	赣州	***gànzhōu***
Bajing-Park	八境公园	*bājìng gōngyuán*
Ji'an	吉安	***jí'ān***

Zentrum bis zum Bajing-Park und zum Fluss verläuft. Als Ganzhous Hauptverkehrsader von Ost nach West fungiert die Hongqi Lu.

Die Stadt verteilt sich über eine fast dreieckige Halbinsel, an der sich der Gong Shui und der Zhang Shui zum **Gan Jiang** vereinen, der von hier in nördlicher Richtung bis nach Nanchang und in den Poyang Hu fließt.

Ganzhou war einst ein strategisch wichtiger Hafen an der Route zwischen Zentral- und Südchina – in den 30er Jahren hatte Chiang Kaisheks Sohn hier den Posten des Gouverneurs inne und warf zweifellos ein scharfes Auge auf die Ereignisse am Jinggang Shan. Aus dieser Zeit ist erstaunlich viel erhalten geblieben. Den nördlichen Teil der Halbinsel umgeben mehrere Kilometer **Befestigungsmauern**, an deren Spitze der **Bajing-Park** (Eintritt ¥8) liegt. Diese ungepflegte Anlage aus Weiden und Teichen erhält nur durch die **Bajing Tai** ein Gesicht, eine Plattform mit Turm, dessen rostige Kanonen allerdings schon lange nicht mehr auf die passierenden Lastschiffe gerichtet sind. Vom Parkausgang kann man den Mauern in südöstlicher Richtung über die Zhongshan Lu folgen und dann durch Straßenzüge im Stil der 30er Jahre bis zum **Osttor** mit seinen noch funktionierenden Fallgittern spazieren.

Auf der anderen Seite liegt ein kleiner Markt, am Fluss liefern sich Menschen und **Kormorane** ein Wettfischen, und zahllose Radfahrer schieben ihren Drahtesel über die niedrige **Ponton-Brücke** ans andere Ufer. Brücken wie diese bestanden ursprünglich aus flachen, aneinander geketteten Booten (hier sind die mittleren Schwimmkörper aus Stahl) mit Holzabdeckung und waren bis in die 50er Jahre hinein in der Region sehr verbreitet – billig im Aufbau und bei Überschwemmungen oder Kriegen problemlos zu entfernen. Schaut man von der Mitte der Brücke auf die Befestigungsmauern zurück, so wird Ganzhous Verteidigungsstrategie deutlich: Lange hat es sicherlich nicht gedauert, bis die Brücke entfernt, die Fallgitter heruntergelassen und die Kanonen geladen waren.

Zurück im Zentrum lohnt das südwestliche Stadtviertel noch einen Besuch. In den Straßen und schmalen Gassen entdeckt man viele ältere Bauwerke, darunter Qing-Häuser, Läden mit Säulengängen im Kolonialstil, kleine Tempel und eine Pagode – alles nicht unbedingt bedeutend, aber stimmungsvoll, auch wenn der Abriss unaufhörlich näher rückt.

Übernachtung und Essen

Preisgünstige Unterkünfte findet man nördlich des Busbahnhofs in der Bayi Si Dadao, doch nettere Zimmer bietet das ***Ganzhou Fandian*****, 29 Hongqi Dadao, nahe Nanmen Guangchang,

✆ 8280118, ℻ 8280128, das gar nicht so teuer ist, wie es aussieht.
Gutes Essen gibt es in der Wenqing Lu: Gerichte westlicher Art und Kaffee werden im oberen Stockwerk des ***Spring of Taipei,*** Wenqing Lu, gereicht; 500 m entfernt, an der Wenqing Lu, Ecke Qingnian Lu, steht eine Filiale von ***Dicos***; extrem beliebte Eintöpfe werden im nahen ***Wuzhou Kuaican*** serviert, und Brötchen, Sojamilch sowie Snacks bietet das rechts davon gelegene ***Yonghe Doujiang***.

Sonstiges

GELD – ***Bank of China,*** Wenqing Lu.

POST – Das ***Postamt*** liegt am Nanmen Guangchang.

VORWAHL – 0797

Transport

BUSSE – Der **Überland-Busbahnhof** liegt an der Bayi Si Dadao, 3 km vom Zentrum entfernt in der südöstlichen Ecke der Stadt; von hier fährt die Buslinie Nr. 2 zum Nanmen Guangchang. Es gibt nützliche Busverbindungen nach Shaoguan und Guangzhou in der südlich gelegenen Provinz Guangdong.

EISENBAHN – Der **Bahnhof** befindet sich noch weiter außerhalb des Zentrums, in derselben Richtung wie der Busbahnhof. Auch von hier besteht eine Verbindung zum Nanmen Guangchang mit dem Stadtbus Nr. 2.
Züge nach:
BEIJING 1x tgl., 22 Std.;
GUANGZHOU (Ost) 3x tgl., 8–10 Std.;
HEFEI 1x tgl., 14 Std.;
JINGGANG SHAN 1x tgl., 1 3/4 Std.;
JIUJIANG 7x tgl., 8 Std.;
NANCHANG 11x tgl., 5–7 Std.;
SHENZHEN 3x tgl., 9 Std.;
WUCHANG 1x tgl., 14 Std.

Fujian, Guangdong und Insel Hainan

Highlights

- **Insel Gulangyu, Xiamen**
Einzigartig entspannende Insel, die mit autofreien Straßen, europäischen Kolonialvillen und herrlichen Meerblicken lockt.

- **Wohnhäuser der Hakka**
Die runden Häuser aus Lehmziegeln, die bis zu 500 Menschen Raum bieten, gehören zu Chinas berühmtesten traditionellen Architekturformen.

- **Wuyi Shan**
Fahrt mit dem Bambusfloß durch spektakuläre Schluchten und Erkundung der Wanderwege im gebirgigen Park.

- **Kantonesisches Essen**
Hineinschmecken in Chinas erlesenste Küche in einem der zahlreichen Restaurants: leckere Gerichte von Dim Sum bis hin zu gerösteter Gans.

- **Chaozhou**
Alte Stadt mit Mauern aus der Ming-Dynastie, interessantem Straßenleben, dem berühmten Tempel Kaiyuan und einer ausgezeichneten eigenen Küche.

Die Provinzen Fujian, Guangdong und Insel Hainan, die mit einer Gesamtlänge von rund 1200 km Chinas bogenförmige südliche Küstenlinie bilden, haben einen recht eigenständigen Charakter, denn obwohl sie im Verlauf der Landesgeschichte gelegentlich im Blickpunkt der Ereignisse standen, waren sie zumeist durch die Bergketten, die Fujian und Guangdong umgeben und die Region vom Rest des Reiches trennen, von den Entwicklungen im chinesischen Herzland abgeschottet. Da sie sich zwangsläufig zum Meer hin orientieren mussten, blicken die Küstenregionen auf eine lange Geschichte der Kontakte mit der auswärtigen Welt zurück, was zur Folge hatte, dass sie beständig ausländische Einflüsse und Stilrichtungen importierten – oder diese ihnen auferlegt wurden. In dieser Region fasste der Islam in China Fuß, während Porzellan und Tee über die **Maritime Seidenstraße** in ferne Länder verschifft wurden.

Die Region wurde Mitte des 19. Jahrhunderts zur Hauptbühne der Opiumkriege, des Kolonialismus, des Taiping-Aufstandes und der Massenflucht von Südchinesen über das Meer, und genau hier befinden sich heute die am stärksten westlich geprägten Städte Chinas. Andererseits warten in den Berggebieten des Landesinneren einige der ursprünglichsten und abgelegensten Ecken des gesamten Landes, die noch vor wenigen Jahrzehnten buchstäblich in der Steinzeit zu verharren schienen, auf ihre Erkundung.

Da eigentliche Touristenattraktionen spärlich gesät sind, bringen ausländische Besucher diesen Provinzen zumeist nur wenig Aufmerksamkeit entgegen. Zahlreiche Touristen durchqueren die Provinz Guangdong zwar auf ihrem Weg zwischen den Provinzen des Inlands und Hongkong oder Macau, doch nur, weil sie keine andere Wahl haben. Lediglich ein kleiner Prozentsatz von ihnen nimmt sich die Zeit, die durchaus faszinierende Hauptstadt **Guangzhou** kennen zu lernen. Die beiden anderen Provinzhauptstädte – **Fuzhou** in Fujian und **Haikou** auf Hainan – wirken ebenso modern wie Guangzhou, doch in allen drei Städten verbergen sich Tempel und antike Architektur, die der mitunter allzu forschen Zukunftsgestaltung der Stadtplaner entgangen sind.

Andere Städte und Städtchen haben ihr altes charaktervolles Ambiente bewahrt, ganz besonders die Hafenstadt **Xiamen** in Fujian, in deren Straßenzügen die Zeit seit dem Beginn des 20. Jahrhunderts stehen geblieben zu sein scheint, sowie **Chaozhou** im Osten Guangdongs, das in standhaftem Konservatismus auch angesichts der modernen Welt eisern an seinen Traditionen festhält.

In der Tat durchdringt ein Bewusstsein für lokale Traditionen und Verschiedenartigkeit vom Rest des Landes die gesamte Region, doch dieses Empfinden wird selten in aufdringlicher Weise zum Ausdruck gebracht. Selbst wer kein einziges Wort Chinesisch spricht, wird die Unterschiede in der **Sprache** bemerken, denn die Hauptsprachen des Südens sind Kantonesisch und Minnan, deren Rhythmen sich erkennbar vom Mandarin unterscheiden. Auch die Aussprache weist deutliche Unterschiede auf: Die Laute „h“ und „k“ ersetzen zum Beispiel „f“ und „j“, sodass „Fujian“ im örtlichen Sprachgebrauch zu „Hokkian“ wird. Weniger auffällig sind die **ethnischen Gruppen**, zu denen die **Hakka** gehören, eine weit verbreitete Untergruppe der Han-Chinesen, deren gebirgige Heimat in Guangdong und Fujian mit an Festungen erinnernden Wohnhäusern durchsetzt ist. Zu den nationalen Minderheiten gehören ferner die moslemischen **Hui**, die in Guangzhou, an Hainans Küstenstrichen sowie in **Quanzhou** (Provinz Fujian) große Gemeinden stellen, sowie die **Li**, Hainans Ureinwohner mit animistischer Tradition.

Ein oberflächlicher Blick auf große Teile der Küstengebiete hinterlässt den trüben Eindruck von unkontrollierter Entwicklung samt allen üblichen Begleiterscheinungen (in manchen Städten ist die Zahl der Bettler und Baustellen bedrückend), doch weite Flächen dieser Regionen tragen den Status von **Wirtschaftssonderzonen**, die im Zuge einer veränderten Politik Mitte der 80er Jahre als Zentren für umfangreiche Investitionen und rasche Industrialisierung eingerichtet wurden. Nicht weit entfernt von diesen Sonderzonen aber verbergen sich einige bemerkenswert ursprüngliche und zum Teil gut erschlossene Gebiete, die zum entspannten Genießen von Landschaft und Natur einladen.

Im Westen Guangdongs ist die Stadt **Zhaoqing** von hübschen Seen und Hügeln umgeben, und die Gebirgskette **Wuyi Shan** im Nordosten Fujians bietet die üppigsten und malerischsten Bergwälder der gesamten Region. Ganz unten im Süden fühlte sich die Tourismusindustrie durch die besten **Strände** des gesamten Landes ermutigt, Hainan als

das „Hawaii Chinas“ anzupreisen, und im gebirgigen Inselinneren warten dort verschiedene Wanderpfade auf Entdeckung.

Wer die Region näher erkunden möchte, findet genügend örtliche und überregionale **Transportmittel** vor, doch die **Unterkünfte** können teuer sein und erhöhen in Guangzhou ihre Preise zur Hauptsaison noch einmal drastisch.

Frühling und Herbst bescheren das schönste **Wetter**, während die Wochen zwischen Juni und August an der Küste sehr feucht sind, da sommerliche Stürme und Gewitter nachmittags heftige Niederschläge bringen. In den höher gelegenen Gebieten an der Grenze zwischen Guangdong und Fujian kann es im Winter sehr kalt werden.

Die Provinz Fujian

Fujian an Chinas Südostküste liegt weit abseits der von den meisten westlichen Touristen bevorzugten Routen, was eigentlich bedauerlich ist, denn die Provinz besitzt nicht nur ein wildes gebirgiges Landesinnere, sondern auch eine Reihe alter Häfen, zu denen **Xiamen** gehört, Chinas attraktivste und interessanteste Küstenstadt. Die üblichen Touristenpfade führen von Hongkong direkt nach Westen Richtung Guilin oder ins nördliche Shanghai, doch ein Abstecher nach Xiamen vermittelt einen ausgezeichneten ersten Eindruck von China – von Hongkong aus gibt es Schiffsverbindungen dorthin, und auch mit der Eisenbahn ist die Stadt zu erreichen.

Kulturell und geografisch zeigt sich die Provinz gespalten: Die eine Hälfte besteht aus historischen Häfen und grünen subtropischen Küstenstrichen, deren weltoffene Bevölkerung sich selbst im Januar an wärmender Sonne und blühenden Bäumen erfreuen kann. Im scharfen Kontrast dazu steht das zerklüftete, gebirgige und größtenteils unzugängliche Landesinnere, das klirrend kalte Winter erlebt und in dem rund 140 lokale Dialekte gesprochen werden. Die Geschichte dieses Gebietes war stets von Armut und Rückständigkeit geprägt: Als die Rote Armee in den 60er Jahren einmarschierte, traf sie Dorfgemeinschaften an, die noch nichts davon wussten, dass die Qing-Dynastie (1644–1911) gestürzt war, und noch heute ist die Region unerschlossen genug, um den letzten verbliebenen **Südchinesischen Tigern** Lebensraum zu bieten. Doch während das inländische Fujian nur wenig von den Ereignissen in China erfuhr, gediehen die Kontakte zwischen den Küstengebieten und der auswärtigen Welt über viele Jahrhunderte hinweg prächtig. In der Tang-Dynastie galt der Hafen **Quanzhou** neben Ägyptens Alexandria als wichtigster internationaler Hafen der Welt. Es wimmelte dort von Händlern aus dem Nahen und Mittleren Osten; manche von ihnen blieben und einige ihrer Nachfahren leben noch heute in der Region. Der Reichtum, der sich in den Häfen ansammelte, zog eine Bevölkerungsexplosion nach sich, die wiederum eine Massenauswanderung bewirkte, in deren Folge große Teile der Malaiischen Halbinsel, der Philippinen und der Insel Taiwan von Fujianesen besiedelt wurden. Im 18. Jahrhundert nahm der Exodus von arbeitsfähigen Menschen einen solchen Umfang an, dass sich der kaiserliche Hof in Beijing genötigt sah, ein Auswanderungsverbot auszusprechen, das jedoch auf taube Ohren stieß.

Auch heute noch ist das Landesinnere von Fujian größtenteils unbesucht und unbekannt. Ausnahmen bilden das landschaftlich wunderschöne Gebirge **Wuyi Shan** im Nordwesten der Provinz und die **Hakka-Gebiete** rund um das südwestliche **Yongding**. Die Küste erlebt hingegen einen vehementen Aufschwung, denn aus Hongkong und vor allem aus dem benachbarten **Taiwan**, dessen Bürger in großer Zahl aus Fujian stammen und denselben Dialekt (Minnan Hua) sprechen, fließen kolossale Investitionen in dieses Gebiet. **Fuzhou** und **Xiamen** gehören zu den reichsten Städten des Landes. Auf Xiamen ruht die Hoffnung, dass es mit seinen sauberen Stränden, charmanten Straßen und lockenden Einkaufsarkaden das chinesische Stadtbild der Zukunft repräsentiert. Die Nähe der Stadt zu Taiwan hatte nicht nur eine rapide wirtschaftliche Entwicklung der Region und eine enorme Zunahme erstklassiger touristischer Einrichtungen zur Folge, sondern sie führte auch zu bedrohlichen Spannungssituationen, so zum Beispiel 1996 anlässlich der taiwanesischen Präsidentschaftswahlen, als die festländische Regierung unmittelbar vor Taiwans Küste spontan ein groß angelegtes Militärmanöver inszenierte, um die taiwanesische Bevölkerung nicht gerade diskret darauf hinzuweisen, besser nicht für separatistische Kandidaten zu stimmen.

Die **Infrastruktur** hat sich in den vergangenen Jahren beträchtlich verbessert. Eine sehr gute Küstenschnellstraße verbindet die wichtigsten Städte mit den benachbarten Provinzen Zhejiang und Guangdong. Für Reisen in die urwüchsigen Gebiete des Wuyi Shan ist die Eisenbahn mit ihren Trassen von Fuzhou, Quanzhou und Xiamen das geeignete Transportmittel. Von Fuzhou bestehen auch gute Eisenbahnverbindungen in die Nachbarprovinz Jiangxi, und weiter südlich führen Trassen von Quanzhou und Xiamen nach Meizhou in Guangdong. Andere Zugverbindungen innerhalb der Provinzgrenzen oder in Nachbargebiete sind hingegen langsam und zeitaufwändig.

Fuzhou

Fuzhou, die **Hauptstadt** der Provinz Fujian, ist eine moderne und saubere Stadt, in der sich die glitzernden Wolkenkratzer der Geschäftswelt himmelhoch über den Hauptstraßen auftürmen. Da die Metropole Besuchern recht wenig zu bieten hat, dient sie in erster Linie als Sprungbrett für Reisen in die Wildnis des Wuyi Shan.

Seit über 1000 Jahren ist Fuzhou ein wichtiges Handelszentrum. Schon Marco Polo besuchte die Stadt zur Zeit der Yuan-Dynastie. Im 15. Jahrhundert erwarben sich Fuzhous Schiffsbauer die ehrenhafte Auszeichnung, das größte hochseetaugliche Schiff der Welt gebaut zu haben, die *Baochuan,* die der berühmte chinesische Seefahrer Zheng He rund um Asien und Afrika steuerte. Marco Polo berichtete über die starke Präsenz mongoli-

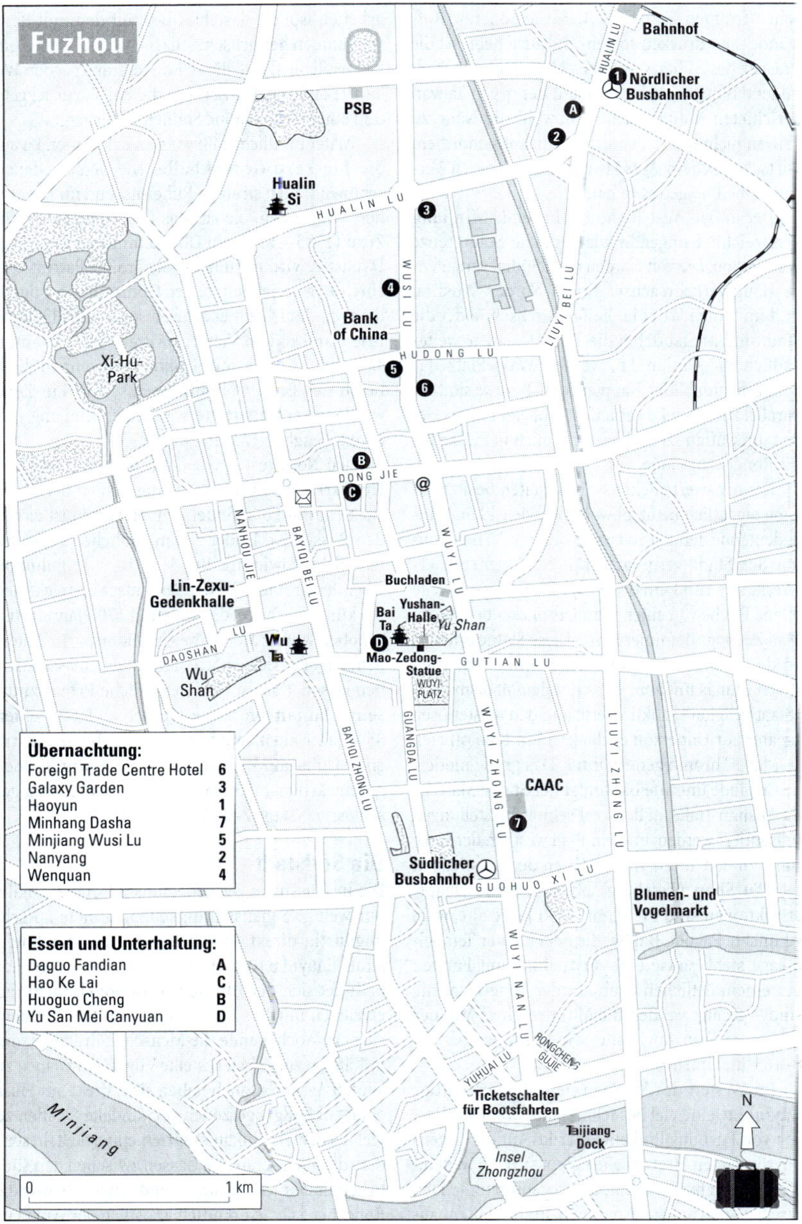

Fuzhou
Bahnhof
HUALIN LU
1 Nördlicher Busbahnhof
PSB
A
2
Hualin Si
HUALIN LU
3
WUSI LU
LIUYI BEI LU
4
Bank of China
HUDONG LU
5
6
Xi-Hu-Park
B
DONG JIE
@
C
NANHOU JIE
BAYIQI BEI LU
WUYI LU
Buchladen
Lin-Zexu-Gedenkhalle
Yushan-Halle
Bai Ta
Yu Shan
DAOSHAN LU
Wu Ta
D
Mao-Zedong-Statue
GUTIAN LU
Wu Shan
WUYI-PLATZ
GUANGDA LU
BAYIQI ZHONG LU
WUYI ZHONG LU
LIUYI ZHONG LU
CAAC
7
Südlicher Busbahnhof
GUOHUO XI LU
Blumen- und Vogelmarkt
WUYI NAN LU
RONGCHENG GUJIE
YUHUAI LU
Ticketschalter für Bootsfahrten
Taijiang-Dock
Minjiang
Insel Zhongzhou
N
0
1 km
Übernachtung:
Foreign Trade Centre Hotel 6
Galaxy Garden 3
Haoyun 1
Minhang Dasha 7
Minjiang Wusi Lu 5
Nanyang 2
Wenquan 4
Essen und Unterhaltung:
Daguo Fandian A
Hao Ke Lai C
Huoguo Cheng B
Yu San Mei Canyuan D

scher Truppen in der Stadt, die schwelende Aufstände unterdrücken sollten, und auch heute ist die Präsenz des Militärs unübersehbar, denn die Stadt bildet das strategische Zentrum der gegen Taiwan gerichteten Militärmacht – obwohl die Nähe zu Taiwan nicht unbeträchtlich zu Fuzhous enormem wirtschaftlichem Aufschwung der jüngeren Vergangenheit beigetragen hat.

Der in Ost-West-Richtung fließende **Minjiang** kennzeichnet ungefähr die südliche Stadtgrenze von Fuzhou. Die von Norden nach Süden verlaufende Hauptverkehrsachse, die im Norden Wusi Lu und im Süden Wuyi Lu heißt, durchschneidet die Stadt und kreuzt dabei die Dong Jie sowie weiter südlich die Gutian Lu, wo der Wuyi-Platz das Stadtzentrum bildet. Haupteinkaufsbezirke sind die parallel zur Wuyi Lu verlaufende Bayiqi Lu, das Gebiet um Gutian Lu und weiter südlich in Flussnähe die Rongcheng Gujie.

Nennenswerte Sehenswürdigkeiten besitzt Fuzhou eigentlich nicht, obwohl sich viele kleine, unbedeutende Tempel zwischen den modernen Bauten der Stadt verbergen. Das Stadtzentrum erstreckt sich rund um den **Wuyi-Platz**, dessen weite offene Fläche von einer südwärts blickenden Statue Mao Zedongs dominiert wird. Diese Statue erinnert an den Neunten Kongress der Kommunistischen Partei Chinas im Jahre 1969, der den Maoismus als „Staatsreligion" sanktionierte und den mysteriösen (später zur Unperson erklärten) Lin Biao offiziell zu Maos Thronfolger ernannte. Das große moderne Gebäude unmittelbar hinter der Statue Maos ist die Yushan-Halle, in der wechselnde Ausstellungen präsentiert werden, und ein Pfad westlich der Halle führt zu den Toren, hinter denen der Aufstieg auf den **Yu Shan** (Jadeberg) beginnt. Seine Hauptattraktionen sind die schon 1000 Jahre alte, weiß getünchte Pagode **Bai Ta**, die neben einer Tempelanlage steht, sowie eine Ausstellung mit Funden aus einem örtlichen Grab aus der Song-Dynastie sind – gezeigt werden die Mumien eines Mannes und einer Frau sowie alte Seidentextilien. ◷ tgl. 8–16 Uhr, Eintritt ¥5.

Im Westen des Yu Shan liegt die geschäftige **Bayiqi Lu**, eine viel besuchte Hauptstraße im Herzen von Fuzhous Einkaufsdistrikt. Auf der gegenüberliegenden Straßenseite erhebt sich ein weiterer Hügel namens Wu Shan, der gegenwärtig jedoch durch Sanierungsmaßnahmen und Straßenbauarbeiten isoliert dasteht. Oben auf dem mit Banyanbäumen bewachsenen flachen Gipfel stehen ein kleiner Tempel und die schwarze Granitpagode **Wu Ta**, die auf dieselbe Zeit wie die Bai Ta zurückgeht und einige sehr schöne Statuen beherbergt.

Weiter nördlich stößt man an der Aomen Lu auf die **Lin-Zexu-Gedenkhalle**. Die verschiedenen schönen Hallen strahlen Ruhe aus, und im Hof stehen Tierstatuen, die auf das Grab hinweisen. Lin Zexu (1785–1850), ein Oberkommissar der Qing-Dynastie, wird noch heute als großer Patriot verehrt, denn er bekämpfte den Opium-Import durch die Fremdmächte – er schrieb sogar appellierende Briefe an Königin Victoria. Als er 1840 in Kanton Tausende Kisten mit Opium verbrennen ließ, brach der Erste Opiumkrieg aus, und Lin Zexu wurde ungerechtfertigterweise nach Xinjiang verbannt. ◷ tgl. 8–17 Uhr, Eintritt ¥5.

Den Nordwesten der Stadt dominiert der **Xi-Hu-Park**, dessen Haupteingang sich an der südlichen Hu Bin Lu befindet – zu erreichen ist er mit den Bussen Nr. 1 oder 2 vom südlichen Ende der Bayiqi Lu sowie mit Bus Nr. 810 vom Bahnhof. Über den größten Teil der Parkanlage erstreckt sich ein künstlicher See, der vor rund 1700 Jahren ausgehoben wurde. Man kann eine Bootspartie unternehmen oder sich einfach nur mit den Massen treiben lassen. Das im Park befindliche **Provinzmuseum Fujian** präsentiert unter anderem einen 3500 Jahre alten Sarg in Form eines Bootes, der in einer Höhle am Wuyi Shan gefunden wurde, doch gegenwärtig ist das Haus wegen Renovierung geschlossen. ◷ tgl. 7–21 Uhr, Eintritt ¥4.

Die Südstadt

Die in Flussnähe gelegene Südstadt hat ebenfalls nur wenige Sehenswürdigkeiten zu bieten. Recht ungünstig direkt östlich der Nord-Süd-Schnellstraße Liuyi Lu (östlich von Wusi Lu und Wuyi Lu) befindet sich der **Blumen- und Vogelmarkt** (zu erreichen mit Bus Nr. 8 von Gutian Lu), auf dem sich am Wochenende die Menschen drängeln, um in Käfigen zur Schau gestellte Vögel und Welpen zu kaufen. Weiter südlich haben sich direkt am Fluss einige in Fußgängerzonen verwandelte Straßen zu viel besuchten Einkaufszentren entwickelt, besonders die alten schmalen Gassen zwischen den südlichen Enden von Bayiqi Lu und Wuyi Lu sowie die Rongcheng Gujie unmittelbar östlich der Wuyi Lu.

Fuzhou	福州	*fúzhōu*
Bai Ta	白塔	*báitǎ*
Flughafen Changle	长乐机场	*chánglè jīchǎng*
Gu Shan	鼓山	*gǔshān*
Lin-Zexu-Gedenkhalle	林则徐纪念馆	*línzéxú jìniànguǎn*
Mao-Statue	毛塑像	*máo sùxiàng*
Minjiang (Fluss)	闽江	*mǐnjiāng*
Provinzmuseum Fujian	福建省博物馆	*fújiànshěng bówùguǎn*
Wu Ta	乌塔	*wūtǎ*
Wuyi-Platz	五一广场	*wǔyī guǎngchǎng*
Xi-Hu-Park	西湖公园	*xīhú gōngyuán*
Yu Shan	于山	*yúshān*
Übernachtung und Essen		
Foreign Trade Centre Hotel	外宾中心酒店	*wàibīnzhōngxīn jiǔdiàn*
Galaxy Garden	银河花园大饭店	*yínhéhuāyuán dàfàndiàn*
Hao Ke Lai	豪客来	*háokè lái*
Haoyun	好运宾馆	*hǎoyùn bīnguǎn*
Huoguo Cheng	火锅城	*huǒguō chéng*
Minhang Dasha	民航大厦	*mínháng dàshà*
Nanyang	南洋饭店	*nányáng fàndiàn*
Wenquan	温泉大饭店	*wēnquán dàfàndiàn*
Yu San Mei Canyuan	于三美餐园	*yúsānměi cānyuán*

Gegenüber vom südlichen Ende der Wuyi Lu verkauft direkt am Flussufer neben dem Taijing-Dock ein Kiosk Tickets für eine **Bootsfahrt** auf dem Fluss Minjiang, ⏲ tgl. 8.30–16.30 Uhr. Dies ist eine schöne Unternehmung, denn die Boote fahren langsam bis zur Mündung des Flusses und zurück, wobei sich vielfältige Eindrücke durch vorbeiziehende Lastkähne, Frachter und den Alltag des Lebens am Fluss ergeben. Die Fahrt dauert von 7.30–17 Uhr und kostet ¥53, findet jedoch nur bei ausreichender Nachfrage statt – die besten Chancen bestehen im Sommer und an Wochenenden. Der Ticketschalter kann in der Regel nachmittags darüber Auskunft geben, ob am nächsten Tag eine Fahrt stattfindet.

Es lohnt sich – wenn man in der Nähe ist – das Gebiet südlich des Flusses und die kleine Flussinsel Zhongzhou (zu erreichen via Jiefang-Brücke) zu Fuß zu erkunden, denn dort befand sich früher die **Ausländische Konzession**. Einige alte Banken, Konsulate, Residenzen und Kirchen sind erhalten geblieben. Bei einem Streifzug entlang des Südufers und durch die benachbarten Straßen lassen sich viele Kolonialgebäude mit Veranden entdecken. Bus Nr. 1 folgt vom Xi-Hu-Park der Bayiqi Lu und wechselt dann hinüber zum Südufer.

Gu Shan

Fuzhous bekannteste Touristenattraktion ist der gut 10 km östlich der Stadt gelegene Gu Shan (Trommelberg). Von der Station Nanmen an der Guangda Lu westlich des Wuyi-Platzes fahren regelmäßig Minibusse (¥8) dorthin. Die abwechslungsreiche Fahrt durch bewaldetes Hügelland dauert rund 45 Minuten und bietet schöne Ausblicke, sobald die Straße bergauf führt. Im Gebiet des Gu Shan gibt es Waldwanderwege und vereinzelte Sehenswürdigkeiten, deren bekannteste der 1000 Jahre alte, sorgfältig renovierte Tempel **Yongquan Si** ist. Besonders an Wochenenden herrscht auf dem Gelände sehr viel Betrieb. Der Aufstieg auf den Gipfel über die hinter dem Tempel beginnende Treppe mit 2500 Stufen ist eine Möglichkeit, um zumindest dem Hauptstrom der Massen zu entkommen.

Übernachtung

Die meisten Unterkünfte Fuzhous sind Häuser der gehobenen Klasse, doch in der Nähe des Bahnhofs und des nördlichen Busbahnhofs gibt es einige Budget-Alternativen, die nach etwas Überzeugungsarbeit im Allgemeinen bereit sind, auch Ausländer aufzunehmen.

Foreign Trade Centre Hotel, Luxus, Wusi Lu, ✆ 7523388, ℻ 7550358. Das zweifellos beste Hotel der Stadt ist so groß, dass sich seine Gäste einsam fühlen, denn meistens ist das Haus ziemlich leer.

Galaxy Garden,*** Ecke Hualin Lu und Wusi Lu, ✆ 7831888, ℻ 7843662. Auf Geschäftsleute ausgerichtetes neues Hotel mit schöner Ausstattung und aufmerksamem Personal.

Haoyun*, direkt neben dem nördlichen Busbahnhof, ✆ 7578208. Eines von vielen gleichartigen Budget-Hotels in dieser Gegend. Betten ab ¥35.

Minhang Dasha,*** Wuyi Zhong Lu, ✆ 3343988, ℻ 3341978. Brandneues Hotel direkt neben und unter Führung von *CAAC* mit geräumigen, sauberen Zimmern; gutes Preis-Leistungs-Verhältnis.

Minjiang,*** Wusi Lu, ✆ 7557895, ℻ 7551489. Mittelklassehotel mit allmählich alternden, jedoch ordentlichen Zimmern. Günstig direkt südlich der Hu Dong Lu zwischen Zentrum und Bahnhof gelegen. Im Haus befindet sich die örtliche Zentrale von *CITS*.

Nanyang**, Hualin Lu, ✆ 7579699, ℻ 7577085. Günstige Lage in der Nähe von Bahnhof und nördlichem Busbahnhof. Zimmer gemessen am Preis etwas zu abgewohnt. Sehr hilfsbereites Personal.

Wenquan (auch: Hot Spring), Luxus, Wusi Lu, ✆ 7851818, 💻 www.hshfz.com. Elegantes Hotel mit großzügiger Ausstattung und zahlreichen Geschäften der Kategorie Pierre Cardin. Exzellenter Service, der bei dem Preisgefüge jedoch vorauszusetzen ist.

Essen

Trotz der Größe der Stadt mangelt es in Fuzhou an Restaurants außerhalb der Hotels, obwohl westliche und chinesische Fast-Food-Ketten überall anzutreffen sind. Als Snacks bieten Straßenhändler Teigtaschen an, die mit Gemüse oder einem Stück würzigem gedämpftem Schweinefleisch gefüllt sind, und rund um die Verkehrsbahnhöfe gibt es zahlreiche kleine Garküchen. Die meisten Restaurants im Zentrum befinden sich an der Dong Jie:

Hao Ke Lai, gehört zu den besten Adressen für preiswerte, schmackhafte und abwechslungsreiche Sichuan-Küche. Gemütliche Einrichtung. Jeweils nur wenige Yuan kosten kalte gewürzte Fleischsorten mit Gemüse, Suppen, Nudeln, Frühlingsrollen und Teigtaschen. Ausschau halten nach dem gelb-grünen Schild mit der Aufschrift „Houcaller".

Huoguo Cheng, gleich gegenüber gelegen. Großes, lautes und stets gut besuchtes Feuertopf-Restaurant, Feuertopf für zwei Personen ab ¥38.

Yu San Mei Canyuan, nördlich des Wuyi-Platzes an der Gutian Lu. Preiswerte Snack-Kantine im Erdgeschoss und auf Fischgerichte spezialisiertes Restaurant im Obergeschoss – Essen für zwei schon ab ¥50.

Sonstiges

AMT FÜR ÖFFENTLICHE SICHERHEIT (PSB) – Gegenüber den Sportanlagen an der Beihuan Zhong Lu, ✆ 7821104.

INTERNET – Internet-Bar in einer Gasse südlich der Dong Jie, nahe Wuyi Lu.

POST UND TELEFON – ***Hauptpostamt*** an der südöstlichen Kreuzung von Dong Jie und Bayiqi Bei Lu.

REISEBÜROS – Ausflüge zum Wuyi Shan, Zug- und Flugtickets sowie Fahrkarten für Busse der Luxusklasse nach Xiamen, Guangzhou oder Shenzhen bieten ***CITS,*** ✆ 7552052, und ***CTS,*** ✆ 7536250, zu beiden Seiten des *Minjiang Hotel* an.

VORWAHL – 0591

Transport

BUSSE – Wer mit dem Bus anreist, wird in der Regel am **nördlichen Busbahnhof** (zu Fuß nur

wenige Minuten südlich vom Bahnhof) oder am **südlichen Busbahnhof** (an der Kreuzung von Guohuo Lu und Wuyi Lu) abgesetzt.
Von beiden Busbahnhöfen fahren Überlandbusse zu allen Zielen in Fujian sowie in die Nachbarprovinzen. Täglich treten mehrere Schlafkojenbusse die Fahrt zum Wuyi Shan an, und es gibt regelmäßige Abfahrten über die Küstenschnellstrasse nach Quanzhou, Xiamen und Guangdong. Die Preisunterschiede zwischen Standard- und Luxusbussen sind beträchtlich.
Busse nach:
GUANGZHOU 16 Std.;
LONGYAN 9 Std.;
NINGBO 20 Std.;
QUANZHOU 2 1/2 Std.;
SHANTOU 10 Std.;
SHENZHEN 16 Std.;
WENZHOU 11 Std.;
WUYI SHAN 7 Std.;
XIAMEN 4 Std.;
YONGDING 10 Std.

EISENBAHN – Fuzhou ist die Endstation mehrerer in abgelegenere Gebiete führenden Eisenbahntrassen. Der **Bahnhof** befindet sich im äußersten Nordosten der Stadt. Bus Nr. 51 fährt vom Bahnhof die Wusi Lu und Wuyi Lu hinab bis zum Minjiang, Bus Nr. 17 bringt Passagiere über die Bayiqi Lu in die Stadt.
Nach Nordwesten fahren Züge zum Wuyi Shan und weiter nach Jiangxi sowie zu ferneren Zielen. Auch die meisten Züge in die Provinz Guangdong fahren zunächst in diese Richtung, sodass die Fahrt dorthin wesentlich länger dauert, als man erwartet. Auf der neuen Trasse von Fuzhou westwärts via Longyan nach Meizhou werden gegenwärtig nur wenige Verbindungen angeboten – in der Regel erreichen Busse diese Ziele schneller. Der Fahrkartenschalter befindet sich westlich des Bahnhofs (bei Blickrichtung auf den Eingang links). Schlafwagenbetten müssen spätestens am Vortag der Weiterreise gebucht werden.
Züge nach:
BEIJING 1x tgl., 33 Std.;
GUANGZHOU 2x tgl., 36 Std.;
KUNMING 2x tgl., 38 Std.;
LONGYAN 1x tgl., 10 Std.;
MEIZHOU 1x tgl., 13 Std.;
NANCHANG 7x tgl., 14 Std.;
SHANGHAI 1x tgl., 29 Std.;
SHENZHEN 2x tgl., 21 1/2 Std.;
WUYI SHAN 4x tgl., 7 Std.;
YONGDING 1x tgl., 11 Std.

FLÜGE – Der **Flughafen Changle** liegt 50 km südlich der Stadt. Ein Flughafenbus (¥18) pendelt zum ***CAAC***-Büro an der Wuyi Lu, ⌚ tgl. 8–20 Uhr, ✆ 3340268, zu Fuß nur wenige Minuten nördlich der Guohuo Lu. Die Busse zum Flughafen fahren vom Innenhof des benachbarten *Fujian Civil Aviation Hotel* ab – die Fahrt dauert 1 Std., und es gilt zu beachten, dass sich Passagiere mindestens 1 Std. vor Abflug am Flughafenschalter einfinden müssen.
Flüge nach:
BEIJING 4x tgl., 3 Std.
GUANGZHOU 4x tgl., 1 1/2 Std.;
HAIKOU 6x wöchentl., 2 Std.;
HONGKONG 5x tgl., 1 1/2 Std.;
MACAU 1x tgl., 1 1/4 Std.;
SHANGHAI 7x tgl., 1 1/4 Std.;
SHENZHEN 2x tgl., 1 Std.;
WUYI SHAN 4x wöchentl., 1/2 Std.;
XIAMEN 2x tgl., 1/2 Std.

Wuyi Shan

Abgeschieden im Nordosten der Provinz gelegen, 370 km von Fuzhou entfernt und nahe der Grenze zwischen Fujian und Jiangxi, bietet die Umgebung des Wuyi Shan einige der unberührtesten und malerischsten Landschaftsszenarien von ganz Südchina. Das einzige Gebiet in Fujians Landesinnerem, das größere Touristenströme anzieht, lässt sich in zwei Teile untergliedern: Zum einen in den Bereich des **Flusses Jiuqu**, der sich zu Füßen der Berge mäandernd seinen Weg sucht, zum anderen in die Welt der **Sechsunddreißig Gipfel**, die sich überwiegend nördlich des Flusses erheben.

Typisch für das Gebiet sind verschwommen hinter tief hängenden Nebelschwaden aufragende Gipfel, die ein klassisches Motiv der chinesischen Malerei darstellen. Das mit kleinen anmutigen Dörfern durchsetzte Schutzgebiet ist ein herrlicher Ort, um einige Tage auszuspannen, denn die Bergluft ist klar und rein, und schöne Wanderungen führen durch üppig grüne Vegetation zu dunkelroten Sandsteinbergen mit steil aufragenden Klippen sowie zu natürlichen Felsbecken, Wasserfällen und Höhlen. Da trotz der Abgeschiedenheit des Gebietes vor allem im Hochsommer erstaunlich viele Touristen den Weg nach Wuyi Shan finden – es sind hauptsächlich Taiwanesen –, empfiehlt sich ein Besuch in der Nebensaison, in der die Gipfel schneebedeckt sein können. Es gilt allerdings zu beachten, dass Touristen als Freiwild für überteuerte Angebote betrachtet werden.

Das 60 km² große Gebiet wird im Süden vom Fluss Jiuqu (Neun Schlingen) begrenzt, der sich auf einer Länge von 8 km zwischen dem Dorf Xingcun im Westen und dem größten Dorf der Region, **Wuyigong** im Osten, schlängelt. Dort mündet der Fluss in den südwärts fließenden Strom Chongyang, der das Gebiet im Osten begrenzt. Wuyigong, wo sich die Endhaltestelle der Busse und einige Hotels befinden, schmiegt sich in die von dem Zusammenfluss beider Wasserläufe gebildeten Landzunge.

Die Sechsunddreißig Gipfel

Hinter dem *Jiuqu Hotel*, das ungefähr auf halber Strecke zwischen Xingcun und Wuyigong liegt, beginnen mehrere Wanderpfade, die nordwärts in die Berge führen. Wer die Wege begehen will, muss je nach Etappenziel eine happige Gebühr von ¥62–91 entrichten, doch man kann diese Ausgabe vermeiden, indem man ein Stück flussabwärts geht und nach einem Pfad Ausschau hält, der in die Felsen gehauen ist. Die Berge wirken groß und eindrucksvoll, doch sie sind relativ leicht zu besteigen. Der Gipfel des **Tianyou Feng** (Himmelsreiseberg) ist schon nach einer halbstündigen Kraxelei vom *Jiuqu Hotel* aus erreicht. An den unteren Hängen gibt es mehrere Pavillons und Teegärten, in denen man neue Kräfte für den Aufstieg sammeln kann. **Tee** ist ein bedeutendes Produkt von Fujian, und Wuyi Shan ist berühmt als Heimat des **Oolong**, der als eine der wenigen fernöstlichen Teesorten auch im Westen einen Namen gewonnen hat. Die Blätter des Oolong werden gepflückt, sobald sie voll entwickelt sind. Im Verarbeitungsprozess werden sie geschrotet, fermentiert, luftgetrocknet und über Feuer nachgetrocknet. Zu den besten Sorten gehört der fast überall angebotene *tie guanyin cha* (Eisener Guanyin-Tee).

Fahrten auf Bambusflößen Die herkömmliche und nach wie vor beste Art, das Gebiet von Wuyi Shan zu erkunden, ist eine gemütliche zweistündige Fahrt mit einem Bambusfloß auf dem Fluss Jiuqu. Die Flöße, die nahezu überall am Fluss auf Passagiere warten, legen während des gesamten Jahres täglich zwischen 7.30 und 14 Uhr ab. Von der ersten bis zur neunten Biegung des mäandernden Flusses eröffnen sich spektakuläre Schluchtenlandschaften. Die sonderbaren **Särge** in Gestalt von Booten, die oberhalb der vierten Biegung in Höhlen zu sehen sind, sollen bereits 4000 Jahre alt sein und ähneln denen in Guangxian und in den Drei Kleinen Schluchten in Sichuan; s.S. 1047. Die Kosten für ein sechs Personen fassendes Floß betragen ¥425 bei Fahrt durch alle neun Schlingen des Flusses – Alleinreisende sollten sich einer Reisegruppe anschließen und den zu zahlenden Anteil aushandeln.

Sehr lohnend ist auch der Aufstieg auf den **Dawang Feng** (König der Gipfel) am östlichen Flussverlauf nördlich von Wuyigong; der Ausflug stellt eher eine gemütliche Wanderung als eine Kletterpartie dar (2 Std.). Wenn die Zeit es gestattet, lohnt sich vor allem der Besuch der **Shuilian-Höhle**, die sich rund 6 km nördlich des Flusses befindet. Die Wanderung führt über leicht begehbare Pfade, doch vom *Jiuqu Hotel* und von Wuyigong fahren auch Minibusse hin. Die Höhle liegt auf halber Höhe in einer Klippe aus rotem Sandstein, und unter ihr ergießt sich in den Sommermonaten über Kaskaden ein mächtiger Wasserfall. Im benachbarten Teehaus, das aus dem Felsen gehauen wurde, lässt sich buchstäblich unmittelbar neben dem talwärts rauschenden Wasserschwall in aller Gemütlichkeit ein Tee genießen, doch am Höhleneingang wird ein saftiges Eintrittsgeld erhoben. Die Wanderung zwischen Höhle und Fluss führt durch Teeplantagen sowie an weiteren Teehäusern und kleineren Sehenswürdigkeiten vorbei, zu denen auch die **Yingzui Yan** (Adlerschnabelklippe) gehört, an der Treppen zu mehreren Höhlen führen, in denen sich während der Taiping-Revolution lokale Größen aus Angst vor Verfolgung verbargen.

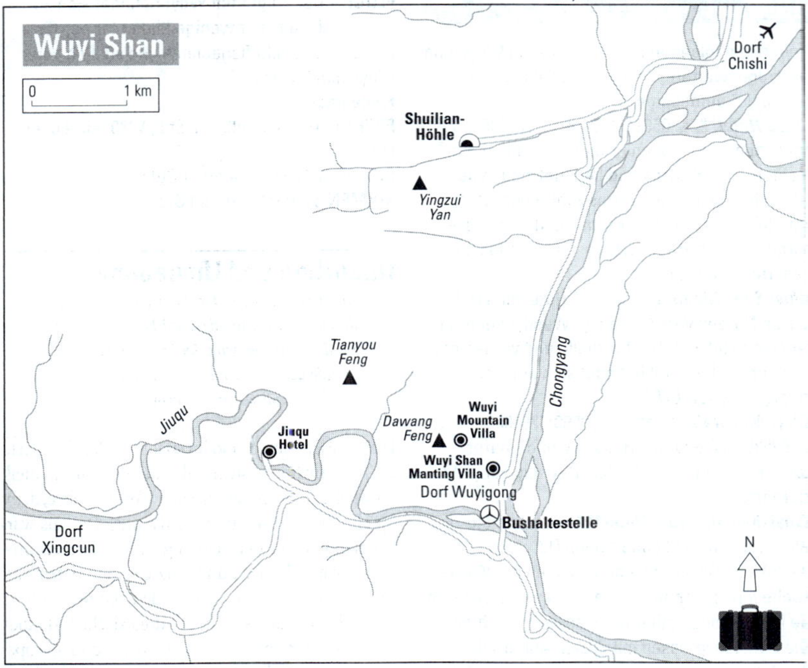

Wuyi Shan	武夷山	***wǔyíshān***
Landschaftsgebiet Wuyi Shan	武夷山风景区	***wǔyíshān fēngjǐng qū***
Chishi	赤石	*chìshí*
Chongyang (Fluss)	崇阳溪	*chóngyáng xī*
Dawang Feng	大王峰	*dàwáng fēng*
Jiuqu (Fluss)	九曲溪	*jiǔqū xī*
Shuilian-Höhle	水帘洞	*shuǐlián dòng*
Tianyou Feng	天游峰	*tiānyóu fēng*
Wuyigong	武夷宫	*wǔyí gōng*
Wuyishan Shi	武夷山市	*wǔyíshān shì*
Yingzui Yan	鹰嘴岩	*yīngzuǐ yán*
Übernachtung		
Jiuqu	酒曲宾馆	*jiǔqū bīnguǎn*
Wuyi Shan Manting Villa	武夷山 幔亭山房	*wǔyíshān màntíng shānfáng*
Wuyishan Shi Work Hotel	武夷山市劳动宾馆	*wǔyíshān shì láodòng bīnguǎn*

Übernachtung und Essen

Neben den folgenden Hotels gibt es in Wuyigong auch preiswertere Unterkünfte, die mitunter Ausländer aufnehmen.

Jiuqu Hotel**, ✆ 0599/5252528, 📠 5252863. Das am schönsten gelegene Hotel steht direkt am Nordufer des Flusses und befindet sich in der Nähe des Ausgangspunktes zahlreicher Bergwanderwege. Fahrradrikschas und Minibusse sorgen für den Transport zwischen Hotel und dem Dorf Wuyigong.

Wuyi Shan Manting Villa*****, Hotel mit viel Luxus im Norden von Wuyigong. Westlich geprägter Nachtclub mit Bar, Tanzhalle und vornehmem Restaurant. Im Hotel befindet sich auch eine Zweigstelle von *CITS*.

Wuyi Mountain Villa***, ✆ 0599/5251888, 📠 5252567. Elegantes Haus in wunderbarer Lage direkt unter des Gipfels Dawang Feng mit Ziergarten im Suzhou-Stil.

Wuyishan Shi Work Hotel***, Unterkunft in Wuyishan Shi mit komfortablen DZ.

Die lokalen Shilin-Frösche verleihen der **Wuyi-Küche** ihre besondere Note. Nahezu überall sind sie im Angebot, einher mit Standardgerichten wie Bambussprossen mit Pilzen. Außerhalb der Hotelrestaurants kann man zusammen mit Einheimischen in den kleinen Garküchen der Dörfer essen.

Transport

Alle Landtransportmittel treffen in der 15 km nördlich des Gebietes gelegenen Stadt Wuyishan Shi ein.

BUSSE – Von Fuzhou fahren Schlafkojenbusse nach Wuyishan Shi (¥104). Von dort verkehren Minibusse in Richtung Flughafen und Wuyigong. Die Agenturen *CITS* und *CTS* (s.S. 666) in Fuzhou organisieren Busreisen direkt nach Wuyigong.

EISENBAHN – Alle Züge halten in Wuyishan Shi.
Züge nach:
FUZHOU 4x tgl., 7 Std.;
QUANZHOU 1x tgl., 13 Std.;
XIAMEN 1x tgl., 13 Std.

FLÜGE – Der **Flughafen Wuyi** befindet sich im Dorf Chishi, das nur wenige Kilometer nordöstlich des Landschaftsgebietes und südlich von Wuyishan Shi liegt.
Flüge nach:
FUZHOU 4x wöchentl., 1/2 Std., ¥380 (einfacher Flug);
SHANGHAI 3x wöchentl., 1 Std.;
XIAMEN 5x wöchentl., 3/4 Std.

Quanzhou und Umgebung

Die Pfeffermenge, die hier lagert, ist so groß, dass diejenige, welche für die westliche Welt nach Alexandria verladen wird, im Vergleich dazu ganz unbedeutend ist; denn sie macht nicht mehr als etwa den hundertsten Teil davon aus.

Dies schrieb Marco Polo im späten 13. Jahrhundert, als er Quanzhou besuchte, das damals Zaitum hieß (abgeleitet von dem arabischen Wort für Olive, dem Symbol für Frieden und Wohlstand). Damals war Quanzhou einer der beiden größten Handelsumschlagplätze der Welt und nutzte seinen tiefen Naturhafen sowie seine Lage an den Handelsrouten, die südostwärts bis zu den indonesischen Molukken und westwärts bis nach Afrika und Europa reichten, zur Mehrung seines eigenen Wohlstands. Die Stadt war in dieser Zeit ausgesprochen kosmopolitisch geprägt – zu Zehntausenden ließen sich Araber und Perser nieder, die zum Teil kolossale Vermögen anhäuften. Quanzhous Araber sollen chinesische Erfindungen wie den Kompass, das Schießpulver und den Buchdruck in der westlichen Welt eingeführt haben.

Die Zeit seiner höchsten Blüte erlebte Quanzhou während der Song- und Yuan-Dynastien, als die alte Seidenstraße, die durch Nordwestchina nach Zentralasien führte, dem Banditentum und kriegerischen Auseinandersetzungen anheimfiel, sodass sich der Handel aufs Meer verlagerte und die **Maritime Seidenstraße** entstand. Marco Polo war jedoch mitnichten der einzige Europäer, der damals den Weg nach Quanzhou fand – der Italiener **Andreas Perugia**, Quanzhous dritter katholischer Bischof, starb dort 1332 nach der Inspektion einer Kathedrale. Vierzehn Jahre später beschrieb der berühmte marokkanische Reisende **Ibn Battuta** den Hafen als „überaus geschäftig und prall

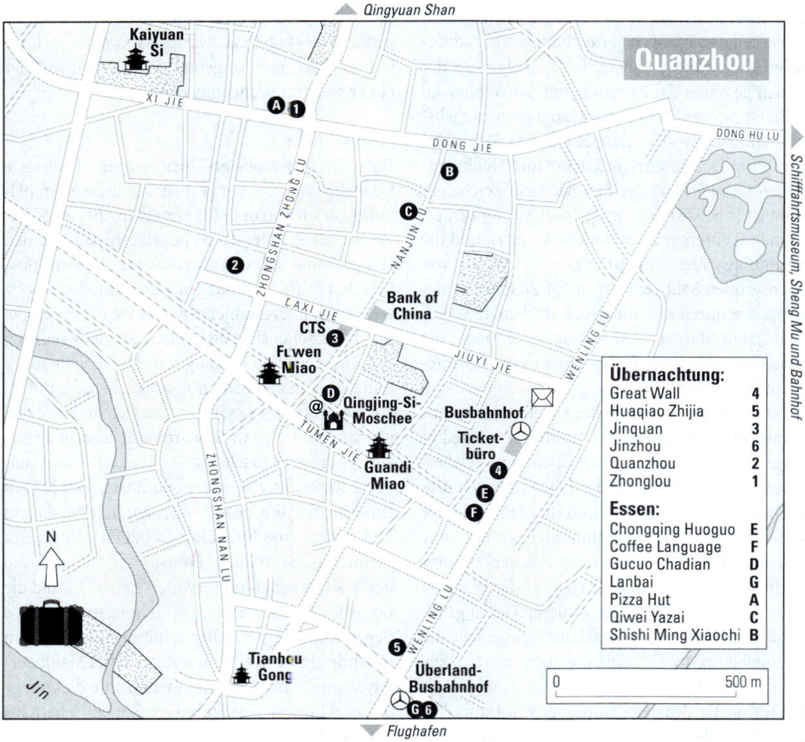

gefüllt mit großen Dschunken". Zur Zeit der Qing-Dynastie aber litt die Stadt unter Überbevölkerung und zunehmendem Bedeutungsverlust seines Hafens, und es setzte ein gewaltiger Exodus in Richtung Südostasien ein. Offiziellen chinesischen Statistiken zufolge leben heute über zwei Millionen Menschen, deren Wurzeln in Quanzhou liegen, im Ausland – im Vergleich zu einer halben Million Menschen im gesamten heutigen Stadtgebiet. Trotz seines historischen Verfalls zeugt auch heute noch vieles in Quanzhou von vergangener Größe, sodass sich ein kurzer Zwischenaufenthalt bei der Reise von Fuzhou nach Xiamen mit Sicherheit lohnt.

Gemessen an chinesischen Verhältnissen ist Quanzhou eine Kleinstadt, die ausschließlich am Nordufer des Flusses Jin liegt. Ein Großteil der Sehenswürdigkeiten lässt sich bequem zu Fuß erwandern. Die beiden wichtigsten Nord-Süd-Achsen sind die Straßenzüge der Zhongshan Lu und Wenling Lu, zwischen denen sich der größte Teil des Stadtzentrums erstreckt. Die ältesten Teile der Stadt befinden sich im Westen sowie im nördlichen Bereich der Zhongshan Lu, wo sich auf sorgsam restaurierten und mit Arkaden versehenen Straßen aus der Kolonialzeit, die von Bäumen gesäumt sind, dicht gedrängt die Fußgänger und Radfahrer tummeln. Wie in Fuzhou finden sich auch in dieser Stadt viele kleine verstreute Tempelanlagen, unter denen vor allem **Tianhou Gong** (¥4) am südlichen Ende der Zhongshan Lu Beachtung verdient. In seiner großen luftigen Halle wenden sich die Gläubigen mit ihren Hilfegesuchen an Südchinas populärste Gottheit, die Kaiserin des Himmels.

Einer der interessantesten Stadtbereiche liegt nördlich der **Tumen Jie**, der wichtigsten Ost-West-Verbindung Quanzhous, wo ein überraschend harmonisches Miteinander von authentischen antiken Gebäuden und modernen Geschäften mit traditionellen Verzierungen anzutreffen ist. Folgt man der Tumen Jie hinter der Kreuzung mit der Wenling Lu in Richtung Nordwesten, so gelangt man zunächst zum eindrucksvollen Tempel **Guandi Miao**, der dem gottgleich verehrten Kriegs- und Heilkunsthelden Guan Yu aus der Zeit der Drei Reiche geweiht ist (s.S. 578). Das Tempeldach ist mit den typischen Figuren und Schnörkeln verziert, und die stimmungsvollen Innenräume – bewacht von lebensgroßen Soldatenstatuen auf Pferderücken – verbreiten durch ihre niedrigen Decken, rauchgeschwärzten Statuen und Wandgravierungen, die Szenen aus Guan Yus Leben zeigen, eine faszinierende Stimmung.

Nur wenige Schritte weiter erhebt sich die aus Granit erbaute **Qingjing-Si-Moschee**, die beredtes Zeugnis von der Präsenz der Araber im mittelalterlichen Quanzhou gibt. Die im Jahre 1009 von arabischen Siedlern gestiftete und drei Jahrhunderte später von persischen Muslims wieder aufgebaute Moschee gehört zu den ältesten Bauwerken ihrer Art in ganz China und weist eine für diese Region äußerst ungewöhnliche, im Mittleren Orient gründende Architektur auf, obwohl nur wenige Teile des Originalbauwerks die Zeitläufte überdauert haben. Der mächtige Eingangsturm soll eine exakte Kopie des Turms der Omaijadenmoschee von Damaskus sein. Die in Blattform gestalteten Bogengänge sind mit arabischen Kalligrafien und Mustern aus dem 14. Jahrhundert verziert, und auch Teile der Wände und Stützpfeiler der einstigen Gebetshalle sind erhalten geblieben. In einem Nebenraum liegt ein detaillierter Bericht über die arabische Präsenz in Quanzhou zur Einsicht aus; eine englische Übersetzung gibt es ebenfalls. Das kleine geflieste Gebäude nebenan ist die heutige Gebetshalle. ⏲ tgl. 8–17 Uhr, Eintritt ¥3.

Wenige Minuten weiter westlich führt zwischen Qingjing Si und Zhongshan Lu ein dekoratives Tor nach Norden zu einem ausgedehnten gepflasterten Platz, an dessen gegenüberliegendem Ende der Konfuziustempel **Fuwen Miao** steht. Er hat heute keine besondere Bedeutung mehr, doch am Platz selbst sind zahlreiche jüngst renovierte Beispiele von Quanzhous traditioneller Architektur zu sehen – die Bauwerke aus Granit und markanten roten Backsteinen sind mit schwarzem Gebälk durchsetzt, und die Dachfirste münden in eine vorspringende Gabelung. Gegenwärtig wirkt alles noch relativ unzusammenhängend, doch offenbar soll hier ein Freilichtmuseum eingerichtet werden.

Kaiyuan Si

Die eindrucksvollsten historischen Überreste Quanzhous sind in der großen, friedlichen Tempelanlage des Kaiyuan Si (¥7) erhalten, die, im Nordwesten der Stadt an der Xi Jie gelegen, zudem einen stolzen Baumbestand aufweist. Vom Überland-Busbahnhof fährt Stadtbus Nr. 2 dorthin, doch es ist wesentlich interessanter, auf dem Weg zum Tempel durch die Seitenstraßen in der Nähe der Kreuzung von Tumen Jie und Zhongshan Lu zu schlendern und die schmalen Gassen zu erforschen, die mit alternden Häusern gesäumt sind. Der im Jahre 686 gegründete Kaiyuan Si wurde der Überlieferung zufolge errichtet, nachdem der Besitzer eines Maulbeerbaumhains von einem buddhistischen Mönch träumte, der ihn beauftragte, auf seinem Grund und Boden eine Kultstätte zu bauen. „Nur wenn meine Maulbeerbäume Lotusblüten treiben", soll der Besitzer spitzfindig erwidert haben … und die Lotusblüten erschienen. Zur Erinnerung an diese Begebenheit trägt ein alter Maulbeerbaum auf dem Gelände ein Schild mit der Aufschrift „Maulbeerlotusbaum". Im 13. Jahrhundert wurde die Anlage um zwei fünfstöckige **Steinpagoden** bereichert. Bis auf diese beiden Bauwerke wurde der gesamte Komplex in der Ming-Dynastie nach einem Brand neu aufgebaut.

Besondere Beachtung verdient die Tempelarchitektur nicht zuletzt wegen ihrer zahlreichen interessanten Details, zu denen die hundert Steinsäulen gehören, die das Dach der **Haupthalle** tragen – die meisten von ihnen sind mit Darstellungen von Musikern verziert, die Instrumente und Sakralobjekte in Händen halten. Die unglaublich widerstandsfähigen Pagoden, die von Erdbeben bis hin zu den Auswüchsen der Roten Garden alle nur denkbaren Angriffe überdauert haben, sind ebenfalls an jeder ihrer acht Seiten mit zwei Buddha-Bildnissen verziert. In die Innenwände einer der beiden Pagoden sind vierzig buddhistische Erzählungen eingraviert. Auf dem Tempelgelände befindet sich außerdem eine **Ausstellungshalle** (¥2), die den Rumpf eines **hölzernen Segelschiffs** aus dem 12. oder 13. Jahrhundert beherbergt, der 1974

Quanzhou und Umgebung

Quanzhou	泉州	***quánzhōu***
Fuwen Miao	府文庙	*fǔwén miào*
Guandi Miao	关帝庙	*guāndì miào*
Kaiyuan Si	开元寺	*kāiyuán sì*
Qingjing-Si-Moschee	清净寺	*qīngjìng sì*
Qingyuan Shan	清源山	*qīngyuán shān*
Schifffahrtsmuseum	海外交通史博物馆	*hǎiwài jiāotōngshǐ bówùguǎn*
Sheng Mu	圣母	*shèngmù*
Tianhou Gong	天后宫	*tiānhòu gōng*
Übernachtung und Essen		
Chongqing Huoguo	重庆火锅	*chóngqìng huǒguǒ*
Coffee Language	尚典啡茶语	*shàngdiǎnfēi cháyǔ*
Great Wall	长城宾馆	*chángchéng bīnguǎn*
Gucuo Chadian	古厝茶店	*gǔcuò chádiàn*
Huaqiao Zhijia	华侨之家	*huáqiáo zhī jiā*
Jinquan	金泉酒店	*jīnquán jiǔdiàn*
Jinzhou	金州大酒店	*jīnzhōu dàjiǔdiàn*
Lanbai	蓝白餐厅	*lánbái cāntīng*
Qiwei Yazai	奇味鸭仔	*qíwèi yāzǎi*
Quanzhou	泉州酒店	*quánzhōu jiǔdiàn*
Shishi Ming Xiaochi	石狮名小吃	*shíshī míng xiǎochī*
Zhonglou	钟楼旅社	*zhōnglóu lǚshè*
Anping-Brücke	安平桥	***ānpíng qiáo***
Chongwu	崇武古城	***chóngwǔ gǔchéng***
Shishi	石狮	***shíshī***
Schwägerinnen-Turm	姑嫂塔	*gūsǎo tǎ*

entdeckt wurde. Eine Fotoserie gibt detaillierte Auskunft über die einzelnen Phasen der Ausgrabung. Im Laderaum war noch die gesamte Fracht aus Kräutern und Gewürzen erhalten.

Das Schifffahrtsmuseum

Im Nordosten der Stadt lädt an der Dong Hu Lu das Schifffahrtsmuseum zu einem Besuch ein. Das Museum erinnert an Quanzhous Handelsgeschichte und veranschaulicht, wie fortschrittlich die chinesischen Schiffsbauer zur damaligen Zeit im Vergleich zu ihren europäischen Berufskollegen waren. Auf zwei Stockwerken erläutern Exponate die Entwicklung des chinesischen Schiffsbaus seit der Zeit der Streitenden Reiche um 500 v. Chr. Eine Ecke, die der „Rückeroberung Taiwans aus den gierigen Klauen der holländischen Eindringlinge sowie der Entwicklung des Außenhandels" gewidmet ist, stellt **Koxingas** Heldentaten (s.S. 678) in ein modernes Licht, doch das Herzstück des Museums sind Hunderte liebevoll gefertigte **hölzerne Schiffsmodelle**, die alles zeigen von kleinen Küstendschunken über Zheng Hes mächtige *Baochuan* – das vielleicht größte Holzschiff, das jemals gebaut wurde – bis hin zu schmucken Vergnügungsschiffen, auf denen die Reichen Chinas berühmte Seen und Flüsse befuhren. Anfahrt vom Überland-Busbahnhof mit Stadtbus Nr. 19, 🕓 Di–So 8.30–17.30 Uhr, Eintritt ¥10.

Sehenswert ist auch die im ersten Stock befindliche Sammlung von **Grabsteinen**, die auf Quanzhous Blütezeit zurückgehen. Die meisten von ihnen verweisen auf Muslims, doch auch Grabsteine von Italienern, Spaniern, nestorianischen Christen aus Syrien sowie derjenige des Bischofs aus dem 14. Jahrhundert, Andreas Perugia, sind zu sehen. Im hinteren Teil der Halle bezeugen Steinsäulen, Tür- und Fensterstürze sowie Statuen, dass auch Hindus und Manichäer (Anhänger einer persischen Religion mit Elementen aus Christentum, Jainismus und Buddhismus) ihre eigenen Kultstätten in Quanzhou besaßen – ein weiterer Beweis für die kosmopolitische Vergangenheit der Stadt.

Qingyuan Shan und Sheng Mu

Auch einige Stätten knapp außerhalb der Stadtgrenzen lohnen den Aufwand einer Anreise mit örtlichen Bussen. Das Landschaftsgebiet **Qingyuan Shan** 3 km nördlich der Stadt bietet von Felsvorsprüngen und Pavillons schöne Ausblicke über Quanzhou. Beliebtestes Ausflugsziel ist dort die riesige Steinskulptur **Laojun Yan** aus der Song-Dynastie, die Laozi darstellt und Langlebigkeit spenden soll, wenn man auf ihren Rücken klettert und die Nase an der seinen reibt. Bus Nr. 3 mit Haltestellen in der Tumen Jie und Zhongshan Zhong Lu bedient die Strecke.

Östlich des Stadtzentrums liegt an der Donghu Jie ein moslemischer Friedhof namens **Sheng Mu** mit den Gräbern zweier Schüler Mohammeds, die im 7. Jahrhundert zu Missionszwecken nach China gesandt wurden und vermutlich die ersten Muslime waren, die chinesischen Boden betraten. Es gibt wenig zu sehen, doch der Ort mit lichter Bewaldung strahlt Ruhe und Frieden aus. Von der Wenling Lu fährt Bus Nr. 7 zur Haltestelle Sheng Mu. Der Eingang befindet sich in einer schmalen Gasse südlich der Straße und ist an einem überwölbten Torweg aus Stein zu erkennen.

Die Umgebung von Quanzhou

Der lokale Busbahnhof in der Wenling Lu ist der Abfahrtsort zu einigen Sehenswürdigkeiten außerhalb der Stadt. Rund 60 km östlich von Quanzhou liegt die alte ummauerte Stadt **Chongwu**, die vollständig aus Stein errichtet wurde und heute in restauriertem Zustand ein riesiges Freilichtmuseum ist. Die benachbarte Neustadt besitzt eine der größten Fischereiflotten Südchinas, und die männliche Stadtbevölkerung ist nahezu ausnahmslos in dieser Industrie beschäftigt. Die Frauen hingegen arbeiten in den örtlichen Steinbrüchen, aus denen sie auf Handkarren gewaltige Steinblöcke nach draußen befördern – charakteristisch sind ihre blauen Jacken und breitkrempigen Strohhüte.

Etwas näher im Südosten Quanzhous liegt die Stadt Shishi (Steinlöwe), von der noch eine 5 km lange Fahrt bis zum schönen, das Meer überblickenden **Schwägerinnen-Turm** aus der Song-Dynastie zu bewältigen ist. 30 km südlich der Stadt verdient die außerhalb des Dorfes Anhai direkt neben der Schnellstraße nach Xiamen gelegene spektakuläre, 2 km lange **Anping-Brücke** Beachtung, die ebenfalls 800 Jahre alt ist und einen Meeresarm überspannt.

Übernachtung

Great Wall*, Wenling Lu, ✆ 2298081, 📠 2288965. Neues Hotel mit exzellentem Preisgefüge, guter Lage und freundlichem Personal.
Huaqiao Zhijia*, am südlichen Ende der Wenling Lu, ✆ 2283559, 📠 2283560. Hotel der Standardklasse, recht hübsche Zimmer.
Jinquan (auch: Golden Fountain)**, Baiyuan Lu, ✆ 2285078, 📠 2281676. Liegt in einer Nebenstraße, die von der Daxi Jie nach Süden abzweigt. Der preiswertere Flügel des benachbarten *Huaqiao Dasha*. Die Zimmer wurden vor kurzem renoviert.
Jinzhou*, eine Ecke vom Busbahnhof an der Quanxiu Lu entfernt, ✆ 2586788. Wirkt von außen baufällig, wogegen die Lobby ein wenig hochstapelt, doch die Zimmer sind ihr Geld wert. Wer handelt, erhält sofort einen Preisnachlass.
Quanzhou, Luxus, Zhuangfu Xiang, ✆ 2289958, 💻 www.quanzhouhotel.com. Mitten im Stadtzentrum wenig westlich der Zhongshan Lu gelegen. Alter Flügel ***, neuer Flügel Luxusklasse.
Zhonglou*, Xi Jie, ✆ 2373433. Einzige Budget-Unterkunft der Stadt. Zentral nahe dem Kaiyuan Si an der Kreuzung mit der Zhongshan Lu gelegen. Betten ab ¥20.

Essen

In der nördlichen Zhongshan Lu im Bereich um den Kaiyuan Si und in den Seitenstraßen der Tumen Jie gibt es zahlreiche preiswerte Nudel-

und Garküchen. Die preisgünstige Garküche ***Lanbai*** neben dem *Jinzhou Hotel* bietet leichte Mahlzeiten für rund ¥10 an. Ein gutes Feuertopf-Lokal ist ***Chongqing Huoguo*** in der Nähe des Hotels *Great Wall* in der Wenling Jie. Etwas eleganter sind die Restaurants nördlich der Bank of China an der Nanjun Lu, darunter das Bratenten-Restaurant ***Qiwei Yazai*** sowie das Lokal ***Shishi Ming Xiaochi***, das lokale Snacks und süße Teigtaschen im Angebot führt. Das ***Jianfu Hotel*** bietet an Wochenenden im 5. Stock ein Dim-Sum-Frühstück mit beliebig viel Nachschlag für ¥15 pro Person an.
In der Tumen Jie servieren einige Cafés Sandwiches und Grillspeisen. Besonders populär sind eine Zweigstelle von ***Coffee Language*** an der Ecke zur Wenling Lu, das Restaurant des Hotels ***Quanzhou*** mit westlichen Gerichten und die Kaffeebar in der Lobby des Hotels ***Jinquan***. Traditionelles Ambiente bietet das Teehaus ***Gucuo Chadian*** in einem alten Backsteinbau in einer Gasse direkt hinter der Moschee Qingjing Si.

Sonstiges

INTERNET – Mehrere Internet-Cafés befinden sich in der Gasse nördlich der Moschee Qingjing Si.

VORWAHL – 0595

Transport

BUSSE – Fast alle Reisenden treffen in Quanzhou mit einem Bus via Küstenschnellstraße zwischen Xiamen und Fuzhou ein.
Der **Überland-Busbahnhof** liegt im neueren südöstlichen Stadtteil unmittelbar östlich der Wenling Lu. Von dort fahren zwischen 8.00 und 17.30 Uhr zahlreiche Minibusse nach Xiamen und Fuzhou. Der Bahnhof ist zugleich die Abfahrtsstelle von Überlandbussen zu nahezu allen Zielen in Südchina, von Ningbo und Hangzhou im Norden bis Guangzhou und Shenzhen im Süden.
Busse u.a. nach:
FUZHOU 2 1/2 Std., ¥35–70;
LONGYAN 5 Std.;
XIAMEN 1 1/2 Std, ¥15–40.

EISENBAHN – Quanzhous neuer **Bahnhof** liegt rund 5 km östlich der Stadt entlang der Dong Hu Jie. Stadtbus Nr. 23 fährt von dort zum Überland-Busbahnhof. Es gibt einen Nachtzug zum Wuyi Shan, und Bummelzüge bedienen Longyan, Yongding und Meizhou. Mehrere **Ticketbüros** in der Stadt – direkt nördlich des Hotels *Great Wall* an der Wenling Lu sowie gegenüber vom *Jinquan Hotel* – ersparen den Weg zum Bahnhof.
Züge nach:
LONGYAN 1x tgl., 10 Std.;
MEIZHOU 1 x tgl., 13 Std.;
WUYI SHAN 1x tgl., 13 Std.

FLÜGE – Der erst kürzlich eröffnete **Flughafen** liegt rund 20 km südöstlich der Stadt. Für Transporte stehen Taxis zur Verfügung. Buchungen treffen entweder die Hotels oder das ***CTS-Büro*** nahe dem Hotel *Jinquan* an der Daxi Jie.

Xiamen und Umgebung

Xiamen, ehemals im Westen bekannter unter dem Namen **Amoy**, ist kleiner und wesentlich charmanter als die Provinzhauptstadt Fuzhou. Es gibt viel zu sehen. Die Straßen und Gebäude, die attraktiven Einkaufsarkaden und die viel besuchte Seeseite der Stadt versprühen die Atmosphäre des Europas des 19. Jahrhunderts. Xiamen ist nicht nur eine der gastfreundlichsten, sondern auch eine der saubersten Städte des Landes – und zugleich die landesweit vielleicht am geschmackvollsten renovierte Stadtsiedlung, denn sie vermittelt das Ambiente eines Ferienresorts, ungeachtet der zum Teil etwas heruntergekommenen Seitenstraßen. Zur Resort-Atmosphäre trägt in nicht geringem Maße die wundervolle kleine Insel **Gulangyu** im Südwesten bei, die mit einer Fähre in nur zehn Minuten erreicht ist. Sie war einst die koloniale Heimat von Europäern und Japanern, deren Villen noch heute die verkehrsfreien Straßen säumen. Es ist sehr empfehlenswert, eine Unterkunft auf der Insel zu wählen.

Xiamen wurde Mitte des 14. Jahrhunderts gegründet, nahm unter der Ming-Dynastie an Größe zu und wurde im 17. Jahrhundert zu einem blühenden Hafen, der im Laufe der Zeit dem Einfluss einer beständigen und recht geheimnisvollen Abfolge von portugiesischen, spanischen und hol-

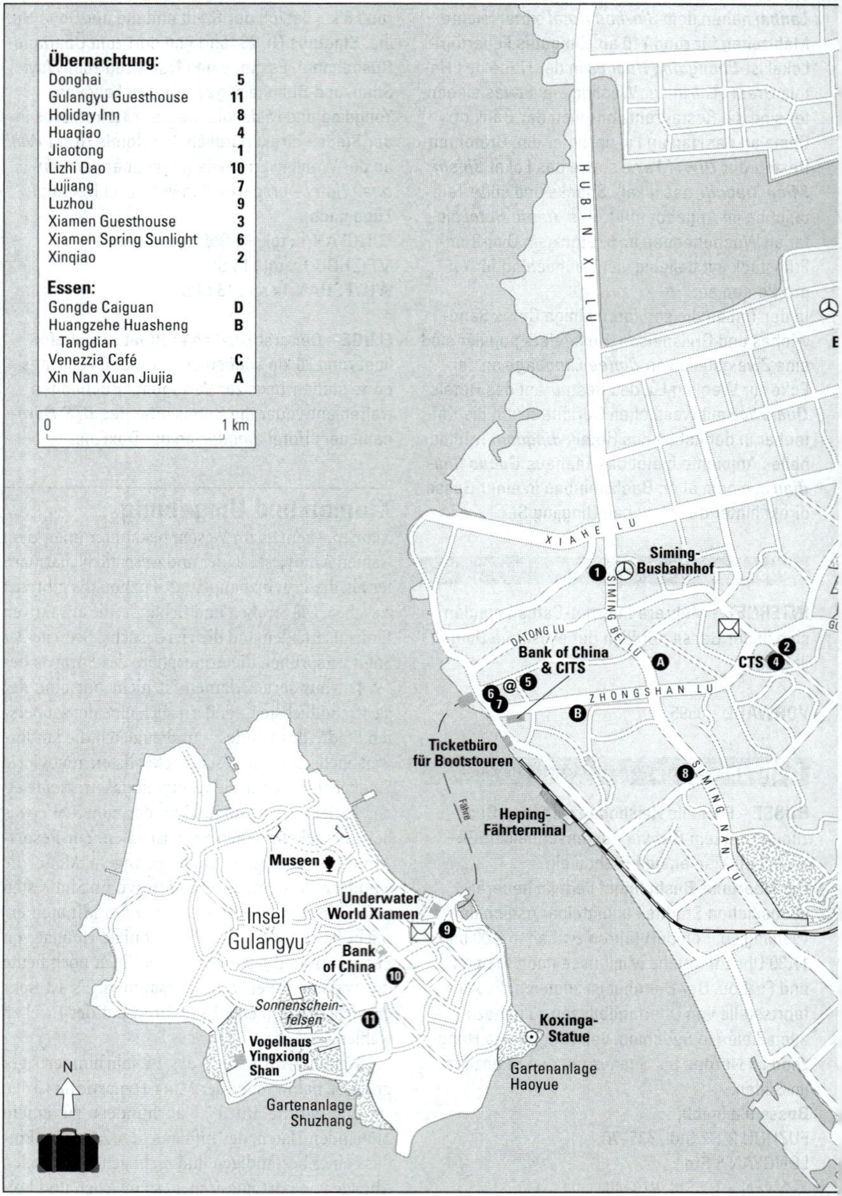
Übernachtung:
Donghai 5
Gulangyu Guesthouse 11
Holiday Inn 8
Huaqiao 4
Jiaotong 1
Lizhi Dao 10
Lujiang 7
Luzhou 9
Xiamen Guesthouse 3
Xiamen Spring Sunlight 6
Xinqiao 2
Essen:
Gongde Caiguan D
Huangzehe Huasheng Tangdian B
Venezzia Café C
Xin Nan Xuan Jiujia A
0 1 km
HUBIN XI LU
XIAHE LU
Siming-Busbahnhof
SIMING BEI LU
DATONG LU
Bank of China & CITS
CTS
ZHONGSHAN LU
Ticketbüro für Bootstouren
SIMING NAN LU
Fähre
Heping-Fährterminal
Museen
Underwater World Xiamen
Insel Gulangyu
Bank of China
Sonnenschein-felsen
Vogelhaus Yingxiong Shan
Koxinga-Statue
Gartenanlage Haoyue
Gartenanlage Shuzhang
N

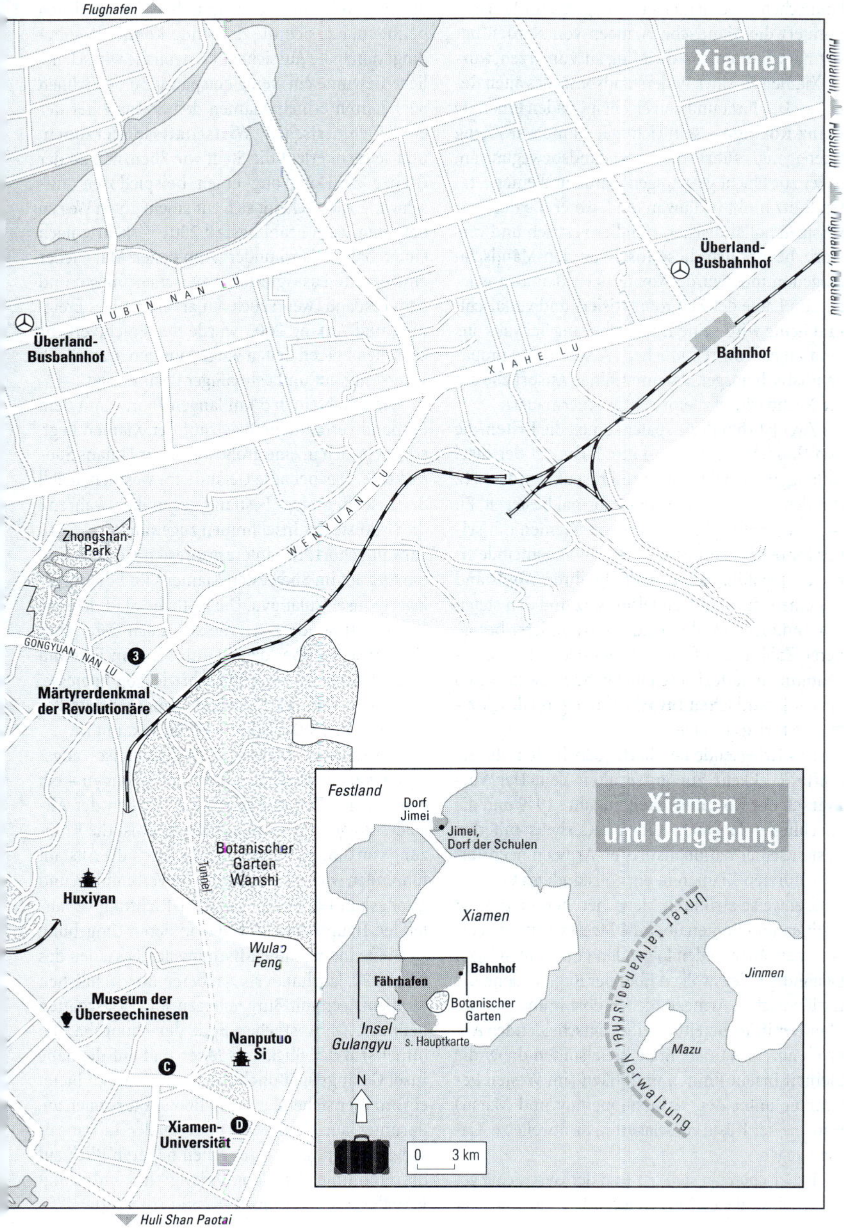
Flughafen
Xiamen
Flughafen, Festland
Überland-Busbahnhof
HUBIN NAN LU
Überland-Busbahnhof
Bahnhof
XIAHE LU
WENYUAN LU
Zhongshan-Park
GONGYUAN NAN LU
3
Märtyrerdenkmal der Revolutionäre
Botanischer Garten Wanshi
Tunnel
Huxiyan
Wulao Feng
Museum der Überseechinesen
Nanputuo Si
C
D
Xiamen-Universität
Huli Shan Paotai
Festland
Dorf Jimei
Jimei, Dorf der Schulen
Xiamen und Umgebung
Xiamen
Unter taiwanesischer Verwaltung
Bahnhof
Fährhafen
Botanischer Garten
Insel Gulangyu
s. Hauptkarte
Jinmen
Mazu
N
0 3 km

ländischen Glücksrittern unterlag. Als im 17. Jahrhundert die Mandschu-Armeen von Norden her vormarschierten, um die Ming auszumerzen, wurde Xiamen zu einer Widerstandsbasis des alten Regimes. Der Pirat und von eigenen Gnaden ernannte **Prinz Koxinga** – sein richtiger Name war Zheng Chenggong – führte die Widerstandsbewegung an, bis er zur Flucht gezwungen wurde und einen letzten Stützpunkt in Taiwan fand, wo er die dort ansässigen holländischen Händler vertrieb und verstarb, bevor auch diese Insel von den Mandschu eingenommen wurde. Koxingas Heldentaten wurden im Laufe der Zeit romantisiert und verfälscht, und heute wird seine Rückeroberung Taiwans aus dem Zugriff unfreundlicher Fremdmächte propagandistisch ausgenutzt, um Chinas Ansprüche auf die Nachbarinsel rhetorisch zu untermauern.

Zwei Jahrhunderte später kamen die **Briten**, die den Handel belebten und ihre Basis auf der Insel Gulangyu einrichteten. Ihre Präsenz wurde 1842 mit dem Vertrag von Nanjing formal besiegelt. Zu Beginn des 20. Jahrhunderts war Xiamen mit seiner vor der Küste lebenden Ausländergemeinde eine recht wohlhabende Stadt, die ihren Wohlstand aus einem stabilen Handelsumsatz und den steten Zuwendungen wohlhabender Auswanderer bezog, deren Zahl im Laufe der Jahrhunderte laufend zugenommen hatte. Diese glückliche Situation blieb bis zur **japanischen Invasion** zu Beginn des Zweiten Weltkriegs bestehen.

Das Kriegsende bescherte jedoch nicht die erhoffte Rückkehr zur guten alten Zeit. Der **Vormarsch der Kommunisten** im Jahre 1949 und die anschließende Flucht Chiang Kaisheks mit den Resten seiner nationalistischen Armeen nach Taiwan stürzten Xiamen in ein vollständiges Chaos – massenweise strömten Menschen herbei, um auf Schiffen und Booten über die Meeresstraße zu entkommen. Auch in den folgenden Jahrzehnten lagen beständig Kriegswolken über der Region, denn die festländischen Armeen hielten dort immer wieder Manöver in Vorbereitung eines entscheidenden Angriffs auf Taiwan ab. Erste Ziele sollten dabei die kleinen Inseln Jinmen und Mazu (im Westen bekannter unter den Namen Quemoy und Matsu) sein, die der Küste vorgelagert in Sichtweite zu Xiamen liegen.

Inzwischen hat sich das Rad der Geschichte gedreht. Obwohl sich Jinmen und Mazu noch immer in den Händen der (taiwanesischen) Nationalisten befinden, hat sich die drohende Konfliktlage bedingt durch die Aussicht auf erhebliche wirtschaftliche Gewinne ein wenig entspannt. In den frühen 80er Jahren erhielt Xiamen den Status einer der ersten chinesischen **Wirtschaftssonderzonen**, und seitdem erlebt die Stadt wie Shenzhen an der Grenze zu Hongkong einen beispiellosen Aufschwung. Alles scheint sich auf einem guten Weg zu befinden: Zum Frühlingsfest 2001 verkehrte nach einem halben Jahrhundert zum ersten Mal wieder eine direkte Passagierfähre zwischen Taiwan und dem Festland (wenn auch nur als einmaliges Ereignis), und Anfang 2002 wurde der Frachtverkehr zwischen beiden Seiten aufgenommen, der jedoch vorerst nur auf unregelmäßiger Basis erfolgt.

Die durch einen 5 km langen Damm mit dem Festland verbundene Insel, auf der Xiamen liegt, schmiegt sich in eine große Bucht vor Fujians Südostküste. Das bebaute Gelände im westlichen Teil der Insel liegt dem Festland gegenüber, während die Ostküste der Insel Jinmen zugewandt ist, die zu Taiwan gehört. Die interessantesten Gebiete sind die Altstadt im Südwesten Xiamens und die vorgelagerte Insel Gulangyu. Die restliche Stadt ist eine Wirtschaftssonderzone, die sich nach Osten und Norden sowie über den Damm bis zum Festland erstreckt. Dort gibt es nicht sehr viel von Interesse, abgesehen von der Kleinstadt **Jimei** jenseits des Damms, die als **Dorf der Schulen** bekannt ist.

Der schönste Zeitvertreib in Xiamen ist – abgesehen von einem Besuch der Insel Gulangyu – ein gemütlicher Bummel durch die Straßen der Altstadt. Ein geeigneter Ausgangspunkt ist die Kreuzung von Siming Lu, der mitten durch die Altstadt führenden wichtigsten Nord-Süd-Verbindung, und Zhongshan Lu, der in Ost-West-Richtung verlaufenden Haupteinkaufsstraße, in deren Umgebung sich eine interessante Mischung aus Fassaden des frühen 20. Jahrhunderts, sauberen übersichtlichen Straßenzügen mit Bürgersteigen sowie Geschäften befindet. Am westlichen Ende der Zhongshan Lu öffnet sich der Blick aufs **Meer** und auf die nahe Insel Gulangyu. Südlich der Zhongshan Lu bietet ein am Ufer stehender Kiosk Bootsexkursionen an, darunter auch eine Umrundung der taiwanesischen Insel Jinmen – für einen näheren Blick auf die Frontlinie der Guomindang sind unbedingt Ferngläser mitzubringen (Sa und So; ¥88 p.P.).

Xiamen und Umgebung

Xiamen	厦门	***xiàmén***
Bailu Dong	白鹿洞	*báilù dòng*
Botanischer Garten Wanshi	万石植物馆	*wànshí zhíwùguǎn*
Huli Shan Paotai	胡里山炮台	*húlǐ shān pàotái*
Huxiyan	虎溪岩	*hǔxī yán*
Jinmen	金门	*jīnmén*
Museum der Überseechinesen	华侨博物馆	*huáqiáo bówùguǎn*
Nanputuo Si	南普陀寺	*nánpǔtuó sì*
Xiamen-Universität	厦门大学	*xiàmén dàxué*
Übernachtung und Essen		
Donghai	东海大厦酒店	*dōnghǎi dàshà jiǔdiàn*
Gongde Caiguan	功德菜馆	*gōngdé càiguǎn*
Holiday Inn	假日皇冠海景大酒店	*jiàrì huángguān hǎijǐng dà jiǔdiàn*
Huangzehe Huasheng Tangdian	黄则和花生汤店	*huángzéhé huāshēng tāngdiàn*
Jiaotong	交通大厦酒店	*jiāotōng dàshà jiǔdiàn*
Lujiang	鹭江宾馆	*lùjiāng bīnguǎn*
Xiamen Guesthouse	厦门宾馆	*xiàmén bīnguǎn*
Xiamen Spring Sunlight	厦门春光酒店	*xiàmén chūnguāng jiǔdiàn*
Xin Nan Xuan Jiujia	新南轩酒家	*xīnnánxuān jiǔjiā*
Xinqiao	新桥酒店	*xīnqiáo jiǔdiàn*
Gulangyu	鼓浪屿	***gǔlàng yǔ***
Gartenanlage Haoyue	皓月园	*hàoyuè yuán*
Gartenanlage Shuzhuang	菽庄花园	*shūzhuāng huāyuán*
Gulangyu Guesthouse	鼓浪屿宾馆	*gǔlàngyǔ bīnguǎn*
Koxinga-Gedenkhalle	郑成功纪念馆	*zhèngchénggōng jìniànguǎn*
Koxinga-Statue	郑成功塑像	*zhèngchénggōng sùxiàng*
Lizhi Dao Hotel	丽之岛酒店	*lìzhīdǎo jiǔdiàn*
Luzhou Hotel	绿洲酒店	*lǜzhōu jiǔdiàn*
Sonnenscheinfelsen	日光岩	*rìguāng yán*
Underwater World	海底世界	*hǎidǐ shìjiè*
Yingxiong Shan	英雄山	*yīngxióng shān*
Jimei, Dorf der Schulen	集美学校村	***jíměi xuéxiàocūn***
Ao-Park	鳌园	*áoyuán*
Chen Jiageng (Tan Kahkee)	陈嘉庚	*chén jiāgēng*

Südöstlich und östlich des Stadtzentrums befinden sich nur wenige Sehenswürdigkeiten. In der Siming Nan Lu, etwa 2 km südlich der Zhongshan Lu, steht das **Museum der Überseechinesen**. Die Sammlung präsentiert Exponate, die von der großen Fujian-Diaspora rund um die Welt gespendet wurden. Dazu gehören Töpferwaren und sogar erlesene Bronzen aus der Zeit der Shang-Dynastie vor dreitausend Jahren. Im Erdgeschoss gibt eine Ausstellung mit Fotos, Gemälden und Reliquien

Aufschluss über das Leben, das Chinesen im Verlauf der vergangenen Jahrhunderte im Ausland führten. Anfahrt mit den Bussen Nr. 1 oder 2. ◷ tgl. 9–16.30 Uhr, Eintritt ¥6.

1 km weiter südöstlich steht der Tempel **Nanputuo Si**, der vor über 1000 Jahren am Südhang des Wulao Feng errichtet wurde. Kaum ein anderer buddhistischer Tempel Chinas wirkt so modern und wird so sorgfältig geleitet wie dieser. Die Dächer sind mit einem grellen Durcheinander aus fliegenden Drachen, menschlichen Gestalten und vielfarbigen Blumen verziert. Zu den Kunstschätzen des Tempels gehört eine Inschriftensammlung von Widerstandskämpfern aus der frühen Qing-Dynastie, die über Gräueltaten der Mandschu berichtet. In der Haupthalle steht hinter dem Buddha Maitreya eine Statue des Wei Tuo, des Hüters der buddhistischen Lehre, der einen zum Boden gerichteten Stock in Händen hält – die symbolische Auskunft, dass das Kloster wohlhabend ist und Reisenden Kost und Unterkunft bieten kann. Das Tempelleben ist derzeit äußerst rege; angeschlossen ist auch ein **vegetarisches Restaurant** (s.S. 683). Man erreicht den Tempel mit Bus Nr. 1 in Richtung Xiada, der Xiamen-Universität. ◷ tgl. 8–17 Uhr, Eintritt ¥3.

Unmittelbar südlich des Nanputuo Si beginnt das Gelände der **Xiamen-Universität**, über das man zur Küstenstraße Daxue Lu gelangt, die an attraktiven Sandstränden vorbeiführt. Gut 1 km südwestlich liegt in unmittelbarer Nähe der Endhaltestelle von Bus Nr. 2 die **Huli Shan Paotai** (Geschützstellung am Berg Huli). Die dortige schwere Artillerie deutscher Produktion hatte eine Reichweite von 10 km und diente unter der Qing-Dynastie der Abwehr imperialistischer Fremdmächte. Durch Leihferngläser kann man Blicke hinüber nach Jinmen werfen, das nur 20 km weiter östlich liegt. Bis 1984 war das Gebiet wegen der Nähe zu Taiwan nur beschränkt zugänglich, und an den Stränden galt von Sonnenuntergang bis Sonnenaufgang eine strikte Ausgangssperre.

Eine längere Wanderung (mindestens 2 Std.) führt vom Nanputuo Si hinauf auf den sich hinter dem Tempel erhebenden Hügel Wulao Shan – alternativ fährt Bus Nr. 17 ab der Straße vor dem Tempeleingang dorthin. Beide Varianten führen zum **Botanischen Garten Wanshi**, zu dessen viertausend Pflanzenarten auch ein Küsten-Mammutbaum *(Sequoia sempervirens)* gehört, den der amerikanische Präsident Nixon anlässlich eines offiziellen Chinabesuchs stiftete. ◷ tgl. 6.30–18.30 Uhr, Eintritt ¥5.

Hinter dem nördlichen Haupteingang des Botanischen Gartens führt der Weg über ein Eisenbahngleis zum **Märtyrerdenkmal der Revolutionäre**, das rund 1500 m westlich des Stadtzentrums nahe der Strecke von Bus Nr. 4 steht. Südwestlich von hier kann man entlang der Gleisführung zum **Huxiyan** (Tigerstromfelsen) wandern, der sich rechter Hand an einem felsigen Abhang befindet. Dort oben schmiegt sich ein anmutiger kleiner Tempel schüchtern zwischen gewaltige Felsbrocken. Durch eine schmale Höhle gelangt man zu in den Fels gehauenen Stufen, die bis auf den größten Felsen hinaufführen. Auf dem Gipfel des Hügels steht ein zweiter kleiner Tempel namens **Bailu Dong**, von dem aus sich wunderschöne Ausblicke auf die Stadt und das Meer eröffnen.

Insel Gulangyu

Die Insel Gulangyu war bis zum Zweiten Weltkrieg Xiamens ausländische Konzession, und in architektonischer Hinsicht hat sich seit der damaligen Zeit nicht sehr viel verändert. Im Sommer und an Wochenenden sind die Unterkünfte größtenteils belegt, doch da außer batteriebetriebenen Golfwägen keine Fahrzeuge auf der Insel zugelassen sind, bleibt auch zu diesen Zeiten die Stimmung ruhig und friedlich. Bei der Erkundung der Insel scheint der Tag wie im Fluge zu vergehen. Gulangyus enges Labyrinth von Gassen kann verwirren, doch angesichts der Größe der Insel (weniger als 2 km^2) ist dies kein wirkliches Problem. Überall gibt es sehenswerte Dinge zu entdecken, denn ein Bummel durch die Straßenzüge – besonders entlang von Fuzhou Lu und Guxin Lu – führt zu einer Vielzahl an architektonischen Juwelen, die mit ganzjährig blühenden Blumen und Zierpflanzen bewachsen sind.

Die **Fähre** zur Insel pendelt von frühmorgens bis mitternachts vom Pier gegenüber dem Hotel *Lujiang* zwischen Stadt und Insel; die kurze Überfahrt lohnt auch wegen der schönen Ausblicke auf Land und Wasser. Bei der Fahrt zur Insel steht das Unterdeck kostenfrei zur Verfügung, während das Oberdeck ¥1 kostet; bei der Rückfahrt allerdings werden für das Unterdeck ¥3 und für das Oberdeck

¥4 fällig. Nach dem Aussteigen befindet man sich bereits im **Inselzentrum** mit seinen verschlungenen kleinen Einkaufsstraßen, einer Bank (die keine Travellers Cheques einlöst), einem Postamt und einer Handvoll Restaurants. Schräg zur Rechten steht die auffällige Bronzeskulptur eines gigantischen Kraken mit Saugnäpfen und Maul, die den Eingang zu **Underwater World Xiamen** kennzeichnet. Zu den dortigen Attraktionen gehören begehbare Aquarien, eine Siegelausstellung, Pinguine, Schildkröten und ein riesiges Walskelett. ⌚ tgl. 9–16.30 Uhr, Eintitt für Erwachsene ¥70, für Kinder ¥40.

Nordwestwärts führt von hier aus die Sanming Lu zum Eingang eines **Tunnels** aus den 50er Jahren, der angesichts der drohenden militärischen Eskalation in der Auseinandersetzung mit Taiwan angelegt wurde und durch den Berg hindurch zu Gulangyus nördlichem Ende an der Neicuo Ao Lu führt. Von dort bietet sich ein Bummel durch das Gewirr der Gassen zurück zur Anlegestelle der Fähre an, was eine unterhaltsame halbe Stunde füllt, sofern man sich nicht verläuft. Eine vollständige Inselumwanderung lohnt sich nicht, da der Nordwesten nichts Sehenswertes zu bieten hat.

Südöstlich der Landungsbrücke stehen mehrere stolze alte Gebäude, zu denen die ehemaligen britischen und deutschen Konsulate gehören. Die Straße führt weiter zur felsigen östlichen Landzunge, die heute von der **Gartenanlage Haoyue** (Eintritt ¥25) umschlossen wird, wo eine riesige Granitstatue Koxinga in vollem militärischem Prunk zeigt. Die Statue blickt bedeutungsschwer Richtung Taiwan, das dieser vom Piraten zum Helden avancierte Mann einst von den ausländischen Kolonialisten befreite. Nicht weit hinter der Gartenanlage wendet sich die Straße Richtung Inselmitte und führt zu einem Sportgelände, an dessen Rand das alte koloniale *Gulangyu Guesthouse* steht, in dem 1972 Präsident Nixon wohnte und das noch immer chinesischen VIPs als Treffpunkt dient. Zuweilen ist es auch auswärtigen Gästen gestattet, einen Blick hineinzuwerfen, doch aus Sicherheitsgründen werden Besucher, die dort nicht wohnen, oft abgewiesen. Im mittleren Gebäude dieser Anlage sind Ausstattung und Mobiliar aus den 20er Jahren erhalten geblieben, darunter dunkle Holzvertäfelungen, ein Billardsaal und eine Terrasse mit Rattansesseln.

Richtung Südküste schließt sich die blumenreiche **Gartenanlage Shuzhuang** an, deren schattige Bereiche zu einem Tee mit Blick aufs Meer einladen; auch ein Musiksalon ist dort vorhanden. ⌚ tgl. 7–20 Uhr, Eintritt ¥20. Der saubere Sandstrand westlich des Parks verlockt zum Schwimmen, sofern er nicht allzu überfüllt ist. Über dem Strand erhebt sich mit dem **Sonnenscheinfelsen** der höchste Gipfel von Gulangyu, der ein Magnet für die Touristenscharen ist, denn nach der Fahrt mit der Kabinenbahn eröffnen sich oben von der auf 93 m Höhe gelegenen Plattform Rundblicke über die gesamte Insel. ⌚ tgl. 8.30–17 Uhr, Eintritt ¥50 inklusive Seilbahnfahrt. Am Fuß des Felsens befindet sich die mit demselben Ticket zugängliche **Koxinga-Gedenkhalle**, zu deren Ausstellungsstücken Koxingas Jadegürtel und Teile seiner „kaiserlichen“ Robe gehören – leider fehlen englischsprachige Erläuterungen. Von dort führt der Weg an der Küste entlang zur Anhöhe **Yingxiong Shan**, auf der sich ein mit Netzen gesichertes Freiluft-Vogelhaus (Eintritt ¥15) befindet, in dem viele Tropentauben, Silberreiher und Papageien gehalten werden – besonders an klaren Tagen ein schöner Spaziergang.

Jimei, Dorf der Schulen

Rund 15 km nördlich von Xiamen liegt jenseits der Brücke auf festländischem Boden Jimei, das den Beinamen „Dorf der Schulen“ trägt. Die Chinesen und besonders die Einwohner Fujians messen ihm besondere Bedeutung bei, denn es dient als Musterbeispiel für die Leistungsbereitschaft von Überseechinesen, die willens sind, ihr Geld für wohltätige Zwecke im Mutterland anzulegen. Stadtbus Nr. 18 fährt vom Tempel Nanputuo Si über den Bahnhof nach Jimei und benötigt für die Strecke je nach Verkehrsdichte zwischen einer halben und einer Stunde. An der Bushaltestelle in Jimei warten Fahrradrikschas, die Besucher für rund ¥40 durch den gesamten Bereich fahren. Zu Fuß lässt sich das Dorf auf einem gemütlichen zweistündigen Spaziergang erkunden. Vom Haupteingang ostwärts gehend erreicht man nach rund 20 Minuten die Sehenswürdigkeiten im Dorf.

Chen Jiageng (1874–1961) – oder Tan Kahkee, wie er im lokalen Dialekt heißt – verdiente seine Millionen in Malaysia und ist Fujians prominentester „Rückkehrer“. Nach Gründung der Republik im

Jahre 1911 begann er Geldmittel für den Aufbau von Bildungsinstituten in der Region Xiamen zur Verfügung zu stellen ... und tat dies fünfzig Jahre lang. Neben der Xiamen-Universität ist die **Jimei High School** Tan Kahkees beständigstes Erbe; das Lehrinstitut steht in einem schönen Park am Meer, und seine mächtigen Gebäude – ein grandioses chinesisch-gotisches Arrangement aus gemusterten Ziegeln und kunstvollen Fenstern – überblicken einen See. Hinter dem Eingang führt der Weg nach links durch einen kleinen Park zu einer Statue Tan Kahkees, und jenseits einer Straße steht an deren nördlichem Ende sein **ehemaliges Wohnhaus**. Im linken Flügel berichtet eine Fotosammlung, die zum Teil auch auf Englisch beschriftet ist, über sein Leben, seine geschäftlichen Leistungen und seinen Patriotismus. Über das ideologische Dilemma eines kommunistischen Staates, der Geldgeschenke von einem kapitalistischen Millionär annimmt, wird nichts berichtet. Nur wenig weiter östlich beginnt der **Ao-Park**, der sich bis ans Meeresufer erstreckt und dessen Eingangskorridor von Steininschriften gesäumt wird, die Geschichten aus Chinas mythischer Frühgeschichte erzählen.

Übernachtung

Xiamen verfügt über ein breites Angebot an Unterkünften der mittleren bis gehobenen Kategorie. Einige der schönsten Hotels (und das preiswerteste, das Ausländer aufnehmen darf) befinden sich auf der Insel Gulangyu, wo man sein Gepäck jedoch selbst befördern muss, da es dort weder Busse noch Taxis gibt. Die herrliche Ruhe und friedliche Stimmung der Insel entschädigen jedoch mühelos für diesen kleinen Umstand. In allen Hotels lohnt es sich zu handeln, denn vor allem in der Nebensaison werden Preisnachlässe bis zu 40% eingeräumt.

STADTZENTRUM VON XIAMEN – ***Donghai (auch: East Ocean)******, Zhongshan Lu, ✆ 202 1111, 📠 2033264. Ein Block östlich des *Lujiang*. Exzellente Lage und schöne Zimmer.

Holiday Inn, Luxus, Zhenhai Lu, an der Kreuzung mit Siming Nan Lu, ✆ 2023333, 💻 www.hi592.com. Alle üblichen Einrichtungen internationaler Hotels vorhanden.

Huaqiao, Luxus, Xinhua Lu, ✆ 2025602, 📠 203 8236. Sehr hübsches modernes Hotel mit ausgezeichnetem Service. Die Agenturen der Fluggesellschaften und *CTS* befinden sich bequemerweise unmittelbar vor der Tür.

Jiaotong**, Siming Bei Lu, ✆ 2024403, 📠 202 2928. Direkt gegenüber der kleinen Busstation wenig südlich der Xiahe Lu. Garagenähnlicher Eingang mit Rezeption an der rechten Seite. Wirkt von außen nicht wie ein Hotel, ist jedoch gemütlich und freundlich. Hat einige recht schöne DZ mit Bad.

Lujiang*,*** Zhongshan Lu, ✆ 2022922, ✉ lujihtl@public.xm.fj.cn. Gepflegtes Kolonialgebäude mit erstklassiger Lage am Meer und Blick auf die Insel Gulangyu. Die preiswerteren DZ sind recht klein. Insgesamt jedoch ein ausgezeichnetes Hotel.

Xiamen Guesthouse*,*** Huyuan Lu, ✆ 2022265, 📠 2021765. Steht auf einem Hügel mit großem Baumbestand, ohne jedoch abgelegen zu sein. Modernes, aber etwas dunkles Haus. Bus Nr. 4 vom Bahnhof hält in der Nähe.

Xiamen Spring Sunlight,*** Haihou Lu, ✆ 202 1793, 📠 2071665. Direkt gegenüber der Fähre zur Insel Gulangyu. Gebäude mit kolonialem Äußeren und moderner Einrichtung. Äußerst sauberes Haus in guter Lage, angemessenes Preisgefüge.

Xinqiao,*** Xinqiao Lu, ✆ 2038883, 📠 2038765. Schönes Hotel an der Kreuzung mit Zhongshan Lu, wird vorwiegend von Geschäftsleuten gebucht.

INSEL GULANGYU – ***Gulangyu Guesthouse***,*** Huangyan Lu, ✆ 2066050. Zu Fuß 15 Min. vom Pier entfernt; südwestwärts durch das Straßengewirr gehen. Die ehemalige Kolonialvilla ist eine Touristenattraktion für sich. Angemessene saubere Zimmer, doch angesichts des betagten Mobiliars ein wenig überteuert.

Lizhi Dao (auch: Beautiful Island)*, 133 Longtou Lu, ✆ 2063309, 📠 2063311. Sehr nettes Haus mit geringfügigen Feuchtigkeitsproblemen. Die billigsten Zimmer sind klein und stickig, doch diejenigen mit Fenster sind ihr Geld wert.

Luzhou**, Longtou Lu, ✆ 2065390, 📠 2065843. Von der Fähre ein kurzes Stück geradeaus und dann nach links gehen. Vor dem Hotel erstreckt sich ein grüner Rasen. Schöne Aussicht aus den teureren Zimmern mit Holzfußböden. Sauberes durchschnittliches Chinesenhotel.

Essen

Das Essen in Xiamen ist eine Lust. Es gibt frischen Fisch und viele Meeresfrüchte, insbesondere Austern, Krabben und Garnelen. Zu empfehlen sind vor allem die Restaurants rund um Gulangyus Marktbezirk. Meeresfrüchte werden gewöhnlich nach Gewicht verkauft, nicht nach Portionen. Auch im Stadtzentrum finden sich zahlreiche Restaurants.
Gongde Caiguan, preiswertes vegetarisches Restaurant gegenüber vom Nanputuo Si und nahe der Universität.
Holiday Inn, Lobby-Café. Das Kännchen Kaffee kostet ¥32, Kuchen ab ¥6.
Huangzehe Huasheng Tangdian, bekannt für Erdnussbrötchen und Suppen (regionale Spezialitäten). Stets gut besuchte und deshalb laute Garküche an der Zhongshan Lu.
Lujiang Hotel, Insel Gulangyu. Sehr schönes Dachterrassen-Café/Restaurant, unten morgens ein exzellentes Dim-Sum-Frühstück.
Nanputuo Sis vegetarisches Restaurant ist recht teuer. Mahlzeiten je nach Anzahl der Gerichte ¥30–80.
Venezzia Café, schönes Lokal mit Außentischen nicht weit von der Universität entfernt. Preiswertes Bier und leicht überteuerte westliche Gerichte.
Xin Nan Xuan Jiujia, Siming Lu. Leckere lokale Snacks und eine breite Auswahl von Frühlingsrollen über Nudelsuppe und *jiaozi* bis hin zu gebackenen Krabben.

Sonstiges

AMT FÜR ÖFFENTLICHE SICHERHEIT (PSB) – Gegenüber vom Postamt in der Gongyuan Nan Lu, ✆ 2262203.

GELD – Niederlassungen der ***Bank of China*** befinden sich auf der Insel Gulangyu (dort werden jedoch keine Travellers Cheques eingelöst) und an der Zhongshan Lu in der Nähe der Küste. ⏲ jeweils Mo–Fr 8.30–12 und 14.30–17, Sa 8–12.30 Uhr.

INTERNET – Mehrere Internet-Cafés befinden sich in der Gasse, die unmittelbar nördlich des Hotels *Donghai* parallel zur Datong Lu verläuft.

POST UND TELEFON – ***Hauptpostamt*** mit IDD-Telefon-Service an der Xinhua Lu, südlich der Kreuzung mit Siming Dong Lu.

REISEBÜROS – ***CITS***, im Obergeschoss des Gebäudes unmittelbar westlich der *Bank of China* in der Zhongshan Lu, ✆ 2103911; ***CTS***, *Huaqiao Hotel*, Xinhua Lu, ✆ 2025617.

VORWAHL – 0592

Nahverkehrsmittel

Die **Busse**, die das Stadtgebiet flächendeckend bedienen, verkehren nach festen Fahrplänen und sind schnell und preiswert – die Fahrten kosten ¥1–2. Es gibt zahlreiche **Taxis**, die eine Grundgebühr von ¥8 erheben. Fliegende Händler bieten in der Nähe der Fährstation nach Gulangyu Stadtpläne zum Preis von ¥5 an.

Transport

Xiamen ist bequem mit Bussen und auch auf dem Luftweg zu erreichen. Hingegen sind die Eisenbahnverbindungen – wie überall in Fujian – ein wenig unbefriedigend. Eine Fähre pendelt nach Hongkong.

BUSSE – Xiamen verfügt über mehrere **Überland-Busbahnhöfe**. Die meisten Reisenden treffen entweder 2 km nordöstlich des Zentrums an der Hubin Nan Lu (100 m rechts vom Ausgang befindet sich die Haltestelle von Bus Nr. 23, der zur Küste fährt) oder 200 m nördlich des Bahnhofs ein (von dort Bus Nr. 27 nehmen). Von beiden Busbahnhöfen fahren zwischen 6 und 22 Uhr zahlreiche Busse nach Fuzhou und Quanzhou. Täglich mehrere Verbindungen gibt es auch nach Longyan und Yongping. Weniger häufig, jedoch ebenfalls täglich werden Guangzhou und Shantou bedient. Womöglich fahren Busse nicht am selben Bahnhof ab, an dem das Ticket gekauft wurde – in diesem Fall wird der Fahrschein mit einem chinesischen Stempel versehen, der rund eine halbe Stunde vor der planmäßigen Abfahrtszeit zum kostenlosen Transfer mit einem Shuttle-Bus zur richtigen Abfahrtshaltestelle berechtigt.

Busse nach:
FUZHOU 4 Std.;
GUANGZHOU 20 Std.;
LONGYAN 5 Std.;
MEIZHOU 9 Std.;
QUANZHOU 1 1/2 Std.;
SHENZHEN 20 Std.;
WENZHOU 18 Std.

EISENBAHN – Xiamens **Bahnhof** befindet sich in der Xiahe Lu, etwa 4 km östlich der Küstenfront am Ende der Zhongshan Lu, mit der er durch die Buslinien Nr. 1, 3 und 4 verbunden ist. Eisenbahntrassen verlaufen von Xiamen gen Norden zum Wuyi Shan und in die Provinz Jiangxi sowie westwärts via Longyan in die Provinz Guangdong. Da die Fahrt nach Fuzhou sehr schleppend verläuft, sind für dieses Ziel die schnelleren Überlandbusse zu empfehlen. Der Ticketkauf ist nicht besonders problematisch, doch es bilden sich oft lange Schlangen vor dem Ticketbüro; ⏲ tgl. 8.10–12, 13.40–16.10 und 19.20–21.30 Uhr.

Züge nach:
GUANGZHOU 1x tgl., 15 Std.;
NANCHANG 4x tgl., 11 Std.;
NANJING 1x tgl., 18 Std.;
SHANGHAI 1x tgl., 25 Std.;
WUYI SHAN 1x tgl., 13 Std.;
XI'AN 1x tgl., 16 Std.

FÄHREN – Der am zentralsten gelegene Ankunftsort der Stadt ist das **Heping-Fährterminal**, wo einmal pro Woche ein Schiff aus HONGKONG anlegt (und dorthin zurückfährt). Der Fußmarsch an der Küste entlang nach Süden zum *Lujiang Hotel* dauert rund 15 Minuten.
Das Ticketbüro befindet sich in einem unbeschilderten, weiß gekachelten Gebäude am der Küste zugewandten Ende der Tongwen Lu; ✆ 2022517, ⏲ tgl. 8–11.15 und 14.30– 17.15 Uhr. Betten für die 18-stündige Fahrt kosten je nach Klasse (Schlafsaal, Mehrbett- oder Privatkabine) zwischen ¥385 und ¥2180. Einen Linienverkehr zur taiwanesischen Insel Jinmen gibt es bislang nicht. Mitunter können Gruppen ein Schiff dorthin chartern, doch westlichen Reisenden steht diese Option nicht offen.

FLÜGE – Xiamens **Flughafen** liegt 12 km nördlich der Stadt und ist durch Bus Nr. 27 mit dem Küstenbereich verbunden. Es gibt Flugverbindungen nach Wuyi Shan, Fuzhou, Guangzhou und verschiedenen anderen Städten in Ostchina sowie zu einigen Zielen in Südostasien.
CAAC, ✆ 2208866, 📠 2139216, unterhält eine Agentur vor dem *Lujiang Hotel* (s.S. 682) in der Zhongshan Lu.

Fluggesellschaften:
Air China, Huguang Dasha Building, Hubin Dong Lu, ✆ 5084376;
China Eastern, 311 Siming Nan Lu, ✆ 2028936;
Dragon Air, 8 Jianye Lu, ✆ 5117702;
Philippine Airlines, 837 Xiahe Lu, ✆ 5094551;
Silk Air, *Holiday Inn*, ✆ 2053257.

Flüge nach:
BEIJING 3x tgl., 2 1/2 Std.;
FUZHOU 2x tgl., 1/2 Std.;
GUANGZHOU 3–5x tgl., 3/4 Std.;
HONGKONG 3x tgl., 3/4 Std.;
MACAU 3x tgl., 1 Std.;
SHANGHAI 7x tgl., 1 1/4 Std.;
SHENZHEN 2x tgl., 1 1/4 Std.;
WUYI SHAN 5x wöchentl., 3/4 Std.

Der Südwesten Fujians

Fujians hügeliges südwestliches Grenzgebiet zur Nachbarprovinz Guangdong ist die Heimat der Hakka, einer Untergruppe der Han-Chinesen, die im Lokaljargon *kejia* (wörtlich: Gastfamilie) heißen und von den Europäern des 19. Jahrhunderts „Chinas Zigeuner" genannt wurden. Ihr Ursprung liegt im Yangzibecken, doch seit dem 3. Jahrhundert wurden sie durch Kriege und Revolutionen immer weiter nach Süden abgedrängt. Heute stellen sie in dieser Region, ebenso wie in Hongkong und auf der Insel Hainan, einen großen Anteil an der Bevölkerung. Sie konnten sich ihre Sprache und Bräuche bewahren, indem sie sich in ihren Siedlungsgebieten von den Nachbarn fernhielten, was jedoch zwangsläufig zu Ressentiments führte. Aus diesem Grund entwickelten die Hakka eine eigen-

Der Südwesten Fujians

Yongding	永定	***yǒngdìng***
Dongfu	东府酒店	*dōngfǔ jiǔdiàn*
Jiari	假日旅馆	*jiàrì lǚguǎn*
Tianhe	天河旅馆	*tianhé lǚguǎn*
Chengqi	乘启	***chéngqǐ***
Gaotou Lou	高头楼	*gāotóu lóu*
Hukeng	湖坑	***húkēng***
Zhencheng Lou	振城楼	*zhènchéng lóu*
Longyan	龙岩	***lóngyán***

willige Bauweise, die ihre Häuser in kleine Festungen verwandelte. Die Städte im Südwesten Fujians sind eher uninteressant, die ländlichen Gebiete jedoch besonders im Frühling sehr reizvoll. In den Dörfern und Weilern rund um die zentral gelegene Stadt Yongding stehen zahlreiche **Hakka-Rundhäuser** aus Stein und Adobeziegeln; die größten von ihnen sind dreistöckig und rund und können ganze Großfamilien beherbergen.

Wer in Fujians Küstenorten kein direktes Transportmittel zum gewünschten Zielort findet, sollte zunächst die Kleinstadt **Longyan** 170 km nordwestlich von Xiamen ansteuern, wo Straßen und Eisenbahntrassen aus Fuzhou, Quanzhou und Xiamen zusammentreffen und vereint weiter westwärts nach Meizhou in Guangdong (s.S. 879) führen. Vom Bahnhof am östlichen Stadtrand fährt Bus Nr. 14 über drei Brücken zur Longzhou Xi Lu und dem dortigen Überland-Busbahnhof, der 2 km südlich von Longyans Zentrum liegt. Dort stürzen sich sofort Minibusfahrer auf eintreffende Reisende, um sie als Passagiere für die restlichen 60 km ins südwestliche Yongding (¥10) zu gewinnen. Die gut einstündige Fahrt führt durch mehrere Hakka-Städtchen mit großen Wohnhäusern aus Lehmziegeln, in deren Umgebung nahezu unvermeidlich eine Zementfabrik steht.

Yongding und Umgebung

Die am Rande eines Flussbeckens gelegene alte Ortschaft Yongding wurde in eine hastig errichtete gesichtslose Stadt mit allen dazugehörigen hässlichen Begleiterscheinungen verwandelt, doch die Einwohner sind nach wie vor äußerst freundlich zu Fremden, die den Weg dorthin finden. Die aus Longyan kommende Straße endet an einem Kreisverkehr, an dem sich der Busbahnhof und einige einfache, jedoch akzeptable **Unterkünfte** befinden: *Jiari Lüguan**, *Tianhe Lüguan** und *Dongfu Jiudian**. Von dort führt die Hauptstraße nordwärts über den Fluss und in die Stadt. Am gegenüberliegenden Flussufer zweigt sofort die Huangcheng Dong Lu nach links zum **Marktbereich** ab, während rechts Stufen auf eine Anhöhe mit einem **Park** führen, der Ausblicke auf die Stadt und die nähere Umgebung gewährt. Rund um den Busbahnhof und an den Hauptstraßen gibt es Restaurants und Garküchen, die unter anderem alle möglichen Sorten Reisnudeln, Snacks und *kourou* – ein Hakka-Gericht aus in Sojasauce geschmortem Schweinebauch-Streifen auf einer Unterlage aus Bitterkohl – anbieten. Es gibt tägliche Busverbindungen nach Meizhou in Guangdong, und Minibusse fahren tagsüber zurück nach Longyan sowie ostwärts mindestens bis zum Dorf Hukeng.

Hukeng und Zhencheng Lou

Eine einstündige Busfahrt führt ostwärts von Yongding durch die Stadt **Zhiling**, einem Straßenverkehrsknotenpunkt, zu einem **Hakka-Rundhaus** rund 5 km nördlich des Dorfes Hukeng, das als das perfekteste seiner Art gilt. Das jahrhundertealte Haus namens Zhencheng Lou ist heute eine gepflegte, wenngleich etwas sterile Touristenattraktion (¥20): Schmucklos und abweisend von außen, umschließen die gewaltigen Hausmauern drei

Stockwerke mit galerieartigen Räumen, die auf den zentralen Innenhof ausgerichtet sind, in dem traditionell Gäste unterhalten wurden und der Klanschrein untergebracht war. Die Galerien sind durch dicke brandfeste Mauern vertikal in acht Abschnitte untergliedert – ein Grundriss, der das Gebäude bewusst in ein riesiges *bagua* (das achtgliedrige Diagramm des Daoismus) verwandelt. Dieses machtvolle Motiv ist in der Region allgegenwärtig und tritt zusammen mit Dämonen abwehrenden Spiegeln und anderen daoistischen Symbolen in Erscheinung. Glaubt man den Berichten der Einheimischen, so hatte die Rundbauweise fast eine verhängnisvolle Folge: Da die Häuser von oben wie ein Ring aussehen, wurden sie nach den ersten amerikanischen Satellitenaufnahmen von dieser Region als unterirdische Raketenabschussrampen identifiziert.

Auch der Weiler um Zhencheng Lou herum wirkt sehr attraktiv, denn am schmalen Flusslauf gibt es noch andere authentischere Häuser, die ausnahmslos bewohnt sind. Zu den sehenswertesten Bauten gehören: ein Schulgebäude aus den 20er Jahren; **Fuyu Lou**, das alte Yamen-Gebäude; **Rushen**, eines der kleinsten mehrstöckigen Rundhäuser; und **Kuijiu**, ein prachtvolles, 160 Jahre altes rechteckiges Hakka-Wohnhaus, dessen Inneres wie ein in eine Schachtel gezwängter Tempel wirkt. Leicht zu erkennen ist in der Nähe des Zhencheng Lou ein kleines *Hotel** an seiner Rundform und weißen Verkachelung.

20 km weiter nördlich steht in **Chengqi** das größte aller Rundhäuser. Das Bauwerk **Gaotou Lou** stammt aus dem Jahre 1709, und in seinen 600 Räumen leben derzeit über 1000 Menschen.

Wer von Hukeng weiter nach Guangdong reisen will, muss zunächst zurück nach Zhiling, wo die Straßen aus Longyan und Yongding, die in Richtung Guangdong führen, zusammentreffen. Dort sollte es bis zum mittleren Vormittag ohne Schwierigkeiten möglich sein, einen Bus für die fünfstündige Fahrt nach Meizhou (s.S. 746) oder Dapu (s.S. 749) heranzuwinken.

Die Provinz Guangdong: Guangzhou und Perlflussdelta

Auf halbem Wege entlang der 800 km langen Küstenlinie Guangdongs führen Flüsse aus der gesamten Provinz und aus benachbarten Gebieten ihre Wassermassen durch das tropisch-fruchtbare Perlflussdelta, das zu den landwirtschaftlich am intensivsten bewirtschafteten Gebieten des Landes gehört, dem Südchinesischen Meer zu. Die direkt am nördlichen Scheitelpunkt des Deltas und unweit von Hongkong und Macau gelegene Provinzhauptstadt **Guangzhou** ist für viele Reisenden der erste Berührungspunkt mit Festlandchina. Nicht jeder findet Gefallen an der Stadt, doch sobald man eine erste Orientierung in den geschäftigen Straßen und überlaufenen Einkaufsbezirken erlangt hat, sollte man sich Guangzhous weltberühmter **Küche** zuwenden, und auch mehrere Museen, Parks und Monumente lohnen einen Besuch.

Das Perlflussdelta selbst scheint auf den ersten Blick ausschließlich ein Produkt des modernen Zeitalters zu sein, denn es überwiegen neben einigen grünen Landstrichen industrielle Konglomerationen und wie Pilze aus dem Boden gewachsene Städte, wie das an Hongkong angrenzende **Shenzhen** und weiter westlich **Zhuhai** an der Grenze zu Macau. In den 80er Jahren wurden diese Städte als **Wirtschaftssonderzonen**, in denen im Widerspruch zur kommunistischen Ideologie offiziell die Gesetze der freien Marktwirtschaft zugelassen waren, zu den Glanzlichtern von Deng Xiaopings Reformprogramm. Der unglaubliche Erfolg dieser Sonderzonen ermutigte zahlreiche ausländische und einheimische Investoren zu einem Engagement, das die bis zur Song-Dynastie zurückreichende Wirtschaftsgeschichte der Region – damals erschlossen Ingenieure die fünf Landbezirke Nanhai, Panyu, Shunde, Dongguan und Zhongshan durch Irrigationskanäle – weit in den Schatten stellt. Seit der Ming-Dynastie wurden einheimische Produkte und Lebensmittel via Guangdong exportiert, die Künste und Tempelbauarchitektur erblühten, und Lebemänner widmeten sich der Anlegung von Gärten, die zum Wandern und Dichten inspirierten.

Heute lässt sich das Delta in nur wenigen Stunden mit Hochgeschwindigkeits-Transportmitteln durchqueren, wobei man allerdings kaum mehr

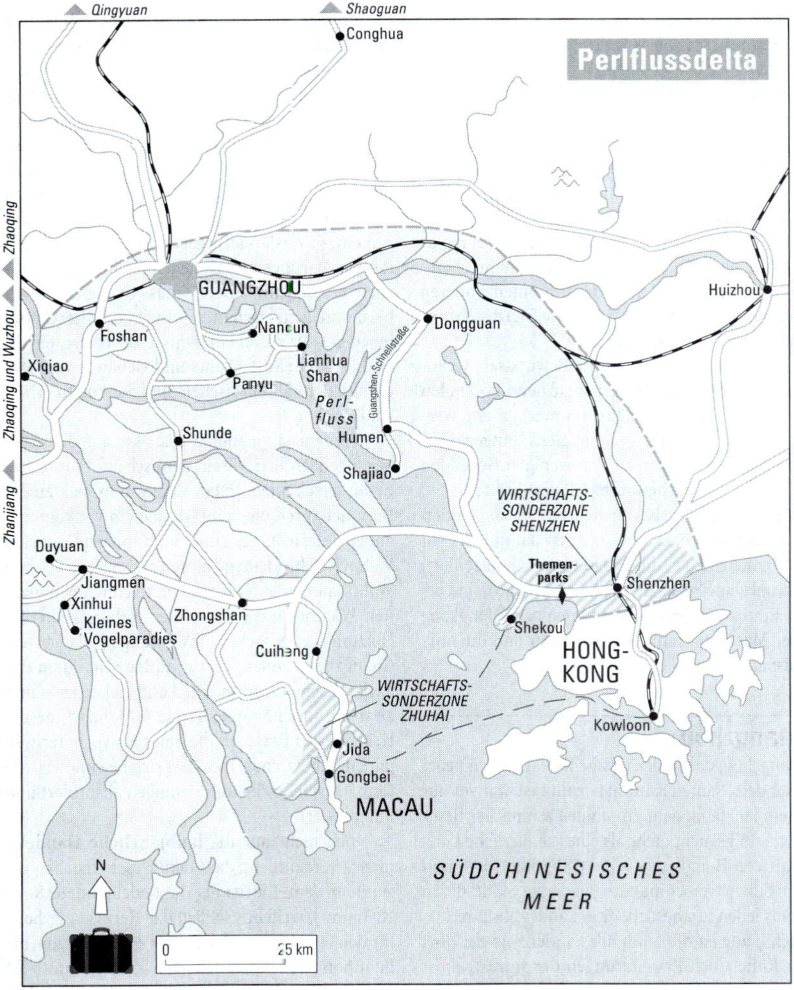

wahrnehmen wird als die unattraktiven städtischen Umgebungen der Schnellstraßen. Wer sich jedoch etwas Zeit nimmt und hinter die Kulissen schaut, wird sehr viel über China erfahren – nicht nur über die neuzeitliche Hast und die vielleicht etwas zu übereilte Entwicklung, die angepasste Maßnahmen nur bedingt zulässt, sondern auch über die ereignisreiche Vergangenheit: Besonders sehenswert sind **Foshans** wundervoller **Ahnentempel**, die landschaftlich gestalteten antiken Steinbrüche des **Lianhua Shan** sowie (für historisch Interessierte) **Humen**, wo die Vernichtung des britischen Opiums 1839 die Zündschnur zum Ersten Opiumkrieg legte, und schließlich **Cuiheng**, das Heimatdorf des revolutionären chinesischen Helden und Landesvaters **Sun Yatsen**.

Das Perlflussdelta weist Chinas größte Dichte an **Schnellstraßen** auf. Zu den am meisten genutzten Strecken gehört die 175 km lange Guangshen-Schnellstraße, die südostwärts von Guangzhou nach Shenzhen verläuft. Den Westen der Region erschließen zahlreiche Strecken, die problemlos zu allen Sehenswürdigkeiten bis nach Zhuhai (155 km von Guangzhou entfernt) führen. Busse von Guangzhous Busbahnhof Liuhua und anderen Abfahrtshaltestellen bedienen alle regionalen Ziele. Die **Eisenbahnlinie** Guangzhou-Shenzhen hält in der Regel an keinen anderen Bahnhöfen, und bis 2005 ist eine Metro-Verbindung nach Foshan geplant.

Ein weiteres Detail sollte im Bewusstsein verankert sein: Die Sonderzonen Shenzhen und Zhuhai sind von elektrischen Zäunen umgeben und werden überwacht, um Schmugglern entgegenzuwirken – sie gehören zu den wenigen Gegenden Chinas, in denen bewaffnete Polizeikräfte in Erscheinung treten (bei Busfahrten in der Region und Zugreisen nach Shenzhen ist damit jederzeit zu rechnen). Auch die **Pässe** werden kontrolliert. Obwohl keine Staatsgrenze überquert wird, sind bei der Einreise aus den Sonderzonen nach Hongkong oder Macau Formulare auszufüllen und die Ausweispapiere vorzulegen.

Guangzhou

Guangzhou, das in der westlichen Welt noch heute unter dem Namen **Kanton** bekannt ist, war vor nur einem Jahrzehnt dem Empfinden zahlreicher Besucher zufolge nicht mehr als eine schauerliche Karikatur von Hongkong – eine völlig überfüllte und von Umweltverschmutzung geplagte Stadt, deren Chaos jeden Erstbesucher des Landes abschreckte. Auch heute ist die Stadt alles andere als ein Hort der Ruhe, doch Erweiterungen der Infrastruktur haben in den vergangenen Jahren vieles zum Besseren verändert: Ein expandierendes **Metro-Netz** und mehrstufige Überführungen sorgen für eine entspanntere Verkehrssituation. Der Uferbereich wurde gepflastert, und wo immer möglich wurden Blumenbeete angelegt. Alte Gebäude wurden saniert und ansehnlich restauriert sowie hässliche Zementblöcke aus den 50er Jahren abgerissen, und das **Nachtleben** der Stadt erblüht mit rasender Geschwindigkeit.

Gewiss sind Guangzhous **Sehenswürdigkeiten** relativ unbedeutend, doch ein faszinierendes 2000 Jahre altes Grab und ein Palastgarten ergänzen das übliche Panoptikum an chinesischen Tempelanlagen, und die Stadt selbst bietet überall Gelegenheit zur Beobachtung des chinesischen Alltagslebens. Die Kantonesen sind im Allgemeinen sehr zugänglich und verhalten sich angesichts der seit 2000 Jahren bestehenden Kontakte der Stadt zur Außenwelt Ausländern gegenüber äußerst unbefangen. Darüber hinaus gelten sie als ausgesprochen redselig, mit der Folge, dass Guangzhous zwei berühmte Leidenschaften – Essen und Geschäftemachen – als soziale Ereignisse zelebriert werden und Straßen, Restaurants und Gebäude vom Widerhall der kantonesischen Sprache **Yueyu** erfüllt sind.

Während die neueren Distrikte aus dem vorbeigleitenden Taxi wie ein Gemisch aus Chrom und Beton erscheinen, zeigt Guangzhou bei einem Bummel durch die Seitengassen ein vollkommen anderes Gesicht: das einer Stadt mit gepflasterten Wohnvierteln, kleinen Sammlermärkten, zwischen Wohnhäusern aufgespannten, reichlich behangenen Wäscheleinen und hinter verbarrikadierten Holztoren abgesperrten Wohnungen. Lange war Guangzhou Chinas Tor zur Außenwelt, durch das ausländische Einflüsse ins Land sickerten – und zwar oft durch heimkehrende Auslandschinesen. Heute präsentiert sich die Stadt als Vorreiterin in puncto Modetrends; hier lässt sich bewundern, wie China ausländische Stilrichtungen absorbiert und interpretiert.

Doch nicht nur die **halbjährliche Handelsmesse** verdeutlicht, dass dem Geschäftsleben gegenüber dem Tourismus die bedeutendere Rolle zukommt. Zweifellos schlägt das Herz Guangzhous für den Handel – er gleicht hier einer Religion, die Bahnhofstaschendiebe ebenso an- und umtreibt wie die führenden Bosse großer Unternehmen. Unter praktischen Aspekten ist zu beachten, dass die Stadt im Vergleich zu anderen Teilen Chinas teuer, verglichen mit Hongkong in vielerlei Hinsicht jedoch wesentlich **preiswerter** ist, was besonders für die **Weiterreise** gilt. Inlandflüge kosten in Guangzhou wesentlich weniger als jenseits der Grenze, sodass sich ungeachtet der Anreise aus Hongkong und einer fälligen Übernachtung viel Geld einsparen lässt.

Geschichte

Der Überlieferung zufolge wurde Guangzhou von **fünf Unsterblichen** gegründet, die auf fünf Ziegenböcken dahergeritten kamen. Jeder von ihnen pflanzte eine Reisgarbe, die endlosen Wohlstand symbolisierte – daher Guangzhous Spitzname **Yang Cheng** (Stadt der Ziegen). Kein Mythos jedoch ist, das im 3. Jahrhundert v. Chr. am Ort der heutigen Stadt bereits eine Siedlung namens **Panyu** existierte, die ein abtrünniger Qin-Kommandeur zur Hauptstadt des von ihm gegründeten Königreichs **Nanyue** machte. Überreste einer Werft aus jener Zeit, die in den 70er Jahren in Zentral-Guangzhou freigelegt wurden, lassen vermuten, dass die Stadt schon in frühester Zeit Kontakte zu fernen Ländern pflegte. 165 n. Chr. wiesen sich reisende Kaufleute als Bürger Roms aus. Seit der Tang-Dynastie segelten Schiffe bis zu den Häfen des Nahen Ostens – sie exportierten Porzellan in arabische Kolonien im fernen Kenia sowie in Sansibar und brachten im Gegenzug den Islam nach China. Im Jahre 1405 war Guangzhous Gemeinde aus ausländischen Händlern und Überseechinesen so groß, dass der Ming-Kaiser Yongle ein spezielles Stadtviertel für sie einrichten ließ, und als der Rest Chinas später aus Misstrauen gegen alles Fremdländische für Ausländer geschlossen wurde, war Guangzhou das einzige Verbindungsglied des Landes mit der restlichen Welt.

Trotz aller Restriktionen stürzte der Kontakt mit anderen Nationen Guangzhou – und einher damit ganz China – letztendlich ins Verderben. Die **Britische Ostindienkompanie** nutzte die Stadt ab dem 18. Jahrhundert als Basis für den Ankauf von Seide, Keramik und Tee, und sie zeigte sich bitter enttäuscht über die Weigerung der Chinesen, als Gegenleistung Handelswaren statt bare Münze zu akzeptieren. Um die aus dieser Haltung erwachsenen negativen Bilanzen auszugleichen, begann die Kompanie **Opium** aus Indien nach China zu importieren. Damit fielen zahllose Chinesen in die Abhängigkeit, doch den Briten und ihren chinesischen Zwischenhändlern, den **Co Hong**, trug die steigende Nachfrage nach dem Rauschmittel gewaltige Profite ein – und in höchst bedrohlicher Weise flossen die nationalen Silbervorräte aus dem Land ab. 1839 entsandte die Qing-Regierung den unbestechlichen Kommissar **Lin Zexu** mit dem Mandat nach Guangzhou, den Drogenhandel zu unterbinden. Lin erfüllte diesen Auftrag, indem er die ufernahen Ausländerviertel abriegeln und alle Opiumladungen vernichten ließ. England erklärte China den Krieg, rückte mit einer zum Teil von Opiumhändlern finanzierten Flotte an und zwang die Chinesen 1842 mit dem **Vertrag von Nanjing**, fünf Häfen (darunter Guangzhou und Hongkong) der britischen Kontrolle zu unterstellen.

Im 19. Jahrhundert entwickelte sich Guangzhou zu einem revolutionären Kessel. In den späten 40er Jahren des 19. Jahrhunderts inszenierte Hong Xiuquan von dort aus den **Taiping-Aufstand** (s.S. 100), und 60 Jahre später war die Stadt Schauplatz eines übereilten Versuchs von **Sun Yatsen**, die Qing-Dynastie zu stürzen. Als in den 20er Jahren diverse Warlords über Nordchina herrschten, machte Sun Yatsen Guangzhou zu seiner nationalistischen Hauptstadt, während die damals noch jugendlichen Mao Zedong und Zhou Enlai umherzogen, um ländliche Bauerngruppen zu mobilisieren. Zeitgleich führte der Ärger über die fortlaufende koloniale Einmischung in China in den Städten zur Gründung einer bemerkenswert gut organisierten Arbeiterbewegung, die angesichts des schändlichen Auftretens der Westmächte zum Aufruhr neigte. Viele politisch nach links tendierende Jugendliche Guangzhous schlossen sich Milizen an und zogen enthusiastisch nach Norden, um im Rahmen des **Nordfeldzugs** die Warlords zu entmachten – und wurden deshalb 1927 Opfer des **Massakers von Shanghai**, das Chiang Kaishek an den Kommunisten verübte (s.S. 444).

Als im Dezember desselben Jahres in Guangzhou ein kommunistischer Aufstand fehlschlug, zeigte sich die Stadtbevölkerung vollkommen demoralisiert. Nach jahrelanger Knechtung durch die Japaner im Krieg und die Guomindang in den Folgejahren waren die Einwohner zu apathisch, um 1949 ihre Befreiung selbst in die Hand zu nehmen – dies blieb der Volksbefreiungsarmee überlassen.

Kaum jemand würde die heutigen Kantonesen apathisch nennen, zumindest was ihren **Geschäftssinn** anbelangt. Im Gegensatz zu vielen anderen großen, scheinbar modernen Städten Chinas genießt Guangzhou echten Wohlstand. Die Infrastruktur steht auf soliden Füßen, und die Lage am Fluss sowie der allgemeine Entwicklungsgrad machen die Stadt in vielerlei Hinsicht zu einer etwas ungeschliffenen und kantigen Version Shanghais

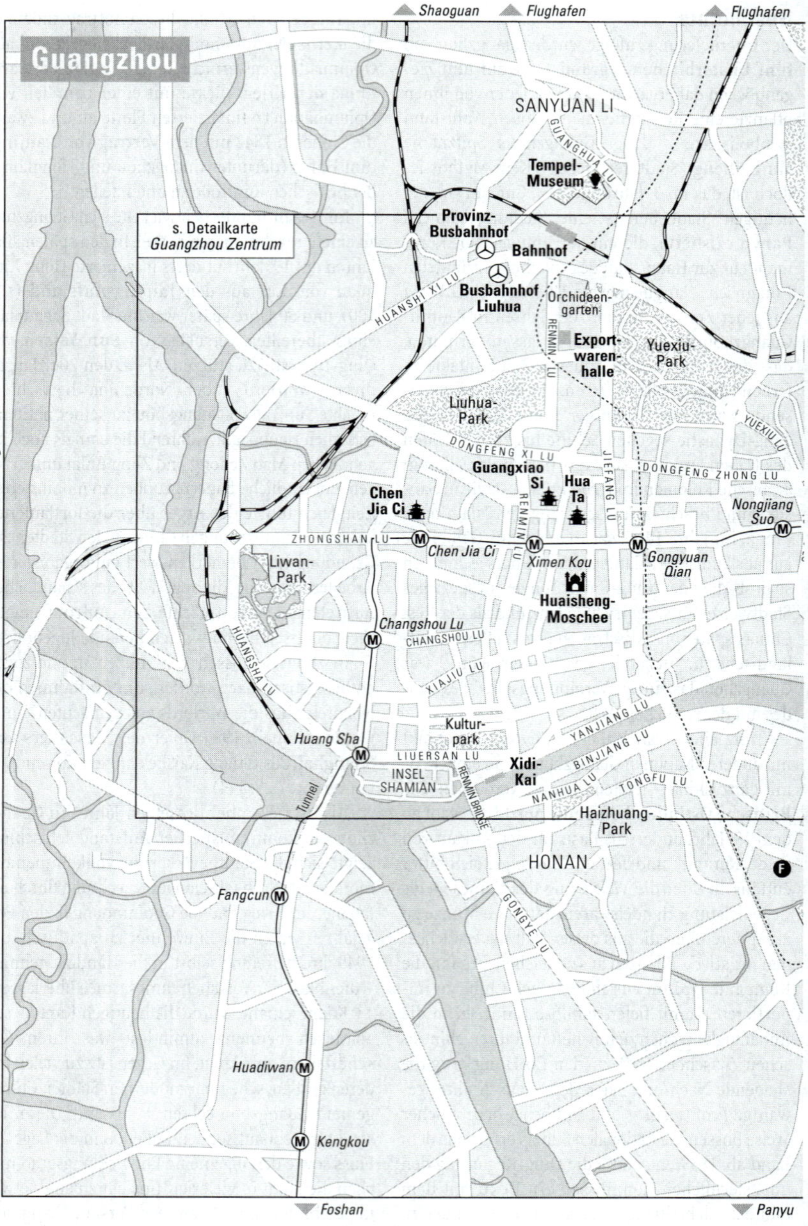

Guangzhou
Shaoguan
Flughafen
Flughafen
SANYUAN LI
GUANGHUA LU
Tempel-Museum
s. Detailkarte
Guangzhou Zentrum
Provinz-Busbahnhof
Bahnhof
Busbahnhof Liuhua
HUANSHI XI LU
Orchideen-garten
RENMIN LU
Export-waren-halle
Yuexiu-Park
Liuhua-Park
YUEXIU LU
DONGFENG XI LU
Guangxiao Si
Hua Ta
JIEFANG LU
DONGFENG ZHONG LU
Chen Jia Ci
Nongjiang Suo
ZHONGSHAN LU
Chen Jia Ci
Ximen Kou
Gongyuan Qian
Liwan-Park
Huaisheng-Moschee
Foshan und Fährhafen Nanhai (Pingzhou)
Changshou Lu
CHANGSHOU LU
HUANGSHA LU
XIAJIU LU
Kultur-park
YANJIANG LU
Huang Sha
LIUERSAN LU
BINJIANG LU
Xidi-Kai
INSEL SHAMIAN
RENMIN BRIDGE
NANHUA LU
TONGFU LU
Tunnel
Haizhuang-Park
HONAN
Fangcun
GONGYE LU
Huadiwan
Kengkou
Foshan
Panyu

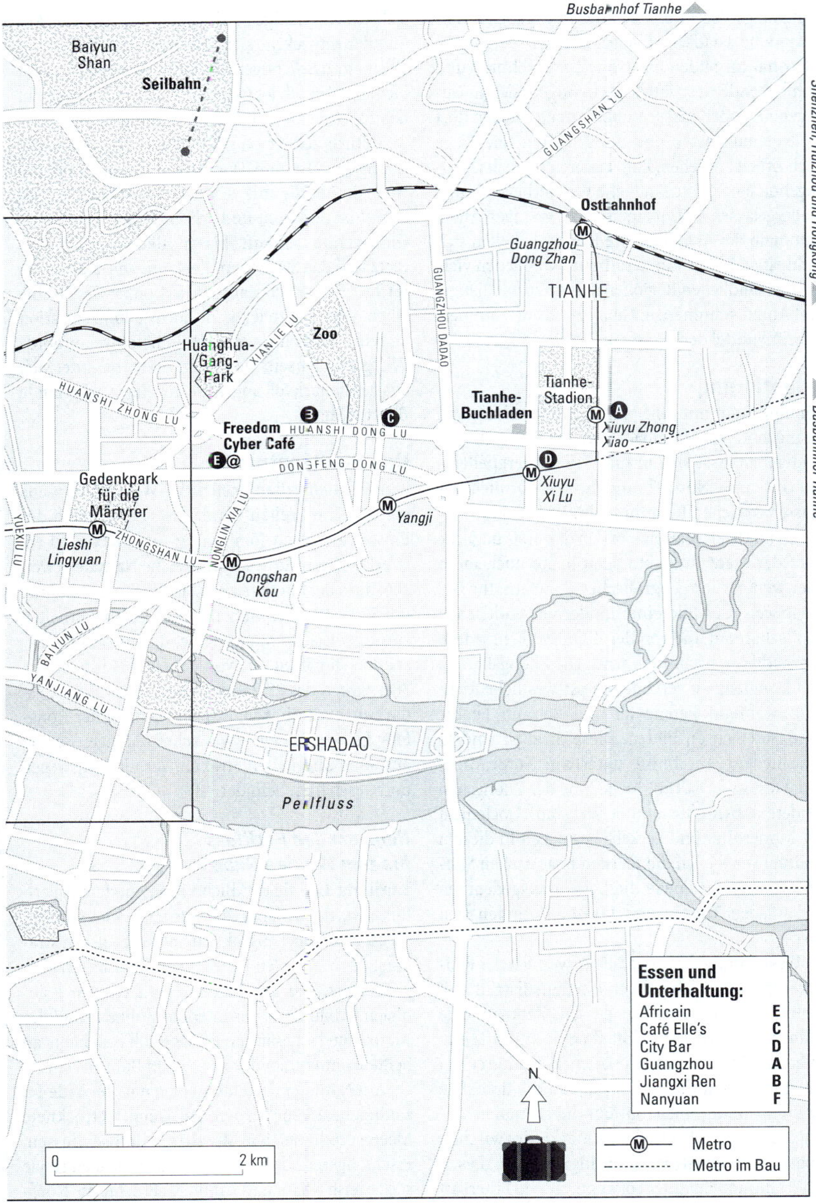
Baiyun Shan
Seilbahn
GUANGSHAN LU
Ostbahnhof
Guangzhou Dong Zhan
TIANHE
GUANGZHOU DADAO
XIANLIE LU
Zoo
Huanghua-Gang-Park
HUANSHI ZHONG LU
Tianhe-Stadion
Tianhe-Buchladen
Freedom Cyber Café
HUANSHI DONG LU
Xiuyu Zhong Jiao
DONGFENG DONG LU
Xiuyu Xi Lu
Gedenkpark für die Märtyrer
Yangji
YUEXIU LU
Lieshi Lingyuan
ZHONGSHAN LU
NONGLIN XIA LU
Dongshan Kou
BAIYUN LU
YANJIANG LU
ERSHADAO
Perlfluss
Shenzhen, Huizhou und Hongkong
Busbahnhof Tianhe
Essen und Unterhaltung:
Africain E
Café Elle's C
City Bar D
Guangzhou A
Jiangxi Ren B
Nanyuan F
N
0
2 km
Metro
Metro im Bau

Hongkongs Rezession nach der Rückgabe an China und die asiatische Finanzkrise der späten 90er Jahre hat im Süden ansässige Unternehmen und wohlhabende Geschäftsleute bewogen, sich in Guangzhou niederzulassen und Vorteile aus den dort niedrigeren Kosten und der größeren Nachfrage nach Arbeit zu ziehen. Zum anderen hat sich in Guangzhou eine breite ländliche Wanderbevölkerung niedergelassen, die zu einem nicht geringen Anteil unterhalb der Armutsgrenze lebt. Stets halten sich rund eine Million Wanderarbeiter, von denen viele aus den ländlichen Regionen der Provinzen Jiangxi und Anhui stammen, in Guangzhou auf – immerhin ein Fünftel der gesamten Stadtbevölkerung.

Orientierung

Für eine Stadt mit fünf Millionen Einwohnern ist Guangzhou recht kompakt und übersichtlich. Das Stadtgebiet lässt sich in fünf Teile untergliedern. **Zentral-** und **Nord-Guangzhou** – nördlich des Flusses zwischen Renmin Lu im Westen und Yuexiu Lu im Osten gelegen – bilden das ursprüngliche Herz der Stadt und sind auch heute noch mehr oder weniger ihr geografisches Zentrum. Ihr Gepräge weist das Bild einer modernen städtischen Landschaft auf, die von den Hauptverkehrsadern der Stadt durchschnitten wird: Die Zhongshan Lu und Dongfeng Lu verlaufen in ost-westliche Richtung, während Jiefang Lu und Renmin Lu die Nord-Süd-Achsen bilden. Diese Straßen sind in verschiedene Abschnitte unterteilt: Nord, Mitte, Süd, West und Ost (mit Ausnahme der Zhongshan Lu, deren Abschnitte nummeriert sind). Doch nicht nur Modernität und Verkehr herrschen in diesem Stadtteil vor – auch die meisten historischen Stätten Guangzhous sowie die beiden ausgedehnten Parkanlagen **Yuexiu** und **Liuhua** befinden sich dort.

West-Guangzhou, das Gebiet westlich der Renmin Lu, ist ein lebendiger Einkaufsdistrikt mit zahlreichen Restaurants, dessen Zentrum die Changshou Lu ist. Der Stadtteil wuchs in der Ming-Dynastie über die ursprünglichen Stadtgrenzen hinaus und hält die Erinnerung an die damalige Straßenplanung wach, obwohl die schmalen Seitengassen, alten Häuser und Märkte inzwischen längst von Hauptstraßen umringt sind. Zu diesen gehört die am Flussufer entlangführende **Liuersan Lu**, die parallel zur **Insel Shamian** verläuft, auf der sich das ehemalige Ausländerviertel befand. Am Südufer entwickelte sich **Honan** in den 30er Jahren zu einem zwielichtigen Viertel, doch heute ist es ein kleineres Abbild der Gegend um die Changshou Lu, das zunehmend an Popularität gewinnt.

Östlich der Yuexiu Lu öffnet sich die Stadt. Zhongshan Lu und Dongfeng Lu treffen auf die Huanshi Lu, die mit verglasten Firmenbüros gesäumt ist und breit und schnurgerade durch **Ost-Guangzhou** verläuft, bis sie den ausgedehnten Platz und das Stadion im Zentrum von **Tianhe** erreicht. Die dortige Hauptattraktion ist das Nachtleben – der Stadtteil hat die höchste Konzentration an Bars –, und nur wenige Kilometer weiter nördlich, gleich jenseits der Stadtgrenze, befindet sich das geschmackvoll angelegte hügelige Parkgelände **Baiyun Shan**.

Das Stadtzentrum

Zentral-Guangzhou besteht im Wesentlichen aus einem 2 km breiten Band, das sich nördlich des Flusses zwischen Renmin Lu und Yuexiu Lu erstreckt. Überreste des **Königreichs Nanyue** beweisen, dass dort bereits zur Zeit der Stadtgründung um 220 v. Chr. das Herz der Stadt schlug. Erhalten sind historische Monumente, die aus einer Zeitspanne stammen, die von damals bis hin zu den 30er Jahren des 20. Jahrhunderts reicht. Die meisten Sehenswürdigkeiten stehen südlich der Dongfeng Lu, wo sich ein etwas schmuddeliges Gewirr aus alten und neuen Straßen, Verbindungswegen und Geschäften befindet.

Rund um den Perlfluss bis zum Wuxian Guan

Yanjiang Lu, die nördliche Promenade am Perlfluss, wurde im Jahre 2001 im Zuge einer städtischen Verschönerungsaktion anlässlich der Austragung der Nationalen Leichtathletikmeisterschaften gepflastert. Die mit Bäumen und einigen kolonialen Gebäuden – darunter das Zollhaus und das Aiqun Hotel – gesäumte Passage lädt besonders an heißen Sommerabenden zu einem Bummel ein.

Am Nordufer des Flusses bieten in der **Yide Lu** zahlreiche kleine Läden Spielzeug, getrocknete Meeresprodukte wie Quallen, Haifischflossen, Fischmägen und ganze gepökelte Makrelen sowie säckeweise Nüsse und kandierte Früchte an. Nördlich der Straße erhebt sich hinter einem Vorplatz

Guangzhou: Sehenwürdigkeiten

Baiyun Shan	白云山	*báiyún shān*
Chen Jia Ci	陈家祠	*chénjiā cì*
Dafo Si	大佛寺	*dàfó sì*
Exportwarenhalle	中国出口商品交易会	*zhōngguó chūkǒushāngpǐn jiāoyìhuì*
Gedenkpark für die Märtyrer	烈士陵园	*lièshì língyuán*
Guangxiao Si	光孝寺	*guāngxiào sì*
Haizhuang-Park	海幢公园	*hǎizhuàng gōngyuán*
Honan	河南	*hénán*
Hua Ta	花塔	*huātǎ*
Huaisheng-Moschee	怀圣清真寺	*huáishèng qīngzhēn sì*
Hualin Si	华林寺	*huálín sì*
Huanghua-Gang-Park	黄花岗公园	*huánghuā gǎng gōngyuán*
Insel Shamian	沙面岛	*shāmiàn dǎo*
Islamischer Friedhof	清真古墓	*qīngzhēn gǔmù*
Kathedrale des Heiligen Herzens	圣心大教堂	*shèngxīn dàjiàotáng*
Königsgrab von Nanyue	西汉南越王墓	*xīhàn nányuèwángmù*
Kulturpark	文化公园	*wénhuà gōngyuán*
Lehranstalt der Bauernbewegung	农民运动讲习所	*nóngmín yùndòng jiǎngxí suǒ*
Liuhua-Park	流花公园	*liúhuā gōngyuán*
Liurong Si	六榕寺	*liùróng sì*
Orchideengarten	兰圃	*lánpǔ*
Perlfluss	珠江	*zhūjiāng*
Provinzmuseum	省博物馆	*shěng bówùguǎn*
Qian Chu Si	千处寺	*qiānchù sì*
Qingping-Markt	清平市场	*qīngpíng shìchǎng*
Sanyuan Gong	三元宫	*sānyuán gōng*
Sanyuan Li	三元里	*sānyuán lǐ*
Shamian-Park	沙面公园	*shāmiàn gōngyuán*
Skulptur der Fünf Ziegenböcke	五羊石像	*wǔyáng shíxiàng*
Sun-Yatsen-Gedenkhalle	中山纪念堂	*zhōngshān jìniàntáng*
Wuxian Guan	五仙观	*wǔxiān guàn*
Xidi-Kai	西堤码头	*xīdī mǎtóu*
Yuexiu-Park	越秀公园	*yuèxiù gōngyuán*
Zhenhai Lou	镇海楼	*zhènhǎi lóu*
Zollhaus	广州海关	*guǎngzhōu hǎiguān*
Zoo	广州动物园	*guǎngzhōu dòngwùyuán*

die **Sheng Xin Dajiaotang** (Kathedrale des Heiligen Herzens), die auch „Haus aus Stein" genannt wird. Die 1888 vollendete gotische Kathedrale, die nicht nur durch ihre Größe, sondern auch durch ihre unvermutete Gegenwärtigkeit beeindruckt, ist im Allgemeinen nicht für Besucher geöffnet.

Drei Straßen weiter steht in der Huifu Xi Lu der **Wuxian Guan** (Tempel der Fünf Unsterblichen). Das staubige Holzgebäude aus dem Jahre 1377 dient heute keinen religiösen Zwecken mehr, doch es sind einige scheinbar antike Statuen erhalten: Verwitterte Wächterlöwen flankieren den Zugang, und einige stilisierte Ming-Skulpturen im hinteren Tempelbereich lassen an gigantische Schachfiguren denken. Auch die Fünf Unsterblichen – drei Männer und zwei Frauen – sind auf ihren Reitziegen

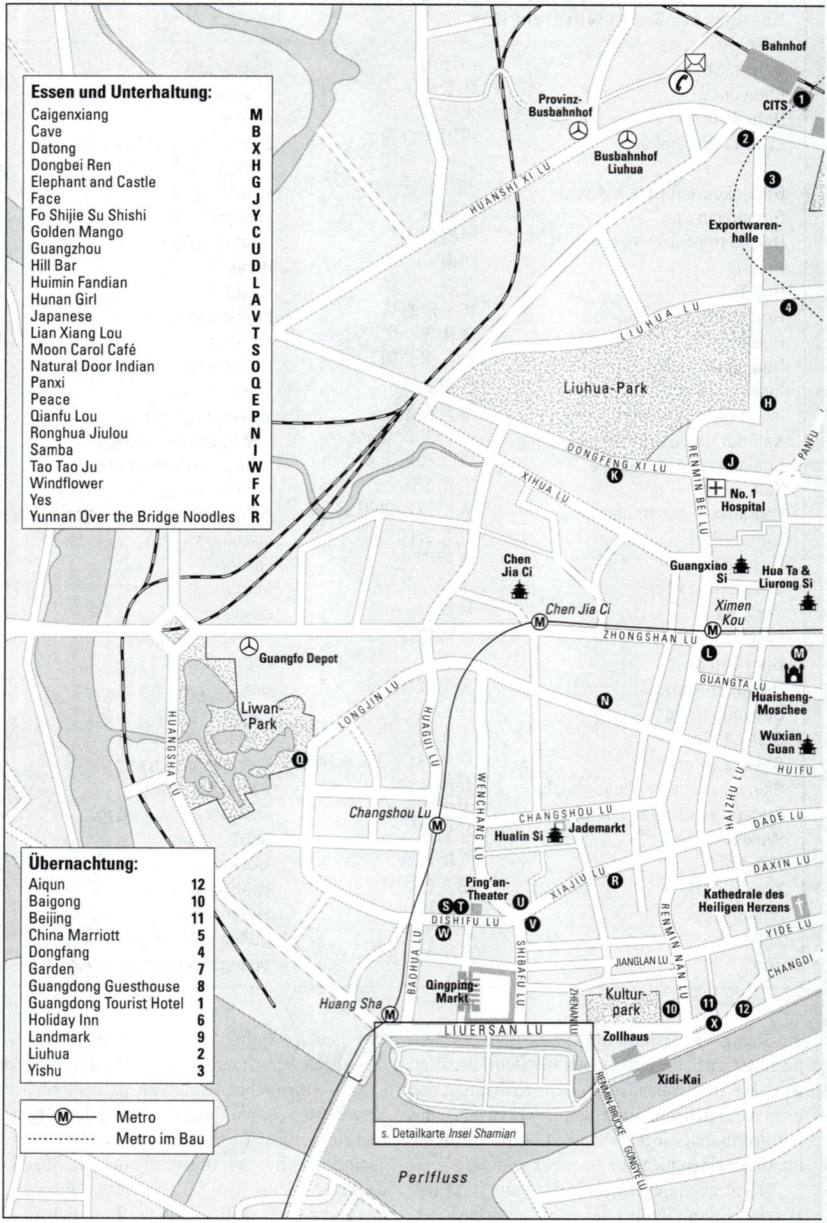
Essen und Unterhaltung:
Caigenxiang M
Cave B
Datong X
Dongbei Ren H
Elephant and Castle G
Face J
Fo Shijie Su Shishi Y
Golden Mango C
Guangzhou U
Hill Bar D
Huimin Fandian L
Hunan Girl A
Japanese V
Lian Xiang Lou T
Moon Carol Café S
Natural Door Indian O
Panxi Q
Peace E
Qianfu Lou P
Ronghua Jiulou N
Samba I
Tao Tao Ju W
Windflower F
Yes K
Yunnan Over the Bridge Noodles R
Übernachtung:
Aiqun 12
Baigong 10
Beijing 11
China Marriott 5
Dongfang 4
Garden 7
Guangdong Guesthouse 8
Guangdong Tourist Hotel 1
Holiday Inn 6
Landmark 9
Liuhua 2
Yishu 3
Metro
Metro im Bau
Bahnhof
CITS
Provinz-Busbahnhof
Busbahnhof Liuhua
Huanshi Xi Lu
Exportwaren-halle
Liuhua Lu
Liuhua-Park
Dongfeng Xi Lu
Xihua Lu
Renmin Bei Lu
Panfu
No. 1 Hospital
Chen Jia Ci
Guangxiao Si
Hua Ta & Liurong Si
Chen Jia Ci
Ximen Kou
Zhongshan Lu
Guangfo Depot
Guangta Lu
Huaisheng-Moschee
Liwan-Park
Longjin Lu
Huagui Lu
Huangsha Lu
Wuxian Guan
Huifu
Wenchang Lu
Haizhu Lu
Changshou Lu
Changshou Lu
Dade Lu
Hualin Si
Jademarkt
Daxin Lu
Xiajiu Lu
Ping'an-Theater
Kathedrale des Heiligen Herzens
Dishifu Lu
Renmin Nan Lu
Yide Lu
Baohua Lu
Shibafu Lu
Jianglan Lu
Changdi
Qingping-Markt
Zhenan Lu
Kultur-park
Huang Sha
Liuersan Lu
Zollhaus
Xidi-Kai
Renmin-Brücke
s. Detailkarte Insel Shamian
Gongyelu
Perlfluss

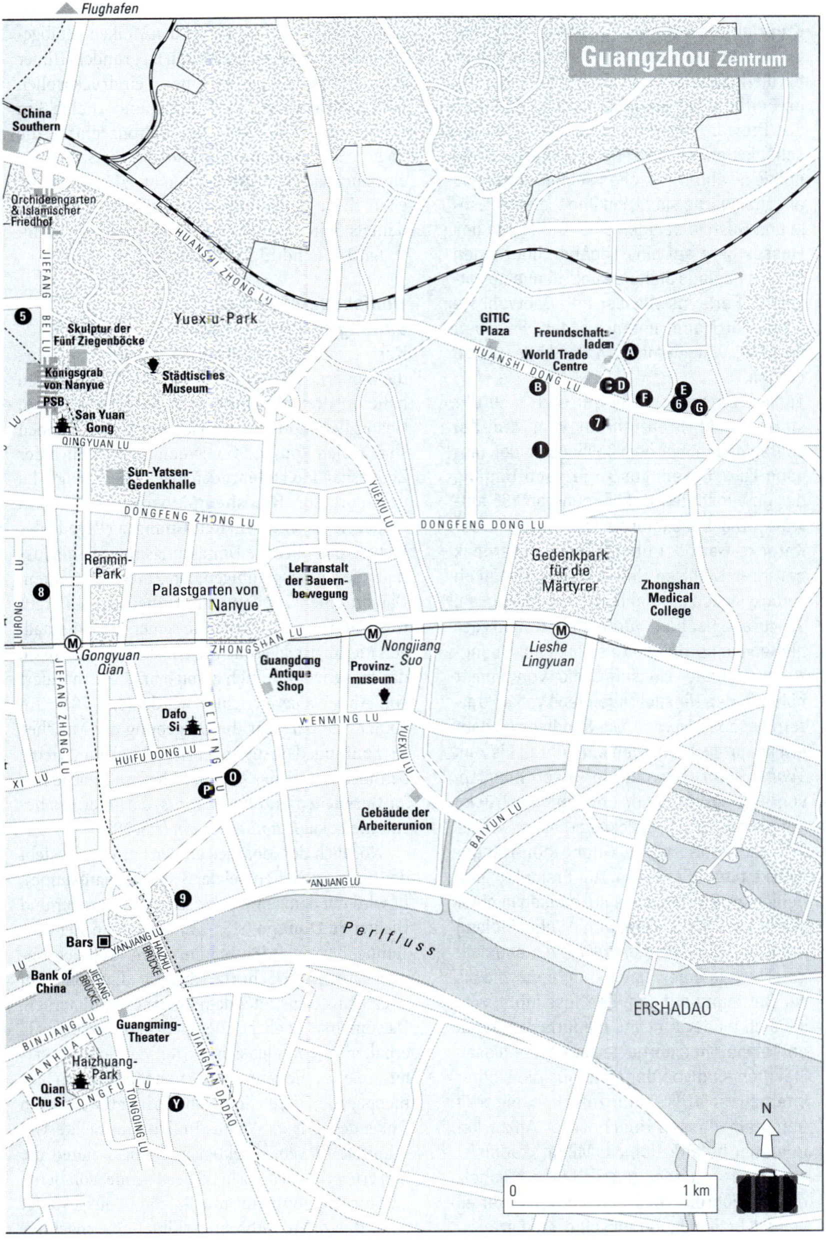

Flughafen
Guangzhou Zentrum
China Southern
Orchideengarten & Islamischer Friedhof
HUANSHI ZHONG LU
JIEFANG BEI LU
Yuexiu-Park
Skulptur der Fünf Ziegenböcke
Königsgrab von Nanyue
Städtisches Museum
PSB
San Yuan Gong
QINGYUAN LU
Sun-Yatsen-Gedenkhalle
GITIC Plaza
Freundschaftsladen
World Trade Centre
HUANSHI DONG LU
DONGFENG ZHONG LU
DONGFENG DONG LU
YUEXIU LU
Renmin-Park
Palastgarten von Nanyue
Lehranstalt der Bauernbewegung
Gedenkpark für die Märtyrer
Zhongshan Medical College
LIURONG LU
ZHONGSHAN LU
Gongyuan Qian
Nongjiang Suo
Lieshe Lingyuan
JIEFANG ZHONG LU
Guangdong Antique Shop
Provinzmuseum
Dafo Si
WENMING LU
HUIFU DONG LU
BEIJING LU
XI LU
Gebäude der Arbeiterunion
BAIYUN LU
YANJIANG LU
Perlfluss
Bars
YANJIANG LU
HAIZHU-BRÜCKE
JIEFANG-BRÜCKE
Bank of China
ERSHADAO
BINJIANG LU
Guangming-Theater
NANHUA LU
JIANGNAN DADAO
Haizhuang-Park
Qian Chu Si
TONGFU LU
TONGQING LU
N
0
1 km

Kreuzfahrten auf dem Perlfluss Der öliggraue und an Bedeutung als Wasserstraße für die Industrie nur vom Yangzi übertroffene Perlfluss (Zhujiang) entspringt im Osten der Provinz Yunnan und ist einer der geschäftigsten Transportwege Chinas. Ständig pendeln Fähren zwischen seinen Ufern, und allgegenwärtig sind Lastkähne, die mit Kohle und Gestein beladen sind. Der Name des Flusses geht auf eine Legende über einen Mönch namens Jiahu zurück, dem eine glitzernde Perle ins Wasser fiel – obwohl sie Nacht für Nacht unten auf dem Flussbett funkelte, war niemand in der Lage, sie zu bergen.
Täglich zwischen 18.30 Uhr und 21.50 Uhr starten acht Kreuzfahrten vom **Xidi-Kai** schräg gegenüber dem Zollhaus an der Yanjiang Lu – Tickets kosten je nach Umfang der gewünschten Beköstigung ab ¥35 aufwärts. Die Passagiere sitzen unten in der Karaoke-Bar oder oben auf dem Oberdeck bei ihrer Mahlzeit, lehnen sich gemütlich zurück, lassen die Lichter der Stadt langsam an ihren Tischen vorbeigleiten und genießen die herrlichen Ausblicke auf Guangzhous belebte Flussufer, die von immer höher in den Himmel ragenden Wolkenkratzern gesäumt werden. Die Rundfahrten dauern knapp zwei Stunden und führen bis zum *White Swan Hotel* auf der Insel Shamian, von dort zurück unter der Renmin-Brücke her, an der Haizhu-Brücke vorbei und weiter bis zur großartigen Guangzhou-Hängebrücke hinter Ershadao. Auf Ershadao, den beiden größten Flussinseln, hausen in einer zweckbezogen errichteten Wohnsiedlung namens *New Riverside Village* die ehemaligen Flusszigeuner, eine Randgruppe, die bis zur Befreiung auf dem Perlfluss lebte, weil sie sich weder an Land niederlassen noch dort einheiraten durfte. In klaren mondlosen Nächten sind von der Insel aus die Lichter internationaler Frachter zu sehen, die weit unten am Fluss in Huangpu vor Anker liegen. Hier befand sich die Militärakademie, an der Mao Zedong unter Chiang Kaishek, der als Führer der Guomindang später zu seinem Erzfeind werden sollte, studierte.

dargestellt, auf denen sie aus den Wolken herabgeritten kommen, um Guangzhou zu gründen. Hinter dem Tempel hängt in einem eindrucksvollen **Glockenturm** aus dem 14. Jahrhundert eine 3 m hohe und fünf Tonnen schwere Bronzeglocke, die nicht mehr geschlagen wird, seit ihr die Schuld für eine kurz nach ihrer Installation im Jahre 1378 ausgebrochene Epidemie zugesprochen wurde – seit damals wird sie „Verbotene Glocke" genannt. 🕒 tgl. 9–12 und 13.30–17 Uhr, Eintritt ¥2.

Huaisheng-Moschee, Liurong Si und Guangxiao Si

Nur wenige Blöcke nördlich des Wuxian Guan führt die moderne Hauptverkehrsstraße Zhongshan Lu nahe an drei der wichtigsten religiösen Stätten Guangzhous vorbei – die nächsten Metrostationen sind Ximen Kou und Gongyuan Qian. Südlich der Zhongshan Liu Lu führt der Weg in die Guangta Lu und dort zur **Huaisheng-Moschee** mit ihrem grauen, konischen Minarett **Guangta** (Pagode des Lichts), das über die Umfassungsmauern hinausragt, die Andersgläubigen den Zutritt verwehren. Das an einen Leuchtturm erinnernde Minarett, weltweit das vielleicht älteste seiner Art außerhalb von Mekka, ist so etwas wie ein stilistisches Fossil, das manchen Stimmen zufolge im 7. Jahrhundert von Abu Waqas errichtet wurde (s.S. 701). Im 15. Jahrhundert war die Umgebung der Moschee als **Fanfang**, das Ausländerviertel, bekannt. Heute befinden sich in der Nachbarschaft zahlreiche *Halal*-Garküchen und Restaurants, darunter das berühmte Lokal *Huimin Fandian* (s.S. 708).

Nördlich der Moschee an der Liurong Lu steht der **Liurong Si** (Tempel der Sechs Banyanbäume). Er wird mit dem abweichlerischen Gouverneur und Dichter **Su Dongpo** (s.S. 757) verbunden, der dem Tempel bei einem Besuch im Jahre 1100 den Namen gab und die Schriftzeichen für „Liu Rong" auf zwei Steinstelen hinter dem Eingangstor hinterließ. Da vom ursprünglichen Tempelbau nur sehr wenig erhalten ist, gründet sich der Ruf der Stätte in erster Linie auf die sehr alte, 57 m hohe **Hua Ta** (Blumenpagode), die Reliquien beherbergt, welche ein Onkel des Kaisers Wu aus Indien mitbrachte. Geschnitzte Löwen, Insekten und Vögel zieren die hölzernen Dachvorsprünge der Pagode, von deren 17 Stockwerken neun mit Balkonen ausgestattet sind. Den oberen Abschluss bildet eine mächtige

Bronzesäule, die in Reliefarbeit mit über 1000 meditierenden Gestalten verziert ist, durch das Dach aufragt und stabil genug ist, um die fünf Tonnen schwere Bettelschale mit Perle zu tragen, die man vom Boden aus sieht. ⌚ tgl. 8.30–17.15 Uhr, Eintritt ¥6.

Im Norden des Liurong Si verläuft eine schmale Gasse westwärts über einen Straßenmarkt zur Haizhu Bei Lu. Zunächst südwärts und dann wieder westwärts über die Jinghui Lu führt der Weg zum Eingang des weitläufigen Geländes des friedlichen **Guangxiao Si**. Dieser älteste buddhistische Tempels Guangzhous diente 1[illegible]3 v. Chr. dem letzten Nanyue-König **Zhao Jiande** als Residenz. Zur Kultstätte wurde er erst, als der 85 Jahre alte Mönch **Tanmo Yeshe** aus Kashmir im Jahre 40[illegible] n. Chr. die erste Halle errichtete. Zu den späteren Besuchern gehörten buddhistische Größen wie (im 6. und 7. Jahrhundert) der Mönch Zhiyao Sanzang, der einen bis heute erhaltenen Feigenbaum pflanzte, der indische Begründer des Chan-(Zen-)Buddhismus **Bodhidharma** sowie der Sechste Patriarch des Chan, **Huineng**. Auch in dieser Anlage sind die ursprünglichen Bauten nicht erhalten geblieben, doch auf dem gepflegten Gelände stehen Pavillons mit verborgenen

Chan-Buddhismus Der Chan-Buddhismus – aus Japan unter dem Namen Zen bekannt – glaubt daran, dass das Verstehen der wahren Natur des Seins durch plötzliche Erleuchtung erreicht wird, die sich durch alltägliche banale Gespräche und Ereignisse auslöst. In dieser Sichtweise unterscheidet sich diese Glaubensrichtung von anderen Schulen des Buddhismus, die den Schwerpunkt auf das jahrelange Studium ritueller und religiöser Texte legen. Obwohl auch der Chan-Buddhismus auf Meditation und kleine Parabeln setzt, lässt er Erleuchtung selbst für die denkbar säkularsten Individuen als erreichbar erscheinen.

Als Begründer des Chan-Buddhismus gilt **Bodhidharma**, der in China den Namen Damo trägt. Er traf um 520 n. Chr. aus Indien kommend in Guangzhou mit dem Vorhaben ein, Chinas recht formalistische und schwerfällige Annäherung an den Buddhismus mit seiner abweichenden Denkweise zu bereichern. Nachdem Bodhidharma den Kaiser mit seinen Lehren verwirrt hatte, ließ er sich im Tempel Shaolin Si in der Provinz Henan nieder, wo die Übungen, die er den Mönchen zum Ausgleich ihrer stundenlangen Meditationssitzungen beibrachte, angeblich zur Grundlage des chinesischen Kungfu wurden. Shaolin entwickelte sich zum Zentrum des Chan-Buddhismus, der sich über China nach Korea und Japan ausbreitete.

Zum berühmtesten Vertreter des Chan wurde der aus Guangzhou stammende Sechste Patriarch **Huineng** (638–713), der im jugendlichen Alter einen Wandermönch die Sutren rezitieren hörte und davon so beeindruckt war, dass er sich nach Huangmei in Zentralchina begab, um den Chan-Buddhismus unter dem Fünften Patriarchen Hong Ren zu studieren. Obwohl er von seinen Mitstudenten wegen seiner ungeschliffenen südlichen Manieren verspottet wurde, bewies er ein so tiefes Verständnis der Religion, dass er innerhalb von nur acht Monaten durch Anhören der Diamant-Sutra (die das Erkennen von Illusionen und die Loslösung von ihnen lehrt) zur Erleuchtung gelangte und von Hong Ren zum Nachfolger als Patriarch benannt wurde, was jedoch zu jenem Zeitpunkt noch geheim gehalten wurde. Im Jahre 676 kehrte Huineng ins südliche Guangzhou zurück und ließ sich inkognito im Tempel Guangxiao Si nieder, wo er eines Tages zwei Mönche belauschte, die eine Flagge betrachteten und darüber debattierten, ob sich der Wind oder die Flagge bewege. Als sie zu keiner Übereinkunft fanden, mischte sich Huineng ein und erklärte, dass keiner von beiden Recht habe, denn es sei der Verstand, der sich bewege. Diese Darlegung verblüffte alle Anwesenden so sehr, dass er eingeladen wurde zu lehren. Erst daraufhin gab er sich als Sechster Patriarch zu erkennen (Hong Ren war inzwischen verstorben). Offenbar verbrachte Huineng seine letzten Lebensjahre im Tempel Nanhua Si nahe Shaoguan im Norden der Provinz Guangdong.

Brunnen und gemeißelten Gedenktafeln aus verschiedenen Epochen. Die drei Haupthallen im hinteren Bereich des Geländes beherbergen einige imposante Buddhastatuen. In der westlichen Halle befindet sich das eher ungewöhnliche Bildnis eines liegenden Buddhas, während im Zentrum der zentralen Halle die übliche Trinität der Buddhas der drei Weltzeitalter zu sehen ist. ⏲ tgl. 8–17 Uhr, Eintritt ¥2.

Provinzmuseum und Umgebung

An der Wenming Lu, rund 1500 m östlich des Wuxian Guan, befindet sich Guangdongs Provinzmuseum. Der Fußweg vom Wuxian Guan dorthin führt am kleinen, unauffälligen **Dafo Si** (Tempel des Großen Buddha) vorbei und von dort weiter durch den stets gut besuchten Einkaufsbezirk an der Beijing Lu. In der Yuexiu Lu verläuft der Weg zum Museum vom Fluss her zunächst am gelben **Gebäude der Arbeiterunion** aus den 20er Jahren vorbei, das später zynischerweise der Guomindang als Hauptquartier diente.

Die einander ähnelnden Gebäude auf dem Gelände des Provinzmuseums waren die Heimat der früheren Zhongshan-Universität – der berühmte Schriftsteller **Lu Xun** dozierte dort, und heute berichten Fotografien über sein Leben. Das Museum selbst befindet sich in einem moderneren Gebäude. Zu den interessantesten Abteilungen gehören eine **Ausstellung zur Naturgeschichte**, die einen innovativen begehbaren Dschungel umfasst, in dem sich im Unterholz angestrahlte Kreaturen verbergen, sowie mehrere Räume mit erlesenem Porzellan, Jadeschnitzereien und Haushaltsgegenständen aus der Ming-Dynastie. Der Mangel an Besuchern und erläuternden Beschriftungen lässt alles recht tot erscheinen, doch die Ausstellungsstücke weisen einen bemerkenswert hohen Standard auf. ⏲ tgl. 9.30–16.30 Uhr, Eintritt ¥8.

Dank der späteren politischen Karriere ihres Dekans Mao Zedong ist Guangzhous **Lehranstalt der Bauernbewegung** in der Zhongshan Lu die meistbesuchte Revolutionsstätte der Stadt. Sie wirkt noch immer wie die konfuzianische Akademie, die sie 600 Jahre lang war, bevor Peng Pai, ein „reicher Bauer" aus Guangdong, das Institut 1924 mit 38 Studenten und der offiziellen Genehmigung der Guomindang gründete. Die Lehranstalt konnte den Unterricht nur wenig mehr als zwei Jahre lang aufrechterhalten. Mao Zedong, Zhou Enlai und Peng Pai legten die Abschlussprüfung im August 1926 ab, nur acht Monate bevor die Allianz zwischen Kommunisten und Guomindang in Shanghai gewaltsam endete. Im Grunde gibt es wenig zu sehen; die nachhaltigsten Eindrücke vermitteln die Fotos ehemaliger Studenten, die das Massaker von Shanghai und den daraus resultierenden **Kommunistischen Aufstand von 1927** in Guangzhou nicht überlebten. ⏲ tgl. 8.15–11.30 und 14–17 Uhr, Eintritt ¥10.

An das zuletzt genannte Ereignis erinnert weiter östlich an der Zhongshan Lu der **Gedenkpark für die Märtyrer des Aufstands von Kanton**. Eine kleine kommunistische Gruppe unter Zhang Tailei besetzte am 11. Dezember 1927 in der Nähe des Parks Guangzhous Polizeihauptquartier und verkündete dort die Gründung der **Kommune von Kanton**, doch die von außen erwartete Unterstützung blieb aus, und am Nachmittag des zweiten Tages rückten Streitkräfte der Guomindang an. Insgesamt fanden über 5000 Menschen, die entweder im entstehenden Scharmützel umkamen oder später wegen Mittäterschaft hingerichtet wurden, den Tod. Das Parkgelände umfasst einen kleinen See, einen kargen Baumbestand, einen Rasen sowie ein gewehrförmiges Monument neben dem mit Gras bedeckten Erdhügel, unter dem die Aufständischen begraben liegen. ⏲ tgl. 8–19 Uhr, Eintritt ¥3.

Palastgarten von Nanyue

Rund 500 m westlich der Lehranstalt der Bauernbewegung in der Zhongshan Si Lu befindet sich mit dem Palastgarten von Nanyue eine äußerlich rätselhaft erscheinende Anlage, die jedoch zu den außergewöhnlichsten historischen Stätten Chinas zählt. Das **Königreich Nanyue** wurde von dem Qin-General Zhao Tuo aus der Provinz Hebei gegründet, der im Jahre 214 v. Chr. entsandt wurde, um Chinas aufsässige südliche Stämme zu unterwerfen. Nach dem Zusammenbruch der Qin-Dynastie rief sich Zhao mit dem Rückhalt seiner Armee selbst zum Herrscher eines unabhängigen Staates aus. Chinas neue Han-Dynastie erkannte seine Position zunächst an und verlieh ihm während seiner 67-jährigen Regentschaft sogar den Titel „Kaiser Wu", doch schon zu Lebzeiten seines Enkels geriet das Königreich Nanyue in Verfall, und 111 v. Chr. plünderten die Han dessen Hauptstadt und verleibten das Territorium Zentralchina ein.

Der Palastgarten umschließt die bisherigen Ausgrabungsstätten von **Zhao Tuos Palast**, der sich vermutlich noch um mehrere Blöcke nach Norden erstreckt. Die Anlage ist sehr kompakt: Zu sehen sind Teile des Gartens, der die Palastgebäude umgab, auf dem sich die Überreste einer noch älteren Schiffswerft befinden; Abwasserkanäle aus späteren Zeiten, Brunnenanlagen, ein Palast aus dem 10. Jahrhundert und eine Lehranstalt aus der Song-Dynastie tragen zum bunten Gemisch der Sehenswürdigkeiten bei. Zur Einführung wird ein englischsprachiges Video über die Ausgrabungen in den 90-Jahren gezeigt, bevor der Rundgang durch ein kleines **Museum** folgt, das zahlreiche Steinstelen und Säulen sowie Keramikdachziegel und die größten gebrannten Ziegelsteine präsentiert, die jemals in China gefunden wurden. Alle Steine sind mit Motiven oder Schriftzeichen verziert, darunter auch das Kürzel „Pan ‘ für „Panyu“, Guangzhous ursprünglichen Namen. Halb geschmolzene Bronzemünzen und verkohlte Balken untermauern die Berichte des berühmten Hanzeitlichen Historikers Sima Qian von der Zerstörung des Palastes durch die Han-Armeen.

Ein Wellblechdach schützt die **Ausgrabungsstätte**, die sich draußen über eine Fläche von 5000 m² erstreckt, vor Witterungseinflüssen, und ein erhöhter Plankenweg verbindet die bedeutendsten Fundstellen. Zu den interessantesten unter ihnen gehört die Ecke eines **mit Steinen ausgelegten Sees** im Nordwesten der Anlage, aus dem sich das Bett eines künstlichen Flusses nach Westen windet; hinter einem halbmondförmigen Teich ist dieses Flussbett mit Kieselsteinen und Rampen versehen, die dem Wasserfluss vermutlich kleine Wellen, Strudel und Geräusche entlocken sollten. Im matschigen Flussbett erhalten gebliebene Samen und Blätter beweisen, dass Lotus und Bäume den Garten zierten. Auch Schildkröten lebten hier, was Rückenpanzer beweisen, die im halbmondförmigen Teich gefunden wurden. In der südwestlichsten Ecke der Anlage wurden Teile einer **Schiffswerft aus der Qin-Dynastie** in dem Zustand belassen, in dem sie 1975 entdeckt wurden – sie liefern den ältesten Nachweis für den Bau hochseetauglicher Schiffe in China. Wie Zhao Tuos Palast, den Probegrabungen nordwestlich der Gartenanlage unter einem Kaufhaus und einem Park lokalisiert haben, wartet auch die Werft auf weitere Ausgrabungsarbeiten. ⏲ tgl. 9–12 und 14.30–17.30 Uhr; letzter Einlass 45 Minuten vor Schließung, Eintritt ¥15.

Nord-Guangzhou

Im Gebiet nördlich zwischen Dongfeng Lu und dem Bahnhof von Guangzhou erstrecken sich in erster Linie die beiden ausgedehnten Parks Liuhua und Yuexiu. Hinter dem Bahnhof in Sanyuan Li ergibt sich die Gelegenheit zu einer Begegnung mit der Kolonialzeit.

Yuexiu-Park

Mit einer Ausdehnung von über 9 ha ist der Yuexiu-Park Chinas größte städtische Grünfläche, ⏲ tgl. 7–19 Uhr, Eintritt ¥5. Auf dem Gelände befinden sich Sportplätze, historische Monumente, Teehäuser und schattige Haine. An der Dongfeng Zhong Lu führt der Weg zum Park an einem auffälligen großen Rundbau mit blauen Dachziegeln vorbei – die **Sun-Yatsen-Gedenkhalle** wurde an der Stelle errichtet, wo der Mann, den sowohl die Guomindang als auch die Kommunisten als Vater des modernen Chinas verehren, im Jahre 1912 den Eid für die Präsidentschaft ablegte. Innen bietet ein schlichtes Auditorium, das gelegentlich als Konzerthalle genutzt wird. Sitzplätze für 2000 Besucher. ⏲ tgl. 8–18 Uhr, Eintritt ¥5.

Bei weitem nicht so auffällig ist der nur wenig westlich stehende **Sanyuan Gong** (Tempel der Drei Reinheiten, Eintritt ¥1), dessen unbeschilderter Eingang unter einer breiten Steintreppe leicht zu übersehen ist. Er ist Guangzhous größter und ältester daoistischer Tempel (geweiht im Jahre 319 n. Chr.), doch der heutige Komplex aus dunklen, spartanischen Hallen mit Statuen daoistischer Gottheiten stammt aus der Qing-Dynastie. Trotz der düster wirkenden Einrichtung herrscht an den Huldigungsplätzen reger Betrieb. Die Wandmalereien – Fledermäuse, Kraniche und andere daoistische Motive – weisen wenige rote und goldene Stellen auf.

Zu allen Seiten führen Eingänge in den Park, doch der Haupteingang befindet sich an der Jiefang Bei Lu und ist mit einem zehnminütigen Spaziergang vom San Yuan Gong aus zu erreichen.

Nördlich der Porzellandrachen führt der Weg zum Teich **Beixiu Hu** und dem **Garten der chinesischen Redensarten**, in dessen Gebüschen sich eigenartige Stein- und Bronzeskulpturen verbergen, die populäre volkstümliche Sprichwörter veranschaulichen. Weiter südlich steht die viel fotografierte **Skulptur der Fünf Ziegenböcke**, die an den Mythos der Gründung Guangzhous erinnert – zumindest eine der Gestalten ist zweifelsfrei kein Bock.

Auf einer Anhöhe ungefähr in der Mitte des Parks laufen die Wege am **Zhenhai Lou**, dem Meeresblickturm, zusammen – einem Bauwerk aus Holz und ungebrannten Ziegeln, das einst Teil der Ming-zeitlichen Stadtmauer war. Heute beherbergt der Turm das **Städtische Museum**, das auf drei Stockwerken Funde aus dem Stadtgebiet präsentiert, die ein bewerkenswertes Spektrum abdecken: von Töpfereischerben aus der Steinzeit über Eisengegenstände aus Afrika, die in einem Grab aus der Han-Dynastie gefunden wurden, sowie persische Münzen aus dem 5. Jahrhundert bis hin zu einer Kopie der *Good Words for Exhorting the World* (dem christlichen Traktat, das den Führer der Taiping-Revolution, Hong Xiuquan, inspirierte) und im Hof stehende Kanonen aus dem 19. Jahrhundert, darunter zwei aus der Produktion des deutschen Unternehmens Krupp. Eine Statue des Lin Zexu und Briefe aus seiner Hand an den Qing-Kaiser, in denen er über seine Vernichtungsaktion der britischen Opiumvorräte berichtet, sorgen beständig für einen Auflauf mit der Zunge schnalzender Chinesen. Die Eintrittskarte berechtigt zum Tee trinken im Obergeschoss, das Ausblicke nach Süden über Guangzhous Stadtgebiet gewährt. ⏲ Di–So 9–16 Uhr, Eintritt ¥8.

Königsgrab von Nanyue und Liuhua-Park

500 m nördlich des Haupteingangs zum Yuexiu-Park an der Jiefang Bei Lu erhebt sich die rote Sandsteinfassade des Königsgrabs von Nanyue. 1983 wurde bei Ausschachtungsarbeiten für eine Wohnsiedlung das 2000 Jahre alte Grab des **Zhao Mo** entdeckt, dem Enkel des Gründers des Königreichs Nanyue, der den Namen Zhao Tuo trug. Es lohnt sich, eine Stunde Zeit für die Besichtigung der Anlage mit ihren zahlreichen Exponaten zu opfern – ein englischsprachiges Video vermittelt Einzelheiten. ⏲ tgl. 9.30–17.30 Uhr, letzter Einlass um 16.45 Uhr, Eintritt ¥12 plus ¥5 für den Besuch des Grabs selbst; zu erreichen mit Bus Nr. 5.

Zhao Mo widmete sich offenbar mehr dem Bau seines Grabes als der Führung seines Königreichs, das schon kurz nach seinem Tode unterging. Beim Öffnen des Grabes wurden haufenweise Gold und schier unbezahlbare Schmuckstücke gefunden, die im Museum ausgestellt sind. Zu den dortigen Exponaten gehören außerdem ein **Leichengewand** aus über 1000 kleinen Jadeplättchen – man glaubte, dass Jade die Verwesung verhindere – sowie sterbliche Überreste von Sklaven und Konkubinen, die zusammen mit dem Verstorbenen eingemauert wurden. Die Muster mancher Kunstwerke weisen deutliche zentralasiatische Einflüsse auf, was beweist, dass schon in der frühesten Phase von Guangzhous Geschichte Kontakte zu nicht-chinesischen Gesellschaften bestanden. Die faszinierende Ausstellung wird fachkundig präsentiert und lohnt besonders dann einen Besuch, wenn man zeitgleiche Grabanlagen im Yangzi-Becken und in Xi'an zu besichtigen plant. Das Grab des Zhao Tuo wartet noch auf seine Entdeckung, obwohl gierige Schatzsucher aufgrund der Gerüchte über seine legendären Reichtümer Guangzhou schon zur Zeit der Drei Reiche (220–280 n. Chr.) danach umgruben.

Westlich des Königsgrabes erstreckt sich zwischen Liuhua Lu und Renmin Bei Lu mit zahlreichen Seen und Teichen der **Liuhua-Park**, der 1958 angelegt wurde. Wochentags lohnt sich der Besuch für einen entspannenden Spaziergang, doch an Wochenenden herrscht ein höllisches Gedränge. *Liuhua* bedeutet „treibende Blumen" – ein Name, der auf die Han-Dynastie zurückgeht, in der die Palastmädchen Blumenblätter auf dem Fluss aussetzten, während sie ihre Haare richteten. ⏲ tgl. 7–19 Uhr, Eintritt ¥2.

Richtung Bahnhof

Rund 1 km südlich des Bahnhofs findet jeden April und Oktober in der inmitten der Geschäftshotels an Liuhua Lu und Renmin Lu gelegenen **Exportwarenhalle** die **Handelsmesse** statt, die erstmals 1957 zur Förderung westlicher Investitionen stattfand. Es ist nicht gerade der schönste Stadtteil, doch als Oase des Friedens und der Ruhe erweist sich der entzückende, aber recht kleine **Orchideengarten** abseits der Jiefang Bei Lu. Abgesehen von zahlreichen Orchideen gibt es dort von tropischen Farnen und Lilien umgebene Teiche, gewundene Steinpfade, Palmen, gigantische Feigenbäume mit herabhängenden Luftwurzeln und rosarot blühenden Azaleen. Ohne den gedämpft eindringenden Verkehrslärm hätte man das Gefühl, der städtischen Umgebung völlig entronnen zu sein. 🕒 tgl. 8–17 Uhr, Eintritt ¥8; die Eintrittskarte berechtigt zum Tee trinken im zentralen Pavillon.

Am westlichen Ende des Gartens befindet sich auf Guangzhous **Islamischem Friedhof** das Grab des **Abu Waqas**, der im 7. Jahrhundert als Missionar den Islam nach China brachte. Die Einzelheiten sind jedoch ein wenig fragwürdig, denn Abu Waqas starb angeblich um 629, also drei Jahre vor Mohammed und zu einer Zeit, als der Koran noch gar nicht zusammengestellt war – dies geschah erst eine Generation später. Der Friedhof wurde vor kurzem für Nicht-Muslims gesperrt, doch durch einen Bambusvorhang kann man vom Garten aus hineinspähen.

Sanyuan Li

Nach dem Besuch des Orchideengartens führt ein Spaziergang über die Jiefang Bei Lu wieder ins wirkliche Leben zurück. Die Kreuzung mit der Huanshi Lu ist nach 1 km erreicht – als Alternative zum Fußmarsch bietet sich die Fahrt mit Bus Nr. 58 an, da stets viel Verkehr herrscht. Nördlich des Bahnhofs beginnt der Distrikt Sanyuan Li, der aufgrund von Sanierungs- und Entwicklungsmaßnahmen derzeit ungeordnet wirkt und ein Stadtviertel der Wanderarbeiter ist. Dort formierte sich 1841 als Reaktion auf den britischen Aufmarsch während des Ersten Opiumkriegs die **Anti-britische Sanyuan-Li-Bewegung**. Nach etlichen Monaten mit gewalttätigen Übergriffen von Seiten der Eindringlinge erhoben sich unter Führung des Bauern Wei Shaoguang hiesige Arbeiter und Bauern, die das britische Lager angriffen und in wüsten Kampfhandlungen 20 Soldaten töteten, bevor wolkenbruchartige Regenfälle die Ausschreitungen beendeten. Ein 1860 am Schlachtort (250 m entfernt, südlich der Guanghua Lu) errichteter Tempel dient heute als **Museum**, das die Ritualgegenstände und Ackerwerkzeuge zeigt, die den Bauern damals als Waffen dienten – die Beschreibungen sollten nicht allzu ernst genommen werden, da es sich um später hinzugefügte schwülstige Propaganda handelt. 🕒 tgl. 9–11.30 und 14–16 Uhr, Eintritt ¥2.

West-Guangzhou

West-Guangzhou, das Gebiet westlich der Renmin Lu und südlich der Dongfeng Xi Lu, besticht vor allem rund um die Changshou Lu durch ein charismatisches Gewirr aus Hinterstraßen und schmalen Gassen, die mit viel besuchten Märkten, Restaurants und Geschäften angefüllt sind. Ruhiger wird es erst in Richtung Flussufer und **Insel Shamian**, der stillen Oase mit kolonialer Atmosphäre und hohem Baumbewuchs. Nördlich des Flusses verläuft die Zhongshan Lu quer durch die Innenstadt nach Westen; mehrere nach Süden führende Verkehrsadern verbinden sie mit der unmittelbar am Flussufer verlaufenden Parallelstraße **Liuersan Lu** (die Hauptstraßen am südlichen Flussufer sind Nanhua Lu und Tongfu Lu). In dem beschriebenen Gebiet gibt es mehrere Metrostationen.

Ahnentempel der Familie Chen

Die westliche Zhongshan Lu führt durch einen neuen, relativ schmucken Bezirk, bevor sie nach Überquerung eines Nebenflusses des Perlflusses das Stadtgebiet verlässt und Richtung Foshan verläuft. Rund 2,5 km von der Kreuzung mit der Jiefang Lu entfernt führt eine Fußgängerüberführung über die Straße zu den Gartenanlagen außerhalb des Ahnentempels der Familie Chen (chinesisch: Chen Jia Ci; englisch: Chen Clan Academy). Der Tempel kann mit einer ungewöhnlichen Gründungsgeschichte aufwarten: Alle Chinesen, die den Namen Chen tragen (einen der gängigsten kantonesischen Familiennamen überhaupt), wurden zu Spenden aufgerufen. Das so beschaffte Kapital wurde zum Bau der Tempelanlage verwendet, die teils als Ahnentempel fungierte, in dem alle namens Chen huldigen konnten, und teils als Schule diente, die eine solide Ausbildung vermittelte. Heute gibt es auch Teestuben und Souvenirstände, doch die Gebäude wirken nach wie vor imposant. Die Räume umschließen offene Höfe, und die Dächer sind mit den grellfarbigsten Dachziegeln gedeckt, die der Markt in den 90er Jahren des 19. Jahrhunderts hergab; die Zwischenwände sind mit Holzschnitzereien verziert, und überall sieht man glasierte Tonfiguren. Beachtung verdienen die außergewöhnlichen Ziegelreliefarbeiten unter den

Dachgesims (innen wie außen). Eine der ersten Darstellungen rechts hinter dem Eingang zeigt offenbar eine Opernszene mit einem sichtlich betrunkenen Pferd, das sich beschwingt am Boden wälzt. Andere Miniaturen schildern Episoden aus Chinas klassischer Robin-Hood-Saga *Die Räuber vom Liangshan-Moor* oder zeigen Sehenswürdigkeiten aus der Umgebung von Guangzhou. ◷ tgl. 8.30–17.30 Uhr, Eintritt ¥10.

Changshou Lu und Umgebung

Südlich der Zhongshan Lu sind Teile der alten **Stadtmauer** in der Longjin Lu sowie etwas weiter südlich in der Dishifu Lu und einigen anderen Straßenzügen zu finden. Der Weg von der Zhongshan Ba Lu südwärts über die Huagui Lu führt über einen niedrigen Erdwall, der die Grundmauern markiert. Obwohl nun breite und moderne Straßen das Gebiet durchziehen, ist bis heute im größten Teil dieses Stadtbezirks, dessen Herzstück die in Ost-West-Richtung verlaufende Changshou Lu ist, das Ming-zeitliche Straßenraster erhalten geblieben. Bei einem ziellosen Bummel sind schöne Beispiele der Architektur des frühen 20. Jahrhunderts zu entdecken. In der Nachbarschaft einiger der größten Kaufhäuser Guangzhous und der zahlreichen, bis hinab zum Fluss ineinander übergehenden Märkte im Süden der Changshou Lu gibt es in diesem Stadtteil, in dem vor allem abends viel Betrieb herrscht, mehrere **berühmte Restaurants**.

Südwestlich der Kreuzung von Changshou Lu und Kangwang Lu verbergen die Warenangebote der Geschäfte fast die schmalen Gassen, die zu Guangzhous **Jademarkt** führen, der sich zwar nicht an demjenigen Hongkongs messen kann, einen Besuch zum Stöbern aber allemal lohnt. Der Markt zieht sich rund um ein Tor, das in Glück verheißendem Rot angestrichen ist und zum buddhistischen Tempel **Hualin Si** führt, den der Brahmane und Prinz Bodhidharma im Jahre 527 als schlichtes Nonnenkloster gründete. Als seine Chan-Lehre im 17. Jahrhundert einen Aufschwung erlebte, wurde die Haupthalle erweitert, um entlang von kreuzförmig angelegten Gängen Platz für 500 Arhat-Skulpturen zu schaffen. Hualin Si ist der meistbesuchte Chan-Tempel der Stadt – an Festtagen wird man zwischen einheimischen Besuchern, deren Feuerwerkskörper und Räucherstäbchen unbeteiligte Besucher taub und blind machen, schier erdrückt. ◷ tgl. 8–17 Uhr, Eintritt frei.

Beim Weiterschlendern empfiehlt es sich, den Stadtplan einmal zusammenzufalten und sich ziellos Richtung Süden durch das von Qing-Häusern (die zum Teil unter Denkmalschutz stehen) gesäumte Straßengewirr treiben zu lassen – nahezu unausweichlich führt der Weg früher oder später in die Nähe des hiesigen *Guangzhou*-Restaurants. Zwei Straßen mit in den 20er Jahren restaurierten Fassaden, die an Wochenenden zu Fußgängerzonen werden – **Dishifu Lu** im Westen und **Xiajiu Lu** im Osten – locken mit zahlreichen Speiselokalen und Geschäften, sodass die Kapazität der Bürgersteige dem Ansturm der Besucher kaum gewachsen ist. Südlich der Xiajiu Lu trifft man auf die nördlichen Ausläufer des exotischen **Qingping-Marktes**, in dessen von Ost nach West verlaufenden Gassen hinter jeder Kreuzung eine andere Warenpalette im Angebot ist: getrocknete Heilpflanzen, Gewürze und Kräuter, frisches Gemüse, Schlachtvieh, Vögel, Fische und vieles mehr. Der einst gewöhnungsbedürftigste – um nicht zu sagen blutigste – Markt Chinas ist in den vergangenen Jahren beträchtlich geschrumpft, da die Stadtverwaltung den Verkauf seltener Tiere sowie umfangreiche Schlachttätigkeiten am Straßenrand unterbunden hat. Dennoch herrscht überall reger Betrieb, was die kantonesische Vorliebe für frische und ungewöhnliche Nahrungsmittel belegt.

Am Ende des Qingping-Marktes liegt die jüngst verbreiterte und mit diversen Straßenüberführungen versehene **Liuersan Lu**. Die Baumaßnahmen haben die chronische Verkehrsbelastung gemildert, und die Straße ist nun mit Palmen, Blumenbeeten und imitierten kolonialen Häuserfronten versehen, die wie ein Spiegelbild der echten Fassaden auf der gegenüberliegenden Insel Shamian wirken. „Liuersan" bedeutet „6, 23" – eine Erinnerung an den 23. Juni 1925, an dem 50 Personen bei einer Demonstration, die unter anderem die Rücküberstellung der Insel Shamian unter chinesische Oberherrschaft einforderte, von kolonialen Truppen erschossen wurden. Weiter östlich lädt an derselben Straße der **Kulturpark** zur Beobachtung des städtischen Freizeitlebens ein – auf dem gepflasterten Gelände mit vielen Bänken stehen die Kinder Schlange, um an Münzapparaten zu spielen oder Karussell zu fahren. An Wochenenden werden viel-

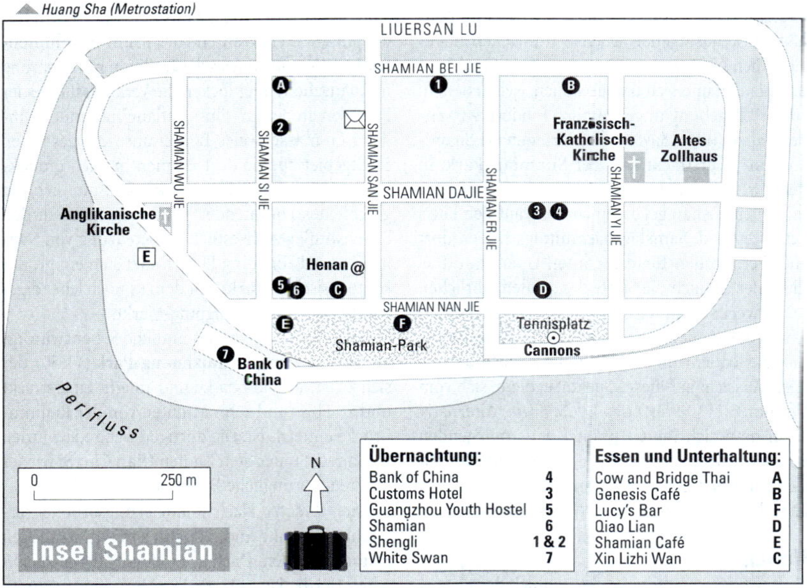

fältige Unterhaltungsprogramme geboten, von lokalen Rockveranstaltungen bis hin zu chinesischen Opernaufführungen. ⌚ tgl. ab 6 Uhr morgens bis spät abends, Eintritt ¥3.

Insel Shamian

Der Weg von der Liuersan Lu über eine Brücke, die einen schlammigen Kanal überspannt, zur Insel Shamian (alternativ zur Metrostation Huang Sha gehen und die dortige Brücke überqueren) ist nur kurz, doch Stimmung und Umfeld verändern sich schlagartig, denn man gelangt von Guangzhous hektischstem Bezirk ins eleganteste Viertel der Stadt. Die 1 km lange und 500 m breite tränenförmige Sandbank wurde als Trophäe des Opiumkriegs von den europäischen Mächten gepachtet: Frankreich nahm sich die östliche Hälfte, England den Rest. Die Kolonialherren legten private Gärten an, pflanzten die heute imposanten **Bäume** und errichteten solide viktorianische **Villen**, Banken, Botschaften, Kirchen und Tennisplätze – und nahezu alles ist heute noch erhalten. Eisentore auf den Brücken hielten die Chinesen von Shamian fern (wie einst die Chinesen ihrerseits keine Ausländer innerhalb von Guangzhous Stadtmauern geduldet hatten), sodass die Europäer in selbst auferlegter Isolation abseits des Trubels jenseits des Kanals lebten. Bis heute ist auf Shamian die damalige Atmosphäre erhalten geblieben, und fast alle Ausländer, die längerfristig in der Stadt bleiben, bevorzugen Unterkünfte auf der ruhigen Insel. Der Verkehr ist eingeschränkt, und die gepflegte Architektur, die Grünflächen und die relative Ruhe sorgen für erfrischende Aufenthalte – auch ohne dort zu wohnen oder die dortigen Restaurants und Bars zu besuchen.

Hauptverkehrsstraße ist die in Ost-West-Richtung verlaufende **Shamian Dajie**, die von fünf Nord-Süd-Traversen durchschnitten wird. Ein Spaziergang zeigt, dass den Gebäuden im Zuge der Restaurierung nahezu durchweg ihr Originalaussehen wiedergegeben wurde. Die meisten Häuser entstanden zwischen den 60er Jahren des 19. Jahrhunderts und den frühen Jahren des 20. Jahrhunderts; Gedenktafeln schildern ihre Geschichte. Obwohl sich die Briten und Franzosen diese verhältnismäßig kleine Enklave teilten, scheinen sie Abstand zueinander gehalten zu haben, denn sie bauten jeweils eigene Brücken, Kirchen und Zollhäuser. Herausragende Sehenswürdigkeiten gibt es eigentlich nicht, doch es macht einfach Spaß, herumzulaufen und sich umzuschauen. Neben dem in seiner Umgebung ungewöhnlich modern wirkenden Hotels *White Swan* an der Promenade Shamian Nan Jie erstreckt sich der **Shamian-Park**, in dem zwei Kanonen, die während der Opiumkriege im nahen Foshan gegossen wurden, auf den Fluss gerichtet sind. Samstag nachmittags finden dort zuweilen Proben für die Kanton-Oper statt. Das Flussufer ist auch die Stätte des großen jährlichen **Feuerwerks** zum Frühlingsfest, das am ersten Abend des neuen Jahres nach dem chinesischen Mondkalender (um den 21. Januar) stattfindet; die beste Aussicht auf dieses Spektakel bietet sich vom Uferbufett (¥400 p.P.) des *White Swan.* Alternativ kann man sich ins Getümmel der umliegenden Straßen stürzen (nahezu die halbe Stadt scheint sich bei dieser Gelegenheit einzufinden) oder vom gebuchten Zimmer im *Youth Hostel* aus zuschauen.

Honan

Honan, das Gebiet unmittelbar südlich des Flusses zwischen der westlichen Straße Gongye Dadao und der 1500 m weiter östlich verlaufenden Jiangnan Dadao, ist über **drei Brücken** zu erreichen: über die Renmin-Brücke, welche die Liuersan Lu mit der Gongye Dadao verbindet, sowie über die dicht nebeneinander liegenden Jiefang- und Haizhu-Brücken, die zur Tongqing Lu und Jiangnan Dadao führen. Metrolinie Nr. 2 wird nach ihrer Fertigstellung mehrere Stationen an der Jiangnan Dadao unterhalten; bis zu ihrer Eröffnung aber empfiehlt es sich, einfach über die nächste Brücke zu gehen und das Viertel zu Fuß zu erforschen.

Vor 1949 war Honan Guangzhous Rotlichtbezirk mit zahllosen Opiumhöhlen, Bordellen und Spielhöllen, die allesamt mit der kommunistischen Machtübernahme verschwanden. 1984 wurde Honan sogar zum Mustermodell von Hu Yaobangs „Kampagne zur Steigerung des städtischen Bewusstseins", die Stadtbewohner dazu aufrief, Kindergärten und Seniorenclubs zu gründen sowie ihre Wohnviertel sauber und sicher zu halten. Heute ist Honan ein überraschend ruhiges Stadtviertel, dessen schmale gepflasterte Seitengassen der Hauptstraßen Nanhua Lu und Tongfu Lu von schlichten Wohnhäusern mit Holztoren gesäumt sind und sich frei von achtlos weggeworfenem Abfall präsentieren. Während des **Frühlingsblumenfestes** (eine südchinesische Tradition mit Ursprung in Guangzhou) aber locken die Verkaufsstände der Floristen an der am Fluss entlang führenden Binjiang Lu massenweise Bürger aus dem gesamten Stadtgebiet an, die dort Blumen in allen erdenklichen Farben und Formen kaufen, um sich ein glückliches kommendes Jahr zu sichern. In den Seitenstraßen südwestlich der Kreuzung von Nanhua Lu und Tongqing Lu befindet sich ein großer kantonesischer **Markt**, auf dem es noch lebendiger zugeht als auf dem Qingping-Markt.

Honans einzige herkömmliche Sehenswürdigkeit befindet sich im **Haizhuang-Park** (¥1,50), der sich zwischen Nanhua Lu und Tongfu Lu erstreckt und zu Fuß rund zehn Minuten von der Renmin-Brücke entfernt ist. Die dortigen Gebäude wurden vor kurzem unter dem Namen **Qian Chu Si** wieder in ihre ursprüngliche Funktion als buddhistisches Kloster versetzt. Nach Renovierungsarbeiten erstrahlt die große Südhalle mit ihren prachtvollen Statuen und dem Dach aus ineinander verschachtelten Holzbalken – typisches Merkmal südchinesischer Tempelgebäude der frühen Qing-Dynastie – in neuem Glanz. Die grellbunten „Heiligenscheine" einiger Statuen sind weniger traditionelle Hinzufügungen.

Ost-Guangzhou und Parkgelände Baiyun Shan

Das zu allen anderen Seiten von Flüssen und Hügeln begrenzte Stadtzentrum Guangzhous dehnt sich unweigerlich nach Osten aus, um die ständig wachsende Einwohnerzahl aufzufangen. Der Osten ist der modernste Stadtteil: Er wird von mehreren Schnellstraßen durchschnitten und liegt im Schatten von Wolkenkratzern, die Stammsitz mächtiger Unternehmen sind. Die Hauptverkehrsadern Huanshi Lu und Dongfeng Lu treffen in der nordöstlichen Vorstadt Tianhe zusammen, die ein Wohnzentrum der **Ausländergemeinde** Guangzhous darstellt. Aus diesem Grund lohnt sich ein Besuch des Stadtteils in erster Linie wegen der zahlreichen westlichen **Restaurants** und **Bars**. Die Sehenswürdigkeiten sind hingegen an einer Hand abzuzählen. Lohnend ist ein Besuch im nördlichen Parkgelände Baiyun Shan, das sich im Vergleich zur Hektik der Stadt als unerwartete Oase der Ruhe erweist.

Nordöstlich der Huanshi Dong Lu erinnert an der Xianlie Lu im **Huanghua-Gang-Park** das **Mausoleum der 72 Märtyrer** an Sun Yatsens misslungenen Kanton-Aufstand vom 29. März 1911. Das eigenwillige Monument spiegelt die Nationalitäten der verschiedenen Förderer wider, die zu seiner Errichtung beigetragen haben – buddhistische Ikonografie verschmilzt mit einer Freiheitsstatue und einem ägyptischen Obelisken. ⌚ tgl. 8–17 Uhr, Eintritt ¥2.

Nur 1 km weiter östlich liegt ebenfalls an der Xianlie Lu der **Zoo**, der landesweit der drittgrößte seiner Art ist. Die Tiere werden unter einigermaßen annehmbaren Bedingungen gehalten – was jedoch weit entfernt von „artgerecht" ist. Zu den seltenen Exemplaren gehören gefleckte Leoparden, mehrere Wildvogelarten und natürlich Pandabären. Anfahrt mit Bus Nr. 6 von der Dongfeng Lu im Block östlich der Sun-Yatsen-Gedenkhalle, ⌚ tgl. 9–16 Uhr, Eintritt ¥10.

2 km östlich des Zoos schließt sich das Viertel **Tianhe** an, in dem auch der Hauptbahnhof liegt. Das am Reißbrett entworfene Plangebiet mit seinen weiten gepflasterten Betonflächen, breiten Straßen und glitzernd verglasten Türmen lässt Fußgänger als unbedeutende Punkte erscheinen. Zu Tianhes Paradestücken gehört das 1987 anlässlich der Austragung der Nationalen Leichtathletikmeisterschaften errichtete riesige **Stadion**, das aufpoliert wurde, als Guangzhou im Jahre 2001 zum zweiten Mal Gastgeber der Spiele war – zu erreichen ist es über die Metrostation Xiuyu Zhong Xiao.

Parkgelände Baiyun Shan

Das nur 7 km nördlich des Stadtzentrums gelegene Parkgelände Baiyun Shan (Berg der weißen Wolken) ist bequem mit einem der Stadtbusse zu erreichen. Das Gelände ist der ideale Ort, um den Lärm und die Unruhe der Stadt hinter sich zu lassen.

Einst standen auf Baiyun Shans nun dicht aufgeforsteten Hängen zahlreiche Klöster, doch heute strömen die Besucher in erster Linie wegen der Panoramablicke auf Guangzhou und die Deltaregion hierher. Der Park erstreckt sich über ein Areal von fast 30 km². Vom Süden des Renmin-Parks (unmittelbar nordöstlich der Kreuzung von Jiefang Lu und Zhongshan Lu) benötigt Bus Nr. 24 rund 30 Minuten bis zum Parkeingang.

Vom Eingang neben der Luhu Lu führt eine gute dreistündige Wanderung vorbei an strategisch platzierten Teehäusern und Pavillons, die schöne Ausblicke und Erfrischungen bieten, zum **Moxing Ling** (Gipfel, der die Sterne berührt). Allerdings bringt auch eine vom Eingang verkehrende **Kabinenseilbahn** (¥20) die Ausflügler bis zur **Cheng-Klippe**, einem ungefähr auf halber Strecke zum Gipfel gelegenen Felsvorsprung, dessen Name auf den Qin-Minister **Cheng Ki** zurückgeht, den der Kaiser mit dem Auftrag dorthin schickte, ein Kraut der Unsterblichkeit zu finden. Als er die Pflanze gefunden hatte, naschte Cheng ein Blatt von ihr, woraufhin sich der gesamte Rest in Luft auflöste. Voller Gewissensbisse stürzte er sich vom Felsen in die Tiefe, doch ein Storch fing ihn auf und trug ihn zum Himmel. Der Felsvorsprung ist ein beliebter Treffpunkt, um spektakuläre Sonnenuntergänge anzuschauen.

Übernachtung

Guangzhous Wesen als Geschäftsstadt hat zur Folge, dass die Zahl der Budget-Unterkünfte begrenzt ist – selbst Hongkong bietet eine bessere Auswahl. Man muss sich damit abfinden und von vornherein mit etwas höheren Ausgaben rechnen. Die **Preise** können sich während der dreiwöchigen Handelsmessen im April und Oktober mehr als verdoppeln, da in dieser Zeit das Angebot an Hotelbetten knapp wird, doch im Winter, wenn die Zahl der Besucher zurückgeht, sinken auch die Preise. Die meisten Hotels besitzen einen Reiseschalter für Ticket-Buchungen, und die Häuser der gehobenen Kategorie haben Bank- und Postdienstleistungen im Angebot, verfügen über Restaurants und Geschäfte und akzeptieren internationale Kreditkarten.

Für alle Aufenthalte, die mehr als eine Übernachtung beinhalten, bieten sich die Unterkünfte auf der **Insel Shamian** an. Sie ist ein angenehmer Aufenthaltsort mit gepflegten Parkanlagen, ein wenig Ruhe und vielen guten Restaurants. Relativ preiswerte Hotels, die eigentlich nur auf Chinesen ausgerichtet sind, findet man überwiegend in Guangzhous Zentrum in Flussnähe. Zwei Budget-Alternativen befinden sich unweit des Bahnhofs. Die Hotels der oberen Kategorie liegen überwiegend im Norden und Osten der Stadt.

Guangzhou: Übernachtung

Aiqun	爱群大酒店	*àiqún dàjiǔdiàn*
Baigong	白宫酒店	*báigōng jiǔdiàn*
Beijing	北京大酒店	*běijīng dàjiǔdiàn*
China Marriott	中国大酒店	*zhōnggúo dàjiǔdiàn*
Customs	海关会议接待中心	*hǎiguānhuìyì jiēdàizhōngxīn*
Dongfang	东方宾馆	*dōngfāng bīnguǎn*
Garden	花园酒店	*huāyuán jiǔdiàn*
Guangdong Guesthouse	广东宾馆	*guǎngdōng bīnguǎn*
Guangdong Tourist Hotel	广东旅游	*guǎngdōng lǚyóu*
Guangzhou Youth Hostel	广州青年招待所	*guǎngzhōu qīngnián zhāodàisuǒ*
Holiday Inn	文化假日酒店	*wénhuà jiàrìjiǔdiàn*
Landmark	华厦大酒店	*huáxià dàjiǔdiàn*
Liuhua	流花宾馆	*liúhuā bīnguǎn*
Shamian	沙面宾馆	*shāmiàn bīnguǎn*
Shengli	胜利宾馆	*shènglì bīnguǎn*
White Swan	白天鹅宾馆	*báitiāné bīnguǎn*
Yishu	艺术宾馆	*yìshù bīnguǎn*

INSEL SHAMIAN – Die Lage der im Folgenden genannten Unterkünfte zeigt die Karte auf S. 703.

Bank of China**, Shamian Dajie, ✆ 81885913. Beflissen um die Ausweitung der Kundschaft bemüht. Einfache gediegene Einrichtung und faires Preisgefüge.

Customs Hotel*****, Shamian Dajie, ✆ 8110 2388, 📠 81918552. Neues, auf chinesische Geschäftsleute ausgerichtetes Hotel in einem ehemaligen Zollhaus. Sehr moderne Innenausstattung.

Guangzhou Youth Hostel**, Shamian Si Jie, ✆ 81884298, 📠 8884979. Unmittelbar gegenüber dem prunkvollen Hotel *White Swan*. Eine der preisgünstigsten Unterkünfte Guangzhous – meistens liegt eine Warteliste für frei werdende Betten aus, die mittags vergeben werden. Etwas feuchte Schlafsäle, doch moderne und saubere Zimmer. Gepäck wird gegen eine recht hohe Gebühr gelagert, Fahrkartenbeschaffung möglich. Trotz des Namens keine offizielle IYHF-Unterkunft. Dorm-Betten ¥50.

Shamian**, Shamian Nan Jie, ✆ 81912288, 📠 81911628. Kleine, überwiegend fensterlose Zimmer, doch insgesamt ein sehr gemütliches und komfortables Haus, nur eine Ecke vom *Youth Hostel* entfernt.

Shengli**– (auch: Victory)***, Shamian Si Jie und Shamian Bei Jie, ✆ 81862622, 💻 www.gd-victory-hotel.com. Das *Victoria* der Kolonialzeit, unterteilt in zwei Gebäude. Gutes Restaurant und Geschäft mit Kaffeebar vorhanden; Verkauf importierter westlicher Nahrungsmittel. Eine empfehlenswerte Adresse. Haus an der Bei Jie ***, Haus an der Si Jie **.

White Swan, Luxus, Shamian Nan Jie, ✆ 8188 6968, 💻 www.whiteswanhotel.com. Guangzhous ehemals nobelstes Hotel wird mit staatlichen Zuschüssen unterhalten und gehört noch immer zu den renommiertesten Adressen der Stadt. Stammadresse von Amerikanern, die chinesische Waisenkinder adoptieren wollen. Lobby mit Wasserfall und Flusspanorama, eigene Bäckerei und zahllose andere Angebote, die zum Teil nur von Hausgästen genutzt werden dürfen.

ZENTRAL-GUANGZHOU – ***Aiqun******, Yanjiang Lu, ✆ 81866668, 📠 81883519. Monumentaler Block aus den 30er Jahren mit verblassender (oder je nach Sichtweise auch sentimentaler) Atmosphäre. Schöne Ausblicke auf den Fluss, hochnäsiges Personal. War vor der Unabhängigkeit Guangzhous höchstes Gebäude. Faires Preisgefüge für EZ und DZ.

Baigong**, Renmin Nan Lu, ✆ 81882313, 📠 8188 9161. Das klassische Stadthotel schlechthin. Mit-

unter laut, doch stets sauber, freundlich und angesichts der Lage preislich angemessen.
Beijing**, Xihao Er Lu, ✆ 81884988, ℻ 81861818. Typisches städtisches Hotel mit hübscher Lobby, etwas abgewohnten Zimmern, einem großen Restaurant und – natürlich – einer Karaoke-Bar.
Guangdong Guesthouse****, Jiefang Bei Lu, ✆ 83332950, 💻 www.ggh.com.cn. Riesiger Bau mit rechteckigen Betonflügeln, sinisiert durch grüne Dachziegel und beleuchtete Traufen. Berühmt wegen seiner 20 verschiedenen Speisesäle. Hoher Komfort, doch es zeigen sich Spuren des Alterns.
Landmark****, Yanjiang Lu, ✆ 83355988, ℻ 8333 6197, 💻 www.hotel-landmark.com.cn. Hotel für Geschäftsleute zwischen einem belebten Kreisverkehr und dem Fluss.

NORD- UND OST-GUANGZHOU – ***China Marriott***, Luxus, Liuhua Lu, ✆ 86666888, ℻ 86677014, 💻 www.marriotthotels.com/CANMC. Fünf-Sterne-Labyrinth mit roten Marmorkorridoren, direkt gegenüber der Exportwarenhalle. Einkaufszeile der gehobenen Preisklasse, mehrere Restaurants. Zur Orientierung wäre ein Hotelplan nützlich. Bei der Begleichung von Rechnungen werden ausländische Devisen erwartet. Wunderschöne und entsprechend teure Zimmer. Im Untergeschoss befindet sich Guangzhous *Hard Rock Café.*
Dongfang, Luxus, Liuhua Lu, ✆ 86659900, ℻ 8666 2775. In unmittelbarer Nachbarschaft zum *China Marriott* gelegenes Fünf-Sterne-Hotel mit übertrieben vielen Restaurants; elegant herausgeputzte Gebäude aus den 50er Jahren inmitten einer schönen Gartenanlage.
Garden, Luxus, Huanshi Dong Lu, ✆ 83338989, ℻ 83350467, 💻 www.gardenhotel-guangzhou.com. Opulenteste Adresse der Stadt und (privat geführtes) Abbild des *White Swan* – sogar mit Wasserfall. In jeder Beziehung besser als das Vorbild, mit Ausnahme der Lage. Swimmingpool, Fitnesshalle und Sauna, für Hausgäste kostenlos.
Guangdong Tourist Hotel**, Huanshi Xi Lu, ✆ 86666889, ℻ 86679787. Direkt am Bahnhof neben dem Büro von China Southern Airlines. Unter Führung von *CITS* und verbunden mit IYHF. Faires Preisgefüge, saubere Zimmer und ordentliches Restaurant. Oft ausgebucht. Dorm-Betten ¥50.
Holiday Inn, Luxus, Guangming Lu, ✆ 87766999, 💻 www.holiday-inn-guangzhou.com. Hotel mit allen Einrichtungen der internationalen Standardklasse. Kino vorhanden.
Liuhua**, Huanshi Xi Lu, ✆ 86668800, 💻 www.lh.com.cn. Vertrauenswürdiges, jedoch alterndes Hotel in Bahnhofsnähe mit Zimmern unterschiedlicher Kategorien – die billigeren sind ihr Geld nicht unbedingt wert.
***Yishu** (auch: Art Hotel)*, Renmin Bei Lu, ✆ 8667 0255, ℻ 86670266. Versteckt in der Straße nördlich des durchschnittlichen *Friendship Hotel;* am Zufahrtsweg weist ein Schild mit dem englischen Namen auf dieses Haus. Nicht außergewöhnlich, abgenutzte Teppiche und einfache Badezimmer; angesichts der geschäftigen Lage in der Nähe der Exportwarenhalle preiswert.

Essen

Das Essen gehört zu Guangzhous herausragenden Freizeitbeschäftigungen. Zahlreiche Restaurants genießen einen Ruf, der weit über die Provinzgrenzen hinausreicht, und allein ihretwegen lohnt sich ein mehrtägiger Aufenthalt in der Stadt. Es wäre eine Sünde, nicht in einem ortstypischen Lokal gespeist zu haben, in dem sich Einheimische einer ihrer Lieblingsvergnügungen widmen. Kantonesen sind so stolz auf ihre Küche, dass in der Stadt vor nur wenigen Jahren keine Alternativen zu finden waren – heute allerdings bieten Lokale auch asiatische, europäische, sogar indische und natürlich chinesische Küche aus anderen Landesteilen an. Vereinzelt öffnen Garküchen schon um 5 Uhr morgens. Die Frühstückszeit – mit traditionellem Dim Sum – liegt zwischen 7 Uhr und 10 Uhr morgens (sonntags und in Szenelokalen ist auch länger geöffnet). Mittagessen wird i.d.R. zwischen 11 Uhr und 14 Uhr angeboten, Abendessen zwischen 17 Uhr und 22 Uhr – Kantonesen essen eher zu einer frühen Stunde.
Überall in der Stadt gibt es gute **Restaurants**, doch besonders in der westlich gelegenen Dishifu Lu und auf der Insel Shamian ist die Auswahl groß. Dort gestaltet sich auch die Bestellung einfacher, weil die meisten Restaurants über

englische Speisekarten verfügen (Gerichte, die Ausländer abschrecken, werden auf diesen gar nicht erst aufgeführt). Die **Preise** sind in den vergangenen Jahren eher gesunken als stabil geblieben, doch die kantonesische Gewohnheit, Familienmitglieder und wohlhabende Geschäftspartner mit einem Essen zu unterhalten, hält die Preise bei ¥40 pro Kopf für ein ordentliches chinesisches Mahl oder ¥60 für exotischere asiatische Genüsse oder westliches Essen.

Für einen Bruchteil dieser Beträge bieten die allgegenwärtigen **Garküchen** und **Essbuden** rund um die Uhr schmackhafte Verpflegung an (vor allem in den Seitenstraßen der Beijing Lu). Die Preise für die gängigen Gerichte – gebratene Enten- und Schweinefleischscheiben auf Reis, *jiaozi* mit Rindfleisch- und Hühnerfleischfüllung oder Nudelsuppen – bewegen sich zwischen ¥8 und ¥10. Keinesfalls übersehen sollte man die Auswahl an **Gebäck** und tropischen **Früchten** – die Lychees der Region wurden einst auf kaiserlichen Befehl direkt nach Beijing verfrachtet.

Wer der chinesischen Küche überdrüssig ist, findet überall im Stadtgebiet westliche Fast-Food-Ketten. Angewiesen ist man auf sie nicht, denn auch die unten aufgelisteten **Bars** und **Cafés** servieren Grillspeisen, Sandwiches und Hausmannskost. Auch die Restaurants der **Touristenhotels** sind auf westliche Gaumen eingestellt und bieten zum Teil besondere Anreize: Das *China Marriott* lockt mit einem erlesenen täglichen Kuchenbufett (15–17 Uhr, ¥40 p.P.), und das *White Swan* bietet einher mit Guangzhous schönsten Blicken auf den Fluss unbeschränkten Kaffee-Ausschank (¥36) sowie ein Buffet-Frühstück (¥96) bis 11 Uhr morgens.

ZENTRAL-GUANGZHOU – ***Caigenxiang,*** Zhongshan Lu. Vegetarisches Restaurant der Mittelklasse mit *jiaozi*-Haus im Erdgeschoss und Menüwahl im oberen Stockwerk. Wirkt ein wenig vernachlässigt und arbeitet mit unprofessionellem Personal, doch das Essen ist ausgezeichnet, wie immer mit täuschend echten Fleischimitaten. Tipps: geröstetes „Schweinefleisch" mit Honig, gebratener „Aal" mit Trockenpilzen, Nadelpilze oder *bok-choi*-Kasserole – jeweils rund ¥30 p.P.

Datong, 63 Yanjiang Xi Lu. Wer authentische lärmende Dim-Sum-Runden mit Blick auf den Fluss sucht, ist in den Stockwerken 2, 5 und 6 dieses Lokals zwischen 7 Uhr morgens und 12 Uhr mittags bestens aufgehoben. Zeitig kommen, denn die Fensterplätze sind früh vergeben.

Huimin Fandian, auch: ***Five Rams*** (Fünf Ziegenböcke), an der südöstlichen Seite der Kreuzung von Renmin Lu und Zhongshan Lu. Größtes und populärstes moslemisches Restaurant der Stadt. Zu den Spezialitäten gehören Lamm-Feuertopf, gebratene Ente, Huhn mit Zitrone und gewürzte Fleischspeisen. Preiswerte Garküche im Untergeschoss mit würzigen Nudelgerichten.

Natural Door Indian, in einer schmalen östlichen Seitengasse der Beijing Lu. Kleines Restaurant mit südindischer und malaiischer Küche; spezialisiert auf *roti, rendang, samosa, dhal, biryani* und Fischgerichte in Bananenblättern. Mahlzeiten zwischen ¥20 und ¥40.

Qianfu Lou, Beijing Lu. Serviert auf drei Etagen kantonesische Spezialitäten. Gebratene Fleischgerichte zum Mitnehmen, Garküche im Erdgeschoss, Räumlichkeiten für besondere Anlässe im Obergeschoss.

NORD- UND OST-GUANGZHOU – ***Banana Leaf Curry House,*** World Trade Centre, Huanshi Dong Lu. Gute Auswahl an authentisch gewürzten thailändischen, malaiischen und indonesischen Gerichten, jedoch nicht gerade preiswert (ab ¥70 p.P.).

Dongbei Ren, gegenüber vom Liuhua-Park an der Renmin Bei Lu. Zweigstelle einer landesweiten Kette, die mit gemütlichem Ambiente mandschurisches Essen anbietet. Tipps: sautierte Maiskörner mit Pinienkernen, gedämpftes Huhn mit Pilzen oder Eier mit dunklen Baumpilzen. Gerichte ab ¥20.

Hunan Girl, Taojin Lu. Hunan-Restaurant, das eher Guangzhous Ausländergemeinde als einheimische Chinesen anzieht. Die Innenausstattung erinnert an chinesische Restaurants im Ausland. Gute Küche und angemessenes Preisgefüge.

Jiangxi Ren, 475 Huanshi Dong Lu. Große Steingutgefäße machen draußen auf dieses Restaurant aufmerksam. Restaurant mit volkstümlicher chinesischer Einrichtung im 2. Stock. Besonders

Guangzhou: Essen

Banana Leaf Curry House	蕉叶饮食	*jiāoyè yǐnshí*
Caigenxiang	菜根香	*càigēn xiāng*
Cow and Bridge Thai	泰国牛桥	*tàiguó niúqiáo*
Datong	大同大酒家	*dàtóng dàjiǔjiā*
Dongbei Ren	东北人	*dōngběi rén*
Fo Shijie Su Shishe	佛世界素食社	*fóshìjiè sùshíshè*
Genesis Café	创世纪	*chuàngshì jì*
Guangzhou	广州酒家	*guǎngzhōu jiǔjiā*
Huimin Fandian	回民饭店	*huímín fàndiàn*
Hunan Girl	湘妹子	*xiāngmèi zi*
Japanese	大禾会日本饭店	*dàhéhuì rìběn fàndiàn*
Jiangxi Ren	江西人	*jiāngxī rén*
Lian Xiang Lou	莲香楼	*liánxiāng lóu*
Lucy's Bar	露丝吧	*lùsī bā*
Nanyuan	南园酒店	*nányuán jiǔdiàn*
Natural Door Indian	自然门印度餐厅	*zìránmén yìndù cāntīng*
Panxi	泮溪酒家	*pànxī jiǔjiā*
Qianfu Lou	千福楼	*qiānfú lóu*
Qiao Lian	侨联餐厅	*qiáolián cāntīng*
Ronghua Jiulou	荣华酒楼	*rónghuá jiǔlóu*
Samba	森巴西餐厅	*sēnbāxī cāntīng*
Shamian Café	沙面咖啡屋美食	*shāmiàn kāfēiwū měishí*
Tao Tao Ju	陶陶居	*táotáo jū*
Xin Lizhi Wan	新荔枝湾酒楼	*xīnlìzhīwān jiǔlóu*
Yunnan Over The Bridge Noodles	云南过桥米线坊	*yúnnán guòqiåo mǐxiàn fang*

zu empfehlen sind die riesigen Suppentöpfe nach Jiangxi-Art für 3–4 Pers. (¥35–60) sowie die exzellente Ente mit Birne.

Samba Restaurant Bar, Jianshe Lu. Bietet abends eine äußerst beschwingte Atmosphäre mit südamerikanischer Musik (teils von brasilianischen Angestellten live dargeboten). Kolossale Auswahl an importierten Spirituosen, Bufettmenüs mit beliebig viel Nachschlag für ¥50–70. Außerdem sind die vielleicht besten Rippchen der Stadt im Angebot. Nächste Metrostation: Lieshe Lingyuan.

WEST-GUANGZHOU – ***Guangzhou***, Ecke Wenchang Nan Lu und Xiajiu Lu, weitere Zweigstellen im Stadtgebiet. Ältestes, meistbesuchtes und berühmtestes Restaurant der Stadt mit einer Kalligrafie des Qing-Kaisers Kangxi im Eingangsbereich. Eine Neonleuchtreklame auf dem Dach wirbt mit dem Slogan „Eating in Guangzhou". Umfangreiche Auswahl – konkurrenzlos sind in Öl gebratenes duftendes Huhn und knusprig gebratenes Schweinefleisch. Einzuplanen ist ein Budget von rund ¥80 p.P. Die Bedienung ist mitunter sehr kurz angebunden.

Japanese, Shibafu Lu, beliebtes Restaurant nur wenig südlich des *Guangzhou*. Die Gäste sitzen an einer zentralen Theke und nehmen ihre Sushi-Gerichte vom vorbeirollenden Fließband. Die Teller sind farbig nach einem Preisschema von ¥8–22 gekennzeichnet und werden am Ende zusammengerechnet.

Lian Xiang Lou, Dishifu Lu, gegründet 1889 und bis heute berühmt für seine Mondkuchen und Teigkompositionen mit süßer Lotuspastenfüllung in Form von Kaninchen und Pfirsichen, die ein Laden im Erdgeschoss verkauft. Das Restaurant im Obergeschoss serviert leckere Gerichte wie

gebratenes Ferkelfleisch, Taube in brauner Sauce und Ente mit Lotusblüten für jeweils rund ¥30.
Moon Carol Café, Dishifu Lu. Westliche Grillgerichte, darunter riesige neuseeländische T-Bone-Steaks für ¥78 oder Menüs mit Kaffee ab ¥28.
Panxi, Longjin Xi Lu, Liwan-Park. Besondere Vorzüge dieses kantonesischen Restaurants, das in den 40er Jahren einen zwielichtigen Ruf als Rotlichtlokal genoß, sind die Lage am See und die interessante Dim-Sum-Auswahl. Die Auswahl der Hauptgerichte ist durchschnittlich, das englische Menü schon eher enttäuschend. Unverständlicherweise eine Stammadresse für Reisegruppen (deren Agenturen das weitaus bessere *Tao Tao Ju* noch nicht entdeckt zu haben scheinen).
Ronghua Jiulou, Longjin Dong Lu. Unterteilt in zwei Restaurants: ein preiswertes Lokal für einfache Reisgerichte und ein teureres neues Restaurant, das alle kantonesischen Standardgerichte sowie Bankette für ¥500 anbietet. Keine englische Speisekarte, doch das Personal zeigt sich sehr bemüht.
Tao Tao Ju, Dishifu Lu. Wirkt mit üppigen Kronleuchtern, hölzernen Fensterläden sowie leuchtend bunten Glasfenstern recht exklusiv, doch mittleres Preisgefüge für eine gediegene Küche. Zu den Spezialitäten gehören gebratene Gans, frische Meeresfrüchte (siedend gekochte Garnelen oder gebratene Krabben), knusprig gebratenes Huhn, Fleischgerichte mit Lilienknospen und andere kantonesische Gerichte. Umfangreiche englische Speisekarte; Hauptgerichte ¥20–80.
Yunnan Over the Bridge Noodles, Shangjiu Lu. Authentische Yunnan-Küche zu sehr günstigen Preisen in einem hellen, modernen Restaurant. Das Stammgericht *Over the Bridge Noodles* ist mehr als sättigend: eine große Schale kochendheißer Suppe mit Nudeln, Fleischstreifen, Gemüse und anderen Zutaten, die ganz nach Wunsch

Guangdong-Küche Die Guangdong-Küche gehört zu den vier bedeutendsten regionalen Küchen Chinas, auch wenn Kritiker aus dem Norden ihr den Rang einer Gourmetklasse absprechen. Gemessen an der Verwendung von Gewürzen und der Art der Präsentation der Gerichte ist sie einzigartig. Es gibt drei Kategorien: **Kantonesisch** mit Kerngebiet im Perlflussdelta, **Chaozhou** mit Ursprung in der Stadt desselben Namens im entlegenen Osten Guangdongs und **Hakka** im Siedlungsgebiet dieser Han-chinesischen Untergruppe an der Nordostgrenze zu Fujian.
Obwohl einige Chaozhou- und Hakka-Rezepte – etwa süß-saures Schweinefleisch mit Früchten oder salzig angebratenes Huhn – zu den Standardgerichten der Guangdong-Küche gehören, bilden kantonesische Gerichte ihre Grundlage. Viele chinesische Auswanderer haben ihr Heimatland via Guangzhou verlassen und kantonesische Kochrezepte mit ins Ausland genommen – doch wer die hiesigen Speisen genießt, wird sofort feststellen, dass im Ausland aufgetischte „kantonesische" Gerichte an den ausländischen Geschmack angepasst und deshalb nicht authentisch sind.
Verwöhnt durch den fruchtbaren Mutterboden der Region und ganzjährigen Anbau bevorzugen die Kantonesen bei der Zubereitung von Speisen absolut **frische Zutaten**. Vor den Restaurants stehen Käfige, Wasserbecken und Eimer mit lebenden Tieren, die nach der Auswahl geschlachtet und umgehend frisch zubereitet werden. Für das westliche Empfinden ist diese Praxis äußerst gewöhnungsbedürftig, und selbst Chinesen aus anderen Regionen sagen den Kantonesen nach, dass sie außer Möbeln alles essen, was vier Beine hat, und außer Flugzeugen alles verzehren, was fliegen kann.
Bei der Zubereitung wird darauf geachtet, die Beschaffenheit der Speise erkennbar zu belassen und den Geschmack tunlichst nicht zu verfälschen – folglich werden Gewürze nur in kleinsten Mengen verwendet. Die häufigste Zubereitungsweise ist schnelles Anbraten der klein geschnittenen Zutaten bei hoher Hitze im Wok, doch auch langsames Garen in Sojasauce und Wein oder Braten gehören zu den gängigen Kochtechniken.
Keine kantonesische Mahlzeit ist vollständig ohne einen Teller mit grünem bitterem ***choi sam*** (Mandarin: *caixin*), einer chinesischen

des Gastes kombinierbar sind. Weitere Spezialitäten sind im Bambusrohr gedämpftes Huhn und das wahrhaft köstliche *qiguo*, eine Hühnersuppe mit Heilkräutern. Hauptgerichte ¥10–20.

INSEL SHAMIAN – ***Cow and Bridge Thai***, Shamian Dajie. Sehr formelle Adresse und zweifellos das beste Thai-Restaurant der Stadt, wenn nicht von ganz China. Äußerst appetitliche Präsentation der Speisen und tadelloser Service. Pro Person ist mit ¥120 zu rechnen.

Genesis Café, Shamian Dajie. Guangzhous erstes mediterranes Restaurant ist ein gemütliches Lokal, das eine authentische Auswahl an Gerichten aus Südfrankreich, Nordafrika und dem Nahen Osten anbietet. Leckere Spezialitäten sind Barsch mit Pinienkernen und gebratenes Huhn mit Honig und Minze. Hauptmahlzeiten kosten rund ¥50, ein Drei-Gänge-Menu ca. ¥100.

Lucy's Bar, Shamian Nan Jie. An Tischen unter freiem Himmel bietet dieses auf westliche Gäste ausgerichtete Lokal eine gediegene mexikanische, thailändische und indische Küche. Ferner im Angebot sind Burgers, Pizzas und Grillgerichte. Zu den nostalgischen Klassikern gehören *Fish and Chips*. Hauptgerichte ¥25–70; preiswertes Halbliter-Bier ¥22; Nachmittagstee ¥20 p.P.

Qiao Lian, Shamian Nan Jie, gegenüber der Tennisanlage. Weiß getünchte Wände und wacklige Möbel bilden das Umfeld für preiswertes, qualitativ gutes und reichliches kantonesisches Essen. Empfehlenswert sind „Tigerhaut" (gefüllte Chilischoten), Hühnerfleisch mit Schinken, Fisch in Weinsauce (wird flambiert am Tisch serviert), Taube in Zitrone und gebratene Fleischgerichte. Hauptgerichte ab ¥10, englische Speisekarte vorhanden.

Shamian Café, Shamian Nan Jie, vor dem Hotel *White Swan*. Preiswerte Garküche mit ordent-

Brokkoli-Art, die blanchiert und mit Austernsauce aufgetragen wird. Höchsten Ruhm genießen in Gourmetkreisen **Fisch** und **Meeresfrüchte** auf kantonesische Art, die oft nur mit Ingwer und Frühlingszwiebeln zubereitet werden. Haarige Krabben gehören zu den winterlichen Spezialitäten, und niemand bereitet **Geflügel** besser zu als die Kantonesen – saftig, dezent gewürzt und knusprig in der Kasserole geschmort.

Da Guangzhous Einwohner **Zwischenmahlzeiten** lieben, bieten allerorts kleine Garküchen gebratene Fleischspeisen an, zum Beispiel Gänsebraten oder in Streifen geschnittenes *cha-siu*-Schweinefleisch, das zusammen mit Reis zu einem leicht verdaulichen Imbiss wird. Zu den lokalen Spezialitäten gehört auch *sai bo* – gedämpfter Reis, der im Kochgefäß mit Gemüse und geschnittenen süßen *lap-cheung*-Würstchen serviert wird. Überall in der Region bieten Bäckereien chinesische Teigwaren und gefüllte süße Brötchen an. Exotische Angebote wie Vanilletörtchen gehen auf ausländische Einflüsse zurück, während süße Brötchen mit Schweinefleischfüllung und Blätterteig-Mondkuchen einen traditionellen Ursprung haben.

Möglicherweise führte die Vorliebe für kleine Leckereien zur Tradition des in Guangdong heimischen **Dim-Sum-Essens** (Mandarin: *dian xin*), das inzwischen zu einer verfeinerten sonntäglichen Frühstücksform geworden ist. Die im Kantonesischen *yum cha* genannte Menüwahl – wörtlich: Tee trinken – umfasst kleine gebratene, gekochte oder gedämpfte Snacks, die in Bambusdämpfern oder auf Tellern mittels Servierkarren zum Tisch gebracht werden. Nach der Tischzuweisung erhalten Gäste eine Kanne Tee, die ständig aufgefüllt wird, und die Auswahl aus den vorbeiflanierenden Karren wird auf einer Bestellkarte vermerkt, die abschließend an der Kasse vorzulegen ist. Zu den angebotenen Happen gehören *juk* (Reisbrei), Frühlingsrollen, süße Brötchen, Kuchen, dünne Fleischstreifen, Koteletts, gefüllte Paprikaschoten oder Tintenfisch mit Bohnen.

Genügend Platz bleiben sollte jedoch unbedingt für die vielfältigen kleinen gebratenen oder gedämpften ***jiaozi***, die das Herzstück eines jeden Dim-Sum-Essens bilden: zum Beispiel für *har gau* (saftige gehackte Garnelen im transparenten Reismehlmantel) oder würzige *siu mai* mit unterschiedlichen Füllungen.

lichen Reisnudelsuppen, Schweinefleischgerichten, gebratenem Reis und *jiaozi* – sicher kein heißer Tipp, der eine längere Anreise wert ist, doch immerhin die preisgünstigste Adresse der Insel.

Shengli Hotel, Shamian Si Jie. Gute, jedoch relativ teure Adresse für Dim Sum. Tgl. 6.30–14.30 Uhr.

Xin Lizhi Wan, Shamian Nan Jie. Eines der anerkanntesten Meeresfrüchte-Restaurants der Stadt, stets gut besucht (überwiegend von Angehörigen der Oberschicht). Die Preise halten sich im Rahmen, doch mit ¥80 p.P. ist zu rechnen.

SÜDLICH DES FLUSSES – ***Fo Shijie Su Shishe,*** in einer Nebenstraße südlich der Tongfu Lu – Ausschau halten nach einem gelben Schild mit roten Schriftzeichen und grün geschnörkelten Dachziegeln, die an einen Tempel erinnern. Hervorragende vegetarische Kost und üppige Portionen. Weitere Spezialitäten: knusprig gebratene Hühnerschenkel in süß-saurer Sauce, salzig angebratene Garnelen und Hühnerfleisch-Kasserole. Viele Gerichte mit Sojabohnenkäse. Englische Speisekarte vorhanden. Die meisten Hauptgerichte kosten unter ¥30.

Nanyuan, 142 Qianjin Lu. Wird oft als das beste Restaurant von Guangzhou gehandelt. Preiswertes Dim-Sum-Frühstück bis 10 Uhr morgens, danach eine Adresse mit gehobenem Standard. Beliebte Spezialitäten sind die Gans nach Chaozhou-Art und das Maotai-Huhn (das in dem berühmten Hirseschnaps jenes Namens gekocht wird) sowie Fisch mit Pinienkernen. Zu erreichen mit Bus Nr. 35 vom Haizhu-Platz an der Yanjiang Zhong Lu, nach ihrer Fertigstellung auch mit Metrolinie Nr. 2.

Unterhaltung

Gemessen am Durchschnittsangebot chinesischer Städte verfügt Guangzhou über ein sehr lebhaftes Nachtleben. Die in den zentralen und östlichen Stadtteilen verstreuten **Clubs** präsentieren sich oft als kaufhausgroße Diskos, kommen gelegentlich aber auch als merkwürdige garagengroße Containern. Die meisten Clubs sind auf chinesische Studenten und Yuppies ausgerichtet. Manche erheben ein Eintrittsgeld, doch überwiegend finanzieren sie sich durch überdurchschnittlich hohe Getränkepreise.

Die Ausländergemeinde bevorzugt die Bars in Guangzhous Osten, die das Halbliter-Bier billiger verkaufen (im Schnitt ¥25) und auch kleine Mahlzeiten anbieten (¥20–40). Die Musik eignet sich dort allerdings eher zum Zuhören als zum Tanzen. Gewöhnlich sind Clubs von 20 Uhr bis 2 Uhr, Bars von 12 Uhr bis 2 Uhr geöffnet, doch nirgends ist vor 21 Uhr besonders viel los. Die Fluktuation ist groß: Läden eröffnen und schließen ohne besondere Vorankündigung. Zu den populärsten Ausgehmeilen gehört gegenwärtig der Flussuferbereich an der **Yanjiang Lu**, wo die derzeitigen Top-Adressen für Live-Musik und Unterhaltung zu finden sind: das klassische *1920 Café* und das so wundervoll benannte *Deep Anger Music Power House.* (Aktuelle Informationen findet man stets im Stadtmagazin *That's Guangzhou*).

Die **kantonesische Oper** ähnelt zwar oberflächlich betrachtet der Beijing-Oper, ist jedoch wesentlich rustikaler. Nachdem die Tradition in den 90er Jahren nahezu verblasst war, erlebt sie gegenwärtig einen neuen Aufschwung. Zwei Theater, die nebenbei als Kinos fungieren, wurden zu neuem Leben erweckt und bieten monatlich mehrere Aufführungen: das ***Ping'an*** an der Dishifu Lu im Westen Guangzhous, ✆ 81395329, und das ***Guangming*** südlich des Flusses an der Kreuzung von Baogang Dadao und Nanhua Lu in Honan, ✆ 84499721. Tickets kosten jeweils ¥10–50. In den Parks proben an Wochenenden Amateurtheatergruppen – vor allem im Shamian-Park auf der Insel Shamian bestehen gute Chancen, dies mitzuerleben.

BARS – ***City Bar,*** City Plaza, Tianhe Lu, Tianhe. Gemütlicher Ort für eine oder zwei Stunden bei einem *Heineken* vor Abfahrt des Zuges aus Guangzhou Ost. Nicht leicht zu finden (in einem Gebäude östlich des besser beschilderten Teem Plaza).

Elephant and Castle, Huanshi Dong Lu. Schummrige Ecken und volle Barbereiche bezeugen die Beliebtheit des Lokals in den Kreisen der nachtschwärmerischen Ausländer. Biergarten vorhanden, wird im Laufe des Abends immer voller und lauter. Variierende Happy Hour-Angebote. Öffnet am späten Nachmittag.

Guangzhou: Unterhaltung

Clubs und Bars		
Africain	非洲吧	*fēizhōu bā*
Café Elle's	木子吧	*mùzǐ bā*
Cave	墨西哥餐厅酒吧	*mòxīgē cāntīng jiǔbā*
Face	菲私俱乐部	*fēisī jùlèbù*
Peace	和平路西餐酒廊	*hépínglù xīcānjiǔláng*
City Bar	城市酒吧	*chéngshì jiǔbā*
Elephant and Castle	大象堡酒吧	*dàxiàngbǎo jiǔbā*
Golden Mango	金芒果酒吧	*jīnmángguǒ jiǔbā*
Hill Bar	小山吧	*xiǎoshān bā*
Opernhäuser		
Guangming	光明剧院	*guāngmíng jùyuàn*
Ping'an	平安大戏院	*píng'ān dàxìyuàn*

Golden Mango, Huanshi Dong Lu. Derzeitige In-Adresse der snobistischen kantonesischen Ausländergemeinde. Gemütliche und ruhige Adresse mit zuvorkommendem Personal und schönem Biergarten.
Hill Bar, Hanshi Dong Lu, gegenüber vom *Garden Hotel*. Dritte Wahl unter drei benachbarten Ausländerlokalen. Erweckt ein wenig den Eindruck eines Aufreißschuppens, doch Bier zum fairen Halbliterpreis von ¥23.

CLUBS – ***Africain***, Zidong Hua Dasha, 707 Dongfeng Dong Lu, 2. Stock (etwas westlich der Nonglin Xia Lu). Populäres Tanzlokal – mehr Hip-Hop als Reggae oder afrikanische Musik – mit großer Bar und erstaunlich wenigen Ausländern.
Café Elle's, Huaxin Dasha, 2. Stock (nordöstlich der Ecke von Huanshi Lu und Shuiyin Lu). Stadtweit die beste Adresse für Jazz und Blues, regelmäßige Auftritte internationaler Bands und allabendliche Mischung aus Latin- und Tanzmusik. Der Eingang liegt ein wenig versteckt (kleine Tür im Osten des Gebäudes).
Cave, Huanshi Dong Lu, westlich des *Garden Hotel*. In einem Untergeschoss versteckte Tex-Mex-Garküche mit Bar, fast allabendlich Livemusik.
Face, Dongfeng Xi Lu. Unweit des konkurrierenden *Yes* und ständig fast ebenso überfüllt wie jenes, jedoch durchschnittlichere Tanzmusikkost als dort.
Hard Rock Café *(China Hotel)*, Liuhua Lu. Diskothek mit teurem Eintritt und hohen Bierpreisen. Musik durch DJ oder Livegruppen, die vorwiegend an Wochenenden auftreten.
Peace, Heping Lu. Allabendliche Livemusik auf zwei Stockwerken – von Kanton-Pop über chinesischen Rock bis hin zu extravaganten Lokalgruppen. Zur Zeit der Drucklegung stand die Eröffnung eines *Peace 2* in 358 Huanshi Dong Lu mit ähnlicher Programmgestaltung bevor (in der Nähe des *Cave*).
Windflower, Huanshi Dong Lu. Pub mit Biergarten und Bühne, jeden Abend DJ-Auftritte und Tanz mit Schwerpunkt auf Jazzmusik.
Yes, Dongfeng Xi Lu (südlich des Liuhua-Park). Eine der populärsten und meistbesuchten Adressen der Stadt für Musik, Tanz und Rave.

Einkaufen

Guangzhous Einkaufskultur ist stark auf praktische Dinge ausgerichtet. Im Gebiet um die **Changshou Lu** befinden sich zahlreiche große Kaufhäuser, Designer-Modegeschäfte und Boutiquen, und der zentraler gelegene Stadtbereich um die **Beijing Lu** bietet ein ähnliches Bild. An Wochenenden verwandeln sich Teile beider Straßenzüge in Fußgängerzonen. Einen besseren Eindruck von dem Weg, auf dem sich Guangzhou – und China – befindet, vermittelt der schockierend moderne **Freundschaftsladen** *(Friend-*

ship Store), der auf fünf Stockwerken importierte internationale Designerwaren und erstklassige Güter chinesischer Produktion anbietet. Der Freundschaftsladen befindet sich in der östlichen Taojin Lu, unmittelbar hinter deren Abzweigung von der Huanshi Dong Lu.
Auch die Straßen östlich der südlichen Renmin Lu laden zum Einkaufsbummel ein: Die großen Kaufhäuser der Yide Lu bieten zum Beispiel **getrocknete Lebensmittel** und **Spielzeug** an – unter anderem Gestalten aus chinesischen Legenden, Raketen und alle möglichen Dinge, die rattern und brummen. Kleinere Geschäfte sind auf Haushaltsgegenstände spezialisiert und bieten auch unter Chinesen beliebten Zierat wie bunte Ziegel, hölzerne Drachen und Phönixe sowie (zum chinesischen Neujahr) rot-goldene Neujahrsbilder an, die in Geschäften und Privathäusern das Glück herbeibeschwören sollen.
Erste Adresse für qualitativ hochwertige **Tourissouvenirs** ist das Hotel *White Swan* auf der Insel Shamian. Die Batiken, Kleidungsstücke, geschnitzten Holztrennwände und Monstrositäten aus Jade sind einen näheren Blick wert – und wenn auch nur, um ein Gefühl für das Preisgefüge zu bekommen und dann in Geschäften der Umgebung des *Shamian Island Hostel* an der Shamian Si Jie einzukaufen. Der *Guangdong Antique Shop* in der südwärts von der Zhongshan Lu abzweigenden Wende Lu und kleine Läden in den Straßen zwischen Dishifu Lu und Liuersan Lu handeln mit authentischen **Antiquitäten** (Jade, Lackwaren, Rollbilder, Siegel, Cloisonné-Gegenstände usw.) von einer Qualität, die Hongkongs *Yue-Hua*-Läden zum doppelten Preis anbieten.
Westliche Lebensmittel führt der dem *Shengli Hotel* angeschlossene *Beatrice Supermarket* im Angebot – eine Schatztruhe für Importprodukte wie Käse, Oliven, Pasta und Biskuits. In der dortigen Kaffeebar kostet eine köstliche starke Tasse Kaffee ¥10.

Sonstiges

AKUPUNKTUR – Preiswerte Akupunkturbehandlungen mit vorangehender Massage durch blinde Masseusen bietet die Klinik des **Zhongshan Medical College** in der Zhongshan Lu, die auch Studenten ausbildet.

AMT FÜR ÖFFENTLICHE SICHERHEIT (PSB) – Das aus eigenen Gnaden ernannte „Kommunale Verwaltungsamt für öffentliche Sicherheit der Stadt Guangzhou in Ausländer betreffenden Angelegenheiten" befindet sich in der Jiefang Bei Lu, ✆ 83116688 oder 83331949; ⏲ Mo–Fr 8–11.30 und 14.30–17, Sa 8–11.30 Uhr.

BÜCHER – ***Xinhua Shudian*** an der Beijing Lu hat ein unspektakuläres Angebot an englischer Literatur und übersetzten chinesischen Klassikern. Die größte Buchhandlung der Stadt ist das ***Guangzhou Bookbuying Centre*** im Südwesten des Tianhe-Platzes an der Tianhe Lu – technische Handbücher, Computeranleitungen und akademische Wälzer auf vier Stockwerken, doch kaum etwas in Englisch. Ansonsten bietet eigentlich nur noch die gut bestückte Buchhandlung des Hotels *White Swan* eine breite Palette an Lesematerialien – darunter auch internationale Zeitungen und Magazine.

DIPLOMATISCHE VERTRETUNGEN – **Deutschland**, 19. Stock, GITIC Plaza, ✆ 83306533, 📠 83317033.
Japan, *Garden Hotel,* Huanshi Dong Lu, ✆ 8333 8999, 📠 83878835;
Malaysia, 19. Stock, CITIC Plaza, Tianhe Bei Lu, ✆ 38770766, 📠 38770769;
Philippinen, Zimmer 427, *White Swan Hotel,* Shamian Island, ✆ 81886968, 📠 81862041;
Thailand, *Garden Hotel,* Huanshi Dong Lu, ✆ 83338989, 📠 83889567;
Vietnam, 2. Stock, *Landmark Hotel,* Yanjiang Lu, ✆ 83306801.
⏲ der Konsulate: überwiegend 9–11.30 Uhr; i.d.R. ist viel Lauferei erforderlich.

DOLMETSCHER – Große Hotels vermitteln Dolmetscher und Übersetzer für rund ¥250 pro Tag – hinzu kommen jedoch alle Nebenkosten für Mahlzeiten, Transporte usw.

GELD – Die beiden größten Zweigstellen der ***Bank of China*** befinden sich an der Changdi Lu und vor dem Hotel *White Swan* auf der Insel

Shamian, ⌚ Mo–Fr 9–11.30 und 13.30–17 Uhr. Die Schalter in den Hotels *Liuhua, China, Landmark* und *Garden* wechseln auch auswärtigen Gästen Geld, nicht jedoch derjenige des *White Swan*.

GEPÄCKAUFBEWAHRUNG – ⌚ der Schalter des Bahnhofs und der Busbahnhöfe: i.d.R. tgl. 8–18 Uhr.

INTERNET – ***Henan Internet*** am südlichen Ende der Shamian San Lu auf der Insel Shamian berechnet stolze ¥20 pro Std., ⌚ tgl. 9–23 Uhr. Gute Dienste leisten ***Freedom Cyber Café*** an der Kreuzung von Dongfeng Dong Lu und Nonglin Xia Lu (nach 14 Uhr) sowie die ***Net Bar*** im 3. Stock des südlichsten *Xinhua*-Buchladens an der Beijing Lu (beide ca. ¥8 pro Std.). Einige Cafés und Bars westlich der Haizhu-Brücke an der Yanjiang Lu bieten mitunter preiswerteren Internet-Zugang an, während die Dienstleistungen der Hotels sehr teuer sind.

MEDIZINISCHE HILFE – Englisch sprechendes Personal im ***SOS, Guangdong Provincial Hospital of Traditional Chinese Medicine,*** 261 Datong Lu, Er Sha Dao, Guangzhou; ⌚ Mo–Fr 9–18 Uhr, ☎ 87351051. Alternativen ***Guangdong Provincial People's Hospital,*** 96 Dongchuan Lu, ☎ 83827812; ***Red Cross Hospital,*** 396 Tongfu Zhong Lu, ☎ 84446411. Gute Empfehlungen erhielt der englisch sprechende Zahnarzt ***Dr. Xin Shaoqin,*** ☎ 84403983. Bei schweren Erkrankungen empfiehlt sich die sofortige Ausreise nach Hongkong.

POLIZEI – Alle polizeilichen Angelegenheiten (z.B. Diebstahlsmeldungen) sind über das Amt für öffentliche Sicherheit (s.o.) zu regeln.

POST UND TELEFON – Es gibt ***Hauptpostämter*** mit IDD-Telefonen, Paketschaltern und *Poste-Restante*-Service an der Westseite des Hauptbahnhofsvorplatzes und gegenüber dem Eingang zum Kulturpark an der Liuersan Lu, ⌚ tgl. 8–18 Uhr. Der Postschalter auf der Insel Shamian öffnet von 9–17 Uhr für den Verkauf von Briefmarken und Kuverts sowie die Annahme von Postsendungen. Alle großen Hotels bieten Postbeförderung und internationale Telefongespräche an.

REISEBÜROS – Gewöhnlich bieten die Hotels eigene Dienste an. Ansonsten wurden folgende Adressen empfohlen: ***CITS/STA Travel*** neben dem *Guangdong Tourist Hotel* östlich des Nordbahnhofsvorplatzes an der Huanshi Dong Lu, ☎ 86671455, 💻 www.statravel.com.cn, ein Büro, das auch als Agentur für zahlreiche internationale Fluggesellschaften fungiert; ***CTS*** im *Landmark Hotel,* ☎ 83355988, 💻 www.chinatravelone.com und vor allem ***X-Pat Travel*** östlich des *Freundschaftsladens* im 20. Stock des *Regent House* (Lizhen Dasha) in 50 Taojin Lu, ☎ 83586961, ✉ xpats@public.guangzhou.gd.cn, dessen englisch sprechendes Personal für freundliche und zuvorkommende Dienste bei der Ticketbeschaffung und der Organisation von Ausflügen gewürdigt wurde – es liegt jedoch ein wenig versteckt.

VORWAHL – 020

Nahverkehrsmittel

Es ist nicht schwierig, sich in Guangzhou fortzubewegen, doch die Stadt ist zu groß für Fußwege, und auch das Radfahren ist angesichts der dichten Verkehrslage nicht zu empfehlen. Die beste Alternative ist die Nutzung der billigen und langsamen **Oberleitungsbusse** und **Stadtbusse** die nahezu alle Stadtbereiche für ¥1 bedienen. Wesentlich effektiver ist Guangzhous schnelle **Metro**. Zur Zeit der Drucklegung war nur Linie Nr. 1 in Betrieb, die von Guangzhous Ostbahnhof in Tianhe diagonal durch die Stadt zum Zentrum an der Zhongshan Lu verläuft und von der Station Chenjia Ci südwärts an der Insel Shamian vorbei zum anderen Flussufer führt. Nach der Eröffnung von Linie Nr. 2, die für 2003 geplant ist, soll jeder Ort im Zentrum in fußläufiger Entfernung zu einer Haltestelle liegen. Die neue Trasse verläuft südwärts via Sanyuanli und Hauptbahnhof und trifft am Knotenpunkt Gongyuan Qian auf Linie Nr. 1, bevor sie am anderen Flussufer nach Osten abzweigt. Linie Nr. 1 wird künftig bis zum Busbahnhof Tianhe weitergeführt.

Bis zum Jahre 2005 soll eine neue Linienführung mit Anbindung des Fährhafens Nanhai bis nach Foshan (s.S. 725) entstehen. Die Metrostationen sind oben auf der Straße nicht immer leicht zu erkennen – ein Logo in der ungefähren Form e-

nes „Y“ aus zwei roten Strichen vor gelbem Hintergrund macht auf sie aufmerksam. Die Fahrpreise betragen je nach Anzahl der Stationen zwischen ¥2 und ¥6. Da die Automaten nur Münzen im Wert von ¥1 schlucken, stehen an jeder Station Wechselschalter zur Verfügung. Die Waggons sind mit zweisprachigen Streckenplänen ausgestattet, und jede Haltestelle wird auf Mandarin und Englisch angekündigt. Aktuelle Informationen über das Metrosystem können unter 💻 www.gzmtr.com abgerufen werden.
Überall im Stadtgebiet reagieren **Taxis** auf Handzeichen. Die Grundgebühr beträgt ¥7 (bei größeren Fahrzeugen auch mehr), und alle Taxis sind mit Taxametern ausgestattet. Nur in Ausnahmefällen versuchen Fahrer, durch Umwege zusätzliche Kilometer zu schinden, obwohl das städtische Verkehrssystem mitunter den Eindruck erweckt, dass man in die falsche Richtung fährt.
Für rund ¥5 bieten Straßenhändler an den Bahnhöfen **Stadtpläne** unterschiedlicher Qualität an, doch auch Buchläden, Hotels und Geschäfte halten Kartenmaterial bereit. Die derzeit beste Karte ist *The Tour Map of Guangzhou,* die Sehenswürdigkeiten auch in Englisch benennt und auf aktuellem Stand gehalten wird. Es gibt jedoch keinen Übersichtsplan für die über 200 Buslinien der Stadt. Brandaktuelle Nachrichten über Speiselokale, Veranstaltungen, Musik und Clubs liefert das informative und kostenlose **Magazin** *That's Guangzhou* (auch: 💻 www.thatsguangzhou.com), dessen Zielgruppe Ausländer sind und das interessante Berichte über das zeitgenössische Alltagsleben der Stadt enthält. In manchen der oben aufgelisteten Hotels und vielen Bars liegen aktuelle Exemplare des Magazins aus.

Transport

Die Weiterreise aus Guangzhou erfordert sorgfältige Planung, da die Ticketbeschaffung mehrere Tage in Anspruch nehmen kann.

BUSSE – Die Weiterreise mit dem Bus ist die preisgünstigste Alternative und bietet zugleich – vor allem bei weiten Strecken – mehr Bequemlichkeit als die Hartsitze der Eisenbahn. Schnelle, jedoch relativ teure **Expressbusse** sind die beliebtesten Verkehrsmittel für längere Strecken, vor allem im Perlflussdelta und auf Guangdongs östlichen Schnellstraßen. Wer haushalten will, findet auch normale Busse *(putong che).*
Es gibt mehrere Überland-Busbahnhöfe. Auf dem **Provinz-Busbahnhof** westlich des Bahnhofs an der Huanshi Xi Lu, der Verbindungen zu nahezu allen relevanten Zielen im Land unterhält, herrscht immer viel Betrieb. Fahrkarten sind problemlos zu bekommen, sobald man unter rund 40 Möglichkeiten das richtige Schalterfenster entdeckt hat, und täglich gibt es Verbindungen zu allen Zielen in Guangdong sowie in die Provinzen Guizhou, Anhui, Hainan und Fujian.
Das Buszentrum für Ziele im Umkreis von etwa 100 km von Guangzhou – einschließlich aller Deltastädte, Qingyuan und Huizhou – ist der ebenfalls an der Huanshi Xi Lu gelegene **Busbahnhof Liuhua**, der aus einer 500 m langen Abfolge von Abfahrtshaltestellen besteht. Das zentrale Ticketbüro befindet sich im 2. Stock des östlichsten Gebäudes – man wird zum richtigen Abfahrtsort geführt. Minibusse nach Foshan fahren regelmäßig von der Station **Guangfo Depot** am westlichen Ende der Zhongshan Lu ab – die Metrostation Chenjia Ci ist etwa 1 km entfernt.
Die Busse von und nach Shantou, Meizhou und weiteren östlichen Zielen verkehren ab dem neuen, rund 7 km östlich der Stadt gelegenen **Busbahnhof Tianhe** bzw. kommen dort an. Fahrkarten für diese Verbindungen sind auch am Provinz-Busbahnhof erhältlich – ein Stempel auf der Rückseite berechtigt zur kostenlosen Nutzung eines Zubringerbusses, der ungefähr 30 Min. für die Strecke nach Tianhe benötigt. Alternativ bietet sich die Nutzung öffentlicher Verkehrsmittel vom Ostbahnhof an. In naher Zukunft wird auch der Busbahnhof Tianhe an die Metro angeschlossen sein.
Expressbusse von *CTS* und anderen Agenturen fahren zwischen 7.45 Uhr und 17 Uhr von verschiedenen Hotels nach Hongkong und Macau ab – Fahrkarten sind an den Abfahrtspunkten erhältlich. Abfahrten nach KOWLOON – entweder mit Ziel „Hongkong Airport“ oder „Kowloon Tong MCR“ (3 Std., ca. ¥115) – erfolgen von den Hotels *China* (11x tgl.), *Dongfang* (10x), *Landmark* (9x) und *White Swan* (2x). Vom *Landmark* fahren täglich fünf Busse Richtung MACAU (3 1/2 Std., ¥55)

Guangzhou: Transport und Metro-Stationen

Guangzhou	广州	*guǎngzhōu*
Innerstädtische Metro-Stationen		
Changshou Lu	长寿路	*chángshòu lù*
Chen Jia Ci	陈家祠	*chénjiā cí*
Dongshan Kou	东山口	*dōngshān kǒu*
Gongyuan Qian	公园前	*gōngyuán qián*
Guangzhou Dongzhan	广州东站	*guǎngzhōu dōngzhàn*
Huang Sha	黄沙	*huángshā*
Lieshi Lingyuan	烈士陵园	*lièshì língyuán*
Nongjiang Suo	农讲所	*nóngjiǎng suǒ*
Ximen Kou	西门口	*xīmén kǒu*
Tiyu Xilu	体育西路	*tǐyù xīlù*
Tiyu Zhongxiao	体育中小	*tǐyù zhōngxiǎo*
Yangji	杨箕	*yángjī*
Transport		
Busbahnhof Liuhua	流花车客运站	*liúhuā chē kèyùnzhàn*
Busbahnhof Tianhe	天河客运站	*tiānhé kèyùnzhàn*
Fährhafen Nanhai (Pingzhou)	南海（平洲）码头	*nánhǎi (píngzhōu) mǎtóu*
Flughafen Baiyun	白云机场	*báiyún jīchǎng*
Guangfo Depot	广佛车站	*guǎngfó chēzhàn*
Hauptbahnhof Guangzhou	广州火车站	*guǎngzhōu huǒchēzhàn*
Ostbahnhof	东方火车站	*dōngfāng huǒchēzhàn*
Provinz-Busbahnhof	省汽车客运站	*shěngqìchē kèyùnzhàn*

via Grenzpunkt Zhuhai (s.S. 729); auch vom Busbahnhof Liuhua gibt es zahlreiche Verbindungen zur ehemaligen portugiesischen Kolonie.

Busse nach:
BEIHAI 24 Std.;
CHANGSHA 20 Std.;
CHAOZHOU 7 Std.;
DONGGUAN 1 Std.;
FOSHAN 1 Std.;
FUZHOU 16 Std.;
GANZHOU 11 Std.;
GUILIN 13 Std.;
HAIKOU 20 Std.;
HUIZHOU 3 Std.;
JIANGMEN 3 Std.;
KOWLOON 3 Std.;
MEIZHOU 12 Std.;
NANNING 30 Std.;
PANYU 1 Std.;
QINGYUAN 1 Std.;
SHANTOU 6 Std.;
SHAOGUAN 6 Std.;
SHENZHEN 3 Std.;
SHUNDE 1 1/2 Std.;
XIAMEN 9 Std.;
ZHANGJIANG 13 Std.;
ZHAOQING 3 Std.;
ZHUHAI 3 Std.

EISENBAHN – In Guangzhou herrscht eine rege Nachfrage nach Zugtickets in alle Richtungen. Fahrkarten werden ab drei Tage vor Abfahrt ausgestellt. Schlafwagenplätze sind schnell ausverkauft, ebenso wie die Hartsitze auf den Hauptstrecken. Im Stadtgebiet gibt es mehrere **Vorverkaufsstellen**, die keine Provision berechnen, und auch die Schlangen vor den Schaltern sind dort gewöhnlich kürzer als am Bahnhof – günstig gelegen sind die Ticketbüros in Flussnähe an der Nordostecke der Kreuzung von Guangzhou Qiyi

Lu und Yide Lu sowie diejenige westlich des *Garden Hotel* in der Huanshi Zhong Lu. Das Honorar für einen Agenten, der die Ticketbeschaffung übernimmt, ist gut angelegtes Geld, denn es erspart viel Mühe und Aufregung – mit mindestens ¥50 pro Ticket ist allerdings zu rechnen. Die meisten Agenturen bieten jedoch nur die wichtigsten Ziele wie etwa Shanghai, Beijing, Hongkong, Xi'an oder Guilin an.

Am nördlichen Ende der Renmin Lu liegt der **Hauptbahnhof**, dessen weiter Vorplatz stets mit Reisenden, fliegenden Händlern und Herumtreibern angefüllt ist. Die meisten Verbindungen mit zentral-, nord- und westchinesischen Zielen laufen dort zusammen. Der Ausgang für eintreffende Passagiere befindet sich an der westlichen Seite des Platzes, doch Taxis und die meisten Stadtbusse warten an der Ostseite. Bus Nr. 31 fährt zum Kulturpark in der Nähe der Insel Shamian. Ende 2003 soll am Bahnhof eine Metrostation eröffnet werden; Richtung Shamian wird man dann drei Haltestellen bis zum Knotenpunkt Gongyuan Qian fahren und dort in die südwärtige Linie Nr. 1 nach Huang Sha umsteigen. Guangzhous Hauptbahnhof bedient sämtliche inländischen Ziele außer Kowloon und der Shantou-Trasse (für Ziele Richtung Osten ist der Ostbahnhof zuständig). Die **Ticketschalter** befinden sich im östlichen Bahnhofsbereich. Zu Stoßzeiten herrscht dort fürchterlicher Betrieb – man betritt die Halle durch bewachte Schleusen, die geschlossen werden, sobald es drinnen zu chaotisch wird. Nicht selten muss man mindestens eine Stunde Wartezeit in Kauf nehmen, und das gestresste Personal ist oft recht unfreundlich.

Der 5 km östlich des Zentrums in Tianhe gelegene **Ostbahnhof** (Bus Nr. 271 vom 1. Stock des Liuhua Busbahnhofs oder Metrolinie Nr. 1 nach Guangzhou Ost) ist der Abfahrtsort des *Kowloon Express* nach Hongkong (sieben Abfahrten zwischen 8.30 Uhr und 17.20 Uhr, ¥265) und der Verbindungen nach Shenzhen (39 Abfahrten zwischen 6 Uhr und 21 Uhr, ¥70; überwiegend schnelle Züge mit zweigeschossigen Waggons) sowie Ausgangspunkt der östlichen Trassen nach Shantou, Meizhou und Fujian. In zunehmender Zahl werden von dort nun auch nördliche Ziele in Zentralchina bedient. Das Ticketbüro für Shenzhen befindet sich im 1. Stock geradeaus hinter dem Eingang, während die Ticketschalter für den *Kowloon Express,* der Zoll und die Abfahrtshalle für Kowloon links liegen. Es gilt zu beachten, das „Kowloon" ein kantonesisches Wort ist und im Bahnhof die offizielle Mandarin-Schreibweise „Jiulong" verwendet wird. Das **zentrale Ticketbüro** ist im 2. Stock – vor dem Anstellen unbedingt die relevante Zugnummer ausfindig machen (chinesischer Fahrplan an der Wand) und mit den Nummern abstimmen, die über den Schalterfenstern stehen. Die meisten Wartesäle für Abfahrten befinden sich im 3. und 4. Stock. Im Untergeschoss fährt die Metrolinie Nr. 1 direkt zur Station Huangsha in der Nähe der Insel Shamian; die Anbindung zum Hauptbahnhof stellt Bus Nr. 271 her (nach Fertigstellung auch die Metro mit Umsteigen in Gongyuan Qian). Ein Taxi zum Zentrum kostet ¥30–40.

Zur Zeit der Drucklegung war eine neue **Hochgeschwindigkeitstrasse** von Guangzhou Ost nach Yichang, Chengdu, Nanyang und Guiyang im Bau, die nach der geplanten Fertigstellung im Jahre 2006 die gegenwärtige Reisezeit um 30–50% verkürzen soll.

Züge nach:
BEIJING 8x tgl., 23 Std.;
CHANGSHA 30 tgl., 7–10 Std.;
CHAOZHOU 5x tgl., 7–12 Std.;
CHENGDU 3x tgl., 30 Std.;
FOSHAN 8x tgl., 3/4 Std.;
FUZHOU 2x tgl., 36 Std.;
GUILIN 3x tgl., 18 Std.;
GUIYANG 5x tgl., 32 Std.;
HUIZHOU 7x tgl., 2–3 Std.;
KOWLOON 7x tgl., 2 Std.;
KUNMING 3x tgl., 30 Std.;
MEIZHOU 4x tgl., 9 Std.;
NANCHANG 5x tgl., 12–15 Std.;
NANNING 3x tgl., 18 Std.;
SHANGHAI 7x tgl., 24 Std.;
SHANTOU 5x tgl., 7–12 Std.;
SHAOGUAN tgl. viele Verbindungen, 3–5 Std.;
SHENZHEN halbstündl., 3/4–2 Std.;
WUHAN 20x tgl., 10–15 Std.;
XIAMEN 1x tgl., 15 Std.;
XI'AN 2x tgl., 27 Std.;
ZHAOQING 8x tgl., 2 Std.

FÄHREN – Guangzhous **Fährhafen** liegt südwestlich der Stadt in Nanhai (Pingzhou), ungefähr auf halber Strecke nach Foshan (s. S. 725). Täglich fahren zwei Schnellboote zum *China–Hongkong City Terminal* in HONGKONG (2 Std., ¥170). Zur Zeit der Drucklegung war der Fährhafen nur mit vielen Umständen ohne Taxi (20 Min.) zu erreichen. Es liegen jedoch Pläne in der Schublade, die Metrolinie Nr. 1 bis 2005 hierhin zu verlängern.

FLÜGE – Der **internationale Flughafen Baiyun** liegt 6 km nördlich des Stadtzentrums. Guangzhou ist durch Flüge mit allen größeren Städten Chinas und einigen Zielen in Südostasien verbunden. Die Flugpreise sind erheblich günstiger als in Hongkong. Die Zentrale der regionalen Fluggesellschaft *China Southern Airlines*, ✆ 8668 1818, befindet sich unmittelbar östlich des Bahnhofs; das gut organisierte Ticketbüro ist oben im ersten Stock, ⊙ tgl. 7–19 Uhr. Für Adressen von Reisebüros s.S. 715.
Zwischen dem Flughafen und der Zentrale von *China Southern Airlines* pendelt ein Flughafenbus (¥8). Ein Taxi kostet ¥30–40, und die Metro-Anbindung steht kurz vor der Fertigstellung. Die Terminals für nationale und internationale Flüge liegen direkt nebeneinander.
2004 soll 20 km nördlich der Stadt Guangzhous **neuer Flughafen** eröffnet werden. *China Southern Airlines* und die Reisebüros werden aktuelle Informationen über Bus- und eventuelle Metro-Verbindungen dorthin bereithalten.

Fluggesellschaften:
China Southern Airlines, ✆ 86681818, 181 Huanshi Dong Lu, nur zwei Türen vom Nordbahnhof entfernt.
Japan Airlines, ✆ 86696688, im *China Hotel;*
Malaysia Airlines, ✆ 83358828, ✆ 83358898, im *Garden Hotel* an der Huanshi Dong Lu;
Thai Airways, ✆ 83824333, ✆ 83823986, ebenfalls im *Garden Hotel;*
Vietnam Airlines, ✆ 83867093, ✆ 83827187, dito;

Flüge nach:
BEIHAI 3x tgl., 3/4 Std.;
BEIJING 11x tgl., 2 3/4 Std.;
CHANGSHA 2x tgl., 1 Std.;
CHENGDU 5x tgl., 1 3/4 Std.;
CHONGQING 7x tgl., 1 1/2 Std.;
DALIAN 1–3x tgl., 3 Std.;
FUZHOU 4x tgl., 1 1/2 Std.;
GUILIN 6x tgl., 3/4 Std.;
GUIYANG 3x tgl., 1 1/4 Std.;
HAIKOU 7–10 tgl., 1 Std.;
HANGZHOU 3x tgl., 1 1/2 Std.;
HARBIN 2x tgl., 4 Std.;
HEFEI 1–2x tgl., 1 1/2 Std.;
HOHHOT 2x wöchentl., 5 Std.;
HONGKONG 12x tgl., 1/2 Std.;
KUNMING 3x tgl., 2 Std.;
LANZHOU 1x tgl., 3 Std.;
MEIZHOU 2x tgl., 1/2 Std.;
NANCHANG 3x tgl., 1 Std.;
NANJING 5x tgl., 2 Std.;
NANNING 4x tgl., 3/4 Std.;
QINGDAO 2x tgl., 2 1/2 Std.;
SANYA 2x tgl., 1 1/4 Std.;
SHANGHAI 11x tgl., 2 Std.;
SHANTOU 4x tgl., 3/4 Std.;
TIANJIN tgl., 2 1/2 Std.;
URUMQI 2x tgl., 5 Std.;
WUHAN 8x tgl., 1 1/4 Std.;
XIAMEN 2x tgl., 1 Std.;
XI'AN 3x tgl., 2 Std.;
ZHENGZHOU 4x tgl., 1 Std.

Südostwärts nach Shenzhen

Eine Stunde südöstlich von Guangzhou via Schnellstraße liegt **Dongguan**, das Verwaltungszentrum des produktivsten Gebietes im gesamten Perlflussdelta. Die dortigen Fabriken und Unternehmen produzieren Textilien, Einzelteile für die Elektroindustrie sowie Raubkopien von Videokassetten und Computersoftware – ohne dass amerikanische Drohungen mit Handelssanktionen jemals den von Chinas Militär kontrollierten Markt hätten beeinflussen können.

Reisende in Richtung von Dongguans Hafen **Humen**, der in den Opiumkriegen des 19. Jahrhunderts eine herausragende Rolle spielte, können in Dongguan in einen Bus nach **Keyuan** umsteigen, das einst zu den „Vier berühmten Gärten" Guangdongs gehörte. Man erreicht die jenseits des Flusses gelegene Anlage, indem man vom dortigen Busbahnhof 250 m weit über die Wantai Dadao

Das Perlflussdelta

Cuiheng	翠亨村	***cùihēng cūn***
Ehemaliges Wohnhaus von Sun Yatsen	孙中山故居	*sūnzhōngshān gùjù*
Dongguan	东莞	***dōngguǎn***
Keyuan	可园	*kěyuán*
Foshan	佛山	***fóshān***
Green Garden	健康素食馆	*jiànkāng sùshíguǎn*
Huaqiao Dasha	华侨大厦	*huáqiáo dàshà*
Liang Yuan	梁园	*liángyuán*
Pearl River Hotel	珠江大酒店	*zhūjiāng dàjiǔdiàn*
Renshou Si	仁受寺	*rénshòu sì*
Zu Miao	祖庙	*zǔmiào*
Humen	虎门	***hǔmén***
Jiangmen	江门	***jiāngmén***
Duyuan	杜院	*dùyuàn*
Kleines Vogelparadies	小鸟天堂	*xiǎo niǎotiāntáng*
Xinhui	薪会	*xīnhuì*
Nancun	南村	***náncūn***
Yuying Shanfang	余英山房	*yúyīng shānfáng*
Panyu	番禺	***pānyú***
Lianhua Shan	莲花山	*liánhuā shān*
Shajiao	沙角	***shājiāo***
Shajiao Paotai	沙角炮台	*shājiāo pàotái*
Lin-Zexu-Park	林则徐公园	*línzéxú gōngyuán*
Shenzhen	深圳	***shēnzhèn***
Folk Culture Village	民俗文化村	*mínsú wénhuàcūn*

nach Norden geht und dann westwärts für rund einen weiteren Kilometer der Keyuan Nan Lu folgt. Die für den Qing-Minister Zhang Jingxiu angelegte Gartenanlage mit zahllosen Korridoren, Zimmern, Pavillons und verschlungenen Treppen wurde auf einem relativ begrenzten Gelände mit auffälligen zartblauen Ziegeldächern gebaut. Die mit nur wenigen Blumenbeeten und Bäumen geschmückte Anlage überrascht vor allem dadurch, dass man von dem Gelände aus die Stadt kaum noch wahrnimmt – dennoch sind Dongguans Autostraßen aus dem Obergeschoss des zentralen **Yaoshi-Pavillons** nur allzu deutlich zu sehen. 🕓 tgl. 8–16 Uhr, Eintritt ¥8.

Humen und Shajiao

Minibusse aus Guangzhou und Dongguan bedienen Humen (örtliche Aussprache: Fumen), während andere Verkehrsmittel ihre Passagiere 5 km entfernt an der Guangshen-Schnellstraße absetzen, wo Pendelbusse warten. Nach einer sechswöchigen Belagerung der „Ausländischen Faktoreien“ händigten die Briten 1839 insgesamt 1200 t **Opium** an den Qing-Beamten **Lin Zexu** aus, der

Lizhi-Park	荔枝公园	*lìzhī gōngyuán*
Lo Wu	罗湖	*luóhú*
Minsk World	明思克航空世界	*míngsīkè hángkōng shìjiè*
Shekou	蛇口	*shékǒu*
Splendid China	锦绣中华	*jǐnxiù zhōnghuá*
Übernachtung		
Airlines	航空大酒店	*hángkōng dàjiǔdiàn*
Dongnan	东南大酒店	*dōngnán dàjiǔdiàn*
Dragon	港龙大酒店	*gǎnglóng dàjiǔdiàn*
Far East	远东酒店	*yuǎndōng jiǔdiàn*
Landmark	深圳富苑酒店	*shēnzhèn fùyuán jiǔdiàn*
Nanyang	南洋大酒店	*nányáng dàjiǔdiàn*
Shunde	顺德	***shùndé***
Feng-Ling-Park	风岭公园	*fēnglǐng gōngyuán*
Qinghui-Garten	清晖园	*qīnghuī yuán*
Xishan Gumiao	西山古庙	*xīshān gǔmiào*
Xinhui	薪会	***xīnhuì***
Xiqiao	西樵	***xīqiáo***
Zhongshan	中山	***zhōngshān***
Zhuhai	珠海	***zhūhǎi***
Changan	昌安酒店	*chāngān jiǔdiàn*
Gongbei	拱北	*gǒngběi*
Hualigong	花丽宫酒店	*huálìgōng jiǔdiàn*
Huasha Shijie	华夏食街	*huáxià shíjiē*
Jida	吉大	*jídà*
Lianhua	莲花大厦	*liánhuā dàshà*
Minan	民安酒店	*mínān jiǔdiàn*
Xiangzhou	香州珠海度假村	*xiāngzhōu zhūhǎi dùjiàcūn*
Yuehai	粤海酒店	*yuèhǎi jiǔdiàn*

den kaiserlichen Auftrag hatte, den Opiumhandel zu unterbinden. Lin schaffte das Opium nach Humen, ließ es dort mit ungelöschtem Kalk vermengen und in zwei 45 m breiten Gruben am Strand Shajiao 4 km südlich von Humens Zentrum vergraben – drei Wochen später war alles ins Meer gespült. Die Briten übten Rache: Sie massakrierten die chinesischen Garnisonen in Humen und auf der nahen Insel **Weiyun** und griffen Guangzhou an. Lin Zexu wurde die Schuld an dieser Eskalation in die Schuhe geschoben, und man verbannte ihn nach altem Muster in die Grenzprovinz Xinjiang – sein Amtsnachfolger wurde der unfähige Yi Shan, ein Neffe des Kaisers, der später zu den Unterzeichnern des erniedrigenden Vertrags von Kanton gehörte.

An jene Geschehnisse erinnern chinesische Dokumente und Heldenskulpturen im **Lin-Zexu-Parkmuseum** an der Jiefang Lu, das von Humens Busbahnhof aus zu Fuß an Wolkenkratzern vorbei innerhalb von 20 Minuten in nordwestliche Richtung zu erreichen ist. ⊙ tgl. 9–16 Uhr, Eintritt ¥12. Alternativ fährt ein Minibus nach Shajiao, wo die Opiumgruben noch zu besichtigen sind, und zwar zusammen mit der Festungsanlage **Shajio Paotai**, an der sich ein kurzweiliger Strandnachmittag unter den von Schmetterlingen umflatterten Poinsettien und Banyanbäumen verbringen lässt. ⌚ tgl. 9–17 Uhr, Eintritt ¥10.

Shenzhen

Hätte es Shenzhen schon in den klassischen Zeitaltern gegeben, so hätten Dichter seine einander überragenden glitzernden Wolkenkratzer unzweifelhaft mit stolzen Berggipfeln verglichen. Man mag kaum glauben, dass die heutige Millionenstadt im Jahre 1979 noch ein einfacher ländlicher Weiler ohne Bürogebäude in der Schwemmlandebene an der Grenze zu Hongkong mit einer Eisenbahnstation namens **Baoan** war. Nur sechs Jahre später strömten bereits Delegationen aus ganz China herbei, begierig darauf, das ganz auf Leistungsanreize ausgerichtete Wirtschaftssystem Shenzens kennen zu lernen und ihre eigenen Unternehmen, Städte und Provinzen nach diesem Vorbild umzugestalten. 1990 besaß die Stadt vier Häfen, und allein ihre Fertigungsindustrien erwirtschafteten einen Jahresumsatz von über zwei Milliarden US$. Ein Atomkraftwerk musste errichtet werden, um die Nachfrage nach Energie befriedigen zu können. Elf Jahre später erreichte die Jahresproduktionsleistung einen Wert von 238 Milliarden US$, und ein weiteres Kraftwerk befand sich im Bau. Heute erwirtschaftet Shenzhen ein Drittel seines Einkommens aus dem Export von High-Tech-Produkten, und nahezu die Hälfte aller weltweit produzierten Armbanduhren stammen aus dieser Stadt.

Sicher hat Shenzhen nicht den Siegeszug des **Kapitalismus** in der Volksrepublik ausgelöst, doch es bot denjenigen ein großartiges Propagandainstrument, die für die Vorteile dieser Wirtschaftsform warben. Es war kein Zufall, dass Deng Xiaoping 1992 auf seiner bahnbrechenden Südchina-Reise Shenzhen als geeigneten Ort wählte, um seinem Land zu verkünden: „Armut ist nicht Sozialismus; reich zu werden ist ehrenhaft." Diese denkwürdigen Worte kennzeichneten die Abwendung der Partei vom kommunistischen Dogma sowie den Beginn einer pragmatischen, auf Leistung ausgerichteten Wirtschaftspolitik – und sie legten den Grundstein für Chinas wirtschaftlichen Aufschwung.

Und doch ist das heutige Shenzhen nicht besonders spektakulär oder attraktiv. Landesweit wachsen ähnliche Stadtsilhouetten in den Himmel, und das Grenzgebiet zur ehemaligen britischen Kolonie wirkt sogar ein wenig schmuddelig und hat weitaus mehr Bettler als andere Landesteile zu verzeichnen. Nach einer kurzen Umschau gibt es kaum einen Grund, länger zu verweilen, als zur Organisation der Ausreise nach Hongkong oder der Weiterreise ins Landesinnere notwendig ist.

Einen guten Einblick in die sehr unterschiedlichen Lebensbedingungen innerhalb der Stadt vermittelt ein nur einstündiger Spaziergang auf der Renmin Lu, die nordöstlich des Bahnhofs und des **Grenzübergangs Lo Wu** (manche Schilder tragen die Pinyin-Umschrift „Luo Hu") quer durchs Stadtzentrum verläuft.

Das **Internationale Handelszentrum** ist ein dreistöckiger Block an der Ecke der Jiabin Lu, in dem Menschenmassen Schmuck- und Parfümwaren der gehobenen Kategorie begutachten. Hinter der Jiefang Lu beginnt das Gewirr der schmalen Gassen, die einst Baoans Altstadt bildeten und heute ein preiswertes Einkaufsviertel für Kleidung, Schuhe und technischen Schnickschnack sind. Ein niedriges Gebäude mit blauem Dach in der Qingyuan Lu ist eine Art historisches Monument: Es war Chinas erstes *McDonald's*-Restaurant und beherbergt heute eine Zweigstelle von *Kentucky Fried Chicken*.

Als grüne Oase präsentiert sich der 1500 m westlich vom Zentrum gelegene und via Shennan Zhong Lu zu erreichende **Lizhi-Park**, der wohltuend weitläufig wirkt und mit einem hübschen See und modernen **Opernhaus** (gelegentliche chinesische Theatervorstellungen) zum Besuch einlädt. Von der Jianshe Lu fährt Bus Nr. 204 innerhalb von 30 Minuten zu Shenzhens drei sehr professionell gestalteten **Themenparks**, die nebeneinander an der Guangshen-Schnellstraße liegen – Ausschau halten nach einer die Straße überspannenden Miniatur der Golden Gate Bridge. Inmitten zahlloser Souvenirläden bieten *Splendid China* und *Window on the World* jeweils eine Ansammlung verkleinerter Modelle von berühmten Monumenten (Chinesische Mauer, Eiffelturm usw.), während das **Folk Culture Village** touristische Einblicke in das Leben der nationalen ethnischen Minderheiten gewährt – mit Jurten, Pavillons, Hütten, Bogengängen, Fels-

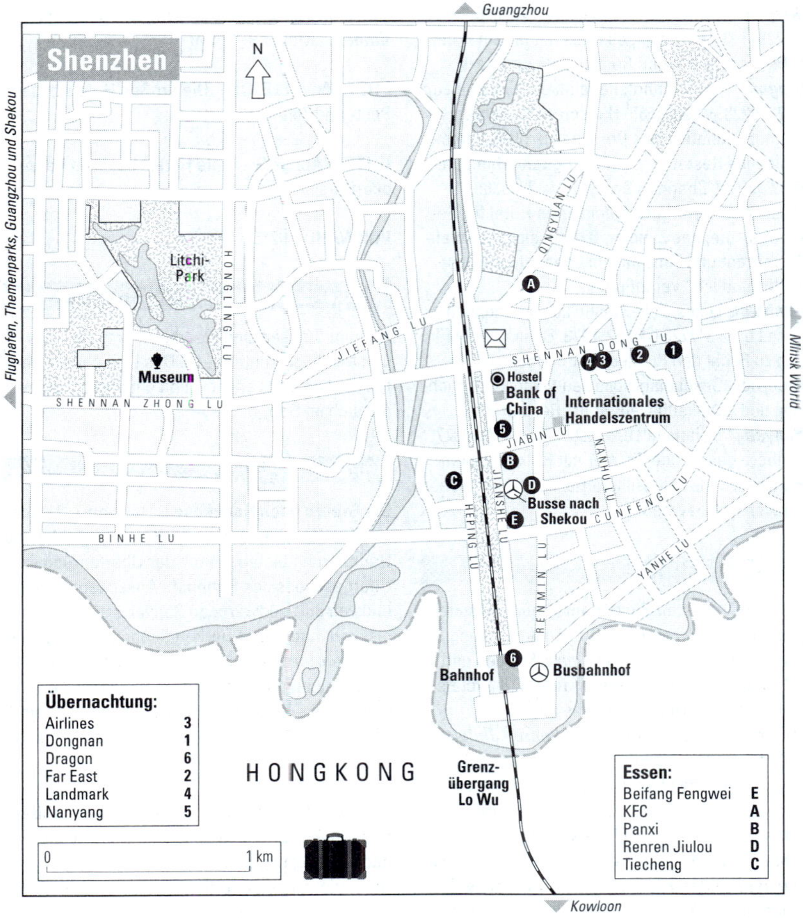

malereien, mechanischen Ziegen und farbenprächtig gekleideten Schauspieltruppen, die im halbstündigen Rhythmus nationale Volkstänze aufführen. ⏲ tgl. 8–17.30 Uhr, Eintritt ¥100–120 für jede Anlage; diverse gekoppelte Ermäßigungen.

Eine ungewöhnliche Sehenswürdigkeit befindet sich im Distrikt Shatoujiao: **Minsk World**, ein kompletter russischer Flugzeugträger (mit Flugzeugen), der in den Docks verankert liegt. Für eine ausführliche Besichtigung ist mindestens ein halber Tag zu veranschlagen, der Eintritt kostet ¥88.

Zu erreichen ist Minsk World mit Bus Nr. 220, der ab Jianshe Lu ungefähr 8 km ostwärts zur Luogong Lu fährt; hier umsteigen in Bus Nr. 202 und weitere 8 km geradeaus.

Übernachtung

Airlines**, Shennan Dong Lu, ✆ 2237999, 📠 2237866. Durchschnittliche Zimmer von gerade noch akzeptabler Größe. Sehr gutes Meeresfrüchte-Restaurant und teure Kaffeebar.

Dongnan**, Shennan Dong Lu, ✆ 2288688, ℻ 2291103. Unauffälliges Haus mit fairem Preisgefüge sowie einigen Restaurants und Bars.
Dragon***, in Bahnhofsnähe an der Jianshe Lu, ✆ 2329228, ℻ 2334585. Hübsch eingerichtete Zimmer, unmotiviertes Personal. Großes kantonesisches Restaurant mit sehr gutem Dim Sum.
Far East***, Shennan Dong Lu, ✆ 2205369, ℻ 2200239. Sehr gut organisiertes Hotel für Geschäftsleute, das Zimmer, Billardsalon, Sichuan-Restaurant und Tanzhalle mit dem Slogan „umweltfreundlich" verknüpft.
Landmark, Luxus, Ecke Nanhu Lu und Shennan Dong Lu, ✆ 2172288, ℻ 2290473. Beansprucht für sich zu Recht den Ruf des besten Hotels von Shenzhen. Geschmackvolle neo-koloniale Einrichtung und „Banketthallen" statt „Restaurants".
Nanyang**, Jianshe Lu, ✆ 2224968, ℻ 2238927. Saubere geräumige Zimmer mit Balkonblicken auf Shenzhens Stadtsilhouette. Allmählich schon ein wenig abgewohnt.

Essen

Die preiswertesten Restaurants befinden sich in den Straßen unmittelbar nördlich der Jiefang Lu, wo chinesische Garküchen *jiaozi*, Suppen und gebratene Fleischgerichte für rund ¥18 anbieten. Zahlreiche Alternativen gibt es auch im Stadtzentrum: Schmortöpfe im ***Renren Jiulou*** östlich des *Airlines Hotel* an der Shennan Dong Lu; Shrimps, Steinfische und andere Meeresfrüchte im ***Panxi*** an der Ecke von Jianshe Lu und Jiabin Lu; delikate nördliche Küche in schmuckem rot-goldenem Ambiente im ***Beifang Fengwei*** an der Jianshe Lu; oder exotische Spezialitäten wie Schlange, Katze und Wildvögel im ***Tiecheng*** weiter westlich an der Heping Lu. Auch die oben aufgelisteten Hotels verfügen über gute Restaurants.

Sonstiges

DOLMETSCHER – Vermittlung durch Hotelrezeptionen.

GELD – An der Grenze, am Flughafen, am Fährhafen und in einigen Hotels stehen Bankschalter zur Verfügung, und in der Jianshe Lu befindet sich eine große Niederlassung der ***Bank of China***, ⌚ Mo–Fr 9–17 Uhr.

POST UND TELEFON – Die großen Hotels bieten Post- und Telefondienste an.

UNTERHALTUNG – Viele Hotels besitzen Karaoke-Bars.

VORWAHL – 0755

Nahverkehrsmittel

Auf den Straßen sind ständig zahlreiche Taxis und Minibusse unterwegs. Das Linienbussystem funktioniert sehr effektiv, und eine Metro befindet sich im Bau.

Transport

Die **Grenze nach Hongkong** ist tgl. von 7–21 Uhr geöffnet. Es gibt nur wenige Hinweisschilder, die Orientierung bieten – nach der Überführung im Obergeschoss des Bahnhofs Ausschau halten und von dort südwärts an Souvenirständen, Imbissverkäufern und Tierhandlungen vorbeigehen. Die Grenzformalitäten sind auf beiden Seiten ausgezeichnet durchorganisiert, sodass gewöhnlich keine Stunde verstreicht, bis man am Gleis der **KCR** *(Kowloon– Canton Railway)* nach Hongkong steht.

BUSSE – Regelmäßig fahren Busse vom großen **Busbahnhof Lo Wu** zu Zielen ins Delta sowie nach Guangzhou und zu anderen Städten in Guangdong und Zentralchina ab. Nach der Ausreise aus Hongkong zunächst geradeaus und dann nach rechts gehen.
Busse nach:
CHAOZHOU 7 Std.;
DONGGUAN 2 Std.;
FUZHOU 16 Std.;
GUANGZHOU 3 Std.;
HONGKONG 2 Std.;
MEIZHOU 12 Std.;
SHANTOU 7 Std.

EISENBAHN – Die 5 km breite Innenstadt von Shenzhen dehnt sich nördlich der Grenze mit

Hongkong halbkreisförmig aus und wird von einer Eisenbahntrasse durchschnitten, die an der Jianshe Lu entlang zur Grenzstation Lo Wu verläuft. Nach der Ausreise aus Hongkong zunächst geradeaus und dann nach links gehen. Züge mit zweigeschossigen Waggons benötigen für die neue Hochgeschwindigkeitstrasse nach Guangzhou-Ost keine 90 Min. Abfahrten von 6–22 Uhr, einfache Strecke ¥70. Das auf Straßenniveau gelegene **Ticketbüro** verkauft auch Fahrkarten für Dutzende Ziele zwischen Shenzhen und Beijing.

Züge nach:
CHANGSHA 2x tgl., 15 Std.;
FUZHOU 2x tgl., 21 1/2 Std.;
GUANGZHOU 2x stündl.,3/4–2 Std.;
SHANGHAI 2x tgl., 36 Std.;
SHANTOU 2x tgl., 11 Std.;
SHAOGUAN 3x tgl., 6 Std.;
WUHAN 3x tgl., 15 Std.

FÄHREN – Bus Nr. 204 fährt dreimal stündlich von der Jianshe Lu zum 15 km westlich der Stadt gelegenen Hafen in **Shekou** (¥6).

Fähren nach:
HONGKONG 7x tgl., 3/4 Std.;
MACAU tgl., 2 Std.;
ZHUHAI 30x tgl., 1 Std.

FLÜGE – Tickets für Inlandflüge verkauft ***CAAC*** im *Airlines Hotel* an der Shennan Dong Lu. Von dort fährt ein Pendelbus (¥15) zum 20 km westlich der Stadt gelegenen **internationalen Flughafen**, von dem aus auch einige Verbindungen zu Zielen in Südostasien bestehen.

Flüge nach:
BEIHAI 2x tgl., 1 1/2 Std.;
BEIJING 7x tgl., 3 Std.;
CHANGSHA 6x wöchentl., 1 Std.;
CHENGDU 2x tgl., 2 1/4 Std.;
CHONGQING 5x tgl., 2 1/4 Std.;
FUZHOU 2x tgl., 1 Std.;
GUILIN 3x tgl., 3/4 Std.;
GUIYANG 1x tgl., 1 1/4 Std.;
HAIKOU 4x tgl., 3/4 Std.;
HANGZHOU 1x tgl., 1 3/4 Std.;
HARBIN 2x tgl., 5 Std.;
KUNMING 2x tgl., 2 3/4 Std.;
MEIZHOU 3x wöchentl., 3/4 Std.;
NANCHANG 2x tgl., 1 Std.;
NANJING 5x tgl., 1 3/4 Std.;
SANYA 4x wöchentl., 1 1/4 Std.;
SHANGHAI 5x tgl., 2 Std.;
SHANTOU 1x tgl., 3/4 Std.;
WUHAN 4x tgl., 1 1/2 Std.;
XIAMEN 2x tgl., 1 1/4 Std.;
XI'AN tgl., 2 Std.

Foshan

25 km südwestlich von Guangzhou liegt die heutige Satellitenstadt Foshan, deren eigene Stadtgeschichte bis auf das 7. Jahrhundert zurückgeht. Zusammen mit dem nahen Dorf **Shiwan** erwarb sich Foshan landesweit eine Reputation für Keramiken, Seide, Metallarbeiten und Holzschnitzereien. Bis heute ist dieser Ruf ungebrochen. Berühmtheit erlangten auch die Tempel, von denen zwei an der Zumiao Lu – einer kilometerlangen Straße mit Bürogebäuden im ehemaligen Altstadtzentrum – erhalten geblieben sind. Am südlichen Ende der Straße steht der **Ahnentempel Zu Miao**, der im Jahre 1080 als Gildentempel der Metallarbeiter errichtet wurde und als Meisterwerk der südchinesischen Architektur gilt. Im vorderen und linken Eingangsbereich des erhöht angelegten Gartens stehen einige vor Ort gegossene Kanonen aus den Opiumkriegen – rückständige Gusstechniken und anfällige Läufe sorgten für eine geringe Zielgenauigkeit und eine erhebliche Explosionsgefahr. Die wundervollen glasierten Dachziegel mit spielenden Löwen und Gestalten aus lokalen Erzählungen wurden in den 1830er Jahren in Shiwan zu Restaurierungszwecken gebrannt. Die Haupthalle der Tempelanlage steht nur wenig weiter links – der Innenraum ist mit sorgfältig geschnitzten Holzabtrennungen sich bedrohlich aus den Wänden vorlehnenden überdimensionalen Wächtergottheiten und einer drei Tonnen schweren Statue des **Beidi** (Gott des Nordens) verziert, der volkstümlicher Überlieferung zufolge Guangdongs Niederungen vor Überschwemmungen schützt – der Tempel soll seine Wohltätigkeit herausfordern. Der Halle gegenüber erstreckt sich der kunstvolle Bogengang **Lingying**, der demjenigen in Shexian in der Provinz Anhui ähnelt. Foshan gilt außerdem als Geburtsort der Kanton-Oper – hinter dem Bogengang befindet sich die äußerst dekorativ gestaltete **Wanfu-Bühne**, die 1685 für herbstliche Aufführungen errich-

tet und dem Göttlichen Kaiser als Dank für großzügige Ernten geweiht wurde. ◷ Tempel tgl. von 8.30–20 Uhr, Eintritt ¥20.

Nur wenige Blöcke weiter nördlich steht der **Renshou Si** (Tempel der Gütigen Langlebigkeit), ein ehemaliges Ming-Kloster, dessen mit einer kleinen siebenstöckigen Pagode geschmückter Südflügel noch immer religiösen Zwecken geweiht ist. Die übrigen Gebäudeteile wurden umgestaltet und beherbergen heute das *Foshan Folk Arts Studio*, das Souvenirs anbietet, zu denen exzellente Scherenschnitte mit eindeutig kulturrevolutionären Motiven gehören, die auf die Modernisierung der Landwirtschaft anspielen. Zur Zeit des Frühlingsfestes werden in den Nebenhallen zahlreiche Löwen, Fische und Phönixe aus Draht und Krepppapier angeboten.

Der Weg bis zum Ende der Zumiao Lu, von dort nach rechts und hinein in die erste Abzweigung nach links führt rund 1 km nördlich zum **Liang Yuan** an der Songfeng Lu, einem der historischen Gärten des Deltas, der zwischen 1796 und 1850 von einer damals berühmten Dichter- und Künstlerfamilie angelegt wurde. Die Anlage bezaubert durch kunstvoll angelegte Teiche, Bäume und Felskonstellationen, und auch die geschmackvoll eingerichteten Wohngebäude verdienen Beachtung. Das Prunkstück aber ist ein perfekt proportioniertes Gebäude namens **Risheng Study** an einem kleinen, von Weiden umgebenen Teich. Der Eintritt zum Garten kostet ¥10.

Übernachtung und Essen

Als Unterkunft empfehlen sich das schicke ***Huaqiao Dasha****** , ✆ 0757/2223828, 📠 2227702, gegenüber dem Renshou Si an der Zumiao Lu, und gleich nebenan das ***Pearl River Hotel**** , ✆ 0757/2221624, 📠 22922639, das einen IYHF-betriebenen Flügel mit Dorm-Betten (¥53) betreibt. Beide Hotels haben eigene Restaurants und Bars.

Im Zentrum gibt es mehrere westliche Fast-Food-Lokale. Wer mehr als ¥30 für eine Mahlzeit aufwenden möchte, sollte das vegetarische Restaurant ***Green Garden*** neben dem *Huaqiao Dasha* ausprobieren – das „Juwelennest" (ein Taro-Korb mit gebratenen Gemüsesorten), die vegetarischen „Hühner"- und „Schinken"-Röllchen sowie die schwarzen Baumpilzgerichte sind ein Gedicht.

Transport

Die vom **Bahnhof** rund 2 km südwärts über einen Kanal und am **Überland-Busbahnhof** vorbeiführende Fenjiang Bei Lu bildet die westliche Grenze der Altstadt und führt zu den an einem großen Kreisverkehr gelegenen Hochhäusern, die Foshans Geschäftszentrum bilden.

Minibusse von Guangzhous Station *Guangfo Depot* (¥10) setzen Passagiere westlich des Kreisverkehrs an der Chengmentou Lu ab, nur 50 m vom Beginn der Zumiao Lu entfernt. Von den Bahnhöfen fahren Busse Nr. 1, 6 und 11 zur Zumiao Lu. Der Fußweg dorthin führt rund 700 m weit über die Fenjiang Bei Lu und dann noch einige Minuten ostwärts über die von Bäumen gesäumte Qinren Lu, welche die Zumiao Lu kreuzt. Zur Zeit der Drucklegung stand noch nicht fest, wo die für 2005 geplante **Metrolinie** aus Guangzhou enden soll.

Panyu und Umgebung

Rund 50 km östlich von Foshan lockt die Kleinstadt Panyu mit mehreren attraktiven Sehenswürdigkeiten in der näheren Umgebung. Auch Guangzhou ist rund 50 km entfernt. Busse nach Panyu fahren dort vom Busbahnhof Liuhua ab. Von Hongkong gibt es direkte Fährverbindungen.

15 km östlich von Panyu erhebt sich der **Lianhua Shan** über den Perlfluss – das rote Gestein des Berges wurde schon in der Han-Dynastie abgebaut und für das Grab des Nanyue-Königs Zhao Mo verwendet. In der Ming-Dynastie wurde das nach jahrhundertelanger Ausbeutung entstandene Gebiet aus Klippen, Felssäulen und Höhlen aufgeforstet und in einen Lustgarten mit Lotusteichen, Steinwegen und Pavillons umgestaltet. 1612 wurde eine 50 m hohe Pagode errichtet, und der Qing-Kaiser Kangxi ließ zum Schutz des Flussbereiches eine Festung errichten. Noch heute zählt Lianhua Shan zu den populärsten Ausflugszielen der Einwohner von Guangzhou – trotz der meist anwesenden Menschenmassen lassen sich dort leicht einige unterhaltsame Stunden verbringen. ◷ tgl. 8–16 Uhr, Eintritt ¥35.

20 km nördlich von Panyu liegt das übersichtliche Dorf Nancun mit der ruhigen Anlage **Yuying Shanfang**, die der Qing-zeitliche Gelehrte Wu Yantian gründete. Er gab ein Vermögen für die Anstellung der berühmtesten zeitgenössischen Landschaftsgärtner aus, die ihm einen künstlichen Berg, einen See, Bambushaine, Kalligrafiewände und einen oktagonalen Pavillon errichteten. In der vollendeten Anlage verbrachte Wu seine Mußestunden und lauschte dem Gezwitscher von in Käfigen gehaltenen Ziervögeln sowie den gedämpften Klängen der Saiteninstrumente *zheng* und *pipa*, die in den Frauengemächern, die nun als Teehaus dienen, gezupft wurden. Die Musik ist längst verstummt, und der ehemalige Ahnentempel wird heute als Tanzhalle für Hochzeitsempfänge genutzt, doch die Gartenanlagen halten noch immer nostalgische Erinnerungen an vergangene kultivierte Zeiten wach. ⌚ tgl. 8–17 Uhr, Eintritt ¥8.

Shunde

Ein weiterer antiker Garten verlockt zu einem Zwischenaufenthalt in der ländlichen Stadt Shunde, die auch als Daliang Zhen bekannt ist und 50 km südlich von Guangzhou an der geradlinigen Verbindung nach Zhuhai liegt – die Fahrt ab Guangzhous Liuhua-Busbahnhof kostet ¥15. Überregionale Berühmtheit genießt das dortige Restaurant *Qinghui Yuan*, dem der Ruf vorauseilt, es verkörpere die klassische kantonesische Küche. Das Restaurant befindet sich auf dem Gelände des **Qinghui-Gartens** in der Stadtmitte an der Qinghui Lu, wo Osmanthus-Ziergehölz, Maulbeergewächse und Bambus rechteckige Fischteiche umrahmen (Eintritt: ¥8). Das Restaurant ist relativ teuer – eine Mahlzeit schlägt mit mindestens ¥75 zu Buche –, doch die Küche ist ihr Geld wert: milde frische Würze, die sich langsam entfalten muss, und gebratenes Schweinefleisch oder gedämpfter Skorpionfisch mit Ingwer und Frühlingszwiebeln, die das Wasser im Munde zusammenfließen lassen. ⌚ tgl. 7–9 Uhr, 11–14 Uhr und 17–19 Uhr. Nach dem Essen bietet sich ein Spaziergang durch die aufpolierten Seitenstraßen der Hua Lu an, die noch heute kolonial anmuten – ein miniaturhaftes Abbild von Guangzhous Altstadtgassen mit Steinplatten, hektischen Märkten und kolonialen Hausfassaden. Ein anderer Spaziergang führt 1 km nordwärts über einen offenen Stadtplatz und die Wenxiu Lu zum bewaldeten und hügeligen **Feng-Ling-Park**, an dessen Ostseite der alte Tempel **Xishan Gumiao** steht.

Shundes neuer **Überland-Busbahnhof** liegt etwa 3 km südlich des Zentrums an der Schnellstraße – von der Qinghui Lu und den Gartenanlagen fährt Bus Nr. 3 dorthin. Eine noble **Unterkunft** ist das *Marriott Courtyard Hotel* (Luxus) gegenüber den Gartenanlagen an der Qinghui Lu, ✆ 0765/ 2218333, 💻 www.courtyard.com. Budget-Reisende finden in der Nähe des Feng-Ling-Parks, der ebenfalls mit Bus Nr. 3 vom Busbahnhof zu erreichen ist, oben rechts hinter den Treppen von der Wenxiu Lu zum Tempel ein kleines *Hotel**. Sollte keine direkte **Weiterreise** zum gewünschten Zielort möglich sein, muss man den Umweg über Guangzhou oder Zhongshan in Kauf nehmen.

Jiangmen und Umgebung

Auf halber Strecke zwischen Guangzhou und Zhuhai liegt nur wenig westlich versetzt am belebten Fluss Jiangmen die einst liebenswerte Kleinstadt Jiangmen, Geburtsort des Ming-zeitlichen Poeten **Chen Baisha** und späteres Zentrum für Pflastersteingassen und europäische Villen im Stil des 19. Jahrhunderts. Leider ist nichts davon erhalten geblieben – die Stadt hat ihre Seele zum Preis der denkbar hässlichsten städtischen Entwicklung verkauft und besitzt heute nur noch eine Reputation als turnerisches Leistungszentrum. Die zwischen Foshan und Zhuhai verkehrenden Busse fahren 15 km weit an einem Gebiet vorbei, in dem sich ein Großhandels-Möbelhaus an das andere reiht – Stühle, Betten und Tische in allen denkbaren Formen, Stilen und Farben verleihen der Reise einen wahrhaft surrealistischen Anstrich.

Während Jiangmen selbst nicht viel zu bieten hat, verlockt die ländliche Umgebung durchaus zu einem kurzen Aufenthalt, denn in der Nähe gibt es noch einige verfallende Dörfer aus der Ming-Dynastie. Manche von ihnen wurden zu Beginn des vergangenen Jahrhunderts von Überseechinesen, die ihren Reichtum hervorkehren wollten, mit zweigeschossigen Türmen ausgestattet. Rund 15 km südwestlich von Jiangnan liegt hinter der Kleinstadt **Xinhui** das **Kleine Vogelparadies** (im lokalen Jargon: Xiao niaotiantang), wo im ausufernden Geäst eines 500 Jahre alten Feigenbaums inmitten des Flusses Tianma zahlreiche Kraniche und Wasservögel nisten. Rund um den Baum sind Plankenwege angelegt, und auch Paddelboote werden vermietet. 10 km westlich von Jiangmen liegt zu Füßen des landschaftlich gestalteten Berges **Guifeng Shan** das kleine Dorf **Duyuan**, das zu Tageswanderungen zwischen Tempeln, Bäumen und Wasserfällen im vom Wind gepeitschten Gebiet der **Chishi-Klippen** einlädt. Die Weiterfahrt aus Jiangmen erfolgt am besten mit einem Minibus von den Abfahrtshaltestellen neben dem Busbahnhof an der Jianshe Lu.

Zhongshan und Cuiheng

Nahezu jede chinesische Stadt besitzt einen Park oder eine Straße namens Zhongshan – und zwar zu Ehren des ersten republikanischen Präsidenten **Sun Yatsen** – „Yatsen" ist die kantonesische Aussprache des mandarin-chinesischen „Zhongshan". Abgesehen von einem eventuell notwendigen Buswechsel gibt es eigentlich keinen Grund für einen Besuch der gesichtslosen, rund 100 km von Guangzhou entfernten Kleinstadt Zhongshan, doch 30 km östlich von dort liegt an der Küstenstraße nach Zhuhai das Heimatdorf Cuiheng des gelernten Arztes,

Sun Yatsen Der im Jahre 1866 geborene Sun Yatsen wuchs zu einer Zeit auf, in der China unter dem demütigenden Joch der kolonialen Besatzungsmächte stand, dem die zunehmend schwächelnde Qing-Dynastie nichts entgegenzusetzen hatte. Nach drei Jahren Aufenthalt in Hawaii während der 80er Jahre des 19. Jahrhunderts studierte Sun in Guangzhou und Hongkong Medizin. Zu jener Zeit nahm er unter dem Einfluss des berühmten kantonesischen Revolutionärs Hong Xiuquan versteckte Aktivitäten gegen die Qing-Regierung auf. Bei einem erneuten Aufenthalt in Hawaii im Jahre 1894 gewann er Abstand von seinen früheren Konzepten zur Reform des kaiserlichen Systems und gründete stattdessen die **Gesellschaft zur Wiederbelebung Chinas**, „um die Mandschus zu vertreiben, China im Sinne des Volkes neu zu gestalten und eine föderalistische Regierung aufzubauen". Im folgenden Jahr inszenierte er unter Lu Haodong einen Aufstand in Guangzhou, zu dem erstmals in der Geschichte die grüne nationalistische Flagge mit einem weißen zwölfzackigen Stern (der noch heute die taiwanesische Flagge ziert) wehte. Der Aufstand wurde niedergeschlagen, Lu Haodong wurde gefangen genommen und exekutiert, und Sun Yatsen floh nach Übersee.

Die nächsten 15 Jahre verbrachte Sun zwischen Hongkong, Japan, Europa und den USA, ständig bestrebt, neue Finanzquellen für die Revolution zu erschließen. 1907 verkündete seine neu gegründete Allianz die berühmten **Drei Grundlehren vom Volke** – Nationalismus, Demokratie und Wohlfahrt. Als die Mandschu-Dynastie im Oktober 1911 schließlich stürzte, hielt er sich gerade in Colorado auf. Nach seiner Rückkehr in die Heimat wurde er am 01. Januar 1912 zum provisorischen Präsidenten der Republik China gewählt, doch schon im Februar musste er zugunsten des mächtigen Warlords **Yuan Shikai** abdanken, der auf eine republikanische Partei setzte, während sich Suns Anhänger in der von Song Jiaoren angeführten nationalistischen Volkspartei **Guomindang** sammelten. Als Song nach unerwarteten Erfolgen der Guomindang bei den Parlamentswahlen von 1913 von Yuans Gefolgsleuten ermordet wurde, floh Sun Yatsen nach Japan. Yuan löste das Parlament auf und versuchte sich zum neuen Kaiser aufzuschwingen, doch er vermochte nicht einmal die militärischen Kräfte seiner eigenen Partei zu kontrollieren, die Chinas Norden nach seinem Tod im Jahre 1916 in einen Bürgerkrieg stürzten. Sun kehrte in seine Heimatstadt Guangdong zurück und baute mit dem Ziel, das Land endgültig zu vereinen, eine unabhängige Guomindang-Regierung auf. Obwohl ihm dies nicht gelang, wird er seit seinem Tode im Jahre 1925 sowohl von der Guomindang als auch von der damals gerade einmal vier Jahre alten Kommunistischen Partei Chinas in hohem Maße für seine Verdienste um das Volk als „Landesvater" verehrt.

indem heute ein **Gedenkpark** an sein Leben und seine Leistungen erinnert. Abgesehen von einem Banyanbaum, den Sun Yatsen angeblich aus Hawaii mitbrachte und persönlich im Park anpflanzte, bietet die Anlage ein umfassendes Museum mit Fotografien, Originalschaustücken (darunter auch die erste nationalistische Flagge) und biografischen Angaben in englischer Sprache, die über Suns Leistungen und Erfolge berichten. Auch das kompakte **Privathaus** in portugiesischem Stil, in dem er zwischen 1892 und 1895 „studierte, Patienten behandelte und mit nahe stehenden Freunden Angelegenheiten von nationaler Bedeutung diskutierte", ist zu sehen. Hinter Suns Haus stehen typischere Gebäude aus der damaligen Zeit, die Bauern oder Grundbesitzern gehörten und nach sorgfältiger Restaurierung mit authentischen Holztischen und Seidenteppichen ausgestattet wurden. ⏲ tgl. 8.30–17 Uhr, Eintritt ¥15. Öffentliche Verkehrsmittel aus Zhongshan und dem 35 km südlich gelegenen Zhuhai halten direkt vor dem Park, wo es auch einige **Restaurants** und Eisbuden gibt. Fahrzeuge zur Weiterfahrt sind dort in beide Richtungen bis mindestens 18 Uhr unterwegs.

Zhuhai

Zhuhai ist der neue Name einer Wirtschaftssonderzone aus drei Stadtgebieten, die nördlich von **Macau** (Aomen) liegen: **Gongbei** grenzt unmittelbar an die ehemalige portugiesische Kolonie, während die Hafen- und Wohnbezirke **Jida** und **Xiangzhou** 5–10 km entfernt an der Küste liegen. Die von neuen Bürogebäuden, immens breiten Straßen und verlockenden wirtschaftlichen Anreizen geprägte Stadt Zhuhai wartet noch auf den rapiden Aufschwung, den Shenzhen erlebte – wahrscheinlich, weil die Nachbarstadt Macau und nicht Hongkong heißt. Zu sehen gibt es wenig, doch an warmen Tagen lohnt ein Aufenthalt an der Küste, selbst wenn es dort an echten Stränden fehlt. Die meisten Besucher befinden sich auf der Durchreise von oder nach Macau oder wollen die Vorteile der **Duty-Free-Enklave** wahrnehmen, die Tagesausflügler aus Macau in Gongbeis Seitenstraßen lockt. Gongbeis Zentrum ist die **Lianhua Lu**, an der sich kilometerweit Hotels, Restaurants und Geschäfte aneinander reihen, die preiswerte Kleidung, Haushaltswaren und allen möglichen Tand, den eigentlich niemand benötigt, verkaufen. Südlich hinter einem gepflasterten Platz verbirgt sich der inländische **Grenzübergang** nach Macau in einem riesigen Kaufhaus (in goldenen Lettern steht „Gongbei Port" auf dem roten Dach), das dieselbe Warenpalette anbietet.

Übernachtung

In Gongbei gibt es Dutzende Mittelklasse-Unterkünfte mit nahezu identischen Angeboten und Preisen.

Changan Jiudian***, Lianhua Lu, ✆ 0756/8118828.

Hualigong Jiudian***, Lianhua Lu, ✆ 0756/8131828.

Lianhua Dasha*, Lianhua Lu, ✆ 0756/8885637. Einzige Budget-Alternative, doch Ausländer werden nur widerwillig aufgenommen.

Minan Jiudian***, Lianhua Lu, ✆ 0756/8131168.

Yuehai Jiudian* (auch: Guangdong Hotel),*** Yuehai Dong Lu, ✆ 0756/8888128, 📠 8885063. Hotel der gehobenen Kategorie, dessen außen angebrachter gläserner Aufzug prachtvolle Ausblicke auf Macau gestattet.

Essen

Es gibt zahlreiche Restaurants und Garküchen. Ein Lokal gegenüber dem *Lianhua Dasha* an der Lianhua Lu serviert exzellentes, salzig angebratenes Hakka-Huhn, das in Papier gewickelt auch außer Haus verkauft wird (¥35 für ein ganzes Huhn). An der Grenze bietet das ***Huasha Shijie*** neben zahlreichen chinesischen, macauischen, indischen und südostasiatischen Gerichten, die bei den Köchen durch Fingerzeig bestellt und in großen Portionen zu kleinen Preisen aufgetischt werden, Ausblicke hinüber in die ehemalige portugiesische Kolonie.

Transport

Die Grenze von Macau nach Zhuhai ist tgl. von 7–20 Uhr geöffnet. Der Weg führt über das Zollgebäude nach Gongbei und dort zur Lianhua Lu und den beiden benachbarten **Busbahnhöfen,** die rechter Hand nach 250 m erreicht sind. Von beiden Stationen fahren Busse u.a. nach CUI-

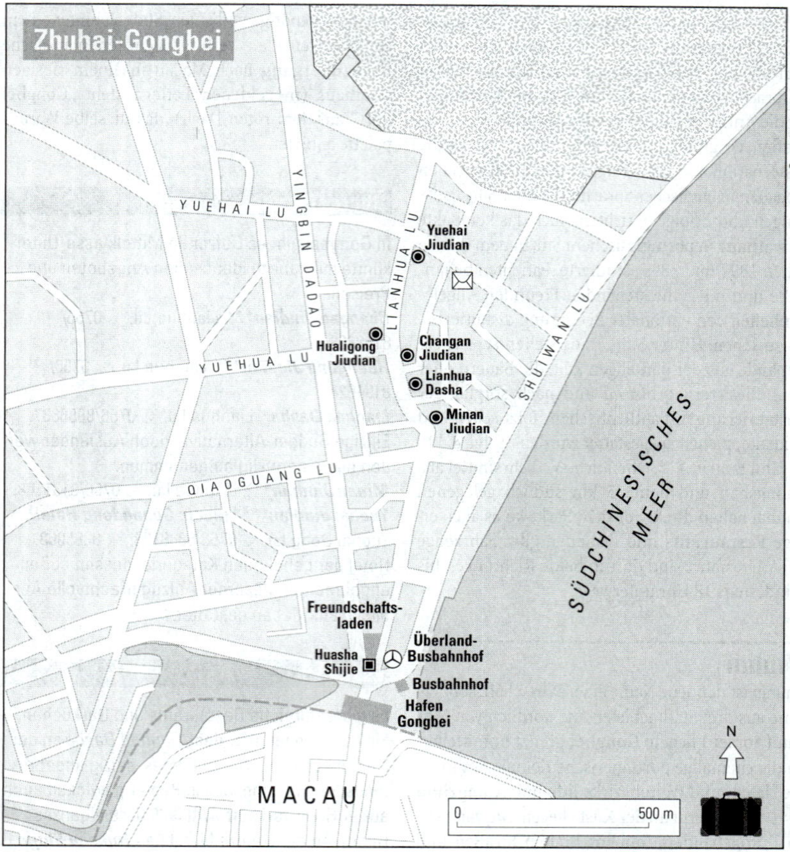

HENG (1 Std.), FOSHAN (4 Std.), GUANGZHOU (2 Std., ¥55, letzte Verbindung um 20.30 Uhr), JIANGMEN (2 Std.), SHUNDE (2 1/2 Std.) und ZHONGSHAN (1 Std.).

Vom 5 km entfernten **Fährhafen Jiuzhou** in Jida fahren zahlreiche Boote zwischen 8 und 21.30 Uhr nach HONGKONG (70 Min., ¥90) sowie in zweistündigem Abstand zwischen 8 und 18 Uhr nach SHENZHEN (1 Std., ¥70). Fünfmal täglich gibt es auch eine Verbindung nach MACAU (20 Min.). Bus Nr. 4 (tgl. 6.30–21.30 Uhr) fährt vom Hafen nach Gongbei, doch es stehen auch Taxis zur Verfügung.

Nord-Guangdong

Guangdongs hügeliges nördliches Binnenland bildet eine natürliche Grenze zwischen dem Perlflussdelta und dem Yangzibecken. Über die teils noch erhaltenen alten Straßen (breit und gepflastert bei Meiling an der Grenze zu Jiangxi) wanderten Menschen, marschierten Armeen und flossen Kulturströme zwischen Zentralchina und dem Süden des Landes. Die strategische Lage der Region führte bereits in der Steinzeit zu ihrer Besiedelung, und im 19. Jahrhundert fanden dort die Taiping-Rebellen eine Basis, während im Norden der Provinz zahl-

Nord-Guangdong

Lechang	乐昌	***lèchāng***
Liannan	连南	***liánnán***
Lianzhou	连州	***liánzhōu***
Pingshi	坪石	***píngshí***
Jinji Ling	金鸡岭	*jīnjī lǐng*
Neun Stromschnellen und achtzehn Untiefen	九泷十八滩漂流	*jiǔ lón g shíbā tānpiāoliú*
Qingyuan	清远	***qīngyuǎn***
Bei (Fluss)	北江	*běijiāng*
Docks	水陆客运站	*shuǐlù kèyùnzhàn*
Feilai	飞来古寺	*fēilái gǔsì*
Feixia	飞霞古寺	*feīxiá gǔsì*
Huaqiao Dasha	华侨大厦	*huáqiáo dàshà*
Nandamen Jiudian	南大门酒店	*nándàmén jiǔdiàn*
Qiaolian Dasha	侨联大厦	*qiáolián dàshà*
Tianhu Dajiudian	天湖大酒店	*tiānhú dàjiǔdiàn*
Zhiwei Guan	之味馆	*zhīwèi guǎn*
Sanpai	三排	***sānpái***
Shaoguan	韶关	***sháoguān***
Dajian Chan Si	大鉴禅寺	*dàjiànchán sì*
Danxia Shan	丹霞山	*dānxiá shān*
Fengcai Lou	风采楼	*fēngcǎi lóu*
Nanhua Si	南华寺	*nánhuá sì*
Qujiang (Maba)	曲江（马坝）	*qūjiāng (mǎbà)*
Renhua	仁化	*rénhuà*
Shizi Yan	狮子岩	*shīzi yán*
Wu (Fluss)	武江	*wǔjiāng*
Zhen (Fluss)	浈江	*zhēnjiāng*
Übernachtung und Essen		
Dongjiang Fandian	东江饭店	*dōngjiāng fàndiàn*
Guest's Hotel	迎宾馆	*yíngbīn guǎn*
Shaoguan Jiulou	韶关酒楼	*sháoguān jiǔlóu*
Shaohua Jiudian	韶华酒店	*sháohuá jiǔdiàn*
Xinxing Lüguan	新兴旅馆	*xīnxīng lǚguǎn*
Yuelai Jiudian	悦来酒店	*yuèlái jiǔdiàn*

reiche methodistische Missionen gegründet wurden. Heute ist **Qingyuan** mit seinen schönen Tempeln in Flussnähe von Guangzhou aus mit einer nur einstündigen Busfahrt zu erreichen. Weiter nördlich hat die Umgebung der Eisenbahnstation **Shaoguan** unbekanntere Sehenswürdigkeiten wie den buddhistischen Schrein **Nanhua Si** und den landschaftlich gestalteten Bergpark **Danxia Shan** zu bieten sowie als kurzweiliges Unterhaltungsangebot **Wildwasser-Rafting** auf dem Fluss Wu. Shaoguan ist nicht nur ein Sprungbrett für die Weiterreise nach Zentralchina, sondern auch ein geeigneter Ausgangspunkt für Reisen nach Westen in die Provinz Guangxi, die durch Siedlungsgebiete der ethnischen Minderheiten Yao und Zhuang führen.

Qingyuan und Umgebung

Der von ausgedehnten Landflächen mit Reisfeldern und Dörfern mit Lehmziegelbauten umgebene Marktflecken Qingyuan am Nordufer des Flusses Bei liegt rund 80 km nordwestlich von Guangzhou und ist von dort mit Bussen ab der Station Liuhua zu erreichen (¥35). Die schmalen Gassen des von rußigen Fertigungsbetrieben umgebenen Stadtzentrums sind stets mit Fußgängern überfüllt. Qingyuan ist der ideale Ausgangspunkt für Tagesausflüge zu den 20 km flussaufwärts in malerischer Abgeschiedenheit gelegenen alten Tempelkomplexen Feilai und Feixia, die nur mit dem Boot zu erreichen sind.

Feilai und Feixia

Fähren nach Feilai und Feixia fahren täglich um 8 Uhr von der Nanmen Jie ab, sofern genügend Passagiere zusammenkommen. An Wochenenden sind viele einheimische Ausflügler dorthin unterwegs. Die letzte Rückfahrt von Feixia wird um circa 15 Uhr angeboten. Die Fähre kostet ¥27 p.P., ein privates Charterboot für sechs Personen ist für ¥200 zu haben.

Da der Fluss im Winter einen sehr niedrigen Wasserstand hat, pendeln die Boote auf der Suche nach geeigneten Fahrrinnen von einem Ufer zum anderen. Die erste Fahrtstunde führt gemütlich vorbei an einigen Ziegelpagoden, Bambushainen mit dahinter verborgenen Dörfern und sich in Lehmlöchern suhlenden Wasserbüffeln, die von Kindern gehütet werden. Rechts ragen Anhöhen und kleine Hügel auf, bevor der Fluss mit einer scharfen Biegung nach Osten in eine Schlucht abzweigt und an den Treppenstufen vor den Toren des antiken, charmant gelegenen Tempels **Feilai Gusi** vorbeifließt, dessen Geschichte sich 1400 Jahre zurückverfolgen lässt (Eintritt ¥8). Die zwischen steilen Hängen eingekeilten Tempelhallen stammen aus der Ming-Dynastie und erwecken einen äußerst würdevollen Eindruck. Die Besichtigung der Gebäude mit den lebendigen Dachfiguren und der Aufstieg durch Pinienwald zu einem modernen Pavillon, der schöne Ausblicke auf die Schluchtlandschaft gestattet, nimmt etwa 40 Minuten in Anspruch. Überschüssige Zeit bis zur Abfahrt des Bootes lässt sich kurzweilig auf den Tempelstufen mit der Beobachtung der zahmen Kormorane verbringen, die auf den kleinen Sampans ihrer Besitzer ein Sonnenbad genießen. Händlerinnen bieten Süßwassermuscheln und Karpfen an, die man sich später in Feixia zubereiten lassen kann.

Gut 3 km flussaufwärts von Feilai liegt am Ende der Schlucht die wesentlich jüngere und größere Tempelanlage **Feixia Gusi** (Eintritt ¥15). Der Name bezeichnet zwei voneinander vollkommen unabhängige daoistische Klöster, die 1863 gegründet und ein halbes Jahrhundert später vergrößert wurden. Sie erstrecken sich über das hügelige Gebiet mit den Feixia- und Cangxia-Grotten, in dem ein mit Steinplatten ausgelegter 8 km langer Pfad zu Einsiedeleien, Pavillons und Akademien führt. Chinesische Besucher schenken diesen Anlagen zunächst wenig Beachtung, da es sie in erster Linie zu den Freiluft-Restaurants am Fluss zieht, wo sie in Absprache mit den zahlreichen eifrigen Wok-Köchen ein Menü zusammenstellen, das später im gemütlichen Rahmen verzehrt wird.

Die Besichtigung der Anlage erfordert nur wenige Stunden Zeit. Eine breite, leicht zu bewältigende Treppenflucht führt vom Flussufer durch lichten Baumbestand bergan. Nach rund 20 Minuten erreicht der Weg die kleinen Tempel Jinxia und Ligong, kurz darauf geht es über eine Brücke und alsbald ist **Feixia** erreicht. Die mächtigen Umfassungsmauern und die steinernen Passagen zwischen den Hallen und Höfen verleihen der Anlage die Atmosphäre einer mittelalterlichen europäischen Burg. Ein Zimmer wurde zu einem **Museum** mit geweihten Gegenständen umgestaltet, und an Wochenenden wird mit Glocken, Gongs und Zithern zuweilen **traditionelle Tempelmusik** gespielt. Dunkle Gänge mit niedrigen Decken und in alle Richtungen führende Treppen locken zur näheren Erkundung. Hinter dem Kloster führen Pfade bergauf innerhalb von zehn Minuten zur niedrigen **Changtian-Pagode** auf dem Berggrat, die mit pastellfarbenen Formen verziert ist und Ausblicke über Feixia und die Baumwipfel gestattet. Ein kleiner Tempel nebenan bietet Verpflegung und einfache *Unterkunft** (¥50) an.

Ein fünfminütiger Spaziergang ostwärts von Feixia über den Hauptweg führt zur ähnlichen, jedoch kleineren Anlage **Cangxia**. Trotz der 1994 begonnenen Restaurierungsarbeiten verharrt Cangxia bis heute in einem halb zerfallenen Zustand. Die in den 60er Jahren vertriebenen Mönche sind zurückgekehrt, und viele Statuen und Schreine sind vom Weihrauchruß geschwärzt. Sehenswert sind der Garten mit seinen duftenden weißen Magnolienbäumen, eine ungewöhnliche lebensgroße Statue des Affenkönigs Sun Wukong und einige wundervolle **Fresken**, die einen Unsterblichen bei der Überquerung des Meeres auf einem Fisch mit Sturmdrachen und zwei goldenen Fasanen zeigen.

Übernachtung und Essen

An den Docks am östlichen Ende der Nanmen Jie befinden sich auch zwei Unterkünfte: ***Huaqiao Dasha*****, 70, Nanmen Jie, ✆ 0763/3337118, ℻ 3334300 und ***Qiaolian Dasha****, direkt nebenan, ✆ 0763/3337783, Dorm-Betten ¥60. Neuer und teurer ist das ***Tianhu Dajiudian******, ✆ 0763/3820168, ℻ 3820333, an der Kreuzung von Shuguang Lu und Xianfeng Lu. Abgesehen von den Restaurants der Hotels befinden sich die besten Speiselokale in der Nanmen Jie und Beimen Jie – Erwähnung verdienen das Café und Restaurant ***Nandamen Jiudian*** in der Nähe der Docks und das kantonesische Lokal ***Zhiwei Guan*** an der Beimen Jie.

Transport

Qingyuans **Busbahnhof** liegt etwa 3 km südlich des Flusses in einem hässlichen Wohngebiet an der Schnellstraße. Täglich fahren zahlreiche Busse nach FOSHAN, GUANGZHOU (1 Std.), SHAOGUAN (4 Std.), SHENZHEN und ZHAOQING (5 Std.). Der orangefarbene Stadtbus Nr. 6 verkehrt über die Beijiang-Brücke ins Stadtzentrum, das sich um die Kreuzung der nord-südwärts verlaufenden Shuguang Lu mit der Ost-West-Achse Xianfeng Lu herum ausdehnt.
In Richtung Südwesten schließt sich dort das interessante alte Stadtviertel um die Beimen Jie und deren südliche Seitenstraße Nanmen Jie an, die sich bis hinab zum Fluss zieht. Die auf Englisch mit „Go to Feilai and Feixia" ausgeschilderten **Docks** befinden sich am östlichen Ende dieser Straße.

Shaoguan und Umgebung

Fast jeder Zug aus Guangzhou hält in der 200 km nördlich gelegenen Stadt Shaoguan, die Expresszüge nach nur dreistündiger Fahrzeit erreichen, was eine Reise in der Hartsitzklasse (¥40) erträglich macht. Leider wurde die antike Stadt in den 30er Jahren von den Japanern bombardiert, die so den größten Teil des historischen Erbes vernichteten. Seit den 50er Jahren sorgen Webereien und Stahlwerke für einen bescheidenen Wohlstand der Bevölkerung. Die Stadtsilhouette ist eher schäbig, doch in der unmittelbaren Umgebung gibt es zahlreiche Ausflugsziele.

Westwärts nach Guangxi Während die Hauptverkehrsstrecken von Shaoguan in nördliche und südliche Richtung verlaufen, führt eine relativ unbekannte Route westwärts durch die gebirgigen Siedlungsgebiete von Guangdongs ethnischen Minderheiten **Yao** und **Zhuang** in die Provinz Guangxi – durch eine Region, die vom Tourismus praktisch unberührt ist. Täglich fährt frühmorgens ein Bus von Shaoguans Überland-Busbahnhof innerhalb von rund fünf Stunden in die 185 km entfernte Stadt **Lianzhou**, die der Han-Kaiser Wudi 111 v. Chr. gründete und die stolz ist auf ihre antike **sechseckige Pagode**, die auf die Song-Zeit zurückgeht. 15 km südwestlich von Lianzhou liegt Liannan, die Umsteigestation für Minibusse ins 10 km entfernte **Sanpai**, in dem überwiegend Angehörige der Yao leben. Weitere 35 km entfernt ist **Lianshan** der Ausgangspunkt für Besuche der zahlreichen Yao- und Zhuang-Weiler in der näheren Umgebung. Von dort zieht sich die Straße noch 100 km weit durch gebirgiges Gelände bis zur Kleinstadt **Hezhou** in der Provinz Guangxi, wo Transportmittel nach Wuzhou oder Guilin bereitstehen.

Shaoguans Innenstadt erstreckt sich auf einer nach Süden gerichteten **Halbinsel**, die im Osten vom Fluss Zhen und im Westen vom Fluss Wu begrenzt wird; an der Südspitze der Halbinsel vereinen sich beide Wasserläufe zum Fluss Bei. Die Fußgängern vorbehaltene Hauptstraße Fengdu Lu zieht sich vertikal durch das gesamte Zentrum bis zum schmucklos gepflasterten Zhongshan-Park und wird am nördlichen Stadtrand von der Fengcai Lu und im Süden von der Jiefang Lu gekreuzt.

Viel Betrieb herrscht auf den **Märkten** in den Seitenstraßen der Fengdu Lu, wo allerlei Textilien und Krimskrams feilgeboten werden. Hier ist nur wenig koloniale Architektur erhalten – überwiegend präsentiert sich das Stadtbild funktionell und modern.

Zu den Sehenswürdigkeiten (wenn man sie so nennen will) gehören **Fengcai Lou**, eine in den 30er Jahren errichtete Rekonstruktion des alten östlichen Stadttorturms, und das eher unauffällige Kloster **Dajian Chan Si** am östlichen Ende der Fengdu Lu, das im Jahre 660 n. Chr. gegründet wurde und in dem Huineng lehrte.

Shizi Yan

Die esoterischste Attraktion der näheren Umgebung sind prähistorische menschliche Funde, die in Shizi Yan (Löwenklippe), gut 18 km südlich von Shaoguan in der Nähe der Stadt **Qujiang** (auch: Maba) entdeckt wurden. Es ist keinesfalls nötig, einen Ausflugsbus zu buchen, denn in der Nähe des Überland-Busbahnhofs fahren öffentliche Busse nach Qujiang ab. Am Zielort stehen Fahrradrikschas (¥20) bereit, doch man kann die letzten 3 km auch zu Fuß gehen – zunächst westwärts über die Fuqian Zhong Lu, dann südwärts via Jiangshe Nan Lu bis zu einer rostenden metallenen Fußgängerbrücke und auf der anderen Seite weiter über eine reparaturbedürftige Hauptstraße hinein in die ländliche Umgebung.

Sobald man die Stadt hinter sich gelassen hat, sieht man bereits den niedrigen Kalksteinhügel Shizi Yan, der wie ein Zahn aus dem Boden ragt – den Eingang markiert ein steinernes Bogentor am Straßenrand. Der Felsen erweist sich als hohl. Draußen weisen Statuen auf die ehemaligen Höhlenbewohner hin, und ein nur chinesisch sprechender Führer begleitet Besucher durch die kleinen Nebenhöhlen und Gänge und erklärt dabei, wie Mitglieder der Guomindang, die Silbervorräte versteckten, in den 30er Jahren auf menschliche Überreste aus alten Zeiten stießen. Bei gründlicheren Nachforschungen wurden 20 Jahre später zahlreiche menschliche und tierische Knochen entdeckt, was die Vermutung untermauerte, dass die Höhle von unseren unmittelbaren Vorfahren der Spezies *Homo erectus* (im lokalen Jargon: *Maba-Mann*) genutzt wurde. ◷ Anlage tgl. 9–16 Uhr, Eintritt ¥15.

Ein kleines **Museum** (¥3) in der Nähe des Haupteingangs zeigt im zweiten Stock eine Ausstellung mit Steinäxten, Pfeilspitzen, Töpferwaren und neolithischen Gegenständen, die bei Ausgrabungsarbeiten im Jahre 1977 in der näheren Umgebung gefunden wurden. Leider sind die nur chinesischsprachigen Erläuterungen sehr oberflächlich gehalten.

Nanhua Si

Der Nanhua Si (Südlicher Blumentempel; Eintritt ¥10) liegt 25 km südöstlich von Qujiang und ist mit einer halbstündigen Busfahrt aus Shaoguan zu erreichen (¥5). Der im Jahre 502 n. Chr. vom indischen Mönch Zhiyao Sanzang gegründete Tempel wurde durch die Aktivitäten des Sechsten Patriarchen des Chan-Buddhismus, **Huineng** (s.S. 697) berühmt, der dort 36 Jahre lang meditierte. Die sieben Hallen wirken recht steif, doch nähere Beachtung verdient der **Glockenturm** im Atrium jenseits der ersten Halle, dessen mächtige Bronzeglocke 1167 gegossen wurde. Der angrenzende Raum beherbergt zahlreiche *Arhats* und *Bodhisattvas*, die in einem Meer aus Pappmaschee mit Seeungeheuern herumtollen. Zu den auffälligsten Skulpturen gehören der Bettelmönch **Ji Gong** aus der Song-Dynastie, der einen einfachen Pandanusblattfächer trägt und als eine Art Robin Hood für arme Chinesen zu betrachten ist, sowie ein nicht näher identifizierter fetter Priester mit unglaubwürdig langen Stelzen. Eine Sammlung schöner Holzskulpturen sowie eine gusseiserne Statue einer schwebenden Gestalt aus dem 7. Jahrhundert zieren einen der Göttin Guanyin geweihten Raum, während hinten in der letzten Halle eine Skulptur des Huineng zu bewundern ist, die mit hängenden Ohrläppchen und versunkenem Blick auf einen Bodhi-Baum starrt – manche Stimmen behaupten, sie stamme aus einer seinem Körper abgenommenen Form.

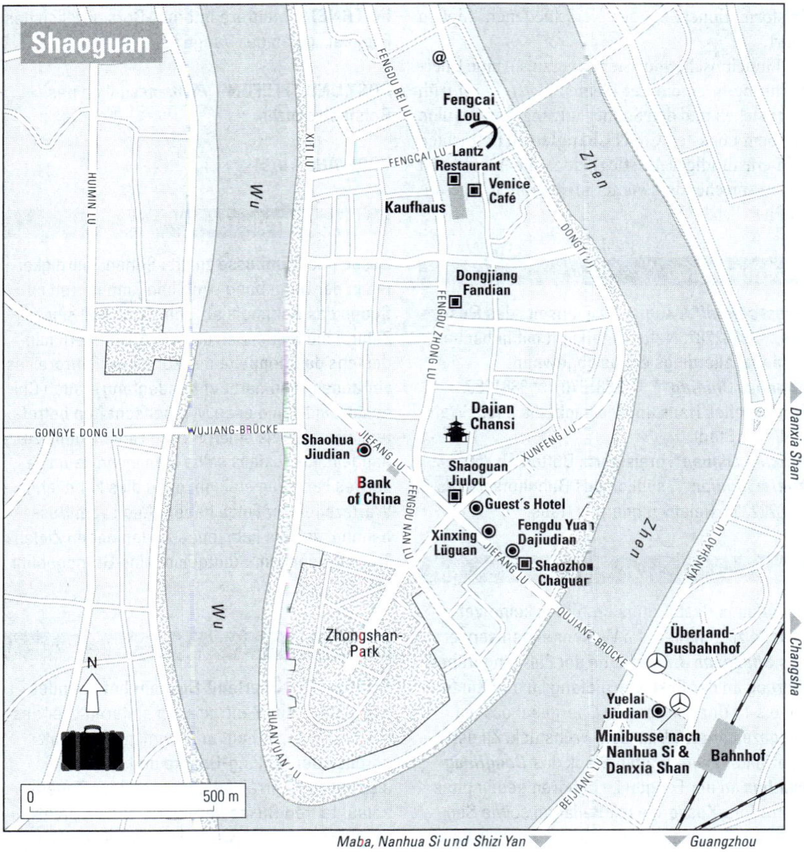

Danxia Shan

Danxia Shan, eine Formation aus lebendig roten Sandsteinklippen am Fluss **Jin** und 50 km nordöstlich von Shaoguan in der Nähe der Stadt **Renhua** gelegen, lädt zu einem unterhaltsamen Tagesausflug ein. Busse von Shaoguans Bahnhofsplatz (¥15) halten am Tor an der Hauptstraße, wo eine Eintrittsgebühr von ¥55 erhoben wird, die zur Benutzung aller Minibusse im Park und zur Besichtigung aller Sehenswürdigkeiten berechtigt. Es gilt zu beachten, dass die Parkbusse nur bis circa 17 Uhr verkehren und der letzte Bus zurück nach Shaoguan am späten Nachmittag vor dem Parkeingang abfährt.

Erstes Ziel ist das 2 km hinter dem Eingang und jenseits des Flusses gelegene **Yuan Shan Jing**, dessen berühmter Felsen **Yangyuan Shi** – eine Benennung auch für andere Formationen in China – tatsächlich wie ein männliches Glied aussieht. Eine mühselige Kletterpartie führt auf den Gipfel des benachbarten (weniger phallischen) Yuan Shan, zu dessen Füßen man ein **Boot** zum Preis von ¥10 p.P. chartern oder einen Bus zum Danxia Shan selbst nehmen kann.

Das Gebiet ist durch ein 12 km langes Wegenetz erschlossen, das steil durch Waldgebiete und vorbei an auf Klippen schwebenden Nonnenklöstern und

Felsformationen zu den verschiedenen Gipfeln führt.

Einheimische Touristen bevorzugen eine Übernachtung in einem der kleinen *Hotels**, um früh aufzustehen und den Sonnenaufgang vom Pavillon auf dem höchsten Gipfel **Changlao** zu betrachten (ein einstündiger Aufstieg), doch die Aussicht ist bei entsprechendem Wetter im gesamten Tagesablauf herrlich.

Übernachtung

Guest's Hotel**, Xunfeng Lu jenseits des Flusses, ✆ 8882282. Nette Unterkunft mit hübschem Gelände, allerdings etwas abgewohnt.
Shaohua Jiudian**, ✆ 8881870, 📠 8881988. Freundliches Haus und vielleicht die beste Wahl in dieser Stadt.
Xinxing Lüguan*, preiswerte Betten ab ¥50.
Yuelai Jiudian**, südlich des Bahnhofsplatzes, ✆ 8222333. Relativ modernes Haus.

Essen

Shaoguans Restaurants brauchen keine Vergleiche zu scheuen. An Wochenenden serviert das ***Shaoguan Jiulou*** (nahe der Fußgängerüberführung an der Ecke von Jiefang Lu und Xunfeng Lu) bis 10 Uhr morgens im Obergeschoss ein ausgezeichnetes Dim-Sum-Frühstück. Zu den Spezialitäten im zweiten Stock des ***Dongjiang Fandian*** an der Fengdu Lu gehören gedämpftes Huhn, Tofu-Kasserole mit Beilagen sowie Suppen und blanchierte Gemüse für rund ¥80. Eine breitere Auswahl bietet auf fünf Stockwerken das ***Lantz Restaurant*** an der Fengdu Lu, das auf kantonesische Art gebratene Fleischgerichte, Dim Sum und allerlei Snacks im Angebot führt (die oberen Stockwerke sind gemütlicher). Westliche Angebote sind in den Straßen hinter dem Supermarkt neben dem *Lantz* zu finden. Das ***Venice Café*** serviert warme Snacks mit Kaffee ab ¥20 und bietet abends mitunter **Live-Musik**.

Sonstiges

GELD – Eine Niederlassung der ***Bank of China*** befindet sich an der Jiefang Lu, ⏲ Mo–Fr 9–11.30 und 13–17 Uhr.

INTERNET – Mehrere Internet-Bars nördlich des Fengcai Lou an der Dongti Lu.

POST UND TELEFON – ***Postamt*** südlich des Bahnhofsplatzes.

VORWAHL – 0751

Nahverkehrsmittel

Busse und **Minibusse** zu den Sehenswürdigkeiten in der Umgebung von Shaoguan fahren im Süden des Bahnhofs ab, sobald sie voll sind. Zahlreiche Schlepper, die von Ausländern mindestens das Doppelte des korrekten Fahrpreises verlangen, sind dort auf Kundenfang – auch Chinesen sind von diesen Machenschaften betroffen; also niemals einen Betrag zahlen, ohne zu handeln. Keinesfalls sollte man in ein kaum besetztes Fahrzeug steigen, denn dies kann lange Wartezeiten zur Folge haben. Auch vom Busbahnhof starten Fahrzeuge zu den nahen Zielen. **Taxis** erheben im Stadtgebiet eine Grundgebühr von ¥5.

Transport

BUSSE – Der **Überland-Busbahnhof** befindet sich östlich des Zentrums am anderen Ufer des Flusses Zhen, er liegt an einem großen Platz nördlich der Qujiang-Brücke und ist über die Jiefang Lu zu erreichen. Im gesamten Tagesablauf fahren Busse nordwärts nach HUNAN, JIANGXI und PINGSHI (4 Std.), nordostwärts nach GANZHOU in der Provinz Jiangxi (6 Std.), ostwärts nach MEIZHOU (12 Std.) und SHANTOU (12 Std.), südwärts nach GUANGZHOU (10 Std.) und QINGYUAN (8 Std.) sowie westwärts nach LIANSHAN.

EISENBAHN – Auch der **Bahnhof** liegt an dem besagten großen Platz. Fahrkarten für die Weiterreise sind trotz der zahlreichen Züge aus Guangzhou stets knapp.
Die Züge und auch der Bahnhof selbst sind ständig überfüllt. Es gibt tgl. mehrere Verbindungen nach CHANGSHA (5 Std.), GUANGZHOU (3–5 Std.) und HENGYANG (5 Std.).

Von Pingshi nach Lechang: Rafting über die Neun Stromschnellen

Nach vielen vergeblichen Versuchen und tragischen Verlusten an Menschenleben gelang es einer Expedition der Chinesischen Akademie der Wissenschaften 1986, die gesamte Länge des Yangzi mit Schlauchbooten zu befahren – ein Ereignis, das landesweit Interesse an diesem Sport weckte und in der Kleinstadt Pingshi, 100 km nordwestlich von Shaoguan am Fluss Wu gelegen, ein neues Touristenangebot entstehen ließ. Ein nicht zum Yangzi-System gehörender 103 km langer Wasserlauf zwischen Pingshi und dem südlichen Lechang, der den nicht sehr phantasievollen Beinamen „Neun Stromschnellen und achtzehn Untiefen" trägt, eignet sich zu einem unterhaltsamen Rafting. Alljährlich von Anfang bis Ende Juli veranstaltet Lechang ein **Rafting-Fest**, zu dem chinesische Gruppen aus dem gesamten Land anreisen, um den Fluss zu befahren. Im Angebot sind komplette Tourenpakete inklusive Unterkunft in Shaoguan, doch man kann durchaus alles auch vor Ort in Pingshi arrangieren. Täglich fährt mindestens ein Bus von Shaoguan nach Pingshi (5 Std., ¥35), und mehrere Züge bewältigen die Strecke in nur rund drei Stunden. Das **Büro für Raftingtickets**, die ¥210 p.P. kosten, befindet sich unmittelbar gegenüber von Pingshis Bahnhof. ⏲ tgl. 9–11 und 13.30–17 Uhr. Sollten dort für den kommenden Tag keine Tickets mehr erhältlich sein, lohnt sich eine Nachfrage bei *CITS* im nahen *Jinji Ling Binguan***, das ordentliche DZ und wenig empfehlenswerte Dorm-Betten (¥35) anbietet.

Es empfiehlt sich, zunächst einen Tag in Pingshi zu verbringen und den nur 1 km nördlich gelegenen **Jinji Ling** (Goldener Hahnenkamm) zu besteigen. Der nur 350 m hohe Gipfel lockt mit ungewöhnlichen Felsformationen und interessanten Vegetationsformen. Blickfang ist der sich vertikal aufschwingende Gipfel **Yizi Ling**, wo sich aus Pavillons auf dessen leichter erreichbaren Buckeln erste Ausblicke auf die Stromschnellen eröffnen und eine Statue an eine Kommandantin der Taiping-Armee namens Hong Xuanjiao erinnert, die in diesem Gebiet ausgebildet wurde.

Stromabwärts nach Lechang

Täglich finden morgens und nachmittags jeweils zwei Rafting-Fahrten statt. Am Ticketbüro werden Rettungswesten ausgegeben, bevor es auf die motorisierten Schlauchboote aus reißfestem Gummi für neun oder zehn Personen geht. Bei der rasanten Fahrt flussabwärts sollte man ein Auge auf die seltsam verschlungenen Klippen richten, in deren Gestein zu beiden Seiten des Flusses tiefe Löcher zu entdecken sind, die früher den Trailern, die in weniger manövrierfähigen Holzbooten regelmäßig Frachten und Passagiere flussaufwärts zogen, als Verankerung für ihre Bambusseile dienten. Zur Zeit der Tang-Dynastie saß in einem solchen Boot auch der beim Premierminister des Kaisers Xuanzong in Ungnade gefallene Poet **Han Yu**, der ins Exil nach Chaozhou geschickt wurde – ein Tempel am rechten Flussufer erinnert an jene traurige Reise.

An den Ufern befinden sich mehrere natürliche und historische Sehenswürdigkeiten, an denen die Boote mitunter anlegen. Es ist vorgekommen, dass Boote kenterten, aber gewöhnlich treffen die Besatzungen nach sieben kurzweiligen Stunden wohlbehalten in Lechang ein. Dort stehen *Gästehäuser** zur Verfügung, doch es fahren auch zahlreiche **Minibusse** nach Shaoguan (¥10) oder zu Bahnhöfen an der Strecke von Guangzhou nach Hunan.

Ost-Guangdong

Die 600 km lange Reise von Guangzhou Richtung Osten nach Xiamen in der Provinz Fujian ist anstrengend, doch unterwegs gibt es interessante Stätten zu entdecken. Ein beliebtes Ausflugsziel der Bewohner Guangzhous sind die Wasserlandschaften von **Huizhou**, das nur drei Stunden von der Stadt entfernt liegt. In Grenznähe zu Fujian bezaubert der ehemalige Handelshafen **Shantou** mit seinem verblassenden Charme, und nur eine Stunde entfernt liegt die für eine eigenständige Küche und schöne Ming-Architektur bekannte Stadt **Chaozhou**. Wenn Zeit keine Rolle spielt, lassen sich einige interessante Tage im hügeligen Bergland um **Meizhou** verbringen, wo sich das Zentrum der **Hakka-Kultur** befindet. Das Reisen gestaltet sich einfach, denn aus Guangzhou und Shenzhen führen Schnellstraßen nach Huizhou sowie an der Küste entlang nach Shantou und weiter nach Fujian, während die von Guangzhous Ostbahnhof kommende Eisenbahntrasse nordöstlich von Huizhou nach Meizhou (wo eine neue Trasse die Verbindung nach Yongding in Fujian herstellt), Chaozhou und Shantou abzweigt.

Huizhou und Xi Hu

Das 160 km von Guangzhou entfernte Huizhou ist eine Wasserstadt, die sich zwischen fünf Seen und dem Zusammenfluss des Dong und des Xizhi ausbreitet. Schon vor über 2000 Jahren siedelten in dieser späteren Hauptstadt des südlichen Han-Hofes Menschen. Die charmante Landschaft rund um den 2 km² großen Xi Hu (Westsee) hebt Huizhou aus der Masse durchschnittlicher chinesischer Kleinstädte ab. Das bereits von Landschaftsgestaltern der Song-Dynastie als Park geplante **Seeufer** lohnt einen Tagesaufenthalt oder zumindest einen mehrstündigen Spaziergang durch die gepflegten Landschaften, die sich auch unter den Einheimischen großer Beliebtheit erfreuen.

Huizhou ist nicht groß – der Xi Hu erstreckt sich etwa über die gleiche Fläche wie das Stadtzentrum. Mehrere Eingänge gewähren von 6 Uhr morgens bis zum Einbruch der Dunkelheit Zugang zum Parkgelände, wobei eine Gebühr von ¥16 erhoben wird. Vom Haupteingang neben dem *Huizhou Binguan* an der Huangcheng Lu führt ein 500 m langer Damm, dessen beide Abschnitte durch eine kleine gewölbte Brücke aus weißem Marmor verbunden sind, über den See. Diese Brücke wurde 1096 von einem Mönch namens Xigu errichtet und vom sichuanischen Poeten und Beamten **Su Dongpo** finanziert, der damals Gouverneur von Huizhou war und berühmte Verse über die Schönheit des sich im See spiegelnden Vollmonds schrieb. Am anderen Ufer steht eine

Ost-Guangdong

Huizhou	惠州	***huìzhōu***
Dongjiang Jiudian	东江酒店	*dōngjiāng jiǔdiàn*
Huiyun Zhaodaisuo	惠运招待所	*huìyùn zhāodàisuǒ*
Huizhou Binguan	惠州宾馆	*huìzhōu bīnguǎn*
Xi Hu	西湖	*xīhú*
Xihu Dajiudian	西湖大酒店	*xīhú dàjiǔdiàn*
Yuan Miao	元庙	*yuánmiào*
Shantou	汕头	***shàntóu***
Chaolian Dasha	侨联大厦	*qiáolián dàshà*
Chaozhou Caiguan	潮洲菜馆	*cháozhōu càiguǎn*
Huaqiao Dasha	华侨大厦	*huáqiáo dàshà*
Piaoxiang Xiaocidian	飘香小吃店	*piāoxiāng xiǎochīdiàn*
Shipaotai Gongyuan	石炮台公园	*shípàotái gōngyuán*
Tianhou Gong	天后宫	*tiānhòu gōng*
Zhongshan-Park (Sun-Yatsen-Park)	中山公园	*zhōngshān gōngyuán*
Chaozhou	潮州	***cháozhōu***
Fenghuang-Pagode	凤凰塔	*fènghuáng tǎ*
Guangji-Tor	广济门	*guǎngjì mén*
Hanwen Gong	韩文公	*hánwén gōng*
Kaiyuan Si	开元寺	*kāiyuán sì*
Konfuzianische Akademie	海阳县儒学宫	*hǎiyángxiàn rúxuégōng*
Xiangzi Qiao (Xiangzi-Brücke)	湘子桥	*xiāngzǐ qiáo*
Xihu-Park	西湖公园	*xīhú gōngyuán*
Xufu Mafu	许驸马府	*xǔfù mǎ fǔ*

dreizehnstöckige Ziegelpagode aus dem Jahre 1618, deren wacklige Holztreppe zu einer Aussichtsplattform mit Blick auf die sich nord- und südwärts erstreckenden Wasserflächen führt. Nebenan steht eine stolze Statue des Su Dongpo vor einem Museum, das unter anderem einen beschädigten Tuschestein zeigt, der dem berühmten Literaten gehört haben soll. Der Hauptweg verläuft von dort erneut über den See, diesmal über eine Zickzackbrücke und mehrere strategisch angelegte Inseln mit dichten Bambushainen, und führt am Nordufer zum alten daoistischen Nonnenkloster **Yuan Miao**. Die Anlage besitzt zahlreiche winzige Räume und Atrien, die mit daoistischen Symbolen sowie Glück verheißenden geschnitzten Fledermäusen, Tigern und Kranichen verziert sind. Eine Halle im hinteren Bereich ist dem Helden der Drei Reiche und Kriegsgott Guan Yu geweiht, und in einem Seitenflügel gibt es eine Grube mit zahlreichen lebenden Schildkröten. Der Weg zurück über die Huangcheng Lu führt zu weiteren kleinen Inseln, auf denen Straßenkünstler die Wochenendausflügler mit Theateraufführungen und Übungen in den Kampfsportarten unterhalten. Huizhous Stadtzentrum beginnt unmittelbar hinter einem Knick des 500 m breiten Flusses Dong und dehnt sich auf einer relativ schmalen Landzunge aus, die im Osten an den schmaleren Fluss Xizhi und im Westen an den Xi Hu grenzt. Die schmalen Seitenstraßen der Huangcheng Lu führen zur parallel verlaufenden Shuimen Lu, Huizhous wichtigstem Einkaufsbezirk. Die Hotels der Stadt wechseln ebenso **Geld** wie die große Niederlassung der *Bank of China*, die zu Fuß fünf Minuten östlich des Busbahnhofs liegt und via Eling Dong Lu zu erreichen ist, 🕒 Mo–Fr 9–12 und 13.30–17 Uhr.

Übernachtung und Essen		
Chaozhou Binguan	潮州宾馆	*cháozhōu bīnguǎn*
Ciyuan Jiujia	瓷苑酒家	*cíyuàn jiǔjiā*
Hongyun Jiudian	鸿运酒家	*hóngyùn jiǔjiā*
Hu Rong Quan	胡荣泉	*húróng quán*
Taiwan Binguan	台湾宾馆	*táiwān bīnguǎn*
Xin Banhu Jiulou	新板湖酒楼	*xīnbǎnhú jiǔlóu*
Meizhou	梅州	***méizhōu***
Dongshan-Brücke	东山桥	*dōngshān qiáo*
Lingguang Si	灵光寺	*língguāng sì*
Meijiang-Brücke	梅江桥	*méijiāng qiáo*
Mei (Fluss)	梅江	*méijiāng*
Qianfo Si	千佛寺	*qiānfó sì*
Renjinglu	人境庐	*rénjìng lú*
Wenhua-Park	文化公园	*wénhuà gōngyuán*
Yinna Shan	阴那山	*yīnnà shān*
Übernachtung und Essen		
Huaqiao Dasha	华侨大厦	*huáqiáo dàshà*
Huayun Dajiudian	华运大酒店	*huáyùn dàjiǔdiàn*
Huihua Jiudian	晖华酒店	*huīhuá jiǔdiàn*
Kejia Fan	客家饭	*kèjiā fàn*
Meizhou Dasha	梅州大厦	*méizhōu dàshà*
Shang's Meatball Store	尚记肉丸店	*shàngjì ròuwándiàn*
Dapu	大埔	***dàpǔ***
Gongyuan Binguan	公园宾馆	*gōngyuán bīnguǎn*
Hushan	虎山	*hǔshān*

Übernachtung und Essen

Die preiswerten Unterkünfte in der Nähe des Busbahnhofs sind relativ laut. Angenehmer und schöner sind die Hotels in der Nähe des Sees, die vor allem nach einem Aufenthalt in Guangzhou willkommene Ruhe bieten.

Dongjiang Jiudian*, Huangcheng Lu, ✆ 0752/2233848. Eine ordentliche Adresse.

Fei'e Lou*, Eling Bei Lu, ✆ 0752/2288999. Saubere und ruhige Unterkunft.

Huiyun Zhaodaisuo*, einfaches Quartier in der Nähe des Busbahnhofs. Dorm-Betten ¥40.

Huizhou Binguan***, Huangcheng Lu, ✆ 0752/2232333, 📠 2231439. Komfortables Hotel mit geräumigen DZ direkt am Ostufer des Xi Hu.

Xihu Dajiudian****, ✆ 0752/2226666, 💻 www.hzwestlakehtl.com. Hotel der gehobenen Kategorie gleich gegenüber dem *Huizhou Binguan*.

Gutes **Essen** bieten die Garküchen in der Nähe des Busbahnhofs und preiswerte Restaurants an der Huangcheng Lu und Shuicheng Lu. Auch die Hotels führen Restaurants, die jedoch teurer sind – das *Huizhou Binguan* legt sogar eine englischsprachige Speisekarte vor.

Transport

BUSSE – Huizhous **Überland-Busbahnhof** liegt 1 km südlich des Sees an einem Kreisverkehr, von dem die Eling Bei Lu nordwärts zur Huangcheng Lu verläuft, die ihrerseits am Ostufer des Xi Hu entlangführt. Die Busse zurück nach Guangzhou und Shenzhen fahren von 6–18 Uhr ab.

Busse nach:
CHAOZHOU 5 Std.;
GUANGZHOU 3 Std.;
MEIZHOU 10 Std.;
SHANTOU 3 Std.;
SHENZHEN 4 Std.

EISENBAHN – Der **Bahnhof** befindet sich 3 km westlich der Stadt und ist durch Taxis und Bus Nr. 9 mit dem Überland-Busbahnhof verbunden. **Zugtickets** verkauft der Reiseschalter des *Huizhou Binguan,* 🕓 tgl. 8–20 Uhr.

Züge nach:
CHAOZHOU 5x tgl., 7–8 Std.;
GUANGZHOU 7x tgl., 2–3 Std.;
MEIZHOU 5x tgl., 5 1/2 Std.;
NANCHANG 2x tgl., 18 Std.;
SHANGHAI 1x tgl., 36 Std.;
SHANTOU 3x tgl., 9 Std.;
WUHAN 2x tgl., 23 Std.

Shantou

Shantou liegt an einem geschützten Seehafen an der Mündung des Flusses Rong, in dessen Nähe sich Guangdongs wichtigste Wasserstraße, der Fluss Han, durch eine tief eingeschnittene Bucht ins Südchinesische Meer ergießt. Der strategische Zugang zu den gebirgigen inländischen Gebieten des Südens, den Shantou gewährt, und seine vorzügliche Lage zwischen Guangzhou und Xiamen in Fujian blieben unbeachtet, bis die Stadt 1858 nach den Opiumkriegen durch den **Vertrag von Tianjin** für Ausländer geöffnet wurde. Vorwiegend trafen britische Unternehmer ein, welche die Stadt in Anlehnung an die lokale Aussprache **Swatow** nannten und den Fluss Han stromaufwärts erschlossen, um dort kirchliche Missionen zu errichten und eine Stadt mit stolzem kolonialem Profil aufzubauen. Schon 1900 war das Fischerdorf Shantou zu einem bedeutenden Handelshafen herangewachsen, und daran änderte sich 50 Jahre lang nichts, bis sich das wirtschaftliche Schwergewicht nach der kommunistischen Machtübernahme auf die Leichtindustrie verlagerte, die nach Shantous Erhebung zu einer von Guangdongs Wirtschaftssonderzonen im Jahre 1980 stark gefördert und ausgebaut wurde. Heute wirkt das alte Hafenviertel vernachlässigt, denn als neue moderne Geschäftsstadt mit über einer Million Einwohnern dehnt sich Shantou beständig nach Osten aus. Die überfüllte und lärmende Stadt ist dennoch ein geeigneter Ort für einen Zwischenaufenthalt bei der Reise ins östliche Fujian oder nördliche Chaozhou, denn ein verfallendes Altstadtviertel und etliche schöne traditionelle Gebäude verdienen nähere Beachtung.

Die interessanten Bereiche Shantous sind seine westlichen Viertel, die sich auf einem kompakten 3 km langen Landvorsprung nördlich des Hafens bündeln, der im Westen und Norden von schmalen Seitenarmen des Han begrenzt wird. Einer dieser Wasserläufe, der Mei-Kanal, umringt den **Zhongshan-Park** im Norden der Landzunge, dessen Ein-

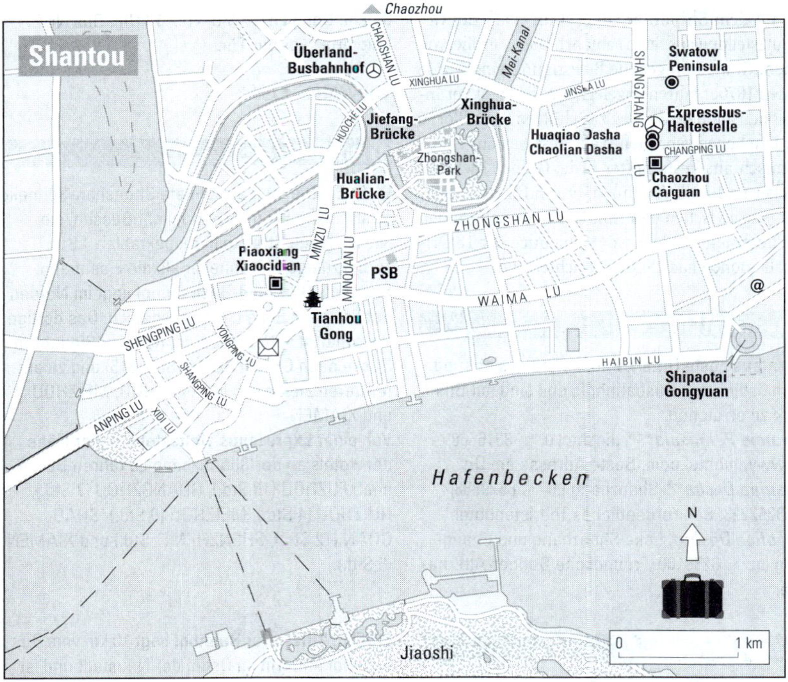

gang sich östlich der Dahua Lu befindet. Der Park ist der schönste Ort in Shantou, um den Tag in relativer Entspanntheit zwischen Menschen zu beginnen, die Gesellschaftstänze üben oder mit Schwertern die Anleitungen der klassischen chinesischen Kampfsportarten befolgen. Auch eine kleine **Freilichtbühne** für Theateraufführungen, auf der an Wochenenden oft lokale Chaozhou-Opern aufgeführt werden, ist im östlichen Parkbereich vorhanden. Ansonsten dominieren Wasserflächen und Bäume. Der Eintritt kostet ganze ¥2.

Ein Spaziergang Richtung Südwesten über die Minzu Lu führt nach nur fünf Minuten zu einem großen Kreisverkehr, in dessen Mitte ein Pavillon steht. Nur wenig weiter südlich zweigt westwärts die Shengping Lu ab, wo der 1879 errichtete und inzwischen vollständig renovierte **Tianhou Gong** steht, dessen zentraler Tempelhof kaum 20 Besucher fasst, doch die dortigen Statuen und das Zierwerk wirken außerordentlich opulent. Von Hand gemalte Wächtergottheiten zieren die Holztüren, das Gebälk ist mit Drachen und Tieren beschnitzt, und die Dachziegel zeigen Szenen aus den Lebensläufen der rotgesichtigen, heldenhaften örtlichen Kriegerin Guan Yu auf ihrem Tiger.

Vom Kreisverkehr führt die südwestwärts Richtung Uferfront verlaufende Anping Lu nach gut 1 km zu allmählich verblassenden Häusern mit **kolonialen Fassaden** und mehreren Blöcken mit dreistöckigen Wohn- und Warenhäusern, deren Fenster und Türen kunstvoll mit abbröckelndem Stuckdekor und gerillten Säulen gesäumt sind. Obwohl die Gegend hier und da abgewirtschaftet und beklemmend wirkt – manche Gebäude erwecken den Eindruck, als könnten sie im nächsten Augenblick einstürzen –, vergehen die Stunden bei einem Bummel durch die hiesigen Straßen und Gassen wie im Fluge. Nach der Erkundung dieser Gegend kann man bequem die Waima Lu ansteuern, wo Bus Nr. 3 zur rund 3 km östlich gelegenen Haibin

Lu mit dem **Shipaotai Gongyuan** (Park der Geschützstellung aus Stein) abfährt. Dieser große, von einem Graben umgebene Befestigungsring wurde in den 1870er Jahren angelegt, um die Stadt vor Invasionen auf dem Seeweg zu schützen – die Blöcke der 6 m hohen geneigten Wälle bestehen aus einem Gemisch aus gestampfter Erde, Granit, Klebreis, Zucker und Kalk. Im Innenbereich führt ein Spaziergang zwischen den Innen- und Außenwänden zur höchsten Anhöhe, wo noch einige der 18 Originalkanonen nach Süden gerichtet sind.

Übernachtung

Shantous beste Unterkünfte befinden sich rund 2 km östlich des Busbahnhofs und sind mit Bus Nr. 4 zu erreichen.
Swatow Peninsula***, Jinsha Lu, ✆ 8316668, 💻 www.pihotel.com. Beste Adresse am Ort.
Huaqiao Dasha**, Shanzhang Lu, ✆ 8629888, 📠 8252223. Sehr ordentliches Touristenhotel.
Chaolian Dasha*, Ecke Shanzhang und Changping Lu, ✆ 8259109. Freundliche Budget-Alternative.

Essen

Shantou und Chaozhou besitzen eine Küche mit eigener Ausprägung (s.S. 710f.). Shantou genießt einen ausgezeichneten Ruf für Meeresfrüchte und Reismehl-*jiaozi*. In den Seitengassen gibt es zahlreiche preiswerte Stände und Garküchen. Zu den beliebtesten Adressen der Stadt gehört ein einfaches *jiaozi*-Restaurant namens ***Piaoxiang Xiaocidian***, das in einem früheren Tempelgebäude 70 m nördlich des Kreisverkehrs an der Shengping Lu auch andere leichte Mahlzeiten serviert (Spezialität: Austern-Omelettes). Das ***Chaozhou Caiguan*** in der Nähe der Hotels an der Changping Lu bietet ähnliche Gerichte in gemütlicherem Rahmen an.

Sonstiges

AMT FÜR ÖFFENTLICHE SICHERHEIT (PSB) – Gongyuan Lu, ✆ 8423592.

GELD – Die große Niederlassung der ***Bank of China*** wechselt Devisen in der neustädtischen Jinsha Dong Lu, 🕒 Mo–Fr 9–17 Uhr. Bus Nr. 2 hält direkt vor der Tür.

VORWAHL – 0754

Transport

BUSSE – Die ausgezeichnete Shenshan-Schnellstraße nach Huizhou ermöglicht Bussen, die 300 km lange Strecke in respektablen 4 Std. zurückzulegen – schneller als die Eisenbahn. Shantous **Überland-Busbahnhof** liegt im Norden der Stadt am Ende der Chaoshan Lu. Das dortige Personal ist sehr hilfsbereit. Regelmäßig fahren Busse nach CHAOZHOU (1 Std., ¥15) und zu entfernteren Zielen wie GUANGZHOU, MEIZHOU und XIAMEN.
Von einer **Expressbus-Haltestelle** in der Nähe der Hotels an der Shangzhang Lu fahren Busse nach FUZHOU (10 Std.), GUANGZHOU (7 Std.), HUIZHOU (4 Std.), MEIZHOU (9 Std.), SHAOGUAN (12 Std.), SHENZHEN (7 Std.) und XIAMEN (5 Std.).

EISENBAHN – Der **Bahnhof** liegt 10 km vom Busbahnhof entfernt im Osten der Neustadt und ist mit diesem durch die Busse Nr. 4 und 11 verbunden. Wie an anderen Ankunftsorten warten auch hier zahlreiche Taxis, und im Gewühl des Bahnhofbereichs ist auf Taschendiebe zu achten.
Es gibt Verbindungen nach CHAOZHOU (5x tgl., 1/2 Std.), GUANGZHOU (5x tgl., 7–12 Std.), HUIZHOU (3x tgl., 9 Std.) oder MEIZHOU (4x tgl., 3–4 Std.). Zugtickets beschaffen auch die Unterkünfte, was viel Lauferei und Umständlichkeiten erspart. Auch am Busbahnhof gibt ein spezieller Schalter Zugtickets aus – ebenso wie eine Agentur neben der Expressbus-Haltestelle.

Chaozhou

Die 40 km nördlich von Shantou an den Ufern des Flusses Han gelegene Stadt Chaozhou ist eine der kulturell bedeutendsten Städte Guangdongs und wird dennoch von Touristen und Verwaltungsbeamten kaum beachtet, seit sie im 19. Jahrhundert von der lärmenden südlichen Schwesterstadt aus dem Rampenlicht verdrängt wurde. Als Reaktion

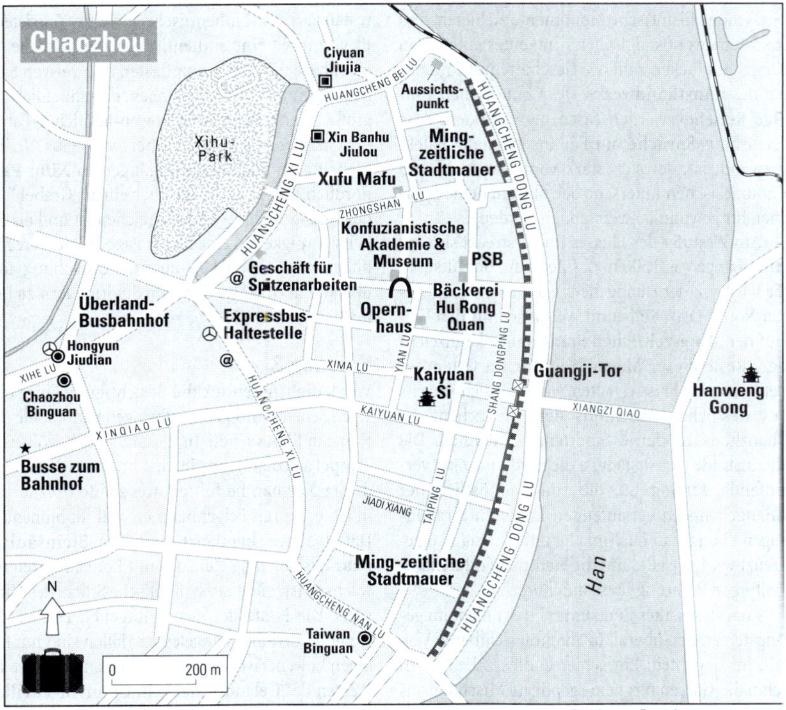

darauf verwandelte sich Chaozhou in eine beharrlich traditionelle Stadt, die stolz ihre Architektur, abergläubischen Vorstellungen und lokalen Ausprägungen bewahrt – im Vergleich zum erst in jüngster Zeit herangewachsenen Shantou bietet Chaozhou ein wesentlich schöneres Umfeld, um ein wenig Zeit zu verbringen.

Die **Stadtgeschichte** reicht in antike Epochen zurück. In der Ming-Dynastie erlebte Chaozhou eine kulturelle Blütezeit, und die meisten Monumente der Stadt gehen auf jene Periode zurück. Danach allerdings kam es zu einer Abfolge von Tragödien. Nach einem antimandschurischen Aufstand im Jahre 1656 entgingen nur Chaozhous Mönche und deren Tempelstätten dem rasenden kaiserlichen Zorn – noch heute kursiert die Legende, dass die Anhöhen der Stadt aus der Verbrennungsasche von Hunderttausenden getöteten Stadtbürgern entstanden sind. Chaozhou erholte sich kurzzeitig, doch im 19. Jahrhundert brachen Hungersnöte und die Opiumkriege über die Stadt herein – Entwicklungen, die gleichzeitig Shantous Wachstum bewirkten. Über eine halbe Million verarmte und verzweifelte Menschen flohen über den neuen Nachbarhafen aus Chaozhou und Ost-Guangdong, und viele von ihnen fanden in den europäischen Kolonien in Südostasien eine neue Heimat; sie sind die Vorfahren der großen chinesischen Bevölkerungsgruppen in Thailand, Malaysia, Singapur und Indonesien. Shantous wachsende Bedeutung brachte Chaozhou unter die Verwaltung der Nachbarstadt, bis es 1983 als unabhängige Stadtgemeinde abgekoppelt wurde und seitdem in lebendiger Konkurrenz zu Shantou steht.

Auswärtigen Besuchern präsentiert sich Chaozhou als liebenswerter und einladender Ort. Neben dem lebhaftesten und offensichtlich geordnetsten Straßenalltag in ganz Südchina hat die Stadt mehrere schöne historische Monumente zu bieten, und inmitten des nostalgischen Ambientes einer alten Kleinstadt locken zahllose Geschäfte mit Produkten des **Kunsthandwerks**. Des Chinesischen kundige Reisende werden rasch herausfinden, dass Chaozhous **Sprache** mit Fujians Minnan-Dialekt verwandt ist, der sich stark vom Mandarin und Kantonesischen unterscheidet, obwohl beide Sprachen für gewöhnlich verstanden werden.

Am Westufer des Flusses Han erstreckt sich auf einer Länge von 1500 m das Zentrum der Altstadt. Sie wird von der Huangcheng Lu umschlossen, deren Nord-, Ost-, Süd- und Westabschnitt den Verlauf der **Ming-zeitlichen Stadtmauer** kennzeichnen. Reste dieser Mauer sind nur im Osten des Zentrums am Fluss erhalten, während sich jenseits des westlichen Abschnitts der Huangcheng Lu Chaozhous moderne Stadtteile ausdehnen. Die Hauptstraße der Altstadt ist die nord-südwärts verlaufende Taiping Lu, die von den östlich der Huangcheng Lu verlaufenden kürzeren Straßenzügen Zhongshan Lu, Xima Lu und Kaiyuan Lu gekreuzt wird, die allesamt die Stadtmauer durch Bogentore in Richtung Fluss durchbrechen.

Chaozhous altes Zentrum erinnert nicht im geringsten an den überall in Shantou sichtbaren Verfall. Im Gegenteil: Ein schier endloses Labyrinth schmaler Gassen birgt eine gepflegte Mischung aus kolonialen und traditionellen Gebäuden. In den ruhigeren, vom allgemeinen Trubel abgeschnittenen Wohngebieten gibt es alte Brunnen, steinerne Bogengänge aus der Ming-Dynastie und ehrwürdige Privatvillen zu entdecken – Letztere sind durch dicke Mauern und wuchtige Holztore von der Außenwelt abgeschottet sowie durch schön gestaltete Gottheiten und Glückssymbole vor bösen Einflüssen geschützt. Auf den Hauptstraßen müssen Motorrad- und Fahrradrikschafahrer auf Fußgänger achten, die wegen der vor so manchem Geschäft aufgehäuften Warenstapel gezwungen sind, vom Bürgersteig auf die Straße auszuweichen. Zu den bevorzugten Zielen gehört das von Steinlöwen bewachte alte Herrenhaus **Xufu Mafu** an der Zhongshan Lu, in dessen Nachbarblock zudem ein Ming-zeitlicher Gedenkbogen und eine ehemalige **konfuzianische Akademie** (heute ein **Museum** mit Stadtfotos aus der Vorkriegszeit) Interesse verdienen. Im Süden der Stadt wurde der westlich der Taiping Lu verlaufende Straßenzug **Jiadi Xiang** restauriert (für Einheimische, nicht für Touristen). Er vermittelt eine authentische Qing-zeitliche Atmosphäre mit Kopfsteinpflaster, dekorativen Säulengängen und Wandmalereien, einschließlich der großen Darstellung eines Löwen-ähnlichen Fabeltiers namens Qilin gegenüber von Haus Nr. 16. Mehr Raum haben Spaziergänger im **Xihu-Park** nördlich der Altstadt, der über einen „Graben" an der Huangcheng Xi Lu zu erreichen ist und als Sehenswürdigkeiten eine kleine Pagode, mehrere Anhöhen mit Ausblicken auf die Umgebung und überwucherte Reste der alten Stadtmauern zu bieten hat. Eintritt ¥5.

Kaiyuan Si

Wer lediglich Zeit für die Besichtigung einer einzigen Sehenswürdigkeit aufbringen kann, sollte den Kaiyuan Si besuchen. In diesem stets bevölkerten Tempel aus dem Jahre 738 n. Chr. am östlichen Ende der Kaiyuan Lu führen drei solide Holzportale in Höfe, die mit Feigenbäumen und rot blühenden Dattelpalmen bepflanzt sind. Ein **Steinsäulen-Paar** aus der Tang-Zeit, das mit Lotusknospen bewachsen ist, dient als symbolische Stütze des Himmels. Die Firste der geschwungenen Dächer der wohlproportioniert angelegten Hallen sind mit farbigen Löwen, Fischen und Drachen ausgestattet. Im Westen des Geländes steht ein **Guanyin-Pavillon** mit über einem Dutzend Statuen dieser hoch verehrten weiblichen Bodhisattva-Verkörperung. Ein östlicher Raum beherbergt hingegen zahlreiche bärtige daoistische Heilige, die das Yin-Yang-Symbol tragen, und das Innere der **Haupthalle** ist mit einer prachtvollen gewölbten Holzdecke und riesigen Brokatbannern ausgestattet, hinter denen die goldene buddhistische Trinität nahezu verschwindet. Zur Zeit der Drucklegung wurde der Tempelbereich um einen neuen östlichen Flügel erweitert. ⏲ tgl. 8–18 Uhr, Eintritt ¥5.

Die Stadtmauern und das Ostufer

Rund 250 m östlich des Tempels führt die Kaiyuan Lu zur alten Stadtmauer. Das 7 m hohe und fast ebenso breite Bollwerk wurde im Verlauf von Chaozhous Geschichte zweimal durchbrochen und ist heute auf einer Länge von nahezu 1500 m in gutem Zustand erhalten. Am **Haupttor Guangji** führt eine Treppenflucht zu einem baufälligen Wachtturm und zur begehbaren Mauer. Nicht weit hinter dem

Tor überspannt die 500 m lange Brücke **Xiangzi Qiao**, deren Brückenköpfe bereits im 12. Jahrhundert gebaut wurden, den Fluss. Bis in die 50er Jahre bestand ihr Mittelteil aus hölzernen Pontons, die inzwischen jedoch längst durch eine Zementkonstruktion ersetzt worden sind. Für den Durchgangsverkehr ist die Brücke, auf der viele Händler preiswerte Textilien anbieten, gesperrt. Am anderen Ufer rückt die mit Buschwerk überwucherte, jedoch einige Kilometer flussabwärts stehende antike **Fenghuang-Pagode** ins Blickfeld, bevor eine kurze Straße nach links zum Eingang des Tempels **Hanwen Gong** führt, der im Jahre 999 n. Chr. zum Gedenken an den konfuzianischen Gelehrten Han Yu errichtet wurde, der 100 Jahre zuvor Buddha als Barbaren kritisiert und den Fluss von gefährlichen Krokodilen befreit hatte. Eine breite und steile Treppenflucht aus Granitgestein führt dort zu drei Terrassen hinauf, die mit jeweils einer Halle ausgestattet sind. Die oberste Halle präsentiert zahlreiche antike Stelen mit Proklamationstexten und eine gemalte Darstellung des Han Yu. Der Eintritt zum Tempel kostet ¥5.

Übernachtung

Die meisten Unterkünfte befinden sich in Bahnhofsnähe.

Chaozhou Binguan***, unmittelbar gegenüber dem Hongyun Jiudian, ✆ 2261168, ✉ 2264298. Touristisch und überteuert, doch in jeder Hinsicht besser als die alternden Unterkünfte in der näheren Umgebung.

Hongyun Jiudian**, direkt am Bahnhof, ✆ 220 6052. Saubere und ordentliche DZ und gemessen am Preis-Leistungs-Verhältnis die wohl beste Wahl der Stadt.

Taiwan Binguan**, Huangcheng Nan Lu, ✆ 223 2050, ✉ 2233029). Rund 1500 m vom Bahnhof entferntes angenehmes Hotel, das bevorzugt von Geschäftsleuten gebucht wird.

Essen

Chaozhous Küche gewinnt in China erst jetzt zunehmend an Popularität, während sie durch die zahlreichen aus der Region stammenden Emigranten im Ausland schon länger – obgleich dort unbewusst – verbreitet ist und geschätzt wird. Vor allem die Meeresfrüchte lassen Gourmets das Wasser im Munde zusammenlaufen, und die gebratene Ente – angereichert mit saurer Pflaume, denn die Verwendung von Obst zum Kochen ist neben angebratenen Knoblauchscheiben, ein Einfluss aus Südostasien, das typischste Merkmal der örtlichen Küche – braucht die Konkurrenz einer guten Peking-Ente nicht zu scheuen.

Die besten Restaurants befinden sich in Blicknähe zum Xihu-Park an der Huangcheng Xi Lu: Zu den Spezialitäten des ***Xin Banhu Jiulou*** gehören kalte gehackte Ente und diverse grüne Gemüsesorten. Sehr empfehlenswert ist das ***Ciyuan Jiujia***, dessen Personal außerordentlich dienstfertig ist – ein Menü für vier Personen mit gebratener Gans, knusprigem Tintenfisch, gedämpften Krabben, angebratenem Spinat, verschiedenen Dim-Sum-Kleinigkeiten und einer Fischbällchen-Suppe kostet rund ¥200. Leckere **Snacks** führt die Bäckerei ***Hu Rong Quan*** an der Taiping Lu im Angebot, die vor allem Mondkuchen und die denkbar besten Frühlingsrollen (gefüllt mit Frühlingszwiebeln, gelben Bohnen, Pilzen und wenig Fleisch) verkauft.

Für China sehr ungewöhnlich ist der Verkauf frisch gemolkener **Ziegenmilch** durch einen Bauern, der seine Tiere nachmittags in die Nähe der Kreuzung von Xihe Lu und Huangcheng Xi Lu treibt – unbedingt einen eigenen Behälter mitbringen. Die örtliche **Tee-Zeremonie** heißt *gongfu cha* und wird von Chaozhous Einwohnern schon beim geringsten Anlass durchgeführt. Auch in den meisten Restaurants kommt Tee für nur wenige Yuan auf den Tisch. Zunächst werden eine kleine Kanne und auffällig winzige Tassen auf einem tiefen Keramiktablett (mit Gitterrost zum Abtropfen) aufgetragen. Die bis zum Rand mit groben Oolong-Teeblättern gefüllte Teekanne wird mit kochend heißem Wasser gefüllt und sofort wieder ausgegossen – nicht in die Tassen, sondern in das Serviertablett. Nach dem unverzüglichen Nachfüllen muss der Tee nur ganz kurz ziehen, bevor er mit raschem Ausschenken an die Anwesenden verteilt wird. Die nahezu fingerhutgroße Teemenge wird sofort hinuntergestürzt, bevor sie Gefahr läuft, kalt zu werden – die gesamte Zeremonie hat eher gesellschaftlichen Charakter als einen kulinarischen Sinn.

Sonstiges

EINKAUFEN – Die Bindung an die Vergangenheit machte Chaozhou zu einem Zentrum für **traditionelle Kunst** und **kunsthandwerkliche Gegenstände,** in dem sich Souvenirjäger wohl fühlen. Ein breites Angebot führt auch der Haushaltswarenmarkt hinter dem Guangji-Tor an der Shangdong Ping Lu, wo Hackmesser, Küchengeschirr und altbackene Türgriffe aus Messing erhältlich sind. Zahlreiche Geschäfte rund um den Kaiyuan Si verkaufen Tempelutensilien – von Bannern über Messingglocken und Keramikstatuen aus dem stadtnahen Weiler Fengxi bis hin zu riesigen schmiedeeisernen Weihrauchgefäßen, und sie halten auch geschmackvolle **Teegeschirre** und erlesene **Seidenstickereien** bereit. Beste Adresse für **filigrane Spitze** ist ein großer Laden an der Huangcheng Xi Lu gegenüber dem Xihu-Park. Spottbillig sind die Geschäfte nicht gerade, doch die Preise sind angesichts der Qualität in der Regel gerechtfertigt.

GELD – Die ***Bank of China,*** ungefähr 2 km westlich des Busbahnhofs an der Chaofeng Lu gelegen, ist mit mehreren öffentlichen Buslinien zu erreichen.

UNTERHALTUNG – Zu den beliebtesten Unterhaltungsformen gehört die lokale **Opernvariante** *Chaoju,* die in ausländischen Ohren angenehmer klingt als die mit ihren Klängen und Falsetttönen mitunter kriegerisch wirkende Beijing-Oper. Die Aufführungen präsentieren oft witzige und zugleich mahnende Erzählungen über lasche Sexualmoral. Eine gute Adresse sind die unregelmäßig (meistens anlässlich von Festen) stattfindenden Aufführungen im Xihu-Park. Ein ehemaliges Opernhaus in der parallel zur Taiping Lu verlaufenden Yian Lu, das zu einem **Kino** umgestaltet wurde, zeigt gelegentlich Aufnahmen von Opernaufführungen auf der Leinwand.

VORWAHL – 0768

Transport

Nur die überall herumfahrenden **Motorrikschas** können Passagiere durch die schmalen Gassen der Altstadt befördern – allerdings ist die Stadt klein genug für fußläufige Erkundungen.

BUSSE – Chaozhous **Überland-Busbahnhof** liegt westlich des Zentrums an der Xihe Lu. Es verkehren von dort Pendelbusse nach SHANTOU (1 Std.).
Außerdem bestehen Verbindungen nach GUANGZHOU (7 Std.), HUIZHOU (5 Std.), MEIZHOU (8 Std.), SHENZHEN (7 Std.) und in die Provinz Fujian. Von einer privaten Abfahrtsstation an der Huangcheng Xi Lu bedienen **Expressbusse** Ziele entlang der Küstenstraße.

EISENBAHN – Der **Bahnhof** liegt rund 5 km nordwestlich des Stadtzentrums, ⌚ des Ticketbüros tgl. 6–11.30 Uhr und 13.30–17.30 Uhr. Nur 100 m entfernt fährt Bus Nr. 2 zwischen 6.30 Uhr und 20.30 Uhr zur Xinqiao Lu, einer westlichen Nebenstraße der Kaiyuan Lu (¥2). Es gibt Zugverbindungen nach SHANTOU (5x tgl., 1/2 Std.) und zurück nach GUANGZHOU (4x tgl., 7–12 Std.) via MEIZHOU (4x tgl., 1–3 Std.) und HUIZHOU (5x tgl., 7–8 Std.).

Meizhou und Umgebung

In den Vorgebirgen an der Grenze zu Fujian laufen 200 km nördlich von Chaozhou die Eisenbahntrassen aus Guangzhou, Shantou und Fujian in Meizhou zusammen. Da diese Stadt die Heimat der Ahnenväter zahlreicher Auslandschinesen ist, flossen in der jüngeren Vergangenheit enorme Geldsummen in diese Region. Meizhou ist sicher keine schöne Stadt, doch als ethnisches Zentrum der **Hakka** (s.S. 749) verdient es durchaus nähere Beachtung, bevor man in deren Kernland in der Provinz Fujian weiterreist. Empfehlenswert sind Ausflüge nach Yongding (mit dem Zug, s.S. 685) und zu einem nahen Bergtempel.

Meizhou ist eine kleine Industriestadt, die insbesondere Handtaschen und Textilien produziert und die eingebettet zwischen Hügeln im fruchtbaren Becken eines prähistorischen Sees liegt, durch das sich der Fluss Mei windet. Die ein wenig vernachlässigt wirkende **Altstadt**, die sich rund 2 km weit am Nordufer des Flusses entlang ausdehnt, ist mit den neueren südlichen Vorstädten durch die 1 km voneinander entfernten Brücken Meijiang

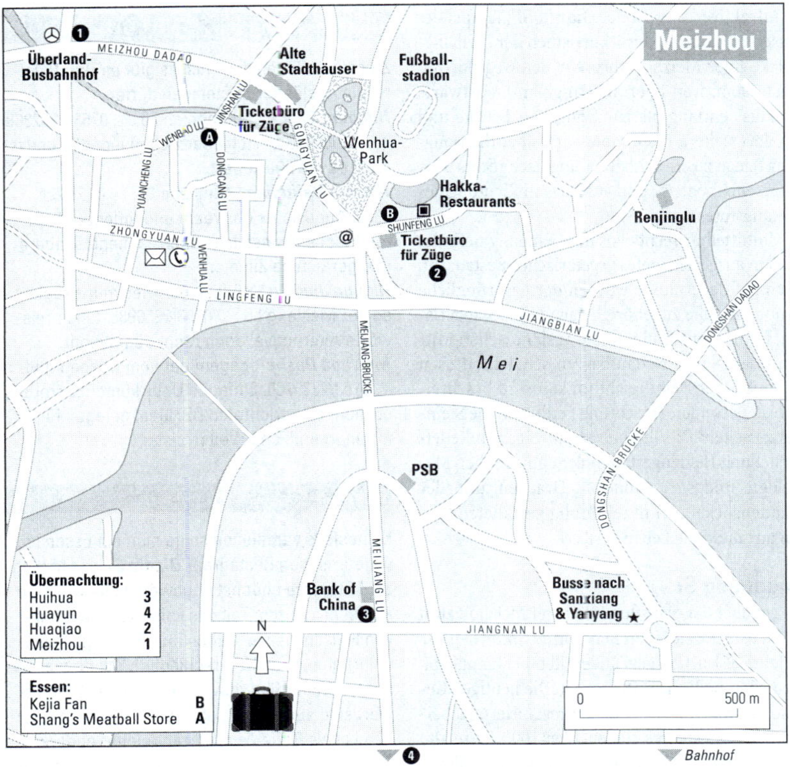

und Dongshan verbunden. Wie in Chaozhou sind auch in dieser Stadt alle touristisch interessanten Ziele bequem zu Fuß oder mit einer Fahrradrikscha zu erreichen.

Meizhous **Haupteinkaufsbezirke**, in denen sich ein Großteil des öffentlichen Lebens abspielt, bündeln sich rund um den weiten Platz an der Kreuzung der Hauptstraßen nördlich der Meijiang-Brücke. Sehenswert sind die kolonialen Ladenfronten an der Lingfeng Lu, die westwärts am Fluss entlangführt, doch im Mittelpunkt des städtischen Interesses steht eine Anzeigetafel am (an Beijings Tiananmen erinnernden) Eingangstor zum **Wenhua-Park** (¥1), die den Termin des nächsten **Fußballspiels** im dortigen Stadion verkündet. Es ist unmöglich, diesen Zeitpunkt zu versäumen, denn die gesamte Stadt ist auf den Beinen und stellt die Polizei vor das Problem, ein Chaos zu entwirren. Zu anderen Zeiten ist im Park nicht viel los, doch ältere Häuser in den umliegenden Straßen, die mit Wachskerzen und roten Papierlaternen beleuchtet sind, strahlen eine melancholische Atmosphäre aus.

Mehr lokale Kultur wird nordöstlich des Platzes geboten: Von der Shunfeng Lu zweigen Gassen ab, in denen chinesische Ausschilderungen auf nur fünf Minuten entfernte Teiche vor **Renjinglu** hinweisen, wo im 19. Jahrhundert der Poet und Diplomat Huang Zunxian zu Hause war. Das Haus sticht als dekorativstes Gebäude an den Teichen inmitten streng klassizistischer **Hakka-Stadthäuser** ins Auge und fällt vor allem durch hohe zentrale Torwege sowie durch rechteckige Wände und Fenster auf. ⌚ ab circa 15 Uhr, Eintritt ¥2.

Attraktiver aber ist der **Qianfo Si** (Tempel der Tausend Buddhas), der 1 km östlich der Meijiang-Brücke über Meizhou thront – der Weg dorthin führt 700 m weit über die Jiangbian Lu ostwärts am Fluss entlang bis zur Dongshan-Brücke und von dort weitere 100 m nordwärts über die Dongshan Dadao zu einer Abzweigung nach rechts über die Eisenbahngleise und aufwärts in Richtung des Eingangstores.

Unmittelbar rechts vor dem Eingang befindet sich ein ausgezeichnetes vegetarisches Restaurant. Oben auf der Anhöhe wurden der ursprüngliche Tempel und die zugehörige Pagode 1995 abgerissen, um Raum für einen mit ausländischen Mitteln finanzierten Neuaufbau zu schaffen, dessen unglaublicher Detailreichtum kaum zu beschreiben ist. Besondere Beachtung verdienen die Steinmetzarbeiten: Die Tempelsäulen zeigen in Reliefdarstellung Heldengestalten der chinesischen Mythologie und sich windende Drachen, und der Pagodensockel ist mit feinfühlig gestalteten Szenen aus Buddhas Leben verziert.

Lingguang Si

Ein schöner Tagesausflug führt von Meizhou zum 50 km östlich gelegenen Berg **Yinna Shan**, den der im Jahre 861 n. Chr. gegründete Tempel Lingguang Si zu einer heiligen Stätte macht. Die heutigen Gebäude wurden in der Qing-Zeit restauriert. Zu beiden Seiten des Tores stehen zwei 1000 Jahre alte Bäume (ein dritter zu jener frühen Zeit angepflanzter Baum starb vor 300 Jahren), und die Haupthalle ist mit einer äußerst ungewöhnlichen spiralförmigen Holzdecke ausgestattet, die sich lediglich mit derjenigen eines einzigen anderen Tempels auf dem Wudang Shan in der Provinz Hubei vergleichen lässt.

Die Hotels bieten Jeeps mit Chauffeur für rund ¥300 an, während die Reise mit öffentlichen Verkehrsmitteln zeitaufwändig ist und so früh wie möglich angetreten werden muss. Minibusse fahren vom Kreisverkehr unmittelbar südlich der Dongshan-Brücke nach **Sanxiang** und **Yanyang** ab – wer die restlichen rund 7 km hinauf zum Tempel nicht zu Fuß gehen möchte, kann in beiden Dörfern, die inmitten weiter Reisfelder an der Ostseite des Yinna Shan liegen, einen Traktor chartern. Die letzten Minibusse fahren am mittleren Nachmittag zurück.

Übernachtung

Zu beiden Seiten des Flusses gibt es Unterkünfte, die Ausländer aufnehmen dürfen:

Huaqiao Dasha**, Jiangbian Lu, ✆ 0753/2232388, ℻ 2210008. Gibt sich übertrieben mondän und ist wohl etwas überteuert.

Huayun Dajiudian*, Meijiang Lu, ✆ 0753/224 0338. Angesichts des recht ungepflegten äußeren Erscheinungsbildes überraschend saubere und geräumige Zimmer.

Huihua Jiudian*, südlich der Meijiang-Brücke an der Meijiang Lu, ✆ 0753/2256988. Eine preiswerte Alternative, doch recht abgewohnt.

Meizhou Dasha*, gegenüber vom Busbahnhof, ✆ 0753/2235705. Einfache Unterkunft mit großen, schlicht eingerichteten DZ, ideal gelegen für frühmorgendliche Weiterreisen.

Essen

Keinesfalls versäumen sollte man ein Essen im vegetarischen Restaurant ***Qianfo Si***, das täglich zur Mittagszeit höchst ungewöhnliche Gerichte auftischt, die zum Teil das imitierte Aussehen von Fleischspeisen haben (äußerlich mit kaum wahrnehmbaren Unterschieden): ¥48 für vier Gerichte, ¥78 für fünf usw. Unbedingt empfehlenswert sind auch die Hakka-Spezialitäten des kleinen Lokals ***Kejia Fan*** und zahlreicher anderer privater Garküchen im Osten des großen Platzes an der Shunfeng Lu; etwa saftiges salzgebackenes Huhn, serviert in tropffestem Papier (circa ¥30 für ein ganzes Huhn), angebackene Mini-Brisoletten mit geschnittenem Kohl sowie unter hoher Hitze kurz angebratene Sojabohnenkäsewürfel mit Schweinefleisch und dicker Sauce. Speisen zum Mitnehmen serviert ***Shang's Meatball Store*** an der in den westlichen Seitengassen gelegenen Wenbao Lu. Als ungewöhnliche Spezialität halten nahezu alle Restaurants **Hakka-Wein** bereit, der an einen süßen Sherry erinnert und meist warm mit Ingwer serviert wird.

Transport

BUSSE – Der **Überland-Busbahnhof** liegt 1500 m westlich des Zentrums an der Meizhou Dadao, die von Stadtbus Nr. 3 bedient wird.

Busse nach:
CHAOZHOU 8 Std.;
DAPU 4 Std.;
GUANGZHOU 12 Std.;
LONGYAN 7 Std.;
SHAOGUAN 12 Std.;
SHANTOU 9 Std.;
SHENZHEN 12 Std.;
XIAMEN 9 Std.;
YONGDING 5 Std.

EISENBAHN – Der **Bahnhof** befindet sich 5 km südlich des Flusses am Ende der Binfang Dadao – Taxis (¥7) und Stadtbus Nr. 4 fahren über die Dongshan Brücke zum Zentrum. Die Zugverbindungen sind in der Regel schneller als die Busverbindungen, doch Richtung Fujian gibt es erstaunlich wenige Züge. **Fahrkarten** sind an einem kleinen Schalter an der Shunfeng Lu und in der Nähe des Busbahnhofs an der Gongyuan Lu erhältlich.
Züge nach:
CHAOZHOU 3x tgl., 1–2 Std.;
FUZHOU 1x tgl., 13 Std.;
GUANGZHOU 3x tgl., 9 Std.;
HUIZHOU 3x tgl., 5 1/2 Std.;
LONGYAN 2x tgl., 3 Std.;
QUANZHOU 1x tgl., 13 Std.;
SHANTOU 4x tgl., 3–4 Std.

Dapu und Umgebung

Tiefere Einblicke in die Hakka-Kultur vermittelt ein Besuch der kleinen Siedlungen nördlich und östlich von Meizhou, deren ländliche Umgebung besonders im Sommer bezaubernd wirkt. Als Ausgangspunkt eignet sich die etwas ungeordnet wirkende, 100 km und damit rund zwei Stunden östlich gelegene Kleinstadt Dapu. Die gegenüber Meizhou ungleich kleinere Siedlung liegt im selben Flusstal und besitzt ein ebenso langweiliges Zentrum, doch unmittelbar vor der Stadt steht neben einem modernen Sportstadium – wiederum ein Geschenk eines Auslandschinesen, der Geldmittel in die Heimat fließen ließ – ein großes rechteckiges **Weiwu** (ein dreistöckiges Hakka-Haus mit den soliden Mauern einer Burgfestung), dessen Bewohner beim Anblick eines ausländischen Gesichts sofort neugierig werden und im Austausch für eine kleine Plauderei gerne eine Besichtigung ermöglichen. Interessant sind auch die niedrigen Privathäuser, deren Umfassungsmauern tempelähnliche Hallen mit dekorierten Dächern umschließen sowie zwei Gehöfte der traditionell runden Bauart. Die größten und als Musterbeispiele gewürdigten Hakka-Häuser aber stehen jenseits der Grenze zu Fujian in der Umgebung von **Yongding** (s.S. 685) – täglich fahren Busse von Dapu dorthin.

Der **Busbahnhof** befindet sich am nördlichen Ende der Kreuzung von Renmin Lu und Hushan Lu. Die Dapu südwärts durchschneidende Hushan Lu endet an den Stufen zur gepflegten Parkanlage **Hushan** (Tigerberg). **Unterkunft** bieten das übertrieben protzige *Gongyuan Binguan** in Parknähe an der Tongren Lu und ein einfaches *Gästehaus** 50 m westlich der Hushan Lu in der Seitenstraße Yanhua Lu.

West-Guangdong

Obwohl die Region eine angenehme Ausstrahlung besitzt, gibt es nur wenig, was eine Reiseunterbrechung zwischen Guangdong und Guangxi oder der Insel Hainan wirklich rechtfertigen könnte. Für Reisen nach Guangxi sind Busse besser geeignet, während die 450 km zwischen der Hauptstadt und **Zhanjiang**, wo die Schiffe nach Hainan abfahren, am schnellsten mit der Eisenbahn bewältigt werden. Empfehlenswert ist ein Aufenthalt in der freundlichen Stadt **Zhaoqing**, die durch einen direkten Fährbetrieb mit Hongkong verbunden ist und auf eine über 1000-jährige Tradition als Ausflugsziel zurückblickt.

Zhaoqing und Umgebung

Westlich von Guangzhou treffen sich die Straßen-, Eisenbahn- und Wasserwege in der ebenso gemütlichen wie modernen Kleinstadt Zhaoqing, die bereits in der Qin-Dynastie gegründet wurde, um eine unbesiedelte Lücke zwischen niedrigen Bergketten zu schließen. Die am Nordufer des Flusses Xi gelegene Stadt schmiegt sich zwischen den Flusslauf und nördlich angrenzende Seen am Qixing-Yan-Park. Die Jianshe Lu und Duanzhou Lu führen in Ost-West-Richtung durch die Stadt und werden von der Traversale **Tianning Lu** gequert, die nord-südwärts vom Park zum Fluss führt.

Erste Europäer trafen bereits im 16. Jahrhundert ein: Der Jesuitenpriester **Matteo Ricci**, der sechs Jahre in Zhaoqing verbrachte, nutzte daoistische und buddhistische Gleichnisse, um den Einheimischen die christliche Lehre schmackhaft zu machen. Ricci wurde von Kaiser Wanli nach Beijing eingeladen, wo er zahlreiche religiöse Traktate veröffentlichte und 1610 verstarb. Schon seit dem 10. Jahrhundert genießt Zhaoqing in China einen besonderen Ruf wegen der nahen Kalksteinhügel, die den „Sieben-Sterne-Felsen" **Qixing Yan** bilden. Die häufig in Nebelschwaden eingehüllte und von Seen umgebene Landschaft kann sich zwar nicht an Guilins Dimensionen messen, doch sie lädt zu erfrischenden Wanderungen ein, ebenso wie die stadtnahen, mit öffentlichen Bussen zu erreichenden und überraschend dichten Wälder am **Dinghu Shan**.

Auch die Innenstadt selbst hat Sehenswürdigkeiten zu bieten, die jedoch weit voneinander entfernt liegen und individuell betrachtet keine herausragende Bedeutung besitzen. Seit über 1000 Jahren gehören die **Tuschesteine** der Stadt zu den erlesensten Produkten ihrer Art in ganz China – eine Produktionsstätte an der Gongnong Lu stellt wundervolle Exemplare her, die in einem geschäftseigenen Laden sowie in Kunsthandwerkgeschäften am Anfang des Dammes in der Nähe der Kreuzung von Duanzhou Lu und Tianning Lu zum Verkauf angeboten werden.

Über dem Fluss thront am östlichen Ende der Jiangbin Lu die Ming-zeitliche Pagode **Chongxi Ta**. Sie ähnelt Guangzhous Liurong Ta und ist mit 57,5 m die höchste Pagode der Provinz. Von oben öffnen sich Ausblicke auf Sampans, Frachtboote und rote Klippen, deren Silhouette jenseits des Flusses von zwei weiteren Pagoden geprägt wird. 🕓 tgl. 8–17.30 Uhr, Eintritt ¥5.

In den Seitengassen westlich der Jiangbin Lu verbergen sich einige alternde Gebäude, und nördlich der Zhengdong Lu herrscht reges Treiben auf einem bunten **Markt** – zu Zhaoqings interessantestem Stadtviertel aber führt ein halbstündiger Spaziergang: Neben der Jianshe Lu sind wehrhafte Abschnitte der alten **Stadtmauer** erhalten, auf der man bis hinüber zur Chengzong Lu gehen kann. Von dort führt nordwärts die Kangle Zhong Lu zu einem dichten Gassengewirr aus dem frühen 20. Jahrhundert mit Privathäusern und belebten Geschäften, in dem es sogar eine auffällig gekachelte **Moschee** gibt. 1 km entfernt steht in der Mei'an Lu am westlichen Stadrand das buddhistische **Kloster Mei'an (Pflaumenkloster)** aus dem Jahre 996, das eng mit dem Begründer des Chan-Buddhismus Huineng (s.S. 697) verknüpft ist, an den dort Gemälde und Skulpturen erinnern. 🕓 tgl. 7–17.30 Uhr, Eintritt ¥5.

Die in der Form des Großen Bären angeordneten sieben Felsen des **Qixing-Yan-Parks** erheben sich 2 km nördlich der Stadt jenseits des Sees Xin Hu. Busse dorthin fahren vom oberen Ende der Tianning Lu ab – nach der Ankunft ist die viel befahrene Duanzhou Lu zu überqueren, und vom Seeufer führt ein gepflasterter Bereich zu einem Damm über den Xin Hu, der sich am anderen Ufer kurz vor dem Parkeingang gabelt. Die Felsen sind nicht besonders auffällig und nach Motiven benannt, denen sie angeblich ähneln: Chanchu (Kröte), Tianzhu (Himmelssäule) oder Shizhang (Steinhand). Ein Netzwerk aus Bogenbrücken, Pfaden, mit Graffiti verzierten Höhlen und zahlreichen Fensterformen lädt zu einem romantischen zweistündigen Spaziergang ein – die Eintrittsgebühr von ¥50 ist dennoch vollkommen überzogen. 🕓 tgl. 8–17 Uhr.

Dinghu Shan

20 km östlich von Zhaoqing liegen die dichten Bergwälder des Dinghu Shan, die bereits 1956 zu Chinas erstem **Nationalpark** erklärt wurden und zum Biosphärenprogramm der UNESCO gehören. Gute Wanderwege führen zu einem Wasserfall, einem Tempel und natürlich zu zahlreichen Bäumen. Der relativ kleine öffentlich zugängliche Bereich des Parks ist an Wochenenden überfüllt, doch wochentags lässt sich dort ein beschaulicher Vor- oder Nachmittag verbringen – besonders im Sommer, wenn am Berg kühlere Temperaturen als in Zhaoqing herrschen. Abschreckend ist einmal mehr eine übermäßig hohe Eintrittsgebühr von ¥50, die sich am effektivsten mit einer Übernachtung in einer der preiswerten Unterkünfte des Parks nutzen lässt.

Bus Nr. 21 fährt vom unteren Bereich des Xin Hu nach Dinghu Shan (¥3,60). Die Endhaltestelle befindet sich rund 1 km vom Schutzgebiet entfernt

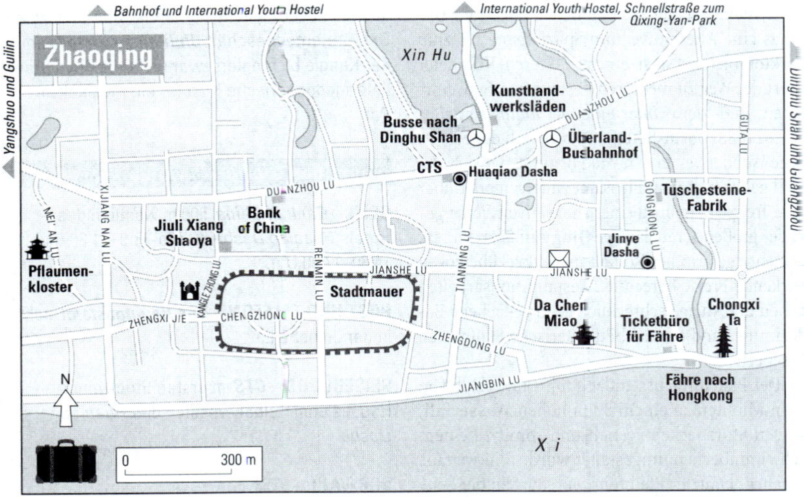

West-Guangdong

Zhaoqing	肇庆	***zhàoqìng***
Chongxi Ta	崇禧塔	*chóngxī tǎ*
Dinghu Shan	鼎湖山	*dǐnghú shān*
Kloster Mei'an (Pflaumenkloster)	梅庵	*méiān*
Moschee	清真寺	*qīngzhēn sì*
Qingyun Si	清云寺	*qīngyún sì*
Qixing-Yan-Park	七星岩公园	*qīxīngyán gōngyuán*
Übernachtung und Essen		
Dinghu Shan Int. Youth Hostel	鼎湖山国际青年旅馆	*dǐnghúshān guójì qīngnián lǚguǎn*
Huaqiao Dasha	华侨大厦	*huáqiáo dàshà*
Jinye Dasha	金叶大厦	*jīnyè dàshà*
Jiuli Xiang Shaoya	九里香烧鸭	*jiǔlǐxiāng shāoyā*
Seven Stars Crags International Youth Hostel	七星岩国际青年旅馆	*qīxīngyán guójì qīngnián lǚguǎn*
Zhanjiang	湛江	***zhànjiāng***
Canton Bay Hotel	华侨宾馆	*huáqiáo bīnguǎn*
Chikan	赤坎	*chìkǎn*
Cuiyuan Binguan	翠园宾馆	*cuìyuán bīnguǎn*
Hai'an	海安	*hǎi'ān*
Xiashan	霞山	*xiáshān*

im Gemeindegebiet, wo bereitstehende Motorrikschas eine Alternative zum Spaziergang bis zum Parktor bieten. Nach einem weiteren Kilometer führt der Weg zu mehreren Restaurants, Souvenirläden und dem *International Youth Hostel***, ✆ 2621688, Dorm-Betten ¥30, wo auch der eigentliche Wanderweg in den Wald beginnt, der sich alsbald gabelt, um dem Flusslauf zu folgen oder über eine Treppe bergan zu einer alternativen *Herberge** in der großen Tempelanlage **Qingyun Si** zu führen, dessen vegetarisches Restaurant mittags überzogen wirkende Preise berechnet. Restaurationsarbeiten haben der Anlage schrecklich grün gekachelte Badezimmer und schöne bildhauerische Skulpturen beschert.

Der Pfad am Fluss entlang führt innerhalb von zehn Minuten zu einem 30 m hohen **Wasserfall**, dessen Sturzbecken vertieft und somit zu einem Schwimmbecken umgestaltet wurde. Ein weitaus seltener genutzter Pfad führt von dort an der Seite des Wasserfalls hinauf zu einer befahrbaren Straße, die wiederum zum Tempel führt. Die Rundwanderung dauert etwa zwei Stunden, und der letzte Bus zurück nach Zhaoqing fährt um 17 Uhr ab.

Übernachtung

Es gibt genügend empfehlenswerte Unterkünfte in der Stadt und ordentliche Alternativen am Dinghu Shan.

Huaqiao Dasha***, Duanzhou Lu, ✆ 2232650, 📠 2231197. Eine gute Adresse.

Jinye Dasha, Gongnong Lu, ✆ 2221338, 📠 2221368. Eine sehr freundliche und behagliche Unterkunft.

Seven Stars Crags International Youth Hostel, ✆ 2226688, 📠 2224155. Unmittelbar nördlich des Qixing-Yan-Parks, am besten mit dem Taxi zu erreichen. Älteres Haus, dessen Manager gut Englisch spricht. Dorm-Betten ¥30.

Essen

Außerhalb der Hotels ist das Angebot an Restaurants eher gering. Sehr zu empfehlen ist das Dim Sum im 3. Stock des Hotels ***Jinye Dasha***. Zahlreiche kleine Küchen an der östlichen Jianshe Lu bieten örtliche Spezialitäten wie *zongzi* (konisch in Bambusblättern verpackter Klebreis) und leicht verdauliche kantonesische Snacks an. Das Bratentengeschäft ***Jiuli Xiang Shaoya*** an der Kangle Lu fungiert zwar nicht als Restaurant, liefert jedoch frische Kost für ein Picknick im Park.

Sonstiges

GELD – ***Bank of China***, 500 m westlich des Hotels *Huaqiao Dasha*, 🕒 Mo–Fr 9–11.30 und 14.30–17.30 Uhr.

POST UND TELEFON – Das ***Hauptpostamt*** steht in der Jianshe Lu.

REISEBÜROS – ***CTS*** im ersten Stock eines Hauses unmittelbar westlich des *Huaqiao Dasha*.

VORWAHL – 0758

Transport

Überall im Stadtgebiet lassen sich **Taxis** heranwinken, die Grundgebühr beträgt ¥5. Weitere Alternativen gibt es kaum, doch Zhaoqing ist leicht zu Fuß zu erkunden.

BUSSE – Der **Überland-Busbahnhof** liegt 100 m östlich des Nordendes der Tianning Lu an der Duanzhou Lu. Täglich fahren Busse nach QINGYUAN (5 Std.), SHAOGUAN, YANGSHUO (8 1/2 Std.), ZHANJIANG (10 Std.) und zu anderen Zielen zwischen GUANGZHOU (3 Std.) und GUILIN (10 Std.) ab. Beim Zielort Guangzhou sollte man vorsorglich erfragen, an welcher Station man dort ankommt.

EISENBAHN – Zhaoqings **Bahnhof** liegt 5 km nordwestlich des Zentrums und bietet Verbindungen nach GUANGZHOU (8x tgl., 2 Std.) NANNING, SHENZHEN und ZHANJIANG.

FÄHREN – Die täglichen Fähren nach HONGKONG (5 Std.) legen in der Nähe des Ticketschalters ab, der sich an der Kreuzung von Jiangbin Lu und Gongnong Lu etwas westlich der Pagode Chongxi Ta befindet, 🕒 tgl. 8–11.30 und 14–17 Uhr.

Zhanjiang

Es gibt nur einen einzigen Grund, die weite Anreise von Guangzhou ins 400 km entfernte, an der südwestlichen Provinzgrenze gelegene Zhanjiang in Kauf zu nehmen: die Weiterfahrt zur Insel Hainan. Trotz des wichtigen Hafens hat die Stadt nichts Interessantes zu bieten.

Die Franzosen ließen sich im Jahre 1898 Pachtrechte ausstellen, und heute sind auch amerikanische und britische Ölsucher anzutreffen, die bereits seit 1975 unter Einsatz von Kapital und Arbeitskraft versuchen, neue **Erdölvorkommen** im Südchinesischen Meer zu orten. Überall bezeugen Bauten die Anwesenheit westlicher Investoren – ganz besonders die riesigen Dockanlagen für hochseetaugliche Tanker sowie der Hubschrauberlandeplatz, der speziell für Arbeiter auf den Meeresplattformen angelegt wurde. Die Stadt selbst aber ist langweilig und verharrt noch in Erwartung erster Protestaktionen.

Zhanjiang ist in seltsamer Weise in zwei gleich große, jedoch vollkommen voneinander getrennte Hälften unterteilt. Eigentlich nichts rechtfertigt einen Besuch im nördlichen **Chikan** – Unglückliche, die dort mit einem Überlandbus eintreffen, gelangen mit den Stadtbussen Nr. 10 oder 11 zum 10 km entfernten Hafengebiet in **Xiashan**, zu dem strikt geradlinig die meist leere Renmin Dadao führt. Xiashan hat die Form eines 2 km breiten Straßengitternetzes, dessen Hauptachsen die Renmin Dadao und die Jiefang Lu sind. Den größten Teil der Stadt errichteten die Franzosen – noch heute wirken einige große Blöcke mit baumgesäumten Hauptstraßen durchaus imposant, ohne jedoch besonderen Charme auszustrahlen.

Die *Bank of China* befindet sich an der Renmin Dadao, direkt nördlich der Kreuzung mit der Jiefang Lu, 🕓 Mo–Fr 9–11.30 und 13.30–17 Uhr.

Übernachtung und Essen

Zhanjiangs Unterkünfte sind äußerst durchschnittlich. Zu den besten Adressen gehören:
Canton Bay Hotel**, Minzhi Lu, ☏ 0759/2281966, 📠 2281347. Von beiden genannten Häusern die geringfügig besser ausgestattete Alternative.
Cuiyuan Binguan**, Minzhi Lu, ☏ 0759/2286633. Sehr freundliches Haus.
Die **Restaurants** der Hotels bieten tadellose Kost, und an der Jiefang Lu finden sich zwischen Renmin Dadao und dem Bahnhof viele Backwarengeschäfte, Garküchen und Lokale.

Transport

BUSSE – Der **Überland-Busbahnhof** liegt an der Südseite der Jianshe Lu. Es gibt Verbindungen nach GUANGZHOU (13 Std.), HAIKOU (5 Std.) und ZHAOQING (10 Std.).

EISENBAHN – Der große moderne **Bahnhof**, Endstation der Trasse aus GUANGZHOU via ZHAOQING, befindet sich am westlichen Ende der Jiefang Lu; draußen stehen zahlreiche Taxis bereit.

FÄHREN – Am Ende der Renmin Dadao befinden sich die **Hainan-Fähre** und das Ticketbüro, 🕓 tgl. 9–17 Uhr. Zweimal täglich legen Passagierfähren zu Hainans Hauptstadt HAIKOU (3 Std.) ab; Stehplätze kosten ¥43, Sitzplätze ¥122. Wenn man zu spät kommt oder die Verbindung wegen schlechten Wetters vorübergehend eingestellt wird, besteht die Alternative, einen Bus zum 120 km südlich gelegenen **Hafen Hai'an** (3 Std., ¥35) zu nehmen, wo tagsüber regelmäßig Schiffe zur 90-minütigen Überfahrt nach Haikou (¥34) ablegen – kombinierte Tickets für Bus und Fähre sind am Busbahnhof erhältlich.

Insel Hainan

Hainan liegt zwischen Guangdong und Vietnam im Südchinesischen Meer und ist der südlichste allgemein anerkannte Teil der chinesischen Volksrepublik. Ein 300 km langer Strandgürtel, Berglandschaften, die Geschichte, Mythen und – heute in erster Linie – die **wirtschaftliche Nutzung** prägen das Gesicht der Insel. Hainan, inzwischen eine selbstständige Provinz, war früher der „Schwanz des Drachen" – ein verschleiert rätselhaftes Endstück des Han-Reiches und nach Han-chinesischer Deutung ein Gebiet, in dem ein ungemein hinterwäldlerischer Menschenschlag lebte, der nur dann Beachtung verdiente, wenn dies einen Nutzen versprach. Erste Han-Siedlungen etablierten sich um 200 n. Chr., doch in den vielen seitdem verstrichenen Jahrhunderten galt die Insel in erster Linie als geeigneter Verbannungsort für unerwünschte, in Ungnade gefallene Personen. Die Isolation war so vollkommen, das die seit über 2000 Jahren auf Hainan ansässige Gruppe der **Li** noch in den 30er Jahren in den höher gelegenen Gebieten der Insel ihr Leben als Jäger und Sammler fristeten.

Das moderne Hainan aber ist keinesfalls ein primitives Paradies. Nach zwei Jahre andauernden Bombardierungen vom Meer her hielten 1939 die Japaner Einzug, und bei Kriegsende hatten sie ein Drittel der männlichen Inselbevölkerung aus Rache für die Aktivitäten chinesischer Untergrundkämpfer hingerichtet. Der **ökologische Verfall** setzte in den 50er Jahren im Zuge des „Großen Sprungs nach vorn" ein und eskalierte in den 60er Jahren, als das Festland eine große Schar Roter Garden entsandte, „um von den Bauern zu lernen". Es folgte eine erste großflächige **Abholzung der Wälder**, um Raum für den Anbau von Feldfrüchten zu schaffen. Auch die folgenden Regierungen betrieben die Ausbeutung der natürlichen Inselressourcen und entzogen damit in einem der abschreckendsten Beispiele für **wirtschaftliches Missmanagement** den Ureinwohnern die Befähigung, sich selbst zu versorgen: Städte wucherten, Wolkenkratzer schossen aus dem Boden, und moderne Fabriken nahmen die Produktion auf – während die vernachlässigte Landbevölkerung noch heute in Schuppen aus Lehm und Stroh lebt, die nach jeder Regenzeit neu aufgebaut werden müssen.

Mit Ausnahme vereinzelter Restflächen in den äußersten Höhen von Hainans Bergen sind die dichten Regenwälder nun erodierten Landflächen gewichen, auf denen versuchsweise Kautschuk, Mango, Kokospalmen und Kaffee angepflanzt werden, in der Hoffnung, dafür einen Markt zu schaffen.

Der **Tourismus** scheint derzeit allerdings die einzige verlässliche Einkommensquelle zu sein, sodass offenbar jeder Inselbewohner verzweifelt bemüht ist, sein Scheibchen davon abzuschneiden. Beharrliches Marketing hat Hainan zu einem Ort gemacht, an dem alle Chinesen einen Urlaub verbringen wollen, doch übertriebener Optimismus bewirkte, dass zahlreiche Hotels und Unterhaltungskomplexe entstanden, die wenig besucht sind, nie genutzt wurden oder zu halbfertigen Bauruinen verkamen. Einheimische und ausländische Touristen kommen in erster Linie, um einige Tage an den warmen **Sandstränden** rund um die südliche Stadt **Sanya** auszuspannen – wer als Ausländer einige Wochen auf eigene Faust in China unterwegs war, wird sich dabei sicher wohl fühlen. Auf den ersten Blick scheint es ansonsten auf Hainan nicht gerade viel zu geben, das Begeisterung wecken könnte. Die Hauptstadt **Haikou** zeigt Spuren der kurzen kolonialen Besatzung, ist jedoch in erster Linie nur ein Transitort zu den Han-Städten an der **Ostküste**, die durch ihr Stadtbild ein wenig mehr Charakter versprühen. Mit einem näheren Blick auf die Insel aber lässt sich einiges Interessantes entdecken: Die Höhen um die Stadt **Tongshi** bieten tiefe Einblicke in die **Li-Kultur**, und im gebirgigen Südwesten verbergen sich einige nahezu vergessene **Naturschutzgebiete**, in denen Hainans ursprüngliche Flora und Fauna zu überleben sucht. Draußen vor der Südküste können Enthusiasten mit ausreichender Qualifikation Chinas einzige **Sporttauchgebiete** erforschen.

Hainans sehr heiße und feuchte **Regenzeit** dauert von Juni bis Oktober. Beste Reisezeit sind die generell trockenen und tropisch-moderaten Monate Dezember bis April, die der Südküste vielfach sonnige Tage mit Temperaturen um 25 °C bescheren.

Hainan ist leicht zu erreichen, denn alle wichtigen nationalen Flughäfen bieten Direktflüge nach Haikou und Sanya an, und regelmäßig pendeln Fähren nach Guangzhou und Zhanjiang in der Provinz Guangdong sowie Beihai in der Provinz Guangxi. Auch auf der Insel selbst fällt die Fortbewegung leicht, denn auf guten Schnellstraßen sind viele öffentliche Verkehrsmittel unterwegs. Expressbusse fahren in drei Stunden von Haikou nach Sanya, und auch alle abgelegenen Ziele sind mit Bussen oder Minibussen zu erreichen. Auf eigene Faust Reisende stellen rasch fest, dass die Schreibweisen für Hainans Städte nach lokalem und offiziellem Mandarin-Gebrauch stark voneinander abweichen – auf Landkarten und Busfahrplänen sind in der Regel die Mandarin-Schreibweisen verzeichnet. Die folgenden Ausführungen halten sich an die offiziellen Schreibweisen, doch manche lokale Namen werden in Klammern genannt. Zu beachten ist außerdem, dass Hainan als anerkanntes Touristenziel ein deutlich **höheres Preisniveau** als das Festland aufweist – auch chinesische Touristen murren immer lauter darüber.

Haikou

Nur die 30 km breite Qiongzhou-Meerenge trennt Hainans dunstige Hauptstadt Haikou von der festländischen Provinz Guangdong. Haikou ist gewiss kein ungeeigneter Ort für einen Kurzaufenthalt, denn es wirkt geräumiger und freundlicher als andere Provinzhauptstädte, doch viel anzuschauen gibt es nicht. Wer nicht sofort nach Sanya will, um sich zu bräunen, kann durchaus einige interessante Tage in und zwischen den Städten der **Ostküste** verbringen. Dieses Gebiet steht am längsten unter Han-chinesischem Einfluss und bietet einen guten Einstieg zur Erkundung der Insel.

Als Geschäftszentrum, Haupthafen sowie Ankunftsort von Urlaubern und hoffnungsvollen Umsiedlern vermittelt Haikou die Stimmung einer typischen südostasiatischen Stadt. Hier und da ist koloniale französische Architektur zu entdecken, doch um die wenigen Parks und Monumente herum überwiegen moderne Hochhäuser, breite Straßen, Fahrzeugverkehrs- und Fußgängergetümmel sowie der allgegenwärtige Geist bereitwillig oberflächlichen Profitstrebens. Nichts spiegelt Haikous Atmosphäre besser wider als der überwältigende Eindruck, dass niemand in dieser Stadt ein Einheimischer zu sein scheint: Beamte, Geschäftsleute und chinesische Touristen stammen eindeutig vom Festland. Angehörige der nationalen Minderheiten Li, Miao und Hakka aus dem Süden der Insel treiben sich als Plunderverkäufer auf den

Haikou	海口	***hǎikǒu***
Geschützstellung Xiuying	秀英古炮台	*xiùyīng gǔpàotái*
Hai Rui Mu	海瑞墓	*hǎiruì mù*
Haikou-Park	海口公园	*hǎikǒu gōngyuán*
Neuer Hafen	海口新港	*hǎikǒu xīngǎng*
Östlicher Busbahnhof	汽车东站	*qìchē dōngzhàn*
Westlicher Busbahnhof	汽车西站	*qìchē xīzhàn*
Wugong Ci	五公祠	*wǔgōng cí*
Xiuying-Kai	秀英港	*xiùyīng gǎng*
Zentraler Busbahnhof	总站	*zǒngzhàn*
Übernachtung		
Civil Aviation	海南民航宾馆	*hǎinán mínháng bīnguǎn*
Haikou	海口宾馆	*hǎikǒu bīnguǎn*
Haikou International Financial	海口国际金融大酒店	*hǎikǒu guójì jīnróng dàjiǔdiàn*
Haiyang	海洋大厦	*hǎiyáng dàshà*
Huaqiao	华侨大厦	*huáqiáo dàshà*
Overseas Post and Telecommunications	邮电大厦	*yōudiàn dàshà*
Songtao	松涛大厦	*sōngtāo dàshà*
Essen		
Aincientry of Noodle Refection	面点世家	*miàndiǎn shìjiā*
Ganghai Canting	港海餐厅	*gǎnghǎi cāntīng*
Haikou Fandian	海口饭店	*hǎikǒu fàndiàn*
Japanese	香寿司	*xiāngshòu sī*
Kuaihuolin	快活林	*kuàihuó lín*
Shuihe Doujiang Dawang	水和豆浆大王	*Shuǐhé dòujiāng dàwáng*
Xianzong Lin	仙踪林	*xiānzōng lín*

Straßen herum, ebenso wie moslemische Hui-Frauen, die Betelnüsse anbieten – sie alle erhoffen sich in der Stadt ein gutes Auskommen. In erster Linie aber ist Haikou eine wirkliche Tropenstadt – feucht dahindämmernd, charmant-schäbig und mit von Palmen gesäumten Straßen ... besonders reizvoll nach Reiseerlebnissen im kalten nordchinesischen Winter.

Haikous Zentrum bildet einen kompakten Block südlich der an der Uferfront verlaufenden Changti Dadao. Im geschäftigen Herzen des Zentrums umschließen breite Einbahnstraßen mit Fußgängerüberführungen den Haikou-Park, in dessen Nähe sich die meisten Unterkünfte befinden. Der interessanteste Einkaufsbezirk ist das nördliche **Altstadtviertel** zwischen Bo'ai Bei Lu, Datong Lu und der Fußgängerzone Deshengsha Lu, in dem nicht nur zahlreiche Geschäfte zum Stöbern einladen, sondern Häuserfronten auch noch restaurierte Kolonialarchitektur zeigen. Die belebtesten Hauptstraßen aber sind **Jiefang Lu** und **Xinhua Lu**, deren Geschäfte, Restaurants und Treffpunkte besonders in den Abendstunden regen Zulauf verzeichnen und zu dieser Zeit hell erleuchtet sind. Westlich der Xinhua Lu befindet sich ein geschäftiger **Markt**. Klein und lieblich präsentiert sich der **Haikou-Park**, wo Einheimische allmorgendlich Übungen in den klassischen chinesischen Kampfsportarten absolvieren und im Gebüsch letzte beschädigte Steinstatuen auf einen vermutlich in der Ming-Dynastie zerstörten Tempel verweisen. Der Eintritt kostet ¥2.

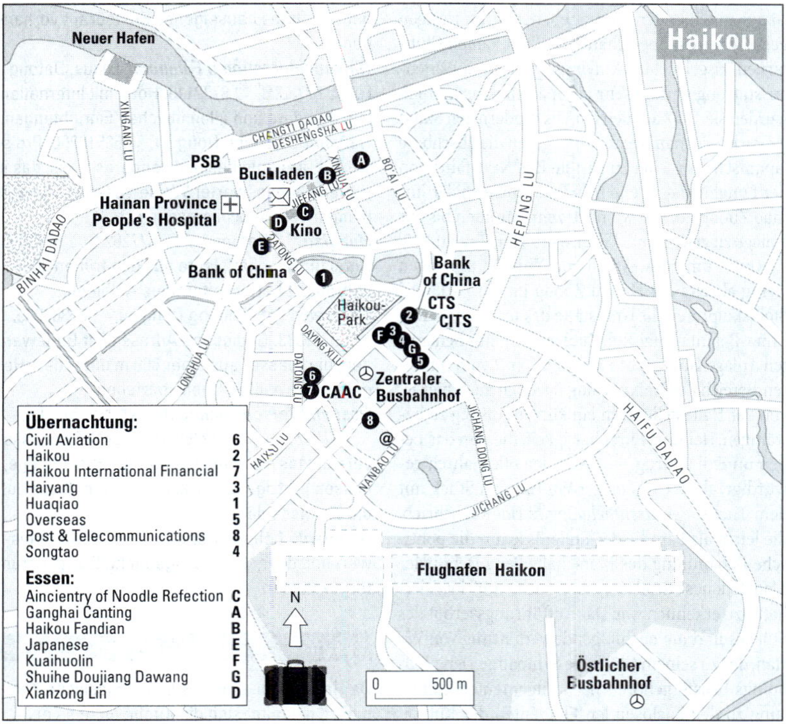

Der Stadtplan verweist auf drei Sehenswürdigkeiten, die von Hainans Bedeutung in der Han-chinesischen Geschichte künden: Südöstlich des Zentrums steht an der Haifu Lu der reichlich verzierte Tempel **Wugong Ci** (Erinnerungstempel an die Fünf Beamten) aus dem Jahre 1889, der zu Ehren der Tang-zeitlichen Persönlichkeiten Li Deyu, Li Gang, Li Guang, Hu Chuan und Zhao Ding errichtet wurde, die wegen Kritik an der Regierungsführung auf die Insel verbannt wurden. Eine weitere Halle auf dem Gelände erinnert an Hainans berühmtesten Exilanten, den Poeten **Su Dongpo**, der von 1097 bis 1100 im Nordwesten der Insel lebte und im Jahre 1101 auf dem Rückweg zum Kaiserhof verstarb. Ein **Museum** in einem nahen Gebäude zeigt (leider nur mit chinesischer Beschriftung) Fotos von historischen Stätten auf der Insel, doch interessanter ist draußen eine hinter Vegetation fast versteckte verwitterte **steinerne Statuengruppe** im Stil der Song-Zeit, die Gelehrte und Pferde zeigt. Zu erreichen ist die Anlage mit Bus Nr. 1 oder Minibus Nr. 217 von der Haifu Lu, ⏲ tgl. 8.30–17 Uhr, Eintritt ¥15.

Rund 5 km westlich des Zentrums schildert die **Geschützstellung Xiuying** eine ganz andere Perspektive der Inselgeschichte. Nachdem die Chinesen in der zweiten Hälfte des 19. Jahrhunderts einen Invasionsversuch der Franzosen vorerst abwehren konnten, wurde Xiuying als Glied einer Kette von südlichen Küstenverteidigungsanlagen aufgebaut, die Einmischungen fremder Mächte verhüten sollte. Die wehrhafte Anlage – heute ein Park – ist von Basaltmauern umgeben, in deren mit Beton befestigten Bunkern sechs Marinekanonen mit einer 20 cm großen Rohröffnung nach Norden ausgerichtet sind. Die Bunker sind durch unterirdische

Gänge miteinander verbunden, heute von riesigen Feigenbäumen überschattet und mit kahlen Glühbirnen ausgeleuchtet. Xiuyings Anlage und Waffenausstattung wirken sehr europäisch – vermutlich wurden sie 1937 auf den damals modernsten Stand gebracht, als man begann, sich gegen die absehbare japanische Invasion zu rüsten. Bus Nr. 1 fährt von der Longhua Lu zu einer Endhaltestelle an der Jinmao Zhong Lu, von wo noch zehn Minuten bis zur Anlage zu gehen sind. 🕒 tgl. 8–19 Uhr, Eintritt ¥15.

Gut 1 km südwestlich von Xiuying umringen wenig abseits der Haixiu Zhong Lu ein Park und Steinskulpturen die Grabstätte des rechtschaffenen Ming-Beamten Hai Rui. Zu der nach ihm benannten Anlage **Hai Rui Mu** fährt Bus Nr. 2 vom mittleren Bereich der Haixiu Dong Lu, doch auch hier ist von der Haltestelle noch ein kurzer Fußweg zu bewältigen. Hai Ruis Ehrenhaftigkeit, die ihm das Leben im Exil eintrug, wurde in den 60er Jahren gewürdigt, als der Historiker Wu Han ein Stück mit dem Titel *Die Amtsenthebung des Hai Rui* schrieb, die leicht als Parodie der Ereignisse um die politische Behandlung des Marschalls Peng Dehui, der Mao Zedongs „Großen Sprung nach vorn" kritisiert hatte, zu erkennen war. Das Aufführungsverbot des Stückes und die nachfolgende Verhaftung von Wu Han, der zu seinem Glück die Sympathie Deng Xiaopings besaß, gehören nach allgemeiner Auffassung zu den auslösenden Elementen der Kulturrevolution. 🕒 tgl. 9–16 Uhr, Eintritt ¥15.

Übernachtung

Haikous Zentrum bietet zahlreiche Unterkünfte unterschiedlicher Kategorien, die sich vor allem im Bereich um den Haikou-Park bündeln. Die Zimmerpreise sind meist verhandelbar. In den Sommermonaten gilt es darauf zu achten, dass die Zimmer mit einer Klimaanlage ausgestattet sind. Alle Hotels bieten Buchungen für die Weiterreise an und betreiben eigene Cafés und Restaurants.

Civil Aviation**, Haixiu Dong Lu, ✆ 6772608, 📠 6772610. Sehr angenehme und zentral gelegene Adresse mit angemessenem Preisgefüge.

Haikou**, Daying Houlu, ✆ 65351234, 📠 6535 0232. Das ehemals vornehmste Hotel der Stadt ist sich seines verblichenen Glanzes bewusst – die Bezeichnung „Standard Lovers Rooms" ist wohl eher als ungeschickt denn als Ansporn zu deuten. Gutes hauseigenes Restaurant vorhanden.

Haikou International Financial, Luxus, Datong Lu, ✆ 6773088, 📠 6772113. Hotel mit internationalem Standard und allen üblichen Einrichtungen.

Haiyang*, Jichang Dong Lu, ✆ 66519200. Preiswertes, freundliches und sauberes Haus, das in rührend liebenswerter Weise Vasen mit Seidenblumen neben das Fernsehen stellt.

Huaqiao,*** Datong Lu, ✆ 6772623, 📠 6772094. Hotel für Geschäftsleute aus den frühen 90er Jahren mit bereits alterndem Ambiente.

Overseas*,*** Jichang Dong Lu, ✆ 65365999, 📠 65365333. Gediegene Adresse mit Badewannen, die Wasser aus einer 800 m unter dem Hotel gelegenen heißen Quelle beziehen.

Post and Telecommunications*, Nanbao Lu, ✆ 66778251, 📠 66772452. In einer Seitengasse verstecktes Hotel mit sehr fairem Preisgefüge, dessen protzige Lobby keine Rückschlüsse auf die Zimmer zulässt.

Songtao*, Jichang Dong Lu, ✆ 6778016. Preiswert und deshalb oft ausgebucht. Etwas heruntergekommen.

Essen

Da Haikou eine eher festlandchinesische Kolonie ist, gestaltet sich die Küche nicht so exotisch, wie man erwarten könnte. Die Marktangebote sind jedoch verlockend: Grüne junge Kokosnüsse (deren Milch getrunken und eher selten zum Kochen verwendet wird), voluminöse Fischsteaks, Muscheln, Aale, Krabben, Garnelen, Mangos, Ananas, Bananen, Wassermelonen, Guaven, Pflaumen, Sternfrüchte, Brotfrüchte und jede Menge frische Gemüse der Saison liegen zum Verkauf aus. Hingegen sind die Spezialitäten zwar schmackhaft, aber nicht besonders aufregend: Wenchang-Huhn, gedämpfte Ente mit Klebreis, Dongshan-Lamm. Ein Popularitätsschub der kantonesischen und westlichen Küche hat in jüngster Zeit den Wettbewerb unter den Hotelrestaurants angefacht.

Die größte Restaurantdichte verzeichnen das Altstadtviertel an der Jiefang Lu und der Markt östlich der Xinhua Lu, wo ein reichliches Angebot an gegrillten Hühnerflügeln, Kebabs und anderen Snacks besteht.

Aincientry of Noodle Refection, Jiefang Lu. Die Gäste kommen wegen des verblüffenden Namens und verweilen angesichts preiswerter und schmackhafter Nudelgerichte sowie leckerer *jiaozi* und *baozi*.
Cocowind, im *Haikou Binguan*. Bestes Hotelrestaurant für lokale Spezialitäten. Unbedingt empfehlenswert sind Huhn in Kokosmilch und Meeresfrüchte in Kokossauce. Nicht zu teuer – ein ganzes Huhn oder eine ganze Ente kosten rund ¥60, und andere Hauptgerichte werden schon ab ¥20 angeboten.
Ganghai Canting, Jiefang Lu. Auf einheimische Kundschaft ausgerichtetes Teehaus mit gekacheltem Fußboden, alten Holzmöbeln und vorzüglichen Dim-Sum-Angeboten.
Haikou Fandian, Xinhua Lu direkt nördlich der Jiefang Lu, nur Chinesisch ausgeschildert. Bietet Hainans Spezialitäten in einem authentisch rührigen und lärmenden Umfeld an: Wenchang-Huhn für ¥25, ganze Enten für günstige ¥30.
Japanese, im 3. Stock des Tailongcheng-Gebäudes an der Datong Lu. Sushi für ¥5–10 pro Teller, Hauptmahlzeiten ab ¥20.
Kuaihuolin, Jichang Dong Lu, direkt neben dem *Haiyang Hotel*. Zu den Spezialitäten gehören kantonesisches Röstfleisch, gedämpftes Huhn, kalte Würznudeln nach Sichuan-Art, 1000-jährige Eier und andere Kleinigkeiten, die auf Servierwagen herumgefahren werden. Zu den besonderen Hauptmahlzeiten gehört doppelt gekochter Fisch, und auch eine englischsprachige Speisekarte ist vorhanden. Insgesamt ein nettes und nicht einmal teures Lokal – Mahlzeiten für zwei Personen ¥20–30.
Shuihe Doujiang Dawang, Jichang Dong Lu. Rund um die Uhr geöffnet. Ausgezeichnete *shujiao*, *baozi* und Sojamilch im Fast-Food-Ambiente.
Xianzong Lin, Jiefang Lu. Freundliches Lokal mit Schaukeln statt Stühlen, gemischtem westlich-chinesischem Menü (auch Pizza) und ungewöhnlichen kalten Getränken wie zum Beispiel Schwarzer-Sesamsamen-Milkshake.

Einkaufen

Zu den günstigen Angeboten gehören überall auf Hainan Perlen, doch vielleicht eignet sich Sanya eher als Haikou für ein Schnäppchen. Kaufhäuser an der Haixiu Dong Lu – wie etwa ***Mingzhu Guangchang*** – bieten einheimische Produkte wie Kokoskaffee, Kokospulver, Kokoswaffeln, Kokostee, Palmzucker und Betelnüsse an. In den Textilwarenabteilungen unterscheiden sich Hainan-Hemden von ihren hawaiianischen Gegenstücken in erster Linie durch Verzierungen mit Drachen statt Palmen auf hellem Hintergrund. Nähere Beachtung verdienen auch die ganzen Haifischhäute (mit einer Textur wie Schmirgelpapier), getrockneten Quallen und anderen maritimen Besonderheiten in den Läden an der Jiefang Lu.

Sonstiges

AMT FÜR ÖFFENTLICHE SICHERHEIT (PSB) – Changti Dadao unmittelbar westlich der Kreuzung mit der Longhua Lu.

BÜCHER – Der große Buchladen ***Xinhua Shudian*** an der Jiefang Lu direkt östlich des Postamtes hat ein breites Angebot. Überwiegend chinesische Karten und Reiseführer über Hainan bietet auch eine Buchhandlung im Obergeschoss des Einkaufszentrums ***Mingzhu Guangchang*** an der Haixiu Dong Lu westlich des Bahnhofs an.

GELD – Zweigstellen der ***Bank of China*** befinden sich gegenüber dem *Huaqiao Hotel*, neben dem *Hainan Hotel* sowie im *International Financial Hotel*, ⌚ überwiegend Mo–Sa 8–18 Uhr.

INFORMATIONEN – In Haikou sind keine nennenswerten Informationen über die Insel zu bekommen, denn die Hotels und Agenturen sind nur bestrebt, ihre Kunden so rasch wie möglich nach Sanya zu bringen. Wer Hainans Hinterland erkunden möchte, findet **Karten** bei Straßenhändlern und an Kiosken – manche Karten enthalten Stadtpläne von Haikou, Sanya und Tongshi sowie eine detaillierte Darstellung aller Verkehrwege der Insel, wobei selbst kleine Sehenswürdigkeiten in englischer Sprache benannt sind.

INTERNET – Internet-Café im westlichen Bereich des Kinogebäudes an der Jiefang Lu, ¥2/Std.

KINO – Ein beliebtes Kino- und Unterhaltungszentrum befindet sich hinter den Imbissläden an der Jiefang Lu.

MEDIZINISCHE HILFE – ***Hainan Province People's Hospital,*** Longhua Lu, ✆ 6225933.

POST UND TELEFON – Das ***Hauptpostamt*** mit Paketdienst und IDD-Telefonen steht gegenüber dem Kino an der Jiefang Lu, ⌚ tgl. 8–18 Uhr.

REISEBÜROS – ***China Travel Air Service*** neben dem *Huaqiao Hotel,* ✆ 66781735, 📠 66706281, vertritt zahlreiche nationale und internationale Fluggesellschaften, darunter *China Southern, Dragonair, Hainan Air, Cathay Pacific, Japan Airlines, Malaysia Airlines* und *Singapore Airlines.* ***CTS*** neben dem *Haikou Hotel* an der Haifu Lu, ✆ 65351623, 📠 65331872, mit einer Zweigstelle rund 50 m weiter östlich, ✆ 65379966, bietet Busrundreisen über die gesamte Insel sowie Transportbuchungen an.

VORWAHL – 0898

Nahverkehrsmittel

Haikous **Stadtbussystem** ist effizient und preiswert, und zahlreiche (nicht selten überfüllte) Minibusse bedienen dieselben Strecken. Fast alle **Taxis** werden von Nordchinesen aus der Provinz Heilongjiang gesteuert, und sie sind so zahlreich, dass man kaum länger als einen Augenblick am Straßenrand warten muss, bis sich ein Fahrzeug heranwinken lässt. Mit ¥10 Grundgebühr sind die Taxis im Verhältnis zu anderen chinesischen Städten nicht gerade billig. Die Fahrt vom Neuen Hafen ins Zentrum Haikous kostet rund ¥20.

Transport

BUSSE – Die Weiterreise mit dem Bus beginnt je nach Zielort an einem der drei Busbahnhöfe Haikous. Fahrzeuge zum Festland starten vom **zentralen Busbahnhof** südlich des Haikou-Parks an der Jichang Dong Lu, wo Standard- und Luxusbusse Richtung CHONGQING, GUANGZHOU (20 Std.), JIUJIANG, NANNING, SHENZHEN (20 Std.) und ZHANJIANG (7 Std.) abfahren. In den Fahrkartenpreisen sind die Kosten für die Fähre inbegriffen.

Der **östliche Busbahnhof** liegt 2 km entfernt an der Kreuzung von Haifu Dadao und Haixiu Dong Lu; Bus Nr. 1 und Minibus Nr. 217 halten dort. Er bedient SANYA (Standardbusse ¥49, 6 Std.; Expressbusse ¥78, 3 Std.) sowie Ziele an der Ostküste wie etwa LINGSHUI (6 Std.), QIONGHAI (3 1/2 Std.), WANNING (5 Std.) und WENCHANG (2 Std.), und auch nach TONGSHI (5 Std.) fahren tagsüber einige Busse ab.

Für Ziele im Inselzentrum wie QIONGZHONG (5 Std.) sowie an der Westküste ist der **westliche Busbahnhof** an der Haixiu Xi Lu zuständig, von dem jedoch ebenfalls Busse nach Sanya fahren. Zu erreichen ist er mit Bus Nr. 2 oder Minibus Nr. 217 von der Haixiu Dong Lu.

EISENBAHN – Es gibt keine Eisenbahn auf Hainan, doch Zugtickets ab Zhanjiang sind an allen Busbahnhöfen und bei einem Eisenbahnbüro am Neuen Hafen neben den Ticketschaltern der Fähre erhältlich.

FÄHREN – Der **Neue Hafen** (New Port) liegt nördlich der Changti Dadao an der Xingang Lu. Er ist der Anlaufhafen der meisten Fähren, die zwischen Hainan und dem Festland verkehren. Fähren nach Beihai in Guangxi benutzen mitunter den 5 km weiter östlich an der Binhai Dadao gelegene **Xiuying-Kai**, der vom Zentrum mit Bus Nr. 6 zu erreichen ist. Hier legte zuletzt auch auch die Fähre nach HONGKONG ab (2x wöchentl., 25 Std.).

Vom Neuen Hafen gibt es Verbindungen nach ZHANJIANG (2x tgl., 3 Std., ¥43), nach HAI'AN an Guangdongs Südzipfel (13x tgl., 1 1/2 Std., ¥34), wo Busse für die 150 km lange Weiterreise nach Zhanjiang bereitstehen, sowie nach BEIHAI (3x tgl., 11 Std., Sitzplätze ¥60, Kabinenplätze ¥136) – die Mehrausgabe für eine Kabine lohnt sich, denn die Fahrt ist so angenehmer als auf einem Platz inmitten seekranker Chinesen, die unaufhörlich mit Kung-Fu-Filmen berieselt werden. Die **Ticketschalter** befinden sich an den Häfen, ⌚ 9–16 Uhr. In der Regel sind genügend Plätze vorhanden. Viele Unterkünfte beschaffen Tickets, sofern die Beauftragung mindestens am Vortag erfolgt.

FLÜGE – Am einfachsten gestaltet sich die An- und Abreise mit dem Flugzeug. Flugtickets können bei allen Reisebüros gebucht werden und sind natürlich auch im Büro von ***China Southern Airlines***, ✆ 66763166, ✆ 66723460, neben dem *Civil Aviation Hotel* an der Haixiu Dong Lu erhältlich, ⌚ tgl. 8–22.30 Uhr.

Der **Flughafen** liegt 2 km südlich der Stadt an der Jichang Lu; Bus Nr. 10 fährt von dort zum Haikou-Park, ein Pendelbus (¥15) verkehrt zum Büro von *China Southern Airlines*.

Flüge nach:

BEIJING 4x tgl., 3 Std.;
BEIHAI 2x tgl., 1/2 Std.;
CHANGSHA 1–2x tgl., 2 Std.;
CHENGDU 1x tgl., 2 Std.;
FUZHOU 6x wöchentl., 2 Std.;
GUANGZHOU 7–10 tgl., 1 Std.;
GUILIN 2x wöchentl., 1 1/4 Std.;
HONGKONG 2x tgl., 1 1/2 Std.;
KUNMING 1x tgl., 1 1/4 Std.;
NANJING 5x wöchentl., 2 3/4 Std.;
SANYA 2x tgl., 1 Std.;
SHANGHAI 2–4x tgl., 2 Std.;
SHENZHEN 4x tgl., 3/4 Std.;
WUHAN 1–2x tgl., 2 Std.;
XIAMEN 5x wöchentl., 2 Std.;
XI'AN 6x wöchentl., 4 Std.;
ZHANJIANG 1–2x tgl., 1/2 Std.;
ZHUHAI 6x wöchentl., 1 Std.

Die Ostküste

In den meisten Orten der Ostküste gibt es kleine Siedlungen ethnischer Minderheiten wie etwa der Hakka, die es im Zuge verschiedener Unruhen auf die Insel verschlug. In die Heimat zurückgekehrte Überseechinesen wurden von den Behörden bewusst dort angesiedelt, und viele Menschen leben vom Fischfang, von der Landwirtschaft oder von der Perlenzucht. Nirgends benötigt man für die Besichtigung mehr als einen halben Tag. Am lohnendsten ist ein Aufenthalt in dem kleinen Dorf **Lingshui**, das auf eine lange Geschichte zurückblickt, in unerwarteter Beziehung zur kommunistischen Partei steht und in der Nähe eines Naturschutzgebietes liegt. Überall sind Unterkünfte und Restaurants vorhanden. Die besten Transportmittel sind Minibusse, die von Sonnenaufgang bis nach Einbruch der Dunkelheit zwischen den Städten pendeln. Da keine Banken Fremdwährungen wechseln, müssen die Bargeldvorräte bis Sanya reichen.

Wenchang und Qionghai

Die 70 km südöstlich von Haikou gelegene Kleinstadt Wenchang ist unter Chinesen bekannt, denn sie war die Heimat der Schwestern **Song Qingling** und **Song Meiling**, den späteren Ehefrauen von Sun Yatsen und Chiang Kaishek. Das im 19. Jahrhundert von den Franzosen aufgebaute Handelszentrum hat seine ehemalige Bedeutung verloren, doch es lohnt sich ein kurzer Abstecher nach Dongjiao Yelin, Hainans erster **Kokosplantage**. Derzeit erlebt das Gebiet eine recht konzeptlos wirkende Entwicklung, und mehrere Hotels sind im Bau. An dem von Bäumen gesäumten Strand aber lassen sich leicht einige angenehme Stunden verbringen.

Der Weg vom zentralen Busbahnhof über die am nördlichen Stadtrand gelegene Wenxin Lu führt rasch zu den **Hotels** *Yunshan Binguan**, ✆ 0898/3222579, und *Xiange Binguan**, ✆ 0898/3221401, die moderate Preise bieten. Nach einer scharfen Kurve führt die Straße über einen Kanal mit soliden Uferbefestigungen aus Stein. Richtung Dongjiao Yelin zweigt eine Straße nach links ab, die nach 500 m in die **Neustadt** und zu einer wesentlich moderneren Brücke führt, wo Minibusse zum Küstendorf **Qinglan** (20 Min.) abfahren. Nach der Überfahrt mit einer Fähre über einen schmalen Meeresarm steht nur noch eine kurze Fahrt bis zur Plantage bevor.

Zurück in Wenchang führt die Straße von der modernen Brücke bergan zum Stadtrand und zu einer anderen Minibusstation, die das 60 km südlich gelegene **Qionghai** (auch: Jiaji) bedient, wo 1924 Chinas **erste kommunistische Zelle** gegründet wurde. Die geschäftige Stadt wirkt äußerst gepflegt und verfügt über ein großes Angebot an Märkten, die auf lokal hergestellte Rohrmöbel spezialisiert sind. Qionghais berühmteste Bürgerin war die Guerillaführerin **Huang Sixiang**, die auf Hainan gegen die japanische Okkupation kämpfte. An der Hauptstraße Dongfeng Lu befinden sich der Busbahnhof und nicht weit entfernt das klimatisierte Hotel *Dongshen Dasha**, ✆ 0898/2822338. Rund um die heroische Revolutionsskulptur im Stadtzentrum gibt es zahlreiche kleine Restaurants, darunter das

Liangchang Jiudian und das *Fushan Coffee House* an der Wenming Lu.

Wanning, Xinglong und Nanlin

Weitere 50 km südlich von Qionghai liegt Wanning (auch: Wancheng), von wo Motorradtaxis mit Seitenwagen Passagiere zum 3 km südöstlich gelegenen Küstengebiet des **Dongshan Ling** bringen, wo Wege und Stufen zwischen skurril geformten Felsen zu strategisch platzierten Pavillons führen, an denen Getränkeverkäufer warten. Südwärts führt die Schnellstraße 20 km weit bis zum staubigen kleinen Dorf Xinglong, dessen **Forschungsinstitut für tropische Landwirtschaft** Interesse verdient – es wurde mit Geldmitteln von Überseechinesen aus Vietnam, Malaysia und Indonesien errichtet und ist vor allem für seinen Kaffee berühmt. Nur 3 km von der Stadt entfernt befindet sich ein Resort mit **heißen Quellen**. Preiswerte Unterkünfte bietet Xinglong, während das Institut und das Resort relativ teuer sind (** aufwärts). Naturliebhabern sei das 15 km südlich gelegene Dorf Nanlin empfohlen, das am nordwestlichen Rand eines kleinen Schutzgebietes mit **urspünglichem Waldbestand** liegt und Ausgangspunkt für mögliche Wanderungen durch niedriges Hügelland ist.

Lingshui

Neunzig Minuten südlich von Wanning liegt die alte Stadt Lingshui (auch: Lingcheng). Schon in der Han-Dynastie wurden dort Eisenwerkzeuge geschmiedet und Töpferwaren gebrannt, während silberne Grabbeigaben darauf hinweisen, dass die Stadt in der Ming-Dynastie ein wichtiges Handelszentrum war. Auch in der modernen Geschichte hat Lingshui seinen Platz, denn 1928 traf sich dort Chinas **erste kommunistische Regierung**, die sich aus Qionghai nach Süden zurückzog. Die Kommunisten waren noch dort, als die Japaner im Februar 1939 Hainan stürmten – zahlreiche Untergrundkämpfer zogen sich ins hügelige Inselinnere zurück, von wo sie mit Hilfe der lokalen Li-Minderheit (s.S. 772) einen Guerillakrieg inszenierten. Die kommunistische Führung vergaß dies nicht und verlieh nach ihrer Machtübernahme dem Distrikt nominelle Selbstverwaltung als **Autonomes Gebiet Lingshui der Li**.

Heute liegen Lingshuis gut ein Dutzend schmale Gassen abseits der Schnellstraße, die mit einer scharfen Biegung in der Nähe des Busbahnhofs an der Stadt vorbeiführt. In Stadtnähe sind Reste eines **Qing-zeitlichen Klosters** erhalten, dessen Innenräume zwar noch mit Originalfresken verziert sind, heute jedoch als Lagerraum für Videospielgeräte genutzt werden. Zu den anderen Sehenswürdigkeiten zählen ein **Kommunistisches Museum**, vor dem eine Kanone steht, sowie einige rund 50 Jahre alte Läden, deren ursprüngliche Gestalt nicht verändert wurde. Bei einem Bummel durch Lingshuis Stadtrandgebiete fühlt man sich um 100 Jahre zurückversetzt, denn Gassen winden sich in ländliches Gebiet hinaus, Mauern umschließen Privathäuser, deren dekorative Säulen nach oben hin von Lotusblütenmotiven abgeschlossen werden, und Höfe sind dicht mit schlanken Arecapalmen bepflanzt, an deren Stämmen nicht selten konische Kübel hängen. Die Früchte der markanten Palmen sind die *binlang* (Betelnüsse), welche die Li bereits seit der Ming-Zeit kultivieren. Vor allem bei Frauen sind die leicht berauschenden Nüsse beliebt, doch nahezu jeder in Lingshui hat rote Lippen und Zähne vom Kauen dieser Palmenfrüchte, die vor dem Genuss in ein herzförmiges Pfefferstrauchblatt eingerollt werden.

Lingshuis zentraler **Busbahnhof** liegt an einer Kurve der Schnellstraße und ist Abfahrtspunkt der Fahrzeuge nach Haikou und Sanya. Auch die meisten Minibusse aus Wanning treffen dort ein. Von Süden kommende Passagiere werden mitunter an der **Minibusstation** rund 1 km weiter südlich Richtung Sanya abgesetzt, wo die Fahrzeuge nach Xincun abfahren. Einfache **Unterkunft** bieten unweit voneinander an der Schnellstraße nördlich des Busbahnhofs das *Puli Binguan**, ✆ 0898/3323968, und das *Yiyuan Binguan**, ✆ 0898/3323500. In der Nähe befinden sich auch die besten **Speiselokale**, und in den Seitengassen der Hauptstraße wimmelt es von kleinen Teestuben.

Xincun und Affeninsel Nanwan

Rund 10 km weiter südlich leben in der kleinen Marktstadt Xincun zahlreiche Hakka, deren schwarz gekleidete Frauen breite Hüte sowie Gold- und Jadeschmuck tragen. Fähren pendeln zwischen dem kleinen Hafen und der Affeninsel Nanwan, die in Wirklichkeit eine Halbinsel ohne Straßenanbindung ist. Eine **Forschungsstation** studiert die dort ansässige Makakenkolonie – kleine braunhaarige

Die Ostküste

Lingshui	陵水	***língshuǐ***
Puli Binguan	普利宾馆	*pǔlì bīnguǎn*
Yiyuan Binguan	怡园宾馆	*yíyuán bīnguǎn*
Nanlin	南林	***nánlín***
Qionghai	琼海	***qiónghǎi***
Dongshen Dasha	东什大厦	*dōngshén dàshà*
Fushan Coffee House	福山咖啡厅	*fúshān kāfēitīng*
Liangchang Jiudian	良昌酒店	*liángchāng jiǔdiàn*
Wanning	万宁	***wànníng***
Dongshan Ling	东山岭	*dōngshān lǐng*
Wenchang	文昌	***wénchāng***
Dongjiao Yelin	东郊椰林	*dōngjiāo yēlín*
Xiange Binguan	仙阁宾馆	*xiāngé bīnguǎn*
Yunshan Binguan	云山宾馆	*yúnshān bīnguǎn*
Xincun	新村	***xīncūn***
Affeninsel Nanwan	南湾猴岛	*nánwān hóudǎo*
Xinglong	兴隆	***xīnglóng***

Affen mit fahlen Augenlidern und roten Hinterteilen, die man im Besucherzentrum füttern kann. Minibusse aus Lingshui setzen ihre Passagiere an der Hauptstraße ab, von wo der Weg durch verstopfte Marktgassen hinab zum Ufer führt, wo sofort Sampan-Besitzer über jeden Eintreffenden herfallen. Mit ihnen muss der Preis für die 10-minütige Überfahrt nach Nanwan ausgehandelt werden; ¥5 p.P. für die Hin- und Rückfahrt sind ein angemessener Betrag, obwohl die Einheimischen weitaus weniger zahlen. Die schmale Bucht ist überfüllt mit Hakka-Hausbooten, die durch Plankenwege miteinander verbunden sind, an denen Pfähle und Netze die Bereiche von **Perlenzuchtgründen** abstecken. Perlen gehören zu den wichtigsten Einkommensquellen der Stadt.

Nach der Ankunft auf der Insel bringen Traktorfahrer die Gäste gegen eine geringe Gebühr zum Besucherzentrum, zu dem man zu Fuß auf guten Wegen rund 30 Minuten benötigt. Der Spaziergang ist eine gute Alternative, denn nahezu garantiert sichtet man unterwegs Kolonien von noch vollkommen wilden Affen. Auch die Tiere im Besucherzentrum (¥20) sind mehr oder weniger wild, doch die dortigen Zustände entsetzen jeden Tierfreund, da chinesische Touristen Spaß daran finden, die Tiere mit langen Knüppeln einzuschüchtern und auf jeden Affen, der ihnen zu nahe kommt, einzuprügeln – kein Wunder daher, dass sich die Tiere feindselig verhalten. Wer die Affen füttern will, kann am Eingang Erdnüsse kaufen, was jedoch nur bewirkt, dass sich viele Tiere zusammenscharen, um ihren Teil der Beute abzubekommen. Lohnender ist ein Spaziergang über das Gelände und auf den Hügel, um von dort die in Familienscharen lebenden Affen durch die Baumwipfel turnen zu sehen.

Sanya

Von Haikou führt eine 320 km lange Schnellstraße nach Sanya an der mittleren Südküste, das früher oder später zum Zielort jedes Inselbesuchers wird. Obwohl Funde in der nahen westlichen Stadt Ya-

Sanya und die Südwestküste

Sanya	三亚	***sānyà***
Dadonghai	大东海	*dàdōng hǎi*
Halbinsel Luhuitou	鹿回头	*lùhuí tóu*
Yalong-Bucht	亚龙湾	*yàlóng wān*
Übernachtung und Essen		
Cactus Resort	仙人掌度假酒店	*xiānrénzhǎng dùjiàjiǔdiàn*
Chezhan Lüguan	车站旅馆	*chēzhàn lǚguǎn*
Chuanya	川亚宾馆	*chuānyà bīnguǎn*
Dongbei Wang	东北王	*dōngběi wáng*
Dongjiao Yelin Seafood	东郊椰林海鲜城	*dōngjiāoyēlín hǎixiānchéng*
Gloria Resort	凯莱度假酒店	*kǎilái dùjià jiǔdiàn*
Hawaii	夏威夷大酒店	*xiàwéiyí dàjiǔdiàn*
Hengyun	横云酒家	*héngyún jiǔjiā*
Holiday Inn	假日酒店	*jiàrì jiǔdiàn*
International Youth Hostel	青年旅馆	*qīngnián lǚguǎn*
Landscape Beach	丽景海湾酒店	*lìjǐng hǎiwān jiǔdiàn*
Pearl Seaview	明珠海景酒店	*míngzhū hǎijǐng jiǔdiàn*
Sanya	三亚宾馆	*sānyà bīnguǎn*
Seaside Holiday Inn	海滨度假村	*hǎibīn dùjiàcūn*
South China	南中国大酒店	*nánzhōngguó dàjiǔdiàn*
Dongfang	东方	***dōngfāng***
Jianfeng	尖峰	***jiān fēng***
Waldschutzgebiet Jianfeng Ling	尖峰岭热带原始森林自然保护区	*jiānfēnglǐng rèdài yuánshǐ sēnlín zìránbǎohùqū*
Tianya Haijiao	天涯海角	***tiānyá hǎijiǎo***
Yazhou	崖州	***yázhōu***

zhou bezeugen, dass die Region schon seit nahezu 1000 Jahren besiedelt ist, präsentiert sich Sanya als moderne Stadt mit schmutzigem Fischereihafen und einem **Flottenstützpunkt**, der die Abläufe im Südchinesischen Meer beobachten und Chinas Ansprüche untermauern soll.

Diese Gegebenheiten gerieten im Jahre 2001 ins Blickfeld der internationalen Öffentlichkeit, als ein **amerikanisches Spionageflugzeug** nach einer Kollision mit einem chinesischen Jagdflugzeug zur Notlandung gezwungen war. Anziehungspunkt für die zahlreichen Besucher – darunter zunehmend mehr Russen und Koreaner – aber ist Sanyas Umgebung: Der östliche **Strand Dadonghai** gehört zu den wenigen Orten in China, an denen man in der Öffentlichkeit entspannen kann; Chinesen strömen zu der von Legenden umrankten **Halbinsel Luhuitou**, die sich als große Landzunge aus Granit südlich der Stadt ausdehnt, oder sie besuchen den reizvollen Strand **Tianya Haijiao**; Ausländer bringen hingegen Tagesausflügen zu den winzigen unbewohnten **Koralleninseln** vor Dadonghai mehr Interesse entgegen.

Obwohl die stadtnahen Strände sehr schön sind, kann eine Reise nach Sanya besonders für Budget-Reisende zu **Irritationen** führen: Die Zim-

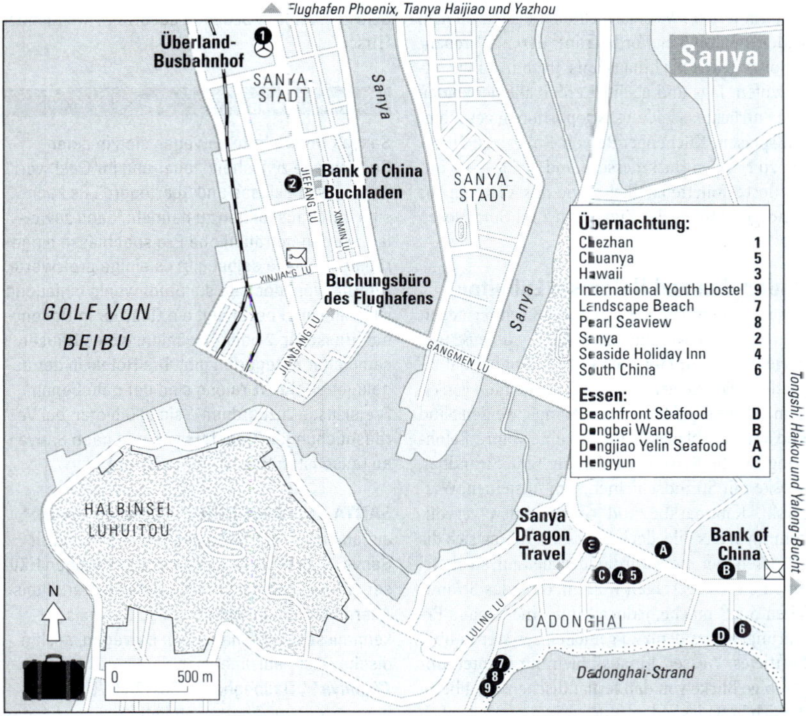

mer sind teuer und ihr Geld oft nicht wert, in Restaurants muss man auf betrügerische Tricks gefasst sein, und ausländische Fußgänger werden ständig von Taxifahrern und Schleppern belästigt.

Sanya lässt sich in vier Teile untergliedern: die Stadt selbst, den Strand Dadonghai, die Halbinsel Luhuitou – alle nicht weit voneinander entfernt – sowie die **Bucht Yalong**, eine 20 km östlich gelegene Satellitensiedlung für Touristen, die aus Inselresorts und idyllischen Stränden besteht. Die **Stadt Sanya** erstreckt sich auf einer 3 km langen Halbinsel, die im Westen von der Bucht Beibu und im Osten vom Fluss Sanya begrenzt wird. Die Hauptstraße Jiefang Lu gabelt sich an ihrem südlichen Ende und führt von dort als Jiangang Lu südwestwärts zu den nahen Cargo-Anlagen, während die östliche Abzweigung in Form der geschäftigen Gangmen Lu (die jedoch noch mehrfach den Namen ändert) nach 4 km das langgezogene Band aus Hotels, Restaurants und Geschäften am Strand Dadonghai erreicht. Dort beginnen die Schnellstraßen nach Haikou und Tongshi.

Trotz des Urlaubsimages der Region ist die Stadt Sanya selbst keine Touristenattraktion, sondern eher ein lauter und schmutziger Hafen, in dem adrett uniformierte Marinerekruten auf Fahrrädern durch die Straßen preschen. Dennoch ist ihr eine eigene Atmosphäre nicht abzusprechen, und aus bloßer Schaulust sollte man unbedingt einmal die Umgebung der **Kaianlagen** an der Jiangang Lu durchstöbern, wo dubiose Gestalten und spärlich bekleidete Mädchen den unordentlichen Teehäusern und dunklen Seitengassen ein Flair anrüchiger Oberflächlichkeit verleihen. Sanyas **Hauptmarkt** findet in den Straßen parallel und östlich der Jiefang Lu statt und ist ein interessanter

Ort, um leckere Meeresfrüchte zu kosten oder in Läden mit offener Vorderfront, deren Warenangebot zum Teil bis hinaus aufs Trottoir quillt, einzukaufen. Tags und nachts werden alle denkbaren Tropenfrüchte, Kleidung, Kiloportionen gekochter Süßspeisen, Küchengeräte von Kokosraspeln bis hin zu riesigen Hackmessern und Woks, teure importierte Toilettenartikel sowie aus Vietnam ins Land geschmuggelte Zigaretten und Spirituosen angeboten.

Dadonghai und Halbinsel Luhuitou

Der nur 150 m von der Hauptstraße entfernte, oft überfüllte, je nach Jahreszeit brennend heiße und insgesamt 3 km lange **Strand** Dadonghai hat eigentlich alles zu bieten, was man gemeinhin von einem Tropenstrand erwartet: Palmen, weißen Sand und warmes blaues Wasser – eine wahre Belohnung für die Reise nach Hainan. Eine Strandbar, Kioske mit Strandschirmen zum Ausleihen, Wasserski, Katamarane und Gummireifen vervollkommnen das Bild, doch insgesamt führen sich die Chinesen hier merkwürdig unsicher auf, so als sei ihnen zwar zugetragen worden, dass das Strandleben Spaß mache, jedoch ohne eine genaue Erklärung, wie es denn zu genießen sei. Wer in über hüfttiefes Wasser hinausschwimmt, erntet ungläubige Blicke von den festländischen Urlaubern, die sich in Badekleidung offensichtlich unbehaglich fühlen und sich kaum in tiefere Bereiche als knöcheltiefes Wasser vorwagen. Obwohl eine insgesamt lockere und entspannte Stimmung herrscht, sollte man sich nicht zu sorglos geben, denn unbewachte Wertsachen können verschwinden, und wenn Bikini-Oberteile abgelegt oder gar völlige Nacktheit zur Schau getragen wird, so führt dies zu Verhaftungen.

Der Hafen trennt die von Dadonghai auf guter Straße zu erreichende **Halbinsel Luhuitou** von den Cargo-Anlagen. Auf der Halbinsel lohnt sich eigentlich nur ein Kurzaufenthalt. Vor dem *Hawaii Hotel* in Dadonghai warten in der Regel Motorradtaxis auf Passagiere, die zum Eingang des Gipfelgebiets fahren möchten, und auch Bus Nr. 101 bedient dieses Ziel. Saftige ¥30 Eintrittsgebühr verschaffen Zugang zu einer großen Granitstatue, die von einer Li-Legende berichtet, nach der sich ein Hirsch, der sich nach einem jungen Jäger umdrehte, in ein wunderschönes Mädchen verwandelte – *Luhuitou* bedeutet „den Kopf wendender Hirsch".

Übernachtung

Sanyas Unterkünfte bewegen sich in einer Spannbreite zwischen „teuer und ihr Geld wert" sowie „Mittelklasse und überteuert". Es kann sich durchaus lohnen zu handeln, denn zuweilen werden beträchtliche Preisnachlässe eingeräumt. In Sanya selbst gibt es einige preiswerte Alternativen, doch da die Stadt wenig einladend ist, sollte man bevorzugt ein Quartier in Dadonghai (Busse Nr. 2 oder 4) wählen, wo es Häuser sämtlicher Kategorien gibt. Die Hotels in der abgelegenen Bucht Yalong sind der gehobenen Preisklasse zuzuordnen – sie alle bieten bei Vorausbuchungen **Transfers** von und nach Sanya an (ansonsten Bus Nr. 102 nehmen).

SANYA UND DADONGHAI – ***Chezhan Lüguan****, Jiefang Lu, in der Nähe des Busbahnhofs von Sanya. Sehr einfach und eines der wenigen Häuser mit vernünftigem Preis-Leistungs-Verhältnis. Allerdings können oft nur einige Chinesischkenntnisse das Management bewegen, ausländische Gäste aufzunehmen.
Chuanya**, Dadonghai, ✆ 88227333. Übereilt hochgezogener Apartmentblock, in dem sich das Management durchaus aufs Handeln einlässt. Angesichts der Lage preiswert.
Hawaii****, Dadonghai, ✆ 88213666, 📠 8821 2210. Phantasieloser Hotelturm an der Schnellstraße, doch entspannte Atmosphäre und gut organisiert. Lässt sich relativ rasch auf Preisnachlässe ein. Vorwiegend von russischen Geschäftsleuten gebucht.
International Youth Hostel**, Dadonghai, ✆ 8821 3665. Direkt am Strand hinter dem *Pearl Seaview*. Niedrige Wohneinheiten in einem etwas ungepflegten Hof. Unbedingt mehrere Zimmer anschauen, da manche Räume schon recht heruntergekommen wirken. Obwohl es eine offizielle IYHA-Herberge ist, gibt es weder Dorm-Betten noch Ermäßigungen für Mitglieder. Dennoch die preiswerteste Unterkunft in Dadonghai.
Landscape Beach*****, Dadonghai, ✆ 88228666, 💻 www.sanyaliking.com. Eine wahre Rarität für China: mehr als nur ein Hotel um der Übernach-

tung willen. Ein Haus mit sehr eigenwilligem Charakter. Sehr stilvolle und wohl überlegte Verwendung von Schiefer und Holz.

Pearl Seaview*****, Dadonghai, ☏ 88213838, ℻ 88215822. Internationales Standard-Hotel mit allen üblichen Einrichtungen.

Sanya*, Jiefang Lu, Sanya, ☏ 88274703. Alternd und düster, doch ordentlich gepflegt. EZ, DZ und Dreibettzimmer im Angebot.

Seaside Holiday Inn***, Dadonghai, ☏ 88213898, ℻ 88212018. Drei Stockwerke mit verblassenden, aber angenehmen Zimmern, umgeben von einem kleinen Vorhof mit Gartenbereich.

South China, Luxus, Dadonghai, ☏ 88219888, ℻ 88214005. Komfortables Strandresort mit allen erdenklichen Einrichtungen inklusive Swimmingpool, Fitnessraum sowie westlichen und orientalischen Restaurants.

YALONG-BUCHT – ***Cactus Resort********, ☏ 88568866, ℻ 88568867. Noble, jedoch preiswertere Alternative zum Schwesterhotel *Gloria Resort* – mit schönerem Swimmingpool.

Gloria Resort, Luxus, ☏ 88568855, 💻 www.gloriahotels.com. Privatstrand, Restaurants, Swimmingpool, Fahrrad- und Wassersportgeräte-Verleih, Reisebüro und Flughafentransfer im Angebot.

Holiday Inn, Luxus, ☏ 88565666, 💻 www.holiday-inn-sanya.com. Ebenfalls bester Standard mit allen üblichen Angeboten.

Essen

Angesichts von Sanyas Tropenklima und der Lage an Chinas südlichstem Zipfel überrascht die überall anzutreffende Vorliebe für die nord- und westchinesische Küche, die wohl von der großen Zahl der Auswanderer aus Sichuan und Dongbei herrührt. Alle erwähnten Lokale befinden sich in Dadonghai, wo die Adressen nach Osten hin immer besser werden. Die Angestellten einiger preiswerter Restaurants, die sich westlich des *Seaside Holiday Inn* befinden und übersetzte Speisekarten anbieten, schwirren aus und versuchen potentielle Kunden einzufangen.

Ebenso wie die Unterkünfte kann auch das Essen teuer werden, doch die exzellenten **Meeresfrüchte** – die fast ausschließlich aus Indonesien und den Philippinen kommen, da Sanyas Meeresfauna längst abgefischt ist – sind erschwinglich. Keinesfalls aber sollte man (wo auch immer) eine Bestellung aufgeben, ohne sich über den genauen Preis zu verständigen – ansonsten kostet eine Schale Nudeln plötzlich ¥30.

Beachfront Seafood – Überraschend romantisches Angebot direkt am Strand nahe dem Hotel *South China*. Einfach durch Fingerzeig aus den aufgestellten Becken Fische, Krabben, Hummer, Garnelen und andere Meeresfrüchte auswählen, die gewünschte Zubereitungsart angeben, einige Biere bestellen und sich an den Außentischen unter Kokospalmen zurücklehnen. Ein *jin* (Pfund) Garnelen kostet rund ¥40.

Dongbei Wang – Gut besuchtes und angenehmes mandschurisches Restaurant direkt an der Schnellstraße, in dem illustrierte Speisekarten bei der Auswahl helfen und Verständigungsprobleme gar nicht erst aufkommen lassen. Große Portionen, freundlicher Service. Zu empfehlen sind gebratener Fisch mit Pinienkernen, kalte Rindfleischstreifen mit Anissamen und gebratene Erbsen mit Pinienkernen und Mais. Abendmahlzeiten für zwei Personen rund ¥60.

Dongjiao Yelin Seafood – Ebenfalls an der Schnellstraße gelegen, eher ein Kaufhaus als ein Restaurant. Leckere Meeresfrüchte und lokale Hainan-Gerichte in opulentem Umfeld. Teuer.

Hengyun – Restaurant mit Außentischen unter einem Sonnensegel, durch dessen Dach ein Baum wächst, nahe dem *Seaside Holiday Inn*. Eines der vielen relativ preiswerten Sichuan-Restaurants in dieser Gegend.

Einkaufen

Sanya ist ein hervorragender Ort zum Kauf von weißen, lilafarbenen, gelben und schwarzen Perlen. Die besten Angebote unterbreiten fliegende Händler am Strand Dadonghai, die „aussortierte" Ketten für ¥40 oder bei zähem Handeln sogar noch billiger verkaufen. Obwohl diese Schmuckgegenstände in der Regel echt sind, genügen die Perlen in Farbe, Form oder Größe nicht den Ansprüchen des kommerziellen Schmuckhandels. Wer Zweifel an der Echtheit

von Objekten hat, muss nur die Oberfläche ankratzen – ein Abblättern der oberen Schicht verweist auf eine dünn mit klarem Lack überzogene Plastikperle.
Ein gut bestücktes Kaufhaus an Dadonghais Schnellstraße (an der Ecke der Straße zum Hotel *South China*) unterbreitet ein umfangreiches Angebot, das von Lebensmitteln bis hin zu Toilettenartikeln reicht.

Sonstiges

GELD – Die Hauptniederlassung der ***Bank of China,*** Jiefang Lu in Sanya, ist unterbesetzt und arbeitet unerträglich langsam, ⏲ Mo–Fr 8–12 und 14.30–18 Uhr. Die Zweigstelle in Dadonghai verweigert mitunter die Annahme von Travellers Cheques.

INTERNET – Ein Internet-Café befindet sich im Obergeschoss des *Xinhua*-Buchladens nahe der *Bank of China* an der Jiefang Lu in Sanya; ein weiteres Café hatte zum Zeitpunkt der Drucklegung in der Nähe des Eingangs zum Busbahnhof geöffnet.

POST UND TELEFON – Postämter an der Xinjiang Lu in Sanya und an der Schnellstraße in Dadonghai, ⏲ tgl. 7.30–19.30 Uhr.

REISEBÜROS – Die großen Hotels haben eigene Reiseschalter. Ansonsten ist ***Sanya Dragon Travel,*** ✆ 88213526, 📠 88213799, westlich hinter dem *Hawaii Hotel* an der Luling Lu in Dadonghai, eine verlässliche Adresse. Das dortige Personal spricht ein wenig Englisch und organisiert Tauchgänge, Mountain-Bike-Verleih (¥40 pro Tag), Fahrten zu den Koralleninseln, Angelausflüge, Flugbuchungen, Flughafentransfers und Tagesflüge, u.a. nach Tongshi. ⏲ tgl. 8.30–17 Uhr.

TAUCHEN – Die geringe Sichtweite und maximale Tiefen zwischen 10 m und 30 m machen Hainan nicht zum besten Tauchgebiet – doch das Tauchen macht Spaß und man kann sich immerhin damit brüsten, in chinesischen Gewässern getaucht zu haben. Die drei lohnenden Tauchgebiete befinden sich in der Yalong-Bucht östlich von Sanya (bekannt für moderaten Korallenwuchs, zahlreiche Fischarten und Hummer), vor Tianya Haijiao westlich der Stadt (gut für Weichtiere, doch extrem seicht) und rund um die ebenfalls westlich gelegenen Koralleninseln (als tiefste Bereiche). Ordentliche Ausrüstung kann geliehen werden, die chinesischen Begleiter besitzen die NAUI/PADI-Qualifikation, und Tauchwillige müssen eine C-Karte vorweisen oder zumindest an einem Einführungstauchgang im Resort teilnehmen (¥280). Zwei Tauchgänge vor der Küste kosten ¥380, zwei Tauchgänge vom Boot aus ¥560. Buchungen können im Büro am Swimmingpool des Hotel *South China* oder im Strandbüro des *International Youth Hostel* vorgenommen werden.

VORWAHL – 0899

Nahverkehrsmittel

Zahlreiche **Taxis**, etliche Motorradtaxis mit Seitenwagen und öffentliche **Busse** sorgen für den Transport im Stadtgebiet und in der näheren Umgebung. Busse Nr. 2 und 4 pendeln regelmäßig ab 6 Uhr morgens bis nach Einbruch der Dunkelheit zwischen dem Überland-Busbahnhof und Dadonghai, während Bus Nr. 102 stündlich über Jiefang Lu und die Schnellstraße in Dadonghai zur Yalong-Bucht fährt.

Transport

BUSSE – Sanyas **Überland-Busbahnhof** liegt am nördlichen Ende der Jiefang Lu. Die Anreise aus Haikou führt zunächst durch Dadonghai, sodass Reisende sich dort an geeigneter Stelle absetzen lassen können. Vom Bahnhof fahren Standard- und Luxusbusse nach Haikou und normale Standardbusse zu nahezu allen Zielen auf der Insel (Fahrzeuge nach Dongfang verkehren nur zwischen 11.45 und 18 Uhr).
Busse nach:
BAISHA 4 Std.;
BAOTING 1 1/2 Std.;
DONGFANG 4 Std.;
HAIKOU 3–7 Std.;
LINGSHUI 2 Std.;
QIONGHAI 4 1/2 Std.;
QIONGZHONG 4 Std.;

TONGSHI 2 Std.;
WANNING 3 Std.;
WENCHANG 6 Std.;
YAZHOU 1 Std.

FLÜGE – Der **Flughafen Phoenix** liegt 15 km westlich der Stadt und ist ausschließlich mit dem Taxi zu erreichen (¥40).
Die meisten Hotels verfügen über hauseigene Agenturen, die auch Flugtickets verkaufen. Das **Buchungsbüro** des Flughafens liegt in Sanya an der Kreuzung von Gangmen Lu und Jiefang Lu, ✆ 88278221 oder 88277409, ⌚ Mo–Sa 9–12 und 13.30–17 Uhr. Am Busbahnhof unterhält ***Hainan Air*** ein großes Buchungsbüro, ✆ 8826 7988, 📠 88252168.
Flüge nach:
BEIJING 5x wöchentl., 5 Std.;
GUANGZHOU 2x tgl., 1 1/4 Std.;
HAIKOU 2x tgl., 1 Std.;
HONGKONG 6x wöchentl., 1 1/2 Std.;
MACAU 2x wöchentl., 1 1/2 Std.;
SHANGHAI 5x wöchentl., 2 1/2 Std.;
SHENZHEN 4x wöchentl., 1 1/4 Std.

Die Inseln des Südchinesischen Meeres
Chinesische Landkarten zeigen die südliche Landesgrenze als schlaufenförmigen Bogen, der 1500 km weit ins Südchinesische Meer hineinreicht, fast an die Küste von Borneo stößt und dabei zahlreiche Atolle sowie winzige Inseln umschließt. Da darunter vermutlich riesige **Erdöl- und Erdgasreserven** verborgen liegen, erheben alle angrenzenden Länder auf dieses Gebiet Anspruch: China, Malaysia, die Philippinen, Taiwan und Vietnam führen historische und geografische Gründe für ihre Rechte an. Die umstrittensten Gruppen sind die **Spratly- und Paracel-Inseln**, die in den 40er Jahren von Japan erobert wurden, das nach dem Zweiten Weltkrieg keine neuen Ansprüche erhob. Vietnam und China erklärten die Paracel-Inseln in den 70er Jahren offiziell zu ihrem Eigentum, was 1988 zu einer militärischen Konfrontation führte, als die Chinesen zwei vietnamesische Kanonenboote versenkten. 1995 unternahmen die Philippinen einen Vorstoß, indem sie chinesische Hoheitszeichen zerstörten, die auf den westlichsten Riffen der Spratly-Gruppe standen; außerdem brachten sie einen nahen chinesischen Trawler auf. Um die ständigen kleinen Zwischenfälle zu beenden, arbeiteten die Länder der Region – einschließlich China – im November 2002 ein richtungsweisendes Abkommen aus, das generell allen Beteiligten Anwesenheitsrechte zubilligt, während territoriale Streitigkeiten individuell beigelegt werden sollen. Diese Lösung wird Gesellschaften wie den amerikanischen Riesen Exxon erleichtern, der – obwohl tatsächliche Erdölreserven noch lokalisiert werden müssen – schon seit langem in die Region investiert.

Die Südwestküste

Unter den zahlreichen kleinen Koralleninseln südlich von Sanya gelten **Xizhou** und **Dongzhou** – die „Westinsel" und „Ostinsel" – als militärisch unbedeutend, sodass sich bei gutem Wetter die Gelegenheit zu einem unterhaltsamen Kurzausflug ergibt. Die 90-minütige Überfahrt bietet schöne Ausblicke auf die Küstenlinie und die im Norden aufragenden Berge sowie Eindrücke von den langen Reihen grauer Zerstörer, die westwärts zu Patrouillenfahrten an Chinas maritimen Grenzen unterwegs sind. Die Strände der Inseln sind nur mittelmäßig, und die Einwohner, die in Häusern aus Korallenblöcken leben, verhalten sich nicht besonders freundlich. Es gibt wenig zu tun, außer frische Meeresfrüchte zu probieren und auf das zurückfahrende Boot zu warten. Von akademischem Interesse ist, dass die Inseln Chinas südlichstes politisch unstrittiges Territorium sind – obwohl Bestrebungen bestehen, den chinesischen Herrschaftsbereich bis zu den Spratly-Inseln auszudehnen.

Wer Mandarin beherrscht, dürfte bereits am Strand Dadonghai von Bootseigentümern angesprochen werden, die ihre Dienste anbieten. Preisverhandlungen führen zu einem Tarif von ¥250 (oder weniger) für das Chartern eines Vier-Personen-Boots, und die Anbieter sind in der Regel damit einverstanden, erst nach erbrachter Leistung bezahlt zu werden. Buchungen bei Agenturen (gegen Vorkasse) sind rund 20% teurer. Auf jeden Fall gehören Mineralwasser, Sonnenschutzmittel, Hut und Sonnenbrille ins Gepäck, denn die Boote haben kein Verdeck und auf den Inseln gibt es kaum Schatten. Die gesamte Exkursion dauert von ca. 8.30–17.30 Uhr.

Tianya Haijiao und Yazhou

Alle von Sanya westwärts fahrenden Busse sowie Touristenbus Nr. 101 fahren zum 20 km entfernten langen **Strand** Tianya Haijiao (¥35), der mit skurril geformten Felsen übersät ist und dessen Name „entferntester Winkel der Welt" bedeutet. Diese Bezeichnung ist keineswegs abwegig, denn für gebildete politische Exilanten, die in Beijing in Ungnade gefallen waren, war es die größtmögliche Entfernung zu den Freuden des Lebens am Kaiserhof. Leider ist die moderne Welt über das Gebiet hereingebrochen: Teure Hotels und Restaurants, ständig steigende Eintrittspreise zum Strand und lästige Händler lassen den Aufenthalt zu einem zweifelhaften Vergnügen verkommen, doch die Chinesen strömen zu Tausenden herbei, um sich neben Felsen fotografieren zu lassen, an denen große rote Schriftzeichen prangen, die sie mit so blumigen Namen wie „Verliebtes Paar" oder „Himmelsgrenze, Meeresende" zieren.

15 km weiter westlich erreichen die Busse hinter einem Luxus-Golfplatz die **Stadt Yazhou**, die einst zu Hainans größten Ansiedlungen gehörte und heute ein Nadelöhr für den Durchgangsverkehr ist. Bekannt ist Yazhou vor allem als der Ort, zu dem im 13. Jahrhundert die Weberin **Huang Daopo** aus ihrer Geburtsstadt Shanghai floh, um eine arrangierte Heirat zu umgehen. Nachdem sie 40 Jahre bei den Küstenbewohnern vom Stamme der Li gelebt hatte, kehrte sie 1295 nach Nordchina zurück, um dort ihre herausragenden Textiltechniken einzuführen. Hinter dem rekonstruierten **Ming-Stadttor** führt der Weg zu einem winzigen **Tempelmuseum**, das traditionelle Li-Kleidung, einen moslemischen Grabstein der Hui-Minderheit und die Öllampe einer Moschee präsentiert. Da Angehörige der Hui schon seit Jahrhunderten auf Hainan siedeln – unklar ist, ob sie in der Song-Dynastie als Flüchtlinge aus Vietnam kamen oder durch die alte Maritime Seidenstraße auf die Insel verschlagen wurden –, sind in der ländlichen Umgebung viele ihrer markanten zylindrischen Gräber zu entdecken.

Die Hauptstraße führt rund 1 km westlich der Stadt zu einer 400 Jahre alten siebenstöckigen **Ziegelpagode**, die mit verwegener Neigung neben einer Schule steht und zu den wenigen authentischen alten Bauwerken auf der Insel gehört. Die letzten öffentlichen Verkehrsmittel Richtung Sanya fahren am späten Nachmittag ab.

Westwärts nach Jianfeng

Der Küstenbogen zwischen Sanya und dem westlichen Industriehafen Dongfang (s.S. 771) wird recht selten besucht. Während Dongfang selbst einen Abstecher auch nicht lohnt, empfiehlt sich unbedingt ein Besuch von Jianfeng Ling, den am leichtesten zu erreichenden Resten von Hainans urtümlichen **Bergregenwäldern**. Gute Verbindungen bestehen von Sanya aus zudem zur Li-Metropole Tongshi und in das zentrale Hochland.

Bis kurz nach mittags treten von Sanyas Überland-Busbahnhof Fahrzeuge die 165 km lange Reise nach Dongfang an, die an Yazhou vorbeiführt und ab dort weiter der Küstenlinie folgt. Eine denkbare Alternative wäre eine Reiseunterbrechung in Yazhou und die Weiterfahrt am nächsten Tag. Der westliche Inselteil ist im Vergleich zum Osten arm und unterentwickelt, denn er ist zu abgelegen, um vom Tourismus profitieren zu können. Wichtigste Einkommensquellen sind verschiedene Formen des Bergbaus, der den Gemeinden nur einen geringen finanziellen Nutzen einbringt.

Hauptmotiv für einen Ausflug in diese Richtung ist der Besuch des **Waldschutzgebiets Jianfeng Ling**, wo sich leicht ein Tag verbringen lässt. Erstes Ziel ist die 115 km von Sanya entfernte Stadt Jianfeng, die zu Füßen der gut 10 km östlich der Küste aufragenden markanten Gipfel der Jianfeng-Kette liegt. Fahrzeuge nach Dongfang setzen Passagiere dort ab. Jianfeng selbst ist ein kleiner staubiger Ort, in dem Hunde und Schweine die Straßen durchstreifen. Es gibt zwei Teehäuser und rund 100 Wohnhäuser.

Unterkunft bietet ein freundliches *Gästehaus** mit eigenem Restaurant (zu empfehlen ist das Gericht mit Huhn mit lokal angebauten Cashew-Nüssen), funktionierenden sanitären Einrichtungen und Strom.

Das Schutzgebiet beginnt 18 km von Jianfeng entfernt in den Bergen. Täglich fährt nur ein einziger fahrplanmäßiger Minibus dorthin (¥10), doch man kann Fahrzeuge chartern (¥70 bergauf, ¥50 bergab). Die Bergkette Jianfeng Ling wurde bis 1992 rücksichtslos abgeholzt, doch als die UNESCO mit einem Gutachten 400 Schmetterlingsarten und 1700 Pfanzenarten nachwies, ließ sich die chinesische Regierung überzeugen, ein Schutzgebiet einzurichten, das sich in Form einer scharfkantigen Waldkrone über kahl geschlagene Hänge im Tiefland erhebt. Die inzwischen im Rahmen kommerzieller Holzwirtschaft angepflanzten neuen Bestände haben den Einheimischen bislang keinen Lebensunterhalt sichern können, und auch Hilfspakete der *Asian Development Bank* linderten die Probleme nur geringfügig. Die Pistenstraße zum Gipfel endet am Waldrand, wo es mehrere Läden, ein kleines Restaurant, eine botanische Forschungsstation und ein wenig besuchtes *Hotel*** gibt, dessen Personal sich über eintreffende Gäste wundert.

Ein Tor mit Ziegeldach kennzeichnet ungefähr 100 m entfernt den **Eingang** zum Schutzgebiet, hinter dem ein teilweise befestigter Weg einen einstündigen Rundgang ermöglicht, der bergauf zu mächtigen Bäumen, Kletterpflanzen, Orchideen, Farnen, Vögeln, Schmetterlingen und schönen Panoramablicken vom 1056 m hohen Grat führt. Nach Einbruch der Dunkelheit lassen sich mit Behutsamkeit und einer Taschenlampe kleine Säugetiere und Kriechtiere beobachten.

Dongfang

Die Fahrt von Sanya zum wenig interessanten **Industriehafen** Dongfang (auch: Basuo) dauert vier Stunden. In den 40er Jahren machten die Japaner die Stadt zu ihrem Hauptquartier auf Hainan; sie entwickelten im nahen Inland den Bergbau und legten die Güterverkehrgleise, die zwischen Dongfang und Sanya noch heute genutzt werden. Außerdem exekutierten sie Tausende Angehörige der Li-Minderheit, die in einem Massengrab auf einer stadtnahen Anhöhe beigesetzt wurden. Waffenschmuggel, die große Schar der auf treibenden Behausungen wohnenden vietnamesischen, malaiischen und philippinischen „Kaufleute" und Schiffsbesatzungen auf Landgang haben Dongfang einen etwas zweifelhaften Ruf eingetragen, und immer wieder kursieren Geschichten über Schießereien und Überfälle auf die unabhängigen Goldminen der Region. Dennoch hat Dongfang auch seine freundlichen Seiten.

Wer hängen bleibt, findet eine übermäßig lange graue Hauptstraße, einige Lokale und direkt neben dem Busbahnhof das beste *Hotel** der Stadt vor. Auf den Straßen nach Sanya und nordostwärts via Danzhou nach Haikou herrscht reger Verkehr, sodass man nie lange auf eine Verbindung warten muss.

Tongshi und das Hochland

Erstaunlich wenige Besucher schenken Hainans Hochland im Herzen der Insel Beachtung, das schon seit langem die Heimat der Minderheiten Li und Miao ist. Nur 100 km nördlich von Sanya herrscht in Tongshi eine entspannte Atmosphäre. Auch die große Zahl der Li macht die Stadt zu einem geeigneten Ausgangspunkt für die Erkundung der Region. Weniger dazu geeignet sind die unauffälligeren Städte **Baisha** und **Qiongzhong**, die jedoch landschaftlich und historisch interessant sind. Tongshi und Qiongzhong liegen an der Inlandsverbindung zwischen Haikou und Sanya, während eine seltener befahrene Straße ins etwas abgelegenere Baisha in Hainans zentralem Westen führt.

Die zwei Stunden nördlich von Sanya gelegene Kleinstadt Tongshi (auch: Tongza oder Wuzhi Shan Shi) wurde 1995 mit dem Titel „Chinas wohnlichste moderne Stadt" ausgezeichnet – ein Prädikat, das sie noch heute verdient. Die Übersichtlichkeit der Stadtanlage, die hübsche ländliche Umgebung, der niemals dichte Verkehr und das Fehlen industrieller Anlagen laden zu einer Reiseunterbrechung in angenehm sauberer Bergluft ein. Das sehr gut präsentierte Museum ist einen Besuch wert, und im bunten Straßenbild ergeben sich schnell Kontakte zu Einheimischen, während unternehmungslustige Wanderer die nahen Berge **Qizhi Shan** und **Wuzhi Shan** besteigen können, um deren Gipfel sich lokale Legenden ranken.

Bis 1987 war Tongshi die Hauptstadt eines autonomen Gebietes der Li-Minderheit, doch als dessen Verwaltung einen Straßenbaukredit in Höhe von einer Milliarde Yuan für den Import von Luxusgütern aus Hongkong und Vietnam verpulverte und auf einer Anhöhe über der Stadt die wahrhaft palastartigen Bürogebäude errichtete, die heute die **Qiongzhou-Universität** beherbergen, reagierte Beijing umgehend, indem es die Verwaltung auflöste und die Region seiner direkten Kontrolle unterstellte. Obwohl dieser Schritt durchaus gerechtfertigt war, löste er bei den Li gewaltigen Unmut aus. Das sich inmitten niedriger Hügel erstreckende kleine Stadtzentrum Tongshis liegt am Südufer einer hufeisenförmigen Schlinge des nicht sehr eindrucksvollen Flusses Nansheng. Die Hauptstraße **Haiyu Lu** kommt von der Südküste, überquert hinter dem Zentrum den Fluss, zweigt scharf zum **Busbahnhof** ab und führt weiter nach Norden Richtung Qiongzhong und Haikou.

Li und Miao Hainans millionenstarke Li-Bevölkerung verdankt ihren Namen dem *li* (großen Haarknoten), den die Männer einst trugen. Archäologische Funde und Traditionen, die auch andere südwestchinesische Ethnien pflegen, lassen darauf schließen, dass die Li um 200 v. Chr. aus Guangxi nach Hainan kamen, sich dort an der Küste festsetzten und die Ureinwohner nach und nach ins Inselinnere verdrängten. Als es später zu einer Einwanderungswelle der Han-Chinesen kam, waren sie selbst gezwungen, sich nach neuen Siedlungsräumen umzuschauen, und so ließen sich die meisten von ihnen im zentralen Hochland der Insel nieder, wo sie 2000 Jahre lang als Reisbauern und Jäger in Dörfern mit markanten tunnelförmigen Häusern lebten. Sie benutzten Giftpfeile für das Erlegen des Jagdwildes und entwickelten eine eigene schamanistische Religion. Die Gesichter der **Li-Frauen**, deren Webtechniken seit langem gerühmt werden, waren bis in die jüngere Vergangenheit über und über mit geometrischen Mustern tätowiert – vermutlich um sie für aus den Küstengebieten einfallende Sklavenjäger und für Angehörige rivalisierender Klangruppen unattraktiv zu machen. Niemals gab es wirklich Frieden mit den anderen fünf wichtigen Stammesgemeinschaften (den Ha, Qi, Yun, Meifu und Cai), und bis heute streiten diese Klangruppen über territoriale Grenzen – das einzige, was sie verbindet, ist ihre Auflehnung gegen Fremdherrschaft.

Obwohl sie die kommunistischen Guerillas aktiv gegen die Japaner unterstützten, hegten die Li niemals besondere Sympathien für die Han – allein in der Qing-Epoche brachen 14 groß angelegte Rebellionen gegen deren Anwesenheit auf der Insel aus. Die nur äußerlich ins moderne China integrierte Ethnie würde sich wahrscheinlich erneut auflehnen, wenn die chinesische Präsenz nicht so übermächtig wäre. Auswärtige Besucher aber heißen die Li stets freundlich willkommen, und obwohl ihre traditionellen Lebensformen in den vergangenen fünf Jahrzehnten nahezu verschwunden sind, gibt es nach wie vor besondere Festivitäten, deren Besuch sich lohnt. Spektakulär ist vor allem das Fest **San Yue San**, das am dritten Tag des dritten Mondkalendermonats zur Glück verheißendsten Jahreszeit für die Partnerwahl stattfindet. In abgelegenen Winkeln des Hochlandes werden **Begräbnisse** noch mit Salutschüssen begangen, und es folgt ein dreitägiges Besäufnis der männlichen Trauergäste.

Die **Miao**, die in der Reiseliteratur meist als zweite einheimische Minderheit Hainans bezeichnet werden, wanderten in Wirklichkeit erst relativ spät ein. Zur Zeit der Ming-Dynastie wurden zahlreiche Miao in der Provinz Guizhou gewaltsam rekrutiert und als Söldner auf die Insel verschifft, um dort einen Aufstand der Li niederzuschlagen. Als keine Geldmittel nachgeschoben wurden, stellten die zwangsweise gedungenen Krieger die Kampfaktivitäten ein und ließen sich im westlichen Hochland nieder, wo sie heute eine 50 000-köpfige Minderheit stellen. Inzwischen scheinen Heiraten mit Li-Angehörigen zur Normalität zu gehören, doch noch 1937 berichtete der amerikanische Abenteurer Leonard Clark, der das Hochland durchquerte, dass die Miao zurückgezogen in den abgeschiedensten Tälern lebten.

Tongshi und das Hochland

Tongshi (Wuzhi Shan Shi)	通什(五指山市)	***tōngshì (wǔzhǐ shān shì)***
Jinyuan Dajiudian	金源大酒店	*jīnyuán dà jiǔdiàn*
Nationalitätenmuseum	民族博物馆	*mínzú bówùguǎn*
Qiongzhong-Universität	琼州大学	*qióngzhōu dàxué*
Shancheng Chazhuang	山城茶庄	*shānchéng cházhuāng*
Tongshi Guolü Binguan	通什国旅宾馆	*tōngshíguólǚ bīnguǎn*
Baisha	白沙	***báishā***
Bawang Ling	坝王岭	*bàwáng lǐng*
Baoting	保亭	***bǎotíng***
Qizhi Shan	七指山	*qīzhǐ shān*
Qiongzhong	琼中	***qióngzhōng***
Rotwildgehege Fengmu	枫木养鹿场	*fēngmù yǎnglùchǎng*
Wuzhi Shan	五指山	***wǔzhǐ shān***

Unmittelbar hinter dem Busbahnhof führt eine Straße bergan zum **Nationalitätenmuseum**, das Ausblicke über die Stadt bis zum treffend benannten, 5 km weiter westlich aufragenden „Brustwarzen-Berg" gewährt. Auch die Sammlung des Museums ist sehenswert. Zu den historischen Exponaten gehören prähistorische Steinwerkzeuge, eine Bronzetrommel mit Sonne- und Froschmotiven, die Ähnlichkeit mit Trommeln von Guangxis Zhuang-Minorität hat, Ming-zeitliche Manuskripte über das Inselleben, Weingefäße aus der Qing-Zeit mit Tintenfisch- und Froschmodellierungen sowie Detaildarstellungen verschiedener neuzeitlicher Konflikte, darunter die Beseitigung der letzten Widerstandsbasis der Guomindang im Jahre 1950. Kunstwerke und Fotos illustrieren auch Hainans Kulturerbe: Webstühle der Li, Textilien, traditionelle Waffen und Häuser, getüpfeltes Steingut aus Dongfang und Eindrücke von den wichtigsten Festen. ⌚ Di–So 8–17 Uhr, Eintritt ¥10. Nicht weit entfernt steht die **Universität**, deren absurd prunkvolle Architektur mit grünen Ziegeldächern ins Auge sticht.

Am anderen Flussufer erweist sich die Stadt als weitaus bescheidenere Ansammlung aus Straßen und modernen Beton- und Ziegelbauten, für deren Besichtigung dreißig Minuten Zeit ausreichen. Die Henan Lu verläuft von der Brücke westwärts am Flussufer entlang. Nur einen Block entfernt ist Tongshis **Stadtplatz** ein geeigneter Ort, um abends an einem der zahlreichen Tische zu sitzen, sich von Händlern Getränke und Snacks bringen zu lassen, soziale Kontakte zu Einheimischen zu knüpfen oder einfach nur die unter freiem Himmel ausgetragenen Tischtennisturniere oder die langen Schlangen vor dem Kino zu beobachten. An der nahen Jiefang Lu findet täglich ein **Markt** statt, auf dem Süßigkeiten, milchweißer Alkohol in Plastikkannen, Hirsch- und Hundefleisch sowie **Ratten**, die wie ein Brötchen aufgeschnitten und gegrillt werden, im Angebot sind – vor allem aber bestehen dort gute Chancen, dunkel gekleidete Miao-Frauen und vereinzelt sogar ältere Li-Frauen mit Gesichtstätowierungen zu sehen.

Tiefere Eindrücke von den Li vermittelt ein Besuch im **Bergfestungsdorf Fanmao**, das nur 2 km südlich der Stadt liegt und bequem mit dem Minibus zu erreichen ist, dessen Schaustücke jedoch ein wenig altbacken wirken. Alternativ lohnt ein Spaziergang durch die nähere Umgebung Tongshis: Von der Nordseite der Brücke führt die Hebei Xi Lu 150 m weit westwärts am Fluss entlang bis zu einer grob gestalteten **Propaganda-Statue**, die breit lächelnde Li-, Miao- und Han-Gestalten Arm in Arm stehend zeigt. Von dort führt die Straße bergan und – so weit man gehen will – beständig geradeaus zwischen lebhaft-grünen Feldern hindurch zu zunehmend ärmer wirkenden Dörfern, deren Hütten aus Lehm und Stroh von Zäunen aus gespaltenem Bambus umgeben sind, um den privaten Viehbestand zu sichern. Zwischen den Häusern stehen alte Scheunen in traditioneller Tunnelform, deren Holztore mit Schnitzereien verziert sind.

Übernachtung

Tongshis preiswerte Unterkünfte bieten nach einem Aufenthalt im teuren Sanya eine willkommene Abwechslung.

Jinyuan Dajiudian*, direkt gegenüber vom Busbahnhof, ✆ 86622434. Saubere gekachelte Zimmer.

Minzhu Binguan*, ✆ 86622962. Exzellente Lage auf einer Anhöhe über dem Busbahnhof. War jedoch zur Zeit der Drucklegung geschlossen.

Tongshi Guolü Binguan*, ✆ 86633158. Geringfügig besser als das *Jinyuan*.

Essen

Die Teehäuser in Marktnähe füllen sich morgens mit geselligen Gruppen, die frühstücken und ein Schwätzchen halten wollen.

Die besten Restaurants sind die Garküchen am Busbahnhof.

Das ***Shan Cheng Chazhuang*** in der Jiefang Lu – ein ungewöhnliches Lokal mit einer Männerklub-Atmosphäre, die durch einen rückseitig gelegenen Kartenspielsaal noch verstärkt wird – bietet zum Frühstück gutes Dim Sum sowie *hainan gau* (Klebreispäckchen mit Kokos und Banane).

Sonstiges

GELD – Da es keine *Bank of China* gibt, sollte man genügend Taschengeld mitbringen.

INTERNET – In Bahnhofsnähe haben inzwischen einige Internet-Cafés geöffnet.

VORWAHL – 0899

Transport

BUSSE – Vom **Busbahnhof** gibt es regelmäßige Verbindungen nach Baoting, Baisha, Haikou, Qiongzhong und Sanya. Zum Wuzhi Shan hingegen fahren in den Morgenstunden Minibusse in unregelmäßigen Abständen zwei Straßenzüge hinter dem Markt ab.

Wuzhi Shan und Qizhi Shan

Gleich mehrere Li-Mythen liefern Erklärungen für die Entstehung des Wuzhi Shan (Fünf-Finger-Berg), der sich 30 km nordöstlich von Tongshi aufschwingt und dessen 1867 m hoher Gipfel Hainans höchsten Punkt darstellt. Eine legendenhafte Variante erkennt die fünf Gipfel des Berges als versteinerte Finger eines verstorbenen Klanführers, während eine andere Auslegung sie als Sinnbild der fünf mächtigsten Li-Götter betrachtet. Auf jeden Fall aber war Wuzhi Shan einst eine **heilige Stätte**, zu der die Menschen zu Tausenden pilgerten, um animistische Feste zu begehen. Inzwischen ist der Berg für die Li kaum noch eine Pilgerstätte, doch die alte Religion ist in den abgelegenen Dörfern dieses Inselteils noch nicht ausgestorben, was Bullen- oder Hühnerköpfe an manchen Torbögen von Privathöfen bezeugen. Es ist möglich, den Berg zu besteigen: Zunächst fährt ein Bus von Tongshi zur Ortschaft Wuzhi Shan, wo lokale Fahrzeuge den Transport zum Hotel *Wuzhi Shan Binguan**, ✆ 0899/86622981, übernehmen. Dort beginnt ein steiler und schlüpfriger dreistündiger Aufstieg auf den Gipfel, der zunächst durch dschungelartiges Buschwerk und später durch Kiefernwälder führt. Auch der Gipfel ist mit verkrüppelten Kiefern und Buschwerk bewachsen, und oft ist er von Wolken umhüllt – ansonsten bieten sich weite Ausblicke auf die Umgebung.

Der **Qizhi Shan** (Sieben-Finger-Berg), der sieben unbedeutendere Li-Götter repräsentiert, die der Legende zufolge von Wuzhi Shans fünf Gottheiten bezwungen wurden, liegt 40 km südöstlich von Tongshi und ist auf dem Straßenweg via **Baoting** (auch: Baocheng) zu erreichen. Das verschlafene Baoting ist ebenfalls ein guter Ausgangspunkt für Wanderungen in die Landschaft. Transportmittel fahren ins 10 km östlich gelegene **Shiling** am Fuße des Berges und von dort weiter ins 11 km nördliche **Ba Cun**. Die Besteigung des Berges soll kürzer, jedoch anstrengender als am Wuzhi Shan sein.

Baisha

Die 60 km lange Reise von Tongshi nordwärts nach Baisha führt über eine Abzweigung von der Hauptstraße, die schöne Panoramablicke eröffnet, denn die Straße windet sich durch die Höhen von Hainans entblößter Zentralkette. Nach der Vorbeifahrt an mehreren längst verlassenen und in Ruinen liegenden Blockhäusern, die Hainans kommunistischen Streitkräften während der japanischen Besatzung als Hauptquartier dienten, erreicht der Bus einen Gebirgskamm, von dem an klaren Tagen im Nordosten die beachtlichen Gipfel des Gebirgszugs **Hong Mo Shan** (Rote Nebelberge) zu sehen sind. 30 Minuten später rumpelt der Bus nach Baisha hinein. Die unattraktive Zuckerstadt mit großer, jedoch unscheinbarer Li-Bevölkerung liegt am Ende eines fruchtbaren Hochtals mit vereinzelten Waldresten und vielfältiger Vegetation. Die Umgebung ist ein reizvolles Wandergebiet, über das die 20 km entfernte und irgendwie romantisch wirkende Gebirgskette **Bawang Ling** hinausragt, deren verbliebene Dschungelgebiete die Heimat von Hainans letzten **schwarzen Gibbons** sind. Die Tiere wurden früher wegen ihrer langen Unterarmknochen erbarmungslos gejagt – die Knochen wurden wegen ihrer angeblichen Eigenart, sich schwarz zu verfärben, sobald sie vergiftete Speisen berührten, zu Essstäbchen verarbeitet. Der heutige Bestand der gefährdeten Art wird auf 19 Tiere geschätzt.

Qiongzhong

Die Straße von Tongshi nach Qiongzhong (auch: Yinggen) verläuft ostwärts um den Fuß des Wuzhi Shan und gelangt zu Aussichtspunkten auf den sich spektakulär aus der Höhe stürzenden **Wasserfall Baihua**, der die Wohnstätte verschiedener Li-Göttinnen sein soll. Qiongzhong selbst ist ein sehr geschäftiger, jedoch recht schmutziger Marktflecken mit drei Straßen, in denen sich genügend **Restaurants** und Garküchen befinden. Einfache *Unterkunft** zu angemessenen Preisen bietet das weiß gekachelte Transportgebäude unterhalb des Busbahnhofs – zu erkennen ist es an dem runden Bussymbol auf dem Dach, ✆ 0899/86222615. Rund 25 km nordöstlich führt die Straße nach Haikou am Eingang des **Rotwildgeheges Fengmu** vorbei, auf das unübersehbar ein stilisierter Betonhirsch aufmerksam macht. Die Firmenleitung ist jedoch bestrebt, ein anderes seltenes Tier in den Blickpunkt der Öffentlichkeit zu rücken: den **Hainan-Hirsch**. Das Gehege wurde 1964 an den Ufern eines kleinen Wasserreservoirs als Zuchtfarm gegründet, da der Hirsch in der Wildnis aus-

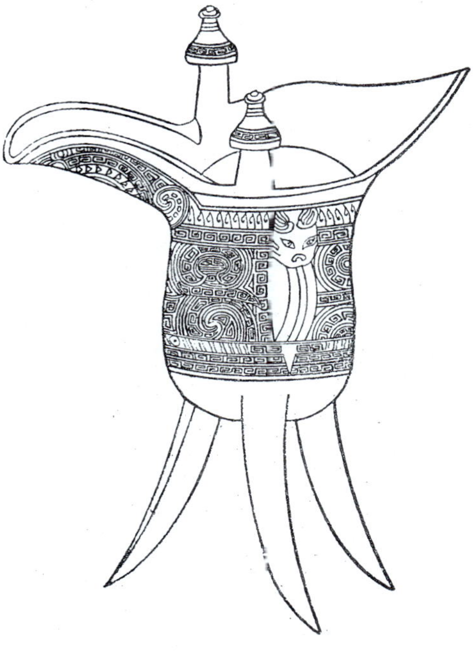

Weinkaraffe der Shang-Dynastie (um 1766–1122 v. Chr.)

zusterben drohte; inzwischen konnten gezüchtete Populationen in den Reservaten im Westen der Insel ausgesetzt werden. An einer kleinen Koppel können Besucher die Tiere streicheln, doch Vorsicht: Ihre schrillen Pfeiftöne sind ohrenbetäubend. Den ganzen Tag über herrscht in beide Richtungen reger Durchgangsverkehr. 🕒 tgl. 9–16 Uhr, Eintritt ¥15.

Hongkong und Macau

Highlights

- **Straßenbahn auf Hong Kong Island**
Die beste Art der Fortbewegung ist die ratternde Doppeldeckerstraßenbahn. Besonders zu empfehlen ist eine Fahrt bei Dunkelheit im Oberdeck zwischen den Haltestellen North Point und Western.

- **Star Ferry**
Die Überfahrt mit der Fähre von Tsim Sha Tsui nach Hong Kong Island ist die billigste Hafenrundfahrt der Welt und ganz sicher eine der spektakulärsten.

- **Blick auf den Hafen vom Victoria Peak**
Mit Einbruch der Dunkelheit verwandeln sich Hong Kong Island, der Hafen und Kowloon nach und nach in ein gigantisches Lichtermeer.

- **Fischrestaurants in Shek O**
Nach einer Tageswanderung hat man sich den Tintenfisch mit Honigsauce in einem der Meeresfrüchte-Restaurants verdient.

- **Dim Sum**
Wer einen Tisch reserviert, genießt in der Gesellschaft geräuschvoll speisender Chinesen ein aus zahlreichen kleinen Leckerbissen bestehendes Mittagessen.

- **Macaus Altstadt**
Die kopfsteingepflasterten Straßen Macaus laden zur Schnäppchenjagd nach Rosenholzmöbeln und traditionellen Kleidungsstücken ein.

- **Taipa und Coloane**
Mit dem Leihfahrrad lassen sich grüne Ecken und koloniale Geheimnisse auf Macaus Inseln entdecken.

- **Kaffee**
Macaus Kaffeegeschäfte bieten echten, pechschwarzen portugiesischen Kaffee an – eine Rarität in China.

Die Rückgabe der letzten beiden europäischen Kolonien Asiens, des ehemals britischen Hongkong (1997) und des einst portugiesischen Macau (1999), läutete für beide Territorien ein neues Zeitalter ein. Dass die Spuren ihrer kolonialen Vergangenheit aber noch längst nicht verwischt sind, zeigt sich in der Architektur, in den Ortsnamen, beim Essen und in der Sprache. Diese historischen Zeugnisse machen einen Großteil des Reizes der beiden Gebiete aus, aber es vollziehen sich auch langsam Veränderungen, die durch die Suche der beiden chinesischen Sonderverwaltungsregionen nach einer neuen Rolle und einer eigenen Identität geprägt sind.

Unter der **Kolonialherrschaft** war eine derartige Identitätssuche kein Thema gewesen. Die Einwohner der beiden Kolonien hatten bei der Gestaltung ihrer Zukunft kein nennenswertes Mitspracherecht und konzentrierten sich daher auf das, was sie am besten konnten: Geld verdienen. Natürlich waren sie nicht die einzigen in Asien, die diesen Weg einschlugen, doch ihr wirtschaftlicher Erfolg – zumindest der Hongkongs – ließ ihren Status als abhängige Territorien umso anachronistischer erscheinen, als die meisten anderen asiatischen Kolonien bereits Jahrzehnte zuvor ihre Unabhängigkeit erlangt hatten.

Die **wirtschaftliche Leistungskraft** der beiden ehemaligen Kolonien war auch einer der Gründe, warum die Klärung der Frage über ihren zukünftigen Status verzögert wurde. Völlige Unabhängigkeit war von beiden niemals ein ernsthafter Anspruch, doch die Alternativen waren auch nicht unbedingt attraktiver. Die Lösung wurde schließlich durch zwei Umstände beschleunigt: Im Falle Hongkongs war es das herannahende Jahr 1997, in dem der britische Pachtvertrag für das Gebiet der New Territories auslief; im Falle Macaus wollte die portugiesische Regierung nach dem Ende der Diktatur im eigenen Land die ehemalige Kolonie einfach nur so schnell wie möglich loswerden. Heute befinden sich beide Gebiete in einer einzigartigen Position: Als halbdemokratische, kapitalistische Enklaven sind sie in letzter Konsequenz der Macht Beijings unterworfen und damit der Kontrolle eines kommunistischen Staates.

Das soll aber nicht heißen, dass die Bevölkerung Hongkongs und Macaus über das Ende der Kolonialherrschaft nicht erfreut gewesen wäre – im Gegenteil: Die überwältigende Mehrheit in beiden Territorien befürwortete den Machtwechsel, was auch daran abzulesen war, dass die Übergabe weder größere Emotionen noch Nostalgie unter der einheimischen Bevölkerung auslöste; schließlich besteht diese zu 97% aus Chinesen, von denen die große Mehrheit **kantonesische Wurzeln** hat (wobei aber durchaus Spannungen und gegenseitiges Misstrauen zwischen Kantonesen und Chinesen aus anderen Landesteilen zu beobachten sind). Die überwältigende Mehrheit der Einwohner Hongkongs und Macaus spricht ausschließlich den kantonesischen Dialekt, isst ausschließlich kantonesisches Essen, betet in chinesischen Tempeln und unterhält enge kulturelle und verwandtschaftliche Beziehungen zur kantonesischen Bevölkerung, die unmittelbar jenseits der Grenze in den südlichen Provinzen der Volksrepublik China beheimatet ist.

Die symbolische Bedeutung der Rückgabe der Kolonien für das gesamte chinesische Volk ist kaum hoch genug zu bewerten, besiegelte sie doch das Ende der ausländischen Herrschaft, nachdem auch das letzte Stück besetzten chinesischen Bodens an das Mutterland zurückgegeben worden war. Sie wirft jedoch auch einige beunruhigende Fragen auf, vor allem ob die von Deng Xiaoping erträumte Politik unter dem Leitbild „Ein Land, zwei Systeme" (d.h. die friedliche Koexistenz von Sozialismus und Kapitalismus) auch langfristig funktionieren wird, ganz besonders falls Chinas eigener wirtschaftlicher Fortschritt einmal ins Stocken geraten sollte.

Trotz derartiger Ungewissheiten geht das Leben in beiden ehemaligen Kolonien weiter seinen gewohnten Gang. Hongkong besticht nach wie vor durch eine Konzentration und Vielfalt an **Geschäften und Einkaufszentren**, die ihresgleichen auf dem Globus suchen. Der Blick auf den Hafen, die Inseln, die bewaldeten Berge und die futuristischen Straßenschluchten präsentiert sich so spektakulär wie eh und je, ebenso die Vielfalt der **internationalen Küche** – vom nepalesischen Imbiss bis zum britischen Pub. Eine ausgezeichnete **Infrastruktur** mit dem Flughafen Chek Lap Kok, ein effizientes U-Bahn-Netz, hilfsbereite Touristenbüros und alle erdenklichen Einrichtungen einer wahrhaft kosmopolitischen Stadt machen Hongkong zu einem extrem sanften Eingangstor in die fremde chinesische Welt.

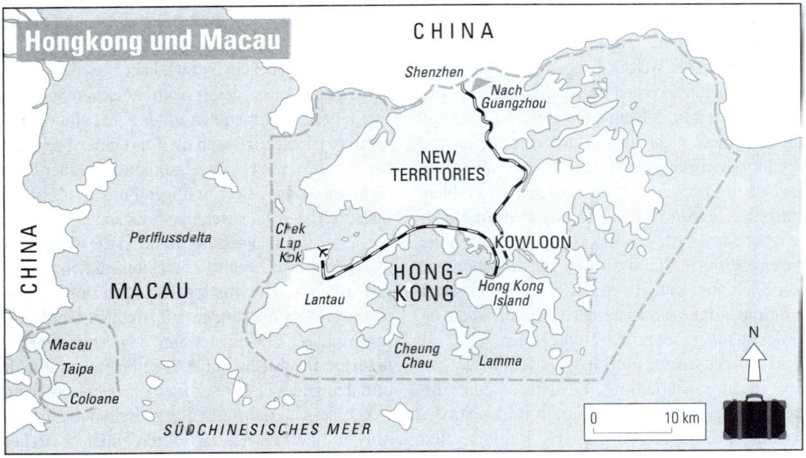

Während man in Hongkong Geschäfte macht, gilt Macau in der Region als „Spielplatz" der Chinesen, als Hochburg des **Glücksspiels** und anderer Laster – ein fernöstliches Las Vegas im Miniformat. Die Spuren der kolonialen Vergangenheit sind hier offenkundiger als in Hongkong und zeigen sich in der **portugiesischen Architektur**, den alten Kirchen und der beinahe mediterran anmutenden Uferpromenade. Macau hat sogar seine eigene Urbevölkerung: Die Macanesen sind eine kleine gemischtrassige Minderheit, deren koloniale Wurzeln mehrere Jahrhunderte zurückreichen und die häufig neben Kantonesisch auch noch Portugiesisch spricht. Der preiswerte portugiesische Wein und die **macanesische Küche** bilden eine interessante Mixtur aus chinesischen und südeuropäischen Einflüssen und erinnern ebenso an das koloniale Erbe wie die mediterran angehauchte Lebensart, die sich insgesamt weniger hektisch und heiterer präsentiert als der Alltag in anderen Teilen Südchinas. Südlich der Stadt liegen die kleinen Inseln Taipa und Coloane mit Stränden und ruhigen Dörfern, wo man in relativer Abgeschiedenheit Fisch essen und Wein trinken kann.

Touristen lassen in Hongkong und Macau in der Regel mehr Geld als in anderen Regionen Chinas, doch das relativiert sich schnell, wenn man sich die oft riesigen Unterschiede in Qualität und Service im Vergleich mit dem Angebot in der Volksrepublik vor Augen hält. Öffentliche Verkehrsmittel sind sowohl in Hongkong als auch in Macau immer noch unglaublich billig. Wer sein Geld zusammenhält und sich ein Zimmer mit mehreren Personen teilt, kann durchaus mit 25 € am Tag über die Runden kommen. Am anderen Ende der Skala klettern die Preise der Hotels, Restaurants und Geschäfte dann allerdings schnell auf internationales Niveau.

Hongkong

Fundgrube traditioneller chinesischer Kultur, letztes Juwel in der Krone des britischen Empire und einer der wichtigsten Wirtschaftsstandorte des pazifischen Raums: Das ist Hongkong, mit seinen zahlreichen Facetten sicherlich die außergewöhnlichste Stadt Ostasiens. So haben die Hongkonger beispielsweise ihr Bruttoinlandsprodukt pro Kopf innerhalb eines einzigen Jahrzehnts verdoppelt und damit sogar ihre ehemalige Kolonialmacht überholt. Das Ungleichgewicht bei der Verteilung der Einkommen ist allerdings haarsträubend: Der rauschartige Konsum der wenigen Hundert Superreichen (zumeist Kantonesen), für die Hongkong berühmt ist, verschleiert die Tatsache, dass die meisten Menschen sehr lange und hart arbeiten und dicht gedrängt in winzigen Behausungen leben müssen (der Bezirk Kwun Tong besitzt mit 50 080 Einwohnern pro km^2 angeblich die größte Bevölkerungsdichte der Welt). Dennoch sind die fast sieben Millionen Einwohner im Vergleich zu den Festland-Chinesen im Allgemeinen anspruchsvoll und gut informiert, nicht zuletzt dank einer freien und dynamischen Presselandschaft, in der allerdings die Selbstzensur ein ständig wachsendes Problem darstellt. Die **Sonderverwaltungsregion** Hongkong ist derzeit der größte externe Investor in der Volksrepublik China, und wer von Kowloon aus den Blick über den Hafen auf die Wolkenkratzer von Hong Kong Island schweifen lässt, blickt auf eine der atemberaubendsten Skylines der Welt.

Das Territorium Hongkong bedeckt insgesamt eine Fläche von 1100 km^2, die sich aus einer ungleichmäßig geformten, im Westen vom Delta des Perlflusses (Zhujiang) begrenzten Halbinsel und mehreren vorgelagerten Inseln zusammensetzt. Ein Großteil dieses Gebiets – das Land im Norden an der Grenze zu China – wird als **New Territories** bezeichnet und ist wie die Inseln teilweise noch ländlich geprägt. Es handelt sich um das Gebiet, das 1898 für die Dauer von 99 Jahren an Großbritannien verpachtet wurde und bei der Rückgabe eine Schlüsselrolle spielen sollte. Der untere Teil der Halbinsel, **Kowloon**, und die unmittelbar südlich davon gelegene Hauptinsel **Hong Kong Island** bilden den urbanen Kern der Metropole. Dieses Gebiet wurde Großbritannien dauerhaft überlassen, doch die britische Regierung sah bei den Verhandlungen mit China 1984 keine andere Alternative, als der Rückgabe des gesamten Territoriums zuzustimmen. Somit ist Hongkong seit dem 1. Juli 1997 offiziell eine Sonderverwaltungsregion der Volksrepublik China.

Hong Kong Island bietet nicht nur Erinnerungen an die **Kolonialzeit** mit englischen Ortsnamen und uralten, die Küste entlangzockelnden Doppeldeckerstraßenbahnen, sondern auch eine großartige **moderne Architektur** mit bizarren Stadtlandschaften aus Wolkenkratzern, die sich in unmöglichen Winkeln in den Himmel schrauben. Doch daneben eröffnen sich auch ungeahnte Gelegenheiten zum **Wandern** und sogar zum Baden an den **Stränden** der Südküste. Die meisten Touristen suchen sich eine Unterkunft in Kowloon, besonders an dessen südlicher Spitze **Tsim Sha Tsui**, wo sich die meisten preiswerten Unterkünfte Hongkongs konzentrieren. Insgesamt präsentiert sich dieser Stadtteil so kosmopolitisch wie kein anderer in ganz China, wobei ein beträchtlicher Teil der Bevölkerung aus Einwanderern vom indischen Subkontinent besteht. Nirgendwo auf der Welt gibt es eine größere Dichte an Geschäften mit einer breiteren Vielfalt an Waren pro Quadratkilometer (allerdings nicht unbedingt zu vernünftigen Preisen) als in der bedeutendsten Touristenfalle Hongkongs. Nördlich von Tsim Sha Tsui geht Kowloon in die New Territories über, ein Gebiet aus Satellitenstädten, den so genannten **New Towns**, traditionellen Dörfern und abgeschiedenen Stränden mit friedlich-ländlicher Atmosphäre. Schließlich wären da noch die **vorgelagerten Inseln**, die mit ihrer schönen Landschaft und den guten Fischrestaurants locken und allein wegen der Überfahrt auf den zwischen den Inseln hin- und hertuckernden Fähren einen Abstecher lohnen. Besonders die Inseln **Lamma** und **Lantau** bilden einen relativ ländlichen und verkehrsarmen Kontrast zum brodelnden Treiben in Downtown Hongkong.

Einige Besucher stören sich an dem Tempo, dem zwanghaften Materialismus und der Sucht nach Konsum, Geld und Markennamen in Hongkong. Wie in vielen Städten der westlichen Welt sind die Einheimischen Fremden gegenüber reserviert, und angesichts der nicht abreißenden, massiven Bauvorhaben (an denen sich auch nach der Rückgabe nichts geändert hat) ist die Innenstadt von Hongkong sicherlich nicht der Ort, an dem man am besten seine Kopfschmerzen auskuriert. Andererseits ist es so gut wie unmöglich, sich nicht mitreißen zu lassen von der geballten Energie des Straßen- und Geschäftslebens, das sich trotz der unsicheren langfristigen Zukunft der Stadt nach wie vor mit ungebremster Kraft entfaltet.

Geschichte

Die Chinesen argumentieren von jeher zu Recht, dass Hongkong auf chinesischem Territorium liegt, doch die Entwicklung der Stadt begann erst im 18. Jahrhundert nach der Ankunft der **Briten** in Kanton, das heute als Guangzhou bezeichnet wird.

Die **Portugiesen** hatten sich bereits Mitte des 16. Jahrhunderts in Macau auf der anderen Seite des Perlfluss-Deltas niedergelassen, und im gleichen Maße, wie Großbritannien als Seemacht an Einfluss gewann, schielten die britischen Kaufleute neidisch auf den portugiesischen Handel mit Tee und Seide. Doch anfangs bestand das größte Problem der Briten darin, die chinesischen Behörden von der Notwendigkeit zu überzeugen, überhaupt mit ihnen Handel zu treiben. Einigen Kaufleuten gelang es, eine Erlaubnis zum Errichten von Lagerhäusern in Guangzhou zu erhalten, wobei es ihnen entgegenkam, dass der Standort aus der Perspektive Beijings nicht viel mehr als ein entlegener Außenposten im Süden des Landes war. So begann sich der Handel langsam zu entwickeln, und 1757 sicherte sich schließlich eine Kaufmannsgilde aus Guangzhou namens **Co Hong** die exklusiven Rechte am Verkauf chinesischer Waren an ausländische Händler, denen fortan gestattet wurde, sich rund sechs Monate im Jahr in Guangzhou aufzuhalten.

Unterdessen war es der Aufmerksamkeit der Ausländer nicht entgangen, dass sich der Handel nur in eine Richtung entwickelte, und man begann sich darüber Gedanken zu machen, an welchen Erzeugnissen die Chinesen im Gegenzug wohl Interesse haben könnten. Es dauerte nicht lange, bis ein geeignetes Produkt gefunden war: **Opium** aus Indien. 1773 kam die erste britische Schiffsladung mit Opium in China an, und schon bald explodierte die Nachfrage nach der Droge auf dem chinesischen Markt – trotz eines Erlasses aus Beijing, der den Handel 1796 verbot. Co Hong kassierte fleißig Provision auf alle ausländischen Käufe und Verkäufe und zeigte keinerlei Skrupel bei der Verteilung von Opium an seine Mitbürger. So dauerte es nicht lange, bis der Wind sich gedreht hatte und die Handelsbilanz eindeutig zugunsten der Briten ausfiel.

Damit war der Boden für die berühmten **Opiumkriege** bereitet. Alarmiert über das Abfließen riesiger Silbermengen und die drastische Zunahme von Drogenabhängigkeit innerhalb der chinesischen Bevölkerung, entsandte der Kaiser den Kommissar Lin Zexu nach Guangzhou, um den Opiumhandel zu zerschlagen. Lin, der später von den chinesischen Kommunisten als Patriot und Held gefeiert wurde, zwang die Briten in Guangzhou, ihr Opium herauszugeben, und verbrannte es in einer feierlichen Zeremonie. Einen derartigen Affront konnten die Briten nicht auf sich sitzen lassen, und so wurde 1840 ein Marine-Expeditionskorps aus London nach China entsandt, um die Angelegenheit ein für alle Mal zu regeln. Nach zwölfmonatiger „Kanonenbootdiplomatie" mit Blockaden chinesischer Häfen und Konfiszierungen chinesischer Waren in küstennahen Gewässern hatte das Expeditionskorps schließlich eines seiner Hauptziele erreicht: die ständige Abtretung einer kleinen chinesischen Insel vor der Küste an Großbritannien, fixiert durch den Vertrag von Nanjing (1842). Die Insel erhielt den Namen Hongkong. Achtzehn Jahre später – nach weiteren Blockaden und einem Gewaltmarsch auf Beijing – übertrug der Vertrag von Peking den Briten zusätzlich die Halbinsel Kowloon. 1898, als die Qing-Dynastie in ihre Endphase eintrat, sicherte sich Großbritannien schließlich auf Pachtbasis weitere 1000 km^2 Land nördlich von Kowloon, das die Bezeichnung New Territories erhielt.

Im 20. Jahrhundert entwickelte sich Hongkong von einer zwielichtigen Handelskolonie zu einer riesigen internationalen Metropole, wobei der Fortschritt nicht immer reibungslos vonstatten ging. Der Drogenhandel wurde 1907 freiwillig aufgegeben, als die Hongkonger Kaufleute sich vom reinen Handel allmählich auch auf die Güterproduktion verlegten. Bis zum Zweiten Weltkrieg blühten die Geschäfte in Hongkong, denn ein drohender Bürgerkrieg und die japanische Aggression auf dem chinesischen Festland spülten zunehmend Geld in die scheinbar sichere britische Kolonie. Dieses Vertrauen entpuppte sich als trügerisch, als **japanische Truppen** 1941 nicht nur den gesamten Osten Chinas, sondern auch Hongkong besetzten. Nach der japanischen Niederlage 1945 begann wieder Geld vom Festland nach Hongkong zu fließen, als absehbar war, dass China bald unter die Herrschaft der Kommunisten fallen würde. Viele der größten Hongkonger Industriekapitäne von heute gehörten zu den Menschen, die 1949 auf der Flucht vor den Kommunisten vom chinesischen Festland kamen, vor allem aus Shanghai.

Seit Beginn der **kommunistischen Herrschaft** führt Hongkong eine prekäre Existenz und scheffelt in aller Stille Geld, stets darauf bedacht, Beijing nicht zu verärgern. Hätte die chinesische Führung so entschieden, hätte sie Hongkong jederzeit lahm legen können – durch eine Seeblockade, durch Unterbrechung der Trinkwasserversorgung, durch militärischen Einmarsch oder einfach durch Öffnung der Grenze, um die Stadt mit Chinesen auf der Suche nach einem besseren Leben zu überfluten. Dass

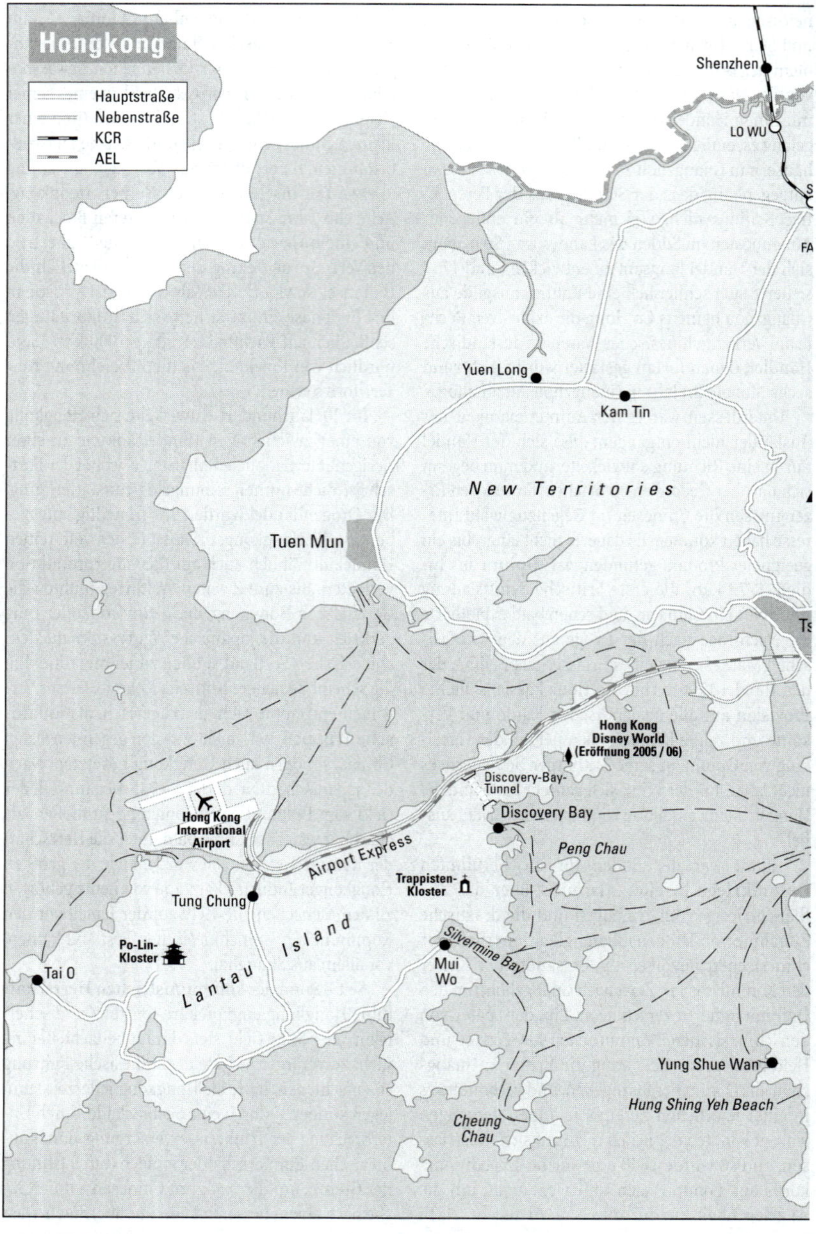
Hongkong
Hauptstraße
Nebenstraße
KCR
AEL
Shenzhen
LO WU
FA
Yuen Long
Kam Tin
New Territories
Tuen Mun
Ts
Hong Kong
Disney World
(Eröffnung 2005 / 06)
Discovery-Bay-
Tunnel
Discovery Bay
Hong Kong
International
Airport
Airport Express
Peng Chau
Trappisten-
Kloster
Tung Chung
Po-Lin-
Kloster
Lantau Island
Silvermine Bay
Mui
Wo
Tai O
Yung Shue Wan
Hung Shing Yeh Beach
Cheung
Chau

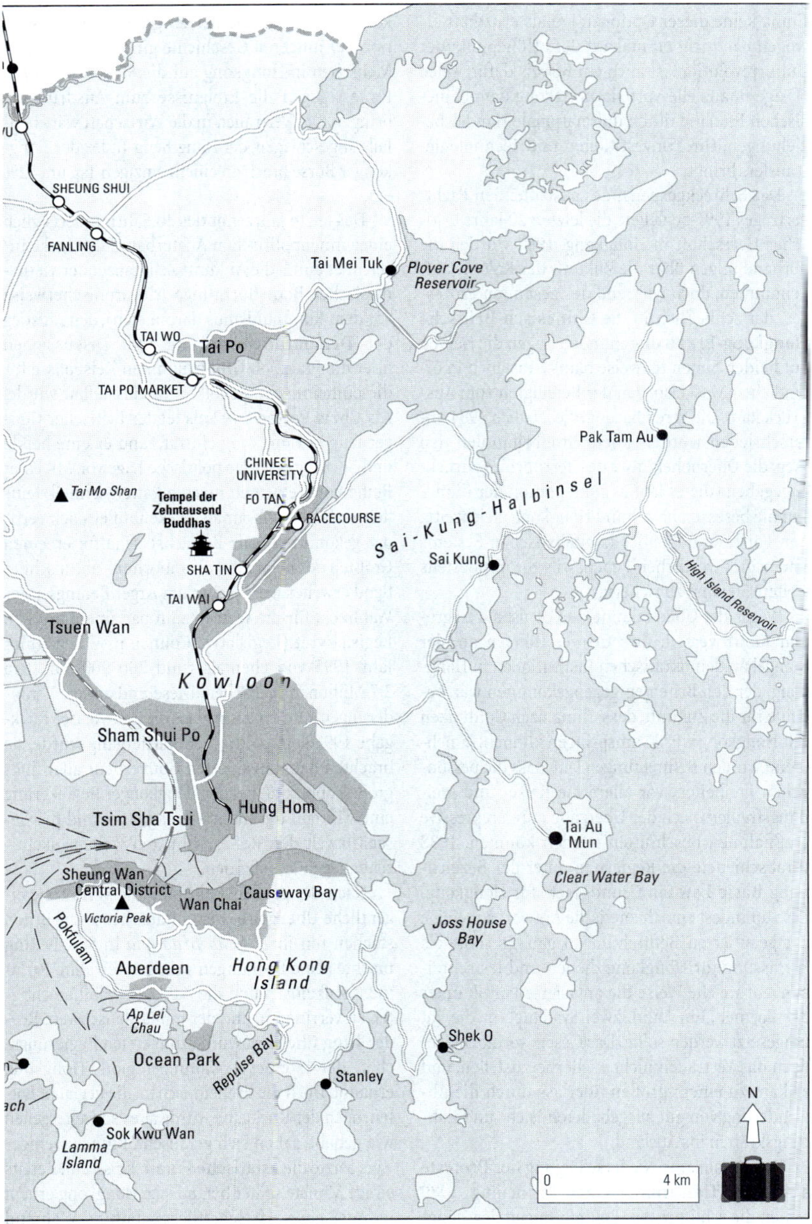

HONGKONG UND MACAU

China keine dieser Optionen jemals ernsthaft erwogen hat, nicht einmal auf dem Höhepunkt der Kulturrevolution, ist auch ein Beweis dafür, welch riesige finanzielle Vorteile Hongkong dem chinesischen Festland durch internationale Handelsbeziehungen, Direktinvestitionen und Technologietransfers bringt.

Das Schreckgespenst des auslaufenden Pachtvertrages 1997 begleitete die letzten 20 Jahre britischer Herrschaft in Hongkong. 1982 wurden die Verhandlungen über die Zukunft der Kolonie aufgenommen, doch während des gesamten Prozesses, der schließlich in die **Chinesisch-Britische Hongkong-Erklärung** mündete, lagen die Nerven auf beiden Seiten teilweise blank, was auch in öffentlichen Muskelspielen der Beteiligten zum Ausdruck kam. Die Vereinbarung, die letztlich 1984 unterschrieben wurde, ebnete Großbritannien den Weg, die Oberhoheit über das Territorium zurückzugeben (die es laut Argumentation der Chinesen nie besessen hatte) und Hongkong gleichzeitig den Fortbestand seines kapitalistischen Systems und seines westlichen Lebensstils für mindestens weitere 50 Jahre zu sichern.

Wegen der Übereinkunft kam es alsbald zu großen Kontroversen. Ihre Gegner führten an, der Mangel an demokratischen Institutionen in Hongkong, der den Briten entgegengekommen war, bedeute für die Zukunft, dass China nach Gutdünken mit Hongkong würde umspringen können. Zunehmend wurden Befürchtungen laut, dass die persönlichen Freiheiten, vor allem die Reise- und Meinungsfreiheit, nach der Übergabe durch repressive Maßnahmen beschnitten werden könnten. 1988 verabschiedete die Regierung unter der Bezeichnung **Basic Law** ein Grundgesetz für Hongkong, das zumindest eine theoretische Antwort auf einige der geäußerten Befürchtungen gab. Es sollte als Verfassung für Hongkong dienen und festschreiben, auf welche Weise die anvisierte Politik unter der Formel „Ein Land, zwei Systeme" in die Tat umgesetzt werden sollte. Das Gesetz vermochte jedoch das Vertrauen nicht wiederherzustellen, und es kam zu einem großen Aderlass durch die Abwanderung von gut ausgebildeten Fach- und Führungskräften ins Ausland.

Die gewaltsame Niederschlagung der **Proteste auf dem Tian'anmen-Platz** in Beijing 1989 schien die schlimmsten Befürchtungen der Hongkonger zu bestätigen. Bei der größten Demonstration der jüngeren Geschichte gingen eine Million Menschen in Hongkong auf die Straße, um ihren Protest gegen die Ereignisse zum Ausdruck zu bringen. Das Vertrauen in die Wirtschaft war ebenfalls angeschlagen, der Hang-Seng-Index der Hongkonger Börse brach an einem einzigen Tag um 22% ein.

Das letzte Jahrzehnt des 20. Jahrhunderts glich einer innenpolitischen Achterbahnfahrt, gekennzeichnet durch die Ankunft Zehntausender vietnamesischer Bootsflüchtlinge (die ironischerweise vor dem Kommunismus davonliefen), den Aufstieg der **Demokratiebewegung** und Diskussionen über die Frage, ob Großbritannien Reisepässe für die einheimische Bevölkerung ausstellen würde. Als **Chris Patten** 1992 als letzter britischer Gouverneur in Hongkong eintraf, fand er eine heikle und höchst gespannte politische Lage vor. Mit einer Reihe von Reformen machte Patten schnell deutlich, dass er nicht nur als Lückenbüßer nach Fernost gekommen war: Zunächst schaffte er einen Großteil des kolonialen Brimboriums ab, anschließend erweiterte er – sehr zum Ärger Beijings – das Wahlrecht für die Wahlen zum parlamentarischen Legislativrat (Legislative Council bzw. Legco) im Jahr 1995 von ehemals rund 200 000 auf etwa 2,7 Millionen Menschen. Diese und andere Veränderungen sorgten dafür, dass die Zeit vor der Rückgabe 1997 kein politischer Spaziergang wurde, sie brachten dem engagierten Gouverneur allerdings große Popularität bei der Hongkonger Bevölkerung ein, während die Industriemagnaten und die Geschäftswelt den Reformschritten weitaus skeptischer gegenüberstanden.

Nach der großen Ankündigung verlief die eigentliche **Übergabe** eher enttäuschend. Die Briten stachen mit ihrer *HMS Britannia* in See, Beijing machte seine Drohungen war, das gewählte Parlament aufzulösen und die Zahl der Wahlberechtigten zu verringern, und der milliardenschwere Reeder **Tung Che Hwa** wurde zum ersten Regierungschef der Sonderverwaltungsregion Hongkong ernannt. Doch die Einheimischen, die geglaubt hatten, nach der Rückgabe würde alles so weitergehen wie gehabt, sahen sich getäuscht. Binnen weniger Tage setzte die **asiatische Finanzkrise** ein. Bereits einige Monate später befand sich Hongkong erneut im Auge eines wirtschaftlichen Taifuns. Während die Verwaltung Versuche einer zwangsweisen Abwertung der Währung zunächst abwehren konnte, brachen die Aktien- und Immobilienmärkte dramatisch ein, der Tourismus kam praktisch zum Erliegen, die Arbeitslosigkeit kletterte auf den höchsten Stand seit 15 Jahren, und die Wirtschaft rutschte offiziell in die Rezession, während die Verwaltung jene Ereignisse als temporäre Rückschläge und Folgen eines globalen wirtschaftlichen Abschwungs zu erklären versuchte. Offizielle Kreise in Hongkong und Beijing reagierten mit Bestürzung auf die zunehmende – und in einem solchen Ausmaß nie gekannte – Kritik an den Funktionären und der staatlichen Politik durch Zeitungen, Radiosendungen und Bürger – ganz zu schweigen von der wachsenden Beliebtheit der demokratischen Parteien. Heute, wenige Jahre nach Anbruch des neuen Jahrtausends, verzeichnet die schleppende Wirtschaft immer noch eine Rekordarbeitslosigkeit von über 7% und einen Wertverlust auf dem Immobilienmarkt. Probleme gibt es auch wegen der umstrittenen Behandlung illegaler Einwanderer aus der Volksrepublik China sowie wegen der zunehmenden Verlagerung der Investitions- und Geschäftstätigkeit von Hongkong nach Guangzhou.

Orientierung

Selbst Neuankömmlingen fällt die Orientierung in den zentralen Bezirken Hongkongs meist nicht schwer: Wer sich an der Nordküste von Hong Kong Island befindet, ist **Hong Kong side**, mit dem berühmten Hafen Victoria Harbour im Norden und dem steil zum Peak hin aufsteigenden Land im Rücken. Das Herz dieses dicht bebauten Teils der Hauptinsel trägt die banale Bezeichnung Central.

Unmittelbar jenseits des Hafens ist man **Kowloon side**. Dort liegt das Viertel Tsim Sha Tsui mit der kolossalen Nord-Süd-Achse Nathan Road, einer Hauptverkehrsstraße voller Geschäfte und billiger Hotels, die bis hinunter zum Hafen führt, von wo sich ein phänomenaler Blick auf die Skyline von Hong Kong Island eröffnet. Zwei weitere nützliche Orientierungspunkte beiderseits des Victoria Harbour sind die Anlegestellen der beliebten Hafenfähren, die so genannten Star Ferry Terminals in Central und Tsim Sha Tsui (nur ein paar Gehminuten westlich vom südlichen Ende der Nathan Road).

Hongkong seit der Rückgabe Ebenso wie die Bürger Hongkongs ihr Recht auf **visumfreie Einreise** in die meisten Länder der Welt behalten haben, können sich auch die meisten Ausländer ohne vorherige Erlaubnis bis zu drei Monate in Hongkong aufhalten, darunter auch Bürger der Bundesrepublik Deutschland, Österreichs und der Schweiz. Detaillierte Informationen erteilen die *HKTB*-Büros (s S. 829 sowie s.S. 16).
Hongkong hat seine eigene **Währung**, den Hongkong-Dollar, wobei 1 € derzeit ungefähr 8 HK$ wert ist. Zufällig ist der Hongkong-Dollar nur geringfügig mehr wert als ein chinesischer Yuan, doch (offiziell) sind die beiden Währungen weder in Hongkong noch in der Volksrepublik China frei konvertibel. In diesem Kapitel steht das Dollar-Symbol ($) für den Hongkong-Dollar, sofern nicht anders angegeben.
Eine Warnung sei noch angebracht: 2002 wurde ein **neues Gesetz** verabschiedet, das eine sofortige und mit Begeisterung vollstreckte Geldstrafe von $600 vorsieht für Spucken, Wegwerfen von Abfall, Liegenlassen von Hundekot und illegales Plakatekleben.

Hong Kong Island

Die Hauptinsel Hong Kong Island ist nicht nur der älteste Teil der ehemaligen Kronkolonie und damit das Herz Hongkongs, sondern auch das Verwaltungs- und Wirtschaftszentrum des Territoriums. Sie zählt zu den Orten mit den höchsten Grundstückspreisen der Welt. Trotz der geringen Größe mit 15 km Ost-West- und 11 km Nord-Süd-Ausdehnung und der unglaublichen Bebauungsdichte an der Nordküste bietet Hong Kong Island neben sämtlichen Attraktionen einer Weltstadt auch überraschend viele Möglichkeiten zum Bergwandern und sogar einige attraktive Strände.

An der Nordküste von Hong Kong Island liegen mit Blick auf **Victoria Harbour** und den Stadtteil Kowloon auf dem gegenüberliegenden Festland die beiden bedeutendsten Finanz- und Geschäftsviertel Hongkongs, **Central** und **Wan Chai**. Dort sind in den letzten beiden Jahrzehnten zahlreiche neue

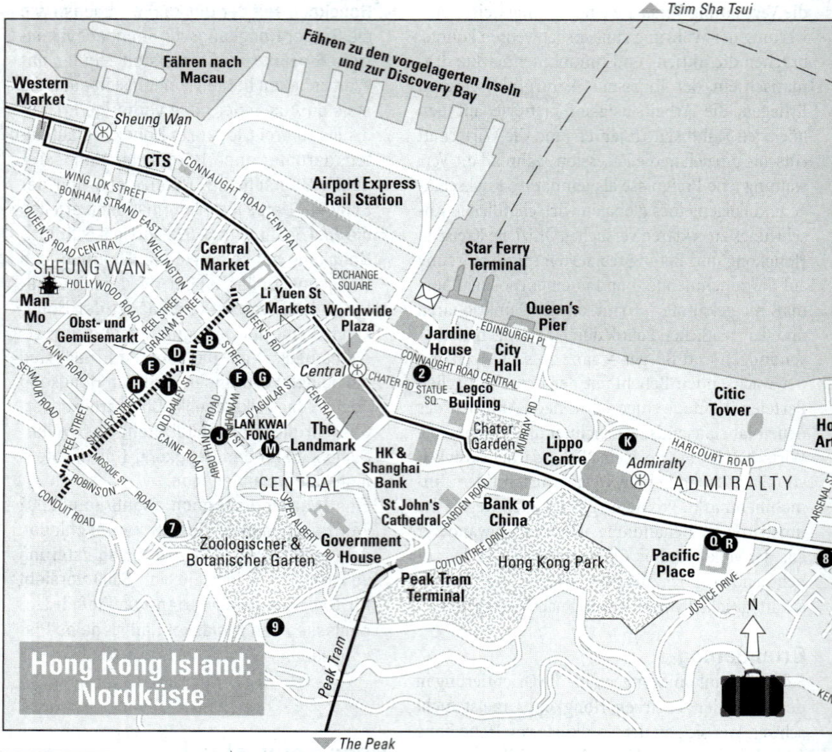

Übernachtung:

- Bishop Lei International House 7
- Garden View International House 9
- Grand Hyatt 4
- Harbour Plaza North Point 1
- Harbour View International House 6
- Mandarin Oriental 2
- Noble Hostel 5
- Park Lane 3
- The Wesley 8

Essen:

- 2 Sardines H
- Aqua D
- Banana Leaf Curry House N
- Chee Kee Wonton Noodle Shop O
- The Chilli Club S
- Dan Ryan's Chicago Grill Q

Hochhäuser entstanden, die zu den höchsten und architektonisch interessantesten Wolkenkratzern Asiens zu zählen sind. Östlich davon erstreckt sich das Einkaufs- und Unterhaltungsviertel **Causeway Bay**, westlich des Zentrums liegt **Kennedy Town**, eines der traditionellen chinesischen Viertel, dessen Straßen von Geschäften mit Trockenfisch und chinesischen Heilkräutern gesäumt sind. Auch wenn es sicherlich ein Klischee ist: Die bebauten Bezirke Hongkongs spiegeln die faszinierende Mischung aus Ost und West wider, einerseits verräucherte Tempel, die zwischen der gen Himmel strebenden Architektur kauern, andererseits die in Chanel gekleideten kauflustigen Damen, die sich auf dem streng riechenden Fischmarkt durch die Menge zwängen.

Ganz anders präsentiert sich dagegen die grüne Südküste der Insel mit ihren Stränden und kleinen Städten. Eines der interessantesten Viertel ist **Aberdeen**, in dessen Hafen neben den traditionellen,

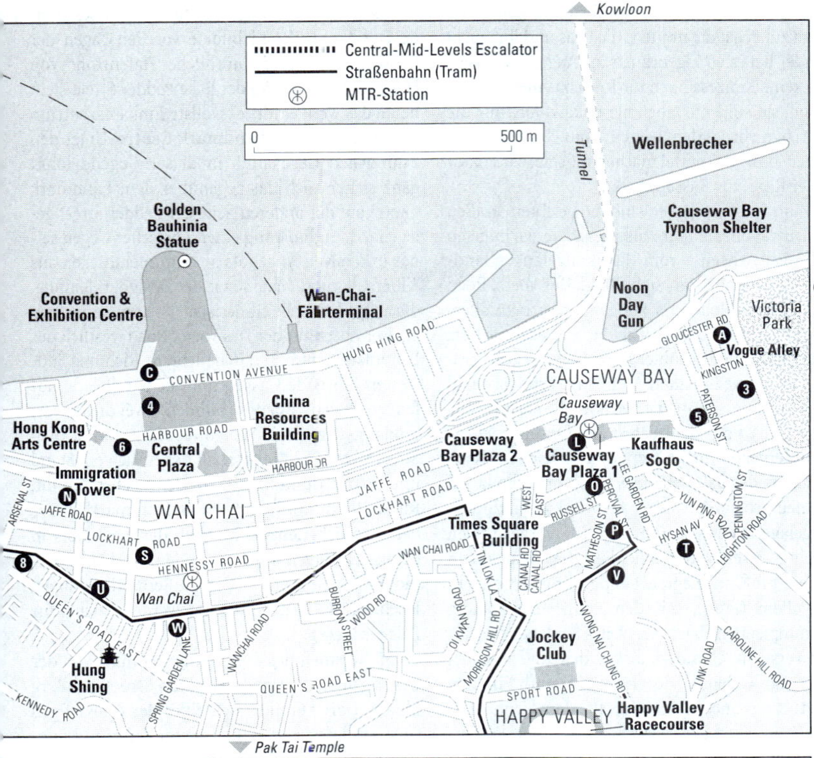

Fook Lam Moon	U	Luk Yu Tea House	F	Thai Basil	R
Genki Sushi	K	M at the Fringe	M	Veda	J
Golden Bauhinia	C	Next Generation Cuisine	L	Vegi-Food Kitchen	A
The Graces	P	Pasta e Pizza	B	Wo Lung Congee and Wonton Noodle Shop	W
Indonesian	V	Sherpa Himalayan Coffee Shop	E	Yung Kee	G
Ivy Chinoise	T	SoHo SoHo	I		

fassförmigen Fischerbooten *(junks)* und den kleinen chinesischen Hausbooten *(sampans)* auch die berühmten schwimmenden Restaurants zu bestaunen sind. Im Zentrum der Insel erhebt sich die Landschaft in Form mehrerer bewaldeter Gipfel. Der berühmteste, **Victoria Peak**, ragt unmittelbar südlich des Bezirks Central in die Höhe. Die 100 Jahre alte Standseilbahn Peak Tram führt auf den Berg, der hervorragende Ausblicke auf die Stadt und den Hafen bietet.

Central

Der Stadtbezirk Central ist die Keimzelle der ehemaligen Kolonie, die ursprünglich zu Ehren der britischen Königin „Victoria" hieß. Das Viertel erstreckt sich vom Star Ferry Terminal über einige Hundert Meter in alle Richtungen: nach Osten bis zur MTR-Station Admiralty (MTR = *Mass Transit Railway*, die Hongkonger U-Bahn), nach Westen bis zum Central Market und nach Süden den Hügel hinauf bis zum Zoologischen und Botanischen

Garten. Aus dem Star Ferry Terminal kommend fallen zunächst die uralten Rikschas und ihre nicht minder betagten Eigentümer ins Auge. Heute werden keine Konzessionen für Rikschas mehr ausgegeben, sie sind nur noch als Lokalkolorit für die Touristen vorhanden; wer ein Foto von einem der urigen Transportmittel machen möchte, wird dafür in der Regel zur Kasse gebeten.

Zum Spazierengehen sind die belebten Straßen in Central alles andere als ideal. Die wichtigsten Ost-West-Achsen – vom Hafen angefangen landeinwärts – sind Connaught Road, Des Voeux Road und Queen's Road. Als Fußgänger ist man allerdings besser beraten, sich an das ausgedehnte Netz überdachter und erhöhter **Fußgängerwege** *(elevated walkways)* zu halten. Vom Star Ferry Terminal sind die luftigen Bürgersteige über die nach Westen (also rechts) aus dem Fährhafen führende, etwas heruntergekommene Treppe zu erreichen. Nach Verlassen des Fährgebäudes blickt man direkt auf die neu erbauten Anleger für die Fähren zu den vorgelagerten Inseln (s.S. 807, Die vorgelagerten Inseln). Jenseits davon sind die Arbeiten an einem neuen, groß angelegten Landgewinnungsprojekt in vollem Gange, mit dem man dem ständig schrumpfenden Hafen wertvolles Bauland abzuringen versucht. Unmittelbar vor den Anlegestellen steht das Gebäude des **International Finance Centre**, das auch die Station für den Airport Express zum Flughafen beherbergt. Wer vor dem International Finance Centre auf dem erhöhten Fußgängerweg links Richtung Inselinneres abbiegt, kommt zwischen **Jardine House** (das Hochhaus mit den markanten Bullaugen) zur Linken und dem großen **Exchange Square** zur Rechten hindurch. Im Untergeschoss des Jardine House befindet sich eine Niederlassung des Fremdenverkehrsbüros *HKTB*. Der Exchange Square beherbergt drei prunkvolle Türme aus Marmor und getöntem Glas, in denen die Hongkonger Börse untergebracht ist. Ein weiterer erhöhter Fußgängerweg verläuft von hier parallel zum Ufer an der Nordseite der Connaught Road Richtung Nordwesten bis zum Anleger der Fähren nach Macau mit der MTR-Station Sheung Wan. Unterwegs bieten sich großartige Aussichten auf den Hafen. Alternativ dazu führt ein anderer Weg über die Connaught Road ins Zentrum eines sehr noblen Einkaufsviertels in der Umgebung der Des Voeux Road.

Die an den Straßenbahnschienen zu erkennende **Des Voeux Road** bildete vor den Tagen der Landgewinnung die nördliche Hafenfront von Hong Kong Island. An der Ecke Pedder Street steht heute das wohl eindrucksvollste Einkaufszentrum der Metropole, das **Landmark Centre**. Unter den zahlreichen Geschäften in dieser Gegend lohnt ganz sicher auch das gegenüber dem Landmark Centre auf der anderen Seite der Pedder Street gelegene **Shanghai Tang** einen Abstecher wegen seines exklusiven Angebots an Sammlerstücken aus Silber, Glas und Seide sowie der Designerkleidung, die an traditionelle chinesische Kostüme erinnert.

Der Abschnitt der Des Voeux Road westlich des Landmark Centre ist durch mehrere, Richtung Südwesten führende Gassen mit der parallel verlaufenden Queen's Road verbunden. Zwei dieser Verbindungsstraßen, Li Yuen Street East und Li Yuen Street West, sind **Märkte**, auf denen sich ein Stand mit Textilien und Stoffen an den nächsten reiht. Rund 300 m nordwestlich des Landmark Centre befindet sich **Central Market**, der besonders in den geschäftigen Morgenstunden herrliche Fotomotive bietet, wenn hier in großem Stil Geflügel, Fisch und Fleisch zerkleinert werden (nichts für Zartbesaitete).

Südwestlich des Central Market führt von der Queen's Road Central die **Graham Street** den Berg hinauf. Dort befindet sich einer der großartigen Obst- und Gemüsemärkte, die im Zentrum Hongkongs immer noch überlebt haben – und das gar nicht mal schlecht. Unmittelbar südlich des Central Market führt ebenfalls von der Queen's Road der fantastische **Central-Mid-Levels Escalator** den Berg hinauf. Es handelt sich dabei um eine gigantische Personenbeförderungsanlage aus 20 Rolltreppen, die 800 m in schnurgerader Linie den Berg bis zur Conduit Road erklimmen. Das einzigartige Transportmittel verbindet Central mit dem vornehmen Wohnviertel **Mid-Levels** und befördert täglich bis zu 40 000 Personen. In seiner Umgebung entstand eine eigene Rolltreppenkultur mit Restaurants, Bars und Cafés in dem angesagten Viertel **SoHo**. Während der morgendlichen Rushhour zwischen 6 und 10 Uhr fahren die Förderbänder ausschließlich abwärts, von 10.20 Uhr bis 24 Uhr bewegen sie sich bergauf. Es lohnt sich auf jeden Fall, einmal den Berg hinaufzufahren, um dieses außergewöhnliche öffentliche Verkehrsmittel zu erleben und die alten Straßen zu erkunden, die zu beiden Seiten der Rolltreppen in die Wohnviertel führen.

In der anderen Richtung vom Landmark Centre führt die Des Voeux Road nach Osten zum **Statue Square**, der sich linker Hand Richtung Hafen ausdehnt. Dieses auf seltsame Weise überflüssig wirkende, unbebaute Stück Land wird in der Mitte von der in Ost-West-Richtung verlaufenden Chater Road geteilt, die im ausgehenden 19. Jahrhundert das Herz der Kronkolonie bildete. Sonntags picknicken hier an ihrem freien Tag Zehntausende von Filipinas, die sich als Dienstmädchen in Hongkong verdingen. Das über 100 Jahre alte Granitgebäude mit der Kuppel an der Ostseite des Platzes – von den gigantischen Hochhäusern der unmittelbaren Umgebung zum Zwergentum degradiert – ist der Sitz des Legislative Council (Legco), Hongkongs Äquivalent eines Parlaments. Es trägt daher den Namen **Legco Building**. Richtung Hafen steht im nördlichen Abschnitt des Statue Square ein Kriegerdenkmal mit der Bezeichnung **Cenotaph**. Ein Fußgängertunnel verbindet den Platz mit der weiter nördlich gelegenen Haupthalle des Star Ferry Terminal.

Unmittelbar südlich des Statue Square ragt der grandiose, von dem Stararchitekten Sir Norman Foster entworfene Hightech-Wolkenkratzer der **Hong Kong and Shanghai Bank** in den fernöstlichen Himmel. Zur Zeit seines Baus 1985 zählte es mit Baukosten von über einer Milliarde US-Dollar zu den teuersten Gebäuden aller Zeiten. Vom Erdgeschoss aus ist zu erkennen, dass das gesamte Bauwerk von gigantischen Säulengruppen gestützt wird. Man kann unter dem Bankgebäude hindurchgehen und kommt auf der anderen Seite wieder heraus – eine Notwendigkeit, die durch die traditionellen Regeln des Fengshui vorgeschrieben war, denen zufolge das unmittelbar nördlich der Bank gelegene Machtzentrum der Insel, Government House, in gerader Linie zum Star Ferry Terminal, dem Hauptankunftspunkt der Insel, liegen sollte. Von unten gesehen ist das Innere des Bankgebäudes durchsichtig, durch das kolossale Glasatrium schweift der Blick nach oben in den Kern des Gebäudes.

200 m östlich der Hong Kong and Shanghai Bank ragt der 300 m hohe, 74 Stockwerke umfassende Turm der **Bank of China** in die Höhe. Der beeindruckende Wolkenkratzer aus blau getöntem Glas und Stahl wurde von einem Architektenteam unter Führung des berühmten Ieoh Ming Pei entworfen, der auch für die National Gallery of Art in Washington DC und die Pyramide im Vorhof des Pariser Louvre verantwortlich zeichnete. Trotz anders lautender Instruktionen aus Beijing zeigten die Baumeister keine Skrupel, sämtliche Prinzipien des Fengshui über Bord zu werfen. Entsprechend gefürchtet und unbeliebt ist das Bauwerk in Hongkong.

Attraktivere und weniger Anstoß erregende Wolkenkratzermagie ist im unweit östlich gelegenen Viertel **Admiralty** zu bewundern, und zwar am besten von den erhöhten Fußgängerwegen oder von der Straßenbahn am Queensway aus. Das eindrucksvollste Gebäude hier ist der stämmige Bürokomplex **Lippo Centre** kurz vor der MTR-Station Admiralty.

Südlich der Queen's Road

Ein Spaziergang südlich der Queen's Road kann sich besonders bei hohen Temperaturen als extrem mühsam erweisen, denn in dieser Gegend verlaufen die Straßen steil bergauf. Wer von der Queen's Road kommend unmittelbar westlich der Pedder Street in die D'Aguilar Street Richtung Süden einbiegt, betritt das Viertel **Lan Kwai Fong**, den Mittelpunkt der Restaurant- und vor allem Kneipenszene in Central. Lan Kwai Fong selbst ist eine L-förmige Gasse, die südöstlich von der D'Aguilar Street abzweigt und mit zum Bersten gefüllten Themenkneipen, Restaurants und Blumenständen bestückt ist. Auch in den benachbarten Sträßchen eröffnet sich eine beeindruckende Vielfalt an Snackbars und Lokalen. Für Touristen am interessantesten ist wahrscheinlich das *Luk Yu Tea House* in der Stanley Street (unmittelbar westlich der D'Aguilar Street), ein entzückend traditionelles chinesisches Teehaus (s.S. 818, Essen).

Südlich von Lan Kwai Fong führt ein kurzer, aber steiler Fußmarsch über die Glenealy Street und unter der Überführung hindurch zum **Zoologischen und Botanischen Garten**. Die bereits 1864 eröffnete Anlage ist noch immer ein angenehmer Rückzugsort von der hektischen Innenstadt, doch die in Käfigen gehaltenen Vögel und Tiere sind nicht besonders spektakulär. Das Gelände wird von der Albany Street in zwei durch einen Fußgängertunnel miteinander verbundene Hälften geteilt. Vom Star Ferry Terminal fahren die Busse Nr. 3B oder Nr. 12 Richtung Osten über die Connaught Road zum Zoo. ◷ tgl. 6–19 Uhr, Eintritt frei.

Nördlich liegt auf der anderen Seite der Upper Albert Road das **Government House**, die ehemalige Residenz der 15 Hongkonger Gouverneure von 1855 bis 1997. Auch wenn der gegenwärtige Regierungschef nicht mehr hier wohnt und das Gebäude nur noch für offizielle Empfänge genutzt wird, ist das Haus nicht für die Öffentlichkeit zugänglich. Seine Gärten sind nur an einem einzigen Wochenende im Jahr geöffnet – in der Regel im März.

Ein paar Hundert Meter östlich erstreckt sich der im Vergleich zum Botanischen Garten eindrucksvollere **Hong Kong Park**. Vom Ostausgang des Botanischen Gartens führt ein zehnminütiger Fußweg über die Garden Road zum Park. Ein anderer Eingang befindet sich unmittelbar östlich der Station für die Standseilbahn Peak Tram. Im Nordosten der Anlage liegt an der Supreme Court Road der Haupteingang des Parks; er ist von der MTR-Station Admiralty ausgeschildert und durch das Einkaufszentrum Pacific Place zugänglich. Die Hauptattraktion im Hong Kong Park ist das Vogelhaus **Edward Youde Aviary**, ◷ tgl. 9–17 Uhr, Eintritt frei, das auf jeden Fall einen Besuch lohnt, auch wenn man sich nur am Rande für Vögel interessiert. Im Park führen erhöhte Fußgängerwege durch eine vorzüglich gestaltete Naturlandschaft, in der seltene Vögel nisten und brüten. Im südlichen, dem höchstgelegenen Abschnitt des Parks befindet sich ein Taijiquan-Platz, im nördlichen Teil steht das **Museum of Tea Ware**, ◷ tgl. außer Mi 10–17 Uhr, Eintritt frei. Das mit 3000 Ausstellungsstücken rund um das Thema Tee gefüllte Museum ist im ältesten noch erhaltenen Kolonialgebäude Hongkongs untergebracht, dem zwischen 1844 und 1846 erbauten Flagstaff House, das heute unpassenderweise im Schatten des gigantischen Glasturms der Bank of China beinahe untergeht. ◷ Hong Kong Park tgl. 6.30–23 Uhr, Eintritt frei.

Ein weiteres Relikt aus den ersten Tagen der kolonialen Vergangenheit Hongkongs ist die anglikanische **St. John's Cathedral**, ein kleines Stück nördlich des Peak Tram Terminal, über die Garden Road zu erreichen. Die 1849 erbaute Kirche liegt heute von Wolkenkratzern umgeben inmitten eines kleinen Hains auf einem Hügel.

Wan Chai und Causeway Bay

Östlich von Central erstreckt sich die Stadt noch gut weitere 6 km entlang der Nordküste. Dort werden die Bezirke Wan Chai und Causeway Bay wegen ihrer vielfältigen Möglichkeiten zum Ausgehen, Essen und Einkaufen von Touristen besonders stark besucht. Das Straßenmuster der beiden Viertel ähnelt dem von Central insofern, als mehrere Ost-West-Achsen parallel zum Ufer verlaufen. Die beiden Bezirke werden auf ihrer gesamten Länge von der Straßenbahn erschlossen, die über die Hauptstraße **Hennessy Road** führt und nur vorübergehend nach Süden zur Johnston Road abzweigt. Unmittelbar nördlich der Hennessy Road verläuft parallel die **Lockhart Road**, und noch ein Stück weiter nördlich die wichtigste Ost-West-Verbindung, **Gloucester Road**, eine Verlängerung der Connaught Road. Südlich von Causeway Bay erstreckt sich das tief gelegene **Happy Valley** mit Hongkongs Pferderennbahn.

Sowohl Wan Chai als auch Causeway Bay sind durch MTR, Straßenbahn und zahlreiche Busse, darunter Nr. 2 und 11, mit Central verbunden. Außerdem verkehren Fähren zwischen Wan Chai und Tsim Sha Tsui.

Wan Chai

In den 50er und 60er Jahren des 20. Jahrhunderts war Wan Chai in ganz Ostasien als florierender **Rotlichtbezirk** berühmt, der sich insbesondere der Bedürfnisse der in Korea und Vietnam stationierten US-Soldaten annahm, die hier mit Vorliebe einen Kurzurlaub verbrachten. Hongkongs berühmteste Romanfigur, die Prostituierte Suzie Wong aus Richard Masons gleichnamigem Roman, lebte und arbeitete in Wan Chai. Inzwischen sind die GIs verschwunden und mit ihnen viel von der ehemals verruchten Atmosphäre. Wegen seiner **Restaurants**, **Kneipen**, **chinesischen Geschäfte** und **Märkte** lohnt das Viertel aber dennoch – vor allem am Abend – einen Besuch, auch wenn es keine ausgesprochenen Sehenswürdigkeiten zu besichtigen gibt.

Im äußersten Westen des Bezirks liegt unmittelbar nördlich der Gloucester Road an der Kreuzung Fenwick Street und Harbour Road (zehn Gehminuten von der MTR-Station Wan Chai) das Kunst- und Kulturzentrum **Hong Kong Arts Centre**, dessen Galerien, Filmvorführungen und kulturelle Veranstaltungen zahlreiche Besucher anziehen. Hier gibt es auch ein Gratisexemplar der monatlich erscheinenden Kunstzeitschrift *Artslink* mit einem detaillierten Veranstaltungskalender und Artikeln zur aktuellen Kunstszene in Hongkong. Zum Komplex gehören noch zwei gute Cafés mit Blick auf den Hafen.

Unmittelbar östlich des Arts Centre erhebt sich ein gigantischer neuer Komplex aus funkelnden, modernen Gebäuden, der Wan Chai ein völlig neues Gesicht verpasst hat: Das direkt am Ufer an der Adresse 1 Harbour Road errichtete **Hong Kong Convention and Exhibition Centre** zählt zu den größten und besten Konferenz- und Ausstellungszentren Asiens. Wenn keine Veranstaltungen laufen, kann das außergewöhnliche Innere des Zentrums besichtigt werden, darunter auch die Halle, in der die offiziellen Rückgabefeierlichkeiten stattfanden. Die Erweiterung des Komplexes (der Teil mit dem geschwungenen, an eine fliegende Möwe erinnernden Dach) sollte ursprünglich erst zur Jahreskonferenz der Weltbank und des Internationalen Währungsfonds im September 1997 eröffnet werden, doch dann entschied man sich, die Einweihung in den Juni vorzuverlegen, um einen passenden Rahmen für die Übergabezeremonie zu haben. Auf dem **Golden Bauhinia Square** gegenüber findet jeden Tag das feierliche Hissen und Einholen der Flagge (8 und 18 Uhr) statt. Zum selben Komplex gehören auch die beiden Nobelhotels *Grand Hyatt* und *Renaissance Harbour View.*

Ein kleines Stück vom Wasser weg, auf der gegenüberliegenden Seite der Harbour Road, reckt sich eines der höchsten Gebäude Hongkongs dem Himmel entgegen: das 78-stöckige **Central Plaza**, dessen goldschimmernde Verkleidung schon von jenseits der Wasserstraße aus Kowloon zu erkennen ist und zwischen 6 und 18 Uhr alle 15 Minuten die Farbe wechselt. Ein Fahrstuhl führt zum Aussichtsbereich im 46. Stock (Eintritt frei), von dem sich ein prächtiges 360-Grad-Panorama über die ganze Stadt entfaltet. Zu erreichen sind Central Plaza und Exhibition Centre über die erhöhten Fußgängerwege von der MTR-Station Wan Chai (Exit A) oder vom Fähranleger gleich daneben.

Im Gegensatz zu den Hightech-Wunderwerken an der Hafenfront präsentiert sich Wan Chai weiter landeinwärts als solides und zweckmäßiges Wohnviertel mit Apartmenthochhäusern und Einkaufsstraßen, aber nur wenigen Sehenswürdigkeiten. In der 129 Queen's Road East steht südlich der an den Straßenbahnschienen zu erkennenden Johnston Road der kleine **Hung Shing Temple** (auch bekannt unter dem Namen Tai Wong). Der alte Schrein, ein verrußter und mit uralten Stoffen behangener Ziegelbau, wurde in einen kleinen Berg gebaut und ist rund um die Uhr geöffnet. Er stand ehemals direkt am Meer, wurde aber traurigerweise durch den Prozess der Landgewinnung immer weiter landeinwärts getrieben.

Dem Tempel gegenüber gibt es in der Tai Wong Road West einen niedlichen Blumen- und Vogelmarkt. Rund 200 m östlich des Hung Shing steht das weiß getünchte und erstaunlich alte **Wan Chai Post Office**. Das historische Postamt wurde 1912 erbaut und war noch bis 1992 in Betrieb.

Nur wenige Gehminuten von hier über die von der Queen's Road East nach Süden abzweigende Stone Nullah Lane steht an der Adresse 2 Lung On Street der **Pak Tai Temple**. Dort stellen Kunsthandwerker fantastische kleine Grabopfergaben aus Bambus und farbigem Papier her, darunter Autos, Häuser und Flugzeuge. 🕓 tgl. 8–18 Uhr.

Causeway Bay

Der Bezirk Causeway Bay leitet seinen Namen von der Tatsache ab, dass er ursprünglich an einer Bucht lag, die aber in den 50er Jahren des 20. Jahrhunderts einem großen Landgewinnungsprojekt zum Opfer fiel. Heute präsentiert sich das Viertel voll und ganz auf festem Boden, als farbenfroher, **exklusiver Geschäfts- und Restaurantbezirk**, dessen Kern zwischen dem östlichen Ende der Lockhart Road und dem westlichen Rand des Victoria Park angesiedelt ist. Die Straßenbahnlinie verläuft unmittelbar südlich davon über die Yee Wo Street, eine Verlängerung der aus Wan Chai kommenden Hennessy Road. Causeway Bay hat eine eigene MTR-Station und ist außerdem Endpunkt des **Hafentunnels**, an dem die aus Kowloon kommenden Fahrzeuge ausgespuckt werden.

In Causeway Bay dreht sich fast alles um Shopping und Konsum. In unmittelbarer Nähe der MTR-Station glitzern mehrere ultramoderne japanische Kaufhäuser, darunter auch *Sogo* und *Mitsukoshi*. Etwas weiter nördlich verläuft östlich der Nord-Süd-Achse Paterson Street parallel die **Vogue Alley**, wo sich – wie der Name bereits vermuten lässt – mehrere Modeboutiquen sowie einige Restaurants und Bars konzentrieren. Südlich der Yee Wo Street präsentiert sich das Viertel etwas weniger exklusiv, aber nicht minder lebendig, vor allem in der Umgebung von Jardine's Bazaar und Jardine's Crescent, zwei Einkaufssträßchen unmittelbar südlich der U-Bahn-Station.

Direkt an der MTR-Station Causeway Bay (Exit A) an der Matheson Street liegt der **Times Square**, zwei 1993 erbaute Türme mit einem bunt gemischten Einkaufsparadies von Computern bis Haute Couture auf 16 Stockwerken, einem Multiplex-Kino und reichhaltigem kulinarischen Angebot auf vier Etagen. Beachtenswert ist der kolossale Videobildschirm mit aktuellen Berichten und Wetternachrichten auf der Piazza, einem beliebten Treffpunkt unter freiem Himmel.

Spezifische touristische Sehenswürdigkeiten sind in Causeway Bay dünn gesät. Ein Bummel am Ufer entlang führt zur **Noon Day Gun**, die jeden Tag um 12 Uhr mittags mit lautem Knall abgefeuert wird und in Noël Coward's Song *Mad Dogs and Englishmen* verewigt wurde. Die Kanone steht oberhalb des stets gut ausgelasteten Causeway Bay Typhoon Shelter, der den dort liegenden Booten Schutz vor den gefürchteten Wirbelstürmen gewähren soll.

Der östliche Abschnitt von Causeway Bay wird vom **Victoria Park** beherrscht, einer für Hongkonger Verhältnisse überraschend großen Freifläche mit Schwimmbädern und Sportanlagen. In den letzten Jahren hat sich der Ort zum Versammlungspunkt entwickelt, wo sich jedes Jahr am 4. Juni zahlreiche Menschen einfinden, um eine Mahnwache mit Kerzen zum Gedenken an die Opfer der blutigen Protestniederschlagung auf dem Beijinger Tian'anmen-Platz abzuhalten. Daneben ist der Victoria Park auch Veranstaltungsort für eines der größten Volksfeste Hongkongs, das chinesische Neujahr, während jeden Morgen in aller Frühe mehrere Dutzend Menschen hier Taijiquan praktizieren.

An der südöstlichen Ecke des Parks steht direkt neben der MTR-Station Tin Hau (Exit A) der 200 Jahre alte **Tin Hau Temple**, ein eher düsterer Ort, der zu allem Unglück auch noch von zahlreichen Hochhäusern umgeben ist. Tin Hau ist der in Hongkong gebräuchliche Name für die daoistische Göttin des Meeres, der zu Ehren Tempel in der ganzen Stadt errichtet wurden, gewöhnlich in exponierter Lage am Wasser, wo sie von Fischern und Seeleuten aufgesucht wurden. Die Tatsache, dass Tempel wie dieser inzwischen inmitten der hoch aufragenden Bebauung versinken, sagt einiges darüber aus, wo die Prioritäten im modernen Hongkong liegen. Der Tin Hau ist mit allen Richtung North Point fahrenden Straßenbahnen zu erreichen; wenn man unmittelbar hinter dem Victoria Park aussteigt, liegt der Tempel zur Linken. 🕓 tgl. 7–19 Uhr.

Happy Valley

Mit dem sich südlich von Wan Chai und Causeway Bay ausdehnenden Happy Valley (Pau Ma Dei) assoziieren die Bewohner Hongkongs nur eines, nämlich Pferderennen, genauer gesagt: Pferdewetten. Der bereits 1846 eingeweihte **Happy Valley Racecourse** war lange Zeit die einzige Pferderennbahn Hongkongs, bis in Sha Tin in den New Territories eine zweite gebaut wurde. Während der Saison von September bis Juni, wenn in Happy Valley ein- bis zweimal wöchentlich Renntag ist, grassiert in Hongkong regelmäßig das Wettfieber. Fast jeden Mittwoch finden Rennen statt, und wer Hongkong von seiner ungeschminktesten und raffgierigsten Seite erleben möchte, kann sich für nur $10 Eintritt unter die Zuschauer mischen und mitwetten. Daneben bietet der *HKTB* für $490 eine so genannte „Come Horse-racing Tour" an; sie beinhaltet den Transport zur Rennbahn und zurück, Zutritt zum Mitgliederbereich, ein Buffet im offiziellen Jockey Club und Favoritentipps (s.S. 827, Touren). Happy Valley ist von Central oder Causeway Bay mit der Straßenbahn zu erreichen, von Central aus auch mit dem Bus Nr. 1.

Western District

Westlich des Innenstadtbezirks Central liegt ein Viertel, das sich um einiges älter und exotischer präsentiert als andere Gegenden Hongkongs. Der beinahe ausschließlich von Chinesen bewohnte Bezirk mit seinen belebten Straßen und traditionellen Geschäften bildet einen stimmungsvollen Kontrast zu Central. Gelitten hat die Atmosphäre leider unter dem Bau des Zubringernetzes zur **Western Harbour Crossing**, dem insgesamt dritten Hafentunnel für den Autoverkehr von und nach Kowloon. Das größte lokale Zentrum innerhalb des Western

District nennt sich Sheung Wan und besteht wie Central aus geraden, in Ufernähe von Ost nach West verlaufenden Straßen, während sich die Straßen weiter landeinwärts kurvenreich die Berge hinaufschlängeln. Im äußersten Westen wird das Viertel Kennedy Town gegen die steil aufragenden Hügel gedrückt. Bis zur Endstation Kennedy Town Praya fahren die aus Central kommenden Straßenbahnen über Des Voeux Road, Connaught Road West und Des Voeux Road West.

Unmittelbar westlich an Central grenzt das Viertel **Sheung Wan**, das sich vom Hafen aus bis zu den Hügeln landeinwärts erstreckt. Direkt am Wasser liegt das moderne Shun Tak Centre mit dem Macau Ferry Terminal (Einzelheiten zur Weiterreise mit der Fähre nach Macau s.S. 835, Transport/Fähren) und der MTR-Station Sheung Wan, die zur Zeit die Endstation dieser U-Bahn-Linie bildet. Vom Exchange Square in Central aus ist das Shun Tak Centre in angenehmen 15 Minuten über die erhöhten Fußgängerwege zu erreichen, doch seine exotische Atmosphäre entfaltet der Bezirk besser, wenn man vom Central Market (s.S. 788) den Straßenbahnschienen auf der Des Voeux Road nach Westen folgt. Von diesem Abschnitt der Des Voeux Road zweigen mehrere interessante Gassen nach Süden ab, darunter die Wing Sing Street (Spezialität sind hier eingelegte Eier) und die in unmittelbarer Nähe der MTR-Station Sheung Wan gelegene Gasse Man Wa Lane, in der chinesische Namensstempel aus Stein oder Holz angefertigt werden.

Von hier führt ein kurzer Fußweg über die Des Voeux Road in westlicher Richtung zum Hintereingang des **Western Market**, einem entzückenden edwardianischen Backsteingebäude, das seit 1991 keinen streng riechenden Markt mehr beherbergt, sondern eine Ansammlung von Kitschläden, chinesischen Imbissen und kleinen Geschäften mit Kunsthandwerk und Stoffen. ⌚ tgl. 10–19 Uhr.

Vom Hafen aus führt ein kurzer Fußweg in südlicher Richtung den Hügel hinauf zur **Bonham Strand**, einer Geschäftsstraße, die auf allerlei chinesische Heilprodukte, Tee und Kräuter spezialisiert ist – eine faszinierende Gegend zum Bummeln. In den exotischen Läden wimmelt es von befremdlichen Dingen wie Schlangen (lebendige und tote), Vogelnester, Haifischflossen, Geweihe, zerstoßene Perlen, Schlangengallenwein und Großvorräte der wertvollen Ginsengwurzel. Geschäfte mit Heilmitteln finden sich auf dem gesamten Abschnitt zwischen Bonham Strand und der kleinen, weiter westlich gelegenen **Ko Shing Street**, die das Zentrum dieses Gewerbes darstellt und im Bogen unmittelbar südlich der Des Voeux Road West verläuft. Auch jener Abschnitt der Des Voeux Road besticht durch eine lange Aneinanderreihung sehr exotischer Geschäfte mit allen Arten von getrockneten Nahrungsmitteln, darunter Meeresschnecken, Seesterne, Haifischflossen, Schlangen und platt gehauene Enten, aber auch Schilfgräser, Sackleinen und gepökelter Fisch.

Ein kurzer, dennoch anstrengender Fußmarsch führt bergauf von Bonham Strand zur reizvoll gelegenen **Hollywood Road**, die sich von der Wyndham Street in Central (unmittelbar südlich der Lan Kwai Fong) bis zum kleinen Hollywood Park in Sheung Wan hinzieht, wo sie schließlich auf die Queen's Road West trifft. Bus Nr. 26 beschreibt eine Rundstrecke von der Des Voeux Road in Central zum westlichen Ende der Hollywood Road und anschließend wieder zurück Richtung Osten über die gesamte Länge der Hollywood Road. Interessant ist diese Gegend vor allem wegen der vielen Geschäfte mit **Antiquitäten, Kunsthandwerk und Kuriositäten**, vom winzigen bestickten Frauenschuh bis zum traditionellen Sarg.

Die Antiquitätengeschäfte setzen sich auch in der kleinen Gasse Upper Lascar Row fort, die allgemein als **Cat Street** bekannt ist. Sie verläuft weiter nördlich parallel zum westlichen Abschnitt der Hollywood Road und ist zu Fuß von der MTR-Station Sheung Wan nach einem schnurgeraden Fußmarsch Richtung Süden zu erreichen. Hier reiht sich ein Trödelstand an den nächsten – eine wahre Fundgrube für Münzen, Dekogegenstände, Schmuck, Mao-Anstecker und Namensstempel. Wer lieber in etwas weniger exotischer Umgebung stöbert, kann sich auch in die klimatisierten gediegeneren *Cat Street Galleries* begeben, wo ebenfalls Antiquitäten angeboten werden.

Eine weitere Attraktion in der Umgebung der Cat Street stellt die **Ladder Street** dar, die beinahe wirklich so steil ist wie eine Leiter (englisch: *ladder*) und die Hollywood Road in Nord-Süd-Richtung kreuzt. Dieses Relikt aus dem 19. Jahrhundert wurde als stufenförmige Straße angelegt, um den Sänftenträgern das Befördern ihrer Lasten auf steilen Strecken zu erleichtern.

An der Adresse 170 Hollywood Road steht an der Ecke Ladder Street der 150 Jahre alte **Man Mo Temple**, bemerkenswert wegen seiner kolossalen, von der Decke herabhängenden Weihrauchspiralen. Bei den beiden Figuren auf dem Hauptaltar handelt es sich um die daoistischen Götter der Literatur (Man bzw. Cheung) und der Kampfkunst (Mo bzw. Kwan Tai). Auch wegen seiner Lage in einem zutiefst traditionellen Viertel zählt dieser kleine Tempel zu den stimmungsvollsten in ganz Hongkong. ⌚ tgl. 10–18 Uhr.

Mehrere kleinere Tempel stehen ein paar Minuten südwestlich der Hollywood Road in der **Tai Ping Shan Street**, die nach einem Stück Wegs Richtung Süden über die steile Ladder Street als zweite Gasse rechts abzweigt. Da es sich um eine der am frühesten besiedelten Gegenden Hongkongs handelt, fügen sich die Tempel nahtlos in ihre Umgebung ein und werden auch heute noch täglich von Gläubigen aufgesucht.

Das seltsamerweise nach einem früheren Gouverneur der Kolonie benannte Viertel **Kennedy Town** nimmt den äußersten Westen der bebauten Abschnitte an der Nordküste ein und war über viele Jahre ein geschäftiger Bezirk mit holprigen Straßen und einem alten Hafen, in dem ganze Schwärme rot-grün getünchter Boote umherschaukelten. Auch heute finden sich noch Spuren des ehemaligen Flairs, doch Landgewinnung und Bebauung haben die alten Fischmärkte und die *junks* aus dem Hafenbild verdrängt. Kennedy Town ist die Endstation der aus Central kommenden Straßenbahnlinie.

Victoria Peak

Die oberen Regionen des 552 m hohen, über Central und dem Hafen thronenden Victoria Peak werden seit jeher schlicht als **The Peak** bezeichnet. In der frühen Kolonialzeit wurde der obere Abschnitt des Berges von Angehörigen der Oberschicht aus Übersee bewohnt. Die meisten lebten in luxuriösen Villen, die von ihren Arbeitgebern oder (im Falle von Beamten) von der Regierung bereitgestellt wurden. Das gemeine Volk musste mit den tiefer liegenden Wohngebieten vorlieb nehmen, wo das Klima heißer, feuchter und insgesamt ungesünder war.

Die Geschichte der Erschließung dieses ehemals öden und baumlosen Felsens lohnt eine genauere Betrachtung: Vor 1859, als der erste Pfad aus dem Stein gehauen wurde, war es kaum möglich gewesen, den Berg zu besteigen, geschweige denn Häuser darauf zu bauen. Innerhalb von 20 Jahren entstanden einige Sommerhäuser für eine wohlhabende Minderheit britischer Kaufleute, die es vorzogen, weiter oben zu wohnen, anstatt sich der Schwüle und Malaria weiter unten am Wasser auszusetzen. Heute erscheint es kaum noch vorstellbar: Buchstäblich alles, vom Menschen bis zum Baumaterial, musste damals in mühsamer Plackerei von Lastenträgern auf den Berg geschleppt werden.

Die Idee, den Berg mit dem Bau einer Eisenbahn zu erschließen, wurde zunächst ohne Umschweife wieder verworfen, denn die Steigungen waren schlicht zu steil. 1888 jedoch änderte sich diese Situation mit der erfolgreichen Konstruktion der **Standseilbahn** Peak Tram, die fortan für regelmäßige und schnelle Verbindungen zum Hafen sorgte. Eine weitere Umwandlung des Berges vollzog sich mit dem Anpflanzen von Bäumen – es entstand eine echte Sommerfrische. Als 1924 die erste Straße auf den Peak gebaut wurde, gab es bereits einige ganzjährig bewohnte Häuser, wobei es Chinesen zu jener Zeit noch nicht gestattet war, hier oben zu leben. Inzwischen darf jeder auf dem Berg wohnen, der es sich leisten kann – und das sind heutzutage in der Regel chinesische Industriemagnaten. Abgesehen von dem Status als exklusive Wohngegend ist der Peak immer noch ein kühler und friedlicher Rückzugsort von der Innenstadt und ein hervorragender Aussichtspunkt. Von hier bietet sich ein außergewöhnlicher Panoramablick über die Stadt und den Hafen.

Wer sich ungern Seilbahnen anvertraut, kann auch mit dem Bus Nr. 15 oder 15B vom Exchange Square bzw. von der MTR-Station Tin Hua auf den Peak gelangen. Die Ausblicke sind ebenso spektakulär, aber die Fahrt dauert wesentlich länger. Fitnessfanatiker können den Gipfel auch zu Fuß erstürmen, doch für den Durchschnittstouristen dürfte der Abstieg eine weitaus realistischere Option sein.

Die Peak Tram hält unterhalb des optisch an einen Wok erinnernden **Peak Tower** mit dem Einkaufszentrum *Peak Galleria*, wo zahlreiche Souvenir-Shops, teure Bars mit tollen Ausblicken und Cafés mit gigantischen Panoramaterrassen um Kundschaft buhlen. Außerdem gibt es hier überdachte Freizeit- und Unterhaltungsangebote für den Fall, dass es regnen sollte. Dazu zählen neben der Hightech-Virtual-Reality-Show *Peak Explorer* auch ein Ableger von *Madame Tussaud's* mit rund 100 Wachsfiguren von Arnie Schwarzenegger bis Jackie Chan sowie eine Niederlassung des Kuriositätenkabinetts *Ripley's Believe-It-Or-Not.* Ein Selbstbedienungsrestaurant der Kette *Mövenpick Marché* bietet ordentliche Speisen mit sehr schönem Ausblick. Praktisch gegenüber befindet sich der historische *Peak Lookout,* ein traditionelles Restaurant mit Rattanstühlen und Ventilatoren, das trotz wechselnder Bewirtschaftung und einer gewissen Modernisierung noch immer über eine großartige Terrasse unter freiem Himmel verfügt, auf der man sich mindestens ein kühles Blondes genehmigen sollte (s.S. 818, Essen).

Nach Ankunft an der Bergstation der Peak Tram gibt es vier nach Westen und Norden abzweigende Straßen. Eine davon, die Mount Austin Road, führt auf den Gipfel des Berges mit der ehemaligen Gouverneursresidenz **Victoria Peak Garden**. Zwei der anderen Straßen eignen sich wesentlich besser für einen schönen Spaziergang, denn sie verlaufen in einer Schleife um den Berggipfel, wobei man nach etwa einstündiger **Wanderung** wieder zum Ausgangspunkt zurückkehrt. Die geradewegs nach Westen führende Harlech Road ermöglicht einen wundervollen Bummel durch eine schöne Landschaft mit Schatten spendenden Bäumen und einem Picknickplatz an der Strecke. Nach einer halben Stunde trifft die Straße auf die Lugard Road, die entlang dem nördlichen Bergrand zur Bahnstation zurückführt und dabei prächtige Ausblicke auf Central und Kowloon eröffnet. Die vierte Straße, Old Peak Road, führt bergab zur Straßenbahnhaltestelle May Road.

Ausgezeichnete Möglichkeiten für den **Abstieg** vom Peak bieten mehrere Wanderrouten. Die einfachste Strecke folgt von der gegenüberliegenden Seite des Picknickplatzes auf der Harlech Road zunächst der Beschilderung zur Hatton Road. Der Spaziergang führt über eine sehr gut begehbare, von Bäumen gesäumte Strecke, die nach rund 45 Minuten zur Kreuzung von Kotewall Road und Conduit Road im Wohngebiet Mid-Levels führt. Bus Nr. 13 fährt von der Kotewall Road nach Central, doch nur etwa 1 km weiter entlang der Conduit Road liegt bereits der obere Eingang zum Mid-Levels Escalator (s.S. 788), der ebenfalls nach Central hinabführt. Eine gute Alternative für den Abstieg vom Peak ist eine Straße, die unweit der Tram-Station von der Harlech Road abzweigt und der Beschilderung folgend zum **Pokfulam Reservoir** führt, einem sehr netten Ort in hügeliger Landschaft. Jenseits des Staubeckens geht es weiter bergab, bis die Straße schließlich auf die Pokfulam Road trifft, von der zahlreiche Busse nach Central oder Richtung Süden nach Aberdeen fahren.

Die Südküste

Die zergliederte Südküste von Hong Kong Island besteht aus einer Reihe langgezogener Halbinseln und Meeresarme. Hier geht es weitaus ruhiger zu als an der Nordküste, und auch das Klima gilt als wärmer und sonniger. Im Süden finden sich nicht nur kleine Städte wie **Aberdeen** und **Stanley** mit ihrem ganz eigenen Charakter, sondern auch Strände in der **Repulse Bay** und im Osten in dem abgelegenen kleinen Außenposten **Shek O**. Wer mit Kindern unterwegs ist, sollte einen Abstecher zum **Ocean Park** in Betracht ziehen, einem riesigen Erlebnis- und Freizeitpark mit einem wunderbaren Aquarium in unmittelbarer Nachbarschaft von Aberdeen. Alle Ziele an der Südküste sind bequem mit Bussen zu erreichen, Aberdeen ist sogar durch einen unter dem Peak hindurchführenden Tunnel mit Central verbunden, so dass kein Ort auf Hong Kong Island mehr als eine Autostunde von Central entfernt liegt.

Aberdeen

Aberdeen ist die größte eigenständige Stadt auf Hong Kong Island. Von den über 60 000 Einwohnern wohnt noch eine ständig schrumpfende Minderheit auf *sampans* und Dschunken in dem schmalen, taifungeschützten Hafen zwischen der Hauptinsel und dem kleinen Eiland Ap Lei Chau. Die hiesigen Bootsbewohner folgen einer Tradition, die auf Zeiten vor der Ankunft der Briten in Hongkong zurückgeht, doch traurigerweise hat es den Anschein, als wäre diese uralte Lebensweise inzwischen vom Aussterben bedroht. Ein althergebrachtes und unterhaltsames Erlebnis für Touristen ist eine Hafenrundfahrt auf einem der noch verbliebenen *sampans*.

Sich in Aberdeen zu verlaufen, ist so gut wie unmöglich. Von der Bushaltestelle geht man einfach

HONGKONG UND MACAU

Richtung Wasser und überquert die über die Hauptstraße führende Fußgängerbrücke, wo einheimische Frauen Touristen für eine **Rundfahrt** auf *sampans* zu begeistern versuchen. Wer mit den privaten Kleinunternehmern nicht einig wird, geht an dem Ziergarten am Ufer entlang bis zu einem Schild mit der Aufschrift „Water Tours“ ($50 pro Person für eine halbstündige Rundfahrt, unabhängig von der Teilnehmerzahl). Während der Tour bieten sich großartige Fotomotive: aneinander gereihte Hausboote mit Hunden, trocknende Wäsche und Kochstellen unter freiem Himmel, dazu Netze und Altreifen. Außerdem sieht man unterwegs einige Bootshandlungen und drei **schwimmende Restaurants**, die besonders fotogen wirken, wenn sie bei Dunkelheit hell erleuchtet sind. Das an Bord servierte Essen ist allerdings weniger bewunderungswürdig (s.S. 817, Essen).

Nach Aberdeen fahren die Busse Nr. 70M und 970 vom Exchange Square in Central (15 Minuten) oder vom Busbahnhof Admiralty (20 Minuten). Eine **Fährverbindung** besteht zwischen Aberdeen und der nahe gelegenen Insel Lamma (s.S. 807).

Ocean Park

Die gesamte Halbinsel östlich von Aberdeen beansprucht die gigantische **Abenteuer- und Freizeitanlage** Ocean Park, ✆ 25520291, 🖳 www.oceanpark.com.hk. Hier lässt sich ohne weiteres ein ganzer Tag verbringen, doch an den Sommerwochenenden können sich lange Warteschlangen an den beliebten Attraktionen bilden, so dass man auf jeden Fall früh kommen sollte, um das Unterhaltungsangebot in Ruhe genießen zu können. Der Park ist in mehrere, durch verrückte Transportmittel miteinander verbundene Abschnitte unterteilt, und ständig kommen neue Anlagen hinzu. Zu den Highlights zählt das **Riesenpandapärchen** An-An und Jia-Jia, für die eigens ein $80-Millionen teurer und 2000 m² großer Komplex errichtet wurde – mit allen Schikanen wie Küche, Klinik, künstlichen Berghängen und Nebelmaschinen zur Simulation einer möglichst naturgetreuen Bergwelt.

Der erste Abschnitt (Lowland) ist den Wundern der Natur gewidmet und beinhaltet neben faszinierenden, beweglichen Dinosauriermodellen in voller Lebensgröße auch ein Schmetterlingshaus. Eine gemächliche, 1,5 km lange Seilbahnfahrt führt in den nächsten Abschnitt (Headland) an der Spitze der Halbinsel. Dort locken neben einer der schnellsten und längsten **Achterbahnen** der Welt noch weitere beängstigende Attraktionen, zum Beispiel der gigantische Freifallturm Abyss. Des Weiteren gibt es ein **Aquarium**, wo sich die Besucher nur durch eine Glasscheibe getrennt Nase an Nase mit Haien amüsieren, das so genannte Ocean Theatre, wo dressierte Delphine und Wale Kunststückchen vorführen, und das **Atoll Reef**, ein riesiges Korallenriffbecken, in dem sich über 5000 Fische tummeln. Eine enorme Rolltreppe führt in den dritten Parkabschnitt mit der Bezeichnung **Reich der Mitte**, der im Grunde eine separate Anlage darstellt, aber mit demselben Ticket zugänglich ist. Hier wird versucht, die 5000 Jahre alte chinesische Geschichte in Architektur, Kunsthandwerk, Theater und Oper darzustellen. Eine abendliche Veranstaltung im Ocean Park ist die dreimal wöchentlich stattfindende **Dinner-Show** „Glanz der Verbotenen Stadt“, so dass der Besucher im Ocean Park für sein Geld alles in allem einen außergewöhnlich großen Unterhaltungswert geboten bekommt. ◷ tgl. 10–18 Uhr, Eintritt $180, Kinder von 3–11 Jahren $90, Kinder unter 3 Jahren frei; der Eintrittspreis beinhaltet sämtliche Attraktionen und Shows.

Ein Sonderbus fährt täglich zwischen 9 und 18.30 Uhr etwa alle 15 Minuten vom Star Ferry Terminal in Central und von der MTR-Station Admiralty zum Ocean Park (das All-Inclusive-Ticket mit Bustransfer hin und zurück und Eintritt zum Ocean Park kostet $204 für Erwachsene und $102 für Kinder, wobei ein Kind in Begleitung eines Erwachsenen freien Eintritt hat). Wer lieber mit den Stadtbussen fährt, kann den Minibus Nr. 6 vom Star Ferry Terminal zum Ocean Park nehmen (◷ Mo–Sa) oder die Busse Nr. 70 und 90 aus Central bzw. Nr. 72 aus Causeway Bay (direkt hinter dem Aberdeen-Tunnel aussteigen und der Beschilderung folgen). Sonntags halten die Busse Nr. 90 aus Central und Nr. 73 aus Stanley/Repulse Bay direkt am Ocean Park.

Repulse Bay und Umgebung

Östlich des Ocean Park wird die Südküste von zwei Buchten gesäumt, deren Namen nach Abenteuer auf hoher See klingen: **Deep Water Bay** und Repulse Bay. Auch wenn das Wasser an diesem Küstenabschnitt bisweilen leider arg verschmutzt ist, drängen sich an den Sommerwochenenden und

Feiertagen Zehntausende Erholungssuchende an den Stränden. Repulse Bay ist die beliebteste Bucht an der Südküste, was zum Teil an den Geschäften und Restaurants liegt, aber auch an dem Tin Hau Temple mit „Langlebigkeitsbrücke“, die jedem, der sie überschreitet, angeblich drei zusätzliche Lebtage beschert. Die Kulisse der Repulse Bay mit einem riesigen Hochhaus vor den grünen Hügeln mutet etwas bizarr an. Davor stehen die Überreste des historischen *Repulse Bay Hotel*, das in den 80er Jahren leider der Abrissbirne zum Opfer fiel. Das heutige Objekt gleichen Namens ist in Wirklichkeit ein Restaurant- und Einkaufszentrum. 15 bzw. 30 Minuten weiter südlich entlang der Küste liegen die Buchten **Middle Bay** und **South Bay** mit ihren etwas abgeschiedeneren, aber auch schmaleren Stränden.

Repulse Bay ist mit den Bussen Nr. 6, 61 und 260 vom Exchange Square in Central aus zu erreichen. Zwischen Aberdeen (westlich von hier) und Stanley (östlich) verkehren häufig Busse, die alle oben genannten Buchten ansteuern. Wer einen Platz auf der rechten Seite im Oberdeck erwischt, kommt in den Genuss einer Fahrt über kurvenreiche Landstraßen mit spektakulären Ausblicken.

Stanley

An der Zufahrt zur südlichsten Halbinsel von Hong Kong Island liegt die mäßig interessante Ortschaft Stanley. Hauptanziehungspunkte sind die lebendige Markthalle, die vorwiegend von ortsansässigen Ausländern frequentierten Pubs und Restaurants sowie das Murray House aus der Kolonialzeit. Alljährlich am fünften Tag des fünften Mondmonats finden in Stanley die größten und unterhaltsamsten Drachenbootrennen Hongkongs statt.

Stanley ist ein kleines Nest, und schon nach einem kurzen Fußweg von der Bushaltestelle bergab ist man am **Stanley Market**, wo allerlei perlen- und paillettenbesetzte Kostüme, billige Textilien, Bettwäsche, bedruckte Stoffe und Souvenirs unter die Leute gebracht werden.

Etwas nördlich von hier liegt **Stanley Beach**, der sich zwar nicht zum Schwimmen eignet, aber großartige Restaurants am Meer zu bieten hat. Jenseits der Restaurants steht an der Westseite der Halbinsel ein weiterer alter **Tin Hau Temple**, der 1767 erbaut wurde. Im Inneren des Heiligtums befindet sich das Fell eines großen Tigers, der hier 1942 erlegt wurde – nichts könnte treffender aufzeigen, wie sehr sich diese Gegend verändert hat.

In der Umgebung des Tempels liegen die Stanley Plaza mit zahlreichen Geschäften, ein Dorfplatz und das **Murray House** an der Küste. Die zweistöckige Villa zählt zu den ältesten Kolonialgebäuden Hongkongs und wurde von ihrem ursprünglichen Standort in Central hierher verlegt, nachdem es der *Bank of China* weichen musste. Heute beherbergen seine Kolonnaden stilvolle Geschäfte, Bars und Restaurants sowie eine Ausstellung zur Geschichte des Gebäudes.

In entgegengesetzter Richtung führt ein rund zehnminütiger Spaziergang über die Wong Ma Kok Road nach Süden zum St. Stephen's Beach, der über eine unmittelbar hinter dem Sportplatz nach rechts hinunterführende Treppe zugänglich ist. Die Wong Ma Kok Road führt weiter zum **Stanley Military Cemetery** mit den Gräbern zahlreicher Widerstandskämpfer, die im Zweiten Weltkrieg im Kampf gegen die japanischen Besatzer fielen, und schließlich zum Hochsicherheitsgefängnis Stanley Prison. Der äußerste Süden der Halbinsel ist militärisches Sperrgebiet.

Stanley ist von Central aus mit den Bussen Nr. 6 und 260 sowie von Aberdeen bzw. Repulse Bay mit Bus Nr. 73 zu erreichen.

Shek O

Im äußersten Südosten der Insel liegt Shek O, die abgelegenste Siedlung Hongkongs, die unglaublicherweise noch immer das Gefühl von „Unberührtheit“ vermittelt falls so etwas in Hongkong überhaupt möglich ist. Eine starke Brandung klatscht an den breiten, weißen **Strand**, an dem mit Weinspalieren ein geschützter Grillbereich abgetrennt wurde. Unter der Woche präsentiert sich der Strand so gut wie menschenleer, er lädt zum Sonnenbaden und zum Mittagessen in einem der preiswerten Restaurants ein. Shek O ist auch ein beliebtes Wanderziel mit atemberaubenden Ausblicken. Der *HKTB* hält Informationen zum Hong Kong Trail bereit, der die D'Aguilar-Halbinsel durchquert.

Der Strand ist nicht zu verfehlen. Er beginnt nur wenige Gehminuten östlich der Bushaltestelle hinter dem Kreisverkehr. Wer sich zunächst den Ort anschauen möchte, sollte in dem ausgezeichneten Thai-Restaurant mit Tischen und Stühlen unter freiem Himmel einkehren, das unmittelbar vor dem Kreisverkehr zur Linken zu sehen ist. Eine kleine Gasse führt links ab mitten durch den Restaurantbereich zu einem Tempel und im weiteren Verlauf zu mehreren Läden und Verkaufsständen.

Einer der Hauptgründe für einen Besuch von Shek O ist die Fahrt dorthin. Sie beginnt im Viertel **Shau Kei Wan** an der Nordostküste von Hong Kong Island, das sowohl mit der Straßenbahn als auch mit der MTR zu erreichen ist. Am Busbahnhof neben der U-Bahn-Station nimmt eine großartige, halbstündige Fahrt mit dem Bus Nr. 9 durch eine bergige Landschaft nach Shek O ihren Anfang. Unterwegs sieht man das glitzernde Wasser des Tai Tam Reservoir, danach weit im Südwesten den Ort Stanley und schließlich Shek O selbst, das unten an der Küste wie ein mediterranes Dorf ins Blickfeld rückt.

Die MTR-Station Shau Kei Wan ist auch Ausgangspunkt für eine Besichtigung des ausgezeichneten **Coastal Defence Museum** in der 1887 errichteten Festung Lei Yue Mui (Exit B1, dann zehn Minuten zu Fuß über die Shau Kei Wan Street East und in die Tun Hei Road abbiegen). Das Museum bietet einen Überblick über Hongkongs Geschichte der Küstenverteidigung von der Ming-Dynastie bis zur Rückgabe an China. In der Umgebung eröffnen sich gute Wandermöglichkeiten durch die Felsen und zum Wasser. ◷ tgl. außer Mi 10–17 Uhr.

Kowloon

Als 4 km langer Streifen Festland, den sich die Briten 1860 einverleibten und ihrem Inselbesitz vor der Küste hinzufügten, war Kowloon ein Teil des Territoriums, das Großbritannien „dauerhaft" überlassen und dementsprechend voller Enthusiasmus und Zuversicht bebaut wurde. Mit Landgewinnungsmaßnahmen und aufgrund der schwindenden Bedeutung der Grenze zu den New Territories hat es Kowloon über die Jahre mit Ach und Krach geschafft, die riesigen Menschenmassen aufzunehmen, die in immer größerer Zahl auf die Halbinsel am **Victoria Harbour** strömten. Heute zählen mit hoch aufragenden Mietskasernen eng bebaute Viertel wie Mongkok zu den am dichtesten besiedelten Ballungsgebieten der Welt.

Wird der Effekt urbaner Klaustrophobie auf Hong Kong Island noch durch Berge und Strände gemildert, gibt es in Kowloon immer nur noch mehr Geschäfte, noch mehr Restaurants und noch mehr Hotels. Es ist nicht leicht zu begreifen, warum ein derart ungebremst bebauter, überbevölkerter und gnadenlos kommerzieller Moloch wie dieser auch nur die geringste Anziehungskraft auf die internationale Traveller-Gemeinde ausüben sollte – und dennoch lockt Kowloon sie in Scharen an. Einer der Gründe ist darin zu suchen, dass die Halbinsel die beste Aussicht auf die Skyline von Hong Kong Island bietet. Besonders bei Dunkelheit zählt der Blick über den Hafen auf die Insel, wo sich ein Wolkenkratzer an den nächsten reiht, zu den herausragenden Stadtansichten auf dem Globus.

Neben diesem unvergesslichen Panorama sind es die neonglitzernden Straßen voller Hotels und Restaurants in **Tsim Sha Tsui**, von denen die Besucher nach Kowloon gelockt werden. Dieser rund

Übernachtung:

Anne Black Guesthouse (YWCA)	**1**
Booth Lodge	**4**
Chungking Mansions	**9**
Holiday Inn Golden Mile	**8**
Mirador Mansions	**7**
New King's Hotel	**3**
Peninsula	**11**
Salisbury YMCA	**10**
Star Guesthouse	**5**
STB Hostel (HK)	**2**
Victoria Hostel	**6**

Essen:

Au Trou Normand	**F**
Celestial Court Chinese Restaurant	**J**
Great Shanghai	**E**
Jade Garden	**K**
Macau Restaurant	**A**
Mint	**D**
Peking Restaurant	**B**
Ruth's Chris Steak House	**G**
Spring Deer	**H**
Tang Court	**I**
Tutto Bene	**C**

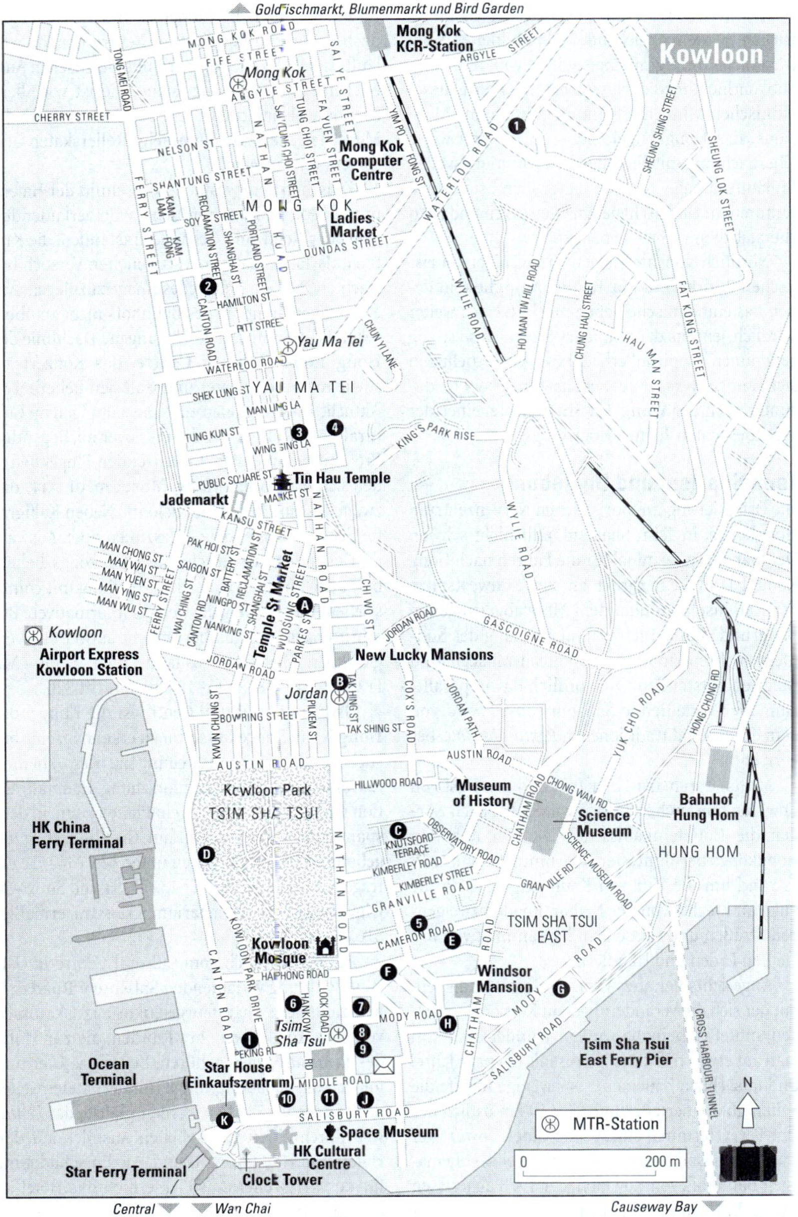
Goldfischmarkt, Blumenmarkt und Bird Garden
Kowloon
Mong Kok KCR-Station
Mong Kok
Mong Kok Computer Centre
MONG KOK
Ladies Market
Yau Ma Tei
YAU MA TEI
Tin Hau Temple
Jademarkt
Temple St Market
Kowloon
Airport Express Kowloon Station
New Lucky Mansions
Jordan
Kowloon Park
TSIM SHA TSUI
Museum of History
Science Museum
Bahnhof Hung Hom
HUNG HOM
HK China Ferry Terminal
TSIM SHA TSUI EAST
Kowloon Mosque
Windsor Mansion
Tsim Sha Tsui
Tsim Sha Tsui East Ferry Pier
Ocean Terminal
Star House (Einkaufszentrum)
Space Museum
HK Cultural Centre
Star Ferry Terminal
Clock Tower
MTR-Station
0
200 m
N
MONG KOK ROAD
FIFE STREET
ARGYLE STREET
TONG MEI ROAD
CHERRY STREET
SAI YE STREET
TUNG CHOI STREET
FA YUEN STREET
SAI YEUNG CHOI STREET
YIM PO FONG ST
NELSON ST
SHANTUNG STREET
FERRY STREET
NATHAN ROAD
WATERLOO ROAD
SHEUNG SHING STREET
SHEUNG LOK STREET
SOY STREET
RECLAMATION STREET
SHANGHAI ST
PORTLAND STREET
DUNDAS STREET
KAM LAM
KAM FONG
HAMILTON ST
PITT STREET
CANTON ROAD
CHUN YI LANE
WYLIE ROAD
HO MAN TIN HILL ROAD
CHUNG HAU STREET
FAT KONG STREET
HAU MAN STREET
SHEK LUNG ST
MAN LING LA
TUNG KUN ST
WING SING LA
KING'S PARK RISE
PUBLIC SQUARE ST
MARKET ST
KANSU STREET
MAN CHONG ST
MAN WAI ST
MAN YUEN ST
MAN YING ST
MAN WUI ST
PAK HOI ST
SAIGON ST
BATTERY ST
WAI CHING ST
NINGPO ST
NANKING ST
CANTON RD
WOOSUNG STREET
PARKES ST
CHI WO ST
JORDAN ROAD
GASCOIGNE ROAD
TAK HING ST
PILKEM ST
BOWRING STREET
KWUN CHUNG ST
TAK SHING ST
COX'S ROAD
JORDAN PATH
YUK CHOI ROAD
HONG CHONG RD
AUSTIN ROAD
HILLWOOD ROAD
CHATHAM ROAD
CHONG WAN RD
KNUTSFORD TERRACE
OBSERVATORY ROAD
KIMBERLEY ROAD
KIMBERLEY STREET
GRANVILLE ROAD
GRANVILLE RD
SCIENCE MUSEUM ROAD
KOWLOON PARK DRIVE
CAMERON ROAD
HAIPHONG ROAD
HANKOW RD
LOCK ROAD
MODY ROAD
PEKING RD
MIDDLE ROAD
SALISBURY ROAD
CROSS HARBOUR TUNNEL
Central
Wan Chai
Causeway Bay

2 km² große Bezirk an der Spitze der Halbinsel wirkt außerdem anziehend, weil sich hier eine beträchtliche Immigrantengemeinde vom indischen Subkontinent niedergelassen hat. Hochburg dieser ethnischen Minderheit sind die Chungking Mansions, das Hongkonger Eldorado für preiswerte Übernachtung mit einer herrlich stimmungsvollen Einkaufspassage, wo sich die großen asiatischen Kulturen im Dunstschleier aus Gewürzen und Räucherstäbchen vermischen.

Nördlich von hier liegen die weniger touristischen Bezirke **Yau Ma Tei** und **Mongkok**, in denen das einheimische Leben pulsiert. Noch weiter nördlich, jenseits der Boundary Street – also streng genommen knapp außerhalb Kowloons –, befinden sich einige verstreute Sehenswürdigkeiten, darunter auch der **Wong Tai Sin Temple**, einer der meistbesuchten Tempel Hongkongs.

Tsim Sha Tsui und Umgebung

Die Orientierung im touristischen Nervenzentrum Hongkongs, in Tsim Sha Tsui, fällt nicht schwer. Der Star Ferry Terminal für die Fähren nach Hong Kong Island liegt direkt an der Südwestspitze der Halbinsel. Auf dem dem Meer abgerungenen Baugrund sind östlich von hier entlang des Südufers mehrere moderne Hightech-Museen und Galerien entstanden. Die nördlich davon parallel zum Ufer verlaufende Salisbury Road wird von dem entzückend traditionellen *Peninsula Hotel* beherrscht.

Mitten durch Tsim Sha Tsui und den Rest von Kowloon hindurch zieht sich von Süden nach Norden die Haupteinkaufsstraße Nathan Road. In Hongkongs berühmtester Konsummeile wimmelt es rund um die Uhr von Kauflustigen. Auch die links und rechts von der Nathan Road abzweigenden Straßen und Gassen sind gerammelt voll mit kleinen Läden und Händlern.

Angesichts der aberwitzigen Geschwindigkeit, mit der sich die Veränderungen in Kowloon vollziehen, mutet es beinahe wie ein Wunder an, wenn man auf etwas trifft, das älter ist als ein paar Jahre. Und tatsächlich haben ein paar wenige Relikte die Zeiten überdauert, darunter der 100 m östlich des Star Ferry Terminal aufragende **Clock Tower**. Der Uhrenturm ist das einzige Überbleibsel des ehemaligen Bahnhofs von Kowloon, der 1978 abgerissen wurde. Einst war es möglich, von hier aus mit der Eisenbahn über die Mongolei und Russland bis nach Europa zu fahren. Die Uferpromenade verläuft östlich davon – immer mit fantastischen Ausblicken auf Hong Kong Island. Sie ist vor allem abends als Flaniermeile sehr beliebt, wenn sich die Menschen hier zum Bummeln, Rollerskaten und Angeln versammeln.

Zwischen dem westlichen Abschnitt der Hafenpromenade und der nördlich davon verlaufenden Salisbury Road sind Gebäude entstanden, die Kritiker als Tsim Sha Tsuis verzweifelten Versuch betrachten, sich ein kulturelles Image zuzulegen. Am ehemaligen Standort des Bahnhofs nicht zu übersehen ist die auffällig geschwungene Dachlinie des **Hong Kong Cultural Centre**, das Konzertsäle sowie mehrere Theater und Galerien beherbergt. Aktuelle Informationen zu Veranstaltungen im Cultural Centre enthalten die im Foyer ausliegenden Broschüren. In einem angrenzenden Flügel befindet sich das **Hong Kong Museum of Art**, das zweifellos eine Besichtigung lohnt. Neben Kalligrafie, Schriftrollen und einer faszinierenden Auswahl an Gemälden zur Geschichte Hongkongs beherbergt das Museum auch eine Abteilung mit chinesischen Antiquitäten, die weitaus informativere Beschriftungen in englischer Sprache aufweist als vergleichbare Museen in Festland-China. 🕓 Mo– Mi, Fr und Sa 10–18, So 13–18 Uhr, Eintritt $20.

Östlich des Cultural Centre ist die Kuppel des **Hong Kong Space Museum** zu erkennen, eine besucherfreundliche Ausstellung zu den Themen Astronomie und Weltraumforschung. Hauptattraktion ist das Space Theatre, ein Planetarium, in dem spannende Vorführungen auf Großbildschirmen geboten werden (Uhrzeiten unter ✆ 27342722 erfragen). 🕓 Mo und Mi–Fr 13–21, Sa und So 10–21 Uhr, Eintritt $10, Planetarium $32 extra, ermäßigt $16.

Auf der nördlich vom Cultural Centre in Ost-West-Richtung verlaufenden **Salisbury Road** drehen zahlreiche chauffeurgelenkte Luxuskarossen vom Typ Rolls Royce ihre Runden, die zur Flotte des *Peninsula Hotel* gehören. Bevor das Ufer und folglich die Bebauung einige Hundert Meter weiter nach Süden verschoben wurden, glänzte das *Peninsula* durch einen vorzüglichen Ausblick auf den Hafen und Hong Kong Island. Als Entschädigung für den verlorenen Ausblick erhielt das Hotel jedoch als erstes Gebäude in Kowloon die Genehmigung, die bis dahin geltende Höchstgrenze von 20 Stockwerken zu überschreiten, sodass sich hinter dem alten Gebäude inzwischen ein neuer Turm in die Höhe schraubt. Es muss nicht betont werden, dass die Zimmer hier sehr teuer sind, doch lohnt es sich, für ein Mittagessen oder einen Nachmittagstee in der Lobby einzukehren, sofern man angemessen gekleidet ist.

Östlich des *Peninsula Hotel* zweigt von der Salisbury Road in nördlicher Richtung die **Nathan Road** ab. Auch wenn die Straße keineswegs schön ist, zieht sie Einheimische und Besucher immer wieder in ihren Bann, denn hier befindet sich Hongkongs größte Konzentration an Elektronikgeschäften, Schneidereien, Schmuckläden und Modeboutiquen. Die Warenvielfalt verschlägt einem schier den Atem. Der als „Goldene Meile" bezeichnete, südliche Abschnitt der Nathan Road ist heutzutage weiß Gott keine billige Einkaufsadresse mehr. Unzählige Touristen fielen hier schon dem Nepp zum Opfer (s.S. 823, Einkaufen).

Ein weniger fein herausgeputzter, dafür aber sehr exotischer Abschnitt der Nathan Road ist der gigantische, 200 m nördlich der Kreuzung Salisbury Road gelegene Komplex **Chungking Mansions** (s.S. 810, Übernachtung). Die Einkaufspassagen in den beiden untersten Stockwerken gleichen einem dampfenden Kessel aus internationalen Geschäften, indischen Restaurants und düsteren Ecken, die sich in dem unergründlichen Kern des Gebäudes verlaufen – ein interessanter Kontrast zu den sterilen und klimatisierten Shopping-Malls im übrigen Hongkong. Unweit nördlich der Chungking Mansions dehnt sich der **Kowloon Park** aus. ⌚ tgl. 6–24 Uhr.

An seiner südöstlichen Ecke steht das mit einer weißen Kuppel versehene **Kowloon Mosque and Islamic Centre**. Der Komplex dient der beträchtlichen Anzahl moslemischer Einwohner Kowloons als religiöses Zentrum und darf von Touristen nur mit einer Sondererlaubnis betreten werden, ✆ 27240095. Die Grünanlage selbst bietet eine willkommene Erholung von den erbarmungslosen Betonschluchten Tsim Sha Tsuis, ist aber seltsamerweise von der Straße aus gar nicht zu sehen, sondern nur über eine Treppe von der Nathan Road aus zugänglich. Im Park gibt es ein Hallenfreibad von olympischen Ausmaßen, ⌚ tgl. 8–12, 13.30–18 und 7.30–22 Uhr, Eintritt $19. Außerdem verfügt die Anlage über ein Vogelhaus, eine Skulpturenpromenade und eine Piazza.

Einige Blocks östlich der Nathan Road liegt an der Adresse 100 Chatham Road das **Hong Kong Museum of History** mit einer ständigen Ausstellung zur Geschichte der Sonderverwaltungsregion und zahlreichen wechselnden Ausstellungen. ⌚ Mo und Mi–Sa 10–18, So 10–19 Uhr, Eintritt $10.

Das Viertel jenseits der Chatham Road mit exklusiven Hotels und Einkaufspassagen nennt sich **Tsim Sha Tsui East**. Es verdankt seine Existenz einem weiteren riesigen Landgewinnungsprojekt. Vom Star Ferry Terminal führt ein empfehlenswerter Spaziergang an der Uferpromenade Richtung Osten durch dieses Viertel und anschließend in nordöstlicher Richtung bis nach **Hung Hom**, wo sich der imposante Bahnhof für die Züge nach Guangzhou befindet.

Das **Hong Kong Science Museum** liegt ebenfalls in diesem Bezirk an der Adresse 2 Science Museum Road. Zu den Hauptattraktionen des 1998 eröffneten Technikmuseums zählt neben der 20 m hohen „Energy Machine" auch ein schöner Bereich für Kinder. ⌚ Di–Fr 13–21, Sa, So und Feiertage 10–21 Uhr, Eintritt $25.

Yau Ma Tei und Mongkok

In mancher Hinsicht präsentiert sich Kowloon nördlich des Touristenghettos Tsim Sha Tsui lohnenswerter, weil es dort zum Beispiel authentischere chinesische Viertel und interessantere Märkte gibt. Das von Wohnsilos und belebten Straßen dominierte Viertel Yau Ma Tei, dessen Name „Ort der Sesampflanzen" bedeutet (was angesichts des heutigen Erscheinungsbildes etwas in die Irre führt), platzt fast aus allen Nähten. Es beginnt nördlich der Jordan Road, wobei die interessantesten Straßen westlich der Nathan Road liegen. Wem der etwa 20-minütige Fußweg von Tsim Sha Tsui zu lang erscheint, kann auch mit der MTR fahren. Eine Fährverbindung zwischen Yau Ma Tei und Central hat ihren Ausgangspunkt am Jordan Road Ferry Pier.

Die zwei Blocks westlich der Nathan Road von der Jordan Road nach Norden abzweigende Temple Street beherbergt jeden Abend ab 19 Uhr einen sehr lebendigen **Nachtmarkt**, dessen Stände trotz des Namens bereits am frühen Nachmittag öffnen. Zu kaufen gibt es billige Textilien, Uhren, CDs, Cassetten und Souvenirs, man kann sich auch die Zukunft vorhersagen lassen, großartige Meeresfrüchte an einem der Straßenstände probieren und mit etwas Glück sogar in den Genuss einer improvisierten chinesischen Oper kommen.

Ein bis zwei Minuten nördlich von hier steht nur ein kleines Stück abseits der Nathan Road der örtliche **Tin Hau Temple**, versteckt zwischen Public Square Street und Market Street ein paar Gehminuten südlich der MTR-Station Yau Ma Tei. Vom Höllenlärm des städtischen Treibens umgeben, kauert der alte Tempel zu Ehren der Meeresgöttin in einem kleinen Betonpark, in dem sich scharenweise Senioren beim *Mahjongg* unter den Banyan-Bäumen die Zeit vertreiben.

Östlich des Tin Hau Temple und jenseits der Unterführung der Gascoigne Road breitet sich an der Kreuzung von Kansu Street und Battery Street der **Jademarkt** aus. Rund 450 Stände bieten in zwei verschiedenen Bereichen eine erstaunliche Vielfalt an Gegenständen an: Souvenirschmuck, Familienerbstücke aus Jade, Kristall, Quarz und anderen Steinen – ein perfekter Ort zum Stöbern. 🕓 tgl. 9–18 Uhr.

In der Nähe befindet sich in der Tung Choi Street, zwischen Argyle Street und Dundas Street, der so genannte **Ladies' Market**, wo haufenweise billige Klamotten, Schmuck, Spielzeug und Taschen verscherbelt werden. 🕓 tgl. 12–22.30 Uhr.

Östlich der Nathan Road, an der Kreuzung Nelson Street und Fa Yuen Street, wird im **Mongkok Computer Centre** teilweise spottbillige Software auf CD angeboten, die aber zu einem Großteil aus Raubkopien besteht und daher streng genommen illegal ist; bei der Einfuhr in die Heimat ist bei derartigen Produkten auf jeden Fall Vorsicht geboten. Unweit von hier werden auf dem **Goldfischmarkt** an der Ecke Fa Yuen Street und Bute Street Aquarien, Korallen, exotische Zierfische sowie einige ambivalente Kaufobjekte wie Schlangen, Echsen und Schildkröten angeboten.

Einige Hundert Meter weiter in Richtung MTR-Station Mongkok breiten sich nördlich der Prince Edward Road zwei weitere entzückende Märkte aus: der **Blumenmarkt**, 🕓 tgl. ab 10 Uhr, in der Flower Market Street und der **Bird Garden**, 🕓 tgl. 7–20 Uhr, am östlichen Ende derselben Straße auf Höhe der Eisenbahnüberführung. Der Blumenmarkt ist besonders sonntags und in der Vorbereitungszeit auf das chinesische Neujahrsfest interessant, wenn viele Menschen hier Narzissen, Orangenbäume und Pflaumenblüten einkaufen, um damit ihre Wohnungen zu schmücken, weil das Glück bringt. Der Vogelmarkt wurde 1997 aus einigen übel riechenden Gassen an der Nathan Road an diesen eigens dafür errichteten Standort in Mongkok verlegt. Über 70 Stände mit Singvögeln stehen in einem chinesischen Garten mit Bäumen und Sitzgelegenheiten. Elegant gemeißelte Marmortafeln zeigen Abbildungen der Vögel in der freien Natur. Neben dem Federvieh, das mitsamt ausgefeilt konzipierter Bambuskäfige verkauft wird, gibt es auch lebendige Grillen als Vogelfutter zu kaufen. Viele Hongkonger bringen ihre eigenen Singvögel mit an die frische Luft. Der Markt bietet auf jeden Fall interessante Einblicke in einen traditionellen Bereich des chinesischen Lebens, der spirituell Lichtjahre von Tsim Sha Tsui entfernt liegt.

Die Randgebiete von Kowloon

Ein paar Hundert Meter nördlich von Mongkok markiert die in Ost-West-Richtung verlaufende **Boundary Street** die Grenze zwischen Kowloon und den New Territories. Diese Grenze besitzt heutzutage aber so gut wie keine Relevanz mehr. Ein gutes Stück nordöstlich liegt der mit Abstand größte Besuchermagnet dieser Gegend, der **Wong Tai Sin Temple**. Der florierende daoistisch-buddhistisch-konfuzianische Tempel zieht mehr Gläubige an als irgendein anderer Tempel Hongkongs. Sehr groß, sehr hell und sehr farbenfroh vermittelt das Gotteshaus einen Einblick in die Praktiken der modernen chinesischen Volksreligion: leidenschaftliches Hinknien, strenger Weihrauchgeruch, lautes Rasseln mit Bambusstäbchen und Darbringung von Speisen und Getränken als Opfer für die daoistischen Gottheiten. Zahlreiche Wahrsager, von denen einige auch Englisch sprechen, haben ihre Stände zur Rechten des Eingangs; für rund $200 lesen sie aus der Hand, für etwa die Hälfte aus dem Gesicht. Der Tempel ist direkt von der MTR-Station Wong Tai Sin (Exit B) zu erreichen. 🕓 tgl. 7–17.30 Uhr, kleine Spende wird erwartet.

Nordwestlich von Mongkok liegen in der entgegengesetzten Richtung des Wong Tai Sin Temple noch zwei weitere Sehenswürdigkeiten. Das **Lei Cheng Uk Branch Museum**, ein Ableger des Museum of History (s.S. 801), wurde auf einem über 2000 Jahre alten Grab aus der Zeit der Han-Dynastie errichtet, das 1955 von Arbeitern freigelegt worden war. Die mit Abstand älteste in Hongkong entdeckte Kulturstätte ist einer der wenigen Beweise für die frühe Präsenz der Chinesen in dieser Gegend. Interessant ist es, die Fotos von der Stätte aus den 50er Jahren (Reisfelder und grüne Hügel) mit den Hochhäusern zu vergleichen, die heute an derselben Stelle stehen. Das Museum ist von der MTR-Station Chang Shan Wan (Exit A2) aus zu erreichen. Nach fünf Minuten Fußweg über die Tonkin Street erscheint es auf der linken Seite. ⌚ Mo–Mi, Fr und Sa 10–13 und 14–18, So 13–18 Uhr, Eintritt frei.

Noch etwas weiter außerhalb liegt die **Chi Lin Nunnery**, ein eleganter Holztempel, der nach traditioneller chinesischer Bauweise ohne einen einzigen Nagel im Stil der Tang-Dynastie errichtet wurde. Pavillons, Blumengärten und sieben Säle verteilen sich auf ein 3 ha großes Gelände. Das Kloster liegt fünf Gehminuten von der MTR-Station Diamond Hill (Exit 2) entfernt. ⌚ tgl. 9–15.30 Uhr, Eintritt frei, Gärten 6.30–19 Uhr, Eintritt frei, kleine Spende wird erwartet.

New Territories

Viele Menschen fliegen nach Hongkong und verlassen die Stadt wieder, ohne überhaupt gemerkt zu haben, dass das Gebiet aus mehr besteht als nur der Stadt – ein bedauerlicher Fehler, denn die so genannten New Territories zählen zu den landschaftlich schönsten und traditionellsten chinesischen Gegenden Hongkongs. Sie erstrecken sich auf 794 km² südlich der chinesischen Provinz Guangdong und weisen alte Landstraßen und Dörfer, Wasserbüffel, Berge und Täler auf – und dazwischen die boomenden New Towns, Satellitenstädte mit inzwischen insgesamt über drei Millionen Einwohnern.

Der größte Reiz dieses Landstriches geht von den ländlichen Gebieten aus, in denen mehrere so genannte Country Parks als Landschaftsschutzgebiete ausgewiesen sind, darunter die erstaunlich unberührte **Sai-Kung-Halbinsel** im Osten mit ausgezeichneten Wanderwegen und einsamen Stränden. Ambitionierte Wanderer können auf dem **MacLehose Trail** auf Schusters Rappen die gesamte Halbinsel erkunden. Einige der kleinen Städte lohnen ebenfalls einen Abstecher, zum Beispiel wegen ihrer Relikte aus vergangener Zeit wie die ummauerten Dörfer bei **Kam Tin** oder das Heritage Museum in **Sha Tin**.

Die Fortbewegung innerhalb der New Territories könnte bequemer nicht sein. Alle größeren Orte werden durch häufig verkehrende Busse miteinander verbunden, die Untergrundbahn MTR reicht bis nach Tsuen Wan, und die Eisenbahn KCR passiert auf ihrem Weg nach Norden Sha Tin, Chinese University und Tai Po. Außerdem bestehen Fährverbindungen nach Hong Kong Island, darunter auch die schnelle Hoverferry, die nur eine halbe Stunde für die Strecke von Central nach Tuen Mun benötigt. Tuen Mun ist auch Endstation der modernen Straßenbahn LRT *(Light Rail Transit)*, die nach Norden bis Yuen Long führt.

Einen Eindruck von den New Territories verschafft bereits ein **Tagesausflug** auf eigene Faust, doch lohnt es sich auch, das Angebot einer organisierten *HKTB*-Tour ($385, Kinder $335) in Betracht zu ziehen, die täglich stattfindet, sechs Stunden dauert und ein Mittagessen beinhaltet. Angesichts der dabei zurückgelegten Entfernungen handelt es sich wahrscheinlich um eine der günstigsten und preiswertesten Touren dieser Art. Die Website des Veranstalters (💻 www.discoverhongkong.com) enthält Einzelheiten zum ständigen Programm unter dem Slogan „City of Life: Hong Kong is it!", das alle 18 Hongkonger Bezirke umfasst und auch aktuelle Tipps zu Festivals, Restaurants und Touren bereithält.

Eine lohnenswerte, mehrstündige Rundfahrt mit öffentlichen Verkehrsmitteln in Eigenregie wäre beispielsweise folgende: Start an der Bushaltestelle Jordan Road Ferry Bus Terminus in Kowloon (erreichbar mit dem Bus Nr. 8 von Tsim Sha Tsui), dann Bus Nr. 60X zum Busbahnhof Tuen Mun, Fahrt mit der LRT Richtung Norden bis zur Endstation in Yuen Long, anschließend Bus Nr. 76K zum Busbahnhof Sheung Shui im Norden der New Territories und schließlich mit der Eisenbahn KCR zurück nach Kowloon.

Der Westen

Tsuen Wan im Westen der New Territories ist eine von Hongkongs New Towns – eine Satellitenstadt, die innerhalb der letzten 25 Jahre auf dem Reißbrett entstanden ist, um einen Teil der ständig wachsenden Bevölkerung aufzunehmen. Mit beinahe einer Million Einwohnern bietet Tsuen Wan inzwischen die Infrastruktur einer modernen Großstadt und ist folgerichtig von Downtown Hongkong aus problemlos mit der MTR oder den aus Central kommenden Schnellbooten zu erreichen. Wer sich für eine solche New Town interessiert (und für die Lebensart eines Großteils der Hongkonger Bevölkerung), findet in Tsuen Wan einen idealen Ausgangspunkt für Entdeckungen.

Eine äußerst empfehlenswerte Sehenswürdigkeit mitten in Tsuen Wan ist das **Sam Tung Uk Museum**, im Grunde genommen ein restauriertes, 200 Jahre altes ummauertes Dorf, wie es für diesen Teil Südchinas typisch ist. Es wurde ursprünglich 1786 von dem Hakka-Clan Chan gegründet, der hier – man glaubt es kaum – bis in die 70er Jahre des 20. Jahrhunderts ansässig war. Inzwischen wurden die Häuser mitsamt ihren ursprünglichen Einrichtungsgegenständen renoviert, und diverse Ausstellungen zeichnen Aspekte des Lebens der Hakka nach. Das Museum ist ab der MTR-Station Tsuen Wan ausgeschildert und liegt etwa zehn Gehminuten entfernt. 🕒 tgl. außer Di 9–17 Uhr, Eintritt frei.

Zwei Blocks südlich der MTR-Station in Richtung Küste liegt in der Shiu Wo Street (die Maxicab-Linie 81 fährt bis ins benachbarte Lo Wai Village) das **Yuen Yuen Institute**. Es handelt sich um einen großen Tempelkomplex, der den drei in Hongkong praktizierten Hauptreligionen – Buddhismus, Daoismus und Konfuzianismus – gewidmet ist und dessen größtes Bauwerk eine Kopie des Himmelstempels in Beijing darstellt. Hauptanziehungspunkte dieser Anlage sind jedoch ihre sehr schöne Lage am Berg sowie ein ausgezeichnetes vegetarisches Restaurant.

Für die Weiterfahrt von Tsuen Wan bieten sich die vom Busbahnhof gegenüber der MTR-Station abfahrenden Busse 60M und 68M nach **Tuen Mun** an, einer weiteren riesigen New Town. Deren Hauptattraktion trägt den wohlklingenden Namen *Gold Coast Development* und beherbergt Hongkongs größte Shopping-Mall, ein Resorthotel, einen Jachtclub und ein Konferenzzentrum.

Als Alternative von Tsuen Wan empfiehlt sich eine Fahrt mit dem an der Überführung unmittelbar nördlich der MTR-Station haltenden Bus Nr. 51 Richtung Norden nach Kam Tin. Die spektakuläre Fahrt führt direkt am höchsten Berg Hongkongs vorbei, dem **Tai Mo Shan**, der mit 957 m fast doppelt so hoch ist wie der Victoria Peak auf Hong Kong Island. Wer den Gipfel besteigen möchte, kann an der Haltestelle am Fuße des Berges aussteigen und dem ausgeschilderten Weg nach oben folgen. Die Haltestelle ist auch ein guter Anschlusspunkt für eine Wanderung über den direkt hier vorbeiführenden Langstreckenwanderweg MacLehose Trail.

Kam Tin

Das Städtchen Kam Tin ist in ganz Hongkong bekannt wegen **Kat Hing Wai**, einem der letzten noch bewohnten ummauerten Dörfer der ehemaligen Kronkolonie. Das Dorf ($1 Spende am Eingang) stammt aus dem späten 17. Jahrhundert, als sich ein Zweig des Tang-Clans hier niederließ. Es verfügt noch immer über seine dicken 6 m hohen Mauern und Wachtürme, während vom ehemaligen Wassergraben nicht mehr viel zu sehen ist. Innerhalb der Mauern verläuft eine breite Gasse mitten durch den Ort, von der wiederum winzige Gässchen abzweigen. Ein paar Souvenirverkäufer und betagte Hakka-Frauen in ihren traditionellen, breitkrempigen Hüten ersuchen Besucher nachdrücklich um weitere Spenden – im Vergleich zu Hongkong eröffnet sich hier eine völlig andere Welt. Die Anfahrt erfolgt mit dem Bus Nr. 51, Ausstieg in Kam Tin, einige Minuten Fußweg nach Westen (in Fahrtrichtung des Busses), und schließlich erscheint das Dorf von der Hauptstraße aus sichtbar zur Linken.

Mit der KCR durch den Norden

Eine ganze Reihe verschiedener Ausflugsmöglichkeiten eröffnet sich bei einer Fahrt mit der Kowloon-Canton Railway (KCR), die sich von Kowloon aus nach Norden durch die New Territories Richtung chinesisches Festland schlängelt. Zwischen den schnell wachsenden Satellitenstädten finden sich hier noch Spuren alteingesessener Hakka-Gemeinden, deren Frauen an den auffällig weiten, schwarzen Hosen und den schweren Hüten mit ausladender Krempe leicht zu erkennen sind. Wer nur für einen Tagesausflug Zeit hat, wird sich möglicherweise mit einem Besuch der New Towns Sha Tin und Sheung Shui begnügen müssen; wer dagegen etwas tiefer in diesen urtümlichen Landstrich eintauchen möchte, benötigt schon etwas mehr

Zeit. So lässt sich beispielsweise für eine unbedingt empfehlenswerte Wanderung im Plover Cove Country Park ohne Weiteres ein ganzer Tag veranschlagen.

Sha Tin

Die erste bedeutende Haltestation ist die boomende New Town Sha Tin, den Hongkongern am besten bekannt als Standort der zweiten **Pferderennbahn** des Territoriums, wo sich an den Renntagen der Saison die Wettbegeisterten die Kehle aus dem Hals schreien (Einzelheiten über die vom *HKTB* angebotene Pferderennentour s.S. 827, Touren „Come Horse-racing Tour“).

Für Touristen ist die Hauptattraktion von Sha Tin jedoch das **Heritage Museum**, 1 Man Lam Road, ✆ 21808188, 🖳 www.heritagemuseum.gov.hk. Es liegt nur 15 Gehminuten von der New Town Plaza am KCR-Bahnhof Sha Tin entfernt (ein guter Stadtplan und das Infoblatt des Museums mit Ortsangaben sind im Kundendienst-Center des Kaufhauses *Seiyu* auf der New Town Plaza erhältlich). Ein ausgeschilderter Weg führt durch den Sha Tin Park zum Museum, das eine Vielzahl ständiger und wechselnder Ausstellungen zeigt. Eine der besten beschäftigt sich mit dem Leben in den New Territories im Verlauf der Jahrhunderte und beinhaltet auch den Nachbau eines traditionellen Fischerdorfes. 🕓 Mo und Mi–Sa 10–18, So und Feiertage 10–19 Uhr, Eintritt $10, Mi Eintritt frei.

Andere beliebte Attraktionen sind der in den 60er Jahren des 20. Jahrhunderts erbaute **Tempel der Zehntausend Buddhas**, der zu den interessantesten Einzeltempeln Hongkongs zählt, und die benachbarten Ahnenhallen **Po Fook Ancestral Worship Halls**. Leider hat man bei der Errichtung des Tempels zum Teil die Bauvorschriften missachtet, so dass momentan an Touristen die Empfehlung ausgegeben wird, den Komplex besser nicht zu betreten. Möglicherweise werden die rund 13 000 Buddha-Figuren irgendwann an einem anderen Ort untergebracht. 🕓 tgl. 9–17 Uhr, Eintritt frei.

Vom Tempel aus führt ein Weg weiter den Berg hinauf bis zu einer Terrasse mit einigen kleineren Tempeln, die allerdings vor kurzem geschlossen werden mussten, weil der starke Monsunregen Erdrutsche ausgelöst hatte.

Tai Po und Plover Cove Country Park

Der ein paar KCR-Haltestellen nördlich von Sha Tin gelegene Ort Tai Po ist an sich nicht besonders aufregend, eignet sich aber gut als Ausgangspunkt für schöne Wanderungen durch die reizvolle Landschaft des Schutzgebietes Plover Cove Country Park. Die Anfahrt erfolgt mit dem vor dem KCR-Bahnhof Tai Po Market haltenden Bus Nr. 75K bis zur Endstation in dem kleinen Dorf **Tai Mei Tuk** am Plover-Cove-Stausee. Der ausgeschilderte Rundwanderweg durch den Park dauert ungefähr eine Stunde. Eine Alternative besteht in einem Bummel oder einer Fahrt mit dem Mietfahrrad ($35–60 pro Tag bei verschiedenen Fahrradverleihern in Tai Mei Tuk) über die Landstraße nach **Bride's Pool**, einem schönen Picknick- und Campingplatz mit mehreren natürlichen Wasserbecken und Katarakten in der Umgebung. Eine Wanderung über den 5 km langen **Pat Sin Leng Nature Trail** führt als landschaftlich schöne, wenngleich etwas umständliche Route von Tai Mei Tuk zum Brides Pool. Der Pool wird an den Wochenenden zum beliebten und bisweilen überlaufenen Ausflugsziel, doch unter der Woche ist es oft ruhig. Auskünfte zu den zahlreichen Wanderwegen in dieser Gegend erteilt der *HKTB* (s.S. 829, Informationen).

Sheung Shui

Sheung Shui liegt nur 3 km südlich der Grenze zum chinesischen Festland und ist damit der letzte KCR-Bahnhof in den New Territories. Besondere touristische Sehenswürdigkeiten gibt es hier nicht, doch Sheung Shui ist insgesamt die Stadt, die in den New Territories am wenigsten von moderner Bebauung heimgesucht wurde. Ein kleiner Bummel durch das Viertel Shek Wu Hui in unmittelbarer Nähe des KCR-Bahnhofs führt zu einem traditionellen Markt mit feilschenden Hakka-Frauen. Sheung Shui ist außerdem durch den Bus Nr. 77K nach Yuen Long und Kam Tin mit dem Westen der Region verbunden.

Der Osten

Der östliche Teil der New Territories mit der Clear Water Bay und der Halbinsel Sai Kung bietet die abgeschiedensten Strände und Wanderwege Hongkongs, die sich jedoch am Wochenende ebenfalls zu füllen beginnen. Wer die Ruhe relativ ungestört genießen möchte, sollte daher in der Woche hinfahren und Verpflegung für ein Picknick mitbringen.

Für beide Ziele ist ein ganzer Tag zu veranschlagen, Ausgangspunkt für eine Anfahrt mit dem Bus ist die MTR-Station Diamond Hill.

Clear Water Bay

Die 40-minütige Busfahrt mit der Nr. 91 von der MTR-Station Choi Hung zur Clear Water Bay vermittelt bereits einen Vorgeschmack auf die zauberhafte Landschaft aus grünen Hügeln am Meer. In der Umgebung der Endhaltestelle **Tai Au Mun** liegen zwei ausgezeichnete, saubere **Strände** mit Blick auf die Clear Water Bay. Südlich der Haltestelle liegt der Ausgangspunkt für eine Wanderung von drei- bis vierstündiger Dauer um die Bucht. Dabei folgt man zunächst der Straße nach Süden über den höchsten Punkt der Klippen bis zum *Clear Water Bay Golf and Country Club.* Um die Tennis-, Schwimm- und Golfanlagen des Luxusclubs nutzen zu können, muss man sich als Besucher der vom *HKTB* angebotenen „Sports and Recreation Tour" anschließen, die $430 kostet zuzüglich der jeweiligen Gebühren für die Nutzung der Anlagen (s.S. 806, Touren).

Vom Parkplatz vor dem Eingang zum Club weisen Schilder den Weg zum wundervoll gelegenen **Tin Hau Temple** in der **Joss House Bay**. Es wird angenommen, dass an dieser Stelle bereits seit über 800 Jahren ein Tempel zu Ehren der daoistischen Meeresgöttin steht, und selbst wenn der heutige Tempel nur bis zu seiner letzten größeren Restaurierung 1962 zurückdatiert, verströmt der Ort eine ehrwürdige Atmosphäre. Als einer der wenigen Tin-Hau-Tempel Hongkongs, die tatsächlich noch einen freien Blick auf das Meer bieten, kommt ihm eine ernorme Bedeutung zu, und so findet jedes Jahr am 23. Tag des dritten Mondmonats (Tin Haus Geburtstag) ein gigantisches Wasserfest auf Fischerbooten in der Bucht statt.

Eine Alternativstrecke führt ebenfalls vom Parkplatz vor dem *Golf and Country Club* hinunter an **Sheung Lau Wan** vorbei, einem kleinen Dorf an der Westküste der Halbinsel. Der Weg führt um das Dorf herum und beschreibt in seinem weiteren Verlauf eine Schleife über die Landspitze zurück zum Busbahnhof Clear Water Bay.

Die Halbinsel Sai Kung

Ein Stück nördlich der Clear Water Bay dehnt sich die unregelmäßig geformte Sai-Kung-Halbinsel mit zerklüfteten Landspitzen, Felsvorsprüngen und kleinen Inselchen vor der Küste aus. Die Halbinsel ist von allen Flecken Hongkongs am wenigsten bebaut und daher ein beliebter Erholungsort zum Wandern oder Faulenzen am Strand.

Der einzige größere Ort der Gegend, **Sai Kung Town**, ist mit dem Bus Nr. 92 von der MTR-Station Diamond Hill zu erreichen. Die Stadt liegt etwas südlich der Halbinsel, ist aber dennoch Ausgangsbasis für Erkundungen der Gegend. Inzwischen schreitet auch hier die Bebauung recht zügig voran, es finden sich aber noch viele Merkmale eines kleinen Fischerdorfs. An der Hafenpromenade kann man in einem der Meeresfrüchte-Restaurants einkehren oder den einheimischen Fischern einen Besuch abstatten, die hier allerlei exotische Meeresfrüchte anbieten. Auf dem geschäftigen Sai Kung Hoi Pong Square gibt es noch mehr Fischrestaurants, Kunst- und Kunsthandwerksläden, Cafés und Bars.

Kleine Boote verkehren zwischen dem Pier und verschiedenen vorgelagerten Inseln. Die nächstgelegene und beliebteste ist **Kiu Tsui Chau** bzw. Sharp Island mit einem Strand und einem kurzen Wanderweg zum höchsten Punkt der Insel. Auch das Eiland **Tai Long Wan** ist sauber, ruhig und landschaftlich schön.

Die Hauptattraktion von Sai Kung sind die **Country Parks** mit praktisch unberührten Wäldern und Grasland, die am Meer in perfekte Sandstrände münden, wo man sogar schnorcheln kann. Einiges davon lässt sich im Rahmen eines Tagesausflugs besichtigen, doch wer hier wirklich auf seine Kosten kommen möchte, sollte ein Zelt mitbringen, für einen Tag mit ein paar Freunden eine Dschunke mieten, sich einer vom *HKTB* organisierten Dschunken-Tour anschließen ($350 pro Tag) oder vielleicht in der Jugendherberge von Sai Kung übernachten (s.S. 814, Übernachtung). Die Anfahrt zu den Country Parks erfolgt mit dem Bus Nr. 94 von Sai Kung Town oder mit dem Bus 96R (nur sonntags) von der MTR-Station Diamond Hill.

Auf ihrem Weg zum Anleger Wong Shek im Norden der Halbinsel kommen die Busse auch durch **Pak Tam Chung**. Solange es hell ist, fahren die Busse stündlich ab. Wer hier allerdings einen Ort erwartet, sieht sich getäuscht: Der Flecken besteht lediglich aus einem Besucherzentrum, ✆ 27927365, das Wanderer mit Landkarten (teilweise gratis) und unerlässlichen Informationen über die Wanderwege versorgt. ⌚ tgl. außer Di 9.30–16.30 Uhr.

Einer unter vielen möglichen Wanderwegen ist der großzügig mit Campingplätzen ausgestattete **MacLehose Trail**, der östlich von Pak Tam Chung beginnt und das **High Island Reservoir** umgeht, bevor er sich nach Westen verabschiedet, um den Rest der New Territories zu durchqueren. Wer diesem Langstreckenweg nur ein Stückchen folgen möchte, kann sich die **Strände** bei Long Ke (südlich des Stausees) und Tai Long (nordöstlich) zum Ziel nehmen. Sie zählen zu den schönsten Hongkongs, wobei die Strecke von Pak Tam Chung hin und zurück mehrere Stunden in Anspruch nimmt. Der letzte Bus von Pak Tam Chung fährt um 19.30 Uhr zurück.

Die vorgelagerten Inseln

Die über 260 vorgelagerten, offiziell zu den New Territories gehörenden Inseln, die so genannten **Outlying Islands** von Hongkong, bieten Besuchern die Gelegenheit, dem urbanen Tohuwabohu zu entfliehen, wenn der Moloch Hongkong wieder einmal Platzangst verursacht. Die Inseln nehmen 20% der Landmasse des Territoriums ein, beherbergen aber nur ganze 2% der Bevölkerung und bieten eine reizende Mischung aus Küstenlandschaft, alten Fischerdörfern und ländlicher Idylle. Mit Ausnahme der Taxis und Busse auf Lantau Island verkehren keine Kraftfahrzeuge auf den Inseln, die durch einen regen Boots- und Fährverkehr mit Hong Kong Island verbunden sind. Im Vergleich zu anderen Gebieten verlief die Bebauung bislang wesentlich gezügelter, doch mit der Eröffnung des internationalen Flughafens von Hongkong in **Chek Lap Kok** an der Nordküste der größten und am wenigsten besiedelten Insel Lantau wurde möglicherweise bereits die Wende eingeläutet.

Die meisten Touristen unternehmen zwar nur Tagesausflüge auf die Inseln, doch es gibt dort auch einige Übernachtungsmöglichkeiten (s.S. 810) sowie zahlreiche Fisch- und Meeresfrüchte-Restaurants.

Lamma

Nur ein kleines Stück vor der Küste südwestlich von Aberdeen liegt Lamma Island, die Hong Kong Island nächstgelegene und insgesamt drittgrößte Insel der Sonderverwaltungsregion. Auffällig aus der Ferne sind die gigantischen Schornsteine des Kraftwerks an der Westküste. Die geringe Bevölkerungszahl von rund 5000 Einwohnern beinhaltet auch einige Ausländer aus dem Westen, die sich hier auf der Suche nach einem ruhigeren Leben niedergelassen haben. Ihre Zahl ist jedoch nach der Einführung strengerer Visumsvorschriften 1997 und der Fertigstellung des Flughafens 1998 zurückgegangen. Trotz des Kraftwerks und der Steinbrucharbeiten auf der Insel ist die Luft hier sauberer als in den Ballungsgebieten Hongkongs. Gründe für einen Besuch sind vor allem die vielen billigen und abwechslungsreichen Restaurants, der fehlende Autoverkehr und die Möglichkeiten, über die grünen Hügel zu den Sandstränden zu wandern.

Es gibt zwei verschiedene Möglichkeiten der Anfahrt mit der Fähre nach Lamma: entweder von Central nach Yung Shue Wan oder von Central bzw. Aberdeen nach Sok Kwu Wan. Die mit Abstand schönste Art der Erkundung der Insel besteht darin, mit der Fähre entweder nach Yung Shue Wan oder Sok Kwu Wan zu fahren, dann durch das Inselinnere zu dem anderen Fähranleger zu wandern und von dort aus wieder überzusetzen.

Das hübsche Dorf **Yung Shue Wan** liegt im Schatten von Bäumen und ist die Heimat eines Großteils der Inselbevölkerung. Außerdem gibt es hier ein oder zwei Hotels und mehrere kleine Lebensmittelläden, Bars und Restaurants, die sowohl den chinesischen als auch den westlichen Gaumen ansprechen. Besonders abends, wenn die Menschen unter den Banyan-Bäumen sitzen, verströmt der Ort eine sehr entspannte Atmosphäre.

Der etwa anderthalbstündige Spaziergang nach Sok Kwu Wan beginnt an einem leicht aufzufindenden zementierten Weg, der bei der *Light House Bar* und kurz vor dem Tin Hau Temple ins Inselinnere führt. Wer die ziemlich grausigen Wohnblöcke am Ortsrand erst einmal hinter sich gelassen hat, findet sich schon bald in der Gesellschaft von Schmetterlingen, langen Gräsern und Bäumen wieder. Nach einer Viertelstunde ist **Hung Shing Yeh Beach** erreicht, ein schöner Strand, solange man sich an seinem nördlichen Abschnitt aufhält; gerät man etwas zu weit nach Süden, rückt schon bald das Kraftwerk mit seinen riesigen Schloten ins

Blickfeld. In Strandnähe gibt es zwei gastronomische Betriebe, darunter das Hotel *Concerto Inn* mit Restaurant (s.S. 814), wo auf einer Terrasse unter freiem Himmel relativ preiswerte Sandwiches, Nudeln und Reisgerichte angeboten werden. Auf einem Hügel unmittelbar hinter dem Strand steht das Restaurant *Han Lok Yuen,* eines der besten der Insel – Spezialität ist gebratene Taube. Vom Strand aus klettert der Weg steil bergan bis zu einer Anhöhe mit einem Pavillon und Ausblick auf die Insel.

Nach ungefähr einer weiteren Stunde ist schließlich **Sok Kwu Wan** erreicht, das im Wesentlichen aus einer Reihe Fischrestaurants besteht, die auf Stelzen über dem Wasser errichtet wurden. Essen und Atmosphäre sind ansprechend, und folglich sind die Restaurants häufig gut gefüllt mit Einheimischen, die sich hier auf geräuschvolle Art an üppigen Mahlzeiten erfreuen. Einige der größeren Restaurants unterhalten sogar einen eigenen Bootstransfer-Service für Gäste. Abends kommen viele Menschen eigens mit der Fähre zum Essen nach Sok Kwu Wan, und wer nicht mit einem der Restaurantboote übersetzt, sollte unbedingt darauf achten, die letzte fahrplanmäßige Fähre zurück nach Hong Kong Island um 22.50 Uhr nicht zu verpassen, denn in Sok Kwu Wan kann man nirgends übernachten. Die einzige Alternative bestünde dann darin, ein *sampan* zurück nach Aberdeen zu chartern.

Cheung Chau

Eine andere kleine Insel, auf der sich gut und gerne ein paar Stündchen mit anschließendem Abendessen verbringen lassen, ist das wie eine Sanduhr geformte Eiland Cheung Chau unmittelbar südlich von Lantau, eine Fährstunde von Hong Kong Island entfernt und angenehm autofrei. Trotz seiner winzigen Ausdehnung von lediglich 2,5 km² ist Cheung Chau mit ca. 23 000 Einwohnern die bevölkerungsreichste der vorgelagerten Inseln. Historisch gesehen handelt es sich um eine der ältesten Siedlungen Hongkongs; sie war im 18. Jahrhundert berüchtigt als Unterschlupf für Piraten, die die zwischen Guangzhou und der portugiesischen Enklave Macau verkehrenden Handelsschiffe überfielen. Auch heute noch vermittelt die Insel den Eindruck einer wirtschaftlich unabhängigen Zone; in der schmalen, zwischen den beiden Landspitzen verlaufenden Geschäftsstraße Pak She Praya Road reihen sich kleine Läden sowie Märkte und am Wasser stehende Meeresfrüchte-Restaurants aneinander.

Neben einem romantischen Abendessen und der nicht minder verträumten spätabendlichen Rückfahrt mit der Fähre bietet die klitzekleine Insel auch Gelegenheit für schöne Spaziergänge durch die alten Fischerhäfen und Einblicke in den traditionellen Bau von Dschunken. Der bedeutendste unter den interessanten Tempeln der Insel ist der 200 Jahre alte **Pak Tai Temple**. Er steht ein paar Hundert Meter nordwestlich des Fähranlegers in der lebendigen Pak She Street, deren Geschäfte allerlei traditionelle Heilkräuter und sakralen Schmuck feilbieten. Die einheimischen Fischer suchen den Tempel auf, um Schutz zu erbitten; neben der Statue des Meeresgottes Pak Tai ist ein uraltes Eisenschwert zu sehen, das von Fischern gefunden wurde und angeblich ein Glücksbringer ist. Ende April bzw. Anfang Mai steht der Tempel im Mittelpunkt des lebendigsten und spektakulärsten Hongkonger Festes, dem Tai Chiu oder Bun Festival (s.S. 828, Feste).

Hauptstrand der Insel ist der landschaftlich reizvolle, aber etwas überlaufene **Tung Wan Beach** westlich des Fähranlegers. Am südlichen Ende des Strandes werden Bretter zum Windsurfen vermietet; der Verleih gehört der Familie des Hongkonger Olympiasiegers Lee Lai Shan, der 1996 bei den Spielen in Atlanta Gold im Windsurfen gewann. Auf einer Terrasse mit schönem Blick aufs Meer werden Getränke und kleine Speisen serviert.

Auf der südlichen Landspitze von Cheung Chau eröffnen sich weitere Gelegenheiten für teilweise recht holprige Spaziergänge über Felsen und durch Buchten. Ein um die Insel führender Wanderweg beinhaltet ausgeschilderte Abstecher zum nahe gelegenen **Tin Hau Temple** und zur **Cheung Po Tsai Cave**, eine Höhle, die nach Cheung Chaus berühmtestem Piraten benannt ist, der sie Anfang des 19. Jahrhunderts als Versteck nutzte. Abgesehen von der Legende ist die Höhle allerdings nichts Besonderes; um überhaupt etwas zu erkennen, muss man schon eine Taschenlampe mitbringen. Ein sehr lohnenswerter Spaziergang von der Höhle zum Hauptfähranleger dauert etwa eine Stunde, ist aber nicht zu empfehlen, wenn man kleine Kinder im Schlepptau hat.

Lantau

Viele Fremde reagieren erstaunt auf die Tatsache, dass Lantau Island (auch als Big Fish Mountain bezeichnet) doppelt so groß ist wie Hong Kong Island – und trotz der neuen Städte Discovery Bay und Tung Chung gibt es hier immer noch reichlich Gelegenheit, dem Trubel zu entkommen, denn über die Hälfte der Insel ist als Country Park ausgewiesen. Mit der wilden Landschaft, den Klöstern, alten Fischerdörfern und wirklich einsamen Stränden bietet Lantau die besten Möglichkeiten für eine kurze Auszeit von der Hektik in Downtown Hongkong. Gleichwohl wird sich die Insel diese friedliche Atmosphäre wahrscheinlich nicht mehr lange bewahren können, denn zumindest an der Nordküste sorgen Hongkongs **Flughafen Chek Lap Kok** und die dazugehörigen Verkehrsverbindungen für die Entstehung ständig neuer Geschäftszentren und Wohnviertel – und jetzt kommt auch noch **Disney World**, dessen Eröffnung für 2005/2006 vorgesehen ist.

Alles in allem präsentieren sich aber die anderen Ecken der Insel nach wie vor recht ruhig. Ambitionierte Wanderer freuen sich über den 70 km langen **Lantau Trail**, der die landschaftlichen Attraktionen der Insel in zwölf Etappen miteinander verbindet und auf seiner gesamten Länge mit Campingplätzen und Jugendherbergen aufwartet.

Selbst wer nur eine kurze Wanderung oder eine Blitztour zu den Hauptsehenswürdigkeiten zu unternehmen beabsichtigt, sollte einen ganzen Tag für Lantau einplanen oder mehrere Besuche ins Auge fassen, denn die Attraktionen liegen weit verstreut. Für ganz Eilige bietet *New World Fast Ferry* die „Lantau Explorer Bus Tour" zu den bedeutendsten Sehenswürdigkeiten an ($130 p.P. einschließlich Hin- und Rückfahrt mit der Fähre, Busfahrt und Reiseleitung, Dauer fünf Stunden).

Hauptankunftspunkt für Besucher auf Lantau Island ist Mui Wo, das auch unter dem Namen Silvermine Bay bekannt ist und etwa ein Stunde Bootsfahrt von den Outlying Islands Ferry Piers entfernt liegt. Einige Fähren nach Mui Wo legen unterwegs noch auf der kleinen Insel Peng Chau an. Zusätzlich verkehren mehrere Fähren täglich zwischen Mui Wo und Cheung Chau. Der zweite wichtige Landungspunkt ist das Wohnviertel Discovery Bay, das rund um die Uhr mit häufig verkehrenden Hochgeschwindigkeitsfähren vom Outlying Islands Ferry Pier Nr. 3 in Central angesteuert wird.

Von Mui Wo nach Discovery Bay

Mui Wo selbst ist nicht weiter erwähnenswert, einmal abgesehen von einigen ordentlichen und unaufdringlichen Fischrestaurants in der Nähe des Fähranlegers. Die meisten Besucher begeben sich jedoch nach Verlassen der Fähre direkt zur Bushaltestelle vor dem Terminal. Mui Wo ist aber auch Ausgangspunkt für einige ausgezeichnete **Wanderungen**; eine davon führt in zwei Stunden bis nach Discovery Bay und ist recht unkompliziert. Vom Pier aus führt der Weg zunächst Richtung Nordwesten auf die schöne, geschwungene Sandbucht zu, die bereits bei der Annäherung an die Insel von der Fähre aus zu sehen ist. Der Weg folgt dem Verlauf der Bucht am gesamten Strand entlang und über das Ende des Ortes hinaus, bis ein steiler und beschilderter Pfad linker Hand in die Hügel abzweigt.

Der Weg führt zunächst durch offenes Gelände bis zu einem Aussichtspunkt mit herrlichem Blick auf die Berge und anschließend wieder bergab durch weiteres freies Gelände und einige Dschungelpassagen, bis rechter Hand ein **Trappister-Kloster** erscheint. Der überwiegende Teil des Komplexes ist nicht für die Öffentlichkeit zugänglich. Insgesamt handelt es sich um einen angenehm kühlen Ort, einmal abgesehen von den lästigen Moskitos. Der normale Weg zum Kloster führt ansonsten mit einem nicht häufig verkehrenden Boot (Kaito Service) vom nahe gelegenen Discovery Bay und der Insel Peng Chau zur rund 15 Gehminuten vom Kloster entfernten Anlegestelle am Ende der bergab zum Wasser führenden Straße. Wer vom Kloster aus zu Fuß nach Discovery Bay (von den Einheimischen kurz DB genannt) weiterlaufen möchte, folgt eben dieser Straße Richtung Anlegestelle, bis nach einem kurzen Stück ein ausgeschilderter Weg links nach Discovery Bay abzweigt. Nach etwa einer halben Stunde rücken mehrere Sandbuchten ins Blickfeld, gefolgt von einer Aneinanderreihung armseliger Behausungen und schließlich Discovery Bay selbst. Angesichts der Apartmentblöcke, der Shopping-Mall, der blonden Kids und der Golf-Buggys fragt man sich, ob man nicht versehentlich in eine andere Zeit versetzt wurde und in einer Orwell'schen Version von **Smalltown America** gelandet ist. Aber nein, es handelt sich wirklich um den Hauptort von Lantau, in dem neben der chinesischen Bevölkerung auch

HONGKONG UND MACAU

viele ausländische Familien aus dem Westen leben. Von Discovery Bay fahren Fähren zurück nach Mui Wo und Peng Chau oder direkt zu den Outlying Islands Ferry Piers in Central. Alternativ dazu fahren alle 15 Minuten Busse zum Flughafen und lokale Shuttle-Busse nach Tung Chung.

Der Westen Lantaus

Die Landstraße westlich von Mui Wo führt an der Südküste entlang, wo die besten Strände Lantaus liegen. Die schönsten sind **Cheung Sha Upper Beach** und **Cheung Sha Lower Beach** mit zwei Cafés und einem Hotel; für die Verbindung sorgen die Busse Nr. 1, 2, 4 und 5.

Jenseits der Strände warten noch zwei weitere Sehenswürdigkeiten im Westen der Insel, die ebenfalls direkt mit dem Bus aus Mui Wo angesteuert werden können. Die erste ist das **Kloster Po Lin** (kostbarer Lotus), der mit Abstand größte Tempel im gesamten Territorium Hongkong. Dabei ist das auf der Hochebene Ngong Ping gelegene Heiligtum noch gar nicht so alt, denn es wurde erst 1927 gegründet. Es handelt sich aber um einen sehr lebendigen Tempel, vor dem stündlich ganze Busladungen Einheimischer eintreffen. Die meisten kommen hierher, um dem **Tian-Tan-Buddha** ihren Respekt zu erweisen, denn der ist mit einem Gewicht von 200 t immerhin der größte unter freiem Himmel sitzende Bronze-Buddha der Welt. Ein weiterer Anziehungspunkt des Komplexes ist das riesige vegetarische Restaurant, ◷ tgl. 11.30–17 Uhr, Eintrittskarte zum Tempel mit Essen Kategorie „Deluxe" $60, Kategorie „Snack" $25; Tickets im Büro am Fuß der zum Buddha führenden Treppe. Das in den Busfahrplänen oft auch als Ngong Ping bezeichnete Kloster ist mit dem Bus Nr. 2 von Mui Wo aus zu erreichen, eine spektakuläre 40-minütige Fahrt durch Berg und Tal; der letzte Bus zurück nach Mui Wo fährt um 19.30 Uhr ab. Eine Alternative sind die Busse Nr. 11 und 23 vom Zentrum Tung Chungs. ◷ Kloster tgl. 10–18 Uhr, Eintritt frei.

An der entlegenen Nordwestküste Lantaus liegt das kleine Fischerdorf **Tai O**. Der abgeschiedene Ort wurde auf einer Salztonniederung und einer kleinen Insel vor der Küste errichtet und hat sich zu einem derart beliebten Reiseziel für Touristen gemausert, dass die Regierung bereits Pläne für einen weiteren Ausbau schmiedet. Vor allem am Wochenende kann es schon einmal voller werden, doch insgesamt hat sich der Ort noch viel von seinem ursprünglichen Charakter bewahrt. Zu den Attraktionen zählen einige Tempel, die teils auf Stelzen gebauten Holzhäuser, verschiedene Tiere in Käfigen und der schwunghafte Handel mit Trockenfisch. Die Anfahrt erfolgt mit dem Bus Nr. 41 aus Mui Wo (letzter Bus zurück um 1.30 Uhr) oder mit dem relativ selten verkehrenden Bus Nr. 21 vom Kloster Po Lin (letzter Bus um 15 Uhr).

Übernachtung

Hongkong rühmt sich einer gigantischen Auswahl an **Hotels und Guesthouses**, die sich vor allem im Viertel Tsim Sha Tsui des Bezirks Kowloon konzentrieren, und wer sich ein wenig umschaut, wird immer ein Zimmer finden, das seinen Vorstellungen entspricht. Einige der am oberen Ende der Preisskala angesiedelten Hotels zählen zu den besten der Welt, darunter auch das legendäre *Peninsula Hotel,* das bereits zu einer touristischen Sehenswürdigkeit geworden ist. Ein Großteil der Optionen am unteren Ende der Skala beschränkt sich auf die riesigen Blocks in der Nathan Rd, vor allem die so genannten Chungking Mansions und die etwas attraktiveren Mirador Mansions. Viele Guesthouses in diesen Gebäudekomplexen wurden erst kürzlich renoviert, und die meisten Zimmer sind absolut sauber (mit TV und ac); die entsetzlich schmutzigen Treppenhäuser und fragwürdigen Hygiene- und Sicherheitsbedingungen in den Chungking Mansions bilden eine Ausnahme. Man sollte das Zimmer vor dem Einchecken immer erst kurz in Augenschein nehmen (viele sind winzig) um zu prüfen, ob eine Dusche vorhanden ist, ob es ein Fenster hat oder ob Extra-Gebühren für die Benutzung der Klimaanlage anfallen. Allerdings sind in Hongkong selbst die preiswerteren Hotels nicht gerade billig – man kann schon von Glück sprechen, wenn man ein Zimmer für weniger als $200 findet. Nur wer bereit ist, in Gemeinschaftsunterkünften mit **Dorm-Betten** in einem der stets gut gefüllten Traveller-Hostels zu übernachten, kommt mit $70–80 pro Nacht für ein Bett aus. Zu den billigsten Übernachtungsmöglichkeiten Hongkongs zählen die sieben offiziellen **Jugendherbergen**, die allesamt ausgezeichnete Bedingungen und sehr vernünftige Dorm-Betten für ca. $30–55 pro Nacht anbieten, sofern eine IYHF-Mitgliedskarte vorgelegt werden kann (falls nicht, kostet es etwas mehr). Die beliebteste dieser Herbergen ist das *Mount Davis Youth Hostel* auf Hong Kong Island, vier weitere befinden sich in den New Territories und zwei auf der Insel Lantau. Der Reiz dieser Jugendherbergen liegt in ihrer ländlichen Lage, ein Nachteil ist die zum Teil langwierige Anfahrt – eine Vorausbuchung ist besonders am Wochenende ein Muss, um unnötige Fahrten zu vermeiden. Detaillierte Informationen zu allen Jugendherbergen sind dem kostenlosen *Member's Handbook* zu entnehmen, erhältlich im Hauptbüro des Jugendherbergsverbandes in Raum 225-7, Block 19, Shek Kip Mei Estate, Sham Shui Po, Kowloon, ✆ 27881638, ✆ 2788 3105, 💻 www.yha.org.hk. Im gleichen Marktsegment informiert die *Hong Kong Hotels Association* unter 💻 www.hotels-in-hong-kong.com über Sonderangebote und Pauschalpakete für alle der *HKHA* angeschlossenen Häuser und lizenzierten Hostels.

Die anhand der Sterne-Anzahl unterschiedenen **Preiskategorien** in den folgenden Beschreibungen beziehen sich auf das billigste für Ausländer erhältliche DZ; nur wenn sich die Information speziell auf Dorm-Betten bezieht, ist der Preis p.P. aufgeführt. Die meisten Unterkünfte bieten Zimmer mit teils beträchtlichen Qualitätsunterschieden an, wobei in der Regel die teuersten zuerst unter die Leute gebracht werden – es lohnt sich daher immer, nach einem preisgünstigeren Zimmer zu fragen. Die exklusiveren Hotels schlagen eine Service-Gebühr von 10% auf die angegebenen Zimmerpreise auf. Die im Folgenden genannten Preise beinhalten diese Steuer nicht.

Preiskategorien der Unterkünfte für Hongkong:

*	bis $80
**	$80 – $300
***	$300 – $500
****	$500 – $1200
*****	$1200 – $2000
Luxus	über $2000

HONG KONG ISLAND – Die Übernachtungsmöglichkeiten auf der Hauptinsel beschränken sich fast ausschließlich auf die exklusivere Variante, die einzigen preiswerteren Optionen sind das entzückende *Mount Davis Youth Hostel* und mit Abstrichen das in Causeway Bay gelegene *Noble Hostel*.

Bishop Lei International House*********, 4 Robinson Rd, Mid-Levels, 💻 www.bishopleihtl.com.hk, ✆ 28680828. Eines der wenigen zentralen Hotels in mittlerer Preislage. Kleine Zimmer, aber Swimming Pool auf dem Gelände, nur einen Katzensprung von der Rolltreppe entfernt.

Garden View International House*********, 1 Macdonnell Rd, Central, ✆ 28773737, 💻 www.ywca.org.hk. Sehr saubere YWCA-Herberge und die billigste Unterkunft in dieser Gegend von Central In unmittelbarer Nähe der Garden Rd, nördlich vom Zoologischen und Botanischen Garten, mit Nr. 12A vom Busbahnhof Admiralty aus erreichbar.

Grand Hyatt, Luxus, 1 Harbour Rd, Wan Chai, ✆ 25881234, 💻 www.hongkong.hyatt.com. Gehört zum Komplex des Hong Kong Convention and Exhibition Centre (ebenso wie das benachbarte und billigere *Renaissance Harbour View)*. Die auffällige Lobby muss man gesehen haben – allerdings wurde mehr Wert auf Luxus als auf Geschmack gelegt. Gilt bei Kennern der Szene als eines der vornehmsten Häuser Hongkongs. DZ ab $2600.

Harbour Plaza North Point*********, 665 King's Rd, North Point, 💻 www.harbour-plaza.com/hpnp, ✆ 21878888. Sehr freundliches 4-Sterne-Hotel gegenüber der MTR-Station Quarry Bay (Exit C) rund 20 Min. mit der U-Bahn von Central. Hervorragendes Preis-Leistungs-Verhältnis, Kochnischen in allen Zimmern, großer Pool und Fitnessraum – und ein Goldfisch auf jedem Zimmer, damit die Gäste nicht so einsam sind.

Harbour View International House*********, 4 Harbour Rd, Wan Chai, ✆ 28020111, 💻 www.harbour.ymca.org.hk. Nur einen Steinwurf vom Wan Chai Ferry Terminal entfernt, neben dem Arts Centre. Ausgezeichnete Unterkunft mit gutem Preis-Leistungs-Verhältnis.

Mandarin Oriental, Luxus, 5 Connaught Rd, Central, ✆ 25220111, 💻 www.mandarinhotel.com.

Gilt als eines der besten Hotels der Welt mit unübertrefflichem Service. Die Lage ist ebenfalls ausgezeichnet, und die Lobby eignet sich hervorragend zum Leutebeobachten – jeder, der in Hongkong etwas auf sich hält, speist im *Mandarin*. Der offizielle Zimmerpreis beläuft sich auf $3200, kann jedoch aufgrund von saisonbedingten Rabatten durchaus um die Hälfte nachgeben.
Mount Davis Youth Hostel (Ma Wui Hall)*–, Mt Davis Path, Mt Davis, ✆ 28175715. Der ideale Ort, um der Enge und Hektik von Hongkong zu entfliehen. Die Jugendherberge steht auf einem Berg, bietet einen vorzüglichen Blick auf den Hafen und verströmt eine unglaublich friedliche Atmosphäre. Der einzige Haken an der Sache ist die einer mittleren Expedition gleichende Anreise: zunächst mit dem Bus Nr. 47A von der MTR-Station Admiralty oder mit dem Minibus Nr. 54 vom Outlying Islands Ferry Terminal in Central bis zur Kreuzung Victoria Rd und Mt Davis Path, dann 100 m von der Bushaltestelle zurücklaufen, bis der Mt Davis Path abzweigt und auf den Berg führt; von dort bis zur Herberge ist es noch eine lange und heiße 3/4 Std. zu Fuß. Eine vernünftige Alternative für Reisende mit Gepäck besteht darin, in Kennedy Town aus dem Bus auszusteigen und von dort ein Taxi zu nehmen (ca. $50 plus $5 pro Gepäckstück). Ein Shuttle-Bus ($10) fährt mehrmals täglich vom Busbahnhof vor dem Shun Tak Centre am Macau Ferry Terminal nahe der MTR-Station Sheung Wan zur Jugendherberge, Abfahrt am Shun Tak Centre um 9.30, 19, 21 und 22.30 Uhr, Rückfahrt um 7.30, 9, 10.30 und 20.30 Uhr. Die Bedingungen im Hostel sind ausgezeichnet, wobei allerdings von jedem Gast erwartet wird, eine kleine Reinigungsaufgabe täglich zu verrichten. Dorm-Bett $95, aber auch DZ und Familienzimmer erhältlich, IYHA-Mitglieder bekommen Ermäßigung.
Noble Hostel**–*, Floor 17, Great George Building, 27 Paterson St, Causeway Bay, ✆ 2576 6148, 💻 www.noblehostel.com. Großartige Unterkunft direkt im Zentrum von Causeway Bay, einem der attraktivsten Restaurant- und Einkaufsviertel Hongkongs. Tadellos saubere und geräumige 1-, 2-, 3- oder 4-Bett-Zimmer mit ac und eigenem Bad.
Park Lane, Luxus, 310 Gloucester Rd, Causeway Bay, ✆ 22938888, 💻 www.parklane.com.hk. Nobelherberge direkt am Victoria Park, in idealer Lage zum Einkaufen und Essen in Causeway Bay.
The Wesley**, 22 Hennessy Rd, ✆ 28666688, 💻 www.grandhotel.com.hk. Ruhiges, komfortables und modernes Hotel, das angesichts seiner Lage sehr günstige Preise bietet. Das Restaurant reißt allerdings nicht zu Begeisterungsstürmen hin.

KOWLOON – Die meisten nachfolgend beschriebenen Unterkünfte liegen max. 15 Gehminuten vom Star Ferry Terminal in Tsim Sha Tsui entfernt – sehr zentral, aber eben auch sehr touristisch. Eine weniger klaustrophobische Atmosphäre bieten die etwas außerhalb gelegenen Häuser. Die aufgeführten Unterkünfte repräsentieren lediglich einen kleinen Teil der verfügbaren Optionen. Stets gilt die Devise, sich erst ein wenig umzuschauen und nicht die erstbeste Gelegenheit zu ergreifen.
Anne Black GuestHouse (YWCA)**, 5 Man Fuk Rd, ✆ 27139211, 📠 27611269, ✉ annblack@ywca.org.hk. Überraschend schicke, helle und luftige YWCA-Herberge unweit der MTR-Station Yau Ma Tei.
Booth Lodge*–, 11 Wing Sing Lane, Yau Ma Tei, 💻 www.boothlodge.salvation.org.hk, ✆ 27219266, 📠 23851140. Von der Heilsarmee geleitete, tadellos saubere und komfortable Unterkunft mit Preisvorteilen für Familien und ältere Gäste. Es herrscht generelles Alkoholverbot in den Räumlichkeiten
Holiday Inn Golden Mile***– Luxus, 50 Nathan Rd, Tsim Sha Tsui, ✆ 23693111, 📠 23698016, 💻 www.goldenmile.com. Das 1997 komplett renovierte Hotel bietet ausgezeichnete Einrichtungen, wie man es von dieser internationalen Kette gewohnt ist, u.a. Swimming Pool auf dem Dach. DZ ab ca. $2000 ohne Anmeldung, doch wer im Voraus telefonisch reserviert, dürfte einen wesentlich günstigeren Preis erhalten. Nur wenige Meter von der MTR-Station Tsim Sha Tsui entfernt.
New King's Hotel*, 473-473A Nathan Rd, Yau Ma Tei, ✆ 27801281, 📠 27821833, ✉ newkings@netvigator.com. Wahrscheinlich das billigste „richtige" Hotel der Stadt, großer Komplex mit EZ/DZ und Café. Unmittelbar südlich der MTR-Station Yau Ma Tei.

Peninsula, Luxus, Salisbury Rd, Tsim Sha Tsui, ✆ 29202888, 📠 27224170, 💻 www.peninsula.com. Eines der nobelsten Hotels der Welt, bietet seit fast 70 Jahren Blick auf den Hafen und Hong Kong Island. Wer es sich leisten möchte, mit einem grünen Rolls Royce vom Flughafen abgeholt zu werden, sollte hier ein Zimmer reservieren. Sparsamere Naturen können zumindest einmal zum Nachmittagstee vorbeischauen. Zimmerpreise ab $2500, doch wer ernsthaft vorhat, in diesem geschichtsträchtigen Nobelhotel einzukehren, sollte sich über exklusive Pauschalreisen informieren.

Salisbury YMCA**, 41 Salisbury Rd, Tsim Sha Tsui, ✆ 22687000, 💻 www.ymcahk.org.hk. Die Lage könnte besser nicht sein: direkt neben dem *Peninsula* und mit Blick auf den Hafen und Hong Kong Island. Sehr erbauliche Atmosphäre, im Vergleich mit den Chungking Mansions aber schon beinahe steril. Hallenbäder, Fitnessräume und Squash-Court. 4-Bett-Dorms mit Dusche sind ebenfalls verfügbar, können aber nicht im Voraus reserviert werden. Für Männer und Frauen geöffnet, 10% Service-Gebühr wird auf die Zimmerpreise aufgeschlagen. Dorm-Bett $210.

Star Guesthouse**, Flat B, Floor 6, 21 Cameron Rd, Tsim Sha Tsui, ✆ 27238951. Sehr sauberes und freundliches Guesthouse, die Betreiber sprechen gut Englisch. Die Zimmer mit Fenstern und eigenem Bad sind hell, aber etwas teuer für den gebotenen Standard; die billigeren Zimmer haben Gemeinschaftsbad.

STB Hostel (HK)**–***, Floor 2, Great Eastern Mansion, 255-261 Reclamation St, Yau Ma Tei, ✆ 27109199, 💻 www.hkst.com.hk. Hostel in angenehmer Lage außerhalb von Tsim Sha Tsui, doch die Dorm-Betten in den sauberen 3- und 4-Bett-Zimmern mit Dusche sind mit $280 nicht gerade billig. An der Ecke Reclamation St und Dundas St, nur wenige Minuten nordwestlich der MTR-Station Yau Ma Tei.

Victoria Hostel**, Floor 2, 33 Hankow Rd, Tsim Sha Tsui, ✆ 23761182. Wer sich an den strengen und starren Regeln nicht stört, erlebt die aus Sri Lanka stammenden Besitzer als ehrliche und sehr hilfsbereite Menschen, die sich mit den Bedürfnissen des auf das Budget bedachten Travellers auskennen. Der Chef persönlich bereitet vorzügliche und preiswerte Mahlzeiten für Gäste. Je länger man bleibt, desto billiger werden die Dorm-Betten, die nominell $130 kosten. Unmittelbar westlich der Nathan Rd.

Chungking Mansions: Der Komplex steht auf einem der begehrtesten Grundstücke im südlichen Abschnitt der Nathan Rd (Hausnummer 40), ist aber ein selten hässlicher Klotz von einem Gebäude, dem man beinahe das Prädikat „abrissreif" erteilen möchte. Die Arkaden in den unteren beiden Stockwerken sind ein exotisches Labyrinth aus winzigen Läden und Restaurants, die größtenteils von indischen Immigranten betrieben werden, während sich in den übrigen 16 Stockwerken ein Guesthouse an das nächste reiht. Oberhalb der 2. Etage ist das Gebäude in 5 Blöcke mit den Buchstaben A bis E unterteilt, die jeweils von zwei engen Fahrstühlen bedient werden, die aber nur wenige Personen gleichzeitig befördern können. Besonders vor den Aufzügen für die Blöcke A und B mit der größten Dichte an Guesthouses bilden sich häufig lange Warteschlangen. Wer sich für die Treppen entscheidet, sei gewarnt: Die Treppenhäuser sind dunkel, klamm und schmutzig. Die Guesthouses selbst sind im Großen und Ganzen nett und billig, die Atmosphäre ist ein sehr eigenwilliges, chinesisch-indisches Gebräu. Dennoch – das Gebäude insgesamt löst mit seinen endlosen, schmuddeligen Treppenhäusern und seinem düsteren Innenleben nicht nur Platzangst aus, sondern stellt ohne Zweifel auch ein Brand- und Sicherheitsrisiko dar. Bei den aufgeführten Guesthouses handelt es sich nur um einen Bruchteil des Angebots.

Chungking House***, Floors 4 and 5, Block A, ✆ 23665362, 📠 27213570. Die exklusivste Unterkunft im ganzen Gebäude erinnert mit seinen Teppichen, ac, TV und Badewannen an ein richtiges Hotel.

New Carlton Guesthouse**, Floor 15, Block B, ✆ 27210720. Freundlich und makellos sauber, auch frisch renovierte Zimmer erhältlich, Betreiber haben gute Englischkenntnisse.

Payless Guesthouse**, Flat 2, Floor 7, Block A, ✆ 27230148. Saubere, aber sehr kleine DZ mit Bad. Recht freundliche Betreiber, gute Englischkenntnisse.

Rhine Guest House**, Floors 11 and 13, Block A, ✆ 23671991 oder 27216863. Sehr freundlicher Familienbetrieb mit 2 EZ und einfachen DZ mit und ohne Bad.

Tom's Guesthouse**, Flat 5, Floor 8, Block A, ✆ 27224956. Sehr freundliche Leitung, die 2- und 3-Bett-Zimmer sind recht hell und bieten ein sehr gutes Preis-Leistungs-Verhältnis. Ein weiterer Ableger mit sehr angenehmen Zimmern (geringfügig teurer) befindet sich in Block C, Floor 16, Flat 1, ✆ 27226035, 📠 23666706.

Welcome Guest House**, Floor 7, Block A, ✆ 27217793. Definitiv erste Wahl, nette und saubere Zimmer, klimatisierte DZ mit und ohne Dusche, Gepäckaufbewahrung, Wäsche-Service und Visumausgabe für die VR China.

Yan Yan Guest House**, Floor 8, Block E, ✆ 2366 8930. Hilfsbereites Personal, DZ mit sämtlichen Einrichtungen; wer sich zu dritt in ein DZ zwängt, kommt auf ein gutes Preis-Leistungs-Verhältnis.

Mirador Mansions: Großer Gebäudekomplex an der Adresse 54-64 Nathan Rd, auf der östlichen Straßenseite zwischen Carnarvon Rd und Mody Rd direkt neben der MTR-Station Tsim Sha Tsui. Unter die Privatwohnungen mischen sich zahlreiche Guesthouses. Der Vorteil der Mirador gegenüber den Chungking Mansions liegt darin, dass die Treppenhäuser und Flure wesentlich sauberer, heller und ruhiger sind und sich an den Aufzügen keine Warteschlangen bilden.

Garden Hostel, Flat F4, Floor 3, ✆ 23111183. Etwas gammelige, aber nette Bude für Traveller, mit Waschmaschinen, Schließfächern und Garten im Innenhof. Dorms wahlweise gemischtgeschlechtlich oder nur für Frauen, Dorm-Betten ($70) werden billiger, wenn man für eine ganze Woche bezahlt.

Man Hing Lung**, Flat F2, Floor 14, ✆ 27220678 oder 2311 8807. Saubere und erst kürzlich renovierte Unterkunft mit EZ und DZ, die allerdings sehr klein sind. Betrieben von einem hilfsbereiten und freundlichen Herrn mit guten Englischkenntnissen.

Mei Lam Guest House**, Flat D1, Floor 5, ✆ 2721 5278. Der hilfsbereite, Englisch sprechende Besitzer bietet sehr respektable EZ und DZ an, tipptopp in Ordnung und mit allem Drum und Dran. Die etwas über dem Durchschnitt liegenden Preise sind gerechtfertigt.

NEW TERRITORIES UND VORGELAGERTE INSELN – Hauptgründe für einen Aufenthalt in diesen ländlicheren Gegenden sind zum einen das Bedürfnis, der Hektik der Stadt etwas Ruhe entgegenzusetzen, und zum anderen die günstigeren Preise. Hier ist allerdings zu beachten, dass die Unterkünfte auf dem Lande am Wochenende nicht selten ihre Preise verdoppeln oder völlig ausgebucht sind. Eine Planung ist daher stets notwendig, zudem lohnt eine Nachfrage beim *HKTB* nach Informationen über seriöse Ferienwohnungen auf den vorgelagerten Inseln. Sechs der sieben offiziellen **Jugendherbergen** Hongkongs liegen in dieser Region, davon zwei auf der Insel Lantau und vier in den New Territories. Man sollte sich jedoch nicht der Illusion hingeben, diese Unterkünfte könnten als Basis für eine ausgiebige Erkundung Hongkongs dienen – sie sind derart abgelegen, dass es sogar ratsam ist, eigene Verpflegung mitzubringen.

Bradbury Lodge*–**, Tai Mei Tuk, Tai Po, New Territories, ✆ 26625123. Von allen Hostels wohl am einfachsten zu erreichen: mit dem KCR-Zug nach Tai Po, dann mit Bus Nr. 75K zum Busbahnhof Tai Mei Tuk, schließlich noch ein paar Minuten Fußweg Richtung Süden mit dem Meer zur Rechten. Es besteht reichlich Gelegenheit zum Wandern, Radeln und Bootfahren am landschaftlich reizvollen Stausee Plover Cove Reservoir. Dorm-Bett $85.

Concerto Inn*****, 28 Hung Shing Ye Beach, Yung Shue Wan, Lamma Island, ✆ 29821668, 📠 28360022, 💻 www.concertoinn.com.hk. An einem relativ einsamen und ruhigen Strand; Restaurant mit entzückender Terrasse.

Lamma Vacation House***, 29 Main St, Yung Shue Wan, Lamma Island, ✆ 29820427. Die Zimmer haben die Dimension der Chungking Mansions und ermöglichen einen sehr preisgünstigen Aufenthalt auf der Insel. Nur ein paar Gehminuten vom Fähranleger entfernt.

Pak Sha O Hostel, Pak Sha O, Hoi Ha Rd, Sai Kung, New Territories, ✆ 23282327. Anfahrt mit Bus Nr. 94 aus Sai Kung, Ausstieg an der Haltestelle Ko Tong, 100 m Fußweg weiter in die gleiche Richtung, nach links abbiegen in die Hoi Ha Rd und weitere 40 Min. Fußmarsch. Idealer Zugang zu Hongkongs saubersten und abgeschiedensten Stränden. Dorm-Bett $90.

Regal Airport Hotel**– Luxus, 9 Cheong Tat Rd, Hong Kong International Airport, Chek Lap Kok, 💻 www.regalhotel.com, ✆ 22863688, 📠 22868686. Verfügt über 1100 schalldichte Zimmer mit direkter Brückenverbindung zum Flughafen, Express-Check-in, Swimming Pools und Wellness-Club. Beachtenswert sind die Kombiangebote für Essen und Unterkunft, außerdem oft Gratistickets für den Flughafen-Express.

Regal Riverside**, 34-36 Tai Chung Kiu Rd, Sha Tin, ✆ 26497878, 📠 26374748, 💻 www.regalhotel.com. Das beste Hotel in den New Territories – wo es allerdings auch nicht viel Konkurrenz gibt – liegt im Zentrum von Sha Tin und erscheint häufig in Pauschalreiseangeboten. Gutes asiatisches Mittagsbuffet und kostenloser Shuttle-Bus nach Tsim Sha Tsui.

S. G. Davis Hostel, Ngong Ping, Lantau Island, ✆ 29855610. Anfahrt mit Bus Nr. 2 aus Mui Wo bis zur Haltestelle Ngong Ping, dann 10 Min. zu Fuß den gut ausgeschilderten und asphaltierten Fußweg entlang nach Süden, in entgegengesetzter Richtung des Tian-Tan-Buddhas und an den öffentlichen Toiletten vorbei. Sehr gute Ausgangsbasis für Spaziergänge durch die hügelige Insellandschaft, ein Restaurant gibt es am nahe gelegenen Kloster Po Lin. In den Winternächten ist das Mitbringen eines Schlafsacks ratsam, denn es wird kalt. Dorm-Bett $85.

Silvermine Beach Hotel–*****, 648 Silvermine Bay, Mui Wo, Lantau Island, ✆ 29848295, 📠 2984 1907, 💻 www.asiatravel.com/hongkong/silvermine/reserve.html. Fantastische Lage direkt am Strand, nur wenige Minuten zu Fuß vom Fähranleger Mui Wo. Komfortable und ruhige Zimmer mit gutem Preis-Leistungs-Verhältnis, erst recht unter der Woche, wenn die Preise günstiger sind (ansonsten kostet ein DZ $800). Das Restaurant mit Terrasse serviert Herzhaftes vom Grill und thailändische Spezialitäten.

Warwick, Luxus, East Bay, Cheung Chau, ✆ 2981 0081, 📠 29819174, 💻 www.workshop.com.hk/warwick. Die exklusivste und teuerste Unterkunft der Region. Blick auf den Strand Tung Wan Beach, mit einem Swimming Pool und bescheidenen Restaurant. EZ und DZ mit Balkon, Bad und Kabel-TV. 40% Rabatt an Werktagen und im Winter.

Essen

Als eine der ganz großen kulinarischen Hauptstädte der Welt rühmt sich Hongkong nicht nur einer der vorzüglichsten einheimischen Küchen – der **kantonesischen** –, sondern ist wahrscheinlich auch die Stadt mit der größten Vielfalt an **internationalen Restaurants** außerhalb Europas oder Nordamerikas. Ein Grund dafür ist sicher die kosmopolitische Zusammensetzung der Bevölkerung, doch entscheidender dürfte die Tatsache sein, dass besonders die Hongkong-Chinesen beim Thema Essengehen eine geradezu beispiellose Ernsthaftigkeit an den Tag legen. Neben den Genüssen von Dim Sum, einer weiteren Hongkonger Spezialität, bietet die Metropole die komplette Skala chinesischer Speisen, darunter die Küchen von Beijing, Shanghai, Sichuan und viele andere regionale Ausprägungen. Daneben existieren ausgezeichnete **indische Restaurants**, überraschend gute **japanische** Sushi-Bars, **englische** Speisen im Pub-Stil und eine schier endlose Zahl billiger Schnellrestaurants mit Schwerpunkt Nudelgerichte und Teigtaschen, wo der Gast häufig noch am meisten für sein Geld bekommt. Aber auch die großen Hotels bieten oft äußerst preiswerte und reichhaltige Mittagsbuffets mit speziellen Angeboten und thematisch gestalteten Festessen an. Ebenso präsent sind die chinesischen Fastfood-Ketten ***Café de Coral*** und ***Maxim's*** und natürlich die praktisch allgegenwärtigen ***McDonald's, Pizza Hut, Pret A Manger, Häagen Dazs*** und ***KFC***. Die Auswahl ist beinahe unbegrenzt und auf jeden Geldbeutel zugeschnitten. Wer nach einem längeren Aufenthalt in der Volksrepublik China nach Hongkong kommt, dürfte sich fühlen, als wäre er soeben ins gastronomische Nirwana eingekehrt. Die nachfolgend aufgeführten Speiselokale stellen nur einen Bruchteil des Gesamtangebots dar und sind schwerpunktmäßig auf das etwas preiswertere Marktsegment ausgerichtet. Passionierte Feinschmecker sollten sich den Gourmetführer *Best of the Best Culinary Guide* vom *HKTB*, die Website von *Hong Kong Tatler*, die Webadresse 💻 www.hkbestrestaurants.com und das unabhängige, wöchentlich erscheinende und kostenlose *HK Magazine* zu Gemüte führen.

FRÜHSTÜCK UND SNACKS – Alle größeren Hotels bieten ein teures Frühstücksbuffet mit riesigen Mengen chinesischer und europäischer Speisen an. Wer hier sparen möchte, bekommt in einem der unten aufgeführten Cafés (alle täglich tagsüber geöffnet) auch ein traditionelles westliches Frühstück. Authentischer beginnt man den Tag in Hongkong allerdings mit Dim Sum und Tee oder *congee* (Reispudding). Zu den vertretenen Ketten zählen ***DeliFrance, Pacific Coffee, Starbucks*** und ***Pret A Manger***, die allesamt den ganzen Tag über Muffins, Frühstück und Sandwiches anbieten und in den Eingangshallen der meisten MTR-Stationen zu finden sind.

Ge Ming Café, 48 Staunton St, SoHo. Frühstück den ganzen Tag über in einem billigen, gemütlichen und freundlichen Café mit roten Wänden und Fliesen. Auch Fisch und vegetarische Speisen stehen auf der Karte.

Kiku Express, im Untergeschoss des Jardine House, Connaught Rd, Central. Große und abwechslungsreiche Frühstückskarte, von der großen englischen Brutzelpfanne bis zur Nudelschale.

MiX, Floor 1, Airport-Hong Kong Station. Gute und gesunde Wraps und Salate, enormes Angebot an vegetarischen Speisen, frischem Obst und Gemüse, dazu mehr Vitamin-Drinks und Mixgetränke als man jemals umrühren könnte. 30 Min. kostenloser Internet-Zugang für Gäste, preiswert. ⏲ tgl. 7–19 Uhr.

Mövenpick Marché, Levels 6 and 7, The Peak Galleria. Gute und frische Speisen der schweizerischen Kette im 7. Stock mit Panoramablick von der Außenterrasse. Salate, Sandwiches, Suppen und täglich warme Gerichte, außerdem Schweizer Eiscreme. Eine weitere Filiale mit dem Namen *Delicious* befindet sich am Century Square in der D'Aguilar St in Central. Preiswert, ⏲ tgl. 11–23 Uhr.

Ngan Ki Heung Tea Co Ltd, 290 Queens Rd, Central. Riesenauswahl an chinesischen Teesorten zum Trinken und Kaufen. Der Besitzer serviert mit Freuden Tees in traditioneller Manier und klärt über ihre individuellen Eigenschaften auf.

Oliver's Super Sandwiches, zahlreiche Filialen, z.B. Shop 104, Exchange Square II, 8 Connaught Place, Central; Shop 201-205, Prince's Building, 10 Chater Rd, Central; Tower One, Lippo Centre, Admiralty; Shop A, Fleet House, 38 Gloucester Rd, Wan Chai; Repulse Bay Hotel, 109 Repulse Bay Rd, Repulse Bay; Ocean Centre, Tsim Sha Tsui. Die beliebte Kette kredenzt ausgezeichnete Sandwiches, Salate, Backkartoffeln, warmes Frühstück und frische Säfte.

RESTAURANTS – Das Essen beansprucht einen außerordentlich großen Platz im Leben der Hongkonger, und besonders das Speisen im Restaurant ist eine gesellige Angelegenheit für die ganze Familie. Die authentischen chinesischen Restaurants sind große Lokale, in denen ein hoher Geräuschpegel und helle Beleuchtung vorherrschen – ganz im Gegensatz zur im Westen so beliebten Kerzenscheinatmosphäre. Dafür ist alles wesentlich lockerer. Von der Geschwindigkeit, mit der man an seinen Platz begleitet wird, sollte man sich nicht einschüchtern lassen, denn flinke Bedienung gehört zum guten Ton. Außer in den ganz billigen Restaurants ist die Speisekarte in englischer und chinesischer Sprache abgefasst, wobei nicht immer die gesamte Karte übersetzt wird und auch die Preise für beide Versionen schon mal unterschiedlich sein können. In den ganz billigen **Schnellrestaurants** für Nudeln und Teigtaschen *(Noodle and dumpling Shops)* kann man auch bestellen, indem man einfach auf die Speisen anderer Gäste zeigt.

Die bestbesuchten und hellsten Restaurants sind häufig diejenigen, wo Dim Sum zum Frühstück oder Mittagessen angeboten wird. Die „Häppchen, die das Herz berühren" sind kleine, pikante Leckerbissen in Form gefüllter Teigtaschen, Röllchen und Bällchen und werden in Bambuskörben oder auf kleinen Tellern vom Teewagen serviert, der im Restaurant von einem Tisch zum nächsten geschoben wird. Man wählt einfach etwas Leckeres aus, das Personal serviert es und trägt die Speise auf einer Karte am Tisch des Gastes ein. Man bestellt so lange, bis man satt ist. Selten wird die Rechnung über $100 p.P. liegen.

In Hongkong lohnt es sich, auf Speisen zu achten, die gerade Saison haben: Abalone-Muscheln, Garoupa-Barsch und getrocknete Meeresfrüchte (März–Mai), Melonen, Pilze und Tofu (Juni–Aug), Weichschalenkrebse und Borsten-

Drei kleine Schluchten, Wushan

Yangzi-Passagierschiffe; Fengdu

Tigersprungschlucht; Yangzi

Repulse Bay; Hongkong

Aberdeen; Hongkong

Blick vom Victoria Peak, Hongkong

Statuen im Kloster Po Lin, Insel Lantau; Hongkong

Huldigende im Kloster Wong Tai Si; Hongkong

Bouyei-Mädchen; Huangguoshu

Höchster Wasserfall Chinas; Huangguoshu

Schwarzer-Drachen-Teich; Lijiang

krabben (Sep–Nov) oder Schmortöpfe und *hotpots* (Dez–Feb).
Die größte Konzentration an Restaurants auf Hong Kong Island dürfte in den an Causeway Bay grenzenden Vierteln **Wan Chai** und **Happy Valley** anzutreffen sein. Die Straßen in der Umgebung der D'Aguilar Street in Central, nur wenige Gehminuten südlich der MTR-Station, sind vor allem bei jungen Leuten und ausländischen Yuppies beliebt. Die Gegend wird als **Lan Kwai Fong** bezeichnet, nach der kleinen, Richtung Osten von der D'Aguilar Street abzweigenden Gasse, in der es vor Bars und Restaurants wimmelt. Die neueste Restaurant-Gegend nennt sich **SoHo**, was in diesem Falle „South of Hollywood Road" bedeutet. Inzwischen hat sie sich aber derart ausgebreitet, dass sie schon in der Lyndhurst Terrace beginnt und sich in der Umgebung der Mid-Levels-Rolltreppe bis zur Mosque Street hinaufzieht. In dieser Gegend herrscht eine große Fluktuation an Restaurants, die sich generell weniger auffällig und etwas kultivierter präsentieren als diejenigen in Lan Kwai Fong und deren Klientel sich vorwiegend aus kosmopolitisch orientierten Einheimischen und in Hongkong lebenden Ausländern rekrutiert. An der Südküste von Hong Kong Island bilden **Stanley** und **Aberdeen** ebenfalls beliebte Touristenziele für Ausflüge zum Essen. Die Orte **Sai Kung**, **Cheung Chau** und **Lei Yue Mun** in den New Territories sind berühmt für ihre Fischrestaurants. **Kowloon** bietet eine beinahe ebenso große Auswahl an Lokalen wie Hong Kong Island, doch Vorsicht ist geboten angesichts möglicher Touristenabzocke in den chinesischen Restaurants von Tsim Sha Tsui, z.B. hohe Aufpreise für gar nicht bestellte Beilagen. Wer gern indisch essen geht, findet in den Chungking Mansions an der Adresse 36-44 Nathan Rd viele versteckte Restaurants mit einem manchmal spitzenmäßigen Preis-Leistungs-Verhältnis.
Wegen der langen Arbeitstage haben auch die Restaurants in Hongkong **lange Öffnungszeiten**. Viele der traditionellen chinesischen Restaurants fangen bereits gegen 21.30 Uhr an zu schließen, doch gibt es jede Menge Lokale, die auch zu späterer Stunde noch Speisen auftischen. Über **Trinkgeld** braucht man sich ebenfalls nicht den Kopf zu zerbrechen, denn die teuren Restaurants schlagen ohnehin ihre eigene Service-Gebühr von normalerweise 10% auf, während man in den billigeren Lokalen einfach die Münzen liegen lässt, die man als Wechselgeld zurückbekommen hat. Die **Preise** sind im Großen und Ganzen mit denen im Westen vergleichbar: Eine komplette Mahlzeit ohne Getränke kostet selten mehr als $100 p.P., wobei dieser Preis in den Nobelrestaurants auf $500 und mehr klettern kann. Eine Reservierung ist in vielen Restaurants ratsam.

Aberdeen: ***Jumbo Floating Restaurant,*** Shun Wan Pier, Aberdeen Harbour, ✆ 25539111, 💻 www.jumbo.com.hk. Das berühmte schwimmende Restaurant serviert ab dem Frühstück Dim Sum, ebenso wie das benachbarte Schwesterschiff *Jumbo Palace*. Abends bilden die vom Wasser reflektierten Lichter eines der Wahrzeichen Hongkongs. Shuttle-Boote befördern die Gäste zum Schiff und später wieder zurück zum Kai. Leider sind beide Restaurants fürchterlich touristisch, was sich auch in der Qualität der Speisen widerspiegelt – nur wenige Einheimische gehen hier essen. Anfahrt mit Bus Nr. 70 oder 75 vom Busbahnhof Admiralty. 🕓 tgl. 7–17 Uhr.

Central und Umgebung: ***2 Sardines,*** 43 Elgin St, SoHo, ✆ 29736618. Kleines Restaurant mit großer Reputation für gute französische Küche zu vernünftigen Preisen.
Aqua, 49 Hollywood Rd, Central, ✆ 25459889. Verschwenderisch elegantes, mit Lampions dekoriertes Restaurant im Kolonialstil, das raffinierte internationale Gerichte zu entsprechend happigen Preisen serviert. Reservierung empfohlen.
Café Deco, Level 1 and 2, 118 Peak Rd, The Peak, ✆ 28495111. Vorzüglich gelegenes Restaurant mit unvergleichlichem Ausblick und stilvollem Art-déco-Interieur, das selbst auf den Toiletten seine Fortsetzung findet. Die Speisekarte enthält u.a. Gourmet-Pizza, Currys, Thai-Nudeln, Fleisch vom Grill und Austern. Die Preise sind überraschend moderat, die Portionen enorm. Es lohnt sich auch, nur auf ein Getränk oder Kaffee und Kuchen hier einzukehren. Die Bar bleibt noch etwa eine Stunde nach Schließung der Küche (gegen 23.30 Uhr) geöffnet, und häufig wird Live-

Jazz geboten. Wer am Fenster sitzen möchte, sollte einen Tisch reservieren.

Dan Ryan's Chicago Grill, 114 Pacific Place, 88 Queensway, Admiralty; Shop 200 Ocean Terminal, Tsim Sha Tsui; L2-28 Festival Walk, Kowloon Tong. Das amerikanische Restaurant serviert ein klassisches Frühstück am Wochenende (🕓 Sa und So 7.30–11 Uhr), dazu gigantische Steaks, Salate und Pasta in amerikanischen, also riesigen Portionen.

Great, Basement, SEIBU, Pacific Place. Delikatessengeschäft, Supermarkt der Spitzenklasse, Fastfood-Lokal und Restaurant in einem. Auf der Karte stehen koreanische, thailändische, kantonesische, japanische und italienische Gerichte, frisch zubereitet und zu absolut vernünftigen Preisen.

Luk Yu Tea House, 24-26 Stanley St, unmittelbar westlich der D'Aguilar St, ✆ 25235464. Das lebendige Museum mit Spucknäpfen, 60 Jahre alten Einrichtungsgegenständen und betagten Kellnern dürfte zu den stimmungsvollsten Restaurants in ganz Hongkong zählen. Tee, Dim Sum und komplette Mahlzeiten sind erhältlich, die Preise allerdings durch die vielen Touristen etwas aufgeblasen. Der Service ist stilgerecht schroff, Reservierung ein Muss.

M at the Fringe, 2 Lower Albert Rd, Central, ✆ 28774000, 💻 www.m-atthefringe.com. Teures Nobelrestaurant, sehr beliebt bei der piekfeinen Gesellschaft wegen seiner geschmacklich verwegenen, gesundheitsbewussten Gerichte – Fleisch, Fisch und vegetarisch – mit Einflüssen aus aller Welt.

Man Wah, Floor 25, *Mandarin Oriental Hotel,* 5 Connaught Rd, Central, ✆ 25220111. Hervorragende kantonesische Küche zu Connaisseur-Preisen bei schönem Ausblick. Ebenfalls empfehlenswert sind die Clipper Lounge zum Nachmittagstee und der berühmte Mandarin Grill.

Pasta e Pizza, Basement, 11 Lyndhurst Terrace. Billiges und heiteres italienisches Restaurant, ideal für ein preiswertes Tagesgericht nach dem Durchstöbern der Geschäfte und Stände in der Umgebung der Hollywood Rd.

Peak Lookout, 121 Peak Rd, The Peak, ✆ 2849 1000. Das Restaurant im traditionellen Kolonialstil ist seit Jahren *die* Adresse zum Essen auf dem Peak. Der Ausblick von der Terrasse nach Süden ist großartig und das Essen mit asiatisch-indischem Einschlag immer noch gut genug, um auf einen Brunch oder ein Abendessen unter freiem Himmel hier einzukehren. Für eine komplette Mahlzeit muss mit $200 p.P. gerechnet werden.

Sherpa Himalayan Coffee Shop, 11 Staunton St, SoHo, ✆ 29736886. Freundliches Restaurant mit interessanter Auswahl an Gerichten und Biersorten. Das Essen ist gut und preiswert, sowohl Vegetarier als auch Chili-Süchtige kommen hier auf ihre Kosten. Keine Sorge, wenn man in das Restaurant auf der gegenüberliegenden Straßenseite verwiesen wird, denn es handelt sich um dieselbe Leitung und Küche.

SoHo SoHo, 9 Old Bailey St, Central, ✆ 21472618. Ausgezeichnete britische Küche, traditionelle Zutaten werden auf moderne Art und mit einer besonderen Note verarbeitet. Die Speisekarte wechselt regelmäßig, je nachdem was gerade frisch auf den Märkten erhältlich ist. Das Tagesgericht ist mit $95 für zwei Gänge auf keinen Fall zu teuer. Freundliches Personal, regelmäßig Comedy-Programm.

Thai Basil, Pacific Place, 88 Queensway, Admiralty, ✆ 25374682. Abgesehen von 23 asiatisch inspirierten Eiscremes werden flink zubereitete Speisen der modernen Thai-Küche in ungezwungen schicker Atmosphäre serviert. Die Gerichte kosten zwischen $50 und $75, eine Reservierung ist zu empfehlen, wenn man nicht 20 Min. Schlange stehen möchte.

Veda, 8 Arbuthnot Rd, Central, ✆ 28685885. Der erste zeitgenössische indische Gastronomiekomplex Hongkongs, mit Restaurant im Obergeschoss, Salon im Parterre und Weinstube im Keller. Die einfallsreichen und frischen Gerichte sind extrem beliebt.

Yung Kee, 32-40 Wellington St, Ecke D'Aguilar St. Das enorme Restaurant mit heller Beleuchtung, flinkem Personal und 1000 Sitzplätzen ist eine Hongkonger Institution. Eine Spezialität sind gebratene Fleischgerichte sowie Dim Sum. Besonders zu empfehlen sind die preisgekrönten Meeresfrüchte-Gerichte.

Chungking Mansions: ***African Food Palace,*** Floor 11, Block E. Freundliches Restaurant mit wohlschmeckenden afrikanischen Gerichten.

Delhi Club, Floor 3, Block C. Curry-House par excellence, einmal abgesehen von der spartanischen Umgebung und dem lieblosen Service. Mit dem haarsträubend billigen Tagesgericht würde man eine ganze Armee satt bekommen.
Khyber Pass, Floor 7, Block E. Verlässlich gutes Essen mit freundlich-effizientem Service. Eines der besten Lokale in den Chungking Mansions.
Sher-E-Punjab, Floor 3, Block B. Ausgezeichnetes Essen, freundliches Personal und saubere Umgebung, aber etwas teurer als einige Konkurrenten in der Nachbarschaft.
Taj Mahal Club, Floor 3 Block B. Ausgezeichnete indische Küche mit gutem Preis-Leistungs-Verhältnis, wenn man sich bei den relativ teuren Getränken zurückhält.

Shek O: ***Shek O Chinese Thai Seafood,*** auf dem Weg von der Hauptbushaltestelle zum Ufer. Entspannte Atmosphäre mit Tischen an der frischen Luft. Ausgezeichnetes Essen, die perfekte Adresse für eine Mittagsmahlzeit im Rahmen eines Tagesausflugs nach Shek O.

Stanley und Repulse Bay: ***The Boathouse,*** 86-88 Stanley Main St, ✆ 28134467. Sehr beliebtes und stilvolles Lokal in einem schicken Gebäude am Ufer; Reservierung zwingend erforderlich.
The Curry Pot, Floor 6, 90B Stanley Main St. Sehr freundliches kleines Restaurant mit Blick aufs Meer aus den Fenstern im 6. Stock und erlesenen Speisen aus allen Regionen des indischen Subkontinents. Das Tagesgericht ist bemerkenswert preiswert, doch auch wer à la carte bestellt, kann hier kaum etwas falsch machen.
El Cid Caramar, 102, Murray House, Stanley; 14 Knutsford Terrace, Tsim Sha Tsui, ✆ 23121898. Tapas, gute Weine, fantastische Paella und Meeresfrüchte in einem der besten spanischen Restaurants Hongkongs, zu dem auch der mit Säulen versehene Balkon des aus der Kolonialzeit stammenden Murray House gehört.
The Verandah, 101 Repulse Bay Rd, Repulse Bay, ✆ 28122722. Etwas happige Preise, aber der perfekte Ort für ein groß aufgemachtes, romantisches Abendessen oder einen faulen Sonntagsbrunch. Jazz, Kerzenlicht und Blick über die Bucht in einem auf Kolonialzeit gemachten Gebäude.

Thai Thai, Floor 5, 903 Stanley Main St. Freundliches Thai-Restaurant, das auch Speisen zum Mitnehmen zubereitet.

Tsim Sha Tsui: ***Au Trou Normand,*** 6 Carnarvon Rd, ✆ 23668754. Eine gute Adresse, um dem Gedränge von Hongkong zu entkommen und sich für einen Abend in das ländliche Frankreich zu versetzen. Für ein gutes Abendessen mit Wein sollten $200–300 p.P. veranschlagt werden.
Celestial Court Chinese Restaurant, Level 2, *Sheraton Hong Kong Hotel and Towers,* 20 Nathan Rd, ✆ 23691111, App. 3991 bzw. 3992. Gewinner der Goldmedaille des *HKTB* mit Auszeichnung für perfektes Dim Sum – besonders die mit Shrimps gefüllten Teigtaschen, die Eierpuddingtörtchen, die Frühlingsrollen und die Brötchen mit Grillfleisch lassen einem das Wasser im Mund zusammenlaufen. Auf jeden Fall lohnenswert, wenn man nicht davor zurückschreckt, sich mit weit über $100 p.P. in Unkosten zu stürzen.
Felix, Floor 28, *Peninsula Hotel,* ✆ 23153188. Eines der exklusivsten Restaurants Hongkongs, entworfen von Philippe Starck. Allein der unglaubliche Blick auf Hong Kong Island rechtfertigt einen Besuch. Die eurasische Küche ist begreiflicherweise teuer, aber man kann sich auch einfach nur einen Martini genehmigen. Auf der Early-Bird-Speisekarte (Bestellung zwischen 18 und 19 Uhr) werden 3-Gänge-Menüs für $350–380 p.P. angeboten.
Great Shanghai, 26 Prat Ave, ✆ 23668158. Eines der beständigsten Shanghai-Restaurants in Hongkong. Ansprechend präsentierte Speisen (gute Fisch- und Meeresfrüchte-Gerichte) in kleinen oder großen Portionen. Eine gute Wahl für Einsteiger in die Shanghai-Küche.
Jade Garden, Floor 4, Star House, 3 Salisbury Rd, am Star Ferry Pier, ✆ 27306888. Gehört zur *Maxim-Kette* und serviert Dim Sum mit Blick auf den Hafen. Ein weiterer Ableger mit ebenfalls leckerem Dim Sum befindet sich in der 25-31 Carnarvon Rd, ✆ 23698311.
Macau Restaurant, Ground Floor, 119-127 Parkes St, MTR-Station Jordan, ✆ 22709166. Authentische macanesische Speisen zum Spottpreis locken mittags scharenweise einheimische Arbeiter und Büroangestellte an.

Mint, 122-126 Canton Rd, ✆ 27355887. Australische Küche zu vernünftigen Preisen. Lamm und Meeresfrüchte sind die Spezialitäten, aber wirklich zu empfehlen ist das 14-Gänge-Menü bei Cocktails und Aussie-Wein.

Peking Restaurant, 227 Nathan Rd, MTR-Station Jordan, ✆ 27301316. Unmittelbar nördlich des Zentrums von Tsim Sha Tsui. Von der etwas bedrückenden Inneneinrichtung sollte man sich nicht täuschen lassen, denn das Lokal zählt zu den besten Beijing-Restaurants in Hongkong; vor allem die Peking-Ente ist sehr gut.

Peninsula Hotel Lobby, *Peninsula Hotel*, ✆ 2366 6251. Kaffee und Kuchen in der Lobby sind mit ca. $150 plus 10% Service-Gebühr nicht gerade billig, werden aber schließlich von einem Streicherquartett begleitet. Neben einem großen Angebot an Speisen bekommt man dazu die Gelegenheit, ein wenig in der schönsten Lobby Hongkongs zu verweilen, ein interessanter Blick auf ein eleganteres, kultivierteres und entspannteres Hongkong.

Ruth's Chris Steak House, Ground Floor, Empire Centre, 68 Mody Rd; Ground Floor, Lippo Centre, Admiralty. Sagenhafte Saucen als Beilage zu saftigen amerikanischen Steaks sorgen für herzhaften Genuss.

Spring Deer, First Floor, 42 Mody Rd, ✆ 7233673. Alteingesessenes Lokal mit besonders empfehlenswerter Peking-Ente vom Grill (wird am Tisch tranchiert), ferner ein Überangebot an authentischen Gerichten, z.B. Haifischflosse und Backfisch auf heißer Platte. Empfehlenswert sind geräuchertes Huhn und Tofu mit Schweinegehacktem.

Tang Court, First Floor, *Great Eagle Hotel*, 8 Peking Rd, ✆ 23751133, App. 2250. Meeresfrüchte-Restaurant mit Garnelen- und Krabbengerichten. Nicht die billigste Option, doch die Speisen sind außergewöhnlich gut, z.B. gebratene Garnelen mit Schweinefleisch und Krabbenfleisch in Blätterteig.

Tutto Bene, 7 Knutsford Terrace, ✆ 23162116. Befindet sich abseits des touristischen Kerngebiets in einer kleinen Gasse unmittelbar nördlich der Kimberly Rd, beliebt bei in Hongkong lebenden Ausländern. Gute italienische Küche in angenehmer Atmosphäre, auch Tische im Freien.

Wan Chai und Causeway Bay: ***Banana Leaf Curry House***, 440 Jaffe Rd, Wan Chai. Nur einer von mehreren Ablegern der populären malaysisch-singapurischen Restaurantkette. Großartige milde Currys mit viel Sahne und Kokos.

Chee Kee Wonton Noodle Shop, Ground Floor, 52 Russell St, Causeway Bay. Nudeln sind eine Hongkonger Spezialität, besonders die Wonton-Nudeln in diesem unaufdringlichen Stammlokal zählen zu den besten der Stadt.

The Chili Club, 88 Lockhart Rd, Wan Chai, ✆ 25272872. Inzwischen vielleicht schon eine Spur zu beliebt. Stets gut gefüllt mit affektierten „Langnasen", kredenzt aber noch nach wie vor ausgezeichnete Mahlzeiten aus der schärferen Ecke. Eine Reservierung ist anzuraten.

Fook Lam Moon, 35-45 Johnston Rd, Wan Chai, ✆ 28660663. Eines der besten Restaurants Hongkongs, wenn nicht sogar der Welt, für kantonesische Küche und entsprechend teuer.

Genki Sushi, 376 Lockhart Rd, Wan Chai; 22 Stanley St, Central; 733 Nathan Rd, Tsim Sha Tsui. Nur 3 von ca. 30 Filialen der gut laufenden Restaurantkette allein in Hongkong, allesamt gute Adressen für preiswerte japanische Speisen. Entweder zum Mitnehmen durch Ankreuzen auf einem Formular oder zum Sitzen und Aussuchen der Gerichte von einem Förderband. Eine Portion Sushi nach Wahl kostet ca. $15–20.

Golden Bauhinia, Hong Kong Convention and Exhibition Centre, Golden Bauhinia Square, ✆ 25827728. Preisgekrönte Dim Sum und Gerichte auf Geflügelbasis (besonders zu empfehlen gebratenes Hähnchen mit Knoblauchsauce) direkt neben dem Konferenzzentrum.

The Graces Restaurant, Floor 29, Lee Theatre Plaza, 99 Percival St, Causeway Bay, ✆ 2882 1889. Sehr großes und luftiges Esslokal, nur wenige Gehminuten vom Times Square und mit Ausblick auf den Hafen, stets rappelvoll mit chinesischen Familien, die in Dim Sum, Reis, Nudeln und Meeresfrüchte schwelgen. Am Wochenende ist ohne Reservierung nichts zu machen.

Indonesian, 28 Leighton Rd, Causeway Bay, ✆ 25779981. Empfehlenswertes Lokal im Kantinenstil und hilfsbereites Personal, das die Gäste bereitwillig bei der Auswahl aus der umfangreichen Speisekarte unterstützt. Die Currys und scharf gewürzten Auberginen sind großartig.

Ivy Chinoise, 4 Sun Wui Rd, ✆ 31623922. Kantonesische Küche mit westlichem Einschlag von einem Küchenchef mit dem Spitznamen „König der Kochkunst", serviert in einem ansprechenden und unaufdringlichen Speisesaal.
Next Generation Cuisine, Ground Floor, 478 Lockhart Rd, Causeway Bay, ✆ 29110119. Fantastische, moderne kantonesische Küche. Das in exzellenter Sojasauce gedünstete Hähnchen räumte den *HKTB*-Preis *Best of the Best* ab.
Vegi-Food Kitchen, 8 Cleveland St, Causeway Bay. Ein Schild mit der Aufschrift „Das Mitbringen von Fleischprodukten in dieses Restaurant ist nicht erwünscht" macht dem Gast bereits klar, worum es hier geht: streng vegetarische, chinesische Küche auf hohem Niveau. In einer kleinen Straße zwei Blocks östlich der Paterson St an deren nördlichem Ende.
Wo Lung Congee and Wonton Noodle Shop, 49-51 Lee Tung St, Wan Chai, ✆ 28937721. Nicht das eleganteste Haus am Platze, serviert aber dennoch perfekte Teigtaschen, Nudeln und *congee* (Reispudding). ⌚ An Feiertagen geschlossen.

Unterhaltung und Kultur

Manchmal scheint es, als habe Hongkong mehr Nachtleben zu bieten als das restliche China zusammen. In den Kneipen und Bars wird bisweilen Live-Musik und Tanz geboten, doch das Herz der Hongkonger Partyszene ist und bleibt das Viertel Lan Kwai Fong, in dem es von Restaurants, Bars und Pubs nur so wimmelt. Ungeachtet seines Rufes als kulturelles Ödland finden zunehmend Klassikkonzerte an unterschiedlichen Veranstaltungsorten statt. Das ganze Jahr über werden Festivals veranstaltet, u.a. in den Bereichen Kunst und Jazz (s.S. 830, Veranstaltungsmagazine).

BARS, KNEIPEN UND CLUBS – Die größte Konzentration an Kneipen bietet das Viertel Lan Kwai Fong auf Hong Kong Island. Bei einem Bummel durch die kleine Straße **Lan Kwai Fong Lane** und die Sträßchen in ihrer Umgebung eröffnen sich zahllose Möglichkeiten für eine Sause bis in den frühen Morgen, wobei ständig neue Lokale eröffnet werden und die Gäste teilweise vor der Tür stehen, weil drinnen kein Platz mehr ist. Von Lan Kwai Fong aus ein kleines Stück den Hügel hinauf, erfreuen sich die nicht ganz so lautstarken Bars von **SoHo** zunehmender Beliebtheit.
Eine weitere Hochburg des Nachtlebens ist **Wan Chai**, doch hier liegen die einzelnen Kneipen und Clubs weiter auseinander. **Tsim Sha Tsui** ist im Allgemeinen nicht für sein Nachtleben berühmt, tatsächlich existiert aber auch dort so etwas wie eine Szene für Traveller und in Hongkong lebende Ausländer. Hart Ave und Prat Ave, westlich der Chatham Rd South, empfehlen sich am ehesten für einen Streifzug, denn dort liegen mehrere interessante Kneipen sehr dicht beieinander.
Brandaktuelle Veranstaltungshinweise finden sich in der neuesten Ausgabe des *HK Magazine* und in anderen Veranstaltungsmagazinen (s.S. 830, Veranstaltungsmagazine).
Einige Clubs verlangen an bestimmten Abenden (im Allgemeinen freitags und samstags) ein Eintrittsgeld von $50 bis zu $200 in den schicksten Discos. Am frühen Abend bieten zahlreiche Lokale Happy Hour an (zwei Getränke zum Preis von einem), die sich teilweise auf mehrere Stunden ausdehnen. Die Öffnungszeiten der Kneipen und Clubs erstrecken sich oft bis in die frühen Morgenstunden. Wer lang genug sucht, stößt auch auf Live-Musik und sogar den einen oder anderen Rave, was sich jedoch meist nicht mit dem vergleichen lässt, was man von zu Hause gewohnt ist. Nützliche Informationen hierzu liefert das *HK Magazine*.
Die **Schwulen- und Lesbenszene** ist unauffällig, aber zumindest aktiver als in anderen chinesischen Städten, auch weil die Gesetze zur Homosexualität hier liberaler sind als im übrigen China.

Hong Kong Island: ***Alibi,*** 73 Wyndham St, Central. Sehr relaxtes Ambiente mit roten Plüschvorhängen, Vollwertkost und cooler Bar.
Blue Door, Floor 5, 37 Cochrane St, Central, 🖳 www.bluedoor.com.hk. Leider Hongkongs einzige richtige Jazz-Kneipe, nachdem der gleichnamige Club in der D'Aguilar St geschlossen wurde. Live-Musik der Spitzenklasse und Jazz am Wochenende.
Caledonia, Ground Floor, Hutchinson House, 10 Harcourt Rd, Admiralty. Englisches Bier, kleine Speisen und ausgestopfte Köpfe diverser haariger Kreaturen an den Wänden eines riesigen,

Richtung Club tendierenden Pubs – dazu eine „Wall of Whisky".

Carnegie's, 53-55 Lockhart Rd, Wan Chai. Wegen des Geräuschpegels ist man bei einer Unterhaltung auf Stift und Zettel angewiesen. Wenn der Laden erst einmal voll ist, kämpfen Horden von Gästen in Feierlaune um einen Tanzplatz auf dem Tresen. Regelmäßig Live-Musik.

C-Club, Basement, California Tower, 30-32 D'Aguilar St, Lan Kwai Fong. Sündhaft gemütliche Kellerbar mit VIP-Zonen, Samt- und Pelzdekor, Kissenbergen und einer Bar im Erdgeschoss für Short und Long Drinks.

The Fringe Club, 2 Lower Albert Rd, Central, 💻 www.hkfringeclub.com. Live-Acts, Drinks, Ausstellungen und Alternativkultur in einem ziemlich unkonventionellen Schuppen im rotweißen Fringe-Gebäude. Eine der billigeren Adressen mit regelmäßiger Happy Hour.

Mad Dogs, 1 D'Aguilar St, Lan Kwai Fong. Nur wenige Meter südlich der Stanley St (ein Ableger befindet sich in der 32 Nathan Rd). Stets gut gefüllt mit in Hongkong lebenden Ausländern, die sich die kleinen Speisen und das Bier schmecken lassen. Zu späterer Stunde geht es teilweise hoch her, gelegentlich spielen auch Live-Bands.

Music Room, Floor 2, California Entertainment Building, 34-36 D'Aguilar St, Lan Kwai Fong, 💻 www.lankwaifong.com. Rhythm & Blues, Percussion und Solisten live und jede Menge Schnaps in einem beliebten Club – cooler als cool.

Petticoat Lane, 1 Tung Wah Lane, Central. Stilvoller Weinkeller unter Mid-Levels Escalator, unmittelbar oberhalb von Lyndhurst Terrace. Barocke Vorhänge, Kerzen und gute Snacks sorgen für eine wunderbare Atmosphäre. Auch ein beliebter Treffpunkt der kleinen einheimischen Homosexuellengemeinde.

Post '97, 9 Lan Kwai Fong, Central. Disco im Erdgeschoss und leicht künstlerisch-alternativ angehauchte Atmosphäre in der Bar oben. Freitagsabends starke Schwulen- und Lesbenpräsenz. Zu Essen gibt es Pfannengerichte, Sandwiches und ganztägig Frühstück.

Staunton's Bar and Café, 10-12 Staunton St, SoHo. Große Kneipe und Restaurant mit internationaler Küche direkt an Mid-Levels Escalator. Ist abends rasch gefüllt und eignet sich gut als Treffpunkt, bevor man die Läden in der Nachbarschaft unsicher macht.

Stormy Weather, Ground and First Floor, 46-50 D'Aguilar St, Lan Kwai Fong. Balsam für den Gaumen in Form von Chicken Wings und Calamari, wenn man keine Schale Nudeln mehr sehen kann. Im Herzen des Ausgehviertels Lan Kwai Fong.

Kowloon: ***Bahama Mama's***, 4-5 Knutsford Terrace, unmittelbar nördlich der Kimberly Rd. Nette Atmosphäre mit einem lebendigen Nationalitätenmix und jede Menge Sitzplätze unter freiem Himmel. Das Strandbar-Ambiente und die Außenterrasse sorgen für Partystimmung. An DJ-Abenden bekommt man einen guten Mix aus unterschiedlichen Musikstilen zu hören.

Delaney's, Basement, Mary Building, 71-77 Peking Rd. Freundlicher Irish Pub mit vielen Biersorten vom Fass, darunter natürlich auch *Guinness*. An den meisten Abenden läuft irische Folkmusik.

Ned Kelly's Last Stand, 11A Ashley Rd. Sehr beliebt bei Travellern und in Hongkong lebenden Ausländern. Allabendlich spielt eine ausgezeichnete Ragtime-Jazzband auf.

KINO – Die meisten wichtigen englischsprachigen Filme laufen mit nur wenig Verzögerung in den Hongkonger Kinos an und werden in der Regel im Original gezeigt, manchmal aber auch mit chinesischen Untertiteln (das einheimische Publikum bevorzugt allerdings die synchronisierten Fassungen, die meist bereits kurze Zeit später in die Kinos kommen). Außerdem werden auch Filme in chinesischer Sprache mit englischen Untertiteln gezeigt. Ein großer Kinokomplex ist ***UA Pacific Place***, 88 Queensway, Admiralty, ein anderer befindet sich am Times Square in Causeway Bay. Alternative oder künstlerisch anspruchsvolle Filme (auch chinesische) werden in folgenden Kinos gezeigt:

Broadway Cinematheque, Prosperous Garden, 3 Public Square St, Yau Ma Tei, ✆ 23883188.

Cine-Art House, Sun Hung Kai Centre, 30 Harbour Rd, Wan Chai, ✆ 28274820.

Hong Kong Arts Centre, 2 Harbour Rd, Wan Chai, ✆ 25820200.

Einkaufen

Viele Besucher kommen immer noch zum Einkaufen nach Hongkong, obwohl die Lebenshaltungskosten hier inzwischen über denen der meisten Länder der Welt liegen. So sind beispielsweise die berühmten Elektronikartikel der Nathan Rd mittlerweile keineswegs mehr billiger als anderswo; hinzu kommt mögliche Abzocke, so dass man wahrscheinlich insgesamt am besten beraten ist, Kameras und andere Elektrogeräte lieber zu Hause zu kaufen. Nach wie vor herausragend ist Hongkong jedoch in Bezug auf die enorme Vielfalt angebotener Waren – noch dazu auf derart engem Raum. Einige Sachen, die zu einem großen Teil aus der Volksrepublik China stammen, sind tatsächlich billig, vor allem Bekleidung, Seide, Schmuck, chinesische Kunst- und Kunsthandwerksobjekte, Computerzubehör und Raubkopien. Als Faustregel für die Preise gilt: Je weiter man sich vom touristischen Tsim Sha Tsui entfernt, desto günstiger werden sie. Die Geschäfte sind täglich geöffnet und schließen erst spät: In Tsim Sha Tsui, Causeway Bay und Wan Chai gelten allgemeine Öffnungszeiten von 10–22 Uhr, in Central von 10–19 Uhr. Detaillierte Informationen zum Thema Einkaufen mit zahlreichen Tipps finden sich im *Shopping Guide* des *HKTB,* im Internet unter 💻 www.qtshk.com (Geschäfte und Läden unter *the HKTB Quality Tourism Services)* oder 💻 www.discoverhongkong.com.

ANTIQUITÄTEN, KUNST UND KUNSTHANDWERK – Hongkong bietet keine besonders günstigen Aussichten für Schnäppchen auf dem Antiquitätenmarkt, doch manch einer empfindet es als angenehmer, seine Einkäufe hier zu tätigen als auf dem aggressiveren chinesischen Festland. Außerdem bietet Hongkong eine größere Vielfalt und mehr Auswahl in punkto Qualität. Die beste Adresse zum Stöbern nach Antiquitäten ist die Hollywood Rd in Central, wo mehrere Dutzend Geschäfte alles Mögliche, von Stickereien bis Grabkeramik, verkaufen. Selbst wer nichts kaufen möchte, wird seinen Spaß haben, die Läden zu durchstöbern, wo man in wenigen Stunden eine Menge über die uralte chinesische Kultur lernen kann. Kaufinteressenten sollten sich vor Augen halten, dass „antik" nicht immer „älter als 100 Jahre" bedeutet – nachzufragen lohnt sich. Interessante Informationen zum Thema bietet der Einkaufsführer *Collecting Chinese Antiquities in Hong Kong* von Vincent Choi, erhältlich bei *Dragon Culture,* 184 und 231 Hollywood Rd, Sheung Wan, ✆ 25458098, 💻 www.dragonculture.com.hk.

Wer sich eher für modernere Kunst oder Kunsthandwerk interessiert, findet in Hongkong zahlreiche Spezialgeschäfte mit Artefakten aus China und anderen Ländern der Region. Zu den besten Adressen zählt ***Chinesische Arts and Crafts*** mit Filialen im China Resources Building, 26 Harbour Rd (Wan Chai), in 230 The Mall, Pacific Place, 88 Queensway, Admiralty, im Star House, 3 Salisbury Rd, Tsim Sha Tsui, und im *Nathan Hotel,* 378 Nathan Rd, Kowloon. Alle führen ein riesiges Sortiment an Stoffen, Porzellan, Kaschmir, Bekleidung und weiteren Waren „Made in China", wobei allerdings einige Produkte aus Seide sowie Tisch- und Bettwäsche auf dem Stanley Market (s.S. 797) billiger zu haben sind. Die genannten Geschäfte bieten auch Schmuck und Jade an (mehr Jadeprodukte gibt es auf dem Jademarkt in Mongkok, s.S. 802). Chinesische Einrichtungs- und Dekorationsgegenstände finden sich auch auf der Horizon Plaza auf der Insel Ap Lei Chau, einem fast 20 000 m^2 großen Areal mit Geschäften wie *Banyan Tree* und *Shambala.* Grundsätzlich gilt, dass sämtliche Angaben der Standbesitzer mit einer gehörigen Portion Vorsicht zu genießen sind.

Banyan Tree, 214-218 Prince's Building, Chater Rd, Central; 257 Ocean Terminal, Canton Rd, Tsim Sha Tsui; Horizon Plaza, Ap Lei Chau. Antike und auf alt gemachte Einrichtungsgegenstände und Kunstgewerbeartikel aus ganz Asien. Kein berauschendes Preis-Leistungs-Verhältnis.

Dynasty Antiques, Ground Floor, 48-50 Hollywood Rd, Central, ✆ 28511389, 💻 www.dynasty-antiques.com. Riesiger Laden mit schön restaurierten, klassischen Möbeln aus China und Antiquitäten aus Tibet.

Eu Yan Sang, Ground Floor, 152-156 Queens Rd, Central, ✆ 25443308, 💻 www.euyansang.com. Eines der bekanntesten Heilkräutergeschäfte Hongkongs, existiert angeblich seit über 90 Jah-

ren als Lieferant für Tees, Kräuter und chinesische Heilprodukte, die sorgfältig abgewogen und gemessen werden.
Friendship Trading Company, 105-107 Hollywood Rd, ✆ 25483830. Groß- und Einzelhandel mit Antiquitäten, Kunst und Kunsthandwerk. Das Unternehmen veranstaltet für besonders Ambitionierte auch Einkaufstouren aufs chinesische Festland. Die Waren können wahlweise gleich mitgenommen oder vor dem Export erst renoviert werden.
Karin Weber Gallery, 32A Staunton St, SoHo, ✆ 25445004. Große Auswahl in der mittleren Preisklasse. Organisiert ebenfalls Möbeleinkaufsfahrten in die Volksrepublik.
L&E, 188 Hollywood Rd, ✆ 25469886. Neuwertiges, dekoratives Porzellan und alte chinesische Einrichtungsgegenstände. Das Unternehmen hat ein mit alten Möbeln und Porzellan voll gestopftes Lager in Sheung Shui. Die Waren werden auf Wunsch transportfähig verpackt und verschifft.
Museum Shop, Hong Kong Arts Centre, Cultural Centre, Salisbury Rd, Tsim Sha Tsui. Kunstbücher, Mal- und Zeichenbedarf, Kalligrafiematerial, Drucke, Postkarten, Souvenirs und Bürobedarf. Das Personal ist leider nicht sehr hilfsbereit.
Palette Collections Gallery, Floor 5, 23 D'Aguilar St, Lan Kwai Fong, ✆ 25225928, 💻 www.palette-collections.com. Gemälde aus China und den USA, außerdem Porzellan und chinesische Antikmöbel.
Shanghai Tang, Pedder Building, Pedder St, Central. Neben Textilien wird auch eine kleine Auswahl exklusiver Kunsthandwerks- und Haushaltswaren angeboten, z.B. Bettwäsche, Notizbücher, Fotorahmen und die allseits beliebten Mao- und Deng-Uhren.
Teresa Coleman, 79 Wyndham St, ✆ 25262450, 💻 www.teresacoleman.com. Eines der bekanntesten Geschäfte Hongkongs, auch international anerkannt wegen seiner chinesischen Textilien. Dazu eine gute Auswahl an Bildern und Drucken.
The Tibetan Gallery, 55 Wyndham St, ✆ 2530 4863. Interessante, aber teure Auswahl tibetischer Möbel, Teppiche, Silberwaren und Sakralgemälde.
Wah Tung China Ltd, Floors 14-17, Grand Marine Ind. Buildings, 3 Yue Fung St, Aberdeen, ✆ 28732272. Antikes Porzellan und auf alt gemachte Gegenstände auf knapp 3000 m² Ausstellungsfläche.

BEKLEIDUNG – Für Textilien ist Hongkong kein schlechtes Pflaster. Vor allem die einheimischen Modemarken *Gordiano, U2, G2000, Jessica, Episode* und *Bossini* sind hier besonders preisgünstig und besitzen mehrere Filialen in der ganzen Stadt. Auch ausländische Designerkleidung ist bemerkenswert weit verbreitet, jedoch wegen des hohen Ansehens ausländischer Exklusivmarken deutlich teurer als zu Hause. Im Ausverkauf ist aber durchaus das eine oder andere Schnäppchen drin.
Eine andere interessante und oft sehr billige Quelle für den Kauf von Kleidung (einschließlich Designerware ohne entsprechendes Etikett) ist der Fabrikverkauf. Da derartige „Outlets" genauso schnell wieder schließen, wie sie aufgemacht haben, empfiehlt es sich, die *HKTB*-Broschüre *Factory Outlets* oder einen der Einkaufsführer wie *The Smart Shopper in Hong Kong* oder *The Complete Guide to Hong Kong Factory Bargains* nach Adressen zu durchforsten.
Es ist unbedingt anzuraten, die Kleidungsstücke vor dem Kauf anzuprobieren, denn auf die im Etikett angegebene Größe ist kein Verlass. Wer gleich losrennen möchte, findet für den Anfang einige gute Läden in der **Granville Rd** in Tsim Sha Tsui, im **Pedder Building** auf der Pedder St in Central und gleich um die Ecke in der **Wyndham St** und der **D'Aguilar St**. Für Anhänger von Haute Couture ist das ***Joyce Warehouse*** im Hing Wai Centre in Aberdeen ein Muss; dort landet – bis zu 80% herabgesetzt – die Ware aus den schicksten Boutiquen Hongkongs, die in der letzten Saison (oder im letzten Monat) in den Regalen liegen blieb.
Blanc De Chine, Floor 2, Pedder Building, 12 Pedder St, Central. Elegantes Design mit geschmacklichen Anleihen bei traditioneller chinesischer Kleidung, meist aus Seide oder Kaschmir.
Joyce Boutique, 16 Queen's Rd, Central; Shop 226 und 344, Pacific Place, 88 Queensway, Admiralty. Hongkongs angesagteste Boutique verkauft eigene Kollektionen und mehrere Top-Designer-Marken aus Übersee.

Shanghai Tang, Ground Floor, Pedder Building, 12 Pedder St, Central. Diesen wunderschön im Shanghai-Stil der 30er Jahre aufgemachten Laden muss man gesehen haben. Spezialität sind Neuauflagen traditioneller chinesischer Stile, z.B. Cheongsam-Kleider mit Seitenschlitz, häufig in leuchtenden Farben. Es werden auch Kleidungsstücke nach Wunsch angefertigt, doch das ist alles andere als billig. Regelmäßig interessanter Ausverkauf.
Walter Ma, Century Square, 1 D'Aguilar St, Central. Einer der bekanntesten einheimischen Designer, arbeitet sowohl für Hongkonger als auch für ausländische Kunden. Besonders geschätzt ist seine formelle Kleidung.

Maßgeschneiderte Kleidung: Kleidung nach Maß ist traditionell eine Spezialität der Hongkonger Tourismusindustrie. So wimmelt es beispielsweise in **Tsim Sha Tsui** von indischen Schneidern, die ihre Dienstleistung mit Nachdruck anpreisen. Bessere Qualität findet man aber andernorts, z.B. in Wohngegenden, Hotels oder Einkaufspassagen, wo die Schneider auf Stammkundschaft zählen können. Frauen aus dem Westen sollten sich nach jemandem umsehen, der sich nicht nur mit fernöstlichen Figuren auskennt, denn der Körperbau unterscheidet sich z.T. erheblich. Generell sind die Preise relativ günstig, aber nicht spottbillig. Bevor etwas in Auftrag gegeben wird, sollte ein ausführliches Gespräch mit dem Schneider geführt und exakt vereinbart werden, was genau im Preis enthalten ist. Außerdem sollte niemand ein fertiges Stück innerhalb von 24 Stunden erwarten, denn es wird entweder nicht passen oder auseinander fallen – oder beides. Statt dessen sollten mindestens zwei bis drei Anproben im Abstand von mehreren Tagen eingeplant werden, wenn unter dem Strich ein gutes Ergebnis herauskommen soll. Rund die Hälfte des Preises wird in der Regel als Anzahlung fällig. Die folgenden Geschäfte fertigen maßgerechte Kleidung an:
Johnson & Co, 44 Hankow Rd, Kowloon. Hat viele Kunden aus Militär- und Marinekreisen. Größtenteils männliche Klientel.
Linva Tailor, 38 Cochrane St, Central. Der alteingesessene Damenschneider ist besonders beliebt bei Einheimischen, die sich hier Cheongsams für Partys nähen lassen. Stickereien sind ein Schwerpunkt.
Margaret Court Tailoress, Floor 8, Winner Building, 27 D'Aguilar St, Central. Hat viele weibliche Kunden aus dem Westen und genießt einen guten Ruf. Die Sachen sind aber nicht billig: Ein Hemd kostet um die $300 plus Stoff.
Pacific Custom Tailors, Floor 3, 322 Pacific Place, 88 Queensway, Admiralty. Exklusive Anzüge zu entsprechenden Preisen in einer der schicksten Einkaufspassagen Hongkongs.
Sam's Tailors, 94 Nathan Rd, Tsim Sha Tsui. Sam zählt zu den bekanntesten Schneidern der Stadt. Ebenso berühmt wie seine Kreationen ist sein Talent zur Selbstdarstellung.
Shanghai Tang, Pedder Building, 12 Pedder St, Central, 💻 www.shanghaitang.com. Boutique mit angeschlossener Schneiderei für Herren- und Damenbekleidung im chinesischen Stil und einer sagenhaften Auswahl an Stoffen. Das Unternehmen ist auf Touristen eingestellt, zum Service gehören schnelle Anproben und das Verschicken fertiger Kleidungsstücke.

BÜCHER – Für eine derart kosmopolitische Stadt bietet Hongkong eine eher magere Auswahl an Buchhandlungen mit vernünftiger fremdsprachiger, in der Regel englischer Literatur. In einigen Einkaufspassagen gibt es ganz passable Buchläden, beispielsweise *Page One* in Festival Walk *Kowloon Tong* am Times Square, die Mall *Taikoo Shing* in Quarry Bay (Causeway Bay) und *Bookazine,* 89 Queensway, Admiralty.
Dymock's, Star Ferry Terminal, Central. Gute Adresse für Taschenbücher und Reiseführer.
Government Publications Centre, Tower Block, Ground Floor, 66 Queensway, Admiralty. Stadtpläne von Hongkong und große Auswahl an Büchern zu lokalpolitischen und Umweltthemen.
Swindon Book Company, 13-15 Lock Rd, Tsim Sha Tsui; Star Ferry Terminal, Tsim Sha Tsui. Wahrscheinlich die größte zentral gelegene, englischsprachige Buchhandlung. Besonders gut für Bücher über Hongkong und Hochglanz-Kunstbände.

COMPUTER – Sowohl Hardware als auch Software ist in Hongkong teilweise sehr billig. Wer Hardware kauft, sollte sich zuvor vergewissern, dass die Geräte mit der Netzspannung daheim kompatibel sind und eine internationale Garantiekarte beiliegt, ansonsten besteht keine Möglichkeit, den Computer außerhalb Hongkongs kostenlos reparieren oder ersetzen zu lassen. Häufig empfiehlt es sich, bei lokalen Ketten wie ***Fortress*** einzukaufen, um das Risiko minderwertiger Waren möglichst gering zu halten. Eine gute Gelegenheit, aktuelle Preise und Sonderangebote zu sondieren, ist die Technikbeilage der dienstags erscheinenden *South China Morning Post.* **Raubkopierte Software** ist ebenfalls ein großes Geschäft, das inzwischen allerdings wesentlich diskreter abläuft als noch vor ein paar Jahren. Wie bei allen Raubkopien trägt der Käufer das Risiko; die Preise mögen unschlagbar sein, doch möglicherweise funktioniert die Software nicht oder es kommt zu Problemen mit dem Zoll bei der Einfuhr.

298 Computer Zone, 146 Fuk Wa St, Sham Shui Po, MTR-Station Sham Shui Po (Exit C2), Kowloon. Alles von zwielichtigen Raubkopien bis zu allerbester Ware.

Golden Shopping Centre, 156 Fuk Wah St, Sham Shui Po, MTR-Station Sham Shui Po (Exit D2), Kowloon. Jede Menge billiges Computerzubehör, darunter auch raubkopierte Software.

Mongkok Computer Centre, Nelson St, Ecke Fa Yuen St, Mongkok. Eine der besten Adressen für illegal gebrannte CDs.

Wan Chai Computer Centre, 298 Hennessy Rd, MTR-Station Wan Chai (Exit A4), Wan Chai. Ein Irrgarten aus Geschäften mit Computerzubehör – neu, aus zweiter Hand, offiziell oder raubkopiert.

KAUFHÄUSER – Wer in China unterwegs ist, wird nicht allzu viel Zeit in Kaufhäusern verbringen, doch in einem Einkaufsparadies wie Hongkong sieht das anders aus. Im Sommer üben v.a. die Klimaanlagen einen großen Reiz aus, und in den meisten Einkaufszentren gibt es nette Cafés ohne Ende. Einen Besuch wert sind auch die glitzernden Einkaufspassagen Hongkongs; zu den besten zählen Times Square (MTR-Station Causeway Bay), Pacific Place (MTR-Station Admiralty), Lee Gardens (MTR-Station Causeway Bay) und Festival Walk (MTR-Station Kowloon Tong).

CRC Department Store, Chiao Shang Building, 92 Queen's Rd, Central; Lok Sing Centre, 31 Yee Wo St, Causeway Bay. Am billigeren Ende der Preisskala angesiedelt, bietet aber eine gute Auswahl chinesischer Spezialitäten wie Heilkräuter, Lebensmittel, Porzellan und Kunstgewerbe.

Lane Crawford, 70 Queen's Rd, Central; One Pacific Place, 88 Queensway, Admiralty; Times Square, 1 Matheson St, Causeway Bay. Hongkongs ältestes Kaufhaus im westlichen Stil.

Mitsukoshi, Hennessy Centre, 500 Hennessy Rd, Causeway Bay. Wer noch nie in Japan war, bekommt hier einen echten Vorgeschmack. Eines der elegantesten Geschäfte in Causeway Bay.

SOGO, East Point Centre, 555 Hennessy Rd, Causeway Bay. Ein weiteres japanisches Kaufhaus mit makellos präsentierten Waren auf 10 Etagen, mit japanischem Supermarkt.

Wing On, 26 Des Voeux Rd, Central. Eine von mehreren Filialen des alteingesessenen Geschäftes mit Niederlassungen in der gesamten Sonderverwaltungsregion Hongkong. Eher Alltagsprodukte als Luxusartikel.

Yue Hwa Chinese Products Emporium, 54-64 (Hauptniederlassung) und 301-309 Nathan Rd, Yau Ma Tei, dazu weitere Filialen. Chinesisches Kaufhaus mit Schwerpunkt auf Textilien aus Seide, Arzneien und Lebensmitteln.

SCHMUCK – Hongkonger beiderlei Geschlechts lieben Schmuck – je glitzernder, desto besser. Da nimmt es nicht wunder, dass es buchstäblich Tausende Juweliere in der Stadt gibt. Einige bieten Stücke an, die eine bemerkenswerte Ähnlichkeit mit den Kreationen der berühmten internationalen Schmuckhäuser aufweisen. Die Preise sind günstig, sodass man hier endlich zuschlagen kann, wenn man bereits seit langem mit dem Gedanken spielt, sich ein schönes Schmuckstück zuzulegen. Es empfiehlt sich, die Angebote zu vergleichen, denn die Geschäfte verlangen bisweilen abenteuerlich unterschiedliche Preise für ein- und dasselbe Stück. Die meisten Juweliere lassen ein wenig mit sich handeln. Die kostenlose *HKTB*-Broschüre *Shopping Guide to Jewellery* hilft bei der Auswahl.

Gallery One, 31-33 Hollywood Rd, Central. Riesige Auswahl an Halbedelsteinen und Schmuck.

Arrangements nach Wunsch aus Bernstein, Amethyst, Tigerauge, Quarzkristal u.v.m.
Kai-Yin Lo Ltd, Floor 3, Pacific Place; Shop 11A, *Peninsula Hotel.* Hongkongs bekanntester Schmuckdesigner arbeitet mit alter Jade und Halbedelsteinen. Teuer, aber schön anzusehen.
Opus Collections, Ground Floor, Tak House, 5-11 Stanley St, Central, ✆ 28682801. Edler Schmuck, Uhren und Füllfederhalter.
Peter Choi Gems & Jewellery, Shop 224A, *Hong Kong Hotel,* 3 Canton Rd, Kowloon. Juwelier direkt am Haupteingang zum Ocean Terminal mit vielen schönen und schlichten Designs, etlichen Klassikern und breitem Preisspektrum. Peter Choi lässt ein wenig mit sich handeln.

Aktivitäten

GOLF – Die einfachste Art, an eine Runde Golf auf den stets gut gefüllten Anlagen Hongkongs zu kommen, bietet sich wahrscheinlich im Rahmen der von der *HKTB* (s.S. 829, Informationen) angebotenen Golftour, die inkl. Transport und Eintrittsgeld mit rund $500 zu Buche schlägt.
Clearwater Bay Golf and Country Club, ✆ 2719 1595.

KAMPFKUNST – Taijiquan wird in allen öffentlichen Parks praktiziert. Allgemeine Informationen zu asiatischen Kampfsportarten erteilt die ***HK Chinese Martial Arts Association,*** ✆ 2394 4803.

MARATHON – Wer sich für eine Teilnahme am Hongkong-Marathon interessiert, der jährlich im Januar stattfindet, wendet sich an die ***HK Amateur Athletic Association,*** ✆ 25048215.

SCHWIMMEN – Die öffentlichen Schwimmbäder sind oft überfüllt, und das Wasser ist nicht immer das sauberste. Wer dennoch das Bedürfnis hat:
Kowloon Park, Nathan Rd, Tsim Sha Tsui. Eines der zentralsten öffentlichen Bäder. ⌚ tgl. 6.30–21 Uhr, Eintritt Erwachsene $19, Kinder $8.
Victoria Park, Causeway Bay, ⌚ tgl 6.30–22 Uhr, Eintritt Erwachsene $19, Kinder $8.

SEGELN – ***Hong Kong Yachting Association,*** ✆ 25048158.

TENNIS – Die Platzmiete beträgt in der Regel $40 pro Std., Privatunterricht (an den Plätzen nachfragen) kostet ca. $350 pro Std. Öffentliche Tennisplätze:
Hong Kong Tennis Centre, Wong Nai Chung Gap Rd, ✆ 25749122.
King's Park, Kowloon, ✆ 23888154.
Victoria Park, ✆ 25706186.

WANDERN – Eine unter vielen Möglichkeiten ist der MacLehose Trail, der insgesamt 100 km durch die New Territories führt, von Tuen Mun im Westen bis zur Halbinsel Sai Kung im Osten.
Informationen erteilen der ***HKTB*** (s.S. 829, Informationen) oder die ***Country and Marine Parks Branch,*** Floor 12, 393 Canton Rd, Tsim Sha Tsui, Kowloon, ✆ 27332132, ⌚ Mo–Fr 9–17, Sa 9–12 Uhr.

WINDSURFEN – ***Windsurf Centre,*** Kwun Yam Wan Beach, Cheung Chau, bietet Brettverleih und Unterricht.

Touren

Der *HKTB* veranstaltet eine Reihe interessanter Touren zu verschiedenen Themen, darunter die „Sports and Recreation Tour" (s.S. 806, Clear Water Bay) oder die „Come Horse-racing Tour". Solche Ausflüge machen eine Menge Spaß, richten sich aber vorwiegend an eine Klientel mit wenig Zeit und viel Geld. Über Einzelheiten informieren die *HKTB*-Broschüren.
Es gibt noch zahlreiche andere **Veranstalter,** die organisierte Touren anbieten. In den Broschüren, die in der Nähe der Star-Ferry-Ticketschalter ausliegen, wird für Hafenrundfahrten, Shopping-Touren nach Shenzhen, Fahrten in die New Territories, nach Kowloon, in das Feuchtgebiet Mai Po oder zur Delphinbeobachtung geworben. Hubschrauberrundflüge und Heli-Hiking-Touren in die New Territories werden ebenfalls angeboten: ✆ 28020200, 💻 www.heliservices.com.hk.
Eine nette Idee ist auch das Chartern einer Dschunke für ein paar Stunden, wenn man die Kosten auf eine Gruppe von 10 Pers. aufteilt: 💻 www.panaoceans.com.

Sonstiges

AUTOVERMIETUNGEN – Theoretisch kann man in Hongkong Autos mieten, was aber absolut unnötig und wirklich nicht ratsam ist. Taxis sind weitaus billiger und bequemer, wenn es nicht gerade eine Limousine mit Chauffeur sein muss.

BIBLIOTHEKEN – ***British Council,*** 1 Supreme Court Rd, Admiralty, ✆ 291355005. Zum Komplex gehört eine Bibliothek mit einer Auswahl an englischsprachigen Zeitungen, Videos und Hörbüchern. ⌚ Mo–Fr 12–20, Sa 10.30–17.30 Uhr.
City Hall High Block, Edinburgh Place, Central. Wichtigste englischsprachige Bibliothek Hongkongs. ⌚ Mo–Fr 10–21, Sa 10–17, So 10–13 Uhr.

DIPLOMATISCHE VERTRETUNGEN –
Australien, Floor 23, Harbour Centre, 25 Harbour Rd, Wan Chai, ✆ 28278881.
China, Floor 5, China Resources Bldg, Lower Block, 26 Harbour Rd, Wan Chai, ✆ 28271881.
Deutschland, Generalkonsulat, United Centre, 21st floor, 95 Queensway, Central, ✆ 21058777 und 21058788, 📠 28652033.
Indien, 504 Admiralty Centre, Tower One, 18 Harcourt Rd, Admiralty, ✆ 25284028.
Japan, Floor 46, One Exchange Square, Central, ✆ 25221184.
Korea, Floor 5, Far East Financial Centre, 16 Harcourt Rd, Central, ✆ 25294141.
Malaysia, Floor 23, Malaysia Building, 50 Gloucester Rd, Wan Chai, ✆ 25270921.
Neuseeland, Room 2705, Jardine House, Connaught Rd, Central, ✆ 28774488.
Österreich, Generalkonsulat, Room 21, Wang Kee Building, 34 Connaught Rd, Central, ✆ 2522 8086, 📠 25218773.
Philippinen, Floor 6, United Centre, 95 Queensway, Admiralty, ✆ 28238500.
Schweiz, Generalkonsulat, Room 3703, Gloucester Tower, The Landmark, 11 Pedder St, ✆ 2522 7147, 📠 28452619.
Taiwan, Floor 4, East Tower, Lippo Centre, 89 Queensway, Admiralty, ✆ 25258315.
Thailand, Floor 8, Fairmont House, 8 Cotton Tree Drive, Central, ✆ 25216481.
Vietnam, Floor 15, Great Smart Tower, 230 Wan Chai Rd, Wan Chai, ✆ 22914510.

FESTE – Allgemeine chinesische Feste wie Neujahr und Mittherbst werden in Hongkong mit ebenso viel, wenn nicht mit noch mehr Begeisterung gefeiert als auf dem Festland. Es gibt darüber hinaus auch einige Hongkong-spezifische Feste:
Ende April oder Mai: Tin-Hau-Fest zu Ehren der Göttin des Meeres mit zahlreichen Festivitäten auf dem Wasser, v.a. in der Joss House Bay auf der Halbinsel Sai Kung (s.S. 806).
Mai: Tai-Chiu-Fest (englisch Bun Festival) auf der Insel Cheung Chau.
Anfang Juni: Beim Drachenbootfest Tuen Ng liefern sich lange, schmale Boote spannende Rennen an diversen Schauplätzen im gesamten Territorium.

FUNDSACHEN – Wer etwas im Taxi vergessen hat, kann den Verlust unter der Rufnummer ✆ 2389 8288 melden. Vorab wird eine happige Gebühr für die Suche verlangt, deren Fundstatistik nicht gerade optimistisch stimmt. Alternativ dazu kann man sich auch an die allgemeine Auskunft der Polizei wenden (s.S. 829, Notfall).

GELD – Allgemeine Öffnungszeiten für Banken: ⌚ Mo–Fr 9–16.30, Sa 9–12.30 Uhr, doch Vorsicht: Viele Banken verlangen eine saftige Provision beim Einlösen von Reiseschecks. Zu den Kreditinstituten, die in der Regel keine Provision kassieren, zählen die Banken ***Hang Seng, Wing Lung*** und ***Wing On.*** Die offiziellen Wechselstuben hingegen, die einschließlich sonntags rund um die Uhr ihre Dienste anbieten, verlangen bisweilen keine Provision, bieten dafür aber oft einen sehr schlechten Kurs, und die Schilder „No Commission" (keine Provision) beziehen sich in vielen Fällen nur auf den Verkauf von Hongkong-Dollar. Die Wechselstuben an der Nathan Rd sind auf jeden Fall zu meiden, vor dem Wechseln größerer Summen sollte man sich stets den genauen Gegenwert ausrechnen lassen, denn die Kurse variieren zum Teil beträchtlich. Geldautomaten gibt es in allen Ecken und Winkeln der Sonderverwaltungsregion.
American Express – Ground Floor, New World Tower, 16-18 Queen's Rd, Central, ✆ 28017300. Scheckverlust melden unter ✆ 28859331. ⌚ Mo–Fr 9–17.30, Sa 9–12 Uhr.

GEPÄCKAUFBEWAHRUNG – Schalter befinden sich in der Abflug-Lounge am **Flughafen**, ◷ tgl. 6.30–1 Uhr, sowie an den Airport-Express-Stationen **Central** und **Kowloon**. Alternativ dazu kann das Gepäck auch im Guesthouse oder Hotel hinterlegt werden, sofern Betreiber und allgemeine Sicherheitsbedingungen vertrauenswürdig erscheinen. Münzschließfächer gibt es im **HK China Ferry Terminal** in Tsim Sha Tsui.

INFORMATIONEN – ***Hong Kong Tourism Board (HKTB),*** mehrere Schalter am Flughafen (Ankunftsbereich, Hallen vor der Zollabfertigung und Transferbereich, ◷ tgl. 8–18 Uhr). Ein so genannter Cyberlink bietet täglich rund um die Uhr Internet-Zugang zur sehr nützlichen Website „City of Life" unter 💻 www.discoverhongkong.com. Am Flughafen ist *HKTB*-Personal ständig auf der Suche nach Neuankömmlingen, so dass man die Schalter gar nicht erst selbst suchen muss. In Downtown Hongkong gibt es noch 2 weitere *HKTB*-Büros ohne Telefonauskunft: im Star Ferry Terminal von Tsim Sha Tsui, ◷ tgl. 8–18 Uhr, und im Erdgeschoss von The Centre, 99 Queen's Rd Central, Hong Kong Island, ◷ tgl. 8–18 Uhr, plus Cyberlink.
Der *HKTB* veröffentlicht mehr Informationsschriften, Broschüren, Flugblätter und Landkarten als die ganze Volksrepublik China zusammen, und die meisten sind sogar gratis. Zudem beschäftigt die Institution hilfsbereite, gut Englisch sprechende Mitarbeiter und unterhält eine mehrsprachige **Besucher-Hotline**, ✆ 25081234, ◷ tgl. 8–17 Uhr. Im Mittelpunkt des monatlich erscheinenden Programms steht nach dem Rotationsprinzip jeweils einer der 18 Bezirke der Sonderverwaltungsregion Hongkong. Im *HKTB*-Blatt *Meet the People* werden u.a. kostenlose Kurse in Fengshui und chinesischer Teekunst angeboten.
Die vom *HKTB* herausgegebenen und die in diesem Reiseführer abgedruckten **Stadtpläne und Landkarten** dürften für die meisten Zwecke ausreichen; detaillierte Karten (z.B. der *Hong Kong Guide* im Taschenbuchformat mit allen wichtigen Buslinien) sind in den englischsprachigen Buchhandlungen erhältlich (s.S. 825, Bücher).

INTERNET – Dank gebührenfreier Ortsgespräche innerhalb Hongkongs und starker Konkurrenz unter den Breitband-Providern überrascht es kaum, dass man im gesamten Territorium zu äußerst geringen Kosten ins Internet kommt. Cafés wie ***MiX*** und ***Pacific Coffee*** bieten sogar 15–30 Min. Gratiszugang für jeden Gast, der etwas bestellt.

MEDIEN – Neben den englischsprachigen **TV-Sendern** *Pearl* und *ATV* bieten viele Hotels auch Satelliten- und Kabel-TV an. Im **Radio** belegt der *BBC World Service* in Hongkong die Frequenz 675 kHz (AM). Zu den wichtigsten **Zeitungen** Hongkongs zählen die großformatige Boulevardzeitung *South China Morning Post* (plus *Sunday Morning Post*), *The Standard* (Boulevardblatt mit Schwerpunkt Wirtschaft) und die *China Daily*, die sich vorwiegend mit Themen der Volksrepublik China beschäftigt.

MEDIZINISCHE HILFE – Die folgenden staatlichen Krankenhäuser haben rund um die Uhr geöffnete Unfallstationen mit kostenloser Behandlung:
Princess Margaret Hospital, Lai King Hill Rd, Lai Chi Kok, Kowloon, ✆ 29901111.
Queen Mary Hospital, Pokfulam Rd, Hong Kong Island, ✆ 28553111.

NOTFALL – **Krankenwagen**, ✆ 999.
Polizei (allgemeine Auskünfte) ✆ 28602000.
Verbrechensbekämpfung und Beschwerden über Taxifahrer, ✆ 25277177.

POST – **Hauptpost Hong Kong Island**: 2 Connaught Place, Central, ✆ 29212222, unmittelbar westlich des Star Ferry Terminal und nördlich des Jardine House (der Turm mit den Bullaugenfenstern), ◷ Mo–Fr 8–18, Sa und So 8–14 Uhr. Auch Poste Restante wird hier gelagert, ◷ Abholung Mo–Sa 8–18 Uhr, sofern nicht spezifisch „Kowloon" in der Anschrift erscheint.
Hauptpost Kowloon: 10 Middle Rd, Tsim Sha Tsui, ✆ 23664111.
In beiden Postämtern gibt es Geschäfte, die Päckchen, Packband und Kleber verkaufen, damit alles vor Ort versandfertig gemacht werden kann.

REISEBÜROS – In Hongkong gibt es sehr viele preiswerte Reisebüros, doch auch die billigeren

Hostels bieten oft nützliche Kontakte und aktuelle Informationen über preiswerte Reisen. Interessant sind auch die Kleinanzeigen in der *South China Morning Post*.

CITS, Room 1213-15, Floor 13, Tower A, New Mandarin Plaza, 14 Science Museum Rd, Tsim Sha Tsui East, ✆ 27325888, ℻ 27217204. Das staatliche chinesische Reisebüro ist eine der ersten Anlaufstellen für Zugfahrkarten, Touren, Flüge und Visa für Reisen in die Volksrepublik China.

CTS, Hauptniederlassung Floor 4, CTS House, 78-83 Connaught Rd, Central, ✆ 27895401. Bietet in etwa den gleichen Service wie *CITS,* ist aber insgesamt die freundlichere Alternative. *CTS* vermittelt auch Hotelzimmer und organisiert die Weiterreise von Hongkong nach Macau und in alle größeren chinesischen Städte.

Hong Kong Student Travel Ltd, Hang Lung Centre, Yee Wo St, Causeway Bay, ✆ 28339909. Sehr günstiger Reiseanbieter.

Shoestring Travel Ltd, Flat A, Floor 4, Alpha House, 27-33 Nathan Rd, ✆ 27232306, ℻ 2721 2085. Ebenfalls Reisen zu besonders günstigen Tarifen.

SPORT – **Pferderennen**: s.S. 792, Happy Valley.

Rugby: ***Hong Kong Rugby Football Union,*** ✆ 2504 8300, bietet Informationen zu dem jährlich über Ostern stattfindenden, internationalen Turnier „Rugby Sevens".

TELEFON – Da alle Ortsgespräche gebührenfrei sind, kann man die Telefone in den Hotel-Lobbys und Restaurants in der Regel ohne weiteres benutzen. Bei Münzfernsprechern gilt ein Tarif von $1 für 5 Min.

Innerhalb Hongkongs gibt es keine unterschiedlichen Telefonvorwahlen.

Aus dem Ausland: internationale Vorwahl + 852 für Hongkong + Nummer des Teilnehmers.

Aus Macau: 01 + Nummer des Teilnehmers.

Vom chinesischen Festland: 00 + 852 + Nummer des Teilnehmers.

Auslandsgespräche im Direktwählverfahren: ✆ 10013 anrufen oder eines der folgenden *Hong Kong Telecom Offices* aufsuchen:

Hermes House, 10 Middle Rd, Tsim Sha Tsui, ⊙ 24 Std.

Telecom House, 3 Gloucester Rd, Wan Chai, ⊙ Mo–Fr 8–21, Sa 8–15 Uhr.

Telefonauskunft: in englischer Sprache ✆ 1081.

VERANSTALTUNGSMAGAZINE – Die inoffiziellen Veranstaltungsmagazine *HK Magazine* und *BC Magazine* liegen kostenlos in Hotels, Cafés und Restaurants aus. Besonders das neue Trends aufgreifende *HK Magazine* enthält ausgezeichnete und aktuelle Informationen über Restaurants, Bars, Clubs, Konzerte und Ausstellungen und bietet unter ✉ hk-weekend@asia-city.com.hk auch einen kostenlosen, wöchentlich erscheinenden E-Mail-Newsletter an.

Der *HKTB* gibt nicht nur die nützlichen Veranstaltungsmagazine *Hong Kong Now!* und *Essential: The Official Hong Kong Guide* heraus, die beide über sämtliche Veranstaltungen im laufenden Monat informieren, sondern auch spezielle Broschüren zum Thema Wandern, Geschichte, Feinschmecker-Restaurants und Shopping. Weitere Infos unter 💻 www.hkclubbing.com (aktueller Veranstaltungskalender der Club-Szene) sowie 💻 www. discoverhongkong.com (monatlicher Veranstaltungskalender).

VISA – Für die Einreise nach China ist ein Visum erforderlich, das in Hongkong ohne Schwierigkeiten zu bekommen ist (s.S. 785, Kasten Hongkong seit der Rückgabe sowie s.S. 16).

Alle Reisebüros und die meisten Hotels, selbst die billigsten Hostels bieten diesen Service an. Etwas billiger ist es in der Konsulatsabteilung des chinesischen Außenministeriums in der Kennedy Rd in Central, ⊙ Mo–Fr 9–16 Uhr. Wer Pech hat, steht allerdings mehrere Stunden Schlange. Die Gebühr richtet sich nach unterschiedlichen Faktoren: ein- oder zweimalige Einreise, ein- oder dreimonatiges Visum, schnelle Ausstellung (am selben Tag) oder normale Wartezeit von 2 bis 3 Tagen. Die Kosten betragen um die $200, bei Ausstellung am selben Tag können es aber auch bis zu $500 sein, ein Passfoto ist vorzulegen. Je nach Nationalität und Reisepass ist es inzwischen sogar möglich, ohne Beantragung eines Visums kurze Abstecher nach Shenzhen zu unternehmen (an der Grenze wird ein befristetes Visum ausgestellt), doch ist es ratsam, sich diesbezüglich zuvor beim Außenministerium nach den Voraussetzungen zu erkundigen. Die Vorschriften ändern sich häufig.

WÄSCHEREIEN – ***Golden Crown Court,*** Nathan Rd, einen Block nördlich der Mirador Mansions. Billiger Wäsche-Service im Erdgeschoss (den roten Eingang benutzen, Schild am Ende des Flurs). 3 kg Wäsche kosten bei Abholung am gleichen Tag $30.
Posh Wash, Floor 13, Mirador Mansions, bietet vergleichbaren Service.

Nahverkehrsmittel

Hongkongs öffentliche Verkehrsmittel sind so ausgelegt, dass sie praktisch das gesamte Territorium erschließen und daher äußerst effizient, schnell, komfortabel und relativ billig sind. So haben selbst völlige Hongkong-Neulinge nur selten Probleme, ein bestimmtes Ziel in der Stadt zu finden – einmal abgesehen von der Schwierigkeiten bei der Verständigung mit Taxifahrern oder dem Lesen der Fahrziele auf den Minibussen. Normalerweise sind alle Straßenschilder in Englisch und Chinesisch beschriftet (wobei die englischen manchmal so diskret angebracht sind, dass man sie kaum sieht). Die Fahrzeiten von den internationalen Hauptankunftspunkten ins Zentrum sind akzeptabel, häufig muss aber mit starkem Verkehrsaufkommen gerechnet werden.

BUSSE – Die in Hongkong verkehrenden Doppeldeckerbusse sind aufgrund des teilweise sehr hohen Verkehrsaufkommens nicht gerade schnell. Dafür sind sie aber recht bequem (die meisten inzwischen auch klimatisiert) und v.a. unerlässlich, um viele Fahrziele zu erreichen; das gilt besonders für die nicht an das Schienennetz angeschlossenen Gegenden an der Südküste von Hong Kong Island und in den New Territories. Bezahlt wird beim Einsteigen, wobei das Fahrgeld exakt abgezählt bereitzuhalten ist; der Betrag ist häufig auf den Fahrplänen an Bushaltestellen abgedruckt und beträgt zwischen $1,20 und $45. Der *HKTB* veröffentlicht regelmäßig aktuelle Informationen zu Busrouten mit voraussichtlicher Fahrtdauer und Preis.

Der Hauptbusbahnhof in Central befindet sich am Exchange Square, nur wenige Gehminuten westlich des Star Ferry Terminal. Einige Busse fahren aber auch schon direkt vom Star Ferry Terminal oder den westlich davon gelegenen Outlying Islands Ferry Piers ab. Der Hauptbusbahnhof in Tsim Sha Tsui (Kowloon) befindet sich direkt am Star Ferry Terminal.
Neben den großen Bussen verkehren auch die allgegenwärtigen cremeweißen **Minibusse** (rotes Dach) und **Maxicabs** (grünes Dach) die fast überall herangewunken werden können (Ausnahme: Straßen mit gelbem Doppelstreifen). Allerdings erscheinen die Fahrziele auf diesen Verkehrsmitteln nur in chinesischer Schrift. Sie sind etwas teurer als die regulären Busse, bezahlt wird in der Regel vor dem Aussteigen beim Fahrer; Wechselgeld (aber keine großen Beträge) wird nur in Minibussen herausgegeben. Die Fahrer sprechen in den seltensten Fällen Englisch.
Wichtige Busrouten:
Von Central: Nr. 6 und 6A nach Stanley über Repulse Bay, Nr. 15 zum Peak, Nr. 70 nach Aberdeen, Nr. 90 zum Ocean Park.
Von Tsim Sha Tsui (Star Ferry Terminal): Nr. 8A und 5C zum Bahnhof Hung Hom, Nr. 1 und 1A nach Mongkok , Nr. 6A zum Grabmuseum Lei Cheng Uk, Nr. 1, 1A, 2, 6, 7 und 9 zum Nachtmarkt in der Temple Street.

EISENBAHN – Die **KCR** (Kowloon-Canton Railway) ist die wichtigste oberirdische Schienenverbindung Hongkongs und dient auch als Haupttransportmittel für Pendler auf der Strecke vom Bahnhof Hung Hom in Kowloon Richtung Norden durch die New Territories bis zur Grenze nach China bei Lo Wu. Neben den Direktzügen nach Guangzhou verkehren auch zahlreiche regionale Züge zwischen Kowloon und Lo Wu; dabei ist allerdings zu beachten, dass man an der vorletzten Station Sheung Shui aussteigen muss, falls man keine gültigen Papiere für die Einreise nach China besitzt. Am Bahnhof Kowloon Tong kann man zwischen KCR und der U-Bahn MTR umsteigen.

FÄHREN – Zu den angenehmsten Aktivitäten in Hongkong zählt sicher eine Fahrt mit der **Star**

Ferry, die zwischen Kowloon und Hong Kong Island verkehrt. Vor allem bei Sonnenuntergang sind die Ausblicke auf die Hauptinsel einfach großartig, wenn sich nach und nach ein von der Gischt vernebeltes Lichtermeer entfaltet. Auf der Fähre bekommt man auch ein Gefühl für das frenetische Tempo auf Hongkongs Wasserwegen: Fähren, Dschunken, Luftkissenboote und große Schiffe tauchen kreuz und quer aus allen Richtungen auf.

Fahrgäste haben die Wahl zwischen Oberdeck ($2,20) und Unterdeck ($1,70) auf den im Abstand von wenigen Minuten zwischen Tsim Sha Tsui und Central bzw. Wan Chai verkehrenden Fähren, ⏲ tgl. 6.30–23.30 Uhr, Dauer 8 Min. Ähnlich billige und vergnügliche Überfahrten mit der Fähre sind zwischen Hung Hom und Central sowie zwischen Wan Chai und Hung Hom möglich (jeweils $5,30).

Darüber hinaus verkehren zahlreiche Fähren zwischen Hongkong und den vorgelagerten Inseln, die größtenteils von den Piers unmittelbar nördlich des Exchange Square ablegen. Samstags und sonntags weichen die im Folgenden skizzierten Fahrpläne leicht ab, und die Preise schnellen in die Höhe. Bezahlt werden kann auch mit der Octopus Card, während der so genannte Island-Hopping Pass zu einer unbegrenzten Anzahl Fahrten nach Mui Wo, Cheung Chau und Peng Chau berechtigt.

Weitere Informationen finden sich im Internet unter 💻 www.nwff.com.hk.

Fähren nach:

CHEUNG CHAU: Abfahrt erste Fähre von den Outlying Islands Ferry Piers: 6.25 Uhr, Ankunft letzte Fähre 00.30 Uhr (mind. stdl., 1 Std., Schnellboote 1/2 Std.). Zusätzlich sechs Hoverferries tgl. vom selben Anleger.

SOK KWU WAN, LAMMA ISLAND: Abfahrt erste Fähre von den Outlying Islands Ferry Piers: 7.20 Uhr, Ankunft letzte Fähre 23.40 Uhr (10x tgl., 50 Min., Schnellboote 35 Min.). Von Aberdeen: Abfahrt erste Fähre 6.45 Uhr, Ankunft letzte Fähre 22.40 Uhr (8x tgl., 1/2 Std.).

YUNG SHUE WAN, LAMMA ISLAND: Abfahrt erste Fähre von den Outlying Islands Ferry Piers: 6.45 Uhr, Ankunft letzte Fähre gegen 00.30 Uhr (mind. stdl., 40 Min., Schnellboot 25 Min.).

DISCOVERY BAY, LANTAU ISLAND: Abfahrt von den Outlying Islands Ferry Piers rund um die Uhr zwischen 6.50 Uhr und 00.30 Uhr (mind. alle 1/2 Std., Fahrzeit 25 Min.).

MUI WO (Silvermine Bay), LANTAU ISLAND: Abfahrt erste Fähre von den Outlying Islands Ferry Piers: 7 Uhr, Ankunft letzte Fähre 00.20 Uhr (mind. stdl., 1 Std.). Frühe und späte Fähren machen Zwischenstation in Peng Chau. Zusätzlich vier Hoverferries tgl., alle via Peng Chau. Von Peng Chau: Abfahrt erste Fähre 5.40 Uhr, Ankunft letzte Fähre 24 Uhr (ca. alle 2 Std., 25 Min.).

PENG CHAU: Abfahrt erste Fähre von den Outlying Islands Ferry Piers: 7 Uhr, Ankunft letzte Fähre 00.20 Uhr (etwa stdl., 50 Min.).

LIGHT RAIL TRANSIT (LRT) – Dieses separate Transportsystem ist eine Art **Straßenbahn** und verbindet die Städte Tuen Mun und Yuen Long in den New Territories miteinander, wird aber von Touristen nur selten genutzt.

MASS TRANSIT RAILWAY (MTR) – Hongkongs **U-Bahn** besteht aus vier Linien und ist tgl. von 6–1 Uhr in Betrieb. Die Island Line (auf Stadtplänen blau eingezeichnet) verläuft von Sheung Wan im Westen bis Chai Wan im Osten entlang der Nordküste von Hong Kong Island und fährt zentrale Stationen wie Central, Wan Chai und Causeway Bay an. Die Tsuen Wan Line (rot) verläuft von Central aus unter dem Hafen hindurch nach Tsim Sha Tsui und anschließend Richtung Nordwesten bis in die New Town Tsuen Wan. Die Kwun Tong Line (grün) trifft in Mongkok (Kowloon) auf die Tsuen Wan Line und beschreibt einen Bogen in östlicher Richtung, bevor sie nach Süden unter dem Hafen hindurchführt und in Quarry Bay (Hong Kong Island) auf die Island Line trifft. Schließlich verbindet die Tung Chung Line (gelb) Central mit Tung Chung und folgt dabei einer ähnlichen Route wie der Airport Express.

Einzelfahrscheine ($4–$11) können an den einfach zu bedienenden Automaten in den Bahnhöfen gekauft werden. Alternativ dazu gibt es die **Octopus Card**, Informationen unter ✆ 29938880, eine aufladbare Karte, die für MTR, KCR, LRT, Airport Express sowie einige Fähren und Busse gilt. Bei Erhalt wird ein Guthaben von $50 auf die Plastikkarte eingezahlt, neues Guthaben an den

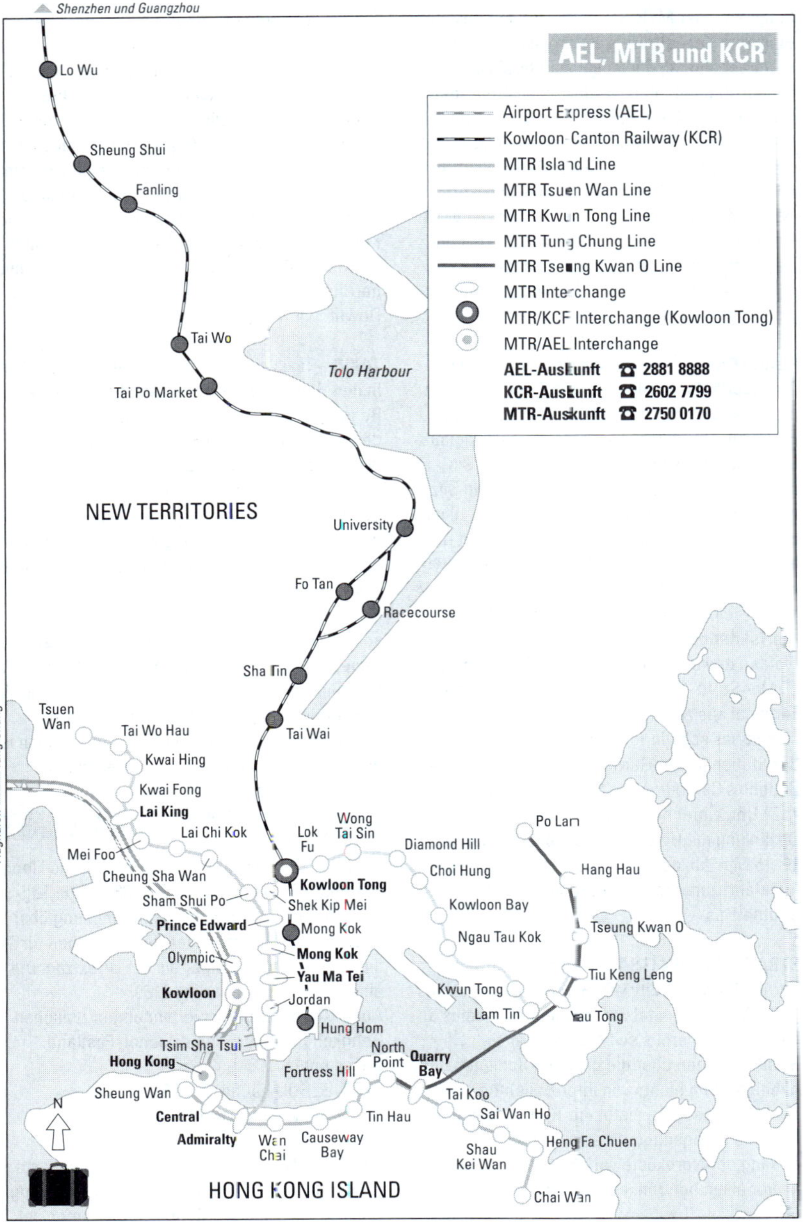
Shenzhen und Guangzhou
AEL, MTR und KCR
Airport Express (AEL)
Kowloon Canton Railway (KCR)
MTR Island Line
MTR Tsuen Wan Line
MTR Kwun Tong Line
MTR Tung Chung Line
MTR Tseung Kwan O Line
MTR Interchange
MTR/KCR Interchange (Kowloon Tong)
MTR/AEL Interchange
AEL-Auskunft 2881 8888
KCR-Auskunft 2602 7799
MTR-Auskunft 2750 0170
Lo Wu
Sheung Shui
Fanling
Tai Wo
Tai Po Market
Tolo Harbour
NEW TERRITORIES
University
Fo Tan
Racecourse
Sha Tin
Tai Wai
Tsuen Wan
Tai Wo Hau
Kwai Hing
Kwai Fong
Lai King
Lai Chi Kok
Mei Foo
Cheung Sha Wan
Sham Shui Po
Prince Edward
Olympic
Kowloon
Tung Chung
Flughafen
Lok Fu
Wong Tai Sin
Diamond Hill
Choi Hung
Kowloon Bay
Ngau Tau Kok
Kowloon Tong
Shek Kip Mei
Mong Kok
Mong Kok
Yau Ma Tei
Jordan
Hung Hom
Tsim Sha Tsui
Hong Kong
Sheung Wan
Central
Admiralty
Wan Chai
Causeway Bay
Tin Hau
Fortress Hill
North Point
Quarry Bay
Tai Koo
Sai Wan Ho
Shau Kei Wan
Heng Fa Chuen
Chai Wan
Kwun Tong
Lam Tin
Yau Tong
Tiu Keng Leng
Tseung Kwan O
Hang Hau
Po Lam
N
HONG KONG ISLAND
HONGKONG UND MACAU

Automaten der MTR-Stationen. Bei jeder Benutzung wird der Fahrpreis elektronisch von der Karte abgebucht, die lediglich über ein gelbes Sensor-Pad gehalten werden muss. (Die Octopus Card wird übrigens auch bei *McDonald's*, *Parkn'shop*-Supermärkten, *Maxim's Restaurants* und *Seven-Eleven*-Läden akzeptiert.) Weitere Alternativen für Touristen sind die Tageskarte ($50), die zu unbegrenzten Fahrten mit der MTR berechtigt, und die 3-Tage-Karte ($220) mit unbegrenzten MTR-Fahrten innerhalb dieses Zeitraums plus einer Fahrt mit dem Airport Express vom Flughafen ins Zentrum.

PEAK TRAM – Die Fahrt mit der historischen **Standseilbahn** auf den Victoria Peak ist bereits ein Abenteuer für sich und ein Muss für jeden Hongkong-Touristen. Die Strecke ist so unglaublich steil, dass sich bisweilen das Gefühl einstellt, man läge auf dem Rücken in seinem Sitz, während der Zug die 386 Höhenmeter bis zu seiner Endstation zurücklegt. Die Fahrt dauert rund 8 Min., und unterwegs gibt es sogar einige Zwischenstationen in den Mid-Levels, die für Touristen allerdings weniger interessant sind.
Die **Talstation** der Peak Tram in Central ist am einfachsten mit dem kostenlosen Shuttle-Bus, 🕓 Mo–Sa 10–20, So 10–21 Uhr, vom Star Ferry Terminal aus zu erreichen. Zu Fuß gestaltet es sich etwas schwieriger angesichts der Lage der Station an der Garden Rd etwas südlich der St John's Cathedral. Die Peak Tram selbst, 🕓 tgl. 7–24 Uhr, einfache Fahrt $20, hin und zurück $30, Bezahlung mit Octopus Card möglich, fährt alle 10–15 Min. ab; das Ticket berechtigt auch zur Rückfahrt zum Star Ferry Terminal mit dem Shuttle-Bus.

STRASSENBAHN (TRAM) – In einer ultramodernen Hightech-City wie Hongkong mag dieses uralte Verkehrsmittel wie ein Anachronismus anmuten, doch bereits seit 1904 rattern die Straßenbahnen über die gleichen Schienen und haben bislang nichts von ihrer Beliebtheit eingebüßt. Besuchern bietet die Tram eine hervorragende Gelegenheit für eine Besichtigungsfahrt entlang der Nordküste von Hong Kong Island, eine vor allem bei Dunkelheit überaus spannende Route.

Die Straßenbahnen verkehren zwischen Kennedy Town im Westen und Shau Kei Wan im Osten und passieren dabei die Bezirke Central, Wan Chai und Causeway Bay (einige fahren auch über Happy Valley, zu erkennen an der Frontbeschriftung des Zuges). Der Einstieg ist hinten, bezahlt wird vor dem Aussteigen, indem man Geld in den dafür vorgesehenen Behälter beim Fahrer wirft (Erwachsene $2, Senioren und Kinder $1; keine Herausgabe von Wechselgeld). Wer einen Platz im Oberdeck bekommt, wird mit herrlichen Impressionen des Straßenlebens in Downtown Hongkong belohnt.

TAXIS – Taxis sind in Hongkong nicht teuer, aber in den Hauptverkehrszeiten und bei schweren Regengüssen schwer zu bekommen. Der Mindesttarif beträgt $15, zusätzlich zum Fahrpreis wird eine Mautgebühr fällig, wenn einer der Hafentunnel zwischen Kowloon und Hongkong genutzt wird. Sie beträgt je nach Tunnel $5–15 und wird vom Fahrer häufig verdoppelt – durchaus legitim, denn er muss ja wieder zurück. Viele Taxifahrer sprechen kein Englisch, sodass man in der Lage sein sollte, das Fahrziel in chinesischer Sprache auf einem Stück Papier anzuzeigen. Wer sich verfahren hat, kann den Fahrer per Zeichensprache bitten, per Funk die Zentrale zu verständigen, wo sicher jemand Englisch spricht. Auf Hong Kong Island und in Kowloon ist das Anlegen des Sicherheitsgurtes Pflicht.

Transport

BUSSE – ***Citybus***, Room 28, Lower Ground Floor, 33 Canton Rd, Tsim Sha Tsui, ✆ 28730818. Täglich fahren mehrere Busse von Hongkong über Shenzhen nach Guangzhou. Sie benötigen für die Strecke etwas länger als der Direktzug. Die einfache Fahrt kostet rund $150.
Auch ***CTS*** betreibt Busverbindungen zwischen Hongkong und dem chinesischen Festland.
Busse nach:
GUANGZHOU häufig, 3 1/2 Std.;
SHENZHEN häufig, 1 Std.

EISENBAHN – Die Eisenbahn ist die wichtigste Landverbindung zwischen China und Hongkong. Die Express-Züge aus Guangzhou kommen am

östlich von Tsim Sha Tsui gelegenen **Bahnhof Hung Hom** an (Fahrplaninformationen unter ✆ 26027799), der auch als **Kowloon-Canton Railway Station** bzw. KCR bezeichnet wird. Von dort aus führen ausgeschilderte Fußgängerwege zum angrenzenden Busbahnhof, Taxistand und 10 Gehminuten entfernten Fähranleger Hung Hom Ferry Pier. Wer nach Tsim Sha Tsui möchte, nimmt Bus Nr. 5C zum Star Ferry Terminal; wer Hong Kong Island zum Ziel hat, begibt sich auf die Fähre über den Hafen nach Wan Chai bzw. Central.
Eine billigere Alternative führt zunächst mit dem **Regionalzug** von Guangzhou zur chinesischen Grenzstadt Shenzhen, geht dann zu Fuß über die Grenze nach Lo Wu auf der Hongkong-Seite und nimmt von dort aus einen der regulären KCR-Züge nach Kowloon. Dabei ist allerdings zu berücksichtigen, dass die Grenzabfertigung durch die Beamten der Volksrepublik China zwischen 10 Minuten und 2 1/2 Stunden dauern kann; mit besonders langen Wartezeiten muss freitags, am Wochenende und an Feiertagen gerechnet werden. Die Fahrt von der Grenze ins Zentrum von Hongkong dauert ca. 50 Minuten.
Der einfachste Weg von Hongkong nach China ist der **Direktzug nach Guangzhou**. Es fahren mehrere Züge täglich, die einfache Fahrt dauert knapp 3 Std. und kostet $230. Tickets können im Voraus gebucht werden bei *CTS*, ✆ 27895401, 💻 www.chinatravelone.com, man kann sie aber auch am Reisetag am Bahnhof Hung Hom kaufen. Auch hier gibt es eine billigere Alternative: mit dem KCR nach Lo Wu, zu Fuß über die Grenze nach Shenzhen und von dort mit einem der stündlich abfahrenden Züge nach Guangzhou. Die Tickets können problemlos in Hongkong-Dollar gekauft werden und kosten ca. $100.
Züge nach:
GUANGZHOU 4x tgl., 3 Std.;
LO WU (KCR-Linie nach Shenzhen) häufig, 1 Std.

FÄHREN – Die Anreise per Schiff ist ein großartiges Erlebnis, wenn man zum ersten Mal nach Hongkong kommt. Es gibt zwei große internationale Fähranleger, einen für Fähren von und nach Macau und einen für Verbindungen mit anderen chinesischen Häfen.
Der **Hong Kong Macau Ferry Terminal** befindet sich im Shun Tak Centre auf Hong Kong Island und bietet direkten Zugang zur MTR-Station Sheung Wan (Informationen über Reisen von und nach Macau, s. S. 853).
Der riesige, goldfarbene **Hong Kong China Ferry Terminal** liegt westlich von Tsim Sha Tsui, nur 10 Gehminuten von der Nathan Rd entfernt, und ist Knotenpunkt für Fährverbindungen mit zahlreichen chinesischen Städten, darunter Fernziele wie Shanghai, Guangzhou, Shekou, Guilin (via Wuzhou), Xiamen, Zhaoqing und Zhongshan sowie Regionalziele wie Shenzhen, Macau und Zhuhai. Die im Allgemeinen sauberen und bequemen Langstreckenfähren bieten die stressfreieste Art der Anreise für alle China-Neulinge. Die Ticketpreise unterscheiden sich je nach Klasse, sind aber absolut bezahlbar: Fahrkarten nach Shanghai gibt es ab $1000, nach Xiamen ab $500.
Eine Anlegestelle für internationale **Kreuzfahrtschiffe** ist der Ocean Terminal in Tsim Sha Tsui.
TurboJet, Informationen unter ✆ 28593333, bis zu 28 Tage Vorausbuchung unter ✆ 29216688 💻 www.turbojet.com.hk.
Fähren nach:
GUANGZHOU 2x tgl., 2 Std.;
MACAU häufig, 1 Std.;
SHANGHAI wöchentl., 60 Std.;
SHEKOU 4x tgl., 3/4 Std.;
SHENZHEN FLUGHAFEN 6x tgl., 1 Std.;
WUZHOU tgl., 10 Std.;
XIAMEN 4x wöchentl., 20 Std.;
ZHUHAI tgl., 1 Std.

FLÜGE – Als Teil eines gigantischen Bauvorhabens mit einem Volumen von $155,3 Mrd. wurde 1998 der neue internationale **Flughafen** von Hongkong in **Chek Lap Kok** auf der Insel Lantau eröffnet. Er liegt zwar ein gutes Stück weiter außerhalb als der alte Flughafen **Kai Tak**, doch mit der ausgezeichneten, zeitgleich entstandenen Schienen- und Straßenanbindung sind die Fahrzeiten nur unwesentlich länger. Aber es gibt einen Punkt, in dem es der Hong Kong International Airport nicht mit seinem Vorgänger aufnehmen kann, nämlich mit dem haarsträubenden Anflug, der den alten Flughafen Kai Tak so einzigartig machte: Im Tiefflug ging es mitten durch eine Hochhausschlucht, bevor der Flieger nach einem dramatischen Wendemanöver in letzter

Minute auf einer Landebahn im Victoria Harbour aufsetzte.
Die schnellste Verbindung vom Flughafen in die Stadt bietet der Hochgeschwindigkeitszug **Airport Express (AEL)**, ✆ 28818888. Die Bahnsteige verfügen über eine direkte Anbindung an die Ankunfts- und Abflughalle, klimatisierte Züge transportieren die Fahrgäste in nur 23 Minuten nach Central (Fahrpreis $100), mit Zwischenstopps in Tsing Yi (12 Min., $60) und Kowloon (19 Min., $90). Die Züge verkehren täglich etwa alle 8 Minuten zwischen 5.50 und 1 Uhr. Vor den AEL-Bahnhöfen gibt es Haltestellen für Taxis, Busse und die Shuttle-Busse der großen Hotels (Abfahrt ca. alle 20 Min.). **Gepäckaufbewahrungsschalter** befinden sich in den AEL-Bahnhöfen Hong Kong und Kowloon, ✆ 28683190, ◷ tgl. 6–1 Uhr.
Zu weiten Teilen parallel zum Airport Express verläuft die ebenfalls im Abstand von 8 Min. verkehrende **Tung Chung Line**. Sie ist als langsamere Pendlerlinie konzipiert und hält zusätzlich zu den AEL-Bahnhöfen an fünf weiteren Stationen. Praktisch ist diese Linie für gewisse Ziele in den New Territories oder als preisgünstiges Transportmittel ins Zentrum ($23), doch zunächst muss man mit Bus Nr. S51 oder S61 vom Flughafen nach Tung Chung fahren ($4).
Eine weitere Alternative für die Fahrt vom Flughafen in die Stadt und zu den meisten Hotels ist der Bus. Es existieren sechs so genannte **Airbus-Linien**, deren Abfahrtspunkte in der Abfertigungshalle deutlich ausgeschildert sind.
Tickets gibt es bereits an den Service-Schaltern am Flughafen, wo man Wechselgeld herausbekommt, während im Bus selbst nur mit abgezähltem Geld bezahlt werden kann. Alle sechs Linien haben regelmäßige Abfahrtszeiten zwischen 6 und 24 Uhr und jede Menge Platz für Gepäck. Die durchschnittliche Fahrzeit beträgt rund 1 Std. Folgende **Routen** stehen zur Auswahl:
Nr. A11 und A12 nach Causeway Bay auf Hong Kong Island über Sheung Wan, Central, Admiralty und Wan Chai. Bus Nr. A12 fährt weiter nach Fortress Hill, North Point Quarry Bay und Tai Koo.
Nr. A21 zum KCR-Bahnhof in Kowloon über Tsim Sha Tsui, Jordan, Yau Ma Tei und Tai Kok Tsui (mit Zwischenstation Chungking Mansions).
Nr. A22 nach Kowloon und zur MTR-Station Lam Tin über Kwung Tong, Ngau Tau Kok, Kowloon Bay, Kowloon City, To Kwa Wan, Hung Hom und Jordan.
Nr. A31 und A41 in die New Territories, Bus Nr. A31 hält an der MTR-Station Tsuen Wan, Kwai Chung Rd, Kwai Fong, Tsing Yi Rd, Bus Nr. A41 fährt nach Sha Tin.
Darüber hinaus gibt es noch 21 billigere **Citybus-Linien**, die vorwiegend von Einheimischen genutzt werden und teilweise rund um die Uhr in Betrieb sind.
Taxis in die Stadt verfügen über Taxameter und sind zuverlässig (s.S. 831, Nahverkehrsmittel). Es kann nicht schaden, sich die Bezeichnung des Fahrziels am Service-Schalter in der Halle vor der Zollabfertigung am Flughafen in chinesischer Schrift aufschreiben zu lassen, um Kommunikationsproblemen mit dem Fahrer vorzubeugen; die englischen Namen der meisten Hotels dürften den Fahrern aber bekannt sein. Eine Taxifahrt kostet rund $290 nach Tsim Sha Tsui und ca. $350 nach Hong Kong Island, Zuschläge können für Gepäck und als Mautgebühr für den Tunnel erhoben werden. In der Rushhour muss mit erheblich längeren Fahrzeiten gerechnet werden, vor allem wenn ein Hafentunnel nach Hong Kong Island auf der Strecke liegt.
Im Gegensatz zu Kai Tak ist der neue Flughafen rund um die Uhr geöffnet, doch bei Abflug frühmorgens oder spät in der Nacht kann der **Transport zum Flughafen** ein Problem werden, denn zwischen Mitternacht und 5.50 Uhr verkehren keinerlei Schienenfahrzeuge. Die einzige Alternative neben den vier Nachtbuslinien ist dann ein Taxi.
Auf dem Luftweg ist Hongkong mit fast allen chinesischen Großstädten verbunden. Den Transport übernehmen regionale chinesische Fluggesellschaften wie ***China Southern*** und ***China Northwest***, in geringerem Umfang auch die teurere, in Hongkong beheimatete ***Dragonair***. Es ist ratsam, sich vor Reiseantritt gründlich zu informieren, denn die Preise können drastisch voneinander abweichen, selbst die großen Fluggesellschaften bieten häufig attraktive saisonal gültige Sonderangebote.
Wer Hongkong auf dem Luftweg verlässt, muss eine **Flughafensteuer** von derzeit $80 entrichten,

die fast immer im Preis enthalten ist, wenn das Ticket in Hongkong gekauft wurde. Ist die Steuer nicht inbegriffen, muss sie beim Einchecken bar bezahlt werden. Es ist auch möglich, bis zu 90 Minuten vor Abflug am Bahnhof Hong Kong Station einzuchecken, wenn man zuvor ein AEL-Ticket gekauft hat.

Fluggesellschaften: ***Air India***, Room 3008/3009, The Centre, 99 Queen's Rd, Central, ✆ 25221176.
British Airways, Floor 24, Jardine House, Exchange Square, Central, ✆ 28229000.
Cathay Pacific, Floor 35, Two Pacific Place, 88 Queensway, Admiralty, ✆ 27471888.
Dragonair, Room 601-603, Wheelock House, 20 Pedder St, Central, ✆ 25901188.
JAL, Floor 20, Gloucester Tower, Pedder St, Central, ✆ 25230081.
KLM, Room 2201-2203, World Trade Centre, 280 Gloucester Rd, Causeway Bay, ✆ 28082111.
Korean Air, Floor 11, Tower Two, South Seas Centre, 75 Mody Rd, Tsim Sha Tsui East, ✆ 2368 6221.
Malaysia Airlines, Central Tower, Queens Rd, Central, ✆ 25218181.
Qantas, Room 3701, Jardine House, 1 Connaught Place, Central, ✆ 28421438.
Singapore Airlines, Floor 17, United Centre, 95 Queensway, Admiralty, ✆ 25202233.
Thai International, Floor 24, United Centre, 95 Queensway, Admiralty, ✆ 28766888.
United Airlines, Floor 29, Gloucester Tower, The Landmark, 11 Pedder St, Central, ✆ 28104888.

Flüge nach:
BEIJING mehrmals tgl., 4 Std.;
CHENGDU 1x tgl., 2 1/2 Std.;
FUZHOU 3–4x tgl., 1 Std.;
GUANGZHOU 4x tgl., 1/2 Std.;
GUILIN 2x tgl., 1 Std.;
HAIKOU 2x tgl., 1 Std.;
HANGZHOU 2x tgl., 2 Std.;
KUNMING 1x tgl., 2 Std.;
NANJING 2x tgl., 2 Std.;
NINGBO 1x tgl., 2 Std.;
SHANGHAI 10x tgl., 2 Std.;
SHENYANG 4x wöchentl., 3 1/2 Std.;
TIANJIN 1x tgl., 3 Std.;
WUHAN 1x tgl., 1 1/2 Std.;
XIAMEN 3x tgl., 1 Std.;
XI'AN 1x tgl., 2 1/2 Std.

Macau

60 km westlich von Hongkong liegt auf der anderen Seite der **Perfluss-Mündung** die winzige, ehemals portugiesische Enklave Macau. Ein dünnes Scheibchen Festland und zwei kleine Inseln bedecken insgesamt lediglich 26 km² Landfläche, von der auch noch ein beträchtlicher Teil dem Meer abgerungen wurde. Damit ist das Territorium geografisch und wirtschaftlich ein Knirps im Vergleich zu seinem boomenden Nachbarn auf der anderen Seite des Flusses. Folgerichtig ging auch die Rückgabe Macaus an China im Jahr 1999 mit wesentlich weniger Dramatik und Kontroversen vonstatten als im Falle Hongkongs zwei Jahre zuvor. Wie beim großen Bruder besteht die Mehrheit der Bevölkerung aus Kantonesisch sprechenden Chinesen, von denen einige noch jeden Tag zum Fischen aufs Meer hinausfahren. Die Atmosphäre in Macau unterscheidet sich aber nicht nur deutlich von Hongkong, sondern auch von anderen Teilen Südchinas. Cafés unter freiem Himmel, wohlklingende portugiesische Ortsnamen, mediterran anmutende Plätze, zahlreiche lusitanische Restaurants und nicht zuletzt die eine oder andere Palme lassen einen deutlich spürbaren südeuropäischen Wind durch Macaus Straßen wehen.

Dessen ungeachtet ist Macau in den Augen der meisten nicht mehr als ein riesiges **Spielkasino**. Dafür sorgt die liberale Gesetzgebung, die Millionen Zocker aus dem nahe gelegenen Hongkong (und zunehmend auch aus Shenzhen und Guangzhou) in das Territorium lockt. Derzeit hält noch Dr. Stanley Ho das Monopol, doch nach einer weiteren Lockerung der Glücksspielgesetze im Jahr 2002 sorgen zwei große US-Investoren aus Las Vegas erstmals für ernsthafte Konkurrenz aus dem Ausland. Infolge der kolossalen Glücksspielindustrie wird so viel Geld in die Stadt gepumpt, dass auch in Macau inzwischen Bauvorhaben im großen Stil angestrengt werden, darunter ein eigener (überdimensionierter) **internationaler Flughafen** auf der Insel Taipa, neue Hoteltürme, Schnellstraßen, Brücken und sogar große Landgewinnungsprojekte wie im benachbarten Hongkong.

Doch auch wer nichts mit Glücksspiel am Hut hat, findet in Macau viel Sehenswertes vor. Die koloniale Geschichte ist fast 300 Jahre älter als die Hongkongs, und auch heute noch zeugen davon zahlreiche **historische Gebäude**. Alte Festungen, barocke Kirchen, verblichene Herrschaftshäuser und vor allem die holprigen Seitenstraßen in der Umgebung des Hafens vermitteln eine Vorstellung davon, wie Hongkong vor 50 Jahren ausgesehen haben muss. Schließlich gibt es da noch die beiden **Inseln Taipa** und **Coloane**, die durch Brücken und Landgewinnung mehr und mehr an die Halbinsel angebunden werden, aber immer noch friedliche Ecken mit schönen Stränden und Restaurants zu bieten haben.

Angesichts der Tatsache, dass Macau wesentlich billiger ist als Hongkong und die Verkehrsverbindungen zwischen Guangzhou, Hongkong und Macau reibungslos funktionieren, wäre es sehr schade, die Region wieder zu verlassen, ohne dem Territorium einen kleinen Besuch abgestattet zu haben. Ein Tagesausflug von Hongkong liegt im Bereich des Möglichen (schließlich machen es Zehntausende jedes Wochenende vor), doch mindestens zwei Übernachtungen werden den Sehenswürdigkeiten Macaus eher gerecht.

Die macanesische **Währung** nennt sich Pataca (in diesem Buch mit ptca abgekürzt), wird andernorts aber auch als Macau-Dollar mit den Kürzeln M$ bzw. MPO$ bezeichnet. Der Pataca ist etwas weniger wert als der Hongkong-Dollar und in etwa pari mit dem chinesischen Yuan. HK-Dollars werden im Gegensatz zu Yuan überall in Macau als Zahlungsmittel akzeptiert, so dass sich viele Besucher aus Hongkong gar nicht erst die Mühe machen, Geld zu wechseln. Wie der HK-Dollar soll auch der Pataca seinen Status als eigene Währung für weitere 50 Jahre nach der Rückgabe Macaus an China behalten.

Geschichte

Über einen Zeitraum von mehr als 1000 Jahren wurde der gesamte **Handel** zwischen China und der westlichen Hemisphäre auf dem Landweg über die Zentralasien durchquerende Seidenstraße abgewickelt. Im 15. Jahrhundert sorgten aber die aufstrebenden europäischen Seemächte, angeführt von den **Portugiesen**, für den langsamen Niedergang der Landroute, denn fortan konzentrierten sich die Europäer beim Handel mit Asien ausschließlich auf den Seeweg und die Kontrolle der Häfen.

Nachdem die Portugiesen Anfang des 16. Jahrhunderts bereits in Indien (Goa) und auf der Malaiischen Halbinsel (Malakka) Fuß gefasst hatten, gelang es ihnen schließlich 1557, lokale chinesische Beamte zu überzeugen, ihnen auf Pachtbasis eine strategisch günstig gelegene Halbinsel an der Mündung des Perlfluss-Deltas zu überlassen, die mit guten natürlichen Häfen gesegnet und unter dem Namen Macau (Aomen) bekannt war. Dank ihrer wichtigen Handelsbeziehungen zu Japan, Indien und Malaya befanden sich die Portugiesen schon bald in der beneidenswerten Position des allein befugten Zwischenhändlers in einem riesigen Einflussbereich Ostasiens. Da es chinesischen Händlern untersagt war, ihr Land zu verlassen und im Ausland aktiv zu werden, neben den Portugiesen aber auch keine anderen Ausländer China betreten durften, blühte der Handel und verhalf Macau zu enormem Wohlstand. Mit den Händlern kam auch das **Christentum** nach Asien, und zwischen den luxuriösen Villen und Kirchen, die während der rund 50 Jahre dauernden Blütezeit gebaut wurden, befand sich auch die großartige Basilika, deren Fassade noch heute unter der Bezeichnung Ruinas de São Paulo zu bestaunen ist.

Zu Beginn des 17. Jahrhunderts war Macaus Reichtum bereits im Schwinden begriffen. Der **schleichende Niedergang** setzte sich seitdem beinahe ununterbrochen fort. Dafür sorgten auch mehrere harte Rückschläge bei den Portugiesen: Niederlagen im Krieg gegen Spanien, der Verlust der Handelsbeziehungen sowohl mit Japan als auch mit China sowie der Aufstieg der Holländer als internationale Handelsmacht waren mit dafür verantwortlich, dass Macau Mitte des 17. Jahrhunderts praktisch von der Landkarte verschwunden war.

Im 18. Jahrhundert wendete sich das Blatt ein wenig zum Guten, als immer mehr Händler aus anderen europäischen Ländern die verschlossene Handelstür nach China aufzustoßen versuchten. Jenen Kaufleuten erschien Macau als geeignete Basis für ihre Operationen, schließlich erhielten sie die Erlaubnis, sich dauerhaft in der Kolonie niederzulassen. Vor allem die **Briten** hatten aber höhere Ambitionen, als dauerhaft nur Gast in einer fremden Kolonie zu bleiben: Als sie sich schließlich 1841 ihr eigenes Territorium am Ostufer des Perlflusses sicherten, war Macaus Schicksal als dahindümpelnde Provinz endgültig besiegelt. Die Einführung des **lizenzierten Glücksspiels** in den 50er Jahren des 19. Jahrhunderts war nur noch der ver-

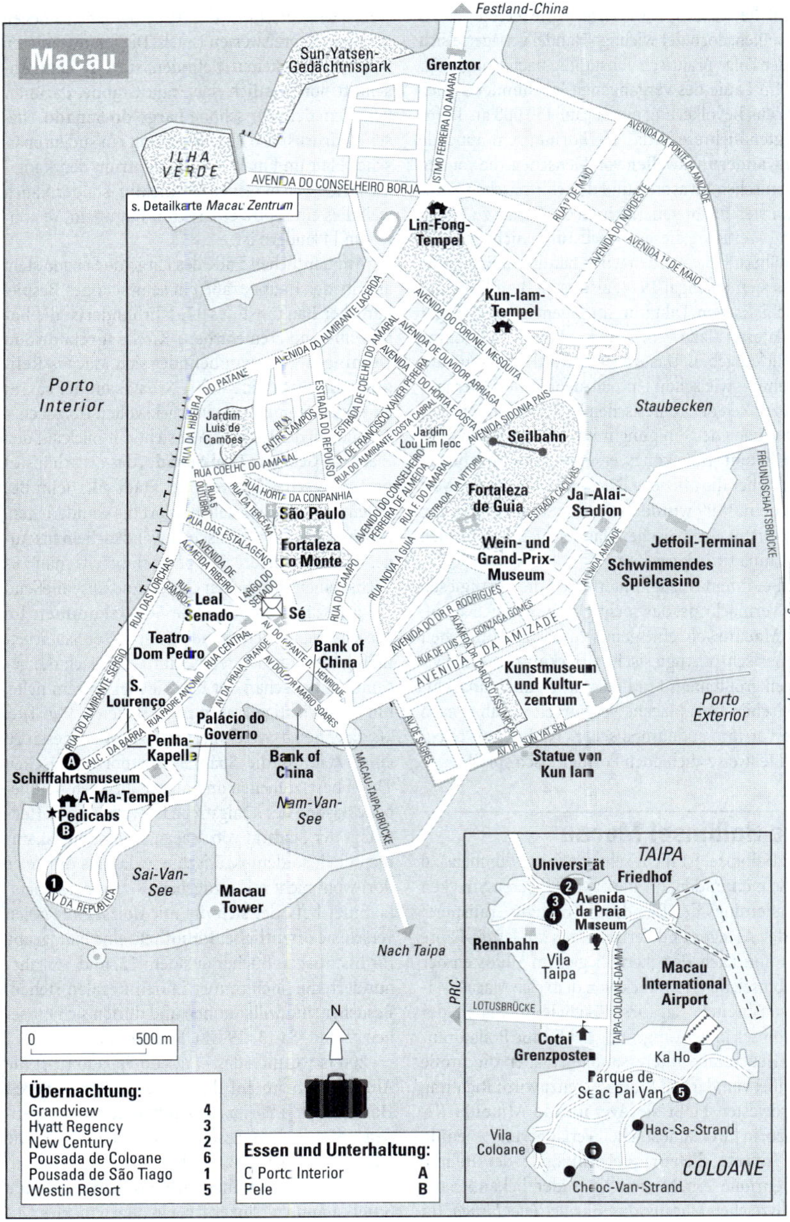
Festland-China
Macau
Sun-Yatsen-Gedächtnispark
Grenztor
ILHA VERDE
AVENIDA DO CONSELHEIRO BORJA
ISTMO FERREIRA DO AMARAL
AVENIDA DA PONTE DA AMIZADE
RUA 1º DE MAIO
AVENIDA DO NORDESTE
AVENIDA 1º DE MAIO
s. Detailkarte Macau Zentrum
Lin-Fong-Tempel
Kun-Iam-Tempel
AVENIDA DO ALMIRANTE LACERDA
AVENIDA DO CORONEL MESQUITA
AVENIDA DE OUVIDOR ARRIAGA
ESTRADA DE COELHO DO AMARAL
AVENIDA DO HORTA E COSTA
R. DE FRANCISCO XAVIER PEREIRA
RUA DO ALMIRANTE COSTA CABRAL
AVENIDA SIDONIA PAIS
Porto Interior
Staubecken
RUA DA RIBEIRA DO PATANE
Jardim Luis de Camões
RUA ENTRE CAMPOS
ESTRADA DO REPOUSO
Jardim Lou Lim Ieoc
Seilbahn
RUA COELHO DO AMARAL
RUA 5 OUTUBRO
RUA HORTA DA COMPANHIA
RUA DA TERCENA
AVENIDO DO CONSELHEIRO FERREIRA DE ALMEIDA
RUA F. DO AMARAL
ESTRADA DA VITORIA
Fortaleza de Guia
ESTRADA CACILHAS
Ja-Alai-Stadion
FREUNDSCHAFTSBRÜCKE
São Paulo
RUA DAS ESTALAGENS
Fortaleza do Monte
AVENIDA DE ALMEIDA RIBEIRO
RUA NOVA A GUIA
Wein- und Grand-Prix-Museum
AVENIDA AMIZADE
Jetfoil-Terminal
Schwimmendes Spielcasino
RUA DAS LORCHAS
RUA GAMBOA
LARGO DO SENADO
RUA DO CAMPO
Leal Senado
Sé
AVENIDA DO DR. R. RODRIGUES
ALAMEDA DR. CARLOS D'ASSUMPÇÃO
RUA DE LUIS GONZAGA GOMES
AVENIDA DA AMIZADE
Flughafen und Taipa
Teatro Dom Pedro
RUA CENTRAL
AV DO INFANTE D. HENRIQUE
Bank of China
Kunstmuseum und Kulturzentrum
RUA DO ALMIRANTE SERGIO
S. Lourenço
RUA PADRE ANTONIO
AV DA PRAIA GRANDE
AV DOUTOR MARIO SOARES
Porto Exterior
Palácio do Governo
AV DE SAGRES
AV. DR. SUN YAT SEN
CALC. DA BARRA
Penha-Kapelle
Bank of China
MACAU-TAIPA-BRÜCKE
Statue von Kun Iam
A
Schifffahrtsmuseum
A-Ma-Tempel
Pedicabs
B
Nam-Van-See
TAIPA
Universität
Friedhof
2
3
4
Avenida da Praia Museum
1
AV DA REPUBLICA
Sai-Van-See
Macau Tower
Nach Taipa
Rennbahn
Vila Taipa
Macau International Airport
PRC
LOTUSBRÜCKE
TAIPA-COLOANE-DAMM
N
0
500 m
Cotai Grenzposten
Ka Ho
Parque de Seac Pai Van
5
Hac-Sa-Strand
Vila Coloane
6
COLOANE
Cheoc-Van-Strand
Übernachtung:
Grandview 4
Hyatt Regency 3
New Century 2
Pousada de Coloane 6
Pousada de São Tiago 1
Westin Resort 5
Essen und Unterhaltung:
O Porto Interior A
Fele B

zweifelte Versuch, etwas Geld in die leeren Kassen zu spülen, doch der wichtige Handel verlagerte sich in der Folge praktisch vollständig nach Hongkong.

Im Laufe des vergangenen Jahrhunderts stieg Macaus Bevölkerung massiv auf 450 000 an. Dafür sorgten mehrere in das Territorium schwappende **Einwanderungswellen** von Menschen, die vor den japanischen Invasoren und den chinesischen Kommunisten flüchteten. Doch im Gegensatz zu Hongkong zeitigte dieses Wachstum nicht einmal annähernd die gleichen wirtschaftlichen Erfolge, so dass sich Portugal 1974, also nach dem Ende der faschistischen Diktatur im eigenen Land, sogar unilateral dazu entschloss, Macau an China zurückzugeben. Das Angebot wurde dankend abgelehnt – wie schon einmal zuvor in den 60er Jahren zur Zeit der chinesischen Kulturrevolution. Erst 1984, nach der Einigung mit Großbritannien über die Zukunft Hongkongs, erklärte sich China bereit, auch über die offizielle **Rückgabe Macaus** zu verhandeln. 1999 wurde das letzte Stück asiatischen Bodens in europäischer Hand schließlich formell an China zurückgegeben.

Bei ihrem Abzug hinterließen die Portugiesen ein Vermächtnis, das nicht gleich ins Auge sticht: die **Macanesen**, eine gemischtrassige Minderheit chinesisch-portugiesischer Herkunft, die inzwischen größtenteils fest in der durch und durch chinesischen Welt Macaus verwurzelt ist, aber nach wie vor ihre südeuropäischen Traditionen pflegt und teilweise auch noch Portugiesisch spricht.

Die Halbinsel Macau

Die Halbinsel ist nicht sehr groß und durchaus zu Fuß zu erkunden, für die etwas längeren Strecken ist allerdings der Bus das bevorzugte Transportmittel. Anleger und Terminal für die Jetfoil-Fähre von und nach Hongkong liegen im Südosten der Halbinsel. Das Herzstück, von dem sich Macau weiter ausbreitete, lag ursprünglich im Süden der Halbinsel, in der Umgebung der Straße Praia Grande. Heutzutage interessanter ist aber die große Straße, von der die Praia gekreuzt wird: Richtung Nordwesten heißt sie **Avenida de Almeida Ribeiro**, in ihrer südöstlichen Verlängerung **Avenida do Infante d'Henrique**. Am Ende der Infante d'Henrique erhebt sich eines der bekanntesten Wahrzeichen Macaus, das schrille *Hotel Lisboa*. Im westlichen Abschnitt der Almeida Ribeiro liegen die meisten preiswerten Hotels. Die interessanteren Sehenswürdigkeiten befinden sich in dem Abschnitt nordwestlich der Praia Grande, darunter vor allem der sehr schöne **Largo do Senado**. Dieser eindrucksvolle Platz verströmt ein südeuropäisches Flair und markiert das Zentrum der Stadt – nicht nur wegen seiner Architektur, sondern auch weil dies ein zentraler Ort zum Bummeln, Verweilen und Plaudern ist.

Am nördlichen Ende des Largo do Senado steht abseits der Hauptstraße ein sehr schönes Bespiel barocker Baukunst des 17. Jahrhunderts: die honiggelbe und cremefarbene Kirche **Igreja de São Domingos**. Nebenan befindet sich Macaus **Religionsmuseum**, eine wahre Schatzkammer sakraler Kunst unter einem eindrucksvollen Holzdach.

Südlich der Hauptstraße steht mit Blick auf den Platz das Gebäude **Leal Senado**, das als schönstes portugiesisches Bauwerk der Stadt gilt. Beim Betreten des Innenhofs fallen sofort die wunderbaren, blau-weißen portugiesischen Wandkacheln ins Auge. Vom Hof aus die Treppe hoch betritt man zunächst einen förmlichen Garten und anschließend die großzügig ausgestattete **Senatskammer**. Im ausgehenden 16. Jahrhundert war dieser Saal regelmäßig bis zum Bersten gefüllt, wenn sich die gesamte Bürgerschaft der Kolonie hier versammelte, um über wichtige Fragen zu diskutieren. Den Titel „Loyaler Senat" verdienten sich die Macanesen zu einer Zeit, als die Spanier den portugiesischen Thron besetzt hielten und Macau die letzte verbliebene Bastion der königstreuen Loyalisten war. Heute tagt der Stadtrat von Macau in der Senatskammer, doch so demokratisch wie damals dürfte es dort wohl nicht mehr zugehen. Neben der Senatskammer befindet sich die mit Holzschnitzereien versehene **öffentliche Bibliothek**, eine Fundgrube für historische Bücher aus dem 15. und 16. Jahrhundert, die noch immer in den Regalen stehen. Besucher sind willkommen und dürfen sich umsehen. 🕓 Mo–Sa 13–19 Uhr, Eintritt frei.

200 m westlich des Largo do Senado trifft die Almeida Ribeiro auf den so genannten **Inneren Hafen** (Porto Interior), der vom gegenüber liegenden chinesischen Festland geschützt wird. Die Fähren nach Guangzhou benutzen immer noch diesen Hafen, wo früher auch das **Schwimmende Spielkasino** vor Anker lag, ein abgewracktes Un-

getüm aus Holz, in dem es rund um die Uhr von Spielern nur so wimmelte. Einige Monate vor der Übergabe Macaus wurde das Kasinoschiff aus nicht näher erläuterten „Sicherheitsgründen" an seinen neuen Standort in der Nähe des Jetfoil-Terminals verlegt.

Glücksspiel Die elf offiziellen Spielkasinos in Macau (zehn davon sind für die Öffentlichkeit zugänglich) sind zwar stets gut gefüllt, haben aber nicht einmal ansatzweise den Glamour von Las Vegas oder Monte Carlo. Jedes Spielkasino kann Tag und Nacht ohne formellen Kleiderzwang betreten werden. Als einzige Beschränkung gilt ein Mindestalter von 18 Jahren und das Verbot von Kameras, die am Eingang abgegeben werden müssen. Viele Spiele erfordern einen Mindesteinsatz zwischen 10 und 100 ptca. Das vierstöckige Glitzerkasino im *Hotel Lisboa* ist das größte und eines der interessantesten. Über die Spielregeln informiert eine Broschüre des *MGTO* (s.S. 851, Informationen) Eine Warnung sei jedoch angebracht: An den Eingängen zu den Spielkasinos weisen Schilder in winziger Druckschrift freundlich darauf hin, dass der geneigte Gast sich bitteschön nur zum Vergnügen dem Glücksspiel hingeben möge und nicht etwa, um sich zu bereichern: Die Einnahmen aus Macaus Glücksspielindustrie werden auf fast eine halbe Milliarde Euro jährlich geschätzt, was sich aber in Zukunft ändern könnte, weil das Glücksspielmonopol von Dr. Stanley Ho im Jahr 2002 aufgehoben wurde und die großen Haie aus Las Vegas bereits kräftig investieren, um ca. 2005 ihren Betrieb aufzunehmen.

Einige vom Inneren Hafen landeinwärts führende Straßen, ganz besonders diejenigen unmittelbar nördlich der Almeida Ribeiro, lohnt es näher zu inspizieren. Straßen wie beispielsweise die parallel zur Almeida Ribeiro verlaufende Rua da Felicidade sind nicht mehr die zwielichtigen Gassen von einst, sondern beherbergen inzwischen zahlreiche freundliche Restaurants und kleine Hotels. Südlich des Fähranlegers nach Guangzhou wird die Uferstraße Rua das Lorchas von alten Arkaden und stilvollen Geschäften gesäumt. Das **Einkaufen** ist in Macau rund 60% billiger als in Hongkong, sodass ein Blick in die chinesischen Antiquitätenund Souvenirgeschäfte durchaus lohnenswert sein kann.

Ruinas de São Paulo und Umgebung

Über dem Herzen der Altstadt thront ein beeindruckendes Monument aus dem frühen 17. Jahrhundert, die 1618 errichtete Festung **Fortaleza do Monte**. Bei einem Spaziergang über die alten Schutzwälle bieten sich großartige Ausblicke auf die Stadt. Die imponierende Bastion kam allerdings nur zu einem einzigen militärischen Einsatz, nämlich als 1622 die Holländer erfolgreich zurückgeschlagen wurden, wobei den Portugiesen per Kanonenkugel ein Glückstreffer mitten ins Pulvermagazin der Holländer gelang. ⏲ Di–So 10–18 Uhr, Eintritt 15 ptca.

Hier befindet sich auch der Eingang zum **Museo de Macau**, das in den Ruinen der alten Festung untergebracht ist, aber noch einen anderen Eingang am Fuße des kleinen Berges gegenüber der Ruine von São Paulo hat. Das dreistöckige Museum, eine der neuesten Errungenschaften Macaus, widmet sich den Traditionen, der Kultur, den Sitten und Gebräuchen der Enklave. Zu den Höhepunkten zählen die Videovorführungen, einheimische Kunst- und Kunsthandwerksobjekte sowie eine nachgebaute Straße des alten Macau, die durch Soundeffekte wie Händlergeschrei eine authentische Atmosphäre von anno dazumal vermittelt. ⏲ Di–So 10–18 Uhr, Eintritt 15 ptca für Erwachsene, 8 ptca für Kinder unter 11 Jahren, Senioren über 60 Jahren und Schüler/Studenten.

Vom Erdgeschoss des Museums führt eine Rolltreppe zum Fuß der Festung. Es folgt ein kurzer Abstieg über eine Treppe. Dann ist Macaus berühmtestes Wahrzeichen erreicht, die **Ruinas de São Paulo**. Von der Kirche, die einst als großartigstes christliches Wahrzeichen Ostasiens galt, ist heute nur noch die Fassade übrig. Das Anfang des 17. Jahrhunderts errichtete Gebäude beherrschte das Stadtbild 200 Jahre lang, bis es 1835 durch ein Feuer zerstört wurde. Glücklicherweise blieb aber die über und über mit Steinmetzarbeiten und Ornamenten versehene Fassade stehen, die seit jeher als überragendes Merkmal des Bauwerks betrach-

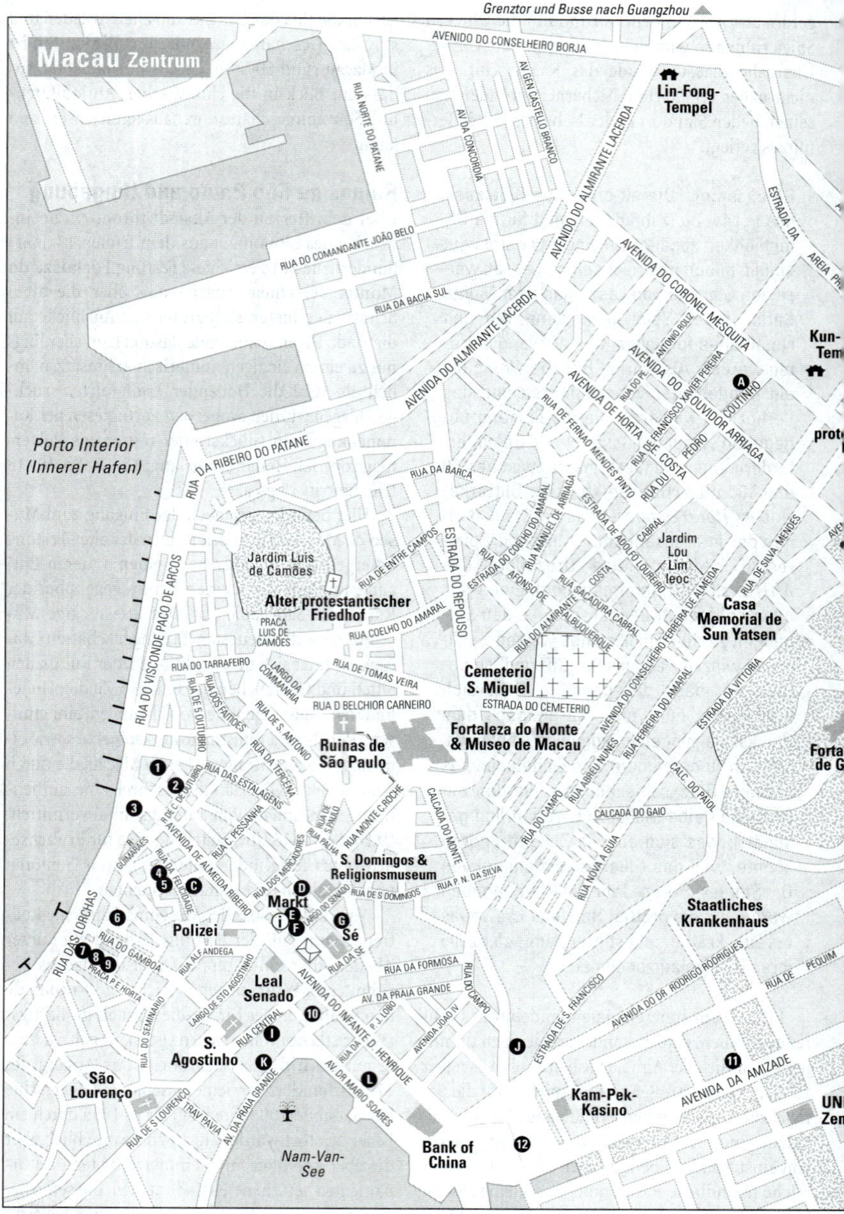
Grenztor und Busse nach Guangzhou
Macau Zentrum
AVENIDO DO CONSELHEIRO BORJA
AV GEN CASTELLO BRANCO
AV DA CONCÓRDIA
RUA NORTE DO PATANE
Lin-Fong-
Tempel
AVENIDO DO ALMIRANTE LACERDA
ESTRADA DA
AREIA PR
AVENIDA DO CORONEL MESQUITA
RUA DO COMANDANTE JOÃO BELO
RUA DA BACIA SUL
AVENIDA DO ALMIRANTE LACERDA
Kun-
Tem
AVENIDA DO OUVIDOR ARRIAGA
RUA DE FRANCISCO XAVIER PEREIRA
ANTONIO ROLIZ
RUA DO PE.
COUTINHO
AVENIDA DE HORTA
RUA DE FERNAO MENDES PINTO
E. COSTA
PEDRO
RUA DU
prot
Porto Interior
(Innerer Hafen)
RUA DA RIBEIRO DO PATANE
RUA DA BARCA
ESTRADA DE ADOLFO LOUREIRO
RUA MANUEL DE ARRIAGA
ESTRADA DO COELHO DO AMARAL
CABRAL
Jardim
Lou
Lim
Ieoc
RUA DE SILVA MENDES
Jardim Luis
de Camões
RUA DE ENTRE CAMPOS
ESTRADA DO REPOUSO
RUA AFONSO DE ALBUQUERQUE
RUA SACADURA CABRAL
COSTA
AVENIDA DO CONSELHEIRO FERREIRA DE ALMEIDA
Casa
Memorial de
Sun Yatsen
RUA DO VISCONDE PACO DE ARCOS
Alter protestantischer
Friedhof
PRACA
LUIS DE
CAMÕES
RUA COELHO DO AMARAL
RUA DO ALMIRANTE COSTA
RUA DO TARRAFEIRO
LARGO DA COMMANHIA
RUA DE TOMAS VEIRA
Cemeterio
S. Miguel
ESTRADA DA VITORIA
RUA DE 5 OUTUBRO
RUA DOS FAITIOES
RUA D BELCHIOR CARNEIRO
ESTRADA DO CEMETERIO
RUA DE S. ANTONIO
Ruinas de
São Paulo
Fortaleza do Monte
& Museo de Macau
RUA FERREIRA DO AMARAL
Forta
de G
RUA DA TERCENA
RUA DAS ESTALAGENS
R. DE C. DE OUTUBRO
RUA ABREU NUNES
CALC. DO PAIOL
RUA MONTE C.ROCHE
CALCADA DO MONTE
CALCADA DO GAIO
RUA DO CAMPO
RUA C. PESSANHA
RUA DE S.PAULO
AVENIDA DE ALMEIDA RIBEIRO
R. GUIMARÃES
RUA DA FELICIDADE
RUA DOS MERCADORES
RUA PALHA
S. Domingos &
Religionsmuseum
RUA P. N. DA SILVA
RUA NOVA A GUIA
RUA DE S DOMINGOS
LARGO DO SENADO
Markt
Staatliches
Krankenhaus
RUA DAS LORCHAS
Polizei
Sé
RUA DO GAMBOA
RUA ALFANDEGA
RUA DA SE
PRACA P. E HORTA
RUA DA FORMOSA
RUA DO CAMPO
AVENIDA DO DR. RODRIGO RODRIGUES
RUA DE PEQUIM
Leal
Senado
AVENIDA DO INFANTE D. HENRIQUE
AV. DA PRAIA GRANDE
LARGO DE STO AGOSTINHO
RUA DO SEMINARIO
RUA CENTRAL
P. J. LOBO
AVENIDA JOAO IV
ESTRADA DE S. FRANCISCO
S.
Agostinho
RUA DA
AV. DR MARIO SOARES
AVENIDA DA AMIZADE
São
Lourenço
RUA DE S LOURENÇO
TRAV PAVIA
AV. DA PRAIA GRANDE
Kam-Pek-
Kasino
UNI
Zen
Bank of
China
Nam-Van-
See

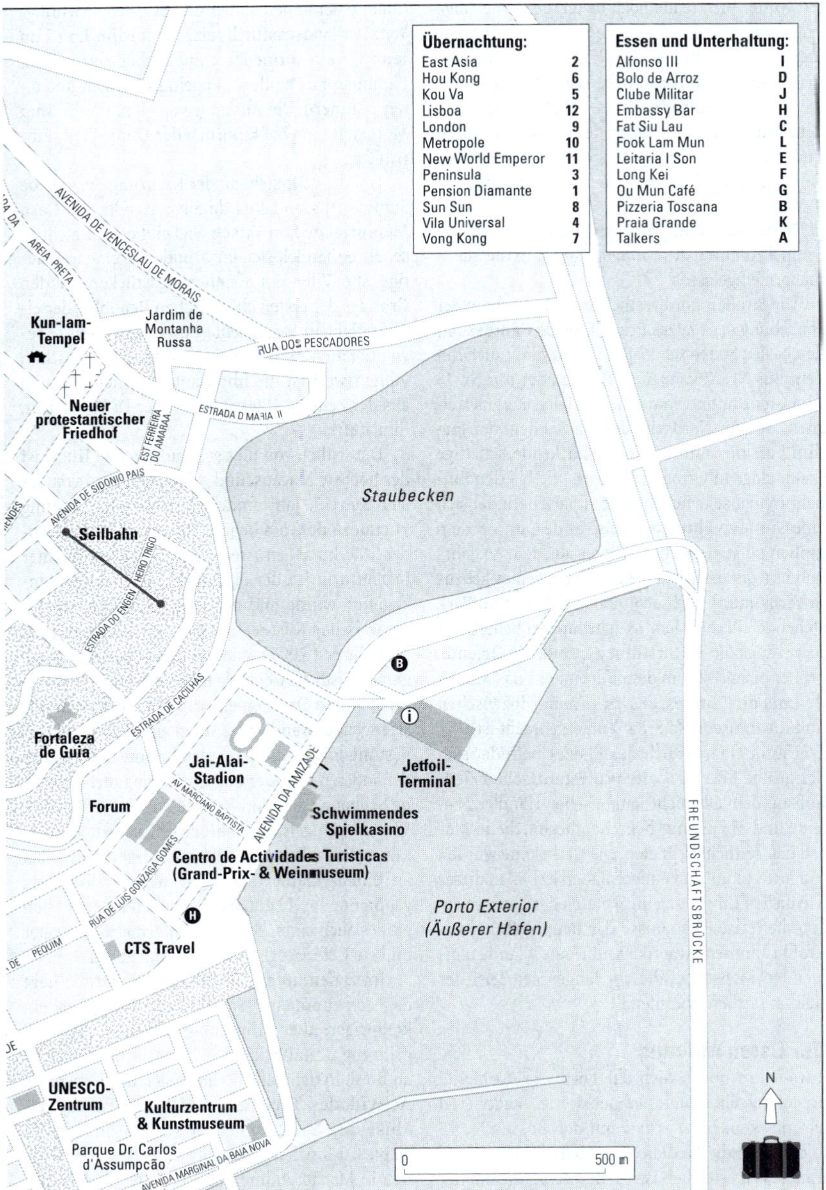

Flughafen, Taipa und Coloane

tet wurde. Auch heute noch bietet die Ruine einen imposanten Anblick, wenn man sich ihr über die Treppe von der Rua de São Paulo nähert. Die ehemalige Krypta und das Kirchenschiff wurden zu einem kleinen **Museum** umgestaltet, das sich mit dem Bau und der Gestaltung der Kirche beschäftigt und die sterblichen Überreste der Anhänger des heiligen Franz Xaver beherbergt. ⌚ tgl. außer Di 9–18 Uhr, Eintritt frei.

Neben der Ruine von São Paulo ist ein kleiner Tempel zu Ehren des Kindgottes Raja in die Stadtmauern eingelassen.

Die Straßen nordwestlich von São Paulo in der Umgebung des Platzes **Praça Luís de Camões** bilden vielleicht den schönsten Teil Macaus (auch mit dem Bus Nr. 17 vom *Hotel Lisboa* oder mit Nr. 18 vom Grenztor und vom Inneren Hafen aus zu erreichen). An der Nordseite des Platzes liegt der **Jardim Luís de Camões**, eine entzückende, schattige Grünanlage mit großen Bäumen, die bei den Einheimischen sehr beliebt ist. Im Park befindet sich eine Grotte zu Ehren von Luís Vaz de Camões, dem großen portugiesischen Dichter aus dem 16. Jahrhundert, der in Macau mehrere Jahre seines Lebens in Verbannung verbracht haben soll. Die im Park stehende Villa aus dem 18. Jahrhundert beherbergt neuerdings die Kulturstiftung **Fundação Oriente**. Früher befand sich in dem Herrenhaus das **Museu de Luís de Camões**, dessen Inventar inzwischen im Kunstmuseum (s.S. 845) untergebracht ist.

Unmittelbar östlich des Platzes befindet sich das größte Juwel, der **alte protestantische Friedhof**, auf dem alle nicht-katholischen Händler, Seeleute und Abenteurer begraben liegen, die in Macau das Zeitliche segneten. Die Grabsteine wurden restauriert und sind einigermaßen lesbar. In dieser friedlichen Umgebung im Schatten der Bäume wirken die letzten Zeugnisse der hauptsächlich aus Großbritannien, Amerika und Deutschland stammenden Menschen, die vor langer Zeit fern der Heimat starben, ergreifend.

Der Osten Macaus

Etwa 1 km nordöstlich der Fortaleza do Monte breitet sich ein weiteres lohnenswertes Stadtviertel aus, das vom *Hotel Lisboa* mit den Bussen Nr. 12 und 22 über die Avenida do Conselheiro Ferreira de Almeida zu erreichen ist. An der Kreuzung mit der Estrada de Adolfo Loureiro wartet abgeschirmt hinter einer hohen Mauer die erste Sehenswürdigkeit: Der landschaftlich reizvolle **Jardim Lou Lim Ieoc** ist ein formeller chinesischer Garten mit Bambusrohr, Pavillons, Vögeln in Käfigen und alten Männern, die *Mahjongg* spielen. ⌚ tgl. vom Morgengrauen bis Einbruch der Dunkelheit, Eintritt frei.

Um die Ecke steht an der Kreuzung Avenida de Sidonia Pais und Rua de Silva Mendes die **Casa Memorial de Sun Yatsen**. Viel gibt es hier nicht zu sehen, es handelt sich im Grunde um eine weitläufige alte Villa mit Erinnerungsstücken an den Gründer der ersten chinesischen Republik, der eine Zeitlang in Macau lebte, bevor er sich seinen revolutionären Aktivitäten zuwandte. Für sich schon lohnenswert ist die imposante Inneneinrichtung aus der Zeit um 1900. ⌚ tgl. außer Di 10–17 Uhr, Eintritt frei.

Der östlich von hier steil aufragende Hügel ist der höchste Macaus, und sein Gipfel wird von der aus dem 17. Jahrhundert stammenden Festung **Fortaleza de Guia** beherrscht, deren dominierendes Merkmal ein reizender, weiß getünchter Leuchtturm ist, der erst im 19. Jahrhundert hinzugefügt wurde und der älteste an der gesamten chinesischen Küste sein soll. Einen Besuch wert ist auch die erst 2001 entdeckte Guia-Kapelle, die original christliche Gemälde mit chinesischen Schriftzeichen und Drachen enthält. Eine nicht sehr anstrengende Wanderung über einen Fußweg zur Festung hinauf dauert ungefähr eine Stunde. Von der anderen Seite der Colina da Guia führt dann eine Seilbahn zum Flora-Garten wieder nach unten. Von der Hügelspitze aus eröffnen sich hervorragende Ausblicke über die ganze Halbinsel, wobei an einem klaren Tag sogar die zu Hongkong gehörende Insel Lantau zu erspähen ist. Hier oben gibt es auch einen Touristen-Informationsschalter und ein Café, ⌚ tgl. 9–16 Uhr, Eintritt frei.

Im Hafen unterhalb der Colina da Guia liegt das Schwimmende Spielkasino vor Anker, ein klappriger, aber stimmungsvoller Holzbau mit grimmig dreinblickenden chinesischen Spielern an Bord. In der Nähe befindet sich das **Centro de Actividades Turísticas** mit dem **Grand-Prix-Museum**, ⌚ tgl. außer Di 10–18 Uhr, Eintritt 10 ptca, das sich der Geschichte der Automobilrennen in Macau widmet, und dem **Weinmuseum**, ⌚ tgl. außer Di 10– 18 Uhr, Eintritt 15 ptca, das

Einblicke in die Geschichte der Weinherstellung gibt und auch ein kostenloses Probegläschen bereithält.

Nördlich von hier steht in der Nähe des Kulturzentrums auf einer kleinen künstlichen Insel, durch einen kurzen Fahrdamm mit dem Festland verbunden, ein weiteres Wahrzeichen des Äußeren Hafens (Porto Exterior): die 20 m hohe **Bronzestatue von Kun Iam**, der Göttin der Barmherzigkeit. Der in Form einer Lotusblume gestaltete Sockel dient Angehörigen jeglicher Glaubensrichtung als ökumenisches Zentrum.

Eines der neueren Wahrzeichen der Sonderverwaltungsregion ist das **Kunstmuseum** mit vier riesigen Ebenen für ständige und wechselnde Ausstellungen. Zum permanenten Inventar zählen chinesische Kalligrafie, Gemälde, die den Handel zwischen China und Übersee thematisieren, Shiwan-Keramik und historische Dokumente, die aus dem Museu Luís de Camões hierher verlegt wurden. 🕒 Di–So 9–19 Uhr, Eintritt 15 ptca für Erwachsene, 8 ptca für Kinder unter 11 Jahren, Senioren ab 60 und Schüler/Studenten.

An exponierter Stelle im Hafen an der Südwestspitze der Halbinsel ragt der funkelnagelneue und sehr elegante **Macau Tower**, 💻 www.macautower.com.mo, in den Himmel. Das Konferenz- und Freizeitzentrum misst stolze 338 m und verfügt über einen verglasten Aussichtsbereich auf 223 m Höhe. Für weitere Abwechslung sorgen ein nobles Drehrestaurant und zahlreiche exklusive Lokale und Boutiquen in den unteren Ebenen. Das neuseeländische Bungee-Jumping-Unternehmen *AJ Hackett* betreibt den „Skywalk“ und zahlreiche weitere Attraktionen auf dem Turm sowie in der näheren Umgebung. 🕒 tgl. 10–21 Uhr, Eintritt Aussichtsbereich im 58. Stock 45 ptca, Aussichtsplattform unter freiem Himmel 35 ptca, beide zusammen 70 ptca.

Der Norden Macaus

Der nördliche Teil der Halbinsel bis zur chinesischen Grenze ist in erster Linie eine Wohngegend, die dennoch einige interessante Sehenswürdigkeiten bietet. Die 3 km von der Almeida Ribeiro zur Grenze sind durchaus zu Fuß zu schaffen, doch da die Straßen in diesem Teil der Stadt kein besonderes Flair haben, empfiehlt es sich, für diese Strecke auf den Stadtbus zurückzugreifen.

In der Avenida do Coronel Mesquita, die ca. 2 km nördlich der Almeida Ribeiro in Ost-West-Richtung über die Halbinsel verläuft, liegt der bezaubernde **Kun-Iam-Tempel**. Der Komplex ist der Göttin der Barmherzigkeit gewidmet und rund 400 Jahre alt. Hier unterzeichneten 1844 die Vereinigten Staaten und China ihr erstes Handels- und Kooperationsabkommen; der Granittisch, an dem die Unterschriften unter das Dokument gesetzt wurden, ist noch zu besichtigen. Im Innenhof der Anlage stehen im Schatten der Banyan-Bäume einige kleine Schreine, die Haupttempelhalle ist über eine Treppe zugänglich. Hinter der zentralen Statue der Göttin Kun Iam gruppieren sich die Statuen der 18 weisen Männer Chinas, unter denen sich bemerkenswerterweise auch der mit Kringelbärtchen und Schnauzer dargestellte Marco Polo befindet (ganz links). Die mit Bambusstäbchen rasselnden Gläubigen erhoffen sich hier vor allem Auskünfte über ihr Schicksal. 🕒 tgl. 7–18 Uhr, Bus Nr. 12 vom *Hotel Lisboa*.

Vom Kun-Iam-Tempel fährt der Bus Nr. 18 direkt zum ehemaligen **Grenztor Portas do Cerco**, einem mit Stuck verzierten Torbogen aus dem 19. Jahrhundert, der die Grenze zur Volksrepublik China markiert. Heutzutage wird das alte Tor leider nicht mehr gebraucht, denn die Grenzgänger nutzen entweder den Zoll- und Einwanderungskomplex oder das neue Grenztor auf der Lotusbrücke. Daraus resultiert gleichwohl der Vorteil, dass man das alte Tor jetzt aus der Nähe betrachten kann, da es nicht mehr im Sperrgebiet liegt. 🕒 7–24 Uhr.

Einen kurzen Fußweg westlich des Grenztors liegt der **Sun-Yatsen-Gedächtnispark** mit schönem Ausblick auf die Stadt Zhuhai auf dem chinesischen Festland, das am anderen Kanalufer beginnt. Die Busse Nr. 3 und 10 fahren vom Grenztor zurück zur Almeida Ribeiro und zum *Hotel Lisboa*.

Der Süden Macaus

Die kleine, hügelige Landzunge südlich der Almeida Ribeiro ist eine hochinteressante Gegend für einen ausgedehnten Spaziergang. Praktisch hinter jeder Ecke taucht eine Villa aus der Kolonialzeit mit Gartenanlage auf. Der beste Ausgangspunkt für eine Erkundung der Gegend ist die steile Rua Central, die unmittelbar östlich des Largo do Senado von der Almeida Ribeiro Richtung Süden abzweigt. Nach fünf Gehminuten lohnt ein Abstecher in eine kleine Straße nach rechts, in der die pastellfarbene Kirche **Igreja Santo Agostinho** aus dem frühen 19. Jahrhundert steht. Wieder zurück auf der Rua Central trifft man ein kleines Stück südlich auf eine weitere Kirche aus der gleichen Zeit, die cremeweiße, von Palmen umgebene **Igreja São Lourenço**.

Ein paar Hundert Meter weiter ist das Ufer im Südwesten der Halbinsel erreicht. Blickt man Richtung Wasser, befindet sich unmittelbar zur Rechten der berühmte **A-Ma-Tempel**. Teile des am Fuße des Barra-Hügels mit Blick auf den Inneren Hafen stehenden Heiligtums werden auf ein Alter von bis zu 600 Jahren geschätzt, doch ganz sicher stand der Tempel schon hier, bevor der erste Portugiese seinen Fuß auf die Halbinsel setzte. Er ist der Göttin A Ma gewidmet, die irgendwo zwischen der Königin des Himmels und der Göttin des Meeres angesiedelt ist und eine ähnliche Funktion zu haben scheint wie die Göttin Tin Hau in Hongkong. Der Tempel besteht aus einer wirren Anordnung von Altären und Seitengebäuden zwischen den Felsen.

Auf der anderen Straßenseite steht mit dem **Schifffahrtsmuseum** direkt am Ufer eine aus dem 20. Jahrhundert stammende Opfergabe an das Meer. Es handelt sich um ein ausgezeichnet in Szene gesetztes, modernes Museum mit Ausstellungen über historische Entdeckungsfahrten und Schiffe, über Seefahrtstechnik und nautische Ausrüstung. Gegen eine zusätzliche Gebühr kann man an einer Bootsfahrt auf einer der unmittelbar vor dem Museum liegenden Dschunken teilnehmen, ⌚ tgl. 10.30, 11.30, 15.30 und 16.30 Uhr, Eintritt 10 ptca. Der Segeltörn führt durch den Inneren Hafen und gibt in englischer Sprache auch Einsichten in die Lebensweise der einheimischen Fischer. ⌚ Museum tgl. außer Di 10–17.30 Uhr, Eintritt 10 ptca, 5 ptca am Wochenende.

Vom Museum führt ein kurzer Fußweg Richtung Süden zur äußersten Spitze der Halbinsel, die heute von der *Pousada de São Tiago* eingenommen wird. Dieses unglaubliche Hotel wurde in die Überreste der portugiesischen Festung **Fortaleza de Barra** aus dem 17. Jahrhundert integriert. Betritt man das Gebäude durch den Vordereingang, läuft man zunächst durch einen Steintunnel mit plätscherndem Wasser. Es lohnt auch, die Treppen zum Terrassencafé zu erklimmen, das einen schönen Blick aufs Meer freigibt.

Im weiteren Verlauf des Spaziergangs um die südliche Landspitze, der schließlich wieder Richtung Norden führt, sieht man ein ausnehmend schönes, cremefarbenes Kolonialgebäude hoch oben auf der Landspitze thronen. Dies war einmal unter dem Namen *Bela Vista* das beste Hotel des Territoriums, wurde aber bei der Rückgabe an den offiziellen Vertreter Portugals in Macau als Residenz vergeben. Über die von hier aus nach Norden führende Straße dauert der Fußmarsch bis zur Praia Grande und zum *Hotel Lisboa* noch etwa eine Viertelstunde. Das wunderbare, rosafarbene Gebäude zur Linken kurz vor dem Restaurant *Praia Grande* ist der leider nicht für die Öffentlichkeit zugängliche Regierungspalast **Palácio do Governo** aus dem 19. Jahrhundert.

Die Inseln

Die beiden zu Macau gehörenden Inseln **Taipa** und **Coloane** sind relativ kleine Flecken, auf denen traditionell kleine Fischergemeinden beheimatet sind. Doch mit der Eröffnung des neuen Flughafens auf Taipa, der zweiten Brückenverbindung zum Festland und dem groß angelegten Landgewinnungsprojekt könnte es mit dem Frieden bald vorbei sein. Besonders Taipa nimmt bereits die Züge einer Vorstadt an. Vorläufig präsentiert sich das Leben auf den Inseln aber noch relativ gelassen. Es lohnt sich auf jeden Fall ein Besuch mit dem Bus oder einem gemieteten Fahrrad.

Die Busse Nr. 11, 32, 33 und 34 fahren von der Almeida Ribeiro zum Ort Taipa, die Busse Nr. 21, 21A, 26 und 26A halten vor dem Hotel *Hyatt Regency* auf Taipa und fahren weiter nach Coloane.

Taipa

Bis ins 18. Jahrhundert bestand die Ilha de Taipa eigentlich aus zwei durch einen kleinen Meeresarm getrennten Inseln, die jedoch durch Versandung zusammenwuchsen. Es ist eine interessante Wiederholung der Geschichte, dass das gleiche Schicksal jetzt Taipa und Coloane widerfährt – mit dem Unterschied, dass diesmal nicht Versandung die Ursache ist, sondern Landgewinnung; die beiden Inseln sollen miteinander verschmelzen, um Baugrund zu gewinnen.

An Taipas Nordküste lohnt es sich kaum noch zu verweilen, seit sie praktisch in den allgemeinen

Ballungsraum Macau übergegangen ist. Der Ort **Vila Taipa** an der Südküste bietet sich allerdings mit seiner alten Promenade aus der Kolonialzeit für ein ausgedehntes Mittagessen an, ganz besonders in der von zahlreichen Souvenirständen und guten Restaurants gesäumten Rua do Cunha, einer in Nord-Süd-Richtung verlaufenden Gasse. Das Schnellrestaurant *Tai Yao Lai* wird besonders wegen seiner leckeren Schweinefleisch-Sandwiches geschätzt. Ansonsten besteht der Ort im Prinzip nur noch aus ein paar Straßen, an denen die Busse halten, sowie aus zwei Tempeln, die westlich der Rua do Cunha – also rechts, wenn man auf die Küste zugeht – in der Nähe eines ruhigen alten Platzes stehen.

Wer die Insel auf eigene Faust erkunden möchte, findet am Kreisverkehr in der Largo Governador Tamagnini Barbosa drei oder vier Fahrradgeschäfte, die Räder in verschiedenen Größen für 8–18 ptca pro Stunde verleihen.

Die größte Sehenswürdigkeit liegt ein paar Gehminuten östlich des Ortes an einer Stelle, die ehemals direkt ans Wasser grenzte. Dort finden sich die wie in einer Zeitkapsel eingefrorenen Überbleibsel einer großartigen Hafenpromenade aus der Kolonialzeit, die **Avenida da Praia** mit ihren alten Villen, öffentlichen Sitzbänken und Straßenlaternen. Einige großartige, pfefferminzgrüne Herrenhäuser mit Veranden blicken aufs Wasser, das sich inzwischen mehrere Hundert Meter weiter weg befindet und durch ein Meer aus Lotusblumen ersetzt wurde.

Die alten Villen an der Promenade wurden zu dem Museum **Casa Museu da Taipa** zusammengefasst und eröffnen Einblicke in das häusliche Leben macanesischer Familien Anfang des 19. Jahrhunderts. Diese tiefreligiösen, gutsituierten und hochrangigen Beamten waren nicht übermäßig reich, und es überrascht kaum, dass die Einrichtung eine europäisch-asiatische Mischung darstellt, bei der beispielsweise christliche Heiligenfiguren mit chinesischen Drachenmotiven kombiniert wurden. Haus 1 kann für Empfänge gemietet werden, Haus 2 bietet eine Gemäldeausstellung und historische Fotografien, Haus 3 zeigt traditionelle portugiesische Kostüme, Haus 4 steckt voller Informationen über die Inseln Taipa und Coloane, dient aber auch als Räumlichkeit für vorübergehende Ausstellungen. Haus 5 schließlich wurde als typisches Wohnhaus des macanesischen Bürgertums wieder hergerichtet. 🕒 Di–So 10–18 Uhr, Eintritt 5 ptca, berechtigt zum Besuch aller fünf Gebäude.

Coloane

Die Ilha de Coloane ist mit 9 km^2 Fläche erheblich größer als Taipa, aber aufgrund fehlender herausragender Attraktionen ein geeigneter Ort für ein paar Stunden Entspannung. Nach dem Überqueren der Brücke von Taipa passiert man den **Parque de Seac Pai Van**, eine ausgedehnte Grünanlage, die sich für einen schönen Spaziergang anbietet. Auf dem Hügel thront eine weiße Marmorstatue der Göttin A Ma, mit knapp 20 m die höchste der Welt. 🕒 tgl. außer Mo 9–19 Uhr, Eintritt frei.

Kurz hinter dem Park halten alle Busse am Kreisverkehr in dem hübschen Hauptort **Vila Coloane** an der Westküste, Wahlheimat einer recht ansehnlichen Gemeinde von in Macau lebenden Ausländern, mit Blick auf die nur durch einen kleinen Meeresarm getrennte chinesische Seite. Einen Strand gibt es nicht, lediglich Schlamm, in dem alte Männer mit Fischernetzen ihr Glück versuchen. Nördlich des Dorfes liegen einige Schuppen, in denen Dschunken gebaut werden. In der Richtung Süden vom Kreisverkehr abzweigenden Straße finden sich einen Block vom Wasser entfernt interessante alte Geschäfte und unerwarteterweise auch die weißgelbe **Kapelle des heiligen Franz Xaver**, in dem ein Armknochen des spanischen Missionars als Relikt in Ehren gehalten wird.

200 m von der Kapelle entfernt befindet sich der **Tam-Kung-Tempel**, der das Modell eines aus einem meterlangen Walfischknochen geschnitzten Schiffs beherbergt.

Ein weiterer lohnenswerter Anlaufpunkt in Coloane ist die *Lord Stow's Bakery* an der Adresse Rua da Tassara 1, wo unwiderstehliche portugiesische Eierpuddingtörtchen *(natas)* gebacken werden.

Neben einem Fahrradverleih im Hotel *Westin Resort* gibt es nördlich des Kreisverkehrs ein kleines Geschäft, das für 12 ptca pro Stunde ebenfalls Räder vermietet. Das Fahrrad ist ein sehr empfehlenswertes Transportmittel für den 3 km langen Weg zum **Hac-Sa-Strand** an der Ostküste (eine Alternative sind die Busse Nr. 21A, 26 und 26A). Unterwegs kann man noch einen Zwischenstopp am **Cheoc-Van-Strand** an der Südküste einlegen, doch lohnenswerter ist der von Bäumen gesäumte und sich ein ganzes Stück um die Bucht erstreckende Strand Hac-Sa – trotz des schwarzen Sandes ohne Zweifel der beste Strand Macaus. Hier gibt es zahlreiche Cafés, Bars, Duschen, Toiletten, einige gute Restaurants in der Nähe sowie ein Sport- und Schwimmzentrum, ⌚ Mo–Fr 9–21, Sa und So bis 24 Uhr, Eintritt 15 ptca.

Am Wochenende ist am Hac-Sa-Strand meistens eine ganze Menge los, so dass man auch auf den nur einen Steinwurf entfernt liegenden **Parque Natural da Barragem de Hac-Sa** ausweichen kann. Dort locken Grillplätze, ein Kinderspielplatz mit Labyrinth, Bootsfahrten auf einem kleinen Stausee und diverse Kurzwanderwege durch die hügelige Landschaft. ⌚ Di–Fr 14–19, Sa, So und Feiertage 10–19 Uhr, Bootsverleih 10–40 ptca.

Übernachtung

Unterkünfte sind in Macau um einiges billiger als in Hongkong. Für denselben Preis, den man für einen Schuhkarton in den Chungking Mansions hinblättern müsste, bekommt man in Macau schon ein geräumiges Zimmer mit Fenster und eigener Dusche. In der unteren Preisklasse gibt es zudem noch zwei altertümliche **Herbergen**, die wahrscheinlich die letzten ihrer Art in der chinesischen Welt sind. Allerdings werden Ausländer in den billigeren Unterkünften nicht immer mit offenen Armen empfangen.

Ein Aufenthalt unter der Woche ist anzuraten, weil die **Preise** am Wochenende allerorten in die Höhe schnellen. Weitere Zeiten, die gemieden werden sollten, sind die chinesischen Feiertage, der Große Preis von Macau (3. Wochenende im November) und im Allgemeinen die Sommersaison, in der die Preise höher liegen als im Winter. Die dichteste Konzentration an Hotels herrscht am westlichen Ende der Almeida Ribeiro in der Umgebung des Inneren Hafens, doch einige Übernachtungsmöglichkeiten gibt es auch an abgelegeneren Orten wie auf der Insel Coloane.

Die anhand der Sterne-Anzahl unterschiedenen **Preiskategorien** in den folgenden Beschreibungen beziehen sich auf das billigste für Ausländer erhältliche DZ; nur wenn sich die Information speziell auf Dorm-Betten bezieht, ist der Preis p.P. aufgeführt.

Preiskategorien der Unterkünfte für Macau:

*	bis 75 ptca
**	75–150 ptca
***	150–300 ptca
****	300–500 ptca
*****	500–7000 ptca
Luxus	über 700 ptca

WEST-MACAU – ***East Asia*****, Rua da Madeira 1, ✆ 922433, 📠 922430, Reservierungen von Hongkong aus unter ✆ 25406333. Zwei Blocks nördlich des westlichen Endes der Almeida Ribeiro liegt eines der ältesten Hotels der Stadt. Sehr schick, sehr komfortabel und einige Zimmer im Obergeschoss mit großartigem Ausblick. Freundliches Personal und sehr gutes Preis-Leistungs-Verhältnis.

Hou Kong**, Travessa das Virtudes 1, ✆ 937 555, 📠 338884. Saubere Zimmer mit Balkon in einer Seitenstraße der Rua da Felicidade, über die Travessa do Auto Novo zu erreichen. Das Hotel ist einladender als seine Umgebung vermuten lässt.

Kou Va**–**, Rua da Felicidade 71, ✆ 375599. Recht angenehmes Hotel in einer der interessantesten Straßen Macaus. Etwas heruntergekommen, aber wegen der großen Zimmer eine der attraktivsten Optionen für den kleineren Geldbeutel.

London**–*, Praça de Ponte e Horta 4, ✆ 937 761. Nette Unterkunft mit 1-, 2- und 3-Bett-Zimmern.

New World Emperor–*****, Rua de Xangai, ✆ 781888, 💻 www.nweh.ctm.net. Mittelklassehotel in zentraler Lage, Zimmer mit eigenem Bad, Live-Jazz am Abend und chinesisches Frühstück. 40% Preisnachlass an Werktagen, 10% am Wochenende.

Peninsula–*****, Rua das Lorchas, Ponte Cais 14, ✆ 318899, 📠 344933. Moderne und saubere ac-Zimmer sowie einige Suiten, die ihr Geld wert sind.

Pension Diamante*, Rua Nova do Comercio 11, ✆ 923118. Etwas schicker als die Guesthouses auf der anderen Straßenseite.

Sun Sun**, Praça de Ponte e Horta 14-16, ✆ 939393, 📠 938822, Reservierungen aus Hongkong unter ✆ 25174273. Tadellose Unterkunft mit

HONGKONG UND MACAU

gutem Preis-Leistungs-Verhältnis, die Anonymität erinnert an die neuen Hotels auf dem chinesischen Festland. Vorteil: keine Preiserhöhung am Wochenende.
Vila Universal**–***, Rua da Felicidade 73, ✆ 573247. Recht große, sehr saubere und komfortable Unterkunft mit geräumigen Zimmern südlich der Almeida Ribeiro. Sehr zu empfehlen.
Vong Kong Hospedaria*–**, Rua das Lorchas 45, ✆ 574016. Die Herberge an der Uferstraße gegenüber der *Gulf*-Tankstelle verschafft Einblick in die Welt der Seefahrer im Südchinesischen Meer. Düster und schmuddelig, mit uralten Möbeln und Trennwänden aus Holz, aber jede Menge Stil und Atmosphäre. EZ und DZ erhältlich.

SÜD- UND OST-MACAU – ***Hotel Lisboa***, Luxus, Avenida de Lisboa 2-4, ✆ 377666, Reservierung aus Hongkong unter ✆ 25466944, 💻 www.hotelisboa.com. Das bizarre, orangefarbene, zylindrische Hotel, an dem man auf dem Weg von der Fähre in die Stadt vorbeikommt, ist nicht nur Macaus bedeutendstes architektonisches Wahrzeichen, sondern auch die beliebteste Spielbank der Stadt. Daneben beherbergt es eine Einkaufspassage, zahlreiche Restaurants und eine überkandidelte, von Glücksspielmogul Dr. Stanley Ho gestiftete Ausstellung mit Jade- und Porzellangegenständen. Ein DZ kostet an Werktagen ca. 900 ptca und bis zu 1400 ptca am Wochenende. In der Regel ist es billiger, im Rahmen einer Pauschalreise hier zu übernachten.
Metropole*–********, Avenida Praia Grande 493-501, ✆ 388166, 📠 330890. Elegant ausgestattetes Hotel in guter Lage, ein paar Hundert Meter westlich des *Hotel Lisboa*.
Pousada de São Tiago, Luxus, Avenida da República, ✆ 378111, 📠 552170, Reservierung aus Hongkong unter ✆ 27391216. Baulich in das alte Gemäuer einer ehemaligen Festung an der Südspitze der Halbinsel integriert. Von rauschenden Bächen gesäumte Treppen, riesige Steinbögen und 22 entzückend eingerichtete Zimmer. Bei den Einheimischen als Veranstaltungsort für Hochzeitsfeiern beliebt. Ein DZ kostet ca. 1650 ptca.

TAIPA – ***Grandview*******, Estrada Governador Albano de Oliveira, ✆ 837788, 📠 837736. Schillerndes Etablissement in der Nähe der Pferderennbahn mit umfangreichen Einrichtungen und Shuttle-Bus zum Fähranleger.
Hyatt Regency, Luxus, 2 Estrada Almirante Marques Esparteiro, ✆ 831234, 📠 830195, 💻 www.macau.hyatt.com, Reservierung aus Hongkong unter ✆ 25590168. Unmittelbar vor der Brücke nach Macau (alle von Macau nach Taipa fahrenden Busse kommen am Hotel vorbei), bietet den gewohnt guten Standard der *Hyatt*-Kette einschließlich Spielkasino, Wellness-Bad und Badelandschaft. DZ ab 1580 ptca.
New Century, Luxus, Av. Padre Tomas Pereira 889, ✆ 831111, 📠 832222, ✉ nch@macau.ctm.net. 5-Sterne-Komplex mit eigener Spielbank, Bade- und Sportanlagen, Karaoke, *Mahjongg*-Zimmer und kostenlosem Shuttle-Transfer vom Macau Pier.

COLOANE – ***Pousada de Coloane********– Luxus, Praia de Cheoc Van, ✆ 828143, 📠 882251. In etwas abgelegener, aber herrlicher Landschaft am Cheoc-Van-Strand an der Südküste der Insel. Alle Zimmer mit Balkon und Meerblick, außerdem Swimmingpool und italienisches Restaurant. Ideal für einen entspannten Urlaub.
Westin Resort, Luxus, Estrada de Hac-Sa, ✆ 871 111, 📠 871122, Reservierung aus Hongkong unter ✆ 28032015. Das Hotel am hinteren Ende des schönen Strands von Hac-Sa empfiehlt sich für ein oder zwei ruhige Tage unter der Woche, während am Wochenende massenhaft Familien aus Hongkong anreisen. 3 Restaurants und ausgezeichnete Sportanlagen, darunter ein 18-Loch-Golfplatz, 2 Schwimmbäder und ein Whirlpool. DZ ab 1625 ptca, aber immer wieder attraktive Sonderangebote am Wochenende.

Essen

Auch wenn Macau mit der überwältigenden kulinarischen Vielfalt Hongkongs nicht mithalten kann, gibt es immer noch reichlich Auswahl an guten Restaurants. Der Schwerpunkt liegt auf den einheimischen Spezialitäten des Territoriums, der **macanesischen Küche**, einer faszinierenden Mischung aus portugiesischen und asiatischen Elementen. Die Portugiesen steuerten neben frischem Brot, billigen Importweinen und Kaffee auch etliche Gerichte aus ihrer Heimat

bei, z.B. *caldo verde* (Gemüsesuppe) und *bacalhau* (gesalzener und getrockneter Kabeljau). Macaus interessantestes Kolonialgericht dürfte *african chicken* sein, eine Kreation von Einflüssen aus Goa und Ostafrika, das als Grillhähnchen mit Sauce und scharfen Gewürzen auf den Tisch kommt.
Gewöhnliche **kantonesische Restaurants**, die häufig Dim Sum zum Frühstück und Mittagessen servieren, sind in großer Zahl vorhanden und haben ebenfalls Weine auf der Speisekarte. Neben Teigtaschen und Nudeln servieren die vielen **Snackbars** in Macau oft auch frische Milchprodukte wie Früchte-Milkshakes und Milchpudding, was in China ansonsten nicht üblich ist. Dank der rund um die Uhr geöffneten Spielkasinos findet sich zu jeder Tages- und Nachtzeit irgendwo noch etwas zu essen. Die Preise liegen generell niedriger als in Hongkong, selbst in den exklusiveren Lokalen übersteigt die Rechnung nur selten 150–250 ptca p.P.

MACAU – ***Alfonso III,*** Rua Central 11, ✆ 586272. Authentische und ausgezeichnete portugiesische Küche in lusitanischem Ambiente (bis auf die Englisch sprechende Bedienung). Zentrale Lage unweit des Largo do Senado.
Bolo de Arroz, Travessa de São Domingos 11. Hervorragende Adresse nahe Largo do Senado für portugiesische Backwaren und einen der besten Kaffees der Stadt.
Clube Militar, Avenida de Praia Grande 795, ✆ 71009. Der Speisesaal dieses Privatclubs ist für die Öffentlichkeit zugänglich – eine ausgezeichnete Gelegenheit, das Innere eines macanesischen Kolonialgebäudes zu bestaunen. Das Essen kann allerdings mit dem wunderschön restaurierten Ambiente nicht mithalten.
Fat Siu Lau, Rua da Felicidade 64, ✆ 573585. Sehr beliebtes, traditionelles Restaurant (Spezialität: Taube) in einem Viertel mit dichter Konzentration an Cafés und Restaurants.
Fook Lam Mun, Avenida Dr. Mario Soares 259. Ausgezeichnetes, aber teures kantonesisches Fischrestaurant.
Leitaria I Son, Largo do Senado 7. Die famose Milchbar serviert alles, was man mit Milch zubereiten kann, u.a. Obst, Kakao, Eiscreme, Pudding und Frühstück.
Long Kei, Largo do Senado 7B. 100 Jahre altes, preiswertes und ausgezeichnetes kantonesisches Traditionsrestaurant. Liegt linker Hand, wenn man von der Almeida Ribeiro auf den Platz blickt. Kaum überraschend gewann das Restaurant kürzlich einen Tourismuspreis.
O Porto Interior, Rua da Almirante Sergio 259-B, ✆ 967770. Das Restaurant direkt am A-Ma-Tempel mit antiken chinesischen Trennwänden bietet neben einem hervorragenden Weinkeller vorzügliche macanesische Traditionsküche, z.B. *african chicken* oder Sardinen vom Grill.
Ou Mun Café, nahe Sé. Kaffee mit hausgemachtem portugiesischem Kuchen, außerdem Suppen und Salate.
Pele, Rua de São Tiago da Barra 25, ✆ 969000. Ausgezeichnete macanesische Speisen in freundlicher Atmosphäre, nur ein paar Gehminuten südlich des Schifffahrtsmuseums.
Pizzeria Toscana, Avenida da Amizade. Die authentische italienische Küche bietet einiges mehr als Pizza – wenngleich diese genauso vorzüglich schmeckt wie der Kaffee.
Praia Grande, Praça Lobo D'Avila, Rua Praia Grande, ✆ 973022. Eines der besten Restaurants Macaus, unmittelbar außerhalb des Stadtzentrums. Freundliches Personal, ausgezeichnetes Essen, gutes Preis-Leistungs-Verhältnis.
Star East Club, Macau Tower. Besitzer des am Fuße des Turms gelegenen Restaurants ist ein Konsortium von Stars aus Hongkong, darunter Jackie Chan. Große Auswahl an internationalen Gerichten.

TAIPA – ***Galo,*** Rua da Cunha 45, ✆ 827423. Preiswerte, größtenteils internationale Speisekarte, unmittelbar landeinwärts hinter der Hauptbushaltestelle in der Rua Correa da Silva im Ort Taipa.
Mocambique, Rua dos Clerigos 28A, ✆ 827471. Eines der beliebtesten Restaurants am Ort serviert leckere portugiesische Kolonialspeisen und diverse Gerichte aus Goa und Afrika.
O-Manel, Rua Fernão Mendes Pinto 90, ✆ 827 571. Kleiner und gemütlicher Familienbetrieb mit karierten Tischdecken, portugiesischem Wein und vorzüglicher Küche. *Bacalhau* (Kabeljau) in Olivenöl und Knoblauch ist die Spezialität des Hauses.

Restaurante Panda, Rua Direita Carlos Eugenio 4-8, ✆ 827338. In einem kleinen Gässchen, das am südlichen Ende der Rua da Cunha im Ort Taipa nach Osten abzweigt. Portugiesisches Lokal mit vernünftigen Preisen und Tischen unter freiem Himmel bei gutem Wetter.

Pinocchio's, Rua do Sol 4, ✆ 827128. Ansprechende macanesische Küche, z.B. Fischfrikadellen, Krabben, Garnelen und knusprig gebratene Ente. Am Platz gegenüber der Feuerwehr im Ort Taipa.

COLOANE – ***Caçarola,*** Rua das Gaivotas 8, ✆ 882226. Ausgezeichnete Tageskarte und sehr günstige Preise in einem einladenden und zu Recht beliebten Restaurant in unmittelbarer Nähe des Hauptplatzes im Ort Coloane.

Café Nga Tim, im Ort Coloane. Kleines, sehr freundliches und billiges Restaurant gegenüber der Kapelle des heiligen Franz Xaver, ideal zum Mittagessen oder für ein Getränk am Abend.

Fernando, Hac-Sa-Strand, unweit der Bushaltestelle, ✆ 882531. Eine Institution unter den in Macau lebenden Ausländern, die der Hektik der Stadt im heiteren Ambiente eines südeuropäisch anmutenden Bistros entfliehen möchten. Zusammen mit dem hervorragenden portugiesischen Essen steht unter dem Strich eines der besten Restaurants Macaus. Für die Rückfahrt ist möglicherweise ein Taxi vonnöten – mit 50 ptca für die Fahrt zurück auf die Halbinsel muss gerechnet werden. Reservierung empfohlen, am Wochenende ein Muss.

Lord Stow's Bakery, am Hauptplatz in Coloane. Eine der besten Adressen für Macaus cremige portugiesische Eierpuddingtörtchen *(natas).*

Unterhaltung und Kultur

Macaus Nachtleben konzentriert sich auf die allgegenwärtigen Karaoke-Bars sowie auf einige Nachtclubs, Diskotheken und Massagesalons. Wer nur etwas trinken möchte, bevorzugt meist die Restaurants oder eine der etwa 30 Kneipen im Viertel Macau Lan Kwai Fong, die zum Teil auch Live-Musik und Tische unter freiem Himmel mit Blick auf den Äußeren Hafen zu bieten haben.

Crazy Paris Show, Mona Lisa Hall, *Hotel Lisboa,* Avenida da Amizade, ✆ 577666. Inzwischen so etwas wie eine Institution in Macau: leicht frivole Show im Cabaret-Stil mit spärlich bekleideten Tänzerinnen. 🕓 tgl. 20 und 21.30, Sa auch 23 Uhr, Eintritt 250 ptca.

Embassy Bar, *Mandarin Hotel,* Avenida da Amizade, Äußerer Hafen, ✆ 567888. Reichlich schick mit Cocktails, Live-Bands und gutem Preis-Leistungs-Verhältnis bei 30 ptca Eintritt.

Talkers, Rua de Pedro Coutinho 104. Etwas südlich der Avenida do Coronel Mesquita, unmittelbar westlich des Kun-Iam-Tempel. In der Umgebung gibt es mehrere Kneipen und Bars, die einen Großteil von Macaus Nachtleben ausmachen. Zu später Stunde füllt sich die Bar immer mehr.

Sonstiges

FAHRRÄDER – Einzelheiten zum Fahrradverleih auf den Inseln Taipa und Coloane s.S. 846, Taipa, und s.S. 847, Coloane.

FESTE – Die normalen chinesischen Feiertage stehen auch in Macau auf dem Kalender; daneben gibt es noch einige katholische Feste, die von den Portugiesen eingeführt wurden, z.B. die Marienprozession Nuestra Señora de Fatima, die jedes Jahr am 13. Mai an der Kirche São Domingos beginnt.

GELD – Die Banken haben im Allgemeinen 🕓 Mo–Fr von 9–16 bzw. 16.30 Uhr geöffnet, Sa bis mittags. Es gibt offizielle Wechselstuben, die täglich geöffnet sind und auch Reiseschecks annehmen, darunter eine rund um die Uhr geöffnete im Untergeschoss des *Hotel Lisboa.* Eine weitere Wechselstube befindet sich an der zur Ruine São Paulo hinaufführenden Treppe.

INFORMATIONEN – ***Macau Government Tourist Office (MGTO),*** Largo do Senado 9, ✆ 3315566, 🕓 tgl. 9–18 Uhr.. Die hilfsbereite Organisation veröffentlicht diverse Broschüren zu Macaus Festungen, Museen, Parks, Kirchen und vorgelagerten Inseln, außerdem einen guten Stadtplan und die kostenlose, monatlich erscheinende Zeitung *Macau Travel Talk* mit allen kulturellen Veranstaltungen in der Sonderverwaltungsregion sowie Informationen zu Hotels und Restaurants.

Die Organisation betreibt auch ein freundliches Besucherinformationszentrum im **Jetfoil-Terminal** von Macau, ✆ 5726416, ⏲ tgl. 9–18 Uhr. *MGTO* ist auch in Hongkong im dortigen **Macau Ferry Terminal** zu finden: Room 1303, Shun Tak Centre, ✆ 25498884, ⏲ Mo–Fr 9–13 und 14–18, Sa 9–13 Uhr.

MEDIZINISCHE HILFE – ***Centro Hospitalar Conde São Januário,*** Calçada Visconde São Januário, ✆ 313731, rund um die Uhr geöffnete Notaufnahme mit Englisch sprechendem Personal.

NOTFALL – **Notruf** ✆ 999.

POLIZEI – **Hauptrevier**, Avenida Dr. Rodrigo Rodrigues, ✆ 573333.

POST – **Hauptpost**, Largo do Senado, an der Ostseite des Platzes mit Poste-Restante-Schalter, ⏲ Mo–Fr 9–18, Sa 9–13 Uhr.
Daneben verteilen sich auf das ganze Territorium die an der knallroten Farbe zu erkennenden Briefmarkenautomaten.

REISEBÜROS – ***CTS,*** Rua de Nagasaki, ✆ 700 888, besorgt (wie auch die meisten anderen Reiseveranstalter) Visa für die VR China und Fahrkarten.

TELEFON – Ortsgespräche von Privatanschlüssen sind gratis und kosten über Münzfernsprecher 1 ptca. Die Kartentelefone nehmen CTM-Karten, die von der staatlichen Telekommunikationsgesellschaft in Macau ausgegeben werden und in Hotels oder an der Rückseite der Hauptpost (24 Std. geöffnet, auch Direktgespräche möglich) erhältlich sind.
Innerhalb Macaus gibt es keine unterschiedlichen Vorwahlen.
Aus dem Ausland (einschließlich China): internationale Vorwahl + 853 für Macau + Nummer des Teilnehmers.
Von Macau nach Hongkong: 01 + Nummer des Teilnehmers.

VISA – Wie bei der Währung gibt es auch hier zunächst keine Änderung. Staatsbürger aus den meisten europäischen Ländern erhalten bei der Ankunft automatisch eine Aufenthaltserlaubnis von 20 Tagen. In Zweifelsfällen gibt die nächste chinesische Botschaft oder das Touristenbüro in Macau Auskunft. Das Pendant in Hongkong befindet sich im Shun Tak Centre.

Nahverkehrsmittel

Angesichts der geringen Ausdehnung gibt es in Macau kaum größere Distanzen zu überwinden. Die meisten Sehenswürdigkeiten sind **zu Fuß** erreichbar; eine Alternative ist das **Velotaxi** (eine Fahrt vom A-Ma-Tempel zum Largo do Senado kostet 60–80 ptca), während viele Einheimische auf Motorrollern umhersausen.
Auch **Radfahren** ist eine mögliche Art der Fortbewegung, besonders auf den Inseln. Es ist übrigens verboten, vom Festland aus über den Dammweg zur Insel Taipa zu fahren. Einzelheiten zum Fahrradverleih s.S. 851, Fahrräder, und s.S. 846, Taipa.

BUSSE – Zwei große Busunternehmen teilen sich in Macau ein dichtes Netz von Buslinien. Wichtige Halte- und Umsteigestellen sind der Jetfoil-Terminal (als „Nova Terminal" bezeichnet), *Hotel Lisboa,* Almeida Ribeiro, Barra (beim A-Ma-Tempel), Praça Ponte e Horta (unweit des Guangzhou-Fähranlegers am Inneren Hafen), Barra (beim Schifffahrtsmuseum am Inneren Hafen), Porto do Cerco (Grenztor) sowie die Inseln Taipa und Coloane. Wie in Hongkong wird im Bus kein Wechselgeld herausgegeben, doch die Fahrpreise treiben niemanden in den Ruin.
Wichtige Routen sind die Nr. 3 und 3A vom Jetfoil-Terminal zum *Hotel Lisboa* und zur Almeida Ribeiro, Nr. 5 von Barra über Almeida Ribeiro zum Grenztor, Nr. 21, 21A, 26A und 28A von der Almeida Ribeiro nach Taipa und Coloane sowie Nr. 28B vom Jetfoil-Terminal über *Hotel Lisboa* zur Rua de Praia Grande.

TAXIS – Wer nicht mehr laufen möchte, kann auf eines der billigen Taxis zurückgreifen. Fahrten auf die Inseln Taipa oder Coloane werden mit einem Zuschlag von 5 ptca (Macau nach Taipa) bzw. 2 ptca (zwischen den Inseln) belegt.

Transport

Auf dem Landweg ist es möglich, die **Grenze zur Volksrepublik** zu Fuß am Grenztor zu überschreiten und so in die chinesische Wirtschaftssonderzone Zhuhai zu gelangen, ⌚ tgl. 7–24 Uhr. Zum Grenztor fährt Bus Nr. 5 von der Almeida Ribeiro und Rua da Praia Grande.

BUSSE – Täglich fahren mehrere Direktbusse von der Haltestelle am Inneren Hafen (in der Nähe des Guangzhou-Fähranlegers) nach Guangzhou. Fahrplanauskünfte erteilt das ***MGTO***, Tickets gibt es beim ***China Travel Service (CTS)***, Avenida Dr. Joao IV 13, Centro Commercial. Eine zweite Busroute über die Lotusbrücke verbindet Macau zunächst mit der Stadt Zhuhai und schließlich mit Guangzhou (ca. 50 ptca).
Busse nach:
GUANGZHOU 2x tgl., 6 Std.

FÄHREN – Der Personenverkehr zwischen Hongkong und Macau wird größtenteils auf dem Seeweg abgewickelt. Eine große Zahl konkurrierender Fähren legt täglich die rund einstündige Strecke zwischen Macau und Hongkongs Shun Tak Centre zurück. Zu den Booten, die ca. alle 1/4 Std. abfahren, zählen die so genannten Jetfoils, die bei 55 Min. Fahrzeit mit knappem Vorsprung die schnellsten sind und auch am häufigsten verkehren (tags wie nachts).
Daneben gibt es noch die ebenfalls sehr schnellen Katamarane sowie die Hochgeschwindigkeitsfähren, die geräumig und billig sind, aber weniger häufig verkehren und trotz ihres Namens wesentlich langsamer sind als die anderen. Seltener fahren die Katamarane vom Hong Kong China Ferry Terminal in der Canton Rd in Tsim Sha Tsui.
Für die **Fahrkarten** gelten je nach Fährtyp, Abfahrtszeit und Reiseklasse leicht unterschiedliche Preise. Für eine einfache Fahrt sind zwischen HK$95–140 zu veranschlagen, mit der Hochgeschwindigkeitsfähre ungefähr die Hälfte. Alle Fahrkartenpreise beinhalten die staatliche Ausreisesteuer von HK$19. Wer nicht gerade zu Spitzenzeiten am Wochenende fährt, muss nicht unbedingt im Voraus buchen, doch empfiehlt sich eine Reservierung auf jeden Fall bei einem engen Terminplan. In Macau können Fahrkarten vorab am Jetfoil-Terminal im Äußeren Hafen gekauft werden.
Ansonsten findet man sich einfach eine halbe Stunde vor Abfahrt am Pier in Macau bzw. Hongkong ein, kauft eine Fahrkarte für die nächste Überfahrt, passiert die Passkontrolle und geht an Bord.
In Macau nutzen alle Boote aus Hongkong und Shenzhen denselben Fähranleger, der auf den Busfahrplänen und Landkarten normalerweise als **Jetfoil-Terminal** (Nova Terminal auf Portugiesisch) bezeichnet wird und südöstlich des Stadtzentrums in der Avenida da Amizada liegt. Von dort aus fahren zahlreiche Busse, darunter Nr. 3 und 3A, zum *Hotel Lisboa* und zu den preiswerten Unterkünften in der Almeida Ribeiro. Wer mit der Fähre aus Guangzhou ankommt, geht im Inneren Hafen westlich des Stadtzentrums von Bord. Von dort aus lässt sich die Avenida Almeida Ribeiro bequem zu Fuß erreichen, aber auch der Bus Nr. 3A fährt ganz in der Nähe vorbei.
Fähren nach:
GUANGZHOU tgl., 9 Std.;
HONGKONG häufig, 1 Std.;
SHENZHEN 1x tgl., 1 Std.

FLÜGE – Auf dem Luftweg ist Macau mit Beijing, Shanghai, Guangzhou, Taiwan, Bangkok und Singapur sowie einer schnell wachsenden Zahl weiterer chinesischer Städte verbunden. Schon in naher Zukunft sollen auch Direktflüge von und nach Europa möglich sein.
Nach der Ankunft auf dem internationalen **Flughafen** auf der Insel Taipa fährt der Flughafenbus AP1 zum *Hotel Lisboa* und zum Jetfoil-Terminal.
Fluggesellschaften: Bislang ist nur ***Air Macau***, Avenida da Praia Grande 639, ✆ 3966888, mit einer eigenen Vertretung ansässig, doch das wird sich sicherlich in Kürze ändern.
Telefonische Auskünfte bezüglich der anderen Fluggesellschaften mit Macau im Programm, darunter ***Silk Air***, ***Singapore Airlines***, ***China Air*** und die taiwanesische ***EVA Airways***, werden am Flughafen unter ✆ 861111 und in den Reisebüros von Macau erteilt.

HONGKONG UND MACAU

Flüge nach:
BANGKOK 4x wöchentl., 3 Std.;
BEIJING 1x tgl., 2 Std.;
SHANGHAI 1x tgl., 2 Std.;
SINGAPUR 2x wöchentl., 4 Std.;
TAIPEI tgl., 1 1/2 Std.;
XIAMEN 1x tgl., 1 Std.

Guangxi und Guizhou

Highlights

- **Li-Fluss**
Fahrt zwischen Guilin und Yangshuo durch eine Landschaft mit hohen, bizarr geformten Karstgipfeln.

- **Dong-Dörfer**
Holzhäuser, Brücken und Trommeltürme charakterisieren diese verstreut liegenden Gemeinden im abgelegenen Hochland an der Grenze zwischen Guangxi und Guizhou.

- **Hua Shan**
Eine weitere Flussfahrt zu Klippen mit mysteriöser Felsenkunst am Ufer des Zuo Jiang in Guangxi.

- **Fest der Schwesterlichen Mahlzeit**
Paradestück der Miao-Kultur – drei ausgelassene Tage mit Tänzen, Stierkämpfen und Drachenbootrennen.

- **Caohai**
Dieser wunderschöne See ist ein Rückzugsgebiet für Enten und den seltenen Schwarzhalskranich.

Chinas subtropischer zentraler Südwesten erstreckt sich über das **Autonome Gebiet Guangxi Zhuang** und die Provinz **Guizhou**, und obgleich diese Region in ihrer Gesamtheit größtenteils unbekannt ist, verzeichnet sie erstaunlicherweise mit die höchsten Besucherzahlen des ganzen Landes. Zu verdanken hat sie dies vor allem den pittoresken Karstkegeln, die heute als eine der Topattraktionen Chinas gelten, aber in der Vergangenheit die Kommunikation mit der Außenwelt praktisch unmöglich machten und einen der schlechtesten Ackerböden im ländlichen China verursachten. Die Region war so arm und rückständig, dass sie keinerlei Anreize für eine Invasion bot und die hiesigen Volksgruppen mehr oder weniger sich selbst überlassen blieben, weshalb sich das Gebiet zu einer Hochburg **ethnischer Minderheiten** entwickelte. Einige dieser Nationalitäten bewahrten ihre nominelle Identität, passten sich jedoch weitgehend an das chinesische Leben an, während andere jegliche Assimilation verweigerten und sich in abgelegene Hochlandgebiete zurückzogen, wo sie noch heute an ihren kulturellen Traditionen festhalten. Durch ihre weltferne Lage verharrte die Region in Verges-

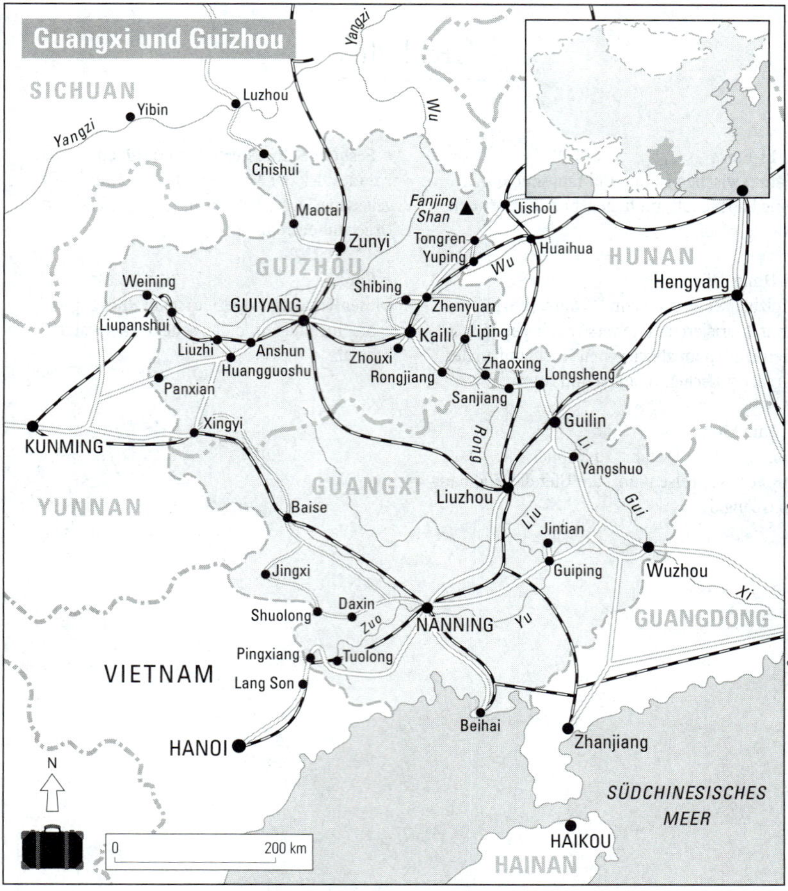

senheit, bis 1850 in Zentral-Guangxi der **Taiping-Aufstand** losbrach, der den Beginn eines Jahrhunderts kennzeichnete, das von zivilen Konflikten und Hungersnöten geprägt war. Harrison E. Salisbury beschreibt in seinem Buch *Der lange Marsch*, wie Soldaten der Roten Armee, die in den 30er Jahren durch das ländliche Guizhou zogen, dort auf Menschen trafen, die nackt auf den Feldern arbeiteten und deren Wirtschaft auf Opium basierte. Nach der kommunistischen Machtübernahme wurden den Minderheiten politische Rechte zugestanden und **Autonome Gebiete** eingerichtet, doch Industrie und Infrastruktur blieben unterentwickelt, und nur wenige Städte – darunter auch die Provinzhauptstädte **Guiyang** und **Nanning** – haben mehr zu bieten als Verkehrsverbindungen zu interessanteren Örtlichkeiten.

Es verwundert daher nicht, dass die meisten Besucher der **Landschaft** wegen hierher kommen. In Guangxis Nordosten ragen aus den Ebenen um die Stadt **Guilin** hohe **Karstberge** auf, die chinesischen wie westlichen Weltbürgern durch uralte und neue Gedichte, Gemälde und Fotografien vertraut sind. Diese Landschaft ist so berühmt und so gut erschlossen, dass sie alle anderen Ecken der Region in den Schatten stellt und deren Besucher fast wie Pioniere fühlen lässt – mit ein wenig Eigeninitiative bekommt man im Südwesten Chinas auf jeden Fall noch Dinge zu sehen, die in der übrigen Welt nahezu unbekannt sind. Für viele besonders reizvoll ist der Kontakt zu den unterschiedlichen ethnischen Gruppen, allen voran **Miao**, **Dong** und **Zhuang**, deren Kultur sich nicht nur in ihrem Alltagsleben widerspiegelt, sondern auch in den Zeugnissen ihrer prähistorischen Vergangenheit. Ebenfalls auf ihre Erkundung warten wunderbare Strände, feuchte Bergwälder sowie einige der größten Wasserfälle und Kalksteinhöhlen des Landes.

Obwohl sich die **Anreise** zu einigen Zielen nach wie vor sehr zeitaufwendig gestaltet, stellt die Lage der Region – im Gegensatz zu früher – kein Hindernis mehr dar, und es verkehren ausreichend Busse und Züge. Probleme hingegen wirft unter Umständen die **Sprache** auf, denn viele Landbewohner verstehen weder Mandarin noch Kantonesisch – seit 1995 hat die Regierung neben Mandarin erstaunlicherweise auch den Gebrauch lokaler Dialekte in Schulen gebilligt, um die Lese- und Schreibfähigkeit zu fördern. Für Ausländer bedeutet dies leider oft, dass eine gegenseitige Verständigung nur mithilfe von Handzeichen und sehr viel Geduld möglich ist.

Die Region erstreckt sich bis ans Südchinesische Meer und umfasst im Landesinnern einige beachtliche Höhenzüge, sodass sich das **Klima** lokal sehr unterschiedlich präsentiert, aber im Allgemeinen darf man warme, feuchte Sommer und kalte Winter erwarten, besonders in den Bergen. Zu den trockensten und deshalb angenehmsten Reisemonaten gehören April, Mai, September und Oktober.

Autonomes Gebiet Guangxi Zhuang

Das praktisch immergrüne Autonome Gebiet Guangxi Zhuang breitet sich südlich des Hochlands von Guizhou bis zur tropischen Küste und zur Grenze nach Vietnam aus. Seine klassischen Postkartenmotive mit Kalksteinformationen und mosaikartigen Reisfeldern konzentrieren sich im Nordosten um die Stadt **Guilin**, die von Hongkong und Guangzhou leicht zu erreichen und längst zu einem in jeder Hinsicht überzogenen Touristenzentrum geworden ist. Die Stadt selbst ruft bei weitem nicht bei allen Besuchern Begeisterung hervor, doch die Bootsfahrt auf dem **Li-Fluss** zum Traveller-Paradies **Yangshuo** wird von den meisten als unvergessliches Erlebnis eingestuft und entschädigt für so manche Unannehmlichkeit in Guilin.

Seit 1958 besitzt Guangxi nicht mehr den Status einer Provinz, sondern genießt Selbstverwaltungsrechte als Autonomes Gebiet Guangxi Zhuang, das Kernland von Chinas 13 Millionen Menschen zählender **Zhuang-Nationalität**. Diese ethnische Gruppe stellt ungefähr ein Drittel der regionalen Bevölkerung und hat sich inzwischen größtenteils an die chinesischen Verhältnisse angepasst. Archäologische Funde lassen Verbindungen der Zhuang zu einer bronzezeitlichen Kultur vermuten, die sich einst über ganz Südostasien erstreckte – davon zeugen prähistorische **Felsfriese**, die am Fluss Zuo Jiang nahe der offenen **Grenze zu Vietnam** erhalten geblieben sind. Entlang eben jener Grenze leben in weitgehend unberührten Gebieten noch sehr traditionell geprägte Gruppierungen der Zhuang, insbesondere in der attraktiven Gegend um den **Wasserfall Detian**, der sich bis nach Vietnam hinein ergießt. Auf der entgegengesetzten Seite von Guangxi, ganz im Nordosten, wird das hügelige Grenzgebiet um **Sanjiang** von den weniger integrierten **Dong** bevölkert, deren Architektur und Lebensweise einen Abstecher dorthin – und weiter in die Nachbarprovinz Guizhou – zu einem äußerst faszinierenden Erlebnis machen.

Guangxis Städte dagegen hinterlassen weniger tiefe Eindrücke. Eine beträchtliche Zahl von Individualreisenden gelangt über den nichts sagenden Eisenbahnknotenpunkt **Liuzhou** oder das weiter östlich, direkt an der Grenze zur Provinz Guangdong gelegene **Wuzhou** in die Region. Wesentlich dünner sind die Besucherströme ins westliche **Baise** und in die tropisch-träge Hauptstadt **Nanning** im Süden. Auch der Küstenhafen **Beihai** sieht nicht viele westliche Besucher. Diejenigen, die sich dorthin vorwagen, bereisen eine Region mit historischen Bezügen zum Langen Marsch und den Anfängen der **Taiping-Revolution**, der heftigste Aufstand des 19. Jahrhunderts gegen die im Niedergang begriffene Qing-Dynastie.

Trotz der subtropischen Breite lässt sich Guangxis Wetterlage nicht klar einschätzen – in Guilin fällt sogar ungefähr alle zehn Jahre Schnee. Bemerkenswert ist außerdem, dass die **Zhuang-Sprache** statt des Gebrauchs von Pinyin eine ganz eigene Methode entwickelt hat, um chinesische Schriftzeichen in lateinischen Buchstaben wiederzugeben. Ersichtlich wird dies beispielsweise auf Straßenschildern, wo statt Minzu Dadao das Wortungetüm Minzcuzdadau auftaucht.

Guilin

Guilin gehört zu Chinas schlimmsten Touristenfallen, denn bezüglich ihres Einkommens ist die Stadt voll und ganz auf den Besuch auswärtiger Gäste angewiesen. Eine gewaltige Dienstleistungsindustrie hat sich auf die Versorgung von betuchten Reisegruppen spezialisiert, die tagtäglich durch die Stadt und ihre Umgebung geschleust werden. Trotzdem präsentiert sich Guilin als freundliche Stadt mit zahlreichen schön gestalteten Landschaftselementen, schattigen Hauptstraßen und felsigen Parkgeländen, die auf ihre Erkundung warten. Außerdem besteht die Möglichkeit, an einer Bootsfahrt auf dem berühmten **Li-Fluss** teilzunehmen, die flussabwärts durch die bizarre und legendenumrankte Karstlandschaft führt (Kasten, s.S. 862). Budgetreisende, die sich in Guilins gewinnsüchtiger Atmosphäre verloren fühlen, sollten sich so schnell wie möglich ins wesentlich angenehmere und billigere **Yangshuo** begeben, das nur 90 Busminuten weiter südlich liegt und natürlich auch im Rahmen eines Tagesausflugs zu erreichen ist.

Von der Ming-Dynastie bis 1914 fungierte Guilin als Hauptstadt von Guangxi, gewann jedoch erst geringfügige historische Bedeutung, nachdem es als solche durch Nanning ersetzt wurde. Sun Yatsen plante in dieser Stadt kurz vor seinem Tod im Jahre 1925 den Nordfeldzug, und neun Jahre später wurden Teilnehmer des Langen Marsches von Anhängern der Guomindang mit viel Getöse vertrieben. Im Krieg gegen Japan sammelten sich über eine Million Flüchtlinge in Guilin, bis die Stadt von den Invasoren erobert wurde – Ereignisse, die Amy Tan in ihrem Roman *Töchter des Himmels* quälend anschaulich beschreibt. Bombardierungen im Krieg verschonten die natürlichen Sehenswürdigkeiten, verwandelten jedoch das Stadtzentrum in ein schäbiges Provinznest, das erst seit den späten 80er Jahren durch selbstbewusst inszenierte Verschönerungsprojekte ein neues Aussehen erhielt. Blumengeschmückte offene Flächen und lange Reihen süßlich duftender Osmanthus-Bäume entlang der Straßenzüge setzen heute ein angenehmes Gegengewicht zu den modernen, dicht an dicht stehenden Gebäuden und dem hohen Verkehrsaufkommen. Das Interesse an Guilin konzentriert sich jedoch weniger auf die Stadt selbst als auf die berühmten Felsformationen in der Umgebung.

Orientierung

Guilin konzentriert sich am Westufer des Flusses **Li** und erstreckt sich von hier in alle vier Himmelsrichtungen. Mitten im Zentrum ragen mehrere Karstkegel in die Höhe, die sich jedoch hinter Hochhäusern verstecken und deshalb nicht als Orientierungspunkte dienen. Parallel zum Fluss verläuft 500 m weiter westlich die Hauptstraße **Zhongshan Lu** vom Bahnhof an mehreren zentralen Einrichtungen, Hotels und dem Überland-Busbahnhof vorbei bis ins 4 km entfernte Stadtzentrum. Die Zhongshan Lu wird unter anderem von der Nanhuan Lu, der Shanhu Lu und der Jiefang Lu gekreuzt, die sich

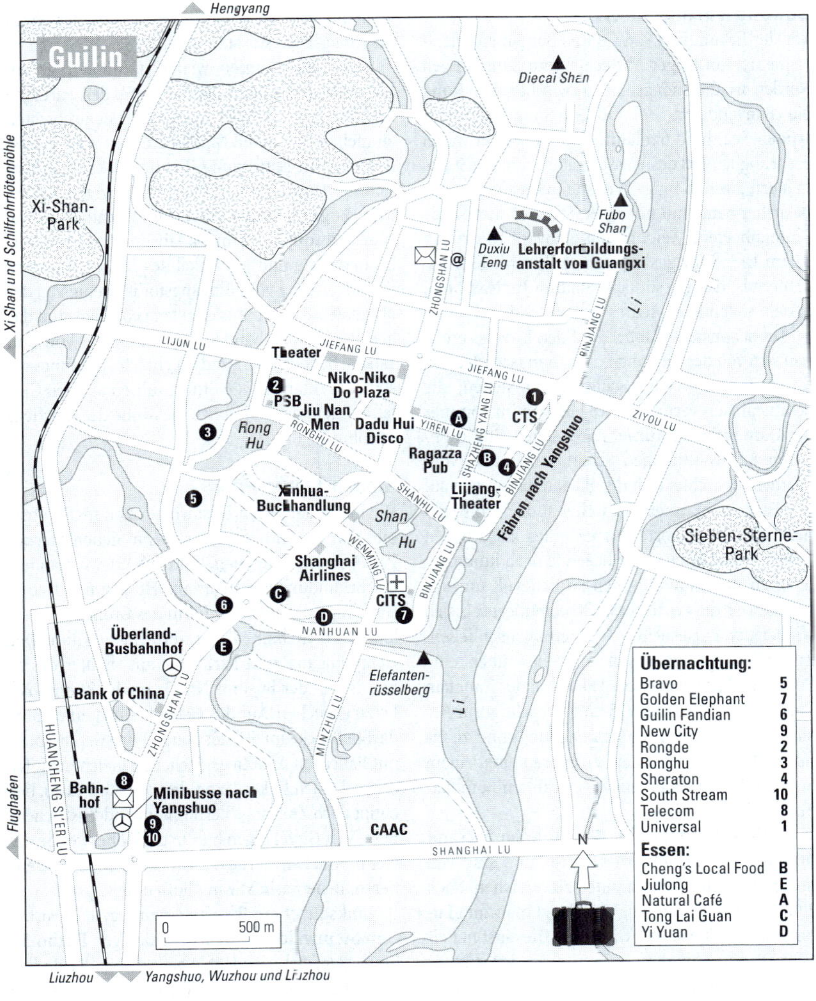

jeweils über etwa 1 km von der Flusspromenade **Binjiang Lu** gen Westen erstrecken.

Die meisten Sehenswürdigkeiten sind bequem zu Fuß erreichbar, und zu den abseits gelegenen Orten fahren öffentliche **Busse** und natürlich **Taxis** (Fahrten innerhalb des Stadtgebiets kosten ¥10–12.) Guilin gehört zu den ganz wenigen Städten in China mit einer eigenen **Touristeninformation**, deren Mitarbeiter recht gut Englisch sprechen und mit allgemeinen Infos dienen, aber auch geführte Touren, Transportmittel und Unterkünfte vermitteln; entsprechende Schalter befinden sich am Flughafen sowie vor dem Bahnhof und dem Busbahnhof.

Sehenswürdigkeiten

Vor der Erkundung von Guilins Bergen empfiehlt sich ein 2 km langer Abstecher vom Bahnhof gen Norden, wo die Zhongshan Lu zwischen dem **Rong Hu** (Banyanbaum-See) und dem **Shan Hu** (Spießtannen-See) hindurchläuft. Beide Gewässer waren ursprünglich Teil des Wassergrabens um die Stadtmauern aus der Tang-Dynastie und erfreuen ihre Besucher heute mit hübschen Steinbrücken sowie Blumenbeeten, Weiden und Banyanbäumen an ihrem Ufer. Einziges erhaltenes Überbleibsel der Mauern ist das alte südliche Stadttor **Jiu Nan Men**, in dem sich nun ein teures Teehaus befindet.

Die schönsten Ausblicke auf den Li-Fluss eröffnen sich von der Binjiang Lu (man muss sich allerdings auf zahlreiche Schlepper einstellen, die Schiffsfahrten vermitteln wollen), wo im Sommer die **Osmanthus-Bäume**, nach denen Guilin benannt ist, wohltuenden Schatten spenden. Vom Uferbereich richtet sich der Blick unweigerlich auf den **Elefantenrüsselberg** weiter südlich, anscheinend der versteinerte Körper eines kaiserlichen Transportelefanten – der Legende nach kümmerten sich die Einheimischen so liebevoll um das kranke Tier, dass es lieber zu Stein mutierte als sich wieder den kaiserlichen Truppen anzuschließen. Zum Berg gelangt man entweder über eine Fußgängerbrücke oder per Fähre von der Nanhuan Lu. Der Eintritt beträgt ¥15 und ermächtigt zur Besichtigung einer zerfallenen Pagode – und zu einem Fototermin mit einem Kormoran unter einem Sonnenschirm auf einem angestrahlten Bambusboot.

Guilins drei zentralste Gipfel liegen allesamt nördlich des Elefantenrüsselbergs und sind von dort innerhalb 20 Fußminuten zu erreichen. Nach 2 km entlang der Binjiang Lu gelangt man zum **Fubo Shan**, an dem es der Gigant **Jie Die** einst mit einem Dämon aufnahm, der mit einer Schar Menschen fressender Tiere nach Guilin hinabsteigen wollte – der Kampf verlief erfolgreich, und die Stadt wurde niemals wieder von derartig bösen Gestalten geplagt. Am Fuße des Bergs befindet sich die **Huanzhu Dong** (Höhle der Zurückgegebenen Perle), benannt nach der Geschichte von einem Fischer, der eines schlafenden Drachen Schatz gestohlen hatte und diesen von Schuld geplagt wieder zurückbrachte. Beim Aufstieg über die Treppe auf den Gipfel des Bergs passiert man 300 in den Fels gemeißelte Buddha-Bildnisse, die aus der Tang- und Song-Dynastie stammen.

Zehn Fußminuten weiter nördlich ragt am Flussufer der **Diecai Shan** (Berg der Farbigen Schichten) in die Höhe, dessen Kalksteinschichten zu mehreren kleinen Gipfeln erodiert sind. In fast der gleichen Entfernung Richtung Westen erhebt sich der **Duxiu Feng** (Gipfel der Einzigen Schönheit). Er gehört zum Gelände des Privathauses von **Zhu Shouqian**, der im 14. Jahrhundert über Guilin herrschte und ein Enkel des Kaisers Hongwu war. Abgesehen vom Eingangstor ist wenig von der originalen Baustruktur erhalten geblieben, und das heutige Hauptgebäude, einst das Büro von Sun Yatsen, beherbergt nun die Lehrerfortbildungsanstalt von Guangxi. 306 Stufen führen auf den Gipfel, auf dem der Rundblick die Mühe des Aufstiegs entlohnt.

Sieben-Sterne-Park

Die interessantesten Felsformationen im Stadtgebiet von Guilin befinden sich im Sieben-Sterne-Park (Qixing Gongyuan, Eintritt ¥35), wo man mit der Erkundung von mehreren Höhlen und sieben Gipfeln – angeordnet in Form des Großen Bären – locker einen halben Tag verbringen kann. Der Haupteingang zum Park liegt am Ostufer des Li und ist mit der Buslinie Nr. 13 von der Zhongshan Lu zu erreichen. Auf das Gelände führt eine überdachte Brücke im Stil der Song-Dynastie, komplett mit Palisaden und Ziegeldach, und gleich dahinter erstreckt sich linker Hand der Bereich **Putuo**, benannt nach Zhejiangs berühmtem buddhistischem Berg. Vier Gipfel ragen hier in die Höhe, welche die vier nördlichen Sterne des Großen Bären repräsentieren: Benetnash, Mizar, Alioth und Megrez.

Links führt ein Pfad an einem Pavillon vorbei zum **Steinwald** und dem 22-stöckigen **Putuo Si**, hinter dem sich eine Höhle befindet, in der Bodhisattva Kumara gepredigt haben soll. Der Weg nach rechts erschließt eine Kette von Höhlen, darunter die riesige **Sieben-Sterne-Höhle**, eine über 1 km lange, 40 m breite und fast 30 m hohe Röhre, die einst von einem unterirdischen Fluss ausgespült wurde (die tieferen Bereiche stehen noch immer unter Wasser). Der Zugang ist begrenzt, doch die Bereiche, die betreten werden können, sind eindrucksvoll genug. Die anderen drei Sterne des Großen Bären – Dubhe, Phekda und Merak –

Guilin

Guilin	桂林	***guìlín***
Diecai Shan	叠彩山	*diécǎi shān*
Duxiu Feng	独秀峰	*dúxiù fēng*
Elefantenrüsselberg	象鼻山	*xiàngbí shān*
Fubo Shan	伏波山	*fúbō shān*
Huanzhu Dong	还珠洞	*huánzhū dòng*
Jiu Nan Men	旧南门	*jiù nánmén*
Li-Fluss	漓江	*líjiāng*
Lutuo Shan	骆驼山	*luòtuó shān*
Rong Hu	榕湖	*róng hú*
Schilfrohrflötenhöhle	芦笛岩	*lúdí yán*
Shan Hu	杉湖	*shān hú*
Sieben-Sterne-Höhle	七星洞	*qīxīng dòng*
Sieben-Sterne-Park	七星公园	*qīxīng gōngyuán*
Steinwald	石林	*shí lín*
Ta Shan	塔山	*tǎ shān*
Xi-Shan-Park	西山公园	*xī shān gōngyuán*
Yueya Shan	月牙山	*yuèyá shān*
Übernachtung und Essen		
Bravo	桂林宾馆	*guìlín bīnguǎn*
Golden Elephant	金象大酒店	*jīnxiàng dàjiǔdiàn*
Guilin Fandian	桂林饭店	*guìlín fàndiàn*
Jiulong	九龙	*jiǔlóng*
Natural Café	闻莺阁	*wényīng gé*
New City	新城市酒店	*xīnchéngshì jiǔdiàn*
Rongde	榕德酒店	*róngdé jiǔdiàn*
Ronghu	榕湖饭店	*rónghú fàndiàn*
Sheraton	大宇大饭店	*dàyǔ dàfàndiàn*
South Stream	南溪饭店	*nánxī fàndiàn*
Telecom	电信宾馆	*diànxìn bīnguǎn*
Tong Lai Guan	同来馆	*tónglái guǎn*
Universal	环球大酒店	*huánqíu dàjiǔdiàn*
Yi Yuan	怡园饭店	*yíyuán fàndiàn*

befinden sich auf dem **Yueya Shan** im Süden des Parks. Am Fuß des Hügels kann man in einem Pavillon Getränke erstehen, bevor man sich an den Aufstieg zu immer schöneren Aussichtspunkten macht. Auf dem Rückweg nach unten wird die **Höhle der Drachenzuflucht** passiert, deren erodierte Wände mit Tausenden von Gedichten geschmückt sind, die Besucher hier hinterlassen haben. Noch viel mehr Inschriften findet man ein Stückchen weiter im **Stelenwald von Guilin**, wo mehr als 2000 Steintafeln die unterschiedlichsten Abhandlungen aufzeigen – von literarischen Themen bis hin zur marxistischen Wirtschaftstheorie.

Östlich des Yueya Shan erhebt sich der **Lutuo Shan** (Kamelberg), von dessen Gipfel sich ein Ausblick Richtung Süden auf den **Chuan Shan** (Hügel mit Loch) und den benachbarten **Ta Shan** (Pagodenhügel) eröffnet, der von einer sechseckigen Pagode aus der Ming-Dynastie gekrönt wird. Sie entstand als Gefängnis für einen hundertfüßigen Dä-

Bootsfahrt auf dem Li Der Li schlängelt sich über eine Länge von mehr als 85 km von **Guilin** nach **Yangshuo** und passiert dabei eine der schönsten Landschaften, die China zu bieten hat – für die meisten Touristen zählt die sechsstündige Fahrt zu den Höhepunkten einer Reise durch das Reich der Mitte. Andererseits beklagen sich viele über die hohen Preise, die lange Fahrtdauer und den Rummel auf dem Fluss, der in diesem Abschnitt pro Tag fast 2000 Menschen als Transportweg dient. Inzwischen mussten sogar einige Uferbereiche mit Beton verstärkt werden, um der Erosion Einhalt zu gebieten, die durch die hohe Zahl von Ausflugsschiffen schlimme Ausmaße erreicht hatte. Wer sich an solchen Entwicklungen stört, begibt sich am besten gleich nach Yangshuo, von wo der Li auf wesentlich billigere und beschaulichere Weise erkundet werden kann (s.S. 866).
Flussfahrten auf dem Li vermitteln Hotels und Reisebüros, doch preiswerter ist die Ticketbeschaffung direkt an den **Docks** von Guilin in der Binjiang Lu, nahe dem *Sheraton*. Die Reise nach Yangshuo beginnt morgens um 8 Uhr und kostet pro Person ¥500 (einfach ¥460), was einen bequemen Sitzplatz, eine akzeptable Mahlzeit, chinesischsprachige Infos zu Sehenswürdigkeiten sowie die Busfahrt zurück beinhaltet. Für ¥150 ist eine zweistündige Exkursion von Guilin nach **Zhujiang** zu haben, die zwar nicht durch die beeindruckendsten Karstlandschaften führt, aber im Herbst wunderschöne Ausblicke auf die roten Ahornbestände an den Ufern gewährt. Im Winter fällt der Wasserstand so sehr, dass die Schiffe erst in Zhujiang ablegen können und der erste Abschnitt per Bus zurückgelegt werden muss.
Die Flussfahrt ist eine sehr entspannende Unternehmung – trotz der Legende, dass die Geister aller im Li ertrunkenen Bootsmänner nach wie vor ihr Unwesen treiben und die Schiffe an schwierigeren Passagen in Bedrängnis bringen. Abwechslung bieten unterwegs die **Kormoranfischer** (s.S. 866, Kasten), die ihre flachen, fast gänzlich überspülten Bambusboote durch seichte Gewässer staken, Wasserbüffel beim Schlammbad in den Feldern und natürlich die vielen exotischen Hügel mit ihren romantischen Namen. Gleich nach der Ankunft in Yangshuo allerdings hat die bezaubernde Stimmung ein jähes Ende, wenn Hunderte von Straßenhändlern über die aussteigenden Passagiere herfallen und gefälschte Münzen oder Tiere aus Glas loszuschlagen versuchen, bevor ihre Opfer die rettenden Busse nach Guilin erreichen. Yangshuo hat auch wesentlich schönere Seiten zu bieten, doch um diese ausfindig zu machen, muss man mindestens eine Nacht vor Ort verbringen.

monen, der die Stadtbevölkerung tyrannisierte, nachdem er von einem stolzen, auf dem Chuan Shan lebenden Kampfhahn in eine Höhle getrieben worden war. Um das Ungetüm wirksam unter Verschluss zu halten, errichteten die Menschen in Windeseile dieses Bauwerk.

Xi Shan und Schilfrohrflötenhöhle

Von der Zhongshan Lu fährt Bus Nr. 3 über die Lijun Lu gen Westen und erreicht nach mehreren Kilometern den **Xi Shan** (Westberge), ein Gebiet, das seit langer Zeit einen tiefen Bezug zum Buddhismus aufweist. Die Gipfel der Westberge sind nach buddhistischen Gottheiten benannt, und viele ihrer Grotten waren mit Steinmetzarbeiten verziert, die jedoch im Laufe der Zeit größtenteils verloren gingen. Nur der **Xiqinglin Si** überlebte als eine der größten buddhistischen Hallen Südchinas und beherbergt heute Hunderte kunstfertig ausgeführte Statuen in Größenordnungen zwischen zehn Zentimetern und über zwei Metern. Im Park gibt es außerdem ein **Regionalmuseum** (🕓 tgl. 9–12 und 14.30–17 Uhr, Eintritt frei), das seine umfangreiche Sammlung ethnischer Trachten von Mannequins präsentieren lässt, die festliche Zeremonien nachstellen. Zuweilen erklärt sich das Personal des Souvenirladens im Erdgeschoss bereit, bei den Vorführungen für Besucher zu dolmetschen.

Nach weiteren 6 km entlang dem Pfirsichblütenfluss endet die Buslinie Nr. 3 vor der **Schilfrohrflötenhöhle**, ein gewaltiges unterirdisches Labyrinth im Süden des **Guangming Shan**, das zu den außergewöhnlichsten Beispielen für Kalksteinerosionen gehört. Die Eintrittsgebühr ist überzogen, und die bunte Beleuchtung trifft sicherlich nicht jedermanns Geschmack, doch allein Größe und Vielfalt der Felsformationen vermögen zu beeindrucken – auch wenn Namen wie „Rote Morgendämmerung im Löwenwald" oder „Wasserfall aus hohem Tal" nur schwer nachzuvollziehen sind. Besucher müssen sich einer der alle 20 Minuten beginnenden Führungen anschließen, können sich unterwegs jedoch zurückfallen lassen und mit der nächsten Touristenschar weiterspazieren. Die Höhle wurde erst in den 50er Jahren touristisch erschlossen und diente zuvor als Zufluchtsort vor Banditen und japanischen Bomben. ⌚ tgl. 8.30–11 und 12.30–15.30 Uhr, Eintritt ¥50

Übernachtung

Im Gegensatz zum südlichen Yangshuo bietet Guilin für Ausländer nur wenige Budget-Unterkünfte. Die im Folgenden aufgelisteten Häuser sind zentral gelegen und besitzen jeweils ein eigenes Restaurant. Alle Hotels der gehobenen Kategorie haben Post- und Geldwechselschalter und ermöglichen internationale Telefongespräche, erheben jedoch meist einen Servicezuschlag von 10% (kann im Winter um 30–50% reduziert sein).

Bravo, Luxus, 14 Ronghu Nan Lu, ☏ 2823950, 📠 2822101, ✉ glhi@public.glptt.gx.cn. Gepflegtes Hotel der gehobenen Kategorie nahe der verbliebenen älteren Stadtteile. Zimmer ab US$110.

Golden Elephant**, 36 Binjiang Lu, ☏ 2808888, 📠 2809999. Sehr stilvolles und gemütliches Hotel unter koreanischer Führung, viele Zimmer mit Blick auf den Fluss und den Elefantenrüsselberg.

Guilin Fandian*–*, 25 Zhongshan Zhong Lu, ☏ 2822754. Beste Budget-Option der Stadt – sauber und ordentlich, ansonsten eher nichts sagend. 3er-Zimmer und DZ unterschiedlicher Kategorien.

New City**, 86 Zhongshan Nan Lu, ☏ 2158888, 📠 2158168. Komfortables Hotel in der Nähe von Bahnhof und Busbahnhof. Saubere und ordentliche Standardzimmer. Preise unbedingt aushandeln.

Rongde, 2 Yiwu Lu, ☏ 2813598, 📠 2819996. Nur eine Straßenecke entfernt vom PSB und dem *Ronghu Hotel*. Ordentliches preiswertes Hotel in ruhiger Lage.

Ronghu**, 17 Ronghu Bei Lu, ☏ 2823811, 📠 2825390. Bei Geschäftsleuten beliebte Adresse mit großem Gelände in einem ruhigen Stadtgebiet; modern, aber eher trostlose Atmosphäre.

Sheraton, Luxus, 9 Binjiang Nan Lu, ☏ 2825588, 📠 2825598, ✉ sheraton_guilin@sheraton.com. Gehört zu den schönsten Hotels der Stadt. Die besten Zimmer mit Blick auf den Fluss und den gegenüberliegenden Sieben-Sterne-Park kosten ab US$120.

South Stream*, 84 Zhongshan Nan Lu, nahe Bahnhof und Busbahnhof, ☏ 3834943, 📠 383 2633. Eher schäbiges chinesisches Stadthotel mit günstigen Preisen. EZ, DZ und 3er-Zimmer mit/ohne Bad.

Telecom**, 57 Zhongshan Nan Lu, ☏ 3839898, 📠 3818619. Keine schlechte Adresse – gepflegte Durchschnittszimmer, sehr zentral gelegen.

Universal***, 1 Jiefang Dong Lu, ☏ 2828228, 📠 2823868, ✉ htlunivs@public.glptt.gx.cn. Sehr schickes Haus in angenehmer Lage. Einige Zimmer mit Blick auf den Fluss. Gewährt im Winter nennenswerte Rabatte.

Essen

Guilins Restaurants sind berühmt für exotische Angebote wie Zibetkatzen, Schildkröten, Schlangen und seltene Vögel. Aber man kann hier auch speisen, ohne sich gefährdete Arten auf den Tisch stellen zu lassen. Das Essen ist gewöhnlich äußerst schmackhaft, kann jedoch recht teuer sein (ab ¥50 pro Person in einem gepflegten Haus), weshalb es sich lohnt, Vergleiche zu ziehen. Wesentlich preiswerter sind die kleinen namenlosen Lokale, die im gesamten Stadtgebiet – besonders in der Zhongshan Lu nahe Bahnhof und Busbahnhof – verstreut liegen und Gerichte im Tontopf, Teigtaschen oder geröstete und geschmorte Fleischspeisen anbieten. Mitunter sind dort auch Tauben und Fasane im Angebot. Englische Speisekarten gibt es nur in größeren Restaurants. ⌚ gewöhnlich von 11–14 Uhr sowie ab 17.30 Uhr bis spätabends.

Cheng's Local Food, Shazheng Yang Lu. Gebratene Fleischspeisen nach kantonesischer Art, Schmorgerichte, gedämpftes Gemüse. Nicht teuer und bei heißen Temperaturen beliebt wegen seiner Tische unter freiem Himmel.

Food Street, im Obergeschoss von *Niko-Niko Do Plaza,* Jiefang Lu, Ecke Zhongshan Lu. Saubere kleine Garküche, deren Angebot chinesische Nudeln, Dim Sum, Pizza und Pasta sowie Kaffee und Tee umfasst.

Jiulong, Zhongshan Lu. Wer authentische kantonesische und regionale Speisen probieren will – Geräucherte Ente, Huhn mit Bambussprossen, Schweinefleisch mit Taro –, ist in diesem Haus, das faire Preise berechnet, gut aufgehoben. Gourmet-Gerichte haben jedoch ihren Preis, wenngleich exotische Spezialitäten wie Skorpione oder Seeschlangen mit rund ¥30 pro Portion nicht zu teuer in Rechnung gestellt werden.

Natural Café, Yiren Lu. Bunte Mischung ausländischer Gerichte: Spaghetti, Borscht oder Steaks (ca. ¥35) sowie südostasiatische Curries (ab ¥18).

Tong Lai Guan, Eingang in einer Seitengasse der Zhongshan Lu. Heiß, laut und verraucht, jedoch ein ausgezeichnetes Lokal für ein preiswertes Dim-Sum-Frühstück und regionale Snacks, die auf Schiebewagen zum Tisch gebracht werden.

Yi Yuan, 106 Nanhuan Lu. Authentische Sichuan-Küche, gemütliches Ambiente und freundliche, englischsprachige Bedienung. Nicht zu teuer, 2–3 Personen speisen für ca. ¥80. Einen Versuch wert sind das „Seltsam gewürzte Huhn mit grünen Bohnen und Knoblauch" und der ausgezeichnete süß-saure Fisch.

Unterhaltung

Obwohl Guilin auf eine mehrere Hundert Jahre alte **Opern**- und **Balladen**-Tradition zurückblickt, wurden diese Vorführungen in der jüngeren Vergangenheit durch so genannte Minderheiten-Programme der 13 regionalen ethnischen Gruppierungen ersetzt, die auf ausländische Touristengruppen zugeschnitten sind. Das Ganze ist meist liebevoll aufgemacht, löst aber zumindest bei den chinesischen Zuschauern keine Begeisterungsstürme aus. Veranstaltungen wie **Pferdekämpfe**, die traditionell die Neujahrs-Festivitäten (nach dem Mondkalender) beschließen, sollten mit äußerster Vorsicht genossen werden. An der Jiefang Xi Lu sowie in den umliegenden Straßenzügen gibt es mehrere **Theater**, die besonders am Wochenende gut besucht sind; Tickets für die stundenlangen Aufführungen bekommt man direkt am Eingang (¥40–50). Mehr auf westliches Publikum ausgerichtet sind opernhafte Vorstellungen mit akrobatischen Einlagen, die im ***Lijiang-Theater,*** Binjiang Lu, nahe *Sheraton,* aufgeführt werden.

Für ein gewisses **Nachtleben** sorgen die Diskotheken ***Dadu Hui,*** Yiren Lu, Ecke Zhongshan Lu, und ***Gogo,*** Yiren Lu, in denen sich ausländische Lehrer und modebewusste Chinesen treffen (Eintritt ca. ¥15). Für einen Drink am Abend steht eine wachsende Zahl von **Bars** zur Verfügung, darunter der ***Ragazza Pub,*** Yiren Lu, wo man für ein großes Bier jedoch ¥35 zahlt.

Sonstiges

AMT FÜR ÖFFENTLICHE SICHERHEIT (PSB) – Sanduo Lu, westlich der Zhongshan Lu und direkt nördlich des Rong Hu, ✆ 2823334.

BÜCHER – ***Xinhua-Buchhandlung,*** Zhongshan Lu, westlich des Shan Hu. Gute Auswahl an übersetzten chinesischen Klassikern sowie schwer verdauliche viktorianische Schinken, Karten und sogar einige Kochbücher, CDs, VCDs und DVDs.

EINKAUFEN – In der Zhongshan Lu gibt es zahlreiche **Kaufhäuser**, darunter das riesige ***Niko-Niko Do Plaza*** an der Kreuzung mit der Jiefang Lu. **Souvenirs** (überwiegend Kitsch und ethnische Kleidung) bekommt man in den Läden an der Binjiang Lu, aber die gleichen Dinge sind in Yangshuo (s.S. 866) meist wesentlich billiger.

GELD – Die ***Bank of China*** an der Zhongshan Lu wechselt Bargeld und Reiseschecks, ⌚ Mo–Fr 9–11.30 und 13.30–17 Uhr. Den gleichen Service bieten auch größere Hotels wie *Bravo, Sheraton* und *Hidden Hill.*

INTERNET – Gegenüber dem Postamt in der Zhongshan Bei Lu, etwa 2,5 km nördlich des Bahnhofs (zu erreichen mit Bus Nr. 1) gibt es ein Internet-Café, das ¥2/Std. berechnet.

MEDIZINISCHE HILFE – Die beste Adresse ist das ***Renmin Hospital*** an der Wenming Lu, aber medizinische Hilfe bekommt man auch in den besseren Hotels.

POST UND TELEFON – Das ***Hauptpostamt*** liegt wenig nördlich des Bahnhofs an der Zhongshan Nan Lu und bietet alle üblichen Dienstleistungen an, darunter Poste restante im Untergeschoss sowie Telefonmöglichkeiten im oberen Stockwerk, 🕓 tgl. 8–20 Uhr. Ein weiteres großes Postamt befindet sich rund 2,5 km weiter nördlich an der Zhongshan Bei Lu.

REISEBÜROS – Die Reiseschalter der gehobenen Hotels besorgen alle gewünschten Flug-, Zug- und Schiffstickets. Dieselben Dienstleistungen bieten auch ***CITS***, 112 Zhongshan Lu, gegenüber vom Bahnhof, ✆ 2999164, ℻ 3840750, 🕓 Mo–Sa 7.30–12, 13–18 und 19–21 Uhr, sowie ***CTS***, Binjiang Lu, ✆ 2861623, ℻ 2827424, 🕓 tgl. 8–17 Uhr.

VORWAHL – 0773

Transport

BUSSE – Der **Überland-Busbahnhof** befindet sich in der Zhongshan Lu nur wenige Hundert Meter nördlich des Bahnhofs. Fahrkarten sind selbst am Vortag der Abreise leicht zu bekommen. Zu den Zielorten gehören Sanjiang, die Provinz Guizhou (s.S. 896), Guangzhou und die heiligen Gipfel des Heng Shan in Hunan.
Die **Minibusse aus Yangshuo** setzen ihre Passagiere in der Regel westlich des Busbahnhofs in der Huancheng Si'er Lu oder vor dem Bahnhof ab. Die Abfahrt nach Yangshuo erfolgt in regelmäßigen Abständen vom Bahnhofsvorplatz – üblicherweise beträgt der Fahrpreis ¥5 plus ¥2 für jedes größere Gepäckstück, aber Ausländer müssen häufig tiefer in die Tasche greifen.
Busse nach:
GUANGZHOU 22 Std.;
HENGYANG 12 Std.;
LIUZHOU 3 Std.;
LONGSHENG 2 Std.;
NANNING 8 Std.;
SANJIANG 4 Std.;
WUZHOU 8 Std.;
YANGSHUO 1 1/2 Std.

EISENBAHN – Der **Bahnhof** liegt relativ zentral nahe der Zhongshan Lu und versammelt einige Unterkünfte in seiner näheren Umgebung. Guilin bietet nur wenig Verbindungen, und wer etwas anderes als einen Stehplatz oder die Hartsitzklasse möchte, muss längerfristig planen, besonders für die langen Fahrten nach Changsha, Guangzhou, Shanghai und Kunming. Die **Ticketschalter** sind täglich von 8–17 Uhr geöffnet, und haben Ziele sowie die Fahrpreise aller Klassen über den Fenstern angeschlagen (leider nur auf Chinesisch). Fahrkarten besorgen auch die Hotels und Reisebüros, die jedoch dreitägige Anmeldefristen haben und sehr unterschiedliche Provisionen verlangen.
Züge nach:
CHANGSHA 5x tgl., 8 Std.;
GUANGZHOU 2x tgl., 14 Std.;
GUIYANG 4x tgl., 16 Std.;
KUNMING 2x tgl., 30 Std.;
LIUZHOU 13 x tgl., 2 1/2–4 Std.;
NANNING 6x tgl., 6 1/2 –8 Std.

FLÜGE – Guilins **Liangjiang International Airport** liegt 20 km westlich der Stadt und wird von einem Flughafenbus (¥15) bedient, der zum *CAAC*-Büro in der Shanghai Lu fährt. Taxis verlangen rund ¥75 für eine Fahrt ins Zentrum. Neben zahlreichen Inlandsflügen gibt es auch internationale Verbindungen nach Korea und Japan.
Fluggesellschaften:
CAAC, Shanghai Lu, ✆ 2834067, 🕓 tgl. 9–17 Uhr;
Dragonair, im Hotel *Bravo*, ✆ 2823950, ℻ 286 1666, 🕓 tgl. 9–17 Uhr;
Shanghai Airlines, Zhongshan Lu, ✆ 2826935, 🕓 tgl. 9–17 Uhr.
Flüge nach:
BEIJING 3x tgl., 2 1/4 Std.;
CHANGSHA 5x wöchentl., 1 1/4 Std.;
CHENGDU 1x tgl., 1 1/4 Std.;
CHONGQING 2x wöchentl., 1 Std.;
GUANGZHOU 3x tgl., 50 Min.;
GUIYANG 1x tgl., 50 Min.;
HONGKONG 5x wöchentl., 1 Std.;
KUNMING 1x tgl., 1 1/4 Std.;
SHANGHAI 3x tgl., 2 Std.;
SHENZHEN 2x tgl., 1 Std.;
XI'AN 2x tgl., 1 1/2 Std.;
ZHUHAI 3x wöchentl., 1 Std.

Yangshuo

70 km südlich von Guilin liegt inmitten von Chinas spektakulärster **Karstlandschaft** die Kleinstadt Yangshuo, deren Name übersetzt so viel wie „leuchtender Mond" bedeutet. Yangshuo wurde Mitte der 80er Jahre bekannt, als die Bootstouristen aus Guilin realisierten, dass die Ortschaft mehr Beachtung verdient als nur eine Stunde zum Souvenirkauf und wie geschaffen dafür ist, sich näher mit dem Fluss und den Karstkegeln zu beschäftigen. Seit für Ausländer die ersten Unterkünfte freigegeben wurden, ist Yangshuo deutlich gewachsen. Das neuere Viertel nahe der Schnellstraße präsentiert sich heute so laut, verschmutzt und überlaufen wie alle anderen chinesischen Stadtzentren, doch in den alten Gassen zwischen Neustadt und Fluss spürt man noch etwas vom alten Flair. Da Guilin eher auf finanzstarke Touristengruppen ausgerichtet ist, strömen nach Yangshuo in erster Linie Individualreisende, darunter in zunehmender Zahl auch Chinesen. Der Ort selbst bietet zwar nur wenige klassische Sehenswürdigkeiten, ist aber ein schönes Plätzchen für einen mehrtägigen Aufenthalt zum Entspannen und Erkunden der herrlichen Umgebung (s.S. 870f.). Ringsum ragen die Karstgipfel in die Höhe, in den Straßen herrscht ein reges Markttreiben, und überall findet man nette Restaurants und Unterkünfte, die auf Rucksacktouristen zugeschnitten und zum Teil überraschend weltoffen sind. Man kann Fahrräder ausleihen und den ganzen Tag lang zwischen kleinen Dörfern herumradeln, Wanderungen unternehmen, die Felsen erklettern, Kalligrafie und Taijiquan studieren oder einfach nur die Seele baumeln lassen.

Yangshuo ist so klein, dass die Orientierung kein Problem darstellen dürfte. Eine der beiden Hauptstraßen, die Diecui Jie, beginnt westlich vom Busbahnhof und erstreckt sich in nordöstlicher Richtung zum Fluss. Weiter östlich verläuft parallel dazu die gepflasterte und verkehrsfreie Xi Jie, die an Cafés, Unterkünften und Geschäften mit alten Holzfassaden vorbei bis zu den **Anlegestellen** der Schiffe führt. Westlich der Diecui Jie lockt der **Yangshuo-Park** (Eintritt ¥6) mit seinen schönen Gärten, Pavillons und luftigen Aussichtspunkten, die einen Blick über die Stadt bis zum Fluss ermöglichen. Direkt gegenüber ragt zwischen Schnellstraße und Fluss der **Grüne Lotusgipfel** auf, die höchste Erhebung in der näheren Umgebung von Yangshuo, die über einen vom Ufer abzweigenden Pfad erreichbar ist. Wer noch ein paar der anderen Hügel erklimmen will, läuft einfach ein bis zwei Kilometer flussaufwärts und stößt bald auf mehrere unbefestigte Pfade, die durch Gebüsch und über scharfkantiges erodiertes Gestein in die Höhe führen.

Fischen mit Kormoranen In Yangshuo bietet sich am Abend die eher ungewöhnliche Gelegenheit, Kormoranfischer bei ihrer Arbeit zu beobachten. Fast alle Cafés bieten entsprechende Touren an, die etwa 90 Minuten dauern und in einem Vier-Personen-Boot ¥100 pro Nase kosten. Der Ausflug beginnt bei Einbruch der Dunkelheit. In einem Stakkahn folgt man einem schmalen hölzernen Fischerboot oder Bambusnachen, von dem aus mehrere Kormorane für ihren Besitzer Fische fangen. Obwohl diese Art des Fischfangs in Yangshuo inzwischen zu einer Touristenattraktion verkommen ist, verdienen sich in Zentral- und Südchina noch zahlreiche Menschen mit dieser uralten Praxis ihren Lebensunterhalt. Sie ziehen Jungvögel auf und richten sie darauf ab, ins Wasser zu tauchen und mit vollem Schnabel zum Boot ihres Besitzers zurückzuschwimmen. Mit Halsringen oder Schnüren werden die Vögel daran gehindert, ihre Beute zu verschlingen – mit Ausnahme eines jeden siebten Fischs, der als Belohnung in den Magen der Kormorane wandert und ohne den sie anscheinend ihre Arbeit verweigern würden.

Die vielen Touristen haben den Alltag in Yangshuo gottseidank noch nicht völlig untergraben. Nach wie vor verbringen die Einheimischen Stunden auf dem **Markt**, um Produkte zu vergleichen und zu feilschen. Es gibt eine erstaunliche Auswahl an Wild, Früchten, Nüssen und Pilzen, die auf Plastikplanen auf den Bürgersteigen ausgebreitet liegen, aber auch so exotische Dinge wie Ratten, schwarz-gestreifte Scheidlinge, Nadelholzpilze oder stachlige Wasserfrüchte, deren Kerne die Form einer Paranuss haben. Die meisten Ausländer jedoch lassen ihr Geld lieber in den Läden der **Xi Jie** nahe dem Fluss (auch als West Street bekannt), landes-

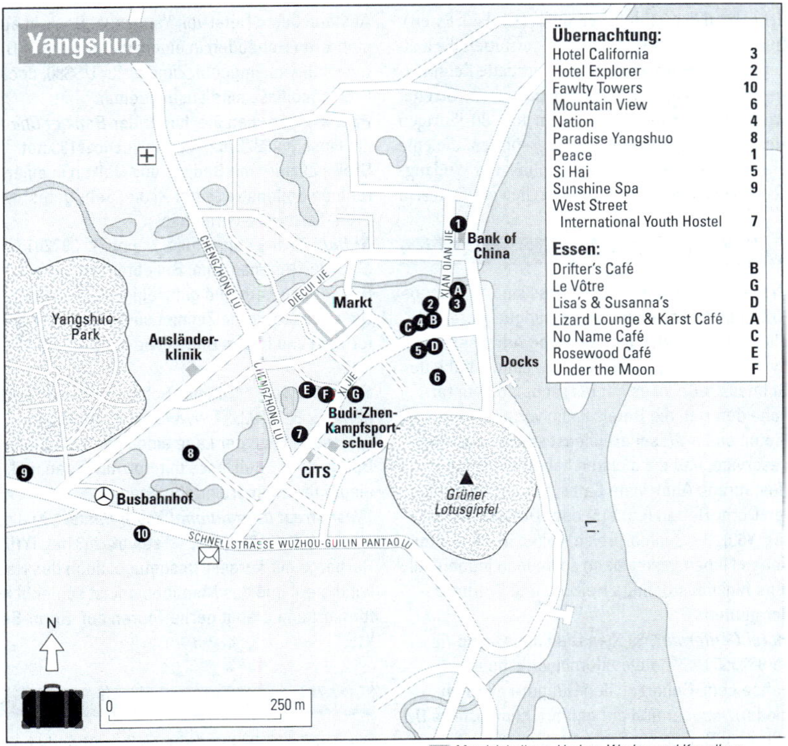

Mondsichelberg, Liuzhou, Wuzhou und Kamelberg

weit einer der besten Orte, um preiswerte **Souvenirs** zu erstehen. Das Angebot umfasst Waren aus dem ganzen Land: kleine englischsprachige Mao-Fibeln, vor Ort hergestellte, hübsche Jacken und T-Shirts aus den unterschiedlichsten Materialien (auf Wunsch auch nach selbst entworfenen Schnitten), typische Kleidungsstücke der Bai, Miao und Dong, moderne und traditionelle Gemälde von Kunststudenten aus Guilin, Essstäbchen sowie haufenweise kunstvoll geschnitzte Täfelchen, Druckstöcke und groteske Masken. Vorsicht ist bei Münzen und Jade-Artikeln geboten, die in der Regel gefälscht sind. Generell gilt, dass man nur das kaufen sollte, was einem wirklich gefällt, und nicht das, was wertvoll aussieht – selbst unter absolut echt wirkenden Dreckschichten verbergen sich meist nur „neue Antiquitäten". Zu jedem Kauf gehören ausgedehnte Verhandlungen, die energisch, aber freundlich geführt werden sollten. Sobald die Fähren aus Guilin eintreffen, steigen die Preise übrigens um das Fünffache. In einigen Geschäften findet man noch wahre Schnäppchen, beispielsweise CDs mit westlicher Musik (Klassik, Jazz und Pop) für rund ¥15 sowie Designerklamotten, die wegen kleiner Fehler an ihre chinesischen Hersteller zurückgegeben wurden.

Diejenigen, die gleich mehrere Wochen in Yangshuo verweilen, bleiben in der Regel nicht wegen der Sehenswürdigkeiten oder Einkaufsmöglichkeiten, sondern weil die Kleinstadt auf unterschiedlichste Weise einen Einblick in die esoterisch angehauchte Richtung der chinesischen Kultur ermöglicht. Für ¥20–25 pro Sitzung werden **Kurse** in chinesischer Malerei, Kalligrafie, Sprache, Kochkunst und Massage angeboten. Aktuelle Infos findet man in den zahlreichen Cafés (s.S. 870, Essen). In einer Gasse unweit von *CITS* vermittelt die ausgezeichnete **Budi-Zhen-Schule** vertiefte Kenntnisse in den asiatischen Kampfsportarten. Geleitet wird das Lehrinstitut von dem fast 80-jährigen Herrn Gao und dessen Zwillingssöhnen, die eine einzigartige Mischung aus Shaolin- und Wudang-Techniken lehren; die Söhne sprechen gut Englisch.

Übernachtung

Wegen des harten Wettbewerbs sind Yangshuos Unterkunftspreise sowohl im Budget- Bereich als auch bei etwas gehobeneren Adressen relativ moderat. Abgesehen von der Lage – nahe der Schnellstraße ist es nachts recht laut – unterscheiden sich die Hotels kaum voneinander. Alle bieten einen Wäschereidienst sowie einen Reiseservice, und die meisten haben ein eigenes Restaurant. Auch viele Cafés, z.B. ***Lisa's***, vermieten Dorm-Betten (ca. ¥15) oder Doppelzimmer (ca. ¥60). Die Zimmerpreise sinken in der winterlichen Nebensaison, dann sollte man jedoch auf eine funktionstüchtige Heizung und Warmwasser achten.

Hotel California*, 35 Xian Qian Jie, ✆ und ℻ 8825559, ✉ hotelcaliforniayangshuo@yahoo.com. Gehört zu den Budget-Favoriten; modern, sauber und gut geführt. Klimatisierte DZ mit/ohne Bad sowie Dorm-Betten (¥20).

Hotel Explorer*, Xian Qian Jie, ✆ 8828116, ℻ 8827816, ✉ JimmyQin@hotmail.com. Nettes kleines Hotel mit relativ einfachen Standardzimmern, die angesichts ihrer Größe sehr preiswert sind.

Fawlty Towers*, an der Schnellstraße nahe dem Postamt, ✆ 8824309. Etwas abgelegene und freundliche Unterkunft, die trotz ihrer Lage recht ruhig ist. Kleine DZ und Dorm-Betten (¥20).

Mountain View*, in einer Gasse am östlichen Ende der Xi Jie, ✆ 8821603, ✉ greenstravelling@163.net. Ruhige und einfache Unterkunft mit freundlichem Management. Dorm-Bett ¥20.

Nation**, Xi Jie, ✆ 8829988, ✉ ysmzjd@gi.gx.cninfo.net. Modernes und schickes chinesisches Hotel. Eingang durch eine mit Holzpaneelen ausgekleidete Bar.

Paradise Yangshuo, Luxus, nahe Xi Jie, ✆ 882 2109, 🖳 www.paradiseyangshuo.com. Das mit Abstand beste Hotel von Yangshuo. Besteht aus mehreren Gebäuden in einem weiträumigen Garten mit Swimmingpool. Zimmer für US$80, doch Preisnachlässe sind aushandelbar.

Peace*, Xian Qian Jie, hinter der *Bank of China* am Fluss, ✆ 8826262, ✉ JankinLuo@163.net. Große Zimmer mit Bad, ac und Balkon in einer ruhigen Seitenstraße der Xi Jie. Sehr gutes Preis-Leistungs-Verhältnis.

Si Hai*, Xi Jie, nahe Fluss, ✆ und ℻ 8822013, ✉ SiHai@hotmail.com. Beliebte Adresse mit Budget-Zimmern und ganztägig Warmwasser. Die etwas teureren Zimmer sind klein, aber komfortabel und haben Bad sowie ac. Dorm-Bett ¥15.

Sunshine Spa***, an der Schnellstraße, in Parknähe, ✆ 8828333, 🖳 www.sunshinespa.com. Abgesehen von der Lage eine sehr behagliche Option der Mittelklasse mit Holzfußböden und eleganten Zimmereinrichtungen.

West Street International Youth Hostel*, Xi Jie, ✆ 8820933, ℻ 8820988, ✉ stgyp@263.net. IYHA-Herberge mit fairem Preisgefüge, doch das Haus wirkt steril und das Management ist schlecht informiert und drängt gerne Touren auf. Dorm-Bett ¥15.

Essen

Die meisten Gäste verbringen ihre Abende bei einem Essen oder Bier in einem der zahlreichen **Restaurants** in der Xi Jie, die durchweg einen relativ gehobenen Standard aufweisen und authentisch zubereitete westliche Gerichte auftragen – die Spannbreite reicht von Holzofenpizzas über gegrillte Steaks bis zu Apfelkuchen und Speiseeis. Natürlich bieten viele Lokale auch hiesige Spezialitäten wie Bambusratten, frische Bambussprossen und Flussfische an.

Dieselben Speisen, meist weniger gekonnt zubereitet, aber zu günstigeren Preisen, bekommt man in den **Cafés** an der Xi Jie oder der Xian Qian Jie (hier trifft sich derzeit die Kletterszene), wo abends außerdem Filme gezeigt werden. Viele Restaurants und Cafés öffnen schon frühmorgens zum Frühstück, und bei gutem Wetter wird abends unter freiem Himmel gegrillt. In Marktnähe sowie im oberen Bereich der Xi Jie gibt es zudem zahlreiche billige **Garküchen**,

Yangshuo und Umgebung

Yangshuo	阳朔	*yángshuò*
Grüner Lotusgipfel	碧莲峰	*bìlián fēng*
Hotel California	加州饭店	*jiāzhōu fàndiàn*
Hotel Explorer	文化饭店	*wénhuà fàndiàn*
Li-Fluss	漓江	*líjiāng*
Mountain View	山水旅馆	*shānshuǐ lǚguǎn*
Nation	民族饭店	*mínzú fàndiàn*
Paradise Yangshuo	阳朔百乐度假饭店	*yángshuò bǎilèdùjià fàndiàn*
Peace	和平客栈	*hépíng kèzhàn*
Si Hai	四海饭店	*sìhǎi fàndiàn*
Sunshine Spa	阳光酒店	*yángguāng jiǔdiàn*
West Street International Youth Hostel	西街国际青年旅馆	*xījiē guójì qīngnián lǚguǎn*
Yangshuo-Park	阳朔公园	*yángshuò gōngyuán*
Die Umgebung von Yangshuo		
Fuli	福利	*fúlì*
Höhlen des Schwarzen Drachen	黑龙洞	*hēilóng dòng*
Kamelberg	骆驼山	*luòtuó shān*
Mondberg	月亮山	*yuèliàng shān*
Neue Wasserhöhlen des Schwarzen Buddhas	黑佛新水洞	*hēifó xīnshuǐ dòng*
Xingping	兴坪	*xīngpíng*
Yangdi	杨堤	*yángdī*

die Nudelsuppen und andere kleine Imbisse verkaufen.

Drifters Café, Xi Jie. Bietet ausgezeichneten Apfelstrudel, gutes *Mapo doufu* und das vielleicht beste Frühstück der Stadt mit Müsli, Yoghurt und Obst. Leider ziemlich lascher Service.

Le Vôtre, Xi Jie. Yangshuos schickstes Speiselokal in einem Ming-Gebäude mit entsprechender Möblierung. Französische Küche – Schnecken, Paté, Zwiebelsuppe, Pfeffersteak, Mousse au chocolat – und Meeresfrüchte à la chinois. Exzellenter Kaffee und Croissants zum Frühstück. Kosten: mindestens ¥50 pro Person.

Lisa's und ***Susanna's***, Xi Jie. Seit Jahren beliebte Treffpunkte der Traveller-Szene. Preiswerte westliche und chinesische Gerichte, darunter Klassiker wie süß-saures Schweinefleisch, scharfer Tofu mit Hackfleisch und gebratene Sojabohnensprossen.

No Name Café, Xi Jie. Ausgezeichnete Pizzas und andere italienische Gerichte sowie leckeres Brot.

Rosewood Café, in einer Seitengasse der Xi Jie. Romantisches Ambiente, umfangreiche westliche Speisekarte mit Pizza, Pasta, Grillgerichten und Salaten. Nach dem Genuss der in Brandysoße zubereiteten Ente, der ein Mango-Sago-Pudding folgt, vergibt man China alle in diesem Land durchgestandenen Probleme. Kosten: rund ¥50 p.P.

Lizard Lounge und ***Karst Café***, Xian Qian Jie. Zwei auf die Kletterszene ausgerichtete Café-Bars mit dem üblichen Angebot an chinesischen und westlichen Gerichten. Gute Adressen, um Kontakte zu knüpfen und an Infos zu kommen.

Si Hai, Xi Jie. Sandwich-Toast, Bambusratten, vegetarischer Feuertopf und vorzüglicher Fisch (mit Bier zubereitet). An den Wänden hängen

Mao-Fotos und andere Ikonen aus der Kulturrevolution.

Under the Moon, Xi Jie. Im Obergeschoss schicker, schön eingerichteter Speiseraum mit Balkon. Das riesige Café im Erdgeschoss rühmt sich Yangshuos schönster Sitzmöglichkeiten im Freien. Gute westliche und chinesische Küche (Tipp: Zitronen-Sorbet).

Sonstiges

BÜCHER – Viele Cafés fungieren als Büchertauschbörse, besonders dasjenige im Hotel *Si Hai.*

ENGLISCHUNTERRICHT – Wer passabel Englisch spricht, kann jederzeit einen „Job" als Privatlehrer antreten – allerdings erfolgt die Bezahlung meist in Form von Unterbringung und Verpflegung, was jedoch eine ausgezeichnete Möglichkeit bietet, in das einheimische Leben einzutauchen. Entsprechende Inserate hängen in den Unterkünften und Läden an der Xi Jie aus. Man kann seine Dienstleistung auch gegen Chinesisch-Unterricht eintauschen.

GELD – ***Bank of China,*** Xi Jie sowie am Fluss nördlich der Diecui Jie, ⌚ tgl. 9–12 und 13–17 Uhr.

REISEBÜROS – Yangshuo bietet eine für China ungewöhnliche Fülle an **Informationen**. Die Hotels haben eigene Reiseschalter, und außerdem gibt es das äußerst hilfsbereite ***CITS,*** Xi Jie, ☎ 8827103, 📠 8827102, ✉ chuyanxi@163.net, ⌚ tgl. 9–21 Uhr, das sich u.a. um die Visabeschaffung, die Vermittlung von Fremdenführern oder die Organisation von Touren nach Longsheng (s.S. 872) kümmert. Die meisten Reisenden jedoch erledigen alle Buchungen bei einem der zahlreichen **Cafés**, die speziell auf westliche Reisende ausgerichtet sind und mit brandneuen Infos aufwarten. Einige haben Schwarze Bretter, und andere legen Bücher aus, in die persönliche Kommentare und Empfehlungen geschrieben werden. Die örtlichen Reiseagenturen besorgen auch Flugtickets und Taxis zum Flughafen von Guilin (¥200) sowie nach dreitägigem Vorlauf Zugtickets für Fahrten ab Guilin.

INTERNET – Verschiedene Net-Bars und Cafés in der Xi Jie bieten Internet-Zugang, teilweise sogar umsonst, wenn man dort isst. Ansonsten liegen die Gebühren bei ¥6/Std.

KINOS – Im **Kino** an der Xi Jie wird jeden Abend ein Film gezeigt, desgleichen in vielen **Cafés**.

MEDIZINISCHE HILFE – ***Ausländerklinik,*** Diecui Jie;
Krankenhaus für Traditionelle Chinesische Medizin, Xi Jie.

POST UND TELEFON – Das ***Postamt*** befindet sich jenseits der Schnellstraße und bietet alle üblichen Dienstleistungen, einschließlich Paketversand und Poste restante, ⌚ tgl. 8–17 Uhr.
IDD-Telefone sind überall in Yangshuo und natürlich in den größeren Hotels zu finden.

VORWAHL – 0773

Transport

BUSSE – Yangshuos **Busbahnhof** liegt an der Schnellstraße von Guilin nach Wuzhou. Den ganzen Tag über verkehren Minibusse nach GUILIN (1 1/2 Std.). Wer nach Guangzhou, LIUZHOU (5 Std.), NANNING (7 Std.) oder WUZHOU (7 Std.) fahren möchte, muss sein Ticket einige Tage vor der Abfahrt über eine Reiseagentur buchen, da diese Busse in Guilin starten. Das Gleiche gilt für Reservierungen in Bussen mit Schlafkojen, die ihre Fahrt ebenfalls in Guilin beginnen und in Yangshuo meist nur noch die schlechtesten Kojen über dem Hinterrad übrig haben.

Die Umgebung von Yangshuo

Die herrliche Landschaft um Yangshuo lässt sich am besten per **Fahrrad** erkunden, das man entweder in seiner Unterkunft oder bei einem der Verleiher in der Xian Qian Jie bekommt (¥10 pro Tag, ¥100 Kaution). Einige Reiseagenturen bieten ausgezeichnete geführte Radtouren an, die von Dolmetschern begleitet werden und enge Kontakte zu Einheimischen sowie gute Einblicke in das Dorfleben ermöglichen. Die Kosten hierfür müssen ausgehandelt werden, doch ¥15 pro Stunde erscheinen angemessen. Auch **Motor-Rikschas** düsen überall umher – ihre jeweiligen Ziele sind auf Chinesisch an der Windschutzscheibe angeschrieben, aber im Vergleich zu anderen Transportmitteln sind die Preise hoch und eine Verständigung auf Englisch nur selten möglich.

Sportklettern Yangshuo gehört zu den am schnellsten wachsenden Zentren der Sportkletterszene in ganz Asien. Geschätzte 70 000 Gipfel, einige bis zu 200 m hoch, verteilen sich über die Region, die mit nur 50 offiziell begangenen Routen – darunter eine der schwierigsten in ganz China am Mondberg – ganz am Anfang ihrer Karriere steht. Da die meisten Kletterfelsen von Yangshuo aus im Rahmen einer Tagestour erreichbar sind, müssen nicht einmal irgendwelche zeitaufwendigen Vorbereitungen getroffen werden, wenngleich das Zelten vor Ort natürlich ziemlich Spaß macht. Die **Klettersaison** dauert von Oktober bis Februar, in den restlichen Monaten ist es entweder zu heiß oder zu nass. Weitere Infos siehe 💻 www.chinaoutdoors.com/activities/climbing/yangshuo.html. Die besten Kontaktmöglichkeiten und Informationen vor Ort bieten die Cafés an der Xian Qian Jie. Zu den beliebtesten Treffpunkten zählt die *Lizard Lounge*, deren **Kletterführer** alle bereits begangenen Routen kennen und auf neue Herausforderungen verweisen können. **Ausrüstung** (vorwiegend Kleidung) verkauft *China Climb*, 22 Xi Jie, 💻 www.ChinaClimb.com, das zuweilen auch Kletterexpeditionen organisiert, und Campingausrüstung verleiht *SZ Redfox* in der Xian Qian Jie (¥10 pro Tag inkl. ¥100 Kaution).

Um den Fluss kennen zu lernen, erfreut sich in den Sommermonaten besonders eine Methode wachsender Beliebtheit: Man schnappt sich einen der aufgeblasenen Autoschläuche, die überall in den Cafés vermietet werden, und lässt sich einfach treiben. Eine weniger nasse Alternative sind die **Schiffe**, die außer in trockenen Wintern ganzjährig von der Anlegestelle am Ende der Xi Jie abfahren. Fahrkarten bekommt man am dortigen **Ticketschalter**, wo die morgendlichen Abfahrtszeiten für stromaufwärts führende Fahrten ausgeschrieben sind. Die Fahrt von Yangshuo nach Guilin ist weniger zu empfehlen, denn sie dauert ermüdende zwölf Stunden (im Winter unbedingt warme Kleidung mitnehmen). Es werden auch viele kürzere Fahrten angeboten, die jedoch wegen des Monopols von Unternehmen aus Guilin nicht gerade preiswert sind. Eine recht gute Alternative umfasst eine frühmorgendliche Minibusfahrt von Yangshuo ins nördlich gelegene **Xingping** (Fahrpreis ¥5), von wo Schiffe stromaufwärts durch das Gebiet mit den meisten Karstkegeln bis nach **Yangdi** fahren (2 Std., ¥40), wo wiederum Busse nach Guilin oder Yangshuo bereitstehen.

In entgegengesetzter Richtung, nur eine Stunde stromabwärts von Yangshuo, liegt am Ostufer das hübsche Dorf **Fuli** (¥40 per Boot), das auch bequem mit dem Fahrrad zu erreichen ist. Alle fünf Tage findet hier ein **Markt** statt, auf dem in erster Linie Lebensmittel verkauft werden und der als Bester der gesamten Region gilt.

Wer Lust auf ein Bad hat, fährt in südöstlicher Richtung zum **Kamelberg** und biegt hier rechts in eine Gasse ab, die direkt zum Fluss führt – mit dem Fahrrad ist die Strecke bequem in einer Stunde zu bewältigen. Gegen 13.30 Uhr treffen sich hier die Dorfbewohner zum Baden und Waschen, und es eröffnen sich wunderschöne Ausblicke auf den Mondberg.

Mondberg

Natürlich kann man sich irgendwelche fernen Hügel herauspicken und über kleine Pfade durch abgelegene Dörfer und wunderschöne Landschaften seinem Ziel entgegenradeln. Wer sich jedoch für eine Sache entscheiden muss, sollte unbedingt den Mondberg auswählen. Der Hügel liegt rund 10 km südwestlich der Stadt an der Schnellstraße, die sich in dieser Gegend zwischen den Karstkegeln hindurchwindet. Auf einige Gipfel kann man recht weit hinaufwandern, aber irgendwann steht man meist vor nacktem Fels und kommt nur noch mit Kletterausrüstung weiter.

Rund 3 km hinter Yangshuo lockt ein **Schießstand** seine Kunden mit den Worten „Ein Schuss an diesem herrlichen Ort wird Sie in wilde Entzückung versetzen" Wesentlich interessanter sind die **Neuen Wasserhöhlen des Schwarzen Bud-**

dhas, ein erst 1991 entdecktes unterirdisches Höhlensystem, das über einen 500 m langen Pfad östlich des Mondbergs zu erreichen ist und mit einem unterirdischen Fluss, Fossilien und Fledermäusen aufwartet.

Nur 3 km entfernt führt derselbe Pfad zu den gleichermaßen beeindruckenden **Höhlen des Schwarzen Drachen**, wo man zuerst ein Boot nimmt und dann durch das größte bislang entdeckte Höhlensystem der Region watet, um zu einem 15 m hohen Wasserfall und einigen Schwimmlöchern zu gelangen, in denen blinde Fische leben. Beide Höhlensysteme sind nur im Sommer zugänglich, und man muss sich auf Nässe, Kälte und Schlamm einstellen. Eine einstündige Führung kostet ungefähr ¥45, eine drei- bis vierstündige Exkursion ¥65.

Der Mondberg, benannt nach einer halbmondförmigen Öffnung im Gipfelbereich, kann über Steinstufen erklommen werden, was rund 40 Minuten in Anspruch nimmt. Von oben eröffnen sich wunderbare Ausblicke auf das gesamte Li-Tal, andere Karstkegel und die Reis- und Gemüsefelder drumherum. Eintritt ¥6, Fahrrad-Parkgebühr ¥1.

Der Norden von Guangxi

100 Kilometer nordwestlich von Guilin windet sich die Straße steil ansteigend durch schöne Bergbambus-Bestände bis in die südlichen Bezirke einer faszinierenden ethnischen **Autonomen Region**. Mit öffentlichen Transportmitteln kann man von den ländlichen Städten **Longsheng** und **Sanjiang** in die entferntesten Ecken Chinas vordringen, die bislang kaum von der modernen Welt beeinflusst sind. Es gibt unzählige Möglichkeiten für Tagesausflüge, und mit fünf oder mehr Tagen Zeit lässt sich das gesamte Kernland der **Dong** nordwestlich von Sanjiang bis in die Provinz Guizhou erkunden – eine fabelhafte Reise, die bis in das Gebiet um **Kaili** führt, in dem die **Miao** beheimatet sind (s.S. 904). Da es zwischen Guilin und Kaili keine Banken gibt, die Reiseschecks wechseln, sollte man ausreichend Bargeld dabeihaben.

Longsheng

Gut zwei Stunden von Guilin entfernt liegt die Kleinstadt Longsheng am Ufer des reißenden **Rongshui**, bekannt für die kleinen Mengen **Seifengold**, das in seinen Nebenflüssen gefunden wurde. Noch heute lockt es chinesische Träumer hierher, die mit Schaufel und Pfanne bewaffnet in die Berge ziehen. Der Ort ist ein wichtiger Umschlagplatz für die interessant geformten „Felsen“, die landesweit in Miniaturform Gärten und Bonsai-Töpfe zieren – ein Handel, der bis Ende der 90er Jahre illegal war.

Longsheng selbst ist eher unattraktiv, aber eine gute Ausgangsbasis für Ausflüge in die Umgebung. Die Straße von Guilin folgt dem Flusslauf nordwärts in die Stadt und knickt hinter dem Busbahnhof scharf nach Westen Richtung Sanjiang ab. An der Abzweigung führt eine **Brücke** Richtung Osten über den Fluss ins Zentrum, das nurmehr aus einigen schmuddligen Marktstraßen sowie diversen Hochbauten am Fluss besteht. An **Unterkünften** empfiehlt sich das sehr einfache, aber freundliche *Riverside Tiger Hotel**, ✆ 0773/7511335, das sich 100 m südlich der Brücke an der Straße nach Guilin befindet, von einem Englischlehrer geführt wird und darüber hinaus einfache chinesische Kost anbietet. Zentraler liegen das komfortablere *Longsheng Hotel***, ✆ 0773/7517718, sowie das *Lüyou Binguan**, ✆ 0773/7517206, 📠 7516632. In Nähe des Busbahnhofs gibt es viele kleine **Garküchen**, und im Norden der Stadt tischt das *Green Food Restaurant* sehr gutes Essen auf.

Vom Busbahnhof fahren täglich zahlreiche **Busse** nach Sanjiang (6–15 Uhr, ¥7) und Guilin (6–18 Uhr, ¥10 bzw. ¥20 per Luxusbus). Geringer ist die Zahl der Verbindungen ins südliche Liuzhou und ins nordöstliche Congjiang. **Minibusse** in das Gebiet von Longji Titian (s.u.) fahren um 9.20, 12.40 und 16 Uhr ab (¥6,50). Gepäckstücke können für ¥3 pro Tag am Busbahnhof deponiert werden.

Longji Titian

Der eigentliche Grund für einen Aufenthalt in Longsheng sind die Ausflüge in diesen wunderschönen ländlichen Bezirk. 20 km südöstlich der Stadt liegen an einer Hügelkette namens Longji Titian – was übersetzt so viel wie „Drachen-Wirbelsäulen-Terrassen“ bedeutet – einige der beeindruckendsten **Reisterrassen** von ganz China. Die steilen Talhänge wurden unter Schwerstarbeit über Jahrhunderte hinweg in intensiv bewirtschaftete Terrassenfelder verwandelt, die an die Höhenlinien einer topografischen Karte erinnern. Ein Großteil

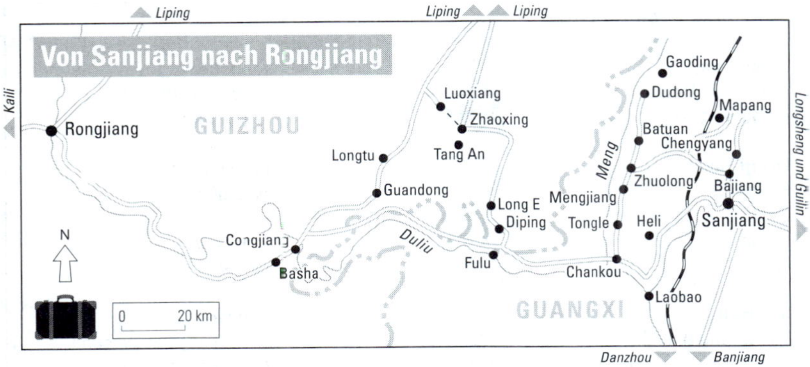

der Bewohner dieser Region gehört der **Zhuang-Nationalität** an, doch es gibt auch Angehörige der **Yao**, die ihren Lebensunterhalt zum Teil mit der Jagd bestreiten – ihre moderner denkenden chinesischen Zeitgenossen in den Städten beschreiben sie als „rustikale Wilde, die mit dem Besitz eines Gewehrs und eines Messers zufrieden sind". Die Dörfer von Longji Titian sind fast ausschließlich im traditionellen Stil aus Holz erbaut. Elektrizität und Telefon sind recht junge Errungenschaften, die man nur in wenigen Orten findet.

Mit Vollendung einer Straße, die das Dorf **Ping An** mit Longsheng verbindet (1 Std. per Minibus), hat nun auch der Tourismus Einzug gehalten. Die Fahrzeuge folgen zunächst der Straße nach Guilin gen Süden und biegen dann in ein Flusstal ab, das sich immer mehr verengt. **Wanderungen** nach Ping An beginnen in der Yao-Siedlung **Huang Lo**, wo aufdringliche alte Frauen versuchen, ihre Souvenirs zu verkaufen und Trägerdienste aufzudrängen. Nach Überquerung der Hängebrücke hält man sich nach links und erreicht nach einem steilen, etwa 90-minütigen Aufstieg das Ziel.

Die Busse fahren über steile Serpentinen bis zum Straßenende, wo ¥30 Eintrittsgebühr für die Region fällig werden. Die letzten 500 m bis nach Ping An sind zu Fuß über Steintreppen zurückzulegen. Ping An ist ein schönes Zhuang-Dorf mit Holzhäusern und Kopfsteinpflastergassen, das sich in eine steile Schlucht zwischen Reisterrassen schmiegt. Viele Privatleute bieten **Unterkünfte** für rund ¥15 pro Person an – die Zimmer sind einfach, Toiletten und Duschen müssen geteilt werden, und die Mahlzeiten werden natürlich extra berechnet. Zu den freundlichsten Familienbetrieben gehört das *Liqing Guesthouse**, ✆ 0773/7582412, in dem etwas Englisch gesprochen und gutes Essen serviert wird. Die Besitzer der Unterkünfte können meist auch über die zahlreichen exzellenten **Wandermöglichkeiten** der Region informieren – eine schöne Rundtour führt in vier Stunden zu herrlichen Aussichtspunkten und zum antiken Dorf **Longji** – oder bieten für ¥25 pro Person einen Führer inklusive Mittagessen an. Da Ping Ans zwei Kaufläden nur elementare Produkte führen, sollte man sich zuvor mit allem Nötigen eindecken. Für die Rückfahrt nach Longsheng stehen **Minibusse** bereit, die täglich um 7.30, 10.40, 14.10 und 17.30 Uhr abfahren.

Sanjiang

Zwei Stunden westlich von Longsheng führt eine hohe Steinbrücke über den Rongshui nach Sanjiang, die kleine, reichlich chaotische Hauptstadt des **Autonomen Bezirks Sanjiang der Dong-Minorität**. Sanjiangs Hauptattraktion sind die in indigofarbene Trachten gekleideten **Dong**, eine ethnische Minderheit, deren Holzhäuser, Türme und Brücken die gesamte Umgebung zieren. Am bequemsten lässt sich die Region mit Minibussen und zweckmäßig umgebauten Traktoren, Dong-Taxis genannt, erkunden. Es gibt einige kleine Herbergen und Garküchen, und mitunter bieten auch Privatleute Unterkunft und Verpflegung an. Zum Essen bekommt man vorwiegend säuerliche Feuertöpfe, dazu **Öltee** *(douxie cha)*, entgegen seinem

Der Norden von Guangxi

Longsheng	龙胜	***lóngshèng***
Longsheng Hotel	龙胜宾馆	*lóngshèng bīnguǎn*
Lüyou Binguan	旅游宾馆	*lǚyóu bīnguǎn*
Longji Titian	龙脊梯田	***lóngjǐ tītián***
Huang Lo	黄洛	*huángluò*
Liqing Guesthouse	丽晴旅社	*lìqíng lǚshè*
Longji	龙脊村	*lóngjǐ cūn*
Ping An	平安	*píngān*
Sanjiang	三江	***sānjiāng***
Chengyang Qiao Binguan	程阳桥宾馆	*chéngyángqiáo bīnguǎn*
Department Store Hostel	百货招待所	*bǎihuò zhāodàisuǒ*
Travellers' Home	行旅之家宾馆	*xínglǚzhījiā bīnguǎn*
Wind and Rain Bridge Travel Service	风雨桥旅行社	*fēngyǔqiáo lǚxíngshè*
Chengyang	程阳	***chéngyáng***
Guandong	关东	*guāndōng*
Danzhou	丹洲	***dānzhōu***
Banjiang	板江	*bǎnjiāng*
Chankou	产口	*chǎnkǒu*
Laobao	老堡	*lǎobǎo*
Zhenjiang Fandian	振江饭店	*zhènjiāng fàndiàn*

Namen eine bittere, salzige Suppe aus gebratenen Teeblättern mit Puffreis, sowie hausgemachten Reiswein. Die sprachliche Verständigung kann Probleme aufwerfen, denn viele Einheimische beherrschen die chinesische Allgemeinsprache *(putonghua)* nicht, geschweige denn Englisch.

Sanjiangs älteres Zentrum liegt nördlich des Rongshui, während sich die jüngeren Ortsteile entlang der Longsheng Lu Richtung Süden erstrecken. Zu den **Unterkünften** nördlich des Flusses gehören das preiswerte *Department Store Hostel**, erkennbar an einem kleinen englischsprachigen Schild direkt gegenüber vom zentralen Busbahnhof, sowie das bessere *Chengyang Qiao Binguan**, ✆ 0772/8613071, das rund 100 m vom Bahnhof entfernt liegt. Südlich des Flusses, vom Busbahnhof etwa 100 m zurück in Richtung Longsheng, stellt das *Travellers' Home***, ✆ 0772/8615584, eine saubere, komfortable und immer noch preisgünstige Alternative dar. **Essen** kann man entweder in den Unterkünften oder in den Nudel- und Feuertopfküchen nördlich der Brücke.

Direkt gegenüber dem *Travellers' Home* gibt der *Wind and Rain Bridge Travel Service,* ✆ 0772/8617088, 💻 www.3jiang.com, hilfreiche **Informationen** – der Manager Daniel Hou bewegt sich fließend im Englischen und im Dong-Dialekt. Die Agentur kennt die Transportmöglichkeiten rund um Sanjiang und bis hinauf nach Kaili in der Provinz Guizhou. Sehr empfehlenswert sind die ¥500 teuren Tagestouren zu allen bedeutenden Dörfern der Umgebung.

Sanjiang besitzt zwei **Busbahnhöfe**, einen zu beiden Seiten des Flusses. Die Busse nach Guilin (4 Std.), Liuzhou, Longsheng (2 Std.) und Wuzhou starten an der Longsheng Lu rund 200 m südlich der Brücke (nach einer Straßenschwelle vor einer Kurve Ausschau halten, da der Platz nicht markiert ist). Vom nördlichen Busbahnhof gibt es Verbindungen zu näher gelegenen Orten wie Bajiang, Ba-

Mapang	马胖	***mǎpàng***
Bajiang	八江	*bājiāng*
Baxie	八协	*bāxié*
Dudong	独峒	*dúdòng*
Gaoding	高定	*gāodìng*
Hualian	华联	*huálián*
Mengjiang	孟江	*mèngjiāng*
Tongle	同乐	*tónglè*
Zhaoxing	肇兴	***zhàoxīng***
Diping	地坪	*dìpíng*
Fulu	富禄	*fùlù*
Heli	和里	*hélǐ*
Tang An	堂安	*tángān*
Liping	黎平	***lípíng***
Baitian Zhaodaisuo	白天招待所	*báitiān zhāodàisuǒ*
Luoxiang	落香	***luòxiāng***
Jitang	纪堂	*jìtáng*
Longtu	龙图	*lóngtú*
Congjiang	从江	***cóngjiāng***
Basha	八沙	*bāshā*
Mingzhu Jiulou	明珠酒楼	*míngzhū jiǔlóu*
Rongjiang	榕江	***róngjiāng***
Qingfeng Binguan	庆丰宾馆	*qìngfēng bīnguǎn*

xie (1 1/2 Std.), Chengyang (40 Min.), Congjiang, Diping (2 Std.), Mapang (2 Std.), Tongle oder Zhaoxing (4 Std.) sowie nach Liping (9 Std.) und zum **Bahnhof** 10 km nordwestlich der Stadt, ein Haltepunkt an der Eisenbahntrasse von Huaihua nach Liuzhou.

Chengyang

18 km nördlich von Sanjiang liegt jenseits des Flusses Linxi die Ortschaft Chengyang, zu der eine herausragende **Wind-und-Regen-Brücke** hinüberführt. Es gibt über 100 solcher Brücken in der Region, doch diejenige von Chengyang ist das schönste und kunstfertigste Beispiel dieser Form der Dong-Architektur. Sie wurde 1916 errichtet und besteht aus fünf steinernen Pfeilern, die dieselbe Anzahl von Pavillons tragen, deren unterschiedliche Dächer mehrere regionale Baustile repräsentieren und die durch überdachte Korridore miteinander verbunden sind – die Konstruktion wurde aus Zedernholz ohne einen einzigen Nagel zusammengefügt. Solche Brücken, im Chinesischen *fengyu qiao* genannt, sind im Sommer kühl und luftig, und da sie auch vor Regen schützen, eignen sie sich hervorragend zum Herumsitzen und Schwatzen. Ursprünglich dienten sie auch religiösen Zwecken, was bei manchen Brücken noch an kleinen weihrauchgeschwärzten Schreinen ersichtlich ist. Der Schrein dieser Brücke ist jedoch leer, weil hier kein offenes Feuer gemacht werden darf, da das Bauwerk den Status eines geschützten Kulturobjekts besitzt. Auf der Brücke verkaufen Frauen Stickereien, schwarz-weiße Baumwolldecken mit kühnen Mustern und kurios schimmernde blau-schwarze Dong-Jacken, die indigoblau gefärbt und als Schutz gegen Moskitos mit Eiweiß bearbeitet wurden.

Jenseits der Brücke präsentiert sich Chengyang als schöne Ansammlung von zwei- bis dreistöckigen traditionellen **Holzhäusern**, über die ein viereckiger **Trommelturm** aufragt – beide Gebäudearten sind wie die Wind-und-Regen-Brücken klassische Bestandteile der Dong-Architektur. Die Trommeltürme dienten in Kriegszeiten als Ausguck, und mit den im Innern aufbewahrten Trommeln wurde die Dorfbevölkerung vor drohenden Gefahren gewarnt. Heute treffen sich die Anwohner hier zu Unterhaltungszwecken. Bei den Dong wird man nur selten Stein- oder Betonbauwerke sehen, weil die traditionellen Holzstrukturen leichter erweitert oder wenn nötig sogar versetzt werden können. Da Feuer eine der größten Bedrohungen darstellt, kommt den einzelnen Familien im Jahresablauf abwechselnd die Verantwortung zu, das Dorf vor einer Brandkatastrophe zu bewahren. Von der Hauptstraße führt ein Pfad hinauf zu zwei Pavillons, die Aussichten auf Chengyang sowie einige in die Reisfelder eingebettete Dörfer eröffnen.

Ein Spaziergang in die Felder führt zu einem Wegenetz, das Chengyang mit sichtbar ärmeren Weilern in der näheren Umgebung verbindet. Auch sie bestehen aus dunklen Holzhäusern, Pfaden mit Kopfsteinpflaster, Brücken und Türmen, wenngleich alles ein wenig bescheidener daherkommt. Unterwegs sieht man schwarze **Wasserräder** aus geflochtenem Bambus, die auf unerfindliche Weise die Irrigationskanäle speisen, obwohl sie die überwiegende Wassermenge zur Seite schaufeln.

Der letzte **Bus** nach Sanjiang fährt gegen 17 Uhr los, doch die beiden **Unterkünfte** von Chengyang stellen die schönere Übernachtungsalternative dar. Das freundliche *Chengyang National Hostel** ist in einem traditionellen Holzgebäude untergebracht, das über einfache Einrichtungen verfügt und kurz vor Chengyang am Fluss ausgeschildert ist (Dorm-Bett ¥15, Mahlzeiten erhältlich). Nahebei liegt das ungefähr gleichrangige *Dong Village Hotel**, das von einem Einheimischen mit dem gewählten ausländischen Namen Michael geführt wird, der schon an Sanjiangs Busbahnhof werbend auf eintreffende Ausländer zugeht.

Empfehlenswert ist auch eine sechsstündige **Wanderung**, die von Chengyang über **Guandong** nach **Mapang** (s.S. 877) führt. Von dort fahren Busse zurück nach Sanjiang.

Stromabwärts nach Danzhou

Danzhou erstreckt sich 60 km südlich von Sanjiang über eine 2 km lange Insel im Fluss **Duliu** und fungierte von der Ming-Zeit bis zum Umzug der Verwaltung nach Sanjiang im Jahre 1948 als regionale Hauptstadt. Der Ort selbst lohnt unbedingt einen Besuch, aber das Highlight dieses Ausflugs ist die Anfahrt mit einer der **Flussfähren**. Beim *Wind and Rain Bridge Travel Service* in Sanjiang (s.S. 874) werden entsprechende Touren angeboten, die bei Teilnahme von zehn Personen ¥80 pro Nase kosten. Wer lieber auf eigene Faust unterwegs ist, kann sich bei der Reiseagentur auch einen Transfer zu einem der Ausgangspunkte für die Bootsfahrt organisieren lassen.

Die Anreise führt von Sanjiang zunächst über die Straße gen Westen Richtung **Chankou** (s.S. 878), wo eine kleine Fähre über den Fluss in das kleine **Laobao** übersetzt, das vor allem Angehörige der Minderheiten Yao, Miao und Dong beheimatet. Der interessante Ort wurde als befestigte Bastion zur Zeit der Song-Dynastie an der Stelle gegründet, wo sich die Flüsse Xun und Meng zum Duliu vereinen, ganz in der Nähe einer steilen Klippe namens Shimen. Zwischen 10 und 12 Uhr halten bis zu drei Fähren – flache Holzbarkassen für rund 30 Passagiere – in Laobao, die für die weitere Strecke nach Danzhou (¥10) ungefähr zwei Stunden benötigen. Eingezwängt zwischen zurückhaltenden Landbewohnern und deren Waren tuckert man durch eine wunderbare Landschaft, vor allem gleich zu Anfang der Fahrt: Mit Bambus bedeckte Hügel, wundervoll blaue Gewässer und weltferne Dörfer ziehen am Boot vorbei. In **Dalang** gibt es erstmals wieder eine Straßenanbindung, und wenig später erreicht man den Damm eines **Wasserkraftwerks**, an dem die Fähren eine Schleuse überwinden müssen.

Rund 10 km und mehrere schmale Schluchten später wird **Danzhou** erreicht, eine freundliche Siedlung, eingebettet in Pomelo-Haine, mit ungewöhnlich ruhigen Straßen (es gibt keine Autos auf der Insel) und Gebäuden, die aus den 20er Jahren oder noch früheren Zeiten stammen. Interesse erwecken vor allem die alten Stadtmauern, an deren Osttor ein **Stadtplan** aus der Ming-Dynastie zu sehen ist, eine Speiseölfabrik, deren Pressen noch per Hand bedient werden, sowie etliche unauffällige Privathäuser aus der Qing-Dynastie, die zum Teil in den 40er Jahren von den Japanern in Brand gesetzt wurden. Es gibt keine Unterkünfte in Danzhou, aber man kann sich mit einem Kahn ins gegenüberliegende **Banjiang** staken lassen, wo **Kost und Logis** im *Zhenjiang Fandian** zu finden sind. Der Ort liegt an der Hauptstraße und bietet täglich mehrere Verbindungen zurück nach Sanjiang.

Mapang und die Region am Fluss Meng

Mapang liegt etwa 30 km nördlich von Sanjiang und ist per Bus via **Bajiang** zu erreichen. Als bedeutendste Sehenswürdigkeit von Mapang gilt der Trommelturm, der auf einem ganz ungewöhnlichen rechteckigen Fundament steht. Der letzte Bus zurück nach Sanjiang fährt am späten Nachmittag, doch man kann auch eine schöne **Wanderung** unternehmen, die innerhalb von sechs Stunden nach Chengyang (s.S. 875) führt.

Die interessanteste Ecke dieser Gegend liegt nordwestlich von Bajiang jenseits der Berge am **Meng Jiang**, der von Norden her parallel zur Eisenbahnlinie Huai Hua–Sanjiang nach Chankou fließt. Der tägliche Bus von Sanjiang nach **Dudong** (Abfahrt 8 Uhr) erreicht nach 33 km den höchsten Punkt seiner Fahrt. Unten im Tal verbirgt sich das winzige **Zhuolong**, wo Deng Xiaoping während des Langen Marsches eine Rast einlegte. Das Dorf besitzt zwei Trommeltürme, doch lohnender ist der Besuch der wenige Kilometer nördlich gelegenen Ortschaft **Baxie**, deren bunte, grün-gelbe Brücke erst 1980 errichtet wurde (Nörgler werden im Bodenbelag einige Nägel bemerken). Auf dem kopfsteingepflasterten Dorfplatz vor Baxies Trommelturm steht eine kleine, mit Affen und Löwen verzierte Holzbühne für festliche Aufführungen. Die älteste erhaltene Brücke der Region stammt aus dem Jahre 1861 und befindet sich im nächsten Dorf gen Norden, **Hualian**. Von hier führt die Straße nach **Batuan**, dessen zweistöckige Brücke ein einzigartiges Beispiel dieser Architekturtradition ist, besitzt sie doch eine Passage für Menschen und eine andere für Tiere. Außerdem genießt hier noch ein Schrein Verehrung, der eine bärtige Gottheit auf einem Steinpodest enthält, und am Ende der Brücke führt ein Pfad am Fluss entlang zu einer Stelle, an der hohe Bäume einem kleinen neuen Tempel Schatten spenden.

Das am Ende der Straße gelegene **Dudong** war in den 40er Jahren ein Zentrum von Guerilla-Aktivitäten gegen die japanischen Invasoren, und der dortige Trommelturm ist der höchste der gesamten Region. Eine schöne zweistündige **Wanderung** führt bergauf zum attraktiven Dong-Dorf **Gaoding**, in dem sechs Türme und ausschließlich Holzhäuser zu bewundern sind.

Nach einer Übernachtung in Dudongs **Gästehaus*** kann man morgens um 8 Uhr den Bus zurück nach Sanjiang nehmen. Eine weitere Busverbindung besteht Richtung Tongle in das interessante Dorf **Mengjiang**, nur wenige Kilometer südlich von Zhuolong gelegen. Mengjiangs Einwohner verteilen sich zu fast gleichen Teilen auf die Ethnien der Miao und Dong, die einander gegenüber am Fluss leben. Über Generationen hinweg schwelten die Landstreitigkeiten zwischen den beiden Volksgruppen, bis sich deren Führer in den 40er Jahren versöhnten und die im traditionellen Stil gehaltene **Nationalitäten-Vereinigungs-Brücke** errichten ließen. Heute fällt es schwer, die Unterschiede zwischen beiden Gemeinschaften zu erkennen, da vor allem die Frauen ganz ähnliche Trachten tragen – sie schmücken sich mit schweren metallenen Ohrringen oder einer weißen Kordel, die sie durch die Ohrläppchen ziehen.

Der Trommelturm steht natürlich auf der Uferseite der Dong, aber beide Dörfer laden zu interessanten Spaziergängen zwischen großen Häusern und hinaus auf die Felder ein. Für die Weiterfahrt nach **Tongle**, wo es einen Laden und eine **Herberge*** gibt, können Traktoren gemietet werden; der frühmorgens startende Minibus zurück nach Sanjiang benötigt 90 Minuten.

Von Sanjiang nach Kaili

In die ländliche Gegend westlich von Sanjiang verirren sich bislang kaum Touristen, aber diejenigen, die sich auf die Reise in die 300 km entfernte Miao-Hochburg **Kaili** in der Provinz Guizhou gemacht haben, äußern sich umso begeisterter. Täglich fahren Busse von Sanjiang nach **Zhaoxing**, wo es Anschluss über das nördliche **Liping** nach Kaili sowie ins südwestliche **Congjiang** gibt. Manche Direktbusse von Sanjiang nach Congjiang fahren über Zhaoxing, während andere die neue Straße via Fulu nutzen, wobei man jedoch einige der interessantesten Orte links liegen lässt. Obwohl die Entfernungen zwischen den einzelnen Dörfern nicht besonders groß sind, werden manche nur einmal täglich

GUANGXI UND GUIZHOU

von Transportmitteln bedient, und wer diesen Bus verpasst, muss sich um eine Übernachtungsmöglichkeit kümmern. Für eine entspannte Erkundung dieser Region sollte man sich mindestens drei, besser fünf Tage Zeit nehmen und sich darüber im Klaren sein, dass die Unterkünfte und das Essen bescheiden sind, und die Winter sehr kalt sein können.

Nach Zhaoxing

Etwa 20 km westlich von Sanjiang rühmt sich **Heli** des halb in Ruinen liegenden **Sanwang Gong** („Palast der drei Könige"), ein Tempel für lokale Schutzgottheiten, sowie gleich drei Wind-und-Regen-Brücken. Das nahe gelegene **Nanzhai** kann mit zwei Trommeltürmen aufwarten. Nach weiteren 10 km stößt man auf die Kreuzung mit der Straße aus Dudong und Tongle. An dieser Stelle liegt **Chankou**, wo moderne Gebäude aus Beton und Fliesen das Bild bestimmen. Im Zentrum steht allerdings noch ein großer **Banyan-Baum**, eine Spezies, die überall im tropischen Asien als sozialer Treffpunkt dient.

Eine Stunde westlich von Chankou befindet sich an der Grenze von Guangxi nach Guizhou das kleine Dorf **Fulu**, bekannt durch sein **Feuerwerksfest** am dritten Tag des dritten Mondmonats. Die Busse Richtung Zhaoxing und Liping wenden sich bereits vor Fulu gen Norden und fahren über die Grenze ins etwas heruntergekommen wirkende **Diping**, das zahlreiche Wasserräder, eine sehr schöne Dong-Brücke, einen kleinen Trommelturm und als **Unterkunft** das *Bridge Flower Hotel** zu bieten hat. Wenig nördlich liegt das ähnlich chaotische **Long E**, dessen einzige Attraktion aus einem neuen Trommelturm besteht. Wer hier übernachten möchte (oder muss), landet im muffigen *Concerning Foreign Affairs Hotel**.

Weitere 90 Minuten dauert die Fahrt nach **Zhaoxing**, ein wunderschöner Ort in einem kleinen Tal, das zahlreiche alte Gebäude sowie fünf rechteckige **Trommeltürme** beherbergt – jeder Turm trägt einen anderen Architekturstil zur Schau, da sie von verschiedenen Clans errichtet wurden. Einige sind sogar mit Wind-und-Regen-Brücken verbunden und mit **Theaterbühnen** ausgestattet, die von Spiegelfragmenten und Modellierungen von Schauspielern und Tieren geschmückt werden. Miao- und Dong-Frauen verkaufen Stickereien und Silberwaren; an den Häusern hängen Rettichstränge zum Trocknen (die später in den säuerlichen Feuertöpfen landen); die Seitengassen werden von Hausvieh bevölkert; und überall erklingt das Dröhnen von Holzhämmern, mithilfe derer man frisch gefärbten Textilien eine glänzende Patina verleiht. Leider lässt sich all das nur erleben, nachdem eine **Eintrittsgebühr** in Höhe von ¥5 gezahlt wurde. An **Unterkünften** stehen inzwischen fünf Gästehäuser* zur Auswahl, deren Angebote sich jedoch nicht sonderlich unterscheiden: Alle verfügen über Warmwasser, Spültoiletten und einen (selten funktionierenden) Internet-Zugang. Zu den **Restaurants** und Garküchen gehört das *Sanxiao Fanguan*, das eine teilweise ins Englische übersetzte Speisekarte besitzt, ordentliches Essen auftischt und an kalten Tagen wärmende Kohlepfannen aufstellt. Täglich fahren mehrere **Minibusse** von Zhaoxing gen Norden nach Liping (4 Std., mit Anschluss nach Congjiang) sowie gen Süden nach Diping (2 Std.) bzw. gen Südosten nach Sanjiang (4 Std.).

Die Reisterrassen in der Umgebung von Zhaoxing verlocken übrigens zu schönen **Wanderungen**. Eine der schönsten Strecken führt bergauf in das 7 km entfernte **Tang An**, wo ebenfalls sehr fotogene Holzhäuser stehen.

Von Zhaoxing nach Kaili

Der schnellste Weg nach Kaili führt über **Liping**, der berühmte Ort, in dem die Teilnehmer des Langen Marsches den Sturm auf Zunyi beschlossen. Obwohl die Kleinstadt kaum traditionelle Züge aufzuweisen hat, besitzt sie doch eine gewisse Attraktivität, was vor allem den baumgesäumten Straßen zu verdanken ist. Als **Unterkunft** empfiehlt sich das *Baitian Zhaodaisuo** in Nähe der zentralen Kreuzung, wo man in preiswerten und dennoch komfortablen Doppelzimmern (mit Kabel-TV) untergebracht wird. Vom nahen **Busbahnhof** fahren täglich mehrere Fahrzeuge über **Rongjiang** (s.u.) nach Kaili (8 Std.). Verkehrsverbindungen bestehen auch nach Sanjiang und Congjiang sowie zu Orten an der langen Straße, die gen Norden in Richtung Sanhui und Zhenyuan (s.S. 914) führt.

Am interessantesten ist jedoch die Strecke, die von Zhaoxing zunächst westwärts nach Congjiang und dann via Rongjiang nach Kaili führt und in ihrem ersten Abschnitt zwei Varianten zulässt: entweder per Bus von Zhaoxing direkt nach Congjiang (5 Std.) oder zu Fuß von Zhaoxing ins 7 km nordwestliche **Luoxiang** und von dort per Bus weiter nach Congjiang (3 Std.). Luoxiang selbst besteht überwiegend aus typischen Beton- und Kachelfassaden und richtet alle fünf Tage einen großen **Markt** aus. Beide Varianten führen durch schöne Landschaften mit breiten Tälern, die von niedrigen Kalksteinklippen flankiert werden, und passieren malerische Dörfer, in denen insgesamt mindestens sieben Trommeltürme stehen. Zu den attraktivsten Orten gehören **Longtu** und **Jitang**, und auf halber Strecke gibt es in **Guandong** einige **Unterkünfte**.

Congjiang ist eine relativ große und moderne Holzfällerstadt, als deren beste **Unterkunft** das *Mingzhu Jiulou** (Doppelzimmer mit Klimaanlage und Bad) in Nähe des Busbahnhofs gilt. In derselben Straße gibt es ein Kaufhaus sowie zahlreiche kleine Speiselokale mit dem üblichen Angebot an Feuertöpfen, Nudel- und Fleischgerichten. Der alte Dong-Stadtteil liegt jenseits des Flusses zur Rechten. Ein schöner Ausflug führt per Minibus ins 10 km westlich gelegene Miao-Dorf **Basha**, dessen Einwohner sich lange Haarknoten wachsen lassen und sogar im Alltag bestickte Kleidung, klobigen Metallschmuck und plissierte Röcke tragen.

Die vierstündige Fahrt nach **Rongjiang** führt über abenteuerliche Gebirgsstraßen, auf denen es im Winter sehr kalt werden kann. In Rongjiang gibt es einen interessanten **Sonntagsmarkt**, und das *Qingfeng Binguan** neben einem Pavillon gegenüber dem Busbahnhof bietet recht komfortable **Zimmer**. Weitere sieben Stunden dauert die Fahrt von hier über steile, spärlich besiedelte Berge nach Leishan und Kaili (s.S. 905).

Wuzhou

220 km südöstlich von Guilin liegt die wohlhabende Handelsstadt Wuzhou, deren verbliebene Kolonialarchitektur an den ausländischen Einfluss im späten 19. Jahrhundert erinnert als britische Dampfschiffe auf dem **Xijiang** nach Guangzhou und Hongkong fuhren. Noch bis ins Jahr 2000 fungierte der Fluss als eine der Hauptverkehrsadern der Region, doch mit Fertigstellung der neuen Schnellstraße nach Guangzhou wurden die Fähren weitestgehend durch Busse ersetzt. Nur einige Frachtkähne, beladen mit Holz und Kohlen, bedienen die Strecke noch. Angesichts der verbesserten Verkehrsverbindungen ist ein Aufenthalt in Wuzhou nicht mehr unbedingt erforderlich, doch die Stadt eignet sich bestens für eine Fahrtunterbrechung auf der langen Reise von Guilin nach Guangzhou.

Das bereits stark kantonesisch geprägte Wuzhou besteht aus zwei Teilen, die beide am Nordufer des Xijiang liegen. In der **Altstadt**, auf einer Anhöhe östlich des Gui-Flusses gelegen, findet man die meisten Unterkünfte und Dienstleistungseinrichtungen, während sich die **Neustadt** nach Westen ausdehnt und den großen Busbahnhof-West beheimatet. Alle interessanten Sehenswürdigkeiten verteilen sich über die alten Stadtviertel und sind leicht zu Fuß zu erkunden. Das Alltagsleben zeigt sich am besten auf den vielen **Märkten**, deren größter sich über die Straßenzüge nördlich des Flussufers erstreckt. Das östliche Ende der **Dadongshang Lu** (auch Sauntering Street genannt) wurde zur Fußgängerzone erklärt und umfasst mehrere restaurierte, pastellfarben gestrichene Gebäude. Hier gibt es alles, was das Herz begehrt: säckeweise getrocknete und frische Lebensmittel, Goldfische und Singvögel aller Art, Schwadronen von Flickschustern, Schlüssel- und Uhrmacher, Töpfe mit traurig aussehenden Bonsai-Bäumen sowie eine typisch kantonesische Auswahl an **Tieren**, die für den Wok bestimmt sind, darunter gefährdete Arten wie Mandarin-Enten und Flughörnchen. Vor allem sonntagmorgens geht es auf den Märkten ungeheuer lebendig zu, doch alles ist bemerkenswert sauber und organisiert; die Preise sind deutlich ausgeschrieben, jedoch eher als Ausgangspunkt für Verhandlungen gedacht.

Nördlich des Markts überschattet ein Feigenbaum ein kleines grünes Dreieck an der Kreuzung von Nanhuan Lu und Zhongshan Lu, wo sich die Domino- und Schachspieler treffen. An der nahen Wenhua Lu führen Stufen hinauf zum **Zhongshan-Park** (Eintritt ¥1), ein bewaldeter Hügel mit schönen Ziergärten. Gegenüber dem Nordtor des Parks windet sich eine schmale Gasse um den Hügel zum **Xizhu Yuan**, das Westliche Bambus-Nonnenkloster, dessen gelbe, festungsähnliche Mauern und grün gedeckte Dächer stolz über der Stadt thronen. Das Kloster wurde in den 80er Jahren restauriert und steht unter Leitung einiger Nonnen, die ihre Aufgaben sehr hingebungsvoll verrichten. Die Ha-

GUANGXI UND GUIZHOU

Wuzhou

Wuzhou	梧州	***wúzhōu***
Schlangenfarm Wuzhou	梧州蛇仓	*wúzhōu shécàng*
Xizhu Yuan	西竹园	*xīzhú yuán*
Zhongshan-Park	中山公园	*zhōngshān gōngyuán*
Übernachtung und Essen		
Dadong Jiujia	大东酒家	*dàdōng jiǔjiā*
Daming Jiujia	大明酒家	*dàmíng jiǔjiā*
Jiangyue Lou	江月楼	*jiāngyuè lóu*
Jinshan	金山酒店	*jīnshān jiǔdiàn*
Longmen Hotel	龙门酒店	*lóngmén jiǔdiàn*
Longmen Restaurant	龙门酒楼	*lóngmén jiǔlóu*
New Century	新纪大酒店	*xīnjì dàjiǔdiàn*
Wuzhou	梧州大酒店	*wúzhōu dàjiǔdiàn*
Xinguangwei	新广卫	*xīnguǎng wèi*
Xinxi	新西酒店	*xīnxī jiǔdiàn*

len ziehen sich dichtgedrängt den Hang hinauf und beherbergen hölzerne buddhistische Statuen. Ein **vegetarisches Restaurant** öffnet mitunter um die Mittagszeit für ein bis zwei Stunden für die Öffentlichkeit.

Schlangenfarm

Rund 1,5 km nordöstlich der Innenstadt liegt an der Shigu Lu eine der größten Schlangenfarmen der Welt, die unter anderem darüber aufklärt, weshalb die Südchinesen diese Kreaturen so gerne essen, in Getränke einlegen und melken. Nach der Vorführung eines Videos, in dem die unglückseligen Reptilien in Aktion versetzt werden, folgt ein unwesentlich besserer Rundgang, auf dem man einige der Käfigbewohner aus nächster Nähe zu sehen bekommt, darunter gebänderte Kraits, Kobras und Vipern. Der Englisch sprechende Führer lässt die Kriechtiere Gift speien und behandelt sie dabei nicht gerade zimperlich. Die ungiftige gemeine Rattenschlange soll am besten schmecken, und für die Zubereitung eines wirklich guten anti-arthritischen **Schlangenweins** müssen eine Baumschlange, eine Rattenschlange und eine Kobra ein Jahr lang in Reisschnaps eingelegt werden – solche und ähnliche Produkte stehen im Laden der Schlangenfarm zum Verkauf. Beste Besuchszeit ist der Sommer, wenn die Farm ihre Kapazität voll ausschöpft und rund eine halbe Million Schlangen beherbergt; im Winter sind die Bestände geringer und die Tiere träger. ⏲ tgl. 9–12 und 14.30–16 Uhr, Eintritt ¥5.

Übernachtung

Jinshan*, Zhongshan Lu, gegenüber vom Busbahnhof-Ost, ✆ 2822965. Die Zimmer sind ein wenig schäbig, dafür jedoch preiswert. Das Restaurant im 2. Stock serviert ein gutes Dim Sum.

Longmen*, Fumin Lu, Ecke Dadong Shang Lu, ✆ 2025366. Sauberes und freundliches Hotel mit preislich angemessenen Zimmern.

New Century***, Zhongshan Lu, ✆ 2828222, 📠 2824895. Neuere Version des *Wuzhou*, besser geführt und eleganter.

Wuzhou**, Xijiang Er Lu, ✆ 2024905, 📠 2025971. Das einst beste Hotel der Stadt zeigt deutliche Altersspuren, ist jedoch nach wie vor eine gute Wahl.

Xinxi*, 11 Xijiang Yi Lu. Altes Kolonialgebäude, das auf Renovierung oder Abriss wartet, je nachdem, wie die Straßenverbreiterungspläne einmal aussehen. DZ mit Bad.

Essen

Wuzhou bietet fast ausschließlich **kantonesische Küche** mit viel frischem Fisch, Gemüse

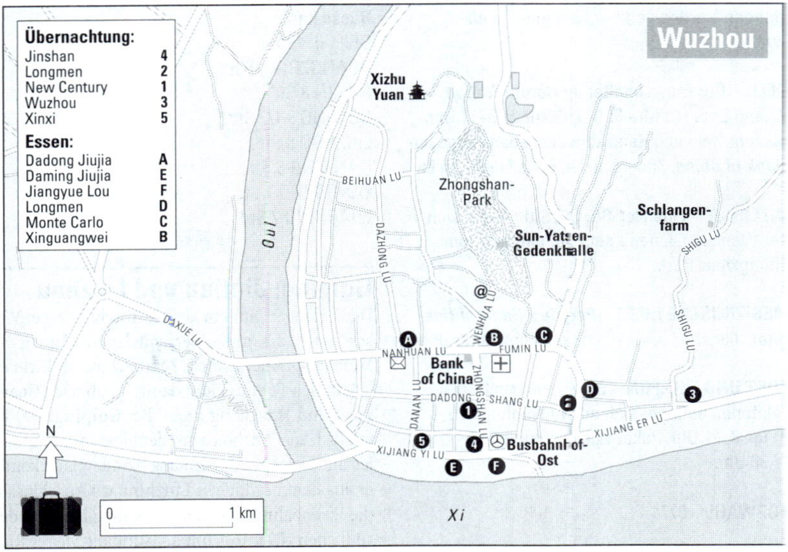

und Obst an. Zu den saisonalen tropischen Früchten gehören Durian und Mangosteen. Konditoreien verkaufen nicht nur Vanilletorten, sondern auch Brötchen mit Schweinefleisch, und preiswerte **Garküchen** werben im ganzen Stadtzentrum mit *jiaozi*, Nudelsuppen und Reisgerichten.

Regen Zulauf haben auch „medizinische" **Teestuben**, die tassenweise alkoholische Gebräue anbieten. Die besten **Dim-Sum-Lokale** findet man nahe dem Fluss in der Xijiang Yi Lu, z.B. das riesige ***Daming Jiujia***, das exzellentes Essen, aber trotz seiner Lage im 3. Stock keine Aussicht bietet, oder das ***Jiangyue Lou*** gegenüber dem Busbahnhof-Ost, wo man leicht den ganzen Morgen vertrödeln kann – das Umfeld ist entspannend, es gibt viel zu sehen, die Auswahl an Snacks kennt keine Grenzen und die Bedienung gibt sich sehr freundlich.

Dadong Jiujia, Nanhuan Lu, gegenüber vom Postamt (über eine Fußgängerbrücke zu erreichen). Im Untergeschoss befinden sich eine kleine Konditorei und ein formelles Restaurant, oben gibt es mittags ein Feuertopf-Buffet (ab ¥35 für 2 Pers.).

Longmen, Fumin Lu. Elegante und beliebte Adresse für kantonesisches Essen – die Preise sind niedriger, als das Erscheinungsbild vermuten lässt (ca. ¥60 für 2 Pers.).

Monte Carlo, Fumin Lu. Westliches Restaurant, zu dessen Spezialitäten Steaks, Bambusreis-Huhn, Currygerichte und guter Kaffee gehören. Hauptmahlzeiten mit kleiner Suppe und einem Getränk für rund ¥30.

Xinguangwei, Fumin Lu, unmittelbar östlich der Kreuzung mit der Zhongshan Lu. Nudelgerichte und Kuchen im Erdgeschoss, oben Dim-Sum-Frühstück und Restaurant.

Xizhu Yuan, nordöstlich vom Zhongshan-Park. Einfaches und sehr günstiges (die meisten Gerichte liegen bei ¥8) vegetarisches Restaurant, das zum Nonnenkloster gehört. Besitzt die einzige englische Speisekarte im Ort. Unregelmäßige Öffnungszeiten – auf Nummer sicher geht man von 11–12 Uhr.

Sonstiges

APOTHEKEN – Mehrere Apotheken liegen an der Dazhong Lu, die gegenüber vom Postamt gen Norden von der Nanhuan Lu abzweigt.

GELD – Der Bankschalter im ***Hotel Wuzhou,*** Xijiang Er Lu, ◷ Mo–Fr 9–11.30 und 13–17 Uhr, tauscht Geld und Reiseschecks, ebenso wie die ***Bank of China,*** Zhonshan Lu, Ecke Nanhuan Lu.

INTERNET – Eine **Net-Bar** (¥2/Std.) findet sich in der Wenhua Lu, nahe dem Südeingang zum Zhongshan-Park.

MEDIZINISCHE HILFE – ***People's General Hospital,*** Jianshe Lu, westlich vom Zhongshan-Park.

POST UND TELEFON – Ein ***Postamt*** mit IDD-Telefonen befindet sich an der Nanhuan Lu, ◷ tgl. 8–21 Uhr, Paket-Zollinspektionen 9–17.30 Uhr.

VORWAHL – 0774

Transport

BUSSE – Wuzhou besitzt zwei Busbahnhöfe: Der **Busbahnhof-West** liegt in der westlichen Vorstadt und ist mit dem zentraleren **Busbahnhof-Ost**, Xijiang Lu, Ecke Zhongshan Lu, durch kostenlose Pendelbusse und die Buslinie Nr. 3 verbunden (ca. 15 Min.). **Taxis** berechnen ¥5 Grundgebühr und für die Fahrt vom einen Busbahnhof zum andern insgesamt ¥10.
Die meisten Busse zu entfernteren Destinationen starten am Busbahnhof-West, aber die Tickets für solche Fahrten können auch am Busbahnhof-Ost erworben werden. Luxusbusse, Normalbusse und Busse mit Schlafkojen nach Guangzhou, Guiping, Yangshuo, Guilin und Nanning fahren mehrmals täglich zwischen Sonnenauf- und Sonnenuntergang ab, und auch die Ziele Liuzhou, Sanjiang und Beihai werden täglich mehrfach bedient.
Das *Hotel Wuzhou* organisiert Luxusbusse direkt nach **Hongkong** (Kowloon) – wer zumindest einen Teil dieser Reise auf dem Wasser zurücklegen will, nimmt einen Bus nach Zhaoqing in der Provinz Guangdong (s.S. 659) und steigt dort in ein Schnellboot um, das täglich direkt nach Hongkong fährt.

Busse nach:
BEIHAI 8 Std.;
GUANGZHOU 9 Std.;
GUILIN 8 Std.;
GUIPING 3 1/2 Std.;
LIUZHOU 8 Std.;
NANNING 8 Std.;
YANGSHUO 7 Std.;
ZHAOXING 7 Std.

Guiping, Jintian und Liuzhou

Der Xijiang ist nur ein kleiner Abschnitt einer Wasserstraße, die unter verschiedenen Namen aus Yunnan kommend durch Zentralchina und schließlich in den Perlfluss und damit hinab nach Guangzhou und Hongkong fließt. Bei **Guiping**, 200 km westlich von Wuzhou, wird der Fluss immer schneller und tiefer – als Qianjiang bzw. Liujiang kommt er aus dem nördlichen **Liuzhou**, wo Anschluss an die Eisenbahn besteht, und als Yongjiang aus dem südlichen **Nanning**, um als Xunjiang weiter Richtung Wuzhou zu strömen. Während das Flusssystem in der Kolonialzeit eine wichtige Transportader war, bewirkten Verschlammung und neue Straßen das Ende der meisten Fährverbindungen.

Während die Gegend heute keinen allzu schlechten Eindruck macht, litt sie in den 40er Jahren des 19. Jahrhunderts unter Hungersnöten sowie steigenden Steuern, die erhoben wurden, um England nach dem Opiumkrieg Entschädigungen zahlen zu können. Außerdem hatte die Region immer wieder unter Rebellionen zu leiden, angezettelt von anti-dynastischen Gruppierungen wie den **Tiandi Hui** (Himmel- und Erde-Gesellschaft, später bekannt als Sanho oder Triaden), die in der Grenzregion zwischen Guangxi und Hunan ab 1847 lang anhaltende Auseinandersetzungen inszenierten. Nichts aber erreichte das Ausmaß der späteren **Taiping-Revolution**, die als christlich-politische Bewegung in **Jintian** bei Guiping begann, mehrere Millionen Menschen in ihren Bann zog, und mit Nanjing in der Provinz Jiangsu sogar ihre eigene „Rebellionshauptstadt" besaß. Gar nicht so lange ist es her, dass die Region um Guiping durch einen absonderlichen moralischen Verfall von sich reden machte, der als eine der schockierendsten Episoden in die neuzeitliche chinesische Geschichte einging.

Guiping, Jintian und Liuzhou

Guiping	桂平	***guìpíng***
Dianzi Binguan	电子宾馆	*diànzǐ bīnguǎn*
Guiping Binguan	桂平宾馆	*guìpíng bīnguǎn*
Guiping Fandian	桂平饭店	*guìpíng fàndiàn*
Jintian	金田	***jīntián***
Taiping-Museum	太平博物馆	*tàipíng bówùguǎn*
Liuzhou	柳州	***liǔzhōu***
Liusi-Park	柳寺公园	*liǔsì gōngyuán*
Liuzhou Fandian	柳州饭店	*liǔzhōu fàndiàn*
Yufeng Dasha	鱼蜂大厦	*yúfēng dàshà*

Kultureller Kannibalismus Die scheinbar nichts sagende Stadt **Wuxuan** liegt 70 km nordwestlich von Guiping in einer der ärmsten ländlichen Gegenden Südchinas. Es scheint unglaublich, dass im Sommer 1968 – als Studenten in Paris demonstrierten und die Anti-Kriegs-Bewegung in Washington DC ihren Höhepunkt erreichte – in Wuxuan Menschenfleisch gegessen wurde. Details hierüber sind in einem Geheimbericht gründlich dokumentiert, der 1987 von der Bezirksverwaltung erstellt wurde und sich über die „verschiedenen Formen des Verzehrs menschlichen Fleisches" auslässt. Die Angelegenheit blieb tabuisiert, bis Studenten ihre Lehrer verspeisten und bei Banketten menschliches Fleisch zu Wein serviert wurde. Als Informationen über diese Vorgänge nach Beijing gelangten, entsandte man sofort eine Armee, um Wuxuans Rote Garden abzusetzen – damit hatte es auch mit dem **rituellen Kannibalismus** ein Ende, dem bereits über 500 Menschen zum Opfer gefallen waren. Der Geheimbericht listete unter anderem die Namen von 27 örtlichen Parteikadern auf, die wegen Kannibalismus aus der Partei ausgeschlossen wurden. Auch viele Bauern fanden Erwähnung, doch kaum jemand wanderte ins Gefängnis, und viele der Beteiligten führen heute ein blühendes Leben in Wuxuan.

Die chinesische Regierung hat niemals offiziell zugegeben, dass sich jene grotesken Vorfälle tatsächlich ereignet haben. Die ersten Details erreichten die Außenwelt durch den Einsatz des Dissidenten und Literaten Zheng Yi. Erhärtet wurden die Vorwürfe durch das Buch *Real China: From Cannibalism to Karaoke*, das aus der Feder des britischen Journalisten John Gittings stammt, der Wuxuan 1995 besuchte und mit Zeugen sprach. Offenbar waren die Ereignisse Bestandteil größerer politischer Konflikte, die China während der Kulturrevolution spalteten und in deren Verlauf (nach offiziellen Minimalschätzungen) alleine in Guangxi 90 000 Menschen getötet wurden – soweit bekannt ist, führte dies jedoch nur in Wuxuan zum Töten und Auffressen von „Klassenfeinden", die während der Kulturrevolution als politisch untragbar gebrandmarkt wurden. In ärmeren Teilen Chinas kam es bei Hungersnöten traditionell immer wieder zu Formen des Kannibalismus, und im 4. Jahrhundert vor Christus berichtete der Philosoph Menzius vom so genannten „Vergeltungs-Kannibalismus". Auch in dem berühmten Roman *Die Räuber vom Liangshan-Moor* (s.S. 1261) ist mehrfach von solchen Praktiken die Rede. Eine offzielle Untersuchung der Verbrechen erscheint unter der gegenwärtigen Regierung jedoch ziemlich unwahrscheinlich.

Guiping

Das am Zusammenfluss zweier Ströme gelegene Guiping wirkt recht enttäuschend, ist es doch nichts anderes als ein Abklatsch der durchschnittlichen chinesischen Stadt. Es gibt nur wenig Industrie, dafür im Umland viel Zuckerrohr. Die Innenstadt konzentriert sich um den großen öffentlichen Platz namens **Guangchang**, an dem die Ost-West-Achse Renmin Lu vorbeiführt und die Guinan Lu gen Süden abgeht.

Chinesen besuchen Guiping, um den heiligen **Xi Shan** (Eintritt ¥15) zu sehen, der in der westlichen Vorstadt liegt. Vom Guangchang fahren zwischen 7 und 16.30 Uhr regelmäßig Busse dorthin, aber auch der Spaziergang über die Renmin Xi Lu dauert nur 20 Minuten. Der Xi Shan lässt sich wesentlich leichter erkunden als die anderen heiligen Berge Chinas und bietet eine gute Einführung in die chinesische Obsession, natürliche Phänomene zu „zähmen“ und sie in Pilger- und Ausflugsziele umzugestalten. Die zweistündige Wanderung zum Gipfel führt über gepflasterte Pfade durch einen Wald aus Fächerpalmen und hohen Pinien, in dem vereinzelte Tempel stehen. Vom Gipfel genießt man einen – meist dunstverhangenen – Ausblick auf die beiden Flüsse, die sich durch wasserreiches Flachland winden und in Guiping zusammenströmen. In Nähe des Eingangs unterhält das Kloster **Xishi Si** ein exzellentes **vegetarisches Restaurant**, das zur Mittagszeit öffnet. Teeliebhaber sollten hier den berühmten Xi-Shan-Tee probieren, Gerüchten zufolge das beste Gebräu dieser Art in ganz Guiping.

Die Stadt bietet mehrere **Unterkünfte**, darunter das *Dianzi Binguan** im Westen des Guangchang mit großen, aber abgewohnten Doppelzimmern (mit Bad) und Dorm-Betten (¥25) sowie das nichts sagende, etwas ältlich eingerichtete *Guiping Binguan** und das ganz ähnliche *Guiping Fandian**, die beide im östlichen Abschnitt der Renmin Zhong Lu liegen. Zahlreiche kleine und ordentliche **Restaurants** freuen sich über ausländische Gäste und präsentieren ihre Speisen in Vitrinen, sodass man nur draufzeigen muss – im Winter essen die Einheimischen übrigens gerne Hundefleisch.

Guiping ist vom östlichen Wuzhou über die Schnellstraße Richtung Nanning in gut drei Stunden zu erreichen. Der **Überland-Busbahnhof** liegt in der Guinan Lu südlich des Guangchang und bietet Verbindungen nach Wuzhou (3 1/2 Std.), Nanning (4 1/2 Std.) und Liuzhou (4 Std.). Minibusse nach Jintian (1 Std., ¥4) starten an der Westseite des Guangchang und fahren los, sobald sie voll sind. Eintreffende Reisende werden oft mehrere Kilometer südlich des Busbahnhofs an der Hauptstraße abgesetzt, von wo Fahrrad-Rikschas ins Zentrum fahren.

Jintian

Für Taiping-Interessierte dient Guiping nur als Sprungbrett für das 25 km nördlich gelegene Jintian, wo man sich am besten beim Südtor absetzen lässt. Nach Durchquerung des Steinbogens wendet man sich gen Westen und marschiert zunächst auf der Hauptstraße und dann auf einer Piste durch die fruchtbare Ebene in Richtung ferner blauer Berge, vorbei an kleinen Teichen und Bauernhäusern aus Lehmziegeln. Nach rund 4 km wird ein niedriger bewaldeter Hügel erreicht, auf dem sich einst das **Hauptquartier der Taiping-Bewegung** befand. Eine jüngere Rekonstruktion der Befestigungsanlage beherbergt ein kleines **Museum** (wechselnde Öffnungszeiten, Eintritt ¥10), das alte Waffen, ein paar schrullige Gemälde und Dokumente aus jener Zeit präsentiert, die den fanatischen Führer **Hong Xiuquan** und dessen Generäle verherrlichen. Von der ursprünglichen Festung, die etwas nördlich des Museums lag, ist außer einer kreisrunden begrasten Fläche unter Bäumen nichts übrig geblieben. Wie so oft in China sind es eher die Anreise und das Umfeld als die greifbaren Relikte, welche den Besuch lohnend machen. Am Südtor von Jintian stehen übrigens auch Motorradtaxis bereit, mit denen die 4 km zurückgelegt werden können. Die letzten Minibusse zurück nach Guiping fahren zwischen 17 und 19 Uhr ab.

Liuzhou

Eisenbahnlinien, Straßen und Flüsse aus der gesamten Provinz Guangxi und darüber hinaus treffen in Liuzhou aufeinander. Bei Chinesen weckt die Stadt eher morbide Assoziationen, galt das örtliche Zedernholz doch lange Zeit als idealer Werkstoff für Särge. Liuzhou ist eine schmuddlige Manufakturstadt, die nichts Besonderes zu bieten hat und kaum jemand zu einem längeren Aufenthalt verleitet – es sei denn, man bleibt beim Umsteigen unfreiwillig hängen. Für diesen Fall gibt es in den umliegenden Bergen einige hübsche Siedlungen der ethnischen Minderheiten Yao, Miao und Zhuang zu erkunden, die sich allerdings kaum von anderen ländlichen Dörfern in Südwestchina unterscheiden. Ihre Bewohner haben sich bereits so sehr an die mehrheitliche Han-Bevölkerung angepasst, dass die ursprünglichen Traditionen nur noch bei Festen (über aktuelle Daten und Orte informiert das hiesige *CITS*-Büro) zum Vorschein kommen.

Die Stadt wird vom **Liujiang** in zwei Teile gespaltet. Südlich des Flusses verläuft in Ost-West-Richtung die Fei'e Lu, während die Longcheng Lu gen Norden über den Fluss ins Stadtzentrum zum **Liuzhou-Platz** führt, wo zwei große Drachenskulpturen stehen (von der Südstadt mit den Bussen Nr. 4, 10 und 11 erreichbar). In früheren Zeiten diente Liuzhou als Verbannungsort für in Ungnade gefallene Hofbeamte, darunter auch **Liu Zongyuan**, der 815 als Gouverneur hierher versetzt wurde und Gedichte über das harte Schicksal der arbeitenden Bevölkerung schrieb. Zu seinen Ehren errichtete man im **Liusi-Park** östlich des Liuzhou-Platzes einen **Tempel**, der gleichzeitig die einzige nennenswerte Sehenswürdigkeit von Liuzhou darstellt. Pfade führen um einen tiefen Teich herum zu Lius Ruhestätte, eine größere Version der runden Grabhügel in den Feldern um die Stadt. Im Tempel selbst wird Lius Porträt gezeigt, und chinesische Erklärungen informieren über seine guten Taten als Gouverneur.

An der Kreuzung von Longcheng Lu und Fei'e Lu findet man ein **Postamt** und eine **Unterkunft**, das saubere *Yufeng Dasha***, ✆ 0772/3838177, in dem es sonntags die übliche Dim-Sum-Auswahl gibt. Als preiswerteste Herberge gilt das *Tiedao Fandian**, ✆ 0772/3611140, in der Fei´e Lu nahe dem Busbahnhof. 2 km entfernt liegt im Nordosten der Stadt an der Youyi Lu das *Liuzhou Fandian****, ✆ 0772/2828336, 📠 0772/2821443, das auch das *CITS*-Büro, ✆ 0772/2825669 oder 2322637, beherbergt. Günstiges **Essen** bekommt man in den billigen Garküchen in Nähe der Haltestellen oder in den Unterkünften.

Alle Transportmittel treffen am Südufer des Liujiang ein. Der **Bahnhof** liegt am westlichen Ende der Fei'e Lu und bietet Verbindungen nach Changsha (5x tgl., 10 Std.), Guilin (13x tgl., 2 1/2–4 Std.), Hengyang (5x tgl., 8 Std.) und Nanning (7x tgl., 4–6 Std.). **Busse** enden an Haltestellen Richtung Bahnhof an der Fei´e Lu oder am Südende der Longcheng Lu. Von beiden Punkten starten Fahrzeuge nach Guilin (3 Std.), Guiping (4 Std.), Nanning (5 Std.), Wuzhou (8 Std.), Yangshuo (5 Std.) und Sanjiang. Für den Transport ins Zentrum stehen **Taxis** bereit.

Nanning

Das während der Yuan-Dynastie gegründete Nanning war eine mittelgroße Marktstadt, bis europäische Händler im frühen 20. Jahrhundert eine Fährverbindung mit Wuzhou einrichteten und damit eine immense Wachstumsphase auslösten, in deren Folge Nanning die Stadt Guilin als Provinzkapitale ersetzte. Von der japanischen Invasion und vom Bürgerkrieg blieb Nanning relativ unberührt, avancierte jedoch während des **Vietnamkriegs** zu einem Nachschub- und Kommandozentrum, da die **Eisenbahnlinie Nanning–Hanoi** für Waffentransporte zur 160 km entfernten Grenzstadt Pingxiang genutzt wurde. Zur Zeit der Kulturrevolution, als rivalisierende Splittergruppen der Roten Garden die verbliebenen Waffenbestände plünderten, erlebte Nanning eine Reihe heftiger Straßenkämpfe. Nach dem Ausbruch des Krieges zwischen China und Vietnam im Jahre 1979 kehrte für ein Jahrzehnt das Militär zurück, doch seit Wiedereröffnung der Grenze in den 90er Jahren zieht die Stadt aus dem Handel mit dem Nachbarland beträchtliche Gewinne. Heute präsentiert sich Nanning als freundliche und aufstrebende Stadt mit einer Mischung aus moderner Architektur und ein paar kolonialen Straßenzügen. Begrünte Boulevards laden zum Bummeln und Shoppen ein, und es gibt einige nette Restaurants, ein **Museum** mit Schwerpunkt auf regionaler Archäologie sowie gute nationale und internationale Transportverbindungen. Besonders die nahe Grenze zu Vietnam bewirkt, dass Nanning für immer mehr Individualreisende zum ersten – oder letzten – Eindruck von China wird.

Nanning erstreckt sich über mehr als 5 km, wobei das Zentrum am Nordufer des **Yongjiang** liegt. Die meisten Unterkünfte und Sehenswürdigkeiten befinden sich in Nähe der 2 km langen Hauptdurchgangsstraße **Chaoyang Lu**, die vom Bahnhof gen Süden mitten durch das Zentrum zu einem chaotischen Verkehrsknotenpunkt am Fluss führt und in der **Yongjiang-Brücke** ihre Fortsetzung fr-

Nanning

Nanning	南宁	***nánníng***
Chaoyang-Lu-Busbahnhof	客运总站	*kèyùn zǒngzhàn*
Chaoyang-Platz	朝阳广场	*cháoyáng guǎngchǎng*
Hanoi (Vietnam)	河内	*hénèi*
Nanhu-Park	南湖公园	*nánhú gōngyuán*
Provinzmuseum	省博物馆	*shěng bówùguǎn*
Volkspark	人民公园	*rénmín gōngyuán*
You'ai Lu-Busbahnhof	客运中心	*kèyùn zhōngxīn*
Zhonghua-Lu-Busbahnhof	市第二客运中心	*shìdièr kèyùn zhōngxīn*
Übernachtung und Essen		
Candlelight Bar	烛光水吧	*zhúguāng shuǐbā*
Chaoyang	朝阳酒店	*cháoyáng jiǔdiàn*
Civil Aviation	民航饭店	*mínháng fàndiàn*
Fengyuan	丰源海味酒楼	*fēngyuán hǎiwèi jiǔlóu*
Majestic	明园新都酒店	*míngyuán xīndū jiǔdiàn*
Meilihua	美丽花冰城	*měilìhuā bīngchéng*
Nanning	南宁饭店	*nánníng fàndiàn*
Qingzhen Canting	清真餐厅	*qīngzhēn cāntīng*
Tiedao	铁道饭店	*tiědào fàndiàn*
Xiaodulai Shijie	小嘟来食街	*xiǎodūlái shíjiē*
Ying Bin	迎宾饭店	*yíngbīn fàndiàn*

det. Nahezu parallel dazu verläuft durch die moderneren Stadtviertel weiter östlich die **Xinmin Lu**, die mit der Chaoyang Lu unter anderem durch die **Minzhu Lu**, die **Minsheng Lu** und die **Minzu Dadao** verbunden ist.

Ein Gefühl für Nannings Geschäftigkeit vermittelt ein Bummel durch die belebten Märkte und Gassen westlich und südöstlich der Chaoyang Lu, wo auch Nannings überlebende Kolonialarchitektur zu finden ist. Die Marktstände bieten neben Hühnern, Enten, Schildkröten und Fröschen eine köstliche Vielfalt exotischer Tropenfrüchte an – Nannings **Drachenaugen** (sie ähneln der Litschi) gehören zu den besten in ganz China. An der modernen **Chaoyang Lu** – die von Bus Nr. 6 bedient wird – gibt es zahlreiche Kaufhäuser, die bis in die späten Abendstunden geöffnet haben und ein breites Angebot an Schuhen, Textilien und anderen Dingen bereithalten. Ungefähr auf halber Strecke liegt an der Ecke zur Renmin Dong Lu der gepflasterte und mit Bäumen bepflanzte **Chaoyang-Platz**, ein beliebter Treffpunkt von Taijiquan-Anhängern, Schachspielern, Amateurmusikern und -tänzern sowie all denjenigen, die in der Sommerhitze einfach nur im Schatten sitzen und sich ein wenig erholen wollen. Westlich davon dort verläuft parallel zur Chaoyang Lu die zur Fußgängerzone erklärte **Xingning Lu**, in deren benachbarten Gassen die schönsten alten Fassaden der Stadt zu sehen sind, die um Neujahr (nach dem Mondkalender) alle durch rote Laternen angestrahlt werden.

Noch schöner sind die Grünanlagen und Wasserflächen des **Volksparks** (Eintritt ¥2) an der Renmin Dong Lu, der vom Bahnhof in rund 20 Fußminuten erreichbar ist. Steinerne Dämme verlaufen im Zickzack durch den See und verbinden Inselchen, auf denen Schachspieler unter Weiden sitzen, während im Osten des Parks Stufen zur **Zhenning-Festung** hinaufführen. Sie wurde 1917 als Verteidigungsanlage errichtet, um eine große deutsche Schiffskanone zu beherbergen – eine imposante Demonstration der Macht, zumal an einem solchen Standort, der einen Ausblick über die ganze Stadt ermöglicht.

Der unterhalb davon liegende **tropische Pflanzengarten** (Eintritt ¥2) umfasst einen me-

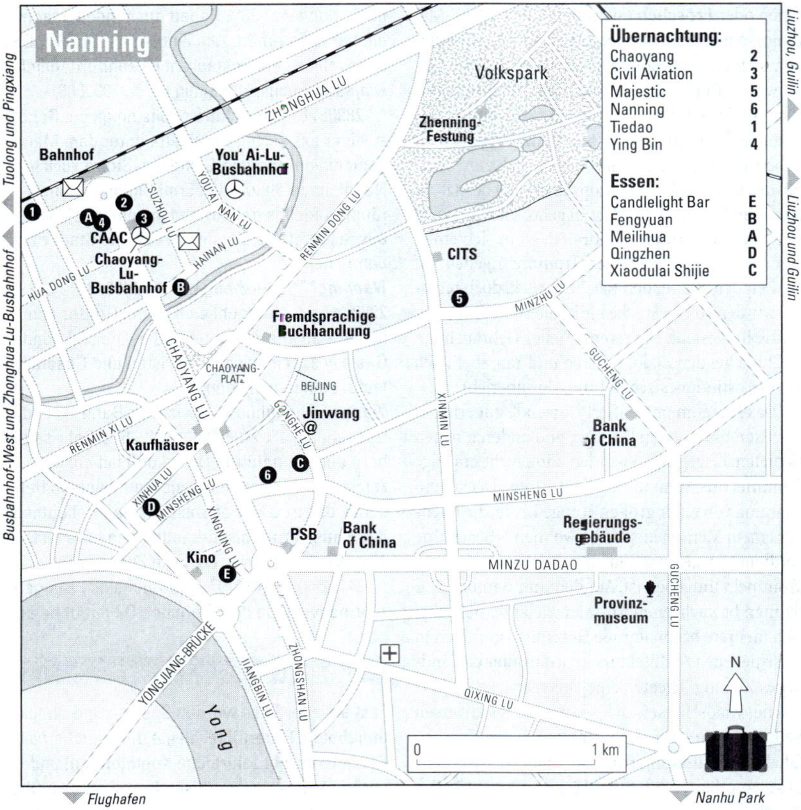

dizinischen Kräutergarten sowie einen sorgfältig gepflegten Bestand an Philodendren, Palmen, Helikonien und riesigen „elefantenohrigen“ Tarogewächsen; in den Farnen nisten Vögel, und die verborgenen Nischen des Gartens sind bei Verliebten sehr gefragt. Wenige Kilometer südöstlich liegt an der Endhaltestelle der Buslinie Nr. 2 der **Nanhu-Park** (Eintritt ¥2), der besonders im 5. Mondmonat zum jährlichen **Drachenbootrennen** (üblicherweise Anfang Juni) einen Besuch lohnt, wenn bis zu einer Viertelmillion Menschen zusammenströmen, um das bunte Ereignis zu verfolgen. Zu anderen Zeiten ist der Park, durch den ein breiter Kanal führt, ein ruhiger Rückzugsort.

Provinzmuseum

Wer nach Südwesten an den Zuojiang reisen will, sollte unbedingt das Provinzmuseum in der Gucheng Lu besuchen, das Einblicke in die rätselhafte **Dongson-Kultur** vermittelt. Geschickte Metallbearbeiter ließen diese Kultur vor über 2000 Jahren im Grenzgebiet von Guangxi, Yunnan und Vietnam erblühen, und ihre Produkte wurden bis nach Myanmar, Thailand und Indonesien gehandelt. Das charakteristische Dongson-Artefakt ist eine **Bronzetrommel** mit schmaler Taille, geschmackvoll verziert mit anschaulichen Motiven, die Vögel, mythische Tiere, Vieh, Tänzer und Sterne zeigen. Mitunter stellt der Trommeldeckel plastische Bilder zur Schau, und am Rand sitzen Figurinen von Menschen oder **Fröschen** (sie sind in der Zhuang-Mythologie mit dem Donnergott verknüpft und eignen sich daher besonders gut als schmückendes Beiwerk). Der Überlieferung eines Ming-Historikers zufolge könnte es sich bei den Trommeln ursprünglich um Aufbewahrungsbehälter gehandelt haben, doch später entwickelten sie sich zum Symbol der Macht: Wer eine Bronzetrommel besitzt, ist ein Häuptling, und die Massen gehorchen ihm; wer zwei oder drei Trommeln besitzt, kann sich einen König nennen. Die ältesten Trommeln gehen auf die Zeit der Streitenden Reiche zurück, doch regional wurden solche Stücke bis in die späte Qing-Dynastie hergestellt. Ihr zeremonieller Gebrauch hat in China bei den Zhao, Yi, Miao und Yao, aber auch auf der ostindonesischen Insel Alor überlebt.

Das Museum präsentiert Dutzende gut erhaltener Exemplare, die in Guangxi und anderen nahen Gebieten ausgegraben wurden. Eine recht grausige Trommel aus Yunnan zeigt auf ihrem Deckel ein Diorama von einer großen Menge Leute, die offenbar einem Menschenopfer beiwohnen – Beachtung verdient der „König" auf der Plattform, der von Trommeln umgeben ist. Auf dem mit Bambus und Palmen bewachsenen Museumsgelände befinden sich mehrere originalgroße Holzkonstruktionen in verschiedenen Architekturstilen, darunter ein ländliches Zhuang-Theater, eine Dong-Brücke und typische Miao-Häuser, die von Nannings diversen Volksgruppen bei Festen genutzt werden. Die Anfahrt zum Museum erfolgt mit Bus Nr. 6 von der Chaoyang Lu. ⌚ tgl. 8.30–12 und 14.30–17 Uhr, Eintritt ¥8.

Übernachtung

In Nanning gibt es Unterkünfte jeder Preisklasse, von denen die meisten auch Mahlzeiten anbieten.

Chaoyang*, Zhonghua Lu, Ecke Chaoyang Lu, ☏ 2437688, 📠 2417132. Sauberes Hotel mit freundlichem Management und einer breiten Spanne von Zimmern – von Dorm-Betten (¥20) über einfache DZ bis hin zu komfortableren DZ mit Bad.

Civil Aviation**, Chaoyang Lu, zwischen Busbahnhof und Bahnhof, ☏ 2439014, 📠 2425522. Wirkt von außen etwas schäbig, ist jedoch komfortabel und sauber. Die offiziellen Preise sind hoch, doch wer 30% Rabatt aushandelt, macht ein faires Geschäft. Alle Zimmer mit Du/WC. Das angeschlossene Restaurant ist sehr ordentlich.

Majestic, Luxus, 38 Xinmin Lu, ☏ 2830808, 📠 2830811, ✉ myxdhtl@public.nn.gx.cn. Gehört zu einer exklusiven Hotelkette unter dem Management von Übersee-Chinesen. Stolze ¥858 pro Nacht, doch oft werden Ermäßigungen eingeräumt. Tadellos geführt und mit mehr Lokalen ausgestattet, als die ganze restliche Stadt zu bieten hat.

Nanning***, Minsheng Lu, ☏ 2103888, 📠 262 2980, ✉ gxnnfd@public.nn.gx.cn. Großer anonymer Bau aus Zement und Glas, der Tausende Gäste, v.a. chinesische Touristen und Geschäftsleute, aufnehmen kann.

Tiedao*, Zhonghua Lu, zwischen Bahnhof und Busbahnhof, ☏ 2438600, 📠 2422572. Sehr saubere und gut geführte Unterkunft mit ausgezeichnetem Preisgefüge und freundlichem Personal, das trotz der offensichtlichen Beliebtheit des Hauses zu Preisverhandlungen bereit ist.

Ying Bin*, Chaoyang Lu, Ecke Zhonghua Lu, ☏ 2412299, 📠 2439297. Anspruchslose Budget-Alternative nahe dem Bahnhof, DZ mit/ohne ac.

Essen

Fast an jeder Ecke werden Speisen und Snacks angeboten: Feuertöpfe, kleine und weiche *baozi*, Kuchen (es gibt zahlreiche Konditoreien) und natürlich eine riesige Auswahl an frischem Obst. Abends öffnen in Nähe des Bahnhofs und Busbahnhofs zahlreiche preiswerte **Straßenstände**, und an der Gonghe Lu servieren **Garküchen** Shrimps, gegrillte Hühnchen sowie dampfende, in Lotusblätter eingewickelte *zongzi* mit ungewöhnlichen Füllungen (z.B. eine Mischung aus Schweinefleisch, Bohnen und geraspelter Kokosnuss). Ganz Wagemutige können auch einen Feuertopf mit Hunde- oder Schlangenfleisch probieren. Die meisten Restaurants haben von 11–14 und 17–20 Uhr geöffnet.

Candlelight Bar, Xinning Lu. Café mit westlichem Ambiente. Relativ teures und nicht besonders herausragendes Essen, aber ausgezeichneter Kaffee.

Fengyuan, Hainan Lu. Gehobenes Restaurant, in dem man sein zukünftiges Essen selbst im Wasserbecken auswählt – z.B. ein Pfund *(jin)* Hummer für ¥280 oder Krabben für ¥150; morgens gibt es auch ein ausgezeichnetes Frühstücksbuffet, bei dem man so viel essen kann, wie man möchte (¥15).

Meilihua (Mayflower), Zhonghua Lu, Ecke Chaoyang Lu sowie Zweigstelle am Chaoyang-Platz (weniger gemütlich). Burger, Nudelsuppen, Steaks sowie kreative Desserts, beispielsweise „Schnee-Eis" versetzt mit grellfarbigem Sirup. Die günstigen Preise machen das Lokal unter Ausländern wie Einheimischen zu einer beliebten Adresse. Die meisten Gerichte liegen unter ¥15, Speisekarte auf Englisch.

Qingzhen Canting, Minsheng Lu. Preisgünstiges moslemisches Lokal mit Nudelsuppen-Kantine (vorne) und Restaurant (hinten). Recht umfangreiche englische Speisekarte, sehr gut sind z.B. die Zitronenente, die eingelegten Gurken und die Hühnersuppe mit Lilienknospen. Im Restaurant ist mit rund ¥25 p.P. zu rechnen.

Xiaodulai Shijie, östlich des *Nanning Hotels*, die tempelartigen Eingänge befinden sich in der Gonghe Lu und in der Minsheng Lu. Exzellenter Speisepalast mit umfangreichem Angebot, z.B. Teigtaschen, würzige Nudeln, kaltes Fleisch, Gemüsegerichte, kleine Mahlzeiten und Suppen (fast alles unter ¥10). Die Speisen sind bildlich dargestellt, sodass man auch ohne Chinesischkenntnisse gut zurechtkommt. Die Rechnung auf Unstimmigkeiten kontrollieren.

Sonstiges

AMT FÜR ÖFFENTLICHE SICHERHEIT (PSB) – am Kreisverkehr am südlichen Ende der Chaoyang Lu, ⌚ Mo–Fr 9–12 und 14–17 Uhr.

BÜCHER – **Fremdsprachige Buchhandlung**, 3. Stock, Minzhu Lu, am Chaoyang-Platz (auf ein englisches Schild achten). Große Auswahl an Trivialliteratur, englischen Klassikern, übersetzter chinesischer Literatur, Magazinen, Landkarten, Kunstbüchern, raubkopierten Filmen und CDs.

EINKAUFEN – Nanning ist ein ausgezeichneter Ort, um **Kleidung** einzukaufen – alleine an der Kreuzung von Chaoyang Lu und Xinhua Lu gibt es drei Kaufhäuser, die mit preisgünstigen und dennoch qualitativ hochwertigen Waren locken. An der Xinning Lu findet man nostalgische Fachgeschäfte, die **Musikinstrumente**, noch mehr Kleidung, Tee oder Gold anbieten. Der ***Nanning Antique Store***, neben dem Provinzmuseum, präsentiert auf zwei Stockwerken eine touristische und entsprechend teure Auswahl an Batiken, Teekannen, Essstäbchen, Malereien und Jade.

GELD – ***Bank of China***, Minzu Dadao sowie Gucheng Lu, ⌚ Mo–Fr 8–11.30 und 14.30–17.30 Uhr. Die besseren Hotels wechseln Reiseschecks, aber nur für Hausgäste.

INTERNET – Eine Net-Bar befindet sich im Kino an der Jiangbin Lu (¥2/Std.).
Außerdem gibt es ein schwer zu findendes Internet-Café im 2. Stock des Jinwang-Gebäudes, 166 Gonghe Lu (Eingang durch einen überdachten Autoparkplatz auf Straßenniveau), das ebenfalls ¥2/Std. verlangt.

KINOS – Jiangbin Lu (Eintritt ¥12).

MEDIZINISCHE HILFE – ***Shiyi Yiyuan***, südöstlich des Zentrums an der Qixing Lu.

POST UND TELEFON – Das ***Hauptpostamt*** befindet sich in der Suzhou Lu, etwa auf halbem Weg zwischen den beiden zentralen Busbahnhöfen, ⌚ tgl. 8–20.30 Uhr.

REISEBÜROS – ***CITS***, 40 Xinmin Lu, ✆ 2804960, 📠 2806025, ✉ Ecitsgx@public.nn.gx.cn, ⌚ tgl. 8–12 und 15–17.30 Uhr. Mehrere Büros in einem Hof – eine gute Ansprechpartnerin ist Frau Zhou Runling, die etwas Englisch spricht und in dem Gebäude gegenüber vom Eingang arbeitet. Verkauf von Flugtickets sowie u.a. zweitägige Ausflüge zum Zuojiang, die inklusive Transport, Unterkunft, Mahlzeiten und Besichtigung der Felsenkunst am Hua Shan ¥500 p.P. kosten (der Preis für einen Dolmetscher muss ausgehandelt werden). **Visa für Vietnam** werden über das Konsulat in Guangzhou beschafft und kosten ¥480 (bei einer 10-tägigen Bearbeitungszeit) bzw. ¥650 (5 Tage Bearbeitungszeit); benötigt werden der Pass und Passfotos.

TAXIS – In der Stadt sollte keine Taxifahrt mehr als ¥10 kosten.

VORWAHL – 0771

Transport

BUSSE – Nanning besitzt vier Überland-Busbahnhöfe.
500 m voneinander entfernt liegen der **Zhonghua-Lu-Busbahnhof** und der **Chaoyang-Lu-Busbahnhof**, die Ziele in der gesamten Region bedienen – es gibt häufige Abfahrten nach Ningming, Liuzhou, Guilin, Guiping, Wuzhou, Baise und Beihai sowie täglich mehrere Verbindungen nach Sanya, Haikou und Guangzhou. Der **You'ai-Lu-Busbahnhof** ist gewöhnlich der Abfahrtsort von zusätzlichen Bussen nach Baise und Pingxiang; hierfür sollten die Tickets rechtzeitig beschafft werden. Außerdem kommen hier meist die Busse mit Schlafkojen sowie die Luxusbusse aus Guangdong an, manchmal auch diejenigen aus dem westlichen Guangxi. 3 km entfernt liegt der **Busbahnhof-West**, Beida Lu, wo Reisende aus dem Grenzgebiet von Yunnan und Vietnam eintreffen; die Stadtbusse Nr. 8 und 10 fahren von hier zum Bahnhof.
Busse nach:
BAISE 6 Std.;
BEIHAI 5 Std.;
GUANGZHOU 20 Std.;
GUILIN 8 Std.;
GUIPING 4 1/2 Std.;
KUNMING 36 Std.;
LIUZHOU 5 Std.;
NINGMING 4 Std.;
PINGXIANG 5 Std.;
WUZHOU 8 Std.;
YANGSHUO 7 Std.

EISENBAHN – Nannings **Bahnhof** liegt sehr zentral an der Zhonghua Lu. Im Vergleich mit Bussen sind Züge meist schneller. Ein leicht verständlicher, aber nur auf Chinesisch formulierter Fahrplan hängt links vom Eingang der Tickethalle. Das Personal zeigt sich hilfsbereit, umso ermüdender ist das Schlangestehen beim Ticketkauf. Täglich bestehen Verbindungen gen Nordosten nach Liuzhou, Guilin und Zentralchina, gen Südosten nach Beihai, gen Nordwesten via Baise nach Kunming in der Provinz Yunnan sowie gen Südwesten nach Tuolong/Ningming und zur vietnamesischen Grenze bei Pingxiang. Der Zug von Nanning nach Hanoi fährt jeden zweiten Tag, allerdings muss man in Pingxiang aussteigen, 15 km weit mit einem Minibus zur Grenze fahren, zu Fuß hinübergehen und seine Fahrt vom Bahnhof im vietnamesischen Lang Son fortsetzen.
Züge nach:
BAISE 5x tgl., 4 Std.;
BEIHAI 4x tgl., 3 1/2 Std.;
BEIJING 1x tgl., 29 Std.;
CHANGSHA 5x tgl., 15 Std.;
GUANGZHOU 2x tgl., 15 Std.;
GUILIN 6x tgl., 6 1/2–8 Std.;
KUNMING 3x tgl., 14 1/2 Std.;
LIUZHOU 7x tgl., 4–6 Std.;
PINGXIANG 2x tgl., 5 Std.;
TUOLONG/NINGMING 2x tgl., 3 Std.;
XINGYI 3x tgl., 8 1/2 Std.

FLÜGE – Der internationale **Flughafen** liegt 35 km südwestlich von Nanning. Ein **Flughafenbus** (40 Min., ¥10) fährt zum *CAAC*-Büro, Bus Nr. 301 passiert den Bahnhof (ca. 1 Std.), und ein **Taxi** in die Stadt kostet rund ¥100. Abgesehen von diversen Zielen in China gibt es auch Direktflüge nach Bangkok und Hanoi.
CAAC, neben dem Chaoyang-Lu-Busbahnhof, ✆ 2416496 oder 2431459, 💻 www.travelsky.com.
Flüge nach:
BEIJING 1x tgl., 3 Std.;
GUANGZHOU 2x tgl., 1 Std.;
GUILIN 1x tgl., 3/4 Std.;
GUIYANG 1x tgl., 1 Std.;
HANOI 2x wöchentl., 3/4 Std.;
HAIKOU 1x tgl., 3/4 Std.;
HONGKONG 3x wöchentl., 1 Std.;
KUNMING mindestens 1x tgl., 1 Std.;
SHANGHAI 1x tgl., 2 1/4 Std.;
SHANTOU 1x wöchentl., 1 1/4 Std.;
SHENZHEN 1x tgl., 1 Std.;
XIAMEN 2x wöchentl., 2 Std.

Der Westen von Guangxi

Die meisten Ausländer legen auf ihrem Weg von Nanning nach Yunnan oder Vietnam keinen Zwischenstopp ein, dabei verdienen die entspannte historische Stadt **Baise** sowie die herrlichen Landschaften am **Detian-Wasserfall** sowie entlang des **Zuojiang** durchaus ein bis zwei Tage Zeit. Vor allem aber lohnt die Beschäftigung mit der überall präsenten **Zhuang-Kultur**, sei es im Alltagsleben oder anhand der prähistorischen **Felsmalereien**. Die Verkehrsverbindungen in der Region sind recht gut: Baise, **Tuolong** (das Sprungbrett für den Zuojiang) und die vietnamesische Grenze bei **Pingxiang** können von Nanning leicht per Zug oder Bus erreicht werden, während ein Besuch der Wasserfälle etwas mehr Aufwand erfordert, da man auf dem Weg dorthin mehrmals umsteigen muss.

Baise

Baise ist eine angenehme Kleinstadt am Zusammenfluss von Dongbijiang und Youjiang und liegt 220 km nordwestlich von Nanning an der Eisenbahntrasse nach Yunnan. Einen Platz in der Geschichte sicherte sich Baise 1929: Keine chinesische Regierung konnte damals Anspruch auf diese abgelegene Region erheben, doch als **Deng Xiaoping** im September jenes Jahres mit einem Mandat der KPCh eintraf, um die kommunistische Botschaft zu verbreiten, fand er unter der Zhuang-Bevölkerung der Stadt Tausende bereitwilliger Überlaufer – am 11. Dezember gab er die Gründung des Youjiang-Sowjets bekannt, was als **Baise-Erhebung** bekannt wurde. Seine ehrgeizigen Versuche der Formierung einer Armee, um die Provinz gegen die Nationalisten zu sichern, brachten die Bewegung zwar rasch ins Stocken, aber etliche Mitglieder konnten sich während des Langen Marsches im Jahre 1934 Mao Zedongs Jiangxi-Sowjet anschließen.

Baise konzentriert sich am Westufer des Dongbijiang, wo ein Ring aus Kolonialgebäuden und begrünten Seitenstraßen das kleine Zentrum umschließen. Die **Zhongshan Lu** verläuft vom Fluss gen Westen durch die Innenstadt, deren Nord-Süd-Achse Xiangyang Lu heißt. Ebenfalls westlich des Flusses, in der Jiefang Jie, befindet sich im Gebäude einer alten konfuzianischen Akademie das **Volkserhebungs-Museum**. Beachtung verdienen besonders die Dachgesimsfriese aus Keramik, die höfische und alltägliche Szenen zeigen, sowie die Wandmalereien von aufgetakelten Flussschiffen, die in einer ungewöhnlich linearen Perspektive dargestellt wurden. Ein großes Diorama zeigt die Stadt, wie sie im Jahre 1929 aussah, aber die restlichen Exponate – eine Mischung aus Waffen, Dokumenten, Gemälden und verblichenen Fotos – sind nicht zugänglich. 🕓 tgl. 9–12 und 15–17 Uhr, Eintritt ¥5.

Lohnender ist ein Spaziergang zur Brücke im Osten, die auf einen Hafen und ein Holzlager hinabblickt, wo Kräne eintreffende Barkassen mit Frachten beladen. Eine breite Treppe führt von hier hinauf zum **Baise-Denkmal**, ein gedrungenes, oben zugespitztes Gebilde, das von heroischen Skulpturen und einem Ziergarten umgeben ist und eine schöne Aussicht auf die Stadt und den Fluss gestattet. Nur wenige Meter entfernt bietet das ausgezeichnete **Youjiang-Minoritätenmuseum** (Eintritt ¥3) Einblicke in die Besiedlung der Region durch die Zhuang. Zu sehen sind schwere Steinwerkzeuge, Fotos von Höhlenmalereien (darunter ein Bild von einer äußerst grimmig aussehenden Kreatur mit Drachenkopf und gespaltenen Klauen), Bronzetrommeln, eine nahezu grotesk wirkende Reiterstatue sowie diverse Textilien wie Webstoffe, Stickereien und Batiken.

An **Übernachtungsmöglichkeiten** bieten sich die lauten Zimmer im *Hotel** am Busbahnhof (¥25 pro Person), das einfache, aber saubere *Guixi Dajiudian** an der Kreuzung von Zhongshan Lu und Xiangyang Lu oder das ordentliche und motelartige, von der Armee betriebene *Zhongshan Ge**, ✆ 0776/2810187, am östlichen Ende der Zhongshan Lu. **Essen** kann man in den preiswerten Garküchen und Kantinen in den Seitenstraßen und in Bahnhofsnähe (*shuijiao* werden hier mit Pflaumensoße serviert) oder in dem guten *Guizhou Fandian*, 150 m östlich des Busbahnhofs an der Chengbi Lu, das große und nicht zu teure Portionen knusprigen Fisch, sauer-scharfe Suppen und geschmorte Hühnchen auftischt.

Vom **Überland-Busbahnhof** in der Xiangyang Lu, 500 m nördlich des Zentrums, gibt es regelmäßige Verbindungen nach Nanning (6 Std.), via Xingyi nach Kunming (12 Std.) sowie nach Liuzhou, Guilin und Guangzhou. Alle 20 Minuten fahren Minibusse ins südliche Jingxi (4 Std.) mit Anschluss zum Detian-Wasserfall. Der **Bahnhof** liegt 5 km außerhalb und ist mit Bus Nr. 1 vom Zentrum erreichbar (¥1). Züge gibt es u.a. nach Kunming (3x tgl., 11 Std.), Nanning (5x tgl., 4 Std.) und Xingyi (4x tgl., 5 Std.).

Zum Detian-Wasserfall

Der etwa 150 km westlich von Nanning bzw. südlich von Baise gelegene Detian-Wasserfall lohnt den Abstecher nicht allein wegen seiner selbst, sondern wegen seiner gesamten Umgebung, die das Kernland der Zhuang bildet – eine Welt aus bizarr geformten schwarzen Karsthügeln, winzigen Dörfern, Reisfeldern, in denen sich Wasserbüffel suhlen, und natürlich Zhuang-Bauern, typischerweise bekleidet mit konischen Hüten und einer Art schwarzem Pyjama, der ganz breite Ärmel hat. Die Straßen in dieser Gegend sind recht gut, doch da die Transportmittel immer erst dann abfahren, wenn sie voll sind, dauert die Reise mitunter länger als geplant. Außerdem sollte man sich darauf gefasst machen, wie eine seltene Attraktion angestarrt zu werden – selbst chinesische Touristen sind hier eine Seltenheit.

Von Nannings Busbahnhof-West führt die Anreise zunächst nach **Daxin** (3 Std., ¥15), bestehend aus einer langen Straße mit dem Busbahnhof und einigen Speiselokalen am Nordende, einem Mittelklasse-Hotel auf halber Strecke und einer Verbindungsstraße zum alten Südtor am östlichen Ende, wo bis zum frühen Nachmittag Minibusse nach **Shuolong** (1 1/2 Std., ¥6) abfahren. Daxin liegt nur noch wenige Kilometer von der vietnamesischen Grenze entfernt und ist die den Wasserfällen nächstgelegene Siedlung.

Hinter **Baise** heißt das erste Ziel **Jingxi** (5 Std., ¥15), ebenfalls ein lang gezogener Marktflecken inmitten von Feldern und Kalksteinfelsen, zu denen schöne Spaziergänge führen. Die Busse aus Baise treffen am Busbahnhof-Nord ein, wo es eine einfache **Unterkunft*** gibt.

Nach einem Fußmarsch von 1 km durch die Stadt erreicht man den Busbahnhof-Süd, von dem Minibusse ins 90 Minuten entfernte **Hurun** (¥5) starten. Hier muss man nach **Xialei** (¥4) umsteigen, ein kleineres und schmuddeligeres Abbild von Jingxi. Womöglich verbringt man die Nacht in einem der beiden hiesigen **Gästehäuser***, denn ab dem frühen Nachmittag gibt es nur noch wenige Verbindungen ins 30 Minuten entfernte Shuolong (¥2); wer diese letzte Etappe unbedingt am gleichen Tag zurücklegen will, kann für etwa ¥40 einen Minibus chartern.

Shuolong ist ein recht großes Dorf und erstreckt sich entlang der Durchgangsstraße mit dem Marktplatz, den eine steile Felswand überragt. Übernachtungswillige finden eine **Unterkunft** in dem Restaurant*, das an der Kreuzung mit der Straße zu den Wasserfällen liegt (¥15 pro Person), oder im *Lüyou Dajiudian**, wo man wesentlich besser isst. Touren zu den Fällen werden am Marktplatz angeboten, hier starten auch die Busse zurück nach Xialei oder Daxin.

Unmittelbar nördlich der Ortschaft beginnt die Straße zum 16 km westlich gelegenen **Detian-Wasserfall**, der sich der mühevollen Anreise durchaus würdig erweist. Auf der letzten Etappe windet sich die Straße durch ein breites Flusstal zum offiziellen Eingang (Eintritt ¥10), hinter dem ein **Gästehaus*** mit Blick über den Fluss nach Vietnam liegt – sicher ein schönerer Aufenthaltsort als Shuolong. Der 30 m hohe und um einiges breitere Wasserfall besteht aus mehreren Kaskaden – die nach den Regenfällen im Frühling natürlich besonders beeindruckend sind – und wird umrahmt von Gipfeln und Feldern. Vorbei an Bambushainen und einer Reihe von Pools führt ein Pfad zum Fuß des Wasserfalls, wo Bambusflöße verliehen werden, auf denen man bis zur Flussmitte staken kann. Keinesfalls auslassen sollte man den kurzen Spaziergang bis zum Ende der Straße an einem Feld, wo ein Steinpfosten die chinesisch-vietnamesische Grenze markiert und ein ganz bizarrer **Grenzmarkt** die Besucher erwartet – ein einfaches Tischgestell beladen mit vietnamesischen Süßigkeiten, Zigaretten und Briefmarken in der Mitte von Nirgendwo.

Es empfiehlt sich übrigens überhaupt nicht, die Region weiter zu erkunden: Der Standinhaber ist wahrscheinlich ein Zöllner in Zivil, und jenseits der Grenze gibt es **Minenfelder**, die noch nicht geräumt sind.

Richutng Vietnam

Der vietnamesische Grenzübergang liegt rund 170 km südwestlich von Nanning kurz hinter **Pingxiang**, das mit den Morgenzügen bequem in fünf Stunden zu erreichen ist (¥30). Tagsüber bedienen auch viele Busse die Strecke. Es lohnt sich, unterwegs einige Tage zu verweilen und eine Bootsfahrt

Der Westen von Guangxi		
Baise	百色	***bǎisè***
Baise-Denkmal	百色起义烈士纪念碑	*bǎisè qǐyì lièshì jìniànbēi*
Guixi Dajiudian	桂西大酒店	*guìxī dàjiǔdiàn*
Guizhou Fandian	桂州饭店	*guìzhōu fàndiàn*
Volkserhebungs-Museum	粤东会馆	*yuèdōng huìguǎn*
Youjiang-Minoritätenmuseum	右江民族博物馆	*yòujiāng mínzú bówùguǎn*
Zhongshan Ge	中山阁	*zhōngshān gé*
Daxin	大新	***dàxīn***
Hurun	湖润	***húrùn***
Jingxi	靖西	***jìngxī***
Ningming	宁明	***níngmíng***
Panlong	攀龙	***pānlóng***
Hua Shan	花山	*huāshān*
Naturreservat Longrui	陇瑞自然保护区	*lóngruì zìrán bǎohùqū*
Weißkopflangur	白头叶猴	*báitóu yèhóu*
Pingxiang	凭祥	***píngxiáng***
Freundschaftspass	友谊关	*yǒuyíguān*
Hanoi (Vietnam)	河内	*hénèi*
Jinxiang Yu Dajiudian	金祥玉大酒店	*jīnxiángyù dàjiǔdiàn*
Shuolong	硕龙	***shuòlóng***
Detian-Wasserfall	得天瀑布	*détiān pùbù*
Lüyou Dajiudian	旅游大酒店	*lǚyóu dàjiǔdiàn*
Tuolong	驮龙	***tuólóng***
Zuojiang	左江	*zuǒjiāng*
Xialei	下雷	***xiàléi***

auf dem **Zuojiang** zu unternehmen, ein Gebiet, das mit einer schönen Karstlandschaft, prähistorischen **Felsmalereien** und einem abgelegenen **Naturreservat** aufwarten kann.

Bootsfahrt auf dem Zuojiang

Da keine Straßen in das Gebiet des Zuojiang führen, ist es erforderlich, in **Tuolong** ein Boot zu chartern. Der Ort dient als Bahnstation für das nahe **Ningming**, das noch rund eine Stunde von Pingxiang entfernt liegt. Wer ein wenig chinesisch spricht, kann geradewegs zum Wasser gehen und dort ein Boot mit Ziel **Panlong** mieten – je nach Verhandlungsgeschick liegen die Kosten für vier Personen zwischen ¥100 und ¥200. Es besteht auch die Möglichkeit, bei *CITS* in Nanning eine Tour zu buchen (s.S. 889).

Die Fahrt auf dem Zuojiang von Tuolong nach Panlong dauert rund 90 Minuten und bietet schöne Ausblicke – Wasserbüffel suhlen sich in Tümpeln, Fischer gehen auf Holzflößen ihrer Arbeit nach, Bauern bestellen die Familienfelder, und die

Ufer sind dicht mit Kapokbäumen bewachsen, die spindeldürre Zweige haben und im April rot blühen. Nach einer Weile tauchen Berge auf, deren Wände vom Ufer steil nach oben ragen und auf denen die ersten Felszeichnungen zu sehen sind: verblichene rote, stabförmige Markierungen, die deutliche Altersspuren zeigen.

Panlong besteht aus einer Gruppe hübscher **Hotelgebäude*** aus Holz, die locker an die traditionellen ethnischen Architekturformen angepasst sind, gute Mahlzeiten anbieten und 2er-, 3er- sowie 4er-Zimmer vermieten. Vom Hotel führt ein holpriger Weg in die Berge zum **Naturreservat Longrui**, ein unglaublich schönes Gebiet, das nur von wenigen Besuchern erkundet wird. Dicht bewaldete Gipfel umringen ein isoliertes Hochtal, in dem der seltene Weißkopflangur lebt.

Die meisten **Felsmalereien** befinden sich 40 Minuten flussaufwärts am **Hua Shan**, eine am Fluss überhängende Klippe. Niemand hat bislang eine schlüssige Erklärung für die Malereien gefunden, und es ist auch unklar, wie sie an eigentlich unerreichbaren Stellen platziert werden konnten. Hua Shans 1900 deutlich erkennbare Figuren sollen über 2000 Jahre alt sein und umfassen Trommler und Tänzer, Hunde und Vieh, ein Drachenbootrennen, Männer mit erhobenen Armen, ein „König" mit Schwert sowie zwei schwangere Frauen mit langen Haaren. Die Motive ähneln denjenigen auf den Dongson-Trommeln und es bestehen kaum Zweifel, dass sie aus derselben Kultur hervorgegangen sind (die heute den Zhuang zugeschrieben wird). Außerdem wurden hier auch einige Waffen aus der Bronzezeit gefunden.

Pingxiang und der Grenzübergang

Das von malerischen Karsthügeln umgebene Pingxiang, eine kleine lebendige Handelsstadt, ist die letzte Eisenbahnstation vor der 15 km entfernten vietnamesischen Grenze. Der **Bahnhof** liegt rund 3 km außerhalb der Stadt an der Straße zur Grenze und bietet um 9 Uhr und um 13.25 Uhr Verbindungen via Tuolong/Ningming (1 Std.) nach Nanning (5 Std.). Vom zentralen **Busbahnhof** an der Hauptstraße Bei Da Lu fahren zwischen 7 und 19 Uhr mehrere Busse täglich über Ningming (1 Std.) nach Nanning (5 Std.). Scharen von Motor-Rikschas lauern auf neu eintreffende Reisende und jagen mit ihnen wie in einem dramatischen Ben-Hur-Rennen hinunter zur Grenze – ¥10 sind ein realistischer Fahrpreis. Eigentlich besteht keine Notwendigkeit, in Pingxiang zu übernachten, doch nahezu jedes Haus im Umkreis von 100 m zum Busbahnhof an der Bei Da Lu bietet eine **Unterkunft** an, die in Hostels ¥15 bis ¥30 pro Person kostet. Das saubere und funktionelle *Jinxiang Yu Dajiudian**, ✆ 0771/8521303, gewährt nach Verhandlung kräftige Preisnachlässe. Hinter dem Busbahnhof dehnt sich ein großer **Markt** aus, die **Bank of China** befindet sich an der Bei Da Lu, und überall gibt es preiswerte Garküchen.

Die **Grenze**, die Freundschaftspass genannt wird, lohnt auch dann einen Besuch, wenn man nicht nach Vietnam ausreisen will. Sie liegt in einer natürlichen Kluft zwischen steilen Klippen und Hügeln, die so dicht mit Koniferen und Bambus bewachsen sind, dass sie zumindest einer bedrohten Tierart Lebensraum spenden – zum ersten Mal nach 30 Jahren wurde im Mai 2002 wieder ein **Tiger** gesichtet. Auf der chinesischen Seite der Grenze stehen gebieterisch wirkende schwarze Autos mit getönten Fensterscheiben, mit Pkw-Fahrwerken beladene Lastwagen, ein ehemals französisches koloniales Zollhaus aus dem Jahre 1914 und ein großes chinesisches **Turmtor**. Ein steinerner **Verteidigungswall** aus der Ming-Dynastie zieht sich nordwärts hinauf in die Berge – er ist stückweise begehbar, doch man sollte beachten, dass es sich um Grenzgebiet handelt. Der Weg zur Grenzkontrolle führt geradeaus durch das Turmtor. Mit einem gültigen Visum wirft die Ausreise nach Vietnam keine besonderen Schwierigkeiten auf, doch die Grenzposten inspizieren alle Dokumente sehr genau. Jenseits der Grenze erreicht man zunächst die vietnamesische Stadt **Dong Dang**, wo Transportverbindungen ins 5 km südlich gelegene **Lang Son**, dem Schienenkopf der Trasse nach Hanoi, bestehen.

Beihai

Beihai ist eine freundliche Stadt am **Golf von Beibu** (früher Golf von Tonking genannt) und liegt gut 150 km von Nanning entfernt an Guangxis Südküste. 1954 wurde die Stadt vom benachbarten Guangdong an Guangxi übertragen, um diese Provinz mit einem lebensfähigen Hafen auszustatten. Einen spürbaren Aufschwung erlebte die Ortschaft im

Beihai		
Beihai	北海	***běihǎi***
Beihai Binguan	北海宾馆	*běihǎi bīnguǎn*
Fährterminal Hainan	北海港客运站	*běihǎigǎng kèyùnzhàn*
Hafen Waisha	外沙内港	*wàishā nèigǎng*
Sandstrand von Beihai	北海银滩	*běihǎi yíntān*
Taoyuan Dajiudian	桃园大酒店	*táoyuán dàjiǔdiàn*
Zhongshan-Park	中山公园	*zhōngshān gōngyuán*

späten 19. Jahrhundert, als die Briten mit dem Qing-Hof das **Handelsabkommen von Yantai** schlossen. Auf Initiative der Europäer wurden Schulen, Kirchen, Büros und Banken errichtet, was die Siedlung immer weiter wachsen ließ. Von Nanning aus ist Beihai in vier Stunden mit der Eisenbahn zu erreichen und per Fähre von der **Insel Hainan** innerhalb einer Nacht. In den 90er Jahren versuchte man Beihai in ein Handelszentrum des Südwestens zu entwickeln, aber diese Idee scheint fehlgeschlagen zu sein, und heute ist das alte Zentrum mit seinen kolonialen Gebäuden und schmalen Gassen von einem sinnlos wirkenden Gewirr überbreiter Straßen und leer stehenden Hochhäusern umgeben.

Beihai liegt auf einer breiten Halbinsel und ist so angelegt, dass sich die längste Uferfront im Norden der Stadt befindet – was man bei einem Ort an Chinas Südküste nicht unbedingt vermuten würde. Das Zentrum wird vom **Zhongshan-Park** markiert, an dem sich die Nord-Süd-Achse Beijing Lu mit der Beibuwan Lu kreuzt. Parallel zur Beijing Lu verläuft einen Block westlich des Parks die Sichuan Lu, über die Bus Nr. 3 gen Süden zum Strand fährt (¥3).

Obwohl es kaum andere Gründe für einen Besuch von Beihai als den Transfer nach Hainan gibt, bereitet es keine Probleme, die Zeit zwischen den Transportverbindungen zu füllen. Der ältere Stadtteil, in dem vermodernde Kolonialgebäude die verschlafene tropische Atmosphäre unterstreichen, erstreckt sich entlang dem Meeresufer und der **Zhongshan Lu**. Beste Besuchszeit ist der Morgen, wenn die Fischer vom Meer zurückkommen und auf dem bunten **Fischmarkt** alle erdenklichen Arten von Meeresgetier anbieten. Bus Nr. 2 fährt vom Ende der Zhongshan Lu westwärts über die **Haijiao Lu** zum einige Kilometer entfernten **Hafen Waisha**, wo zahlreiche Dschunken vor Anker liegen, die zwar motorisiert und ohne Segel, ansonsten jedoch traditionell ausgestattet sind. Die meisten Kähne gehören einer Gemeinschaft von 13 000 geflüchteten **Boat People**, die im angrenzenden, von den Vereinten Nationen geförderten Dorf leben. Sie waren die Opfer von Bestrebungen der vietnamesischen Behörden, ethnische Chinesen aus ihrem Territorium zu vertreiben – eine der Hauptursachen für den Krieg von 1979 zwischen China und Vietnam. Das „chinesische" Gegenstück sind die vietnamesischen **Jing**, die im 16. Jahrhundert einige Inseln vor Beihai besiedelten.

5 km südlich des Zentrums erstreckt sich der breite und graue **Sandstrand von Beihai** (Eintritt ¥25), wo Fahrten mit Schnellbooten und Strandbuggies organisiert werden können. Zum Schwimmen lädt das Gewässer weniger ein – die Stadt besitzt keine Kläranlage. Da Hainans Strände bedeutend schöner und zudem gebührenfrei sind, lohnt es sich eigentlich nicht, hier einen etwaigen Transit-Tag zu verschwenden.

Übernachtung und Essen

Taoyuan Dajiudian*, in einer Gasse hinter der *Xinhua-Buchhandlung* an der Beibuwan Lu, ✆ 2020919, 📠 2020520. Älteres Haus, aber faire Preise.

Beihai Binguan*, Beibu Lu, ✆ 2080880, 📠 202 3285. Westlich vom Busbahnhof und von dort zu Fuß erreichbar. Kolonialer Stil und erstaunlich preiswert.

Zu den guten Plätzen zum **Essen** gehören die billigen kantonesischen Lokale östlich des Busbahnhofs, die sehr sättigende Portionen auftischen – zu erkennen an dem gerösteten Fleisch, das in den Fenstern zur Schau gestellt wird. Eine hervorragende Alternative sind die ebenfalls sehr günstigen Fischrestaurants in Nähe der Fähranleger.

Sonstiges

BÜCHER – ***Xinhua-Buchhandlung,*** Beibuwan Lu, gegenüber vom Busbahnhof.

EINKAUFEN – Rund um die Kreuzung von Beibuwan Lu und Sichuan Lu befinden sich mehrere Kaufhäuser.

GELD – ***Bank of China***, 100 m westlich der Kreuzung von Beibuwan Lu und Sichuan Lu.

POST UND TELEFON – 100 m südlich der Kreuzung von Beibuwan Lu und Sichuan Lu.

TAXIS – Taxis berechnen eine Grundgebühr von ¥5; ungefähr das Doppelte kostet die Fahrt vom Bahnhof zum Fährterminal.

VORWAHL – 0779

Transport

BUSSE – Der **Überland-Busbahnhof** befindet sich 500 m östlich des Zhongshan-Parks an der Beibuwan Lu und ist mit Bus Nr. 7 zu erreichen. Täglich bestehen Verbindungen nach Wuzhou (8 Std.), Guilin, Liuzhou, Nanning (5 Std.), Baise und Guangzhou.

EISENBAHN – Der **Bahnhof** liegt 3 km südlich des Zhongshan-Parks am Ende der Beijing Lu und ist mit Bus Nr. 2 erreichbar. Täglich fahren Züge nach Nanning (4x tgl., 3 1/2 Std.). Tickets bekommt man nicht nur im Bahnhof, sondern auch an einem Schalter an der südwestlichen Seite der Kreuzung von Beibuwan Lu und Sichuan Lu (hier werden auch Flug- und Fährtickets verkauft).

FÄHREN – Das **Fährterminal Hainan** liegt 4 km westlich des Bahnhofs, ebenfalls an der Buslinie Nr. 2. Täglich legen zwei Fähren nach Haikou ab (10 Std., Dorm-Bett ¥91, sehr einfache Privatkabinen ¥136 p.P.). Es gibt nur Gemeinschaftstoiletten, und zum Waschen bekommt man Kannen mit heißem Wasser. Ein Snack-Shop bietet die einzige Versorgungsmöglichkeit an Bord.

Die Provinz Guizhou

Eine traditionelle Redensart beschreibt Guizhou als ein Gebiet, in dem es „keine drei Tage ohne Regen, keine drei Kilometer ohne Berge und keine drei Münzen in irgendeiner Tasche“ gibt. Oberflächlich betrachtet stimmt das. Trotz eines generell milden Klimas verzeichnet Guizhou die höchste Niederschlagsmenge Chinas und trotz der wachsenden industriellen Produktion eine sehr hohe Armutsquote, die darauf zurückzuführen ist, dass über 80% der Landfläche von unerschließbaren Bergen und ausgelaugten Kalksteinböden bedeckt werden. Wahrscheinlich meiden deswegen die meisten Touristen Guizhou, wenngleich die Provinz eine große Faszination ausübt – die sich nicht zuletzt auf ihren Ruf gründet.

Chinesischer Einfluss erreichte die Region um 100 v.Chr., als Einwanderer aus Süd-Sichuan, die dem Yangzi gen Süden gefolgt waren, entlang dem fruchtbaren Ufer des leicht zugänglichen **Wujiang** – ein Nebenfluss des Yangzi – Farmen und Garnisonsstädte errichteten. Jenseits des Flusstals aber stießen die Han-Chinesen auf heftigen Widerstand der einheimischen Volksstämme, in deren Gebiete sie eindrangen, und letztendlich gab sich das Kaiserreich damit zufrieden, nominelle Tribute von den örtlichen Oberhäuptern einzufordern anstatt die Provinz zu besetzen. Unterworfen wurde die Region erst in der Qing-Dynastie, als infolge einer Bevölkerungsexplosion in Zentralchina zahlreiche Immigranten ihr Wohl in Guizhous Nordosten suchten. Die Stämme erhoben sich, wurden jedoch besiegt und in abgelegene Berggebiete zurückgedrängt. Noch heute leben dort Angehörige von 30 nationalen Minderheiten, die ein Viertel von Guizhous Bevölkerung stellen und sich überwiegend als Bauern und Holzarbeiter verdingen. Zu den bedeutendsten Minderheiten zählen die **Miao** und **Dong** im östlichen Hochland, die thai-stämmigen **Bouyei** im feuchten Süden sowie die **Yi** und moslemischen **Hui** auf Guizhous kalten westlichen Hochebenen. Auswärtigen Gästen gegenüber sind sie generell freundlich gesonnen und feiern zahlreiche **Feste**, die zum Teil Zehntausende Besucher anziehen und äußerst sehenswert sind. Auch die künstlerischen Traditionen verdienen Beachtung, besonders die eigentümlichen Architekturformen und die vorzüglichen **Textilien**.

Während Guizhous überwiegend gesichtslose Städte sicher nicht zu den Höhepunkten einer Reise in diese Region gehören, ist die Provinzhauptstadt **Guiyang** ein freundlicher Ort in zentraler Lage und bietet sich als Ausgangspunkt für weitere Erkundungen an. Im Norden gehört die historische Stadt **Zunyi** zu den legendenbehafteten Orten des Langen Marsches, doch kulturell interessierte Besucher werden die Dörfer, Traditionen und Feste in der **Autonomen Region der Miao und Dong**, erreichbar über **Kaili** im Osten, eher zu schätzen wissen. Im Nordosten liegen die äußerst angenehme Kleinstadt **Zhenyuan** sowie die sehr durchschnittliche Stadt **Tongren**, die das Sprungbrett für einen Abstecher in das kaum erschlossene Naturreservat auf dem **Fanjing Shan** ist. Das mehrere Stunden westlich der Hauptstadt gelegene **Anshun** dient als Ausgangspunkt für Exkursionen zum mächtigen **Wasserfall Huangguoshu** und zum abgelegenen **See Caohai** an der Grenze zu Yunnan, ein Paradies für überwinternde Zugvögel.

Guiyang

Die Provinzhauptstadt Guiyang liegt in einer Talmulde umgeben von Bergen, die der Verkehrsentwicklung gewisse Grenzen setzten. Zwar wurde Guiyang bereits während der Ming-Dynastie zur regionalen Hauptstadt erklärt, doch in den Blickpunkt einer breiteren Öffentlichkeit geriet sie erst in den frühen 50er Jahren, als die neue kommunistische Regierung aus Dankbarkeit für die stillschweigende Unterstützung der Minderheitengruppen im Bürgerkrieg große Monumente im Stadtzentrum errichten und das Eisenbahnnetz erweitern ließ, um die Stadt zu einem Knotenpunkt für das südwestchinesische Schienennetz zu machen. Obwohl diese Maßnahmen Investoren anlockten, hielt der Wohlstand erst im 20. Jahrhundert Einzug. Guiyang entwickelte sich von einer unauffälligen Ansammlung baufälliger Häuser zu einem Gebilde mit breiten Straßen und Hochhäusern, die heute ein geschäftiges Innenstadtleben beherrschen. Gewiss gehört Guiyang nicht zu den schönsten Städten Chinas, ist aber ein freundlicher Ort mit einem wachsenden ausländischen Bevölkerungsanteil und gut bestückten Warenhäusern und Marktständen.

Die meisten Besucher verbringen in Guiyang nur eine Nacht, weil sie auf Transitanschlüsse am nächsten Morgen warten. Wer die Provinz ein wenig näher erkunden möchte, erhält hilfreiche Informationen beim örtlichen *CITS*-Büro (s.S. 901, Sonstiges). Es lohnt sich durchaus, der Sammlung des **Provinzmuseums** einige Stunden Zeit zu widmen, und nahe dem Zentrum laden mehrere **Tempel** und **Pavillons** sowie ein **Park** zum Besuch ein.

Guiyangs interessantestes Stadtviertel liegt unmittelbar nördlich des Flusses Nanming, wo die vom Bahnhof kommende Zunyi Lu auf die von Nord nach Süd verlaufende Zhonghua Lu trifft. Hier steht das erst kürzlich renovierte und erweiterte **Post- und Telekommunikationsgebäude**, in den 50er Jahren das größte Bauwerk der Stadt und ein Symbol dafür, dass die bis dahin weltferne Provinz mit der auswärtigen Welt verbunden war. Auf der anderen Straßenseite breitet sich in einer am Fluss entlangführenden Gasse der **Blumen- und Haustiermarkt** aus, auf dem neben Hunden, Katzen und Wellensittichen auch Bonsais und Orchideen im Angebot sind. Andere Stände verkaufen Souvenirs wie beispielsweise Armbinden aus der Mao-Ära, kommunistische Geschichte heroisierendes Steingut oder triviale Comics. In der Nähe umfasst der **Qianming Si** eine Ansammlung verrauchter Hallen aus der Ming-Dynastie.

Östlich davon steht am Flussufer, das derzeit in großem Umfang umgestaltet wird, der kleine dreistöckige Pavillon **Jiaxiu Lou** (Eintritt ¥2), der über eine Bogenbrücke zu erreichen ist – beide Bauwerke stammen aus dem Jahre 1587. Der Pavillon wurde einst erbaut, um die Studentenschaft zur Teilnahme an den kaiserlichen Prüfungen zu ermutigen, und beherbergt heute ein sorgfältig restauriertes Teehaus, in dem Fotos aus dem Jahre 1930 gezeigt werden. Auf der anderen Seite der Brücke befindet sich der ehemals jain-buddhistische Tempel **Cuiwei Yuan** (Eintritt ¥3), in dessen Hallen heute eine schöne Sammlung von **Miao-Stickereien** zu sehen ist – manche Stücke stehen zum Verkauf, doch sie sind sehr teuer.

Guiyang

Guiyang	贵阳	***guìyáng***
Cuiwei Yuan	粹惟园	*cuìwéi yuán*
Hauptbusbahnhof	贵阳客运站	*guìyáng kèyùnzhàn*
Hongfu Si	弘福寺	*hóngfú sì*
Jiaxiu Lou	甲秀楼	*jiǎxiù lóu*
Provinzmuseum	省博物馆	*shěng bówùguǎn*
Qianling Shan	黔灵山	*qiánlíng shān*
Qianming Si	黔明寺	*qiánmíng sì*
Tiyuguan-Busbahnhof	体育馆客运站	*tǐyùguǎn kèyùnzhàn*
Übernachtung		
Holiday Inn	神奇假日酒店	*shénqí jiàrì jiǔdiàn*
Jiaoyuan	教苑宾馆	*jiàoyuàn bīnguǎn*
Jinqiao.	金桥饭店	*jīnqiáo fàndiàn*
Jun'an	君安宾馆	*jūn'ān bīnguǎn*
Post Office Hotel	贵州邮电宾馆	*guìzhōu yóudiàn bīnguǎn*
Tiyu	体育宾馆	*tǐyù bīnguǎn*
Trade Point Hotel	柏顿宾馆	*bódùn bīnguǎn*
Essen		
Beijing Duck	北京烤鸭店	*běijīng kǎoyādiàn*
Goubuli	狗不理	*gǒubùlǐ*
Jue Yuan Sucai Guan	觉园素菜馆	*juéyuán sùcàiguǎn*
Lao Pengyou Kafei Ting	老朋友咖啡厅	*lǎopéngyǒu kāfēitīng*
Nantianmen	南天门重庆火锅	*nántiānmén chóngqìng huǒguō*
Yixin Yuan	怡心园	*yíxīn yuán*

Nördlich des Flusses bildet die **Zhonghua Lu** Guiyangs kommerzielles Zentrum. Zahlreiche Kaufhäuser und kleinere Geschäfte bieten Kleidung, Haushaltswaren, Musikinstrumente und vieles mehr an. Die Buslinie Nr. 1 fährt von hier zum 2,5 km nördlich gelegenen **Provinzmuseum** an der Beijing Lu. Hat man erst einmal das überraschte Personal im linken oberen Flügel aufgeschreckt, werden drei verstaubte Räume aufgeschlossen, in denen sich nicht minder verstaubte, größtenteils unbeschriftete und ungeordnete Exponate befinden. Anhand von Trachten, Fotos und Architekturmodellen werden **ethnische Gruppen** wie Miao, Dong und Bouyei vorgestellt. Mehrere Ausstellungsstücke, darunter ein postergroßes Manifest, ein offizielles Siegel und Rüstungen, erinnern an die **Miao-Aufstände** im 19. Jahrhundert gegen die Präsenz der Han-Chinesen in Guizhou. 🕒 Di–So 9–11.30 und 13–16 Uhr, Eintritt ¥10.

Qiangling-Shan-Park und Hongfu Si

Rund 1 km westlich des Provinzmuseums liegt am Stadtrand der **Qiangling-Shan-Park** (Eintritt ¥2), dessen dicht bewaldete Hügel bunten Vögeln und lärmenden Affen als Heimat dienen. Beliebt bei der örtlichen Bevölkerung sind der **Vergnügungspark** und ein großer **See**, an dem man Paddelboote mieten kann. Das größte Interesse aber weckt der bedeutende buddhistische **Hongfu Si** auf dem Gipfel, der vom Eingangstor über Treppen innerhalb von 30 Minuten zu erreichen ist. Im Innenhof erhebt sich die dekorative, 4 m hohe **Fahua-Pagode**, und eine Darstellung zeigt, wie Buddha bei seiner Geburt von neun Drachen gewaschen wird. Rechts davon steht ein **Glockenturm** mit einer 500 Jahre alten Glocke – ihr Klöppel ging während der Kulturrevolution verloren, als der Tempel in Schutt und Asche gelegt wurde. Heute dient die wieder aufgebaute Anlage als Hauptsitz der Buddhistischen Ver-

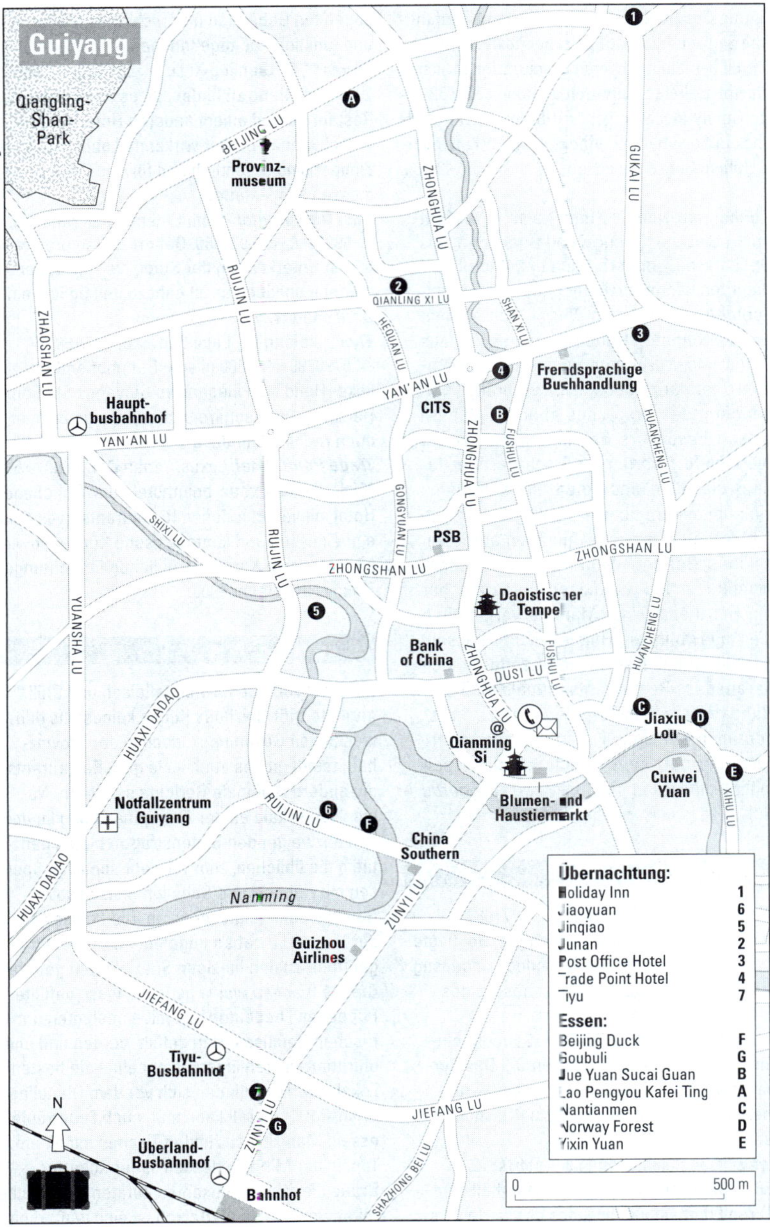
Guiyang
Qiangling-Shan-Park
Hongfu Si
Beijing Lu
Provinz-museum
Zhonghua Lu
Gukai Lu
Ruijin Lu
Qianling Xi Lu
Hequan Lu
Shan Xi Lu
Zhaoshan Lu
Fremdsprachige Buchhandlung
Yan'an Lu
CITS
Hauptbusbahnhof
Fushui Lu
Huancheng Lu
Shixi Lu
Gongyuan Lu
PSB
Zhongshan Lu
Flughafen
Daoistischer Tempel
Yuansha Lu
Bank of China
Dusi Lu
Huaxi Dadao
Jiaxiu Lou
Qianming Si
Cuiwei Yuan
Xihu Lu
Blumen- und Haustiermarkt
Notfallzentrum Guiyang
China Southern
Namming
Zunyi Lu
Guizhou Airlines
Jiefang Lu
Tiyu-Busbahnhof
N
Überland-Busbahnhof
Bahnhof
Shazhong Bei Lu
Übernachtung:
Holiday Inn 1
Jiaoyuan 6
Jinqiao 5
Junan 2
Post Office Hotel 3
Trade Point Hotel 4
Tiyu 7
Essen:
Beijing Duck F
Goubuli G
Jue Yuan Sucai Guan B
Lao Pengyou Kafei Ting A
Nantianmen C
Norway Forest D
Yixin Yuan E
0
500 m

einigung Guizhous und beherbergt eine umfangreiche Sammlung buddhistischer Texte. Zwischen den grell bemalten jüngeren Restaurationen stehen noch einige ältere Skulpturen, zu denen eine 32-armige Guanyin-Statue gehört, die in jeder Handfläche ein Auge hat und einem recht gütig wirkenden Höllenkönig entgegenblickt.

Kochen mit Hund Hundefleisch gilt nicht nur in Guizhou, Guangxi und Guangdong als Delikatesse, sondern auch in kulturell verwandten Ländern wie Indonesien, den Philippinen und Vietnam. Vermutlich stammt die Gewohnheit, Hunde zu verzehren, aus China und wurde von wandernden Stämmen über ganz Südostasien verbreitet. Ungeachtet des Ursprungs aber gilt Hundefleisch besonders bei kaltem Wetter als wärmende Nahrung und soll darüber hinaus die männliche Potenz stärken. Da es sich um eine regionale Spezialität handelt, probieren chinesische Touristen gerne ein solches Gericht, während derlei Essgewohnheiten bei westlichen Touristen eher ein Reizthema sind. Manche vergleichen die Angewohnheit, Hundefleisch zu essen, gar mit Kannibalismus, andere stören sich daran, dass Restaurants oftmals halbierte Hundeteile im Fenster oder in einem Wassereimer auf dem Fußboden ausstellen. Wer partout kein Hundefleisch essen möchte, muss nur sagen: *Wo bu chi gourou* (Ich esse kein Hundefleisch).

Übernachtung

Holiday Inn, Luxus, Beijing Lu, ✆ 6771888, 💻 www.holiday-inn.com/guiyangchn. Gepflegte Adresse mit Zimmern für ¥800, jedoch ungünstig an einer belebten Kreuzung weit abseits des Stadtzentrums gelegen.

Jiaoyuan*, Ruijin Lu, ✆ 5840428. Saubere einfache Unterkunft mit preiswerten DZ. Das Personal zeigt sich bei Ausländern etwas verunsichert, ist aber freundlich und zu Preisnachlässen bereit.

Jinqiao**, 34 Ruijin Zhong Lu, ✆ 5814872, 📠 5813867. Mittelklasse-Hotel mit auffälligem äußeren Erscheinungsbild, das es von den umliegenden Gebäuden unterscheidet. Moderne und funktionstüchtige Innenausstattung.

Junan**, 62 Qianling Xi Lu, ✆ 6816999, 📠 685 2986. Schwierig zu finden, da es zwischen einem Restaurant und einem anderen Hotel nahezu verschwindet. Düster wirkende Lobby, doch die Zimmer sind ordentlich und für den Preis angemessen ausgestattet.

Post Office Hotel**, am Ostende der Yanan Lu, ✆ 5930648, 📠 5928668. Gehört zu den preiswertesten Unterkünften der Stadt, die Ausländer aufnehmen, doch es ist nahezu unmöglich, ein Dorm-Bett (¥25) zu bekommen.

Tiyu*, Jiefang Lu, Ecke Zunyi Lu, ✆ 5798777, 📠 5790799. Nur 500 m vom Bahnhof entfernt, linker Hand vom Eingang zu Guiyangs Stadion. Herzliche Atmosphäre und geräumige Zimmer, doch recht schmuddlig.

Trade Point Hotel, Luxus, Yanan Dong Lu, ✆ 582 7888, 💻 www.trade-pointhotel.com. Gehobenes Hotel mit verschiedenen Restaurants (westliche, einheimische und kantonesische Küche) sowie allen in dieser Kategorie üblichen Einrichtungen, Zimmer pro Nacht ¥900.

Essen

Mit ihrer Vorliebe für Hundefleisch und Chiligerichte trifft Guizhous Küche keinesfalls den westlichen Geschmack, doch in der Provinzhauptstadt gibt es auch viele gute Restaurants, die andere regionale Gerichte servieren. Namenlose Lokale an der Zhonghua Zhong Lu und den abzweigenden Seitenstraßen bieten ganztägig die üblichen, zum Teil sehr scharfen Speisen mit Hühner- und Schweinefleisch sowie Gemüse oder Teigtaschen an. Die Imbisse an der Heqing Lu haben ungefähr von 18–4 Uhr geöffnet. Zu den hiesigen Spezialitäten gehören **Crêpes** (*tianliao wawa* genannt, was „gefüllte Püppchen“ bedeutet), die mit eingelegten und frischen Gemüsesorten gefüllt werden und einer unfrittierten Frühlingsrolle ähneln – die besten Lokale hierfür befinden sich vor dem Qianling-Shan-Park. Überall kann man auch **Feuertöpfe** essen: Man sitzt an runden Tischen mit einem Topf in der Mitte, in dessen sauer-scharfer Brühe die roh aufgetischten Zutaten selbst zubereitet werden. **Hundefleisch** ist eine winterliche

Delikatesse, die gewöhnlich mit Nudeln und Sojasoße gegessen oder als Feuertopf aufgetischt wird – darauf spezialisiert sind vor allem die Lokale östlich des Bahnhofs an der Shazhong Bei Lu.

Westliches Essen bietet das ***Trade Point Hotel,*** Yanan Dong Lu, darunter auch ein All-you-can-eat-Frühstück (7–10.30 Uhr, ¥60 p.P.); das kleine Café in der Lobby serviert richtige Sahnetorten.

Beijing Duck, Ruijin Lu, nahe *Jiaoyuan-Hotel.* Serviert genau das, was der Name verspricht, ist nicht zu teuer (etwa ¥80 p.P. für eine ganze Ente) und bietet Ausblicke auf den Fluss.

Goubuli, Zunyi Lu. Zweigstelle des berühmten *jiaozi*-Lokals in Tianjin – gut, sättigend, preiswert und laut. Liegt versteckt hinter Ständen in Nähe des Bahnhofs, kein englisches Namensschild.

Jue Yuan Sucai Guan, 51 Fushui Bei Lu. Vegetarisches Tempel-Restaurant mitten im Stadtzentrum (der Tempel steht an der Rückseite), dessen Speisen großzügig mit Chilischoten versetzt sind. Keine englische Speisekarte, doch das Personal hilft gerne bei der Auswahl. Gerichte für ¥10 oder weniger.

Lao Pengyou Kafei Ting, Beijing Lu. Obwohl sich das Lokal „Café" nennt, stehen im Mittelpunkt des Angebots kantonesische Schmortopf- und örtliche Feuertopfgerichte. Nichts Besonderes, aber günstig am Museum gelegen.

Nantianmen, Xihu Lu, Ecke Huancheng Lu. Beliebtes Restaurant mit Feuertöpfen nach Sichuan-Art (ab ¥35 p.P.).

Norway Forest, Xihu Lu. Eines von Guiyangs vielen Cafés, die sich einen westlichen Anstrich geben. Gemütliches Lokal für (teuren) Gourmet-Kaffee, Bier und Snacks.

Yixin Yuan, Xihu Lu, nahe Fluss und Jiaxiu Lou. Gemütliches und sehr beliebtes Mittelklasse-Restaurant, die freundliche Managerin spricht ein wenig Englisch, und das Essen ist äußerst schmackhaft – z.B. gebratene Kartoffelstreifen, knusprig gebratene Sprotten in Essig, Maismehl in Lotusblättern gedämpft, kalte Fleischstreifen, Nudeln, *shuijiao* mit Soße, getrockneter Schinken, Gingko-Nüsse usw. Zu den Guizhou-Spezialitäten gehört *zima daming,* ein großer, runder und süßer brotähnlicher Kuchen.

Sonstiges

AMT FÜR ÖFFENTLICHE SICHERHEIT (PSB) – im Stadtzentrum an der Zhongshan Xi Lu.

BÜCHER – ***Fremdsprachige Buchhandlung,*** Yan'an Lu. Gute Auswahl an Klassikern, Kinderbüchern, Stadtplänen sowie Landkarten und chinesischen Reiseführern über Guizhou.

ENGLISH CORNER – Jeden Sonntagmorgen im Teehaus des alten daoistischen Tempels an der Zhonghua Lu, wenig nördlich der Kreuzung mit der Zhongshan Lu.

GELD – ***Bank of China,*** Dusi Lu, 🕒 Mo–Fr 9–11.30 und 13.30–17 Uhr. Das *Holiday Inn* und das *Trade Point Hotel* wechseln Devisen nur für Hausgäste.

INTERNET – Eine Net-Bar befindet sich im 4. Stock des neuen Telekomgebäudes gegenüber vom Postamt (¥3/Std.) – leicht erkennbar an den gläsernen Aufzügen.

MEDIZINISCHE HILFE – ***Guiyang Shi Jijiu Zhan*** (Notfallzentrum Guiyang), Huaxi Dadao.

POST UND TELEFON – Zhonghua Nan Lu, 🕒 tgl. 8.30–19 Uhr; auch Paketdienst und Poste restante.

REISEBÜROS – ***CITS,*** 20 Yan'an Zhong Lu, 📞 581 6348, 📠 5824222, 🕒 Mo–Sa 8.30–11 und 13–17 Uhr. Außergewöhnlich hilfsbereites Personal, das bei einer gemeinsamen Tasse Tee gerne über alle Möglichkeiten in dieser Provinz Auskunft gibt. Erledigt auch Hotel-, Ticket- und Ausflugsbuchungen. Nach Tang Yunfang fragen.

VORWAHL – 0851

Nahverkehrsmittel

Auf dem großen Bahnhofsvorplatz warten **Taxis** (¥8 Grundgebühr), und die **Stadtbusse** Nr. 1 und 2 verkehren zwischen 6 Uhr und 22 Uhr von der Haltestelle im Osten des Platzes. Bus Nr. 1 fährt über die Zunyi Lu und die Zhonghua Lu in die

Beijing Lu und kehrt via Ruijin Lu an seinen Ausgangsort zurück. Bus Nr. 2 bedient dieselbe Strecke in entgegengesetzter Richtung.

Transport

BUSSE – Guiyang besitzt mehrere Überland-Busbahnhöfe. Ziele außerhalb und größere Städte innerhalb der Provinz bedient der **Hauptbusbahnhof** an der Kreuzung von Yan'an Xi Lu und Zhaoshan Lu. Vom **Tiyu-Busbahnhof**, Zunyi Lu, Ecke Jiefang Lu, fahren Luxus- und Minibusse nach Anshun, Zunyi und Kaili sowie zu anderen Zielen in Guizhou. Der **Überland-Busbahnhof** am Bahnhofsplatz, Zunyi Lu, wickelt die Fahrten privater Unternehmen ab. Darüber hinaus starten entlang der Zunyi Lu Richtung Bahnhof Busse mit Schlafkojen nach Xingyi, Liupanshui und Zunyi sowie zahlreiche Minibusse nach Kaili. Hier findet man auch die Minibusse für einen Tagesausflug nach Huangguoshu, die frühmorgens abfahren und für die man die Tickets bereits am Vortag besorgen muss.

Busse nach:
ANSHUN 2 Std.;
HUANGGUOSHU 4 Std.;
KAILI 5 Std.;
KUNMING 24 Std.;
NANNING 24 Std.;
RONGJIANG 10 Std.;
TONGREN 10 Std.;
XINGYI 12 Std.;
ZUNYI 5 Std.

EISENBAHN – Der **Bahnhof** befindet sich am südlichen Ende der Zunyi Lu. Es gibt Verbindungen via Kaili nach Zentral- und Ostchina, nordwärts nach Zunyi und Chongqing, gen Westen via Anshun und Liupanshui nach Kunming sowie gen Süden nach Liuzhou und zu anderen Zielen in Guangxi. Das Bahnhofspersonal ist sehr hilfsbereit, und man findet viele Ausschilderungen auf Englisch. Tickets werden von 7–12 und 13–19 Uhr verkauft. Züge nach Zunyi, Kaili und Liupanshui sind gewöhnlich schneller als die Busse.

Züge nach:
ANSHUN 10x tgl., 2 Std.;
BEIJING 2x tgl., 32 Std.;
CHANGSHA 4x tgl., 16 Std.;
CHENGDU 3x tgl., 17 Std.;
CHONGQING 7x tgl., 10 Std.;
GUANGZHOU 6x tgl., 28 Std.;
GUILIN 4x tgl., 16 Std.;
HUAIHUA 7x tgl., 8 Std.;
KAILI 9x tgl., 4 Std.;
KUNMING 10x tgl., 12 Std.;
LIUZHOU 4x tgl., 14 Std.;
SHANGHAI 3x tgl., 35 Std.;
LIUPANSHUI/SHUICHENG 12x tgl., 5 Std.;
YUPING 7x tgl., 8 Std.;
ZHENYUAN 7x tgl., 7 Std.;
ZUNYI 9x tgl., 3 Std.

FLÜGE – Guiyangs **Flughafen** liegt 15 km östlich der Stadt. Zur Zeit der Recherche dieses Reiseführers gab es keinen Flughafenbus. **Taxis** vom Flughafen ins Stadtzentrum kosten rund ¥50.

Fluggesellschaften:
China Southern Airlines, Zunyi Lu, ✆ 5828429, ◷ tgl. 8.30–17.30 Uhr;
Guizhou Airlines, Zunyi Lu, ✆ 5982879 oder 5981967, ◷ tgl. 8.30–17.30 Uhr.

Flüge nach:
BEIJING 2x tgl., 2 1/2 Std.;
CHENGDU 1x tgl., 1 Std.;
GUANGZHOU 2x tgl., 1 1/2 Std.;
GUILIN 1x tgl., 3/4 Std.;
HONGKONG 3x wöchentl., 1 1/2 Std.;
KUNMING 1x tgl., 1 Std.;
NANNING 1x tgl., 1 Std.;
SHANGHAI 1x tgl., 2 Std.;
SHENZHEN 1x tgl., 1 1/2 Std.;
WUHAN 1x tgl., 1 1/4 Std.

Der Norden von Guizhou

Guizhous gebirgiger und unterentwickelter Norden wartet mit zwei Sehenswürdigkeiten auf: zum einen die historische Stadt **Zunyi** und zum anderen ein noch nicht lange zugängliches Gebiet mit natürlichem Waldbestand und Wasserfällen in der Nähe von **Chishui**. Zunyi befindet sich an der Hauptstraße und Eisenbahnlinie von Guiyang nach Chongqing, während Chishui abgeschieden in der nordwestlichen Ecke der Provinz an der Grenze zu Sichuan liegt und wesentlich schwerer zu erreichen ist.

Der Norden von Guizhou

Chishui	赤水	***chìshuǐ***
Chishui Dajiudian	赤水大酒店	*chìshuǐ dàjiǔdiàn*
Maotai	茅台	***máo tái***
Sidonggou	四洞沟	***sìdòng gōu***
Shizhangdong-Wasserfälle	十丈洞瀑布	*shízhàngdòng pùbù*
Yang Can Mu	杨粲墓	***yángcǎn mù***
Zunyi	遵义	***zūnyì***
Denkmal für die Märtyrer der Roten Armee	红军烈士纪念坤	*hóngjūn lièshì jìniànbēi*
Museum des Langen Marsches	长征博物馆	*chángzhēng bówùguǎn*
Stätte der Zunyi-Konferenz	遵义会议址	*zūnyì huìyìzhǐ*
Xiangshan Binguan	香山宾馆	*xiāngshān bīnguǎn*
Zuntie Dasha	遵铁大厦	*zūntiě dàshà*
Zunyi Binguan	遵义宾馆	*zūnyì bīnguǎn*

Zunyi und Umgebung

Das gut 170 km nördlich von Guiyang gelegene Zunyi wurde in jüngster Zeit stark industrialisiert und gehört zu den bedeutendsten historischen Stätten des chinesischen Bürgerkriegs. Nach monatelanger Flucht und zwei Niederlagen traf hier im Januar 1935 die reichlich mitgenommene kommunistische Armee ein, die sich auf ihrem **Langen Marsch** durch China befand und deren Ziel es war, sich mit verbündeten Streitkräften in Hunan zusammenzuschließen. Die überraschte Stadt war schnell eingenommen, und kurz darauf berief die kommunistische Führung die **Zunyi-Konferenz** ein, die den gesamten Ablauf des Marsches ändern sollte und aus der Mao Zedong als Führer der Kommunistischen Partei Chinas hervorging. Bis zu diesem Zeitpunkt war die Partei von russischen Komintern-Beratern geführt worden deren Strategien auf städtischen Aufständen des Proletariats beruhten. Mao aber war sich dessen bewusst, dass eine chinesische Revolution nur über die Mobilisierung der Bauernschaft erfolgen konnte und sich die kommunistischen Streitkräfte deshalb in ländlichen Bereichen einnisten mussten. Seine Meinung setzte sich durch und rettete die Rote Armee vor der drohenden Vernichtung durch die Guomindang. Dies war der erste große Schritt der Kommunisten in Richtung Beijing, das 15 Jahre später in kommunistische Hände fiel (näheres zum Langen Marsch, s.S. 654).

Zunyi liegt an den Ausläufern des **Fenghuang Shan** (Phoenix-Berg), und das Zentrum erstreckt sich entlang dem **Xiangjiang**, der den Berg im Westen umfließt. Busbahnhof und Bahnhof befinden sich an der **Beijing Lu** in einem ziemlich heruntergekommenen Viertel 2,5 km nordöstlich des Zentrums. Die Beijing Lu ist eine Nebenstraße der **Zhonghua Lu**, die durch die Innenstadt verläuft, als Zhongshan Lu einen Bogen nach Norden beschreibt und dann über den Fluss zu den wichtigsten revolutionären Stätten führt.

Als erste Station empfiehlt sich die **Stätte der Zunyi-Konferenz**, ein attraktives schwarzes Backsteinhaus im europäischen Stil, das 5 km südlich der Ankunftsorte an der Ziyin Lu steht. Die Besucher erleben hier einen Ort, an dem Weltgeschichte geschrieben wurde, aber die sehenswerten Dinge halten sich in Grenzen. Auf dem Rundgang passiert man die Zimmer der Führer und natürlich den Konferenzraum, die alle im Stil der 30er Jahre restauriert und mit entsprechendem Mobiliar ausgestattet wurden. 🕓 tgl. 8.30–16.30 Uhr, Eintritt ¥10.

Informationen über die damalige Zeit bekommt man auch in der nahe gelegenen französischen katholischen Kirche aus dem 19. Jahrhundert, die das **Museum des Langen Marsches** beherbergt. Fotos und Karten illustrieren den Weg des Langen Marsches in Guizhou: Die kommunistischen Truppen orientierten sich nach Norden und nahmen Zunyi – kurz nachdem sie es verlassen hatten – erneut ein, wodurch sie die örtliche Guomindang-Miliz vollkommen überraschten. Merkwürdigerweise gibt es keine Berichte über die Taktiken, die hinter Maos Machtergreifung der politischen Szene stehen, und wahrscheinlich werden diese Vorgänge auch niemals enthüllt werden. ⌚ tgl. 8.30–17 Uhr, Eintritt ¥3.

Weitere Eindrücke der kommunistischen Geschichte vermittelt ein Spaziergang im **Fenghuang-Shan-Park** jenseits des Flusses, in dem das **Denkmal für die Märtyrer der Roten Armee** steht, das daran erinnert, dass von den 80 000 Soldaten, die zum Langen Marsch aufbrachen, nur 20 000 die kommunistische Basis in Shaanxi erreichten. Das Denkmal wirkt eher imposant als rührselig: Vier große rote Sandsteinbüsten, die ein wenig an Lenin erinnern, stützen eine kreisförmige Mauer und eine Säule, welche die kommunistischen Symbole Hammer und Sichel trägt.

Die beste einfache **Unterkunft** bietet das *Zuntie Dasha** an der Beijing Lu (nahe Bahnhof und Busbahnhof), ✆ 0852/8223266, dessen Dorm-Betten ¥25 kosten. Minibusse fahren in die Stadt zu den komfortableren und zentraleren Hotels *Zunyi Binguan** an der Kreuzung von Xima Lu und Shilong Lu, ✆ 0852/8222911, und *Xiangshan Binguan*** südlich der Wanli Lu, ✆ 0852/8225754. Die Unterkünfte bieten auch Essen an.

Busbahnhof und **Bahnhof** liegen 2,5 km nordöstlich des Zentrums an der Beijing Lu. Zugverbindungen gibt es nach Chongqing (7x tgl., 7 Std.) und Guiyang (9x tgl., 3 Std.), und Busse fahren nach Chishui (8–12 Std.) und Guiyang (5 Std.).

Yang Can Mu

Zunyi hat eine wesentlich längere Geschichte als seine Monumente vermuten lassen. 25 km südlich der Stadt befindet sich in **Huangfenzui** das aus der Song-Zeit stammende, gut erhaltene Grab Yang Can Mu, in dem der Beamte **Yang Can** und dessen Frau eine letzte Ruhestätte fanden. Der Familienclan der Yang herrschte mehr als 400 Jahre über die Region, und Can versah die vererbliche Position des stellvertretenden Verteidigungsministers bis zu seinem Tod um das Jahr 1250. Das Sandsteingrab besitzt einige vorzügliche Reliefs, die mythische und reale Tiere, Pflanzen und Wächterfiguren darstellen – bemerkenswert sind die Verzierungen am Drachentor, das den Eingang zur Grabkammer markiert. Vom Stadtzentrum fahren **Minibusse** hierher (¥5), über deren Fahrplan das *Xiangshan Binguan* informiert. Ein Taxi berechnet inklusive Wartezeit ¥50–100.

Maotai und Chishui

Die Eisenbahntrasse verläuft von Zunyi gen Norden nach Sichuan, doch es gibt auch eine Landstraße, die über Umwege in die Nachbarprovinz führt und den Besuch der zweitgrößten Wasserfälle von Guizhou bei Chishui ermöglicht. Der Ort liegt rund 300 km von Zunyi entfernt nahe der Grenze zu Sichuan und ist per Bus in etwa acht Stunden zu erreichen. Eine kürzere Strecke folgt zunächst den Bahngleisen nordwärts nach **Tongzi** – wo die Rote Armee den Luoshan-Pass überwand und anschließend weiter nach Zunyi zog – und führt dann gen Nordwesten via **Xishui** nach Chishui. Auf der längeren Variante passiert man die Kleinstadt **Maotai**, die im Flusstal des Chishui liegt. Niemand weiß genau zu sagen, seit wann dort schon Schnaps gebrannt wird, doch zu Berühmtheit gelangte der *Maotai* 1704, als der reisende Gelehrte Zheng Zhen ihn zu Chinas bestem Produkt seiner Art erklärte. Die **Sorghum-Brennerei** der Stadt, die wie ein Disney-Schloss anmutet, hat die Marke im ganzen Land berühmt gemacht, und heute gehört die weiße Porzellanflasche mit dem roten diagonalen Streifen unverzichtbar zu jedem chinesischen Bankett. Achtung: Das hochprozentige Getränk betäubt das Nervensystem so schleichend, dass man mit einem Schlag betrunken ist.

Chishui liegt inmitten einer wunderschönen Umgebung mit subtropischen Wäldern, in denen Affen leben und Baumfarne Höhen bis zu 3 m erreichen. 40 km südlich der Stadt ergießt sich der Fluss Fengxi über die **Shizhangdong-Wasserfälle**, die den berühmteren Fällen von Huangguoshu (s.S. 918) ähneln, aber weit weniger Besucher zu verzeichnen haben. Auch **Sidonggou**, 15 km südwestlich von Chishui, lohnt eine nähere Erkundung: Schön angelegte Pfade führen durch üppige Vegetation zu einem Zwillings-Wasserfall, der sich nach den Regenfällen im Spätsommer natürlich am schönsten präsentiert. Als **Unterkunft** in Chishui empfiehlt sich das *Chishui Dajiudian**. Der Transport zu den genannten Sehenswürdigkeiten erfolgt mit Minibussen.

Täglich fahren **Busse** von Chishui zum rund 120 km entfernten Yangzi-Hafen **Luzhou** in der Provinz **Sichuan**. Bei ausreichend hohem Wasserstand verkehren **Fähren** auf dem Fluss, ansonsten ist Luzhou über die Straße mit Chongqing und Zigong (s.S. 1030) verbunden.

Kaili

Die Fahrt von Guiyang in den Osten von Guizhou führt durch urtümliche asiatische Landschaften mit hohen Bergen, die von Flusstälern durchschnitten werden. Überall stehen dunkle Holzhäuser, Wasserbüffel trotten über Reisterrassen, und auf Feldern arbeiten Frauen, deren lange geflochtene Haare zu Knoten gelegt sind und die ihre Babys hinter dicken Polstern auf den Rücken gebunden haben. Dieses Gebiet markiert die Grenze zur **Autonomen Präfektur der Miao und Dong**, eine der besten Regionen Chinas, um mit Minderheiten in Kontakt zu kommen, die noch an ihren Traditionen festhalten. Die Miao-Dörfer rund um die Distrikthauptstadt Kaili sind für ihre über 100 jährlichen **Festivitäten** berühmt, und obwohl zu den größten Veranstaltungen ganze Busladungen von Touristen anreisen, sind keine Anzeichen zu erkennen, die auf eine Beeinträchtigung der kulturellen Integrität hinweisen. Ausländer werden im Allgemeinen freundlich aufgenommen, aber die Verständigung kann sich als schwierig erweisen, denn nur die jüngeren Dorfbewohner sprechen Mandarin, während die ältere Generation bestenfalls einige Phrasen kennt und ansonsten die Lokalsprache benutzt.

Das mäßig industrialisierte Kaili liegt 170 km östlich von Guiyang und ist das Zentrum von Chinas 7,5 Millionen **Miao**, die sich durch Migration und erzwungene Umsiedlungen seit der Tang-Dynastie von Sichuan bis hinab zur Insel Hainan ausgebreitet haben. Von den Han-Chinesen wurden die Miao früher als Sklaven angesehen, weswegen es nicht verwundert, dass einige ihrer meistverehrten Helden als Rebellenführer in die Geschichte eingingen, so zum Beispiel **Zhang**

Die Miao „Miao" ist ein chinesisches Wort mit ursprünglich geringschätziger Bedeutung. Die Miao nennen sich selbst Hmong und siedeln nicht nur in China (hier besonders in Guizhou), sondern auch in Vietnam, Laos und Myanmar. Es gibt drei größere Sprachgruppen, doch die Miao in Ost-Guizhou sprechen mehr oder weniger den gleichen Dialekt und bezeichnen sich als **Schwarze Hmong**.

Für Außenstehende sind die von Ort zu Ort unterschiedlichen Trachten ein nützliches Merkmal zur Unterscheidung der verschiedenen Miao-Gemeinschaften. Ins Auge stechen vor allem die detaillierten **Stickereien** – Mädchen lernen schon in frühem Alter Schärpen und Kleidung zu besticken, und je besser ihre Arbeit wird, desto mehr steigt ihr sozialer Status. Die Kleidungsstücke für offizielle Anlässe wie Feste und Eheschließungen sind so kunstvoll gearbeitet, dass ihre Fertigstellung mehrere Jahre Zeit erfordert und sie danach zu hoch geschätzten Erbstücken avancieren. Ihre Muster sind teils abstrakt, teils bildlich und umfassen Motive wie Pflanzen, Schmetterlinge (Boten des Frühlings und Symbole für erhoffte Veränderungen), Drachen, Fische (in ganz China ein Glückssymbol) oder Büffel. Jede Region pflegt ihren eigenen Stil, etwa die paillettenbesetzten und die gekräuselten grün-roten Muster des südlichen Distrikts **Leishan**, die dunklen geometrischen Motive von **Chong An** oder die grellbunten Löwen und Drachen von **Taijiang**. Andere Orte ergänzen die Stickereien mit weiteren Techniken, worunter besonders die **Batiken** aus den Gejia-Dörfern nordwestlich von Kaili bekannt sind.

Viele Motive wiederholen sich in den **Silberarbeiten** der Miao. Die kunstfertigsten Stücke dienen als Heiratsschmuck oder Aussteuer. Frauen erscheinen zu Festen beladen mit spiralförmigen Halsketten und Ohrringen sowie mit schwerem Kopfschmuck, alle mit Blumen, Glocken und Tieren ziseliert oder als solche geformt.

Kaili

Kaili	凯里	***kǎilǐ***
Dage-Park	大阁公园	*dàgé gōngyuán*
Dashizi	大十子	*dàshí zi*
Jinquan-Hu-Park	金泉湖公园	*jīnquánhú gōngyuán*
Museum von Kaili	民族博物馆	*mínzú bówùguǎn*
Xianglu Shan	香炉山	*xiānglú shān*
Übernachtung und Essen		
Chuanfu Restaurant	川府饭店	*chuānfǔ fàndiàn*
Lantian Dajiudian	蓝天酒店	*lántiān jiǔdiàn*
Shiyou Zhaodaisuo	石油招待所	*shíyóu zhāodàisuǒ*
Yingpanpo Binguan	营盘坡宾馆	*yíngpánpō bīnguǎn*
Yunquan Binguan	云泉宾馆	*yúnquán bīnguǎn*

Kaili ist eine funktionelle und kompakte Stadt. Die Kreuzung von **Beijing Lu** und **Zhaoshan Lu**, die **Dashizi** genannt wird, bildet das Zentrum. An der durch die Kreuzung in einen östlichen und einen westlichen Abschnitt unterteilten Beijing Lu liegen die meisten Geschäfte und Büros der Stadt, während die Zhaoshan Lu nordwärts in die älteren Wohngebiete und südwärts an weiteren Geschäften vorbei aufs Land hinaus führt. Zur Zeit der Recherche dieses Reiseführers waren umfassende Baumaßnahmen im Gange, die jedoch offensichtlich keine Auswirkungen auf den generellen Straßenplan haben.

Von der Kreuzung ausgehend erreicht die Zhaoshan Lu an ihrem nördlichen Ende die Ximen Jie, über die man Richtung Osten rasch den über Seitengassen führenden Zugang zum **Dage-Park** erreicht. Die schattige hügelige Anlage ist ein beliebter Treffpunkt älterer Männer, die rauchend zusammensitzen und ihre in Käfigen gehaltenen Singvögel in die Bäume hängen. Die **Pagode** darf bestiegen werden – im Innern ist eine Mischung aus buddhistischen und daoistischen Statuen zu sehen. Von oben öffnet sich die Aussicht auf das ungewöhnlich ebene Talgebiet (*kaili* ist ein Miao-Wort, das frei übersetzt „geebnete Felder" bedeutet), doch im Nordwesten ragt die flache Hochebene **Xianglu Shan** (Weihrauchbehälter-Berg) auf, die zu Erkundungen außerhalb der Stadt einlädt.

Zurück auf der Ximen Jie erreicht man nach 500 m gen Westen an der Kreuzung mit der Huancheng Lu einen geschäftigen **Markt**, der besonders sonntagmorgens von zahlreichen außerhalb lebenden Miao, Yao und Dong besucht wird, die ihre Waren feilbieten. Sie beliefern auch die Läden rund um Dashizi mit Textilien und Schmuck, und wer zu Fuß zum *Yingpanpo Binguan* an der Yingpan Lu marschiert, wird unterwegs von zahlreichen Miao-Frauen angesprochen, die ihre Schmuckwaren verkaufen wollen.

15 Minuten südlich der Kreuzung liegt am Ende der Zhaoshan Lu das **Museum von Kaili** (Eintritt ¥8), das jedoch eine eher enttäuschende und leblose Sammlung von Fotos, Trachten und Kunstprodukten präsentiert. Das Museum befindet sich in einem verlassen wirkenden Gebäude hinter einer Mauer – wenn man genügend Lärm macht, erscheint der Wärter mit dem Schlüsselbund.

Weitaus lohnender ist der weitere 30 Minuten südlich gelegene **Jinquan-Hu-Park**, in dem ein hölzerner **Trommelturm** *(gulou)* steht, eine vollwertige Dong-Rekonstruktion, die ohne einen einzigen Nagel gebaut wurde und in Blau und Weiß angestrichen ist. Das Bauwerk wurde erst 1985 aus touristischen Motiven errichtet, doch es hat eine gewisse Ausstrahlung und entwickelt sich zunehmend zu einem Treffpunkt der einheimischen Bevölkerung.

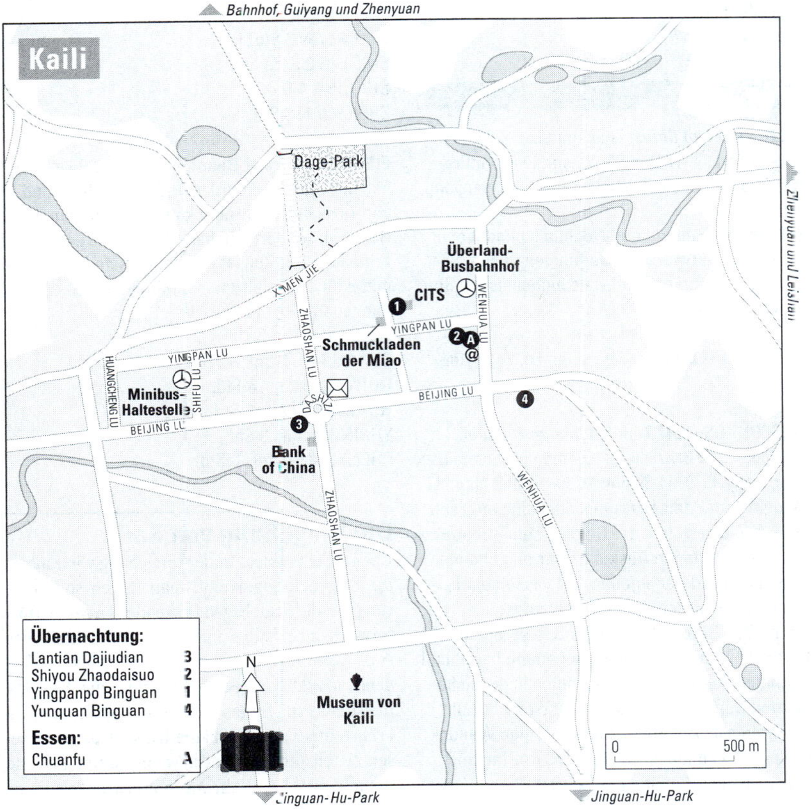

Übernachtung

Yunquan Binguan*, Beijing Lu, ✆ 8275138. Die beste Wahl in der Stadt – sauber, komfortabel, ein bisschen wie ein Motel. Die Zimmer ohne ac sind etwas preiswerter, aber im Winter sehr kalt.
Shiyou Zhaodaisuo*, Yingpan Lu. Einfache Dorm-Betten und DZ.
Yingpanpo Binguan*, Yingpan Lu, wenig nördlich des *Shiyou Zhaodaisuo*, ✆ 8223163. Gleiche Kategorie wie das *Shiyou Zhaodaisuo*, aber auch einige teurere Zimmer, die jedoch die Mehrausgabe nicht wert sind.
Lantian Dajiudian**, Dashizi (Eingang rechts hinter dem Kaufhaus), ✆ 8222483. Überteuerte, nach Zigarettenqualm stinkende Zimmer, deren Preise sich herunterhandeln lassen.

Essen

Kleine Restaurants und Garküchen verkaufen Suppen, Nudelgerichte und andere Kleinigkeiten. Sehr preiswert sind die Lokale gegenüber vom *Yingpanpo Binguan*, aber für die hier aufgetischten Chili-Gerichte braucht man einen unempfindlichen Magen. Die Garküchen am östlichen Ende der Beijing Lu sind auf Hundefleisch-Feuertöpfe spezialisiert. Gute regionale chinesische Kost bietet in der Wenhua Lu beim Busbahnhof das ***Chuanfu***, das sogar eine englische Speisekarte besitzt (die meisten Gerichte unter ¥15).

Sonstiges

GELD – ***Bank of China,*** Zhaoshan Lu, ⌚ Mo–Fr 8.30–11 und 14–17 Uhr. Für Reisende in die Provinz Guangxi ist dies die letzte Bank vor Sanjiang.

INTERNET – Entlang der Wenhua Lu findet man zahlreiche Net-Bars – in derjenigen neben dem Restaurant *Chuanfu* sind viele einheimische Studenten anwesend.

POST UND TELEFON – Zhaoshan Lu, Ecke Beijing Lu.

REISEBÜROS – ***CITS,*** im *Yingpanpo Binguan,* ✆ 8256642, 📠 8222506, ✉ Leemqing@hotmail.com, ⌚ tgl. 8.30–11.30 und 14.30–18 Uhr. Nach Li Maoqing oder James fragen, die beide englisch sprechen und sich in der Gegend sehr gut auskennen. Sie können Auskunft über anstehende Feste und Markttage geben und wissen auch, wie man die betreffenden Orte am besten erreicht. Das Büro hält nützliche zweisprachige **Karten** von Kaili und seiner Umgebung bereit und vermittelt **Führer** für Tagesausflüge in die umliegenden Dörfer (Auto ¥450, Dolmetscher ¥150). Außerdem im Angebot ist eine 3-tägige Wanderung nach Langde Shang für ¥150 pro Tag und Nase plus Verpflegung (ab 5 Pers.).

VORWAHL – 0855

Transport

BUSSE – Der **Überland-Busbahnhof** liegt 500 m nordöstlich des Zentrums an der Wenhua Bei Lu. Täglich fahren von morgens bis abends zahlreiche Busse nach Guiyang (5 Std.), Rongjiang (6 Std.), Jianhe, Leishan (1 1/2 Std.) und Taijiang (2 Std.), weniger zahlreich sind die Verbindungen nach Xijiang und Congjiang. Weitere Fahrzeuge nach Guiyang sowie zu einigen regionalen Zielen starten an der **Minibus-Haltestelle** 500 m westlich des Dashizi an der Shifu Lu. Bei allen nicht fahrplanmäßig abfahrenden Transporten kann man das Ticket im Bus erwerben.

Busse nach:
CHONG AN 2 Std.;
SHIBING 3 Std.;
SHIDONG 4 Std.;
ZHENYUAN 6 Std.

EISENBAHN – Der **Bahnhof** liegt rund 3 km nördlich der Stadt und wird vom Stadtbus Nr. 3 und von Taxis bedient. Zugtickets sind nicht nur im Bahnhof, sondern auch im Überland-Busbahnhof erhältlich. Der Zug ist das bequemste Transportmittel für Direktfahrten nach Guiyang oder Zhenyuan.
Züge nach:
CHANGSHA 4x tgl., 12 Std.;
GUIYANG 9x tgl., 4 Std.;
HUAIHUA 7x tgl., 5 Std.;
YUPING 7x tgl., 3 Std.;
ZHENYUAN 7x tgl., 3 Std.

Die Umgebung von Kaili

Das größte Problem in der Umgebung von Kaili ist die Entscheidung, wohin man fahren soll, denn rund um die Stadt liegen Dutzende von **Miao-Dörfern**, die innerhalb weniger Stunden zu erreichen sind. Gewöhnlich in fünftägigem Turnus stattfindende **Märkte** und **Feste** erleichtern die Wahl. Die meisten Feste finden zum Frühlingsanfang, im Frühsommer und im Spätherbst statt, da es zu diesen Zeiten auf den Feldern wenig zu tun gibt und für alle reichlich Nahrungsmittel zur Verfügung stehen.

Größere Ereignisse ziehen bis zu 50 000 Menschen an, die Büffelkämpfen, Tänzen, Ringkämpfen, Singwettbewerben, Pferderennen und Bootsrennen beiwohnen. Die Teilnehmer tragen bunte Trachten, und oft werden Zuschauer in die Aktivitäten einbezogen. Ausländer sind selten zu sehen und haben deshalb wenig Chancen, unbeachtet an der Seite zu sitzen. Zu den größten Festen gehören das frühjährliche **Schwesternmahl** (die traditionelle Zeit der Mädchen für die Partnerwahl, s.S. 912, Kasten) und die **Drachenbootrennen**, die hier aus anderen Gründen als im Rest Chinas ausgetragen werden. Wer an einem bestimmten Fest dabeisein möchte, sollte beachten, dass genannte Daten nicht unbedingt zuverlässig sind, da chinesische Informationsquellen oft keinen Unterschied

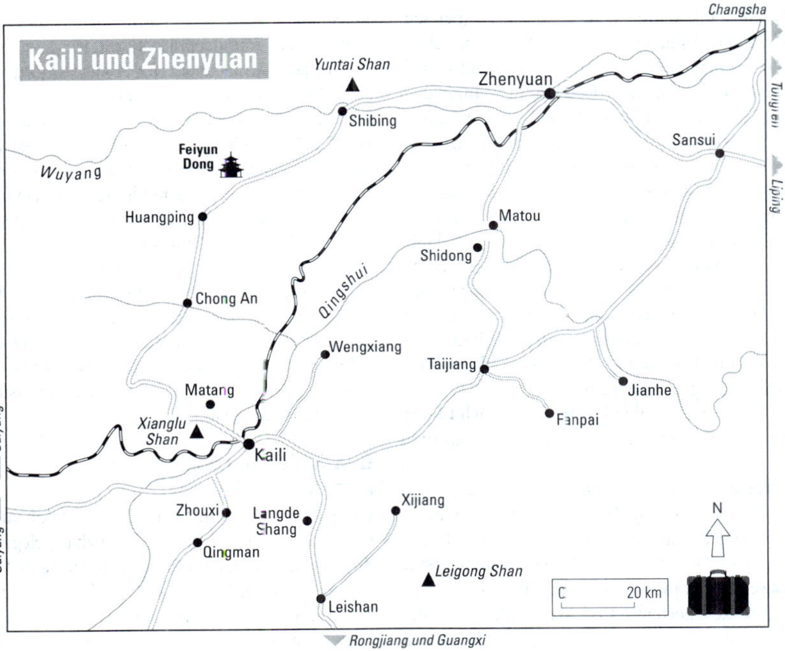

zwischen dem Mondkalender und dem Gregorianischen Kalender machen: Mit dem 9. Februar kann durchaus der 9. Tag des 2. Mondkalendermonats gemeint sein.

Obwohl manche Miao-Dörfer alleine durch ihr Erscheinungsbild attraktiv sind, wirken sie außerhalb der Festsaison oft sehr verlassen, da alle Bewohner auf den Feldern arbeiten. Wer Glück hat, wird zu einem Rundgang durch ein Dorf eingeladen (auf die unterschiedlichen Holzhäuser achten) und bewirtet – Spezialitäten sind eingelegtes Gemüse und säuerliche Hühner-Feuertöpfe, die mit reichlichen Mengen Reiswein *(no mijiu)* hinuntergespült werden. Vielleicht bekommt man auch antike Hochzeitsgewänder zu sehen, und möglicherweise posiert ein junges Mädchen in Festtracht für die Kamera. Für all das wird jedoch Geld verlangt, aber meist in freundlicher Weise und in angemessenem Rahmen. Wenn Stickereien und Silberschmuck zum Verkauf angeboten werden, sollte man unbedingt handeln.

Auf die bequemste Weise lässt sich die Gegend im Rahmen einer organisierten Tour von *CITS* erkunden, doch alle Dörfer sind von Kaili aus auch mit täglich verkehrenden Bussen und Minibussen zu erreichen. Es ist auch möglich, den Besuch des ein oder anderen Dorfes in die Weiterreise nach Rongjiang oder Zhenyuan einzubeziehen. Die Rückfahrten aus den Dörfern nach Kaili erfolgen relativ früh, sodass womöglich improvisierte Übernachtungen oder Trampversuche erforderlich werden, wenn man das letzte offizielle Transportmittel verpasst.

Gen Norden nach Shibing

Die 110 km lange Straße Richtung Norden von Kaili nach Shibing führt an etlichen interessanten Dörfern vorbei und umfasst nahezu zwei Drittel der Strecke nach Zhenyuan (s.S. 914). Busse fahren von Kailis Hauptbusbahnhof ab und kosten bis Shibing rund ¥20.

Erstes Ziel ist das 20 km von Kaili entfernte **Matang**, die Heimat der Miao-Untergruppe **Gejia** (auch Geyi). Man sollte den Busfahrer über sein Ziel informieren, um an der richtigen Stelle abgesetzt zu werden. Der Pfad nach Matang führt durch die Reisfelder unterhalb des **Xianglu Shan**, an dem der Rebellenführer Zhang Xiumei 1873 den kaiserlichen Truppen unterlag – alljährlich im August erinnert ein großes **Fest** an den heroischen Widerstand. Der Spaziergang von der Straße ins Dorf dauert rund 20 Minuten. Matang präsentiert sich als Gemisch aus schlammigen Feldern und dunklen Holzhäusern, und bei der Ankunft von Fremden kommen unweigerlich alte Frauen angelaufen, die Schmuck, **Batiken** und die charakteristischen orange-gelben Stickereien anbieten. Die Weiterreise erfolgt durch Warten an der Hauptstraße, wo man ein Fahrzeug heranwinken muss.

Als nächster Aufenthaltsort bietet sich **Chong An** an, eine freundliche Stadt an einem Fluss rund 50 km nördlich von Matang. **Unterkunft** bieten dort das einfache *Xiao Jiangnan** oder das geringfügig bessere *Chong An Jiang Binguan**. Sehenswert sind die mit Wasserkraft betriebenen Mühlen unten am Fluss sowie ein kleines **Nonnenkloster** unweit der Straße nach Kaili, das über eine wacklige Brücke zu erreichen ist. Man sollte seinen Besuch auf einen der alle fünf Tage stattfindenden **Markttage** legen, an denen zahlreiche ältere Miao-Frauen unterwegs sind, die lokale kunsthandwerkliche Gegenstände verkaufen wollen oder Textilien (alles Mögliche von traditionell plissierten Schürzen bis hin zu Köper-Jeans) mitbringen, um sie in Bottichen mit kochendem Indigo zu färben. Viele Kinder tragen hellblaue „Tigerhüte" mit buschigen künstlichen Ohren und Silberzierrat, die Unglück abwenden sollen. In der Nähe von Chong An warten weitere interessante Dörfer auf ihre Erkundung – die Unterkünfte organisieren gerne geführte **Wanderungen**.

Weitere 20 km in Richtung Shibing liegt die größere Marktstadt **Huangping**, die stolz auf einige alte Bauwerke und berühmt für ihre **Silberschmiede** ist, welche sich gegenwärtig leider im unseligen Zustand zwischen Abriss und Neuaufbau befindet.

Die Weiterfahrt nach Shibing führt am schönen daoistischen Tempel **Feiyun Dong** (Eintritt ¥3) vorbei, der von Bäumen und bizarren Felsen umgeben ist. Die moosbedeckte Haupthalle beherbergt ein **Museum**, das unter anderem Miao-Kunsthandwerk, einen Drachenboot-Bug und eine große Bronzetrommel präsentiert.

Die geschäftige moderne Stadt **Shibing** erstreckt sich 34 km von Huangping entfernt in einem breiten feuchten Tal am Südufer des **Wuyang He**. Der Busbahnhof liegt im Westen der Stadt. Zu den lohnenswerten Unternehmungen gehört eine **Bootsfahrt** (¥120) auf dem **Shanmu He**, ein Nebenfluss des Wuyang He, der von steilen Kalksteinfelsen und dichtem Wald umrahmt ist. Ausflüge dorthin organisieren Kailis *CITS*-Büro oder die örtlichen **Unterkünfte** – beste Wahl ist das *Shan He Dajiudian** jenseits der Brücke über den Fluss, aber billigere Betten (¥35) bietet eine *Herberge** am Busbahnhof. Bis zum späten Nachmittag fahren Busse und Minibusse zurück nach Kaili oder gen Osten nach Zhenyuan (2 Std., ¥8).

Gen Süden nach Qingman, Leishan und Guangxi

Ein netter Ausflug führt von Kaili ins 20 km südwestlich an der Straße nach Danzhai gelegene **Zhouxi**, das eine ebenso wirre wie interessante Mischung traditioneller Häuser und bunkerartiger Zementgebäude aufzuweisen hat. Womöglich sind Leute zu beobachten, die Leintücher in Holzbottiche mit Indigofärbung tauchen. Sehr interessant ist der Sonntagsmarkt, auf dem vor Ort produzierte Seidenwaren erhältlich sind. Zum Abschluss des Frühlingsfestes findet Ende Januar oder Anfang Februar eine besondere **Lusheng-Aufführung** statt, benannt nach einem langen Blasinstrument aus Bambus, das die Miao-Tänze begleitet. Das nahe Dorf **Qingman** genießt den Ruf, die besten Lusheng-Spieler hervorzubringen.

Eine anstrengendere Tour, die durchaus 200 km von Kaili entfernt in der Nachbarprovinz Guangxi enden kann, beginnt 25 km südöstlich der Stadt in **Langde Shang**, das sich 20 Minuten von der Hauptstraße entfernt sehr fotogen an einen terrassierten Hang schmiegt. Der Ort besteht aus einer Ansammlung von Holzhäusern inmitten der Felder, und die Kopfsteinpflastergassen werden vor allem von Hühnern in Beschlag genommen. 20 km weiter südlich und rund 90 Minuten von Kaili entfernt liegt die etwas chaotisch wirkende Stadt **Leishan**, deren Umgebung als Tee-Anbaugebiet bekannt ist und die ebenfalls mit einem schillernden Markttag aufwartet. Einzige **Unterkunft** ist das

Die Umgebung von Kaili

Chong An	重安	***chóng'ān***
Chong An Jiang Binguan	重安江宾馆	*chóngānjiāng bīnguǎn*
Xiao Jiangnan	小江南	*xiǎojiāng nán*
Fanpai	反排	***fǎnpái***
Huangping	黄平	***huáng píng***
Feiyun Dong	飞云洞	*fēiyún dòng*
Jianhe	剑河	*jiànhé*
Langde Shang	郎德上	***lángdé shàng***
Leishan	雷山	***léishān***
Leigong Shan	雷公山	*léigōng shān*
Matang	麻塘	***mátáng***
Matou	马头	***mǎtóu***
Qingman	青曼	***qīngmàn***
Shibing	施秉	***shībǐng***
Shan He Dajiudian	山河大酒店	*shānhé dàjiǔdiàn*
Yuntai Shan	云台山	*yúntái shān*
Shidong	施洞	***shīdòng***
Taijiang	台江	***táijiāng***
Silberfabrik Minghu	明晖民族工艺厂	*mínghuī mínzúgōngyìchǎng*
Wenchang Ge	文场阁	*wénchǎng gé*
Youzheng Gongyu	邮政公寓	*yōuzhèng gōngyù*
Xijiang	西江	***xījiāng***
Zhouxi	舟溪	***zhōuxī***

zentrale *Jianxin Binguan**. Ausgezeichnete Wandermöglichkeiten bietet das östlich gelegene **Naturreservat Leigong Shan**, in dem abgeschiedene Dörfer und Waldstriche auf ihre Erkundung warten und Bären, Rotwild und andere Tierarten leben. Auch dorthin organisiert Kailis *CITS*-Büro (s.S. 908) Touren. Eine staubige Straße führt von Leishan gen Nordosten nach **Xijiang**, auch „Dorf der 1000 Miao" genannt, denn es gilt als größte und traditionellste Miao-Siedlung. Eine **Übernachtung** im einfachen *Gästehaus** ist durchaus empfehlenswert, um genügend Zeit für die Erkundung der Ortschaft zu haben. Am frühen Nachmittag fahren drei Minibusse von Kaili via Leishan nach Xijiang.

Vier Stunden südöstlich von Leishan erreicht man die Ausläufer einer weltfernen Landschaft aus steilen Bergterrassen und Dörfern mit dunklen Holzhäusern, deren Blickfang kunstvoll erbaute Türme und Brücken sind: das **Land der Dong**. Zur Besichtigung der interessantesten Ortschaften sind nur wenige Tage erforderlich, doch mit mehr Zeit, Geduld und Durchhaltevermögen (die Straßen und Unterkünfte sind sehr einfach) lohnt es sich, die Reise bis zum Dong-Territorium von **Sanjiang** in der Provinz Guangxi fortzusetzen. Erstes Ziel bei dieser Variante ist die Stadt **Rongjiang** 100 km südöstlich von Leishan, die tägliche Busverbindungen nach Kaili zu bieten hat.

Schwesternmahl Wer am 15. Tag des 3. Mondmonats (April oder Mai) in der Gegend ist, sollte unbedingt an Taijiangs zweitägigem Schwesternmahl-Fest teilnehmen. Zu diesem Zeitpunkt platzt die Stadt aus allen Nähten – die Menschen drängeln sich zwischen Lotterieständen und Marktbuden, kaufen einheimische Produkte und natürlich Stickereien und Silberschmuck. Noch mehr Schmuck sieht man an den jungen Mädchen aus dem Umland von Taijiang, die kokett herausgeputzt durch die Straßen stolzieren und unter dem Gewicht ihrer Silbergehänge und verzierten Jacken vor sich hin schwitzen.

Am ersten Tag ist am Sportgelände schon um 9 Uhr morgens kaum noch ein Stehplatz zu ergattern, denn eine Stunde später beginnt die Eröffnungszeremonie. Sobald die unvermeidlichen Ansprachen vorbei sind, verselbstständigen sich die Dinge. Zwei Stunden lang werden **Tänze** und **Lusheng-Aufführungen** geboten, danach verteilt sich die Menge auf kleinere Gruppen von Tänzern und Musikanten, und es wird heftig geflirtet, denn schließlich handelt es sich in erster Linie um ein Fest für Teenager.

Nachmittags finden eher im Verborgenen **Hahnenkämpfe** statt, und der Reiswein fließt in Strömen.

Bei Einbruch der Dämmerung treten die **Drachenlaternentänzer** auf, ein halbes Dutzend Teams, die ihre liebevoll gestalteten, bis zu 20 m langen Draht- und Kreppgebilde in Form von Drachen, Vögeln und Schmetterlingen auf die Hauptstraße schleppen und sie mit Kerzen erleuchten. Nun kann das wahre Treiben beginnen: Die Tänzer verbergen sich unter den Gestellen und ziehen als Tiere verkleidet durch die Straßen, liefern sich gegenseitig „Kämpfe" und werden dabei von Trommlern und einer brüllenden Zuschauermenge angefeuert – ebenso wie von Knallkörpern, die blindlings in die Menschenansammlung geworfen werden.

Am zweiten Tag verlagern sich die Aktionen um einige Kilometer nach Westen in ein breites Flusstal, wo vormittags **Wasserbüffelkämpfe** stattfinden. Blut fließt gottseidank nicht, da es sich nur um ein Kräftemessen zwischen den Bullen handelt. Das Spektakel zieht über 5000 Besucher an, die sich um eine unklar definierte Arena scharen, während die nächsten Kandidaten – gekennzeichnet mit roten Nummern an den Flanken und geschmückt mit geflochtenen Hauben, bunten Flaggen und Fasanenschwanzfedern – bereits auf und ab geführt werden. Die einzelnen Kämpfe dauern nur wenige Minuten: Schädel krachen gegeneinander, Hörner verhaken sich, und Büffelhufe verkeilen sich in der Erde. So dicht wie möglich scharen sich die Zuschauer um das Geschehen, preschen jedoch genauso schnell wieder auseinander, wenn ein Bulle sich aus dem Staub zu machen versucht, natürlich mit dem stärkeren Gegner dicht auf den Fersen.

In der Stadt sind währenddessen die Vorbereitungen zu den **Schwesternmahlzeiten** in vollem Gange: Junge Männer verschenken Päckchen mit gefärbtem Klebreis an ihre Angebeteten: Wer in seinem Reis versteckt ein Paar Essstäbchen zurückbekommt, darf sich glücklich schätzen, wehe aber wenn sich nur ein einzelnes Essstäbchen – oder schlimmer Chili – darin verbirgt, deutlicher könnte eine Absage nicht ausfallen. Abends verlagert sich das Fest wieder auf das Sportgelände, wo bei Scheinwerferlicht zunächst zeremonielle und dann zunehmend lauschigere Tänze stattfinden, nach denen immer mehr Paare in der Dunkelheit verschwinden.

Gen Nordosten nach Taijiang und Shidong

Die Kleinstadt **Taijiang** liegt 55 km nordöstlich von Kaili an der Kreuzung der Straßen nach Sanhui und Shidong und hat sich vor allem durch sein jährlich im April oder Mai stattfindendes **Schwesternmahl-Fest** (s.S. 912, Kasten) einen Namen gemacht. Die Stadt selbst besteht aus einer Ansammlung billiger moderner Gebäude und ist bereits recht gut für den stetig wachsenden Tourismus gewappnet. **Unterkunft** bieten die Gästehäuser *Youzheng Gongyu**, ✆ 0855/5323777, *Dishui Binguan**, *Xinghe Binguan** sowie eine zentralere *Herberge** in Nähe des Busbahnhofs. Zur Zeit des Festes sollten Übernachtungen vorab gebucht werden, eventuell mit Hilfe des *CITS*-Büros in Kaili. Einen Besuch wert ist die **Silberfabrik Minghui**, die traditionelle Stücke herstellt und alte Stücke mit neuem Glanz versieht – der Englisch sprechende Manager Herr Wang zeigt gerne den Betrieb und freut sich besonders, wenn Besucher etwas einkaufen. Oberhalb der zentralen Kreuzung steht der jüngst restaurierte Tempel **Wenchang Ge** aus der Qing-Zeit, dessen hölzerne Hallen überraschenderweise eine Sammlung von in der Umgebung gefundenen **Meeres-Fossilien** aus dem Kambrium präsentieren.

Taijiang dient als Ausgangspunkt für diverse Tagesausflüge. 30 km östlich liegt oben in den Hügeln das antike Dorf **Fanpai**, dessen terrassierte Reisfelder und urtümlichen Tänze gerühmt werden – täglich fahren mindestens zwei Minibusse dorthin. Einfacher zu erreichen (auch direkt von Kaili) ist das 40 km nordöstlich gelegene **Jianhe** unweit der Straße nach Sanhui, das sich bereits voll dem Tourismus hingibt. Die hiesigen Miao versehen ihre Schürzen mit dekorativen Zinnteilen. Von Jianhe gibt es Verkehrsverbindungen nach **Liping**, wo Anschluss nach Zhaoxing und in die Provinz Guangxi besteht.

Täglich fahren von Taijiang zwei Busse ins 40 km entfernte Shidong. Die zweistündige Fahrt führt durch eine der schönsten Landschaften, die dieser Teil Chinas zu bieten hat. **Shidong** ist eine winzige ländliche Stadt zwischen Feldern an einer Biegung des **Qingshui Jiang**, auf dem nach Taijiangs Schwesternmahl-Zeremonien das größte **Drachenbootfest** der Region stattfindet. Die ausgelassene Veranstaltung erinnert an einen örtlichen Helden, der han-chinesische Eindringlinge bekämpfte – im übrigen China werden solche Festivitäten zum Gedenken an Qu Yuans Selbstmord im Jahre 278 v. Chr. ausgetragen. Die Besucher müssen damit rechnen, betrunken zu werden,

Die drei Symbolfiguren für **Glück**, **Wohlstand** und **langes Leben**.

denn junge Frauen in festlicher Kleidung errichten vor der Stadt Straßensperren und lassen eintreffende Gäste nur dann passieren, wenn sie ein Büffelhorn mit *mijiu* leeren – wer das Horn einmal angefasst hat, muss es unweigerlich austrinken. Zur Zeit des Festes gibt es zahlreiche Transportmittel, ansonsten sind die Verbindungen eher knapp, und vielleicht findet man dann **Unterkunft** in dem einzigen *Hotel**, das Ausländer aufnehmen darf. Ins nördliche **Zhenyuan** gelangt man mit kleinen Booten bis zum Weiler **Matou**, wo mittags Busse weiterfahren (bei Hochwasserstand im Mai und Juni wird der Fährverkehr allerdings eingestellt).

Zhenyuan und Umgebung

Zhenyuan wurde bereits vor 2000 Jahren gegründet, entwickelte sich jedoch erst während der Ming-Dynastie zu einem Wachtposten über die Handelsroute nach Zentralchina. Die charaktervolle kleine Stadt liegt an der Eisenbahnlinie von Guiyang nach Changsha 100 km nordöstlich von Kaili und schmiegt sich in das Flusstal des **Wuyang He**.

Schmale Straßen und große Häuser säumen den aquamarinblauen Flusslauf, der Richtung Westen durch einsame Schluchten zu befahren ist, allerdings verhindert ein Damm die Bootsfahrt bis nach Shibing (5 Std. hin und zurück, ¥62 pro Person, Buchungen übernimmt die Unterkunft).

Der Ort selbst besteht aus zwei länglichen Straßenzügen zu beiden Seiten des Flusses, die durch mehrere Brücken miteinander verbunden sind. Wenig östlich des Busbahnhofs führt links eine Treppe hinauf zum **Tianhou Gong** (Eintritt ¥1), ein restaurierter, 400 Jahre alter daoistischer Tempel, dessen Balkon über die Straße ragt. Noch ein Stückchen weiter östlich führt die größte Brücke hinüber zum liebevoll hergerichteten **Altstadtviertel**.

Zu Füßen von Felsklippen stehen hier auf 500 m Länge schöne hölzerne und steinerne Gebäude im Stil der Qing-Dynastie. An anderer Stelle kann man über eine Steinbrücke zum **Qinglong Dong** (Eintritt ¥5) aus dem 16. Jahrhundert spazieren, dessen daoistische, buddhistische und konfuzianische Hallen gerdadewegs aus den schroffen Felsen herauszuwachsen scheinen. Die einzelnen Räume sind recht feucht und mit zahlreichen Bildnissen geschmückt. Draußen bilden Kletterpflanzen einen natürlichen Vorhang zwischen dem Hang und den Pavillons, und es bieten sich schöne Ausblicke über den Fluss, wo alte Sampans dümpeln, Kinder schwimmen und Anfang Juni das Training für die Drachenbootrennen beginnt. Südlich des Flusses liegt in Nähe der großen Brücke Zhenyuans **Markt**, und in den Gassen westlich davon sind noch ein paar Überreste der alten **Stadtmauer** erhalten.

Von Zhenyuan kann man etappenweise via **Liping** und das Dong-Dorf **Zhaoxing** in die Nachbarprovinz Guangxi reisen. Die Fahrt nach Liping (¥50) erfordert zwei Tage und führt über steile Hügel und durch flache grüne Täler, in denen kleine Dörfer und geschäftige Marktorte liegen.

Erstes Ziel ist 40 km östlich von Zhenyuan das schwer zu beschreibende **Sansui**. Von dort bestehen gute Verbindungen in die 75 km entfernte und relativ große Ortschaft **Tianzhu**, die gleich zwei Busbahnhöfe besitzt – den Transport von einer Haltestelle zu anderen übernehmen Rikschas.

Nächste Destination ist das 50 km entfernte **Jinping**, wo man im einfachen, aber sauberen *Hunan Dajiudian** übernachten (¥30) und essen kann.

Morgens fahren zahlreiche Busse nach Liping (s.S. 878), was für die 90 km ungefähr zwei Stunden braucht. Rund 10 km von Liping entfernt liegt das landschaftlich reizvolle **Gaotun**, wo ein Kalksteinbogen eine natürliche Brücke über den Fluss Bazhou bildet.

Übernachtung und Essen

Lerong Binguan*, südlich des Flusses, ✆ 0855/5721908. Preiswerteste Unterkunft der Stadt.

Zhenyuan Binguan*, 750 m östlich des Busbahnhofs, ✆ 0855/5722592. Faires Preis-Leistungs-Verhältnis.

Mingcheng Binguan**, neben dem *Zhenyuan Binguan*, ✆ 0855/5726028, 📠 5726018. Etwas gehobenere Adresse.

Das *Mingcheng Binguan* hat ein gutes **Restaurant**, und überall im Zentrum gibt es viele namenlose Feuertopf-Lokale und Nudelküchen.

Zhenyuan und Umgebung

Zhenyuan	镇远	***zhènyuǎn***
Lerong Binguan	乐容宾馆	*lèróng bīnguǎn*
Mingcheng Binguan	名城宾馆	*míngchéng bīnguǎn*
Qinglong Dong	青龙洞	*qīnglóng dòng*
Tianhou Gong	天后宫	*tiānhòu gōng*
Wuyang He	舞阳河	*wǔyáng hé*
Zhenyuan Binguan	镇远宾馆	*zhènyuǎn bīnguǎn*
Gaotun	高屯	***gāotún***
Jinping	锦屏	***jǐnpíng***
Liping	黎平	***lípíng***
Sansui	三穗	***sānsuì***
Tianzhu	天柱	***tiānzhù***

Transport

BUSSE – Der **Busbahnhof** liegt am Nordufer des Wuyang He. Tagsüber gibt es zahlreiche Verbindungen gen Westen nach Shibing (2 Std., ¥8) sowie weniger häufig nach Kaili, Zunyi und Guiyang. Nur ein einziger Bus bedient das im Südwesten liegende Matou (Abfahrt zwischen 9 und 11 Uhr an der Straße zum Bahnhof), wo eine Flussfähre nach Shidong die Verbindung zur Straße nach Kaili herstellt; nach heftigen Regenfällen kann es im Frühsommer jedoch zur Einstellung des Fährverkehrs kommen.

EISENBAHN – Der **Bahnhof** befindet sich am südwestlichen Stadtrand. Täglich fahren mehrere Züge gen Südwesten via Kaili nach Guiyang sowie gen Nordosten via Yuping (1 Std., Anschluss nach Tongren, s.S. 915) nach Huaihua (Anschluss nach Zhangjiajie, s.S. 638) und Changsha. Wer im Zug nicht stehen möchte, muss die Fahrkarte spätestens am Vortag lösen.

Züge nach:
GUIYANG 7x tgl., 7 Std.;
HUAIHUA 7x tgl., 3 1/2 Std.;
KAILI 7x tgl., 3 Std.;
YUPING 7x tgl., 1 1/4 Std.

Tongren

Tongren ist die einzige Siedlung nennenswerter Größe im nordöstlichen Guizhou. Die kleine, nur geringfügig industrialisierte Stadt liegt an einer Schlinge des **Jinjiang**, nur einen Steinwurf von der Grenze zur Nachbarprovinz Hunan entfernt, und dient vor allem als Sprungbrett für das 1981 eingerichtete Naturreservat am nahen **Fanjing Shan** (s.S. 917). Es ist bekannt für seine außergewöhnlich vielfältige Flora und Fauna und hat seit Anfang der 90er Jahre, als der Zugang in das Gebiet verbessert wurde, steigende Besucherzahlen zu vermelden – wenngleich die Erkundung der mitreißenden Landschaft durchaus mit körperlichen Anstrengungen verbunden ist. Dafür besteht jederzeit die Möglichkeit, **Goldaffen** zu sichten, die zu Chinas schönsten gefährdeten Arten gehören und deren wild lebende Population nur noch wenige Tausend Tiere umfasst, wovon allein rund 170 Exemplare an den oberen Hängen des Fanjing Shan leben. Die Affen sind leicht an ihrer schmächtigen Gestalt, den dicken Lippen, der schmalen Nase und dem orange-goldenen Fell der männlichen Tiere zu erkennen.

Tongren liegt unwahrscheinlich abgeschieden im Nordosten der Provinz und ist am besten via **Yuping**, eine Bahnstation an der Strecke Zhen-

Tongren und Fanjing Shan

Tongren	铜仁	***tóngrén***
Dong-Shan-Park	东山公园	*dōngshān gōngyuán*
Dongshan Si	东山寺	*dōngshān sì*
Fanyu Dajiudian	梵宇大酒店	*fànyǔ dàjiǔdiàn*
Jinjiang	锦江	*jǐnjiāng*
Jinlong Binguan	金龙宾馆	*jīnlóng bīnguǎn*
Qiandong Binguan	黔东宾馆	*qiándōng bīnguǎn*
Fanjing Shan	梵净山	***fànjìng shān***
Stumpfnasenaffe	金丝猴	*jīnsī hóu*
Heiwan	黑湾	*hēiwān*
Jiankou	剑口	*jiànkǒu*
Jinding Si	金顶寺	*jīndǐng sì*

yuan–Huaihua zu erreichen. Von dort fahren regelmäßig Minibusse nach Tongren (vom Bahnhof kommend 400 m nach rechts, ¥20), die etwa zwei Stunden benötigen.

Das Zentrum von Tongren konzentriert sich am Ostufer des Jinjiang. Die Minzhu Lu wurde teilweise zur Fußgängerzone umfunktioniert und beherbergt zahlreiche Kleidungsgeschäfte und Kaufhäuser, etwa auf halber Strecke steht die große Skulptur einer **Bronzetrommel**. Im Süden erstreckt sich oberhalb des Flusses der **Dong-Shan-Park**, in dem eine Steintreppe hinauf zum **Dongshan Si** führt, Chinas einziger offizieller **Nuo-Tempel**. Nuo ist eine animistische Religion, die durch buddhistische und daoistische Einflüsse zwar an Kontur verloren, einige ihrer Traditionen jedoch bewahrt hat – allen voran die Theateraufführungen unter freiem Himmel, die bei Festen in den Dörfern um Tongren zu sehen sind. Rhythmisches Trommeln begleitet inszenierte Kampfhandlungen, bei denen die Tänzer grotesk stilisierte **Masken** tragen. Eine jede hat einen anderen Namen und wird von einem anderen Geist beseelt, der seinen Träger vereinnahmt, sofern er nicht durch Spritzer mit Hühnerblut besänftigt wird. Je mehr Masken eine Truppe besitzt, desto höher ist ihr Status. Allein in diesem Tempel sind über 100 Masken untergebracht, darüber hinaus Batikarbeiten, ein protziger „Nuo"-Schrein sowie andere Kultgegenstände der Religion. Unterhalb des Tempels verläuft am Fluss entlang die Shuangjiang Lu, die von ältlichen Ladengeschäften aus Holz und von Wohnhäusern gesäumt wird.

Übernachtung und Essen

Fanyu Dajiudian**, gegenüber vom Busbahnhof. Wirkt etwas schmuddlig.
Jinlong Binguan*, Huanxi Lu. Das exzentrische Dekor entschädigt für den veralteten Zustand.
Qiandong Binguan*, Minzhu Lu, ✆ 5223636. Passable Unterkunft, Dorm-Bett ¥20.
Im Zentrum gibt es mehrere preiswerte **Restaurants**, diverse Konditoreien, die Kuchen und Kaffee anbieten, sowie ein beträchtliches Speisenangebot der Hui und Uiguren, v.a. Kebabs und gegrillte Hühnchenschlegel.

Sonstiges

GELD – ***Bank of China***, Huanxi Lu, nahe *Jinlong-Hotel*.

INTERNET – Es gibt mehrere Internet-Bars in der Nähe der Bronzetrommel an der Minzhu Lu.

VORWAHL – 0856

Transport

BUSSE – Tongrens **Busbahnhof** liegt westlich des Flusses an der Jinjiang Lu. Es bestehen regelmäßige Verbindungen nach Yuping (mit Anschluss an die Eisenbahnlinie Guiyang–Huaihua) sowie zu weiter entfernten Zielen wie Zunyi, Guiyang und Guangzhou.

Fanjing Shan

Gut 75 km nordwestlich von Tongren erreicht der Gipfel des buddhistischen Berges **Fanjing Shan** eine Höhe von rund 2500 m. Der Aufstieg ist über mehr als 7000 Stufen zu bewältigen, wobei lange Abschnitte sehr schmal, steil und in schlechtem Zustand sind. Man sollte einen Tag für den Aufstieg, einen weiteren für die Gipfelregion und einen dritten für den Abstieg einkalkulieren. Da es unterwegs genügend **Unterkünfte** und Versorgungsmöglichkeiten gibt, macht man es am besten wie die Chinesen, deren einziger Proviant aus einem Behältnis mit Tee besteht. Die Sommer sind in den unteren Bereichen feucht, doch oben herrscht häufig ein kalter Wind und viel Nebel. Im Winter wird es eisig kalt, sodass man unbedingt warme Kleidung einpacken muss.

Von Tongren benötigen Minibusse zwei Stunden nach **Jiankou**, eine Ortschaft mit nur einer Straße, an der Jeeps und kleinere Minibusse warten, um die restlichen 25 km talaufwärts über eine schlechte Piste in Angriff zu nehmen. Preise, Fahrtdauer und exakter Zielort hängen vom Fahrzeugtyp und natürlich vom Chauffeur ab, aber die Fahrt zum **Parkeingang** (Eintritt ¥15) in **Heiwan**, eine Ansammlung einfacher Geschäfte, Restaurants und Unterkünfte, sollte nicht mehr als ¥15 kosten. Die letzten 7 km über eine rote Lehmpiste zum Fuß des Berges laden zu einer schönen Wanderung ein, bei der man durch Wälder mit Bambusbestand und blühenden Bäumen spaziert, zahlreiche Schmetterlinge erblickt und an einem nahezu vertikalen Wasserfall vorbeikommt. Am Ende der Straße liegt **Dahe**, bestehend aus zwei Teehäusern, in denen Träger warten, die müde Besucher in Bambussänften zum Gipfel tragen wollen. Ein Souvenirladen bietet Wanderstöcke und **Landkarten** an. Über eine Brücke gelangt man zu den ersten Treppenstufen, in jeder Hinsicht die anstrengendste Passage am Berg. Erst nach rund 90 Minuten gestaltet sich der Anstieg wieder etwas einfacher und führt durch lichte Waldungen mit zwerghaftem Bambus-Unterwuchs zu einer Art Unterstand, wo Mahlzeiten und bei Bedarf sogar ein Schlafplatz zu bekommen sind. Nach insgesamt fünf Stunden wird der **Jinding Si** (Tempel des Goldenen Gipfels) erreicht, der ebenfalls Mahlzeiten sowie einfache Unterkünfte anbietet. Von hier sind es „nur" noch 500 Stufen, vorbei an einigen faszinierenden Felsformationen, zum Gipfel. Die meisten Besucher übernachten im Tempel und steigen erst am nächsten Morgen auf, um den Sonnenaufgang zu bewundern. Außerdem gibt es zahlreiche Tagestouren zu niedrigeren Gipfeln der Umgebung.

Der Westen von Guizhou

Guizhous Westen, der sich über ein Gebiet von 350 km zwischen Guiyang und der Grenze zur Provinz Yunnan erstreckt, ist ein sehr ärmliches Gebiet. Gebirgszüge prägen die Landschaft, und funktionell wirkende Städte zeugen von Kohle-, Zement- und Stahlwirtschaft. Nach einem Drittel der Strecke erreicht man die Provinzhauptstadt **Anshun** und den nahen **Huangguoshu-Wasserfall**, der zu den größten Kaskaden Chinas gehört und täglich ganze Busladungen voller Touristen anzieht. Anshun selbst liegt sowohl an der Eisenbahntrasse als auch an der Schnellstraße zwischen Guizhou und Yunnan, und alle Wege gen Westen enden letztlich in Kunming, der Hauptstadt Yunnans: Nordwestwärts fahren Züge nach **Liupanshui**, das Sprungbrett für einen Abstecher zu Siedlungen der Yi, Hui und Miao sowie zum abgelegenen Wildvogel-Reservat **Caohai** (es gehört zu den herausragenden Erlebnissen in Guizhou, sich an einem sonnigen Tag über diesen seichten See staken zu lassen), während die Hauptstraße durch die von Yi bevölkerte Grenzstadt **Panxian** nach Yunnan führt; eine noch weiter südlich verlaufende Nebenstraße in die Nachbarprovinz passiert den Ort **Xingyi** und wartet mit weiteren landschaftlichen Höhepunkten auf.

Entlang der Hauptstrecken bereitet die Fortbewegung keine besonderen Schwierigkeiten, doch die Beschaffung von Busfahrkarten für Reisen auf den Nebenstraßen kann problematisch sein. Wer in dieser Gegend unterwegs ist, muss wissen, dass es in Guizhous Westen keine Banken gibt, die Reiseschecks wechseln.

Anshun und Umgebung

Die ländliche Stadt Anshun liegt 100 km von Guiyang entfernt an der Eisenbahnlinie nach Kunming und wurde in der Ming-Dynastie als Garnisonsposten gegründet, der die unbeherrschbaren Randgebiete des Kaiserreichs zu beaufsichtigen hatte. Später war die Stadt ein Ausgangspunkt für Kaufleute, die auf den schwierigen Wegen zwischen Zentralchina und Yunnan tätig waren, und zwischen den 80er Jahren des 19. Jahrhunderts und der kommunistischen Machtübernahme im Jahre 1949 geriet der Ort zu einem Zentrum des **Opiumhandels**. Heute liegen die Schwerpunkte auf Subsistenzwirtschaft, Textilherstellung und Tourismus. Anshun ist die Ausgangsbasis für Ausflüge zu den nahen Longgong-Höhlen und den Huangguoshu-Wasserfällen.

Die Umgebung der Stadt präsentiert sich relativ flach, doch die spröden Kalksteinberge der Provinz sind nirgends weit entfernt, und die begrenzten Flächen zwischen den Hügeln werden intensiv von blau gekleideten **Bouyei** bewirtschaftet, die Reissetzlinge einpflanzen oder mithilfe von Wasserbüffeln ihre matschigen Felder pflügen. Die Bevölkerung der Bouyei, die eng mit Guangxis Zhuang-Nationalität (s.S. 733) verwandt sind, beziffert sich auf etwa 2,5 Millionen Menschen. Die Ethnie lebt verstreut in Guizhous Südwesten, doch die Umgebung von Anshun ist ihr Kernland. Ziegel-Brennöfen, die überall im ländlichen China zu sehen sind, fehlen in dieser Gegend, da einfach nicht genügend Tonerde zur Verfügung steht, um solche Baumaterialien herzustellen. Aus diesem Grund werden die hiesigen Häuser, die inmitten bewaldeter Landstriche und säuberlich gepflegter Terrassen stehen, kunstfertig aus Steinen erbaut und mit Schiefer gedeckt.

Anshuns renovierungsbedürftiges Zentrum erstreckt sich um die Kreuzung von Nanhua Lu und Tashan Lu, deren Umgebung geprägt ist von typischen Szenen des ländlichen Handelsverkehrs: Pferde ziehen Wagenladungen mit Kohle, auf den Märkten wird um Enten und riesige Mengen Chinakohl gefeilscht, und Geschäfte verkaufen billige Kleidung und alle erdenklichen Haushaltsgegenstände aus Plastik. Zu den Sehenswürdigkeiten gehört die **Xixiu Shan Ta**, eine niedrige Pagode aus der Ming-Dynastie, die von einem Hügel auf die Gebäude nordwestlich der Kreuzung von Zhonghua Lu und Tashan Lu hinabblickt. Versteckt am oberen Ende der Stadt steht die 600 Jahre alte konfuzianische Akademie **Wen Miao** mit ihrem liebevoll restaurierten Steintor.

Die hiesigen **Unterkünfte** veranlassen nicht unbedingt zu Begeisterungsstürmen und nehmen oft nur widerstrebend Ausländer auf. Etwa 150 m westlich der zentralen Kreuzung liegt an der Tashan Xi Lu das passable, aber im Winter sehr kalte *Huayou Binguan**, ✆ 0853/3226021. Das *Xixiu Shan Binguan* in der Nanhua Lu, schräg gegenüber dem Busbahnhof, ✆ 0853/3223900, war zur Zeit der Recherche wegen Renovierung geschlossen und peilte Zimmerpreise um ¥200 an. In der Tashan Dong Lu befindet sich das *Minzu Binguan**, ✆ 0853/3222500, in den 80er Jahren die erste Adresse für Touristen, doch mittlerweile etwas heruntergekommen. Die besten **Restaurants** sind die Garküchen rund um den Hauptbusbahnhof, deren Angebote die üblichen chinesischen Gerichte und Feuertöpfe umfassen. Hundefleisch ist stets erhältlich, und wer diese Spezialität genießen will, wendet sich am besten an das *Gouzhenpeng* rund 150 m vom Hauptbusbahnhof entfernt an der Straße nach Guiyang, dessen englisches Schild verkündet: *Orthodox Dog Flesh Restaurant in China*.

Der **Hauptbusbahnhof** liegt etwas abseits des Zentrums an der Nanhua Lu, wo die Hauptstraße aus Guiyang die Stadt erreicht. Tagsüber bestehen zahlreiche Verbindungen nach Guiyang (2 Std.) und Huangguoshu, weniger häufig sind die Anschlüsse nach Xingyi (8 Std.) und Yunnan. Fahrzeuge nach Huangguoshu warten auch am **Busbahnhof-West** 500 m westlich der zentralen Kreuzung an der Tashan Xi Lu. Anshuns **Bahnhof** befindet sich rund 1 km südlich des Zentrums am Ende der Nanhua Lu. Regelmäßig fahren Züge nach Guiyang (10x tgl., 2 Std.) und Kunming (10x tgl., 13 Std.) sowie nach Liupanshui (12x tgl., 3 Std.).

Longgong und Huangguoshu

Der insgesamt etwa 150 km lange Ausflug zu den **Longgong-Höhlen** und den **Huangguoshu-Wasserfällen** gewährt vorzügliche Einblicke in das ländliche Guizhou. Eine **Minibus-Tour** zu beiden Zielen ist die bequemste Reiseart und darüber hinaus die einzige Möglichkeit, die Höhlen zu sehen – frühmorgens stehen Fahrzeuge an Guiyangs und Anshuns Bahnhofsplätzen bereit. Wer nur Huangguoshu zum Ziel hat und dort ein wenig durch die Landschaft streifen möchte, sollte sich den gleichnamigen Ort oberhalb der Fälle zum Ziel nehmen, den Minibusse aus Guiyang und Anshun bedie-

Der Westen von Guizhou

Anshun	安顺	***ānshùn***
Batikfabrik	蜡染总厂	*làrǎn zǒngchǎng*
Huayou Binguan	华油宾馆	*huáyóu bīnguǎn*
Minzu Binguan	民族宾馆	*mínzú bīnguǎn*
Wen Miao	文庙	*wénmiào*
Xixiu Shan Binguan	西秀山宾馆	*xīxiùshān bīnguǎn*
Xixiu Shan Ta	西秀山塔	*xīxiùshān tǎ*
Longgong und Huangguoshu		
Huangguoshu Binguan	黄果树宾馆	*huángguǒshù bīnguǎn*
Huangguoshu-Wasserfälle	黄果树瀑布	*huángguǒshù pùbù*
Longgong-Höhlen	龙宫洞	*lónggōng dòng*
Liupanshui	六盘水	***liùpánshuǐ***
Liuzhi	六枝	***liùzhī***
Weining	威宁	***wēiníng***
Caohai	草海	*cǎohǎi*
Jiangong Binguan	建工宾馆	*jiàngōng bīnguǎn*
Schwarzhalskranich	黑颈鹤	*hēijǐng hè*
Xingyi	兴义	***xīngyì***
Maling-Schlucht	马陵峡谷	*mǎlíng xiágǔ*
Minderheiten-Museum	民族婚俗博物馆	*mínzú hūnsú bówùguǎn*
Panjiang Binguan	盘江宾馆	*pánjiāng bīnguǎn*
Xingyi Binguan	兴义宾馆	*xīngyì bīnguǎn*

nen. Fernbusse setzen Passagiere an der nahen Hauptstraße ab.

Die rund eine Stunde von Anshun entfernten **Longgong-Höhlen** (Eintritt ca. ¥30) stehen unter Wasser und sind deshalb nur im Rahmen einer Bootsfahrt zu erkunden, die ungefähr eine Stunde dauert und durch verschiedene, grell mit Neonlicht beleuchtete Grotten führt. Weitere 30 Minuten nimmt die Fahrt von den Höhlen zu den **Huangguoshu-Wasserfällen** (Eintritt ¥35) in Anspruch, die 70 km von Anshun entfernt an der Straße nach Yunnan unterhalb des kleinen Ortes **Huangguoshu** liegen. Mit seiner Höhe von 68 m ist dies keinesfalls Chinas höchster Wasserfall, aber bei Hochwasser nach den sommerlichen Niederschlägen einer der spektakulärsten (und lautesten) des Landes – an manchen Tagen sind die Wassermassen noch in weiter Ferne zu hören. Eine Treppe führt vorbei an zahlreichen Souvenirständen und subtropischem Strauchwerk zu dem blau-grünen Fluss unterhalb der Fälle. Der schönste Ausblick eröffnet sich von der linken Seite, wo sich die 81 m breite Kaskade in das **Rhino-Becken** ergießt – man sollte darauf vorbereitet sein, klitschenass zu werden. Bei niedrigem Wasserstand kann man auf die andere Seite water, ansonsten ist man auf die **Hängebrücke** flussabwärts angewiesen, die zu einem 100 m langen, mit Sichtfenstern ausgestatteten **Tunnel** hinter dem Wasserfallvorhang führt (Eintritt ¥10).

Wer sämtliche Anschlüsse verpasst, kann in Huangguoshu auf mehrere preiswerte **Herber-**

Batiken aus Anshun Anshun ist berühmt für seine Batik-Tradition, die bereits vor über 2000 Jahren entstand, als unbeabsichtigt Wachs aus einem Bienenstock auf einige Leintücher tropfte, die gefärbt werden sollten. Begeistert von dem Ergebnis begannen die Menschen mit der bewussten Gestaltung von Motiven.
Hierfür wird zunächst geschmolzenes Wachs mit einem kupfernen „Messer" auf weißes Tuch aufgetragen – meist in Form von Spiralen oder Rundungen, die Wasserbüffelhörner oder Pflanzen symbolisieren sollen, aber auch in geometrischen Mustern –, dann taucht man den Stoff einmal in **Indigo** und abschließend kocht man ihn, um die Farbe zu fixieren und das Wachs zu entfernen. Übrig bleiben weiße Muster auf einem dunkelblauen Hintergrund. – In Südwestchina kennen die Miao, Yao und Bai eigene Batiktechniken, doch es waren Guizhous Bouyei, die ethnische Textilien auf den Markt brachten, nachdem 1953 Anshuns **Batikfabrik** eröffnet wurde.
Damals war dieser Schritt ein kühnes Unterfangen, doch heute sind die Erzeugnisse im gesamten Land begehrt. Längst haben moderne mehrfarbige Muster die älteren monochromen Motive ersetzt.
Ein Dutzend **Geschäfte** bietet außerhalb der Fabrik, die sich nahe dem Hauptbusbahnhof befindet, Wandbehänge sowie auf den touristischen Geschmack ausgerichtete Stücke an. Nur wenige Motive sind strikt „traditionell", doch viele Muster haben einen lokalen Hintergrund, darunter vor allem Porträts von Bouyei-Mädchen mit Brautschmuck oder stilisierte Figuren und Tiere aus der Bouyei-Mythologie. Obwohl die Preise niedrig sind, sollte man handeln.

gen* zurückgreifen, die mitunter Ausländer aufnehmen. Wesentlich teurer ist das *Huangguoshu Binguan**–**, ✆ 0853/3592110, 📠 3592111, am Eingang zum Gelände der Wasserfälle. Tagsüber gibt es von Huangguoshu zahlreiche Verbindungen nach Anshun und Guiyang. Reisende auf dem Weg nach Xingyi und Yunnan müssen im 7 km westlich gelegenen **Guanling** umsteigen.

Nach Liupanshui, Weining und Caohai

Der Landstrich nordwestlich von Anshun besteht aus zerklüfteten Gipfeln und tiefen Tälern, und die Eisenbahntrasse führt meisterhaft geplant durch zahlreiche Tunnel und an Bergrücken entlang, die höhenbedingt oft von Nebelschwaden eingehüllt sind. Nach einer Stunde hält der Zug im düster wirkenden **Liuzhi**, in dessen Umgebung sich die Dörfer der **Langhörnigen Miao** befinden – die Frauen dieser Ethnie tragen einen außergewöhnlichen Kopfschmuck, bei dem das geflochtene Haar um hölzerne „Büffelhörner" gewunden wird (näheres zu den Miao, s.S. 772).

Zwei Stunden hinter Liuzhi erreicht der Zug **Liupanshui** (auch **Shuicheng** genannt), Chinas ärmste Stadt, deren marode Bürgersteige und verfallene Gebäude, die permanent mit Stahlgerüsten abgestützt werden, den **Bahnhof** vergleichsweise attraktiv erscheinen lassen. Von hier gibt es Verbindungen via Anshun (12x tgl., 3 Std.) nach Guiyang (5 Std.) sowie nach Kunming (10x tgl., 8 Std.). Der **Busbahnhof** liegt etwas abseits (Taxi zum Zentrum ¥5) und bietet bis in den Nachmittag hinein Anschluss nach Weining (4 1/2 Std., ¥25); außerdem fahren Busse mit Schlafkojen nach Xingyi (12 Std., ¥66), aber da das Personal offenbar keine Tickets hierfür an Ausländer verkaufen darf und Angst vor behördlichen Rügen hat, sollte man die Fahrkarten lieber von Einheimischen besorgen lassen.

Die Busfahrt nach Weining führt an unglaublich vielen Lastwagenwracks vorbei (dabei ist die Straße gar nicht so schlecht) bis auf das 2000 m hoch gelegene Weining-Plateau, das ein ungewöhnlich mildes Mikroklima genießt.

Weining ist eine kleine, nicht besonders gepflegt wirkende Stadt am Nordufer des von Schilfrohr gesäumten Sees **Caohai**, in dessen Umgebung eine Mischung aus moslemischen Hui, Yi und Dahua Miao lebt. Die meisten Menschen verdienen sich ihren Unterhalt mit Schafzucht und **Kartoffelanbau** – überall in Weining werden mit Chili bestreute Kartoffel-Kebabs angeboten. Besonders besuchenswert ist der Ort im Juli oder August, wenn das noch relativ unbekannte Fackelfest der

Yi stattfindet. Die einzige akzeptable **Unterkunft**, das *Jiangong Binguan**, ✆ 0857/6222048, befindet sich 100 m vom Busbahnhof entfernt (aus der Halle kommend nach rechts) und bietet Betten ab ¥25 sowie ein gemütliches und preiswertes Restaurant.

Eine halbe Stunde zu Fuß vom Zentrum entfernt (¥1,50 mit der Motor-Rikscha) liegt der 25 km2 große See **Caohai** (Grasmeer), das Herzstück des nahen **Naturreservats**, in dem zahlreiche überwinternde Wildvögel anzutreffen sind, darunter rund 400 **Schwarzhalskraniche** (ungefähr 10% der gesamten Weltpopulation), Steinadler, Seeadler, Schwarzstörche, Kraniche, Löffelreiher und verschiedene Entenarten. Überall wird für **Bootsfahrten** geworben, die etwa drei Stunden dauern und rund ¥60 kosten. Einheimische Touristen streben zunächst ins Dorf **Longjia** am anderen Seeufer, das bekannt für sein gutes Essen ist. An sonnigen Tagen bietet Caohais Stille einen wundervollen Kontrast zum chinesischen Alltagsleben – überwinternde Kraniche stelzen im seichten Gewässer herum und sorgen für schöne Fotomotive.

Die Weiterreise von Weining führt entweder zurück nach Liupanshui, wo Anschluss an den Zug besteht, oder aber mit Bussen nach **Zhaotong** und **Qujing** in der Nachbarprovinz Yunnan, die Transportmöglichkeiten nach Xichang (Provinz Sichuan) oder Kunming bieten.

Xingyi und Maling-Schlucht

Rund 250 km südwestlich von Anshun liegt inmitten einer teilweise spektakulären Kalkstein-Landschaft die gepflegt wirkende Kleinstadt **Xingyi**, die vor der Machtübernahme der Volksbefreiungsarmee im Jahre 1951 die Stätte sporadischer Kämpfe zwischen Guomindang-Sympathisanten und örtlich organisierten Guerillagruppierungen war. Xingyi hat einen Bahnhof an der Eisenbahntrasse von Nanning nach Kunming, der dieser abgelegenen, grenznahen Stadt eine gewisse Bedeutung verleiht und im gesamten Jahresablauf für die Versorgung mit frischem Obst und Gemüse sorgt.

Niedrige Hügel umgeben Xingyis kleines Zentrum am Südufer des schmalen **Wantang He**. Die engen Gassen laufen zum **Panjiang-Platz** zusammen, ein gepflastertes Oval, das von zweistöckigen Kaufhäusern umringt ist. Viel zu sehen gibt es in der Stadt nicht, doch die Atmosphäre ist entspannt, und auf den Märkten in den Seitenstraßen sieht man hier und da Angehörige der Dahua Miao, die kühn gemusterte Umhänge tragen. Zu den Sehenswürdigkeiten zählen lediglich einige unauffällige Parks sowie am Ufer des Wantang mehrere alte Teehäuser, in denen Wasserpfeifen rauchende Männer sitzen. Es soll ein **Minderheiten-Museum** geben, das jedoch schwer zu finden ist – vielleicht hat die Unterkunft nähere Informationen.

Die besten **Unterkünfte** sind das *Panjiang Binguan**, ✆ 0859/3223456, 700 m südlich des Panjiang-Platzes am Ende der Panjiang Xi Lu (Dorm-Bett ¥25), und das ähnliche *Xingyi Binguan**, ✆ 0859/3111111, das 1 km östlich des Zentrums an der Ruijin Lu liegt. Das Restaurant des *Panjiang* ist gut und hat sogar eine englische Speisekarte; ansonsten bieten zahlreiche Garküchen Nudelgerichte und Feuertöpfe mit Hundefleisch an.

Xingyis **Bahnhof** liegt ungefähr 10 km östlich der Stadt und bietet Verbindungen nach Kunming (3x tgl., 5 Std.), Baise (4x tgl., 5 Std.) und Nanning (3x tgl., 8 1/2 Std.). Für die Fahrt in die Stadt stehen Minibusse bereit. Die beiden **Überland-Busbahnhöfe** liegen östlich des Zentrums, einer an der Hunan Jie, die am Fluss entlangführt, und einer einen Kilometer westlich davon an der Xihu Lu. An beiden Stationen fahren Busse mit Schlafkojen nach Anshun (8 Std.), Guiyang (12 Std.), Liupanshui (12 Std.), Guizhou, Kunming (12 Std.), Baise und Nanning ab. Zentrum des Nahverkehrs ist eine **Minibus-Haltestelle** dicht neben dem östlichen Busbahnhof an der Hunan Jie.

Landschaftlicher Höhepunkt der Region ist die **Maling-Schlucht** (Eintritt ¥30), ein 15 km langes Flusstal nordöstlich von Xingyi mit Stromschnellen, Wasserfällen, schroffen Klippen und überhängender Vegetation, das sich in zwei Bereiche untergliedert: Der obere Teil liegt 25 km von der Stadt entfernt und eignet sich für **Rafting-Trips** (über die Unterkünfte zu buchen), während der untere Teil nur 15 km entfernt liegt und zu einer schönen Wanderung einlädt – vom Busbahnhof in der Hunan Jie fahren Minibusse nach **Anlong** (¥3), oder man nimmt ein Taxi (¥15).

Markierte Pfade führen in die Schlucht hinunter, und Hängebrücken verbinden die Wege zu beiden Seiten des Flusses, dessen eisblaues Wasser über Felsen in die Tiefe rauscht. Die hoch aufragenden Talwände sind grün und tröpfeln vor Feuchtigkeit. Einziger Minuspunkt sind die Schaumfetzen auf der Wasseroberfläche, eine Auswirkung der landwirtschaftlichen Nutzflächen im Westen.

Yunnan

Highlights

- **Bars in Kunming**
Abwechslungsreiches Nachtleben in einer der entspanntesten Städte Chinas.

- **Dali**
Eine alte Stadt mit westlichem Flair und wundervoller umliegender Landschaft.

- **Lijiang**
Hauptstadt des einstigen Königreichs der Naxi, ein Labyrinth jahrhundertealter Gassen, Wasserläufe und Brücken.

- **Tigersprungschlucht**
Hier durchströmt der noch jugendliche Yangzi den tiefsten Cañon der Erde, ein Naturparadies für Wanderer.

- **Lugu Hu**
Dieser abgeschiedene See ist Heimat der matrilinear organisierten Mosu.

- **Deqin**
Beschauliche tibetische Stadt mit Tempeln und dem Meili Xueshan (6740 m), dem höchsten Berg Yunnans.

- **Ruili**
Die Grenzstadt zu Myanmar weist quirlige Märkte, Tempel und eine reizvolle umliegende Landschaft auf.

- **Wandern in Xishuangbanna**
Eine aufregende Tour durch den Dschungel in einer Region, die vielen ethnischen Gruppen Heimat ist.

Die an den „barbarischen und verderblichen" Südwestgrenzen des chinesischen Reichs gelegene Provinz Yunnan stand schon immer etwas im Abseits, abgeschirmt vom Rest der Nation durch die renitenten Bergprovinzen Sichuan und Guizhou. Hier konzentriert sich eine solche Vielfalt an Nationalitäten, geografischen und klimatischen Gegebenheiten, wie man sie sonst nur innerhalb ganzer Kontinente findet. Und nicht nur früheren Dynastien bereitete es Kopfzerbrechen, Yunnan zu beherrschen – auch für die Besucher von heute ist das Spektrum der Provinz schwer fassbar, und man wird das Gefühl nicht los, auf seiner Reise allenfalls einen flüchtigen Eindruck gewonnen zu haben.

Im Nordosten ist das Land größtenteils eben und fruchtbar. Dort liegt auch die schöne Hauptstadt **Kunming**, deren mildes Klima Yunnan seinen Namen gab – „Südlich der Wolken". Trotz des zunehmenden Tourismus konnte die Stadt ihren Reiz bewahren, lädt zu abwechslungsreichen Tagesausflügen in die wunderbaren Landschaften der Umgebung ein und verschafft einfachen Zugang zu den wenig besuchten Sehenswürdigkeiten im Südosten nahe der Grenze zu **Vietnam**.

Westlich von Kunming steigt die Hochebene von Yunnan allmählich zu den verschneiten Gipfeln an, die sich im Norden bis nach **Tibet** ausdehnen und die uralten historischen Städte **Dali** und **Lijiang** umgeben. Noch weiter westlich befindet sich am zentralen Abschnitt der Grenze zu **Myanmar** (früher Burma) die subtropische Region **Dehong**, charakterisiert durch rege Handelsaktivitäten. Diese Grenze, die immer isolierter wird, erstreckt sich bis in den tiefen Süden von Yunnan zu den tropischen Wäldern und Reisfeldern von **Xishuangbanna**, ein an Myanmar und **Laos** grenzendes Gebiet mit einer unglaublichen botanischen, zoologischen und ethnischen Vielfalt und so weit von Han-China entfernt wie nur irgend möglich.

In diesem Konglomerat aus Grenzmärkten, Bergen, Urwald, Seen, Tempeln, politischen Machenschaften von heute und Überbleibseln vergangener Reiche leben 28 anerkannte **ethnische Gruppen** – ein Viertel der Gesamtbevölkerung Yunnans – und damit so viele wie in keiner anderen Provinz, darunter Dai und Bai, Wa, Lahu, Hani, Jingpo, Nu, Naxi und Lisu sowie jede Menge provinz- bzw. länderübergreifender Volksgruppen. Was sie von ihrer Kultur preisgeben, wird zwar häufig speziell für Touristen veranstaltet, doch wer sich für Xishuangbanna oder Lijiang etwas mehr Zeit nimmt, kann diesem Bild Substanz verleihen.

Die riesige Ausdehnung von Yunnan lässt das Reisen in dieser Provinz zu einer zeitaufwändigen Angelegenheit werden, und ungeachtet von persönlichen Präferenzen für bestimmte **Transportmittel** kann kaum einer der Verlockung widerstehen, hin und wieder in ein Flugzeug zu steigen (zum Glück gehört *Yunnan Air* zu den besseren chinesischen Fluggesellschaften). Erstaunlicherweise präsentieren sich die Busse und Straßen in einem recht guten Zustand, wobei es unabhängig davon bereits als Erfolg gewertet werden kann, dass einige Strecken überhaupt existieren. Auf jeden Fall sollte man zumindest ein Teilstück auf der berühmten **Burmastraße** zwischen Kunming und der Westgrenze zurücklegen, die in den 30er Jahren mit unglaublicher Entschlossenheit gebaut wurde. Auch ein begrenztes Schienennetz steht zur Verfügung: Eine Linie führt von Kunming zur vietnamesischen Grenze im Südosten und eine nach Xiaguan bei Dali; außerdem bestehen gute Verbindungen über Sichuan und Guizhou in den Rest des Landes.

Yunnans **Klima** ist im Allgemeinen als gemäßigt zu bezeichnen. Allerdings wird der Norden der Provinz in Richtung tibetische Grenze von kalten Wintern mit heftigen Schneefällen heimgesucht, während der gleichbleibend warme Süden im Sommer unter sintflutartigen Regenfällen zu leiden hat.

In den Grenzregionen kann das Reisen mit einigen Schwierigkeiten verbunden sein, da nie ganz klar ist, welche Gebiete zugänglich und welche gesperrt sind – obwohl fast alle Teile der Provinz Ausländern offen stehen. Die offiziellen Ursachen für diese Sperrungen variieren ganz erheblich und reichen von gefährlichen Straßenzuständen bis hin zu Seuchengefahren, doch in Wirklichkeit liegt es häufig an der Armee, die gegen den illegalen Grenzhandel – insbesondere Autos, Holz, Edelsteine und **Opiate** – vorgeht. Der weltweit größte Teil des Heroins kommt aus Myanmar und passiert auf seinem Weg zu den Überseemärkten das chinesische Reich. Zumindest nach außen zeigt die Regierung von Yunnan in Bezug auf den Drogenhandel keine Gnade, lässt Dealer hinrichten, gliedert Süchtige gewaltsam wieder ein und fängt jedes Jahr etwa

zweimal so viel Heroin ab wie die thailändischen Beamten. Das hat zur Folge, dass auf vielen Landstraßen **Militärkontrollpunkte** installiert sind, an denen man die Pässe vorzuzeigen hat. Wer zu weit von den Haupttouristenrouten abkommt, muss damit rechnen, mit einer Geldstrafe belegt und zurückgeschickt zu werden. In solchen Fällen macht sich Höflichkeit bezahlt, und oft ist es einfacher, wenn man mit seinen Chinesischkenntnissen etwas hinter dem Berg hält.

Geschichte

Die Besiedlung von Yunnan blickt auf eine lange Geschichte zurück, was durch jede Menge Felsmalereien aus der Steinzeit sowie zwei 1,5 Millionen Jahre alte Zähne belegt ist, die in der Nähe von Yuanmou im Norden der Provinz entdeckt wurden. Eine wesentlich kürzere Zeitspanne umfassen die Aufzeichnungen über die Zivilisation. Dem Han-Historiker Sima Qian zufolge gründete der chinesische Kriegsfürst **Zhuang Qiao** im 3. Jahrhundert v.Chr. das **Königreich Dian** im östlichen Yunnan – etwas wahrscheinlicher scheint, dass er lediglich zum Oberhaupt eines bereits existierenden Landes avancierte. Die Dian lebten in einer Sklavengesellschaft und dokumentierten neben ihrem Alltagsleben auch ihre mit Menschenopfern verbundenen Zeremonien, teilweise in Form schauerlicher **Bron-**

zemodelle, die man in Gräbern aus jener Zeit entdeckte. 109 v.Chr. wurde das Reich von China anerkannt, und die Herrscher erhielten militärische Hilfe sowie ein goldenes Siegel aus den Händen von Kaiser **Wu**, der damit die Kontrolle über die Südliche Seidenstraße bis nach Indien zu erlangen hoffte. Auf den Zusammenbruch des Han-Reichs im Jahre 204 folgte jedoch die Auflösung von Dian in Kleinstaaten, die während des 8. Jahrhunderts in das aufstrebende **Königreich Nanzhao** – mit Zentrum um Dali – integriert wurden.

Politisch und kulturell konnten die Nanzhao sowie deren Nachfolger große Teile Südostasiens unter ihre Kontrolle bringen, bevor sie im 13. Jahrhundert den Armeen des **Kublai Khan** unterlagen. Zum ersten Mal stand Yunnan nun unter der direkten Herrschaft von China und diente eine Zeit lang als Abladeplatz für politische Unruhestifter, entging dadurch aber dem immensen Bevölkerungswachstum, den Kriegen und den Völkerwanderungen, mit denen Zentralchina zu kämpfen hatte. Im Zuge der Mongoleninvasion war jedoch eine ansehnliche **moslemische Bevölkerungsgruppe** nach Yunnan gelangt, die aus Wut über ihren schlechten Status unter den Chinesen 1856 einen **Aufstand** organisierte, Kunming stürmte und in Dali sogar für kurze Zeit einen unabhängigen Staat errichtete. Bei der Niederschlagung dieser Rebellion kamen Millionen Menschen ums Leben. Danach blieb Yunnan ein halbes Jahrhundert lang den Banditen und Privatarmeen überlassen.

Bizarrerweise war es die **japanische Invasion** der 30er Jahre, durch die das Schicksal Yunnans wieder eine positive Wendung erfuhr. Die im südwestlichen China festsitzende **Guomindang-Regierung** rief in der gesamten Region groß angelegte Programme für den Straßen- und Schienenbau ins Leben, hatte aber nie wirklich die Kontrolle über Yunnan inne – zumal durch ihre schlechte Behandlung der Minderheitengruppen mehr und mehr Menschen in die Arme der Roten Armee getrieben wurden, als der Bürgerkrieg 1945 erneut ausbrach. Die Befreiung verlief reibungslos, doch die guten Vorsätze der **Kommunisten** in Bezug auf Minderheiten, Krankenhäuser, Schulen und Verkehrswege wurden durch die Kulturrevolution sowie in den 80er Jahren durch den Krieg mit Vietnam zunichte gemacht, sodass Yunnan erst jetzt von seiner aufgezwungenen Verbindung mit dem Rest des Landes profitieren kann. Da Ackerbau noch nie eine große Rolle gespielt hat – nur ein Zehntel der Fläche ist landwirtschaftlich nutzbar –, konzentriert sich die Provinz auf ihre Bodenschätze, den Tourismus und ihr Potenzial als zukünftiges Verbindungsglied zwischen China und der viel diskutierten, bislang noch nicht vollzogenen Handelsgemeinschaft von **Vietnam**, **Laos**, **Thailand und Myanmar**. Sollten die politischen Schwierigkeiten, welche die Entstehung dieses Wirtschaftsbündnisses bislang verhinderten, überwunden werden, so würde das durch Yunnan fließende Handelsvolumen immense Ausmaße erreichen – und einer Auferstehung der alten Seidenstraße gleichkommen. Der Grundstein für den Tag der Grenzöffnung wurde bereits mit dem Bau von Autobahnen und der Einrichtung von Zug- und Flugverbindungen gelegt.

Kunming

Fast jeder Besucher Yunnans findet sich irgendwann in der angenehmen **Provinzhauptstadt** Kunming wieder, nicht nur verlockend wegen ihrem milden Klima, sondern auch ein wichtiger Verkehrsknotenpunkt. Die Stadt selbst wirkt nichts sagend und modern, aber die wunderbare Umgebung mit ihren Tempeln, Seen und Kalksteinbergen lässt Kunming in einem ganz anderen Licht erscheinen. Nach Südosten erstrecken sich Straßen- und Schienennetze bis zur vietnamesischen Grenze und erschließen weitere wunderschöne Landschaften, alte Baudenkmäler und andere ausgefallene Sehenswürdigkeiten, die den Weg ins Nachbarland erheblich verzögern.

Mitten im Herzen der fruchtbaren **Hochebene** von Yunnan sonnt sich Kunming 2000 m über dem Meeresspiegel. Es bemüht sich nach Kräften, seinem Ruf als „Stadt des ewigen Frühlings" gerecht zu werden. Dabei galt Kunming vor gar nicht langer Zeit noch als wilder Grenzort, dessen Reiz die Behörden erst erkannten, als die während der Kulturrevolution hierher Verbannten die Angebote zur Heimkehr ins östliche China ablehnten und stattdessen dem entspannteren Leben, dem besseren Klima und den freundlicheren Einwohnern von Kunming die Treue hielten. Heute präsentiert sich die Stadt auf den ersten Blick als gewöhnliche Ansammlung breiter, eintöniger Straßen und moder-

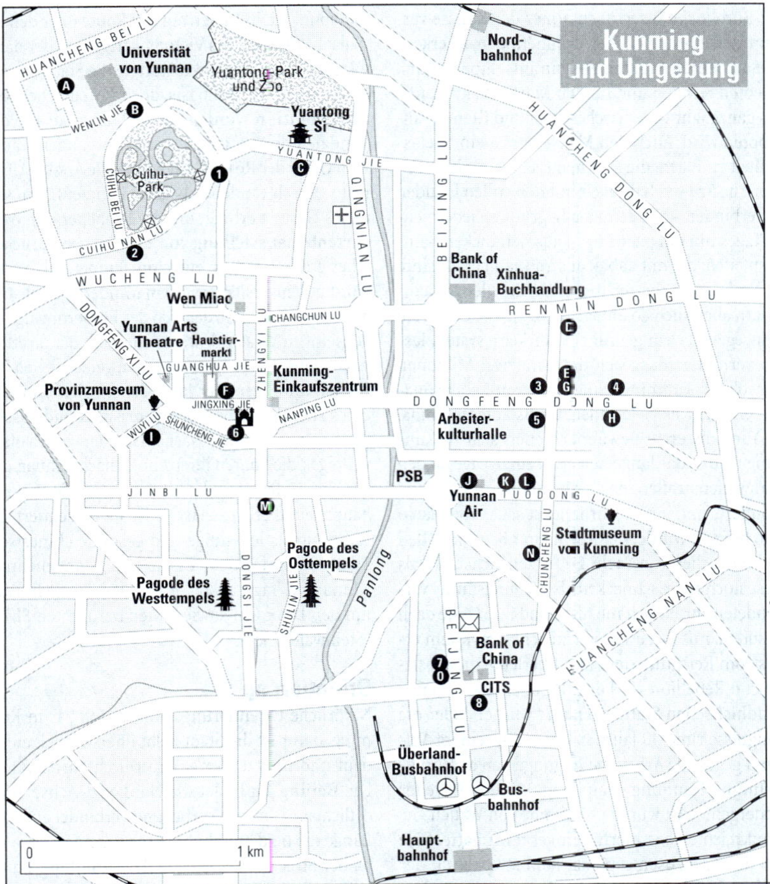

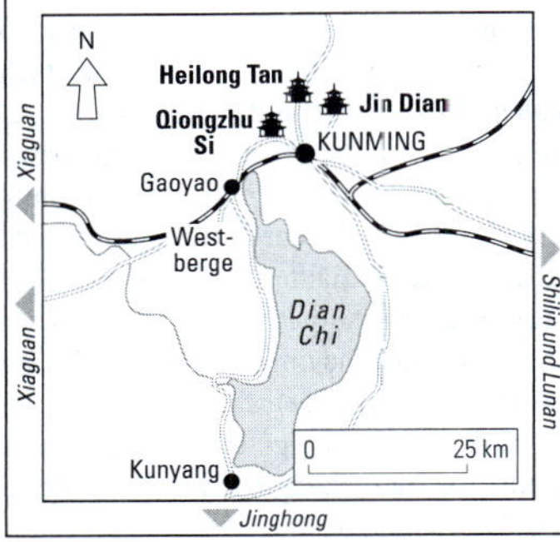

Essen und Unterhaltung:

Aoma's	N
Backpacker-Cafés	O
Brotherhood	I
Camel Bar	K
Cooking School	H
Fuhua Yuan	F
Golden Sun Italy Café & Fennel Pub	B
Hump over the Himalayas	M
King Dragon Regional Cuisine Village	J
Mamafu's	E
Studentencafés	A
Top One Disco	D
Vegetarisches Restaurant	C
Wei's Pizza	L
Zhen Xing	G

Übernachtung:

Camellia	4
Chuncheng	6
Cuihu	1
Golden Dragon	8
Holiday Inn	5
Jugendherberge Kunming	2
Kunhu	7
Kunming	3

YUNNAN

ner Bürohochhäuser, doch hinter der Kulisse verbirgt sich ein zufriedenes Wohlbefinden, zu erkennen an den überfüllten Restaurants, hippen Bars, belebten Straßen und bunten Märkten, auf denen das ganze Jahr über frisches Obst und Gemüse angeboten wird. Auch den Menschen ist eine Gelassenheit zu Eigen, die es ihnen erlaubt, typisch chinesische Schwatzhaftigkeit mit den stillen Freuden zu verbinden – wie etwa die Begrüßung jedes neuen Tages mit ein paar Zügen aus den dicken Bambuspfeifen, die mit Tabak aus Yunnan gefüllt sind. Merkmale wie die recht große Schwulengemeinschaft, aber auch so alltägliche Dinge wie saubere Gehwege oder ein geordnetes Verkehrssystem lassen vermuten, dass sich die etwa zwei Millionen Einwohner Kunmings einer höheren Lebensqualität erfreuen als viele andere Großstädter in China.

Yunnans erste Bewohner ließen sich in Kunming nieder, das lange Zeit von seiner Lage an den Karawanenstraßen nach Myanmar und Europa profitierte und im 13. Jahrhundert sogar von Marco Polo besucht wurde. Der Abenteurer begegnete den Einheimischen von **Yachi Fu** (Ententeichstadt), als diese noch Kaurischnecken als Zahlungsmittel verwendeten, ihr Fleisch roh aßen und ihre Gäste dazu einluden, mit ihren Frauen zu schlafen. Kaum etwas vom Reichtum der Stadt überlebte die moslemische Rebellion im Jahre 1856, als die meisten buddhistischen Stätten zerstört wurden, oder die Ereignisse rund 40 Jahre später, als bei einem Aufstand gegen die Arbeitsbedingungen an der Eisenbahnlinie Kunming–Haiphong 300 000 Arbeiter niedergemetzelt wurden – mithilfe von Waffen, die Frankreich eigens hierfür eingeschifft hatte. (Die von den Franzosen geplante Bahnstrecke, auf der Bodenschätze aus Yunnan in die indochinesischen Kolonien Frankreichs gebracht werden sollten, konnte übrigens erst 1911 fertig gestellt werden.) 25 Jahre später trieb der **Krieg mit Japan** eine ganze Schar wohlhabender Flüchtlinge hierher, deren Geldmittel beim Aufbau von Kunming als Industrie- und Produktionsstätte für die Kriegsregierung in Chongqing einen großen Beitrag leisteten. Unentbehrliche Unterstützung kam auch von den Alliierten, die aus dem britisch besetzten Burma (heute Myanmar) Ausrüstung importierten. Als die Burmastraße den Japanern in die Hände fiel, wurde die Versorgung durch freiwillige US-Piloten, die **Flying Tigers**, fortgesetzt, nun von den britischen Stützpunkten in Indien auf der Route über den Himalaja. Während des Vietnamkriegs und der nachfolgenden Grenzkonflikte festigte die Stadt ihre Position als Nachschubbasis, doch im Zuge der **Kulturrevolution** wurden all die Bauwerke, die den Vandalen des 19. Jahrhunderts entgangen waren, zum Opfer der Roten Garden. Die allerletzten Überreste verschwanden, als das Stadtzentrum sein neues Gesicht erhielt, um die Besucher der **Weltgartenbauausstellung von 1999** zu beeindrucken. Überlebt haben nur einzelne Tempel, die altehrwürdige Universität sowie ein Minderheiteninstitut aus den 50er Jahren, das sich der Förderung des gegenseitigen Verständnisses innerhalb der facettenreichen Bevölkerung von Yunnan verschrieben hat.

Seit Mitte der 80er Jahre erfreut sich Kunming eines ständig wachsenden Tourismus und ausländischer Investitionen. Nachbarstaaten wie Thailand verfolgen die Spuren ihrer Ahnen nach Yunnan und sind besonders gern bereit, Gelder in die Provinzhauptstadt fließen zu lassen. Heute präsentiert sich Kunming als lebendige und gesunde chinesische Stadt, die mit gutem Essen, einem angenehmen Klima und Tagesausflügen zu den Tempeln rund um den **Dian Chi** sowie in den berühmten **Shilin** (Steinwald) lockt.

Orientierung

Natürliche Orientierungspunkte sind rar in Kunming, dafür ist die Stadt recht übersichtlich aufgebaut und besitzt zwei große Durchfahrtsstraßen: Die **Beijing Lu** bildet die Nord-Süd-Achse, führt östlich am Zentrum vorbei und verbindet auf 5 km Länge die beiden Bahnhöfe miteinander; etwa auf halber Strecke wird sie von der **Dongfeng Lu** gekreuzt, die auf ihrem Weg durchs Geschäftszentrum in einen östlichen (Dongfeng Dong Lu), einen mittleren (Dongfeng Zhong Lu) und einen westlichen (Dongfeng Xi Lu) Abschnitt unterteilt ist und als **Renmin Xi Lu** aus der Stadt hinausführt bzw. die erste Etappe der Burmastraße darstellt. Ein Großteil der Unterkünfte liegt in der Dongfeng Dong Lu sowie in der südlichen Hälfte der Beijing Lu, während die meisten Sehenswürdigkeiten nördlich und westlich des Zentrums rund um die Dongfeng Xi Lu und den **Cuihu-Park** zu finden sind. Fast das gesamte Areal wird von Kunmings erster Stadtautobahn umrundet, die **Huancheng Lu**, weitere Straßen dieser Art sind in Planung.

Kunming

Kunming	昆明	***kūnmíng***
Cuihu-Park	翠湖公园	*cuìhú gōngyuán*
Daguan-Park	大观公园	*dàguān gōngyuán*
Haustiermarkt	宠物市场	*chǒngwù shìchǎng*
Nancheng-Moschee	南城清真寺	*nánchéng qīngzhēn sì*
Pagode des Osttempels	东寺塔	*dōngsì tǎ*
Pagode des Westtempels	西寺塔	*xīsì tǎ*
Provinzmuseum von Yunnan	云南省博物馆	*yúnnánshěng bówùguǎn*
Stadtmuseum von Kunming	昆明市博物馆	*kūnmíngshì bówùguǎn*
Wen Miao (Konfuziustempel)	文庙	*wénmiào*
Yuantong Si	圆通寺	*yuántōng sì*
Zoo	动物园	*dòngwù yuán*
Übernachtung		
Camellia	茶花宾馆	*cháhuā bīnguǎn*
Chuncheng	春城饭店	*chūnchéng fàndiàn*
Cuihu	翠湖宾馆	*cuìhú bīnguǎn*
Golden Dragon	金龙饭店	*jīnlóng fàndiàn*
Holiday Inn	假日酒店	*jiàrì jiǔdiàn*
Jugendherberge Kunming	昆明国际青年旅社	*kūnmíng guójì qīngnián lǚshè*
Kunhu	昆湖饭店	*kūnhú fàndiàn*
Kunming	昆明饭店	*kūnmíng fàndiàn*
Essen und Unterhaltung		
Camel Bar	骆驼酒吧	*luòtuó jiǔbā*
Fuhua Yuan	福华园	*fúhua yuán*
Hump over the Himalayas	金马碧鸡坊金	*jīnmǎ bìjī fǎngjīn*
King Dragon Regional Cuisine Village	元龙风味城	*yuánlóng fēngwèichéng*
Mamafu's	妈妈付餐厅	*māmāfù cāntīng*
Zhen Xing	振兴	*zhènxīng*

Das öffentliche Leben von Kunming konzentriert sich in großem Maße um den riesigen Platz vor der bombastischen **Arbeiterkulturhalle** an der Kreuzung von Beijing Lu und Dongfeng Lu, auf dem sich morgens wahre Menschenmassen einfinden, um sich sportlich zu betätigen. Im weiteren Verlauf des Tages bieten Wahrsager ihre Dienste an, oder man nimmt eine Nacken- und Rückenmassage in Anspruch, ausgeführt von Blinden, die sich regelrecht auf die Passanten stürzen. An Wochenenden finden manchmal auch Vorstellungen von Amateurschauspielern statt.

Das eigentliche Stadtzentrum, das sich gerade einer nachhaltigen Modernisierung unterzieht, liegt westlich von hier am anderen Ufer des **Panlong** und erstreckt sich rund um das moderne Kunming-Einkaufszentrum an der Kreuzung von Nanping Lu und Zhengyi Lu, ein lebendiges Einkaufsviertel voller Bekleidungs- und Hi-Fi-Geschäfte. Den Weg hierher säumen zahlreiche neue Hochhäuser, und der – schwarze und ölige – Fluss strömt durch eine neu angelegte Uferzone, sodass im Gegensatz zu vielen anderen chinesischen Großstädten der Eindruck entsteht, man habe den

Modernisierung einiges an Zeit, Mühe und Planung gewidmet. Das Zentrum selbst ist für Kunmings Hui-Bevölkerung von großer Bedeutung, denn mit der Shuncheng Jie befindet sich hier das letzte alte **moslemische Viertel** der Stadt. Einen Bummel durch diese Straße sollte man sich auf keinen Fall entgehen lassen: Vor den Häusern hängen luftgetrocknete Rinder- und Hammelkadaver; Straßenverkäufer bieten Fladenbrot und Rosinen an; und überall sieht man riesige Woks gefüllt mit röstenden Kaffeebohnen, die gewissenhaft mit Schaufeln umgerührt werden. Hinter einem Supermarkt, einen Block weiter nördlich an der Zhengyi Lu, erhebt sich an der Stelle eines einstigen Qing-Gebäudes die neue Moschee der Stadt namens **Nancheng Qingzhen Si**, deren grüne Kuppel und Minarett schon von weitem zu sehen sind.

Unmittelbar hinter der Moschee zweigt westlich von der Zhengyi Jie die Jingxing Jie ab, die in eine der gewöhnungsbedürftigeren Ecken der Stadt führt. In den Verbindungsstraßen zur weiter nördlich verlaufenden Guanghua Jie findet täglich ein riesiger **Haustiermarkt** statt, auf dem von dem sonst üblichen Angebot an Katzenjungen und grotesken Goldfischen – zumindest an Wochenenden – keine Rede sein kann: Hier zwitschern und kreischen seltene, bunte Singvögel, während Straßenhändler verstohlen Geckos, affenähnliche Loris und andere seltene Tiere anpreisen, die illegal aus den Wäldern von Xishuangbanna „befreit" wurden. Auch Pflanzen stehen zum Verkauf, ebenso wie Antiquitäten und Kuriositäten, beispielsweise spottbillige Münzen und Andenken aus der Zeit der Kulturrevolution, Bambuspfeifen und Gebetsteppiche. Vom Markt führen kleine Seitenstraßen in den Norden der Stadt, wo der kleine **Wen Miao** (Eintritt ¥1,50) einen Abstecher lohnt. Auf dem Gelände des verschwundenen konfuzianischen Tempels nahe dem westlichen Ende der Changchun Lu finden sich eine Kiefernallee, ein alter Teich, ein Pavillon, Blumenbeete, Topfpalmen – und alte Männer, die sich hier zum Schachspielen und Teetrinken treffen.

Das Provinzmuseum von Yunnan

Etwa 500 m westlich des Zentrums, an der Dongfeng Xi Lu bzw. der Buslinie Nr. 5, hat das Provinzmuseum von Yunnan durchaus seinen Reiz, obwohl die Sammlung von Kleidungsstücken und albernen Fotos beim Eingang es nicht schafft, umfassend über die kulturellen Gruppen von Yunnan zu informieren. Wesentlich interessanter wird es in der zweiten Etage, deren **Dian-Bronzeobjekte** auf die Zeit der Streitenden Reiche vor über 2000 Jahren zurückgehen und in Gräbern an dem südlich von Kunming gelegenen Dian Chi entdeckt wurden. Zu den größten Ausstellungsstücken gehören eine Zierplatte, auf der ein Tiger im Kampf mit einem Ochsen dargestellt ist, sowie ein Sarg in Form eines Bambushauses. Am beeindruckendsten sind die Deckel der Aufbewahrungsbehälter für Kaurischnecken, geschmückt mit Dioramen von Figuren, die kämpfen, Ochsen oder Menschen opfern und – etwas friedvoller – mit ihren Familien und Tieren vor ihren Häusern posieren. Eine Kopie des chinesischen kaiserlichen **Goldsiegels**, das dem König von Dian zu Beginn des 2. Jahrhunderts überreicht wurde, lässt darauf schließen, dass dessen aristokratische Sklavengesellschaft durchaus die Zustimmung des Han-Kaisers hatte. Ebenfalls im oberen Stockwerk befindet sich eine **prähistorische Abteilung** mit schauerlich schönen Gipsmodellen und -abdrücken von in der Gegend entdeckten Trilobiten, Panzerfischen, Dinosauriern sowie uralten menschlichen Überresten. ⏲ Mo–Do 9–17, Fr 9–14 Uhr, letzter Einlass eine Stunde vor Schließung, Eintritt ¥15.

Cuihu-Park, Yuantong Si und der Zoo

Ein 20-minütiger Spaziergang vom Museum über die Dongfeng Xi Lu und die Cuihu Nan Lu gen Norden führt zum Cuihu-Park (auch erreichbar mit der Buslinie Nr. 5 vom Museum oder der Nr. 2 vom südlichen Ende der Beijing Lu). Die Anlage besteht zu großen Teilen aus Wasser und ist ein Ort, an dem man sich den vielen anderen Menschen hinzugesellen kann, die hier Sport treiben, Geschichtenerzählern lauschen, Schwärme von Möwen füttern oder einfach nur zwischen den Seen und den Pflaumen- und Magnoliengärten umherflanieren. ⏲ Sonnenauf- bis Sonnenuntergang, Eintritt ¥2.

Unmittelbar nordwestlich des Parks vermittelt die **Universität von Yunnan** aus den 20er Jahren einen Einblick in das etwas ältere Kunming. Die Cafés und preisgünstigen Restaurants in der Nachbarschaft sind ein beliebter Treffpunkt von Auslandschinesen sowie Studenten, die unbedingt ihr Englisch verbessern wollen.

Östlich des Cuihu-Parks befindet sich an der Yuantong Jie der Yuantong Si, die bedeutendste buddhistische Stätte des nördlichen Yunnan und ein viel besuchter Pilgerort. Der aus Qing-Zeiten stammende Tempel wurde wie auch die restliche Stadt frisch herausgeputzt und macht einen lebhaften, heiteren Eindruck. Gleich hinter dem Eingang beginnt ein schöner Garten mit vielen bunten Topfpflanzen. Eine Brücke über den zentralen Teich durchquert einen achteckigen Pavillon, der einer vielarmigen Guanyin und einem Shakyamuni aus weißem Marmor gewidmet ist, und führt anschließend zur Haupthalle. Zwei riesige Säulen stützen die verzierte Holzdecke und werden von farbenfrohen Drachen geziert. Die ausgeblichenen Fresken an der hinteren Wand gehen auf das 13. Jahrhundert zurück, während ein neuer Anbau einen vergoldeten, von Pfauen umgebenen Bronzebuddha beherbergt, eine Spende der thailändischen Regierung. ⏲ tgl. 8–17.30 Uhr, Eintritt ¥4.

Die Besichtigung des Yuantong Si legt man am besten auf den späten Vormittag, denn zur Mittagszeit vollbringen die Köche des vegetarischen Restaurants gegenüber wahre Wunder. Anschließend kann man einen Verdauungsspaziergang zum nördlich gelegenen **Yuantong-Park** (Eintritt ¥4) machen, den man über die Yuantong Jie in östlicher und die Qingnian Lu in nördlicher Richtung erreicht. Auf dem ausgedehnten Gelände liegt auch der Zoo von Kunming (Bus Nr. 4 hält am Eingang), gar nicht mal einer der schlechtesten in China. Kinder dürfen hier Tiere streicheln und füttern, und vom Hügel bieten sich schöne Ausblicke auf die Stadt. ⏲ tgl. 8–17 Uhr, Eintritt ¥10.

Das Stadtmuseum von Kunming

Als Highlight des Stadtmuseums von Kunming in der Tuodong Lu gilt der **Sutrenpfeiler von Dali**, eine 6,5 m hohe pagodenähnliche, rosafarbene Sandsteinskulptur aus der Song-Dynastie, die in einem eigens dafür vorgesehenen Raum im Erdgeschoss ausgestellt ist. Der achteckige Sockel unterstützt sieben Ebenen, die geschmückt sind mit Buddhabildern, Statuen grimmiger Schutzgottheiten, die auf unterworfenen Dämonen stehen, sowie tibetischen und chinesischen Inschriften. Letztere umfassen das Dharani-Mantra und eine Widmung, die den Dali-Regenten **Yuan Douguang** als Auftraggeber der Skulptur identifiziert, der sie zu Ehren seines Generals **Gao Ming** errichten ließ. Das ganze Kunstwerk wird von einem Kreis von Buddhas gekrönt, die eine Kugel – das Universum – über ihren Köpfen halten. Der Pfeiler, ein ehemaliger Bestandteil des ausgedienten Dizang-Tempels strahlt eine unglaubliche Energie aus, die in der späteren chinesischen Bildhauerei leider kaum noch zu spüren ist.

Der Rest der recht gut präsentierten Ausstellung ähnelt stark der Sammlung des Provinzmuseums. Fans von **Bronzetrommeln** bietet sich die Gelegenheit, die ganze Palette von den ältesten bekannten Beispielen bis zu Exemplaren aus jüngerer Vergangenheit zu betrachten und zu verfolgen, wie sich die typischen Verzierungen – Sonnen- und Froschmotive im oberen Bereich, mit langen Federn geschmückte Krieger in Booten an den Seiten sowie Griffe in Tigerform – im Laufe der Zeit verändert haben.

Auch Deckel von Kauritrommeln sind vertreten, ebenso wie eine Unmenge anderer Bronzeobjekte, deren detailgetreue Darstellungen von Vögeln, Tieren und Menschen eine genauere Betrachtung lohnen. Andere Räume zeigen zwei ausgezeichnete Dioramen von Kunming in der Ming- und in der Neuzeit, in chinesischer Sprache verfasste Berichte von den Seereisen des berühmten Eunuchen-Admirals **Zheng He** aus der Ming-Zeit sowie fünf **fossile Dinosaurierskelette**, darunter ein tyrannosaurusähnlicher *Allosaurus* und ein massiger *Yunnanosaurus robustus*. ⏲ Di–So 10–17 Uhr, Eintritt ¥5.

Der Süden von Kunming

Südlich der Jinbi Lu (mit Bus Nr. 3 von der Beijing Lu zu erreichen) erheben sich zwei große Pagoden aus der Tang-Dynastie, weiß getünchte Backsteinbauten mit jeweils 13 Stockwerken, die von vier netten Hahnfiguren aus Eisen gekrönt werden. Biegt man von der Jinbi Lu in die nach Süden führende Dongsi Jie ein, so befindet sich der Eingang zur reichlich maroden **Pagode des Westtempels** in einer schmalen Gasse auf der rechten Seite. Ein paar Jiao ermöglichen den Zutritt zu dem winzigen Vorhof, in dessen friedvoller Atmosphäre sich gesellige Müßiggänger die sonnigen Nachmittage mit Kartenspielen und Teetrinken vertreiben. Die optisch etwas ansprechendere **Pagode des Osttempels** steht als Nachbau des Originals in einem

YUNNAN

Ziergarten an der Shulin Jie, eine Parallelstraße zur Dongsi Jie. Der Zugang zu den beiden Tempeln, die den Pagoden angeschlossen sind, bleibt der Öffentlichkeit verwehrt.

Eine vollkommen andere Stimmung erlebt man im **Daguan-Park** am südwestlichen Stadtrand von Kunming (von der Dongfeng Lu mit Bus Nr. 4 bis zur Endhaltestelle). Ursprünglich im 17. Jahrhundert vom Qing-Kaiser Kangxi angelegt, erfuhr das Gelände im Laufe der Zeit viele Veränderungen und beherbergt heute einen lauten Vergnügungspark, Imbissstände und Souvenirmärkte. Der Park gehört zu den Lieblingsplätzen von Kunmings Jugendlichen und lockt mit schattigen Spazierwegen und Teichen rund um den **Daguan Ge**, ein quadratischer, dreistöckiger Pavillon, der einst für Kaiser Kangxi zur genussvolleren Aussicht auf die fernen Westberge erbaut wurde und heute der Aufbewahrung von Kalligrafien dient, die den Zauber der Gegend preisen. Das berühmteste Gedicht ist ein aus 118 Schriftzeichen bestehender Vers, der von dem Qing-Gelehrten Sun Ran in die Torpfosten eingraviert wurde und als längste Serie von Reimpaaren in ganz China gilt. Der Park grenzt an den Daguan-Fluss, der weiter südlich in den **Dian Chi** (s.S. 939) mündet. Auf der von Weiden gesäumten Wasserstraße kann man sich per Boot zu Orten am Nordufer des Dian Chi schippern lassen, was allerdings einige Stunden in Anspruch nimmt. ⌚ tgl. 7–20 Uhr, Eintritt ¥15.

Übernachtung

Im Stadtzentrum von Kunming gibt es Übernachtungsmöglichkeiten in Hülle und Fülle, von denen die meisten der Mittelklasse zuzuordnen sind. Ein Großteil befindet sich in der Dongfeng Dong Lu sowie in der südlichen Hälfte der Beijing Lu. Wer mit schmalem Geldbeutel reist, sollte es in den preiswertesten Unterkünften versuchen: dem *Kunhu*, dem *Camellia* oder in der neuen Jugendherberge.

Camellia*, 96 Dongfeng Dong Lu, ✆ 3163000 oder 3162918, ℻ 3147033, 🖳 www.kmcamellia-hotel.com. Angenehmes Haus mit drei Flügeln, eine der Lieblingsunterkünfte von Rucksacktouristen. Preislich interessante DZ sowie verschieden große Dorms (3–9 Betten, ca. ¥35 p.P.) mit guten Gemeinschaftsduschen; die besten Zimmer liegen auf der 3. Etage des neuen Gebäudes. Ein zusätzlicher Pluspunkt ist der Garten, doch muss man sich hier vor den aufdringlichen Englisch-Studenten in Acht nehmen. Weitere Einrichtungen: Geldumtausch, kostspielige Bar und Restaurant, Ticket-Service, Gepäckaufbewahrung und Fahrradverleih. Mit Bus Nr. 2 oder 23 vom Hauptbahnhof zur Donfeng Dong Lu und dann mit jedem beliebigen Bus in östlicher Richtung zwei Haltestellen weiter.

Chuncheng*, Dongfeng Xi Lu, nahe Zhengyi Lu, ✆ 3633271. Das altersschwache Haus lässt ein leicht beklemmendes Gefühl aufkommen, liegt aber in Reichweite der interessanteren westlichen Stadtgebiete. Schlichte DZ mit Bad sowie Suiten. Der Bus Nr. 2 vom Bahnhof hält in der Nähe.

Cuihu**, Cuihu Nan Lu, ✆ 5158888, ℻ 5153286. Traditionshotel mit angemessenen Preisen in angenehmer Umgebung nördlich des Zentrums; neues, modernes Hochhaus sowie ein trister älterer Flügel. Bietet Flughafentransfers und ein ausgezeichnetes Restaurant, akzeptiert alle gängigen Kreditkarten.

Golden Dragon*****, 575 Beijing Lu, ✆ 3133015, ℻ 3131082. Viel Komfort für anspruchsvolle Geschäftsleute, doch die Renovierung konnte nichts gegen die trostlose Atmosphäre ausrichten (ab US$88).

Holiday Inn*****, Dongfeng Dong Lu, ✆ 3165888, ℻ 3135189. Mit US$125 pro Nacht das Luxushotel von Kunming – Streichquartett im Foyer, Coffeeshop mit westlichem Frühstück zu maßlos überhöhten Preisen und elegant gekleidete Gäste. In der Nebensaison Rabatte von 40% und mehr.

Jugendherberge Kunming*, 94 Cuihu Nan Lu, ✆ 5175395, ℻ 5167131, ✉ youthhostel.km@sohu.com. Schlichte 4er-Dorms (¥25) und die besten billigen DZ der Stadt – neu, sauber, effizient und damit eine ernsthafte Konkurrenz zum *Camellia* und *Kunhu*. Minimale Rabatte für IYHA-Mitglieder. Angenehme Lage nahe Cuihu-Park, hilfreiches englischsprachiges Personal, Küchennutzung und Fahrradverleih. Mit Bus Nr. 2 vom Bahnhof bis zur Haltestelle am Xiao Xi Men fahren, dort aussteigen und nach dem YHA-Dreieck am *Zhengxie Hotel* Ausschau halten, das Hostel liegt direkt dahinter.

Kunhu*, Beijing Lu, ✆ 3133737. Billigste Unterkunft der Stadt – schlicht und sauber, aber gleichgültiges Personal und laut, dafür in günstiger Lage nahe Bahnhof und Busbahnhof. Mit Fahrradverleih und einigen passablen Backpacker-Cafés nahebei. Dorm-Betten ¥20.
Kunming****, Dongfeng Dong Lu, ✆ 3162063 oder 3162172, ℻ 3163784. Durchschnittliches chinesisches Hotel mit passablem Service, koreanischem Restaurant und Fahrradverleih. Nicht gerade billig – preiswerter sind die Zimmer im älteren Südflügel.

Essen

Ob Spezialitäten aus Yunnan, gewöhnliche chinesische oder gehobene westliche Küche – Kunming bietet von allem etwas. In den von der Dongfeng Xi Lu oder der Jinbi Lu nach Norden abgehenden Gassen befinden sich die besten **Essensstände** und **Billigrestaurants**, wo man sich mit gegrilltem Käse, Fleischeintöpfen, gebratenen Snacks in Chilipulver, gebackenem Brot mit leckerer Fleischfüllung oder reichhaltigen Enten- und Hühnerschmortöpfen den Bauch voll schlagen kann. Das edelste Ambiente bieten die **Hotelrestaurants**, während sich die **Lokale** in der Stadt eher auf das Essen als auf die Einrichtung konzentrieren – also nicht vom äußeren Erscheinungsbild abschrecken lassen! Die Shuncheng Jie lockt mit einer ganzen Reihe **moslemischer Restaurants**, die leckere Hammelfleischeintöpfe, Kebabs und *lamian* (handgezogene Nudeln) im Angebot haben. In den weniger förmlichen Restaurants von Yunnan stehen den Gästen häufig gemeinschaftliche Bambus-Wasserpfeifen nebst Tabak zur Verfügung.

RESTAURANTS, CAFÉS UND KNEIPEN – ***Aoma's***, 20 Chuncheng Lu. Essen nach westlicher Art und einheimische Speisen in entspannter Atmosphäre. Spezialisiert auf Steaks, Pasta und Pizza.
Backpacker-Cafés, Beijing Lu, südlich des *Kunhu Fandian*. Zwei Backpacker-Treffs mit westlich gefärbtem Essen, Bier, Fahrradverleih und Touristenberatung.
Brotherhood, Wuyi Lu, nahe Provinzmuseum. Sauberes und modernes Lokal, wo man gefüllten Tofu, Bittermelone und Fleischstückchen auswählt und selbst zubereitet.
Cooking School, Dongfeng Dong Lu, gegenüber vom *Camellia Binguan*. Das größte der hiesigen Lokale mit preiswertem Angebot an recht gewöhnlichen chinesischen Speisen. Das Essen ist nicht so schlecht wie die Bedienung in der Kantine im Erdgeschoss – oben ist das Personal nicht gar so schroff und die Einrichtung gemütlicher. *Guoqiao mixian* für ¥20–40.
Fuhua Yuan, Jingxing Jie. Freundliches, kantinenähnliches Lokal in einem der charismatischsten Stadtteile. Unten werden *guoqiao mixian* sowie andere kleine Gerichte, oben ganze Mahlzeiten gereicht.
Golden Sun Italy Café & Fennel Pub, Cuihu Bei Lu. Westlich geprägte Kneipen, deren Zielgruppe im Ausland lebende chinesische Studenten und Lehrer sind. Importierte Biere und Weine, Kaffee (sogar Cappuccino) und verwestlichte chinesische Speisen neben Pizza, Tortillas, Pasta und Eiscreme. Happy Hour irgendwann zwischen 20 Uhr und Mitternacht – dann gibt es 3 Flaschenbiere für den Preis von einem.
King Dragon Regional Cuisine Village, Tuodong Lu. Riesige Einrichtung mit vielen Etagen, in denen Imbissstände, Kantinen und Restaurants untergebracht sind, die vom heimischen Straßensnack bis zum kantonesischen Festessen alles anbieten. Im Erdgeschoss ist es billiger, und je höher man kommt, desto vornehmer und persönlicher werden die Restaurants. An den Wochenenden kann es sehr voll und überaus amüsant werden.
Mamafu's, Chuncheng Lu, nahe *Camellia*. Das kultivierte Café gehört denselben Besitzern wie das *Aoma's*.
Studentencafés, Tianjundian Jie, die Gasse gegenüber der Everbright Bank an der Wenlin Jie nach Norden entlanggehen. Hier reihen sich die Kneipen und Cafés aneinander, die meisten auch mit Aushängen für Unterkünfte und Lehrer. Es gibt europäische Speisen und cliquenbildende Besucher aus dem Westen. Den besten Ruf genießt das *French Café (Lan Bai Hong)* – an der Trikolore zu erkennen – mit seinen ausgezeichneten Kuchen und Torten.
Vegetarisches Restaurant, Yuantong Jie, gegenüber vom Yuantong Si. Vortreffliches Lokal

Essen in Yunnan Yunnans Küche lässt sich grob in drei Kochstile unterteilen. Die Landbewohner im kalten **Norden** produzieren getrocknetes Fleisch, Gemüse sowie – für China sehr ungewöhnliche – Molkereierzeugnisse, und ihre Speisen haben einen unverkennbar moslemischen Einfluss, ein Überbleibsel der Mongoleninvasion im 13. Jahrhundert. Zu den typischen Gerichten gehören luftgetrockneter Schinken *(yuntui* oder *huotui),* der gesüßt und gedünstet mit Brot gegessen wird, gerösteter Käse mit getrockneten Joghurtwaffeln *(rubing* und *rushan),* eine heimische Variante der knusprigen Ente *(shaoya),* die mit Honig bestrichen und über einem Feuer aus Kiefernnadeln gegrillt wird, sowie ein leckerer Fisch-Schmortopf *(shaguoyu).*

Das Essen aus dem **Südosten** von Yunnan ist der chinesischen Küche am ähnlichsten. Als bekannteste Speisen gelten *qiguoji,* Huhn mit Heilkräutern, das in einem speziell geformten Dampfkochtopf aus Keramik zubereitet wird, und vor allem *guoqiao mian* („Nudeln, die über die Brücke gehen"). Dieses wohl berühmteste Gericht der Provinz ist nichts anderes als ein auf individuelle Weise zubereiteter Fleischeintopf, dessen seltsamer Name der Geschichte über einen Qing-Gelehrten entnommen wurde, der sich jeden Tag in einen Pavillon am See zurückzog, um Gedichte zu verfassen. Seine verständnisvolle Frau kochte ihm das Mittagessen, das auf ihrem Weg vom Haus über eine Brücke zum Studienort jedoch immer erkaltete – bis sie auf die glänzende Idee kam, die Wärme mittels einer Ölschicht auf der Suppe zu konservieren. Am besten lässt sich dieses Gericht heute in Kunming probieren, wo zahlreiche Lokale riesige Schüsseln einer öligen, siedend heißen Hühnerbrühe anbieten; dazu gibt es einen Teller Nudeln, zerkleinertes Fleisch, Gemüse sowie Chilipulver und andere Gewürze, um das Ganze nach eigenem Gusto zu verfeinern.

Es überrascht nicht, dass die **südwestliche Grenzregion** von Yunnan stark von der Küche Myanmars beeinflusst ist – Zutaten wie Kokosnuss, Palmzucker, Nelken oder Gelbwurz findet man in der typisch chinesischen Küche praktisch nicht. Ein alltägliches Bild sind riesige Aluminiumtöpfe, die vor den Restaurants aufgestellt werden und Suppen oder Eintöpfe (grob als Currygerichte einstufbar) enthalten. Auf Straßenmärkten gibt es so merkwürdige Leckereien wie rote Reismehlpfannkuchen. Da diese Gerichte fast nur im Südwesten erhältlich sind, erscheint eine Auflistung weiterer typischer Speisen in dem entsprechenden Abschnitt auf Seite 64. Aus dem Südwesten kommen außerdem guter Kaffee sowie roter *puer cha,* Yunnans bester Tee, die beide in der gesamten Provinz sehr geschätzt sind.

mit angemessenen Preisen, englischer Speisekarte und Bildern von den Gerichten an der Wand. Bietet eine Mischung aus einfachen Gemüse- und imitierten Fleischgerichten. Tipps: „Spareribs" mit Kokosgeschmack (Bambussprossen, Sellerie und gebratener Tofu), „Huhn" mit Pilzrollen (getrockneter Tofu), „Fisch" (frittierter Kartoffelbrei mit Knoblauch-/ Essigsoße).

Wei's Pizza, in einer Gasse nördlich der Tuodong Lu. Bei Auslandschinesen beliebtes Café mit niedrigen Preisen, einer Bücherbörse, Holzofenpizzas, Kaffee und ungewöhnlichen chinesischen Speisen wie Flussmoos mit Koriander und Hakka-Tofu.

Zhen Xing (Yunnan Typical Local Food), Dongfeng Dong Lu, Ecke Baita Lu. Preiswertes und schlichtes Restaurant mit barschem Personal, zumeist einheimischen Gästen und einfachen Speisen, die dem Namen des Lokals entsprechen. Nudeln für ¥3–5. Man zahlt am Tresen und übergibt die Quittung dem Koch.

Unterhaltung

Das Nachtleben hat sich dank steigender Einkommen und einer riesigen Gemeinde von Auslandschinesen deutlich verbessert. Es gibt zahlreiche Studenten- und andere Kneipen sowie lautstarke Discos. Auch verschiedene **Opern-**

truppen sind in der Stadt aktiv, und ab und zu wird auch der für die Region typische **Lampiontanz** *(huadeng)* aufgeführt. Innenveranstaltungen sind leider selten, doch dafür gibt es an den Wochenenden regelmäßig inoffizielle Shows vor der Arbeiterkulturhalle und im Cuihu-Park. Die Termine für ähnliche Veranstaltungen im ***Yunnan Arts Theatre***, Dongfeng Xi Lu, stehen in den Lokalzeitungen oder sind im Hotel zu erfragen.

Das ***Hump over the Himalayas***, Jinbi Lu, ist eigentlich eine Passage (bzw. nach ein paar Drinks ein Irrgarten) mit mehreren Kneipen – man stolpert aus der einen heraus und fällt in die nächste hinein. Die Gunst des Publikums liegt mal hier, mal dort, doch das ***Mandalay*** mit seinem vergleichsweise billigen Bier für ¥10 war während der Arbeit an diesem Reiseführer gerade „in". Auch ein Kaffeehaus, eine Sportsbar und eine Disco sind hier vertreten. Das Dach bleibt Partys und Modenschauen vorbehalten. Einmal im Monat wird hier ein „Straßentanz" veranstaltet, im Grunde genommen nichts anderes als eine Riesenparty.

Die meisten Ausgehabende beginnen oder enden jedoch in der ***Camel Bar*** an der Tuodong Lu. Als etablierteste und schickste Bar am Ort lockt sie ein lebhaftes gemischtes Publikum an und veranstaltet regelmäßig Konzerte, Jamsessions und Ähnliches. In der unteren Etage gibt es eine Tanzfläche und eine Dartsscheibe, oben läuft alles etwas ruhiger ab – dort kann man tagsüber schön entspannt mit einem Kaffee sitzen. Die Bar hat immer bis in die Morgenstunden geöffnet und verkauft Flaschenbiere für ¥10–15.

Die billigsten Getränke bekommt man in den **Studentenkneipen** rund um die Universität. Satte ¥25 kosten die Drinks in der ***Top One Disco***, Beijing Lu, wo die herausgeputzten Schönen von Kunming bis morgens um 3 Uhr zu Techno-Musik ihre Tanzbeine schwingen; der Eintritt ist frei.

Sonstiges

AMT FÜR ÖFFENTLICHE SICHERHEIT (PSB) – Das Hauptbüro befindet sich an der Beijing Lu und die Auslandsabteilung in der Renmin Dong Lu Nr. 82, ✆ 3166191, ⌚ tgl. 8–11 und 13–17 Uhr. Das Personal spricht gutes Englisch und ist im Allgemeinen recht hilfreich, was Visumsverlängerungen angeht.

DIPLOMATISCHE VERTRETUNGEN – In Kunming gibt es keine vietnamesische Vertretung – Visa für den Grenzübergang Hekou sind in China nur in den Konsulaten von Hongkong, Nanning und Beijing erhältlich.

Laos, im Erdgeschoss des *Camellia Binguan,* Dongfeng Dong Lu, ✆ 3176623, 📠 3178556, ⌚ Mo–Fr 8.30–11.30 und 13.30–16.30 Uhr. Visa für 7, 14 oder 28 Tage werden innerhalb von 3 Arbeitstagen ausgestellt. Die Kosten hängen von der Nationalität ab und liegen bei US$40 für ein 28-Tage-Visum.

Myanmar, Zimmer 214 im *Camellia Binguan,* Dongfeng Dong Lu, ✆ 3176609, 📠 3178556, ⌚ Mo–Fr 8.30–12 und 13–16.30 Uhr, während der häufigen Myanmar-Feiertage geschlossen. Ein Touristenvisum für 28 Tage wird für ¥185 innerhalb von 3 Arbeitstagen ausgestellt. Man beachte, dass mindestens US$200 nachgewiesen werden müssen, um ins Land zu gelangen (nur per Flugzeug).

Thailand, in einem Gebäude vor dem Hotel *Kunming* an der Dongfeng Dong Lu, ⌚ Mo–Fr 9–11.30 Uhr. Ein Transitvisum für einen Monat kostet ¥70, ein Touristenvisum für 60 Tage ¥110. Die meisten Ausländer benötigen lediglich ein Visum, wenn sie sich länger als einen Monat in Thailand aufhalten möchten.

EINKAUFEN – Die ***Xinhua-Buchhandlung*** neben der *Bank of China* an der Renmin Dong Lu bietet im 3. Stock einige Romane in englischer Sprache an. In dem **Antiquitätengeschäft** auf dem Gelände des *Camellia Binguan* an der Dongfeng Dong Lu kann man fragliche Holzpaneele erstehen, die aus alten Qing-Gebäuden herausgerissen wurden, sowie silberne Haarnadeln, Porzellan und schöne Tuschesteine. Typisches aus der Gegend sind Bambuspfeifen, Tabak und wertloser Schmuck, erhältlich auf den Märkten in den Seitenstraßen, z.B. rund um den Haustiermarkt. Yunnan ist zudem als Herkunftsort **seltener Arzneimittel** bekannt, aber die Preise sind in Kunming wahrhaft als inflationär zu bezeichnen – Neugierige können sich in den Läden südlich des Hauptpostamts in der Beijing Lu nach Raupenpilz, Drachenblut und anderen eigenartigen Artikeln umsehen; eine „Geschenkpackung" kostet ¥680.

FAHRRÄDER – Die Unterkünfte *Camellia* und *Kunhu* sowie die *Jugendherberge* verleihen Fahrräder für ¥3 pro Stunde.

GELD – Die Hauptfiliale der ***Bank of China*** liegt in der Beijing Lu, Ecke Renmin Dong Lu, ◷ Mo–Fr 9–11.45 und 14.30–17.30 Uhr, eine kleinere Zweigstelle in der Huancheng Nan Lu. Einige Hotels tauschen ebenfalls Geld und verlangen dieselben Gebühren.

GEPÄCKAUFBEWAHRUNG – Eventuell hilft die Unterkunft weiter, ansonsten gibt es sowohl am Bahnhof als auch am Busbahnhof eine Gepäckaufbewahrung, die von morgens bis abends geöffnet ist.

INTERNET – Fast alle Hotels sowie die auf Ausländer ausgerichteten Cafés rund um die Universität bieten Internet-Zugang, erheblich billiger ist es jedoch im Telekom-Hauptgebäude an der Dongfeng Lu, Ecke Beijing Lu.

KINOS – Das größte Kino von Kunming befindet sich auf der Südseite der Kreuzung von Dongfeng Lu und Zhengyi Lu.

MEDIZINISCHE HILFE – ***Yunnan Province Red Cross,*** Qingnian Lu. Mit Notfallzentrum.

POST UND TELEFON – Das ***Hauptpostamt*** liegt im südlichen Abschnitt der Beijing Lu, ◷ tgl. 8–20 Uhr. Postlagernde Sendungen können auch an das *Kunhu,* das *Camellia* sowie an größere Hotels mit eigenem Postschalter gesendet werden. Für Telefongespräche wendet man sich ebenfalls an das Hauptpostamt oder an das ***Telekom-Gebäude*** nördlich davon, an der Kreuzung mit der Dongfeng Lu, ◷ Mo–Fr 8–18.30, Sa und So 9–17 Uhr.

REISEBÜROS – ***CITS*** ist mit Schaltern im *Holiday Inn,* ✆ 3165888, im *King World Hotel,* ✆ 3138888, und bei *Yunnan Air,* ✆ 3162214, vertreten und verfügt in der Huancheng Nan Lu Nr. 285 über ein eigenständiges Büro, ✆ 3554283. Der persönliche Reiseservice des *Camellia* und von ***CYTS*** im *Kunhu Fandian* werden besonders Individualreisenden empfohlen. Sie alle organisieren Touren durch die Stadt sowie nach Shilin, Dali und Xishuangbanna und besorgen Zug- und Flugtickets (manchmal auch Fahrscheine für Fernreisen mit dem Bus). Die Provisionen für Bus- und Zugtickets liegen bei mindestens ¥20 bzw. ¥80. Das ***Tibet Tourism Office*** im *Camellia* bucht Flüge vom Flughafen Deqin in Zhongdian nach Lhasa mitsamt den nötigen Genehmigungen für ¥2400.

VORWAHL – 0871

Nahverkehrsmittel

Kunming kann durchaus zu Fuß erkundet werden. In verschiedenen Unterkünften stehen **Fahrräder** zum Verleih.
Überall findet man **Taxis**, die eine Grundgebühr von ¥8 verlangen. Die **Stadtbusse** verkehren in den Hauptstraßen, bedienen aber ständig wechselnde Routen – der aktuelle Stand der Dinge ist aus den Busfahrplänen ersichtlich, die von Straßenverkäufern angeboten werden.

Transport

SELBSTFAHRER – Wer von China auf dem Landweg nach Vietnam oder Laos einreisen möchte, kann dies am Grenzübergang Hekou im südöstlichen Yunnan (s.S. 946) bzw. am Grenzübergang Bian Mao Zhan in Xishuangbanna (s.S. 990) tun.
Derzeit müssen Ausländer mit dem Reiseziel Myanmar nach Yangon fliegen – auf dem Landweg war die Einreise nicht erlaubt – und einen Pflichtumtausch von US$200 tätigen.

BUSSE – Der **Überland-Busbahnhof** von Kunming befindet sich am südlichen Ende der Beijing Lu. Von hier fährt der Stadtbus Nr. 23 direkt zum Nordbahnhof und kommt dabei an mehreren Hotels sowie an der Kreuzung mit der Dongfeng Lu vorbei, in deren östlichem Abschnitt ebenfalls einige Unterkünfte liegen.
Das hiesige **Ticketbüro** arbeitet mit Computern,

und das Personal ist sehr hilfreich dabei, den passenden Bus herauszupicken – schwierig gestaltet sich erst die Suche nach dem konkreten Fahrzeug vor der Türe. Generell besteht die Auswahl zwischen Standard-, Luxus-, Express- und Bussen mit Schlafkojen, die Destinationen in ganz Yunnan und in den Nachbarprovinzen anfahren. Am Busbahnhof sowie unterwegs sollte man auf sein Gepäck achten, da Diebstähle keine Seltenheit sind.

Gegenüber vom Überland-Busbahnhof befindet sich ein weiterer **Busbahnhof**, von dem in erster Linie die Standardbusse sowie solche mit Schlafkojen zu Zielen in Yunnan abfahren.

Der **Busbahnhof-West** an der Renmin Xi Lu bedient überwiegend Ziele in der näheren Umgebung von Kunming, aber manchmal enden hier auch Überlandbusse.

Zu erreichen ist er mit dem Stadtbus Nr. 5 von der Dongfeng Dong Lu, der hier seine Endhaltestelle hat.

Für die lange und holprige Fahrt nach JINGHONG empfiehlt sich ein Luxusbus (16 Std., ¥152); der Standardbus kostet ¥119, ist aber mindestens 21 Std. unterwegs. Außerdem gibt es einen Luxusbus nach XIAGUAN (zur Weiterfahrt nach Dali), der zwischen 8 und 19 Uhr stündlich abfährt und etwa 5 Std. benötigt (¥103, 4 Std. weniger als der Standardbus), sowie einen Luxusbus nach LIJIANG, der nur 9 Std. braucht (¥152, 3 Std. weniger als der Standardbus). Diese neuen Busse werden von Hostessen begleitet und sind mit Toiletten ausgestattet. Weitere Reiseziele in der Luxusklasse sind Zhongdian, Jinghong sowie HEKOU (11 Std. statt 16 Std. im Standardbus, ¥95).

Busse nach:
ANSHUN 24 Std.;
BAOSHAN 18 Std.;
CHENGDU 36 Std.;
CHUXIONG 6 Std.;
DALI 12 Std.;
GEJIU 5 Std.;
GUIYANG 72 Std.;
JIANSHUI 5 Std.;
KAIYUAN 5 Std.;
MANGSHI 22 Std.;
NANNING 72 Std.;
PANXIAN 12 Std.;
RUILI 24 Std.;
SHILIN 3 Std.;
TONGHAI 2 Std.;
WANDING 25 Std.;
XICHANG 24 Std.;
XINGYI 13 Std.

EISENBAHN – Kunmings **Hauptbahnhof** liegt wenig südlich der beiden Busbahnhöfe, ebenfalls in der Beijing Lu. Das **Ticketbüro**, 🕓 6.30–24 Uhr, befindet sich an der Ostseite des großen Bahnhofsplatzes und verkauft Fahrscheine bis zu drei Tage im Voraus – wer rechtzeitig plant, bekommt in der Regel den gewünschten Platz.

Bei der Suche nach der richtigen Schlange hilft der Serviceschalter, der leider nicht immer besetzt ist. Vom Hauptbahnhof fahren Züge in westlicher Richtung nach Xiaguan (s.S. 948), in nördlicher Richtung nach Chengdu in Sichuan (hier empfiehlt sich eine Reiseunterbrechung in Xichang im Süden von Sichuan, s.S. 1027), in südöstlicher Richtung via Xingyi und Baise nach Nanning in Guangxi (s.S. 885) sowie in östlicher Richtung durch Guizhou via Liupanshui, Anshun und Guiyang (s.S. 897) in den Rest des Landes.

Im nördlichen Abschnitt der Beijing Lu liegt der **Nordbahnhof**, wo die Züge nach Hekou und Vietnam starten. Zwischen Haupt- und Nordbahnhof verkehrt der Stadtbus Nr. 23. Das in der nordöstlichen Ecke des Bahnhofs versteckte **Ticketbüro** hat laut Aushang von 6 bis 22.40 Uhr geöffnet, doch darauf ist nicht wirklich Verlass. Gegenwärtig gibt es einen täglichen Nachmittagszug, der etwa 16 Std. nach HEKOU (Sitzplatz ¥35, Schlafwagen ¥90) bzw. 28 Std. nach HANOI (Hartbettenklasse, untere Liege ¥175, obere Liege ¥235) unterwegs ist.

Züge nach:
BEIJING tgl., 48 Std.;
CHENGDU 3x tgl., 18–21 Std.;
CHONGQING 2x tgl., 23 Std.;
GUANGZHOU 2x tgl., 45 Std.;
GUILIN 2x tgl., 30 Std.;
GUIYANG 5x tgl., 12 Std.;
KAIYUAN 2x tgl., 8 Std.;
NANNING tgl., 20 Std.;
PANZHIHUA 3x tgl., 6 Std.;
SHANGHAI 2x tgl., 60 Std.;

XIAGUAN tgl., 8 Std.;
XICHANG 3x tgl., 12 Std.

FLÜGE – Der **Flughafen** von Kunming liegt am südöstlichen Stadtrand und besitzt jeweils ein Terminal für internationale und für Inlandsflüge. Auf der Südseite des Vorplatzes wartet zu den Ankunftszeiten ein **Flughafenbus**, der an einigen Innenstadthotels vorbei bis zum Büro von *Yunnan Air* an der Tuodong Lu fährt, wo auch die Fahrpläne ausgehängt sind (1/2 Std., ¥5). Nur unwesentlich billiger sind die öffentlichen **Minibusse** zu verschiedenen Zielen im Zentrum (bei viel Gepäck weniger geeignet). Ein **Taxi** ins Zentrum kostet je nach Ziel und Verhandlungsgeschick ¥15–80. Neben Flügen in alle chinesischen Großstädte gibt es regelmäßige Verbindungen nach Vietnam, Myanmar, Singapur und Thailand.

Fluggesellschaften:
China Southern, 433 Beijing Lu, südlich der Kreuzung mit der Dongfeng Lu, ✆ 3101831;
China Southwest, 160 Beijing Lu, nördlich des *King World Hotel*, ✆ 3539702, 📠 3539700, ◷ tgl. 8.30–12 und 14–19 Uhr;
Dragonair, Beijing Dong Lu, im *Golden Dragon Hotel*, ✆ 3138592;
JAL, Dongfeng Dong Lu, 25. Stock des *Holiday Inn*, ✆ 3161230;
Kunming United Airlines, 13 Dongfeng Xi Lu, ✆ 3628592;
Shanghai Airlines, 46 Dongfeng Xi Lu, ✆ 313 8502;
Thai International, Beijing Lu, neben dem *King World Hotel*, ✆ 3133315, 📠 3167351, ◷ Mo–Fr 9–12 und 13–17 Uhr.
Yunnan Air, Tuodong Lu, ✆ 3164270 oder 3138562, ◷ tgl. 8–20 Uhr; das hilfreiche und effiziente Büro verkauft Tickets für sämtliche chinesischen Fluglinien, gewährt Rabatte aber nur für Flüge mit der eigenen Gesellschaft.

Flüge nach:
BAOSHAN 3x wöchentl., 1/2 Std.;
BEIJING 6x tgl., 2 1/2 Std.;
CHANGSHA 1–2x tgl., 1 1/2 Std.;
CHENGDU 6–9x tgl., 1 Std.;
CHONGQING 4–7x tgl., 3/4 Std.;
DALI 5x wöchentl., 1/2 Std.;
DEQIN 3x wöchentl., 2 Std.;
GUANGZHOU 5x tgl., 1 1/4 Std.;
GUILIN 1–2x tgl., 1 1/2 Std.;
GUIYANG 1–2x tgl., 1 1/4 Std.;
HONGKONG 1–2x tgl., 2 3/4 Std.;
JINGHONG 3x tgl., 1 Std.;
LIJIANG 4x wöchentl., 3/4 Std.;
MANGSHI 2x tgl., 3/4 Std.;
NANNING 2x tgl., 3/4 Std.;
SHANGHAI 2–3x tgl., 2 1/2 Std.;
XI'AN 2–4x tgl., 1 3/4 Std.

Die Umgebung von Kunming

Das Umland von Kunming bietet für mehrere Tage Zerstreuung, wobei man entweder auf öffentliche Verkehrsmittel oder organisierte Touren zurückgreifen kann. Wer an heiligen Stätten interessiert ist, sollte in erster Linie den westlich gelegenen **Qiongzhu Si** mit seinen außergewöhnlichen Skulpturen aufsuchen. Unmittelbar südlich von Kunming befindet sich der 270 km^2 große **Dian Chi**, ein tiefblauer See, auf dem unzählige Fischerdschunken schaukeln. Die Städte am See sind per Bus oder Boot erreichbar, aber den schönsten Gesamteindruck erhält man von den nahe gelegenen Höhen der **Westberge** (Xi Shan). Noch weiter entfernt gehört der fantastische **Shilin** (Steinwald) zu den Höhepunkten einer jeden Reise durch Yunnan.

Heilong Tan, Jin Dian und Tanhua Si

Von Kunming sind **drei Tempelanlagen** ganz einfach mit öffentlichen Bussen erreichbar. 10 km nördlich der Stadt liegt an der Buslinie Nr. 10 vom Nordbahnhof der **Heilong Tan** (Teich des Schwarzen Drachen) inmitten eines Gartens, der sich zur Pflaumenblüte im Frühling von seiner schönsten Seite zeigt. Die beiden bescheidenen daoistischen Ming-Tempelbauten sind dem Himmlischen Kaiser und anderen Gottheiten geweiht, während der Teich von einem Drachen bewohnt sein soll, der – so erzählt man sich – von dem Unsterblichen Lu Dongbin gezwungen wurde, den Anwohnern eine nicht versiegende Wasserquelle bereitzustellen. Außerdem spukt hier anscheinend ein patriotischer Ming-Gelehrter herum, der sich und seine Familie in den Fluten ertränkte, um damit seinen Widerstand gegen die einmarschierenden Qing-Armeen zu demonstrieren. Sein Grab liegt ganz in der Nähe. ⌚ tgl. 8–18 Uhr, Eintritt ¥5.

Ebenfalls vom Nordbahnhof fährt Bus Nr. 11 zum nordöstlich gelegenen **Jin Dian** (Goldener Tempel), der auf eine verzwickte Geschichte zurückblickt. 1602 als Kopie der Taihe-Halle auf dem Wudang Shan in der Provinz Hubei (s.S. 620) erbaut, wurde der ursprüngliche Tempel 35 Jahre später zu einem Kloster auf dem Jizu Shan in die Nähe von Dali verlegt. Der gegenwärtige Bau hat seine Existenz dem Qing-Rebellengeneral Wu Sangui zu verdanken, der ihn im Jahre 1671 gründete. Auch dieser Tempel wird mit dem mystischen Lu Dongbin in Verbindung gebracht – angeblich war er es, der die Erbauung veranlasste. Der Tempel mit seinen doppelten Dachvorsprüngen erhebt sich auf einem Marmorsockel und beherbergt im Innern zwei Zauberschwerter, die einst von daoistischen Kriegern benutzt wurden. Gitter, Balken und Statuen in der Haupthalle sind aus **Bronze** gefertigt, ein für Yunnan sehr typisches Metall. In den nach Kamelien duftenden Gärten um den Tempel tummeln sich am Wochenende die Einheimischen und veranstalten bunte Picknicks. Wer will, kann noch den Berg dahinter erklimmen, dessen Turm eine große Ming-Glocke aus dem zerstörten Südtor von Kunming birgt. ⌚ 8–17 Uhr, Eintritt ¥5.

Der **Tanhua Si** steht 4 km östlich der Stadt am Fuße der Jinma-Berge, etwa 1 km nördlich der Endhaltestelle von Bus Nr. 4, der in der Renmin Dong Lu abfährt. Viel gibt es in dem restaurierten, buddhistischen Ming-Tempel nicht zu sehen, umso reizvoller präsentieren sich die gepflegten **Ziergärten** mit ihren schmalen Pfaden, die sich durch Wäldchen voller exotischer Bäume, Bambuspflanzen, Pfingstrosen und Azaleen winden. Der Name „Tanhua" bezeichnet eine Magnolienart, die hier vor dem Bau des Tempels weit verbreitet war – heute existiert nurmehr ein einziger Baum, der in dem Hof neben der Schriftenhalle wächst. Eintritt ¥3.

Qiongzhu Si

Das fantastische Aufgebot extravaganter Skulpturen macht einen Ausflug zum Qiongzhu Si (Bambustempel), etwa 10 km westlich von Kunming, zu einem unverzichtbaren Erlebnis. Schwarz-rote Holzarbeiten zieren das würdevolle Gebäude, das auf einem Fundament aus der Yuan-Dynastie ruht und sich seit seiner Erbauung mehreren Restaurierungen unterziehen musste, so auch Ende des 19. Jahrhunderts. Damals erhielten **Li Guangxiu**, ein bedeutender Bildhauer aus Sichuan, sowie dessen fünf Assistenten den Auftrag, die Haupthallen mit 500 tönernen *Arhat*-Statuen zu verschönern. Mit großer Begeisterung und nicht minder großer Fantasie kamen sie der Aufgabe nach und verbrachten zehn Jahre damit, die grotesken Mönche, Kobolde, Schreiber, Kaiser und Bettler zu gestalten, die das Innere des Tempels heute bevölkern – einige sind versunken in Kontemplation, andere grinsen oder scheinen gar in ein hysterisches Gelächter auszubrechen, und wieder andere knurren grimmig vor sich hin, während sie über ein schäumendes Gewässer voller Seeungeheuer schippern. Leider erwies sich das Werk für die konservativen Zeitgenossen von Li als zu ausgefallen, sodass er nie wieder mit einem Auftrag betraut wurde, allerdings hätte er diese Arbeit in puncto Originalität ohnehin nicht mehr übertreffen können. Die Haupthalle birgt zudem eine **Steintafel** aus dem 14. Jahrhundert mit Aufzeichnungen in mongolischer und chinesischer Schrift über Geschäfte zwischen dem kaiserlichen China und Yunnan. Ebenfalls in dieser Halle untergebracht ist ein gutes vegetarisches Restaurant, das seine Pforten jedoch nur mittags geöffnet hat. Eintritt ¥5.

Für die **Anfahrt** zum Tempel bieten sich verschiedene Möglichkeiten: vom Busbahnhof-West mit einem der unregelmäßig verkehrenden Minibusse (¥5,50); vom *Yunnan Arts Theatre* an der Dongfeng Xi Lu mit einem Charter-Minibus (¥60 für maximal sieben Personen); oder mit dem Tourbus um 8 Uhr, der ebenfalls vor dem Theater startet und außer dem Tempel auch die Westberge ansteuert.

Dian Chi und die Westberge

Sein relativ unbeschwertes Dasein verdankt Kunming größtenteils dem gut bewässerten Umland rund um den Dian Chi, der sich südlich der Stadt über mehr als 50 km erstreckt. Eine Straße umrundet den See und ermöglicht dessen Erkundung vom Ufer aus (vom Busbahnhof-West gibt es Verbindungen hierher), doch viele der Dörfer wurden in den letzten Jahren industrialisiert oder beherbergen hässliche Arbeitersanatorien, sodass dies keine wirkliche Verlockung darstellt. Eine Ausnahme bildet unter Umständen **Kunyang** am süd-

YUNNAN

lichen Seeende, der Geburtsort des einzigen berühmten chinesischen Seefahrers namens **Zheng He**, ein Eunuche moslemischen Glaubens aus der Ming-Dynastie, der das Kommando über eine kaiserliche Flotte auf Erkundungsmission nach Südostasien, Indien und Afrika innehatte – eines der wenigen Male in der chinesischen Geschichte, dass die Herrscher ein Interesse an der Außenwelt zeigten. Ein Hügel außerhalb von Kunyang wurde zu Ehren des Entdeckers als **Park** (Zheng He Gongyuan) ausgewiesen und mit einem Tempelmuseum sowie einem Mausoleum für den Pilgervater von Zheng, **Hadji Ma**, ausgestattet.

Viel schöner ist jedoch der Ausblick auf den See von den 16 km südwestlich von Kunming gelegenen Westbergen (Xi Shan), die vom Ufer bis auf 2500 m ansteigen. Am einfachsten erreicht man diese Gegend mit dem Bus Nr. 6 vom Busbahnhof-West nach **Gaoyao** (der letzte Bus zurück nach Kunming verlässt das Dorf gegen 18 Uhr). Hier stehen Minibusse für die Fahrt zum Gipfel bereit, oder man wandert über einen wunderschönen Weg nach oben, was allerdings recht anstrengend ist. Für die 8 km sollten rund drei Stunden veranschlagt werden, wobei die Tempel am Wegrand mit Erfrischungen dienen können. Wer es ganz einfach möchte, steigt um 8 Uhr vor dem *Yunnan Arts Theatre* in Kunming in den **Tourbus** ein, der direkt bis auf den Gipfel fährt (¥15).

Beim ersten Tempel handelt es sich um den **Huating Si**, ursprünglich ein Landsitz mit Pavillon, Garten und Teich für Gao Zhishen, der im 11. Jahrhundert über Kunming herrschte. Ab dem 14. Jahrhundert wurde die Anlage zu einem buddhistischen Tempel erweitert und in den 20er Jahren des 20. Jahrhunderts letztmalig umgebaut. Heute beherbergt der Huating Si einige erlesene **Statuen** – besonders sehenswert sind die beiden Torwächter in der Eingangshalle – sowie ein erschwingliches Restaurant mit Spezialitäten aus Yunnan. Durch Wäldchen mit uralten Bäumen windet sich der Weg weiter bis zum **Taihua Si**, wo die halbe Strecke geschafft ist. Das Kloster wurde 1306 von dem Wandermönch **Xuan Jian** aus der Chan-(Zen-)-Schule gegründet und hat sich vor allem durch seinen chaotisch angelegten **Botanischen Garten** einen Namen gemacht. Der gewaltige Gingkobaum nahe dem Eingang soll fast ebenso viele Jahre zählen wie der Tempel selbst. Wenige Kilometer weiter liegt der daoistische Komplex des **Sanqing Ge**, ein weiterer ehemals königlicher Landsitz auf dem höchsten Gipfel der Westberge. Die neun Hallen, die jeweils einem bestimmten Patriarchen gewidmet sind, staffeln sich hintereinander am Hang und bieten einen guten Einblick in den Tao-Stil und die Qing-Architektur.

Knapp 1 km später erreicht der Weg die **Drachentorgrotte**, eine Reihe von Kammern und engen Tunneln, die den Berg durchziehen. **Wu Laiqing**, ein Mönch aus dem späten 18. Jahrhundert, sowie seine Nachfolger benötigten für die Fertigstellung mehr als 70 Jahre und ersetzten dabei mehrere im Fels fixierte Holztreppen. Allein die Idee dieses Vorhabens erstaunt sehr, noch unglaublicher jedoch ist die stimmungsvolle Ausgestaltung der Räume, in denen sogar Skulpturen von Guanyin und den Göttern des Studiums und der Rechtschaffenheit zu finden sind. Am anderen Ende befindet sich das **Große Drachentor** (Eintritt ¥20), ein gefährlich überhängender Balkon, der einen fantastischen Blick auf den Dian Chi in seiner gesamten Ausdehnung offeriert.

Shilin und Lunan

Als bedeutendstes Naturwunder von Yunnan gilt der Shilin oder **Steinwald**, eine durch Erosion geformte Landschaft voller natürlicher Kalksteinskulpturen 130 km östlich von Kunming in der Nähe von **Lunan**. „Wälder" wie diese sind im südwestlichen China an sich keine Seltenheit, doch diese schwarzen, haushohen Felsen werden von Bäumen und Rankengewächsen, Stufen, Pfaden und Pavillons geschmückt. Ein Tagesausflug hierher kann durchaus ein schönes Erlebnis sein – zumindest wenn man sich nicht an der Rummelplatz-Atmosphäre und den unzähligen Tourgruppen stört, die gackernd ihren herausgeputzten Reiseleitern hinterherhasten. Der Hauptrundgang nimmt bei gemächlichem Tempo etwa eine Stunde in Anspruch und verläuft mitten durch das Gebiet bis zum **Schwertspitzenteich**, ein von besonders markanten Felsklippen umgebener Zierteich, von dem ein schmaler Pfad hinauf in den oberen Teil des Waldes führt. Diese Ecke ist der bei weitem meistbesuchte Teil des Parks. In die bekannteren Felsformationen sind große rote Schriftzeichen eingraviert, und an strategisch günstigen Punkten posieren einheimische **Sani** (Mitglieder einer Untergruppe der Yi) in ihrer typischen Tracht für Fotografen. Wer es etwas ruhiger mag, sollte die Pfade in den Randgebieten aufsuchen, die zu kleineren, von der Hauptgruppe getrennten Felsgruppierungen führen. Optimalerweise verbringt man eine Nacht vor Ort und besucht bei dieser Gelegenheit noch eines der umliegenden Sani-Dörfer, deren Bewohner jeden Mittwoch auf dem **Markt** in Lunan (30 Minuten per Motorrad-Taxi vom Parkeingang entfernt) ihre Waren feilbieten.

Die **Anreise** zum Shilin gestaltet sich problemlos. Besonders bequem sind die organisierten Tagesausflüge der Hotels und Veranstalter in Kunming (ab ¥50). Außerdem starten neben dem *King World Hotel* in der Huancheng Nan Lu frühmorgens kleine Tourbusse (ca. ¥30), die allerdings eher auf ein chinesisches Publikum ausgerichtet sind und unterwegs an zahlreichen Souvenirläden stoppen, sodass für den Shilin selbst nur zwei Stunden übrig bleiben. Als billigste Variante erweist sich der Touristenzug (¥30 hin und zurück), der um 8.28 Uhr vom Hauptbahnhof abfährt, um 9.50 Uhr am Shilin ankommt und sich um 15.30 Uhr wieder auf den Rückweg macht. Das *Camellia Binguan* verkauft Fahrscheine für den Zug und bringt seine Gäste kostenfrei mit dem Minibus zum Bahnhof.

Mit dem Bus dauert die Fahrt etwa drei Stunden und endet vor den Eingangstoren des Parks, wo unzählige Verkaufsstände neben minderwertigen Stickereien auch ausgezeichnetes und erschwingliches Essen anbieten, beispielsweise gebratene Ente (eine lokale Spezialität), Fasan, Taube oder Fisch. Nach Bezahlung des **Eintrittsgeldes** von ¥80 überquert man eine Brücke, und wer sich danach links hält, trifft nach 50 m Anstieg auf eine einfache **Unterkunft***. Marschiert man weiter am See entlang, so stößt man links und rechts von Stufen, die geradewegs in den Wald führen, auf das alternde, aber komfortable *Stone Forest Hotel***, ✆ 0871/7711405, und das modernere *Shilin Summer Palace Hotel***, ✆ 0871/7711888. Mehr Qualität fürs Geld bieten die Ein-, Zwei- und Dreibettzimmer des *Yunlin Hotel**, ✆ 0871/7711409, das noch ein Stückchen weiter bergan zu finden ist. Sämtliche Unterkünfte besitzen nette **Restaurants** und veranstalten hin und wieder erstaunlich natürliche Aufführungen von **Sani-Tänzen**, die das schmierige Erscheinungsbild der fliegenden Händler im Park wieder wettmachen.

Der Südosten Yunnans

Die Region zwischen Kunming und Vietnam war aufgrund des chinesisch-vietnamesischen Krieges bis in die frühen 90er Jahre hinein Sperrgebiet, ist jedoch mit Ausnahme einiger abgeschiedener Gebiete wieder zur ungehinderten Erkundung freigegeben. Außer der Grenzüberquerung nach Vietnam gibt es noch eine Menge anderer Gründe für eine Reise in diese unerschlossene Ecke der Provinz. Relativ nahe an Kunming liegen die **Seen Fuxian und Qilu**, die zwar landschaftlich mit der Schönheit ihres nordwestlichen Gegenstücks Dian Chi nicht mithalten können, aber dafür mit interessanten historischen Stätten in den nahe gelegenen Kleinstädten aufwarten, wobei **Tonghai** besonders empfehlenswert ist.

Weiter südlich lockt das liebenswerte **Jianshui** mit seiner Qing-Architektur und den 30 km entfernten **Yanzi Dong** (Schwalbenhöhlen). Das erstaunlich moderne **Gejiu** konzentriert sich um einen künstlichen See, dessen Entstehung auf den Bergbau zurückgeht. Reisende mit einem großzügigeren Zeitpolster sollten darüber hinaus folgende Abstecher ins Auge fassen: in die abgelegene Zhuang-Stadt **Malipo**, erreichbar via **Kaiyuan** und zu den eindrucksvollen Terrassenlandschaften im **Honghe(-Tal)**.

Die 350 km lange Strecke zwischen Kunming und der Grenzstadt **Hekou** lässt sich auf zweierlei Art bewältigen – entweder direkt mit der täglich verkehrenden Schmalspurbahn, die in Kaiyuan einen Stopp einlegt, oder etappenweise per Bus, was natürlich einen tieferen Einblick in Land und Leute ermöglicht. Von Kunming gibt es auch eine Art Schnellstraße nach Hekou, die über Lunan und Kaiyuan bis zur Grenze verläuft und einen Abstecher nach Gejiu erlaubt, aber die meisten anderen Sehenswürdigkeiten sind nur über kleinere Straßen zu erreichen. Für die Einreise nach Vietnam ist ein Visum erforderlich, das in China gegenwärtig nur in Beijing, Nanning und Hongkong ausgestellt wird.

Die Seen Fuxian und Qilu

Grünes Ackerland und Dörfer mit Häusern aus Lehmziegeln umgeben den Fuxian Hu, eine schmalere und kleinere Version des Dian Chi. Etwa 70 kurvenreiche Kilometer trennen Kunming von

YUNNAN

der Bezirkshauptstadt **Chengjiang** am nördlichen Seeende, eine alte Marktstadt mit einem konfuzianischen Tempel aus dem 16. Jahrhundert, der von der Zhongshan-Universität der Provinz Guangdong während der japanischen Besatzung als Lehranstalt genutzt wurde. Von Chengjiang folgt die Hauptstraße dem westlichen Seeufer gen Süden, passiert den kleineren **Xingyun Hu** sowie **Jiangchuan** und trifft nach 50 km auf den Qilu Hu, an dessen Westufer **Xinmen** liegt. Die Stadt wird von rund 4000 Mongolen bewohnt, allesamt Nachkommen einer von Kublai Khan zurückgelassenen Armeegarnison; heute verdienen die meisten hier lebenden Menschen ihren Lebensunterhalt als Fischer und Schmiede. Xinmen ist kaum zu übersehen: Tagsüber sticht die gewaltige **Moschee** ins Auge, und nachts erstrahlt die Stadt im grellen Licht ihrer zahlreichen Metallgießereien, die von winzigen Hinterhofschmieden bis zu großen Fabriken reichen.

Kaiyuan und Malipo

Ob auf Straße oder Schiene unterwegs – in beiden Fällen dient Kaiyuan als Halt auf dem Weg nach Hekou. Die Stadt liegt rund 50 km östlich von Jianshui bzw. nördlich von Gejiu und bietet sich als Basis für einen interessanten Abstecher in den äußersten Südosten Yunnans an. Von Kaiyuan führt eine 200 km lange Nebenstrecke via **Wenshan** nach Malipo, eine Kleinstadt nahe einem abgelegenen Abschnitt der vietnamesischen Grenze, weswegen Besucher von den Behörden gar nicht so gern gesehen sind. Mehrere ethnische Gruppen bevölkern diese Gegend, und 1 km westlich der Stadt am Chaoyang-Fluss finden sich **Felsmalereien**, die offenbar mit der lokalen Zhuang-Mythologie in Verbindung stehen (s.S. 925).

Tonghai

Nur eine halbe Stunde Busfahrt südlich von Xinmen liegt die Kleinstadt Tonghai am Fuße des **Xiu Shan**, dessen Hänge von zahlreichen Tempeln übersät sind. Tonghais Zentrum konzentriert sich um den **Trommelturm**, von dem in alle vier Himmelsrichtungen die Hauptstraßen abgehen und mit ihren Nebenstraßen ein übersichtliches Gitternetz von etwa 500 m Breite bilden. Das Herz der Stadt wird von der **Huangcheng Lu** begrenzt, die sich in einen nördlichen (Bei), östlichen (Dong) und westlichen (Xi) Abschnitt unterteilt.

Bei einem Bummel durch die von alten Geschäften mit Holzfassaden gesäumten Straßen sieht man stämmige Ponys, die Karren hinter sich herziehen, Läden mit Silberschmuck und einheimischen Kupferwaren im Angebot, Mongolen, die ihrem Ruf als Metallbearbeiter gerecht werden und selbst gemachte Messer verkaufen, und lebhafte Marktgassen, wo unter anderem Bambuspfeifen und Tabak den Besitzer wechseln. Folgt man der Nan Jie in südlicher Richtung und läuft dann in der Wenmiao Lu 300 m bergan, weist ein englisches Schild den Weg zum **Xiushan-Park** (Eintritt ¥15), einer der bezauberndsten Bergparks dieser Größenordnung in ganz China – vor Erkundung des Geländes empfiehlt sich übrigens ein Blick auf die Karte am Eingang. Ein einfach zu begehender Weg führt durch Kiefernwälder zu einem halben Dutzend bescheidener Tempel und Pavillons, von denen einige bewohnt sind, andere zu Teehäusern umfunktioniert wurden und alle in leuchtenden Farben erstrahlen und inmitten besinnlicher Gartenanlagen liegen. Merkwürdigerweise wird ihre Bedeutung ausgerechnet hier, wohin sich kaum ein ausländischer Tourist verirrt, mit englischsprachigen Schildern erklärt. Als schönster Bau gilt der **Yongjin Si**, dessen Stolz die 400 Jahre alten Zypressen und Tannen sowie seine wohl proportionierten Tempelhallen sind.

Übernachtung und Essen

Tonghai Government Guesthouse*, Huangcheng Bei Lu, 100 m östlich des Busbahnhofs (kein englisches Schild). Hier darf man sich nicht in den muffigen Altbau stecken lassen, sondern sollte auf eine Unterbringung im Neubau bestehen. Dorm-Bett ¥20.

Li Yue Fandian*, Huangcheng Xi Lu, 75 m südlich des Busbahnhofs, ✆ 0877/3011651. Bietet etwas mehr Qualität, und die Gemeinschaftsbäder sind wirklich sauber.

Tong-Print**, 200 m westlich des Busbahnhofs, ✆ 0877/3021666. Nicht so teuer wie es aussieht, Einzelreisende bekommen ein DZ zum halben Preis. Mit Sauna und Fitnessraum, der schäbige Außenpool hingegen wurde zu einem Teich umgestaltet.

Der Südosten Yunnans

Chengjiang	澄江	***chéngjiāng***
Fuxian Hu	抚仙湖	*fǔxiān hú*
Gejiu	个旧	***gèjiù***
Baohua-Park	宝华公园	*bǎohuá gōngyuán*
Liangyou Jiudian	良友酒店	*liángyǒu jiǔdiàn*
Shi Haolou Binguan	十号楼宾馆	*shíhàolóu bīnguǎn*
Tin Capital Restaurant	锡城饭店	*xīchéng fàndiàn*
Hekou	河口	***hékǒu***
Jiangchuan	江川	***jiāngchuān***
Jianshui	建水	***jiànshuǐ***
Chaoyang Lou	朝阳楼	*cháoyáng lóu*
Konfuzianische Akademie	文庙	*wénmiào*
Garden Hotel	花园招待所	*huāyuán zhāodàisuǒ*
Lin'an Fandian	临安饭店	*lín'ān fàndiàn*
Lin'an Jiudian	临安酒店	*línān jiǔdiàn*
Zhujia Huayuan	朱家花园	*zhūjiā huāyuán*
Kaiyuan	开远	***kāiyuǎn***
Malipo	麻栗坡	*málìpō*
Tonghai	通海	***tōnghǎi***
Li Yue Fandian	礼乐饭店	*lǐyuè fàndiàn*
Nanjie Fandian	南街饭店	*nánjiē fàndiàn*
Tonghai Government Guesthouse	通海县政府招待所	*tōnghǎixiàn zhèngfǔ zhāodàisuǒ*
Tong-Print Hotel	通印大酒店	*tōngyìn dàjiǔdiàn*
Xiushan Binguan	秀山宾馆	*xiùshān bīnguǎn*
Xiushan-Park	秀山公园	*xiùshān gōngyuán*
Yongjin Si	涌金寺	*yǒngjīn sì*
Wenshan	文山	***wénshān***
Xinmen	薪门	***xīnmén***
Yanzi Dong	燕子洞	***yànzi dòng***
Yuanyang	元阳	***yuányáng***

Im ganzen Zentrum bieten Imbissstände ihre Snacks an. Wer eine gehaltvollere **Mahlzeit** sucht, kann die preiswerten Hammelfleisch- und Gemüsegerichte in den Kantinen gegenüber vom Busbahnhof probieren oder sich in das altmodisch eingerichtete ***Nanjie Fandian***, südlich des Trommelturms, begeben, wo verschieden große Portionen *guoqiao mixian* ¥5–20 bzw. ein Drei-Gänge-Menü etwa ¥40 kosten. Das ***Iceberg*** nebenan hat erfrischende Drinks im Angebot.

Transport

BUSSE – Der **Busbahnhof** liegt nordwestlich des Zentrums an der Kreuzung von Huangcheng Bei Lu und Huangcheng Xi Lu. In den Seitengassen drängeln sich die vielen privaten Busunternehmen, die zumindest einmal täglich nach HEKOU (13 Std.) fahren sowie häufige Verbindungen nach JIANSHUI (2 Std.), GEJIU (2 Std.), KAIYUAN (4 Std.) und KUNMING (2 Std.) anbieten.

Jianshui und Umgebung

Der Straße in das 80 km südlich von Tonghai gelegene Jianshui bahnt sich ihren Weg durch eine typische Erosionslandschaft, in der kurze Kalksteinzapfen aus dem Boden ragen – sozusagen ein Steinwald am Beginn seines Wachstums. Jianshui dient seit über 1000 Jahren als Verwaltungszentrum und erscheint zunächst wie ein trostloses Provinznest. Dieser Eindruck verfliegt, sobald der große rote **Chaoyang Lou** in Sicht kommt. Der ehemalige Osttor-Turm, Teil der Stadtmauer aus der Ming-Dynastie, ist eines von mehreren historischen Bauwerken, die zusammen mit Jianshuis natürlichem Charme und seiner überaus freundlichen Bevölkerung den Aufenthalt so angenehm gestalten. Allerdings sollte ein Besuch in der Stadt nicht mehr lange aufgeschoben werden, da sie zunehmend für Touristen herausgeputzt wird.

Überall wimmelt es von **historischen Altbauten**, die zum großen Teil als Schulen und Bürohäuser dienen und nicht immer leicht zu finden sind. Die prächtigsten Gebäude werden gerade restauriert und der Öffentlichkeit zugänglich gemacht. Leider ist auch der Chaoyang Lou noch gesperrt, aber ganz oben lädt bereits ein angenehmes Teehaus zur Einkehr. Folgt man der Jianzhong Lu von hier 200 m und biegt dann nördlich in die Jianxin Jie ein, gelangt man zu den prächtigen **Zhujia Huayuan** (Eintritt ¥20), ein Ensemble aus ineinander verschachtelten, leuchtend gestrichenen Hallen und Höfen in gutem Zustand. Das angeschlossene Hotel bietet eine recht romantische Übernachtungsmöglichkeit. Zurück auf der Jianzhong Lu passiert man ein paar Marktstände, alte Läden und die Fassade eines **Tempels**, den man jedoch nicht betreten sollte, da es sich um eine Militärbasis handelt. Kurz darauf folgt eine weitere bedeutende Stätte, die ehrwürdige **Konfuzianische Akademie** von Jianshui. Der Eintritt von ¥20 ermächtigt zu einem Spaziergang entlang einem kleinen See, beliebter Tummelplatz von Eisvögeln und älteren Musikanten, bis zum **Dacheng Men**, dem eigentlichen Eingangstor. Der Komplex umfasst eine Schule sowie eine Reihe von Hallen mit ineinander greifenden Dachvorsprüngen aus Holz und filigran geschnitzten Gittertüren. Über das gesamte Gelände verteilt stehen ältliche **Steinstatuen** von Ziegen, Löwen und Elefanten, wobei Letztere auch in der Ausstattung der Akademie eine wichtige Rolle spielen.

Yanzi Dong

Die Yanzi Dong (Schwalbenhöhlen, Eintritt ¥15) liegen 30 km östlich von Jianshui an der Straße nach Kaiyuan bzw. Gejiu und sind ganz einfach mit öffentlichen Bussen erreichbar, die bis zum Nachmittag in beiden Richtungen verkehren. Alternativ dazu kann man sich bei einem der beiden Depots an der Chaoyang Bei Lu in Jianshui einen Minibus chartern. Die Karstformationen im bewaldeten **Lu-Flusstal** sind von zahlreichen Höhlen durchlöchert, welche den Funden von Steinwerkzeugen, Tierknochen und Süßwassermuscheln zufolge im Neolithikum genutzt wurden. In den vergangenen Jahrhunderten jedoch strömten die Menschen hierher, um die riesige Menge der hier nistenden Salangane-Schwalben zu beobachten – vor allem im Frühsommer ist das Geräusch der kreisenden Vögel ohrenbetäubend. Außerdem hat sich die Yangzi Dong zu einer beliebten Touristenattraktion im chinesischen Stil entwickelt, mit Holzstegen zum Wandern und unterirdischen Restaurants. Wer die Möglichkeit hat, sollte auf keinen Fall das **Vogelnest-Festival** am 8. August versäumen, der einzige Tag des Jahres, an dem das Ausräumen der dann bereits verlassenen Nester erlaubt ist – ein sehr lukratives und gefährliches Geschäft für die Yi-Männer aus der Gegend, die ohne fremde Hilfe und unter dem Beifall der Zuschauer die 60 m hohen Felsen erklimmen.

Honghe

Der Honghe (Roter Fluss) entspringt in der Nähe von Xiaguan im Nordwesten von Yunnan, durchquert die Provinz in südöstlicher Richtung, passiert in Hekou die Grenze zu Vietnam und fließt durch

Hanoi, bevor sich seine mit Vulkanerde angereicherten Wassermassen in den Golf von Tonkin ergießen. Auf einem Großteil seiner Reise durch Yunnan beschreibt der Fluss eine schnurgerade Linie und wird von der **Ailao-Shan-Bergkette** durch tiefe Täler gelenkt. Die hier wohnhaften **Hani** haben die fruchtbaren Steilhänge mit **Terrassen** überzogen, die bis auf die Höhe von 1800 m reichen und selbst von Kennern für die spektakulärsten Anlagen dieser Art in ganz Asien gehalten werden. Überall verteilt liegen die pilzförmigen Häuser der Hani, erbaut aus Lehmziegeln und gedeckt mit Stroh. Nur wenn sich im Frühling und Herbst dicke Nebelschwaden auf das Land legen, wird der starke Kontrast zwischen dem roten Boden und den leuchtend grünen Reisfeldern etwas gedämpft. Am Rande dieser einzigartigen Landschaft liegt die kleine Stadt **Yuanyang**, etwa 80 km von Jianshui bzw. 110 km von Gejiu entfernt und an das öffentliche Busnetz angeschlossen.

Übernachtung

In Jianshui gibt es folgende Übernachtungsmöglichkeiten:
Garden Hotel*, Jianzhong Lu, ca. 350 m vom Busbahnhof entfernt. Wer ein Zimmer mit Bad bekommt, kann sich glücklich schätzen, denn in den Dorms herrscht ein beißender Geruch, und es gibt kein Licht. Die gar nicht so üblen Räume im 3. Stock verfügen sogar über Balkone, doch der 4. Stock sollte gemieden werden, da sich hier die Toiletten befinden.
Lin'an Jiudian**, Chaoyang Bei Lu. Etwas mehr Klasse und weitaus höhere Preise, aber trotzdem recht muffig und in einem öden Stadtteil gelegen.
Zhujia Huayuan**, Jianxin Jie, ✆ 0373/7667988. Eines der fantasievolleren Hotels in China, dessen Zimmer mit nachgebildeten Qing-Möbeln und besonders schönen Himmelbetten ausgestattet sind.

Essen

Die berühmteste Erfindung aus Jianshui in puncto Essenszubereitung nennt sich *qiguo*, eine Art Schmortopf in Trichterform, in dem man Fleisch dünsten und gleichzeitig eine Suppe machen kann. Erstaunlicherweise entpuppt sich sowohl die Suche nach Restaurants, die diese Gerichte anbieten, als auch nach den Geschäften, die den Topf verkaufen, als äußerst schwierig.
Das stimmungsvollste Restaurant der Stadt ist das ***Lin'an Fandian***, Jianzhong Lu, dessen unteres Geschoss mit Balken- und Fliesendekor preiswerte Suppen und gebratene Gerichte auf der Speisekarte hat. Förmlicher geht es in den oben gelegenen Balkonzimmern zu. Als Alternative bieten sich die zahlreichen billigen **Garküchen** an, deren auf Holzkohle gegrillte Tofuspieße sowie Eier-, Fleisch- und Gemüsegerichte mit Chili ohnehin zu den beliebtesten Speisen der Stadt zählen.

Transport

BUSSE – Vom **Busbahnhof** an der Chaoyang Bei Lu, 100 m nordwestlich des Chaoyang Lou, verkehren regelmäßig Busse nach KUNMING (7 Std.), TONGHAI (2 Std.), GEJIU (2 Std.) und KAIYUAN (2 Std.). Außerdem gibt es tägliche Verbindungen nach HEKOU (11 Std.) und YUANYANG.

Gejiu

Das von Touristen häufig anvisierte Ziel heißt Gejiu, die Hauptstadt der **Autonomen Präfektur Honghe der Hani und Yi**. Mit den weiter nördlich gelegenen Städten hat Gejiu kaum etwas gemeinsam. Die Stadt verdankt ihren Charakter und ihr Aussehen den Zinnminen, auf denen sie gegen Ende der Qing-Dynastie errichtet wurde. Während einer Überschwemmung in den 50er Jahren stürzten die Minen in sich zusammen und verwandelten das Stadtzentrum in den kilometerlangen **Jin Hu**. Der See wird heute von einer modernen Stadt gesäumt, deren Hauptstraßen und verbliebenen älteren Stadtviertel am südlichen Ufer liegen. Wirklich Sehenswertes sucht man in Gejiu vergebens, doch für einen Bummel eignet sich der Ort allemal. Ferne Explosionen und Souvenirläden voller Plunder aus Zinn erinnern an den einstigen Zweck der Stadt, und mit großer Wahrscheinlichkeit begegnet man unterwegs Dorfbewohnerinnen – zu erkennen an ihren (halb-) traditionellen, blau bestickten Kleidern –, die in Gejiu Handel treiben. Von der höher gelegenen Bereichen des **Baohua-Parks** im Osten des Zentrums bieten sich herrliche Aussichten (Eintritt ¥2, Seilbahn ¥20 einfach bzw. ¥30 hin und zurück).

Übernachtung und Essen

Die qualitativ beste Unterkunft von Gejiu ist das ***Shi Haolou Binguan****, am südlichen Ende der Jinhu Dong Lu, ✆ 0873/2122514, 📠 2122830. Unter den zahlreichen Lokalen empfiehlt sich das ***Liangyou Jiudian***, Jinhu Nan Lu, Ecke Zhongshan Lu, das ausgezeichnete Eintöpfe mit Fleisch, Fisch, Meeresfrüchten und Gemüse auf All-you-can-eat-Basis für ¥35 anbietet. Im lauten und schmuddligen ***Tin Capital Restaurant***, Cailu Jie, gibt es preisgünstige Gerichte aus dem Dampfkochtopf. Nach einem kleineren Imbiss sollte man sich am Bahnhofsmarkt in der Jinhu Xi Lu auf der Westseite des Sees umsehen.

Transport

BUSSE – Der große **Busbahnhof** von Gejiu befindet sich im Norden der Stadt und bietet Verbindungen nach KUNMING (5 Std.), KAIYUAN (1/2 Std.), JIANSHUI (2 Std.), TONGHAI (4 Std.), YUANYANG und HEKOU (6 Std.). Vom Busbahnhof fahren der Stadtbus Nr. 3 über die Jinhu Xi Lu entlang dem westlichen Seeufer bzw. Bus Nr. 2 über die Jinhu Dong Lu entlang dem östlichen Seeufer bis zur Jinhu Nan Lu, die dem 300 m langen Südufer folgt.

Hekou und die Grenze

150 km südöstlich von Kaiyuan bzw. Gejiu treffen Schienen und Straßen in der Grenzstadt Hekou zusammen, deren Bahnhof und Busbahnhof nur wenige Gehminuten vom Grenzübergang entfernt liegen. Drüben in Vietnam erwartet **Lao Cai** die Besucher mit einem riesigen Markt, ein paar trostlosen Hotels und einem Bahnhof zur Weiterfahrt nach Hanoi. Die meisten Ankömmlinge entscheiden sich jedoch zunächst für einen Ausflug in den Erholungsort **Sa Pa** in den Bergen, entweder per Bus oder für US$5 per Motorrad-Taxi *(xe om)* zu erreichen.

Wer aus Vietnam ankommt, kann in Hekous *Bank of China*, ⏲ tgl. 8–17.30 Uhr, Geld wechseln und auch Reiseschecks einlösen (nur Mo–Sa) – vom Grenzübergang die Hauptstraße hinaufgehen und nach 200 m rechts abbiegen. Reisende, die vom einen ins andere Land wechseln, sollten die Zeitverschiebung beachten: China ist Vietnam eine Stunde voraus.

Transport

BUSSE – Vom **Busbahnhof** in Hekou (aus Vietnam kommend 50 m die Hauptstraße hinauf auf der linken Seite) fahren Busse mit Schlafkojen nach KUNMING (14–16 Std.) sowie Standardbusse nach GEJIU (6 Std.), JIANSHUI (11 Std.), KAIYUAN (9 1/2 Std.) und TONGHAI (13 Std.).

EISENBAHN – Der **Bahnhof** von Hekou (Ankömmlinge aus Vietnam wenden sich hinter dem Grenzübergang nach rechts und stoßen nach 100 m auf das Bahnhofsgebäude) bietet Verbindungen nach KUNMING (1x tgl. um 14.15 Uhr, 16 Std.) und KAIYUAN (2x tgl., 8 Std.). Das **Ticketbüro** hat von 11–13.30 Uhr geöffnet, warten kann man in der Kantine des nahen *International Hotel*.
Vom **Bahnhof in Lao Cai**, 3 km südlich der Grenze, gibt es zwei Züge täglich nach HANOI (10 Std.).

Der Nordwesten Yunnans

Yunnans Nordwesten, der in den vergangenen 50 Millionen Jahren durch Verwerfungen der Erdkruste deutlich emporgehoben wurde, ist eine geologisch unruhige Region subtropischer Wälder, spärlich bewachsener Weiden, alpiner Seen und zerklüfteter Berge. Als Tor zu diesem Gebiet gelten **Xiaguan**, eine Nachtfahrt per Bus von Kunming entfernt an der Südspitze des **Er Hai** gelegen, bzw. die Bai-Stadt **Dali** am Westufer des Sees, der zusammen mit den hoch aufragenden Bergen einen atemberaubenden Hintergrund zeichnet. Einige Stunden nördlich von Dali stößt man auf **Lijiang**, die Hauptstadt des einstigen Königreichs der Naxi, deren Nachfahren noch immer in dieser Gegend leben, wenngleich sich die Altstadt und die umliegenden Dörfer infolge des verheerenden Erdbebens von 1996 umfangreichen Renovierungsarbeiten unterziehen mussten. Wanderer können von hier zu einer zweitägigen Tour durch die **Tigersprungschlucht** aufbrechen, wo der noch jugendliche Yangzi den tiefsten Cañon der Erde durchströmt. Die Ufer des **Lugu Hu** weiter östlich dienen als Heimat der matrilinear organisierten Gesellschaft der Mosu. Fast ganz im Norden liegt die tibetische Stadt **Zhongdian**, eine gute Basis für Ausflüge in das tibetische Grenzgebiet um **Deqin** und in die Provinz Sichuan. In entgegengesetzter Richtung, nämlich südwestlich von Xiaguan, führt die Burmastraße durch die geschichtsträchtige Stadt **Baoshan** und die **Region Dehong**, ein subtropisches Gebiet mit einer auffällig großen Anzahl zwielichtiger Gestalten, die in der Nähe der Grenzstädte **Ruili** und **Wanding** ebenso fragwürdigen Geschäften nachgehen.

Wer über Dali auf die Orte Lijiang und Zhongdian zusteuert, erfreut sich von Frühling bis Herbst eines milden, überraschend warmen **Klimas**. Dafür zeigen sich die Winter von ihrer extrem kalten Seite, und je weiter nach Norden man reist, desto höher wird die Wahrscheinlichkeit von Schneefällen (November bis April). Südwestlich von Xiaguan sind die Temperaturen das ganze Jahr über sehr warm, im Sommer gibt es heftige Regenfälle und im Winter kühle Nächte, zumindest in höheren Lagen.

Die **Transportwege** und Verkehrsmittel der Region erfahren ständige Verbesserungen, und viele holprige Straßen, beispielsweise die berühmte Burmastraße zwischen Kunming und Wanding, werden ausgebaut bzw. durch Autobahnen ersetzt. Von Kunming gibt es unter anderem direkte Flugverbindungen nach Xiaguan, Lijiang, Zhongdian und Mangshi in Dehong, Züge nach Xiaguan und Busse in fast alle Ecken der Region.

Chuxiong und Umbegung

Auf den ersten 390 km der Burmastraße von Kunming nach Xiaguan passiert man mehrere aufeinander folgende Täler und Gebirgsketten, die zu einer mehrtägigen Erkundung einladen. Die meisten Reisenden jedoch entscheiden sich für die direkte Anreise ins westlich gelegene Xiaguan und fahren von dort Richtung Myanmar oder über Dali in den Nordwesten von Yunnan.

Wer es etwas geruhsamer mag, sollte als Basis für weitere Ausflüge Chuxiong anpeilen, eine weitgehend modernisierte Stadt auf etwa halber Strecke nach Xiaguan, deren erste Besiedlung auf die Zhou-Dynastie im Jahre 700 v.Chr. zurückgeht. Heute lebt hier eine stattliche Yi-Gemeinschaft, die am 24. Tag des 6. Mondmonats mit einem Jahrmarkt und ausgelassenen nächtlichen Feierlichkeiten ihr **Fackelfest** begeht. Die hiesigen Märkte haben sich durch ihren Silberschmuck einen Namen gemacht und lohnen ebenfalls einen Besuch.

Außerhalb der Stadt liegen einige Parks und Tempel, insbesondere am 20 km entfernten **Zixi Shan**, ein bewaldeter Berg, der seit dem 12. Jahrhundert dem Buddhismus geweiht ist. 1975 entdeckte man in **Wanjiaba** am südlichen Rand von Chuxiong ein gewaltiges Zhou-Mausoleum, das neben Farmwerkzeugen auch fünf der ältesten jemals in Asien gefundenen Bronzetrommeln freigab, die mittlerweile im Provinzmuseum von Kunming ausgestellt sind.

Weitere Stätten bei **Lufeng**, 80 km östlich von Chuxiong und etwas näher an Kunming gelegen, enthüllten Dinosaurierknochen sowie Fossilien-Fragmente von *Ramapithecus* und *Sivapithecus*, bei denen es sich womöglich um Prototypen von Hominiden handelt. **Übernachten** kann man in Chuxiong im *Chuxiong Binguan**–*** an der Xinshi

YUNNAN

Chuxiong und Xiaguan

Chuxiong	楚雄	***chǔxióng***
Chuxiong Binguan	楚雄宾馆	*chǔxióng bīnguǎn*
Xiaguan	下关	***xiàguān***
Xiaguan Binguan	下关宾馆	*xiàguān bīnguǎn*
Xiaguan Fandian	下关饭店	*xiàguān fàndiàn*

Die Burmastraße Schon vor über 2000 Jahren legten Kaufleute Handelswege durch das nördliche Yunnan nach Burma (heute Myanmar) und darüber hinaus an, um den Warenaustausch zwischen dem Han-Reich und Rom garantieren zu können. Die von Marco Polo auf einem seiner Botengänge für den mongolischen Hof bereiste Südliche Seidenstraße wurde nach der erfolgreichen Annektierung des östlichen Burma durch China auch als „Tributstraße" bekannt, geriet jedoch in Vergessenheit, als der Qing-Hof jegliche Verbindungen zur Außenwelt kappte. Der japanische Einmarsch in China in den 30er Jahren des 20. Jahrhunderts vertrieb die Guomindang-Regierung nach Sichuan und isolierte sie von ihrem wirtschaftlichen und industriellen Machtzentrum im Osten. Als sie sich um Hilfe nach Westen wandte, traf sie auf die **Briten**, die zu jener Zeit Burma besetzt hielten und von der Vorstellung, Chinas Ressourcen könnten in japanische Hände fallen, nicht gerade begeistert waren. Tatsächlich gab es bereits seit 40 Jahren Pläne für eine Verbindungsstrecke nach Burma, deren erster Teilabschnitt von Kunming nach Xiaguan fertig gestellt war. Die Briten sicherten ihre Unterstützung zum Ausbau dieser Straße in eine 1100 km lange Versorgungslinie zu, die **Kunming** mit dem burmesischen Schienenkopf in **Lashio** verbinden sollte.
Somit entstand die Burmastraße, die 1938 von 300 000 Arbeitern im Eiltempo erbaut wurde – in Anbetracht der einfachen Werkzeuge und der gebirgigen Landschaft eine unglaubliche Meisterleistung. Nachdem die Japaner 1940 Französisch-Indochina gestürmt und den Eisenbahnverkehr zwischen Vietnam und Kunming lahm gelegt hatten, war die Straße plötzlich Chinas einzige Möglichkeit, sich mit den Alliierten auszutauschen, zumindest wenn nicht gerade einer der Monsune übers Land fegte und Erdrutsche die Strecke unpassierbar machten. Als ein Jahr später Lashio fiel, verwaiste die Straße erneut, woran sich auch nach Kriegsende so schnell nichts änderte, denn Burma hatte die Isolation gewählt, und in China tobte die Kulturrevolution. Inzwischen teilweise geteert und als Autobahn Yunnan–Myanmar eröffnet, gilt der 910 km lange Abschnitt zwischen Kunming und der Grenze in **Wanding** – wie die Große Mauer – als Triumph sturer Beharrlichkeit über eine mehr als ungünstige Logistik.

Jie oder im *Zixi Lugüan** (Dorm-Bett ¥15) an der zentralen Zhong Da Lu, die beide auch über nette **Restaurants** verfügen.

Xiaguan

Xiaguan liegt am Südufer des Er Hai und ist ein zunehmend von Industrie geprägter **Verkehrsknotenpunkt**, der sonst nicht viel zu bieten hat. Verwirrenderweise wird die Stadt manchmal auch **Dali Shi** (Dali Stadt) genannt, und so mancher Bus von Kunming nach „Dali" beendet hier überraschenderweise seine Fahrt – in solchen Fällen schafft der Nahverkehrsbus Nr. 4 Abhilfe (s. Transport). Die Durchfahrtsstraße von Xiaguan heißt Jianshe Dong Lu und erstreckt sich auf 500 m zwischen der Tai'an Lu im Osten und der Renmin Lu im Westen. Der Flughafen befindet sich 15 km östlich des Zentrums und ist per Taxi zu erreichen. Nur 2 km von der Stadtmitte entfernt (ebenfalls in östlicher Richtung) stößt man in der Dianyuan Lu auf den Bahnhof, der von den Buslinien Nr. 5 und 6 angesteuert wird. Überlandbusse halten an verschiedenen Stellen in der Jianshe Dong Lu, aber der Hauptbusbahnhof ist in Richtung Renmin Lu zu finden. Als **Unterkünfte** empfehlen sich das preisgünstige und schlichte Hotel* direkt am Busbahnhof, 100 m weiter östlich das noblere *Xiaguan Fandian***, ✆ 8072/2125859, das besonders bei Reisegruppen beliebt ist und über einen *CITS*-Schalter verfügt, sowie das zur Mittelklasse gehörende *Xiaguan Binguan*** an der Kreuzung von Jianshe Dong Lu und Renmin Lu. Märkte und billige Lokale sind in den Nebenstraßen reichlich vorhanden, und wer etwas Zeit übrig hat, kann im **Erhai Gongyuan** spazieren gehen, ein hügeliger Park, der wenige Kilometer nordöstlich des Zentrums ans Seeufer grenzt.

Transport

BUSSE – Der **Hauptbusbahnhof** bietet u.a. tägliche Verbindungen nach BAOSHAN (7 Std.), zum nordöstlich von Xiaguan gelegenen Jizu Shan sowie via BINCHUAN (2 Std.) zum Lugu Hu.
Nur ausgesprochen hartgesottene Reisende sollten sich auf die anstrengende Reise gen Süden nach JINGHONG (72 Std.) in Xishuangbanna (s.S. 980) einlassen.
Nach DALI (1/2 Std., ¥7) fährt der Stadtbus Nr. 4, der einmal stündlich an der Jianshe Dong Lu vorbeikommt und seine Reise eine Haltestelle hinter dem Hauptbusbahnhof beginnt bzw. beendet.
Busse nach:
KUNMING 10 Std.;
LANCANG 48 Std.;
LIJIANG 6 Std.;
LINCANG 12 Std.;
RUILI 14 Std.;
TENGCHONG 14 Std.;
WANDING 12 Std.;
ZHONGDIAN 11 Std.

Dali

Das 30 Busminuten nördlich von Xiaguan gelegene Dali zieht aus den verschiedensten Gründen Scharen von Touristen an. Die Stadt liegt nicht nur in einer wundervollen Landschaft, sondern bietet vor allem den chinesischen Besuchern eine Menge interessanter Geschichte. Für ausländische Reisende bedeutet Dali in gewisser Weise eine Flucht von China in ein sehr westlich angehauchtes Umfeld mit Biergärten, Mal- und Sprachkursen, Massagekliniken, gutem Essen und reizvollen Tagesausflügen. Die Stadt und ihre umliegenden Dörfer präsentieren sich äußerst reizvoll, voller alter Häuser und mit einer bunt gemischten Bevölkerung, wobei besonders die **Bai** stark vertreten sind. Östlich von Dali erstreckt sich der **Er Hai** (s.S. 955) und westlich davon die 50 km lange **Cang-Shan-Gebirgskette**, deren grüne Täler und wolkenverhangene Gipfel zu Wanderungen und zur Erholung einladen.

Das moderne Dali repräsentiert nur eine Seite der facettenreichen Stadt, die früher sehr vorteilhaft nahe der Südlichen Seidenstraße lag. Dies entging auch **Piluoge** nicht, ein ehrgeiziger Prinz aus dem Yunnan des 8. Jahrhunderts. Er soll hier einst seine Rivalen zum Essen eingeladen, dann das Zelt, in dem sie sich aufhielten, in Brand gesetzt und daraufhin das **Nanzhao-Königreich** errichtet haben, das sich später so weit ausdehnte, dass es große Teile der heutigen Länder Myanmar, Thailand und Vietnam umfasste. 937 brachte der Bai-Warlord Duan Siping das Nanzhao-Königreich zu Fall und gründete das kleinere **Königreich Dali**, das bis ins Jahr 1252 überlebte, als Kublai Khan und seine mongolischen Horden einfielen, die Bai unterwarfen und ihnen die chinesische Herrschaft auferlegten. Bis 1856 änderte sich nichts an diesem Status. Dann führte der von den Taiping-Aufständen inspirierte **Du Wenxiu** den **Aufstand der Muslime** gegen das Qing-Reich nach Dali und erklärte es erneut zur Hauptstadt eines unabhängigen Staats. 1873 wurde die Rebellion mit einem Massaker an der moslemischen Bevölkerung Yunnans zerschlagen – Du Wenxiu starb und das schwer geschädigte Dali sollte seine einstige politische Bedeutung nie wieder zurückerlangen.

Neben Muslimen und Han leben heute überwiegend Bai in der Stadt. Besonders reizvoll für einen Besuch ist die Zeit während des fünftägigen **Frühlings-Jahrmarkts**, der jedes Jahr ab dem 15. Tag des 3. Mondmonats (April oder Mai) stattfindet. Das ursprünglich buddhistische Fest hat sich im Laufe der Zeit zu einer bunten Veranstaltung mit Pferdemarkt, Ringkämpfen, Wettrennen, Tänzen und Gesängen gewandelt und lockt Tausende Menschen aus der ganzen Region an, die am Festgelände unmittelbar westlich der Stadt ihre Zelte aufschlagen – etwas anderes wird einem wohl nicht übrig bleiben, denn zu dieser Zeit sind Betten absolute Mangelware in Dali.

Das nur 4 km^2 umfassende Dali wird von Überresten der Stadtmauern aus der Ming-Dynastie umgeben. 1925 verursachte ein Erdbeben verheerende Schäden in der Stadt, die jedoch größtenteils im alten Stil wieder aufgebaut wurde. Die gepflasterte und von Kirschbäumen flankierte **Fuxing Lu** bildet die Hauptachse der schachbrettartigen Stadtanlage und verbindet das alte Nord- mit dem Südtor. Parallel zur Fuxing Lu verläuft im Westen eine weitere Hauptstraße, die **Bo'ai Lu**, und das Zentrum konzentriert sich um die **Huguo Lu**, die beide im rechten Winkel kreuzt.

Dali und Umgebung

Dali	大理	***dàlǐ***
Apricot Flower Restaurant	杏花酒店	*xìnghuā jiǔdiàn*
Jim's Peace Guesthouse	吉姆和平客楼	*jímǔ hépíng kèlóu*
Jinhua Binguan	金花宾馆	*jīnhuā bīnguǎn*
Marley's Café	马丽咖啡馆	*mǎlì kāfēiguǎn*
Museum von Dali	大理博物馆	*dàlǐ bówùguǎn*
Old Dali Inn	大理四季客栈	*dàlǐ sìjì kèzhàn*
Red Camellia Hotel	红茶花宾馆	*hóngcháhuā bīnguǎn*
Tibetan Café	西藏餐厅	*xīzàng cāntīng*
Xingyue Hotel	星月	*xīngyuè*
Yu'er-Park	玉耳公园	*yù'ěr gōngyuán*
Die Umgebung von Dali		
Er Hai	洱海	*ěrhǎi*
Gantong Si	甘通寺	*gāntōng sì*
Grabstätte von Du Wenxiu	杜文秀之墓	*dùwénxiù zhīmù*
Guanyin Tang	观音堂	*guānyīn táng*
Jizu Shan	鸡足山	*jīzú shān*
Santa Si	三塔寺	*sāntǎ sì*
Schmetterlingsquelle	蝴蝶泉	*húdié quán*
Shaping	沙坪	*shāpíng*
Shegu Ta	蛇骨塔	*shégǔ tǎ*
Shizhong Shan	石钟山	*shízhōng shān*
Taihe	太河	*tàihé*
Wase	挖色	*wāsè*
Xizhou	喜洲	*xǐzhōu*
Yita Si	一塔寺	*yītǎ sì*
Zhoucheng	周城	*zhōuchéng*

Sehenswürdigkeiten

Dalis Ausmaße erlauben eine Erkundung zu Fuß, und innerhalb eines Vormittags lässt sich die ganze Stadt besichtigen – mit Ausnahme vielleicht an einem Freitag, wenn zahllose Straßenhändler, Bauern und Einkaufswütige die Straßen verstopfen, alle auf dem Weg zum wöchentlichen Markt. Die meisten sehenswerten Orte liegen an der Fuxing Lu, zum Schlendern laden jedoch eher die Nebenstraßen ein. Einen guten Überblick bietet das alte **Südtor** (Eintritt ¥2), wo man in gemütlicher Teehausatmosphäre die Stadt, den See, die Berge und sogar Xiaguan studieren kann. Dalis uralte **Pagoden-Tempel** ragen als Orientierungspunkte über die Dächer hinaus: im Westen der **Yita Si** und im Norden der **Santa Si**. Zu Füßen des Südtors befindet sich ein geschäftiges **Kunsthandwerksviertel**, in dem Tischler und Steinmetze die schweren und unbequem wirkenden Stühle und Tische herstellen, die mit Intarsien aus grauem Dali-Marmor verziert und auf der ganzen Welt in chinesischen Kaufhäusern zu haben sind. Kleinere Marmorstücke werden zu allen möglichen Souvenirs (Nudelhölzer, Hackbretter und Miniaturpagoden) verarbeitet und in den Läden der Stadt zum Verkauf angeboten.

Ganz in der Nähe des Südtors, gegenüber vom Busterminal, steht das **Museum von Dali**, ursprünglich als Wohnsitz für den Qing-Gouverneur erbaut und während der moslemischen Rebellion von Du Wenxiu als „Verbotene Stadt" genutzt. Das Gebäude besticht durch seine Ähnlichkeit mit einem kleinen, aber typisch chinesischen Palast, bis hin zum Eingang, der von steinernen Löwen be-

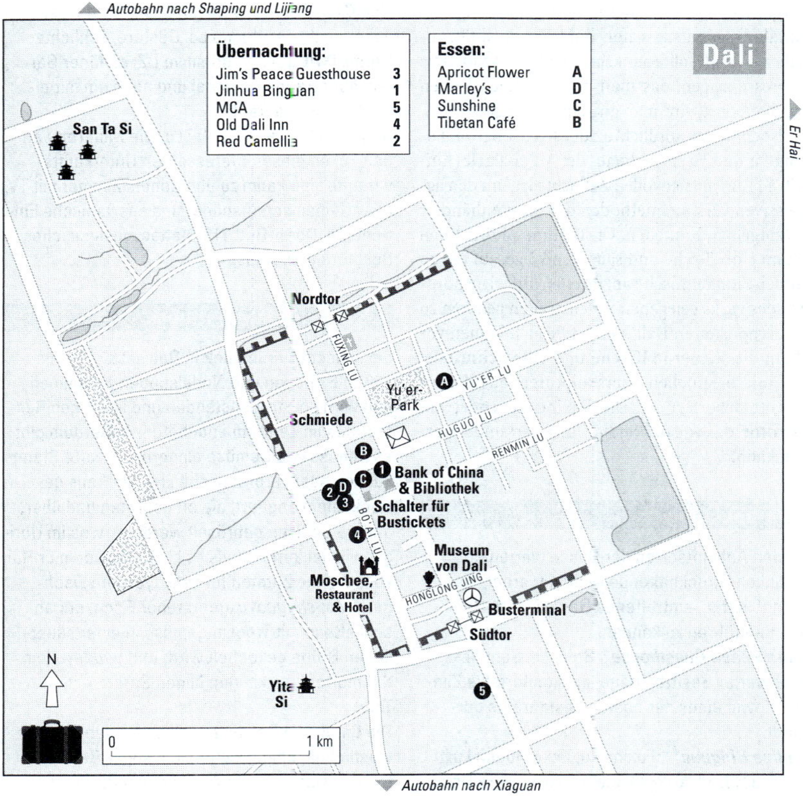

wacht wird – was im Hof die Kanonen übernehmen. Unter den historischen Relikten befinden sich ein merkwürdiges Bronzemodell von zwei sich windenden Drachen, deren Kiefer so etwas wie einen Baum umschließen, ein paar buddhistische Statuetten aus der Nanzhao-Periode sowie einige lebendig wirkende Statuen von Orchestermusikern und Dienstmägden, die aus dem Grab einer Adligen aus der Ming-Ära stammen und eine nette Ergänzung zu den sonst üblichen grimmigen Göttern und Kriegerbüsten darstellen.

Erholung bietet auch die gepflegte Gartenanlage des Museums, in der herrliche Bougainvilleas und Lantana gedeihen. 🕓 Di–So 9–17 Uhr, Eintritt ¥5.

Weiter nördlich in der Fuxing Lu treffen sich auf dem Platz vor der **Bibliothek** Jung und Alt und spielen je nach Interesse Domino oder machen Videospiele. Das bei Rucksacktouristen beliebteste Viertel konzentriert sich um den westlichen Abschnitt der Huguo Lu und versammelt eine Menge netter Cafés, billiger Schneidereien, Reisebüros und Massagekliniken, die mit Sprüchen wie „Mit Schmerzen hinein und glücklich wieder hinaus" werben. Die Gegend eignet sich auch bestens zum Erwerb schöner Schmuckstücke und Stickereien, größtenteils von den Miao aus Guizhou hergestellt, sowie attraktiver Bai-Batiken. Letztere werden überall von Straßenhändlern angeboten, deren anfängliche Preisvorstellungen einem die Haare zu

Berge stehen lassen, aber sich mit ein wenig Verhandlungsgeschick schon bald der Realität annähern – man sollte auf keinen Fall an irgendetwas Interesse zeigen, das man nicht wirklich kaufen möchte, sonst wird man gnadenlos gejagt.

Noch weiter nördlich, an der Kreuzung von Fuxing Lu und Yu'er Lu, bietet der **Yu'er-Park** (Eintritt ¥1) einen friedvollen Zufluchtsort, um den aggressiven Verkaufsmethoden der Straßenhändler zu entgehen. Kamelien, Obstbäume und Palmen säumen die Teiche und sauberen Wege, auf denen zumeist Einheimische anzutreffen sind. Die nördlich des Parks gelegenen Seitenstraßen gehören zu den schönsten in Dali – einen Besuch lohnen vor allem die steinerne **Kirche** und eine **Schmiede**, die mit originellen Tierskulpturen aus Eisenschrott dekoriert ist. Die Fuxing Lu endet am **Nordtor**, das wie das Südtor für ¥2 erkundet werden kann.

Übernachtung

An den Ankunftsorten der Busse warten erstaunlich zurückhaltende Kundenwerber, die darauf hoffen, eintreffende Gäste in ihre Unterkunft entführen zu können.

Jim's Peace Guesthouse*, Bo'ai Lu. Sehr liebenswerter Besitzer, neue und komfortable Zimmer sowie eines der besten Restaurants der Stadt.

Jinhua Binguan**, Fuxing Lu, Ecke Huguo Lu, ✆ 2673343, 📠 2673846. Etwas exklusivere Unterkunft mitten im Zentrum, mit Kunstgalerie. Die gekachelten Zimmer (mit/ohne ac) sind im Winter allerdings ziemlich kalt. Dorm-Bett ¥25.

MCA*, 100 m südlich des Südtors außerhalb der Stadtmauer. Sehr beliebt bei Langzeitreisenden mit kleinem Geldbeutel; Zimmer in abgeschlossenem Familienkomplex, der um einen Garten herum angelegt ist. Dorm-Bett ¥10.

Old Dali Inn (No. 5 Guesthouse)*, Bo'ai Lu, ✆ 2670382. Staubige, „traditionelle" Bai-Zimmer aus Holz, die in zwei Ebenen um einen Hof angeordnet sind – man sollte sich ein paar anschauen, denn sie gleichen sich nicht alle. Die heißen, kraftvollen Duschen entschädigen für die einfachen Toiletten und das gleichgültige Personal, aber das Restaurant sollte vermieden werden. Dorm-Bett ¥10–15.

Red Camellia (No. 4 Guesthouse)*, am westlichen Ende der Huguo Lu. Düstere, schlichte Dorms (¥10–15) und primitive DZ, schöner Garten, aber träges Personal und noch ein mittelmäßiges Restaurant.

Xingyue (Mosque)*, Bo'ai Lu. Die Minarette an den Ecken dieser interessanten Unterkunftsvariante sind kaum zu übersehen. Zimmer mit TV, aber Gemeinschaftsbäder und spartanische Einrichtung, Dorm-Bett ¥15. Nettes moslemisches Restaurant im Haus.

Essen und Unterhaltung

Ein typisches **Frühstück** in Dali setzt sich aus süßen Brötchen und Nudelsuppen zusammen und wird an Straßenständen und in billigen Restaurants im Zentrum angeboten. Außerdem gibt es **Snacks** wie Gemüse eingerollt in zarte Pfannkuchen oder zerbrechliche „Fächer" aus getrocknetem Joghurt, die oft gebraten und über andere Speisen gebröselt werden – was im Übrigen viel leckerer ist als es klingt. Aus dem Er Hai kommen die Zutaten für zwei typische **Fischgerichte**: *shaguoyu* (gebratener Fisch, der anschließend mit Trockengemüse in einer säuerlichen Brühe geköchelt wird) und *youdeyu* (ein Schmortopf mit kleinen öligen Sprotten und Tofu).

Die **Cafés** von Dali bieten einen bunten Mix aus westlichen, chinesischen und sogar Bai-Gerichten und sind beliebte Ausländertreffs zum Austausch von Neuigkeiten – hier bekommt man auch gute Tipps, wo man Kampfsport-, Sprach- oder Malkurse belegen kann.

Apricot Flower Restaurant, Yu'er Lu. Trotz klösterlicher Kargheit in den Steinfluren und verschlissener Holzmöbel eignet sich dieses Lokal am besten, um chinesisches Essen zu verzehren, das preisgünstig und sehr schmackhaft ist. Keine englischen Speisekarten.

Café de Jacks, Bo'ai Lu. Chinesische Varianten von Currys, Pizzas, Salaten und Schokoladenkuchen; mit Bar und besonders abends gut besucht.

Jim's Peace Café, Huguo Lu, in *Jim's Guesthouse*. Beliebter Treffpunkt von Langzeitreisenden – gemütliche Sofas, eine gute Bar und ein köstlicher Yak-Eintopf. Für ein tibetisches Ban-

kett, das von der Mutter des Besitzers zubereitet wird, werden 6 Personen benötigt.
Marley's Café, Huguo Lu. Bekannt für Schokoladenkuchen, guten Kaffee und westliches Frühstück. Organisiert sonntagabends „Bai-Bankette", sofern sich genügend Gäste anmelden (vor 18 Uhr buchen).
Sunshine, Huguo Lu. Hippie-Treff, zum Essen gibt's Folienkartoffeln, Bananensplit und Rösti.
Tibetan Café, Huguo Lu. Schmackhafte Suppen und Eintöpfe, die mit den typisch tibetischen Speisen jedoch wenig zu tun haben.

Sonstiges

FAHRRÄDER – In Dali selbst sind Fahrräder nicht unbedingt nötig, doch für Ausflüge in die nähere Umgebung können sie gute Dienste leisten. Diverse Hotels und Ausländercafés verleihen für etwa ¥10 pro Tag (plus Kaution) Räder, deren Zustand vor dem Start unbedingt gecheckt werden sollte, da man für Schäden oder Verlust meist voll verantwortlich ist.

GELD – ***Bank of China,*** Fuxing Lu, ◷ tgl. 8–19 Uhr.

INTERNET – Die meisten Ausländercafés bieten einen Internet-Zugang (ca. ¥15/Std.).

POST UND TELEFON – Im *Postamt,* Fuxing Lu, Ecke Huguo Lu, ◷ tgl. 8–21 Uhr, gibt es auch einen Schalter für internationale Ferngespräche.

REISEBÜROS – Im westlichen Abschnitt der Huguo Lu versammeln sich diverse zweisprachige Reisebüros, die organisierte Touren anbieten oder Tickets (gegen eine Provision von ¥20) besorgen.

VORWAHL – 0872

Transport

BUSSE – Die Überlandbusse halten entweder an der Autobahn, die westlich an Dali vorbeiführt, oder an dem **Busterminal** direkt innerhalb des Südtors an der Fuxing Lu. **Ticketschalter** finden sich im Busterminal sowie in der Bo'ai Lu. Bei der Abreise aus Dali muss man unter Umständen einen der Überlandbusse an der Autobahn abpassen, oder man begibt sich zunächst nach XIAGUAN (1/2 Std.) bzw. LIJIANG (3 Std.) und fährt von dort weiter.
Busse nach:
KUNMING 12 Std.;
SHAPING 1 Std.;
XIZHOU 1/2 Std.;
ZHONGDIAN 9–12 Std.;
ZHOUCHENG 3/4 Std.

FLÜGE – Vom Flughafen gibt es 5x wöchentl. einen Flug nach KUNMING (1/2 Std.).

Die Umgebung von Dali

Zwischen Dali, Xiaguan und den Dörfern am Westufer des Er Hai verkehren regelmäßig öffentliche **Minibusse.** Diese können an der Autobahn unmittelbar westlich von Dali angehalten werden und sind erheblich billiger als die von den Reiseveranstaltern angebotenen **Touren,** wobei Letztere bequemer und gar nicht so schlecht sind. Man kann sich allerdings auch ein Fahrrad mieten (siehe Sonstiges, Abschnitt „Dali") und damit auf Erkundungstour gehen.

Die Pagoden und die Stätten im Süden

Die unverwechselbaren Pagoden von Dali wurden zu einer Zeit errichtet, als die Region noch ein bedeutendes Buddhistenzentrum war, aber weder die 1000 Jahre langen Kriegswirren noch die Erdbeben konnten den eleganten Bauwerken etwas anhaben. Unmittelbar westlich des Südtors steht der **Yita Si,** zu dem eine einzelne Pagode aus dem 10. Jahrhundert sowie ein fast leer stehender Ming-Tempel – eingerahmt von uralten Bäumen – gehört. Schöner präsentiert sich der **Santa Si** (Drei-Pagoden-Tempel) mit seinen drei Pagoden, die 20 Gehminuten nördlich der Stadt auf dem Gelände des inzwischen verschwundenen Klosters Chongsheng in die Höhe ragen. Um 850 auf einem quadratischen Sockel erbaut, bringt es der **Qianxun-Turm** auf 69 m und ist dabei einige Hundert Jahre älter als die beiden kleineren achteckigen Exemplare dahinter. Da die Pagoden verschlossen sind, schaut man sich das Ensemble am besten aus der Ferne an – der unverschämt hohe Eintrittspreis verschafft ohnehin nur

YUNNAN

Zugang zu den Souvenirständen und zu einer Halle im hinteren Bereich, gefüllt mit religiösen Reliquien, die bei Renovierungsarbeiten in den 70er Jahren entdeckt wurden. ⏲ 8–17 Uhr, Eintritt ¥32.

Mit Ausnahme der **Grabstätte von Du Wenxiu**, ein Steinsarkophag, der 4 km südöstlich von Dali im Dorf **Xiadui** ausgestellt ist, liegen die meisten historischen Stätten an der Autobahn nach Xiaguan. Etwa 5 km südlich von Dali stößt man auf den **Guanyin Tang**, ein kürzlich wieder aufgebauter Tempelkomplex mit einem ungewöhnlichen quadratischen und überschwänglich verzierten Pavillon zu Ehren von Guanyin, die Göttin der Barmherzigkeit, die zur Zeit der Han-Dynastie die Feinde von Dali vertrieben hatte. Wendet man sich von hier gen Westen und schlägt den Weg in die Berge ein, wird nach einem etwa einstündigen Anstieg der **Gantong Si** erreicht, einst Dalis berühmtestes buddhistisches Kloster, das heute jedoch nurmehr aus zwei teilweise restaurierten Hallen besteht. Zurück auf der Autobahn und ungefähr auf halbem Weg nach Xiaguan sind zwei schlecht markierte Erhebungen in der Ebene alles, was von der Nanzhao-Stadt **Taihe** übrig blieb. Ein moderner Pavillon hier beherbergt die aus dem 8. Jahrhundert stammende **Nanzhao-Stele**, die von den Beziehungen zwischen dem Nanzhao- und dem Tang-Hof erzählt.

Schließlich empfiehlt sich noch eine Besichtigung der 40 m hohen **Shegu Ta** (Schlangenknochen-Pagode) im Dorf **Yangping**, das man schon fast zu den nördlichen Vororten von Xiaguan zählen könnte. Die Ming-Pagode erinnert an den tödlichen Kampf zwischen einem jungen Helden und einem bedrohlichen Schlangendämon – beide liegen ihr zu Füßen begraben.

Zhonghe und der Weg zum Shizhong Shan im Norden

Westlich von Dali gehört der 4000 m hohe und oft bis in den Juni hinein schneebedeckte Zhonghe zu den höchsten Gipfeln der Cang-Shan-Gebirgskette. Wer ihn etwas näher betrachten möchte, startet an der kleinen Brücke an der Autobahn unmittelbar nördlich der Stadt und durchquert die Friedhöfe bis zur **Shizu-Stele**, eine 4 m hohe, mit einer Inschrift versehene Tafel, die 1304 aufgestellt wurde, um von der 50 Jahre zurückliegenden Eroberung von Yunnan durch Kublai Khan zu berichten. Am einfachsten lässt sich der Aufstieg zu den Ausläufern des Zhonghe natürlich mit dem Sessellift (¥20) bewerkstelligen, doch es gibt auch einen relativ einfachen Wanderweg (2 Std.) durch die Kiefernwälder bis zum **Zhonghe Si**. Diese Variante bietet sich vor allem an windigen Tagen an, wenn der Sessellift nicht in Betrieb und der Tempel somit nicht von chinesischen Reisegruppen überschwemmt ist. Die Blicke auf den See und die dahinter aufragenden Berge sind in jedem Fall sensationell.

Interessante Dörfer verteilen sich am Seeufer nördlich von Dali. Etwa 20 km hinter der Stadt warten an der Autobahn Motor-Rikschas darauf, Fahrgäste in das wenige Kilometer östlich gelegene **Xizhou** zu bringen, das während des Nanzhao-Königreichs als Militärstützpunkt diente und sich später zu einem wohlhabenden Agrarzentrum entwickelte, berühmt für die Bai-Villen seiner prominenten Bewohner. 90 dieser Familiensitze sind erhalten geblieben, bestehend aus einem Hof, von dem mehrere Flügel mit Zimmern abgehen, die mit Wandgemälden dekoriert sind.

Noch weiter nördlich befindet sich das Batikzentrum **Zhoucheng** und nahebei die **Schmetterlingsquelle**, ein kleiner Teich, der von Schwärmen dieser Tiere aufgesucht wird, wenn die überhängende Akazie im Frühsommer in voller Blüte steht. Ein Blick auf das obere Ende des Er Hai eröffnet sich im rund 30 km von Dali entfernten **Shaping**, das allein wegen seines Montagsmarkts wärmstens empfohlen wird. Dann scheint sich die gesamte Bevölkerung auf dem kleinen Hügel hinter der Stadt zu versammeln und von lebendem Vieh über Haushaltswaren bis hin zu Säcken voller Koriandersamen alles an den Mann bzw. die Frau bringen zu wollen.

Wer es nicht gar so eilig hat, kann sich für ein paar Tage den bewaldeten Hängen des 140 km nordwestlich von Dali gelegenen **Shizhong Shan** zuwenden, der über die Städte Diannan und Shaxi erreichbar ist, wo auch Unterkünfte zur Verfügung stehen. Die an den Hängen verteilten und durch eine 1000-stufige Treppe miteinander verbundenen Tempel und Grotten aus der Zeit des Nanzhao-Königreichs zeigen eine Fülle ganz außergewöhnlicher Skulpturen und Fresken. Einige davon präsentieren sich in sehr freizügigen Haltungen, andere bilden Abgesandte aus Indien und dem Mittleren Osten sowie Alltagsszenen vom Nanzhao-Hof ab.

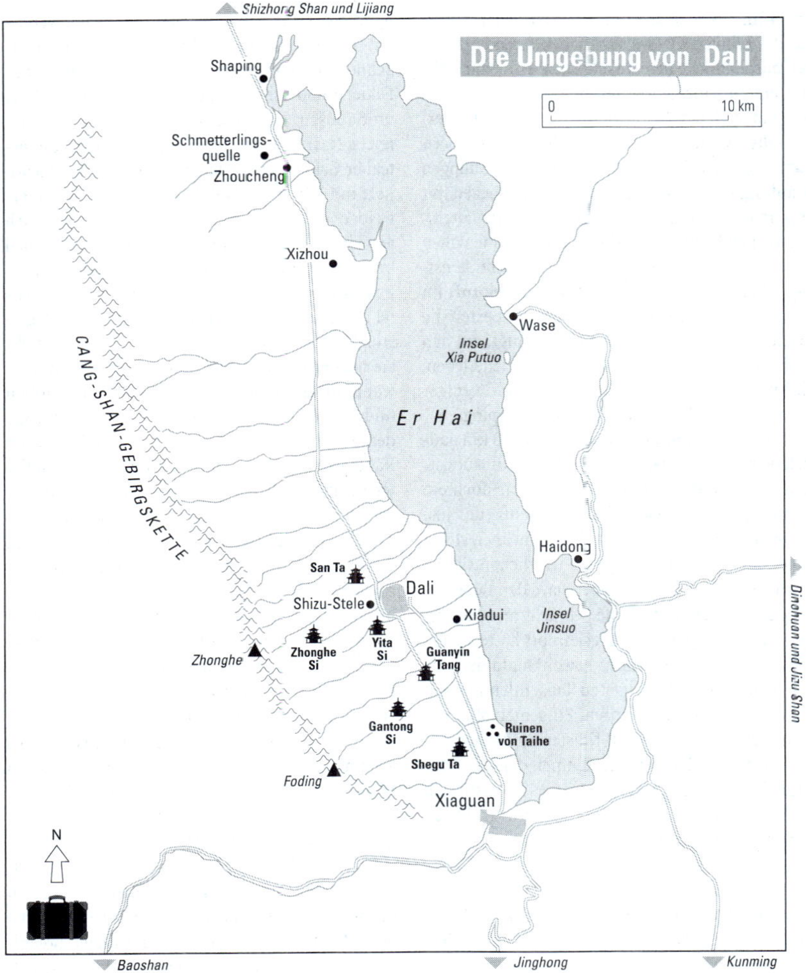

Er Hai und Jizu Shan

Ein Spaziergang vom Nordtor von Dali in östlicher Richtung führt nach etwa einer Stunde zum Ufer des 40 km langen Er Hai, der seinen Namen seiner Form eines Ohres *(er)* verdankt. Die hier angebotenen Aktivitäten umfassen **Angeltouren** oder Ausflüge zu den Inselchen und Dörfern am Ostufer (¥25–50) und können am einfachsten über einen Veranstalter in Dali arrangiert werden. Die Boote bieten keinerlei Schutz gegen Sonne oder Regen, sodass man auf alles vorbereitet sein muss.

Der See stellt ein angenehmes Ausflugsziel dar, wenngleich es nicht viel mehr zu tun gibt, als die Wolken zu beobachten, die sich fortwährend über dem Cang Shan bilden und dann wieder auflösen. Direkt gegenüber von Dali diente die unbewohnte

Insel Jinsuo einst als sommerlicher Erholungsort für das Königshaus von Nanzhao, während die weiter nördlich gelegene **Insel Xia Putuo** nurmehr aus einem winzigen Felsen besteht, der komplett von einem Tempel eingenommen wird – der verhutzelte Wächter kommt erst herausgestolpert, wenn man den Eintritt bezahlt hat. Die Siedlungen **Haidong** und **Wase** am Ostufer beeindrucken mit ihren vielen schmalen Seitengassen, ihren altersschwachen Lehmziegelhäusern und Familienvillen und mit ihren Uferzonen, die von Fischereiutensilien übersät sind. Wase bietet eine **Unterkunft** im *Gästehaus der Regierung**, wo man am besten die Nacht von Freitag auf Samstag verbringt, um den lebhaften Markt am anderen Morgen mitzuerleben, der nur unwesentlich kleiner, aber weit weniger touristisch ist als sein Gegenstück in Shaping.

Von Wase fahren Minibusse in das 30 km südlich gelegene Xiaguan sowie in das 60 km südöstlich gelegene **Binchuan**, von wo es nur noch ein Katzensprung bis nach **Shazhi** am Fuße des Jizu Shan (Hühnerfuß-Berg) ist. Dieser avancierte zu einem der heiligsten Berge im westlichen China, nachdem der legendäre Mönch Jiaye den Buddhismus aus Indien nach China gebracht und hier gegen den bösen Jizu-König gekämpft hatte. Schon im 7. Jahrhundert strömten sowohl buddhistische als auch daoistische Pilger zu Tausenden hierher, um sein Andenken zu ehren. Zu seiner Blütezeit schmückten mehr als 100 Klöster die Höhen des Jizu, darunter der Goldene Tempel, der aus Kunming hierher verlegt worden war. 1980 existierten nurmehr ein halbes Dutzend Klöster, aber derzeit macht man sich daran, viele der verfallenen Bauwerke wieder instand zu setzen. Die Besucher des Bergs zeigen sich begeistert von der Landschaft, dem **Zhusheng Si** sowie der **Lengyan-Pagode** aus dem 8. Jahrhundert und dem dazugehörigen **Jinding Si**, ein Tempel in spektakulärer Lage am Berghang. Der Weg dorthin nimmt etwa einen halben Tag in Anspruch; Essen und schlichte Unterkünfte stehen in Shazhi, Zhusheng und Jinding zur Verfügung.

Lijiang

Von Dali führt die Straße gen Norden durch zahlreiche Bai- und Yi-Dörfer, bis sie sich nach etwa 150 km von den Höhen in eine Ebene hinunterwindet, die von dem auffallend spitzen und vereisten Massiv des **Yulong Xueshan** (Jadedrachen-Schneegebirge) beherrscht wird. Zwischen grünen Feldern und schwindenden Kiefernwäldern liegt im Südosten die einstige Hauptstadt des Königreichs Naxi, Lijiang, deren Labyrinth jahrhundertealter Gassen, Wasserläufe und Brücken, verschönert mit hölzernen Weinhandlungen und Trauerweiden, allein die Reise wert ist. Lijiang lässt sich jedoch keinesfalls als durch und durch traditionell bezeichnen, was zum Teil auf das verheerende **Erdbeben** von 1996 zurückzuführen ist, dem ein Drittel der Stadt zum Opfer fiel. Nachdem die Regierung in den Wiederaufbau investiert hatte, strebt sie nun Profite aus dem Tourismusgeschäft an – während die Restaurierungsarbeiten im Großen und Ganzen recht geschmackvoll ausgeführt wurden, scheinen die **Naxi** von Lijiang völlig an den Rand gedrängt zu werden und nur noch als Statisten in einem kulturellen Themenpark eine Rolle zu spielen. Die Naxi stammen von tibetischen Nomaden ab, die sich bereits vor dem 10. Jahrhundert in der Region ansiedelten und bis vor nicht allzu langer Zeit als matriarchalische Gesellschaft funktionierten. Sie brachten Pferde mit, die bis heute als die robustesten in ganz China gelten, und außerdem eine schamanistische Religion namens **Dongba**. Die Schriften der Dongba-Kultur, eine Mischung aus tibetischer Bön-Religion, Animismus und daoistischen Tendenzen, sind in einzigartigen Piktogrammen niedergelegt, und die pantheistischen **Wandgemälde** schmücken noch heute einige Tempel rund um Lijiang – ein guter Grund für die Erkundung nahe gelegener Dörfer mit dem Fahrrad. Wer sich zu Hause schon ein paar Hintergrundinformationen beschaffen möchte, sollte nach dem detaillierten, zweibändigen *Ancient Nakhi Kingdom of Southwest China* von dem exzentrischen Botaniker und Anthropologen Joseph Rock Ausschau halten, der in den 30er Jahren hier gelebt hat.

Auf der neuen Schnellstraße ist Lijiang von Dali in drei Stunden zu erreichen. Fünf Stunden dagegen sind einzuplanen, wenn man sich mit einem der klapprigen Busse auf der älteren Straße fortbewegt.

Orientierung

Von Nord nach Süd zieht sich die 3 km lange **Xin Dajie**, Lijiangs Hauptstraße, durch die Stadt. So ziemlich alles, was westlich davon liegt, kann als

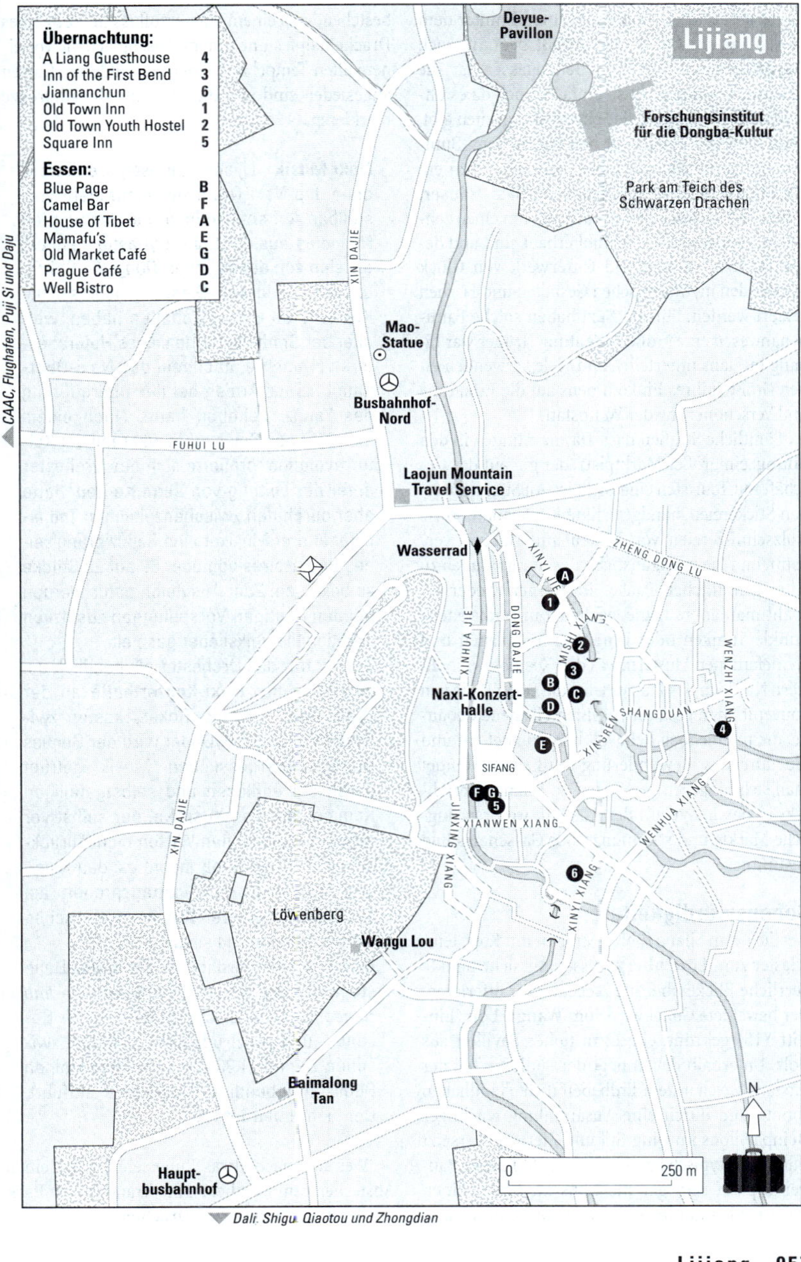
Lijiang
Übernachtung:
A Liang Guesthouse 4
Inn of the First Bend 3
Jiannanchun 6
Old Town Inn 1
Old Town Youth Hostel 2
Square Inn 5
Essen:
Blue Page B
Camel Bar F
House of Tibet A
Mamafu's E
Old Market Café G
Prague Café D
Well Bistro C
Deyue-Pavillon
Forschungsinstitut für die Dongba-Kultur
Park am Teich des Schwarzen Drachen
XIN DAJIE
Mao-Statue
Busbahnhof-Nord
FUHUI LU
Laojun Mountain Travel Service
Wasserrad
XINYI JIE
ZHENG DONG LU
DONG DAJIE
XINHUA JIE
MISHI XIANG
WENZHI XIANG
Naxi-Konzerthalle
XINREN SHANGDUAN
SIFANG
WENHUA XIANG
XIANWEN XIANG
JINXING XIANG
XINYI XIANG
Löwenberg
Wangu Lou
Baimalong Tan
Haupt-busbahnhof
0 250 m
N
CAAC, Flughafen, Puji Si und Daju
Dali, Shigu, Qiaotou und Zhongdian

YUNNAN

modern bezeichnet werden, während hinter dem Löwenberg im Osten die Altstadt beginnt, auch **Dayan** genannt. In ihren Seitengassen ist die Orientierung gar nicht so einfach, doch da es ohnehin nur wenig spezielle Sehenswürdigkeiten gibt, kann man sich einfach treiben lassen. Beim Bummel durch die Altstadt bietet sich ab und zu ein Blick hinter die großen Holztore der **Naxi-Häuser**, stattliche zweistöckige Gebäude, die um einen zentralen, gepflasterten Innenhof erbaut sind und deren Dachvorsprünge und Gitterwerk von Glück bringenden mythologischen Gestalten und Fischen geziert werden. Für die Naxi haben solche Familienanwesen eine große Bedeutung (früher war Lijiang in Clans unterteilt), und viele verwenden einen Großteil ihres Einkommens auf die Erhaltung und Verschönerung der Wohnstatt.

Sämtliche Straßen nach Dayan münden in den **Sifang**, ein großer Marktplatz, der gut auf das Geschäft mit Touristen eingestellt ist. An Ständen werden Stickereien, handgefertigte Kupfertöpfe sowie Holzschnitzereien von Falken und Hähnen verkauft, und die preisgünstigen Restaurants laden zu einer gemütlichen Pause ein. Immer wieder erspäht man ältere Leute, gekleidet in traditionelle dunkle Tuniken oder Umhänge mit blauen und cremefarbenen Mustern, was den Kosmos symbolisiert. Nördlich des Platzes wird die Dong Dajie von Souvenirläden gesäumt, größtenteils neue Gebäude, die man jedoch liebevoll hergerichtet hat und die durchaus Bewunderung verdienen. Wendet man sich hingegen gen Süden, so gelangt man direkt in das Labyrinth der Altstadt, wo ursprüngliche Märkte und stimmungsvolle Gassen das Bild bestimmen.

Sehenswürdigkeiten

Westlich vom Sifang führen Straßen mit Kopfsteinpflaster zum **Löwenberg**, dessen Aussichtspunkte herrliche Blicke über die Ziegeldächer offerieren. Der bewaldete Gipfel wird vom **Wangu Lou** (Eintritt ¥15) gekrönt, ein 22 m hoher Pavillon aus Holz. Unterhalb davon liegt der südliche Teil der Altstadt, welcher dem Erdbeben nicht standhalten konnte und durch eine Ansammlung wuchtiger Steinpavillons im Qing-Stil und Zierbögen ersetzt wurde. Der typisch han-chinesische Stil dieser Bauwerke passt rein gar nicht ins Stadtbild. Einen wohltuenden Kontrast bildet der **Baimalong Tan**, bestehend aus einem Wasserzufluss in Form eines Drachenkopfes und einem Waschplatz, die vor einem alten Tempel und einem verwilderten Garten angesiedelt sind und die südliche Altstadtgrenze markieren.

Naxi-Musik Lijiangs Touristenszene wäre ohne das Naxi-Orchester nicht mehr vorstellbar. Auf antiken Instrumenten werden Melodien aus der Song-Dynastie gespielt, die sich von daoistischen *Dong-Jin*-Schriften ableiten lassen. Diese Tradition soll mit Kublai Khan Einzug gehalten haben, welcher der Stadt die Hälfte seines Hoforchesters vermachte, nachdem das Naxi-Oberhaupt seiner Armee bei der Überquerung des Yangzi geholfen hatte. Nach einem mehrjährigen Spielverbot während der Kulturrevolution formierte sich das Orchester unter der Leitung von **Xuan Ke** neu, hatte aber durch den zwischenzeitlichen Tod einiger älterer Musiker eine Reduzierung seines Repertoires von über 60 auf 23 Stücke zu beklagen. Zum Ausgleich dafür werden bei den heutigen Vorstellungen zusätzlich traditionelle Volkslieder gespielt.
Derzeit tritt das Orchester allabendlich um 20 Uhr in der **Naxi-Konzerthalle** an der Dong Dajie auf; die Tickets kosten zwischen ¥30 und ¥50. Leider wird der Genuss dieser unvergesslichen Musik getrübt durch die endlosen und selbstgefälligen Kommentare von Xuan Ke, der selbst vor ausländerfeindlichen Witzen nicht zurückschreckt. Mehr Spaß macht es, den Musikern bei ihren Nachmittagsproben am Teich des Schwarzen Drachen zu lauschen – dann natürlich umsonst.
Etwas weiter nördlich in der Dong Dajie steht eine weitere Halle *(Inheritance and Research Base of China)*, in der eine Gesangs- und Tanztruppe jeden Abend zwischen 20 und 21.30 Uhr vor einem kleinen Publikum lebendige Programme aufführt. Der Eintritt beträgt ¥20.

Wer sich nach etwas Ruhe sehnt, kann einen Abstecher zum nördlichen Stadtrand in den **Park am Teich des Schwarzen Drachen** unternehmen,

Lijiang und Umgebung

Lijiang	丽江	*lìjiāng*
Baimalong Tan	白马龙潭	*báimǎlóng tán*
Forschungsinstitut für die Dongba-Kultur	东巴文化研究室	*dōngbā wénhuà yánjiūshì*
Löwenberg	狮子山	*shīzi shān*
Park am Teich des Schwarzen Drachen	黑龙潭公园	*hēilóngtán gōngyuán*
Wufeng Lou	五凤楼	*wǔfèng lóu*
Übernachtung		
A Liang Guesthouse	阿亮客栈	*āliàng kèzhàn*
Inn of the First Bend	一湾酒店	*yīwān jiǔdiàn*
Jiannanchun	丽江剑南春文苑	*lìjiāng jiànnánchūn wényuàn*
Old Town Inn	古城客栈	*gǔchéng kèzhàn*
Old Town Youth Hostel	古城青年旅馆	*gǔchéng qīngnián lǚguǎn*
Square Inn	四方客栈	*sìfāng kèzhàn*
Die Umgebung von Lijiang		
Baisha	白沙	*báishā*
Qiaotou	桥头	*qiáotóu*
Shigu	石鼓	*shígǔ*
Tigersprungschlucht	虎跳峡	*hǔtiào xiá*
Weixi	维西	*wéixī*
Yuhu	玉湖村	*yùhú cūn*
Yufeng Si	玉峰寺	*yùfēng sì*
Yulong	玉龙	*yùlóng*

der im Vergleich mit anderen Anlagen dieser Art wesentlich natürlicher wirkt. Der Teich, eigentlich mehr ein See, wird auch Yuquan (Jadequelle) genannt, was von seinem klaren, blassgrünen Wasser herrührt, das von Quellen am Fuße der umliegenden Berge stammt. Mitten in dem Gewässer erhebt sich der elegante **Deyue-Pavillon** und gibt mit dem Yulong Xueshan als Kulisse ein wahres Postkartenbild ab – am frühen Nachmittag untermalt von den Klängen des Naxi-Orchesters (s.S. 958, Kasten), das sich in den Westhallen zur Probe einfindet. ◷ tgl. 7 Uhr–spätabends, Eintritt ¥20.

Vom Teich führt ein Weg zwischen Bäumen und Gebäuden hindurch zu dem Komplex des **Forschungsinstituts für die Dongba-Kultur**. Das Wort „dongba" bezieht sich auf die Schamanen, von denen noch etwa 30 leben und hier damit beschäftigt sind, 20 000 Rollen alter Naxi-Schriften *(dongba-jing)* zu übersetzen und für die Nachwelt zu erhalten. Ein Stück weiter stößt man am oberen Ende des Teichs auf eine Gruppe von Hallen, die in den 70er Jahren hierher gebracht wurden und früher dort standen, wo der Haupttempel von Lijiang, der **Fuguo Si**, seinen Platz hatte. Am schönsten ist die **Wufeng Lou** (Halle der Fünf Phönixe), ein großartiger Palast aus der Ming-Dynastie mit dreifachem Dach und Reproduktionen von Wandgemälden aus Baisha im Innern (s.S. 961).

Übernachtung

Lijiang verfügt über eine große Auswahl an Übernachtungsmöglichkeiten, darunter wunderbare kleine Privatunterkünfte in der Altstadt. Mittelklassehotels sind im neuen Teil der Stadt im Überfluss vorhanden, aber es gibt eigentlich keinen Grund, dort abzusteigen – selbst wenn der Bus in aller Frühe abfährt, erreicht man den Busbahnhof in kürzester Zeit mit dem Taxi. Bei den nachfolgend genannten Hotels handelt es sich ausschließlich um mehr oder weniger authentische Gebäude im Naxi-Stil. Die angegebenen Adressen helfen allerdings nicht wirklich – am besten kommt man mit einem Stadtplan zurecht.

A Liang Guesthouse*, 110 Wenzhi Xiang, ✆ 512 9923. Die beste Unterkunft in Lijiang – ein altes und urgemütliches, um einen Hof gebautes Naxi-Haus, das zu den 100 besonders geschützten Gebäuden der Stadt gehört. Drei Zimmer zu angemessenen Preisen, vermietet von einer liebenswürdigen Familie.

Inn of the First Bend*, 43 Mishi Xiang, ✆ 518 1688. Bekannter Backpacker-Treff. Sämtliche Einrichtungen werden gemeinsam genutzt, das Personal ist freundlich und professionell. Die Zimmer sind um einen zentralen Innenhof angeordnet. Auch Fahrradverleih. Dorm-Bett ¥20.

Jiannanchun****, 8 Xinyi Xiang, ✆ 5102222. Neues Haus der gehobeneren Preisklasse im Naxi-Stil, selbst das – überwiegend aus Han-Chinesen bestehende – Personal ist in traditionelle Trachten gekleidet. Die Lage ist klasse, doch sollte die Wahl nur auf dieses Hotel fallen, wenn man unbedingt sein eigenes Bad haben möchte.

Old Town Inn*–**, Xinyi Jie, ✆ 5189000, 📠 512 6618. Dieses neue, ruhige und ansehnliche Hotel ist ein wenig anspruchsvoller und bietet Zimmer mit oder ohne Bad.

Old Town Youth Hostel, 61 Xinhua Jie, ✆ 518 8611. Neue, anerkannte Jugendherberge mit Zimmern um einen zentralen Innenhof. Geringe Rabatte für YHA-Mitglieder. Fahrradverleih. Dorm-Bett ¥15–50.

Square Inn*, nahe Sifang, ✆ 5127487. Kleines, qualitativ gutes und schön gelegenes Hotel im Herzen der Altstadt. Dorm-Bett ¥25.

Essen

Die Restaurants von Lijiang stehen für anspruchsvolle Kochkunst, wobei sich die Spezialitäten der einheimischen Küche auf *baba* beschränken – ein nicht ganz leicht verdauliches, frittiertes, mit Fleisch oder Gemüse gefülltes Mehlpastetchen. In den auch bei Einheimischen beliebten Gasthäusern der Altstadt (ohne Übernachtung) werden Reistöpfe, Eintöpfe mit Schweinefleisch sowie Gerichte mit getrocknetem Schinken serviert. Rund um den Sifang finden sich außerdem zahlreiche Touristenrestaurants und auf ausländische Besucher ausgerichtete Cafés: Das ***Old Market Café*** lockt mit guter chinesischer Küche, und das ***Prague Café*** hat sich mit seinem Blaubeerkuchen, seiner Tierschau und seiner Videosammlung einen Namen gemacht. Im ***Well Bistro*** sind die Pastagerichte, der Apfelkuchen und die Schokoladen-Brownies sehr beliebt, während das ***Blue Page Vegetarian*** sättigende westliche und chinesische Gerichte auf der Speisekarte hat. Sitzplätze im Freien an einem kleinen Bach bietet das ***Mamafu's***, und im ***House of Tibet*** besteht die Möglichkeit, ungewöhnliche Pfannkuchen aus Yak-Käse mit Honig zu kosten. Wer einen Drink zu sich nehmen möchte, ist in der ***Camel Bar*** bestens aufgehoben. Im Winter bieten die Märkte von Lijiang neben den besten **Walnüssen** von ganz Yunnan auch leuchtend orangefarbene **Persimonen** an, die an großen kahlen Bäumen rund um die Stadt wachsen – sie müssen ganz reif gegessen werden und sind vom Geschmack her gewöhnungsbedürftig.

Sonstiges

FAHRRÄDER – Für die Erkundung des Großraums Lijiang empfiehlt sich ein Fahrrad, das man in vielen Unterkünften (s. Übernachtung) leihen kann.

GELD – ***Bank of China***, Xin Dajie, nördlich des Postamts.

POST – Xin Dajie, ca. 15 Gehmin. nördlich des Hauptbusbahnhofs.

REISEBÜROS – Allgemeine Informationen bekommt man in den Unterkünften und Touristencafés.

Für die Buchung von **Touren** zu hiesigen Sehenswürdigkeiten eignet sich der ***Laojun Mountain Travel Service***, Xin Dajie, ✆ 5105618 – für ein Auto inkl. Fahrer sind mit ¥300 pro Tag zu rechnen, und Tagesausflüge in die Berge kosten ab ¥140 pro Person.

STADTPLÄNE – In der Altstadt ist feinster Orientierungssinn gefragt – sicherer ist jedoch eine Ausgabe des handgezeichneten englischen Stadtplans *Roaming in Lijiang,* erhältlich in den Touristenläden (¥5).

VORWAHL – 0888

Transport

BUSSE – Der graue Betonblock des **Hauptbusbahnhofs** liegt am südlichen Stadtrand nahe der Xin Dajie, die in nördlicher Richtung zum **Busbahnhof-Nord** führt. Als Faustregel gilt, dass Busse zu nördlichen Reisezielen vom Busbahnhof-Nord abfahren, während alle anderen Destinationen vom Hauptbusbahnhof bedient werden. Die Straßen nach Sichuan haben sich zu beliebten Reisewegen entwickelt, aber die tibetische Grenze jenseits von Zhongdian steht evtl. nur Reisegruppen offen (s.S. 966).

Busse nach:
BAOSHAN 8–12 Std.;
DAJU (zur Tigersprungschlucht) 4 Std.;
DALI 3 Std.;
KUNMING 11 Std.;
PANZHIHUA 10 Std.;
SHIGU 2 Std.;
WEIXI 5 Std.;
XIAGUAN 6 Std.;
YONGSHENG (zum Lugu Hu) 5 Std.;
ZHONGDIAN 6 Std.

FLÜGE – Der **Flughafen** liegt 20 km südlich an der Autobahn. Neben regelmäßigen Flügen nach KUNMING (4x wöchentl., 3/4 Std.) werden täglich auch Flüge nach JINGHONG (1 1/4 Std.) in Xishuangbanna angeboten.

Fluggesellschaften:
CAAC, Fuhui Lu, im Westteil der Stadt. Flugtickets erhält man auch in den Reisebüros beim Busbahnhof.

Die Umgebung von Lijiang

Während die umliegenden Dörfer von Lijiang zu unbeschwerten Ausflügen einladen, stehen auch aufwändigere Touren zur Wahl – darunter eine Reise in westlicher Richtung zu den kleinen Städten **Shigu** und **Weixi** oder die herrliche zweitägige Wanderung durch die nördlich von Lijiang gelegene **Tigersprungschlucht**. Wer sich etwas weiter entfernt und Kurs auf das östliche Sichuan nimmt, kann in **Panzhihua** oder am abgeschiedenen **Lugu Hu** einen tieferen Einblick in die regionalen Kulturen gewinnen.

Richtung Puji, Baisha und Yuhu

Das Umland von Lijiang besticht durch ein reichhaltiges Angebot an Sehenswürdigkeiten, darunter die zahlreichen **Tempel** und **Dörfer** in den Ausläufern des Yulong Xueshan, die bequem mit dem Fahrrad zu erreichen sind. Allein reisende Frauen sollten aufpassen, wenn sie die abgelegeneren Tempel besuchen, denn zuletzt ließ das Benehmen einiger Wächter offenbar ziemlich zu wünschen übrig.

Das **Kloster Puji Si** liegt Lijiang am nächsten. Es ist zwar schwierig zu finden und nicht sehr bedeutend, aber im Sommer lohnt allein der Weg dorthin, der durch ein Tal voller Wildblumen führt. Von der Mao-Statue an der Xin Dajie radelt man etwa 1,5 km in westlicher Richtung, biegt dann links ab und erreicht nach einigen Kilometern das Dorf Puji. Hier fragt man nach einem sicheren Ort zum Abstellen des Fahrrads und wandert etwa 30 Minuten den Berg hinauf zum Kloster, wo ein exzentrischer Wächter die Tore für Besucher öffnet. Wie auch andere Tempel der Gegend wurde Puji während der Kulturrevolution zerstört und präsentiert sich im Innern entsprechend neu und verlassen.

Etwas anspruchsvoller gestaltet sich eine **Radtour** in das ungefähr 10 km nördlich von Lijiang gelegene Dorf **Baisha**. Kurz vor dem Park am Teich des Schwarzen Drachen zweigt eine Straße von der Xin Dajie links ab, die nach wenigen Kilometern auf ein großes Wasserreservoir trifft. Von hier folgt man der Hauptstraße noch etwa 8 km geradeaus, biegt dann links ab und radelt durch die Felder bis Baisha. Das hübsche, mit Weiden verschönerte Dorf ist die Heimat des berühmten **Doktor Ho**, der am nördlichen Ortsrand wohnt und dem die Anwesenheit von Besuchern nie verborgen bleibt. Meist lädt er sie zu einer Tasse Kräutertee ein und bittet danach um eine Spende. Von der hiesigen Schule führt eine Gasse zum **Liuli Dian**, ein Tempel mit herrlichen Wandgemälden aus der Ming-Dynastie,

YUNNAN

deren sonderbare Mischung aus daoistischen, tibetischen und buddhistischen Einflüssen auf einheimische Dongba zurückzuführen ist.

Von Baisha sind es noch ungefähr zehn Minuten per Rad ins nördlich gelegene Dorf **Yulong**. Ganz in der Nähe befindet sich der **Beiyue Si**, ein aus dem 8. Jahrhundert stammender Tempel, der schon vor Ankunft der Naxi in Lijiang existierte, aber fast 1000 Jahre lang von Nachkommen der ersten Naxi-Grundbesitzer geleitet wurde und ihrem Gott **Sanduo** geweiht ist. Eine Statue von Sanduo beherrscht den Innenraum, ihm gegenüber steht ein unterwürfiger Bauer in Lebensgröße – eine überaus feudale Szene. Etwas nördlich von Yulong liegt das Dorf **Yufeng**, wo ein steiler Pfad von der Hauptstraße in etwa 30 Minuten zum **Yufeng Si** (Jadegipfel-Tempel) führt. Der Tempel selbst ist nicht so bedeutend, aber ein wunderschöner Ort der Besinnung. In der oberen Halle wächst ein uralter Kamelienbaum, ein Symbol der ehelichen Harmonie, und der mosaikverzierte Innenhof steht im Frühling in voller Blumenpracht.

2 km hinter Yufeng stößt man auf **Yuhu**, das Dorf des Jadesees, wo Joseph Rock (s.S. 956) in den 20er und 30er Jahren lebte. Sein Haus existiert noch immer, und es gibt immer noch Menschen im Ort, die sich an ihn erinnern. Als weiteres Ausflugsziel bieten sich die höher gelegenen Dörfer der Hirten und Holzfäller der **Yi-Nationalität** an, deren Frauen überdimensionale schwarze Hauben und dreifarbige Röcke tragen. Der Aufstieg auf den 5596 m hohen Yulong Xueshan stellt ohne richtige Ausrüstung ein zu großes Risiko dar, sodass man besser auf eine der beiden Seilbahnen zurückgreift, die ihre Passagiere zu Punkten oberhalb der Schneegrenze befördern. Wanderern stehen eine Vielzahl einfacher Wege an den unteren Hängen zur Verfügung.

Shigu und Weixi

Der Name des 70 km westlich von Lijiang gelegenen Dorfes Shigu (Steintrommel) leitet sich von einer Tafel ab, die hier im 18. Jahrhundert von einer Person aus dem Mu-Clan aus Lijiang aufgestellt wurde, um eines besonders blutigen Sieges über die Armeen der Han-Chinesen zu gedenken. Der noch breite und ruhige **Yangzi** beschreibt hier seine erste scharfe Kurve und wird gen Nordosten in Richtung Tigersprungschlucht gelenkt, nachdem er die 1000 km von seiner Quelle an der Grenze von Tibet zu Qinghai ungehindert in einem langen Bogen zurücklegen konnte. Ein Teil der Roten Armee wählte im April 1936 während des Langen Marsches diese Stelle zur Durchquerung des Yangzi und durchbrach unter Führung des beherzten kommunistischen Generals He Long die nationalistischen Linien. In Shigu gibt es ein kleines **Gästehaus***, das sich als Basis für Wanderungen in der Gegend eignet.

Abenteuerlustige können mit dem Bus von Shigu 100 km in nordwestlicher Richtung bis nach Weixi am Ende der Straße fahren. Die Reise führt durch eine wunderschöne und wenig erforschte Gegend, die bis heute ohne jegliche touristische Infrastruktur auskommt. Am Yangzi entlang geht es bis nach **Jiudian** auf etwa halber Strecke, wo sich die Straße nach Westen wendet und an den Hängen des **Hengduan Shan** und dem **Botanischen Garten von Xinzhu** vorbeiführt – eigentlich nur eine geschützte Berglandschaft mit über 300 Baumarten, darunter einige Exemplare, die 1000 Jahre alt sein sollen. Weixi ist vor allem wegen der umliegenden Dörfer von Interesse, die von den Pumi, eine tibetische Volksgruppe und Chinas kleinste Nationalität, bewohnt werden.

Tigersprungschlucht

Etwa 100 km nördlich von Lijiang bzw. südlich von Zhongdian bahnt sich der obere Yangzi, hier noch Jinshajiang genannt, seinen Weg durch die Tigersprungschlucht (Hutiao Xia). Diese ist stellenweise so schmal, dass der Legende nach einst ein Tiger seinen Verfolgern entwischte, indem er einfach auf die andere Seite sprang. Die Schlucht liegt auf 2500 m und gilt als tiefste der Welt. Ihre Südwand wird von aschgrauen Bergen gebildet, die sich weitere 3 km über die Stromschnellen erheben. Aber nicht nur diese Superlative machen eine **Wanderung** durch die Schlucht so reizvoll, denn ausnahmsweise dreht sich hier alles nur um die Natur: Es gibt keine Tempel und nur winzige Ansiedlungen, aber dafür eine spektakuläre Landschaft, die gerade durch ihre Kargheit besticht (die in der Schlucht ansässigen Hirten haben das Land schon vor langer Zeit sämtlicher Bäume und Sträucher beraubt).

Durch die Schlucht führen zwei Routen, die zwischen **Daju** im Osten und dem westlichen **Qiaotou** an der Straße von Lijiang nach Zhongdian verlaufen. Beide Orte werden täglich vom Busbahnhof-Nord in Lijiang angefahren. Die 40 km lange **untere Route** eröffnet schönere Blicke auf den Fluss, folgt aber auf der ganzen Strecke einem neuen Fahrweg, der speziell für chinesische Reisebusse angelegt wurde. Eine Ausweichmöglichkeit besteht zwischen Qiaotou und **Walnussgarten** – ein Dorf auf etwa halbem Weg – über die anspruchsvollere **obere Route**, die einen Umweg von rund 10 km beschreibt. Für beide Strecken sollten mindestens zwei Tage eingeplant werden, wobei sich Walnussgarten auch als Basis für Tagestouren oder als Ausgangspunkt für die fantastische Wanderung ins 120 km nördlich gelegene **Zhongdian** (s.S. 965) anbietet. Viele Touristen betrachten diese Touren als reine Herausforderung und bringen sie in Windeseile hinter sich. Geht man das Ganze jedoch geruhsamer an, so hat man wesentlich mehr davon – reizvolle Dörfer sind in China dünn gesät und sollten in vollen Zügen genossen werden.

Die Wanderung durch die Tigersprungschlucht kann von beiden Seiten in Angriff genommen werden. Wer ohnehin auf dem Weg nach Zhongdian ist, startet in Daju (diese Variante wird im Folgenden beschrieben) und fährt anschließend mit dem Direktbus von Qiaotou nach Zhongdian. Allerdings führt der Weg in diese Richtung fast immer leicht bergauf. Weniger anstrengend ist die Tour mit Startpunkt Qiaotou, zumal man einen Teil seines Gepäcks im *Shengjian Café* (s.S. 964) zurücklassen kann. Von Walnussgarten besteht die Möglichkeit, per Anhalter auf der unteren Route an den Ausgangspunkt zurückzukehren.

Übernachten kann man unterwegs in Hostels, und auch für **Verpflegung** ist gesorgt. Zur Ausrüstung gehören auf jeden Fall feste Schuhe, Pulli und Jacke, eine Taschenlampe, ein Erste-Hilfe-Päckchen sowie Snacks und Getränke. Selbst im Winter reichen ein T-Shirt und kurze Hosen zum Wandern meist aus, aber die Nächte sind das ganze Jahr über ziemlich frisch.

Alleine sollte man die Wanderung auf keinen Fall antreten. Die obere Route ist zwar durch rote und gelbe Pfeile gekennzeichnet, aber es haben sich trotzdem schon einige Leute verirrt. Gute Dienste leisten die selbst gemachten **Landkarten**, die in den Cafés von Lijiang sowie in Orten entlang der Strecke kursieren. Bei schlechtem Wetter sollte man die Wanderung auf beiden Strecken unterlassen, da es immer wieder zu gefährlichen **Erdrutschen** kommt – 1994 sind bei einem solchen Vorfall sieben Wanderer ums Leben gekommen.

Von Daju nach Walnussgarten

In Lijiang startet frühmorgens ein Bus, der unterhalb des Yulong Xueshan vorbeizockelt und dann durch einzelne Urwaldflecken und offenes Weideland nach Daju hinauffährt, das nach drei Stunden erreicht wird. Der staubige Ort besteht aus einer kleinen Ansammlung von Steinhäusern und bietet mehrere Restaurants sowie zwei einfache **Unterkünfte***. In der Umgebung verteilen sich ähnlich abgelegene Dörfer, die zur Erkundung einladen. Der Bus zurück nach Lijiang fährt gegen 13.30 Uhr ab.

Von Daju benötigt man etwa eine Stunde zu Fuß über das offene Plateau zur **Fähre** über den Yangzi. Die Anlegestelle befindet sich in der Nähe einer kleinen Pagode, und wenn dort nicht schon ein Boot wartet, muss man sich lautstark bemerkbar machen. Ausländer zahlen für die Überfahrt den beachtlichen Preis von ¥10, an denen sich in keinster Weise rütteln lässt. Auf der anderen Flussseite klettert man das Ufer hoch und entscheidet sich für einen der Pfade Richtung Schlucht, die in der Ferne bereits deutlich erkennbar ist. Ungefähr eine Stunde dauert die erste Etappe an ein paar Dörfern vorbei bis zu einem abschüssigen Wegabschnitt, über den man auf den Hauptweg gelangt. Nun geht es kontinuierlich aufwärts und um eine gewaltige Mulde herum zum Schluchteingang. Ab hier verläuft der Pfad etwa 200 m oberhalb des schäumenden Yangzi, und nach zwei Stunden sollte das offene Tal erreicht sein, in dem das winzige Dorf Walnussgarten liegt. An einem Kontrollposten werden satte ¥30 **Eintritt** erhoben, die man jedoch besser bezahlen sollte – bei dem Versuch, sich bei Dunkelheit vorbeizuschleichen, hat sich schon so mancher verirrt. Im Ort locken zwei Einrichtungen mit gutem Essen, Bier und warmen Betten. Absoluter Favorit ist das *Sean's**, geschätzt für seine Lage gegenüber der Schlucht, sein englischsprachiges Management und seine Veranda, von der man abends den wunderbaren Nachthimmel beobachten kann. Außerdem beginnt an der Herberge einer der seltenen Pfade hinunter zum Fluss, und es werden geführte **Touren** organisiert: zum einen ein

YUNNAN

halbtägiger Ausflug zu einer kleinen **Höhle** und zum anderen eine dreitägige Wanderung in das 120 km nordwestlich gelegene Zhongdian. Letztere führt durch ein touristisch nahezu unerschlossenes Gebiet via Haba (6 Std.) nach Baishui (weitere 6 Std.), von wo man die letzten 60 km nach Zhongdian per Bus zurücklegen kann.

Von Walnussgarten nach Qiaotou

In Walnussgarten teilt sich die Strecke. Die einfachere **untere Route** verspricht grandiose Blicke auf den ungestümen Yangzi tief unten in der Schlucht. **Tunnel** überbrücken inzwischen die ehemals gefährlichen Wegabschnitte, aber vor allem bei nasser Witterung muss man sich dennoch vor Erdrutschen in Acht nehmen. Im Wesentlichen verläuft die Strecke über die staubige Straße, auf der regelmäßig Touristenbusse vorbeidonnern. Bis nach Qiaotou ist mit etwa acht Stunden zu rechnen.

Eine größere Herausforderung ist die **obere Route**, ein echter Bergpfad. Die Tour dauert insgesamt länger, hält aber ein paar herrliche Rastplätze bereit und lohnt die Mühe auf jeden Fall. Von Walnussgarten ist es ein dreistündiger Aufstieg bis nach **Bendiwan** und dessen Unterkunft *Halfway House**, das einen solch sagenhaften „Toilettenblick" bietet, wie man ihn sonst nur in Tibet findet. Wer will, kann einen Ausritt machen und an einer geführten Wanderung teilnehmen. Nach weiteren fünf Stunden erreicht man das *Naxi Family Guesthouse**, ein gemütliches Bauernhaus mit gutem Essen. Nun sind es noch etwa zwei Stunden bis in die Marktstadt **Qiaotou**. Englische Schilder weisen den Weg zum *Gorge Village Hotel**, aber die Zimmer im gegenüberliegenden *Youth Hostel** sind von besserer Qualität. Im *Shengjian Café* vor der Brücke dient der liebenswürdige Besitzer mit hilfreichen Informationen, das Essen jedoch lässt zu wünschen übrig. Zahlreiche Busse (letzte Abfahrt 18 Uhr) fahren nach Zhongdian oder Lijiang, die beide drei Stunden entfernt liegen.

Lugu Hu und Panzhihua

Zunehmender Beliebtheit erfreut sich jene Route nach Sichuan, die von Lijiang über die Grenze in das 200 km östlich gelegene Panzhihua – auch **Jinjiang** genannt – führt, eine Haltestelle an der Eisenbahnlinie Kunming–Chengdu. Die Fahrt dauert etwa zehn Stunden (in die andere Richtung zwölf Stunden), und vor allem der erste Abschnitt wird sich für immer ins Gedächtnis einprägen, denn auf ihrem Weg zum Yangzi passiert die Straße eine fast senkrechte, 1200 m hohe Klippe. Wenig später wird **Yongsheng** erreicht, wo der Bus aller Wahrscheinlichkeit nach zum Mittagessen hält.

Yongsheng markiert den Beginn der 300 km langen Reise mit öffentlichen Verkehrsmitteln gen Norden nach **Ninglang** und weiter zum Lugu Hu, ein abgeschiedener See direkt an der Provinzgrenze, dessen teilweise bewaldete Uferzonen von **Norzu** und **Mosu** bewohnt werden.

Als Untergruppe der Yi waren die Norzu einst Sklavenhalter, die bis weit in die 50er Jahre hinein das umliegende Tiefland auf der Suche nach Sklaven überfielen. Diese wurden dann in die Berge verschleppt und mussten in tiefstem Elend leben, während ihre Besitzer über Leben und Tod bestimmen konnten (mehr darüber ist in dem vortrefflichen Werk *Slaves of the Cool Mountains* von Alan Winnington zu erfahren). Die Mosu bilden eine Untergruppe der Naxi und haben bis heute die matrilinearen Traditionen bewahrt, die in Lijiang schon lange verloren sind. Dazu gehört auch die *axia*-Ehe, die ohne Zeremonie zustande kommt und von beiden Beteiligten jederzeit aufgelöst werden kann. Die Kinder werden automatisch von der Mutter adoptiert – die Männer haben weder Nachkommen noch Eigentumsrechte. Fünf Stunden sind es von Lijiang bis nach **Ninglang**, wo das *Jiamei Binguan** als **Unterkunft** empfohlen wird, sowie weitere zwei Stunden mit dem Sammeltaxi nach **Luoshui** am Lugu Hu, wo ¥30 für ein „Ticket" verlangt werden, das man nie zu Gesicht bekommt. In Luoshi wimmelt es von Unterkünften, doch wesentlich romantischer gestaltet sich ein Aufenthalt in einem der Dörfer am See, wo zahlreiche Familien in ihren Bauernhäusern für etwa ¥20 pro Person eine Schlafstatt zur Verfügung stellen.

Der Anblick von Bergen und See ist überwältigend, aber an Aktivitäten bietet sich hier bestenfalls die Möglichkeit, einen Einbaum zu mieten und sich nach Sichuan hinüberschippern zu lassen – entweder nach **Dazu** am Nordufer oder nach **La'ao** weiter östlich, das sich an den Fuß eines 2800 m hohen Gipfels schmiegt. Von beiden Orten gibt es Nahverkehrsmittel via **Yanyuan** nach **Xichang**, das wiederum an der Strecke Kunming–Chengdu liegt (s.S. 998). Die Straßen in dieser Ecke der Provinz sind allerdings wirklich entsetzlich.

Wer sich den Umweg über den Lugu-See spart, benötigt ungefähr fünf Stunden von Yongsheng nach Panzhihua, wobei die Straße größtenteils am Rande breiter bewässerter Täler verläuft. Zunächst erscheinen die kahlen Berge und grässlichen Industrieareale von **Dukou**, wenig später kommt **Panzhihua** in Sicht. Der Bus hält direkt vor dem Bahnhof, und da Panzhihua nicht zum längeren Verweilen einlädt, sollte man mit dem Abendzug gleich weiterfahren. Wer wider Willen hängen bleibt, kann in der **Herberge*** gegenüber dem Bahnhof absteigen. Von Panzihua startet am frühen Morgen ein Bus nach Lijiang.

Zhongdian

Sechs Busstunden bzw. 200 km nordwestlich von Lijiang klettert die Straße aus einer immer schmaler werdenden Schlucht auf eine karge Hochebene, die zotteligen Yaks als Weidegrund dient und von vereisten Bergen umringt wird. Der erste Halt ist Zhongdian, ein auf den ersten Blick wenig sympathischer Ort im Han-Stil, dessen Grenznähe zu Tibet durch eine massive Polizeipräsenz und eine Menge Tibeter zu Tage tritt. Bei näherem Hinsehen jedoch stellt sich Zhongdian als gar nicht so schlecht heraus, und allein das herrliche **Kloster Jietang Songlin** (Eintritt ¥10) vermag seine Besucher einige Stunden gefangen zu halten. In den 60er Jahren zerstört, beheimatet es heute wieder 400 tibetische Mönche, die das Gebäude mit Leben füllen. Die beengte fensterlose Haupthalle zeigt zwischen Butterskulpturen und einem regelrechten Säulenwald frisch gemalte, aber schlecht beleuchtete Wandbilder, die farbenfroh und grausig zugleich wirken. Wie in allen anderen Klöstern sollte man sich auch hier nur im Uhrzeigersinn fortbewegen. Zu erreichen ist das nördlich des Zentrums gelegene Kloster mit dem Bus Nr. 3 (¥1) von der Hauptstraße namens Changzheng Lu, in der man auch die üblichen Einrichtungen wie Souvenirgeschäfte, Restaurants und Märkte findet.

Übernachtung und Essen

Tibet Long Life Hotel*, 700 m südöstlich des Zentrums, ✆ 8222448, 📠 8223863. Nettes Personal und warmer, gemütlicher Speiseraum. Dorm-Bett ¥20. Vom Busbahnhof mit Bus Nr. 3 nach Süden zu erreichen.

Living Buddha Guesthouse, 500 m außerhalb in Richtung Kloster (englisch ausgeschildert). Hier wohnt ein „lebender Buddha", d.h. eine Person, die von Lamas zur Reinkarnation erklärt wurde – und die keinerlei Skrupel hat, aus ihrem Status Kapital zu schlagen. Dorm-Bett ¥40.

Spärlich gesät sind **Restaurants**.

In der Changzheng Lu gibt es ein Lokal mit Spezialitäten aus Sichuan.

Ebenfalls in der Hauptstraße sowie in der Parallelstraße verteilen sich ein paar **Ausländercafés**, darunter das empfehlenswerte ***Shangri La Coffee House***, in dem auch etwas schickere Einheimische verkehren.

Sonstiges

INFORMATIONEN – Die Cafés und Unterkünfte dienen mit Infos über Ausflüge ins Umland, darunter die 3-tägige Wanderung über Baishui zur Tigersprungschlucht (s.S. 962).

POST – Changzheng Lu (etwa auf halbem Weg durch die Stadt).

VORWAHL – 0887

Deqin und Zhongdian

Deqin	德钦	***déqīn***
Meili Xueshan	梅里雪山	*méilǐ xuěshān*
Zhongdian	中甸	***zhōngdiàn***
Tibet Long Life Hotel	西藏永生旅馆	*xīzàng yǒngshēng lǚguǎn*

Transport

EINREISE NACH TIBET – Die Bestimmungen für Reisen aus dieser Region nach Tibet unterliegen ständigen Veränderungen, aber zur Zeit der Recherche an diesem Reiseführer stand dem nichts im Wege. Das ***Tibet Tourism Office,*** Changzheng Lu, Zimmer 306 im *Hotel Khamba,* ✆ 8230110, 💻 www.tibetmotorhome.com, hilft bei der Beschaffung von Tickets und den nötigen Erlaubnisscheinen. Im Angebot sind auch 7-tägige Jeeptouren nach Lhasa (ab 2 Teilnehmern, ca. ¥5000 p.P.). Eine Filiale des Touristenbüros befindet sich vor Ort im *Tibet Long Life Hotel* sowie in Kunming im Hotel *Camellia*.

BUSSE – Vom **Busbahnhof** in der Changzheng Lu fahren Busse in nördlicher Richtung nach DEQIN (tgl. um 7, 8 und 9 Uhr, 9 Std.), in südlicher Richtung nach LIJIANG (10x tgl., 6 Std.) und XIAGUAN (11 Std.) sowie in nordöstlicher Richtung nach LITANG (Abfahrt 7.30 Uhr, 3 Tage) in Sichuan. Derzeit dürfen auch Ausländer den Bus nach **Litang** benutzen, doch zur Sicherheit sollte man sich zuvor über die aktuelle Lage informieren. Die Fahrt ist landschaftlich sehr reizvoll, aber äußerst anstrengend und ziemlich unberechenbar. In Litang kann man die Nacht in dem schmuddligen *Gästehaus** an der Bushaltestelle verbringen und am folgenden Tag die Weiterfahrt nach KANGDING (24 Std.) antreten.

FLÜGE – Zhongdians **Flughafen** heißt verwirrenderweise „Deqin" und bietet Verbindungen nach KUNMING (3x wöchentl., 2 Std.) und LHASA (¥2400, gleicher Preis wie von Chengdu in Sichuan).
Flugtickets bekommt man bei einem Büro in der Wenming Jie.

Deqin

Neun Stunden nördlich von Zhongdian und nur 80 km von Tibet entfernt liegt im Flusstal des Lancang (Mekong) die Stadt Deqin, die über einige dauerhaft schneebedeckte Gebirgsketten zu erreichen ist und schon immer eine der entlegensten Ecken von Yunnan war. Unlängst wurde die Region von der Provinzregierung als **Shangri-la** „identifiziert", der sagenumwobene Schauplatz einer bekannten Erzählung von James Hilton mit dem Titel *Der verlorene Horizont* – in Anbetracht der Tatsache, dass es sich bei der Geschichte um reine Fiktion handelt, eine überaus interessante Behauptung. Von diesem Rummel einmal abgesehen, präsentiert sich Deqin als beschauliche tibetische Stadt mit ein paar Tempeln. Als Hauptattraktion der Gegend gilt der 30 km westlich gelegene **Meili Xueshan**, mit 6740 m der höchste Berg von Yunnan, dessen schwindende Wälder den stark gefährdeten Stumpfnasenaffen eine Heimat bieten. Der Zugang zum Berg erfordert einigen bürokratischen Aufwand und ist nur mit einem gemieteten Jeep möglich – entsprechende Infos bekommt man bei offiziellen Stellen in Zhongdian sowie an den Schwarzen Brettern der Hotels in Deqin. **Unterkunft** in Deqin bietet das ganz passable *Tibet Hotel**, doch angeblich soll es an der Straße in Richtung Brücke noch eine bessere Herberge geben.

Weniger Schwierigkeiten bereitet die Strecke gen Nordwesten zur **tibetischen Grenze**, schließlich handelt es sich hierbei um die „Autobahn" Yunnan–Tibet. Allerdings wird vom Amt für evtl. öffentliche Sicherheit (PSB) eine Genehmigung benötigt, bevor man sich in irgendein Fahrzeug Richtung Grenze setzen darf, was letztendlich bedeutet, dass man sich einer organisierten Tour anschließen muss. Die Straße folgt dem spannenden oberen Flusslauf des Lancang bis nach Markam und wendet sich dann gen Westen nach Lhasa.

Baoshan und Umgebung

Das 120 km von Xiaguan entfernte Baoshan mag etwas fade wirken, hat aber zweifellos seinen Platz in der Geschichte. Schon lange bevor die Truppen von Kaiser Wu im Jahre 109 v.Chr. die Befestigung von Teilen der nahe gelegenen Südlichen Seidenstraße beaufsichtigten, war die Region besiedelt. Im 3. Jahrhundert gelangte Sichuans berühmter Minister **Zhuge Liang** auf einem seiner Invasions-„Feldzüge" durch das südwestliche China nach Baoshan, und 1277 lieferte sich Kublai Khan mit dem burmesischen König **Narathihapade** vor den Toren der Stadt eine schwere Schlacht, aus der der Khan siegreich hervorging, nachdem seine Bogenschützen die burmesischen Elefanten zu ihren ei-

Von Xiaguan nach Myanmar Südwestlich von Xiaguan (s.S. 948) erstreckt sich der letzte chinesische Abschnitt der Burmastraße über 500 km durch die Präfektur Baoshan bis in die Autonome Präfektur Dehong der Dai und Jingpo und quert die Täler der mächtigen südostasiatischen Flüsse Mekong (Lancangjiang) und Salween (Nujiang). Das eindrucksvolle Land wird fast vollständig von den Ausläufern des monsungeplagten Gaoligong-Gebirges eingenommen, und die Straße führt entweder entlang hoher Gebirgskämme oder durch tiefgrüne Reis- und Zuckerrohrfelder, die sich in den breiten Tälern zwischen den Bergrücken ausdehnen. In den Siedlungen, die von Dai, Burmesen, Jingpo und anderen Volksgruppen bewohnt werden, spürte man bis vor kurzem nur wenig vom typischen China. Selbst nachdem Kublai Khan hier einfiel und seine Verwandten zurückließ, damit diese die Region von den befestigten Städten aus regierten, war die Region weitgehend dem Belieben lokaler Erbgrundbesitzer *(saubwa)* ausgeliefert. Diese Tradition wurde in den 50er Jahren abgeschafft, doch bis heute ist häufig unklar, ob die Vorschriften aus Beijing kommen oder vom nächsten verantwortlichen Beamten.

Die Burmastraße verbindet die Städte **Baoshan** und **Mangshi** mit dem Grenzübergang **Wanding**, von wo es nur noch eine Stunde gen Westen ins wundersame **Ruili** ist, das eher als Zirkus denn als Stadt bezeichnet werden kann. Alternativ bietet sich noch eine holprige Nebenstraße zwischen Baoshan und Ruili an, die die tektonisch instabile Region **Tengchong** sowie Teile des schwindenden Dschungels erschließt. Egal welchen Weg der Reisende wählt, präsentieren sich die Straßen während der Regenzeit zwischen Mai und Oktober meist in einem so schlechten Zustand, dass der einzige Zugang in diese Region dann womöglich nur über die Flughäfen von Baoshan und Mangshi besteht.

genen Reihen zurückgedrängt hatten. 20 Jahre später unterstützten die Frauen und Sklaven aus Marco Polos „Vochan", das heutige Baoshan, eine Aristokratie, die sich durch ihre Tätowierungen und ihre auffälligen Goldzähne auszeichnete (diese Art der Zahnbekronung wird hier und in Xishuangbanna noch immer praktiziert). Erneut in die Frontlinie geriet Baoshan in den 40er Jahren, als eine Viertelmillion chinesischer Soldaten die Japaner davon abzuhalten versuchte, über Burma (Myanmar) ins Land einzufallen. Noch heute befinden sich in Baoshan Garnisonen, und man kann die jungen Rekruten in ihren schlecht sitzenden grünen Uniformen dabei beobachten, wie sie in den Parks und auf den Exerzierplätzen ihre Übungen absolvieren.

Das Zentrum von Baoshan wird von der **Huancheng Lu** markiert, deren nördlicher, südlicher, östlicher und westlicher Abschnitt den quadratisch angelegten, jedoch inzwischen abgerissenen Ming-Stadtmauern folgen. 1983 zur Stadt erklärt, ist Baoshan seinem Wesen nach ein Provinznest, in dessen schmuddligen, teils modernisierten Straßen jedoch ein geschäftiges Treiben herrscht. Zur Glanzzeit der Burmastraße stapelten sich in den Geschäften westliche Waren, die von den Transporten auf dem Weg nach Kunming abgezweigt wurden, und bis heute sind die Läden auffällig gut bestückt und offerieren vor Ort angebauten arabischen Kaffee („weltweit die Nr. 1"), Dosen und Flaschen importierter Luxuswaren sowie schicke Anzüge und Schuhe. Ländliche Erzeugnisse werden am großen **Marktplatz** an der Qingzhen Jie feilgeboten, der sich zwar inmitten der älteren Bauten von Baoshan befindet, aber kein besonders spannendes Erscheinungsbild aufweist. Ein schöneres Plätzchen für ein paar ruhige Stunden bietet sich zwischen Kiefern, Schmetterlingen und Vogelgezwitscher im **Taibao-Shan-Park**, etwa 1,5 km westlich des Zentrums am Ende der Baoxiu Lu. Unweit des Eingangs steht der **Yuhuang Si**, ein daoistischer Tempel aus der Ming-Ära, dessen schräge Pfeiler eine kleine achteckige Kuppel stützen. Als Ort der Andacht wird er nicht mehr genutzt, stattdessen zeigt er Fotos und Karten von den Kampfhandlungen gegen die japanischen Truppen. Die Schuhe sind allerdings trotzdem abzulegen, wenn man die fünf Alabaster-Buddhas in dem winzigen Nonnenkloster nebenan besichtigen möchte.

Vom Tempel führt der Weg bergan zu Pavillons, die schöne Ausblicke über Baoshan und die umlie-

Baoshan und Umgebung

Baoshan	保山	***bǎoshān***
Taibao-Shan-Park	太保山公园	*tàibǎoshān gōngyuán*
Wenbi-Pagode	文笔塔	*wénbǐ tǎ*
Wuhou Si	武候寺	*wǔhóu sì*
Yuhuang Si	玉皇寺	*yùhuáng sì*
Übernachtung		
Huacheng Binguan	花城宾馆	*huāchéng bīnguǎn*
Yindu	银都大酒店	*yíndū dàjiǔdiàn*
Yongchang	永昌宾馆	*yǒngchāng bīnguǎn*
Die Umgebung von Baoshan		
Banqiao	板桥	*bǎnqiáo*
Jihong-Brücke	霁虹桥	*jìhóng qiáo*
Shuizhai	水寨	*shuǐzhài*
Wofo Si	卧佛寺	*wòfó sì*

gende Ebene eröffnen, und zum **Wuhou Si**. Der Tempel auf dem abgeflachten bewaldeten Gipfel erinnert an den Herrscher Zhuge Liang aus den *Drei Reichen*, dessen riesige bärtige Statue zwischen seinen Ministern sitzt. Hinter der Halle ragen mächtige Bäume in den Himmel, und Fragmente von Steintafeln erzählen von den kaiserlichen Erlassen. Am anderen Ende des Parks erhebt sich die 13-stöckige **Wenbi-Pagode**, umgeben von Grabstätten und dem ummauerten Teich **Yiluo Chi**, der am Fuße der Stufen zur Lehrerbildungsanstalt von Baoshan liegt. Wer sich etwas Konversation wünscht, findet sicherlich ein paar hier untergebrachte Studenten oder Lehrer, die im Allgemeinen gern mit Ausländern reden.

Die Umgebung von Baoshan

30 Minuten per Bus von Baoshan entfernt an der Straße nach Xiaguan wartet die Umgebung von **Banqiao** mit zwei weiteren historischen Sehenswürdigkeiten auf. Ungefähr 7 km nordwestlich von Banqiao liegt am Fuße des Yunyan Shan der **Wofo Si** (Tempel des Ruhenden Buddha), eine Höhle mit mehreren Ebenen, benannt nach der anmutigen, 15 m hohen Marmorstatue, die aus der Tang-Dynastie stammen soll. 15 km nordöstlich von Banqiao befindet sich das Dorf **Shuizhai** und eine Stunde Fußmarsch entfernt überspannen die massiven Ketten der 500 Jahre alten **Jihong-Brücke** den Mekong. Von Baoshan verkehren unregelmäßig Minibusse in beide Orte, aber man kann auch einen Bus nach Banqiao nehmen und von dort mit anderen Nahverkehrsmitteln weiterfahren.

Übernachtung und Essen

An Unterkünften und Lokalen mangelt es in Baoshan nicht.

Huancheng Binguan*, Huancheng Dong Lu, unmittelbar östlich des Bahnhofs, ✆ 2203047. Recht altersschwache Unterkunft.

Yindou Dajiudian*, Baoxiu Lu, neben der Bank, ✆ 2120948. Etwas bessere Wahl, wenngleich sämtliche Einrichtungen, einschließlich des Restaurants, nie geöffnet zu haben scheinen. Am gepflegtesten sind die Zimmer in der oberen Etage, die zudem schöne Ausblicke bereithalten.

Yongchang Binguan*–**, an der Südseite der Baoxiu Lu, hinter der Zhengyang Lu, ✆ 2122802. Spartanische, aber saubere Zimmer.

Zwischen dem Busbahnhof und dem Park gibt es zahlreiche Essensstände sowie mindestens ein Dutzend Restaurants mit schmackhaften gebratenen Speisen und Schmortöpfen auf der Speisekarte. Das gelb geflieste moslemische Lokal an der Kreuzung mit der Qingzhen Jie gilt als das

Beste der Stadt und ist an der arabischen Schrift zu erkennen.

Sonstiges

GELD – ***Bank of China,*** Baoxiu Lu, Ecke Zhengyang Lu, etwa 500 m westlich der Kreuzung von Huancheng Dong Lu und Baoxiu Lu, ⌚ Mo–Fr 8–18 Uhr.

VORWAHL – 0875

Transport

BUSSE – Der **Hauptbusbahnhof** befindet sich an der Huancheng Dong Lu, Ecke Baoxiu Lu. Sein Ticketschalter hat täglich von 8–21 Uhr geöffnet.
Busse nach:
JINGHONG 48 Std.;
KUNMING 18 Std.;
LANCANG 40 Std.;
LIJIANG 8–12 Std.;
LINCANG 12 Std.;
MANGSHI 4 Std.;
RUILI 6 Std.;
TENGCHONG 7 Std.;
WANDING 7 Std.;
XIAGUAN 7 Std.

FLÜGE – Vom **Flughafen** in Baoshan gibt es regelmäßige Verbindungen nach KUNMING (3x wöchentl., 1/2 Std.). Etwa 500 m westlich der Kreuzung von Huancheng Dong Lu und Baoxiu Lu versteckt sich an der Baoxiu Lu, Ecke Zhengyang Lu ein winziges Büro, in dem man **Flugtickets** erstehen kann.

Tengchong und die Nebenstrecke nach Ruili

Westlich von Baoshan verlaufen die Spuren der ehemaligen Südlichen Seidenstraße. Die Busfahrt wird zunächst durch mehrere Straßensperren der Polizei sowie überfüllte Dorfmärkte verlangsamt, und später durch die Haarnadelkurven im **Gaoligong-Shan-Naturschutzgebiet**. Zwei fruchtbare Täler entlang der Strecke werden durch die noch jungen Flüsse Salween und Shweli (ein Nebenfluss des Irrawaddy) bewässert, die mehrere Tausend Kilometer entfernt im südlichen Myanmar ins Meer münden.

Sechs Stunden hinter Baoshan hält der Bus in Tengchong, eine ungepflegte, aber lebendige und zunehmend wachsende Stadt. Die Siedlung hat ihre Anfänge in der Han-Dynastie und brachte es durch den Seidenstraßenhandel zu einigem Wohlstand. Zwar wird sie immer wieder von **Erdbeben** geplagt, denen mittlerweile fast alle historischen Monumente und hohen Gebäude zum Opfer gefallen sind, aber das Geschäft floriert nach wie vor. Der Busbahnhof liegt am östlichen Stadtrand an der Huancheng Dong Lu. Um von hier ins Zentrum zu gelangen, folgt man der Huancheng Dong Lu in südlicher Richtung, vorbei an Geschäften mit Bambusmöbeln und -pfeifen, wendet sich auf der Guanghua Lu oder der parallel verlaufenden Yingjiang Lu gen Westen und stößt automatisch auf die Hauptstraße von Tengchong namens **Fengshan Lu**. Richtung Süden passiert man das Postamt und die Bank und erreicht nach etwa 1 km die Kreuzung mit der **Fangshou Lu**, welche die Stadt gen Westen verlässt. Am Busbahnhof warten Fahrrad-Rikschas auf Kunden, aber man kann die Stadt locker in einer halben Stunde zu Fuß durchqueren.

Tengchongs wichtigster Markt ist der **Grenzhandelsbasar**, der jeden Morgen an der westlichen Guanghua Lu stattfindet. Da sich die Geschäfte hier in erster Linie um Haushaltswaren und Lebensmittel drehen, lässt der Markt einiges an Romantik vermissen – die findet man eher auf dem **Schmuck- und Edelsteinmarkt** in der Fengshan Lu, der Appetit auf die attraktiveren Sachen in Ruili macht. Ein hübscher Spaziergang führt nach etwa 20 Minuten entlang der Guang Xiang zum **Laifengshan-Park**, der unmittelbar südwestlich von Tengchong mehrere Quadratkilometer hügeligen Waldlands umfasst und besonders an den Wochenenden gerne von Einheimischen aufgesucht wird. Die Wege klettern zum **Laifeng Si** hinauf, ein zu einem Museum umgebautes Kloster, und zu einer wieder aufgebauten, 13-stöckigen **Pagode**, die den Weg vom Zentrum zum Park weist.

Die Umgebung von Tengchong

5 km westlich der Stadt (über die Fangshou Lu zu erreichen) liegt das Qing-Dorf **Heshun Xiang**, dessen wunderbare Torbögen, Ziergärten und mindestens 1000 Häuser von einer weiß getünchten Zie-

YUNNAN

Tengchong und Mangshi

Tengchong	腾冲	***téngchōng***
Laifengshan-Park	来风山公园	*láifēngshān gōngyuán*
Post Office Hotel	邮政宾馆	*yōuzhèng bīnguǎn*
Tengchong Binguan	腾冲宾馆	*téngchōng bīnguǎn*
Tengyun Binguan	腾云宾馆	*téngyún bīnguǎn*
Tonglida Binguan	通利达宾馆	*tōnglìdá bīnguǎn*
Die Umgebung von Tengchong		
Daying Shan	打应山	*dǎyìng shān*
Heshun Xiang	和顺乡	*héshùn xiāng*
Huo Shan Kou	火山口	*huǒshān kǒu*
Mazhan	马站	*mǎzhàn*
Rehai	热海	*rèhǎi*
Zhonghe	中和	*zhōnghé*
Mangshi	芒市	***mángshì***

gelmauer umschlossen werden. Man ist hier sehr stolz auf seine ehemaligen Bewohner, von denen viele nach ihrer Auswanderung zu Geld gekommen sind und einen Teil davon nun in die Erhaltung ihres Heimatdorfes stecken. Hier lässt es sich locker einen halben Tag verbringen, wobei man auf keinen Fall den **Yuanlong Tan** auslassen sollte, ein reizender Teich umgeben von Pavillons und mit einer quietschenden Wassermühle.

Die geologischen Verschiebungen der vergangenen 50 Millionen Jahre haben im Umland von Tengchong einige Thermalquellen entstehen lassen. Am einfachsten erreichbar ist das 11 km südwestlich, an der Straße nach Ruili gelegene **Rehai** (Heißes Meer), dessen dampfende und blubbernde Pools **Liuhuang** und **Dagungguo** von ungewöhnlich gepflegten Wegen und Blumenrabatten umrahmt werden. Rehai ist per Minibus (¥5) zu erreichen, der von der Kreuzung der Huancheng Nan Lu mit der Straße nach Ruili abfährt. Vulkanbegeisterte sollten sich am Busbahnhof oder in den Hotels nach Transportmöglichkeiten in folgende Orte erkundigen: das 10 km nordwestlich von Tengchong gelegene Dorf **Zhonghe**, zu den Hängen des 2614 m hohen **Daying Shan** oder zum 30 km entfernten **Huo Shan Kou**, ein gewaltiger Krater nahe **Mazhan**. Die beiden Vulkane sind nicht mehr aktiv, aber die größten Kegel der Umgebung und von den Trümmern früherer Ausbrüche bedeckt.

Richtung Ruili

Der schnellste Weg von Tengchong nach Ruili führt zurück auf die Hauptstraße und dann in südöstlicher Richtung via Mangshi und Wanding (s.S. 971) zur Grenze mit Myanmar. Es gibt jedoch auch einen direkten Weg dorthin, der unter normalen Umständen in sieben Stunden zu schaffen ist. Von Tengchong gen Westen passiert man zunächst ein Flusstal, dessen Dai-Dörfer mit ihren runden Wats, rotblättrigen Weihnachtssternen und riesigen Feigenbäumen kaum noch irgendetwas „Chinesisches" an sich haben. Bis hier dürfte die Strecke keine Schwierigkeiten bereiten. Erst ab **Yingjiang**, wo die Straße nach Süden abbiegt, um die Berge nördlich von Ruili zu überqueren, steht das Vorwärtskommen in den Sternen. Anfänglich sind es nur ein paar aufdringliche Polizeikontrollen am Wegesrand, die das Fortkommen behindern. Später folgt jedoch ein berüchtigter Abschnitt, bekannt für seine hausgroßen Felsbrocken, die zuweilen von den Hängen herabstürzen und die Straße unpassierbar machen – in einem solchen Fall muss man warten, bis die Arbeiter die natürliche Blockade mit schweren Werkzeugen oder durch Sprengungen beseitigt haben. Vielleicht bietet sich auf diese Weise die unerwartete Gelegenheit, einen kleinen Spaziergang entlang der Straße zu machen, die Vogelwelt etwas genauer unter die Lupe zu nehmen und einem der Dörfer einen Besuch abzustatten, wobei man sich darüber im Klaren sein sollte, dass die Menschen hier bislang nur wenige Ausländer zu Gesicht bekommen haben. Bei Wanderungen auf Steinschlag achten!

Übernachtung und Essen

Tonglida Binguan*, gegenüber vom Busbahnhof. Preisgünstige und geräumige DZ mit Bad sowie Dorm-Betten (¥30).
Post Office Hotel*, Fengshan Lu, neben dem Postamt. Ebenfalls empfehlenswerte Unterkunft.
Tengchong Binguan*, am westlichen Ende der Fengshan Lu (die Fangshou Lu überqueren und bergan laufen, dann nach links wenden, bis das Hotel nach ca. 100 m auftaucht), ✆ 0875/5121044. Ruhige Lage, aber die billigsten Zimmer sind sehr nüchtern. Im Restaurant werden für ordentliche ¥6 kleine Gerichte serviert, und das Personal arrangiert **Touren** aufs Land.
In der Yingjiang Lu und der Guanghua Lu gibt es diverse **Restaurants** sowie Essensstände, die abends Huhn und Fisch vom Grill anbieten. Die winzige burmesische Bar im ansonsten nicht zu empfehlenden *Tengyun Binguan*, nahe Yingjiang Lu, ist durch ein winziges englisches Schild gekennzeichnet. Sie eignet sich für einen unterhaltsamen Abend mit den Stammkunden, von denen viele sich als Diamantenhändler ausgeben.

Mangshi

Südlich von Baoshan fällt die Burmastraße in das Salween-Flusstal ab und nach fünf Stunden ist Mangshi (oder **Luxi**) erreicht, die kleine Verwaltungshauptstadt von Dehong und Standort eines Flughafens. Die Region, übersät von Dai- und Jingpo-Dörfern, hat sich mit ihren vortrefflichen Ananas und ihren Silberarbeiten einen Namen gemacht, aber Mangshi selbst eignet sich bestenfalls für einen kurzen Aufenthalt. Mitten durch den Ort führt die Fernstraße, hier **Tuan Jie Dajie** genannt, die im Osten von einem großen Kreisverkehr und im Westen von einem schmalen, schwarzen Kanal begrenzt wird. Unmittelbar hinter diesem Kanal führt die **Yueyi Lu** gen Norden in ein Wirrwarr ruhiger, älterer Straßen voller Märkte und **buddhistischer Tempel**, die im Dai-Stil auf Holzpfählen errichtet wurden und von denen derzeit viele restauriert werden.

Etwa 7 km südlich der Autobahn befindet sich der **Flughafen**, wo Ankömmlinge von Taxis und Minibussen für die Weiterfahrt nach Mangshi, Ruili (1 1/2 Std., ca. ¥20) oder Wanding erwartet werden. Die meisten Verkehrsmittel nach Mangshi lassen ihre Passagiere am östlichen Ende der Tuan Jie Dajie aussteigen, entweder am Kreisverkehr vor dem kleinen Büro der **Fluggesellschaft**, ⏲ tgl. 8.30–11.30 und 13.30–17 Uhr, oder etwa 1 km weiter westlich an den Haltestellen der **Überland- und Minibusse**. In Richtung Flughafen startet jeweils zwei Stunden vor Abflug ein Bus vor dem Büro der Fluggesellschaft, zu der auch eine einfache, aber saubere **Unterkunft*** gehört. Ansonsten empfiehlt sich das *Dehong Binguan**, das hübsch auf einem großen Gelände am oberen Ende der Seitenstraße Yueyi Lu liegt und mit ordentlichen Zimmern sowie einem guten **Restaurant** lockt. Darüber hinaus gibt es in nahezu allen Gassen der Stadt zahllose Essensstände, die alle Arten von Snacks und Currys anbieten.

Wanding und Umgebung

Zwei Stunden südlich von Mangshi überquert die Straße den **Longjiang** (Shweli-Fluss) und windet sich danach in ein schmales Tal hinab, wo der seichte Wanding-Fluss das chinesische Wanding vom burmesischen **Jiugu** trennt. 1938 speziell für die Burmastraße als Grenzübergang eröffnet, wurde Wanding sogleich von Dorfbewohnern angegriffen – für sie stand der Zollposten in Verbindung mit den Guomindang-Einheiten, die damals die Jingpo-Bergstämme von Mangshi auszurotten versuchten. Die Spannungen waren nur von kurzer Dauer, aber obwohl während des Krieges täglich Hunderte von Lastwagen den Posten passierten, hat es Wanding nie zu etwas gebracht. Möglicherweise liegt das an seinem Vorzeigestatus als Chinas offizieller Grenzübergang nach Myanmar, der – gut bewacht – von illegalen Geschäften abschreckt und das benachbarte Ruili für Händler zur attraktiveren Variante werden ließ.

Das bedeutet keinesfalls, dass Wanding nichts zu bieten hätte. Allein der **Grenzübergang** an der Wanding-Brücke präsentiert sich als wahres Schmuckstück: Herausgeputzte und mit Fahnen geschmückte Zollhäuschen flankieren den Weg, Militärbeamte in schicken Uniformen schreiten

YUNNAN

Wanding und Umgebung

Wanding	畹町	***wǎndīng***
Longlong	弄弄	*nòngnòng*
Manbang	曼棒	*mànbàng*
Waldschutzgebiet von Wanding	畹町国家森林公园	*wǎndīng guójiā sēnlín gōngyuán*
Wanding Binguan	畹町宾馆	*wǎndīng bīnguǎn*
Yufeng Dajiudian	裕丰大酒店	*yùfēng dàjiǔdiàn*

wichtig auf und ab, Stacheldraht-Absperrungen sollen offensichtlich Respekt einflößen, und überall verbieten Schilder die illegale Grenzüberschreitung. Die Brücke selbst ist – trotz ihrer lächerlichen Abmessungen – eine robuste Betonkonstruktion, und auf chinesischer Seite quert sogar eine dicke rote Linie die Straße. Das alles kann jedoch nur als Farce verstanden werden, denn nur 100 m flussabwärts krempeln die Leute einfach ihre Hosen hoch und durchwaten praktisch in Sichtweite der Soldaten den Bach. Noch ein Stück weiter hat ein findiger Geschäftsmann ein Bambusfloß verankert, um die Leute ans Ufer in Myanmar überzusetzen. Natürlich weiß jeder, was hier läuft, aber dieses lockere Arrangement erspart sowohl den Behörden als auch den Einheimischen endlose bürokratische Nervereien.

Ganz anders präsentiert sich die Lage für **Ausländer**. Während der Arbeit an diesem Reiseführer durften westliche Touristen nur per Flugzeug nach Yangon in Myanmar einreisen. Sicherlich hat sich schon so mancher heimlich von Wanding für ein bis zwei Stunden über die Grenze geschlichen, aber diese gefährliche Aktion lohnt kaum, denn Jiugus einzige Attraktion besteht in einem großen Wat.

Wanding erstreckt sich über 1,5 km in einem schmalen Streifen entlang dem Nordufer des Wanding und der Minzhu Jie, die beide gen Westen Richtung Ruili verlaufen. Die Guofang Jie begrenzt die Minzhu Jie im Osten und führt von den Bergen geradewegs zum Grenzübergang an der Wanding-Brücke.

Waldschutzgebiet von Wanding und Jingpo-Dörfer

Um von chinesischer Seite einen Blick auf Myanmar zu werfen, begibt man sich am besten in das Waldschutzgebiet von Wanding (Eintritt ¥3) – auf der Guofang Jie bergauf laufen und die erste Gasse links einbiegen, die an den Eingangstoren endet. Im Park wird nach ein paar Gehminuten ein Vergnügungsbereich mit Auto-Scootern erreicht, hinter denen ein Schotterweg beginnt, der durch Buschland und Kiefernschonungen zu einem neuen **Tempel** führt. Das Innere mit seinen Gebetskissen und dem großen Alabaster-Buddha ist weniger von Interesse, aber vom Vordereingang eröffnet sich ein herrlicher Blick über die Grenze bis nach Jiugu, die hügelige Landschaft drumherum und den roten Strich der Fortsetzung der Burmastraße, die von der Grenze Kurs auf das südliche Lashio nimmt.

In der Umgebung von Wanding liegen mehrere Jingpo-Dörfer. Das *Wanding Binguan* organisiert von Zeit zu Zeit Touren in diese Region, ansonsten verkehren auch Minibusse von der Kreuzung in der Stadt dorthin.

Via **Manbang** erreicht man das 15 km westlich gelegene **Longlong**, das alljährlich zum Leben erwacht, wenn am letzten Tag des Mond-Neujahrs (meist im Februar) das **Munao-Festival** stattfindet. Zu diesem Anlass führen Hunderte Jingpo einen uralten Tanz auf, der ihren Ahnen anscheinend von den Kindern des Sonnengottes übermittelt wurde. Bei der Han-Regierung standen die Jingpo seit jeher im Ruf einer primitiven Volksgruppe von Geisterverehrern – sie sind so arm, dass sie zu Beginn des 20. Jahrhunderts gezwungen waren, ihren Lebensunterhalt mit dem Verkauf von Opium zu bestreiten (daher der Guomindang-Feldzug gegen sie). Heute leben die Jingpo relativ zurückgezogen im Hochland von Dehong, aber die Bewohner der einfach zugänglichen Siedlungen rund um Wanding haben sich bereits an Besucher gewöhnt.

Ruili und Umgebung

Ruili	瑞丽	***ruìlì***
Jingcheng Hotel	景成大酒店	*jǐngchéng dàjiǔdiàn*
Limin	利民宾馆	*lìmín bīnguǎn*
Mingrui Hotel	明瑞宾馆	*míngruì bīnguǎn*
Nanyang Hotel	南洋宾馆	*nányáng bīnguǎn*
Ruili Hotel	瑞丽宾馆	*ruìlì bīnguǎn*
Die Umgebung von Ruili		
Denghannong Si	召尚弄寺	*zhàoshàngnòng sì*
Jiexiang	姐相	*jiěxiàng*
Jinya Ta	金鸭塔	*jīnyā tǎ*
Nongdao Xiang	弄岛乡	*nòngdǎo xiāng*

Übernachtung und Essen

Wandings Unterkünfte beschränken sich auf das düstere, aber saubere ***Yufeng Dajiudian****, Minzhu Jie, Ecke Guofang Jie, und das überraschend angenehme ***Wanding Binguan****, Yingbin Lu, nahe Minzhu Jie.

Rund um die Kreuzung von Minzhu Jie und Guofang Jie gibt es ein paar passable Restaurants.

Sonstiges

EINKAUFEN – Trotz der Grenze erweisen sich die Märkte in den Seitenstraßen am Wanding-Fluss als klein und fast langweilig – nur an Sonntagvormittagen geht es hier etwas lebhafter zu. Straßenhändler bieten Kräuter und Wurzeln an, und in den Läden nahe der Brücke kann man Päckchen mit neuen burmesischen Münzen erwerben.

GELD – Eine ***Bank*** befindet sich an der Minzhu Jie, nahe der Kreuzung mit der Guofang Jie, ⌚ Mo–Fr 8.30–11.30 und 14–17 Uhr.

POST – Ebenfalls in der Minzhu Jie, nahe der Bank, ⌚ tgl. 8–18 Uhr.

Transport

BUSSE – Einen Busbahnhof sucht man in Wanding vergebens. Die Busse nach Mangshi (¥10) und Ruili (¥7) halten an der Kreuzung von Minzhu Jie und Guofang Jie.

Ruili und Umgebung

Yunnans westlichste Stadt Ruili liegt nurmehr eine halbe Busstunde von dem relativ geordneten Wanding entfernt, aber der Unterschied könnte größer nicht sein. Die einstige Hauptstadt des Mengmao-Dai-Reichs gibt sich auch heute sehr selbstbewusst und sonnt sich in ihrer Nähe zu Myanmar, das nur 5 km südlich, auf der anderen Seite des Shweli, beginnt. Über die mehr als ein Dutzend Wege nach **Mu-se**, das burmesische Gegenstück zu Ruili, strömt eine solche Menge an illegalen Waren, dass die Ortsansässigen schon witzeln: „Füttere ein Huhn in China, und du bekommst ein Ei in Myanmar". Zwar haben sich die Dinge auf burmesischer Seite in den vergangenen Jahren beträchtlich verschärft, aber der Handel wird von beiden Seiten fortgeführt, und Ruili avancierte zum Hauptumschlagplatz für burmesisches **Heroin** auf dem Weg nach China, was sich in der Vielzahl der Drogenabhängigen und AIDS-Patienten in der Stadt widerspiegelt. Burmesen, Pakistani und Bengalen bummeln in Sarongs und Badelatschen durch die Stadt, deren Uhren häufig die Yangon-Zeit anzeigen. Auf Märkten werden ausländische Handelsgüter feilgeboten, und die meisten Chinesen in der Stadt sind Touristen auf Schnäppchenjagd oder auf der Suche nach kommerziellem Sex und Glücksspiel. Noch vor ein paar Jahren konnte sich Ruili vor Karaoke-Kneipen kaum retten, selbst auf den Bürgersteigen wurden die Buden aufgestellt, aber inzwischen sind fast alle wieder verschwunden – die Modeerscheinungen kommen und gehen in Ruili noch schneller als anderswo. Zur Zeit der Recherche für diesen

Reiseführer waren gerade Würfelspiele „in": An sämtlichen Verkaufsständen in den Seitengassen sah man riesige Würfel mit Tierbildern anstatt Zahlen durch die Gegend rollen, und wer auf das Tier tippte, das oben zu liegen kam, hatte sein Geld verdoppelt. Eine Konstante im Stadtbild ist nur die Prostitution, die schon beinahe industrielle Ausmaße annimmt und sich um die schlecht getarnten Massagesalons konzentriert. Auch wenn das alles nicht sonderlich verlockend klingt, kann der Besuch in Ruili als ein surreales Erlebnis bezeichnet werden, das allerdings nicht ganz ungefährlich ist, besonders bei Dunkelheit und besonders für Frauen. Wer dem Nachtleben nichts abgewinnen kann, wendet sich den Märkten zu, die zweifellos faszinieren. Viele ausländische Händler sprechen ein gutes Englisch und stellen interessante Gesprächspartner dar. Zerstreuung bieten auch die Dai-Dörfer und Tempel im Umland von Ruili, die bequem mit dem Fahrrad zu erreichen sind.

Die Märkte

Bei Nacht in strahlendes rotes und blaues Neonlicht getaucht, erscheinen die breiten Bürgersteige und faden Gebäude von Ruili unter Tag wie ein Auszug aus einer x-beliebigen chinesischen Stadt – etwas Farbe ins Bild bringen nur die Märkte und Menschen. Die burmesischen Standbesitzer in der Xingshi Jie haben von Kurzwaren über Edelsteine bis hin zu Vögeln, Zigarren, Rum aus dem burmesischen Mandalay und westlichen Toilettenartikeln alles im Angebot. Dai-Mädchen schminken ihre Gesichter mit gelbem Puder, junge Männer fragen höflich, ob man sich von seiner Uhr trennen möchte, und Straßenhändler fabrizieren gekonnt kleine Kugeln aus der anregenden **Betelnuss**, welche die Lippen rot und die Zähne schwarz einfärbt.

Die hiesigen moslemischen Burmesen gelten als sehr umgänglich und sind oftmals Flüchtlinge, die nach den Umbrüchen in Yangon von 1988 und 1991 über die Grenze flohen, um in den Genuss der relativen Religionsfreiheit in China zu kommen. Viele offerieren ihre Waren auf dem **Jade- und Edelsteinmarkt** in einer von der Xingshi Jie abgehenden Gasse, wo sich chinesische Händler mit enorm teuren, tiefgrünen Jadeplättchen eindecken. Hier ist harte Währung (US-Dollar) gefragt, doch sind die meisten ausgestellten Rubine, Amethysten, Saphire, Mondsteine und Granate fehlerhaft und schlecht geschliffen. Die Preisverhandlungen werden zur Kunst erhoben und können sich ewig in die Länge ziehen, aber die besseren Steine bekommen ohnehin nur jene Kunden zu Gesicht, die diese auch wirklich zu schätzen wissen. Wer sich nicht auskennt, begnügt sich besser mit der Beobachtung der Szenerie oder verhandelt über typische Souvenirs wie farbige russische „Glas-Juwelen", polierte Brocken minderwertiger Jade oder schwere Messingringe. Zum Abschluss lohnt ein Besuch des riesigen, von Dai und Jingpo bevölkerten **Obst- und Gemüsemarkts**, der zehn Fußminuten hinter der Post nahe dem westlichen Ende der Xingshi Lu liegt.

In letzter Zeit ging es hier sehr ruhig zu, doch an den Markttagen liegt das Angebot an Wildfleisch und Wildkatzenfellen, Limetten, Palmzucker, Kokosnüssen, Currypasten und eingelegtem Gemüse weit über dem chinesischen Durchschnitt.

Die Umgebung von Ruili

Die Ebenen rund um Ruili sind mit Dörfern und buddhistischen Monumenten übersät, die sich bequem mit dem Fahrrad (zu mieten im *Limin Binguan*) oder dem Minibus erreichen lassen. Organisierte Tagestouren kann man über den *Ruili Travel Service* (s.S. 975, Sonstiges) buchen, allerdings oft zu gepfefferten Preisen. Fast alle nachfolgend genannten Orte sind für sich genommen nur mäßig interessant, eignen sich aber als Ziele für Ausflüge in das reizvolle Umland von Ruili. Nähere Infos über die Volksgruppe der Dai stehen im Abschnitt über Xishuangbanna (s.S. 976).

Einige sehenswerte Orte können sogar zu Fuß erreicht werden. Etwa 5 km östlich von Ruili an der Straße Richtung Mangshi liegt die 200 Jahre alte **Jiele Jin Ta**, eine Gruppe von 17 stattlichen **Dai-Pagoden** mit goldenem Anstrich, die mehrere Knochen des Buddha beherbergen sollen. In der Nähe sprudeln ein paar heiße Quellen aus dem Boden und bieten die Möglichkeit, sich verschiedene Wehwehchen „abzuspülen".

In der gleichen Entfernung südlich von Ruili befindet sich hinter der kleineren **Jinya Ta** (Pagode der Goldenen Ente) die stark frequentierte Brücke über den Shweli-Fluss nach Myanmar, an der es außer dem hohen Verkehrsaufkommen allerdings wenig zu sehen gibt.

Wer von der Jinya Ta der nach Westen führenden Straße folgt, gelangt nach 5 km zu einer kleinen Brücke mit dem größten buddhistischen Tempel der Region, dem hübsch verzierten **Hansha Si**. 10 km weiter folgen der Ort **Jiexiang** und der großartige **Leizhuang Xiang** aus der Tang-Ära, wo die niedrige quadratische Halle eines Nonnenklosters von einer riesigen zentralen Pagode und vier weiß getünchten Ecktürmen dominiert wird. Noch weiter westlich steht ein weiterer schöner Tempel, der **Denghannong Si**, der ebenfalls einige typische Dai-Merkmale aufzuweisen hat, beispielsweise die Verzierungen an den hölzernen Dachvorsprüngen. Obwohl die heute existierenden Hallen erst zur Zeit der Qing-Dynastie erbaut wurden, soll Buddha an dieser Stelle einst eine Predigt gehalten haben. Jenseits des Denghannong Si und insgesamt etwa 25 km von Ruili entfernt ist **Nongdao Xiang** ein nettes Plätzchen für einen abendlichen Plausch mit Einheimischen. Neben der Post befindet sich eine **Unterkunft***, und rund um den Ort gibt es mehrere Dai-Gemeinden.

Übernachtung

Jingcheng**, Maohai Lu, parallel zur Nanmao Jie, ✆ 4159999. Neues Hotel mit netten Zimmern, Pool und Fitnessraum.

***Limin**, Nanmao Jie, etwa 300 m westlich des Busbahnhofs. Gute Zimmer in einem gepflegten, mehrstöckigen Block, der um einen Innenhof erbaut wurde – allerdings muss man erst einmal das Personal finden. Mit Fahrradverleih.

***Mingrui**, am westlichen Ende der Nanmao Jie. Preisgünstige Zimmer, schäbige Ausstattung und gleichgültiges Personal.

***Nanyang**, Nanmao Jie, etwa 200 m westlich des Busbahnhofs. Geräumig, bequeme Betten, aber muffig. Dorm-Bett ¥25.

Ruili, Jianshe Lu, Ecke Xinjian Lu, ✆ 4141463 oder 4141269. Hübsches Gelände mit Palmengarten, aber überteuerte Zimmer, die nur Gemeinschaftstoiletten haben. Außerdem heruntergekommene Dorms für ¥25 p.P.

Essen

Die mobilen **Stände** rund um den Markt an der Xingshi Jie bieten neben gutem gegrilltem Fleisch, Eintöpfen, Suppen und Brötchen auch einige burmesische Spezialitäten an. Empfehlenswert ist *moongsee joh*, ein Sandwich bestehend aus klebrigen roten Reispfannkuchen, die über einem Grill erhitzt und dann mit Zucker und Erdnusspulver bestreut werden. Eine ähnliche Süßigkeit besteht aus einem angenehm milden und gesüßten Reisgelee, das in ein Bambusrohr gefüllt wird. *Niezi binfang* ist ein klassisch südostasiatisches Getränk aus Sago, Kokosnussgelee, Kondensmilch, Zucker, zerstoßenem Eis und Wasser – und an heißen Tagen schön erfrischend.

Die **Hotelrestaurants** servieren gute chinesische Kost, doch wer schon mal hier ist, sollte lieber die **burmesischen Cafés** ausprobieren, die sowohl nördlich der Kreuzung in der Jiegang Lu als auch in den Gassen am westlichen Ende der Xingshe Jie zu finden sind. Sie sehen nicht unbedingt einladend aus, reichen aber Platten mit einem halben Dutzend kleiner Töpfe, die schmackhaft eingelegtes Gemüse sowie einfache Fleisch- und Reisgerichte enthalten und ¥8 kosten.

Das gemütlichste burmesische Lokal heißt ***Bobos***, Xin'an Lu, nahe Nanmao Jie (nach einem englischen Schild Ausschau halten), und bietet tolle Säfte und Snacks, allerdings wird hier weder englisch noch chinesisch gesprochen.

Sonstiges

GELD – ***Bank of China***, Nanmao Jie, zwischen dem Kreisverkehr und der Renmin Lu, ⌚ Mo–Fr 9–11.30 und 14.30–16.30 Uhr.

POST – Das ***Postamt*** liegt 50 m nördlich der Kreuzung von Nanmao Jie und Renmin Lu an der Ecke zur Xingshi Jie, ⌚ tgl. 8–18 Uhr.

REISEBÜROS – ***Ruili Travel Service***, Jianshe Lu, neben dem *Ruili Hotel*, ⌚ Mo–Sa 7.30–11.30 und 15–18.30 Uhr. Hier werden Touren in die Umgebung organisiert, Flugtickets verkauft, und jeden Morgen startet vor dem Büro ein Flughafenbus nach Mangshi, der am Tag zuvor zu buchen ist.

VORWAHL – 0692

Transport

BUSSE – Ruili besitzt eine **Minibus-Haltestelle** für Fahrten in die nähere Umgebung sowie einen **Überland-Busbahnhof**, die beide in der Hauptstraße namens Nanmao Jie liegen, und zwar zwischen dem Kreisverkehr und der Kreuzung mit der Renmin Lu. Stündlich verkehren Minibusse nach WANDING (1/2–1 Std.) und MANGSHI (1–2 Std.), und mindestens einmal täglich fahren Busse nach KUNMING (24 Std.), die in allen Orten entlang der Strecke halten, z.B. in BAOSHAN (6 Std.) und XIAGUAN (15 Std.). Außerdem fährt ein Bus nach TENGCHONG (7 Std.), und es gibt einen Minibus nach NANSAN (12 Std.), der erste Halt auf der anstrengenden Dreitagesfahrt nach Xishuangbanna (mehr zu dieser Reise, s.S. 979).

Kleines Burmesisch-Glossar

Hallo (höflich)	*Min galaba jinbaya.*
Danke	*Jayzu tinbadé.*
Ich möchte essen.	*Htamin saa gyinbadé.*
Gabel	*Khayan*
Löffel	*Zone*
Curry	*Hin, tha*
Dhal (Linsensuppe)	*Pey hin*
Eingelegtes Gemüse	*Lapatoh*
Erfrischungsgetränk	*A-ay*
Fisch	*Nga*
Fischsuppe mit Banane und Nudeln	*Moh hin gha*
Gemahlene Erdnüsse	*Nanthaung*
Huhn	*Jeda*
Klebreis	*Kauk nyaimn paung (tauk)*
Milch	*Nwa nou*
Nudeln	*Kaukswe*
Reis	*Htamin*
Rindfleisch	*Améda*
Saure Soße	*Achin*
Tee	*La pay-ee*

Zahlen

Eins, Zwei	*Did, Nhid*
Drei, Vier	*Dhong, Lay*
Fünf, Sechs	*Ngar, Chauk*
Sieben, Acht	*Khunik, Chind*
Neun, Zehn	*Cho, Desay*
Elf	*Say did*

Der Südwesten Yunnans

Viel deutlicher als im Rest der Provinz, der zumindest an andere chinesische Territorien grenzt, sind Kultur und Geschichte des südwestlichen Yunnan stark von den Nachbarstaaten geprägt. Für die an der Kontrolle über die Region interessierten äußeren Mächte hat der Transport schon immer ein Problem dargestellt – selbst die Flüsse, für die Kommunikation zwischen den Provinzen Zentralchinas ungeheuer wichtig, fließen hier aus dem Land hinaus, und lange versprochene Autobahnen wurden erst in den 90er Jahren geschaffen. Kaum ein Besucher kann sich der faszinierenden ethnischen und landschaftlichen Vielfalt der **Region Xishuangbanna** entziehen, und man mag kaum glauben, dass die **Bezirkshauptstadt Jinghong** nur eine Flugstunde von Kunming entfernt liegt. Auch auf der Straße lässt es sich gut vorankommen, zumal Busse mit Schlafkojen die 24-stündige Fahrt so angenehm wie möglich zu machen versuchen. (Allerdings sollte man unterwegs immer ein Auge auf sein Gepäck haben – am besten kettet man die Taschen an oder schlingt seine Beine durch die Tragegurte.) Mehr Spannung versprechen die Gebiete entlang der **burmesischen Grenze** zwischen dem Nordwesten von Yunnan und Xishuangbanna, doch um von der Landschaft und den Menschen wirklich etwas mitzukriegen, benötigt man nicht nur viel Zeit und Eigeninitiative, sondern auch eine gewisse Zähigkeit, denn die anstrengende Busfahrt über die holprigen Straßen scheint kein Ende nehmen zu wollen.

Das tropische **Klima** im Südwesten lässt nur zwei Jahreszeiten zu: eine trockenere Phase zwischen November und Mai mit warmen Tagen, kühlen Nächten und dichtem Morgennebel sowie die Regenzeit von Juni bis Oktober, die für große Hitze und tägliche sintflutartige Regenfälle steht. Aufgrund dieses feuchten Klimas muss man Schnittwunden und Hautabschürfungen sorgfältiger als sonst behandeln und sich natürlich auch vor Moskitostichen schützen (s.S. 37). Die geschäftigste Jahreszeit ist Mitte April, wenn Tausende Touristen zum **Wasserfest** der Dai in Jinghong einfallen und die Hotels und Flüge mindestens eine Woche vorher ausgebucht sind. Weiteren Erkundungen vor Ort steht nichts im Wege, da die Bezirkshauptstadt durch gut ausgebaute Straßen

mit den abgelegeneren Gebieten Xishuangbannas verbunden ist. Bestenfalls die **Ortsnamen** können für Verwirrung sorgen: Praktisch jeder Ortsbezeichnung sind die Präfixe *Meng-* (das eine Kleinstadt bezeichnet) oder *Man-* (hinter dem sich ein Dorf verbirgt) vorangestellt.

750 km südwestlich von Kunming erstrecken sich entlang der Grenzen zu Myanmar und Laos unberührte tropische Regenwälder, ausgedehnte Plantagen und tiefgrüne Reisfelder, die Xishuangbanna von allen anderen Regionen Chinas unterscheiden. Trotz jüngerer Umsiedlungsprojekte zur Stärkung der Han konstituiert sich die Mehrheit der 500 000 Einwohner von Xishuangbanna aus 13 in Yunnan ansässigen ethnischen Gruppen. An vorderster Stelle stehen die nördlichen Verwandten der Thai, die **Dai**, deren unverwechselbare Tempel, bauchige Pagoden und safrangelb gekleidete Mönche zum alltäglichen Bild in den Ebenen gehören, besonders rund um die verschlafene Hauptstadt von Xishuangbanna, **Jinghong**. Die restlichen 19 000 Quadratkilometer der Region, bestehend aus Bergen, Wäldern und Farmland, teilen sich auf in die Verwaltungsbezirke **Mengla** im Osten sowie **Menghai** im Westen und sind von Hani-, Bulang-, Jinuo-, Wa- und Lahu-Dörfern übersät. Viele der sehr abgeschieden lebenden Nationalitäten pflegen noch immer ihre vom Animismus geprägten Glaubensvorstellungen und haben ihre charakteristischen Trachten und Sitten bewahrt. Neben diesen kulturellen Besonderheiten lockt die Gegend mit einigen mäßig entwickelten **Wildreservaten**, bevölkert von Elefanten und anderen Tieren, sowie vielen Wandermöglichkeiten und der Erkundung von Chinas offener Grenze zu Laos.

Geschichte

Schon vor 2000 Jahren gab es in Xishuangbanna einen Dai-Staat, der bedeutend genug war, um 69 n.Chr. eigene Botschafter an den Han-Hof zu entsenden. Dann wurde er zunächst in das Nanzhao- und später in das Dali-Reich eingegliedert, bevor er eine kurze Periode vollständiger Unabhängigkeit genoss, die jedoch im 13. Jahrhundert mit der Eroberung Yunnans durch die Mongolen ihr Ende fand. Um die Verwaltungsarbeit zu erleichtern, ließen die Mongolen Xishuangbanna von Dai-Oberhäuptern regieren, die sie in den Stand von **Erbherrschern** *(pianling)* erhoben. Später wurde die Region in zwölf Reisanbaugebiete *(sipsawng pa na)* unterteilt, phonetisch zusammengefasst in dem chinesischen Wort „Xishuangbanna". Die Erbherrscher erlangten ungeheure Macht über ihre Lehnsgüter, unterdrückten andere Minderheiten und behandelten Menschen, Land und Ressourcen wie ihr persönliches Eigentum. Eigentlich handelte es sich um ein Sklavensystem, das so lange aufrechterhalten werden konnte, bis Xishuangbanna im 20. Jahrhundert unter die Kontrolle des tyrannischen Han-Warlords **Ke Shexun** geriet.

Es überrascht nicht, dass das Volk von Xishuangbanna den **Kommunisten** und deren Aussöhnungsversuchen extrem skeptisch gegenüberstand, als diese 1950 die Herrschaft über die Region übernahmen. Die Einstellung der Einheimischen wandelte sich erst, nachdem aus Beijing Arbeitsgruppen eintrafen, die sich um die medizinischen und erzieherischen Belange in der Region bemühten.

Nur wenige Jahre später ließen die schlimmen Auswüchse der **Kulturrevolution** das Vertrauen in die Obrigkeit erneut schwinden. Der gegenwärtige Zustand scheinbarer kultureller Freiheit wird untergraben von einer Assimilationspolitik, die teilweise koloniale Züge zeigt: So wurden beispielsweise umstrittene Aspekte verschiedener Religionen verboten, Wälder abgeholzt (zum Schaden halbnomadischer Jägerstämme, die sich daraufhin niederlassen und Reis anbauen mussten), und viele Einheimische haben das Gefühl, dass die Regierung sie am liebsten zu echten Han-Chinesen umerziehen würde, die sich nur für die Touristen in ihre bunte Trachten kleiden. Xishuangbanna ist sicherlich eine farblosere Version dessen, was man auf der anderen Seite der Grenze in Laos findet, doch fairerweise muss man sagen, dass die chinesischen Behörden ihre „schrecklichen Fehler" der Vergangenheit eingestehen und bei der Entwicklung der Region inzwischen relativ behutsam vorgehen.

Entlang der Grenze zu Myanmar

Bevor einer der rund 500 km langen Abschnitte von Xiaguan, Baoshan oder Ruili im nordwestlichen Yunnan entlang der Grenze zu Myanmar (früher Burma) nach Jinghong in Xishuangbanna in Angriff genommen wird, sollten ein paar Dinge bedacht werden. Egal auf welche dieser Routen die Wahl fällt, handelt es sich um eine zwei- bis fünftägige Reise, die aufgrund der schlechten Straßen sehr strapaziös ist. Eine Annäherung an die Region mit Startpunkt Kunming mag für weniger belastbare Gemüter daher die bessere Option sein – so äußert sich auch das Amt für öffentliche Sicherheit (PSB), wenn es auf die Zugangsmöglichkeiten angesprochen wird. So oder so dringt man in eine der abgelegensten und am wenigsten erschlossenen Ecken Chinas vor und hat die Chance, mindestens drei regionale ethnische Gruppen kennen zu lernen. In Zusammenhang mit der absolut spektakulären Landschaft, durchzogen von den dünn besiedelten Flusstälern des **Nu**, **Lancang** sowie deren Nebenflüssen, lohnt die Mühe in jedem Fall. Man sollte sich gefasst machen auf viel Staub – oder Schlamm – und regelmäßige Pass- und Gepäckkontrollen an den **Militärposten** unterwegs, die die Reise zusätzlich verzögern.

Von Xiaguan und Baoshan nach Jinghong

Den kürzesten Weg durch die Region – der dennoch 48 Stunden beansprucht – nehmen die Busse von Xiaguan oder Baoshan (s.S. 966). Beide Routen treffen nach etwa 120 km in **Yunxian** aufeinander, von wo so etwas wie eine Hauptstraße nach Jinghong führt. Nach ungefähr einem Drittel der Strecke bietet sich **Lincang** als Übernachtungsort an, das zudem eine Verbindung gen Westen nach Gengma (s.S. 979) und darüber hinaus bereithält. Von Lincang dauert die Reise einen weiteren Tag bis nach **Simao**, einst eine kurzzeitige französische Konzession sowie der ehemalige Standort des Flughafens von Xishuangbanna. Die letzten 150 km bis zum Ziel werden auf der Autobahn Kunming–Jinghong zurückgelegt.

Von Ruili nach Jinghong

Wer Ruili (s.S. 973) als Ausgangspunkt wählt, darf sich auf eine noch beschwerlichere, aber auch noch interessantere Reise einstellen, die durch eine viel-

Entlang der Grenze zu Myanmar

Cangyuan	沧原	***cāngyuán***
Gengma	耿马	***gěngmǎ***
Lancang Shangye Binguan	澜沧 商业宾馆	***láncāng*** *shāngyè bīnguǎn*
Mengding	孟定	***mèngdìng***
Nansan	南伞	***nánsǎn***
Simao	思茅	***sīmáo***
Yunxian	云县	***yúnxiàn***

fältige Landschaft mit intensiv bewirtschafteten Berghängen, tiefen Flusstälern und winzigen Dörfern führt. Zunächst geht es per Bus in das zwölf Stunden entfernte **Nansan**, lediglich eine Art Rastplatz, der gegenüber vom Busbahnhof eine einfache **Unterkunft*** bietet. Von Nansan, nurmehr durch einen Berg von der burmesischen Grenze getrennt, schlängelt sich die Straße 90 km in südöstlicher Richtung über eine scheinbar endlose Reihe zerklüfteter Bergketten bis in die lebhafte Marktstadt **Mengding**, die mit ihrer Auswahl an **Unterkünften** und ihren sehenswerten Dörfern in der Umgebung ebenfalls als Zwischenstopp in Frage kommt.

Zu der in einem breiten Tal gelegenen kleinen Stadt **Gengma** sind es weitere 90 km. Die Minibusse aus Nansan steuern eine Haltestelle nördlich des Zentrums an. Folgt man der 250 m langen Hauptstraße nach Süden, vorbei an einem **Gästehaus*** bis zum Kreisverkehr, liegen dort der **Überland-Busbahnhof** – für Reisen nach Cangyuan, Lincang, Menghai, Menglian und Jinghong – sowie gegenüber ein **Hotel***. Auf dem großen, wöchentlich stattfindenden **Markt** westlich der Hauptstraße werden fremde Besucher von den Dorfbewohnern aus den Bergen beinahe ungläubig beäugt.

Gengma ist vermutlich der erste Ort, an dem man einer größeren Anzahl von **Dai** begegnet (s.S. 977) – auf einem Hügel südöstlich des Kreisverkehrs steht sogar eine Dai-Pagode mit fünf Turmspitzen.

Ein lohnender Abstecher führt von Gengma 90 km gen Süden in Richtung burmesischer Grenze nach **Cangyuan**, ein Handelszentrum, dessen Angebot von Motorrädern bis hin zu Betelnüssen und Pilzen reicht. Um die Stadt verteilen sich zahlreiche reizvolle Dörfer, in denen überwiegend Angehörige der **Wa-Nationalität** leben. Bis in die 60er Jahre hinein waren die Wa Kopfjäger und berühmt-berüchtigt für ihre heiligen Trommeln, ihre Leidenschaft für das Rauchen und für ihre Feste, auf denen in geradezu frenetischer Art und Weise ganze Bullen zerstückelt werden. Solche Ereignisse sind selten geworden, aber in den Awa-Bergen nordöstlich von Cangyuan gibt es mehrere Stätten mit **Felsmalereien**, die mit sehr alten religiösen Ritualen in Verbindung gebracht werden.

Wieder auf der Hauptstrecke nach Jinghong liegt 180 km südöstlich von Gengma die kompakte und schmuddlige Hauptstadt des **Autonomen Bezirks der Lahu** namens **Lancang**. Die Hauptstraßen von Lancang bilden ein auf den Kopf gestelltes „Y", dessen Stamm in Richtung Gengma und dessen Arme gen Südosten nach Jinghong bzw. gen Südwesten nach **Menglian** zeigen, während der Schnittpunkt das Zentrum der Stadt markiert. Hier gibt es reihenweise **Speiselokale** und an den Armen jeweils einen **Überland-Busbahnhof**. Die beste **Unterkunft**, das saubere und freundliche *Shangye Binguan**, findet man am südöstlichen Arm, direkt hinter der Bushaltestelle an der Straße nach Jinghong. Für einen mehrtägigen Aufenthalt in Lancang sprechen die nahe liegenden Dörfer, die zum Teil von **Lahu** bewohnt werden. Die legendären Jäger, deren Name so viel wie „Tigeresser" bedeutet, stammen wahrscheinlich aus dem Gebiet um Dali und sind – so wird angenommen – von den Mongolen hierher vertrieben worden. Obwohl sich die hiesigen Lahu als Hirten verdingen und oberflächlich betrachtet den benachbarten Dai ähneln, gehen sowohl die Männer als auch die Frauen auf Jagd, rasieren ihre Köpfe und tragen Turbane.

Eine mehrtägige Fahrtunterbrechung lohnt auch das 40 km südwestlich von Lancang gelegene **Menglian**, eine angenehme Dai- und Lahu-Stadt, die von Lancangs Busbahnhof an der Straße nach Menglian stündlich von Minibussen (2 Std.) bedient wird. An der tristen, kilometerlangen Hauptstraße liegen alle nützlichen Einrichtungen, darunter der **Busbahnhof**. Fünf Minuten Fußmarsch westlich von hier befindet sich die Bank, und nahebei liegt neben einer Brücke das komfortable *Menglian Binguan**, ✆ 0879/8723020. Auf der anderen Straßenseite lockt ein **Restaurant** mit einfachen Speisen sowie einem Blick aufs Wasser, den auch die goldfarben angemalte **Dai-Pagode** 500 m südlich davon genießt. Wer die Brücke am *Menglian Binguan* überquert und danach rechts hinaufläuft, gelangt in das Gassenlabyrinth der **Altstadt**. Neben einigen hübschen traditionellen Holzbauten finden sich hier zwei **Tempel** sowie das **Xuanfu-Shishu-Museum**. Alle fünf Tage wird in Menglian auch ein geschäftiger **Markt** veranstaltet, auf dem viele **Hani** mit Stachelschweinstacheln und farbenprächtigen Käfern im Haar zu beobachten sind. Außerdem können am Markttag Traktorfahrten zu Wa-Siedlungen vereinbart werden, beispielsweise ins 28 km nordwestlich gelegene **Fu'ai**.

Von Lancang sind es nur noch sechs bis acht Stunden nach Jinghong, zu dem von beiden Busbahnhöfen Fahrzeuge aufbrechen und via Menghai (s.S. 991) bis ins Herz von Xishuangbanna fahren. Wer in die andere Richtung unterwegs ist, kann einen der Busse nach Gengma (7 Std.) oder Lincang (10 Std.) nehmen.

Jinghong

Xishuangbannas kleine und unbeschwerte Hauptstadt Jinghong avancierte erstmalig zu einem Machtsitz, als der Dai-Warlord **Bazhen** die Stämme der Bulang und Hani aus den fruchtbaren zentralen Ebenen vertrieb und 1180 das unabhängige Königreich Cheli gründete. Seither gilt Jinghong als administratives Zentrum der Region und wurde nur gegen Ende des 19. Jahrhunderts kurz in Aufregung versetzt, als ein Bataillon britischer Soldaten im Rahmen eines Raubzugs von Burma (Myanmar) aus einmarschierte, jedoch bald einsah, dass Jinghong zu abgelegen war, um sich für dessen Verteidigung einzusetzen. Die Anstrengungen zum Bau einer Autobahn durch Xishuangbanna in den 50er Jahren (die erst kürzlich fertig gestellt wurde) gingen mit einer massiven Bebauung von Jinghong einher, dessen Gebäude den trostlosen Han-Stil verkörpern. Mittlerweile wird die Stadt peu à peu modernisiert und die Bauten bieten heute eine „koloniale" Kulisse für die Dai-Frauen, die in leuchtende Sarongs gekleidet und mit Strohhüten auf dem Kopf durch die palmengesäumten Straßen schlendern.

Die Stadt eignet sich zur Gewöhnung an das Klima von Xishuangbanna und zur langsamen Annäherung an die **Dai-Kultur**. Sofern nicht gerade die ausgelassenen Feierlichkeiten des Wasserfestes anstehen, diktiert die tropische Hitze das Tempo – trotz einer großen Geschäftigkeit in den Straßen der Stadt, hat es hier niemand wirklich eilig. Wer die lokalen Köstlichkeiten ausprobiert und die Tempel und Dörfer im Stadtgebiet inspiziert hat, kann mit öffentlichen Transportmitteln die restliche Region erkunden. Ein wunderbarer Ort zum Aufsaugen der Atmosphäre ist das 45 Minuten entfernte Ganlanba (s.S. 998), das von vielen als erstes Reiseziel gewählt wird und Jinghong unter Umständen sogar vorzuziehen ist.

Jinghong liegt am Südwestufer des Lancang, der sich weiter stromabwärts als Mekong durch Laos und Thailand windet. Das Stadtzentrum konzentriert sich um eine Skulptur von vier Elefanten, die an der Stelle steht, wo die vier Abschnitte der **Jinghong Lu** nach Norden *(bei)*, Süden *(nan)*, Osten *(dong)* und Westen *(xi)* abgehen. 1 km nördlich dieser Kreuzung führt die Jinghong Bei Lu über die Lancang-Brücke und wird kurz davor von der **Galan Lu** gekreuzt, die mehr oder weniger parallel zum Fluss verläuft. Den Fluss überspannt außerdem eine neue Hängebrücke, die das östliche Ende der Jinghong Dong Lu markiert.

Der Lancang und das Neujahrsfest Trotz seines Potenzials als große Wasserstraße ist der Lancang **(Mekong)** nie wirklich als solche genutzt worden, und auch heute wirken die Docks im Norden der Stadt (Galan Lu, Ecke Jinghong Bei Lu) meist wie ausgestorben. Lediglich ein paar Ausflugsboote aus Thailand tuckern ab und zu vorbei, außerdem einige Lastkähne, die den winzigen Thai-Hafen Chiangkhong zum Ziel haben, sowie zweimal wöchentlich eine Arbeiter-Fähre zu dem 20 km flussaufwärts gelegenen Wasserkraftwerk – sie alle dürfen offiziell keine Ausländer befördern.
Richtig zur Geltung kommt der Fluss eigentlich nur bei den **Neujahrsfeierlichkeiten der Dai**, deren Höhepunkt das berühmte **Wasserfest** von Jinghong darstellt (ähnliche Festivitäten finden in den Dai-Gemeinden von ganz Xishuangbanna statt). Der Termin richtete sich früher nach dem komplizierten Dai-Kalender, wurde jedoch inzwischen von den Han-Behörden auf die Tage vom **13.–16. April** festgelegt. Am ersten Tag wird zu Ehren eines gutmütigen Drachengeistes, der einem hiesigen Helden bei der Überlistung eines bösen Königs half, auf dem Fluss ein **Drachenbootrennen** veranstaltet. Wenn am zweiten Tag die Wasserfest-Hysterie die Stadt erfasst, trägt niemand in Jinghong auch nur noch eine trockene Faser am Leib: Egal ob Freunde oder Fremde, jeder bekommt eine ordentliche Ladung Wasser ab, mit dem das Unglück weggewaschen und eine gute Regenzeit herbeigeführt werden soll. Parallel dazu werden im Manting-Park den ganzen Tag über Hahnenkämpfe und Tanzveranstaltungen geboten. Der letzte Festtag ist dem **Diu Bao** (Beutelwerfen) vorbehalten, bei dem sich potenzielle Paare gegenseitig kleine, dreieckige Bohnensäckchen zuwerfen, um ihrer Zuneigung Ausdruck zu verleihen. Beendet werden die Feierlichkeiten schließlich mit einem gewaltigen **Feuerwerk** am Lancang, wo Hunderte mit Schießpulver und Glücksgaben gefüllte Bambusrohre in die Luft steigen. Nächtliche Tänze und Saufgelage – bei denen ungeheure Mengen von *lajiu*, das hiesige Feuerwasser, die Kehlen hinunterrinnen – gehören unabdingbar dazu und füllen die Parks und öffentlichen Plätze mit Leben. Besonders sehenswert sind der **Pfauentanz**, der die Bewegungen des Vogels nachzuahmen versucht, der bei den Dai als Glücksbringer gilt, sowie der **Elefantentrommeltanz**, der seinen Namen von dem Instrument erhielt, das ehemals den Rhythmus vorgab.

Im Zentrum von Jinghong liegt der **Ganlan Hu** (Pfauensee), ein kleiner Teich inmitten eines unspektakulären Parks, in dem sich die Menschen zu ihren frühmorgendlichen Leibesübungen treffen. Wesentlich interessanter präsentiert sich das **Forschungsinstitut für tropische Pflanzen**, dessen Gelände 1,5 km westlich an die Jinghong Xi Lu grenzt. Rund um einen See gedeihen Palmen, Obstbäume, bunt blühende Sträucher und Kletterpflanzen, aber besonders sehenswert sind die neuen Tropenblumengärten, z.B. der Bougainvillea-Garten. Wer sich am frühen Nachmittag hier aufhält, erwischt vielleicht eine der traditionellen Tanzaufführungen, die speziell für Reisegruppen organisiert werden. ⌚ tgl. 8–18 Uhr, Eintritt ¥10.

Vor dem Eingang zum Forschungsinstitut verkaufen Geschäfte diverse Kräuterheilmittel aus der Gegend, darunter auch Drachenblut und auf der anderen Straßenseite liegen die **Heilkräutergärten**, ⌚ tgl. 8–17 Uhr, wo im Schatten von dicht gepflanzten Regenwaldbäumen kleine Sträucher und Ingwer gedeihen. Der Weg durch die Gärten führt zur **Klinik für traditionelle Medizin**, deren freundliches Personal gern zum Tee und spontanen *Qigong*-Vorführungen einlädt – ein Arzt hat sich beispielsweise darauf spezialisiert, sich an eine Wandsteckdose anzuschließen und den elektrischen Strom durch die Körper von Patienten zu leiten.

Mehr Grün sowie eine Einführung in das Leben der Dai erwarten den Besucher etwa 1 km südöstlich des Zentrums in **Manting**, ein ehemals eigenständiges Dorf, das mittlerweile mit Jinghong zusammengewachsen ist. Der Weg dorthin entlang der Manting Lu führt an einem lebhaften morgendlichen Markt vor der Tempelschule des **Wat Chienglarn** vorbei. Üblicherweise verbringen alle

Jinghong

Jinghong	景洪	***jǐnghóng***
Chunhuan-Park	春欢公园	*chūnhuān gōngyuán*
Forschungsinstitut für tropische Pflanzen	热带作物科学研究所	*rèdàizuòwù kēxué yánjiū suǒ*
Heilkräutergarten	药用植物园	*yàoyòng zhíwùyuán*
Manting	曼听	*màntīng*
Tropenblumengarten	热带花卉园	*rèdài huāhuìyuán*
Wat Manting	曼听佛寺	*màntīng fósì*
Übernachtung und Essen		
Dai Building Inn	傣家花苑小楼	*dǎijiā huāyuàn xiǎolóu*
Ha'erbin Jiaoziguan	哈尔滨饺子馆	*hā'ěrbīn jiǎoziguǎn*
Mengyuan	勐园宾馆	*měngyuán bīnguǎn*
Xinmin International	新门(闵)国际大酒店	*xīnmén (mǐn) guójì dàjiǔdiàn*
Xishuangbanna Binguan	西双版纳宾馆	*xīshuāngbǎnnà bīnguǎn*

Jungen der Dai drei Jahre in derartigen Einrichtungen, wo ihnen eine Grundausbildung im Buddhismus sowie im Lesen und Schreiben zuteil wird – Fähigkeiten, die den Frauen der Dai verwehrt bleiben. Manting selbst zeigt ein modernes Antlitz, aber bei hiesigen Ausgrabungen wurde neolithische Keramik entdeckt, und hier und da sieht man noch einige der typischen zweistöckigen Holzhäuser der Dai (im Umland gibt es ganze Dörfer mit solchen Gebäuden). Fast am Ende der Straße liegt **Wat Manting** (Eintritt ¥1), das bedeutendste **buddhistische Kloster** von Jinghong und das größte in Xishuangbanna. Der in aller Schlichtheit eingerichtete Bau, der unlängst mit Spendengeldern aus Thailand wieder aufgebaut wurde, birgt interessante Wandgemälde im Jinghua-Stil, eine Kunstform mit Ursprung in Indien, sowie Dachsparren, die mit kleinen zeremoniellen Szenen verziert sind. Dai-Tempel unterscheiden sich von anderen Gebäuden dieser Art nicht nur durch ihre Form, sondern auch durch die nahezu ausschließliche Verwendung von Holz als Baumaterial, was ihre Errichtung auf Pfählen erforderlich machte, damit sie Abstand vom Boden hatten und vor Termiten und Fäulnis gefeit waren. Von den Buddhisten der übrigen Teile Chinas, deren Mahayana-Lehren (Großes Fahrzeug) von Indien durchsickerten, grenzen sich die Dai insofern ab, als sie sich nach der Schule des **Theravada** (Hinayana oder Kleines Fahrzeug) richten, eine in Sri Lanka, Thailand, Laos und Myanmar verbreitete Religionsgemeinschaft. Da die Dai die Füße für die unreinsten Körperteile halten, sind auch Besucher angehalten, vor dem Betreten der Tempel die Schuhe auszuziehen.

Neben dem Wat Manting liegt der eher weltliche **Chunhuan-Park** (auch als Manting-Park bekannt), wo einst die königlichen Sklaven gehalten wurden. Offizielle Reisegruppen bekommen hier jeden Nachmittag die Highlights des Wasserfestes vorgeführt, und es gibt einen aus allen Nähten platzenden Verschlag mit 100 Pfauen, die von den Besuchern gefüttert werden dürfen. Ein Spaziergang durch den Park führt auf teils lauschigen Wegen über einen der winzigen Nebenflüsse des Lancang zu einer originalen Nachbildung des Bajiao Ting von Jingzhen (s.S. 982) und einer stattlichen Pagode im Dai-Stil. ◷ tgl. 8–19.30 Uhr, Eintritt ¥10 bzw. 19.30–23.30 Uhr, Eintritt ¥2.

Hinter dem Park endet die Straße im Dorf **Manloh Hon**, das sein Wasser mithilfe eines riesigen Bambus-Wasserrades bezieht. Eine Fähre setzt von hier ans andere Ufer des Lancang über und ermöglicht Ausflüge zu weiteren Dörfern, die inmitten von Reisfeldern und Bananenplantagen liegen.

Übernachtung

Fast alle Unterkünfte verfügen über eigene Restaurants und Reiseagenturen.

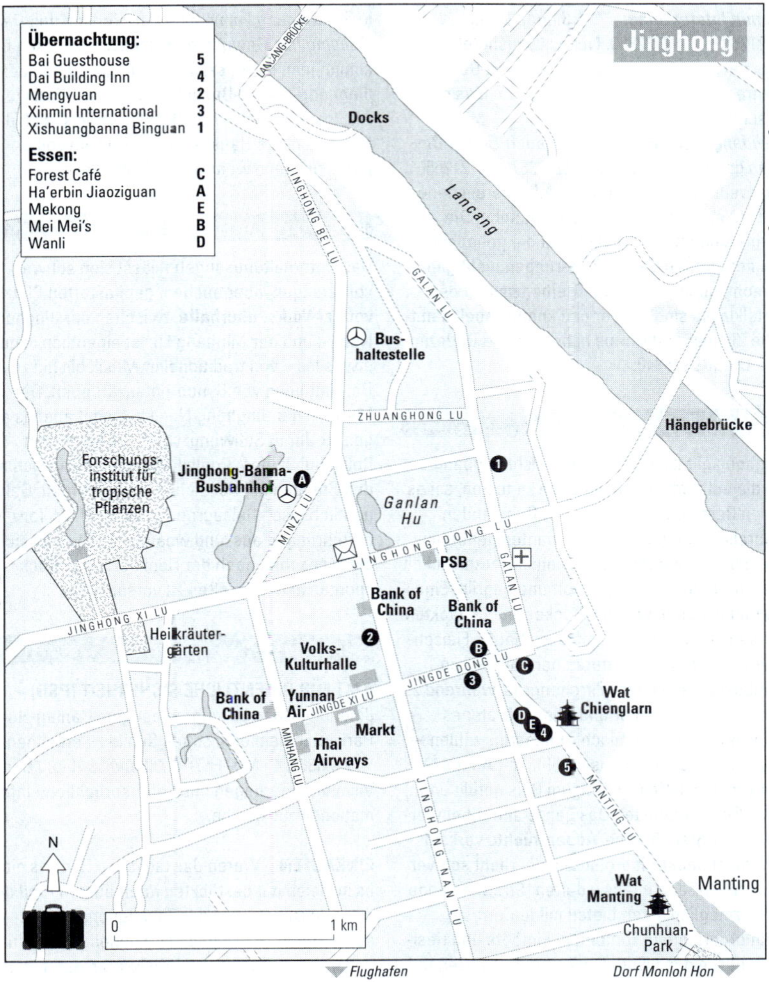

Bai Guesthouse*, Manting Lu. Sehr schlichte Zimmer – die billigsten Dorm-Betten (¥15) der Stadt.

Dai Building Inn*, Manting Lu. Einfache Unterbringung in sehr beliebten Häusern auf Bambuspfählen mit separaten Toiletten und Duschen, geführt von einer ortsansässigen Dai-Familie; für die gebotenen Leistungen allerdings etwas teuer. Dorm-Bett ¥25.

Mengyuan*, Minhang Lu, ✆ 2123028. Zentral gelegenes und sauberes chinesisches Hotel, aber nicht besonders stilvoll, und die billigeren Zimmer sind nur minimal gepflegt. Am besten sind die Unterkünfte auf der renovierten dritten Etage. Wahlweise Zimmer mit eigenem oder Gemeinschaftsbad sowie mit/ohne ac.

Xinmin International*****, Jingde Dong Lu, ✆ 2126888, ℻ 2132880. Neues Luxushotel mit Sporträumen, Sauna, Restaurants und Business Centre, doch etwas abweichend vom hiesigen Geschmack.

Xishuangbanna Binguan*–** (auch *Banna Binguan* genannt), Galan Lu, ✆ 2123679, ℻ 2126501. Das weiträumige Gelände und das verblichene Äußere passen zum Flair von Jinghong. Die Dorms sind etwas schäbig, und die gehobeneren Zimmer werden den Anforderungen nicht ganz gerecht, doch die DZ und Dreibettzimmer der Mittelklasse sind sauber und komfortabel. Sämtliche Zimmer und Dorms haben eigene Badezimmer. Dorm-Bett ¥40.

Essen

Jinghong gilt als idealer Ort in Xishuangbanna, um die authentische **Dai-Küche** zu testen, sei es in den Restaurants oder an Straßenständen. Klebreis in verschiedenen Varianten gehört immer dazu, entweder in Bananenblätter gewickelt oder in Bambusrohre gestopft und gegrillt. Eine Art Pfannkuchen wird mit Zucker und gehackten Nüssen gefüllt. Menüs umfassen häufig Fleisch- oder Fischgerichte, angereichert mit sauren Bambussprossen oder Zitronengras, während zu den Kuriositäten unter anderem gebratenes Moos oder zum Nachtisch Ananasreis zählen – dafür wird die Frucht ausgehöhlt, mit Ananasstücken und süßem, klebrigem Reis gefüllt und schließlich gedünstet. Das ganze Jahr über werden in der Stadt frische **Tropenfrüchte** verkauft – unbedingt Jackfruit probieren, die recht schwer sind und äußerst intensiv duften. Straßenstände mit Sitzmöglichkeiten bieten milde Currys, Schmorgerichte in Tontöpfen, Eintöpfe und riesige Schüsseln mit Nudelsuppe an. In der Gegend rund um den **Nachtmarkt** an der Jinghong Nan Lu wimmelt es von kleinen preisgünstigen Kantinen, die sich auf Schmorgerichte spezialisiert haben, und gleich um die Ecke sorgt in der Jingde Lu ein gut besuchtes Lokal für das leibliche Wohl. Wie üblich verlangen die **Touristencafés** höhere Preise, dienen dafür aber mit wichtigen Informationen, vermieten Fahrräder und organisieren Ausflüge. Empfehlenswert sind das ***Mei Mei's*** in der Jingde Dong Lu sowie das ***Mekong*** in der Manting Lu, unmittelbar nördlich des *Dai Building Inn*. Gewohntes chinesisches Essen bekommt man im ***Ha'erbin Jiaoziguan***, neben dem Jinghong-Banna-Busbahnhof an der Minzi Lu. Als kostspielig, aber erstklassig erweist sich die Spezialität des Hauses – riesige Töpfe voller *jiaozi*, die ohne weiteres drei Leute sättigen.

Unterhaltung

Das Unterhaltungsangebot lässt sich schwer vorhersagen, aber auf dem gepflasterten Platz vor der **Volkskulturhalle**, zwischen der Jinghong Nan Lu und der Minhang Lu, ist eigentlich immer etwas los – von traditioneller Musik bis hin zu Darbietungen von Synchrontanzgruppen. Der **Markt** in der Jinghong Nan Lu kommt abends gegen 19 Uhr in Schwung, wenn die Leute dort Rollschuh laufen, Poolbillard spielen und sich an den Ständen mit Köstlichkeiten versorgen. Gelegentlich lösen Reisegruppen in der Halle Tanzaufführungen aus, und woanders scheinen sich die Menschen nach der Dämmerung einfach spontan in den Straßen zu versammeln.

Sonstiges

AMT FÜR ÖFFENTLICHE SICHERHEIT (PSB) – Jinghong Dong Lu, gegenüber vom Ganlan-Hu-Park (an einem englischen Schild zu erkennen), ✆ 2130366, ⏲ Mo–Fr 7–11.30 und 15–17.30 Uhr. Visaverlängerungen und widersprüchliche Informationen zur Region.

EINKAUFEN – Waren des täglichen Bedarfs gibt es in vielen gut bestückten Kaufhäusern rund um das Stadtzentrum. In der Zhuanghong Lu, zwischen der Galan Lu und der Jinghong Bei Lu, findet ein guter **Kunst- und Handwerksmarkt** statt, der zum großen Teil von Burmesen betrieben wird, die Edelsteine, Jade, bunte Kuriositäten und schwere Holzschnitzereien von Elefanten feilbieten. Der **Lebensmittelmarkt** liegt am westlichen Ende der Jingde Lu, nahe *Yunnan Air*. Die Geschäfte an der Manting Lu bieten Dai-Schnickschnack in Souvenir-Qualität und Schmuck an.

FAHRRÄDER – Das ***Xishuangbanna Binguan*** und das ***Forest Café*** vermieten Fahrräder für ¥10 pro Tag plus Kaution.

GELD – In Jinghong sind drei Filialen der ***Bank of China*** vertreten, an der Jinghong Nan Lu, der Jingde Xi Lu und der Galan Lu, ⏲ Mo–Fr 8–18 Uhr, Sa 8–11.30 und 15–18 Uhr. Das ***Xishuangbanna Binguan*** sowie andere große Hotels lösen auch außerhalb dieser Öffnungszeiten Reiseschecks ein.

INTERNET – Einen Internet-Zugang gibt es für ¥2 pro Stunde in dem lauten Cyber-Café gleich nördlich des *Dai Building Inn* an der Manting Lu.

MASSAGEN – Praktische Ärzte, zu erkennen an ihrer weißen Kleidung, bieten abends an der zentralen Galan Lu ihre Dienste an, und rund um den Ganlan Hu werden nachmittags Fußmassage-Sitzungen abgehalten.

MEDIZINISCHE HILFE – Das ***Provinzkrankenhaus*** liegt am unteren Ende der Galan Lu. Dem *Xishuangbanna Binguan* sind eine Klinik und eine ***Apotheke*** angeschlossen.

POST UND TELEFON – Das ***Hauptpostamt***, das sich um Pakete, postlagernde Sendungen und internationale Ferngespräche kümmert, steht an der Jinghong Bei Lu, Ecke Jinghong Xi Lu, ⏲ tgl. 8–20.30 Uhr.

REISEBÜROS – Die Reiseveranstalter der Hotels von Jinghong bieten alle in etwa die gleichen Tagesausflüge an (¥100–200 p.P.): nach Daluo an der burmesischen Grenze, zum Botanischen Garten von Menglun, zum Wasserfall von Mandian, in die Region um Menglong, zum Sonntagsmarkt in Menghun und selten auch zum Sancha-He-Wildreservat. Wer etwas anderes sucht, wendet sich an ***Lemongrass Tours***, derzeit keine festen Räumlichkeiten, ✆ 2149615 (nach „Luke" Liu fragen), ✉ luketrek@yahoo.com. Sehr empfehlenswert sind die geführten Wanderungen in den Wäldern und Bergen rund um Menglong und Menglun, bei denen man pro Tag 10–15 km zurücklegt und die durch Bulang-, Lahu-, Ake- und Hani-Territorium führen. Im Preis von ¥700 pro Person für drei Tage bzw. ¥1200 für fünf Tage sind ein englischsprachiger Reiseleiter, sämtliche Verpflegung, der Transport und die Übernachtungen inbegriffen.

VORWAHL – 0691

WÄSCHEREI – Den preisgünstigsten Wäscheservice bieten die Ausländercafés.

Transport

BUSSE – Jinghong besitzt zwei **Busbahnhöfe**: Der Jinghong-Banna-Busbahnhof, Minzu Lu, bietet Verbindungen in alle Teile Xishuangbannas und darüber hinaus, inkl. Xiaguan, Kunming und sogar zur vietnamesischen Grenze nach Hekou (s.S. 946).
Die andere Bushaltestelle befindet sich 500 m nördlich an der Jinghong Bei Lu und konzentriert sich auf Minibus-Verbindungen nach Menghan (Ganlanba) sowie zu anderen Orten in Xishuangbanna. An beiden Busbahnhöfen (und an der Post) sollte man sich vor Taschendieben in Acht nehmen.
Stadtbusse werden in dem kleinen Zentrum von Jinghong nicht benötigt, doch wer auf einen fahrbaren Untersatz angewiesen ist, kann eines der vielen **Taxis** nehmen.

Busse nach:
BAOSHAN 48 Std.;
DALUO 5 Std.;
DAMENGLONG 2 Std.;
KUNMING 24 Std.;
LANCANG 8 Std.;
LINCANG 48 Std.;
MENGHAI 2 Std.;
MENGHUN 3 Std.;
MENGLA 7 Std.;
MENGLUN 3 Std.;
XIAGUAN 48 Std.

FLÜGE – Der **Flughafen** liegt etwa 10 km südwestlich der Stadt und ist per Taxi über die neue Schnellstraße in etwa 10 Min. zu erreichen (¥15–20); mit dem Bus kostet die Fahrt ¥4.

Fluggesellschaften:
Yunnan Air, Jingde Xi Lu, Ecke Minhang Lu, ✆ 2124774, ⏲ tgl. 8–20 Uhr. Schneller und kompetenter Service; Ticketverkauf für die Flüge nach Kunming und Lijiang.
Thai Airways, Minhang Lu, ✆ 2121881, ⏲ Mo–Fr

8–18 Uhr. Ticketverkauf für die Flüge nach Chiang Mai und Bangkok (in der Regel 3x wöchentl.).

Flüge nach:
KUNMING 3x tgl., 1 Std.;
LIJIANG 2x wöchentl., 1 1/4 Std.

Auf Erkundung in Xishuangbanna

Der Lancang fließt von Nordwesten in südöstlicher Richtung durch Xishuangbanna und teilt die Region in zwei Gebiete, die sich zu beiden Seiten von Jinghong erstrecken. Östlich der Bezirkshauptstadt führen verschiedene Straßen durch Hochlandwälder oder landwirtschaftlich genutzte Ebenen zum Botanischen Garten von **Menglun** und weiter in den äußersten Südosten nach **Mengla** sowie zur offenen **Grenze nach Laos**. Westlich von Jinghong erstrecken sich die beiden Bezirke **Damenglong** und **Menghai** – durch eine dreitägige Wanderroute verbunden und von ganz verschiedenen ethnischen Gruppen bewohnt – und die (zumindest theoretisch) abgeriegelte Grenze nach Myanmar. Von beiden Busbahnhöfen in Jinghong starten in fast alle Ecken von Xishuangbanna Direktbusse, die vor Ort von Minibussen oder – wo diese nicht mehr weiterkommen – von Traktoren abgelöst werden. Im Flachland lassen sich schöne Fahrradtouren unternehmen, aber an die steilen und kurvigen Gebirgsstraßen sollten sich nur konditionsstarke Radler wagen.

Abgesehen von Mengla können fast alle größeren Orte im Rahmen eines Tagesausflugs von Jinghong aus besucht werden, wobei es dann natürlich nur für einen flüchtigen Blick auf die Highlights reicht. Die Städte selbst haben nur selten Reizvolles oder Interessantes zu bieten – meist sind es die umliegenden Dörfer, die kleinen versteckten Tempel und die Landschaft, die Xishuangbannas schönste Seite zum Vorschein bringen. Wer an solchen Orten eine Übernachtung plant, sollte sich auf ganz schlichte Unterkünfte und oftmals fade, wenngleich reichhaltige Mahlzeiten einstellen. Die Menschen verhalten sich Fremden gegenüber im Allgemeinen freundlich, aber zurückhaltend, was man unbedingt respektieren sollte. Es kann jedoch auch vorkommen, dass man ein Essen und einen Schlafplatz für die Nacht angeboten bekommt, vielleicht darf man sogar an einem gerade stattfindenden Fest teilhaben. Spaziergänge entlang abgelegeneren Abschnitten der burmesischen Grenze sollten übrigens vermieden werden, da es hier in den vergangenen Jahren zu mehreren **Überfällen** kam.

In östlicher Richtung nach Menglun: die Nordroute

Die Straße in das 80 km östlich von Jinghong gelegene Menglun teilt sich kurz nach Überquerung der Lancang-Brücke am Stadtrand. Von dort folgt die Nordroute zunächst der Straße nach Kunming und schlängelt sich über 35 km an bewaldeten Berghängen hinauf in den kleinen Marktort **Mengyang**, wo es wieder flacher wird. In den Dörfern der Umgebung leben viele **Huayao** (Blumengürtel), eine von drei Dai-Untergruppen, die sich jedoch in hohem Maße von den „Wasser-Dai" aus dem Flachland unterscheiden – diese verachten sie sogar, weil die Huayao keine Buddhisten sind und übermäßig kunstvolle Trachten tragen. Die mit feinen Silberketten drapierten Turbane der Frauen bekommt man bereits überall in Mengyang zu Gesicht, aber noch schöner ist ein Besuch in **Mannanan**, das etwa 10 km nördlich an der Hauptstraße liegt.

Ein Reiseziel ganz anderer Art ist das **Sancha-He-Wildreservat** (Eintritt ¥15), weitere 18 km hinter Mannanan an der Straße nach Kunming gelegen. Von Mengyang gen Norden fahrende Transportmittel mit Ziel Dadugang, Puwen oder Kunming können ihre Passagiere an dem großen steinernen Schild am Eingang absetzen. Das Reservat besteht aus einem dicht bewachsenen Stück Regenwald rund um den Sancha-Fluss und beherbergt eine Familie von sieben **Wildelefanten**, die häufig im Morgengrauen von den Aussichtspunkten am Fluss zu beobachten sind. Je tiefer man auf den überwucherten, teilweise gepflasterten Pfaden in den Dschungel vordringt, desto interessanter wird es – hier gibt es nicht nur riesige Fußabdrücke, sondern auch leuchtend bunte Vögel, Schmetterlinge und Schlangen zu entdecken. Einen großen Bogen sollte man allerdings um die **Elefantenschau** machen, es sei denn, man möchte gefangenen Tieren dabei zusehen, wie sie unter Zwang irgendwelche Zirkuskunststücke vorführen. Bis zum späten Nachmittag kommen in beiden Richtungen **Minibusse** am Eingang zum Reservat vorbei. Wer diese Mitfahrmöglichkeit verpasst, wird wohl in dem relativ

Das östliche Xishuangbanna

Xishuangbanna	西双版纳	***xīshuāngbǎnnà***
Mannanan	曼那囡	***mànnà'nān***
Mengyang Sancha-He-Wildreservat	勐养 三岔河自然保护区	***měngyǎng*** *sānchàhé zìrán bǎohùqū*
Manting	曼听	***màntīng***
Menghan	勐罕	***měnghǎn***
Menglun Botanischer Tropengarten	勐仑 热带植物园	***měnglún*** *rèdài zhíwùyuán*
Mengla Bronzeturmpagode	勐腊 青铜尖顶塔	***měnglà*** *qīngtóng jiāndǐngtǎ*
Bupan-Übergang	补蚌望天树空中索道	***bǔbàng wàngtiānshù kōngzhōngsuǒdào***
Mo Han (auch: Bian Mao Zhan)	边贸站	***biānmào zhàn***
Shangyong	尚勇	***shàngyǒng***
Yaoqu	瑶区	***yáoqū***

neuen, aber furchtbar muffigen **Hotel**** in der Nähe des Eingangs übernachten müssen.

Die Nordroute nach Menglun, das vom Reservat noch 45 km entfernt liegt, zweigt zwischen Mengyang und Mannanan in östlicher Richtung von der Straße nach Kunming ab. Nach 20 km taucht **Jinuo Luoke** (Jinuo Shan) auf, die Heimat der sehr unabhängig gesinnten **Jinuo**, denen tatsächlich erst im Jahre 1979 die offizielle Anerkennung ihrer Ethnie zuteil wurde. Die rätselhafte Volksgruppe – von der einige behaupten, sie wären die Nachkommen der Überlebenden des im 3. Jahrhundert von Zhuge Liang angeführten Yunnan-Feldzugs – lebte ehemals von der Jagd und betrieb mithilfe von Brandrodung in kleinem Umfang Landwirtschaft, verdient sich ihren Lebensunterhalt aber heute mit dem Anbau von Tee. Das Verhältnis der Jinuo zu ihren Fremdherrschern war schon immer äußerst angespannt – nicht von ungefähr bezeichnen sie ihre Hochland-Heimat als *Youle* (Versteck vor den Han) und wurden von Ke Shexun und der Dai-Herrscherkaste fast ausgerottet, nachdem sie 1942 einen Steuereintreiber der Regierung vergiftet hatten. Heute besteht die Jinuo-Gemeinschaft aus etwa 20 000 Mitgliedern. Die Frauen tragen unverwechselbare weiße Spitzhauben, und alle piercen sich die Ohren und schmückten sich früher mit Tätowierungen. Jinuo Luoke kann nicht gerade als sehr einladender Ort bezeichnet werden, doch es gibt ein **Gästehaus*** – und viel Durchgangsverkehr, was die Weiterreise ins noch 25 km entfernte Menglun erleichtert.

Die Südroute nach Menglun

Da die Gebirgsstraße nach Mengyang außerordentlich viel Zeit in Anspruch nimmt, befahren die meisten Busse zwischen Jinghong und Menglun die Südroute. Diese beginnt hinter der Lancang-Brücke und folgt dann dem Lancang stromabwärts. Akkurat gepflanzte Reihen von Kautschukbäumen säumen fast die gesamte Strecke bis ins 30 km entfernte **Ganlanba** (auch **Menghan** genannt), die wichtigste Siedlung der „olivenförmigen Ebene", die sich durch ihren fruchtbaren Boden einen Namen gemacht hat. Tatsächlich handelt es sich um eines der drei bedeutendsten landwirtschaftlichen Nutzgebiete von Xishuangbanna, die allesamt im Laufe der Jahrhunderte mit Waffengewalt erobert wurden und heute für die Dai absolut lebenswichtig sind (die anderen beiden befinden sich westlich von Jinghong bei Damenglong und Menghai). Rund um Ganlanba wimmelt es von Bauerndörfchen voller **traditioneller Holzhäuser**, die sich unter riesigen Dächern verbergen und zum Schutz vor Feuchtigkeit auf Stelzen erbaut wurden – auf Anweisung der Regionalregierung soll in Zukunft Holz durch Ziegel ersetzt werden, was vielleicht den hiesigen „Modernisierungsvorstellungen" entsprechen mag, aber gewiss nicht den klimatischen Verhältnissen. Ganlanba selbst liegt hübsch inmitten von Reisfeldern und flachen Hügeln und bietet sich durchaus für einen mehrtägigen Aufenthalt an, während dem man das Alltagsleben der Bewohner studieren oder Tageswanderungen und Radtouren unternehmen kann. Im gut geführten Touristencafé *Olive Tree* werden interessante Informationen über die Gegend erteilt und Fahrräder vermietet (¥20 pro Tag) – von der Bushaltestelle kommend rechts halten, den Markt durchqueren und danach links einbiegen. Als beliebteste **Unterkunft** gilt das *Sarlar Restaurant,* 200 m von der Bushaltestelle entfernt, wo man in einem Raum neben dem Speisebereich für ¥10 eine Matte zur Verfügung gestellt bekommt. Hier lohnt ein Blick ins Gästebuch, das viele wertvolle Ausflugstipps bereithält. Mehr Komfort bietet das saubere, kleine Hotel (Zimmer ¥40) gegenüber bzw. links des *Olive Tree* – wer es nicht findet (kein Schild vorhanden), erkundigt sich einfach im Café danach. Die gehobenste Unterkunft stellt das *Ganlanba Hotel**** dar, das sich 200 m westlich des *Olive Tree* befindet und ziemlich überhöhte Preise verlangt. Verwunderlich in Ganlanba ist die große Anzahl von Internet-Cafés, meist gut gefüllt mit jungen Männern, die *Counterstrike* spielen.

Wenige Kilometer östlich von Ganlanba stehen in **Manting** der herrliche **Manting Fo Si** (Buddhistischer Tempel von Manting) und die **Da Duta** (Große Einzelne Pagode), beides ausgezeichnete Rekonstruktionen von Bauten aus dem 12. Jahrhundert, die in den 60er Jahren zerstört wurden. Östlich des Orts führen Wege am Fluss entlang oder darüber hinweg zu weiteren Pagoden und Dörfern, eine Gegend, die sich bestens für einfache Erkundungstouren eignet.

Menglun

Nord- und Südroute treffen sich in Menglun, das aus ein paar staubigen Straßen mit Blick auf den breit dahinfließenden **Luosuo** besteht. Mangels Busbahnhof halten alle Transportmittel an der Hauptstraße, und zwar immer dort, wo es gerade am günstigsten ist, meist in Nähe der Restaurants und Geschäfte auf der Ostseite der Stadt. Läuft man die Seitenstraße bergab und durchquert das ganztägig betriebsame Marktgelände, so trifft man nach ein paar Minuten auf eine große Fußgänger-Hängebrücke, die in Mengluns wunderschönen **Botanischen Tropengarten** (Eintritt ¥35) am anderen Flussufer führt. Er wurde 1959 von dem Botaniker **Cai Xitao** gegründet, der das Gelände dem Dschungel abspenstig machte und sogleich damit begann, das Leben und die medizinischen Qualitäten der wenig bekannten Pflanzenarten von Xishuangbanna zu erforschen. Eines seiner Lieblingsprojekte befasste sich mit der Wirkung des Harzes vom **Drachenblutbaum**, der wie eine schlanke Yuccapalme mit stachligen Blättern aussieht und in der chinesischen Medizin zur Wundheilung genutzt wird. Die Baumart galt in China seit der Tang-Dynastie als ausgestorben, doch 1972 entdeckte Cai Xitao einen wild wachsenden Bestand in Xishuangbanna und verpflanzte einige Exemplare davon in seinen Garten. Ein halber Tag ist zur Besichtigung des Geländes mindestens einzuplanen, denn es gibt so viel zu sehen – von Drachenblutbäumen und Regenwaldgewächsen über ein 1000 Jahre altes Exemplar aus der Familie der Zykadazeen bis hin zu Palmen- und Bambushainen, Rankengewächsen und Sträuchern. Vielleicht trifft man auch auf chinesische Besucher, die der ganz unspektakulär aussehenden „Singenden Pflanze" ein Ständchen darbringen und hoffen, sie möge im Takt der Musik mitschwingen, wie sie es angeblich tun soll.

Am Teich im Botanischen Garten steht ein **Gästehaus****, das zwar ziemlich deftige Preise verlangt, aber dafür die Möglichkeit bietet, den Ort zu seinen schönsten Stunden am frühen Morgen und am Abend zu erleben. Billigere Unterkünfte findet man im Zentrum. Für die Weiterreise aus Menglun muss man sich entweder zu den Bushaltestellen an der Hauptstraße begeben, oder man verlässt den Botanischen Garten durch den hinteren Ausgang, der auf die Straße nach Mengla führt – hier kann man die Busse anhalten, die gen Südosten fahren.

Mengla

Tauchte der Dschungel bislang nur in vereinzelten Fleckchen auf, so ist er auf der 100 km langen Fahrt nach Mengla (4 Std.) nicht mehr zu übersehen. Hinter Menglun steigt die Straße zunächst sanft bergan, macht dann plötzlich eine scharfe Biegung und führt an einem Bergkamm entlang. Wer frühmorgens unterwegs ist, dem eröffnet sich ein fantastischer Blick zurück auf das „Wolkenmeer" und die darunter hervorspickenden Baumwipfel (am schönsten ist der Anblick in den klaren Wintermonaten). Den weiteren Weg säumen einzelne Felsen und kleine Dörfer, die aus dem dichten Wald „herausgeschnitzt" zu sein scheinen. Es handelt sich hier um das größte der fünf Wildreservate von Xishuangbanna, bestehend aus relativ unberührten Gebieten, die unter der Aufsicht der Regierung stehen und vor weiteren Entwicklungen geschützt sind. Wer zuvor den Botanischen Garten in Menglun besucht hat, wird hier auf viele der bereits bekannten Pflanzen treffen. Diese herrliche Landschaft ändert sich erst nach den Bergen, wo Kautschukplantagen und landwirtschaftliche Nutzflächen das Bild bestimmen.

Nach einem solchen Erlebnis kann alles andere eigentlich nur eine Enttäuschung sein, so auch Mengla, dessen trostloses Antlitz jedoch durchaus selbst gewählt scheint. Die einzig interessante Sehenswürdigkeit weit und breit ist die **Bronzeturmpagode**, 2 km südlich des Orts nahe dem Fluss gelegen. Sie wurde ursprünglich im Altertum von zwei burmesischen Mönchen gegründet, um als Schrein für Buddha-Reliquien zu dienen. Mit ihrem vom Himmel gespendeten Turm brachte die Pagode dem Land dauerhaften Frieden, verfiel jedoch irgendwann und wurde 1759 wieder aufgebaut, als der Dai-Herrscher von Jinghong 30 000 Silberstücke zur Verfügung stellte, um die Pagode und die Tempelsäulen mit Bronze zu überziehen. Was danach geschah, konnte nie ganz geklärt werden, denn nach der Kulturrevolution blieb Mengla fast 30 Jahre lang vor den Augen des Auslands verborgen. Ihre einstige Pracht erlangte die Pagode nie wieder, aber in Mengla sind zahlreiche Mönche anzutreffen, und auf dem Hügel im Westen steht eine kleine Tempelpagode.

Am nördlichen Ende von Mengla gibt es einen richtigen **Busbahnhof** von dem regelmäßig Busse nach Menglun starten. Für Busse nach Süden ist ein Depot in der Hauptstraße zuständig, die vom Busbahnhof etwa 1500 m in südlicher Richtung bis ans andere Ende der Stadt führt. Hier findet man auch eine **Bank** – die letzte Möglichkeit zum Geldtausch vor Laos – sowie mindestens ein Dutzend Nudelstände, **Restaurants** und auch **Hotels***. Überall in der Stadt sind **Polizisten in Zivil** unterwegs (sie mischen sich sogar unter die Uiguren, die Kebabs verkaufen), was daran liegt, dass Mengla die letzte größere Stadt vor der 60 km südöstlich gelegenen Grenze zu Laos ist.

Richtung Yaoqu und Laos

Nachmittags nimmt ein Bus von Mengla Kurs auf die 40 km nördlich gelegene Kleinstadt Yaoqu (Rückfahrt am folgenden Morgen) und passiert unterwegs die wunderschönen Acker- und Waldlandschaften zu beiden Seiten des **Nanlahe**. Etwa auf halber Strecke lohnt der kurze Abstecher zum **Bupan-Übergang**, eine sehr instabil wirkende „Himmelsbrücke" aus Metall, die in luftiger Höhe über die Bäume führt. Yaoqu selbst nennt zwei **Hostels*** sein Eigen und dient als Ausgangspunkt für Ausflüge in abgeschiedene Hochlanddörfer. In den Straßen des Orts entdeckt man Angehörige der unterschiedlichsten Volksgruppen, darunter in dunkelblaue Jacken und Turbane gekleidete Yao sowie möglicherweise auch Kumu, Angehörige einer in Xishuangbanna offiziell nicht anerkannten Nationalität.

Auf dem Weg von Menglas südlichem Busbahnhof in Richtung Laos erreicht man nach etwa 90 Minuten **Shangyong**, das letzte Dorf vor der Grenze und Zentrum einer isolierten Gemeinschaft der Miao, die ihren Hmong-Verwandten in Laos viel näher stehen als den anderen Miao-Gruppen von China. Im Vietnam-Krieg standen die Hmong auf Seiten der US-Streitkräfte und wurden danach so brutal unterdrückt, dass viele aus ihrer nordvietnamesischen Heimat nach China flüchteten und 1975, als die vietnamesische Armee ins Land schwärmte, weiter nach Laos.

Nur ein kurzes Stück weiter bzw. 6 km vor dem Grenzübergang nach Laos liegt **Mo Han**, auch bekannt als **Bian Mao Zhan**, was übersetzt so viel wie „Grenzhandelsstation" bedeutet. Es gibt hier ein paar schlichte **Unterkünfte** sowie Transportmittel zu den entspannten Zöllnern, die bei Vorlage des korrekten Visums eine unkomplizierte Einreise nach Laos ermöglichen (allerdings nur bis zum Nachmittag).

Nach Laos Seit den späten 80er Jahren steht Laos für Individualreisende offen. Das nötige Visum bekommt man im laotischen Konsulat von Kunming (s.S. 935).
Auf der anderen Seite der Grenze von Mo Han liegt **Ban Boten**, in dem es weder Unterkünfte noch eine Bank gibt, wo man chinesische Währung gegen laotische Kip eintauschen könnte (dafür wird der Yuan als Zahlungsmittel akzeptiert). Die nächsten Einrichtungen dieser Art findet man in **Luang Namtha**, nur eine kurze Fahrt per Lastwagen (¥10) entfernt. Von hier bietet sich ein Ausflug per Anhalter zu den morgendlichen Märkten bei Muong Sing an, auf denen viele Händler ihre typische Tracht tragen. Andere Verkehrsmittel fahren von Luang Namtha via Muong Tai nach **Nung Kie**, wo man auf ein Boot umsteigen und auf dem Mekong nach **Luang Prabang** tuckern kann – es besteht aber auch die Möglichkeit, den ganzen Weg von der Grenze auf der Straße zurückzulegen. Luang Prabang war das buddhistische Zentrum und die königliche Hauptstadt von Laos, bis das Militär 1975 die Macht übernahm. Viele der hiesigen Höhlen und prächtig verzierten Tempel stammen aus dem 18. Jahrhundert, ebenso wie der ehemalige Königspalast, der inzwischen zu einem Museum umgebaut wurde. Luang Prabang bietet außerdem gute Straßen- und Flugverbindungen zur heutigen Hauptstadt Vientiane.

Nach Westen: Damenglong und die Wanderung nach Bulangshan

Täglich starten mehrere Busse vom Jinghong-Banna-Busbahnhof ins 70 km südwestlich gelegene Damenglong (auf Karten oft als **Menglong** bezeichnet), eine der vielen Städte im Westen von Xishuangbanna, die mit ihrem **Sonntagsmarkt** zahlreiche Besucher anlocken. In dieser Gegend wird der Buddhismus groß geschrieben, und nahezu jedes Dorf am Weg verfügt über seinen eigenen Tempel mit Pagode. Eine genauere Inspizierung lohnt der **Manguanglong Si** bei **Gasa** (15 km hinter Jinghong), ein Kloster mit einer wundervollen Drachentreppe. Als eindrucksvollstes und berühmtestes Bauwerk der Region gilt die **Manfeilong Bei Ta** (Weiße Bambussprossenpagode), die auf einem Berg nördlich von Damenglong steht und in 30 Fußminuten von der Stadt zu erreichen ist. Das Gebäude stammt ursprünglich aus dem 13. Jahrhundert und wurde später mit glänzender Silberfarbe und mit Spiegelsplittern verschönt, die das Unheil abwenden sollen. Regelmäßig pilgern burmesische Mönche hierher, um zu meditieren und zwei Fußabdrücke anzubeten, die Shakyamuni in einer Nische am Sockel hinterlassen hat. Der seltsame Name der Pagode rührt von ihren neun Türmen her, die ganz entfernt an aufragende Bambusspitzen erinnern. Auf einer anderen Anhöhe näher am Stadtzentrum erhebt sich Damenglongs zweites bekanntes buddhistisches Monument, die **Hei Ta** (Schwarze Pagode), die jedoch nur aus der Ferne hübsch anzuschauen ist. In Damenglong wimmelt es von billigen Speiselokalen, dafür machen die lautstarken Karaoke-Veranstaltungen im neuen **Gästehaus*** am Busbahnhof so manche erholsame Nacht zunichte. Sehr entspannend hingegen ist die dreitägige **Wanderung**, die dem Nana He und seinen Nebenflüssen über 40 km bis zum Städtchen **Bulangshan** folgt. Dabei durchquert man eine Gegend von Wald- und Ackerland – und trifft womöglich auf Dorfbewohner, die noch nie in ihrem Leben in Jinghong waren. Die auf uralten Pfaden verlaufende Route wird jedoch gerade asphaltiert, sodass diese Unternehmung lieber früher als später eingeplant werden sollte. Verpflegung und Campingausrüstung ist durchaus von Nutzen, wenngleich Mahlzeiten und Unterkünfte auch in den Dörfern ausgehandelt werden können – für diesen Fall empfehlen sich brauchbare Geschenke oder ¥10 bis ¥15 pro Nacht und Person.

Das westliche Xishuangbanna

Bulangshan	布朗山	***bùlǎng shān***
Damenglong	大勐龙	***dàměng lóng***
Manfeilong Bai Ta	曼飞龙笋塔	*mànfēilóng sǔntǎ*
Manguanglong Si	曼光龙寺	*mànguānglóng sì*
Hei Ta	黑塔	*hēitǎ*
Gelanghe	格朗和	***gélǎng hé***
Jingzhen	景真	***jǐngzhēn***
Bajiao Ting	八角亭	*bājiǎo tíng*
Menghai	勐海	***měnghǎi***
Menghun	勐混	***měnghún***
Mengzhe	勐遮	***měngzhē***
Manlei Fo Si	曼佛寺	*mànfó sì*
Xiding	西定	***xīdìng***

Zunächst fährt man mit einem verfügbaren Transportmittel von Damenglong 15 km in südlicher Richtung nach **Manguanghan**, von wo man der Straße noch 1 km folgt und dann nach einem rechts abzweigenden Traktorweg Ausschau hält, der kurze Zeit später die am Fluss gelegene Hani-Siedlung **Guanmin** erreicht. Nach weiteren 5 km, vorbei an einer **Thermalquelle**, stößt man auf das Bulang-Dorf **Manpo**; jenseits davon ist der Weg nur noch zu Fuß passierbar. Auf den nächsten 20 km passiert man das Dorf **Nuna**, überquert den Fluss und folgt dem Pfad bis **Song'er** (beide Ortschaften werden von Lahu bewohnt). Danach führt der Weg erneut über den Fluss und wieder in Hani-Territorium nach **Bangnawan** und **Weidong**, eines der schönsten Dörfer auf der Wanderung. In Weidong trifft der Weg auf eine neue Straße, die nach 10 km **Bulangshan** und damit das Ziel der Wanderung erreicht.

Der Ort gilt als Zentrum der dunkel gekleideten Bulang-Nationalität und verfügt über eine offizielle **Unterkunft*** sowie mindestens eine Busverbindung täglich in das 50 km nördlich gelegene **Menghun** an der Straße von Menghai nach Daluo (siehe unten).

Menghai

Menghai ist die wichtigste Stadt des westlichen Xishuangbanna und liegt mitten auf einer 55 km von Jinghong entfernten Hochlandebene. Der Ort bietet das gewohnte Bild einer schmuddligen kilometerlangen Hauptstraße mit kleinen Seitengassen und war einst eine Hochburg der **Hani** (Aini), bis diese – wie in vielen anderen Orten – im Kampf gegen die Dai unterlagen und sich in die umliegenden Berge zurückzogen. Dort sind sie bis heute geblieben, stellen die zweitgrößte ethnische Gruppe von Xishuangbanna und widmen sich dem Anbau der regionalen Sorte eines Tees namens *pu'er*, ein rotes, etwas muffig riechendes Gebräu, das von Hongkong bis Tibet für seine fettreduzierende und belebende Wirkung geschätzt wird. Etwa 2 km östlich der Straße nach Jinghong steht ein hübscher Dorftempel, und im Ort gibt es einen Teeverarbeitungsbetrieb (das Büro von *CITS* in Jinghong kann Führungen arrangieren), aber ansonsten muss sich die Stadt damit begnügen, als Basis für Ausflüge in die umliegenden Dai- und Hani-Siedlungen zu dienen.

Der **Busbahnhof** liegt am östlichen Stadtrand, ebenso wie eine **Moschee** und moslemische Lokale, während sich die **Bank**, das **Postamt** samt dazugehörigem **Hotel**** sowie das einfache ***Banna Hotel****** um die zentrale Kreuzung gruppieren. Minibusse gen Westen fahren von einer Haltestelle am westlichen Stadtrand ab.

Von Menghai zur burmesischen Grenze

Die Hauptstrecken jenseits von Menghai führen zum einen gen Südwesten nach **Daluo** und zur Grenze mit Myanmar und zum anderen gen Nordwesten aus Xishuangbanna hinaus in die Region von Lancang (s.S. 979). Die berühmtesten buddhistischen Sehenswürdigkeiten rund um Menghai befinden sich in einem Umkreis von maximal einer Stunde Fahrt entlang letzterer Straße, darunter der 20 km entfernt in **Jingzhen** gelegene **Baijiao Ting** (Achteckiger Pavillon) sowie der **Manlei Fo Si** (Manlei-Buddha-Tempel), der 5 km weiter in **Mengzhe** steht. Bei beiden handelt es sich um minderwertige Nachbildungen älterer Gebäude, aber der Baijiao Ting ist ein recht bizarres Bauwerk, das im 18. Jahrhundert zur Beschwichtigung eines zornigen Wespenschwarms erbaut wurde. Ebenfalls beide Tempel beherbergen bedeutende Sammlungen buddhistischer Schriften auf Fächerpalmenfasern. Den ganzen Tag lang verkehren **Minibusse** von Menghai via Jingzhen nach Mengzhe, wo man in Nähe des Marktplatzes ein kleines **Gästehaus*** findet. Besser ist eine Übernachtung im 10 km südwestlich gelegenen **Xiding**, dessen geschäftiger Markt (Do) weniger Touristen anzieht als manch anderer in der Gegend.

Wer sich besonders für die Hani interessiert, sollte sich in die Gemeinde **Gelanghe** aufmachen, die 30 km südöstlich von Menghai liegt und über ein **Hostel*** verfügt. Tatsächlich gehören viele der Menschen hier den Nationalitäten der Dai und **Ake** an, eine an ihren langen Haaren zu erkennende Untergruppe der Hani, die sich bis nach Menglian und Simao verteilt. Was sie mit anderen Hani gemeinsam haben, sind die kunstvollen Verzierungen, die unverheiratete Frauen am Kopf tragen, sowie die mit Silberperlen und Münzen geschmückten Stoffkappen der verheirateten Frauen. Von Gelanghe führt ein schöner Wanderweg in die Berge, auf dem man an einem See und vielen traditionellen Ake-Dörfern mit Holzhäusern vorbeikommt.

An der Straße nach Daluo liegt das winzige **Menghun**, dessen **Sonntagsmarkt** – der bei Tagesanbruch beginnt und bis zum Mittag andauert – eine gute Gelegenheit bietet, mit den Einheimischen ins Gespräch zu kommen. Am besten verbringt man schon die Nacht zuvor in Menghun, um zumindest ein bisschen Zeit zu haben, bevor gegen 9 Uhr die Reisebusse aus Jinghong eintrudeln. Allerdings steht dann die Entscheidung an, welches der beiden grauenhaften **Gästehäuser*** seine Anwesenheit eher verdient – dasjenige an der Hauptstraße (mit englischem Schild) oder dasjenige an der Straße Richtung Felder. Die eine unbehagliche Nacht ist aber durchaus zu verschmerzen, wenn man dafür die Hani-Frauen mit ihrem Kopfschmuck aus Silberperlen bestaunen kann, die Bulang mit ihren schweren Ohrringen und riesigen schwarzen Turbanen oder die einfach gekleideten und mit uralten Gewehren ausgerüsteten Bewohner aus entlegenen Bergdörfern. Am stärksten vertreten sind jedoch die Dai, die hier ganze Ballen von selbst gemachtem Papier und Sarongs erwerben. Auch Menghun selbst ist einen Blick wert, denn dort stehen ein verwahrlostes **Kloster** aus dem 19. Jahrhundert mit einem Pavillon, der nach dem Vorbild der achteckigen Version von Jingzhen erbaut wurde, sowie eine **Pagode**, die sich in dem Bambuswäldchen auf den Hügeln hinter der Stadt versteckt. Ein weiterer Tempel in den südlichen Ebenen wird mit einer Legende in Verbindung gebracht, der zufolge der Bach auf Geheiß des Shakyamuni seinen Lauf veränderte.

Jenseits von Menghun führt die Straße an der Abzweigung nach Bulangshan vorbei und durch ein Waldgebiet, das von einer bisher noch namenlosen nomadisch lebenden Volksgruppe bewohnt wird, die eine unverständliche Sprache spricht und erst in den späten 80er Jahren „entdeckt" wurde. Am Ende der 50 km langen Asphaltstraße liegt unmittelbar vor der burmesischen Grenze die Stadt **Daluo**, die von zwei Bussen täglich aus/nach Menghai bedient wird. Einen Blick wert ist der riesige **Feigenbaum**, dessen Unmengen von Luftwurzeln eine Art „Wald" bilden. **Unterkunft** findet man in dem relativ neuen Hotel* auf der anderen Seite der Brücke. Der täglich stattfindende **Grenzhandelsmarkt** hat sich bereits auf die chinesischen Reisegruppen eingestellt, die zwischen 11 und 13 Uhr eintreffen. Chinesen haben auch die Möglichkeit, ein Zweistundenvisum für Myanmar zu bekommen – angeblich, um dort Jade einkaufen zu können. Tatsächlich aber strömen viele Leute wegen der eigens für sie veranstalteten Transvestitenshows hierher; Bilder davon sind in den Schaufenstern der Fotogeschäfte von Jinghong zu sehen.

Sichuan und Chongqing

Highlights

- **Teehaus im Wenshu Si**
In einem der besten und lautesten Teehäuser von Chengdu wird klar, warum die Sichuaner als Quasselstrippen gelten.

- **Emei Shan**
Der anstrengende Aufstieg wird belohnt mit einer herrlichen Gebirgslandschaft und stimmungsvollen Klöstern, die einen schönen Ort zum Übernachten abgeben.

- **Großer Buddha von Leshan**
Vom Ausflugsboot bietet sich ein unvergesslicher Anblick der gewaltigen, zwischen den Klippen aufragenden Statue.

- **Zigong**
Alte Salzbergwerke, ein Dinosauriermuseum, das alljährliche Laternenfest und die mit Erdgas betriebenen Busse verankern die etwas absonderliche und wenig touristische Stadt fest in der Erinnerung.

- **Fahrt auf dem Yangzi**
Entspannung pur, während die grandiose Landschaft langsam am Boot vorbeizieht und mit den legendären Drei Schluchten ihr Highlight erreicht.

- **Panda-Forschungszentrum Wolong**
Der beste Ort, um den Großen Panda in einem Umfeld zu beobachten, der seinem natürlichen Lebensraum sehr nahe kommt.

- **Reiten in Songpan**
Eine großartige Gelegenheit zur Erkundung der wilden Landschaft im Norden Sichuans.

- **Langmusi**
Verschrobenes, aber charman-tes tibetisches Dorf, das in einem friedlichen Tal an der Grenze von Sichuan zu Gansu liegt.

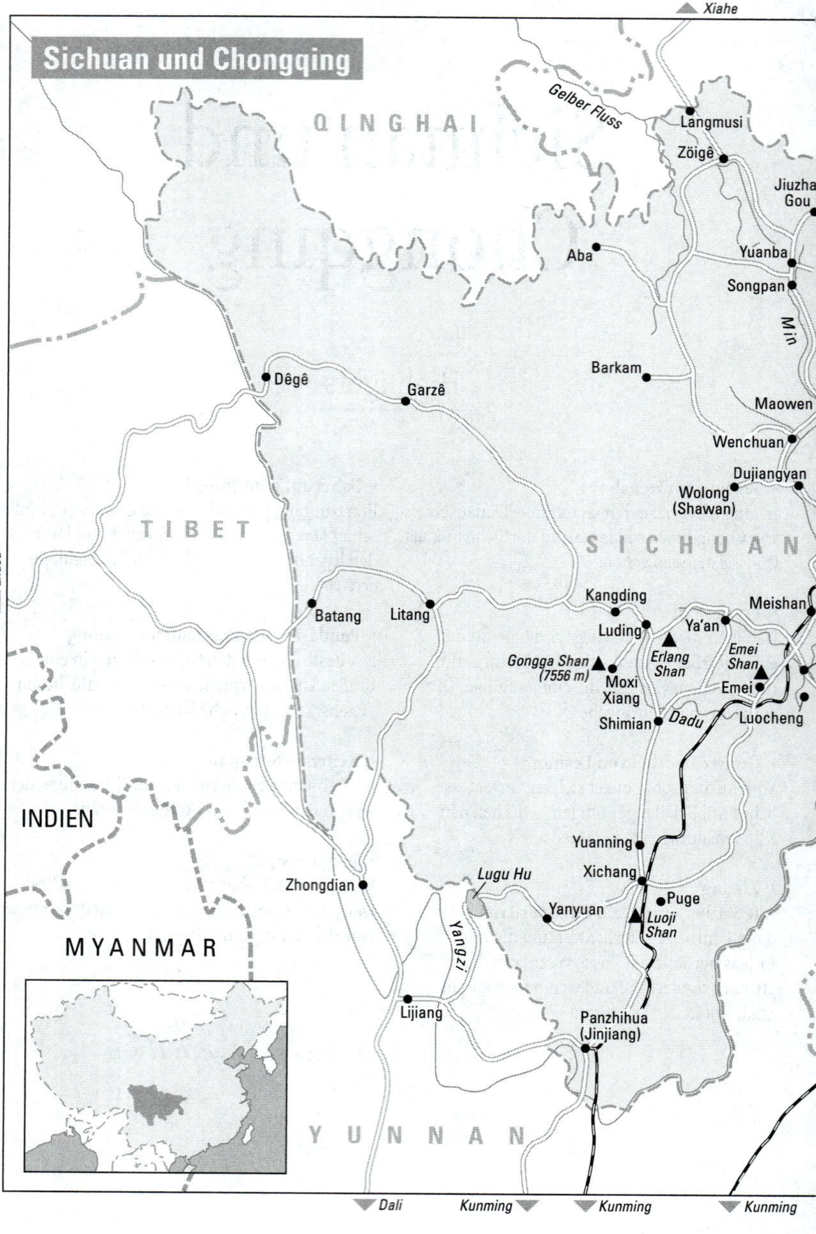
Sichuan und Chongqing
Xiahe
QINGHAI
Gelber Fluss
Langmusi
Zöigê
Jiuzhai Gou
Aba
Yuanba
Songpan
Min
Barkam
Dêgê
Garzê
Maowen
Wenchuan
Dujiangyan
Wolong (Shawan)
TIBET
SICHUAN
Lhasa
Kangding
Meishan
Batang
Litang
Luding
Ya'an
Gongga Shan (7556 m)
Erlang Shan
Emei Shan
Moxi Xiang
Emei
Shimian
Dadu
Luocheng
INDIEN
Yuanning
Xichang
Lugu Hu
Zhongdian
Puge
Yanyuan
Luoji Shan
Yangzi
MYANMAR
Lijiang
Panzhihua (Jinjiang)
YUNNAN
Dali
Kunming
Kunming
Kunming

Lanzhou
GANSU
Tianshui
Xi'an
SHAANXI
HENAN
Luoyang und Zhengzhou
Hanzhong
Huanglong
Guangyuan
Schwerttor-Pass
Jiange
Jiangyou
Zitong
Mianyang
Deyang
Guanghan
Xindu
CHENGDU
HUBEI
Wushan
Wanxian
Zhongxian
Enshi
Yichang
Fengdu
Yangzi
Dazu
Fulong
Leshan
Neijiang
Zigong
CHONGQING
CHONGQING SHI
Youtingpou
Rongxian
Min
Bambus-meer
Luzhou
Heilang
Yibin
Changning
Chishui
Gongxian
Luobiao
Wulingyuan
HUNAN
Zunyi
Huaihua
Shaoyang
Guiyang
GUIZHOU
N
0
200 km
Kunming

Über mehr als 1000 km dehnen sich Sichuan und Chongqing im Südwesten Chinas aus. Die Tatsache, dass die Region ringsum von gewaltigen Bergen umgeben ist, machte die Anreise früher einmal „beschwerlicher als eine Reise zum Himmel". Verwaltungstechnisch kam es 1997 zu einer Teilung, als die **regierungsunmittelbare Stadt Chongqing** von Sichuan ausgegliedert und in den Rang einer eigenständigen Provinz erhoben wurde.

Schon seit langer Zeit gefällt sich die Region in der Rolle des Abtrünnigen, unterscheidet sie sich doch praktisch in jeglicher Hinsicht – von der Küche bis zur Politik – vom übrigen China und war früher zudem so schwer erreichbar, dass sie es sich leisten konnte, die zentrale Macht zu ignorieren und jenen Asyl zu gewähren, die vor ihr fliehen mussten. Ungeachtet ihrer Teilung von 1997 haben Sichuan und Chongqing eine gemeinsame Geschichte, sodass sich die Region eher geografisch in zwei sehr unterschiedliche Hälften teilen ließe: eine dicht besiedelte Ebene im Osten und eine schwer zugängliche Bergwelt im Westen.

Im Osten erstreckt sich von Bergen umgeben eines der am dichtesten besiedelten Gebiete des Landes, das fruchtbare **Rote Becken**, wo das subtropische Klima und der ergiebige Boden schier endlose grüne Felder und drei Ernten pro Jahr hervorbringen. Dieser Reichtum spiegelt sich auch in **Chengdu**, der Hauptstadt Sichuans, sowie in den weiter südlich am Yangzi gelegenen Städten **Zigong** und **Yibin** wider. Weitere wunderbare Ziele für Touristen bieten die Wälder an den Hängen des heiligen Bergs **Emei Shan**, wo man auf den Spuren der buddhistischen Pilger wandeln kann, oder der **Yangzi**, dessen Befahrung zu einer der ganz großen Flussreisen dieser Welt zählt und in **Chongqing** beginnt, dem mächtigen industriellen Dynamo der Region. Daneben ist an vielen Orten zu sehen, dass der Einfluss des **Buddhismus** regelrecht mit der Landschaft verschmolzen ist, vor allem in **Leshan**, wo der enorme, in die Klippen am Fluss gemeißelte Große Buddha eine der beeindruckendsten Ansichten Chinas bietet, und weiter östlich in **Dazu**, wo unzählige fantastische Skulpturen aus den Felsen gehauen wurden und auf wundersame Weise der Schändung entkamen.

Im Gegensatz dazu wird der Westen Sichuans von stark zerklüfteten Gebirgsketten beherrscht, die aus dem tibetischen Hochland in die Provinz vorstoßen. Es handelt sich um eine spärlich besiedelte Region mit schneebedeckten Gipfeln, wo Yaks an der Baumgrenze grasen und sich die Landstraßen über unglaubliche Steigungen und Gefälle ihren Weg über die Berge und durch tief eingeschnittene Flusstäler bahnen. Im Nordwesten der Provinz laufen die Berge vorübergehend in einer Hochebene aus, dem **Aba-Grasland**, während sich die Gebirge im Süden etwas niedriger, aber deshalb nicht weniger spektakulär präsentieren und oft vom undurchdringlichen Grün des Nebelwalds verhüllt werden. Von den Han-Chinesen besetzt, aber niemals gezähmt, sind große Teile des Westens nur unter großer Anstrengung zu durchqueren, doch eben jene Unzugänglichkeit ist auch der größte Reiz dieser Region. Nicht weit von Chengdu bietet sich im **Naturreservat Wolong** die Gelegenheit zur Beobachtung des Großen Pandas, während die Reise nach Norden Richtung Gansu durch das Kernland der ethnischen Minderheiten Hui und Qiang führt. Die Gegend besticht durch herrlich blaue Seen und die fantastische Berglandschaft von **Songpan** und **Jiuzhaigou**, wobei das friedliche, direkt an der Provinzgrenze gelegene Dorf **Langmusi** das abgelegenste Reiseziel bildet. Rund 500 km westlich von Chengdu liegt die Grenze nach Tibet; noch zu Sichuan gehören der **Hailuogou-Gletscher** in den Ausläufern des höchsten Berges der Provinz namens **Gongga Shan** sowie einige bereits deutlich tibetisch geprägte Städte wie **Kangding**.

Dank neuer Straßen und besserer Fahrzeuge ist das **Reisen** in dieser Region heute nicht mehr der ganz große Härtetest von einst, doch wer ernsthaft in den Westen vorstoßen will, muss sich noch immer auf unberechenbar lange und unbequeme Fahrten gefasst machen. Die Eisenbahn wurde von der Topografie derart in ihre Schranken gewiesen, dass Chengdu erst 1956 nach monumentalen Anstrengungen an das nationale Schienennetz angeschlossen werden konnte. Die meisten Menschen nutzen den Zug aber nur für Fernreisen über die Provinzgrenzen hinaus; die nützlichste Regionalverbindung ist ein Streckenabschnitt der Linie von Xi'an nach Kunming, der von Chengdu aus Richtung Südwesten nach Emei Shan und Xichang führt.

Das **Klima** ist durch warme, nasse Sommer und kalte Winter geprägt, wobei der Norden und der Westen durchschnittlich drei Monate im Jahr von einer Schneedecke verhüllt werden.

Geschichte

In prähistorischen Zeiten war die Region allem Anschein nach in die **Königreiche** der **Ba** im Osten und der **Shu** im Westen unterteilt, die möglicherweise während der Shang-Dynastie (1600–1100 v.Chr.) miteinander verschmolzen. Ausgrabungen bei **Sanxingdui** in der Nähe von Chengdu legen nahe, dass die Ba-Shu-Gesellschaft auf Sklavenhaltung basierte und nicht nur eine hohe Entwicklungsstufe in der Metallverarbeitung erreichte, sondern auch durch eine bizarre Ästhetik hervorstach. Dank neuer Anbaumethoden entwickelte sich der Osten Sichuans gegen Ende des 3. Jahrhunderts v.Chr. zu einer landwirtschaftlich intensiv genutzten Region, und als die Qin-Armeen in das Land einfielen, fanden sie eine wirtschaftliche Basis vor, die ihnen 221 v.Chr. die Vereinigung des chinesischen Reiches ermöglichte – ähnlich verhielt es sich rund 1500 Jahre später bei der Invasion der mongolischen Streitmacht unter Dschingis Khan. In der Zwischenzeit etablierten sich in der Region die Drei Königreiche der **Shu** (eine Bezeichnung, die auch heute noch bisweilen synonym für Sichuan verwendet wird), und im späteren Verlauf der Geschichte bot Sichuan zwei entthronten chinesischen Kaisern Zuflucht.

Ansonsten war die Region einfach zu abgelegen, um eine zentrale Rolle in der chinesischen Geschichte einzunehmen, geriet aber 1911 in die Schlagzeilen, als die Regierung mit ihrer Einmischung in den regionalen Eisenbahnbau landesweite Aufstände auslöste, die schließlich zum Sturz der Qing-Dynastie führten. In den folgenden vier Jahrzehnten kämpften rivalisierende Militärmachthaber, die so genannten Warlords, um die lokale Vorherrschaft. Eine gewisse Stabilität stellte sich erst ein, als die **nationalistische Regierung** Chongqing zu ihrer Hauptstadt machte, nachdem die Japaner 1937 in China einmarschiert waren, doch noch bis ins Jahr 1955 existierten innerhalb der früheren Grenzen Sichuans nominell unabhängige Staaten. Ein Sprichwort lautete „Selbst wenn im gesamten Land Frieden herrscht, will sich Sichuan nicht fügen."

Während der Kulturrevolution machte die Provinz schwere Zeiten durch. Die Autobiografie *Wilde Schwäne* von **Jung Chang** liefert Schilderungen aus erster Hand über die brutale Willkür, mit der die Kommunisten damals in Sichuan vorgingen. Anfang der 70er Jahre des 20. Jahrhunderts ging Sichuan völlig verarmt und landwirtschaftlich verwüstet aus dieser Periode hervor und war verständlicherweise die erste Provinz, die Maos Ideale zu den Akten legte, als der Parteiführer Zhao Ziyang den Bauern erstmals erlaubte, ihre Erzeugnisse wieder auf dem freien Markt zu verkaufen. Damit bildete er die Speerspitze für die späteren Reformen von **Deng Xiaoping**, der ebenfalls aus Sichuan stammte. Die Reformen erwiesen sich als derart effektiv, dass sich Sichuan bereits in den 90er Jahren als Ernst zu nehmender Konkurrent der Ostküstenwirtschaft behaupten konnte. Großen Anteil an dieser Entwicklung hatte Chongqing, das bereits stark industrialisierte Verbindungsglied am Yangzi zwischen Sichuan und Ostchina. Chongqings ökonomisches Gewicht sicherte der Stadt und ihrer Umgebung in der Folge den Status einer so genannten „regierungsunmittelbaren Stadt". Inzwischen schreitet die Entwicklung der Region immer weiter fort und bringt alle Probleme eines ausufernden Wachstums mit sich: erschreckende Luftverschmutzung, Umweltzerstörung und ein geradezu unglaubliches Ausmaß an Bautätigkeit in den Städten.

Ost-Sichuan und Chongqing

Der Osten Sichuans zählt zu den angenehmsten Regionen Chinas für eine Erkundung ohne festen Plan und hat seinen Mittelpunkt in der entspannten Provinzhauptstadt **Chengdu**. Die nicht zuletzt für ihre feurige Küche berühmte Stadt eignet sich gut als Ausgangsbasis für einige lohnenswerte Tagesausflüge zu landschaftlich schönen und historischen Sehenswürdigkeiten in der näheren Umgebung, darunter das ungewöhnliche, bereits 2000 Jahre alte **Bewässerungsprojekt** in **Dujiangyan**. Richtung Nordosten liegt eine wenig beachtete, aber historisch bedeutsame **Route nach Shaanxi**, und Richtung Südwesten führen sowohl die Landstraße als auch die Eisenbahn an den buddhistischen Wahrzeichen **Emei Shan** und **Leshan** vorbei und weiter über **Xichang** zur Grenze nach Yunnan. Südöstlich der Hauptstadt bieten die historischen Städte **Zigong** und **Yibin** Zugang zu malerischen Bambuswäldern und Spuren einer obskuren, vor langer Zeit erloschenen Kultur. Großartige buddhistische Grottenkunst findet sich östlich von Chengdu in der Umgebung der ländlichen Kleinstadt **Dazu**. Jenseits davon markiert **Chongqing**, Westchinas größte Stadt, den Ausgangspunkt einer **Flussreise über den Yangzi** bis in die Provinz Hubei, in deren Verlauf auch die spektakulären **Drei Schluchten** passiert werden.

Chengdu

Im westlichen Abschnitt des Roten Beckens liegt Chengdu, eine Metropole mit zwei Gesichtern: einerseits eine moderne, versmogte Provinzhauptstadt, in deren von Boutiquen gesäumten Straßen japanische Geländewagen und neonfarbene Fahrräder unterwegs sind, andererseits enge und verwinkelte Gassen, wo alte Männer in lärmenden Teehäusern Karten spielen und die Veranden der traditionellen Fachwerkhäuser von Topfpflanzen geschmückt werden. Egal ob man China bereits gut kennt oder aus Tibet kommend zum ersten Mal seinen Fuß auf han-chinesischen Boden setzt, hält Chengdu einige Überraschungen bereit und entspricht bei weitem nicht dem Bild einer typischen Metropole. Es handelt sich um eine der freundlichsten Städte des Landes, die äußerst interessant und von der Größe her durchaus überschaubar ist.

Chengdu wurde bereits vor über 2400 Jahren besiedelt und war einst auf fast 20 km Länge von Stadtmauern mit Zinnen und Toren umgeben. Ihren Beinamen **Brokatstadt** erhielt sie zu Zeiten der Han-Dynastie, als Angehörige der Oberschicht in elegant dekorierten Gräbern beigesetzt wurden und Seide aus Chengdu über die Karawanenrouten gen Westen bis ins kaiserliche Rom gelangte. Im 8. Jahrhundert suchte der Tang-Kaiser Xuan Zong Zuflucht in Chengdu, nachdem sich seine Soldaten wegen seiner Vernarrtheit in die schöne Konkubine Yang Guifei gegen ihn erhoben hatten. Später entwickelte sich die Stadt zu einem Zentrum der **Druckerei** und produzierte das erste Papiergeld der Welt. 1271 wurde Chengdu von einfallenden Mongolen geplündert, erholte sich aber schnell genug, um mit seinen geschäftigen Handwerkern und hübschen Brücken den Forschungsreisenden Marco Polo in Verzückung zu versetzen. In der Folge durchlief die Stadt noch einige Male den Zyklus von Zerstörung und Wiederaufbau und ist heute einmal mehr ein bedeutendes Industrie- und Wirtschaftszentrum, in dem überall Neubauten hochgezogen und alte Gebäude abgerissen werden. Der massive Ausbau der chinesischen Städte mag nichts Außergewöhnliches sein angesichts des Schneeballeffekts der rasant wachsenden Wirtschaft, aber ungeachtet seiner relativen Isolation scheint Chengdu übermäßig viele Investoren angelockt zu haben. Die Läden sind proppenvoll mit importierten Waren, und auch die traditionelleren Betriebe in den Nebenstraßen machen gute Geschäfte. Straßen und Parks strotzen während des **Frühlingsblumenfests** vor Farbe, die Marktstände ächzen unter dem Gewicht von Obst und Gemüse. Chengdu ist eine durch und durch fröhliche Stadt, deren bewegte Geschichte zahlreiche Sehenswürdigkeiten illustrieren – allein die Denkmäler und Tempel in der Stadt und ihrer Umgebung rechtfertigen einen mehrtägigen Aufenthalt.

Der starken kulturellen Tradition von Chengdu fügt die in den 20er Jahren des 20. Jahrhunderts gegründete **Universität** ein lebendiges Element hinzu, ebenso wie die bedeutende **Hochschule für Traditionelle Chinesische Medizin**. Kombiniert man das Ganze mit abendlichen Erkundungstouren durch die Restaurants – bekannt für ihre herausragende Küche, eine der schärfsten Chinas – und das langsam aufkeimende Nachtleben, so empfiehlt sich Chengdu zumindest als komfortable Ausgangsbasis für die Organisation von Reisen in andere Teile Sichuans, oder aber als Ruhepol, um sich von den Strapazen einer solchen Reise zu erholen.

Orientierung

Die mit knapp 4 km Durchmesser breitflächig angelegte Innenstadt, die auf dem Stadtplan wie ein verzogenes Straßengitter aussieht, wird auf drei Seiten von den übel riechenden, schwarzen und kanalartigen Flüssen **Fu** und **Jin** umschlossen, die ihrerseits von mehreren Ringstraßen umgeben sind, zu denen ständig neue hinzukommen. Chengdus breite, von Platanen gesäumte Hauptdurchgangsstraße namens **Renmin Lu** ist in einen nördlichen, mittleren und südlichen Abschnitt unterteilt. Das eigentliche Stadtzentrum wird fest eingenommen von einer imposanten weißen **Statue von Mao**, der mit dem Rücken zur **Ausstellungshalle** süffisant lächelnd über den zentralen öffentlichen Platz hinweg nach Süden den stockenden Verkehr überblickt. Unmittelbar westlich erheben sich Türme und Kuppel einer riesigen **Moschee**, die für Chengdus ansehnliche moslemische Gemeinde gebaut wurde, nachdem das ehemalige islamische Viertel 1997 dem zentralen Platz weichen musste. Östlich der Ausstellungshalle trifft die Renmin Dong Lu auf die Straßen **Dongfeng Lu** und **Dong Dajie**, die parallel zueinander in östlicher Richtung mitten durch das Geschäfts- und Einkaufsviertel der Stadt verlaufen. Verbunden werden die beiden in Zentrumsnähe durch die prestigeträchtige Einkaufsstraße **Chunxi Lu**. Südlich davon Richtung Fluss liegen hinter der grünen Straße Hongxing Lu einige ruhige, von Mauern umgebene Gassen, wo Torbögen aus Holz zu den Innenhöfen jahrhundertealter Häuser führen.

Wenshu Si

Rund 1500 m nördlich der Mao-Statue liegt an der Route der Buslinie 16 der Eingang zur buddhistischen Kloster- und Tempelanlage Wenshu Si. Sie liegt etwas östlich der Renmin Zhong Lu in der kleinen Gasse Wenshu Yuan Jie, wo an zahlreichen Ständen Papiergeld für Geldopfer, Weihrauchstäbchen und knallig bunte Buddha-Statuen aus Porzellan verkauft werden. Der Wenshu, dem Gott der Weisheit geweihte Tempel wurde bereits im 7. Jahrhundert gegründet, die heutigen Anlagen stammen aus der Zeit um 1700. Als Sitz der Chan-Buddhisten Sichuans, einer zen-buddhistischen Schule, ist der Tempel stets gut besucht von Chinesen, die mit bestimmten Posen den Schreinen huldigen und ihren Kindern genau dies beibringen. Die fünf unaufdringlichen Hallen bestechen durch wunderschön geschwungene Ziegeldächer, kunstvoll geschnitzte Dachvorsprünge und bemalte Decken. Im Innern befinden sich die in Weihrauchschwaden gehüllten Statuen von Maitreya und Guanyin. Die dritte Halle hütet eine Reihe vergoldeter Arhats unter Glas (kurios ist die Figur, deren Augenbrauen bis auf die Brust fallen). In der nächsten Halle ist das wunderbare Gemälde einer seltsamen, hundeartigen Kreatur hinter einem lächelnden Buddha zu bewundern. Das Kloster verfügt außerdem über eine berühmte Sammlung von **Sutren**, die teilweise mit Blut geschrieben, aber leider nicht zu besichtigen sind. 🕓 tgl. 6–20.30 Uhr, Eintritt ¥1.

Draußen in den Gärten steht im Schatten von Kiefern und Ginkgo-Bäumen ein rappelvolles **Teehaus**, in dem die Einheimischen lautstark Erfrischungen bestellen. Außerdem gibt es hier ein sehr gutes **vegetarisches Restaurant**, in dem die Mönche selber kochen – ein ausgezeichneter Grund, Wenshu zur Mittagszeit aufzusuchen (s.S. 1010, Essen).

Teehäuser Den Sichuanern eilt der Ruf voraus, ein besonders schwatzhaftes Völkchen zu sein, was sich am besten in einem der zahlreichen Teehäuser *(chadian)* überprüfen lässt, für die Chengdu seit eh und je berühmt ist. Traditionell handelte es sich um so etwas wie gesellschaftliche Clubs, in denen die Menschen zusammenkamen, um Geschäfte zu machen, Sitzungen abzuhalten oder einfach nach der Arbeit zu entspannen, indem sie sich von Geschichtenerzählern oder Schauspieltruppen unterhalten ließen. Die Teehäuser hatten schwer unter der Kulturrevolution zu leiden, denn damals waren derartige Aktivitäten als bourgeois verpönt. Auch wenn sich die Teehausszene in den letzten Jahren wieder etwas erholt hat, so verschwinden doch immer mehr der älteren, nur Männern vorbehaltenen Etablissements zusammen mit den Seitengassen und Häusern, in denen sie untergebracht waren. Teehäuser finden sich in allen Parks, Tempelanlagen und Theatern Chengdus, wo sich Senioren und Faulenzer ganze Tage mit Plaudern, Schach, Mahjongg oder Kartenspielen um die Ohren schlagen, während sich bei den interessanten Partien Menschentrauben um die Spieler bilden. Ansonsten sitzen die Leute einfach auf ihren Bambus- oder Plastikstühlen und rauchen Stumpen, kauen Melonenkerne oder debattieren mit ihren Sitznachbarn, während ein Kellner umherwieselt und ständig aus einer Kanne mit zerbrochenem Ausguss nachschenkt. Die Teehäuser sind jedermann zugänglich, Ausländer eingeschlossen, und der perfekte Ort für eine gemütliche Begegnung bei einer immervollen Tasse Tee.

Chengdu

Chengdu	成都	***chéngdū***
Ausstellungshalle	省展览馆	*shěng zhǎnlǎnguǎn*
Baihuatan-Park	百花潭公园	*bǎihuātán gōngyuán*
Busbahnhof-Nord	北站中心站	*běizhàn zhōngxīnzhàn*
Busbahnhof Ximen	西门车站	*xīmén chēz hàn*
Busbahnhof Xinnanmen	新南汽车站	*xīnnán qìchēzhàn*
Hospital der Hochschule für Traditionelle Chinesische Medizin	中医药大学	*zhōngyīyào dàxué*
Hütte von Du Fu	杜甫草堂	*dùfǔ cǎotáng*
Jinjiang-Theater	锦江剧场	*jǐnjiāng jùchǎng*
Kulturpalast	文化宫	*wénhuà gōng*
Museum der Universität	四川大学博物馆	*sìchuān dàxué bówùguǎn*
Provinzmuseum	省博物馆	*shěng bówùguǎn*
Qingyang Gong	青羊宫	*qīngyáng gōng*
Renmin-Stadion	人民体育场	*rénmín tǐyùchǎng*
Shudu-Theater	蜀都剧场	*shǔdū jùchǎng*
Volkspark	人民公园	*rénmín gōngyuán*
Wang Jian Mu	王建墓	*wángjiàn mù*
Wangjiang-Lou-Park	望江楼公园	*wàngjiānglóu gōngyuán*
Wenshu Si	文殊院	*wénshū yuàn*
Wuhou Ci	武侯祠	*wǔhóu cí*
Zhaojue Si	照觉寺	*zhàojué sì*
Zoo von Chengdu	成都动物园	*chéngdū dòngwùyuán*
Zucht- und Forschungsstation für Große Pandas in Chengdu	成都大熊猫繁育研究基地	*chéngdū dàxióngmāo fányù yánjiū jīdì*

Übernachtung

Holiday Inn Crowne Plaza	总府皇冠假日酒店	*zǒngfǔ huángguān jiàrìjiǔdiàn*
Jiaotong	交通饭店	*jiāotōng fàndiàn*
Jinhe	金河大酒店	*jīnhé dàjiǔdiàn*
Jinjiang	锦江宾馆	*jǐnjiāng bīnguǎn*
Minshan	岷山饭店	*mínshān fàndiàn*
Railway Travel Hotel	铁旅大厦	*tiělǚ dàshà*
Rongcheng	荣城宾馆	*róngchéng bīnguǎn*

Essen und Unterhaltung

Chen Mapo Tofu	陈麻婆豆腐	*chénmápó dòufù*
Chengdu	成都餐厅	*chéngdū cāntīng*
Guotang Yuan	郭汤圆	*guōtāng yuán*
Half Dozen Pub	半打啤酒馆	*bàndǎ píjiǔguǎn*
Highfly Café	高飞咖啡	*gāofēi kāfēi*
Lao Chengdu Gong Guan Cai	老成都公菜馆	*lǎochéngdū gōngguǎncài*
Long Chaoshou	龙抄手饭店	*lóngchāoshǒu fàndiàn*
Tianfang Lou	天方楼	*tiānfāng lóu*
White Night Bar	白夜酒吧	*báiyè jiǔbā*
Xiaocheng Xiaocan	小城小餐	*xiǎochéng xiǎocān*

Volkspark

Zehn Gehminuten westlich der Ausstellungshalle erstreckt sich der Volkspark, eine für Chengdu typische Freifläche. Am interessantesten ist ein Besuch am frühen Morgen, wenn Taijiquan- und Wushu-Begeisterte sich den Platz mit klassischen Tanzgruppen teilen, die sich zur Flötenmusik drehen, und alte Männer ihre Käfige mit Singvögeln aufhängen. Von der Jinhe Lu kommend fällt zunächst das **Märtyrerdenkmal** ins Auge, ein hoher Obelisk zum Gedenken an die Eisenbahnaufstände von 1911 (die schließlich zum Fall der Qing-Dynastie führten), daher die ungewöhnlichen Darstellungen von Lokomotiven und Schraubenschlüsseln. In der Nähe gibt es ein gutes **Teehaus** und **Ziergärten** mit Blumen, grünen Rasenflächen (die andernorts zu Staub zertrampelt sind) und künstlichen Felsformationen. Beachtenswert sind die mit kleinen Brennern und Marmorplatten ausgerüsteten Verkäufer, die am Wegrand sitzen und mit viel Geschick kunstvolle Figuren der chinesischen Tierkreiszeichen aus Karamell anfertigen. Am östlichen Ende des Parks liegt ein kleiner See mit Tretbootverleih (¥1). Eintritt zum Park ¥2, mit Tee ¥5.

Der Südausgang führt direkt auf einen lebendigen Obst- und Gemüsemarkt sowie in einige schmale Gassen, wo sich ein zwangloses Straßenleben entfaltet und noch ein Blick auf das rapide verschwindende alte Chengdu mit seinen Häuschen und Balkonen aus Holz zu erhaschen ist.

Qingyang Gong und Umgebung

Die Jinhe Lu führt am Volkspark vorbei noch etwa 2 km nach Westen in Richtung des daoistischen Tempels Qingyang Gong, der auf die Zeit der Tang-Dynastie zurückgeht. Wer nicht so weit laufen möchte, kann auch den Bus Nr. 42 heranwinken, der seine Endhaltestelle gegenüber dem Tempel hat. Unterwegs geht die Jinhe Lu zunächst in ihre Verlängerung Tonghuimen Jie und dann in die Shi'erqiao Jie über.

Von der Tonghuimen Jie zweigt die **Xichengbian Jie** ab, eine außergewöhnliche Straße, die im Stil der Qing-Dynastie nachgebaut wurde. Sie ist interessant anzuschauen, auch wenn es nirgendwo in China je so perfekt aussah und das Ergebnis mit teuren Schmuckläden, Restaurants und Karaoke-Bars eher an eine westliche „Chinatown“ erinnert.

Am südlichen Ende der Straße biegt man entweder nach rechts zum Qingyang-Tempel ab oder folgt der Zierbrücke über den Jin-Fluss zum **Baihuatan-Park** (Eintritt ¥2), der wegen seiner hübschen **Blumengärten** mit knorrigen Bonsais und Orchideen berühmt ist. Der uralte **Ginkgo-Baum** geht angeblich auf die Tang-Zeit zurück. Etwas deplatziert wirkt in diesem Zusammenhang der benachbarte Dinosaurier-Themenpark, dessen Eingang von einer aus lebensgroßen, mechanischen Pandas bestehenden Blaskapelle geziert wird.

Im südlichen Abschnitt des geschmacklosen **Kulturparks** (ein Besuch lohnt nur zum chinesischen Neujahr, wenn hier Chengdus Blumenfest stattfindet) steht der **Qingyang Gong** (Tempel der Grünen Ziegen, Eintritt ¥1). Er ist Lao Zi gewidmet, dem angeblichen Begründer des Daoismus, dessen Existenz historisch jedoch nicht verifiziert werden konnte. Das Äußere der Haupthalle namens **Drei Reinheiten** schmücken Tiere und Drachen in hellen Farben, während die beiden **Bronzeziegen** am Eingang inzwischen eingezäunt wurden, nachdem sie von den Liebkosungen der Glück Suchenden bereits völlig abgenutzt waren. Die „Ziege“ zur Rechten erscheint etwas seltsam, ist sie doch die gleichzeitige Inkarnation aller zwölf chinesischen Tierkreiszeichen. Im Innern thronen die goldenen Drei Reinheiten höchstselbst als massive Verkörperung der drei Ebenen des daoistischen Himmels über den Gipsheiligen an den Wänden. Den Hintergrund bildet ein geschnitztes Paneel, auf dem die Reinheiten auf den ihnen zugedachten Kreaturen reiten: ein Kranich, ein Tiger und ein neunköpfiger Löwe. Recht unterhaltsam geht es hinter der letzten Halle zu, wo die Glück Suchenden mit geschlossenen Augen und ausgestreckten Armen auf ein großes, an die Wand gemaltes Glückssymbol zulaufen und es zu treffen versuchen, während die Schaulustigen sich schieflachen, bevor sie schließlich selbst scheitern.

Zehn Gehminuten nördlich des Parks über die Yihuan Lu liegt das **Hospital der Hochschule für Traditionelle Chinesische Medizin**. Auch Ausländer sind hier zum Studium zugelassen, und einige Kurse werden sogar in englischer Sprache angeboten. Wer an einem Besuch interessiert ist, kann sich an *Sam's Backpackers* (s.S. 1007) wenden.

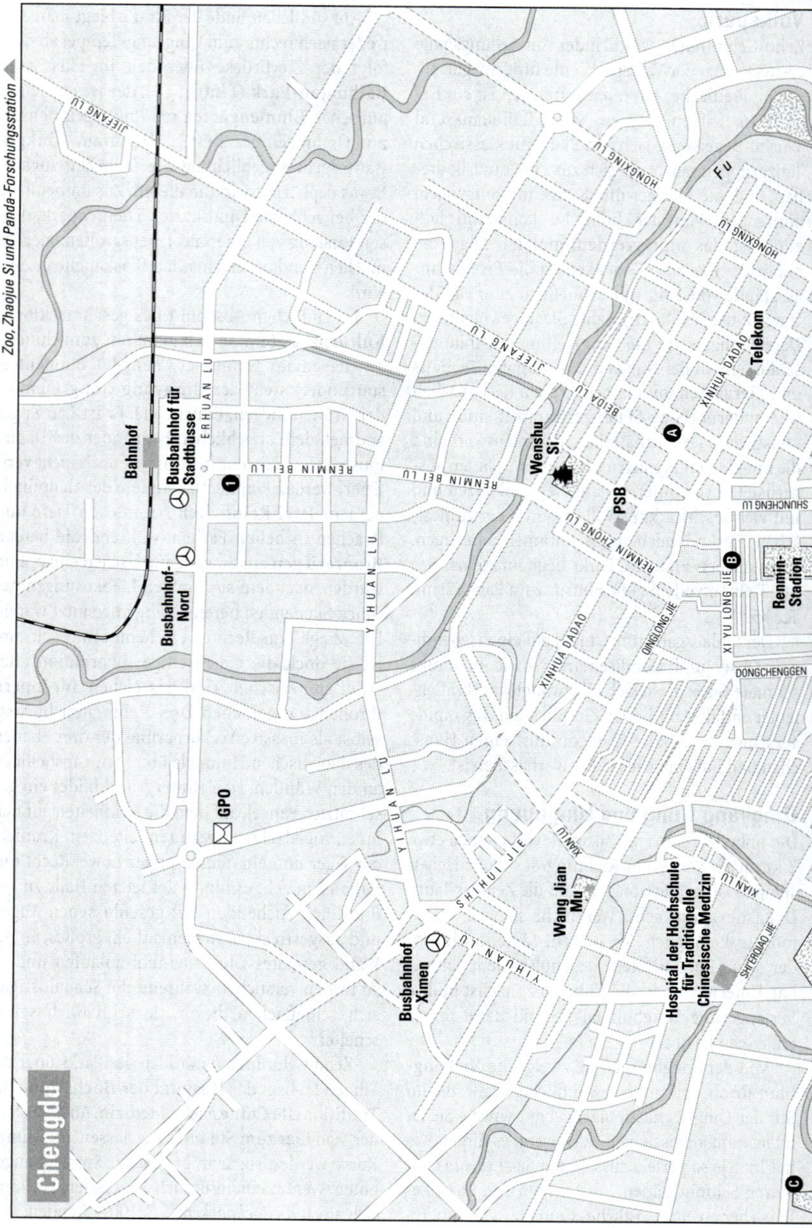
Chengdu
Zoo, Zhaojue Si und Panda-Forschungsstation
JIEFANG LU
HONGXING LU
Fu
HONGXING LU
JIEFANG LU
BEIDA LU
XINHUA DADAO
Telekom
Bahnhof
Busbahnhof für Stadtbusse
ERHUAN LU
RENMIN BEI LU
1
A
Wenshu Si
PSB
SHUNCHENG LU
RENMIN ZHONG LU
B
Busbahnhof-Nord
Renmin-Stadion
XI YU LONG JIE
QINGLONG JIE
XINHUA DADAO
YIHUAN LU
DONGCHENGGEN
GPO
SHIHUI JIE
XIAN LU
Wang Jian Mu
Hospital der Hochschule für Traditionelle Chinesische Medizin
SHI'ERQIAO JIE
Busbahnhof Ximen
C

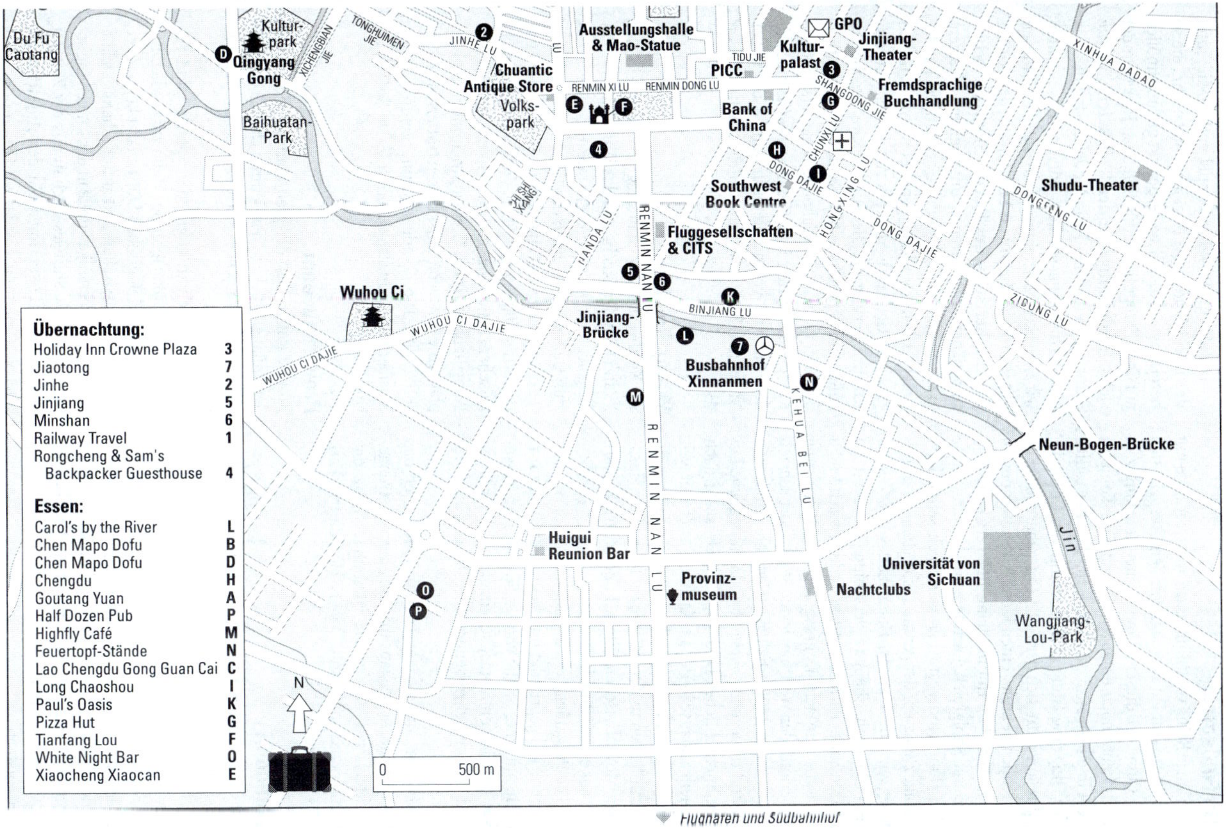
Du Fu Caotang
Kultur-park
Qingyang Gong
Baihuatan-Park
XICHENGBIAN JIE
TONGHUIMEN JIE
JINHE LU
Chuantic Antique Store
Volks-park
Ausstellungshalle & Mao-Statue
RENMIN XI LU
RENMIN DONG LU
TIDU JIE
PICC
GPO
Kultur-palast
Jinjiang-Theater
Fremdsprachige Buchhandlung
SHANGDONG JIE
Bank of China
CHUNXI LU
DONG DAJIE
Southwest Book Centre
HONGXING LU
XINHUA DADAO
Shudu-Theater
DONGFENG LU
DONG DAJIE
Fluggesellschaften & CITS
HANDA LU
RENMIN NAN LU
Wuhou Ci
WUHOU CI DAJIE
Jinjiang-Brücke
BINJIANG LU
ZIDONG LU
Busbahnhof Xinnanmen
KEHUA BEI LU
Neun-Bogen-Brücke
Jin
Huigui Reunion Bar
Provinz-museum
Nachtclubs
Universität von Sichuan
Wangjiang-Lou-Park
N
0 500 m
Übernachtung:
Holiday Inn Crowne Plaza 3
Jiaotong 7
Jinhe 2
Jinjiang 5
Minshan 6
Railway Travel 1
Rongcheng & Sam's Backpacker Guesthouse 4
Essen:
Carol's by the River L
Chen Mapo Dofu B
Chen Mapo Dofu D
Chengdu H
Goutang Yuan A
Half Dozen Pub P
Highfly Café M
Feuertopf-Stände N
Lao Chengdu Gong Guan Cai C
Long Chaoshou I
Paul's Oasis K
Pizza Hut G
Tianfang Lou F
White Night Bar O
Xiaocheng Xiaocan E
Flughafen und Südbahnhof

Du Fu Caotang

Die lange Reihe von Minibussen vor der Anlage mit der Hütte von Du Fu zeugt von dem Respekt, den die Chinesen diesem **Poeten** aus der Tang-Zeit auch heute noch entgegenbringen. Der Komplex liegt in einem attraktiven Park rund 2 km westlich des Qingyang Gong am Stadtrand von Chengdu. Jahrelang hatte sich der 712 n.Chr. geborene Du Fu vergeblich bemüht, einen kleinen Beamtenposten am kaiserlichen Hof in Chang'an zu ergattern und war erst erfolgreich, nachdem einer seiner Söhne den Hungertod gestorben war. Doch schon kurz darauf zwang ihn der gerade ausbrechende Bürgerkrieg zur Flucht aus der Hauptstadt, von wo es ihn um 759 nach Chengdu verschlug. Während im ganzen Land der Krieg wütete, verkroch sich Du Fu in einer einfachen, grasgedeckten Behausung außerhalb der Westmauer der Stadt. Dort schrieb er 240 seiner 1400 erhaltenen Gedichte – freimütige und bewegende Verse über das alltägliche Leben, menschliches Leid und die Sehnsucht nach seinem Zuhause in Henan. Nachdem er erneut weiterziehen musste, verbrachte er den Rest seiner Tage mit Reisen in Zentralchina „gleich einer einsamen Möwe zwischen Himmel und Meer". Er starb 770 auf einem Boot in Hunan.

Die Parkanlage wurde drei Jahrhunderte nach seinem Tod gegründet und beinhaltet die **Haupthalle** mit einer Statue von Du Fu sowie ein **Museum** mit einigen fantastischen alten Holzschnitten und handgeschriebenen Ausgaben seiner Gedichte.

In den umliegenden Gärten stehen noch das unvermeidliche Teehaus und ein alberner strohgedeckter Pavillon, der die ehemalige Hütte des Dichters darstellen soll. ⏲ 9–17 Uhr, Eintritt Park ¥5, Museum ¥25.

Wuhou Ci

Für Geschichtsinteressierte gibt es ein weiteres lohnenswertes Ziel im Südwesten der Stadt, unterhalb des Jin-Flusses in der Wuhou Ci Dajie. Es handelt sich um einen größtenteils wiederhergestellten Komplex aus der Zeit der Tang-Dynastie, der auf einem mit üppiger Vegetation bewachsenen Gelände steht und **Zhuge Liang** gewidmet ist, legendärer Militärstratege aus der Zeit der Drei Reiche, der 212 n.Chr. zum ersten Kanzler des Shun-Reiches aufstieg.

Der Zhuge geweihte Tempel enthält die **Tafel der Drei Wunder** aus dem Jahre 809 n.Chr., die so bezeichnet wird, weil sie als perfekt gilt im Hinblick auf Text, Kalligrafie und Reliefkunst. Hier befindet sich auch das **Museum der Drei Reiche**, wo die damalige Zeit anhand von Modellen, Landkarten und Erinnerungsstücken wieder wachgerufen wird. Stärkere Anziehungskraft auf die Chinesen übt jedoch das **Grab von Liu Bei** aus, dem Gründer und Herrscher des Reiches Shun, der neben seinen beiden Ehefrauen unter einem riesigen, grasbewachsenen Hügel im rückwärtigen Teil der Anlage zur letzten Ruhe gebettet wurde. Auf dem gesamten Gelände werden alle Arten von Souvenirs zur Erinnerung an die Drei Reiche angeboten, außerdem verkaufen einige Stände etwas westlich des Komplexes an der Wuhou Ci Dajie verschiedene Kampfkunstwaffen. Erreichbar ist das Gelände mit dem Bus Nr. 1 von der Renmin Nan Lu, der in der Nähe hält. Eintritt ¥5, einschließlich aller Hallen ¥30.

Wang Jian Mu

Im Nordwesten der Stadt liegt etwas abseits der Xi'an Lu an der Buslinie 46 das Wang Jian Mu, ein freigelegtes, aber ansonsten unrestauriertes Grab zum Gedenken an einen der Herrscher des Shun-Reichs während der chaotischen Periode der Fünf Dynastien (907–960 n.Chr.). Viel gibt es hier nicht zu sehen, außer einigen Grabrelikten, einer Statue Wang Jians sowie der Grabkammer mit einer Sargplatte, die von zwölf muskulösen Götterfiguren gestützt wird. Die Wände sind mit Steinreliefs von Musikern und Tänzern dekoriert. ⏲ Di–So 9–17.30 Uhr, Eintritt ¥2.

Provinzmuseum

Rund 2 km südlich der Mao-Statue steht jenseits der Jinjiang-Brücke in der Renmin Nan Lu das Provinzmuseum, in dem es sich durchaus ein wenig zu stöbern lohnt.

Erklärungen in englischer Sprache sind rar, doch eine Landkarte in der Halle zur Linken mit Sichuans archäologischen Stätten lässt keine Zweifel an der historischen Bedeutung Chengdus aufkommen, wobei einige Funde in der Umgebung sogar von der Ba-Shu-Gesellschaft aus der Zeit der Shang-Dynastie stammen. Zu den Ausstellungsstücken zählen ein 4 m langer **Hängender Sarg** aus Holz, der in einer Nische in den Klippen oberhalb des Yangzi gefunden wurde, sowie Formen für außergewöhnliche **Masken**, welche in den **Opfergruben** von Sanxingdui zu Tage traten. Spätere Bronzearbeiten beinhalten eine schöne Reihe von 14 klöppellosen **Glocken** aus der Zeit der Streitenden Reiche, die aus der gleichen Epoche stammen wie diejenigen, die bei Wuhan in Hubei entdeckt wurden (s.S. 600).

Im hinteren Teil des rechten Flügels steht wie eine überdimensionale Schachfigur die Statue des aus dem 3. Jahrhundert v.Chr. stammenden Ingenieurs **Li Bing**, die 1974 mit dem Gesicht nach unten im Flussbett seines Bewässerungsprojekts in Dujiangyan gefunden wurde. Der Rest des Raumes wird von Pauszeichnungen einiger **Han-Gräber-Reliefs** eingenommen – Tafeln mit Abbildungen welliger, lang gestreckter Figuren in ländlicher und höfischer Umgebung, auf denen Szenen aus dem Leben der Verstorbenen nachgezeichnet wurden; auf einer Tafel ist ein Kamel mit gefährlichen Zähnen in Gesellschaft einiger Kameltreiber zu sehen. Unter den ähnlich lebendigen **Keramikfiguren** befinden sich einige korpulente Tierkörper und das groteske Modell eines trommelnden Geschichtenerzählers.

Das Museum ist mit der Buslinie 16 zu erreichen. ⌚ Di–Fr 9–12 und 14–17 Uhr, Sa und So 10–16 Uhr, Eintritt ¥5.

Universität von Sichuan

Etwas abgelegen am äußersten südöstlichen Rand Chengdus lohnt die Universität von Sichuan nicht nur einen Abstecher wegen des dortigen Museums und des nahe gelegenen Wangjiang-Lou-Parks, sondern weil man dort auch ein Schwätzchen mit den Studenten halten kann. Die Buslinien 62 und 35 haben ihre Endhaltestelle in der Nähe, am Nordufer des Jin an der **Neun-Bogen-Brücke**, wo Tibeter auf dem Bürgersteig sitzend Tigerklauen und präparierte Affenkörper verkaufen. Nach Überquerung der Brücke sind es noch zehn Gehminuten am Südufer entlang zum Eingang der Universität.

Auf dem Gelände führt eine Allee zu einem säuberlich bepflanzten Garten, wo rechter Hand das ausgezeichnete **Universitätsmuseum** liegt. Im Erdgeschoss befinden sich weitere Han-Gräber-Reliefs sowie Überreste einiger wunderschön proportionierter **buddhistischer Statuen**. Das Obergeschoss birgt einige lohnenswerte, allerdings auch recht trockene **ethnologische Exponate**, beispielsweise Bekleidungsstücke der ethnischen Minderheiten Qiang, Yi und Miao. Ein weiterer Raum beschäftigt sich mit religiösen Artefakten aus Tibet, darunter Silberfiligranarbeiten, Gemälde und eine aus einem menschlichen Oberschenkelknochen gefertigte Flöte. Besser präsentiert ist ein separater Ausstellungsbereich mit einheimischen Gegenständen, einschließlich der berühmten **Brokatstoffe** aus Chengdu, die hier in Form von Brautkleidern oder als Überzug für eine aufwändig gestaltete Hochzeitssänfte aus der Qing-Zeit gezeigt werden. Im hinteren Bereich des oberen Stockwerks befindet sich ein nachgestelltes Teezimmer mit Tischen und Gedeck vor einem **Schattenpuppentheater** *(piyingxi)*. Die Wände sind geschmückt mit Helden, Schurken und Fabeltieren, bestehend aus Lederfetzen, die wie ausgeschnittene Papierfiguren aussehen. ⌚ Mo–Fr 9–12 und 14.30–17 Uhr, Eintritt ¥10.

Wangjiang-Lou-Park

Unmittelbar jenseits der Universitätstore steht in dem gleichnamigen kleinen Park am Flussufer der **Wangjiang Lou** (Pavillon des Flussblicks). In dem Gebäude aus der Zeit der Ming-Dynastie soll die Tang-Dichterin **Xue Tao** gelebt haben. Das Wasser des Brunnens diente ihr angeblich nicht nur zum Waschen, sondern auch zum Färben einer speziellen Art roten Papiers, das man noch heute kaufen kann.

Drei weitere Gebäude enthalten ausgestellte Schriftrollen und Bonsais, während sich im Park etwa 100 verschiedene Arten **Bambus** in der Flussbrise wiegen. ⌚ tgl. 9–17 Uhr, Eintritt ¥2.

Zoo, Zhaojue Si und Panda-Forschungsstation

In den nordöstlichen Vororten der Stadt erstreckt sich der **Zoo von Chengdu**, den man trotz seiner netten Bambusgärten wohl am besten links liegen lässt, auch wenn viel Wirbel um die dort beheimateten **Pandas** gemacht wird. Die Großen und Kleinen Pandas sitzen lethargisch und von Flöhen gepeinigt hinter Gittern, während die Besucher Eiscremestängel und Unrat in die Käfige werfen, um die Aufmerksamkeit der bedauernswerten Kreaturen zu erwecken. ⌚ tgl. 8–18 Uhr, Eintritt ¥5.

Sichuan-Oper Die über 200 Jahre alte und in Chengdu überaus populäre Sichuan-Oper ist eine Vermischung religiöser und volkstümlicher Darstellungsformen der Region mit Stilelementen der Peking-Oper. Unterschieden werden die fünf Spielarten *gaoqiang* (mit hochstimmigem Gesang), *kunqu* (mit Flötenbegleitung), *huqin* (mit Violinbegleitung), *tanxi* (mit Zitherbegleitung) und *denxi* (Lampionspiel). Die Hauptunterschiede zwischen der Sichuan- und der Peking-Oper liegen zum einen in der thematischen Auswahl, die in Sichuan wesentlich bäuerlicher geprägt ist und auf alltäglichen Begebenheiten und lokalen Legenden beruht, und zum anderen in der **Sprache**, die auch für Außenstehende durchaus ihren Reiz hat. Alle Stücke werden im Sichuan-Dialekt aufgeführt, der ausgesprochen rhythmisch ist und sich daher gut für das Theater eignet, denn er erlaubt Wortspiele – die Sichuaner sind berühmt für ihren Humor und ihre Wortakrobatik – und wirkt sich auch auf das Tempo der Musik aus, die sehr eng mit dem gesprochenen Wort verknüpft ist. Die musikalische Begleitung präsentiert sich derber als bei der Peking-Oper, stammt in der Regel von einem relativ schlicht instrumentierten Orchester mit kratzigen Oboen und ausgiebiger Verwendung der Trommel und lässt auf die bescheidenen Ursprünge der Sichuan-Oper schließen.

In Chengdu gibt es eine **Opernschule**, deren Studenten häufig kleinere Rollen in den Theatern der Stadt übernehmen. Es werden täglich Aufführungen geboten, doch die besten Schauspieler und die größten Veranstaltungen finden sonntags statt. Wer in Sichuan jedoch den Glamour der Peking-Oper erwartet, wird enttäuscht, denn die Aufführungen sind wesentlich bescheidener, und selbst in großen Veranstaltungsorten herrscht eine Art Teehaus-Atmosphäre mit einem lockeren Publikum, das sich entspannt an den Darbietungen erfreut. Ein Programm nimmt den ganzen Nachmittag in Anspruch und besteht aus mindestens drei kurzen Stücken oder Episoden aus längeren Geschichten, häufig gespickt mit opernfremden Einlagen wie *qingyin* (Balladen) oder *jinqianban* („Kastagnetten"-Tänze).

Ein Aufführungsort für die Sichuan-Oper ist das kleine **Teehaustheater** direkt hinter dem Kulturpalast in der Tidu Jie, unmittelbar östlich des Zentrums. Es handelt sich um ein sehr zwangloses Theater, in dem jede Menge hochbetagte Senioren Sonnenblumenkerne kauen, Gratistee schlürfen und gelegentlich ihr Schwätzchen unterbrechen, um den Schauspielern für besonders gelungene Passagen zu applaudieren. Professioneller geben sich das **Jinjiang-Theater** in der Xinglong Jie (zur Zeit der Recherche wegen Reparaturarbeiten geschlossen) sowie das **Shudu-Theater** weit im Südosten in der Yushuang Lu. Die billigsten **Tickets** (je nach Platz und Veranstaltungsort ¥2,50–20) gibt es direkt an der Theaterkasse, wo der Eintrittspreis jeweils angeschlagen ist. Als Alternative vermitteln Reisebüros für ¥50 zur Begleitung einen Fremdenführer, der übersetzt, die Handlung erläutert und den Gast vor der Aufführung hinter die Bühne begleitet, wo die Schauspieler bei der Vorbereitung beobachtet werden können. Solche **Touren** sind häufig sehr lohnenswert, doch ist es ratsam, sich vor dem Bezahlen über die Englischkenntnisse des Fremdenführers und den Veranstaltungsort zu vergewissern; außerdem sollte man einen Bogen um Kundenfänger und Schwarzhändler machen, um nicht für viel Geld in einem kleinen Teehaustheater zu landen.

Wesentlich lohnenswerter ist ein Besuch des durch den Zoo zugänglichen **Zhaojue Si** (Eintritt ¥1), der ein Dutzend Hallen sowie über 200 Mönche aus unterschiedlichen buddhistischen Schulen beherbergt. Der erst kürzlich renovierte Tempelkomplex wurde zur Tang-Zeit gegründet und unter der Qing-Dynastie erweitert. Die großartige **Haupthalle** steht auf einem erhöhten Fundament und wird im Innern von drei riesigen vergoldeten und blauhaarigen Buddhas beherrscht, die auf ein Meer aus grellbunten Flickengebetskissen blicken. Nicht minder farbenfroh zeigt sich die Decke, von der rote und orangefarbene Drachenbanner hängen. Auch die übrigen Teile der Anlage lohnen einen Streifzug. In den Innenhöfen verstecken sich kleine, verräucherte Schreine, die diversen pummeligen Gottheiten gewidmet sind, während Mönche im Hintergrund singen und Glocken schlagen. Auf dem Gelände gibt es auch ein ordentliches **vegetarisches Restaurant** (bis nachmittags geöffnet), in dem die Bestellung allerdings nur reibungslos abläuft, wenn man ein paar Brocken Chinesisch beherrscht.

Der Abstecher zum Zoo und zum Zhaojue Si kann durch einen Besuch in der 5 km östlich gelegenen **Zucht- und Forschungsstation für Große Pandas** ausgedehnt werden. Abgesehen von Wolong (s.S. 1049) ermöglicht die Station die besten Einblicke in das Leben des Großen Pandas (Bambusbär) und des auf Bäumen hausenden Kleinen Pandas (Katzenbär). Beide Arten werden hier in geräumigen Revieren gehalten, die der natürlichen Umgebung der Tiere in etwa entsprechen. Es ist ratsam, sich früh auf den Weg zur Station zu machen, denn nachdem sich die zwölf Pandas gegen 10 Uhr durch ihre Bambushaufen gefressen haben, versinken sie in der Regel in einen teilnahmslosen Halbschlaf. 🕓 tgl. 8–18 Uhr, Eintritt ¥10.

Bus Nr. 9 benötigt von der Erhuan Lu unmittelbar östlich des Hauptbahnhofs rund 15 Minuten bis zum Zoo. Wer zur Panda-Zuchtstation möchte, muss hier in eine Motor-Rikscha (¥10) umsteigen. Abfahrt des letzten Busses zurück ins Stadtzentrum ist um 18.15 Uhr. Alternativ dazu werden in einigen Reisebüros für ¥50 pro Person auch All-inclusive-Touren zu allen drei Sehenswürdigkeiten angeboten.

Übernachtung

Ein Großteil der Unterkünfte Chengdus liegt in Nähe der Renmin Lu bzw. der Buslinie 16. Alle Hotels bieten Mahlzeiten an und besitzen eigene Reiseagenturen, die meisten verfügen auch über einen Internet-Zugang. Die exklusiveren Häuser haben IDD-Telefone und Schalter für Bank- und Postangelegenheiten.

Holiday Inn Crowne Plaza, Luxus, Zong Fu Lu, ☎ 86786666, 📠 86786599. Massives und beeindruckendes Gebäude in Spitzenlage und mit allem Komfort, den man von einer internationalen Kette erwartet, die 140 Euro pro Nacht für ein Zimmer verlangt.

Hospital der Hochschule für Traditionelle Chinesische Medizin,*** Shi'er Qiao Jie, ☎ 87772593, 📠 84476823. Alle Zimmer haben ein eigenes Bad, die Preise sind angemessen. Die Dorms (¥20–50) sind häufig ausgebucht.

Jiaotong (Traffic)**, 77 Jinjiang Lu, ☎ 85551017, 📠 85582777. Ist ein wenig ausgeblichen und verliert Kundschaft an *Sam's* (s.u.), bietet aber dennoch ein gutes Preis-Leistungs-Verhältnis und ist nach wie vor eine der meistgebuchten preiswerten Unterkünfte der Stadt. Tadellos saubere DZ und 3er-Dorms mit TV und wahlweise eigenem oder Gemeinschaftsbad; billige Gepäckaufbewahrung und Schwarzes Brett mit Angeboten zu gemeinsamen Reisen und gebrauchter Ausrüstung. Das Frühstück ist gratis, haut aber niemanden vom Hocker. Bus Nr. 16 fährt in der Nähe vorbei – unmittelbar südlich der Jinjiang-Brücke aussteigen, dann 1 km zu Fuß Richtung Osten. Dorm-Bett ¥40.

Jinhe**–*,*** 18 Jinhe Lu, ☎ 86642888, 📠 866 32037. Mehrstöckiger Turm nahe Volkspark, die Skala reicht von der exklusiven Suite bis zum komfortablen, aber sehr kleinen „Economy Room" mit Gemeinschaftsbad.

Jinjiang, Luxus, 80 Renmin Nan Lu, ☎ 85582222. Nicht gerade aufregendes Gebäude im Sowjetstil mit roten Teppichen und cremefarbener Tapete. Überteuert, wenngleich die Zimmer ganz ordentlich sind.

Minshan, Luxus, 55 Renmin Nan Lu, ☎ 85583333 📠 85582154. Chengdus Top-Adresse für Geschäftstreffen. Die komfortablen, aber nichts sagenden Zimmer sind eine kleine Enttäuschung nach den Granitfliesen und dem Streichquartett in der Lobby.

Railway Travel Hotel*,*** Renmin Bei Lu, ☎ 83177512, 📠 83178704. Nach der Renovierung verfügt das ehemals düstere Hotel über einen neuen Flügel mit Zimmern der mittleren Preisklasse, die ihr Geld wert sind. Es gibt auch billige Dorms, die aber nur selten an Ausländer vergeben werden. Reiseschalter mit Zugreservierung

Rongcheng (Sam's Backpacker Guesthouse)**, 130 Shaanxi Jie, ☎ 8611 2933, App. 2233, 📠 8447 6823. Komfortables 2-Sterne-Hotel, dessen einer Flügel (ursprünglich die Residenz eines Salzhändlers aus dem 19. Jh.) an den geschäftstüchtigen Sam verpachtet wurde. Anstatt zur Rezep-

Die Küche Sichuans Wer außerhalb Chinas bereits Erfahrungen mit der Sichuan-Küche gemacht hat (vermutlich in Form kurz angebratener, in rotem Farbstoff und Tabasco ertränkter Speisen), erleidet nachträglich einen regelrechten Schock, wenn er das erste Mal in Chengdu essen geht. Die Küche Sichuans dominiert nicht nur die Kochschule im gesamten Südwesten Chinas, sondern zählt auch zu deren subtilsten Spielarten – wenn man die Prinzipien erst einmal verstanden hat, die der Verwendung der alles andere als subtilen Zutaten zugrunde liegen.

Die offensichtlichste dieser Zutaten ist **Chili**, und häufig liegt über dem Essen eine Schicht leuchtend roten Chili-Öls. Seine exzessive Verwendung erklären die Einheimischen mit dem regionalen Klima: Chili wärmt im Winter, erfrischt im Sommer und lindert der chinesischen Medizin zufolge Leiden, die durch feuchte und nasskalte Witterung hervorgerufen werden. Für Neulinge jedoch ist Chili oft die größte Hürde beim Genießen der Speisen, denn selbst für asiatische Verhältnisse verwendet man vor Ort geradezu phänomenale Mengen dieses Teufelszeugs. Doch Chili-Schoten sprengen nicht nur die Geschmacksnerven, sondern stimulieren sie auch – wenn sich der Gaumen erst einmal an die Schärfe gewöhnt hat, erscheinen die einzelnen Geschmacksrichtungen wesentlich komplexer als beim ersten Bissen, der einem noch den Schweiß auf die Stirn und Tränen in die Augen getrieben hat.

Die beiden prägnantesten Merkmale der Sichuan-Küche sind häufig gleichzeitig in ein- und demselben Gericht anzutreffen: **vielfältiger Geschmack**, eine Mischung aus scharf, salzig, süß und sauer, sowie **aromatische Schärfe** *(mala)*, hervorgerufen durch Frühlingszwiebeln und **Sichuan-Pfeffer** (*huajiao* bzw. Blütenpfeffer), der einen seifigen Duft und gaumenbetäubende Begleiterscheinungen besitzt. Zu den typischen Gerichten zählen die mit Pfeffer und Essig gewürzte **Scharf-Sauer-Suppe**, das unter Beigabe getrockneter Scheiben einheimischer Früchte gekochte **Mandarinenhuhn** und **Mapo Dofu**, gebratene Tofuwürfel mit Schweinehack, die in reichlich Chili-Brühe serviert werden. Letzteres ist auch ein gutes Beispiel für eine weitere Eigenheit der Küche von Sichuan, in der die Hauptzutat vor allem als Vehikel für die Soße fungiert. Weitere klassische Speisen sind **Schweinefleisch mit Fischgeschmack** (wobei die „Fischsoße" aus Essig, Sojasoße, Zucker, Ingwer und Sesam-Öl besteht) und ein eigenartig schmeckendes **kaltes Hühnchen**, das unter einem Dressing aus Sesampaste, Essig, Chili-Öl, Sichuan-Pfeffer, Frühlingszwiebeln, Ingwer und Knoblauch verschwindet.

Wie im ganzen Land kommt auch in Sichuan der **Konsistenz** der Speisen große Bedeutung zu, wobei die Betonung infolge der langen Garzeit häufig auf **trocken und zäh** liegt. Das mag sich zunächst wenig verlockend anhören (von vielen wird die Küche Sichuans auch als unangenehm fettig empfunden), doch bei Gerichten wie trocken gebratenen **Schweinefleischstreifen** scheint das viele Kauen den leckeren Fleischgeschmack tatsächlich erst richtig zum Vorschein zu bringen.

Darüber hinaus gibt es zahlreiche Gerichte, die ihren Ursprung in Sichuan haben, aber nicht viele Gemeinsamkeiten mit den oben genannten Beispielen aufweisen. Dazu zählt auch **doppelt gebratenes Schweinefleisch**, ein einfaches Stück Fleisch, das gekocht, in dünne Streifen geschnitten und anschließend mit grünen Chili-Schoten kurz angebraten wird – eine unkomplizierte Mahlzeit, die von Salzgrubenarbeitern in Ost-Sichuan erfunden wurde. Weitere Favoriten sind **Geräucherte Ente** (besonders die Variante unter Zuhilfenahme von Kampferholzspänen), ein chilifreies, kaltes Gericht, das aromatisch, saftig und bitter schmeckt, oder **Knisternder Reis**, bei dem über ein kochend heißes Bett aus frittiertem Reis eine Fleischsuppe gekippt wird.

Das Essen in Sichuan ist jedoch nicht immer eine gastronomische Offenbarung. Viele Alltagsgerichte ähneln denen aus anderen Teilen Chinas, haben hier aber häufig eine besondere Note. Fast überall gibt es **Gongbao-Schweinefleisch** (eine lokale Variante aus

kurz angebratenem Schweinefleisch mit Erdnüssen), das scharfe und fettige **Dandan Mian** („Tragestangennudeln", benannt nach den Straßenverkäufern, die sie früher mit sich herumtrugen), **Teigtaschen** mit Chili- und Knoblauchsoße, **„Tigerhaut-Pfeffer"** (grüne Pfefferschoten scharf angebraten und anschließend mit Salz gegart) sowie scharf gewürzte und panierte **Auberginenscheiben** mit Hackfleischfüllung.
Eine der eindrucksvollsten Anpassungen von Gerichten an den regionalen Geschmack ist der **Feuertopf** *(huoguo)*, der in ganz China anzutreffen ist, aber erst in Sichuan zur Perfektion gelangte und am besten in einem der vielen Straßenrestaurants probiert wird. In Sichuan besteht Feuertopf aus Spießen mit Fleisch, gekochten Eiern und Gemüse, die am Tisch in einem Topf mit blubbernder Hühnerbrühe – reichlich versetzt mit Chilis und Kardamom – gegart werden. Anschließend taucht man den Spieß in Öl, das mit Glutamat *(weijing)*, Salz und Chilipulver gewürzt ist. Das Ergebnis hat es in sich, und während eines kalten Winters in Chengdu wird der Feuertopf schnell zur Leibspeise.

tion geht man durch das Tor an der Westseite des Hotels – Sam ist gleich hinter der ersten Türe rechts zu finden. Die Zimmer sind nicht die hellsten, dafür entschädigen aber das gute Preis-Leistungs-Verhältnis und ein reizender Garten. Gepäckaufbewahrung, Fahrradverleih, Café und Veranstaltung von Touren in die Stadt und die Umgebung. Dorm-Bett ¥20.

Essen

Essen ist einer der besten Gründe, den Aufenthalt in Chengdu noch ein wenig auszudehnen. Mit dem Probieren aller angebotenen Speisen hätte man Monate zu tun, und der erste Kontakt mit der feurig-scharfen Küche Sichuans ist ohnehin unvergesslich. Im Zentrum wimmelt es von **Restaurants** (🕓 in der Regel 10–21 Uhr), wobei die meisten zunächst an billige Kaschemmen in westlichen Städten erinnern, wären da nicht die aromatischen einheimischen Gerichte und die knusprig dunkelbraun gebratenen Enten in der Auslage. Auf den Straßen grillen moslemische Verkäufer über dem offenen Feuer Kebab im Chili- und Koriandermantel, fliegende Händler preisen heiße Sandwiches, Nudeln und scharfen Tofu an, und abends füllen sich die Bürgersteige mit **Feuertopf-Ständen**. Die besten davon finden sich ab dem späten Nachmittag in einer kleinen Straße ein, die nahe dem Busbahnhof Xinnanmen liegt und östlich von der Kehua Bei Lu abzweigt. Viele der Zutaten sind vegetarisch, z.B. Lotuswurzeln, Kartoffelscheiben, weißer Rettich, Tofu oder gekochte Wachteleier; der Preis pro Spieß (ab ¥0,1) sollte im Voraus erfragt werden, meist wird zusätzlich eine kleine Service-Gebühr verlangt. Die Küche Sichuans schmeckt besonders gut in Begleitung eines Bieres, beispielsweise dem einheimischen *Blue Sword*.
In Chengdu gibt es auch mehrere auf Ausländer ausgerichtete **Cafés** mit Speisen und Getränken im westlichen Stil, Internet-Zugang, Büchertauschbörse sowie aktuellen Infos für Traveller, vor allem in Bezug auf die Weiterreise nach Tibet (s.S. 1012, Reisebüros). Selbst Filialen von ***KFC*** und ***McDonalds*** sind vorhanden, außerdem ein ***Pizza Hut*** am westlichen Ende der Dongfeng Lu.

RESTAURANTS UND CAFÉS – ***Carol's By The River***, 2 Linjiang Lu (westlich vom *Jiaotong-Hotel* und dem Busbahnhof Xinnanmen am Fluss). Teil einer schicken Kette mit guten mexikanischen und italienischen Speisen (die Pizzas sind klasse), Burgern und Kaffee in gemütlicher Atmosphäre.
Chen Mapo Dofu, nördlich des Stadions in der Xi Yu Long Jie sowie gegenüber vom Qingyang Gong in der Yihuan Lu. Die Filiale in der Xi Yu Long Jie ist angeblich der Ursprungsort von Großmutter Chens Tofu und eine der besten Adressen in Chengdu für *mapo dofu*. Für ¥10 gibt es eine Schüssel Tofu mit einer Soße aus Hackfleisch, Chili-Öl und wildem Pfeffer, dazu Reis, Tee und eine Suppe zum Verdünnen.
Chengdu, 134 Shandong Dajie (die westliche Verlängerung der Dong Dajie). Vernünftige Preise und eine der besten Adressen zum Probieren

der klassischen Sichuan-Küche. Für ¥15–30 gibt es eine große Auswahl an einheimischen Snacks: süße und pikante Teigtaschen, knusprig gebratenen Fisch, trocken gebratene Rindfleischstreifen, Nudeln mit Reispudding usw. Zwischen den Tischen auf der Außenterrasse sorgen Käfige mit Sittichen und ein Goldfischbecken für Leben. Wer spät kommt, findet die nicht sehr appetitlichen Speisereste der vorherigen Gäste auf dem Fußboden vor.

Guotang Yuan, Beida Lu. Ein traditionelles Gebäude mit Pfeilern und Balken bildet den Rahmen für dieses uralte und preiswerte Lokal, das auf Teigtaschen und Erdnussgerichte spezialisiert ist.

Highfly Café, Renmin Nan Lu. Wechselnde westliche Speisen und abgemilderte chinesische Gerichte. Alles in allem verlässlich gut und mit freundlicher Bedienung.

Lao Chengdu Gong Guan Cai, am Nordtor von Du Fu Caotang. Gute Sichuan-Küche in gepflegtem Garten, aber recht teuer; die klassische Kombination „Scharfes Huhn mit *mapo dofu*" schlägt mit rund ¥50 zu Buche.

Long Chaoshou, Chunxi Lu. Das ebenso berühmte wie chaotische Teigtaschen-Restaurant im Kantinenstil ist mittags rappelvoll mit hungrigen Gästen, die sich für ¥5–20 pro Teller an der großen Auswahl einheimischer Snacks gütlich tun. Im Obergeschoss gibt es ein richtiges Restaurant für Gäste mit mehr Zeit. Das Tagesgericht zu ¥50 beinhaltet unzählige kleine Speisen, an denen man sich hervorragend satt essen kann.

Paul's Oasis, gegenüber dem *Jiaotong-Hotel* in der Binjiang Lu. Füllt sich allabendlich mit Rucksacktouristen und ausländischen Studenten, wobei aber weder das Essen noch die Preise Anlass zu Begeisterung geben.

Tianfang Lou, Jinhe Lu, nahe Moschee. Preiswertes orientalisches Restaurant mit großer Auswahl an Fleischgerichten, Broten, gezogenen Nudeln und superscharfen Suppen.

Xiangzhai Tang, Wenshu Si. Vorzügliches und dabei preiswertes Restaurant, das man auf keinen Fall verpassen sollte. Ausnahmslos vegetarische Speisen mit so irreführenden Namen wie „Bärentatze", „Hühnchen mit Chili und Stachelesche" oder „Knisternder Reis mit Meeresschnecke", die jedoch alle auf der Basis von Gluten, Tofu, Auberginen und Kartoffeln hergestellt werden. Auf der Einweg-Speisekarte (die englischen Übersetzungen stehen an einer Wandtafel) macht der Gast einen Kringel um das gewünschte Gericht, zahlt am Tresen und holt sich sein Essen vor der Küche ab. Durch den Garten geht es in einen nur geringfügig teureren Restaurantbereich mit englischer Speisekarte.

Xiaocheng Xiaocan, Renmin Xi Lu, Ecke Dongcheng Gen Lu. Gutes Restaurant der mittleren Preisklasse im oberen Stockwerk, unten Snacks wie Teigtaschen und dazu Tee oder Bier. Tipp: geräucherte Ente. Die Bedienung wirkt ein wenig unbeholfen, kommt aber einigermaßen mit der einzigen englischen Speisekarte zurecht.

Unterhaltung

Chengdus Nachtleben entwickelt sich, doch die Veranstaltungsorte öffnen und schließen in schnellem Wechsel. Das Magazin *Go West* (s.S. 1012, Zeitungen) informiert über die angesagten Adressen und Veranstaltungen, z.B. Gastspiele auswärtiger Theatergruppen in Parks oder Teehäusern.

KNEIPEN UND CLUBS – ***Half Dozen Pub,*** 26 Fangcao Jie. Chengdus erste Kneipe leistete Pionierarbeit und zieht auch heute noch die Massen an. Meistens gibt es abends Live-Musik zu hören.

Huigui Reunion Bar, Yihuan Lu, westlich der Renmin Nan Lu. Einer der interessantesten Nachtclubs von Chengdu. Wer die sperrigen chinesischen Türsteher hinter sich gelassen hat, kann sich auf echten Techno im dritten Stock gefasst machen.

White Night Bar, 85 Yulin Xi Lu. Gemütlicher Treffpunkt für einheimische Intellektuelle und andere kreative Typen, allesamt schwarz gekleidet. Anfahrt mit Bus Nr. 12 bis zur Bushaltestelle Yiguan Miao.

SPORT – Im modernen **Renmin-Stadion**, Renmin Zhong Lu, finden am Wochenende nachmittags häufig **Fußballspiele** statt. Karten (¥10–50) gibt es am Spieltag an den Stadionkassen. Über bevorstehende Spiele informieren Zeitungen und Reiseveranstalter.

Einkaufen

ANTIQUITÄTEN UND SOUVENIRS – ***Chuantic Antique Store,*** Dongchenggen Lu, Ecke Renmin Xi Lu, tgl. 9–17 Uhr. Recht happige Preise, aber dafür sind die angebotenen Objekte echt sowie mit einem Wachssiegel zertifiziert, falls sie älter als 100 Jahre sind. Zu finden sind Essstäbchen ab ¥100 (eingeritzter Name ¥20 extra), Schnupftabakflaschen, Schmuck, antike Vogelkäfige, Holztrennwände und Porzellan.
Liebhaber von **Briefmarken** und **Münzen** treffen sich täglich vor der Post in der Xinglong Jie.

ARMEEBEKLEIDUNG – Mehrere konkurrierende Army-Läden gibt es am Busbahnhof Xinnanmen.

BÜCHER – ***Southwest Book Centre,*** Dong Dajie. Gute Auswahl an Romanen, die über die üblichen viktorianischen Schmachtfetzen hinausgeht.

KAUFHÄUSER – ***Friendship Plaza,*** Dong Dajie, Ecke Chunxi Lu. Eines der größten und bestsortierten Kaufhäuser Chengdus; verkauft wird alles von der Zahnpasta bis zum Heimtrainer.
Chengdu Department Store, Renmin Nan Lu, Ecke Dongyu Jie. Interessant zum Stöbern ist dieses alte, vierstöckige Warenhaus mit Lebensmitteln, Kameras, Schachspielen, Teekannen und alltäglichen Gebrauchsgegenständen.

MÄRKTE – Interessante Märkte sind der sonntägliche **Haustiermarkt** gegenüber dem Baihuatan-Park in der Yihuan Lu, wo hauptsächlich Kätzchen und Welpen verkauft werden, der kleine **Vogelmarkt** ca. 1 km nördlich jenseits der Shi'er Qiao Jie, Mi und So, sowie der **Antiquitätenmarkt** gegenüber Du Fu Caotang, So.

Sonstiges

AMT FÜR ÖFFENTLICHE SICHERHEIT (PSB) – Ausländer mit Visumsgesuchen oder in Schwierigkeiten werden in das Büro gegenüber dem Hauptquartier der **Polizei** in der Wenwu Lu verwiesen.

ENGLISH CORNER – Renmin Nan Lu, Ecke Binjiang Lu, an der Jinjiang-Brücke. Hier treffen sich junge einheimische Studenten, die sich bisweilen als Gegenleistung für etwas Englisch-Konversation als Fremdenführer anbieten.
Mi und Fr 19.30 Uhr.

FAHRRÄDER – Im Hof des ***Jiaotong-Hotels*** und in ***Sam's Backpacker Guesthouse*** (beide ¥10/Tag plus ¥200 Pfand).

FOTO – Fotozubehör und Filmentwicklung in vernünftiger Qualität innerhalb einer Stunde bieten mehrere Geschäfte in der Chunxi Lu.

GELD – ***Bank of China,*** in einem neuen Hochhausturm an der Renmin Zhong Lu, Mo–Fr 9–11.30 und 14–17.30 Uhr.
Reiseschecks können auch in der zentraler gelegenen *BOC*-Filiale in der Renmin Dong Lu sowie in manchen Unterkünften gewechselt werden.

GEPÄCKAUFBEWAHRUNG – Entsprechende Einrichtungen gibt es in den Bahnhöfen und Busbahnhöfen, allerdings nur für diejenigen, die ein Ticket zur Weiterfahrt vorweisen können. Auch die meisten Hotels haben einen Gepäckaufbewahrungs-Service.

INTERNET – Gegenüber *Sam's Backpacker Guesthouse* gibt es zwei Internet-Anbieter (¥3/Std), bis spät nachts.
Telekom, 2. Stock, Yusha Lu, ein Block südlich der Ausländerpolizei (¥20/Std), tgl. 10–23.30 Uhr.

MASSAGEN – In einigen Hotels werden Massagen für rund ¥80/Std. angeboten. Billigere Masseure finden sich abends vor dem *Minshan-Hotel* ein oder durchforsten die Touristenrestaurants am Jin-Fluss nach Kunden.

MEDIZINISCHE HILFE – ***People's No.1 Hospital,*** Chunxi Lu, 86667223, fungiert gleichzeitig als Forschungsinstitut für Chinesische Medizin.
Sichuan Hospital, Yihuan Xi Lu, 85551312 oder 85551255.

POST – Es gibt zwei große ***Postämter***: ein unverkennbares graues Backsteingebäude im Kolonialstil in der Xinglong Jie im Zentrum sowie ein

neueres Gebäude am nordwestlichen Stadtrand an der Ecke Yihuan Lu und Shawan Lu. Postlagernde Briefe landen wahrscheinlich an letzterer Adresse in einem Karton am EMS-Schalter. ◷ beide tgl. 8–18 Uhr.
Auch das *Jinjiang-Hotel* hat einen Postschalter mit sehr hilfsbereitem Personal.

REISEBÜROS – ***CITS,*** Renmin Nan Lu, nahe *Minshan-Hotel,* ✆ 86650888, ℻ 86650999. Neben der Buchung von Bahn- und Flugtickets werden (sehr teure) geführte Touren nach Jiuzhaigou, Emei Shan, Hailuogou und zu weiteren Zielen angeboten.
Wesentlich billiger und flexibler in puncto Reservierungen sind die **unabhängigen Reisebüros** in Hotels und Cafés. Sie organisieren Touren zu lokalen Sehenswürdigkeiten – u.a. zur Panda-Zuchtstation, zu Aufführungen von Sichuan-Opern oder zur Hochschule für Traditionelle Chinesische Medizin – und vermitteln darüber hinaus die für Fahrten in den Westen Sichuans nötige PICC-Reiseversicherung.
Eine riesige Zahl dieser Agenturen tummelt sich im *Jiaotong-Hotel* und in dessen Umgebung – die besten sind ***Sam Yue,*** in *Sam's Backpacker Guesthouse,* ***Mr. Chen,*** der in *Paul's Oasis* zu finden ist, George Zhong von ***George of the Jungle,*** vor dem *Jiaotong-Hotel,* ✆ und ℻ 85531285, sowie ***Tray Lee,*** ℻ 85564952, den man häufig im *Highfly Café* antrifft.
Touren nach Tibet: Die Grenzen zwischen Sichuan und Tibet sind für Individualtouristen geschlossen, sodass die meisten ausländischen Besucher auf dem Luftweg von Chengdu nach Lhasa einreisen. Gemäß den Vorschriften der chinesischen Behörden handelt es sich dabei immer um organisierte Reisen, die ab ¥2200 aufwärts kosten (ein einfacher Flug kostet ¥1200) und das Flugticket, den Reiseerlaubnisschein, den Flughafentransfer, zwei Dorm-Übernachtungen in Lhasa sowie eine (nicht obligatorische) zweitägige Stadtbesichtigung in Lhasa beinhalten. Man darf sich aber theoretisch so lange in Tibet aufhalten, wie das chinesische Visum gültig ist. Zahlreiche Reisebüros in der Umgebung des *Traffic-Hotels* und von *Sam's Backpacker Guesthouse* bieten derartige Touren an. Sie stecken alle unter einer Decke, doch mit etwas Glück geht der eine oder andere geringfügig mit dem Preis herunter, wenn man auf die Stadtbesichtigung oder die Unterkunft verzichtet.
Wer von Sichuan unbedingt über Land nach Tibet reisen möchte und das nötige Kleingeld erübrigen kann, findet bei ***China International Everbright Travel,*** ✆ 86624395, 🖳 http://cooleast.hypermart.net, eine kostspielige Tour via Kangding. Im Preis von rund 1000 Euro pro Nase für eine 20-köpfige Reisegruppe ist so gut wie alles inbegriffen, z.B. Erlaubnisscheine, Englisch sprechender Fremdenführer, Unterkunft und Verpflegung, Transport über Land und Rückflug von Bangda im Osten Tibets.

TELEFON – Renmin Dong Lu, unmittelbar östlich der Mao-Statue, ◷ tgl. 8–18 Uhr für IDD-Telefongespräche.

VORWAHL – 028

ZEITUNGEN – Das auf ortsansässige Ausländer zugeschnittene Magazin *Go West* liegt in Bars und Hotels aus. Neben einem Abschnitt mit Veranstaltungshinweisen und Adressen von Restaurants und Kneipen erscheinen auch Artikel über Chengdu und Umgebung.

Nahverkehrsmittel

Infolge der Gesetze zur Bekämpfung der Luftverschmutzung ist es so gut wie unmöglich, in Chengdu eine Motorradzulassung zu bekommen. Daher sind – im Gegensatz zu vielen anderen chinesischen Großstädten – **Fahrräder** noch immer ein prägender Bestandteil des Straßenbilds. Dazu gehören auch spezielle Fahrradwege und bewachte Fahrradparkplätze in der ganzen Stadt (Fahrradverleih s.S. 1011, Fahrräder).
Da Autofahrer und Radler sich in der Regel sehr rücksichtslos gegenüber **Fußgängern** verhalten, ist beim Überqueren von Straßen besondere Vorsicht geboten. Nach Einbruch der Dunkelheit ist es ratsam, sich an ausreichend beleuchtete Straßen zu halten, denn gelegentlich kommt es zu Raubüberfällen auf offener Straße.

STADTBUSSE – Chengdus ausgedehntes Busnetz, darunter auch einige restaurierte Omnibusse mit Holzbesatz, versorgt zwischen 6 und 22 Uhr praktisch jeden Winkel der Stadt (¥1–2 pro Fahrt). Der große **Busbahnhof für Stadtbusse** liegt unmittelbar westlich des Bahnhofsvorplatzes. Die Buslinie 16 fährt die gesamte Renmin Lu entlang, Linie 61 endet am Busbahnhof Xinnanmen und Linie 25 fährt zur Yihuan Lu in der Nähe des Busbahnhofs Ximen im Nordwesten der Stadt. Private **Minibusse** decken die gleichen Strecken ab und tragen die Nummer der entsprechenden Linie an der Stirnseite; die Fahrt kostet ¥3, doch kann der Fahrgast an jedem beliebigen Punkt der Strecke ein- und aussteigen. **Busfahrpläne** werden an Ständen und von Händlern überall in der Stadt angeboten.

TAXIS – Taxis drehen in der Umgebung der wichtigsten Verkehrsknotenpunkte und in den größeren Straßen ihre Runden. Der Mindesttarif beträgt ¥5, eine Fahrt einmal durch die Stadt sollte nicht mehr als ¥15 kosten. Es kommt auch vor, dass der Fahrer über den Preis verhandeln möchte, statt das Taxameter zu benutzen, doch dabei schneidet der Fahrgast meistens schlechter ab. Man sollte außerdem darauf achten, sich nicht im Kreis herumkutschieren zu lassen.

Transport

BUSSE – Chengdu besitzt mehrere kleine sowie drei große **Busbahnhöfe**, die an der Peripherie der Stadt verteilt liegen. Vom **Busbahnhof-Nord**, 500 m westlich des Hauptbahnhofs, werden größtenteils Verbindungen der mittleren Preisklasse in nördliche bzw. nordöstliche Richtung abgewickelt. Außerdem ist er im Allgemeinen die erste Wahl für näher gelegene Reiseziele wie Chongqing, Dujiangyan, Qingcheng Shan und Guanghan. Der **Busbahnhof Ximen** liegt 3 km nordwestlich des Zentrums und deckt vor allem die in nördlicher und westlicher Richtung gelegenen Reiseziele ab, einschließlich einer Verbindung um 7 Uhr morgens nach SONGPAN (8 Std., ¥65). Vom Busbahnhof Ximen fährt der Stadtbus Nr. 62 Richtung Südosten ins Zentrum. Der **Busbahnhof Xinnanmen** liegt ca. 2 km südöstlich des Zentrums am Jin-Fluss und bietet in erster Linie Verbindungen in südlicher und östlicher Richtung sowie Busse mit Schlafkojen nach KANGDING (14–24 Std., ¥105) im Westen. Stadtbus Nr. 61 fährt von hier durch das Zentrum zum Hauptbahnhof. Alle drei Busbahnhöfe, die im Übrigen recht benutzerfreundlich sind, bieten Pendelverkehr (Express und Normal) von und nach Leshan und zum Emei Shan.
Beim Kauf einer Fahrkarte nach Kangding und in die meisten Städte im Westen und Norden Sichuans muss eine **Reiseversicherung** vorgelegt werden, die für einen Monat ¥17 kostet und im ***PICC-Büro*** in der Renmin Dong Lu ausgestellt wird.

Busse nach:
CHONGQING 8 Std.;
DUJIANGYAN 1 1/2 Std.;
EMEI 5 Std.;
GUANGHAN 1 Std.;
GUANGYUAN 10 Std.;
JIUZHAIGOU 36 Std.;
LESHAN 5 Std.;
LUDING 12–19 Std.;
MEISHAN 3 Std.;
MIANYANG 5 Std.;
XICHANG 15 Std.;
XINDU 1/2 Std.;
YA'AN 5 Std.;
YIBIN 8 Std.;
ZIGONG 6 Std.

EISENBAHN – Der **Hauptbahnhof** befindet sich an einem großen Kreisverkehr 4 km nördlich des Stadtzentrums. Chengdu liegt etwa auf halber Strecke der Eisenbahnverbindung von Xi'an nach Kunming und ist über das östlich gelegene Chongqing mit Zielen in Guizhou und Zentralchina verbunden, wobei Chongqing selbst wesentlich schneller mit dem Bus über die neue Autobahn zu erreichen ist.
Das **Fahrkartenbüro** liegt an der Ostseite des Bahnhofsvorplatzes – die langen Warteschlangen werden von Verkehrspolizisten in enger Reihe gehalten. Die Fahrtziele sind in chinesischer Schrift über den Schaltern angebracht; Schalter Nr. 5 kümmert sich offiziell um ausländische Fahrgäste. Wer nicht gerne ein bis zwei Stunden Schlange steht, kann sich auch im *Railway Travel Hotel* oder an dem Reiseschalter 150 m östlich des *Chengdu Department Store* um

eine Reservierung bemühen bzw. einen Reisevermittler mit der Beschaffung der Fahrkarten beauftragen.
5 km südlich des Zentrums wickelt Chengdus **Südbahnhof** größtenteils Frachtverkehr ab. Wer dennoch hier ankommt, gelangt mit dem Bus Nr. 16 in die Innenstadt.

Züge nach:
BEIJING 4x tgl., 36 Std.;
CHONGQING 5x tgl., 12 Std.;
EMEI 6x tgl., 3 Std.;
GUANGYUAN 12x tgl., 7 Std.;
GUANGZHOU 2x tgl., 46 Std.;
GUIYANG 2x tgl., 18 Std.;
KUNMING 2x tgl., 22 Std.;
MIANYANG 12x tgl., 2 1/2 Std.;
PANZHIHUA 5x tgl., 14 Std.;
SHANGHAI 2x tgl., 40 Std.;
XI'AN 8x tgl., 16 Std.;
XICHANG 6x tgl., 11 Std.

FLÜGE – Der **Flughafen Shuangliu** liegt 16 km südwestlich der Stadt. Von hier fährt der **Flughafenbus** zum Büro von *China Southwest Airlines* in der Renmin Nan Lu und wieder zurück (2x stündlich bis 18.30 Uhr, 1/2 Std., ¥8). Ein **Taxi** in die Stadt kostet rund ¥35. Auf dem Luftweg ist Chengdu mit mehreren chinesischen Großstädten sowie mit Lhasa, Bangkok und Singapur verbunden.

Fluggesellschaften:
China Southwest, nahe *Minshan-Hotel* in der Renmin Nan Lu, ✆ 86665911.
Dragonair, im Büro von *CITS*, Renmin Nan Lu, ✆ 86650888, 📠 86650999.

Flüge nach:
BEIJING 12x tgl., 2 Std.;
CHONGQING 9x tgl., 3/4 Std.;
GUANGZHOU 10x tgl., 2 Std.;
GUIYANG 1x tgl., 1 Std.;
GUILIN 3x wöchentl., 1 1/4 Std.;
HONGKONG 7x wöchentl., 2 Std.;
KUNMING 5x tgl., 1 1/2 Std.;
LHASA 2x tgl., 2 Std.;
SHANGHAI 2x tgl., 2 1/4 Std.;
XI'AN 6x wöchentl., 1 Std.

Die Umgebung von Chengdu

Die Landschaft in der unmittelbaren Umgebung von Chengdu bietet sich für einige interessante Tagesausflüge an. Wer sich noch keine Überdosis Tempel verabreicht hat, findet in **Xindu** ein sehenswertes buddhistisches Kloster. Von dort ist es nur ein Katzensprung Richtung Nordosten nach **Guanghan**, wo es ein Museum mit unglaublichen prähistorischen Bronzeobjekten zu besichtigen gibt, Zeugnisse der ansonsten so gut wie undokumentierten Kultur der **Ba-Shu**, die ihre Blüte um 1600 v.Chr. erlebte. Nordwestlich von Chengdu eröffnet sich in **Dujiangyan** der Blick auf ein beeindruckendes, 2000 Jahre altes Bewässerungsprojekt, und in der Nähe erhebt sich der bewaldete, mit Schreinen gespickte Bergpark **Qingcheng Shan**. Die beiden letzteren Ziele eignen sich für einen Tagesausflug von Chengdu oder als erste Zwischenstation einer Reise Richtung Nordwesten nach Wolong oder Jiuzhaigou.

Xindu

Eine 40-minütige Busfahrt führt in das 16 km nordöstlich von Chengdu gelegene Xindu (Abfahrt jede 1/2 Std. vom Bahnhofsvorplatz, ¥4). Der Marktflecken versinkt förmlich in Sommergemüse und den bunten einheimischen Korbwaren, doch die meisten Besucher kommen wegen der Tempelanlage **Baoguang Si** (Eintritt ¥5). Das „Kloster des Göttlichen Lichts" ist bereits seit den Tagen der Tang-Dynastie ein großer, lebendiger und einflussreicher Komplex. Zu seinen Schätzen zählen eine **Steinplatte** von 540 n.Chr., auf der 1000 Buddhafiguren dargestellt sind, eine ungewöhnlich breite Palette an **Malereien** und Kalligrafien aus der Ming- und Qing-Ära sowie einige sehr kleine, schmuckstückartige Gärten, die sich in den abgelegenen Winkeln des Geländes verstecken. Besonders beachtenswert ist die 13-stöckige **Sheli-Pagode**, deren obere Etagen ein wenig von der Senkrechten abweichen. In der düsteren **Arhat-Halle** kauern 500 ulkige bis gruselige Statuen aus dem Jahre 1851, die allesamt buddhistische Heilige darstellen – bis auf die beiden Kaiserfiguren Kangxi und Qianlong, die durch ihre auffälligen Bärte, Stiefel und Umhänge hervorstechen. Zum Mittagessen empfiehlt sich das luftige und preiswerte **vegetarische Restaurant** auf dem Klostergelände.

Die Umgebung von Chengdu

Dujiangyan	都江堰	***dūjiāngyàn***
Anlan-Hängebrücke	安澜索桥	*ānlán suǒqiáo*
Erwang Miao	二王庙	*èrwáng miào*
Fulong Guan	伏龙观	*fúlóng guàn*
Jingyuan Binguan	京园宾馆	*jīngyuán bīnguǎn*
Lidui-Park	离堆公园	*líduī gōngyuán*
Guanghan	广汉	***guǎnghàn***
Fanghu-Park	房湖公园	*fánghú gōngyuán*
Sanxingdui-Museum	三星堆博物馆	*sānxīngduī bówùguǎn*
Xinxing Dajiudian	新星大酒店	*xīnxīng dàjiǔdiàn*
Qingcheng Shan	青城山	***qīngchéng shān***
Shangqing Gongsi	上青宫寺	*shàngqīnggōng sì*
Xindu	新都	***xīndū***
Baoguang Si	宝光寺	*bǎoguāng sì*

Guanghan

Eine halbe Autostunde nördlich von Chengdu und 8 km hinter Xindu liegt Guanghan, eine kleine, größtenteils moderne Stadt am Südufer des **Yazi**. Minibusse fahren von der Ostseite des Hauptbahnhofs in Chengdu direkt nach Guanghan (¥6 bzw. ¥2 von Xindu).

Hauptattraktion der Stadt ist das etwas abgelegene **Sanxingdui-Museum**, das in einer 20-minütigen Fahrt mit dem lokalen Bus Nr. 6 zu erreichen ist, der von der Changsha Lu am Südufer des Flusses abfährt. Das hervorragend in Szene gesetzte Museum beschäftigt sich mit der Entdeckung eines fantastischen Schatzes in Form von Gegenständen aus Jade, Elfenbein, Bronze und Gold, die mit einer großen Shang-Stadt in Verbindung gebracht werden, welche einst an diesem Standort existierte. Die Artefakte, von denen viele absichtlich zerbrochen und in rechteckigen **Opfergruben** vergraben wurden, entdeckte man zwischen den 20er und 80er Jahren des 20. Jahrhunderts. Doch nicht nur die offenkundige Qualität der Funde ist sensationell, sondern auch deren Aussehen, das auf ein äußerst fremdartiges Weltbild schließen lässt: eine 2 m hohe Bronzefigur mit Hakennase und übergroßen, zupackenden Händen thront auf vier Elefanten; riesige Masken tragen ein Ekel erregendes Grinsen und Stielaugen zur Schau; heilige Bäume sind mit Spiralen und anderen Motiven geschmückt. Daneben werden noch Hunderte kleinere und sehr detailliert ausgearbeitete Stücke sowie umfangreiche Dokumentationen zu den Ausgrabungsarbeiten gezeigt. 🕓 tgl. 9–17 Uhr, Eintritt ¥30.

Die **Regionalbusse** nach Guanghan halten an der Landstraße unmittelbar östlich der Stadt. Der **Bahnhof** liegt 2 km entfernt am westlichen Stadtrand und dient als Haltepunkt auf der Strecke von Xi'an über Chengdu nach Kunming. Für die Weiterfahrt von Guanghan stehen bis zum späten Nachmittag Minibusse nach Chengdu oder Dujiangyan bereit. Die Weiterreise nach Mianyang und zu weiter nördlich gelegenen Zielen erfolgt entweder mit dem Zug oder mit dem Bus vom hiesigen **Überland-Busbahnhof** in der Zhongshan Dadao, unmittelbar südlich des zentralen **Fanghu-Parks**, eine Ansammlung alter Schutzwälle, kleiner Teiche und sorgfältig arrangierter Büsche. Als **Unterkunft** empfiehlt sich das *Xinxing Dajiudian*** in der Fanghu Lu, nahe dem Park.

Dujiangyan

Die Sehenswürdigkeiten der großen, 60 km nordwestlich von Chengdu gelegenen Stadt Dujiangyan (früher Guanxian) rechtfertigen durchaus einen halbtägigen Aufenthalt. In dieser Gegend errichtete 256 v.Chr. der Präfekt Li Bing das ausgeklügelte

Bewässerungsprojekt von Dujiangyan, mit dem er den Min-Fluss zu zähmen beabsichtigte, einen für seine Überschwemmungen berüchtigten Nebenfluss des Yangzi. Li entwickelte ein dreiteiliges Wasserregulierungssystem mit einer zentralen Erdaufschüttung und künstlichen Inseln als Wasserscheide, die den Min in einen inneren Lauf für die Bewässerung und einen äußeren Kanal für den Hochwasserschutz trennte. Eine Überlaufrinne ermöglichte die Kontrolle über das Wasser und die Ausspülung von Schwemmsand, während der optimale Zufluss durch einen in den Berg gehauenen Kanal garantiert wurde.

Die von Li Bings Sohn vollendete Anlage versieht seit damals ununterbrochen ihren Dienst, derzeit dient das System aus Staumauern, Rückhaltebecken und Pumpstationen der Bewässerung von rund 32 000 km^2 landwirtschaftlicher Nutzfläche. Es ist sogar als Weltkulturerbe vorgesehen, hat diesen Status aber bislang nicht erhalten, und inzwischen sieht es leider so aus, als würde die Anlage zerstört, wenn 2006 der neue Zipingpu-Staudamm 9 km flussaufwärts in Betrieb genommen wird.

Wer am Busbahnhof südlich des Zentrums ankommt, wendet sich nach links und gelangt nach 1 km über die Taiping Jie an eine Kreuzung, wo man links abbiegt und der Landstraße bis zum **Lidui-Park** (Eintritt ¥5) folgt, der das ursprüngliche Kernstück des Projekts umschließt. Schwungvolle Schnitzarbeiten an den Dachvorsprüngen und eine uralte Steinstatue von Li Bing zieren den 1600 Jahre alten **Fulong Guan** (Tempel des Drachenbezwingers), der von kerzengeraden Nanmu-Bäumen flankiert direkt am Beginn des ersten Wasserlaufs erbaut wurde und dessen Name die Zähmung des Flusses symbolisiert. Der Ort verschafft einen guten Einblick in die Konzeption der Anlage, doch einen noch besseren Überblick bietet eine Fahrt mit dem **Sessellift** (¥16), der neben dem Tempel beginnt und über den Fluss bis zum **Erwang Miao** (Tempel der Zwei Könige) führt. Die Haupthallen der posthum zu Ehren Li Bings und seines Sohns errichteten Tempelanlage (Eintritt ¥15) enthalten Statuen der beiden Meister der Ingenieurskunst. Insgesamt handelt es sich um einen gut erhaltenen Komplex aus schwerem Stein, der auch einen Keil aus einem angeblich 4000 Jahre alten Baumstamm beherbergt. Oberhalb des Tempels verläuft eine Landstraße, wo eine enttäuschend restaurierte **Pagode** steht und der Bus Nr. 1 zurück zum Busbahnhof fährt. Vom Tempel abwärts führt eine Treppe zu der aus Brettern und Seilen bestehenden **Anlan-Hängebrücke** (Eintritt ¥3), über die man den Min überqueren und den Fußweg zurück in die Stadt nehmen kann.

Eine **Unterkunft** in Dujiangyan bietet das saubere und hilfsbereite *Jingyuan Binguan***, das ein kleines Stück hinter dem Bahnhof in der Taiping Jie liegt. In der gleichen Straße sowie in der Nähe des Eingangs zum Lidui-Park gibt es mehrere Dutzend **Restaurants**.

Die Anfahrt von Chengdu (¥8) erfolgt wahlweise vom Busbahnhof Ximen oder vom Hauptbahnhof. Dujiangyans **Busbahnhof** liegt südlich des Zentrums in der Yingbin Dadao. Den ganzen Tag über fahren Busse zum Qingcheng Shan (45 Min.) und nach Chengdu (1 1/2 Std.); mindestens eine Verbindung täglich besteht auch in Richtung Westen nach Wolong (3 Std.) und Xiaojin sowie in Richtung Norden nach Wenchuan (4 Std.) und Songpan (7 Std.). Außerdem gibt es Busse nach Chongqing (10 Std.), Guanghan (1 1/2 Std.) und Leshan (7 Std.).

Qingcheng Shan

Der dicht bewaldete und von den Daoisten als heilig verehrte Qingcheng Shan (Berg der Grünen Stadt) liegt nur 15 Kilometer von Dujiangyan entfernt, kann aber auch frühmorgens von den drei großen Busbahnhöfen Chengdus direkt angesteuert werden. Einst einer der friedlichsten Orte unter der Sonne, hat sich Qingsheng inzwischen zu einem beliebten Ziel für Wochenendausflügler entwickelt (mitsamt Kirmes und grotesker Tierrutsche), ist aber immer noch eine gute Alternative für diejenigen, denen die Fahrt zum Emei Shan (s.S. 1019) zu weit ist. Ebenso spartanische wie atmosphärische **Unterkunft** bietet der am Fuß des Berges gelegene *Jianfu-Tempel**. Nach Entrichtung von ¥40 Eintrittsgeld folgt eine angenehme, 6 km lange Wanderung auf den Berg, dessen Hänge mit Pavillons, Brücken und Tempeln gespickt sind. Der interessanteste ist der auf halber Höhe gelegene **Tianshi Dong** (Grotte des Himmlischen Lehrers) mit Paneelen aus der Ming-Dynastie in seiner Haupthalle. Hier stehen weitere Zimmer sowie Dorm-Betten* zur Verfügung, ebenso wie im *Shanqing Gongsi** auf dem Gipfel.

Richtung Nordosten nach Shaanxi

Die historische, 400 km lange Handelsroute von Chengdu Richtung Nordosten nach Xi'an in der Provinz Shaanxi stellt von jeher den einfachsten Zugang nach Sichuan dar. Die Sehenswürdigkeiten entlang der Strecke gehören nicht in die vorderste Reihe, doch dafür befindet man sich ein Stück abseits der touristischen Pfade und trifft auf beeindruckende Erinnerungen an die Geschichte der Region. Zwischen dem Sanxingdui-Museum bei Guanghan und der Provinzgrenze liegen mehrere unaufdringliche Bergtempel, schmale Gebirgspässe, wie in der *Geschichte der Drei Reiche* erwähnt, sowie der Geburtsort der einzigen chinesischen Kaiserin, **Wu Zetian**, und die Straße, über die 756 n.Chr. einer ihrer Nachfolger, Kaiser Xuan Zong, vor Aufständischen nach Chengdu flüchtete.

Eine Reise in die Region ist wahlweise per Bus oder Zug möglich. Die Eisenbahnlinie von Chengdu nach Xi'an und die alte Landstraße von Chengdu nach Guangyuan trennen sich nach rund einem Drittel des Wegs bei **Mianyang** (inzwischen ist eine neue Landstraße fertig, die in etwa den Bahngleisen folgt). Ein Großteil der Sehenswürdigkeiten liegt an der alten Straße zwischen Mianyang und dem 60 km vor der Grenze zu Shaanxi gelegenen **Guangyuan**, das auch als Ausgangspunkt für Fahrten nach **Jiuzhaigou** (s.S. 1055) im nordwestlichen Sichuan dient.

Von Chengdu nach Guangyuan

Von Chengdu führen Landstraße und Eisenbahn zunächst 120 km mehr oder weniger parallel via Guanghan und Deyang nach **Mianyang**, eine Stadt, die innerhalb des letzten Jahrzehnts enorm gewachsen und mittlerweile die zweitgrößte Stadt Sichuans ist. Vom **Bahnhof** westlich der Stadt verläuft die Hongxing Lu ins Zentrum, wo sich das *Linyuan Binguan*** als **Unterkunft** anbietet.

Bei einer Fahrt mit dem Zug lohnt ein Zwischenstopp 40 km weiter in **Jiangyou**, berühmt für seine **Kung-Fu-Schule Haideng**. 12 km nördlich der Stadt ragt der **Douchuan Shan** in die Höhe, auf dessen drei Felstürmen jeweils ein kleiner daoistischer Tempel thront – Zugang gibt es nur über schmale Drahtseilbrücken.

Die alte Landstraße dagegen führt über Zitong nach **Jiange**, eine Kleinstadt 135 km nordöstlich von Mianyang. An die langjährige strategische Bedeutung dieser ehemaligen Garnisonsstadt erinnern eine **Pagode** und der staubige, von uralten Bäumen gesäumte **Chaotian-Pass**. Noch beeindruckender präsentiert sich die Landschaft 30 km weiter nördlich, wo die Straße den steilen **Schwerttor-Pass** erklimmt, früher der einzige Übergang über eine 100 km lange Bergkette. Während der Zeit der Drei Reiche verteidigte Zhuge Liangs Armee an dieser Stelle das Reich Shun vor einer drohenden Invasion, und angeblich stand das Schwerttor Pate bei der Entstehung des chinesischen

Richtung Nordosten nach Shaanxi

Guangyuan	广元	***guǎngyuán***
Fenghuang-Shan-Park	凤皇山公园	*fènghuángshān gōngyuán*
Guangyuan Binguan	广元宾馆	*guǎngyuán bīnguǎn*
Huangze-Tempel	皇泽寺	*huángzé sì*
Lizhou Binguan	利州宾馆	*lìzhōu bīnguǎn*
Tausend-Buddha-Klippe	千佛崖	*qiānfó yá*
Jiange	剑阁	***jiàngé***
Schwerttor-Pass	剑门关	*jiànmén guān*
Jiangyou	江油	***jiāngyóu***
Kung-Fu-Schule Haideng	海灯武馆	*hǎidēng wǔguǎn*
Mianyang	绵阳	***miányáng***
Linyuan Binguan	临园宾馆	*línyuán bīnguǎn*

Sprichworts „Wenn ein Affe im Weg steht, kommen selbst 1000 Männer nicht vorbei", das heutzutage gerne zur Beschreibung bürokratischer Hürden herangezogen wird. Wer den Schwerttor-Pass sehen möchte, muss einen separaten Ausflug mit dem Auto oder Traktor eines Einheimischen machen, denn die Durchgangsstraße beschreibt einen Bogen um diesen Ort und trifft 50 km vor Guangyuan wieder auf die Eisenbahnlinie.

Guangyuan

Rund 330 km hinter Chengdu, etwa auf halber Strecke nach Xi'an, trifft man auf Guangyuan, eine seltsam geformte, ausgesprochen hässliche Stadt am **Jialing-Fluss** und Standort einer großen Waffenfabrik. Guangyuans **Busbahnhof** und **Bahnhof** liegen nur 100 m voneinander entfernt auf der westlichen Seite des Flusses. Nach Überquerung der Brücke sind es rund zehn Fußminuten bis zur Hauptstraße **Shumen Bei Lu**, die um den **Fenghuang-Shan-Park** herum Richtung Süden verläuft. Der Gipfel des Parkhügels wird von einem grotesken Turm aus Beton und Fliesen gekrönt, der eher an einen Skilift als an eine Pagode erinnert, allerdings eine hervorragende Orientierungshilfe darstellt (liegt die Pagode zur Linken, blickt man nach Süden).

Größtenteils ignoriert wird die Bedeutung der Stadt als Geburtsort von Chinas einziger Kaiserin, **Wu Zetian**. 1,5 km südlich des Bahnhofs finden sich der ihr geweihte, aus den Flussklippen gehauene **Huangze-Tempel** (Eintritt ¥2) und drumherum zahlreiche Nischen mit Wandmalereien und **Felsskulpturen** buddhistischer Heiliger, die teilweise bis zu 4 m hoch, aber in einem erbärmlichen Zustand sind. Die zwischen 557 und 684 n.Chr. in einem statischen und überaus monumentalen Stil entstandenen Arbeiten stammen eigentlich aus der Zeit vor Wu Zetian, doch deren zeitweiliges Dasein als buddhistische Nonne und ihre spätere Förderung der prächtigen Bildhauerei von Luoyang (s.S. 370) lassen die Widmung des Tempels plausibel erscheinen. Die Kaiserin selbst ist in Gestalt zweier Skulpturen präsent, wobei eine unter freiem Himmel steht und bis zur Unkenntlichkeit verwittert ist, während die andere ein Zimmer ihr Eigen nennt und eine wenig schmeichelhafte, pummelige Darstellung der Kaiserin zeigt. Einen Blick lohnt auch die aus Stein gehaue-

Wu Zetian 624 n.Chr. als Tochter eines Hofbeamten geboren, wurde Wu Zetian im zarten Alter von 14 Jahren in den Harem des Tang-Kaisers Taizong aufgenommen, später jedoch in die Abgeschiedenheit eines buddhistischen Klosters verbannt, nachdem Gerüchte einer Affäre mit Taizongs Sohn **Gaozong** aufgekommen waren.

Mit Gaozongs Thronbesteigung erlangte auch Wu Zetian 652 wieder den Status einer Konkubine und verbrachte die folgenden 30 Jahre damit, ihre Macht bei Hofe auszubauen, indem sie unbarmherzig jeden aus dem Weg räumte, der sich ihr in den Weg zu stellen drohte, darunter zahlreiche Beamte, eine ihrer Schwestern, mehrere ihrer Söhne und Stiefsöhne sowie einen Enkel und vier Schwiegertöchter.

Als Gaozong 683 starb, war ihre Position gefestigt genug, dass sie den designierten Thronfolger **Li Xian** übergehen und ihren eigenen, von Gaozong gezeugten Sohn Li Dan als Herrscher einsetzen konnte, der als Kaiser **Ruizong** in die Annalen einging. Die Kaiserinwitwe zog hinter Ruizong die Fäden und stärkte die Macht ihres eigenen Wu-Clans, indem sie die Li-Familie der alten Dynastie mittels Waffengewalt und Intrigen buchstäblich ausrottete. Im September 690 bestieg Wu selbst den Thron und begründete als **Kaiserin Wu von Zhou** eine neue Dynastie.

Angesichts dieser Laufbahn präsentierte sich Wu Zetian während ihrer 15-jährigen Herrschaft überraschend fortschrittlich. Ihre Förderung des Buddhismus zeitigte die berühmten Skulpturen von Luoyang (s.S. 370), und selbst ihre Kritiker attestierten ihr Fairness bei der Ernennung von Beamten auf Grundlage ihrer Verdienste. Die neue Dynastie war jedoch nicht von langer Dauer. Ein drohender Aufstand zwang die Kaiserin zur Wiedereinsetzung von Li Xian als Kronprinzen, und kurz vor ihrem Tod im Jahre 705 dankte sie ihm zugunsten, dem neuen Kaiser **Zhongzong**, als Herrscherin ab.

ne **Phönix-Tafel** am Tempeleingang – ein Symbol der weiblichen Stärke anstelle des sonst üblichen Drachen. Ähnliche Arbeiten finden sich 4 km nördlich des Bahnhofs an der **Tausend-Buddha-Klippe**, wo eine über 600 m lange und teilweise bis zu 40 m hohe Felswand mit Buddha-Figuren verziert wurde, die auf die Zeit der Sui-Dynastie zurückgehen.

In der Hauptstraße Shumen Bei Lu liegt die **Unterkunft** *Guangyuan Binguan***, ✆ 0839/322 4114. Wer dort ein Zimmer erhält, ist auf jeden Fall besser bedient als in Guangyuans einzigem offiziellen Hotel für Ausländer, das heruntergekommene *Lizhou Binguan***, 21 Guangyuan Xi Lu, ✆ 0839/ 3232347, das zwei Straßen weiter Richtung Fluss zu finden ist. **Essen** kann man an den zahlreichen Feuertopfständen und in den Restaurants entlang der Shumen Bei Lu sowie in deren Seitenstraßen. Für die **Weiterreise** gibt es lediglich einen Bus pro Tag nach Nanping, östlich von Jiuzhaigou. Von dort fahren täglich Busse über Jiuzhaigou nach Songpan und Chengdu (s S. 998). Für den direkten Weg nach Chengdu oder Xi'an ist die Eisenbahn erste Wahl.

Emei Shan

Rund 150 km südwestlich von Chengdu beginnen am Rand des **Roten Beckens** die Ausläufer der Bergketten, die sich in ihrem weiteren Verlauf nach Süden und Westen bis nach Yunnan und Tibet erstrecken. In dieser Landschaft ragt der heilige, von zahllosen Tempeln übersäte Emei Shan in die Höhe, eine der berühmtesten Sehenswürdigkeiten in ganz Sichuan. Dank der problemlosen Anfahrt hat sich der Berg zu einer extremen Touristenhochburg entwickelt, die man besonders am chinesischen Neujahr meiden sollte, wenn die Massen derart außer Kontrolle geraten können, dass schon mal die Armee herbeigerufen werden muss, um etwas Ordnung ins Chaos zu bringen. Davon einmal abgesehen lohnt der Abstecher auf jeden Fall. Man kann den Berg entweder im Rahmen eines Tagesausflugs von Chengdu besuchen, meist verbunden mit einem Stopp in Leshan (s.S. 1025), oder in eine ausgedehnte Rundreise durch den Westen Sichuans bzw. als Zwischenstation auf dem Weg in die weiter südlich gelegene Provinz Yunnan einbinden. Die einfachste Art der Fortbewegung in dieser Region sind die zahlreichen aufeinander abgestimmten Busse und Minibusse, wobei der Ort Emei auch an der Eisenbahnlinie von Chengdu nach Kunming liegt.

Etwa 75 km südlich von Chengdu führen Eisenbahn und Landstraße durch **Meishan**, wo die Ming- und Qing-Pavillons von **Sansu Ci** (Ahnentempel der Drei Su) zu besichtigen sind, die zu Ehren der berühmten einheimischen Künstlerfamilie aus der Zeit der Song-Dynastie errichtet wurden. Ihr bekanntester Vertreter ist **Su Dongpo**, der den Höhepunkt seiner literarischen Laufbahn erreichte, als er einen Posten am Hofe zugesprochen bekam. Doch schon kurz darauf wurde er in die Verbannung geschickt, zunächst nach Hubei und anschließend auf die Insel Hainan. Unverzagt fuhr Su Dongpo mit seiner Arbeit fort und blieb Zeit seines Lebens ein einflussreicher Dichter, der auch heute noch bekannt ist für seine stimmungsvollen Verse sowie seine Thesen und Ansichten in Bezug auf die Malerei – merkwürdigerweise trägt auch ein festliches Schweinefleischgericht seinen Namen. Viel zu sehen gibt es in Sansu Ci nur für ausgesprochene Bewunderer der Kalligrafie, von der hier sehr viele Beispiele zu bewundern sind, aber das Gelände ist insgesamt sehr ansprechend. 🕓 tgl 8.30–17 Uhr, Eintritt ¥5.

Etwa zwei Stunden sind es von hier per Bus bis zum Fuß des 3000 m hohen Emei Shan, seit über 1800 Jahren ein bedeutendes Pilgerziel und seit dem 6. Jahrhundert einer der vier heiligen buddhistischen Berge Chinas. An den Wanderwegen stehen rund 30 **Tempel**, die Pilger und Touristen – wobei letztere Spezies inzwischen deutlich in der Überzahl ist – mit Mahlzeiten und Unterkunft versorgen. Abgesehen von seiner religiösen Bedeutung fasziniert der Emei Shan mit seiner unberührten Naturlandschaft und einer reichen **Tier- und Pflanzenwelt**. Mit dem Wechsel der **Jahreszeiten** ändert auch die Landschaft deutlich ihr Gesicht. Im Sommer, wenn die meisten Besucher anzutreffen sind, präsentiert sich die üppige Vegetation in einem frischen Grün, und trotz der relativ hohen Temperaturen bietet der Berg eine willkommene Erholung von den noch heißeren Ebenen in der Umgebung. Frühling und Herbst sind durch leuchtende Farben und ein kühleres Klima gekennzeichnet, und im Winter, wenn sich nur wenige abgehärtete Naturen hierher verirren, verleihen das klare

Emei Shan

Emei Shan	峨眉山	***éméi shān***
Baoguo Si	报国寺	*bàoguó sì*
Fu Hu Si	伏虎寺	*fúhŭ sì*
Hongzhushan Binguan	红珠山宾馆	*hóngzhūshān bīnguǎn*
Jieyin-Halle	接引殿	*jiēyǐn diàn*
Jinding	金顶	*jīndǐng*
Jinding Dajiudian	金顶大酒店	*jīndǐng dàjiǔdiàn*
Meishan	眉山	*méi shān*
Niuxin Si	牛心寺	*niúxīn sì*
Qingyin Ge	清音阁	*qīngyīn gé*
Wanfoding	万佛顶	*wànfó dǐng*
Wannian Si	万年寺	*wànnián sì*
Xian Feng Si	仙峰寺	*xiānfēng sì*
Xixiang Chi	洗象池	*xǐxiàng chí*
Zhongling Si	中岭寺	*zhōnglǐng sì*

Licht und der Schnee der Landschaft Erhabenheit und Würde. Wer es einrichten kann, sollte drei bis vier Tage für **Wanderungen** in den unteren Ausläufern einplanen und einen Tag für die höheren Regionen reservieren, beispielsweise eine Besteigung des **Wanfoding** (Zehntausend-Buddha-Gipfel), der höchste der drei Gipfel des Emei. Der Aufstieg in diese Höhe macht aber nur bei guter Witterung Sinn, denn eine größere Vielfalt an Ausblicken, Tempeln, Flüssen und Vegetation bieten die Wanderwege in den etwas tiefer gelegenen Regionen, und eigentlich geht es nur um die Erstürmung des Gipfels mit einer herrlichen Aussicht zur Belohnung.

Das Tor zu dieser faszinierenden Bergwelt ist das 150 km von Chengdu entfernte **Emei**, ein ebenso geschäftiger wie schmuddliger Ort rund 7 km vor Baoguo (s.S. 1022) am Fuße des Berges gelegen.

Die Züge kommen 3,5 km außerhalb am **Bahnhof** von Emei an, der Verbindungen nach Chengdu (6x tgl., 3 Std.), Kunming (2x tgl., 19 Std.), Panzhihua (6x tgl., 11 Std.) und Xichang (6x tgl., 5 Std.) bietet.

Wer mit dem Bus ankommt, landet entweder direkt in Baoguo oder an Emeis **Busbahnhof** in der Hauptstraße, von wo Busse nach Chengdu (5 Std.), Leshan (1 1/2 Std.), Xichang (10 Std.) und Ya'an (3 Std.) fahren. Tagsüber pendeln Minibusse permanent zwischen Bahnhof, Stadt und Baoguo hin und her.

Der Ausgangspunkt für Wanderungen auf den Berg liegt nur eine kurze Minibusfahrt entfernt in **Baoguo** (s.S. 1022), wo ambitionierte Trekker zu einer strammen dreitägigen Rundtour aufbrechen können. Wer weniger Zeit hat, legt die ersten Kilometer mit dem Bus zurück und startet an den alternativen Ausgangspunkten **Qingyin Ge** (Pavillon des Klaren Klangs) für die südliche Route oder **Wannian Si** (Tempel der Ewigkeit) für die kürzere nördliche Route. Von beiden Punkten ist die Besteigung des Emei Shan über den **Xixiang Chi** (Elefanten-Badeteich) und den unteren Gipfel namens **Jinding** an einem Tag zu schaffen; der Abstieg erfolgt am nächsten Morgen. Ganz Eilige können Auf- und Abstieg auch an einem einzigen Tag bewältigen, indem sie den Minibus von Baoguo zur **Jieyin-Halle** nehmen, die eine Seilbahnfahrt bzw. einen einfachen Fußweg vom Jinding entfernt liegt – allerdings verpasst man bei dieser Variante einiges von dem, was den Emei Shan so einzigartig macht.

Der **Eintrittspreis** von ¥60 für den Emei Shan wird an den Ausgangspunkten der Wanderwege erhoben, und unterwegs kann es zu stichprobenartigen Kontrollen kommen. Für den Eintritt zu den Tempeln sind in der Regel nochmals je ¥4 zu bezahlen, es gibt aber immer Wege um die Anlagen herum, wenn man an einer Besichtigung nicht interessiert ist.

Die Preise für die **Übernachtung** in einem Tempel oder einem der wenigen privaten Hotels

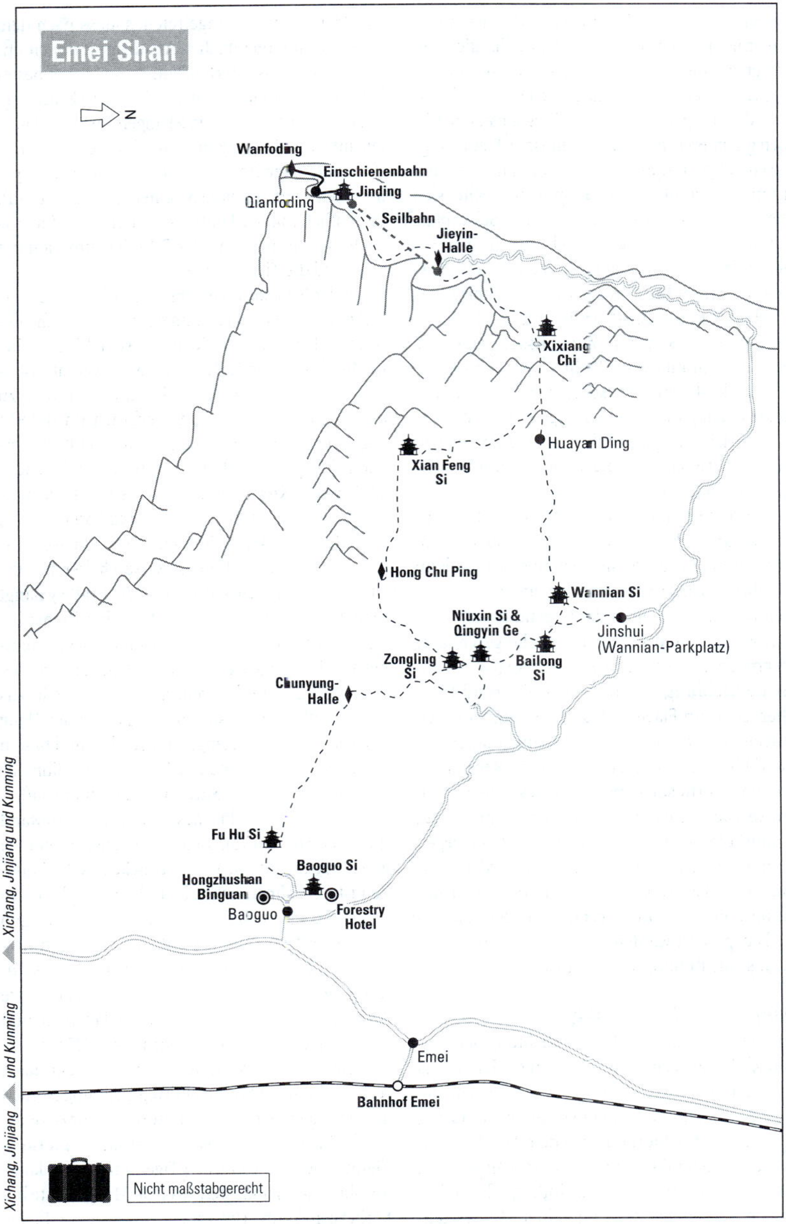
Emei Shan
N
Wanfoding
Einschienenbahn
Jinding
Qianfoding
Seilbahn
Jieyin-
Halle
Xixiang
Chi
Huayan Ding
Xian Feng
Si
Hong Chu Ping
Wannian Si
Niuxin Si &
Qingyin Ge
Jinshui
(Wannian-Parkplatz)
Zongling
Si
Bailong
Si
Chunyung-
Halle
Fu Hu Si
Baoguo Si
Hongzhushan
Binguan
Baoguo
Forestry
Hotel
Emei
Bahnhof Emei
Xichang, Jinjiang und Kunming
Xichang, Jinjiang und Kunming
Chengdu und Meishan
Nicht maßstabgerecht

schwanken zwischen ¥20 für eine Matratze in einem großen Schlafsaal (für Ausländer häufig nicht verfügbar) und ¥45 oder mehr pro Person für ein Doppelzimmer. Meist befinden sich die Empfangsbüros der Tempel gleich an den Eingangstoren. Wer einen guten Preis erzielen will, muss sich auf einige Feilscherei gefasst machen, und wer an einem bestimmten Ort übernachten möchte, sollte sich schon am Nachmittag um seinen Schlafplatz bemühen. Fließend Wasser steht nur in den wenigsten Fällen zur Verfügung, und auch die Versorgung mit Strom lässt oft zu wünschen übrig (Taschenlampe mitbringen), dafür bieten viele Unterkünfte Heizdecken an. Zum **Essen** sind die Tempelrestaurants erste Wahl, eine vegetarische Mahlzeit kostet hier zwischen ¥15 und ¥40. Die Stände entlang der Wege versorgen müde Wanderer mit Erfrischungsgetränken, Snacks und heißen Speisen, beispielsweise Reisschleim, Knoblauchsuppe und Nudeln.

Besucher des Emei Shan sollten mit sehr griffigem **Schuhwerk** ausgerüstet sein, besonders im Winter, wenn Eis die Steinstufen überzieht – dann sind übrigens auch Strohsandalen oder sogar Steigeisen (werden überall in der Gegend für ein paar Yuan verkauft und unter die Schuhe geschnallt) von großem Nutzen. Für die oberen Regionen wird **warme Kleidung** benötigt, da es hier rund 15 °C kälter ist als im Flachland, und die Temperaturen zwischen Oktober und April manchmal unter null fallen. Ebenfalls anzuraten sind eine Regenjacke oder ein Schirm sowie **Wanderstöcke**, die überall zum Verkauf stehen und zum einen beim Abstieg die Muskulatur entlasten und zum anderen gegen die aufdringlichen Affen eingesetzt werden können. Überflüssiges Gepäck kann vor Antritt der Wanderung in den tiefer gelegenen Klöstern und Hotels deponiert werden – oder bereits in Chengdu, falls eine Rundreise geplant ist.

Baoguo und Umgebung

Von Emei führt die Landstraße Richtung Südwesten nach Baoguo, eine etwa 1 km lange Gerade aus Hotels und Restaurants, die an einer T-Kreuzung ihr Ende findet. Rund 500 m vor dieser Kreuzung liegt Baoguos **Busbahnhof**, von dem Minibusse zu den Ausgangspunkten für die Wanderungen zum Qingyin Ge, Wannian Si und Jinding fahren. Die Fahrten werden jedoch nur ab einer Mindestzahl von 16 Passagieren angetreten, sodass nach dem ersten frühmorgendlichen Ansturm nur noch unregelmäßig Busse starten. Vom Busbahnhof bestehen auch Verbindungen nach Chengdu, Chongqing, Ya'an und Leshan. Reservierungen für diese Fahrten und für den Zug ab Emei können im *Teddy Bear Café* oder im *Hongzhushan Binguan* vorgenommen werden (inklusive einer satten Provision). Wesentlich billiger kommt es, wenn man den Bus nach Emei nimmt, mit der Rikscha zum Bahnhof fährt und die Tickets selbst kauft.

In der Nähe des Busbahnhofs befindet sich das *Teddy Bear Café*, das kulinarisch zwar nicht besonders hervorsticht, doch der sehr hilfsbereite, Englisch sprechende Besitzer Patrick verleiht Wanderstöcke, verwahrt Gepäck und vermittelt zu ermäßigten Preisen eine **Unterkunft** im Hotel** gegenüber, wenngleich die beiden zu Fuß erreichbaren Tempel-Guesthouses sehr viel einladender sind. An der Kreuzung führt die nach links abzweigende Straße zum *Hongzhushan Binguan****, ✆ 08426/525888, 📠 525666, das exklusive Zimmer, eine Bank und einen Reiseschalter besitzt. Über die nach rechts abzweigende Straße gelangt man zum **Baoguo Si** (Tempel für den Dienst am eigenen Land), ein großer und gut besuchter Tempel aus der Song-Ära. Die im 17. Jahrhundert wieder aufgebaute und erweiterte Anlage besteht aus vier Haupthallen, die sich hintereinander den Hang hochziehen. Ihre Eingänge sind verziert und führen zunächst in Innenhöfe mit Bonsai- und Blumenarrangements. In der **Sutra-Halle** steht ein auffälliger Porzellan-Buddha, dessen schwarzes Gewand mit roten Streifen von kleinen goldenen Symbolen geschmückt wird. Die riesige **Glocke** aus der Ming-Zeit ist mit Schriftzeichen bedeckt und soll noch in 15 km Entfernung zu hören sein. Auch im Baoguo Si bietet sich die Möglichkeit zur **Übernachtung** und zum Essen, oder man begibt sich in das *Forestry Hotel*** hinter dem Tempel, eine eher triste Angelegenheit mit gelangweiltem Personal und recht einfachen Zimmern (Dorm-Bett ¥25).

Unweit der Kreuzung zweigt von der nach rechts führenden Straße ein Weg Richtung Norden ab, der nach einem 20-minütigen Spaziergang durch einen Nanmu-Wald zum reizenden **Fu Hu Si** (Tempel des Bezwungenen Tigers) führt, ein komfortables Nonnenkloster, das jede Menge Gäste beherbergen kann. Hier steht auch die 14 kleine

Stockwerke umfassende, aber nur 7 m hohe **Huayan-Pagode**, die im 16. Jahrhundert aus Bronze gegossen wurde und mit den Gravuren von 4700 Buddha-Bildern verziert ist. Wer nicht laufen mag, kann auch mit dem einzigen lokalen Bus fahren, dessen Endhaltestelle sich ganz in der Nähe befindet.

Die südliche Route

Von Baoguo führt die südliche Route am Fu Hu Si und ein paar kleineren Sehenswürdigkeiten vorbei zur **Chunyang-Halle**, wo man **übernachten** kann und einen herrlichen Panoramablick auf den Gipfel genießt. Von dort geht es in sanftem Anstieg am **Zhongling Si** (Tempel des Mittleren Gipfels) vorbei zu dem kleinen hölzernen **Niuxin Si**, der am Zusammenfluss zweier Bäche und Kreuzungspunkt mehrerer Wege auf einem Felsen thront. Ein Stückchen weiter folgt der reizende **Qingyin Ge**, die schönste **Unterkunft** am Emei Shan: Oben rauschen die Wälder, unten fließt das Wasser sanft plätschernd durch eine Schlucht, und mit etwas Glück zeigen sich die berühmten, in dieser Bergwelt beheimateten **Bartfrösche** (zumindest die Männchen tragen einen Bart, die Weibchen begnügen sich mit Streifen). Neben Standard-Dorms gibt es im Tempel auch einen separaten Flügel mit einigen guten Doppelzimmern** (mit Bad), in denen man sich vom Geräusch des plätschernden Wassers in den Schlaf wiegen lassen kann.

Von diesem Knotenpunkt führt die kürzere nördliche Gipfelroute am 3 km entfernten Wannian Si vorbei, während sich die südliche Route linker Hand des Niuxin Si nach oben schlängelt. Entlang einem Flussbett geht es bis zu einem Ort, wo man **Affen** beobachten und schwimmen gehen kann, bevor ein recht steiler Anstieg durch mehrere Schluchten in Angriff genommen wird. Ungefähr zwei Stunden später folgt die **Hong Chu Ping** (Terrasse der Uralten Bäume), und danach dauert es noch einmal so lange, bis die streckenweise sehr steilen und schmalen Stufen zum **Xian Feng Si** (Tempel des Gipfels der Unsterblichen) erklommen sind, ein angenehmer Ort mit schönen Kiefern, Taubenbäumen, Kamelien und Rhododendren. Die nächste zweistündige Etappe führt teilweise bergab zur Drachenkopfbrücke und anschließend stetig bergauf bis zu dem Punkt, wo der Weg auf die nördliche Route zum **Xixiang Chi** trifft.

Die Pflanzenwelt am Emei Shan Über 100 von rund 3000 Pflanzenarten am Emei Shan sind nur in China heimisch. Dazu zählt auch der **Rote Nanmu-Baum**, der wegen seines kerzengeraden und hohen Wuchses gerne für Tempelsäulen verwendet wird. Ein weiterer ist der **Taubenbaum** mit seiner harten, kugelrunden Frucht, dünnen und blassen Blättern und einer weißen, zweiblättrigen Blüte, die Ähnlichkeit mit einer hockenden Taube aufweist. Am bemerkenswertesten jedoch ist der stattliche **Ginkgo**, zu erkennen an seinen fächerförmigen Blättern, der in prähistorischer Zeit auf dem ganzen Globus beheimatet war. Der einst in der freien Natur bereits ausgestorbene Ginkgo wurde – so sagen Botaniker – eher unfreiwillig gerettet, weil er sich großer Beliebtheit als Zierbaum in Tempelgärten erfreute, wo er wohl auch wegen der medizinischen Heilkräfte seiner leicht giftigen Frucht angepflanzt wurde, die angeblich das Begehren zügelt. Von diesen Standorten verbreitete sich der Ginkgo-Baum erneut und ist heute im zentralen Südwesten Chinas auch außerhalb der Tempelmauern wieder anzutreffen.
Der Ginkgo ist nicht die einzige Bergpflanze, die von ihrer Kultivierung profitierte. Die Mehrzahl der europäischen **Zierrosen** sind Mischpflanzen, die vor rund 200 Jahren auf der Grundlage der wilden chinesischen Rose gekreuzt wurden, und im Sommer sind auch heute noch Büsche mit den kleinen rosafarbenen und weißen Vorfahren an den niedrigeren Hängen des Emei Shan anzutreffen.
Die Region ist auch berühmt für ihren **Tee**. In Baoguo und Emei wird eine ausgezeichnete Sorte mit Jasmin-Aroma für etwa ¥50 pro Kilo angeboten. Ferner liefert der Berg viele Pilze und **Heilkräuter**, die überall in der Gegend verkauft werden. Doch beim Kauf und vor allem bei der Zubereitung ist Vorsicht geboten, denn einige Pflanzen – zum Beispiel die vor dem Baoguo Si in Glaskrügen angebotenen scharlachroten und schwarzen Bohnen – sind extrem giftig.

Die nördliche Route und der Weg zum Gipfel

Die meisten Wanderer beginnen ihren Aufstieg zum Gipfel nach der Anfahrt mit dem **Bus** zum Ausgangspunkt für die nördliche Route, das 15 km von Baoguo entfernte **Jinshui** (Busfahrt ¥5). Nach einer 40-minütigen Wanderung erreicht man den ältesten Tempel der Gegend, den **Wannian Si** (Tempel der Ewigkeit), der 1945 bei einem verheerenden Feuer bis auf die aus dem 17. Jahrhundert stammende Haupthalle völlig zerstört wurde. Wannians ganzer Stolz ist ein untersetzter Pavillon im hinteren Bereich der Anlage, wo Tausende kleiner Eisen-Buddhas eine spektakuläre **Skulptur des Bodhisattva Puxian** (auch Samantabhadra genannt) hüten, der auf einer vergoldeten Lotusblüte sitzt und einen weißen Elefanten mit sechs Stoßzähnen reitet. Puxian soll den Berg im 6. Jahrhundert besucht haben, 400 Jahre bevor die riesige Bronzestatue auf kaiserlichen Erlass hin gebaut und in Einzelteilen aus Chengdu hierher transportiert wurde. Die **Unterkunft** im Tempel ist bescheiden, doch das Essen kann sich sehen lassen, und die Atmosphäre entschädigt für so manche Unannehmlichkeit. Am Abend wird die Stille durch den Singsang der Mönche und Glockenbimmeln durchbrochen.

Vom Wannian Si zum Niuxin Si und dem Startpunkt für die südliche Route benötigt man weniger als eine Stunde. Wer sich an die nördliche Route hält, marschiert stramme vier Stunden durch nebelverhangene Bambus- und Kiefernhaine, bevor über die letzten glitschigen Stufen der **Xixiang Chi** erreicht wird, ein Teich, in dem Puxians Elefant auf dem Weg zum Gipfel ein Bad nahm. Der unweit von hier auf einer Hügelspitze thronende **Tempel** ist weniger beeindruckend als der Wannian Si, bietet aber einen fantastischen Ausblick und ist von jahrhundertealten Bäumen und Rhododendrenbüschen umgeben. Von hier sind es weitere vier Stunden bis zum Jinding, aber wer lieber vor Ort nächtigen möchte, sollte rechtzeitig ankommen, denn aufgrund ihrer Lage nahe der Kreuzung von Süd- und Nordroute sind die hiesigen **Unterkünfte** meist schnell belegt.

Im weiteren Verlauf wird die Strecke einfacher, doch dafür sorgen Banden aggressiver **Affen** für Unruhe, die sich mit gebleckten Zähnen über die Vorräte der Wanderer hermachen wollen und vornehmlich Frauen ins Visier nehmen. Manchmal hilft es, leere Hände vorzuzeigen und forschen Schrittes weiterzumarschieren, doch mehr Sicherheit verleiht die Bewaffnung mit einem Stock oder ein paar Steinen zum Drohen. Außerdem sollte man sein Gepäck fest im Griff haben.

Durch dichten Wald geht es weiter bis zur **Jieyin-Halle**, wo die 50 km lange Landstraße aus Baoguo endet und eine **Seilbahn** (¥40 hoch, ¥30 runter) zum Jinding führt. Es wimmelt hier von Reisegruppen, die sich mit Begeisterung an die Erstürmung des Gipfels machen, der Höhepunkt ihres Tagesausflugs. Wem auf dem Rückweg die Puste ausgeht, findet hier auch eine Mitfahrgelegenheit zurück nach Baoguo (1 1/2 Std., ¥20). Die **Hotels** in der näheren Umgebung machen einen guten Eindruck, sind aber – nach dem Abkassieren – schon öfter durch unfreundliche Behandlung aufgefallen.

Ob mit der Seilbahn oder in zwei Stunden zu Fuß – der „Goldene Gipfel" **Jinding** (3077 m) ist die nächste Station und für viele der Hauptgrund ihres Besuchs am Berg. Der Name dieses langweiligen Tempels, auf Terrassen nahe dem Abhang gelegen, leitet sich von seinem glänzenden Bronzedach ab, das allerdings 1989 durch hellgelbe Ziegeln ersetzt wurde. Möglichkeiten zur **Übernachtung** gibt es im Tempel oder in einem der eher schäbigen Doppelzimmer des nahen *Jinding Dajiudian*****, ✆ 0833/55247045. Die meisten Gäste stehen am nächsten Morgen bereits in aller Herrgottsfrühe auf und gesellen sich in der Hoffnung auf einen schönen **Sonnenaufgang** zu den Menschenmengen auf der Terrasse. An einem klaren Tag bietet sich ein wirklich fantastisches Schauspiel, wenn die Sonne langsam das unterhalb des Gipfels wabernde Wolkenmeer erhellt. Nachmittags zeigt sich über den Wolken bisweilen das Phänomen regenbogenartiger Ringe, die als **Heiligenschein Buddhas** bezeichnet werden und um den Schatten des Betrachters zu tanzen scheinen. Bei guter Sicht ist in der Ferne sogar der 150 km westlich gelegene **Gongga Shan** auszumachen, aber bei Regen hüllt sich der Jinding in Wolken und man erblickt lediglich den riesigen Sendemast über dem Tempelkomplex. Dann kommt kaum jemand auf die Idee, sich an die letzte Stunde Aufstieg zu machen oder mit der **Einschienenbahn** (¥50) auf den **Wanfoding** (Zehntausend-Buddha-Gipfel) zu fahren, mit 3099 m der höchste Punkt von Emeis Bergwelt.

Leshan und Umgebung

Am Zusammenfluss von Qingyi, Min und Dadu liegt 180 km von Chengdu und 50 km von Emei entfernt die 1300 Jahre alte Marktstadt Leshan, wo buddhistische Bildhauer vor über 1000 Jahren den **Großen Buddha** schufen, der als eines der imposantesten religiösen Monumente der Welt über den Fluss wacht. Neben dem Emei Shan ist dies eine der berühmtesten Sehenswürdigkeiten von Sichuan, die infolgedessen mit dem gleichen Touristenansturm zu kämpfen hat und besonders am chinesischen Neujahr gemieden werden sollte. Leshan lässt sich im Rahmen eines Tagesausflugs von Chengdu besuchen oder als Zwischenstation auf dem Weg in andere Regionen Sichuans bzw. gen Süden nach Yunnan einbauen und ist gut an das öffentliche Verkehrsnetz angebunden. In der Stadt selbst verbringen die meisten Besucher nur einen ruhigen Abend, bevor sie am nächsten Morgen mit der Fähre zum unglaublichen **Dafo**, dem Großen Buddha, übersetzen.

Vom neuen Busbahnhof kommend passiert die Hauptstraße **Shengshui Jie** auf ihrem Weg Richtung Süden und Stadtzentrum die riesige **Minjiang-Brücke** sowie eine eigenwillige Statue mit Krokodil und Jungfrau. Hier zweigt die Binjiang Lu nach Südosten ab und führt am Fluss entlang zu den **Fähranlegern**. Wer auf der Hauptstraße bleibt, kommt zu den Einkaufszentren an der Kreuzung mit der Dong Dajie. Die an dieser Stelle nach rechts abbiegende Yutang Jie führt am **Postamt** vorbei und im weiteren Verlauf über die Baita Jie in die Altstadt.

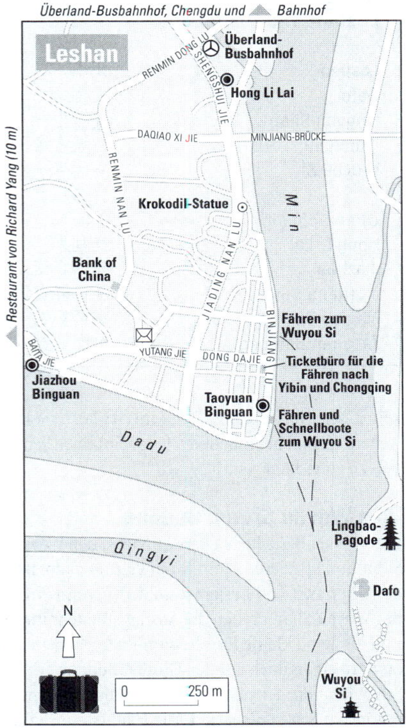

schützer für die Schiffe kreieren, welche die wilden Flüsse am Fuße des Lingyun Shan befuhren. Nachdem sich Haitong eigenhändig das Augenlicht genommen hatte, um die Regierung zur Bereitstellung von finanziellen Mitteln zu bewegen, wurde das Projekt von den Mönchen **Zangchou** und **Weigao** weitergeführt. Sie gestalteten das Gewand und die Haare der Buddha-Figur so geschickt, dass das Wasser abfließen konnte, und dachten sogar an ein internes Entwässerungssystem, um dem Verwitterungsprozess ein Schnippchen zu schlagen. Alles in allem dauerte es über 90 Jahre, bis die Figur aus den roten Sandsteinklippen gehauen war. Zeitgleich mit den Steinmetzarbeiten entstanden **Tempelanlagen** oberhalb des Buddha auf dem **Lingyun Shan** sowie auf dem angrenzenden **Wuyou Shan**, sodass man heute gut und gerne fünf Stunden mit Spaziergängen zwischen den einzelnen Sehenswürdig-

Dafo

Ebenso teilnahmslos wie gewaltig wacht Dafo, der Große Buddha, mit halb geschlossenen Augen über den Fluss – unbeeindruckt von den Touristenschwärmen, die um seinen Kopf spazieren, auf seinen Zehen herumkraxeln und beinahe ihre Boote zum Kentern bringen, um ein Erinnerungsfoto von ihm zu schießen. Mit 71 m Höhe gilt der Dafo als größte buddhistische Skulptur der Welt, doch die Statistik allein vermag das Gefühl nicht zu vermitteln, das Besucher beim ersten Anblick dieser imposanten Heiligenfigur überkommt, wenn sie sich langsam mit der Fähre nähern.

Die Arbeiten an der gewaltigen Skulptur wurden 713 n.Chr. von dem Mönch **Haitong** aufgenommen. Mit seinem geplanten Werk wollte er einen Be-

Leshan und Umgebung

Leshan	乐山	***lèshān***
Dafo	大佛	*dàfó*
Lingyun Shan	凌云山	*língyún shān*
Luocheng	罗城古镇	*luóchéng gǔzhèn*
Wuyou Si	乌优寺	*wūyōu sì*
Übernachtung		
Hong Li Lai	红利来	*hónglì lái*
Jiazhou	嘉州宾馆	*jiāzhōu bīnguǎn*
Jiurifeng Binguan	就日峰宾馆	*jiùrìfēng bīnguǎn*
Nanlou Binguan	南楼宾馆	*nánlóu bīnguǎn*
Taoyuan Binguan	桃园宾馆	*táoyuán bīnguǎn*

keiten verbringen kann. Der **Eintritt** kostet ¥40, weitere ¥2 sind beim Betreten jedes einzelnen Tempels zu entrichten.

Vom Wuyou Si zum Buddha

Die meisten Besucher steuern zunächst den Wuyou Si an und spazieren dann hinüber zum Dafo. Bei der Überfahrt von Leshan zum Anleger am Fuße des Wuyou Shan drehen die Ausflugsboote mitten im Fluss eine kleine Runde, damit alle Passagiere an Bord einen Blick auf den Großen Buddha erhaschen können, der sich vom Wasser aus von seiner schönsten Seite präsentiert. Die Hauptstatue wird von zwei wesentlich kleineren **Wächterfiguren** flankiert, und bei der Annäherung an den Wuyou Si fallen nicht nur die in die Klippen gemeißelten Inschriften, sondern auch zahllose kleinere Skulpturen ins Auge, von denen jedoch viele bis zur Unkenntlichkeit verwittert sind.

An Land führt eine steile Treppe zum **Wuyou Si**, ein freundliches Kloster mit rosafarbenen Mauern, das 742 n.Chr. gegründet wurde und beachtenswerte **Verzierungen** aufzuweisen hat. Besonders hervorzuheben sind die prächtigen Torwächter am Eingang, die lebhaften Szenen aus der *Reise nach dem Westen* in der zweiten Halle (als der Mönch Xuan Zang von Dämonen entführt werden soll, springt ihm der Affenkönig zu Hilfe) sowie die grotesken Arhat-Skulpturen im Innern. Ganz oben auf dem Hügel lädt ein gutes **vegetarisches Restaurant** zur Rast ein.

Vom Tempel geht es durch einen Wald bergab bis zu einem Fluss und einer überdachten Brücke, die zum **Lingyun Shan** hinüberführt. Auf der anderen Seite steigt eine Treppe nach links zu einem neuen Tempelkomplex hinauf, von dem sich weitere hervorragende Ausblicke bieten. Der Hauptweg hingegen führt zu einem Hof am oberen Rand des **Großen Buddha**. Wer sich seinen Weg durch die dichtgedrängten Massen gebahnt und es bis zur Brüstung geschafft hat, kann einen Blick in Dafos Ohr werfen oder die anderen Besucher dabei beobachten, wie sie über die glitschige **Treppe der Neun Kehren** zu den Füßen des Buddha hinabsteigen. In Nähe des Hofs findet man die **Unterkunft** *Nanlou Binguan*, diverse Teehäuser und Restaurants, ein **Museum** mit Statuen von Haitong und seinen Nachfolgern sowie die 13-stöckige, weiß getünchte **Lingbao-Pagode**.

Der Hauptweg führt vom Buddha hinunter zu der Straße, die am Ostufer des Min parallel zur Stadt verläuft. Während des Abstiegs bieten sich schöne Aussichten auf die Stelle, an der die drei Flüsse ineinander münden und gefährliche Strudel entstehen lassen – daran konnte offensichtlich auch Dafos Präsenz nichts ändern. An den Toren angekommen kann man entweder eine Fähre zurück nach Leshan nehmen oder versuchen, einen Platz in einem der Busse zu ergattern.

Luocheng

Ein lohnenswerter Tagesausflug von Leshan führt in die 60 km südöstlich gelegene Stadt Luocheng. Neben einem anonymen, modernen Teil hat Luocheng eine interessante **Altstadt** aus der Qing-Zeit zu bieten, mit original erhaltenen Gebäuden, Kopfsteinpflastergassen, Torbögen aus Holz und Stein, einem guten **Teehaus**, einem Theaterpavillon, in dem früher öffentliche Vorführungen stattfanden, und einem Platz, der wie ein Schiff geformt ist.

Trotz der guten **Busverbindung** mit Leshan liegt Luocheng noch abseits der gewöhnlichen Touristenrouten, sodass Besucher aus dem Westen sich auf neugierige Blicke gefasst machen müssen.

Übernachtung und Essen

Unterkünfte gibt es sowohl in Leshan als auch am Dafo, und billige **Restaurants** findet man jenseits des Hotels *Jiazhou* in der Baita Jie sowie entlang der gesamten Binjiang Lu.

LESHAN – ***Hong Li Lai****, aus dem Busbahnhof kommend 100 m nach links, ✆ 2127137.
U.a. gutes 3er-Zimmer für ¥54.
Jiazhou Binguan****, westlich des Zentrums am Dadu-Fluss, ✆ 2139888, 📠 2133233. Eleganter Komplex inkl. entsprechendem Restaurant mit Blick auf den Fluss; viele Reisegruppen.
Taoyuan Binguan*–**, Binjiang Lu, nahe Fähranleger, ✆ 231810, 📠 232102. Leshans beste Billigunterkunft verteilt sich auf zwei Gebäude, von denen das nördliche unbedingt vorzuziehen ist (das südliche ist recht muffig).

DAFO – ***Jiurifeng Binguan*******, unterhalb des Hofs am Großen Buddha, ✆ 230827. Recht durchschnittliche Zimmer.
Nanlou Binguan****, an der Lingbao-Pagode, ✆ 233811. Sauber, aber etwas feucht.

Sonstiges

TOUREN – ***Richard Yang***, 49 Baita Jie, ✆ 211 2046. Wer sich in Leshan aufhält, macht möglicherweise Bekanntschaft mit dem umgänglichen Richard Yang, der die Gästelisten der Hotels inspiziert und seine Dienste als Reisevermittler und Fremdenführer in die Dörfer der Umgebung Leshans anbietet.
In der Baita Jie besitzt er ein **Restaurant**, in dem er seine Gäste mit Anekdoten aus seinem über 70-jährigen Leben in Leshan unterhält und danach den obligatorisch überschwänglichen Gästebucheintrag einheimst. Es sei jedoch darauf hingewiesen, dass seine Reisepakete nicht immer das halten, was sie versprechen.

VORWAHL – 0833

Transport

BUSSE – Leshan besitzt zwei **Busbahnhöfe**:
Das neue Terminal liegt 5 km vom Zentrum entfernt am nördlichen Stadtrand; ein **Taxi** von hier ins Zentrum kostet ¥5.
Ebenfalls noch in Betrieb ist das Terminal ca. 1 km nördlich der Innenstadt in der Shengshui Jie. Für die Weiterreise bieten sich täglich bis 18 Uhr Busse nach CHENGDU (4 Std.) und EMEI (1 1/2 Std.) sowie weniger häufige Verbindungen nach Luocheng, XICHANG (10 Std.), ZIGONG (3 1/2 Std.), CHONGQING (6 Std.), YA'AN und YIBIN (6 Std.).

EISENBAHN – Der **Bahnhof** von Leshan befindet sich etwa 15 km nordwestlich der Stadt und liegt an der Eisenbahnlinie von Chengdu nach Kunming.

FÄHREN – Von den zwei **Fähranlegern** am Min-Fluss starten täglich zwischen 8 und 15 Uhr Boote zum Lingyun Shan und zum Wuyou Shan (¥15, letztes Boot zurück gegen 18 Uhr).

Xichang und Umgebung

Die lange Zugreise von Emei Richtung Süden nach Yunnan ist nicht nur berühmt für ihre herrliche Landschaft, sondern auch dafür, dass man kaum etwas davon zu sehen bekommt. Es gibt unterschiedliche Schätzungen, doch insgesamt dürften über **200 Tunnel** an der Strecke liegen, von denen einige nach wenigen Sekunden durchquert sind, andere erst nach mehreren Minuten. Irgendwann ist man es leid, immer wieder vergeblich zu versuchen, einen längeren Blick aus dem Fenster auf die Berge und Schluchten zu erhaschen.

Angesichts seiner abgeschiedenen Lage in einer unfruchtbaren Gegend sieben Zugstunden südlich von Emei überrascht Xichang mit seinem freundlichen und regen Treiben und einer von Wohlstand geprägten Atmosphäre. Xichang ist nicht nur die

Xichang und Umgebung		
Xichang	西昌	*xīchāng*
Huang Shui	黄水	*huángshuǐ*
Liangshan Binguan	凉山宾馆	*liángshān bīnguǎn*
Luoji Shan	螺髻山	*luójì shān*
Puge	普格	*pǔgé*
Qionghai Hu	邛海湖	*qiónghǎi hú*
Rote-Armee-Museum	红军长征纪念馆	*hóngjūnchángzhēng jìniànguǎn*
Weltraumzentrum	航天发射中心	*hángtiān fāshè zhōngxīn*
Wumao Binguan	物贸宾馆	*wùmào bīnguǎn*
Yanyuan	盐源	*yányuán*
Yuanning	冤宁	*yuānníng*

Heimat des im Südwesten Chinas ansässigen Volkes der **Yi**, sondern auch das Nervenzentrum des chinesischen **Weltraumprogramms**, dessen Trägerrakete „Langer Marsch" in Konkurrenz mit der NASA und Europas Ariane-Projekt in der Vergangenheit mit wechselndem Erfolg Satelliten in den Weltraum beförderte. Inzwischen wurden die Ziele noch höher gesteckt: China hofft, in Eigenregie seinen ersten bemannten Raumflug starten zu können. Das hätte sicherlich auch Mao entzückt, der einmal bissig bemerkte, die Chinesen könnten nicht einmal eine Kartoffel in den Weltraum schießen.

In Xichang selbst lohnt ein Bummel durch die **Altstadt** unmittelbar nordöstlich des Zentrums, wo es belebte Märkte, restaurierte Steintorbögen, Wohnhäuser aus Ziegeln und Holz sowie in der Nan Jie zwei klapprige Teehäuser gibt.

Die Orientierung vor Ort ist recht einfach: Die lange Hauptstraße **Chang'an Lu** verläuft in östlicher Richtung durch die etwa 3 km lange Stadt, wird von der **Shengli Lu** gekreuzt und führt weiter zu einem **Kreisverkehr** und dem zumeist ausgetrockneten **Dong-Fluss**.

Von hier führt die **Daxiangkou Jie** Richtung Norden in die **Altstadt**, während die **Sanchakou Xi Lu** in südöstlicher Richtung den Fluss überquert.

Die Umgebung von Xichang

Die Gegend um Xichang nennt sich **Liang Shan** (Kühle Berge) und ist das Kernland der Yi. Vom Kreisverkehr an der Chang'an Lu in Xichang fahren Minibusse zum 5 km südlich gelegenen **Qionghai Hu**, ein großer See mit einem **Museum** an seinem Ufer, in dem festliche Kostüme und Haushaltsgegenstände der Yi sowie in der Yi-Schrift verfasste Bücher ausgestellt werden (man sieht die Schriftzeichen auch auf offiziellen Schildern in der ganzen Stadt). Wer mehr über das Volk der Yi erfahren möchte, kann sich in das 76 km südöstlich gelegene **Puge** begeben, ein Marktzentrum für die umliegenden Dörfer. Man trifft hier ganz sicher auf Yi in traditioneller Kleidung, darf aber nicht mehr als ein Kaff erwarten. Trotzdem gibt es mindestens ein **Guesthouse**, in dem man übernachten kann. Von Xichang fahren täglich zwischen 7 und 17 Uhr Busse nach Puge (¥15), die für die Strecke drei Stunden brauchen.

Wer das 65 km nördlich von Xichang gelegene **Weltraumzentrum** besichtigen möchte, benötigt eine Woche für die Beschaffung eines Erlaubnisscheins und die Reservierung einer Führung durch *XITS* (erforderlich sind die Reisepassnummer, ein Passfoto und ¥110). Ausländern wird der Zutritt allerdings nicht immer gestattet, und häufig ist das Zentrum auch ganz geschlossen. In der Vergangenheit sind einige Raketen vom Typ „Langer Marsch" kurz nach dem Start abgestürzt und haben viele Menschen in den Tod gerissen.

Eine regelmäßige Verkehrsverbindung besteht auch nach **Yuanning**, ein staubiger kleiner Ort 60 km nördlich von Xichang an der Straße nach Shimian. Dort erinnert das **Rote-Armee-Museum** an das sichere Geleit durch Yi-Territorium, das den Gefährten des historischen Langen Marsches von 1935 zuteil wurde, nachdem Armeeführer Liu Bocheng sich zu einem Freundschaftstrunk aus

Hühnerblut mit einem Anführer der Yi zusammengesetzt hatte.

Wer die ausgetretenen Touristenpfade ganz verlassen möchte, kann bei *XITS* eine Tour in die 40 km südlich von Xichang gelegene Bergwelt des **Luoji Shan** buchen. Auf dem Pferderücken geht es in drei Tagen von **Huang Shui** an der Hauptstraße bis auf den Gipfel des Bergs.

Übernachtung und Essen

Liangshan Binguan******, Shengli Lu, ✆ 3223007, 📠 3221370. Große Nobelherberge nördlich des Busbahnhofs.

Wumao Binguan*, Chang'an Lu, östlich des Busbahnhofs. Hotel mit gutem Preis-Leistungs-Verhältnis, Dorm-Bett ¥35 inkl. Frühstück.

Imbissbuden und preiswerte **Restaurants** gibt es überall in der Stadt, sehr leckere Snacks servieren die klitzekleinen Läden in der Umgebung des Hotels *Wumao*.

Sonstiges

GELD – In der Sanchakou Xi Lu gibt es gleich zwei Filialen der ***Bank of China***, aber nur eine tauscht Fremdwährungen.

REISEBÜROS – ***CITS***, Shengli Lu, nahe Busbahnhof.

XITS, Xiyanjing Bei Xiang (zweigt südlich der Kreuzung mit der Chang'an Lu gen Osten von der Shengli Lu ab), ✆ 3223338 oder 3223061. Eine wesentlich bessere Informationsquelle, die sich in einem nur chinesisch beschilderten Block versteckt – nach dem Englisch sprechenden Kevin fragen.

VORWAHL – 0834

Transport

BUSSE – Der **Busbahnhof** liegt an der Kreuzung von Chang'an Lu und Shengli Lu.

Eine sehr raue, zweitägige Busfahrt führt zum 180 km westlich von Xichang gelegenen See Lugu Hu an der Grenze nach Yunnan. Das erste Etappenziel ist Yanyuan, wo die Busse zum See starten. Zu Verwechslungen kann es kommen, wenn man versehentlich einen Bus von Xichang nach Lugu nimmt, eine Kleinstadt 50 km entfernt in der falschen Richtung. Ansonsten fahren Busse Richtung Süden nach PANZHIHUA (6 Std.) mit Anschluss gen Westen nach Lijiang oder gen

Das Volk der Yi Die Bergwelt im Südwesten Chinas beheimatet das Volk der Yi, das mit seiner Bevölkerungszahl von rund fünf Millionen die größte ethnische Gruppe der Region darstellt und gleichzeitig eine der ärmsten und am meisten vernachlässigten Minderheiten Chinas ist. Aus ihrer schamanistischen Religion, ihrer Sprache und ihrer einzigartigen Schrift lässt sich ableiten, dass die Yi ursprünglich aus dem Nordwesten Chinas stammen. Bis in die 40er Jahre des 20. Jahrhunderts waren sie Bauern mit einer matriarchalischen **Sklavengesellschaft**, die sich aus einer übergeordneten Kaste aus Grundbesitzern und einer untergeordneten Kaste aus Kleinpächtern und Arbeitern zusammensetzte. Offiziell bestehen diese Unterscheidungen nicht mehr, doch der Schamanismus wird sicherlich noch praktiziert, und während der gelegentlich stattfindenden **Feste** erhält man tiefere Einblicke in die traditionelle Lebensweise der Yi. Bei solchen Festivitäten geht es mitunter hoch her: Der Alkohol fließt in Strömen, und zur Unterhaltung des Publikums werden Stier- und Ringkämpfe, Wettbewerbe im Bogenschießen und Musik geboten. Früher erschienen alle in traditioneller Kleidung, doch heute ist es größtenteils den Frauen vorbehalten, sich mit ihren fein bestickten Jacken zu schmücken und ihre Haare in bizarre, hörnerartige Frisuren zu zwingen, wobei verheiratete Frauen breite und flache Turbane in schwarzer Farbe tragen. Am interessantesten ist das **Fackelfest** am Ende des 6. Mondmonats zum Gedenken an zwei Ereignisse in uralter Zeit: zum einen an den Sieg über eine vom Himmel gesandte Insektenplage und zum anderen an die Frau des Oberhauptes Deng Shan aus der Tang-Zeit – sie starb lieber den Hungertod als den Kriegsfürsten zu heiraten, der ihren Mann hatte verbrennen lassen. Das **Neujahrsfest** feiern die Yi bereits im 10. Mondmonat.

Süden nach Kunming, beide in der Nachbarprovinz Yunnan gelegen. Busverbindungen bestehen natürlich auch zu den Sehenswürdigkeiten in der Umgebung von Xichang sowie nach Norden Richtung SHIMIAN (6 Std.) und CHENGDU (15 Std.).

EISENBAHN – Der **Bahnhof** befindet sich einige Kilometer westlich des Zentrums. Eine Fahrt mit dem **Minibus** in die Stadt kostet ¥1. Da Zugfahrkarten für die Weiterreise (entweder nach Norden Richtung Chengdu oder nach Süden Richtung Kunming in der Provinz Yunnan) auf eigene Faust sehr schwer zu bekommen sind, empfiehlt sich die Buchung über eines der Reisebüros.

Zigong

In der fruchtbaren Region rund 250 km südöstlich von Chengdu, wo Yangzi und Min zusammenfließen und die Provinzen Sichuan, Yunnan und Guizhou aufeinander treffen, wartet Zigong mit einigen faszinierenden Attraktionen auf. Ein Besuch in der Stadt lohnt sich das ganze Jahr über, ganz besonders aber während des **Frühlingsfestes**, wenn die Straßen und öffentlichen Flächen zum Schauplatz für große Laternenschauen werden – und die Übernachtungspreise auf das Doppelte steigen. Zigong ist von Chengdu, Chongqing und Leshan problemlos mit dem Bus zu erreichen. Bei der Anreise aus Leshan bietet sich ein kurzer Aufenthalt in **Rongxian** an, eine kleine Kreisstadt, die weniger wegen ihrer lieblos modernisierten Kolonialarchitektur als wegen ihrer monumentalen buddhistischen Bildhauerei besticht. Am Fluss südlich der Stadt sind die Klippen mit zahlreichen Skulpturen geschmückt, darunter auch ein 30 m hoher **Großer Buddha**, den mehrere Tempel umgeben.

Etwa eine halbe Busstunde hinter Rongxian wird die blühende Industriestadt Zigong erreicht, in der bereits seit mehreren Tausend Jahren aus artesischen Becken unter der Stadt **Salz** gefördert wird. Schon im 4. Jahrhundert bohrte man 300 m tiefe Löcher in den Boden, zunächst mithilfe von Bambusfaserkabeln, die an schweren Steinen befestigt waren, und später unter Verwendung von effektiveren Stoßbohrern. Im 17. Jahrhundert wurde mit Bambuseimern aus fast 1000 m tiefen Brunnen die Salzlake nach oben geschafft, Jahrhunderte bevor die europäische Technik (die sich chinesischer Methoden bediente) ähnliche Tiefen erreichte. **Erdgas**, ein Nebenprodukt der Bohrtätigkeit, dient seit dem 2. Jahrhundert als Treibstoff zum Kochen der Salzlake in Verdampfungstanks – und heute werden die Stadtbusse von Zigong damit angetrieben, was an den schwarzen Gummigastanks auf den Fahrzeugdächern zu erkennen ist.

Das kompakte und hügelige Zentrum von Zigong liegt am Nordufer des schmalen **Fuxi**. Wer am Überland-Busbahnhof ankommt, kann zu Fuß ins Zentrum laufen. Hierfür wendet man sich aus dem Busbahnhof kommend nach rechts und passiert einen Tunnel, der am Südufer des Flusses vor einer Brücke wieder auftaucht. Nach Überquerung der Brücke steht man bereits in einer der Hauptstraßen, der **Ziyou Lu**, während die **Binjiang Lu** unter der Brücke hindurch entlang dem Nordufer verläuft und die **Jiefang Lu** parallel dazu.

Als Startpunkt für eine Stadtbesichtigung eignet sich die prächtige **Xiqin-Zunfthalle** aus der Qing-Ära in der Jiefang Lu. Das Gebäude beherbergt heute ein fesselndes **Salzmuseum** mit Fotos von den frühen Salzbohrungen und Erinnerungsstücken, darunter Bohrerteile, die dem Arsenal einer mittelalterlichen Folterkammer zu entstammen scheinen. Am sehenswertesten jedoch ist die Zunfthalle selbst, ihre extravaganten Dachecken, die Hallen mit Fliesen und Holzträgern und nicht zuletzt die feinen Schnitzarbeiten. 1872 wurde sie von einem wahren Meister seines Fachs, Yang Xuesan, renoviert. ⏲ tgl. 8.30–17 Uhr, Eintritt ¥5.

Noch mehrere andere historische Gebäude in Zigong haben die Zeiten überdauert, beispielsweise zwei herrliche, mit antikem Mobiliar eingerichtete **Teehäuser**, wo man mit den Einheimischen plaudern, Karten spielen oder einfach nur den Tag vertrödeln kann. Das eine Exemplar verbirgt sich in dem ehemaligen Tempel **Wangye Miao**, hoch über dem Fluss nahe dem Hotel *Shawan Binguan* in der Binjiang Lu, und das andere in einem früheren **Theater** nahe der Kreuzung von Jiefang Lu und Zhonghua Lu, zu erkennen an einem schönen Steintorbogen.

Der Stadtbus Nr. 3 nach **Dashanpu** (¥0,5) fährt gegenüber dem *Shawan Binguan* in der Binjiang Lu

Xinhai-Brunnen, Dashanpu und Dinosaurier-Museum

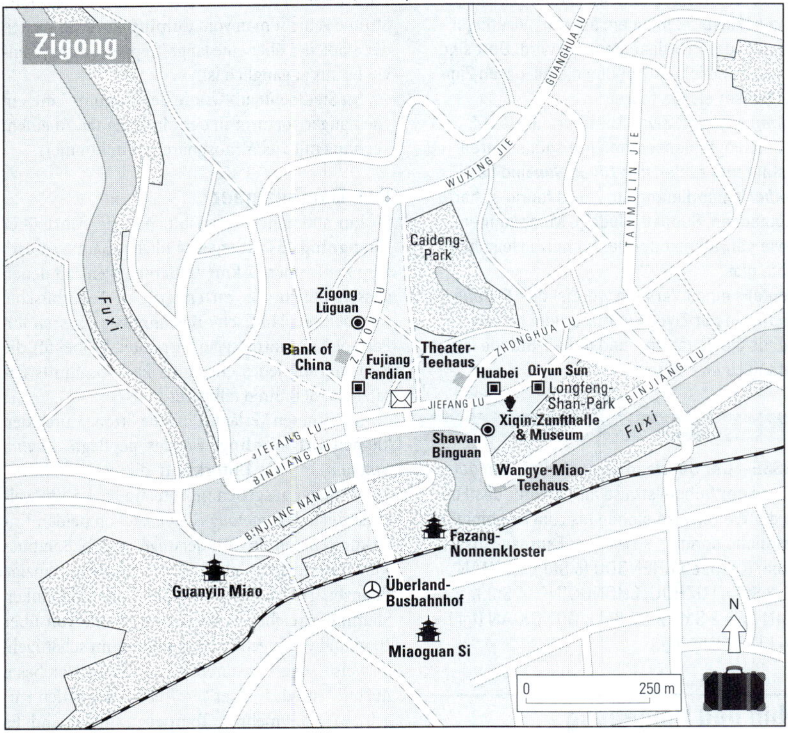

Xinhai-Brunnen, Dashanpu und Dinosaurier-Museum

Leshan und Yibin

ab und passiert nach 15 km durch die Vororte Zigongs den **Xinhai-Brunnen** (Eintritt ¥1), mit knapp über 1000 m der tiefste jemals mit traditionellen Methoden gebohrte Brunnen der Welt. Der 20 m hohe Bohrsäulenkopf thront noch immer über dem Salzbergwerk, das bis 1966 in Betrieb war. Zu besichtigen sind die verrosteten Verdampfungstanks (heute dient das Gas dem Hausmeister zum Teekochen), Bambusfaserkabel, ausgezeichnete Steingravuren an den Wänden zur Veranschaulichung der Entwicklung des Brunnens sowie der sehr kleine, verschlossene Brunnenschaft, der gerade einmal 20 cm Durchmesser hat.

Mit dem gleichen Bus sind es rund 45 Minuten bis zur Endhaltestelle Dashanpu und von hier noch etwa 15 Minuten zu Fuß ins **Dinosaurier-Museum**. Die Einrichtung entstand an einer Stätte, wo in den 80er Jahren des 20. Jahrhunderts bei Ausgrabungen (mit Unterstützung vom British Museum) nahezu perfekt erhaltene Knochen Dutzender Fische, Amphibien und Dinosaurier aus dem Jura-Zeitalter zutage gefördert wurden, darunter monumentale Oberschenkelknochen sowie Sichuans eigener **Yangchuanosaurus**, ein leichtgewichtiger Velociraptor. Teilweise beließ man die Funde an Ort und Stelle, teilweise wurden sie der Anschaulichkeit zuliebe wieder zusammengesetzt. Leider sind die Exponate schlecht beleuchtet und beschriftet 🕓 tgl. 8.30–17 Uhr, Eintritt ¥20.

Übernachtung und Essen

Shawan Binguan**–****, Binjiang Lu, ☎ 0813/ 2208888, 📠 2201168. 3-Sterne-Einrichtungen im

neuen, modernen Block und saubere, aber geschmacklose DZ in einem älteren „Vizeflügel", wie er in der Preisliste genannt wird. Dort sind aus unerfindlichen Gründen die billigeren Zimmer besser als die teuren.
Zigong Lüguan*, Ziyou Lu. Überteuerte DZ.
Zu den empfehlenswerten preisgünstigeren **Restaurants** zählen das ***Qiyun Sun*** und das ***Huabei*** in der Jiefang Lu, wo es feurig-scharfe Teigtaschen, Suppen, Nudeln, Mungbohnen sowie gebratene oder geräucherte Fleischgerichte gibt.
Ebenfalls einen Versuch wert ist das ***Fujiang Fandian*** in der Ziyou Lu. Außerdem heizen abends die Feuertopf- und Kebab-Stände in der Jiefang Lu ihre Öfen an.

Transport

BUSSE – Der **Überland-Busbahnhof** befindet sich an der Schnellstraße am Südufer des Fuxi. Für die Weiterreise stehen bis zum Nachmittag zahlreiche normale sowie vier Express-Busse bereit, u.a. nach CHENGDU (6 Std.), LESHAN (3 1/2 Std.), LUZHOU, CHONGQING (4 Std.), YIBIN (alle 2 Std., 2 1/2 Std.), GONGXIAN (tgl.) und KUNMING (tgl.).

Yibin und Umgebung

Der Flusshafen Yibin liegt 80 km südlich von Zigong an der Stelle, wo sich der Jinsha Jiang und der Min Jiang zum **Changjiang** vereinen, besser bekannt unter seinem Namen **Yangzi**. In der sauberen und modernen Stadt werden zwei Substanzen hergestellt, die wegen ihrer verheerenden Wirkung berüchtigt sind: angereichertes Plutonium sowie *Wuliangye*, einer der bekanntesten Bai-Jiu-Schnäpse des Landes. Viel unternehmen lässt sich in der Stadt nicht, aber sie dient als Basis für einen Besuch von zwei Sehenswürdigkeiten in der näheren Umgebung, das **Bambusmeer** und die **Hängenden Särge** bei Gongxian.

Yibin hat eine Ausdehnung von rund 2 km und konzentriert sich rund um eine zentrale Kreuzung. Von hier führt die Shangbei Jie nach Norden, die Minzhu Lu bzw. deren Verlängerung Nan Jie nach Süden, die Zhongshan Lu nach Osten zum **Hafen** und die Renmin Lu nach Westen. Einen Ausblick über die Stadt und den Zusammenfluss der beiden Ströme genießt man vom **Cuiping-Park** im Westen der Stadt, der über eine lange Treppe von der Zhenwu Lu aus zugänglich ist.

Im Stadtzentrum wurde der **Daguan Lou**, ein ehemaliger Torturm in der Mazhang Lu, zu einem **Teehaus** mit viel Atmosphäre umfunktioniert.

Das Bambusmeer

50 km südöstlich von Yibin hat die Fahrt über **Changning** das außergewöhnliche „Bambusmeer" zum Ziel – über 40 km^2 an Berghängen, auf denen ausschließlich die zarten grünen Federbüschel wachsen. Ausländische Busfahrgäste müssen am Parktor ¥15 Eintrittsgeld entrichten, wobei für die Besichtigung jedes einzelnen Parkabschnitts zusätzliche Gebühren fällig werden.

Im weiteren Verlauf führt die Straße durch den kleinen Ort **Wanling**, wo das gepflegte *Zhuhai Binguan***** als **Unterkunft** die erste Wahl ist. Wer weniger ausgeben möchte, findet 1,5 km weiter südlich das *Jiaotong Binguan**. Von beiden Unterkünften führen Wanderwege in den Bambuswald, ein riesiges Gebiet, in dem nur eine einzige Pflanzenart wächst. Die hohen und schlanken Stämme erreichen teilweise eine Höhe von über 10 m und versprechen einen angenehm schattigen, teilweise sogar düsteren Spaziergang. Der beste Ausblick auf das „Meer" eröffnet sich von den Hügeln, wo auch mehrere **Tempel** zu finden sind. Es ist schon ein beeindruckender Anblick, wenn sich die Bambusspitzen an den Hängen wie Wellen in der Brise wiegen. Als interessantester Schrein gilt der buddhistisch-daoistische **Feiyun Dong**, der einige wahrhaft groteske Skulpturen aus der Ming-Dynastie beherbergt. Der letzte Bus zurück nach Yibin fährt am frühen Nachmittag aus Changning ab.

Die Hängenden Särge der Bo

Eine rund fünfstündige bzw. 90 km lange Busfahrt führt von Yibin in die trostlose Kohlenbergbaustadt **Gongxian**, der Umsteigebusbahnhof für die Weiterfahrt in das ganz ähnliche, aber kleinere und auf einem Berg gelegene **Luobiao**. Von der Bushaltestelle geht es bergab an einigen einfachen Restaurants vorbei bis ins 2 km entfernte Flusstal des Dengjia, wo mehrere Dutzend **Hängende Särge der Bo** die Kalksteinklippen zieren (Eintritt ¥5). Das Volk der **Bo** wirft noch immer Rätsel auf: Es ver-

Zigong sowie Yibin und Umgebung

Zigong	自贡	***zìgòng***
Dinosaurier-Museum	恐龙博物馆	*kǒnglóng bówùguǎn*
Salzmuseum	盐业历史博物馆	*yányèlìshǐ bówùguǎn*
Shawan Binguan	沙湾宾馆	*shāwān bīnguǎn*
Wangye Miao	王爷庙	*wángyé miào*
Xiqin-Zunfthalle	西亲会馆	*xīqīnhuìguǎn*
Zigong Lüguan	自贡旅馆	*zìgòng lǚguǎn*
Yibin	宜宾	***yíbīn***
Cuiping-Park	翠屏公园	*cuìpíng gōngyuán*
Daguan Lou	大观楼	*dàguān lóu*
Jingsheng-Teehaus	京盛茶坊	*jīngshèng cháfáng*
Post & Telecommunications Hotel	邮电公寓	*yōudiàn gōngyù*
Xufu Binguan	叙府宾馆	*xùfǔ bīnguǎn*
Changning	长宁	***chángníng***
Bambusmeer	竹海	*zhúhǎi*
Jiaotong Binguan	交通宾馆	*jiāotōng bīnguǎn*
Zhuhai Binguan	竹海宾馆	*zhúhǎi bīnguǎn*
Gongxian	珙县	***gǒngxiàn***
Luobiao	洛表	***luòbiǎo***
Hängende Särge	悬棺	*xuánguān*
Luzhou	泸州	***lúzhōu***
Rongxian	荣县	***róngxiàn***
Großer Buddha	荣县大佛	*róngxiàn dàfó*

schwand im 16. Jahrhundert, als es von der kaiserlichen Armee in die Flucht geschlagen wurde, nachdem sich sein Anführer bei einer Rebellion gegen den lokalen Statthalter etwas vorschnell zum Kaiser erklärt hatte. Die Bo werden vielfach als degenerierte Ureinwohner dargestellt, die sich in den Flusstälern herumtrieben und Unruhe unter der Bevölkerung stifteten, doch ihre Beisetzungsrituale sprechen eine andere Sprache, nämlich die einer deutlich entwickelten, gar künstlerischen Kultur. Die Stätten enthalten Gravuren und in Stein gemeißelte Zeugnisse; ockerfarbene Felsmalereien stellen Sonnensymbole, Tiere und Menschen dar. Man geht davon aus, dass die Särge so weit oben in den Klippen aufgehängt wurden (an Holzgalerien), um dem Geist des Verstorbenen den Weg zurück in den Himmel zu erleichtern. Wie die Särge dorthin gelangten ist nicht eindeutig bewiesen, es dürfte aber eine Art Gerüstbaukunst im Spiel gewesen sein. Wer den Abstecher in Angriff nimmt, sollte sich darüber im Klaren sein, dass es ein sehr langer Tagesausflug von Yibin ist, und die Rückfahrt aus Luobiao bereits am Nachmittag erfolgen muss, um den Anschlussbus in Gongxian nicht zu verpassen.

Übernachtung und Essen

Post and Telecommunications Hotel**–, Nan Jie, neben dem Postamt, ✆ 0831/8247388. Freundliche Unterkunft.

Xufu Binguan***, 14 Renmin Lu, ✆ 0831/8221582, 📠 8223986. Vernünftiges Hotel unmittelbar westlich der zentralen Kreuzung.
Wer sich nach etwas Abwechslung vom üblichen Kantinenessen sehnt, findet im ***Jingsheng-Teehaus***, Renhe Jie (zweigt südlich von der Renmin Lu ab), Teigtaschen und leichte Mahlzeiten.

Transport

BUSSE – Der **Überland-Busbahnhof Beimen** liegt 250 m nordwestlich des Zentrums nahe der Zhenwu Lu, eine aus Zigong kommende und um den Westrand der Stadt verlaufende Schnellstraße. An diesem Bahnhof wird der überregionale Verkehr nach CHENGDU (8 Std.), CHONGQING (6 Std.) und ZIGONG (2 1/2 Std.) abgewickelt. Eine interessante Route zur Weiterreise führt von Yibin Richtung Osten via Luzhou – auch per Fähre erreichbar – nach Chishui in der Provinz Guizhou (s.S. 896).
Für den Transport zu den Sehenswürdigkeiten in der Umgebung ist der **Busbahnhof Nan'an** im Süden der Stadt zuständig, der mit dem Stadtbus vom Daguan Lou erreichbar ist (15 Min., ¥1). Hier starten am frühen Morgen die Regionalbusse zum Bambusmeer und nach GONGXIAN (2 1/4 Std.).

FÄHREN – Yibin liegt ziemlich genau auf halber Strecke zwischen Leshan und Chongqing am Yangzi und kann von beiden Städten mit der Fähre erreicht werden – Abfahrt täglich vom **Hafen** im Ostteil der Stadt.

Dazu

Inmitten einer schönen und üppig grünen Landschaft aus Hügeln und Reisterrassen liegen etwa 200 km östlich von Chengdu bzw. 90 km westlich von Chongqing die berühmten **Felsskulpturen** von Dazu. Der Name Dazu bedeutet „Großer Fuß" und bezieht sich auf eine Geschichte, derzufolge Buddha einen Fußabdruck auf den nahe gelegenen Felsen hinterlassen haben soll – vielleicht aber wollte man mit diesem Namen auch nur ausdrücken, dass der Schaffung dieser Skulpturen göttliche Inspiration zugrunde gelegen haben muss. Die Steinmetzarbeiten sind in der Tat außergewöhnlich und umfassen insgesamt rund 50 000 Bilder und Figuren in den Nischen, Grotten und Überhängen des **Bei Shan** (Nordberg) und des **Baoding Shan** (Schatzkammerberg). 892 wurde mit den Arbeiten begonnen, die über 400 Jahre in Anspruch nahmen. Seitdem haben die Skulpturen dank eines auf geniale Weise integrierten Drainagesystems nicht nur der Witterung getrotzt, sondern aufgrund ihrer isolierten Lage und scharfer Gesetze auch der Gier ausländischer Plünderer und einheimischer Vandalen. Einige Figuren sind klein, andere riesig, viele in hellen Farben bemalt und zu Comic-artigen Erzählungen zusammengefügt, deren Figuren religiöse, moralische und historische Geschichten erzählen. Obwohl die meisten Skulpturen recht tief in den Felswänden sitzen, können alle bei natürlichem Licht bewundert werden und sind besucherfreundlich durch Wege miteinander verbunden.

Ausgangspunkt für die Besichtigung der Skulpturen ist die unscheinbare Kleinstadt Dazu, deren Zentrum bereits nach ein paar Hundert Metern durchschritten ist. Dazu liegt am Nordufer des zahmen Laixi, unmittelbar südlich des Bei Shan, dessen Felsskulpturen zu Fuß über die Bei Jie zu erreichen sind. Der Baoding Shan liegt 16 km östlich und ist durch regelmäßig verkehrende Minibusse mit Dazu verbunden (¥2, letzter Bus zurück gegen 17 Uhr).

Dazus **Überland-Busbahnhof** liegt neben der Brücke am Südufer und bietet unter anderem Verbindungen nach Chongqing (4 Std.) und nach Chengdu (8 Std.). Die **Unterkünfte** sind teuer und beschränken sich für Ausländer auf das kürzlich wieder aufgebaute *Dazu Binguan*** sowie auf das ähnliche *Beishan Binguan*****. Beide haben ein recht gutes Preis-Leistungs-Verhältnis und liegen nah beieinander – aus dem Busbahnhof kommend nach links über die Brücke und dann rechts abbiegen. **Mahlzeiten** servieren die Hotels sowie etwa ein Dutzend Restaurants.

Bei Shan

Nach 2 km Fußweg über Dazus Hauptstraße Richtung Norden wird eine Treppe erreicht, die zu den ältesten Steinskulpturen der Region führt. Sie wurden bereits im 9. Jahrhundert begonnen und umfassen insgesamt 264 ausgeschmückte Vertiefun-

Dazu		
Dazu	大足	***dàzú***
Baoding Shan	宝顶山	*bǎodǐng shān*
Bei Shan	北山	*běishān*
Beishan Binguan	北山宾馆	*běishān bīnguǎn*
Dazu Binguan	大足宾馆	*dàzú bīnguǎn*

gen in der Felswand. Die Arbeit daran startete unter Federführung von General **Wei Junjing**, dem ein würdiges Denkmal gesetzt wurde, das ein besiegter Militärmachthaber der Shu ihm zu Ehren anfertigen lassen musste. Weitere Skulpturen kamen mit Hilfe von Spenden zustande, die teils vom Militär, teils von Mönchen und Nonnen stammten, denen man in Form von Inschriften oder eigenen Figuren gedachte.

Einer der herausragenden Friese am Bei Shan findet sich in **Grotte 245**. Er umfasst über 600 Figuren sowie einige schöne Details aus dem Leben der Tang-Zeit, darunter Ziergegenstände, Kleider und Musikinstrumente. Unmittelbar nördlich davon liegen die detailreichsten und handwerklich beeindruckendsten Arbeiten aus der Zeit der Song-Dynastie. **Grotte 113** beherbergt eine elegante Guanyin-Figur, die auf das Spiegelbild des Mondes blickt, und auch in **Grotte 125** erscheint der Bodhisattva, diesmal mit einem Rosenkranz und eher an einen schüchternen Debütanten erinnernd als an einen Heiligen. Die größte Grotte, Nummer **136**, zeigt Shakyamuni, flankiert von 20 detailliert ausgearbeiteten Bodhisattvas, darunter auch der auf einem blauen, brüllenden Löwen reitende Manjushri und der gelassen im Lotussitz auf seinem stämmigen Elefanten hockende Puxian. ⏲ tgl. 8–17 Uhr, Eintritt ¥25.

Baoding Shan

Den Skulpturen am heiligen Baoding Shan könnte man abwechselnd die Prädikate aufregend, komisch und realistisch erteilen. Sie umfassen die besten Stücke der Grottenkunst von Dazu und wurden ausschließlich aus Mitteln finanziert, die der umtriebige Mönch **Zhao Zhifeng** zwischen 1179 und 1245 sammelte. Da er allein für die Organisation der Arbeiten zuständig war, gibt es kaum Wiederholungen in den allesamt buddhistischen Schriften entstammenden Geschichten und 10 000 bildlichen Darstellungen, die sich in zwei deutliche Gruppen einteilen lassen. **Xiaofowan** ist die ältere der beiden und besteht aus Figuren, die in von Pfeilern und Holzträgern gestützte Grotten gehauen wurden. Die meisten Besucher konzentrieren sich aber auf die jüngeren und beeindruckenderen Arbeiten am Felsen **Dafowan**, dessen 31 Nischen auf natürlichere Weise in die Innenseite der hufeisenförmigen Felswände hineingemeißelt wurden. Dort eröffnen sich wie am Bei Shan Ansichten mit schier unglaublichem Detailreichtum. Der **Wilde Tiger beim Abstieg vom Berg** besticht durch ungemeinen Elan und führt zu einer weiteren atemberaubenden Skulpturengruppe mit der Bezeichnung **Sechs Wege der Seelenwanderung**, in der ein Riese eine große, geteilte Scheibe in der Hand hält, die einen der sechs Kreise der Vorherbestimmung darstellt. Von hier führt der Weg zu **Nische 5** mit überdimensionalen Abbildungen von Vairocana, Manjushri und Samantabhadra, wobei Letzterer eine Steinpagode vor sich hält, die eine halbe Tonne wiegen soll. Nicht weniger imposant ist Nische 8, der **Dabei-Pavillon**, mit der Figur einer tausendarmigen Guanyin, der größten jemals in China gemeißelten Figur der Göttin der Barmherzigkeit. Jede goldglänzende Hand ist anders, die Arme breiten sich wie das Federkleid eines Pfaus fächerförmig vom Körper aus. Auf andere Art beeindruckend sind der 30 m hohe **Ruhende Buddha** in Nische 11 sowie Nische 15 mit dem Thema **Erwiderung elterlicher Liebe**, wo anhand von sieben Buddhas die Etappen im Leben eines Menschen dargestellt werden: Gebet für einen Sohn, Empfängnis, Geburt, Stillen und Waschen des Säuglings, Vermählung, Alter. Die übernächste Nische zeigt **Buddha bei der Erwiderung elterlicher Liebe**, wobei mehrere Figuren seine Güte gegenüber den Eltern beschwören, während die Ketzer zur Linken ihn als respektlos verleumden. Nische 20 hütet die denkwürdigen **Achtzehn Schichten**

der Hölle, eine Szene wie aus dem Horrorkabinett, aufgelockert von einigen zerbrechlich wirkenden und amüsanten „Comicfiguren" wie der **Hühnerfrau** und dem **Trunkenbold und seine Mutter**. Kurz vor dem Ausgang wendet sich **Nische 30** wieder einem naturalistischen Thema zu und zeigt zehn Büffel mit ihrem Hirten als Symbol für die Meditation und das friedliche bäuerliche Leben auf dem Land. ⌚ tgl. 8–17 Uhr, Eintritt ¥45.

Chongqing

Auf einer wie ein Komma geformten Halbinsel am Zusammenfluss von Yangzi und Jialing liegt Chongqing, der wirtschaftliche „Dynamo" Südwestchinas und die größte, bevölkerungsreichste Stadt der Region. Ehemals Teil der Provinz Sichuan ist Chongqing heute eine so genannte **regierungsunmittelbare Stadt** und bildet mit seinem geschäftigen **Hafen** das Herz einer außerordentlich industrialisierten Region. Seine Lage 2400 km flussaufwärts von Shanghai am Knotenpunkt der Wasserstraßen aus Ostchina und der Handelsrouten aus Tibet und Myanmar verleiht Chongqing eine beneidenswerte wirtschaftliche Potenz, aber die Metropole am Yangzi weist zugleich alle Attribute einer typischen Hafenstadt auf: schmutzig, zwielichtig und alles andere als attraktiv, dafür gefüllt mit Leben und Aktivität.

Die Geschichte Chongqings reicht bis in die Ära der Legenden zurück, denn die Stadt war bereits Hauptstadt des Staates Ba, als der legendäre König **Yu**, Bändiger der Fluten, hier eine Gemahlin fand. Der heutige Name bedeutet so viel wie „Doppelte Feier" und wurde Chongqing von seinem Bewohner **Zhaodun** verliehen, als dieser in kurzer Folge zuerst zum Prinzen von Gongzhou – so der frühere Name Chongqings – ernannt wurde und dann 1189 den Kaiserthron bestieg. Die Stadt blickt auf eine lange Tradition als Trutzburg gegen feindliche Mächte zurück, wenngleich sie im 19. Jahrhundert zum **Vertragshafen** für Großbritannien und Japan ernannt wurde. Von 1242 bis 1278 hielten im 60 km nördlich gelegenen **Hechuan** die Streitkräfte der Song die mongolischen Invasoren in Schach, der längste ununterbrochene Feldzug auf chinesischem Boden. Im Jahre 1937 zog sich die Guomindang-Regierung nach Chongqing zurück, nachdem sie von den Japanern aus Nanjing vertrieben worden war. Der nachfolgende Zustrom von Flüchtlingen und die Bombenangriffe stärkten die Moral in der vorübergehenden Hauptstadt nicht gerade, während die Nationalisten mehr mit dem Propagandakrieg gegen die Kommunisten beschäftigt waren als mit dem Kampf gegen die ausländischen Invasoren. Nach der Kapitulation Japans im Jahre 1945 und dem erneuten Ausbruch des Bürgerkriegs infolge gescheiterter Gespräche zwischen Mao und Chiang Kaishek mit US-Unterhändlern blieb Chongqing eine der letzten Bastionen der Guomindang, musste aber im November 1949 vor den kommunistischen Streitkräften kapitulieren. Seitdem geht es ständig aufwärts mit Chongqing – heute leben dicht gedrängt über zwei Millionen Einwohner auf der Halbinsel und noch einmal die fünffache Zahl in den ständig wachsenden Vororten und Industriegebieten, die sich vom Fluss landeinwärts ausbreiten.

Die auf steilen Hügeln erbaute und von ebensolchen umgebene **Bergstadt** – wie Chongqing bisweilen von Einheimischen genannt wird – übt nur wenig Anziehungskraft aus. Hier ist alles ein wenig hektischer und unfreundlicher als in Chengdu, die Luftverschmutzung erreicht unglaubliche Ausmaße, im Winter legt sich der Nebel über die Stadt, und die Sommerschwüle wirkt nirgends in der Region erdrückender als in den engen Straßen der Halbinsel. Wer sich auf die Suche nach Zeugnissen zur Illustration der Stadtgeschichte macht, wird ebenfalls enttäuscht, denn überlebt haben nur einige **Stätten der Revolution** sowie die **Gefängnisse**, in denen „rote und subversive Elemente" gefangen gehalten und gefoltert wurden. Und dennoch erleben die meisten Besucher Chongqing als optimistische Stadt mit jeder Menge Charakter und zeigen sich angenehm überrascht, wenn sie von einem Bummel durch Chongqings Straßen zurückkehren.

Orientierung

Mit seinen Wolkenkratzern, Bergen und einer profithungrigen Bevölkerung mausert sich Chongqing immer mehr zu einem Hongkong im Miniaturformat. Die Innenstadt erstreckt sich auf einer 4 km langen Halbinsel, im Westen überragt von den grünen Parks auf dem **Pipa Shan** und dem **Eling Shan**, und konzentriert ihr Geschäftszentrum in der Umgebung des **Befreiungsdenkmals** im

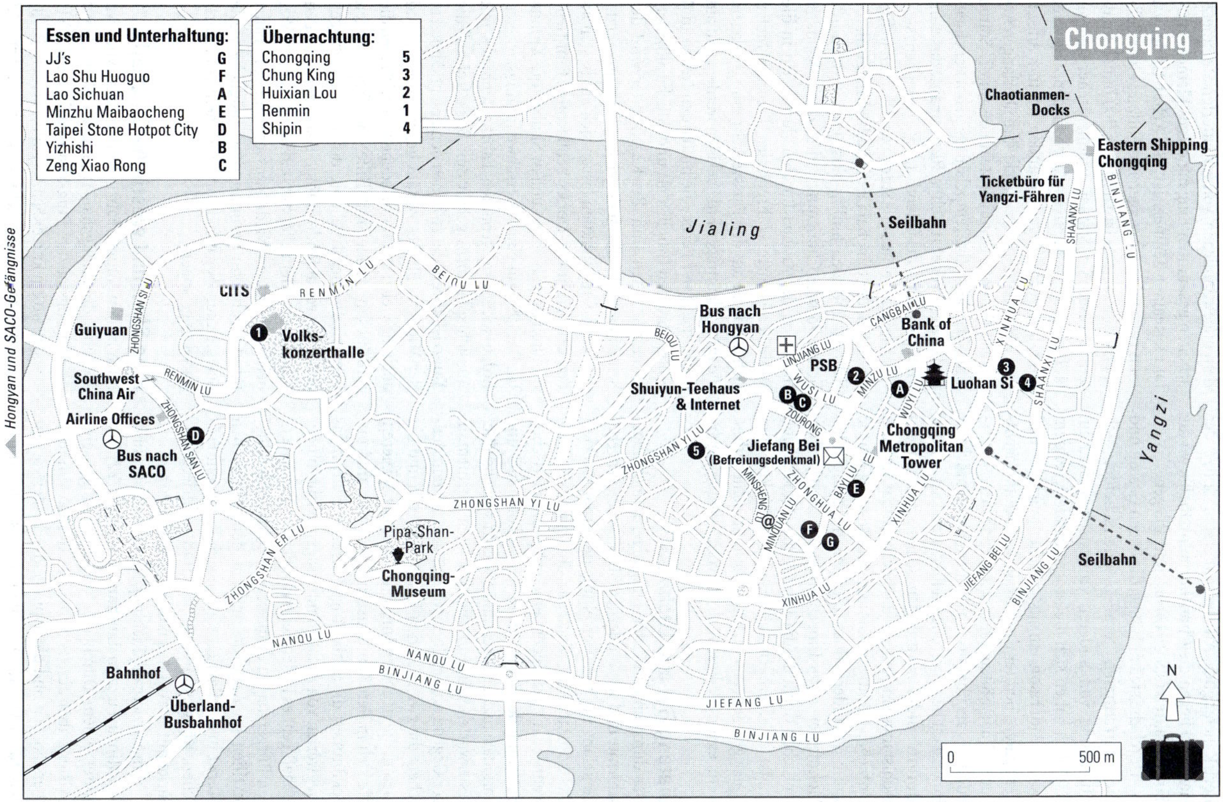
Chongqing
Essen und Unterhaltung:
JJ's G
Lao Shu Huoguo F
Lao Sichuan A
Minzhu Maibaocheng E
Taipei Stone Hotpot City D
Yizhishi B
Zeng Xiao Rong C
Übernachtung:
Chongqing 5
Chung King 3
Huixian Lou 2
Renmin 1
Shipin 4
Chaotianmen-Docks
Eastern Shipping Chongqing
Ticketbüro für Yangzi-Fähren
Seilbahn
Jialing
Yangzi
CITS
Volks-konzerthalle
Guiyuan
Southwest China Air
Airline Offices
Bus nach SACO
Bus nach Hongyan
Bank of China
PSB
Luohan Si
Shuiyun-Teehaus & Internet
Jiefang Bei (Befreiungsdenkmal)
Chongqing Metropolitan Tower
Pipa-Shan-Park
Chongqing-Museum
Bahnhof
Überland-Busbahnhof
RENMIN LU
BEIQU LU
ZHONGSHAN SI LU
ZHONGSHAN SAN LU
ZHONGSHAN ER LU
ZHONGSHAN YI LU
CANGBAI LU
LINJIANG LU
MINZU LU
WUYI LU
WUSI LU
ZOURONG
XINHUA LU
SHAANXI LU
BINJIANG LU
BAYI LU
ZHONGHUA LU
MINSHENG LU
MINQUAN LU
JIEFANG BEI LU
JIEFANG LU
NANQU LU
N
0 500 m
Hongyan und SACO-Gefängnisse

Bezirk Jiefangbei. An der äußersten Spitze der Halbinsel liegen die **Chaotianmen-Docks**, wo die Yangzi-Fähren (s.S. 1042) an- und ablegen.

Durch die steilen Hänge, die engen Gassen und die fahrradfreien Straßen unterscheidet sich Chongqing von anderen chinesischen Städten. Natürlich haben sich die Dinge geändert, seitdem **George Morrison**, ein australischer Journalist und der spätere Berater des verlogenen Militärmachthabers Yuan Shikai, Chongqing Ende des 19. Jahrhunderts als überaus wohlhabende und prächtige Hafenstadt beschrieb, deren Reichtum sich auf den **Opiumhandel** zu gründen schien. Zeichen des Wohlstands sind auch heute noch sichtbar, und das einfache, ständig verstopfte Straßennetz wurde kaum verändert, doch die Gewinn bringenden Mohnfelder in der Umgebung, die großartigen öffentlichen Gebäude, die Tempel und Pagoden sind längst einer erbarmungslosen Bautätigkeit zum Opfer gefallen, das Charakteristikum schlechthin, wenn es um die Beschreibung von Chongqing geht.

Jiefang Bei und Luohan Si

Das durch einen breiten Fußgängerbereich abgeschirmte und von modernen Bürotürmen umgebene Jiefang Bei bzw. **Befreiungsdenkmal** markiert das kommerzielle Zentrum Chongqings – auch wenn man zum Gedenken der kommunistischen Befreiung der Stadt von 70 Jahren kolonialer und nationalistischer Besetzung etwas Anspruchsvolleres erwarten würde als diesen tristen Uhrturm. In der Gegend wimmelt es von gut gekleideten Menschen, die zwischen den Restaurants hin und her flitzen, die neuesten Importprodukte inspizieren, die sich in den Kaufhäusern auftürmen, und unbekümmert die Schilder ignorieren, die ihnen das Wegwerfen von Abfällen untersagen. Nicht minder lebhaft geht es in den Seitenstraßen zu. Auf den engen Bürgersteigen drängen sich Stände mit Billigtextilien im Angebot, und auf dem städtischen **Markt** in der Bayi Lu stapeln sich Eimer mit Fröschen, Käfige mit Schlangen und wohlriechende Säcke mit getrockneten Gewürzen und Pilzen.

Ein Spaziergang Richtung Nordosten führt über die Minzu Lu zum **Luohan Si** (Eintritt ¥2), der hinter einem Durchgang verborgen liegt, seine Existenz aber bereits durch den Geruch von Räucherstäbchen und die Papiergeldverkäufer vor seinen Toren verrät. Der interessanteste Teil hinter dem ungewöhnlichen, von verwitterten Steinmetzarbeiten gesäumten Eingang dieses kleinen, jahrhundertealten Tempels ist die **Arhat-Halle**, wo man gegen den Uhrzeigersinn entlang einer Seilsperre durch einen Irrgarten aus 500 bunt bemalten, lebensgroßen Statuen buddhistischer Heiliger läuft. Alle diese Figuren sind verschieden, eine trägt grotesk verzerrte Züge, eine andere hat fünf Augen, und wieder eine andere streckt ihre überlangen Arme gen Himmel. Draußen steht einsam die Statue eines Trinkers. Zur Tempelanlage gehört auch ein großartiges **vegetarisches Restaurant**, das zum Mittagessen für die Öffentlichkeit zugänglich ist.

Vom Tempel aus ein Stück nach Norden befindet sich in der Cangbai Lu die **Seilbahnstation** für Fahrten über den Jinling-Fluss (¥1) in die nördlichen Vororte Chongqings; eine zweite Seilbahn führt von der Xinhua Lu über den Yangzi in die südlichen Vororte. Während der Überfahrt bieten sich Ausblicke auf den Flussverkehr, auf Lastwagen, die mit schlammiger Erde beladen werden, und auf die Berge in der Ferne, die hinter den Nebel- und Smogschwaden lediglich als undeutliche Silhouette auszumachen sind. Bei Regenwetter wird der Seilbahnverkehr übrigens gelegentlich ausgesetzt.

Die Hafenaktivitäten lassen sich am besten an den **Chaotianmen-Docks** beobachten, fünf Gehminuten bergab vom Luohan Si über die Xinhua Lu. Die 1999 auf einer überschwemmungssicheren Erdaufschüttung gebauten Fahrkartenbüros mit Aussichtsplattform geben den Blick frei auf die **Yangzi-Fähren**, die zwischen den Frachtkähnen in der Mitte des Flusses vertäut liegen. Auffällig sind auch die vielen schwer beladenen Lastenträger, die ihre dicken Bündel mit Hilfe von Tragestangen über anscheinend beliebig durch den klebrigen Schlamm verlaufende Trampelpfade zwischen den Schiffen und dem Ufer hin und her schleppen. Wer bei winterlichem Niedrigwasserstand eine Fahrt mit der Fähre unternimmt, muss möglicherweise den gleichen Weg gehen, um zu seinem Transportmittel zu gelangen.

Pipa Shan und westliche Stadtteile

Nach zehnminütiger Fahrt mit dem Trolleybus Nr. 405 über die Zhongshan Yi Lu nach Westen wird das Eingangstor zum **Pipa-Shan-Park** (Eintritt ¥1) erreicht, wo ein kurzer Spaziergang zu einem Pavillon auf dem grasbewachsenen Gipfel führt. Mit

Chongqing

Chongqing	重庆	***chóngqìng***
Chaotianmen-Docks	朝天门码头	*cháotiānmén mǎtóu*
Chongqing-Museum	重庆市博物馆	*chóngqìngshì bówùguǎn*
Guiyuan	桂园	*guìyuán*
Hongyan	红岩村	*hóngyán cūn*
Jiefang Bei	解放碑	*jiěfàng bēi*
Luohan Si	罗汉寺	*luóhàn sì*
Metropolitan Tower	大都会商厦	*dàdūhuì shāngshà*
Pipa-Shan-Park	枇杷山公园	*pípáshān gōngyuán*
SACO-Gefängnisse	中美合作所	*zhōngměi hézuòsuǒ*
Volkskonzerthalle	人民大礼堂	*rénmín dàlǐtáng*
Übernachtung und Essen		
Chongqing	重庆宾馆	*chóngqìng bīnguǎn*
Chung King	重庆饭店	*chóngqìng fàndiàn*
Huixian Lou	会仙楼宾馆	*huìxiānlóu bīnguǎn*
Lao Shu Huoguo	老蜀火锅	*lǎoshǔ huǒguǒ*
Lao Sichuan	老四川	*lǎo sìchuān*
Minzhu Meibaocheng	民主美包城	*mínzhǔ měibāochéng*
Renmin	人民宾馆	*rénmín bīnguǎn*
Shipin	食品大厦	*shípǐn dàshà*
Yizhishi	颐之时	*yízhī shí*
Zeng Xiao Rong	曾小容	*zēngxiǎo róng*

220 m ist dies der höchste Punkt der Stadt – bei Tag sieht man lediglich den dicken Smogschleier, der über Chongqing liegt und durch den die Verkehrsgeräusche und das Dröhnen der Baumaschinen nach oben dringt, doch abends, wenn die Luftverschmutzung unsichtbar ist, werden Hügel und Fluss von Straßenlaternen und den Scheinwerfern der Industrieanlagen in ein angenehmes Licht getaucht.

Auf halbem Weg beim Abstieg über die Südseite des Parks trifft man auf das **Chongqing-Museum**. Zu seiner höchst umfangreichen Sammlung gehören Gemälde, Porzellan, zwei dynamische, in Drachengewänder gehüllte **Kriegerbüsten** aus Ya'an, ein **Hängender Sarg** ähnlich denen, die man noch heute in den Klippen bei Yibin findet (s.S. 1032), sowie einige interessante Ba-Shu-Stücke, darunter Bronzearbeiten und **Schwertklingen**, in die Tiersymbole und unidentifizierbare Hieroglyphen eingearbeitet sind. Ein kleiner Seitenflügel zur **Naturgeschichte** (Eintritt ¥2) zeigt Abgüsse von **Dinosaurierfossilien** aus den Ausgrabungen bei Zigong (s.S. 1031). ⌚ tgl. 9–17.30 Uhr, Eintritt ¥5.

Die übrigen Sehenswürdigkeiten im Westen der Stadt lassen sich im Vorbeigehen abhaken. In der Nähe der Renmin Lu ist das grüne Ziegeldach der monumentalen **Volkskonzerthalle** (Eintritt ¥3 außerhalb der Vorführungen) nicht zu übersehen. Das in den 50er Jahren des 20. Jahrhunderts nach dem Vorbild des Himmelstempels von Beijing erbaute Gebäude bietet unter seiner kreisrunden Kuppel 4000 Opernfreunden Platz; drei benachbarte Flügel werden vom *Renmin*-Hotel eingenommen.

Etwas versteckt im Nordwesten der Stadt liegt in der Zhongshan Si Lu ein Haus namens **Guiyuan** (Osmanthus-Garten). Hier lebte Mao, als er vom 12. August bis 10. Oktober 1945 in Chongqing weilte, um den Sieg über Japan zu feiern und den **Doppelzehnvertrag** mit Chiang Kaishek auszuhandeln – die berühmten „Worte auf Papier“ sorgten für einen Waffenstillstand zwischen Roter Armee und Guomindang, der allerdings nur von kurzer Dauer war.

Hongyan und SACO-Gefängnisse

Rund 4 km westlich des Zentrums erreicht man durch die am Fluss gelegenen Vororte **Hongyan** (Rote Klippen). Hier etablierte sich 1938 Chinas Kriegsregierung, eine unsichere Allianz zwischen Chiang Kaisheks nationalistischer und Maos kommunistischer Partei. Der Ort lag klugerweise abseits der Ziele der japanischen Bombenangriffe, die sich auf die Halbinsel konzentrierten. In Hongyan traf sich Mao im August 1945 mit dem US-Botschafter Patrick Hurley, um über die Rolle der Kommunisten in einer Nachkriegsregierung zu verhandeln. Da Chiang jedoch auf eine Auflösung der Roten Armee drängte, kam es lediglich zu einer oberflächlichen Vereinbarung über politische Freiheit, die sich bereits kurze Zeit später als reine Makulatur erwies, als die USA die Stationierung von Guomindang-Truppen in den kommunistischen Hochburgen aktiv unterstützten.

Für die Chinesen ist Hongyan gleichbedeutend mit zwei großen politischen Führern des 20. Jahrhunderts: Mao Zedong und der spätere Ministerpräsident **Zhou Enlai**, der hier einen Großteil des Kriegs als Sekretär der regionalen kommunistischen Partei verbrachte (Chiang Kaishek wird überhaupt nicht erwähnt). Regelmäßig versammeln sich nervös dreinblickende Parteifunktionäre für ein Erinnerungsfoto vor der Mao-Statue, die vom Vorplatz auf Chongqing herabblickt. Viele andere Besucher geben jedoch der hügeligen Parklandschaft in der Umgebung den Vorzug vor den restaurierten Regierungsgebäuden und den Fotosammlungen, die einen Großteil der Ausstellung ausmachen. Zu erreichen ist das Gelände vom Kreisverkehr in der Beiqu Lu mit Bus Nr. 104, der seine Endhaltestelle in Hongyan hat. ⌚ tgl. 8.30–17 Uhr, Eintritt ¥8.

Die Ereignisse um Hongyan führten 1946 zum erneuten Ausbruch des Bürgerkriegs, der drei Jahre später mit der Niederlage der Guomindang sein Ende fand. Nachdem Chongqing als eine der letzten Bastionen der Nationalisten gefallen war, entdeckten die Kommunisten die grauenhaften **SACO-Gefängnisse** zu Füßen des Gele am nordwestlichen Stadtrand. An dem heute als **Ausstellungshalle der von den USA und Chiang Kaishek verübten Verbrechen** bezeichneten Ort wurden politische Gefangene gefoltert, und zwar unter dem wachsamen Auge des berüchtigten Vollstreckers der Guomindang, **General Dai Li.** „SACO" ist die Abkürzung für *Sino-American Cooperation Organization,* eine 1937 gegründete Initiative zur Zusammenarbeit zwischen China und den USA, die unbeabsichtigt für die Finanzierung des Gefängnisses gesorgt hatte. Fotos und Folterinstrumente aus den Kriegsjahren machen eine Besichtigung des Museums zu einem bedrückenden Erlebnis, und der trostlose Zustand des ehemaligen Gefängnisses legt den Schluss nahe, dass niemand mehr an die damalige Zeit erinnert werden möchte. Die Anfahrt erfolgt mit Bus Nr. 217 von der Liziba Lu, nahe *China Southwest Airlines.* ⌚ tgl. 8.30–17 Uhr, Eintritt ¥4.

Übernachtung

Für Ausländer gibt es kaum Unterkünfte der unteren oder mittleren Kategorie in Chongqing, doch häufig lässt sich ein Preisnachlass aushandeln. Die meisten Hotels liegen sehr zentral in der Umgebung des Befreiungsdenkmals.

Chongqing*****, 235 Minsheng Lu, ☏ 63845888, 📠 63830643. Überteuertes, aber recht komfortables Hotel mit sämtlichen Einrichtungen sowie zwei guten Restaurants, die auf Bankette und westliche Speisen spezialisiert sind. Auf Geschäftsreisende ausgerichtet.

Chung King****, 41–43 Xinhua Lu, ☏ 63849301, 📠 63843085. Hotel unter Hongkonger Leitung in einem interessanten Gebäude aus den 30er Jahren des 20. Jhs., gute Zimmer und ordentliches Restaurant mit Sichuan-Küche.

Huixian Lou****, Minzu Lu, ☏ 63837495, 📠 63844234. Sehr zentrale Lage, gepflegte Einrichtung und teilweise Englisch sprechendes Personal. Die DZ haben ein recht gutes Preis-Leistungs-Verhältnis und die 7-Bett-Dorms (¥70 p.P.) gehören zu den billigsten Übernachtungsmöglichkeiten in der Stadt.

Luohan Si*–**, Xiao Shizi, ☏ 63737144. Der hübsche Luohan-Tempel bietet im Nachbargebäude schlichte Zimmer (mit/ohne Bad), teilweise mit Blick auf die Tempelanlagen. Saubere und gut geführte Unterkunft, das angegliederte Restaurant serviert ein hervorragendes Mittagessen (wer das Frühstück nicht verpassen möchte, muss sehr früh aufstehen). Dorm-Bett ¥20–30.

Renmin, Luxus, 173 Renmin Lu, ✆ 63851421, 📠 63852076. In mehreren Flügeln der grandiosen Volkskonzerthalle untergebrachtes 4-Sterne-Hotel, beliebt bei Reisegruppen.
Shipin***, Shaanxi Lu, nahe Chaotianmen-Docks, ✆ 63847300. Preiswertes chinesisches Hotel, eine Alternative zum *Huixian Lou*.

Essen

In Chongqings Zentrum gibt es so viele **Garküchen** und Imbissbuden, dass sich die geschäftigen Nebenstraßen und Märkte zu Essenszeiten in wahre Hinderniskurse aus Plastikstühlen, Tischen und Rührlöffel schwingenden Köchen verwandeln. Das Angebot besteht zumeist aus kleinen Speisen (ideal für Alleinreisende) nach Art der Sichuan-Küche, beispielsweise Teigtaschen, eingelegtes Gemüse, Fisch, Geflügel oder Innereien. Eine besondere Spezialität sind Schlangenbohnen mit Ingwer, Tigerfellschoten, Schmorfrosch, Rippchen und Reisbällchen. In Chongqing hat auch der **Feuertopf** à la Sichuan seinen Ursprung, dem die Einheimischen selbst im glühend heißen Sommer nicht entsagen. Als regionale Besonderheit werden die rohen Zutaten anstatt am Spieß auf Tellern serviert, wobei die Töpfe in verschiedene Bereiche unterteilt sind, damit die Speisen nicht durcheinander geraten. Am gefragtesten sind die Feuertopf-Stände in der Bayi Lu – wie anderswo sollte man auch hier vor dem Essen einen festen Preis vereinbaren. ***KFC*** am Befreiungsdenkmal und die Hotelrestaurants sind die besten Adressen für den westlich konditionierten Gaumen.
Lao Shu Huoguo, Bayi Lu. Das preiswerte Feuertopf-Restaurant mit freundlichem Personal und ordentlichen Portionen empfiehlt sich besonders bei schlechtem Wetter.
Lao Sichuan, Wuyi Lu. Das gute Traditionsrestaurant serviert sowohl klassische Menüs als auch Beilagen wie eingelegte Eier, trocken gebratenes Rindfleisch, Chili-Schmorfrosch, Aal oder grüne Bohnen mit Knoblauch.
Luohan Si, Luohan Si Jie. Tempelrestaurant mit erstklassiger vegetarischer Küche
Minzhu Meibaocheng, Bayi Lu. Die meistbesuchte Garküche unter vielen anderen in dieser Straße. Auf billigen Plastikstühlen genießen die Gäste große Portionen *shuijiao* (eine Art Ravioli), Frühlingsrollen, Nudeln und Suppe.
Taipei Stone Hotpot City, 23 Zhongshan San Lu. Allgemein beliebtes Feuertopf-Restaurant mit Selbstbedienung, am Abend kann es sehr voll werden.
Yizhishi, Zourong Lu. Beliebte Adresse für die gesamte Palette an Chongqings billigen und ausgezeichneten Snacks – besonders empfehlenswert ist die vielfältige Auswahl an kaltem Gemüse und Schmorfleisch in Chili. Alle Speisen werden in der Auslage präsentiert, sodass man zum Bestellen einfach nur draufzeigen muss.
Zeng Xiao Rong, Zourong Lu. Ähnlich wie das *Yizhishi*, aber mit Betonung auf gedünsteten *jiaozi*, chinesischen Teigtaschen mit Chili-Soße, Klebreisbällchen und anderen Leckereien im Teigmantel. Die Einrichtung ist ein seltsamer Mischmasch aus Betonbäumen, Holznischen und zwitschernden Wellensittichen.

Unterhaltung

Chongqings Nachtleben ist begrenzt, aber recht gut. In der Gegend um das Befreiungsdenkmal gibt es mehrere Clubs und Bars. ***JJ's House Disco***, Bayi Lu, ist im Moment der letzte Schrei und füllt sich ab 21 Uhr mit jungen Chinesen. Alternativen sind das ***Silver Rock*** und das ***Rainbow***, die ganz in der Nähe liegen. Ausländer haben überall freien Zutritt. Importiertes Bier ist recht teuer, das billigere chinesische Gebräu wird auf Wunsch auch im Literkrug serviert. Die einheimische Marke *Chongqing* kommt in kleinen braunen Flaschen daher.

Sonstiges

AMT FÜR ÖFFENTLICHE SICHERHEIT (PSB) – Linjiang Lu, unmittelbar östlich der Wusi Lu, ✆ 63847017.

BÜCHER – ***Xinhua-Buchhandlung***, Minzu Lu, gegenüber der Post. Große Auswahl an den üblichen Titeln aus dem 19. Jh., aber auch Kunstbände.

EINKAUFEN – Im Viertel Jiangfangbei rund um das Befreiungsdenkmal gibt es jede Menge

Kaufhäuser, deren Konkurrenz untereinander teilweise für niedrige Preise sorgt – einfach den Massen zu den aktuellen Sonderangeboten folgen.

Der ***Chongqing Art Store***, Minsheng Lu, und der Nobelladen ***Huipu***, Renmin Lu, bieten vor allem Kunstgegenstände und sind eine gute Alternative zu den Hotelgeschäften.

GELD – ***Bank of China***, 104 Minzu Lu, ✆ 6384 4816, ⌚ Mo–Fr 9–12 und 14.30–17 Uhr, Sa 9–12 Uhr; Umtausch von Fremdwährung und rund um die Uhr betriebsbereiter Geldautomat. Ähnliche Dienste bieten auch die Bankschalter in den großen Hotels.

GEPÄCKAUFBEWAHRUNG – Im ***CAAC-Büro***, Zhongshan San Lu, sowie am Überland-Busbahnhof.

INTERNET – Internet-Zugang gibt es über dem ***Shuiyun-Teehaus***, Linjiang Lu (¥10 pro Std.), sowie in einem kleinen Café am südlichen Ende der Minsheng Lu (¥5 pro Std.).

MEDIZINISCHE HILFE – ***Sanxia Foreign Tourist Medical Consultation Centre***, Xuetianwan Zheng Jie, nahe *Renmin-Hotel*. Mit englischsprachigen Ärzten.

POST UND TELEFON – Die ***Post*** mit IDD-Telefonen befindet sich in der Minzu Lu.

REISEBÜROS – Sämtliche Fahrkarten für Bus, Bahn, Fähre und Flugzeug können an den Reiseschaltern der großen Hotels gebucht werden.

CITS, Renmin Lu, gegenüber dem *Renmin-Hotel*, ✆ 63850598 oder 63831830, ⌚ tgl. 8.30–12 und 14–17.30 Uhr. Gegen ¥50 Provision werden Fahrkartenreservierungen vorgenommen. Das Personal spricht gut Englisch, der Service ist aber eher auf Reisegruppen zugeschnitten.

Eastern Shipping Chongqing, 2 Chao Dong Lu, nahe Hafen, ✆ 67871216. Nur Fahrkartenreservierung für Fähren. Das Personal begleitet zur Auswahl der Kabine aufs Schiff, bringt Passagiere zum Anleger und holt sie auch von dort ab.

VORWAHL – 023

Nahverkehrsmittel

BUSSE – Die Stadtbusse (¥1–2) bieten die einfachste Möglichkeit, den müden Beinen eine Verschnaufpause von den steilen Steintreppen zu verschaffen, die die verschiedenen Ebenen der Stadt miteinander verbinden. Aus dem gleichen Grund sieht man in Chongqing auch nur sehr wenige Fahrräder.

TAXIS – Nach Möglichkeit sollte man einen großen Bogen um Chongqings Taxipiraten machen oder aber den Preis vor Fahrtantritt unmissverständlich aushandeln und das exakt abgezählte Fahrgeld bereithalten. Die Halbinsel ist so klein, dass eine Fahrt innerhalb des Zentrums höchstens ¥5–10 kosten sollte.

Transport

BUSSE – Der **Überland-Busbahnhof** liegt an einem Verkehrsknotenpunkt im Südwesten der Stadt und bietet u.a. Verbindungen nach CHENGDU (8 Std.), LESHAN, YIBIN (6 Std.), ZIGONG (4 Std.) und DAZU (7 Std.). Vom Busbahnhof fahren Minibusse sowie Bus Nr. 102 zu den Chaotianmen-Docks. Eine überdachte Steintreppe führt vom Busbahnhof zur Zhongshan Er Lu hinauf, wo der Trolleybus Nr. 405 ins Zentrum abfährt.

EISENBAHN – Chongqings **Bahnhof** liegt unmittelbar neben dem Überland-Busbahnhof. Mindestens einmal täglich fahren Züge nach Xi'an und Zunyi, außerdem gibt es Verbindungen nach BEIJING (tgl., 32 Std.), CHENGDU (5x tgl., 12 Std.), GUANGZHOU (5x tgl., 40 Std.), GUIYANG (5x tgl., 12 Std.), SHANGHAI (2x tgl., 35 Std.) und WUHAN (tgl., 24 Std.). Beim Kauf von Fahrkarten am Bahnhof muss mit langen Warteschlangen gerechnet werden.

FÄHREN – Das **Fährterminal** befindet sich an der Ostspitze der Halbinsel am Ende der Binjiang Lu. Täglich startet um 7 Uhr ein **Luftkissenboot** via WUSHAN (Ankunft 17.30 Uhr) nach YICHANG (Ankunft 23 Uhr, ¥400), das bei Tageslicht die Drei Schluchten passiert – die Fahrt geht allerdings so schnell vonstatten, dass man die herrliche Landschaft kaum genießen kann. Eine normale Fähre nach Yichang benötigt 48 Std. Weitere Infos zu Kreuzfahrten auf dem Yangzi siehe Kasten unten.

Fähren nach:
WANXIAN tgl., 12 Std.;
WUHAN tgl., 3 Tage;
YIBIN 2 Std.;

Flussreisen auf dem Yangzi Chongqing ist der beste Ausgangspunkt für die dreitägigen Kreuzfahrten, die auf dem Yangzi (s.S. 1044 ff.) flussabwärts durch die **Drei Schluchten** nach Yichang und Wuhan führen (s.S. 614 und 600). Die Reservierung einer Koje in einer Kabine kann jedoch zu einem der frustrierendsten Erlebnisse eines Aufenthalts in der Stadt werden. Unglaublich viele Reisende möchten diese Strecke befahren, bevor die herrliche Landschaft nach Fertigstellung des Drei-Schluchten-Staudamms in den Fluten versinkt. Das hat sich nicht nur negativ auf die Preise ausgewirkt, sondern auch auf den gebotenen Standard. Aktuelle Informationen über Flussfahrten auf dem Yangzi gibt es im Internet unter 💻 www.chinahighlights.com.

Am besten ist es, die Kreuzfahrt im Voraus zu buchen, auch wenn es außerhalb der Touristensaison im Herbst keine Probleme bei der Beschaffung einer Fahrkarte für eine Abfahrt am nächsten Tag geben dürfte. Das offizielle **Ticketbüro** befindet sich nahe dem Hafen am Ende der Shaanxi Lu, doch schon lange vor Erreichen des Schalters wird man von Schwarzhändlern so sehr belästigt, dass es kaum noch auszuhalten ist. (Adressen von Reisebüros, die Fährtickets verkaufen, s.S. 1042, Sonstiges).

Täglich legen mehrere Fähren ab, doch die Organisation im Hafen ist ein wenig chaotisch, sodass der Name des Schiffes und die Docknummer bereits beim Fahrkartenkauf verifiziert und noch bei Tageslicht an der Anlegestelle ausfindig gemacht werden sollten. Wichtig ist natürlich auch die **Abfahrtszeit** der Fähre – früher war Sonnenaufgang die Norm, inzwischen fahren aber immer mehr Schiffe abends ab, um die Drei Kleinen Schluchten frühmorgens am dritten Tag zu erreichen. Eine Abfahrt zwischen 10 und 12 Uhr ist nicht ratsam, weil diese Schiffe so früh an der ersten und so spät an der dritten Schlucht ankommen, dass man nicht viel davon hat. Wer bei Sonnenaufgang abfährt, kann möglicherweise die Nacht davor an Bord übernachten. Hierfür begibt man sich mitsamt Gepäck nach 20 Uhr zum Schiff und entrichtet beim Zahlmeister eine Gebühr, die sich nach der Klasse der Fahrkarte richtet; alles unter ¥50 ist wahrscheinlich billiger als eine Übernachtung in der Stadt.

Wegen des Wettbewerbs unter den Ticketvermittlern und der verlangten Provisionen sollten die nachfolgend aufgeführten **Preise** (pro Person) für eine Flussfahrt ab Chongqing nur als Anhaltspunkt genommen werden. Die untere Koje der Etagenbetten ist rund 10% billiger; auf der Fahrt nach Shanghai muss man in der Regel in Wuhan umsteigen.

Ebenfalls im Angebot sind **Luxuskreuzfahrten** nach Wuhan, die zwischen Juni und Oktober mindestens einmal täglich starten. Einige Schiffe verfügen über die Einrichtungen eines 4-Sterne-Hotels, haben aber natürlich entsprechende Preise (rund ¥2000). Reservierungen können in den Reisebüros (s.S. 1042) vorgenommen werden.

	2-Bett-Kabine	3–4 Betten	8 Betten	16 Betten
Yichang	¥928	¥464	¥218	¥155
Wuhan	¥1370	¥686	¥322	¥231
Shanghai	¥1968	¥1029	¥478	¥337

FLÜGE – Chongqings **Flughafen** befindet sich 30 km außerhalb und wird von einem **Shuttle-Bus** (¥15) bedient, der das *CAAC*-Büro in der Zhongshan San Lu zum Ziel hat. Von dort fahren die Buslinien 104 und 105 über die Renmin Lu zur Endhaltestelle Jiefangbei in der Linjiang Lu.

Fluggesellschaften:

CAAC, Zhongshan San Lu, ✆ 63603223, ◷ tgl. 8–19 Uhr.

China Southwest Air, Zhongshan San Lu, ✆ 63660444.

Dragonair, im *Holiday Inn*, 15 Nanpin Bei Lu, ✆ 62803380.

Flüge nach:

BEIJING 2x tgl., 2 Std.;
CHENGDU 9x tgl., 3/4 Std.;
GUANGZHOU 5x tgl., 1 1/2 Std.;
GUILIN tgl., 1 Std.;
HONGKONG 5x wöchentl., 2 Std.;
KUNMING 1x tgl., 1 Std.;
XI'AN 2x wöchentl., 1 Std.;
SHANGHAI 2x tgl., 2 Std.

Der Yangzi

Sichuan bedeutet „Vier Ströme", von denen der wichtigste der Yangzi ist, vor langer Zeit praktisch der einzige Verkehrsweg zur Erschließung der Region und auch heute noch ein entscheidendes Bindeglied zwischen Sichuan und Ostchina. Der drittlängste Strom der Erde entspringt in den Bergen des tibetischen Hochlands und wird im Laufe seiner 6400 km langen Reise durch das Land von 700 Zuflüssen gespeist, bevor er sein schlammiges Wasser in das Ostchinesische Meer ergießt. Entsprechend lautet eine der chinesischen Bezeichnungen für den Yangzi auch **Changjiang** (Langer Fluss), wobei der Strom oberhalb von Yibin im Allgemeinen als **Jinshajiang** (Goldsandfluss) bekannt ist. Der dem gesamten Fluss von den Ausländern verliehene Name Yangzi leitet sich von einer Furt bei Yangzhou in der Provinz Jiangsu ab. Als Grenzfluss zwischen Sichuan und Tibet bzw. Yunnan säumt der Yangzi die Gebirgsketten der Provinz im Westen, bevor er einen großen Bogen beschreibt und seinen Weg nach Nordosten antritt. Erst ab Chongqing ist der Yangzi auf seinem Weg nach Osten Richtung Shanghai und Küste das ganze Jahr über auch für große Schiffe befahrbar.

Der Yangzi wird zwar bereits seit über 1000 Jahren als Wasserstraße genutzt, doch bis vor gar nicht so langer Zeit war er alles andere als einfach zu navigieren – allerdings immer noch besser, als die schwierigen und banditenverseuchten Grenzberge nach Sichuan überqueren zu müssen. Der gefährlichste Teil des Flusses waren die **Drei Schluchten** zwischen **Baidicheng** und Yichang in der Provinz Hubei, ein 200 km langer Abschnitt mit Stromschnellen und scharfen Kurven inmitten vertikaler Kalksteinklippen. Noch bis weit ins 20. Jahrhundert hinein konnte kein Schiff diesen tückischen Flussabschnitt im Alleingang überwinden – für größere Dampfer war er unpassierbar, kleinere Schiffe mussten buchstäblich Zentimeter für Zentimeter von Bootsschleppern per Muskelkraft durch die Stromschnellen manövriert werden. Eine solche Reise konnte mehrere Wochen dauern, falls das Schiff überhaupt ankam.

Nachdem in den 50er Jahren des 20. Jahrhunderts auch das letzte Felshindernis aus dem Weg gesprengt wurde, ist eine **Flussreise** heutzutage sogar eine willkommene Abwechslung von den Zügen und Bussen, bietet sie doch die Gelegenheit einer gemütlichen Kreuzfahrt durch eine spektakuläre Landschaft, die eng mit chinesischer Geschichte und Legende verwoben ist. Wer diese Landschaft noch einmal sehen möchte, sollte sich beeilen, denn falls der **Drei-Schluchten-Staudamm** flussaufwärts von Yichang (s.S. 614) planmäßig fertig gestellt werden sollte, steigt der Wasserstand des Yangzi in den Drei Schluchten um mehr als 100 m an und wird das Gesicht der Landschaft, die nicht unter seinen Fluten verschwindet, für immer verändern.

Die gesamte Reise von Chongqing nach Shanghai dauert sechs Tage, doch der landschaftlich schönste Abschnitt mit den Drei Schluchten ist Bestandteil der zweitägigen Kreuzfahrt von Chongqing nach **Yichang**, ein Flusshafen in der Provinz Hubei. Wer es noch einen Tag länger auf einem chinesischen Ausflugsdampfer aushält, kann von Yichang nach **Wuhan** weiterfahren. Viele Städte am Fluss sind auch auf dem **Landweg** von Chongqing aus zugänglich, sodass sich die Flussreise abkürzen lässt, indem man unterwegs zusteigt.

Der Yangzi

Yangzi	长江	***chángjiāng***
Baidicheng	白帝城	*báidì chéng*
Drei Kleine Schluchten	小三峡	*xiǎosān xiá*
Drei Schluchten	三峡	*sānxiá*
Fengdu	丰都	*fēngdū*
Fulong	伏龙	*fúlóng*
Wanxian	万县	*wànxiàn*
Wushan	巫山	*wūshān*
Zhongxian	中县	*zhōngxiàn*

Die Fähren

Auf die billigste und einfachste Art lässt sich der Yangzi mit einer der überfüllten und lauten **öffentlichen Fähren** erleben. Die meisten Touristen gehen in Chongqing an Bord und fahren in einem Rutsch durch die Schluchten, aber es ist auch möglich, die Fahrt unterwegs zu unterbrechen und ein oder zwei Extratage in den kleinen Städten am Fluss zu verbringen. Wer die Reise in der Hochsaison antritt, sollte ein Schiff nehmen, das vor Sonnenuntergang am Etappenziel ankommt, sonst könnte es schwierig werden, ein Zimmer zu bekommen. Ganz gleich ob die **Fährtickets** über ein Reisebüro oder am offiziellen Ticketschalter gekauft werden – Ausländer zahlen bis zu 50% mehr als auf den Anschlagtafeln angegeben, ein weiterer Aufschlag wird für jeden auf dem Fluss verbrachten Tag berechnet (Infos zu Preisen ab Chongqing s.S. 1043, Kasten). Bei Buchung über ein Reisebüro sollte ganz klar vereinbart werden, was der Preis beinhaltet. Viele Broschüren erwähnen Führungen zu Sehenswürdigkeiten oder Touren durch die Drei Kleinen Schluchten, doch normalerweise gilt der Preis nur für die Kabine. Andere Reisebüros versuchen ein All-inclusive-Ticket zu verkaufen, das Ausflüge zu sämtlichen Sehenswürdigkeiten entlang der Strecke beinhaltet.

Das **Übernachtungsangebot** auf den meisten Fähren reicht von der 1. Klasse (Doppelkabine mit Bad) über 3er-, 4er-, 12er- und 24-Personen-Kabinen (mit Gemeinschaftstoilette) bis zur einfachen Matte auf dem Fußboden. Luxus ist auf einem solchen Schiff nicht zu erwarten, selbst die Kabinen der 1. Klasse sind platzsparend und zweckmäßig ausgelegt. Ausländer bekommen nur ganz selten etwas anderes angeboten als die Kabinenklasse, doch falls eine Ausnahme gemacht wird, gilt es früh zu kommen, sich eine der Bambusmatten zu greifen und zügig einen Platz auf dem Fußboden zu sichern, denn bereits lange vor dem Ablegen sind Treppenaufgänge, Decks und Toiletten restlos überfüllt mit Körpern, Gepäck und Abfall.

Da nicht alle Fähren in allen Häfen anlegen, einige länger vor Ort bleiben als andere und der Fahrplan sich unterwegs ändern kann, um Verspätungen wettzumachen, kann es durchaus passieren, dass man die eine oder andere Sehenswürdigkeit verpasst. Vor dem Verlassen des Schiffs für einen Landgang sollte man sich die – leider nur auf Chinesisch – durchgesagten Abfahrtszeiten gut merken. Beim Zusteigen entlang der Strecke ist zu beachten, dass die Schiffe nur selten pünktlich ankommen; man sollte sich daher frühzeitig zum Anleger begeben und ein wenig Geduld mitbringen. An Bord angekommen begibt man sich so schnell wie möglich zum Büro des Zahlmeisters auf dem Mitteldeck, wo die verfügbaren Betten verteilt werden. Ein Wort zu den **Einrichtungen** an Bord: Die Gemeinschaftstoiletten werden schnell widerlich, und die **Mahlzeiten** (Berechtigungskarten gibt es im Büro auf dem Mitteldeck) sind billig, einfach und werden jeweils nur für kurze Zeit um 7, 10 und 18 Uhr ausgegeben. Snacks kann man gar nicht genug mitbringen, und im Winter ist warme Kleidung erforderlich.

Stilvoller reist man im Rahmen einer **Luxuskreuzfahrt**. Derartige Ausflugsdampfer (darunter auch die *Kunlun*, das ehemalige Privatschiff des Vorsitzenden Mao) sind so etwas wie schwimmende Hotels, mit verglasten Aussichtsdecks, Spielezimmern und richtigen Restaurants. Sie kosten aber mindestens das Doppelte einer 1. Klasse-

Kabine auf den öffentlichen Fähren und sind in der Regel durch Reisegruppen ausgebucht, wobei *CITS* sowie einige private Reisebüros außerhalb der Hochsaison von August bis November häufig noch kurzfristig Plätze anbieten.

Von Chongqing nach Wanxian

Der erste mögliche Zwischenstopp auf der gut 250 km langen Flussreise zwischen Chongqing und dem Beginn der Drei Schluchten bei Wanxian ist **Fulong** an der Mündung des Wu, lange Zeit ein wichtiger Hafen für den Flussverkehr Richtung Süden in die Provinz Guizhou. Etwas weiter flussabwärts ragt in der Mitte des Stroms der **Baihe** aus dem Wasser, ein Fels mit jahrhundertealten Gravuren, die möglicherweise einst als Wasserstandsanzeige dienten.

Nächste Station ist die Kleinstadt **Fengdu**, die nach Vollendung des Staudamms vollständig in den Fluten versinken wird. Sie liegt am Fuße des düsteren Ming Shan, Heimat von **Tianzi**, dem König der Toten. Die Schreine und absurd monumentalen Skulpturen auf dem Berg wurden zu einem **Park** (Eintritt ¥60) zusammengefasst. Die Haupttempel sind voll gestopft mit farbenfrohen Dämonenstatuen, die ebenso sehenswert sind wie die rummelplatzartigen Nebenausstellungen in verschiedenen Teilen der Stadt. Fengdu ist auch der erste Ort, wo die weißen Markierungen an den Klippen angebracht wurden, die anzeigen, wie hoch das Wasser steigen wird, wenn der Staudamm fertig ist.

Rund 70 km flussabwärts liegt die große Stadt **Zhongxian**, die komplett in höherer Lage wieder aufgebaut wird. Sie ist berühmt für ihren fermentierten Tofu sowie – etwas ehrwürdiger – für die **Ehrenhalle der Vier Tugendhaften Männer** zum Gedenken an den Dichter Bai Juyi. In der Nähe eröffnet sich ein guter Blick auf den **Shibaozhai** (Steinschatzfestung), ein wuchtiger Felsen am Nordufer mit dem 30 m hohen, leuchtend roten **Lanruo Dian** (Orchideentempel, Eintritt ¥30), der anstelle von herkömmlichen Fenstern kreisrunde „Bullaugen" aufweist. Der Legende nach befand sich früher einmal ein klitzekleines Loch in der Kornspeicherwand des Tempels, das gerade so viel Reis durchließ, dass die Mönche davon satt wurden. Als diese das Loch in ihrer Gier zu vergrößern versuchten, versiegte der spärliche Reisfluss für immer – eine chinesische Version der Geschichte von der Gans, die goldene Eier legte.

Manche Fähren machen über Nacht Station in **Wanxian**, einer alten Handelsstadt, die am „Torbogen nach Ost-Sichuan" einer Festung gleich am Berg klebt. Durch Öffnungen in den enormen Mauern führen Treppen nach oben. Wer am späten Nachmittag ankommt, hat noch Zeit den Markt an der Hauptstraße zu besuchen, wo chinesische Besucher mit Begeisterung feilschen, um Dampfkochtöpfe, Möbel oder bunte Körbe aus Bambus und Rattan mit nach Hause zu nehmen. Wanxian liegt an einer Hauptverkehrsstraße mit **Busverbindungen** Richtung Westen nach Chongqing sowie Richtung Südosten nach **Enshi** in Hubei mit Anschluss nach **Dayong** in der Provinz Hunan (s.S. 623).

Die Drei Schluchten

Das Tor zu den Drei Schluchten ist **Baidicheng**, eine Stadt, die stets in einem Atemzug mit den Ereignissen um die Drei Reiche genannt wird (s.S. 578, Kasten). Hier starb **Liu Bei** bei dem gescheiterten Versuch, seinen Blutsbruder Guan Yu im Krieg gegen Wu zu rächen. Neben diesen beiden Persönlichkeiten werden auch die beiden anderen der legendären chinesischen „Vier Musketiere", Zhuge Liang und Zhang Fei, mit lebensgroßen Statuen verehrt, sowohl im **Baidi-Tempel** (Eintritt ¥15) als auch im **Zhang-Fei-Tempel** (Eintritt ¥15) auf der anderen Seite des Flusses.

Bereits die erste der Drei Schluchten, die 8 km lange **Qutang-Schlucht**, ist äußerst beeindruckend. Ihr wildes, von Sandbänken geteiltes Wasser beschrieb bereits in der Song-Zeit der Dichter Su Dongpo als „Tausend Meere, die in einen Becher fließen". In die senkrechten Felswände sind Löcher in der Form eines „Z" gehauen, die so genannte **Meng-Liang-Treppe**. Sie führt zu einer Plattform auf halber Höhe, wo der Legende nach der Song-General **Yang Jiye** von Verrätern getötet wurde. Als sein Leibwächter die Felswand hinaufkletterte, um die des Kopfes beraubte Leiche zu bergen, wurde er von einem Mönch getäuscht, den er aus Rache später mit dem Kopf nach unten an der Felswand aufhängte. Zu den weiteren von Menschen geschaffenen Objekten an der Felswand zählt ein Holzgerüst mit vier **Hängenden Särgen**, ähnlich denen, die man in Gongxian bei Yibin zu sehen bekommt (s.S. 1032).

In **Wushan** wird häufig ein halbtägiger Zwischenstopp eingelegt, der einen Abstecher Richtung

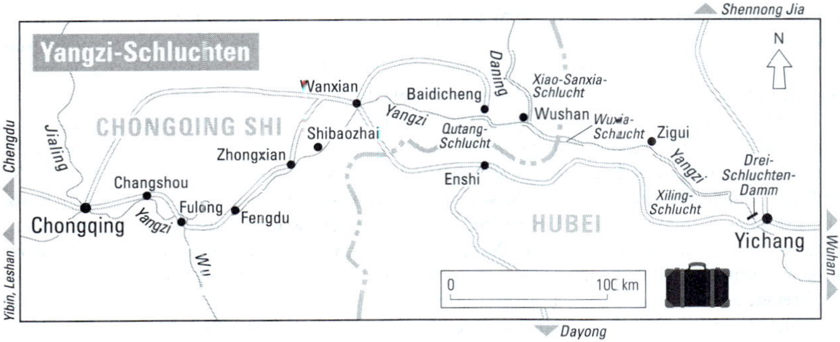

Norden nach Xiao Sanxia erlaubt, wie die **Drei Kleinen Schluchten** im Daning-Fluss auf Chinesisch heißen. Vom Fähranleger geht es zunächst per Minibus (¥15) in einer zehnminütigen Fahrt zum Xiao-Sanxia-Dock, wo für ¥150 ein Sitzplatz in einem modernen, oben offenen Kanalschiff zu bekommen ist. Die Ausgabe lohnt sich, denn an einem klaren Tag bildet dieser fünfstündige Ausflug den Höhepunkt der Reise von Chongqing nach Yichang. Über 33 km fährt man auf einem klaren und schnell fließenden Fluss durch eine grandiose Landschaft mit kleinen Dörfern, den Überresten eines in die Klippen gehauenen Pfades aus der Qin-Ära und der fantastischen **Drachentorschlucht**.

Qu Yuan

Wushan ist auch der Ausgangspunkt für den zweiten Abschnitt der Drei Schluchten namens **Wuxia**. In der 45 km langen „Hexenschlucht" bezwangen die Göttin **Yao Ji** und ihre elf Schwestern einige ungebärdige Flussdrachen, bevor sie selbst zu Bergen erstarrten, ihren Standort aber mit Bedacht auswählten, um die Schiffe sicher flussabwärts geleiten zu können. Unterwegs erscheint die Felsinschrift „Wuxias Gipfel wachsen höher und höher", die dem herausragenden Strategen der Drei Reiche, Zhuge Liang, zugeschrieben wird – vieldeutige Worte, die einen feindlichen General so verunsicherten, dass er auf der Stelle kehrtmachte und mit seiner Armee Reißaus nahm.

Weiter flussabwärts in der Provinz Hubei liegt **Zigui**, Geburtsort des Dichters **Qu Yuan**, dessen Selbstmord vor 2000 Jahren in ganz China mit Drachenbootrennen gedacht wird. Die Stadt ist das Tor zur **Xiling-Schlucht** der längsten und von jeher gefährlichsten Schlucht des Yangzi. Reisende aus dem Westen, die diesen Flussabschnitt im 19. Jahrhundert befuhren, berichteten von Sandbänken, die als Barrieren aus dem Fluss hervortraten, gefährlichen Strömungen und bedrohlichen Felsen, sodass die Schiffe von Bootsschleppern mit eisenbeschlagenen Bambusstangen auf Kurs gehalten werden mussten, während sie durch den engen Schlund schaukelten, in den kein Sonnenstrahl vordringen konnte. Die Landschaft hat sich seit damals kaum verändert, doch die Felsen, Stromschnellen und Schlepper gibt es nicht mehr, und die Schiffe können die Passage heute ohne größere Schwierigkeiten meistern. Danach werden mehrere kleinere Schluchten erreicht, die teilweise herrliche, durch die Felsformationen der Umgebung inspirierte Namen tragen wie „Schwert und Buch", „Ochsenleber" oder „Pferdelunge". Wenig später kommt der gigantische **Drei-Schluchten-Staudamm** in Sandouping zum Vorschein, den viele Schiffe für einen weiteren Zwischenstopp nutzen. Minibusse (¥2) fahren regelmäßig vom Anleger zur Baustelle, ein großartiges Erlebnis für Liebhaber endloser Betonflächen und gigantischer Maschinen (Einzelheiten zum Staudammprojekt s.S. 616).

Jenseits von Sandouping wird der **Nanjin-Pass** mit seinen steil abfallenden Klippen und wechselnden Strömungen durchschifft, bevor die ausgedehnte und sanfte Ebene oberhalb von **Gezhouba** ins Blickfeld rückt, ein enormer Komplex aus Schleusen, Staudämmen und Kraftwerken. Nach Passieren einer Schleuse, was einige Zeit in Anspruch nehmen kann, legt das Schiff schließlich in **Yichang** an. Von dort besteht die Möglichkeit der Weiterreise flussabwärts nach Wuhan oder mit dem Bus zum **Wudang Shan** im gebirgigen Norden Hubeis (Einzelheiten hierüber s.S. 620).

West-Sichuan

Sichuans westliche Hälfte erstreckt sich bis Gansu und Qinghai im Norden, Tibet im Westen und Yunnan im Süden und liegt abgeschieden am äußersten Rand des modernen China. Trotz zunehmender Erschließung ist diese Region ein in jeglicher Hinsicht spannendes Reiseziel. Das westliche Hochland könnte keinen größeren Kontrast zu den Ebenen um Chengdu bilden und bietet eines der beeindruckendsten Naturerlebnisse des ganzen Landes: dichte, von Feuchtigkeit triefende Wälder, wilde Schluchten und schneebedeckte Gebirgspässe vermitteln unvergessliche Eindrücke von einer imposanten Bergwelt. In den größeren Städten leben vorwiegend Han-Chinesen, aber unter ihnen sowie in den Bergdörfern auch zahlreiche Angehörige von Minderheiten, darunter **Qiang**, **Hui** und vor allem **Tibeter**. Geschichtsinteressierte kommen in der Region ebenfalls nicht zu kurz, denn hier finden sich noch zahlreiche Erinnerungen an den **Langen Marsch** der Kommunisten in den 30er Jahren des 20. Jahrhunderts.

Der Westen Sichuans ist eine abgelegene, wenngleich nicht unberührte Region. Endlose Konvois von Sattelschleppern, verziert mit daoistischen Symbolen, scheinen die Landstraßen gepachtet zu haben, um frisch geschlagene Baumstämme zu den weiterverarbeitenden Betrieben zu transportieren. Trotz dieses Eingriffs in die Natur rühmt sich Sichuan auch einiger äußerst seltener Tiere, allen voran der **Große Panda**, dem das wenige Autostunden nordwestlich von Chengdu gelegene **Naturreservat Wolong** als Heimat dient. Die Spezies ist inzwischen allerdings so rar geworden, dass man den Tieren in freier Wildbahn kaum noch begegnet.

Reisen in den Westen Sichuans sind von jeher ein absoluter **Härtetest** und alles andere als ungefährlich. Früher konnten die zwischen China und Tibet hin und her pendelnden Händler die Berge nur mit Hilfe von Holzgerüsten überwinden, die sie in die nackten Klippen hämmerten, und auch heute noch sieht man tiefe Schluchten, über die abenteuerliche Brücken führen, oder wie Menschen mit Hilfe von simplen Konstruktionen aus Flaschenzug und Halterung über gähnende Abgründe befördert werden, während man selbst wahrscheinlich am Straßenrand hockt und wieder einmal darauf wartet, dass der Bus repariert wird. Für Fahrzeuge sind diese Strecken die Hölle – mit schöner Regelmäßigkeit quälen sie sich unglaubliche Steigungen hinauf, manövrieren sich an gefährlichem Gegenverkehr und Erdrutschen vorbei und verlieren auf den fürchterlichen Straßen einen ihrer Reifen oder Karosserieteile. Oft kommt es vor, dass man sein Reiseziel nicht mit demselben Bus erreicht, in dem die Fahrt angetreten wurde. Auf jeden Fall empfiehlt es sich, mit leichtem Gepäck zu reisen, genügend **Bargeld** mitzuführen (es gibt in dieser Region nur wenige Banken) und die Fahrzeitangaben als absolutes Minimum zu betrachten. Außerdem sollte man nicht vergessen, dass ein großer Teil der Region auf über 3000 m Höhe liegt und unter Umständen mit Anzeichen der **Höhenkrankheit** (s.S. 36) gerechnet werden muss. Was die **Jahreszeiten** angeht, so präsentiert sich die Landschaft im Frühjahr und Herbst in fantastischer Schönheit, während die größte Regenwahrscheinlichkeit zwischen Mai und Oktober besteht. Hat im Winter erst einmal der Schneefall eingesetzt, benötigt man warme Kleidung und einen grenzenlos flexiblen Zeitplan.

Die Erkundung von Sichuans Westen
Von Chengdu führen zwei Wege in den Westen Sichuans. Zum einen **Richtung Nordwesten** via Dujiangyan, wo Anschluss besteht ins westliche **Songpan**, dem Tor zum **Naturreservat Wolong**. Dort kann die Bergwelt der Umgebung auf dem Pferderücken erkundet werden, bevor es weitergeht zum Landschaftsschutzgebiet **Jiuzhaigou** oder durch das **Aba-Grasland** nach Norden in die Provinz Gansu.
Ein zweiter Weg führt von Chengdu **Richtung Südwesten** über **Ya'an** und die Berge ins historische **Luding**, das auch den Ausgangspunkt für einen Abstecher zum **Hailuogou-Gletscher** darstellt.
Nächste Station ist **Kangding**, ein früherer Außenposten an der Handelsroute nach Tibet. Die Busse Richtung Nordwesten fahren an Chengdus Busbahnhof Ximen ab bzw. gen Südwesten vom Busbahnhof Xinnanmen. Fahrkarten für geführte Minibus-Touren nach Wolong, Jiuzhaigou, Luding, Kangding und Hailuogou werden vor dem Hauptbahnhof in Chengdu verkauft.
Außerdem gibt es in Chengdu Reiseveranstalter, die Jeep-Touren mit Englisch sprechenden Fremdenführern zu diversen Zielen im Westen Sichuans anbieten (¥600–1000 pro Tag).
Vom **Emei Shan** fahren frühmorgens Busse über Meishan nach Ya'an. Jiuzhaigou ist auch mit dem Bus von **Guangyuan** im Nordosten der Provinz zu erreichen, das an der Eisenbahnstrecke von Xi'an nach Chengdu liegt.

Gleichgültig, ob bereits eine Reiseversicherung abgeschlossen wurde oder nicht, vor einer Fahrt nach West-Sichuan ist praktisch immer der Abschluss einer so genannten **PICC-Versicherung** notwendig, denn viele der hiesigen Busbahnhöfe verkaufen Ausländern aus dem Westen eine Fahrkarte nur gegen Vorlage einer PICC-Police (manchmal ist die Versicherung auch im Ticketpreis enthalten). Es soll jedoch auch vorkommen, dass Fahrkartenbüros selbst beim Nachweis der PICC-Versicherung einen heftigen Zuschlag fordern oder überhaupt keinen Wert darauf legen. Erhältlich ist die Police in den PICC-Büros von Chengdu sowie in zahlreichen anderen Städten der Region.

Zur Zeit der Recherche war der gesamte Westen Sichuans – mit Ausnahme von Aba im Norden – für Individualreisende zugänglich, einschließlich der Straße von Kangding nach Zhongdian in Yunnan und der Straßen zur Grenze nach Tibet. Verboten hingegen ist die Einreise von Sichuan auf dem Landweg nach Tibet, aber all diese Bestimmungen können sich jederzeit ändern, und vor Planung einer Reise sollte man sich bei der Ausländerpolizei (PSB) unbedingt um aktuelle Informationen kümmern.

Wolong

140 km nordwestlich von Chengdu erstreckt sich in den Bergen von Qionglai Shan das 2000 km² große **Naturreservat Wolong**, das 1975 gegründet wurde. Als erstes Zentrum der Region hat es sich speziell dem Schutz des **Großen Pandas** verschrieben, das schwarzäugige Symbol aller gefährdeten Tierarten dieser Erde. Tatsächlich teilen sich zwei Arten den Namen Panda: Neben dem Großen Panda (Bambusbär) gibt es noch den (wahrscheinlich

Wolong

Naturreservat Wolong	卧龙自然保护区	***wòlóng zìrán bǎohùqū***
Großer Panda	大熊猫	*dàxióngmāo*
Kleiner Panda	小熊猫	*xiǎoxióngmāo*
Shawan	沙湾	*shāwān*
Wolong Binguan	卧龙宾馆	*wòlóng bīnguǎn*
Yinchang Gou	银厂沟	*yínchǎng gōu*
Yingxiong Gou	英雄沟	*yīngxióng gōu*

nicht verwandten) **Kleinen Panda** (Katzenbär), der etwa die Größe eines Waschbärs besitzt und auch heute noch in Sichuan relativ weit verbreitet ist. Ihm wurde der nepalische Begriff „Panda" in der westlichen Welt ursprünglich zugeordnet; die Chinesen nennen den Großen Panda *da xiongmao*, was so viel bedeutet wie „großer Katzenbär".

Das Schutzgebiet (Eintritt ¥20) liegt drei Stunden von **Dujiangyan** (s.S. 1015) entfernt und ist von dort täglich mit dem Bus (¥27) zu erreichen. Nachdem die Straße das Hochlandtal erreicht hat, das einen Großteil des Reservats ausmacht, folgt sie über 35 km dem **Pitiao-Fluss** bis zum 1983 gegründeten **Forschungszentrum**. Dort können Gehege betreten werden, die dem natürlichen Lebensraum des Kleinen Pandas (Eintritt ¥2) und des Großen Pandas (Eintritt ¥5) weitgehend entsprechen. Natürlich besteht auch die Möglichkeit, die Kreaturen in freier Wildbahn aufzuspüren, doch mit an Sicherheit grenzender Wahrscheinlichkeit werden die Tiere im Gehege die einzigen Pandas bleiben, die man zu Gesicht bekommt. So mancher Forscher hat schon Monate in der Bergwelt von Wolong zugebracht, ohne einen einzigen Panda zu sehen.

Rund 5 km hinter dem Forschungszentrum erreicht die Straße **Shawan**, eine kleine Siedlung im Zentrum des Parks. Das *Wolong Binguan*** bietet Mahlzeiten, **Unterkunft** und einfache **Wanderkarten** an, während die Forscher in der Basis – größtenteils Amerikaner – nützliche Informationen über das Wetter und den Zustand der Pfade parat

Schutz für den Panda Die Kunde vom **Großen Panda** erreichte Europa erstmals im 19. Jahrhundert, nachdem der unermüdliche französische Zoologe und Reisende **Père Armand David** 1869 in China auf ein Pandafell gestoßen war. Der Panda ist eine ausgesprochen seltsame, bärenartige Kreatur, ausgestattet mit den Zähnen eines Fleischfressers und einem Verdauungsapparat, der nur unzureichend an seine zum größten Teil vegetarische Nahrung angepasst ist. Obwohl der Panda einst in ganz Südwestchina verbreitet war, kam er wahrscheinlich nie in sehr großer Zahl vor. Heute zählt er zu den gefährdeten Arten, ein Resultat des Vordringens der Menschen in seinen natürlichen Lebensraum, aber auch des launenhaften Verhaltens seiner bevorzugten Nahrung – der **Dunkelgrüne Schirmbambus** blüht periodisch und stirbt danach großflächig ab, woraufhin sich die Tiere mit weniger nährstoffreichen Sträuchern und Aas begnügen oder gar den Hungertod sterben müssen.

Die Hälfte der Pandabevölkerung Sichuans ging zwischen 1974 und 1989 als Folge der Abholzung verloren, und als es in den 80er Jahren zu einer Massenbambusblüte kam, schrumpfte die Gesamtzahl der in freier Wildbahn lebenden Tiere auf rund 1000 Stück zusammen. Etwa 100 davon leben in Wolong, die restlichen Exemplare sind auf zwölf weitere **Schutzgebiete** in Sichuan, Yunnan und Guizhou verteilt.

Ihr Überleben haben die empfindlichen Kreaturen wahrscheinlich der Tatsache zu verdanken, dass Menschen sie besonders niedlich finden – praktisch der einzige Vorteil, der ihnen von der Evolution mit auf den Weg gegeben wurde. Als Reaktion auf die große internationale Aufmerksamkeit, die das Elend der Tiere hervorrief, startete die chinesische Regierung zusammen mit dem **World Wide Fund for Nature** in Wolong ein Pandaforschungsprojekt, das um erfolgreiche **Aufzuchtprogramme** in Wolong und Chengdu erweitert wurde. Außerdem muss jeder, der einem Panda Schaden zufügt, mit hohen Haftstrafen (und bisweilen sogar mit der Todesstrafe) rechnen. In der Vergangenheit bestand das größte Problem solcher Projekte darin, dass die einzelnen Schutzgebiete sehr isoliert waren und es zu Inzucht kam. Außerdem waren die Reviere zu klein, um den Auswirkungen vorzubeugen, die der Lebenszyklus der Bambuspflanze mit sich bringt. Die Einrichtung von 14 neuen, miteinander vernetzten Schutzgebieten im Jahre 1995 war ein wichtiger Schritt zur Verbesserung der Situation.

haben. Anstrengend, aber sehr schön sind beispielsweise die Wanderungen flussaufwärts durch die **Yingxiong Gou** (Heldenschlucht) oder die **Yinchang Gou** (Silberminenschlucht), wobei letztgenannte Tour rund 10 km von Shawan entfernt beginnt und daher zu den am wenigsten frequentierten Bereichen des Reservats gehört.

Wer sich so weit von der Basis entfernt, sollte über ein gutes Orientierungsvermögen, warme Kleidung und ausreichend Vorräte verfügen. Draußen in der Wildnis zeigen sich **Vogelbeobachtern** mit etwas Glück der Weiße und Blaue Ohrfasan oder der unglaublich farbenfrohe, an ein Moorhuhn erinnernde Blaukehltragopan. Über 2000 m leben verstreute Gruppen von **Goldaffen** und die beinahe schon mythischen **Schneeleoparden**. Die besten Bedingungen zur Observation des Großen Pandas bieten sich von April bis einschließlich Oktober.

Von Chengdu nach Songpan

Wer zu sehr um sein leibliches Wohl besorgt ist, sollte sich gleich verabschieden von dem Gedanken an eine Reise von Chengdu in den Nordwesten der Provinz nach Songpan oder gar noch weiter in das Landschaftsschutzgebiet Jiuzhaigou (s.S. 1055) an der Grenze zur Provinz Gansu. Stürzt man sich dennoch in das Abenteuer, so macht man Bekanntschaft mit Sichuans weniger geläufigen ethnischen Gruppen und einer herrlichen Naturlandschaft aus Grasland und Bergen. Manchmal ist allein die erfolgreiche Durchführung der Reise schon eine Leistung, denn Erdrutsche während der sommerlichen Regenzeit und starke Schneefälle im Winter sorgen regelmäßig für Fahrtunterbrechungen und lange Umwege. Während Songpan noch recht verlässliche acht Stunden von Chengdu entfernt liegt, sollten für eine Fahrt nach Jiuzhaigou mindestens zwei Tage und nach Xiahe in Gansu wahrscheinlich eher eine Woche veranschlagt werden.

Eine Autostunde nördlich von Chengdu steigen die Berge steil an und zwingen die Landstraße in eine tiefe Schlucht, wo sie parallel zum schnell fließenden Min verläuft. In der Kleinstadt **Wenchuan** zweigt eine Straße Richtung Nordwesten ab nach **Barkam** und **Zöigê** im Aba-Grasland (s.S. 1053). Bei schlechten Witterungsverhältnissen dient diese Strecke als Alternativroute nach Songpan, bedeutet allerdings einen großen Umweg. In Wenchuan selbst sind noch Reste der alten Stadtmauern oberhalb des Busbahnhofs zu sehen, und in den Bergen stehen die auffälligen, rechteckigen Steinhäuser und 40 m hohen Wachtürme der **Qiang**, die Apfel- und Walnusspflanzungen entlang der Straße bestellen. Bei näherer Betrachtung der Häuser fallen die Flachdächer auf, die mit Erde bedeckt sind, um eine bessere Isolierung im kalten Winter zu gewährleisten, während an den Dachvorsprüngen lange Maiskolbenbüschel zum Trocknen aufhängen. Die Qiang selbst sind leicht zu erkennen: Während die meisten Landbewohner von Sichuan weiße Kopftücher tragen – angeblich zum Zeichen der Trauer um den beliebten Strategen Zhuge Liang aus den Drei Reichen –, bevorzugen die Qiang, die von Zhuge verfolgt wurden, im Allgemeinen schwarze Turbane, während ihre Frauen sich in große bestickte Jacken und Schlitzröcke kleiden. Die Qiang pflücken auch Sichuan-Pfefferkörner von den kleinen, stachligen Büschen, die hier wild in den Bergen wachsen, und verkaufen sie auf dem Markt. Von seiner schönsten Seite zeigt sich das Tal im Mai, wenn die Obstgärten in voller Blüte stehen. Im Juli werden die lokalen Märkte von massenweise Obst überschwemmt.

Der nächste größere Ort an der Straße nach Songpan ist 50 km weiter **Maowen**, dessen schlichte Hauptstraße einen tibetischen Stupa sowie mehrere Hui-Restaurants beherbergt, zu erkennen an der arabischen Schrift über den Eingängen oder den idealisierten Gemälden von Mekka an der Wänden. Maowen ist bekannt als Hochburg der Qiang, wofür allerdings kaum äußere Anzeichen zu erkennen sind. Wer in dem Ort hängen bleibt, findet in dem **Hotel** am Busbahnhof billige Dorm-Betten oder erhält möglicherweise die Erlaubnis, eine ungemütliche Nacht im Bus zu verbringen.

Nördlich von Maowen zeigt die Landschaft ein düsteres Gesicht: Weit flussaufwärts gefällte Baumstämme treiben ans Ufer oder in der Strömung, während sich die steilen, längst kahl geschlagenen Hänge trotz Anstrengungen zur Wiederaufforstung und Terrassierung als notorisch instabil erweisen. Die Folge sind **Erdrutsche**, und nicht selten wird ein Bus von den einheimischen Bauern mit rabiaten Mitteln zum Anhalten gezwungen, um beim

Von Chengdu nach Songpan

Wenchuan	汶川	***wènchuān***
Maowen	茂汶	***màowèn***
Songpan	松潘	***sōngpān***
Huanglong	黄龙	*huánglóng*
Linye Binguan	林叶宾馆	*línyè bīnguǎn*
Songzhou Binguan	松州宾馆	*sōngzhōu bīnguǎn*

Freischleppen festgefahrener Traktoren zu helfen. Bei der Annäherung an Songpan kommen plötzlich nagelneue Holz- und Steinhäuser mit Satellitenschüsseln auf den roten Ziegeldächern in Sicht, eine angenehm ungezwungene Interpretation des lokalen Baustils.

Songpan wurde zur Zeit der Qing-Dynastie als Garnisonsstadt gegründet und liegt beiderseits des Min-Flusses 220 km nördlich von Chengdu. Drei seiner massiven Steintorbögen haben die Zeiten überdauert; wenn man vom Nordtor auf die Stadt blickt, machen die dunklen Ziegeldächer einen düsteren Eindruck, der nur von den bunten Farben der **Moschee** (Songpan hat eine beträchtliche islamische Bevölkerung) im Nordosten der Stadt aufgelockert wird. Songpan ist keine besonders große Stadt. Hunde, Hühner und Pferde streunen auf der einen Kilometer langen Hauptstraße herum, die nach Süden zum **Südtor** verläuft, vorbei an den morschen Holzfassaden der **Restaurants** und Geschäfte. Verkauft werden Qiang- und tibetische Bekleidung, ornamentreiche Messer, Reitgerten, Fuchspelze, dekorierte Widderschädel und Schmuck. Zu sehen sind auch tibetische Paare beim Einkaufsbummel, die Männer leger mit Umhängen und Pelzmützen bekleidet, die Frauen tragen silberne Armreifen, rote Kopftücher und klotzige Bernsteinketten. Ein Drittel des Wegs die Hauptstraße hinunter stehen an einer Kreuzung mehrere Kaufhäuser, die das Allernotwendigste im Angebot haben. Links ab geht es zum inzwischen reichlich mitgenommenen **Osttor** und aus der Stadt heraus. Weiter die Hauptstraße entlang sieht man, wie der schmale Min-Fluss von einer hübschen, an den Seiten offenen **Allwetterbrücke** überspannt wird, mit nach außen gezogenen Dachecken und Verzierungen in Form von Schnitzarbeiten und Malereien, darunter Motive von Drachen, Bären und Blumen.

Übernachtung und Essen

In allen genannten Unterkünften gibt es nur für einige Stunden am Abend Warmwasser. Das **Essen** in den Hotels steht dem der Restaurants in der Stadt um nichts nach. Die Straßenstände verkaufen hauptsächlich Nudelsuppen und sehr scharf gewürztes Yakfleisch.

Linye Binguan** , an der gegenüber dem Busbahnhof abzweigenden Straße.

Songpan Binguan** , 200 m hinter dem *Linye Binguan*. Bietet etwas mehr Komfort als die Konkurrenz in der Stadt, aber ebenfalls die meiste Zeit über kein Warmwasser.

Songpan Fandian* , vom Busbahnhof rechts in die Hauptstraße, dann nach 150 m auf der rechten Seite, ✆ 7232531. Dorms und einfache Zimmer.

Songzhou Binguan** , vom Busbahnhof kommend 100 m vor dem *Songpan Fandian*.

Sonstiges

TOUREN – Die meisten Besucher halten sich ein paar Tage in Songpan auf, um **Ausritte** in die hügelige Landschaft der Umgebung zu unternehmen. Die Pferde sind vom Temperament her zwar ziemlich unausgeglichen, doch insgesamt gesehen ist das Erlebnis angesichts der abgeschiedenen Seen, Wasserfälle und Schluchten sicherlich sein Geld wert. Es gibt mindestens zwei konkurrierende Anbieter, die ein ähnliches Programm veranstalten, und wahrscheinlich trifft man schon bei der Hinfahrt im Bus auf Schlepper, die ihre Dienste anbieten. Die Unterbringung erfolgt in Zelten, und die Fremdenführer sind sehr aufmerksam, doch sollte man sich auf extreme Kälte (gefütterte Jacken können ausgeliehen werden) und fades Essen einstellen. Einige Gruppen kaufen und schlachten eine Ziege (¥200) zur Aufbesserung der Rationen. Im Preis von ca. ¥60 pro Person und Tag ist alles enthalten außer dem Eintrittsgeld für das Schutzgebiet (ca. ¥70 extra). Die freundliche Fassade der Veranstalter blättert übrigens sehr schnell ab, wenn sie mit Beschwerden konfrontiert werden – unbedingt im Vorfeld genau vereinbaren, was im Preis enthalten ist und was nicht.

VORWAHL – 0837

Transport

BUSSE – Songpans **Busbahnhof** liegt nördlich des Stadtzentrums. Bei der Weiterreise sollte man sich nicht von schlechtem Wetter entmutigen lassen, denn das ist häufig lokal auf Songpan beschränkt. Wenn die Landstraßen frei sind, fahren bis zu drei Busse wöchentlich Richtung Nordwesten nach Zöigê und weiter in die Provinz Gansu sowie täglich nach Jiuzhaigou.

Im Sommer bestehen sporadisch Verbindungen über schlechte Straßen via Yuanba nach Huanglong, eine kleinere Ausgabe von Jiuzhaigou ca. 50 km nordöstlich von Songpan.

Aba-Grasland und Zöigê

Songpan liegt unmittelbar östlich der ausgedehnten **Autonomen Präfektur Aba**, die sich über die Provinzgrenzen von Sichuan, Gansu und Qinghai hinweg erstreckt. Das auf 3500 m Höhe gelegene sumpfige Aba-Grasland speist die gewundenen Quellflüsse des Gelben Flusses und ist die Heimat der stark auf ihre Unabhängigkeit bedachten **Golok**, eine Gruppe nomadischer Hirten. Die Region ist in China berüchtigt wegen der Verluste der Roten Armee, die während ihres Langen Marsches nicht nur den Heckenschützen der Golok-Nomaden, sondern auch dem morastigen, keinerlei Schutz bietenden Gelände hilflos ausgeliefert war. Darüber hinaus ist das Aba-Grasland eine Hochburg der **Bönpo** (s.S. 1054, Kasten) und so etwas wie ein Korridor zwischen den Provinzen Sichuan und Gansu.

Die direkteste Route durch die Region führt von Songpan über die Landstraße in das 150 km nördlich gelegene Zöigê. Rund 150 km nordwestlich von Wenchuan liegt etwas abseits von der Nebenstrecke nach Zöigê die regionale Hauptstadt **Barkam**, wo ein **Baisha-Kloster** mit einer herrlichen Sutra-Halle zu einer Besichtigung einlädt. 200 km westlich von Songpan erhebt sich nahe **Aba**, das offiziell für Ausländer gesperrt ist, der schlichte **Gemo-Tempel**.

In der Region gibt es nur sehr schlichte Unterkünfte sowie einfache Verpflegung, und die Fahrer der unregelmäßig verkehrenden Busse lassen Ausländer oft nur zögerlich zusteigen. Wer jedoch dem touristischen Zirkus in Jiuzhaigou nichts abgewinnen kann, erlebt hier ein erfrischend unkommerzielles Abenteuer.

Zöigê ist eine triste Siedlung, die im Juni bzw. Juli während der jährlichen **Pferderennen** zum Leben erwacht, wenn die Reiter ihre Zelte vor den Toren der Stadt aufschlagen, um das Publikum mit ihren Reitkünsten zu erfreuen. Auf den Märkten der Stadt werden hin und wieder **ausgefallene Heilmittel** angeboten, darunter Moschus, Puppenkernkeulen (ein orangegelber Pilz), welche anscheinend Lunge und Niere kräftigen, oder eine aus Kermesbeeren gewonnene Hustenmedizin. Auf auswärtige Besucher kann Zöigê jedoch durchaus einschüchternd wirken, wenn die mit Dreadlocks geschmückten und mit Messern bewaffneten Golok auf ihren Motorrädern über die Hauptstraße brettern; Reisende, die per Autostopp von hier nach Xiahe fahren wollten, wurden schon bedroht, nachdem sie die unverschämten Preise der Lkw-Fahrer dankend ablehnten.

In Zöigê gibt es mehrere **Unterkünfte** – zu empfehlen ist das *Liangju Binguan** – sowie zwei **Busbahnhöfe** mit einem täglich morgens abfahrenden Bus nach Songpan und einem nach **Hezuo** in Gansu (s.S. 1099), von wo es noch rund zwei Stunden bis Xiahe sind.

Es ist ratsam, die Fahrkarte schon einen Tag vorher zu kaufen und sich lange vor der Abfahrt zum Busbahnhof zu begeben, denn die Fahrpläne werden nicht immer eingehalten.

Aba-Grasland, Zöigê und Langmusi

Autonome Präfektur Aba	阿坝自治州	***ābà zìzhì zhōu***
Barkam	马尔康	*mǎěr kāng*
Langmusi	郎木寺	*lángmùsì*
Zöigê	诺尔盖	*nuòěr gài*

Die Bön-Religion Die im äußersten Nordwesten Sichuans beheimateten **Bönpo** sind die letzten Anhänger von Tibets ursprünglicher Bön-Religion, bevor diese mit Elementen des Buddhismus zum Lamaismus verschmolz. Stifter der schamanistischen Glaubensrichtung war **gShenrab**, einer von 18 heiligen Gesandten, die das Königreich von den Dämonen befreien sollten. Die Bön-Religion verlor ihren Einfluss in Tibet nach 755 n.Chr., als das tibetische Königshaus die mehr auf Spiritualität bedachten Lehren des Buddhismus zu favorisieren begann. Mit Entwicklung des Gelbmützen-Lamaismus zur vorherrschenden Glaubensrichtung wurden die Bönpo aus Tibet vertrieben und praktizieren ihre Religion heute an anderen Orten.
Obwohl die Bön-Religion für Außenstehende Ähnlichkeit mit dem Lamaismus aufweist – vielfach wird sie sogar für eine Untersekte gehalten –, sind die beiden Religionen in vielerlei Hinsicht grundverschieden. Die Bönpo umrunden ihre Stupas entgegen dem Uhrzeigersinn, nehmen Schwarz, wo Lamas Weiß verwenden, und befolgen noch immer Rituale, die mit **Tieropfern** in Zusammenhang stehen – dies ist auch der Grund, weshalb die Bön-Religion sowohl von der chinesischen Regierung als auch von den Lamas als barbarische und rückständige Glaubensrichtung betrachtet wird. Folglich sind die Bönpo häufig nicht erpicht darauf, als solche erkannt oder angesprochen zu werden. Noch heute gibt es Bön-Klöster in Huanglong sowie in mehreren Städten im zentralen Aba-Grasland.

Langmusi

Etwas abseits der Landstraße nach Hezuo liegt drei Stunden von Zöigê entfernt das schöne Dorf Langmusi mit einer gemischten Bevölkerung aus Hui, Golok und Tibetern. Die Reize der Berglandschaft der Umgebung beginnen sich allmählich auch bei Travellern herumzusprechen und bieten sicherlich schon einen kleinen Vorgeschmack auf Tibet. Angesichts zweier Lamaklöster, einer Moschee und der guten Wandermöglichkeiten in den Bergen kann man sich hier gut ein paar Tage beschäftigen. Doch Vorsicht: Manch einer hat sich schon den Zorn der Einheimischen zugezogen, weil er bei Antritt seiner Wanderung über den **Himmelsfriedhof** westlich des Dorfes trampelte, wo die Verstorbenen abgelegt und zum Schmaus für die Raubvögel werden. Bitte fern bleiben!

Übernachtung

Langmusi Guesthouse*, am Dorfplatz. Ähnliche Einrichtungen wie das *Langmusi Hotel*.
Langmusi Hotel*, ebenfalls am Dorfplatz. Sehr einfache Dorms und Zimmer, aber etwas besser als im *Langmusi Guesthouse* und mit freundlicherem Personal. Beide Unterkünfte haben akzeptable Toiletten, Warmwasser am Abend und fallen dadurch auf, dass die Kinder und Mönche wenig Respekt für die Privatsphäre der Gäste zeigen.
White Dragon Hotel*, nahe Dorfplatz. Die dritte Unterkunft im Ort wurde erst kürzlich eröffnet und bietet einen ähnlichen Standard wie die oben genannten, wobei der Besitzer behauptet, die Zimmer würden schon bald wieder renoviert.
Man darf Langmusi nicht verlassen, ohne bei ***Lesha's*** gegessen zu haben, ein kleines **Traveller-Café** in der Nähe des Dorfplatzes, wo ein hervorragender Apfelkuchen aufgetischt wird.

Jiuzhaigou

Jiuzhaigou	九寨沟	***jiǔzhàigōu***
Nuorilang	诺日朗	*nuòrìlǎng*
Rize	日则	*rìzé*
Shuzheng	树正	*shùzhèng*
Urwald	原始森林	*yuánshǐ sēnlín*
Zechawa	则查洼	*zécháwā*
Übernachtung		
Hongye Binguan	红叶宾馆	*hóngyè bīnguǎn*
Yangdong Zhaodaisuo	羊峒招待所	*yángdòng zhāodàisuǒ*
Zhenzhu Binguan	真主宾馆	*zhēnzhǔ bīnguǎn*

Transport

BUSSE – Es gibt keinen direkten Bus nach Langmusi. Nachdem man in Zöigê eine Fahrkarte nach „Langmu qiaotou" gekauft hat, wird man vom Bus nach Hezuo an der Kreuzung nach Langmusi abgesetzt, wo bereits Jeeps warten, um die Gäste zum zentralen Platz im Ort zu befördern (3 km, ¥2 nach Verhandlung).
Für die Weiterreise gibt es morgens um 7 Uhr einen Direktbus nach Hezuo, für den Ausländer doppelt soviel berappen müssen wie Einheimische. Ansonsten bleibt nur die Fahrt zur Kreuzung in der Hoffnung, einen Bus in die richtige Richtung zu erwischen; täglich kommen zwischen 11 und 14.30 Uhr ein bis zwei Busse vorbei.

Jiuzhaigou

Im Herzen des 4500 m hohen, unter ewigem Schnee begrabenen Min-Shan-Gebirges umfasst das **Landschaftsschutzgebiet** Jiuzhaigou eine der spektakulärsten Naturlandschaften Chinas, die sich angesichts der immensen touristischen Erschließung und der herausgeputzten tibetischen Dörfer jedoch für viele als Enttäuschung entpuppt. Was hier geboten wird, ist weniger ein Wildnisabenteuer als Kulisse. Hinzu kommt ein saftiges Eintrittsgeld, das sich eigentlich nur ab einem dreitägigen Aufenthalt auszahlt.

Die Region wurde bereits vor Jahrhunderten von Tibetern besiedelt, deren eingezäunten Dörfern Jiuzhaigou (Tal der Neun Tibetischen Dörfer) seinen Namen verdankt. Der Legende nach ließ die Göttin **Semo** hier aus Versehen ihren Spiegel fallen, aus dessen Scherben die rund 100 surreal blauen **Seen** entstanden, die Treppen gleich an den Hängen liegen. In dem 1978 eingerichteten Schutzgebiet geht das traditionelle Leben inmitten des intensiven Fremdenverkehrs weiter: Yaks werden auf die Weiden getrieben, Gebetsmühlen drehen sich in den Bächen, und mit Gebetsfahnen verzierte Schreine sollen die Hänge gegen weitere Erdrutsche schützen. Wild lebende **Tiere** gibt es hier ebenfalls in großer Zahl, und die Behörden scheinen alles daran zu setzen, dass es auch so bleibt. An belebten Stellen wurden Abfalleimer aufgestellt, und an den Parktoren warnen Schilder eindringlich vor dem „Abschießen oder Schlagen von Tieren". Zu den Begünstigten dieser Politik zählen scheue und seltene Arten wie der Große Panda sowie der an einen Bison erinnernde **Takin**. In den Seen tummeln sich Schwärme von Fischen, und am Ufer sieht man zahlreiche Wasservögel, darunter Bachstelzen, Würger, Wiedehopfe, Eisvögel und Fasane.

Alle Unterkünfte im Schutzgebiet haben ein Restaurant entweder direkt angegliedert oder in der Nähe, bieten aber für die Körperpflege meist nicht mehr als ein Waschbecken. Snacks und Getränke sind teuer, und die schmackhaften Mahlzeiten in den Unterkünften oder den wenigen einfachen Garküchen in den Dörfern kommen in recht kleinen Portionen daher, sodass es sich empfiehlt, Vorräte aus Songpan oder Chengdu mitzubringen. Warme Kleidung gehört das ganze Jahr über ins Gepäck, denn die Tagestemperaturen schwanken zwischen 16 °C im Juli und minus 4 °C im Januar, wobei es mittags in den Tälern überraschend heiß werden kann. Wer die markierten Wege verlässt, sollte über ein gutes Orientierungsvermögen verfügen und eine Erste-Hilfe-Ausrüstung sowie Verpflegung dabeihaben. Eine friedliche Zwiesprache mit der Natur ist in Jiuzhaigou allerdings nur an wenigen Orten möglich, da sich das Schutzgebiet bei chinesischen Ausflüglern aus der Umgebung extremer Beliebtheit erfreut, was besonders an Wochenenden und Feiertagen nicht zu übersehen ist.

Das Landschaftsschutzgebiet

Die Orientierung vor Ort fällt leicht: Die Täler bilden eine nach Norden ausgerichtete Y-Form, und der **Eingang** zum Schutzgebiet befindet sich südlich davon im Ort Jiuzhaigou.

Als günstigste Ausgangsbasis für Erkundungen empfiehlt sich das mitten im Park gelegene Dorf **Nuorilang**, rund 14 km nördlich der Einfahrt am Fuße des **Semo Shan**. Hier gabelt sich der Weg: Eine Straße führt zum knapp 20 km entfernten **Langen See**, die andere zum ebenso weit entfernten **Urwald**. Beide Varianten bieten schöne Landschaftserlebnisse sowie ein paar Dörfer mit einfachen Unterkünften. Mehr Abenteuer versprechen die Schluchten und Wälder in den Bergen, wo auch Zelten eine Option ist, die aber offiziell – vor allem wegen der Waldbrandgefahr – nicht unterstützt wird.

Nach der 105 km langen Anreise von Songpan nach Jiuzhaigou durch eine wunderschöne Gebirgslandschaft mit Nadelwäldern, auf Bergwiesen grasenden Yaks und zerklüfteten, schneebedeckten Gipfeln im Hintergrund erweist sich die Ankunft im Ort **Jiuzhaigou** als Riesenenttäuschung. Die Berge der Umgebung wurden kahl geschlagen und lieferten das Baumaterial für ein paar hässliche und teure Hotels. Auch am Parktor kommt keine Freude auf, wenn das stolze **Eintrittsgeld** (¥108 einschließlich Dorm-Bett für eine Nacht) und die Gebühr für die Benutzung der lokalen Busse (2-Tages-Pass ¥70) hingeblättert werden muss.

Der **Überland-Busbahnhof** liegt ein kleines Stück abseits der Hauptstraße von Jiuzhaigou. Bevor man sich auf den Weg in den Park macht, sollte man unbedingt die Rückfahrkarten kaufen, um sich einen Sitzplatz in einem der täglich nach Songpan und Chengdu fahrenden Busse zu sichern. Kioske im Ort verkaufen **Landkarten**, am Eingangstor gibt es Snacks, und regelmäßig fahren Minibusse nach Nuorilang, zum Urwald und zum Langen See.

Als **Unterkunft** empfehlen sich das aufmerksame und saubere *Hongye Binguan*** oder als Ausweichmöglichkeit auch das *Yangdong Zhaodaisuo***, das jedoch relativ teuer ist und nur unregelmäßig über Warmwasser verfügt.

Zu Fuß nach Nuorilang

Es lohnt sich, die vierstündige **Wanderung** vom Parktor nach Nuorilang zu unternehmen. Die Straße folgt zunächst einem Bach bergauf durch Kiefernhaine und passiert schon bald den Torbogen des **Zaru-Tempels** zur Linken, ein Holzbauwerk vor der Kulisse steil aufragender Klippen. Ein Stück weiter kommt das Dorf **Heye** in Sicht, wo der kleine Fluss von einem sumpfigen Areal namens **Schilf-See** gespeist wird. Dieser wiederum erhält sein Wasser von den **Shuzheng-Seen**, nicht nur die größte Seenkette im Schutzgebiet, sondern vor der Kulisse des **Dege Shan** auch eine der beeindruckendsten Ansichten, vor allem im Herbst, wenn die roten Ahornbäume in herrlichem Kontrast zu den Wasserfällen, Bergen und Kiefernwäldern stehen.

Nach etwas mehr als der Hälfte der Strecke zwängt sich der 20 m hohe **Shuzheng-Wasserfall** zwischen die Straße und eine bewaldete Insel.

Das gleichnamige Dorf verfügt über ein einfaches **Hotel*** und schockiert mit seinem Touristenrummel – tibetische Männer präsentieren sich auf Pferden sitzend als Fotomotiv, Frauen und Mädchen verkaufen Messer, Schmuck und Trachten, und am Seeufer stehen einige herausgeputzte tibetische Behausungen, in deren Schuppen ein wasserbetriebener Mühlstein sowie eine dekorative, aber leere **Gebetsmühle** zu besichtigen sind (normalerweise befinden sich darin 10 000 geschriebene Gebete, die „gesprochen“ werden, wenn sie in der rotierenden Trommel umherpurzeln).

500 m hinter Shuzheng ist der **Nashorn-See** erreicht, wo sich eine weitere, mit einer *savastika* verzierte Gebetsmühle befindet, die wahrscheinlich nicht zur Schau aufgestellt wurde, da hier kaum noch Touristen anzutreffen sind.

Nuorilang, Urwald und Langer See

4 km hinter dem Nashorn-See liegt **Nuorilang**, das lediglich aus einem Restaurant, zwei Geschäften und den berühmtesten Kaskaden von Jiuzhaigou besteht, dem **Nuorilang-Wasserfall**, der über seltsam gelbe, kristalline Felswände hinabstürzt. Am späten Nachmittag präsentiert er sich jedoch meist als trauriges Rinnsal, weil das Wasser für andere Zwecke umgeleitet wird. An der linken Abzweigung kommt nach etwa 200 m ein **Hostel**** in Sicht, doch eine bessere Übernachtungsmöglichkeit bietet sich 20 Minuten weiter in Zechawa, siehe unten.

Bei Nuorilang gabelt sich die Straße und bietet sich in beiden Richtungen für eine Tageswanderung an (jeweils ca. 36 km hin und zurück). Die östliche Abzweigung zum Urwald führt zunächst zum **Perlenstrand-Wasserfall**, wo sich ein ganzer Bergrücken durch Kalkablagerungen in eine Kaskade verwandelt hat, die in einem 10 m hohen Wasserfall ähnlich dem bei Nuorilang endet. Weiter geht es zum **Panda-See** und zum **Pfeilbambus-See**, ein flaches Gewässer, dessen optimistischer Name längst überholt ist angesichts des kahlen Tals. Eine weitere, eher mysteriöse Anspielung auf den Panda findet man in der auf halber Strecke gelegenen Siedlung **Rize**, die aus einem Straßeninstandhaltungsdepot, einem wenig frequentierten **Hostel** und einer großen, fest verrammelten Halle besteht, deren schmutziger Eingang mit dem Schriftzug „Panda Hospital" versehen ist. Da die Einheimischen dazu neigen, die bloße Existenz des Gebäudes zu leugnen, bleibt es unklar, ob die Einrichtungen für unglückselige Wanderer oder verletzte Bambusbären gedacht sind. Nach Rize nimmt die Schönheit der Landschaft vorübergehend etwas ab, die Straße erklimmt einen Pass und führt am **Gras-See** vorbei in den **Urwald**, ein dichter und sehr stimmungsvoller Koniferengürtel. Hier eröffnet ein diskret aufgestelltes Zelt die Möglichkeit, die Umgebung etwas genauer unter die Lupe zu nehmen.

Die etwas längere Strecke von Nuorilang zum **Langen See** ist insgesamt weniger interessant und daher auch weniger von Reisebussen befahren. Bereits nach kurzer Wanderung erreicht man das Dorf **Zechawa**, wo es die **Unterkunft** *Zhenzhu Binguan*** und einen Laden gibt. Danach präsentiert sich die Landschaft etwas langweilig, bis der fantastische **Fünffarbige See** erreicht ist, der in puncto Farbintensität und Größe alle anderen Gewässer des Parks in den Schatten stellt. Die Superlative finden am Ende der Landstraße noch eine Fortsetzung mit dem **Langen See**, der nicht nur seinem etwas banalen Namen alle Ehre macht, sondern durch seine Lage auf 3103 m auch das höchstgelegene Gewässer von Jiuzhaigou ist.

Der äußerste Westen: Von Chengdu nach Tibet

Die Hauptstraße von Chengdu Richtung Westen folgt einer uralten **Handelsroute** zwischen China und Tibet. Früher benötigten die chinesischen Träger unter der Last gepresster Teeblöcke rund drei Wochen für die Reise über die Berge von Ya'an in die Stadt Kangding, wo sie ihre Ware gegen tibetische Wolle eintauschten. Die ersten **Europäer** in dieser Gegend waren Mitglieder katholischer Organisationen aus Frankreich, die in den 50er Jahren des 19. Jahrhunderts unter den Tibetern, Yi und Qiang das Christentum zu verbreiten versuchten. Viele ihrer **Kirchen** stehen noch heute, auch wenn die letzten Ausländer die Region wegen der politisch instabilen Lage Ende der 20er Jahre verlassen mussten. Schon 1893, als Großbritannien die Grenzen Tibets in der **Sikkim-Konvention** festschrieb, wurden Chinas Ansprüche einer Herrschaft über Tibet (die das Land zumindest auf dem Papier bereits seit der mongolischen Invasion rund 600 Jahre zuvor innehatte) ernsthaft untergraben. Nach dem britischen Einmarsch 1904 entsandte die chinesische Regierung Truppen in den Osten Tibets, die Klöster zerstörten und den Dalai Lama ins Exil zwangen, doch mit dem Zusammenbruch der Qing-Dynastie kurze Zeit später gewann Lhasa die umstrittenen Gebiete zurück. 1929 versuchten die chinesischen Nationalisten erneut, die Kontrolle über Tibet zu erlangen, indem sie die **Provinz Xikang** gründeten. Diese erstreckte sich von Ya'an bis 200 km vor Lhasa, existierte jedoch nurmehr auf dem Papier und vermochte an der realen Situation kaum etwas zu ändern. Da die Chinesen untereinander zerstritten waren, konnten sie weder den Ansprüchen aus Tibet etwas entgegensetzen noch ihre eigenen aufmüpfigen Truppen in der Provinz kontrollieren. Während die Hauptstadt Xikangs immer weiter nach Osten verlegt wurde – von Batang über

Kangding bis nach Ya'an –, blieb die Provinz zwei Jahrzehnte lang unabhängig und hatte noch fünf weitere Jahre Bestand, nachdem die Grenzfrage 1950 durch die chinesische Annexion Tibets überflüssig geworden war.

Die Fahrt von Chengdus Busbahnhof Xinnanmen nach Kangding erfordert gutes Sitzfleisch, lässt sich aber problemlos durchführen. Unbedingt lohnenswert sind die Mühen eines Abstechers zum **Hailuogou-Gletscher** in den Ausläufern des mächtigen **Gongga Shan**, der innerhalb eines Tages auch vom südlichen Xichang via Shimian (s.S. 1027) zu erreichen ist. Auf der Strecke von Chengdu gen Westen liegen **Ya'an**, **Luding**, mit einem Monument zum Gedenken an die Entbehrungen des Langen Marsches, sowie **Kangding**, das mit einigen Klöstern aufwartet und bereits von typischer Grenzlandatmosphäre geprägt ist. Jenseits von Kangding locken Abstecher in die kurz vor der tibetischen Grenze gelegenen Orte, aber die Einreise nach Tibet auf dem Landweg ist für Individualreisende derzeit verboten.

Die Landstraßen in dieser Region sind im Winter häufig gesperrt, aber selbst in der übrigen Zeit geht es nur langsam voran. Nach Trockenperioden treibt der Wind oft dicke Staubwolken vor sich her, die den Ausblick in den Tälern zunichte machen und die Farben dämpfen. Für Verwirrung sorgen immer wieder Entfernungen und Fahrtzeiten: Die Fahrt von Chengdu nach Ya'an beispielsweise dauert weniger lang wie die kürzere Strecke von Ya'an nach Kangding, was sich mit der Beschaffenheit des Geländes erklären lässt – natürlich geht es bergab schneller voran als bergauf; das wiederum hat Auswirkungen auf den Preis, der für die Hin- bzw. Rückfahrt auf ein- und derselben Strecke unterschiedlich sein kann, je nachdem, wie lange der Bus unterwegs ist. Da Vorräte in der Region nur schwer zu bekommen sind, sollte man sich rechtzeitig mit der nötigen Verpflegung eindecken.

Ya'an

Den ersten Zwischenstopp auf der Reise gen Westen erreicht man nach fünfstündiger Busfahrt durch das flache Rote Becken in Ya'an, das am Ufer des Qingyi-Flusses und im Schatten des Erlang Shan liegt. Ehemals eine Garnisonsstadt und ein wichtiges Etappenziel auf dem langen Weg nach Tibet, fungierte Ya'an kurzzeitig als Hauptstadt der Provinz Xikang, bevor diese 1955 aufgelöst wurde. Auch heute hegt die Stadt Ambitionen: Die Zufahrtsstraße führt nach Durchquerung eines Tunnels auf eine kahle Ebene, wo eine isolierte Kolonnade aus hohen Straßenlaternen die erste Stufe einer groß angelegten urbanen Expansion repräsentiert.

Zu sehen gibt es in Ya'an nichts, aber die Busse legen hier immer eine Essenspause ein.

Luding

Für Reisende auf dem Weg zum Hailuogou-Gletscher bedeutet der schmuddlige Marktflecken Luding eine halbtägige Fahrtunterbrechung – genügend Zeit, um sich eine Dosis Geschichte zu verabreichen, denn die **Luding-Brücke** ist eines der ganz großen Symbole des Langen Marsches. Im Mai 1935 erreichte die Rote Armee Anshunchang am Südufer des Dadu, konnte aber die dortigen Stromschnellen nicht überwinden. Unter dem Druck der sich nähernden feindlichen Truppen trafen die Kommunisten die Entscheidung, flussaufwärts zu marschieren. Die dort stationierten Guomindang-Truppen hatten die Planken der Hängebrücke bei Luding abgerissen, jedoch die Eisenketten intakt gelassen, weil sie davor zurückschreckten, die einzige Brücke im Umkreis von mehreren Hundert Kilometern vollständig zu zerstören. In einem Gewaltmarsch legten die Kommunisten die 100 km nach Luding in nur zwei Tagen zurück. Nach ihrer Ankunft hangelten sich 22 Helden unter schwerem Beschuss der Guomindang an den Eisenketten über den reißenden Strom und eroberten die Stellungen am Westufer. Offiziellen Berichten zufolge fanden bei der Aktion „nur" drei Männer den Tod.

Die Brücke ist für hiesige Verhältnisse eine solide Konstruktion und besteht aus 13 schweren Eisenketten, die jedoch mit Planken belegt sind, von denen man vermuten könnte, sie stammten von alten Sperrholzkisten. Unten hindurch fließt der tosende Dadu, während die Brücke durch ihre im Tempelstil gehaltenen Tore und Ornamente an beiden Enden schon leicht sakral anmutet. Auf der Ortsseite befindet sich ein Ticketbüro (Betreten der Brücke ¥1), eine Tafel illustriert in Goldlettern die Ereignisse vom 29. Mai 1935, und ein Pavillon auf der anderen Seite beherbergt ein **Museum** mit historischen Fotos.

Der äußerste Westen		
Batang	巴塘	***bātáng***
Dêgê	德格	***dégé***
Garzê	甘孜	***gānzī***
Kangding	康定	***kāngdìng***
Anjue Si	安觉寺	*ānjué sì*
Kangding Binguan	康定宾馆	*kāngdìng bīnguǎn*
Paoma Binguan	跑马宾馆	*pǎomǎ bīnguǎn*
Paoma Shan	跑马山	*pǎomǎ shān*
Litang	理塘	***lǐtáng***
Luding	泸定	***lùdìng***
Moxi Xiang	磨西乡	***móxī xiāng***
Gongga Shan	贡嘎山	*gònggā shān*
Hailuogou-Gletscherpark	海螺沟公园	*hǎiluógōu gōngyuán*
Ya'an	雅安	***yǎ'ān***

Luding selbst hat praktisch keine Sehenswürdigkeiten zu bieten, dafür aber jede Menge nichts sagender **Esslokale**. Im Frühjahr wird die Stadt so sehr mit Obst überschwemmt, dass die Stände allein nicht mehr ausreichen, und die Erzeugnisse auf Laken in der schmalen Hauptstraße ausgebreitet und zum Verkauf angeboten werden. **Unterkunft** findet man in dem recht komfortablen *Yagudu Hotel**, dem auch ein Restaurant angeschlossen ist – trotz entsprechender Schilder wird hier jedoch kein Wort Englisch gesprochen. Etwas billigere Zimmer hat das freundliche *Luhe Zhaodaisuo** neben dem **Busbahnhof**. Für die Weiterreise steht täglich mindestens ein Bus nach Kangding (¥10), Shimian (Richtung Xichang, ¥10) und Chengdu (¥90) zur Verfügung. Nach Moxi (mit Ziel Hailuogou) fährt ein Privatbus, wobei man in Hongqiao umsteigen muss (¥15).

Moxi Xiang

Die zwischen Luding und Moxi Xiang aus den Felsen gehauene Fahrbahn ist kaum breit genug für zwei Autos, sodass es immer wieder zu angsterfüllten Sekunden kommt, wenn plötzlich gar ein Sattelschlepper auftaucht. Ganz automatisch wird die Aufmerksamkeit der Buspassagiere dann auf die weit unterhalb der Straße liegende Szenerie gelenkt: Sägewerke, Menschen, die mit an Stangen befestigten Netzen im Fluss fischen, tiefe und von wackligen Fußgängerbrücken überspannte Schluchten und Ansammlungen von Steinhäusern, das Zuhause der hiesigen Qiang-Bevölkerung, deren schwarze Gewänder mit knallrosa Schärpen kontrastieren.

Das von Gersten- und Maisfeldern umgebene Hochtaldorf Moxi Xiang besteht aus nur einer Straße, in der dicht an dicht stehende Geschäfte aus dunklem Holz Karaoke-Ghettoblaster und andere moderne Gegenstände des täglichen Bedarfs verkaufen. Etwas abseits der Straße steht eine kleine **katholische Kirche** aus den 20er Jahren des 20. Jahrhunderts. Ihr blaugelber Glockenturm blickt auf ein kastenförmiges Hauptgebäude im europäischen Stil, dessen Dachvorsprünge das einzige Zugeständnis an die lokale Ästhetik bilden.

Nach den Kämpfen von Luding ruhten sich Mao und seine Rote Armee in Moxi Xiang aus, bevor sie sich an die 56 km lange Etappe Richtung Norden nach Xiaojin machten, auf der sie den **Jiajin Shan**, das „Land des Ewigen Schnees“, durchqueren mussten. Hunderte starben an Unterkühlung und Höhenkrankheit, und auch Mao selbst war an die Tragbahre gefesselt. Heutzutage unternehmen nur wenige Touristen derart mörderische Anstrengungen. Die meisten nutzen Moxi Xiang als Basis für einen Ausflug zum **Hailuogou-Gletscher**, zu dem vom Ortsrand mehrere Wanderwege führen.

Der Bus hält an einem angenehmen **Guesthouse***, ein knarrender Holzbau, dessen obere Zimmer einen Blick auf das Tal freigeben (dafür aber weit von den Toiletten entfernt liegen). Ein Stück weiter die Straße hinauf bietet das *Hailuogou Binguan*** ordentliche Zimmer und Warmwasser. Alle mit dem Gletscher zusammenhängenden Aktivitäten können in den Unterkünften oder in einem der **Restaurants** an der Hauptstraße erledigt werden. Die Busse zurück nach Luding fahren zwischen 6 und 12 Uhr ab.

Gongga Shan und Hailuogou-Gletscher

Als höchster Berg Westchinas – nur 1300 m niedriger als der Mount Everest – ragt der **Gongga Shan** bei Moxi Xiang 7556 m in den asiatischen Himmel. Der unter Einheimischen als Minya Konka bezeichnete Riese bietet einen atemberaubenden Anblick, zumindest an einem der seltenen Vormittage, wenn die Wolkendecke um den Gipfel plötzlich aufreißt und auch das Schneegestöber dort oben ein wenig nachlässt. Hailuogou, der tiefstgelegene der insgesamt vier großen Gletscher am Gongga Shan, schmiegt sich in die **Schneckenschlucht** und reicht bis an die Baumgrenze heran. Nur etwa 13 km von Moxi entfernt liegt der **Hailuogou-Gletscherpark** (Eintritt ¥60), aber weder das Gelände noch die Höhenlage von über 3000 m ermöglichen einen schnellen Zugang – für die Wanderung dorthin sollten hin und zurück mindestens drei Tage einkalkuliert werden. Viele Besucher verlängern ihren Aufenthalt noch, so schön ist die umgebende Landschaft mit ihren unerwartet dichten Wäldern und natürlich der blauweißen, von Felsblöcken durchsetzten Eiszunge. Unterwegs gibt es einfache **Mahlzeiten**, **Unterkünfte** und insgesamt drei **Zeltplätze**.

Fremdenführer können in Moxi Xiang ab ¥50 pro Tag engagiert werden, sind aber dank gut gekennzeichneter Wanderwege durch den Park in den wärmeren Monaten nicht notwendig – im Eintritt für den Park ist ohnehin ein Fremdenführer vom letzten Lager bis zum eigentlichen Gletscher enthalten. Unterwegs benötigt man zu jeder Jahreszeit energiereiche Nahrung, robustes Schuhwerk und warme Kleidung.

Ein Stück hinter Moxi an der Landstraße gibt es in der Umgebung des **Parkeingangs** mehrere Stände.

Lager Eins befindet sich 10 km bzw. drei Stunden entfernt und bietet **heiße Quellen**, eine Hostel-Unterkunft sowie Kioske. Ähnliches findet man im 5 km bzw. zwei Stunden weiter gelegenen **Lager Zwei**, wo die Rhododendrenbüsche einem richtigen Wald Platz machen. Hier vergisst so mancher vorübergehend das eigentliche Ziel und verbringt einen Tag mit der Erkundung der Gegend. Nach weiteren 5 km bzw. zwei Stunden ist das **Lager Drei** erreicht, eine relativ gut ausgestattete Basis mit einfachen 4er-Dorms (¥30) in kleinen Hütten. Von hier legt man in Begleitung des Fremdenführers die letzten 2 km bis zur **Aussichtsplattform** zurück und dreht eine Runde auf dem Gletscher selbst, was mehrere Stunden in Anspruch nimmt.

Kangding

Schon vor der Ankunft in der Stadt wird klar, weshalb das 60 km westlich von Luding gelegene Kangding als eine der wildesten Siedlungen Chinas gilt und weshalb es der Regierung bis in die 50er Jahre des 20. Jahrhunderts nicht gelingen wollte, diese Region zu kontrollieren. Unmittelbar hinter der Stadt erhebt sich die gewaltige Bergwelt des **Daxue Shan** (Großes Schneegebirge), und egal was die Landkarten auch sagen mögen, hier beginnt das wahre Tibet.

Kangding besteht aus einer hässlichen Aneinanderreihung von Beton-Apartments und Häusern, die ohne erkennbaren Plan am Ufer des schnell fließenden **Zhepuo** aus dem Boden gestampft wurden. Die Stadt ist auch heute noch ein Bindeglied zwischen den Kulturen: Als Hauptstadt der **Tibetisch Autonomen Präfektur Ganzi** fällt in Kangding die starke Präsenz von Regierungsbeamten ins Auge, dazu gesellen sich einige Hui sowie die verwegen ausschauenden **Khambas**, osttibetische „Cowboys“, die sich hier mit Vorräten eindecken. Die Hänge oberhalb der Stadt sind mit Klöstern und weißen Chörten (tibetische Pagoden) übersät.

Kangdings Lebensnerv ist nach wie vor der **Handel** – auch wenn der Tee seine Rolle als wichtigste Währung eingebüßt hat –, und in den Straßen des Zentrums geht es entsprechend lebendig zu. Am Ostufer breitet sich in den Gassen unweit des blauen Tors der **Moschee** ein Obst- und Gemüsemarkt aus, und rund um den öffentlichen Platz am jenseitigen Ufer verkaufen Geschäfte Perserteppiche, religiöse Gewänder und fein verzierte Messer. Mit Strohhüten und klotzigem Türkisschmuck ausgestattete Tibeter nehmen die auf Klappbetten aufgetürmten Waren genauestens unter die Lupe.

Nach Überquerung der zweiten Brücke gelangt man zum **Anjue Si** am Westufer, eine ruhige, aber gut besuchte Anlage aus tibetischen Schreinen und Innenhöfen, deren Mönche nichts dagegen haben, wenn Touristen auf dem Gelände herumspazieren. Östlich der Stadt erhebt sich der **Paoma Shan**, auf dem zwei weitere kleine Tempel stehen und wo in der Mitte des vierten Mondmonats ein **Pferderennen** stattfindet. Der Hügel ist an einem Sendeturm zu erkennen und über eine Treppe zu erreichen, die gegenüber der Moschee in der Dong Dajie beginnt. Die billigste **Unterkunft** vor Ort ist das an den Anjue Si angeschlossene Hostel*. Hinter dem Tempel in der Guangming Lu bietet das blau verglaste *Kangding Binguan**–***, ✆ 0836/23137, Doppelzimmer mit und ohne Bad, aber insgesamt ein eher schlechtes Preis-Leistungs-Verhältnis. Über bessere Einrichtungen verfügt das nahe gelegene *Paoma Binguan***.

Für **Essen** sorgen zwei Bäckereien sowie jede Menge Garküchen, die meist von moslemischen Hui – zu erkennen an ihren weißen Kappen – betrieben werden und chinesische Teigbeutel *(mantou)*, gezogene Nudeln *(lamian)* oder Koriandersuppe anbieten. Das beste Frühstück gibt es an den Marktständen: tibetischen Buttertee, Nudelsuppe, *shaomai* oder gebratene Teigrollen mit Hackfleisch und wildem Pfeffer.

Kangdings **Busbahnhof** liegt nördlich der Stadt und bietet frühmorgens Verbindungen nach Chengdu, Shimian, Litang und Garzê. Im Terminal selbst sind Fahrkarten nur schwer zu bekommen, sodass man sich bei Sonnenaufgang an den Bussen einfinden und die Fahrer bzw. Schaffner direkt ansprechen sollte. Den ganzen Tag über verkehren auch Busse nach Luding, die abfahren, sobald sie voll sind.

Abbildung aus der Tang-Dynastie (618–906)

Von Kangding nach Tibet

Zwei Routen führen von Kangding über die Berge nach Westen, wo der Jinsha-Fluss als Oberlauf des Yangzi die Grenze zwischen China und Tibet bildet. Zur Zeit der Recherche waren die Straßen Richtung Grenze zwar geöffnet, doch Ausländer haben nichts davon, dass die Verkehrswege über die Grenze hinweg bis nach Lhasa führen. Die Vorschriften ändern sich ständig, aber zumindest derzeit wird jeder fremdländische Tourist von der Ausländerpolizei an der tibetischen Grenze aus dem Bus geholt und wieder zurückgeschickt.

Wenn man die politischen Gründe einmal außer Acht lässt, handelt es sich keineswegs nur um Schikane seitens der Behörden, denn die permanent schneeanfälligen innertibetischen Landstraßen zählen zu den gefährlichsten der Welt, und die chinesische Regierung hat kein Interesse daran, die Listen der bei Busunglücken getöteten Menschen um ausländische Touristen zu erweitern. Dennoch nimmt manch einer dieses Risiko in Kauf, denn unterwegs genießt man den Anblick der höchsten noch unbezwungenen Bergketten der Welt, die selbst von denjenigen, die sich schon mehrfach im Himalaja aufgehalten haben, als atemberaubend schön beschrieben werden.

Auch im Westen Sichuans lässt sich jede Menge erleben, ohne die Behörden zu verärgern. Ziele auf der südlichen Route sind **Litang** und dessen Kloster sowie eine neu eröffnete Straße Richtung Süden nach **Zhongdian** in Yunnan (s.S. 965).

Die Grenzstadt **Batang** war früher ein Zentrum diverser christlicher Missionen und die Hauptstadt der Provinz Xikang. Auf der längeren nördlichen Route liegt in einem Tal umgeben von Feldern und Bergen das Städtchen **Garzê**, wo der kommunistische Führer **Zhang Guotao** eine kurzlebige Splitterregierung bildete, nachdem es während des Langen Marsches 1935 zu Differenzen zwischen ihm und Mao gekommen war. Näher an der Grenze befindet sich **Dêgê**, berühmt für sein **Lamakloster**, wo auch heute noch Mönche dabei beobachtet werden können, wie sie mit Hilfe von Holzblöcken in Massenproduktion **religiöse Schriften** drucken.

Der Nordwesten

Highlights

- **Das mongolische Grasland**
Auf dem Pferderücken durch die hügeligen Weiten des „Grasmeers“ der Inneren Mongolei mit Übernachtung in einer Jurte.

- **Dschingis-Khan-Mausoleum**
Unter japanischer Planung und chinesischer Ausführung entstand ein surreales Denkmal an den Kult um Dschingis Khan, der hier wahrscheinlich nicht einmal begraben liegt.

- **Kloster Labrang**
In einem wunderschönen Tal liegt das beeindruckendste lamaistische Kloster außerhalb Tibets.

- **Festung Jiayuguan**
Die Bastion am äußersten westlichen Ende der Chinesischen Mauer symbolisiert: Hier ist Han-China zu Ende.

- **Grotten von Mogao**
Eine unglaubliche Fülle an buddhistischen Höhlen und Skulpturen wurde hier vor einem Jahrtausend in eine Wüstenschlucht gehauen.

- **Qinghai Hu**
Chinas größter Salzsee wirkt wie ein Magnet auf Zugvögel und überwinternde Wasservögel, darunter auch der seltene Schwarzhalskranich.

- **Turfan**
Unter Weinranken entspannen oder die islamische Kultur der Uiguren und uralte Relikte der Seidenstraße erkunden.

- **Tian Chi**
Der von Wiesen und schneebedeckten Gipfeln umgebene „Himmelssee“ ist die Heimat einer kasachischen Bevölkerung.

- **Sonntagsmarkt von Kashgar**
Auf einem der größten orientalischen Märkte der Welt feilschen Händler um Ziegen, Teppiche, Messer und exotische Gewürze.

Die Provinzen **Innere Mongolei**, **Ningxia**, **Gansu**, **Qinghai** und **Xinjiang** schlagen einen riesigen Bogen vom östlichen Rand Sibiriens bis zu den Grenzen der zentralasiatischen Turkstaaten und nehmen zusammen fast ein Drittel der gesamten chinesischen Landmasse ein. Auch wenn es auf den ersten Blick absurd erscheinen mag, eine derart riesige Region in ein einziges Reiseführerkapitel zu pressen, so basiert dieses Vorhaben immerhin auf einer Erkenntnis, deren Grundlage die Chinesen höchstselbst geschaffen haben: Alle diese Gebiete liegen weitgehend jenseits der Großen Mauer. Gemäß traditionellem chinesischen Denken sind diese Territorien abgelegen, schutzlos den Unbilden eines extremen Klimas ausgeliefert und von fremdsprachigen Barbaren besiedelt, die *zhai wai ren* ge-

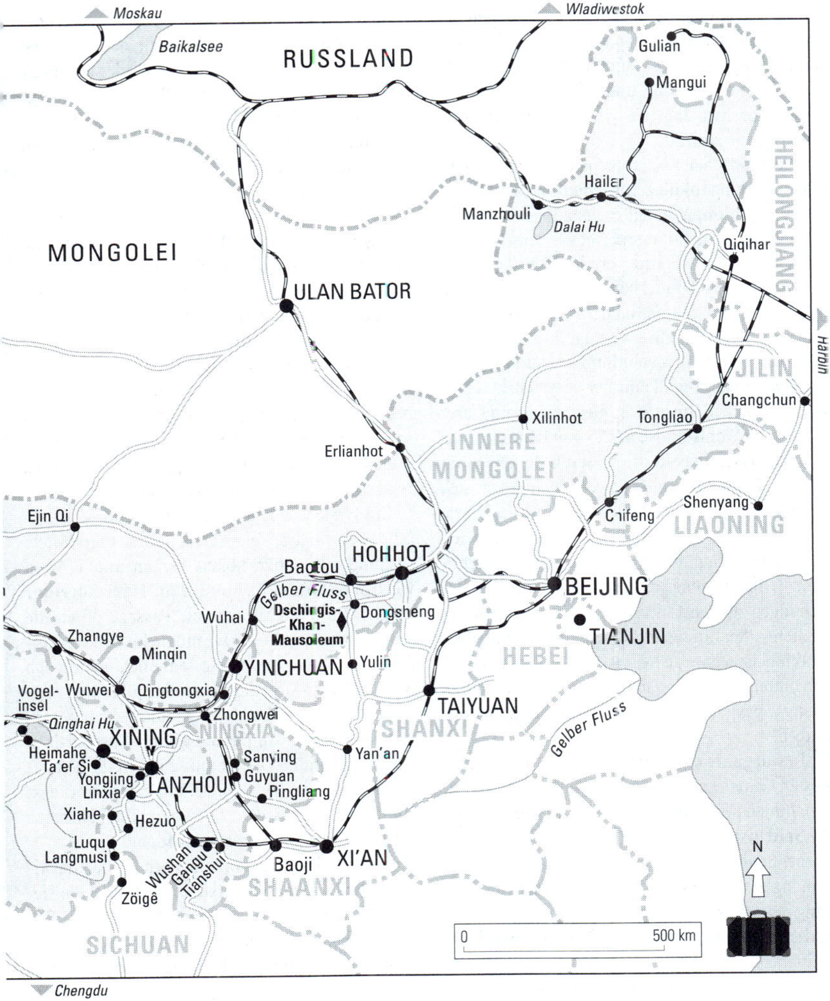

nannt werden, sprich „jenseits der Grenzen des Erlaubten leben". Es handelt sich um die Gebiete, in denen auch heute noch weit verstreut über riesige Steppen, Wüsten und Hochebenen ein Großteil der **ethnischen Minderheiten** Chinas lebt, insbesondere Mongolen, Hui und Uiguren. Als Zeichen der Anerkennung dieser eigenständigen Volksgruppen haben die Innere Mongolei, Ningxia und Xinjiang von offizieller Regierungsseite inzwischen den Status **Autonomer Gebiete** erhalten.

Chinesische Präsenz hingegen ist in dieser Region nichts Neues. Die kaiserlichen Armeen kontrollierten bereits zu Zeiten der Han-Dynastie vor rund 2000 Jahren den gesamten Nordwesten, was Gansu, Ningxia und dem östlichen Teil von Qinghai ausreichend Zeit gab, sich die chinesische Lebensart einzuverleiben. Die unfruchtbaren Ebenen der Inneren Mongolei sind eng mit China verbunden, seit Dschingis Khan Anfang des 13. Jahrhunderts sein Riesenreich schuf, und selbst das mehrfach abtrünnige Xinjiang ließ sich immer wieder in Chinas Arme zurückfallen.

Die inzwischen relativ uneingeschränkt erlaubte Verwendung **lokaler Sprachen** und **einheimischer Religionen** in allen genannten Gebieten kann als Zeichen dafür gewertet werden, dass China neuerdings die Politik verfolgt, den **Patriotismus** unter den Minderheiten gezielt zu fördern und so ein paar Sympathien zurückzugewinnen, die man mit der entsetzlichen Unterdrückung während der Kulturrevolution sowie unter früheren Regierungen vollkommen verspielt hatte. In wirtschaftlicher Hinsicht ist gleichzeitig ein klarer Trend zum Wohlstandstransfer von den reicheren Gebieten Ostchinas in die ärmeren Regionen am äußeren Rand des Landes zu verzeichnen, was sich vor allem in Form von Aufbauhilfen für Industrie und Landwirtschaft niederschlägt. Auf der anderen Seite unterstehen die selbst verwalteten „autonomen" Gebiete strengster Kontrolle, sodass ihre Beziehungen zu Han-China auch heute noch von erheblichen Spannungen geprägt sind. In den 90er Jahren beispielsweise ließen die Uiguren aus Xinjiang ihrem Unmut freien Lauf und inszenierten in Kashgar gewalttätige anti-chinesische Ausschreitungen.

Der **organisierte Fremdenverkehr** im Nordwesten Chinas hat in den letzten Jahren enorm zugenommen und konzentriert sich insbesondere auf die **Seidenstraße**, eine Aneinanderreihung historischer Städte und Ruinen, die sich von Xi'an in der Provinz Shaanxi durch Ningxia, Gansu und Xinjiang bis nach Zentralasien ziehen. Außerdem laden in dieser Region die letzten großen **Wildnisgebiete** Chinas zu einer Erkundung ein – jene Steppen, Berge, Seen und Wüsten des Landesinnern, die von den klaustrophobischen Millionenstädten Ostchinas Lichtjahre entfernt sind. Ein idealer Ausgangspunkt für ein solches Abenteuer sind die berühmten **Steppen der Inneren Mongolei**, wo Dschingis Khan seine Truppen ausbildete und Nomaden heute noch einen Großteil ihres Lebens auf dem Pferderücken verbringen. Neben einer Besichtigung der – angeblichen – **Grabstätte von Dschingis Khan** bei Dongsheng lassen sich hier noch Einblicke in die alte und einzigartige Lebensweise der Mongolen gewinnen, die den Touristen hübsch aufgemacht präsentiert wird, zumindest entlang der Hauptreiserouten. Nur eine halbtägige Zugfahrt von Beijing entfernt kann man in einer Jurte übernachten, mongolische Speisen probieren oder durch die Weiten des mongolischen Graslands reiten.

Das zweite große Naturschauspiel der Inneren Mongolei ist der **Gelbe Fluss**, der auch das kleine und ländliche **Ningxia** passiert. In diesem Autonomen Gebiet befindet sich das beliebte Reiseziel **Shapotou**, wo man Zeuge des Spektakels werden kann, wie sich der mächtige Strom seinen Weg durch Wüste und Sanddünen bahnt. Außerdem bietet das nur selten von ausländischen Touristen besuchte Ningxia einige ruhige und nette Städtchen sowie eine vielfältige Natur, die von terrassierten und überaus fruchtbaren Hügeln im Süden bis zu reiner Wüstenlandschaft im Norden reicht.

Im Westen schließt sich **Gansu** an, das historische Grenzland des alten China. Dieses zerklüftete Gelände mit seinen hohen Bergen und Wüsten wird in Ost-West-Richtung vom **Hexi-Korridor** durchschnitten, eine schmale Passage durch die Berge und einst die einzig mögliche Landverbindung von China in den Westen. Auch heute noch wird der Hexi-Korridor über seine gesamte Länge von der Chinesischen Mauer gesäumt, die in Gansu mit der Festung von **Jiayuguan** ihren großartigen Abschluss findet. Die Krönung mehrerer historischer Seidenstraßenstädte entlang der Strecke ist Dunhuang mit seiner sagenhaften buddhistischen Felskunst in den **Grotten von Mogao**.

Südlich des Hexi-Korridors erhebt sich das tibetische Hochland und erstreckt sich über ein riesiges Gebiet bis zu den Ebenen Nordindiens. Das historische Grenzgebiet zwischen den Bergen und dem eigentlichen China ist **Qinghai**, die vielleicht am wenigsten erschlossene Provinz im Nordwesten des Landes. Gewaltige Berge, interessante Klöster, der riesige See **Qinghai Hu** und vor allem die **Straßen nach Tibet** über einige der höchsten Bergketten der Welt sind die herausragenden Merkmale dieser abgeschiedenen Region. Die Provinz bildet auch das Quellgebiet für den Gelben Fluss und den Yangzi, die seit Menschengedenken als Hauptverkehrsadern das chinesische Kernland erschließen.

Der äußerste Westen und Nordwesten des riesigen Reichs der Mitte werden von **Xinjiang** eingenommen, wo China aufhört und eine andere Welt beginnt, die im Westen ehemals als Chinesisch-Turkestan bekannt war. Kulturell und geografisch gehört jene isolierte Region mit ihren glühenden Wüsten und schneebedeckten Gipfeln – früher als beschwerlichster Abschnitt der Seidenstraße extrem gefürchtet – bereits zu Mittelasien. Hier leben mehr Uiguren als Han-Chinesen, Tempel werden durch Moscheen ersetzt und Lamm-Kebab verdrängt die chinesischen Teigtaschen. Zu den touristischen Höhepunkten Xinjiangs zählen der Wüstenort **Turfan** sowie ganz im Westen die sagenumwobene Stadt **Kashgar**, die bis vor kurzem nur wenige Ausländer aus dem Westen zu Gesicht bekamen.

Das **Reisen** im Nordwesten Chinas kann zu einem echten Härtetest werden, weil man es mit enormen Entfernungen und einem extrem unwirtlichen Kontinentalklima aufnehmen muss. Vor allem die **Winter** sind äußerst streng, mit Durchschnittstemperaturen bis minus 15 °C oder gar minus 20 °C in der Inneren Mongolei, in Qinghai und Xinjiang. Im **Sommer** zeigt sich das andere Extrem, besonders in Turfan, der heißesten Stadt Chinas. Trotz des wilden und zerklüfteten Geländes und der riesigen Entfernungen hat sich die touristische Infrastruktur in den letzten Jahren erheblich verbessert. In fast allen Städten gibt es inzwischen Hotels und Restaurants verschiedener Preisklassen, wobei die Unterkünfte im Allgemeinen wesentlich billiger sind als in Ostchina. Wo noch keine Eisenbahnanbindung existiert, verkehren Busse, und mehrere Städte sind auch auf dem Luftweg erreichbar. Schließlich besteht die Möglichkeit der **Weiterreise** in die zentralasiatischen Nachbarstaaten Chinas bzw. der Einreise aus diesen Ländern. Die Mongolische Volksrepublik, Kasachstan, Kirgisistan und Pakistan können von den in diesem Kapitel behandelten Provinzen und Regionen über Straße oder Schiene angesteuert werden. Dabei ist zu beachten, dass für die Einreise in diese Länder möglicherweise ein **Visum** benötigt wird, das man nur in Beijing oder einer anderen größeren chinesischen Stadt bekommt.

Die Seidenstraße Seit Wiedereröffnung der Gebirgspässe Khunjerab und Torugut, die China mit den Gebieten Mittelasiens – und dadurch mit der gesamten westlichen Welt – verbinden, rieselt wieder zögerlich der Verkehr über die Berge. Bereits vor 1000 Jahren waren diese Pässe feste Bestandteile der äußerst wichtigen und unglaublich langen Handelsrouten zwischen Ostchina und dem Mittelmeer. Von ihrem Ausgangspunkt in Chang'an (Xi'an) schlängelte sich die Seidenstraße zunächst Richtung Nordwesten durch Gansu zum Yumen-Pass, wo sie sich teilte. Während sich die Reisenden bislang im Schutz der Chinesischen Mauer fortbewegen konnten, mussten sie sich nun zwischen zwei Furcht erregenden Routen durch die Wüsten Lop Nor und Taklamakan entscheiden, bevor sie – nach erfolgreicher Abwehr plündernder Banditen – schließlich Kashgar erreichten. Die **Südliche Seidenstraße** (s.S. 1175) verlief durch Dunhuang, Lop Nor, Miran (Milan), Niya (Minfeng), Khotan (Hetian) und Yarkand, die **Nördliche Seidenstraße** (s.S. 1171) durch Hami, Turfan, Kuqa und Aksu. Im Pamir-Gebirge jenseits von Kashgar tauschten die Kaufleute ihre Waren bei Mittelsmännern ein, die damit China verließen – entweder Richtung Süden über die Grenze nach Kaschmir, Baktrien, Afghanistan und Indien oder aber Richtung Norden nach Fergana, Taschkent und Samarkand. Die chinesischen Kaufleute traten ihrerseits mit westlichen Waren beladen die 3000 km lange Heimreise an. Zwangsläufig florierten die **Oasen** entlang der Strecke als Versorgungspunkte und Wasserstellen und avancierten auf diese Weise zu wichtigen und wohlhabenden Städten mit eigenen Garnisonen zum Schutz der Karawanen. Als die chinesische Dominanz kurzzeitig nachließ, wurden aus vielen dieser Orte selbstständige Stadtstaaten, die so genannten **Khanate**. Heute liegt ein Großteil dieser ehemals mächtigen Städte unter dem Wüstensand begraben.

Das Fundament für die berühmte **Straße nach Westen**, die sich zu einer der wichtigsten Routen der Weltgeschichte für den Austausch von **Handel und Kultur** entwickeln sollte, wurde bereits vor über 2000 Jahren gelegt. Noch im zweiten Jahrhundert vor Christi Geburt wussten die Chinesen nichts von der Existenz fremder Länder und Kulturen, abgesehen von einigen Gerüchten, die ihnen zu Ohren gelangt waren. 139 v.Chr. schickte der kaiserliche Hof in Chang'an einen Abgesandten namens **Zhang Qiang** auf den Weg, um die Welt jenseits der westlichen Grenzen zu erforschen und mögliche Verbündete für den ständigen Kampf gegen die nomadischen Banditen aus dem Norden zu suchen. Mit einer Gruppe von 100 Männern brach Zhang auf und kehrte erst 13 Jahre später zurück – lediglich zwei seiner alten Expeditionsmitglieder im Schlepptau und ohne Verbündete. Doch seine Erzählungen von Zentralasien, Persien und sogar dem Mittelmeerraum ließen Kaiser Wu Di aufhorchen, und flugs entsandte er weitere **Expeditionen**, zunächst zum Ankauf von Pferden für militärische Zwecke, aber bald auch mit dem Ziel, Handelsbeziehungen zu den fremden Völkern aufzubauen.

Im Zuge dieser Expansionspolitik machten sich bereits gegen 100 v.Chr. rund zwölf Karawanen jährlich auf ihren Weg durch die Wüste. Aus dem Westen kamen Gurken, Feigen, Schnittlauch, Sesam, Walnüsse, Trauben (und das Wissen um die Weinherstellung), Wolle, Leinen und Elfenbein; China lieferte im Gegenzug Jade, Porzellan, Lackarbeiten, Orangen, Pfirsiche, Birnen, Rosen, Chrysanthemen, Gusseisen, Schießpulver, die Armbrust, Schubkarren, Papier, die Druckkunst und natürlich **Seide**. Während die Seidenraupe in China bereits seit Jahrhunderten domestiziert war, lagen die Vorstellungen von den Methoden der Seidenproduktion im Westen noch völlig im Dunkeln – man glaubte, die Seide würde von den Blättern eines bestimmten Baumes gekämmt. Die Chinesen unternahmen große Anstrengungen zum Schutz ihres Monopols und bestraften jeden Versuch der Ausfuhr von Seidenraupen mit dem Tod. Erst viele Jahrhunderte später versuchte man sich im Westen mit der Seidenraupenzucht, nachdem nestorianische Mönche Larven des wertvollen Insekts in ausgehöhlten Wanderstöcken aus dem Land geschmuggelt hatten. Als die **Römer** zum ersten Mal Seide erblickten – in Form der im Wind flatternden Banner ihrer parthischen Feinde – bekamen sie einen derartigen Schreck, dass sie zu ihrem eigenen Entsetzen panikartig das Weite suchten. Danach entschlossen auch sie sich, den kostbaren Stoff zu erwerben, und schon bald war die römische Gesellschaft regelrecht verrückt nach Seide. Im 1. Jahrhundert n.Chr. gelangten derart große Stoffmengen in den Westen, dass die zur Bezahlung herangezogenen Goldreserven dramatisch schwanden und zu einer ernsthaften Bedrohung für die Stabilität der römischen Wirtschaft wurden.

Nach China brachte die Seidenstraße nicht nur Waren, sondern auch neue Vorstellungen von **Kunst und Religion**. Das nestorianische Christentum und der Manichäismus sickerten über die Berge nach Osten, doch die mit Abstand einflussreichste Kraft war der **Buddhismus**. Die ersten buddhistischen Missionare erschienen im 1. Jahrhundert n.Chr. auf der Bildfläche, nachdem sie aus Indien kommend das Pamir-Gebirge bezwungen hatten. Ihr Glaubensbekenntnis fand rasche Akzeptanz unter den Nomaden und Oasenbewohnern im heutigen Westchina. Im 4. Jahrhundert war der Buddhismus in großen Teilen Nordchinas zur offiziellen Religion aufgestiegen und bereits im 8. Jahrhundert im gesamten Reich der Mitte akzeptiert. Entlang der Seidenstraße entstanden zahlreiche Klöster, Schreine, Stupas und Grotten, häufig von wohlhabenden Kaufleuten gestiftet. Für den modernen Touristen zählen jene Zeugnisse dieser frühen Blüte **buddhistischer Kunst** zu den ganz großen Sehenswürdigkeiten im Nordwesten Chinas. Natürlich mussten viele dieser Relikte der Geschichte Tribut zollen – zerstörerische Wirkung entfalteten nicht nur fanatische Moslems, sondern auch westliche Archäologen, Rotgardisten und die Kräfte der Natur –, doch haben einige Stätten ohne größeren Schaden überdauert, allen voran die **Grotten von Mogao** vor den Toren Dunhuangs.

Die Seidenstraße florierte über Jahrhunderte und erreichte ihren Zenit unter der Herrschaft der Tang (618–907 n.Chr.). Dem kaiserlichen Hof und den chinesischen Kaufleuten brach-

te sie enormen Reichtum, blieb aber stets eine langsame, gefährliche und teure Handelsroute. Trotz Garnisonen und Militäreskorten wurden die Karawanen ständig von räuberischen Stämmen aus dem Norden und Süden überfallen. Von Zeit zu Zeit lösten sich gar ganze Regionen aus dem chinesischen Herrschaftsbereich, und mitunter dauerte es Jahre, bis sie wieder „befriedet" waren. Hinzu kam, dass die Strecke auch körperlich nur schwer zu meistern war und von Chang'an bis Kashgar mindestens fünf Monate in Anspruch nahm, wobei so manche Karawane auf Nimmerwiedersehen verschwand.
Eine letzte kleine Blütezeit erlebte die Seidenstraße im 13. Jahrhundert, als sie vorübergehend unter mongolische Herrschaft fiel – wovon der berühmte Zeitzeuge **Marco Polo** zu berichten wusste. Doch die Stunde der Überland-Routen hatte bereits geschlagen, denn mit dem Beginn der Seidenraupenzucht in Europa und der Erschließung der Seewege für den Handel zwischen China und der westlichen Welt wurde die Seidenstraße überflüssig und mitsamt vieler ihrer Städte allmählich unter dem Wüstensand begraben.

Übernachtung in einer Jurte Regionen wie das mongolische Grasland (s.S. 1078) oder die Umgebung des Sees Tian Chi (s.S. 1166) in Xinjiang, wo auch heute noch halbnomadische Hirten leben, bieten häufig die Möglichkeit, in einer **Jurte** (auf Hochchinesisch *mengubao*) bei einer einheimischen Familie zu übernachten. Eine echte Jurte ist ein kreisrundes Filzzelt mit Außentoiletten; das einzige Mobiliar besteht aus einem Teppich auf dem Fußboden, einem Wärme spendenden Ofen und ein paar Pferdehaardecken.
Zwar hat es in diesen Regionen schon länger Tradition, Reisenden die eigene Unterkunft anzubieten, doch sollte man sich stets vor Augen halten, dass die Menschen in diesen Breiten nur selten Kontakt zu Ausländern haben und es daher leicht zu Missverständnissen kommen kann. Um den Preis muss mit dem Gastgeber verhandelt werden (ungefähr ¥40 sollten für eine Übernachtung und eine einfache Mahlzeit ausreichen). Außerdem kann es nicht schaden, ein kleines **Geschenk** mitzubringen, beispielsweise eine Flasche *baijiu,* ein wahnsinnig starker, mit Wodka vergleichbarer Schnaps, den man in den allgegenwärtigen chinesischen Spirituosengeschäften, aber auch im Zug, auf Busbahnhöfen, in Restaurants, Hotelgeschäften und auf Flughäfen bekommt. Für sich selbst sollte man unbedingt eine Taschenlampe und ein Insektenschutzmittel einpacken.
Übernachtungen in einer Jurte werden auch von einheimischen Reiseveranstaltern vermittelt, doch wo chinesische Reisegruppen die Hauptklientel bilden, kommt man häufig in den zweifelhaften Genuss eines sehr gekünstelten Erlebnisses, das in einer schlichten, nach Art einer Jurte aufgemachten Betonzelle und mit Karaoke am Abend enden kann. Wer so etwas vermeiden möchte, sollte sich schon bei der Reservierung Fotos von der Behausung und deren Innenleben zeigen lassen.

Autonomes Gebiet Innere Mongolei

Für Außenstehende ist die Mongolei ein Buch mit sieben Siegeln, schon der Name steht bisweilen als Synonym für Abgeschiedenheit und Weite. Seit Jahrhunderten scheint das zwischen den beiden asiatischen Giganten Russland und China eingeklemmte Land der ewigen Finsternis geweiht, gefangen in einer hoffnungslosen Umgebung mit flüchtigen Sommern und scheinbar unendlichen, bitterkalten Wintern. Doch vor 700 Jahren stießen die Mongolen urplötzlich aus diesem gottverlassenen Flecken Erde hervor und verbreiteten mit ihren plündernden Horden ein Jahrhundert lang Angst und Schrecken, während sie fast den gesamten eurasischen Kontinent eroberten.

Wer heutzutage das Autonome Gebiet Innere Mongolei bereist, findet nur noch wenige Anzeichen mongolischer Klischees, und wer gar auf lebendige Erinnerungen an Dschingis Khan hofft, wird vermutlich enttäuscht. Die modernen Erben der mongolischen Horden gehen nicht nur friedfertig und gelassen der Schafzucht, Pferdewirtschaft und Touristenunterhaltung nach, sondern sind selbst in ihrer eigenen Heimat gegenüber den Han-Chinesen hoffnungslos in der Minderzahl (zwei zu 17 Millionen). Hinzu kommt, dass es sich schon seit jeher um eine sensible Grenzregion handelt, in der sich Touristen nur eingeschränkt bewegen dürfen – daran hat sich auch nach dem Zusammenbruch der Sowjetunion kaum etwas geändert.

Trotz allem lassen sich auch heute noch Spuren der „echten" Mongolei entdecken, zumindest im Hinblick auf die Landschaft und die Menschen. Die Region besitzt ausgedehnte Flächen an **Grasland**, das sich in sanften Wellenlinien bis zum Horizont erstreckt und von der nomadischen Bevölkerung als Weideland für ihre Pferde genutzt wird. Ausländische Besucher dürfen diese Regionen bereisen und sogar bei Einheimischen in einer Jurte übernachten. Am einfachsten geht dies im Rahmen einer **organisierten Tour** von der regionalen Hauptstadt **Hohhot**, ist in dieser Form jedoch ein Erlebnis, dem es an Authentizität mangelt. Wer in der Gegend von Hohhot nicht fündig wird und ausreichend Zeit und Pioniergeist mitbringt, sollte sich in die nordwestliche Ecke der Inneren Mongolei aufmachen, die von Touristen aus dem westlichen Ausland nur selten besucht wird. Dort, besonders in der Gegend um **Xilinhot** und **Hailar**, kann man sich noch einen Eindruck vom wirklichen Leben der mongolischen Steppenbewohner verschaffen.

Schließlich ermöglichen die Grenzstädte **Erlianhot** und **Manzhouli** die Weiterreise in die beiden nördlichen Nachbarstaaten Chinas, die Mongolische Volksrepublik (Äußere Mongolei) und Russland.

Geschichte

Dschingis Khan (1162–1227) wurde angeblich bereits mit einem Unheil verkündenden Blutklumpen in der Hand geboren. Unter seiner Führung durchbrachen die **Mongolen** ihre Heimatgrenzen, um nach und nach ganz Asien zu plündern, wobei sie Millionen Menschen niedermetzelten, ganze Städte zerstörten und das gesamte Land zwischen China und Osteuropa verwüsteten. Stolz rühmte sich Dschingis Khan, die Städte so gründlich dem Erdboden gleichzumachen, dass er nachts über ihre Ruinen hinweggaloppieren könne, ohne sich Sorgen um sein Pferd machen zu müssen.

Schon lange bevor Dschingis Khan wie ein Blitz aus heiterem Himmel auf der Bildfläche erschien, waren die nomadischen Mongolen den sesshaften Chinesen ein Dorn im Auge gewesen. So diente auch der Bau der Chinesischen Mauer dem Zweck, eine klare Trennlinie zwischen den beiden grundverschiedenen Völkern zu ziehen. Dabei hatten die Chinesen stets das Glück, dass sich die frühen nomadischen Stämme in der Mongolei untereinander genauso bekämpften wie sie gegen fremde Völker zu Felde zogen. Schließlich war es Dschingis Khan, der das Kunststück vollbrachte, die rivalisierenden Nomaden zu einer Einheit zusammenzuschweißen, wie sie die Welt bis dahin noch nicht erlebt hatte.

Mit seiner Ernennung zum Groß-Khan im Jahre 1206 führte er die Jasa ein, die erste **Gesetzessammlung** in der Geschichte des Mongolischen Reichs – die nach Dschingis Khans Tod in Eisentafeln geritzt wurde. Heute sind nur noch geringe Teile seiner drakonischen Lehrsätze in Kraft, doch dienten sie sowohl Tamerlan in Samarkand als auch dem Großmogul Baber in Indien als Basis ihrer Befehlsgewalt.

Dschingis Khans Erfolgsgeheimnis war seine meisterhafte **Kavallerietaktik**, die sich auf lange Erfahrung im Umgang mit Pferden in der mongolischen Steppe gründete. Mehr als einmal gelang es seinem Heer, gegnerische Streitmächte in die Flucht zu schlagen, die zahlenmäßig zehn- bis zwanzigmal stärker waren. Jeder einzelne seiner Krieger verfügte über leichte Ausrüstung und drei bis vier Pferde. Die Mongolen besorgten sich ihre Nahrung in den geplünderten Gebieten, sie schliefen im Freien und kochten ihr Fleisch, indem sie es einfach unter den Pferdesattel legten. In ganz harten Zeiten schlitzten sie die Halsschlagader eines Pferdes auf und tranken des Blut, ohne ihren Ritt zu unterbrechen – sie kannten weder Nachschubprobleme, noch Mitläufer oder überflüssiges Gepäck.

1211 starteten die Mongolen einen Totalangriff auf das Reich der Mitte. Die Chinesische Mauer war kein Hindernis für Dschingis Khan und seine 200 000 Krieger, die bei ihrem Vormarsch auf Beijing eine Schneise der Verwüstung hinterließen. Es ging jedoch nicht immer problemlos voran, denn die Zerstörung Nordchinas führte zu **Hungersnöten und Seuchen**, unter denen nicht nur die Besiegten, sondern auch die Invasoren zu leiden hatten.

Noch bevor die **Eroberung Beijings** abgeschlossen war, starb Dschingis Khan an den Folgen seiner Verletzungen, die er sich bei einem Sturz vom Pferd zugezogen hatte. Sein Leichnam wurde in Begleitung eines 10 000 Mann starken Leichenzugs in die Mongolei überführt. Unterwegs ermordeten seine Begleiter jedes Lebewesen im Umkreis von 15 Kilometern, damit die Nachricht vom Tod des Groß-Khans verborgen blieb, bis man seine Söhne und Vizekönige aus den entlegensten Winkeln des Reichs zusammengetrommelt hatte. Wo genau sich sein **Grab** befindet ist unbekannt, aber es wird vermutet, dass seine Asche in einem Mausoleum bei Dongsheng (s.S. 1086) aufbewahrt wird.

In den Jahren nach Dschingis Khans Tod standen die Schicksale von China und dem fernen Europa auf des Messers Schneide. Nachdem die Mongolen ganz Russland erobert hatten, waren sie 1241 bereit für den letzten, relativ kurzen Vorstoß durch Europa zum Atlantik, als sie aus dem fernen Asien der Befehl erreichte, die Invasion abzubrechen. Die Entscheidung zur Verschonung Westeuropas ebnete den Weg für die endgültige **Unterwerfung Chinas**, und 1276 errichteten die Mongolen ihre eigene **Yuan-Dynastie**. Für China war es die erste Periode unter fremder Herrschaft, und auch heute noch ist das Yuan-Zeitalter eine Ära, über die chinesische Historiker nur wenig Gutes zu berichten haben, obwohl die Grenzen eine beträchtliche Erweiterung erfuhren und erstmals auch Yunnan und Tibet zum Reich der Mitte gehörten.

Die glanzvolle Blütezeit der Dynastie wurde unter **Kublai Khan** erreicht, wie Marco Polo eindrücklich in seinen *Reisen* dokumentiert. Ironischerweise vermochten die Mongolen ihre Macht nur aufrechtzuerhalten, indem sie durch und durch chinesisch wurden und ihre traditionelle nomadische Lebensweise aufgaben. Schon bald hatten Kublai Khan und sein Yuan-Hofstaat die kriegerischen Fertigkeiten ihrer Vorfahren verlernt und wurden schließlich 1368 – nach weniger als 100 Jahren nur noch ein Schatten vergangener Tage – von den Ming aus China vertrieben. Sie kehrten in die Mongolei und zu ihrer traditionellen Lebensweise zurück, gingen wieder auf die Jagd, bekriegten sich gegenseitig und lieferten sich gelegentliche Scharmützel mit den Chinesen an der Großen Mauer. Die Geschichte hatte sich wieder einmal selbst eingeholt.

In der Folge ging es mit der Mongolei schrittweise bergab, obwohl sie noch bis ins 18. Jahrhundert eine zumindest nominelle Kontrolle über viele Gebiete im Süden und Westen innehatte, die ursprünglich von Dschingis Khan erobert worden waren. Dazu gehörte auch **Tibet**, aus dem der **lamaistische Buddhismus** stammt, der zur beherrschenden Glaubensrichtung in der Mongolei avancierte. Die wenigen Klöster im tibetischen Stil, die heute noch in der Mongolei existieren, sind ein bedeutendes Zeugnis dieser Entwicklung. Im Laufe der Zeit ließen sich auch **Siedler** aus anderen Teilen Asiens hier nieder. Heute lebt eine ansehnliche moslemische Minderheit in der Region, und unter der Herrschaft der Qing-Dynastie zog es viele Chinesen hierher, die vor der Überbevölkerung und den Hungersnöten in ihrer Heimat flohen – eine Tendenz, die sich unter den Kommunisten fortsetzte.

Die neuen Bewohner versuchten, das Grasland für die Landwirtschaft nutzbar zu machen, was katastrophale Folgen für die Umwelt hatte (Wind und Wasser spülten den Boden weg) und die Mongolen in die Berge zurückdrängte. Erst in jüngster Zeit wurde übrigens ein Programm zur Landstabilisierung und -gewinnung ins Leben gerufen.

Eingekeilt zwischen zwei Großmächten, sah sich die Mongolei ständig in ihrer Unabhängigkeit bedroht. Die Russen errichteten ein Protektorat im Norden, während die restliche Mongolei de facto unter chinesische Kontrolle fiel. In den 30er Jahren des 20. Jahrhunderts besetzten die Japaner einen Großteil der Inneren Mongolei als Teil ihres Marionettenstaats Mandschuguo, und auch die chinesischen Kommunisten zeigten eine gleichbleibend starke Präsenz.

1945 überzeugte Stalin seinen Verhandlungspartner Chiang Kaishek, die Unabhängigkeit der **Äußeren Mongolei** unter sowjetischem Schutz als Teil des sino-sowjetischen Anti-Japan-Pakts anzuerkennen und besiegelte damit die Mongolische Volksrepublik. Im Jahre 1947 wurde die **Innere Mongolei** zum ersten Autonomen Gebiet der Volksrepublik China erklärt.

In Xanadu hat Kublai Khan
ein stattlich Lustschloss sich erbaut ...

Kublai Khan Der den Chinesen als Yuan Shizu bekannte Kublai Khan (1215–1294) erlangte nicht nur durch den englischen Dichter Samuel Coleridge Unsterblichkeit, sondern auch durch die Erinnerungen Marco Polos. Kublai Khan ist der einzige Kaiser in der langen Geschichte Chinas, dessen Name einer breiten Masse in der westlichen Welt bekannt ist – kein Wunder, denn der Enkel von Dschingis Khan schaffte es nicht nur, als Ausländer China zu regieren (eine Aufgabe, die ein Höchstmaß an subtiler Staatskunst erforderte), sondern herrschte über ein **Weltreich** von schier unglaublichen Ausmaßen, das ganz China, Zentralasien, den Süden Russlands und Persien umfasste. Es dürfte sich um das größte Territorium handeln, das jemals von einem einzelnen Herrscher regiert wurde. Dabei war dieser „König der Könige" Sprössling eines Nomadenstamms, dessen Mitglieder sich niemals auch nur im Geringsten für Politik interessiert hatten und bis kurz vor der Geburt von Kublai Khan weder lesen noch schreiben konnten.

Von Anfang an zeigte Kublai Khan eine außergewöhnliche Begabung für Politik und das Regieren. Nach dem Tod seines Bruders ließ er sich 1260 zum **Khan der Mongolen** wählen, obwohl er eine beträchtliche Opposition aus den Reihen der so genannten „Steppenaristokratie" gegen sich hatte, die seine Geringschätzung für die traditionellen mongolischen Fähigkeiten anprangerte. Zeit seines Lebens lernte Kublai Khan weder die chinesische Sprache noch ihre Schrift, selbst nachdem er sich in einem dreisten Schritt zum **Kaiser von China** erklärt und 1271 die Yuan-Dynastie proklamiert hatte. Schnell erkannte Kublai Khan, wie wichtig es für ihn war, Berater um sich zu scharen, die im Konfuzianismus bewandert waren – damit schuf er die Voraussetzung, dass 100 000 Mongolen über 200 Millionen Chinesen herrschen konnten. Zu seinen Errungenschaften zählten die **Wiedervereinigung Chinas** nach Jahrhunderten der Teilung unter den Song sowie die Einführung von **Papiergeld** als Standardwährung und die **Entfaltung der Religionen**, besonders des lamaistischen Buddhismus. Außerdem erlebte China unter seiner Herrschaft eine kurze und untypische **kosmopolitische Periode**, in der nicht nur Ausländer wie Marco Polo in hohen Ämtern Verantwortung übernahmen, sondern auch die alte Seidenstraße eine finale Blütezeit erfuhr und sich arabische und persische Händler in großer Zahl in den Seehäfen um Quanzhou im Südosten Chinas niederließen. Ironischerweise war es Kublai Khans Bewunderung für die chinesische Kunst, Kultur, Religion und hoch entwickelte Bürokratie (von der sich auch Marco Polo sehr beeindruckt zeigte), die ihm die erbitterte Feindschaft seines eigenen Volks einbrachte – für die Mongolen beging er einen Verrat an den Idealen Dschingis Khans. So sah sich Kublai Khan den gleichen Angriffen von Nomaden an der Großen Mauer ausgesetzt wie seine chinesischen Vorgänger auf dem Kaiserthron. Seine legendäre Sommerresidenz, der große Palast von **Xanadu** in der Inneren Mongolei bei Duolun, musste er aufgeben und verfallen lassen, sodass praktisch nichts mehr von der damaligen Stätte zu sehen ist.

Hohhot

Die Stadt Hohhot (auch Huhehaote bzw. auf Chinesisch Hushi genannt) existiert bereits seit der Ming-Dynastie vor 400 Jahren, avancierte aber erst 1952 zur Hauptstadt der Inneren Mongolei. Bis vor gar nicht allzulanger Zeit war Hohhot nur eine Kleinstadt mit einigen **buddhistischen Tempeln**. Letztere konnten ihren Platz behaupten, ansonsten mauserte sich Hohhot in den letzten Jahren zu einer Großstadt, die mit ihrer interessanten Mischung aus Alt und Neu und mit ihren vielen Grünanlagen – nicht umsonst bedeutet Hohhots mongolischer Name „grüne Stadt" – zu bezaubern vermag. Während das Zentrum von glitzernden Bankenfassaden und Kaufhäusern bestimmt wird, erstreckt sich südlich davon ein ausgedehntes Alt-

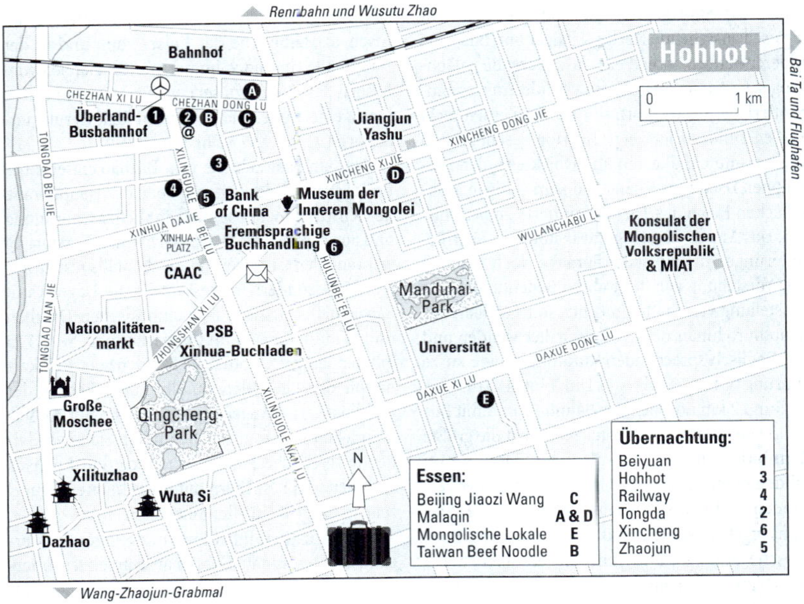

stadtviertel mit engen Gassen und Häusern aus schwarzem Backstein und schweren Dachziegeln. Heutzutage leben in Hohhot überwiegend Han-Chinesen, doch es sind auch noch einige Hui und Mongolen ansässig. Lohnenswert ist ein Besuch der **mongolischen Viertel**, nicht zuletzt wegen der charakteristischen Küche. Ein weiterer Grund für einen Abstecher in die Stadt liegt in ihrer Nähe zum sagenumwobenen mongolischen **Grasland**, das rund 100 km vor den Toren von Hohhot beginnt (s.S. 1078).

Bezüglich der **Orientierung** bereitet Hohhot keine größeren Probleme. In den Blocks südlich des Bahnhofs und des Busbahnhofs liegt im Herzen der Stadt das moderne Geschäftsviertel, wo sich auch die meisten Hotels befinden. Die Altstadt mit ihren prächtigen Tempeln breitet sich südwestlich des zentralen Qingcheng-Parks aus.

Mittelpunkt der Stadt ist der **Xinhua-Platz** an der Kreuzung von Xilinguole Lu und Xinhua Dajie. Jeden Tag am frühen Morgen mutiert der Platz zur Übungsfläche für mehrere Hundert Schattenboxer. Ein paar Blocks östlich von hier liegt die modernste Geschäftsstraße Hohhots, die Xincheng Lu, während sich das belebteste Einkaufsviertel rund um den **Nationalitätenmarkt**, ein riesiges Kaufhaus in der Zhongshan Lu, ausbreitet. Unmittelbar südlich davon liegt der recht gewöhnliche **Qingcheng-Park**, der neben Grünanlagen, Seen, Dammwegen und Pavillons auch den städtischen Zoo beherbergt.

Allein auf weiter Flur steht nur ein einziges historisches Gebäude in der Neustadt, ein Stück östlich des Zentrums in der Xincheng Xi Jie. Es trägt den Namen **Jiangjun Yashu** und ist der ehemalige Amtssitz eines führenden Generals aus der Qing-Zeit, erinnert aber eher an einen Tempel. Heute beheimatet das Gebäude ein kleines Museum mit skurril-modernen buddhistischen Kunstgegenständen im rechten Flügel sowie einigen sonderbaren Büromöbeln aus der Qing-Ära im hinteren Gebäudeteil. ⌚ tgl. 8–16.30 Uhr, Eintritt ¥10.

Etwas zentraler liegt an der Ecke Xinhua Dajie und Hulunbei'er Lu das lohnenswerte **Museum der Inneren Mongolei**. Die Ausstellung im Erdgeschoss beinhaltet eine große Sammlung folkloristischer mongolischer Objekte, darunter Kostüme, Sättel, lange Ledermäntel, Kummerbünde sowie

DER NORDWESTEN

Jagd- und Sportgeräte, zum Beispiel sehr europäisch aussehende Hockeyschläger und Bälle. Ein anderer Bereich enthält eine faszinierende paläontologische Ausstellung, die unter anderem ein komplett erhaltenes Nashorn mit Fell und einen recht großen Dinosaurier zeigt. Im Obergeschoss sind interessante Landkarten und Objekte zu den Heldentaten Dschingis Khans und zum riesigen Mongolischen Reich des 13. Jahrhunderts zu besichtigen. Das Museum verfügt zwar über ein paar Erläuterungen in englischer Sprache, doch wer sich eine Vorstellung von der wahren Bedeutung dieser Ausstellung verschaffen möchte, sollte sich an das Hauptbüro hinter dem Ticketschalter wenden und den Englisch sprechenden Kurator um eine kurze Führung bitten. 🕒 tgl. 9–17 Uhr, Eintritt ¥10.

Rund 2 km nördlich des Bahnhofs und mit Bus Nr. 13 vom Zentrum aus erreichbar liegt die größte **Rennbahn** Chinas. Die Anlage besteht aus zwei runden mongolischen Jurten, die miteinander verbunden sind und so die längliche Form eines Stadions ergeben. Abends finden hier bisweilen mongolische Gesangs- und Tanzdarbietungen statt – Infos hierüber bekommt man in den großen Hotels oder beim *CTS*.

Ein Großteil der historischen Gebäude Hohhots befindet sich in der ebenso interessanten wie rasch verschwindenden **Altstadt** südwestlich des Zentrums, wo sich locker ein halber Tag verbringen lässt. Die **Große Moschee** am südlichen Ende der Zhongshan Lu ist ein attraktives altes Gebäude aus schwarzen Ziegeln mit einer Mischung aus chinesischen und arabischen Stilelementen, was unter anderem in dem Minarett und dem Pagodendach zum Ausdruck kommt. Hier praktizieren die Hui ihren Glauben, sind gegenüber Besuchern aber sehr aufgeschlossen. Die umliegenden Straßen bilden den islamischen Teil der Stadt, der nicht nur durch die vielen bärtigen Männer mit ihren Käppis charakterisiert wird, sondern auch durch einige fantastische Nudel- und Kebab-Stände in der schmalen Gasse unmittelbar nördlich der Moschee.

Nach rund 15 Gehminuten von der Moschee über die Hauptstraße Richtung Süden tauchen zwei buddhistische Tempel auf. In einer Seitenstraße westlich der Tongdao Nan Jie liegt der etwas größere **Dazhao** aus dem Jahre 1579, der Ende des 17. Jahrhunderts dem berühmten Qing-Kaiser Kangxi geweiht wurde – vor der Silberstatue von Shakyamuni stellte man eine goldene Tafel mit der Inschrift „Lang lebe der Kaiser" auf, und in der Haupthalle sind noch immer Wandmalereien vom Besuch des Kaisers zu sehen. Das Heiligtum wurde jüngst einer äußerst farbenfrohen Renovierung unterzogen. 🕒 tgl. 8–17 Uhr, Eintritt ¥10.

Nur ein paar Schritte vom Dazhao entfernt befindet sich auf der anderen Seite der Hauptstraße der **Xilituzhao**, ein Tempel ähnlicher Anordnung und aus derselben Zeit, der nach seiner Zerstörung während der Kulturrevolution ebenfalls restauriert wurde. Besonders interessant ist die Dagoba mit Sanskrit-Inschriften über chinesischen Drachen und Wandmalereien im tibetischen Stil. Seit 1735 gilt der Tempel als offizielle Residenz der Reinkarnation des Lebenden Buddha, dem Lenker der buddhistischen Angelegenheiten der Stadt. Außerdem leben hier freundliche und an Heimweh leidende tibetische Mönche, die recht gut Englisch sprechen und Besuchern mit Freuden ihren Tempel zeigen. 🕒 tgl. 8–17 Uhr, Eintritt ¥5.

Weiter östlich führt ein kurzweiliger Spaziergang durch schmale Gassen an den letzten Überresten der Altstadt vorbei zum architektonisch attraktivsten Bauwerk der Stadt, dem **Wuta Si** (Tempel der Fünf Türme). Das 1727 im rein indischen Stil erbaute Heiligtum setzt sich aus fünf Pagoden zusammen, die ursprünglich zum Ci-Deng-Tempel gehörten (der leider nicht mehr existiert). Der Wuta Si ist relativ klein, doch seine Mauern werden von nicht weniger als 1563 gemeißelten Buddhas geziert, alle in leicht unterschiedlicher Haltung. Im Pagodengebäude wird eine antike, aus der Mongolei stammende kosmologische Landkarte aufbewahrt, auf der die Position von mehreren Hundert Sternen verzeichnet ist. 🕒 tgl. 8–17 Uhr, Eintritt ¥10.

Übernachtung

In Hohhot gibt es mehrere Unterkünfte, die allesamt ein recht gutes Preis-Leistungs-Verhältnis bieten, aber von der Lage her nicht überragend sind.

Beiyuan**, 28 Chezhan Xi Lu, ✆ 6966211. Kleine, recht saubere Unterkunft schräg gegenüber vom Bahnhof mit großer Auswahl an Zimmern, darunter DZ mit Bad, zu angemessenen Preisen. Dorm-Bett ab ¥25.

Hohhot und Umgebung

Hohhot	呼和浩特	***hūhéhàotè***
Dazhao	大召	*dàzhào*
Große Moschee	清真大寺	*qīngzhēn dàsì*
Jiangjun Yashu	将军衙署	*jiāngjūn yáshǔ*
Konsulat der Mongolischen Volksrepublik	蒙古共和国领事馆	*ménggǔ gònghéguó lǐngshìguǎn*
Museum der Inneren Mongolei	内蒙古博物馆	*nèiménggǔ bówùguǎn*
Nationalitätenmarkt	民族商场	*mínzú shāngchǎng*
Qingcheng-Park	青城公园	*qīngchéng gōngyuán*
Wuta Si	五塔寺	*wǔtǎ sì*
Xilituzhao	席里图召	*xílǐtú zhào*
Xinhua-Platz	新华广场	*xīnhuá guǎngchǎng*
Übernachtung		
Beiyuan Hotel	北原饭店	*běiyuán fàndiàn*
Hohhot	呼和浩特宾馆	*hūhéhàotè bīnguǎn*
Railway Hotel	铁路宾馆	*tiělù bīnguǎn*
Tongda	通达饭店	*tōngdá fàndiàn*
Xincheng	新城宾馆	*xīnchéng bīnguǎn*
Zhaojun	昭君大酒店	*zhāojūn dàjiǔdiàn*
Essen		
Beijing Jiaozi Wang	北京饺子王	*běijīng jiǎoziwáng*
Daxue Lu Shangchang	大学路商场	*dàxuélù shāngchǎng*
Malaqin	马拉沁饭店	*mălāqìn fàndiàn*
Taiwan Beef Noodle	台湾牛肉面	*táiwān niúròumiàn*
Die Umgebung von Hohhot		
Bai Ta	百塔	*bǎi tǎ*
Erlianhot	二连浩特	*èrlián hàotè*
Gegentala	格根塔拉草原	*gégēntālā cǎoyuán*
Huitengxile	辉腾锡勒草原	*huīténgxīlè cǎoyuán*
Wang-Zhaojun-Grabmal	昭君墓	*zhāojūn mù*
Ulan Bator	乌兰巴托	*wūlán bātuō*
Wusutu Zhao	乌素图召	*wūsùtú zhào*
Xilamuren	希拉穆仁草原	*xīlāmùrén cǎoyuán*

Hohhot**, Yingbin Bei Lu, ✆ 6962200. Altmodisches Hotel mit unspektakulären Zimmern, nicht übermäßig ausländerfreundlich, aber dafür zentrumsnah. Aus dem Bahnhof kommend nach links und dann die erste Straße rechts – insgesamt ca. 15 Min. zu Fuß.

Railway Hotel**, 131 Xilinguole Lu, ✆ 6933377. Preiswertes Standardhotel mit aufmerksamem Personal, sauberen Einrichtungen und weit genug südlich vom Bahnhof, um den lästigen Schleppern zu entgehen. Preis inkl. Frühstück, Reservierung von Zugfahrkarten.

Tongda**, Chezhan Dong Lu, nahe Bahnhof, ✆ 6968731. Alle Zimmer (DZ, 3- und 4-Bett-Dorms sind sauber und haben ein eigenes Bad; mit Studentenausweis gibt es vielleicht 50% Rabatt. Einziger Nachteil: die raffgierigen Reisebüros mit eigenem Schalter im Hotel. Dorm-Bett ¥30.

Xincheng**, 40 Hulun Nan Lu, nahe Museum der Inneren Mongolei, ✆ 6292288, 📠 6292334. Das mit Abstand nobelste Hotel der Stadt ähnelt einem palastartigen Anwesen, auf dessen Gelände sogar Schafe grasen. Mit dem Bus ist das Hotel relativ schwer zu erreichen, doch eine Taxifahrt vom Bahnhof bzw. Busbahnhof dauert nur ca. 5 Min. Das Personal am Empfang ist gut gelaunt und lässt über einen Preisnachlass mit sich reden, wenn man einen Studentenausweis vorlegen kann.
Zhaojun**, Xilinguole Lu, Ecke Xinhua Dajie, ✆ 6962211, 📠 6968825. Im Zentrum schräg gegenüber dem Xinhua-Platz gelegen und allein deshalb sein Geld wert, aber auch sonst ein gut geführtes und komfortables Hotel. Am Reiseschalter in der Lobby gibt es Informationen in englischer Sprache über Touren in die Steppe und zum Dschingis-Khan-Mausoleum.

Essen

Kulinarisches Highlight von Hohhot ist das **mongolische Essen**. Der mongolische **Feuertopf** *(shuan yangrou)* ist eine köstliche Mahlzeit, die man vorzugsweise in Begleitung von ein paar Freunden – und ein paar Bieren – genießen sollte. Alle Speisen werden am Tisch selbst zubereitet: Man bestellt dünne Scheiben Hammelfleisch pro *jin* (0,5 kg), hält sie an einem Spieß kurz in einen großen Topf mit kochendem Wasser und tunkt sie danach in eine scharfe Soße; beliebte Beilagen wie Tofu, Glasnudeln, Kohl und Pilze wandern ebenfalls in den Kochtopf. Das bekannteste Restaurant in Hohhot, das *shuan yangrou* serviert, ist das ***Malaqin,*** Xincheng Xi Jie, ein paar Blocks östlich der Hulunbei'er Lu, wo ein Abendessen mit viel Bier normalerweise nicht mehr als ¥35 pro Nase kostet. Ein Ableger des Restaurants befindet sich im Guesthouse gleichen Namens östlich des Bahnhofs an der Nordseite der Chezhan Donglu.
Mongolische **Molkereiprodukte** bilden den Hauptbestandteil einer noch exotischeren Mahlzeit, die im mongolischen Viertel im Südosten des Zentrums weit verbreitet ist. Ein ausgezeichnetes Frühstück bzw. Mittagessen ergibt sich aus der Zusammensetzung von Milchtee, *chaomi* (Buchweizen), *huangyou* (Butter), *nailao* (harter Weißkäse) und *naipi* (eine süßliche, keksähnliche Substanz aus der Haut gekochter Milch) – alles wird in die große Schüssel mit zuckersüßem Milchtee gekippt, mit Stäbchen gegessen und schmeckt wirklich köstlich. Wenn man *mengu baozi* oder *jianbing* (Teigtaschen mit einer Füllung aus gehacktem Hammelfleisch, entweder gebraten oder gedünstet) dazu isst, hat man eine vollwertige, äußerst sättigende Mahlzeit. Die Anfahrt zum mongolischen Viertel erfolgt mit der Buslinie Nr. 4, wobei man unmittelbar südlich der Universität in der Daxue Lu aussteigt. Während des Semesters wimmelt es in dieser Gegend von Studenten, und die Lokale haben abends entsprechend lange geöffnet. Alle Restaurants mit mongolischen Lettern über dem Eingang kommen in Frage, besonders empfehlenswert ist ein Lokal in einer kleinen Straße, die neben dem *Daxue Lu Shangchang* Richtung Süden abzweigt (200 m laufen).
In Hohhot gibt es auch jede Menge normale **chinesische Speisen**. Das Restaurant im Hotel ***Xincheng,*** 40 Hulun Nan Lu, ist gut und billig, aber eine lebendigere Atmosphäre entfaltet sich in der Umgebung des Bahnhofs. Dort lockt mit leckeren Teigtaschen das ***Beijing Jiaozi Wang,*** ein aus mehreren Bereichen bestehendes Esslokal 100 m östlich des Bahnhofs an der Südseite der Chezhan Dongjie. Ebenfalls empfehlenswert ist das einfache ***Taiwan Beef Noodle Restaurant,*** östlich vom Hotel *Tongda,* das sogar eine englische Speisekarte besitzt. Im **Nationalitätenmarkt** gibt es außer dem unvermeidlichen ***KFC*** auch ein **Fastfood-Café** mit passablen Hamburgern und Pommes (Richtung Brücke im linken Flügel).

Sonstiges

AMT FÜR ÖFFENTLICHE SICHERHEIT (PSB) – Im Regierungsgebäude südlich der Kreuzung von Zhongshan Lu und Xilinguole Lu.

BÜCHER – ***Fremdsprachige Buchhandlung,*** Xilinguole Lu, gegenüber dem Xinhua-Platz.
Xinhua-Buchhandlung, Zhongshan Lu, nahe Nationalitätenmarkt.

DIPLOMATISCHE VERTRETUNGEN – ***Konsulat der Mongolischen Volksrepublik,*** im Osten der

Stadt neben dem MIAT-Büro, ✆ 4303254, ⏲ Mo, Di und Do 8.30–12 Uhr. Visa sind recht problemlos zu bekommen, kosten aber ¥500 für einen Monat, und die Ausstellung kann einige Zeit in Anspruch nehmen.

GELD – Der Geldtausch, einschließlich Reiseschecks, funktioniert auch für Nicht-Gäste am einfachsten im Hotel ***Zhaojun,*** Xilinguole Lu, Ecke Xinhua Dajie, das die gleichen Kurse bietet wie die Bank und auch am Wochenende geöffnet ist.
Bank of China, gegenüber vom Hotel *Zhaojun,* ⏲ Mo–Fr 8–12 und 14–17 Uhr, Sa nur vormittags.

INTERNET – Ein brandneues und sehr billiges ***Internet-Café*** gibt es im Obergeschoss des Telekommunikationsbüros neben der Post, ⏲ tgl. 8–18 Uhr, ¥8/Std.
Südlich des Bahnhofs, auf der linken Seite der Xilinguole Lu, weist ein Schild den Weg in die Tiefen eines Gebäudes, wo sich ein düsteres, aber freundliches Internet-Café mit schnellen Verbindungen versteckt.

POST UND TELEFON – Die ***Hauptpost*** befindet sich an der Südseite der Zhongshan Lu, unmittelbar östlich der Xilinguole Lu, ⏲ Mo–Sa 8–19 Uhr. Direkt daneben liegt das ***Telekommunikationszentrum,*** ⏲ tgl. 8–18 Uhr; ein kleiner Schalter ist rund um die Uhr geöffnet.

REISEBÜROS – In Hohhot gibt es zahlreiche Reisebüros, die ihre Kunden schneller ausfindig machen als umgekehrt. Fast alle haben Englisch sprechende Angestellte und machen ihre Geschäfte mit Touren in die Steppe und dem Verkauf von Zugfahrkarten. Gleich mehrere Reiseveranstalter findet man in den Hotels *Tongda* und *Zhaojun.*
CTS, im 3. Stock des Rückgebäudes vom Hotel *Inner Mongolia,* ✆ 6964233, App. 8936. Angenehmes und hilfsbereites Personal.

VORWAHL – 0471

Transport

BUSSE – Der **Überland-Busbahnhof** befindet sich nördlich des Zentrums an der Chezhan Xi Lu. Es bestehen täglich Verbindungen von Hohhot nach ZHAOHE (2–3 Std.) sowie nach ERLIANHOT alias ERLIAN (8 Std.) und XILINHOT (12 Std.). Anscheinend braucht man für die beiden letztgenannten Destinationen inzwischen keinen Reiseerlaubnisschein mehr, aber es kann nicht schaden, sich vor der Abfahrt beim Amt für öffentliche Sicherheit nach den derzeitigen Bestimmungen zu erkundigen. Von der Hauptstraße vor dem Busbahnhof fahren alle 30 Min. Busse nach BAOTOU (3 Std.), deren Fahrer und Schaffner mit Megafonen auf sich aufmerksam machen; die Express-Busse kosten ¥26, die langsameren ¥17. Mindestens einmal täglich, im Sommer häufiger, startet frühmorgens ein Bus zum Dschingis-Khan-Mausoleum nach DONGSHENG (5–6 Std., ¥62). Des Weiteren fahren am späten Nachmittag Luxusreisebusse nach BEIJING (2x tgl., 8–14 Std., ¥150) und Tianjin, die billiger als der Zug sind, und deren Fahrkarten man wesentlich leichter bekommt.

EISENBAHN – Wer mit dem Zug in Hohhot ankommt, wird meist schon am **Bahnhof** – unmittelbar nördlich des Busbahnhofs gelegen – Opfer der hartnäckigen Reisebüro-Schlepper, die ihre Steppen-Touren verkaufen wollen. Der einzige Fluchtweg führt in ein wartendes **Taxi**, wobei man für die meisten Stadtfahrten nicht mehr als den Mindesttarif von ¥6 zahlt.
Bahnverbindungen bestehen von Hohhot Richtung Westen nach Lanzhou, Richtung Osten nach BEIJING (6x tgl., 12 Std.) sowie Richtung Nordosten via Beijing nach HAILAR (1x tgl., 60 Std. ohne Umsteigen). Die Züge Nr. 4602 und Nr. 4603 nach ERLIAN fahren um 10.50 Uhr aus Hohhot ab und kommen um 6.36 Uhr am folgenden Tag an. Da die Fahrkartenschalter am Bahnhof mitunter hoffnungslos überlastet und manchmal überhaupt nicht besetzt sind, sollte man seine Tickets gegen einen geringen Aufpreis in einem der Reisebüros besorgen; Reservierungen für die Hartbettenklasse müssen mindestens 36 Std. im Voraus erledigt werden.
Züge nach:
BAOTOU 8x tgl., 3 Std.;
SHANGHAI 1x tgl., 40 Std.;
ULAN BATOR 1x tgl., 30 Std.;
XI'AN 3x tgl., 24 Std.

FLÜGE – Hohhots **Flughafen** liegt 35 km östlich der Stadt und wird von einem **Flughafenbus** bedient, der zum *CAAC*-Büro in der Xilinguole Lu fährt.

Fluggesellschaften:

CAAC, Xilinguole Lu, unmittelbar südlich des Xinhua-Platzes, ✆ 6964103, ⌚ Mo–Sa 8–21 Uhr;

MIAT, ✆ 4953250. Die Fluggesellschaft der Mongolischen Volksrepublik liegt im Osten der Stadt neben dem Mongolischen Konsulat; Anfahrt mit Bus Nr. 2 zum Busbahnhof Nongwei, dann zu Fuß ein Stück in östlicher Richtung und anschließend zwei Blocks nach Süden.

Flüge nach:

BEIJING 3x tgl., 1 Std.;
CHIFENG 3x wöchentl., 3 Std.;
GUANGZHOU 2x wöchentl., 4 Std.;
HAILAR 2x wöchentl., 2 1/2 Std.;
SHANGHAI 2x wöchentl., 2 1/2 Std.;
SHENZHEN 1x wöchentl., 4 Std.;
SHIJIAZHUANG 1x wöchentl., 1 Std.;
WUHAN 4x wöchentl., 2 Std.;
XI'AN 2x wöchentl., 2 1/2 Std.;
XILINHOT 2x wöchentl., 1 1/2 Std.

Die Umgebung von Hohhot

In der näheren Umgebung von Hohhot gibt es einige Sehenswürdigkeiten zu besichtigen, die teilweise mit den Stadtbussen zu erreichen sind. Das rund 8 km südlich von Hohhot gelegene **Wang-Zhaojun-Grabmal** ist die Begräbnisstätte einer Prinzessin der Tang-Dynastie aus Chengdu, die durch ihre Heirat mit dem mongolischen König die Beziehungen zwischen China und der Mongolei festigen sollte. Besonders spektakulär präsentiert sich der riesige, aus dem Flachland emporragende Grabhügel nicht, doch die romantische Geschichte, die er erzählt, hat noch immer einen wichtigen Bezug zur modernen chinesischen Politik: Sie gilt als leuchtendes Beispiel für die harmonische Ehe zwischen Han-Chinesen und den ethnischen Minderheiten. Im Rosengarten steht inmitten der mit Flaschenkürbissen geschmückten Pergolen ein kleines Museum zu Ehren der Prinzessin, das einige ihrer Kleidungsstücke, darunter auch ein winziges Paar Schuhe, sowie Schmuck, Bücher und einige Stelen beherbergt. Das Grab kann entweder mit dem Bus Nr. 14 erreicht werden oder im Rahmen eines längeren Spaziergangs, der von der Großen Moschee auf der Hauptstraße gen Süden führt.

Nicht per Bus erreichbar, aber durchaus die Mühen eines Abstechers wert, ist der **Wusutu Zhao**, seines Zeichens der einzige Tempelkomplex in der Mongolei, der ausschließlich von Mongolen entworfen und gebaut wurde. Die Gebäude im mongolischen, tibetischen und Han-chinesischen Stil liegen in einer schönen Landschaft nordwestlich von Hohhot, südlich des Berges Daqing und durch die neue Schnellstraße von der Stadt getrennt. Der Eintritt zu den vier benachbarten Tempeln kostet je 3¥ und wird von einem älteren Mönch kassiert, den der seltene ausländische Besuch vermutlich ziemlich überraschen wird. Hier gibt es weder Souvenirstände noch knallig bunte Politur, sodass man die Wandmalereien aus der Ming-Ära und die verzierten, an Stäben befestigten Holzschnitte zu Füßen der Buddhas ungestört genießen kann. Eine Wanderung in das umliegende Grasland oder in die Berge runden diesen entspannten Tagesausflug ab. Die Anfahrt erfolgt vom Bahnhof mit dem Bus Nr. 5 bis zu dessen Endhaltestelle, wo man in ein Taxi umsteigt, das nicht mehr als ¥20 kosten dürfte. Wer sein Taxi nicht für einen halben Tag reservieren – und bezahlen – möchte, wird den Rückweg zur Bushaltestelle wahrscheinlich zu Fuß zurücklegen müssen, ein etwa einstündiger Spaziergang über eine viel befahrene Landstraße.

Noch ein Stück weiter außerhalb von Hohhot, rund 17 km östlich der Stadt, liegt die **Bai Ta** (Weiße Pagode), eine attraktive, 55 m hohe Konstruktion aus Holz und Ziegeln aus dem 10. Jahrhundert. Der untere Teil des Turms ist mit ornamentreich geschnitzten Motiven wie Vögeln, Blumen und sich windenden Drachen verziert. Zwar kann man die Pagode nur per Taxi erreichen, aber sie liegt genau auf dem Weg zum Flughafen und bietet sich daher als Zwischenstopp an.

Das Grasland

Die Mongolei ist mitnichten eine einzige riesige Steppe, doch die drei Graslandregionen in der Nähe von Hohhot reichen sicherlich aus, um eine Vorstellung von Endlosigkeit heraufzubeschwören. Es handelt sich um die Gebiete **Xilamuren** (beginnt 80 km nördlich von Hohhot), **Gegentala** (150 km nördlich) und **Huitengxile** (120 km westlich), die sich jedoch kaum voneinander unterscheiden. Am meistbesuchten ist wohl Xilamuren, das auch auf eigene Faust erkundet werden kann, wohingegen Gegentala am wenigsten Touristen empfängt. Generell sollte man sich darüber im Klaren sein, dass die so genannten „Steppenabenteuer" in der unmittelbaren Umgebung von Hohhot ziemlich durchorganisierte Angelegenheiten sind, und man sich häufig inmitten ganzer Horden lautstarker Touristen aus anderen Teilen Ostasiens wiederfindet. Ein Abstecher in abgelegenere Steppenregionen wie Xilinhot oder Hailar (s.S. 1081) verschafft zweifellos einen authentischeren Einblick in das traditionelle Leben der Mongolei.

Die einfachste Art einer Reise ins Grasland ist die Teilnahme an einer der fast schon berüchtigten **Steppentouren**, die Ausländer aus dem Westen selten genießen, während ostasiatische Touristen ganz aus dem Häuschen zu sein scheinen – oder zumindest mit Humor reagieren. Stets folgen die Touren dem gleichen Muster: Die Besucher werden in einem Lager aus mehreren **Jurten** mit Speisesaal, Küche und primitiven Toiletten untergebracht; Anlagen wie jene in Xilamuren erreichen bereits die Größe von Dörfern. Transport, Mahlzeiten und Unterkunft sind im Preis enthalten, ebenso ein „mongolisches Unterhaltungsprogramm" mit Ringkämpfen und Reitkunststücken sowie der Besuch bei einer mongolischen Familie. Einzig das Essen schmeckt sehr lecker, allerdings sollte man sich vor dem hiesigen Schnaps hüten, den zu trinken man geradezu genötigt wird, wenn die mongolischen

Die Straße in die Äußere Mongolei Die Grenzen der Mongolischen Volksrepublik oder Äußeren Mongolei sind inzwischen auch für ausländische Individualtouristen geöffnet. Wer ein **Visum** benötigt, bekommt dies in Hohhot oder Beijing und stößt dabei auf wesentlich weniger Schwierigkeiten, seitdem die Kommunisten 1996 die Macht in Ulan Bator abgeben mussten.

Von China aus gibt es mehrere Möglichkeiten der **Einreise** in die Mongolische Volksrepublik. Die chinesischen Fluggesellschaften und die mongolische Airline *MIAT* fliegen jeweils dreimal wöchentlich **von Beijing** nach Ulan Bator (etwa ¥2000 einfach). Mit dem Zug dauert die Reise 36 Stunden und kostet ¥500. Alternativ dazu lässt sich die Reise in Etappen aufteilen, was zwar umständlicher, dafür aber viel billiger und unter Umständen interessanter ist. Um an die Grenze in Erlianhot zu gelangen, fährt man mit dem Zug Richtung Hohhot und steigt in Jining (10 Std., ¥75) nach Erlianhot (8 Std., ¥42) um. Der Grenzüberquerung in die Mongolische Volksrepublik geht noch immer eine ziemliche Diskussion voraus, die man eigentlich nur in einem Direktzug umgehen kann. Wer abends in Erlianhot ankommt, wird mit größter Wahrscheinlichkeit auch die Nacht in der Grenzstadt verbringen müssen. Jeden Morgen startet ein Regionalbus über die Grenze ins 7 km entfernte **Zamen Uud**, wobei die Abfahrt manchmal stundenlang auf sich warten lässt und der Preis von 15 US-Dollar an Wucherei grenzt. Die 18-stündige Zugfahrt von Zamen Uud nach Ulan Bator kostet dagegen nur rund fünf US-Dollar.

Von Hohhot fliegt *MIAT* zweimal wöchentlich nach Ulan Bator (¥640). Daneben gibt es relativ teure Direktzüge in die mongolische Hauptstadt sowie täglich Direktverbindungen zur Grenze nach Erlianhot (8 Std.). Wer den Bus nach Erlianhot nehmen möchte (ebenfalls 8 Std.), sollte sich zuvor beim Amt für öffentliche Sicherheit erkundigen, ob Touristen für diese Strecke noch einen Erlaubnisschein benötigen.

Erlianhot selbst ist eine seltsame Grenzstadt, in der sich mongolische Nomaden und Schafhirten aus der Steppe mit den wichtigsten Dingen versorgen. Einige Bekanntheit hat die Stadt auch als Zentrum der Wollproduktion erlangt, und zweimal pro Woche füllt sich der Bahnhof für kurze Zeit mit Ausländern, wenn der Transmongolische Express auf seinem Weg von oder nach Moskau hier vorbeikommt. Für die Unterhaltung seiner Gäste hat Erlianhot eine Diskothek und eine Kneipe zu bieten, außerdem gibt es eine sehr billige Unterkunft. Es empfiehlt sich, hier noch einmal anständig essen zu gehen, denn die Mahlzeiten fallen in der Äußeren Mongolei eher mager aus.

Gastgeber beim abendlichen Festschmaus ganze Silberschüsseln voller *baijiu* auf den Tisch stellen. Dem Essen folgt in der Regel ein ausgelassener Abend mit viel Alkohol, Tanz und Gesang.

Wer sich einer solchen Steppentour mit der Einstellung anschließt, an einem schrägen gesellschaftlichen Ereignis teilzuhaben, hat mit Sicherheit mehr davon. Es ist aber auch durchaus möglich, der Gruppe zu entkommen, indem man sich beispielsweise ein Pferd leiht oder einfach in die schier endlose gräserne Weite losmarschiert. Sollte zufällig gerade Vollmond sein, kann solch ein Ausflug zu einer wunderschönen Erfahrung werden, die man Zeit seines Lebens nicht mehr vergisst.

Eine zweitägige Tour mit Übernachtung in einer Jurte reicht auf jeden Fall aus und schlägt bei einer Gruppe von sechs bis sieben Teilnehmern mit ¥250–350 p.P. zu Buche. Einige Reiseveranstalter wie die *Inner Mongolia Lüye International Travel Company* mit Sitz in Hohhot, Hotel *Tongda,* Zimmer 424, ✆ 0471/6968613, können Einzelpersonen auch in bestehenden größeren Gruppen unterbringen, wobei man dann unter Umständen mit sechs Personen in einer kleinen Jurte nächtigt und aufgrund der Sprachbarriere kaum Konversation treiben kann – vielleicht nicht einmal mit dem Reiseleiter.

Individualtouristen kommen in der Xilamuren-Steppe vermutlich mehr auf ihre Kosten und zahlen darüber hinaus wesentlich weniger als für eine organisierte Tour. Am besten lässt man einen Teil seines Gepäcks im Hotel in Hohhot zurück und besteigt am Überland-Busbahnhof den Bus nach **Zhaohe** (2x tgl., 2–3 Std., ¥8). Gleich nach Ankunft sprechen Einheimische die Neuankömmlinge an, um sie für eine Übernachtung in ihrer Jurte zu gewinnen – ein Preis von rund ¥50 p.P. für Übernachtung und Essen scheint angemessen, allerdings sollte man den Betrag unbedingt zuvor aushandeln. Zhaohe liegt zwar nicht mitten in der Wildnis, aber schon eine kurze Wanderung lässt ein Gefühl dafür aufkommen, was sich hinter der mongolischen Grassteppe verbirgt.

Der Nordosten der Inneren Mongolei

Die kolossale Landfläche der Inneren Mongolei östlich und nördlich von Hohhot wird nur selten von Touristen besucht – was bereits ein triftiger Grund ist, eine solche Reise zu unternehmen. Hauptattraktion der seit Menschengedenken von nomadischen Schafhirten bewohnten Region sind nicht die alten Städte, sondern die wilden Landschaften. Je weiter man in dem hügeligen Gelände nach Norden vorstößt, umso mehr nehmen Niederschläge und Baumbestand zu. Das Gras der **östlichen Steppe** ist entsprechend länger und üppiger, was jährlich aber nur eine kurze Zeitspanne anhält. In dieser Region begegnet man selten Menschen, und außerhalb der Städte gibt es nur gelegentlich **nomadische Siedlungen** *(muchang jia),* meist bestehend aus mehreren Jurten mit den dazugehörigen Pferden, Rindern und weidenden Schafen. Der Besuch einer solchen Siedlung mit Übernachtung in einer Jurte ist nur im Sommer möglich, da die Temperaturen während des langen Winters schon mal auf beängstigende 50 °C unter null fallen können.

Die Region ist nicht einfach zu bereisen, was vor allem an den schlechten öffentlichen **Verkehrsverbindungen** liegt. Da es die lokalen Behörden in der Vergangenheit gar nicht gerne sahen, wenn ausländische Touristen auf eigene Faust mit dem Bus unterwegs waren (es lohnt sich, beim Amt für öffentliche Sicherheit Informationen über die aktuelle Situation einzuholen), verbleibt als Alternative eigentlich nur der Luftweg, sofern man nicht Ewigkeiten im Zug verbringen möchte – für Eisenbahnfans hingegen machen genau diese langen und abenteuerlichen Zugfahrten einen großen Teil des Reizes der Inneren Mongolei aus. Die wichtigste Eisenbahnlinie im äußersten Norden führt via **Hailar** nach **Manzhouli** an der russischen Grenze, wobei Hailar satte 60 Zugstunden von der Provinzhauptstadt Hohhot entfernt liegt. Die Strecke führt zunächst über Datong nach Beijing und von dort in nordöstlicher Richtung wieder zurück in die Innere Mongolei. Hier passiert man die Städte **Chifeng** und **Tongliao**, die mitten in der Steppe liegen und daher ebenfalls einige Besucher anlocken. In ihrem weiteren Verlauf machen die Gleise einen Schlenker nach Osten in die mandschurische Provinz Jilin und erreichen erst Stunden später bei Zhalantun erneut die Grenze zur Inneren Mongolei. Das letzte Drittel der Reise führt in nordwestlicher Richtung durch fast menschenleeres hügeliges Grasland, vorbei an nebelverhangenen Flüssen und

Der Nordosten der Inneren Mongolei

Nomadische Siedlungen	牧场家	*mùchǎngjiā*
Chifeng	赤峰	***chìfēng***
Hailar	海拉尔	***hǎilāěr***
Bei'er Dajiudian	贝尔大酒店	*bèiěr dàjiǔdiàn*
Beiyuan Binguan	北苑宾馆	*běiyuán bīnguǎn*
Hulunbeier Binguan	呼伦贝尔宾馆	*hūlúnbèiěr bīnguǎn*
Hulunbuir-Grasland	呼伦贝尔草原	*hūlúnbèiěr cǎoyuán*
Laodong Binguan	劳动宾馆	*láodòng bīnguǎn*
Tunnelsystem der japanischen Armee	侵华日军海拉尔要塞遗址	*qīnhuá rìjūn hǎilāěr yàosài yízhǐ*
Manzhouli	满洲里	***mǎnzhōulǐ***
Dalai Hu	达赉湖	*dálài hú*
Tongliao	通辽	***tōngliáo***
Xilinhot	锡林浩特	***xīlínhàotè***

bewaldeten Tälern, bis man schließlich zweieinhalb Tage später in Hailar ankommt.

Xilinhot

Die 500 km nordöstlich von Hohhot bzw. 600 km nördlich von Beijing gelegene Stadt Xilinhot (auf Chinesisch Xilin) dürfte die meistbesuchte der gesamten Region sein. Der Ort bietet den entscheidenden Vorteil, dass man sich hier praktisch im **Grasland** befindet, das direkt vor den Toren der Stadt beginnt.

Wie in der Umgebung von Hohhot gibt es auch bei Xilinhot die von *CITS* empfohlenen Touristenziele in der Steppe und natürlich eine Schar von Reiseveranstaltern, die um die Gunst ihrer Kunden buhlen. Zwar sind die hiesigen organisierten **Touren** in der Regel billiger und weniger aufdringlich als in Hohhot, doch angesichts der nahen Steppe kann man selbst mit rudimentären Chinesischkenntnissen eine private Abmachung treffen – vielleicht findet sich ja ein Hotelangestellter oder ein Taxifahrer, der eine Unterkunft in einer Jurte organisieren kann. Die Fahrt dorthin muss kein Vermögen kosten, ¥2 pro Kilometer ist ein realistischer Preis. Vor Ort sollte dann eine Tagespauschale inklusive aller Mahlzeiten und Getränke ausgehandelt werden, ohne dabei allzu aggressiv vorzugehen. Mit ¥50 pro Tag kann man zufrieden sein, und auch ein kleines Geschenk verfehlt seine Wirkung nicht.

Xilinhot hat ein großes Manko, und das ist die beschwerliche **Anreise**. Täglich fährt ein Bus aus Hohhot (14 Std.) ab, für den man unter Umständen einen Erlaubnisschein benötigt (beim Amt für öffentliche Sicherheit nachfragen). Alternativen sind der Zug Richtung Erlianhot (s.S. 1079) mit Busanschluss nach Xilinhot oder ein Direktflug von Hohhot (derzeit Mo, Mi, Fr und So) bzw. Beijing. **Unterkunft** in Xilinhot bieten das recht exklusive *Baima*** oder das unmittelbar hinter dem Busbahnhof gelegene *Xilinhot***.

Hailar und Umgebung

Im entlegenen Nordosten der Inneren Mongolei liegt Hailar, das über einen Bahnhof und einen Flughafen verfügt und damit nicht nur als Hauptverkehrsknotenpunkt der Region, sondern auch als Zentrum für Touren ins Grasland dient. Hailar selbst ist nur von minimalem Interesse, eine von Leichtindustrie und Landwirtschaft geprägte Kleinstadt, in der eine kleine moslemische Gemeinde sowie die übliche Mischung aus Mongolen und Han lebt.

Der kompakte Ort wird durch den Fluss in zwei Hälften geteilt. Wer vom Bahnhof ins Stadtzentrum gehen möchte, wendet sich zunächst nach links und biegt nach einem Block links ab. Auf der anderen Seite der Fußgängerbrücke, welche die Eisenbahnschienen überspannt, starten die Stadtbusse Nr. 1 und Nr. 3 in südlicher Richtung zu Hailars Hauptverkehrsader Zhongyang Jie, die ihren Namen ab dem Hotel *Bei'er Dajiudian* in Qiaotou Jie ändert. Zwischen dem Hotel und der Zhongyang Qiao – die Brücke über den Fluss – befinden sich zahlreiche Geschäfte, in denen alle möglichen Waren angeboten werden, von raubkopierten CDs bis zu mongolischen Sätteln. Der Bezirk jenseits der Brücke in der Umgebung der Shengli Dajie ist nur von geringem Interesse, sofern man nicht in einem der dortigen riesigen Hotels untergebracht ist.

Hauptattraktion von Hailar ist das erst kürzlich wieder eröffnete **Tunnelsystem**, das die japanische Armee im Zweiten Weltkrieg benutzte, als Hailar Japans westlichster Vorposten war. Als Gegenleistung dafür, dass sich Russland nicht in Japans Aktivitäten in der Mandschurei einmischte, stoppten die Japaner ihren Vormarsch in Hailar, wodurch die Russen wiederum ihre Kräfte an der Westfront im Kampf gegen Hitler bündeln konnten. Das von chinesischen Kriegsgefangenen erbaute Tunnelsystem befindet sich nordwestlich von Hailar in den höheren Lagen einer Hügelkette, von wo man eine wunderbare Aussicht über den Fluss und das Grasland genießt. Eine Tafel in englischer Sprache am Eingang beleuchtet die Regionalgeschichte während des Zweiten Weltkriegs. Danach geht es durch einen restaurierten Bunker 40 m in die Tiefe bis zu den eigentlichen Gängen. Die kühlen Stollen dürfen, ausgerüstet mit einer Taschenlampe, allein erkundet werden, wobei nur das unheimliche Echo der eigenen Schritte zu vernehmen ist. Zur Zeit der Recherche dieses Reiseführers war die Stätte nur per Taxi (¥12) über eine äußerst holprige Piste oder in einem halbstündigen Spaziergang vom Bahnhof aus zu erreichen. Eintritt ¥20.

Der Hauptgrund für eine Reise nach Hailar ist jedoch ein Abstecher in das nordmongolische **Hulunbuir-Grasland**, ein scheinbar endloses Gebiet aus leicht hügeliger Grassteppe mit trägen Flüssen, in denen es von Fischen nur so wimmelt. Hunderttausende Schafe, Rinder und Pferde grasen in diesen unerschöpflichen, sich über mehrere Hundert Kilometer erstreckenden Weiten. Im Sommer ernähren sich die Tiere auf den höher gelegenen Weiden, im Winter bevorzugen sie die niedrigeren Lagen, wenngleich auch diese häufig unter einer dicken Schneedecke begraben liegen. Der Transport in dieser abgelegenen Region wird größtenteils noch mit Kamelen und Ponys abgewickelt. Zwischen dem hohen Gras findet sich nicht nur eine Vielfalt von Blumen und riesigen Pilzen, sondern auch eine Unmenge kleiner schwarzer Kröten (die man unweigerlich immer wieder unter die Stiefel bekommt), Grashüpfer, Vögel und Insekten (auf keinen Fall ein Mückenschutzmittel vergessen).

Ein paar Stunden westlich von Hailar liegt an der russischen Grenze die per Bus oder Bahn erreichbare Stadt **Manzhouli**. Zweimal pro Woche wird der Ort von der Transmandschurischen Eisenbahn passiert, die auf ihrem Weg zwischen Beijing und Moskau hier Station macht. Manzhouli ist ein bedeutender Produktionsstandort für Dampflokomotiven, und die Fabrik darf besichtigt werden. Wenig südlich der Stadt erstreckt sich der großartige **Dalai Hu** (auf Mongolisch Hulun Nur), ein seichter See inmitten sumpfigen Weidelands, wo sich Schwäne, Gänse, Kraniche und Zugvögel zum Nisten einfinden. Das Grasland dieser Region gilt übrigens als das grünste in der gesamten Mongolei.

Nördlich von Hailar beginnt die wahre Wildnis, das äußerste Grenzland der Volksrepublik China. Hier bilden einige der letzten unberührten Wälder des Landes einen natürlichen Lebensraum für Wölfe sowie den extrem bedrohten Mandschurischen Tiger. Eine Eisenbahnlinie schlängelt sich hinauf bis in die oberhalb des 52. Breitengrads gelegene Kleinstadt **Mangui**, doch vor einer Reise in diese Gegend sollte man sich unbedingt beim Amt für öffentliche Sicherheit in Hailar über die aktuellen Bedingungen informieren.

Übernachtung

Hailar bietet mehrere Unterkünfte, die fast alle auch gerne Ausländer aufnehmen.

Bei'er Dajiudian**, 36 Zhongyang Dajie, ✆ 833 2511, 📠 8334960. Die beste Wahl im Stadtzentrum, Preise inkl. Frühstück. Das Personal am Reiseschalter des Hotels ist sehr hilfsbereit und bietet preisgünstigere Touren als *CITS* an.

Beiyuan Binguan**, 22 Shengli San Lu, nördlich der Shengli Dajie, ✆ 8235666. Ganz nette Atmosphäre, doch die ungünstige Lage in der Nachbarschaft von Bezirksregierung und Polizei bedeutet, dass sich das Straßen- und Nachtleben andernorts entfaltet.
Binzhou Fandian, direkt am Bahnhof, kein Telefon. Einfache, saubere Zimmer mit Warmwasser. Die Innenstadt liegt ein Stück entfernt, dafür laden die günstigen Preise (¥10/Std., ¥30/halber Tag) zu einem kurzen Zwischenstopp ein, wenn man aus der Steppe kommt und sich vor der Weiterfahrt noch einmal waschen möchte.
Hulunbeier Binguan**–**, am Ostufer des Flusses, ✆ 8211000, 📠 8221123. Riesiges, völlig unpersönliches Hotel, das einen Geschmack von den alten Tagen des chinesischen Tourismus bietet – große Auswahl an farblosen DZ in mehreren Flügeln sowie Unterbringung in Beton-„Jurten" auf dem Parkplatz.
Laodong Binguan*, 35 Zhongyang Dajie, ✆ 833 1349. Wahlweise DZ oder 3-Bett-Dorms (¥50 p.P.).

Essen

Essengehen ist in Hailar eine zwiespältige Angelegenheit. Einige Restaurants servieren ausgezeichnetes Hammelfleisch und leckere Teigtaschen, andere wiederum geben sich überhaupt keine Mühe. Die beste Gegend für eine vernünftige Mahlzeit ist die Fußgängerzone in der Innenstadt östlich vom Hotel *Bei'er* bzw. nördlich der Qiaotou Dajie. Auf jeden Fall empfiehlt es sich, die Speisekarte (oder noch besser, die Küche) genau zu studieren, denn in Hailar herrscht eine kulinarische Vorliebe für **Hundefleisch**, unschwer zu erkennen an den überall aufgehängten nackten Tierkörpern.

Sonstiges

GELD – Eine Bank gibt es direkt neben dem Hotel *Bei'er*.

REISEBÜROS – ***CITS***, 3. Stock, Hotel *Beiyuan*, ✆ 8246368, 📠 8221728. Organisiert **Touren** zu nahe gelegenen Hirtendörfern, deren Bewohner einen Teil ihres Einkommens mit dem Tourismus (v.a. Gruppen aus Japan) erzielen. Ein Tagesausflug mit traditionellem Hammelfleisch-Festessen in der Steppe kostet bei einer Gruppe von 4 Pers. um die ¥120 p.P., mit Übernachtung etwa ¥200 und mit englischsprachigem Fremdenführer gar ¥800. Man kann auch auf **eigene Faust** losziehen, was jedoch nicht unbedingt nötig ist, da die Touren hier bei weitem nicht so überlaufen sind wie in Hohhot.

VORWAHL – 0470

Transport

Der **Fernbusbahnhof** liegt an der Huochezhan Jie, Ecke Shanghua Jie und bietet häufige Verbindungen zur russischen Grenze nach MANZHOULI (3 Std., ¥25). Hailars **Bahnhof** liegt am Westufer des Flusses, in Laufweite zum Zentrum.
Fluggesellschaften:
CAAC, nahe Qiaotou Jie in einer kleinen Straße, die von Südwesten kommend kurz vor der Brücke nach Osten abzweigt, 🕓 tgl. 8–17 Uhr.

Baotou

Nur drei Stunden westlich von Hohhot und sowohl per Bahn als auch per Bus erreichbar liegt Baotou, die größte Stadt der Inneren Mongolei und das wichtigste Zentrum der Eisen- und Stahlproduktion Chinas. Wer bei Dunkelheit aus Richtung Yinchuan anreist, sieht von Baotou zuallererst die Schornsteine der riesigen Hochöfen, deren Flammen den Himmel in alle erdenklichen Gelb-, Orange- und Rottöne tauchen. So viel geballte Hässlichkeit mag auf den ersten Blick noch fast beeindruckend wirken, aber leider hat die Stadt auch sonst nicht viel zu bieten.

Allein von ihrer Fläche her ist Baotou eine Riesenstadt, die sich kilometerweit in alle Richtungen ausdehnt und eigentlich aus drei großen Bezirken besteht: Donghe, das baufällige und älteste Viertel im Osten, sowie Qingshan und Kundulun im Westen. Während Qingshan als Einkaufs- und Wohnviertel fungiert, gehören die Eisen- und Stahlwerke am westlichen Stadtrand zu Kundulun.

Das einzige Stadtviertel, das mit viel Wohlwollen als einigermaßen attraktiv bezeichnet werden kann, ist **Donghe**. Es erstreckt sich nahe des Volks-

Baotou und Umgebung

Baotou	包头	***bāotóu***
Donghe	东河	*dōnghé*
Eisen- und Stahlwerke	钢铁公司	*gāngtiě gōngsī*
Kundulun	昆都仑	*kūndū lún*
Museum für Dampflokomotiven	蒸汽火车博物馆	*zhēngqìhuǒchē bówùguǎn*
Qingshan	青山	*qīngshān*
Übernachtung		
Aviation	民航大厦	*mínháng dàshà*
Baotou	包头宾馆	*bāotóu bīnguǎn*
Beiyang	北洋饭店	*běiyáng fàndiàn*
Shenhua International	神华国际大酒店	*shénhuá guójì dàjiǔdiàn*
Tianwaitian	天外天大酒店	*tiānwàitiān dàjiǔdiàn*
Die Umgebung von Baotou		
Wudangzhao	五当召	*wǔdāng zhào*
Gelber Fluss	黄河	*huánghé*
Dongsheng	东胜	*dōngshèng*
Dschingis-Khan-Mausoleum	成吉思汗陵园	*chéngjísīhàn língyuán*

parks und lädt mit seinen alten und verwinkelten Gassen zu einem recht interessanten Spaziergang ein. Hier finden sich noch viele alte Lehmziegelhäuser mit faszinierenden kleinen Innenhöfen voller Pflanzen und Fahrräder. Allerdings sollte man sich mit einer Besichtigung beeilen, denn das Viertel mutiert langsam aber sicher zu einem zweiten **Qingshan**, das aufgrund seiner Einkaufszentren und Hoteltürme sehr steril und verwestlicht wirkt. Wie Qingshan steht auch **Kundulun** in erster Linie für eine verfehlte Stadtplanung: Die baumlosen Straßen und Plätze sind unglaublich breit und trostlos, und selbst eine Besichtigung der so genannten „Sehenswürdigkeiten" – die **Eisen- und Stahlwerke** sowie das **Museum für Dampflokomotiven** (variable Öffnungszeiten) – erweist sich als recht kompliziert und teuer. Das Museum befindet sich völlig abgelegen 25 km nordwestlich der Stadt und kann eigentlich nur per Taxi erreicht werden. Alternativ dazu bietet sich ein organisierter Tagesausflug mit *CITS* an, der beide Sehenswürdigkeiten einschließt und für maximal drei Personen inklusive Fremdenführer und Auto passable ¥350 kostet.

Übernachtung

Donghe ist bei weitem das angenehmste Viertel zum Übernachten, doch leider gibt es hier keine besonders große Auswahl an Unterkünften. Wer sich für Kundulun entscheidet, sei darauf hingewiesen, dass die hiesigen Hotels weit vom Bahnhof entfernt liegen und nur per Taxi oder dem Bus Nr. 1 zu erreichen sind. Die preiswerten Herbergen, die es früher in Bahnhofsnähe gab, wurden allesamt abgerissen, und in den neueren Nachfolgern dürfen anscheinend keine Ausländer mehr aufgenommen werden.

DONGHE – ***Beiyang (North Pacific)*****, in der Hauptstraße, die vom Bahnhof Richtung Norden führt, ✆ 4175656. Das saubere und freundliche Hotel – untergebracht in einem großen, weißen Hochhausturm – bietet recht ordentliche DZ mit Bad sowie 3- und 4-Bett-Dorms (¥10–20 p.P.) und ist vom Bahnhof in rund 10 Fußmin. zu erreichen.

KUNDULUN – ***Aviation Hotel******, Gangtie Dajie, ✆ 5135492. Das zur Fluggesellschaft *CAAC*

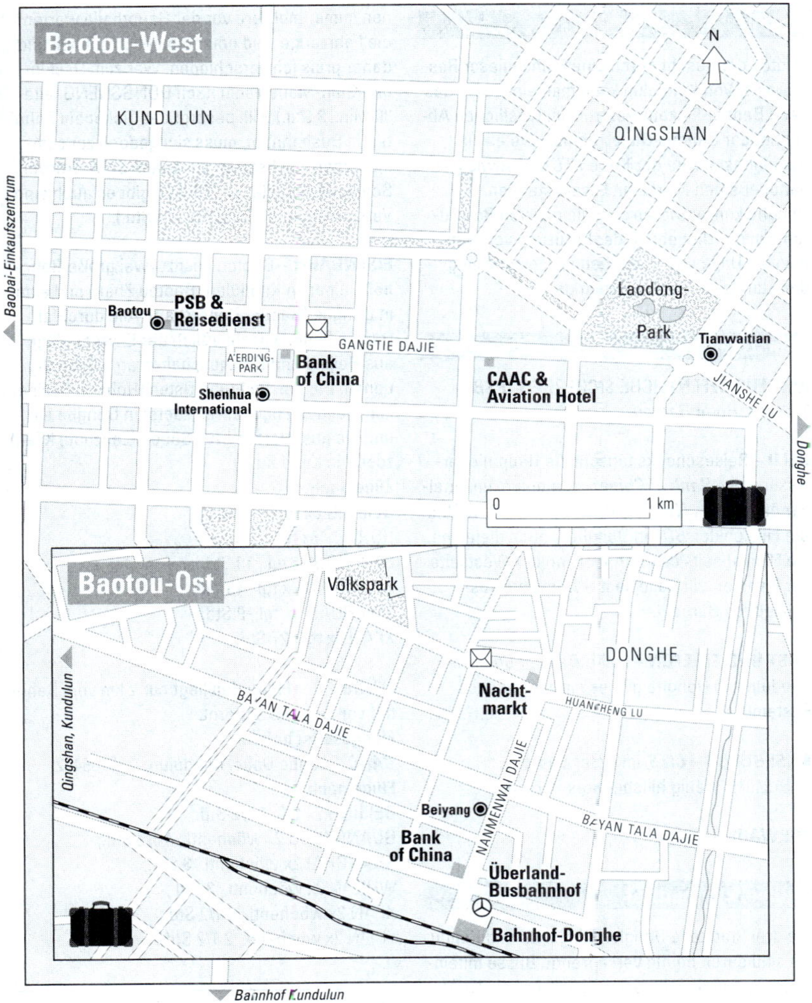

gehörende Hotel ist preiswert und beschäftigt freundliches Personal.

Baotou**, Gangtie Dajie, westlich des A'erding-Platzes, ✆ 5156655, 📠 5151641. Empfehlenswerte Riesenunterkunft, einigermaßen komfortabel, zentral und zugleich Sitz des Amts für öffentliche Sicherheit und des *CITS*-Büros.

Shenhua International****, 17 Shaoxian, ✆ 2248888, 📠 5147556. Das neue Hochhaus am A'erding-Platz ist das exklusivste Hotel der Stadt mit Schwimmbad, Sauna und Fitnessraum.

Tianwaitian***, am südlichen Ende der Hudemulin Dajie im Bezirk Qingshan, ✆ 3137766, 📠 3131771. Etwas älter, aber auch recht nobel mit Swimming Pool und Fitnessräumen.

Essen

Baotou enttäuscht durch eine Reihe mieser Restaurants. Von Kundulun kann man ein Taxi in das neue Baobai-Einkaufszentrum im westlichen Abschnitt der Gangtie Dajie nehmen, wo es ein Schnellrestaurant der Kette *KFC* gibt sowie gegenüber einen Markt mit Essensständen. In Donghe konzentrieren sich die meisten Restaurants in der Umgebung der Kreuzung von Nanmenwai Dajie und Huancheng Lu, gleichzeitig der Standort eines Nachtmarkts.

Sonstiges

AMT FÜR ÖFFENTLICHE SICHERHEIT (PSB) – 1. Stock, Hotel *Baotou*.

GELD – Reiseschecks tauscht die Hauptniederlassung der ***Bank of China*** in Kundulun, unmittelbar östlich des A'erding-Platzes, ⏲ tgl. 8–18 Uhr. Die Filialen der *BOC* in Donghe – auch diejenige, die 50 m abseits des Bahnhofs an der Westseite der Nanmenwai Dajie liegt – wechseln ausschließlich Bargeld.

POST UND TELEFON – Nahe *Bank of China* in Kundulun; in Donghe gibt es ein zusätzliches Postamt.

REISEBÜROS – ***CITS***, im Hotel *Baotou*, ✆ 5154615; wenig hilfsbereites Personal.

VORWAHL – 0472

Nahverkehrsmittel

Die drei Stadtteile Donghe, Qingshan und Kundulun sind durch häufig verkehrende Busse miteinander verbunden, wobei die Nr. 5 und die Nr. 10 besonders nützlich sind. Für die Fahrt von Donghe nach Kundulun benötigt man 30–40 Min.

Transport

BUSSE – Der **Busbahnhof** liegt direkt gegenüber dem Bahnhof von Donghe am Ende der Nanmenwai Dajie. Fahrkarten nach HOHHOT (mind. alle 30 Min., 3 Std.) kauft man in den Bussen, von denen immer mehrere vor der Haupthalle warten; die Fahrzeuge sind unterschiedlich schnell und daher preislich verschieden. Wer zum Dschingis-Khan-Mausoleum nach DONGSHENG (alle 30 Min., 3 Std.) will, besorgt das Ticket am Schalter im Busbahnhof, muss sich jedoch zur sommerlichen Hochsaison mit einem Schwarm von Schleppern abplagen. Täglich gibt es auch eine Verbindung nach BEIJING (17 Std.).

EISENBAHN – Baotou besitzt zwei große **Bahnhöfe**, einen in Kundulun (Baotou Zhan) und einen in Donghe (Baotou Dong Zhan). Alle durchfahrenden Züge, einschließlich der Express-Züge aus Beijing und Lanzhou, halten an beiden Stationen. Die aus Richtung Osten (Hohhot, Beijing) kommenden Züge fahren zuerst in Donghe ein und die aus Westen bzw. Süden (Lanzhou, Xi'an) zuerst in Kundulun.
Züge nach:
BEIJING 6x tgl., 15 Std.;
HOHHOT 8x tgl., 3 Std.;
LANZHOU 2x tgl., 19 Std.;
SHANGHAI 1x tgl., 43 Std.;
YINCHUAN 3x tgl., 9 Std.;
XI'AN 3x tgl., 27 Std.

FLÜGE – Der **Flughafen** liegt nur 2 km vom Bahnhof von Donghe entfernt.
Fluggesellschaften:
CAAC, Gangtie Dajie, Kundulun, ✆ 5135492.
Flüge nach:
BEIJING 2x tgl., 1 1/2 Std.;
GUANGZHOU 2x wöchentl., 4 1/2 Std.;
SHANGHAI 2x wöchentl., 3 Std.;
WUHAN 2x wöchentl., 3 Std.;
XI'AN 2x wöchentl., 3 1/2 Std.;
YULIN 2x wöchentl., 2 1/2 Std.

Die Umgebung von Baotou

Außerhalb von Baotou gibt es einige kleinere Sehenswürdigkeiten, die einen Besuch lohnen, etwa Wudangzhao, ein hübsches Kloster im tibetischen Stil vor den Toren der Stadt. Eine weitere Attraktion von rein sentimentalem Interesse ist das Dschingis-Khan-Mausoleum, das sich ein gutes Stück südlich von Baotou nahe **Dongsheng** befindet.

Wudangzhao

Die einzige wirklich lohnenswerte Sehenswürdigkeit in der Umgebung von Baotou, Wudangzhao, ist das am besten erhaltene **Lamakloster** der Inneren Mongolei und ein Ergebnis der Eroberung Tibets durch die Mongolen im 13. Jahrhundert. Über Jahrhunderte hinweg waren die Wege zwischen Tibet und der Mongolei von zahllosen Pilgern und Wandermönchen bevölkert, die den lamaistischen Buddhismus in die Mongolei brachten. Dieses spezielle Kloster der Gelbmützenschule wurde 1749 gegründet und beherbergte in seiner Blütezeit 1200 Mönche. Hier amtierten sieben Generationen Lebender Buddhas, deren Asche in einer der Hallen aufbewahrt wird. Gegenüber den einheimischen Touristen aus Baotou sind die wenigen noch verbliebenen Mönche in der Minderzahl, und zu ihren Hauptaufgaben zählt mittlerweile leider auch das höchst weltliche Kontrollieren der Eintrittskarten.

Das Kloster liegt in einem engen, mit Kiefern bestandenen Tal rund 70 km nordöstlich von Baotou. Täglich gegen 8 Uhr starten am Donghe-Bahnhof **Minibusse** zum Kloster. Eine Alternative bietet **Stadtbus** Nr. 7, der regelmäßig von der Ostseite des Bahnhofsvorplatzes zu seiner Endhaltestelle in Shiguai fährt (50 Min., ¥4). Zwar sind es von hier noch weitere 25 km zum Kloster, doch bei frühzeitiger Ankunft besteht die Möglichkeit, einen der Minibusse zu erwischen. Ansonsten muss man ab Shiguai ein Taxi nehmen (¥30). Vom Kloster aus lassen sich schöne Spaziergänge in die hügelige Landschaft unternehmen, und wer gerne noch einen Tag anhängen möchte, darf vielleicht in der **Pilgerherberge** des Klosters übernachten. Die Rückfahrt nach Baotou gestaltet sich recht einfach, denn bis etwa 17 Uhr befahren diverse Minibusse und andere Fahrzeuge die Strecke. ⏲ tgl. 8–18 Uhr, Eintritt ¥10.

Der Gelbe Fluss

Attraktion Nummer zwei in der Umgebung von Baotou ist der Gelbe Fluss, der allein wegen seiner geschichtlichen Bedeutung einen Abstecher lohnt. Die Region zwischen Baotou und Hohhot wurde nicht immer als Teil von China betrachtet, ganz im Gegenteil – die Chinesen erbauten die Große Mauer viel weiter südlich von hier und überließen das von der Flussschleife umschlossene Gebiet, **Ordos** genannt, den Nomaden. Ein Dilemma für die Chinesen: Zwar schien der Gelbe Fluss die logische nördliche Begrenzung Chinas zu sein, doch Ordos, das südlich davon lag, gehörte zur Steppe und Wüste Mittelasiens. Schließlich regelten die Qing diese Angelegenheit auf ihre Weise, indem sie nicht nur die Kontrolle über die Ordos-Wüste an sich rissen, sondern auch in das Kernland der Mongolei auf der anderen Uferseite vorstießen. Heute präsentiert sich das Gebiet am Gelben Fluss zwischen Yinchuan in der Provinz Ningxia und Hohhot dank umfassender Bewässerungsanlagen als landwirtschaftliche Nutzfläche – ohne den Fluss wäre hier nichts als Wüste. Wer einen Spaziergang am Nordufer des Gelben Flusses unternehmen möchte steigt auf dem Bahnhofsvorplatz von Donghe in den **Bus** Nr. 18, der nach ungefähr 6 km die neue Brücke erreicht. An jener Stelle hat der Fluss eine Breite von etwa 1,5 km, ist ziemlich flach und fließt träge und braun wie Schokolade dahin.

Dschingis-Khan-Mausoleum

Wenn es um das Dschingis-Khan-Mausoleum geht, sollte zunächst gesagt werden, dass es nicht so beeindruckend ist, wie es angepriesen wird: Zum einen liegt Dschingis Khan hier wahrscheinlich gar nicht begraben, und zum anderen ist es kein besonders attraktiver Ort, selbst wenn er insofern eine gewisse Faszination ausstrahlt, als er Einblicke in den modernen Kult um Dschingis Khan gewährt.

Dschingis Khan starb in Nordchina, und sein Leichenzug mag auf seinem Weg in die mongolische Heimat durch diese Gegend gekommen sein. Die Geschichte jedoch, dass die Räder des Karrens mit seiner Leiche im Schlamm stecken blieben und er deshalb hier begraben wurde, entspricht mit ziemlicher Sicherheit nicht der Wahrheit. Wenn überhaupt, so glauben Wissenschaftler, enthält die Begräbnisstätte ein paar Erinnerungsstücke an Dschingis Khan, möglicherweise Waffen. Das echte Grab soll an den Hängen des Burkhan Khaldun in den Hentei-Bergen liegen, östlich von Ulan Bator in der Äußeren Mongolei. Die Annahme, Dschingis Khan läge auf chinesischem Boden begraben, ist vermutlich darin begründet, dass der mit der Bewachung der echten Grabstätte betraute Stamm später über den Gelben Fluss in die Ordos-Region zog, aber nicht ohne weiteres auf die Ehre des offiziellen Grabwächters verzichten mochte.

DER NORDWESTEN

Die angeblichen **Relikte** des Mausoleums gerieten wiederholt in undurchsichtige politische Verwicklungen. Mehrfach wurden sie weggeschafft und später wieder zurückgebracht, zuletzt während des Zweiten Weltkriegs, als sie von den Japanern beschlagnahmt wurden. Japan hegte anscheinend Pläne, einen mongolischen Marionettenstaat zu errichten, in dessen Mittelpunkt ein Schrein zu Ehren Dschingis Khans stehen sollte. Es wurden sogar Pläne für ein aufwändiges Mausoleum ausgearbeitet, die sich später die chinesischen Kommunisten zu Eigen machten, nachdem sie die Relikte in einem Versteck in Qinghai aufgespürt und wieder an ihren ursprünglichen Ort zurückgebracht hatten. 1955 erbauten sie selbst ein Mausoleum, nicht zuletzt um sich beim mongolischen Volk beliebt zu machen.

Die Begräbnisstätte

Das Mausoleum liegt in der Ordos-Region an einer kleinen Landstraße, die gen Süden in die Provinz Shaanxi führt. Sein Hauptteil besteht aus drei miteinander verbundenen Hallen in der Form mongolischer Jurten. Die Verbindungskorridore sind mit bizarren Wandmalereien verziert, die Szenen aus dem Leben von Dschingis Khan darstellen sollen – auffällig sind die westlich gekleideten Damen (in der Mode des ausgehenden 19. Jahrhunderts). Im Zentrum der Haupthalle steht eine 5 m hohe **Marmorstatue** des Groß-Khans vor einer Landkarte seines Reichs.

Unabhängig davon, wo Dschingis Khan wirklich begraben liegt, verehren sowohl die in der Mongolischen Volksrepublik als auch die in China lebenden Mongolen das Mausoleum als einen heiligen Ort. In den hübschen Nebenhallen befinden sich festliche Jurten, Altäre, brennende Weihrauchstäbchen, Gemälde, mongolische Kalligrafien sowie Opfergaben, die einem Gott gerecht würden. Einige Besucher bringen nicht wie üblich Apfel und Brot dar, sondern eine Flasche *baijiu*, den im Souvenirshop erhältlichen Schnaps, bevor sie sich ehrfürchtig zum Gebet neigen. Andere wiederum, darunter auch ein Teil des weiblichen Personals, betrinken sich schon früh am Morgen, bis sie entweder verdrießlich oder extrem herzlich werden. Jedenfalls sollte man hier auf alles vorbereitet sein, denn der Ort zieht eine Menge seltsamer Gestalten an, einschließlich der etwa 15 „Friseure" direkt vor dem Eingang. Neben dem Ticketbüro gibt es ein kleines **Museum** mit einigen Erinnerungsstücken an Dschingis Khan. ⌚ tgl., Eintritt ¥50.

Viermal im Jahr finden hier an bestimmten Tagen des Mondkalenders spezielle **Opferzeremonien** statt. Am 15. Tag des 3. Mondmonats, am 15. Tag des 5. Mondmonats, am 12. Tag des 9. Monats und am 3. Tag des 10. Monats führen mongolische Mönche feierliche Rituale an, in deren Verlauf auch gekochte Schafe vor der Statue des Khans aufgestapelt werden. Den Feierlichkeiten wohnen nicht nur einheimische Gläubige bei, sondern auch Pilger aus der Mongolischen Volksrepublik.

Übernachtung und Essen

Es gibt mehrere Unterkünfte in **Dongsheng**, wobei die beste Herberge in unmittelbarer Nähe des Busbahnhofs liegt: Aus der Halle kommend wendet man sich nach rechts und biegt sofort wieder rechts in eine Sackgasse ein; am Ende der Straße befindet sich rechter Hand ein nettes **Hotel****, das durch ein englisches Schild mit der Aufschrift „Room Dep" markiert wird und DZ mit Bad anbietet. Auf dem Platz vor dem Hotel findet ein **Nachtmarkt** statt, wo man auch etwas zu essen bekommt. Gute Zimmer sowie ein elegantes, aber nicht zu teures **Restaurant** offeriert das exklusive ***Dongsheng Dajiudian*******, ✆ 0477/327333, das nur ein paar Gehminuten vom Busbahnhof entfernt an der Hauptstraße liegt.

Am **Mausoleum** selbst gibt es ebenfalls einige Zimmer sowie eine alberne Pseudo-Jurte aus Beton, in der man für ¥40–50 p.P. nächtigen kann; Duschen sucht man hier allerdings vergebens.

Transport

BUSSE – Direktverbindungen zum Mausoleum bestehen von **Yulin** (ca. 200 km nördlich von Yan'an) in der Provinz Shaanxi sowie von **Dongsheng**, runde 50 km nördlich der Begräbnisstätte.

Wer aus **Baotou** oder **Hohhot** anreist, muss in Dongsheng umsteigen. Von Baotou gibt es regelmäßig Busse hierher (ca. 2 Std., ¥12), und bei einem frühen Aufbruch kann man das Ganze sogar als Tagesausflug planen – der letzte Bus von

Dongsheng nach Baotou fährt gegen 20 Uhr. Dongsheng ist auch von **Yinchuan** in der Provinz Ningxia (via Wuhai) zu erreichen, wobei man unterwegs eine spektakuläre Sanddünen- und Steppenlandschaft passiert.
Die Fahrt von Dongsheng zum **Mausoleum** nimmt weitere 1–2 Std. mit dem Bus oder Minibus (¥7) in Anspruch. Außerhalb der sommerlichen Hochsaison verkehren die Busse jedoch nur wenige Male täglich. Es empfiehlt sich, einen Bus vor 12.30 Uhr zu nehmen, weil man ansonsten möglicherweise die Nacht am Mausoleum verbringen muss (s. Übernachtung). Für die Rückfahrt nach Dongsheng stellt man sich einfach an die Straße vor dem Mausoleum und winkt einen der vorbeifahrenden Minibusse heran.
Busse von Dongsheng nach:
BAOTOU alle 30 Min., 3 Std.;
HOHHOT 8x tgl., 5 Std.;
YULIN tgl., 6 Std.

Autonomes Gebiet Ningxia

Mit nur 66 000 km² Fläche, eingekeilt zwischen der Inneren Mongolei im Norden und Gansu im Westen, ist das Autonome Gebiet Ningxia die kleinste Provinz Chinas. Historisch gesehen war die Region stets ein Unruheherd für die Chinesen: Fast alle Dynastien errichteten hier ihren Abschnitt der **Großen Mauer**, und im 19. Jahrhundert spielten die Hui eine wichtige Rolle bei den moslemischen Aufständen, die schließlich mit großer Brutalität von den Qing-Behörden niedergeschlagen wurden. Bis Mitte des letzten Jahrhunderts hing Ningxias Existenz als eigenständige Provinz am seidenen Faden – 1928 erstmals auf der Landkarte erschienen, wurde die Provinz in den 50er Jahren vorübergehend mit Gansu zusammengelegt, bevor sie ab 1958 wieder eine eigene Verwaltungseinheit bildete. Es hat den Anschein, als könnten sich die Behörden der Volksrepublik nicht so recht entscheiden, ob die Hui-Bevölkerung einer eigenen autonomen Region – so wie sie die Uiguren und Mongolen für sich beanspruchen – würdig ist.

Hui ist ein vager Begriff, mit dem in ganz China jene Anhänger des moslemischen Glaubens bezeichnet werden, die keine weitere augenfällige Zugehörigkeit aufzuweisen haben. Die in Ningxia lebenden Hui sind Nachkommen von Händlern aus Mittelasien, die vor über 1000 Jahren nach China kamen. Wie in den anderen autonomen Gebieten des Nordwestens fördert die Zentralregierung der Volksrepublik auch in Ningxia eine **Zuwanderung der Han** (besser: eine Kolonisierung durch die Han), um das Gebiet enger an die chinesische Nation zu binden. Dennoch lässt sich die Situation der Hui nicht mit der Situation der Uiguren oder Tibeter vergleichen, die mit China weitaus weniger verbunden sind. Zwar sind die Hui dem Islam immer treu geblieben, haben sich aber in allen anderen Bereichen längst in die Han-Kultur integriert. Mit ein paar Brocken Persisch oder Arabisch angereichert, ist Chinesisch ihre Muttersprache, und gegenwärtig gibt es in der Hauptstadt Yinchuan nicht das geringste Anzeichen für eine unabhängige Hui-Nation. Von den insgesamt vier Millionen Einwohnern der Provinz stellen die Hui gerade einmal 30%, der Rest besteht fast ausschließlich aus Han-Chinesen. Ironischerweise leben die meisten Hui gar nicht in Ningxia, sondern in benachbarten Landesteilen, sodass sie ausgerechnet in der für sie bestimmten autonomen Region besonders stark in der Minderzahl sind.

Trotz einer gewissen Industrialisierung seit dem Machtantritt der Kommunisten und der Eröffnung der Eisenbahnstrecke von Lanzhou nach Baotou im Jahre 1958 ist Ningxia nach wie vor eine unterentwickelte Region. Besucher schätzen den ländlichen Charme, doch in Wirklichkeit zählt die Provinz zu den ärmsten Gegenden des Landes. Zu den geografischen Merkmalen von Ningxia gehören die Kohlereviere und der **Gelbe Fluss**, ohne den die grüne und außerordentlich schöne Hügellandschaft im Süden nichts als eine öde Wüste wäre. Es überrascht daher kaum, dass die künstlichen **Bewässerungsanlagen** hier zu allerhöchster Vollendung gelangt sind: Bereits vor 2000 Jahren schickte Qin Shihuang, Gründerkaiser der Qin-Dynastie, 100 000 Männer in die Region, um Kanäle auszuheben. Die uralten Bewässerungssysteme unterstützen auch heute noch den Anbau von Getreide und wurden in jüngerer Vergangenheit durch Maßnahmen zur Wiederaufforstung und Urbarmachung der Wüste ergänzt. Einige dieser Projekte können besichtigt werden, vor allem in der Umgebung der Stadt **Zhongwei**. Weitere Sehenswürdigkeiten in Ningxia sind die angenehme Hauptstadt **Yinchuan** sowie die wunderbaren **Xumi-Shan-Grotten** in den südlichen Bergen, Überbleibsel eines obskuren nördlichen Zweigs der Seidenstraße.

Yinchuan und Umgebung

In dem angenehm sauberen und grünen Yinchuan lassen sich durchaus ein paar nette Tage verbringen, auch wenn Ningxias moderne Hauptstadt kaum touristische Sehenswürdigkeiten bietet. Ab 1038 fungierte Yinchuan als Hauptstadt des **Königreichs der Westlichen Xia**, ein unabhängiger Staat, der über 200 Jahre lang existierte, indem seine Herrscher diverse chinesische Dynastien – einschließlich der Song – gegeneinander ausspielten. 1227 wurde das Land von den Mongolen erobert, und diese Niederlage fiel so vernichtend aus, dass die Westlichen Xia praktisch in Vergessenheit gerieten – bis entsprechende archäologische Funde Anfang des 20. Jahrhunderts nach und nach den Xia zugeordnet werden konnten. Ein Besuch ihrer verwitterten Mausoleen rund 20 km vor den Toren der Stadt ist absolut lohnenswert.

Yinchuan zählt zu den vielen großflächigen chinesischen Städten, in denen Busbahnhof und Bahnhof an verschiedenen Enden der Stadt liegen, in diesem Fall rund 12 km voneinander entfernt. Der Bahnhof befindet sich in der westlichen Stadthälfte namens **Xincheng** (Neustadt), der Busbahnhof im östlichen **Laocheng** (Altstadt). Alle Sehenswürdigkeiten Yinchuans befinden sich in Laocheng und können ohne weiteres an einem einzigen Tag besichtigt werden. Der beste Ausgangspunkt für einen Rundgang ist der östliche Abschnitt der Jiefang Jie, wo an zwei aufeinander folgenden Kreuzungen zwei schön restaurierte chinesische Türme in die Höhe ragen: zu einen der **Gulou** (Trommelturm) und zum anderen der 400 Jahre alte **Yuhuang Ge** (Yuhuang-Pavillon), zum dem ein kleiner Ausstellungsraum gehört. Wendet man sich von hier gen Süden Richtung Bahnhof, so kommt man durch das **Haupteinkaufsviertel** von Laocheng, das sich rund um die Fußgängerzone in der Gulou Jie konzentriert – die hiesigen Kaufhäuser und Boutiquen haben selbst sonntags geöffnet und platzen dann aus allen Nähten.

Ein etwa 1 km langer Spaziergang führt nun Richtung Busbahnhof zum **Nanmen** (Südtor) am südlichen Ende der Zhongshan Jie. Hier wurde ein Modell des Eingangstors der Verbotenen Stadt in Beijing in Originalgröße nachgebaut, komplett mit einem Porträt Mao Zedongs und Sitztribünen für die Würdenträger der Partei. 15 Gehminuten südwestlich des Nanmen liegt die **Nanguan-Moschee**, einer der wenigen Bereiche der Stadt, wo man in größerer Zahl Hui antrifft. Die 1915 errichtete Moschee entstand 1981 neu, nachdem sie während der Kulturrevolution stark beschädigt und danach jahrelang vernachlässigt wurde. Sie ist im arabischen Stil mit grünen Kuppeln und Minaretten gehalten und unterscheidet sich diesbezüglich von der typisch chinesischen Bauweise mit geschwungenen Dachvorsprüngen und Minaretten im Pagoden-Stil, die bei vielen weiter östlich gelegenen Moscheen anzutreffen ist.

Zwei weitere Sehenswürdigkeiten verbergen sich in der westlichen Hälfte von Laocheng. In der Jining Jie, ein paar Blocks südlich der Jiefang Jie, liegen auf demselben Gelände das **Regionalmuseum** und die **Xi-Ta-Pagode**. Ein Flügel des Museums beschäftigt sich anhand von Fotos und chinesischen Texten mit der Geschichte der einheimischen Hui, während in der Halle gegenüber einige herrliche Steinskulpturen zu bestaunen sind, besonders bemerkenswert ein gedrungener Säulenträger aus der Zeit der Han-Dynastie in Form eines weiblichen, mit scharfen Zähnen versehenen Dämonen. Zu den weiteren Highlights des Museums zählt ein bronzenes Trinkgefäß griechisch-römischen Ursprungs, das vor 2000 Jahren über die Seidenstraße nach China gelangte. Neben dem Museum steht die klassische chinesische Pagode und buddhistische Pilgerstätte Xi Ta, die um 1050 während der Periode der Westlichen Xia entstand. Wer sich die Mühe macht, den achteckigen, 65 m hohen Turm zu besteigen, wird mit einem ausgezeichneten Ausblick belohnt. ◷ tgl. 8–17 Uhr, Eintritt Gelände ¥2, Museum ¥8, Pagode ¥5.

Ein 40-minütiger Spaziergang führt von der Jiefang Jie gen Norden zu einem weiteren Turm, die 1500 Jahre alte **Hai Bao Ta**, auch Nord-Pagode genannt. Der 54 m hohe, ungewöhnlich kantige Ziegelbau gilt als das interessanteste Bauwerk von Yinchuan und ist daher auf jeden Fall einen Besuch wert. Im nüchternen Inneren führt eine Treppe zum obersten Stockwerk, von wo sich ebenfalls eine schöne Aussicht eröffnet. Eintritt ¥5.

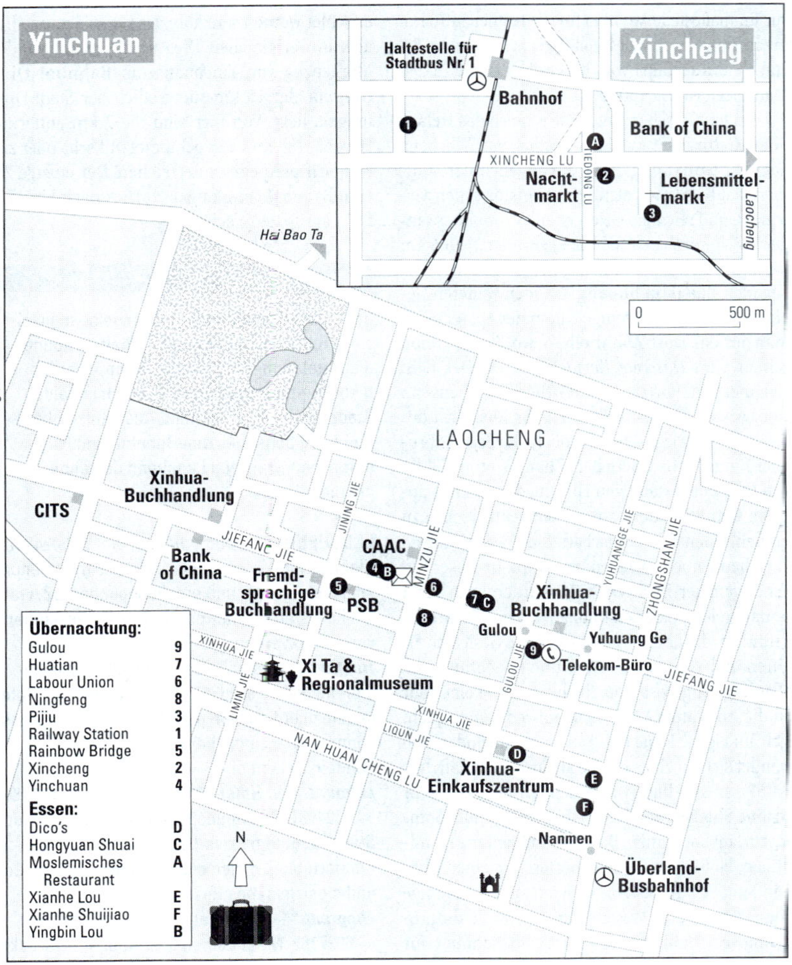

Die Umgebung von Yinchuan

Einige interessante Sehenswürdigkeiten in der Umgebung von Yinchuan lassen sich problemlos in einen Tagesausflug einbinden. Der lohnenswerteste führt zu den **Xixia Wangling** (Mausoleen der Westlichen Xia) rund 20 km westlich von Xincheng. Die großen Grabhügel wurden in einer Ebene am Fuße der östlichen Ausläufer des Helan-Shan-Gebirges errichtet und gedenken an die zwölf Könige der Westlichen Xia, die von 1038 bis 1227 in Yinchuan regierten. Es handelt sich um eine ebenso spektakuläre wie stimmungsvolle Landschaft, beherrscht von Pyramiden aus braunen Lehmziegeln, an denen der Zahn der Zeit unaufhörlich nagt. Die billigste Art der **Anfahrt** erfolgt mit dem Bus Nr. 17 via Laocheng und Xincheng bis zur Endhaltestelle, wo man für die restlichen 10 km in ein Taxi oder eine Motor-Rikscha steigt; für die Hin- und Rückfahrt von der Endhaltestelle zu den Mausoleen ist mit ¥30–50 zu rechnen.

Von touristischem Interesse ist auch das **Helan-Shan-Gebirge**. Etwa 25 km westlich von Xincheng liegt der **Gunzhong-Pass**, ein angenehmer Sommerurlaubsort mit attraktiven, historischen Gebäuden und reichlich Gelegenheiten zum Bergwandern – wunderbare Ausblicke garantiert. Gut 6 km nördlich von hier bewachen die beiden 12 m hohen Pagoden **Baisikou Shuang Ta** einen weiteren Gebirgspass, und nur wenige Kilometer später stößt man auf das Dorf **Zhenbeibao**, wo Zhang Yimou seinen Film *Das rote Kornfeld* drehte. Der Film zeichnet ein Porträt des dörflichen Lebens im Nordwesten Chinas in der Zeit vor Ausbruch des Zweiten Weltkriegs – teils ländliche Idylle, teils brutaler Kampf ums Überleben. Zhang Yimous Bilder von trockenen, staubigen Hügeln, die sich mit üppigen Getreidefeldern abwechseln, entsprechen zu großen Teilen der Landschaft, die man in Ningxia auch heute noch zu sehen bekommt. In dieser Gegend, genauer in **Suyu Kou**, wurden auch recht umfangreiche Galerien bildhauerischer **Felskunst** gefunden, die überwiegend stilisierte Gesichter, Figuren und Tiere zeigt – Alter und Bedeutung sind allerdings ungewiss. Von Yinchuan kostet eine Tour zu diesen Stätten ¥180–200; entweder man sucht sich auf eigene Faust ein Transportmittel oder man wendet sich an eines der Reisebüros in der Stadt.

57 km nördlich von Yinchuan liegt der sehr schöne **Sha Hu** (Sandsee), ein aufstrebender Sommerurlaubsort mit Bademöglichkeiten, Sanddünen, Floßfahrten, Unterkünften und einer schönen Landschaft. Bislang verirren sich nur wenige Touristen aus dem Westen hierher, obwohl die problemlose Anfahrt per Minibus vom Nanmen nur 90 Minuten dauert.

Eine letzte Attraktion sind die 80 km südlich von Yinchuan gelegenen **108 Dagobas**, buddhistische Stupas, wie man sie aus tibetischen Klöstern kennt, die in einer Art Dreiecksform an einem Hang am Westufer des Gelben Flusses im Bezirk Qingtongxia stehen. Die weißen, glockenförmigen Dagobas sind in zwölf Reihen angeordnet, die sich von 19 Dagobas in der unteren Reihe bis zu einer einzigen ganz oben verjüngen. Sie sollen im 14. Jahrhundert während der Yuan-Dynastie hier errichtet worden sein, ihre genaue Bedeutung liegt aber im Verborgenen. Die Anfahrt erfolgt mit dem Morgenzug von Yinchuan zum **Bahnhof Qingtongxia**, der 15 km südwestlich der Stadt Qingtongxia liegt. Von hier sind die 7 km entfernten Dagobas für etwa ¥15 per Motor-Rikscha oder zum Nulltarif per pedes zu erreichen. Der einzige Zug vom Bahnhof Qingtongxia zurück nach Yinchuan fährt am späten Nachmittag ab.

Übernachtung

Im Sommer, wenn sich massenweise chinesische Touristen in der Stadt aufhalten, können die Hotelzimmer in Yinchuan knapp werden. Insgesamt gesehen gibt es jedoch in beiden Stadtbezirken ausreichend Auswahl, wobei Xincheng günstiger zum Bahnhof und Flughafen liegt, während Laocheng das angenehmere Viertel ist.

LAOCHENG – ***Gulou*****, Jiefang Jie, ✆ 6024331. Kleines Hotel in günstiger Lage am Trommelturm mit komfortablen und erschwinglichen DZ, wobei die billigsten Zimmer nur ungern an Ausländer vergeben werden.

Huatian**, westlich des Trommelturms in der Jiefang Jie, ✆ 6025555. Gutes und billiges Hotel, in dem allerdings ein paar Chinesischkenntnisse vonnöten sind, um über den Zimmerpreis verhandeln zu können.

Labour Union Hotel****, Jiefang Jie, ✆ 6016898, 📠 6024931. Das neueste und nobelste Hotel der Stadt mit gutem Preis-Leistungs-Verhältnis. Komfortable Zimmer, eigener Reiseschalter, Café und moslemisches Restaurant.

Ningfeng**–***, Jiefang Jie, Ecke Minzu Jie, ✆ 6027162. Macht einen sehr noblen Eindruck, die Preise sind aber durchaus bezahlbar und lassen sich herunterhandeln. Die Zimmer im alten Flügel sind etwas günstiger.

Rainbow Bridge****, Jiefang Jie, ✆ 6918888, 📠 6918788. Der 4-Sterne-Klotz ist weniger farbenfroh als sein Name verspricht, aber dennoch eines der exklusivsten Hotels in Yinchuan und besitzt ein gutes Restaurant. Die Preise liegen zwischen moderat und richtig teuer.

Yinchuan Fandian*–**, Jiefang Jie, zwischen Jining Jie und Minzu Jie, ✆ 6023053. Sehr billige

Yinchuan und Umgebung

Yinchuan	银川	***yínchuān***
Gulou	古楼	*gŭlóu*
Hai Bao Ta (Nord-Pagode)	海宝塔	*hăibăo tă*
Laocheng	老城	*lăochéng*
Nanguan-Moschee	南关清真寺	*nánguān qīngzhēn sì*
Nanmen	南门	*nánmén*
Provinzmuseum von Ningxia	宁夏博物馆	*níngxià bówùguăn*
Xi Ta	西塔	*xītă*
Xincheng	新城	*xīnchéng*
Yuhuang Ge	玉皇阁	*yùhuáng gé*
Die Umgebung von Yinchuan		
108 Dagobas	一百零八塔	*yìbăilíngbātă*
Bahnhof Qingtongxia	青铜峡站	*qīngtóngxiá zhàn*
Baisikou Shuang Ta	拜寺口双塔	*bàisìkŏu shuāng tă*
Gunzhong-Pass	滚钟口	*gŭnzhŏng kŏu*
Helan-Shan-Gebirge	贺兰山	*hèlán shān*
Sha Hu	沙湖	*shā hú*
Suyu Kou	苏峪口	*sūyù kŏu*
Xixia Wangling	西夏王陵	*xīxià wánglíng*
Zhenbeibao	镇北堡	*zhènbĕi băo*
Übernachtung		
Gulou	古楼饭店	*gŭlóu fàndiàn*
Huatian	华天 宾馆	*huátiān bīnguăn*
Labour Union	宁夏工会大厦	*níngxià gōnghuì dàshà*
Ningfeng	宁丰宾馆	*níngfēng bīnguăn*
Pijiu	啤酒饭店	*píjiŭ fàndiàn*
Railway Station Hotel	银川铁道宾馆	*yínchuān tiědào bīnguăn*
Rainbow Bridge Hotel	宁夏 红桥大酒店	*níngxià hóngqiáo dàjiŭdiàn*
Xincheng	新城饭店	*xīnchéng fàndiàn*
Yinchuan Fandian	银川饭店	*yínchuān fàndiàn*
Essen		
Hongyuan Shuai	红元帅	*hóngyuán shuài*
Xianhe Lou	仙鹤楼	*xiānhè lóu*
Xianhe Shuijiao	仙鹤水饺	*xiānhè shuĭjiăo*
Yingbin Lou	迎宾楼	*yíngbīn lóu*

Unterkunft mit großer Zimmerauswahl, darunter DZ mit und ohne Bad sowie 3-Bett-Zimmer, und etwas passivem Personal.

XINCHENG – ***Pijiu (Beer Hotel)*****, am Ende der Marktstraße (s. Essen). Sehr billige und einfache Unterkunft, die sich eigentlich nicht an ausländische Gäste richtet, doch ein paar Brocken Chinesisch können durchaus mit einem Bett belohnt werden.

Railway Station Hotel**, zwischen Xincheng Lu und Bahnhof, ✆ 3069112. Effizientes, aber schroffes Personal und spartanische, aber saubere Zimmer.

Xincheng**, Xincheng Lu, Ecke Tiedong Lu, ✆ 3066010. Eines der wenigen Hotels in der Gegend, die Ausländern nicht den doppelten Preis abverlangen. DZ mit Bad.

Essen

LAOCHENG – Von den beiden Stadtteilen bietet Laocheng eindeutig die bessere Auswahl an Restaurants.

Dico's Burgers, Xinhua Jie. Spricht den westlich konditionierten Gaumen an.

Hongyuan Shuai, unmittelbar westlich des Trommelturms in der Jiefang Jie. Garküche mit großen Gemeinschaftstischen. Zum Essen gibt's scharfe Nudelsuppen und leckere kalte Snacks nach Sichuan-Art – wer hier mehr als ¥10 lässt, muss schon einen Bärenhunger haben.

Labour Union Hotel, Jiefang Jie. Café im westlichen Stil.

Xianhe Lou, nahe Busbahnhof in der Zhongshan Jie. Preiswerte Feuertöpfe, Schmortöpfe und kalte Snacks.

Xianhe Shuijiao, Zhongshan Jie. Das Schwesterrestaurant des nahen *Xianhe Lou* serviert Gemüse sowie mit verschiedenen Fleischsorten gefüllte Teigtaschen, die im *jin* bestellt und anschließend von unzähligen Köchen zubereitet werden; ein halbes *jin* kostet ¥15 und ist ausreichend für eine Person.

Yingbin Lou, Jiefang Jie, nahe *Yinchuan Fandian.* Schickes moslemisches Restaurant der mittleren Preisklasse, das u.a. Feuertopf mit Lamm, Kebabs, Nudeln und Acht-Schätze-Tee auf der Speisekarte stehen hat.

XINCHENG – In Xincheng gibt es einen kleinen **Nachtmarkt**, Xincheng Lu, Ecke Tiedong Jie, wo scharf gewürzte Kebabs mit gegrilltem Lammfleisch und Schalen mit Joghurt zu erstehen sind.

Läuft man von der Kreuzung Richtung Osten und biegt in die erste Straße rechts ein, so gelangt man in eine größere **Marktstraße**, in der bis in den Abend hinein Lebensmittel verkauft werden. In der Nähe des Nachtmarkts serviert ein moslemisches **Restaurant**, Tiedong Lu, neben dem Hotel *Taoyuan,* chinesische Standardgerichte.

Sonstiges

AMT FÜR ÖFFENTLICHE SICHERHEIT (PSB) – Jiefang Jie, nahe Jining Ji.

BÜCHER – ***Fremdsprachige Buchhandlung,*** Jiefang Jie, Ecke Jining Jie. Führt englischsprachige Romane und Landkarten der Umgebung.

GELD – ***Bank of China,*** das Hauptgebäude liegt in der Jiefang Jie im Westen von Laocheng, eine weitere Filiale gibt es in Xincheng in der Xincheng Lu, östlich der Tiedong Lu. 🕒 Mo–Sa 9–12 und 14.30–18.30 Uhr.

INTERNET – In Laocheng befindet sich ein ***Internet-Café*** in der Zhongshan Jie, unmittelbar nördlich der Kreuzung mit der Jiefang Jie (¥2/Std.).

POST UND TELEFON – Die ***Hauptpost*** liegt an der Kreuzung von Jiefang Jie und Minzu Jie. Ferngespräche lassen sich von dem rund um die Uhr geöffneten Telekom-Büro weiter östlich in der Jiefang Jie führen.

REISEBÜROS – ***CITS,*** 150 Jiefang Jie, ✆ 5043720. Organisiert Touren in die Umgebung von Yinchuan.

CTS, 150 Jiefang Jie, am westlichen Ende von Laocheng, ✆ 5044485.

VORWAHL – 0951

Nahverkehrsmittel

Zwischen dem Bahnhof in Xincheng und dem Überland-Busbahnhof in Laocheng pendeln private Minibusse (Preis verhandelbar) sowie der Stadtbus Nr. 1 (¥1). Entlang dieser Strecke befinden sich auch die meisten Hotels, und wer eine Unterkunft sucht, sollte in Xincheng an der Tiedong Lu oder in Laocheng irgendwo an der Jiefang Jie aussteigen.

Transport

BUSSE – **Überlandbusse** aus Xi'an, Lanzhou und Baotou kommen am Busbahnhof Nanmen im Süden von Laocheng an.

Busse nach:
GUYUAN 7 Std.;
LANZHOU 14 Std.;
XI'AN 12 Std.;
ZHONGWEI 4 Std.

EISENBAHN – Der **Bahnhof** liegt am Rand von Xincheng im westlichen Teil der Stadt. Ein **Taxi** vom Bahnhof nach Laocheng kostet ca. ¥15. Fahrkarten für die Weiterreise können problemlos am Bahnhof gekauft werden, wobei auch die meisten Hotels einen Reservierungsservice anbieten, der jedoch mindestens 24 Std. Vorlauf benötigt und rund ¥30 Provision kostet. Ansonsten helfen die Reisebüros weiter.
Züge nach:
BAOTOU 3x tgl., 9 Std.;
BEIJING 3x tgl., 22 Std.;
GUYUAN 3x tgl., 6 Std.;
HOHHOT 3x tgl., 11 Std.;
LANZHOU 3x tgl., 8 Std.;
XI'AN 4x tgl., 20 Std.;
ZHONGWEI 3x tgl., 2–3 Std.

FLÜGE – Yinchuans neuer **Flughafen** liegt 15 km südöstlich von Laocheng. Der Flughafenbus (¥15) fährt zum *CAAC*-Büro in der Minzu Jie, nördlich der Jiefang Jie.
Fluggesellschaften:
CAAC, Minzu Jie, ✆ 6022063, ⌚ Mo–Sa 8–17.30 Uhr.
Flüge nach:
BEIJING 2x tgl., 2 Std.;
CHENGDU 1x tgl., 2 Std.;
GUANGZHOU 4x wöchentl., 4 Std.;
LANZHOU 4x wöchentl., 1 Std.;
NANJING 5x wöchentl., 3 1/2 Std.;
SHANGHAI 1x tgl., 3 1/2 Std.;
ÜRÜMQI 4x wöchentl., 3 Std.;
XI'AN 3x wöchentl., 1 Std.

Zhongwei

Die ländliche Kleinstadt Zhongwei liegt 160 km bzw. einige Busstunden südwestlich von Yinchuan in der Nähe des Gelben Flusses. Es heißt, die von Mauern umgebene Stadt habe kein Nordtor gehabt, weil in dieser Richtung nur noch die Tenger-Sandwüste lauerte. Südlich von Zhongwei bahnt sich der launenhafte **Gelbe Fluss** seinen Weg, was die Stadt geografisch gesehen in eine eher prekäre Lage versetzt. Allerdings ist sie inzwischen von einem fruchtbaren Gürtel künstlich bewässerter Felder umgeben, und man versucht, die Wüste durch Wiederaufforstungsprojekte in Schach zu halten. Der 16 km außerhalb von Zhongwei, bei Shapotou (s.S. 1096) , vorbeifließende Strom bietet einen herrlichen Anblick, den man sich bei einem Aufenthalt in der Region auf keinen Fall entgehen lassen sollte.

Zhongwei konzentriert sich um eine einfache Kreuzung mit einem traditionellen **Gulou** (Trommelturm) in der Mitte. Die Stadt ist so klein, dass alles zu Fuß erreichbar ist, aber es stehen auch Fahrrad-Rikschas als Transportmittel bereit. Läuft man von der großen Kreuzung Richtung Norden und biegt gegenüber dem *Zhongwei Fandian* links in eine kleine Gasse ein, so gelangt man zu Zhongweis faszinierendster und einziger wirklicher Sehenswürdigkeit, dem **Gao Miao**. Dieser außergewöhnliche Tempel zieht Gläubige der verschiedensten Religionen an – sei es aus dem Buddhismus, Konfuzianismus, Daoismus oder sogar dem Christentum – und wurde ursprünglich Anfang des 15. Jahrhunderts errichtet, aber häufig umgebaut. Heute präsentiert er sich als buntes Durcheinander von Gebäuden und Stilrichtungen, was bereits am Eingang sichtbar wird, wo sich Drachenköpfe, Säulen, Treppen und Dächer spiralförmig in alle Richtungen auszubreiten scheinen. Insgesamt besteht der Komplex aus 250 Tempelräumen, Türmen und Pavillons. Die Heiligen im Innern sehen sich so ähnlich, dass es nur Experten schaffen, sie den diversen Religionen zuzuordnen. ⌚ tgl. 8–18 Uhr, Eintritt ¥5.

Übernachtung und Essen

Tielu Binguan (Railway Hotel)**, direkt gegenüber dem Bahnhof, ✆ 0953/7031948. Die schöne, saubere und freundliche Unterkunft bietet DZ mit Bad.
Xingtuo Fandian**, Dong Dajie, nahe Busbahnhof. Hat keine Konzession zur Aufnahme von Ausländern, macht aber schon mal eine Ausnahme. Nicht so schön wie die anderen preiswerten Hotels und etwas ab vom Schuss. Dorm-Bett ¥30.
Zhongwei Binguan***, Xi Dajie, ✆ 0953/7012609 📠 7012284. Etwas nobleres Hotel 10 Gehmin. westlich des Zentrums.

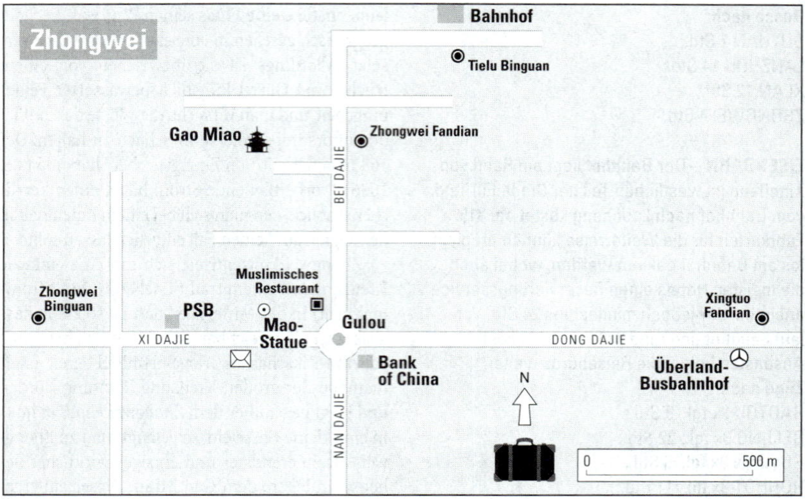

Zhongwei Fandian**, Bei Dajie, gegenüber dem Eingang zum Gao Miao, ✆ 0953/7102219. Freundliche Unterkunft.

In der Bei Dajie nahe dem Gao Miao gibt es mehrere billige **Nudel-Imbisse**. Ein recht gutes **moslemisches Restaurant**, wo ein Abendessen mit Bier weniger als ¥20 pro Nase kostet, findet man unmittelbar nordwestlich des Gulou im Zentrum. Das Restaurant im ***Zhongwei Binguan***, Xi Dajie, bietet ein etwas eleganteres Ambiente, ist aber durchaus bezahlbar.

Transport

BUSSE – Zhongweis **Busbahnhof** liegt in der Dong Dajie, die gen Osten aus der Stadt herausführt. Von hier gibt es Verbindungen nach GUYUAN (6 Std.) im Süden der Provinz, nach WUWEI (7 Std.) in der Provinz Gansu, nach YINCHUAN (nur bis etwa 15 Uhr, 4 Std.) sowie nach SHAPOTOU (1 Std.).

EISENBAHN – Der **Bahnhof** befindet sich nördlich des Zentrums. In Zhongwei halten alle Züge an der Bahnlinie Lanzhou–Beijing (via Innere Mongolei), und Nebenstrecken führen nach Wuwei in Gansu sowie nach Baoji in Shaanxi.

Züge nach:
BAOTOU 3x tgl., 11 Std.;
GUYUAN 4x tgl., 4 Std.;
HOHHOT 3x tgl., 14 Std.;
LANZHOU 6x tgl., 6 Std.;
SHAPOTOU 3x tgl., 1 Std.;
YINCHUAN 3x tgl., 2–3 Std.;
WUWEI 1x tgl., 5 1/2 Std.

Shapotou

16 km südwestlich von Zhongwei befindet sich Shapotou, ein beliebtes Ausflugsziel am Ufer des Gelben Flusses. Die meisten Besucher kommen im Rahmen eines Tagesausflugs, doch es gibt auch nette Übernachtungsmöglichkeiten. Der größte Reiz des Ortes liegt in dem Kontrast zwischen dem grünen, schattigen Ufer des Flusses und der unwirtlichen Wüste, die unmittelbar jenseits davon beginnt. Außerdem bekommt man eine spektakuläre Sanddünenlandschaft zu sehen und erhält interessante Einblicke in die Tätigkeit des hiesigen **Wüstenforschungszentrums**, das sich bereits seit 40 Jahren damit beschäftigt, wie man die unerbittlich voranschreitende Wüste in Schach halten kann. Einige Früchte der Arbeit können schon auf dem Weg von Zhongwei nach Shapotou bewundert

Zhongwei und Shapotou

Zhongwei	中卫	***zhōngwèi***
Gao Miao	高庙	*gāomiào*
Tielu Binguan	铁路宾馆	*tiělù bīnguǎn*
Xingtuo Fandian	兴拓饭店	*xīngtuò fàndiàn*
Zhongwei Binguan	中卫宾馆	*zhōngwèi bīnguǎn*
Zhongwei Fandian	中卫饭店	*zhōngwèi fàndiàn*
Shapotou	沙坡头	***shāpōtóu***
Shapo Shanzhuang	沙坡山庄	*shāpō shānzhuāng*
Wüstenforschungszentrum	沙漠研究所	*shāmò yánjiūsuǒ*

werden – alle Bäume entlang der Strecke sind den schachbrettartigen Strohgittern zu verdanken, die den Sand zurückhalten sollen und in die man mühsam die Jungpflanzen gesetzt hat. Ein neues Wasserrückhalte- und Stromgewinnungsprojekt unmittelbar außerhalb von Shapotou soll 2004 vollendet werden und dazu beitragen, dass auf lange Sicht noch größere Flächen künstlich bewässert werden können.

Nach der Ankunft am **Bahnhof** wendet man sich – mit Blick auf den Fluss – nach rechts und erreicht nach ein paar Hundert Metern entlang der Straße den Eingang zum **Erholungsgebiet** (Eintritt ¥15), erkennbar an einigen Verkaufsständen. Unmittelbar hinter dem Tor steht man auf einer riesigen Sanddüne, zu deren Füßen das Forschungsinstitut zu sehen ist – die Grünanlage drumherum zeigt, was die Wüste alles herzugeben vermag. Das eigens für Touristen eingerichtete Erholungsgebiet erreicht man am leichtesten, indem man auf dem Hosenboden die Düne hinunterrutscht, aber keine Sorge: Für den Rückweg steht eine Art Skilift zur Verfügung (¥10). Auf dem schattigen Areal befinden sich Cafés und Restaurants unter freiem Himmel, und es werden diverse Aktivitäten angeboten, beispielsweise Kamelreiten oder gar eine Fahrt auf einem so genannten **Schaf-Floß** – ein traditionelles Floß aus mehreren miteinander vernähten Schafkörpern, die mit Luft aufgepumpt werden bis sie aussehen wie Fußbälle mit Beinen. In den Werkstätten vor Ort sind viele solcher Flöße in diversen Produktionsstadien zu sehen.

Ein paar Minuten flussabwärts liegt in angenehm frischer Lage das entzückende Hotel *Shapo Shanzhuang***, ✆ 0953/7681481. Hier gibt es schöne Doppelzimmer mit Bad und gratis dazu einen Garten voller Bäume und Weinspaliere sowie das beruhigende Rauschen des Gelben Flusses.

Guyuan und der Süden von Ningxia

Im abgelegenen und von Armut gebeutelten Süden der Provinz Ningxia liegt die Kleinstadt Guyuan die bislang kaum Fremdenverkehr empfangen hat Erst 1995 wurde sie an das Eisenbahnnetz angeschlossen und dient heute als Zwischenstopp auf der Strecke von Zhongwei nach Baoji. Die größte Sehenswürdigkeit in der Umgebung sind, abgesehen von den aus dem Zug sichtbaren Ruinen eines Abschnitts der Chinesischen Mauer 5 km nördlich der Stadt, die buddhistischen Grotten von **Xumi Shan**, ein bedeutendes Relikt der Seidenstraße, das sich sonderbarerweise weit nördlich der Hauptroute von Lanzhou nach Xi'an befindet. Der daoistische Tempel Kongtang Shan in Pingliang (s.S. 1105) liegt nur zwei Stunden von Guyuan entfernt und lässt sich im Rahmen eines Tagesausflugs besichtigen. Besucher kommen hier in den Genuss einer reizenden Landschaft, besonders nach einem Aufenthalt in den relativ trockenen Regionen um Tianshui oder Pingliang in der Provinz Gansu. Schon seit Jahrhunderten sind die Hügel und Berge entlang der Landstraße nach Gansu terrassiert, sodass kaum ein Fleckchen Land unbebaut blieb und sich Felder jeglicher Farbschattierung die Hänge hinaufziehen.

Auf dem Weg von oder nach Tianshui in der Provinz Gansu überquert man den Pass über das **Liupan-Shan-Gebirge**. Ein Gedenkstein markiert die Stelle, an der die Teilnehmer des Langen Marsches in den 30er Jahren des 20. Jahrhunderts den nachsetzenden Guomindang-Truppen ein Schnippchen schlugen.

Guyuan eignet sich gut als Ausgangspunkt für eine Besichtigung der Xumi-Shan-Grotten, hat aber selbst keine Sehenswürdigkeiten zu bieten. Touristen verirren sich sogar derart selten hierher, so dass man sich nicht wundern muss, wenn man auf Schritt und Tritt neugierig belagert wird.

Die Xumi-Shan-Grotten

Die spektakulären Xumi-Shan-Grotten liegen rund 50 km nordöstlich von Guyuan und sind ein sehr lohnenswertes Ziel für einen Tagesausflug. Aus den Felswänden von fünf nebeneinander liegenden Hügeln wurden über 100 Höhlen gehauen, die noch sehr viele Statuen beherbergen, überwiegend aus den Perioden der Nördlichen Wei, der Sui und der Tang.

Die Grotten am Xumi Shan umfassen eine riesige Fläche rostroter Sandsteinklippen und eröffnen von ihren baumbestandenen Hängen einen herrlichen Panoramablick auf die umgebende Landschaft. Bei der Anfahrt zu den Grotten kommt man durch eine der abgelegensten ländlichen Ecken Chinas, wo im Hochsommer der goldene Weizen von Hand gemäht und anschließend auf der Straße ausgelegt wird, um von den vorbeifahrenden Fahrzeugen „gemahlen" zu werden.

Eine komplette **Besichtigung** der Grotten nimmt mindestens zwei Stunden in Anspruch. Nach Betreten des Geländes liegt linker Hand zunächst Höhle Nr. 5 mit dem **Dafo Lou**, einer 20 m hohen Statue des geradewegs nach Osten blickenden Maitreya-Buddha. Ursprünglich befand sich dieser Buddha hinter einer schützenden Mauer, die aber bereits vor langer Zeit wegbrach. Wieder zurück am Eingang wird die grobe Ost-West-Ausrichtung der fünf Hügel deutlich, von denen jeder eine besonders sehenswerte Grotte sowie mehrere Nebenhöhlen beherbergt. Nach dem Dafo Lou folgen die zweitgrößte Attraktion, der **Zisun Gong** (Palast der Nachfahren), sowie der moderne Tempel **Yuanguang Si**.

Danach überquert man eine Brücke und biegt dann links ab zum **Xiangguo Si** mit der wunderbaren Höhle Nr. 51 und ihren 5 m hohen Buddha-Statuen, die sitzend um eine Säule gruppiert sind. Auf dem Rückweg geht es dieses Mal unter der Brücke hindurch und das ausgetrocknete Flussbett hinauf in Richtung einer Klippe, wo sich die **Taohua Dong** (Höhle der Pfirsichblüte) befindet. ⌚ tgl., Eintritt ¥15.

Für die preisgünstigste und einfachste **Anfahrt** nach Xumi Shan nimmt man am Busbahnhof von Guyuan einen der stündlich verkehrenden Busse oder Minibusse (¥2) in die Kleinstadt **Sanying**. Motor-Rikschas brauchen von hier eine halbe Stunde zu den Höhlen, was für Hin- und Rückfahrt ungefähr ¥40 kostet – inklusive einer Wartezeit von mindestens zwei Stunden, in denen man sich die Grotten anschauen kann.

Am Parkplatz beim Eingang zu den Höhlen verkauft ein **Kiosk** Getränke und Snacks, außerdem bietet ein einfaches **Hotel** die Möglichkeit zur Übernachtung. Wer in Sanying die Nacht verbringen will oder muss, kann in dem respektablen *Dianli Fandian*** absteigen.

Übernachtung und Essen

In **Guyuan** gibt es nicht allzuviel Auswahl:
Dongfang Binguan**, ca. 100 m vom Busbahnhof entfernt (aus der Halle kommend nach links) auf der gegenüberliegenden Straßenseite. Gastfreundliche Unterkunft, schon etwas altersschwach, aber mit netten Details – z.B. die in Muschelform drapierten Decken auf dem Bett – und freundlichem Personal. Warmwasser am Abend, Dorm-Bett ¥30.
Yongxiang Fandian**, ebenfalls nur wenige Gehminuten vom Busbahnhof entfernt (aus der Halle kommend nach rechts). Sehr primitive Unterkunft mit Dorm-Betten für ¥30 p.P.
Die Straße vor dem Busbahnhof verwandelt sich abends in einen lebhaften **Nachtmarkt**, auf dem Kebabs, Nudeln und Hundun-Suppe verkauft werden. Im Sommer bekommt man hier ausgezeichnetes Obst, darunter auch Melonen und Pfirsiche. Das **Restaurant** im *Dongfang Binguan* ist recht gut, aber meist sehr voll.

Sonstiges

GELD – ***Bank of China***, vom Busbahnhof Guyuan ein paar Gehminuten Richtung *Dongfang Binguan*.

DER NORDWESTEN

Guyuan und der Süden von Ningxia

Liupan-Shan-Gebirge	六盘山	*liùpán shān*
Sanying	三营	*sānyíng*
Xumi Shan	须弥山	*xūmí shān*
Guyuan	固原	***gùyuán***
Dongfang Binguan	东方宾馆	*dōngfāng bīnguǎn*
Yongxiang Fandian	永祥饭店	*yǒngxiáng fàndiàn*

KINO – Wer in Guyuan einen ruhigen Abend verbringen möchte, flüchtet einfach ins Kino, das vom Busbahnhof aus gesehen 200 m nach dem *Yongxiang Fandian* liegt.

POST – Vom Busbahnhof kommend am *Yongxiang Fandian* und am Kino vorbei bis zur ersten Kreuzung und hier rechts abbiegen; das Postamt liegt nach dem Kreisverkehr auf der rechten Seite.

Transport

BUSSE – Angesichts des weit außerhalb liegenden Bahnhofs sind **Überlandbusse** die bessere Alternative für eine Reise nach Guyuan.

Busse nach:
LANZHOU 7 Std.;
LUOYANG 16 Std.;
PINGLIANG 2 Std.;
SANYING 1 Std.;
TIANSHUI 10 Std.;
XI'AN 10 Std.;
YINCHUAN 7 Std.;
ZHONGWEI 6 Std.

EISENBAHN – Guyuan liegt an der Eisenbahnlinie Zhongwei–Baoji (in der Provinz Shaanxi), allerdings befindet sich der **Bahnhof** in ungünstiger Lage mehrere Kilometer außerhalb der Stadt.

Züge nach:
LANZHOU 3x tgl., 10 Std.;
YINCHUAN 3x tgl., 6 Std.;
ZHONGWEI 4x tgl., 4 Std.

Die Provinz Gansu

Schon von jeher betrachten die Chinesen Gansu als die äußere Grenze ihres Landes. Bereits zur Zeit der Han-Dynastie (206 v.Chr.–220 n.Chr.) wurden erste ernsthafte Anstrengungen unternommen, in die Wüstengebiete des Westens vorzudringen, zunächst mit dem Ziel, die Kontrolle über den Seidenstraßenhandel zu sichern. Man richtete Präfekturen ein, und heute ist das Gebiet zweifellos fester Bestandteil des chinesischen Kernlands – obwohl Gansu seinen offiziellen Status als chinesische Provinz erst unter der mongolischen Yuan-Dynastie (1279–1368) erhielt. Während der vergangenen 2000 Jahre gab es mehrere Phasen, in denen die Chinesen ihre Kontrolle noch ein gutes Stück weiter gen Westen bis in die Region Xinjiang ausdehnten. Dennoch wurden die hauptsächlich moslemischen Bewohner Gansus von der Zentralregierung noch bis ins 19. Jahrhundert hinein mit den „barbarischen" Uiguren von Xinjiang auf eine Stufe gestellt und die großen Moslemaufstände jener Zeit mit brutaler Gewalt niedergeschlagen.

Das raue, karge und von häufigen Dürren heimgesuchte Gansu eignete sich schon immer eher für die Durchreise als zum Siedeln. Zu der bemerkenswerten Geografie der Provinz gehören so prominente Naturschauspiele wie der **Gelbe Fluss**, der mit Schwemmsand angefüllt durch die **Provinzhauptstadt Lanzhou** strömt, sowie die Gebirgs- und Wüstenlandschaft des **Hexi-Korridors**, eine 1000 km lange, zwischen mehreren Bergketten hindurchführende Passage, die sich an manchen Stellen bis auf 15 km verengt. Der Hexi-Korridor ist auch für die seltsam längliche Form der Provinz verantwortlich: Zunächst benutzten die Seidenstraßen-Karawanen diese Route, dann wurde hier ein Teil der Chinesischen Mauer erbaut, und heute rattern die Fernzüge hindurch – bis zur Fertigstellung der Eisenbahnlinie von Golmud nach Tibet bleibt diese Strecke durch den Hexi-Korridor die einzige in Nordwestchina und ist somit auch die einzige Verbindung zwischen China und Zentralasien bzw. der westlichen Welt. Die Städte entlang des Hexi-Korridors sind nicht mehr als kleine Tupfer menschlichen Lebens in der Wüste, und ihre Existenz basiert auf einem Bewässerungssystem, welches sich das aus den Bergen kommende Wasser zu Nutze macht. Angesichts der Tatsache, dass Landwirtschaft hier nur unter größten Mühen zu betreiben ist, hat die Zentralregierung einige Industriebetriebe in der Provinz angesiedelt, vor allem im Osten. Langsam fasst der Abbau von Bodenschätzen Fuß, darunter Öl und Kohle, doch nach wie vor leben in Gansu nur knapp 20 Millionen Menschen, ein außergewöhnliches Völkergemisch aus Hui, Kasachen, Mongolen und Tibetern, die allesamt in beträchtlicher Zahl vertreten sind.

Gansu mag für chinesische Verhältnisse wild und abgelegen erscheinen, ist aber von enormer historischer Bedeutung. Die **Grotten von Mogao** bei **Dunhuang** im äußersten Westen der Provinz hüten die schönsten Beispiele buddhistischer Kunst in ganz China, und auch in den übrigen Teilen der Provinz finden sich Erinnerungen an die Seidenstraße, darunter der größte liegende Buddha des Landes in **Zhangye**, die fantastische buddhistische Grottenkunst in **Bingling Si** bei Lanzhou sowie der Berg **Maiji Shan** bei **Tianshui** im äußersten Süden. Die Chinesische Mauer findet nach ihrem gewundenen Weg gen Westen bei der großartigen Ming-Festung **Jiayuguan** im Südwesten der Provinz ihr symbolisches Ende, und am Rand der Tibetischen Hochebene liegt in der tibetischen Stadt **Xiahe** das faszinierende **Kloster Labrang**.

PICC-Versicherung Unabhängig von anderen Versicherungen, die vor der Reise abgeschlossen wurden, benötigen Ausländer für Busreisen in vielen ländlichen Regionen Chinas eine Police der staatlichen Versicherung PICC (People's Insurance Company of China). Das bedeutet jedoch nicht etwa, dass man im Falle eines Unfalls Schadenersatz bekommt, sondern ist eine Erklärung über den Verzicht auf eine Klage gegen die chinesischen Behörden. Normalerweise ist die Versicherung jeweils im Ticketpreis enthalten, doch in Gansu und West-Sichuan muss man zunächst eine separate PICC-Versicherung abschließen, bevor man überhaupt eine Busfahrkarte ausgehändigt bekommt. Policen mit zwei Wochen Gültigkeit werden in den PICC-Büros – die es in allen Städten Gansus gibt – für ¥30–50 ausgestellt, wobei sich einige Stellen mit den Vorschriften nicht genau auskennen und häufig gar nicht verstehen, was man eigentlich will. In solchen Fällen helfen Hotels, *CITS*-Reisebüros oder sogar die Busbahnhöfe weiter, wo jedoch eine zusätzliche Provision gezahlt werden muss.
Wie für China typisch, wird die Einhaltung dieser Vorschrift auf unberechenbare Weise kontrolliert: Manchmal ist das Zücken der Police im richtigen Moment die einzige Möglichkeit, einen Platz im Bus zu bekommen, dann wieder interessiert sich niemand dafür. Wer keine Versicherung auftreibt und daher auch keine Fahrkarte ausgehändigt bekommt, kann immer noch versuchen, einen Bus an der Straße heranzuwinken – viele Fahrer sind froh über jeden zusätzlichen Fahrgast, ob mit oder ohne Versicherung.

Tianshui

Westlich der Grenze zur Provinz Shaanxi liegen Tianshui, die erste bedeutende Seidenstraßenstadt, und nur wenige Kilometer südöstlich davon der Maiji Shan (wörtlich Kornhaufen-Berg, eine Anspielung auf seine Form; s.S. 1102), Chinas viertgrößter buddhistischer Höhlenkomplex nach Dunhuang, Datong und Luoyang. Die inmitten einer bewaldeten Berglandschaft gelegenen Grotten sind problemlos von Tianshui aus zu erreichen, das etwa auf halber Strecke an der Eisenbahnlinie zwischen Lanzhou und Xi'an liegt. Dabei läuft es wahrscheinlich darauf hinaus, dass man zumindest eine Nacht in Tianshui verbringt, das zwar nur von begrenztem touristischen Interesse ist, aber den nächstgelegenen Verkehrsknotenpunkt für eine Besichtigung der Höhlen darstellt.

Die Gegend um Tianshui wurde erstmals in der Jungsteinzeit besiedelt. Heute präsentiert sich die Stadt als großes Industriegebiet und teilt sich in die

Ost-Gansu

Tianshui	天水	***tiānshuǐ***
Beidao	北道	*běidào*
Fuxi Miao	伏羲庙	*fúxī miào*
Qincheng	秦城	*qínchéng*
Yuquanguan-Park	玉泉观公园	*yùquánguān gōngyuán*
Yuquan Si	玉泉寺	*yùquán sì*
Übernachtung		
Jianxin	建新饭店	*jiànxīn fàndiàn*
Tianshui	天水宾馆	*tiānshuǐ bīnguǎn*
Xihuang	天水羲皇宾馆	*tiānshuǐ xīhuáng bīnguǎn*
Yatai	天水亚太大酒店	*tiānshuǐ yàtài dàjiǔdiàn*
Maiji Shan	麦积山	***màijī shān***
Gangu	甘谷	***gāngǔ***
Daxiang Si	大象山	*dàxiàng shān*
Wushan	武山	***wǔshān***
Lashao-Tempel	拉稍寺	*lāshāo sì*
Shuilian Dong	水帘洞	*shuǐlián dòng*
Pingliang	平凉	***píngliáng***
Kongtong Shan	崆峒山	*kōngtóng shān*

beiden separaten, rund 20 km auseinander liegenden Zentren **Qincheng** (Weststadt) und **Beidao** (Oststadt). Ob man in Beidao oder Qincheng übernachtet, hängt vermutlich in erster Linie davon ab, wo man ankommt: am Bahnhof von Beidao oder am Busbahnhof von Qincheng. Wer sich ausschließlich wegen einer Besichtigung vom Maiji Shan in Tianshui aufhält, sollte sich eine Unterkunft in Beidao suchen, denn dort fahren alle Minibusse zu den Grotten ab – auch wenn es sich bei Beidao um den unattraktiveren Teil der Stadt mit dem Charakter eines langweiligen Provinznests handelt.

Wer in dem etwas interessanteren Qincheng nächtigt und vom Hauptplatz am westlichen Ende der Minzhu Lu gen Westen über die Jiefang Lu spaziert, findet sich unversehens in einem Viertel mit traditionellen Häusern wieder, deren nach oben geschwungene Dachvorsprünge und schweren Ziegel bereits Moos angesetzt haben. Winzige Gassen zweigen in alle Richtungen ab, und nach rund 15 Gehminuten über die Jiefang Lu erreicht man den **Fuxi Miao**, ein Komplex aus der Ming-Dynastie zum Gedenken an den mythologischen Fuxi, welcher der Legende zufolge den Chinesen das Fischen, Jagen und die Haustierhaltung beibrachte. In der Haupthalle steht ihm zu Ehren eine in Blätter gehüllte Statue. Bemerkenswert ist der Tempel auch wegen seiner sehr schönen Zypressen, besonders diejenige zur Rechten des Eingangs, die 1000 Jahre alt sein soll. Ein weiterer interessanter Tempelkomplex befindet sich ebenfalls im Westen von Qingchen oberhalb der Renmin Xi Lu im **Yuquanguan-Park**. Der 700 Jahre alte, noch aktive daoistische Tempel **Yuquan Si** steht umgeben von Zypressen auf einem Hügel ungefähr zehn Gehminuten nordwestlich des Hauptplatzes und bietet gute Ausblicke auf die Altstadt.

Übernachtung und Essen

Sowohl in Qincheng als auch in Beidao gibt es ordentliche Unterkünfte, doch die meisten

Touristen machen nur einen Ausflug zum Maiji Shan und fahren dann gleich weiter.

BEIDAO – ***Xihuang Binguan****, schräg gegenüber dem Bahnhof, ✆ 2734700. Billige und unattraktive Unterkunft mit Betonfußböden, die ständig vom Personal geschrubbt werden.
Yatai**, aus dem Bahnhof kommend gen Süden über den Fluss, die erste Straße links und 1500 m weiter auf der rechten Seite, ✆ 2727712. Die Lobby kommt angesichts der eher durchschnittlichen Zimmer etwas überzogen daher, aber die Preise sind angemessen, und das Hotel liegt an der Minibusroute zu den Grotten.
Das einzige vernünftige **Restaurant** in Beidao nennt sich ***Tianhe***, hat freundliches Personal und einen Koch, der sich Mühe gibt, seine Gäste zu beeindrucken; aus dem Bahnhof kommend Richtung Süden bis zur ersten Kreuzung, dann an der nächsten Ecke nach links.

QINCHENG – ***Jianxin*****, 5 Gehmin. westlich vom Busbahnhof, ✆ 8214900. Billige und gastfreundliche Unterkunft mit gutem Restaurant direkt gegenüber. Zu erkennen an dem englischen Schild „We welcome all distinguished guests".
Tianshui*****, Yingbin Lu, ✆ 8212611, 📠 8212823. Das exklusivste Hotel der Stadt, aber schon ein wenig altersschwach und für den gebotenen Standard recht teuer. Vom Busbahnhof zu Fuß zur Minzhu Lu und dann mit Bus Nr. 1 oder einem beliebigen Minibus Richtung Osten zur Yingbin Lu; aus Beidao ist die Anfahrt mit Bus Nr. 1 oder Minibussen ebenfalls möglich.

Sonstiges

GELD – ***Bank of China***, unmittelbar östlich des Bahnhofs in Beidao oder nahe dem Hotel *Tianshui* an der Minzhu Lu in Qincheng.

POST UND TELEFON – Westlich des Bahnhofs in Beidao liegt eine Postfiliale; Ferngespräche kann man in Qinchengs ***Hauptpost***, Minzhu Lu, führen.

REISEBÜRO – ***CTS***, Huancheng Dong Lu, im Hotel *Xibing*, ✆ 8213621. Das einzige nützliche Reisebüro in Tianshui; einige Mitarbeiter sprechen Englisch und bieten sich bisweilen für passable ¥100 als Fremdenführer zu den Maiji-Shan-Grotten an.

VORWAHL – 0938

Nahverkehrsmittel

BUSSE – Der Transport zwischen Bahnhof und Busbahnhof funktioniert schnell und reibungslos. Den ganzen Tag über pendeln Busse der Linie 1 sowie Minibusse zwischen beiden Stationen hin und her (30 Min., ¥2); ab 22 Uhr fahren die Busse nur noch selten, und am Morgen starten die Ersten gegen 6 Uhr.

TAXIS – Ein Taxi vom Bahnhof zum Busbahnhof kostet um die ¥20.

Transport

BUSSE – Die Busse von und nach Lanzhou, Linxia, Pingliang, Guyuan (in Ningxia) und Xi'an nutzen normalerweise den **Überland-Busbahnhof** in Qincheng oder halten vor dem Bahnhof.
Busse nach:
GUYUAN tgl., 10 Std.;
LANZHOU 8 Std.;
LINXIA 9 Std.;
PINGLIANG 8 Std.;
XI'AN 9 Std.

EISENBAHN – Alle Züge halten am **Bahnhof** in Beidao.
Züge nach:
DAHEYAN 9x tgl., 28 Std.;
JIAYUGUAN 9x tgl., 16 Std.;
LANZHOU 13x tgl., 6 Std.;
LIUYUAN 10x tgl., 19 Std.;
ÜRÜMQI 10x tgl., 31 Std.;
WUWEI 7x tgl., 12 Std.;
ZHANGYE 9x tgl., 14 Std.

Maiji Shan

Eine Tour zu den buddhistischen Grotten am Maiji Shan stellt den Höhepunkt einer Reise in den Osten Gansus dar. Wie so häufig bei den buddhistischen Höhlen im Nordwesten Chinas ist auch hier allein die Lage spektakulär: Zwar präsentiert sich die

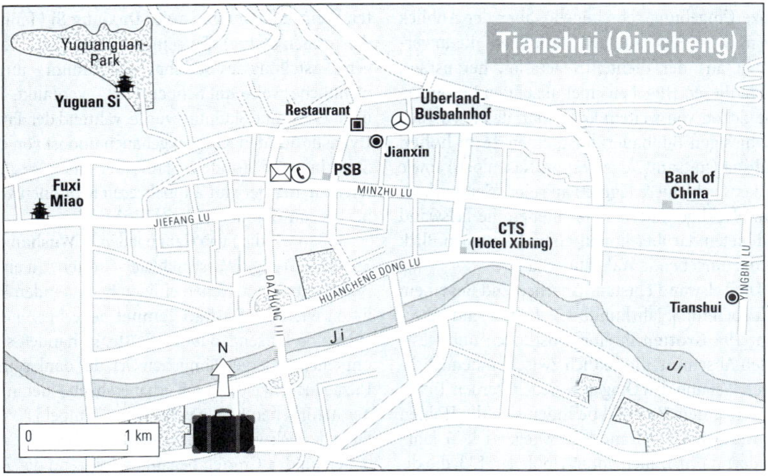

Tianshui (Qincheng)
Yuquanguan-Park
Yuguan Si
Restaurant
Überland-Busbahnhof
Jianxin
PSB
Fuxi Miao
MINZHU LU
JIEFANG LU
Bank of China
CTS (Hotel Xibing)
HUANCHENG DONG LU
DAZHONG LU
YINGBIN LU
Tianshui
Ji
N
0 1 km
Beidao und Maiji Shan

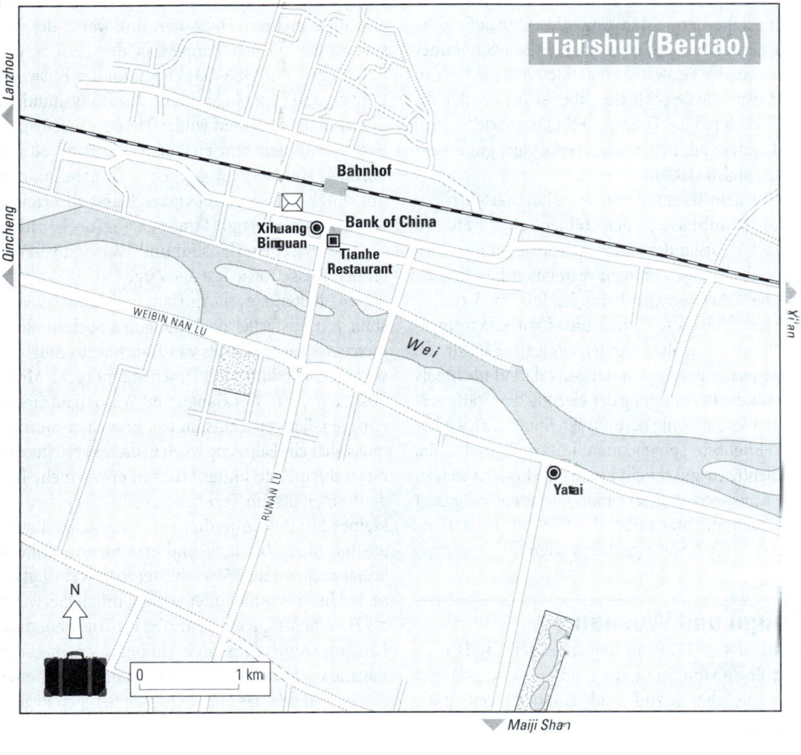

Tianshui (Beidao)
Lanzhou
Qincheng
Bahnhof
Bank of China
Xihuang Binguan
Tianhe Restaurant
WEIBIN NAN LU
Wei
RUNAN LU
Yatai
N
0 1 km
Xi'an
Maiji Shan

ganze Umgebung sehr hügelig, aber der Anblick der nackten Felswand des Maiji Shan, die unvermittelt aus der dichten Vegetation herausragt, macht diesen Hügel zu einer absoluten Besonderheit. Schon von weitem kann man das Kernstück der hiesigen Bildhauerkunst, einen **16 m hohen Buddha** (mitsamt Vogelnest im Nasenloch) sowie zwei etwas kleinere Figuren an seiner Seite, erkennen. Wacklige Galerien erschließen die Felswand und bieten darüber hinaus einen herrlichen Blick auf die umgebende Waldlandschaft.

Die Felswand entstand anscheinend bei einem Erdbeben im 8. Jahrhundert. Erhalten sind insgesamt **194 Grotten** in einem östlichen und westlichen Abschnitt, die zeitlich zwischen den Nördlichen Wei und den Qing angesiedelt werden. In besonders gutem Zustand befinden sich die Höhlen der westlichen Felswand (überwiegend 4.–6. Jahrhundert n.Chr.), allen voran Höhle Nr. 133, die diverse Skulpturen sowie mit Bildhauerei versehene Steine beherbergt. Man kann die Stätte auf eigene Faust erkunden und über schmale Treppen immer weiter an der Felswand hinaufklettern. Die Höhlen sind zwar alle verschlossen, aber selbst der flüchtige Blick durch das Drahtgeflecht lässt viele Statuen und andere bildhauerische Werke ganz gut erkennen. 🕓 tgl. 8–18 Uhr.

Vor dem Bahnhof von Tianshui starten regelmäßig **Minibusse** zu den Höhlen (etwa 1 Std., ¥6 einfach – Ausländern wird allerdings oft das Doppelte abverlangt). Einigen regionalen Landkarten zufolge fährt von Qincheng der Bus Nr. 5 zu den Höhlen, doch diese Route wurde inzwischen eingestellt. Am Maiji Shan werden zunächst ¥10 für das Betreten der Bergregion und kurz darauf nochmals ¥25 für die Besichtigung der eigentlichen Stätte verlangt. Wer ein wenig herumfragt, findet vielleicht einen Englisch sprechenden Mitarbeiter, der die Höhlentüren aufschließt und einige Erklärungen zu den Kunstwerken liefert. Eine solche Führung lässt sich auch im Voraus über das *CTS*-Büro von Tianshui (s.S. 1102, Sonstiges) arrangieren.

Gangu und Wushan

Westlich von Tianshui liegen an der Landstraße und Eisenbahnlinie nach Lanzhou zwei weniger bekannte, aber faszinierende Erinnerungen an die Seidenstraße. Hauptattraktion der 65 km entfernten Kleinstadt **Gangu** ist der **Daxiang Si** (Tempel der Großen Statue), der seinen Namen einer riesigen Darstellung des Buddhas Shakyamuni – ungewöhnlicherweise mit Schnauzbart – verdankt. Die über 23 m hohe Skulptur wurde während der Tang-Dynastie aus den Klippen gehauen und ist von der Stadt in einer Stunde zu Fuß über einen Weg erreichbar, der bergauf an mehreren Schreinen vorbei bis zum Tempel (Eintritt ¥15) führt.

45 km westlich von Gangu laden in **Wushan** die **Shuilian Dong** (Wasserschleier-Grotten) zu einer Besichtigung ein. Neben einigen bedeutenden Relikten wie dem **Lashao-Tempel** beherbergen sie auch eine Tausend-Buddha-Stätte. Es handelt sich um einen außergewöhnlichen Ort, der dank seiner Unzugänglichkeit sehr gut erhalten blieb – der in einer natürlichen Höhle verborgene Tempel ist vom Fuße der Felswand nicht einmal zu sehen. Die Arbeiten an den Grotten begannen während der Zeit der Sechzehn Reiche (304–439 n.Chr.) und zogen sich über mehrere Dynastien hin, wobei der Ursprung des Lashao-Tempels in der Periode der Nördlichen Wei (386–534) liegt. An der Felswand steht eine 30 Meter hohe Statue des Shakyamuni, zu dessen Füßen Figuren wilder Tiere zu sehen sind, darunter Löwen und Elefanten. Die rund 30 km nördlich von Wushan gelegenen Grotten können nur durch ein ausgetrocknetes Flussbett erreicht werden, eine befestigte Straße gibt es (noch) nicht.

Alle zwischen Tianshui und Lanzhou verkehrenden **Busse** sowie fast alle **Züge** (außer Express-Zügen) halten sowohl in Gangu als auch in Wushan. Ein Abstecher nach Gangu ist auch im Rahmen eines Tagesausflugs von Tianshui aus möglich, wo vom Busbahnhof in Qincheng morgens Minibusse abfahren. Wer Gangu und Wushan an einem einzigen Tag von Tianshui aus besuchen möchte, muss sich ein Fahrzeug mieten, das angesichts der miserablen Piste hinter Wushan etwas mehr Bodenfreiheit als ein Taxi haben sollte, also eher ein kleiner Minibus. Allerdings ist ein solcher Tagesausflug nicht nur lang und ermüdend, sondern kostet auch um die ¥500 – besser man verbringt eine Nacht in Wushan oder Gangu, möglicherweise als Zwischenstopp auf dem Weg von Tianshui nach Lanzhou. Außerdem gilt es zu beachten, dass der Zugang zu den Wasserschleier-Grotten vom Wetter abhängig ist, da das Flussbett nach heftigen Regenfällen unpassierbar wird.

Pingliang

Rund 200 km nordöstlich bzw. acht Busstunden von Tianshui entfernt liegt Pingliang nahe der Grenze zur Provinz Ningxia. Die Umgebung der Stadt gehört zu einem gebirgigen und landschaftlich sehr schönen Teil von Gansu, in den sich Ausländer jedoch nur selten verirren. Die Hauptattraktion der Region heißt **Kongtong Shan**, eines der meistverehrten daoistischen Klöster des Landes, das in fantastischer Lage auf einem hohen Felsen thront. Die Stätte kann im Rahmen eines Tagesausflugs von Guyuan im Süden Ningxias (s.S. 1097) erreicht werden. Der letzte Bus zurück nach Guyuan (2 Std.) startet um 16 Uhr, außerdem verkehren Nachtzüge nach Yinchuan und Xi'an.

Wer mit dem Bus in Pingliang ankommt, findet die am günstigsten gelegene **Unterkunft** in dem gepflegten *Jiaotong***, aus dem Busbahnhof kommend etwa 100 m nach links, wo Dorm-Betten für ¥40 zu haben sind. Ein Stück weiter die Straße entlang laden mehrere billige **Restaurants** zum Essen ein. Reisende, die am 2 km entfernten Bahnhof eintreffen, wenden sich am besten an das Hotel *Qinsanjiao***, südlich des Bahnhofs nach der Brücke rechts, das Dorm-Betten für ¥50 anbietet. In derselben Straße liegt 100 m weiter ein privater **Busbahnhof** mit nächtlichen Verbindungen nach Xi'an und Lanzhou.

Kongtang Shan befindet sich 15 km westlich der Stadt und ist mit dem Taxi zu erreichen (etwa ¥30). Die Fahrgäste werden am Fuße des Bergs abgesetzt und müssen danach noch eine 3 km lange Serpentinenstraße zum Kloster (Eintritt ¥24) hinauflaufen – eine Mühe, die mit spektakulären Ausblicken auf einen azurblauen See und die mit daoistischen Tempeln übersäte Berglandschaft belohnt wird. An den Ständen vor dem Kloster kann man Landkarten der Umgebung erwerben und anschließend nach Gutdünken loswandern, wobei es die interessantesten Gebäude weiter oben und die schönste Landschaft weiter unten am See zu sehen gibt.

Lanzhou

Auf der Landkarte sieht es so aus, als ob Lanzhou ziemlich genau in der Mitte von China liegt, doch der Schein trügt. Sowohl kulturell als auch politisch ist Lanzhou weit entfernt von den Metropolen Ostchinas, daran ändert auch seine Rolle als Provinzhauptstadt und größtes Industriezentrum im Nordwesten des Landes nichts. Infolge ihrer strategisch bedeutenden Lage als Tor zum **Hexi-Korridor** (s.S. 1118, Kasten) war die Stadt schon früher ein wichtiger Stützpunkt an der Seidenstraße und zugleich der meistfrequentierte Ort zur Überquerung des mächtigen Gelben Flusses. Seit Jahrhunderten dient Lanzhou als Verkehrsknotenpunkt: zunächst für die Karawanen, später für flache Schiffe und heute für die Eisenbahn. Zu einem großen Bevölkerungszentrum entwickelte sich die Stadt aber erst unter der kommunistischen Herrschaft als sie in einen Industriestandort ausgebaut wurde. Heute leben fast drei Millionen Menschen in Lanzhou, die große Mehrheit davon Han-Chinesen.

Lanzhou ist eine freundliche Stadt mit einem ausgezeichneten **Museum**, einigen kulinarischen Verlockungen sowie lebendigen **Einkaufsvierteln** in der Innenstadt. Der wie dickflüssige Schokolade durch die Stadt strömende Gelbe Fluss gehört mit seiner Kulisse aus nebel-, staub- und abgasverhangenen Bergen zu den klassischen Ansichten Chinas. Größte historische und kulturelle Attraktion sind die buddhistischen **Bingling-Si-Höhlen** unmittelbar vor den Toren der Stadt (s.S. 1111). Fast alle Touristen auf dem Weg von oder nach Xinjiang kommen durch Lanzhou, und es lohnt sich, der Stadt einen Tag zu gönnen.

Auf 1600 m Höhe in ein schmales Tal am Gelben Fluss gezwängt, erstreckt sich Lanzhou dünn wie ein Bleistift über fast 30 km von Ost nach West. Das moderne Zentrum sowie die meisten Hotels und Geschäfte konzentrieren sich im Osten der Stadt um den Xiguan-Kreisverkehr und den **Dongfangzhong-Platz**. Lanzhous ältestes und zum Spazierengehen, Essen und Einkaufen interessantestes Viertel liegt ungefähr in der Stadtmitte, während das Museum und das beliebte Hotel *Youyi* im Westen von Lanzhou zu finden sind.

Als Ausgangspunkt für einen Stadtbummel eignet sich eben jenes Einkaufsviertel in den Blocks nördlich und westlich der Zhongshan Lu, die von der Zhongshan-Brücke Richtung Süden und am Hotel *Shengli* im rechten Winkel gen Osten abbiegt. Mit seinen Boutiquen, Fastfood-Restaurants und eleganten Kaufhäusern, in denen westliche Musik erklingt, verströmt dieses Viertel ein äußerst urbanes Flair. Ganz in der Nähe, am westlichen Ende

Lanzhou und Bingling-Si-Höhlen

Lanzhou	兰州	***lánzhōu***
Baita-Shan-Park	白塔公园	*báitǎ gōngyuán*
Baiyi Si	白衣寺	*báiyī sì*
Baiyun Guan	白云观	*báiyún guàn*
Dong-Fanghong-Platz	东方红广场	*dōngfānghóng guǎngchǎng*
Gelber Fluss	黄河	*huánghé*
Lanshan-Park	兰山公元	*lánshān gōngyuán*
Provinzmuseum von Gansu	甘肃省博物馆	*gānsùshěng bówùguǎn*
Reise-nach-Westen-Statue	西游记塑像	*xīyóujì sùxiàng*
Wuquan-Park	五泉公元	*wǔquán gōngyuán*
Xiguan-Kreisverkehr	西关十字	*xīguān shízì*
Übernachtung		
Jincheng	金城宾馆	*jīnchéng bīnguǎn*
Lanshan	兰山宾馆	*lánshān bīnguǎn*
Lanzhou Dasha	兰州大厦	*lánzhōu dàshà*
Lanzhou Fandian	兰州饭店	*lánzhōu fàndiàn*
Lanzhou Legend	飞天大酒店	*fēitiān dàjiǔdiàn*
Shengli	胜利宾馆	*shènglì bīnguǎn*
Yingbing	迎宾饭店	*yíngbīn fàndiàn*
Youyi	友谊宾馆	*yǒuyì bīnguǎn*
Essen		
Boton Coffee	伯顿餐厅	*bódùn hào cāntīng*
Ganju Lou Huoguo Cheng	干聚楼火锅城	*gànjùlóu huǒguǒchéng*
Lihua Fandian	丽花饭店	*lìhuā fàndiàn*
Miandian Wang	面点王	*miàndiǎn wáng*
Qingzhen Fandian	清真饭店	*qīngzhēn fàndiàn*
Transport		
Busbahnhof-Ost	汽车东站	*qìchē dōngzhàn*
Busbahnhof-West	汽车西站	*qìchē xīzhàn*
Hauptbusbahnhof	市长途汽车站	*shì chángtú qìchēzhàn*
Bingling-Si-Höhlen	炳灵寺千佛洞	***bǐnglíngsì qiānfódòng***
Liujiaxia-Stausee	刘家峡水库	*liújiāxiá shuǐkù*
Yongjing	永靖	*yǒngjìng*

der Zhangye Lu, lohnen das **moslemische Viertel** und dessen weiß gekachelte Moschee einen Abstecher.

Unmittelbar nördlich von hier liegt das Ufer der größten Attraktion von Lanzhou, der **Gelbe Fluss**, der bis zu seiner Mündung ins Ostchinesische Meer bei Qingdao noch rund 1500 km zurückzulegen hat. Im Sommer nimmt sein Wasser eine schlammbraune Farbe an, die von den riesigen Mengen mitgeführten Schwemmsands herrührt. Durch seine schnelle Strömung trägt der Gelbe Fluss dazu bei, dass die Stadt immer in den Genuss einer frischen Brise kommt, die ein wenig mäßigend auf das Klima wirkt und angesichts der schlimmen Luftverschmutzung bitternötig ist. Für **Bootsfahrten** auf dem Fluss empfiehlt sich der Ab-

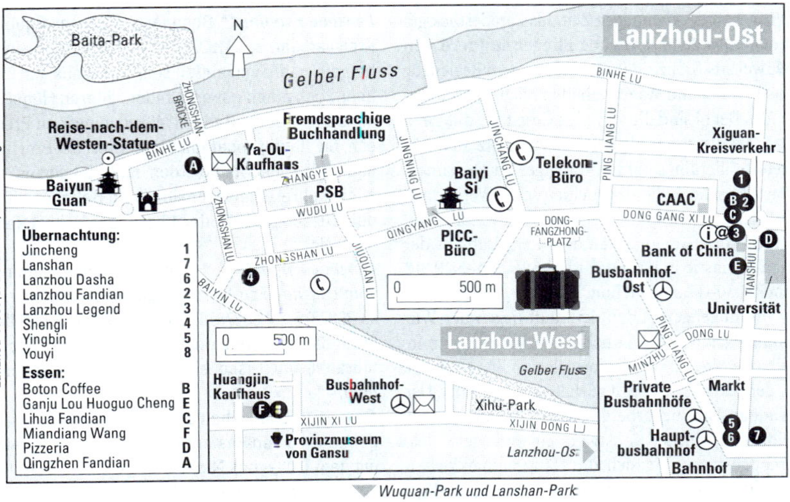

schnitt unmittelbar westlich der Zhongshan-Brücke, wo am zentrumsnahen Ufer ein paar Motorboote auf Kunden warten. In der Binhe Lu gibt es an dieser Stelle eine asphaltierte Promenade, von der man den Fluss beobachten kann, sowie die **Reise-nach-dem-Westen-Statue**, die den Mönch Xuan Zang, den Affenkönig, das Schwein, den Wassergeist und das Pferd abbildet. Auf der anderen Straßenseite steht der kleine, schon halb verfallene daoistische Tempel **Baiyun Guan**, der sich jedoch zur Zeit der Recherche dieses Reiseführers in Restaurierung befand.

Jenseits der Brücke erstreckt sich der **Baita-Shan-Park** über eine Anhöhe und eröffnet von seinen Steinterrassen großartige Ausblicke auf den Fluss. Die 17 m hohe, weiße Pagode im Park geht offiziell auf die Ming-Dynastie zurück, wenngleich andere behaupten, sie wäre auf Befehl von Dschingis Khan zum Gedenken an einen ihm wohlgesonnenen tibetischen Lama erbaut worden. ⌚ tgl. 7–19 Uhr, Eintritt ¥5.

Östlich des Stadtzentrums beginnt der modernere Teil Lanzhous, der aber kaum touristische Sehenswürdigkeiten bereithält. Einzige Ausnahme ist vielleicht der **Baiyi Si** mit seinem dazugehörigen Stupa aus der Ming-Zeit. Der Tempel steht nahe der Kreuzung Jingning Lu und Qingyang Lu und beeindruckt insbesondere wegen seiner Lage, da er auf allen Seiten von riesigen Kaufhäusern im Hongkong-Stil umringt wird und einen völlig verlorenen Eindruck macht. Der nahe gelegene Dong-Fangzhong-Platz lohnt bei Sonnenuntergang einen Besuch, wenn die Fahne im Rahmen einer militärischen Zeremonie eingeholt wird.

Lanzhou-West konzentriert sich um eine exklusive Einkaufs- und Wohngegend rund um die Xijin Xi Lu. Die Anfahrt vom Zentrum erfolgt mit den Bussen Nr. 1 oder Nr. 6 bzw. mit dem Trolleybus Nr. 31. Die einzige Sehenswürdigkeit in diesem Teil der Stadt ist das **Provinzmuseum von Gansu**, untergebracht in einem kastenförmigen, stalinistischen Gebäude gegenüber dem Hotel *Youyi*, das eine Ausstellung zur Naturgeschichte von Gansu (Erdgeschoss) sowie eine Sammlung historischer Funde (Obergeschoss) beherbergt. Abgesehen von einem 4 m hohen, prähistorischen Mammutskelett, das 1973 im Becken des Gelben Flusses gefunden wurde, bietet die naturgeschichtliche Ausstellung nur wenig Interessantes. Dafür entschädigt der Bereich im Obergeschoss, der überdies mit ausführlichen Erläuterungen in englischer Sprache versehen ist. Neben bemerkenswerter Keramik aus der Jungsteinzeit findet sich hier auch eine sehr umfangreiche Sammlung von Holztafeln und Gravuren aus der Zeit der Han-Dynastie – unbezahlbare Quellen für das Studium von Politik, Kultur und

Wirtschaft der damaligen Zeit. Als Paradestück gilt jedoch das 2000 Jahre alte **Fliegende Pferd von Wuwei** aus Bronze, das mitsamt seinem Begleitzug aus Pferden und Wagen erhalten blieb. Ein interessantes Detail sind die stilvollen Gespanne mit ihren runden Sitzen und ihrem Sonnenschutz, in deren Genuss allerdings nur hochrangige Beamte kamen. Das 14 cm hohe Pferd, das einen seiner Vorderhufe auf den Rücken einer fliegenden Schwalbe stellt, wurde vor etwa 30 Jahren in einem Grab aus der Han-Dynastie in Wuwei entdeckt. ⌚ Mo–Sa 9–12 und 14.30–17.30 Uhr, Eintritt ¥25.

Im hügeligen Süden der Stadt liegen der **Wuquan-Park** und der **Lanshan-Park**, beide unmittelbar südlich der Endhaltestelle von Bus Nr. 8, der in der Jiuquan Lu mehrere Haltestellen besitzt. Der Wuquan-Park beherbergt einige Pavillons aus der Qing-Zeit, Teiche, Kunstgalerien und viele viele Treppenstufen, die sich die Hänge hinaufziehen und hin und wieder von einem Teehaus unterbrochen werden. Eines seiner ältesten Gebäude, der **Jingang-Palast**, stammt aus der Ming-Zeit und enthält einen 5 m hohen Buddha, der 1370 aus Bronze gegossen wurde. Der Park ist ein netter Ort, an dem man am Wochenende angenehme Stunden in Gesellschaft von Einheimischen verbringen kann. Oben auf dem Berg erstreckt sich der Lanshan-Park, der vom Wuquan-Park in einer 20-minütigen Fahrt mit dem Sessellift zu erreichen ist. ⌚ tgl. 8–18 Uhr, Eintritt ¥4.

Übernachtung

Die meisten Unterkünfte von Lanzhou befinden sich in der östlichen Stadthälfte sowie in Bahnhofsnähe, eine ebenso preiswerte wie heruntergekommene Gegend. Eine beliebte Alternative ist das Hotel *Youyi* im Westteil der Stadt.

Jincheng********, Tianshui Lu, nahe Xiguan-Kreisverkehr, ✆ 8416638. Moderne und protzige Unterkunft 2 km nördlich des Bahnhofs.

Lanshan*, Tianshui Lu, ✆ 8827211, App. 218. Sehr unansehnliche, aber gastfreundliche Unterkunft am Bahnhof mit DZ sowie 3- und 4-Bett-Dorms (¥26).

Lanzhou Dasha***, Tianshui Lu, schräg gegenüber vom Bahnhof, ✆ 8417210, 📠 8417177. Etwas chaotisch, aber recht gutes Preis-Leistungs-Verhältnis; Warmwasser 19–24 Uhr, Dorm-Bett ¥30.

Lanzhou Fandian**, Donggang Xi Lu, am Xiguan-Kreisverkehr, ✆ 8416321, 📠 8418608. Der riesige Komplex sieht von außen sehr nobel aus, hat aber auch einen gut erhaltenen, älteren Flügel mit DZ und Dorm-Betten (¥40) zu günstigen Preisen, die häufig sogar unaufgefordert mit Preisnachlass angeboten werden. Im Hotel gibt es auch mehrere Reiseschalter. Vom Bahnhof mit den Bussen Nr. 1, 7 oder 10 ein paar Haltestellen nach Norden.

Lanzhou Legend*****, Panxuan Lu, gegenüber vom *Lanzhou Fandian* am Xiguan-Kreisverkehr, ✆ 8882876, 📠 8887876. Das exklusivste Hotel der Stadt bietet internationalen Standard, drei Restaurants, eine Disco, eine Bar und einen Nachtclub.

Shengli**, Zhongshan Lu, ✆ 8465221. In günstiger Lage zu den Restaurants im Zentrum. Anfahrt mit dem Trolleybus Nr. 31 vom Bahnhof (Richtung Westen) oder vom Busbahnhof-West (Richtung Osten).

Yingbin**, Tianshui Lu, nahe Bahnhof, ✆ 888 6552. Freundliche Unterkunft mit hilfsbereitem Personal, billigen 3-Bett-Zimmern sowie vernünftigen DZ mit Bad.

Youyi**–***, Xijin Xi Lu, gegenüber dem Museum, ✆ 2333051, 📠 2330304. Gute Wahl für den kleineren Geldbeutel – saubere und ruhige Economy- oder Standard-Zimmer mit Warmwasser rund um die Uhr. 15 Gehmin. vom Busbahnhof-West, also günstig für die Weiterreise nach Xiahe. Bei der Ankunft aus dem Westen Gansus kommt man direkt am Hotel vorbei und kann sich vom Fahrer absetzen lassen. Vom Bahnhof fährt Bus Nr. 1 oder Trolleybus Nr. 31 zum Hotel.

Essen

In ganz Lanzhou finden sich zahlreiche gute Möglichkeiten zum Essengehen. Rund um den **Busbahnhof-West** liegen preiswerte moslemische Garküchen, und ganz in der Nähe serviert das ***Miandian Wang***, westlich vom Hotel *Youyi*, typisch chinesisches Frühstück mit gedämpften oder gebratenen Teigtaschen, Reisbrei und Sojamilch.

Das **Zentrum** besitzt mit dem ***Qingzhen Fandian***, Zhongshan Lu, gegenüber der Post, ein weiteres recht schickes moslemisches Restaurant, zu erkennen an dem grün-goldenen Schild in arabischer Schrift. In der Gegend östlich vom Hotel *Shengli* liegen zahlreiche preiswerte Restaurants.

Das beste kulinarische Angebot gibt es im **Osten** der Stadt in der Umgebung des Xiguan-Kreisverkehrs. Schräg gegenüber dem *Boton Coffee* (s.u.) lockt eine **Pizzeria** vor allem die Studenten der benachbarten Universität an; eine mittlere Pizza mit reichlich Belag kostet ¥20.

Nicht zuletzt ist Lanzhou auch für sein **Obst** bekannt, das im Sommer Saison hat. Wer zu dieser Zeit in der Stadt weilt, sollte unbedingt die leckeren Pfirsiche, Wassermelonen und Trauben probieren.

Boton Coffee, neben dem Hotel *Lanzhou*. Speisen für den westlichen Gaumen von der einzigen englischen Speisekarte der Stadt – ein Becher Kaffee kostet ¥25, außerdem gibt es Pizzas, Sandwiches, Apfelkuchen (alles um die ¥18) sowie Tagesgerichte und Steaks (ca. ¥40); angenehme ruhige Atmosphäre.

Ganju Lou Huoguo Cheng, Tianshui Lu. Gute Adresse für Feuertopf, wenn man sich nicht daran stört, dass im Hintergrund lautstarke Trinkspiele stattfinden. Für ¥60 bekommt man ausreichend Gemüse und Fleisch für 2 Pers. aufgetischt.

Lihua Fandian, neben dem Hotel *Lanzhou*. Helles, belebtes und billiges Restaurant mit einheimischen Köstlichkeiten, z.B. *jincheng niangpi* (scharf gewürzte Glasnudeln), *suncai fentiao* (Nudeln mit eingelegtem Gemüse, Chili und Anis) oder *jing rousi* (kurz angebratene Fleischstreifen in süßer Soja-Sauce, die man nach Art der Peking-Ente als Pfannkuchenfüllung serviert bekommt). Einschließlich Bier kostet eine Mahlzeit p.P. selten mehr als ¥15.

Sonstiges

AMT FÜR ÖFFENTLICHE SICHERHEIT (PSB) – Wudu Lu, 200 m westlich der Jiuquan Lu. Auch Visumverlängerungen.

BÜCHER – ***Fremdsprachige Buchhandlung,*** Zhangye Lu. Große Auswahl an Romanen in englischer Sprache. Der Eingang an der Westseite des Gebäudes ist nicht leicht zu finden.

EINKAUFEN – Wer an robuster **Armeebekleidung** – Wintermäntel, Westen, Hüte und Stiefel – interessiert ist, kommt in Lanzhou auf seine Kosten: Am Nordufer des Gelben Flusses steht in der Yanchang Lu Nr. 227 die größte Fabrik dieser Art in ganz China. Man kann die Fabrik besichtigen und im Verkaufsraum billig einkaufen. Zu erreichen mit dem Bus Nr. 7 vom Bahnhof.

GELD – ***Bank of China,*** Tianshui Lu, unmittelbar südlich des *Lanzhou Legend*. Fremdwährungen werden im 2. Stock gewechselt.

INTERNET – Südlich der Universität in der Tianshui Lu befinden sich mehrere ***Internet-Cafés*** (ca. ¥3/Std.).

Lanzhou Online Net Bar, gegenüber dem *Lihua Fandian* (durch den Billardsalon und dann die Treppe hinauf). Etwas teurer als die Cafés an der Uni.

POST UND TELEFON – Pingliang Lu, Ecke Minzhu Dong Lu, ⌚ Mo–Sa 8–19 Uhr, Post und Telefongespräche. Eine weitere Postfiliale gibt es im Busbahnhof-West.

R-Gespräche kann man im ***Telefon- und Telegrammbüro,*** Qingyang Lu, Ecke Jinchang Lu, führen.

REISEBÜROS – Fast jede Einrichtung, die in irgendeiner Weise mit Reisen zu tun hat – von den Busbahnhöfen über die Hotels bis zur *Bank of China* –, scheint einen eigenen Schalter für die Buchung von Zugfahrkarten und Flugtickets zu besitzen.

Bei Reservierung von Fahrkarten im Reisebüro sind 36 Stunden Vorlauf und ca. ¥30 Provision üblich.

Gansu International Hope Travel Agency, im Hotel *Youyi*, ✆ 2310637

Western Travel Service, im Hotel *Lanzhou*, ✆ und 📠 8852929, sehr zu empfehlen, mit Englisch sprechendem Personal. Beide Veranstalter bieten u.a. Tagesausflüge nach Bingling Si (¥200–300) sowie zweitägige Touren nach Xiahe (¥510).

VORWAHL – 0931

Transport

BUSSE – In Lanzhou gibt es mehrere Überland-Busbahnhöfe. Die meisten Busse aus dem Westen und dem Hexi-Korridor kommen am **Busbahnhof-West** in der Xijin Xi Lu an, der etwa 15 km vom Bahnhof entfernt nahe dem Hotel *Youyi* liegt. Mit dem Stadtbus Nr. 1 oder dem Trolleybus Nr. 31 gelangt man in den Osten der Stadt. Vom Busbahnhof-West gibt es die einzigen beiden Verbindungen täglich nach XIAHE (Abfahrt vor 8.30 Uhr, 8 Std. – in Zukunft weniger, weil gerade eine neue Schnellstraße gebaut wird). Außerdem fahren regelmäßig um 8.30 Uhr und um 16 Uhr Busse nach LINXIA (3 Std.), HEZUO (8 Std.), WUWEI (5 Std.) und XINING (5 Std., über eine neue Schnellstraße) sowie am frühen Abend ein Bus nach DUNHUANG (24 Std.). Am Busbahnhof-West sollte man sich vor Schleppern in Acht nehmen, die sofort auftauchen, nachdem man sich in die Warteschlange am Fahrkartenschalter eingereiht hat – sie gehen automatisch davon aus, dass man nach Linxia will, und falls man sie ignoriert, schnappen sie sich einfach das Gepäck und werfen es in ihren Bus.
Alle übrigen Busse nutzen die beiden anderen Haltestellen: den Hauptbusbahnhof oder den Busbahnhof-Ost. Der **Hauptbusbahnhof** liegt gut versteckt im unteren Abschnitt der Pingliang Lu nahe dem Bahnhof und ist überraschend klein. Zu seinen nützlichsten Verbindungen zählen die Busse nach WUWEI (5 Std.), TIANSHUI (8 Std.), YINCHUAN (14 Std.), GUYUAN (7 Std.) und XINING (5 Std.). Außerdem gibt es einen Nachtbus – mit Schlafkojen – nach XI'AN (16 Std.). Etwa 1 km nördlich vom Hauptbusbahnhof befindet sich der größere **Busbahnhof-Ost**, der in etwa die gleichen Strecken bedient, aber wesentlich mehr Langstreckenverkehr abwickelt und geringfügig billigere Fahrkarten bietet.
Ebenfalls in der Pingliang Lu liegt eine Hand voll **privater Busbahnhöfe**, die Verbindungen zu Reisezielen im Westen der Provinz offerieren. Die Busse sind teurer, fahren aber häufiger.
Für den Kauf einer Busfahrkarte ist der Abschluss einer **PICC-Reiseversicherung** nötig (s.S. 1100, Kasten), erhältlich in den Busbahnhöfen, an den Reiseschaltern im Hotel *Lanzhou Fandian* oder direkt im PICC-Büro in der Qingyang Lu.

Busse nach:
JIAYUGUAN 16 Std.;
ÜRÜMQI 44 Std.;
ZHANGYE 11 Std.

EISENBAHN – Als wichtigster Eisenbahnknotenpunkt im Nordwesten Chinas ist Lanzhou natürlich gut per Zug zu erreichen. Der riesige **Hauptbahnhof**, der gerade aufwändig renoviert wird, liegt im Südosten der Stadt am unteren Ende der Pingliang Lu. Von hier fahren die **Busse** Nr. 7, 10 und 34 zum 2 km nördlich gelegenen Xiguan-Kreisverkehr, während Bus Nr. 1 sowie Trolleybus Nr. 310 den 12 km entfernten Westteil der Stadt ansteuern. Es stehen auch **Taxis** für den Weitertransport zur Verfügung, die entweder ein Taxameter oder einen festen Tarif (ab ¥5) haben – der Betrag steht auf einem Aufkleber an der Windschutzscheibe.
Wer nicht gerade Xiahe, Linxia oder einen ähnlich abgelegenen Ort zum Ziel hat, ist für die Weiterreise vermutlich am besten mit dem Zug bedient. Alle wichtigen Städte entlang des nordwestlich von Lanzhou verlaufenden Hexi-Korridors sind an die Eisenbahn angebunden; gute Verbindungen bestehen auch Richtung Osten nach TIANSHUI (13x tgl., 6 Std.), Richtung Norden nach YINCHUAN (3x tgl., 8 Std.) in Ningxia sowie Richtung Westen nach XINING (4x tgl., 3 Std.) in Qinghai. Ein weiterer Vorteil der Bahn ist, dass man keine PICC-Versicherung benötigt.
Fahrkarten sind am Bahnhof zu bekommen, was aber in der Regel mit Wartezeiten verbunden ist; ansonsten helfen die Reisebüros weiter.

Züge nach:
BAOTOU 2x tgl., 15 Std.;
BEIJING 5x tgl., 24 Std.;
CHENGDU 2x tgl., 24 Std.;
DAHEYAN 5x tgl., 20–28 Std.;
HAMI 10x tgl., 18–23 Std.;
HOHHOT 2x tgl., 18 Std.;
GUANGZHOU 1x tgl., 42 Std.;
GUYUAN 3x tgl., 10 Std.;
JIAYUGUAN 10x tgl., 11–13 Std.;
LIUYUAN 10x tgl., 13–18 Std.;
SHANGHAI 2x tgl., 28 Std.;
ÜRÜMQI 9x tgl., 25 Std.;

WUWEI 10x tgl., 5 Std.;
XI'AN 9x tgl., 13–15 Std.;
ZHANGYE 10x tgl., 8–10 Std.;
ZHONGWEI 6x tgl., 6 Std.

FLÜGE – Lanzhous **Flughafen** liegt 70 km bzw. zwei Autostunden nördlich der Stadt und bietet Verbindungen in alle größeren chinesischen Städte sowie innerhalb der Provinz Gansu nach DUNHUANG (1–2x tgl., 2 Std.) und JIAYUGUAN (tgl., 1 1/2 Std.). Der **Flughafenbus** hält vor dem *CAAC*-Büro in der Donggang Xi Lu, ein paar Gehminuten westlich des *Lanzhou Fandian* im Ostteil der Stadt.

Fluggesellschaften:
CAAC, Donggang Xi Lu, ✆ 8821964, ⌚ tgl. 8–21 Uhr.

Flüge nach:
BEIJING 3x tgl., 2 Std.;
CHANGSHA 4x wöchentl., 2 Std.;
CHENGDU tgl., 1 Std.;
CHONGQING 2x wöchentl., 1 1/2 Std.;
FUZHOU 2x wöchentl., 3 1/2 Std.;
GUANGZHOU tgl., 3 Std.;
HAIKOU 2x wöchentl., 4 Std.;
KUNMING tgl., 1 1/4 Std.;
QINGDAO 3x wöchentl., 3 1/2 Std.;
SHANGHAI 1–2x tgl., 2 1/2 Std.;
SHENZHEN 4x wöchentl., 4 Std.;
ÜRÜMQI tgl., 2 1/2 Std.;
XI'AN 1–2x tgl., 1 Std.;
YINCHUAN 4x wöchentl., 1 Std.

Bingling-Si-Höhlen

Eine Tour von Lanzhou zu den buddhistischen Höhlen von Bingling Si zählt zu den lohnenswertesten Unternehmungen in der Provinz Gansu und rechtfertigt für sich allein bereits einen Aufenthalt in der Provinzhauptstadt. Sie bietet nicht nur einen Blick auf die spektakuläre **buddhistische Höhlenkunst**, die dank der Seidenstraße ihren Weg in diese Region gefunden hat, sondern auch einen imposanten Eindruck vom **Gelben Fluss**.

Die Höhlen liegen in einer Schlucht neben dem **Liujiaxia-Stausee** am Gelben Fluss und sind nur zu bestimmten Jahreszeiten und nur vom Wasser her zugänglich. Von Lanzhou führt die erste Etappe der Reise zwei Stunden im Bus durch eine außergewöhnlich fruchtbare Lösslandschaft zur gigantischen Staumauer am **Wasserkraftwerk Liujiaxia**, das von felsigen Bergen der unterschiedlichsten Farbschattierungen umgeben ist. Hier besteigt man eine Fähre, die nach dreistündiger Fahrt zu den Höhlen gelangt und unterwegs interessante Ansichten bietet – Fischer bei der Arbeit und Bauern, die am dunklen und steilen Ufer Weizen, Sonnenblumen und Reis anbauen. Im Verlauf der Fahrt durchquert das Schiff auch eine tiefe **Schlucht**, in welcher der wilde Strom immer wieder Stücke vom Ufer mitreißt. Der Gelbe Fluss führt angeblich 35 kg Schwemmsand pro Kubikmeter mit sich, denen er nicht nur sein konstant trübes Wasser, sondern auch seinen Namen verdankt.

Die Fähre legt unmittelbar unterhalb der Grotten von Bingling Si an. Die insgesamt 183 Höhlen wurden inmitten einer atemberaubenden Landschaft an einem Nebenfluss des großen Stroms aus der nackten Felswand gehauen und zählen zu den frühesten buddhistischen Zeugnissen Chinas. Die Arbeiten begannen unter den Westlichen Jin und wurden später unter den Nördlichen Wei, Tang, Song und Ming fortgeführt. Ihrer Unzugänglichkeit haben es die Höhlen zu verdanken, dass sie im 19. Jahrhundert von ausländischen Plünderern sowie ein Jahrhundert später von den Roten Garden verschont blieben – während sich die meisten Skulpturen noch in einem guten Zustand befinden, werden die Wandgemälde derzeit restauriert. Die zentrale Skulptur, ein 27 m hoher **Sitzender Buddha**, ist über ein Schwindel erregendes Netz aus Treppen und Rampen zugänglich und wurde wahrscheinlich unter den Tang aus dem Fels gemeißelt. Ihren Höhepunkt erreichte die Grottenkunst von Bingling Si unter den Dynastien der Song und Ming, und obwohl viele Wandgemälde aus jener Periode buchstäblich weggewaschen wurden, ist noch immer eine beträchtliche Zahl kleinerer und exquisiter Skulpturen erhalten.

Am einfachsten lassen sich die Höhlen im Rahmen eines organisierten Tagesausflugs von Lanzhou aus besichtigen. In der Regel führt der Stausee nur zwischen Juni und Oktober ausreichend Wasser, aber es gab auch schon Jahre, in denen selbst im Sommer kein **Zugang** zu den Grotten möglich war. Einige Reiseveranstalter kutschieren nichts ahnende Gäste erst einmal bis zum Stausee, um dann „plötzlich" festzustellen, dass der Wasserstand zu niedrig ist – Geld gibt es natürlich nicht zurück. Daher ist es ratsam, sich vor der Buchung bei anderen Reisenden über die Situation am Stausee zu erkundigen.

Die meisten Reiseveranstalter in Lanzhou bieten **Touren** zu den Höhlen an, wobei Alleinreisende in der Regel versuchen müssen, Anschluss an eine Gruppe zu finden. Der Preis für die maximale Teilnehmerzahl von drei Personen beläuft sich normalerweise auf ¥400–500 inklusive Transport, Eintrittskarte und Versicherung; die *Gansu International Hope Travel Agency* im Hotel *Youyi* berechnet den Preis p.P., was sich auf ¥200 beläuft. Möglicherweise starten auch größere und demzufolge billigere Gruppenreisen vom Hotel *Shengli,* wo man sich nach den Einzelheiten erkundigen kann. Die Standardtour dauert bis zu zwölf Stunden und umfasst weniger als zwei Stunden Aufenthalt bei den Grotten, ist aber angesichts der landschaftlich schönen Strecke überaus lohnenswert. Eine detaillierte Führung mit Besichtigung aller Höhlen kann im Rahmen einer privaten Tour organisiert werden.

Eine Alternative ist die Anfahrt zum Stausee mit dem **öffentlichen Bus**. Vom Busbahnhof-West sowie von einer speziellen Haltestelle vor dem Hotel *Shengli* starten Busse nach **Yongjing**, die an der Anlegestelle für die Fähre vorbeikommen. Hier kann man meistens für rund ¥500 ein privates Motorboot zu den Höhlen chartern. Sollte der letzte Bus zurück nach Lanzhou gegen 17 Uhr bereits abgefahren sein, bleibt nur eine Übernachtung in Yongjing, das etwa eine halbe Stunde zu Fuß entfernt liegt.

Linxia

Die gebirgige und vegetationsreiche Gegend südlich und südwestlich von Lanzhou an der Grenze zu Qinghai im Westen und Sichuan im Süden ist von enormer landschaftlicher Schönheit geprägt und blieb bislang von Industrialisierung und Überbevölkerung weitgehend verschont. Die wenigen Menschen, die hier leben, bilden eine faszinierende ethnische und kulturelle Vielfalt mit einer stark ausgeprägten Präsenz von **Hui** und **Tibetern** in den Städten Linxia und Xiahe (s.S. 1114).

Die von Lanzhou Richtung Südwesten führende Landstraße passiert zunächst Yongjing und Liujiaxia, die Ausgangspunkte für eine Besichtigung der Bingling-Si-Höhlen, und durchquert anschließend den **Autonomen Bezirk Dongxiang**. Bei der nur knapp 200 000 Menschen umfassenden Minderheit der Dongxiang handelt es sich um Moslems mongolischer Abstammung, die jedoch inzwischen – zumindest für Außenstehende – kaum noch von den Hui zu unterscheiden sind, außer vielleicht bei bestimmten Festen und Feiern, wenn die alten mongolischen Bräuche wieder zum Vorschein kommen.

Drei Stunden Busfahrt (60 km) von Lanzhou entfernt ist das Pilgerzentrum Linxia eine deutlich moslemisch geprägte Stadt voller **Moscheen**, die nach den Verwüstungen der Kulturrevolution größtenteils restauriert wurden. Hier trägt fast jeder die charakteristische weiße Kappe, die Frauen zusätzlich einen Schleier aus feiner Spitze, der bei verheirateten Frauen schwarz und bei unverheirateten grün ist. In Linxia werden auch die auffällig großen Augengläser hergestellt, die von den alten Männern in dieser Region getragen werden. Die Stadt bietet kaum Sehenswürdigkeiten, ist aber interessant genug, um die Reise von Lanzhou nach Xiahe für kurze Zeit zu unterbrechen.

Linxias in Nord-Süd-Richtung verlaufende Hauptstraße heißt im nördlichen Abschnitt Tuanjie Lu und im südlichen Abschnitt Jiefang Lu. Etwa auf halber Strecke liegt ein großer zentraler Platz und unmittelbar südlich davon das wichtigste Gebetshaus der Stadt, die **Nanguan-Moschee**. Die Jiefang Lu mündet an ihrem südlichen Ende in einen großen Kreisverkehr, an dessen nördlicher Seite eine Filiale der *Bank of China* steht.

Übernachtung und Essen

Longlin Fandian**, vom Busbahnhof-Süd gen Norden und am ersten großen Kreisverkehr rechts. Hotel mit Restaurant.

Shuiquan Binguan**, unmittelbar nördlich vom Busbahnhof-Süd, ✆ 0930/214964. Die billigste Unterkunft in Linxia bietet DZ und 3-Bett-Dorms (¥38), knöpft aber Ausländern gerne den doppelten Preis ab.

Das *Longlin* hat ein recht elegantes **Restaurant**. Als Alternative bietet sich der attraktive **Nachtmarkt** am oberen Ende der Jiefang Nan Lu (am nächsten Kreisverkehr nördlich des *Longlin*), an

Süd-Gansu

Autonomer Bezirk Dongxiang	东乡自治县	***dōngxiāng zìzhìxiàn***
Linxia	临夏	***línxià***
Busbahnhof-Süd	汽车南站	*qìchē nánzhàn*
Busbahnhof-West	汽车西站	*qìchē xīzhàn*
Longlin Fandian	龙林饭店	*lónglín fàndiàn*
Nanguan-Moschee	南关大寺	*nánguān dàsì*
Shuiquan Binguan	水泉宾馆	*shuǐquán bīnguǎn*
Xiahe	夏河	***xiàhé***
Gongtang-Pagode	贡唐宝塔	*gòngtáng bǎotǎ*
Hongjiao Si	红交寺	*hóngjiāo sì*
Kloster Labrang	拉卜楞寺	*lābólèng sì*
Sangke-Grasland	桑科草原	*sāngkē cǎoyuán*
Übernachtung		
Labrang	拉卜楞宾馆	*lābólèng bīnguǎn*
Tara Guesthouse	夏河县卓玛旅社	*xiàhéxiàn zhuōmǎ lǚshè*
Tibetan Guesthouse	华侨旅社	*huáqiáo lǚshè*
Youyi	友谊宾馆	*yǒuyì bīnguǎn*
Hezuo	合作	***hézuò***
Kloster Mila'erba	郎木寺	*lángmù sì*
Luqu	碌曲	***lùqǔ***

dessen Ständen dicke Fladenbrote *(bing)* mit Curry-Geschmack, Brathähnchen, Nudeln und Suppen verkauft werden. Auf den Terrassen an der Südseite des zentralen Platzes befinden sich zwei nette **Teehäuser**, wo man draußen sitzen und die frische Abendluft genießen kann.

Transport

BUSSE – In Linxia gibt es zwei Busbahnhöfe. Wer aus Xining oder Tongren anreist, wird möglicherweise an dem kleineren **Busbahnhof-West** im äußersten Nordwesten der Stadt abgesetzt, von wo Fahrrad-Rikschas ins Zentrum fahren.

Der **Busbahnhof-Süd oder Hauptbusbahnhof** liegt ein paar Hundert Meter südlich des Jiefang-Lu-Kreisverkehrs in der Jiefang Nan Lu und in Laufweite zu den Hotels. Von hier fahren häufig Busse via Liujiaxia (Ausgangspunkt für Bingling Si) nach LANZHOU (3 Std.) sowie mehrmals täglich nach XIAHE (5 Std.).

Beim Kauf einer Busfahrkarte in Linxia muss eine Versicherungspolice vorgelegt werden (s.S. 1100, Kasten). Das zuständige **PICC-Büro** befindet sich rund 20 Gehmin. nördlich vom Busbahnhof-Süd jenseits des zentralen Platzes, ist aber auch mit der Fahrrad-Rikscha (¥1–2) erreichbar.

Bei der Abreise aus Linxia treten sehr aggressive Schlepper der Busunternehmen auf den Plan, die praktisch vor nichts zurückschrecken, um Fahrgäste in ihren Bus zu bekommen. Wer nicht wie ein Luchs auf seine Taschen aufpasst, kann manchmal nur noch zuschauen, wie sie unter den Händen weggeschnappt und schwungvoll in einen der Minibusse befördert werden.

Busse nach:
TIANSHUI 9 Std.;
WUWEI 9 Std.;
XINING 11 Std.

Xiahe

Von Linxia dauert die Fahrt bergauf nach Xiahe noch drei bis vier Stunden (die Rückfahrt bergab ist in zwei Stunden absolviert). In der reizvollen Gegend überlagern sich die Kulturen der alteingesessenen islamischen und buddhistischen Gemeinschaften auf faszinierende Weise und werden darüber hinaus bereichert durch die beiden weniger bekannten chinesischen Minderheiten **Bao'an** und **Salar**. Die nur knapp 8000 Seelen zählenden Bao'an sind den Dongxiang sehr ähnlich, denn auch sie haben mongolische Wurzeln. Die Salar hingegen zählen zu den turksprachigen Völkern und stammen wohl ursprünglich aus Samarkand in Zentralasien. Heute leben die meisten Salar im Bezirk Xunhua in der benachbarten Provinz Qinghai.

In einem sonnigen und grünen Tal am Rand der Tibetischen Hochebene verbirgt sich auf 3000 m Höhe dieser wahrhaft unvergessliche Ort. Xiahe gewährt nicht nur Einblicke in die **Lebensart der Tibeter**, die hier in einem der schönsten tibetischen Klöster leben und arbeiten, sondern bietet auch ausreichend Gelegenheit, ein wenig Zeit in der freien Natur zu verbringen.

Xiahe ist eine der wichtigsten tibetischen Klosterstädte außerhalb Tibets und das **Kloster Labrang** (Labuleng Si) eines der sechs großen Zentren der Gelugpa oder Gelbmützensekte – vier weitere befinden sich in Tibet, und dazu kommt das Kloster Ta'er Si vor den Toren Xinings in der chinesischen Provinz Qinghai. Selbst aus Tibet kommen viele Pilger, gekleidet in ihre traditionellen Trachten und ausgerüstet mit Fausthandschuhen und Knieschonern, um sich bei ihren Niederwerfungen vor Abschürfungen zu schützen. Xiahes einzigartige und faszinierende Szenerie wird unterstrichen durch den nie versiegenden Strom der in strahlendem Violett, Gelb und Rot gekleideten Mönche und der halbnomadischen, in Schaffell gehüllten und nach Yakbutter riechenden Hirten.

Die Stadt erstreckt sich über 3 bis 4 km am Nordufer des Daxia-Flusses und besteht mehr oder weniger aus einer einzigen Straße. Ganz im Osten liegt der Busbahnhof, in der Mitte das Kloster Labrang und im äußersten Westen die tibetische Altstadt und das Hotel *Labrang*. Der überwiegend von Hui und Han bewohnte Ostteil der Stadt fungiert auch als **Geschäfts- und Verwaltungszentrum**, wo sich zwei Banken, eine Post sowie zahlreiche Läden und diverse Märkte befinden. In diesem Viertel kann man prima nach religiösen Gegenständen aus Tibet stöbern, darunter von Hand gedruckte Sutren, kleine Gebetsmühlen, Glocken und Schmuck. Für die Nomaden, die mit rasselnden Sporen aus der nahe gelegenen Steppe angeritten kommen, wird eine Vielfalt an Reitausrüstung wie Sättel und Zaumzeug angeboten.

Jenseits des Klosters, im Westteil der Stadt, breitet sich das **tibetische Viertel** aus. Nach der Brücke, die den gesamten motorisierten Verkehr auf die Südseite des Flusses leitet, degeneriert die Straße zu einer holprigen Piste mit Wohnhäusern aus Lehm und Holz und umherstreunenden Schweinen und Kühen. In diesem Teil der Stadt steht von Osten kommend rechts der Straße noch ein weiteres bedeutendes religiöses Bauwerk, der **Hongjiao Si** (Tempel der Rotmützenschule). Die Rotmützenmönche tragen rote Roben, verziert mit einem großen weißen Band, und leben im Schatten ihrer reicheren und auch zahlenmäßig überlegeneren Brüder der Gelbmützenschule.

Kloster Labrang

Rund 1500 m westlich des Busbahnhofs beginnt der eigentliche Klosterbereich, der nicht einmal durch eine Mauer von der Stadt abgetrennt ist. Hier verschmelzen beide Welten und mitten hindurch verläuft die Hauptstraße. Als einzige Markierung dienen die langen Reihen überdachter **Gebetsmühlengänge**, die einen beinahe geschlossenen Kreis um das Kloster bilden. Besonders an der Südseite, also am Nordufer des Flusses, kann man den Gebetsmühlen fast bis zum anderen Ende des Klosters folgen – die noch bestehenden Lücken werden rapide geschlossen. Es ist ein faszinierendes Erlebnis, zusammen mit den Pilgern im Uhrzeigersinn das Kloster zu umrunden, während sie jede Mühle am Weg drehen und dabei ihre Gebete gen Himmel schicken.

Das Kloster wurde 1709 von einem Mönch namens E'Ang Zongzhe gegründet, der dadurch zum **Jiemuyang** (Lebender Buddha) der ersten Generation aufstieg. Nach dem Tod eines jeden Jiemuyang erblickt ein neuer das Leben und wird als Reinkarnation seines Vorgängers verehrt. Der gegenwärtige Jiemuyang, die sechste Inkarnation, ist die dritthöchste Persönlichkeit in der buddhistischen

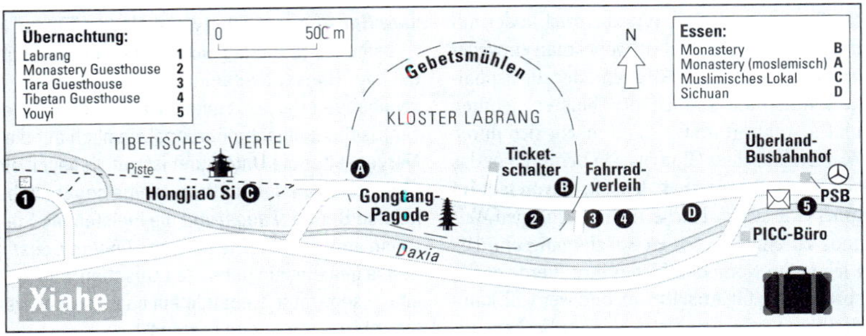

Hierarchie Tibets nach dem Dalai Lama und dem Panchen Lama.

Auch wenn Labrang heute wie eine friedliche Zufluchtsstätte wirkt, gab es schon ganz andere Zeiten. In den 20er Jahren des 20. Jahrhunderts wurden hier erbitterte Kämpfe zwischen moslemischen Militärmachthabern und Tibetern ausgetragen, wobei beide Seiten schlimme Gräueltaten auf ihrem Konto zu verbuchen hatten. Gleichermaßen verheerend wirkte die Kulturrevolution, im Rahmen derer die Mönche verfolgt und das Kloster zerstört wurde. Erst 1980 fand die Wiedereröffnung statt, und heute steht Labrang erneut in voller Blüte, wenngleich die Anlage etwas kleiner als zuvor ist. Eine Vorstellung von der ehemaligen Ausdehnung bekommt man bei der Betrachtung des Gemäldes, das vom Eingang aus gesehen an der hinteren Wand der Ausstellungshalle hängt. Heute leben in Labrang rund 2000 Mönche, vor der Zerstörung waren es doppelt so viele.

Fast alle wichtigen **Klostergebäude** stehen nördlich der Hauptstraße, darunter sechs Akademien, mehrere Tempelhallen, die Wohngebäude des Jiemuyang sowie zahllose Schlafquartiere für die Mönche. Die Fakultäten, an denen die Mönche studieren und ihre Hochschulabschlüsse erwerben, lehren die Fachrichtungen Astronomie, Esoterischer Buddhismus, Recht, Medizin und Theologie. An weiteren Schulen werden Tanz, Musik und Malerei unterrichtet.

Das einzige größere Klostergebäude südlich der Hauptstraße ist die **Gongtang-Pagode**, an der man beim Kreisgang um die Gebetsmühlen vorbeikommt. Wer sich die Mühe macht, die Treppen bis zur Spitze zu erklimmen, wird mit einem spektakulären Ausblick auf die goldglänzenden Dächer des Klosters belohnt. 🕓 tgl. 8–19 Uhr, Eintritt ¥5.

Die buddhistischen Laien unter den Besuchern werden der Identifizierung der einzelnen Gebäude vermutlich weniger Interesse schenken, sondern einfach nur die einzigartige Atmosphäre in sich aufnehmen, die von den Mönchen verbreitet wird – ob sie sich zum gemeinsamen Gebet versammeln, in theologische Diskussionen verstrickt sind oder einfach nur wie Schuljungen herumalbern (was viele von ihnen auch tatsächlich sind). Man darf das gesamte Gelände nach Belieben erkunden, egal ob tagsüber oder nachts. Manchmal wird Besuchern sogar gestattet, sich im Innern der Tempel umzuschauen, solange sie sich einfühlsam und diskret verhalten und sich strikt im Uhrzeigersinn bewegen. Angesichts der faszinierenden Architektur, Kunst und Bildhauerei empfiehlt sich auch die Teilnahme an einer der einstündigen **Führungen**, die von Englisch sprechenden Mönchen geleitet werden und um 10 Uhr sowie 15.30 Uhr (in der Hochsaison öfter) beginnen. Karten hierfür – Kostenpunkt ¥23 – bekommt man am Ticketschalter in der einzigen größeren Straße, die innerhalb des Klosterbereichs von der Hauptstraße nach Norden abgeht.

Die Umgebung von Xiahe

Selbst ohne das Kloster wäre Xiahe angesichts seiner idyllischen Lage ein reizender Ort zum Ausspannen. Die vom Tal aufsteigenden Berge bieten ausgezeichnete Gelegenheiten zum Wandern, und die Ausblicke auf die glänzenden Klosterdächer sind absolut beeindruckend. Rund 15 km westlich der Stadt beginnt das **Sangke-Grasland**, das per

Motor-Rikscha (ca. ¥30 hin und zurück) oder mit dem Fahrrad zu erreichen ist, wobei man entweder die unbefestigte Straße nördlich oder die asphaltierte Landstraße südlich des Flusses nehmen kann. Die Ankunft im Grasland macht sich durch ein Kartenhäuschen (Eintritt ¥3) bemerkbar, das mitten in der Pampa steht. Jenseits davon lädt im Sommer eine riesige Fläche grasbewachsenen Weidelands zu einem schönen Spaziergang ein. Die hier lebenden Nomaden bieten ihre Pferde gegen ¥10 pro Stunde für **Ausritte** an, und wer will, kann sogar übernachten. Das Hotel *Labrang* besitzt einige Jurten, allerdings verheißt das dazugehörige pinkfarbene Spielkasino namens *Nira Ethnic Paradise Resort* für die zukünftige Entwicklung dieser bislang noch recht friedlichen Gegend wenig Gutes.

Das 30 km weiter nördlich gelegene **Gancha-Grasland** ist um einiges ausgedehnter und einsamer, aber auch schwieriger zu erreichen; im Sommer werden vom *Tara Guesthouse* Tagestouren dorthin angeboten (¥60).

Übernachtung

Im Ostteil der Stadt gibt es eine Vielzahl von Hotels im chinesischen Stil. Mehr Charakter haben jedoch die von Tibetern betriebenen Guesthouses weiter westlich, die eine gemischte Klientel aus Pilgern und preisbewussten Travellern anlocken.

Labrang**, in den Feldern westlich der Stadt, ✆ 21849. Das mit Abstand beste Hotel von Xiahe liegt 4 km vom Busbahnhof und fast 1 km vom nächsten Gebäude entfernt. Vom Busbahnhof sollte eine Fahrt mit der Fahrrad-Rikscha nicht mehr als ¥5 kosten, wobei damit zu rechnen ist, dass man unterwegs auch mal absteigen und schieben muss. Unterkunft wahlweise in 3-Bett-Dorms mit Bad (¥20), schlichten DZ oder etwas feuchten Betonhütten (¥320) im „tibetischen Stil". Im Hochsommer schnellen die Preise in die Höhe, und im Winter ist das Hotel teilweise geschlossen.

Monastery Guesthouse*, im Herzen des Klostergeländes. Von Mönchen geleitet, die offenbar nach Höherem streben als sauber zu machen. Einfache, um einen Hof gruppierte Zimmer mit Ofen, so spartanisch wie eine Mönchszelle. Kein Einlass nach 23 Uhr und kein Warmwasser.

Tara Guesthouse*, 50 m westlich vom Tibetan Guesthouse (der ausgeschilderte Eingang liegt ein paar Häuser weiter in der nach Süden abzweigenden Gasse). Einigen Gästen geht das exzentrische tibetische Personal ziemlich auf die Nerven, aber die Unterkunft ist gut: liebevoll eingerichtete Zimmer mit Ofen, einige sogar mit beheizten Betten *(kangs)* und die meisten mit Stereoanlage statt TV. Die mit dem *Tibetan Guesthouse* gemeinsam genutzten Duschen sind in einem separaten Gebäude ein paar Häuser weiter untergebracht und kosten ¥2.

Tibetan Guesthouse*, gute 500 m westlich des Busbahnhofs. Sauberes und gepflegtes Gebäude mit den billigsten Dorm-Betten (¥15) der Stadt.

Youyi**, ein paar Gehminuten westlich des Busbahnhofs auf der gegenüberliegenden Straßenseite, ✆ 21593. Freundliche Unterkunft im chinesischen Stil, Dorm-Bett ¥40.

Essen

Der Zustrom von Touristen hat dem gastronomischen Gewerbe in den letzten Jahren einen enormen Auftrieb gegeben.

Im Ostteil von Xiahe gibt es eine Vielzahl von **Restaurants** mit tibetischen und westlich angehauchten Speisen (z.B. Bananen-Pfannkuchen) im Angebot – fast alle Lokale tragen in ihrem Namen die Worte „Tibet" oder „Snow" und unterscheiden sich nicht großartig voneinander. Viele Tibeter sind dort allerdings nicht anzutreffen, da sie die billigeren namenlosen Lokale bevorzugen.

Läuft man vom Hotel *Labrang* in Richtung tibetisches Viertel, so gelangt man zu einem **moslemischen Lokal** (das erste Restaurant auf der rechten Seite in einem Innenhof), das ein großartiges Frühstück mit Joghurt und Honig, Pfannkuchen, Brot und sogar Frischkäse serviert.

Monastery Restaurant, am östlichen Rand des Klostergeländes. Eine von zwei Gaststätten gleichen Namens, die von einer Familie aus dem Gancha-Grasland betrieben und von abenteuerlichen Gestalten frequentiert wird. Gemütliches Restaurant mit tibetischen Speisen wie *tsampa*, bestehend aus Yakbutter und grobem Mehl, das unter der Zugabe von Zucker zu einer Art Frühstücksmüsli mutiert. Die englische Speisekarte beinhaltet u.a. *Banana in Melted Sauce* (Banane mit Karamellüberzug).

Monastery Restaurant, am westlichen Rand des Klostergeländes. Moslemisches Lokal, in dem passable und vor allem große Portionen Yakfleisch für sehr wenig Geld aufgetischt werden.

Sichuan Restaurant, im Ostteil der Stadt. Kleines und gemütliches Restaurant mit chinesischer Küche, in dem sich die Mönche gelegentlich einen chinesischen Actionstreifen auf Video anschauen.

Snowland, gegenüber vom ersten *Monastery Restaurant*. Trostloses Lokal mit schrecklichem Essen – aus unerfindlichen Gründen die Lieblingskneipe von Travellern mit schmalem Geldbeutel.

Sonstiges

FAHRRÄDER – Die meisten Restaurants und Hotels vermieten Drahtesel, wobei das *Monastery Restaurant* am östlichen Rand des Klostergeländes und der Verleih gegenüber die billigsten Tarife haben (¥2/Std. bzw. ¥10/Tag). Im Hotel *Labrang* kosten Leihräder ¥5/Std.

FESTE – Das Kloster Labrang ist Veranstaltungsort für einige spektakuläre Feste, die sich – wie auch die chinesischen Feiertage – nach dem Mondkalender richten. Am größten ist das **Monlam-Fest**, das drei Tage nach dem tibetischen Neujahr (Ende Februar/Anfang März) beginnt. Höhepunkt der Eröffnungszeremonie ist das Entrollen eines riesigen, 20 x 30 m großen Tuchs mit dem heiligen Bildnis Buddhas *(thangka)* am Südufer des Daxia. In den folgenden Tagen finden Prozessionen und Tänze statt, und überall werden Butterlampen entzündet. Derartige Aktivitäten sind in kleinerem Rahmen auch in den anderen Monaten zu beobachten.

GELD – In Xiahe ist Bargeld Trumpf, denn es gibt keine Niederlassung der *Bank of China* – die nächste Filiale befindet sich in Linxia. An keinem Ort in der Stadt werden Reiseschecks getauscht.

REISEBÜROS – Im Hotel *Youyi* nahe dem Busbahnhof gibt es einige Reiseschalter.

VORWAHL – 09412

Transport

BUSSE – Bis zur Fertigstellung des Flughafens, angepeilt auf das Jahr 2004, treffen praktisch alle Reisenden am **Busbahnhof** ein, der am östlichen Stadtrand liegt. Es verkehren häufig Busse nach LINXIA (4 Std.) und HEZUO (2 Std.) sowie zwei Busse täglich nach LANZHOU (8 Std.) und einer nach TONGREN (6 Std.) in Qinghai. Wer sich auf den Weg nach Sichuan machen will, sollte den Frühbus nach Hezuo nehmen und dort umsteigen.

Hezuo und Umgebung

Südlich von Xiahe sind die Landstraßen schmal und die Verkehrsverbindungen schlecht. Eine Route gibt es jedoch, die sich mit dem öffentlichen Bus befahren lässt und letztlich nach Chengdu (s.S. 998) in der Provinz Sichuan führt. Es handelt sich um eine Reise der etwas unbequemeren Art, die mehrere Zwischenstopps in abgelegenen Orten erfordert, dafür aber durch eine der schönsten Landschaften Chinas führt. Einige Dörfer entlang der Strecke, allen voran Langmusi unmittelbar jenseits der Grenze zu Sichuan (s.S. 1054), zählen zu den authentischsten tibetischen Siedlungen, die man als Traveller jemals zu Gesicht bekommen wird – zumindest wenn man sich vor Augen hält, wie schwierig das Reisen abseits der ausgetretenen Touristenpfade innerhalb von Tibet ist.

Erstes Etappenziel hinter Xiahe ist die rund 70 km südöstlich gelegene Kleinstadt Hezuo, eine Art Handelsposten für tibetische **Nomaden**, wo man auf einige recht wild aussehende Typen trifft. Wer den ersten Morgenbus von Xiahe nimmt, kann unter Umständen noch am selben Tag bis Luqu oder Langmusi gelangen – von Hezuo startet täglich um 9.30 Uhr ein Bus in diese Richtung. Es kann allerdings auch passieren, dass man unfreiwillig einen Tag stecken bleibt.

Das Zentrum von Hezuo wird von einer Kreuzung markiert, in deren Mitte die Skulptur einer nach Norden blickenden Ziege steht. An der nordwestlichen Ecke befindet sich der **Busbahnhof** und ungefähr gegenüber das Hotel *Gangnan**. Die saubere Unterkunft hat kein englisches Schild, ist aber an seiner Doppeltür zu erkennen, über der die Schriftzeichen für *binguan* prangen. Ausländische Währung tauscht nur die Landwirtschaftsbank, die an der südwestlichen Ecke der Kreuzung steht.

Läuft man von der Kreuzung gen Osten, so kommt man in eine nette kleine Straße mit einem sehr guten moslemischen **Restaurant** auf der rechten Seite. Die meisten **Geschäfte** verkaufen tibetischen Schmuck an die durchreisenden Nomaden, und nach einem Aufenthalt in Xiahe erscheinen die hiesigen Preise wie eine Erleuchtung – wer etwas Geld für Souvenirs übrig hat, sollte hier definitiv zuschlagen. Erstaunlich für ein derart kleines Nest ist die Tatsache, dass Hezuo sogar ein **Internet-Café** besitzt, welches 500 m südlich der Kreuzung auf der rechten Straßenseite liegt und durch ein englisches Schild gekennzeichnet wird.

Hezuo hat auch eine lohnenswerte Sehenswürdigkeit zu bieten: das **Kloster Mila'erba** etwa 2 km nördlich der Kreuzung. Man kann es kaum verfehlen, denn der beeindruckende Zentraltempel ist neun Stockwerke hoch. Von außen mag das Gebäude noch sehr streng und robust erscheinen, doch im Innern zeigt es sich äußerst verspielt – alle Räume sind mit auffällig bunten Gemälden und Skulpturen geschmückt. Wer am Eingang seine Schuhe auszieht, darf sämtliche Stockwerke besichtigen und bis aufs Dach steigen, von wo man einen Blick auf die mit Gebetsfahnen gesprenkelten Berge genießt.

Jenseits von Hezuo verläuft die Landstraße immer weiter gen Süden Richtung Sichuan und erreicht nach 70 km **Luqu**. Die Landschaft in der Umgebung des Orts lädt zu schönen und einfachen Wanderungen ein, entlang dem Flussufer unterbrochen von dem ein oder anderen Kloster. Eine Übernachtungsmöglichkeit bietet sich im *Yinghang Zhaodaisuo**, das vom Busbahnhof kommend nach rechts in weniger als fünf Gehminuten erreicht ist.

Von Luqu sind es noch 80 km nach **Langmusi** (s.S. 1054) unmittelbar jenseits der Grenze zu Sichuan. Die Busse halten nicht im Ort, sondern 4 km außerhalb an der Landstraße, wo Jeeps für den Weitertransport hinauf ins Dorf bereitstehen (¥2).

Der Hexi-Korridor Aus rein geografischen Gründen sind Reisende auf dem Weg von China nach Zentralasien von jeher auf eine schmale Passage angewiesen, die sich über 1000 km nordwestlich von Lanzhou erstreckt. Dieser als Hexi-Korridor bezeichnete Abschnitt bildet die einzig mögliche Route in diese Richtung, was auf die fast unüberwindlichen natürlichen Hindernisse zurückzuführen ist: die Ausläufer der Tibetischen Hochebene – in diesem Fall das gewaltige Bergmassiv Qilian Shan – im Süden sowie eine gnadenlose Kombination aus unerbittlicher Wüste und unbezwingbarer Bergwelt im Norden. Da es keinerlei Ausweichstrecken gab, besaß der Machthaber über den Korridor seit jeher auch die Kontrolle über die Reichtümer aus dem Seidenstraßenhandel. Natürlich zeigten die Chinesen schon zu frühester Zeit starkes Interesse an der strategisch bedeutenden Passage, und bereits im 3. Jahrhundert v.Chr. ließ Kaiser Qin Shihuang entlang des Hexi-Korridors einen Abschnitt der Chinesischen Mauer errichten.

Später gelang es der mächtigen Han-Dynastie, die Region in ihr Reich einzuverleiben, aber die Position der chinesischen Zentralregierung war in den folgenden Jahrhunderten alles andere als stabil, da auch Tibeter, Uiguren und später die Mongolen Ansprüche auf den Hexi-Korridor anmeldeten. Erst durch die mongolischen Eroberungszüge im 13. Jahrhundert wurde der Hexi-Korridor endgültig fester Bestandteil des chinesischen Reichs. Später bauten die Ming die Große Mauer aus und errichteten als deren krönenden Abschluss die Festung **Jiayuguan**. Gelegenheit für einen Zwischenstopp auf der langen Reise von Lanzhou nach **Dunhuang** bieten auch **Wuwei** und **Zhangye**, beide am Hexi-Korridor gelegen und mit historischen Sehenswürdigkeiten ausgestattet, die durchaus ihren Reiz haben.

Wuwei und Umgebung

Ungefähr auf halber Strecke zwischen Lanzhou und Zhangye liegt die Kleinstadt Wuwei. Wie so viele chinesische Städte befindet sie sich derzeit in dem unbefriedigenden Schwebezustand, weder ganz abgerissen noch ganz wieder aufgebaut zu sein. Gansus berühmtestes historisches Relikt, das **Fliegende Pferd von Wuwei** aus der Zeit der Han-Dynastie, wurde hier 1969 unter dem unmittelbar nördlich der Stadt gelegenen Tempel Leitai Si ausgegraben. Nach- und Abbildungen des im Provinzmuseum von Lanzhou (s.S. 1107) ausgestellten Pferdes sind überall in Wuwei zu sehen.

Das Stadtzentrum bildet der **Wenhua-Platz**, an dem die Nord-Süd-Achse Bei Dajie bzw. Nan Dajie sowie die Ost-West-Achse Dong Dajie bzw. Xi Dajie aufeinander treffen. Spuren der Altstadt finden sich nahe des Busbahnhofs in der Nan Dajie, wo das originale **Südtor** beeindruckend rekonstruiert wurde. Geht man vom Südtor Richtung Norden und biegt in die erste Straße rechts ab, kommt man nach zehn Minuten zu dem netten Museum **Wen Miao**, das auf dem Gelände eines alten Tempels inmitten eines Gartens voller Oleander und Singvögel liegt. Das Museum fasziniert weniger durch seine Ausstellungsstücke wie Steininschriften und Porzellan aus der Han-Dynastie, sondern durch seine schöne und friedliche Lage. 🕓 tgl. 8–11.30 und 14.30–17.30 Uhr, Eintritt ¥20.

Rund 20 Gehminuten nördlich von hier lohnt der **Alte Glockenturm** einen Abstecher, wobei auch hier das schöne Gelände im Vordergrund steht. Unter Weinranken und großen Stockrosen sitzen ältere Männer, die Mah-Jongg oder Karten spielen und Tee trinken, ein immer seltener werdender Anblick im modernen China. 🕓 tgl. 8–16.30 Uhr, Eintritt ¥5.

Wiederum 20 Minuten benötigt man, um zur Bei Dajie und der aus Ziegeln erbauten **Luoshi-Pagode** zu gelangen, in deren Nähe der Bus Nr. 2 gen Norden zum **Leitai Si** fährt. Der auf eindrucksvollen Lehmwällen errichtete und von einer schönen Landschaft umgebene Tempel wird leider zusehends von modernen Bauprojekten vereinnahmt, doch das Gelände selbst präsentiert sich noch immer sehr beschaulich. Durch einen separaten Eingang gelangt man zu dem berühmten Han-Grab unterhalb der Anlage, in dem das Fliegende Pferd entdeckt wurde. Außer einer Reihe niedriger Stollen und einer Ausstellung von Nachbildungen der Grabfunde ist hier nicht viel zu sehen, aber die Ziegel des 2000 Jahre alten Mauerwerks sind in äußerst gutem Zustand und wirken erstaunlich jung. 🕓 tgl. 8–17 Uhr, Eintritt ¥20.

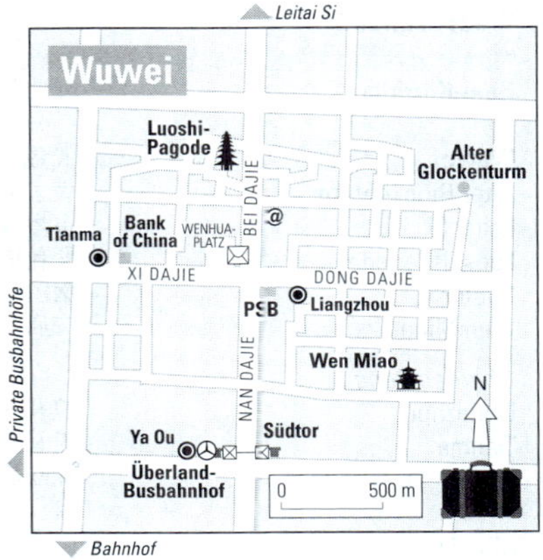

Wer ein wenig abseits der Touristenpfade wandeln möchte, sollte einen Abstecher in das 90 km nördlich gelegene **Minqin** in Betracht ziehen, eine Oase zwischen der Steppe und der Tenger-Wüste und ehemals ein wichtiger Sammelpunkt für Kamelkarawanen – die noch bis Ende der 80er Jahre des 20. Jahrhunderts unterwegs waren – auf ihrem Weg nach Ürümqi und Baotou in der Mongolei. In der Gegend gibt es nach wie vor viele Kamele und viel Sand, außerdem einige alte Villen aus Lehmziegeln, die wie Burgen gegen die Überfälle von Banditen befestigt wurden. Vom Busbahnhof in Wuwei fahren zwischen 7 und 19 Uhr regelmäßig Busse nach Minqin.

Übernachtung und Essen

Übernachtungsmöglichkeiten für Ausländer sind in Wuwei knapp bemessen und teuer.

Liangzhou***, Dong Dajie, ein paar Fußminuten östlich der zentralen Kreuzung, ✆ 2212450. Nette DZ mit Warmwasser rund um die Uhr sowie ein ordentliches chinesisches Restaurant.

Tianma**, Xi Dajie, ✆ 2212356. Das offizielle Ausländerhotel ist die einzige preiswertere Option in Wuwei, allerdings ist es nicht einfach,

West-Gansu

Hexi-Korridor	河西走廊	***héxī zǒuláng***
Wuwei	武威	***wǔwēi***
Alter Glockenturm	大云寺古钟楼	*dàyúnsì gǔzhōnglóu*
Leitai Si	雷塔寺	*léitǎi sì*
Luoshi-Pagode	罗什塔	*luóshí tǎ*
Südtor	南门	*nánmén*
Wen Miao	文庙	*wénmiào*
Übernachtung		
Liangzhou	凉州宾馆	*liángzhōu bīnguǎn*
Tianma	天马宾馆	*tiānmǎ bīnguǎn*
Ya Ou	亚欧宾馆	*yà'ōu bīnguǎn*
Minqin	民勤	***mínqín***
Zhangye	张掖	***zhāngyè***
Dafo Si	大佛寺	*dàfó sì*
Daode Guan	道德关	*dàodé guān*
Gulou	古楼	*gǔlóu*
Mu Ta	木塔	*mùtǎ*
Tu Ta	土塔	*tǔtǎ*
Xilai Si	西来寺	*xīlái sì*
Übernachtung und Essen		
Ganzhou	甘州宾馆	*gānzhōu bīnguǎn*
Shibazhe Fandian	十八摺饭店	*shíbāzhě fàndiàn*
Zhangye	张掖宾馆	*zhāngyè bīnguǎn*
Mati	马蹄	***mǎtí***
Mati Si	马蹄寺	*mǎtí sì*
Jiayuguan	嘉裕关	*jiāyùguān*
Erster Signalturm	第一墩	*dìyì dūn*
Felsskulpturen von Heishan	黑山岩画	*hēishān yánhuà*
Festung	城楼	*chénglóu*
Hängende Mauer	悬壁长城	*xuánbì chángchéng*
Museum der Chinesischen Mauer	长城博物馆	*chángchéng bówùguǎn*
Qiyi Bingchuan	七一冰川	*qīyī bīngchuān*
Xincheng Dixia Hualang	新城底下画廊	*xīnchéng dìxià huàláng*
Übernachtung und Essen		
Changcheng	长城宾馆	*chángchéng bīnguǎn*
Jiayuguan	嘉裕关宾馆	*jiāyùguān bīnguǎn*
Linyuan Fandian	林园饭店	*línyuán fàndiàn*
Shuangxing Lou	双兴楼	*shuāngxīng lóu*
Wumao	物贸宾馆	*wùmào bīnguǎn*
Xiongguan	雄关宾馆	*xióngguān bīnguǎn*

eines der billigeren Zimmer zu bekommen. Dorm-Bett ¥80.
Ya Ou***, nahe Busbahnhof, ✆ 2213178. Die Mitarbeiter erwecken den Eindruck, als wäre es ihnen lieber, wenn man wieder gehen würde.
Zum **Essen** gibt es zahlreiche Nudelhäuser in der Umgebung des Busbahnhofs sowie in der Nan Dajie nördlich des Südtors, wo Suppen und Hammelfleischgerichte mit jeder Menge Chili aufgetischt werden.

Sonstiges

AMT FÜR ÖFFENTLICHE SICHERHEIT (PSB) – Westlich vom Hotel *Liangzhou,* zu erkennen an einem englischen Schild; zuständig für Visumverlängerungen.

GELD – ***Bank of China,*** unmittelbar östlich vom Hotel *Tianma,* ⏲ Mo–Fr.

REISEBÜROS – ***CITS,*** neben dem Hotel *Liangzhou,* ✆ 2212102.
Außerdem gibt es im Hotel *Liangzhou* einen Reiseschalter, ✆ 2212237, der die beste Adresse für den Abschluss einer PICC-Versicherung ist.

VORWAHL – 0935

Transport

BUSSE – Der **Überland-Busbahnhof** befindet sich unmittelbar vor dem alten Südtor, und die **privaten Busbahnhöfe** liegen westlich davon. Zwischen 7 Uhr und spät abends verkehren häufig Busse nach ZHANGYE (6 Std.) und LANZHOU (5 Std.). Mindestens ein Bus täglich fährt jeweils nach DUNHUANG (18 Std.) und Ürümqi, außerdem gibt es zweimal täglich eine Verbindung gen Süden nach Xining. Das Bahnhofspersonal kennt kein Pardon mit Ausländern, die keine PICC-Versicherung vorweisen können.
Busse nach:
JIAYUGUAN 12 Std.;
LINXIA 9 Std.;
ZHONGWEI 7 Std.

EISENBAHN – Der **Bahnhof** liegt 3 km südlich der Stadt; ein Minibus von hier ins Zentrum kostet ¥2. Alle Züge von Ürümqi Richtung Westen halten in Wuwei. Fahrkarten für die Hartsitzklasse (nur erträglich auf kurzen Fahrten, z.B. nach Lanzhou oder Zhangye) können am Bahnhof gekauft werden, während man ein Bett im Schlafwagen besser über ein Reisebüro reserviert.
Züge nach:
DAHEYAN 6x tgl., 17–23 Std.;
JIAYUGUAN 6x tgl., 5–7 Std.;
LANZHOU 10x tgl., 5 Std.;
LIUYUAN 9x tgl., 8 1/2 Std.;
TIANSHUI 7x tgl., 12 Std.;
ÜRÜMQI 10x tgl., 19 Std.;
ZHANGYE 11x tgl., 3 Std.;
ZHONGWEI 1x tgl., 5 1/2 Std.

Zhangye und Umgebung

Die mittelgroße Stadt Zhangye liegt rund 450 km nordwestlich von Lanzhou und 150 km südöstlich von Jiayuguan (s.S. 1124) am Rand eines Lössplateaus und war lange eine bedeutende Zwischenstation für die Karawanen und Reisenden auf der Seidenstraße – Marco Polo verbrachte gar ein ganzes Jahr an diesem Ort. Zhangye lohnt nach wie vor einen Aufenthalt, besonders wenn ausreichend Zeit für eine Besichtigung des 60 km südlich gelegenen buddhistischen Tempels **Mati Si** zur Verfügung steht.

Während der Ming-Periode war Zhangye eine wichtige Garnisonsstadt für Soldaten zur Bewachung der **Chinesischen Mauer**, und noch heute kann man von der Straße zwischen Wuwei und Zhangye gute Ausblicke auf das Bauwerk erhaschen, das in dieser Ecke jedoch größtenteils aus langsam zerbröselnden Lehmwällen besteht. Anfangs verläuft die Straße südlich der Mauer, dann macht sie plötzlich einen scharfen Knick nach rechts und führt durch ein Loch in der Mauer auf deren Nordseite. Zhangye ist zwar keine ausgesprochen attraktive Stadt, hat aber mehrere Sehenswürdigkeiten zu bieten, die mindestens einen eintägigen Aufenthalt rechtfertigen. Wie in vielen anderen chinesischen Städten wird auch das Stadtzentrum von Zhangye durch eine Kreuzung mitsamt **Gulou** (Trommelturm) markiert, der 1507 während der Ming-Dynastie entstand und eine massive Glocke aus Bronze sein Eigen nennt. Die vier von der Kreuzung abgehenden Straßen – Bei Jie, Dong Jie, Nan

Jie und Xi Jie – sind nach den jeweiligen Himmelrichtungen benannt, wobei sich die meisten Sehenswürdigkeiten nahe dem Hotel *Zhangye* im Südwesten der Stadt befinden.

Einen Rundgang beginnt man am besten in der Nan Jie, wo etwas abseits der Straße der **Tu Ta** (Erdturm) zu finden ist. Das ehemalige buddhistische Kloster fungiert heute als lokales Kulturzentrum *(wenhua guan)* und fällt durch seinen großen, 20 m hohen Stupa auf.

Auf demselben Gelände, aber nur von Westen her zugänglich, liegt der verräucherte und verrußte **Dafo Si** (Tempel des Großen Buddha). Sein 34 m langer **Liegender Buddha** ist der Größte seiner Art in China und beeindruckt durch seinen gelassenen Ausdruck und seine sanfte Form. In der düsteren Ecke hinter dem Buddha sind zehn seiner Schüler sowie einige wunderlich aussehende fromme Krieger *(lohans)* zu sehen. Die 1098 erbaute und 1770 restaurierte Halle ist insofern ungewöhnlich, als sie fast komplett aus Holz besteht. ◷ tgl. 7.30–18.30 Uhr, Eintritt ¥20.

Nur ein paar Hundert Meter nördlich des Hotels *Zhangye* erhebt sich der 31 m hohe **Mu Ta** (Holzturm), der bereits im 6. Jahrhundert errichtet, später niedergebrannt und 1925 restauriert wurde. In dem achteckigen Turm haben inzwischen zahlreiche Dohlen ein neues Zuhause gefunden, und das Gelände wird von einer ortsansässigen Kung-Fu-Schule genutzt. ◷ tgl. 8–17 Uhr, Eintritt ¥5.

Einige Hundert Meter südlich von hier und einen Block westlich des Hotels *Zhangye* stößt man auf den kleinen buddhistischen Tempelkomplex **Xilai Si**, dessen ältere Mönche bei der Ankunft von Besuchern sogleich herauseilen, einen Segen sprechen und ihre Visitenkarten verteilen.

Ganz auf der anderen Seite der Stadt, etwa 15 Gehminuten östlich des Trommelturms an der Straße Richtung Bahnhof, steht das daoistische Kloster **Daode Guan**. Es handelt sich um einen kleinen, ziemlich mitgenommenen Komplex aus der Ming-Zeit mit einem winzigen Garten und ein paar betagten, gastfreundlichen Mönchen – alles gut verborgen im Gassenwirrwarr an der Nordseite der Dong Jie.

Mati

In der kleinen tibetischen Stadt Mati rund 60 km südlich von Zhangye in den Bergen ist der faszinierende **Mati Si** (Pferdehuf-Tempel) zu besichtigen. Dabei handelt es sich um einen Komplex buddhistischer Felsgrotten, die durch ein Geflecht aus schmalsten Durchgängen, Tunneln, Balkonen und Treppen miteinander verbunden sind. Gleich nach der Ankunft wird man von einer Traube freundlicher Tibeter umringt, die sich als Führer zu den Höhlen oder ihre Pferde für Ausritte anbieten. Außer dem Mati Si gibt es in der Umgebung noch weitere Tempel und Klöster, die jedoch allesamt zu Fuß erreichbar sind – durch eine wunderschöne Landschaft aus Steppe, schattigen Kiefernwäldern und Bergen.

Für eine Fahrt nach Mati wird ein **Erlaubnisschein für Ausländer** benötigt, den man innerhalb von Minuten im Amt für öffentliche Sicherheit in Zhangye bekommt. An den Sommerwochenenden fahren spezielle Minibusse für Touristen um 7 Uhr aus Zhangye ab und um 17 Uhr wieder zurück (¥18 einfach). Zu anderen Zeiten muss man zwei Nächte in Mati verbringen, weil der einzige Bus dann erst um 15 Uhr in Zhangye am Hauptbusbahnhof startet, etwa vier Stunden später in Mati ankommt und schon morgens um 7 Uhr seinen Rückweg antritt (¥6 einfach). Ein billiges **Hotel**** gibt es in unmittelbarer Nachbarschaft zum Busbahnhof.

Übernachtung und Essen

Die einzigen beiden Hotels in Zhangye, die auch ausländische Gäste akzeptieren, sind glücklicherweise ganz passabel.

Ganzhou**, unmittelbar südlich des Trommelturms, ✆ und 📠 8212402. Ein wenig heruntergekommen, aber die Zimmer sind vernünftig. Dorm-Bett ¥25.

Zhangye**, Xianfu Jie, ✆ 8212601, 📠 8213806. Besseres Preis-Leistungs-Verhältnis als das *Ganzhou,* auf den ersten Blick etwas düster und alt, aber insgesamt in recht gutem Zustand. Dorm-Bett ¥20.

Der nördliche Abschnitt der Xianfu Jie, jenseits des steinernen Torbogens an der Kreuzung mit der Xi Jie, wurde als **Restaurantstraße** im Stil der Ming-Dynastie hergerichtet, wo es Nudelsuppen, Kebabs, Feuertöpfe und Ähnliches gibt. Mehrere Restaurants bieten als Spezialität ausgezeichnete *shuijiao* an, wahlweise mit Füllung aus Gemü-

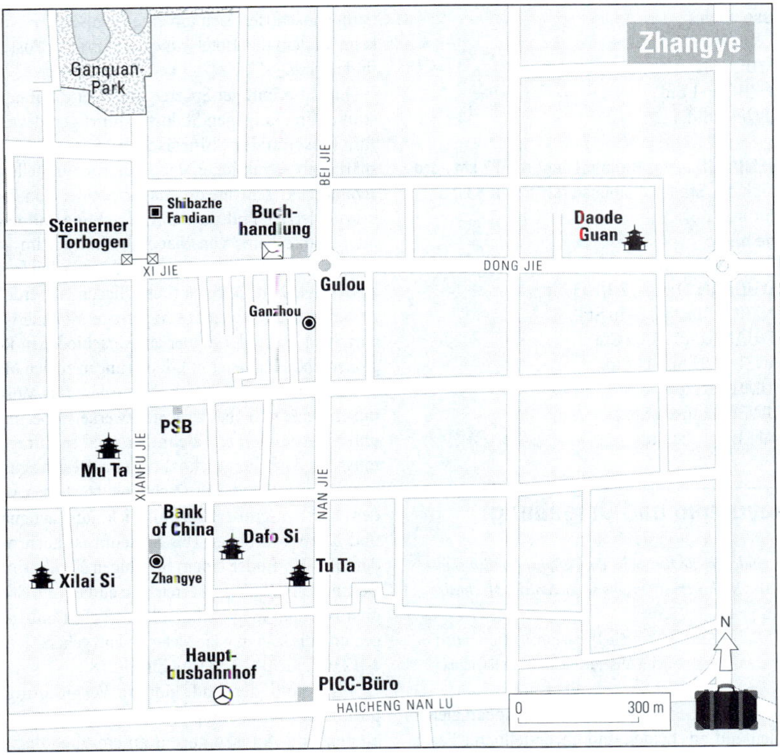

se, Meeresfrüchten, Rindfleisch oder exotischen Fleischsorten (ab ca. ¥10 pro *jīn*).

Das schon fast als elegant zu bezeichnende ***Shibazhe Fandian***, nach dem Torbogen auf der rechten Seite, serviert preiswerte Schmortopfgerichte, Feuertöpfe sowie einheimische Snacks.

Sonstiges

AMT FÜR ÖFFENTLICHE SICHERHEIT (PSB) – Im 4. Stock eines Gebäudes in der Qingnian Xi Jie, östlich vom Mu Ta.

BÜCHER – Xi Jie, am Trommelturm.

REISEBÜROS – ***CITS***, im Hotel *Zhangye*, ✆ 8214184.

VORWAHL – 0936

Transport

BUSSE – Zhangyes **Hauptbusbahnhof** liegt südlich des Zentrums in der Haicheng Nan Lu. Darüber hinaus gibt es noch den **Busbahnhof-West**, ca. 1 km westlich vom Gulou in der Xi Jie, sowie den **Busbahnhof-Ost**, ca. 2 km östlich vom Gulou. Der Verkehr Richtung Westen wird sowohl über den Busbahnhof-West als auch über den Hauptbusbahnhof abgewickelt, der zusätzlich Verbindungen in sämtliche Regionen der Provinz Gansu und nach Xining in Qinghai (über eine spektakuläre Bergroute) bietet. Ob eine PICC-Versicherung vorgelegt werden muss, hängt vom jeweiligen Busunternehmen ab.

Busse nach:
DUNHUANG 13 Std.;
JIAYUGUAN 5 Std.;
LANZHOU 11 Std.;
WUWEI 6 Std.

EISENBAHN – Der **Bahnhof** liegt rund 7 km nordöstlich der Stadt. Minibusse fahren für ¥3 ins Zentrum.
Züge nach:
DAHEYAN 11x tgl., 14–16 Std.;
JIAYUGUAN 11x tgl., 2 1/2–3 Std.;
LANZHOU 10x tgl., 8–10 Std.;
LIUYUAN 9x tgl., 5 1/2 Std.;
TIANSHUI 9x tgl., 14 Std.;
ÜRÜMQI 10x tgl., 16 Std.;
WUWEI 11x tgl., 3 Std.;
XI'AN 1x tgl., 28 Std.

Jiayuguan und Umgebung

Ein letzter Becher Wein, da wir noch fröhlich sind. Des Nachts erwarten uns schauderliche Abschiedsträume.

Ein Dichter im 9. Jahrhundert
beim Abschiednehmen in Jiayuguan

Für viele Chinesen ist der Name Jiayuguan gleichbedeutend mit Leiden und unvorstellbarer Ferne. An diesem abgeschiedenen Ort wurde 1372 von den Ming die allerletzte **Festung** der Chinesischen Mauer errichtet, mehr als 5000 km von ihrem östlichsten Punkt in Shanhaiguan entfernt. Von jenem Zeitpunkt an entwickelte sich der Ort zu einem Versorgungszentrum für die Soldaten der Festungsgarnison. Jiayuguan war buchstäblich die letzte Verteidigungslinie des Reichs – hier hörte China auf und begann die Furcht erregende Wildnis. Die unmittelbar vor den Toren der Stadt gelegene, perfekt restaurierte Festung zählt zu den großen Sehenswürdigkeiten Nordwestchinas, aber auch in der Wüste um Jiayuguan gibt es noch einiges zu sehen.

Abgesehen von der Festung präsentiert sich Jiayuguan als recht trostlose Stadt, angelegt in einem nicht minder langweiligen Gitternetzmuster, das in Ost-West-Richtung von der Schnellstraße nach Gansu durchschnitten wird. Das Stadtzentrum konzentriert sich um einen großen Kreisverkehr, an dem das Hotel *Jiayuguan* und die Post zu finden sind.

Ein 30-minütiger Spaziergang über die Hauptstraße Xinhua Lu gen Südosten führt geradewegs zum **Museum der Chinesischen Mauer**, eine der spärlichen Attraktionen der Stadt. Die Ausstellung erzählt die Geschichte der Mauer von der Han-Zeit bis zum letzten Endspurt unter den Ming und zeigt interessante Fotos von Mauerabschnitten im gesamten Norden Chinas, die zum größten Teil fernab der üblichen Touristenrouten liegen. Außerdem zu besichtigen sind maßstabgetreue Modelle von einzelnen Teilen der Mauer aus verschiedenen Regionen und Perioden mit Erläuterungen zu den Materialien, aus denen sie gebaut wurden. Das Museum erstreckt sich über zwei Stockwerke, wobei man unter Umstanden erst beim Personal nachfragen muss, ob das Obergeschoss für eine Besichtigung offen steht. Es lohnt, aufs Dach hinaufzusteigen, von dem sich ein großartiger Ausblick auf Jiayuguan und die Wüste bietet. Das Museum ist auch mit dem Bus Nr. 1 oder einem beliebigen Minibus mit Destination Bahnhof zu erreichen; einfach am Gongren Wenhua Gong (Arbeiterkulturpalast) aussteigen und die letzten paar Meter zu Fuß gehen. 🕓 tgl. 8–12 und 14.30–18.30 Uhr, Eintritt ¥8.

Im Norden der Stadt lädt ein **Vergnügungspark** mit riesigen Skulpturen, Pagoden, Ausflugsbooten und Autoskooter zu einem abendlichen Bummel ein. Um zum Park zu gelangen, läuft man vom zentralen Kreisverkehr über die Xinhua Bei Lu Richtung Norden, biegt in die erste kleine Marktstraße rechts ein und folgt dieser bis ganz zum Ende.

Die Festung

Die am Jiayuguan-Pass gelegene Festung **Cheng Lou** ist die größte Sehenswürdigkeit im Hexi-Korridor. Ihre Lage zwischen den von ewigem Schnee bedeckten Gipfeln des Qilian-Gebirges im Norden und den schwarzen Mazong-Bergen (Mazong bedeutet Pferdemähne) im Süden könnte weder spektakulärer noch strategisch bedeutsamer sein. Schon immer musste jeglicher Reiseverkehr auf dem Weg von den Wüsten Mittelasiens zu den fruchtbaren Gebieten Chinas diesen Pass überqueren. Die raue, karge Landschaft verstärkt nur umso mehr die Melancholie, die diesen Ort umgibt – für

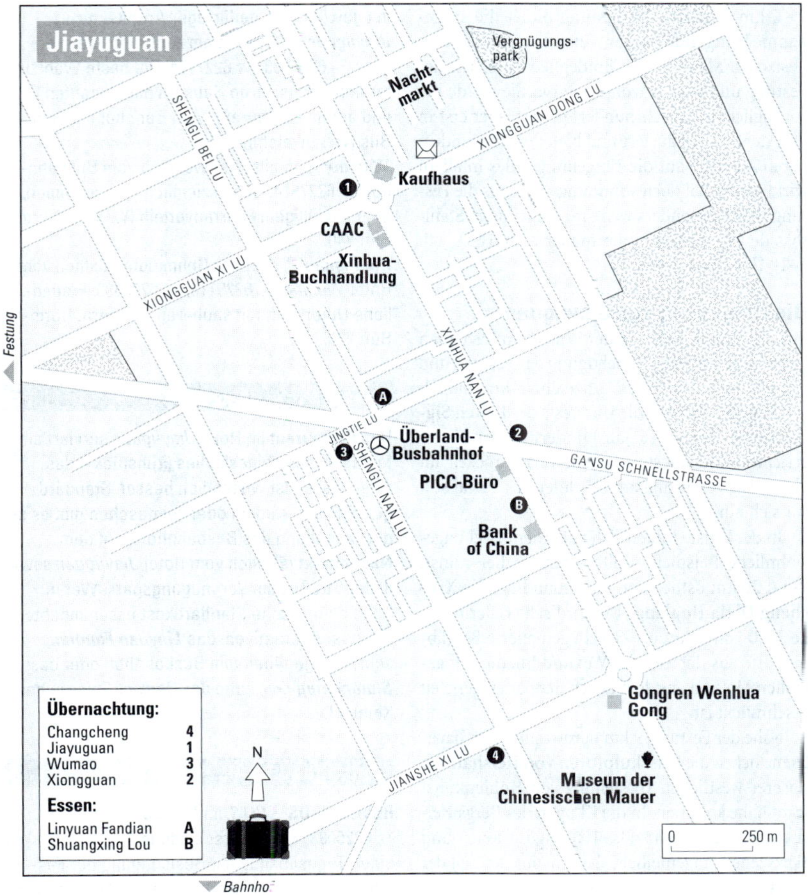

jeden Chinesen war es der schlimmste Albtraum, seine Heimat verlassen zu müssen, und hier in Jiayuguan nahmen in Ungnade gefallene Beamte und verurteilte oder entflohene Straftäter ihren letzten bitteren Abschied.

Irgendeine Art der Befestigung gab es an dieser Stelle vermutlich schon seit der Han-Dynastie. Das heutige Bauwerk stammt aus der Ming-Zeit und wurde 1372 fertig gestellt. Die bisweilen als „Uneinnehmbarer Hohlweg unter dem Himmel" bezeichnete Trutzburg besteht aus einer inneren und einer äußeren Mauer, wobei Letztere 700 m Umfang und rund 10 m Höhe misst. Im Osten und Westen der inneren Mauer stehen die beiden symbolische Tore der Erleuchtung und der Besänftigung. Auf der Innenseite beider Tore führen Wege nach oben auf die Mauer, die früher sogar mit Pferden zugänglich war, um zwischen den Türmen patrouillieren zu können. Zwischen dem Tor der Erleuchtung und der äußeren Mauer befinden sich ein Pavillon, ein Tempel sowie ein Freilufttheater, mit Hilfe dessen man die Schwermut der hier stationierten Soldaten etwas lindern wollte. ⌚ tgl. 8–12.30 und 14.30–18 Uhr, Eintritt ¥40.

6 km nördlich der Festung bildet die so genannte **Hängende Mauer** – ein Abschnitt der Chinesischen Mauer – das Bindeglied zwischen der Festung und dem Mazong-Gebirge. Sie wurde ursprünglich im 16. Jahrhundert gebaut, aber erst in jüngster Zeit restauriert und bietet einen wunderbaren Ausblick auf die Umgebung. Alles in allem wirkt dieser Teil noch stimmungsvoller als die Festung selbst, besonders wenn man mit einem Stahlross den Weg entlang der Mauer befährt. ⌚ tgl. 8–18 Uhr, Eintritt ¥8.

Die Umgebung von Jiayuguan

Mehrere Attraktionen in der Wüste um Jiayuguan lassen sich mit einer Besichtigung der Festung und der Mauer kombinieren. Ungefähr 6 km südlich von Jiayuguan stehen die Überreste des **Ersten Signalturms**. Der im 16. Jahrhundert an der Mauer errichtete und längst verlassene Turm bröckelt auf einem Felsvorsprung am Nordufer des Taolai still vor sich hin.

In der Wüste finden sich außerdem zwei ungewöhnliche Beispiele uralter chinesischer Kunst. Rund 20 km östlich von Jiayuguan liegt die **Xincheng Dixia Hualang** (Unterirdische Galerie), eine 1500 Jahre alte, aus Ziegeln gemauerte Begräbnisstätte aus der Zeit der Wei und Jin, die mit gemalten Motiven aus dem Leben der damaligen Zeit geschmückt ist.

Nahe der Festung, 9 km nordwestlich von Jiayuguan, locken die **Felsskulpturen von Heishan**, die unserer westlichen Vorstellung von Höhlenkunst recht nahe kommen: In die Klippen des Bergs Heishan wurden mehr als 100 Jagd-, Reit- und Tanzszenen eingemeißelt, allesamt aus der Zeit der Streitenden Reiche (476–221 v.Chr.).

Eine weitere fantastische, aber schwer zugängliche Sehenswürdigkeit ist der 4300 m hohe **Qiyi Bingchuan** (Gletscher des 1. Juli), der 120 km von Jiayuguan entfernt im Qilian-Gebirge liegt – bemerkenswert nah, wenn man sich vor Augen hält, wie heiß es im Sommer in Jiayuguan werden kann.

Übernachtung

Alle Unterkünfte in Jiayuguan sind recht zentral gelegen.
Changcheng**, Jianshe Xi Lu, Ecke Shengli Nan Lum, ✆ 6225213, 📠 6226016. 4-Sterne-Hotel mit gewöhnungsbedürftiger Architektur.
Jiayuguan**, direkt am zentralen Kreisverkehr, ✆ 6226983, 📠 6227174. Die beste Wahl unter den exklusiveren Häusern mit eleganten DZ und gutem Restaurant. Vom Bahnhof mit dem Bus Nr. 1 erreichbar.
Wumao, unmittelbar westlich vom Busbahnhof, ✆ 6227514. Schon ziemlich mitgenommen, aber mit billigem Fahrradverleih (¥2/Std.). Dorm-Bett ¥40.
Xiongguan, ein paar Gehminuten östlich vom Hotel *Wumao*, ✆ 6225115, 📠 6225399. Freundliche Unterkunft mit sauberen Zimmern. Dorm-Bett ¥20.

Essen

Das **Restaurant** im Hotel *Jiayuguan* serviert ein fantasieloses chinesisches Frühstück – das Abendessen ist wesentlich besser. Standardgerichte wie Nudeln oder Teigtaschen gibt es in der Umgebung des Busbahnhofs, auf dem **Nachtmarkt** nördlich vom Hotel *Jiayuguan* sowie in der Straße zum Vergnügungspark. Wer in Ruhe chinesische Standardkost essen möchte, hat zwei Alternativen: das ***Linyuan Fandian***, schräg gegenüber vom Busbahnhof, oder das ***Shuangxing Lou***, nahe der *Bank of China* in der Xinhua Lu.

Sonstiges

REISEBÜROS – ***CITS***, im Hotel *Jiayuguan*, ✆ 6225083. Bietet verschiedene Touren, z.B. einen Tagesausflug mit Besichtigung der Festung, der Hängenden Mauer, der Felsskulpturen in Heishan und der Xincheng Dixia Hualang (max. 4 Pers., ¥50 p.P.). Außerdem im Angebot ist eine anstrengende und teure Tagestour zum Gletscher des 1. Juli für ¥500–1000 einschließlich Fremdenführer (insgesamt 6 Std. im Auto sowie 5 Std. zu Fuß).

VORWAHL – 0937

Nahverkehrsmittel

Für eine bequeme Besichtigung von Festung und Mauer chartert man sich am besten einen **Mini-**

bus (¥50 für die ganze Tour). Wer zusätzlich noch den Ersten Signalturm und die beiden Kunststätten besuchen möchte, sollte einen ganzen Tag einplanen und das **Taxi** mit ¥250 veranschlagen. Die Festung selbst ist auch mit öffentlichen Verkehrsmitteln zu erreichen, meist kleine Busse, die in unregelmäßigen Abständen vor dem Hotel *Jiayuguan* starten (¥3 einfach).
Wer mit dem **Fahrrad** zur Festung fahren möchte, folgt der Schnellstraße gen Westen bis zu einer Stelle kurz hinter der Eisenbahnbrücke, wo ein blaues Schild den Weg nach rechts weist (insgesamt 30 Minuten). Um von der Festung zur Hängenden Mauer zu gelangen, fährt man 50 m vom Parkplatz zurück und folgt einer durch eine Stele gekennzeichneten Schotterstraße nach links. Durch eine karge Landschaft und an einem Friedhof vorbei geht es bis zur Mauer, der man auf einem kaum erkennbaren Weg rund 1 km gen Norden folgt, bis das Ticketbüro an der Hängenden Mauer erreicht ist (nochmals 30 Minuten). Für den Rückweg kann man die Straße nach Jiayuguan nehmen (40 Minuten).

Transport

BUSSE – Der **Überland-Busbahnhof** liegt sehr zentral an der Gansu-Schnellstraße. Zu den wichtigsten Verbindungen für Touristen zählen die häufig verkehrenden Busse nach DUNHUANG (5 Std.) und ZHANGYE (5 Std.). Einige Busse, darunter auch diejenigen mit Ziel Hami oder Jiuquan, müssen an der Schnellstraße vor dem Busbahnhof herangewunken werden.
Beim Kauf von Busfahrkarten lässt sich das Personal manchmal dazu überreden, gegen einen kleinen Zuschlag eine eintägige **PICC-Versicherung** (s.S. 1100, Kasten) auszustellen. Ansonsten bekommt man die Police auch in den Hotels *Jiayuguan* und *Changcheng* sowie im **PICC-Büro** in der Xinhua Lu, unmittelbar südlich der Schnellstraße nach Gansu.
Busse nach:
LANZHOU 16 Std.;
WUWEI 12 Std.;

EISENBAHN – Der **Bahnhof** liegt im äußersten Südwesten von Jiayuguan und ist per Bus oder Minibus Nr. 1 mit dem Zentrum verbunden. Alle Züge zwischen Ürümqi und Ostchina halten hier, aber es ist schwierig, eine Zugfahrkarte für die Weiterreise zu bekommen – meist muss man sich hierfür an ein Reisebüro wenden (bei *CITS* werden ¥30 Provision verlangt) und manchmal mit einem Sitzplatz anstelle eines Betts vorlieb nehmen.
Züge nach:
DAHEYAN 11x tgl., 12–17 Std.;
LANZHOU 10x tgl., 11–13 Std.;
LIUYUAN 10x tgl., 4 Std.;
TIANSHUI 9x tgl., 16 Std.;
ÜRÜMQI 10x tgl., 14–16 Std.;
WUWEI 6x tgl., 5–7 Std.;
ZHANGYE 11x tgl., 2 1/2–3 Std.

FLÜGE – Der **Flughafen** liegt 10 km außerhalb der Stadt. Shuttle-Busse fahren zum ***CAAC-Büro***, südlich des zentralen Kreisverkehrs, ✆ 226237, ⌚ Mo–Sa 8.30–12 und 14.30–18 Uhr. Vom Flughafen starten täglich Maschinen nach LANZHOU (1 1/2 Std.).

Dunhuang

Die Oasenstadt Dunhuang liegt am äußersten Rand des alten Chinesisch-Turkestan und seit jeher buchstäblich am Rand der Wüste – von der Innenstadt sind spektakuläre **Sanddünen** zu sehen, und wenn der Wind durch die Straßen fegt, fühlt sich die Luft an wie Schmirgelpapier. Dunhuangs Berühmtheit gründet sich auf die einzigartigen Felsskulpturen in den nahe gelegenen **Grotten von Mogao** (s.S. 1131), aufgrund derer sich die Stadt zu einer Art Urlaubsziel in der Wüste entwickelt hat und auch die entsprechenden Einrichtungen bietet.

Die Orientierung in Dunhuang fällt leicht, denn auch diese Stadt konzentriert sich um einen Kreisverkehr im Zentrum, von dem die Straßen in alle vier Himmelsrichtungen abgehen. Am östlichen Abschnitt der Dong Dajie öffnet im Sommer jeden Abend ein überraschend interessanter **Nachtmarkt** seine Pforten, wo man nach Herzenslust und ohne Kaufzwang stöbern kann. Angeboten werden Münzen, Gegenstände aus Jade, Buddha-Figuren, tibetische Glocken und Hörner, Schattenpuppen aus Leder, Gemälderollen, chinesische Essstäbchen und vieles mehr. Praktisch gegenüber beherbergt das mittelmäßige **Dunhuang-Museum**

Dunhuang und Umgebung

Dunhuang	敦煌	***dūnhuáng***
Übernachtung		
Dunhuang Binguan	敦煌宾馆	*dūnhuáng bīnguǎn*
Dunhuang Fandian	敦煌饭店	*dūnhuáng fàndiàn*
Feitian	飞天宾馆	*fēitiān bīnguǎn*
Five Rings	五环宾馆	*wǔhuán bīnguǎn*
Guangyuan	广源大酒店	*guǎngyuán dàjiǔdiàn*
International	敦煌国际大酒店	*dūnhuáng guójì dàjiǔdiàn*
Jinye	金叶宾馆	*jīnyè bīnguǎn*
Xiyu	西域宾馆	*xīyù bīnguǎn*
Liuyuan	柳园	***liǔyuán***
Grotten von Mogao	莫高千佛洞	***mògāo qiānfódòng***
Die Umgebung von Dunhuang		
Baima Ta	白马塔	*báimǎ tǎ*
Dunhuang Gucheng	敦煌古城	*dūnhuáng gǔchéng*
Mingsha Shan	明沙山	*míngshā shān*
Xi Qianfodong	西千佛洞	*xī qiānfódòng*
Yangguan	阳关	*yángguān*
Yueya Quan	月牙泉	*yuěyá quán*
Yumenguan	玉门关	*yùmén guān*

(Eintritt ¥10) einige der Schriftrollen, die nach den Verwüstungen durch den Archäologen und Abenteurer Sir Aurel Stein (s.S. 1134/1135, Kasten) zurückblieben. Ein wesentlich besseres Museum gibt es direkt bei den Höhlen.

Übernachtung

In Dunhuang herrscht eine wahre Schwemme an Unterkünften, womit sich teilweise auch das gute Preis-Leistungs-Verhältnis begründen lässt, das man hier besonders bei den günstigeren Unterkünften antrifft. In der Hochsaison (Juli und August) gehen die Preise nach oben, und im Winter gibt es deutliche Nachlässe, dann sollte allerdings auf die Verfügbarkeit von Warmwasser und einer Heizung geachtet werden. Die meisten Unterkünfte haben auch Dorm-Betten, doch ob man diese als Ausländer bekommt, hängt von der Hotelleitung und der aktuellen Belegung ab – jedenfalls werden Chinesen und Touristen aus dem Westen nicht in denselben Zimmern untergebracht.

Dunhuang Binguan**, Yangguan Dong Lu, ✆ 8822415, 📠 8822309. Triste Betonfassade aus den 80er Jahren, im Innern aber umso eleganter. Komfortable Zimmer sowie einige preiswerte Betten in 2- oder 3-Bett-Dorms (¥30–40). Der einzige Ort in der Stadt, wo man sonntags Geld wechseln kann.

Dunhuang Fandian**, Mingshan Lu, ✆ 882 2413, 📠 8822785, ✉ dhfd@public.lz.gs.cn. Bietet nach Renovierung jetzt Mittelklasse-Komfort, es sind aber auch Dorm-Betten (¥35) erhältlich.

Feitian, Mingshan Lu, ✆ 8822726. Ordentliche DZ und preiswerte Dorms (¥30), wobei Letztere vom Personal gerne geleugnet werden; sehr günstig gegenüber dem Busbahnhof gelegen und mit einer Filiale von *John's Café*.

Five Rings, Mingshan Lu, unmittelbar nördlich des Busbahnhofs, ✆ 8822620. Hotel mit gutem

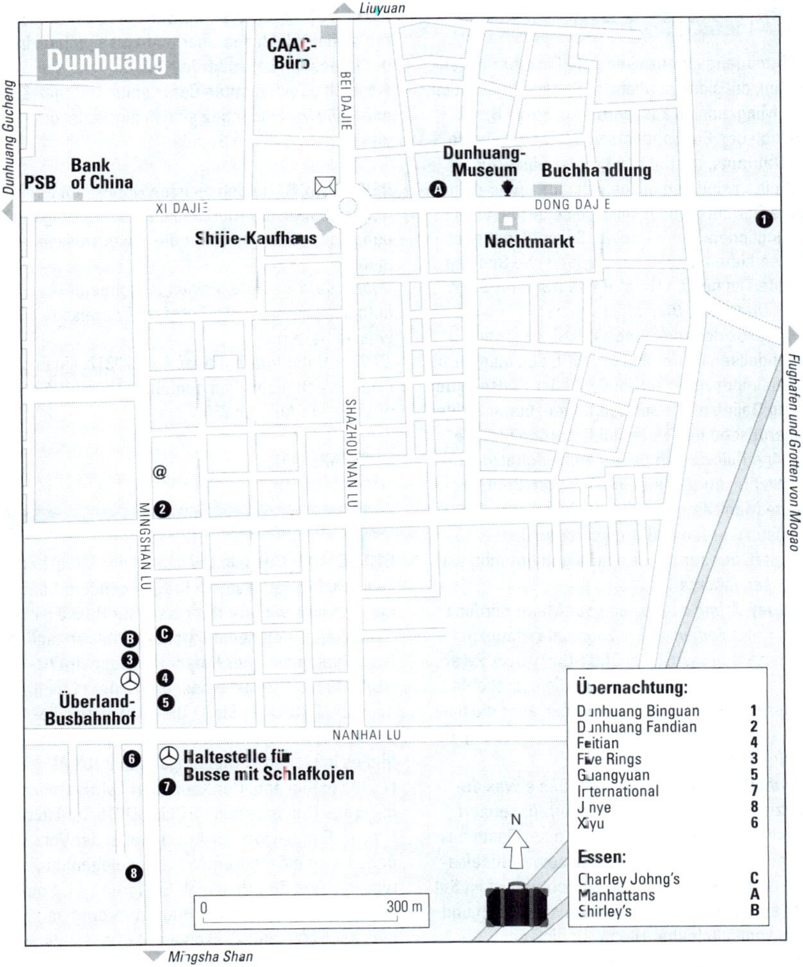

Preis-Leistungs-Verhältnis – billige DZ und 4-Bett-Dorms (¥30).

Guangyuan**, Nanhai Lu, Ecke Mingshan Lu, ✆ 8839028, 📠 8839008. Von außen keine Offenbarung, doch die Einrichtung ist modern und die 3-Bett-Zimmer (¥100) sind ihr Geld wert.

International**, Mingshan Lu, ✆ 8828638, 📠 8821821, ✉ jqdhgj@public.lz.gs.cn. Modernes Hotel, dessen Zimmer angesichts des gebotenen Standards sehr günstig sind; auch Dorm-Betten (¥60).

Jinye**, Mingshan Lu, nahe Hotel *Xiyu*, ✆ 8821470. Exklusive DZ mit ac, die jedoch zu teuer bezahlt sind; Bezahlung mit Kreditkarte möglich.

Xiyu**, Mingshan Lu, ein Block südlich des Busbahnhofs, ✆ 8823017. Sehr billige Dorms (¥35) und recht gute DZ mit Bad.

Essen

In Dunhuang gibt es viele gute Einkehrmöglichkeiten, die sich vor allem im Süden der Stadt in der Mingshan Lu konzentrieren. Einen Block südlich des Busbahnhofs findet man mehrere **Restaurants**, die auf auswärtige Gäste zugeschnitten sind und billige westliche oder chinesische Gerichte, englische Speisekarten, einen freundlichen Service sowie Sitzgelegenheiten im Freien bieten. Bezahlbare japanische Speisen werden im besten Hotel-Restaurant der Stadt, dem *Dunhuang Binguan*, serviert.
Zweifellos der stimmungsvollste Ort für ein Abendessen ist der **Nachtmarkt**, den man durch einen imposanten Torbogen an der Südseite der Dong Dajie betritt. Springbrunnen, bunte Lichter, Billardtische und Liegestühle sorgen für eine schöne Kulisse und *babao* (Acht-Schätze-Tee), köstliche getrocknete Früchte oder auch komplette Mahlzeiten für das leibliche Wohl. Die Speisen werden in Gegenwart des Gastes zubereitet, der nur auf das zu zeigen braucht, was er essen möchte.
Charley Johng's Café, ein paar Meter nördlich vom Hotel *Feitian*. Ausgezeichnete Pfannkuchen, frittierte Bananen, Hühnchen-Curry usw. Zwar gibt es in dieser Straße wesentlich „authentischere" chinesische Restaurants, aber die haben keine englische Speisekarte und häufig das schlechtere Essen.
Manhattans Café, Dong Dajie. Das etwas deplatziert wirkende Schnellrestaurant serviert Sandwiches mit Thunfisch und einer Paste aus Erdnussbutter und Marmelade sowie Nudelsalate zu hohen Preisen. Die Einrichtung ist im Stil des amerikanischen Südwestens gehalten und hilft womöglich über Heimweh hinweg.
Shirley's, Mingshan Lu, gegenüber vom Hotel *Feitian*. Beliebt sind hier besonders Apfelkuchen, Kaffee und Ingwer-Tee, aber die chinesische Küche ist auch nicht zu verachten.

Sonstiges

BÜCHER – Dong Dajie.

FAHRRÄDER – ***Shirley's Café***, Mingshan Lu. Räder für ¥1/Std.

INTERNET – Mehrere ***Internet-Cafés*** konzentrieren sich nördlich des Überland-Busbahnhofs in der Mingshan Lu; außerdem bieten viele der westlich angehauchten Cafés einen Internet-Zugang. Die Verbindungen sind in der Regel gut und kosten ¥3–5 pro Stunde.

REISEBÜROS – In den meisten Hotels gibt es Reiseschalter, die Touren in die nähere Umgebung sowie Fahrkarten für die Weiterreise vermitteln.
John's Café, im Hotel *Feitian*, ✉ johncafe@hotmail.com, die beste Adresse für preisbewusste Reisende;
CTS, im Hotel *International*, ✆ 8822312, ein Englisch sprechender Fremdenführer kostet ¥150 pro Tag, ein Auto ab ¥300.

VORWAHL – 0937

Transport

BUSSE – Der **Busbahnhof** liegt in der Mingshan Lu im Süden der Stadt. Schräg gegenüber befindet sich eine weitere Haltestelle für Busse mit Schlafkojen. Von beiden Stationen fahren täglich Busse verschiedener Kategorien nach JIAYUGUAN (5 Std.) sowie mindestens einer täglich nach LANZHOU (24 Std.). Alle dazwischen liegenden Städte werden ebenfalls angesteuert, und es bestehen Verbindungen nach HAMI (7 Std.) in Xinjiang. Der Kauf einer Fahrkarte für die lange Busreise nach GOLMUD (15 Std.) in der Provinz Qinghai war für Ausländer in der Vergangenheit eine extrem teure Angelegenheit, weil das Amt für öffentliche Sicherheit ein Sonderticket zum fünffachen Preis verordnet hat; dies hat sich in der Zwischenzeit offensichtlich geändert, sodass derzeit der normale Preis von ¥98 als Anhaltspunkt gilt. Unabhängig vom Reiseziel scheint sich hier niemand für den Nachweis einer PICC-Versicherung zu interessieren.
Busse nach:
LIUYUAN 2 1/2 Std.;
WUWEI 18 Std.;
ZHANGYE 13 Std.

EISENBAHN – Dunhuang selbst ist nicht an das Eisenbahnnetz angeschlossen. Der nächstgelegene **Bahnhof** befindet sich im 130 km entfernten **Liuyuan**, das auf Fahrplänen jedoch zumeist als Dunhuang bezeichnet wird. Den Transport zwischen den beiden Orten übernehmen **Minibusse** (2–3 Std.), die immer auch den Überland-Busbahnhof in Dunhuang ansteuern.

Zugfahrkarten kauft man am besten an einem speziellen Schalter im Busbahnhof oder am Reiseschalter im *Dunhuang Binguan,* selbst wenn andere Reisebüros behaupten, dort wären keine Tickets zu bekommen. Pro Reservierung (nicht pro Ticket) werden manchmal ¥30 Gebühr erhoben, sodass es sich lohnt, eine Gruppe zusammenzustellen.

Auch die meisten anderen Unterkünfte sowie *John's Café* im Hotel *Feitian* können Zugfahrkarten besorgen, verlangen dafür aber eine satte Provision von ¥50 pro Ticket.

Züge von Liuyuan nach:
BEIJING 1x tgl., 37 Std.;
DAHEYAN 11x tgl., 8–12 Std.;
JIAYUGUAN 10x tgl., 4 Std.;
LANZHOU 10x tgl., 13–18 Std.;
TIANSHUI 10x tgl., 19 Std.;
ÜRÜMQI 9x tgl., 12 Std.;
WUWEI 9x tgl., 8 1/2 Std.;
ZHANGYE 9x tgl., 5 1/2 Std.

FLÜGE – Dunhuangs **Flughafen** liegt rund 13 km südöstlich der Stadt; ein Shuttle-Bus fährt von hier zum *CAAC*-Büro (s.u.).

Fluggesellschaften:
CAAC, Bei Dajie, ✆ 8825699;
China Northwest, Mingshan Lu, nahe *Charley Johng's Café.*

Flüge nach:
BEIJING tgl., 4 Std.;
LANZHOU tgl., 2 Std.;
ÜRÜMQI tgl., 2 Std.;
XI'AN tgl., 2 1/2 Std.

Die Grotten von Mogao

Die 25 km südöstlich von Dunhuang gelegenen Grotten von Mogao zählen zu den größten archäologischen Entdeckungen Ostasiens. Sie gelten als die ersten bekannten **buddhistischen Tempel** innerhalb der Grenzen des chinesischen Reichs und wurden vermutlich 366 n.Chr. von einem Mönch namens Lie Zun ins Leben gerufen. Bis zum 14. Jahrhundert waren die Höhlen ein Zentrum der Kultur an der Seidenstraße, und heute enthalten sie religiöse Kunstwerke, die eine 1000-jährige Geschichte umspannen. Von diesen Wüstenfelsen breitete sich der chinesische Buddhismus einst im ganzen Han-Reich aus, und mit ihm – unter schrittweiser Anpassung an die chinesischen Gegebenheiten – auch die künstlerischen Einflüsse aus Zentralasien, Indien, Persien und der westlichen Welt.

Von den ursprünglich mindestens 1000 **Höhlen** sind heute noch über 600 in erkennbarer Form erhalten. Viele davon wurden allerdings gesperrt, weil sie entweder als nicht mehr interessant genug erscheinen oder aber tantrische Wandmalereien tragen, die in den Augen der Chinesen sexuell zu freizügig sind, um sie Besuchern zumuten zu können. Was die Höhlen so beeindruckend macht, ist die Tatsache, dass sich dort die **Entwicklung der chinesischen Kunst** von einer Dynastie zur nächsten ablesen lässt. Man sollte sich allerdings zuvor ein gewisses Grundwissen über die Geschichte der Höhlen aneignen, um sie angemessen würdigen zu können. An dieser Stelle sei eine kleine Warnung vorausgeschickt: Durch Restaurierungen und Nachbildungen in jüngerer Vergangenheit hat sich das Gesamtbild Mogaos ziemlich verändert, was vor allem für die Skulpturen gilt, da viele davon nicht mehr im Original erhalten sind. Mancher Fremdenführer macht die Qing-Dynastie – mit anderen Worten: den Mönch Wang Yuanlu – für die hässlichen Ersatzstücke verantwortlich, doch einige Statuen sind auch wesentlich jüngeren Datums. Insgesamt können 30 Höhlen besichtigt werden, wobei man nicht mehr wie 15 Stück in einem Tag unterbringt. Alle Höhlen sind deutlich beschriftet und tragen Nummern über dem Eingang.

Nördliche Wei

Die ältesten Höhlen entstanden im 4. und 5. Jahrhundert n.Chr. während der Periode der Nördlichen Wei (386–58?), eine Dynastie, die von dem Turkvolk der Toba gegründet wurde. Im Laufe der Jahrhunderte gab es laufend Auseinandersetzungen zwischen den konservativen Kräften, die an den alten Toba-Sitten festhalten wollten, und den reformistischen Kräften die für die Einführung chinesischer Gepflogenheiten eintraten.

Die Wei-Höhlen sind relativ klein und werden in der Mitte häufig von einer großen Säule getragen – ein klassisches indisches Merkmal. Im Zentrum steht in der Regel eine Buddha-Statue, die von sehr vielen kleinen Buddhas in Wandnischen umgeben ist, brillant angemalt in Schwarz, Weiß, Blau, Rot und Grün. Die Statuen selbst sind aus Terrakotta gefertigt, da sich der weiche Stein im Innern der Grotten nicht für Bildhauerei eignete – die Künstler fertigten zunächst einen groben Umriss der Figur an, den sie anschließend mithilfe von Ton einer detaillierten Bearbeitung unterzogen.

Der Stil der Wandmalereien in diesen Höhlen zeigt starke **Einflüsse aus dem Ausland**. Die Gesichter haben lange Nasen und lockiges Haar, die Frauen große Brüste. Ein gutes Beispiel hierfür ist die gegen Ende des 5. Jahrhunderts gestaltete **Höhle 101**: Der von untergeordneten Bodhisattvas umringte Buddha entspricht im Wesentlichen einer westlichen Figur und erinnert stark an die Christus-Bildnisse in den Fresken der griechischen Kolonie Byzanz. Dagegen scheint der Buddha in **Höhle 257** in eine römische Toga gewandet zu sein, während die sehr schöne **Höhle 428** sowohl inhaltlich als auch stilistisch einen ausgeprägten indischen Einfluss zeigt (interessant sind die Pfauen an der Decke). Doch schon hier finden sich erste Spuren chinesischer Einflüsse in Gestalt der blumenähnlichen Engel, die gelegentlich die Decke zieren.

Neben ihrer ursprünglichen Bedeutung als Bezugspunkt für religiöse Besinnung erhalten die Wandmalereien nach und nach auch eine **erzählerische Komponente** – die Gemälde erfahren thematische Erweiterungen, die Handlungsabfolgen werden in langen horizontalen Streifen angeordnet. **Höhle 135** aus dem frühen 6. Jahrhundert enthält die Illustration einer buddhistischen Legende *(jataka)*, in der sich Buddha für ein verhungerndes Tigerweibchen opfert, das nicht mehr in der Lage ist, ihre Jungen zu ernähren. Die von rechts nach links zu lesende Erzählung wird durch Ansichten einfacher Landschaften unterbrochen, ein häufig verwendetes Stilmittel. **Höhle 254** erzählt die Geschichte, wie Buddha den Versucher Mara besiegt.

Mitte des 6. Jahrhunderts, gegen Ende der Periode der Nördlichen Wei, treten künstlerische Veränderungen auf, die durch eine Verlagerung hin zu einem deutlicher chinesisch geprägten Stil gekennzeichnet sind. Eine der auffälligsten chinesischen Wei-Wandmalereien befindet sich in **Höhle 120N** und zeigt oberhalb der religiösen Nischen eine Reihe von Kampfszenen, die vor allem wegen ihrer fehlenden Perspektive ins Auge fallen. Alle Figuren sind so gezeichnet, als würde man sie geradewegs anschauen, ungeachtet ihrer relativen Position zueinander – ein beliebtes Stilmittel, das sich durch die gesamte Geschichte der chinesischen Malerei zieht.

Sui

Mit Gründung der ebenso kurzlebigen wie dynamischen Sui-Dynastie im Jahre 581 verblassen die westlichen Einflüsse zusehends. Zuvor war das Reich der Mitte von Bürgerkriegen zerrissen gewesen, doch unter den Sui kommt es zu einer Blüte des Buddhismus und der buddhistischen Kunst. In den vier Jahrzehnten bis zur Machtübernahme der Tang entstehen in Mogao mehr als 70 Höhlen.

In Bezug auf die Struktur verzichten die Sui auf die zentrale Säule, künstlerisch wird die kühne und etwas grobe Pinselführung der Wei durch komplizierte, fließende Linien und eine zunehmend extravagante Farbgebung ersetzt, darunter auch Vergoldung und Silbertönung. In **Höhle 150** beispielsweise, deren Malereien im letzten Jahr der Sui-Herrschaft entstanden, weicht die erzählende Darstellung zugunsten des wiederholten Themas thronender Buddhas und Bodhisattvas. Bei der Bildhauerei zeigen sich die Veränderungen in den steifer wirkenden Figuren, die überdies chinesische Gewänder tragen. **Höhle 427** enthält einige typische Sui-Figuren mit kurzen Beinen, langen Körpern (Symbole für Macht und Göttlichkeit) und großen, kantigen Köpfen.

Tang

Unter der Tang-Dynastie (618–906) erreicht die Grotten von Mogao durch eine Mischung aus alten Traditionen und Darstellungen des zeitgenössischen Lebens ihren künstlerischen Zenit. Die klassische Tang-Grotte besitzt einen viereckigen Grundriss, ein sich nach oben verjüngendes Dach und eine Andachtsnische in der rückwärtigen Wand. Eine Neuerung besteht darin, dass die Statuen jetzt auch **Krieger** darstellen und alle Figuren, vor allem die Bodhisattvas, sehr detailliert und mit Sorgfalt ausgearbeitet sind; so präsentieren sich beispielsweise die weiblichen Figuren erstmals mit sanftem Faltenwurf in den Gewändern.

Bezüglich der Größe sind die **Buddhas** der Tang am berühmtesten, vor allem diejenigen in den **Höhlen 96 und 130**. Der beeindruckende, 34 m hohe Sitzende Buddha in Höhle 96 trägt das traditionelle Drachengewand des Kaisers und wurde in den Augen einiger Experten mit Absicht so gestaltet, dass bei den Pilgern Assoziationen mit der berühmten Tang-Kaiserin Wu Zetian geweckt werden.

In **Höhle 148** befindet sich ein weiterer riesiger Buddha, diesmal wie leblos in liegender Stellung und von Schülern umringt.

Die Spannbreite der **Tang-Gemälde** reicht von riesigen Wandmalereien mit Szenen aus den Sutren, die inzwischen eher aus einer einzigen Komposition bestehen anstatt wie früher aus Bilderreigen, bis hin zu lebhaften Abbildungen einzelner Figuren.

Zu den beliebtesten und spektakulärsten Themen der Wandgemälde der Tang zählt der Besuch des Bodhisattva Manjushri bei Vimalakirti. **Höhle 1** enthält eine der faszinierendsten Umsetzungen dieser Geschichte. Vimalakirti zur Linken wird von einem Großaufgebot himmlischer Wesen empfangen, die es kaum abwarten können, die Geschichte des kränklichen alten Königs zu hören. Die Sphäre über ihm ist geneigt und erweckt so den Eindruck einer scheinbar grenzenlosen Landschaft, mit dem von Bodhisattvas umringten Buddha auf einer Insel in der Mitte.

Eine andere Version beherbergt **Höhle 51E**, deren Wandgemälde besonders wegen ihrer fein schattierten Porträts Beachtung verdienen, darunter die herrliche Darstellung eines orientalischen Gefolges.

Weitere vorzügliche Wandmalereien der Tang finden sich in **Höhle 70**, wo eine offene, fließende Landschaft zu sehen ist, sowie in **Höhle 139A** (für viele die höchste Entwicklungsstufe unter den Tang) mit ihrer Darstellung des Westlichen Paradieses des Buddha Amitabha. Bei Letzterem handelt es sich um ein höchst beeindruckendes Gemälde mit fein ausgearbeiteten architektonischen und figürlichen Details innerhalb eines äußerst schlüssigen Gesamtbilds. Das Thema behandelt Buddhas Versprechen vom Paradies: Die Seelen der Wiedergeborenen erheben sich von den Lotusblumen im Vordergrund, während der Buddha weiter oben von himmlischen Szenen umgeben ist.

Spätere Höhlen

Spätere Werke, die unter den **Fünf Dynastien**, den **Song** und den **Westlichen Xia** (906–1227) ausgeführt wurden, zeigen keine wirklichen Fortschritte gegenüber den Arbeiten der Tang. In jener Zeit kümmerte man sich in Mogao ohnehin schon mehr um die Restaurierung und die Ausbesserung bereits bestehender Wandmalereien. Am interessantesten dürfte noch die Song-Periode sein, die sich durch einen großen Farbenreichtum sowie zahlreiche Darstellungen von Figuren mit den Zügen ethnischer Minderheiten auszeichnet.

Während der mongolischen **Yuan-Dynastie** (1260–1368), gegen deren Ende Mogao scheinbar verlassen wurde, weicht die Standardnische in der rückwärtigen Höhlenwand zugunsten eines zentralen Altars. Dies schafft Platz für neue Wandmalereien, in die lamaistische (oder tantrische) Figuren im tibetischen Stil sowie okkulte Schaubilder (Mandalas) Einzug halten. Die interessanteste Yuan-Kunst findet sich in der etwas abseits der Hauptgrotten liegenden **Höhle 465**. Man kann das Personal bitten, die Grotte aufzuschließen, was aber wahrscheinlich nur gegen eine satte Gebühr erfolgen wird. Nach Art indisch-buddhistischer Malerei beinhalten die Wandgemälde tantrische Figuren im Endstadium der Erleuchtung, grafisch umgesetzt durch Darstellung des Zustands der sexuellen Vereinigung.

Praktische Tipps

Die **Anfahrt** zu den Höhlen von Dunhuang gestaltet sich sehr problemlos – einfach zwischen 8 und 9 Uhr morgens auf die Straße gehen, wo man fast sofort von **Minibus**-Fahrern angesprochen wird. Es empfiehlt sich, einen bereits gut besetzten Bus zu wählen, denn die Fahrt geht erst los, wenn auch der letzte Platz besetzt ist (25 Minuten, ¥5 einfach). Wer ein Fahrzeug bestellt, zahlt für Hin- und Rückfahrt rund ¥40.

Die Höhlen sind täglich von 8.30 Uhr bis 11.30 Uhr und von 14.30 Uhr bis etwa 16 Uhr geöffnet. Eine halbtägige Führung kostet ¥80 (mit Studentenausweis ¥40). **Kameras** dürfen nur nach Erwerb einer extrem teuren Fotografiererlaubnis mit in die Höhlen genommen werden, die Taschen muss man in einem Büro am Eingang (Eintritt ¥2) abgeben. Wer ohne Erlaubnis beim Fotografieren erwischt wird, hat mit einer saftigen Geldstrafe zu rechnen

Die Grotten von Magao Wie Mogao entstand, wie es später verlassen und schließlich wieder entdeckt wurde, ist eine ebenso bewegte wie faszinierende Geschichte. Bevor der Buddhismus seinen Weg von Indien nach China fand, wurden die chinesischen Tempel – egal ob daoistisch oder konfuzianisch – traditionellerweise fast ausschließlich aus Holz gebaut, ein für chinesische Bedingungen bestens geeignetes Material. Das Prinzip des Höhlentempels hat seinen Ursprung in Indien, wo angesichts von Armut, Mangel an Baumaterial und großer Hitze alternative Baumethoden notwendig geworden waren.
Die Entstehung der **Höhlentempel von Mogao** prägte den frühen chinesischen Buddhismus, denn Pilger, Mönche und Gelehrte, die auf der Seidenstraße unterwegs waren, lebten und arbeiteten hier, übersetzten Sutren oder heilige Schriften. Doch auch Kaufleute und Adlige machten in Mogao Station und stifteten Tempel, um den Erfolg ihrer Karawanen zu gewährleisten oder einfach nur um ihren Seelen etwas Gutes zu tun, so wie es auch an anderen Punkten der Seidenstraße in unterschiedlichem Ausmaß gang und gäbe war. Zahllose **Künstler und Handwerker** waren in Dunhuang damit beschäftigt, die Arbeiten auszuführen. Sie bewegten sich auf gefährlich hohen Gerüstkonstruktionen, hatten nur das spärliche Licht ihrer Öllampen und verdienten einen Hungerlohn – in einer Sammlung buddhistischer Schriften fanden Archäologen einen Ausbildungsvertrag, in dem ein Bildhauer durch seine Unterschrift dem Verkauf seines Sohnes zustimmte. Üblicherweise wohnten die Kunsthandwerker in winzigen, mit kleinen Ziegelbetten ausgestatteten Höhlen, die im nördlichen Abschnitt von Mogao lagen. Unter den Tang, als sich der Buddhismus im gesamten Reich der Mitte verbreitete, erreichte die Zahl der in Mogao tätigen Mönche ihren Höhepunkt, und es wurde gleichzeitig an über 1000 Höhlentempeln gearbeitet. Mit Erschließung der Seewege für den Handel verlor die Seidenstraße zunehmend an Bedeutung, was sowohl Mogao als auch Dunhuang immer provinzieller werden ließ. Irgendwann im 14. Jahrhundert wurden die Höhlen sogar **versiegelt und verlassen**.
Zwar war einigen wenigen buddhistischen Gelehrten die Existenz von Mogao noch bekannt, doch erst im Jahre 1900 entdeckte der Wandermönch **Wang Yuanlu** die Grotten durch Zufall wieder und begann mit den Ausgrabungsarbeiten. Schnell erkannte er die Bedeutung der Stätte und machte ihre Restaurierung zu seinem Lebenswerk. Unterstützt von zwei treuen Schülern holte Wang Unmengen Sand aus den Höhlen, besserte die Wandmalereien aus, pflanzte Bäume und Gärten und errichtete ein Gästehaus. Seine Arbeit finanzierte er durch Bettelreisen.
Womöglich wären die Restaurierungsarbeiten gar nicht bekannt geworden, hätte Wang nicht eine zugemauerte Kammer (Höhle Nr. 17) entdeckt, die eine gigantische Sammlung von rund 1000 Jahre alten und praktisch unversehrten **Manuskripten**, **Sutren** und **Malereien** auf Seide und Papier zutage förderte. Die Nachricht von dem Geheimversteck erreichte schon bald die Behörden von Dunhuang, die sich selbst einen großen Teil der Schätze sicherten und schließlich entschieden, den Rest wieder in der Höhle zu versiegeln, weil ein Transport an einen anderen Ort

Zum Schutz der Wandmalereien sind die Höhlen nicht beleuchtet; zwar hat der Fremdenführer eine **Taschenlampe**, doch wird es wärmstens empfohlen, eine eigene mitzubringen. Die am Ticketbüro ausleihbaren Taschenlampen (¥3 plus Pfand) sind ziemlich schlecht.

Die **Fremdenführer** sprechen meist nur Chinesisch, doch während der Hochsaison dürfte es keine Schwierigkeit sein, einen englischsprachigen Guide aufzutreiben (ca. ¥20). Im Allgemeinen sind die Fremdenführer gut informiert, allerdings lässt ihr Englisch oft zu wünschen übrig. Es existiert so etwas wie eine festgelegte Strecke, doch mit etwas Überredungskunst schließt das Personal auch andere Höhlen auf, in die man gerne einen Blick werfen möchte.

Vor oder nach der Führung lohnt ein Besuch im **Forschungs- und Ausstellungszentrum**, einem

zu teuer gewesen wäre. So dauerte es noch weitere sieben Jahre, bis 1907 der Zentralasienforscher und Gelehrte **Aurel Stein** in Dunhuang eintraf. Dem in Ungarn geborenen Stein, der für die archäologischen Forschungsinstitute Großbritanniens und Indiens arbeitete (mit anderen Worten: als Geheimagent), waren Gerüchte von den Grotten zu Ohren gekommen und Gegenstände daraus zum Kauf angeboten worden. Mit viel Geschick überredete er Wang, die Kammer zu öffnen, und beschrieb später, was er zu sehen bekam: „Der Anblick des kleinen Raums verschlug mir die Sprache: In Schichten, aber ohne jegliches System übereinander gehäuft, kam im trüben Schein der kleinen Lampe des Geistlichen ein riesiger Stapel Manuskripte zum Vorschein, der insgesamt etwa 3 m hoch war und späteren Messungen zufolge fast 15 Kubikmeter Raum einnahm – ein beispielloser archäologischer Fund."

Steins Einschätzung war korrekt. Bei seiner Prüfung der Manuskripte entdeckte er nicht nur Original-Sutren, die von dem Wandermönch **Xuan Zang** in der Tang-Zeit nach Dunhuang gebracht worden waren, sondern auch andere buddhistische Texte in Sanskrit, Sogdian, Tibetisch, runischer Turksprache, Chinesisch, Uigurisch sowie weiteren, dem Forscher unbekannten Sprachen. Außerdem fanden sich aus der Zeit der Tang-Dynastie Dutzende kaum weniger bedeutsamer Gemälde auf Seide und Papier, die zwar arg zerknittert, aber von Feuchtigkeit verschont geblieben waren.

Nachdem Stein den Gegenwert von 130 Pfund Sterling für Wangs Restaurierungsfonds gespendet hatte, verließ er Mogao mit rund 7000 Manuskripten und 500 Gemälden im Gepäck Richtung England. Etwas später im selben Jahr handelte ein Franzose namens **Paul Pelliot** ein ähnliches Geschäft aus und schaffte 6000 Manuskripte sowie viele Gemälde in seine Heimat nach Paris. Auf diese Weise kamen das British Museum und der Louvre praktisch über Nacht und ohne Eingreifmöglichkeit der Behörden in Beijing zu den Herzstücken ihrer chinesischen Manuskript- und Gemäldesammlungen. Doch nicht alle Höhlen fielen dem Ausverkauf zum Opfer – erst 2001 wurde ein frischer Stapel mit 248 Schriftrollen und Artefakten entdeckt, deren Auswertung noch auf sich warten lässt.

Heute fordern die Chinesen – möglicherweise beflügelt von der griechischen Rückforderung der Elgin Marbles – die **Rückgabe** aller in ausländischen Sammlungen befindlichen Gemälde und Manuskripte. Dass derlei Ansprüche berechtigt sind, ist kaum zu bestreiten, auch wenn Mogao erst 1961 zu einer nationalen Gedenkstätte erklärt wurde. Doch wären die Schätze nicht fortgeschafft worden, hätte in den Wirren des 20. Jahrhunderts noch weit mehr verloren gehen können.

1920 missbrauchten weißrussische Soldaten die Höhlen als Kaserne und zeigten ihre Verachtung für die historischen Schätze, indem sie ihre Namen über die Fresken kritzelten. Glücklicherweise sind die meisten Kunstwerke und Statuen der Höhlen in hervorragendem Zustand.

Während der Kulturrevolution nahm die Grottenkunst von Mogao keinen Schaden, weil sie angeblich auf persönlichen Befehl von Ministerpräsident Zhou Enlai verschont wurden.

beeindruckenden modernen Gebäude gegenüber dem Parkplatz. Die von japanischen Geldgebern finanzierte Einrichtung beherbergt die Nachbildungen von sieben Höhlen (Nr. 3, 217, 220, 249, 275, 285 und 419). Der große Vorteil dieser Ausstellung liegt darin, dass Licht brennt, die Farben frisch sind und die Wandmalereien aus nächster Nähe betrachtet werden können. Eine weitere Höhle (Nr. 25) stammt gar nicht aus Mogao, sondern aus den Grotten von Yulin im nahe gelegenen Bezirk Anxi. Im Obergeschoss sind einige Seidenschriftrollen und Manuskripte zu besichtigen, und es wird ein Film über die Grotten von Mogao gezeigt. Bei den Höhlen gibt es noch ein weiteres **Museum**, das Bestandteil der Führung ist. Dort kann man die Geschichte der Stätte in englischer Sprache nachlesen, und zu besichtigen sind mehrere Schriftrollen, Fotos von Mogao aus dem 19. und 20. Jahrhundert sowie Nachbildungen einiger geplünderter Fresken, deren Originale sich inzwischen in Europa befinden. ⌚ tgl. 9–17 Uhr, Eintritt ¥25.

Die **Rückfahrt nach Dunhuang** gestaltet sich genauso unkompliziert wie die Hinfahrt: Man geht einfach zum Parkplatz und wartet auf den nächsten Minibus. Wer den letzten gegen 16 Uhr verpasst, kann in einem einfachen **Guesthouse** bei den Höhlen übernachten.

Die Umgebung von Dunhuang

Ein paar Kilometer südlich von Dunhuang liegen inmitten der wohl beeindruckendsten Dünenlandschaft ganz Chinas – mit 200 bis 300 m hohen Exemplaren – die viel gepriesenen Naturerscheinungen **Yueya Quan** (Mondsichel-See) und **Mingsha Shan** (Singender Sandberg), Letzterer so genannt, weil der Sand bei Wind angeblich ein summendes Geräusch verursacht. Der Mondsichel-See fasziniert weniger durch sein Aussehen als durch sein Durchhaltevermögen inmitten dieser lebensfeindlichen Wanderdünen-Landschaft – schon vor mindestens 2000 Jahren gab es erste Hinweise auf seine Existenz. An der Hauptdüne werden verschiedene Aktivitäten angeboten, darunter rasante Abfahrten mit dem Sandschlitten (¥10) und Gleitschirmflüge (bis zu drei Versuche ¥30). Allein der Aufstieg zur Düne ist eine enorm heiße und Schweiß treibende Angelegenheit. Ein Kamelritt nach oben kostet ¥40, und wer die Holztreppe benutzt, muss mit einer kleinen Gebühr rechnen.

Die **Minibusse** aus Dunhuang setzen ihre Fahrgäste vor dem **Ticketbüro** am Eingang ab (Bus ¥3, Eintritt ¥50), aber die Dünen sind auch über einen Seitenweg zu erreichen, der ungefähr 300 m vor dem Tor abzweigt und um das Gelände herumführt. Im Sommer lässt es sich hier praktisch nur aushalten, wenn man am frühen Morgen gegen 7.30 Uhr oder am Abend kommt. Zwischen 17 und 18 Uhr fahren die Minibusse auf der Suche nach Fahrgästen kreuz und quer durch Dunhuang. Zu Fuß dauert die gen Süden aus der Stadt führende Strecke rund 45 Minuten und mit dem Fahrrad 20 Minuten. Wer mit dem Rad am Eingang vorfährt, zahlt eine ärgerliche Parkgebühr von ¥5.

Rund 20 km südwestlich der Stadt liegt ebenfalls mitten in der Wüste **Dunhuang Gucheng** – wörtlich die „Historische Stadt Dunhuang“. In Wirklichkeit handelt es sich um eine Filmkulisse aus den 90er Jahren, die sich zu einem festen Bestandteil der touristischen Sehenswürdigkeiten in Dunhuang entwickelt hat. Aus der Entfernung sieht die „Stadt“ vor der spektakulären Wüstenkulisse sehr beeindruckend aus, doch je näher man kommt, desto schäbiger wirkt das Ganze. Vor Ort gibt es einige Souvenirläden, Nudelstände und sogar Jurten zum Übernachten. Die Anfahrt erfolgt mit **Minibussen** (¥10 hin und zurück), die gegen Mittag in unregelmäßigen Abständen von der Mingshan Lu in Dunhuang abfahren. Für hitzeresistente Menschen bietet das Fahrrad eine Alternative, ansonsten bleibt nur das Taxi (¥30).

Auf dem Weg zurück nach Dunhuang sollte man die **Baima Ta** (Dagoba des Weißen Pferdes) nicht verpassen, ein hübsches neunstufiges Bauwerk zu Ehren des Schimmels von Mönch Kumarajiva aus Kuqa (s.S. 1172) – angeblich verendete das Tier 384 n.Chr. genau an dieser Stelle. Die Stätte liegt inmitten von Maisfeldern und den Überresten der Altstadtmauern rund 4 km westlich der Stadt und ist ein angenehmer Ort für eine kleine Verschnaufpause.

In der weiteren Umgebung von Dunhuang gibt es noch mehr historische Stätten, die jedoch alle im Rahmen eines Tagesausflugs besichtigt werden können. Die **Xi Qianfodong** (Westliche Grotten der Tausend Buddhas) gehen in die gleiche Richtung wie die Grotten von Mogao, sind allerdings wesentlich kleiner und unbedeutender. Mit viel Engagement lässt sich über eines der Reisebüros möglicherweise eine Fahrt dorthin arrangieren – in der Vergangenheit stand die Stätte nur Pauschaltouristen offen und Individualreisende wurden abgewiesen.

Zu guter Letzt seien noch die beiden Tore **Yumenguan** und **Yangguan** aus der Zeit der Han-Dynastie erwähnt, die zu unterschiedlichen Phasen der chinesischen Geschichte einen Teil von Chinas Westgrenze bildeten. Sie liegen 80 bzw. 75 km westlich von Dunhuang und waren ursprünglich durch einen Abschnitt der Chinesischen Mauer miteinander verbunden, wurden jedoch im 6. Jahrhundert aufgegeben. Heute beeindrucken die Bauwerke vor allem wegen ihrer historischen Bedeutung und ihrer abgeschiedenen Lage. Yumenguan (Jadetor-Pass) besticht durch seine erstaunlich widerstandsfähigen, wenngleich langsam zerbröselnden

Sani-Frau; Shilin

Menschen in Songpan

Tempelvorhalle; Huanglong

Sinterterrassen; Huanglong

Schatzkammerberg; Dazu

San Ta (Drei-Pagoden-Tempel), Dali

Kungur Shan

Einstige Garnisonsstadt Jiaohe; Turfan

Pagode am Mondsichelsee; Dunhuang

Tashilhunpo-Kloster, Shigatse; Tibet

Lehmmauern von 10 m Höhe, während Yangguan heute aus nicht viel mehr als einer Turmruine besteht, in deren Umgebung durch Sandstürme jedoch immer wieder historische Gegenstände zutage gefördert wurden. Die Landstraße nach Yangguan ist in gutem Zustand, diejenige nach Yumenguan dagegen eine extrem holprige Piste. Ein Besuch beider Tore mit dem Taxi dauert eine ganzen Tag und kostet über ¥600. Um einiges spannender gestaltet sich die Anreise **per Kamel**, wobei man für eine Tour zu beiden Toren sowie einigen Überresten der Chinesischen Mauer ungefähr drei Tage einplanen sollte. Als beste Jahreszeit hierfür empfehlen sich die milderen Monate des Früh- oder Spätsommers. Für Einzelpersonen belaufen sich die Kosten auf ¥200–300 pro Tag – je mehr Leute, desto billiger. Weitere Informationen bekommt man in *John's Café* im Hotel *Feitian* von Dunhuang (s.S. 1130).

Die Provinz Qinghai

Die Provinz Qinghai besteht zu großen Teilen aus einer riesigen, menschenleeren Wildnis, in der lediglich viereinhalb Millionen Menschen leben. Geografisch und kulturell gesehen gehört Qinghai zur **Tibetischen Hochebene** und ist seit Jahrhunderten ein umstrittenes Grenzgebiet zwischen chinesischen Einwanderern und den Tibetern und Moslems, die das Weideland und die dürftigen Abschnitte fruchtbaren Bodens ursprünglich nutzten. Auch heute noch fällt in der Provinz die starke Präsenz **ethnischer Minderheiten** ins Auge – neben Tibetern leben hier Hui, Salar, Tu, Mongolen und Kasachen.

Die Region wurde erst vor 200 Jahren in das chinesische Reich eingegliedert und erst 1949 endgültig unter Han-Kontrolle gebracht, als die kommunistische Armee die Truppen des moslemischen Militärmachthabers Ma Bufang besiegten. Es verwundert daher kaum, wenn die Han-Chinesen das Gebiet auch heute noch als Grenzland für Abenteurer und Pioniere betrachten – und makabrerweise auch als Abschiebeort für Kriminelle und Regimekritiker. Die Zahl der Insassen in den hiesigen **Gefangenen- und Arbeitslagern** – einschließlich derer, die trotz ihrer Freilassung in der Provinz bleiben müssen, weil ihnen das Aufenthaltsrecht in ihrer Han-chinesischen Heimat aberkannt wurde – wird auf knapp 400 000 geschätzt, was beinahe 10% der Gesamtbevölkerung von Qinghai entspricht. Wiederum ein Zehntel davon sind politische Gefangene, die in den Randbezirken der Provinzhauptstadt Xining in Gefängnissen einsitzen, von denen behauptet wird, es handle sich um normale Fabriken.

Lediglich im äußersten Osten der Provinz, rund um **Xining**, existiert so etwas wie eine alteingesessene Han-Bevölkerung. Das Umland der Provinzhauptstadt zeichnet sich durch üppig grüne Täler sowie hohe jährliche Niederschlagsmengen aus und ist somit die einzige Gegend von Qinghai, in der nachhaltige Landwirtschaft betrieben werden kann. Westlich und südlich von hier steigt das Land zu einem 3000 m hohen Plateau an, auf dem es das halbe Jahr über bitterkalt ist und das sich bestenfalls als Weideland für Rinder und Schafe nutzen lässt. Im Nordwesten dagegen, Richtung Grenze zu Xinjiang, fällt das Land in ein trockenes Becken ab, das man erst während der kommunistischen Ära zu schätzen lernte, als hier Erzlagerstätten und Ölvorkommen entdeckt wurden. Heute kommt dem Bergbau in dieser Region eine große Bedeutung zu.

Für viele Reisende ist Qinghai in erster Linie als **Tor zu Tibet** von Interesse: Von Xining gibt es Flüge nach Lhasa; die Landstraße von **Golmud** in die tibetische Hauptstadt ist die einzige Landverbindung, über die Individualtouristen nach Tibet einreisen dürfen; und parallel zur Straße wird derzeit eine Eisenbahnlinie gebaut, die 2006 fertig gestellt sein soll. Qinghai ist in vielerlei Hinsicht ein Teil Tibets und nicht nur die Heimat einer großen Zahl Tibeter, sondern auch des herrlichen **Ta'er Si**, eines der bedeutendsten tibetischen Lama-Klöster in ganz China, ganz in der Nähe von Xining gelegen.

Doch die Provinz hält noch weitere Attraktionen bereit, vornehmlich in ihrer Eigenschaft als unberührte und wilde Naturlandschaft. Besonders der **Qinghai Hu**, Chinas größter See, bietet reichlich Gelegenheit für Wanderungen und zur Vogelbeobachtung. Weitere mögliche Aktivitäten sind mehrtägige Trekkingtouren, Rafting, Jagdausflüge und Bergsteigen. Die meisten dieser Unternehmungen müssen mit Hilfe der örtlichen Reisebüros arrangiert werden, die für die Organisation manchmal ein paar Tage Vorlauf benötigen.

Xining

Qinghais bescheidene **Provinzhauptstadt** Xining hat kaum touristische Sehenswürdigkeiten zu bieten und dient den meisten nur als Ausgangsbasis für einen Besuch des nahe gelegenen tibetischen Klosters **Ta'er Si** (s.S. 1142). Trotzdem ist Xining schon allein wegen seiner Stellung als einzige größere Stadt in Qinghai ein interessanter Ort und lohnt zumindest einen kurzen Aufenthalt. Die außergewöhnliche Lage mit den mächtigen Bergriesen im Hintergrund und der lebensfeindlichen Landschaft, die unmittelbar jenseits davon beginnt, verleiht der Stadt eine ganz besondere, fast heimelige Atmosphäre. Auf 2200 m schmiegt sich Xining an den äußersten Rand der Tibetischen Hochebene und genießt im Sommer ein angenehm frisches Klima, während es im Winter bitterkalt wird.

In Xining leben überwiegend Han-Chinesen, aber auch zahlreiche Angehörige von Minderheiten, vor allem Hui und die hier etwas verloren wirkenden Tibeter. Die Stadt blickt auf eine lange Geschichte zurück und wurde wahrscheinlich schon während der Han-Dynastie gegründet. In ihren Anfängen diente sie schon als Zwischenstation auf einem unbedeutenderen südlichen Zweig der Seidenstraße, avancierte jedoch spätestens im 16. Jahrhundert zu einer bedeutenden Handelsstadt für die Han. Heute ist Xining fester Bestandteil des Han-chinesischen Handels- und Transportnetzes und durch Schnellzüge mit Lanzhou und anderen chinesischen Städten verbunden.

Xining erstreckt sich größtenteils am Südufer des **Huangshui**, der im Norden von steilen Hügeln begrenzt wird. Das Zentrum konzentriert sich um

Ost-Qinghai

Xining	西宁	***xīníng***
Beishan Si	北山寺	*běishān sì*
Da Shizi	大十子	*dàshízì*
Große Moschee	清真大寺	*qīngzhēn dàsì*
Huangshui	黄水河	*huángshuǐ hé*
Shuijing-Lebensmittelmarkt	水井香市场	*shuǐjǐngxiāng shìchǎng*
Ximen-Kreisverkehr	西门	*xīmén*
Übernachtung und Essen		
Jiangjian	江渐宾馆	*jiāngjiàn bīnguǎn*
Minzu	民族宾馆	*mínzú bīnguǎn*
Qinghai	青海宾馆	*qīnghǎi bīnguǎn*
Xining Guest Hotel	西宁宾馆	*xīníng bīnguǎn*
Yahao Huayuan	雅豪花园宾馆	*yǎháo huāyuán bīnguǎn*
Yongfu	永副宾馆	*yǒngfù bīnguǎn*
Zangjia Ju	藏家居	*zàngjiā jū*
Ta'er Si	塔尔寺	***tǎ'ěr sì***
Ledu	乐都	***lèdū***
Qutan Si	瞿昙寺	*qútán sì*
Maduo	玛多	***mǎduō***
Mengda-Naturschutzgebiet	孟达自然保护区	***mèngdá zìrán bǎohùqū***
Guanting	官亭	*guāntíng*
Xunhua	循化	*xúnhuà*

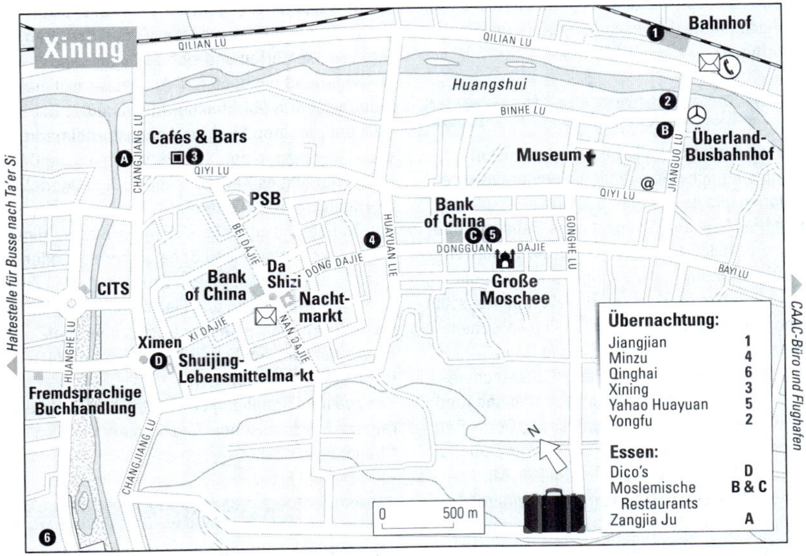

die in Ost-West-Richtung verlaufende Hauptstraße Dong Dajie sowie deren Verlängerung Xi Dajie. Letztere verbindet die **Da Shizi** (Große Kreuzung) mit dem ein paar Hundert Meter weiter westlich gelegenen **Ximen-Kreisverkehr**.

Wichtigste Sehenswürdigkeit von Xining ist die **Große Moschee** in der Dongguan Dajie. Das 1380 erbaute Gotteshaus gilt als eines der schönsten im Nordwesten Chinas und umfasst einen großen öffentlichen Platz, auf dem sich die Gläubigen versammeln. In der Architektur lässt sich kaum noch ein arabischer Einfluss erkennen, stattdessen erblickt man typisch chinesische Dachvorsprünge sowie farbenprächtig bemalte Bögen.

Einen Besuch lohnt auch das kleine **Museum** (Eintritt ¥5), untergebracht in einem reizenden historischen Gebäude, das in einer Marktgasse unmittelbar südwestlich des Überland-Busbahnhofs liegt und an den Säulen vor dem Haus mit der Nr. 41 zu erkennen ist. Besucher sind so selten, dass das Personal bei der Suche nach den Schlüsseln beinahe in Panik gerät, doch angesichts der Artefakte aus zahlreichen Dynastien und der Sammlung von Bekleidungsstücken ethnischer Minderheiten sollte man sich davon nicht abschrecken lassen.

Nördlich des Huangshui, 2 km westlich des Bahnhofs, steht auf einem Hügel der 1400 Jahre alte **Beishan Si** (Nordberg-Tempel). Hunderte von Stufen führen nach oben, wo Fußgängerwege mit Brücken einige kleine, mit daoistischen Motiven geschmückte Grotten miteinander verbinden, in denen sich häufig Gläubige zum Gebet versammeln. Von der Pagode auf dem Gipfel eröffnen sich an einem klaren Tag schöne Ausblicke auf die Stadt. Die Anfahrt zur Qilian Lu am Fuß des Berges erfolgt mit der Buslinie 11 vom Bahnhof oder der Linie 10 vom Stadtzentrum unmittelbar südlich des Ximen-Kreisverkehrs. Westlich der Changjiang Lu befindet sich der Eingang, der gut zu erkennen ist.

Am meisten Spaß aber macht Xining, wenn man sich einfach unter die Leute mischt und ziellos durch die Innenstadt bummelt. Unbedingt einen Besuch wert ist der überdachte **Shuijing-Lebensmittelmarkt** in der Shuijing Gang nahe des Ximen-Kreisverkehrs. Hier gibt es mehr als 3000 Stände, von denen viele auf Hammelfleisch-Feuertopf und Kebab spezialisiert sind. Eine besonders schöne Atmosphäre genießt man nach Einbruch der Nacht, wenn die Feuer der Öfen in der Dunkelheit glühen.

Übernachtung

Eine ausländerfreundliche Unterkunft ist in Xining eher schwer zu finden. Zwei preiswerte Optionen gibt es in Bahnhofsnähe.

Jiangjian*, an der Westseite des Bahnhofsplatzes, ✆ 8149385. Chinesische Herberge mit vernünftigen DZ und sehr engagiertem Personal. Wer hier über ein Bett verhandeln möchte, sollte schon ein paar Brocken Chinesisch sprechen.

Minzu (Nationality Hotel)*, Dong Dajie, ✆ 8225951. Das Beste an diesem altersschwachen Hotel ist seine zentrale Lage und das rund um die Uhr verfügbare Warmwasser. Dorm-Bett ¥60, Anfahrt mit Buslinien 1 oder 2 vom Bahnhof.

Qinghai***, Huanghe Lu, ✆ 6144888. Mit Abstand exklusivstes Hotel von Xining, zahlreiche Einrichtungen, z.B. ein recht gutes Restaurant, aber leider weit im Südwesten der Stadt gelegen. Anfahrt mit Bus Nr. 32 vom Bahnhof; von der Haltestelle (den Fahrer fragen) sind es noch etwa 10 Fußmin. in südlicher Richtung, immer auf den großen Turm zu.

Xining Guest Hotel***, Qiyi Lu, ca. 1 km nördlich der Da Shizi, ✆ 8238701. Trostlose Unterkunft aus den 50er Jahren, trotz Renovierung alles andere als attraktiv. Anfahrt mit Bus Nr. 9 vom Bahnhof.

Yahao Huayuan**, Dongguan Dajie, schräg gegenüber der Moschee, ✆ 8137994. Brandneue, saubere Unterkunft der mittleren Preisklasse, Ausländer erhalten jedoch nicht immer Zutritt.

Yongfu (Kunlun)*, Jianguo Lu, gegenüber Busbahnhof, ✆ 8140236. Billiges und freundliches Hotel – die Rezeption ist im Erdgeschoss, aber die Zimmer liegen im 3. Stock über einem Kaufhaus. Dorm-Bett ¥25.

Essen

Alle Hotels besitzen eigene **Restaurants**, und in der Umgebung des *Xining Guest Hotel* in der Qiyi Lu gibt es mehrere **Cafés und Bars**. Moslemische Speisen servieren eine Garküche in Nähe des Busbahnhofs sowie ein großes, authentisches Restaurant gegenüber der Moschee in der Dongguan Dajie, wo jede Menge Senioren ihren Tee schlürfen und sich an Lamm- und Nudelgerichten gütlich tun. Am besten isst man jedoch auf den **Märkten** der Innenstadt, z.B. auf dem überdachten **Shuijing-Lebensmittelmarkt** (s.S. 1139) oder in den Seitenstraßen um die Da Shizi. Hier gibt es Kebabs, scharfe Nudelgerichte, Hammelfleisch-Feuertöpfe, Teigtaschen, Hundun-Suppe und so leckere Dinge wie *zasui*, eine Suppe aus Ochsen- und Schafsinnereien, oder *shaguo*, ein Feuertopf mit in Brühe gegarten Zutaten wie Tofu, Pilzen und Fleisch – alle Gerichte werden vor den Augen der Gäste zubereitet.

Dico's Burgers, am Ximen-Kreisverkehr. Westlich angehauchte Speisen.

Zangjia Ju, Changjiang Lu. Tibetisches Restaurant mit folkloristischen Tanzdarbietungen am Abend.

Sonstiges

AMT FÜR ÖFFENTLICHE SICHERHEIT (PSB) – Bei Dajie, ✆ 8224937.

BÜCHER – **Fremdsprachige Buchhandlung**, Xiguan Dajie, im Westen der Stadt. Überraschend gute Auswahl englischsprachiger Klassiker sowie chinesischer Literatur in Übersetzung.

GELD – ***Bank of China***, Dongguan Dajie, nahe Moschee; Reiseschecks werden aber auch in allen anderen Filialen der Stadt getauscht.

INTERNET – **Internet-Cafés** sind über die ganze Stadt verteilt – eines liegt relativ nah am Busbahnhof in der Qiyi Lu, und ein anderes versteckt sich hinter den Ständen einer Marktstraße südlich der Dong Dajie, zu erkennen an dem vertikalen gelben Schild.

POST UND TELEFON – **Hauptpost**, Da Shizi, zu erreichen über einen erhöhten Fußgängerweg. Hier können IDD-Telefongespräche geführt werden, ebenso wie in der Außenstelle wenige Meter östlich des Bahnhofs.

REISEBÜROS – In der Stadt gibt es mehrere Reisebüros, die Bahn- und Flugtickets reser-

vieren sowie Touren zum Qinghai Hu (s.S. 1144) oder in abgelegenere Regionen Qinghais organisieren.
CITS, 156 Huanghe Lu, ✆ 6133841, 💻 www.citsqh.com.
Qinghai Jiaotong Lüxingshe, direkt vor dem Überland-Busbahnhof, ✆ 8149504;
Qinghai Nationalities Travel Service, im Hotel *Minzu*, ✆ 8225991.

VORWAHL – 0971

Transport

BUSSE – Xinings **Überland-Busbahnhof** befindet sich im Osten des Zentrums in der Jianguo Lu, unmittelbar südlich des Bahnhofs. Die Busse zum Kloster TA'ER SI (ca. 30 Min., ¥4) fahren von einem im Westen der Stadt gelegenen **Busbahnhof** in der Xiguan Dajie ab, der reichlich versteckt rund 150 m westlich der Fremdsprachigen Buchhandlung liegt; zwischen 7.20 Uhr und dem späten Nachmittag gibt es regelmäßig Verbindungen zum Kloster.
Über die neue Schnellstraße gelangt man relativ schnell nach GOLMUD (16 Std.) und LANZHOU (5 Std.). Außerdem ist Xining der Ausgangspunkt für einige andere interessante Busrouten, wobei die Fahrkarten erfreulich billig sind. Ein Bus fährt nach LINXIA (11 Std.) und ein weiterer in die Klosterstadt TONGREN (8 Std.), beide mit Anschluss nach Xiahe. Die Strecke nach ZHANGYE (24 Std.) in der Provinz Gansu verläuft über eine spektakuläre Gebirgsstraße. Nicht weniger aufregend ist die Fahrt gen Südwesten nach MADUO (24 Std.), von wo man mit einem Anschlussbus bis fast an die Quelle des Gelben Flusses oder aber in die Provinz Sichuan fahren kann – wobei letztere Piste offiziell nicht für Ausländer geöffnet ist.
In jüngster Zeit wurde vermehrt berichtet, dass Betreiber von Busunternehmen in Xining auf Ausländer zugehen und für rund ¥1200 Bustickets nach **Lhasa** anbieten. Das mag zwar erheblich billiger sein als der Preis, der *CITS* für die Strecke von Golmud nach Lhasa verlangt, aber Ausländer dürfen den Bus von Xining nach Lhasa offiziell nicht benutzen – wer unterwegs erwischt wird, z.B. an dem Kontrollposten bei Golmud, muss ohne Rückerstattung des Fahrpreises wieder aussteigen.

EISENBAHN – Der **Bahnhof** liegt östlich des Zentrums am Nordufer des Flusses. In fast alle größeren Städte Ostchinas fahren Direktzüge, darunter auch komfortable und schnelle Doppeldeckerzüge nach LANZHOU (4x tgl., 3 Std.) in der Provinz Gansu.
Der Fahrkartenkauf am Bahnhof funktioniert problemlos, allerdings hängen nur chinesische Fahrpläne aus. Tickets nach Lanzhou können in der Regel am Morgen der Abfahrt gekauft werden.

Züge nach:
BEIJING 1x tgl., 36 Std.;
GOLMUD 3x tgl., 16–22 Std.;
SHANGHAI 1x tgl., 32 Std.;
XI'AN 1x tgl., 15 Std.

FLÜGE – Xinings **Flughafen** liegt 26 km östlich der Stadt und wird von einem Shuttle-Bus bedient, der das *CAAC*-Büro in der Bayi Lu ansteuert, sehr ungünstig etwa 1500 m südöstlich des Bahnhofs gelegen. Von dort fährt der Bus Nr. 2 via Dongguan Dajie ins Zentrum bzw. die Linie 28 zum Busbahnhof und Bahnhof.
Die Zahl der Direktflüge von Xining ist begrenzt, und zumeist wird empfohlen, per Zug nach Lanzhou zu fahren und dort ins Flugzeug zu steigen. Für den Kauf eines Tickets nach LHASA (4x wöchentl., 2 1/4 Std.) benötigen Ausländer derzeit weder den Nachweis über die Teilnahme an einer teuren Tour noch einen speziellen Erlaubnisschein (weitere Infos zu Reisen nach Tibet s.S. 1196), allerdings können sich solche Bestimmungen schnell wieder ändern.

Fluggesellschaften:
CAAC, 85 Bayi Lu, ✆ 6[illegible]46970.
Flüge nach:
BEIJING tgl., 2 Std.;
CHENGDU 5x wöchentl., 1 1/4 Std.;
GOLMUD 8x wöchentl. 3 Std.;
GUANGZHOU 6x wöchentl., 3 Std.;
SHANGHAI 2x wöchentl., 2 1/2 Std.;
ÜRÜMQI 3x wöchentl., 2 1/2 Std.;
XI'AN 2x wöchentl., 3 Std.

Ta'er Si

Eine gute halbe Stunde dauert die Busfahrt von Xining zum 25 km südöstlich gelegenen Ta'er Si (auf Tibetisch Kumbum) und führt – zumindest im Sommer – durch eine wunderbare Landschaft aus Weizenfeldern, grünen Hügeln, dichten Wäldern und Wiesen voller gelb blühendem Raps. Ta'er Si, eines der bedeutendsten **Klöster** außerhalb Tibets, ist zwar weniger attraktiv wie Labrang in Xiahe (s.S. 1114) und touristisch ziemlich überlaufen, bietet aber eine gute Einführung in die tibetische Kultur. Als Geburtsort von Tsongkhapa, dem Gründer der **Gelbmützenschule**, und als ehemalige Residenz des amtierenden Dalai Lama zieht das Kloster ganze Scharen von Pilgern aus Tibet, Qinghai und der Mongolei an, die mit ihren zerfurchten Gesichtern, bestickten Mänteln und dem klobigen Schmuck einen faszinierenden Anblick darstellen.

Direkt neben dem Kloster entstand ein großer chinesischer **Militärstützpunkt**, der zweifelsohne errichtet wurde, um die Mönche gefügig zu machen – scheinbar mit geringem Erfolg, denn der Abt, der stets als Marionette von Beijing galt, wanderte erst kürzlich in die USA aus. Von diesem hässlichen Bauwerk einmal abgesehen präsentiert sich die umliegende Landschaft sehr schön: Der Blick reicht bis zu den hohen Bergen in der Ferne, und man kann durch hügeliges Gelände voller Weizenfelder, über Rinder- und Pferdeweiden spazieren, oder sogar Bergkämme und Pässe erklimmen, die mit Wildblumen übersät sind. In der näheren Umgebung der Anlage trifft man neben einer großen Zahl Han-chinesischer Touristen auch tibetische Reiter, Feldarbeiter, die aus Gastfreundschaft eine Ähre gerösteter Gerste anbieten, oder Pilger bei ihren Niederwerfungen rund um die Klostermauer.

Das Kloster

Mit dem Bau des Klosters wurde 1560 begonnen. Seine Errichtung erfolgte zu Ehren von **Tsongkhapa**, dem an diesem Ort geborenen Gründer der reformistischen Gelbmützenschule des tibetischen Buddhismus. Der Legende zufolge tropfte bei Tsongkhapas Geburt Blut von seiner Nabelschnur auf den Boden und brachte an genau dieser Stelle einen Baum mit tausend Blättern zum Wachsen – auf jedem Blatt befand sich das Gesicht Buddhas, und ein weiteres Bildnis zierte den Stamm, der heute in einem der Stupas aufbewahrt wird. Schon zu Lebzeiten bestätigte sich Tsongkhapas Bedeutung, denn zwei seiner besten Schüler wurden zu den größten Lebenden Buddhas: der Dalai Lama und der Panchen Lama.

Der in einem Tal gelegene, ummauerte Komplex bietet einen imposanten Anblick und dient rund 600 Mönchen im Alter zwischen 10 und 80 Jahren sowie einem nie abreißenden Strom von Pilgern als aktive Stätte der Verehrung. Die **Eintrittskarte** zum Preis von ¥30 berechtigt zur Besichtigung von neun Tempeln. Vor dem Eingang drücken sich heimlichtuerische Straßenhändler herum und bieten Bilder des Dalai Lama zum Verkauf an – vom Erwerb muss dringend abgeraten werden, da ihr Besitz illegal ist, und es sich hier zweifelsohne um ein abgekartetes Spiel handelt. Eine Steintafel am Eingang erläutert (in englischer Sprache) die notwendige Restaurierung des Ta'er Si in den 80er Jahren des 20. Jahrhunderts, weil – wie es in der Erklärung heißt – das Kloster 400 Jahre lang den „Elementen" ausgesetzt war.

Der Komplex selbst dagegen ist über jeden Zynismus erhaben. Zu den schönsten **Tempeln** zählt die **Große Halle der Meditation** (Da Xingtang). Bei dem auf der Eintrittskarte als Tempel Nr. 5 bezeichneten Bauwerk handelt es sich um eine riesige, spärlich beleuchtete Gebetshalle mit Dutzenden teppichverkleideten Säulen und Wandstoffen aus Seide *(thangkas)*. Unmittelbar daneben befindet sich die **Große Golddachhalle**, unter deren Dachvorsprüngen Alpenkrähen nisten. Im Innern stellen Wandgemälde Szenen aus dem Leben Buddhas dar, und ein glänzender Silberstupa enthält eine Statue von Tsongkhapa. Wo der Holzfußboden vor dem Tempel einst Rillen zeigte, befindet sich nun eine fast glatt geschliffene Fläche, hervorgerufen durch die Hände der zahllosen, sich hier niederwerfenden Mönche und Pilger. Die 1560 errichtete Halle ist die Keimzelle des Klosters und steht an der Stelle, wo einst der Feigenbaum mit den Bildnissen Buddhas wuchs. Auch heute noch sieht man Pilger, die herabfallende Blätter in Augenschein nehmen, offensichtlich in der Hoffnung, das Antlitz Buddhas zu erblicken.

Zu den weiteren bemerkenswerten Bauwerken gehören der **Kleine Golddachtempel** (Nr. 1) sowie die **Halle der Butterskulptur** (Nr. 7). Ersterer ist den Tieren gewidmet, denen die Verkörperung der

Eigenschaften bestimmter Gottheiten zugeschrieben werden – vom zentralen Hof aus erspäht man auf dem Balkon ausgestopfte, in Tücher und Fahnen gehüllte Ziegen, Kühe und Bären. Die Halle der Butterskulptur beherbergt eine farbenfroh bemalte Skulptur aus Yakbutter mit der szenischen Darstellung tibetischer und buddhistischer Legenden. Nach Besichtigung der Tempel wird ein Aufstieg über die steilen Stufen seitlich des Klosters mit einem schönen Blick über den Tempelkomplex belohnt. ◷ tgl. 8–18 Uhr).

Übernachtung und Essen

Die meisten Besucher kommen nur für ein paar Stunden nach Ta'er Si – wer hier übernachtet, kann die Klosteratmosphäre ganz in Ruhe genießen.

Kumbum Motel, unmittelbar hinter dem Klostereingang. Häufig ausgebuchte Pilgerherberge aus dem 16. Jh. Zu den schlichten Einrichtungen zählen ein uralter Balkon und abblätternde Wandmalereien. Hostel-Bett ¥15.

Ta'ersi Hotel**, linker Hand des Klosters. Großes, ziemlich neues Hotel mit Blick über eine Schlucht auf den Klosterkomplex – die etwas elegantere Variante.

Mahlzeiten gibt es im *Pilgrim's Hostel* und in den moslemischen Restaurants an der Straße zwischen Xining und dem Kloster, wo man für ein paar Yuan riesige, wärmende Nudelgerichte mit viel Gemüse sowie Tee bekommt.

Sonstiges

FESTE – Übers Jahr verteilt finden in Ta'er Si fünf bedeutende Feste statt, die sich jeweils nach dem Mondkalender richten:

Jan/Feb: Nach Beendigung der chinesischen Neujahrsfeiern steht das Anzünden von Yakbutterlampen im Mittelpunkt einer großen Zeremonie.

April/Mai: Beim Fest des Badenden Buddha wird ein riesiges Buddha-Bildnis an einem Berghang mit Blick auf das Kloster entrollt.

Juli/Aug: Tsongkhapas Geburtstag.

Sep: Fest zum Gedenken an Shakyamunis Einzug ins Nirwana.

Okt: Fest zum Gedenken an Tsongkhapas Einzug ins Nirwana.

Transport

Von Xining fahren regelmäßig **Busse** nach TA'ER SI (ca. 30 Min., ¥4), die entweder am Busbahnhof 1 km vor dem Kloster oder am Komplex selbst halten. Vom Busbahnhof führt ein Weg an Schmuckständen und Teppichverkäufern vorbei bis hinauf zum Klostereingang (20 Min. zu Fuß). Bei der zeitlichen Planung ist zu berücksichtigen, dass die großen Tourbusse verstärkt ab 10 Uhr in Ta'er Si einrollen und es danach sehr voll werden kann. Für die Rückfahrt nach Xining stellt man sich einfach an die Straße und wartet auf den nächsten Bus.

Weitere Sehenswürdigkeiten im Osten von Qinghai

Ein weiteres sehenswertes Kloster, **Qutan Si**, liegt 80 km östlich von Xining im Bezirk Ledu und steht wesentlich weniger im Mittelpunkt des touristischen Interesses. Mit dem Bau des Klosters, das einst zu den bedeutendsten buddhistischen Zentren Chinas zählte, wurde bereits 1387 während der Ming-Dynastie begonnen. Die Wandmalereien in den 51 Räumen sind außergewöhnlich schöne Beispiele ihrer Art mit Illustrationen der Lebensgeschichte von Shakyamuni. Qutan Si befindet sich 17 km außerhalb der Stadt **Ledu** und ist von Xining per Bus oder Regionalzug zu erreichen. Dort steigt man entweder in einen der billigen Minibusse oder in ein Taxi (¥60) um.

Rund 200 km südöstlich von Xining liegt eine bemerkenswert schöne Landschaft, in deren Mittelpunkt das **Mengda-Naturschutzgebiet** steht. In diesem Teil der Provinz, dem Bezirk Xunhua, herrscht ein feuchtes und mildes Klima, das Bäume und Pflanzen üppig gedeihen lässt. Die Wälder sind voller Wildblumen und beheimaten Rotwild und Füchse. Ausländische Touristen verirren sich selten hierher, aber der Ort bietet sich als Zwischenstopp auf der Strecke von Xining nach Linxia in der Provinz Gansu an.

Sowohl von Xining als auch von Linxia fahren Busse nach **Guanting** oder **Xunhua**, zwei Kleinstädte am Rand des Schutzgebiets, das von beiden ungefähr 30 km entfernt ist – Xunhua liegt geringfügig näher, aber Guanting bietet den leichteren Zugang. Von beiden Städten aus kann man entweder als Anhalter oder per Taxi zum Naturschutzgebiet gelangen, eine Unterkunft gibt es vor Ort.

Der Westen von Qinghai

Westlich von Xining beginnt die menschenleere Ödnis, die Qinghai charakterisiert. Auf dem 3000 m hohen Plateau kann schlichtweg keine Landwirtschaft mehr betrieben werden, und so fehlen auch größere Bevölkerungskonzentrationen – die Einzigen, die es je geschafft haben, dieser menschenfeindlichen Umwelt eine magere Existenz abzutrotzen, sind die nomadischen Yakhirten. Es überrascht kaum, dass China gerade in dieser Region seine Akademie für Atomwaffenforschung und -entwicklung ansiedelte, wo in den 60er und 70er Jahren die ersten chinesischen Atom- und Wasserstoffbomben entwickelt wurden. Das Zentrum liegt 90 km von Xining entfernt in **Haiyan** (bei den Einheimischen nur „Atomstadt" genannt) und steht seit kurzem auch für Interessierte offen, die über die Reisebüros in Xining eine Führung organisieren können.

Qinghai Hu

Das wahre Highlight der Region liegt 150 km westlich von Xining auf der Tibetischen Hochebene in einer Höhe von 3200 m: der außergewöhnliche Salzsee Qinghai Hu. Das extrem kalte und salzige Gewässer bedeckt die riesige Fläche von über 4500 km^2 und beheimatet trotz seiner widrigen Bedingungen eine Vielzahl von Fischen und Meeresvögeln, wobei Letztere vor allem auf der so genannten **Vogelinsel** nisten, seit langem die größte Besucherattraktion des Sees. Wer keine Zeit für einen Zwischenstopp hat, kann auf der langen Reise von Xining nach Golmud zumindest den Ausblick bewundern: Der Zug fährt stundenlang am Nordufer des Sees entlang, der Bus dagegen am Südufer – auf jeden Fall sollte die Etappe so geplant werden, dass man das Gewässer bei Tageslicht passiert.

Abgesehen von einem Besuch der Vogelinsel, was meist eine ziemliche hektische Angelegenheit ist, bieten sich rund um den See in absoluter Einsamkeit herrliche **Wander- und Zeltmöglichkeiten** (warme Kleidung und Schlafsäcke sind ein absolutes Muss). An dem sanftgrünen, windigen Ufer grasen während des kurzen Sommers die Yaks, und so weit das Auge reicht sieht man nur Natur und das tiefblaue Wasser des Qinghai Hu. Wildnisfreaks nehmen einfach einen Bus zum See, steigen irgendwo aus und wandern drauflos. Wer es lieber etwas geordneter mag, steuert das **Qinghai Lake Tourist Centre** an, wo es eine Übernachtungsmöglichkeit** (Dorm-Bett ¥25) sowie Gelegenheiten zum Bootfahren, Fischen und Reiten gibt.

Die Vogelinsel

Die Vogelinsel besteht aus einem kleinen Felsrücken, der im äußersten Westen des Sees aus dem Wasser ragt und jährlich von mehreren Tausend Zugvögeln zum Nisten aufgesucht wird, darunter Möwen, Kormorane, Gänse, Schwäne und der seltene **Schwarzhalskranich**. Hauptsaison für die **Vogelbeobachtung** ist im Allgemeinen von April bis Juli, aber die großen Schwäne sieht man am ehesten zwischen November und Februar.

Am einfachsten lässt sich die Vogelinsel im Rahmen eines **organisierten Tagesausflugs** von Xining besuchen. Es gab einmal einen privaten Reisebus, doch inzwischen scheint die Tour nur noch über eines der **Reisebüros** in Xining (s.S. 1140) buchbar zu sein, die rund ¥150 zuzüglich Verpflegung und Eintrittskarte verlangen. Der Ausflug dauert von etwa 7 Uhr bis 22 Uhr, wobei man alleine zehn Stunden im Bus verbringt – wer das auf sich nimmt, um ein paar Vögel auf einem Felsen sitzen zu sehen, muss mehr als nur ein flüchtiges Interesse für Ornithologie aufbringen. Beim Anstieg zur Hochebene wird wahrscheinlich ein Zwischenstopp am Riyue-Pass eingelegt, wo einige tibetische Gebetsfahnen im Wind flattern und zwei chinesische Türme zu besichtigen sind. Zu den Höhepunkten der Tour zählt das Mittagessen – köstlicher und sehr billiger Bratfisch – in dem winzigen Ort am Ufer gegenüber der Vogelinsel. Die herrliche Kulisse mit dem tiefblauen See im Vorder- und den schneebedeckten Bergen im Hintergrund entschädigt für so manche Strapaze.

Ein Abstecher **auf eigene Faust** zur Vogelinsel erfordert einigen Unternehmungsgeist, ist aber durchaus möglich, beispielsweise als Zwischenstation auf der Fahrt von Xining nach Golmud. Wer im Bus unterwegs ist, sollte in der reichlich schmuddligen tibetischen Kleinstadt **Heimahe** aussteigen, die rund vier Busstunden hinter Xining liegt und mit einem Laden und einem einfachen Hotel aufwartet. Von dort führt eine Straße Richtung Vogelinsel, auf der man nur noch per Anhal-

West-Qinghai

Haiyan	海宴	***hǎiyàn***
Qinghai Hu	青海湖	***qīnghǎi hú***
Vogelinsel	鸟岛	*niǎodǎo*
Heimahe	黑马河	***hēimǎ hé***
Chaka-Salzsee	茶卡盐湖	***chákǎyán hú***
Golmud	格尔木	***gé'ěr mù***
Cai-Erhan-Salzsee	察尔汗盐湖	*cháěrhàn yán hú*
Golmud Hotel	格尔木宾馆	*gé'ěrmù bīnguǎn*
Kunlun-Gebirgskette	昆仑山	*kūnlún shān*
Quanjiafu Jiulou	全家福酒楼	*quánjiāfú jiǔlóu*
Tibet-Busbahnhof	西藏汽车站	*xīzàng qìchēzhàn*

ter vorankommt. Nach einer knappen Stunde ist das *Bird Island Guesthouse*** erreicht, eine saubere, aber sehr kalte Unterkunft (Doppelzimmer mit Bad), in der es an Warmwasser mangelt, dafür aber immer genug zum Essen gibt.

Am Guesthouse muss man eine **Eintrittskarte** (¥20) erwerben, um die restlichen 15 km zu den beiden **Beobachtungspunkten** in Angriff nehmen zu dürfen. Beim Ersten handelt es sich um einen Strand, an dem die Vögel von einem Unterstand aus beobachtet werden können, und beim Zweiten um die eigentliche Vogelinsel, die von einem Felsvorsprung am gegenüberliegenden Ufer zu sehen ist.

Der Chaka-Salzsee

Nicht weit vom Qinghai Hu entfernt liegt der Chaka-Salzsee, der sich erst in jüngster Zeit zu einem Ausflugsziel entwickelt hat. Seine weiß schimmernden Salzkristalle wirken aus der Ferne fast wie eine Spiegeloberfläche. Besucher können am Salzsee mit einem kleinen Güterzug fahren, ein Haus aus Salz besichtigen, einen Spaziergang auf einer 60 km langen Salzbrücke machen – und als Souvenir einen Brocken von dem Zeug mitnehmen. Gegenwärtig ist der Chaka-See nur im Rahmen einer geführten **Tour** zugänglich, die in der Regel auch den Qinghai Hu einschließt. *Qinghai Jiaotong Lüxingshe* in Xining (s.S. 1141) hat einen zweitägigen Ausflug im Programm, der inklusive Eintritt, Übernachtung und sämtlicher Verpflegung ¥650 p.P. kostet, allerdings nur ab einer bestimmten Teilnehmerzahl durchgeführt wird.

Golmud

Das fast 3000 m über dem Meeresspiegel auf der Tibetischen Hochebene gelegene Golmud ist selbst für nordwestchinesische Verhältnisse eine unglaublich isolierte Stadt. Dank des neuen Flughafens besteht eine schnelle Verbindung nach Xining, aber per Zug oder Bus benötigt man mindestens 15 Stunden in die nächste Ortschaft nennenswerter Größe. Immerhin handelt es sich bei Golmud um die zweitgrößte Stadt der Provinz Qinghai, in der rund 130 000, meist Han-chinesische Einwohner leben. Diese arbeiten größtenteils in den Kaliumkarbonatfabriken, denen Golmud seine Existenz zu verdanken hat – es ist auch kaum vorstellbar, dass sich jemand freiwillig an einem derart kalten und öden Ort niederlassen würde. Geografisch liegt Golmud unmittelbar nördlich der massiven **Kunlun-Gebirgskette** bzw. südlich vom **Cai-Erhan-Salzsee**. Beide Landschaften sind teilweise sehr reizvoll und bislang so gut wie unberührt.

Golmuds **Bahnhof** und **Busbahnhof** liegen im äußersten Süden der Stadt, und beim Verlassen der Gebäude mag man gar nicht glauben, was man zu sehen bekommt: Trostlosigkeit pur und gähnende Leere, eingerahmt von einigen wenigen Gebäuden in der Ferne. Zu Fuß sind es lange 40 Minuten bis ins Stadtzentrum, das auch von Minibussen oder der Buslinie 1 angesteuert wird. Für Reisende dient Golmud nur als Transitstation auf dem Weg nach Xining im Osten, Dunhuang im Norden oder Lhasa im Süden – Golmud ist die einzige chinesische Stadt, von der Individualtouristen offiziell über Land nach **Tibet** einreisen dürfen. Noch geht dies nur per Bus, doch bereits 2006 soll die neue Eisenbahnlinie nach Lhasa fertig gestellt sein. In einem enormen Kraftakt werden insgesamt 1118 km Schiene verlegt, zumeist auf Dauerfrostboden in 4000 m Höhe.

Übernachtung und Essen

Das einzige Hotel der Stadt heißt natürlich ***Golmud******, ✆ 412066, liegt im Zentrum, und ist gar nicht mal schlecht – in einem älteren Gebäude sind die Schlafsäle (Dorm-Bett ¥30) untergebracht und in einem neueren Block die DZ.

Golmud besitzt einige überraschend gute **Restaurants**. Schräg gegenüber vom Hotel befindet sich das ausgezeichnete ***Sichuan***, zu erkennen an dem englischen Schild im Fenster; eine englische Speisekarte gibt es nicht, aber ein verlässlicher Favorit ist *gongbao jiding*, Hühnchen-

Die Straße nach Tibet Zwar ist die Straße nach Tibet insgesamt in einem vernünftigen Zustand und bis ungefähr 50 km vor Lhasa asphaltiert, aber dies darf nicht darüber hinwegtäuschen, dass sie 5000 m hohe Pässe überwindet, fast durchgehend auf einer Höhe von über 4000 m verläuft und für Passagiere damit zu den härtesten Strecken der Welt zählt. Die Fahrzeuge sind oft unzureichend beheizt und halten nur in unregelmäßigen Abständen, sodass man ausreichend warme Kleidung, Lebensmittel und Getränke dabeihaben sollte.

Die Vorschriften für Ausländer bezüglich Reisen nach Tibet ändern sich ständig. Zur Zeit der Recherche mussten alle Touren über **CITS** in Golmud (s.S. 1147, Sonstiges) gebucht werden – eine andere offizielle Möglichkeit, an ein Busticket oder einen Sitzplatz im Bus zu kommen, gab es nicht.

Das bei *CITS* gebuchte Arrangement sieht folgendermaßen aus: Man wird vom Hotel *Golmud* zum **Tibet-Busbahnhof** im Nordwesten der Stadt gefahren und besteigt dort den Bus für die 24- bis 36-stündige Reise nach Lhasa. Im Preis enthalten ist eine dreitägige Führung durch Lhasa, aber keine Unterkunft. Wer vor Ort lieber auf eigene Faust loszieht, kann die *CITS*-Führung auch verfallen lassen. Der Gesamtpreis für dieses Paket beträgt ¥1700 bzw. ¥1280 mit Studenten- oder Lehrerausweis.

Dieses Arrangement lässt sich umgehen, wenn man etwas Chinesisch spricht. Zum Beispiel haben sich schon ausländische Reisende mit chinesischen Individualtouristen zusammengetan und gemeinsam einen **Jeep** geliehen. Die Kosten belaufen sich so nur auf einen Bruchteil der Touren von *CITS*, dafür rasen viele Fahrer wie die Verrückten und legen die Strecke nach Lhasa in nur 16 Stunden zurück – wenn sie sich nicht in die Gesellschaft der Autowracks am Straßenrand einreihen.

Ganz Wagemutige fahren **per Anhalter** nach Tibet, was aber nur im Geheimen passieren kann, denn Einheimische dürfen eigentlich keine Ausländer in ihrem Auto mitnehmen und können dadurch in große Schwierigkeiten geraten. Angesichts des rauen Klimas sollte man sich außerdem gut überlegen, ob man zwei Tage lang auf der Ladefläche eines Lastwagens durchs Gebirge kutschiert werden will – wenn man nicht das unverschämte Glück hat, in der Umgebung des Tibet-Busbahnhofs von einem Fernfahrer angesprochen zu werden, der einen Platz in seinem Fahrzeug anbietet. Eine solche Fahrt kostet immer noch mindestens ¥500 und beinhaltet das Risiko, bei einer der Polizeikontrollen an der Strecke erwischt zu werden. Wahrscheinlich verhält es sich eher so, dass ein Fernfahrer, der dieses Risiko eingeht, eine geheime Abmachung mit der Polizei getroffen hat – aber man kann nie sicher sein. Wer tatsächlich erwischt wird, zahlt entweder eine hohe Geldstrafe oder ein Bestechungsgeld, um diese zu umgehen.

fleisch mit Chili und Erdnüssen. Etwa 15 Fußmin. vom Hotel entfernt bietet das ***Quanjiafu Jiulou*** (Glückliche Familie) westlich angehauchte Gerichte, u.a. ebenso dicke wie köstliche Bananenpfannkuchen (¥4); mit seinem an eine Pagode erinnernden Eingang ist das Restaurant kaum zu verfehlen. Wer lieber unter freiem Himmel isst, sollte den **Markt** nördlich des Hotels aufsuchen.

Sonstiges

FAHRRÄDER – Hinter dem Altbau des Hotels werden für ¥1/Std. uralte Drahtesel vermietet.

GELD – ***Bank of China,*** südlich des Hotels, ⏲ Mo–Fr 8.30–12 und 14.30–18 Uhr.

REISEBÜROS – ***CITS,*** im Hotel *Golmud,* ✆ 412764 (Reisen nach Tibet) bzw. 413003 (Touren innerhalb von Golmud und Qinghai), ⏲ Mo–Fr 8.30–12 und 15–18.30, Sa 8.30–10.30 und 15–17 Uhr. Touren nach Tibet sowie spannende Ausflüge im Geländewagen durch den wenig erforschten Westen der Provinz bis nach Ruoqiang (s.S. 1177) in Xinjiang (US$150 p.P. bei einer kleinen Gruppe).

VORWAHL – 0979

Transport

BUSSE – Golmuds **Überland-Busbahnhof** befindet sich im äußersten Süden der Stadt. Die Busse nach XINING benötigen 16 Stunden, also genauso lange wie der Schnellzug. Am frühen Morgen gibt es eine Verbindung nach DUNHUANG (15 Std.) in der Provinz Gansu über eine wenig befahrene Strecke, für die Ausländer eine Art Permit benötigen, (erhältlich für ¥20 bei *CITS* im Hotel *Golmud*) – ohne diesen Erlaubnsschein kann man keine Fahrkarte kaufen. Die Busse nach LHASA (36 Std.) fahren vom **Tibet-Busbahnhof** in der Xizang Lu ab.

EISENBAHN – Der **Bahnhof** liegt genau gegenüber dem Busbahnhof. Täglich gibt es drei Verbindungen nach XINING, zwei Schnellzüge (16 Std.) sowie einen Bummelzug (22 Std.). Die **Fahrkarten** können direkt im Bahnhof gekauft

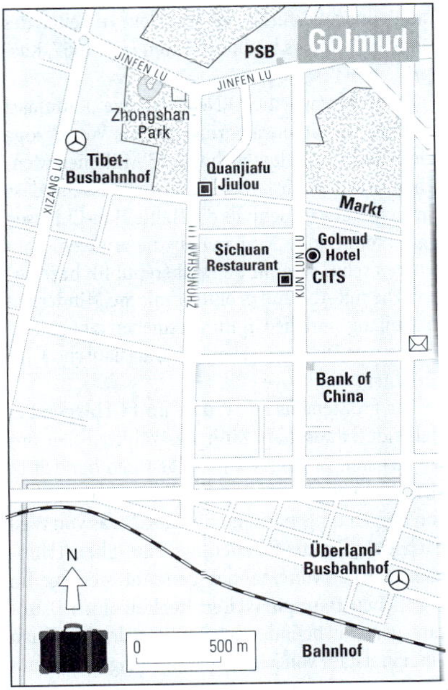

werden, wo die Warteschlangen in der Regel recht kurz sind. Wer noch am gleichen Tag abreisen möchte, muss vor dem Fahrkartenkauf eine Reservierung vornehmen, die ein Büro im 2. Stock des Bahnhofs erledigt. Tickets für Fahrten am selben Tag verkauft auch ein viel beschäftigter Schalter vor dem Hotel *Golmud.*

FLÜGE – Flugtickets nach Xining können über *CITS* gebucht werden.

Autonomes Gebiet Xinjiang

Das Autonome Gebiet Xinjiang Uigur zählt zu den aufregendsten Landesteilen Chinas, über 3000 km von der nächsten Küste entfernt. Trotz aller geschichtlicher Turbulenzen seit dem Zusammenbruch des Seidenstraßenhandels konnten sich die Oasensiedlungen an den uralten Routen behaupten und produzieren zum Teil noch immer die Seide und Baumwolle, für die sie vor allem zu Zeiten des römischen Reichs berühmt waren (s.S. 1067, Kasten).

Xinjiang (wörtlich „Neue Grenze") umfasst eine Fläche, die etwas größer ist als Westeuropa oder Alaska, aber lediglich von 13 Millionen Menschen bewohnt wird. Angesichts der Tatsache, dass davon nur etwas mehr als die Hälfte Han-Chinesen sind, könnte man Xinjiang als die am wenigsten „chinesische" Region der Volksrepublik bezeichnen. Die mit Abstand größte ethnische Minderheit in Xinjiang sind die **Uiguren**, daneben gibt es aber noch einige Dutzend weitere zentralasiatische Minderheiten.

Die größtenteils aus **Wüste und Gebirgen** bestehende Landschaft Xinjiangs zählt zu den unwirtlichsten in ganz China. Eigentlich handelt es sich um zwei riesige Becken, die auf allen Seiten von Bergen umgeben sind und durch das von West nach Ost verlaufende Gebirge Tian Shan (Himmelsgebirge) voneinander getrennt werden. Im nördlichen **Dsungarischen Becken**, auch Dsungarei genannt, befindet sich am Fuße des Tian Shan die Hauptstadt von Xinjiang und einzige Großstadt der Region, **Ürümqi**, sowie ganz im Nordwesten, an der Grenze zu Kasachstan, die bereits stark kasachisch geprägte Stadt **Yining**. Im Dsungarischen Becken hat sich im Laufe der letzten 40 Jahre eine beträchtliche Zahl Han-Chinesen angesiedelt und für einen gewissen Grad an industrieller und landwirtschaftlicher Entwicklung gesorgt. Zum größten Teil besteht das Gebiet aus Steppe, in deren Zentrum große staatliche Landwirtschaftsbetriebe liegen, während an den gebirgigen Rändern des Beckens kasachische und mongolische Hirten ihr Vieh weiden und teilweise noch als Nomaden umherziehen. Das Klima ist im Sommer sehr heiß und von Oktober bis März mit demjenigen in Sibirien vergleichbar.

Südlich des Tian Shan breitet sich das **Tarim-Becken** aus, dessen zentraler Bestandteil die unerbittliche Taklamakan-Wüste ist, wo im Sommer sengende Hitze und extreme Trockenheit herrschen. Hier lebt ein Großteil der uigurischen Bevölkerung, vor allem in einer Reihe von Oasen entlang der Route der ehemaligen Seidenstraße, darunter Turfan und Kashgar. Einige dieser Oasenstädte sind bereits unter dem Wüstensand begraben und seit langem in Vergessenheit geraten, andere überleben dank künstlicher Bewässerungssysteme, die sich das Wasser der Gebirgsbäche zunutze machen. Außer den vergessenen Städten begräbt der Wüstensand noch einen weiteren großen Schatz unter sich: **Öl**. Chinesischen Schätzungen zufolge liegt allein unter der Taklamakan das Dreifache der nachgewiesenen Ölreserven der USA verborgen – einer der Hauptgründe, weshalb der Regierung an einer stabilen Han-Präsenz in dieser Region gelegen ist.

Zu den Hauptattraktionen Xinjiangs zählen die Ausläufer des **Tian Shan** bei Ürümqi, wo man in Einsamkeit wandern und am Himmelssee in den Jurten der Kasachen übernachten kann. Die meisten Besucher jedoch zieht es zur alten **Seidenstraße**, insbesondere in die Oasenstädte **Turfan** und **Kashgar**, wo das alte Turkestan aufzuleben scheint. Abgesehen von der klassischen Reise entlang der nördlichen Seidenstraße von Turfan über Aksu und Kuqa nach Kashgar ist es auch möglich, die Spuren der fast vergessenen südlichen Route via Khotan zu verfolgen. Die Handelsrouten wurden bereits vor mehr als 2000 Jahren gegründet, doch ihre Blütezeit erlebten sie während der Tang-Dynastie, als Chinas berühmtester buddhistischer Pilger, **Xuan Zang**, sie für seine 17-jährige Reise nach Indien nutzte. Außerdem besteht die Möglichkeit, die Tour entlang der Seidenstraße über die Grenzen der Volksrepublik China hinaus fortzusetzen, und zwar nicht nur über den fest etablierten **Karakoram Highway** nach Pakistan, sondern inzwischen auch über die weniger bekannten Routen nach Kasachstan und Kirgisistan (s.S. 1166 und 1189). Schließlich gibt es noch eine abenteuerliche, aber nicht ungefährliche Landstraße von Kashgar nach West-Tibet, die für Individualtouristen jedoch offiziell gesperrt ist.

Geschichte

So schillernde Persönlichkeiten wie Tamerlan, Dschingis Khan, der Hunnenkönig Attila und sogar Alexander der Große drückten Xinjiang ihren Stempel auf. Noch häufiger jedoch bildete die Region einen Gegenpol zu den bedeutenden geschichtlichen Ereignissen und hatte gleichermaßen unter ihrer Isolation wie unter den kriegerischen Auseinandersetzungen zwischen den Herrschern der Wüstenkönigreiche oder **Khanate** zu leiden.

Der chinesische Einfluss in der Region – bis 1949 als Ost- bzw. Chinesisch-Turkestan bekannt –

war alles andere als konstant. Im 2. Jahrhundert v.Chr. geriet das Gebiet mit Kaiser Wu Di an der Spitze erstmalig unter Han-chinesische Kontrolle, die jedoch bis zur **Tang-Dynastie** (618–907 n.Chr.) nicht über eine rein militärische Präsenz hinausging. Die Tang-Periode bedeutete für Xinjiang so etwas wie ein goldenes Zeitalter: Die Oasen südlich des Tian Shan wurden von einem geheimnisvollen, aber hoch entwickelten indoeuropäischen Volk besiedelt und die buddhistische Kunst und Kultur in der Region erreichte ihren Zenit. Eine entscheidende Veränderung bahnte sich um das 9. Jahrhundert an, als die Uiguren zur beherrschenden Volksgruppe avancierten und zum **Islam** konvertierten.

Xinjiang-Zeit Alle Regionen Chinas müssen ihre Uhren nach Beijing-Zeit stellen. In der Provinz Xinjiang – zwischen 3000 und 4000 km von der Hauptstadt entfernt – treibt diese absurde Regelung gar seltsame Blüten: Die Stadt Kashgar, im äußersten Westen von Xinjiang gelegen, erblickt die Sonne während der Sommermonate erst gegen 9 oder 10 Uhr, wird dafür aber bis Mitternacht in Helligkeit getaucht. Nicht ohne Grund gibt es in Xinjiang eine Art inoffizielle „Xinjiang-Zeit", die zwei Stunden hinter der Beijing-Zeit hinterherhinkt und umso verbreiteter ist, je weiter man nach Westen vordringt. Bei der Benutzung öffentlicher Verkehrsmittel sollte man sich vor Antritt der Reise unbedingt vergewissern, welche Zeit im konkreten Fall zutrifft.

In den folgenden Jahrhunderten kam es zu **Eroberungen durch die Mongolen** unter Dschingis Khan und später von Westen her durch Tamerlan. Beide hatten Verwüstungen und Gemetzel zur Folge, doch während der kurzen mongolischen Herrschaft von 1271 bis 1368 konnte der Seidenstraßenhandel davon profitieren, dass Ost- und Westasien zum ersten und einzigen Mal in der Geschichte unter derselben Regierung vereint waren.

Nach dem Niedergang des mongolischen Reichs und der Seidenstraße zersplitterte Xinjiang in zahlreiche Khanate und litt unter mehreren Religionskriegen sowie internen kriegerischen Auseinandersetzungen. Trotzdem hatte man die Unabhängigkeit zu schätzen gelernt, sodass der neuerlichen **chinesischen Herrschaft** unter den Qing im 18. Jahrhundert erbitterter Widerstand entgegenschlug. Rund ein Jahrhundert später, 1862, brach ein groß angelegter **Moslemaufstand** aus, angeführt von **Yakub Beg**, dem Herrscher von Kashgarien, und unterstützt durch Großbritannien, das in dieser Pufferzone zwischen Indien und Russland nach mehr Einfluss trachtete. Die Revolte schlug letztendlich fehl, und Beg wurde zu einem verhassten Tyrannen, während die Region unter den Fittichen des chinesischen Reichs verblieb.

Zu Beginn des 20. Jahrhunderts präsentierte sich Xinjiang als tiefste chinesische Provinz und unterstand einer Reihe brutaler Warlords, die mehr oder weniger unabhängig von der Zentralregierung agierten. Der letzte dieser Warlords vor dem Zweiten Weltkrieg, **Sheng Shizai**, erwies sich anfänglich als reformerische Kraft indem er religiöse und ethnische Freiheiten einführte und Handelsbeziehungen zur aufstrebenden Sowjetunion aufbaute. Aber schon wenig später legte Sheng Shizai seine moderate Haltung zu den Akten: 1940 schlug er den Sowjets und den kommunistischen Einflüssen in Xinjiang die Tür vor der Nase zu und errichtete ein Terror-Regime, das den Tod von über 200 000 Kommunisten, Intellektuellen, Studenten und moslemischen Nationalisten zu verantworten hatte.

1949 schlugen sich die Streitkräfte der moslemischen Nationalisten und der chinesischen Kommunisten vorübergehend auf eine Seite, als es um die Niederschlagung der Guomindang ging. Nach dem Sieg der Kommunisten war die weitere Entwicklung jedoch unausweichlich. Die Anführer der moslemischen Nationalisten wurden still und heimlich ermordet (laut offizieller Verlautbarung kamen sie bei einem Flugzeugabsturz ums Leben), was die nationalistischen Aktivitäten zur Errichtung einer eigenen Nation jeder Chance beraubte. Der letzte nationalistische Führer, ein Kasache namens Osman, wurde 1951 hingerichtet.

Seit 1949 unternimmt die chinesische Regierung große Anstrengungen zur Stabilisierung der Region durch die **Ansiedlung von Han-Chinesen**, besonders in der Hauptstadt Ürümqi. Ihre Zahl stieg von 200 000 Mitte der 50er Jahre auf sechs Millionen im Jahre 1996. Die uigurische Bevölkerung Xinjiangs, die 1949 noch 90% betragen hatte, ging bis 1982 auf unter 50% zurück und ist noch

Die Uiguren Die Uiguren bilden den östlichsten Zweig der vielköpfigen Familie der **turksprachigen Völker**, die einen Großteil Zentralasiens besiedeln und verschiedene Dialekte des Türkischen sprechen. Trotz jahrhundertelanger chinesischer Dominanz und einer gewissen Vermischung der Rassen unterscheiden sich die Uiguren kulturell ganz erheblich von den Han-Chinesen, und viele Uiguren sehen sogar ausgesprochen „unchinesisch" aus: Sie haben einen eher robusten Körperbau, braune Haare und runde Augen, und die meisten Männer tragen Bärte. Seit mindestens 1000 Jahren hängt die überwältigende Mehrheit der Bevölkerung dem **moslemischen Glauben** an, angesichts der immer weiter fortschreitenden Vereinnahmung durch die Han das Herzstück ihrer Identität. Da die meisten Uiguren kein Chinesisch sprechen und ihnen daher der Zugang zu höheren Bildungseinrichtungen und gut bezahlten Arbeitsplätzen verwehrt ist, sehen ihre Entwicklungschancen innerhalb des Systems der Volksrepublik China eher schlecht aus. Hinzu kommt, dass die Han-Chinesen – verallgemeinernd gesprochen – nicht nur auf die Uiguren hinunterblicken und sie als ungehobelte Raufbolde betrachten, sondern gar deren vermeintlich kurzen Geduldsfaden und die umso längeren Messer fürchten. Möglicherweise als Konsequenz daraus scheinen die Uiguren ihr Misstrauen gegenüber den Han-Chinesen bisweilen auf alle Ausländer auszudehnen, Touristen eingeschlossen. Bestimmte Gesten wie eine gemeinsame Tasse Tee oder ein paar eingestreute Brocken Turksprache helfen beim Abbau der Barrieren und enden nicht selten im Kreise der Familie.

Die Uigurische Küche Es dürfte kaum überraschen, dass die uigurische Küche einen wesentlich stärkeren mittelasiatischen als chinesischen Einfluss aufweist. Das am weitesten verbreitete Grundnahrungsmittel – und häufig das einzige erhältliche Gericht – ist **laghman** (Chinesisch *lamian*), wörtlich übersetzt „gezogene Nudeln". Bei ihrer Herstellung zuzusehen, ist absolut faszinierend: Der Koch greift die beiden Enden einer dehnbaren Teigrolle und zieht diese zu einem langen Strang, indem er seine Arme immer weiter spreizt. Dann knallt er das Ganze auf einen mit Mehl bestreuten Tisch und legt die beiden Enden des Teigstranges übereinander, sodass er nun zwei Stränge in der Hand hält. Dieser Vorgang wiederholt sich ständig und bringt jedes Mal die doppelte Anzahl an Teigsträngen hervor, bis schließlich eine Menge dünner, einen Meter langer Nudeln in den Händen des Kochs baumelt. Dann werden die „Griffe" aus überschüssigem Teig an beiden Enden abgerissen und die Nudeln für einige Minuten in kochendes Wasser gelegt. Das rasende Tempo, mit dem ein geschickter

immer im Schwinden begriffen, obwohl die ethnischen Minderheiten von der Ein-Kind-Politik ausgenommen sind. Der chinesischen Regierung bereitet Xinjiang dennoch Kopfschmerzen, vor allem angesichts des enormen **wirtschaftlichen Potenzials** der Region, das sich auf Kohlebergbau, Ölförderung und Tourismus gründet. In den letzten Jahren kam es des Öfteren zu **Widerstandsbekundungen der Uiguren**. 1992 mussten Armee und Luftwaffe in die Stadt Kashgar beordert werden, um den dortigen Demonstrationen ein Ende zu bereiten; als Folge wurde die Stadt vorübergehend für Ausländer geschlossen. Im gleichen Jahr explodierten in Ürümqi sowie 1993 in Kashgar einige Bomben, was angeblich auf das Konto von Separatisten ging. Bereits 1986 gab es Proteste gegen Chinas **Atomtests** in der Wüste nahe Lop Nor, ausgelöst durch zahlreiche, anscheinend auf Krebs zurückzuführende Todesfälle sowie ungewöhnlich viele Missbildungen bei neugeborenen Kindern und Lämmern. Die Atomtests dauern noch immer an, und nach dem Zusammenbruch der Sowjetunion kann ein neuer nationalistischer Gewaltausbruch seitens der Uiguren in Xinjiang nicht ausgeschlossen werden. Seit dem 11. September bewertet die chinesische Regierung sämtlichen Widerstand in der Region als „Terrorismus" und hat bereits angekündigt, jegliches Aufflackern von Nationalismus mit unerbittlicher Härte niederzuschlagen.

Koch den rohen Teig durch Knallen und Ziehen in Nudeln verwandelt und dabei alle Stränge voneinander trennt, ist schier unglaublich.

In Xinjiang wird *laghman* üblicherweise mit einem Eintopf aus Hammelfleisch, Tomaten, Chili und anderem Gemüse serviert und unterscheidet sich daher deutlich von der suppenähnlichen Variante, die man andernorts in China bekommt. Die gleiche scharfe Sauce ohne Nudeln ist auch Bestandteil von *jerkob,* ein Rindfleischeintopf, sowie von *tohogish* (Chinesisch *dapan ji*), ein komplett zerkleinertes Huhn inklusive Kopf und Füßen – beide Gerichte gibt es in etwas besseren Restaurants. Bei praktisch allen Speisen dienen **Korianderblätter** als Garnierung.

Im Sommer werden an den Straßenständen neben *laghman* auch diverse kalte Nudelsuppen angeboten, die in der Regel sehr scharf sind.

Reis gibt es in Xinjiang nur selten, dann beispielsweise in Form von **Pilau**, ein Gericht aus gebratenem, mit Safran gefärbtem Reis und Hammelfleischstücken.

Etwas bekannter dürften **Kebabs** sein, mit Chili und Kreuzkümmel gewürztes Hammelfleisch am Spieß, wovon man allerdings mehrere braucht, um wirklich satt zu werden. Häufig gibt es dazu ein Glas eiskalten Jogurt (Chinesisch *suanniunai*), der überall in Xinjiang zu bekommen ist.

Tee wird oft in den Geschmacksrichtungen Zimt, Kardamom oder Hagebutte serviert.

Ofenfrische **Brote** finden regen Absatz auf den Märkten, wo die Bäcker mit bloßen Händen in die glühenden Backöfen zu greifen scheinen, um die Teigfladen an die glühenden Ziegelwände zu drücken. Minuten später kommen die Brote fertig gebacken wieder zum Vorschein, entweder als kleine runde Brötchen, als Fladenbrot *(nan)* oder sogar gefüllt mit Hammelfleisch und Zwiebeln, was dann *permuda* (Chinesisch *kaobao)* heißt. Die gefüllten Teigtaschen können auch gebraten *(samsa)* oder gedämpft *(manta)* werden, wobei Letztere Ähnlichkeit mit der chinesischen Variante namens *mantou* haben.

Eine weitere leckere Spezialität ist **Madang**, ein mit Walnüssen, Rosinen und getrocknetem Obst angereicherter Nougat. Verkauft wird die Süßigkeit von fliegenden Händlern, die – üblicherweise mehr als – die gewünschte Menge in dicken Scheiben abschneiden und abwiegen.

Erfrischung verspricht dagegen der **Granatapfel** (Chinesisch *shiliu)*, eine typisch mittelasiatische Frucht, die auf den Märkten als Obst oder zu Saft gepresst angeboten wird – zu erkennen sind die Verkaufsstände an den großen Haufen roter Schalen und den Saftpressen, die an ein stachliges Folterwerkzeug erinnern.

Hami

Der Landstrich zwischen Dunhuang im Westen der Provinz Gansu und den beiden Städten Hami und Turfan im äußersten Osten Xinjiangs – östlich der vom Tian Shan dominierten Mitte der Provinz – zählt zu den lebensfeindlichsten Regionen ganz Chinas. Nur ganz wenig Wasser erreicht die glühend heißen Senken, die geografisch die Fortsetzung des Tarim-Beckens bilden. Im Sommer wurde diese Gegend von den Seidenstraßenhändlern als einer der gefährlichsten Abschnitte der Reise durch ganz Asien gefürchtet, und auch heute noch bleiben von einem Aufenthalt in dieser Region vor allem die brütende Hitze sowie die monotonen Stein- und Sanddünenlandschaften in Erinnerung.

Als östliches Tor nach Xinjiang fungiert Hami heute, eine reiche Oase inmitten scheinbar endloser Wüste und im ganzen Land berühmt wegen seiner **Melonen**, den *hami gua*. Auch wenn es hier nicht sehr viel zu besichtigen gibt, eignet sich die Oase als angenehme Zwischenstation auf dem Weg von Dunhuang nach Turfan.

Historisch gesehen war Hami von Anfang an ein wichtiger Bestandteil der Seidenstraße, vor allem wegen seiner Lage an einem der wenigen fruchtbaren Plätze zwischen der Provinz Gansu und Turfan. Der berühmte buddhistische Pilger **Xuan Zang** (s.S. 1154, Kasten) wäre auf seiner Reise nach Hami beinahe verdurstet, während Marco Polo sichtlich zufrieden notierte, dass die Einhei-

Ost-Xinjiang

Hami	哈密	***hāmì***
Hotel Hami	哈密宾馆	*hāmì bīnguǎn*
Hotel Jiageda	加格达宾馆	*jiāgédá bīnguǎn*
Hui Wang Fen	回王坟	*huíwángfén*
Maixiang Yuan	麦香园	*màixiāng yuán*
Turfan	吐鲁番	***tùlǔfān***
Jiaotong	交通宾馆	*jiāotōng bīnguǎn*
Oasis	绿洲宾馆	*lǜzhōu bīnguǎn*
Turpan	吐鲁番宾馆	*tùlǔfān bīnguǎn*
Yiyuan	颐园宾馆	*yíyuán bīnguǎn*
Daheyan	大河沿	***dàhéyàn***
Die Umgebung von Turfan		
Emin-Minarett	苏公塔	*sūgōng tǎ*
Flammende Berge	火焰山	*huǒyàn shān*
Gaochang	高昌	*gāochāng*
Gräber von Astana	阿斯塔娜古墓区	*āsītǎnuó gǔmùqū*
Grotten von Bezeklik	柏孜克里克千佛洞	*bózīkèlǐkè qiānfódòng*
Jiaohe	交河	*jiāohé*
Karez-Bewässerungssystem	坎儿井	*kǎnér jǐng*
Traubental	葡萄沟	*pútáo gōu*

mischen ihre Gäste nicht nur mit Essen und Unterkunft versorgten, sondern ihnen auch gestatteten, das Bett mit ihren Frauen zu teilen.

Hami besitzt lediglich eine historische Sehenswürdigkeit namens **Hui Wang Fen**, die Gräber der Hami-Könige. Von 1697 bis 1930 wurde Hami nominell durch Könige regiert, die eine Zeit lang gehorsam dem Qing-Hof Tribut zollten, bevor sie in die Moslemaufstände verwickelt wurden, die Xinjiang in regelmäßigen Abständen heimsuchten. Zwar blieb die Hami-Monarchie bis 1930 im Amt, doch während der Revolten wurde die Stadt mindestens zweimal zerstört. Der Grabkomplex liegt südlich des Zentrums und besteht aus einem maroden Mausoleum, einer renovierten Moschee sowie zwei Pavillons. Man erreicht das Gelände mit dem Bus Nr. 1 von der Zhongshan Lu – einfach gen Süden bis zur Endstation fahren und dann noch einige Minuten zu Fuß in dieselbe Richtung laufen. Viel schöner ist es jedoch, den Besuch bei den Gräbern mit einem Spaziergang durch die Gassen des uigurischen Viertels zu verbinden, das unmittelbar an der Strecke liegt und einige Geschäfte mit sehr billigen Teppichen aufzuweisen hat. ⌚ tgl. 7–17 Uhr, Eintritt ¥10.

Übernachtung

Außer den beiden offiziellen Hotels der Stadt gibt es in der Umgebung des Busbahnhofs einige einfache und billige **Guesthouses**, die jedoch nicht immer Ausländer aufnehmen.

Hami**, Yingbing Lu, kein Telefon. Preiswertes und schlichtes Hotel im Osten der Stadt (Dorm-Bett ¥30). Vom Busbahnhof etwa 15 Min. zu Fuß oder zwei Stationen mit dem Bus Nr. 3.

Jiageda****, Aiguo Bei Lu, ✆ 0902/2232140, 📠 2235070, ✉ jgd-hm@xj.cninfo.net. Elegantes Hotel mit nicht ganz billigen Zimmern, die ihr Geld jedoch wert sind, besonders im Winter, wenn sie nur die Hälfte kosten.

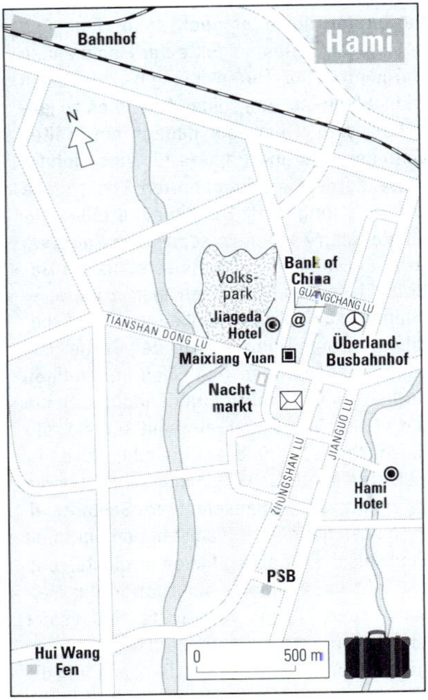

Essen

Sehr gutes Essen bekommt man auf dem ausgezeichneten **Nachtmarkt**, der in der gleichen Straße wie das Hotel *Jiageda* liegt und zu den schönsten seiner Art gehört: An zahlreichen Ständen sowie in einigen festen Garküchen werden großartige Kebabs, scharf gewürzter Süßwasserfisch vom Grill, Nudeln, Hundun-Suppe und Feuertopf à la Sichuan angeboten – alles sehr appetitlich zubereitet und in extrem freundlicher Atmosphäre. Gelüste nach westlichen Speisen lassen sich im ***Maixiang Yuan***, gegenüber vom Hotel *Jiageda*, befriedigen, wo es u.a. Hamburger gibt.

Transport

BUSSE – Hamis **Überland-Busbahnhof** befindet sich im Osten des Zentrums an der Jianguo Lu. Täglich bestehen Verbindungen am frühen Morgen nach DUNHUANG (6 1/2 Std.), TURFAN (6 1/2 Std.) sowie ÜRÜMQI (11 Std.), und dreimal wöchentlich verkehrt ein Bus zwischen Hami und JIUQUAN in der Provinz Gansu (via Jiayuguan).

EISENBAHN – Der **Bahnhof** liegt weit im Norden der Stadt – Bus Nr. 3 fährt von hier zum Busbahnhof und Bus Nr. 1 zur Zhongshan Lu. Alle zwischen Lanzhou und Ürümqi verkehrenden Züge halten in Hami.

Züge nach:
DAHEYAN 12x tgl., 5–6 Std.;
LANZHOU 10x tgl., 18–23 Std.;
ÜRÜMQI 11x tgl., 7–8 Std.

Turfan

Die wirtschaftlich unbedeutende Kleinstadt Turfan (auch Turpan bzw. auf Chinesisch Tulufan genannt) hat sich in den letzten Jahren zu einem der größten Touristenziele Xinjiangs entwickelt. Dies ist zum großen Teil das Verdienst der Bewohner der Stadt, die ihre Straßen und Fußgängerwege mit Weinspalieren in schattige und grüne Durchgänge verwandelt haben, die auch bei den Besuchern gut ankommen. Darüber hinaus hat es die Stadt geschafft, sich eine relativ entspannte Lebensart zu bewahren, und bildet dadurch einen wohltuenden Kontrast zu dem vom wirtschaftlichen Erfolgsrausch geprägten Klima im modernen China.

Heute sind Turfan und Umgebung zum größten Teil von Uiguren besiedelt und damit für chinesische Begriffe tiefste Provinz, was aber längst nicht immer so war. Schon während der Han-Dynastie bildete die Oase Turfan ein äußerst wichtiges Etappenziel an der nördlichen Seidenstraße, und auch die früheren Städte **Jiaohe** und später **Gaochang**, deren Überreste von Turfan aus besichtigt werden können, waren wichtige und wohlhabende Machtzentren. Auf seinem Weg nach Indien hielt sich Xuan Zang (s.S. 1154, Kasten) länger hier auf als eigentlich geplant, weil ihn der König mehr oder weniger festsetzte, damit der Pilgermönch seine buddhistischen Lehren unters Volk bringen konnte. Derselbe König wandte sich später der Plünderung der Seidenstraßen-Karawanen zu, woraufhin China sein Königreich 640 kurzerhand annektierte. Zwischen dem 9. und 13. Jahrhundert entfaltete sich in Gaochang eine

Xuanzang und die Reise nach dem Westen
Handelsgüter waren nicht die einzigen Dinge, die auf der Seidenstraße den Weg nach China fanden. Über diese Route hielt im 1. Jahrhundert n.Chr. auch der **Buddhismus** Einzug ins Reich der Mitte. Die Städte an der Seidenstraße entwickelten sich zu regelrechten Bastionen der neuen Religion, womit sich teilweise erklären lässt, weshalb sie nach Einführung des Islam um 1000 n.Chr. geschändet und verlassen wurden. Schon sehr früh reisten chinesische Pilger nach Indien und kamen mit vielfältigen buddhistischen Lehren im Gepäck wieder zurück. Der berühmteste jener Pilger war ein Wandermönch aus der Zeit der Tang-Dynastie namens Xuan Zang, der einzigartig tief in die Weisheiten des Buddhismus eindrang und umfassendes Lehrmaterial mitbrachte, als er nach seiner 17-jährigen Indienreise in die damalige chinesische Hauptstadt Chang'an (Xi'an) heimkehrte.
Der 602 in Luoyang geborene Xuan Zang favorisierte den **Mahayana-Buddhismus**, der die Welt als eine von unseren Sinnen hervorgebrachte Illusion interpretiert. Bei seinem Studium in Luoyang, Chengdu und Chang'an verwirrten ihn die häufig widersprüchlichen buddhistischen Lehren so sehr, dass er sich 629 entschloss, nach Indien zu reisen und den Buddhismus an dessen Wurzeln zu studieren. Da Reisen ins Ausland unter den neuen Tang-Herrschern (die seit 618 regierten) jedoch verboten waren, musste sich Xuan Zang ohne offizielle Erlaubnis auf den Weg machen und entkam im Westen Gansus nur knapp seiner Verhaftung. Er wäre beinahe verdurstet, bevor er doch noch **Hami** und schließlich **Turfan** am Fuße der Flammenden Berge erreichte. Turfans König hielt ihn einen Monat lang fest, um seinen Predigten zu lauschen, stellte ihm aber danach ein großes Gefolge, Geld und Papiere für eine sichere Reise durch die benachbarten Königreiche zur Verfügung. Trotz Banditenüberfällen gelangte Xuan Zang unversehrt nach **Kuqa**, wo er zwei Monate warten musste, bis die Gebirgspässe des Tian Shan eisfrei waren – dennoch kamen viele Mitglieder seiner Expedition bei der Überquerung der Berge ums Leben. Jenseits des Tian Shan im heutigen Kirgisistan vermochte Xuan Zang die Khane der westlichen Turkstaaten mit seinem religiösen Wissen zu beeindrucken, bevor er sich erneut auf den Weg machte und über die legendäre mittelasiatische Stadt **Samarkand**, durch das heutige Afghanistan und über den Hindukusch schließlich **Indien** erreichte, rund ein Jahr nach seinem Aufbruch in der Heimat. Xuan Zang verbrachte insgesamt 15 Jahre in Indien, wo er von den Bergen im Norden durch Assam an die Ostküste und bis hinunter nach Madras reiste, um danach die Mitte des Landes bis nach Nasik und Baroda im Nordwesten zu durchqueren. Überall besuchte er heilige Stätten (einschließlich des Ganges und Orten aus dem Leben Buddhas), studierte höhere und esoterische Formen des Buddhismus, hielt Vorträge und beteiligte sich an Streitgesprächen über verschiedene religiöse Aspekte, die er selbst im Zusammensein mit berühmten Lehrern häufig gewann.

reiche geistige und künstlerische Kultur, die ihren Ursprung in der Vermischung zweier Völker hatte, der ursprünglichen indoeuropäischen Bewohner und der prä-islamischen Uiguren. Erst im 14. Jahrhundert nahmen die Uiguren von Turfan den islamischen Glauben an.

Die Lage der Stadt in einer Senke 80 m unter dem Meeresspiegel ist auch für das extreme Klima verantwortlich. Im Sommer steigen die Temperaturen weit über 40 °C und machen Turfan damit zur heißesten Stadt Chinas, im Winter sinken sie dagegen reichlich unter null. Die **trockene Sommerhitze** nimmt derart mit, dass man kaum etwas unternehmen kann – außer vielleicht zu schlafen oder sich in den Cafés unter freiem Himmel in Gesellschaft der anderen Touristen mit kalten Getränken zu erfrischen. Aus solchen Motiven reist wohl kaum jemand nach China, doch wer es bis nach Turfan geschafft hat, weiß die Atmosphäre zu schätzen. Zur Beruhigung der unternehmungslustigeren Reisenden sei gesagt, dass es nahe der Stadt einige **Ruinenfelder** und **buddhistische Grotten** zu be-

Sollte Xuan Zang sich ultimative Klarheit erhofft haben, so wurde er wahrscheinlich enttäuscht, denn die Interpretation der buddhistischen Überlieferungen präsentierte sich in Indien sogar noch vielfältiger als in China. Es gelang ihm aber, eine riesige Sammlung buddhistischer Statuen, Relikte und ganz besonders **Texte** zusammenzutragen, mit denen er sich 644 auf den Rückweg nach China machte, weil er es als seine Pflicht ansah, diesen unbezahlbaren Wissensschatz mit seinen Landsleuten zu teilen. Ein **Elefant**, den Xuan Zang von dem mächtigen nordindischen König Harsha als Geschenk erhalten hatte, half beim Transport seines schweren Gepäcks über den Hindukusch und das Pamir-Gebirge nach **Tashkurgan** (wo das Tier tragischerweise ertrank) und **Kashgar**, das inzwischen den westlichen Vorposten des chinesischen Reichs bildete. Von dort reiste er nach Südosten in das Seide- und Jadezentrum **Khotan**, dessen König sich auf indische Vorfahren berief und das mit seinen 100 buddhistischen Klöstern lockte. Hier verbrachte Xuan Zang acht Monate, während der er nicht nur auf Ersatz für die buddhistischen Texte wartete, die im Norden Indiens verloren gegangen waren, sondern auch auf Antwort des Tang-Kaisers **Taizong**, den er um die Erlaubnis der Wiedereinreise nach China ersucht hatte. Diese fiel so überschwänglich aus, dass Xuan Zang sofort über Minfeng, Miran, Loulan und **Dunhuang** nach Chang'an aufbrach, wo er 645 begeistert empfangen wurde. Namenlos, allein und beinahe als Flüchtling hatte er sich damals aus dem Land gestohlen, nun feierte er eine triumphale Rückkehr, begleitet von mehreren Zehntausend Schaulustigen in den Straßen der Hauptstadt. Der Kaiser wurde zum Förderer Xuan Zangs, der die letzten 20 Jahre seines Lebens damit verbrachte, einen Teil seiner gesammelten buddhistischen Texte zu übersetzen und eine Autobiografie zu schreiben.

Reichlich ausgeschmückte Versionen seiner Abenteuer hielten sogar Einzug in die Folklore – als thematischer Hintergrund für Bühnenstücke sowie als Stoff für den im 16. Jahrhundert entstandenen Roman **Die Reise nach dem Westen**, auch heute noch ein sehr beliebtes chinesisches Märchen. Darin wird Xuan Zang (der im Buch den Namen **Tripitaka** trägt) als unheilbar naive Figur dargestellt, die es gar nicht glauben kann, in welche Notlagen sie immer wieder gerät. Zum Glück steht Xuan Zang alias Tripitaka der Bodhisattva der Barmherzigkeit, **Guanyin**, zur Seite und schickt ihm Geister, die dem Mönch bei seinen Abenteuern beistehen sollen: den undefinierbaren **Wassergeist**, das gefräßige und lüsterne **Schwein Zhu Bajie** sowie den listigen Affenkönig **Sun Wukong**. Da sich viele Episoden der Geschichte lediglich darin unterscheiden, welcher Teufel Tripitaka gerade in seinen Klauen hat, entwickelt die Geschichte ihren Reiz vor allem in den lebendigen Wortgefechten zwischen Schwein und Affenkönig, wenn sie ihrem Meister wieder einmal aus der Patsche helfen müssen. Eine lesenswerte Kurzausgabe in deutscher Sprache ist das Buch *Der rebellische Affe: Die Reise nach dem Westen* nach der englischen Ausgabe von Arthur Waley.

sichtigen gibt, Zeugnisse der ehemaligen Bedeutung Turfans als wichtige Oase an der Seidenstraße. Außerdem wird in der Gegend heute auch Landwirtschaft betrieben, wobei besonders die **Weintrauben** von allererster Güte sind. Fast jeder Haushalt der Stadt mischt auf die eine oder andere Art im Traubengeschäft mit, entweder beim Anbau oder beim Trocknen der Früchte gegen Ende der Saison. Jedes Haus besitzt eine belüftete Backsteinhütte, meist auf dem Dach, wo sich die für diese Region typischen, heißtrockenen Winde am besten nutzen lassen. Turfan ist in erster Linie ein Sommerreiseziel, und wer außerhalb der Saison, d.h. zwischen November und März anreist, findet eine kalte, wenig aufregende Stadt mit gestutzten Weinreben und größtenteils geschlossenen Geschäften vor. Die umliegenden Sehenswürdigkeiten (s.S. 1158, Die Umgebung von Turfan) sind aber auch im Winter interessant und dann bei weitem nicht so überlaufen.

Turfan lässt sich am besten zu Fuß erkunden. Als Alternativen bieten sich in der Sommerhitze das Fahrrad oder ein Eselskarren an, für den man selten mehr als ¥1 pro Fahrt zahlt.

Einige Traveller schätzen an Turfan, dass die Stadt keine großen Sehenswürdigkeiten aufzuweisen hat und von daher absolute Entspannung garantiert. Die Innenstadt selbst macht nicht viel her – die meisten Einrichtungen und Geschäfte konzentrieren sich nahe dem Busbahnhof. Die Qingnian Lu wurde zu einer Fußgängerzone umfunktioniert und ist durch Weinranken vor der sengenden Sommersonne geschützt.

In der Gaochang Lu gibt es ein **Museum** mit einer kleinen Sammlung von Seidenstoffen, Stiefeln, Werkzeugen, Manuskripten und konservierten Leichnamen, die an der Seidenstraße bei Turfan gefunden wurden, darunter auch diejenigen aus dem Gräberfeld von Astana (s.S. 1159) vor den Toren Turfans. ⌚ tgl. 9–20 Uhr, Eintritt ¥12.

Einen Besuch lohnen auch die **Basare** nahe der Gaochang Lu, selbst wenn sie nicht annähernd mit denen in Kashgar vergleichbar sind. Neben Messern, Textilien, Hüten und Stiefeln werden auch die in der Gegend angebauten Früchte verkauft, darunter köstlich süße Weintrauben sowie Walnüsse und Mandeln.

Eine sehr schöne Art, den Abend zu genießen, ist eine Fahrt in einem gemieteten **Eselkarren** durch die Landschaft südlich der Stadt, einer eigenen kleinen Welt aus staubigen Wegen, Weinbergen, Weizenfeldern, schattigen Pappeln, plätschernden Bächen und unglaublich freundlichen, stets lächelnden Menschen. Es handelt sich um eine der friedlichsten ländlichen Szenerien Chinas, die man sich überhaupt vorstellen kann. Eine Rundfahrt lässt sich problemlos vor *John's Café* arrangieren und kostet bei einer Gruppe von zwei bis drei Personen zwischen ¥30 und ¥35 pro Stunde.

Übernachtung

Viele Unterkünfte in Turfan nehmen keine ausländischen Gäste auf, doch es gibt trotzdem mehrere Auswahlmöglichkeiten. Alle Hotels, selbst die billigsten, sind klimatisiert – man sollte sich beim Einchecken nur vergewissern, dass die Anlage auch funktioniert.

Jiaotong**, neben dem Busbahnhof, kein Telefon. Preiswertes, aber trotz Renovierung nicht allzu sauberes Hotel. Dorm-Bett ¥25.

Oasis****, Qingnian Lu, ☏ 8522491, 📠 8523348, 💻 www.the-silk-road.com. Angenehmes und exklusives Hotel auf begrüntem Gelände, jeden Abend Darbietungen lokaler Gesangs- und Tanzgrößen. Das Personal spricht Englisch und ist äußerst zuvorkommend, die Zimmer haben saubere Teppiche und moderne Bäder. Außerhalb der Saison erhebliche Preisnachlässe.

Turpan Guesthouse**, Qingnian Lu, ☏ 8522301, 📠 8523262, ✉ lfhan-tl@mail.xj.cninfo.net. Die beste Wahl unter den preiswerten Unterkünften mit primitiven 3- und 8-Bett-Dorms (¥25), die weit von den Toiletten entfernt liegen, sowie etwas schickeren DZ. An den Sommerabenden werden im Garten hinter dem Haus Tanz- und Gesangsauftritte organisiert, denen die Gäste gegen ein kleines Eintrittsgeld beiwohnen können.

Yiyuan**, Qingnian Lu, ☏ 8522170. Kleine Unterkunft, etwas heruntergekommen, aber dafür relativ billige DZ. Ausländer werden nicht immer aufgenommen.

Essen

Im auffälligsten Restaurant von Turfan, ***John's Information Café***, Qingnian Lu, wird westliches Frühstück auf einer weinberankten Terrasse serviert, außerdem gibt es fantasielose chinesische Gerichte. Das **Café** unter freiem Himmel hinter dem *Turpan Guesthouse* hat ebenfalls eine englische Speisekarte und ist ein gemütlicher Ort für ein Bierchen am Abend mit uigurischen Gesängen und Tänzen im Hintergrund.

Wer **chinesische Küche** bevorzugt, findet in Turfan eine ganze Reihe auf den Fremdenverkehr ausgerichteter Restaurants mit englischen Speisekarten, vor allem westlich der großen Kreuzung in der Munaer Lu. Alle haben Tische und Stühle unter den Weinreben an der frischen Luft und eine freundliche Bedienung, wobei die Preise schon bei der Bestellung vereinbart werden sollten, um böse Überraschungen zu vermeiden. Empfehlenswert ist *liang ban hong gua*, ein köstlicher kalter Gurkensalat mit Knoblauch und Soja-Sauce. Exklusivere chinesische Gerichte werden in den beiden Restaurants im Hotel *Oasis* kredenzt.

Das uigurische Restaurant ist ein ausgezeichneter Ort zum Probieren **uigurischer Speisen**, die in einfacherer Variante auch an den Ständen und in den preiswerten Restaurants nahe dem Basar angeboten werden. Man sollte sich auch unbedingt eine Flasche vom **lokalen Wein** gönnen (¥30) – der Rote ist süß und dick wie Portwein, der Weiße eher fruchtig und sehr süffig.

Sonstiges

BÜCHER – Lesestoff gibt es auf der **Bücherbörse** nahe dem *Turpan Guesthouse* in der Qingnian Lu.

FAHRRÄDER – Das Fahrrad ist eine gute Alternative für eine Besichtigung der Attraktionen in der unmittelbaren Umgebung der Stadt, wenn man nicht an einer organisierten Tour teilnehmen möchte. Im Interesse der eigenen Gesundheit sollte ein solcher Ausflug jedoch niemals ohne Sonnenschutzmittel, Kopfbedeckung, Wasservorrat und Sonnenbrille angetreten werden. Fahrräder verleiht ***John's Café***, Qingnian Lu, für ¥3 pro Stunde und ist damit ein klein wenig billiger als die Konkurrenz in den Hotels.

REISEBÜROS – Turfan besitzt zwei Reisebüros, die Bus- und Zugtickets reservieren (ca. ¥30 Provision), Flüge ab Ürümqi buchen und regionale Touren anbieten.
CITS, im Hotel *Oasis*, ✆ 8521352.
John's Information Café, gegenüber dem *Turpan Guesthouse*, ✉ johncafe@hotmail.com. „John" ist ein selbstständiger chinesischer Unternehmer, der mit seinem auf preisbewusste Chinareisende abgestimmten Angebot ein Vermögen gemacht hat. Weitere Ableger seines Cafés gibt es u.a. in Kashgar, Ürümqi und Dunhuang. Es kursieren jedoch Gerüchte, dass er die Behörden über bestimmte Aktivitäten der Traveller informiert – wer also etwas Illegales plant, z.B. eine Reise von Kashgar nach Tibet, sollte sein Vorhaben nicht unbedingt hier diskutieren.

VORWAHL – 0995

Transport

BUSSE – Der **Busbahnhof** von Turfan befindet sich im Westen der Stadt. Häufige Verbindungen

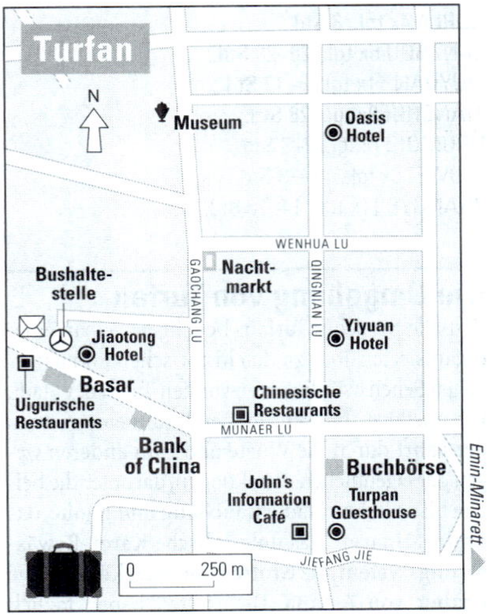

bestehen zwischen Turfan und ÜRÜMQI (5 Std.), einmal täglich fahren Busse nach HAMI (6 1/2 Std.) und KORLA (10 Std.). Die Fahrt nach KUQA dauert 20 Std.

EISENBAHN – Der nächstgelegene **Bahnhof** liegt 35 km entfernt in **Daheyan** (auf Fahrplänen als „Tulufan" bezeichnet). Vor der Bahnhofshalle starten Minibusse zum Busbahnhof in Turfan (1 Std.), aber man kann auch zum einige Hundert Meter entfernten Busbahnhof laufen (aus dem Bahnhof kommend nach rechts) und von dort einen Bus in die Stadt nehmen. Leider gibt es nach 19 Uhr keine Busverbindung mehr nach Turfan, sodass man bei späterer Ankunft entweder die Nacht in Daheyan verbringen oder ein Taxi (¥50) nehmen muss.
Der Zug ist definitiv die erste Wahl für Reisen über größere Entfernungen. Reservierungen werden in den Reisebüros vorgenommen, aber man kann die Zugfahrkarten auch direkt am Bahnhof von Daheyan kaufen. Schlafwagenreservierungen für den gleichen Tag werden bis 18 Uhr vorgenommen.
Züge nach:
HAMI 12x tgl., 5–6 Std.;
JIAYUGUAN 11x tgl., 12–17 Std.;

KORLA 4x tgl., 8 Std.;
LANZHOU 5x tgl., 20–28 Std.;
LIUYUAN 11x tgl., 8–12 Std.;
TIANSHUI 9x tgl., 28 Std.;
ÜRÜMQI 11x tgl., 2–3 Std.;
WUWEI 6x tgl., 17–23 Std.;
ZHANGYE 11x tgl., 14–16 Std.

Die Umgebung von Turfan

Fast alle Besucher Turfans beteiligen sich an einer organisierten Tour zu den historischen und natürlichen Sehenswürdigkeiten vor den Toren der Stadt. Die Ausflüge sind sehr lohnend, zum einen wegen der Fahrt durch die Wüste und zum anderen wegen der eigentlichen Attraktionen, darunter die beiden historischen Städte **Gaochang** und **Jiaohe**, das **Emin-Minarett**, das unterirdische **Karez-Bewässerungssystem**, die **Grotten von Bezeklik** und die **Gräber von Astana**. Die Stätten haben täglich geöffnet, in der Regel von 8–17 Uhr.

Wer eine Gruppe von fünf Personen zusammenbekommt (was nicht schwierig ist, denn sowohl die Hotels als auch *CITS* helfen dabei), zahlt für eine **Tagestour** im Minibus zu allen oben genannten Sehenswürdigkeiten zwischen ¥30 und ¥50 p.P. *CITS* vermittelt auch Autos für vier Personen, die pro Tag ¥200 kosten.

Einziger Nachteil sind die **Eintrittsgelder**, die nicht im Tourpreis enthalten und auf heftige ¥20–30 pro Stätte in die Höhe geschnellt sind (ein chinesischer Studentenausweis bringt Ermäßigung). Von allen Stätten ist eigentlich nur Jiaohe jeden Pfennig wert. Wer mit schmalem Geldbeutel reist und bereits buddhistische Grottenkunst zu Gesicht bekommen oder diesbezüglich noch andere Pläne in China hat, kann die Grotten von Bezeklik auslassen. Gaochang und das Emin-Minarett bieten schon von außen einen sehr schönen Anblick, sodass man die Stätten nicht unbedingt betreten muss.

Emin-Minarett

Als Startpunkt für eine Tour eignet sich das 2 km südöstlich der Stadt gelegene Emin-Minarett (Eintritt ¥20) aus dem 18. Jahrhundert. Es ist sogar zu Fuß zu erreichen, wenn man die Stadt über die Jiefang Jie gen Osten verlässt und eine halbe Stunde marschiert. Der reichlich bauchige Moscheeturm aus braunen, sonnengetrockneten Ziegeln wurde Stufe für Stufe in einem andern Muster erbaut und verjüngt sich nach oben hin, bevor er in 40 m Höhe in Form einer abgerundeten Spitze seinen Abschluss findet. Angrenzend an das Minarett steht die dazugehörige Moschee, die mit einem interessanten, von Holzbalken gestützten Deckengitter aufwartet. Von oben bieten sich ein schöner Ausblick auf die grüne Oase im Vordergrund und die schneebedeckten Berge des Tian Shan in der Ferne.

Jiaohe

Rund 9 km östlich von Turfan und an einem heißen Tag gerade noch per Fahrrad erreichbar liegt die Ruinenstadt Jiaohe (Eintritt ¥30). Im Verlauf ihrer Geschichte geriet die Oase zwar immer wieder unter die Herrschaft von Gaochang (s.u.), stieg aber im 8. Jahrhundert zu einem regionalen Verwaltungszentrum auf. Besonders faszinierend präsentiert sich die Lage der Stadt, die wie eine natürliche Festung auf einem 2 km langen, steilwandigen Felsplateau zwischen zwei Flusstälern thront. Jiaohe unterscheidet sich von allen anderen Ruinenstädten an der Seidenstraße, weil neben den verfallenen Gebäuden – von denen außer ein paar Lehmwänden nicht mehr viel übrig ist – noch sehr viele Gebäude erhalten sind, darunter mehrere Tempel, öffentliche Gebäude sowie normale Wohnhäuser. Dadurch lässt sich Jiaohes **Straßenmuster** noch immer gut erkennen, sodass man ein echtes Gefühl dafür bekommt, wie großartig diese Stadt einmal gewesen sein muss. Wie in Gaochang wird auch hier das Stadtzentrum durch ein buddhistisches Kloster markiert, dessen quadratisches Fundament mit einer Seitenlänge von 50 m dank der Ausschilderung auf Englisch nicht verfehlt werden kann. Ein weiteres interessantes Detail sind die uralten Brunnen, die noch immer Wasser beinhalten. Man sollte es nicht versäumen, bis ganz ans Ende des Geländes zu spazieren, wo sich von den Grundfesten eines ehemaligen Turms aus dem Jahre 360 n.Chr. ein schönes Panorama auf die beiden Flüsse eröffnet.

Karez-Bewässerungssystem

Auf dem Rückweg von Jiaohe setzen die Minibusse ihre Fahrgäste normalerweise an einem fein herausgeputzten Karez-Bewässerungssystem ab (Eintritt ¥20), ein an sich äußerst interessanter Ort, der hier aber leider in eine Art ethnischen Themenpark mit regelmäßigen uigurischen Tanzeinlagen verwandelt wurde – vermutlich zur Rechtfertigung des Eintrittsgelds. Beim so genannten Karez-Bewässerungssystem werden natürliche unterirdische Flüsse angezapft, die das Wasser von der Quelle (in diesem Fall die Gletscher in den unteren Ausläufern des Tian Shan) zum Ort des Bedarfs transportieren. An strategischen Punkten gebohrte Brunnen bringen das Wasser dann in kleine oberirdische Kanäle, die kreuz und quer durch die Stadt fließen. Viele alte Städte an der Seidenstraße bedienten sich dieses Systems, auch wesentlich weiter westlich gelegene Orte, beispielsweise im heutigen Iran. Die Karez-Systeme sind nach wie vor in ganz Xinjiang in Betrieb, und auf dem Weg nach Kashgar gibt es reichlich Gelegenheit, derartige Anlagen ohne Bezahlung zu besichtigen.

Die Grotten von Bezeklik

Für die übrigen Sehenswürdigkeiten in der Umgebung von Turfan ist ein Minibus unverzichtbar, da sie für eine Fahrradtour zu weit entfernt liegen. Auf dem Weg zur ersten Station, den Grotten von Bezeklik, kommt man an den **Flammenden Bergen** vorbei, die in dem chinesischen Roman *Die Reise nach dem Westen* aus dem 16. Jahrhundert zu Berühmtheit gelangten. In der stark ausgeschmückten Geschichte der Pilgerreise des chinesischen Buddhisten Xuan Zang nach Indien werden die Sandsteinberge als Mauer aus Flammen beschrieben, und es ist tatsächlich nicht schwer nachzuvollziehen, wie die Geschichte entstand, wenn man auf die roten, von Ritzen und Spalten durchzogenen Sandsteinberge schaut, die in der Wüstenhitze wie lodernde Flammen erscheinen. Die zu Füßen der Berge liegenden Ebenen sind mit Dutzenden kleiner **Ölbrunnen** übersät, mit denen die riesigen Reserven Xinjiangs angezapft werden.

Die in einem Tal inmitten der Flammenden Berge rund 50 km östlich von Turfan gelegenen Grotten von Bezeklik (Eintritt ¥20) sind eine Enttäuschung, da sie nur noch Bruchstücke ihres ehemaligen Reichtums an buddhistischer Höhlenkunst beherbergen. Umso schöner präsentiert sich ihre Lage oberhalb eines tief in eine Schlucht eingeschnittenen Flusses mit einem Saum aus grüner Vegetation an den Ufern und den orange leuchtenden Dünen im Hintergrund. Ein Großteil der Wandmalereien wurde Anfang des 20. Jahrhunderts von Albert von Le Coq aus dem Fels getrennt und nach Berlin gebracht – ein beträchtlicher Teil davon soll im Zweiten Weltkrieg bei den Bombenangriffen der Alliierten auf Berlin zerstört worden sein. Was in den Grotten übrig blieb, wurde mit äußerster Gründlichkeit in den 60er Jahren des 20. Jahrhunderts von den moslemischen Rotgardisten verunstaltet. Unmittelbar vor den Höhlen wartet ein seltsamer Fantasiepark auf Besucher (Eintritt ¥20), dessen riesige Skulpturen von Figuren aus der *Reise nach dem Westen* in der Wüstenlandschaft absolut surreal wirken.

Gaochang und die Gräber von Astana

Südlich der Grotten markieren die Gräber von Astana (Eintritt ¥20) die Begräbnisstätte der ehemaligen Herrscher von Gaochang. Leider wurden die meisten interessanten Grabfunde in Museen nach Ürümqi und Turfan verfrachtet, sodass vor Ort lediglich zwei konservierte Leichname sowie einige Wandmalereien verbleiben. Die angrenzenden riesigen Ruinenfelder von Gaochang (Eintritt ¥30) sind schon etwas beeindruckender, trotz der Tatsache, dass die 10 m hohen Lehmziegelmauern der Stadt über Jahrhunderte nicht nur von Archäologen aus dem Westen, sondern auch von einheimischen Bauern abgetragen wurden, wobei Letztere die kleinen Bruchstücke als Erde für ihre Felder schätzten. Der Weg vom Eingang bis zum Zentrum der Stätte, das an einem großen rechteckigen Gebäude (Überreste eines Klosters) zu erkennen ist, lässt sich entweder zu Fuß oder per Eselskarren zurücklegen. Die Außenmauern des ehemaligen Klosters weisen zahlreiche Nischen auf, in denen ursprünglich jeweils eine Buddha-Figur mit aufgemaltem Heiligenschein saß – heute sieht man nur noch ein paar zerbrochene Fragmente. Wer etwas Zeit hat, sollte die Gelegenheit nutzen und ein wenig auf eigene Faust in Gaochang umherstreifen, um den heißen Wind durch die Lehmziegelmauern pfeifen zu hören. Auf einer Anhöhe neben der zur Ruinenstadt führenden Straße liegt ein moslemischer Friedhof, von dem aus sich Gaochengs Größe ermessen lässt, ohne dass man das Ruinenfeld betreten muss.

Nördlich von Turfan erstreckt sich am Westrand der Flammenden Berge das so genannte **Traubental**. Außerhalb der Saison ergibt es wenig Sinn, diesen Ort aufzusuchen, doch von Mitte Juli bis August, wenn die Weinreben voller Trauben hängen (die man sich nur gegen Bezahlung in den Mund stecken darf), präsentiert er sich als angenehme kleine Oase inmitten einer eintönigen Wüste. Der Abstecher hierher lässt sich in eine Minibus-Tour integrieren oder per Fahrrad unternehmen, wobei zu berücksichtigen ist, dass man unterwegs kaum etwas sieht, was man nicht schon in Turfan gesehen hätte.

Iding-See

100 km südlich von Turfan befindet sich der trostlose, aber dennoch spektakuläre Iding-See, der in keiner der angebotenen Touren enthalten ist. Er liegt in einer natürlichen Senke 154 m unter dem Meeresspiegel und ist damit nach dem Toten Meer der am niedrigsten gelegene See der Welt. Wasser bekommt man hier aber nur im Frühjahr zu sehen, in den übrigen Jahreszeiten besteht der See lediglich aus einer großen Fläche trockener Salzablagerungen. Die Umgebung des Sees ist mit weißen Salzkrusten und leuchtend gelben Becken gesättigten Wassers versetzt, das sich wie Öl auf der Haut anfühlt. Die Einheimischen reiben sich voller Begeisterung damit ein, in der festen Überzeugung, sich damit etwas Gutes zu tun. Ein Mietwagen zum See und zurück dürfte um die ¥150 kosten. Seine besten Schuhe sollte man lieber im Hotel lassen, denn die Gegend ist sehr matschig.

Ürümqi

Ürümqi (auf Chinesisch Wulumuqi) ist das politische, industrielle und wirtschaftliche Zentrum des Autonomen Gebiets Xinjiang und mit über einer Million Einwohner die größte Stadt weit und breit. „Schönes Weideland" bedeutet ihr Name übersetzt, eine irreführende Beschreibung für eine Stadt, die inzwischen recht trist und funktional daherkommt, selbst wenn die Skyline im Osten von den majestätischen Schneegipfeln des Tian Shan gebildet wird.

Reisende, die aus Westchina oder Mittelasien kommen, erleben mit Ürümqi – wo überwiegend Han-Chinesen wohnen – ihre erste echte chinesische Stadt und bekommen eine erste Gelegenheit, über den Konsumrausch zu staunen, von dem die Einkaufsviertel vieler chinesischer Orte in Form eleganter Kaufhäuser und Designer-Boutiquen heimgesucht werden. Ürümqi legt als Chinas westlichster ökonomischer **Außenposten** eine derartig unglaubliche Vitalität an den Tag, dass die Stadt 1992 offiziell zum „Hafen" deklariert wurde, um besonders niedrige Steuern anbieten zu können und Anreize für kapitalkräftige Investoren zu schaffen – Vorzüge, die ansonsten nur Hafenstädten wie Shanghai oder Xiamen vorbehalten sind. „Hafen" ist allerdings eine mehr als fragwürdige Bezeichnung für eine Stadt, die 2000 km von der nächsten Küste entfernt liegt.

Wer dagegen aus Ostchina anreist, wird dieser geschichts- und gesichtslosen Stadt kaum etwas abgewinnen können, daran ändern auch die zahlreichen Schilder mit verschnörkelten arabischen Schriftzeichen nichts. Dafür besitzt Ürümqi einige quirlige **Basare** und strahlt zweifellos einen gewissen Pioniergeist aus – die glitzernden neuen Büro- und Hoteltürme der Innenstadt mögen den Anschein einer großen Metropole erwecken, doch dann erblickt man ganz in der Nähe die nackten Felsen und mit Gestrüpp bewachsenen Flächen und wird sich gewahr, dass die gesamte Stadt vor noch gar nicht allzulanger Zeit einfach aus dem Wüstenboden gestampft wurde. Davon einmal abgesehen ist einer der Hauptgründe für einen Besuch in Ürümqi das Organisieren einer Tour zum **Tian Chi** (Himmelssee), der drei Busstunden östlich der Stadt liegt (s.S. 1166).

Unter dem Namen Dihua avancierte Ürümqi Ende des 19. Jahrhunderts zur Hauptstadt von Xinjiang. Während der ersten Hälfte des 20. Jahrhunderts war die Stadt nicht viel mehr als ein Kampfschauplatz für die in Fehde liegenden Militärmachthaber – 1916 lud der damalige Verwaltungschef Yang Zengxin alle seine persönlichen Feinde zu einem festlichen Abendessen ein und ließ im Verlauf des Banketts einem nach dem anderen den Kopf abschlagen. Kurz vor Ausbruch des Zweiten Weltkriegs kamen **sowjetische Truppen** nach Ürümqi, um bei der Niederschlagung eines Moslemaufstands zu helfen, blieben jedoch bis 1960. Erst mit der Fertigstellung der Eisenbahn von Lanzhou nach Ürümqi im Jahre 1963 schaffte die Stadt den Sprung aus ihrer Rückständigkeit und vermochte sich wirtschaftlich und psychologisch in die Volksrepublik China zu integrieren. 1991 schließlich wurde mit Eröffnung der Eisenbahnlinie von Ürümqi nach Almaty das letzte Binde-

Ürümqi und Umgebung

Ürümqi	乌鲁木齐	***wūlǔ mùqí***
Erdaoqiao-Markt	二道桥市场	*èrdàoqiáo shìchǎng*
Hongshan-Park	红山公园	*hóngshān gōngyuán*
Regionalmuseum von Xinjiang	新疆博物馆	*xīnjiāng bówùguǎn*
Volkspark	人民公园	*rénmín gōngyuán*
Übernachtung und Essen		
Bogda	博格达	*bógédá*
Holiday Inn	假日大酒店	*jiàrì dàjiǔdiàn*
Laiyuan	徕远宾馆	*láiyuǎn bīnguǎn*
Overseas Chinese	华侨宾馆	*huáqiáo bīnguǎn*
Ramada	屯河华美达到九店	*túnhé huáměidádào jiǔdiàn*
Shuhan Fengwei Jiulou	蜀汉风味酒楼	*shǔhàn fēngwèi jiǔlóu*
Xinjiang	新疆饭店	*xīnjiāng fàndiàn*
Ya Ou	亚欧宾馆	*yà'ōu bīnguǎn*
Transport		
Alma-Ata	啊拉木图	*ālā mùtú*
Bischkek	比什凯克	*bǐshí kǎikè*
Busbahnhof-Süd	南部客运站	*nánbù kèyùnzhàn*
Hauptbusbahnhof	客运站	*kèyùn zhàn*
Islamabad	伊撕兰堡	*yīsī lánbǎo*
Moskau	莫撕科	*mòsīkē*
Taschkent	塔什千	*tǎshí qiān*
Tian Chi	天池	***tiānchí***
Baiyang Gou	白扬沟	***báiyáng gōu***

glied der lange angekündigten Direktroute von China durch Zentralasien nach Europa vollendet.

Ürümqi hat kein deutlich erkennbares Zentrum, sondern besteht eher aus einer Aneinanderreihung von Bezirken, wobei besonders zwei Stadtparks als Orientierungshilfe dienen. Der **Volkspark** (🕒 tgl. 8–10.15 Uhr, Eintritt ¥5) verläuft von Norden nach Süden durch das geografische Zentrum der Stadt und verlockt mit seinen Bächen und Teichen zu einer erholsamen Rast. Auf einem Berg wenig nördlich davon erstreckt sich der **Hongshan-Park** (🕒 tgl. 6–17.30 Uhr, Eintritt ¥10), ebenfalls ein sehr angenehmer Ort, wo man Pavillons und Pagoden besichtigen, Boot fahren und einen steilen Berg erklimmen kann. Die Anstrengung wird mit einem etwas kühleren Klima, Sitzmöglichkeiten im Schatten (für Getränke ist gesorgt) und einem spektakulären Ausblick über die Stadt belohnt – im Vordergrund ragen riesige Baukräne zwischen den Gebäuden auf und im Hintergrund sieht man die Wüste und die schneebedeckten Berge.

Die größte Sehenswürdigkeit Ürümqis ist das **Regionalmuseum von Xinjiang** in der Xibei Lu im Norden der Stadt, das zur Zeit der Recherche allerdings wegen Umbauarbeiten geschlossen war. Die Ausstellungsstücke konzentrieren sich auf die Seidenstraße und beinhalten Sammlungen von Werkzeugen, Stoffen, Münzen, Jadestücken, Töpfen und Bildern sowie einige uralte, sehr gut erhaltene Leichname, die aus dem trockenen Wüstensand geborgen wurden. Zu einem besonderen Bekanntheitsgrad brachte es die „Schöne von Loulan", eine

Frau mit langem blonden Haar, die angeblich 3800 Jahre alt sein soll und aus der Stadt Loulan an der Südlichen Seidenstraße stammt (s.S. 1177). Wegen ihres fremdartigen Aussehens wurde sie von einigen uigurischen Nationalisten als Symbol für die alten (und berechtigten) Ansprüche auf die Oberhoheit in ihrer Region herangezogen. Auf dem Museumsgelände gibt es übrigens auch einige Antiquitätengeschäfte, in denen man herumstöbern kann. Die Anfahrt erfolgt mit dem Bus Nr. 7 von der Xinhua Bei Lu. ⌚ Mo–Sa 9.30–19, So 9.30–17 Uhr.

Wer gerne **einkaufen** geht, kommt in den belebten Straßen von Ürümqi voll auf seine Kosten. Unmittelbar südlich der Minzhu Lu bzw. westlich der Jiefang Bei Lu reiht sich eine Modeboutique an die andere, natürlich alle mit französisch oder italienisch klingenden Namen. Hier wird endgültig klar, dass das Konsumdenken Hongkongs nun auch Chinas letzten Vorposten erreicht hat. Läuft man hingegen auf der Jiefang Nan Lu gen Süden, nehmen die typisch uigurischen Geschäfte immer mehr zu und erreichen ihren Höhepunkt am **Erdaoqiao-Markt**, der größte uigurische Basar der Stadt. Im gewohnten staubigen Durcheinander werden hier alle erdenklichen Waren feilgeboten – Kebabs, Melonen, Textilien, Messer, Ferngläser aus russischer Produktion usw. – und zwischen den vielen Eselskarren lautstarke Geschäfte abgeschlossen. Das gleiche Stadtviertel beherbergt auch die wichtigsten **Moscheen** von Ürümqi, die fast alle in der Umgebung der Jiefang Nan Lu zu finden sind.

Übernachtung

Die Auswahl an Unterkünften in Ürümqi ist recht groß, wobei sich die meisten preiswerten Hotels in der Umgebung des Bahnhofs im Südwesten der Stadt angesiedelt haben.

Bogda**, Guangming Lu, ✆ 2815238, 📠 281 5769. Eine ruhige und nette Unterkunft, auch wenn sie etwas weit von den Bahnhöfen entfernt liegt und das Personal wenig hilfsbereit ist. Gutes Preis-Leistungs-Verhältnis, Dorm-Bett ¥25.

Holiday Inn, Luxus, Xinhua Bei Lu, ✆ 2818788, 💻 www.holiday-inn.com/hotels/urcch. Internationaler Standard auf der ganzen Linie, mehrere Restaurants, Disco und Wellness-Center. Ausländische Nicht-Gäste dürfen meist in der Lounge Satelliten-TV schauen und die Toiletten benutzen. DZ ab ¥1100.

Laiyuan**, am Ende der kleinen Straße, die gegenüber vom *Holiday Inn* abgeht, ✆ 2828368, 📠 2825109. Sehr noble DZ, die sich im Preis herunterhandeln lassen.

Overseas Chinese Hotel**, Xinhua Nan Lu, ✆ 2860793. Etwas abgelegen im Süden der Stadt, aber angenehme, ruhige Atmosphäre; ein altes und ein neues Gebäude mit Zimmern unterschiedlicher Preisklasse. Anfahrt mit Bus Nr. 7 Richtung Süden über die Xinhua Bei Lu.

Ramada***, Changjiang Lu, ✆ 5876688, 📠 5876685, 💻 www.ramadahotels.com. Neue exklusive Konkurrenz für das *Holiday Inn* – etwas realistischere Preise bei vergleichbaren Einrichtungen.

Xinjiang*–**, Changjiang Lu, Ecke Qiantangjiang Lu, ✆ 5852511, 💻 www.xjfd.com.cn. Lebhafte Unterkunft voller pakistanischer Händler, nur 10 Gehmin. vom Bahnhof entfernt. Die Zimmer sind in die Kategorien „Normal", „OK" und „Magnificent" eingeteilt, was sich grob mit „Spartanisch", „Standard" und „Überteuert" übersetzen ließe. Dorm-Bett ¥20.

Ya Ou**, am Bahnhofsplatz (keine englische Beschriftung), ✆ 5856699. Saubere, moderne DZ sowie 3- und 4-Bett-Dorms (ab ¥20 bzw. mit Dusche ¥40).

Essen

Die uigurischen Viertel von Ürümqi – besonders die Gegend um den Erdaoqiao-Markt, die Straßen nördlich der Renmin Lu sowie die Gassen westlich der Post – eignen sich gut für einen schnellen **Imbiss**, z.B. Kebabs und Brote, wobei Letztere häufig in zu Öfen umgebauten Ölfässern gebacken werden.

Billige und lebhafte **chinesische Restaurants** gibt es überall in der Stadt. Ein großartiges China-Restaurant wenige Meter nordwestlich des *Holiday Inn* serviert Nudeln und Teigbällchen. Ähnliche Lokale findet man in der Straße, in der auch das Hotel *Laiyuan* steht; die meisten sind auf Feuertopf spezialisiert, was bei einer festgelegten Auswahl knapp ¥50 kostet und für zwei Personen ausreicht. Feuertöpfe serviert auch das ***Shuhan Fengwei Jiulou***, Hongshan Lu, nahe

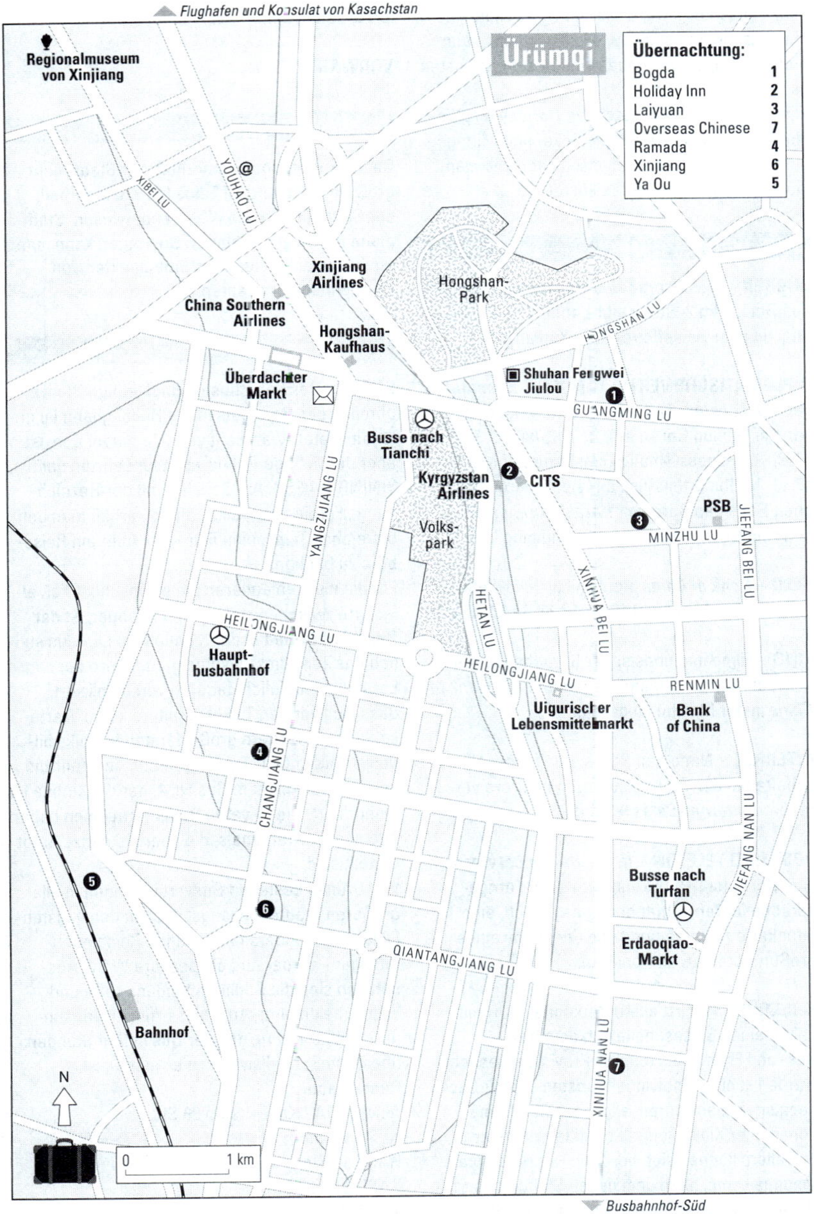
Flughafen und Konsulat von Kasachstan
Ürümqi
Übernachtung:
Bogda 1
Holiday Inn 2
Laiyuan 3
Overseas Chinese 7
Ramada 4
Xinjiang 6
Ya Ou 5
Regionalmuseum von Xinjiang
XIBEI LU
YOUHAO LU
@
Xinjiang Airlines
China Southern Airlines
Hongshan-Park
HONGSHAN LU
Hongshan-Kaufhaus
Überdachter Markt
Shuhan Fengwei Jiulou
GUANGMING LU
Busse nach Tianchi
Kyrgyzstan Airlines
CITS
PSB
MINZHU LU
JIEFANG BEI LU
YANGZIJIANG LU
Volkspark
XINHUA BEI LU
HETAN LU
HEILONGJIANG LU
Hauptbusbahnhof
HEILONGJIANG LU
RENMIN LU
Uigurischer Lebensmittelmarkt
Bank of China
CHANGJIANG LU
JIEFANG NAN LU
Busse nach Turfan
Erdaoqiao-Markt
QIANTANGJIANG LU
Bahnhof
XINHUA NAN LU
N
0
1 km
Busbahnhof-Süd

dem Hongshan-Park, außerdem gute regionale chinesische Speisen sowie kalte Snacks nach Sichuan-Art; die Portionen sind riesig und kosten ca. ¥15.
Klimatisierten Luxus bietet das ***Holiday Inn,*** Xinhua Bei Lu, an dessen Frühstücks- und Mittagsbuffet man für ¥95 so viel essen kann wie man möchte; eine Tasse Kaffee kostet ¥28.

Sonstiges

BÜCHER – ***Fremdsprachige Buchhandlung,*** Xinhua Bei Lu. Im 2. Stock gibt's englische Romane und ein paar Reiseführer über Xinjiang.

DIPLOMATISCHE VERTRETUNGEN – ***Konsulat von Kasachstan,*** 31 Kunming Lu (zweigt östlich von der Beijing Bei Lu ab), ✆ 3815796, 📠 382 1203, ✉ kazpass@mail.xj.cninfo.net, 🕒 Mo–Do 10.30–13 Uhr. Erteilt Visa und beherbergt im gleichen Haus das Büro von *Kazakh Airlines*. Anfahrt mit Bus Nr. 12 von der Guangming Lu.

GELD – ***Bank of China,*** Renmin Lu, Ecke Jiefang Lu, 🕒 Mo–Fr 10–14 und 15.30–18.30, Sa 13–15 Uhr.

KINO – Filme in chinesischer Sprache werden in dem schmucken Theater gegenüber der *Bank of China* in der Minzhu Lu gezeigt.

INTERNET – Nahe den Büros der Fluggesellschaften in der Youhao Lu liegen mehrere verrauchte ***Internet-Cafés*** (¥3/Std.).

POST UND TELEFON – In der ***Hauptpost*** westlich vom Hongshan-Park kann man auch Ferngespräche führen. Einfacher ist es jedoch, eine Telefonkarte zu kaufen und von der Lobby eines großen Hotels zu telefonieren.

REISEBÜROS – Fast alle Unterkünfte in Ürümqi haben einen Reiseschalter, an dem Bahn-, Bus- und Flugtickets (ca. ¥30 Provision) gebucht werden können. Individualtouristen auf der Suche nach speziellen Touren, allgemeinen Informationen über Xinjiang und Kontakten zu anderen Travellern können sich bei John Hu, ✉ johncafe @hotmail.com, nach dem neuen Standort von *John's Information Café* in Ürümqi erkundigen.
CITS, neben dem *Holiday Inn.*

VORWAHL – 0991

Nahverkehrsmittel

Da die Entfernungen innerhalb der Stadt recht groß sind, ist man auf **Taxis** (ab ¥10 innerhalb der Stadt) und **Busse** (¥1–2) angewiesen. Stadtpläne mit eingezeichneten Busrouten kann man an den einschlägigen Ankunftspunkten von Straßenhändlern kaufen.

Transport

BUSSE – Der **Hauptbusbahnhof**, einige Blocks nördlich des Bahnhofs in der Heilongjiang Lu gelegen, bietet zwar nicht viele Verbindungen, ist aber der richtige Anlaufpunkt für Fahrten nach YINING (14 Std). Am Schalter mit der Bezeichnung „Foreigners' Ticket Office" erhält man den hilfreichen Tipp, seine Fahrkarte über ein Reisebüro zu buchen.
Für die meisten anderen Ziele, einschließlich aller Orte zwischen Ürümqi und Kashgar, ist der **Busbahnhof-Süd** in der Xinhua Nan Lu, 2 km südlich des Zentrums, zuständig. Hier wird der Fahrkartenkauf lediglich dadurch verkompliziert, dass sich vor den Ticketschaltern keine Warteschlangen, sondern große, lärmende Pulks bilden – Vorsicht vor Taschendieben. Ins Zentrum gelangt man mit dem Bus Nr. 1, der die Xinhua Lu hinauffährt. Die **privaten Busunternehmen** haben ihre eigenen Terminals, die über die ganze Stadt verteilt sind.
Von Ürümqi bestehen Busverbindungen in alle größeren Städte Xinjiangs, doch in den meisten Fällen – besonders für die lange Reise nach Kashgar – ist der Zug die bessere Wahl. Ausnahmen sind die Südliche Seidenstraße und Yining, beide ohne Anschluss zum Eisenbahnnetz, sowie Turfan, das per Bus in fünf Stunden über eine Schnellstraße zu erreichen ist.
Busse nach:
ALMA-ATA / Kasachstan 36 Std.;
ALTAY 24 Std.;
HAMI 11 Std.;
KASHGAR 35 Std.;
KHOTAN 22 Std.;

KORLA 5 Std.;
KUQA 17 Std.;
LIUYUAN tgl., 23 Std.;
LANZHOU 44 Std.;
TURFAN 5 Std.

EISENBAHN – Der **Bahnhof** befindet sich im Südwesten der Stadt. Bus Nr. 8 fährt vom südlichen Ende der Changjiang Lu zur nordöstlich gelegenen Minzhu Lu, wo es einige Übernachtungsmöglichkeiten gibt.

Die Eisenbahn folgt der Nördlichen Seidenstraße Richtung Westen bis Kashgar und erschließt Richtung Osten via Hami den Rest des Landes; außerdem gibt es eine Linie gen Nordwesten nach Kasachstan. Chaotische Massenaufläufe machen das Kaufen einer Zugfahrkarte am Bahnhof zu einer undankbaren Aufgabe. Einen zweiten Verkaufsschalter gibt es am Hauptbusbahnhof, allerdings kann man hier nur Tickets für die Hartsitzklasse erstehen. Im Allgemeinen lässt sich eine Menge Zeit und Nerven sparen, wenn man ein Reisebüro mit der Buchung beauftragt (s.S. 1164, Sonstiges).

Züge nach:
ALMA-ATA / Kasachstan 2x tgl., 36 Std.;
BEIJING 1x tgl., 48 Std.;
CHENGDU 1x tgl., 54 Std.;
DAHEYAN 11x tgl., 2–3 Std.;
HAMI 11x tgl., 7–8 Std.;
JIAYUGUAN 10x tgl., 14–16 Std.;
KASHGAR 2x tgl., 24 Std.;
KORLA 3x tgl., 10–11 Std.;
LANZHOU 9x tgl., 25 Std.;
LIUYUAN 9x tgl., 12 Std.;
SHANGHAI 1x tgl., 51 Std.;
TIANSHUI 10x tgl., 31 Std.;
XI'AN 1x tgl., 53 Std.;
WUWEI 10x tgl., 19 Std.;
ZHANGYE 10x tgl., 16 Std.

FLÜGE – Ürümqis internationaler ***Flughafen*** liegt 15 km nordwestlich der Stadt. Der CAAC-Flughafenbus (¥18) fährt diverse Büros von Fluggesellschaften im Zentrum an. Eine billigere Transportmöglichkeit ist der Stadtbus Nr. 51, der von der Hauptstraße vor dem Flughafen über die Xibei Lu, Yangzijiang Lu (Nähe Hauptbusbahnhof), Qiantanjiang Lu (Nähe Bahnhof) und Xinhua Nan Lu bis zu seiner Endhaltestelle kurz hinter dem Busbahnhof-Süd fährt (¥5). Ein Taxi in die Stadt kostet ¥30.

Innerhalb von Xinjiang bestehen Flugverbindungen nach Kashgar, Korla, Kuqa, Khotan und Yining. Darüber hinaus fliegen Maschinen in alle größeren chinesischen Städte (einschließlich Hongkong) sowie nach Alma-Ata in Kasachstan, Islamabad in Pakistan (eine nützliche Ausweichmöglichkeit, falls der Karakoram Highway geschlossen ist, s.S. 1190), Bischkek in Kirgisistan, Taschkent in Usbekistan, Scharjah in den Vereinigten Arabischen Emiraten sowie nach Moskau und Nowosibirsk in Russland. Vor Antritt eines internationalen Fluges muss wahrscheinlich ein **Visum** beantragt werden, das für viele Reiseziele nicht in Ürümqi zu bekommen ist (Einzelheiten s.S. 1166 und S. 1189, Kasten).

Fluggesellschaften:
China Southern Airlines, Youhao Lu, ✆ 4516919 oder 4516865. Anfahrt mit Bus Nr. 101 Richtung Westen über die Guangming Lu oder mit Bus Nr. 51 Richtung Norden über die Changjiang Lu.
Kazakh Airlines, 31 Kunming Lu, ✆ 3815796. Hat ein Büro im kasachischen Konsulat.
Kyrgyzstan Airlines, im Hotel *Yingjisha*, nahe *Holiday Inn*, ✆ 2316633 oder 2316333.
Siberia Airlines, im *Overseas Chinese Hotel*, Xinhua Nan Lu, ✆ 2862326.
Xinjiang Airlines, Youhao Lu, gegenüber *China Southern Airlines*, ✆ 2641826.

Flüge nach:
BEIJING tgl., 3 1/2 Std.;
CHANGSHA 3x wöchentl., 4 Std.;
CHENGDU tgl., 3 1/2 Std.;
CHONGQING tgl., 3 1/2 Std.;
DUNHUANG tgl., 2 Std.;
GUANGZHOU tgl., 4 1/2 Std.;
GUILIN 2x wöchentl., 6 Std.;
KASHGAR tgl., 1 1/4 Std.;
KHOTAN tgl., 1 3/4 Std.;
KORLA tgl., 1 Std.;
LANZHOU tgl., 2 1/2 Std.;
SHANGHAI tgl., 4 Std.;
XI'AN tgl., 3 Std.;
XINING 3x wöchentl., 2 1/2 Std.;
YINCHUAN 4x wöchentl., 3 Std.;
YINING 2x tgl., 2 Std.

Weiterreise nach Kasachstan Mit Fertigstellung der Eisenbahnlinie zwischen China und Kasachstan besteht nun eine **transasiatische Verbindung** zwischen den Häfen Ostchinas und denjenigen im Nordwesten Europas, was gegenüber der Transsibirischen Eisenbahn zumindest theoretisch eine erhebliche Zeitersparnis bedeutet. Bislang verkehren nur je zwei **Züge** pro Woche zwischen Ürümqi und Alma-Ata (Abfahrt Samstagabend und Montagabend aus beiden Städten). In Ürümqi können die Tickets (nur Schlafwagen, ab ca. ¥600) entweder im Warteraum für internationale Verbindungen am nördlichen Ende des Bahnhofsgebäudes (◷ tgl. 10–13 und 15.30–19.30 Uhr) oder in einem Büro im 1. Stock des Hotels *Ya Ou* gekauft werden.
Busse nach Alma-Ata (Almaty) starten täglich am Hauptbusbahnhof in Ürümqi (US$60) und benötigen mindestens 24 Stunden. Als Alternative empfiehlt sich die Fahrt über Yining (s.S. 1167), von dem viermal wöchentlich (Mo, Mi, Do und Sa, US$40) ein Bus nach Alma-Ata verkehrt; Tickets hierfür gibt es in einem speziellen Büro im Busbahnhof von Yining. An der Grenze ist mit langen Abfertigungszeiten zu rechnen – für die Erledigung aller Formalitäten und das Umladen der Fracht sollten mindestens vier Stunden veranschlagt werden.
Es gibt mehrere **Flüge** pro Woche von Ürümqi nach Alma-Ata, wobei *Kazakh Airlines* (s.S. 1165) mit US$136 das beste Angebot hat, während *Xinjiang Air* für die gleiche Strecke ¥1660 verlangt.
Staatsbürger aller Länder (außer denen der Gemeinschaft Unabhängiger Staaten) benötigen für die Einreise nach Kasachstan ein **Visum**, das man im kasachischen Konsulat von Ürümqi bekommt (s.S. 1164). Allerdings zeigen sich die Angestellten dort wenig kooperativ, und die Preise sind recht hoch, weswegen man das Visum am besten vor der Anreise nach Ürümqi besorgt, z.B. in Beijing (s.S. 198/199). Ein 30 Tage gültiges **Touristenvisum** kostet im Konsulat von Ürümqi US$85 und erfordert eine Woche Bearbeitungszeit. Vorgelegt werden muss nicht nur ein Empfehlungsschreiben von einem Reisebüro in Kasachstan, sondern bisweilen auch – eine besondere Spezialität dieses Büros – ein ärztliches Attest, dass man weder mit HIV noch mit Cholera infiziert ist (für eine zusätzliche Gebühr von US$20 arrangiert das Konsulat freundlicherweise eine entsprechende Untersuchung). Ein drei Tage gültiges **Transitvisum** kostet US$30 und erfordert kein Empfehlungsschreiben, dafür aber ein bereits vorhandenes Visum für Usbekistan oder Russland im Reisepass bzw. ein Anschlussticket für die Ausreise aus Kasachstan. Weitere Infos s.S. 28.

Die Umgebung von Ürümqi

Tian Chi bedeutet übersetzt so viel wie „Himmelssee“ und wird seinem Namen sogar ansatzweise gerecht, besonders für Reisende, die lange Zeit in den Wüsten Nordwestchinas zugebracht haben. Der 110 km östlich von Ürümqi auf der erfrischenden Höhe von 2000 m gelegene Ausgangspunkt von Vikram Seths Buch *From Heaven Lake* ist von Wiesen, dichten Kiefernwäldern und zerklüfteten, schneebedeckten Gipfeln umgeben, darunter auch der Bogda Feng, der als mächtige Naturerscheinung über 6000 m in den Himmel ragt. Das Schönste an diesem noch relativ jungfräulichen Gebiet ist, dass man sich überall frei bewegen kann und selbst bei der Übernachtung keinen Restriktionen unterlegen ist – die meisten Touristen schlafen in den Jurten der halbnomadischen kasachischen Bevölkerung. Aufpassen muss man nur auf das **Klima**: Im Winter wird es hier derart kalt, dass eigentlich nur die Sommermonate von Mai bis September für einen Besuch des Sees in Frage kommen.

Die **Kasachen**, die in dieser Bergwelt ein halbnomadisches Hirtendasein führen, sind in Kommunen unter lockerer Aufsicht der Behörden organisiert. Theoretisch ist der Staat Besitzer ihres Landes und ihrer Tiere und verpachtet diese auf der Grundlage von „Verträgen“ für 15 bzw. 30 Jahre. Traditionell verdienen sich die Hirten ihren Lebensunterhalt mit der Schafzucht und verkaufen im Frühjahr ihre Lämmer, sofern diese den Winter überlebt haben. Das Ganze ist ein hartes und unberechenbares Geschäft – nach einem katastrophalen

Winter muss schon mal der Staat mit finanziellen Hilfen einspringen –, und so kommen die Einnahmen heutzutage zunehmend aus dem Tourismus. Wie die Bewohner der Inneren Mongolei haben sich auch die Kasachen auf die Vorführung von Reitkunststücken verlegt, mit denen sie ihre Besucher erfreuen. Ebenfalls willkommen sind die Extraeinkünfte durch die Bereitstellung von Verpflegung und Unterkunft.

Wer seine Übernachtung nicht vorgebucht hat, kann sich einfach auf die Suche nach einer **Jurte** machen. Der Aufenthalt in einem solchen Filzzelt hat hier altbewährte Tradition, und schon bald wird man auf Menschen stoßen, die mit Freuden Unterkunft und Verpflegung anbieten. Die meisten Touristen wählen eine Jurte nah am See, doch auch in den abgelegenen Tälern des Tian Shan wird man fündig. Für derartige Ausflüge ist es allerdings ratsam, sich ein Pferd und einen Fremdenführer zu mieten (¥50–100 pro Tag), wozu die jungen Kasachen am Seeufer nur allzugern bereit sind. Einmal in der Welt der Schneefelder angekommen, lassen sich die Täler nach Herzenslust durchforsten. Fast überall trifft man auf kasachische Jurten und damit auch auf einen Schlafplatz. Wer die Gegend im Mai besucht, der als schönste Zeit des Jahres gilt, bekommt wahrscheinlich auch den alkoholischen *kumiss* angeboten, gegorene Stutenmilch und eine seltene Delikatesse. Den Rest des Jahres begnügen sich die Kasachen mit einer Art Tee, der aus getrockneten Schneelilien und Schafsmilch besteht.

Die **Anfahrt** zum See erfolgt mit dem **Bus** von Ürümqi, der um 9 Uhr am Nordeingang des Volksparks abfährt und ¥35 kostet, wenn man am selben Tag wieder zurückfährt (bei Rückfahrt an einem anderen Tag wird der doppelte Fahrpreis fällig). Es empfiehlt sich, die Fahrkarte bereits einen Tag vorher am Busbahnhof in Ürümqi zu kaufen. Die 100 km lange Fahrt dauert drei Stunden und führt durch eine spektakuläre Landschaft, anfangs passiert man eine flache Wüste und dann geht es durch grüne Wiesen und Koniferenwälder entlang einem Wildbach in die Höhe. Am Seeufer gibt es ein kleines **Dorf** mit einem Busparkplatz, ein paar Geschäfte und Souvenirstände sowie ein Guesthouse. Der Eintritt am See beträgt ¥20.

Die Verständigung mit den Kasachen ist mitunter problematisch. Nur wenige sprechen Chinesisch, ganz zu schweigen von Englisch, was nicht selten Missverständnisse zur Folge hat, zum Beispiel dass für eine nachgeschenkte Tasse Tee extra bezahlt werden muss. Eine Möglichkeit zur Vermeidung derartiger Unannehmlichkeiten ist die Buchung einer **organisierten Tour** mit Hin- und Rückfahrt von Ürümqi und Übernachtung in einer Jurte. Reisebüros wie *CITS* in Ürümqi bieten derartige Touren an, die aber relativ teuer und von zweifelhafter Qualität sind. Die besten Anbieter scheinen die unabhängigen Veranstalter zu sein, die sich regelmäßig in den günstigeren Unterkünften blicken lassen und meist ihre eigenen Familienjurten anbieten. Empfehlenswert ist ein gewisser Mr. Rachit, der ein wenig Englisch spricht und Touren mit zwei Übernachtungen für ¥100 p.P. anbietet, darin enthalten sind schöne Bootsfahrten zu seinen beiden Jurten, die 2 km vom Busparkplatz entfernt am See stehen.

Baiyang Gou

75 km südlich von Ürümqi breitet sich ein weiteres Naturparadies aus, das in den Ausläufern des Tian Shan gelegene Gebiet Baiyang Gou (Südliches Weideland). Im Grunde handelt es sich lediglich um ein grünes Tal mit einem Bach und einem Wasserfall vor einer Kulisse aus Tannen und schneebedeckten Gipfeln. Im Sommer suchen die Kasachen diesen Ort gerne auf und geben den Touristen Gelegenheit, sie dabei zu begleiten. Das Hauptproblem ist der Transport, denn die Busse (¥53 hin und zurück) vom Nordeingang des Volksparks in Ürümqi fahren nur, wenn sich genügend Interessenten einfinden.

Yining und Umgebung

Im Mittelpunkt des hübschen **Ili-Tals** liegt nur 60 km östlich der Grenze zu Kasachstan bzw. 400 km nordwestlich von Ürümqi die Stadt Yining, von den Uiguren Kulja genannt. Da sie nicht direkt an den klassischen Seidenstraßenrouten liegt, kommen nur wenige Reisende hierher, aber wer ausreichend Zeit hat oder sowieso Richtung Kasachstan reist, sollte diesen Abstecher unbedingt ins Auge fassen. Ili ist eine so genannte **Autonome Kasachische Präfektur**, von denen es in Xinjiang insgesamt drei Stück gibt, alle – auch Karamay und Altai – im nordwestlichen Grenzgebiet gelegen. Trotz der nominellen kasachischen Mehrheit sind die Uiguren in Yining die beherrschende Volksgruppe, und mehr als irgendwo sonst in der Provinz lässt sich eine offene Feindseligkeit gegenüber dem chinesischen Machtanspruch feststellen. Die Erinnerungen an die jüngeren Gräueltaten und Verfolgungen liegen noch immer schwer in der Luft, darunter auch der erzwungene Massenexodus von 60 000 Kasachen und Uiguren in die UdSSR Anfang der 60er Jahre des 20. Jahrhunderts, ein Ereignis, das sehr viel Bitterkeit hinterlassen hat.

Das **Klima** im gesamten Tal ist selbst im Hochsommer relativ kühl und frisch, sodass unabhängig von der Reisezeit auf jeden Fall warme Kleidung ins Gepäck gehört. Auf allen nach Yining führenden Routen bietet sich ein sagenhafter Ausblick auf das Tian-Shan-Gebirge, besonders wenn man aus Kuqa im Süden kommt. Die Straße klettert zunächst durch die schroffen und felsigen Gebiete der nördlichen Taklamakan aufwärts, passiert dann eine bilderbuchhafte Alpinlandschaft mit riesigen Kiefernwäldern und dem tiefblauen **See des Großen Drachens**, bevor sie durch eine weite Steppe vor der Kulisse schneebedeckter Gipfel Yining erreicht. Ein weiterer Anziehungspunkt nördlich von Yining ist der sehr schöne **Sayram-See**, wo man in kasachischen Jurten übernachten kann.

Die **Geschichte** des Ili-Tals ist die einer periodischen chinesischen Herrschaft. Zur Zeit der Han-Dynastie vor 2000 Jahren unterstand die Region dem **Königreich Wusun**. Die Wusun, Vorfahren der modernen Kasachen, unterhielten diplomatische Beziehungen zum Hof der Han und führten das bis dahin in China unbekannte Pferd im Reich der Mitte ein. Im 8. Jahrhundert schließlich brachte eine Armee der Tang-Dynastie die Region unter chinesische Kontrolle, vermutlich weil deren strategischer Wert an einem neu aufkommenden Zweig der Seidenstraße zu verlockend erschien. Während des 13. und 14. Jahrhunderts wurde der Landstrich zunächst von Osten her durch Dschingis Khan und anschließend von Westen her durch Tamerlan unterworfen. Dieses Tauziehen zwischen Ost und West zieht sich seitdem wie ein roter Faden durch die Geschichte der Region und fand im 18. Jahrhundert seine Fortsetzung, als die Qing einen Eroberungsfeldzug starteten, gefolgt von den Russen im Jahr 1871, die unter dem Schutz der von Yakub Beg angeführten Xinjiang-Rebellion einmarschierten. Eine mehr oder weniger starke russische Präsenz war bis 1949 immer vorhanden und lässt sich teilweise noch an der Architektur in Yining ablesen.

Yining präsentiert sich heute als blühende Grenzstadt und hat mit dem abgelegenen Provinznest, das es einmal war, nichts mehr gemeinsam. Die Stadt hat jedoch ihre kompakte Anlage erhalten und lädt mit ihren schattigen Alleen und außergewöhnlich vielen Straßenständen zu einem kurzweiligen Bummel ein. Ein Großteil der Aktivitäten spielt sich in der **Jiefang Lu** ab, während sich die Altstadt um den **Qingnian-Park** im Südosten konzentriert, und unmittelbar südlich davon die **uigurischen Basare** zum Stöbern verlocken. Im Westen der Stadt liegt der Volkspark (Eintritt ¥1), der ein kleines **Museum** (🕒 tgl., Eintritt ¥5) beherbergt. Das Gebäude, ein blau-weißer russischer Bau mit Gipsreliefs, ist interessanter als sein Inhalt, der aus ein paar Überresten alter Siedlungen in der Region besteht und keine englischen Beschriftungen trägt.

Die Umgebung von Yining

In der Umgebung von Yining gibt es mehrere etwas ungewöhnliche Ausflugsziele. Rund 20 km südlich von Yining liegt die Kleinstadt **Chapucha'er**, Heimat der **Xibo**, eine ethnische Minderheit von etwa 20 000 Menschen, deren mandschurische Vorfahren gegen 1700 als Krieger nach Xinjiang abkommandiert wurden, um die Region zu bewachen und zu kolonisieren. Die Xibo bemühen sich nach wie vor um den Erhalt ihrer Sprache, Schrift und Gebräuche, einschließlich ihrer besonderen Fähigkeiten im Bogenschießen, die olympischen Standard erreichen. Chapucha'er liegt nur eine halbe Stunde Busfahrt von Yining entfernt und ist vom dortigen Überland-Busbahnhof zu erreichen.

Vom gleichen Busbahnhof fahren Busse in das 30 km westlich von Yining gelegene **Huiyuan**, ein kleines, aber historisches Städtchen mit einem dreistöckigen **Trommelturm** aus dem 19. Jahrhundert. Weitere 20 km nördlich von hier liegt vor den Toren der Kleinstadt **Qingshui** das hübsche, im persischen Stil gehaltene **Telug-Timur-Grabmal** zu Ehren eines moslemischen Führers aus dem 14. Jahrhundert. Wer Huiyuan und das Grabmal im Rahmen eines Tagesausflugs besuchen möchte, kann sich über ein Reisebüro ein Auto mieten (ca. ¥300 pro Tag).

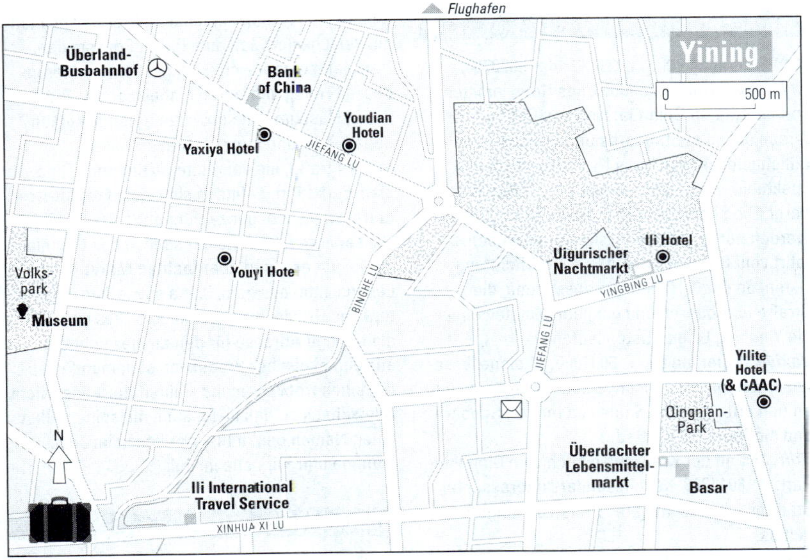

Yining und Umgebung

Ili	伊犁	***yīlí***
Yining	伊宁	***yīníng***
Chapucha'er	察布查尔	*chábù chá'ěr*
Huiyuan	惠远	*huìyuǎn*
Sayram-See	赛里木湖	*sàilǐmù hú*
Übernachtung		
Ili	伊犁宾馆	*yīlí bīnguǎn*
Yaxiya	亚西亚宾馆	*yàxīyà bīnguǎn*
Yilite Dajiuiian	伊力特大酒店	*yīlìtè dàjiǔdiàn*
Youdian	邮电宾馆	*yōudiàn bīnguǎn*
Youyi	友谊宾馆	*yǒuyì bīnguǎn*

Rund 180 km östlich von Yining erstreckt sich an der Landstraße nach Ürümqi der vor einer fantastischen Bergkulisse gelegene **Sayram-See**. Das 2000 m hoch gelegene und die meiste Zeit des Jahres ausgesprochen kühle Gewässer bietet eine ausgezeichnete Gelegenheit, der Hektik der Städte zu entkommen – hier steckt der Tourismus noch in den Kinderschuhen, wenngleich es am Seeufer bereits einfache **Guesthouses** gibt, sofern man nicht in einer kasachischen oder mongolischen **Jurte** nächtigen möchte.

Die Anfahrt zum See erfolgt mit einem der Busse aus Yining (3 Std.) oder Ürümqi (15 Std.), die sehr häufig verkehren.

Übernachtung

Ili***, Yingbing Lu, ✆ 8023126 oder 8022794, 📠 8024964. Gutes altmodisches Hotel inmitten von begrüntem Gelände; mehrere Gebäude unterschiedlichen Standards und Preises – am günstigsten ist das Haus Nr. 4, das absolut respektable, wenngleich kleine DZ mit Bad beherbergt. Die ebenfalls vorhandenen Dorm-Betten werden nur ungern an Ausländer vergeben. Anfahrt vom Busbahnhof mit Bus Nr. 1 Richtung Osten, an der 3. Haltestelle aussteigen, die Straße überqueren und ein paar Minuten über die Yingbing Lu gen Osten laufen.

Yaxiya**, Jiefang Lu, ✆ 8031800. Alteingesessenes Hotel (ohne englisches Schild), zu erkennen an den griechischen Säulen im Innern. Saubere und moderne DZ mit Bad.

Yilite***, an der Kreuzung östlich vom Qingnian-Park, ✆ 8044328. Kein besonders interessanter Stadtteil, aber recht gutes Preis-Leistungs-Verhältnis.

Youdian***, Jiefang Lu, 500 m südöstlich des Busbahnhofs, ✆ 8023844. Elegante und exklusive DZ sowie im rückwärtigen Gebäudeteil günstige Dorm-Betten (¥45), alle Schlafsäle verfügen über Satelliten-TV.

Youyi**–****, ✆ 8023126 oder 8023901, 📠 802 4631. Weiteres Traditionshotel in Yining mit billigen DZ und 3-Bett-Dorms (¥55) im alten Flügel sowie eleganteren EZ und DZ im neueren Teil. Alleinreisende müssen damit rechnen, für alle Dorm-Betten im Raum zur Kasse gebeten zu werden. Das Hotel liegt fernab aller Busrouten – aus dem Busbahnhof kommend nach rechts, das englische Hinweisschild zum Hotel nicht beachten (führt zum Hintereingang) und eine Straße danach rechts abbiegen, nach 15 Fußmin. ist dann der Haupteingang erreicht.

Essen

Abends verwandelt sich praktisch die ganze Stadt in einen einzigen Markt unter freiem Himmel und bietet zahlreiche Essensmöglichkeiten. Das Hotel *Ili*, Yingbing Lu, hat ein nettes chinesisches Restaurant, und in unmittelbarer Nähe liegt ein lebendiger **uigurischer Nachtmarkt**, wo Hähnchen, *samsa*, Kebabs und Nudelgerichte angeboten werden – nach dem Essen kann man mit den Lokalgrößen eine Partie Pool spielen. Der Markt eignet sich auch gut zum Probieren des mit Honig gebrauten einheimischen **Bieres**, das in Flaschen mit schwarzem Gummikorken abgefüllt ist und nur ¥1 kostet.

In der Straße, die vom Hotel *Ili* Richtung Qingnian-Park führt, befinden sich viele **Freiluft-Restaurants**, die z.B. ganze Hühnchen *(dapan ji)* für ¥35 servieren. Unmittelbar südlich des Qingnian-Parks gibt es einen **überdachten Markt**, wo es Lebensmittel aus ganz China sowie *baozi*, Feuertopf und Grillfisch zu kaufen gibt. Dies ist auch die richtige Adresse für den ausgezeichneten, aus einheimischer Produktion stammenden *kurut*, einen trockenen und kleinen **Hartkäse**. Nicht zuletzt hat sich das Ili-Tal auch mit seinem **Obst** einen Namen gemacht – Aprikosen im Juni, Trauben und Pfirsiche im Juli.

Sonstiges

POST – Am Kreisverkehr westlich des Qingnian-Parks.

REISEBÜROS – ***Ili International Travel Service***, Xinhua Xi Lu, ✆ 8023535. Das Personal spricht ein wenig Englisch; erreichbar mit dem Bus Nr. 2.

VORWAHL – 0999

Transport

BUSSE – Der **Busbahnhof** liegt im Nordwesten der Stadt und bietet täglich zahlreiche Verbindungen nach ÜRÜMQI (14 Std.), KASHGAR (40 Std.) und KUQA (24 Std.). Der harte Wettbewerb zwischen staatlichen und privaten Unternehmen sorgt für niedrige Preise und guten Service. Allerdings starten die privaten Busse erst wenn sie voll sind, auch wenn die Fahrer bisweilen etwas anderes behaupten; die Fahrkarten kann man auf dem Bürgersteig vor dem Busbahnhof kaufen. Eine weitere Verbindung führt nach ALMA-ATA (3x wöchentl., 24 Std.) in Kasachstan, wofür jedoch ein Visum erforderlich ist (s.S. 1166, Kasten), das man nicht in Yining bekommt.

Die Nördliche Seidenstraße Rund 300 km südlich von Ürümqi und 400 km südwestlich von Turfan markiert die wohlhabende, aber glanzlose Stadt **Korla** den Beginn der direkten Route nach Kashgar, die der historischen Nördlichen Seidenstraße (s.S. 1067, Kasten Seidenstraße) folgt.

Nach Überquerung des Tian Shan und dem Eintritt in das Tarim-Becken verläuft die von schneebedeckten Gipfeln flankierte Route über mehr als 1000 km entlang dem nördlichen Rand der Taklamakan-Wüste. Das Gebiet besteht größtenteils aus wildem Ödland, unterbrochen lediglich durch ein paar Flecken grünen Weidelands, wo das Wasser aus dem Tian-Shan-Gebirge seinen Weg ins Tal gefunden hat.

In den kleinen Oasenstädten westlich von Korla überwiegen braune Lehmhäuser, ab und zu sieht man Weinreben, und in Gräben entlang der Straße fließt schlammiges Wasser. Nach etwa einem Drittel der Strecke ist **Kuqa** erreicht, absolut einen Zwischenstopp wert, weil es das Flair einer sehr alten und historischen Stadt verströmt und in seiner Umgebung einige interessante Relikte der Seidenstraße zu besichtigen sind.

Die **Straße** erfreut sich größtenteils eines recht guten Zustands, doch in Anbetracht der riesigen Entfernungen erscheint es sinnvoller, der Route mit der parallel verlaufenden **Eisenbahn** zu folgen. Täglich legen zwei Züge die Strecke von Ürümqi via Korla und Kuqa nach Kashgar zurück und sorgen seit Fertigstellung der Bahnlinie im Jahr 2000 für völlig neue Dimensionen des Reisens: Während man im Bus mindestens 36 Stunden lang Staub schluckt und brütender Hitze ausgesetzt ist, dauert die Fahrt im klimatisierten Waggon nurmehr 24 Stunden.

Natürlich haben auch die monumentalen Busreisen ihren Reiz, dann empfiehlt sich jedoch eher die dreitägige Fahrt nach Kashgar über die Südliche Seidenstraße (s.S. 1175).

FLÜGE – Der **Flughafen** befindet sich nördlich von Yining, hat jedoch nur eine Verbindung nach ÜRÜMQI (2x tgl., 2 Std.) zu bieten.

Fluggesellschaften:

CAAC, im Hotel *Yilite*, ✆ 8044328. Tickets sind kurzfristig nur sehr schwer zu bekommen, sodass man sich besser an ein Reisebüro wenden sollte.

Korla

An der Stelle des heutigen Korla (auf Chinesisch Kuerle) existiert mindestens schon seit der Tang-Zeit eine Siedlung. Heute fungiert die Stadt als Verwaltungssitz der **Autonomen Mongolischen Präfektur Bayangol**, eine riesige Region, die sich aus der östlichen Hälfte der Taklamakan sowie den bewässerten Gebieten in unmittelbarer Umgebung der Stadt zusammensetzt. Eine erhöhte Anwesenheit von Mongolen lässt sich jedoch kaum ausmachen, vielleicht weil Korla in erster Linie als Standort für Unternehmen – darunter auch der US-Konzern *Exxon* – dient, die es auf die **Ölvorkommen** der Taklamakan abgesehen haben. Darüber hinaus ist die Stadt ein wichtiger Verkehrsknotenpunkt, an dem sich die Eisenbahnlinien und Landstraßen aus Ürümqi und Turfan treffen. Von Korla führt die Nördliche Seidenstraße geradewegs gen Westen nach Kashgar, während sich die Südliche Seidenstraße via Ruoqiang (s.S. 1177) am östlichen Rand der Taklamakan entlangwindet. Die Stadt dient auch als Ausgangspunkt für die Busse, die einen Teil der Südlichen Seidenstraße umgehen und einmal quer durch den Glutofen Taklamakan nach Minfeng fahren. Mit Ausnahme dieser Verkehrsverbindungen gibt es nicht viele Gründe für einen Aufenthalt in Korla.

Die grauen Backsteinmauern und das rote Ziegeldach des **Tiemen Guan** (Eiserner Torbogen) aus der Ming-Dynastie belegen das historische Alter einer Stadt, die sich ansonsten gnadenlos modern präsentiert – was bereits bei der Anfahrt per Bus aus dem Norden nicht zu übersehen ist.

Durch Korlas **Zentrum** verläuft die Hauptstraße Renmin Lu, an der sich die wichtigsten Einrichtungen konzentrieren, darunter eine große Filiale der *Bank of China* sowie mehrere exklusive Hotels wie das *Bayangol Tian'e Binguan*****, ✆ 0996/2022858.

Im Sommer verbringen viele Einheimische ihre Freizeit am 60 km östlich gelegenen **Bositun Hu**, ein großer Stausee, der zu einem erfrischenden Bad und zum Faulenzen unter dem Sonnenschirm einlädt, während man die erhabene Wüsten- und Gebirgskulisse in der Ferne auf sich wirken lässt.

Transport

BUSSE – Der **Busbahnhof** liegt unmittelbar nördlich des Zentrums in der Jiaotong Dong Lu und bietet häufige Verbindungen nach Ürümqi, Turfan und Kuqa. Nachtbusse fahren via Ruoqiang und Minfeng nach Khotan.

Busse nach:
KASHGAR 30 Std.;
KHOTAN 17 Std.;
KUQA 12 Std.;
TURFAN 10 Std.;
ÜRÜMQI 5 Std.

EISENBAHN – Der **Bahnhof** liegt rund 3 km östlich des Zentrums und ist mit dem Bus Nr. 1 von der Renmin Lu erreichbar. Alle Züge zwischen Hami, Ürümqi und Kashgar halten in Korla.

Züge nach:
DAHEYAN 4x tgl., 8 Std.;
KUQA 3x tgl., 3 1/2–5 Std.;
KASHGAR 3x tgl., 13–17 Std.;
ÜRÜMQI 3x tgl., 10–11 Std.

Kuqa und Umgebung

Auf der Fahrt von Korla in das rund 300 km westlich gelegene Kuqa (auf Chinesisch Kuche) kommt man an einem der größten **Windparks** der Welt vorbei, eine riesige Ansammlung rotierender Blätter auf 20 m hohen Masten, die mitten in der Wüste stehen. Hinter Kuqa verbirgt sich eine nette Kleinstadt mit langer Geschichte und größtenteils uigurischer Bevölkerung. Bekanntester Sohn der Stadt ist der Linguist und Gelehrte **Kumarajiva** aus dem 4. Jahrhundert, einer der berühmtesten chinesischen Buddhisten überhaupt. Nach seiner Ausbildung in Kaschmir kehrte er nach China zurück, um hier zu lehren und buddhistische Schriften vom Sanskrit ins Chinesische zu übersetzen. Ihm gebührt großer Anteil daran, dass sich der Buddhismus so umfassend in China durchsetzen konnte, und dass sich Kuqa schon in der frühen Tang-Zeit als bedeutendes chinesisches **Zentrum des Buddhismus** etablierte. Dank des sagenhaften Reichtums der Handelskarawanen konnte der Bau riesiger Tempelanlagen finanziert werden, und als der Pilgermönch Xuan Zang im 6. Jahrhundert durch Kuqa reiste, sollen zwei 27 m hohe Buddha-Statuen über die Stadttore gewacht haben. Anfangs war in Kuqa sogar eine eigene indoeuropäische Sprache verbreitet, doch als im 9. Jahrhundert der Islam Einzug hielt, fand dieses Zeitalter langsam zu seinem Ende. Heute sind leider nur noch wenig Spuren aus Kuqas früher Vergangenheit erhalten.

Verglichen mit Kuqas vergangenem Reichtum präsentiert sich die Stadt heute eher ärmlich und vor allem sehr staubig. Sie besteht aus zwei Teilen, der Altstadt im Westen und der Neustadt im Osten, die ein paar Kilometer auseinander liegen. Die Neustadt wird zum größten Teil von Han-Chinesen bewohnt und beherbergt alle wichtigen Einrichtungen, während die überwiegend uigurische Altstadt mit zahlreichen Moscheen und Basaren aufwartet und eine orientalische Atmosphäre verströmt, die sie deutlich von anderen chinesischen Städten unterscheidet.

Zu den Sehenswürdigkeiten der **Neustadt** gehört die **Ruinenstadt Pilang**, auch Qiuci (Kuqas alter Name) genannt, die jedoch außer einer soliden, wettergegerbten Lehmmauer nicht viel zu bieten hat. Die Stätte liegt rund zehn Gehminuten westlich des Zentrums an der Tianshan Lu. Etwas interessanter zeigt sich das nahe gelegene **Grabmal von Molena Ashidin Hodja** in der Wenhua Lu, ein einfacher Schrein mit Moschee zu Ehren eines arabischen Missionars, der wahrscheinlich im 13. Jahrhundert in die Stadt kam. Ein **Basar** findet täglich in der Gasse statt, die von der *Bank of China* Richtung Osten verläuft, parallel zur Xinhua Lu. Der Basar beherbergt das zweitgrößte **Goldschmiedeviertel** der Region Xinjiang (nach dem in Kashgar).

Jenseits der Brücke beginnt die **Altstadt** (zu erreichen mit den Bussen, die auf der Renmin Lu gen Westen fahren) und damit das interessanteste Viertel der Stadt. Direkt an der Brücke liegt der **Basar**, wo sich die meisten Aktivitäten des **Freitagsmarkts** abspielen. Dann scheint die gesamte uigurische Bevölkerung Kuqas auf den Beinen zu sein und feilscht um Lederjacken, Teppiche, Messer,

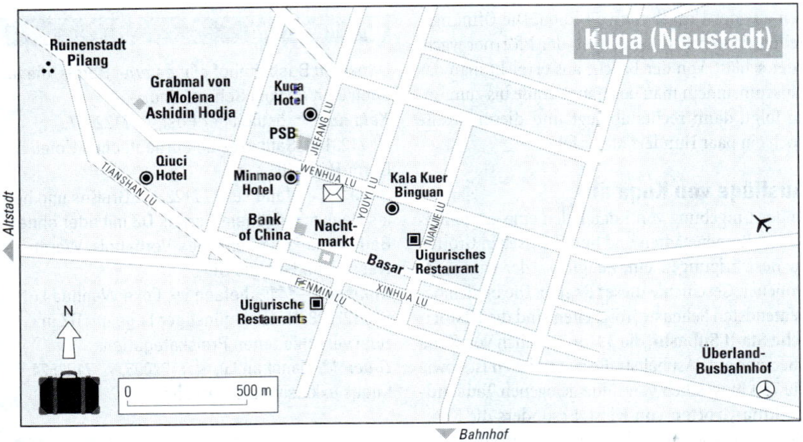

Die Nördliche Seidenstraße

Korla	库尔勒	***kùěrlè***
Bayangol Tian'e Binguan	巴州天鹅宾馆	*bāzhōu tiāné bīnguǎn*
Bositun Hu	博斯腾湖	*bósíténg hú*
Tiemen Guan	铁门关	*tiěmén guān*
Kuqa	库车	***kùchē***
Grabmal von Molena Ashidin Hodja	默拉纳额什丁坟	*mòlānà éshídīng fén*
Historische Stadt Subashi	苏巴什古城	*sūbāshí gǔchéng*
Pilang	龟兹古城	*qiūcí gǔchéng*
Tausend-Buddha-Grotten von Kizil	克孜尔千佛东	*kèzīěr qiānfódòng*
Übernachtung		
Kala Kuer	卡拉库尔宾馆	*kǎlākùěr bīnguǎn*
Kuqa	库车宾馆	*kùchē bīnguǎn*
Minmao	民贸宾馆	*mínmào bīnguǎn*
Qiuci	龟兹宾馆	*qiūcí bīnguǎn*

Holzkisten, Ziegen und Esel. Man sollte das Treiben auf keinen Fall verpassen, auch wenn es sich mit dem Sonntagsmarkt in Kashgar nicht messen kann. Weiter im Innern der Altstadt ist es ohne weiteres möglich, sich im Labyrinth aus engen Gassen und Lehmziegelhäusern zu verlaufen. Im Herzen dieser Gegend, rund 15 Gehminuten nordöstlich der Brücke, steht die 1923 erbaute **Moschee von Kuqa** (Eintritt ¥5). Das gut gepflegte Gotteshaus erhält durch seine hübsche grüne Kuppel ein ganz und gar arabisches Erscheinungsbild und unterscheidet sich somit erheblich von den Moscheen in den östlicheren Landesteilen. Jenseits davon befindet sich in der Linqi Lu ein **Museum** (Eintritt ¥12) mit einer mäßig interessanten Sammlung von Töpferwaren, Münzen, Skeletten sowie ein paar Fresken aus der Umgebung von Kuqa. Die Öffnungszeiten richten sich danach, ob der Pförtner wacht oder schläft. Von der Brücke aus erreicht man das Museum, indem man der Hauptstraße bis zum Ende folgt, dann rechts abbiegt und dieser Straße noch ein paar Hundert Meter folgt.

Ausflüge von Kuqa aus

In der Umgebung von Kuqa laden eine ganze Reihe von Ruinenstädten und buddhistischen Grotten zu Besichtigungen ein, Zeugnisse der sagenumwobenen Geschichte dieser Region. Die beiden bedeutendsten Sehenswürdigkeiten sind die **Historische Stadt Subashi**, die 30 km nördlich von Kuqa über eine gute Asphaltstraße zu erreichen ist, sowie die 75 km westlich von Kuqa gelegenen **Tausend-Buddha-Grotten von Kizil**. Besonders die Kizil-Höhlen erwiesen sich einst als orientalische Schatztruhe mit einer Mischung aus hellenischen, indischen und persischen Stilelementen ohne den leichtesten Hauch chinesischen Einflusses. Leider fielen die Höhlen den Plünderungen des deutschen Archäologen Albert von Le Coq zum Opfer, der zu Beginn des 20. Jahrhunderts viele der besten Fresken heraustrennte und mitnahm – einige der ungefähr 20 Höhlen sind vollkommen leer. Nur wer sich ernsthaft mit Archäologie beschäftigt, wird hier vielleicht etwas finden, das sich ansatzweise mit den Grotten von Mogao (s.S. 1131) in der Provinz Gansu vergleichen ließe. Wesentlich interessanter ist die Historische Stadt Subashi (Eintritt ¥15), die im 12. Jahrhundert verlassen wurde und noch heute ganze Gebäudeteile sowie Reste der ehemaligen 6 m hohen Stadtmauer umfasst. Alles in allem handelt es sich um einen sehr stimmungsvollen Ort vor der eindrucksvollen Kulisse eines Felsmassivs. Auf dem Weg dorthin kommt man an einigen **Bewässerungskanälen** vorbei, die das aus den Bergen kommende Wasser in die Dörfer transportieren.

Für die Besichtigung beider Stätten ist ein Mietwagen erforderlich, den man bei *CITS* bekommt; eine geführte Tour nach Subashi und Kizil kostet ¥300.

Alternativ dazu kann man auch in Kuqa mit einem Taxifahrer über eine Tour verhandeln – als Faustregel gilt ¥1 pro gefahrener Kilometer, was auf etwa ¥150 für die Hin- und Rückfahrt nach Kizil bzw. ¥60 nach Subashi hinausläuft.

Übernachtung

Direkt am Busbahnhof gibt es zwei Hotels, die jedoch weit ab vom Schuss sind.
Kala Kuer**, östlich der Post, ✆ 7122957, 📠 7123140. Sauberes und ordentliches Hotel. Dorm-Bett ¥40.
Kuqa***, Jiefang Lu, ✆ 7122901. Großes und helles Haus mit eigenem Garten. DZ mit oder ohne Bad, gutes Preis-Leistungs-Verhältnis, Warmwasser rund um die Uhr.
Minmao**–****, Jiefang Lu, Ecke Wenhua Lu, ✆ 7122998. Hotel in günstiger Lage mit DZ in zwei verschiedenen Preiskategorien.
Qiuci***, Tianshan Lu, ✆ 7122005, 📠 7122524. Kuqas exklusivste Unterkunft.

Essen

In dem besonders freitags sehr belebten Marktviertel der Neustadt an der Kreuzung Renmin Lu und Youyi Lu gibt es mehrere einfache **uigurische Restaurants**, die Schalen mit *laghman* servieren und dazu uigurischen Tee, in dem noch kleine Zweige und Blätter schwimmen. An den hiesigen Essensständen werden köstliches *kaobao*-Brot und *samsa* verkauft.
Östlich der Jiefang Lu in der Xinhua Lu liegt ein lebhafter und verräucherter **Nachtmarkt**, wo es die üblichen Kebabs und Grillhähnchen, aber auch eine große Auswahl an Früchten der Saison zu kaufen gibt.
All das bietet in recht komfortabler Umgebung auch das riesige **uigurische Restaurant** in der Tuanjie Lu, nahe dem Hotel *Kala Kuer*.
Das Restaurant im Hotel ***Kuqa***, Jiefang Lu, serviert **chinesische Speisen**.

Sonstiges

REISEBÜROS – ***CITS***, im Hotel *Qiuci*, ✆ 7122524, 🕓 tgl. 9.30–13.30 und 14–20 Uhr. Reservierung von Bahn- und Flugtickets sowie Organisation von **Touren** in die Umgebung der Stadt; die Frau am Schalter spricht etwas Englisch und ist äußerst hilfsbereit.

VORWAHL – 0997

Die Südliche Seidenstraße

Ruoqiang	若羌	***ruòqiāng***
Miran	米兰古城	*mǐlán gǔchéng*
Lop Nor	罗布泊	*luóbù bó*
Loulan	楼兰古城	*loúlán gǔchéng*
Qiemo	且末	***qiěmò***
Qiemo Gucheng	且末古城	*qiěmò gǔchéng*
Minfeng	民丰	***mínfēng***
Khotan	和田	***hétián***
Jadefabrik	玉器厂	*yùqì chǎng*
Melikawat	米力克瓦特古城	*mǐlìkèwǎtè gǔchéng*
Seidenfabrik	丝厂	*sīchǎng*
Teppichfabrik	地毯厂	*dìtǎn chǎng*
Weißer Jadefluss	白玉河	*báiyù hé*
Übernachtung und Essen		
Hetian	和田宾馆	*hétián bīnguǎn*
Hetian Shi	和田市宾馆	*hétiánshì bīnguǎn*
Huimin Fandian	回民饭店	*huímín fàndiàn*
Jiaotong	交通宾馆	*jiāotōng bīnguǎn*
Yurong	玉融宾馆	*yùróng bīnguǎn*
Yecheng	叶城	***yèchéng***
Cengsa	曾萨	*céngsà*
Kudi	库地	*kùdì*
Yecheng Dengshan Binguan	叶城登山宾馆	*yèchéng dēngshān bīnguǎn*
Yarkand	沙车	***shāchē***
Aleytun-Moschee	阿勤电清真寺	*āqíndiàn qīngzhēn sì*
Amannishahan-Grabmal	阿曼尼莎汗纪念陵	*āmànníshāhàn jìniànlíng*
Shache Binguan	沙车宾馆	*shāchē bīnguǎn*
Yengisar	英吉沙	***yīngjí shā***

Transport

BUSSE – Der **Überland-Busbahnhof** liegt im äußersten Südosten der Neustadt in der Renmin Lu. Auf der Straße davor starten Busse ins Zentrum (2. Haltestelle), aber man kann auch eine Motor-Rikscha nehmen oder zu Fuß laufen (ca. 20 Min.).Es gibt Busverbindungen nach KORLA (12 Std.), ÜRÜMQI (17 Std.), YINING (24 Std.) und TURFAN (20 Std.). Die Busse nach KASHGAR (20 Std.) müssen bei ihrer Durchfahrt durch Kuqa (meist nachmittags, nähere Infos im Busbahnhof) auf der Straße herangewunken werden, und man weiß nie im Voraus, ob noch ein Sitzplatz frei ist.

EISENBAHN – Kuqas **Bahnhof** liegt 5 km südlich der Neustadt und ist per Taxi (¥5) zu erreichen.

Drei Züge täglich fahren Richtung Westen nach KASHGAR, zwei Richtung Osten nach ÜRÜMQI und einer ebenfalls Richtung Osten nach KORLA – die aktuellen Fahrpläne sind in den Hotels erhältlich. Am Bahnhof werden nur Tickets für die Hartsitzklasse verkauft, und das auch erst kurz vor Einfahrt des Zuges. Wer einen besseren Platz möchte, steigt in den Wagen Nr. 7 ein und begleicht dort den Aufpreis oder beauftragt ein Reisebüro mit der Reservierung.

FLÜGE – Der **Flughafen** liegt eine kurze Taxifahrt östlich der Neustadt. Es besteht lediglich eine Flugverbindung nach ÜRÜMQI (2x wöchentl., 2 Std.).

Von Korla nach Khotan

Bekanntschaft mit der Südlichen Seidenstraße macht man am einfachsten, indem man per Bus von Korla durch die Taklamakan und über **Minfeng** nach Khotan reist. Die Ende der 90er Jahre von den Ölgesellschaften gebaute, 500 km lange

Die Südliche Seidenstraße Ursprünglich gabelte sich die Seidenstraße bei Dunhuang in der Provinz Gansu in eine nördliche und eine südliche Route, wobei Letztere über **Ruoqiang** am südlichen Rand der Taklamakan vorbeiführte und in Kashgar wieder mit der nördlichen Route zusammentraf. Heute ist die südliche Route beinahe völlig in der Versenkung verschwunden, weil es an der Strecke keine größere Stadt, nur schlechte Landstraßen und ein Minimum an öffentlichen Verkehrsmitteln gibt. Dabei gilt sie als der ältere und historisch bedeutsamere Teil der Seidenstraße, der von den berühmtesten Reisenden genutzt wurde, darunter die chinesischen Pilgermönche Fa Xian und Xuan Zang, Marco Polo sowie in den 30er Jahren des 20. Jahrhunderts der britische Journalist und Abenteurer Peter Fleming. Die historischen Siedlungen an der Strecke waren früher Oasen in der Wüste, am Leben erhalten durch die Flüsse, die von den schneebedeckten Gipfeln des Kunlun Shan, am äußersten Rand der Tibetischen Hochebene gelegen, ins Tal flossen.

Wer sich für die verbleibenden Spuren der Südlichen Seidenstraße interessiert, kann beispielsweise den Hinweg nach Kashgar über die Nördliche Seidenstraße (s.S. 1171) und den Rückweg über die Südliche Seidenstraße zurücklegen, womit die gesamte Taklamakan-Wüste einmal umrundet wäre. Die südliche Route ist allerdings nicht jedermanns Geschmack, denn sie beinhaltet größtenteils Wüstenlandschaft, die nur ab und zu von extrem staubigen Oasenstädten unterbrochen wird und keinerlei grüne Flecken oder touristische Einrichtungen aufzuweisen hat. Auch gibt es keine Eisenbahnlinie, auf die man ausweichen könnte, sollte es im Bus zu unbequem werden. Dafür bietet die Südliche Seidenstraße die einzigartige Gelegenheit, eine fast jungfräuliche Ecke Chinas kennen zu lernen, in der Ausländer noch immer ein exotischer Anblick sind.

Wo früher der östliche Abschnitt der ursprünglichen Route zwischen Dunhuang und Ruoqiang verlief, gibt es heute keine Straße mehr. Allerdings existieren inzwischen Straßenverbindungen von Korla sowie – weniger zuverlässig – von den Provinzen Gansu und Qinghai nach Ruoqiang. Einmal in Ruoqiang angekommen, das 450 km von Korla entfernt liegt, führt eine gut befahrbare Landstraße über 1400 km um den südlichen Rand der Taklamakan herum nach Kashgar. Auf dieser Strecke liegt die historische Stadt **Khotan**, die sich für einen Zwischenstopp anbietet. Khotan ist von Korla aus auch auf direktem Weg zu erreichen, und zwar über eine Landstraße, die mitten durch die Taklamakan hindurchführt und mit der man sich 500 km und den ohnehin langsamsten Teil der Reise ersparen kann. Für ganz Hartgesottene besteht auch die Möglichkeit, die Südliche Seidenstraße zwischen Khotan und Kashgar zu verlassen und Richtung Süden nach **Tibet** und Lhasa weiterzufahren. Es handelt sich dabei aber um eine für Ausländer verbotene und sehr anstrengende Route, die das Durchhaltevermögen auf eine harte Probe stellt.

Strecke ist eine veritable Schnellstraße, die durch das Herz der Taklamakan führt und zumindest theoretisch eine Vorstellung davon vermittelt, warum die Uiguren diese Wüste „Meer des Todes" nennen. Leider fahren die Busse in beiden Richtungen nachts, so dass man das Zentrum der Wüste nicht bei Tageslicht zu sehen bekommt. Dafür geht die 1000 km lange Fahrt aber recht schnell vonstatten und dauert bis Khotan nur 17 Stunden.

Eine staubigere, rauere und lohnenswertere Tour nach Khotan führt von Korla zunächst mit dem Bus gen Südosten um den östlichen Rand der Taklamakan herum nach **Ruoqiang**. Theoretisch ist es auch möglich, von Dunhuang oder Golmud ungefähr parallel zur ursprünglichen Seidenstraße nach Ruoqiang zu fahren, doch einige Ausländer haben berichtet, dass sie von Polizisten aus dem Bus gezogen und wieder zurückgeschickt wurden. Möglicherweise geschieht dies zur eigenen Sicherheit der Touristen, denn die Strecke führt durch tiefste Provinz – vielleicht aber auch wegen der Nähe zur **Lop Nor**, einer 3000 km^2 großen Salzmarschlandschaft nordöstlich von Ruoqiang, in der die chinesischen **Atomwaffentests** durchgeführt werden.

Ruoqiang

Das kleine und lebhafte Städtchen Ruoqiang (auf Uigurisch Charkhlik) besitzt mindestens ein **Guesthouse** und ist ein beliebter Ausgangspunkt für Touren mit dem Kamel oder Jeep zu zwei relativ unbekannten Ruinenstädten aus den Tagen der Seidenstraße. **Miran** liegt ungefähr 75 km nordöstlich von Ruoqiang und ist daher noch relativ leicht zugänglich. Bekannt wurde die Stadt auch als Schauplatz von Christa Paulas Buch *The Road to Miran*. Eine weitaus aufwändigere Tour führt nach **Loulan**, gut 250 km von Ruoqiang entfernt am Westrand von Lop Nor. Loulan ist vor allem deshalb faszinierend, weil die Stadt völlig vergessen war, bis sie der schwedische Forscher **Sven Hedin** Anfang des 20. Jahrhunderts unter dem Wüstensand entdeckte. Erst in den 80er Jahren begannen die Chinesen mit archäologischen Untersuchungen und förderten Überreste der Stadtmauern, eine große Zahl eingestürzter Holz- und Lehmziegelhäuser sowie viele Holzschüsseln und Teller zu Tage. Das Fundament einer Pagode deutet auf eine buddhistische Bevölkerung hin, und in Gräbern wurden mumifizierte, in Seide und Wolle gehüllte Leichen gefunden (s.S. 1161), die kein chinesisches Aussehen hatten. Funde von **Münzen aus der Han-Dynastie** belegen das Alter der Stadt. Die wenigen Informationen über Loulan entstammen historischen Aufzeichnungen in chinesischer und einer nordindischen Sprache, die hier gefunden wurden und erwähnen, dass die Menschen die Stadt Anfang des 4. Jahrhunderts in Scharen verließen – der Grund dafür bleibt ein Geheimnis. Mit Gewissheit lässt sich sagen, dass Loulan bereits 399, als der buddhistische Mönch Fa Xian diese Gegend bereiste, nicht mehr besiedelt war.

Qiemo

Die nächste größere Siedlung auf der Strecke nach Kashgar ist Qiemo (Cherchen), eine überraschend moderne Kleinstadt, die für ihre regelmäßigen Sandstürme bekannt ist und rund 300 km südwestlich von Ruoqiang liegt. Weitere **Ruinen** sind 10 km nordwestlich des Orts in **Qiemo Gucheng** zu besichtigen und mindestens 2000 Jahre alt. Wer in Qiemo übernachten möchte, findet hier das Hotel *Muzitage*.

Minfeng

Von Qiemo sind es noch weitere 300 km gen Westen bis Minfeng (Niya), wo die durch die Taklamakan führende Landstraße aus Korla auf die Südliche Seidenstraße trifft. Minfeng erwacht allabendlich zum Leben, wenn die Überlandbusse eintrudeln und die Hauptstraße sich in eine bunte Meile aus Kebab-, Brot- und Nudelständen verwandelt. Die letzten 300 km zwischen Minfeng und Khotan führen durch eine der ödesten Landschaften, die das Auge je gesehen hat, und deuten darauf hin, wie das Innere der Wüste Taklamakan beschaffen sein muss: eine ebenso gestalt- wie endlose Weite aus Himmel und Wüste, die in einem vagen Horizont miteinander verschmelzen.

Khotan und Umgebung

Khotan (auf Chinesisch Hetian) ist seit Jahrhunderten im ganzen Land für seine **Teppiche**, **Seidenstoffe** und **weiße Jade** berühmt. Die Stadt besteht aus einem langweiligen und staubigen Netz breiter Straßen und hat nichts Besonderes zu bieten, aber die überwiegend uigurische Bevölkerung schafft eine überaus freundliche Atmosphäre, und man kann bei mehr als einer Gelegenheit staunend beobachten, dass die Handwerksprodukte noch immer auf fast dieselbe Art und Weise hergestellt werden wie früher.

Khotans Zentrum umfasst ein paar Häuserblocks südlich bzw. westlich der Kreuzung von Nuerwake Lu (Ost-West-Achse) und Gulibake Lu (Nord-Süd-Achse). Beiderseits der Nuerwake Lu sind noch die bemerkenswert intakten **alten Stadtmauern** zu erkennen, komplett mit Zinnen, aber leider durch Graffiti und umherliegenden Müll etwas verunstaltet. In der Tanai Lu, südlich der Kreuzung mit der Nuerwake Lu, präsentiert ein **Museum** Fragmente von Seidenstoffen sowie Holzgerätschaften und zwei mumifizierte Leichen aus Loulan (s.S. 1161). ⌚ unregelmäßig, Eintritt ¥7.

Bei einem Besuch der **Jadefabrik** unmittelbar südlich des Museums kann man die Handwerker bei ihrer Arbeit an den kleinen Drehbänken beobachten. Die fertigen Produkte werden in einem Laden im Obergeschoss sowie in Geschäften überall in der Stadt – v.a. am östlichen Ende der Nuerwake Lu – zum Verkauf angeboten, wobei die Preise je nach Kunstwerk zwischen ¥30 und 30 000 ¥ variieren.

Rund 4 km östlich der Stadt erreicht man über die Nuerwake Lu den **Weißen Jadefluss**, aus dem schon Unmengen Jade gefördert wurden und der den eifrigen Sucher auch heute noch mit dem ein oder anderen Steinchen belohnt. Der Fluss strömt durch eine breite, steinige Ebene, sodass es orientierungsmäßig kein Problem ist, sich auf eigene Faust dorthin aufzumachen – allerdings sollte man sich von den Einheimischen, die hier mit allerlei Gerät zwischen den Steinen herumstochern, aufklären lassen, woran man die Jadesteine erkennt, sonst kehrt man womöglich mit einer Tasche hübscher, aber wertloser Quarzsteine zurück.

Die **Teppichfabrik** direkt hinter dem Weißen Jadefluss auf der linken Seite lohnt vor allem einen Besuch, wenn man eines der Stücke kaufen möchte, denn die Preise sind sowohl hier als auch in dem Geschäft in der Stadt sehr günstig. In der Werkstatt herrscht eine freundliche Atmosphäre, die größtenteils aus jungen Frauen bestehende Belegschaft flachst miteinander, während mit schier unglaublichem Geschick die Fäden gewebt werden. Nebenbei ermuntern sie die Besucher, Fotos zu machen und ihnen einen Abzug zu schicken.

Wer in die Geheimnisse der **Seidenproduktion** eingeweiht werden möchte, steigt nördlich der Kreuzung von Gulibake Lu und Nuerwake Lu in den Bus Nr. 1 (dort, wo eine kleine Grünanlage die Straße in zwei Fahrbahnen teilt) und fährt damit bis zur Endhaltestelle. Der Eingang zur **Seidenfabrik** liegt ein paar Hundert Meter südlich davon und wird von einem Sicherheitsbeamten bewacht, der bereits an ausländische Besucher gewöhnt ist. Unter der Woche (zu vermeiden ist die Mittagszeit von 13–15 Uhr) hat man gute Chancen, einen Englisch sprechenden Mitarbeiter für eine Gratisführung zur Verfügung gestellt zu bekommen. In der Fabrik kann der gesamte Produktionsprozess beobachtet werden: das Auftrennen der Kokons, das Zusammendrehen von jeweils zehn Strängen zu einem Seidenfaden, das Aufwickeln der Fäden auf Spulen, das eigentliche Weben und schließlich das Färben. Im Vergleich zu ihren Kolleginnen in der Teppichfabrik haben es die hier arbeitenden Frauen ziemlich schwer, denn der Lärm in den Werkshallen ist ohrenbetäubend, und sie müssen ihre ganze Arbeit im Stehen verrichten. Der traditionelle Stoff namens *atalas,* bei dem man die Fäden vor dem Weben mit einem Muster einfärbt, wird heute leider nur noch für Touristen hergestellt, da sich die Einheimischen den Preis von ¥200 pro Stoffbahn nicht leisten können.

Das Beobachten der Aufzucht von **Seidenraupen** ist nur in den Sommermonaten möglich und findet etwas abseits der Fabrik statt – einfach ein paar Hundert Meter Richtung Innenstadt gehen, bis man in eine Gegend mit Bäumen und Weinspalieren kommt. Um ans endgültige Ziel zu gelangen, sollte man entweder ein paar Brocken Chinesisch sprechen oder vielleicht einfach eine Seidenraupe auf ein Stück Papier zeichnen, das man den Einheimischen dann zeigt. Gerne führen sie Besucher zu ihrer Insektenzucht, meist in kühlen und dunklen Schuppen untergebracht, wo sich Tiere durch frische, gesäuberte Maulbeerblätter mampfen. Am Ende soll jeder Wurm einen Kokon aus reiner Seide spinnen, der aus einem einzelnen Faden von rund einem Kilometer Länge besteht. Die Bauern verkaufen die Kokons für ¥10 pro Kilo an die Fabrik, aber die Aufzucht von Seidenraupen ist ein unsicheres Geschäft und für die meisten Bauern nur ein Nebenerwerb.

Hart gearbeitet wird auch auf dem faszinierenden **Basar**, der jeden Freitag und Sonntag in Khotan stattfindet. Zum Verkauf stehen Seide, Teppiche, Lederjacken, Obst und Gewürze, und zwischen den Ständen kann man Schmiede, Tischler und andere Handwerker bei ihrer Tätigkeit beobachten. Der Basar erstreckt sich über den gesamten nordöstlichen Abschnitt der Stadt und ist am einfachsten zu erreichen, indem man auf der Nuerwake Lu gen Osten geht, die Kreuzung mit der Gulibake Lu überquert und dann in die erste Straße links einbiegt.

Für Seidenstraßenspezialisten lohnt schließlich noch ein Abstecher in die Ruinenstadt **Melikawat**, die 30 km südlich von Khotan am Weißen Jadefluss in der Wüste liegt. Die Siedlung war einmal ein bedeutendes buddhistisches Zentrum an der Seidenstraße, wurde aber schon vor weit über 1000 Jahren verlassen und verfiel, was durch den Einzug des Islam in die Region keine Besserung erfuhr. Heute besteht die Stätte aus einer bunten Ansammlung von zerbröckelnden Mauern, glatt geschliffenen Tonscherben und sogar einigen Glasscherben und Holzteilen, die zwischen den Dünen und Tamariskensträuchern verstreut herumliegen. Die Fahrt nach Melikawat kann über ein Reisebüro gebucht oder nach zähen Verhandlungen mit einem Taxi (ca. ¥60 für Hin- und Rückfahrt) in Angriff genommen werden. Eintritt ¥10, Fotoerlaubnis ¥5 extra.

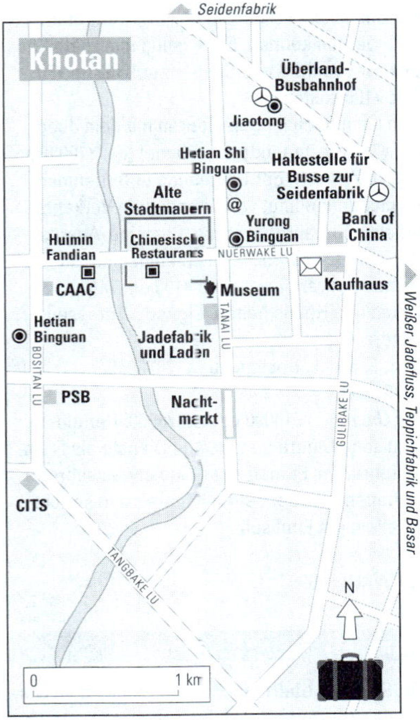

Übernachtung

Hetian Binguan**, im Südwesten des Zentrums, ✆ 2023564. Die beste Unterkunft in Khotan, komfortabel und mit gutem Preis-Leistungs-Verhältnis, sogar die Dorms (¥30 p.P.) haben ein eigenes Bad. Zwei große Restaurants servieren chinesische und moslemische Speisen.
Hetian Shi Binguan*, Tanai Lu, ✆ 2022824. Zentral gelegen, aber recht düstere Dorms (¥20 p.P.).
Jiaotong*, direkt neben dem Busbahnhof. Das sauberste von mehreren Hotels in dieser Gegend.
Yurong Binguan**, Nuerwake Lu, ✆ 2025242. Freundliche und einfache Unterkunft. Dorm-Bett ¥20.

Essen

An Möglichkeiten zum Essengehen mangelt es in Khotan nicht. Unmittelbar westlich des Flusses in der Nuerwake Lu liegt das ***Huimin Fandian***, ein großes, lebhaftes moslemisches Restaurant, in dem *laghman*, Nudelsuppen mit Rindfleisch, Kebabs und Ähnliches aufgetischt wird, wobei das teuerste Gericht gerade einmal ¥8 kostet. Auf dem ausgezeichneten uigurischen **Nachtmarkt**, Tanai Lu, unmittelbar südlich der Nuerwake Lu, werden Brathähnchen, Pilau, Eier, Fisch sowie die üblichen Kebabs, Schafsköpfe und *laghman* angeboten. **Chinesische Speisen** servieren die Restaurants in der Nuerwake Lu, unmittelbar östlich des Flusses – einfach die Vorhänge am Eingang zur Seite schieben und eintreten; die meisten der hiesigen Restaurantbesitzer kommen übrigens gebürtig aus Sichuan und leben hier im „Exil".

Sonstiges

REISEBÜROS – Alle Hotels haben einen Reiseschalter, an dem Buchungen für Flug-, Bahn-

und Bustickets vorgenommen und **Touren** arrangiert werden können. Ein Ausflug innerhalb Khotans zur Teppich- und Seidenfabrik dürfte ¥50 bzw. ¥100 kosten.

Man kann auch längere Touren mit dem Jeep (ca. ¥300 pro Tag) oder per Kamel (ca. ¥100 pro Tag) zu Zielen in der Umgebung unternehmen, die nicht unbedingt von öffentlichen Verkehrsmitteln angefahren werden. Camping-Ausrüstung wird für ca. ¥50 p.P. verliehen, und ein Fremdenführer nimmt rund ¥100 am Tag.

Neben den Hotels helfen folgende Adressen weiter:

CITS, 3. Stock, Bositan Lu, ✆ 2026090, ℻ 2512846.

Elly Umai, ✆ 2516090 oder 2026460. Der einheimische Uigure bietet seine Dienste als Fremdenführer an. Er mag zwar eine etwas schroffe Art haben, ist aber sehr hilfsbereit und spricht vor allem gut Englisch.

VORWAHL – 0903

Transport

BUSSE – Der **Überland-Busbahnhof** liegt im Norden des Zentrums. In die Hauptgeschäftsstraße Nuerwake Lu benötigt man zu Fuß ungefähr 20 Min., eine Taxifahrt zu einem beliebigen Hotel kostet ¥5.

Täglich gibt es Verbindungen nach KORLA (17 Std.) und ÜRÜMQI (22 Std.) über die Route durch die Taklamakan. Die Preise nach Korla sowie in alle anderen Orte an der Südlichen Seidenstraße zwischen Kashgar und Qiemo liegen je nach Fahrzeug und Fahrer (bzw. dessen Bereitschaft zum Handeln) zwischen ¥180 und ¥300.

Busse nach:
KASHGAR 11 Std.;
MINFENG 6 Std.;
QIEMO 12 Std.;
YARKAND 9 Std.

FLÜGE – Khotans **Flughafen** befindet sich 10 km westlich der Stadt und wird sowohl von einem Flughafenbus als auch von Taxis bedient. Die einzigen Verbindungen bestehen nach ÜRÜMQI (tgl., 2 Std., ¥1000).

Von Khotan nach Kashgar

Die letzten 500 km der Südlichen Seidenstraße führen durch eine wenig abwechslungsreiche Landschaft Richtung Nordwesten nach Kashgar. Nur gelegentlich wird die Einöde von Dünen, Kamelherden, Bergketten im Süden und künstlich bewässerten Oasen unterbrochen. 200 km von Khotan entfernt liegt der Ort **Yecheng** (Karagilik), eigentlich nurmehr eine große Raststätte im uigurischen Stil mit blinkenden Lichtern, Feuerstellen, brodelnden Kochtöpfen, Sonnenschutzdächern und voluminösen Hammelstücken am Fleischhaken. Das empfehlenswerte Hotel *Yecheng Dengshan* in der Tilan Dong Jie, ✆ 0998/7282900, bietet Dorm-Betten für ¥50 p.P.

In Yecheng gabelt sich die Landstraße gen Norden nach Kashgar und gen Süden nach **Tibet** (s.S. 1181, Kasten). Nächste Station Richtung Norden ist das 60 km entfernte **Yarkand**, eine Miniaturausgabe von Kashgar mit minimaler touristischer Infrastruktur. Allerdings bekommt man wahrscheinlich nirgendwo in China einen derart intensiven Eindruck vom Leben in Mittelasien vor 100 Jahren wie in den kleinen Seitenstraßen dieser Stadt.

Yarkand

Seit mindestens 1000 Jahren ist Yarkand (Shache) ein strategisch wichtiges Etappenziel auf der Seidenstraße und inzwischen wohl die Stadt, in der man das moslemische Xinjiang am deutlichsten zu spüren bekommt, zumal Kashgar immer moderner und steriler wird. Das Stadtzentrum konzentriert sich um eine Kreuzung, von der die Xincheng Lu gen Westen in den Han-chinesisch dominierten Teil Yarkands führt, während die Laocheng Lu das ältere uigurische Viertel im Osten erschließt. Am besten lässt sich die Stimmung einfangen, wenn man einfach ziellos durch die nordöstliche Ecke der Stadt bummelt, ein Labyrinth aus matschigen Gassen voller Eselskarren, Werkstätten und Basaren, aufgelockert durch Weidenbäume und gesäumt von traditionellen Lehmziegelhäusern mit Holzbalkonen.

In diesem Viertel liegen auch die größten Sehenswürdigkeiten der Stadt, alle nahe beieinander in einer Straße gelegen, die nördlich von der Laocheng Lu abzweigt: die **alte Festung** sowie ihr gegenüber die **Aleytun-Moschee** und das **Amanni-**

shahan-Grabmal (Eintritt ¥10). Von der Festung existiert eigentlich nurmehr das Eingangstor, flankiert von zwei schmalen Türmen, die schon von weitem den Weg weisen. Die Moschee dürfen nur Moslems betreten, aber das blau-weiße Grabmal der Frau eines Khans aus dem 16. Jahrhundert ist zugänglich. Der angrenzende **Friedhof** beherbergt zwischen uralten Bäumen die Mausoleen mehrerer früherer Herrscher von Yarkand sowie die kegelförmigen Gräber einiger weniger bekannter Moslems.

Der beste Tag für einen Besuch in Yarkand ist der Sonntag, wenn im Hauptbasar hinter der Festung ein riesiger **Bauernmarkt** stattfindet, der dem berühmteren Sonntagsmarkt in Kashgar kaum nachsteht. Aber auch an den übrigen Tagen lohnt dieses Viertel einen Besuch.

Der **Busbahnhof** von Yarkand liegt südlich der Xincheng Lu und bietet täglich Verbindungen nach Kashgar und Khotan. An der südöstlichen Seite der Kreuzung steht eine *Bank of China*.

Von Yecheng nach Tibet Die von Yecheng gen Südosten führende Landstraße verläuft mehr oder weniger parallel zur Karakorum-Bergkette und erreicht nach ungefähr 1000 km die Kleinstadt **Ali** im **Westen Tibets** (s.S. 1252). Obwohl die von Lastwagen viel befahrene Route seit jeher für Touristen gesperrt ist, schaffen es jedes Jahr ein paar Unerschrockene, den Kontrollposten ein Schnippchen zu schlagen. Man sollte jedoch nicht den Fehler machen, die körperlichen Anstrengungen oder die **Schwierigkeiten** von offizieller Seite zu unterschätzen, die eine Reise durch diese Region mit sich bringt – nicht nur die Straße, sondern auch West-Tibet ist häufig für Ausländer gesperrt, sodass manche zwar bis Ali durchkommen, aber gleich nach der Ankunft verhaftet werden.

Die Straße zwischen Yecheng und Ali lässt sich am besten zwischen Juli und Oktober befahren. Selbst zu dieser Zeit kann es jedoch extrem **kalt** sein, sodass man unbedingt mit warmer, windundurchlässiger Kleidung und einem Schlafsack ausgerüstet sein sollte, auch wenn die Lkw-Raststätten entlang der Strecke Betten für rund ¥20 anbieten. Lastwagen benötigen für die Fahrt über die staubige und teilweise extrem holprige Landstraße bisweilen eine knappe Woche, Jeeps haben die Strecke schon in zwei Tagen geschafft. Die meiste Zeit windet sich die Straße in einer Höhe über 5000 m durch die Bergwelt – ohne jegliche Aussicht auf einen schnellen „Abstieg", sollte man Probleme mit der **Höhenkrankheit** bekommen (ins Gepäck gehört ein Mittel gegen Kopfschmerzen und so viel Wasser wie möglich). Einfache Mahlzeiten für etwa ¥15 gibt es an den Raststätten, ein wenig zusätzliches Obst und energiereiche Nahrungsmittel können jedoch nicht schaden. Entlang der Strecke kommt es fast immer zu **Polizeikontrollen** – wer erwischt wird, muss mit einer Verhaftung, einer Geldstrafe und einer unfreiwilligen Reise zurück nach Yecheng rechnen. Es empfiehlt sich generell nicht, den Trip alleine anzutreten, da Touristen aus dem Westen anscheinend schon von Fernfahrern ausgeraubt wurden. Man sollte nie mehr als die Hälfte des vereinbarten Fahrpreises im Voraus bezahlen und beim Verlassen des Fahrzeugs stets alle Sachen mitnehmen.

In Yecheng bestehen mehrere Möglichkeiten, eine **Mitfahrgelegenheit** zu finden. Überall in der Stadt gibt es unabhängige uigurische, tibetische und chinesische **Lkw-Stellplätze**, wo meist auch **Jeeps** herumstehen. Bei den Verhandlungen mit den Fahrern sollte man von Anfang an klarstellen, dass man in der Kabine mitfahren möchte und nicht etwa auf der Ladefläche, wo man den Launen der Natur schonungslos ausgeliefert ist. Die Lastwagen fahren frühmorgens los, die Jeeps wenn sie voll sind. Zur Zeit der Recherche lag der Preis nach Ali bei rund ¥400 p.P., für einen nicht voll besetzten Jeep muss eventuell draufgezahlt werden. Eine Alternative ist ein **Minibus** von Yecheng ins 80 km entfernte **Cengsa** an der Straße nach Ali. Von hier geht es etwa 100 km per Anhalter nach **Kudi**, ein beliebter Rastplatz für Lastwagen auf dem Weg nach Tibet. Wie lange es von Kudi noch nach Ali dauert, hängt von den Straßenverhältnissen sowie der Anzahl der Autopannen und Ruhezeiten des Fahrers ab.

Das einzige Hotel, das Ausländer aufnimmt, ist das *Shache Binguan****, zehn Gehminuten östlich des Zentrums an der Xincheng Lu gelegen. Zwar herrscht hier eine freundliche Atmosphäre, aber die Zimmer sind überteuert und die Schlafsäle absolut grässlich (Dorm-Bett ¥40). Einige uigurische **Restaurants** nördlich der Kreuzung tischen Standardgerichte auf.

Yengisar

120 km hinter Yarkand und 70 km vor Kashgar liegt Yengisar, seit Jahrhunderten ein Handwerkszentrum für die typischen uigurischen Messer. Die meisten in Xinjiang erhältlichen Messer kommen heute aus industrieller Produktion, doch in der hiesigen **Kleinmesserfabrik** üben noch einige alte Meister ihr traditionelles Handwerk aus und verzieren die Messergriffe sogar mit Intarsien aus Horn oder Plastik.

Kashgar

Einer der aufregendsten Aspekte an Kashgar (auch Kashi genannt) ist seine unglaublich abgeschiedene Lage am westlichen Rand der Volksrepublik China – nach Beijing sind es sage und schreibe 4000 km Luftlinie, mehr als 1000 km davon reinste Wüste, die bis unmittelbar vor die Stadttore reicht. Noch in den 30er Jahren des 20. Jahrhunderts betrug die Reisezeit von und nach Beijing mehrere Monate, umso überraschender präsentiert sich die 1200 m hoch gelegene Oase heute als moderner, florierender Ort, der sein mittelalterliches Flair mehr und mehr verliert.

Spuren der alten Bastion Chinesisch-Turkestan sind in Kashgar noch reichlich vorhanden, wenngleich die „authentischeren" Teile der Stadt nach und nach zu Touristenattraktionen herausgeputzt und deren Bewohner in neue Hochhäuser am Stadtrand umgesiedelt werden. Trotz einer gewissen Anzahl von Han-Chinesen bilden Moslems die überwältigende Mehrheit der Bevölkerung Kashgars, was durch die großartige **Id-Kah-Moschee** als beherrschendes Element des gleichnamigen zentralen Platzes eindrucksvoll untermauert wird. Weitere Anzeichen für die moslemische Dominanz sind die uigurischen Basare und Teehäuser, der Geruch nach gegrilltem Lammfleisch, vor allem aber die Gesichter der turkstämmigen Bewohner Kashgars. Wer sich die Reisezeit aussuchen kann, sollte zum uigurischen **Corban-Fest** am Ende des islamischen Fastenmonats Ramadan anreisen oder genau zwei Monate später, wenn die festlichen Aktivitäten mit Tänzen und Ziegenkämpfen erneut stattfinden. Auf keinen Fall verpasst werden darf Kashgars außergewöhnlicher **Sonntagsmarkt**, zu dem sich halb Mittelasien in der Stadt zu versammeln scheint und der auf den durchschnittlichen Han-Chinesen ebenso exotisch wirkt wie auf den ausländischen Touristen.

Geschichte

Kashgars Geschichte ist geprägt von der strategischen Lage der Stadt. Es gab hier bereits einen chinesischen Militärgouverneur, als der Pilgermönch Xuan Zang 644 auf seinem Rückweg von Indien durchreiste. Damals war die Stadt buddhistisch und Standort mehrerer Hundert Klöster. Um das Jahr 1000 hielt dann der Islam Einzug, der zur Staatsreligion avancierte. Wesentlich jüngeren Datums, im ausklingenden 19. Jahrhundert, bildete Kashgar die Nahtstelle zwischen den drei Mächten **China**, **Russland und England**. Sowohl Großbritannien als auch die Sowjetunion unterhielten bis 1949 eigene Konsulate in Kashgar – die Briten mit Blick auf ihre Interessen jenseits der Grenze nach Indien und die Sowjets (so die vorherrschende Meinung) mit dem langfristigen Ziel, Xinjiang in ihren zentralasiatischen Machtbereich zu integrieren. Die Bücher *Tataren-Nachrichten* von Peter Fleming und *Verbotene Reise* von Ella Maillart erwecken die Verschwörungen und Komplotte der damaligen Zeit auf brillante Weise wieder zum Leben. Zur Zeit von Flemings Reise im Jahre 1935 befand sich Kashgar de facto unter Kontrolle der Sowjets, die ihre Eisenbahnlinie bereits bis auf eine zweitägige Reise an Kashgar herangeführt hatten. Während des Zweiten Weltkriegs jedoch geriet die Stadt erneut unter chinesische Herrschaft, und mit dem Abbruch der sino-sowjetischen Beziehungen Anfang der 60er Jahre des 20. Jahrhunderts wurde die Grenze zur UdSSR dichtgemacht und der sowjetische Einfluss strikt unterbunden. Nach dem Zusammenbruch der Sowjetunion hatte es zunächst den Anschein, als könnte Kashgar einmal mehr zu einem der großen Verkehrsknotenpunkte Asiens aufsteigen, doch dieser Prozess wurde durch die Ereignisse des 11. September 2001 und den

Kashgar

Kashgar	喀什	***kāshí***
Grabmal von Abakh Hoja	阿巴克和加墓	*ābākèhéjiā mù*
Grabmal von Sayyid Ali Asla Khan	赛衣提艾里撕拉罕墓	*sàiyītíàilǐsīlāhàn mù*
Grabmal von Yusup Hazi Hajup	哈撕哈吉南墓	*hāsīhā jínánmù*
Historische Stadt Hanoi	罕诺依古城	*hànnuòyī gǔchéng*
Id-Kah-Moschee	艾提尕尔清真寺	*àitígǎ'ěr qīngzhēnsì*
Id-Kah-Platz	艾提尕尔广场	*àitígǎ'ěr guǎngchǎng*
Seidenstraßenmuseum von Kashgar	喀什丝绸之路博物馆	*kāshí sīchóuzhīlù bówùguǎn*
Sonntagsmarkt	中西亚市场	*zhōngxīyà shìchǎng*
Übernachtung und Essen		
Kashgar	喀什宾馆	*kāshí bīnguǎn*
Laoding Sushi	老鼎速食	*lǎodǐng sùshí*
Nanlin Fandian	南林饭店	*nánlín fàndiàn*
Qiniwak	其尼巴合宾馆	*qíníbāhé bīnguǎn*
Seman	色满宾馆	*sèmǎn bīnguǎn*
Tiannan	天南饭店	*tiānnán fàndiàn*
Tuman River	吐蔓河大饭店	*tùmànhé dàfàndiàn*
Transport		
Bischkek	比什凯克	*bǐshí kǎikè*
Internationaler Busbahnhof	国际汽车站	*guójì qìchēzhàn*
Sust	苏撕特	*sūsītè*
Überland-Busbahnhof	客运站	*kèyùnzhàn*

daraus resultierenden Afghanistankonflikt jäh gebremst. Heute scheint es, als wäre die Stadt auf dem absteigenden Ast, denn sowohl die Zahl der Händler als auch die der Touristen ist rückläufig.

Sehenswürdigkeiten

Man kann sich Kashgar hilfsweise als große Kreuzung vorstellen, die aus zwei Hauptverkehrsachsen gebildet wird: der in Nord-Süd-Richtung verlaufenden Jiefang Bei Lu bzw. Jiefang Nan Lu und der in Ost-West-Richtung verlaufenden Renmin Dong Lu bzw. Renmin Xi Lu. Nördlich der Renmin Lu liegen die **Altstadt** sowie ein Großteil der Unterkünfte, die Id-Kah-Moschee und die ehemaligen Konsulate. Das Kontrastprogramm findet man auf der anderen Seite der Renmin Lu, wo sich eine moderne chinesische Stadtlandschaft mit trostlosen grauen Kaufhäusern und übermäßig breiten Straßen entfaltet.

Kashgar hat ein paar beachtenswerte Sehenswürdigkeiten aufzuweisen, doch der eigentliche Reiz dieser Stadt verbirgt sich in den ganz normalen Altstadtgassen mit ihren Basaren, Restaurants, Teehäusern und moslemischen Bewohnern. Fächerförmig breiten sich die Straßen vom **Id-Kah-Platz** aus, der mit seinem Uhrenturm und der riesigen Moschee das Zentrum der ursprünglichen Uiguren-Stadt bildet. Ein paar Hundert Meter südlich liegt an der Kreuzung von Jiefang Lu und Renmin Lu das moderne Geschäftszentrum. Unmittelbar östlich von hier, gegenüber einer kahlen, gepflasterten Fläche, die sich Volksplatz nennt, reckt sich das größte Befreiungsdenkmal von Kashgar in die Höhe, eine absurd kolossale **Statue von Mao Zedong**, wie er an der Renmin Dong Lu ein Taxi heranwinkt – eine turmhohe Gedächtnisstütze dafür, wer in dieser Region das Sagen hat.

Der Sonntagsmarkt von Kashgar Jeden Sonntag gibt sich auf einer riesigen Fläche nordöstlich des Zentrums von Kashgar die Mutter aller Basare die Ehre. Der auf Chinesisch als **Zhongxiya Shichang** (West-Zentralasienmarkt) und auf Uigurisch als **Yekshenba Bazaar** (Sonntagsbasar) bezeichnete Markt lockt Woche für Woche bis zu 100 000 Dorfbewohner und Nomaden aus der Umgebung an, die mit ihren Eselsgespannen in die Stadt zockeln. Schon allein wegen seiner gigantischen Ausmaße ist der Sonntagsmarkt die Nummer eins unter den Sehenswürdigkeiten in Kashgar, wenn nicht gar in ganz Xinjiang.
Die bunte Ansammlung verschiedenster ethnischer Minderheiten, die sich jeweils mit charakteristischer Kopfbedeckung zum Handeln einfinden, macht aus dieser Veranstaltung zudem ein Freudenfest für Anthropologen.
Tausende Eselskarren wetteifern mit Reitern und Schafherden um ein freies Plätzchen in den chaotischen und staubigen Altstadtgassen. Auf dem Viehmarkt werden Pferde probegeritten, Schafe genauestens unter die Lupe genommen und Rinder vor potenziellen Käufern zur Schau gestellt. Tiere, Messer, Hüte, Töpfe, Teppiche, Pfannen, frisches Obst, Gemüse, Textilien, Stiefel und alle denkbaren Haushalts- und landwirtschaftlichen Geräte – hier gibt es praktisch nichts, was es nicht gibt. Einige Erzeugnisse haben schon einen langen Weg hinter sich, zum Beispiel iranischer Safran, der mit ¥10 pro Gramm mehr als dreimal so wertvoll ist wie Gold. Der Markt dauert vom Morgen bis in den frühen Abend, und natürlich ist auch für Speisen und Getränke gesorgt.

Schließlich finden sich noch verstreut am Stadtrand einige per Bus oder Fahrrad erreichbare **Mausoleen** zu Ehren alter uigurischer Helden.

Id-Kah-Platz und Umgebung

Wichtigste historische Sehenswürdigkeit im Zentrum von Kashgar ist die **Id-Kah-Moschee** an der Westseite des gleichnamigen Platzes, ganz in der Nähe der Jiefang Bei Lu. Das ursprünglich 1442 errichtete Bauwerk wurde mehrmals restauriert, zuletzt nach der Kulturrevolution, und zählt zu den größten und meistbesuchten Moscheen des Landes – der durchdringende Gebetsruf ist in der ganzen Innenstadt zu hören, eine Seltenheit in China. Jeden Freitag, dem Hauptgebetstag in der islamischen Welt, versammeln sich vor der Moschee und auf dem Platz bis zu 10 000 Gläubige. Theoretisch steht das Gotteshaus Besuchern offen (gegen ein geringes Eintrittsgeld), doch Touristen aus dem westlichen Ausland werden häufig von strenggläubigen Moslems verscheucht. Am wenigsten stört man in der Zeit zwischen den frühen Morgenstunden und dem beginnenden Vormittag (außer freitags), dann hat man auch die netten Innenhöfe und Gärten fast für sich ganz allein. Besucher beiderlei Geschlechts sollten Arme und Beine vollständig bedeckt haben, wenn sie diese (oder eine andere) Moschee betreten.

Die großen uigurischen **Basare** breiten sich über die benachbarten Straßen aus, und wenn man schon einmal in der Gegend ist, sollte man auch einen Blick auf die Fragmente von Kashgars **alter Stadtmauer** werfen, was südlich der Seman Lu sowie westlich der Yunmulakxia Lu am besten möglich ist. Auch die **ehemaligen Konsulate** gehören auf jeden Besichtigungskalender: Der britische Stützpunkt befand sich hinter dem Hotel *Qiniwak* und unterwarf sich ebenso wie das Hotel zur Zeit der Recherche einer größeren Schönheitsreparatur; das russische Konsulat dagegen blieb als nettes historisches Gebäude im Hof hinter dem Hotel *Seman* erhalten.

Die Basare

Die Richtung Nordosten vom Id-Kah-Platz abgehende Straße steht ganz im Zeichen des **Teppichs**. Zwar sollen die besten Stücke der Region aus Khotan kommen (s.S. 1176), doch auch in den Basaren von Kashgar wird so manch schönes und günstiges Exemplar angeboten. Ein Vorleger aus bunter Filzwolle (1,50 x 2,50 m) ist für unter ¥300 zu haben, während ein hellfarbiger, handgeknüpfter Teppich (2 x 3 m) um die ¥800 kosten dürfte. Qualitativ gehören die hiesigen Teppiche eher zu den groberen Exemplaren und haben ausschließlich geometrische Muster, dafür liegen die Preise ungefähr bei

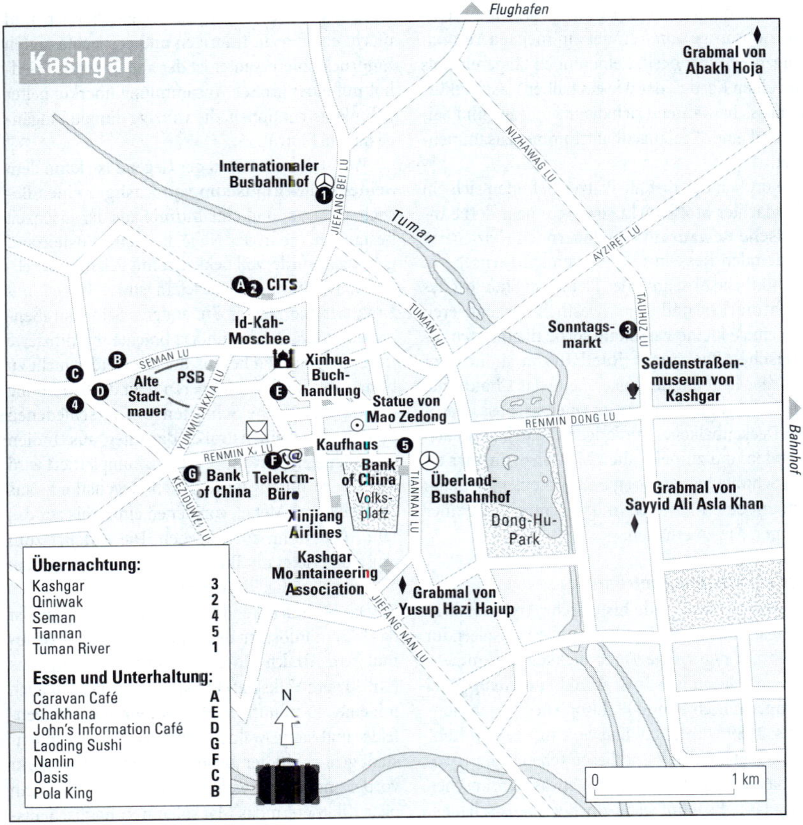

einem Drittel dessen, was man beispielsweise in der Türkei bezahlen würde. Die von Nomaden gefertigten **Kilims** sind äußerst begehrt und in der Gegend so gut wie unmöglich zu bekommen. Im *Handicrafts Centre* 200 m nördlich des Id-Kah-Platzes an der Jiefang Lu lassen sich Kunsthandwerker beim Anfertigen von Teppichen und Musikinstrumenten beobachten.

Die südlich vom Teppichbasar abzweigende Gasse (parallel zur Jiefang Lu) hat sich auf das Gewerbe mit orientalischen **Hüten** verlegt. Außer dem quadratischen grün-weißen Modell, dass die uigurischen Rentner so lieben, gibt es Wollmützen, Gebetskappen, Pelzmützen für den Winter und schlichte Arbeiterkäppis. Folgt man der Gasse weiter nach Süden, so betritt man mit dem Hauptbasar eine Welt aus Lehmziegelmauern und Ponykarren, in der Schmiede und Tischler ihrer Arbeit nachgehen. Unter den hier angebotenen Waren befinden sich die in der nahe gelegenen Stadt Yengisar produzierten **Messer** sowie **Truhen** mit einem hell lackierten Zinnüberzug, die dem Transport von Geschenken für zukünftige Bräute dienen (als Versicherung gegen den möglichen Verlust des Gatten in späteren Jahren).

Ebenfall interessant sind die in Kashgar hergestellten **Musikinstrumente**, vor allem die Saiteninstrumente mit eingearbeiteten Holzverzierungen, langen und schmalen Hälsen und rundem Korpus. Die zweisaitige *dutah* findet am meisten Verbreitung, die *tanber* besitzt einen noch längeren Hals und einen Korpus, der wie ein halber Flaschenkürbis aussieht, während sich die *rawupu* aus fünf Saiten und einer Schlangenhauttrommel zusammensetzt.

Nördlich des Id-Kah-Platzes befinden sich ein überdachter **Stoffmarkt** sowie ein paar derbe **uigurische Restaurants** mit lodernden Holzfeuern, brodelnden Kesseln und plärrenden Fernsehern. Der südliche Abschnitt des Platzes ist Standort des **Nachtmarkts**, und weiter westlich konzentrieren sich einige kleine **Esslokale** sowie die meisten **uigurischen Teehäuser**. Rund 100 m südlich der Moschee liegt auf der linken Seite das **Chakhana**, ein Teehaus mit Terrasse im Obergeschoss, maroden Deckenbalken, schmierigen Gipsreliefs an den Wänden und zumeist alten Männern, die hier einen Schwatz halten – es gibt kaum einen besseren Ort, um einen Einblick in das Zentralasien einer anderen Ära zu erhalten.

Außerhalb des Zentrums

Die noch verbleibende historische Architektur in Kashgar umfasst heute vor allem die Mausoleen für berühmte uigurische Persönlichkeiten. Am zentralsten gelegen ist das **Grabmal von Yusup Hazi Hajup**, ein Dichter und Philosoph des 11. Jahrhunderts. 1989 wurde das Bauwerk mit seinen hübschen blau-weißen Wandfliesen rekonstruiert, wobei das Resultat handwerklich etwas zu wünschen übrig lässt. Es lohnt sich jedoch vorbeizuschauen, wenn man ohnehin in der Nähe ist. Das Grabmal steht rund 1,5 km südlich der Renmin Lu in der Tiyu Lu, eine kleine Straße zwischen Jiefang Nan Lu und Tiannan Lu. In der nahen Jiefang Lu hält Bus Nr. 8, der vom Zentrum kommt. 🕓 tgl. 8–17 Uhr, Eintritt ¥10.

Am östlichen Stadtrand liegt das **Grabmal von Sayyid Ali Asla Khan**, zu erreichen mit Bus Nr. 3 von der Renmin Lu gen Osten oder per Rad über die gleiche Straße. Unterwegs passiert man den **Dong-Hu-Park** (Ost-See-Park), eine typisch chinesische Angelegenheit mit See, Brücken, Inseln, Ausflugsbooten und Fußgängerwegen. Wenige Hundert Meter hinter dem See biegt man an einer großen Kreuzung rechts ab und erreicht nach rund 1 km den Eingang zu einer Moschee. Das Mausoleum liegt in deren rückwärtigem Bereich und macht einen recht traurigen und vernachlässigten Eindruck. Interessanter ist der angrenzende Friedhof mit einer großen Ansammlung überkuppelter Lehmkonstruktionen, die winzige dunkle Eingänge haben. Eintritt ¥5.

Wer schon einmal in der Gegend ist, kann dem **Seidenstraßenmuseum von Kashgar** einen Besuch abstatten und eine **Mumie** aus der Eisenzeit bestaunen, die in der Nähe aus dem Wüstensand geborgen wurde, voll bekleidet mit Pelzmütze, Felljacke, Wollhose, Lederstiefeln sowie Gürtel mit Kräutern und Messer. Ein anderes Seidenstraßengrab aus dem 8. Jahrhundert brachte mumifizierte *jiaozi*-Teigtaschen hervor, die aber leider nicht zu besichtigen sind. Des Weiteren zeigt die Sammlung diverse historische **Schriften** von verschiedenen Stätten der Seidenstraße, darunter aus Indien stammende Kharosthi-Schriften. Komplettiert wird das Ganze durch die üblichen Gegenstände aus Ton, Holz und Metall, von denen einige bis auf das Jahr 1000 v.Chr. zurückgehen. Die Anfahrt zum Museum erfolgt mit Bus Nr. 10 von der Renmin Lu. 🕓 unregelmäßig, Eintritt ¥6.

Das beeindruckendste Mausoleum Kashgars ist das 8 km nordöstlich des Zentrums gelegene **Grabmal von Abakh Hoja**. Als Alternative zum Bus (Nr. 20 vom Volksplatz) lässt sich der Besuch auch mit einer 40-minütigen Fahrradtour durch Weizenfelder und Pappelwälder verbinden. Von der Innenstadt geht es auf der Ayziret Lu am Sonntagsmarkt vorbei und immer weiter geradeaus, bis nach ein paar Kilometern das Mausoleum in Englisch ausgeschildert ist. Es handelt sich um ein großes, an eine Moschee erinnerndes Gebäude mit blauen und weißen Fliesen, grüner Kuppel und gekachelten Minaretten. Das im 17. Jahrhundert errichtete Familiengrab diente bereits zahlreichen berühmten Persönlichkeiten als Ruhestätte, darunter Abakh Hoja und seine Enkelin Ikparhan (auf Chinesisch **Xiang Fei** bzw. „Duftende Konkubine“). Nachdem sie die Uiguren-Revolte gegen Beijing angeführt hatte, wurde sie gefangen genommen, mit dem Qing-Kaiser Qianlong verheiratet und später von der eifersüchtigen Schwiegermutter in den Selbstmord getrieben. Die Geschichte vebindet die Verehrung einer lokalen Heldin mit Propaganda gegen die Qing wegen der Xiang Fei zugefügten Grausamkeiten und schlägt so zwei Fliegen mit einer Klappe, als sich sowohl die Uiguren als auch die Han-Chinesen darin wiederfinden können. ⌚ tgl. 8–17.30 Uhr, Eintritt ¥8.

An einer holprigen Landstraße rund 30 km östlich von Kashgar und nur mit dem Auto erreichbar liegen mitten in der Wüste die **Pagoden** der **Historischen Stadt Hanoi**. Die Pagoden sind mittlerweile zu etwa 12 m hohen Stumpen verwittert, doch die Ruinenstadt Hanoi aus der Tang-Zeit bietet einen recht spektakulären Anblick. Die Anfahrt erfolgt mit einem Mietwagen oder mit einem Taxi (¥60 hin und zurück).

Übernachtung

Es gibt einige nette und preiswerte Hotels in Kashgar, zu deren Gästen vor allem pakistanische Händler und ausländische Touristen zählen.

Kashgar**, 3 bis 4 km östlich des Zentrums, ✆ 2614954. Schöne Lage in bewaldeter Umgebung, aber ziemlich altersschwach und ein wenig heruntergekommen. Von der Renmin Lu fährt Bus Nr. 10 bis vor's Hotel.

Qiniwak (Chini Bagh)**–*****, ✆ 2322291, 📠 2823842. Der ehemalige Sitz des britischen Konsulats zählte früher zu den besten Hotels der Stadt und wurde zur Zeit der Recherche gerade einer Komplettrenovierung unterzogen – zuvor gab es Dorms (¥20 p.P.), preiswerte DZ mit Bad sowie einige modernere DZ. Wer mit dem Flughafenbus in die Stadt kommt, kann sich ein paar Gehminuten östlich des Hotels in der Jiefang Lu absetzen lassen.

Seman**, Seman Lu, vor dem ehemaligen russischen Konsulat, ✆ 2822129. Die beliebteste Adresse unter den preisbewussten Travellern, die auch von den guten Restaurants in der Nachbarschaft angelockt werden. Weitläufiger alter Komplex mit hervorragenden 3-Bett-Dorms (¥20), besonders diejenigen in den oberen Stockwerken, wo die fensterreichen Wintergärten zu Schlafsälen umfunktioniert wurden. Außerdem saubere DZ mit Bad der unteren und mittleren Preisklasse.

Tiannan**, Tiannan Lu, gegenüber dem Überland-Busbahnhof, ✆ 2824023. Exzentrische Unterkunft mit hohen, holzvertäfelten Wänden und Standard der mittleren Preisklasse.

Tuman River**, neben dem Internationalen Busbahnhof, ✆ 2822912. Gutes Preis-Leistungs-Verhältnis und daher beliebt bei Händlern, aber in einer lauten Gegend. Anfahrt mit Bus Nr. 2 vom Volksplatz Nähe *Bank of China*. Dorm-Bett ¥30.

Essen

In Kashgar gibt es Restaurants aller Preisklassen. Westliche Touristen neigen in der Regel zu den ausländerfreundlichen Lokalen am Kreisverkehr vor dem Hotel *Seman*. Der hiesige Ableger von ***John's Information Café*** (s.S. 1156) serviert chinesische und westliche Standardgerichte, ist aber teurer als die tipptopp gepflegten Lokale gegenüber, von denen das ***Oasis*** besonders ans Herz gelegt wird. In der Seman Lu östlich des Kreisverkehrs sollte man nach ***Pola King*** Ausschau halten, ein sehr kleines Esslokal, wo es ebenso gutes wie billiges Frühstück mit Tee oder Kaffee, Bagels, Honig und frischem Joghurt gibt. Eine ähnliche Karte wie *John's*, aber etwas bessere Atmosphäre hat das ***Caravan Café*** beim Hotel *Qiniwak*.

Die beste Anlaufstelle für **uigurische Küche** ist die Umgebung des Id-Kah-Platzes, wo Straßenverkäufer Pilau, Kebabs, kalte und scharf gewürzte Nudeln, *kaobao, jiaozi* und *laghman* anbieten. Außerdem gibt es hier Vanille-Eiscreme, die an Ort und Stelle in eisgekühlten Behältern gemixt wird und köstlich schmeckt, wenn man seine hygienischen Bedenken für zwei Kugeln verdrängt. Im ebenso schmierigen wie stimmungsvollen ***Chakhana*** südwestlich der Id-Kah-Moschee kostet ein Teller *laghman* nur ¥3. Das Gleiche, allerdings ohne die Atmosphäre, bietet ***Laoding Sushi***, eine saubere Garküche in der Renmin Xi Lu, Ecke Keziduwei Lu, außerdem riesige Schüsseln Rindfleisch-Nudelsuppe mit Brötchen und Kebabs.

Freunde der **chinesischen Küche** finden im ***Nanlin Fandian***, Renmin Xi Lu, ein exklusives Feuertopf-Restaurant. In der parallel dazu verlaufenden Gasse hinter der *Bank of China* wimmelt es von Ständen, die Schmortopf für eine Person, *shuijiao* und Feuertopf auftischen. Weitere chinesische Restaurants konzentrieren sich an der Westseite der Jiefang Nan Lu unmittelbar südlich der Renmin Lu. Hier bekommt man für weniger als ¥30 ein richtig gutes Abendessen mit Bier, allerdings stehen keine englischen Speisekarten zur Verfügung.

Eine gute Adresse für ein **Getränk** an der frischen Luft sind die Tische und Stühle am nördlichen Ende der Jiefang Nan Lu, wo fast immer bis in die frühen Morgenstunden etwas los ist. Serviert werden Bier und Knabberzeug sowie typisch chinesische Gerichte wie Hühnerfüße.

Sonstiges

AMT FÜR ÖFFENTLICHE SICHERHEIT (PSB) – Yunmulakxia Lu, ◷ 10.30–19.30 Uhr.

BÜCHER – ***Xinhua-Buchhandlung***, 32 Jiefang Bei Lu.

FAHRRÄDER – Fahrräder für ¥20 am Tag gibt's in ***John's Café***, gegenüber Hotel *Seman*, im ***Caravan Café***, beim Hotel *Qiniwak*, sowie an einem Stand vor dem Haupteingang des Hotels ***Qiniwak***.

GELD – ***Bank of China***, am Volksplatz und in der Renmin Xi Lu, ◷ Mo–Sa 9.30–13.30 und 16–19, So 11–15 Uhr. Beide Filialen wechseln ausländische Währung, verlangen zum Einlösen von Reiseschecks jedoch manchmal den Nachweis eines Kaufbelegs.

INTERNET – Die auf ausländische Kundschaft abzielenden Cafés haben Internet-Verbindungen, sind aber in der Regel teurer als das ***Internet-Café*** (¥8/Std.), das den klangvollen Namen „Glänzende Perle der Seidenstraße" trägt und im Telekom-Gebäude in der Renmin Xi Lu untergebracht ist. ◷ tgl. 10.30–22 Uhr.

POST – 40 Renmin Xi Lu, ◷ Mo–Sa 9.30–19.30 Uhr.

REISEBÜROS – An Tagesausflugszielen hat die Umgebung von Kashgar nicht allzu viel zu bieten, doch die Reisebüros sind hilfreich bei der Reservierung von Zugfahrkarten (¥30 Provision), bei der Organisation von mehrtägigen Touren und bei der Weiterreise von Kashgar in die Nachbarstaaten.

Caravan Café, beim Hotel *Qiniwak*, ✉ caravan-cafe@yahoo.com. Ausgezeichnete Adresse für Individualtouristen, die ihr Geld zusammenhalten müssen; geleitet von ortsansässigen Ausländern, die auch Uigurisch sprechen.

CITS, neben dem Hotel *Qiniwak*, ✆ 2832875, und hinter dem Hotel *Seman*, ✆ 2550130. Freundliches, englischsprachiges Personal.

Elvis Ablimit, ✉ elvisablimit@yahoo.com. Freiberuflicher Veranstalter, sehr zu empfehlen für geführte Kamelsafaris in die Taklamakan.

John's Café, gegenüber vom Hotel *Seman*, ✉ johncafe@hotmail.com. Orientiert sich an den Bedürfnissen preisbewusster Traveller.

Kashgar Mountaineering Association, Jiefang Nan Lu, gegenüber dem Grabmal von Yusup Hazi Hajup, ✆ 2523660, 📠 2522957, ✉ keyou-ks@mail.xj.cninfo.net. Das hilfsbereite, englischsprachige Team arrangiert Rafting-Expeditionen auf dem Mazar, Wanderungen durch das Kunlun-Gebirge, Kamelausritte in die Taklamakan, Touren zum Bergsteigen ins Pamir-Gebirge an der pakistanischen Grenze sowie einen Ausflug zum Shipton's Arch, dem größten natürlichen Felsbogen der Welt, der angeblich erst 1999 erstmals von einem Kletterer bezwungen wurde.

TELEFON – IDD-Gespräche (Abrechnung auf Minutenbasis) können von einem Büro gegenüber der Post in der Renmin Xi Lu oder vom Hotel *Qiniwak* geführt werden.

VORWAHL – 0998

Transport

BUSSE – Der **Überland-Busbahnhof** liegt unmittelbar östlich des Zentrums in der Tiannan Lu und bietet Verbindungen in die meisten Städte Xinjiangs. Für die Nördliche Seidenstraße via Kuqa und Korla nach Ürümqi ist die Eisenbahn erste Wahl. In Richtung Südliche Seidenstraße gibt es den ganzen Tag über zahlreiche Verbindungen nach YARKAND (2 1/2 Std., ¥25), etwas weniger nach Khotan, Minfeng und Qiemo. Das Personal im Fahrkartenbüro des Busbahnhofs ist mit Computern ausgestattet und recht hilfsbereit. Der **Internationale Busbahnhof**, Jiefang Bei Lu, ca. 1,5 km nördlich der Renmin Lu (mit Stadtbus

Nr. 2 vom Zentrum erreichbar), ist zuständig für die Abwicklung des gesamten Verkehrs nach Westen via Karakul (¥43), Tashkurgan (¥63) und den Khunjerab-Pass nach **Sust** (¥270) in Pakistan; die Grenze hat allerdings nur vom 1. Mai bis Ende Oktober geöffnet (weitere Einzelheiten s.S. 1191). Eine andere Route führt nach Norden über den Torugut-Pass nach **Bischkek**, die Hauptstadt von Kirgisistan.

In den internationalen Bussen kann man nur 20 kg mitnehmen und muss für jedes weitere Kilo einen **Gepäckzuschlag** bezahlen.

Die aktuellen Informationen bezüglich der Ausstellung eines **Visums** für die Reise nach Pakistan oder Kirgisistan sollten bereits im Vorfeld eingeholt werden, denn in Kashgar oder an den Grenzen ist nicht immer ein Visum zu bekommen.

Weiterreise nach Kirgisistan Die 720 km lange Straße von **Kashgar nach Bischkek** über den Torugut-Pass ist seit den 90er Jahren auch für Reisende aus dem westlichen Ausland geöffnet und bietet einen interessanten Zugang über Land nach Usbekistan, Kasachstan und Russland. Während dies in der Vergangenheit eine teure und schwierige Reise war, gibt es heute einen **Bus** von Kashgar in die kirgisische Hauptstadt (US$50), der mehrmals wöchentlich verkehrt. Allerdings wird Ausländern manchmal noch ein Platz im Bus verwehrt, sodass es nicht schaden kann, sich bei einem der Reisebüros in Kashgar nach den aktuellen Gegebenheiten zu erkundigen.

Sollte der eigene Reiseplan nicht mit den Busfahrplänen vereinbar sein, kann man für die 160 km lange Strecke von Kashgar bis zum Pass (4 Std.) auch ein Auto mit Fahrer mieten und die restliche Strecke per Anhalter zurücklegen. Die Reisebüros in Kashgar vermitteln **Taxis** (¥500) oder **Minibusse** (¥800), aber durch persönliches Ansprechen der Fahrer lässt sich möglicherweise ein günstigerer Preis erzielen. Das Klima auf dem 3750 m hoch gelegenen Pass an der Grenze ist sehr rau, und selbst im Hochsommer muss mit Kälte, Schnee und Hagelschauern gerechnet werden. Wer von China nach Kirgisistan reist, darf die **Grenze** erst nach 13 Uhr passieren; aus der anderen Richtung kommend muss die Grenze dagegen vor 13 Uhr passiert werden. Auf der chinesischen Seite des Passes kann man einen Nudel-Imbiss zu sich nehmen und kleine Mengen Bargeld wechseln, wobei der Kurs besser zu sein scheint als in Kashgar. Die letzten Kilometer zum kirgisischen Grenzposten müssen per Anhalter zurückgelegt werden, aber die chinesischen Beamten sorgen dafür, dass man ohne Bezahlung einen Platz in einem vorbeifahrenden Lastwagen bekommt. Auf der kirgisischen Seite angekommen, wird unter Umständen erwartet, dass man etwas **Bakschisch** aus der Tasche holt (US$20 sollten für den Anfang reichen). Geben sich die Posten damit zufrieden, ist die Grenze innerhalb weniger Minuten passiert. Für die restliche Strecke nach Bischkek bleibt dann ebenfalls nur das **Trampen** (es wird eine Bezahlung erwartet), da es keine öffentlichen Verkehrsmittel gibt.

Ein **Visum** für Kirgisistan kostet derzeit US$50 und ist in China im kirgisischen Konsulat von Beijing zu bekommen. Wer ein Visum für ein anderes GUS-Land besitzt (z.B. Kasachstan, Usbekistan oder Russland), erhält an der Grenze theoretisch ein drei Tage gültiges **Transitvisum** (US$25), was in der Praxis leider nicht immer funktioniert. Hat man überhaupt kein Visum im Pass, wird man bereits auf der chinesischen Seite zurückgewiesen. Es ist auch möglich, aber teuer, über Reisebüros in Bischkek ein kirgisi-sches Visum zu beantragen. Das Personal der empfehlenswerten Agentur *Kyrgyz Concept* in Bishkek, ✆ 0312/ 210556, 📠 660220, 💻 www.akc.com.kg, spricht Englisch und ist hilfsbereit. Eine solche Prozedur dürfte etwa zehn Tage dauern, es hat aber auch schon Verzögerungen von bis zu drei Wochen gegeben. Weiterhin ist zu beachten, dass man sich nach der Einreise in Kirgisistan innerhalb von drei Tagen bei den Behörden registrieren lassen muss, was ebenfalls von *Kyrgyz Concept* übernommen wird. Siehe auch S. 28.

Busse nach:
KARAKUL-SEE 6 Std.;
KHOTAN 11 Std.;
KORLA 30 Std.;
KUQA 20 Std.;
SUST 36 Std.;
TASHKURGAN 8 Std.;
ÜRÜMQI 35 Std.;
YECHENG 4 Std.;
YINING 40 Std.

EISENBAHN – Der **Bahnhof** liegt 7 km östlich der Stadt. Bus Nr. 28 fährt zur Jiefang Bei Lu, aber es stehen auch Minibusse und Taxis bereit.
Sind die Warteschlangen am Fahrkartenschalter im Bahnhof zu lang, können die Tickets auch in einem Reisebüro gekauft werden. Der Zug nach Korla bietet Anschluss an den Bus nach Turfan.
Züge nach:
KUQA 3x tgl., 9–11 Std.;
KORLA 3x tgl., 13–17 Std.;
ÜRÜMQI 2x tgl., 24 Std.

FLÜGE – Kashgars **Flughafen** liegt im Norden der Stadt. Der Flughafenbus (¥4) fährt die Jiefang Lu hinunter bis zum Büro der Fluggesellschaft. Täglich gibt es nur eine Verbindung nach ÜRÜMQI (1 1/4 Std.), sodass in der Hochsaison lange im Voraus gebucht werden sollte.
Fluggesellschaften:
Xinjiang Airlines, 106 Jiefang Nan Lu, ✆ 282 6188, ⌚ Mo–Fr 9.30–20, Sa und So 10–19.30 Uhr.

Der Karakoram Highway

Mehrere Jahrhunderte lang war der rund 400 km südlich von Kashgar gelegene Khunjerab-Pass der wichtigste Übergang auf der Seidenstraße vom Reich der Mitte zum indischen Subkontinent und damit zur gesamten westlichen Welt. Auch heute noch markiert der 4700 m hohe Pass die Grenze zwischen China und **Pakistan**, doch während die Überquerung des Gebirges früher eine höchst gefährliche Reise darstellte, die mit Pferden, Kamelen oder zu Fuß bewältigt werden musste, hat die moderne Ingenieurskunst inzwischen dafür gesorgt, dass eine Bresche in Form einer Schnellstraße durch den Pass geschlagen wurde und die Route nun für einen saisonal beschränkten Strom von Lastwagen und Bussen offen steht. Als Karakoram Highway bezeichnet man die gesamte 1300 km lange Strecke von Kashgar über die Berge nach Rawalpindi im Norden Pakistans. 1982 wurde die Schnellstraße offiziell eröffnet, und seit 1986 nutzen sie auch ausländische Touristen in beiden Richtungen. Die Reise ist zwar immer noch mit potenziellen Gefahren verbunden, aber man kann sich kaum eine aufregendere Route nach China oder aus dem Land heraus vorstellen. Sollte die Straße aus irgendeinem Grund gesperrt sein, gibt es als Alternative zwei **Direktflüge** wöchentlich von Ürümqi nach Islamabad (¥2270).

Von Kashgar kommend müssen Reisende eine Nacht in **Tashkurgan** auf der chinesischen Seite verbringen, bevor es am nächsten Tag in die pakistanische Stadt **Sust** weitergeht. Es besteht auch die Möglichkeit, ein oder zwei Nächte an dem ganzjährig winterlichen, aber sehr schönen Karakul-See im Schatten der Gletscher zu campieren. Die über den Pass führende Straße ist im Allgemeinen von Anfang Mai bis Ende Oktober geöffnet, kann bei schlechtem Wetter aber auch im Sommer tagelang gesperrt sein. Für die Reise von Kashgar nach Rawalpindi/Islamabad sollten mindestens vier Tage eingeplant werden. Angehörige der meisten Staaten benötigen ein **Visum** für die Einreise nach Pakistan. In China gibt es ein drei Monate gültiges Touristenvisum für US$45, das ab dem Ausstellungstag gültig ist und nur in Beijing oder Hongkong zu haben ist. Weitere Infos zur Ein- und Ausreise s.S. 29.

Der Karakul-See

Südwestlich von Kashgar verabschiedet sich die Landstraße schon bald vom Tal, seinen Lehmziegelhäusern und künstlich bewässerten Weizen- und Reisfeldern. Durch Flusstäler, die mit großen Felsbrocken übersät sind, geht es hinauf in eine Landschaft baumloser, nackter Dünen aus Sand und Geröll, ab und zu unterbrochen von Weideflächen, auf denen Yaks und Kamele grasen. Um so spektakulärer ist der Anblick des 200 km von Kashgar entfernten Karakul-Sees, der plötzlich neben der Straße auftaucht. Das leuchtend blaue Gewässer erstreckt sich zu Füßen des Pamir-Gebirges und des grandiosen, 7546 m hohen Mount Muztagh Ata, dessen mächtige schneebedeckte Flanken von kolossalen Gletschern aufgerissen wurden. Die Gelegenheiten für **Wanderungen** durch das grüne Wei-

Der Karakoram Highway

Karakorum Highway	喀拉昆仑	***kālā kūnlún***
Karakul-See	喀拉湖	*kālā hú*
Khunjerab-Pass	红其拉南达坡	*hóngqílā nándápō*
Tashkurgan	塔什库尔干	***tǎshí kùěrgàn***

deland der Umgebung sind beinahe grenzenlos, besonders wenn man über ein Zelt und warme Kleidung verfügt. In 3800 m Höhe kann es selbst im Sommer extrem kalt werden, ein Schneeschauer im Juni ist nichts Außergewöhnliches. Es ist möglich, den See in einem Tagesmarsch zu umrunden, wobei man unterwegs so gut wie sicher auf freundliche kirgisische Jurtenbewohner trifft. In den Behausungen kann man manchmal auch übernachten – zumindest wenn es gelingt, den Einheimischen diese Absicht zu vermitteln, was gar nicht so einfach ist. Wer kein Zelt dabei hat, kann direkt an der Landstraße in einer der ziemlich marschigen und nicht gerade verlockenden Reisegruppen-Jurten absteigen, die allerdings über ein gutes Restaurant und nettes einheimisches Personal verfügen. Die Kosten liegen bei ¥60 p.P. in einer Jurte mit zwei Betten zuzüglich einer heftigen Tagespauschale von ¥70 p.P. für alle Mahlzeiten. Die sanitären Anlagen sind rudimentär, aber Trinkwasser ist erhältlich.

Vom Internationalen Busbahnhof in Kashgar fährt täglich mindestens ein **Bus** (Abfahrt 8.30 Uhr) hierher. Aus Tashkurgan kommend nimmt man den Bus nach Kashgar und steigt am See aus. Die Abreise erfordert schon etwas mehr Einfallsreichtum, da man egal in welche Richtung einen der vorbeifahrenden Busse anhalten muss, was manchmal nur möglich ist, indem man sich resolut mitten auf die Straße stellt. Die ungefähre Ankunftszeit der Busse am See kann bei den Einheimischen erfragt werden. Für Reisende auf dem Weg nach Pakistan ist es ohne weiteres möglich, mit Zwischenstopp am See zunächst nach Tashkurgan zu fahren und von dort einen Bus nach Sust zu nehmen, auch wenn in Kashgar bisweilen das Gegenteil behauptet wird.

Tashkurgan

Die letzte Stadt vor der pakistanischen Grenze heißt Tashkurgan und liegt 280 km südlich von Kashgar bzw. 220 km nördlich der pakistanischen Stadt Sust. Alle Reisenden auf dieser Strecke, egal aus welcher Richtung sie kommen, müssen eine Nacht in der Stadt verbringen, die in erster Linie als Versorgungspunkt zwischen Kashgar und Sust dient. Der winzige Ort besitzt ein paar Alleen sowie an seinem westlichen Ende zwei preiswerte Hotels. Nur wenige Minuten vom Busbahnhof entfernt liegen der chinesische Zoll und die Einwanderungsbehörde.

Der inmitten einer fantastischen Bergwelt gelegene Ort blickt auf eine lange Geschichte zurück Hier machte im 7. Jahrhundert der chinesische Pilgermönch **Xuan Zang** Station, und heute wie damals war Tashkurgan der letzte Außenposten des chinesischen Reiches. In der Stadt herrscht eine eigenartige Atmosphäre. Die einheimische Bevölkerung besteht größtenteils aus Tadschiken, doch es gibt auch eine Fraktion von Han-Chinesen, die Tausende Kilometer von zu Hause entfernt an Heimweh leiden, sowie eine unerschrockene Gruppe Pakistanis, die ihr Glück außerhalb der Grenzen ihres Landes versuchen. Unglaublich, aber wahr: Tashkurgan besitzt sogar ein kleines Vergnügungsgewerbe mit Sex und Alkohol für pakistanische Touristen. Nur wenige Durchreisende halten sich hier länger auf, obwohl man es durchaus einen weiteren Tag in dem Ort aushalten kann. Bank, Post und Amt für öffentliche Sicherheit befinden sich allesamt im westlichen Teil der Stadt. Einen Abstecher lohnt, ganz besonders bei Sonnenuntergang, die aus braunen Lehmziegeln bestehende **Festung**, die mindestens 600 Jahre alt ist und noch immer auf dem einzigen Hügel weit und breit am Stadtrand thront. Man erreicht sie zu Fuß, indem man vom Busbahnhof Richtung Osten zum Ortsausgang geht und sich hier nach links wendet.

Übernachtung und Essen

Jiaotong*, am Busbahnhof, ✆ 3421192. Recht primitive Unterkunft, aber durchaus akzeptabel.

DER NORDWESTEN

Ice Mountain–**,* 100 m östlich des Busbahnhofs, kein Telefon. Unter pakistanischer Leitung und das bessere der beiden Hotels.
Pamir–**,* vom Busbahnhof aus gesehen am anderen Ende der Stadt, ✆ 3421025. Etwas schickeres Hotel mit hohen Decken und zusammengestückelter Einrichtung. Die einzige Unterkunft in Tashkurgan mit Warmwasser (morgens und abends).
Das beste **Essen** servieren die chinesischen Restaurants 200 m östlich vom Busbahnhof. Leckere Brote fürs Frühstück und die lange Busfahrt gibt es in der Bäckerei gegenüber dem *Ice Mountain*. In Tashkurgan fließt das **Bier** in Strömen, was von den aus Pakistan kommenden Reisenden in der Regel wärmstens begrüßt wird.

Sonstiges

GELD – Bei der Einwanderungsbehörde gibt es zwei Banken, in denen Barbeträge (und manchmal auch Reiseschecks) zum offiziellen Wechselkurs umgetauscht werden. Reisende aus Pakistan können ihre Rupien problemlos bei den in Tashkurgan lebenden Pakistanis tauschen, falls die Banken geschlossen sind.

GRENZFORMALITÄTEN – Die Ein- und Ausreiseformalitäten sind für westliche Touristen in der Regel unkompliziert, um nicht zu sagen lax: Manchmal bekommt man ein Formular zur Erklärung über die Einfuhr von Devisen und Wertgegenständen, manchmal auch nicht, und ohnehin scheint sich niemand für den Inhalt zu interessieren. Kommt der Bus spät abends an, werden die Reisepässe der Fahrgäste eingesammelt und die Formalitäten am nächsten Morgen erledigt. Die Anschlussbusse in beide Richtungen warten so lange, bis alle den Zoll passiert haben, sodass man sich keine Sorgen machen muss, an der Grenze zurückgelassen zu werden.

VORWAHL – 0998

Transport

BUSSE – Reisende auf dem Weg nach Pakistan brauchen keine Fahrkarte für einen weiterführenden Bus zu kaufen, denn das in Kashgar erworbene Ticket berechtigt zum Transport über die gesamte Strecke bis nach Sust.
In der anderen Richtung gibt es nur einen Bus nach Kashgar (¥70). Der Fahrkartenkauf kann zur Geduldsprobe werden, aber letztendlich bekommt jeder Kunde sein Ticket für die Weiterfahrt. Wer auf dem Weg nach Kashgar am Karakul-See (s.S. 1190) Zwischenstation machen möchte, muss möglicherweise den Gesamtpreis bis Kashgar bezahlen.

FAHRRAD – Der Pass selbst darf in beiden Richtungen nicht mit dem Fahrrad überquert werden. Auf dem Abschnitt zwischen Tashkurgan und Sust muss man sein Rad in einen Bus verfrachten.

TRAMPEN – Eine Alternative zum Bus ist die Fahrt per Anhalter auf einem der Lastwagen, die häufig schon abends durch die Stadt fahren, um potenzielle Mitfahrer Richtung Kashgar oder Karakul für den nächsten Tag zu suchen. Die Fahrt ist nicht umsonst, aber billiger als der Bus.

Der Khunjerab-Pass

In der Sprache der einheimischen Tadschiken bedeutet Khunjerab „Fluss aus Blut“, was sich wahlweise auf die rostrote Farbe der Flüsse in dieser Gegend oder auf die lange Tradition von Banditentum beziehen lässt. Auch heute ist die Fahrt über die Grenze am Khunjerab-Pass keine völlig gefahrlose Angelegenheit. Wer bei Regen unterwegs ist, kann sich so gut wie sicher auf kleinere Erdrutsche gefasst machen, und fast jedes Jahr kommt es infolge herabstürzender Felsbrocken zu Todesfällen auf dem Karakoram Highway.

Hinter Tashkurgan klettert die Landstraße auf eine ausgedehnte Hochebene mit grasenden Yaks und Kamelen vor der Kulisse einer gigantischen Bergwelt, die in mehrere Hundert Meter dicke Schneemäntel gehüllt ist. Den höchsten Punkt des Passes bildet eine windige Freifläche mit gefrorenen Bächen, vorstehenden Gletschern und dem ein oder anderen Fleckchen grüner Wiese. Das einzige hier lebende Geschöpf ist das pausbäckige Himalaja-Murmeltier, das aussieht wie ein großes Eichhörnchen und sich – so sagt man – mit einer spartanischen Diät aus Schnee und Wüste ernährt. Die Tiere sind vom Bus aus leicht zu erkennen. In dieser Höhe (der Pass liegt etwa 4800 m hoch) leiden viele Reisende an einer Art **Höhenkrankheit**, die sich bei den meisten jedoch nur in Form leichter Fiebrigkeit oder Übelkeit bemerkbar macht.

Die Fahrt von Tashkurgan in die Kleinstadt **Sust**, wo die pakistanischen Zoll- und Einreiseformalitäten abgewickelt werden, dauert rund sieben Stunden. Auch hier müssen die Fahrgäste wieder eine Nacht in einer der zahlreichen Unterkünfte verbringen. Von Sust aus fahren täglich Direktbusse nach Gilgit mit Anschluss an die häufig verkehrenden Busse für die 16-stündige Fahrt nach **Rawalpindi** und **Islamabad**.

Tibet

Highlights

- **Jokhang in Lhasa**
Der von unzähligen Pilgern umrundete und in Wacholderrauch gehüllte Tempel gehört zu den meistverehrten Stätten der Welt.

- **Namtso-See**
Glitzernd wie ein Edelstein liegt das Gewässer zu Füßen einer mächtigen Bergwelt.

- **Friendship Highway**
Die holprige und kurvenreiche Fernstraße von Lhasa zur nepalischen Grenze erschließt einige der interessantesten und am leichtesten zugänglichen Sehenswürdigkeiten Tibets.

- **Basislager am Mount Everest**
Ganz tief durchatmen und ehrfürchtig nach oben schauen zu dem majestätischen Gipfel, die höchste Erhebung dieses Planeten.

- **Mount Kailash**
Der heilige Berg der Tibeter bezieht seinen Reiz nicht zuletzt aus seiner abgeschiedenen Lage im äußersten Westen des Landes.

Autonomes Gebiet Tibet

Bereits seit Jahrhunderten übt Tibet (auf Tibetisch „Bod“, auf Chinesisch „Xizang“) eine magische Anziehungskraft auf Reisende aus. Die Landschaft auf dem Dach der Welt ist majestätisch und erhaben, die religiösen Denkmäler und Rituale sind ausgesprochen malerisch und bewegend, und die gastfreundlichen Tibeter einfach wunderbare Menschen. Wer aber nur ein wenig an der Oberfläche kratzt, schaut der tragischen Vergangenheit, der bitteren Gegenwart und der düsteren Zukunft dieses vom Schicksal gebeutelten Landes direkt in die Augen. Tibet bietet heute das traurige Bild einer von der großen Volksrepublik China unterjochten Kolonie, und wenngleich die meisten ausländischen Besucher bereits vor ihrer Ankunft wissen, dass sie hier kein romantisches Paradies zu erwarten haben, sind sie überrascht von der starken militärischen und zivilen Präsenz der Chinesen und dem kontrastreichen Nebeneinander moderner und traditioneller tibetischer Gebäude. Dies soll nicht heißen, dass Tibet zu meiden wäre: Zwar verleihen der Tourismus und die ins Land getragenen Devisen der chinesischen Regierung eine gewisse Legitimation, aber viele Menschen, darunter auch der Dalai Lama, vertreten die Auffassung, dass möglichst viele Menschen nach Tibet reisen sollten, um Informationen über das Land und seine Menschen mit nach Hause zu nehmen.

Wer seinen Fuß auf tibetischen Boden setzt, befindet sich in einer der abgelegensten Regionen der Erde. Die riesige **Tibetische Hochebene**, durchschnittlich 4500 m über dem Meeresspiegel gelegen, wird auf allen Seiten von mächtigen **Bergmassiven** umgeben. Der Himalaja bildet die natürliche Grenze zu Indien, Nepal und Bhutan im Süden, das Karakoram-Gebirge zu Pakistan im Westen und das Kunlun-Massiv zum Autonomen Gebiet Xinjiang im Norden. Im Osten, zwischen Tibet auf der einen und den chinesischen Provinzen Sichuan und Yunnan auf der anderen Seite, erstrecken sich über fast 1000 km mehrere kleinere Bergmassive. Auf der Tibetischen Hochebene liegen auch die Quellen einiger der größten Ströme Asiens: Yangzi, Mekong, Gelber Fluss und Salween entspringen im Osten; Indus, Brahmaputra, Sutlej sowie mehrere Zuflüsse des Ganges haben ihren Ursprung im Westen nahe dem heiligen Mount Kailash.

Tibets Isolation beflügelte über Jahrhunderte die Fantasie der westlichen Welt. Bis eine englische Militärexpedition unter dem Kommando von Colonel Younghusband 1904 auf dem Dach der Welt einmarschierte, hatten es neben dem ein oder anderen Missionar nur wenige kühne Exzentriker und unerschrockene Abenteurer geschafft, in die Nähe der tibetischen **Hauptstadt Lhasa** vorzudringen, und dabei nicht weniger als ihr Leben riskiert, denn die tibetische Regierung versuchte jeglichen Einfluss aus dem Ausland zu unterbinden. Noch vor 150 Jahren war die geografische Natur des Landes derart unbekannt, dass die Briten von Indien aus Spione entsandten, Panditen genannt, die als buddhistische Pilger verkleidet das gesamte Land vermessen sollten – ihre Schritte zählten sie mithilfe von Rosenkränzen ab. Als Younghusband mit seiner Truppe schließlich Lhasa erreichte, erlebte er eine riesige Enttäuschung. Ein begleitender Journalist schrieb damals: „Wer aus einer Wegstunde Entfernung die glänzenden Kuppeln des Potala in Lhasa betrachtete und sofort wieder kehrtmachte, würde den Eindruck einer bezaubernden Stadt mit nach Hause nehmen. Tatsächlich aber war es ein verkommenes Elendsquartier. In den Löchern der Straßen sammelte sich das Dreckwasser, überall lagen Haufen mit Unrat herum. Die Behausungen waren armselig und schäbig, Gestank breitete sich allerorten aus. In den offenen Kloaken zankten sich Schweine und Raben um unaussprechliche Leckerbissen.“

Seit der **chinesischen Invasion** im Jahre 1950 ist Tibet wesentlich leichter zugänglich geworden, nicht zuletzt dank neu geschaffener Flugverbindungen nach Chengdu in Sichuan und Kathmandu in Nepal. Im Anschluss an den chinesischen Einmarsch wurde das Land von einer Immigrantenwelle aus China überschwemmt – niemand weiß genau, wie viele Han-Chinesen heute in der Region leben, aber wahrscheinlich haben sie die Tibeter zahlenmäßig bereits weit hinter sich gelassen. Am drastischsten zeigt sich die Situation in den Städten, wo sich die besten Möglichkeiten für Neuankömmlinge bieten: Nicht nur die Menge der chinesischen Bewohner nimmt ständig zu, sondern auch deren wirtschaftliche Dominanz.

Das Autonome Gebiet Tibet bedeckt die riesige Fläche von 1 200 000 km^2, ist aber nur noch ein Schatten des früheren, bisweilen als Groß-Tibet

TIBET

bezeichneten Reichs, welches nach der chinesischen Invasion aufgeteilt wurde: Die tibetischen Regionen Amdo und Kham gingen in den chinesischen Provinzen Qinghai, Sichuan, Gansu und Yunnan auf. Heute besteht das Autonome Gebiet Tibet lediglich aus den westlichen sowie zentralen (Ü Tsang genannt) Regionen Groß-Tibets und lässt sich geografisch in vier Teile gliedern. Der nördlichste und größte ist die praktisch unbewohnte **Steinwüste Chang Tang**, die durchschnittlich auf 4000 m Höhe liegt und extreme winterliche Temperaturen bis zu 44 °C unter null aufweist. Südlich davon erstreckt sich das **gebirgige Weideland**, das weder dauerhafte Besiedlung noch Landwirtschaft zulässt und von Nomaden bewohnt wird, die in einem riesigen Areal mit ihren Yaks, Schafen und Ziegen umherziehen. Die zwischen den Nomadengebieten und dem Himalaja liegenden **Täler im Süden** des Landes bieten noch die besten Bedingungen für eine sesshafte Bevölkerung. Es überrascht daher nicht, dass es sich um die am dichtesten besiedelte Gegend Tibets handelt, in der auch die meisten Touristen anzutreffen sind. Das betrifft vor allem die ausgedehnten Täler im Einzugsbereich des Tsangpo (Brahmaputra) und seiner Nebenflüsse.

Die am leichtesten zugänglichen **Tempel und Klöster** befinden sich in **Lhasa** (Jokhang), **Shigatse** (Tashilunpo) und **Gyantse** (Kumbum), allesamt gastfreundliche Städte, die sich der besten touristischen Infrastruktur in Tibet rühmen. Der **Potala-Palast** in Lhasa hat in den Augen der westlichen Welt nichts von seiner Faszination als tibetische Ikone eingebüßt und sollte auf jeden Fall in den Reiseplan integriert werden, zumal die Hauptstadt noch zahlreiche weitere Sehenswürdigkeiten zu bieten hat, die mehrere kurzweilige Tage garantieren. Südöstlich von Lhasa finden sich in den Tälern **Yarlung** und **Chongye** zahlreiche weitere Tempel und historische Denkmäler, deren Besuch sich gut mit einem Abstecher zum uralten Kloster **Samye** verbinden lässt. Der touristische Korridor am Friendship Highway, der Zhangmu an der nepalischen Grenze mit Lhasa verbindet, erfreut sich gegenwärtig relativ großer Beliebtheit, ist aber noch keineswegs überlaufen und ermöglicht auch Abstecher zum großen, im mongolischen Stil errichteten Kloster **Sakya** sowie zum **Basislager am Mount Everest**.

Die chinesische Regierung bevorzugt zwar die leichter zu kontrollierenden und zahlungskräftigeren Reisegruppen gegenüber den Individualreisenden, toleriert momentan jedoch auch Letztere. Ein billiges Vergnügen wird eine Reise nach Tibet auf keinen Fall, denn die chinesischen Behörden melken die ausländischen Touristen, wo sie nur können – sie kassieren für Erlaubnisscheine zur Reise in bestimmte Regionen, verlangen ärgerliche Eintrittsgelder und sperren Unterkünfte und Transportmöglichkeiten für Ausländer bzw. erhöhen einfach den Preis. **Tibetische Organisationen** im Ausland richten immer wieder Appelle an Touristen, Waren von Tibetern zu kaufen und sich für tibetische Reiseleiter zu entscheiden, wann immer dies möglich ist. Auch sollten Urlauber die tibetische Bevölkerung und sich selbst nicht in Gefahr bringen, indem sie **politisch heikle Themen** ansprechen, da alle Schritte und alle E-Mails von den Behörden überwacht werden. Es sei außerdem eindringlich davor gewarnt, verbotene Bilder des Dalai Lama mitzubringen und an Einheimische zu verteilen. Mit Schwarzweißmalerei allein ist die Situation in Tibet jedoch nicht zu erklären. Die hier lebenden Han-Chinesen sind keine Unmenschen, und die meisten haben selbst kaum Geld und versuchen nur, sich und ihre Familien durchzubringen, ohne die politische Dimension ihrer Anwesenheit in diesem Land in letzter Konsequenz zu realisieren. Auch sollte man sich hüten, die vor dem Einmarsch der Chinesen regierende Macht zu idealisieren: Sie war nichts anderes als eine ebenso fremdenfeindliche wie religiöse Diktatur feudaler Prägung, die den wirtschaftlichen Fortschritt unterdrückte und Sklaverei tolerierte.

Praktische Tipps

Als beste **Reisezeit** für Tibet gilt die Periode zwischen April und Oktober, womit man die kältesten Monate umgeht. Der meiste Niederschlag fällt zwischen Juni und September – dann sind viele Straßen infolge von Erdrutschen und reißenden Flüssen unpassierbar, aber dafür präsentiert sich die Landschaft von ihrer grünsten Seite. Gesundheitliche Vorkehrungen sollten zu jeder Jahreszeit getroffen werden, selbst im relativ milden Lhasa fallen die Temperaturen regelmäßig unter null. Wer im Winter reist, muss sich auf bittere Kälte (die meisten Hotels haben keine Heizung) und mögliche Verzögerungen durch schneebedeckte Pässe einstellen, kann jedoch durchaus eine angenehme Zeit erleben, zumal dann nur wenige Touristen unterwegs sind und die Sicherheitsbeamten lieber hinter einem warmen Ofen sitzen. Wesentlich schärfer zeigen sich die chinesischen Behörden anlässlich der bedeutenden **Feste** (s.S. 1027, Kasten) sowie in der Woche vor und nach bestimmten historischen Jahrestagen. In dieser Zeit ist immer damit zu rechnen, dass die **Polizei** nach Ausweispapieren fragt und bei illegalen Reisen oder fehlenden Erlaubnisscheinen hart durchgreift. Solch wichtige Daten sind zum Beispiel der 5. und 10. März (die Jahrestage der Aufstände von 1988 und 1989), der 6. Juli (Geburtstag des Dalai Lama), der 27. September und der 1. Oktober (Jahrestag der Proteste von 1987) sowie der 10. Dezember (Internationaler Tag der Menschenrechte und Jahrestag der Verleihung des Friedensnobelpreises an den Dalai Lama).

Einreise

Offiziell benötigen Ausländer zur Einreise nach Tibet lediglich ein **chinesisches Visum**, doch zur Kontrolle haben die Behörden noch ein weiteres Instrument ersonnen: Individualreisende müssen beim Kauf einer Fahrkarte nach Tibet ein **Einreisepermit** erwerben, das zumeist nur in Form einer zusätzlichen Gebühr besteht und für das sich vor Ort niemand zu interessieren scheint.

Visumsverlängerungen können in Tibet zum Problem werden. Zwar kann man sie bei jedem Amt für öffentliche Sicherheit beantragen, doch vor Ort bekommt man bestenfalls eine Woche Aufschub – und das auch nur, nachdem der Nachweis erbracht wurde, dass man sich bereits kurz vor der Ausreise befindet.

Trekking in Tibet Für erfahrene Wanderer bietet Tibet eine Vielzahl verlockender Trekkingrouten. Die beliebte, drei- bis viertägige Wanderung von Ganden nach Samye (s.S. 1235) hat den Vorteil, dass Start- und Endpunkt von Lhasa aus relativ leicht zugänglich sind. Weitere lohnenswerte Touren führen von Lhasa zur Höhlen-Eremitage **Drak Yerpa** (mindestens ein ganzer Tag und evtl. eine Übernachtung im Zelt) oder in fünf Tagen von Tingri über Rongbuk zum **Basislager am Mount Everest**. Noch größere Herausforderungen sind die 16-tägige Mammuttour zur **Kangshung-Wand** am Everest durch die Täler östlich des Bergriesens, die 24-tägige Umrundung des **Namtso** einschließlich der beschwerlichen Erkundung des Shang-Tals südwestlich des Sees oder der großartige 30-tägige Rundwanderweg (tibetischer Fremdenführer wärmstens empfohlen) von Lhatse zum **Dangra-See** auf der Hochebene Chang Tang.

Frühjahr (April–Juni) und Herbst (Sep–Nov) sind die besten **Jahreszeiten** für Trekkingtouren, obgleich Risiken wie Unterkühlung und Erfrierungen selbst in diesen Monaten äußerst ernst genommen werden sollten. In den Tälern kann man im Prinzip jederzeit Wanderungen unternehmen, aber im Winter schränken sich die Möglichkeiten drastisch ein – wer es zu dieser Jahreszeit dennoch versuchen möchte, sollte sich unbedingt vor Ort genaue Informationen über das Gelände und die Bedingungen beschaffen. Während der feuchtesten Monate (Juni–Sep) führen die Flüsse Hochwasser und sind teilweise nur unter Schwierigkeiten, manchmal auch gar nicht zu durchqueren.

Auf fast allen Trekkingtouren befindet man sich sehr schnell außerhalb jeglicher Infrastruktur und kann nicht mit Hilfe rechnen, wenn man in **Not** gerät. Es ist daher ganz wichtig, sich vor dem Aufbruch nicht nur genau über die Gegebenheiten zu informieren, sondern auch körperlich fit, vollständig akklimatisiert und nicht auf fremde Hilfe angewiesen zu sein.

Zur **Vorbereitung** gibt es folgende Pflichtlektüre: *Tibet Handbook: a Pilgrimage Guide* von Victor Chan (Moon-Verlag) sowie *Trekking in Tibet* von Gary McCue (Cordee-Verlag), das sich besonders auch für kürzere Tageswanderungen ohne große Ausrüstung empfiehlt.

Reiseagenturen außerhalb Tibets – vor allem die in Chengdu (s.S. 998) – neigen dazu, die Probleme für Individualreisende übertrieben darzustellen. Man sollte ihren Aussagen keinen Glauben schenken und sich stattdessen lieber mit anderen Travellern unterhalten. Wer erst einmal in Tibet angekommen ist, kann sich dort relativ frei bewegen.

Auf dem Luftweg

Neben täglichen **Inlandsflügen** von Chengdu (s.S. 998) in Sichuan nach Lhasa (¥1200) bestehen Flugverbindungen aus Beijing (via Chengdu), Xining (s.S. 1138) sowie vom Flughafen Deqin in Zhongdian (s.S. 1036). Es gibt auch Flüge aus Chongqing, doch das dortige Amt für öffentliche Sicherheit kann die erforderlichen Einreisepermits nicht ausstellen, sodass diese Strecke nur für die Ausreise aus Tibet in Frage kommt. Zur Zeit der Recherche dieses Reiseführers war es nicht möglich, in Chengdu oder Beijing ein Flugticket zu bekommen, ohne sich einer organisierten Tour anzuschließen. Die Touren in **Beijing** sind sehr teuer und werden vom *Tibet Tourism Bureau*, im Untergeschoss des Poly Plaza, angeboten. Etwas bessere Möglichkeiten bieten sich in **Chengdu**, wenngleich die dortigen Reiseveranstalter rund um das Hotel *Traffic* alle unter einer Decke zu stecken scheinen – die günstigste „Tour" nach Tibet kostet ab ¥2200, lässt sich vom einen auf den anderen Tag buchen und beinhaltet den Hinflug sowie zwei Übernachtungen in einem preiswerten Hotel; für den Rückflug muss man sich selbst um ein Ticket bemühen.

Flugzeuge aus **Kathmandu** landen zweimal pro Woche (Di und Sa) in Lhasa. Tickets hierfür gibt es nur im Zusammenhang mit einer von einem nepalischen Reisebüro organisierten Tour, was inklusive zwei oder drei Übernachtungen bei US$360 beginnt. Wer kein Visum für die Volksrepublik China hat, darf nur als Mitglied einer Reisegruppe auf der Basis eines **Gruppenvisums** einreisen. Ein solches Visum kann in Lhasa in ein Einzelvisum umgewandelt werden, doch die Prozedur ist kompliziert, teuer (ca. ¥300) und nur Erfolg versprechend, wenn das angesteuerte Reisebüro über die entsprechenden Beziehungen verfügt.

Auf dem Landweg

Die **Überlandrouten** nach Tibet sind mittlerweile fest etabliert, können aber körperlich sehr anstrengend sein. Ausländern steht offiziell nur eine einzige Route zur Verfügung, die von **Golmud** nach Lhasa (s.S. 1208) führt, 1160 km misst und 30 bis 50 Stunden beansprucht. Für diese Tour kassiert *CITS* ordentlich ab: Sage und schreibe ¥1700 werden für Hin- und Rückfahrt verlangt, einfache Tickets gibt es nicht. Normalerweise tritt man die Rückfahrt drei Tage später an, doch das Ticket kann am Busbahnhof in Lhasa umgebucht werden. Die meisten Reisenden lassen ihre Rückfahrkarte ganz verfallen und steigen auf das Flugzeug um, denn kaum ein Mensch nimmt die Tortur freiwillig zweimal auf sich. Einige Traveller entziehen sich der unverschämten Abzocke von *CITS*, stellen sich am Ortsausgang von Golmud an die Straße, warten dort auf den Bus und handeln den Preis direkt mit dem Fahrer aus. Wieder andere machen zweifelhafte Deals mit ebenso zweifelhaften Gestalten, die sich am Busbahnhof von Golmud herumdrücken. Der Versuch lohnt, ist aber nicht immer von Erfolg gekrönt. Als weitere Möglichkeit der Anreise über Land bietet sich eine organisierte Tour mit Ausgangspunkt **Zhongdian** (s.S. 965).

Die Überlandrouten von **Chengdu** in Sichuan (2000 km von Lhasa entfernt) und **Kashgar** (1100 km nach Ali im äußersten Nordwesten Tibets) sind offiziell für Ausländer geschlossen, doch einige unerschrockene Traveller kommen immer wieder durch. Wer sich dabei von den Behörden erwischen lässt, muss mit Verhaftung, Gefängnis, Geldstrafe und/oder Abschiebung rechnen. Der Fahrer wird im günstigsten Fall mit einem saftigen Bußgeld bestraft, aber es soll auch schon Fälle gegeben haben, in denen er von der Polizei zusammengeschlagen wurde.

Eine beliebte Variante ist die Einreise nach Tibet von **Kathmandu** via Kodari auf der nepalischen und Zhangmu auf der tibetischen Seite. Allerdings unterliegt diese Strecke häufigen Änderungen der Einreisebestimmungen und kann im Sommer durch Erdrutsche und im Winter durch Schnee blockiert sein. Wer auf eigene Faust nach Tibet reisen möchte, darf sein chinesisches Visum unter keinen Umständen in Kathmandu beantragen – die chinesische Botschaft stellt nur Visa für die Teilnehmer organisierter Touren aus, die über ein Reisebüro in Kathmandu gebucht wurden. Individualtouristen müssen sich also bereits vor der Ankunft in Kathmandu um ein chinesisches Visum küm-

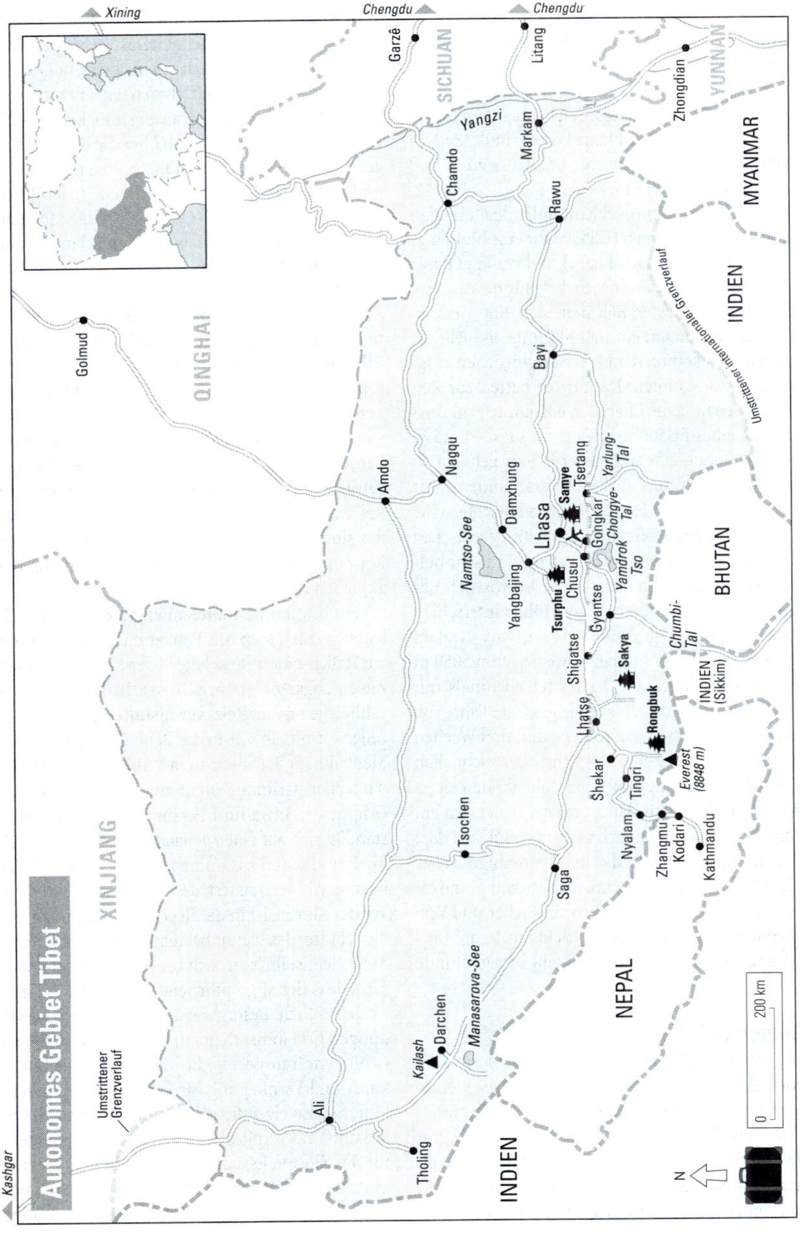
Autonomes Gebiet Tibet
Xining
Chengdu
Chengdu
Kashgar
Garzê
Litang
Zhongdian
SICHUAN
YUNNAN
Yangzi
Markam
Chamdo
Rawu
MYANMAR
QINGHAI
Golmud
Bayi
INDIEN
Umstrittener internationaler Grenzverlauf
Nagqu
Amdo
Damxhung
Tsetang
Yarlung-Tal
Samye
Lhasa
Gongkar
Chongye-Tal
Namtso-See
Yangbajing
Chusul
Yamdrok Tso
Tsurphu
Gyantse
BHUTAN
Chumbi-Tal
Shigatse
Sakya
INDIEN (Sikkim)
Lhatse
Rongbuk
Everest (8848 m)
Shekar
Tingri
Nyalam
Zhangmu
Kodari
Kathmandu
XINJIANG
Tsochen
Saga
NEPAL
Manasarova-See
Darchen
Kailash
Umstrittener Grenzverlauf
Ali
Tholing
INDIEN
N
0
200 km

mern, doch selbst die Reiseerlaubnis für Ausländer für die Strecke nach Lhasa (US$30 in Kathmandu) wurde zuletzt nur gewährt, wenn die Buchung eines organisierten Trips bis in die Hauptstadt nachgewiesen werden konnte. Eine siebentägige geführte Tour über Land nach Lhasa kostet rund 380 US-Dollar, ein dreitägiger Ausflug US$240. *Nature Trail Trekking* in Kathmandu, Durbar Marg, ✆ 241452, 💻 www.allnepal.com, schließt Individualtouristen zu Gruppen zusammen (US$300 für eine fünftägige „Tour" über Land nach Lhasa) und verlangt dafür – meist – die Vorlage eines Tickets für die Ausreise aus Tibet. Am besten hält man sich eine Weile in Kathmandu auf, um ein Gefühl für die aktuelle Situation zu bekommen und die verschiedenen Möglichkeiten auszuloten. **Radfahrer** hatten zur Zeit der Recherche keine Chance, die Behörden zur Ausstellung eines Erlaubnisscheins für diese Route zu bewegen, ohne eine organisierte Tour gebucht zu haben – dies könnte sich in Zukunft ändern. Wer die Strecke mit dem Fahrrad angehen möchte, sollte wissen, dass ein Großteil der Landstraße zwischen Zhangmu und Shigatse nicht geteert und sehr holprig ist. Auf der 9 km langen Strecke zwischen Kodari und Zhangmu beträgt der Höhenunterschied 530 m, auf den folgenden 33 km bis Nyalam 1450 m, und der 57 km lange Anstieg zum 5050 m hoch gelegenen Lalung La wartet nochmals mit 1300 Höhenmetern auf. Für die gesamte Fahrt von Kathmandu nach Lhasa sollten rund drei Wochen veranschlagt werden. Aufgrund des schnellen Höhengewinns stellt jedoch die Höhenkrankheit eine sehr reelle Gefahr dar. Alternativ bietet sich ein Flug von Kathmandu nach Lhasa an, um sich dort zu akklimatisieren und die Strecke in umgekehrter Richtung in Angriff zu nehmen. Notwendig sind eine Campingausrüstung inklusive Kocher und Verpflegung sowie angemessene Kleidung. In der Umgebung von Dörfern sollte man auf bissige Hunde achten.

Reisen in Tibet

An öffentlichen Verkehrsmitteln gibt es derzeit die normalgroßen staatlichen **Busse** sowie die kleineren und schnelleren **Minibusse**. Während die Tibeter freie Wahl haben, dürfen Touristen nur mit den staatlichen Bussen fahren – die Minibusse fallen in die Kategorie „Privatfahrzeug" und sind für Ausländer tabu, wenngleich die innerhalb Lhasas verkehrenden Minibusse von dieser Regelung ausgeschlossen zu sein scheinen. Das Verbot bedeutet ferner, dass es Ausländern untersagt ist, in Lastwagen oder privaten Kraftfahrzeugen mitzufahren. **Trampen** fällt somit als Transportmöglichkeit offiziell aus, und Fahrer, die sich über die Bestimmungen hinwegsetzen, müssen mit hohen Geldstrafen und großen Schwierigkeiten rechnen. In der Praxis jedoch ist Autostopp oftmals die einzige Möglichkeit, von einem Ort zum anderen zu gelangen, und der Eifer, mit dem die Behörden diese Gesetze überprüfen, ändert sich ohnehin von Monat zu Monat. Noch undurchsichtiger gestaltet sich die Situation, wenn es um die großen, täglich verkehrenden **Pilgerbusse** zu den Klöstern Ganden und Tsurphu geht. Die meisten Traveller bekamen problemlos einen Sitzplatz, doch wenn die Lage in einer bestimmten Region sehr angespannt ist, nehmen die Fahrer nur ungern Ausländer mit. Angesichts der Tatsache, dass die gesetzlichen Bestimmungen für Reisen in Tibet einem ständigen Wandel unterworfen sind, sollte man sich unbedingt mit anderen Reisenden unterhalten, um sich ein Bild von der aktuellen Lage machen zu können.

Für bestimmte Touren mieten sich viele Traveller auch einen **Jeep mit Fahrer** und vielleicht noch zusätzlich einen Reiseleiter (der bei bestimmten Zielen sogar obligatorisch ist). In Lhasa gibt es zahlreiche private **Reiseveranstalter**, die Mietfahrzeuge vermitteln, z.B. in der Beijing Dong Lu, in der Mentsikhang Lu sowie in fast allen Hotels. Aus finanziellen Gründen stellt man am besten eine Gruppe von etwa fünf Personen zusammen, verständigt sich auf einen genauen Reiseplan und hält die Einzelheiten zusammen mit dem Veranstalter in einer Art Vertrag fest, den beide unterschreiben. Vor der Abreise ist in der Regel eine Anzahlung von der Hälfte des vereinbarten Preises zu leisten. Außerdem sollte man sich vor dem Start vergewissern, dass der abgesprochene Preis folgende Leistungen enthält: Besorgung und Bezahlung von evtl. nötigen Erlaubnisscheinen, Übernahme sonstiger Gebühren, Transport inklusive Benzin sowie Unterkunft und Verpflegung für Fahrer und Fremdenführer – also eigentlich alles außer der eigenen Unterkunft und Verpflegung und den Eintrittsgeldern für die Klöster. Es zahlt sich aus, die Etappenziele exakt festzulegen (also nicht vom Kloster Rongbuk sprechen, wenn man das Basislager am Mount

Everest meint) und Vorsorge für den Fall zu treffen, dass ein Mitglied der Gruppe krank wird und es deshalb zu Verzögerungen kommt (ca. ¥200 pro Tag scheint vernünftig). Die beliebteste Tour, ein fünftägiger Ausflug zur nepalischen Grenze einschließlich Gyantse, Shigatse und Basislager am Mount Everest, dürfte um die ¥4000 kosten. Sollte die Reise wider Erwarten nicht problemlos verlaufen oder es zu Missverständnissen kommen, kann man seine **Beschwerden** beim *Tour Service Inspection Office,* Tibet Tourism Bureau, 208 Yuan Lin Lu, ✆ 0891/6333476 oder 6334193, loswerden.

Reiseerlaubnis für Ausländer

Für den Besuch bestimmter Gebiete in Tibet benötigen Touristen eine so genannte Reiseerlaubnis für Ausländer *(Aliens' Travel Permit),* die ¥50 kostet, einen begrenzten Zeitraum gilt und vom **Amt für öffentliche Sicherheit** in einer der Bezirkshauptstädte Tibets ausgestellt wird. Die einzigen Orte Tibets, die derzeit nicht unter diese Bestimmung fallen, sind Lhasa, Shigatse, Zhangmu und Tsetang.

Am einfachsten bekommt man die Reiseerlaubnis in dem vergleichsweise nachsichtigen und freundlichen Amt für öffentliche Sicherheit in Shigatse. Allerdings wird für bestimmte Gegenden, darunter die hochmilitarisierte Zone im Chumbi-Tal, unter gar keinen Umständen eine Reiseerlaubnis erteilt. In anderen Regionen wiederum scheinen sich die Bestimmungen von einem Tag zum nächsten zu ändern. Wer ohne Reiseerlaubnis erwischt wird, muss mit empfindlichen Strafen rechnen: Berichtet wurde von heftigen Geldbußen, ausgedehnten Strafpredigten, erzwungenen Unterschriften unter „Geständnisse" und Einziehung der Reisepässe. In der Praxis gibt es aber auch Gebiete ohne jegliche Kontrollposten oder Polizeipräsenz, beispielsweise der Namtso-See. In einem solchen Fall hat es wenig Sinn, schlafende Hunde zu wecken und das Amt für öffentliche Sicherheit über seine Reisepläne zu informieren.

Landkarten und Stadtpläne

Zu empfehlen sind die vom *Mapping Bureau of the Tibet Autonomous Region* herausgegebene *China Tibet Tour Map* sowie die *Lhasa Tour Map* in englischer Sprache. Beide findet man für jeweils ¥7 in den *Xinhua*-Buchhandlungen sowie in den meisten Hotels, wo sie jedoch etwas teurer sind. Das Hotel *Yak* in Lhasa gibt einen schon älteren und von Hand gezeichneten, aber sehr detaillierten Stadtplan heraus (¥3). Der von der Initiative *International Campaign for Tibet* veröffentlichte Stadtplan *On This Spot Lhasa Map* zeigt eine ganz andere Seite Lhasas, nämlich die Lage der Gefängnisse, Sicherheitseinrichtungen und Armeestützpunkte der Stadt – es ist aber nicht ratsam, diesen Stadtplan nach Tibet mitzunehmen! Tipps für außerhalb Tibets erhältliche Landkarten s.S. 21.

Gesundheit

Eine Reise nach Tibet birgt spezielle gesundheitliche Risiken. Fast alle Touristen leiden unter der extremen **Höhe**, denn große Teile des Landes liegen über 3000 m und zahlreiche Pässe sind über 5000 m hoch. Während der ersten zwei bis drei Tage in großer Höhe ist es ratsam, langsam zu gehen, sich so viel wie möglich auszuruhen und sehr viel Wasser zu trinken. An den Rezeptionen der meisten Hotels werden auch Sauerstoffbehälter angeboten (¥30), deren Wirkung allerdings umstritten ist. Schmerzmittel können helfen, Kopfschmerzen zu lindern, doch es kann auch zu ernsthafteren Problemen kommen (weitere Einzelheiten s.S. 36). Wer an Trekkingtouren teilnimmt oder längere Strecken auf der Ladefläche von Lastwagen mitfahren will, sollte sich über die Risiken der **Unterkühlung** im Klaren sein.

Vor einer Reise nach Tibet ist eine Impfung gegen **Tollwut** anzuraten, da die tibetischen Hunde sehr aggressiv sind und schnell zubeißen. Das nächste Krankenhaus mit Serum gegen Tollwut gibt es in Kathmandu. Eine erhebliche Anzahl von Tibetreisenden erkrankt auch an **Giardiasis**, eine unangenehme Durchfallerkrankung (s.S. 35), wobei umstritten ist, ob die Krankheit ihren Ursprung in dieser Region hat oder von außen hereingetragen wurde. Zur Behandlung kommen Metronidazol, Tinidazol, Nimorazol, Ornidazol oder Flagyl in Frage, die in Lhasa nicht immer erhältlich sind und sich nach Möglichkeit bereits im Reisegepäck befinden sollten.

Übernachtung

In den meisten tibetischen Städten stehen Ausländern, Pilgern und Fernfahrern einfache **Guesthouses** als Unterkünfte zur Verfügung. Zu erwarten sind Dorm-Betten mit Bettzeug unterschied-

TIBET

Tibetisch für Traveller Einige wenige in der Tourismuswirtschaft beschäftigte Tibeter sind inzwischen mit Fremdsprachen vertraut, doch die meisten sprechen nach wie vor nur ihre eigene Sprache sowie ab und zu etwas Hochchinesisch. Ein paar Brocken Tibetisch aus dem Munde eines Ausländers werden nicht nur mit Begeisterung aufgenommen, sondern sind auch so gut wie unerlässlich, sobald man sich abseits der ausgetretenen Pfade bewegt oder sich auf eine Trekkingtour begibt.

Die tibetische Sprache gehört zur kleinen tibetobirmanischen Sprachfamilie und weist weder Ähnlichkeiten mit dem Hochchinesischen noch dem Hindi auf. Im 7. Jahrhundert entstand die tibetische Schrift, deren Alphabet aus 30 Konsonanten und fünf Vokalzeichen besteht. Letztere werden beim Schreiben entweder neben, über oder unter die anderen Buchstaben gesetzt, was bei der Übertragung ins römische Alphabet unweigerlich zu Ungenauigkeiten führt. Weitere Komplikationen ergeben sich durch die zahlreichen regionalen Dialekte (dem folgenden kleinen Sprachführer liegt der in Lhasa verbreitete Dialekt zugrunde). Bei der Wortstellung ist zu beachten, dass das Verb stets am Ende des Satzes steht: So wird beispielsweise der Satz „Die Nudelsuppe ist köstlich" zu *tukpa dee shimbo do* – wörtlich übersetzt „Nudelsuppe die köstlich ist". Bei der Aussprache bereitet eigentlich nur das *ng* am Wortanfang Probleme, das wie in „sang" ausgesprochen wird.

Einfache Wörter und Sätze

Hallo.	*tashi delay.*
Auf Wiedersehen. (zum Bleibenden)	*kalay shu.*
Auf Wiedersehen. (zum Gehenden)	*kalay pay.*
Danke.	*tuk too jay.*
Entschuldigung!	*gonda!*
Bitte.	*coochee.*
Wie geht es Ihnen?	*kusu debo yinbay?*
oder	*kam sangbo dugay?*
Ich fühle mich …	*nga …*
gut	*debo yin*
kalt	*kya*
hungrig	*throko- doe*
durstig	*ka gom*
müde	*galay ka*
Ich verstehe nicht.	*nga ha ko ma-song.*
Wie heißen Sie?	*kayranggi mingla karay ray?*
Ich heiße …	*ngeye mingla … sa.*
Woher kommen Sie?	*kayrang kanay ray?*
Ich komme aus …	*nga … nay yin.*
…Deutschland	*jarman*
…Schweiz	*süziy*
Wie alt sind Sie?	*kayrang lo katsay ray?*
Ich bin …	*nga lo … yin.*
Wohin wollen Sie?	*kaba drogee yin?*
Ich will nach …	*nga … la drogee yin.*
Wo ist …?	*… kaba doo?*
das Krankenhaus	*menkang*
das Kloster	*gompa*
der Tempel/Kapelle	*lhakhang*
das Restaurant	*sakang*
das Frauenkloster	*ani gompa*
der Aufpasser	*konyer*
Gibt es … ?	*… doo gay?*
Warmwasser	*chu tsa-bo*
eine Kerze	*yangla*
Ich habe kein(e) …	*nga … mindoo.*
Ist das erlaubt?	*deegee rebay?*
Das ist (nicht) erlaubt.	*deegee (ma)ray.*
(Nicht) gut.	*yaggo (min)doo.*
Das schmeckt köstlich.	*dee shimbo doo.*
Möchten Sie … ?	*kayrang … gobay?*
Ich möchte Tee.	*nga cha go.*
Das möchte ich nicht.	*dee me-go.*
Was ist das?	*dee/day karray ray?*
Wann?	*kadoo?*
jetzt	*danta*
heute	*dering*
gestern	*kezang*
morgen	*sangnyee*
Sonntag	*sa nima*
Montag	*sa dowa*
Dienstag	*sa mingma*
Mittwoch	*sa lagba*
Donnerstag	*sa purbur*
Freitag	*sa pasang*
Samstag	*sa pemba*
Was kostet das?	*gong kadso ray?*

Zahlen		20	*nyi shoo*
1	*chee*	21	*nyi shoo chee*
2	*nyee*	usw.	
3	*soom*	30	*soom chew*
4	*zhee*	40	*shib chew*
5	*nga*	50	*ngab chew*
6	*droo*	60	*drook chew*
7	*doon*	70	*doon chew*
8	*gyay*	80	*gyay chew*
9	*goo*	90	*goop chew*
10	*chew*	100	*gya*
11	*chew chee*	200	*nyee gya*
12	*chew nyee*	usw.	
usw.		1000	*dong*

lichen Reinheitsgrads, Gemeinschaftstoilette in Form von Plumpsklos sowie dürftige Waschmöglichkeiten. Überall gibt es heißes Wasser in Thermosflaschen für Getränke und zum Waschen. Die Beleuchtung besteht häufig nur aus Kerzen.

Eine größere Auswahl an Unterkünften bieten die Touristenzentren Lhasa, Shigatse, Gyantse, Tsetang sowie Zhangmu, wo die **Hotels** internationalem Standard entsprechen und komfortable Zimmer mit Bad sowie mindestens ein paar Stunden täglich Warmwasser bieten. In den Verwaltungszentren Lhasa und Shigatse ist es Ausländern erlaubt, in Hotels der mittleren Preisklasse einzukehren, deren Zimmer einen ähnlichen Standard aufweisen und im Allgemeinen ein sehr vernünftiges Preis-Leistungs-Verhältnis haben.

Wer auf Trekkingtour geht, kann **zelten**, wo immer es beliebt, wenngleich sich viele Wanderer bei Familien in einem Dorf oder bei den nomadischen Yakhirten einquartieren. Der Preis für eine solche Übernachtung liegt bei rund ¥15 pro Nacht, aber Mahlzeiten sind dort nicht zu erwarten.

Geschichte

Der Überlieferung nach entstammen die ersten Tibeter der Vereinigung eines Affen, die Reinkarnation des Gottes Chenresi, mit der Menschen fressenden Riesin Sinmo auf dem Berg Gangpo Ri bei Tsetang. Ethnografen halten es für wahrscheinlicher, dass die Tibeter Nachfahren des Nomadenvolks der Ch'iang sind, die vor mehreren Tausend Jahren im östlichen Mittelasien, d.h. nordwestlich von China umherzogen. Der erste tibetische König, Nyatri Tsenpo, glaubte dagegen, über eine magische „Himmelsschnur" auf die Erde hinabgestiegen zu sein. Er war der erste Vertreter eines langen Geschlechts von 27 aufeinander folgenden Königen, die das Land vor dem Einzug des Buddhismus regierten, als die schamanische **Bön-Religion** noch im ganzen Land verbreitet war (s.S. 1054). Die **frühen Könige** beherrschten ein überschaubares Reich, denn aufgrund der geografischen Isolation gestaltete sich der Kontakt zwischen Tibet und der Außenwelt schwierig. Dennoch ist offenkundig, dass bereits im 7. Jahrhundert ein beträchtlicher kultureller Austausch zwischen Tibet und seinen Nachbarländern stattgefunden hat. Federn, Tinte, Seide, Edelsteine und wahrscheinlich auch Tee kamen im 7. Jahrhundert von China nach Tibet, und über viele Jahrhunderte hinweg bezogen die Tibeter ihre religiösen Lehren aus dem benachbarten Indien.

Die erste Phase der tibetischen Expansionspolitik fiel in die Regierungszeit von König **Songtsen Gampo** (617–650), der 33. Herrscher der Dynastie. Unter seiner 20 Jahre währenden Herrschaft vereinigte er das Land und baute sein Reich mit aggressiven Mitteln bis nach Nordindien und China aus. Um den machthungrigen Nachbarn zu besänftigen, boten sowohl China als auch Nepal Songtsen Gampo eine Ehefrau an: 632 heiratete er Prinzessin Bhrikuti von Nepal (auch als Tritsun bekannt), und 641 traf die chinesische Prinzessin Wencheng vom Hofe der Tang ein, die von ihrem Vater, Kaiser Taizong, nach Tibet geschickt worden war. Beide Frauen hatten ihren buddhistischen Glauben und herrliche Buddha-Statuen im Gepäck, die heute die Hauptattraktionen der Tempel Ramoche und Jokhang in Lhasa bilden. Songtsen Gampo ließ sich von seinen Gemahlinnen zum **Buddhismus** bekehren und im ganzen Land buddhistische Tempel errichten, während die einheimische Bön-Religion zunächst im Glauben der einfachen Leute verankert blieb. Nach seinem Tod im Jahre 650 sorgten seine Thronfolger für eine politische Konsolidierung des Königreichs, und 763 eroberten die tibetischen Truppen sogar die chinesische Hauptstadt Chang'an (das heutige Xi'an). Der tibetische König Trisong Detsen (742–797) war ebenfalls ein Anhänger der neuen Glaubensrichtung und lud daher zwei buddhistische Lehrer aus Indien nach Tibet ein, Shantarakshita sowie den ebenso charismatischen wie extravaganten **Padmasambhava**, der auch unter dem Namen Guru Rinpoche bekannt wurde. Letzterer soll den Widerstand der Befürworter der Bön-Religion gebrochen und die Verbreitung des Buddhismus innerhalb Tibets ermöglicht haben. Obgleich der Name Padmasambhava eng mit dem buddhistischen Nyingmapa-Orden verbunden ist, findet sich sein Bildnis auch in den meisten Tempeln der anderen Schulen.

838 bestieg der berüchtigte **Langdarma** den Thron, nachdem er seinen Bruder ermordet hatte. Als glühender Verfechter der Bön-Religion machte er sich sogleich daran, den buddhistischen Glauben auszuradieren. Tempel und Klöster wurden zerstört, Mönche vertrieben, und das zuvor vereinigte Tibet zerfiel in mehrere Kleinstaaten. Ein Wiederaufleben des Buddhismus durch den Bau neuer Klöster, die Übersetzung von Schriften ins Tibetische und die Errichtung mehrerer Schulen des tibetischen Buddhismus ging auf das Konto von **Atisha** (982–1054), dem berühmtesten indischen Gelehrten seiner Zeit. Politisch war das Land zwar nicht vereint, doch die unabhängigen Kleinstaaten lebten zum größten Teil friedlich nebeneinander, und es gab kaum Kontakt zu China.

Da die Tibeter so sehr mit ihren eigenen Angelegenheiten beschäftigt waren, hatten sie die Außenwelt größtenteils ignoriert und kaum mitbekommen, dass im 12. und 13. Jahrhundert eine Welle des Islam nach Indien geschwappt war, in deren Folge es zur Zerstörung bedeutender buddhistischer Zentren kam, an denen sich Tibet über Generationen orientiert hatte. Derweil startete **Dschingis Khan** nördlich und östlich von Tibet seine ersten Feldzüge gegen China. 1207 entsandte er Boten nach Tibet und verlangte die Unterwerfung des Landes unter mongolische Herrschaft, die kampflos gewährt wurde. Das Territorium blieb zunächst fast unbeachtet, bis schließlich Dschingis Khans Enkel Godan seine plündernden Horden tief ins Innere Tibets vorstoßen ließ. Nachdem ihm seine Soldaten von der Spiritualität der tibetischen Lamas berichtet hatten, lud Godan den Führer des Sakyapa-Ordens, Sakya Pandita, an seinen Hof ein. Als Gegenleistung für den Frieden versprach Sakya Pandita erneut die Unterwerfung seines Landes und wurde zum Regenten Tibets am mongolischen Hof erklärt. Mit diesem Schritt übernahm das Sakya-Geschlecht die Herrschaft über Tibet, allerdings unter der Oberhoheit des chinesischen Kaisers. Dieses System pflanzte sich über Generationen fort, und auch Godans Sohn **Kublai Khan** zeigte sich beeindruckt von Phagpa, einem Neffen Sakya Panditas.

Als die chinesische Ming-Dynastie die Mongolen im 14. Jahrhundert schließlich in die Knie zwang, begann für Tibet eine lange Phase der Unabhängigkeit, die erst 1642 endete, als die Mongolen direkt intervenierten, um dem 5. Dalai Lama, Lobsang Gyatso (1617–1682) aus dem **Gelugpa-Orden**, auf den tibetischen Thron zu verhelfen. Der häufig als **Der Große Fünfte** bezeichnete Lobsang vereinigte das Land unter der Herrschaft der Gelugpa und etablierte binnen 15 Jahren, von den mongolischen Herrschern weitgehend unbeachtet, seinen Autoritätsbereich von Kham bis zum Mount Kailash. Es war das erste Mal, dass ein religiöser und politischer Herrscher das Land vereinte und führte. Lobsang Gyatso lud Gelehrte nach Tibet ein, restaurierte und erweiterte religiöse Institutionen und ließ die Arbeit am Potala in Lhasa aufnehmen.

Ein großer Nachteil des **Reinkarnationssystems** der Thronfolge, demzufolge ein neugeborenes Kind zur Wiedergeburt eines verstorbenen Lama bestimmt wird, liegt darin, dass auf den Tod des Lama in der Regel eine 15- bis 20-jährige Phase der Instabilität folgt, während die nächste Reinkarnation heranwächst. So wurde der Tod des 5. Dalai Lama im Jahre 1682 zunächst von seinem Regenten Sangye Gyatso verheimlicht, der vorgab, der Dalai Lama sei in eine Phase tiefer Meditation versunken und habe derweil den 6. Dalai Lama großgezogen, der nun erwachsen sei. Die folgenden zwei Jahrhunderte sahen keine starke Führerschaft der Dalai Lamas, und mehrfach kam es zu Überfällen durch mongolische Horden. Die in Tibet einflussreichsten Figuren jener Zeit waren neben den Regenten die Kommissare der mandschurischen Herrscher in China, die so genannten Ambane.

Im **19. Jahrhundert** isolierte sich Tibet immer mehr, da man die Pläne der Russen und Briten fürchtete, ihren jeweiligen Einflussbereich nach Süden bzw. Norden auszudehnen – mit Tibet genau zwischen den Stühlen. Kurzerhand verbannte die tibetische Regierung alle Ausländer aus dem Land, wenngleich die Tibeter an den Grenzen auch weiterhin Handel mit den Indern trieben. Den Engländern waren diese einseitigen Beziehungen ein rechter Dorn im Auge, sodass sie schließlich versuchten, die Situation vertraglich für beide Seiten fair zu regeln. Die Tibeter jedoch setzten sich jeglichen Verhandlungen zuwider, und so wurde 1904 unter Colonel Younghusband ein britisches Expeditionskorps nach Tibet entsandt, um die Angelegenheit aus der Welt zu schaffen. Die Invasoren trafen auf ebenso verdutzte wie feindselige tibetische Beamte und drangen immer weiter ins Landesinnere vor, wo sie sich einige entmutigende „Gefechte" mit Bauernsoldaten lieferten, die ihnen neben ein paar jämmerlichen Sensen den Zauber der Unverwundbarkeit entgegenzusetzen hatten – ein Geschenk ihrer Lamas, von denen sie aus sicherer Entfernung angefeuert wurden. Nachdem die Engländer ihre bedauernswerten Gegner in provisorischen Feldlazaretten notdürftig versorgt hatten, marschierten sie durch das Chumbi-Tal weiter nach Gyantse und rückten schließlich bis Lhasa vor. Britische Repräsentanten vermochten in der Hauptstadt gute Beziehungen mit der tibetischen Regierung zu knüpfen und öffneten damit die Tür zur Außenwelt.

Der **13. Dalai Lama**, Tubten Gyatso (1876–1933), war ein aufgeklärter und fähiger Führer, der erkannte, dass Tibets politische Situation einer dringenden Änderung bedurfte. Seine Amtszeit gestaltete sich jedoch schwierig: Zweimal musste er ins Exil fliehen, und außerdem wurde er durch Grenzscharmützel mit den Chinesen sowie durch Spannungen mit den Konservativen im eigenen Land in Atem gehalten. Nach seinem Tod identifizierte man 1938 in Amdo den **14. Dalai Lama**, der noch ein junger Mann war, als sich die dramatischen Veränderungen in der Welt auch auf Tibet auszuwirken begannen. 1947 zogen die Engländer aus Indien ab und riefen ihre Repräsentanten aus Lhasa zurück. Zwei Jahre später gründeten die Kommunisten unter Mao Zedong die Volksrepublik China und erklärten im darauf folgenden Jahr ihren Plan zur „Befreiung der unterdrückten und ausgebeuteten tibetischen Bevölkerung sowie deren Wiedervereinigung mit dem großen Vaterland". Im Oktober 1950 marschierte die Volksbefreiungsarmee in der Region Kham im Osten Tibets ein und drang im folgenden Jahr bis Lhasa vor. Unter beträchtlicher Nötigung sah sich die tibetische Regierung 1951 zur Unterzeichnung eines 17-Punkte-Vertrags gezwungen, der den Grundstein für eine „friedliche Integration Tibets" legen sollte.

Die chinesische Ära

Rotchina ging sein neues Projekt zunächst mit viel gutem Willen und vielen Ideen zur Modernisierung an. Zu jener Zeit war in Tibet noch kaum etwas vom 20. Jahrhundert zu spüren: Es gab nur wenige Straßen und keinen Strom; erst kurz zuvor hatten es Glasfenster, Stahlträger und Beton ins Land geschafft; und es existierten weder flächendeckende Hygiene- und Gesundheitsvorkehrungen noch ein weltliches Bildungssystem. Während einige Tibeter die Modernisierungen als notwendig erachteten, regte sich vor allem unter den einflussreichen religiösen Würdenträgern heftiger Widerstand, da sie durch die Veränderungen im eigenen Land und die Annäherung an die Außenwelt ihren Einfluss gefährdet sahen. In den 50er Jahren agierte die Opposition noch im Untergrund, doch im März 1959 brachen öffentliche Unruhen aus – angeheizt durch wachsendes Misstrauen sowie Feindseligkeiten gegenüber den chinesischen Eindringlingen, von denen osttibetische Flüchtlinge berichteten, dass sie eine unglaubliche Brutalität an den Tag legten. Als die Chinesen den Dalai Lama zu einer Theatervorstellung in der chinesischen Militärbasis von Lhasa einluden, befürchtete man einen Vorwand für eine geplante Entführung des tibetischen Oberhaupts. Die Bevölkerung strömte zu Demonstrationen zusammen und umstellte den Norbulingka, in dem sich ihr verehrter Führer aufhielt. In der Nacht des 17. März floh der Dalai Lama mit seinem Gefolge nach Indien ins **Exil**, wohin ihm später mehrere Zehntausend tibetische Flüchtlinge folgten, deren Strom bis heute nicht abgerissen ist.

In der Zwischenzeit wurden die **Aufstände in Lhasa** mit äußerster Brutalität niedergeschlagen – von März 1959 bis September 1960 fielen 87 000 Menschen der chinesischen Gewaltherrschaft zum Opfer. Der angebliche gute Willen hatte ausgedient, und eine immense Militärstreitmacht zog in Tibet ein, dessen Institutionen durch chinesische Bürokratie ersetzt wurden. Ebenso katastrophale Aus-

Lebendiger Buddhismus Der Besuch eines buddhistischen Tempels ist im Allgemeinen problemlos und mit wenig Auflagen verbunden. Fast alle Tempel können besichtigt werden – meist zwischen 9 und 12 Uhr am Vormittag, wenn die Pilger ihre Umrundungen absolvieren, sowie erneut von 14 oder 15 bis 17 Uhr am Nachmittag. Kleinere Tempel sind häufig verschlossen, doch wer den Aufpasser findet, wird in der Regel eingelassen. Es ist nicht nötig, die Schuhe auszuziehen, aber man sollte unbedingt darauf achten, sich bei der Besichtigung der Gebetshallen, Gebäude oder Gelände stets im **Uhrzeigersinn** zu bewegen. Essen, Trinken und Rauchen gehören zu den Tabus, und auch beim Fotografieren sollte man vorher um Erlaubnis fragen, da dies manchmal verboten und häufig kostenpflichtig ist. Die von den Touristen verlangten **Eintrittsgelder** gehen an die chinesischen Behörden – wer der Einrichtung selbst etwas zukommen lassen möchte, kann auf dem Altar eine Opfergabe hinterlassen.

Die Vielfalt der **Opfergaben**, die fromme Tibeter ihren Göttern darbringen, ist enorm: In Form von Räucherstäbchen wird Wacholderrauch gen Himmel geschickt; auf Dächern und Bergen flattern mit heiligen Texten beschriebene Gebetsfahnen; von Brücken und Pässen werden kleine, mit religiösen Bildern bedruckte Papierschnipsel *(lungda)* in den Wind geworfen; Statuen und Lamas schmückt man mit weißen Glücksschleifen *(katag)*; Butter hält die Lampen auf den Altären am Brennen; endlos wiederholte Mantras dienen der Anrufung der Götter; und unablässig werden Gebetsmühlen gedreht, um die darin auf Papierfetzen notierten Gebete zu aktivieren. Hinter alldem verbirgt sich die Vorstellung, dass man sich in diesem Leben Verdienste erwerben muss, um damit sein Karma für eine höhere Wiedergeburt positiv zu beeinflussen. Wer an diesen Vorgängen teilhaben möchte, sollte einfach beobachten, was die anderen Gläubigen tun, und deren Handlungen nachmachen – zu scheuen braucht sich niemand, denn die Tibeter pflegen einen natürlichen Umgang mit ihrer Religion. Auch durch **Gaben für Bettler** kann man sich Verdienste erwerben, und so versammeln sich vor den meisten großen tibetischen Tempeln ganze Scharen von Almosenempfängern, die ihren Lebensunterhalt von den Zuwendungen der Pilger bestreiten. Natürlich kann jeder selbst entscheiden, ob er dieser Tradition folgt oder nicht, aber wenn man etwas gibt, sollte man wie auch die Tibeter ein paar Fen spenden.

Der tibetische Buddhismus gliedert sich in mehrere **Schulen**, die sich jedoch nicht grundlegend voneinander unterscheiden, sondern lediglich verschiedene philosophische Schwerpunkte setzen. Die **Nyingmapa** (Schule der Alten) verfolgt ihre Ursprünge bis zu Padmasambhava (Guru Rinpoche), der den Buddhismus nach Tibet brachte. Im 11. Jahrhundert sorgten die Schulen **Kagyüpa**, **Sakyapa** sowie **Kadampa** für ein Wiederaufleben des Buddhismus, während der heute vorherrschende, von Tsongkhapa (1357–1419) gegründete **Gelugpa-Orden** (Schule der Tugendhaften) auch den Dalai Lama und den Panchen Lama zu seinen Mitgliedern zählt. Praktisch alle Klöster und Tempel gehören einer der genannten Schulen an. Abgesehen von einer großen Anzahl spezieller Statuen zu Ehren der Lamas jeder einzelnen Schule, sind zwischen den Tempeln kaum Unterschiede festzustellen. Auch die Tibeter sehen das Ganze nicht so eng und wenden sich vor allem an diejenigen Tempel, die sie für besonders heilig erachten und wo sie sich den Segen von Lamas erhoffen, denen sie besondere Kräfte zuschreiben – unabhängig von der Schule, der sie angehören.

wirkungen wie die Zerstörung von Tempeln und Klöstern hatte die chinesische **Agrarpolitik**.

Während des *Großen Sprungs nach Vorn* (1959/60) starben schätzungsweise 10% der tibetischen Bevölkerung an Hunger, und erst Anfang der 80er Jahre verbesserte sich die Versorgungslage in Tibet etwas. Berichten zufolge mischten verzweifelte Eltern ihr eigenes Blut mit warmem Wasser und *tsampa*, um ihre Kinder am Leben zu erhalten.

Buddhistische Gottheiten

Das Pantheon des tibetischen Buddhismus kennt eine überwältigende Zahl von Göttinnen und Göttern. Noch undurchschaubarer wird die Sache dadurch, dass es von jeder einzelnen Gottheit verschiedene Erscheinungsformen gibt, allein 21 von der verehrten Göttin Tara, deren einfachstes Bildnis neben einem tibetischen auch einen sanskritischen Namen besitzt. Im Folgenden eine Auflistung der am weitesten verbreiteten Gottheiten:

Amitayus (Tsepame) und **Vijaya** (Namgyelma): häufig zusammen mit der Weißen Tara als die Drei Götter der Langlebigkeit dargestellt
Avalokiteshvara (Chenresi in tibetischen, Guanyin in chinesischen Tempeln): Schutzgottheit Tibets in zahlreichen Erscheinungsformen, häufig mit elf Gesichtern und unzähligen Armen
Maitreya (Jampa): Buddha der Zukunft
Manjushri (Jampelyang): Gott der Weisheit
Padmasambhava: acht Erscheinungsformen, zumeist als Guru Rinpoche, und häufig in Begleitung seiner Gemahlinnen Yeshe Tsogyel und Mandarava
Shakyamuni: Buddha der Gegenwart
Tara (Dolma): Göttin des Erbarmers – die Grüne Tara bietet Schutz, die Weiße Tara gewährt ein langes Leben

Buddhistische Feste

Die Termine der Feste orientieren sich am tibetischen Mondkalender und fallen daher im westlichen Kalender jedes Jahr auf einen anderen Tag.

Februar/März
- Vertreibung der bösen Geister: 29. Tag des 12. Mondmonats (letzter Tag des Jahres)
- Losar, tibetisches Neujahrsfest: 1. Tag des 1. Mondmonats
- Monlam, Großes Gebetsfestival in Lhasa: 8. bis 15. Tag des 1. Mondmonats
- Butterfest: 15. Tag des 1. Mondmonats (letzter Tag des Monlam)

Mai/Juni
- Geburtstag Buddhas: 7. Tag des 4. Mondmonats
- Saga Dawa, Erleuchtung Buddhas: 15. Tag des 4. Mondmonats
- Pferderennen in Gyantse: 15. Tag des 4. Mondmonats

Juli
- Tashilunpo in Shigatse: 15. Tag des 5. Mondmonats

Juli/August
- Erste Predigt Buddhas: 4. Tag des 6. Mondmonats
- Drepung-Fest: 30. Tag des 6. Mondmonats

August/September
- Schotön, Joghurt-Fest in Lhasa: 1. bis 7. Tag des 7. Mondmonats
- Badefest in Lhasa: 27. Tag des 7. Mondmonats

September
- Pferdefestival in Damzhung: 30. Tag des 7. Mondmonats

September/Oktober
- Erntefest: 1. bis 7. Tag des 8. Mondmonats

November
- Lhabab, Buddhas Herabkunft vom Himmel: 22. Tag des 9. Mondmonats

November/Dezember
- Peldon-Lhama-Fest in Lhasa: 15. Tag des 10. Mondmonats

Im September 1965 wurden die Region Ü Tsang sowie die westlichen Gebiete Tibets offiziell zum **Autonomen Gebiet Xizang** der Volksrepublik China erklärt. Noch verheerendere Auswirkungen hatte die **Kulturrevolution** (1966–1976), als es auf Befehl der Roten Garden – denen auch einige junge Tibeter angehörten – zur Zerstörung unglaublich vieler buddhistischer Denkmäler und damit zur Zerschlagung religiöser Praktiken kam. Gab es 1959 noch 2700 Klöster und Tempel in Tibet, war ihre Zahl bis 1978 auf ganze acht zusammengeschrumpft – nicht einmal mehr 1000 Mönche und Nonnen lebten in dem Autonomen Gebiet Tibet. Nach Maos Tod im Jahre 1976 folgte eine Phase der Liberalisierung, die Anfang der 80er Jahre zu weiteren Lockerungen und einer mehr oder weniger „friedlichen" Stimmung führte. Man baute neue Klöster, belebte die Religion neu und kurbelte den Tourismus an. Doch bereits gegen Ende des Jahrzehnts hielten die Repressionen wieder Einzug, nachdem es 1988/89 in Lhasa erneut zu Unruhen gekommen war. Seit Anfang der 90er Jahre dürfen Ausländer wieder nach Tibet einreisen.

Gegenwärtig scheint sich die Stimmung im Land einigermaßen entspannt zu haben. Man fördert den **Tourismus**, aber die tibetische Bevölkerung unterliegt einer strengen Überwachung durch die chinesischen Behörden. Jegliche politische Opposition wird schonungslos unterdrückt, was sich unter anderem in den 600 bis 700 politischen Gefangenen in tibetischen Gefängnissen ausdrückt, die höchste Zahl seit 1990. Zwischen 300 000 und 1 000 000 Tibeter sind entweder in der direkten Konfrontation mit Chinesen oder indirekt durch Hunger und Elend gestorben, und der Internationale Gerichtshof im niederländischen Den Haag befand die Volksrepublik China des Völkermordes für schuldig.

Inzwischen gewinnt die im nordindischen Dharamsala beheimatete **tibetische Exilregierung**, die 130 000 tibetische Flüchtlinge vertritt und vom Dalai Lama angeführt wird, immer mehr an Profil. Die Weltgemeinde hat den Tibetern ihre Unterstützung versagt, doch der Dalai Lama – von seinen Landsleuten Gyalwa Rinpoche genannt und die irdische Inkarnation des Gottes Chenresi – wird nicht müde, eine friedliche Lösung für Tibet zu fordern, was 1989 mit dem Friedensnobelpreis geehrt wurde.

Für die in der Heimat verbliebenen Tibeter ist das Leben sehr hart. China gesteht ein, dass sich ein Viertel der Bevölkerung des Autonomen Gebiets Tibet nicht selbst ernähren und versorgen kann, ein Drittel der Kinder geht nicht zur Schule, und die Alphabetisierungsrate ist mit rund 30% die niedrigste in ganz China. Zwischen 1952 und 1998 wurden schätzungsweise zwar um die 40 Milliarden Yuan an Subventionen in die Autonome Region Tibet gepumpt, aber die Tibeter zählen noch immer zu den ärmsten Bevölkerungsgruppen des Landes und haben von allen die niedrigste Lebenserwartung. Da Tibet nicht nur viel Platz für die explodierende chinesische Bevölkerung, sondern auch fast unermessliche natürliche Ressourcen bietet, droht der ständige Zustrom Han-chinesischer Siedler die tibetische Bevölkerung samt ihrer Kultur und Wirtschaft langsam zu ersticken.

Lhasa

In einem breiten, von Bergen gesäumten Tal liegt am Nordufer des Kyichu in 3700 m Höhe die tibetische **Hauptstadt** Lhasa (Erde der Götter), eine großflächige, schnell wachsende und moderne chinesische Stadt mit rund 200 000 Einwohnern. Schon vor über 1000 Jahren befand sich an diesem Ort eine bedeutende Siedlung, die ursprünglich Rasa hieß und im 7. Jahrhundert von König Songtsen Gampo umbenannt wurde, als er seine Hauptstadt vom Yarlung-Tal hierher verlegte. Nach dem Zusammenbruch der Yarlung-Dynastie zwei Jahrhunderte später zerfiel das Land in mehrere Kleinstaaten, woraufhin Lhasa seine Vormachtstellung verlor. Erst im 17. Jahrhundert wurde die Stadt wieder zum Regierungssitz, als der Mongolenfürst Gushri Khan den 5. Dalai Lama als Herrscher über Tibet einsetzte. Auch heute noch ist Lhasa die Hauptstadt des Autonomen Gebiets Tibet und rühmt sich faszinierender Stätten, die von der ruhmreichen Vergangenheit zeugen. Die deutlichsten Spuren aber hat die dritte Wachstumsperiode als Folge der chinesischen Invasion hinterlassen, während der breite Straßen und moderne Hochhaustürme aus Beton und Glas entstanden. Die chinesische Bevölkerung Lhasas ist wirtschaftlich sehr aktiv. Es gibt doppelt so viele chinesische Geschäfte wie tibetische, ein Verhältnis, das in etwa auch die Bevölkerungsverteilung in der Hauptstadt widerspiegelt.

Lhasa bietet Touristen eine bessere **Infrastruktur** mit einer größeren Auswahl an Unterkünften, Restaurants und Einkaufsmöglichkeiten als jede andere Gegend Tibets und ist auch die beste Adresse zum Organisieren von Touren in andere Landesteile (s.S. 1225, Transport). Trotz der Annehmlichkeiten Lhasas sollte man sich stets vor Augen halten, dass die Hauptstadt nur eines von vielen Gesichtern des Landes repräsentiert, denn 88% der tibetischen Bevölkerung lebt auf dem Land.

Die eigenartige Mischung aus chinesischer Modernität und uralten tibetischen Traditionen macht Lhasa zu einer lebendigen, sich schnell wandelnden Stadt mit bizarren Kontrasten – beispielsweise wenn sich die Pilger auf ihren Umrundungen neben den Geldautomaten der *Bank of China* niederwerfen. Lhasa und Umgebung haben genügend Sehenswürdigkeiten zu bieten, um Besucher mindestens eine Woche lang zu beschäftigen. Der **Potala**, der **Jokhang**, seines Zeichens das tibetische Nationalheiligtum, sowie das Viertel **Barkhor** gehören auf jeden Besichtigungskalender, ein Abstecher zu mindestens einer Klosterstadt in der Umgebung ist ebenfalls ein Muss. Es lohnt sich auch, einige der kleineren Tempelanlagen in Augenschein zu nehmen oder einfach nur durch die Straßen zu bummeln und die Atmosphäre der „Verbotenen Stadt" zu schnuppern, die vor 100 Jahren so viele Entdecker vergeblich zu erreichen versuchten und dafür mit ihrem Leben bezahlten.

Orientierung

Das Zentrum Lhasas konzentriert sich um die drei Hauptstraßen Chingdol Lu, Beijing Lu und Lingkor Lu, die in Ost-West-Richtung parallel zum Nordufer des **Kyichu** verlaufen. Die größte Ausdehnung erfährt die Stadt in Richtung Westen, wo sich der einstige Stadtrand praktisch bis zum 8 km entfernten Kloster Drepung verlagert hat; auch Richtung Norden wächst Lhasa bereits mit dem 4 km entfernten Klosterkomplex Sera zusammen. Der Fluss verhinderte bislang eine weitere Ausdehnung der Stadt nach Süden, während sie gen Osten nach wenigen Kilometern ihre Grenze erreicht, was unter anderem mit der miserablen Landstraße Richtung Ganden zu tun hat. Der von fast jedem Punkt der Stadt aus sichtbare Potala-Palast in der Beijing Zhong Lu ist das große Wahrzeichen Lhasas und bildet neben Barkhor, die tibetische Enklave um den Jokhang, den Mittelpunkt des Interesses für die meisten Besucher. Die Statue der Goldenen Yaks an der Kreuzung von Beijing Zhong Lu und Yuan Lin Lu im Westen der Stadt wurde 1991 zur Feier des 40. Jahrestages der „Befreiung" Tibets errichtet und ist ebenfalls ein nützlicher Orientierungspunkt.

Potala

Der auf dem Marpo Ri (Roter Berg) thronende und nach dem südindischen Riwo Potala – der heilige Berg des Gottes Chenresi – benannte **Palast** ist innen wie außen von strahlender Schönheit und ein beständiges Wahrzeichen der tibetischen Hauptstadt. Die Touristen genießen die Aussicht von der Plattform auf dem Dach, bestaunen das strahlende Gold und die glitzernden Juwelen und spazieren von einer Kapelle zur nächsten, Schulter an Schulter mit ehrfurchtsvollen Pilgern aus allen Teilen Tibets, die an jedem der zahlreichen Altäre ihre Opfergaben darbringen. Leider befinden sich alle Besucher gleichermaßen in einer reichlich leblosen Hülle, denn die meisten Räume des unglaublich verschachtelten Bauwerks sind gesperrt, ein Teil der Gelder aus dem Fonds des UNESCO-Welterbes wurde für ein Videoüberwachungssystem ausgegeben, und die wenigen, noch als Aufpasser fungierenden Mönche dürfen nicht einmal ihre üblichen Gewänder tragen.

Noch ein wichtiger Tipp: Wer gerade erst angereist und noch nicht akklimatisiert ist, sollte der Versuchung widerstehen, die Besichtigung des Potala gleich am ersten Tag in Angriff zu nehmen – sie ist mit ausgedehnten Kletterpartien verbunden und selbst die Tibeter schnaufen und keuchen auf dem Weg nach oben.

Die 13 Stockwerke des Komplexes beherbergen über 1000 Räume, mit deren Fertigstellung mindestens 7000 Bauarbeiter sowie 1500 Künstler und Kunsthandwerker über 50 Jahre beschäftigt waren. Den Löwenanteil des Potala beansprucht der **Weiße Palast** (Potrange Karpo), in dessen Mittelpunkt sich das zentrale Gebäude der Anlage erhebt, der **Rote Palast** (Potrang Marpo). Angesichts der Fülle an Objekten reicht ein Besuch kaum aus, um alles in sich aufzunehmen, und nur der deftige **Eintrittspreis** von ¥70 mag so manchen an einem Wiederkommen hindern. Die **Öffnungszeiten** – offiziell tgl. 9 bis 18 Uhr – sorgen immer wieder für Verwirrung, weil sie sich scheinbar ständig ändern.

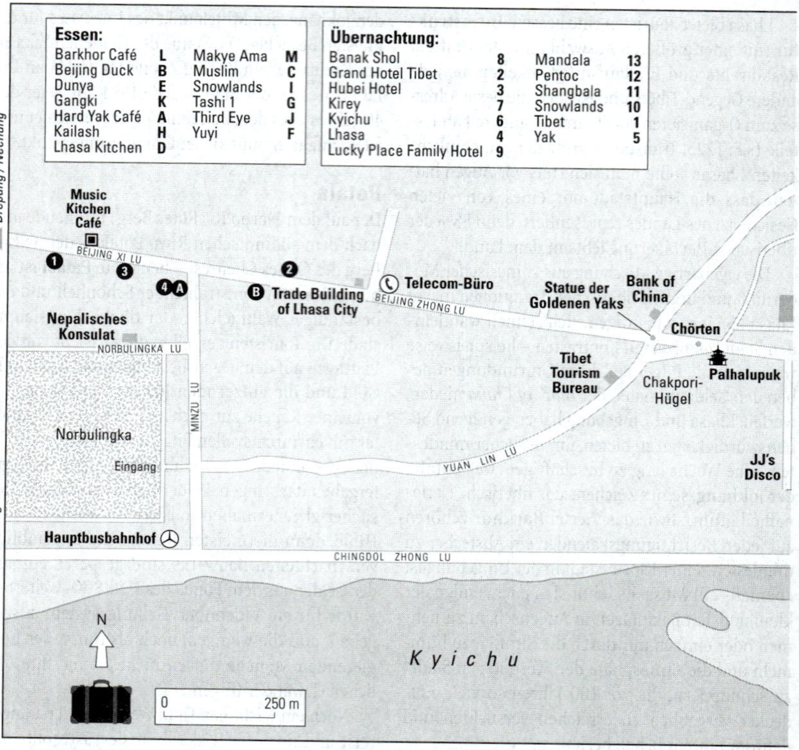

Am besten man erkundigt sich vor einem Besuch bei anderen Touristen nach der aktuellen Situation. Zur Zeit der Recherche dieses Reiseführers war der Palast vormittags durchgehend geöffnet, am Nachmittag aber nur im Rahmen einer (losen) Führung zu besichtigen, die um 15.30 Uhr startete. Als schönste Zeit für einen Besuch gilt der Vormittag, wenn es im Potala vor aufgeregten Pilgern nur so wimmelt.

Die Bestimmungen in Bezug aufs **Fotografieren** sind ebenfalls ziemlich schwammig: Im Innern des Palasts ist es entweder richtig teuer oder komplett verboten, während es bei Aufnahmen vom Dach oder von den Balkonen kaum Probleme zu geben scheint.

Der für unterschiedliche Zwecke errichtete Potala diente in der Vergangenheit bereits als Verwaltungszentrum, Regierungssitz, Kloster, Festung sowie als Residenz mehrerer Dalai Lamas (vom 5. bis zum 14. Jahrhundert), die den Palast ab Ende des 16. Jahrhunderts aber nur noch im Winter nutzten und die Sommer im neu erbauten Norbulingka verbrachten. Im 7. Jahrhundert ließ König Songtsen Gampo an dieser Stelle den ersten Palast errichten, der jedoch von Eindringlingen zerstört wurde.

Der heutige Weiße Palast (1645–1648) entstand während der Amtszeit des 5. Dalai Lama und diente ihm ab 1649 als Residenz. Der Rote Palast wurde zur gleichen Zeit begonnen, aber erst 1693 fertig gestellt.

Beide Teile des Komplexes überstanden die Kulturrevolution relativ unbeschadet, offensichtlich hatte Zhou Enlai den Schutz der Anlage angeordnet.

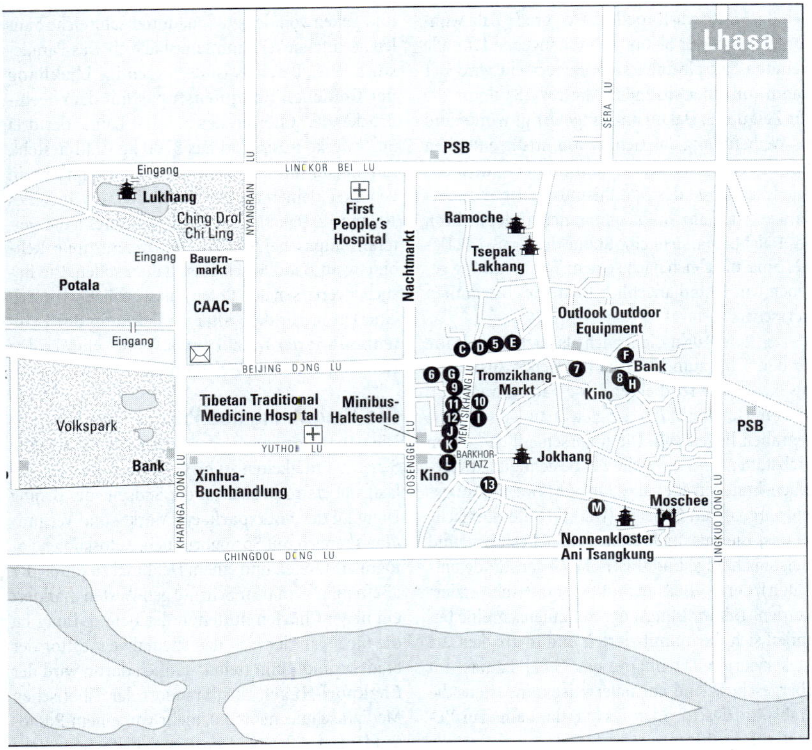

Im Innern des Palastes

Der Minibus Nr. 2 hält direkt vor dem Eingangstor zu dem riesigen Gelände. Dahinter beginnt das Stadtviertel Shol, einst Lhasas Rotlichtbezirk und heute eine touristische Einkaufsmeile mit einer Menge Souvenirläden und Straßenhändlern. Nun geht es nach rechts durch ein weiteres Tor die Treppen hinauf zum **Deyang Shar** (Innenhof des Weißen Palastes), wo sich auch das Ticketbüro befindet. Der Hof ist von Mönchszellen und Geschäften umgeben, die **Privatgemächer des Dalai Lama** befinden sich am östlichen Ende. Die mit prunkvollen Schnitzarbeiten und Malereien verzierte offizielle Empfangshalle wird von einem massiven Hochthron beherrscht und ist mit hinreißenden Brokatstoffen und Thangkas (mit religiösen Motiven bestickte oder bemalte Rollbilder) behangen. Ein Durchgang führt zu den angrenzenden Privatgemächern des 14. Dalai Lama, die aus einem kleinen Audienzraum, einer Kapelle, einem Korridor und seinem Ruhegemach bestehen. Über dem Bett hängt ein wunderschön gemaltes Wandbild von Tsongkhapa, seines Zeichens der Gründer des Gelugpa-Ordens, dem auch der Dalai Lama angehört. Auf der anderen Seite der offiziellen Empfangshalle liegen die Privatgemächer der vorherigen Dalai Lamas, aber diese Räume sind leider nicht für die Öffentlichkeit zugänglich.

Vom Innenhof führt ein Aufgang in den **Roten Palast** und weiter aufs Dach, das herrliche Ausblicke über Lhasa eröffnet. Anschließend kann man ein Stockwerk nach dem anderen besichtigen, wobei man sich ständig im Uhrzeigersinn bewegt. Hinter dem ersten Raum im Obergeschoss verbirgt sich die **Maitreya-Kapelle**, deren große Zahl wundervoll verzierter Skulpturen tonangebend für alle weiteren Sakralräume sind. Beherrscht wird der Raum von einer sitzenden Maitreya-Skulptur, die zur Zeit des 8. Dalai Lama angefertigt wurde und als Weihefüllung das Gehirn von Atisha enthalten soll, ein Gelehrter des 11. Jahrhunderts, dem das Wiederaufleben des Buddhismus in Tibet zu verdanken ist. Ganz links außen, neben dem Thron des Dalai Lama, steht eine Statue des Großen 5. Dalai Lama, die gleich nach seinem Tod in Auftrag gegeben wurde und angeblich Haare des berühmten Herrschers verbirgt.

Der Rote Palast dient auch als letzte Ruhestätte für den 5. bis zum 13. Dalai Lama, mit Ausnahme des 6., der während einer Reise nach China starb und am Qinghai Hu in der gleichnamigen Provinz begraben liegen soll. Die unterschiedlich großen Grabstätten sind nicht alle zur Besichtigung freigegeben, bestehen aber allesamt aus juwelenbestückten, vergoldeten Chörten (traditionelle tibetische Stupas, die aus mehreren Stufen bestehen und meistens heilige buddhistische Gegenstände enthalten), deren einzelne Stufen fantastisch verziert wurden. Tief im Innern der Reliquienschreine befinden sich die mumifizierten und in Trockensalz konservierten Leichname der Dalai Lamas. Im Obergeschoss sind normalerweise mindestens die Grabstätte des 13. oder des 8. Dalai Lama zur Besichtigung geöffnet.

Als älteste und heiligste Räume des Potala gelten die **Lokeshvara-Kapelle** im Obergeschoss sowie die **Meditationshöhle des Dharma-Königs** unmittelbar darunter im oberen Mittelgeschoss. Sie gehen auf Songtsen Gampos Originalbau zurück und stehen im Mittelpunkt der Verehrung aller Potala-Pilger. Die Meditationshöhle ist leicht zu verfehlen, da sie nur über einen kleinen Flur vom Balkon aus zugänglich ist. Dieser düstere Raum, der heute von den Statuen des Königs sowie seiner Minister Tonmi Sambhota und Gawa ausgefüllt wird, diente König Songtsen Gampo angeblich für seine Meditationen. Am Sockel der Hauptsäule steht ein antiker Ofen, der noch von Songtsen Gampo benutzt worden sein soll.

Auf dem weiteren Weg kommt man auch durch das untere Mittelgeschoss, dessen Kapellen aber leider alle geschlossen sind. Die übrigen zu besichtigenden Räume befinden sich auf Eingangshöhe und gehen von der großen, durch zahlreiche Säulen gestützten Versammlungshalle ab. Das Paradestück jenes Bereichs ist der prächtige **Lhakhang der Goldenen Reliquienstupas** mit dem beeindruckenden Chörten des 5. Dalai Lama, der drei Stockwerke misst und aus 3700 kg Gold besteht. Zur Linken und Rechten wird der Hauptschrein von zwei kleineren Chörten mit den Gebeinen des 10. und 12. Dalai Lama flankiert, während die weiteren Stupas beiderseits der Dreiergruppe Reliquien von Buddha selbst enthalten sollen. Die Besucher verlassen den Roten Palast schließlich durch eine Tür hinter dem Altar im **Lakhang der Existenzenlinie der Dalai Lamas**, von wo ein Weg den Hang hinunter zum Westtor führt.

Die Umgebung des Potala

Die nähere Umgebung des Potala hat einige nette Sehenswürdigkeiten zu bieten. Gegenüber der Palastfront erstreckt sich auf der Südseite der Beijing Dong Lu der **Volkspark**, ein Markt- und Vergnügungsbereich mit Springbrunnen, Autoskooter, Fotografenständen und einem Denkmal zu Ehren der „Befreiung". Ein paar Schritte gen Westen markiert ein neuer Chörten mitten in der Beijing Dong Lu die Stelle, an der sich das ehemalige Westtor der Stadt befand. Unmittelbar südlich davon wird der **Chakpori-Hügel**, einst Standort der Tibetischen Medizinschule, heute nurmehr von einem Radiosendemast gekrönt. Der Hügel bietet eine sehr schöne Aussicht auf den Potala und lässt sich über einen Weg erklimmen, der von den öffentlichen Toiletten nach oben führt – man gelangt ungefähr bis zu einem großen, mit Gebetsfahnen behangenen Baum, bevor die Wachen der Radiostation eine weitere Erkundung vereiteln.

Wenig östlich der öffentlichen Toiletten am Chörten führt ein 200 m langer Weg zu dem stimmungsvollen Höhlentempel **Palhalupuk**, der um eine uralte Grotte herumgebaut wurde. Zunächst erblickt man auf der Klippe den in Brauntönen gehaltenen und wesentlich weniger interessanten Neten-Tempel; der Palhalupuk ist das kleinere, weiße Gebäude weiter unten. Über einen zur Kapelle umgestalteten Vorraum betritt man die Höhle, die rund 5 m^2 misst und König Songtsen Gampo im 7. Jahrhundert als Rückzugsort diente. Sie ist mit vielen angeblich originalen Felsskulpturen verziert und beherbergt als Hauptaltar ein Bildnis von

Shakyamuni, begleitet von seinen wichtigsten Schülern. Auf einem winzigen Altar in der hinteren rechten Ecke der Höhle steht eine mit Juwelen und weißen Glücksschleifen *(katag)* geschmückte Statue von Pelden Lhamo, die grimmige Schutzgöttin Tibets. Hinter der rückwärtigen naturbelassenen Wand sollen die Juwelen von Songtsen Gampos nepalischer Ehefrau, Prinzessin Bhrikuti, verborgen sein. Der Ort empfängt nur wenige touristische Besucher, aber die Bewacher und die Mönche sind sehr gastfreundlich.

Wer sich für **Felsskulpturen** interessiert, sollte sich zur West- und Südflanke des Chakpori-Hügels begeben, wo rund 5000 davon zu sehen sind. Hierfür läuft man vom Chörten über den linken Abzweig gen Westen und biegt kurz vor der Kreuzung mit der Yuan Lin Lu – in der weiter nördlich die Statue der Goldenen Yaks steht – links in einen holprigen Weg ab. Nach etwa 200 m entlang einem Bach kommen die ersten Felsmalereien und Skulpturen ins Blickfeld, die angeblich die meditativ heraufbeschworenen Visionen von König Songtsen Gampo zum Inhalt haben. Die hier tätigen Handwerker kopieren uralte Texte und Gebete oder heilige Mantras, teilweise für Almosen, aber auch zum Verkauf.

Auf der Nordseite des Potala bietet der **Ching-Drol-Chi-Ling-Park** (Eintritt ¥2) eine schöne Aussicht auf den Palast sowie einen See zum Bootfahren, welcher gleichzeitig mit dem Palast entstand. Der von zahlreichen ungepflegten Bäumen bestandene Park ist von der Lingkor Bei Lu oder durch ein Tor am Rand des Bauernmarkts zugänglich. Auf einer Insel im See steht der hübsche kleine Tempel **Lukhang**, der vom 6. Dalai Lama zu Ehren des Königs der Naga und als Rückzugsort für die Meditation erbaut wurde. Die Legende berichtet von einem Pakt zwischen dem Erbauer des Potala und dem König der Naga (dämonische und drachenähnliche Kreaturen der Unterwelt), demzufolge die Erde in Gebrauch genommen werden durfte, sofern man den Naga zu Ehren einen Tempel errichtete. Zu Berühmtheit gelangte der dreistöckige Lukhang durch seine sehr alten und detaillierten Wandmalereien im mittleren und oberen Stockwerk, die sich jedoch nur mithilfe einer Taschenlampe genauer inspizieren lassen (wobei der Absperrdraht ständig im Weg zu sein scheint). Die recht esoterischen Bilder im oberen Stockwerk zeigen Phasen des menschlichen Lebens, die Reise der Seele nach dem Tod sowie diverse Legenden. Wesentlich leichter verständlich sind die Wandmalereien im Mittelgeschoss, die auch Darstellungen vom Bau der großartigen Klöster Sera und Drepung enthalten.

Jokhang

Der manchmal auch als Tshuglakhang (Kathedrale) bezeichnete Jokhang ist der heiligste **Tempel** in der Welt des tibetischen Buddhismus. Von weitem sieht er nicht besonders beeindruckend aus, doch je näher man kommt, umso mehr wird man von der Vorfreude der Pilger und der ehrfurchtsvollen Atmosphäre angesteckt. Die Besichtigung dieses Tempels zählt zu den eindrucksvollsten Erlebnissen einer Tibet-Reise und nicht wenige Besucher kehren an mehreren Tagen hintereinander zurück.

König Songtsen Gampo ließ den Jokhang im 7. Jahrhundert erbauen, um dort die **Mitgift** seiner nepalischen Braut, Prinzessin Bhrikuti, einschließlich der Statue des Akshobhya-Buddha unterzubringen. Letztere tauschte später den Platz mit der Statue des Jowo Shakyamuni, die aus der Mitgift der chinesischen Prinzessin Wencheng stammte, ursprünglich im Ramoche (s.S. 1217) untergebracht war und heute als heiligstes Objekt Tibets gilt. Der Standort des Tempels wurde von Prinzessin Wencheng nach Konsultation astrologischer Diagramme bestimmt und vom König im Anschluss an eine meditative Vision bestätigt. Allerdings brachte der Bau des Tempels zunächst größere Probleme mit sich, denn nach einer weiteren Vision wurden der König und seine Gemahlinnen gewahr, dass unter der Erde Tibets eine gigantische schlafende Dämonin lag – der Kopf im Osten, die Füße im Westen und das Herz unterhalb Lhasas.

Bevor mit dem Bau des Jokhang fortgefahren werden konnte, mussten an bestimmten Punkten des Landes Klöster errichtet werden, um die Dämonin an den Gliedmaßen dingfest zu machen. Zu diesem Zweck entwarf der König einen Plan, der den Bau von insgesamt zwölf Tempeln vorsah: Vier wurden in der Umgebung Lhasas errichtet (darunter auch der Trandruk, s.S. 1231), um Hüften und Schultern der Dämonin niederzuhalten; weitere vier entstanden in größerer Entfernung von Lhasa und hatten sich um Ellbogen und Knie zu kümmern; die letzten vier zum Fixieren der Hände und Füße mussten noch weiter außerhalb erbaut werden. Erst als alle diese Tempel fertig gestellt waren, konnte mit dem Jokhang begonnen werden.

Der Jokhang steht etwa 1 km östlich des Potala im Zentrum der einzigen noch verbleibenden tibetischen Enklave der Stadt namens **Barkhor**, ein Irrgarten aus Kopfsteinpflastergassen zwischen der Beijing Dong Lu und der Chingdol Dong Lu. Aus dem Westen der Stadt kommend halten die Minibusse Nr. 2 und 3 entweder am Barkhor-Platz oder etwa fünf Gehminuten entfernt in der Dosengge Lu bzw. der Beijing Dong Lu. Der Zugang zum Vorhof des Jokhang ist kostenlos, die Besichtigung der inneren Anlagen kostet ¥40 **Eintritt**. Es bestehen keine geregelten **Öffnungszeiten**, aber generell ist zu empfehlen, mindestens zweimal hierher zu kommen: einmal zwischen 9 und 12.30 Uhr, wenn die meisten Pilger ihre Umrundungen absolvieren und sowohl der Vordereingang als auch die meisten Gebetsräume geöffnet sind, und ein zweites Mal abends gegen 19 Uhr, wenn sich die Mönche zum Gebet versammeln und **buddhistische Gesänge** zu vernehmen sind.

Jokhang

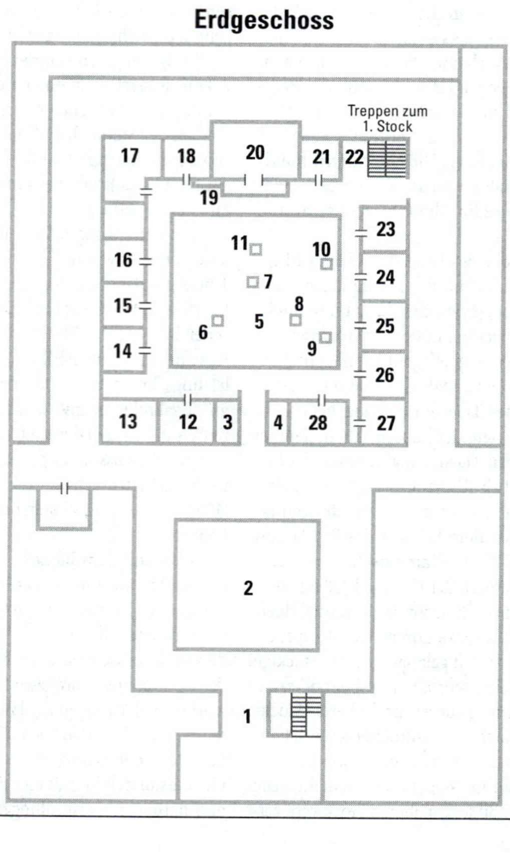

Legende zur Abbildung des Jokhang

1. Eingangskorridor – wird von den riesigen Statuen der Vier Weltenhüter gesäumt
2. Offener Vorhof
3. Nojin Khang – berherbergt grimmige männliche und weibliche Gottheiten
4. Lukhang – Bildnisse der Naga-Könige, die Songtsen Gampo in einer Vision erschienen und verlangten, ihrer in dem Tempel zu gedenken, um das Bauwerk vor Wasser zu schützen.
5. Kyilkhor Thil – zentraler Tempelbereich
6. Padmasambhava-Statue
7. Chenresi-Statue – aus Gold und Kupfer mit 1000 Armen und elf Gesichtern
8. Maitreya-Statue – Buddha der Zukunft
9. Barzhi Jampa – Maitreya-Statue, nach der Stifterfamilie benannt
10. Miwang Jampa – nach Miwang Polha benannte Statue, der sie im 18. Jahrhundert in Auftrag gab
11. Padmasambhava-Statue – kleines Bildnis in einem Schaukasten
12. Kapelle von Tsongkhapa und seinen Acht Schülern – Tsongkhapa war der Gründer des Gelugpa-Ordens und wird von seinen beiden berühmtesten Schülern, Khedrup Je und Gyeltsab Je, flankiert.
13. Wopame – Buddha des Unendlichen Lichts; der Chörten vor dem Eingang ist die Replik eines Stupas aus dem 13. Jahrhundert, der angeblich die sterblichen Überreste von König Songtsen Gampo enthielt.
14. Kapelle der Acht Medizin-Buddhas
15. Kapelle von Chenresi – die elfköpfige Chenresi-Statue wird in der Bedeutung nur noch von der Statue des Jowo Shakyamuni übertroffen und soll während der Regentschaft von Songtsen Gampo wie durch ein Wunder in Tibet aufgetaucht sein; angeblich gingen der König und seine beiden Gemahlinnen nach ihrem Tod in die Statue ein. Teile der Plastik wurden von tibetischen Flüchtlingen außer Landes geschafft und befinden sich heute allem Anschein nach im indischen Dharamsala.
16. Kapelle von Maitreya – das zentrale Bildnis wurde neu geschaffen, doch der kniende Jampelyang, der Bodhisattva der Weisheit, ist ein restauriertes Originalstück.
17. Kapelle von Tsongkhapa – das zentrale Bildnis des Tsongkhapa kommt seinem wirklichen Aussehen angeblich sehr nahe.
18. Kapelle des Buddha des Unendlichen Lichts – der Eingang wird von dem grimmigen, blauen Chana Dorje zur Linken und einer Erscheinungsform von Hayagriva zur Rechten flankiert. Hier beten die Pilger, bevor sie die heiligste Kapelle nebenan betreten.
19. Sitzende Figuren – König Songtsen Gampo mit den Prinzessinnen Bhrikuti zur Linken und Wencheng zur Rechten; die kleinere Figur stellt Padmasambhava dar.
20. Kapelle von Jowo Shakyamuni
21. Kapelle des Schützenden Maitreya – die zentrale Statue ist die Nachbildung einer Maitreya-Statue namens Jampa Chokor, die als Teil von Prinzessin Bhrikutis Mitgift aus Nepal nach Tibet kam und der Legende nach die schwierigeren Reisepassagen laufend zurücklegte. In der Kapelle befinden sich außerdem Standbilder der acht Manifestationen der Tara, eine der meistverehrten Gottheiten Tibets.
22. Kapelle von Chenresi (auf einem Löwen sitzend) – der Gebetsraum der Kapelle erhielt seinen Namen nicht von der größten Statue, sondern vor dem ersten Standbild links der Tür.
23. Janzik-Kapelle – vor dem Heiligtum bilden neue Wandgemälde Songtsen Gampo und dessen zwei Gemahlinnen ab.
24. Kapelle von Maitreya – die hier untergebrachte Statue des Maitreya wird während des jährlich stattfindenden Monlam-Fests im Rahmen einer Prozession um den Barkhor getragen.
25. Kapelle des Verborgenen Jowo – hier versteckte man im 7. Jahrhundert die Statue des Jowo Shakyamuni.
26. Kapelle der Sieben Mächtigen Buddhas
27. Kapelle der Neun Formen des Amitayus – Amitayus wird im Gebet häufig um ein langes Leben ersucht.
28. Kapelle der Dharma-Könige – Statue von Songtsen Gampo mit Trisong Detsen zur Linken und Ralpachan zur Rechten

Im Innern des Tempels

Der Haupteingang zum Jokhang liegt am **Barkhor-Platz** westlich des Tempels, wo an zahlreichen Ständen Gebetsfahnen, weiße Glücksschleifen und Weihrauchstäbchen verkauft werden. Zwei bauchige Öfen vor dem Tempel schicken Wacholderrauch als Opfergabe zu den Göttern hinauf, und die beiden von Mauern eingefassten Bereiche beherbergen drei uralte, mit Gravuren verzierte Stelen. Der oberste Gedenkstein enthält die Inschrift des tibetisch-chinesischen Friedensvertrags aus dem Jahr 821 n.Chr.: „Tibet und China halten sich an die derzeit gültigen Grenzen. Alles östlich davon gehört zum Großen China, und alles westlich davon ist, ohne Frage, das Land des Großen Tibet. Fortan sollen von keiner der beiden Seiten kriegerische Auseinandersetzungen noch Beschlagnahme von Territorium ausgehen."

Vor den riesigen Tempeltüren prostrieren sich fortwährend inbrünstige Pilger – man hört das Klacken der hölzernen Handschützer und das Geräusch von reibendem Holz auf den Steinplatten, wenn sich die Gläubigen flach auf den Boden werfen. Wer die überdimensionale goldene Gebetsmühle zur Linken passiert und durch den Eingangskorridor in den offenen **Vorhof** spaziert, wird Zeuge von Zeremonien oder den Vorbereitungen dazu (sollte der Haupteingang geschlossen sein, erfolgt der Zutritt über einen seitlichen Hof zur Rechten). Auf Brettern an der gegenüberliegenden Wand leuchten viele kleine Butterlampen, und es herrscht ein reges Treiben, wenn die Mönche ihre Butterstatuen anfertigen, Opfergaben darbringen und sich um die Lampen kümmern. Durch einen weiteren Korridor mit kleinen Kapellen zu beiden Seiten geht es schließlich in den inneren Tempelbereich, dessen zentraler Abschnitt, **Kyilkhor Thil**, eine riesige Menge an Statuen beherbergt, sechs davon überaus bedeutend. Am spektakulärsten sind der 6 m hohe Padmasambhava aus dem Jahre 1955 zur Linken sowie die hockende Figur des Maitreya (Buddha der Zukunft) zur Rechten.

Die frommen Pilger wenden sich nach links, um den Komplex im Uhrzeigersinn zu umrunden, und betreten nacheinander jede einzelne Kapelle, um ihre Opfergaben darzubringen. Keiner hält sich an einem Ort besonders lange auf, denn wer in stiller Betrachtung vor den Statuen steht, wird von den folgenden Gläubigen praktisch überrannt. Einige der Bauelemente sind original erhalten, darunter der Türrahmen der Kapelle des Chenresi und die Säulen vor der Kapelle des Jowo Shakyamuni, die in den frühen Jahren des Tempels von newarischen Künstlern aus Nepal geschaffen wurden. Wie bei allen tibetischen Tempeln lässt sich oft schwierig einschätzen, was man gerade vor sich hat – einige Statuen sind Originale, andere wurden während der Kulturrevolution beschädigt und teils geringfügig, teils umfangreich restauriert, wieder andere sind Nachbildungen. Ungeachtet ihres Alters wird jedoch allen Objekten die höchste Verehrung seitens der Pilger zuteil.

Viele Besucher fühlen sich von der Fülle der Objekte schlicht erschlagen, aber auf keinen Fall verpassen sollte man die **Kapelle** des Jowo Shakyamuni etwa in der Mitte der rückwärtigen Tempelmauer. Der 1,5 m hohe Shakyamuni ist hier als 12-jähriger Junge mit einem vollendet schönen, goldenen Gesicht abgebildet. Seine in Juwelen und schweren Brokat gehüllte Statue gilt als meistverehrte in ganz Tibet. Obwohl der Jokhang von Anfang an als Standort für die Plastik vorgesehen war, stand der Jowo Shakyamuni zunächst im Ramoche-Tempel, bis er nach Gerüchten über eine bevorstehende Invasion der Tang Ende des 7. Jahrhunderts in ein Geheimversteck im Jokhang verfrachtet wurde. Während der Herrschaft von Trisong Detsen entwendeten die dem Buddhismus feindlich gesinnten Anhänger der Bön-Religion die Statue und vergruben sie, doch man konnte sie wieder auftreiben und brachte sie sicherheitshalber aus der Stadt. Die Statue wurde erneut verbuddelt, als König Langdarma den Buddhismus auszulöschen versuchte, und schließlich an den Platz im Jokhang zurückgebracht, wo sie auch heute noch steht. Einige Stimmen behaupten zwar, das Original wäre im 16. Jahrhundert von mongolischen Invasoren zerstört worden, doch während der Kulturrevolution blieben sowohl die Statue selbst als auch die Kapelle verschont – jedenfalls wird die Plastik heute gemeinhin als das Original betrachtet. Die Mönche füllen die Butterlampen ständig auf, während die Pilger ehrfürchtig den Altar umrunden und sich zunächst vor Jowo Shakyamunis rechtem und dann vor seinem linken Bein verneigen.

Im **oberen Stockwerk** gibt es wesentlich weniger Sehenswertes als im Erdgeschoss, wenngleich die meisten Sakralräume nach ihrer Restaurierung wieder zugänglich sind. Am interessantesten ist die **Kapelle des Songtsen Gampo** direkt über dem Haupteingang, ausgestattet mit einer großen Statue des Königs, der von seinen beiden Frauen flankiert wird. Folgt man der Treppe in der südwestlichen Ecke der Kapelle, so kommt man zu einem grimmigen und einem friedvollen Bildnis von **Pelden Lhamo**, Tibets Schutzgöttin, die sich bei den Pilgern besonderer Beliebtheit erfreut.

Vom **Dach** des Tempels bieten sich wunderbare Ausblicke auf den Barkhor-Platz, den Tempelhof und den Potala in der Ferne. Hier herauf gelangt man über eine der drei Tempeltreppen: diejenige unmittelbar rechts vom Haupteingang, diejenige in der äußersten südöstlichen Ecke des Tempels oder diejenige im Seitenhof, der zur Rechten des Haupteingangs liegt.

Barkhor

Traditionellerweise umrundeten Lhasa-Pilger die Stadt auf zwei verschiedenen Routen, die natürlich im Uhrzeigersinn anzugehen waren: Der äußere Weg namens Lingkhor verschwand im Laufe der Zeit unter zweispurigen Schnellstraßen und Neubauten, während der kürzere **Barkhor-Rundgang** auch heute noch durch das pittoreske Gassengewirr rund um den Jokhang führt, verglichen mit dem restlichen Lhasa eine komplett andere Welt. An den Marktständen unter freiem Himmel werden alle möglichen Waren angeboten, darunter Sättel, Steigbügel, chinesische Armeebekleidung, Thangkas, Schmuck, Decken, Cassetten, Teppiche, Metalltruhen und Bilder von Lamas. Einen nicht minder bunten Anblick bieten die Pilger: stattliche Männer von der Khampa-Nationalität mit ihren traditionellen Messern, roten Haarzöpfen und klobigem Türkisschmuck; juwelengeschmückte Frauen aus Amdo, deren Haar zu 108 Zöpfen geflochten ist; oder alte Frauen mit winzigen Gebetsmühlen in der Hand, die Mantras intonieren. Am interessantesten ist der Barkhor-Rundweg am Abend, wenn die Stände ihren Touristenschund wegpacken und hervorholen, was auch die Einheimischen interessiert, beispielsweise Strohhüte, Kung-Fu-T-Shirts und Plastikwaren.

Das ganze Barkhor-Viertel lohnt einen ausgiebigen Spaziergang, doch auf keinen Fall verpassen sollte man den **Tromzikhang-Markt** nördlich des Jokhang. Der moderne Bau wirkt zwar ein wenig seelenlos, doch nirgendwo sonst auf der Welt bekommt man mehr Yakbutter auf einem Haufen zu sehen (und zu riechen).

Eine letzte Sehenswürdigkeit in diesem Viertel ist das südöstlich des Jokhang gelegene **Nonnenkloster Ani Tsangkung** (Eintritt ¥6), zu dem man sich den Weg wahrscheinlich erfragen muss (siehe Kasten). Angesichts der über 100 hier lebenden Nonnen, von denen einige gut Englisch sprechen, herrscht eine lebendige, aber tief religiöse Atmosphäre, ganz besonders zur Gebetszeit um 11 Uhr.

Die Hauptkapelle wird von einem herrlichen Chenresi in einer Glasvitrine beherrscht. Vom rückwärtigen Teil kann man mit Blick auf die Haupttüre rechts außen um die Kapelle herumgehen und gelangt zur Meditationshöhle von König Songtsen Gampo, der dank seiner übersinnlichen Kräfte den Lauf des Kyichu umgeleitet und so den Jokhang-Tempel vor Überschwemmungen bewahrt haben soll.

Ramoche

Der dreistöckige Ramoche ist ein ebenso kleiner wie faszinierender **Tempel** und wird in seiner Bedeutung nur noch vom Jokhang übertroffen. Das Gebäude liegt einen kurzen Spaziergang nördlich vom Barkhor-Viertel in der Ramoche Lu, zwischen Beijing Dong Lu und Lingkor Bei Lu, und wurde im 7. Jahrhundert von Prinzessin Wencheng, Songtsen Gampos chinesischer Gemahlin, in Auftrag gegeben. Er diente zur Aufnahme der Statue des Jowo Shakyamuni, die von Wencheng als Mitgift nach Tibet gebracht, aber später in den Jokhang verlegt und durch den Akshobhya-Buddha ersetzt wurde, eine Darstellung des Shakyamuni im zarten Alter von acht Jahren.

Während der Kulturrevolution zerbrach die hochverehrte Statue in zwei Teile, von denen einer nach China gelangte und nur knapp dem Einschmelzen entkam, während man den anderen später auf der Schutthalde einer Fabrik in Tibet wieder fand. Es ist allerdings nicht sehr wahrscheinlich, dass es sich bei der Statue, die sich heute im Hauptschrein **Tsangkhang** im hinteren Teil des Tempels befindet, um das Original handelt. 🕓 tgl. 9–18 Uhr, Eintritt ¥20, plus bis zu ¥50 pro Kapelle fürs Fotografieren.

Tsepak Lakhang

Wer schon einmal in der Gegend ist, sollte auch den kleinen Tsepak Lakhang südlich des Ramoche besichtigen. Sein kleiner Eingang liegt unmittelbar neben einem großen Räucherfass und führt zunächst in eine schmale Gasse mit einer Reihe von Gebetsmühlen. Der populäre **Tempel** besitzt zwei kleine Kapellen, in denen die 55 hier lebenden Mönche täglich gegen Mittag ihren Gesang und ihre Gebete anstimmen. Bei der kurzen Umrundung des Tsepak Lakhang sind einige Wandmalereien zu besichtigen, die erst kürzlich aufgefrischt wurden.

Norbulingka

Im Westen der Stadt liegt an der Route von Minibus Nr. 2 der Norbulingka (Juwelenpark), der den Dalai Lamas früher als Sommerpalast diente. Er zählt zwar nicht zu den allerersten Sehenswürdigkeiten Lhasas, ist aber auf jeden Fall einen Abstecher wert, wenn sich die Zeit dafür erübrigen lässt. Zum Pflichttermin wird ein Besuch jedoch, wenn man sich während des Festivals der Verehrung Buddhas (Juli) oder zum Joghurt-Fest Schotön (August/September) in der Hauptstadt aufhält, denn dann versammeln sich die Menschen hier zum Picknick und schauen sich Vorführungen von Maskentänzen und traditionellen Opern an. Seit der 7. Inkarnation dient der 40 ha große Park den Dalai Lamas als Erholungsgebiet. Das erste hier errichtete Gebäude war der **Palast des 8. Dalai Lama**, der im ausgehenden 16. Jahrhundert in der Nähe des heutigen Eingangs entstand. Jener Palast avancierte schließlich zur offiziellen Sommerresidenz, in die alle folgenden Dalai Lamas im Rahmen einer Zeremonie am 18. Tag des dritten Mondmonats einzogen. Die anderen für die Öffentlichkeit zugänglichen Gebäude sind der **Palast des 13. Dalai Lama** im äußersten Nordwesten der Grünanlage (hinter dem entsetzlichen Zoo) sowie die Hauptattraktion des Parks, der 1956 im Auftrag des 14. Dalai Lama errichtete **Neue Sommerpalast**, den er 1959 verlassen musste, um ins nordindische Exil zu gehen. Zu besichtigen sind der Audienzraum, ein Vorzimmer, die Meditationskammer, das Schlafzimmer und schließlich die Empfangshalle mit dem sagenhaft verzierten, goldenen Thron. Den Abschluss des Rundgangs bilden die Gemächer der Mutter des Dalai Lama, wo die westlich anmutenden Armaturen und das Radio einen herben Kontrast zu den Thangkas und religiösen Wandmalereien bilden. Die verlassenen Räume erzeugen ein Gefühl von Wehmut, führen sie doch die Realität des Exils eindringlich vor Augen. ⌚ tgl. 9.30–12.30 und 14.30–18 Uhr, Eintritt ¥35.

Übernachtung

Die meisten ausländischen Touristen quartieren sich in der Nähe vom Jokhang in den alteingesessenen und preiswerten Hotels *Snowlands, Yak, Banak Shol, Pentoc* oder *Kirey* ein. Am Stadtrand liegen chinesische Standardhotels der Mittel- und Oberklasse. Es fällt auf, dass diese Häuser allesamt auch Zimmer zum Stundenpreis anbieten, ein untrügliches Zeichen für Lhasas neuen und Besorgnis erregenden Ruf als Amüsiermeile für Chinesen. Wer eine Pauschalreise mit Unterbringung im Hotel *Tibet* ins Auge gefasst hat, sollte seinen Entschluss noch einmal überdenken, denn das Hotel ist nicht nur schäbig und unfreundlich, sondern liegt auch sehr ungünstig im Westen der Stadt.

Banak Shol**–***, Beijing Dong Lu, ✆ 6323829. Nicht gerade das am besten geführte Budget-Hotel, aber angesichts der vielen einheimischen Gäste mit einer stimmungsvollen, typisch tibetischen Atmosphäre. Saubere und gemütliche Schlafsäle, mehrere Zimmer mit und ohne Bad und sogar ein Stückchen Garten im Hof. Die nach vorne gehenden Zimmer sind wegen des Lärms möglichst zu meiden. Praktisch ist das Restaurant *Kailash* gleich auf dem Gelände. Chaotischer Wäsche-Service zum Nulltarif.

Grand Hotel Tibet****, 196 Beijing Zhong Lu, ✆ 6826096, 📠 6832195. Nagelneues Hotel, preislich in Ordnung, mit guten Einrichtungen und „Sauerstoffbar".

Hubei Hotel****, Beijing Xi Lu. Neues chinesisches Hotel, das sich vorwiegend an Geschäftsleute richtet. Gut geführt und verglichen mit den Konkurrenten in der Nähe mit einem sehr guten Preis-Leistungs-Verhältnis; dem *Lhasa* vorzuziehen.

Kirey*, Beijing Dong Lu, ✆ 6323462. Günstige Lage nahe Barkhor. Von der gesichtslosen Betonfassade sollte man sich nicht abschrecken lassen, denn die Zimmer sind nett eingerichtet, und das Preis-Leistungs-Verhältnis ist in Ordnung.

Wie bei vielen preiswerten Unterkünften lässt das Engagement des Personals auch hier zu wünschen übrig, doch dafür gibt es einen kostenlosen Wäsche-Service und das Restaurant *Tashi 2* auf dem Gelände. Dorm-Bett ¥15.

Kyichu**, 19 Beijing Dong Lu, ✆ 6338824. Zentral gelegen, der Preis stimmt, freundliches tibetisches Personal – kurz: die beste Wahl in der mittleren Preisklasse. Restaurant und Antiquitätengeschäft auf dem Gelände.

Lhasa, Luxus, Minzu Lu, ✆ 6324509, ℻ 6334117. Das ehemalige *Holiday Inn* (an dem Schild zu erkennen) ist Lhasas luxuriösestes Hotel mit 460 Zimmern, mehreren Restaurants einschließlich dem *Hard Yak Café*, Swimming Pool (nur im Sommer), Einrichtungen für Geschäftsleute und Arzt. Das echte *Holiday Inn* würde eine derart laxe Haltung allerdings niemals tolerieren, und insgesamt ist das Hotel sein Geld ganz sicher nicht wert.

Lucky Place Family Hotel**, Mentsikhang Lu. Neues kleines Guesthouse, geführt von einer freundlichen Familie, die zur Zeit der Recherche gerade um eine Konzession zur Unterbringung ausländischer Gäste kämpfte. Sollte das gelingen, dürfte es sich um eine interessante Unterkunft handeln. Dorm-Bett ¥20.

Mandala, 31 Nan Barkhor Jie, ✆ 6324783. Günstige Lage direkt am Umrundungsweg des Jokhang, aber ansonsten todlangweilig. Dorm-Bett ¥70.

Pentoc**, Mentsikhang Lu, ✆ 6330700. Günstige Lage, preiswert, gemütlich, gute Zimmer und zahlreiche Einrichtungen inkl. Wäscherei, Fahrradverleih und Videos am Abend. Die Besitzer sind Missionare aus dem Westen, und der Name leitet sich von der Pfingstlerbewegung ab. Dorm-Bett ¥30.

Shangbala****, Mentsikhang Lu. Neues chinesisches 3-Sterne-Hotel, gut geführt und günstig gelegen, aber wenig Charakter.

Snowlands**, Mentsikhang Lu, ✆ 6323687. Gute Lage nahe Jokhang, aber insgesamt schon etwas altersschwach. Dorm-Bett ¥15.

Yak*–**, Beijing Dong Lu, ✆ 6323496. Preiswerte Unterkunft mit Dorm-Betten (¥20), sauberen Zimmern mit/ohne Bad, aber einem stechenden Geruch auf den Toiletten. Zwei Innenhöfe, einer mit Gemeinschaftsbereich in einem tibetischen Zelt, das jedoch alles andere als ruhig ist, da der Hof gleichzeitig als Parkplatz dient.

Essen

Lhasa hat eine derart riesige Auswahl an Restaurants zu bieten, dass man monatelang jeden Abend in einem anderen Lokal essen könnte. Einen ausgezeichneten **Nachtmarkt** gibt es in der Dosengge Lu, nördlich der Beijing Dong Lu. Gleich zu Beginn des Markts locken zahlreiche Stände mit Sichuan-Feuertopf (immer eine gute Wahl in puncto Hygiene, denn das Essen wird an Ort und Stelle lange durchgekocht). Am anderen Ende des Geländes bieten Uiguren aus Xinjiang ihre scharfen Kebabs an. Obwohl das Essen hier im Allgemeinen sehr billig ist, sollte man sich vorher genau über den Preis jeder einzelnen Bestellung vergewissern. Wer mit schmalem Geldbeutel reist, bekommt in den kleinen Imbissbuden rund um den Tromzikhang-Markt (s.S. 1217) für nur ¥3 eine sättigende Portion Nudeln. Leckeres Brot für ein paar Yuan gibt es in den moslemischen **Bäckereien** vor der Moschee und energiereiche **Verpflegung für Trekkingtouren**, z.B. Müsli und Schokolade, am Tresen der Restaurants *Kailash* oder *Snowland*. Schräg gegenüber dem Hotel *Yak*, in der Beijing Dong Lu, führt ein kleiner Laden mit dem Schild „Indian foodstuffs abundant" solche Leckereien wie Schokoladenaufstrich. Eine Alternative ist der neue **Supermarkt** am östlichen Ende der Yuthok Lu (auf der nördlichen Straßenseite). Zahlreiche Geschäfte in der Beijing Dong Lu verkaufen Armeerationen in grüner Verpackung, die zwar nicht gerade toll schmecken, aber richtig satt machen, vor allem die viereckigen Kekse.

Barkhor Café, Barkhor-Platz. Gute Adresse für ein Schoko-Milchshake, doch das Essen lässt zu wünschen übrig. Der große Pluspunkt ist die Dachterrasse, die einen schönen Ausblick auf das abendliche Treiben bietet, v.a. wenn die untergehende Sonne das Dach des Jokhang zum Strahlen bringt.

Beijing Duck Restaurant, Beijing Xi Lu, schräg gegenüber dem *Grand Hotel Tibet*. Englisches Schild, aber keine englische Speisekarte. Spezialität des Hauses ist natürlich Ente, was rund ¥50 p.P. kostet.

Dunya, Beijing Dong Lu. Unter ausländischer Leitung und daher kaum tibetisches Flair. Diverse Tagesgerichte, gute westliche, indische und nepalische Speisen und sogar ganz akzeptabler australischer Wein. Pro Nase muss mit ¥60 gerechnet werden.

Gangki Restaurant, Mentsikhang Lu, Ecke Barkhor-Platz. Dachrestaurant mit gutem Preis-Leistungs-Verhältnis und großartigem Blick auf den Jokhang. Sehr beliebt bei Tibetern und häufig extrem voll. Hauptgericht ¥10–30, erhältlich sind auch tibetischer Tee und *tsampa*.

Hard Yak Café, im Hotel *Lhasa*, Minzu Lu. Gestärkte Tischdecken, musikalische Berieselung, alte Zeitschriften und eine Auswahl an westlichen Speisen, aber kein billiges Vergnügen (Hauptgerichte ¥60–80) – nur der Yak-Burger (¥68) ist preislich halbwegs gerechtfertigt, sollte aber nur bei viel Hunger in Angriff genommen werden.

Kailash, im *Banak Shol*, Beijing Dong Lu. Frühstück mit Eiern, Toast, Hash-Browns und Tomaten (¥20), außerdem Yak-Burger, Spagetti sowie diverse vegetarische Speisen. Die japanischen Gerichte sind lecker zubereitet, und überhaupt eignet sich das japanische Zimmer gut zum Entspannen, denn meist ist dort nicht viel los.

Lhasa Kitchen, Beijing Dong Lu, neben dem Hotel *Yak*. Nobles, aber preiswertes Restaurant mit exzellenter tibetischer Küche – Tipp: Suppe mit *shaphali* (Fleisch- und Gemüsepastetchen), gefolgt von *deysee* (Reis mit Rosinen und Joghurt).

Makye Ama, östlich des Jokhang. Ein Café, wie man es im Künstlerviertel einer westlichen Großstadt vermuten würde. Empfehlenswert sind die nepalischen und indischen Gerichte, Hauptattraktion ist die hervorragende Aussicht auf die Jokhang-Pilger. In der Restaurant-Bibliothek gibt es eine kleine Sammlung englischsprachiger Bücher zum Ausleihen.

Muslim Restaurant, Beijing Dong Lu, 50 m westlich vom *Banak Shol*. Kleines Lokal unter Leitung einer der zahlreichen Hui-Familien, die sich inzwischen in Lhasa angesiedelt haben; einige großartige Yakgerichte.

Shangrila, im Hof vom Hotel *Kirey*. Nette tibetische Möblierung und umfangreiche Speisekarte, aber farbloses Essen, das den Gaumen der hier einfallenden Reisegruppen scheinbar nicht zu sehr strapazieren soll. Jeden Abend um 19 Uhr langweilige tibetische Gesangs- und Tanzdarbietungen.

Sichuan Restaurants, Beijing Dong Lu, westlich vom Hotel *Yak*. Es mag politisch korrekter sein, die tibetischen Restaurants aufzusuchen, doch in den drei kleinen chinesischen Lokalen bekommt man einfach das bessere Essen – preiswerte und köstliche Gerichte nach Sichuan-Art sowie Feuertöpfe.

Tibetische Küche Der tibetischen Küche gebührt bei weitem kein Spitzenplatz, eigentlich nicht verwunderlich, denn sie muss mit dem Wenigen auskommen, das auf über 4000 m wächst. Ein traditionelles tibetisches Grundnahrungsmittel ist **Buttertee**, eine Mixtur aus Yakbutter, Tee und Salz, die von den meisten westlichen Ausländern als ungenießbar abgelehnt, von den Tibetern dagegen in rauen Mengen konsumiert wird. Mischt man unter dieses Gebräu dann noch **tsampa** (geröstetes Gerstenmehl), so entsteht eine Art Teig mit einem nicht unangenehmen, nussigen Geschmack. **Yakfleisch**, Joghurt, Käse (häufig aus Gründen der Konservierung zu mundgerechten Würfeln getrocknet) und manchmal eine Suppe mit ein wenig Gemüse komplettieren die Diät. In den meisten tibetischen Restaurants steht auch **thukpa** auf dem Speisezettel, eine Nudelsuppe mit ein paar Einlagen von diesem und jenem, eben was gerade so erhältlich ist. Mit etwas Glück stößt man auf die kleinen **momos**, gedämpfte oder gebratene Teigtaschen mit Fleisch- oder Gemüsefüllung. Bei *thri momo* dagegen handelt es sich um einen festen Teig ohne Füllung. Das einheimische süße, gelbliche Bier *(chang)* wird aus verschiedenen Getreidesorten hergestellt – seinen Geschmack beschrieb ein Tibet-Reisender einmal als eine Mischung aus Brot und Limonade.

Tashi 1, Beijing Dong Lu, Ecke Mentsikhang Lu. Zusammen mit dem *Tashi 2* im Hotel *Kirey* einer der Hauptanlaufpunkte für Budget-Traveller in Lhasa. Beide Lokale bieten die gleichen preiswerten Speisen, darunter eine Auswahl tibetischer *momos*, köstliche, an Tortillas erinnernde *bobis* mit Sauerrahm und Gemüse oder Fleisch, Pommes, Spagetti, Kartoffelbrei und gebratenes Yakfleisch; ebenfalls ausgezeichnet sind der Käse- und der Schokoladenkuchen.

Third Eye, Mentsikhang Lu, gegenüber dem *Snowlands*. Gute tibetische Speisen, abends ab und zu Actionvideos aus dem Westen.

Yuyi, gegenüber dem *Banak Shol*, Beijing Dong Lu. Sichuan-Küche in zwangloser Atmosphäre. Es wird kein Glutamat verwendet, aber das Essen ist nicht so scharf, wie es sein sollte – es sei denn, man verlangt ausdrücklich danach.

Unterhaltung und Kultur

Viele Ausländer bekommen gar nicht mit, dass sich Lhasa zu einem Zentrum der Rotlichtszene entwickelt hat. Es soll hier mehr Bordelle geben als in jeder anderen chinesischen Stadt, wobei die Etablissements vornehmlich an Sextouristen aus China sowie an den zahlreichen hier stationierten Soldaten verdienen – ein Bummel am späten Abend durch den Westteil der Stadt zeigt, dass die Karaoke-Bars und die flotten „Friseusen" gute Geschäfte machen.

BARS UND KNEIPEN – Einige Bars in der Beijing Zhong Lu und der Beijing Xi Lu, nahe dem Hotel *Lhasa*, haben es auf die gut situierte chinesische Klientel abgesehen – und mit dem Westen vergleichbare Preise. Die beste Musik wird im ***Music Kitchen Café,*** Beijing Xi Lu, gespielt, wo ein Bier ¥20 kostet.

DISCOS – Eine weniger umstrittene Form der Unterhaltung sind Lhasas Diskotheken. ***JJs,*** gegenüber dem Potala an der Südwestseite des Volksparks, ist die größte Disco und einer der wenigen Veranstaltungsorte, wo sich Chinesen und Tibeter zwanglos mischen. Der Eintritt von ¥30 beinhaltet zwei Live-Darbietungen, ansonsten wird ein Mix aus schmalzigen Liebesliedern und Weichspüler-Techno gespielt.

KINOS – Die Kinos in der Yuthok Lu Ecke Dosengge Lu sowie in der Beijing Dong Lu, zwischen den Hotels *Banak Shol* und *Kirey*, zeigen gelegentlich westliche Filme, die aber häufig chinesisch synchronisiert und damit für die meisten Ausländer uninteressant sind; ansonsten werden in erster Linie Kung-Fu-Filme abgespielt. Videos aus dem Westen kann man allabendlich um 18 Uhr im *Pentoc* sowie gelegentlich auch im Restaurant *Third Eye* und im *Barkhor Café* anschauen.

MUSIK – Traditionelle tibetische Musik, Tanz und Oper werden in Lhasa leider nicht sehr oft geboten, einmal abgesehen zu Zeiten der großen Feste. Infos über touristische Aufführungen sind im Restaurant *Shangrila* zu erfragen und manchmal auch in den Hotels *Lhasa* oder *Tibet* angeschlagen. Während der Saison werden im Hotel *Potala* (am Fuße des Potala im Viertel Shol) ab und zu tibetische Opern aufgeführt. Die einstündigen Vorstellungen beginnen um 18 und 21.30 Uhr, die Eintrittskarte kostet ¥100 und sollte bereits im Voraus gekauft werden.

Einkaufen

Shopping zählt zu den Lieblingsbeschäftigungen vieler Lhasa-Touristen. Das interessanteste Viertel zum Stöbern ist **Barkhor** (s.S. 1217), wo es viele entsprechende Straßenstände und Geschäfte gibt; Letztere verkaufen die besseren, aber auch die teureren Waren. Im Großen und Ganzen das gleiche Angebot haben die Straßenverkäufer vor dem Hotel *Lhasa*, jedoch in kleineren Mengen und zu noch höheren Anfangspreisen. Der Laden im Hotel *Pentoc* verfügt über eine gute Auswahl an Souvenirs, darunter Socken und Pullover aus Yakwolle. Ein schönes Mitbringsel ist auch handgemachtes Papier, das es in einem Geschäft neben dem Restaurant *Lhasa Kitchen* zu kaufen gibt.

Die Suche nach **Postkarten** erweist sich häufig als frustrierend, denn die an den Hauptsehenswürdigkeiten angebotenen Exemplare sind im Allgemeinen recht teuer; etwas günstigere Karten haben die Post und die *Xinhua*-Buchhandlung.

Wer lieber *für* Tibeter statt *von* Tibetern einkaufen möchte, kann ein paar Schreibblöcke und Stifte erstehen und an ein Waisenhaus spenden – entweder bei Neema im Restaurant *Snowlands* abgeben oder selbst zum Waisenhaus in der Beijing Xi Lu Nr. 42 bringen.

AUSRÜSTUNG – Das Restaurant *Snowlands* verleiht Schlafsäcke für ¥8 pro Nacht.
North Col Mountaineering Shop, schräg gegenüber dem Eingang zum Potala-Palast, in der nordwestlichen Ecke des Volksparks. Verkauf von Camping- und Wanderausrüstung.
Outlook Outdoor Equipment, Beijing Dong Lu, gegenüber dem Hotel *Kirey*, 💻 www.ontheway.com.cn. Verkauf von Rucksäcken, Schlafsäcken und professioneller Ausrüstung. Chinesische Schlafsäcke in Export-Qualität kosten ¥600 (leihweise für ¥20–30 pro Tag) und 2- oder 3-Mann-Zelte, Rucksäcke, Isomatten und Campingkocher im Verleih ¥30–40 pro Tag.

BEKLEIDUNG – In der Beijing Dong Lu westlich des Hotels *Yak* konzentrieren sich sehr viele chinesische und tibetische Schneider, die traditionelle tibetische oder auch westliche Kleidungsstücke anfertigen. Zur Auswahl steht eine riesige Bandbreite an Textilien, von extrem leichten bis zu schweren und warmen Stoffen. Die Preise richten sich nach Material und Schnitt – leichte Sommerjacken beginnen bei ¥100, Röcke, Hosen oder bodenlange tibetische Kleider *(chuba)* kosten ab ¥80 aufwärts. Viele Läden haben Ausstellungsstücke parat, bei denen man sich Anregungen holen kann. Zwischen dem ersten Maßnehmen und der Fertigstellung liegen in der Regel nur mehr 24 Stunden.

BÜCHER – Die beiden ***Xinhua-Buchhandlungen***, Yuthok Lu sowie Beijing Xi Lu, sind so gut wie nutzlos, und nur mit viel Glück findet man hier einen klassischen Schmöker in englischer Sprache. Wer fanatischer chinesischer Propaganda etwas Lustiges abgewinnen kann, sollte sich das Comic-Heft über die britische Invasion 1904 zulegen (auf Tibetisch). Außerdem gibt es einige teure englische Bildbände, die jedoch auch im Hotel *Lhasa*, Minzu Lu, erhältlich sind. Einer der schönsten heißt *Potala Palace* und beinhaltet gute Fotos vieler Palastschätze, die Besuchern entweder nicht gezeigt oder einfach übersehen werden, weil man so überfrachtet ist. Stimmungsvolle Fotos aus dem ganzen Land finden sich in den gebundenen Hochglanzbildbänden *Tibet* und *Snowland Tibet*. Wer sich für buddhistische Kunst interessiert, sollte zumindest einen Blick in den kostbaren Band *Precious True Word Picture Album of the Buddha, Images of Buddhism* werfen.
In den Hotels *Banak Shol* und *Pentoc* wird *The Secret Tale of Tesur House* von Wangdor Tailing verkauft, der erste Roman, der vom Tibetischen ins Englische und auch ins Deutsche *(Das Geheimnis des Hauses Tesur*, Horlemann Verlag) übersetzt wurde. Seine Handlung spielt in einer Welt blutrünstiger Morde und wirtschaftlicher Intrigen und enthält faszinierende Beschreibungen des Alltagslebens. Allerdings lässt sich allein aus der Freigabe des Romans zur Übersetzung der Schluss ziehen, dass er von den chinesischen Behörden für akzeptabel befunden wurde. **Westliche Romane** können in der Bibliothek des Restaurants *Makye Ama* umsonst – allerdings gegen ein dickes Pfand – ausgeliehen werden.

KUNST – Tibetische **Thangkas** (religiöse Rollbilder) sowie sakrale und weltliche **Gemälde** würden sich hervorragend als Souvenir eignen, doch leider sind viele von so minderwertiger Qualität, dass man schon einige Zeit stöbern muss, um das Richtige zu finden. Massenweise billige Thangkas mit einem aufgedruckten religiösen Bild in der Mitte gibt es im Stadtviertel Barkhor. Die bessere Qualität erkennt man nicht nur an den höheren Preisen, sondern vor allem an den handgemalten Bildern: Während die weniger begabten Künstler größere Bildbereiche blank lassen und die Details nicht so sorgfältig ausgestalten, bemühen sich die Könner um einen fein gezeichneten, hochdetaillierten Hintergrund. Da die anfänglich geforderten Preise sehr hoch sind, muss hart verhandelt werden. Eine ausgezeichnete Auswahl an qualitativ hochwertigen, handgemalten Thangkas (ab ¥3000) gibt es in der ***Tibet Traditional Art Gallery***, neben dem Ramoche. Lohnenswert sind auch die Geschäfte im Stadtviertel Shol, gleich hinter dem Eingangstor zum Potala-Palast, sowie der Laden im Hotel ***Lhasa***, Minzu Lu, 🕓 tgl. 9–18 Uhr, wo es Gemälde in der Preisklasse zwischen ¥500 und ¥2500 zu kaufen gibt – gratis dazu bekommt man eine Vorstellung vom oberen Ende der Preisskala.

TEPPICHE – ***Khawachen***, 103 Chingdo Xi Lu, ☎ 6333255, 📠 6333250, ⏲ Mo–Sa 9–18.30 Uhr. Geschäft einer regierungsnahen, US-finanzierten Organisation mit der besten Teppichauswahl in ganz Lhasa. Man kann den Herstellungsprozess verfolgen und sich die Stücke auch nach Hause schicken lassen. Die Teppiche haben zumeist traditionelle Muster in gedämpften Farben und reichen in der Größe von 50x50 cm (US$25) bis 2,7x3,6 m (US$1300). Zu erreichen mit Minibus Nr. 2.

Lhasa Carpet Factory, Chingdol Dong Lu, ☎ 6323447. Umfangreiche Auswahl an Teppichen mit traditionellen und modernen Mustern zu Preisen zwischen ¥140 und ¥32 000 (Verschiffung in die Heimat möglich). Besucher können zusehen, wie riesige Teppiche gewoben werden.

Traditional Tibetan Carpet and Rug Factory, links vom Ticketbüro des Norbulingka, ⏲ Mo–Fr 9–13 und 15.30–18, Sa 9–13 Uhr. Trotz seines Namens nur ein kleiner Laden, der aber eine große Zahl traditioneller Teppiche sowie einige eher ungewöhnliche zeitgenössische Wandbehänge zu Preisen zwischen ¥550 und ¥1200 führt.

ZELTE – ***Tibetan Tent Factory***, in der namenlosen Gasse, die 200 m westlich vom Hotel *Yak* nach Norden abzweigt (sofort nach Einbiegen in die Gasse dem rechten Abzweig folgen, bis die Fabrik auf der linken Seite auftaucht). Die an Festzelte erinnernden tibetischen Zelte werden bei religiösen und zeremoniellen Gelegenheiten verwendet. Meist sind sie weiß und tragen applizierte festliche Symbole in blauer Farbe. Die Preisverhandlungen beginnen bei ¥2500 für ein Zelt und ¥100 für einen Türvorhang. Billigere Türvorhänge minderer Qualität werden im Stadtviertel Barkhor angeboten.

Sonstiges

AMT FÜR ÖFFENTLICHE SICHERHEIT (PSB) – Lingkor Bei Lu und Beijing Dong Lu, ⏲ Mo–Fr 9.30–13 und 15.30–19 Uhr. Eigentlich sollte das Amt die richtige Anlaufstelle für Informationen über zugängliche und gesperrte Reiseziele sein, doch die Angaben sind nur selten zuverlässig und variieren von einer Dienststelle zur nächsten. Das Büro in der Beijing Dong Lu ist größer und kümmert sich auch um Reiseerlaubnisse sowie Visumverlängerungen.

DIPLOMATISCHE VERTRETUNGEN – ***Nepalisches Konsulat***, 13 Norbulingka Lu, ☎ 682281, ⏲ Mo–Fr 10–12.30 Uhr. Stellt innerhalb von 24 Std. ein Visum aus, für das ein Passfoto erforderlich ist; ein Visum für die einmalige Einreise kostet für 15 Tage ¥135, für 30 Tage ¥225 (bzw. ¥360 bei mehrmaliger Einreise) und für 60 Tage ¥540. Visa für die einmalige Einreise gibt es auch an der Grenze in **Kodari** (s.S. 1250), wo man aber in US-Dollar zahlen muss.

FAHRRÄDER – Diverse Hotels **verleihen** Räder für ¥3/Std. (bis zu ¥300 Pfand), z.B. das *Snowlands*. Im *Pentoc* bekommt man für ¥6 bzw. ¥15 pro Std. Mountainbikes.

Einige Traveller **kaufen** in Lhasa auch Fahrräder und strampeln damit nach Nepal, wo sie die Drahtesel manchmal mit Gewinn verkaufen. Das robusteste Vehikel für diesen Zweck hört auf den Namen *Pegasus* und kostet in dem Kaufhaus unmittelbar östlich der Kreuzung Dosengge Lu und Beijing Dong Lu ¥700. Derzeit scheint es wesentlich einfacher zu sein, mit dem Rad von Tibet nach Nepal zu fahren als umgekehrt. Entlang der Strecke gibt es lediglich zwei Kontrollposten, einen bei Lhatse und einen bei Shekar.

FOTOGRAFIEREN – Filme gibt es in den Fotogeschäften in der Kharnga Dong Lu, gegenüber dem Volkspark. Die Filmentwicklung kostet ca. ¥1 pro Abzug bei unterschiedlicher Qualität. Es empfiehlt sich, andere Traveller nach aktuellen Tipps zu fragen.

GELD – Die Hauptfiliale der ***Bank of China*** in der Lingkor Bei Lu, nördlich der Statue der Goldenen Yaks, ist die einzige Bank in Tibet, die gegen Vorlage einer Kreditkarte Bargeld auszahlt; ⏲ Mo–Fr 9–13 und 15.30–18 Uhr. Ansonsten gibt es noch mehrere andere Filialen im Zentrum, wobei diejenige in der Beijing Dong Lu auch am Wochenende geöffnet hat; ⏲ Mo–Fr 9.30–18, Sa und So 11–15 Uhr.

INTERNET – Das ***Internet-Café*** gegenüber dem *Banak Shol* ist rund um die Uhr geöffnet und verlangt ¥5/Std. Einige kleinere Läden mit ähnlichen Preisen findet man in der Mentsikhang Lu. Man sollte sich darüber im Klaren sein, dass alle aus Tibet abgeschickten E-Mails kontrolliert werden – also niemals Einheimische namentlich erwähnen.

MEDIZINISCHE HILFE – Die größte Ansammlung von **Apotheken** befindet sich in der Umgebung der Kreuzung von Yuthok Lu und Dosengge Lu. Eine auf tibetische Medizin spezialisierte Apotheke liegt an der Nordseite des Barkhor-Platzes, allerdings kommt man hier ohne Dolmetscher nicht sehr weit.
First People's Hospital, Lingkor Bei Lu. Es empfiehlt sich, vormittags hinzugehen, wenn mehr Personal zur Verfügung steht, und einen Chinesisch-Dolmetscher mitzunehmen. Eine zahnmedizinische Versorgung – abgesehen vom Ziehen – gibt es in Lhasa nicht, ebenso wenig ein Serum gegen Tollwut. ⏲ Mo–Fr 10–12.30 und 16–18 Uhr, am Wochenende nur Notfälle.
Tibetan Traditional Medicine Hospital (Mentsikhang), Yuthok Lu. Ausländische Patienten werden im Obergeschoss (Outpatients' Office) von einem in traditionellen tibetischen Heilmethoden bewanderten Arzt behandelt. Da das Personal aus Tibetern und Chinesen besteht, wäre ein beide Sprachen beherrschender Dolmetscher ideal. ⏲ Mo–Fr 10–12.30 und 16–18 Uhr.

POST UND TELEKOMMUNIKATION – ***Hauptpost,*** Beijing Dong Lu, unmittelbar östlich des Potala, ⏲ tgl. 9–18 Uhr, für Poste Restante und zollpflichtige Sendungen Mo–Fr 9.30–13 und 15.30–18 Uhr. Der Schalter für **postlagernde Sendungen** befindet sich im linken Bereich der Halle; die hier eingehende Post sollte folgendermaßen adressiert sein: Poste Restante, Main Post Office, Lhasa, Tibet, China. Beim Abholen empfiehlt es sich, sowohl die Liste mit eingegangener Post durchzusehen als auch nach neuer Post zu fragen. Für jede in Empfang genommene Sendung wird eine Gebühr von ¥1,50 fällig. Neben der Post befinden sich ein ***EMS-Büro*** sowie ein rund um die Uhr geöffnetes ***Telekom-Büro*** mit Fax-Service und der Möglichkeit zu Direktwahlgesprächen.

VORWAHL – 0891

Nahverkehrsmittel

FAHRRAD – Abgesehen von der Höhe gibt es beim Radfahren in Lhasa kaum Probleme – die Straßen sind breit, das Verkehrsaufkommen hält sich in Grenzen, und für die Regelung des Verkehrsflusses sorgen Ampeln und Polizisten.

FAHRRAD-RIKSCHAS – Ein günstiges Transportmittel sind die Fahrrad-Rikschas, bei denen jedoch einiges Verhandlungsgeschick gefragt ist (für die meisten Fahrten ¥2–4).

MINIBUSSE – Die einfachste Art der Fortbewegung innerhalb Lhasas sind die zahlreichen Minibusse, die zwischen 7 und 22 Uhr verkehren und pro Fahrt pauschal ¥2 kosten.
Linie 2: Fährt von der kleinen Minibus-Haltestelle gegenüber dem Kino in der Yuthok Lu zunächst Richtung Norden die Kharnga Dong Lu hinauf und dann Richtung Westen am Potala vorbei. Danach fahren einige Busse über die Beijing Zhong Lu weiter gen Westen und biegen am Hotel *Lhasa* nach Süden ab (am Norbulingka vorbei); die Übrigen zweigen von der Beijing Dong Lu in die alte Landstraße Yuan Lin Lu ab und führen direkt zum Norbulingka. Alle passieren den Busbahnhof und verlassen die Stadt Richtung Westen über die Chingdol Xi Lu.
Linie 3: Abfahrt in der Beijing Dong Lu, Ecke Dosengge Lu, über die Nyangrain Lu gen Norden, über die Lingkor Bei Lu gen Westen, vorbei an der Statue der Goldenen Yaks, Richtung Osten über die Beijing Zhong Lu und die Beijing Xi Lu, am Hotel *Lhasa* vorbei und aus der Stadt hinaus bis zu den Klosteranlagen Drepung und Nechung.
Linie 5: Von der Minibus-Haltestelle gegenüber dem Kino in der Yuthok Lu die Dosengge Lu gen Norden, dann nach Westen über die Beijing Dong Lu und nach Norden über die Nyangrain Lu bis zum Kloster Sera.

TAXIS – Inzwischen gibt es eine ganze Menge Taxis in Lhasa, die ¥10 als Grundpreis verlangen.

Transport

BUSSE – Einige Mini- und Pilgerbusse, vor allem diejenigen aus Shigatse, Ganden und Tsurphu, kommen im Stadtzentrum (meist am Barkhor-Platz) an, doch der wahrscheinlichste Ankunftspunkt bei der Anreise per Bus ist der **Hauptbusbahnhof** westlich des Zentrums an der Kreuzung von Chingdol Zhong Lu und Minzu Lu. Von dort ins Zentrum nimmt man entweder einen Traktor (¥5) oder den Minibus Nr. 2 (¥2).

Die Abfahrt aus Lhasa erfolgt in der Regel ebenfalls vom Busbahnhof. Es ist ratsam, die **Fahrkarten** bereits einen Tag im Voraus zu kaufen – das Personal am Ticketschalter für Ausländer ist im Allgemeinen hilfsbereit, doch wird bisweilen die Vorlage des Reisepasses verlangt. Pilgerbusse und Minibusse fahren von unterschiedlichen Punkten ab, zu beachten sind jedoch die Einschränkungen hinsichtlich ihrer Benutzung für Ausländer.

Nach SHIGATSE (5–7 Std.) fahren staatliche Busse vom Busbahnhof (1x tgl., ¥38) oder Minibusse (¥40) von der Beijing Dong Lu unmittelbar östlich des Hotels *Yak*.

Wer nach TSETANG möchte, kann täglich zwischen 7 und 8 Uhr mit dem normalen Bus vom Barkhor-Platz bis zum Anleger der SAMYE-FÄHRE (1x tgl., 4 Std., ¥26) fahren, wo man für die verbleibenden 33 km nach Tsetang (¥15) in einen anderen Bus bzw. einen Minibus umsteigen muss – der Fahrplan ist etwas undurchsichtig, aber in der Regel muss man nicht länger als eine Stunde warten. Alternativ dazu fahren täglich ab 8 Uhr Minibusse vom Hauptbusbahnhof direkt nach Tsetang (3 Std., ¥35), doch sie nehmen nicht immer Ausländer mit, auch wenn es mittlerweile keine Kontrollposten mehr zwischen Lhasa und Tsetang gibt.

Täglich um 8.30 Uhr fährt am Hauptbusbahnhof ein Bus nach GOLMUD (1x tgl., 30–40 Std.) in der Provinz Qinghai ab, das einzige per Bus erreichbare Reiseziel außerhalb Tibets. Es besteht die Auswahl zwischen Luxuslinern mit verstellbarer Rückenlehne (¥400) oder der Basisversion mit aufrechten Sitzlehnen (¥210).

Eine offizielle Busverbindung nach **Nepal** gibt es nicht mehr. Die meisten Reisenden organisieren ihre Tour mithilfe von Reiseveranstaltern in Lhasa, indem sie einen Jeep mit Fahrer und Reiseleiter mieten. Für eine Tour inkl. 6–7 Übernachtungen einschließlich Kloster Rongbuk werden Preise ab ¥4500 verlangt.

Eine Alternative besteht eventuell darin, eine Mitfahrgelegenheit in einem der Minibusse oder Jeeps zu bekommen, die regelmäßig von Lhasa zur nepalischen Grenze fahren, um dort Reisegruppen in Empfang zu nehmen. Das erfordert allerdings ein wenig Hartnäckigkeit, denn die Anbieter sehen es natürlich lieber, wenn man eine teurere Tour bucht. Die Jeeps legen die Strecke in zwei Tagen zurück, die Kosten belaufen sich auf ca. ¥350 p.P.

Busse nach:
DAMXHUNG 1x tgl., 3–4 Std. (Minibus);
GANDEN 1x tgl., 3–4 Std. (Pilgerbus);
TSURPHU 1x tgl., 2–3 Std. (Pilgerbus);
XINING 1x tgl., 40–50 Std. (Bus);
ZHANGMU 3x monatl., 3–4 Tage (Bus).

FLÜGE – Wer auf dem Luftweg anreist, landet auf dem 93 km südöstlich von Lhasa gelegenen **Flughafen Gongkhar**.

Die *CAAC*-Busse (¥35) benötigen rund zwei Stunden zum Büro der Fluggesellschaft in der Nyangrain Lu; im Rahmen organisierter Touren eintreffende Ausländer werden von ihren Reiseleitern in Jeeps abgeholt. Die Busse Richtung Flughafen fahren um 6, 6.30, 10, 15 und 17 Uhr ebenfalls vom *CAAC*-Büro ab. Ein Jeep-Taxi am frühen Morgen von Lhasa zum Flughafen kostet ¥350 für fünf Personen plus Gepäck, ein durch das Hotel *Pentoc* vorbestelltes Taxi nur ¥200.

Flugtickets gibt es bei *CAAC* in Lhasa oder am Ticketschalter im Hotel *Tibet*. Die angeflogenen Ziele sind KATHMANDU (Di und Sa, 1 Std., ¥1800), CHENGDU (2x tgl., 2 Std., ¥1200), XI'AN (Mi, 3 Std., ¥1320), CHONGQING (Di und Fr, 2 Std., ¥1300), BEIJING (tgl. außer Mo, 4 1/2 Std., ¥2690) und XINING (2x wöchentl., 2 Std.). Die Flughafensteuer beträgt nach Kathmandu ¥90 bzw. nach China ¥50.

Fluggesellschaften:
CAAC, Nyangrain Lu, ✆ 6833446, 🕒 tgl. 9–18.30 Uhr.

Die Umgebung von Lhasa

Lhasa selbst hat nicht nur ausreichend Sehenswürdigkeiten zu bieten, um Besucher für mehrere Tage zu beschäftigen, sondern in der näheren Umgebung auch noch die großen Klosteruniversitäten **Sera**, **Drepung** und **Ganden**, die von der Stadt im Rahmen eines halb- oder ganztägigen Ausflugs besichtigt werden können. Sera und Drepung sind schon beinahe mit der stetig wachsenden Hauptstadt verbunden, während die Fahrt nach Ganden eine gute Möglichkeit darstellt, einen gemütlichen Tag auf dem Lande zu verbringen. Wer die Stätten am Vormittag besucht, findet sich höchstwahrscheinlich in der Gesellschaft zahlreicher frommer Pilger wieder, die eilig um die Tempel huschen und ihre Opfergaben darbringen, bevor sie sich zum nächsten Ziel ihrer Verehrung aufmachen. Wer den Gläubigen folgt, bekommt alle Hauptgebäude zu sehen. Keine Sorge übrigens, wenn man einmal nicht wissen sollte, was man gerade vor sich hat, denn den meisten Pilgern geht es ebenso. Die Klöster sind im Allgemeinen friedliche und stimmungsvolle Orte, an denen niemand etwas dagegen hat, wenn sich Gäste nach Belieben umschauen. Früher oder später trifft man dabei mit Sicherheit auf Mönche, die sich darüber freuen, ihre Englischkenntnisse bei dieser Gelegenheit ein wenig aufzufrischen.

Sera

Das 4 km nördlich von Lhasa gelegene **Kloster** Sera ist mit dem Minibus Nr. 5 zu erreichen, der vom südlichen Ende der Nyangrain Lu oder von der Minibus-Haltestelle gegenüber dem Kino in der Yuthok Lu abfährt. Am Kloster halten die Busse entweder rund 500 m vor dem von weißen Mauern umgebenen Gelände an der Straße oder fahren bis zum Eingang vor. Für die Rückfahrt ist es günstiger, zum Halteplatz an der Straße zu laufen. Die letzten Minibusse starten unmittelbar nach Ende der Disputationen gegen 17 Uhr.

Gegründet wurde das Kloster 1419 von Sakya Yeshe, einem wichtigen Schüler von Tsongkhapa, der den Gelugpa-Orden ins Leben rief. Es liegt unterhalb einer Einsiedelei, die der große religiöse Führer über viele Jahre als Rückzugsort nutzte. Die von der Kulturrevolution verschonten Gebäude sind insgesamt in einem guten Zustand, wenngleich fast immer irgendwelche Instandsetzungsarbeiten im Gange sind. Wie üblich umrunden die Pilger den Komplex im Uhrzeigersinn und besuchen dabei die drei großen **Fakultäten** Sera Me, Sera Ngag-Pa und Sera Je sowie die Hauptversammlungshalle Tsokchen. Alle Gebäude sind so konstruiert, dass Kapellen von einer zentralen Halle abzweigen und sich weitere Gebetsräume in einem oberen Stockwerk befinden. Man kann Stunden damit verbringen, sich an diesen Orten aufzuhalten und den Pilgern zuzuschauen. Wer dagegen sofort auf das spektakulärste Gebäude zusteuern möchte, sollte vom Haupteingang gleich den Hügel hinaufgehen. Nach 200 m ist das größte Gebäude von Sera erreicht, die 1710 erbaute und von über 100 Säulen gestützte Halle namens **Tsokchen**, wo zwischen den Statuen des 5. und 13. Dalai Lama das Hauptstandbild des Gründervaters Sakya Yeshe steht. Die Statue ist eine Nachbildung des Originals, das sich in der Fakultät Sera Ngag-Pa befindet. Als das Original in die Tsokchen verlegt werden sollte, äußerte die Statue der Überlieferung zufolge den Wunsch, in der Fakultät bleiben zu dürfen, woraufhin eine Kopie angefertigt wurde.

Am oberen Ende des Wegs liegt der eingefriedete und schattige **Disputationshof**, den es sich besonders um 15.30 Uhr aufzusuchen lohnt, wenn sich die Mönche in kleinen Gruppen versammeln, um sich angeregt in hochstilisierten Streitgesprächen zu messen, die stets von großen Gesten, Beifallsbekundungen und Aufstampfen begleitet werden. Die disputierenden Mönche sind an Besucher gewöhnt – tatsächlich könnte man beinahe zu der Ansicht gelangen, dass der ganze Zirkus nur für das Publikum veranstaltet wird. Das Fotografieren bereitet in der Regel keine Probleme.

Die interessanteste Fakultät für einen Besuch, wenn man sich aus Zeitgründen entscheiden muss, ist die linker Hand des Hofs gelegene **Sera Je.** Ihre geräumige Versammlungshalle zieren schöne Thangkas, doch die meisten Pilger zieht es zur Hayagriva-Kapelle (Hayagriva oder Tamdrin, der Pferdeköpfige, ist der Schutzgott von Sera), die durch eine Tür in der Wand zur Linken zugänglich ist.

Wer sich fit fühlt, kann den hinter der Tsokchen an der Bergflanke hinaufführenden Pfad erklimmen (den Telegrafenleitungen folgen) und erreicht schließlich die **Einsiedelei von Tsongkhapa** (Choding Khang), allerdings eine Nachbildung des Originals. Seine Meditationsgrotte befindet sich noch ein Stück weiter den Berg hinauf, von wo sich eine prächtige Aussicht auf Lhasa bietet. ⌚ Mo–Sa 9–12 und 14–16 Uhr, Eintritt ¥35.

Drepung

Das 1416 von Jamyang Choje, einem führenden Schüler Tsongkhapas gegründete **Kloster** Drepung war einst die größte Klosterstadt der Welt. Der Erfolg ließ nicht lange auf sich warten, und bereits ein Jahr nach der Eröffnung lebten hier 2000 Mönche, deren Zahl zur Zeit des Großen 5. Dalai Lama (1617–1682) auf 10 000 anstieg. Dreimal wurde die Klosterstadt geplündert – 1618 durch den König von Tsang, 1635 von den Mongolen und zu Beginn des 16. Jahrhunderts von den Dsungaren –, blieb dafür aber während der Kulturrevolution von größeren Schäden weitgehend verschont.

Die **Anfahrt** zum 8 km westlich von Lhasa gelegenen Kloster erfolgt mit dem Minibus Nr. 3 von der Kreuzung Dosengge Lu und Beijing Dong Lu. Abgesetzt wird man wahlweise 30 Gehminuten vom Kloster entfernt an der Hauptstraße (¥2) oder auf dem Hügel, direkt vor den Eingangstoren zum ummauerten Gelände (¥3). Bei der Rückfahrt empfiehlt es sich, den Berg hinunterzulaufen und

Das Leben in den großen Klöstern Vor 50 Jahren gab es noch sechs große und aktive **Gelugpa-Klöster**: Sera, Drepung und Ganden in der Nähe von Lhasa, Tashilunpo in Shigatse (s.S. 1241) sowie Labrang in der Provinz Gansu (s.S. 1099) und Kumbum in der Provinz Qinghai (s.S. 1137). Alle waren mehr oder weniger ähnlich organisiert, um mit der riesigen Schar von Mönchen fertig zu werden, die in diese bedeutenden Institutionen geströmt kamen – Sera und Ganden zählten in ihrer Blütezeit je 5000 Bewohner, in Drepung (möglicherweise das weltweit größte Kloster aller Zeiten) lebten sogar zwischen 8000 und 10 000 Mönche.

Alle Klosteruniversitäten waren in Fakultäten unterteilt, die so genannten **Dratsang**, die sich vor allem in Bezug auf ihre Lehrinhalte voneinander unterschieden. Die einzelnen Fakultäten befanden sich unter der Leitung eines Abts *(khenpo)*, ein Mönch war für die Disziplin *(ge-kor)* verantwortlich. Zu jeder Fakultät gehörten mehrere Quartiere *(khangsten)*, in denen die Mönche während ihrer Studienzeit wohnten. In der Regel beherbergten diese Häuser Studenten aus verschiedenen Regionen, wobei die Entscheidung über eine Aufnahme in das Kloster beim Leiter des Hauses lag, bei dem sich der angehende Mönch bewarb. Jede Fakultät besaß ihre eigene Versammlungshalle sowie mehrere Kapellen; es gab aber auch eine Hauptversammlungshalle, in der die gesamte Gemeinschaft zusammenkam.

Doch nicht alle Mitglieder verbrachten ihre Zeit mit hochgeistigen Studien, denn Gemeinschaften von einer derartigen Größenordnung erforderten ein Höchstmaß an Organisation. Die Klosterstädte unterhielten sogar ihre eigenen Ländereien, die von Leibeigenen bestellt wurden. Während sich etwa die Hälfte der Mönche den akademischen Studien widmete, beschäftigte sich die andere Hälfte mit der Verwaltung, der Überwachung der Arbeit auf den Ländereien und den alltäglichen Dingen, die in einem Kloster von den Ausmaßen einer Kleinstadt anfielen.

Heutzutage ist das auffälligste Merkmal dieser Klöster ihre Leere. Ein paar Hundert Mönche geistern auf einem riesigen Gelände herum, das einst für mehrere Tausend konzipiert wurde. Unter der chinesischen Herrschaft und der Abwanderung der Lamas ins Exil haben die tibetischen Institutionen so gelitten, dass inzwischen sogar die Qualität der buddhistischen Ausbildung immer häufiger in Frage gestellt wird. Angehende Mönche und Nonnen müssen sich heute einer Prüfung durch die chinesische Regierung unterziehen, bevor sie in ein Kloster eintreten dürfen. Es kursieren auch immer wieder Gerüchte, dass Touristen von Mönchen ausgehorcht und gemeldet werden. Andererseits steht fest, dass die tibetischen Mönche und Nonnen seit jeher und auch heute noch die vorderste Front der offenen politischen Opposition gegen das chinesische Regime innerhalb Tibets bilden.

an der Hauptstraße außerhalb von Nechung einzusteigen, da vom Kloster nur selten Minibusse zurück nach Lhasa fahren.

Drepung ist so groß, dass man sich erst gar nicht vornehmen sollte, alles besichtigen zu wollen. Auf jeden Fall lohnt es sich, auf die **Dächer** zu steigen, um die herrliche Aussicht auf das Tal des Kyichu zu genießen, und ein wenig durch die Gassen und Innenhöfe zu schlendern.

Am einfachsten fällt die Orientierung, wenn man dem Umrundungsweg der Pilger folgt. Dieser führt links des Eingangs zunächst zum imposanten **Ganden-Palast**, der 1530 vom 2. Dalai Lama erbaut wurde und Wohnsitz aller tibetischen Oberhäupter war, bis die 5. Inkarnation in den Potala umzog. Die Privatgemächer des Dalai Lama liegen hinter dem Balkon in der oberen rechten Gebäudehälfte, sind aber nicht besonders sehenswert.

Nächste Etappe ist die Hauptversammlungshalle **Tsokchen**, die durch eine kleine Tür auf der linken Seite des Gebäudes betreten wird. Die Hauptattraktion von Drepung versetzt schon durch ihre beeindruckende Größe in Erstaunen, allein das Dach wird von über 180 massiven Holzpfeilern gestützt. Die Thangkas und Brokatapplikationen tragen ein Übriges zu der stimmungsvollen Atmosphäre bei. Hauptsanktuarium und beeindruckendster Sakralraum in Drepung ist die am hinteren Ende der Halle gelegene **Kapelle der Buddhas der Drei Zeitalter**, die eine derartige Fülle an Statuen enthält, dass einem fast schwindlig wird. Im Zentrum stehen der Buddha Shakyamuni mit seinen beiden wichtigsten Schülern Shariputra und Maudgalyayana.

Es gibt noch zwei obere Stockwerke, die ebenfalls eine Besichtigung lohnen. Die **Maitreya-Kapelle** im 1. Obergeschoss beherbergt Kopf und Schulter einer riesigen Statue des jungen Maitreya, die seinerzeit von Tsongkhapa persönlich in Auftrag gegeben wurde. In der **Tara-Kapelle** kann man eine Version der heiligen buddhistischen Schriften aus der Zeit des Großen 5. Dalai Lama besichtigen *(kanjur)*. Zwischen den Bänden, die als brokatumhüllte Loseblattsammlung in Holzregalen aufbewahrt werden, steht eine Statue von Prajnaparamita, die Mutter der Buddhas, deren Amulett angeblich einen Zahn von Tsongkhapa enthält. Die Hauptattraktion der drei Gebetsräume im obersten Stockwerk ist die zentrale **Maitreya-Kapelle** mit der faszinierenden Plastik eines goldverzierten Maitreya-Kopfes.

Hinter der Tsokchen befindet sich ein kleiner **Manjushri-Tempel**, wo die Pilger dem Bildnis des aus einem großen Fels gehauenen Bodhisattva der Weisheit ihre obligatorischen Opfergaben darbringen. Die übrigen Gebäude am Umrundungsweg sind die **Tantrische Fakultät** nordwestlich der Tsokchen sowie die **Fakultäten Loseling, Gomang und Deyang** südöstlich davon. Alle Häuser beherbergen interessante Objekte, beispielsweise die ausgestopfte Ziege am Eingang zur Kapelle der Schutzgottheiten im oberen Stockwerk der Loseling, die behagliche Einrichtung der Deyang oder die wunderbare Standbildsammlung im zentralen Sanktuarium der Gomang. Die den riesigen Hof vor dem Gebäude überblickende Haupttreppe der Tsokchen lädt dazu ein, das Kommen und Gehen der Besucher zu beobachten und den Ausblick zu genießen. 🕓 tgl. 9–18 Uhr, Kapellen 12–15 Uhr geschlossen, Eintritt ¥35.

Nechung

Knapp 1 km südöstlich von Drepung liegt das etwas unheimliche **Kloster** Nechung, das zu Fuß über einen viel begangenen Weg zugänglich ist und bis 1959 Sitz des **Tibetischen Staatsorakels** war. Das Orakel, ein Mensch mit besonderen medialen Fähigkeiten, wird durch ein komplexes Ritual und Gesänge in Trance versetzt und so zum Sprachrohr eines Gottes – in diesem Fall handelt es sich um den weltlichen Dorje Drakden in seiner Eigenschaft als Hauptbotschafter des obersten geistigen Beschützers Tibets, Pehar Gyalpo. Weder vom Dalai Lama noch von der Regierung werden irgendwelche wichtigen Entscheidungen getroffen, ohne zuvor den Rat eines Orakels einzuholen. Der Originalschrein auf dem Gelände stammt aus dem 12. Jahrhundert, aber der Tempel selbst wurde erst später vom 5. Dalai Lama errichtet. Während der Kulturrevolution musste er schwere Beschädigungen über sich ergehen lassen, doch die Restaurierungsarbeiten schreiten schnell voran.

Das Staatsorakel folgte 1959 dem Dalai Lama ins Exil, nachdem es sich selbst hilfesuchend an Dorje Drakden gewendet und gefragt hatte, was zu tun sein. Dorje Drakden starb 1985 in Dharamsala, wo bereits ein Nachfolger identifiziert wurde.

Nechungs gespenstische Stimmung macht sich bereits vor den Klostertüren bemerkbar. Die Bettler verhalten sich erstaunlich unterwürfig, und die Dorfbewohner wirken ungewohnt mürrisch. Im Innern des Gebäudes wird der Besucher von einer blutrünstigen Aufmachung begrüßt: Die Türen sind mit Bildern abgezogener menschlicher Haut geschmückt, und die Wandmalereien im Hof zeigen Dämonen bei der Folterung sowie in Blut ertrinkende Menschen. In den Kapellen bringen die auffällig schwermütigen Bittsteller eher Schnaps als Äpfel dar. Blutunterlaufene, in grinsenden Schädeln versunkene Augen scheinen einem überallhin zu folgen.

Der größte Raum im Obergeschoss ist das **Audienzzimmer**, wo der Dalai Lama früher das Orakel zu konsultieren pflegte. In der inneren Kapelle zu Ehren von Tsongkhapa stehen Statuen von ihm und seinen beiden wichtigsten Schülern, Gyeltsab Je und Khedrup Je. Die einzige Kapelle im Dachgeschoss beherbergt das Standbild des Padmasambhava, das zwar erst Anfang der 30er Jahre des 20. Jahrhunderts angefertigt wurde, aber dennoch glanzvoll mit altem chinesischen Brokat geschmückt ist. Der Aufstieg lohnt sich, und sei es nur, um der düsteren Atmosphäre im unteren Teil zu entkommen. ◷ tgl. 9–18 Uhr, Kapellen 12–15 Uhr geschlossen, Eintritt ¥10.

Ganden

Weiter von Lhasa entfernt als die anderen großen Klöster, nämlich 45 km östlich der Hauptstadt, liegt Ganden. Das **Kloster** thront spektakulär auf dem Berg Gokpori und bietet eine hervorragende Aussicht auf die umliegende Landschaft. Die Anfahrt erfolgt mit dem **Pilgerbus**, der täglich um 6.30 Uhr von der Westseite des Barkhor-Platzes in Lhasa ab- und gegen 14 Uhr zurückfährt (¥20). Die Fahrzeit beträgt drei bis vier Stunden, wobei die letzten 6 km über eine kurvenreiche Piste abseits der Schnellstraße Lhasa–Sichuan zurückgelegt werden. Fahrkarten kann man im Voraus an einer Blechhütte unmittelbar südlich des Joknang erstehen.

Die Klosterstadt wurde 1410 von Tsongkhapa auf einem Gelände gegründet, das Verbindungen zu König Songtsen Gampo und seinen Gemahlinnen aufzuweisen hatte. Erst 1417 jedoch, zwei Jahre vor Tsongkhapas Tod, kamen die Arbeiten an der Haupthalle zum Ende. Zuvor hatte er seinen Schüler Gyeltsab Je zum neuen **Ganden Tripa**, dem obersten Führer des Gelugpa-Ordens bestimmt, eine Ernennung, die ausnahmsweise nicht auf der Grundlage von Reinkarnation, sondern wegen besonderer akademischer Qualifikationen erfolgt. Von Anfang an sah sich Ganden den Angriffen der Chinesen ausgesetzt (vielleicht weil es der Hauptsitz des Ordens ist, dem auch der Dalai Lama angehört), und was man heute hier zu sehen bekommt, sind durch die Bank Rekonstruktionen.

Auf dem üblichen Umrundungsweg der Pilger werden diverse Gebäude passiert. Hauptattraktion ist der stattliche **Serdung Lhakhang** am Hauptweg nördlich des Parkplatzes. Der Tempel beherbergt einen riesigen Chörten aus Gold und Silber, dessen Original einst den Leichnam von Tsongkhapa enthielt, der sich bei seinem Tod in einen 16 Jahre alten Jugendlichen verwandelt haben soll. Seine sterblichen Überreste wurden einbalsamiert und in dem Reliquienschrein untergebracht. Als die Roten Garden diesen während der Kulturrevolution aufbrachen, fanden sie den Körper in angeblich perfekt erhaltenem Zustand, mit noch wachsenden Haaren und Fingernägeln. Nur ein paar Teile des Schädels überlebten die Zerstörung und befinden sich heute als Weihegabe in dem rekonstruierten Chörten. Den Hügel hinauf zur Rechten schützt der **Sertrikhang** den goldenen Thron Tsongkhapas sowie aller späteren Ganden Tripas. Die Tasche auf dem Thron enthält die gelbe Mütze des amtierenden Dalai Lama. ◷ tgl. 9–12 und 14–16 Uhr, Eintritt ¥35.

Auf keinen Fall versäumen sollte man den etwa einstündigen Spaziergang rund um das Kloster über die **Ganden-Kora**, wo sich atemberaubende Ausblicke bieten. In dem einfachen **Guesthouse** auf dem Klostergelände steigen größtenteils Trekker ab, die die **Wandertour** von Ganden nach Samye (s.S. 1197, Kasten) machen.

Tsetang

Die südöstlich von Lhasa und unmittelbar südlich des Tsangpo gelegene Stadt Tsetang sowie die benachbarten Täler **Yarlung** (s.S. 1231) und **Chongye** (s.S. 1232) sind randvoll mit uralter Geschichte. Der Legende zufolge stiegen die ersten Tibeter von den Hängen des Gongpo Ri östlich von Tsetang herab, und im Yarlung-Tal machte Tibets erster König, Nyatri Tsenpo, mit seinem Land Bekanntschaft, nachdem er an einer Himmelsschnur zur Erde hinabgestiegen war. Jener Herrscher schuf sogleich die erste königliche Dynastie, von der viele bedeutende Mitglieder im nahen Chongye-Tal begraben liegen. Im Yarlung-Tal sollen im 4. Jahrhundert auch die ersten buddhistischen Schriften vom Himmel gefallen sein, genau auf den Palast von Nyatri Tsenpo, den **Yumbu Lakhang**. Westlich von Tsetang liegt das eingefriedete Klosterdorf **Samye** (s.S. 1233), das älteste Kloster Tibets und ein interessantes Ausflugsziel für ein bis zwei Tage. Tsetang und Samye sind von Lhasa aus über eine gute Landstraße mit öffentlichen Verkehrsmitteln zu erreichen, was für die Täler Yarlung und Chongye leider nicht zutrifft. Während man im Yarlung-Tal noch recht gut per Anhalter vorankommt, sind die Transportmöglichkeiten nach Chongye dünner gesät.

Am ehesten empfiehlt es sich, in Tsetang ein Fahrzeug mit Fahrer zu mieten und einen Tagesausflug ins Chongye-Tal und zum Yumbu Lakhang zu unternehmen – entsprechende Fahrzeuge findet man im Hotel *Tsetang* oder gegenüber im Restaurant *Gesar* (ca. ¥350 pro Tag). Ein weiterer Wermutstropfen sind die Unterkünfte in Tsetang, für die man tief in die Tasche greifen muss (ab ¥500 für ein Doppelzimmer) und dafür nicht einmal etwas besonders Gutes bekommt. Die Frage nach der Notwendigkeit einer **Reiseerlaubnis** für Tsetang sollte unbedingt vor der Abfahrt in Lhasa geklärt werden. Eigentlich müsste das Amt für öffentliche Sicherheit in Tsetang Erlaubnisscheine für Yarlung, Chongye, Samye und Lhamo Lhatso ausstellen, weigerte sich aber zur Zeit der Recherche dieses Reiseführers, sofern man nicht im Rahmen einer organisierten Tour mit eigenem Fahrzeug und Reiseleiter unterwegs war (was von Lhasa aus für drei Tage inklusive zwei Übernachtungen ¥2000 bis ¥2500 kostet).

Tsetang dient auch als Ausgangspunkt für einen Abstecher zum **Lhamo Lhatso**, ein heiliger See 115 km nordöstlich von Tsetang, auf dessen Oberfläche Bilder erscheinen, die dem einheimischen Glauben zufolge Prophezeiungen enthalten sollen. Regenten kommen hierher, um den See nach der nächsten Inkarnation eines hohen Lamas zu fragen, und auch die Dalai Lamas suchten das Gewässer früher regelmäßig auf, um sich die Zukunft weissagen zu lassen. Montags und freitags fahren Busse an der Hauptkreuzung von Tsetang nach **Gyatsa** ab (Rückfahrt am nächsten Tag). Dort sucht man sich eine Mitfahrgelegenheit zum Kloster Chokorgye und startet die fünfstündige Wanderung zum See. Es ist ratsam, eigene Verpflegung dabeizuhaben und eine Nacht im Zelt zu verbringen, wenn es nicht ein sehr langer und anstrengender Tag werden soll.

Sehr viel spricht nicht für einen längeren Aufenthalt in Tsetang, Hauptstadt der Präfektur Lhoka, welche sich vom Tsangpo bis hinunter zur Grenze nach Bhutan erstreckt. Zwar ist in der Stadt eine Menge los, doch die Unterkunft ist ein Problem, und ein Großteil von Tsetang macht einen unattraktiven Eindruck, einmal abgesehen von dem Gassengewirr des kleinen tibetischen Viertels. Andererseits lässt sich der Ort als Ausgangsbasis für die Erkundung der Umgebung kaum vermeiden.

Läuft man von der Hauptverkehrskreuzung über die Naidong Lu nach Süden und biegt dann links in eine kleine geschäftige Marktstraße ab, gelangt man in das **tibetische Viertel** der Stadt, eine typische Ansammlung ummauerter Grundstücke mit aggressiven Hunden und im Staub balgenden Kindern.

Das erste und größte Kloster entlang dem Weg, **Ganden Chukorlin** (Eintritt ¥5), erstrahlt nach seiner Renovierung in frischem Glanz, nachdem es zuvor mehrere Jahre lang als profaner Lagerraum herhalten musste. Es wurde Mitte des 16. Jahrhunderts an der Stelle eines früheren Klosters gegründet und bietet vom Dach schöne Ausblicke auf das tibetische Viertel.

Im nahe gelegenen **Kloster Narchu** (Eintritt ¥5) aus dem 14. Jahrhundert ist die Renovierung noch nicht so weit fortgeschritten, doch eine Besichtigung lohnt allein wegen der drei ungewöhnlichen, braun bemalten Shakyamuni-Statuen auf dem Altar.

Ein Stück weiter den Berg hinauf liegt das **Nonnenkloster Sanarsensky** (Eintritt ¥5), eines der ersten seiner Art in Tibet. Es wurde im 14. Jahrhundert in der Sakyapa-Tradition gegründet, schloss sich aber später dem Gelugpa-Orden an. Es ist kleiner und weniger reich verziert als die beiden anderen Klöster und besitzt momentan nur eine einzige Kapelle, die man besichtigen kann.

Übernachtung und Essen

Postal House***, Naidong Lu (geht von der Hauptverkehrskreuzung ab), nahe Postamt. Das einzige vergleichsweise billige Hotel, das Ausländer aufnimmt, aber mit seinen schmuddligen Zimmern und Fluren alles andere als ein Schnäppchen.

Tsetang Hotel, Luxus, Naidong Lu, ✆ 0893/21899, 📠 21688. Hoffnungslos überteuert.

In der Naidong Lu gibt es zahlreiche **Restaurants** und **Bars**.

Transport

BUSSE – Der **Busbahnhof** von Tsetang liegt rund 500 m westlich der Hauptverkehrskreuzung. Nach LHASA fahren viele Minibusse (3 Std.); alternativ dazu nimmt man einen regulären Bus zum Fähranleger in Samye und steigt dort um (s.S. 1225, Transport).

Das Yarlung-Tal

Das Yarlung-Tal gelangte als Sitz der ersten tibetischen Könige zu Berühmtheit, doch heute lockt vor allem der spektakulär gelegene und malerische **Yumbu Lakhang**, Tibets erster Palast, die Touristen in die Gegend. Die von der Naidong Lu in Tsetang gen Süden führende Straße zum Yumbu Lakhang ist recht viel befahren, sodass es kein Problem sein dürfte, per Anhalter mitgenommen zu werden (es gibt hier keine öffentlichen Verkehrsmittel).

Trandruk

Rund 7 km südlich von Tsetang unterzieht sich das kleine, aber bedeutende **Kloster** Trandruk (Eintritt ¥25) gerade einer groß angelegten Restaurierung, die den Besuch jedoch kaum schmälert. Trandruk wurde als einer der ersten buddhistischen Tempel Tibets im 7. Jahrhundert während der Herrschaft von König Songtsen Gampo errichtet und gehört zu den zwölf Tempeln, mit denen die riesige Dämonin niedergehalten werden sollte, die der Legende nach unter der Erde Tibets ruhte – Trandruk hatte die Aufgabe, die linke Schulter der Dämonin zu fixieren. Einer anderen Legende zufolge war der für den Bau des Tempels gewählte Standort einst von einem großen See bedeckt, in dem ein fünfköpfiger Drache wohnte. Doch König Songtsen Gampo kam aus einer Phase der Meditation mit so großen Kräften zurück, dass er einen übernatürlichen Falken herbeirufen konnte, um den Drachen zu besiegen und das Wasser des Sees auszutrinken, damit dort der Tempel Trandruk, was so viel wie „Falkendrache" bedeutet, gebaut werden konnte.

Der bereits während der Repressionen der Bön gegen den Buddhismus im 9. Jahrhundert und erneut durch die dsungarischen Invasoren im 16. Jahrhundert schwer beschädigte Tempel hatte nach der chinesischen Invasion den Verlust zahlreicher wertvoller religiöser Objekte zu beklagen. Sein noch verbleibender Schatz ist das berühmte **Perlen-Thangka**, ein Bildnis von König Songtsen Gampos Ehefrau, Prinzessin Wencheng, auf dem sie mittels Tausender winziger Perlen, die mit äußerster Sorgfalt auf einen rosafarbenen Hintergrund genäht sind, als Weiße Tara dargestellt ist. Das Kunstwerk nimmt die zentrale Kapelle im Obergeschoss ein, wo auch eine Originalstatue steht, die Padmasambhava im Alter von acht Jahren zeigt.

Yumbu Lakhang

Angesichts der riesigen Ausdehnung des Yarlung-Tals wirkt die 12 km südlich von Tsetang gelegene **Tempelfestung** Yumbu Lakhang aus der Ferne fast zwergenhaft. Doch bereits beim 30-minütigen Anstieg zu der Anlage, die auf einem Felsvorsprung thront, wird ihre spektakuläre Lage und ihre Erhabenheit offenkundig. Das Gebäude gilt weithin als das Werk des ersten Königs von Tibet, Nyatri Tsenpo, der es nach seiner Ankunft im Yarlung-Tal erbauen ließ. Trifft dies zu, wäre der Originalbau des Yumbu Lakhang über 2000 Jahre alt und damit das älteste Gebäude Tibets gewesen, bevor es während der Kulturrevolution nahezu völlig zerstört wurde. Das gegenwärtige Bauwerk ist ein Nachbau aus dem Jahre 1982 und besteht aus zwei Teilen: einer kleinen zweistöckigen Kapelle und einem 11 m hohen Turm. Im unteren Stockwerk der Kapelle, das den frühen tibetischen Königen gewidmet ist, stehen Abbildungen von Nyatri Tsenpo zur Linken und Songtsen Gampo zur Rechten der zentralen Buddha-Statue. Das gleichermaßen entzückende wie ungewöhnliche Obergeschoss der Kapelle, mit Chenresi als zentralem Bildnis, wurde auf einem

TIBET

Balkon errichtet. Einige moderne Wandmalereien bilden hier legendäre Ereignisse der tibetischen Geschichte ab – zur Linken beispielsweise sieht man Nyatri Tsenpo und die vom Himmel fallenden buddhistischen Schriften. Wer will, kann über Leitern bis fast zur Turmspitze hinaufklettern, wo König Nyatri Tsenpo meditiert haben soll. Leider lässt der Ausblick aufgrund der tiefen und schlitzartigen Fenster auf Kniehöhe etwas zu wünschen übrig. Die landschaftliche Schönheit der Umgebung genießt man am besten von den Bergen hinter dem Tempel.

Das Chongye-Tal

Von Tsetang führt eine holprige und unbefestigte Landstraße durch das attraktive Chongye-Tal in das 27 km südlich gelegene Dorf Chongye, ein verschlafener kleiner Ort, in dem aber in letzter Zeit einige neue Häuser entstanden sind. Es gibt auch zwei Restaurants sowie ein einfaches Guesthouse. Ziel der meisten Besucher sind die rund 1 km südlich des Dorfs gelegenen **Königsgräber**. Das gesamte Tal ist landwirtschaftliches Entwicklungsgebiet, in dem die mosaikartigen Felder teilweise künstlich bewässert werden. Von Tsetang ins Chongye-Tal gibt es keine öffentlichen Verkehrsmittel und keinen nennenswerten Verkehr, sodass sich die Anfahrt entweder als teuer oder kompliziert erweist.

Tangboche

Im östlichen Abschnitt des Tals liegt rund 20 km von Tsetang entfernt das **Kloster** Tangboche am Fuß eines Berges. Der zwischen den Häusern des Dorfs gar nicht so leicht auszumachende Tempel wurde im 11. Jahrhundert gegründet und soll dem großen Tsongkhapa, dem Begründer der Gelugpa-Tradition, im 14. Jahrhundert als Residenz gedient haben. Wer eine Taschenlampe mitbringt, kommt in den vollen Genuss der Hauptattraktion – alte Wandmalereien, die 1915 vom 13. Dalai Lama in Auftrag gegeben wurden und zu zahlreich sind, um sie hier alle aufzuführen. Einen besonders aufmerksamen Blick wert sind die Stauen der Pelden Lhamo zur Linken des Eingangs sowie die Standbilder von Padmasambhava, Trisong Detsen und Shantarakshita zur Rechten. Ausführung und Detailreichtum der Motive und Hintergründe bilden einen interessanten Kontrast zu den vielen neueren Malereien, die in Tibet anzutreffen sind. 200 m den Berg hinauf befindet sich eine **Eremitage**, in die sich der Gelehrte Atisha im 11. Jahrhundert zurückzog. Die erst kürzlich renovierte Einsiedelei ist klein und wird von ziemlich grellen Darstellungen des indischen Meisters beherrscht. Eine hoch verehrte Statue von Atisha und eine Reihe von Schriften, die er aus Indien mitgebracht hatte, gingen im Zuge der Kulturrevolution verloren.

Königsgräber

1 km südlich von Chongye verteilen sich über ein riesiges Areal auf dem Mura Ri sowie an dessen Hängen die Gräber der tibetischen Könige, einige davon bis zu 200 m lang und 30 m hoch. Der Leichnam eines jeden Königs wurde mitsamt Statuen, wertvollen Gegenständen und – manchen Quellen zufolge – sogar mit lebendigen Bediensteten bestattet. Einige der bedeutendsten Könige der Yarlung-Dynastie liegen hier begraben, wobei Uneinigkeit über die genaue Anzahl der Grabstätten herrscht – es sollen 21 Stück sein, doch man bekommt nur eine viel geringere Anzahl zu Gesicht, und genauso wenig lassen sich die einzelnen Stätten bestimmten Königen zuordnen.

Der beste Überblick über das gesamte Gelände bietet sich vom größten Grab namens **Bangso Marpo** (Rotes Grab), die letzte Ruhestätte von König **Songtsen Gampo**. Es liegt unmittelbar neben der Landstraße, die das Tal in Nord-Süd-Richtung durchschneidet, und ist an der auf seinem höchsten Punkt errichteten Kapelle leicht zu erkennen. Songtsen Gampo soll einbalsamiert in einem Silbersarg liegen, ursprünglich zusammen mit unzähligen Edelsteinen, Geschenken aus Nachbarländern (z.B. eine goldene Rüstung aus Indien), seinen eigenen juwelenbesetzten Gewändern und Objekten von religiöser Bedeutung, aber leider wurde alles bereits vor langer Zeit geplündert. Die gemütliche Kapelle (Eintritt ¥10) stammt aus dem 12. Jahrhundert und birgt als zentrale Statuen Standbilder von Songtsen Gampo, seinen Gemahlinnen sowie seinen wichtigsten Ministern, Gar und Thonmi Sambhota.

Schaut man von diesem Grabhügel geradewegs nach Osten, fällt der Blick auf die letzte Ruhestätte von Songtsen Gampos Enkel Mangsong Mangtsen (646–676), der bereits im Alter von vier Jahren König wurde. Das Grab in einiger Entfernung zur Linken gehört Tri Ralpachan (805–836). In der Einfriedung nahebei erhebt sich eine uralte Steinsäule, auf der die besonderen Ereignisse während Tri Ralpachans Herrschaft eingraviert sind. Die Säule wurde auf dem Rücken einer Steinschildkröte errichtet, das Symbol für die Entstehung des Universums. Ursprünglich stand auf jedem Grab eine solche Steinsäule, doch die anderen sind schon vor langer Zeit verschwunden.

Die auf einem Berg im Westen thronenden Ruinen von **Chingwa Tagste Dzong** vermitteln eine Vorstellung von den Ausmaßen der Festung und der Hauptstadt der frühen Yarlung-Könige, bevor Songtsen Gampo den Regierungssitz nach Lhasa verlegte. Zur Linken ist das Kloster **Riwo Dechen** zu erkennen, wo heute eine blühende Gelugpa-Gemeinde von etwa 80 Mönchen lebt. Eine holprige Straße führt bis auf zehn Gehminuten an den im 15. Jahrhundert gegründeten Komplex heran, der später vom 7. Dalai Lama erweitert und Mitte der 80er Jahre des 20. Jahrhunderts restauriert wurde. Er besteht aus drei Hauptkapellen, deren mittlere von einer großen Tsongkhapa-Figur beherrscht wird.

Samye

Ein Besuch in Samye am Nordufer des Tsangpo zählt zu den Höhepunkten einer Tibet-Reise. Die einzigartige Synthese aus **Kloster** und **ummauertem Dorf** liegt inmitten einer wunderbaren Landschaft, die dafür sorgt, dass bereits die Anreise – egal aus welcher Richtung – zu einem herrlichen Erlebnis wird. Nicht minder schön präsentiert sich das Panorama, das sich nach einer Besteigung des heiligen Bergs Hepo Ri (1 Std.) östlich des Komplexes bietet – hier soll Padmasambhava dem Glauben der Tibeter zufolge die einheimischen Geister in die Knie gezwungen und sie zum Buddhismus bekehrt haben.

Samye wurde als erstes Kloster Tibets im 8. Jahrhundert unter der Herrschaft von König Trisong Detsen gegründet. Unterstützung fand er in den indischen Meistern Padmasambhava und Shantarakshita, die er nach Tibet eingeladen hatte, damit sie dort den buddhistischen Glauben verbreiteten. In Samye wurden die ersten Tibeter nach Ablegen der entsprechenden Prüfungen zu buddhistischen Mönchen ernannt, die so genannten „Sieben Examinierten". Über die Jahre hinweg assoziierte man Samye mit verschiedenen Schulen des tibetischen Buddhismus: Padmasambhavas Beteiligung an der Gründung des Klosters machte es zu einem wichtigen Zentrum der Nyingmapa-Schule; später übernahmen die Orden der Sakyapa und Gelugpa das Ruder; und heute strömen hier Gläubige sämtlicher Traditionen und Schulen zusammen. Samye hat sich zu einem bevorzugten Reiseziel für tibetische Pilger entwickelt, von denen viele wochenlang unterwegs sind, um das Objekt ihrer Verehrung zu erreichen.

Die Anlage des ausgedehnten Klosterkomplexes, der von einem zum anderen Ende mehrere Hundert Meter misst, entspricht einem riesigen **Mandala**, d.h. der Darstellung des buddhistischen Universums nach dem Vorbild des indischen Odantapuri-Tempels in Bihar. Der **Haupttempel Utse** stellt Buddhas Palast auf dem Gipfel des Meru dar, dem mythischen Weltenberg im Zentrum des buddhistischen Universums. Die vier Kontinente in dem riesigen Ozean, der den Meru umgibt, werden von den in mehreren Hundert Metern Entfernung errichteten Tempeln *(lingshi)* verkörpert, einer in jeder Himmelsrichtung und alle von jeweils zwei kleineren Tempeln *(lingtren)* flankiert, die symbolhaft für die Ozeaninseln stehen. An allen Ecken ist der Utse von vier riesigen Chörten umgeben, die jeweils mehrere Stockwerke umfassen. Nördlich und südlich des Haupttempels stehen der Sonnentempel *(nyima)* und der Mondtempel *(dawa)*. Der gesamte Komplex befindet sich innerhalb einer frisch renovierten Mauer, die mit Toren in allen vier Himmelsrichtungen und 108 kleinen Stupas versehen ist. Das alles hört sich höchst geordnet an, präsentiert sich aber in Wirklichkeit sehr viel verwirrender. Samye hat in seiner Geschichte schon viele Zerstörungen und Restaurierungen erlebt, und von den ehemals 108 Gebäuden des Komplexes sind heute nur noch wenige Tempel in ihrer Gesamtheit erhalten, versteckt zwischen Häusern, Scheunen und Tierpferchen.

Utse

Der Utse ist eine großartige sechsstöckige Konstruktion und nimmt allein etwa zwei Stunden für eine gründliche Besichtigung in Anspruch. Derzeit wird der Tempel renoviert und präsentiert sich in

TIBET

Zukunft vermutlich noch beeindruckender. Bei einem Besuch gehört eine starke Taschenlampe ins Gepäck, denn in den düsteren Ecken verbergen sich einige interessante Wandmalereien.

Das **Erdgeschoss** wird von der großartigen Hauptversammlungshalle beherrscht, deren hohe Decke schöne alte Mandalas zieren. Beiderseits des Eingangs zur Hauptkapelle stehen Statuen historischer Persönlichkeiten, die mit dem Kloster in Verbindung stehen. Zur Linken befinden sich u.a. Shantarakshita, Padmasambhava (das Standbild soll ihm sehr ähnlich sehen), Trisong Detsen sowie Songtsen Gampo. Die beeindruckende Hauptkapelle **Jowo Khang** ist durch drei hohe Türen zugänglich und beherbergt eine Shakyamuni-Statue, die den Buddha im Alter von 38 Jahren abbildet. Linker Hand der Versammlungshalle steht der kleine Tempel **Chenresi Lhakhang** mit einem fantastischen Standbild des gleichnamigen Gottes, der auf jeder seiner Tausend Hände ein mit äußerster Sorgfalt gemaltes Auge trägt – die vielleicht größte Attraktion in Samye überhaupt. Rechts der Hauptversammlungshalle befindet sich der **Gonkhang** (Raum der Schutzgottheiten) mit vielen spektakulär behangenen Statuen. Die meisten der hier dargestellten Gottheiten gelten als Dämonen der Bön-Religion und wurden vom Buddhismus als grimmige Beschützer „adoptiert", weswegen auch die Kapelle düsterer und von jahrhundertealten Angstvorstellungen durchdrungen scheint.

Am beeindruckendsten ist zwar das Erdgeschoss, doch auch die oberen Stockwerke lohnen eine Besichtigung. Im **1. Stock** erstreckt sich ein offener Terrassenbereich, wo Mönche in Zusammenarbeit mit einheimischen Handwerkern die zur Instandhaltung des Tempels notwendigen Arbeiten ausführen. Hauptattraktion im **2. Stock** sind die aus einem kleinen Vorzimmer, Thronzimmer und Schlafzimmer bestehenden **Gemächer des Dalai Lama**. Eine gut gesicherte Glasvitrine im Schlafzimmer zeigt eine Fülle fantastischer Relikte, darunter die Haare und der Wanderstock Padmasambhavas, eine Tara-Statue, die angeblich sprechen kann, sowie der Schädel des indischen Meisters Shantarakshita, um nur ein paar zu nennen. Dieser Raum steht auf der Rangliste der tibetischen Pilger ganz oben, sodass ein rechter Andrang herrscht und eine eingehendere Betrachtung meist unmöglich ist. Im **3. Stock** sind lediglich unvollendete Renovierungsarbeiten zu sehen, doch von den Balkonen eröffnet sich ein schöner Ausblick auf die Umgebung. 🕓 tgl. 9–12.30 und 15–17 Uhr, Eintritt ¥35.

Die übrigen Gebäude

Zur Zeit der Recherche befanden sich die restlichen Gebäude des Komplexes in verschiedenen Phasen der Renovierung, nur die Rekonstruktion der vier bunten **Chörten** war nahezu abgeschlossen. Die gnadenlos modernen Bauwerke unterscheiden sich alle leicht voneinander, und die Besucher scheinen sie entweder zu lieben oder zu hassen. Im Innern gibt es Treppen und winzige Kapellen, doch alles in allem erscheinen sie aus der Entfernung wesentlich eindrucksvoller. Es fällt nicht leicht, die äußeren Tempel exakt zu lokalisieren – viele warten auf ihre Renovierung, einige dienen als Scheunen und Ställe, andere wiederum leiden noch unter den Folgen der Kulturrevolution. Die am schönsten ausgearbeiteten Wandmalereien in Samye befinden sich im **Mani Lhakhang**, heute eine Kapelle in einem Gebäudekomplex nordwestlich der Klosteranlage, deren Bewohner gerne für Führungen zur Verfügung stehen.

Übernachtung und Essen

Als einzige Unterkunft in Samye bietet das Guesthouse neben dem Utse komfortable und billige Dorm-Betten. Das Kloster-Restaurant befindet sich unmittelbar nördlich des Utse, doch eine bessere Wahl ist das neuere Lokal gegenüber dem Osttor. Beide Restaurants kommen ohne Speisekarte aus und verhandeln ihre Preise je nach Angebot und Bestellung. Mehrere kleine Lebensmittelläden auf dem Klostergelände haben ein reichhaltiges Warenangebot, darunter Konserven, Bier, Süßwaren und sogar chinesischen Wein.

Transport

Für eine Reise nach Samye ist ein **Erlaubnisschein** erforderlich, den das Amt für öffentliche Sicherheit (PSB) in Tsetang ausstellt – jedoch nur für Teilnehmer einer organisierten Tour. Im Allgemeinen werden Ausländer aber nur selten von Beamten kontrolliert, außer während der großen Feste.

Trekkingtouren nach Samye Zwar ist die drei- bis viertägige Wanderstrecke von **Ganden** nach Samye viel begangen, aber deshalb nicht weniger ernst zu nehmen oder minder anspruchsvoll als andere Touren. Die Route schlängelt sich über die Bergkette, die das Kyichu-Tal vom Tsangpo-Tal trennt, und birgt eine große landschaftliche Vielfalt – von alpiner Weidegründen über hohe Pässe bis in die trockene, fast wüstenähnliche Landschaft um Samye. Unterwegs kommt man durch das Dorf **Hebu**, absolviert lange Anstiege zu den Pässen Jooker La und Sukhe La und durchwatet einige tiefe Flüsse. Übernachtet wird in Zelten, Höhlen oder Nomadenlagern.
Eine alternative, uralte Pilgerroute führt in vier Tagen von **Dechen Dzong**, 21 km östlich von Lhasa gelegen, nach Samye. Dabei überquert man die gleiche Gebirgskette und passiert das Nomadenlager Changju sowie den Gokar La (Weißer Adler). Eine dritte Option ist die ebenfalls viertägige Trekkingtour vom **Gyama-Tal**, dem Geburtsort Songtsen Gampos, über zwei 5000 m hohe Pässe nach Samye.

Die Landstraße von Lhasa nach Tsetang verläuft parallel zum Südufer des Tsangpo und wird in beiden Richtungen von öffentlichen Verkehrsmitteln bedient. Um das Kloster zu erreichen, muss der Fluss 150 km hinter Lhasa bzw. 33 km vor Tsetang mit der **Fähre** überquert werden, die ablegt, sobald sie voll ist, und häufiger vormittags als nachmittags verkehrt. Die malerische Überfahrt (¥3, für Ausländer ¥10) dauert mindestens eine Stunde und führt zwischen Sandbänken hindurch, die von Brahmini-Enten, Seetauchern und Regenpfeifern bevölkert werden. Am anderen Ufer angekommen, übernehmen Traktoren (45 Min., ¥5) und Lastwagen (30 Min., ¥3) den Transport über die 8 km lange Holperpiste nach Samye, vorbei an ausgedehnten Sanddünen, die hier und da mit Weidenbäumen bepflanzt wurden. Die kleinen, weiß getünchten Chörten auf halber Strecke nach Samye hat man an der Stelle aus dem Fels gehauen, wo König Trisong Detsen mit Padmasambhava zusammentraf, als dieser im 8. Jahrhundert nach Samye kam. Für die **Rückfahrt** empfiehlt sich ein Lastwagen, der jeden Morgen um 8 Uhr vor dem Utse abfährt und zeitlich auf die Fähre und den Bus nach Lhasa abgestimmt ist. Zwar verkehren die Traktoren und Lastwagen bis in den Nachmittag hinein, aber dann muss man sowohl an der Fähre als auch an der Bushaltestelle am anderen Ufer mit Wartezeiten rechnen.

Tsurphu und Namtso

Eine der lohnenswertesten und beliebtesten Touren in Tibet führt zum rund 230 km nordwestlich von Lhasa gelegenen **Namtso-See** und lässt sich gut mit einem Abstecher zum **Kloster Tsurphu** und zu den **heißen Quellen von Yangbajing** verbinden. Alle genannten Sehenswürdigkeiten können im Rahmen eines dreitägigen Ausflugs miteinander kombiniert werden, am besten per Miet-Jeep, dessen Preis bei rund ¥1800 liegen dürfte. An der Landstraße zwischen Lhasa und Namtso gibt es keine Kontrollposten, sodass auch ohne die erforderliche Reiseerlaubnis alles glatt gehen müsste, doch wie immer empfiehlt es sich, die aktuelle Lage im Vorfeld mit anderen Travellern zu erörtern. Tsurphu und die Stadt Damxhung können auch ohne Mietfahrzeug erreicht werden, sofern sich die Fahrer der Pilger- oder Minibusse nicht gegen eine Beförderung von Ausländern sträuben. Busse von Damxhung nach Namtso Qu am Ufer des Namtso fahren sehr unregelmäßig.

Tsurphu

Zwei bis drei Stunden dauert die rund 70 km lange Fahrt mit dem Jeep zum nordöstlich von Lhasa auf 4480 m gelegenen **Kloster** Tsurphu. Ein **Pilgerbus** zum Kloster (¥25) fährt täglich zwischen 7 und 8 Uhr von der Westseite des Barkhor-Platzes in Lhasa ab und tritt um 14 Uhr seine Rückfahrt in die Hauptstadt an. Das Kloster ist offizieller Sitz des **Karmapa Lama**, doch der aktuelle 17. Amtsinhaber, Urgyen Trinley Dorge, ging bereits 1999 nach Indien ins Exil. Urgyen wurde 1992 im Alter von 7 Jahren identifiziert und ist nach dem Dalai Lama der zweithöchste geistliche Führer Tibets. Aufgrund seiner Fähigkeiten und seiner Ausstrahlung wird er von vielen Mitgliedern der Exil-Regierung für den Nachfolger des

TIBET

Dalai Lama gehalten, wenn das tibetische Oberhaupt stirbt.

Der im 12. Jahrhundert von Dusun Khenyapa gegründete Karmapa-Orden ist ein Zweig der Kagyüpa-Schule, deren Mitglieder als **Schwarzmützen** bekannt sind, seit der 2. Karmapa eine solche Kopfbedeckung von Kublai Khan geschenkt bekam. Am größten war der Einfluss des Ordens im 15. Jahrhundert, zu einer Zeit, in der er den herrschenden Familien nahe stand. 1642 wurde der Niedergang besiegelt, als der 5. Dalai Lama und der Gelugpa-Orden mit Unterstützung des mongolischen Heers die Vorherrschaft gewannen. Der Karmapa-Orden begründete das System der reinkarnierten Lamas, die so genannten Tulkus – eine Tradition, die später von der Gelugpa-Schule übernommen wurde.

Das Kloster Tsurphu erfährt derzeit eine umfassende Erneuerung, nachdem es in den Jahren nach der chinesischen Invasion schwere Schäden erlitten hatte. Ein herrlich verziertes Golddach schmückt den massiven **Zhiwa Tratsang** mit der Hauptversammlungshalle. In deren Mittelpunkt steht neben den Shakyamuni-Plastiken ein Chörten mit den Reliquien des 16. Karmapa Lama, der eine wichtige Rolle bei der Etablierung des Ordens in Übersee spielte und 1981 in Chicago starb. Die hiesigen Wandmalereien zeigen die aufeinander folgenden Karmapa Lamas. Das am Vollmond des 4. Mondmonats (meistens im Mai oder Juni) veranstaltete Fest **Saga Dawa** hat in Tsurphu besondere Tradition und ist Anlass für das Entrollen eines riesigen neuen Thangka, das vor einigen Jahren fertig gestellt wurde.

Ein Besuch des Klosters kann sehr anstrengend werden, denn die Anlage liegt wesentlich höher als Lhasa. Außerdem steigt der im Uhrzeigersinn verlaufende Umrundungsweg – **Kora** genannt – hinter dem Tempelkomplex steil an und führt über den Berg um das Kloster herum. Die Mühe wird mit einer großartigen Aussicht belohnt, und die ganz Durchtrainierten erklimmen sogar den Berggipfel, wofür mindestens zwei bis drei Stunden einzuplanen sind. 🕓 tgl. 9–13 Uhr, Eintritt ¥10.

Es gibt kaum einen Grund, in Tsurphu zu übernachten – es sei denn, man möchte in dieser Gegend eine Trekkingtour unternehmen. Für das einfache **Guesthouse*** des Klosters müssen Schlafsack, Verpflegung und Kerzen mitgebracht werden.

Die heißen Quellen von Yangbajing

Allzu romantische Vorstellungen von den heißen Quellen in Yangbajing sollten vermieden werden, denn das warme Wasser fließt durch ein unspektakuläres, 30 m langes Betonbecken unterhalb des geothermischen Kraftwerks, in dem der Strom für Lhasa erzeugt wird. Dank seiner Lage auf 4270 m dürfte es sich um einen der höchstgelegenen Badepools der Welt handeln.

Das Dorf Yangbajing befindet sich 45 km nordöstlich der Abzweigung nach Tsurphu an der Hauptverbindungsstraße von Tibet nach Qinghai. Die landschaftlich schöne Landstraße beeindruckt durch spektakuläre Felsformationen, bevor sich das Tal zu einer engen Schlucht verengt. Kurz hinter dem Dorf geht es links ab zu dem noch rund 3 km entfernten Becken, direkt gegenüber dem potthässlichen und dampfenden Kraftwerk gelegen. 🕓 tgl. 8–18 Uhr, Eintritt ¥10.

Damxhung

Rund 80 km nach Yangbajing erreicht die Fernstraße den 4360 m hoch gelegenen **Ort** Damxhung, nurmehr ein trostloser Rastplatz für Fernfahrer. Die Strecke ist in gutem Zustand und bietet sagenhafte Ausblicke auf die im Norden aufragende Bergkette, die von dem 7117 m hohen Nyanchen Tanglha gekrönt wird.

Unterkunft in Damxhung bieten mehrere schlichte Hotels, einschließlich des lauten *Tang Shung Shey** gegenüber der neuen Tankstelle am anderen Ende des Orts. In unmittelbarer Nähe befinden sich das große, freundliche und stimmungsvolle moslemische Restaurant *Ching Jeng* sowie diverse chinesische Lokale. Von Lhasa fahren täglich gegen 7 Uhr Minibusse nach Damxhung (3–4 Std., ¥30), die an der Haltestelle unmittelbar östlich des Hotels *Yak* starten. Die Abzweigung zum Namtso-See befindet sich etwa in der Ortsmitte von Damxhung, dort, wo eine große Betonbrücke den Gebirgsfluss überquert.

Namtso

Der auf 4700 m gelegene und von November bis Mai zugefrorene Namtso (Himmelssee) ist mit 70 km Länge und 30 km Breite nach dem Qinghai Hu (s.S. 1144) der zweitgrößte Salzwassersee Chinas. Seine traumhafte Umgebung bietet einen Anblick wie aus dem Bilderbuch: Schneebedeckte

Berge bilden die majestätische Kulisse für den großen See, und zwischen den Zelten der nomadischen Hirten grasen die Yaks.

Von Damxhung dauert es rund zwei Stunden, bis das Nyanchen-Tanglha-Gebirge über den Lhachen La (5150 m) überwunden und **Namtso Qu** erreicht ist, die lediglich aus ein paar Häusern bestehende Bezirkshauptstadt am Ostufer des Sees, wo Touristen erst einmal ein „Eintrittsgeld" von ¥40 abgeknöpft wird. Ziel der meisten Besucher ist das 42 km westlich vom Lhachen La gelegene **Kloster Tashi Dor**, das versteckt hinter zwei mächtigen roten Felsen auf einer in den See ragenden Landzunge thront. Tashi Dor (Eintritt ¥10) besteht aus einem kleinen, um eine Höhle errichteten Nyingmapa-Kloster und einem schäbigen *Guesthouse** zwischen Kloster und See. Die Lage ist herrlich, doch da die Einrichtungen begrenzt sind, sollten Verpflegung und eine Taschenlampe mitgebracht werden. Etwas Bettzeug gibt es zwar, doch ein eigener Schlafsack ist auf jeden Fall besser, und ein Campingkocher mit ausreichend Brennstoff kann ebenfalls nicht schaden. Wer am äußersten Ende der Landzunge um die Felsen herumgeht und nach oben klettert, wird mit einem großartigen Ausblick belohnt. Durchtrainierte Wanderer können auch um den See laufen, was ungefähr 20 Tage in Anspruch nimmt; da es unterwegs keine Übernachtungsmöglichkeiten gibt, benötigt man für diese Unternehmung ein Zelt und die entsprechende Ausrüstung.

Die südliche Route nach Shigatse

Die von Lhasa gen Westen führende Landstraße teilt sich an der Chusul-Brücke, wo die meisten Fahrzeuge dem asphaltierten Friendship Highway folgen, der in etwa parallel zum Yarlung Tsangpo nach Shigatse verläuft. Es gibt aber auch eine längere, sehr malerische Alternativstrecke entlang der alten südlichen Route, die zunächst in südwestlicher Richtung zum Ufer des **Yamdrok Tso** führt, bevor sie sich nach Westen wendet und via **Gyantse** (s.S. 1238) auf Shigatse (s.S. 1240) zusteuert.

Da zwischen Lhasa und Gyantse keine öffentlichen Transportmittel verkehren, mieten die meisten Touristen einen Jeep; andere erkunden die Gegend auf ihrer Reise von oder nach Nepal. Die Fahrtzeit von Lhasa nach Gyantse beträgt in einem guten Jeep zwischen sechs und sieben Stunden. Von Lhasa zum Yamdrok Tso werden auch Tagestouren angeboten, wobei für das Auto etwa ¥1000 einzuplanen sind.

Yamdrok Tso

Hinter der Chusul-Brücke an der westlichen Peripherie von Lhasa erklimmt die Straße nach Süden langsam den Kampa La (4794 m) und bietet danach atemberaubende Ausblicke auf das türkisfarbene Wasser des heiligen Yamdrok Tso, der drittgrößte **See** Tibets. Sollte er einmal austrocknen, so sagt man, wird es im gesamten Schneeland kein Leben mehr geben – eine Legende, der heute mehr denn je Bedeutung zukommt, da der Yamdrok Tso keine Zuflüsse hat, die ihn speisen, und darüber hinaus im Mittelpunkt eines umstrittenen Wasserkraftprojekts steht. Nach Überquerung des Passes windet sich die Straße zum Dorf Yamtso hinab, bevor sie entlang dem Nord- und Westufer des Sees durch eine wilde Landschaft führt, geprägt von einigen winzigen Ortschaften, am Seeufer grasenden Yaks und kleinen Booten auf dem Wasser.

Am Westufer des Yamdrok Tso liegt 57 km hinter dem Kampa La auf 4500 m das staubige Dorf **Nakartse**, Geburtsort der Mutter des Großen 5. Dalai Lama. Im Dorf gibt es eine einfache **Unterkunft** (die Einheimischen nach der Richtung fragen), doch einige Gäste sollen schon mitten in der Nacht von Beamten der Ausländerpolizei hochgescheucht und aufgefordert worden sein, den Ort zu verlassen. Zum Essen laden mehrere chinesische **Restaurants** ein,doch beliebter bei den Touristen ist das in der Ortsmitte versteckt liegende tibetische Restaurant mit Tischen in einem kleinen Hof, wo man unter den neidischen Blicken der Dorfhunde Reis mit Kartoffeln und Fleisch-Curry (für Vegetarier werden die Fleischstücke einfach herausgefischt) zu sich nehmen kann. Fast alle Jeep-Fahrer steuern das Restaurant automatisch an, das ansonsten an den davor geparkten Touristenfahrzeugen zu erkennen ist.

Der Yamdrok Tso hat viele pittoreske Inseln und Seitenarme, die teilweise von der Straße aus sichtbar sind. Für Wanderfreunde bietet sich von Nakartse eine siebentägige **Trekkingtour** an, die einmal rund um die größte, in den See ragende Landzunge führt.

Der Anstieg von Nakartse auf den **Karo La** (5045 m) ist lang und spannend, mit imposanten Gipfeln links und rechts, während die Straße zunächst Richtung Süden und dann gen Westen die scheinbar unüberwindlichen Felswände bezwingt. Jenseits der Passhöhe geht es an den Mineralabbaustätten Chewang vorbei in das breite und landwirtschaftlich intensiv genutzte **Nyang-Chu-Tal** bis nach Gyantse.

Gyantse

Am Ostufer des Nyang Chu, 263 km südwestlich von Lhasa und 90 km südöstlich von Shigatse, liegt zu Füßen eines natürlichen Amphitheaters die attraktive Stadt Gyantse. Zu einer gewissen Berühmtheit gelangte der Ort durch seine großartigen Sehenswürdigkeiten, allen voran der von Tibetologen in der ganzen Welt bewunderte **Kumbum** sowie der alte **Dzong**. Trotz des rapide wachsenden chinesischen Viertels konnte sich die Stadt bislang ihre angenehme und lockere Atmosphäre bewahren.

Über die frühe Besiedlung ist kaum etwas bekannt, doch im 14. Jahrhundert erschien Gyantse plötzlich als Hauptstadt eines kleinen Königreichs auf der historischen Landkarte. Regiert wurde es von einem ursprünglich aus dem Nordosten Tibets stammenden Fürstengeschlecht, das die Abstammung vom epischen tibetischen Volkshelden König Gesar von Ling für sich in Anspruch nahm und sich alsbald mit dem mächtigen Sakyapa-Orden verbündete. Zu jener Zeit diente Gyantse wegen seiner Lage zwischen Lhasa und Shigatse auch als Umschlagplatz für die zwischen Tibet und Indien verkehrenden **Wollhändler**. Bis Mitte des 15. Jahrhunderts waren der Dzong, das Kloster Pälkhor Chöde und der Kumbum fertig gestellt, doch danach ging es mit der Stadt bergab, weil andere lokale Familien ihren Einfluss auszudehnen vermochten.

1904 geriet Gyantse in die Schlagzeilen, als das mit modernen Feuerwaffen ausgerüstete britische Expeditionskorps unter Colonel Younghusband sich der Stadt über die Handelsroute aus Sikkim näherte, 1500 Tibeter bei Tuna aus dem Weg räumte, von denen die Hälfte in der Schlacht fiel, und dann auf Gyantse vorrückte. Im Juli 1904 hatten die Engländer bei der Eroberung des Dzong vier Opfer zu beklagen, während 300 tibetische Verteidiger ihr Leben ließen. Anschließend marschierten die Engländer auf Lhasa zu. Als Bestandteil eines darauf folgenden Einigungsvertrags zwischen Tibet und Großbritannien wurde in Gyantse eine britische Handelsagentur gegründet, und in dem Maße, in dem sich die Beziehungen zwischen Tibet und den in Indien engagierten Engländern normalisierten, entwickelte sich auch die Strecke von Kalkutta via Sikkim nach Gyantse zu einer wichtigen Handelsroute.

Am einfachsten fällt die **Orientierung** in Gyantse, wenn man von der Hauptkreuzung am Fuße des Dzong auf die Festung blickt: In der rechts der Bergflanke verlaufenden Straße liegt der Eingang zum Dzong, die links vorbeiführende Straße endet am Kumbum. Der Verkehr aus Shigatse rollt von Süden her auf die Kreuzung und den Dzong zu; die Fahrzeuge aus Lhasa kommen über die alte Landstraße aus Südosten in die Stadt.

Dzong von Gyantse

Die Originalgebäude der Befestigungsanlage wurden Mitte des 14. Jahrhunderts errichtet, beim Angriff der Engländer 1904 jedoch schwer beschädigt, sodass die heutigen Gebäude wesentlich jüngeren Datums sind. Fremdenführer begleiten Besucher durch die Ruinen und schließen einige restaurierte Gebäude auf, danach kann man sich auf dem Gelände frei bewegen. Derzeit bekommen Besucher die **Versammlungshalle** gezeigt, die **Ausstellungshalle** mit Exponaten in englischer Sprache zum „Krieg gegen die Engländer" von 1904 sowie die obere und untere Kapelle des **Klosters Sampal Norbuling**. Einige der Wandmalereien in der oberen Kapelle stammen wahrscheinlich aus dem frühen 15. Jahrhundert, die meisten anderen Artefakte sind jünger. Die besten Ausblicke eröffnen sich von der Spitze des höchsten Turms im nördlichen Abschnitt des Komplexes. ⌚ Mo–Sa 7–19 Uhr, Eintritt ¥15.

Pälkhor Chöde und Kumbum

Am nördlichen Stadtrand präsentieren sich das ehemals glanzvolle Kloster Pälkhor Chöde sowie der ruhmreiche Kumbum als recht karger **monastischer Komplex**. Früher befanden sich hier bedeutende religiöse Fakultäten und Tempel der drei buddhistischen Schulen Gelugpa, Sakyapa und Bupa, Letztere mit Sitz in Zhalu (s.S. 1240).

Der **Kumbum** wurde 1440 im Auftrag von Rabten Kunsang errichtet, dem Fürsten von Gyantse, der für die schönsten Gebäude der Stadt verantwortlich zeichnete. Das bemerkenswerte Bauwerk besitzt die Form eines riesigen Chörten, der von einer goldenen Kuppel und einem überhängenden Dach gekrönt wird und auf allen Stockwerken Kapellen mit unzähligen Statuen und Gemälden beherbergt. Der Baustil ist nur in der tibetischen Architektur anzutreffen und noch mehrfach im Lande zu sehen, doch der Kumbum in Gyantse gilt als das besterhaltene (trotz Beschädigungen in den 60er Jahren des 20. Jahrhunderts) und am leichtesten zugängliche Bauwerk dieser Art. Das Wort *kumbum* bedeutet „100 000 Bilder", was wahrscheinlich ein wenig übertrieben ist, aber wirklich nur ein wenig. Viele Statuen bedürfen einer Restaurierung, auch die meisten Wandmalereien sind schon sehr alt und mit einer Taschenlampe auf jeden Fall besser zu erkennen. Das Bauwerk besteht aus acht Stockwerken, deren Größe sich mit zunehmender Höhe verringert. Ein Großteil der Kapellen im Innern – außer denen in den obersten Stockwerken – steht einer Besichtigung offen, und mit fast 70 Kapellen können sich Besucher nicht über Langeweile beklagen. Zu den Hauptattraktionen zählen die üppig dekorierten zweistöckigen Kapellen, die jeweils im 1. und 3. Stock nach den vier Himmelsrichtungen angeordnet wurden, sowie die vier Kapellen im 5. Stock. Der Blick auf die Stadt und die umliegende Landschaft wird natürlich um so besser, je höher man hinaufsteigt, und einige der Stuckarbeiten an der Außenfassade sind hier besonders gelungen. Im 6. Stock befindet sich eine Aussichtsplattform unter freiem Himmel, wo man mit den „Augen" des Chörten in alle Himmelsrichtungen blicken kann. ◷ Mo–Sa 9–12 und 15–18 Uhr, Eintritt ¥35, Fotografieren ¥10 extra.

Das andere Hauptgebäude des Komplexes ist das **Kloster Pälkhor Chöde**, das ebenfalls von Rabten Kunsang ungefähr 20 Jahre vor dem Kumbum erbaut wurde und als Andachtsstätte für Mönche aus allen Klöstern der Umgebung diente. Die heutige Hauptversammlungshalle beherbergt zwei Throne, einen für den Dalai Lama und einen für den obersten Lama des Sakyapa-Ordens. Glitzerndes Gold, Sonnenlicht und flackernde Butterlampen in den Kapellen sorgen für einen angenehm freundlichen Kontrast zu der in weiten Abschnitten des Kumbum vorherrschenden Finsternis. Die Hauptkapelle **Tsangkhang** liegt im hinteren Bereich der Versammlungshalle und beheimatet neben einer von zwei Gottheiten flankierten Statue des Shakyamuni noch einige beeindruckende Holzschnitzarbeiten, von denen die beiden auf einem Balken hockender Pfauen sehr betrachtenswert sind. Im Obergeschoss des Klosters befinden sich fünf Kapellen und im Dachgeschoss eine weitere mit der Bezeichnung **Shalyekhang** (Spitze des Himmlischen Hauses) und einigen sehr beeindruckenden, 2 m breiten Mandalas.

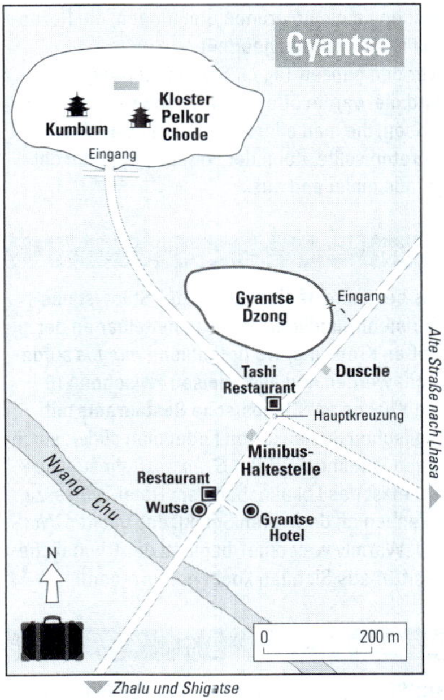

Übernachtung

Die Übernachtungsmöglichkeiten in Gyantse sind begrenzt. Im unteren Bereich der Preisskala ist einzig das saubere und ordentliche neue Hotel ***Wutse****, südlich der Hauptkreuzung, interessant. Schräg gegenüber liegt das Hotel ***Gyantse******, ✆ 0892/8172222, die komfortabelste Unterkunft der Stadt mit einer geräumigen Lobby und rund um die Uhr Warmwasser, zu er-

TIBET

kennen an einem grünen Steinbogen; die Rezeption ist nur abends geöffnet.
Wer den ganzen Tag im Staub unterwegs war, wird die warme öffentliche **Dusche** zu schätzen wissen, die man allerdings nur mit Badelatschen betreten sollte, denn der Fußboden sieht nicht gerade einladend aus.

Essen

Das bekannteste Restaurant der Stadt ist das touristenfreundliche ***Tashi***, unmittelbar an der großen Kreuzung, wo ordentliche *momos* aufgetischt werden und alle Speisen zwischen ¥10 und ¥20 kosten. **Chinesische Restaurants** mit englischen Speisekarten findet man südwestlich davon in Richtung Hotel *Gyantse*. Sehr zu empfehlen ist das Lokal neben dem Hotel *Wutse*, zu erkennen an dem roten Schild, das mit den Worten „Warmly welcome" beginnt; der freundliche Besitzer aus Sichuan kocht hervorragend.

Transport

BUSSE – Gyantses Bushaltestelle befindet sich unmittelbar südlich der Hauptverkehrskreuzung. Täglich zwischen 8 und 16 Uhr verkehren Minibusse nach SHIGATSE (2–3 Std.), aber obwohl es unterwegs keine Kontrollposten mehr gibt, nehmen einige Fahrer Ausländer nur zögerlich oder überhaupt nicht mit. Touristen zahlen für die zwei- bis dreistündige Fahrt fast ¥30.

Zhalu

Das im Rahmen eines Tagesausflugs von Shigatse oder als Abstecher auf einer Fahrt von Gyantse nach Shigatse erreichbare **Kloster** Zhalu liegt 22 km von Shigatse und 75 km von Gyantse entfernt, genauer gesagt 4 km südlich des Dorfs Tsungdu zwischen den Kilometersteinen 18 und 19 der Landstraße von Gyantse nach Shigatse. Das ursprünglich im 11. Jahrhundert erbaute Kloster besitzt einen schönen, mit Glückssymbolen geschmückten Säulenhof, doch das bemerkenswerteste Detail sind die grün glasierten Dachziegel. Bekanntheit erreichte das Kloster als Sitz des von Buton Rinchendrub im 14. Jahrhundert gegründeten buddhistischen Bupa-Ordens. Butons Verdienst als Gelehrter war die Sammlung, Organisation und Vervielfältigung der Tengyur-Kommentare, ein aus 227 dicken Bänden bestehendes Werk, das zusammen mit der von ihm verwendeten Feder während der Kulturrevolution zerstört wurde.

Einst lebten im Kloster Zhalu rund 3500 Mönche, doch insgesamt hatte der Bupa-Orden nie so viele Anhänger wie die anderen Schulen. Seine Bedeutung war aber dennoch beträchtlich, denn kein Geringerer als Tsongkhapa sowie viele andere tibetische Buddhisten ließen sich von Butons Lehren beeinflussen. Zur Zeit der Recherche dieses Reiseführers waren umfangreiche Renovierungsarbeiten im Gange und die Kapellen wegen Umbau geschlossen, sodass man sich vor einer Besichtigung über die aktuelle Lage der Dinge erkundigen sollte. Die Mönche sind generell sehr aufgeschlossen, und das Dorf selbst ist ein ruhiger, angenehmer Ort. Wer sich fit fühlt, kann eine ein- bis zweistündige Wanderung in die Berge südwestlich von Zhalu zur Einsiedelei **Riphuk** unternehmen, in der Atisha meditiert haben soll. Von Zhalu aus ist die Eremitage nicht zu sehen, sodass man den genauen Weg erfragen oder auf die Dienste eines Fremdenführers zurückgreifen muss.

Ungefähr 1 km nördlich von Zhalu liegt der aus dem Jahr 997 datierende **Gyankor Lhakhang**. Sakya Pandita, der im 13. Jahrhundert die Beziehung zwischen den mongolischen Khans und der Sakya-Hierarchie begründete (s.S. 1246), wurde hier in den Mönchsstand erhoben; die Steinschüssel, über der er sich vor der Ordination den Kopf rasierte, befindet sich noch im Hof. Unmittelbar hinter dem Eingang ist eine Muschel ausgestellt, die angeblich aus der Zeit von Buton Rinchendrub stammt und ohne menschliches Zutun Töne von sich geben soll.

Shigatse

Es ist schade, dass nur wenige Touristen auf ihrem Weg von oder nach Lhasa eine Übernachtung in Shigatse einlegen, der zweitgrößten Stadt Tibets. Ein Tag reicht zwar aus, um die beiden Hauptsehenswürdigkeit zu besichtigen, das **Kloster Tashilunpo** und den **Dzong von Shigatse**, doch empfiehlt sich mindestens eine Übernachtung in der Stadt, denn dann kann man es etwas ruhiger angehen lassen, den Markt aufsuchen und ein we-

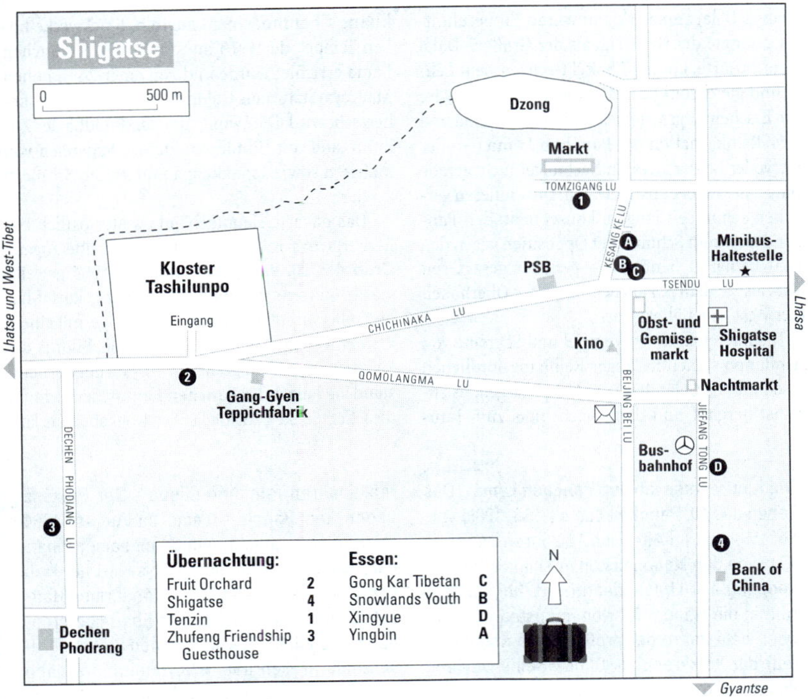

nig von der besonderen Atmosphäre schnuppern, die sich bei einem Spaziergang durch die schönen, von Bäumen gesäumten Straßen entfaltet. Wer Shigatse als Basis wählt, hat zudem die Gelegenheit, einige Sehenswürdigkeiten an der alten südlichen Route nach Lhasa (s.S. 1237) zu besichtigen.

Shigatse misst rund 2 km von einem Ende zum anderen, doch die meisten Sehenswürdigkeiten und Einrichtungen für Touristen befinden sich an den in Nord-Süd-Richtung verlaufenden Straßen Jiefang Tong Lu und Beijing Bei Lu oder in deren Umgebung. Die Verlängerung der Beijing Bei Lu nach Norden nennt sich Kesang Ke Lu und führt zum Markt und zum Dzong. Einzig das Kloster Tashilunpo ist ein gutes Stück westlich des Zentrums angesiedelt.

Shigatse bietet eine Auswahl an Unterkünften, Geschäften sowie einige nette Restaurants. Die Orientierung fällt leicht angesichts der Drolma-Bergkette, die nördlich der Stadt in den tibetischen Himmel ragt. In Shigatse verläuft der Alltag ohne Hast, allenfalls die große Zahl tibetischer Pilger und ausländischer Gäste sorgt für ein reges Treiben. Der größte Teil der Stadt ist moderner Prägung, während sich die traditionellen tibetischen Häuser in dem Viertel westlich des Markts konzentrieren, wo schmale Gassen zwischen hohen, weiß getünchten Mauern zu einem Spaziergang einladen.

Tashilunpo

Golden glitzernde Dächer weisen den Weg zum **Klosterkomplex** Tashilunpo, eine Art Vorzeigeobjekt für ausländische Touristen, das sich im Westen der Stadt zu Füßen des mächtigen Drolma-Gebirges erstreckt. Das Kloster rühmt sich einiger der großartigsten Kapellen außerhalb Lhasas und rechtfertigt daher ohne weiteres einen mehrstündigen Besuch.

Tashilunpo wurde 1447 von Tsongkhapas Neffen und Schüler Gendun Drup gegründet, der später als 1. Dalai Lama erkannt wurde. Zu Berühmtheit gelangte der Ort 1642, als der Große 5. Dalai Lama erklärte, Losang Chokyi Gyeltsen, sein Lehrer und gleichzeitig der Abt von Tashilunpo, wäre eine Erscheinungsform des Buddha Amitabha und die 4. Reinkarnation des **Panchen Lama** (Großer Wertvoller Lehrer), dessen Nachfolger nicht gerade vom Schicksal begünstigt waren. Die Chinesen versuchen schon seit langem konsequent, den Panchen Lama zum Schüren der Opposition gegen den Dalai Lama zu benutzen – genauer gesagt seit 1728, als sie dem 5. Panchen Lama die Oberhoheit über West-Tibet übertrugen.

Die interessantesten **Tempel** und Schreine von Tashilunpo stehen in langer Reihe im nördlichen Abschnitt des Geländes. Vom Haupttor geht es zunächst bergauf und dann nach links zum **Jamkhang Chenmo**, einem mehrere Stockwerke hohen Tempel, der 1915 im Auftrag des 9. Panchen Lama errichtet wurde und von einer 26 m hohen Maitreya-Statue aus Gold, Messing und Kupfer beherrscht wird. Die Wände um den Buddha der Zukunft sind mit Hunderten kleiner Malereien von Maitreya sowie Tsongkhapa und seinen Schülern verziert.

Das nächste Hauptgebäude weiter östlich beherbergt das mit Gold und Juwelen überzogene **Grab des 10. Panchen Lama**, das 1994 geweiht wurde und acht Millionen US-Dollar gekostet haben soll. Ganz oben enthält eine winzige, mit einem kleinen Fenster versehene Nische das Bildnis des Verstorbenen. Es folgt der im 16. Jahrhundert entstandene **Palast der Panchen Lamas**, der nicht für die Öffentlichkeit zugänglich ist, wohl aber das lang

Die Kontroverse um den Panchen Lama Das Leben des **10. Panchen Lama** (1938–1989) verlief tragisch. Im Alter von 11 Jahren wurde er 1949 von den Nationalisten in Xining ohne Absegnung aus Lhasa identifiziert, fiel kurz darauf in die Hände der Kommunisten und war über viele Jahre der profilierteste Kollaborateur der Volksrepublik China. Seine Stellung änderte sich 1959, als er den Dalai Lama in aller Offenheit als das wahre Oberhaupt Tibets bezeichnete. 1961 informierte er Mao bei einer Unterredung in Beijing über die entsetzliche Situation jener Zeit in Tibet und ersuchte den Großen Steuermann um Wirtschaftshilfe, religiöse Freiheit und ein Ende der zahllosen Verhaftungen. Mao sicherte dem Panchen Lama die Erfüllung seiner Wünsche zu, doch es änderte sich letztlich nichts. Als sich der Panchen Lama weigerte, eine Ansprache zu halten, in der er den Dalai Lama verurteilen sollte, erhielt er ein offizielles Redeverbot, das erst 1964 beim Großen Gebetsfestival Monlam in Lhasa aufgehoben wurde. In Anwesenheit von 10 000 Zuhörern widersetzte er sich erneut den Anweisungen und unterstützte den Dalai Lama in seiner Rede, die er mit den Worten schloss: „Lang lebe der Dalai Lama". Panchen Lama wurde sofort unter Hausarrest gestellt, und die Chinesen starteten eine Kampagne zur „vollständigen Zerschlagung der reaktionären Panchen-Clique". Der **Prozess** gegen den Panchen Lama im August 1964 dauerte 17 Tage und endete mit seiner Inhaftierung im Qin-Cheng-Gefängnis Nr. 1 nördlich von Beijing. Während seiner 14-jährigen Haftstrafe musste er Folterungen über sich ergehen lassen und unternahm einen Selbstmordversuch. Im Februar 1978, zwei Jahre nach dem Tod Zhou Enlais, wurde er freigelassen, und die Chinesen sahen darin den Beweis für ein Aufweichen ihrer Politik der harten Hand gegenüber Tibet. Der Panchen Lama kritisierte die Chinesen nie wieder in der Öffentlichkeit, doch in privaten Gesprächen trat er dafür ein, dass die tibetische Kultur um jeden Preis erhalten bleiben müsse, und sei es auf Kosten der eigenen Unabhängigkeit. Einige Tibeter betrachteten diese Einstellung als Ausverkauf ihrer Ideale, andere feierten ihn bei seinen Besuchen in Tibet wie einen Helden. Am Abend des 28. Januar 1989 starb er nach offiziellen Angaben Chinas an einem Herzinfarkt, während andere Stimmen behaupten, er wäre aus Rache von den Chinesen vergiftet worden.

Die lange Suche nach dem **11. Panchen Lama** war von enormen Spannungen begleitet. Die zentrale Frage lautete, ob der Dalai Lama oder die chinesische Regierung das Recht besäßen, die Identität der nächsten Inkarnation

gezogene Gebäude davor mit mehreren kleinen, einstöckigen Kapellen. Der **Yulo Drolma Lhakhang** ganz rechts ist betrachtenswert, denn er enthält 21 kleine Statuen als Abbildungen der 21 Erscheinungsformen von Tara, die beliebteste Göttin des tibetischen Pantheons.

Noch weiter östlich beherbergt das **Grab des 4. Panchen Lama** seinen 11 m hohen Chörten, vor dem Statuen von Amitayus, Weißer Tara und Vijaya aufgestellt sind, die so genannte Triade der Langlebigkeit. Der Leichnam wurde angeblich in aufrechter Position in dem Reliquienschrein bestattet, als weitere Weihegaben wurden uralte Manuskripte sowie Thangkas hinzugefügt, die seinerzeit vom zweiten mandschurischen Kaiser geschickt worden waren. Es schließt sich der **Kelsang Lhakhang** an, das größte und am meisten verschachtelte Gebäude Tashilunpos vor dem Grab des 5. Panchen Lama. Der Lhakhang besteht aus einem Hof, einer Versammlungshalle aus dem 15. Jahrhundert und einem wahren Irrgarten aus kleinen, teilweise miteinander verbundenen Kapellen in den umliegenden Gebäuden.

Der geflieste **Innenhof** ist Schauplatz aller größeren Tempelfeste und wird auf drei Ebenen von Kreuzgängen umgeben, die größtenteils neu restaurierte Wandmalereien zeigen. Beherrschende Merkmale der **Versammlungshalle** sind neben dem riesigen Thron des Panchen Lama die aufgehängten Thangkas mit Abbildungen all seiner Inkarnationen.

Wer sich bemüht, findet den lohnenswerten **Thongwa Donden Lhakhang**, eine der heiligsten Kapellen des Klosters, in der mehrere Begräbnis-

zu bestimmen. Zwischen den Stühlen befand sich der Abt von Tashilunpo, Chadrel Rinpoche, der die Suche anfangs nach dem altbewährten Muster leitete, wobei Berichte über außergewöhnliche Kinder an den Abt herangetragen und dann von hochrangigen Mönchen geprüft wurden. Am 25. Januar 1995 entschied der Dalai Lama, dass Gendun Choekyi Nyima, ein Arztsohn aus Nagchu in Zentraltibet, die Reinkarnation des Panchen Lama sei, zögerte aber aus Sorge um die Sicherheit des Kindes mit der öffentlichen Bekanntgabe. Das von Chadrel Rinpoche angeführte Suchkomitee sprach sich für dasselbe Kind aus.
Die chinesische Führung hingegen ordnete an, die Wahl habe auf der Grundlage eines Losverfahrens zu erfolgen. Die Lose sollten aus der Goldenen Urne gezogen werden, eine von zwei Goldvasen aus dem 18. Jahrhundert, die der Qing-Kaiser Qianlong zur Beilegung von Streitigkeiten verwendet hatte. Chadrel Rinpoche sprach sich gegen diese Regelung aus, und der Dalai Lama, besorgt über die verzögerte Entscheidung der Chinesen, erkannte Gendun Choekyi Nyima im Mai 1995 offiziell als Reinkarnation an. Schon am darauf folgenden Tag ließ man Chadrel Rinpoche auf der Rückreise von Beijing nach Tibet verhaften. Ein paar Tage später wurden Gendun Choekyi Nyima und seine Familie von den chinesischen Behörden aus ihrem Haus entführt, in ein Flugzeug verfrachtet und verschwanden auf Nimmerwiedersehen. Auf entsprechende Anfragen antworten die Chinesen lapidar, die Familie würde „zu ihrem Schutz" festgehalten. 50 kommunistische Parteifunktionäre besetzten das Kloster Tashilunpo, um Mönche ausfindig zu machen, die nach wie vor loyal zum Dalai Lama und dessen Wahl des Panchen Lama eingestellt waren. Im Juli kam es zu einer offenen Revolte durch die Mönche, die von Spezialeinheiten der Polizei niedergeschlagen wurde. In ganz Tibet machten sich die Chinesen daran, oppositionelle Kräfte in den religiösen Institutionen des Landes aufzuspüren und systematisch zu unterdrücken. Ende 1995 hatten sie die Kontrolle so weit wiederhergestellt, dass die Zeremonie der Goldenen Urne im Jokhang in Lhasa stattfinden konnte, wo ein älterer Mönch das Los eines Jungen mit dem Namen Gyaincain Norbu zog. Im Dezember wurde der Junge im Kloster Tashilunpo inthronisiert und zu öffentlichen Auftritten nach Beijing gebracht. Der Aufenthaltsort von Gendun Choekyi Nyima und seiner Familie ist nach wie vor unbekannt, und in der Zwischenzeit wurden in Tibet über 50 Menschen inhaftiert, weil sie weiterhin behaupteten, Gendun sei die wahre Inkarnation des Panchen Lama.

Chörten stehen. Ihre letzte Ruhe fanden hier der 1. Dalai Lama und Gründer des Klosters, Gendun Drup, sowie mehrere frühe Panchen Lamas und Äbte von Tashilunpo. ⌚ Mo–Sa 9.30–12 und 15.30–17 Uhr, Eintritt ¥45.

Etwa eine Stunde sollte man für die 3 km lange **Kora** reservieren, den um die Außenmauern des Klosters herumführenden Umrundungsweg der Pilger. Nach Verlassen des Klosters geht man die Hauptstraße nach rechts und läuft von dort aus immer an den Mauern entlang. Ein Wanderstock kann nicht schaden, denn einige Hunde gebärden sich hier etwas aggressiv. Höhepunkt der Wanderung ist der Blick auf die goldenen Dächer von der höchsten Mauer. An der riesigen, weiß gestrichenen Wand in der nordöstlichen Ecke wird jedes Jahr anlässlich des am 15. Tag des 5. Mondmonats (meist im Juli) stattfindenden Fests das gigantische 40 m hohe, mit Applikationen versehene Thangka aufgehängt. Statt von diesem Punkt aus wieder hinunter zur Hauptstraße zu gehen, kann man auch dem Weg folgen, der um den Berg und oberhalb des tibetischen Viertels herum zur alten Festung Dzong führt.

Dzong von Shigatse

Die Befestigungsanlage von Shigatse präsentiert sich heute als spektakuläre Anhäufung von Ruinen. Sie wurde im 17. Jahrhundert von Karma Phuntso Namgyel errichtet, als dieser König des Tsang-Reichs und Herrscher über große Teile des Landes war. Man geht davon aus, dass die Konstruktion als Vorbild für den etwas später erfolgten Bau des Potala in Lhasa diente.

Erstmalig wurde die **Festung** 1717 von den Dsungaren in Schutt und Asche gelegt und nahm in den 50er Jahren des 20. Jahrhunderts erneut großen Schaden. Im Gegensatz zu Gyantse wurden keine Anstrengungen zum Wiederaufbau unternommen, sodass die fantastische Aussicht der Hauptgrund für eine Kletterpartie über das Gelände ist.

Um den Dzong vom Zentrum aus erreichen, folgt man der asphaltierten Tomzigang Lu bis zum Ende. Ein Stückchen weiter führt eine befahrbare Piste zwischen einigen Häusern hindurch auf einen kleinen Pass, von wo man zu der Festung hinaufsteigen kann.

Übernachtung

Die Auswahl an Übernachtungsmöglichkeiten in Shigatse ist nicht besonders groß, da viele chinesische Hotels der mittleren Preisklasse keine Ausländer aufnehmen.

Fruit Orchard Hotel**, gegenüber dem Kloster. Preiswert und sauber, aber ein langweiliger Kasten ohne jegliches Flair; Warmwasser 5–18 Uhr, Dorm-Bett ¥15.

Shigatse Hotel*****, Jiefang Tong Lu, ✆ 882 2556. Am oberen Ende der Preisskala angesiedelt und vornehmlich auf Reisegruppen ausgerichtet. Wenn wenig Gäste da sind, wirkt das riesige Hotel recht leblos. Im Geschäft in der Lobby gibt es eine gute Auswahl an Büchern und Souvenirs und sogar Sauerstoffbehälter.

Tenzin Hotel**, gegenüber dem Markt, ✆ 8822018. Alteingesessener Traveller-Favorit mit gemütlichen 6er-Dorms (¥25 p.P.), die ein ausgezeichnetes Preis-Leistungs-Verhältnis bieten – ganz im Gegensatz zur „Dalai Lama Suite", die entsprechend oft leer steht. Wer abends duschen will, sollte dies rechtzeitig anmelden, sonst bleibt der Boiler nämlich ausgeschaltet. Schöne Dachterrasse zum Sonnen.

Zhufeng Friendship Guesthouse****, Dechen Phodrang Lu, ✆ 8821929. Die beste Wahl in der mittleren Preisgruppe, aber etwas abgelegen. Komfortable Zimmer und rund um die Uhr Warmwasser.

Essen

In Shigatse herrscht kein Mangel an Restaurants. Außerdem gibt es einen kleinen **Nachtmarkt**, Qomolangma Lu, Ecke Jiefang Tong Lu, wo man scharfe Kebabs und sättigende Nudelportionen bekommt. Wer ein **Picknick** plant, kann sich auf dem **Obst- und Gemüsemarkt** in der Beijing Bei Lu mit Lebensmitteln versorgen.

Gong Kar Tibetan Restaurant, Tsendu Lu. Herrlich bemalte Säulen außen und bequeme Sofas innen. Experimentierfreudige Fleischliebhaber können sich an Yakherzensalat oder Schweinsfüßen und -ohren versuchen, es sind jedoch auch weniger exotische Fleisch- und Gemüsegerichte zu haben (Hauptspeisen ¥12–20).

Snowlands Youth Restaurant, Kesang Ke Lu. Von Nepali betriebenes Lokal mit ausgezeichneten Yakfleischgerichten.
Xingyue Restaurant, nördlich vom Hotel *Shigatse*. Noble chinesische Küche; hauptsächlich auf Reisegruppen ausgerichtet.
Yingbin, Kesang Ke Lu. Chinesisches Restaurant ohne englisches Schild, doch unter den roten chinesischen Schriftzeichen steht: „Warm welcome to our foreign guests". Im Innern kitschig, aber makellos sauber; der erstklassige Koch aus Sichuan macht keinerlei Zugeständnisse an verweichlichte westliche Gaumen.

Einkaufen

SOUVENIRS – Der gegenüber dem Hotel *Tenzin* gelegene **Markt** eignet sich recht gut zum Kauf von tibetischen Souvenirs (z.B. Schmuck, „Antiquitäten" oder religiöse Gegenstände) und ist von der Größe her etwas überschaubarer als das Barkhor-Viertel in Lhasa. Potenzielle Käufer sollten allerdings ein gutes Verhandlungsgeschick und viel Geduld mitbringen, denn die Händler verlangen zunächst astronomische Preise – die viele Touristen auf Blitzbesuch anstandslos zahlen.

TEPPICHE – ***Gang-Gyen Teppichfabrik,*** Qomolangma Lu, nahe Kloster Tashilunpo. Der gesamte Produktionsprozess der aus 90% Schafwolle und 10% Baumwolle bestehenden Teppiche kann beobachtet werden – vom Aufwickeln der Wolle über das Weben bis zur Fertigstellung. Gute Auswahl an traditionellen und modernen Designs; Preise zwischen US$24 und US$370; der Transport in die Heimat kann organisiert werden. ◷ Mo–Fr 9–12.30 und 14.30–19 Uhr.

Sonstiges

AMT FÜR ÖFFENTLICHE SICHERHEIT (PSB) – Chichinaka Lu, ◷ Mo–Fr 9.30–13 und 15.30–19 Uhr. Eine der freundlicheren Dienststellen Ausstellung von Reiseerlaubnissen für Gyantse und Sakya sowie Möglichkeit zur Visumsverlängerung.

Weiterreise nach Nepal Individualtouristen auf dem Weg nach Nepal finden mit etwas Glück eine Mitfahrgelegenheit von Shigatse bis zur Grenze nach **Zhangmu** – zwischen 7 und 8 Uhr fährt an den meisten Tagen vor dem Hotel *Shigatse* ein Minibus ab, der teilweise auch Ausländer mitnimmt (¥300). Wer hier keinen Erfolg hatte, kann die Teilstrecke nach **Lhatse** in Angriff nehmen, ebenfalls mit einem Minibus, der täglich um 8.30 Uhr vor dem Tor des Tashilunpo startet. Eine weitere Alternative ist der Bus Richtung **Sakya** (Mo, Mi und Fr, 8.30 Uhr ab Busbahnhof), wobei man an der 126 km westlich von Shigatse bzw. kurz vor Lhatse gelegenen Abzweigung zum Kloster aussteigt und den Rest trampt. Dienstags und donnerstags fährt ebenfalls um 8.30 Uhr ein Minibus nach Sakya (¥27). Man sollte auf jeden Fall darauf vorbereitet sein, den letzten Abschnitt der Strecke ab Lhatse (s.S. 1248) per Anhalter zurückzulegen.
Reiseerlaubnisscheine besorgt man sich beim relativ freundlichen Amt für öffentliche Sicherheit in Shigatse – oder überhaupt nicht. Zur Zeit der Recherche dieses Reiseführers war es nicht ratsam, ohne Erlaubnisschein einen Abstecher nach Sakya oder zum Mount Everest zu unternehmen, da an beiden Strecken streng kontrolliert wurde. An den beiden Kontrollposten bei Lhatse und Segar hingegen gab es keine Schwierigkeiten – dank der gelassenen Wachtposten, die sich meist nur kurz das Visum anschauen oder die Reisenden gleich durchwinken.

GELD – ***Bank of China,*** neben dem Hotel *Shigatse,* ◷ Mo–Sa 10–13 Uhr. Wechselt Reiseschecks und ist für Traveller auf dem Weg gen Westen die letzte Möglichkeit vor Zhangmu, sich mit einheimischer Währung zu versorgen.

MEDIZINISCHE HILFE – ***Shigatse Hospital,*** Jiefang Tong Lu, ◷ tgl. 10–12.30 und 16–18 Uhr. Krankenhaus mit Rettungsstelle; Chinesisch-Dolmetscher erforderlich.

POST UND TELEFON – Beijing Bei Lu, Ecke Qomolangma Lu, ◷ tgl. 9–19 Uhr. Internationaler Brief- und Faxverkehr, aber kein Verkauf von Postkarten (die gibt es im Hotel *Shigatse*), keine Paketannahme und keine Poste Restante. Internationale Telefongespräche können von 7–24 Uhr geführt werden.

VORWAHL – 0892

Nahverkehrsmittel

Zahlreiche Traktoren operieren als **Taxis** (¥3 innerhalb der Stadt). Vom Busbahnhof zum Hotel *Tenzin* sind es zu Fuß ungefähr 20 Min.

Transport

BUSSE – Vom **Busbahnhof** in der Jiefang Tong Lu fahren mehrmals täglich Busse nach LHASA (5–7 Std.). Minibusse, darunter diejenigen nach GYANTSE (bis ca. 16 Uhr, 2–3 Std.), nutzen die **Minibus-Haltestelle** in der Tsendu Lu.

Busse nach:
LHATSE 1x tgl., 8 Std.
SAKYA 5x wöchentl., 6–7 Std.;

Sakya

Westlich von Shigatse ist der nach **Zhangmu** (s.S. 1250) an der nepalischen Grenze führende **Friendship Highway** nur teilweise asphaltiert und macht das Reisen ziemlich langsam. Die einzigen öffentlichen Transportmittel in diese Richtung sind die unregelmäßig verkehrenden Busse von Shigatse nach Sakya, Lhatse und Zhangmu. Von der breiten Ebene bei Shigatse erklimmt die Landstraße langsam den Tsuo La (4500 m), um sich danach zur Sakya-Brücke wieder hinunterzuwinden. Wer etwas Zeit erübrigen kann, sollte unbedingt den Abstecher zum gleichnamigen Kloster in Betracht ziehen. Die Strecke dorthin führt durch malerische Täler, deren Dörfer den typisch gemächlichen Lebensstil des ländlichen Tibets pflegen, und der sensationelle Anblick des Klosters Sakya lässt sich mit keinem anderen Ort im Land vergleichen.

Der kleine, aber schnell wachsende Ort Sakya liegt 150 km südwestlich von Shigatse inmitten einer attraktiven Ebene am Flüsschen Trum und ist als Zentrum der Sakyapa-Schule des tibetischen Buddhismus von großer Bedeutung. Besucher werden von den Überresten des Klosters angelockt, ein einzigartiges Bauwerk im mongolischen Stil, das bereits aus der Ferne einen spektakulären Anblick bietet. Sakya hat sich leider zu einer florierenden chinesischen Gemeinde voller hässlicher Betonklötze entwickelt und ist auf dem besten Weg, sich vollends an den Tourismus zu verkaufen. Überall bieten Kinder Quarz oder Fossilien – manchmal auch wertlose Steine – zum Verkauf an, und die Verpflegungskosten erreichen schon fast astronomische Höhen.

Die Frage nach der **Reiseerlaubnis** für Sakya ist etwas undurchsichtig. Unmittelbar vor der Stadt gibt es einen Kontrollposten, doch die Beamten haben auch schon viele Traveller ohne Reiseerlaubnis durchgewunken, worauf man sich allerdings nicht verlassen sollte. Wer keine Reiseerlaubnis hat und auf dem Weg nach Nepal ist, sollte Sakya daher lieber von seiner Reiseroute streichen.

Das Kloster

Die Erfahrungsberichte über einen Besuch des Klosters sind äußerst durchwachsen. Einige Touristen finden die Mönche unhöflich und schroff, andere erlebten sie als freundlich und redselig. Ursprünglich gab es in Sakya zwei Klöster: das imposante Südkloster im mongolischen Stil, für die meisten heutigen Besucher die Hauptattraktion, sowie das Nordkloster am anderen Flussufer, ein typisch monastischer Komplex mit 108 Kapellen.

Das **Nordkloster** wurde während der Kulturrevolution völlig zerstört und zum größten Teil durch Wohnhäuser ersetzt. Vor der Okkupation durch die Chinesen lebten in den beiden Klöstern rund 500 Mönche, heute sind es ungefähr noch 100. Gegründet wurde das Nordkloster 1073 von Kong Chogyal Pho, ein Mitglied der Khon-Familie, dessen Sohn, Kunga Nyingpo, einen wesentlichen Beitrag zur Etablierung Sakyas als bedeutendes religiöses Zentrum leistete. Er war verheiratet und hatte vier Söhne, von denen drei Mönche wurden, während der vierte Laie blieb und für den Fortbestand der Familie sorgte. Bis heute ist der Sakyapa-Orden eine recht familiäre Angelegenheit – die Mönche legen das Zölibatsgelübde ab, und ihre Laienbrüder kümmern sich darum, dass die Ordensführung in der Verwandtschaft bleibt. Einer der frühen Führer war ein Enkel von Kunga Nyingpo namens Sakya Pandita, der im 13. Jahrhundert die glanzvollste Ära des Ordens begründete: Sakya Pandita reiste an den Hof des Mongolenfürsten Godan Khan und etablierte die Sakya Lamas als religiöse Berater der nachfolgenden Kaiser sowie als effektive Herrscher über Tibet. Dieser Zustand änderte sich erst, als die mongolische Dynastie 1354 zu Fall gebracht wurde.

Der Eingang zum **Südkloster** befindet sich in der Ostmauer. Auf dem Weg dorthin fallen graue Häuser mit ungewöhnlichen weißen und roten vertikalen Streifen ins Auge, eine Kennzeichnung, die noch auf die Zeit des Kleinstaats Sakya zurückgeht und den steuerlichen Status der Bewohner markierte. Das Südkloster wurde im 13. Jahrhundert als massive Festung im Auftrag von Sakya Panditas Neffen Phagpa errichtet und besitzt fünf Haupttempel, die von einer großen, an allen Ecken mit Türmen besetzten Mauer umgeben sind. Gleich zur Linken des Eingangs befindet sich der **Puntsok-Palast**, die traditionelle Residenz eines der beiden obersten Sakya Lamas, der heute in den USA lebt. Die hohe und geräumige Kapelle im Obergeschoss ist mit zahlreichen Statuen gefüllt – nahe der Türe steht die Weiße Tara und etwas weiter hinten an derselben Wand Sakya Pandita; das zentrale Standbild von Kunga Nyingpo, dem Gründer des Nordklosters, zeigt ihn als alten Mann. Mehrere Chörten enthalten als Weihefüllung die sterblichen Überreste der frühen Sakya Lamas.

Die nächste Kapelle beim Rundgang im Uhrzeigersinn durch den Hof ist der **Phurkhang** mit Statuen von Shakyamuni zur Linken und Manjushri zur Rechten von Sakya Pandita. Auch dieses Gebäude birgt unendlich viele Statuen sowie Ausgaben heiliger Texte und Wandmalereien. Gegenüber dem Eingang zum Klosterkomplex erhebt sich die **Große Versammlungshalle**, ein imposanter Raum mit 3,5 m dicken Wänden. Das Dach wird von 40 massiven Holzpfeilern getragen: Einer davon soll ein persönliches Geschenk von Kublai Khan gewesen und angeblich von Menschenhand aus China hierher transportiert worden sein; ein anderer gelangte der Überlieferung zufolge auf dem Rücken eines Tigers von Indien nach Tibet; ein dritter wurde angeblich in den Hörnern eines Yaks herbeigeschafft; und ein weiterer weint schwarze Tränen, das Blut der *naga*-Wassergeister, die früher in dem Baum lebten, aus dem der Pfeiler entstand. Der ganze Raum quillt beinahe über vor Wandbehängen aus Brokat, Statuen, Butterlampen, Thronen, Wandmalereien und heiligen Büchern. Die prächtigsten Buddha-Statuen, die vor einem mit vergoldeten Schnitzarbeiten verzierten Hintergrund stehen, enthalten die Gebeine früherer Sakya Lamas. Es folgt der **Tempel der Silbernen Chörten** mit insgesamt elf Stupas und weiteren in der Kapelle dahinter. Am Ende des Umrundungswegs lohnt der **Drolma Lhakhang** im Obergeschoss des Gebäudes zur Rechten des Eingangs eine Besichtigung. Es handelt sich um die Residenz des zweiten ranghöchsten Sakya Lama namens Sakya Trizin, der nach Indien ins Exil ging und seinen Sitz heute in Rajpur hat. Etwas Zeit sollte auch für einen Spaziergang über die Klostermauern reserviert werden, um die schöne Aussicht auf das Gelände und die umliegende Landschaft zu genießen. ⌚ Mo–Sa 9–12 und 16–18 Uhr, Eintritt ¥35, Fotografieren in den Kapellen ¥80.

Übernachtung

Direkt am Busbahnhof gibt es eine miserable Unterkunft, die nur im Notfall aufgesucht werden sollte. 150 m vom Busbahnhof entfernt (aus der Halle kommend nach rechts wenden) liegt gegenüber der Nordmauer des Klosters das ***Tibetan Hotel***, das über ein paar Dorm-Betten (mit Decken, aber ohne Laken) verfügt, häufig unter Stromausfall leidet und als einzige sanitäre Anlagen ein Plumpsklo bietet.
Eine Alternative ist die schlichte *Herberge** am Friendship Highway an der Abzweigung nach Sakya (nur durch Nachfragen zu finden).

Essen

Das beste Lokal in Sakya ist das unmittelbar westlich des Hoteleingangs gelegene ***Sichuan Flavour Restaurant***, neben einem kleinen Laden mit dem Schild „Simone Soda and Cigs". Im Vergleich zu seiner Größe besitzt das chinesische Restaurant eine überraschend umfangreiche Speisekarte in englischer Sprache mit der üblichen Auswahl an Fleisch, Gemüse, Reis und Nudeln (¥10–20); zum Frühstück gibt's gute Pfannkuchen.

Transport

BUSSE – Von der Bushaltestelle in Sakya fahren mindestens 5x wöchentlich Busse nach SHIGATSE (6–7 Std.) – die Abfahrt erfolgt jeweils einen Tag nach Ankunft der Busse aus Shigatse, üblicherweise um 11 Uhr.
Wer von Sakya nach **Lhatse** weiterreisen will, muss an der Kreuzung am Friendship Highway aussteigen, die gegen 13 Uhr erreicht wird. Der Bus von Shigatse nach Lhatse kommt hier gegen 13.30 Uhr vorbei, sodass nicht mit langen Wartezeiten zu rechnen ist.

Von Sakya zum Mount Everest

Nur 24 km westlich der Sakya-Brücke liegt (ohne Kontrollposten dazwischen) auf 4050 m am Friendship Highway der Ort **Lhatse** mit mehreren Restaurants und einfachen Unterkünften. Lange aufhalten wird sich kaum jemand, aber die meisten Fahrzeuge machen hier Rast. Weitere 6 km westlich von Lhatse folgt ein Kontrollposten, hinter dem sich die Landstraße teilt: Nach links führt der Friendship Highway weiter Richtung Nepal, während die nach rechts abzweigende Straße den äußersten Westen und Nordwesten Tibets erschließt. Wer per Anhalter nach West-Tibet unterwegs ist, sollte noch 2 km zu Fuß bis zum Fluss weiterlaufen, denn dort müssen alle Fahrzeuge auf die Fähre warten. Tramper Richtung Nepal passieren den Kontrollposten zu Fuß und warten dahinter auf eine Mitfahrgelegenheit – vermutlich wird man eher von einem Reisebus als von einem Einheimischen zur Grenze mitgenommen.

Im weiteren Verlauf präsentiert sich der Friendship Highway in entsetzlichem Zustand. Etwa vier Stunden dauert die Fahrt in einem guten Jeep über den Lhakpa La (5220 m) bis zum Kontrollposten an der Abzweigung nach **Shekar** (alias New Tingri). In puncto **Unterkunft** sollte man das groß angepriesene, aber überteuerte *Chomolungma Hotel***** meiden, das 200 m hinter der Abzweigung vom Friendship Highway Richtung Shekar liegt. Stattdessen empfiehlt sich das neue und komfortable, wenngleich schlichte *Pelbar Family Hotel** an der Fernstraße, in dessen Umgebung es auch einige gemütliche Restaurants gibt. Der Ort selbst mit dem auf einem Berg gelegenen Kloster Shekar Chode befindet sich 7 km weiter westlich. Shekar verfügt über eine einfache Unterkunft*, die nur auf Nachfrage zu finden ist, aber es besteht ohnehin kaum ein Grund, hier länger zu verweilen.

Einen weiteren Kontrollposten am Highway passiert man 5 km hinter dem *Pelbar Family Hotel*. Aus Nepal einreisende Touristen haben berichtet, dass die Beamten hier besonders gewissenhaft sind, wenn es um die Beschlagnahmung von Druckerzeugnissen über Tibet geht (Reisebücher über China mit einem Tibet-Abschnitt scheinen für die Zöllner weniger interessant zu sein). 7 km jenseits der Kontrollstation wird die Abzweigung nach Süden zum **Kloster Rongbuk** und zum **Basislager am Mount Everest** erreicht. Die 90 km lange Strecke nach Rongbuk fasziniert dermaßen, dass jede qualvolle Minute der drei- bis vierstündigen Horrorfahrt über die holprige Piste zur Nebensächlichkeit mutiert.

3 km hinter der Abzweigung wird am Kontrollposten Chay ein Eintrittsgeld für die Everest-Region erhoben (¥400 pro Jeep, ¥65 p.P.). Danach windet sich die Landstraße im steilen Zickzack auf den **Pang La** (5150 m), wo sich die ganze Pracht der Everest-Region vor den Augen des staunenden Besuchers entfaltet. Je früher am Tag man ankommt, desto besser ist die Sicht, später zieht der Himmel häufig zu. Eine Übersichtskarte am **Aussichtspunkt** hilft bei der Identifizierung der einzelnen Gipfel, darunter der Cho Oyu (8153 m), der Lhotse (8501 m), der Makalu (8463 m) und natürlich der mächtige Mount Everest (auf Tibetisch Chomolungma, auf Chinesisch Zhumulangma), mit 8848 m der höchste Berg der Erde. Vom Pass führt die Landstraße bergab durch fruchtbare Täler mit kleinen Dörfern und einem Flickenteppich aus Feldern. Während des folgenden Anstiegs passiert man 19 km hinter dem Pang La die Ortschaft Peruche, 10 km später Passum – wo das *Passumpembah Teahouse** direkt an der Straße eine Unterkunft bietet – und nochmals 12 km weiter Chodzom. Die Landschaft präsentiert sich nun zunehmend felsiger und kahler, bis nach insgesamt 90 km das Kloster Rongbuk ins Blickfeld kommt.

Rongbuk und das Basislager am Mount Everest

Das mit 4980 m über dem Meeresspiegel höchstgelegene Kloster der Welt wurde 1902 von einem

Nyingmapa Lama namens Ngawang Tenzin Norbu gegründet, aber bereits 200 Jahre zuvor unterhielt eine entschlossene Nonnengemeinde an dieser Stelle ihre Meditationshütten. Die Kapellen selbst sind nur mäßig interessant, ebenso wenig die Padmasambhava-Statue oder die neuen Wandmalereien – das eigentlich Spektakuläre am **Kloster Rongbuk** ist seine Lage am steilen Hang des Rongbuk-Tals, das sich bis zur Nordwand des Mount Everest hinzieht. Einfach nur dazusitzen und das Lichtspiel auf der Wand des mächtigen Bergriesen zu beobachten ist ein Erlebnis, das man sein Leben lang nicht mehr vergisst.

Ungefähr 8 km südlich von Rongbuk liegt in 5150 m Höhe das **Basislager am Mount Everest**. Die Strecke über die größtenteils flache Piste kann auch zu Fuß zurückgelegt werden, eine großartige Wanderung entlang einem Fluss und vorbei an einem kleinen Kloster durch eine mit großen Felsbrocken übersäte Landschaft. Das Basislager entpuppt sich meist als Überraschung, besonders während der Bergsteigersaison (März–Mai und Sep/Okt), wenn das Gelände von bunten Zelten, Butangasflaschen und Satellitenschüsseln übersät ist.

Es besteht die Möglichkeit, in Nähe des Klosters zu zelten. Ansonsten steht ein *Guesthouse* mit Dorms zur Verfügung (unbedingt eigenen Schlafsack mitbringen), ausgerüstet mit einem Ofen und einem Topf zum Kochen von Wasser, das im Tal geholt werden kann. Die Mönche sorgen für Brennstoff, aber wer in den Dörfern unterwegs etwas Holz kaufen kann, sollte die Chance nicht verstreichen lassen, denn eine Nacht ohne Heizung in diesen Breiten ist niemandem zu empfehlen. Um das Essen hat sich jeder selbst zu kümmern, wobei der kleine Klosterladen keine große Hilfe darstellt, da er eigentlich nur Überreste früherer Bergsteiger-Expeditionen führt. **Höhenprobleme** sind in dieser Gegend übrigens völlig normal. Selbst wer sich in Lhasa gut akklimatisiert hat, kann in dem rund 1500 m höher gelegenen Basislager Anzeichen der Höhenkrankheit zeigen. Man sollte also vorsichtig sein und nicht unbedingt gleich nach Ankunft in Tibet einen Abstecher hierher unternehmen.

Von Tingri Richtung Grenze

Von der Abzweigung nach Rongbuk und zum Basislager sind es knapp 50 km auf dem Friendship Highway gen Süden bis Tingri (4342 m). Die Strecke ist in gutem Zustand und in ungefähr einer Stunde mit dem Jeep zu schaffen. Tingri eignet sich als Zwischenstopp vor der letzten Etappe nach Zhangmu und bietet gute Ausblicke auf den Mount Everest. Diese lassen sich am besten genießen, wenn man die alte Festung erklimmt, die über Tingri wacht.

Die drei **Unterkünfte** des Orts befinden sich allesamt auf der nördlichen Seite der Hauptstraße. Nicht zu empfehlen ist die Herberge namens *Snow Leopard***, die doppelt so viel kostet wie die beiden anderen, aber außer Teppichen nichts anderes bietet. Das *Himalaja Hotel** und das *Mount Everest Veo** liegen etwas weiter östlich und offerieren Dorm-Betten, Latrinen mit Aussicht sowie Sitzplätze in der Sonne. Bei beiden fungiert das Wohnzimmer der Familie gleichzeitig als Restaurant, wo gute Standardgerichte aufgetischt werden. Von der etwas nobleren Sorte ist das *Sichuan Restaurant* gegenüber, zu erkennen an dem roten Schild.

Westlich von Tingri präsentiert sich die Fernstraße in gutem Zustand und wird von den Ruinen der Gebäude gesäumt, die im 18. Jahrhundert beim Einfall der Gurkha aus Nepal zerstört wurden. Die Straße steigt über 85 km langsam an und erklimmt schließlich den Doppelgipfel des **Lalung La** (5050 m), der einen herrlichen Blick über den Himalaja eröffnet, ganz besonders Richtung Westen auf den mächtigen Shishapangma (8013 m). Sehr steil geht es auf der anderen Seite wieder hinunter, wo die Straße vom Rand der Tibetischen Hochebene bis in die Schlucht des Flusses Po Chu abfällt. Die Vegetation kehrt zurück, und auch die Temperaturen steigen merklich an, je näher man dem rund vier Autostunden von Tingri entfernten Ort Nyalam kommt.

Ein lohnender Zwischenstopp ist die 10 km nördlich von Nyalam gelegene, aber von Norden kommend leicht zu verfehlende **Höhle des Milarepa**, zu erkennen an einem weißen Chörten links der Straße am Schluchtrand. Milarepa (1040–1123) war ein verehrter tibetischer Mystiker, der ein asketisches Wanderleben führte, in Höhlen nächtigte und vor allem wegen seiner religiösen Lieder geliebt wurde. Die Kagyüpa-Schule des tibetischen Buddhismus wurde von Milarepas Anhängern gegründet, und die Abdrücke an den Wänden und der Decke der Höhle sollen von Milarepa persönlich stammen. Um die Grotte herum wurde ein Tempel errichtet, dessen Hauptstatue den Padmasambhava darstellt.

Das kleine **Nyalam** schmiegt sich auf 3750 m an den Rand der Schlucht, durch die der Matsang Zangpo fließt, und wartet mit mehreren chinesischen Restaurants sowie einer Vielzahl einfacher Unterkünfte auf, doch es spricht nicht sehr viel für einen längeren Aufenthalt.

Zhangmu

Die Fahrt durch den Himalaja setzt sich über eine spektakuläre Gebirgsstraße fort, die sich durch eine bewaldete Landschaft schlängelt. Im Vergleich mit der zuvor erlebten Kargheit muten die letzten 33 km hinunter zur **Grenzstadt** Zhangmu (2300 m) schon beinahe tropisch an. Die kühn an den nackten Berg gebaute Stadt ist ein chinesisch-tibetisch-nepalischer Mix aus einfachen Blechbehausungen, Holzhütten, Geschäften, Bordellen und Büros mit einer Art Wild-West-Atmosphäre mitten in Asien. An der Musik und den blinkenden Lichtern ist in der Stadtmitte die Karaoke-Bar zu erkennen, eine Art Disco, in der es jeden Abend hoch hergeht.

Übernachtung

Gute Unterkünfte gibt es in Zhangmu kaum. Eine Option im unteren Teil der Stadt ist das ***Zhangmu Hotel*******, ✆ 882272. Die Zimmer haben ein eigenes Bad, aber kein Warmwasser, eine Dusche befindet sich im obersten Stockwerk des Gebäudes gegenüber.

Himalaja Hotel and Lodge* nennt sich die Unterkunft, die auf dem Weg durch die Stadt zur Rechten auftaucht und saubere Schlafsäle sowie tolle Ausblicke ins Tal bietet. Waschgelegenheiten sind Fehlanzeige, doch in unmittelbarer Nähe besteht eine Möglichkeit zum Duschen; die ekelhaften Latrinen liegen auf der anderen Straßenseite.

Sonstiges

AMT FÜR ÖFFENTLICHE SICHERHEIT (PSB) – Etwas versteckt in einer Gasse nahe dem Hotel *Zhangmu.*

GELD – In Zhangmu gibt es zwei Filialen der ***Bank of China,*** einmal nahe dem Grenzposten im unteren Teil der Stadt und einmal unmittelbar oberhalb des *Himalaja Hotel and Lodge.* Trotz Vorlage von Quittungen weigert sich das Personal, chinesisches Geld in nepalische oder irgendeine andere Währung umzutauschen, sodass man damit auf den florierenden Schwarzmarkt angewiesen ist. ◷ Mo–Fr 10–13 und 15.30–18.30, Sa 10–14 Uhr.

VORWAHL – 08074

Einreise nach Nepal Die Formalitäten bei der Ausreise von Tibet nach Nepal erweisen sich als recht oberflächlich. Zwischen den beiden **Grenzübergängen** (◷ jeweils tgl. 9.30–17 Uhr chinesischer Zeit) auf chinesischer und nepalischer Seite, bei **Kodari** (1770 m), liegen 9 km und 530 Höhenmeter. Wer die 90 Gehminuten scheut, kann für die Strecke entweder einen Lastwagen mieten (¥300 für 4 Personen) oder einen Lastenträger engagieren (etwa ¥10 pro Gepäckstück).

Im Zickzack-Kurs – mit empfehlenswerten Abkürzungen – verläuft die Straße bis zur Freundschaftsbrücke, wo auf chinesischer Seite noch ein Kontrollposten zu passieren ist. Die nepalische Einwanderungsstelle befindet sich 200 m hinter der Brücke auf der linken Seite. Dort werden nur Visa für die einmalige Einreise ausgestellt, die unter Vorlage eines Passfotos in US-Dollar zu bezahlen sind (s.S. 1223). Nach der Ankunft in Nepal sollte man nicht vergessen, die Uhr um 135 Minuten zurückzustellen.

Für die Weiterreise nach Kathmandu steht in Kodari entweder der Express-Bus bereit oder ein billigerer Regionalbus nach Barabise, wo wiederum Anschluss nach Kathmandu besteht. Als Alternative bieten sich Taxis oder Touristenbusse an, die ihre Gruppen an der Grenze abgesetzt haben. Wer hart verhandelt, bezahlt für die vierstündige Fahrt 400 bis 500 nepalische Rupien (US$5–6).

West-Tibet

Viele Traveller betreiben in Lhasa einen enormen Aufwand, um eine Fahrt zu den Hauptattraktionen in West-Tibet zu organisieren, darunter der **Mount Kailash**, der **Manasarovar-See**, die weniger bekannten (aber nicht minder verlockenden) heißen Quellen von **Tirthapuri** sowie die Überreste des Königreichs Guge aus dem 10. Jahrhundert mit der Hauptstadt **Tsaparang** und dem großen **Kloster Tholing**. Es stellt sich allerdings die Frage, ob eine derart aufwändige Planung gerechtfertigt ist, denn es gibt keinerlei Garantie, dass man die gewünschten Reiseziele auch wirklich erreicht.

Die **Vorschriften** bezüglich Reisen in den Westen Tibets ändern sich ständig, und der Zeitaufwand für die Vorbereitung eines solchen Trips sollte nicht unterschätzt werden. Reiseveranstalter in Lhasa organisieren Mitfahrgelegenheiten für Traveller in Lastwagen, wobei für eine zwei- bis dreiwöchige Tour um die ¥12 000 pro Fahrzeug verlangt werden. Zur Zeit der Recherche dieses Reiseführers war *FIT* im Hotel *Snowlands* das einzige Reisebüro in Lhasa, das geführte Touren in den Westen Tibets verkaufen durfte (¥22 000 für eine 17-tägige Tour im Jeep). Andere Veranstalter verlangen möglicherweise weit weniger, doch erfordert es sehr viel Zeit, einen solchen Deal unter Dach und Fach zu bringen. Wenn man nicht gerade unheimlich viel Zeit und ein eisernes Durchhaltevermögen hat, gibt es zu einer organisierten Tour kaum eine realistische Alternative, denn jenseits der Abzweigung nach Sakya verkehren keine öffentlichen Verkehrsmittel mehr – und die Touristen, die das Trampen aufgeben, sind wesentlich häufiger als diejenigen, die durchhalten. Zwei Traveller haben den Versuch sogar mit ihrem Leben bezahlt.

Die **südliche Route** durch West-Tibet ist unglaublich malerisch und führt parallel zum Himalaja durch Saga, Dongpa und Horpa. Nach starken Regenfällen können die Flussfurten allerdings unpassierbar werden, das Gleiche trifft bei starkem Schneefall auf die Pässe zu. Am sichersten ist die Route zwischen Mai und Anfang Juli sowie im Oktober und November, wobei das Glück jedes Mal eine große Rolle spielt. Die Entfernung zwischen Lhasa und dem Mount Kailash beträgt rund 1400 km. Noch länger ist die **nördliche Route** über Tsochen, Gertse und Gakyi: Von Lhasa nach Ali (Shiquanhe) sind es zunächst gut 1700 km und dann nochmals 300 km Richtung Südosten zum Mount Kailash. Diese Strecke ist landschaftlich weniger schön, aber sicherer und stärker befahren. Viele Touristen planen eine der beiden Routen für die Hinfahrt und die andere für die Rückfahrt ein, wobei jeweils mit einer Fahrtzeit von mindestens einer Woche zu rechnen ist.

Mount Kailash

Ganz oben auf dem Reiseplan steht bei den meisten Touristen der 6714 m hohe Mount Kailash (Gang Rinpoche für die Tibeter), der heilige Berg im Zentrum des Universums von Buddhisten, Hindus und Jainisten. Die Anfahrt erfolgt über **Darchen**, wo es eine Unterkunft gibt, die von den anreisenden Pilgern als Ausgangsbasis genutzt wird Für die 58 km lange Umrundung des Bergs benötigt man drei Tage. Viele heuern sich einen Lastenträger und/oder einen Yak an (je ¥45 pro Tag), denn auf der anstrengenden Wanderung muss die komplette Campingausrüstung einschließlich Verpflegung mitgeführt werden. Etappenziel des ersten Tages ist das Kloster Drirapuk; am zweiten Tag geht es über den Dolma La (5636 m) zum Kloster Zutrulpuk und am dritten Tag zurück nach Darchen

Die übrigen Sehenswürdigkeiten

Nach den Anstrengungen am Kailash wenden sich die meisten organisierten Touren dem 30 km südlich gelegenen **Manasarovar-See** (Mapham Yutso) zu, der sowohl für die Hindus als auch für die tibetischen Buddhisten als heiligster See Asiens verehrt wird. Wer körperlich fit ist, schafft die 90 km lange Trekkingtour um den See in vier Tagen, doch die meisten Teilnehmer ruhen sich dazwischen ein bis zwei Tage am Seeufer aus.

Das dritte große Pilgerziel in West-Tibet sind die eng mit Padmasambhava verbundenen **heißen Quellen von Tirthapuri**, die 80 km nordwestlich vom Mount Kailash liegen und über eine Landstraße zu erreichen sind. Die Pilger baden hier in den Becken, besuchen das Kloster mit Padmasambhavas Fußabdruck sowie seine Meditationsgrotte oder graben nach kleinen, perlenartigen Steinen, denen bestimmte Heilkräfte zugeschrieben werden.

Die einzigen Erinnerungen an das Königreich Guge aus dem 10. Jahrhundert, in dem der Bud-

TIBET

dhismus überlebte, während er im übrigen Tibet ausgelöscht wurde, sind das große **Kloster Tholing**, 278 km südwestlich von Ali, sowie die alte Hauptstadt **Tsaparang**, 26 km westlich von Tholing. Beide Stätten sind berühmt wegen ihrer enormen Ruinen, von denen einige rund 1000 Jahre alt sein sollen. Außerdem gibt es hier viele gut erhaltene Wandmalereien. Leider sind die Orte insgesamt noch schwieriger zugänglich als der Mount Kailash und der Manasarovar-See.

Als Zentrum der Region fungiert **Ali** (auch Shiquanhe genannt), am Zusammenfluss von Indus und Gar gelegen. Bei der modernen chinesischen Stadt handelt sich um die größte Ansiedlung in einem Umkreis von mehreren Hundert Kilometern, aber trotzdem gibt es für Ausländer nur eine einzige offizielle **Unterkunft**, das überteuerte Hotel *Ali*** westlich der Hauptkreuzung.

TIBET

Anhang

Bücher

Man darf nicht erwarten, in China (oder selbst in Hongkong) sehr viel englisch- oder gar deutschsprachige Literatur zu finden. Die großen klassischen Werke der chinesischen Literatur aber wurden ins Deutsche oder Englische übersetzt und können über den Buchhandel in Deutschland, Österreich und der Schweiz bezogen werden. In den ausländischen Abteilungen der Freundschaftsläden und chinesischen Buchhandlungen sind preiswerte Taschenbücher im Angebot, die in Übersetzung von Foreign Languages Press (FLP) und Panda Books in Beijing herausgegeben werden. Im Folgenden werden Verlage nur angegeben, sofern die Titel in China oder anderen Ländern des Fernen Ostens aufgelegt wurden. Aufgeführt sind auch Bücher, die nicht mehr verlegt werden, aber immer noch empfehlenswert und eventuell im Internet über 💻 www.amazon.de oder 💻 www.amazon.com zu beziehen sind. Titel mit * werden besonders empfohlen.

Geschichte

Kong Demao: *In The Mansion of Konfuzius' Descendants* (Beijing New World Press). Zwar schwülstig geschrieben, doch die Beschreibung des Lebens in Konfuzius Wohnstätte in Qufu durch einen seiner Nachfahren gibt einen Insider-Einblick in das Leben von Aristokraten im kaiserlichen China.

Patricia Ebrey: *Cambridge Illustrated History of China*. Aktueller und leicht lesbarer historischer Überblick, ausgezeichnet illustriert und prägnant geschrieben.

Peter Fleming: *Die Belagerung zu Peking. Zur Geschichte des Boxer-Aufstandes*. Bericht über die Ereignisse, die dem 20. Juni 1900 vorausgingen, als die ausländischen Vertretungen in Beijing von den Boxern und kaiserlichen chinesischen Truppen angegriffen wurden. Die 55-tägige Belagerung war ein Wendepunkt in Chinas Beziehungen zur restlichen Welt.

Jean Gernet: *Die chinesische Welt. Die Geschichte Chinas von den Anfängen bis zur Jetztzeit*. Eine wissenschaftliche Universalgeschichte Chinas von den Anfängen bis zum Tod Mao Zedongs, zum Teil recht trocken, aber ungemein informativ; dazu umfangreicher, überaus hilfreicher Index und umfassende Bibliografie.

Peter Hopkirk: *Die Seidenstraße. Auf der Suche nach verlorenen Schätzen*. Die Geschichte internationaler Trophäenjäger und Archäologen, die in Ost-Turkestan und den Gebieten um die Wüste Gobi um 1900 unterwegs waren – wichtig für das Verständnis der Geschichte von Chinas nordwestlichen Regionen. *Great Game: The Struggle for Empire in Central Asia* vom selben Autor ist eine überwiegend unterhaltsame Lektüre über den Kampf zwischen Briten und Russen im 19. Jahrhundert um die Vorherrschaft in Zentralasien. Das Werk ist außerdem beunruhigend aktuell, denn es sucht nach den Wurzeln der chinesischen Besetzung von Tibet und Xinjiang.

Jürgen Osterhammel: *Shanghai, 30. Mai 1925. Die chinesische Revolution*. Anhand der Massenproteste von 1925 wird die Geschichte Chinas von der Großen Revolution bis zur Gründung der Volksrepublik aufgerollt.

Sima Qian: *Historical Records* (auch: *Records of the Historian*; FLP). Geschrieben in der Han-Zeit. Ein Meisterwerk, in dem zeitgenössische Hofdokumente und mündlich überlieferte Traditionen Licht auf die Schlüsselpersonen werfen, die die chinesische Geschichte prägten – von Kaisern bis zu berühmten Persönlichkeiten. Die oft angezweifelten Überlieferungen des Sima Qian wurden in jüngerer Zeit durch neue archäologische Erkenntnisse zum Teil bestätigt.

Harrison E. Salisbury: *Der lange Marsch* und *Die neuen Kaiser*. Der erste Titel ist der umfassende Bericht des bekannten amerikanischen China-Experten, der 1983 die Route des Langen Marsches nachvollzog. Der Zugang zu bis dahin geheimen Archiven und Interviews mit Überlebenden wirft ein neues Licht auf das kommunistische Heldenepos. Der zweite Titel ist eine sehr lesenswerte Darstellung der Lebensläufe von Chinas beiden „Kaisern" des 20. Jahrhunderts: Mao Zedong und Deng Xiaoping. Das Buch versucht aufzuzeigen, dass die kommunistische Herrschaft über China nichts anderes als eine Fortsetzung des alten kaiserlichen „Mandat des Himmels" ist. Von Salisbury ist außerdem erschienen *Dreizehn Tage im Juni. Tiananmen-Tagebuch. Als Augenzeuge in China*.

Helwig Schmidt-Glinzer: *China. Vielvölkerreich und Einheitsstaat*. Kürzere, bis 1997 geführte Geschichtsbetrachtung, die relativ leicht verdaulich ist.

Konrad Seitz: *China*. Schwerpunkt dieser durch Tabellen und Statistiken angereicherten Darstellung ist die Entwicklung Chinas im 20. Jahrhundert, vor allem der jüngeren Wirtschaftspolitik und der damit verbundenen Rückkehr des Landes zu einer Weltmacht.

Edgar Snow: *Roter Stern über China*. Anschauliche Berichterstattung aus erster Hand über die Frühzeit des Maoismus und die „kommunistischen Banden", entstanden 1936, als sich der amerikanische Journalist Snow durch die Blockade der Guomindang schlängeln konnte und mehrere Monate in der Roten Basis in Shaanxi verbrachte.

Jonathan Spence: *Das Tor des Himmlischen Friedens. Die Chinesen und ihre Revolution 1895–1980* und *Chinas Weg in die Moderne*. Das erstgenannte Werk ist ein erzählerischer Gewaltakt, der Chinas Geschichte des 20. Jahrhunderts durch die Augen von Männern und Frauen betrachtet, die jene Zeit erlebten: Schriftsteller, Revolutionäre, Poeten und Politiker. Eines der besten Bücher, um sich Chinas komplexer moderner Geschichte anzunähern. *Chinas Weg in die Moderne* ist recht schwer zu lesen, aber kompakt und zweckdienlich und vielleicht das beste erhältliche Buch über Chinas Geschichte. Vom selben Autor sind noch weitere Bücher zu diesen Themen in Deutsch erschienen.

Oskar Weggel: *China*. Der Autor ist China-Referent des Hamburger Instituts für Ostasienkunde und Berater der Bundesregierung, außerdem Verfasser zahlreicher Veröffentlichungen zu China und zum Fernen Osten.

Justin Wintle: *Rough Guide Chronicle: China*. Sehr detaillierte Auflistung der Zeitläufte Chinas mit Schlüsselereignissen und Schlüsselpersonen im Taschenformat.

Frances Wood: *No Dogs and Not Many Chinese – Treaty Port Life in China*. Geschichte der ausländischen Enklaven, die China nach den Opiumkriegen aufgezwungen wurden, von den turbulenten Anfängen in den 1840er Jahren bis zur kommunistischen Machtübernahme nach dem Zweiten Weltkrieg. Besonders lebendig durch Berichte von Zeitzeugen und Woods trockenen Humor. Von der britischen Historikerin Frances Wood erschien auch *Marco Polo kam nicht bis China*, eine detektivische Analyse der Berichte des weitgereisten Europäers.

Sally Hovey Wriggins *Reisende auf der Seidenstraße. Auf den Spuren des buddhistischen Pilgers Xuanzang*. Biografie des berühmten Tang-zeitlichen Mönches und Beleuchtung seiner 16-jährigen Pilgerreise nach Indien, wo er die Grundzüge der buddhistischen Lehre studierte; Beschreibung seiner Rückkehr nach Xi'an, mit zahlreichen religiösen Schriften.

Tibet

John Avedon: *In Exile From the Land of Snows*. Detaillierte und bewegende Darstellung der modernen tibetischen Geschichte, die sowohl diejenigen, die blieben, als auch diejenigen, die ins Exil flüchteten, berücksichtigt. Unverzichtbare Lektüre für alle, die nach Tibet reisen.

Stephen Bachelor: *The Tibet Guide*. Ausgestattet mit herrlichen Bildern. Schulmeisterhafte und entsprechend detaillierte Beschreibung der wichtigsten Tempel und Klöster in Tibet.

Catriona Bass: *Gebetsfahnen im Wind*. Bericht über ein Arbeitsjahr in Tibet Mitte der 80er Jahre. Ausdrucksstarke Darstellung des Alltagslebens der Tibeter und ihrer Beziehungen zu den Han-Chinesen.

Victor Chan: *Tibet Handbook: a Pilgrimage Guide*. Äußerst detaillierter Führer zu den Pilgerstätten des Landes mit Angaben zum Trekking und anderen Möglichkeiten ihrer Erreichbarkeit. Unverzichtbar für alle, die eine Tour planen.

Graham Coleman (Hrsg.): *A Handbook of Tibetan Culture: a Guide to Tibetan Centres and Resources Throughout the World* Der Untertitel besagt alles: Das Buch dokumentiert bis ins Detail Kulturorganisationen, Lehrzentren und Bibliotheken, die sich rund um den Globus dem Thema Tibet widmen. Enthalten sind auch Biografien wichtiger tibetischer Lamas, kurze Abrisse der wichtigsten Schulen des tibetischen Buddhismus und ein illustriertes Glossar.

* **Heinrich Harrer**: *Sieben Jahre in Tibet*. Klassischer Bericht über eine bemerkenswerte Reise mit dem Ziel, Lhasa zu erreichen. Darstellung der Zeit vor der chinesischen Invasion, in denen Harrer Tutor des Vierzehnten Dalai Lamas war. Exzellente Beobachtung des damaligen tibetischen Alltags, wurde mit Brad Pitt in der Hauptrolle verfilmt.

Isabel Hilton: *Die Suche nach dem Panchen Lama. Auf den Spuren eines verschwundenen Kindes*. Erzählt die gesamte traurige Geschichte der Suche nach dem Elften Panchen Lama.

* **Peter Hopkirk**: *Der Griff nach Lhasa. Die Erschließung Tibets im 19. und 20. Jahrhundert.* Um 1900 kartografierte das imperiale Großbritannien mit Hilfe vieler Pandits (brahmanische Gelehrte) und Wallahs (Gehilfen) selbst die letzten Winkel des unzugänglichsten Gebietes der Welt: des Tibetischen Hochplateaus. Peter Hopkirk recherchierte sorgfältig und schrieb einen wundervollen Bericht über diesen faszinierenden Nebenschauplatz der Geschichte.

Gary McCue: *Trekking in Tibet: a Traveller's Guide.* Gute Lektüre in Ergänzung zu Chans Handbuch für alle, die ein Trekking in Tibet planen. Übersichtliche und nützliche Kartografierung und ausgezeichnete Anregungen für Tagestouren.

Thubten Jigme Norbu und Colin M. Turnbull: *Geheimnisvolles Tibet.* In Zusammenarbeit mit dem Bruder des Vierzehnten Dalai Lamas entstand diese herausragende Darstellung des traditionellen Alltagslebens des tibetischen Volkes.

David Snellgrove und Hugh Richardson: *A Cultural History of Tibet.* Exzellente und mitreißende Einführung in die frühe tibetische Geschichte und Religion. Besonderes Augenmerk gilt den einfachen Menschen, die den Ereignissen der Geschichte ausgesetzt sind.

Wangdor Tailing: *Das Geheimnis des Hauses Tesur.* Erster Roman eines tibetischen Schriftstellers in deutscher Sprache. Tibet in den frühen 40er Jahren: Drei Freunde gründen in Lhasa das mächtige und erfolgreiche Handelshaus „Tesur". Doch bald werden sie von ihrer von Armut und Gewalt geprägten Vergangenheit eingeholt. Enthält viele Details aus dem tibetischen Alltag.

Kultur und Gesellschaft

* **David Bonavia**: *The Chinese: A Portrait.* Sehr empfehlenswerte Einführung in das Leben des zeitgenössischen China.

Jacques Gernet: *Daily Life in China on the Eve of the Mongol Invasion 1250–1276.* Ein faszinierender und detaillierter Blick auf Südchina unter der Song-Dynastie, in dessen Mittelpunkt Hangzhou steht (damals die größte und reichste Stadt der Welt). Basierend auf Ortsverzeichnissen, Briefen und Anekdoten, bietet Gernet in diesem Buch einen Querschnitt durch die Gesellschaft, von der Kleinbauernschaft bis hin zur müßigen Oberschicht, von der Lebensart rund ums Kochen bis hin zu Beerdigungen.

* **John Gittings**: *Real China.* Essays über das ländliche China vermitteln ein ganz anderes Bild als die Beschreibungen über das Wirtschaftswunder, auf das sich die meisten westlichen Berichterstatter konzentrieren. Das Buch mangelt jedoch an Tiefe.

Joe Studwell: *The China Dream.* Unverzichtbare Lektüre für Ausländer, die sich in China geschäftlich betätigen wollen. Die mahnende Darstellung, die auch für Laien verständlich ist, entlarvt den Mythos, dass auf Chinas großen Märkten Geld leicht zu verdienen sei. Großartige Lektüre für alle, die an Geschäften und der Wirtschaft interessiert sind.

Tiziano Terzani: *Fremder unter Chinesen. Reportagen aus China.* 1980 war Terzani einer der ersten westlichen Journalisten, die eine Aufenthaltserlaubnis für China erhielten. Vier Jahre später wurde er wegen seiner Offenheit des Landes verwiesen. Es gibt kaum eine bessere Schilderung der schlechten alten Tage vor den Reformjahren als diese Essaysammlung, die unter anderem von der Wiederbelebung des Kung-Fu, von Massenexekutionen und vom Kricket-Training berichtet.

* **Zhang Xinxin und Sang Ye**: *Pekingmenschen.* Diese Sammlung von Erzählungen aus erster Hand – entstanden in Interviews mit Chinesen aus allen Gesellschaftsschichten – ist höchst informativ und berichtet beispiellos faszinierend und detailliert über die Belange des Alltags und des Überlebenskampfes.

Reiseliteratur

Charles Blackmore: *Durch die Wüste des Todes.* Bericht eines Majors der britischen Armee über eine anstrengende, einzigartige Expedition durch die Wüste Taklamakan im Nordwesten Chinas.

Mildred Cable und Francesca French: *The Gobi Desert.* Cable und French waren in den frühen Jahren des 20. Jahrhunderts als Missionare in China unterwegs. *The Gobi Desert* ist eine poetische Beschreibung ihres Lebens und ihrer Reisen in Gansu und Xinjiang, ohne die frömmelnden Untertöne anderer zeitgenössischer Missionarsberichte.

Alexandra David-Néel: *Mein Weg zum heiligsten Berg Chinas.* Kurzweilige Schilderung der Reise zum Wutai Shan, die die Autorin 1936 unternahm und die als Zeitdokument einen einzigartigen Einblick in das China der damaligen Zeit bietet.

Peter Fleming: *One's Company: a Journey to China* und *Tataren-Nachrichten. Ein Spaziergang von Peking nach Kaschmir*. Der erste Titel ist ein amüsanter Bericht über eine Reise durch Russland und die Mandschurei nach China in den 30er Jahren. Unterwegs traf Peter Fleming, Sonderkorrespondent der *Times*, zahlreiche chinesische und japanische Offizielle und auch den Marionettenkaiser Puyi persönlich. *Tataren-Nachrichten* erzählt von Flemings Reise im Jahre 1935 über 5500 km, über das Dach der Welt nach Kaschmir.

* **Peter Hessler**: *River Town – Two Years on the Yangtze*. Eines der jüngsten und besten Mini-Genre-Werke nach dem Motto „Wie ich einige Jahre in China Englisch unterrichtete und überlebte". Sehr nachdenklich geschrieben. Das Buch zeigt Chinas positive Seiten auf, ohne romantisch zu werden, und vermeidet jeglichen Zynismus über die tief verwurzelten sozialen Probleme und Widersprüche des Landes. Besonders empfehlenswert für alle, die eine längere Zeit in China verbringen wollen.

William Somerset Maugham: *On a Chinese Screen*. Kurze, zuweilen humorvolle und oft bissige Skizzen über europäische Missionare, Diplomaten und Geschäftsleute, denen Maugham zwischen 1919 und 1921 in China begegnete.

* **Marco Polo**: *Die Reisen des Marco Polo*. Die faszinierenden Berichte, die Marco Polo nach 26 Wanderjahren zwischen Venedig und dem Kaiserhof Kublai Khans mit zahlreichen wunderlichen Details hinterließ, sollen auch Kolumbus inspiriert haben. Das Buch ist allerdings nicht von Marco Polo selbst, sondern lediglich nach seinen (nicht zusammenhängenden) Notizen niedergeschrieben worden.

Judy Schultz: *Im Land des Himmelsdrachen*. Facettenreiche persönliche Betrachtungen der kanadischen Autorin und begeisterten Chinareisenden.

Vikram Seth: *From Heaven Lake: Travels through Sinkiang and Tibet*. Nachdem er zwei Jahre lang an der Universität Nanjing studiert hatte, trat Seth 1982 seine Heimreise nach Delhi via Tibet und Nepal an. Die Schilderung, wie er durch die vier Provinzen Xinjiang, Gansu, Qinghai und Tibet trampte, gehört zu den besten Werken in der Tradition der Reiseliteratur.

Michael Stets: *Mit dem Fahrrad durch China*. 1995 unternahm der Autor abseits der Touristenpfade eine 4300 km lange Fahrradtour durch China. Berichtet wird hier von den einzelnen Etappen, den Schwierigkeiten entlang der Strecke und den Abenteuern im Verlauf der Tour.

Colin Thubron: *Im Garten des Drachen. Chinesische Innenansichten*. Eine nachdenkliche und sehr poetische Beschreibung einer langen Reise durch China kurz nach der Öffnung des Landes in den frühen 80er Jahren.

Simon Winchester: *Der wilde Strom*. Den Rahmen dieses kulturgeschichtlichen Rundumschlags bildet eine mehrere Monate lange Fahrt auf dem Yangzi, die den Autor von Shanghai bis ins Quellgebiet des Flusses führte.

Kunst

Jessica Rawson: *Ancient China: Art and Archaeology*. Wissenschaftliche Einführung in die chinesische Kunst unter Einbeziehung des historischen Kontextes. Beginnend mit der neolithischen Zeit schildert die Spezialistin des Britischen Museums vor allem die Entwicklung der Technologie und sozialen Organisation in der Zeit der Han-Dynastie.

Mary Tregear: *Chinesische Kunst*. Meisterhafte Zusammenfassung der Hauptstränge der chinesischen Kunst von der neolithischen Zeit über das Bronzezeitalter bis hin zum 20. Jahrhundert. Leicht verständlich und schön bebildert. Von derselben Autorin ist auch *Keramik der Song-Zeit* erschienen.

Lyrik

Jan Uhlenbrook (Hrsg.): *Pflaumenblüte und verschneiter Bambus*. Kleiner Gedichtband, in dem vor allem die Dichter der Tang-Dynastie, darunter Du Fu, Bo Juyi, Han Yu und Li Bo, vorgestellt werden.

Fauna und Flora

Jürgen Appel und Heidi Rüppel: *Landschafts-Studien-Reiseführer China*. Sehr spezielles Werk, das einen ausführlichen Überblick über die Landschaftsräume, Geologie und klimatischen Gegebenheiten Chinas bietet.

Rodolphe De Schauensee: *Birds of China*. Das vielleicht einzige Buch über Chinas Vogelwelt, das locker in die Tasche passt und beste Informationen gibt, obwohl es zu wenige Abbildungen von zumal oft schlechter Qualität gibt.

Zhao Ji: *The Natural History of China*. Wundervolle Aufnahmen von der seltenen Tierwelt – der Text ist allerdings enttäuschend, weil das obsessive Bestreben zum Ausdruck kommt, so viele Arten wie möglich aufzulisten.

Chinesische Küche

Kit Chow und Ione Kramer: *All the Tea in China*. Beschreibt alles, was man über Chinas Tee wissen möchte: Sorten, Anbaugebiete, Verarbeitungstechniken und Auflistung der fünfzig berühmtesten Marken. Unterhaltsame Lektüre und schön bebildert.

Deh-Ta Hsiung: *Die chinesische Küche*. Dieses Buch erzählt die Geschichte der Zutaten der chinesischen Küche: Woher die Gewürze kommen, wie sie aussehen und wie man sie am besten lagert. Dazu gibt es Rezepte.

* **Hsiang Ju Lin und Tsuifeng Lin**: *Chinese Gastronomy*. Klassisches Werk, das relativ wenig Rezepte aufführt, dafür jedoch ausführlich die Kochmethoden und die dahinter stehende Philosophie erläutert – unentbehrlich für jeden, der die Details der chinesischen Küche erkunden möchte. Manchmal erhältlich und dann wieder vergriffen, erschien unter verschiedenen Titeln; Ausschau halten nach den Autorennamen Lin.

* **Kenneth Lo**: *Das große Buch der chinesischen Kochkunst*. Gutes Kochbuch, das zahlreiche Methoden und Stile vorstellt, von westlich inspirierten Gerichten bis hin zu regionalen Spezialitäten.

Wang Wenqiao und Gang Wenbin: *Chinese Vegetarian Cuisine* (Beijing New World Press). Kompendium der vegetarischen Küche von einfachen Gerichten wie gekochte Bohnen mit Ingwer bis hin zu kunstvollen vegetarischen Gerichten wie süßsaure Rippchen. Die Rezepte stammen aus dem berühmten Restaurant *Gongdelin* in Beijing.

Wei Chuan Cultural Education Foundation: *Vegetarian Cooking* und *Chinese Dim Sum* (Chin Chin, Taiwan). Zwei von etlichen ausgezeichneten Kochbüchern der taiwanischen Wei Chuan-Kochschule; leicht nachzukochende vereinfachte Versionen der klassischen Gerichte garantieren beste Resultate. In der Volksrepublik China nicht erhältlich, doch über größere Buchhandlungen im Westen zu beziehen.

Liu Zihua und Uli Franz: *Die echte chinesische Küche*. Rezepte vom Beijinger Meisterkoch Liu Zihua, exzellent fotografiert und versehen mit Essays über Kultur, Landschaften und Menschen.

Kampfsport

Paul Brecher: *Der Weg des Spirituellen Kriegers. Sanfte Kampfkünste für Körper und Geist* und *Chinesische Heil- und Entspannungsübungen*. Zwei ausgezeichnete Werke von einem Spezialisten. Das erstgenannte Buch erläutert die Grundlagen der sanften Kampfsportarten, darunter des Taijiquan, das zweite zeigt Übungen auf, die vor allem dem Qigong angehören.

Kumar Frantzis: *Die Energie-Tore des Körpers öffnen. Der Weg zur Meisterschaft*. Überblick über Frantzis' vierzigjährige Erfahrung mit den internen Kampfsportarten in Japan, China, Taiwan und den USA, mit persönlichen Berichten über verschiedene Lehrmeister und ihre Stile. Leicht verständlich und interessant auch für diejenigen, die den Unterschied zwischen *li* und *jing* noch nicht kennen, mit vielen „Perlen" für geübte Anwender versehen.

Wang Xuanjie und J. Moffett: *Traditional Chinese Therapeutic Exercises – Standing Pole* (FLP). Geradlinige Einführung in eine der populärsten und effektivsten Formen des Qigong, die keine athletischen Fähigkeiten voraussetzt.

Religion und Philosophie

Asiapac-Serie (Asiapac Books, Singapur). Diese unterhaltsamen Titel, die in Hongkong und Beijing erhältlich sind, erhellen die antike chinesische Philosophie in Comic-Form und machen sie auf diese Weise zugänglich, ohne den Grundgehalt zu verwässern. Ausnahmslos sehr gut geschrieben und schön gezeichnet. Besonders gut sind *Book of Zen*, eine Sammlung von Geschichten und Parabeln, sowie *Sayings of Konfuzius*.

Wolfgang Bauer: *Geschichte der chinesischen Philosophie*. Gesamtdarstellung chinesischen philosophischen Denkens vom 6. vorchristlichen Jahrhundert bis zum frühen 20. Jahrhundert.

Kenneth Chen: *Buddhism in China*. Praktisch, um den Ursprung des buddhistischen Denkens in China, die Entwicklung der unterschiedlichen Schulen und den Austausch zwischen Indien, Tibet, Japan und China nachzuvollziehen.

Konfuzius: *Gespräche des Meisters Kung*. Moderne Übersetzung der klassischen Texte, Sammlung von Konfuzius' Lehren über Moral und Staatstheorie.

Qian Mu: *Der Westen versteht den Osten nicht.* Erstübersetzung des zentralen Werkes des wohl berühmtesten chinesischen Philosophen des 20. Jahrhunderts in eine Fremdsprache. Erfolgreicher Versuch, die chinesische Kultur aus sich selbst heraus zu erklären. Qian definiert Geschichte als Triebkraft einer Nation, die in jeder Epoche andere Aspekte entfaltet, der Nation jedoch zugleich die Richtung aller weiteren Entwicklungen vorgibt.

Arthur Waley: *Lebensweisheit im Alten China.* Übersetzte Auszüge aus den Schriften von drei frühen Philosophen: Zhuang Zi, Menzius und Han Feizi. Eine nützliche Einführung.

Lao Zi (Laotse): *Tao Te Ching.* Sammlung der mystischen Gedanken und philosophischen Hypothesen, welche die Basis der daoistischen Philosophie bilden.

Biografien und Autobiografien

Jung Chang: *Wilde Schwäne.* Eine Familiensaga, die drei Generationen umspannt und auch im Westen großen Erfolg hatte. Nicht überraschend geriet das Buch in China auf den Index, da es offen von den oft unmenschlichen Lebensumständen im China des 20. Jahrhunderts berichtet. Eine ausgezeichnete Einführung in die moderne chinesische Geschichte und zugleich eine unterhaltsame Lektüre.

Richard Evans: *Deng Xiaoping.* Grundlegendes Werk zum Verständnis der Gedanken eines der einflussreichsten Männer des modernen China.

* **Ma Jian**: *Red Dust.* Angesichts der drohenden Verhaftung wegen „geistiger Verunreinigung" verließ der Schriftsteller und Künstler Ma Jian in den 80er Jahren Beijing und reiste drei Jahre lang – zumeist in größter Armut – durch die entlegensten Winkel Chinas. Die Geschichte dieses Herumtreibers, der China in der frühesten Phase seiner Öffnung durchstreift, ist in lebendiger Prosa geschrieben und bietet Einsichten, die nur ein entfremdeter Insider sammeln kann.

Ba Jin: *Die Familie.* Ba Jin, 1904 als Kind einer wohlhabenden Familie in Chengdu geboren, greift das alte feudale Familiensystem an. Chronik seiner anarchistischen Phase zwischen 1919 und 1949. Erkennbar wird der starke Einfluss russischer Schriftsteller wie Turgenjew.

Dalai Lama: *Das Buch der Freiheit.* Autobiografie des charismatischen Vierzehnten Dalai Lama, Träger des Friedensnobelpreises.

Anchee Min: *Rote Azalee.* Sehr schön geschriebenes Buch mit autobiografischen und romanhaften Zügen. Eine persönliche und sehr romantische Darstellung des Überlebens in der Kulturrevolution.

Naisingoro Pu Yi: *Ich war Kaiser von China.* Biografie des in eine Qing-kaiserliche Familie geborenen Mannes, der im Kindesalter zum chinesischen Kaiser und 1931 von den Japanern zum Kaiser ihres Marionettenstaates Mandschuguo ernannt wurde.

Philip Short: *Mao: A Life.* Trotz seiner Länge ein extrem lesenswertes Werk über Mao und seine Zeit – selbst wenn die Ideologie des Großen Steuermanns im zeitgenössischen China immer weniger relevant ist.

Jonathan Spence: *Ich, Kaiser von China. Ein Selbstporträt des Kangxi-Kaisers.* Herausragendes Porträt des am längsten regierenden und mächtigsten Kaisers des jüngeren China.

Ross Terrill: *Mao – Eine Biografie.* Übersichtliche Biografie des großen Führers aus der Feder eines amerikanischen Politikwissenschaftlers.

* **Hugh Trevor-Roper**: *Hermit of Peking: the Hidden Life of Sir Edmund Backhouse.* Angeregt durch Backhouses zotige Memoiren, nutzt *Hermit of Peking* externe Quellen im Versuch, die Tatsachen hinter dem außergewöhnlichen Leben des Edmund Backhouse aufzudecken – Berichte von chinesischen Gelehrten, exzentrischen Einsiedlern und phänomenalen Aufschneidern, die in Beijing zwischen dem Ende des 19. Jahrhunderts und Backhouses Tod im Jahre 1944 lebten.

Marina Warner: *Die Kaiserin auf dem Drachenthron.* Analyse des Lebens von Cixi, einer von zwei weiblichen Herrscherinnen der chinesischen Geschichte. Warner zeigt die komplexe Persönlichkeit einer skrupellosen Frau auf, deren Konservatismus, Machtgier, Eitelkeit und Habsucht großen Einfluss auf die Ereignisse hatten, die zum Sturz des kaiserlichen Herrschaftshauses und zur Gründung der Republik führten.

Literatur des 20. Jahrhunderts

Wang Anyi: *Zwischen Ufern.* Autobiografisch gefärbte Geschichte einer Frau, die im Alter von acht Jahren mit ihren Geschwistern bei ihrer Großmutter bleibt, während die Eltern nach Hongkong auswandern. Von der Kulturrevolution aufs Land verbannt, lernt sie auf ihrer Rückfahrt nach Shanghai A Kang kennen, der ins kriminelle Milieu abgleitet und die Protagonistin am Ende verrät. Wang Anyi zählt zu den herausragenden zeitgenössischen Autorinnen Chinas und sorgte mit diesem 1990 erstmals erschienen Roman für kontroverse Diskussionen in ihrem Heimatland.

* **Pearl S. Buck**: *Die gute Erde*. Bestes Werk einer Schriftstellerin, die im China des frühen 20. Jahrhunderts aufwuchs. Lebensbeschreibung des Bauern Wang Lung, der auf dem Hintergrund verschiedener politischer Umwälzungen um Grund und Boden seiner Familie kämpft. Wurde 1937 in den USA verfilmt.

Mao Dun und Fritz Grunder (Hrsg.): *Seidenraupen im Frühling*. Erzählungen und Kurzgeschichten.

Feng Jicai: *Der wundersame Zopf* (Beijing FLP). Einer der bekanntesten chinesischen Autoren schreibt sensibel, humorvoll und unkompliziert – seine längeren Geschichten sind allerdings recht moralisierend.

Chen Jo-hsi: *Heimkehr in die Fremde*. Der stark autobiografische und geschichtsbezogene Roman zeigt die auch heute noch wenig bekannten Auswüchse der Kulturrevolution aus dem Blickwinkel der Betroffenen und eröffnet darüber hinaus tiefe Einblicke in das zeitgenössische politische und gesellschaftliche Alltagsleben. Ein Roman der zerbrochenen Hoffnungen.

Mian Mian: *La la la*. Sex, Drugs & Rock'n'Roll – so beschreibt die exzentrische junge Autorin selbst ihr Buch, das in China auf dem Index landete und bei uns inzwischen Kultstatus besitzt. In kurzen Geschichten wird nüchtern die neue, wilde Seite Chinas, die Welt der Exzesse in jeder Lebenslage präsentiert.

Deng Ming-Dao: *Der Taoist von Huashan / Das heilige Buch der Sieben Bambustafeln / Aufbruch zu fernen Ufern*. Die als wahre Begebenheit verpackte Trilogie ist ein auf dem Thema Kampfsport beruhender Roman, der auf westliches Publikum ausgerichtet ist und das Leben eines daoistischen Mönches beschreibt, der in Chinas turbulenten Jahren vor der kommunistischen Machtübernahme aufwuchs.

Lao She: *Rikschakuli*. Das Werk eines der berühmtesten modernen chinesischen Schriftsteller, der durch die Kulturrevolution in den Selbstmord getrieben wurde. Die beklemmende Geschichte erzählt von einem jungen Rikschakuli im Beijing vor 1949.

Wang Shuo: *Oberchaoten*. Unterhaltsamer Roman des in China sehr populären, 1958 geborenen Schriftstellers. *Oberchaoten* wirft ein humorvoll geschriebenes Streiflicht auf drei „Jungunternehmer" und ihre unkonventionellen Geschäftsideen.

Amy Tan: *Himmelstöchter*. Bewegende Geschichten über vier chinesische Mütter und ihre Töchter, die in Amerika fern der Heimat aufwachsen; scharfsichtig und brillant erzählt.

Zhang Xianliang: *Gewohnt zu Sterben*. Bericht über die 22 Jahre, die der Autor in maoistischen Arbeitslagern verbrachte – entstanden auf der Grundlage von Tagebucheinträgen, die er heimlich aufzeichnete.

* **Lu Xun**: *Die wahre Geschichte des Ah Q*. Der in China viel gelesene Lu Xun gilt als Vater der modernen chinesischen Literatur. *Ah Q* gehört zu seinen besten Erzählungen – der knappe, allegorische und zynische Text erzählt von einem Einfaltspinsel, der in der Revolution von 1911 untergeht. Sein *Tagebuch eines Verrückten* entstand 1918 nach einer Vorlage Gogols. Diese Kurzgeschichte westlichen Stils war die erste ihrer Art, die in Chinesisch verfasst wurde. Sie prangert als beißende Satire die konfuzianische Gesellschaft an. Außerdem erschien in dem Beijinger FLP-Verlag *Auf der Suche* (darin die Erzählung *Das Neujahrsopfer*).

Mo Yan: *Die Knoblauchrevolte*. Eine in China verbotene, weil schonungslose Erzählung über das ländliche Leben, aus der Feder eines der bedeutendsten modernen chinesischen Schriftsteller.

Chen Yuanbin: *Die Geschichte der Qiuju*. Sammlung von vier Kurzgeschichten, deren Titelgeschichte von einer Bauersfrau handelt, die um Gerechtigkeit kämpft, nachdem ihr Mann beim Dorfoberhaupt in Ungnade gefallen ist. Verfilmung durch den preisgekrönten Meisterregisseur Zhang Yimou.

Klassische Werke

Asiapac-Serie (Asiapac Books, Singapur). Chinesische Klassiker und Volkserzählungen im Cartoon-Format. Zu den englischsprachigen Titeln gehören unter anderem *Journey to the West*, *Tales of Laozhai* und *Chinese Eunuchs*.

Cyril Birch (Hrsg.): *Anthology of Chinese Literature from Earliest Times to the Fourteenth Century.* Die Anthologie überspannt 3000 Jahre der Poesie, Philosophie, Dramenliteratur, Biografie und Romanliteratur und bietet zudem interessante Übersetzungsvergleiche an.
* **Wu Cheng'en**: *Die Reise nach dem Westen* (Kurzfassung *Der rebellische Affe*). Absurde und lebendige Erzählung über die Pilgerfahrt des berühmten Mönches Xuan Zang nach Indien, von wo er die heiligen buddhistischen Schriften mitbrachte; zu seinen Gehilfen zählen der unverwüstliche Affenkönig Sun Wukong und das Schwein Zhu Bajie.
* **Luo Guanzhong**: *Die drei Reiche*. Obwohl das Werk erst 1200 Jahre nach der Zeit entstand, die es schildert, erzählt es in mitreißender Weise von den Schlachten, politischen Intrigen und Mythen aus der Zeit der Drei Reiche. Eines der großen historischen Werke der Weltliteratur.
Shi Nai'an und Luo Guanzhong: *Die Räuber vom Liangshan-Moor.* Die Legende einer an Robin Hood erinnernden Bande von Verfemten, die sich in feudalen Zeiten gegen die Regierung auflehnt. Wer sich nicht durch das gesamte dreibändige Werk arbeiten will, findet eine kürzere (doch immer noch umfangreiche) Fassung in Pearl S. Bucks *Alle Menschen sind Brüder*.
Cao Xueqing und Gao E: *Der Traum der Roten Kammer.* Klassiker aus dem 18. Jahrhundert über den Verfall und Untergang einer großen chinesischen Adelsfamilie. Vielschichtig werden Liebe und Leidenschaft, aber auch Abgründe der damaligen Gesellschaft geschildert.

Sprache

Edith W. Lewald: *Nicht überall schreibt man ABC. Die Bedeutung chinesischer und japanischer Schriftzeichen.* Ein praktischer Überblick.

Kleiner Sprachführer

Über Chinesisch kann man unmöglich hinwegsehen, schließlich ist es die am **weitesten verbreitete Sprache** der Welt. Streng genommen ist Chinesisch ein Oberbegriff für die verschiedenen **Dialekte** der ethnischen Hauptgruppe der Han-Chinesen, und deshalb lautet auch die gängigste Bezeichnung, mit der die Chinesen selbst ihre Sprache benennen, **hanyu**: die Sprache der Han. Andere häufige Bezeichnungen für diese Sprache sind *zhongyu*, *zhongwen* und *zhongguohua*. Manche ethnische Gruppen innerhalb Chinas, beispielsweise die Uiguren und Tibeter, sprechen Sprachen, die wenig oder überhaupt nichts mit dem Chinesischen zu tun haben.

Schon für sich alleine genommen bieten die Dialekte des *hanyu* Stoff für eine komplizierte Sprachgeschichte. Da zahlreiche Dialekte im direkten Vergleich kaum größere Gemeinsamkeiten aufweisen als beispielsweise Englisch und Deutsch, können sich Chinesen aus unterschiedlichen Regionen des Landes untereinander oft kaum verstehen. Die bekanntesten und eigentümlichsten Dialekte sind in den Küstengebieten verbreitet: Die **Shanghai-Sprache** *(shanghai hua)*, die **Fujian-Sprache** *(minnan hua)* sowie **Kantonesisch** *(guangdong hua* oder *yueyu)* – doch selbst in ihren jeweiligen Verbreitungsgebieten haben diese Dialekte beträchtliche lokale Ausprägungen erfahren. Kantonesisch und die Fujian-Sprache sind weltweit verbreitet, denn sie werden weitgehend in Hongkong und von den Gemeinschaften der Überseechinesen – besonders in Südostasien – gesprochen.

Die gemeinsame Kommunikationssprache für Chinesen aus verschiedenen Landesteilen ist **Mandarin-Chinesisch**. Historisch auf der Han-Amtssprache der Region Beijing basierend (etwa in derselben Form, wie das moderne Französisch auf dem Dialekt von Paris), wurde das Mandarin im vergangenen Jahrhundert systematisch zur offiziellen Landessprache entwickelt, um zu einem einenden Band für das chinesische Volk zu werden. Auf dem chinesischen Festland heißt die Sprache *putonghua* (Allgemeinsprache), während sie in Taiwan und in abgelegenen Landesteilen *guoyu* (Nationalsprache) genannt wird. Die breite Mehrheit der Han-chinesischen Bevölkerung ist heute in größerem oder geringerem Maße des Mandarins mächtig, da es als Schul-, Amts- und Mediensprache fungiert. Auch viele Angehörige anderer chinesischer Ethnien verstehen Mandarin, doch diese Verallgemeinerung findet in zweierlei Hinsicht Einschränkungen: Erstens ist Mandarin vorwiegend unter den Jugendlichen, Gebildeten und Stadtbewohnern verbreitet, und zweitens haben viele, die Mandarin passiv verstehen, Schwierigkeiten mit seiner aktiven Anwendung. Zum Beispiel ist die Wahrscheinlichkeit, dass ein tibetischer Bauer Mandarin spricht, äußerst gering. Auch in Hongkong und Macau war Mandarin bis in die jüngste Vergangenheit kaum verbreitet, doch inzwischen hat die Sprache auch dort Fuß gefasst.

Zu den Bindegliedern der verschiedenen Dialekte gehört in erster Linie die chinesische **Schrift**. Gleichgültig wie verschiedenartig zwei Dialekte auch immer sein mögen – sobald die Sätze in chinesischen Schriftzeichen niedergeschrieben werden, wird ihr Inhalt klar, denn alle Dialekte verwenden dasselbe Schriftsystem. Beispielsweise wird ein kantonesischer Satz, der neben einen Mandarin-Satz desselben Inhalts geschrieben wird, abgesehen von manchen eigentümlichen Wörtern oder Satzstrukturen überwiegend so aussehen wie jener – werden beide Sätze jedoch vorgelesen, weichen die Ergebnisse stark voneinander ab, da dieselben Schriftzeichen in unterschiedlichen Dialekten verschiedenartig ausgesprochen werden. Einige ethnische Minderheiten verfügen über eigene Schriftsysteme, doch die Chinesen assoziieren das geschriebene chinesische Wort untrennbar mit dem Mandarin.

Ausländer haben mit einem anderen typischen Merkmal des Chinesischen Schwierigkeiten: Chinesisch ist eine **tonale Sprache** – ein Phänomen, das in westlichen Sprachen unbekannt ist. Um ein Wort richtig aussprechen zu können, muss man nicht nur seine phonetische Zusammensetzung, sondern auch seine korrekte Tonhöhe kennen. Auch wenn es auf den ersten Blick so scheint, ist es doch nicht allzu schwierig, einige einfache chinesische Wörter und Redewendungen zu erlernen, die Beherrschung nur weniger elementarer Ausdrucksweisen kann sogar den Unterschied zwischen einer erfolgreichen Reise und einem Albtraum ausmachen.

Da die Aussprache von Silben – jedes chinesische Schriftzeichen entspricht einer Silbe – in verschiedenen Tonhöhen zu unterschiedlichen Bedeutungen führt, ist die korrekte **Betonung** im Chinesischen außerordentlich wichtig, für Ausländer, die Chinesisch lernen wollen, ist die Beherrschung des phonetischen Pinyin-Systems sehr hilfreich. Dies ist ein nach Lauten geordnetes Transkriptionssystem für chinesische Schriftzeichen in lateinische Buchstaben mit zusätzlichen Zeichen für die Tonhöhe, s. S. 1264.

Im Buchsortiment der *Freundschaftsläden* in größeren Städten oder in gut bestückten fremdsprachlichen Abteilungen der Buchhandlung *Xinhua Shudian* werden auch **Lernmittel** für Chinesisch in deutscher Sprache angeboten, zum Beispiel ein *Grundkurs der chinesischen Sprache* in vier Bänden, inklusive Lernkarten mit Schriftzeichen. Bequemes Taschenformat hat *Langenscheidts Sprachführer Chinesisch*, den man sich allerdings bereits zuhause besorgen sollte. Gut sortierte Buchhandlungen in Deutschland, Österreich und der Schweiz halten diverse Lehrbücher bereit. In China selbst werden zahlreiche englischsprachige Sprechhilfen und Lehrbücher für Chinesisch angeboten, die sich zur spontanen Anwendung oder zum weiterführenden Selbststudium eignen. Der englischsprachige Rough Guide *Mandarin Chinese Dictionary Phrasebook* listet Wörter und Sätze für unterwegs auf, sowohl in Pinyin als auch in Schriftzeichen. In chinesischen Buchläden steht eine breite Auswahl an preiswerten allgemein- und fachsprachlichen Wörterbüchern bereit.

Chinesische Schriftzeichen

Chinesische Schriftzeichen sind vereinfachte **Abbilder** ihrer Inhalte, und ihre Ursprünge als Piktogramme sind in vielen Fällen heute noch nachvollziehbar, selbst wenn sie im Laufe der Zeit stark abstrahiert wurden. Die frühesten bekannten Beispiele der chinesischen Schrift gehen auf rituelle Weissagungen zurück: Schriftzeichen wurden vor über 3000 Jahren in Orakelknochen geritzt, doch sie müssen schon lange vorher in Gebrauch gewesen sein, da diese Inschriften auf ein hochgradig komplexes Schriftsystem hinweisen. Da den Schriftzeichen inhaltliche Bedeutung und nicht phonetische Laute zu Grunde liegen, hilft das geschriebene Chinesisch innerhalb dieses Landes, das zahlreiche stark voneinander abweichende Sprachen und Dialekte aufweist, über das Problem der mündlichen Verständigung hinweg. Es ist jedoch sehr schwer, dieses Schriftsystem zu erlernen.

Die Zahl der chinesischen Schriftzeichen geht in die Zehntausende. In Gebrauch sind sie mindestens seit der Shang-Dynastie (1600–1100 v. Chr.), doch zum allergrößten Teil sind sie hinfällig – man muss etwa 2500 Schriftzeichen beherrschen, um eine einfache Tageszeitung lesen zu können, und selbst gebildete Chinesen beherrschen nur in Ausnahmefällen mehr als 10 000 Zeichen. In ihrem Ursprung kann man die Schriftzeichen mit **Piktogrammen** vergleichen. Jedes Zeichen ist auf eine bestimmte Bedeutung oder einen Inhalt ausgerichtet, nicht aber auf die jeweilige Aussprache. Dies ist in etwa mit unseren westlichen Ziffern zu vergleichen: Nichts im Zeichen „2" gibt eine bindende Richtlinie für die Aussprache; wer das Symbol kennt, weiß was es bedeutet, gleichgültig ob er es deutsch als „zwei", englisch als „two" oder französisch als „deux" liest. Im Chinesischen ist es in derselben Weise erforderlich, die individuellen Schriftzeichen zusammen mit der Aussprache und der entsprechenden Bedeutung zu erlernen. Die Aussprache der Schriftzeichen variiert von Region zu Region zum Teil beträchtlich, doch ihre Bedeutungen sind stets dieselben. Mit dem geschriebenen Wort lassen sich deshalb die Ausspachebarrieren überwinden.

Obwohl viele chinesische Schriftzeichen auf ungeübte Augen ungeheuer kompliziert wirken, besitzen sie eine logische Struktur. Jedes Schriftzeichen besteht aus einer exakten Anzahl von (Pinsel- oder Bleistift-) **Strichen**, die in einer vorgegebenen Reihenfolge gezogen werden. Zum Beispiel besteht das Schriftzeichen für „Mund", das wie ein Viereck aussieht, aus insgesamt drei Strichen: Zuerst wird die linke Seite von oben nach unten gezogen, dann die obere und rechte Seite in einem einzigen Zug von links oben nach rechts unten und zuletzt die untere Seite, das „Viereck" von links nach rechts schließend. Zweitens bestehen die meisten Schriftzeichen aus zwei Komponenten (die unter Umständen auch eigenständige Schriftzeichen ohne Beistriche sein können): Aus einem **bestimmenden Teil**, dem so genannten Klassenzeichen oder Radikal, sowie einem **regierten Teil**, der aus einer bestimmten Anzahl von Strichen besteht und mitunter bereits einen Hinweis auf die Aussprache gibt. Klassenzeichen weisen oft schon auf die Kategorie hin, der die jeweiligen Zeichen angehören. Zum Beispiel haben „wässrig", „Träne", „Alkohol" und „Meeresbucht" allesamt das Klassenzeichen für „Wasser" (Flüssigkeit), während der bestimmende Teil für „essen", „küssen", „pusten" und „spucken" der Mund ist. Klassenzeichen bilden häufig, jedoch bei weitem nicht immer, den linken Teil des Schriftzeichens. So besteht das Zeichen für „Mama" aus dem Schriftzeichen für „Pferd" (wegen der ähnlichen Aussprache beider Wörter), dem links das Schriftzeichen für „weiblich" vorangestellt wird. In einigen Fällen ist die Beziehung zwischen Piktogramm und Bedeutungsebene leicht nachzuvollziehen. Beispielsweise ähnelt das Klassenzeichen *mu* für „Holz" einem Baum. Andere Klassenzeichen erfordern größere Phantasie, während manche wiederum so abstrakt und komplex sind, dass ihre ursprüngliche Bedeutung im Verborgenen liegt.

Klassische und vereinfachte Schriftzeichen

Viel Zeit und Geduld sind erforderlich, um die chinesischen Schriftzeichen zu erlernen. Da sich die vielen Schwierigkeiten die damit verbunden sind, negativ auf das allgemeine Schreib- und Leseverständnis in China ausgewirkt haben, verabschiedete die Regierung im Jahre 1954 eine **Reform zur Vereinfachung** von mehr als tausend der gebräuchlichsten Schriftzeichen. Weil die vereinfachten Zeichen eine geringere Strichzahl als die klassischen Zeichen aufweisen, ging man davon aus, dass sie leichter zu erlernen und schneller zu schreiben seien. Die drastische Maßnahme blieb nicht ohne Widerspruch. Die Reformgegner argumentierten, dass Eingriffe in die ursprüngliche Struktur der Schriftzeichen lebendige Hinweise auf ihre Bedeutung und Aussprache zerstören würden, sodass sie ganz im Gegenteil schwieriger zu erlernen und zu memorieren seien. Die vereinfachten Schriftzeichen wurden zunächst nicht nur in der Volksrepublik, sondern auch in Singapur angenommen, doch Hongkong, Taiwan und die meisten Gemeinschaften der Überseechinesen halten bis heute an den alten, traditionellen Zeichen fest.

Paradoxerweise erleben viele traditionelle Schriftzeichen gegenwärtig auch auf dem chinesischen Festland ein Comeback: Es ist modern, durch ihre Anwendung die eigene Bildung herauszukehren. Obwohl die Aussprache und Bedeutung identisch sind, unterscheiden sich zahlreiche traditionelle Schriftzeichen beträchtlich von den vereinfachten Zeichen, die in diesem Buch benutzt werden.

Grammatik

Die chinesische Grammatik ist relativ einfach. Es ist nicht nötig, Substantive zu deklinieren, Verben zu konjugieren oder Steigerungsformen für Adjektive auswendig zu lernen. Da chinesische Wörter an

ANHANG

die unveränderlichen chinesischen Schriftzeichen gebunden sind, können sie keine unterschiedlichen „Endungen" haben. Stattdessen werden Numerus, Tempus und Genus, die in den indo-europäischen Sprachen an grammatische Regeln gebunden sind, durch den **Kontext** und die **Wortstellung** im Satz verdeutlicht. Statt umständlicher Tempora verwendet das Chinesische lediglich Wörter wie „gestern" oder „morgen", um die Zeitlichkeit zu verdeutlichen, und statt Wortendungen geben bestimmte oder unbestimmte Zahlwörter Aufschluss über Singular oder Plural.

Die **Wortbildung** wird von der Tatsache beeinflusst, dass sich die Bedeutungsspanne vieler chinesischer Schriftzeichen im Laufe der Zeit ausgeweitet hat. Beispielsweise kann ein einziges Schriftzeichen, das im Mandarin die Aussprache *ju* im dritten Ton hat, ein Verb mit den Bedeutungen „heben", „sich erheben", „anführen" oder „jemanden zu etwas wählen", ein Substantiv mit der Bedeutung „Tat, Aktion" oder ein Adjektiv mit der Bedeutung „vollständig" sein. Sehr blass mag die ursprünglich zugrunde liegende Bedeutung von *ju* noch durchschimmern, doch um in der praktischen Anwendung für Klarheit zu sorgen, werden die meisten Begriffe heute nicht mit einem einzigen, sondern überwiegend mit zwei (und mitunter mehr) Schriftzeichen ausgedrückt. Im Falle des oben genannten Beispiels *ju* schafft die Hinzufügung des Schriftzeichens *shi* für „Welt" die Kombination *jushi* mit der Bedeutung „weltweit, universell", die Hinzufügung des Schriftzeichens *mu* für „Auge" die Kombination *jumu* mit der Bedeutung „die Augen erheben, aufblicken".

Der chinesische **Satzbau** entspricht der auch im Deutschen vorgegebenen Folge Subjekt–Prädikat–Objekt. Wer sich etwas näher mit der Sprache befasst, wird merken, dass er durch einfache Aneinanderfügung von Wörtern recht zufriedenstellende Grammatikmuster bildet. Adjektive und nähere Bestimmungen stehen vor den Substantiven.

Aussprache und Pinyin

Nachdem die politische Führung in den 50er Jahren das Ziel formulierte, die chinesischen Schriftzeichen durch ein reguläres Alphabet aus lateinischen Buchstaben zu ersetzen, wurde das Transkriptionssystem Pinyin entwickelt, das die Aussprache des Mandarin auf der Grundlage des lateinischen Alphabets (ohne den Buchstaben „v") erfasst und die vier **Tonhöhen** über den jeweiligen Silben durch ein klar definiertes Zeichen kenntlich macht. Andere chinesische Sprachen oder Dialekte wie etwa das Kantonesische, das sogar neun Tonhöhen hat, können nicht in Pinyin umschrieben werden.

Das Ziel, die chinesischen Schriftzeichen durch die Pinyin-Umschrift zu ersetzen, ist längst aufgegeben worden, doch immerhin hat sich Pinyin als ein wichtiges Hilfsmittel für Ausländer, die Chinesisch lernen wollen, erwiesen. Da im Pinyin jedoch nicht alle Buchstaben dieselbe phonetische Aussprache wie im Westen haben, sind ein bis zwei Stunden zum Erlernen der korrekten Akzentuierung erforderlich. Inzwischen sieht man die Pinyin-Schreibweise überall in China – auf Straßenschildern, über Geschäften, in Hotels usw. –, doch nur gebildete Einheimische können sie lesen. Das bekannteste unter mehreren anderen Transkriptionssystemen, das Mandarin in lateinische Buchstaben zu übertragen versucht, heißt **Wade-Giles**. Dieses System schreibt zum Beispiel „Mao Zedong" als „Mao Tse-tung" und „Deng Xiaoping" als „Teng Hsiao-p'ing". Dieses ältere System findet in der Volksrepublik keine Anwendung mehr, doch liest man es noch in zahlreichen westlichen Büchern über China und in taiwanischen Publikationen.

Chinesische Begriffe sind in diesem Buch sowohl in vereinfachten Schriftzeichen als auch in Pinyin verzeichnet. Das Erlernen der folgenden Aussprachehinweise ist der erste Schritt, um sich in China verständlich zu machen. Es ist vor allem anfangs nicht leicht, die richtigen Tonhöhen zu treffen, doch da man seine ausländische Identität nicht verbergen kann, werden intelligente Zuhörer mit etwas gutem Willen auch bei falschen Tönen heraushören, was man sagen will. Wer jedoch nur ein einziges Wort ohne weiteren Kontext in den Raum stellt (zum Beispiel einen Ortsnamen), muss unbedingt die richtige Tonhöhe treffen, denn sonst wird niemand verstehen, was gemeint ist.

Die Tonhöhen

Das Mandarin-Chinesische hat vier verschiedene Tonhöhen. Jeder einzelnen Silbe eines Wortes ist eine dieser Tonhöhen zugeordnet, außerdem bleiben manche Silben tonlos. Dieser Schwerpunkt auf Tonhöhen macht das Chinesische jedoch keineswegs zu einer besonders musikalischen Sprache. Auch in der deutschen Sprache sind diese Töne enthalten (und darüber hinaus noch andere). Der Unterschied besteht darin, dass im Deutschen solche Töne gefühlsmäßig zum Ausdruck kommen, und zwar bei Ausrufen, Fragen, Aufzählungen, Rügen usw.; doch während die Tonhöhe im Deutschen die Stimmung oder den Nachdruck verdeutlicht, verändert sie im Chinesischen das Wort selbst.

Erster Ton *ā ē ī ō ū*: Relativ hoher, fast ebener Tonhöhenverlauf, etwa wie in der langgezogenen Vokalfolge der Lautmalerei „**Pieee**p". – Mittlere Tondauer.

Zweiter Ton *á é í ó ú*: Von der mittleren natürlichen Stimmlage her aufsteigender Tonhöhenverlauf, der im Deutschen etwa in folgender Situation erfolgt: Jemand steht suchend am Bücherregal und wird namentlich von jemandem gerufen; er dreht sich um und erwidert in ansteigendem Tonfall: „**Ja?**" – Etwa 10% kürzere Tondauer als der erste Ton.

Dritter Ton *ǎ ě ǐ ǒ ǔ*: Zunächst fallender und dann aufsteigender Tonfall, im Deutschen etwa in einer ungläubig-überraschten Erwiderung: „Stell dir vor, sie ist jetzt doch mit Peter zusammen!" – „**Wa-as?**" – Etwa 15–20% längere Tondauer als der erste Ton.

Vierter Ton *à è ì ò ù*: Von der oberen natürlichen Stimmlage her schroff abfallend. In der Art eines Befehlstons oder einer brüsken Anrede: „**Eins! Zwei! Drei! Eins! Zwei! Drei!**" oder ‚**Komm** jetzt!" – Etwa 50% kürzer als der erste Ton.

Neutraler (stimmloser) Ton: Wenige Silben haben keine tonale Akzentuierung, etwa wie der Auslaut im Wort „Tomat**e**" – Ein Ton mit äußerst geringer Intensität.

Hinweis: Haben zwei aufeinander folgende Silben den dritten Ton, so verschiebt sich die Aussprache der ersten dieser beiden Silben auf den zweiten Ton.

Konsonanten

Die meisten Konsonanten werden ähnlich ausgesprochen wie im Deutschen, doch es gibt einige Ausnahmen:

c Zischlaut wie in nach**ts**
g hart wie in **g**elb bei voranstehendem „n" wie in der Endung -**ung**
h ch wie in Da**ch**
j wie in **J**azz
q wie ein aspiriertes **tj**a
r ähnlich wie im Englischen **r**iver
s stimmlos wie in da**ss**
x alveo-palater Reibelaut, ähnlich wie im leisen Zischlaut **hsss**t!
y wie in **J**ahr
z wie **ds**, etwas stimmhafter als in Hun**ds**tage, ungefähr wie **Ds**ungarai
ch wie in **Tsch**echei
sh wie in **sch**ön
zh **dsch** wie in **Dsch**unke

Vokale und Diphthonge

Wie in den meisten Sprachen sind auch im Chinesischen die Vokale schwieriger zu definieren als die Konsonanten. Die folgenden Beispiele geben eine ungefähre Definition von Vokalen in Verbindung mit nachfolgenden Lauten:

a wie in d**a**
ai wie in K**ai**
ao wie in C**ow**boy
e zwischen L**e**ck und Sp**ö**tter
ei langes „e" mit kurzem „i"-Nachklang
en wie in Zeich**en**
eng „e" wie in bitt**e**, gefolgt vom Nasal **ng**
er „e" wie in bitt**e**, gefolgt vom englischen „r" wie in **r**iver
i gewöhnlich wie **I**gel, doch in den Verbindungen *zi, ci, si, ri, zhi, chi* und *shi* kurz und Richtung „e" wie in bitt**e** gesprochen
ia wie in **Ya**k
ian zwischen Belg**ien** und **Jä**nner
ie wie im Englischen **ye**ah
o wie in **o**ffen, jedoch gedehnter
ong wie die Endung -**ung**
ou wie im Namen J**oe**
u wie in g**u**t, doch nach den Vokalen j, q, x und y wie in **ü**ber
ua wie in G**ua**temala
uai wie das Englische **why**
ue ähnlich wie **üe** mit betontem „ü" und schwach ausklingendem „e"
ui wie in pf**ui**
uo wie im Englischen **wa**ll

ANHANG

Wörter und Phrasen

Im Gegensatz zur westlichen Reihenfolge steht im Chinesischen der **Familienname** vorne und der **Vorname** hinten. Mit nur wenigen Ausnahmen bestehen alle chinesischen Familiennamen aus einem einzigen Schriftzeichen, während die Vornamen entweder ein oder zwei Schriftzeichen lang sind. Ein Mann namens Zhang Dawei hat also den Familiennamen Zhang und den Vornamen Dawei.

Chinesen stellen sich entweder nur mit dem Familiennamen oder mit dem vollen Namen vor. In **formellen Situationen** werden die Anredeformen *xiansheng* (Herr), *taitai* (Frau) oder *xiaojie* (Fräulein) dem Familiennamen nachgestellt – *Zhang xiansheng* ist also Herr Zhang. Herr Zhang stellt Frau Zhang mit *wo de airen* (meine Ehefrau) vor. Im zwanglosen Umgang werden dem Familiennamen als vertrauliche Anredeformen die Begriffe *lao* (alt) oder *xiao* (jung) vorangestellt – es kann sich dabei ebenso sehr um eine altersbezogene wie um eine soziale Einstufung handeln. Herr Zhang wird von seinen Bekannten *Lao Zhang* oder *Xiao Zhang* genannt.

Nützliche Wörter und Redewendungen

Grundwortschatz

Ich	我	wǒ
Du	你	nǐ
Er	他	tā
Sie (Singular)	她	tā
Wir	我们	wǒmen
Ihr	你们	nǐmen
Sie (Plural)	他们	tāmen
Ich möchte ...	我要	wǒ yào...
Ich möchte ... nicht	我不要	wǒ bú yào...
Ist es möglich, zu ...	可不可以.....?	kěbùkěyǐ....?
Es ist (nicht) möglich	(不)可以	(bù) kěyǐ
Gibt es ...? / Haben Sie ...?	有没有.....?	yǒuméiyoǔ...?
Das gibt es. / Ich habe es.	有	yǒu
Das gibt es nicht. / Ich habe es nicht.	没有	méiyǒu
Bitte helfen Sie mir.	请帮我忙	qǐng bāng wǒ máng
Herr	.....先生	xiānsheng
Frau	.....太太	tàitai
Fräulein (im Restaurant auch: weibliche Bedienung)	.....小姐	xiǎojie

Kommunikation

Ich spreche kein Chinesisch.	我不会说中文	wǒ bú huì shuō zhōngwén
Mein Chinesisch ist sehr schlecht.	我的中文很差	wǒ de zhōngwén hěn chà
Sprechen Sie Englisch?	你会说英语吗?	nǐ huì shuō yīngyǔ ma?
Können Sie jmd. finden, der Englisch spricht?	请给我找一个会说英语的人	qǐng gěi wǒ zhǎo yí ge huì shuō yīngyǔ de rén
Bitte sprechen Sie langsam.	请说地慢一点	qǐng shuōde màn yīdiǎn
Bitte sagen Sie das noch einmal.	请再说一遍	qǐng zài shuō yí biàn
Ich verstehe.	我听得懂	wǒ tīngdedǒng
Ich verstehe nicht.	我听不懂	wǒ tīngbudǒng
Ich kann keine Schriftzeichen lesen.	我看不懂汉字	wǒ kànbudǒng hànzì

Was bedeutet das?	这是什么意思?	zhè shì shénme yìsi?
Wie spricht man dieses Schriftzeichen aus?	这个字怎么念?	zhè ge zì zěnme niàn?

Gruß und Höflichkeitsfloskeln

Hallo. / Wie geht es Ihnen?	你好	nǐ hǎo
Es geht mir gut.	我很好	wǒ hěn hǎo
Danke schön.	谢谢	xièxie
Gern geschehen. / Nicht der Rede wert.	不客气	bù kèqi
Entschuldigen Sie die Störung.	麻烦你	máfan nǐ
Verzeihung. / Pardon. / Sorry.	对不起	duìbùqǐ
Macht nichts. / Kein Problem.	没关系	méi guānxi
Auf Wiedersehen.	再见	zàijiàn

Redewendungen

Aus welchem Land kommen Sie?	你是哪个国家的?	nǐ shì nǎ ge guójiā de?
England	英国	yīngguó
Irland	爱尔兰	ài'érlán
Amerika	美国	měiguó
Kanada	加拿大	jiānádà
Australien	澳大利亚	àodàlìyà
Neuseeland	新西兰	xīnxīlán
China	中国	zhōngguó
Ausland	外国	wàiguó
Deutschland	德国	déguó
Österreich	奥地	aòdìlì
Schweiz	瑞士	ruìshì
Wie heißen Sie?	你叫什么名字?	nǐ jiào shénme míngzi?
Ich heiße ...	我叫....	wǒ jiào...
Sind Sie verheiratet?	你结婚了吗?	nǐ jiéhūn le ma?
Ich bin (nicht) verheiratet.	我(没有)结婚(了)	wǒ (méiyoǔ) jiéhūn (le)
Haben Sie Kinder?	你有没有孩子?	nǐ yǒu méiyǒu háizi?
Mögen Sie ...?	你喜不喜欢.....?	nǐ xǐ bù xǐhuan....?
Ich mag (nicht) ...	我(不)喜欢....	wǒ (bù) xǐhuan...
Welchen Beruf üben Sie aus?	你干什么工作?	nǐ gàn shénme gōngzuò?
Ich bin ein ausländischer Student.	我是留学生	wǒ shì liúxuéshēng
Ich bin Lehrer.	我是老师	wǒ shì lǎoshī
Ich arbeite für ein Unternehmen.	我在一个公司工作	wǒ zài yí ge gōngsī gōngzuò
Ich arbeite nicht.	我不工作	wǒ bù gōngzuò
Sauber / schmutzig	干净/脏	gānjìng/zāng
Heiß / kalt	热/冷	rè/lěng
Schnell / langsam	快/慢	kuài/màn
Schön	漂亮	piàoliang
Interessant	有意思	yǒu yìsi

Zahlen

Null	零	líng
Eins	一	yī
Zwei*	二/两	èr/liǎng*
Drei	三	sān
Vier	四	sì
Fünf	五	wǔ
Sechs	六	liù
Sieben	七	qī
Acht	八	bā
Neun	九	jiǔ
Zehn	十	shí
Elf	十一	shíyī
Zwölf	十二	shíèr
Zwanzig	二十	èrshí
Einundzwanzig	二十一	èrshíyī
Hundert	一百	yībǎi
Zweihundert	二百	èrbǎi
Tausend	一千	yīqiān
Zehntausend	一万	yīwàn
Hunderttausend	十万	shíwàn
Eine Million	一百万	yībǎiwàn
Hundert Millionen	一亿	yīyì
Eine Milliarde	十亿	shíyì

* „liǎng“ wird bei Aufzählungen verwendet (zum Beispiel: „zwei Menschen“ = liǎng ge rén); „èr“ wird beim Zählen verwendet.

Zeit

Jetzt	现在	xiànzài
Heute	今天	jīntiān
Vormittag, vormittags	早上	zǎoshang
Nachmittag, nachmittags	下午	xiàwǔ
Abend, abends	晚上	wǎnshang
Morgen	明天	míngtiān
Übermorgen	后天	hòutiān
Gestern	昨天	zuótiān
Woche / Monat / Jahr	星期/月/年	xīngqī/yuè/nián
Montag	星期一	xīngqī yī
Dienstag	星期二	xīngqī èr
Mittwoch	星期三	xīngqī sān
Donnerstag	星期四	xīngqī sì
Freitag	星期五	xīngqī wǔ
Samstag	星期六	xīngqī liù
Sonntag	星期天	xīngqī tiān
Wieviel Uhr ist es?	几点了？	jǐdiǎn le?
10 Uhr	十点钟	shídiǎn zhōng
10.20 Uhr	十点二十	shídiǎn èrshí
10.30 Uhr	十点半	shídiǎn bàn

Reisen und Orientierung

Norden	北	běi
Süden	南	nán
Osten	东	dōng
Westen	西	xī
Flughafen	机场	jīchǎng
Fähranlegestelle	船码头	chuán mǎtóu
Gepäckaufbewahrung	寄存处	jìcún chù
Ticketbüro	售票处	shòupiào chù
Ticket	票	piào
Können Sie mir ein Ticket nach ... kaufen?	可不可以给我买到.....的票?	kěbùkěyǐ gěi wǒ mǎi dào… de piào?
Ich möchte nach ...	我想到.....去	wǒ xiǎng dào … qù
Ich möchte (um 8 Uhr) abfahren.	我想(八点钟)离开	wǒ xiǎng (bā diǎn zhōng) líkāi
Wann ist die Abfahrtszeit?	什么时候出发?	shénme shíhou chūfā?
Wann ist die Ankunftszeit?	什么时候到?	shénme shíhou dào?
Wie lange dauert die Fahrt?	路上得多长时间?	lùshang děi duōcháng shíjiān?
CAAC, Chinesische Zivilluftfahrt-gesellschaft	中国民航	zhōngguó mínháng
CITS, Staatliches chinesisches Tourismusbüro	中国国际旅行社	zhōngguó guójì lǚxíngshè
Zug	火车	huǒchē
(Haupt-) Bahnhof	主要火车站	(zhǔyào) huǒchēzhàn
Bus	公共汽车	gōnggòng qìchē
Busbahnhof	汽车站	qìchēzhàn
Überland-Busbahnhof	长途汽车站	chángtú qìchēzhàn
Hartsitzklasse	硬座	yìngzuò
Weichsitzklasse	软座	ruǎnzuò
Hartbettenklasse	硬卧	yìngwò
Weichbettenklasse	软卧	ruǎnwò
Weichsitzklasse-Wartesaal	软卧候车室	ruánzuò hòuchēshì
(Höherklassige) Fahrkarte nachlösen	补票	bǔpiào
Bahnsteig	站台	zhàntái
Expresszug / -bus	特快车	tèkuài chē
Schnellzug / -bus	快车	kuài chē
Normalzug / -bus	普通车	pǔtōng chē
Minibus	小车	xiǎo chē

Orientierung in der Stadt

Landkarte, Stadtplan	地图	dìtú
Wo ist ...?	......在哪里?	…zài nǎlǐ?
Geradeaus gehen	往前走	wàng qīán zǒu
Nach rechts abbiegen	往右拐	wàng yòu guǎi
Nach links abbiegen	往左拐	wàng zuǒ guǎi
Taxi	出租车	chūzū chē
Bitte schalten Sie das Taxameter ein.	请打开记价器	qǐng dǎkāi jìjiàqì
U-Bahn-Station	地铁站	dìtiě zhàn

Rikscha	三轮车	sānlúnchē
Fahrrad	自行车	zìxíngchē
Ich möchte ein Fahrrad mieten.	我想租自行车	wǒ xiǎng zū zìxíngchē
Was kostet es für eine Stunde?	一个小时得多少钱?	yí gè xiǎoshí děi duōshǎo qián?
Kann ich Ihr Fahrrad ausleihen?	能不能借你的自行车?	néng bùnéng jiè nǐ de zìxíngchē?
Bus	公共汽车	gōnggòng qìchē
Welche Buslinie fährt nach ...?	几路车到……去?	jǐ lù chē dào … qù?
Bus Nr. (10)	(十)路车	(shí) lù chē
Fährt dieser Bus nach ...?	这车到……去吗?	zhè chē dào … qù ma?
Wann fährt der nächste Bus?	下一班车几点开?	xià yì bān chē jǐ diǎn kāi?
Der erste Bus	头班车	tóubānchē
Der letzte Bus	末班车	mòbānchē
Bitte sagen Sie mir, wo ich aussteigen muss.	请告诉我在哪里下车	qǐng gàosu wǒ zài nǎlǐ xià chē
Museum	博物馆	bówùguǎn
Tempel	寺院	sìyuàn
Herrentoilette	男厕所	nán cèsuǒ
Damentoilette	女厕所	nǚ cèsuǒ

Unterkunft

Hotel (gehobene Kategorie)	宾馆	bīnguǎn
Gästehaus	招待所，旅馆	zhāodàisuǒ, lǚguǎn
Hostel / Herberge	旅社	lǚshè
Gästehaus für Ausländer (an Universitäten)	外国专家楼	wàiguó zhuānjiā lóu
Bekomme ich bei Ihnen eine Unterkunft?	能不能住在这里?	néng bù néng zhù zài zhèlǐ?
Kann ich das Zimmer sehen?	能不能看一下房间？	néng bù néng kàn yíxià fángjiān?
Ich möchte das preiswerteste Bett haben.	我要你最便宜的床位	wǒ yào nǐ zuì piányi de chuángwèi
Einzelzimmer	单人间	dānrénjiān
Doppelzimmer	双人间	shuāngrénjiān
Drei-Bett-Zimmer	三人间	sānrénjiān
Schlafsaal, Dorm	多人间	duōrénjiān
Suite	套房间	tàofángjiān
Bett	床位	chuángwèi
Pass, Ausweis	护照	hùzhào
Kaution	押金	yājīn
Schlüssel	钥匙	yàoshi
Wann gibt es heißes Wasser?	什么时候有热水?	shénme shíhou yǒu rèshuǐ?
Ich möchte das Zimmer wechseln.	我想换一个房间	wǒ xiǎng huàn yí ge fángjiān

Einkaufen, Geld und Visaverlängerung

Wie viel kostet dies?	这是多少钱?	zhè shì duōshǎo qián?
Das ist zu teuer.	太贵了	tài guì le
Ich habe kein Bargeld.	我没有现金	wǒ méiyǒu xiànjīn

Haben Sie etwas Billigeres?	有没有便宜一点的?	yǒu méiyǒu piányi yīdiǎn de?
Akzeptieren Sie Kreditkarten?	可不可以用信用卡?	kě bù kěyí yòng xìnyòngkǎ?
Kaufhaus	百货商店	bǎihuò shāngdiàn
Markt	市场	shìchǎng
1 Kuai / 1 Yuan (Renminbi)	一块(人民币)	yí kuài (rénmínbì)
1 US$ (US-Dollar)	一块美金	yí kuài měijīn
1 (britisches) Pfund	一个英磅	yí gè yīngbàng
1 HK$ (Hongkong-Dollar)	一块港币	yí kuài gǎngbì
1 Euro	一欧元	yī ōuyuán
Geld wechseln	换钱	huàn qián
Bank of China	中国银行	zhōngguó yínháng
Travellers Cheques	旅行支票	lǚxíng zhīpiào
Amt für öffentliche Sicherheit (PSB)	公安局	gōng'ān jú

Post und Telefon

Postamt	邮电局	yóudiànjú
Briefumschlag	信封	xìnfēng
Briefmarke	邮票	yóupiào
Luftpostbrief	航空信	hángkōngxìn
Normalbrief	平信	píngxìn
Poste-Restante-Schalter (postlagernd)	邮件侯领处	yóujiàn hòulǐngchù
Telefon	电话	diànhuà
Internationales Telefongespräch	国际电话	guójì diànhuà
R-Gespräch	对方付钱电话	duìfāng fùqián diànhuà
Fax	传真	chuánzhēn
Telefonkarte	电话卡	diànhuàkǎ
Ich möchte nach (Deutschland/Österreich/Schweiz) telefonieren.	我想给 (德国，奥地利，瑞士) 打电话。	wǒ xiǎng gěi (déguó/aòdìlì/ruìshì) dǎ diànhuà
Ich möchte ein Fax nach (Deutschland) schicken.	我想给(德国)发一个传真。	wǒ xiǎng gěi (déguó) fā yī gè chuánzhēn
Kann ich hier ein Fax empfangen?	能不能在这里收传真?	néng bù néng zài zhèlǐ shōu chuánzhēn

Gesundheit

Krankenhaus	医院	yīyuàn
Apotheke	药店	yàodiàn
Medizin	药	yào
Chinesische Medizin	中药	zhōngyào
Durchfallerkrankung	腹泻	fùxiè
Erbrechen, sich übergeben	呕吐	ǒutù
Fieber	发烧	fāshāo
Ich bin krank.	我生病了	wǒ shēngbìng le
Ich habe eine Erkältung.	我感冒了	wǒ gǎnmào le
Ich habe eine (keine) Allergie gegen …	我对.....(不)过敏	wǒ duì … (bù) guòmǐn
Antibiotikum	抗生素	kàngshēngsù
Chinin	奎宁	kuíníng
Kondom	避孕套	bìyùntào
Moskito-Coil (Räucherspirale zur Vertreibung von Mücken)	蚊香	wénxiāng
Moskitonetz (-gewebe)	蚊帐纱	wénzhàng (shā)

Glossar

Adobe – Luftgetrocknete Lehmziegel.
Amt für öffentliche Sicherheit (PSB, Public Security Bureau) – Zweig des chinesischen Polizeiapparates, der unter anderem für Ausländerangelegenheiten zuständig ist.
Arhat – Buddhistischer Asket, Schüler Buddhas.
Bagua – Die acht Diagramme (Kombinationen aus jeweils drei durchgehenden und gebrochenen Linien, die Himmel, Erde, Donner, Wind, Wasser, Feuer, Berge und Seen symbolisieren).
Baozi – Gedämpfte Teigtaschen mit Fleisch-, Gemüse- oder süßer Füllung.
Bodhisattva – Heiliger, der das hohe Niveau des möglichen Einzugs ins Nirvana erreicht hat, diesen Weggang in den Zustand des völligen Losgelöstseins vom Leiden jedoch verschiebt, um den Menschen, die noch nicht zur Erleuchtung gefunden haben, den Weg dorthin zu weisen; Anhänger des Buddhismus; buddhistischer Gott oder buddhistische Göttin.
Boxer – Eine ausländerfeindliche Organisation (eine Bewegung aus mehreren Geheimgesellschaften), die 1898 in der Provinz Shandong entstand; mit Billigung der Qing-dynastischen Kaiserinwitwe Cixi zogen ihre Anhänger durch China und griffen verwestlichte Chinesen sowie Ausländer an, was 1900–1901 zum so genannten Boxeraufstand führte.
Buddha – Der „Erleuchtete"; Buddha kann werden, wer durch eigene Erkenntnis zur Erlösung gelangt, den Kreislauf des Leidens und der Wiedergeburt durchbrochen hat und damit ins Nirvana eingeht. Anders als die Bodhisattvas können Buddhas zwar die Lehre darlegen, aber keine direkte Erlösungshilfe leisten.
CITS – China International Travel Service; touristische Agentur, die sich hauptsächlich um Organisation und Verkauf von Reisen kümmert, hilft mitunter auch bei der Beschaffung von Zugtickets.
CTS – China Travel Service; touristische Agentur mit ähnlichem Engagement wie CITS.
Dagoba – Spezielle Form eines Stupa; beherbergt Reliquien und heilige Texte.
Dim Sum – Frühstücksbuffet der Provinz Guangdong, bei dem Kellner Snacks auf kleinen Wagen von Tisch zu Tisch fahren, sodass man sich die Mahlzeit individuell zusammenstellen kann und die abschließende Rechnung nach der auf dem Tisch stehenden Tellerzahl begleicht.
Dougong – Kompaktes geschnitztes Holzgebälk (Gruppe hölzerner Kapitelle); traditionelles Merkmal der chinesischen Tempelarchitektur.
Drachenauge – Frucht des Longanbaums (*Euphoria longana*).
Fen – Kleinste Einheit der chinesischen Währung; ein Yuan hat hundert Fen.
Fengshui – System der Geomantik, um beispielsweise den richtigen Ort für Bauwerke zu bestimmen.
Geisterwand – Mauer hinter dem Haupttor eines Hauses zur Abwehr böser Geister; diese können sich nach dem Volksglauben nur in gerader Linie bewegen.
Ginseng – Efeugewächs *(Panax ginseng)*, dessen Wurzel in China als Universalheilmittel betrachtet wird.
Go – Japanisches Brettspiel.
Grasland – Steppengebiete, die zu hoch gelegen und zu kalt sind, um andere Vegetationsformen als Grasland zuzulassen und sich deshalb landwirtschaftlich nur als Weidegebiete für Schafe oder anderes Vieh nutzen lassen; vor allem anzutreffen in der Inneren Mongolei, in Qinghai und Xinjiang.
Guanxi – Wörtlich „Beziehungen"; einer der bedeutsamsten Faktoren im gesellschaftlichen Zusammenleben in China; wichtig für den gegenseitigen Nutzen im Rahmen offizieller Ernennungen und Transaktionen, für den Erfolg und den reibungslosen Verlauf des individuellen Alltagslebens.
Guanyin – Die allgegenwärtige Göttin der Barmherzigkeit; beliebteste Gottheit in China, hervorgegangen aus dem männlichen Bodhisattva Avalokiteshvara und wie dieser ikonografisch oft mit „tausend" (= vielen) Armen dargestellt.
Gulou – Trommelturm; traditionell im Stadtzentrum unweit des Zhonglou (Glockenturmes) stehendes Gebäude, in dem bei Einbruch der Nacht und in Notfällen eine Trommel geschlagen wurde.
Guomindang (GMD) – Die nationalistische Partei Chiang Kaisheks, die sich im Jahre 1949 nach 25jährigem Kampf gegen die Kommunisten nach Taiwan zurückzog, wo sie bis heute eine wichtige politische Kraft ist.
Han-Chinesen – Bezeichnung für die ethnischen

Chinesen in Abgrenzung zu anderen ethnischen Gruppen wie Uiguren, Miao, Hui, Tibeter usw.

Hui – Muslimische ethnische Minderheit, die vor allem in Gansu und Ningxia anzutreffen ist.

Hutong – Schmale Gasse oder Verbindungsgang.

Jiao (oder Mao) – Mittlere Einheit der chinesischen Währung; ein Yuan hat zehn Jiao, ein Jiao hat zehn Fen.

Jiaozi – Eine Art kleine gefüllte Maultaschen als Spezialität in Xi'an oder auch halbmondförmige Nudelteigtaschen mit Fleisch- oder Gemüsefüllung, die gebraten zum Frühstück serviert werden.

Jurte – Rundes Filzzelt von Nomaden auch unter der Bezeichnung „Ger" bekannt.

Kang – Aus Ziegeln gemauerte Schlafbank in Nordchina, die von unten her erhitzt und von den Hausbewohnern tagsüber als Sitzplatz genutzt wird.

Kasachen – Eine überwiegend nomadisch lebende Minderheit in der Provinz Xinjiang.

Konzession – Stadtteil, der im 19. Jahrhundert an ausländische Mächte abgetreten war.

Kotau – Kniefall mit dreimaliger Stirnberührung des Bodens (vor dem Kaiser); Zeichen der absoluten Unterwerfung.

Kulturrevolution – Zeitraum von 1966–1976 (Höhepunkt 1966–69), der von Zerstörung der alten Kultur, von politischer Verfolgung und fanatischem Personenkult um Mao Zedong geprägt war.

Lamian – Gezogene Nudeln; eine muslimische Spezialität, die gewöhnlich in einer würzigen Suppe serviert wird.

Langer Marsch – Der 11 000 km lange taktische Rückzug der Kommunisten vor den Truppen der Guomindang in den Jahren 1934–1935 von ihrer Basis in der Jinggan-Bergkette bis nach Yan'an in der Provinz Shaanxi; zur Legende gewordenes Heldenepos der KPCh.

Li – Chinesisches Längenmaß (1 Li = 500 m).

Luohan – Buddhistischer Asket, Schüler Buddhas; häufig dargestellt in Form der 500 Luohan.

Mahjongg – Chinesisches Gesellschaftsspiel.

Maitreya – Buddha des künftigen Weltzeitalters; in China meist „Mile Fo" genannt.

Mandala – Kosmisches Diagramm des Vajrayana-Buddhismus mit zahlreichen Symbolen; dient als Meditationshilfe.

Mantou – Dampfbrötchen.

Maofibel (Kleines Rotes Buch) – Sammlung der *Zitate des Vorsitzenden Mao Zedong,* die 1966 als politisch-philosophische Fibel für die Roten Garden während der Kulturrevolution herausgegeben wurde.

Maotai – Berühmter Sorghum-Hirse-Schnaps Chinas.

Mile Fo – Buddha des künftigen Weltzeitalters; wird in China oft sitzend und dickbäuchig dargestellt.

Oolong – Bekannte chinesische Teesorte.

Pagode – Turmbau mit sich nach oben verjüngender Struktur, der häufig mit der Pseudo-Wissenschaft des Fengshui in Verbindung gebracht wird; enthält oft Reliquien oder Votivtafeln und hat in der Regel eine ungerade Zahl an Stockwerken.

Pinyin (auch Hanyu Pinyin) – Offizielles Transkriptionssystem der chinesischen Schrift in lateinische Buchstaben; nur auf Mandarin anwendbar.

Pipa – Klassisches Musikinstrument; chinesische Laute mit vier Saiten.

Putonghua – Bezeichnung für das hochchinesische Mandarin; wörtlich übersetzt „Allgemeinsprache".

Qianfodong – Wörtlich „Höhle der tausend Buddhas"; übergeordneter Name für die buddhistischen Grottenanlagen am chinesischen Verlauf der Seidenstraße.

Reich der Mitte – Wörtliche Übersetzung der chinesischen Silben „Zhongguo" für „China".

Renmin – Chinesische Bezeichnung für „das Volk".

Renminbi (RMB) – Offizielle Bezeichnung der chinesischen Währung, wörtliche Übersetzung „Volkswährung"; im Text als ¥ (Yuan) gekennzeichnet.

Ritsu-Buddhismus (auch Risshu-Buddhismus) – Eine von sechs buddhistischen Schulen der japanischen Nara-Epoche (710–784). Die Lehre gelangte über China nach Japan und legte herausragenden Wert auf die Gültigkeit der Mönchsordination.

Rote Garden – Unlenksame Splittergruppen aus 15–20 Millionen jungen Chinesen, die Mao während der Kulturrevolution entfesselte, alles „Reaktionäre" im Volk aufzuspüren und rücksichtslos zu vernichten.

Sampan – Chinesisches Hausboot.

Seelenstraße – Die geradlinige Wegführung zu einem Kaisergrab, gesäumt von Wächterfiguren in Tier- und Menschengestalt.

ANHANG

Shakyamuni – Ehrentitel des Siddhartha Gautama (um 563–483 v. Chr.); der historische Buddha.

Shuijiao – Ähnlich wie Jiaozi, doch gekocht oder serviert in einer dünnen Suppe.

Stele – Aufrecht stehende Steintafel mit Inschriften oder Bildreliefs.

Stupa – Buddhistisches Bauwerk; ein halbkugelförmiger Reliquienbau, der auf frühe Grabtumuli zurückgeht und in China zur Pagode weiterentwickelt wurde.

Sun Wukong – Heldengestalt (ein aus einem steinernen Ei geborener Affe) der klassischen Erzählung *Die Reise nach dem Westen*. Als Affenkönig besteht er 81 ihm auferlegte Prüfungen und zahlreiche Abenteuer, erreicht am Ende mit seinem Meister Xuan Zang das Nirwana und wird zum Buddha.

Sutra – Sanskrit für „Faden, Richtschnur, Leitfaden"; bezieht sich auf Worte oder Predigten des Buddha.

Tuschestein – Dekorativ gestalteter Stein, den Maler und Kalligrafen traditionell als Palette zum Mischen von Tusche mit Wasser benutzen; die berühmtesten, da feinkörnigsten Arten stammen aus den Provinzen Anhui und Guangdong.

Uiguren – Bedeutende Minderheit; Turkvolk mit Verbreitungsgebiet überwiegend in der Provinz Xinjiang.

Vertragshafen – Ein Hafen, in dem sich Ausländer zu Handelszwecken niederlassen durften; Ergebnis von Verträgen, die China im 19. Jahrhundert von den militärisch überlegenen Fremdmächten aufgezwungen wurden.

Viererbande – Maos Witwe Jiang Qing und ihre drei engsten Mitarbeiter Zhang Chunqiao, Yao Wenyuan und Wang Hongwen, die als prominenteste Vertreter der Kulturrevolution galten, wurden nur wenige Wochen nach Maos Tod in der Nacht vom 6. auf den 7. Oktober 1976 verhaftet und vor Gericht gestellt.

Volksbefreiungsarmee – Offizieller Name der kommunistischen Militärstreitmacht seit 1949.

Waiguoren – Chinesische Bezeichnung für „Ausländer".

Warlords – Mächtige lokale Militärmachthaber in Nordchina zu Beginn des 20. Jahrhunderts.

Wei Tuo – Hüter der buddhistischen Lehre; steht in chinesischen Tempeln in der Eingangshalle der Himmelskönige im Rücken des Maitreya und blickt zur Haupthalle mit dem Bildnis des Shakyamuni.

Wirtschaftssonderzone – Gebiete, in denen die staatliche Kontrolle der Produktion gelockert wurde, um westliche Investoren anzulocken.

Yamen – Gerichts- und Amtssitz im feudalen China.

Yang – Das männliche Prinzip im Dasein des Dualismus, der den gesamten Kosmos bestimmt; Yang verkörpert das Licht, die Sonne und den Himmel und stellt den hellen, beweglichen, männlichen Geist dar. Siehe auch Yin.

Yangzi – Chinesisch: Changjiang, wörtlich „langer Fluss"; im Westen auch Yangtsekiang.

Yijing – *Das Buch der Wandlungen* ist eines der klassischen Werke Chinas; häufig anzutreffende alte Umschrift ist *I Ging*. Antikes Handbuch für Weissagungen, das einige der fundamentalen Konzepte des chinesischen Denkens enthält, beispielsweise die Dualität von Yin und Yang. Einziges erhaltenes Orakelbuch, das Aufschluss über Orakel und Divination der frühen Zhou-Zeit gibt.

Yin – Das weibliche Prinzip im Dasein des Dualismus, der den gesamten Kosmos bestimmt; Yin verkörpert den Schatten, den Mond und die Erde und stellt die dunkle, ruhende, weibliche Kraft dar. Siehe auch Yang.

Yuan – Währungseinheit Chinas; ein Yuan hat zehn Jiao und hundert Fen.

Zheng – Klassisches Musikinstrument; ähnelt einer Zither mit vielen Saiten.

Zhonglou – Glockenturm; traditionell im Stadtzentrum unweit des *Gulou* (Trommelturmes) stehendes Gebäude, in dem zur Zeit der Morgendämmerung oder in Notfällen eine Glocke geschlagen wurde.

Zhongnanhai – Sitz der Kommunistischen Partei Chinas (KPCh).

Zongzi – In Bambus-, Schilf- oder Lotusblätter eingewickeltes Klebreisklößchen (traditioneller Imbiss zum Drachenbootfest).

Herausragende Persönlichkeiten

Chiang Kaishek (1887–1975) – Schwager Sun Yatsens und als Parteiführer der Guomindang ab 1925 unbarmherziger Feind der Kommunistischen Partei Chinas (KPCh). In der Literatur auch in den Schreibweisen Chiang Kai-shek und Jiang Kaishek zu finden; die Pinyin-Umschrift seines Namens lautet Jiang Jieshi.
Cixi (1835–1908) – Auch Ci Xi; eine stolze und skrupellose Autokratin, die den Beinamen „Kaiserinwitwe" erhielt und am Ende der Qing-Dynastie 30 Jahre lang über China herrschte.
Deng Xiaoping (1904–1997) – Von 1977 bis in die 90er Jahre hinein mächtigster Politiker Chinas. Obwohl unter Mao und nach dessen Tod durch die Viererbande zweimal entmachtet, kehrte Deng auf die politische Bühne zurück und gewann durch seine pragmatische Politik, welche die kommunistische Ideologie dem wirtschaftlichen Nutzen unterordnete, die Sympathien des Volkes. Deng stellte die Weichen für die bis heute anhaltende ökonomische Entwicklung der VR China.
Han Yu (768–824) – Konfuzianischer Gelehrter, Beamter und einer der berühmtesten Dichter der mittleren Tang-Epoche. Wurde in der Prosa-Literatur zum bedeutendsten Reformator des damals größtenteils an vorgegebene klassische Regeln und Formen gebundenen schriftlichen Stils.
Hong Xiuquan (1814–1864) – Der einer Bauernfamilie entstammende Hong stieg früh zum Intellektuellen auf und wandte sich dem Christentum zu, dem er jedoch eigene Interpretationen verlieh. Fühlte sich alsbald von Gott zur Rettung der Menschheit gesandt, gründete die „Gesellschaft zur Verehrung Gottes", baute die Taiping-Armee auf und ernannte sich zum Himmelskönig über sein Himmlisches Reich des Friedens. Hong Xiuquan wurde zum Führer der Taiping-Revolution.
Hu Jintao (geb. 1942) – Schützling des Jiang Zemin, dessen Nachfolge er angetreten hat; seit November 2002 Generalsekretär der KPCh, seit März 2003 Staatspräsident und Vorsitzender der Zentralen Militärkommission.
Hu Yaobang (1915–1989) – Reformfreudiger Vertrauensmann Deng Xiaopings, politische Karriere bis hin zum Parteichef der KPCh, wurde im Januar 1987 vor dem Hintergrund des Konfliktes zwischen Reformern und Reformgegnern gestürzt.
Huang Zunxian (1848–1905) – Poet und Diplomat der Qing-Dynastie. Sein Name steht für den wichtigsten Versuch des 19. Jahrhunderts, die klassische Dichtung zu reformieren und für die Bedingungen zu öffnen, denen sich China in der modernen Welt zu stellen hatte.
Jiang Qing (1913–1991) – Maos dritte Ehefrau, eine ehemalige Schauspielerin, gilt als eine der treibenden Kräfte der Kulturrevolution und nahm als Mitglied der so genannten Viererbande entscheidenden Einfluss auf die chinesische Politik. Nur einen Monat nach Maos Tod wurde sie Anfang Oktober 1976 zusammen mit den drei anderen Hauptverantwortlichen für die Kulturrevolution verhaftet. 1980 wurde sie zum Tode verurteilt, zwei Jahre später zu lebenslanger Haft begnadigt, 1987 aus dem Gefängnis entlassen und bis zu ihrem Tod am 14.05.1991 unter Hausarrest gestellt.
Jiang Zemin (geb. 1926) – Schützling von Deng Xiaoping; Generalsekretär der KPCh von 1989–2002, ab November 1989 Vorsitzender der Militärkommission im Zentralkomitee und ab März 1983 Staatspräsident. Ebnete im November 2002 den Weg für Hu Jintao zur Übernahme seiner Ämter.
Kangxi (1661–1722) – Name der Regierungsperiode des zweiten Qing-Kaisers Xuanye (1654–1722), dessen posthumer Kaisername Sheng-tsu lautet. Er trat 1661 im Alter von nur acht Jahren die Nachfolge seines 29jährig verstorbenen Vaters an. Einer der berühmtesten Qing-Kaiser.
Konfuzius (551–479 v. Chr.) – Einer der bedeutendsten und einflussreichsten Philosophen der chinesischen Geschichte. Im Mittelpunkt seiner Lehre steht der Begriff der Menschlichkeit, welche die Triebfeder des gesellschaftlichen Zusammenlebens ist.
Lao She (1898–1966) – Zählt zu den bedeutendsten chinesischen Schriftstellern des 20. Jahrhunderts. Wurde während der Kulturrevolution verfolgt, doch posthum rehabilitiert. Sein bekanntester Roman *Rikschakuli* erzählt – wie der Großteil seines Werkes – vom Alltag der Armen. Er schrieb in volkstümlicher Sprache und mit feinsinnigem Humor.
Li Peng (geb. 1928) – Hardliner der chinesischen Politik. Nach Auslandsstudium in Moskau steile politische Karriere; 1983–1987 stellvertretender

ANHANG

Ministerpräsident; 1987–1998 Ministerpräsident. Soll die treibende Kraft für den Bau des Yangzi-Staudamms gewesen sein.

Lin Biao (1907–1971) – Ab 1959 Verteidigungsminister, wurde auf dem 9. Parteikongress 1969 von Mao Zedong zu dessen designiertem Nachfolger erklärt. Galt als Sympathisant des extremen linken Flügels. Versuchte offizieller Darstellung zufolge 1971 einen Staatsstreich, sein Flugzeug wurde angeblich auf der Flucht in die Sowjetunion abgeschossen.

Lin Zexu (1785–1850) – Erhielt von Kaiser Daoguang den Auftrag, den britischen Opiumhandel in China zu unterbinden. Seine Maßnahmen lösten den Ersten Opiumkrieg von 1839–1842 aus, der zum für China demütigenden Vertrag von Nanjing führte, mit dem neben der Zahlung von Reparationen die Abtretung Hongkongs sowie die Öffnung der Vertragshäfen Guangzhou, Xiamen, Fuzhou, Ningbo und Shanghai erzwungen wurde.

Lu Xun (1881–1936) – Gilt als Begründer der modernen chinesischen Literatur und zählt zu den bedeutendsten chinesischen Schriftstellern des 20. Jahrhunderts. Gab eine viel versprechende politische Karriere auf, um sich dem Schreiben zu widmen – mit dem Ziel, die Chinesen aus ihrer Apathie zu reißen. Zu seinen einflussreichsten Werken zählen *Die wahre Geschichte des Ah Q* und *Das Tagebuch des Verrückten* (in: *Hoffnung auf Frühling. Moderne chinesische Erzählungen.* Erster Band, 1919–1949).

Mao Zedong (1893–1976) – Der Große Steuermann, ein Poet, Genie und Despot, der in China die sozialistische Revolution zum Sieg führte und das Land von 1949 bis zu seinem Tode auf dessen steinigem Weg führte. Die aktuelle offizielle Bewertung seiner Leistungen lautet, dass er zu 70% Recht und zu 30% Unrecht hatte. Seine politische Hinterlassenschaft verliert an Bedeutung, da die nachfolgenden Generationen einen zunehmend materialistisch geprägten Weg gehen.

Puyi (1906–1967) – Richtiger Name: Aisin Giorro Puyi. Der letzte chinesische Kaiser wurde im Jahre 1908 im Alter von zwei Jahren von Cixi als Thronerbe eingesetzt und musste abdanken, als die Qing-Dynastie stürzte. 1934 setzten ihn die Japaner als Kaiser ihres Marionettenstaates Mandschuguo ein, um ihre Besetzung der Mandschurei zu legitimieren. Nach Japans Kapitulation verbrachte er viele Jahre in Haft und fristete seine letzten Lebensjahre als Gärtner.

Qianlong (1736–1796) – Name der Regierungsperiode des bedeutendsten Qing-Kaisers Hongli (1711–1799), unter dessen Herrschaft das chinesische Kaiserreich den Zenit seiner Ausdehnung und seines Wohlstands erreichte.

Qin Shi Huang (259–210 v. Chr.) – Bestieg nach dem Tode seines Vaters im Alter von 13 Jahren als König Zheng von Qin den Thron. Besiegte als solcher die anderen sechs damaligen Feudalstaaten, einte so das Reich und nahm 221 v. Chr. den Titel „Erster Kaiser" an. Er regierte bis zu seinem Tode 210 v. Chr. und war berüchtigt für seinen Größenwahn und seine Tyrannei, zugleich berühmt für zahlreiche Vereinheitlichungsmaßnahmen und unsterblich durch die gigantische Terrakotta-Armee, die in der Nähe von Xi'an seinen Grabhügel bewacht.

Qu Yuan (um 343–278 v. Chr.) – Einer der bedeutendsten Poeten Chinas, dem als wichtigstes Werk die *Elegien von Chu* zugeschrieben werden. Als Chus Hauptstadt Ying von Qin erobert wurde, stürzte er sich in einen Fluss und ertrank, bevor mit Drachenbooten ausfahrende Helfer ihn retten konnten. Bis heute erinnern an dieses Ereignis die alljährlichen Drachenbootrennen.

Sima Qian (um 145–85 v. Chr.) – Trat die Nachfolge seines Vaters als Hofastrologe an und widmete sein Leben der Zusammenstellung des Buches *Shiji* (Historische Aufzeichnungen), Chinas erstes Geschichtswerk, das zum Vorbild aller späteren Dynastiegeschichten wurde. Nachdem er am Hof in Ungnade gefallen und zur Strafe kastriert worden war, tröstete er sich mit dem Gedanken, dass er nun sein Lebenswerk ohne Ablenkungen fertig stellen könne.

Song Jiaoren (?–1913) – Als akivster Leiter der nationalistischen Volkspartei Guomindang, die 1913 die Parlamentswahlen gewonnen hatte, forderte er die Bildung einer von seiner Partei geführten Regierung. Der machtgierige Yuan Shikai ließ ihn daraufhin am 20.03.1913 ermorden.

Su Dongpo (1037–1101) – Aus Sichuan stammender Beamter der Song-Dynastie und berühmter Poet. Auch bekannt unter dem Namen Su Shi. Aufgrund seiner Politikführung wurde er vom Hof zunächst nach Hunan und später auf die Insel Hainan verbannt.

Sun Yatsen (1866–1925) – Führer der republikanischen Revolution in China und Gründer der Guomindang. Rief am 1. Januar 1912 die Republik China aus. Für wenige Wochen erster Präsident der Republik China, trat das Amt jedoch nach Abdankung des Kaisers am 12. Februar 1912 an Yuan Shikai ab. Wird sowohl von der Guomindang als auch von den Kommunisten wegen seiner lebenslangen Bemühungen um die Einigung Chinas und die Verleihung der Bürgerrechte verehrt und als „Landesvater" gewürdigt.

Wu Di (?–87 v. Chr.) – Bestieg als Kaiser 139 v. Chr. den Thron der Westlichen Han-Dynastie, die unter seiner Herrschaft die Zeit ihrer höchsten Blüte erlebte.

Xuan Zang (602–664) – Buddhistischer Mönch der Tang-Dynastie, der im Jahre 629 die lange Reise nach Indien bewältigte, um dort 16 Jahre lang bei den herausragendsten Lehrmeistern zu studieren und dann die buddhistischen Schriften nach China zu bringen, wo er den Rest seines Lebens der Übersetzung der buddhistischen Klassiker widmete (in Xi'ans Großer Wildganspagode). Seine Reisen bildeten die Grundlage für den Roman *Die Reise nach dem Westen* von Wu Cheng'en (um 1500–1582).

Xuanzong (712–756) – Name der Regierungsperiode des bedeutendsten Tang-Kaisers Minghuang, der dem Land durch politische Reformen zu Macht und Wohlstand verhalf.

Yuan Shikai (1859–1916) – Stieg als junger Mann in den Staatsdienst der Qing-Dynastie auf, wurde zum Günstling der Kaiserinwitwe Cixi und verdrängte aufgrund seiner Position als mächtiger Militärmachthaber Sun Yatsen als Präsident der Republik China. Versuchte sich 1915 vergeblich als Kaiser einer neuen Dynastie zu installieren.

Zhang Xueliang (1898–2001) – Mandschurischer Warlord, Sohn von Zhang Zuolin, dem mächtigsten Warlord Chinas nach dem Ersten Weltkrieg. Im Rahmen des Xi'an-Zwischenfalls nahm er im Dezember 1936 Chiang Kaishek gefangen und zwang ihm die Zusage ab, den Kampf gegen die Kommunisten zu beenden und mit ihnen gemeinsam gegen die Japaner vorzugehen. Wurde später aus Rache von Chiang festgenommen und als Gefangener sogar mit nach Taiwan genommen, wo ihm 1963 angeblich die „Freiheit" zugestanden wurde, sich in begrenztem Umfang außerhalb seines Hauses zu bewegen.

Zhou Enlai (1898–1976) – Nach Mao der prominenteste Führer der KPCh, als langjähriger Außenminister und Ministerpräsident von 1949–1976 einer der bislang bedeutendsten Politiker der VR China. Über 50 Jahre Mitglied des Politbüros. Er war und ist bis heute in China sehr beliebt.

Zhu Rongji (geb. 1928) – In der Kulturrevolution geschasst, später von Deng Xiaoping protegiert. 1987–1991 Bürgermeister von Shanghai, 1991–1998 stellvertretender Ministerpräsident und 1998–2003 Ministerpräsident der VR China. Sein Nachfolger ist Wen Jiabao.

Zhuge Liang (Lebensdaten unklar) – Legendärer Staatsmann und Stratege zur Zeit der Drei Reiche (220–265) im Staate Shu (Sichuan). Auch: Kongming.

Index

ANHANG

C

D

E

F

ANHANG

ANHANG

✻ I ✻

J

K

ANHANG

ANHANG

✳ O ✳

✳ P ✳

✳ Q ✳

✳ R ✳

ANHANG

✳ T ✳

✳ U ✳

ANHANG

✳ Y ✳

✳ Z ✳

ANHANG

Laos
Stefan Loose
Travel Handbücher
Jan Düker und Annette Monreal
Mit vielen aktuellen Reisetipps!

Welcome
to China!
Entdecke China mit STA Travel!
→ günstige Flüge
→ Adventure Touren
→ Hotels & Hostels
→ Rundreisen
Jetzt buchen:
→ 32 STA Travel-Reisebüros
→ telefonisch: 069-74 30 34 74
→ im Internet: www.statravel.de
STA TRAVEL
Mehr Welt fürs Geld!

ANHANG

Kartenverzeichnis

ANHANG

開
通
寶
元

開
通
寶
元